WORLD BANK GROUP

COLLECTED WORKS ON PUBLIC BUDGETING

希克公共预算著作集

A CONTEMPORARY APPROACH TO PUBLIC EXPENDITURE MANAGEMENT

当代预算理论

ALLEN SCHICK 艾伦·希克 著

荀燕楠 译

中国财经出版传媒集团

中国财政经济出版社

·北京·

总　序

这篇总序给了我一个机会，让我反思预算改革发展的历程，这与反思我自己的职业发展并不相同。两者有重叠之处，因为预算改革不断寻求能够更好地分配公共资金的方法，这让我走访了60多个国家，其中包括六次以上的中国之行，并使我能够将大学教学、写作、讲座和政府咨询结合在一起。我一直致力于找到预算改革和其他政府行政程序失败的根本原因。正如我稍后将要讨论的，改革的失败并不意味着没有发生变化。然而，预算改革更多的是通过适应而非刻意改革而发展起来的。

令人失望的预算改革历程

在2002年一篇名为《预算有未来吗?》的文章开头，我写道："预算是一个一直正在进行的工作。这个过程从未完全确定，因为管理它的人从未完全满意。"我论证了预算是一个由截止日期驱动的过程，其中选择次优选项往往是常态，旧的优先事项常常在预算中得到保护，而新的优先事项常常被排挤出去。决策者拥有大量的信息，却没有足够的数据来理性评估以往支出的有效性或未来支出可能产生的结果。

这些和其他的挫折使得预算实践成为改革的沃土。自从

将近两个世纪前在欧洲出现以来，预算一直在改革的驱动下寻求能够更好地分配和管理公共资金的方式。早期的改革关注于改变会计标准、优化申报和审查预算支出请求的程序，以及控制支出项目，这种改革方式在20世纪中叶之前在大多数发达国家成功实施。然而，从那时起，预算改革就一直以追求以结果为导向的预算为主，这种预算鼓励实施国家的优先事项，并使政府能够评估中期或更长时期内项目的成本效益。绩效预算、项目预算和中期支出框架是将预算重塑为规划、融资和监测政府目标为一体的战略过程的改革运动的领先范例。

这套改革的一个显著特点是，它们既没有成功也没有消失。它们仍然是改革的标准做法，因为它们是将预算从财务过程转变为定义和实现政府目的的战略工具的最合理方式。显然，如果政府明确将支出的金额与中期或更长时期内的产出和结果的数量和质量联系起来，而不仅仅是为下一财年的投入成本分配资金，那么政府就有可能做出更明智的预算决策。然而，在实践中，当代改革并没有达到预期效果。在大多数国家，绩效基础预算已经降级为绩效知情预算。尽管预算包含了大量关于结果的信息，但在低收入国家，这些数据通常只是用来打动国际组织的装饰，并不能实际决定资源配置。在实践中，项目预算通常不过是分类支出的手段，而不是建立政府目标的系统，中期框架已经成为预测未来年份支出，而不是限制未来支出的机制。

对于这些和其他形式的改革，失望或失败并没有足够的理由来说服大家放弃理性主义技术来编制和实施预算。失败激发了改革者再次尝试的欲望，通常他们会为他们渴望的创新贴上新的标签，并对过程进行一些调整。失败并没有鼓励改革者去质疑他们的第一原则或去寻求新的方法。改革者不

应该只关注预算的程序，更应该以国家的战略目标和绩效目标为基础去制定更大的政策机制。

事实上，推动寻求更好方法的这一条件也破坏了自20世纪中叶以来出现在预算领域的主要改革。将信息打包到目标、结果和未来支出，然后放入预算中，并没有给忙碌的政策制定者更多的时间来审查支出选项。但它却又常常产生冲突，使完成预算的基本任务复杂化。重要的是，改革并没有根除预算官员通过回顾上一年支出来确定下一年应支出什么的偏见。

适应性变革与程序正当性变革

预算是一个适应性过程，它随着经济、金融、政治和其他环境的变化而演变。在西方国家，最突出的适应性变化包括：(1) 将预算从资助政府活动的手段转变为主要帮助家庭的手段；(2) 使用基线作为准备预算的起点；(3) 根据国家或国际规范和政策来分配资金；(4) 将基于类别的预算分配给特定的社会经济群体。这些适应性变化是相互联系的；它们共同解释了为什么许多西方国家深切关注其财政状况的长期可持续性。

这些适应性变化的一个显著特点是，它们与国家政府的支出金额有关，与专注于预算编制和执行程序的正式改革形成鲜明对比。在世界银行1998年出版的专著《公共支出管理的当代方法》中，我将程序改革标记为预算中的正当程序。正当程序意味着如果程序健全，从该过程中产生的结果将是最优的。换句话说，结果是根据生成它们的程序来评估的，而不是根据实质性的标准。正当程序规范对结果持中立态度。这些规范可能产生平衡预算或赤字，为社会转移支付、国家安全、基础设施或其他政府项目分配更多或更少的资金。预算中的正当程序类似于司法程序中的正当程序。如果司法程

序适当，从该过程中产生的判决必须被接受为合法的。预算改革几乎有两个世纪都是这样的思维方式。

预算中的正当程序方法具有重要的优势。特别是，它为财务控制建立了基础，并确保财务信息是及时的、准确的，并且是符合会计标准的。然而，正当程序是管理公共支出的不充分基础，因为它常常产生政府不希望或次优的结果。大多数发达国家的预算都很僵化，政府几乎没有机会将公共资金从较低优先级的项目转移到较高优先级的项目。他们有健全的程序，但他们却要在他们不想要的事情上花钱，而在他们真正想要做的事情上，预算支出往往是不够的。

然而，从支出结果而不是程序的角度来看，21 世纪的预算与 20 世纪的预算不同。以下五个适应性变化关注了特定项目的支出金额或通过借入资金来为支出融资。我将从美国的视角讨论这些变化，但它们几乎影响了所有发达国家。

（1）法定社会转移支付。在西方国家，社会转移支付现在占国家支出的比重比 75 年前显著增加。这些支付通常是基于法定公式和规则的权利，这些公式和规则根据价格变化或接受者数量的增加会自动增加政府的成本。在发达国家中，每年度基于法定公式和规则自动增加的权利通常占国家总支出年度增加的大部分。

美国在这场预算的根本性转变中落后于其他发达国家，尽管美国作为一个低税收/低公共支出的资本主义堡垒而闻名，但它现在资助了一个庞大的社会福利网络。根据最近一个财政年度的可获得官方数据，这些支出从 1940 年的 20 亿美元飙升至 2000 年的 10670 亿美元，以及 2023 年的 43400 亿美元。这些支出在 1940 年占总支出的 20%，占 GDP 的 2%，但在 2000 年这一比例增加到总支出的 57% 和 GDP 的 10%，在 2023 年增加到总支出的 70% 和 GDP 的 16%。这些惊人的趋

势对美国资助其国际和国内目标的能力有深远的影响，这些目标超出了本序言的范围，但美国政府和预算官员却不能忽视它。

然而，这些趋势的一个重要含义触及了我提出的正当程序与适应性主题。当权利只是国家预算的一小部分时，正当程序意味着所有行政机构都根据中央预算办公室制定的标准表格、说明和时间表提交他们的预算申请。这种预算程序在估计依赖政府外行动的权利成本方面是无用的。当代政府依赖复杂的微模拟模型来预测未来的养老金、医疗保健、家庭援助和其他权利支出。这些模型的效用取决于内置的变量，而不是行政信息的质量。

（2）基线。虽然每个国家都有其独特的预算准备程序，但通常的做法是从计算支出基数——当前财年授权的金额开始。然后，每个支出单位确定其在下一个财年想要申请的高出基数的金额，并详细列出新增金额是由于价格变化、新的活动、工作量变化还是其他因素造成的。政府机构与预算控制者之间的预算谈判通常集中在这些增量上，最终预算通常授权高于基数但低于政府机构原始请求的支出。

将预算工作集中在增量而不是总支出上，显著减少了机构必须产生的信息量、预算审查员必须做出的决定数量以及必须解决的冲突数量。

这些特征对于一个每年都需要及时完成的流程来说是必不可少的。在预算中，与其他几乎所有政策领域不同，无论选择多么困难或信息多么不足，都必须做出决定。

尽管预算本质上是增量的，但通过回顾上一年支出的方式来准备预算是没有意义的，因为它没有解决下一年必须在哪些项目上支出这一关键问题。如果一个国家上一年有1000万养老金领取者，但下一年将有1100万，那么从“由于领取

者数量增加所以成本即将增加”这一假设开始构建预算是合理的。这就是从基数（起点是上一年实际支出的金额）转向基线（起点是估计下一年必须支出的金额）的合理性。这种关注点的转变产生了基数和基线之间的根本差异，这就打破了正当程序的预算。基数是一个实际金额，而基线是一个预估的金额。当基线成为预算的起点，支出的变化是通过对假设的未来支出来计算的，而不是根据上一年实际支出的情况。

在美国，国会预算办公室（CBO）是联邦预算决策的权威记分员。如果CBO报告说立法将增加1亿美元支出，这意味着增加的金额将超过基线中假定的金额。实际上，CBO从不以上一年支出为基础来计算支出变化。我认为基线预算编制是一项深远的改革，尚未得到充分研究，并且极大地复杂化了预算制定过程。

(3）基于国家或国际规范和政策的分配。在正当程序规则下，所有对公共资源的索求都要竞争预算份额，每个诉求收到的金额都被认为是最优的。我已经指出，这种竞争被对增量的偏见扭曲了，它更有利于现有的预算需求而不是新的。

许多国家为特定目的预留资金或设立特别基金，这些基金在常规预算过程之外运作。世界银行和国际货币基金组织经常批评采取这些做法的国家，但要求接受援助的国家单独核算他们提供的财政援助。

由于全球性缓解气候变化影响的努力，并帮助沿海地区和可能遭受极端气象模式破坏性影响的低收入国家，预留资金已成为一个紧迫的问题。国际社会在主要会议上努力从发达国家提取对受影响国家的财政承诺。这些会议通常在最后一分钟完成交易，而这些交易在受影响国家努力满足国内需求时被稀释或忽视。

绿色预算编制是一场全球运动，它促使政府评估其项目

和支出的环境影响，并旨在使国家预算与环保目标保持一致。它的意图是向政府施压，改变他们决定预算的方式以及支出。实际上，对公共资金的竞标既在项目本身条件下进行筛选，也根据气候影响进行筛选。例如，道路建设项目将根据每公里的成本、道路的安全特性以及对经济活动的影响进行审查。绿色预算可能会根据汽车的污染排放量、是否激励人们从城市集群迁移到远离工作场所的地区，以及国家消费的碳基产品数量来评估道路。

绿色预算编制已得到欧盟、经合组织、世界银行和其他国际组织的积极推广。这一运动仍处于初期阶段，未来可能会影响更多国家的国家预算政策。

（4）基于类别的预算编制。预算编制正当程序声称根据对国家有利的原则分配资金。当然，政治家和管理者在定义其预算请求和政策目的是促进国家利益时很少遇到困难，这是一个可以塑造成为服务于某团体、机构或地区狭隘利益的模糊概念。通过给予相对较小的金额来收买利益几乎是一种普遍的做法，可以促进国家凝聚力并促进预算的采纳。

比起解决预算的给予和索取，基于类别的预算编制将国家利益的分裂推向了更远的地方。这里的类别不是指地方利益，而是跨越全国的分裂。其引发的预算运动极大影响了基于类别的预算分配。它呼吁政府预估男性和女性的支出金额，可能还包括在西方国家获得合法性的其他新性别类别。由于除了少数例外情况外，预算没有为惠及男性和女性的项目预留资金，因此对支出中性别分布的预估仅依赖于假设，而不是实际数据。关于谁从政府项目中受益的一些假设可能非常值得怀疑。

基于类别的预算编制正在扩展到其他社会经济类别。2024 年 5 月，美国国会办公室报告称国会议员要求其“提供

有关政策效果如何因种族和族裔而异的信息”，并且“它一直在增加其分析能力以判断预算和经济发展如何差异性影响不同的人口群体”。现代经济学家经常依赖不稳定的假设来得出关于社会状况和政府政策的坚定结论，因此他们可能会在应用经济学方法按人口和其他类别分配预算时感到舒适。然而他们不知道或不关心的是，最初作为分析练习的东西，最终可能会成为某些主张者的倡导工具，这些主张者要么不关心国家利益，要么只是根据他们的群体利益来定义它。

(5) 改革不足。我所讨论的适应性变化并没有补偿正当程序那令人失望的改革结果。政府可以在没有正式的中期框架或绩效预算的情况下进行发展，但他们确实需要战略能力以超越下一个财政年度，建立国家目标和优先事项，并评估预算政策对实施其战略目标的贡献。人们通常认为，低收入和新兴国家需要这种能力，而发达国家则不需要。此外，大多数发达国家对任何形式的国家规划都有一种厌恶感，可能是因为他们将其与苏联式的中央计划联系起来。在我看来，这是一种错误的态度：高度发达的国家如果只是从一年混到下一年，只是基于过去的支出来确定未来分配，那他们将不会永远是最发达的。每个国家都需要战略能力，包括我的国家。反思我对中国的访问可以提供一些成功改革的线索。

具有中国特色的预算编制

预算编制正当程序的要素在中国以及所有拥有健全财务管理系统的国家都是有效的。其关键特征包括会计框架、申请和支出公共资金的程序、报告国家财务状况的规则、审计标准和要求，以及在大多数国家中，对政府计划和支出的一些评估。

虽然我从对中国的访问中受益，但我不是绩效预算编制

和中期框架等高级技术的专家。然而，我观察到使中国的预算改革与大多数其他国家不同的两个特点。

第一个特点是，中国邀请海外专家访问本国，但很少依赖外部顾问告诉它该怎么做；其次，在中国，改革机制主要在预算编制范围之外运作，然而改革的效果可能会影响预算程序和结果。

我第一次访问中国是在 1988 年，随后的几次访问是由世界银行组织的，与其他国家的访问没有什么不同。然而，有一些访问是邀请我和其他专家在几天的会议中重点讨论特定问题。每位专家都是作为个人来的，而不是作为团队成员，我们每个人都向东道主做了正式的演讲，他们听了，记录了很多笔记，咨询问题，感谢我们，并祝愿我们回程愉快。在任何时候，我们的东道主都没有说过："告诉我们应该做什么。"我们离开后，政府官员会决定什么对中国有意义，他们给改革赋予了中国特色。

我在中国的经历与我为国际组织的工作形成了鲜明对比。他们积极推广其改革议程，并使用贷款和其他财政援助作为诱因，让新兴和低收入国家采纳最新的时尚和潮流。在我多年来参加的数百次任务中，几乎没有考虑过改革是否适合这个国家的需要。这种模式促使我于 1998 年在世界银行发表了题为"飞跃之前先观察"的演讲，敦促国家在采纳流行的改革之前先要建立基本能力。

第二个特点是，中国将预算视为其战略雄心的财务实现手段，而不是国家政策的主要来源。预算过程本质上太短视，太专注于即时需求，无法充分考虑国家的长期战略发展。努力将国家战略塞进预算编制那时间紧迫的框架中是注定要失败的，似乎当下对稀缺公共资金的需求挤出了长期目标一样。中国和其他一些国家想出的解决方案是拥有一个强大的国家

决策机制和公共领导，以确保长期优先事项融入预算决策。

我是在由中国国家发展和改革委员会主办的访问期间观察到这种中国特色。在会议休息期间，我和其他被邀请的专家被护送到南京孙中山纪念馆。我对于攀登纪念馆前392级台阶的高度感到惊讶，但决定加入我的同事参与这次千载难逢的经历。然而我们的东道主，一位高级NRDC官员，劝告我年岁已高不能攀登纪念馆。我感到失望，但很快了解到这位非常有才华的女士想要与我进行私人对话，探讨如何将中国的长期发展与年度预算联系起来。她不负责财政事务，但她不想将预算变成一个战略性博弈流程。她负责国家发展，并知道如果所需的财政资源不可使用，再好的战略和计划都是没有用的。

其他国家可以学到的教训是，如果你想让预算更具战略性，就要通过其他流程建立国家计划和目标。这种方法之所以在中国有效是因为党的组织机构整合了规划和预算编制。而对于规划和预算编制在不同轨道上运行的国家而言将不会有效。

译者序

当代预算波谲云诡，绩效预算、计划项目预算、零基预算、结果导向预算应运而生，随风而逝，解决问题，也留下问题。希克阅历丰富，足迹遍天下，是翻过筋斗来的少数预算研究大师之一，《当代预算理论》是反思之书，也是建构之书。

当代预算主要问题有三，基本问题是分配，首要问题是绩效，根本问题是可持续。预算洪流不舍昼夜，风平浪静中暗流涌动，急流险滩间方向难明，如何执简驭繁、因势利导？希克的答案是从控制、计划、管理三个预算功能出发，力求总额财政纪律、分配效率、运作效率。

落实总额财政纪律要统筹能力与梦想，得到强有力的政治支持，纪律目标现实可行，建立中期预算框架，实施综合财政规则，适时调整权力性项目，主动应对人口变化等长期影响。从量入为出转向量出为入是预算的兴起，从量出为入回归量入为出则是预算的成熟，止于所止，方可行稳致远。

落实分配与运作效率要尊重理性与自由，根据战略布局，整合计划与预算；凝练目标分配，调整政策与项目；聚焦成本梳理，优化与控制开支；明确管理责任，推动创新与变化。预算为绩效而生，因绩效而变，要自上而下贯彻预算正义，没有认同就没有正义，也要自下而上释放预算活力，逃避冲突就是逃避变化。

希克今年90岁，人书俱老。论及《当代预算理论》，他认为："公共支出的有效管理基于三个目标：财政纪律、分配资源、有效运行。本书根据这些严谨的目标评估了当代预算创新的原因和成就。"《当代预算理论》出版迄今已近三十年，物换星移，风起云涌，如何理解预算变化，找到未来预算的方便法门？古人云："人心惟危，道心惟微，惟精惟一，允执厥中。"信哉斯言。

苟燕楠

2024.9.16

"贝碧嘉"登陆上海，风雨大作

前　言

在过去十到十五年中，公共预算管理发生了一场变革，这场变革席卷很多发达国家，并开始逐渐影响许多发展中国家。持续的结构性预算赤字和不断膨胀的国家债务造成的糟糕的宏观经济表现是这种变革的主要原因。从新西兰到美国，发达国家开始大规模“政府重组”，以期恢复预算过程的规则，试图用日益减少的预算资源更好地服务于政府的优先事项。新西兰的巨大成功以及其他发达国家的部分成就重新激发了发展中国家政府对公共管理改革、特别是预算改革的兴趣。由于长期受预算问题困扰，经济疲软，许多发展中国家为了能更有效地利用国家预算促进社会经济发展，开始尝试一些创新的方法，并尝试在自己的国家推行一些发达国家已经获得成功的改革方法。即使是非常成功的东亚经济体，也开始积极关注他们的预算系统改革，因为他们正面临三十年来最严重的经济危机，这场危机对他们的公共预算造成了严重影响。

为了总结和推广这些改革中所蕴含的丰富知识，世界银行经济发展学院开发了一门预算和公共支出分析与管理的课程。艾伦·希克教授编写的这份手稿将作为这门课程的主要教材。许多同事在完善这些材料方面提供了宝贵的帮助。桑杰·普拉丹和马尔科姆·霍姆斯提供的意见和建议有时很尖锐，但确实对推动这门课程的建设提供了很大的帮助。

我有幸与希克教授密切合作，规划了这门课程的教学内容和发展方向，在形成这些手稿的过程中，我获得了极大的乐趣。希望本书能为世界各地的政府官员、学者和实践者在研究、发展和/或执行公共预算的过程中提供帮助。

何塞·埃德加多·坎波斯
世界银行高级研究员
经济发展学院

目　录

第一章
总　论

公共支出管理（Public Expenditure Management，简称 PEM）是解决老问题的新方法，这个老问题是如何通过集体选择（Collective Choice）实现对财政资金更加科学的分配。过去的一个多世纪，财政资金的分配通过预算机制实现，政府设计相应的流程和规则来决定财政资金支出总量、实现收入与支出的平衡，以及如何在各项公共活动与公共部门之间分配财政资金。公共支出管理通过预算决议发挥作用，但是它与传统预算有两个非常重要的区别。首先，它用大量政策标准对传统的程序规则进行补充。在公共支出管理过程中，政府仅正确运用预算流程远远不够，有效地实现预期的政策效果至关重要。其次，公共支出管理包括更广泛的制度和管理规定，并不只是那些在传统意义上与预算相关的问题。公共支出管理认为，如果公共部门组织与管理不善、政策决策者与项目管理者的激励不当或信息失灵，预算执行结果就无法实现最优。

传统预算和公共支出管理的第一个重要区别在于：前者通过公认的程序规则运行，而公共支出管理则更强调实质性成果。这些成果涉及收支总额、资源在部门和项目之间的分配，以及政府机构的运行效率。表 1.1 对这些要素和它们的显著特征进行了汇总。公共支出管理认为，即使一国政府坚持采用公认的预算规则，它还是有可能无法得到最佳财政成果。事实上，许多发展中国家虽然拥有全面的预算和财政管理体制，但由于财政纪律缺失，仍然无法从大局出发有序地对资源进行再分配，从而导致效率低下。

表 1.1　　　　公共支出管理的基本要素

财政总额控制	预算总额应是明确、强制性决议的结果；它们不能仅仅适应支出需求。这些总额应在个别支出决定之前就确定下来，而且在中长期有可持续性。
分配效率	支出应以政府优先项目和公共项目的有效性为基础。预算制度应促进资源从较低优先级转向较高优先级、从效率较低项目转向效率较高项目的再分配。
运作效率	机构产出商品和服务的成本能够实现持续的效率提升，（在一定程度内）与市场价格相比具有竞争力。

为实现对外公布的政策目标，政府需要对公共支出进行管理，因此必须为更好地实现预期财政目标构建制度框架。由此产生了传统预算与公共支出管理之间的第二个重要区别。传统预算关注预算的组织过程，而公共支出管理关注的面更广，包括公共机构的管理。公共支出管理建立在一个重要的概念基础之上，即预算管理不是独立的流程，它是整个体制和管理制度的有机组成部分。为实现更好的公共支出效果，政府需要使信息、激励机制和其他制度安排保持一致。

许多发展中国家和发达国家之所以从传统预算转向公共支出管理，主要原因是公共支出结果无法令人满意。发展中国家一直受到财政失衡严重、公共资源分配不合理和公共服务无序且效率低下的困扰。即使政府已经执行了国际组织推荐的标准的预算规则和方法，上述问题仍然持续发生。工业化的西方国家也出现过类似问题，尽管这些问题通常会被公共资源的充裕和富足掩盖。但是，即使是在富裕国家，过去20年缺乏活力的经济也导致公共支出管理中存在的根深蒂固的缺陷逐渐显露。许多发达国家经历了长期的赤字，公共支出在国内生产总值中所占比重显著增长，财政支出结构优化难度大，并且政府配置资源的效率持续低于市场。

本书概括了公共支出管理的概念，解释了公共支出管理如何通过行为规则分配和控制公共支出，实现对传统预算管理的有效补充。本章介绍了公共支出管理的核心要素，讨论了各种不同要素如何相互联系。下一章探讨发展中国家的公共支出问题，后续各章则分别详述公共支出管理的某些特定要素。

作为一个新兴领域，公共支出管理作为一种管理工具仍然处于持续的发展和完善阶段。本书讨论的观点和方法只是暂时的，随着公共支出管理理论的成熟和实践经验的积累，这些观点和方法都有可能被修正和完善。

预算的常规程序

预算实践出现于19世纪的欧洲，主要用于控制日益增长的公共支出。尽管当时所有国家的公共部门和当前相比都小得多，但也已经发展到需要正规程序分配和控制政府支出的程度，这些程序被规则化就形成了预算制度。预算自产生起就被定义为一套重复使用的程序，每年很少或几乎完全没有变化。年复一年，政府就是依靠这种方法在各个机构之间分配资源并控制每个机构的支出。预算就是将与公共财政有关的规则制度化、常规化，正是这一特点将预算与国家计划和内阁政策决议等其他影响公共支出的政府行为区别开来。

一般而言，不同国家的预算制度会存在一些差异，政府通常会有其独特的预算决策程序和方法。在预算机制产生初期，无论采用何种形式的政治管理框架，各国政府主要以编制法律条文的方式将预算程序定义为所有政府部门都必须遵守的程序规则。经过多年发展，虽然很多基本原则也在不断完善，但这种方式仍有非常强的持久力。这些原则包括全面性（预算应该包括所有收支）、准确性（预算应该记录实际的交易事项和资金流动）、年度性（预算应覆盖一个固定的时间段，一般是一个财政年度）、权威性（公共资金应根据法律规定执行）以及透明性（政府应及时发布预测支出和实际执行的相关信息）。

预算原则通过具体的程序规则实施和执行，这些规则详细说明了预算范围、预算内容、预算特殊程序的具体办法和时间表，以及公共资金支出前的授权流程等等。每条原则背后都有正式规则，这些规则由政府中央财政部门和支出单位的预算管理员具体执行。这些长期积累下来的原则和程序组成了预算的常规程序。

预算的常规程序意味着如果预算程序合理，其结果也应当正确。换言之，对结果的评判应基于产生这些结果的程序，而非独立的标准，也即只要预算程序正常运行，结果就是正确的。例如，如果预算是全面的，而且所有预算申请都按统一的时间进度提交并被接受，那么分配到部门或项目的支出就应该是合规并且有效的。预算的常规程序并不关心预算结果会如何，例如是否会预算平衡或预算赤字，支出规模是持续扩大还是相对稳定，规范化的程序对预算执行结果本身并不关心，例如是否预算平衡或赤字，预算优先项目是否被冻结，或者是否有重大的再分配等。预算的常规程序在政治上中立，同时也能包容左翼或者右翼中央政府。根据预算的常规程序原则，实际的预算结果很有可能会随着政治或者经济环境变化，由于不同政府所处的政治和经济环境不同，因此预算结果也会存在差异。预算的正当程序与诉讼的常规程序类似，在诉讼的常规程序中，如果当事人严格遵循适当的司法程序，那么作出的裁决就是必须接受的合法结果。预算也有同样的思维逻辑。

预算的正当程序在国际机构中发挥着积极但是有限的作用，它们可能会推动预算管理和预算实践的改善，例如，它们可能要求预算包括所有公共支出，特别基金和账户也不例外，或者会坚持要求精确的预算数据和严格的控制，以确保预算能够严格按计划实施，但从政治角度讲，预算的正当程序能发挥的作用很有限，因为它无法阻止本国政府制定特殊政策。国际咨询机构可能会向寻求咨询的政府发出警告，防止赤字过大，或者推动它们调整预算资金分配，但它们的主要任务还是对完善预算机制提出建议，只有当类似国际货币基金组织（IMF）之类的国际机构在提供财政援助时附加一些强制性条件，并且这些条件与赤字规模等财政结果有关时，国际机构才可能发挥更大的作用。

预算的常规程序鼓励政府把控制和管理公共支出划归中央。中央政府需要采取强有力的举措来确保预算的全面性，确保所有的预算单位都服从预算规则，严格按预算进度执行。中央集权在预算程序推进中主要通过统一性来实施，所有预算单位都必须采用一致的形式、一致的时间表以及一致的步骤来实施预算，整个过程中不鼓励预算单位的特殊性和例外性，否则可能会影响预算常规程序的执行。

预算的常规程序强调预算是一个独立过程，预算有其自身的模式和任务，与其他管理实践无关。几乎所有政府（最小的政府除外）的预算过程均由一个中央机构操作，它负责制定规则，监督规则执行，编制预算并控制支出。某些预算机构还承担额外的管理责任，但预算是它们的基本职责，而且预算决定了它们在其他管理工作中的位置。中央政府更多地在寻求放大预算的权力，形成对预算支出单位更大的影响，而不是将预算仅仅视为管理工作的一部分。

预算常规程序的内在缺陷

预算的常规程序非常有利于规范预算管理机制。首先，它建立了政府部门实施财政控制的基础；其次，它力求财政信息准确、一致和及时。这些和预算常规程序的其他要素构成了公共支出管理的基础。如果预算的常规程序遭受重大破坏，政府就无法对财政支出进行有效管理。但是，如果预算的正当程序会系统性地导致人们不希望的或者是负面的财政结果，那么预算的正当程序作为公共管理的基础也是不够的。

从近年来发展中国家和发达国家的财政表现来看，好的预算实践也会在受影响的国家产生具有争议的财政结果，有时预算机制也会被外部观察员认为是无效的。数十年来，国际机构一直在帮助发展中国家建立强有力的预算制度，但是当预算管理改革实施后，财政结果依然与之前一样不尽如人意。虽然它们强调国家的贫穷和财政结果不佳有很大的关系，即使这个原因确实存在，预算的常规程序改革是否真的能够使财政结果发生改观仍需要质疑。预算改革内容通常会包含预算过程创新、将预算外资金重新划入预算内、加强预算支出控制以确保预算可以按计划执行以及实施新的会计制度以提供及时、可靠的信息。但是预算改革本身并不能确保改善穷国的财政结果。如果资源匮乏是导致不利预算结果的根源，那么在预算改革的同时提出相应的改进措施，则能达到更实际并更可实现的预算结果。

发达国家更容易出现令人满意的财政结果，因为它们不会受到困扰发展中国家的资源匮乏因素的影响，一些发达国家的财政结果并不值得夸耀。在过去 20 年中，许多发达国家在经济形势疲软时出现赤字增加的情况，并且在经济复苏以后，赤字仍然继续存在。许多国家的预算体制僵化，政府几乎没有机会按照需要的优先次序调整财政支出。相对于私人部门，许多国家公共部门运行效率低下。当然不排除也有一些成功案例，这些会在接下来的第二章阐述。

战后几十年中，当国家的经济增长速度比近年来的增长速度明显快时，更容易出现令人满意的财政结果。当财政资金充足时，政府安排更多财政支出不会诱发预算赤字警告；可以充分满足新增加的必要支出项目，而不需要从旧的财政支出项目中抽调资金；可以通过增加财政投入来改善公共部门工作效率停滞不前的状况。但是，当财政资金紧张时，公共支出管理的缺陷就变得非常明显，并且让人难以忍受。赤字问题会不断发出警告，因为增加的收入无法弥补这些赤字，并且国民也会抵制增税（面对着没有增加或正在减少的可以自行支配的收入）；财政支出结构调整困难，旧财政支出项目无法压缩，新财政支出项目又没有资金安排；低效率迫使国民收入从私人消费转向公共消费。经济不景气时期有所不同的可能不是政府的表现，而是国民对政府表现不佳的认识或感觉。

为什么好的预算程序可能会产生不好的结果?

我们需要思考一个关键性的问题，为什么预算的正当程序会产生负面的预算结果。如果说健全的预算程序是公共支出管理必不可少的要素，那么为什么不能确保预算结果令人满意呢？对这一问题的探讨引出了公共支出管理与传统预算程序的一个重要区别。传统预算程序具有以下特征：预算决策的时间、形式和方法，预算涵盖的内容等。这些规则并不一定会充分考虑预算参与者的利益和行为。事实上，看上去好的预算程序有时还会产生不好的动机，相应导致不好的预算结果。例如，要求进行全面预算的规则可能会遭到设立预算外资金或其他违反财经纪律行为的破坏。因此，将财政支出结果与产生这一结果的预算程序独立开来进行评估非常重要。公共支出管理强调预算动机和激励管理，也是传统预算的非正式因素，即预算利益相关方的行为以及他们的行为如何受到预算规则的影响。

从财政支出管理的行为维度考虑，必须检视申请财政资金或控制财政资金管理的行为动机、可获取的相关信息，以及赋予这些部门的组织职能。正是因为这三个方面，强调流程的预算正当程序有可能会产生不利的预算结果。

动机

各部门都从自身利益出发申请财政资金，但是它们集体行为的结果可能并不能代表它们的利益。这个“共同悲剧”的原因在于无所不在的预算管理机制。共同利益——无论它是以土地、金钱或其他任何共有价值的形式出现——通常都有三个基本特征：有限的资源、众多资金需求者、过度使用就会耗尽。尽管使用者的集体利益是对共同资源限量分配使用，但是对于每一个资金使用者来说，都会从他的个人利益出发希望尽可能争取更多资源。在预算过程中，每个部门都希望政府保持良好的财政状况，但每个部门又都从自身利益出发希望尽可能多地争取资源。因为没有一个单独的财政支出机构需要对财政支出总额负责，所以它并不认为是自己破坏了政府的财政能力，然而个体财政支出机构的行为汇总起来就可能导致这种结果的出现。

预算的正当程序只是规定了预算程序，并没有解决财政支出总额问题。传统的预算规则将预算过程结构化，因此，财政支出总额通过支出申请者之间的竞争结果最终决定。只要竞争全面（无预算外支出）、公平（无指定基金）和权威（无不正当支出），结果就被认为是正确的。但是假设竞争变成了共谋（申请者通过互投赞成票的方式达到目的）或分裂（各申请依次做出决定，在预算的各个不同部分之间几乎没有互动或摩擦），那么预算的正当程序就无法保证产生令人满意的结果。各个支出机构不需要战胜竞争对手，而是通过相互串通从共同财富中得到更多资源，最终结果将导致财政支出总额增加。当这种情况发生时，财政纪律就被削弱，而预算总额则会被个体的财政支出决策所控制。

这个“共同”问题还会削弱财政资金的分配效率，因为它阻碍了申请者提出将资源从优先级较低项目转向优先级较高项目的分配要求。支出机构通过要求增加资金分配，而不是提出将资金转向更有效的用途来获得更多资源。尽管它们希望预算分配能反映出政府的战略目标，但它们还是会理性地拒绝放弃已经获得的资源，这些资源是通过交换参与重新分配的竞争机会获得的。如果没有预先得到保证将来会分得多少预算资源，提出重新进行分配就意味着要承担资源损失的风险。

理性行事的预算制定者也会导致预算运作效率低下。正式的预算规则会强调遵循与控制，而不是管理的主动性和表现。这些规则包括：只能根据法律授权安排的资金；将支出分项目设置并且与预测和其他预算文件保持一致；确保在采取需要财政核拨资金的行动（如雇用人员或购买设备）之前获得批准；所有未用完的财政资金在财政年度结束时失效。这些规则与其他规则会因支出不足（而非表现不佳）对管理者作出处罚，从而刺激管理者去寻求更多资源，即使这些新增资源可能并不会带来更多产出。

信息

预算结果不仅受到动机的影响，还受到政策制定者和管理者在财政资金支出方面所获取信息的影响。与共同财富一样，信息也是一种有限资源，这不仅是因为搜集并分配信息需要花费成本，而且还因为在压缩的预算表中能够产生或考虑的信息量非常有限。在当代预算的行为环境中，信息缺乏和信息不对称十分普遍，即使那些有先进财政支出管理制度的国家也是如此。这主要归因于两个相关因素：生产并传递相关信息须花费成本；信息生产者（代理人）对信息使用者（主体）存在信息优势。

预算分配和执行效率取决于能否获得充足的项目和操作方面的数据。但是在世界各国，人们对于项目信息的了解很少，无法满足进行最佳预算资金分配的需要。同样，对于产出的数量、质量和成本的了解也很少，无法满足预算资金有效运作的需要。在预算编制过程中需要处理大量信息，但大部分信息描述的都是正在执行的项目和明细项目的资金投入。即使在项目和支出数据与预算一致的情况下，它们也很少会成为预算决策的基础。因此，预算资金投入的增量很少会与预算产出结果的增量直接联系，资金也很少会在评估结果的基础上明确地由效率较低的项目转向效率较高的项目。

决策者为什么没有适当信息以做出有效的预算选择呢？部分原因是预算机制的结构导致信息缺乏和信息不对称，因为它导致高级别管理者（在部门总部或政府核心）需要依赖中低级别部门获取信息。项目支出者（项目执行官员及部门管理者）比高级别决策者更了解项目及其运行情况。因此，项目支出者有机会通过提供对自己有用的信息来“控制”预算决策者做出对自己更有利的决策。相对于对预算分配拥有名义上权力的决策者，项目支出者也会更了解资金是否发挥作用、资金实际使用情况、项目受益人的利益和力量以及其他因素。而且，他们几乎没有任何动机就项目和操作问题向决策者坦诚地提出建议。中央预算制定者经常会通过委托专题研究和分析、改变年度预算决策的信息规则，以及强化自身监督和评估预算结果的能力来纠正信息不平衡的问题。这些弥补措施在短期内可以起到一定的作用，但是随着时间的推移，项目支出者又会找到反制措施和对策来恢复他们的信息优势。

正式角色

在预算的正当程序中，中央财政部门有正式的权力来决定所有事务——从预算总额到独立的支出项目。这种中央集权加剧了预算制定者与预算支出者之间的对立关系，诱发后者截留或粉饰信息，以便在面对面的对立关系中取得优势。当这种情况发生时，中央政府保留的正式权力被削弱，中央财政部门需要从运行机构收回有效资源或重新分配。

当代公共支出管理

当代公共支出管理仍然关注预算过程，因为预算程序规则会对财政支出结果产生重大影响。公共支出管理认为这些规则实质上并非中立，它们会影响三个重要的预算结果：财政总额、财政支出结构和政府运行效率。公共支出管理目标在于发现更适当的预算程序规则，提高实现更好的财政结果的可能性。预算管理机制中影响支出结果的关键要素有制度安排、可能用于制定和加强支出决策的信息类型、使支出者和控制者按促进预期效果的方式行事的激励措施*、实质性的事前预算规划发布和实施，以及事后预算结果的会计责任。公共支出管理的这些要素在接下来的章节中运用，主要为了实现现代公共支出管理的三个基本目标：加强财政总额控制，根据战略优先性分配财政资金，提高财政资金使用效率。

首先，财政规定要求有效控制预算总额：总收入、总支出，以及两者之间的平衡。当总额控制有效时，这些结果就是遵守纪律而非适应性的，它们更多的是政府从财政总额角度明确且强制执行的结果，而非对预算强大需求的汇总。其次，公共支出管理还追求分配效率——项目支出组合应反映

---

* 激励措施受制度安排影响或因之产生。事前规划和事后产出问责制是制度安排的例子。

政府优先项目的变化以及可供选择的支出项目相对有效性的评估结果。分配效率取决于根据公共政策目标的变化，将资源从旧项目转向新项目，以及从生产率较低用途转向生产率较高用途的能力。最后，公共支出管理寻求管理运作过程中的效率，即通过生产力的提高，不断减少政府机构的运行成本和服务的单位成本。

尽管学习传统预算的人对这些术语可能不太熟悉，但是这三个目标却代表着预算普遍存在的任务。每个国家的预算制度都会产生预算支出总额、阻碍或促进分配效率，以及产生更高或者更低的运作效率。政府追求这三个目标的方式将现代公共支出管理与预算的正当程序区分开来。

财政总额控制

财政总额控制要求支出（和其他预算）总额在对预算的各个部分作出决定之前就已经确定，并且独立于预算的各个部分。否则，支出总额将不可避免地增加以满足支出需求。财政支出总额必须坚定地明确——应当是硬约束而不是软目标——而且必须贯穿在支出发生的整个财政年度内强制执行，而不仅仅在预算编制期间。另外，预算总额必须在中长期的时间跨度内相对稳定，从而使政府能够维持其财政政策和财政工具。表 1. 2 列出了财政总额控制的基本要求。

财政总额控制解决的是收入和支出这两个变量之间相互作用的问题。从某种有限的意义而言，一个政府即便在支出（以实际支出额或者在国内生产总值中所占的比重来计算）连年增加的情况下，只要这种增加与收入增加相匹配，就可以说是维持了财政制度。但是，从更广泛的意义上说，要保持财政总额控制必须强制实行支出限额，无须保持收入增长。

实现这个目标的一种方法是将支出总额限定为国内生产总值的一定比例；另一种方法是设定支出总额的绝对限额（以一定数量的货币来表示）；第三种方法是明确说明与上年支出额度或基线相比，支出总额被允许增加的最大限额。如果不控制支出总额，支出目标很可能会妥协，政府可能会通过增加税收或出售资产而不是限制支出来获得期望的财政目标。

表 1.2　　实施财政总额控制的制度规定

规则	在个别预算考虑之前，建立对支出总额的限制（在某些情况下也包括部门支出总额）。汇总后的支出总额一定要与这些限额保持一致。这些限额可以用多种形式来表示：货币数额，相对于国内生产总值的比例，增减比率或者收入减去支出后的余额，等等。这些限额是为中期财政计划（3—5 年）设定的，而预算决策在中期支出框架内做出。
任务	强有力的财政部被授权执行预算总额，与预算支出部门和内阁展开双边谈判。财政部是记录各支出部门预算影响及预算行为的官方记分员。在实施预算的过程中，它可能会干预或者阻止（或通报政府）有可能导致财政总额被突破的行为。
信息	中期财政支出框架提供了衡量政策变化对预算影响的基线，在预算规划过程中，信息的提供以基线变化为基础。在实施预算过程中，需要监督支出情况以确保与财政总额一致。

预算的正当程序采用传统的自下而上的过程。政府通过反复的预算程序由各支出部门提出预算申请，财政部门对各部门的预算申请进行审核，比较不同申请的相对价值，否决某些申请，并决定预算支出的数额。某些国家政府通过设置一个尝试性的目标开始预算过程，有些是支出总额，有些是特定支出单位可以申请的数额。但是这些限制往往约束性不强，它们只是临时性的措施，经常会在额外的资金需求压力面前做出让步。

软性的财政目标在战后的凯恩斯主义时期非常盛行，那时许多国家政府放弃了固定不变的预算规则（如预算平衡原则)，转而支持更加弹性的目标以应对经济环境的变化。它们也是国民支出结构基本变化的副产品：公共消费和投资相对较少，补贴和转移性支付相应增加。这种组合模式完全服务于凯恩斯主义的目标，因为与数额通常要受到限制的消费和投资支出相比，补贴通常是开口的，其支出金额可以不断增加以满足所有得到法律认可的要求。这个特点使补贴成为稳定器和安全网，可以对经济环境的变化作出动态和快速的反应。

回顾过去，软性财政目标和公共支出的构成变化对推动战后西方国家公共支出占国内生产总值比重的上升起到了明显的作用。但是，面对长期的预算赤字和结构性经济疲软，许多国家已经逐步退出了凯恩斯主义的需求管理，转向固定的财政目标。马斯特里赫特标准规定预算赤字不得超过国内生产总值的3%，就是这一趋势的一个重要表现。公共支出管理与这个趋势一致，但它的目标是控制支出总额，而不仅仅是预算净余额。

对财政支出总额的限制到底严格到什么程度呢？很可能并没有达到倡议者的期望，但也不再是过去的软约束了。事实上，它们不可能做到真实意义上的严格，因为当代政府不可能再回到几十年前公共支出主要集中于消费和投资而不是转移支付的时期。发达国家和发展中国家都不可能在经济衰退和其他经济打击对预算造成不稳定影响时置身事外，因此，政府是否有能力在一个比中期更长的财政计划（3—8年）保持严格的财政限制仍是一个值得讨论的问题。很少有国家做过这样的尝试，当然取得成功的国家更少。财政总额控制面临的真正考验是在收入下降和经济低迷导致公共支出增长和更高赤字压力时期能否继续保持。

但是在经济状况良好时期，财政总额控制也面临考验。在经济繁荣、税收不断增加的情况下，政府往往要承受更大的增加支出的压力。在这个时期，严格的财政总额控制可以加强政府抵制新增支出要求的决心，从而可以减轻周期性经济衰退对预算的影响。

稳定但不僵化，坚决却不顽固——这就是公共支出管理在预算总额方面采取的姿态。如果能够实施有效管理，即使政治上或经济上无法抵抗的外力削弱了财政总额制度，与不进行总额限制相比，公共支出管理也会减少赤字，降低财政支出总额。

分配效率

如果不控制支出，没有一个国家的政府能够有效地控制预算总额。如果政府不控制支出，那么预算部门的压力会迫使政府超出预算总额支出。

总体与部分之间的紧张关系在预算过程中普遍存在。如果没有严格约束，总体就是各个部分的总和；如果存在约束，只有在部门的压力服从于财政总额的情况下，财政支出总额才能保持不变。公共支出管理尝试将总体与部分之间的竞争关系，从财政部门与支出部门之间的对立关系转变为财政总额控制下财政部门与支出部门之间的受托关系。提高分配效率的主要制度规定见表 1.3。

预算的正当程序认为对部门支出的控制取决于所有部门申请预算时相互竞争的过程。如果预算是全面的，那么正如预算的正当程序所要求的，中央财政部门就可以权衡各种预算申请，建立不同预算申请的优先次序，并据此分配资源。这种方法从逻辑上看似乎完美，但实际操作过程中却经常难以实现。如果各支出部门与财政部门的利益对立，支出部门会有很多的预算理由来获得它们想要的大部分资源，不论是在正常过程的范围之内还是通过破坏某些规则，支出部门都能够绕过预算护卫者，逃避控制，向政府施加压力，要求其增加税收而不是减少支出，并迫使政府接受增加预算而不是重新分配的结果。

表 1.3　　提高分配效率的制度规定

规则	支出限额为各个部门或部门组合设立，政府鼓励部长们在这些限额范围之内实施再分配。再分配申请只能建立在两个基础之上，一个是项目有效性的评估结果，另一个是评估政策举措的计划。
职能	中央政府的强大能力，确定国家优先事项和目标，并使跨部门分配与其中期支出框架一致。各部部长必须拥有广泛的权力使其能够在职责范围之内实施重新分配，并接受内阁或国会的审查。
信息	部长们与管理者们获取和接收项目实际或者预期的有效性、正在实施过程中的计划、预算项目和政策目标所产生的社会结果的相关信息。他们同样也能获取与所授权和提议的预算行为的支出影响有关的信息（相对于中期框架而言）。

在过去 30 年中，民主国家政府一直在设法用多种方式来抵制预算规模的扩张。一种是将预算与计划预算制或计划项目预算制（PPBS）之类正式的预算优先顺序设置程序联系起来；另一种是指导支出单位直接编制零基预算。但无论在哪里，这些方法都未能有效加强预算的战略性再分配或削弱财政支出总额的增长。尽管每种改革都有内在缺陷，未能取得成功的共同原因在于它们使中央财政部门和支出部门的信息处理量超载，以至于无法有效处理，它们加剧了中央财政部门和支出部门之间的预算冲突，而且还刺激那些可能因再分配而受到资源损失威胁的部门采取对立措施来维护自己的利益。

只有当信息需求能有效管理、预算冲突减弱、支出部门不再破坏预算优先次序的设定和预算实施过程时，分配效率才能得到提高。公共支出管理通过将重要的再分配责任转移给各个部长和官员来促进这些条件的形成。公共支出管理没有让中央财政完成所有再分配工作，而是将很大一部分责任转移给了政治家和管理者。政府仍需对跨部门的需求竞争作出裁决，也就是说，它必须决定在预算范围之内应该给每个主要部门或部门组合分配多少资源。履行这一职责需要政府拥有强大的战略能力，能为每一个部门或部门组合建立财政支出子目标或预算项目优先次序。政府作出了广泛意义上的跨部门决议之后，它就可以把大部分的再分配任务留给各个部门管理者。通过这种方式，政府就可以推动支出部门管理者和部长们共同实现分配效率。

在这个放权的环境下，战略目标和优先事项上的重大决策仍然在中央制定，但这些仅代表预算编制过程中项目决策和再分配的一部分。对项目的大多数调整，包括削减，由负责的部长或他们的管理者提出，而非由政府在整体上提出或那些运作预算机制的人。这种权力下放机制可以：（1）减少信息需求；（2）将预算集中于重大的政策问题；（3）减少预算支出部门和财政部门在细节问题上的冲突；（4）激励受到影响的部长进行再分配而不是抵制支出转移。这种机制可能比中央财政部门进行再分配的效果好。

这个结论初听上去似乎有些反常。为什么在财政支出总额不变的情况下，将再分配职责分散到各支出主管部门就可以更有效地实现分配效率？原因是当重大的再分配发生时，仅有中央财政要求各部门实施再分配的压力是不够的，必须使各支出部门产生愿意合作的强烈动机。公共支出管理拒绝给各支出部门增加资源，尽管公共支出管理要求并委托他们完成大部分再分配工作，鼓励各支出部门重新审视自己的项目组合以节约资金。根据再分配的范围及政策影响，在某些情况下，支出部门只有在获得政府同意之后才能实施再分配，在另外一些情况下，则可以根据自己的主动性实施再分配。

为了推动公共支出管理促进再分配，必须在政府的全部预算范围之内给部长和管理者们设定支出限额。此外，预算决议必须在可以强制执行再分配规则并阻止逃避的框架内进行。本书的第四章描述了这一框架的要素。它们包括多期预算计划、未来授权支出的基线项目、评估项目相对价值的能力，以及衡量所提议的再分配的预算影响的计算规则。如果没有这些要素，下放预算支出责任就会形成严重侵蚀支出控制的风险。

运作效率

预算最古老的目的之一就是通过控制支出项目，以及政府机构各种购买支出，包括雇用人员、补给、设备等，来节约政府的运作费用。实施这种控制的传统方法是由支出部门的管理者分项说明购买的每一类物品需要花费的成本，支出单位在雇用人员、购买物品，或者采取其他需要花费公共资金的行动之前必须得到中央财政部门的同意。随着时间的推移，许多政府已经将分类的明细项合并为范围更广的类别，建立了内部控制制度，赋予支出单位管理者在使用核定拨款时更多的自主权。但是在许多国家，预算管理还是关注在各种各样投入的资金数量上。

对财政投入的控制阻碍了运作效率，因为它无法激励支出单位节约资金，并且也未能将支出资金的额度与实现的产出联系起来。因此，许多表面上看起来严格进行支出控制的政府已经受到“相对价格效应”的困扰，也就是公共部门价格上涨速度超过市场经济价格上涨速度的趋势。由于过度关注资金投入造成的生产力停滞不前，使得政府除了给支出单位增加更多财政资金以外几乎没有其他选择，否则公共服务的提供就将受到影响。

在西方国家，几十年来对财政资金运作效率的侵蚀一直被补贴支出的增长掩盖。一直存在这样的假设，因为政府消费在公共支出中所占比重始终在下降，那么就意味着其他方面支出在上升。而且，政府常常会用“消费支出可控”的观念来安慰自己，它们可以（而且经常）削减用于人员和其他项目的资金数量。尽管存在周期性的经济驱动和名义上对支出的控制，大多数国家的公务员在就业劳动力中所占比重与其他运行支出一样，一直都处于增长状态。

公共支出管理通过将支出控制的关注点从资金投入转向产出（预算执行结果），以及运行资源的分权化管理来提高运作效率。目前，公共管理改革的这些关键特点正在一些西方国家实施。

公共管理改革围绕着一个概念，也就是支出单位的管理者应当被赋予安排和使用资金的自由，而且要对财政资金运行结果负责。

推动提高运作效率的制度安排包括控制运行成本、使用效率红利、通过全面削减财政支出促使管理者提高效率，管理者在如何使用运行成本、设置产出目标以及对业绩的审计或评价方面有更多自由。在追求运作效率的过程中，政府必须关注潜在服务提供数量或质量的下降，这是它们强调产出衡量、服务质量和业绩评价的原因之一。表 1.4 详细说明了提高运作效率的制度规定。

表 1.4　　提高运作效率的制度规定

规则	政府运行成本的资金有限，但是支出单位在决定如何使用这些资金方面被赋予了更广泛的自主权，包括（在某些国家）可以决定将未使用资金延续到下一年或提前支取下一年运行成本的一小部分。运行成本不断地按照比例减少，这一比例等于预期效率收益的全部或一部分。

续表

职 能	授权强有力的部门管理者在固定限额内决定运行资源的组合。运作自由下放给基层管理者，包括那些现场或区域办事处。
信息	事先说明预算产出，并将实际产出与目标比较。成本分摊（最好以权责发生制为基础）给相关活动。财务和组织绩效信息在年度报告和其他文件中公布。

重构预算制度以提高公共支出管理

提高公共支出管理涉及对预算制度的改革，包括改变财政部门和支出部门承担的角色，申请、分配并使用财政资金的规则，以及他们可以获取的信息。如果不进行制度变革，就不可能期望以自身利益驱动的政治家和管理者的行为发生变化，他们会继续从国库中申请更多财政资金、拒绝进行再分配，并在使用预算资金的过程中几乎不考虑效率。

如何使政治家和管理者改变其行动可以归结为动机问题，要推动他们有强烈的愿望遵守支出限额，而且愿意将资源转移到优先级更高的项目，同时按照更加有效的方式对运作过程重新安排。通过改变规则、职能和信息，公共支出管理试图改变预算制定者可能的动机。表 1.2、表 1.3 和表 1.4 对这些变化进行概括，之后的段落对这些变化进行解释。

财政总额控制

在许多国家，财政总额控制一直被以自身利益为出发点的支出部门削弱，因为他们可以通过从公共财富中攫取更多的资源继而获益，同时只承担部分成本。正如表 1.2 所示，公共支出管理通过设置强制性规则来限制所有支出单位可以申请到的财政资金总额，试图去弥补公共资源问题。这种解决方法与诞生于中世纪英国的方法有些相似，那时英国将公共土地围起来，放牧受到限制。在公共支出问题上，总额限制虽然不能僵化，但也必须保持稳定，必须建立起不易被预算私利或政治上的反复无常所改变的规则或标准，通过改变财政部门与支出单位之间的预算权力平衡来加以实施。

财政总额控制可以通过标准或目标的形式来设置，例如财政支出在国内生产总值中所占比重或赤字规模的最高限度，同时还需要建立对公共债务、公共支出增长率或税收负担的限额控制。为了让限额控制发挥作用，这些限制必须具有约束性，不能仅仅只是满足所有财政资金申请的需求，也不应在财政资金的强劲需求超过预先设定的限额时就对它们进行调整。然而，在政治、经济生活中发生不可抗力变化的情况下，政治家面临突破总额限制的巨大压力，绝对严格的预算总额限制很可能无法实施。但是在正常的情况或适度的财政压力条件下，总额限制应该可以实施。在这些情况下，年度预算限额驱使各支出单位在事先决定的预算总额或者（在某些情况下）部门总额范围之内相互竞争资源。如果一些申请者获得了更多资源，另一些申请者获得的资源就要减少。

预算规则无法自行实施，同时，在支出单位处于比财政部门有利的地位时也无法实施。事实上，许多国家的预算历史中曾发生过多次总额限制无法发挥作用的情况。财政总额的有效限制要求加强中央财政部门（在财政部或类似机构之中）的作用，以便能够在预算规划或实施过程中有权阻止那些会导致超出预算限额的支出行为。中央财政部门必须足够强大，以便即使在面对支出单位的反对时也能够执行预算总额。但是，在加强总额控制的同时，财政部门可能选择将某些传统上由财政部行使的权力（如人事权或采购权）下放给支出单位作为权宜之计。做出特定支出决议的责任下放给各部部长或项目管理者将可能会减少财政部门必须与支出部门讨论的问题数量，减少预算冲突和交易成本，从而有利于促进财政总额控制的实施。

如果缺乏预算状况和支出需求对将来预算总额潜在影响的及时和准确信息，中央财政部门将很难发挥作用。公共支出管理发现信息供给的不对称会破坏预算总额和支出目标的实施。当支出部门比财政部门更了解正在实施的项目的政治力量、预算影响及政策措施时，他们可能会保留信息或提供错误估计。为避免这种可能性，中央控制者自身需具备预测支出项目中期成本及其对预算基线影响的能力。使用这些信息，中央控制者成为预算过程的权威记分员，决定特定支出需求是否符合已批准的中期支出框架。

有了适当的规则、功能和信息后，预算的竞争性会增强，不易被支出需求左右。由于规则与限制预先设定，在考虑预算申请之前，中央控制者在他们与支出者之间固有的对立竞争中有一定优势。如果规则按预期运作，政治家们在规则限定额度内支出，而非尽可能多地从公众汲取。但这仅仅是假设，因为政治家们很可能不会遵守他们自己制定的规则。在本章结论部分，我们认为政治家制定的规则可以具有效力。政治家们能够约束自身，尽管规则不可能在所有情况下得到执行。

分配效率

实施财政总额控制对分配效率而言“喜忧参半”。一方面，它可能会迫使旧的或新的申请者在部门内部或跨部门进行资源竞争；另一方面，财政约束使得为新的优先项目提供资金变得更加困难。究竟是第一种结果还是第二种结果占据主导，取决于是鼓励还是妨碍再分配制度。表 1.3 列出了与分配效率相关的主要规则、任务和信息要求。

有效实施再分配需要具备以下几个条件：首先，从职责看，政府及其中央机构应对中期及（在适当的情况下）中长期战略指南和设立主要优先项目和新项目负责，各部部长和支出部门应该负责在政府设定的战略框架内确定项目优先级。其次，预算规则应该鼓励再分配，政治家们可以在部门内部进行资源转移，而不必担心会导致他们承担失去资源的重大风险。这个条件是非常必要的，因为如果支出部门在试图将资源从原用途转向新用途的过程中处于不利地位，他们就会暗中破坏再分配。项目成本和有效性的信息对于再分配也是非常必要的，再分配必须在财政部门能够评估支出转移对预算总额和（在适当的情况下）部门预算限额影响的情况下进行，同时鼓励支出部门的部长们评估项目的相对价值。最后，支出部门应该对项目结果负责，否则，政府就无法有信心保证再分配与其战略目标保持一致或再分配能够提高分配效率。

运作效率

预算的传统规则给了以自身利益为出发点的管理者们强烈动机，他们会用光所有可用资源，即使结果反而是削弱了组织的运作效率，这就是所谓的“使用资源或者失去资源”的态度，这种态度会影响组织的管理者。管理者通常会假设，如果他们不把今年的预算全都用光，明年他们得到的预算资源就会减少。管理者认为他们在被控制的环境中开展工作，他们雇用人员、购买物品和作出其他决议等支出都受到外部人员的监控，因此他们采取行动之前必须取得外部监督人员的同意。而且，支出单位也无法继续保留未使用的资金。最后，可能也是最重要的一点是，对管理者的业绩评价通常都是基于其对程序规则的遵从情况，而不是基于他们的产出或运作效率。

运作效率取决于管理者是否愿意采取措施减少运行成本或提高产出数量或质量。外部控制者可以创造条件来推动运作效率的提高，但他们无法强制进行改善。相反，提高效率的动机必须来自管理者自身，在环境和条件允许的情况下，他们会被引导采取更高效的行动。

最重要的条件是在要求管理者对产出的成本、数量和质量负责的情况下，需要赋予管理者运行项目时更广泛的自主权。关键性规则的改变给了管理层在使用预算资源时更大的弹性空间，包括有机会保留一部分效率收益，以及将未使用的资金转移到下一个财政年度。这些规则还应当要求运作成本有现金限额，这样管理者就不能在年内要求追加资金。这些规则的改变必须伴随着部门管理者和外部控制者在职责和关系上的调整。在新的制度安排下，财政部门应详细说明业绩目标并监督结果，而运行管理者有了更多可以最优化使用预算资源的自主权。

提高运作效率要求有大量关于产出预算结果的成本的最新信息，这种信息需求会促使一些政府采用权责发生制会计，改进部门的成本核算和分配制度。同时，它还需要事前对产出和服务目标进行详细的分类说明，发布年度报告对目标业绩与实际业绩进行比较。

整合公共支出管理的各项要素。在一个不受限制的环境下，政府可能会致力于对公共支出管理三要素的同时改善，尽管由于改革公共机构的政治与经济成本原因，这种做法会非常困难。实施总额限制和将资源转移到优先级更高的项目需要政治利益和支持，同样克服官僚或立法机关不愿赋予支出部门资金运作自主权的情绪也需要政治上的支持。因为需要发展并维护新的报告和控制体系，遵从成本也会很高。考虑到各种各样的成本，政府倾向于强调一至两个公共支出管理目标，而非所有三个目标。例如，澳大利亚追求的是聚焦于改善政府内部资源分配的改革策略，而新西兰则聚焦运作问题。

然而，公共支出管理三个目标之间重要的相互作用可能会迫使某些国家的政府在三方面同时努力。当政府改进了分配（相应减少了新优先项目所带来的额外支出压力），并从机构运作中节省出浪费的资源，相应降低运作成本时，政府维持财政约束的压力就会有所缓解。此外，财政总额的强大约束可能会说服政治家们通过再分配为新的优先项目融资，它们可能会推动管理者通过提高生产率而不是寻求追加资金来完成工作量。

分配与运作问题之间存在内在联系。一个管理运作上松懈的政府不可能实现资源的最优分配，反之亦然。一个致力于项目改善的政府可能会设法削减日常开支及其他运作成本，从而为政策措施留出更多可用资金。因此，随着时间的推移，追求一个公共支出管理目标的政府可能会扩大其改革议程，将其他目标也包括在内。澳大利亚在发起强调项目有效性的改革 12 年之后，也采纳了一些在运作方面的改进方法，例如权责发生制预算以及更严格的成本控制。另外，在运作改革走上轨道之后，新西兰也引入了新工具，例如可以升级政府建立并实施战略性优先项目能力的战略性及关键性结果目标。

随着公共支出管理不断成熟及新增的特点被嵌入原预算

实践，运行成本和其他交易成本很可能会增加。因此，在未来的某个时候，为了清除多余以及效率低下的规则或程序，可能会开始新一轮公共支出管理改革。如果没有周期性的巩固系统，上一代的改革成为下一代的常规，公共支出管理的最大特征（聚焦预算结果）可能会被妨碍结果的程序性规则弄得模糊不清。

新预算制度是否会带来不同的效果?

公共支出管理通过改变支出单位和财政部门的行为来影响预算结果。如果这种改变达到了预期效果，支出单位就会节约资源，分配者会再分配，管理者会执行而不仅仅是遵守规则。制度经济学中一个尚未解决的问题是，“游戏”规则的改变是否足以产生预期结果。如果没有规则，理性的支出单位很可能滥用公共资源。他们的支出将超过政府的承受能力，与新的优先项目相比，他们可能更喜欢老项目，而且采用浪费的方式运作。但是，如果支出部门（不论是政治家还是管理者）均以自身利益为出发点，他们为什么不可以违反或废除那些妨碍他们的新规则呢？那些倾向于满足选民愿望的政治家们为什么不可以违反或修改阻碍他们随心所欲支出的财政总额限制呢？而且如果他们真的决心保护现有项目并反对削减预算，他们为什么不利用自己的权力阻止再分配呢？换言之，如果需要规则是因为支出者想支出，那么当这些规则妨碍了支出单位做他们想做的事时，它们怎么可能有效呢？

如果预算结果没有经过一个或多个经济、政治周期的长期验证，我们只能推测以公共支出管理为导向的规则将如何发挥作用。争论可能会朝相反的方向展开：某些人认为游戏的新规则前景灰暗，其他人则可能更喜欢新规则。

首先来看一下认为会失败的论点。人们可能认为规则的变化会在短期内取得有益的效果，新规则可能会有新鲜感、获得大量的政治支持和关注，并且政治家也愿意配合新规则。但是，随着时间的推移，限制性规则会逐渐瓦解，因为支出压力的递延或者是因为政治家和其他人学会了如何骗过这些规则。随着规则逐渐变成惯例，人们对于实施规则的兴趣也在不断减弱，逃避规则的新策略也产生了，这些规则不是被中止，就是被某些事件超越。例如，严格的总额控制可能反而会降低生产效率，如果它推动政治家制定法律，采取预算外方式为他们想要的项目融资。或者在面对经济压力的情况下，政治家们可能会投票支持更多支出，忽视对赤字的影响。随着时间的推移，如果政治家和管理者学会了如何在评估和业绩衡量过程中“博弈”，分配效率就会下降。而且如果只是赋予管理者更多自主权，而不进一步要求他们为预算结果承担责任，运作效率也会削弱。这些未预料到的行为发生时，重新分配资金给战略优先和有效项目的努力可能会被口头上赞成再分配、项目评估、结果衡量和其他结果提升过程，实际上保护他们项目既得利益的支出者击败。而且，部门管理者可能仅仅是遵守新规则，而非追求更具生产力的结果。

当然，我们也可以从另一面来看待这个论点。改变规则和任务也可能产生积极影响，因为同样是支出者的政治家可能也会偏好谨慎的财政管理、有效的项目和高效率的运作。这就是他们能接受支出限额、新问责要求和其他限制性规则的原因。一旦这些规则走上轨道，政治家和管理者就会因为违反这些规则而付出代价。在引入注重预算结果的新规则之后，他们所面对的情况与实施新规则之前有显著区别。在他们偏离规则之前，有两个因素可能使他们三思而行：第一，因为公共支出管理规则基于结果，它们能够比程序规则更透明，违反规则会让他们付出更高的政治成本。第二，这些规则有强制实施者，某些情况下是中央控制者，也可能是法庭或国际机构，他们的工作是强制实施规则并约束违犯者。

从长期角度来看，“新预算制度是否会带来不同的效果?”这个问题的答案将取决于支出单位和财政部门、守护者和申请者之间的权力平衡。当基于结果的新规则被采纳时，控制者和守护者即刻被赋予权力。只要他们保持这个优势，规则就将造成不同。但是，如果由于经济、政治或其他发展，天平倾向于支出部门和申请者，这些规则就会失去效力。如果发生这种情况，政府就需要进一步做出制度上的调整，加强公共支出管理的目标，并且重新平衡支出者和控制者之间的关系。

第二章
发展中国家的公共支出管理

公共支出管理在所有国家都是一项重要但又困难的工作。发达国家和发展中国家的政府都面临压力，要提供超出经济或税收基础所能承受的资金。即使新的优先事项被认为更加紧迫，政府也要继续为旧项目提供资金，还要为运行效率低下的部门不断增加的费用买单。此外，许多发展中国家在管理公共财政方面面临特殊问题。因为它们的资源极其有限，所需的管理技术和信息累积不足，导致政府承受极大的财政支出超出支付能力的压力。而且它们的储备很少，无法抵御冲击或意想不到的困难。

本章基于这样一种观点，即贫穷的发展中国家面对的预算困境与富裕的发达国家的预算困境有着本质上的不同。前者采用适用于后者困境的方法可能会导致令人失望的结果。一般来说，发展中国家在保持财政制度并追求高效的预算结果方面会遇到更大的困难。他们对其预算安排的掌控能力较弱，而那些看似是宽松的支出管理造成的结果，往往是不发达的副产品。如果这一论点正确，它意味着虽然国家间公共支出管理的基本目标可能很相似，但发展中国家采取的道路与发达国家通常采取的道路可能有所不同。

在寻找二者在预算管理方面的根本差别时，我们必须首先明确发达国家和发展中国家的基本区别。发展中国家较为贫穷，而且人均 GDP 比发达国家低很多。由于贫穷，它们严重依赖资本流入；积压了大量的发展需求；与发达国家相比，市场交易普遍更不正规；它们在不稳定的财政环境中运作；许多公共部门也在非正式规则和关系基础上运作。

世界上超过 2/3 的国家是发展中国家，其中包括在生存线边缘挣扎的穷国和生活水平已接近发达国家水平的快速发展国家。本章所讨论的问题和趋势在穷国最为明显；当一个国家改善其经济状况时，这些问题就会减少。反之亦然：当一个富裕国家经历严重的经济压力时，它有时会表现得与发展中国家类似。

处于过渡期国家的情况喜忧参半。一些国家处于高级发展阶段，另一些则处于更早的阶段。一般来说，经济上处于过渡期的国家面对的经济问题与发展中国家普遍存在的问题有所不同。许多发展中国家公共部门的规模很小；而过渡期国家的政府相对于总体经济规模来说往往非常庞大。过渡期国家迫切需要建立现代化的公共管理机构；但随着公共部门的发展，它们无法选择建立现代化的公共管理机构。此外，它们不得不撤销在几十年的管理中运行的许多规则和制度。它们必须用转移支付取代补贴，解散国有企业，建立和管理新的税收制度，并建立促进强劲市场的监管机构。一些转型国家在 20 世纪 90 年代取得的进展确实令人瞩目，但另一些国家则落后，转型缓慢。但即使是最先进的转型经济体，在财政管理方面仍有许多未完成的工作。

发达国家和发展中国家之间的差异既促进又阻碍了改革。一方面，发展中国家可以采用经过多年演变、已被发达国家广泛接受的做法；另一方面，发展中国家面临的特殊问题可能使它们不适宜采用某些实践方法。而且，输出到发展中国家的不仅有经过实践检验的方法，也有创新的和试验性的实践方法。发展中国家的政治家和官员们有时非常愿意接受前卫的实践方法，其迫切心情与希望推销这些实践方法的改革者并无二致。当这种情况发生时，雄心勃勃的改革通常无法实现所承诺的结果。

关于穷国

表 2.1 列出了与穷国相关的各种问题，尽管有许多问题确实存在，但并不是每一个穷国都有表中所列的问题。将穷国的问题概括可以突出它们与富国之间的区别，并使人们能够理解为什么在一种情况下行得通的解决方案在另一种情况下却行不通。

贫穷意味着一个国家缺乏足够的资源以满足不断增长的需求和公共服务需要。在大多数情况下，这也意味着该国缺乏财政资源来支付所有正在进行的项目。国内储蓄不太可能填补当前收入和支出之间的缺口。许多穷国无法明确拒绝支出要求或削减公共支出，在可用资源范围内削减开支；它们批准的预算比它们在一年中实际打算花费的要多。隐蔽的削减使一些国家能够维持总体财政纪律，代价是损害预算信誉和削弱民主制度。当预算与实际执行情况不相符时，一些穷政府可能会想出其他方法来伪造账目，因为从没有披露实际或预期支出的预算到将公款用于私人收益的腐败预算之间仅一步之遥。

贫困也会给经济管理带来负面影响。贫穷的国家通常缺少足够的财政储备或弹性来缓冲周期性冲击和其他干扰。富国在面对经济困难时可以将支出维持在预算水平并允许自动稳定机制增加赤字，它可以通过内部借款融资。然而，很多穷国缺少这种选择，它们更有可能通过发行货币来消除赤字，从而面对资本外流和本已疲弱的金融状况恶化的风险。他们可能不得不放弃已批准的预算，并在财政年度结束之前一次或多次重编预算（下文将讨论）。在重复预算的情况下，财政年度内因不可抗力导致的计划外变化往往比计划中年度支出的变化大。

表 2.1　　某些发展中国家的特殊问题

状况	对公共支出的影响。
贫穷	缺乏资源来满足对公共服务日益增长的需求/期望。
经济不稳定性	经济缺乏足够弹性，不足以“安全渡过”周期性冲击和其他干扰。
低收入基础	易受到商品价格、进出口交换比率的不利波动和低资本市场准入率影响。
非正规的市场部门	许多经济活动没有法律规范，忽视正式规则和制度；财产权利与合同的实施软弱无力，导致腐败程度相对较高。
非正规的公共部门	关于行政事务、公共支出和采购的正式规则常常被忽视或违反。
政治动员程度低	反映民意并监督政府的利益团体未充分发展。

穷国难以产生足够的税收收入，要么是因为许多经济活动是非正规的，要么是因为税法的执行力度较弱。在一些穷国，税收收入对大宗商品价格的变化非常敏感，这使得政府很难准确预测它在下一年将筹措多少税收。

穷国的金融市场往往不发达且管理不力，公共和私人借款者严重依赖国际组织和外国投资者的资金，并且很容易受到突然资金外流的影响。特别在出现经济问题时，债务国往往别无选择，只能进行短期借款，并以硬通货偿还。因此，它们在债务融资和展期方面面临重大的利率和汇率风险。

这些国家的许多经济活动都是非正规的和非法的，并且逃避了税收和政府监管。非正规交易好坏参半，小企业能运行，但长不大。小额贿赂普遍存在，非正式企业为不受政府监管机构干涉的经营特权付费，这些政府监管机构从不执行覆盖所有企业的无数规则和程序中获益。非正规企业一般都不大，因为它们的法外地位阻碍了资本的获取。

这种非正规性也溢出到公共部门：管理公共服务、预算编制、采购和其他重要职能的规则通常被忽视或绕过。虽然有规则存在，但是老谋深算的政客和官僚们总有办法达到目的。对于市场部门，不正规的状态也是福祸参半：它减少了繁文缛节，但也使低效固化，并为腐败打开了大门。

最后，穷国的民主政治机构往往不发达，民众参政程度很低，很少有团体监督政府的表现。公众也无法要求诚实、公平且能作出积极响应的行政服务。

表 2.1 中列出的各种缺点和不利条件是国家贫穷的原因还是结果？许多欠发达国家之所以贫穷，是因为它们存在系统性腐败、税收管理、非正规市场和监管失误吗？或者情况恰恰相反：欠发达国家因为贫穷而更容易受到这些缺陷的影响。一个公正的答案是，这两种趋势可能都在起作用。贫穷产生了功能失调的制度，而功能失调的制度使国家贫穷。无论原因是什么，对公共支出的影响都不容忽视。穷国不像富国那样管理自己的财政，从开始推动它们像发达国家那样管理财政到现在已经过去了近半个世纪，这种趋势仍旧没有改变。

穷国政府常常只做短期预算。在一些国家，以单独的财政年度为单位编制预算很困难，因为它们的运行条件非常不稳定和不可预测。标准的解决办法是，采用一个长期框架，在该框架内编制和执行年度预算，为公共支出管理注入更大的确定性。其他措施包括：通过执行会计和其他财务管理标准来加强对规则的遵守，在分配公共资源时强调目标和绩效，以及安装现代、综合的信息系统。这些措施已经在相当多的国家进行了尝试，但它们的影响已经被短期主义、不确定性、不充分的信息和技能基础以及国家贫困的其他表现所削弱。

最近流行的改革之一是：从中央集权的财政分配制度转向衡量公共支出产出和结果的目标管理制度，并且赋予部门管理者广泛的自主权。这种类型改革的逻辑（在第五章中讨论）是：由于对管理自主权的详细限制已经适得其反，通过实施额外限制来消除腐败和低效意义不大。因此，为什么不尝试一下在新西兰、澳大利亚、瑞典和英国开创的一些新管理制度呢？尽管这一论点很有吸引力，但它忽略了一个事实，即这些发达国家是在管理者建立可靠的控制制度之后，才赋予他们运作自由的权利，而非在此之前。逆转这一顺序，会使管理者可能在有效制度建立之前即获得随意支配财政资金的权力。

另一个受欢迎的改革方式是建立综合财政管理制度，将会计、预算、采购、支付和其他财政操作联系起来。这里的理由是：这种制度会培养公共支出管理者的现代信息技术能力，使公共交易更加透明，更不容易受到腐败的影响。综合财政管理制度使隐藏账外交易或在制度内黑箱操作及回扣等（如在购买订单上详细说明的资金额与向卖主支付的资金额之间的差异）变得很困难。然而，在这一点上，良好的意图也可能与穷国的局限性相冲突。这些综合制度的测试不是在它们的设计或最初应用中进行，而是在它们多年的使用之中。对于处于适当位置的腐败分子，继续保持隐蔽账目或账册外账目来规避综合制度并不困难。在捐赠援助耗尽，系统设计者和运作者将他们的市场技能带到私营部门，并且新一代官员逐渐将一体化财政管理视为他们必须遵守的另一套规则的情况下，穷国政府适当地维持这些系统并不容易。

总额财政规则

穷国往往在公共支出管理三个维度中的每一个都有问题。这些问题来自其短期行为、非正式治理和不确定的财政前景。

表 2.2 列出了影响总额财政规则的做法，其中一些与分配和运作效率也有关系，将在接下来的章节中讨论。

表 2.2　某些发展中国家面临的总额财政规则问题

实践方法	问题
不现实的预算	批准的预算无法实施，因为批准的支出超过了政府的支付能力。
隐藏的预算	只有一个小圈子里的内部人士或者只有在财政年度结束后进行回顾时才知道“真正”的预算（实际收入和支出）。
逃避现实的预算	不现实的预算导致逃避现实的预算；政府有意批准其明知无法实现的重要支出项目，以便造成这样一种印象，即它正在对呼吁社会进步的要求作出反应。
调整预算	财政年度进行过程中，为了对经济或政治情况作出反应，频繁地重新制定预算。
金库预算	政府在有钱可用的情况下，不再根据事先制定的预算来支付账单或者负担支出。
延期预算	预算可能会报告平衡（或者接近平衡），但这只是因为某些需求（如维护费用）或债务（如到期的账单）尚未支付。被延期的支出往往会年复一年地增加。

总额财政规则基于一个在发达国家经常被认为是理所当然的规范之上：预算应该表达政府对未来支出的真实意图。它不应该是一个愿望清单，也不应该是政府在有资源的情况下将花费什么的声明；相反，它应该说明在预算涵盖的财政期间将发生的实际支出。但是，当一个穷政府想要证明它正在改善社会状况时，该怎么做呢？一种选择是政府明确其财政贫困状况，并编制一个仅包括其实际打算支出的预算。这样的预算将基于谨慎、现实的收入估计，确认这一年中可能出现的各种问题。实际上，这一预算将宣布哪些事情不会发生：不会建学校或资源不足的学校；诊所将缺乏医疗用品，泥泞的道路将不会铺设。或者，政府可以准备一份不切实际的预算，鼓吹今年将取得的巨大进步。这个不现实的预算可能授权了预期支出的120%或更多，但真正的预算——也就是实际将要花费的——由一个机会主义的政客和高级官僚组成的小圈子控制。他们勾结起来保持自己的权力，同时将资金输送给他们偏好的优先事项。甚至在这些行为保护财政纪律时，也破坏了民主制度，助长了腐败。

当不现实的、隐蔽的预算年复一年地进行时，它可能会导致逃避现实的预算，其目的是制造与现实不符的印象。预算成为政府通过承诺它无法实现的社会改善来摆脱财政限制的手段。

正如前面指出的那样，维持财政纪律迫使穷政府进行重复的预算编制，以应对经济状况或资金状况的变化。当一个国家很穷时，不需要太大的努力就能让政府偏离轨道并在年度内重新编制预算。一旦重复预算编制制度化，官方预算就失去了作为政府财政政策权威声明的声望，沦为适应不确定性、危机和不断变化的财政环境的持续过程中的第一轮预算。

表2.2中的最后几个项目反映了一些做法，这些做法在穷国很常见，在发达国家也不时出现。一种做法是执行预算，

就好像它是一个金库，根据政府的资金状况支付费用或批准拨款；另一种做法是将支出或债务延期到下一个财政年度。但是，富国和穷国在采用这些做法的普遍程度方面有所不同。比如，富国可能会在财政年度的部分时期出现金流问题（例如，因为税收不稳定，并不是平均分布在全年或在一年的最后几个月，在此期间它们要努力争取符合预算限制的要求）。与之相反，在穷国，“金库”行为持续全年。在这些国家，支出金额不取决于预算预测，而是由实际税收决定。政府入不敷出；如果没收到钱，它就不支出。

表 2.2 列出的几种非正常预算使穷国能够在经济困难的情况下保持财政纪律。它们只有在有钱的时候才会花钱；如果情况比预期的更糟糕，就会在这一年中重新制定预算；他们在授权的预算上花费不足。但这些策略在预算完整性方面付出了高昂的代价。

分配无效率

做出正确的分配对于所有国家而言都是难题，穷国尤其如此，社会需要难以满足，财政增量不足。然而收益也更高：富裕国家改善预算分配可能会使人均收入提高几个百分点；而在穷国，这可能意味着完全贫困与满足基本需要能力之间的差别。表 2.3 列出了在实现配置效率方面的一些问题。

穷国的短期主义阻碍了它们进行高效率分配。在所有国家，重新确定预算优先次序都需要从中期角度考虑当前预算决策对未来财政和规划的影响。中期框架是必要的，因为相对而言，优先次序变化较慢；事实上，重大分配决策对未来预算的影响通常比对最初制定的预算影响大。富国可以每年分期向高优先级项目分配资金，并合理保证承诺的全部或大部分资金都会到位，但与富国不同的是，穷国很难在未来预算中做出或履行到期承诺。如果这些国家必须在年内重新制定预算，它们在3—5年内信守承诺的可能性又有多大呢？

值得注意的是，中期规划在穷国很重要，在某些情况下，甚至比年度预算更重要。但规划有时是逃避现实的，政府在计划中做出了预算中无法实现的承担。计划逃避现实体现在它与预算的关系上。当计划雄心勃勃地展望了一个拥有更完善公共服务的美好未来，而预算却没有为未来支付首付款——它没有将增加的支出分配给社会项目——那么政府很可能正在利用该计划摆脱极端困境。

穷国的预算分配与富国的预算分配往往存在显著差异。穷国在卫生服务上的支出占GDP和预算的比例通常较小；有时教育支出也会滞后。它们在政府运作方面投入相对较多的资金，在一些国家，用在军队。为什么分配会如此倾斜？为什么国家领导人认识不到拥有更健康、受教育程度更高的人口所带来的社会回报？这些问题有很多答案，因为每个穷国都有自己的故事。但其中一个问题是，更高的社会支出与政治和经济发展密切相关。富裕国家的公民拥有广泛的社会项目，因为他们需要这些项目，并愿意为这些项目纳税。许多穷国缺乏健全的政治机构，压制了公民对更好服务的需求。

表2.3　　某些发展中国家的分配效率问题

实践方法	问题
短期预算	政府预算一年一次，不考虑中期影响，如新工程的经常性运行成本。
逃避现实的计划	规划在政治上很重要，但政府在计划中做出了预算无力支付的承诺。

续表

实践方法	问题
扭曲的优先次序	稀缺资源被用于产生微薄社会回报的展示项目，而预算在人力资本（卫生、教育等）上的支出不足。
“切块”预算	通过设立专项资金、单独的投资预算、社会（或实物）投资计划，利用“切块”之间的壁垒，将其与预算其余部分分隔开，努力（通常由国际组织）保护某些优先事项。

为纠正穷国扭曲的优先事项，一种逐渐流行的方法是将有指定拨款的社会福利计划从总体预算中剥离。通常情况下，外部捐助者坚持要求设立专项资金，以确保援助达到预定目的。建立这些财政“切块”的作用之一是将重要的分配决议从预算过程中移除。尽管这种方法削弱了预算的分配职能，并且与公认的（但经常被违反的）预算原则背道而驰，但是它承认，在贫穷的国家里，社会福利计划如果缺少具有特惠性质的“切块”支持，就会在公共资金的竞争中失败。

运作效率低下

穷国不论在市场还是在政府部门都存在体制性的效率低下现象，这在很大程度上要归因于穷国严重依赖非正规制度。私人企业往往是小型的资本不足的劳动密集型企业，是低工资而不是高生产率使它们在竞争中处于优势地位。许多穷国的政府也有这种情况，它们拥有庞大的低薪公务员队伍。在发展中国家，公务员的规模和公共部门的工资之间往往呈现反比关系，即工作人员数量越多，工资水平越低。而且，随着行政人员数量的增加，实际工资下降的速度也在加快。

这种情况导致公共部门生产率低下，存在大量的“幽灵工人”（即靠两份或两份以上兼职工资的雇员），就业培训投资不足，以及任用和晋升中的任人唯亲现象普遍存在。尽管建立了现代的、以功绩和规则为基础的公务员制度，这些病态现象依然猖獗。

穷国的运行管理者拥有不确定的预算。即使预算已获批准且财政年度已经开始，他们也不能确定下个月或下个季度是否有足够的资金。他们被前面提到的几种做法困扰：不切实际的预算、反复的预算和金库预算，因此，他们必须全年与其他支出管理者竞争以获得承诺的资源。预见性差强化了短期主义，阻碍管理者做出未来会有更高生产率的投资。还助长他们提高表面遵从规则、实际智胜制度的技巧。获得预算资源变得比取得成果更重要。

表 2.4 所述的这些和其他情况，是公共部门腐败的温床。行政人员往往以低报酬为借口为他们未能完成工作辩解，或者为朋友或亲戚提供其他好处，并辩称这才是体制真正的运作方式。对那些身陷其中的人来说，体制确实是以这种方式运转的；只有局外人才能看出以这种方式运作体制所付出的代价：效率低下、服务质量降低、不注意结果及不主动采取措施改进长期业绩。

表 2.4　　某些发展中国家面对的运作效率问题

问题	现象
补偿性支出	为了改善失业状况，行政人员队伍逐渐膨胀，但是公务人员的实际工资却下降了。
下降的生产率	大量兼职人员、培训和信息技术投资不足、恶劣的工作环境和其他做法降低了运作效率。
消失的预算	可以获得的用于运行的资源极不稳定，即使在预算已经批准而且财政年度已经开始之后，实际运作的管理者也不知道下个月或下个季度他们将会获得多少资源。

续表

问题	现象
详细、僵化的预算	在名义上，支出控制高度集权，采用与行政事务（众多的分类和等级）有关的详细规则、对采购和其他支出事项的外部控制，但这些正规的控制在实践中常常被违反。
不正规的管理	非正式的规定与正式的规则并存。缺乏法律规范的规定控制了政府的运作：公务人员如何得到工作和晋升，他们的工资等级、采购如何进行等。
腐败	在正式规则行不通，政府以无法律规范的方式开展工作的情况下，腐败现象就会增长。贪污腐化的机会很多，而且（尽管很普遍）常常未被查出或无人举报。

公共支出能否得到更好的管理?

与其他许多政府活动一样，在支出管理中，诊断不足之处比制定可行的补救措施要容易得多。经过几十年的外部援助和改革浪潮，许多国家仍然处于不发达阶段。这一事实证明，根除根深蒂固的疾病是困难的。非正式在公共和私营领域蓬勃发展，并不是因为它提高了效率，而是因为它使政客和管理者能够应付过去。腐败之所以持续存在，不仅因为一些人从中受益，还因为它减少了繁文缛节，并且在一个高度不确定的世界里，为公共和私人交易带来了一点可预测性。

尽管持续取得成功的可能性相对较低，但穷国依旧应加大努力改善公共管理。1997 年的《世界发展报告》指出，高效的政府是形成健全市场和可持续发展的必要条件。宣布开放的贡献、放松管制的正规市场、私有化、政府与金融机构之间的独立关系在公共部门形成更强的基于规则的机构。当政府允许市场发展时，它也创造了使市场更有效的条件。

如果要具体说明促进穷国发展可以采用的许多经济和政治变革，将偏离本章主题。但应该强调的是，如果政府仍然准备制定不现实的预算，它将会继续受到本章讨论的短期主义行为和其他症结的阻碍。预算脱离现实将无法按计划实施，政府将继续把它作为金库，隐藏的预算将取代官方预算，不正规的行为会代替正规制度，政府将继续低效地分配和运行。

当预算是基于精准假设且为实施相关收支政策制定时，它是现实的。现实的预算并不要求预算能够承受所有外部冲击，而是要求预算在假设条件实现或相对较小的干扰出现时按计划实施。

现实的预算依赖于规划、控制和核算公共资金的基本能力。这包括在政府核心部门拥有强大的预算计划和控制机构，维护财政纪律，监测收入和支出结果，控制资金投入的使用，指导部门提高效率，管理政府的资金和债务，并确保实际支出符合预算数额。一旦这些和其他基本实践方法制度化，引入更灵活的方法管理公共支出的时机可能就成熟了。

在经济发展的过程中管理公共支出

并不是每一个三五十年前贫穷的国家今天都很贫穷。有些国家已经跻身发达国家行列；另一些国家则处于发达状态的边缘。随着国家的发展，政府的预算状况有所改善。大型企业出现了，非正规部门相对于正规部门的规模在缩小，政府在控制税收方面可以取得更好的绩效，企业家在吸引外部资金方面也更成功。随着基于业绩的行政事务体制变得更为广泛，公务员的技能水平提高，公共管理也得到改善。中央预算和规划系统通常彼此分离，委托给不同的机构。通常情况下，政府实行分项预算和统一的公务员制度，强调投入控制和遵守中央强制执行的规则。

随着经济的发展，政府有更多的钱可以使用，但这并不意味着管理公共支出的任务变得不重要。事实上，表 2.5 显示，新问题出现了。因为人们在发展过程中对于更好的学校、更多的卫生设施及其他公共服务方面改进的要求不断提高。某些支出的增长可以由经济发展所获得的收益满足，但也有一些支出增长可能需要增加税收或赤字。

最初，最大的支出增长可能是公共消费和投资，前者是因为选民和政治家要求更多的服务，后者是指基础设施建设投资。随着发展持续和收入增加，发达国家普遍要求加强社会保障网络建设，如对经济上不能独立的人（老弱病残和失业的人）进行收入支持的压力不断增加。在沉浸在经济增长所带来的快乐之中时，很少有人注意到政府所要承担的长期义务，即未来的利益中要有很大一部分转移支付给国民。当前，资源似乎很充足，与那些落在后面的人共享繁荣成果似乎是适当的。

随着国家的发展，它在财政总额控制方面面临巨大压力。一方面，增长教导政治、经济精英财政审慎的好处；另一方面，它产生了增加支出的压力，特别是在国家立法机关预算独立且可以表决政府预算之外的支出项目时更是如此。一般来说，政府仍然保持着短期预算的观点，每次只展望一个财政年度，尽管它可能有独立的对未来支出增长情况进行预测的计划机构（有自己的权力基础）。

表 2.5　　与经济发展相关的公共支出状况

随着经济的发展	说明
公共支出在 GDP 的比重上升，消费支出增长	期望上升，对改进服务产生强烈需求，组建利益集团，资源更容易获得。最初的增长往往集中于服务项目，如健康、教育、环境和卫生设施。
转移支付随后增加	随着发展的持续和成熟，要求建立和加强社会保障计划的压力也在增加。
财政总额控制可能会被削弱	根据政治条件和制度安排，当政府过度使用经济增长红利并依赖提高的借款能力时，预算赤字会上升。
将补贴改为转移支付的方法，从而提高分配效率	废止或减少企业补贴的压力，通过收入再分配计划保护贫困或受抚养者，以及扩大“安全网”。
运作效率可能会下降	迫于国民寻求更好服务的压力，运作效率需要进一步提高，反之，一些因素也会影响运作效率，如随着受雇于私人企业的机遇增加，政府无法支付有竞争力的工资；将新增资源用于运行的趋势；经济发展前建立起来的官僚制度无法适应新需要；寻租和腐败的更大机会。

在快速增长期间，分配和运行的低效率变得更加明显，这要么是因为人们对公共服务有了更高期望，要么是因为大部分额外支出用于扩大官僚机构，或建设国家领导人偏好的大型项目和地方政客偏好的基础设施。由于对经济增长管理的方式不同，公共部门生产率可能会因为公务部门工资和职业机会落后于市场部门而有所下降。

这些可能性表明，在经济高增长时期，可能应该把重点放在配置和运行问题上。在这些时期，政府可能有更大的动机采取长远观点，它可以更清楚地认识到有效的项目和经济发展之间的联系，而且它有改善公共管理所需的增量资源。理想情况下，私营部门和公共部门应该协同发展，政府在开放市场的同时应加强基于规则的预算、人事制度和其他管理实践。然而，在许多情况下，公共部门并未改进，只有在其运作过程中的缺点变得非常明显以后，它才在中期支出计划方面投入精力，同时在公共服务中逐步灌输一种绩效和责任制的文化。

第三章
财政总额纪律

控制总支出是每个预算系统的基本目的。如果总支出仅仅是对公共资源所有支出需求的总和，那么政府就不需要做预算。然而预算无处不在，因为支出需求总是超过政府能够或愿意支出的金额。如果没有对总数的限制，无约束的需求可能会导致长期的高赤字以及税收收入与公共支出占 GDP 比例逐渐上升。

财政总额控制涉及财政绩效的所有关键指标：总收入、财政平衡和公共债务，以及总支出。如果没有同时决定收入总额、预算盈余或赤字以及债务负担，建立财政支出约束将毫无意义。因此，支出总额控制通常伴随着对其他预算额度的约束。如果不是这样，政府可能会发现通过允许收入增加而不是通过减少公共支出来满足赤字目标更为容易。约束财政总额并不容易，因为申请人有强烈动机要求从政府那里得到尽可能多的东西。对于大多数申请人来说，更高财政支出带来的利益超过了任何由此产生的税收负担增加。由于项目利益往往集中，而税收负担相对分散，特定受益人从额外支出需求中获得的净收益比主张财政约束要多。这些不平衡的诱因促使自私的申请人要求政府支出比预期更多的资源。当项目由债务融资且政府将成本转移给未来的纳税人时，这些“公共资源”或“公地悲剧”的问题加剧了。约束预算总额不仅仅是因为可能带来的更高税收负担（或其他成本，如通货膨胀上升或经济增长疲软），还因为不可能满足所有申请人想要的东西。这种不可能性根植于政府的一个基本条件：资源比需求更加受限。给每个人他们想要的东西会耗尽当前的收入和政府的借款能力。为了对抗申请人要求更多的倾向，政府限制了支出总额。问题不在于是否应该约束支出总额，而在于约束该有多严格。执行财政总额控制是申请人和控制者之间的一场竞赛；后者只有在关于支出总额的决定在某种程度上独立于年度预算需求，并且当这些决定受到预算规则支持，限制申请者的要求和获得，以及当控制者被赋予执行财政规则的职责和权威时，才能胜出。由于预算规则和权限在各国之间有所不同，政府在维持财政总额控制方面的能力也有所不同。

本章将基于当代公共支出管理（PEM）的背景讨论财政总额控制。下一节将讨论过去一个世纪里财政支出实践的演变。接下来将探讨加强总额控制的条件：包括制度安排、信息流和由此产生的行为变化。

预算总额政策的三个阶段：从经验中吸取教训

PEM 与以前的财政总额控制方法之间存在着重要差异。PEM 建立在两个早期的信条之上并有所偏离——平衡预算规则和动态财政政策。

二战前，几乎所有的民主政权都信奉平衡预算规则。操作规则是，财政年度内的支出不应超过当年的收入。各个政府在应用这一规则时有所不同：有些只适用于当前收入和支出，有些则包括投资收入和支出。有些在计算可用收入时包括从前几年结转的资金，有些则只包括在财政年度内收到的资金。平衡预算规则没有区分经济的增长和停滞时期，也没有将时间范围扩展到一个完整的经济周期。因为它是死板的，平衡预算规则并不总是被遵守。很少有国家能在战争或衰退期间将总支出控制在收入之内；有些甚至在景气时期也有困难。但尽管规则在实践中经常被违背，政府仍然口头上认为这是正确的事情。此外，即使预算失衡，政府也使用规则来约束支出需求。

由于战前政府相对较小，税率相对较低，维持平衡的大部分负担落在预算支出方面。平衡通过对支出项目预先控制来实施。支出控制是集中的并达到了个别交易级别，例如关于雇佣员工和购买物资的决定。此外，财政部或类似组织的中央控制者有权阻止未经授权的预算、被认为是不必要或浪费的支出，或者在他们看来会破坏预算平衡的支出。有些政府甚至更进一步，要求所有支出事项必须事先得到中央控制者的批准。理由是，只有控制特定支出项目，才能有效约束总支出。由于大部分公共资金用于政府的运行成本，控制支出项目通常是一项可管理的任务。

这种严格的预算平衡规则在二战后被一种灵活的规则所取代，该规则允许总数适应经济状况的周期性变化和政府政策的长期变化。新规则有几个版本。其中一个是政府应在一个经济周期内保持平衡；另一个是政府总支出不应超过经济处于充分（或高）就业时政府将获得的收入。政府在应该由内在稳定器还是由自由裁量财政政策决定动态财政应对方面存在差异。随着时间的推移，动态财政政策意味着政府应采取行动减少实际产出与潜在产出之间的差距。即使在经济稳健的情况下，许多民主国家的赤字支出也很普遍，公共支出占 GDP 的比例也在稳步上升。随着总额约束的放松，申请人在要求政府提供更多资源方面占了上风。申请人还受益于预算规则和角色的变化，因为在许多国家，支出项目被整合成广泛的类别，政府管理重心从预先审计和外部控制转向事后审计和内部控制。这些和相关变化使支出机构能够在未经中央批准的情况下使用预算资金，从而降低了中央控制者干预机构支出决策的权威。

在大多数工业民主国家，由于国家支出组成的根本变化，支出需求得到了加强，家庭转移支付的支出更多，而消费和投资的支出相对较少。支出混合的变化削弱了财政总额控制，并促进了动态财政政策。公共支出中越来越多的部分由法定公式而非年度预算决定。这部分预算必须支出，无论对公共资源的其他要求如何，以及政府是否有足够的收入来覆盖。例如，政府通常依法必须支付社会保障和其他养老金需求，不管预算的整体状况如何。在许多国家，这些支付由法定或永久法律资助，而非年度拨款。此外，法定支付的年度增长通常超过税收收入的增长，迫使政府提高税收负担和/或接受赤字支出。最重要的是，转移支付的增加使公共支出对经济状况的变化更加敏感。

财政总额控制成为这些变化的受害者。几乎所有民主国家的政府支出都大幅增加。1960 年经合组织国家政府支出平均占 GDP 的 28%，大约二十年后约占 40%，每年的增长率超过了半个百分点。在许多国家，通过政府扩张和灵活的财政应对实现的经济和社会收益，更高的支出和宽松的财政规则被合理化。

无论其优点如何，20 世纪 70 年代中期和 80 年代初的石油冲击后，大多数工业国家的经济表现恶化，这种宽松的财政态势受到质疑。随着经济发展不再被视为理所当然，许多国家遇到了对增税的政治抵制。高赤字被视为即使在经济复苏时也会持续存在的结构性问题，而不是对短期经济困难的周期性回应。发达国家一个接一个得出结论，必须对财政预算进行总额控制，包括总公共支出。

在寻求重新确立财政纪律时，政府不得不设计出不同于平衡预算规则和宽松财政政策的新方法。严格的平衡预算要求是不可行的，因为预算对经济波动敏感，当产出下降和失业率上升时，预算无法保持平衡。零赤字规则在经济周期的大多数（在某些情况下是所有）年份中被违反，不仅在衰退期间，而且在衰退之后。当衰退结束时，对预算的影响会持续一段时间，因为收入较低，而利息支出和某些转移支付保持在比没有衰退情况下更高的水平。一些国家重新定义了平衡预算规则，排除利息支付后重点关注主要收支平衡。在经济持续增长期间，当赤字消退，先前衰退的预算影响消散时，一些政府重新承诺严格的预算平衡，但随后他们又被下一次衰退震惊，意识到这个规则无法在经济低迷期间执行。

如果平衡预算规则是一个不可持续的政策指南，那么宽松的财政政策也是如此。一些国家得出结论，当结构性预算赤字高时，积极地管理财政需求不是一个可行的选择；许多人现在认为长期财政失衡是对未来经济能力的拖累。几乎所有人都意识到，周期性赤字和结构性赤字之间曾经常见的区别是错误的，因为一年的周期性赤字往往加剧未来的结构性不平衡。调整周期性预算政策的结构性困难有财政和政治上的原因。周期性赤字通过增加利息支出和其他支付来增加对未来预算的支出需求。此外，当政府放松财政支出允许周期性赤字时，它改变了政治家和其他对高支出感兴趣的人的行为。周期性政策促使某些人以短期改善经济福祉为由合理化高支出行为，并刺激了创造性的会计实践以掩盖增加的公共支出和赤字。

当政府采取适应性立场时，财政控制在预算制定和实施期间都很宽松。在20世纪70年代和20世纪80年代，年内变化大于预算年度之间变化的情况并不罕见。当这种情况发生时，预算似乎失控了，被比预期更糟的经济表现等外部因素压倒。预算不再做它应该做的事情——决定总数。

面对严格平衡预算规范的不切实际和适应性预算的不可取，工业民主国家已经摸索出一种目标性策略，允许控制政府明确设定并通过支出限制和其他预算规则执行的赤字。与平衡预算规则一样，目标是固定的而非适应性的；与规则不同的是，它们通常由政府而非由预设规则决定。

那些在20世纪80年代宣布的大多数早期目标是政治声明，而不是操作性政策，它们只是松散地与预算联系在一起，缺乏强有力的执行机制。宣布的目标通常不现实；即使努力过也无法实现。它们通常关注短期结果，而不是长期的财政稳定。尽管它们通常无效，但第一代目标标志着政府政策的重要变化。它们为更强硬的财政立场赢得了公众支持，并向申请者发出了通知，宽松的支出控制时代已经结束了。

一些国家在经济稳健时已经成功地对总额进行了控制，但当经济疲软或支出压力升级时，它们被迫放松了财政总额控制。根据美国审计总署的一份报告，四个国家（澳大利亚、德国、日本和墨西哥）在20世纪80年代成功恢复了财政平衡，但在20世纪90年代初又恢复了赤字，这表明尽管“现代民主国家中财政政策的结构性改善是可能的……但这种进步很难持续。”

早期目标的无效性导致了更复杂的方法，这些方法将目标设定与预算的制定和实施结合起来，规定了对收入、支出、赤字和公共债务（在一些国家）的约束，为主要支出领域建立了子目标，并考虑了财政结果的周期性波动。在经过一个或多个经济周期之后，才能评估财政总额约束对预算结果的影响。

财政约束类型的启示

为了使财政限制对收入和支出决策产生约束，它们必须施加在预算制定之前。与平衡预算时代相比（当时非书面约束就足够，因为它们被广泛接受），现在的约束是正式和明确的。此外，在凯恩斯时代收入限制在制定和实施预算的过程中设定（并经常更改），目前的重点是提前设定它们，并且独立于年度预算决策。

总额约束可以采取许多形式，从对政府征税、支出或借款权力的宪法限制，到表明政府财政立场但不具有法律约束力的指导性声明。约束可能是自我施加的，也可能是通过国际组织或其他实体设定的条件从外部规定。有些限制按年度设定，有些则延伸到中期（3—5 年）或更长时间。约束可能只涉及赤字，也可能涵盖其他财政总量；可以用货币形式、变化率或占 GDP 或其他指数的百分比来表示；可以仅限于总量，也可以涵盖主要支出类别（如部门、组合或预算功能）；可能只涉及预算的制定，也可能包括限制议会行动和预算实施的机制；可能具有强大的执行机制，如果约束被违反，就需要采取纠正措施，也可能不需要任何干预。

由于它们的多样性，约束不能在单个表格中显示。本节概述了设计和实施财政总额控制的一些可用选择。

永久性与年度重置约束

在寻求约束总额时，政府可以选择根据每年持续有效的固定规则运作，或者每年对总额作出新的决策。这些规则可能由宪法、法规、国际协议或其他具有约束力的规定来决定。欧洲货币联盟的马斯特里赫特标准就属于这一类，1985 年美国颁布的《格拉姆－鲁德曼－霍林斯法案》也是如此。一种较为灵活的方法是每年决定总额限制，然后在商定的约束范围内考虑预算估值。在澳大利亚，前瞻性估值是考虑部门资源需求的权威起点；在瑞典改革后的预算系统中，总额由政府和议会在每年开始编制年度预算之前决定。另一种变体来自新西兰，政府在提交年度预算几个月前向议会提交一份政策声明。这份声明表达了政府对中长期财政目标的立场；它每半年更新一次，在国家选举前夕也会更新。

乍一看，约束越严格，在控制总额方面越有效。指示性声明似乎作用不大，因为它们没有正式约束政府，当财政状况偏离轨道时，除了修订声明外，政府不需要采取任何具体行动。然而，也可能存在这样的情况，年度约束比永久性规则具有更大的影响力，指示性政策比约束性规则更有效。这个论点基于两个前提：首先，年度政策往往比永久性规则更现实和更可实现；其次，每年设定的约束可能比未经执政政治家认可的现行规则获得更多的政治支持。无论约束有多严格，如果它们不现实或缺乏政治支持，就无法实现。当两个条件都缺乏时，政治家可能会密谋通过延迟支付、诉诸预算外安排、低估支出和其他会计技巧来规避约束。

随着时间的推移，约束往往会失效。当它们刚出台并得到政治承诺支持时，约束可能会对预算决策产生影响。但随着时间的推移，出现新情况，它们往往会失去效力。此外，随着时间的推移，支出需求者学会了如何规避控制，同时对它们表示口头支持。因此，财政约束可能需要定期更新，以恢复其有效性。

约束性和指示性规则之间的选择取决于各国不同的制度条件。这一结论在下一节中将进一步阐述，但可以概括如下：一方面，当制度安排促进财政审慎时，指示性约束有效地约束了总额。另一方面，当制度安排促进或容忍财政宽松时，约束性规则可能更适用。如果真是如此，财政控制必须面对一个悖论：当最需要硬约束时，它们可能最不适用；在条件最有利于财政约束的地方，可能最不需要它们。

外部与内部约束

这种悖论表明，自我约束在最需要它的国家中可能缺失。理想情况下，民主政府应该建立并执行自己的财政规则，但当它们无法做到这一点时，外部压力可能产生有益的影响。相当多的欧洲国家为了满足进入经济货币联盟的标准而接受了财政紧缩。多年来，许多发展中国家和转型国家为了应对国际货币基金组织和其他国际组织施加的条件而限制了自己的财政胃口。这些压力可能会奏效，因为它们改变了受影响国家内部的政治权力平衡，并使政治家能够将采取不愉快措施的责任推给外部人。然而，外部压力可能是自我约束的弱替代品，因为外部控制者必须依赖政府实施和执行约束。一些政府擅长将外部控制者扣为其国内利益的人质，结果即使国际组织尽了最大努力，通常也无法始终获得预期的结果。

年度与多年期约束

预算通常是为单独一年制定，财政约束通常以年度目标表示。然而，年度性约束可能会诱使支出需求者将支出推迟到后续年份，使政府声称已经实现了当前目标，同时使未来的目标难以实现。约束越严格，通过推迟清算日来避免艰难选择的倾向就越大。这些问题表明中期支出框架是财政控制的有用工具，甚至必不可少。当正确应用时，长期框架迫使政府评估当前支出行动对未来预算的影响。当然，如果像通常那样，框架只延伸到接下来的3—5年，支出者可能会倾向于将支出（或其他削弱财政控制的行动）转移到更晚的年份。尽管如此，当框架涵盖未来年份时，政治家破坏财政控制的倾向和机会会减少。

澳大利亚的前瞻性估值系统（案例3.1）建立了每年预算决策的财政框架。尽管它们可以被政府改变，但经过批准的前瞻性估值是部门支出要价的财政边界。这些要价考虑到了对即将到来的预算以及未来三年前瞻性估值的影响。

案例3.1　澳大利亚的前瞻性估值系统

自20世纪80年代初以来，澳大利亚在估值框架内对即将到来的财政年度做出年度预算决策，并对接下来的三年进行前瞻性估值。这些前瞻性估值在项目扩展时期和缩减时期都为预算工作提供了框架，并且在几届政府领导层的更迭中幸存下来。

澳大利亚引入前瞻性估值是因为年度预算的严重缺陷。进入20世纪80年代时，年度预算流程使政府和议会的行动集中在下一财政年度的估值和拨款上。预算决策的远期影响经常被忽视。此外，预算工作集中于支出细节，即使不涉及重大政策或财政问题，内阁和议会也会对估值进行长时间的辩论。

前瞻性估值为每年预算工作建立了一个权威性的基线或起点。当部长提出一个项目变更时，将相应地调整前瞻性估值。内阁不是审查详细的估值，而是针对提议的前瞻性估值变化来评估项目倡议并设定部门优先级。

前瞻性估值每年都会向前推进，并根据政府决策、经济条件变化以及各种项目成本的修订估值进行调整。在年度预算的制定过程中，部长们被鼓励化现有项目节省资金为支出计划筹资。财政部监督部门的支出要价，以确保对前瞻性估值的调整（包括节省和提议的额外支出）都经过准确计算。一项提议必须估算接下来四年的支出。如果政府决定不调整前瞻性估值，那么提议项目的部长必须在支出组合的其他部分进行节省。

前瞻性估值的目的不是削减开支或缩小政府规模，尽管它们可以用于这些目的。相反，它们使政府能够在总体财政框架内约束未来的预算需求，设定项目和支出的优先事项。在预算受限时期，该系统减轻了预算编制中不可避免的摩擦，并允许政府在减缓公共支出增长率的同时为新的优先事项提供资金。

一些在年度框架内预算的国家也考虑了财政决策的外部影响。瑞典的新预算系统符合这个模型（案例 3.2），但由于它自 20 世纪 90 年代中期才开始实施，评估其有效性的证据还不足。

支出和其他财政总额

在管理财政时，政府至少产生四种财政结果：总收入、总支出、赤字（或借款需求）和公共债务。按承诺基数进行预算的政府还有已发行或未清偿的总承诺数据。政府担保的贷款和其他或有负债单独计算总和。最后，政府发布合并财务报表产生资产、负债和净值的数据。各种数据总和可能仅涉及中央政府，或涉及公共部门的其他部分，如社会保障、地方政府、国有企业和其他通常不包括在国家预算中的实体。

各种财政总额可以以不同的方式设定目标：以货币形式、作为国内生产总值（GDP）或其他某些指数的百分比、以实际（通货膨胀调整后的）形式，或作为与上一财政期间相比的比率（或金额）变化。将公共支出和其他总额表示为 GDP 的百分比，便于跨时期比较以及与其他国家比较，并认识到政府支出的可负担性取决于（除其他措施外）国家的产出总量。然而，对支出（或收入）作为 GDP 百分比的关注可能会导致公共支出的增加。如果政府寻求稳定公共支出占 GDP 的百分比，在经济扩张时可能会接受实际支出的增加，但在经济停滞时发现减少支出很困难。在一个经济周期循环中，这种模式可能会导致公共支出与 GDP 比率的逐步上升。

限制单一的财政总额也可能扭曲预算行为。如果目标只针对赤字，政府可能会通过出售资产、推迟支出或诉诸非经常性收入来源来设法满足约束。此外，仅限于赤字的财政约束可能会促使政治家通过增加收入而不是削减支出来达到目标。针对几个财政总额的广泛约束可能会阻止这种行为，特别是如果目标包括政府的净值，这是一种不受资产销售或跨财政期间转移收支影响的度量。然而，应当指出，目前很少有政府计算净值所需的合并财务报表。

许多发达国家比以往更密切地关注债务与GDP的比率。这一发展是由债务负担的急剧上升和《马斯特里赫特条约》推动的，该条约将公共债务总额控制在GDP的60%以下作为加入欧洲货币联盟（EMU）的初始成员资格条件。这个比率是衡量长期预算赤字可持续性的一个指标。与衡量短期内财政平衡的赤字不同，债务与GDP比率标志着在较长时期内财政状况的变化。这个比率的上升意味着债务负担的增长速度超过了经济产出。这种趋势不能无限期地持续下去，只能通过限制年度赤字在低于GDP增长速度的范围内来逆转。

债务与GDP比率通常按总额计算；它衡量政府所欠的总额。这个比率不会因为政府欠款或其持有的其他资产而减少。与衡量净值（资产减负债）的资产负债表不同，总债务只衡量负债，而且只是以债务形式体现的负债。这是一个衡量政府财政状况的不完整的度量，它不反映净值。政府可以通过出售实物或金融资产，并使用所得偿还部分债务，降低总债务与GDP的比率。这笔交易会改变资产和负债的组成，但不改变政府的净值。

总额与净额的预算也适用于对总支出的限制。几乎每个国家政府都从用户收费、国有企业和其他商业类活动中获得一些收入。如果按毛收入计算收入，这笔收入将作为收入纳入预算；如果使用净额，这笔收入的部分或全部抵消支出后纳入预算。净额与总额预算不影响赤字的大小，但影响总支出；因此，当政府对总支出施加固定约束时，这个问题很重要。净额预算在一些国家受欢迎，因为它鼓励支出部门向用户收取他们所需的收益，同时使政府更容易遵守对总支出的约束。然而，瑞典最近拒绝了净额预算；它现在为政府总支出做预算。在瑞典的系统中，向欧洲共同体支付的金额作为支出预算，收到的金额作为收入预算。两个流向不相互抵消。瑞典选择这种方法是因为它强调对总支出的控制。

案例 3.2　加强瑞典的财政控制

瑞典政府（和公共部门）自 20 世纪 70 年代中期以来一直存在预算赤字。典型的反应是政府采取紧缩预算，通过一系列支出削减和收入调整，将赤字减少到可管理的大小或完全消除。例如 1982 年，政府实施了一项“危机计划”，逐步减少赤字，并在 20 世纪 80 年代末短暂地消除了赤字。

然而，20 世纪 90 年代初的经济衰退加上金融市场的动荡，导致预算赤字达到约占 GDP 的 13%，远远高于以前经历的不平衡。与此同时，由约根·冯·哈根（Jörgen von Hagen）领导的一项关于预算实践的比较研究得出结论，与其他欧洲共同体政府相比，瑞典的预算流程非常薄弱。该研究进一步发现，宽松的预算程序与更高的赤字和不断增长的公共债务密切相关。瑞典在 1996 年引入了一个改革后的预算流程，使其在冯·哈根财政严格性评分上的成绩从 25 分提高到 58 分。改革之前，瑞典在 13 个欧洲共同体成员国中排名第 12；改革后，它排名第 3。

改革的核心是一个新的两步预算程序。在春季，政府为接下来三年设定了一个多年期的支出上限。上限以名义价值表示，并细分为 27 个支出领域。在该流程第一年应用时，上限包括了一个边际值（相当于 2% 的中央政府支出）以覆盖超支和未预见的情况。支出上限是一个总额。政府还为地方政府准备了一个指导性支出上限。该流程的第一阶段以议会通过支出上限结束。

> 第二阶段包括政府编制年度预算法案和议会对拨款的投票表决。预算和拨款都必须在预先批准的支出上限内。因此，政府预算的编制过程变得更加自上而下（尽管各部门与财政部之间的双边谈判像以前一样继续）。在议会中，拨款工作被分配给各委员会，每个委员会都有自己的支出上限。与过去的做法不同，预算修正案必须有抵消措施，以使总支出保持在上限以内。
>
> 改革后的预算流程在预算结果上提供了密切监督和定期报告，以及超过批准金额支出的处理措施。
>
> 在新系统应用的最初几年，瑞典的财政状况有了显著改善。但现在确定这个变化在多大程度上是由于整体经济状况的改善或是更严格的预算流程还为时过早。

控制主要支出组成部分

显然，维持财政总额控制需要政府控制预算总额。关于支出要素的决定将在后面准备估值和审查支出申请的过程中做出。然而，有效地控制支出需要在决定总额时也决定主要的次级量，如部门、投资组合或预算功能。这个论点基于这样的观念：如果尚未就主要组成部分达成一致，考虑个别支出需求时，政府可能无法承受提高总额的压力。但如果对部门或其他主要类别的分配也设定了限制，这些部分总计就会限制申请者可能申请的金额。

发达国家当代预算改革提出了几种限制组成部分支出的方法。在案例 3.2 中解释的瑞典新预算系统中，当总额决定时，支出被分解为 27 个部门；每个部门都有自己的分配额度。当议会投票拨款时，必须遵守先前商定的部门限制。澳大利亚的前瞻性估值被结构化为 17 个组合，每个组合由一位部长负责。虽然政府在制定预算过程中可能会增加支出，但部长们会首先在他们的组合中寻找节省办法，然后再寻求额外的资金。在美国，当国会通过预算计划时，它将总支出分为大约 20 个预算功能。然而，这些分配是指导性的；它们并不限制随后的拨款。

是否希望或需要将部门的部分和总额限制结合起来，可能取决于政府的凝聚力。当预算制定高度集中时，政府能够在没有做出任何部门决策的情况下坚持议定的总额。但是，当预算由内阁以集体方式决定，或者当议会授权的支出超过政府申请的支出时，早期对部门分配的控制可能会加强财政总额控制。

机构：规则、职责和信息

维持财政总额控制几乎总是涉及制度安排的变化；这些影响到激励并影响到申请者和控制者的行为。关键要点是，预算的控制者必须有足够的权力，以执行财政控制；如果他们的权力不够，申请者将表现得像一个公共资源池中的自我利益索取者——尽可能多地索取，直到资源池枯竭。

规则

预算机构制定预算编制、批准和执行的规则。这些规则可能是正式的或非正式的：正式规则需详细说明编制、批准和实施预算的法律要求，以及财政部和其他参与者的类型、立法机关在财政年度内可能进行的变更范围以及在预算实施过程中可能进行的调整。非正式规则涉及参与者的实际行为；非正式规则的范围更广，以至于正式规则被忽视或规避，或者没有指定如何处理特定情况。正式规则规定了预算过程应该如何运作；非正式规则规定了它实际上如何运作。例如，正式规则可能规定政府在支出超过目标时进行干预，而实际上，政府可能只是接受额外的支出而不采取补救行动。

越来越多的经验研究表明，预算规则与结果之间存在密切的相关性。尽管研究方法可能看起来有些不足——它们通常依赖于问卷调查、观察者或参与者的主观评估以及粗略的加权方案——但不同研究集中在不同地区（亚洲、南美洲和欧洲），得出大致相同的结论，增加了研究结果的可信度。

各种研究发现，政府的稳定性和凝聚力与赤字和债务占GDP 比例之间存在强相关性。一个关键的发现是，分裂的政府（如多党派联盟）在集结多数派以支持财政控制所需的严格措施方面能力较小。凝聚力强的政府（在议会制中由单一政党构成政府，或在总统制中控制行政和立法部门）更有能力约束总额并抵制超出目标水平的支出或借款压力。一般来说，组成联盟的政党越多，政府建立和执行严格财政控制的能力就越小。正如有时在联合政府中发生的那样，当一个党派控制财政部，另一个党派控制一个或多个主要社会部门时，维持总额控制可能尤其困难。

同一领域的研究还表明，分散或分裂政府的制衡机制导致其总支出少于多数主义政权。显然，当政府分裂时，其扩大计划的能力会降低，要么是因为缺乏支持该计划的多数派，要么是因为政党不希望投票支持他们失势时可能发生的额外支出。

虽然这些研究侧重于广泛的政治制度，但更直接的方法是检查预算规则与结果之间的关系。相关的规则涉及预算决策和行动的三个关键阶段：政府预算的制定、立法机关对预算的审查和拨款，以及预算执行过程中的支出转移或补充。

在研究预算编制规则时，研究人员发现，集体决策形式导致财政控制比独裁规则更为宽松。集体性指的是所有部长在预算决策中具有大致相等发言权的规则，财政部在与各部长的双边谈判中决定支出水平，内阁集体批准预算。独裁性规则给首相（或财政部长）带来明显优势，他们可以否决部长的支出申请，在预算谈判时占据主导地位。在这些类型的政权中，财政目标可能会推动预算决策，相比之下，在集体决策系统中，支出需求推动着财政总额。独裁规则强调纪律和一致性，集体规则倾向于妥协和共识。

在立法机关对预算采取行动时也出现了差异。这里对比的是禁止增加支出（或减少收入）修正案的限制性程序与不限制预算修正案的开放程序。一种中间安排可以允许修正案增加支出，前提是需要在其他支出上进行抵消性的削减来维持整体平衡。在开放性系统中，立法修正案不是信心的问题；但在限制性系统中，它们可能是。考虑到大多数国家立法机关的地方行政基础，开放性的规则很可能鼓励修正案导致总支出增加，并对财政平衡产生不利影响。

最后，差异也存在于允许在执行过程中增加支出的灵活系统和要么禁止增加要么要求与商定的财政总额保持一致的僵化系统之间。灵活系统往往采取自由性规则，允许在账户之间转移资金，相比之下，僵化系统限制此类转移。在一些灵活系统中，政府在额外资金支出已经花费之后（有时是几年后）才需要获得立法机关的批准；而在僵化系统中，任何支出增加必须事先获得批准。

尽管各种实证研究在术语和研究发现上存在细微差异，

但它们总体上都指向同一个方向，研究结果证明了以下结论：一个下决心推进总额控制的政府所必须做的不仅仅是设立财政限制。

职责

预算规则不是自动生效，政府限制某些会削弱总额控制的行为，并不意味着限制性规则能够阻止政治多数派实现他们的愿望。除非它们被写入宪法或某些无法被多数票改变的更高法律之中，否则限制性规则可以被搁置一边。制定规则的政治家同样也可以打破它们。

那么，为什么政治家在规则变得太有限制性时不改变或违反规则呢？为什么规则真的有作用呢？部分答案是，一旦预算规则到位，违反它们的政治家可能要付出代价。规则改变了政治家的动机。另一个答案是，规则在有执行者时才能发挥作用，即处于政府中心的政客和官员有意愿和权威来维护遵守规则。

在几乎所有国家，预算执法都集中在财政部或中央预算机构。这个机构在维护总额控制方面发挥主导作用；它必须有足够的权力，以抵御逃避支出目标的压力：例如通过将某些交易从预算中移除或使用其他策略来规避支出目标，以及在政治家或部门利益认为目标过紧时超越它。有充分理由相信，财政控制的执行取决于财政部及其预算单位相对于其他政府部门的权力。一般来说，当预算办公室位于拥有广泛政府权力的财政部时，预算办公室的相对实力会得到加强。例如，德国和日本拥有强大、全面的财政部；在战后的整个时期，它们在维持财政总额控制方面最成功。德国财政部长只有在总理反对他时才能被内阁否决；日本财政部除了在收入和支出政策方面发挥强大作用外，还对金融机构、证券和其他部门拥有广泛的监管权力。但即使在这些国家，财政控制也受到了破坏：在德国，是统一后的压力；在日本，是自二战以来最严重的衰退。

目标设定过程和公共支出的组成变化影响了中央预算机构维持财政控制的方式。在传统预算中，预算办公室审查详细的资源需求申请，并推荐应该提供的资金金额。它还监督预算执行，以确保公共资金只用于批准的项目，并且支出金额不超过授权水平。在这个模型中，控制总额是控制单项支出的副产品。预算办公室假设只有控制了单项支出，才能控制总支出。当代的财政控制正朝着相反的方向发展。它强调总额应该独立于单项进行控制；控制总额必须是中央的责任；对支出项目的支出责任可以下放到部门或操作实体之中。

在一些国家，预算组织已经从支出项目中脱离出来，并采取了这样的立场：通过专注于单项金额，如部门运行成本或分配给每个组合的总资源，可以更有效地约束支出总额。中央预算办公室可能愿意在各部门的支出项目上让步，以换取对部门可以支出总额的严格限制。这种交换可能会促进分配和操作效率，这是公共支出管理除了增强总体支出控制外的两个关键目标。

英国和澳大利亚是在这方面积极发展的国家之一。在1994年对其运行进行“基本支出审查”之后，英国财政部的工作人员减少了约四分之一，因为它放弃了已经维持了一个世纪或更长时间的各类项目控制，加强了对宏观预算的重视。在澳大利亚，财政部引入了运行成本编制，使部门能够掌控运行资源，以换取对总支出和组合分配的更严格控制。在这些国家，中央预算办公室已经放松了对行政支出的控制，同时加强了对总体支出的控制。

支出控制者要处理的假设和硬数据一样多。典型的预算基准需要对未来价格、项目工作量和其他影响支出水平的因素进行假设。对项目提议和立法行动的支出影响进行估值依赖于类似假设。公共支出管理的一个关键任务是确保实际支出与预计水平不会显著偏离。这是一项艰难的任务，取决于准确判定推动其预算预测的假设的政府能力。

为财政控制建立支持

如果预算控制者没有政府中的坚定盟友，他们就无法维持财政控制。他们需要政治盟友，这些盟友愿意承担限制公共支出的政治风险，以及管理盟友，使他们愿意在议定的约束条件下运作。他们不太可能赢得每一场战斗，对手是狡猾且有政治影响力的支出者，他们的武器包括隐藏了真实成本的政策倡议，诉诸预算外资金，以及低估预算影响的会计安排。在 PEM 下，有必要防范这些和其他措施。具有讽刺意味的是，随着财政规范变得越来越严格和具有限制性，预算申请者规避它们的动力也越来越大。在中长期或更长时间内，除非他们有坚定的政治支持，否则预算守护者将无法维持财政控制。

政治家接受财政规则需要激励。他们必须有实际或预期的收益，如在选举中成功、在媒体中获得赞誉或坚信他们正在做正确的事。但激励不是单行道；对于政治家从执行限制中获得的每一个收益，都伴随着削减项目、提高税收或拒绝预算申请这样的成本。这些成本必须易于管理，并且（在某些政治计算中）小于预期收益。通过设定现实的目标、将限制分散到数年、软化总体支出目标、控制净支出（总支出减去用户收费或其他专项收入）而不是总支出，以及允许对目标相对较小的超支，这些成本才能变得易于管理。这些方法的共同点是，当预算限制稍微宽松一些时，财政总额控制可能会更强。

机会主义预算

对于规则和总量而言，拥有适当的预算机构可能是必要条件，但并不总是足够的。总量财政结果可能会因政府难以控制或根本无法控制的外部因素，或者因政治家和其他预算制定者的机会主义行为而偏离目标。外生条件将在下节讨论；本节将讨论声称约束政治家和其他人的规则所激发的机会主义。

机会主义在预算中普遍存在，就像在其他经济交易中一样。机会主义是为了自身利益而破坏预算限制的行为。政治家可能希望运行较小的赤字，但他们也希望能够花费更多并且减少税收。当规则试图阻止他们逃税时，他们会投机地寻找方法来规避或禁用规则。如果没有机会主义，就不需要强有力的规则；有了机会主义，除非规则得到外部约束加强，否则可能不会产生预期结果。

任何管理公共支出的人都遇到过政治家为迎合选民偏好或管理者希望获得更大预算以履行职责的机会主义行为。机会主义预算策略的目录包括：低估或隐藏项目成本；出售资产并将收入记为当前收入；将支付转移到前一个财政年度或下一个财政年度；账户编码错误，为某个目的提供的资金被用于另一个目的；用票据而不是现金支付债务；加速征税；忽略国有企业在预算报表中的负债；将国有企业的余额转移到政府账户；将当前支出标记为资本投资。1997 年国际货币基金组织的一份工作文件确定了欧洲共同体国家可能使用的28种机会主义收支行为，旨在显示符合《马斯特里赫特条约》的赤字和债务规则。

当预算机会主义小规模进行时，也许不需要采取任何措施来阻止它，特别是如果规则加强了总量规则。例如，假设为了应对限制性规则，政府主要通过削减养老金福利（一小部分通过推迟养老基金支付）来减少赤字。在这种情况下，即使不存在完全遵守规则的情况，规则也已经限制了支出。可以说，政府应该满足于已经实现的实际赤字减少，而不是进一步采取措施加强规则。另外，政府可以提出更严格的执法理由，这样的小规模违规可能会变成更大的违规，因为机会主义者变得更大胆，设计出更大规模的规避。

不能指望机会主义者会抑制他们的私利。更多的规则或更清晰的规定条款可能有所帮助，但正如合同法所示，规则本身并不能终结机会主义。规则需要辅以强有力的执行机制。在一些国家，财政部扮演这一角色，在其他国家，最高审计机构担任此责。民主政治体系中的制衡机制可以通过使一个部门阻止另一部门的行动，或将公共关注点引向不当行为，来抑制机会主义。在总统制国家，独立的立法机构可以检查行政行动；在议会制国家，立法机构可以发挥有效的监督作用，即使它并非完全独立。在英国，近几十年来非党派的公共账户委员会发挥了这一作用；一系列常设委员会加入其中，这些委员会监督并有时影响政府行为。独立的中央银行也可以检查预算机会主义，只要它享有足够的公众声望，它的声音能够在政治辩论的喧嚣中被听到。

然而，当投机者试图利用预算规则中的模糊之处或漏洞为自己谋利时，内部约束是否充分是值得怀疑的。在以总统为中心的国家，两个分支经常相互勾结而不是相互制衡；在议会制度中，立法委员会常常表现得像昏昏欲睡的看门狗。在所有国家，中央银行很少挑战机会主义政治家的行为。

外部约束

因此，用外部约束补充预算机会主义的内部控制可能是适当的。约束可以由外部实体施加，这些实体可以监测政府的表现，由金融市场惩罚不谨慎的预算政策，或由会计行业颁布标准并监督遵守情况。这些外部约束只有在透明预算的基础上才能有效，透明预算提供了关于公共财政相对准确和完整的信息。

随着经济货币联盟执行马斯特里赫特标准的加强，我们可以预期国际组织在监督预算政策和结果方面的作用将会增加。这一角色长期以来一直由世界银行和国际货币基金组织担任，在执行贷款和其他形式的援助上发挥作用。然而，在许多情况下，国际执行者与接受国之间存在一种猫捉老鼠的关系，严格的条件促进了逃避反应。

有证据［由坎波斯（Campos）和普瑞汉（Pradhan）提出］表明，开放的金融市场通过惩罚财政管理不善的国家来协助总体控制。开放的市场允许投资者在他们担心高赤字可能引发通货膨胀和货币贬值时迅速撤回资本。此外，投资者要求更高的利率作为在该国风险投资的溢价。一般来说，坎波斯和普瑞汉总结道：一个国家的金融市场越开放，财政赤字就越小。预算机会主义者可能会想出办法来隐藏他们的伎俩，以免被警惕的金融家发现，但如果他们这样做，被揭露时将会使违规国家受到更严厉的惩罚。

当预算文件和财务报表透明时，金融市场运作良好。但是，如果没有健全的会计标准和专注的审计师以及其他监管者，透明度可能更多是一个口号而不是现实。随着金融市场日益紧密地相互联系，外部机构越来越多地参与，在制定和协调跨国会计标准上已经采取了重要举措。这些措施是由阻止各种类型财政机会主义的努力来推动的。

在未来，预算文件中推行这些标准的压力会加大（不仅在财务报表上）。不仅如此，会为预算预测的假设基础和估计政策变化对未来预算的影响建立规则。预算将成为机会主义政治家和警惕的守护者之间的战场。

约束有多严格？权利、风险、周期和冲击

财政总额控制基于这样一个观念，即政府是其预算命运的主人。它假设政府可以规划一条财政路线，并且可以执行严格的约束，无论他们的预算在何种条件下制定和实施。然而，实际上，政府往往对他们运作的经济和政治环境控制力很弱。如果财政冲击足够大，它们可能会使最顽固的政府偏离其预期的财政路线。

财政约束的程度不同，正如所有的政治决策。说不可能在所有情况下都维持约束，并不意味着它们无法实施。财政总额控制对公共财政的一个宝贵贡献可能是鼓励采取政策以减少预算受到外部干扰的影响，从而使政府能够实现更多而不是更少的财政目标。实现这一目标取决于政府设计政策和项目的能力，以便在外部环境迫使他们采取行动之前限制风险。当危机爆发或唯一可接受的选择是那些会违反财政控制的选择时，采取补救行动已经为时已晚。

政府预算面临四种类型的“坏消息”，这些消息会破坏

财政约束：(1) 无预算、有缺陷、或无力负担成本、无固定期限的权利性项目；(2) 在一个财政期间产生的或有负债，在以后（有时是很久以后）变成应付款；(3) 经济周期性疲软，使预算失衡；(4) 重大冲击使政府偏离其预期路线并破坏预算稳定。政府在这四类条件下的财政控制从最强到最弱。政府可以选择不设立某些权利，并可以对或有负债进行对冲，但可能无法避免经济衰退对预算的不利影响或由战争爆发等重大动荡带来的冲击。

这四类情况紧密相连。一个大部分预算用于权利性项目的政府可能比不这样做的政府更容易受到经济周期性衰退的影响；一个为财政风险提供保险的政府要比采取风险规避政策的政府更容易受到政治或金融冲击的影响。尽管存在这些相互关联，单独讨论每个类别可以揭示当代政府在维持财政控制方面面临的问题。

权利支出

通常，约束权利支出比约束消费或投资支出更困难。后者通常有确定金额，并且受到年度拨款的控制；每年提供的额度决定了可用于支出的金额。然而，权利支出通常是开放式的；没有固定的支出金额限制。此外，支出量由永久法律而非年度拨款决定。对于许多权利，预算通常说明要支出的金额；对于消费和投资项目，预算可以决定要支出的金额。

权利的年度支出通常由外部因素驱动，特别是经济和社会条件，而非明确的预算措施决定。由于这些特点，权利既破坏了短期财政控制，也破坏了政府稳定财政状况的长期能力。从短期看，政府可能难以准确估计将要支出的金额或保护预算免受经济状况意外（或消极）波动的影响。从长期看，许多国家的预算将面临人口老龄化带来的财政影响，特别是在养老金和卫生部门。即使短期财政政策可负担，随着依赖人口的增加和权利在预算中占据更大比例，它们可能变得不可持续。

权利支出遇到“公共资源池”问题的一个昂贵变体困扰，推动公共支出总额上升，许多情况下达到不可持续的水平。在标准的公共资源池情况下，每个“索取者”单独行动或与他人合谋从池中汲取资源。索取是个体化的；一个人得到的东西，别人得不到。在权利支出中，索取是相互的；一个人得到是因为他人也得到。所有人都能得到，即使他们没有合谋或对池中资源积极提出权利要求，因为权利支出赋予受益人广泛权利。这些权利不会因政府无法或不愿支付，或预算上的其他要求而减少。在公共资源池被耗尽时，没有人索取，因为没剩下什么。然而，在权利支出计划中，受益人在政府收入耗尽时仍然能得到，政府将通过借款或“印制”所需资金来偿付受益人权利。

控制权利支出的最佳时机是在它们建立之前。在此之后，政府只能通过剥夺先前赋予的利益来行使财政控制。这与预算在政治上适当的功能——利益分配——形成鲜明对比。因为“拿走”比“给予”要困难得多，当一个政府赋予他人权利时，它不可避免地削弱了财政自律。

发展中国家（和一些转型国家）通常拥有较小的权利预算。但随着它们的发展和经济条件的改善，这些政府倾向于跟随发达国家的道路：它们引入或加强养老金计划，改善公民获得医疗保健的机会，为残疾人和失业者提供经济援助等。转型国家可能在拥抱市场导向的民主早期就面临权利扩大的压力，因为它们寻求缓解因补贴结束、价格上涨和国有企业私有化或关闭而造成的家庭经济困难。理想情况下，发展中和转型期的领导人在承担新的财政负担时应谨慎，因为，为了缓解转型或响应改善经济福祉而建立的权利将持续多年，从公共财政中汲取宝贵资金。

在过去的二十年里，大多数工业民主国家一直不愿意创建或扩大权利。他们不愿意增加权利，因为国民预算已经因长期赤字而紧张。一些国家已经采取了正式规则，禁止增加会引发赤字的权利支出。例如，自 1990 年以来，美国政府实施了一项随收入支付的规则，使扩大权利变得困难。根据这一规则，增加权利支出的立法必须通过削减其他权利或增加收入来抵消。这项规则通过一个多年的支出基线来执行，该基线为国会和总统提供了关于新权利预期成本的及时信息。

大多数正式和非正式限制权利的措施只有在现有权利的昂贵框架已经法律化之后才出现。尽管发达国家在约束权利预算方面鲜有成功案例，但一些国家已经尝试，并且预计在未来几年将有更多国家做出努力。沿着这个方向的努力是可能的，因为如果权利支出未得到有效控制，当人口老龄化对国家预算产生财政影响时，所谓的对总体支出的严格约束将会变得非常无力。

表 3.1 列出了一些政府加强财政控制可能采取的方法。这些方法或是取消当前或未来受益人资格，或是保留权利基本结构但通过在支付或资格规则上进行边际调整来节省资金。取消资格是最大胆的方法，但政治上最困难。它可以通过终止法律权利并使支付取决于自由裁量拨款来实现。或者，政府可以将某些权利转化为私人计划，从而减少财政责任。例如，一些国家受到智利社会保障改革的影响，创建了一个双层系统，其中一部分是政府保证向所有参与者支付最低金额的明确定义的福利计划；另一部分是支付金额取决于每个参与者养

老金账户表现的固定缴款计划。从固定福利转向固定缴款也可以在完全公共的养老金体系内发生。

表 3.1　　控制权利项目成本

方法	优点	缺点
取消权利 终止法律上的支付权利，并通过年度拨款决定支付金额（如果有的话）。	开支将受到预算决策的限制，并取决于政府的支付能力。	这将减少政府在稳定和重新分配收入方面的作用，并削弱其保护公民免受经济衰退、老龄化、疾病和其他逆境的能力。
自愿退出 公民可以通过参加私人保险计划退出某些权利。	市场激励将有利于最高效的计划，同时减少政府的财务风险。	存在逆选择风险，最脆弱的人群将留在政府计划之中。如果私人计划失败，政府将有道德（或法律）责任。
限额权利 总权利支出（或特定计划的支出）将受到限制。超过限额的支出需要政府或立法机构的明确决定。	权利支出必须与其他预算要求竞争。超出预算金额的支出不会自动或无限制批准。	受益人群将受到不利影响。此外，实施上限可能因政治或技术原因而不切实际。
取消指数化 支付将被固定，通货膨胀的调整将需要政府或议会决策	支付增加不会自动进行，可以根据政府的预算状况进行。	支付的实际价值将因通货膨胀而侵蚀，对低收入接受者影响最大。
目标化权利 支付将基于经济状况调查；它们将不再是普遍的。	稀缺资源将流向最需要的接受者，从而减少政府成本。	某些权利的公众支持将被逐渐削弱，普遍福利的理念也将被逐渐削弱。
对福利征税 支付将是普遍的，但将限于所得税。	效果将类似于目标化，但可能在政治上更容易实施。	对某些接受者而言，边际税率会非常高，这会抑制他们从事赚取收入的活动。

虽然在一些国家彻底重组权利可能是可行的，但其他国家可能会选择边际改革。一个方法是通过针对低收入人群进

行支付或减少福利的实际价值来削减权利支出。澳大利亚已经采取了第一条路径，限制了一些对低收入家庭的转移支付；荷兰已经采取了第二条路径，减少了失业救济金和其他计划所替代的工资百分比。另一个方法是对福利征税，就像当它们是普通收入一样来间接削减权利。这种策略有两个优点：它使政府能够保留普遍福利，这在一些国家是福利国家的标志；它通过税收系统对权利的价值进行了测试。

在追求财政总额控制的过程中，一些政府可能会限制每年支付的金额。权利项目将有现金限额，就像在一些国家的运行成本和其他支付一样。在执行限制时，政府可能会规定按比例减少转移支付或（在医疗保健等计划中）提供者的付费。或者，如果限制被违反，政府将被迫决定提高限制或进行其他调整，以便将支出控制在预定上限以内。

在对权利预算施加财政控制时，政府必须注意削弱或禁用内置稳定器的风险以及对受抚养人可能产生的不利影响。尽管财政控制非常重要，但它并不是政府唯一的财政目标。许多政府还寻求保护因年龄、失业或其他经济情况受供养的公民，并寻求通过权利计划抵消衰退和通货膨胀的不利影响。做这些事情需要通过权利项目提供收入支持和稳定。

表 3.2　　管理财务风险的问题

所有国家	
1. 道德风险	当损失由政府补偿时，个人或公司会承受过高的风险。
2. 缺乏透明度	在现金预算中，政府的成本直到支付时才会计入。
3. 信息不足	政府通常不了解其或有负债和其他风险的范围，也不清楚这些风险发生的可能性或预期成本。
4. 预算控制不足	资金是在意外发生后才分配的，对于政府来说，要有效控制其支出金额为时已晚。

续表

发展中/转型国家	
5. 保险市场不发达	由于私人保险系统不发达，政府经常承担风险。
6. 私有化企业	为了鼓励投资者（或获得更高的价格），政府可能会向国有企业的购买者提供明确或隐含的担保。
7. 监管不足	在过渡或发展期间，可能存在对金融机构（和其他风险承担者）监管不足的倾向，这可能是因为政治家（或官僚）与这些机构之间关系密切，或者是因为没有意识到需要强有力的、客观的监管。
8. 风险行为	在市场发展的早期阶段，由于监管不足和缺乏评估及管理风险的工具，可能存在采取风险行为的倾向。
9. 风险集中	由于市场不发达，风险可能集中在少数企业或风险承担者身上，使政府难以评估或控制风险。

尽管权利支出将继续是国民预算最突出的部分，但很可能不会晚于下个世纪的第二个十年，大多数发达国家将采取重大措施来限制转移支付。其中许多努力将是有争议的；一些将导致政府倒台；所有这些努力都需要强有力的政治领导。

发展中和转型国家在承担权利支出所固有的巨大财政风险之前，应该认真研究经济更发达国家的经验。与发达世界发生的情况相比，他们有更多的机会探索市场型工具，以保护公民免受经济困境的风险。

或有财政风险

传统的政府预算工具设计用于管理现金流；它们通常不适用于或有负债和类似财政风险。除了少数例外，政府在收到钱时会计入收入，在支付钱时会计入支出。这种预算会计形式可能足以处理运行支出以及大多数转移支付和公共投资；但对于政府在某些情况发生时有义务进行未来支付的交易而言，它是不充分的。现金基础的预算未能在政府承担或有风险时记录其风险。它确实会计入随后的支付，但在这一点上，政府已经无法有效控制必须为履行或有负债而进行的支出。事实上，当政府为提供保障收取初始费用时，现金预算将这笔收入记录为收入，但它并没有显示政府对未来支付的潜在风险。当然，如果违约（或其他一些情况）发生，现金预算将会计入任何支付，但这些金额将是“不可控”的义务。政府仅仅通过在预算中记录支付金额并不能加强对履行或有负债而进行的支出控制。限制财政风险的适当时机是在它们发生之时；然而，在这一点上，政府通常不知道其所面临负债的全部成本。将前期产生的初始费用作为当前收入入账的做法会使事情变得更糟。这使得政府看起来通过承担风险获得了利润，而实际上，政府经常遭受重大损失（表 3.3）。

表 3.3　　控制或有负债和其他财政风险

方法	优势/劣势
市场解决方案	
1. 政府通过出售国有企业、撤销对金融机构和其他实体的担保，以及拒绝赔偿市场交易中的亏损者，市场化风险。	正式的风险暴露减少，但政府可能仍对赔偿私人风险承担者有道德义务，特别是在市场脆弱的发展中国家和转型国家。
2. 政府购买再保险以覆盖其全部或部分财政风险。在发展中国家和转型国家，再保险可能会从跨国保险公司而非国内公司购买。	再保险限制了财政风险，并告知政府其承担风险的成本。但再保险的成本可能相当高，政府可能不愿意或无法在预算中为其提供资金。
3. 政府收取基于风险的保费，将成本从纳税人转移到风险承担者或受益人。这些收费可能包括初始费用或年度服务费。	这些保费可能会阻止一些风险承担者寻求政府保护，但它们也可能减少经济发展所需的对生产性风险的承担。

续表

方法	优势/劣势
4. 政府通过设置高免赔额来保险最后损失而非第一损失，这些免赔额基于风险或针对不同类型的风险承担者（例如家庭、企业、企业类型、行业等）进行调整。	风险由政府和风险承担者共同承担。但政府可能会被迫覆盖第一损失，特别是当不这样做会伤害家庭或经济时。
公共解决方案	
5. 政府在预算中包括预估的成本支出，实际上为未来的支付留出储备。	风险成本透明，但可能难以做出可靠的估值，特别是在类似风险经验有限的发展中国家和转型国家。
6. 政府在财务报表上记录预估的风险，如资产负债表或或有负债表。	政府的财务状况反映了或有负债和其他风险。但很少有国家（即使是发达国家）发布全面的财务报表。

或有负债有多种形式，几乎每个国家政府都有这样的负债。汉纳·波莱克沃（Hana Polackova）制定的表格列出了政府应对不同类型风险可能采取的控制措施。在当前讨论中，最相关的风险是需要在某些事件发生时（如违约或自然灾害）进行未来支付的或有负债。许多或有负债在法律、合同或其他正式承诺中明确认可；其他则源于政府对遭受财务损失者提供援助的“道德义务”，或形成提供此类援助的期望。显然，政府对非正式风险的了解比对明确的或有负债了解要少，但潜在成本可能更大。事实上，随着损失的增加，政府采取行动的期望可能会升级。例如，如果一家小银行失败，政府可能不会采取任何行动，但如果一家大银行失败，政府可能会被迫采取行动，以稳定金融市场并恢复公众信心。

或有负债的清单很长。它包括：向农民赔偿作物损失；向房主赔偿洪水损失；向出口商赔偿汇率波动；向存款人赔偿银行破产；向企业家赔偿损失；向投资者赔偿违约；等等。由于现金会计的不足，或有负债承诺的范围和规模很少被充分记录。在美国，审计总署估计联邦政府到1995年已经累积了5万亿美元的保险承诺，相当于三年的预算支出。如果加上隐性担保和其他类型的或有负债，总数可能会更高。

当政府赔偿失败者时，它会促使冒险者在道德层面以更危险的方式行事，冒那些如果他们必须承担全部成本就会避免的风险。这种道德风险在政府保险计划中普遍存在：寻求弱金融机构提供的较高收益的存款人；在易受洪水侵袭的地区建房的房主；向高风险借款人放贷的银行家；不对汇率波动进行对冲的出口商；等等。道德风险的共同点是，冒险者只需要关心政府承诺的充分性，而不需要关心他们行为的风险性。结果导致风险升级，政府的成本也随之增加。

发展中和转型经济体特别容易将风险转移给政府。表3.3列出了这些国家的政府暴露于昂贵的或有事项的一些原因。一个主要原因是在过渡或发展的早期阶段，私人保险通常不可用或不充分，这使得投资者、企业家、贷款人和其他人士除了寻求政府的风险保护外，几乎没有其他办法。

在许多情况下，政府是最后的保险人。如果政府不接受风险，经济发展将受到阻碍。此外，在私有化国有企业时，政府可能会被迫保证最低的财务结果，无论是为了获得更高的销售价格，还是为了使企业继续经营。政府对风险的暴露也可能由于发展初期对金融机构监管不足的倾向而增加；在转型国家，由于新政府废止了之前施加的监管体系，尚未意识到健全的监管对经济发展的贡献；在较不发达国家，因为弱小或贫困的政府缺乏监管意愿或资源，或者因为与利益的密切关系阻止他们这样做。

只有存在众多风险承担者，他们中的每一方均承担一小部分风险时，才能最好地管理或有负债。一个经典的例子是获得政府保险的房主抵押贷款。因为有这么多借款人，风险被分散，政府可以向每个房主收取基于风险的保费，这样当一些借款人违约时，保费收入可以覆盖全部或部分成本。然而，在转型和发展中国家，风险往往集中：少数大风险承担者（金融机构、企业集团等）承担了很大一部分风险。当这种情况发生时，很难估计政府面临的风险，更不用说收取基于风险的保费了。当亲密关系和会计实践的不足促使金融机构向陷入困境的企业放贷时，事情变得更加复杂。

为了保持财政控制，政府必须控制或有负债。表 3.3 将控制机制分为依赖市场决策和依赖政府行动。基于市场的解决方案使政府退出赔偿失败者的行列，或要求风险承担者支付政府提供保险的成本。基于市场的解决方案通常在发达国家受到青睐，尽管政府面临广泛的风险，但大多数经济风险由私人机构保险。尽管这种方法可能还不适用于那些私人保险系统不充分的发展中国家或转型国家，但这些国家的政府避免采取会阻碍私人保险发展的政策是明智的。只要政府是首要的保险人，私人保险市场就会一直处于不发达状态，冒险者将采取道德风险行为，给政府财政带来过重的负担。

另一种基于市场的解决方案是政府在承担或有风险时购买再保险。这种方法的一个巨大优势是总成本将是透明的，政府不需要依赖对未来负债的预估，也不需要等到或有事项发生才支付成本。再保险将由市场定价，并在购买时作为费用。前期成本可能会降低政府承担风险的意愿，并可能促使它要求风险承担者分担部分成本。另一种分摊风险的方法是在政府保险的交易中设置高免赔额。

政府型的补救措施将使政府承担或有负债，但这些将在预算或财务报表中逐项列出。未来成本将使用为此设计的会计原则进行估算。新西兰已经采取了这种方法，在合并财务报表中列出了所有可量化和不可量化的或有负债。报表注释估算了未来的养老金负债、管理债务和外汇的风险以及其他负债。美国采取了不同的方法。它将每个担保的贷款项目所有预估的未来现金流（流入和流出）净现值作为预算支出。尽管同样的方法可以应用于其他或有负债，但到目前为止，美国政府仅将其用于贷款担保。

经济周期

政府在经济疲软、金融机构陷入困境、货币贬值时，最有可能面临或有负债的成本。在这些时期，政府可能不得不支持或接管破产银行，兑现汇率保证，援助失败企业，并采取其他显著增加公共支出的行动。这不是或有负债到期的最有利时机，因为这也是收入下降（或增长不如预期那么强劲）和预算赤字上升的时期。

政府能在这些不利条件下保持财政控制吗？从过去二十年发达国家的经验来看，答案是肯定的，也是否定的。在自由裁量财政刺激方面是肯定的；在内置稳定器对关键预算总额的影响方面是否定的。在 20 世纪 70 年代和 80 年代初的石油冲击和增长放缓之前，许多发达国家通过采取行动（减税或增加支出）来刺激复苏，扩大了预算赤字。当时流行的做法是区分周期性和结构性赤字，并假设一旦增长恢复和政府收入增加，周期性不平衡就会消失。为此设计了各种财政措施来区分这两种类型的赤字，并计算适当的赤字规模。

很少有发达国家再以这种方式积极管理经济。大多数人发现，经济疲软时批准的额外成本（如由于增加公共工程或收入支持而导致的更高利息支出）在经济复苏时会继续成为预算负担。在过去二十年增长速度低于战后繁荣年代的经历中，这种担忧加剧。此外，财政政策也受到经济理论变化的影响，例如理性预期论认为，因为预期政府在疲软时期会干预，所以它未能产生预期效果。

但是如果自由裁量措施已经过时，内置稳定器仍然在起作用。收入的自动下降或转移支付的增加可以产生大量计划外赤字。政府可以尝试通过提高税收或减少福利来坚持其财政路线，但在经济停滞时，这样做通常是不合时宜的。在这种情况下，收紧财政控制的国家可能会在未能实现预算目标的情况下无意中延长和加深衰退。日本可能是当代的一个例子。在长期的萧条期间，它结束了临时所得税减免，提高了消费税，并限制追加的公共工程项目。它这样做是因为政策精英更关注在面对人口快速老龄化时财政不平衡的长期不可持续性，而不是短期经济困境。

发展中国家和转型国家在经济困难期间也面临不稳定的预算。但它们还面临资本外逃、货币挤兑、金融机构流动性不足和政治不稳定的风险。这些国家可能被迫采取严格的预算政策，作为接受国际援助或恢复投资者信心的条件。在一定程度上，它们依赖资本流入来稳定或发展经济，这些国家可能不得不限制公共支出，希望财政控制通过长期经济状况的改善得到回报。

冲击

这些干扰比周期性衰退引起的问题更具破坏性；它们会使政府偏离其财政路线，并迫使公共政策发生结构性变化。主要原因可能是战争爆发或政治秩序崩溃，使预算受到深远影响。德国的统一起初是一个大胆的政治决策，但留下了计划外的赤字和不断上升的公共债务等问题。在发展中国家，商品价格的严重下跌或突然的资本外流可能使政府无法遵守约定的财政政策。在转型国家，企业崩溃或新税制实施的困难可能对预算产生巨大影响。

在处理冲击时与处理周期性衰退一样，区分财政平衡和财政控制非常重要。失去前者可能不可避免；但在压力下仍可维持后者。显然，当冲击影响到预算账户时，政府将被迫调整其财政目标。但这并不意味着放弃财政控制。当事情似乎要分崩离析时，最紧迫的是对公共支出采取纪律性的方法。限制支出不会实现财政平衡，也不会使政府实现冲击前的目标，但它将缓和并缩短冲击对政治或经济秩序的后续影响。

德国对统一的反应演示了如何在严重预算冲击面前保持财政控制。为了重建东部地区，政府远远超出了支出计划，但它确实提高了税收，资助了相当一部分增加的成本，并且确实限制了预算的其他部分。尽管采取了这些措施，政府未能实现修订后的财政目标，因为它低估了统一的成本，并面临经济绩效的下降。当冲击发生时，可能无法预见全部成本，或者无法在政府政策中做出所有适当的调整。但与无所作为相比，德国的努力使其处于更稳固的状态。

总结：财政总额控制的基本要素

维持财政总额控制需要改变预算机构，建立和推行支出限制。以下是各国使用的系统的要素。

目标应反映政治领导人所做的政治承诺

选择适当的财政限制是政府关键的政治责任。制定适当的目标必须吸引主要政治行为者——政府首脑、内阁，在某些情况下是政党领袖，以及（在联合政府中）执政党之间的协议。如果政治家没有参与目标的确定，就不能期望他们采取必要的步骤来实施它们。即使目标是外部强加的，如欧洲货币联盟和国际货币基金组织的条件性要求，实现这些目标也取决于受影响国家的政治承诺和行动。

目标必须是现实和可实现的

如果不现实，目标将被忽视，或诱使政治家掩饰和隐瞒预算的真实状况。在 20 世纪 80 年代中期，美国和澳大利亚都建立了总体财政目标，前者通过法定条款限制赤字规模，后者通过三步政策规定减税、减支和减少赤字。美国的目标在实施的每一年（1986—1990 年）都被突破；相比之下，澳大利亚在限制总额方面取得了显著（尽管不是持久的）成功。澳大利亚的目标是可实现的，美国的目标则不是。

然而，可实现并不意味着没有约束。财政规则必须是限制性的，因为如果它们只是迎合预算上的要求，那么拥有它们就没有好处。目标必须约束财政总额，即它们必须导致赤字降低和支出减少，而非其他结果。

建立和执行预算总额的中期框架

有几个原因说明中期是适当的。首先，限制总支出或赤字通常需要在几年内实施行动。多年长期的框架可以在中途建立里程碑，朝着完全实施的方向推进。其次，当目标只涉及当前或下一个财政年度时，很容易规避财政控制。支出或收入行动能够根据需要来加速或延迟，以便使预算结果看起来比实际情况更有利。可以出售资产，可以安排新支出在未来生效，可以利用非经常性收入来源。在中期框架中也可以规避财政控制，但操纵数字的动机和机会减少了。

典型的框架包括对未来预算总额和主要分类额度的预测，设立基线以便反映中期授权的支出和收入，设置程序估算政策变化对财政的影响，执行财政控制的会计准则，以及建立预算约束的流程。开发和运行这个中期框架成为中央预算办公室的主要责任。随着财政总额控制的成熟，年度预算在长期限制的背景下制定。年度预算成为多年期财政战略的年度分期付款。

即使有长期框架，政府也觉得有必要定期重新定位财政政策。在中期背景下，这样做使政府能够评估周期性波动或政策冲击对财政总额的影响。

总额限制应得到次级子目标的支持

如果只限制总额，在面临支出压力时财政规则不太可能保持。理想情况下，支出限制应扩展到主要的分类组成。这可能包括对运行成本的限制、自由裁量支出限制或对特定预算部门、功能或组合的限制。当这些分类限制达成一致时，总体约束更加稳固，因为它们反映了之前对如何分配总资源的协议。总额不仅仅是空中楼阁的数字，而是对未来支出计划的承诺。

然而，同样重要的是，早期协议应限于主要小计额。如果还对各类支出项目做出决定，财政总额的提前确定将受到特殊预算要求的不当影响。

财政限制应涵盖大多数关键数额，而不仅仅是总支出或赤字

如果只针对赤字，总额控制可能因通过增税来增加支出而被削弱。然而，如果只限制支出，政治家可能会削减税收并允许赤字上升。限制不必涵盖所有财政总额，但将它们扩展到公共债务可能有相当大的价值。一些国家已经开始限制或有负债，但大多数国家缺乏足够的信息为这些财政风险设定有效限制。

总额限制应涵盖强制性支出

允许一个开放支票簿服务于权利支出或其他强制性成本的控制弱化了总额财政限制。尽管民主政府不太可能取消主要福利计划或禁用预算的内置周期性稳定器，但他们很可能会采取措施在边际上削减权利支出，减缓预算这一领域的支出增长，并设置障碍以阻止新权利的建立。人口变化带来的财政负担日益临近，更多的政府将被迫对强制性计划做出艰难选择，并采取政治上不受欢迎的行动。如果他们不这样做，财政总额控制将类似于一个设计不佳的堤坝，无法阻挡对其施加的压力。

总额目标应包括执行机制，包括年内监测和年度外预测

目标不会自动实现；执行永远不会是自动的。有效的约束必须包括在一年中持续审查，以评估财政趋势是否与预测

一致，以及当总额偏离目标时应采取的行动。

强制约束很少像财政政策制定者所期望的那样严格

关于财政总额控制的文献表明，需要强制约束来控制支出总额和赤字。然而，严格程度是个问题。绝对禁止违反总额对于承受政治压力或经济需要而言可能过于僵化。随着财政总额控制作为支出管理目标受到关注，民主政府可能会发现更灵活的安排，这些安排允许设置政治和经济压力的安全阀，比不让步的目标更持久、更有效。

第四章
分配效率

在预算体系中，政府通过为某些用途分配资金，为其他用途预留资金来分配资源。政府计划的有效性取决于这些分配。然而，政府面临众多障碍，无法对资源进行真正有效的分配。现代公共支出管理的关键任务之一是为提高分配效率创造条件。

分配效率是指政府为了实现其战略目标，对资源进行有效分配的能力。它要求政府将资源从旧的优先事项转移到新的优先事项中去，以及从效率较低的项目转移到效率较高的项目中去。要有效分配资源，政府必须建立和确定各类事项的优先级，并评估公共支出对这些战略目标的实际或预期贡献是多少。为了有效分配资源，政府必须具有前瞻性和评估能力，既要向前看，确定想要实现的目标是什么，也要回顾过去以便对结果进行评估和检查。

确定战略规划、项目评估与预算程序之间的关系一直是公共支出管理持续关心的问题。过去半个世纪以来，如何让两者更紧密地联系在一起一直是预算改革的重点，许多政府都尝试过，但却很少成功。因为追求分配效率会增加信息负担、交易成本和政治冲突。由于对项目相关数据的需求增加，信息负担会加重；同时重新分配预算资源也会导致政治冲突升级。当代公共支出管理的任务是提高分配效率，同时避免政府处理信息和应对冲突的能力过载。除非信息负担和政治冲突可以解决，否则政府会在执行预算过程中选择次优的分配方案，以便能够勉强完成年度预算的例行工作。

本章探讨在加强财政总额控制背景下促进分配效率的条件（包括与信息流和行为结果有关的制度安排）。

追求分配效率

理想情况下，政府应该无论在什么财政条件下都追求分配效率，无论预算是在增长还是在收缩，无论是否有额外的资源来应付额外支出，也不管是在穷国或富国，是在经济繁荣时期或经济陷入困境之时。在所有情况下，政府都应该将有限资源用于产出最大社会回报的项目上。然而事实上，财政状况可能会对政府是否通过预算寻求资源配置以及追求配置效率的方式产生重大影响。

在发达国家，在战后的长期扩张中，政府均通过预算分配增量资源。财政部门会对各支出单位要求追加资源的申请进行审查，这样的话就会很少注意到以前核定的支出基数。渐进预算使政府能够在不占用现有预算持有人资源的情况下应对新需求。预算是一个分配过程，而不是再分配过程。政府内部的冲突较少，因为此增彼减的情况一般会被规避；受益单位会通过索取增量资源获利，而不是从那些已经拥有预算份额的人那里获利。政府会通过给不同的预算安排不同的增长率来重新安排各类项目的相对优先级。中央预算办公室作为这个增量过程的枢纽积累了更多权力，他们可以通过分配增量资源来影响政府未来的方向。

预算部门坚持每年对所有支出申请进行一次名义上的审查，这只是对提高资源分配效率做出的口头承诺。支出部门提交了所有支出项目的详细说明，不仅仅包括增加的项目。从形式上看，这个过程非常矛盾。预算办公室有权审查和质疑任何项目，并可以削减或取消那些它认为没有生产力或价值较低的项目。然而，事实上，这个过程相对平静和通融。虽然在名义上审查所有预算，但大多数项目是延续性的，这些项目几乎都会躲过严格的审查，这就缓解了一部分预算冲突。除了那些需要用到增量资源的项目会被改动外，其他预算的变动很少。

渐进预算适应时代，但它也是一种有缺陷的分配公共资金的方式。它导致了资源配置效率的低下和公共部门相对规模的缓慢膨胀。它假定明年的支出会更高，从而使总额去适应各个部分，这样就削弱了财政总额控制。支出部门在提出项目申请时通常没有什么限制，这些申请通常是为了争取更多资金，而不是在固定预算内进行权衡。

渐进行为因过程假设受到质疑。传统预算通过要求预算全面并且所有申请为了公共资金在一场全面竞争中相互竞争来追求分配效率。

它假定如果所有预算申请的形式都是标准化的，并且申请都按照规定的时间表提交，那么来自预算竞争的拨款就是正确的。但随着预算变为增量模式，政府资金最优配置的结构性障碍变得明显起来。一个障碍是公共支出的“粘性”；另一个障碍是年度预算的短期框架；第三个障碍是缺乏关于项目有效性的足够信息。“粘性”是指削减现有项目和机构的资金比较困难。预算之所以具有“粘性”，是因为受益人或单位会动用一切资源保护自己已获得的利益份额，而且没有市场机制淘汰低效者。此外，在年度预算框架内，通常很难实施跨越几个财政年度的再分配或对未来产生影响的项目。最后，在分配投入时，传统预算没有充分考虑资助项目是否实现了政府目标。

认识到预算的正常程序常常会产生低效结果，导致一系列改革政府预算的努力以失败告终。一种流行的改革思想围绕计划项目预算系统（planning - programming - budgeting systems，PPBS）和许多发达国家的类似安排展开；另一种是零基预算（zero - based budgeting，ZBB）及其变体。计划项目预算系统力求将预算编制放到较长的时间范围之中，并提高分析能力；零基预算设法在现有项目和支出的基础上重新分配资源。虽然它们在程序上有所不同，但计划项目预算系统和零基预算都力求加强对预算资源的竞争，前者通过提供关于实现政府目标的其他方法的成本效益资料来实现，后者通过让每个支出单位编制替代预算（每个预算都有增量资源和产出）来实现。然而，随着未来竞争加剧，信息负担和冲突也随之增加，同时还会出现常常成功地使新预算机制失效的政治 - 官僚策略。顾问团队（通常由国际机构鼓励或资助）向许多发展中国家输出了这两种方法的各种变体。这些改革在穷国的成效甚至不如在富国，因为它们超出了政府进行政策分析和制定预算替代方案的能力。

这里不是回顾改革预算分配制度失败的诸多原因的地方，但重要的是要将当代公共支出管理与计划项目预算系统和零基预算的改革创新分开来。早期改革仅限于预算，他们修改了年度预算过程的信息内容和程序。相比之下，公共支出管理将预算编制视为一个更大的体制环境中的关键部分。公共支出管理意味着预算和制度之间关系的哥白尼式转变：预算不是政治和管理行为的驱动力，相反，是政治家和管理者的行为驱动了预算。因此，要改变预算分配，就必须改变决定预算的人的动机，包括改变他们工作的体制安排和向他们提供或由他们提供的资料。

对任何预算制度的检验不在于其程序，而在于资源分配本身。仅仅依赖预算的正常程序是不够的。由于支出粘性以及政客和管理者拒绝重新分配，一个运行良好的预算程序可能会出现分配效率低下的情况。预算的各方利益相关者需要通力合作，最重要的是他们要在规则的约束下实施资源的重新分配，而且他们在重新分配中要有很大的发言权，否则资源的分配效率将会被降低。

在财政约束下进行分配

在追求资源配置效率方面，控制财政总额可能会祸福参半。虽然它稳定了预算总额，使其与政府的经济目标一致，但约束总支出的财政制度可能会将旧项目冻结在预算之中，并且将新项目排除在外。这种结果出现的可能性非常高，因为从政治角度来看，维持原项目比终止它们以在预算中为新的支出计划腾出空间更为安全。因此，一个受财政约束而被迫进行预算削减的政府可能会试图通过减少新项目而不是严格审查现有支出的有效性来实现预算总额的限制。支出规范越严格，维持的时间越长，预算优先事项僵化的风险就越大。当经济增长疲软，财政增量不足以资助正常年份之间支出的正常增加时，这种风险最大。在这种情况下，可以强烈主张进行资源重新分配，将资源从当前预算支持的项目转移到新项目中去。然而，具有讽刺意味的是，尽管预算紧张时最需要资源配置效率，但在这种情况下实现这一目标也最困难。

在几乎或完全没有资金增量时，保持预算灵活性需要政府具有根据项目优先级重新分配资源的战略能力。

富国和穷国都存在分配效率低下的问题，但后者付出的代价可能要高得多，而且更为明显。当发达国家的资源被用于低效项目时，它们的公共支出回报不会是最优的。人均收入会下降，公民本可以得到的社会福利可能会被剥夺，政府对新出现的问题也会反应不足。根据效率低下的不同形式，私人投资和消费以及收入分配可能会出现扭曲。穷国可能会面临所有这些成本，但相对于富国而言，穷国所付出的代价可能要高得多。当一个穷国容忍公共资源分配严重低效时，它可能会在关键需求（如公共卫生和教育）上支出不足，而在其他领域（如军事力量）上超支；通过国际援助获得的设施和其他资本投资可能因维修或维护不足而失修或失效；资金可能被浪费在提供微薄社会回报的展示型项目上。贫困国家资源配置不当时，发展就会受阻，贫困会持续。因此，努力摆脱贫困的国家提高公共支出分配效率的需求更加迫切。

再分配的制度框架：规则、角色、信息

公共支出再分配制度的程序要素与计划项目预算系统和其他失败的预算改革的要素十分相似。计划项目预算系统和公共支出模式都试图通过建立多年预算框架、生成项目绩效数据和将资源分配给更具生产力的项目来提高分配效率。一个不同之处在于它们的财政背景：计划项目预算系统类改革在人们对经济福祉和项目扩张可承受性的期望不断提高的时

期引入。计划项目预算系统类的逻辑是，通过多年规划和项目分析，政府将更有效地分配经济增长红利。尽管政府口头上支持重新分配，但普遍来说，规划和分析将改进新增资金的分配。

当代公共支出在一个不同的环境中管理。紧缩政策是当前的主流，其推动因素包括削减过去赤字造成的遗留问题、比过去更疲弱的经济增长，以及纳税人不愿为政府项目支付更多资金的情绪。在这种环境下，大多数的项目必须通过重新分配而不是新增资金来资助。财政状况的不同和政府抱负的差异影响了公共支出管理的制度背景、信息来源和行为模式。

公共开支的定量配给

规则的关键变化是，预算拨款时明确限制可支出的数额。这些约束需要在各个支出部门竞标资源之前就设置好，并且必须根据政府目标对每个部门和投资组合进行集中设置。传统的自下而上的预算允许对资源进行开放式投标，与之相反，公共支出管理要求各部门的预算申请在可供分配的资源范围之内。此外，与计划项目预算系统和其他基于净收益考虑的预算决策的“合理分配”系统相反，公共支出管理需要有效益的项目互相竞争以获取有限资源，仅仅因为一个项目产生净收益并不一定意味着它将得到资助。

定量配给公共支出缓解了财政的公共资源池问题，但也加剧了委托代理问题。由于可以从资源池中提取的金额定量配给，自私自利的支出部门就不能投机取巧地拿走超过定额的资源。执行这一规则需要一个警惕的、强大的中央政府来审查支出需求，并评估其对预算限制的遵守情况。但没有一个执行机制是完美的，狡猾的部长和管理者们可以动用他们的力量消耗他们限额以外的更多资源。只要超出限额的部分不显著，它就不会对财政约束造成太大损害；但是，如果支出部门成功地打破了限制，预设的限制对预算结果的影响将微乎其微。

组织角色：中央对部长和管理者

再分配是困难的，因为会激发政治冲突，促使那些面临资源损失威胁的人或部门采取应对措施来保护其预算，并且还会增加与项目目标和结果相关的信息流。然而，各国政府可以通过建立中期支出限额范围内明确的战略目标和优先次序来促进资源的再分配。

从这个角度来看，再分配是战略能力的体现，即政府预测和应对未来环境变化的能力，在计划变化的基础上重新制定目标和计划的能力，确定未来期望的结果并重新分配资源以实现这些结果的能力，衡量实现预期结果的进展情况的能力，以及评估计划有效性的能力。拥有所有这些能力有助于将预算作为其变革的工具，但要做到所有这些，对政府分析和解决冲突的能力提出了很高要求。很少有政府在这方面做出了认真的努力；这样做的国家比不这样做的国家实现了更多的资源再分配。

上述战略能力必须集中在政府的核心部门，由这些核心部门负责国家优先事项的确定和部门间的拨款。此外，战略决策应与分配决策联系起来；否则，政府制定的计划就不能得到有效实施。

分配资源是中央预算组织的职责；再分配资源可能需要更细的分工，其中，中央预算制定者负责战略决策和主要的优先事项，而部长和管理人员负责各自责任领域的次级分配。

自上而下与自下而上的预算

在传统预算中，信息的产生按照自下而上的顺序进行，而决策按照自上而下的顺序进行。政府允许支出机构想要多少就要求多少，中央很少或根本不指导。在竞标资源时，各机构提交了大量关于项目和支出的信息，这些信息和相关的投标则由中央政府审查，中央政府决定在政府预算中向每个机构或活动提供的金额。各机构的总需求总是超过现有可使用的资源总量。中央预算办公室在预算资源配置中具有主导地位，这是由于预算需求不能全部得到满足。资源需求超出资源总数的部分越多，中央在决定资金去向方面的影响力就越大。

这种安排使支出机构和中央预算制定者处于对立面。各机构寻求的大部分预算增量都被预算主管部门拒绝。但摩擦通常会因为一些原因得到缓和，比如总体薄弱的财政总额控制（随着支出压力加剧，总额可能会提高），中央官员倾向于至少向各机构提供与前一年相同的资金、并批准一部分支出增量，以及避免明显的资源再分配。当财政紧缩消除了这些有利条件时，中央控制机构就不再认为自下而上的、无限制的预算请求有用。这样的请求使使用者能够避免艰难的优先级选择和明确的再分配。当中央控制机构希望实施重大的资源再分配时，他们不能指望支出部门在编制预算的正常过程中自愿交出资源。中央控制机构必须通过提供与政府偏好和战略利益相关的实质性指导，及早而有效地进行干预。

改变政府的工作重点

当中央决定重新分配资源时，它会怎么做？简言之，它会改变政府对各类项目事项的优先次序。重新分配需要改变政府使用公共资金的方式。与由获得更多预算的机会所驱动的分配不同，重新分配取决于政府的决定，即在争夺公共资金时应优先考虑哪些政府目标。重新排序可以是一个明确的决定，A 比 B 更重要；也可以是一个隐含的选择，只有在结果中才会显示出来：A 得到更多的预算资金而 B 得到更少。无论哪种方式，重新分配都需要强化中央政府的分配能力。与经常以分散的方式进行的分配不同，重新分配需要高度的中央协调。当支出部门相互勾结，内部协调瓜分预算时，公共资金的重新规划并不多见。

重新考虑分配方式和改变政府目标和事项的优先次序没有标准程序。一些政府由政党纲领引导，另一些由强有力的领导人的观点引导。在一些多党政府中，联合协议列出了政府将要采取的政策举措，包括改变公共资金的使用方式等。在一些国家，内阁在编制年度预算前几个月会召开会议，明确中期优先事项，并决定每个部门或投资组合的财政限额。近年来，一些国家宣布了在预算分配中优先考虑的战略领域。在这些国家，部长和管理者必须证明，他们竞标的资源将有助于实现政府的战略目标。

所有这些过程都可用于资源的再分配，但它们更有可能被用于分配的真实目的，即要求更多预算。战略规划有可能以重新分配为目标，尽管它并不总是用于这一目的。在商业中，战略规划用于决定进入或退出哪个市场；在政府中，它通常用于决定应该扩大哪些项目。战略规划在充分发挥其能力时，对政府实体的作用和目标提出质疑，并考虑如何通过终止一些项目和开始另一些项目来改变它们。

各种方法的共同点是，它们为政府提供了一个重新思考其战略目标的机会，并将资源转移到新的或资金不足的优先事项上。在受限环境中运行的政府可能会发现，它们只有在削减某些现有活动的资金时才能对新的优先事项做出反应。

中期支出限制

由于战略变化通常在较长时期内展开，对未来预算的影响比对眼前预算的影响更大，因此资源重新分配能力的第二个要素是政府需要设定中期财政目标，包括可用于计划外支出的结余（如果有的话）或达到预设目标所需的净储备。结余和储备通常按净额计算，即新支出减去项目削减节省的开支所得的结余。净预算通过在支出单位根据政府战略重点变化转移资金时免受资源损失，鼓励重新分配。

中期支出限制应与政府财政目标一致，不应过于宽松，这样可以使政府避免重新分配。然而，如前一章所讨论的，同样的情况是这些限制必须可以达到，否则政府可能会被迫采取会计手段，低估公共支出的真实数额。

中期支出限制不会自动实现。事实上，推动重新分配会促使支出部门用更昂贵的项目取代现有项目。一个常见伎俩是夸大项目削减的节省，低估新项目支出。为防止这些伎俩，重要的是政府需要保持一个基线，预测未来3—5年授权项目对支出产生的影响，并且使用这个基线来估计可能的政策变化会对未来预算的影响。下面将讨论“记分”如何作为中央预算办公室的一项重要职能运作。

跨部门决定

各部门自下而上的资源竞标不太可能实现跨部门资源分配。必须由高层做出从一个部门拿走资金并将其分配给另一个部门的决定，否则这种决策根本不会做出。因此，资源的重新分配要求政府在部长和部门编制预算概算之前，详细说明为每个部门或主要支出单位指定的资源限制。在设定这些限制的过程中，政府可能会允许一些部门得到超过基线的资源，而相应地，其他部门的资源会减少。在议会制国家中，这些决定通常由内阁根据首相或财政部长的建议做出；在总统制下，通常是总统设定这些限制条件。

重新分配可以在预算的任何阶段进行，但在支出部门对资源提出要求之前，尽早进行重新分配有明显优势。如果政府将这些决定推迟到预算制定的妥协阶段，结果可能是无法推进重新分配，或者政府只能通过提高预算总额来适应支出需求增长的压力。此外，如果部门内的支出决策在部门与财政部之间双边谈判之后确定，并且未考虑可能对经济产生的负面影响，预算很可能与政府的目标和优先事项不一致。

部门内支出决策

当前对财政纪律的追求可能会诱使政府通过在行业或部门内部进行详细的预算分配来保持严格控制。集中控制所有支出细节似乎是对许多国家目前预算状况的合理反应。如果支出部门不愿意在自己的责任范围内进行权衡，中央政府为它们做这件事可能是有意义的。在内阁或财政部集中控制部门内的分配有许多强有力的理由：（1）中央的再分配能够比某个部长或部门更广泛；(2) 中央机关对政府的利益和优先事项有更全面和战略性的看法，单个部门仅对部门压力和观点负责；(3) 中央政府可以根据项目有效性的证据、评估结果和客观分析来促进再分配；(4) 中央参与财政总额控制并确保项目提案的成本能准确反映在预算规则和程序之中至关重要；(5) 如果没有来自中央的强大压力，各部门可能会保护现有项目，而不是重新分配资源；(6) 各部门有动机以低成本启动项目，并低估其对未来预算的全面影响。如果中央政府不加以控制，这种行为将破坏财政总额控制和政府制定计划项目优先次序的能力。总而言之，如果支出机构不会（或不能被信任去）做出权衡，中央预算机构应该替它们做这件事。但是，尽管存在这些关于中央政府在部门内再分配的论点，许多国家政府财政的现状——财政限制、增量不足以及在预算中为计划项目主动腾出空间的压力等——可能会证明在部门和部门内部采用分散权力制定预算的方法是合理的。可以说，如果支出部门的部长和管理人员在推动政策变化方面发挥积极作用，就会出现更多的再分配。试图由中央政府来完成该项工作可能会导致更多的冲突和更少的再分配。失去资源的威胁和亟待进行的项目可能会促使部门抵制资源的转移和节省要求。虽然部门不是权力中心，但它们拥有强大的武器。它们可以隐瞒实施成本效益分析所需的信息；它们可以与其他支出部门结成联盟，保护自己的预算不受削减和再分配的影响；它们可以游说其他受影响的利益集团或政府内部部门以获得支持。从过去的情况看，中央政府无法保证会赢得资源再分配之战；相反，它们最终可能会维持现状。

中央机关在积极寻求再分配资源时，面对支出部门通常处于不利地位，因为它们可能缺乏关于政策变化提案及其政治影响的足够信息，以及（尽管他们是中央机构）完成任务所需的足够的政治支持。各支出部门比财政部、内阁和其他中央机构更了解它们的项目——哪些有效，哪些无效。它们也可能对改变政策和项目的政治风险有更好的认识。这种不对称是因为获取项目和政治信息的成本较高，以及部门不愿意提供可能使其项目处于不利地位或导致资源损失的信息，这是可以理解的。换句话说，中央机构进行有效的再分配需要支出部门提供大量信息，这会导致其在再分配中束手束脚。中央政府可以通过设立业绩考核系统或发展综合评价能力，寻求建立独立的信息来源。但即使他们采取了这些措施，中央分配机构在进行评估和测量时，也不可避免地要依赖支出部门提供大部分原始数据。

为了获得支出部门的合作，在重新分配过程中给予它们重要的发言权可能是明智的选择。再分配中权力下放的安排将使内阁（或其他中央决策机构）能够把重点放在重大政策变化上，而不是放在支出细节上。当政府需要决定无数的支出项目时，它对细节的关注往往会取代对战略问题的考虑。

当部门内部事务委托给部长及其部门时，政府可以根据其预算优先级为每位部长分配他们可以支出的资金余额或结余目标。例如，在澳大利亚，远期估计（见案例 3.1）为每位部长提供了其部门所能获得的核定支出基线。远期估计可以设定在一个能够适应支出增加的水平线上，在这种情况下，部长将能够提出与政府优先事项一致的计划方案；或者他们的支出基线可以被设定在一个需要削减的水平，在这种情况下，部长将不得不提议节约。这些指标既是对支出申请的限制，也是编制和审查预算的起点。在指定的目标范围内，部长可以提议增加某些项目的开支，增加的开支由同一部门或职责的其他项目中节省的资金来资助。在这种权力下放的制度安排下，部长们将有权自行批准低于预设门槛的相对较小的支出变化；政府会审查超过限额的再分配建议，以确定政策改变是否有助于政府的优先项目，并估计其对未来预算的影响。澳大利亚有一个500万澳元的门槛，低于这个门槛，各部门可以单方面采取行动。这一门槛为政府处理重大政策问题扫清了障碍。

将部门内拨款的大部分主动权和责任下放给受影响的支出部门，需要从根本上重新确定中央预算编制机构的作用及其与支出部门的关系。在寻求分配效率时，他们将更多地充当再分配制度的审查员，而非部门预算的近距离评价者。他们可能在管理权衡系统和确保项目变更与预算重新分配符合政府财政规则和政策目标方面发挥主导作用（与内阁或其他政策协调机构共享）。在这种安排下，预算办公室将负责提出和实施方案变更的指导方针和程序。它将维持基线和数据库，以评估项目倡议和再分配的预算影响；它可以就其提出的支出方案和计划的影响向部长和内阁提供建议；它还可以指导或促进对项目的持续性评估和绩效考核。由于它强调这些分配任务，预算办公室可能会退出（或减少参与）一些传统的控制。它将不再决定或监测详细的支出项目；如果它继续这样做，支出部门将没有动力在再分配方案上与其合作。相反，各部门将被允许在政府制定的指导方针和财政限额内管理其运行预算。这种权力下放将使中央政府能够集中精力于制定政府战略目标和政策决策（并有助于提高运行效率。这些内容将在下章讨论）。

与中央政府试图转移资源的方案相比，权力下放的资源再分配方案可能需要更多的政治支持和更早的政治家参与。在传统的预算中，就算有再分配决定，也是在后期做出。这一过程通常围绕着财政部与受影响的支出部门之间的双边谈判展开。这些“双边关系”从中层管理人员开始，他们努力解决自己能力范围内的问题，然后转移到高层管理人员。在这一进程结束时会进行部长级讨论，部长会议只审议未在各部门官员层次上解决的事项。在财政部长与受影响的支出部门部长们进行双边会谈后，剩下的问题可能会提交内阁讨论。然而，在倾向于一定要再分配资源的公共支出制度中，部长们必须尽早参与制定“财政限额”，在此限额内作出部门决定并为各部长或职责确定基线和（或）再分配目标。如果政治家不扮演这些角色，中央预算办公室将缺乏足够影响力来迫使各部门实施再分配。

这里讨论的重新调整制度的目的是使各支出部门在再分配公共资源方面成为盟友。但是，即使建立了合作关系，支出部门的利益也可能与中央政府的利益不完全一致。资源再分配会在想要保持或增加资源的人和想要将资金转移到其他用途的人之间产生紧张和冲突。下放一些决策权和给予各部门在预算结果方面更大的发言权可以减少摩擦，但不能确保分配是最优的且没有冲突的。

为了促进更有效的再分配，政府应该坚持要求部长们先从自己的部门中寻找资源储备或结余，然后再向其寻求额外的资源。

信息

分配效率不仅取决于促进资源再配置的制度安排，还取决于有关项目有效性的信息。再分配的动力会大大增加对支出部门的信息需求。除了详细的运行数据外，他们还必须提供以前年份中会影响预算执行和项目结果的信息。在寻求更广泛的资源再分配时，预算有信息过载的风险，就像引入计划项目预算系统和其他改革时发生的那样。由于各部门生产所需数据的能力有限，中央政府在年度预算程序的限制下审查材料的时间有限，因此过载司空见惯。

将权力下放到各个支出部门，委托支出部门做出大多数业务决定可以减轻信息负担，也可以减少由部门编制供中央审查的业务细节的数量，并将大部分分析和评价工作委托给支出单位。但是这些信息的节省被项目评估和业绩数据的大量增加所抵消。产生这些数据的成本很高，特别是当项目的结果超出了受影响的支出部门的直接控制时，这种情况经常发生。在再分配预算的过程中，各部门必须做出特别努力，将评价纳入其工作。他们必须设计适当的方法来收集和分析数据，并在分配资源时应用数据分析中的发现。

评估的代价不仅在于搜集和分析数据上用掉的钱，还在于梦寐以求的项目被发现缺陷对部门造成的威胁。部门承担项目是因为他们“知道”这个项目值得，正因为他们知道这一点，所以想要继续正在进行的项目。把评估的焦点放在一个项目上，会让它受到质疑。能通过每个主要评估的测试，被判定为值得继续且不需要调整的项目很少。因此，毫不奇怪，各部门往往通过给予评估理念一些口头上的支持来保护它们的项目利益。评价的基础通常很随意，将评价结果应用于资源分配时也是如此。

制定一套系统性的评价办法需要一个可以获得大量资金和政治支持的承诺。为了影响公共资金分配，这一承诺必须是强有力和持续的，而且它必须体现在利用评价结果去分配资源和做出其他决定的过程之中。如果不在分配中贯彻它，评价就会失去意义。

在建立评估流程中，政府必须在将任务交给部门和委托给中央机构之间取得平衡。如果财政部或其他中央部门进行评估，支出部门可能不愿根据结果采取行动。当部门在评估中缺乏既得利益时，它们可以拒绝与评估人员合作，隐瞒数据，或者在制定预算和项目决策时不使用评估结果。但是，把责任交给各支出部门，在没有强有力的中央指导和承诺的情况下，很可能意味着几乎没有真正的评估。然而，尽管各部门在这一过程中拥有发言权很重要，但大多数部门的自我评估能力相当有限。为了对项目进行彻底和客观的评估，政府有必要督促各部门认真对待这一过程。

政府必须在独立组织预算评估（与预算周期没有任何正式瓜葛），或将其直接用于资源决策之间做出调和。紧密的联系可能会阻碍各部门的合作，因为它们担心自己产生的数据会在预算决策时被用来对付自己；但是，如果没有正式连接，这些和工作表现相关的数据很有可能在分配资源时不会得到使用。对这个问题没有完美或永久的解决办法，一个明智的折中办法可能是将评价作为一个独立的过程建立起来，同时促进各部门在重新分配资源时应用评价结果。

澳大利亚雄心勃勃的评价战略旨在期望其能影响预算分配。每个部门都必须公布评估计划，描述未来三年将进行的研究。除了对正在进行的项目进行定期审查外，内阁还要求各个部门在提交给它的每个项目提案中都表明，如果该提案获得批准，各部门将如何评估它。财政部可能会监测整个评价进程，并且参与监督研究的许多工作，会就适当的方法和最佳做法提供咨询意见，审查各个部门的评价计划，并保存一份与评价相关的档案和记录。它还可以报告评价在分配资源方面的使用程度。尽管投入巨大，许多预算分配仍未考虑评价。和其他国家一样，在澳大利亚，评估的实施和评价结果的应用之间往往存在脱节现象。

澳大利亚和其他一些国家的政府试图通过汇报关于项目成果和社会效益的绩效评估系统，将评估和分配联系起来。

这些系统最先进的形式是设法将事后评价和其他研究所得的数据纳入年度预算决定。系统的绩效报告可以在几个方面影响预算分配：（1）绩效趋势可以长期跟踪，并与项目和支出趋势相关；（2）绩效结果可以与事前目标进行比较，并分析差异；（3）在做出预算决策时，资源的增量可以明确地与绩效的增量联系起来。

尽管有这些表面上的优势，但目前还没有一个政府能设计出一个以绩效为导向的预算体系，将项目成果和预算分配直接联系起来，尽管一些国家（澳大利亚、新西兰、瑞典等）取得了重大进展。造成这种困难的一个原因是，结果衡量标准的制定成本很高，而且难以实施。与深入研究项目运作和结果的评估相比，结果衡量方法用相对较少的（通常是定量的）指标表达了项目对公共目标的贡献的关键方面。要把一个复杂的、存在有时相互冲突的目标的计划提炼成几个指标，或者设计出能够公平地考量导致观察到的结果的各种因素（其中一些因素可能超出政府的控制范围）的指标，这绝非易事。

在强调结果衡量标准的国家，沿着这条道路走的部门往往以产出衡量标准结束。绩效指标和预算拨款的正式联系越紧密，数据就越有可能与产出有关，支出单位就越有动力选择容易而不是具有挑战性的绩效指标。当预算编制和执行情况报告紧密联系在一起，并且可衡量的结果成为分配边际资源的基础时，受影响的部门可能别无选择，只能报告产出，因为只有产出才能与支出水平直接相关。由于产出数据与配置效率的相关性要大得多，政府放松绩效指标与预算决策之间的联系可能是明智的。

即使在有利的情况下，衡量并报告成果也是困难和昂贵的。收集适当的结果数据需要特别的努力。主要结果通常是多种因素共同作用的结果，包括政府政策、私人行为和社会条件。当因果关系存在问题时，将结果归因于具体的预算分配并不能提高分配效率。然而，政策制定者在做出预算和项目决策时必须注意结果。毕竟，政府行动和支出的目标是改善那些受其计划影响的人的状况。将衡量结果的指标视为方向性信号，作为政策审查和改变的刺激物是合乎逻辑的。如果使用得当，它们应该会促使决策者审查现有项目，并探索做得更好的机会。它们可以表明情况是在好转还是在恶化，政府离既定目标是更近了还是更远了，现有的计划是应该继续还是应该重新定位。即使特定项目本身并未导致所衡量的社会状况，部长和官员们也应关注既定政策是否奏效。

出于以上考虑，结果衡量和预算选择之间的结合必然是松散的。政府应利用结果数据来确定战略重点和评价结果。但是，战略规划和项目评估不应该仅仅在年度预算程序规定的常规范围内进行。为提高分配效率，预算应被视为唯一的政府政策工具。如果是唯一的，再分配会减少，而不是增加。

总结：提高分配效率之路

在公共机构中，重新分配资源的动机本来就很弱。市场是一种不间断的重新分配机制，市场会根据消费者偏好的变化和其他信号不断重新安排资源，与之相反，公共部门则面对维持现状的强大压力。项目评估和绩效信息可以促使部门调整其项目组合，却没有自动执行机制来确保资源被更有效地利用。

在资源再分配中，行为的目标是将潜在的对手转变为积极的盟友。这不是件容易的事，因为处于政府核心部门的人的利益与部长和部门管理者的利益不一样。然而，至少政治家和官员不应该因为再分配资源而受到惩罚，这是至关重要的；如果他们拒绝合作，他们的处境不会比现在更糟。尽管部长和管理人员可能希望为公众谋福利，但如果提议会导致自己部门的预算或资源被转移出去，他们就不会积极寻求再分配。

这一推理证明再分配中的劳动分工是合理的，在这种分工中，中央部门建立国家目标和战略优先事项并管理预算过程，但受影响的部门在各自部门内部提出和实施项目变更方面拥有相当大的自由度。有一种风险是，将如此大的权力赋予那些受变革影响最大的人，将导致资源再分配很少或根本不会进行。然而，面对各部门的不妥协态度，中央政府没必要无奈。他们的工作是通过向政府提供战略方向，要求各部门坚持战略，坚持进行强有力的评估和绩效报告，并调整基线以鼓励合作，从而推动资源再分配。

这种资源再分配中分工的逻辑是，中央不能自己完成工作，但也不能把任务完全留给受影响的部门。中央必须创建一些激励机制来促进合作，即使它并不总能得到它所寻求的合作。如果不能，可能需要来自中央更有力的指导，但第一选择应该是引导合作，而不是强迫合作。

以再分配为导向的公共支出系统的基本要素如下：

• 政府在部门争取预算资源之前需要先确立战略目标和优先事项。这些可以是全局性的（针对社会或公共部门）或部门性的（针对政府活动的特定领域）。

• 政府确立中期（3—5 年）财政目标，包括用于支出活动的增量资源（如果有的话）或为满足财政目标所需的净结余。增量和结余额通常按净额计算：新支出减去计划削减项目所得的结余。净增量是可用于某个部门或责任新支出的未分配金额（增量资源加上现有项目的节约额）；净结余是必须减少某个部门或责任的支出以满足政府的支出目标。

• 根据政府战略优先事项在部门间分配支出边际或结余目标。在某个目标内，部长可以通过从其部门内的其他项目获取资源来增加某项目改进所需资金。部长们在未经政府批准的情况下自行重新分配的幅度将取决于再分配规模和政府结构。部门越少，再分配范围越大。

• 政府维持一个基线以预测未来预算的状况、建立目标，并衡量政策变化的财政影响。基线需要覆盖三年或更多年，每年预算根据之前的基线向前滚动。

• 政府通过要求部门系统评估其活动和支出，并报告结果和绩效，鼓励提高项目有效性的资源再分配。

• 内阁审查预算的重点是政策变化，而不是单独的支出项目。批准的政策变化（包括扩张和削减）被纳入基线，成为下一轮预算分配的起点。

自 20 世纪 80 年代中期以来，澳大利亚实施了重新分配过程的大部分要素（如案例 3.1 所示）。年度预算决策参照了中期前瞻性预计，预测预算年度及之后三年的支出（以及其他财政总额）。长期估算规定了预算将提供的确切资金数额，除非政策发生变化或基础经济或项目条件（如价格或项目参与率）被重新估算。按照定义，政策变化是对长期估计的修订。拟提议的政策变化按照规定顺序进行考虑，包括识别选项；内阁支出审查委员会考虑各种政策提案；内阁对各部门间分配进行决议；各部长提议的政策变化的成本核算；司库、财政部长和相关部长之间的三方谈判；以及预算编制。此外，资源分配得到雄心勃勃的评估战略的支持，该战略要求部长系统地审查持续的项目和得到批准的政策倡议。

第五章
运作效率

运作效率是政府机构所消耗资源与它们生产或购买的产出之间的比率。资源可以用货币价值衡量，也可以用其他投入衡量，比如工作小时数或年数。产出通常以数量衡量，但也可以从定性维度衡量。这些包括支付（或其他交易）的准确性、服务的及时性、提供服务的礼貌程度以及接受者的满意度。在衡量运作效率时，这些定性指标可以与资源或其他投入的数量指标相关联。

运作效率通常指的是国民收入账户中政府的支出，与资源配置效率不同，后者涵盖了投资支出和转移支付。例如，运作效率关注的是处理养老金申请的成本，而不是支付的福利金额。然而，这种区别并不总是一清二楚的，因为运作效率经常影响项目分配。例如，在失业补偿中，支付的福利金额会随着处理申请的效率（准确性、及时性等）的变化而变化。尽管如此，区分生产产出的成本和提供某种特定水平福利的成本是必要的。这种区分类似于通常在产出和结果之间所做的区分。

运作效率涵盖的远不止政府机构的运行成本，尽管这是最近大多数国家在提高政府工作效率的工作中对预算压缩最大的部分。在一些发达国家，政府运行成本仅占中央政府预算大约10%，但这个较低的百分比通常不包括一些重要的运行费用，例如维修维护道路的费用、监狱囚犯和医院病人的餐饮费用以及教育学龄前儿童的费用。在发达国家，尽管政府运行成本仍然是预算的一个重要部分，但它在国家支出中所占的份额也有所下降。在这些国家，中央政府预算的大部分用于向家庭和地方政府的转移支付。在发展中国家，转移支付所占比重往往较低，政府的运行成本在国家预算中占据了主要地位。在这些国家中，有些政府的运行成本非常高，因为政府部门雇员过多，而其工作效率却很低。无论预算的构成如何，运行效率都很重要，因为它影响着社会可用资源的数量、公民对政府的态度、政府和市场提供的商品和服务的相对价格、政府的诚信、公共和私人部门之间资源的分配，以及公共财政和计划信息的可靠性。运作效率在相对贫困的国家尤其重要。当政府效率低下时，公共部门的工资往往会很低，大量公共支出被沉重的行政成本所消耗，政府也会失去关键社会发展所需的资源。

在过去二十年中，管理理论和实践的重大进步激发了各个国家对提高政府运作效率的兴趣。借鉴了制度经济学和商业组织学的一些理论和实践，新公共管理（有时也被称为管理主义）在一些国家导致公共管理者决策自主权的扩大，政府内部及公共实体与私人提供者之间的新型合同形式，对结果和绩效问责的更多关注，以及信息系统的现代化。一些国家通过事先设定产出目标和事后审查结果来寻求提高运作效率。在那些将交付政府服务与政策建议分离，以及将购买服务与提供服务分离的国家（如英国和新西兰），效率的提升非常显著，这促使其他国家考虑对自己的政府运行进行类似的重组。

本章遵循前几章的结构，讨论运作效率的演变、其关键要素以及改革的制度、信息和动机。

运作效率的演变

运作效率涉及预算投入与项目产出之间的关系。多年来，许多政府期望通过控制投入来寻求运作效率的提高；然而最近，一些政府已经转向控制产出。

现代预算编制始于 19 世纪的欧洲，作为一种控制投入数量——包括总支出和个别项目——的过程。尽管支出控制一直是预算编制的一个基本特征，但多年来其实施方式已经发生了变化。预算控制经历了三个阶段：中央机构对支出项目的外部控制；支出部门对投入的内部控制；生产产出的管理人员的决策自由和管理问责制。在预算系统的形成年代，所有政府都寻求建立外部控制。一些国家即使在预算系统高度发展时也坚持使用外部控制；其他一些则转向内部控制系统。到目前为止，只有少数国家转向对产出的管理问责。这一顺序表明，政府必须首先建立完善其外部控制的制度，然后才能安全地转向内部控制；并且必须拥有健全的内部控制，才能将广泛的灵活性和资源及产出的问责委托给管理者。一些寻求迅速改善公共行政的发展中和转型国家试图从不健全的内部控制系统直接跳跃到管理层问责，但在内部控制高度发展之前就授予管理者广泛的决策自主权可能存在相当大的风险。下面将讨论这个问题。

预算控制的形式以多种方式影响着运作效率。首先，各种方法在信息需求和程序上存在差异，因此，它们造成政府部门的运行成本也存在差异。其次，控制措施在激励管理者有效使用公共资金方面存在差异。为预测后面提出的论点，将控制权下放给管理者可以减少信息和合规成本，同时给予管理者提高效率的动力。但这些收益伴随着风险，如果内部控制无效且问责不严格执行，支出控制可能会崩溃，效率将损失。表 5.1 比较了三种类型的控制系统。

外部控制

这种控制形式有三个基本特征：将支出行为和对运行资金的控制委托给两个不同的实体；针对投入进行专门的控制；控制是在任何涉及资金支出的行动之前进行的。

外部控制意味着负责人在支出公共资金之前必须获得中央部门的授权，即使用于某个支出项的资金已经获得预算审批和拨付。外部权威机构通常是财政部、政府机构或负责监督政府采购供应品和设备的机构。在一些政府中，每笔独立交易必须单独获得批准；而在其他政府中，会有一揽子支出同时获得授权。几代人以来，外部控制在英国和其他英联邦国家通过财政部控制，而在法国、德国和许多其他国家，外部控制通过财政监察员或控制员以及项目预算和会计系统实施。

回顾发达国家公共支出管理的演变历程，就可以理解为什么严格的外部控制曾经被视为公共管理的一个显著进步。在一个世纪前的许多国家，或几十年前的一些国家，政府规模相对较小，其项目目标也相对容易达到，对各种行政技能的需求并不高，且该需求一般集中在中央机构。那时候公务员制度和规则还处于起步阶段，采购管理不够规范，公共会计实践也还没有标准化。

表 5.1　　　　　　　　支出控制类型

控制类型	执行方	控制内容	问责方式
外部控制	中央机构	投入：特定支出项目	符合分项预算和政府规则，交易预审计
内部控制	支出部门	投入：支出类别	部门系统符合政府标准，交易的事后审计
管理责任	支出部门的管理者	产出和总运行成本	对产出的问责，产出的事前规定，结果的事后审计

外部控制是对这种不尽如人意的状况的适当回应，因为它在政府组织中要求各方都养成遵守规则的习惯和道德。由于控制是集中的，因此各个管理者必须具备编制和实施详细预算的技能，根据公务员的规则要求雇用和监督员工，以及按照政府法规采购供应品。他们还必须向中央当局提供有关其活动的定期报告。

只要这些情况仍然存在（如在许多发展中国家一样），将管理改革集中在加强外部控制上就是可行的，这样可以减少腐败，构建中央机构和支出部门的管理能力，并为过渡到内部控制铺平道路。

外部控制在预算的投入端进行；这个过程中没有明确考虑产出，也没有系统地编制有关数据。

尽管范围有限，对投入的控制有时也是有效的，因为它在支出发生之前就被激活，它可以在整个政府中统一应用，在节省公共支出的同时，它可以将决定支出合法性和适当性的人与实际花钱的人分开，并且它可以精确到特定交易。但是在这个过程中，对运作效率的不利影响被忽视了，因为这些控制只涉及投入。

尽管外部控制在发达国家政府规模较小时可能运作得相当好，但随着公共支出的增加，个别项目的重要性逐渐下降。

此外，运行项目的一些政府机构逐渐拥有了自己的行政能力，中央机构，如财政部，对项目和经济问题比对详细的投入控制更感兴趣。在部门内部，训练有素的管理人可以熟练操作现代化的人事、预算和采购系统。因此，将一定程度的管理决策自主权委托给他们是明智的。

随着政府规模的扩大，基于外部控制的管理成本会逐渐上升。这些控制之所以昂贵，是因为它们需要通过烦琐的程序执行，并需要广泛的监控。它们孕育了一种服从心态——遵循规则比有效运作更重要——以及对规则的规避。在强制执行外部控制的国家，管理者学会了如何“操纵”公务员薪酬和分类系统，如何在预算资金不足时也能投入在他们个人更倾向的项目，如何操纵合同以便从青睐的供应商那里购买。于是，就出现了一种不合规的行政文化：规则是一回事，实际执行是另一回事。严格的规则和宽松的遵从是一种双重标准，是低效和腐败的滋生地。

内部控制

尽管一些发达国家仍然实行外部控制，但自战后以来，大多数国家明显趋向于内部控制。一般而言，内部控制意味着那些支出公共资金的人首先要确保他们行为的合法性和适当性。在内部控制下，运行机构必须建立符合政府标准的人事、采购和其他管理系统。控制仍然主要集中在投入上，但管理者们在采取行动之前不再需要获得外部批准。取代了事前审计（在支出之前），政府逐渐转向事后审计（在财务周期结束后），并且不是所有的交易都需要接受审查，只有一小部分项目会被抽样审查，以确定正在运行的系统（不仅在设计上）是否遵从规则。

尽管内部控制赋予管理者更大的决策自由，他们仍被要求遵循统一的规则。在管理资源时，他们必须遵守政府的薪酬和其他制度，他们必须按照规定的程序进行采购，同时他们必须遵守外部规则。关键的区别在于，是管理者自己而不是外部人士来确定某些特定的交易是否符合规则。

内部控制通过降低过失成本和让管理者在组织工作及执行指定责任时享有一定自由度来提高运作效率。然而，正如在不同国家实践的那样，内部控制只是向前迈出的一小步。管理者仍然感到受外部规则的约束，他们仍然以服从心态运作，尽管运行规则放宽了，管理者在使用拨给他们的资金时仍然受到严格监管。

内部控制没有让管理者处于主管地位的原因有三个。首先，追求统一性剥夺了管理者的行政自主权。“一刀切”仍然限制着公共管理者。其次，管理者享有的关键运行决策权仍然需要获得中央批准。例如，中央机构通常需要将各类办公场所分配给政府机构并向他们的预算收取实际或估算的租金，而这些机构对他们所使用的办公场所几乎没有或根本没有发言权。最后，当中央机构放松控制时，控制通常会转移到各个政府部门总部。从机构管理者的角度来看，他们是受到中央政府还是受到他们自己部门总部的人事办公室限制，是没有什么区别的。在这两种情况下，管理者都无法判断如何才能最好地运作机构。

尽管内部控制系统并不能使管理者优化运作效率，但该系统让管理者们享受到了运行资金的完全控制权。没有在内部控制下发展出来的经验、信息和管理技能，管理者将无法承担运行的全部责任。

管理问责

这种规定将控制的焦点从投入转移到产出，从管理者购买的东西转移到他们生产的东西。它通过赋予管理者广泛的决策自主权来支配拨款资源，作为交换，要求他们对绩效负责。交换的两方面不可分割：没有决策自主权，管理者无法对结果负责；而不对结果负责，管理者将（或应该）不会被赋予更多的决策自主权。只有少数国家正在朝这个方向发展，最值得注意的是新西兰、英国、澳大利亚和瑞典。

在实行管理问责制的国家，管理者在支出运行资金方面拥有广泛的决策自主权。他们可以决定在人员上支出多少、雇佣谁、如何支付他们、要使用的办公场所、是否应该内部提供服务或外包等。政府可能会保留一些剩余的控制权，例如人员配备是否符合平等原则、高级公务员的最高薪酬水平，或者在没有竞争性投标的情况下可以招标的合同价值上限等。

财政压力让一些政府不得不扩大管理者的决策自主权。面对持续的赤字和不断增加的转移支付和利息费用，一些国家通过支出冻结、全面削减、现金限制等方法以期减少政府运行成本。自 20 世纪 70 年代中期以来，英国一直在运行支出上实行现金限制；日本持续十二年下调针对这些支出的限额；澳大利亚运行预算削减的百分比等于其所要求的效率红利；瑞典二十多年来也一直限制运行成本；自 1990 年以来，美国对拨款实行了法定限额。这些限制实施的时间越长，它们就变得越繁重，受影响的部门通过减少服务的数量或质量来应对资源损失的风险也就越大。

政府可以通过对预算资源应产生的产出进行评价来避免隐性问题。上述大多数国家已经在预算和相关文件中大幅增加了公布的产出数据量。一些国家（新西兰和英国）定期比较实际产出和目标产出；其他国家（如澳大利亚和美国）则通过使用各种绩效指标来进行评价。在这些和其他国家中，政府已经采取一些措施如披露年度报告、构建绩效考核系统和对绩效数据进行审计来促使管理者对产出负责。

但是，如果管理者在使用拨款资金方面缺乏决策自由，那么针对产出的目标设定不太可能促使他们提高效率。对产出的问责要求管理者有决定投入组合的自由。因此，一些国家大幅增加了管理者的决策自由。澳大利亚和英国运行成本的相关规定为管理者提供了一个总运行预算限额。澳大利亚和瑞典允许管理者将未使用的运行资金从一个财政年度结转到另一个财政年度，在某些情况下，甚至可以预先支出下一财年运行资金的一小部分。

新西兰可能比其他任何国家都走得远，他们通过重组公共支出系统来增加管理者的决策自由和责任。自 20 世纪 90 年代初以来，新西兰的财政拨款根据产出类别进行；预算、配套估计和拨款不详细列出投入清单。预算、拨款和财务报表基于权责发生制，展示了生产产出的全部成本。部门要对政府投资给它们的资本负责，并且要对固定资产的折旧负责。部门自己管理自己的现金余额，如果支出率低于预期，就赚取利息；如果支出率高于预期，就支付利息。如果部门剥离某些资产（例如将多余的现金余额汇给政府），它们将减少资本性支出，节省的资金可以用于支付任何其他运行费用。政府通过一系列类似合同的文件维持对产出的问责。当政府向议会提交预算时，每个部门都会提交一份“预测报告”，详细列出预算拨款及其预期产生的主要产出。关于产出的一些更详细的说明则包含在每年由各部门行政长官和代表政府购买产品的部长之间协商的购买协议之中。在设计上（而非总是在实践上)，各部长有权选择从部门内部或任何其他供应商处购买产品。新西兰模式的这些和其他特征被认为已经推动了运作效率的显著提升。关于新西兰的更多信息在案例5.1中提供。

案例 5.1　新西兰的合同模式

在每一个正式的合同关系中，为了使各方进入协议并按照合同条款履行，必须满足五个条件：(1) 双方必须保持一定的距离；(2) 购买者必须有权从其他供应商那里购买商品或服务；(3) 供应商必须有生产合同规定的商品或服务的自由；(4) 合同必须明确规定商品或服务的成本；(5) 合同必须明确规定对供应商的绩效要求。

从1988年《国家部门法》和1989年《公共财政法》的颁布并在1990年实行开始，新西兰已经转变了公共管理模式，以满足合同关系的五个条件。

(1) 保持一定距离。在新西兰的大多数部门中，政府已通过将服务交付工作分离到新的组织单位，或者将部门重组为若干独立业务单位，实现了政策建议与服务交付的分离。例如，国防部进行了重组，现在只负责向部长提供政策建议；军事行动被委托给一个新组织（新西兰国防军)，它与部长就各种服务签订合同。

(2) 购买者自由。在新西兰，拨款是给部长的，部长有权选择从政府部门、其他公共实体或外部供应商购买服务。实际上，大多数服务都从政府供应商那里购买，但也有许多服务不是这样。

(3) 提供者自由。为参与合同，服务提供者必须有以他们认为适当的方式管理运行的自由。在新西兰，每个部门由一位首席执行官领导，该首席执行官根据固定期限的雇佣合同任职。首席执行官有完全的行政自主权，可以不受限制地使用部门的可用资源，他在人员、日用品和其他投入上花费的金额不受限制。

（4）成本规定。在合同中，买方和卖方必须就买方将提供给卖方的金额达成一致。这个金额必须反映生产服务的全部成本。因此，新西兰按照权责发生制进行会计和预算，反映了生产服务的全部成本（包括折旧费用和使用资本的收费）。

（5）详细说明合同产出。最后，合同必须要提供详细说明的产出。这需要提前详细说明产出，并让部门将实际产出与目标产出进行比较。在新西兰，预算按产出类别编制，拨款也按产出类别而非投入拨付。此外，每个部门都会提交一份“部门预测报告”，详细说明下一财年的产出，并与部长协商购买协议，明确要提供的产出。一年结束后，每个部门都会发布一份年度报告，详细列出当年的财务表现和产出情况。

管理问责通过两种方式促进运作效率。首先，通过制定特定的产出目标（在一些国家，通过签订合同），使管理者对所生产服务的数量、及时性和质量负责。与将效率定义为节约投入的控制系统不同，管理效率通过优化产出拓展效率的机会。其次，通过给予管理者完全（或接近完全）的决策自主权，使他们能够运用自己的专业技能、判断和信息选择最有效的投入组合。例如，管理者会努力节约设施方面的成本，因为节省的资金可以被他们用于支付任何其他运行费用。

在发展中和转型国家的应用

发展中国家和转型国家期望通过采用发达国家设计的最新和最有希望的改革创新举措加快自己的改革进程，这是可以理解的。这种期望在新西兰模式获得关注和赞誉后显得更加迫切，这些国家都希望通过提高运作效率来迅速实现巨大的收益。然而，成功实施管理问责的重要先决条件不应被那些努力改善公共部门管理的国家所忽视。

典型的发展中国家或转型国家拥有正式的外部控制系统，但普遍存在规避控制的行为，并且运行效率低下。建议这些国家应该按照早期概述的管理改革顺序进行——首先建立可靠的外部控制，然后转向内部控制系统，只有在这些系统得到良好嵌入后才转向管理问责。说到底，为什么中央集权的控制（由中央机构确认公务员系统的分类级别和薪酬方案，对每一个投入类别的预算估计进行详细控制等）会孕育出腐败、责任规避和低效？当有机会跨越到最先进的系统时，为什么管理改革的历程还要持续数十年？

尽管有这些论点，如果政府在没有建立强大、可靠的控制系统的情况下采取管理决策自由和问责制度，将承担巨大风险。有效的控制系统有两个要素：可行的规则和程序；接受规则和程序为合法的行为模式。如果一个国家的实际支出不符合预算中显示的金额，或者员工招聘和薪酬不是基于公务员规则和程序，管理自由的时机就尚未成熟。

规则在被认为是公平合理时才会有效。这就是为什么外部控制通常先于内部控制，内部控制是管理问责的先决条件。外部控制培养了按照规则管理的习惯和实践。虽然它的确削弱了运作效率，但当法律规则植根于公共行政时，代价便合理了。

一旦这种情况发生，政府就可以安全地采用内部控制系统，将更大的投入控制权委托给运行管理者们。如前所述，从形式上讲，内部控制意味着支出机构需要负责确保支出合法性和有效的体制；从行为上讲，它意味着控制是内在的，管理者接受规则，不是因为他们的行为受到他人监控或因为违反规则会受到惩罚，而是因为他们认为规则是合法和可行的。没有这种行为模式，内部控制将为滥用权力敞开大门，无论在正式控制系统中建立了怎样的保障措施。

这种合规文化为管理问责铺平了道路，在这种问责中，管理者在购买投入资源时拥有正式的决策自主权，但同时他们需要对预算的产出负责。管理问责并不意味着在投入资源方面可以随意行事；它意味着管理者已经内化了规则，可以被信任会合理并高效地使用资金。没有这种内部化的行为，管理决策自主权将是有风险且代价昂贵的。

尽管发展中国家或转型国家可能尚未成熟到可以采纳最先进的管理系统，但发展的过程并不需要持续几十年或更长时间。通过以下步骤，这一过程可以加速：（a）合理化外部控制，消除重复和无效的控制（例如，通过整合预算项目和公务员分类）；（b）将内部控制权下放给管理良好的部门，这些部门能够承担更大的责任；（c）通过基于技能和行为的培训在公共服务中灌输管理道德；（d）开发第一代绩效测量系统。这些步骤将提高运作效率并为未来更大胆的改革做好准备。

管理责任的基本要素

由于管理问责制仍处于起步阶段，其基本要素尚未标准化。然而，以下要素似乎对那些旨在给予管理者决策自主权以换取严格执行责任制的系统至关重要。一些要素在表5.2中进行了讨论。

表5.2　提高管理问责的工具

工具	优点
运行成本预算	管理者被赋予一个单一的总预算，用于所有运行费用，以他们认为适当的方式在某些投入上支出，从而减少服从成本并激励管理者提高运作效率。
下放预算	基层办事处和其他单位的一线管理者控制自己的运行预算，从而能够对一些需求和条件做出及时的响应并有效运行。
效率红利	让削减运行预算的百分比和预期的年度生产率提高相等，迫使管理者寻求效率改进。
产出规范	在预算或相关文件中规范预期产出，从而让管理者提前了解预期表现，并使政府能够比较目标和实际结果。
购买者/提供者分离	减少供应商对购买者的控制，并使购买者能够在替代供应商之间进行选择，从而在政府内创造内部竞争。
市场测试	通过比较从自身机构购买服务的成本与从外部供应商购买服务的成本，政府可以选择获取服务最有效的方式。
绩效协议	政府与最高行政长官或其机构之间的合同明确说明了可获得的资源和要提供的产出，从而建立了评估个人或组织绩效的基础。
年度报告和审计	机构关于财务结果和产出的报告由独立审计员进行审计，增加评估绩效信息的可靠性和相关性。

管理者被赋予完整的预算运行权

在预算总额内，支出项目可替换；管理者提高效率的动机是因为他们可以通过减少一些项目支出来增加其他项目的支出。

管理控制权下放至运行层面

那些提供服务的单位（例如基层办事处）被赋予运行和管理自己预算的灵活性。如果这种权力没有下放，管理权将集中在中央，实际操作的管理者们将缺乏提高效率的动机或无法对产出负责。

成本分配给产出或活动

如果管理者要提高效率，他们必须承担生产产出和执行所需活动的全部成本。一些国家使用成本分配模型来分配间接成本和开销；少数国家有成本会计系统，按照权责发生制原则核算资源。在分配和核算成本的同时，有必要让管理者对计入其预算的成本具有决策自主权。例如，如果他们被收取办公地点的租金费用，他们应该有自由决定其办公地点的权利。

事先明确预期产出

要么在编制预算过程中，要么在管理者与其上级之间的合同中事先明确预期产出。事先规定预期的产出并给出详细的测量指标能让购买者或提供产出的一方知道他们购买或出售的内容。一些国家（最著名的是英国）规定了少量关键绩效目标；其他国家（如澳大利亚）鼓励管理者详细说明在生产中的全部产出。

购买者和提供者角色分离

在传统的公共管理中，政府该做什么的决策与服务应如何提供的运行决策整合在同一组织之中。这种功能的整合长期以来被认为是提高效率的障碍，因为它阻碍了政策制定者和运行管理人员之间的信息流通。在现代公共支出管理中，它阻碍了效率的提升，因为：一是政策制定者被服务提供者束缚，二是政策制定者缺乏实施责任制所需的独立性和信息，三是政策制定者没有从最有效的供应商那里购买服务的选择权。一些国家（英国通过其“下一步”计划，新西兰通过重组部门）已经将政策建议与服务交付分开。将功能分离的目的是创建一个公平交易的关系，使购买者有自由从内部或备选的供应商那里获得服务。然而，应该注意的是，这种分离模型并未广泛应用，一些国家（如澳大利亚）已拒绝采用它。

政府维持全面的绩效报告和审计系统

为了维持问责制，结果必须与目标进行系统比较，结果数据必须接受审计。在朝着这个方向发展的国家中，审计财务业绩比审计计划产出容易得多。然而，一些国家现在仍然要求每个部门在其年度报告中发布可审计的绩效数据。

管理者个人对成本和产出负责

一旦管理者有了决策自主权，就可以通过将他们的工资和工作任期与绩效挂钩来使他们对预期结果负责。实施管理问责可以迫使政府放弃传统的关于薪酬分级、公务员任命和合同终止的行政制度。

制度、信息、动机

采用管理问责制预示着运行支出规则、预算控制者和支出管理者角色的重大转变，以及在运行政府活动中产生和使用的信息的重大转变。管理问责制仍处于早期发展阶段，因此实践尚未标准化，而且那些已经朝着这个方向前进的国家所采取的方法之间出现了显著差异。

规则

两套密切相关的规则是建立管理问责制的先决条件。一套涉及运行资源的利用，另一套涉及对产出和其他绩效维度的责任。只有第一套没有第二套规则将赋予管理者随意支出的权利；只有第二套没有第一套规则将使管理者对他们没有控制权或无法改变的结果承担责任。

第一套规则规范了运行或操作资源的数量和使用。在管理问责制下，用于运行的成本资金受到限制；也就是说，管理者们被要求在固定的预算内运行，在财政年度内不会因成本超支而获得预算追加，除非有一些无法预见的项目造成支出增加（在这方面，一线管理者无法控制）。此外，资金限制每年逐渐调低，以实现预期的效率收益。通常，这种强制的预算削减会被全面应用于所有运行预算，但机构仍然可以在预算编制过程中争取额外的运行资源。例如，如果“效率红利”被设定为运行费用的2%，每个机构运行成本的基础将按照这个百分比减少。然而，各个机构可以在编制下一年的预算过程中争取超过基线的额外运行资源。一旦运行预算确定，管理者们对人员、补给、设备和其他投入的支出有广泛的决策自主权，包括（在某些国家）在某些情况下将未使用的资金结转至下一财政年度，或者提前支出下一财政年度的一小部分运行资金。一线部门管理人员——而不是中央机构或部门总部的控制者——决定人员、补给、设备和其他投入的支出金额。这一管理自主权可能受到薪酬和一些其他支出项目上的限制。

第二套规则涉及对绩效的责任。理想情况下，预期绩效应在事前详细说明，以便预算成为一个用生产服务交换资源提供的明确或暗指的合同。表5.3提供了可能在预算或相关文件中规范的产出目标类型的示例。如本表所示，绩效衡量不仅限于产出的数量，质量、成本和客户满意度也可以被测量。

表5.3　　　　产出目标的类型

类型	例子
工作量/负载	本财政年度该机构将处理562400项申请。
及时性	97%的申请将在收到后的3天内处理；99%的申请将在5天内处理。
质量	确定申请是否通过的误差率不超过2%；每项申请金额的误差率不超过3%。

续表

类型	例子
服务质量	至少60%的服务接受者对服务非常满意；至少80%的服务接受者满意或非常满意。
单位成本	每项申请的平均处理成本为4.62美元。

一旦产出被明确，就有可能让管理者对结果负责。结果可以呈现在年度报告或其他文件中并格式化，以便于比较预测和实际产出。为了更好地实施管理问责制，理想情况下，为保持问责，应当由被授权指出数据缺陷并提出补救措施的独立审计人员审查绩效指标。

职责

外部控制将支出决定集中在政府核心部门，并将运行责任置于底部；内部控制将运行责任保持在底部，但将支出控制转移到核心部门；管理问责制将资源和结果的责任下放给部门内的运行单位。这些单位可以是直接提供服务的基层办事处，特定区域内的区域办公室，提供后勤服务的总部单位，或任何其他详细说明资源和责任的组织领域。

在已经运行管理问责制的国家中，已形成了几种模式。(1) 瑞典长期实行的分离制度可以追溯到19世纪，少数部门有政治和政策制定功能，大量独立的机构执行政府项目。管理问责制促使政府明确这两类实体之间的关系，并加强问责机制。(2) 自20世纪80年代末以来，英国建立了130多个执行机构（通常被称为“下一步”机构），每个机构由任命的首席执行官领导，每个机构都在一个框架文件下运行，该文件划定了机构可以自行决定的事项和要负责的事项。请参阅案例5.2了解“下一步”的运作模式及其使用的绩效目标。(3) 在20世纪90年代，新西兰将大多数服务交付功能与政策建议单位分开，引入了基于产出的预算和各种合同文件，其中资源与产出需要在合同中详细说明。(4) 与其他国家不同，澳大利亚保留了综合性的部门，但推动资源和服务运行自主权下放至现场单位。

案例5.2 英国的工作成果目标

发布绩效目标是英国管理改革的一个核心特征。这些目标根据两项改革制定，这两项改革改变了中央政府：1988年启动的“下一步”计划和1991年启动的公民宪章。虽然它们由保守党政府发起，但这两项改革都非常成功，以至于它们在1997年当选的工党政府中得以继续。

“下一步”计划是指服务交付责任从中央部门转移到被授予独立运行权机构的过程。截至1996年，共有129个此类机构，约占公务员部门总数的四分之三。每个机构都在一个特定的责任区域内运作。人们认为，拥有大量具有特定目标的机构比拥有少量具有多重责任的机构更有效率。政府每年发布一份报告，将实际绩效与上一年的目标进行比较，并规定下一年的目标。

公民宪章旨在通过公布公民得自政府的每项服务的预期标准来提高服务质量，宪章同时赋予用户在获得的服务未达标时获得官方解释（在某些情况下可获得补偿）的权利。除了某些政府范围内的标准（例如，官员或雇员将不会迟于约定时间10分钟与公民会面）外，每个部门和机构都有自己的服务标准。

以下与社会安全相关的绩效目标和结果（发布于1996年的“下一步”报告）展示了用于改进服务运行的绩效信息类型。

	1993—1994年	1994—1995年	1995—1996年	1996—1997年
5天内处理养老金申请				
目标	71%	71%	63%	63%
产出	74%	69%	69%	
支付的正确率				
目标	92%	92%	87%	87%
产出	91%	87%	78%	
客户满意程度				
目标	85%	85%	85%	
产出	84%	83%		
超额支付的回收情况（百万英镑）				
目标	54	75	110	92
产出	80	117	122	

这种组织多样性可能部分是由于那些强调管理问责制的国家不同的政治、行政和文化造成的。然而，在各种各样的方法背后，有两种不同的策略鼓励管理问责制。一种是由管理者驱动的管理主义，另一种是由代理人驱动的合同主义。管理主义指的是管理者被赋予广阔的余地根据他们的判断运行组织；合同主义指的是资源控制者与服务提供者之间明确的服务协议。合同主义促使政府将运行与政策分离；管理主义推动政府在同一组织中整合各种责任。管理灵活性是内部合同的前提，因为如果管理者缺乏行政自主权，他们便无法成为协议的责任方。表5.2描述了近年来为加强管理责任制设计的一些工具。

信息

每种控制形式都有独特的信息需求。维持外部控制需要一个自下而上的信息流，其中管理者为上级提供其运行的详细信息。内部控制允许部门向中央当局提供合并信息，但仍然需要大量从运行级别到总部的信息流。管理问责制大大减少了组织单位之间交换的信息量，但大大增加了成本和产出信息的数量。管理者必须产生、收集、传输和分析成本和产出信息；他们需要事先明确这些信息，并评估结果与目标；他们必须开发新的基于权责发生制的成本测量、会计和分配系统，并且他们应该有能力在不受成本影响的情况给出产出的定价。表 5.4 提出了用于测量成本的各种概念。

收集和处理新的成本和绩效信息是昂贵的，特别是在改革的早期阶段，那时必须开发新的测量和报告系统。政府越是在强制执行问责制方面下定决心，这些成本就越高。据作者所知，没有一个国家系统地测量过建立绩效目标、收集数据、监控绩效和评估结果的交易成本。对政府而言，估算在终止或放宽投入控制时减少的成本相对容易一些；但要估算在管理者被追究责任时所承担的新成本则困难得多。

管理行为

因此，在确保管理问责制成功实施的过程中，需要正确把握管理者的激励措施。这种新方法基于这样的假设：如果管理者拥有足够的信息和机会，他们将会有效行动。但是，他们会吗？一些管理者可能更愿意拥有更多的控制权，如果这样，他们也不会因为表现不佳而被追究责任。一些管理者可能会对必须为他人准备的大量成本和绩效信息感到畏惧。

表 5.4　　　　对成本的解释和衡量

术语	定义
支出	政府实体在执行计划过程中支付的费用。支出以现金形式在支付的财政期间进行记录。
成本（或应计成本）	无论由哪个实体承担支出，或无论在哪个财政期间支付，用于生产商品和服务的资源。
成本分配	一种将成本分配给引发这些成本的活动/产出的方法。分配的成本包括间接和一般管理费用，以及由其他实体或账户承担的成本，例如政府在自有建筑中办公的费用。
基于活动的成本计算	一种将成本分配给生成这些成本的活动的计算方法。
单位成本	生产一个单位产出的成本。单位成本用于比较不同服务提供者的相对效率，计算生产率随时间的变化，分配预算资源，以及向用户收费。
边际成本	与生产总产出的平均成本相比，生产一个额外增量产出的成本。
变动成本	随着产出量的变化而变化的成本，与无论产出量如何都会发生的固定成本形成对比。

在真实组织中，管理问责很少以教科书式的方式实施。管理者在获得资源时会得到混合的信息。他们可能被赋予运行自由，但却会发现他们的预算充满了各种出于好意的限制（为了防止腐败或管理不善），结果是他们并没有真正自主地管理。他们可能被承诺在接下来的几年里每年都会有一定量的运行资源，但当政府被迫减少预算赤字时，却发现他们的预算资金被削减；他们可能被赋予随意设定的预算，而没有考虑到生产指定产出的实际成本；他们通常

被赋予固定预算，即使产出量因外部需求而增加时，预算也不会变动。

如果政府未能利用可用绩效信息，管理动力也会比较弱。管理者在收集绩效数据时格外小心，却发现这些资料在资源分配或做出其他运行决策时并未被使用，这并不罕见。当一个新的基于绩效的系统被引入时，管理者会非常兴奋，但当这些信息被闲置不用时，他们就会感到沮丧。使用绩效信息有很多不同的方式。表5.5按对决策影响从小到大的顺序列出了主要用途。列表中的“绩效预算”项表明为优化运行，政府必须在转变公共支出管理上走多远。一个真正的绩效预算是一个可变预算。在公共部门引入可变预算是一个具有挑战性的任务，因为：(a) 拨款是法律规定的支出上限，(b) 很少有政府拥有可靠的会计系统来分摊成本，以及区分固定成本和变动成本，(c) 管理者很少有足够的运行权限来控制成本，因为产出量会变化。在政府中，几乎普遍的做法是授权固定预算，这些预算不随产出量的变化而变化。主要的例外情况发生在机构获得净拨款时，这些拨款允许它们使用某些自筹资金，如来自用户收费的收入。相比之下，高效的企业会使用可变预算，区分固定成本和变动成本。

给予管理者运行自由需要放弃政府范围的公务员制度，以及更多地使用临时工、季节工和兼职工人，这些人可以根据工作水平的上升或下降被雇佣或解雇。

提高运作效率的激励也取决于问责端的进展。政府必须设定具有挑战性的绩效目标，监控合规性，并进行干预以奖励业绩出色的管理者或惩罚效率低下的管理者。一些国家虽然在这方面已经取得了一些进展，但政府通常发现，放弃投入控制比有力地执行问责要容易得多。

表 5.5　　　　利用绩效信息改善运行

活动	目的
绩效测量	提供详细说明预期绩效的基础，评估管理者及其组织。
绩效目标	通知管理者预期实现的具体结果，并建立评估其绩效的基础。
绩效报告	比较实际和预期的绩效，并解释重大差异。使绩效透明化，为公民/客户提供评判服务数量、质量和成本的基础。
绩效审计	独立评估绩效报告的可靠性和相关性。
绩效基准	(a) 提供与其他公共或私人生产者实现的结果进行比较的基础；(b) 参考最高效生产者实现的结果设置绩效目标。
绩效合同	政府与内部或外部服务提供者之间正式的协议，规定应付的金额和供给的产出。
与薪酬相关的绩效	将管理者全部或部分薪酬与绩效挂钩。
绩效预算	根据预期绩效分配资源，资源的每一增量与详细说明的产出增量挂钩。
变动成本	随着产出水平变化而变化的成本，与固定成本不同，固定成本不受产出数量的影响。

总结：提高运作效率的途径

提高运作效率有许多途径，但很少有捷径可循。寻求在支出管理领域快速进展的政府最好从评估其当前控制系统开始。如果像发展中国家经常发生的那样，部门在外部强加和执行的控制负担下运行，政府就不仅应评估合规成本（这些成本可能相当高），还应评估部门是否真的遵守规则。部门是否接受了这些规则，认为它们公平并且可行，还是他们经常忽视或规避规则？在管理人力资源以及管理公共资金方面，部门是否准确记录交易，还是他们故意并反复地提供错误信息？对这些问题和其他问题的回答为评估政府准备从外部控制转向内部控制提供了重要线索。每个内部控制系统的有效性都取决于根深蒂固的遵守规则的习惯，也许不是在每个案例中，但在几乎所有情况下都是如此。没有这些习惯，内部控制系统将不可靠，政府也无法信任其支出部门提供的信息。

内部控制是外部控制与管理责任之间的桥梁。转向内部控制并非易事，因为它降低了合规成本，增强了部门管理自身事务的能力，避免中央机构审查并可能否决他们的每一项行动。一旦内部控制就位，中央机构的角色就从预先审查业务转变为审查制度。每个部门都维护自己的制度（用于行政事务、支出、采购、信息管理等），这些制度都需遵守政府范围内的标准。在对制度审计以确定其是否符合这些标准时，中央机构通常会抽样一小部分交易进行调查，以确定制度是否按照蓝图运作。然而，在大多数情况下，部门管理自身运行。

然而，从部门管理者的角度看，由外部控制转向内部控制的转变往往几乎不被察觉。控制工作似乎和以前一样繁重，合规同样被严格执行。原因是在转向内部控制时，中央政府以前执行的控制往往会被转移到部门总部。对于受到行政和公共管理束缚的管理者来说，到底是在政府的中心还是在他们自己部门的中心执行详细规则，差别不大。在任何情况下，合规都是日常命令，而对绩效的考察则被忽视。

管理问责使管理者摆脱了“一刀切”规则和程序的束缚。然而，在获得新的运行自由的同时，管理者必须遵守更严格、更透明的绩效要求。预期的绩效提前被设定为目标，实际结果会与目标进行比较。在某些国家，需要制定详细的绩效合同，并重组政府，以便它有更大的机会通过内部和外部供应商之间的市场竞争来购买服务。

管理问责系统仍处于起步阶段；最早的系统建立于20世纪80年代末90年代初。有理由相信，这些制度通过降低合规成本并给予管理者更高效的强激励，提高了运作效率。走上这条路的国家没有倒退的迹象。事实上，1997年当选的工党政府在保守党统治18年后，保留了大部分它继承的管理改革措施，并在某些情况下深化了这些改革。

作为改善公共服务和提高运作效率的一种手段，发展中国家是否应该继续走这条道路？答案不取决于管理问责系统的吸引力，而取决于当前控制系统的健全性。一个在大多数部门都有可靠内控系统的政府，可能是给予管理者广泛决策自主权的合适候选人。而一个尚未达到这个发展阶段的政府，建议在冒险尝试基于产出而非投入的管理这一困难而又有风险的任务之前，应建立健全的控制系统。

译　后　记

十年磨一剑

十年磨一剑，霜刃未曾试。《希克公共预算著作集》的引进、翻译出版用了二十年，《政府预算》《国会和钱》《预算能力》涉及美国预算的过程和变迁，《当代预算理论》《预算变革》是 OECD 各国经验的总结、提炼和反思。五本书是个整体，血脉贯通，和而不同。感谢希克先生，耄耋之年依旧精进不已，提携后进。60 年探索，深入浅出，可为知者言，也可为外人道，我深以为然。不有同好，云胡以亲？《希克公共预算著作集》的翻译出版是我预算修行的重要历程，也将成为我国读者理解现代预算的方便法门。感谢中国财政经济出版社张晓彪先生，二十年切磋琢磨，我们早已心有灵犀，结集出版的建议他欣然允命。二十年前陈立齐教授在中山大学向我推荐了《预算能力》，侯一麟教授也提及这本书，但版权联系道阻且长，十几年持之以恒才告成功。《预算变革》的版权联系也一样，十年中几度反复，在朱积慧同学锲而不舍的努力下最终落到实处。念念不忘，必有回响，二十年努力的结果是《希克公共预算著作集》，意料之外，情理之中。感谢我的翻译团队，尽心尽力，勤勤恳恳，有好基础，才可能有好成果。预算广大精微，多少次中宵不寐，搜肠刮肚，逐句订正，反复修改，正所谓：“奇幻难形笔楮，焕然竟成文章。”还要感谢汪超先生的奇思妙想，精心设计的封面极简地表达了著作的精髓，精心选择的版式则提供了美好的阅读体验。

行到水穷处，坐看云起时。我和预算不离不弃，在预算部门工作6年，管理大学预算超过10年。预算早已经深入骨髓，成为一种自觉。至于翻译预算著作，从2000年《美国公共预算》开始，一本接一本没停过。是因为受益匪浅、乐在其中吗？好像也不是。50岁以后，越来越觉得这可能是命运的一部分。在预算中辗转反侧、浸润日深，就有了一点体会，学着分辨什么是好的，什么是不好的，思考和表达预算的玄机。愁因薄暮起，心随雁飞灭。身处变革时代，预算波谲云诡，激荡人心，我将一如既往欣欣然走在预算之道上，苟日新，日日新，又日新。

苟燕楠

2024年12月23日

图书在版编目（CIP）数据

当代预算理论 /（美）艾伦·希克著；苟燕楠译．北京：中国财政经济出版社，2025.4. --（希克公共预算著作集）. -- ISBN 978-7-5223-3584-1

Ⅰ. F810.3

中国国家版本馆 CIP 数据核字第 2025HZ2342 号

责任编辑：李肇晗　　　　责任校对：张　凡
封面设计：汪　超　　　　责任印制：史大鹏

当代预算理论
DANGDAI YUSUAN LILUN

中国财政经济出版社 出版

URL：http：//www.cfeph.cn
E-mail：cfeph@cfeph.cn

社址：北京市海淀区阜成路甲 28 号　邮政编码：100142
营销中心电话：010-88191522
天猫网店：中国财政经济出版社旗舰店
网址：https：//zgczjjcbs.tmall.com
中煤（北京）印务有限公司印刷　各地新华书店经销
成品尺寸：150mm×230mm　16 开　148.25 印张　1 686 000 字
2025 年 4 月第 1 版　2025 年 4 月北京第 1 次印刷
定价：500.00 元（全五册）
ISBN 978-7-5223-3584-1
（图书出现印装问题，本社负责调换，电话：010-88190548）
本社图书质量投诉电话：010-88190744
打击盗版举报热线：010-88191661　QQ：2242791300

COLLECTED WORKS ON PUBLIC BUDGETING

希克公共预算著作集

THE FEDERAL BUDGET

政府预算

ALLEN SCHICK 艾伦·希克 著

荀燕楠 译

中国财经出版传媒集团

中国财政经济出版社

·北京·

总　序

这篇总序给了我一个机会，让我反思预算改革发展的历程，这与反思我自己的职业发展并不相同。两者有重叠之处，因为预算改革不断寻求能够更好地分配公共资金的方法，这让我走访了60多个国家，其中包括六次以上的中国之行，并使我能够将大学教学、写作、讲座和政府咨询结合在一起。我一直致力于找到预算改革和其他政府行政程序失败的根本原因。正如我稍后将要讨论的，改革的失败并不意味着没有发生变化。然而，预算改革更多的是通过适应而非刻意改革而发展起来的。

令人失望的预算改革历程

在2002年一篇名为《预算有未来吗?》的文章开头，我写道："预算是一个一直正在进行的工作。这个过程从未完全确定，因为管理它的人从未完全满意。"我论证了预算是一个由截止日期驱动的过程，其中选择次优选项往往是常态，旧的优先事项常常在预算中得到保护，而新的优先事项常常被排挤出去。决策者拥有大量的信息，却没有足够的数据来理性评估以往支出的有效性或未来支出可能产生的结果。

这些和其他的挫折使得预算实践成为改革的沃土。自从

将近两个世纪前在欧洲出现以来，预算一直在改革的驱动下寻求能够更好地分配和管理公共资金的方式。早期的改革关注于改变会计标准、优化申报和审查预算支出请求的程序，以及控制支出项目，这种改革方式在20世纪中叶之前在大多数发达国家成功实施。然而，从那时起，预算改革就一直以追求以结果为导向的预算为主，这种预算鼓励实施国家的优先事项，并使政府能够评估中期或更长时期内项目的成本效益。绩效预算、项目预算和中期支出框架是将预算重塑为规划、融资和监测政府目标为一体的战略过程的改革运动的领先范例。

这套改革的一个显著特点是，它们既没有成功也没有消失。它们仍然是改革的标准做法，因为它们是将预算从财务过程转变为定义和实现政府目的的战略工具的最合理方式。显然，如果政府明确将支出的金额与中期或更长时期内的产出和结果的数量和质量联系起来，而不仅仅是为下一财年的投入成本分配资金，那么政府就有可能做出更明智的预算决策。然而，在实践中，当代改革并没有达到预期效果。在大多数国家，绩效基础预算已经降级为绩效知情预算。尽管预算包含了大量关于结果的信息，但在低收入国家，这些数据通常只是用来打动国际组织的装饰，并不能实际决定资源配置。在实践中，项目预算通常不过是分类支出的手段，而不是建立政府目标的系统，中期框架已经成为预测未来年份支出，而不是限制未来支出的机制。

对于这些和其他形式的改革，失望或失败并没有足够的理由来说服大家放弃理性主义技术来编制和实施预算。失败激发了改革者再次尝试的欲望，通常他们会为他们渴望的创新贴上新的标签，并对过程进行一些调整。失败并没有鼓励改革者去质疑他们的第一原则或去寻求新的方法。改革者不

应该只关注预算的程序，更应该以国家的战略目标和绩效目标为基础去制定更大的政策机制。

事实上，推动寻求更好方法的这一条件也破坏了自20世纪中叶以来出现在预算领域的主要改革。将信息打包到目标、结果和未来支出，然后放入预算中，并没有给忙碌的政策制定者更多的时间来审查支出选项。但它却又常常产生冲突，使完成预算的基本任务复杂化。重要的是，改革并没有根除预算官员通过回顾上一年支出来确定下一年应支出什么的偏见。

适应性变革与程序正当性变革

预算是一个适应性过程，它随着经济、金融、政治和其他环境的变化而演变。在西方国家，最突出的适应性变化包括：(1) 将预算从资助政府活动的手段转变为主要帮助家庭的手段；(2) 使用基线作为准备预算的起点；(3) 根据国家或国际规范和政策来分配资金；(4) 将基于类别的预算分配给特定的社会经济群体。这些适应性变化是相互联系的；它们共同解释了为什么许多西方国家深切关注其财政状况的长期可持续性。

这些适应性变化的一个显著特点是，它们与国家政府的支出金额有关，与专注于预算编制和执行程序的正式改革形成鲜明对比。在世界银行1998年出版的专著《公共支出管理的当代方法》中，我将程序改革标记为预算中的正当程序。正当程序意味着如果程序健全，从该过程中产生的结果将是最优的。换句话说，结果是根据生成它们的程序来评估的，而不是根据实质性的标准。正当程序规范对结果持中立态度。这些规范可能产生平衡预算或赤字，为社会转移支付、国家安全、基础设施或其他政府项目分配更多或更少的资金。预算中的正当程序类似于司法程序中的正当程序。如果司法程

序适当，从该过程中产生的判决必须被接受为合法的。预算改革几乎有两个世纪都是这样的思维方式。

预算中的正当程序方法具有重要的优势。特别是，它为财务控制建立了基础，并确保财务信息是及时的、准确的，并且是符合会计标准的。然而，正当程序是管理公共支出的不充分基础，因为它常常产生政府不希望或次优的结果。大多数发达国家的预算都很僵化，政府几乎没有机会将公共资金从较低优先级的项目转移到较高优先级的项目。他们有健全的程序，但他们却要在他们不想要的事情上花钱，而在他们真正想要做的事情上，预算支出往往是不够的。

然而，从支出结果而不是程序的角度来看，21 世纪的预算与 20 世纪的预算不同。以下五个适应性变化关注了特定项目的支出金额或通过借入资金来为支出融资。我将从美国的视角讨论这些变化，但它们几乎影响了所有发达国家。

（1）法定社会转移支付。在西方国家，社会转移支付现在占国家支出的比重比 75 年前显著增加。这些支付通常是基于法定公式和规则的权利，这些公式和规则根据价格变化或接受者数量的增加会自动增加政府的成本。在发达国家中，每年度基于法定公式和规则自动增加的权利通常占国家总支出年度增加的大部分。

美国在这场预算的根本性转变中落后于其他发达国家，尽管美国作为一个低税收/低公共支出的资本主义堡垒而闻名，但它现在资助了一个庞大的社会福利网络。根据最近一个财政年度的可获得官方数据，这些支出从 1940 年的 20 亿美元飙升至 2000 年的 10670 亿美元，以及 2023 年的 43400 亿美元。这些支出在 1940 年占总支出的 20%，占 GDP 的 2%，但在 2000 年这一比例增加到总支出的 57% 和 GDP 的 10%，在 2023 年增加到总支出的 70% 和 GDP 的 16%。这些惊人的趋

势对美国资助其国际和国内目标的能力有深远的影响，这些目标超出了本序言的范围，但美国政府和预算官员却不能忽视它。

然而，这些趋势的一个重要含义触及了我提出的正当程序与适应性主题。当权利只是国家预算的一小部分时，正当程序意味着所有行政机构都根据中央预算办公室制定的标准表格、说明和时间表提交他们的预算申请。这种预算程序在估计依赖政府外行动的权利成本方面是无用的。当代政府依赖复杂的微模拟模型来预测未来的养老金、医疗保健、家庭援助和其他权利支出。这些模型的效用取决于内置的变量，而不是行政信息的质量。

（2）基线。虽然每个国家都有其独特的预算准备程序，但通常的做法是从计算支出基数——当前财年授权的金额开始。然后，每个支出单位确定其在下一个财年想要申请的高出基数的金额，并详细列出新增金额是由于价格变化、新的活动、工作量变化还是其他因素造成的。政府机构与预算控制者之间的预算谈判通常集中在这些增量上，最终预算通常授权高于基数但低于政府机构原始请求的支出。

将预算工作集中在增量而不是总支出上，显著减少了机构必须产生的信息量、预算审查员必须做出的决定数量以及必须解决的冲突数量。

这些特征对于一个每年都需要及时完成的流程来说是必不可少的。在预算中，与其他几乎所有政策领域不同，无论选择多么困难或信息多么不足，都必须做出决定。

尽管预算本质上是增量的，但通过回顾上一年支出的方式来准备预算是没有意义的，因为它没有解决下一年必须在哪些项目上支出这一关键问题。如果一个国家上一年有1000万养老金领取者，但下一年将有1100万，那么从“由于领取

者数量增加所以成本即将增加”这一假设开始构建预算是合理的。这就是从基数（起点是上一年实际支出的金额）转向基线（起点是估计下一年必须支出的金额）的合理性。这种关注点的转变产生了基数和基线之间的根本差异，这就打破了正当程序的预算。基数是一个实际金额，而基线是一个预估的金额。当基线成为预算的起点，支出的变化是通过对假设的未来支出来计算的，而不是根据上一年实际支出的情况。

在美国，国会预算办公室（CBO）是联邦预算决策的权威记分员。如果 CBO 报告说立法将增加 1 亿美元支出，这意味着增加的金额将超过基线中假定的金额。实际上，CBO 从不以上一年支出为基础来计算支出变化。我认为基线预算编制是一项深远的改革，尚未得到充分研究，并且极大地复杂化了预算制定过程。

（3）基于国家或国际规范和政策的分配。在正当程序规则下，所有对公共资源的索求都要竞争预算份额，每个诉求收到的金额都被认为是最优的。我已经指出，这种竞争被对增量的偏见扭曲了，它更有利于现有的预算需求而不是新的。

许多国家为特定目的预留资金或设立特别基金，这些基金在常规预算过程之外运作。世界银行和国际货币基金组织经常批评采取这些做法的国家，但要求接受援助的国家单独核算他们提供的财政援助。

由于全球性缓解气候变化影响的努力，并帮助沿海地区和可能遭受极端气象模式破坏性影响的低收入国家，预留资金已成为一个紧迫的问题。国际社会在主要会议上努力从发达国家提取对受影响国家的财政承诺。这些会议通常在最后一分钟完成交易，而这些交易在受影响国家努力满足国内需求时被稀释或忽视。

绿色预算编制是一场全球运动，它促使政府评估其项目

和支出的环境影响，并旨在使国家预算与环保目标保持一致。它的意图是向政府施压，改变他们决定预算的方式以及支出。实际上，对公共资金的竞标既在项目本身条件下进行筛选，也根据气候影响进行筛选。例如，道路建设项目将根据每公里的成本、道路的安全特性以及对经济活动的影响进行审查。绿色预算可能会根据汽车的污染排放量、是否激励人们从城市集群迁移到远离工作场所的地区，以及国家消费的碳基产品数量来评估道路。

绿色预算编制已得到欧盟、经合组织、世界银行和其他国际组织的积极推广。这一运动仍处于初期阶段，未来可能会影响更多国家的国家预算政策。

（4）基于类别的预算编制。预算编制正当程序声称根据对国家有利的原则分配资金。当然，政治家和管理者在定义其预算请求和政策目的是促进国家利益时很少遇到困难，这是一个可以塑造成为服务于某团体、机构或地区狭隘利益的模糊概念。通过给予相对较小的金额来收买利益几乎是一种普遍的做法，可以促进国家凝聚力并促进预算的采纳。

比起解决预算的给予和索取，基于类别的预算编制将国家利益的分裂推向了更远的地方。这里的类别不是指地方利益，而是跨越全国的分裂。其引发的预算运动极大影响了基于类别的预算分配。它呼吁政府预估男性和女性的支出金额，可能还包括在西方国家获得合法性的其他新性别类别。由于除了少数例外情况外，预算没有为惠及男性和女性的项目预留资金，因此对支出中性别分布的预估仅依赖于假设，而不是实际数据。关于谁从政府项目中受益的一些假设可能非常值得怀疑。

基于类别的预算编制正在扩展到其他社会经济类别。2024 年 5 月，美国国会办公室报告称国会议员要求其“提供

有关政策效果如何因种族和族裔而异的信息”，并且“它一直在增加其分析能力以判断预算和经济发展如何差异性影响不同的人口群体”。现代经济学家经常依赖不稳定的假设来得出关于社会状况和政府政策的坚定结论，因此他们可能会在应用经济学方法按人口和其他类别分配预算时感到舒适。然而他们不知道或不关心的是，最初作为分析练习的东西，最终可能会成为某些主张者的倡导工具，这些主张者要么不关心国家利益，要么只是根据他们的群体利益来定义它。

(5) 改革不足。我所讨论的适应性变化并没有补偿正当程序那令人失望的改革结果。政府可以在没有正式的中期框架或绩效预算的情况下进行发展，但他们确实需要战略能力以超越下一个财政年度，建立国家目标和优先事项，并评估预算政策对实施其战略目标的贡献。人们通常认为，低收入和新兴国家需要这种能力，而发达国家则不需要。此外，大多数发达国家对任何形式的国家规划都有一种厌恶感，可能是因为他们将其与苏联式的中央计划联系起来。在我看来，这是一种错误的态度：高度发达的国家如果只是从一年混到下一年，只是基于过去的支出来确定未来分配，那他们将不会永远是最发达的。每个国家都需要战略能力，包括我的国家。反思我对中国的访问可以提供一些成功改革的线索。

具有中国特色的预算编制

预算编制正当程序的要素在中国以及所有拥有健全财务管理系统的国家都是有效的。其关键特征包括会计框架、申请和支出公共资金的程序、报告国家财务状况的规则、审计标准和要求，以及在大多数国家中，对政府计划和支出的一些评估。

虽然我从对中国的访问中受益，但我不是绩效预算编制

和中期框架等高级技术的专家。然而，我观察到使中国的预算改革与大多数其他国家不同的两个特点。

第一个特点是，中国邀请海外专家访问本国，但很少依赖外部顾问告诉它该怎么做；其次，在中国，改革机制主要在预算编制范围之外运作，然而改革的效果可能会影响预算程序和结果。

我第一次访问中国是在1988年，随后的几次访问是由世界银行组织的，与其他国家的访问没有什么不同。然而，有一些访问是邀请我和其他专家在几天的会议中重点讨论特定问题。每位专家都是作为个人来的，而不是作为团队成员，我们每个人都向东道主做了正式的演讲，他们听了，记录了很多笔记，咨询问题，感谢我们，并祝愿我们回程愉快。在任何时候，我们的东道主都没有说过："告诉我们应该做什么。"我们离开后，政府官员会决定什么对中国有意义，他们给改革赋予了中国特色。

我在中国的经历与我为国际组织的工作形成了鲜明对比。他们积极推广其改革议程，并使用贷款和其他财政援助作为诱因，让新兴和低收入国家采纳最新的时尚和潮流。在我多年来参加的数百次任务中，几乎没有考虑过改革是否适合这个国家的需要。这种模式促使我于1998年在世界银行发表了题为"飞跃之前先观察"的演讲，敦促国家在采纳流行的改革之前先要建立基本能力。

第二个特点是，中国将预算视为其战略雄心的财务实现手段，而不是国家政策的主要来源。预算过程本质上太短视，太专注于即时需求，无法充分考虑国家的长期战略发展。努力将国家战略塞进预算编制那时间紧迫的框架中是注定要失败的，似乎当下对稀缺公共资金的需求挤出了长期目标一样。中国和其他一些国家想出的解决方案是拥有一个强大的国家

决策机制和公共领导，以确保长期优先事项融入预算决策。

我是在由中国国家发展和改革委员会主办的访问期间观察到这种中国特色。在会议休息期间，我和其他被邀请的专家被护送到南京孙中山纪念馆。我对于攀登纪念馆前392级台阶的高度感到惊讶，但决定加入我的同事参与这次千载难逢的经历。然而我们的东道主，一位高级NRDC官员，劝告我年岁已高不能攀登纪念馆。我感到失望，但很快了解到这位非常有才华的女士想要与我进行私人对话，探讨如何将中国的长期发展与年度预算联系起来。她不负责财政事务，但她不想将预算变成一个战略性博弈流程。她负责国家发展，并知道如果所需的财政资源不可使用，再好的战略和计划都是没有用的。

其他国家可以学到的教训是，如果你想让预算更具战略性，就要通过其他流程建立国家计划和目标。这种方法之所以在中国有效是因为党的组织机构整合了规划和预算编制。而对于规划和预算编制在不同轨道上运行的国家而言将不会有效。

中文版前言

对绝大多数国家而言，制定并执行国家预算都是一个错综复杂的过程，牵涉到大量利益、观点各不相同的参与者。在各个职能部门和其他行政机关工作的诉求者为了获取额外的资源展开活动，中央部门的审计者们寻求限制公共支出的数量与目的。在大多数议会制国家，当政府将预算呈交至全国立法机构时，冲突将会终结或减少。然而，在总统制体系下，预算呈交给立法机构后，冲突通常仍会继续。在美国，国会收到总统预算后，共享权力并制定收入或支出决策的多个委员会之间的斗争常常会升级。

本书旨在描述并阐释美国预算过程中的诸多步骤；它既涵盖了技术特征，如关键术语的定义，又包括了政治特征，如参与者之间权力与责任的分配。美国实行的是年度预算程序，这就意味着，本以为可以在上年度解决的问题通常会在下一年被重新考虑。这一预算程序开始于行政机构总统预算的形成，数月后，以立法机关预算相关立法和年度拨款的通过为终点。预算的一个重要特征在于，总统预算仅仅是向国会提出的一项建议，通常是对其所收到的支出计划进行调整。不会根据总统预算征税或支出公共资金，这些需要国会的一项立法。因此，总统最先就预算发出声音，但国会拥有最终发言权，这就意味着这两个分支会进行不断拖延的协商，而这样的协商有时会在财政年度开始后才结束。总统有时占上风，由国会做出的决策仅与他的提案略有不同，而在其他时候，国会实际上会忽视总统预算（这被视为“到达即死亡”），并将其自身偏好制定为法律。选举周期、经济状况、总统在民意调查中的地位及其协调能力都会决定谁能够在年度预算战争中领先。

联邦预算的另一个重要特征在于它由两种截然不同的支出形式构成：永久性立法中所包含的强制性支出；以及由年度拨款提供的选择性支出。强制性项目几乎占到支出总额的三分之二，包括社会保险和医疗保险——两个规模最大的联邦项目。这些项目不断持续到下一年，只有在总统和国会想修改合格规则或支付公式时才需要实施新的立法。不论政府财政状况如何，这部分预算会根据人口和价格趋势自动增长。30—50 年的长期预测显示，如果美国政府不能缩减承诺的保险金或增加税负，预算赤字和联邦债务的水平将会飙升至无法持续的水平。而这两种选择都会带来政治风险和两党之间的冲突，对于如何稳定政府财政状况，共和党人与民主党人持有不同的观点。

由于权利性项目改革因政治僵持无法进行，政治注意力便集中于选择性支出，它们通过年度拨款获得资金。这些拨款用于支付国防和政府机构的运作支出。与权利性项目相反，这些拨款需要国会采取行动，以便政府能够为自身运作提供资金。本书有时会详述联邦政府的一些部门因国会未能在财年开始前通过拨款法案而被强行关闭。观察家们通常将这些僵局归咎于美国预算的复杂性。然而，真正的原因在于有关税收和支出政策的深层冲突。

本书读者可能会留下一个最重要的问题：美国政府是否

有政治决心来稳定公共财政？对这个问题的回答也许决定着未来美国在全球事务中的角色。对美国而言，要保持它在全世界的领导地位，及时、大胆的预算纪律必不可少。

2011 年 10 月

前　言

当本书第一版在 1995 年出版时，联邦政府刚刚终结了连续第 25 年的预算赤字。对许多观察家来说，预算的困境了无希望。这个国家的领导者和领导机构看上去缺少政治意愿和财政工具来限制支出，创造更多的收入以平衡账簿。这个国家未来的经济处于风险之中——如果预算在老年人占人口比例较少的时候都不能实现平衡，政府怎样才能在 21 世纪实现它的承诺？到那时，老龄化社会将大大加重政府负担。

到本书第二版于 2000 年出版时，联邦政府已经开始积累盈余。根据当时的官方预测，这些盈余可以让政府在婴儿潮一代涌入退休潮流之前付清公共债务。像其他预测一样，那些预见了美好未来的预测很可能都不着边际。预测建立在对未来经济表现和政治行动的假设基础之上。对预期经济轨道的偏离会影响未来的预算结果，国会和总统的决策也会对此造成影响。在联邦预算中，唯有一件事是不变的，那就是变化。

在四年的盈余之后，赤字在 2002 财年重现，并在 2004 年创下记录，名义赤字高达 4130 亿美元。尽管赤字在随后几年有所下降，但根据基本的人口状况，预计赤字会在从现在开始的十年内出现令人瞩目的增长。

是什么造成了如此短时间内赤字的大幅摆动？预算变化是政治、政策和过程的混合物；所有这三个因素都对预算命运的转变以及随后的倒退产生作用。在20世纪末，政府分裂的政治控制缓和了对更高支出的需求，阻碍了减税的努力。政策变化——尤其是在乔治·H. W. 布什和克林顿时期通过的增税——增加了联邦收入。预算规则和程序在20世纪90年代被重新改造以加强财经纪律。在乔治·W. 布什的总统任期内大规模减税的通过，“9·11”恐怖袭击后国防和国土安全支出的增加，2001年比较缓和的经济衰退，以及其他因素都导致了赤字的回归。不管美国正经历着怎样的经济增长，如果没有这些政治的、政策的、程序的变动，就不会有盈余的出现；类似地，政策和政治方向的变动，伴随着对财经纪律兴趣的下降，使盈余再次消失。

关于即将到来的有关2008年选举的辩论，很多都围绕着未来的预算政策。预算的政治重要性在一定程度上是规模问题，因为联邦政府每年入账3万亿美元——约等于这个国家国内生产总值的1/5。预算还很重要是因为它是政府设立优先权，定义项目的主要手段之一。

预算的另一面比较不为人所知，但也同样重要。预算需要复杂的规则和程序，这些规则和程序影响着政府的政策和财政结果。有的规则是关于事实的政策，有的则是关于预算在行政机构编制、在国会投票的方式。这本书描述了在行政和立法行为中的每一步——从编制总统预算到拨款和支出资金——预算如何进行，还评价了针对政策决定的预算规则的影响。本书解释了预算如何从赤字转向盈余，然后又回归赤字，还讨论了各种改变规则的提案。

作者要感谢国会研究处的罗伯特·凯斯和国会预算局的

爱德华·戴维斯，他们对近期一些预算实践的创新做出了解释，并为本书新版提供了帮助。在编辑方面，斯塔·贝斯基编辑了手稿，英奇·洛克伍德做了校对，伊尼德·扎弗兰准备了索引。

艾伦·希克

2007 年 7 月

华盛顿 DC

目　录

第一章
联邦预算中的冲突与决议

本书关乎联邦预算的政治和过程，以及源于它们的政策。除非考虑它所有的三个方面，否则关于预算的讨论不可能全面。许多政府活动融合了政治和过程，但预算不同，因为每年必须完成一定的基本工作。不论选择多么困难或前景多么不确定，总统必须提交一份预算，国会必须拨款。如果总统或国会断定改变税收政策的时机不成熟，或者要按照某一特定的立法提案行事，任何一方都能拖延行动，直到达成一项协议。但他们不能在决定预算的责任上拖延。在他们拖延时，联邦项目和部门会因资金短缺而关闭，政府工作会停止。然而，即使关闭发生，最近是在1995—1996财年，在总统和国会之间最终还是会达成协议。

因此，冲突和决议存于预算之中。政治和过程在引起冲突和促使主要参与者将他们的分歧放在一边方面扮演着双重角色。年复一年，冲突如何升级以及如何解决的方式不同，但在联邦预算中仍然可以区分出两种大致的模式。在其中一种当中，预算程序占据优势地位，而在另一种模式中，政治因素居于主导。本书的相当部分会详述预算决策制定的过程。这个预算的世界是一个有规律性且可预见的世界，参与者知道对他们的期望是什么并遵照执行，冲突被缓解，预算决策在边际上制定，并且现状占据优势。

然而，还有另一个预算世界，受程序的束缚不那么强，无法预测且骚动不安。这是一个重大政策发生变化的世界，或者至少在寻求重大的改变——在这个世界里，民主党人和共和党人，有时包括每个党内的成员，斗争不仅在于增量问题，还包括过去的决策和承诺。这是一个被分裂威胁笼罩的世界，决议常常来自总统和国会之间的高层协调。在这里，参战者在前进过程中书写规则和剧本。但是，正如那个拥有预算秩序和平静的世界，这也是一个最终会有决议的世界。

冲　突

联邦预算是一个非常复杂的事业。它需要总统、核心顾问以及国会大量成员的积极参与；它需要行政和立法部门数以千计员工的参与，以及大量利益集团的关注。它包括数以千计的大小决策，复杂的规则和程序，以及关于公共收入和支出结构与总量的争论。该过程常常是紧张且容易引起争论的，因为这么多利益休戚相关，并且在制定预算决策时，这么多机构和利益集团受到影响。政府每年收取并支出 3 万亿美元——一个约等于国内生产总值五分之一的数量。对于数以百万计的美国家庭而言，联邦政府是最大的收入来源，并且是物质和人力资本的最大投资人。管理联邦债务使联邦政府成为资本市场上最大的参与者。

然而，预算远不止是钱的问题。它为联邦项目和部门提供资金，并且是建立和追求国家利益的一种至关重要的方式。

从本质上讲，联邦政府即是它的支出。通过预算，政府帮助数以百万计的家庭应对基本开支，并为生病、年老以及其他被赡养的人提供财政安全网络。预算通过道路和其他有形资产、教育和其他人力资源改进方面的支出，投资于国家的未来。它向同盟者和对手传达美国在世界上的责任，它还是一个调控经济政策和稳定家庭收入的核心工具。

有这么多利害攸关，毫不奇怪，预算常常是一个困难的、充满冲突的过程。不论预算有多大，永远没有足够的钱满足所有的需要。制定预算就是在钱和钱能买到的东西之间斗争。斗争在民主党和共和党之间（以及常常在它们内部）、立法部门和行政部门之间展开。预算在国会授权委员会（它们在联邦项目上有管辖权）、拨款委员会（它们控制着一大部分联邦支出）以及负责税收立法的委员会和那些负责支出决策的委员会之间引发冲突。

随着预算增长并且在美国政治和经济生活中变得更加重要，冲突的范围扩大了。数以千计的预算制定者和影响者在华盛顿工作，许多是国会委员会和行政部门的职员。其他人则代表着国有企业、商业组织、州和地方政府、外国政府以及其他利益集团，致力于保护或扩大他们在预算开支中的份额。新闻媒体密切关注预算斗争和问题，报道行政部门和立法机构内的进展。在有的年份，预算是总统议程的核心部分和落实大量国会立法结果的工具。对国家政治而言，现在是预算的时代。

但是，随着预算在规模和范围上的增长，它的灵活性下降，限制增加。一个继承了 3 万亿美元预算的新千年总统拥有的真正选择可能要少于与 1000 亿美元预算同行的前辈。一代人之前的 1970 年，本书作者参与了一个布鲁金斯研究会的项目“建立国家优先权”，分析和解释总统的预算选择。那本出版物的名字和语气乐观地暗示，通过预算，政府能够制定会对美国及其公民福利带来重大改变的优先权和政策。在那些并不遥远的岁月，预算仍被认为是一个可延续的、授权的过程，它提升了政府的治理能力。通过明智的决策，预算可以改善经济状况，购买有成本效益的国防，富有人情味地分配成本和收益，并创造一个更加丰裕的未来。现在，预算常常体现为一个受限的过程，限制在旧的承诺中缩小了政府可以选择的范围。一位 21 世纪的总统在社会保险上的权力比富兰克林·罗斯福总统 1935 年建立该项目时要小，在卫生保健方面的选择比林登·约翰逊总统 1965 年实施老年保健医疗制度和公共医疗补助制度时要少。在有些年份，预算似乎排挤了真正的选择，并迫使明天的机会让位给昨天的选择。

怎么会这样？预算怎么会同时变大却又变弱？怎么会有更多的资源却更小的自由，更多的项目却更少的选择？对这些问题的充分考虑将需要对美国民主在 21 世纪初期的状况进行探寻。预算不是受能力丧失困扰的唯一过程——根据公共法规的数量来衡量，国会立法也同样遭遇困境。二者均因公共信任和信心的下降而被削弱，一个美国人希望从政府那里得到的和他们愿意给予政府的政治和财政支持之间的不平衡，描绘了围绕政府职能的冲突，联邦行为无法治愈的社会弊病，等等。当政府无法自信和有效时，预算也不能。

主张联邦政府和预算机制比以往更弱并不是说创新和改变不可能。1981 年的罗纳德·里根和 1993 年的比尔·克林顿证明，总统领导权和预算资源是调整国家政策、改变税收法律以及重新配置联邦资金的潜在力量。他们证明预算能够成为一种变革的工具，它没有必要被锁定在旧的政策和优先权之中，治理的机会能够被扩大，政府机制能够被用于追求新的政治目标。尽管接受现状是条更容易的道路，两位总统却都通过探索预算规则和程序来改变已有的政策。每位总统都在他的第一份预算中投入了大量的稀缺政治资源，并且每位都引起了广泛的预算冲突。最终，每位总统都调整了他的目标以实现他能够实现的，而将其他的问题留给未来的预算斗争。

在预算中，变化和冲突携手并肩。没有后者，也不大可能会有前者。1981 年和 1993 年是总统就职年，来自某个政党的总统接替了来自另一个政党的总统，毫不奇怪，变化是那时的秩序。然而，近期还有好几个其他充满冲突的年份：1995—1996 年，国会中一个新的共和党多数寻求更新国家的优先权；1997 年，国会和总统在消除赤字的标准上斗争并最终达成一致；以及 1998 年和 1999 年，总统和国会在拨款草案上意见分歧。冲突在乔治 · W. 布什总统的首届任期内也逐步升级，总统寻求并赢得了重大税收削减的实施，随后在他的第二届任期内，伊拉克和阿富汗军事行动的成本攀升，而先前减税的失效日期逐渐逼近。

决　　议

视剧烈冲突为不可避免会忽视在许多年里——近期比以往几十年更少见——预算问题被平静地解决，政府政策过程的重大改变几乎不需要过多地鼓吹和努力。冲突的消失与缓和如同冲突的突然爆发和扩大一样，是预算所固有的。20 世纪 90 年代的十年中有三年（1991 年、1992 年、1994 年）的预算季节风平浪静，总统申请，国会审议，几乎没有什么政策变化。

预算有两个内在特征——一个扩大了冲突的范围，另一个缩小了它。冲突在谁应当支付和谁应当获益方面，在税收负担应如何分配方面，以及在哪个项目应当扩大和哪个项目应当缩小方面扩大了。预算是一个分配过程，其中却永远没有足够的钱供分配。它还是一个再分配过程，有的人得到，其他人失去——有的人得到的比他们缴纳给政府的税收多，其他人则相反。它是一个在众多公共资源申请中的选择过程，即使是在繁荣时期也无法满足全部的需要。它是一个理性的过程，通过在其资金中剔除某些申请者来确定预算。在这个过程中，政府明确或间接地决定其职能并设定优先权。所有这些特征都拓展了冲突的可能，不论是在美国政治的大舞台上（在共和党与民主党之间，以及在总统与国会之间），还是在数以千计的后台，在拟定最初预算时的政府内部，在制定计划以分享蛋糕中更大部分的利益集团和游说公司，以及在视联邦财政为一个庞大的资金池以获取公正份额的州和地方政府。

但预算还有另一个特征，将其拖向相反的方向，这个特征包括冲突和受限的雄心。这个特征源于第一段提到的特征，即预算必须达成决议。当申请人要求的比他们所需要的少时，冲突控制在过程的最初阶段就已经开始了，并且一直持续到最后阶段，此时竞争者将分歧放在一旁以达成一致。预算极少是全力以赴的战争，如果是，即使是竞争者的最佳表现也无法了断。

使预算能够得出决议的不仅仅是克己。预算过程本身为预算需求和决策带来了秩序和规范。通过分解工作和职责，为行动设置预期和最后期限，并且限制考虑问题的范围，预算程序规制了冲突。预算中的惯例和参与者的行为模式缓和了冲突，年复一年，重复性工作在很少有变化或无变化的情况下被完成。在其他问题上存在争议时，预算制定者通常会表现出一种妥协的意愿。当缺乏这一调节性的处置时，正如在 1995—1996 年，惯例失灵，程序崩溃。

预算的两个世界

很容易得出有两个预算世界的结论——在政治的世界，冲突无处不在，政策变化是根本性的和雄心勃勃的，在程序的世界，秩序居于主导地位，政策变化是缓和的和渐进主义的。在现实中，政治如同在预算争论中一样，是预算决议中的一部分。类似地，预算规则和程序就像内生于预算和平中一样，内生于预算冲突。渐进主义作为控制冲突的首要策略，就像吞没 90 年代预算的战火一样，是预算政治的一部分。并且当存在广泛冲突时，各政党必须依赖预算机制以达成一致。

正如专栏 1－1 详细描述的，实际上有两个预算世界——一个雄心勃勃且激烈冲突，另一个抱负有限且冲突较少。第一个是变化的世界，另一个是维持现状的世界。在大多数年份，联邦预算中二者的成分均有；没有渐进主义惯例的预算将是混乱的，而毫无变化的预算则是无法接受的。

专栏 1－1　预算中的冲突与平静：1993 年与 1994 年对比

在 1993 年，克林顿总统提出了重大的税收和支出调整，民主党控制的国会不情愿地遵从。随后的一年，由于卫生保健改革主导了议事日程，双方都选择了维持现状的预算。1993 年的预算决议包括了一个意见一致的决定，1994 年却没有。为了维持政府运转，1993年需要持续决议，但是在1994年，所有的常规性拨款在财政年度开始前均已经明确。

1993年	1994年
克林顿总统的预算	
就职预算在4月8日发布，建议大幅度增税、调整可选择支出、以及在5年内净赤字削减5000亿美元。	当前预算仅对可选择支出进行了微调；克林顿重组卫生保健体系的建议占据了国会的大多数时间。
国会的预算决议	
控制性的协调指导，以及1976年以来首度在法定期限之前通过。	仅对总统需求进行了微调，众议院5月5日通过，参议院一周后通过。
协调草案	**卫生保健改革**
8月5日，会议报告在众议院通过，218票对216票；经副总统戈尔的追加投票，参议院51票对50票通过该法案；克林顿8月10日签发。	没有协调草案，参议院多数党领袖乔治·米切尔（D－Maine）在9月26日宣称卫生保健计划在该年不可能通过。
拨　款	
13个常规拨款草案中只有2个在财政年度开始前完成，最后一个在12月10日完成。	所有的常规拨款草案在10月1日，即财政年度开始前均已在国会完成。

在 1992 年的选举中，克林顿谈到了工作、大学教育、拥有一所住房的能力、可负担的卫生保健、以及经济上安全的退休。但当关注点转向赤字控制时，克林顿不顾关系密切的政治顾问们的建议，调整了他的日程，提出了一个包括增税、削减部分支出、以及刺激投资在内的一揽子计划。他提议在五年内将总赤字削减 7000 亿美元，削减国防支出，部分削减国内支出，向高收入纳税人和公司增税，寻求 2000 亿美元的新支出和特定的税收优惠。最终，克林顿在他的大多数要求上如愿以偿，但他被迫改变了他的能源税并放弃了他的刺激项目。

1994 年，克林顿的预算除了重新安排少量的可选择支出外，没什么太大的变化。管理与预算局的局长里恩·巴纳特说："这份预算的真正目的是遵循去年的所作所为。"国会中的很多人持同样的观点。参议员肯特·肯雷德（D – N. Dak.）说："事实上，去年我们有一个重大的一揽子减税。这提醒我今年我们应当维持现状。"一个更为全面的解释是，克林顿 1993 年的计划几乎全军覆没，并且他耗费了大量政治资本来实施一个调整后的版本。1994 年，他的力量更弱，并且不希望卷入另一轮与他自己的党派成员之间的预算冲突。

不仅如此，当关注点集中在卫生保健改革时，预算退居边缘。不顾在其执政之始即颁布卫生提议的压力，克林顿一直等到 1993 年的一致性法案实施之后才公开庞大的、长达 1342 页的检查。众议院和参议院在整个 1994 年都专注于卫生保健改革，尽管两院均未就该计划表决。正如 1993 年的预算，克林顿的卫生保健计划排挤了其他提议，在中期选举之前，一项实质性的立法也没有实施，其代价是民主党失去了对国会的控制。

在国会讨论 1993 年的一揽子协议时，共和党反对增税和削减国防支出，联合起来反对它。克林顿不得不在自己的政党成员间进行交易，以寻求对其主要立法的足够支持。尽管民主党人均不希望如此，正如参议员鲍勃·凯利所言："投票击败（克林顿的）总统制。"自由主义者希望为社会项目提供额外的支出，保守主义者寻求更小的税收增长和更多的削减。克林顿、副总统戈尔、以及其他内阁官员通过全力以赴的个人游说来确保国会中的微弱多数；41 位民主党议员和所有的共和党议员投票反对这个一揽子提议。在参议院，米彻·麦克可耐（R - Ky.）认为"比尔·克林顿唯一实现的是他对变革的承诺——他改变了所有令他当选的政策，让中产阶级花费更多。"6 位民主党议员与共和党议员站在一起来反对这个办法，但副总统戈尔的追加投票确保了它的通过。

在 1993 年的拨款过程中，国会提出了赤字削减的承诺，但冲突延缓了法案的通过。在财政年度开始时，13 个常规拨款中的 11 个没有完成。随后是三个持续性解决方案，并且，在 20 年内国会首次将可选择支出控制在与上年大致相等的水平。与此同时，民主党人重新分配资金给大多数克林顿先前削减掉的投资项目。

在随后的一年，国会在财政年度开始前理清了所有的年度拨款法案（自 1948 年以来这种情况仅发生过 3 次），最值得关注的是，拨款委员会主席们决定按时完成各项拨款，而克林顿则希望在会议结束前对卫生保健改革采取措施。

第二章
联邦预算的演化：从盈余到赤字再到盈余

预算过程和政治的进化围绕着两个主要的政府权力机构展开：总统和国会。联邦预算的演化就是一部很长的关于这两个政治分支为夺取对资金的控制而相互竞争的历史。他们的武器就是预算的规则和程序；每一方都通过调整公共资源来指导政府规模应多大以及应如何花费资金，以此寻求将自己的政策和优先考虑的事项强加给另一方。在过去的两百多年里，这两个机构一直都在争夺政治权力，有时合作，有时冲突。有时国会拥有优势；其余时间总统拥有优势。双方很少平等地享有预算权力。相反，一方的优势对应着另一方的劣势。这种斗争导致两个机构都建立了自己的预算程序，每一方都有自己的预算工作人员和操作规则。

演化不仅导致了总统和国会截然不同的预算角色——而且它还赋予联邦政府两种不同的支出公共资金的方式：一个围绕年度拨款，另一个围绕强制性立法。虽然拨款是宪法预想的国会控制形式，但在20世纪的后半期里，国会和总统越来越依靠授权立法赋予美国人民从财政部获得支付的权力。拨款和权利性项目以不同的途径通过国会，并且服从于不同的预算规则和约束。然而，为了展示总的联邦支出，两者在总统和国会预算中被合并在一起。

权利性项目的增加与另外一个重要的预算发展——持续的赤字支出有关。长期赤字是一种近期才出现的现象，它在很大程度上受到权利性项目要求的刺激，即不管财政状况如何，政府都必须为权利性项目提供支付。国会和总统花费了很长时间适应“权利国家”的财政现实。直到 20 世纪快结束时，他们才成功地实现了这种调节，并且在连续的赤字之后实现了平衡预算。然而，这些盈余在不到五年的时间里就消失了，而赤字重新成为新世纪初期的准则。

这一章从迄今提到的三个有利角度讲述了联邦预算的故事：总统和国会之间在预算权力方面的竞争，变化的联邦支出构成，以及从盈余到赤字再返回到盈余的变化。编年史被分成三个时期，它详细记述了联邦预算中重要的里程碑。第一个时期从 1789 年第一届国会召开直到 1921 年。国会的统治地位、小政府和频繁的盈余是这一时期的主要特征。第二个时期以 1921 年的《预算会计法案》为起点，并且一直持续到 1974 年的《国会预算法案》。总统的统治地位、政府规模的增长、主要权利立法的制订、以及频繁的赤字是这一时期的主要特征。最近的时期，从 1974 年到现在，这个时期赤字迅速增长然后消失，联邦支出和权利性项目继续增加，总统和国会在预算政策上反复争论。由于本书的焦点在于当前的预算程序、策略和政策，对前两个时期的描述会很简单，但对当前的描述却会又长又详细。在讨论当前时，本书特别关注为什么在 80 年代出现大规模赤字，截止到 90 年代末期，赤字是如何偿付的，为什么赤字会在 21 世纪初期重现，以及预算如何适应权利规定的永久化及总统和国会之间持续的冲突。

在预算中，最后的章节向来不写。下一个财年就在不到12个月之后，随之而来的将是预算数字的变化与预算参与者之间关系的新转折。从远处看，预算过程看起来可能是年复一年不断的重复，但是对那些斗争的参与者来说，每一年都会产生新的机会和问题。在2001年，最新赢得的预算盈余看起来是保险的，官方预测21世纪的前十年将实现不断增加的盈余。三年后，政府面临的却是超过4000亿美元的赤字，而这一规模预计将在下一个十年达到几万亿美元。预算的历史不是由承诺和预测，而是由结果和经验组成的。另外，实际的预算结果很少能与期望保持一致。预算充满了冲突和意外，这将建立一段新的预算未来，这一预算未来在政治上和财政上都将不同于千禧年开始时的前景。

立法统治：1789—1921年

宪法赋予国会征税的权力，并且规定资金只能按照法律制订的拨款来开支。它没有具体规定这些权力将如何实施，也没有规定要有一个联邦预算或为总统规定在国家财政事务中的角色（除了规定总统签署或否决国会通过法案的权力）。实际上，当宪法写成时，预算实践还不为人知。现代预算19世纪在欧洲出现，并在20世纪早期被引入美国。

尽管预算不为人知，国会在决定收入和支出方面的角色仍然被很好地建立起来。在英国，议会与君主之间在资金权力问题上的世纪之争在一个原则上达到顶峰，即政府征税和支出的权力必须由法律授予。在英国，这一原则的灌输花费了几个世纪，但在北美殖民地为独立展开斗争之前，大西洋此岸对上述原则的接受已经成为有限、民主政府的一个基本信念。

国会对钱包的控制权旨在限制行政机构的权力：除非获得国会的事先授权，否则宪法禁止总统和联邦机构支出资金。但国会限制的不仅是总额，它通过制定详细的拨款，限制着支出的每一个科目。附录 2－1 来自财政部 1799 年的拨款，展现了一个典型的分项拨款。每一行都分别是允许用于某特殊目的的具体数量的限制。在有的年份，国会赋予支出机构在科目之间转移资金的有限的决定权；在其他时候，它坚决主张资金应该严格按照拨款开支。

在美国政府的早期，众议院赋税委员会和参议院财政委员会处理收入和支出立法，以及别的财政事务。虽然政府很小，但在形成年代设计的实践为接下来两个世纪的国会行为树立了榜样。起初，众议院在收入和支出法案上都采取主动，参议院只有在众议院已经完成它的工作之后才有所行动。拨款每年在一段时间内制订，在法案中它的唯一目的是为联邦机构提供资金。立法处理的方法有所不同，拨款和立法不能放在同一个法案中被视为理所当然。因此，第一届国会通过一部法案建立了战争部，并通过另一部法案为它提供拨款。第一届国会将所有拨款放在一个法案之中，后来的国会通过许多独立的法案拨款。

附录 2－1　分项拨款：18 世纪的模式

对财政部部长、办事员、以及他办公室雇佣的工作人员的补偿 5850 美元。

财政部部长办公室的木柴、文具、打印、租金、以及其他零星支出 600 美元。

财政部租借几个办公室的租金费用（除了财政部部长的办公室）2730.66 美元。

财政部几个办公室的木柴和蜡烛支出（除了财政部部长的办公室）3500 美元。

记录、打印 1799 年度公共账目的费用（包括因收入和支出增加导致的 200 美元的增长）1200 美元。

财政部的资料和记录在该年夏天从费城搬到特伦顿的费用 1798 美元（包括几个官员、办事员和邮递员的额外支出），4400 美元……

不同部门雇佣融化、精炼、压印、木工、机械安装和铁匠人员的工资（包括每年补助给一个助理造币匠和热铸匠的 800 美元，他还负责监督炼铁厂的运转）7000 美元。

购买建造铸币局所需的五金、铅、毛料、煤、文具、办公家具和其他支出的资金 6300 美元。

资料来源：United States Statutes at Large，5th Cong.，3d sess.，March 2，1799，chapter 25，P. 717.（a）分项拨款直到 20 世纪都很常见，但科目的划分每年都有区别，有的会比这里列出的更加详细。

（b）根据分项拨款，国会常年面对的一个问题是它要如何向支出部门授权，以便在不同项目间转移资金。由于每个项目都是对支出的法定限制，这些转移只能在国会批准下进行。

（c）随着政府规模的扩大，每个条目的重要性变小，国会被迫将它们归类到范围更广的类别之中。今天大多数联邦部门只获得一项覆盖所有运营费用的拨款。

虽然宪法没有规定任何具体的预算结果，但每年支出不能超过收入的观点却被广泛接受。如图 2 – 1 所示，平衡预算的标准在 1789 年到 1916 年的时期内占据了 2/3 的时间，而大部分例外都发生在战争期间，联邦支出的激增导致了赤字。但是赤字规模很小并且周期很短；战争结束时，预算平衡得以恢复。赤字偶尔也在不利的经济情况下发生，而这很容易在经济复苏时消失。

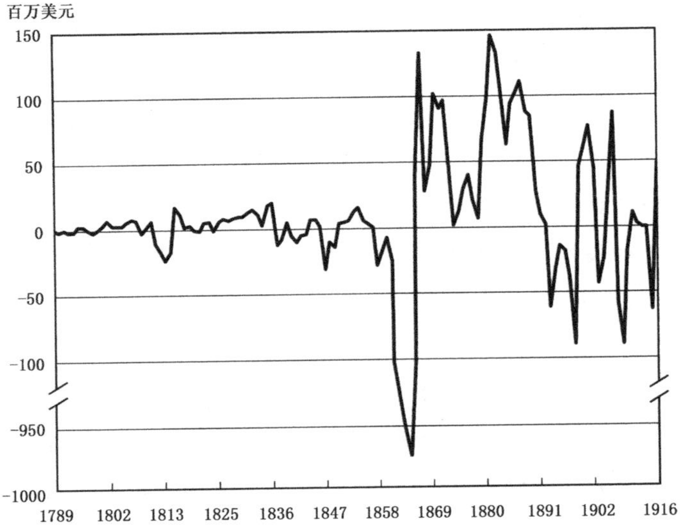

图 2 – 1　1789—1916 财政年度的赤字与盈余

资料来源：*Historical Statistics of the United States：Colonial Times to 1970*，93d Cong.，1st sess.，H. Doc. 78，part 2，Y 335 – 38.

平衡预算与政府应该很小并且有限的观点并存。还有一个被广泛认可的观点是，政府规模在年度之间不应该发生明显的变化，去年的支出数目应该在微调后用于决定下一年度的拨款数额。在当代政府中，编制年度预算的目的通常是为机构项目扩张寻求资金，与此相反，在 19 世纪的大部分时间里，预算过程通常只是评估正在进行的活动下一年的成本。增长是适度的，并且增长更多地是一种领土扩张和人口增长的反映，而不是政府的扩张。不过，1900年的联邦支出（5210万美元）还是明显高于1800年的支出（110万美元）。

按名义价值计算，联邦支出在1812年战争期间增长了3倍，在墨西哥战争期间增长了1倍，在南北战争期间增长了19倍（见表2-1）。每一次战争之后支出会下降，但是一直较好地保持在高于战前的水平之上。在战争期间，它的组成发生了变化，总支出保持稳定。例如，联邦政府在1867财年花费了3.58亿美元（南北战争后第一个完整的财政年度），并且在1897财年只花费了3.66亿美元（在西班牙—美国战争之前最后一个完整的财政年度）。政府通常在战争期间积累债务，在战争结束以后承受支付利息的负担，并且随着债务的清偿和利息费用的降低，逐步着手新的支出。在19世纪的最后10年中，公共债务的支付由足够覆盖和平时期总支出的收入承担。随着联邦预算持续保持在平衡点附近，公共债务从1866年的28亿美元降至1900年的13亿美元。

尽管缺少一个可以协调收入和支出的总统预算系统，财政的稳定性仍然维持着。只要政府很小并且其财政需求适度，一个国家的预算就没有必要去制造可以接受的结果。国会通过对影响联邦财政的法案采取行动，成功地协调了联邦收入和支出决策。但是两个相互联系的发展使这种令人满意的局面（没有协调控制的协调结果）终结。一个是在国会中日益加剧的分裂；另一个是联邦支出的增长和和平时期赤字的出现。

分裂国会行为的第一步是作为南北战争的副产品出现的，它极大地增加了政府的成本和国会的工作量。为了减轻众议

表 2－1　1811—1974 年期间战争对联邦支出的影响

单位：百万美元

战争	战前			战争顶峰			战后		
	支出	财年	盈余或赤字	支出	财年	盈余或赤字	支出	财年	盈余或赤字
1812 年战争	8	1811	6	35	1814	－24	22	1817	11
墨西哥战争	23	1845	7	57	1847	－31	45	1849	－14
国内战争	63	1860	－7	1298	1865	－964	358	1867	133
西美战争	366	1897	－18	605	1899	－89	521	1900	46
第一次世界大战	713	1916	48	18493	1919	－13363	6358	1920	291
第二次世界大战	13653	1941	－4941	92712	1945	－47553	34496	1947	4018
朝鲜战争	38835	1949	580	76101	1953	－6493	68444	1955	－2993
越南战争	118528	1964	－5915	183640	1969	3242	269359	1974	－6135

资料来源：*Historical Statistics of the United States*：*Colonial Times to 1970*，93d Cong.，1st sess.，H. Doc. 78，part 2，Y *335－38*；*AND Budget of the United States*，*Historical Year 2000*，*table 1. 1*，*pp. 19－20.*

院赋税委员会和参议院财政委员会的工作负担，众议院在1865年，参议院在1867年通过建立新的拨款委员会将收入和支出的权限分离开来。第二步，19世纪70年代先在众议院中出现，后来又扩展到参议院的是立法委员会对超过半数拨款法案的扣押。这些委员会想获得支出权限，因为他们对新的拨款委员会强加的严厉限制极为不满。一些学者曾指出，这种支出权力的分裂导致了更高的联邦支出。

立法的分裂可以通过行政部门中的分权反映出来。总统在监督联邦财政方面作用有限。许多机构直接将他们的支出申请提交给国会委员会，不需要经过总统的事先检查。各种各样的申请被财政部编入一本"年度评估"之中，但在协调各机构支出，或确保这些支出的总额可以接受并符合国家政策方面却几乎无所作为。

联邦支出的分裂和逐渐增加（在1894—1915年期间增加了一倍）导致了持久的和平时期赤字。在从1894年到1910年17年中的11年里，支出都超过了收入。为了减少这些赤字，政府引入了一项全国性的所得税，并且创建了一个行政预算程序。当所得税修正案在1913年被批准时，预算提案（由前任总统塔夫托领导的国家委员会推动）引起了相当大的争议。在国会创建一个行政预算程序前，第一次世界大战爆发了，由于战争，联邦支出从1914年的7.26亿美元剧增到5年后的190亿美元。在这5年里，公共债务也遵循着相同的趋势，从10亿美元逐步攀升到260亿美元。在战后不久，国会承认它需要一个用于控制支出的强有力的总统领导权。国会通过了1921年预算与会计法案，它建立了一个在以后80多年里一直都在运行的总统预算系统。专栏2－1列出了这个里程碑以及联邦预算中其他的里程碑。

专栏 2－1　1789—2006 年联邦预算中的里程碑

1789	宪法 赋予国会提出和征税以及借款的权力；在从财政部得到资金之前，需要国会拨款
1802—1867	国会委员会 众议院赋税委员会在 1802 年作为常设委员会建立；参议院财政委员会在 1816 年建立；众议院拨款委员会在 1865 年建立；参议院拨款委员会在 1867 年建立
1837，1850	众议院与参议院规则 众参两院禁止没有授权的拨款
1870，1905—1906	反赤字法案 要求分配资金防止超支
1921	预算与会计法案 提供一个行政预算；设立隶属财政部的预算局和审计总署
1939	第 1 号重组规划 把预算局转移到新成立的总统行政办公室，扩大预算局职能
1967	总统预算概念委员会 采用统一预算，包括信托基金
1974	国会预算与扣押控制法案 建立国会预算过程，扣押立法审查程序，众参两院预算委员会，以及国会预算局
1980	综合协调过程 第一次在国会预算过程中应用协调程序
1985，1987	格拉姆—拉德曼—霍林斯法案 设立赤字削减目标，创立扣押程序
1990	预算执行法案 建立可选择性支出上限，为收入和直接支出设置量入为出规则，为直接和担保贷款设置新规则

续表

1990	首席财务官法案 要求所有主要部门的首席执行官监督财务管理，整合会计与预算
2002—2006	预算执行法案规则到期，重返赤字 预算执行法案规则到期，在经历了四年盈余（1998—2001 年）后，赤字重现，名义值达到创纪录的水平，2004 年达到顶峰 4130 亿美元。参议院内部关于量入为出和选择性支出上限的规则已经运行超过十年。2007 年，众议院采纳了量入为出规则，参议院对其原有的量入为出规则进行了修订，与众议院的版本保持一致

总统支配：1921—1974 年

1921 年法案并没有明确变更国会制订收入和支出决策的方式，但是，为了将所有支出法案的权限归还拨款委员会，众议院和参议院修改了各自的规则。主要的变化是在国会影响拨款草案之前，在预算中赋予总统一个正式角色。1921 年法案要求总统向国会提交一份年度预算，并且禁止机构将它们的申请直接提交国会。

该法案还创建了预算局（1970 年被重命名为管理与预算局），帮助总统确定拟申请的数额。总统的年度预算会提出影响国会的收支建议，尽管国会并不一定要遵守这些建议。对预算中的每个部分而言，国会拨款可以比总统申请的高或比总统申请的低。类似地，国会还可以偏离总统的收入立法偏好。

1921 年法案没有要求平衡预算，但它在非常强烈的预期下作出预言：总统协调将会限制联邦支出。实际上，预算与会计法案使总统成为国会预算控制的代理人。因为国会在制定决策前会先审议总统申请，所以预期中的总统预算应该以更遵守纪律，更协调的方式进行，尤其是与部门直接对额外资金开展游说活动相比。有了白宫对各部门支出的严格限制，国会就可以提供更少的拨款，进而使政府账簿平衡。

在总统预算的早期，这些期望已经产生。新的过程在管制联邦财政方面取得了立竿见影的成功。在20世纪20年代，税收减少了，支出和公共债务也下降了。这些结果可能部分是由于战后美国的保守心态，但是，由新系统施加的严肃的财经纪律也是一个重要因素。在整个20年代，总统热衷于预算控制者的角色，在机构支出方面维持一种严厉的控制，要求效率，并且坚决主张各部门要在少于或不多于上年度资源的情况下工作。

接着到来的是大萧条和新政——一场在政府范围、规模和成本方面巨大持久的扩张。在1929年大萧条前夕，联邦支出共占GDP约3%；10年后，在二战前夕，这个比例是10%。虽然支出在30年代增长到原来的三倍，但是收入却没有保持同步增长，政府在这十年遭受了大规模的赤字（见图2-2）。然而，二战带来了一个巨大的收入流，因为国会将个人所得税变成大众税（mass tax），征收非常高的税率（达到了应纳税收入的91%），并且建立了一个源自薪水的预提税新系统。这些以及别的规定使收入激增，1945年的收入是5年前收入的7倍。

按照此前战争结束后建立的模式，国会在和平时期减税，但却通过保留战争期间获得的额外收入来为政府规模的永久性扩张融资。国会坚持宽税基、高税率的个人所得税，以及预提税系统。部分是因为战争而在政治上可以接受的税收，大政府保留下来。20 世纪 50 年代，联邦支出平均占 GDP 的 18%，是 30 年代水平的两倍。收入急剧上升使总统和国会能够编制出处于或接近平衡点的预算。

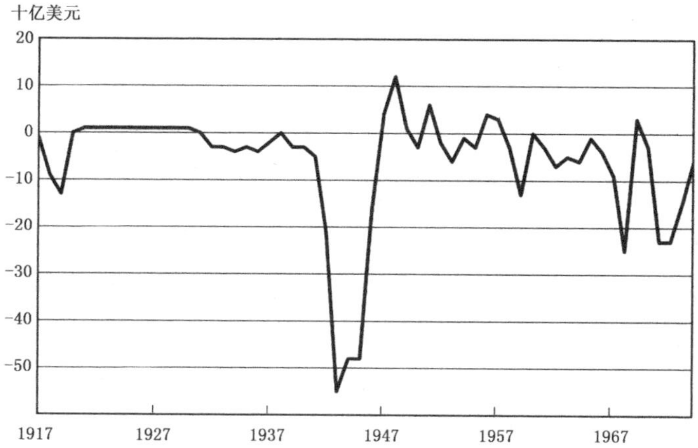

图 2－2　1917—1974 财政年度的赤字与盈余

资料来源：*Budget of the United States Government*, *Fiscal Year 2008*, *Historical Tables*, table 1.1, pp. 21—22.

新的资金将总统的预算角色从支出控制者转变成项目计划者。在 20 世纪 50 年代和 60 年代，由总统在年度预算之后准备一个立法计划成为惯例。总统利用预算提出支出建议，决定国会的议程和媒体的报道。只要总统的建议不是由现在的收入和通过借款或者新税支付，总统有更多要求也并不是一件不光彩的事情，并且几乎没有政治成本，国会也随之通过更多的授权和拨款——有时抵制或者削减总统的提议，其他时候则为总统提供超出他申请总额的资金。

这是“帝王总统”的时代，学者们利用这个术语来描述总统对国家政策的支配。预算是总统的主要工具之一，使他能够规划项目，推动支出政策，指挥政府新一轮的扩张。这轮扩张在 1964 年和 1965 年通过的伟大社会立法中达到顶点。

随着收入和支出在GDP中所占份额的增长，总统开始利用预算调节经济（使经济维持在高就业、低通货膨胀的状态），通过调整预算以刺激或抑制总需求。预算应该平衡经济的观点取代了平衡预算的观点。为刺激经济使其在最大潜力上运转并且减少失业，赤字是可以接受的。只要经济繁荣，小额赤字被认为是提高国家福利的一种明智手段。

但是，越南战争和权利性项目的增长终结了这个国家政治的美好时期。战争向总统的领导权发出挑战；权利性项目使现有预算工具的充分性受到质疑。因为战争是不受欢迎的，国会不愿增加税收来为战争买单。国会的确在1968年通过了小额的附加税，但这时距林登·约翰逊总统提出该申请已过了一年多，而且税率只有总统想要的一半。附加税和持续的经济增长在1969财年产生了很小的盈余，这也是政府在大约30多年中取得的最后盈余。

对越战普遍的厌倦感染了人们对预算赤字的态度。许多美国人认为赤字支出是因战争引起的财政不负责任及因战争引起的不稳定和政策扭曲的明证，而非认为赤字支出是一种为军事行动融资的适当手段。更糟糕的是，在战争结束时，联邦支出并没有像以往那样减少，并且预算也没有恢复平衡。实际上，并没有联邦支出低于1966财年水平的后越战年度——没有和平红利。

越南战争期间的预算情况与在以前战争中建立的模式有所不同，其原因在于联邦支出的构成发生了变化。图2-3比较了从1940年到2000年（以20年为间隔的）联邦支出中对个人支付以及其他支出类别所占的比例。在这段时期内，强制性支出与选择性支出所占比例发生了根本性的逆转，支付给个人的开支在1940年占总支出的18%。在1960年，政府每支付1美元给个人，就有大约3美元用于选择性的国防和国内项目；今天，政府在选择性支出上花费 1 美元，就有大约 2 美元被用于强制性项目。越南战争以后没有出现战争红利是因为强制性支出的增长超过了国防支出的减少。1969—1973 年，国防支出下降了 60 亿美元，但支付给个人的开支却剧增了将近 500 亿美元。结果，预算因大规模、持续的赤字而步履蹒跚（见图 2－2）。

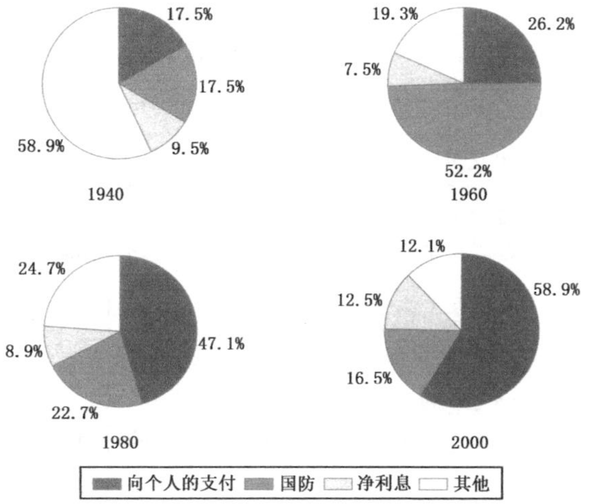

图 2－3 1940、1960、1980、2000 财政年度的联邦支出构成[a]

资料来源：*Budget of the United States Government*, *Historical Tables*, *Fiscal Year 2008*, table 6.1, pp. 118－125.

a. 总额超出 100% 是因为“未分配抵消收入”没有包含在内。

由资格规定和支付公式决定的部分在预算中日益增加的比例弱化了总统的预算能力。如表 2－2 所示，对个人的联邦支付占总支出的比例持续增加。在有的年份，总统预算更多地是一种评估过去承诺在下一年成本的手段，而不是对政府财政政策和项目提出的建议。破坏了总统公信力及其与国会良好关系的越南战争和水门事件同时也削弱了总统的预算权力。

表 2-2　　选定项目上对个人的联邦支付

（1960—2000 年每隔 10 年，2005 年，以及 2010 年）

项　目	1960	1970	1980	1990	2000	2005	2010[a]
对个人的支付							
总额（10 亿美元）	24	65	279	586	1055	1490	1950
定值美元（2000 年）总额（10 亿）	117	249	545	733	1055	1340	1532
占总支出的百分比	26	33	47	47	59	60	64
占 GDP 的百分比	5	6	10	10	11	12	12
选定项目支出（10 亿美元）							
社会保障［联邦老年、遗属和伤残人士保险信托基金（OASDI）］[b]	11	30	117	246	406	518	677
医疗保险［医院保险（HI）］	0	7	34	107	215	334	513
医疗补助与国家儿童健康保险项目［国家儿童健康保险项目（SCHIP）］	0	3	14	41	118	182	233
食品券	0	1	9	16	18	33	39
家庭支持［有子女家庭补助计划（AFDC）/贫困家庭暂时补助（TANF）］[c]	2	4	7	12	18	21	21
公务员与退休军人	2	6	27	53	78	94	118
补充保障收入	0	0	6	11	30	35	42
退伍军人补助[d]	5	9	21	29	46	62	82
收入（百万美元）							
社会保障（联邦老年、遗属和伤残人士保险信托基金（OASDI））	15	26	36	40	45	48	53

续表

项　　目	1960	1970	1980	1990	2000	2005	2010[a]
医疗保险（医院保险（HI））	0	20	25	31	39	42	46
医疗补助与国家儿童健康保险项目（SCHIP）	0	15	22	25	36	53	55
食品券	0	4	21	20	17	26	26

资料来源：*Budget of the United States Government*, *Historical Tables*, *Fiscal Year 2008*, tables *11.1 – 11.3*, pp. *194 – 229*; *Budget of the United States Government*, *Analytical Perspectives*, *Fiscal Year 2008*, *table 25.5*, *p. 375*; *Budget of the United States Government*, *Analytical Perspectives*, *Fiscal Year 2002*, *table 14.3*; *Social Security Bulletin*, *Annual Statistical Supplement*, *1998*, *tables 5A4*, *8E1*, *and 9HI.*

a. 估算。

b. 缩写：OASDI，老年人，遗属，残疾人保险；HI，住院保险；SCHIP，国家儿童健康保险项目；AFDC，对有子女家庭补助计划；TANF，贫困家庭临时补助。

c. AFDC 在 1997 年被 TANF 取代。

d. 包括预算功能分类中退伍军人保险与服务（700）覆盖的所有活动。

国会对总统：1974—2000 年

在 20 世纪 70 年代早期，当尼克松总统与国会就预算优先权交战，并拒绝支出国会拨付的数十亿美元时，事态到了摊牌的地步。受到对预算失控的担心与对总统领导权抵制的刺激，国会通过创立新的法定预算过程来加强其作用。

国会对预算独立性的追求在 1974 年国会预算和扣押控制法案中达到顶点。尼克松总统将该法案签署成法律，当时距离水门事件将他驱出白宫不到一个月。这一措施授权国会采用一个年度预算决议，该决议设置了收入、支出、盈余或赤字，以及债务总额，并在 20 个功能分类中分配支出。

在扩张国会预算责任的同时，1974 年法案并没有改变总统的正式角色。像以前一样，总统每年提交一份预算，而国会可以选择接受或拒绝总统的建议。但是，现在国会拥有自己的预算蓝皮书、经济假设、项目分析、支出优先权以及它对收入和支出变化的看法。

在制定 1974 年法案时，在某种程度上可能未预见到新系统制度化并且扩大了预算冲突。总统和国会都有自己的预算，并且均无权对对方的所作所为指手画脚。国会拥有自己的国会预算局，并且不必再依靠管理部门的经济预测和项目评估。当然，为了制定拨款并对收入和权利性项目的变动立法，这两个分支必须解决分歧，但他们首先展开斗争。此外，与以前在细节上争斗不同，今天，他们在重大的政策问题上开战——政府规模、国防还是国内项目、总收支在下一年度要增加多少、通过减支还是增税来削减赤字，等等。

如果新的国会预算过程打开了冲突的大门，那么长期分裂的政府和疲软的经济表现则让这扇冲突的大门长期敞开。表 2－3 表明从 1969—2000 年，除了 6 年以外的所有时间，白宫都被一个政党控制，而议会中至少有一个议院被另外一个政党控制。不但政府被分裂，而且民主党和共和党在预算政策上持续发生冲突——特别是在处理长期赤字将要采取的步骤上面。

表 2－3　　政府分裂的时代（1969—2008 年）

年　份	白　宫	众议院	参议院
1969—1976	共和党人	民主党人	民主党人
1977—1980	民主党人	民主党人	民主党人
1981—1986	共和党人	民主党人	共和党人
1987—1992	共和党人	民主党人	民主党人
1993—1994	民主党人	民主党人	民主党人
1995—2000	民主党人	共和党人	共和党人

续表

年 份	白 宫	众议院	参议院
2001	共和党人	共和党人	共和党人
2001—2002	共和党人	共和党人	民主党人
2003—2006	共和党人	共和党人	共和党人
2007—2008	共和党人	民主党人	民主党人

国会预算过程运气不佳，它在国家经济表现日益恶化时开始实施。战后的经济繁荣带来了国民收入和其他国家福利的大规模稳定增长，这一切在1973—1974年的第一次石油危机中突然结束。通货膨胀、失业和利率剧增、生产能力停滞以及实际可支配收入的下降，新的术语像停滞和贫穷指数进入经济学语言以描述这种不利状况。疲软的经济不可避免地会增加联邦预算的负担，而在国会预算过程建立时较小的赤字规模变得愈益庞大。

1974年预算法案并没有规定预算应当平衡，也没有禁止国会采纳有巨大赤字的预算决议。但新过程在预算赤字会更小的预期上实施，因为国会必须对它们明确投票。这一期望受到经济困境的阻挠：在新过程运行的第一个10年中（1976—1985年），平均赤字是1130亿美元（GDP的3.6%）而在前一个10年（1966—1975年）则是160亿美元（GDP的1.4%）。

分裂的政府和长期赤字把宾西法尼亚大街的两端锁定在长期的预算冲突之中。总统有他自己的预算；国会拥有它的预算决议。每个部门都单独采取行动，但他们每年也以这样或那样的方式交流。虽然存在预算冲突，但也存在预算决议。

20世纪80年代，预算冲突的解决通过增加赤字的方式实现。图2－4显示了20世纪80年代赤字令人瞩目的增长。在1982财年以前，赤字的最高峰是790亿美元（1981财年）；1982财年之后的12年间，最小的赤字规模是1500亿美元（1987 财年）。要寻找赤字扩张的根本原因，根本无需走远。它来自里根总统时期的政策错误与政治僵局。1981 年入主白宫后的几个月内，里根就让国会采纳了一个影响深远的经济项目，包括削减税率，增加国防支出，并且只是适度地削减国内项目。个人所得税税率被减少了 25%，几十项税收减免被加入税法，而未来税率也会自动根据通货膨胀指数化。根据当时的官方预测，之后五年的收入损失预计将达 7490 亿美元。通过拨款过程，国会在年度国防支出中增加了 1000 多亿美元。而且，尽管国会对国内支出进行了大幅度削减，但许多项目随后又卷土重来。

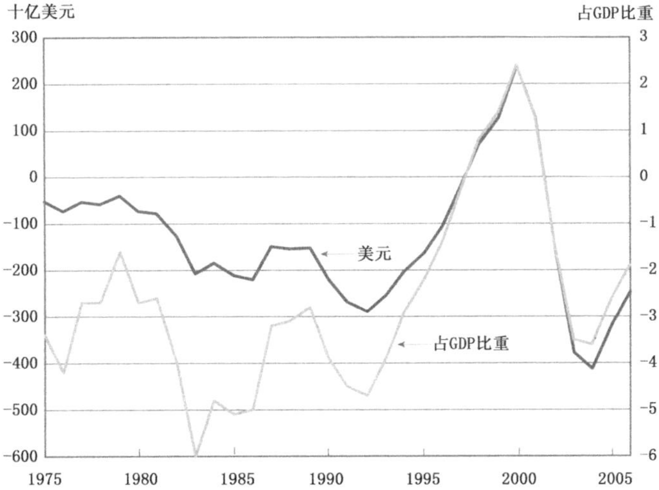

图 2－4　1975—2006 财政年度的赤字与盈余[a]

资料来源：*Budget of the United States Government*，*Historical Tables*，*Fiscal Year 2008*，table 1. 1，pp. 21－22，and table 1. 2，pp. 23－24.

a. 1976 到 1977 预算年度变更衔接期内的数据是平均分配得出。

里根的预算计划受到了供给学派的有力支持。供给学派认为减税可以刺激经济，进而在未来产生更高的收入。但事情并没有按照这种道路发展。1982 年的经济不景气和总统与国会之间的预算僵局使 2000 亿美元的年度赤字——引用里根时代预算局局长大卫·斯托克曼的名言，“近在眼前”。为了对赤字危机做出反应，国会通过了 1985 年的平衡预算和紧急赤字控制法案。该法案通常根据其主要发起人命名，被称为格拉姆—拉德曼—霍林斯法案（GRH）。该法案要求从 1986 年至 1990 年间的每个财政年度逐步减少赤字，并且在 1991 年实现平衡。这一目标通过预算资源的自动取消机制来实施，如果预测的赤字超过财政年度目标 100 亿美元，那么预算资源将被自动取消。当最高法院宣布最初的 GRH 法案违宪时，国会通过了一个修正的版本，它将实现平衡预算的目标时间推迟到 1993 年。

尽管受到扣押的威胁（当赤字目标被超过时不提供资金），但在 GRH 生效的每一财年，实际赤字都超过了 GRH 水平。虽然在赤字削减方面可能有一定的影响，但 GRH 存在严重缺陷。它并没有要求实际的赤字应该在目标范围之内，而只是要求每个财年预测的赤字应保持在每年允许的水平以内。财政年度中赤字的任何增长，无论是因为估算错误，经济情况的变化，还是新政策，都不需要国会或总统采取行动予以抵消。对预测而不是实际赤字的信任导致预算评估被操纵，记账把戏代替了真实储蓄，实际赤字比预测水平高得多。实际上，GRH 最后一年（1990 年）的预算赤字比 GRH 实施前的 1984 年还要高。

虽然 GRH 是一个财政上的失败，但它为预算实践留下了一个持久的印记。图 2－5 列举了 GRH 和其他用于控制赤字的法规。在政府分裂的时代，GRH 开拓了这样一种观念：在制订收入和支出决策时政客们应受到预算规则的限制。1921 年预算与会计法案和 1974 年国会预算法案授权总统和国会在他们认为合适的时候可以采取任何预算行动。相反，GRH 的

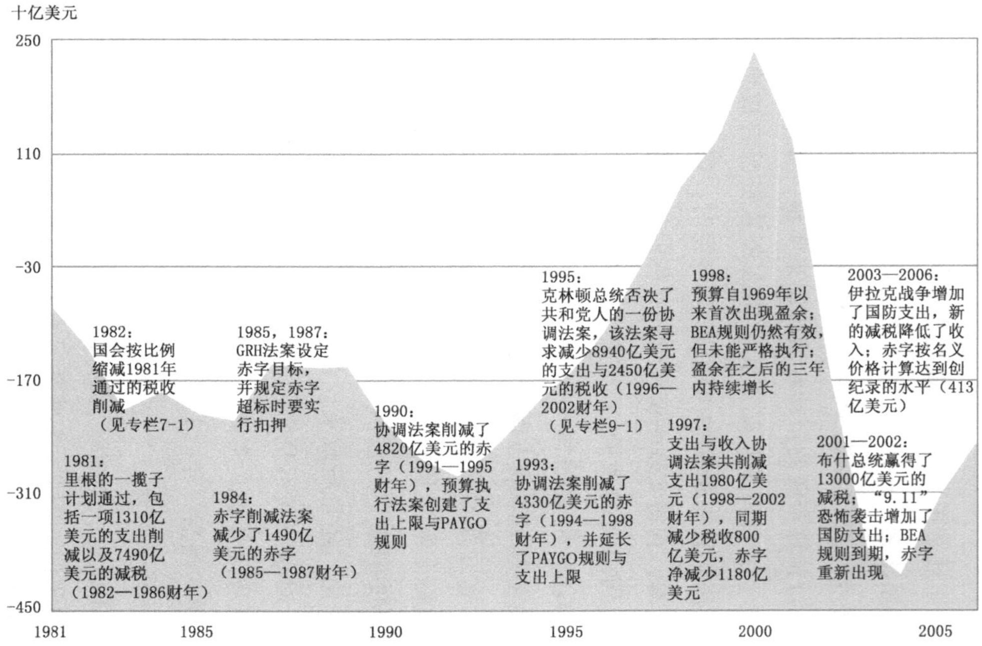

图 2－5　1981—2006 年的预算战争

资料来源：*Congressional Quarterly Almanac*，2004；*and Budget of the United States Government*，*Historical Tables*，*Fiscal Year 2008*，table 1.1，pp. 21－22.

前提是，政客们要受到预先设定的，禁止他们作出某些预算选择的规则的约束，因为人们无法信任政客可以独立去做正确的事情，当然也不可能信任他们会作出约束联邦收入和支出所需的艰难抉择。

预算执行规则

1990年，国会和总统被日益逼近的预算危机所困扰。GRH目标只允许1991财年赤字规模为640亿美元，但1990年7月的预算预测显示，赤字将高达2300亿美元——远远高于在不对国防、社会项目、贫困家庭支付带来严重危害的情况下应被扣押的额度。艰难的协商带来了综合性的一揽子增加税收、减少支出，以及新的预算执行规则（见专栏2-2）。据估计，收入和支出上的变化在接下来的五年中削减了4960亿美元的赤字。但是，由于国家陷入了1990年（一揽子协议最终生效的时间）的萧条，赤字继续增加，并在1992年达到2920亿美元的最高点。

专栏2-2　走向消灭赤字之路：1990年预算峰会

格拉姆—拉德曼—霍林斯法案（GRH）许诺要平衡预算和平息民主党控制的国会与共和党控制的白宫之间的预算冲突，但却在1990年挑起了这两个势不两立的机构之间新的冲突。1月，乔

6月26日

布什宣布有必要增税

9月30日

在预算峰会建议上达成一致；第一个持续决议通过

治·布什总统强调他将否决任何税收增长；在11月份，他签署了一项很大的增税法案。当国会被召集开会时，GRH威胁如果实际赤字超出法定赤字目标，资金将被扣押；在这一届国会将要结束时，一项新的规则替代了GRH。这一年是以国会和总统在每个预算问题上采取完全相反的措施开始的，通过紧张的高层协商会议，以实现预算和平结束。这个协商会议的成果是1990年的综合预算协调法案（OBRA－90），这是将大规模赤字转为盈余的第一步，也许是最重要的一步。

> 10月5日
>
> 众议院否决了将使峰会上的一致意见制度化的预算决议，国会通过了第二个持续决议
>
> 10月6日
>
> 布什否决了持续决议；部分联邦政府机构关闭三天
>
> 10月26日
>
> 众议院以228票对200票，参议院以54票对45票，正式通过预算协调法案的协商报告。
>
> 11月5日
>
> 布什签署了协调法案。

布什1991财年的预算依靠一个乐观的经济假设来实现GRH的赤字目标。但是，民主党人不愿为实现目标率先建议增税或实施额外的支出削减。随着1991财年的临近，修正的预期赤字将急速增加——比6个月前布什预算中发布的数字超出1660亿美元。随着经济增长放缓的信号出现，布什勉强答应在不涉及关于税收和其他预算问题的条件下进行磋商。这些协商最初并没有达成一个一致协议，讨论如何避免由GRH引起的在政府项目方面1000亿美元的削减。因为无法设计一个合理的替代方案，布什承认“增税”

是必需的。这种逆转成就了民主党人两个政治上的成功——总统在增税上采取主动，并且分裂了共和党。普通共和党议员公开批评布什，声称他的建议是不可接受的。布什回击说“减少赤字，维持经济持续发展和就业”比竞选承诺更重要。

但是，一份综合了增税、削减支出、以及一个新的赤字目标的协议仍需达成。布什和国会中的共和党议员们提倡削减资本所得税；民主党人坚持高收入阶层的所得税方面要有相应的增长。参议院少数派领导人罗伯特·道尔提醒各个派别，“如果我们不能达成一个预算协议，那么我们将陷入困境。我是指每个人——国会、总统。我们必须解决这个问题。”在新财政年度的前夕（预算中最重要的截止日期），协商者宣布已经达成一项协议。

当获得高层认可的预算决议被带到众议院时，保守的共和党人和自由的民主党人就像众议员汤姆·德雷讽刺的那样，把“政府的第四个分支——首脑会议”关在门外，联合起来以 254—179 的投票挫败它。为了避免政府关门，国会通过了一个持续决议。愤怒的布什总统通过否决这一决议对国会施压。总统的否决权策略是有效的——政府办公室关门，并且国会被迫采取行动。

在通过一项预算决议后的三个星期内，国会批准并且布什签署了一项协调法案——通常情况下，这项任务要耗费几个月时间。对投票结果的检查表明该法案向民主党的立场走了多远。在众议院中，仅有 47 名共和党人支持该提议，但却有 126 人反对它；181 名民主党人支持这项提议，同时有 74 人反对它。在签署时，布什宣称该提议是“一项值得通过的妥协”。OBRA－90的核心部分是整合收入和支出方面的变化，在未来5年前所未有地减少4820亿美元赤字。协调法案还设定了5年的选择性支出上限并建立了量入为出规则，但在国会未明确增加赤字之前允许其增长。然而，这个新程序束紧了钱包上的绳子，并使预算踏上8年后实现盈余的道路。

OBRA的道路付出了政治方面的代价。布什经历得最多：在一年内，他放弃了没有新税的竞选承诺，并且降低了资本收益税，与他政党内的保守派疏远，并且重创了其与民主党的关系。最后，布什付出了最严重的政治代价：在签署OBRA两年后，他在竞选连任中失利。

尽管在赤字方面有所提高，但是1990年预算执行法案（BEA）中设计的新规则并没有要求在赤字超过既定目标水平时实施扣押，或者做出其他的反应。国会和总统从GRH的失败中吸取的一个教训是，设置不能随经济情况变化或项目支出重估调整的固定的年度赤字没有任何意义。固定的限制可能因为未预见到的发展被超过并且变得不可行，例如1990—1991年的经济萧条。政治领袖开始理解，他们必须通过控制收支来控制赤字。为了与这个推论保持一致，BEA建立了一个新的赤字控制程序。它可以区分由年度拨款控制的选择性支出和由实质性立法控制的直接支出。BEA规则最初只是在1991—1995财年起作用，但它们被延长到1998财年，之后又再度延长，直到它在2002财年过期。由于这些规则的政治吸引力，它们可能会被再建；扩大了BEA规则的国会内部控制也不时被更新，最近的一次是在民主党人2007年重新控制国会之时。

BEA 规则并不复杂，但是执行它们需要承担复杂的预算计算和程序。BEA 有三个基本规则：可调整的赤字/盈余目标，选择性支出上限，以及用于收入和直接支出的量入为出规则。虽然 BEA 的设计旨在应对赤字，但其中的规则也适合那些预算存在盈余的年份。这些规则和它们的含义将在第四章讨论。

克林顿时期的预算

1992 年，克林顿通过强调对重建经济和治理社会问题的需要而参加总统竞选。然而，在他入驻白宫不久，克林顿即将赤字削减放在日程表的首要位置，赋予它比医疗改革更高的优先权，而医疗改革是他主要的竞选承诺之一。克林顿在 1993 年 8 月签署的增税和支出削减组合只有短期的政治成本，但却给总统带来了长期的政治收益。它确保克林顿总统从国会的共和党手中取得预算领导权，并主持了一个联邦预算环境的真正特别的转变。实际上，有几个将预算从赤字转向盈余的主要因素与克林顿几乎没有关系。但是，因为发生在他任上的预算改善使他得到好评，所以没有人可以对此加以指责。毕竟，在他执政期间，如果国家财政情况恶化，他也会倍受责难。

克林顿最初的预算活动并没有带来直接的政治收益，因为从 1993 年至 1995 年赤字一直保持在较高水平（虽然比一开始小），这也是因为总统将他的政治注意力转移到存在争议的全民健康保险计划上。这个计划从 1993 年秋开始引进，到 1994 年夏最终破产，一直吸引着华盛顿的注意力；它的失败为共和党在 1994 年中期选举中成功夺取两院创造了条件。共和党在 40 年里第一次控制了国会，并且通过批准削减税收和福利项目的预算来与总统对抗。当克林顿否决了这项法案时，共和党就在年度拨款方面与克林顿进行对抗，促成了联邦政府的两次部分关闭，这延长了克林顿的总统任期，并对当前的预算产生了深远的影响。

历史学家将争辩谁应该为部门关闭负责——克林顿，他否决了一项可以使政府办公室保持开放的法案，或者国会中的共和党人，他们打算将主要的预算改革强加给一个不顺从的总统。但有一点毫无疑问，即共和党应该在公众意见的法庭上受到指责。克林顿的民意支持率剧增，并且在接下来的预算斗争中始终保持着很高的支持率。然而，共和党却在 1996 年和 1998 年选举中失去了众议院席位，他们与克林顿之间预算战争的策划者众议长纽特·金利奇从国会辞职。

随着克林顿政治运气的上升和国会中共和党人运气的变坏，总统和国会之间存在着大量的年度预算斗争。1996 年，克林顿成功窃取了共和党最中意的竞选主张——福利改革，并在这场斗争中获得改革的领导权，从而取得了全面胜利，以此结束了 1996 年的战争。1997 年，共和党通过协商达成了一份预计在 2002 年消灭赤字的协议，并认为他们是唯一可以平衡预算的政党，斗争以克林顿废除此项主张告终。在 1996 年和 1997 年，克林顿强迫国会为他的优先权提供了超过共和党领导人期望的数以亿计的拨款。在 1998 年中期选举前的几周里，很多相同的事情发生，即他迫使共和党同意一个为他的项目增加几十亿美元拨款的综合拨款法案。在这些事件中，共和党为他们的优先权获得了更多的资金，但是，他们因为在争取选票上花费太多而备受指责，而克林顿却因为忙于国家的社会需求而受到赞许。作为克林顿胜利的终点，预算在 1998 年实现平衡，比在1997年预算中预计的提前了四年，从而给了克林顿鼓吹其非凡功绩的资本。

在1999年，虽然他无视选择性支出上限，并强迫国会中的共和党人提供了超过上限约700亿美元的资金，克林顿还是取得了另外一项成就，因为在教育这类国家优先权方面的支出再次获得声望，而同时共和党却因为为了把支出控制在上限以内不得不使用的预算手段而备受指责。确保克林顿取得成功的因素不仅仅是他的政治策略，更主要的是一个允许他花费更多资金，同时维持预算盈余的比较合作的经济。帮助克林顿成功的原因还在于尽管收入一直与GDP高度相关，但他却没有因为否决共和党通过的税收削减法案而受到惩罚。

预算平衡与不平衡

消灭赤字是美国历史上最高的预算成就之一。赤字在消失仅仅四年后又卷土重来，也是美国预算史上最大的倒退之一。

要解释赤字如何被消灭以及它们为什么又卷土重来，必须考察经济的表现，税法的变动，国防支出的趋势以及政客们被预算规则限制的程度。这些是当代预算总量的关键推动因素。如表2－4所示，所有这四种因素都推动赤字在20世纪90年代被消灭，及其在接下来的十年重现。这四种因素在同一时间内处于相反方向的事实导致了预算结果的巨大差异，接下来的段落会对每一种因素进行考察。

表 2－4　　克林顿总统任期与乔治·W. 布什总统（第一个）任期预算总结果的主要驱动因素

驱动因素	克林顿总统任期：1993—2000 年	布什总统（第一个）任期：2001—2004 年
经济状况	克林顿总统任期内，实际 GDP 每年保持增长；当克林顿离任时，实际 GDP 比他上任时高出 1/3。但经济在他任期的最后几个月有所减弱。	在布什总统任期之初，经济增长缓慢，经济经历了一个短暂的不景气（2001 年 3 个季度的负增长），但在后几年得到恢复。
税收政策	克林顿上任时增加了税负；由于 1990 年第一位布什总统签署的增税法案，预算收入也得到提高。	布什以大规模减税开始其任期。更多的大规模减税在 2003 年通过。
国防支出	20 世纪 90 年代的开端是柏林墙的倒塌和冷战的结束。名义国防支出保持稳定，实际国防支出下降。	21 世纪的开端是“9.11”恐怖袭击、伊拉克战争和阿富汗战争。实际国防支出显著增长。
预算纪律	20 世纪 90 年代开始时通过了预算执行规则，限制了支出。对这些规则的服从在克林顿总统任期末被削弱，因为预算盈余的出现刺激国会增加支出。	预算执行规则经常被搁置，并在 2002 年到期。所有类别（国防、非国防选择性项目，强制性项目）的支出都有显著增长。

经济状况

每个预算都是经济绩效的人质。在国民产出下降，失业率上升时，总统和国会不可能平衡预算。预算收入对经济状况的变动高度敏感，对支出的敏感性相对较弱。但即使是经济表现的一个小小不足，都可能产生较大的预算影响。CBO 曾经估算，如果未来十年实际增长率比预期低 0.1 个百分点，2016 财年的预算赤字将比目前估计的水平高出 600 亿美元。

当赤字在 1992 年达到顶点时，美国正在摆脱从这个十年之初就开始的经济衰退。当预算在 1998 年实现平衡时，经济正在经历连续第 7 年的增长，在此期间，1300 万个就业机会被创造，平均通货膨胀低于 3%。预算从经济的成功中获益匪浅：随着公司和个人所得税的增加，政府收入不断攀升，随着福利项目申请者的减少，支出也在下降，银行业的危机被解除，卫生保健部门的通货膨胀放缓。

但是，只有良好的经济不足以完成预算意料之外的转向。如表 2－5 所示，根据增长率衡量，20 世纪 80 年代连续八年的扩张（从 1982 年里根时代经济衰退的结束到 1990 年布什时代经济不景气的开始）超过了 90 年代的扩张。80 年代扩张时期的实际平均增长率每年大约是 4.0%，但在 90 年代的繁荣时期，只有 3.6%。两次扩张的结构有所不同，这也可以部分解释它们不同的收入影响。80 年代的增长以一个较高的增长率开始，接着逐渐停止；而 90 年代的扩张以较低的增长率开始，随着扩张的持续而逐渐提高。90 年代创造了更多的工作岗位，失业率也更低。对这两个十年进行公正的比较不能不考虑一个事实，即 80 年代的经济繁荣是在 10 年的“滞涨”之后发生的，而 90 年代的扩张是在经历了一段长时间的增长之后发生的，尽管这段增长期曾被 1990—1991 年经济的不景气短暂地中断过。

表 2－5　　1983—1990 年和 1992—1999 年经济表现对比（按选定指数）

经济指数	1983—1990 年	1992—1999 年
平均实际 GDP 增长率[a]	4.0	3.6
平均年度城市失业率[b]	6.7	5.6
增加的工作总量（百万）	18.0	15.0
实际人均可支配收入累计增长百分比[a]	20.5	14.5

续表

经济指数	1983—1990 年	1992—1999 年
平均年度消费价格指数[b,c]	3.9	2.6
平均十年期国库券利率[b]	9.5	6.3
生产力累积增长百分比[d]	12.5	13.9

资料来源：*Economic Report of the President*，February 2000；Bureau of Economic Analysis；Bureau of Labor Statistics.

a. 根据 1996 年定值美元。

b. 按日历年平均值。

c. 对所有城市消费者。

d. 商业部门中所有人每小时产出。

收入政策

这两个十年之间最大的区别在于收入政策。20 世纪 90 年代，国会通过，总统签署了两次大规模的增税，而在下一个十年，总统和国会则实施了两次大规模的减税。20 世纪 90 年代的开端是一个赤字削减的一揽子计划，该计划组合了 1800 亿美元的预期收入增长（1991—1995 年）和 3000 亿美元的支出削减（包括减少利息支付）。接下来是 1993 年（克林顿总统任期的第一年）的又一个赤字削减一揽子计划。该计划预计会在未来五年增加约 2400 亿美元的联邦收入。值得注意的是，这些数字是在赤字削减一揽子计划通过时所做的预测。它们来自第四章所描述的基线方法。实际收支的变化当然会偏离这些预测。

乔治 · W. 布什总统在 2001 年用一个在未来 11 年内 1.3 万亿美元的减税计划开始了他的总统任期，并在 2003 年又实施了 3500 亿美元的削减。这些收入损失的规模可能会被低估，因为日落条款使某些减税措施看上去具有临时性（见第七章关于税收立法中日落条款的讨论）。不过，毫无疑问的是，税收政策的显著转变先把预算带回盈余，随后又让预算回到赤字。

收入政策的变动被经济环境的变化所强化。20 世纪 90 年代增税之后是带来收入增长的经济繁荣。新世纪实施减税时，收入正受到经济衰退的反向影响。在克林顿执政时期，总收入从 GDP 的 18% 上升到超过 20% 。到 2004 年，这一比例又下降到略高于 16% 。虽然这些变动看上去不大，但它们确实规模庞大。因为对今天的经济来说，GDP 一个百分点的变动对应的是超过 1000 亿美元的金额。图 2－6 根据联邦收入的年度变化描绘了经济和政策的混合影响。1993—2000 年间，年度收入的增加令人瞩目，随后发生的年度收入下降也是如此。

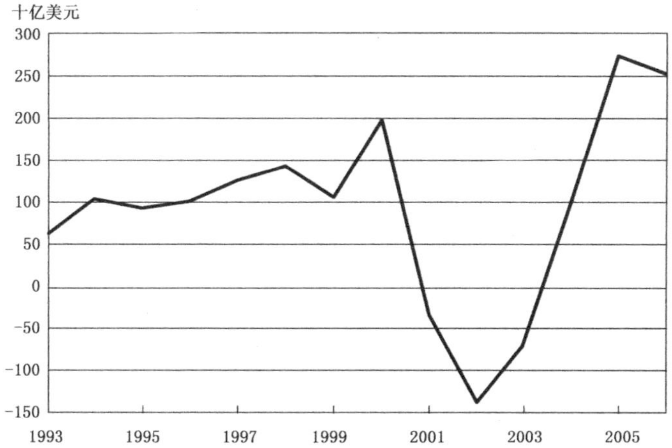

图 2－6　1993—2006 财政年度联邦收入年度变化

资料来源：Calculated from data in *Budget of the United States Government*, *Historical Tables*, *Fiscal Year 2008*, table 1. 1, pp. 21－22.

国防支出

20 世纪 90 年代的开端是苏联解体和冷战的结束。下一个十年的开端则是针对美国的“9.11”恐怖袭击和伊拉克战争。在 20 世纪 90 年代的大部分时间里，曾在 80 年代后半期趋于平稳的国防支出开始减少，按实值计算和根据其在预算总支出中所占比例来看均是如此。图 2－7 说明实际国防支出在 1989 年达到顶点，约为 4000 亿美元，但十年之后，这一数字少于 2850 亿美元。实际国防支出随后走上了相反的轨道，在 2005 财年超过了 4000 亿美元。国防支出在总支出中所占比例从 28%（1987 年）下降到 16%（1999），随后又重获它失去的部分预算份额，在 2005 年占到总支出的 20%。

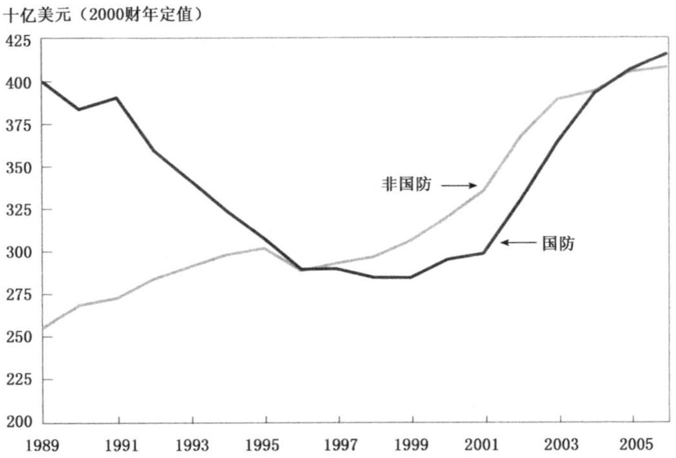

图 2－7　1989—2006 财政年度实际国防支出与非国防选择性支出变化趋势

资料来源：*Budget of the United States Government*, *Historical Tables*, *Fiscal Year 2008*, table 8.2, p.134.

也许国防支出波动中最特别的一点在于这些起伏与税收政策的变动并不一致。直到 20 世纪 90 年代，所得税的变化通常符合国防支出的趋势。所得税税率在战争期间上升，在战后又降低。如果这种模式能在近期实行，所得税税率应该在 20 世纪 90 年代下降，并在之后十年上升。而事实上，1990 年最高的个人所得税税率为 28%，在这个十年结束时为 39.6%，2004 年则为 35%。对这种异常现象最可能的解释是，20 世纪 90 年代早期的赤字增加了人们对政府财务状况的担心，而 1998—2001 年迅速上升的赤字则削弱了公众对赤字支出的敏感性。在大规模赤字的出现和公众舆论的反应之间存在延迟。20 世纪 90 年代早期，公众舆论把赤字选为这个国家最重要的问题之一，政治家通过增税对其做出反应，但却无视赤字对国家经济的影响已经减弱。21 世纪初的情况与 20 世纪 90 年代恰恰相反，公众盼望赤字减少，而总统不顾对国家安全的新威胁，推动减税在国会获得通过。这个解释说明如果高额赤字在未来持续，税率将会有所上升。

预算纪律

公众舆论的转移通过减弱或增加白宫与国会的预算纪律而对预算产生影响。20 世纪 90 年代以预算执行法案（BEA）为开端，该法案设置了选择性支出的年度限额，建立量入为出规则，即要求会增加赤字的权利性项目和收入立法的变动必须通过其他强制性支出的削减和收入的增加抵消。很可能，即使没有 BEA 规则，大规模赤字也会阻止国会与总统设立新的权利性项目，并促使他们在旧的权利性项目中寻求结余。但 BEA 运用规则，通过帮助那些希望限制联邦支出持续增长的政治家，确实在有的年份发挥了作用，成功抵制了对预算的新要求。

BEA（将在第四章详述）在 1991 财年到 2002 财年间生效。它对选择性支出的影响在 12 年间不断变化。起初，它没有限制国内支出，因为作为对接受上限的交换，拨款委员会获得了大规模的预先增长。在克林顿总统任期的大部分时间内，BEA 规则都非常有效。如图 2 –7 所示，实际选择性国内支出在 1998 年比 1994 年更低。然而，到了 2003 年，这部分支出增加了 30% 以上，因为大规模盈余的到来破坏了预算纪律，释放了白宫和国会的支出需求。这些增长中的大部分发生在乔治 · W. 布什总统的第一个任期之内，说明当预算形势发生变化时，一个保守的共和党人能比自由的民主党人花得更多。总之，预算规则有效，但只是在上限设置较高之后和盈余放松了预算纪律之前。

本节讨论的四个因素的影响在表 2 –6 中进行了总结。该表根据 CBO 数据制作，说明 2001 年预测的未来十年 5. 6 万亿美元的盈余如何在短短几年后就变成了数万亿美元的赤字。有的观察家认为这种不同寻常的波动是预算估测不可靠的证据；而一个更为重要的教训是，预算受到外部环境和政策选择的影响。经济确实有影响，但盈余消失大部分要归咎于总统和国会做出的决策。

自我修正是否足够

从大规模赤字到盈余，再回到赤字的转变说明预算本质上是一个自我修正的过程。在这个过程中政治压力（要么逃避对不良预算结果的指责，要么做出正确的选择）恢复平

表 2－6　　预计中的预算盈余怎么了？[a]

单位：十亿美元

年份	2002	2003	2004	2005	2006	2007	2008	2009	2010	2011	2002—2011
CBO 预计盈余（2001 年 1 月）	313	369	397	433	505	573	635	710	796	889	5609
预计收入的减少											
实施的减税	－75	－179	－265	－212	－178	－166	－167	－166	－180	－110	－1698
收入再估算	－308	－381	－308	－301	－299	－292	－280	－279	－285	－276	－3009
更高的预计支出											
更多拨款	50	120	171	188	151	138	137	140	144	148	1388
强制性支出的增加	21	51	49	49	69	73	79	84	86	87	649
支出再估算	25	15	－3	－10	－20	－25	－40	－50	－64	－58	－230
净利息	－9	－10	19	61	103	189	247	299	354	406	2679
对盈余的总影响	－471	－737	－809	－801	－800	－834	－870	－918	－986	－967	－8193
CBO 预计的赤字（2005 年 1 月）	－158	－378	－412	－368	－295	－261	－235	－207	－189	－80	－2583

资料来源：Congressional Budget Office（unpublished database）.

a. 负的收入数字和正的支出数字代表预计盈余的减少。

衡。自我修正不仅包括收入和支出政策的变化，还包括用于重新平衡预算结果的立法和程序变化，如预算执行法案。自我修正的假设使人警惕预算中的重大变化会剥夺选举出来的多数派的力量，为他们的政治意愿服务。不仅如此，还要注意的是，自我修正有缺陷且成本高昂，对预算不同特征的修正可能会改善预算结果或减少政治摩擦。

有时，预算看上去根本无关管制与自我修正。就像20世纪80年代以及90年代早期那样，当时联邦支出每年超过收入上千亿美元。赤字看上去如此顽强，以致于事实上所有的观察家（包括本书作者）都看不到预算重返平衡的希望。但平衡预算确实实现了，而在本书上一版完成的时候，华盛顿的政治家们正在就新千年第一个十年内出现超过3万亿美元的盈余展开斗争。使赤字规模扩大的政策失误之后是恢复了预算平衡的政策修正，随后又是新的政策失误，导致新千年早期创纪录的赤字。在预算命运中变化不会终结。在预算中，自我修正同时在两个方向上工作，消灭大规模赤字和大规模盈余。政治家们会在感到赤字规模过大时采取行动，并在盈余看上去过大时花更多的钱，征更少的税。

这些调整既不是自发的，也不是没有痛苦的。它们不会遵循一个固定的套路，而政策和经济环境的变动可能会减缓或加速调整。通往自我修正的道路上有微妙的转折，调整的时机和完成的方式都不可预知。以20世纪90年代为例，这个十年以分裂的政府开始，以分裂的政府终结。在这个十年的早期，赤字逼近3000亿美元，预算专家抱怨分裂的政府要对糟糕的预算结果负责。民主党人和共和党人则更愿意互相指责，而不是做出艰难的抉择来减少赤字。但在这个十年结束时，盈余出现，专家们又把它归功于分裂的政府，解释说这样可以同时阻止共和党人减税的企图和民主党人增加支出的提案。

所有人都说，两个政党间的分裂一直是美国近代政治历史的关键特征，但让选举官员同时憎恶大规模赤字和盈余的政治动机最终获胜，并超越了华盛顿的政党界限。联邦税收在1990年被提高，其时共和党人控制白宫，而民主党人控制国会；这些税收在1993年又被提高，此时民主党人同时控制着立法和行政机构。为什么税收被提高？答案因两位签署增收法案的总统而略有不同。国会民主党人和总统助手向布什施加压力，总统知道，税收必须增加以避免扣押的风险。克林顿则主动提议增税；他认识到，如果不采取措施减少赤字，长期赤字将困扰他的总统任期。尽管动机不同，两位总统都使预算走上了自我修正的道路。

自我修正并不意味着收入和支出会保持稳定，不管是以名义和实际值衡量，还是相对于国内生产总值。这些总量在过去的六十年里急剧增长；它们几乎不可能再退回到新政前或第二次世界大战之前，甚至20世纪50年代之前的水平。政府的规模反映了对美国人想要的项目和愿意支付的金钱的政治考量。自我修正的是收入和支出之间的平衡，不是政府的绝对或相对规模。政府的规模是一个政治问题，由民主选举的领导人决定，而不是由预先设定的收入或支出限额决定。

有的观察家声称，收入和支出的急剧增长是因为民主政治的内在不平衡，而政府规模的扩张是因为支出的福利被集中到相对较少的受益人当中，而成本却被整个纳税人群体分担。因此，比起反对高税率的纳税人，福利项目受益人更有动机去支持高额支出。但如果预算如此明显地偏向高支出，为什么21世纪第一个十年里联邦支出在美国经济中占的份额比二十年前小？为什么美国政府支出在GDP中所占比重比其他发达国家都更小？假设没有针对政府支出和征税的政治压力将是错误的。如果没有这样的压力，政治家们将能够轻易地逃避宪法或法律对他们征税和支出权力的限制。

在预算中规则十分重要，因为它们使政治家采取修正行动变得更难或更容易。自 1975 年国会预算过程建立以来，其中做出的大部分规则变动都鼓励自我修正。这些规则包括延长预算决议的时间框架、协调过程、选择性支出上限、对收入和直接支出立法的量入为出规则限制、基线以及对预算行为的评估。但并非所有改革都获得了成功。失败的 GRH 法案提供了充足的证据证明，政治家们有时会用记账策略来替代真正的调整。

自我修正可能是痛苦的，特别是因政策失误导致预算不稳定，必须进行调整的时候。20 世纪 90 年代从赤字到盈余的转变花费了两个十年以及总统和国会之间、还有国会内部数不胜数的预算斗争。回顾这段漫长的斗争，可能会使人好奇，预算机制的变动以及参与者行为的变化能否缓和这一过程，阻止严重的政策失误，减少分裂与伤害，加速修正。从赤字到盈余的修正是一个很难应付的过程，几乎所有的参战者均受到伤害。政治信任与能力受到打击，预算过程也同样如此。如果在一开始就能够避免赤字的出现，为什么还要经历多年的赤字与冲突？更重要的是，为什么不实行更严格的预算控制，进而阻止数万亿美元债务的积累？

预算战争的代价还有其他标志。自 20 世纪 80 年代早期，立法辩论和项目政策主要由其预算影响而非实际内容决定。预算冲突使许多国会授权过程失效，导致主要立法被塞入综合预算协调和拨款草案。最近几十年来，预算已经变成政治斗争边缘的游戏，在总统与国会领导人高层峰会的最后时刻解决关键分歧。这些协商破坏了国会正常的委员会程序。条款经常在没有事先立法审议的情况下，在综合法案中被通过。

党派间的互相指责，以及有时为了实现预算和平而使用的谎言和伎俩付出了沉重的代价，如公众对国家政治机构信任与信心的逐渐减少。几十年预算战争的伤疤促使人们得出结论：一定还有更好的办法。

平衡预算修正案

预算是一个适应的过程，它不断重塑自己以应对财政和政治环境的变化。但这个适应的过程是难以应付的和痛苦的。本节考察的是要求平衡预算的提议。

在20世纪80年代和90年代的高额赤字时代，不断有人提出要制定宪法修正案，在修正案中要求平衡预算。1995年，众议员以300票对132票通过了一个平衡预算修正案，但参议院以一票之差没有获得通过该宪法修正案所必需的2/3多数（该修正案文本见附录2－2）。当预算实现平衡后，要求修正宪法的呼声减弱，但当赤字重现后，修正宪法的努力也再次出现。不过，制定预算平衡修正案的最佳时机可能是预算出现盈余且无需采取极端手段之时，而非赤字猖獗且平衡无望的时候。

附录2－2　要求平衡预算的宪法修正案提议

第1节，任何财年的总支出不得超过当年的总收入，除非国会各院所有成员中的3/5以实名投票方式依法同意一个支出超过收入的具体额度。

第 2 节，不得增加公众持有的美国债务上限，除非国会各院所有成员中的 3/5 以实名投票方式依法同意这一增加。

第 3 节，在每个财政年度之前，总统需向国会提交当年美国政府预算提案，其中总支出不得超过总收入。

第 4 节，任何增加收入的法案不得通过成为法律，除非国会各院所有成员以实名投票方式通过。

第 5 节，当宣战生效时，国会可为任一财政年度搁置本条中的条款。

当美国卷入会对国家安全造成迫近和严重军事威胁的军事冲突并通过一个联合决议宣布时（该决议经由国会每一院全体成员中的多数通过而成为法律），本章中的条款可为任一财年搁置。

第 6 节，国会应当通过适当的立法规定并实施这一条款，该条款可建立在支出和收入预计的基础之上。

第 7 节，总收入应该包括美国政府的所有收入，除了那些来自借款的收入。总支出应该包括美国政府的所有支出，除了那些偿还债务本金的部分。

第 8 节，本条款应自 2002 财年或本法案通过后的第二个财政年度起生效，视较晚者而定。

资料来源：Balanced Budget Amendment，H. J. Res. 1，104th Cong.，1st sess.，1995.

平衡预算修正案有几种形式。有的只要求在作出预算决定时计划实现平衡；其他的可能要求更多，需要事实平衡。大部分版本都会在战争期间搁置平衡要求，或者通过参众两院的绝对多数（如 3/5 的票数）来搁置。不去考虑文本上的差异，本节进行的讨论将关注两个最重要的问题：自我修正的不足是否足以证明宪法限制的正当性？一个有关预算程序和结果的预算平衡规则可能会产生什么影响？

修正宪法的例子建立在不论规模与起因如何，所有赤字都是不负责任的，以及法定补救无效的信念基础之上。一个宪法规则将不会区分赤字的规模，或区分赤字是来源于经济周期性的疲软还是收入与支出的结构性不平衡。

纵观美国历史，认为赤字对国家福利不利的观点一直占据上风。这里主要担心的是，当支出超过收入，政府将让未来几代人承受更多的负担，而这些人在决策时没有发言权，也无法从现在的支出中直接获益。有时，争论会涉及道德问题，似乎政府用借来的资金运营是完全错误的。这种道德立场在战争期间会有所放松，因为支持军事力量被认为比平衡账簿更重要。而且它已经被经济衰退时期的事件所超越，收入的减少迫使政府借债。

改革者需要对施加给民主上多数的宪法限制保持警惕。法律补救措施有很多好处，例如 20 世纪 90 年代预算执行规则的成功实施所证明的。法定规则可以更容易地区分赤字的规模，区分不平衡是来源于周期性混乱还是结构性问题，区分不平衡是临时的还是持久的，区分不平衡是基于有意的误算还是因为总统与国会在制定预算时无法预见的情况。随着经验的增加和政治家开始知道何种规则能够发挥作用，法定要求可以进行微调。

即使平衡预算修正案被写入宪法，它的执行也要依靠那些定义预算范围、建立收支和其他交易的会计规则、规定如何应对计划外赤字的立法。立法实施将不得不考虑错误的估测，变化的经济环境，紧急状况以及其他预算通过时无法预见的事件。这要求制定规则以确定哪些主体属于联邦并包括在预算之中，哪些主体并非如此。并且它将不得不应付对资本投资、贷款、资产出售及其他几种类型交易的预算处理。

多年来，经济在确定预算是否平衡时有最终的发言权。在经济疲软从较缓到严重的时期，宪法在面对经济现实时将不得不退避三舍的可能性很大。实际上，大部分平衡预算规则允许国会在紧急情况下搁置平衡预算要求。但搁置不会自动发生，它需要得到国会多数（或绝对多数）的支持，这也就留下了另一种可能，即搁置不会被批准，而平衡预算的目标也不会实现。如果平衡预算法案可能被经济上的必要性忽视，它可能也会被政治利益所忽视。

宪法修正案最麻烦的一个方面也许在于它可能导致政府瘫痪。当国会既没有获得足够多数以通过平衡预算，也没有得到绝对多数以批准赤字支出时，规则仍然可以让政府继续运作。而平衡预算修正案侵害的是一个基本的民主原则，即由选举官员制定政策。在我看来，如果政治过程产生了不必要的赤字，应该通过法定的补救方法来寻求校正。

小　结

预算的历史体现了总统和国会之间关系的周期性变动。有时，政府的一个分支居主导地位；其他时候情况则恰好相反。宪法把控制钱包的权力赋予国会，旨在限制行政权力。但在 20 世纪早期，国会通过扩大总统的职责来限制联邦支出。当许多人认为国会完全控制了预算过程时，对游戏规则的调整又重塑了政府的角色。虽然并不存在永久性的权力平衡，每个分支都将继续重新定位自身以扩展它的影响。

联邦预算曾经只是为公共事业项目、国防、以及部门运营提供资金。虽然不是强制性的，但预算的标准应该位于或接近平衡点。当政府规模较小，且几乎没有成本很高的义务责任时，这个标准是可能实现的。今天，联邦支出中的大部分被用于个人支付。随着这些支付和利息开支迅速增长并吸收了预算资源的2/3，要避免持续的和平时期赤字看上去是不可能的。对于采取何种手段使联邦财政状况重新恢复秩序，存在持续的冲突。

20世纪80年代和90年代，新的规则和法律被加入以指导聚焦于一个前提的预算政治、过程与实践——政治家应该在作出财政选择时受到限制。政治家们有时会靠自己作出一些艰难的决定（例如，对高收入者增税，限制选择性支出），以帮助预算朝盈余方向前进。在一个出人意料的短时期内，赤字被消灭，但这种转向并未持续，也没有结束预算战争。在本书写作时，已经有预测指出，新世纪第一个十年里，将出现数万亿美元的赤字。对这些预测，惟一可以确定的是，它们将与实际情况有很大的偏差。也许政府会在未来很多年里保持赤字。如果真是这样，总统和国会之间永无止境的预算战争将会进入一个新阶段。

第三章
预算变动的边界

在使用和理解任何预算时的一个基本步骤是理解数字的意义是什么。在联邦预算中，并非收到的每1美元都被算作收入，也并非付出的每1美元都被算作支出。说政府每年征收或支出了3万亿美元意味着这些是根据现行预算规则报告的官方总额。但是，几种类型的数字在联邦预算中同时存在。下一章将解释预算中的政治计算和规则。本章解释建基于会计准则的技术数字，即各种交易如何确认和记录，如何界定预算的边界，描述哪些交易包括在预算中，哪些交易不包括。

收入、预算资源以及支出

在计算收入和支出方面，联邦政府有各种各样的会计准则和惯例。这些实践影响着预算中记录的数量，以及参与者的行为和他们的产出。一些核心概念包括收入、预算授权和其他预算资源以及支出。术语“收入”与“财政收入”同义，行政部门偏好前者，国会偏好后者。

收入

政府收到的大多数资金被记录为收入，有一部分不是。基本的规则是，政府通过统治权筹措的资金（比如征税或管制的权力）被计做预算收入；政府通过从事商业性活动筹措的收入被计做补偿性收入。借款不计入收入，并且归还债务本金不计做支出。约3万亿美元的年度收入中大部分来自于所得税和社会保障税，而关税、罚款、以及强制性使用费也包括在内。商业性收入，例如出售资产和某些使用费，并不出现在预算的收入方，但却通常用于抵消筹措资金的部门或账户的支出。这些补偿性收入减少了总预算支出，但却并未增加收入。政府所有企业的收入抵消了它们的支出，净额被记录为收入或支出。

预算授权和支出

联邦政府有一个以责任为基础的预算系统。决策和控制的关键与责任的授予或发生有关，而非年度中的支出拨付。当国会拨付资金时，它给予部门预算授权，使其开始承担责任。国会还可以通过法律进行预算授权，使部门能够开始承担责任。当部门签订合同、执行一个购买指令、或采取任何使政府承诺支出的行动时，责任便发生了。有的责任，例如因贷款担保产生的责任（本章后面会谈到），可能会发生违约或其他问题。根据法律，或有负债被排除在预算之外，但贷款担保除外。在这些情况下，贷款的预计补贴成本被包括在预算授权的估算中。

某一特定财年首次用于某责任的资金被算作该年预算中

的新预算授权。在这一规则下，当国会为某一未来财年制定预先拨款时，新预算授权会被计入该笔资金首次被用于履行责任的年度。例如，如果国会在 2008 财年的拨款法案中为 2009 财年做出了 10 亿美元的预先拨款，这笔资金不计为 2008 财年预算授权的一部分。在第四章中讨论的这项规则使国会能够在支出限制以内拨款更多。

有的项目，特别是那些由信托基金提供资金的项目，拥有永久性的预算授权，即每年都可在没有国会立法的情况下生效。根据法律，社会保险基金（以及大多数其他信托基金）中的所有资金都可用于履行责任，但只有在某一财政年度中可用的那笔资金才被计为新预算授权。

行政和国会预算文件有时谈到“预算资源”，这个术语包括新预算授权以及在某个基金或账户中可用的所有其他资金。这些资源可能来自转移支付、存放在账户中的使用费、来自上一年未指定用途的结余、以及其他资源。

当资金以支票、电子转账、或现金等形式支出时，就产生了支出。预算盈余或赤字是现金收入和支出之间的差额部分。（一小部分与直接或担保贷款和某些其他交易有关的支出，在现金制基础上不予计算。）尽管支出通常比预算授权得到更多公众关注，但后者对于管理政府财政而言更为重要。国会并不直接控制总支出或那些联邦部门的支出；毋宁说它是通过提供预算授权来管理支出的。每年，支出主要来自新的预算授权，但也有一部分来自以前年度预算授权的延续。例如，2008 财年预计当年的支出总计为 29020 亿美元。预计这一数量的 2/3（23130 亿美元）来自新预算授权；其余部分（5890 亿美元）来自以前年度通过的预算授权。

为了弄清预算授权与支出之间的关系，把它们看作类似于存款和提款权之间的关系可能是有用的。当国会提供预算授权时，它将财务资源存入某个部门的账户。在该部门承担责任时，它便对这些资源的使用负责，而这些资源也不能再用于其他任何目的。最后，当部门要对其责任进行支付时，再从该账户中提取资源。

预算授权和支出之间的关系在联邦项目之间差别很大，这要视预算资源的支付率而定。在支付率高的项目上，大部分新的预算授权在提供资金的年度即被支付。工资和其他运营费用的预算授权通常支出率较高；提供给建设或政府采购项目的资源支出率相对较低。例如，超过95%的军事方面的新预算授权在年度内支付，但分配给造船的资金只有不到5%在其被提供的年度内支付。支出率被用于强制执行选择性支出上限（在第四章中讨论），该上限同时限制了新预算授权和支出。

为了估计来自拨款的支出数量，国会预算局使用支出率（基于历史趋势）来计算年度内将会被用于支付的新资金。由于以支出率为基础，当前或未来财政年度预算中的支出（仅有部分例外）只是对将要产生的支付的估测。实际支出要到财政年度结束后才知道。

在有的项目中，预算授权与支出之间的数量关系为财政趋势提供了一个有用的线索。当新的预算授权比支出上升得快时，增加的资源要超过使用的资源，因而，未来的项目活动可能会扩展。然而，当新预算授权持平或下降，而支出在上升时，未来的项目活动就可能会下降，因为资源的使用要快于获得补充的数量（这种模式不适用于几乎将其所有资源都用于工资和其他运营支出的信托基金或项目）。图3－1描述了国防支出从1977年到2006年的趋势。注意在这一时期的开始，预算授权和支出几乎同步增长。然而，在80年代初里根执政的早期，预算授权上升得很快，它与预算支出之间的差距扩大。在那个十年中的后一个五年，相反的情况出现了：国防预算授权水平下降，而支出却上升，缩短了它们之间的差距。在 90 年代，国防预算授权和支出在名义上保持稳定，并且它们之间的差距很小。然而，在“9.11”恐怖袭击后，它们之间的差距再度扩大，因为用于伊拉克和阿富汗军事行动的新预算授权上升了。

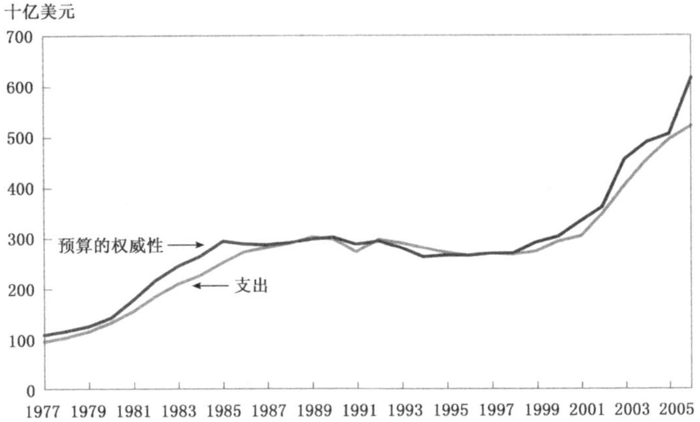

图 3－1　1977—2006 财政年度国防预算授权与支出

资料来源：*Budget of the United States Government*, *Historical Tables*, *Fiscal Year 2008*, table 3. 1, pp. 46－54, and table 5. 1, pp. 85－99.

预算的范围

2008 财年的总统预算预计联邦政府当年将支出 29020 亿美元；它还预计政府当年将仅支出 24390 亿美元——少 4630 亿美元。这两个预测都是准确的。同一年包括两个不同的支出预测并非错误。第一个预测是在一个综合的基础上计算得出；第二个仅计算预算内支出。预算收入和支出的多少要视包括什么和不包括什么而定。根据某些指标得出的总额要比综合预算中所报告的高得多。

1968 年，政府采纳了综合预算原则，计算所有联邦部门的收入和支出。由总统预算概念委员会阐明的这一原则代替了将信托基金剔除在预算之外的老方法。该委员会成功地说明综合预算可以为财政交易提供一幅更为完整的画卷，有利于预算作为经济政策工具的应用，同时使政府能够在资金来源不同的项目间建立优先级。综合预算包括一般性基金和信托基金，经常支出和资本支出，国有企业的交易，以及政府发行或担保的债务。尽管范围广泛，但预算还是无法对政府的收入和支出进行真正综合性的反映。某些基金和交易，例如国有企业和各种政府保险项目未来的成本都不包括在内。而另一些人则认为预算包括的范围太广——自收自支的信托基金如社会保险和高速公路信托基金，不应包括在预算之内。

预算范围不仅仅是一个如何划分收入和支出的问题。它影响着报告出的预算赤字和盈余规模，它涉及到针对社会保险和其他信托基金预算处理的冲突。有人认为预算会计规则影响了政府在资本改进项目上的投入，因为它将这些投资视同于日常运作支出；另一些人则认为该规则未能认识到当前预算承诺在未来的成本，例如在联邦雇员退休时为其支付养老金的责任。

预算中的基金

预算包括四类主要的基金：一般、特殊、信托、以及循环。一般基金并未在法律上规定特定用途；因此在缴税和服务提供方面并没有直接联系。几乎所有的个人和公司所得税、以及部分销售税和使用费均被存入一般性基金。国防、公共债务利息、大多数联邦机构的运作费用、对州和地方政府的许多补贴、以及一些权利性支出均在一般性基金中支付。它大约占联邦收支的2/3。

与一般性基金相反，信托基金由法律规定用于某些特定用途。但是，正如国会可以建立这些基金，国会也可以废止这些基金，改变缴纳或支出的数量，改变该基金资产的用途。例如，收入分享信托基金（由一般基金提供资金）在20世纪80年代被终止。某些高速公路信托基金的资金已经被转移到公共交通项目。在某些年份，联邦汽油税的一部分被放入一般性基金，而在其他年份，所有的汽油税收入都进入高速公路信托基金。联邦政府不承担代表那些为基金付款或从基金中获益的人的利益管理信托基金的信托责任。唯一一个重要的例外是印第安部落拥有的信托基金，联邦政府为了他们的利益进行管理。考虑到印第安部落信托基金的特殊地位，管理与预算局从2000财年开始将它们从预算中剔除。

如果联邦政府能够单方面处置信托基金，为什么还要建立它们？一般基金中的资金与信托基金中的钱到底有什么区别？这些问题的答案更多存在于政治而非法律领域。政治家可能会在几个方面偏好信托基金：当资金被规定用于某一特定目的时，征税更加容易。信托基金可能在竞争稀缺的预算资源时有利，并且，拥有一项信托基金可为资金用于预期目的提供一定的保障。信托基金在一定意义上比不上合同承诺，但却比一个空洞的姿态强得多。尽管信托基金有时会被挪用，但在绝大多数情况下，资金被用于指定用途。

尽管信托基金并非不可调整，但用于它们的法定收入确实会影响预算决策。这些基金会形成比较强烈的预期效果，它们在某些情况下类似于授权支出，资金只能被用于指定用途。不仅如此，当收入被置于信托基金中时，有意的受益人能够更容易地监控政府支出，因而反对资金用于其他方面。但一个信托基金只有在其受益人强大时才是安全的。当受益人强有力时，政府可能不愿意冒险承担剥夺信托基金的政治成本。当受益人力量比较薄弱时，通常很少存在这样的风险。由于有 5 千万美国人每月从社会保险中得到支付，并且有超过 1 亿的劳动者预计会在未来得益，社会保险在政治上是敏感的。它在预算之外有自己的预算执行规则，不需要遵循协调过程。相反，收入分享基金缺乏自己的收入来源，为州和地方政府而非个人或家庭提供支付。在国会想把钱用于其他项目时，其支持者因过于软弱而无法阻止。

信托基金是预算争论中反复出现的主题。其中一个议题是这些基金是否应包括在预算中。然而，社会保险在预算外的状态使其被排除在预算总额的计算之外。尽管如此，大部分有关预算的官方和媒体报告一直把社会保险信托基金计入其中，包括其他预算外机构如邮政局。某些批评的观点认为，通过将社会保险和其他信托基金包括在综合预算中，联邦政府可以用信托基金上的盈余支持其一般性的运作。长期的实践是，政府借用所有信托基金上的盈余，并且按通行利率支付到期债务。信托基金在这个问题上没有选择，它们必须将其盈余借给政府。这些盈余一度相对较小，但自 80 年代开始，它们从 2000 亿美元急速上升到 3 万亿美元，主要是由于社会保险结余的积累。在 2006 财政年度，政府在各类信托基金的利息上支付了约 1700 亿美元。

有的人认为这只是账务上的处理，使信托基金能够赚取利息以维持平衡。另一些人则认为在预算和信托基金之间应当保持一定的距离。他们认为对信托基金的管理应是为了获取市场回报率（似乎比国库券赚得多）并且合并信托基金和一般基金掩盖了联邦基金的真实状况。这个问题的解决方案似乎与涉及社会保险的未来决策有关（这个问题在本章的后面还要讨论，与预算盈余和赤字的预计有关，在最后一章也会讨论）。

专用基金兼具一般基金和信托基金的特征。大多数专用基金，例如水土保持基金和国家珍稀野生动物基金，由使用费和其他指定用途的收入提供资金。尽管它们被分别记录，但专用基金和一般基金被共同归在“联邦基金”的标签之下。专用基金之间的资金转移比信托基金更普遍。

最后一类是循环基金。多数循环基金履行商业性活动，出售货品和服务，并且利用收入维持它们的运转。循环基金在净额基础上记入预算——收入减支出。因此，如果某个循环基金有 10 亿美元的收入和 12 亿美元的支出，综合预算上将记作 2 亿美元的支出。

政府所有或主办的企业

联邦政府拥有并运作各种产业，包括美国邮政局、政府国家抵押协会以及退休金担保公司。所有政府完全或部分所有的公司在净额基础上记入预算——从收入中减去费用以体现其对预算的净影响。例如，博纳维尔电业管理局在太平洋西北岸制造和出售水电，它在 2006 财政年度的费用是 24 亿美元，均由收入来抵消。

预算中包括针对大多数政府所有企业的特定结算表，包括一份有关收入和支出的结算表，以及一张资产负债表。由于这些结算表建立在企业会计准则的基础之上，与联邦机构提交的财政数据不同，无法与常规的表格进行合并。

与政府所有的企业不同，政府建立而非所有的企业不包括在预算中，因为它们被认为是私营企业。在这些政府主办的企业（GSEs）中政府没有任何股份，它们的资金主要来源于私人。最大的政府主办企业如联邦国家抵押协会（房利美）和联邦住宅贷款抵押公司（房地美）从事信贷活动，为农业、置业安居、学生贷款、以及其他活动提供资金。

尽管 GSEs 服务于公共目标，并且从政府主办中获益（它们可以以非常优惠的利率借款，并且有的可享有特殊的税收优惠），但总统和国会均不审查它们的财务。GSEs 的总资产和负债达数万亿美元，并且它们的年度借款超过 1 万亿美元。尽管 GSEs 自我融资，但有的 GSE 在国库有一个信贷的应急通道，并且大多数都有政府提供无条件担保的责任。GSEs 的财务报表在预算附录中公开，但不包括在总额中。

几个最大的 GSEs 在 2008 财年中的报表是空白的，它们未包括任何财务数据，因为一些受影响的机构在会计上违规操作，它们必须重新评估其前几年的财务活动。财务上的虚报高达数十亿美元，这引发了华盛顿对某些 GSEs 管理的关注。在加强联邦监管和限制某些 GSE 能够从事的交易数量方面施加了压力。有人担心如果某些 GSEs 遇到困难，联邦政府的财务信息会被大量披露出来，还有人担心高度依赖于资产（主要指房屋）可获性的部门可能会受到 GSEs 不良管理的影响。

直接和担保贷款

政府参与两类贷款交易：它直接借钱给借款人，以及为其他借款提供担保。1990 年联邦信贷改革法案调整了对这两类借款的预算处理，从现金制基础（付款被记录为支出）转向一个新系统，将这些贷款预期的补贴成本列为支出。

这一体系需要为基金编制预算并拨款，为贷款的预期补贴成本提供资金。1990 年法案中的补贴被定义为，“以净现值基础计算的政府直接贷款或贷款担保的预计长期成本，不包括管理成本。”净现值通过对预计未来现金流（政府的支付以及对它的归还）的贴现来计算。通常，只有在国会已经拨出资金支付补贴成本时，才能够负债或担保。

估计这一成本是一个复杂的工作，每个信贷账户每年都要做一次。被补贴的贷款部分（政府的成本）和没有补贴的贷款部分（将被归还、弥补、或未拖欠的部分）所适用的程序不同。在直接贷款的例子里，补贴成本可能源于借款者的拖欠或低于市场的利率。在贷款担保的例子里，补贴成本可能是因为拖欠。

针对这些贷款的预算需要三类账户：项目账户为贷款的补贴成本和相应的管理支出接收拨款，财务账户为直接贷款和担保贷款处理所有的现金流，结算账户管理来自 1992 年以前贷款的现金流。表 3 – 1 解释了这些账户的目的和预算情况。

尽管 1990 年法案规则复杂并包括有关拖欠、弥补以及支付数量和时间上的假设，对信贷预算体系而言，还是存在一个政治维度的。通过从现收现付制转移到补贴成本，信贷改革使得直接贷款对预算制定者而言较廉价，而担保贷款则更昂贵。过去，对直接贷款支付的全部金额在预算上被视为支出。现在只有补贴部分在预算中显示为支出。对于担保贷款而言，旧系统只有在拖欠发生且政府根据其责任做出补偿时，才记为支出。现在，针对拖欠的预计支出在预算中也被记为支出。2006 财年，联邦政府发放了 580 亿美元的直接贷款，并且承诺了 2810 亿美元的新贷款担保。为了弥补这些交易的补贴成本，国会为直接贷款拨款 80 亿美元，为贷款担保补贴

240亿美元。由于联邦政府在其贷款组合上通常令人满意的表现，这个数字并不高。在2006财年，政府在直接贷款上仅损失了1%，由于拖欠，仅终止了1%的贷款担保。

表3-1　　直接与担保贷款会计

描述	项目账户	财务账户	结算账户
账户目的	接受用于贷款补贴支出和相应管理支出的拨款	管理贷款和担保的所有现金流	管理1992财年前发生的贷款
预算地位	包括在预算授权与支出中的补贴成本	不包括在收入或支出中的融资手段	包括在预算中的现金收入与支出
现金流	把用于补贴支出的拨款转移到财务账户	接收来自项目账户的补贴 从财政部借来贷款中未获补贴的部分 向借款者筹措还款、使用费和利息 支付新的贷款，偿还到期贷款担保滞纳金，偿还财政部利息	筹措旧贷款的还款、利息和使用费 支付旧贷款的滞纳金和利息补贴

预算测量

在预算中包括某些项目并排除另一些项目的事实提出了收入和支出总量如何测量的问题。报告盈余或赤字并不是唯一有效的衡量手段，媒体通常讨论的数字也不是。盈余或赤字通常被定义为政府筹措的总收入与其总支出之间的差别。但这不是测量联邦预算中交易的方式。官方的盈余或赤字记录预算中收入和支出之间的差别。结果是，预算的范围影响着被报告的预算结果。如果收入和支出预算并非在现金制基础上编制，盈余和赤字也不是。如果某些科目被排除在预算之外，它们也就被排除在总量之外。实际的总额可能要相差数百亿美元，这取决于预算中包括什么或排除什么。图3-2所示的替代性指标可被用于多种预算目的。

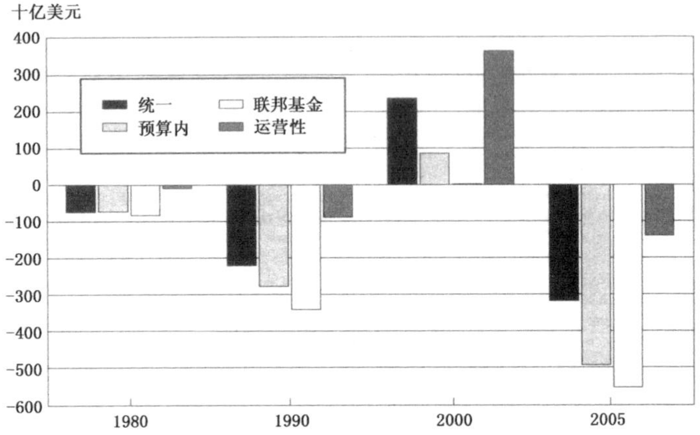

图3-2　1980—2005财政年度以十年为间隔的赤字与盈余替代性指标[a]

资料来源：*Budget of the United States Government*, *Historical Tables*, *Fiscal Year 2008*, table 1.1, pp. 21-22, table 1.4, pp. 27-28, and table 9.2, pp. 165-167.

a. 运营预算数没有根据折旧或其他贬值因素进行调整。

综合预算

综合预算衡量范围最广，即使它没有包括政府可能承担的所有支付。综合预算包括预算外机构、信托基金、以及资本和运行账户，但它不包括政府主办的企业或（除贷款外）当前预算承诺的未来成本。它不包括或有负债（除了贷款担保），例如那些政府承诺的银行存款和私人补贴保险，它也没有确认来自于社会保险、医疗、以及其他权利性项目的支出责任。联邦政府财政部对未来承诺的数量实际上是非常庞大的。据某些估计，政府提供给各类保险计划资金超过 5 万亿美元。我们将在第十章回到这个主题，以资产负债表的方法讨论联邦财政。

预算内总额

预算内总额与综合预算的区别在于它们不包括社会保险和邮政服务。这些机构的预算外状态旨在避免其余预算中的支出限制。就预算外状态自身而言，区别并不大。然而，社会保险被保护的状态因其免于协调和扣押而得到加强，这是政府削减预算的两项工具。因为社会保险规模很大，将其排除在预算总额之外将损害政府衡量预算决策带来的财政影响的能力。实际上，社会保险几乎总是被包括在关于预算的政府和媒体报告之中。

自 1983 年以来，当社会保险终于被彻底审查后，预算内总额与那些在综合基础上报告的数字相比，变得不那么可取。例如，在 2006 财年，综合赤字是 2480 亿美元，而预算内赤字是 4340 亿美元。这两套数据的区别几乎完全是由于为了应对 21 世纪退休人口的急剧上升，社会保障盈余上的积累。在当前的政策下，当社会保险结余下调，与预算内总量相比，综合预算将有一个更小的盈余或一个更大的赤字。然而，当大多数婴儿潮时期出生的人加入退休潮流时，社会保险及其预算状况都可能发生重大变化。

联邦基金预算

联邦基金预算不包括所有的信托基金。正如前面所提到的，它包括一般基金和专用基金。2005 财年的联邦基金赤字为 5550 亿美元，比该年度综合预算赤字高 2000 亿美元。

联邦基金的高额赤字是未来财政压力令人担忧的预兆。几乎所有的非信托基金支付都来源于此，包括公共债务的利息、政府机构的运作成本、国防支出、以及大多数对州和地方的补贴。大多数联邦基金收入来自个人和公司所得税。赤字揭示了政府可用资源及对其需求的极大不匹配。联邦基金的重大短缺还揭示出美国人或其领导者不愿意为其得到的来自政府的所有一般性服务付费。但当资金被用于指定用途如社会保险和卫生，而非存入一般基金（缴税和收益之间没有明确的联系）时，他们似乎更愿意缴税。

2005 年，一般基金收入支付了一般基金支出的不到 2/3。对每一美元来自政府项目的收入而言，纳税人的支付不到 70%。然而，这种交易不可能永远持续下去，联邦基金赤字说明所得税率在未来提高的可能性很大。

资本和运作预算

与州和地方政府的实践不同，联邦预算并不划分资本和运作费用。当前运作的支出和购置建筑物、道路、以及其他固定资产的支出在预算中均编制为支出。在不同时期曾有过区分两种类型支出的提议，但均未被采纳。然而，预算为资本投资提供了补充信息。图 3－2 的一个指标使用了这些支出的严格定义，包括购买实物资产，但不包括研发和通过教育和培训对人力资本的投资。表 3－2 对研发投资和教育培训支出进行更宽泛的定义……在 2006 财年，联邦政府用了 1900 亿美元购置实物资产，其中一半用于国防。在这一总额中，640 亿美元用于为州和地方政府购置资产。1230 亿美元用于研发，大多数是为了军事武器，其余 1120 亿美元用于教育和培训。

表 3-2　　2006 财年联邦投资支出　　单位：十亿美元

描　　述	数　　量
实物资产	
国防	97
非国防	29
补助	64
研究与开发	
国防	73
非国防	50
教育与培训	
联邦直接支出	61
补助	56

资料来源：*Budget of the United States Government*, *Historical Tables*, *Fiscal Year 2008*, table 9.2, pp. 166-167, table 9.7, p. 181, and table 9.9, pp. 189-191.

很明显，与综合预算相比，拥有一个独立的投资预算使政府的财政状况显得更令人满意。但是，从运作预算中减去在实物资产或人力资本上的总投资，会使人误读政府的财政状况。如果引入独立的资本预算，由运作预算负担资本资产的折旧和核销就是适当的。如果做了这些调整，运作盈余或赤字将会与在综合基础上所报告的不同，仅仅是因为政府实物资产或人力资本存量会发生净变化。

将运作和资本投资支出合并的主要理由是要体现预算对经济活动的总影响。然而，有人认为，仅有一个预算阻碍了对资本改善的计划和融资，缩短了预算决策者的时间范围，并且在预算较紧时会导致政治家削减投资支出。但是，如果资本预算被重点考虑，则会引发许多难题。资本预算是应仅限于实物资产上的投资，还是应当扩展到包括人力资本投资。如果政治家能够将支出从运作预算转向资本预算，一个更广义的投资界定是否会削弱预算控制？联邦政府应当如何为那些由其提供资金，但却由州和地方政府拥有的道路和其他设施编制预算？联邦政府是否应当承担折旧、军事设备损耗、以及在公允会计准则下核销其他成本的预算？

当联邦政府出现高额赤字时，某项资本预算上的利息会趋于最大值。有人认为，将投资支出区分开来会使政府减少报告的赤字。当政府有盈余时，某个独立资本预算上的利息减少，但盈余可能为针对投资支出的预算处理提供最有利的机会。在无法掩饰赤字时，政府可以将其决策建立在谨慎的会计准则基础之上，而不是那些削弱预算控制的行为。

小　结

经过两个世纪的适应，预算仍处于不稳定的状态之中。它的边界并不确定，而且存在几种测量政府财务流量和存量的可选择方案。盈余或赤字如何衡量取决于预算如何定义。然而，仅用一套预算测量体系替代另外一套无法解决这个问题。预算有多种衡量手段是因为它有多重用途。每种手段都讲述着不同的故事；没有哪种手段能够从所有适当、有利的视角给出一个概括。一个建立在现金流基础上的预算在政府的财务需求上提供了必要的信息，并且以一种政治家能够理解和处理的方式呈现。但现金流预算很少揭示政府未来的财务要求。为了这个目的，一张资产负债表可能会更有用，特别是对它进行优化后，用来谨慎预计与保险项目和其他或有负债有关的风险。从其他目的出发，根据资金或在资本和运作支出之间划分预算可能更恰当。

尽管有很多种方法可以用来讲述预算的故事，但确定预算时只能有一个基础。国会不可能在某天审查预算，在现金制基础上实施分配，又在第二天独立决定应当投资多少资金用于资本改良，并且在另一天重新再来，决定如何处置各类预算基金。在一代人之前，政府认定综合预算提供了预算决策制定与报告的最综合的基础。然而，社会保险的短期盈余和长期赤字已经对综合预算能否胜任提出了质疑。一方面，它使政府能够从其他用途中借用盈余；另一方面，它掩盖了为人口老龄化所付出的代价。

国会尽力将社会保险从预算中分离出来以应对这些压力。未来，它可能会排除其他信托基金或建立一个独立的投资预算。但这些可能的发展不会终止关于预算适当边界的争论。只要有联邦预算，每种交易应当在预算中列入还是排除的问题就会被提出。某一时期列入预算的，在另一时期可能会被剔除，这就是预算的历史，它也将是预算的未来。

第四章
政治规则和预算计算

每一种预算都是关于政府收入、财政资源、债务、支出、借款、赤字、盈余等数字的汇编。在美国联邦财政预算中，有数以万计的数字要以多年累积下来的规则和实践的经验为基础去计算和上报。这些规则并不总是和一般公司或其他政府使用的说明方法一致。有些规则源于国会立法，比如 1974 年国会预算法案（CBA）以及 1990 年预算执行法案（BEA）；另外一些虽然没有出现在法案或会计准则之中，但却决定了如何在预算中记录财务事项。可以说不同的规则产生了不同的数字。预算数字的增长不一定就意味着今年比去年获得或者使用更多的钱，反之亦然。联邦预算中独特的假设和预测可以测量出收入和支出的变动情况。本章将为大家解释用于计算收支活动预算影响的主要规则。首先，我们将对联邦预算做一个简要的概述，对两种支出形式—可选择性支出（discretionary spending）和直接支出（direct spending）进行比较，并阐明它们各自不同的执行过程。然后，我们将关注基线预测和假设，以及关于记录的复杂世界——测量立法或其他活动对预算产生的影响。鉴于预算直接受制于经济表现，本章也将评估经济在预算中的角色。

年度预算周期概览

两个世纪的演化形成了一个复杂的预算过程，伴随着众多参与者和他们的舞台，明确的规则与角色，以及程序的不同分层。每一次改革都积淀了独特的要求，有的已经消失，其他的则被融入当前预算活动之中。这些不同的要求以年度周期为中心。这一周期始于行政部门中总统预算的形成，包括四类不同的国会活动，接着转入各部门，由它们执行获批的预算，并以支出审查和审计结束。表 4－1 罗列了 2008 财年预算周期中的主要活动。当然，这个时间表建立在每一个活动都按时完成的假设之上，因为国会和总统都很可能会错过某些期限。尽管特定的过程会随着总统的领导方式，他与国会之间的关系，以及政治经济状况的变化而变化，但基本的步骤却年复一年地重复而没有太大的改变。

表 4－1 表明，联邦政府的年度预算过程大约要持续数年，这就意味着在任何给定的时点上，联邦政府通常要同时应付三个财政年度：进行中的年度（当前年度），国会在审议的年度（预算年度），以及各部门正在编制预算申请的年度（第一个“未来年度”）。数个财政年度的重叠使预算工作变成一项艰巨、全年无休的活动，以至于没有时间暂停和反思，也没有机会对联邦项目的和方向进行战略性思考。

在预算工作中，日程表就是国王，因为它告诉参与者应该做什么以及什么时候做。即使规定期限错过时，日程表也将引导活动和期望，并明确那些制定预算和花费资金的人的角色与行为。预算日程表中最重要的日期是 10 月 1 日，即新财年开始的日子。各部门留意从这天起开始编制预算，总统关注立法行动所需时间，向国会提交预算，国会围绕这一日期组织其众多工作，并且，各部门以10月1日为起点，开启或封闭它们的账户。

表4－1　　2008财政年度预算周期时间表

日　历[a]	活　　动
2006年	
3—6月	制定预算指导方针和初步政策；部门预算办公室要求运作单位开始进行预测。
7—9月	各部门形成详细的申请，提交给管理与预算局。
10—12月	管理与预算局审查各部门申请并做出反馈；各部门向管理与预算局或总统进行申诉；最终形成决策。
2007年	
1月	国会预算局发布2008—2017财年《预算和经济展望》。
2月	在2月的第一个星期一之前，总统向国会提交2008财年总统预算。
3月15日	国会各委员会将其对预算的看法和预测提交给预算委员会。
4月15日	预算规则要求国会在这个日期之前采纳2008财年的预算决议。
5月15日	如果预算决议仍未被采纳，众议院可能会考虑拨款事宜。
6月—8月	参众两院审议2008财年常规拨款草案；管理与预算局和国会预算局发布新的关于2008财年收支的预测。
9月	会议报告和常规拨款规定。

续表

日　历[a]	活　　动
10 月 1 日	2008 财年开始；如果常规拨款法案尚未制定成为法律，通过持续决议。
2007 年 8 月—2008 年 9 月	各部门开支并落实国会授权的活动；国会可能要为 2008 财年制定补充拨款法案。
2008 年	
2 月	新的 2008 财年收支预测包括在 2009 财年的预算之中。
9 月 30 日	2008 财年结束。
10—12 月	各部门、财政部、以及管理与预算局关闭 2008 财年账簿。
2009 年	
1—12 月及以后	各部门编制财务报告；开展事后审计和评价。
2 月	2008 财年实际收支数据将包括在 2010 财年预算之中。

a. 这里所列的期限代表的是一个标准的时间表。然而，在过去的 30 多年里，某些时间目标被错过的时候比被遵循的时候多。

总统预算

总统预算的编制一般以一种分散的方式进行，每个部门运用它自身的程序和指导方针组织申请。预算的形成通常需要 8 到 10 个月——在规模较大的部门中时间会更长；在小部门中，时间会稍短一些。由于间隔时间较长，各部门必须在对资金实际使用时的状况存在很大不确定的情况下做出预算决策。

部门的预算编制集中在日历年的春夏之交，在提交给国会之前。管理与预算局（OMB）在秋季审查部门的预算申请，之后提出项目建议和支出金额。各部门只有短暂的时间来向管理与预算局要求更多的资金。一旦所有的问题都得到解决，预算就会被打印出来，分发给国会和感兴趣的公众。

国会预算决议

国会预算活动涉及四类委员会，它们的职能如表 4－2 所示。每一类众议院和参议院委员会各自监管着下述四类预算活动之一：年度预算决议、收入措施、授权立法以及拨款法案。表 4－3 列出了三个法定部门［国会预算局（CBO），政府责任办公室（GAO）和国会研究局（CRS）］，它们协助国会完成这些任务。

每年，参众两院预算委员会会准备一项涵盖五年（甚至更久）的决议，详细说明预算总额（包括收入总额、预算授权、支出、赤字或盈余、以及公债），并在 20 个功能分类间分配支出，包括国防、农业、卫生等。此外，预算决议通常包括协调指令来指导参众两院的专门委员会报告与决议有关的政策相一致的收入、支出法案的变化。由各委员会制定的与指导意见相关的立法将被打包在一揽子调节法案中，由参众两院根据特殊规则进行审议，加速其通过。

预算决议不是成文法，不具有法律效力，也不能详细规定联邦资金的筹集或支出。但是，预算决议为国会提供了一个框架，使其可以在该框架内考虑收支措施。作为一份蓝图，预算决议的效力每年都不一样，在有的年份，它可以强有力地影响预算决策；然而在另一些年度，它的影响却较为有限。

表 4 – 2　　　　国会委员会的预算职能

预　算	授　权	拨　款	收　入
· 编制预算决议 · 起草协调指南以及汇编协调草案 · 把新的预算授权、支出以及其他总量分配给各委员会 · 监管预算并就立法的预算影响向国会提出建议	· 编制授权支出和直接支出的立法 · 监管执行机构的工作 · 向预算委员会提交对自己管辖范围内事务的意见和评估 · 根据协调指南对法律的修改提出建议 · 在其立法报告内加入国会预算局的成本评估	· 编制定期以及补充性拨款法案 · 审查提议的撤销案和延期案 · 向预算委员会提交意见和评估 · 在其小组委员会之间进行预算授权和支出的再分配 · 建立联邦机构的账户框架、制定重新立项的规则 · 为行政机构使用资金提供指南	· 编制收入立法 · 编制关于社会保障以及其他权利性项目的立法 · 向预算委员会提交意见和评估 · 根据协调指南对法律的修改提出建议 · 报告对公共债务法定限制的立法调整

表 4 – 3　　　　国会支持部门的预算职能

国会预算局 （CBO）	政府责任办公室 （GAO）	国会研究局 （CRS）
· 颁布十年预算规划和经济趋势报告 · 预测报告草案的 5 年和 10 年期成本；编制预算基线预测，维护财政记录数据库 · 为预算、拨款及其他委员会提供帮助 · 发布改变联邦收支政策选择性方案的报告 · 审查总统预算和其他议案	· 颁布会计指导条例以及审查行政部门的会计系统 · 审计联邦机构的运作情况；评估项目并提出改进建议 · 颁布资金使用的法定意见 · 审查延期和废除，确定它们是否得到适当报告，以及资金是否按要求拨付 · 应国会委员会要求对行政机关的运作及支出情况进行调查 · 解决某些索赔和债务筹措问题及争议	· 分析立法议题和会对部门、项目产生影响的提案 · 通过提供一些数据和有关他们立法责任的分析来协助委员会和议员的工作 · 编辑特定立法和项目的立法记录 · 颁布关于立法情况的报告 · 分析改变联邦预算实践的提议

税收立法

尽管国会几乎每年都会采取行动影响税收，但它并没有固定的日程表。在有的年份，国会几乎不采取行动；但在另一些年份，国会则会对税法做出相当重大的调整。

税收立法的职责被赋予众议院赋税委员会和参议院财政委员会，它们是国会中最古老和最有权力的委员会。赋税委员会通常先采取立法行动，因为按照宪法规定，税收措施必须从众议院产生。尽管参议院在众议院之后接管这些措施，它却往往会对税收立法做出较大改变，为协商委员会搭好舞台。

授权

根据参众两院的规定，在任一议会拨款之前，接收拨款的项目或部分必须经过法律授权。也就是说，在给这个项目拨款之前，国会必须先通过一项法案，设定项目并对项目运作进行详细阐述。不过，这一过程也会有许多变数，我们会在第八章着重讨论。

大部分国会委员会是授权委员会。它们通过立法来建立或调整联邦项目与部门，规定它们运作的期限和条件，监督它们的运作。有的授权委员会非常活跃，有的则只针对一个或数个条款，无需报告主要立法。对授权立法来说，不存在标准的结构或方式；每一个在联邦项目和部门上有管辖权的委员会均以他们自己的方式开展工作。

拨款

年度拨款由常规拨款法案提供，每一个拨款法案都受到平行的参众两院小组委员会管辖。常规拨款法案的数量多年来固定在 13 个，但 109 届国会小组委员会重组使得常规拨款法案在众议院的数量减少到 10 个，在参议院减少到 12 个，并消除了参众两院内一些小组委员会的平行性。在 110 届国会中，新的多数党——民主党再次对小组委员会进行改组，最后形成 12 个平行的小组委员会。

总统向国会提交预算后，不同的小组委员会就立即召开听证会，让各部门官员为部门预算申请辩护。尽管小组委员相互独立，但是它们都要受到选择性支出上限或者年度预算决议中设置的限额的限制。为了保证上述限额被遵守，参众两院的拨款委员会将选择性支出总额分配给它们各自下属的小组委员会去执行。参议院或众议院审议某拨款法案时，该法案中的支出额度要与相关小组委员会分配到的额度进行比较。在某些情况下，如果一项拨款法案将导致相关小组委员会的分配限额超支，参议院或众议院将停止审议该拨款法案。然而，这样的情况很少发生，因为负责拨款的小组委员会通常会把支出控制在他们的限额以内。如果不得已超出支出上限，他们会采取一些记账策略。本章稍后会涉及这些策略。

预算执行

直到管理与预算局按时间或计划分配资金，各部门才能支出它们获得的拨款。大部分联邦部门也有自己的分配程序，把可用资金分配给下属的行政单位。除了某些例外，不允许各部门担保超过拨款或分配额度的资金。

尽管各部门必须按照国会规定的期限和条件支出，他们有时会通过在同一账户内将资金从一个目的转向另一个来重新调整资金。如果总统或者其他执行官员以拖延支付或寻求撤回原先拨款的方式扣押资金，对授权支出水平的偏离也会发生。第十章将会介绍一些特殊的用于调整资金扣押情况的程序。

审查和审计构成了财政预算周期的最后阶段。由于联邦政府规模庞大，财务管理的职能被分散到各个部门去执行，包括对部门开支的适当性和有效性负责，以及保存完整、精确的财务记录。

选择性支出和直接支出

事实上，联邦政府有两个截然不同的预算过程，相应地也有两种不同的运作方式和参与者。一个包含了选择性支出，由拨款程序控制；另一个包含了直接收入和支出，由授权立法和税法来控制。选择性支出约占联邦支出的三分之一，包括了所有的国防支出，大多数联邦部门的运作成本，以及很多补助项目。从 1991 财年到 2002 财年之间，选择性支出被拨款的法定上限所限制。近年来，拨款上限已经被包括在年度预算决议当中，方便了参议院而不是众议院对拨款的执行。这些法定的上限都涉及到预算授权和支出，本章稍后会进行讨论。直接支出被有关法律而不是年度拨款法案所控制，这些法律旨在针对申请资格建立评判标准，以及确定支付公式，或者使政府承担某些义务。直接支出很大程度上由权利性项目组成，当然也包括了其他由授权性法律所提供的预算资源。大部分权利性支出由永久拨款法案自动提供，这些拨款法案被包括在设立该权利性项目的法律中。一些关于权利性项目的法律如医疗补助制度，没有包含经费补助的机制，以至于要靠年度拨款法案来提供这笔开支。每当国会为这些权利性支出拨款时，它会提供充足的资金来完成政府职责。对于这些项目来说，拨款委员会提供的资金不能少于政府应该支付的金额。

20 世纪 90 年代以来，法定的和基于规则的量入为出（PAYGO）程序已经被用于执行直接支出和收入立法。在表 4－4 中，我们可以清楚地看到对这两种量入为出程序主要特征的比较。法定的量入为出程序在 2002 年底已经正式终止，但是基于规则的量入为出目前还在参众两院中得到有效应用。尽管法定的量入为出赋予总统和管理与预算局局长一定的责任，参议院和众议院的量入为出规则只在两院内有效。

表 4－4　法定的量入为出与基于规则的量入为出（PAYGO）

特征	法定的量入为出	基于规则的量入为出
立法基础	1990 年[a] 的预算执行法案（BEA）	条例 21，第 10 款（众议院）；年度预算决议的款项（参议院）
量入为出的要求	某个时期内制定的所有直接支出和收入草案的净影响不能在量入为出积分卡上增加成本	包含直接支出和收入变化的单个法案必须赤字中性
适用时段	预算年度（以及任何本年度的结余）	6 年期和 11 年期，包括本年度（众议院）；预算年度，第一个 5 年，以及接下来的 5 年（参议院）
实施期限	国会会期的最后 15 天以内	当直接支出或者收入立法被审议时

续表

特征	法定的量入为出	基于规则的量入为出
实施措施	基于管理与预算局局长的扣押报告，通过总统扣押令实施全面的开支削减	议事程序问题（point of order）
暂缓措施	指定（在BEA指导下的）紧急请求条款；指导性的（特别）记录条款[b]	规则委员会编制的特殊规则（众议院；要求简单多数票）；弃权行为（参议院；要求60票）
有效期限	1992—2003[c] 财年	1994—2017财年（参议院）；第110届国会中的2007—2009财年（众议院）

a. 1990年预算执行法案中的量入为出条款包括1985年平衡预算和紧急赤字控制法案的修正案，合并了该法案中的第252修正条款。这项条款被1997年的预算执行法案及其他立法拓展和修订。

b. 通常来说，一个指导性的记录条款指导管理与预算局局长减少一个或一个以上财年量入为出记分卡上特定资金额度的平衡，或将它们直接减少至零。在应用量入为出的最初几年，指导性的记录条款从积分卡上剔除结余；在以后的年度，它们剔除成本。

c. 法定的量入为出直到2006财年仍有影响，这项立法2002年9月30日制定（公共法107—312），2002年12月被签署。正如管理与预算局最终的扣押报告所述，通过将积分卡上的结余减少至零，有效地终结了法定的量入为出。

在1991年至2002年间生效的法定量入为出要求：新的立法造成的直接支出的增加或税收的减少必须被完全抵消，避免财政赤字的增加以及结余的减少。如果违背了量入为出，补救措施是支出扣押：总统将根据管理与预算局局长准备的财政扣押报告，颁布总统令来全面削减甚至是取消一些直接支出计划。许多直接支出项目被排除在量入为出以外。量入为出不对与现行法律相关的收支变化进行抵消。因此，由于医疗开支的增加而引起的总支出的上升，或是由于经济不景气而引起的收入的减少，都不会触发量入为出。此外，量入为出不会阻止国会通过一些可能造成赤字增加或结余减少的收支措施。更确切地说，它要求所有制定出来的政策对一个财年的净影响必须是赤字中性的，否则某些资金就会被扣留（自动取消）以达成这个目标。管理与预算局是法定量入为出的正式记分员，他们要做的是评估直接支出和税收立法对一个多年期量入为出记分卡的预算影响。国会预算局（利用来自税收联合委员会收入立法的信息）也要准备量入为出评估，并保存量入为出记分卡，不过仅建立在咨询的基础之上。直到 20 世纪 90 年代晚期，收入和直接支出立法才普遍与法定量入为出规则相一致。但是，伴随着 1998 财年到 2001 财年间的预算盈余，以及偏好大幅度减税的预算政策变化，量入为出规则常常会因经过授意的记录（要求预算局局长不计算某些立法的量入为出影响）和其他技术手段而被回避。

参众两院采用其内部的量入为出规则，与法定的量入为出规则运作不同。一个关键的不同点在于，国会的量入为出规则可在很长的时间范围内适用于单项措施（10 年，如果不算当前年份）。众议院自 2007 年第 110 届国会开始，接受了量入为出规则。参议院从 1993 年开始就已经采用了量入为出规则并经过多次修改。2007 年，参议院修订了其量入为出规则，修订方向在某种程度上与众议院量入为出规则一致。参众两院量入为出规则的执行有赖于国会预算局和税收联合委员会准备的成本评估报告。

选择性支出的预算编制与直接支出的预算编制有所不同。选择性支出预算编制的基本任务是决定未来支出的水平；而强制性支出预算编制的任务则是评估过去一系列决策产生的开支。尽管这两种过程在某些环节上有共同点，如总统预算以及国会预算决议，但它们在很多核心的体制和财政维度上存在很大区别。表 4－5 列出了这两种预算的区别，尽管存在例外，但这种概述提供了针对这两种预算情况的有用的对比。接下来的段落将详细阐述表中的条目。

表 4-5　　选择性支出与直接支出的比较

特　征	选择性支出	直接支出
授权立法的预算影响	拨款措施的授权审议	提供预算资源
拨款委员会的职责	提供预算资源	很少或不控制预算资源
行动的频率	每年	不定期，没有固定的日程表
执行预算决定	第 302（b）款分配案	协调程序
计算预算影响的基础	把拨款额度与本年度预算水平、总统对下一年的预算申请作对比	基线预测和对政策变化效果的预估
经济敏感性	较低，不直接	直接，通常自动
政治敏感性	变化不定：对某些项目影响很大，对另一些则很小	通常影响很大
预算支出与实际支出的一致性	对预算授权而言通常很高，对开支则很低	有时候低

授权立法的预算影响

对选择性支出的授权只是进入拨款过程的一个许可证（在参众两院的规则指导下）。所花费的授权金额只能与拨款金额一致。相比之下，直接支出的授权（就像权利性立法一样），不但提供了资金，也能有效地要求从预算资金里拨出款项。在授权委员会而不是拨款者确定支出额度后，支出控制便不断弱化，因为这些委员会通常会成为其管辖范围内项目的支持者。例如，农业委员会的政治角色就是维护农民的利益。与拨款委员会不同，授权委员会重新对农业项目进行授权时，不会考虑其他预算需求。

拨款委员会的角色

拨款委员会对所有的选择性支出都有有效的管辖权；他们制定的拨款法案会详细规定可用资金的额度。然而，这些委员会并不能控制强制性支出。一些强制性的项目由永久性拨款法案提供资金，并且可以绕过年度拨款过程。其中很多项目由年度拨款提供资金，但是，因为这类支出由法律强制规定，拨款委员会也无法自由控制他们拨出款项的数目。

国会立法的频率

除了极少数的例外，国会每年都会投票决定下一财年（或本财年）的选择性拨款。然而，直接支出通常在永久性法律中获得通过，这些永久性法律会一直生效，直到该法律被废止或被随后的立法所修改。许多权利性项目由年度拨款来提供资金这一事实，不会削弱那些管理支出金额的法律的永久性。比如像医疗保险这样的权利性项目，就要服从于频繁的立法行为；而一些其他的补助项目，如社会保障，已经多年没有新立法了。

执行预算决定

国会通过年度预算决议来传达它的预算政策，包括它在现行收入或支出法律中寻求的改变。鉴于这份决议不是成文法，国会必须通过其他措施来执行预算政策，对于选择性支出，国会通过年度拨款案来实施政策；对于直接支出和税收，国会通过新的立法执行政策。对以上两种情况，国会都需要一个机制来确保这些财政行为与它的预算政策一致。一项被称为第 302 款分配条例（section 302 allocations）的程序将年度拨款与国会预算决议联系在一起。通过这一程序，参众两院拨款委员会被给予预算决议支出总额中它们的份额〔1974 年国会预算法案第 302 款（a）项规定〕；每个拨款委员会在其下属的小组委员会之间进行分配〔该法案第 302 款（b）项规定〕。大多数情况下，每个拨款法案的总支出必须控制在相关小组委员会所分配到的额度以内。近年来，总的选择性支出上限被包括在预算决议中，通过一个议事程序在参议院（而非众议院）变得可以执行。

针对直接收入与支出，国会依靠和解程序来实施预算决定；但它并没有把和解规则用于选择性支出。尽管和解规则可能成为一个有力的手段，但只有在国会想要改变现行的税收或直接支出法律时才可能被用到；在有的年份，当国会接受了因现行法律产生的预算结果时，和解规则就不再适用。参众两院还把那些与直接支出立法相关的决策作为国会内部的量入为出规则执行。

计算预算影响的基础

实际上，所有选择性拨款都有明确的额度。在制定并呈报他们的拨款决定时，拨款委员会常常把上一年拨款中所推荐的数目与总统要求的数目进行比较。因此，如果上一年有 1 亿美元的拨款额，而总统要求下一年的拨款额是 1.2 亿，而拨款只提供 1.1 亿，那么这个拨款行动就被记作同时发生 0.1 亿的增加和 0.1 亿的减少。然而，直接支出立法会影响基线预测的数额，基线预测评估现行法律不作任何调整的情况下将要支出的数量。此外，鉴于大多数强制性支出是个无底洞（那些涉及权利性项目的法律通常没有详细规定或者限制条款来约束支出金额的数目），所以，对预算影响的计算只是基于假定的而非真实的支出水平。

经济敏感性

预算决定对经济状况的变化非常敏感，但是选择性支出项目对于经济状况改变的反应弱于强制性项目的反应。选择性支出不一定会机械地随着经济的改变而作出调整。当价格上涨时，国会可能会拨出更多的款项，但也可能仅要求各部门用与上一年度相同的资金来消化通货膨胀的压力。但是，直接支出通常有自动调节机制。价格的上涨会触发社会保障以及其他转移支付方面关于生活成本的调整机制；失业率的上升也会增加领取失业救济金及其他救济措施的人数。随着对经济的表现越来越敏感，直接支出可能会对预算状况做出更少的反应。

政治敏感性

政治考量影响着所有的预算。选择性支出和直接支出项目都拥有从联邦资金中获益的选民，他们积极维护自己的利益。但是选择性支出中的政治利益变化莫测。一些项目有强大的政治选民，他们会开展院外活动游说更多资金；另外一些项目则很难得到关注。直接支出本质上就具有敏感性，因为它可以影响太多美国人的财务状况。对于那些每个月享受社会保障的5000万美国人以及登记在医疗保险中的4400万美国人来说，来自华盛顿的资金流是决定他们生活水平的关键。削减以上这些或者其他的权利性项目对那些家庭财务状况的影响就好比削减工人的工资对工人的影响一样。这些影响是可见的、直接的、迅速的、并极有可能引起强烈抗议。不仅仅是这些抗议的数量规模增加了强制性项目的政治重要性。一旦国会设立某个权利性项目，它就赋予那些受众获得资金的法定权利。当这些支付与价格上升挂钩时，它可以保护受益人免受通货膨胀的影响。这些法定权利有政治价值，但也增强了对预算的要求。如果国会削减这些权利性支付，不仅意味着从项目受益人那里拿走资金，同时也侵害了他们应有的权利。

预算支出和实际支出的符合度

表 4 –5 中列出的最后一项区别关乎实际支出金额。选择性支出通常与拨款水平非常接近，但强制性支出却常常与预算额度出入很大，这可能与事先的估计偏差、预料之外的经济状况变化、以及政策的改变有关。实际支出出现严重偏差很可能是因为外部环境与制定预算评估时相比发生了很大变化。

预算计算的政治

预算的计算过程其实是政治的计算过程——它影响了预算政策和预算结果，反过来又被总统、国会和其他有预算筹码的参与者所影响。即使计算的数目严格按照技术规则和已有经验汇编，他们还是会产生政治后果。这些数字影响着公众对预算的认知，如赤字、盈余的规模。通过使某些类型的交易比其他交易价格更高或更低，或通过增加或减少特定措施预期的预算影响来促进或阻碍立法的通过，这些数字能够影响政客的行为。尽管记录收支的规则总是非常重要，但拨款上限和量入为出规则使其更为突出。立法如何被评价可能会决定审议中的（或者国会通过的）某项措施是否服从现行预算规则。

这些规则的执行很少简单明了，它在很大程度上取决于对那些受现行或新政策影响的企业和个人的行为假设。例如，每个预算中都详细计算了下一年（或者未来）医疗保险、失业保险和其他福利项目的支出。众所周知，这些数字并不是确定的；它们基于以下假设：未来经济状况，参保率，以及向符合补助条件的人提供的支付。在大多数情况下这些假设都是错误的，有时偏差较小，但有时却很大。然而，即使它们是错误的，预算决定仍然建基在它们基础之上，就好像它们不可避免一样。

预算编制关乎未来，既然未来不确定，预算就只能靠假设。基本假设上的细微误差会对整个预算造成极大的影响。然而，预算更多地是关于数字，而不是假设。政治投机主义和幕后操纵常常发端于预算假设之中。行政分支（OMB）和立法分支（CBO）中的预算编制人员负责处理这些关于预算的规则和假设。每个员工对于维持预算过程的一致性均有浓厚的兴趣，但谁都无法避免预算过程中政治的介入。作为总统下属的最大部门，管理与预算局在其预算的编制和辩护中发挥着领导作用；它不能公开反对白宫的政策。管理与预算局的政治人员和职业人员均设计记账策略使预算数额符合总统的偏好。作为一个民主党人和共和党人均关注的国会机构，国会预算局时时留心维护其独立性。但是，随着立法评价在预算规则执行中愈发重要，国会预算局成为两党以及总统与国会战场的一部分（见专栏 4 - 1）。在很多预算计算的常规事务上，国会预算局和管理与预算局协同工作、形成相同的数字，但是主要意见的不合常常暴露在公众面前。

这类冲突曾发生在克林顿总统的医疗保险改革上，它显示结果如何被预算计算所支配。当克林顿1994年向国会提交医疗改革计划时，他预计这份改革方案可以在接下来的7年内减少600亿美元的预期赤字。然而，对同一方案进行审查后，国会预算局告诉国会，这项措施会增加700亿美元的赤字。这两项预测的巨大差异源自他们对未来医疗保险成本的不同假设。

管理与预算局和国会预算局都声称他们的评估报告不受政治因素影响。不过，管理与预算局的评估数字总是支持总统的意见，而国会预算局的数字则总是表示反对，这绝非偶然。管理与预算局的预测帮助克林顿把他的医疗保险改革和减少赤字的目标结合在一起；而国会预算局怀疑性的数字给了原本就游移不定的国会委员会更多的理由阻碍总统的行动。

面对如此众多数字上的纠缠和潜在假设，重要的是谁的计算更可靠。在预算执行法案生效时，管理与预算局要正式评估立法的预算影响并判定国会的行为是否遵从了法定的预算规则。然而，一旦预算执行法案到期，当国会预算局的估算与管理与预算局的估算出现偏差时，国会预算局便居于优势地位。原因在于国会在审议立法时一般依靠国会预算局的判断；当一项措施获得参众两院通过后，总统决定是投赞成票还是否决票时，管理与预算局的测算才派得上用场。

同时存在两个计算部门并不仅仅是为了获得第二种意见。这种安排源于宪法分权的精神。多数情况下，国会想要保持其在预算问题上的独立性，这是成立国会预算局的主要目的。但是，对于总统而言，使用管理与预算局准备的代表其立法目标的估测和假定符合其利益。克林顿就职总统后，认为民主党同时控制着这两个分支，没有必要分开做出预测。在1993年2月致国会的预算演讲中，克林顿承诺将依靠国会预算局准备的经济状况估测制定政策。“让我们至少讨论相同口径的数字”，克林顿呼吁，“这样美国人民才会认为我们的工作与他们保持一致”。但是，不出数月，当行政机构的预算和经济假设与国会预算局不同时，他们固执己见。

在两种情况下，一个机构会把自己的预算行动建立在另一个机构的数字之上。其一是国会领袖和总统通过高层协商来解决预算僵局时；另一个是国会发现使用管理与预算局的数据比使用国会预算局的数据更有利时。在高层开展会谈时，除非双方就这些数字的含义达成一致，会谈不可能有进展。双方必须确立相同的出发点、假设和计算规则。否则，任何一致都会很快消失。

在对计算方式的争论中，国会预算局通常更谨慎，预测更低的经济增长和更多的支出。结果，国会有时发现国会预算局的数字会使它处于不利地位。因此，国会有时会指示国会预算局在对立法行为进行计算时，采用管理与预算局的假设。我们稍后将会讨论这种所谓的“受指导的计算”。

计算就像预算编制中的其他部分一样，是程序与政治的混合。如果得出结论，认为预算数字被操纵，被用来为政治利益服务，这显然忽视了预算中的数字在某种程度上由技术性规则所决定。同样，认为数字的估算过程完全不受政治因素干扰的论断也会忽视预算制定者在某种程度上会为了自身利益对数字作出调整。技术与政治因素之间的平衡在预算的不同方面有所不同。当数字代表着实际交易，如拨款数额，技术规则起主导作用。当数字代表着对未来状况的假设，如通货膨胀率，政治影响的范围更大。随着目前预算越来越多地受到假设的支配，相对于上一代，政治计算已经变得更加重要。

专栏4-1　国会预算局的独立性：挑战和防御

国会预算局在制定基线预测以及评估立法的预算影响时的角色让它陷入与国会成员的冲突之中。议员常常试图在幕后影响国会预算局的预算评估，但其间的争论很少公开。然而，在1998年，从他们来往的信函中可以看出，众议院发言人纽特·金格里奇（Newt Gingrich）（R-Ga.）与国会预算局局长朱诺·奥尼尔（June O'Neill）在国会预算局收入预测的精确性上看法不同。在紧要关头，共和党宣布：一个关于更高收入的预测（带来更多盈余）将会强化减税措施。尽管国会预算局在其1999财年的初步收入预测中新增了720亿美元，但共和党领袖仍然声称这项预测应被提升至更高数额。

众议院共和党领袖在致众议员詹姆斯·沃什（James Walsh）（R-N.Y.）的一封信中首先发难，詹姆斯主管众议院立法分支的拨款小组委员会。信中暗藏威胁：如果国会预算局不在收入评估中作出调整，其获得的拨款将会被削减。

"我们对此感到非常忧虑，国会预算局完全没有能力连续和精确地预测未来收入，或预算政策变化的财政含义。由于这些失误，我强烈要求您指示国会预算局立刻公布这些问题。

"当然，预测是不准确的科学，但也必须遵循一些逻辑要求，国会预算局数字偏低的预测一向是错误的——有时错得离谱。目前，国会预算局预计，长期来看，实际GDP增长将维持在较低的2.1%。但是在过去的16年间里，平均GDP增长已经是3.0%，包括二战后的整个时期。

过去，每年 GDP 增长上升 1% 的观点造成高估预算赤字和低估盈余。国会预算局 1998 年公布的赤字估算中，从 1996 年 5 月至 1998 年 5 月的对比出现了 2750 亿美元的偏差——2220 亿的赤字与 530 亿的盈余。

“这些预测是国会起草立法的基础。我认为国会不应该如此不负责任地依靠这些不正确的信息来实施立法。国会预算局必须着手解决这个问题。如果不解决问题，我相信我们必须检讨一下国会预算局的组织结构以及在这个拨款周期内对国会预算局的资助。”

国会预算局局长朱诺·奥尼尔在两星期后做出回复，他强调了国会预算局在预算工作中的客观性和独立性：

“我们理解您的忧虑，并且会用事实来消除您的担忧。我们国会预算局非常严肃地履行我们对国会和国家的职责。我们知道以最大可能的精确性提供高水平的、公正的评估、预测及研究的重要性。国会预算局全体工作人员（一群受过良好训练的专家）都在这样努力着……

“但是鉴于联邦政府预算的复杂性，它受到国内外经济形势和其他许多很难精确预测的因素的影响，估算上的偏差，不管大小，都不可能完全排除。考虑到总收入和总支出分别接近 1.7 万亿美元的规模，国会预算局预测的数目有任何细微的偏差都很容易使预算结果产生上百亿美元的偏差。

“在我们一年两次呈报给国会的经济与预算展望中，特别强调了这些经济和预算预测的不确定性。我们也采取措施为国会提供了一个预警机制，当本财年实际收支情况偏离我们的估计时，这个机制能对此发出信号……”

资料来源：Letter from Republican Ieaders to chair of the House Legislative Branch Appropriations Subcommittee，James Walsh（R-N. Y.），Washington，June 9，1998；excerpts from a Letter to Speaker Newt Gingrich（R-Ga）from CBO Director June O'Neill，Washington，June 23，1998.

基线预测

为了在审议收入或支出立法时实行预算规则，国会必须测量它的行为的预算影响。这一任务对于由年度拨款提供资金的项目来说相对容易；国会把对于上一年的拨款额与总统本年度的预算申请进行比较即可。但是，当国会在进行收入和权利性项目立法时，这一任务就会比较困难。在这种情况下，必须考虑以下影响收支数量的因素：包括经济表现、物价变化、参保率以及受联邦政策影响的各方行为。收入立法产生的收入主要依靠未来经济表现和纳税人对税法改革的反应。权利性项目立法的支出取决于经济变量、人口增长趋势以及那些符合补助标准的人利用这些社会补助的程度。每个项目都有自己的因素使其对立法变化作出预算回应。比如医疗补助制度取决于各州自己登记确定的合格受益人和确定的保险金；而食物券项目则取决于收入趋势；医疗保险制度取决于人口的年龄结构；各州的儿童健康保险项目则根据贫困率、家庭人员结构和新倡议来确定受资助的儿童。一个复杂的项目，比如医疗保险，受很多变量的影响；在估测未来项目支出时，必须对每个变量进行分析。

在编制预算时，需要对未来进行假设，以此估算现行法律下的收支额，并决定对这些法律的调整。国会立法时，依据以下假设估算立法行为的预算影响：（1）在没有新立法的情况下，可能的收支额；（2）立法行为可能改变的未来的收支额。当前预算中，第一组数字是所谓的“基线”，第二组是所谓的“计算”。两组数字都出现在表4－6中，该表对基线预测和立法计算作出了假设性的说明。

表4－6　　假定的基线预测和政策变化　　单位：百万美元

年　份	2008	2009	2010	2011	2012
上一年基线	100.00	107.12	114.74	122.91	131.66
假设					
4%的通货膨胀	+4.00	+4.28	+4.59	+4.92	+5.27
3%的工作量上升	+3.12	+3.34	+3.58	+3.83	+4.11
基线预测	107.12	114.74	122.91	131.66	141.04
政策变化					
将通货膨胀增长限制在2%	-2.00	-4.20	-6.63	-9.30	-12.23
将工作量上升控制在2%	-1.08	-2.30	-3.67	-5.20	-6.92
预计支出	104.04	108.24	112.61	117.16	121.89
总体政策变化（估测）	-3.08	-6.50	-10.30	-14.50	-19.15

管理与预算局和国会预算局都会准备针对预算总数（包括总收入、总预算授权及其他）、预算的特定科目（如国防、收入补助等）、特定的项目或账户的基线预测。管理与预算局制定的估算报告称为当前服务估测报告，涵盖未来5年的情况。国会预算局制定的估算报告称为基线预算预测，涵盖未来10年的情况。他们假定现行政策将继续生效，支出水平完全根据通货膨胀调整。对强制性项目来说，它的基线根据预期工作量的改变而调整，如享受社会保障和医疗保险服务的人数的增加。

一旦一条基线确定下来，任何由立法产生的变动都会被记作政策变动。换句话说，对立法的计算和对预算影响的测量都是根据基线的变化而来的。在表4－6假设的案例中，预计基线开支将会从本年度的1亿美元增加至未来5年后的1.41亿美元。这新增的4100万美元，就像其他的基线预测一样，是假设发生的；只有该基线的基本假设——4%的年度通货膨胀和3%的年度工作量增长实现了，这部分钱才会真正增加。

在这个假设的案例中，法定政策的变化导致基线下新的预测的产生——第一年中与1.07亿基线对比的1.04亿，增加到了第五年与1.41亿的基线对比的1.22亿。尽管这些新的预测显示了名义支出的增加，但它们却被算作削减——第一年300万美元的减少，上升至第五年1900万美元的减少。通常的实践是计算基线覆盖期内累积的预算变化。在此案例中，计算的结果将是5400万美元的支出削减。如果基线延伸至10年，计算结果将会更高，因为预计的政策变化在多年期内会更加复杂。

基线的这一特征会影响公众对预算立法的认识。在1999年，国会通过但克林顿总统否决了一次税收削减，预计它能在十年内减少7920亿美元的联邦收入。这一削减看上去规模庞大，但如果只按照5年计算，预计减少的收入将不到这个数字的1/4。实际上，这次提议的减税额还不到未来十年税收的3%。

这个假设的例子显示了另一个计算相对于基线的政策变化的有趣特征。立法常常导致开支水平虽然低于基线却高于现行水平。这一特征使那些政客能同时把他们的行动描述为支出削减和支出增加。他们可以利用基线来证明支出已经被减少，也可以根据当前支出水平显示项目已经被保全。以两种方式证实只是政治上的小把戏，它使得多重压力下的政客能满足相互冲突的需要：既精简政府机构，又扩大项目规模。

克林顿总统设法在国会通过的 1993 年赤字削减一揽子计划中说明如何在最小化项目削减的同时实现大规模结余。根据国会预算局在该一揽子计划制定时的估测，未来 5 年内医疗保险将被削减 560 亿美元。表面上看，这项削减计划违背了克林顿在 1993 年 2 月 17 日提出赤字削减计划时对国会做出的承诺。“让我向各位澄清，将不会有新的关于医疗保险的削减措施出台。……允许我重申，因为我知道这对你们双方来说都很重要，这项计划不会引发新的医疗保险福利上的削减，请放心。”

国会和总统如何做到削减那么多开支而又不减少福利呢？医疗保险计划显示这项任务不像人们想的那么难。大约 500 亿美元来自基线中应支付给供应商的资金的减少，如果应用更严格的规则，其中一些资金不能算作削减。例如，外科手术服务费上涨 8.6%，远比社会总通货膨胀率来得高，甚至超过了整个医疗部门费用的上涨幅度。不过，这项增长被算作数十亿美元的削减，因为基线假设了 12.2% 的通胀调整。支付给医院的费用下降了 7.4%，比原有法律所提供的费用略少。但是，国会预算局把它算作结余，因为新的支出水平低于基线。通过延续目前的要求，医疗保险 B 部分中的保费要占项目成本的 25%，数十亿美元被节省下来。由各种策略产生的报告支出的减少使国会有理由在削减赤字的背景下通过小幅提高医疗保险的法案。

和预算的其他特征一样，基线的提出有其技术原因（它为国会提供了一个中立的起点，这一起点不受总统预算建议的影响），但它同时也带来政治后果。基线的设立强烈地影响了公众对预算的看法，刺激预算制定者以特定方式建构收入和支出立法，并保护一些项目免受通货膨胀冲击。在选择性支出方面，它加强了关于增加拨款以抵消部门通胀损失的争论；在权利性项目方面，它改变了国会和总统面对的问题，从“该花多少钱”到“该削减多少钱”。

因为基线根据假设制定，通过假设将实现结余，政客有了更大的空间去拯救项目。他们可以制定某些临时条款，每次在这些条款实现时因结余增加而受到好评。他们可以制定在基线覆盖期内不同时段生效的立法，达到操纵立法计算的目的。

由于国会和总统有时会参照不同的基线假设，导致不同基线之间的政策差异被扭曲。这一问题在 1995 年发生，使克林顿赢得了一个政治上的胜利，在其余下的总统任期内震慑了国会中的共和党人。1995 年，管理与预算局和国会预算局绘制了长达 7 年的支出基线，该图显示医疗保险支出在这一时期内将急剧上升（图4 -1）。相对于国会预算局，管理与预算局估测的医疗保险的通货膨胀较低，因而它预计的医疗保险支出增长较少。管理与预算局估计，在未来 7 年里医疗保险方面的总支出是 1.624 兆美元；而国会预算局的基线总额是 1.692 兆美元，足足高了 680 亿美元。考虑到未来医疗成本估测的不确定性，这两个数字之间的差异其实很小——仅占总支出的 4%。但这一差距还是导致双方在医疗削减以何种形式进行的问题上的巨大争议。因为国会应用了国会预算局的基线，导致共和党人要求推行比克林顿提议的更大规模的削减。实际上，国会中共和党人提出的削减比克林顿总统的提议多出 1460 亿美元，但其中 47% 的差别来自于他们使用的不同基线，而非政策差异。如果共和党人尝试使用克林顿总统的基线，到 2002 年，他们提出的削减案的数目约为 400 亿而不是现在的 550 亿美元。反过来说，如果克林顿使用了共和党的基线，那么 2002 年他提出的削减金额可能就变成了500亿而不是350亿美元。就支出而言，这两个计划在2002年的差距大约为100亿美元。

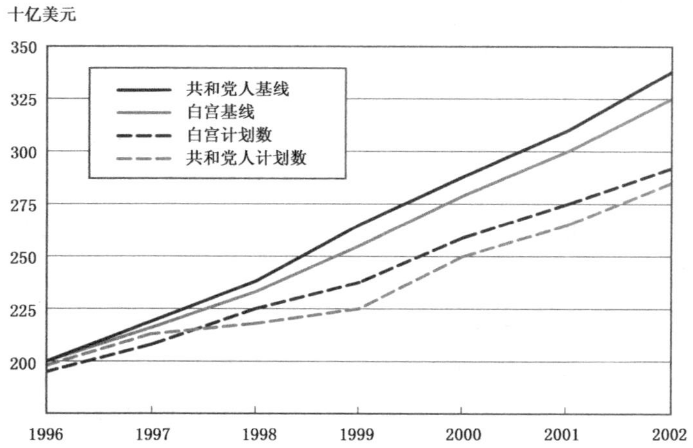

图4－1　1976—2002财政年度对医疗保险支出的不同预测

资料来源：Adapted from a graph in the *New York Times*, December 11, 1995, p. A1, based on Congressional Budget Office and White House estimates.

这个故事的教训在于，政治家在选择他要使用的基线时必须仔细斟酌。在国会与总统的争论中，采用更谨慎假设的一方（如较低的经济增长，更高的通货膨胀），往往会被要求对削减支出、增加税收、或者其他一些不受欢迎的预算调整负责。

经济计算

对未来经济表现的假设是建立预算基线的主要变量之一。预算和经济之间的关系是相互的：预算政策影响经济表现，经济形势反过来影响预算结果。预算赤字或盈余的多少、税收的构成和数量、支出的形式以及债务融资均影响着经济增长、就业率、价格变化、利率以及其他变量。在作出预算决策时，总统和国会必须密切关注预算对经济的潜在影响。同时，他们也要考虑目前以及预期经济状况的影响。他们针对名义和实际经济增长率、通胀和就业趋势以及利率作出假设。总统预算通常会预测目前和下五个日历年度的经济表现；国会依靠国会预算局作出预测，这一预测通常会与总统预测略有差异。

鉴于预算与基线一样，是基于假设作出的预测，预期的收入与支出能在多大程度上实现，主要取决于假设的经济状况是否发生。假设与实际状况之间的差异可能导致预期和实际预算结果之间的显著差异。表 4-7 显示了预算对经济波动的高度敏感性。很多针对经济变化的预算调整是自动发生的，既没有总统或国会的行动，也不管人们是否欢迎这样的调整。政府支出对利率和通货膨胀也很敏感。收入尤其对经济增长率敏感：经济表现的不足不可避免地会造成低于预期的收入，甚至一个小小的差额也会给使联邦政府收入减少一大块。

表 4-7　预算对经济预期变化的敏感性[a]　单位：十亿美元

假　设	2007	2008	2009	2010	2011	2012
实际 *GDP* 增长率：在 2007 年低于假设一个百分点；其余年度达到预期水平[b]						
收入	-13	-28	-31	-34	-36	-38
支出	3	8	10	12	14	16
赤字增长（-）	-16	-36	-42	-46	-50	-54
实际 *GDP* 增长率：每年比预期低 1 个百分点，2007—2012[c]						
收入	-14	-44	-80	-123	-168	-216

续表

假　设	2007	2008	2009	2010	2011	2012
支出	0	1	4	8	13	19
赤字增长（-）	-14	-45	-84	-131	-181	-235
通货膨胀：每年比预期高 1 个百分点，2007—2012						
收入	13	43	78	118	161	209
支出	4	12	22	34	46	59
赤字增长（+）	10	31	56	85	115	150

资料来源：*Budget of the United States Government*, *Analytical Prespectives*, *Fiscal Year 2008*, table 12 -5, P. 173.

a. 由于四舍五入，数字加总可能不等于总量。

b. 假设实际 GDP 水平每下降百分之一，失业率就上升零点五个百分点。

c. 假设失业率不变。

预期经济趋势上的暂时偏离会造成挥之不去的持续影响。根据管理与预算局的估计（表 4 -7 从该报告中摘录），如果 2007 年实际经济增长率比 2007 年预计的低 1%，但在接下来的五年，每年都达到预期水平，那么 2012 年的赤字将会比五年前预计的数额高出 540 亿美元。大约 70% 的差额将会体现在收入之中。

最近的一次经济衰退发生在 2001 年。根据标准测算，时间短，影响也小，仅持续了 9 个月，并导致全年实际 GDP 增长率仅维持在 0.5%。虽然此次衰退是长时间增长趋势中的一个断点，但它使收入减少了上百亿美元，并且使财政盈余变成了赤字。衰退给未来五年的预算留下了印记，因为虽然赤字在逐步减少，但如果在这个十年的开端经济增长没有被打断，财政赤字的规模将远低于现在的水平。

经济转向的时间越长，它对预算的影响就越大。如果从 2007 年到 2012 年的经济增长率逐年下降一个百分点，那么第六年的赤字将会高出最初预测2350亿美元。随着年度经济的不景气，预算水平的偏差也会增大。经济增长率下降一个百分点将会使联邦政府收入比预期水平减少140亿美元，并在第六年减少2160亿美元；通货膨胀率上升一个百分点将会使联邦政府支出在第一年里增加40亿美元，并在第六年增加590亿美元。

政策变化的经济影响的计算

当国会预算局和管理与预算局对立法进行计算时，他们一般会估测由政策变化而导致的行为变化。例如，当国会增加低收入劳动者所得税抵免额度时，就会刺激更多人来申请这项福利，那么预算计算者就会估测由此产生的成本。然而，作为一个一般性规则，计算者并不考虑新的立法导致的经济活动整体的可能变化。例如，在资本所得税税率被降低时，计算不包括对增加的存款和投资是否可能推动经济进而增加联邦政府收入的估测。但它确实包括对因变卖股票和其他资产而兑现的额外资本收益的估算。

关于哪一种经济影响应该被测量的问题常被置于静态计算和动态计算之争的框架内。静态计算关注能被可靠估算的行为反应，但它不对总体经济表现变动进行测量。动态计算包括宏观经济效应，如国民产出的变化、就业水平和投资。这两种方法的区别可以非常大：静态计算通常认为较低的资本收益率会减少收入；而动态计算认为这样会产生更高的收入。（这一问题将在第七章详述。）

立法通常因为其能够改善经济表现而被推动。如果真是这样，为什么经济对预算的反馈没有被纳入计算之中？为什么没有在计算中加入经济影响的动态模型？那些反对动态计算的人提供了两个主要原因来解释为什么计算体系中没有加入宏观经济影响：第一，这些影响确实非常难以测量；第二，如果把它包括在内，将会为机会主义的计算体系大开方便之门，这会损害预算的可靠性。推至极致，动态计算可能会产生一些荒谬的结论：当联邦政府征税减少时能获得更多的收入，以及，联邦政府增加支出就可以花更少的钱。这就是1981 年和 2001 年大规模减税后联邦政府面临高额赤字的原因之一。

预算计算的政治

计算并不是一个静态的操作，即预算专家要等到立法被提议或制定后才开始着手测算预算的影响。随着计算变得越来越重要，它从该过程的终端被移到开始。立法形成并影响计算，计算者在各备选方案引入前估测其成本。因为立法观念的变动，预算计算者和政客之间会产生很多幕后互动。游说团体和政府机关有时也会参与其中，试图说服预算专家按照他们的建议开展计算。

计算的秘密世界里有规则，也有先例，其中一些已经公布并为人所知（附录4－1），但针对一些特殊案例仍有一些特别的调整。"指纹规则"（附录中规则 3）被管理与预算局和国会预算局用来把支出分成可选择性支出或直接支出。该规则指出，立法变化要计入报告该措施的委员会——如果一个拨款委员会报告了某法案，那么接下来的支出就是可选择性支出；如果是其他委员会生成这个法案，则属于直接支出。这条规则的目的在于防止预算控制的缺失，但它也会产生一些奇怪的计算结果。例如在1999年，一个立法委员会提议，只要财政年度开始时常规拨款法案未获通过，一项自动持续决议就将生效。尽管这项措施只涉及拨款，国会预算局还是将它计作5000亿美元直接支出的增加，因为它是由授权委员会报告的；国会预算局的计算阻止了这项议案的通过。

附录4－1　计算指南

3. 直接支出项目：在拨款法律中，对权利性法律或其他强制性支出法律的事实更改或限制将被视为违反国会众议院和参议院拨款委员会第302（b）款分配条例。出于国会预算法案（CBA）计算的目的，拨款法案和调节法案中都包括的直接支出盈余将被计入调节法案而非拨款法案……

6. 重新拨款：对预算授权中将要过期余额的重新拨款将被计入这些资金能够被再次使用的财政年度的新预算授权。

7. 提前拨款：对预算授权的提前拨款将被计入该资金可用（而非拨款被通过）的那个财政年度的新预算授权。

8. 非债务结余的废除（不结转的年终预算结余）：非债务结余的废除将被计作当前预算授权的减少以及该资金被撤销年度中支出的减少。

9. 责任拖延：拨款法案规定了资金可被用于履行责任的日期。这个日期决定了计算哪年的预算授权。如果没有规定日期，则假定该法案自颁布之日起生效。

如果新的拨款规定一部分预算授权直到未来某财政年度才能用于履行责任，那么这部分预算授权就被作为预算授权的提前拨款部分处理……

15. 资产出售：如果某项资产出售对政府的净财务成本是零或者负数（即结余），则应计数额就是在现收现付制基础上估测的每一财年收入和强制性支出的变化。如果政府成本是正数（即损失），根据国会预算法案（CBA）或国会预算扣押和控制法案（GRH），不计算来自该出售的收入。

资料来源：Office of Management and Bubget，"Appendix A：Scorekeeping Guidelines，" in *Circular A－11*，June，2006（www. whitehouse. gov/omb/circulars/a11/current _ year/app _ a. pdf）

（a）参众两院预算委员会、国会预算局、以及管理与预算局使用这些计算指南衡量1974年国会预算法案及其修正案的遵从情况，以及1985年平衡预算与紧急赤字控制法案（BBA）的遵从情况。

（b）这些指南的目的在于确保计算者根据既有惯例和国会预算法案、平衡预算与紧急赤字控制法案关于选择性支出、直接支出和收入的要求，测量立法的预算影响。

（c）任何规则作出变动之前，必须取得所有计算者的同意。只有经过计算者磋商后，新的账户或活动才能被归类。除非所有的计算者都同意，否则不能对账户和活动重新归类。

当国会进行预算交易时，它会不时暂停这项指纹规则。一个这样的案例发生在1998年，涉及1999财年的综合拨款法案（专栏5－4），该综合拨款法案在国会与白宫的高层协商中制定，在一个方案中打包了8项拨款法案以及许多授权性立法。若严格执行指纹规则，该立法条款应被计为选择性支出，但国会授意国会预算局将它们计作直接支出。

计算规则有时会被调整以适应政治利益。20 世纪 80 年代，当计算规则最初成形时，资产出售所得不计为收入；在测量预算影响时，这些额外的收入被忽略。这条规则认识到，政府财务状况不应因为资产的出售而改变，因为这仅仅是资产形式的改变，从一形式（比如地产或者期票）转变为另一种形式（比如现金）。然而到了 90 年代，这项规则改为记录资产出售的盈余，而不计损失。

当利益集团为了削减税收或者增加支出游说国会时，该提议仅被国会议员认可是不够的，它还必须得到一个好的分数。一些前预算和拨款委员会工作人员正在就如何构建立法提案影响计算提供专业建议。这一游戏的参与者包括两党，包括立法部门和行政部门。有的策略仅适用于直接或选择性支出，有的则两者都适用。虽然有种种不同，但这些策略大致可分为两类：一类是使钱消失（增加支出或削减税收）；另一类则是改变交易时间。接下来的讨论针对支出，但类似的策略同样可以运用在收入立法构建过程之中。

选择性拨款

支出上限促使国会重新安排拨款，使它既能花出更多钱，又可以声称未超过规定的上限。支出上限越紧，越会促使国会极力避开它。接下来的论述将解释一些被用来减少选择性支出计算结果的策略。国会和总统在 1999 年（为 2000 财年的拨款）运用了很多这样的策略，因为当年选择性支出上限和支出压力之间存在很大差距。

紧急支出

紧急支出，这个简单有效的方法已成为预算执行规则中的一个重大漏洞。一旦总统和国会想要花费超出支出上限的钱，他们就会把过量的支出定为紧急支出，因为紧急支出的预算授权和相关支出在上限之外。没有任何的标准或者评价被用来确保额外支出确实是用于处理紧急事件，比如全国性的灾难救援。如专栏 4－2 和专栏 5－4 所述，一笔 210 亿美元的紧急支出被塞入 1999 财年综合拨款法案以解决预选僵局，还有额外的 150 亿美元由当年补充拨款提供。同样的手段在 2000 财年的拨款中被再次用到，因为拨款限额内已经没有资金空间来维持现有项目的运作并全力支持优先项目；国会和总统把 200 亿美元，包括用于宪法规定的十年人口普查项目的资金定为紧急支出。

专栏 4－2　规避支出上限：1999 年的紧急支出

一项自 1999 年开始为飓风救援提供常规紧急补充拨款的法案因为超出选择性支出上限 150 亿美元而告终结。规避资金上限并不是一项特别困难的任务，因为预算执行法案没有定义“紧急事件”；只要总统和国会需要，任何事情都可以成为紧急事件。然而，这里也埋藏着政治地雷；白宫和国会山不得不分享紧急支出带来的好处，想要用其他方面经费的削减来抵消额外开支的立法提议必须被清除，国会还必须将可能遭到总统否决的立法附加条款减至最少。

1999 年立法会议召开时，一个最近的先例指导着立法和行政机关穿越预算迷宫。就在几个月前，国会与总统成功谈妥了一项包括多项内容的综合拨款法案，以此结束了

1998年的会期，这项拨款法案包括了210亿美元的紧急补充支出（见专栏5－4）。在1998年10月获得通过后，进入新财年仅仅三个星期，这一措施就以总统克林顿要求90亿美元的紧急支出而开始；共和党人在其中增加了一系列总成本达50亿美元的优先项目清单，国会的民主党人又在这一基础上增加了60亿美元。

不过支出的狂热还不足以满足政治胃口。在政治上，紧急支出会产生更多的紧急支出。支出的压力逐步上升：克林顿正在寻求另一项30亿美元的紧急支出资金，收入不断涌入国库，预算盈余不断增长，农民们吵着要求额外补助，飓风侵袭了中美洲的国家，以及美国承诺为以色列—阿拉伯的和平协议提供资金。

国会中的共和党人（因其在上一年度支出狂热中的热心参与而染上污点）开始了对补充拨款的立法审议，要求额外支出需通过其他项目资金的削减来抵消。参议院拨款委员会主席泰德·史蒂文斯（R－Alaska）主张“出于抵消国防支出的目的，只有国防资金（应该）被废除；同样，为了平衡非国防支出，只能使用非国防账户。”然而，克林顿继续认为额外支出是“紧急的，意料之外的，必要的”；因此，它应该“被迅速而全面地提供资金，并且不应要求任何会导致其他重要项目资金减少的抵消措施。”他督促国会“不要为法案增加无关的授权，特别是狭隘的、令人不快的附加条款，这只会产生争议，以及对法案中急需的援助造成不必要的拖延。”

尽管参众两院都不理会克林顿的要求，但他们同时通过了截然不同的法案。众议院法案的成本是参议院法案的一半，并且列出了不同的废除项目。众议院把许多支出定为紧急支出，而参议院则提议对此前制定的综合拨款实施全面削减。克林顿批评了这两个法案，并威胁如果这些抵消措施仍保留在法案之中，他将使用总统否决权。

在参众两院的矛盾通过协商解决之前，美国开始了在巴尔干地区的军事行动，导致总统又申请了另一笔60亿美元的紧急支出。有了这些可以排除法定抵消措施的补充拨款，众议院拨款委员会启动了一场竞标战来提高国防支出。在为数十个五角大楼没有申请的项目增加资金后，该委员会报告了一个130亿美元的紧急补充拨款。众议院发言人丹尼斯·哈斯特尔特（R－Ill）对委员会的行为进行了辩护，声称军方在克林顿总统主导的为期六年的预算削减下，财务已经出现“亏空”。对他来说，总统再次要求国会“抵制增加不相关支出的诱惑”。尽管如此，超过半数的众议院民主党人与共和党人联合起来，以压倒性的多数通过了这一法案。

参议院并没有受到军事补充拨款的困扰。相反，它选择在协商中获得它想要的。参众两院会议做的第一件事就是把军事补充拨款打包进飓风救援法案，实际上传达给克林顿这样一个信息：得到后者的代价是接受前者。

在协商会议上，共和党与民主党参议员为法案中大多数代价高昂的附加条款争论不休。参议员佩特·多米尼奇（R－N. Mex.）想得到一个针对石油和天然气公司的5000万美元的贷款项目。为了不被超过，参议员罗伯特·伯德（D－W. Va.）为钢铁企业提出了10亿美元的担保贷款。随着南方阳光地带合作的形成，参议员鲍勃·格雷厄姆（D－Fla.）和凯·贝利·赫金森（R－Texas）主张一项条款，允许各州无限制使用烟草协议资金中的2460亿美元。

在玉米和小麦生产的和谐景象下，民主党参议员汤姆·哈金（Iowa）和拜伦·道根（N. Dak.）为针对农民的50亿美元紧急补助进行游说。除了这些支出项目，大量立法的附加条款在协商中被提出，牵涉到阿拉斯加州的捕鱼权、联邦土地上的废弃垃圾、濒危的银白鱼和阿拉巴马鲟鱼等问题。

不出意外，国会中一些未能有幸坐在前排的议员对发生的事情感到失望。代表詹姆斯·里奇（R－Iowa）说，"紧急补充拨款不该成为那些平常会受到很大质疑的措施通过的手段。"但是参议员帕特·罗伯特（R－Kans.）对为什么这些附加条款被放在补充拨款中做出了解释：它"是我们目前可以采取的唯一措施。"

这是拨款协商会议第一次被电视转播，让观众可以一窥妥协达成和立法通过背后的合作与让步。众议员兰迪·坎宁安（R－Calif.）说"大多数观众……被震惊了，它使'好政府'这个词成为一个矛盾。"很多有争议的条款以及一些附加的支出在协商中被遗漏，但最后达成的一致是150亿美元。参议员斯蒂芬用"紧急支出"这块遮羞布来向他的同事保证，"这笔额外的资金在美国的国库中将会很安全，并且只有总统确定紧急事件存在时才能被使用。"克林顿感谢国会提供了补充拨款，感谢国会保证了政府"将会继续在美国家庭需要时为他们服务。"

在克林顿的领导下，民主党人赢得了90年代紧急支出的争夺赛；他们既因为财政上的谨慎而大获好评，同时也为受欢迎的项目保住了更多的资金。有时，国会中的共和党人认为紧急支出款项应该由其他选择性支出的削减来抵消，但是，他们并没有持续遵从这项政策。通常在被对方的策略打败后，他们也只能勉强赞成增加紧急支出，而有时则是在增加了数十亿国防资金之后。

抵消

使钱“消失”的第二种方法是，通过废除先前的拨款或增加来自使用费或其他资源的抵消收入来抵消某些支出的增加。这就是为什么 20 世纪 90 年代国会发起的撤销案数量上升的原因之一（参见第十章）。例如在 1999 年，一些共和党人提议废除拨付给各州而未支付的数十亿福利资金，以抵消国会超出上限的拨款。尽管各州的抗议阻挠了废除案的通过，这个案例还是说明了资金抵消的操作方式。

在国会预算执行法案规则的指导下，拨款抵消理应只能在选择性资金账户中实现；任何其他抵消将被计入量入为出预算。不过，国会和总统有时会通过劫掠量入为出账户以增加选择性支出。从 1992 至 1998 财年，有近百个案例，其中强制性支出的减少被计作对选择性支出增加的抵消。一个这样的案例发生在 1998 年平衡预算事务上，把出售无线电台得到的 30 亿美元转移到预算的选择性部分。另一个案例发生在 1997 年，按揭保险改革资金中的 10 亿美元被用于抵消收入。克林顿忽视了其 2000 财年预算中建立的防火墙，其中他提议的拨款已经超出选择性上限数十亿美元之多，但是可以用新增的烟草税来抵消。克林顿的新方法使国会中的共和党人处于两难境地——或者投票同意增税，或者投票反对教育支出。共和党人试图通过把常规支出变成紧急支出从困境中脱身。

受指导的计算

通过指导国会预算局的计算者利用管理与预算局的假设进行计算，可以做到让钱“消失”。此前提到，国会预算局与管理与预算局相比更倾向于采取较为谨慎的假设；这样，如果采用管理与预算局的估测报告，国会看上去就可以比原先支出更多。因此，预算委员会指示国会预算局在计算一些特定的拨款时采用管理与预算局的假设。对国会来说，一个相关的策略就是作出单方面的计算调整，如减缓支出率或加速收入流，这些策略有助于减少总的预算授权和支出。在一些案例中，国会在管理与预算局和国会预算局的假设中做出选择，从每一方中挑出拨款成本较低的选择。

上述这些策略的目的是让拨款消失；接下来的这些策略则用来推迟对它们的计算，直到未来财政年度。

提前拨款

计算指南的第七条规则（参见附录4－1）规定：提前拨款被计作资金生效那一财年的新预算授权。此规则使国会在一个年度进行拨款，计算的却是未来年度的支出上限。这一策略对补助项目来说很有吸引力，因为联邦的财政年度与州和地方的财政年度并不重叠。联邦财政年度从 10 月到下年 9 月，而很多州的财年却从 7 月到下年 6 月。

国会在 1999 财年开始较多地采用提前拨款，在随后年份用得更加频繁。在避开某一年度的上限后，提前拨款会使下一年度支出保持在限额以内变得更加困难。例如，如果国会在提前拨款中提供 100 亿美元，结果将导致下一年度限额内可用资金相应减少。使用提前拨款潜在寄希望于国会迟早会提高上限，提供更多支出。近年来，参众两院把提前拨款的额度包括在年度预算决议之中，并且详细规定了这些提前拨款要供给的单个账户。

克林顿的 2001 财年预算还保括了隐藏提前拨款的预算影响的另一种方法。他提议，上一年度做出的 140 亿美元的提前拨款应移回 2000 财年。在此策略下，这 140 亿美元既不会计入它获得通过的 2000 财年的上限，也不会计入支出产生的

2001财年的上限。政府又得到了140亿美元可供开支，而总统和国会都可以一本正经地声称他们的支出没有超出预算上限。

拖延承诺

这一策略被用于2000财年对国立卫生研究院和其他部门的拨款之中，这些拨款中的一部分在该财年的最后几天从法定承诺中被扣除。尽管新预算授权在拨款发生那年被计算，但这些支出被拖延至下一年。当支出上限比预算授权更紧时，这个方法便可以发挥作用了。

拖延支付

与拖延支付相关的实践是在拨款法案中声称一些支付将被拖延至下一财年。效果是降低预期支出率以及与拨款相关的支出量的计算。在2000年，一些政府工作人员和军职人员原定于9月最后一个星期六的工资发放日被延至下一财年。仅拖延支付一天，就可以把超过40亿美元的支出转移到2001财年。

支出上限的有效性

相对于之前没有拨款上限的十年，以不变美元计算的非国防类选择性支出（包括国内国际活动）在20世纪90年代的拨款限额下进展顺利。这些项目在80年代减少了9%，但是在接下来的10年又增加了19%。图4－2说明2005财年实际的非国防类选择性支出（4050亿美元）远远高于罗纳德·里根推动社会项目削减运动之前的水平（1980财年的2950亿美元）。尽管预算的这一部分有资金量上的增长，但作为GDP的一部分，它却没有得到恢复；非国防类选择性支出在1980年占GDP的5.2%，但在25年后仅占3.9%。

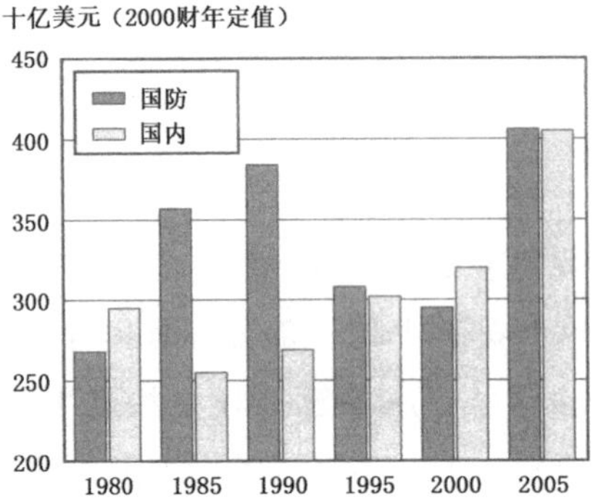

图 4-2　1980—2005 财政年度以五年为间隔的选择性支出[a]

资料来源：*Budget of the United States Government*, *Historical Tables*, *Fiscal Year 2008*, table 8.2, p. 134.

a. 非国防类包括国际项目。

大多数非国防类项目的增长是以牺牲直接支出的另一个主要部分——国防支出来实现的。根据通胀做出调整后，2000 年国防支出比十年前少了 890 亿美元。国防力量的急剧减少反映了这一下降。20 世纪 90 年代，军队失去了 18 个现役师级部队中的 8 个，空军解散了几乎一半的现役战术编队，海军解散了百分之四十以上的舰队，五角大楼解散了三分之一（近 100 万）的文职和现役军人。与支出上限相比，冷战的结束显然对非国防类选择性支出造成了更大的影响。不考虑支出上限，如果冷战继续下去，可能就不会在 1998 年或接下去的几年里出现盈余。

在 20 世纪 90 年代的大部分时间里，总统和国会设法在选择性支出上限以内存在，但这一约束无法承受收入猛增和经济扩张的好年代。克林顿推动国会投票赞成选择性拨款的小幅增长，并且承诺要控制预算以及减少政府规模。尽管绝对数额规模庞大（选择性支出从 1997 年的 5490 亿美元增长到2000年的约6180亿美元），但对于实现平衡预算来说这一数字还是太小。在赤字被清偿之后的一年，克林顿和国会采取多种措施，比上限规定多花了490亿美元（表4－8）。在接下来的2001财年预算之中，克林顿把这部分金额定为“由其他选择性方案融资的支出”，并且提议把140亿美元的提前拨款和一些资金转回2000财年。

表4－8　　超出限额的支出：2000财年拨款　单位：十亿美元

策　略	预算授权	实际支出
指定为紧急支出		
国防部门的运作和维护	7.2	5.4
十年一次的人口普查	4.5	3.8
国防部加薪	1.8	1.8
早教计划	1.7	0.9
其他	8.5	2.6
紧急支出小计	23.7	14.3
抵消		
联邦储备盈余转移	3.8	3.8
加速系列拍卖的收益	2.6	2.6
其他	2.4	2.5
抵消小计	8.7	8.8
拖延责任和拖延支付		
拖延支付	…	3.6
国防项目支付	…	1.3
国立卫生研究院	…	0.9
其他	…	0.8
拖延责任和拖延支付小计	…	6.5

续表

策　　略	预算授权	实际支出
2001 财年的提前拨款		
住房认证基金	4.2	…
特殊教育	3.7	…
培训与就业服务	2.5	…
学校质量改善项目	1.5	…
儿童和家庭管理	1.4	…
其他	1.1	…
提前拨款小计	14.4	…
总　　计	49.3	29.8

资料来源：Office of Management and Budget，*Final Sequestration Report*，January 25，2000，table 2，pp. 4 -6.

a. 由于四舍五入，数字加总可能与总计有出入。

正如对漏洞提高的信任所显示的，支出上限的运作并非完美。但政治家有强烈的动机去完善它，因为支出上限能促成财经纪律的出现。截至本文写作时，布什总统已经提议把上限再延长 5 年（到 2012 财年）。虽然还没有做出最后决定，但这是一个使支出上限能够被延用的好机会，或者通过预算决议每年做出延长决定，或者通过法律延长一段时间。未来支出上限的有效程度取决于预算的状态。如果预算吃紧，支出上限在限制联邦财政支出上会扮演突出的角色。如果预算收入充足，一部分资金将不可避免地被用于扩张联邦项目。

直接支出

接下来讲到的大多数策略均能被同时用于选择性支出和

直接支出。下面的段落将详细讲述一些方法如何被用于影响对直接支出的计算。

后置支出增长

在计算中剔除支出增长的最简单方法是做出安排，使其在基线覆盖期之外继续生效。这一策略使得医疗补助项目在20世纪80年代后期以及90年代初期的大规模膨胀变得容易操作。这次膨胀在超过十年的时间里逐步展开，最终却没有被算作支出增长。该方案被制定时，膨胀的第一年就已经在基线覆盖期之外了；当这一年度最终被放入基线期时，膨胀已经获得了现行法律的授权。随着基线被延长至10年，让新的支出消失变得更加困难。不过，国会仍然可以通过将一部分支出增长安排在基线期末生效来减少额度。

抵消

根据指纹规则的规定：直接支出增长的抵消来自收入或者事实立法，而不是拨款委员会在其管辖权下采取的措施。有时国会会利用医疗保险和医疗补助之间的差异，通过小幅减少前者的支出来增加后者的支出。因为联邦与各州分担医疗补助责任，联邦政府需支付该项目总成本近60%。不过，它需要支付全部的医疗保障费用。这就意味着医疗保障中1美元的削减会为医疗补助预算腾出将近2美元的空间。典型的医疗保障削减包括把给供应商的支付减少到基线水平以下，同时增加保费或延长保期；它很少涉及服务项目的削减。

评估量入为出的影响

为了评估量入为出的影响，除了考虑计算规则和用来减少计算结果影响的策略以外，还必须评估法定的和基于规则的量入为出操作的预算和政治语境。鉴于直接支出变化的计算与基线有关，国会和总统能够为支出的削减腾出空间，通过运用基线上升的假设，这样的支出削减就不会破坏项目活动。这样的策略在医疗保障项目上被反复利用，在计算的削减中生成了数以亿计的美元，却没有造成保金的明显减少。尽管被公布的削减计划中所声称的资金结余是虚幻的，而且对联邦支出通常只有很小的净影响，但是它们却被用来抵消因保金增加产生的成本。

量入为出也已经显著地影响了国会的行为。尽管它不能阻止新的支出或收入立法的通过，但是它能够改变国会政策的类型。以贫困儿童家庭补助法案（AFDC）形式出现的福利项目从敞口的权利性项目变成固定的总额补贴，重要的变化发生在资格认定规则和项目救济之中，它们的目的在于让受助人能从接受救济转向工作。当这些改革法案在 1996 年制定出后，官方预计在 6 年内会结余 540 亿美元。但是，由于福利参与者高出预期地急剧下降（1998 年的受助人数比 1993 年减少了 650 万），福利改革增加了支出（超出旧项目继续执行所需资金）。对农产品价格的支持也被彻底检查，但预计的结余从未实现。无论何时农业部门陷入麻烦，国会和总统总会为之注入数以亿计的紧急支出。

通过限制新的直接支出立法，以及让政府能够更容易地留住收入红利（量入为出对收入立法的影响将在第七章深入讨论），量入为出可以帮助清除预算赤字。在收入猛增的 20 世纪 90 年代，尽管出现了盈余，联邦收入也随着 GDP 大幅上涨，克林顿还是熟练地运用量入为出来阻挠共和党大幅度减税的要求。然而，如果没有克林顿的强力反对，量入为出不足以阻止全面减税提案，这一点可以从克林顿的继任者布什总统签署全面减税法案中看出。

当政治遭遇经济

总统和国会是经济表现的“人质”。因为预算制定时，未来的经济状况是不确定的，那么在收入和支出预测中就会产生一些错误。但是，由于预算计划建立在假设基础之上，于是便有了一个构造比计划中所保证的更为乐观的未来经济状况的动机。这样的偏差发生在20世纪80年代初，当时里根政府预测繁荣的经济会为税收削减提供资金，同时保证支出的增长，80年代后期又再次发生，当时《格兰姆—鲁德曼—霍林斯赤字削减法》威胁：如果赤字超出法案规定的上限，将自动取消预算资源。里根通过假设经济前景会更好，赢得了更多的税收削减，国会和总统通过公布一个比事实所示更有利的经济前景，避免资金被扣留。

即使并未出于政治利益对经济预测进行操纵，预言经济衰退何时到来，影响多深，持续多久，这些均极为困难。通过对预算近50年的观察，作者举不出任何例子来证明预算能够预测未来的经济衰退或正在进行的经济衰退的恶化。

20世纪80年代的失误足以对90年代的政治家起到警醒作用。在从1991年开始到20世纪末的长期经济扩张之中，总统和国会预算局再三低估了经济增长率以及由此产生的收入。低估部分源于经济出人意料的坚挺，另一部分则来自谨慎的预算。不论原因何在，经济表现胜过预算计划的事实有助于清除赤字。

经济对预算有最终决定作用。经济增长率和预算结果之间存在很大的相关性。持久快速的增长与小额赤字或盈余相联系，较慢的增长伴随着长期的赤字。最近的预算历史教给我们这样一个道理：在经济不景气的时候，削减开支和提高税收不能有效地消除赤字。只有当经济状况足够景气，渐进的收入增速快过支出增速时，预算才能脱离赤字。

但这并不是唯一的教训。第二章提供的证据清晰地说明了政策的重要；预算决策也会影响经济表现以及赤字或盈余的规模。稳定预算需要现实主义的经济假设和财政政策。这两者都没有在20世纪80年代出现，却都在90年代出现了，但是后者又在新世纪初期消失了。当政治遭遇经济时，并不总是前者让后者变坏。对经济良好的感觉促使政治家们做正确的事，这种情况时有发生。如果不是这样，政府的财政状况将会恶化。

小　结

随着预算实施已经变得更加正式，财政规则也愈发详尽，曾经由谈判协商解决的事项如今也常常被法律代替。一些数字是政治性的，它们从属于那些制定或实施预算的人的偏好。另一些数字是经济性的或者程序性的；它们从属于影响预算的外部因素。预算中的许多条目均由三种类型组成。当预算指出，一笔支出将用于食品券项目时，估测的基础是交易的时间、交易确认的技术规则，对食品券享受人数预测的政治影响，以及对参与者应享受福利的程序性要求。

当很多数字在预算的隐蔽世界中被编制时，技术性的考虑常常居于主导地位。但是在公开场合，政治的力量会跃居幕前，相对于技术性规定的严格执行，政治家通过在预算边缘的活动来获得比严格应用技术规则所允许的更多的支出或税收削减。尽管这些只占总额的几个百分点（或者更少），但这是预算的政治战场。它们代表了年复一年渐进式的变化，代表了共和党人与民主党人的区别，也代表了总统和国会之间难以把握的妥协。在预算这场战争中，每一阵营都装备了数字武器，这些数字相互不一致是因为政治斗争的双方不一致。然而到了最后，只有当总统与国会双方的政治计算汇总出了相同的数字，才可以实现预算和平。

第五章
总统预算

美国宪法并没有要求总统编制一份预算，对政府财政的收入与支出提供建议。尽管如此，预算早已成为总统常年需要完成的一项义务。预算也是总统用以设立立法与项目目标的最重要政策工具之一，同时规划出国家的财政进程。在每个国会立法会期的初始阶段（通常是二月的第一个星期一），总统会向国会提交一份年度预算案。这份行政预算案对未来五个甚至更多财年的支出、收入以及其他财政数额进行估算。预算案还包括了与上述有关的当前经济运行状况与预期的未来经济表现两方面估算数据相一致的政策建议与立法建议，并提供了联邦部门与项目财务方面的详细信息。

正如第二章所详细描述的那样，1921 年颁布的预算与会计法案为总统预算系统提供了合法基础。在这项法案颁布之前，联邦政府没有一套综合性的预算系统。当时，各部门会将财政规划提交给财政部部长，财政部部长再将这些规划编制到一份年度评估报告书中。总统并没有正式参与上述过程，尽管有时白宫会通过干预性的行动影响国会的收支决定。通过要求总统每年制定并向国会提交收支评估报告，1921 年预算与会计法案使总统开始对国家预算负责。这一法案成立了预算局，即现在的管理与预算局（Office of Management and Budget，OMB），来帮助总统制定与执行行政预算。尽管已被修订过多次，这项法案仍然是总统预算权力最为重要的合法性来源。法案规定了一部分预算的形式与内容，并界定了总统与相关支出部门在预算过程中的责任。

总统预算案只是向国会的一项请求。联邦部门既不能根据总统建议支出，也不能根据建议启动项目。国会不一定要采纳总统的建议，而且它通常会在拨款与法案通过的过程中对总统的建议作出上百项更改。不过，总统的建议往往还是国会收入与支出行为的起点。然而，总统在这方面的影响程度每年都有所不同，取决于当年的政治、经济环境。

总统的角色与风格

预算与会计法案赋予总统的正式角色并不能完整说明总统对预算过程的参与。每一位总统就职时都带有个人特质，以及他们的政治技巧和劣势。有的总统对财政事务充满了兴趣，并对收入与支出政策的制定持欢迎态度；有的总统则让自己与预算以及预算之中不计其数的决策与细节保持距离。有的总统拥有强烈的项目野心，这种野心只能在总统依据其个人喜好而推动预算形成的行动中被发现；有的总统则会限制那些现有预算已经可以满足的项目。有的总统会避免年度预算与拨款周期之间发生冲突；有的总统则把这种冲突看作推进其项目目标实现的必要手段。

对比尔·克林顿总统与最近其他几位总统所作的一项比较显示出几位总统在其预算风格与角色上的显著不同（见专

栏 5－1)。克林顿并不是为了成为美国首席预算官而竞选总统的。在 1992 年第一次参选时，克林顿集中关注国内问题：就业、经济、教育以及医保。但在当选之后，他使预算成为 1993 年最高级别的立法优先项。在此后的总统任期里，克林顿再次对预算事务优先立法。1995 年他挫败了国会中新的共和党多数为大规模削减各种国内项目所做的种种努力。并且在 1997 年，克林顿与共和党达成了一项协议，包括适当的支出增加，一些减税法案以及对克林顿使用信贷来平衡预算的许可。克林顿对预算的参与程度（向国会提交变革导向的预算，并在国会提出与其预算偏好相左的议案时积极行使否决权)，极大地展现了其个人性格与政治考量。

克林顿的前任，乔治·H. W. 布什，却在很大程度上远离预算过程。布什把制定、协商主要预算政策的任务交给了老练狡猾的管理与预算局局长理查德·达尔曼（Richard Darman)。事实上，布什是二战以后唯一一位没有在其提交的预算中放入一些能够传达其主要政策信息的总统。取而代之的是，达尔曼负责签署预算中的那些政策陈述。布什也在 1990 年到 1991 年间发生较缓的经济衰退时袖手旁观，并在 1990 年被诱导签署了一项增税法案。这项法案严重偏离了他此前多次强调的“不加新税”的承诺（见专栏 5－1)。但这位总统为他远离预算的行为付出了政治代价。他在 1992 年美国总统大选中败北，并且从未因为采取重要措施削减赤字而获得政治认可。

他的儿子在 2001 年就职总统，开辟了一条与前两任总统都不同的预算道路。与他的父亲相反，乔治·W. 布什积极投身于预算事务，并主要关注账目中的收入部分。与克林顿的不同在于，布什总统在任期之初对支出事务几乎不感兴趣，并且很少在支出问题上与政府部门负责人或者国会领袖协商。

很多观察家认为，总统对预算不平衡的关注导致了不平衡的预算结果。屈服于强大的总统压力，国会在 2001 年和 2003 年削减了联邦税收；然而，布什又让国会制定通过了大幅增加联邦支出的法案。在他第一个任期内，乔治·W. 布什的主要支出兴趣在于把医保项目的覆盖范围扩大到处方药。他的立法胜利显示了总统在愿意利用职位便利来改变收入或支出政策时的预算影响。

然而在他第二个任期里，长期大规模赤字、共和党内部的分裂以及 2006 年国会选举迫使布什对联邦支出增长设立更为严苛的限制。不过布什一般只是限制拨款总额，或者限制提供给追加拨款的额外资金，而不是去处理项目问题或支出明细。

专栏 5-1　预算协商时代

里根总统任期：导致 1982 年增税减支法案颁布的非正式协商

“这一群人［白宫助手与国会成员］在布莱尔大厦、吉姆·贝克的家中、布什副总统的官邸以及其他各种非正式的地方组织团体会议，以求将会议隐瞒在公众舆论以及政府与国会其他成员的视野之外。等到一整套建议被最终呈递给总统［罗纳德·里根］时，它实际上已成为既成事实——这个所谓“过程”给予我们的东西。总统与不在上述群体中的内阁成员和高级顾问一起听取了 TEFRA 法案（1982 年税赋公平与会计责任法）提案的简报，与国会领袖一同参加了决策会议。但整套立法建议以这样的一种势头不断推进（无论是在新闻媒体上还是在国会两党之内），即这套建议的实施在事实上不可能被停止，甚至内容修改也是不可能的。”

乔治·H. W. 布什总统任期：导致1990年调和法案颁布的正式协商

“总统［乔治·布什］在这个下午与国会预算谈判代表们进行了一小时四十分钟的会面，考虑制定联邦预算，该预算计划在多年期的基础上大幅削减赤字，保持经济持续增长，强化预算过程并避免未来可能发生的僵局会带来的经济与程序性影响。总统与谈判代表一致认为尽快达成共识非常重要。总统讨论了进行高层会谈的原因……总统在他的开场白中总结道：‘美国人民已经厌倦了看到预算过程年复一年地失败。他们将欢迎我们进行这一正确的工作，同时欢迎我们对预算过程进行修正。’

国会领袖们则在他们的开场白中表达出对达成一项成功和解的兴趣，并都指出了行政与国会这两个政府分支在达成协议上共有的责任。”

克林顿总统时期：导致1995年到1996年政府部分机构关闭的失败协商

“在周六与一些部门间选出的民主党参众两院议员进行了一次非常好的会谈之后，总统［比尔·克林顿］一直在努力工作以验证我们是否真的无法在打破僵局、推动平衡预算讨论前进的目标下构建出一些预算议题。我们已经开展了一些很好的会谈。在民主党核心存在着几种不同的观点，但总统正在结合民主党核心内的所有观点来努力工作，以验证我们能否找到一个更加一致的预算路径。并且，我们为已经进行过的讨论感到鼓舞。

总统个人在这个方面已经做了大量工作。就像你们所了解的那样，总统在周六与民主党成员进行了一次长时间的会谈。并且，我们坚信这次会谈对于推动平衡预算讨论，取得美国人民所期望的结果非常重要、事关重大……

总统已经有了一些他很乐意在未来考虑的想法。但这必须是一种协商，让双方都可以在其中表现出灵活性。当然，没有人会质疑总统的灵活性，质疑总统解决国会中共和党多数关心的问题的意愿，质疑总统接收共和党人关注的平衡预算时间表的意愿。但迄今为止，我们没有看到任何证据表明共和党人的灵活性，以使他们认识到总统优先事项的重要性。”

乔治·W. 布什总统任期：导致2001年大规模减税法案通过的战争

“总统明天将前往伊利诺斯州的芝加哥。在那里，他将发表演讲，说明他的预算与税赋计划，讨论经济发展的重要性以及我们如何共同应对当前经济。美国经济在过去十年中发生的一个有趣的现象是：不断增长的投资阶层（即当前在市场上进行投资的数量激增的美国中产者）拥有共同基金和其他投资。

还有另外一点可以说明我们是如何共同面对经济的。市场往往是暗示经济未来发展或走向的首要指标。总统相信他的经济计划可以帮助美国经济，而他明天将在芝加哥的交流性会议中大致介绍这项计划。

总统将继续与国会成员会面，就他的经济计划与国会成员进行讨论。我们期待着众议院周四的投票。我们希望它能成为一个非凡的时刻，一个将缓解美国人税负的重要日子。同时，我们很高兴能与这样一个愿意采取行动的国会合作。”

资料来源：Edwin Mess Ⅲ，*With Reagan*：The Inside Story

(Washington, D. C. : Regnery Gateway, 1992), p. 145; Office of the Press Secretary, White House, "Statement by Press Secretary Fitzwater on the Federal Budget Negotiations," May 15, 1990; Office of the Press Secretary, White House, "Press Briefing by Press Secretary Mike McCurry," December 18, 1995; Office of the Press Secretary, White House, "Press Briefing by Press Secretary Ari Fleischer," March 5, 2001.

就像在其他国家政策和总统行动领域一样，在预算领域，作为首席行政长官的克林顿总统与两位布什总统都不一样。每一项预算都带有克林顿总统的痕迹：他积极参与预算政策的制定，充分了解争议事项的信息，对联邦项目的重要细节都很熟悉（见专栏 5 - 2）。克林顿总统根据政府的规模与发展方向、税法的内容结构以及政策措施的架构来作出决策，他花时间来掌握预算明细，与部门负责人会面并讨论该部门的预算，并着力解决一些经过管理与预算局审查之后仍然存在的问题。

克林顿并不是第一个按照其个人意愿打造预算的总统。鉴于罗纳德·里根成功实现了在收入与支出方面的重要变革，可以说这位前总统在 1981 年（他就任总统的第一年）在预算上深深地打下了他的烙印。就像克林顿一样，里根也必须竭尽全力使他的预算获得国会通过。但在政策偏好上，两位总统的取向则截然相反。里根减税，克林顿增税；里根大幅度增加国防支出，削减社会项目，克林顿则削减了实际国防支出并增加了对社会项目的投入。不过这些意识形态不同的总统们却都采取了非常相似的方法来处理预算。上述两位总统都深知，政治上的成功仰仗于就职后立刻改变、重塑预算政策，并力求让国会通过总统希望通过的绝大部分法案。两位总统都将大量的时间与政治资源投入预算之中，并且都努力争取赞成票，帮助他们以微弱的优势获得预算胜利。

预算的一次胜利没法支撑整个总统任期，早期的胜利也不能确保这样的结果会持续。每一年都有一场新的预算战斗等待着总统——这也是总统促使国会通过他的要求的机会。里根总统头八个月的预算闪电告捷以及立法胜利之后，是超过七年的政治冲突与预算僵局。在克林顿总统预算大捷后那年，即 1994 年，他遭受了其任内最为惨重的立法失败——医保改革法案遭到国会否决。克林顿与国会在僵局中结束了 1995 年的预算周期，僵局的延续导致一部分政府机构关闭。类似的冲突在接下来的几年里又再度发生，但双方都努力弥合分歧，尽管他们都没有放弃最重要的目标。

很多总统在上任时都把预算看作一个推动政策议程的有力工具；但很多总统在卸任时，却认为预算成为阻挡其政策变革的一个阻碍。当他们的总统岁月日渐增加，总统们更多地意识到预算过程是过去决策的积累，而非讨论制定新决策的论坛。因此，特别是最近的几任总统，相比任职后期，他们都在任期的前几年提出了更多的预算申请。随着兑现过去承诺成本的激增以及政治资本的逐渐减少，总统们收敛了他们的预算野心，满足于现状或渐进的预算。

专栏 5 – 2　克林顿总统在 1995 财年预算编制中的角色

管理与预算局局长利昂·潘内达的评论：

“就像［总参谋长］马克·麦克拉蒂所述，昨天总统完成了 1995 财年预算的最终决策过程……最初，我们在 11 月 29 日与总统进行了两个小时的初步会晤。会晤之后，总统花了大约十五个小时的时间来与内阁的每一位成员以及主要部门的负责人会面，讨论他们的预算问题。在这一过程中，总统会见了21个部门与机构的负责人。这些会议从12月2日开始，并在上周五，也就是12月17日结束。

总统与部门负责人进行这样的会面是前所未有的。过去通常是在一部分决策已经作出之后，总统才根据上诉情况与合适的内阁成员会面。然而克林顿总统认为，每个部门能够将他们的预算情况呈递给总统，并在任何最终决策作出之前而不是之后与总统讨论这些关键性的问题，是非常必要的……

我将会在汇总各部门预算的会议开始时做一个展示，然后讲解那些希望获得总统关注的主要问题。之后，相关部门的长官将被允许就预算事宜进行解释。这之后通常有一个提问环节，然后还有一个讨论环节。这些会议由白宫工作人员和NEC［国家经济委员会（National Economic Council)］的代表参加。

会议后，总统在这一周［12月20日与21日］花了整整六个小时时间来处理这些［在部门会议期间被提出来的］最终预算问题，并在昨天作出了最终决策。管理与预算局和总统一起处理各种宏观的、具体的议题。这些议题中既有涉及特定部门的，也有涉及整个政府层面的。这一过程的正式内容包括与总统23个小时的会谈。

目前，预算过程已经基本属于技术阶段。因为各种数据基本上都已反馈给了各个部门与机构。各部门与机构再将这些决策转换成数以十万计的数据写入预算。之后，［我们在管理与预算局］对这些数据进行最终梳理，确保我们在2月7日提交最终预算时数据之间没有冲突与错误。”

资料来源：Office of the Press Secretary，White House，"Remarks by OMB Director Leon Panetta，" December 22，1993.

即使总统取得了早期的预算胜利，接下来要获得成功依然非常困难。总统们可能会像1981年所发生的那样，在推动国会议员为削减开支法案投票时用光他们的政治声誉；或者可能会像12年后发生的那样，为了增加税收而耗尽他们的政治信誉。他们无法反复要求国会议员的忠诚，这些议员支持总统的预算偏好，就是以自己的政治生涯为赌注。1981年夏天，成功进行了影响深远的预算变革之后仅一个月，罗纳德·里根总统就在他寻求预算削减的新一轮行动中遭遇失败。在国会批准了克林顿总统赤字削减计划之后还不到一年时间，比尔·克林顿就已经无法让国会通过他的医保改革计划了。

不过比较罕见的是，克林顿总统最为幸福的预算时光却还在这之后。通过在1995年和1996年阻止国会中共和党议员重新规划联邦预算优先项，克林顿收复了他的政治基础。他还在1997年平衡预算协议的达成中扮演了非常强势的角色。这项协议削减了税负，适度增加了国内事务支出。克林顿的强势角色还体现在他总统任期最后几年年度拨款法案的制定上。克林顿在预算中持续的活跃与影响是很多因素的结果：他获得了公众意见的支持，共和党议员对公众倾向严重误读并背上了部分政府部门关闭的黑锅，以及事实证明，克林顿是一个经验丰富、善于发起有获胜把握战斗的谈判者。此外，克林顿还受益于一个正在改善的经济环境以及逐渐出现的预算盈余。他还有效地应用了他的否决权，将自己的预算偏好强加给不服从的国会。

本书写于乔治·W. 布什总统第二个总统任期的中途。

尽管减税是他第一个总统任期中在预算方面取得的标志性成就，但布什正在推动社会保障改革，并以此作为他第二个总统任期的主要预算目标。就像其他拥有两个任期的总统那样，小布什力求用他剩余的政治资本来摆脱跛脚鸭的状况。在笔者撰写本书时，判断小布什是否会在这方面取得成功为时尚早。但毫无意外的是，他在预算方面的好日子已经过去，因为应对财政赤字的压力已经攫取了宝贵的政策主动权，并加剧了政策过程中的摩擦与冲突。

总统预算中的变革

无论风格如何，没有总统可以无视预算。不管作出选择有多么困难，或者前景有多么的不确定，向国会提交预算一直都是总统每年必须完成的几项任务之一。总统必须要留心他的预算案会在国会遭遇到怎样的状况，并做好准备以便在重要议题处在危险境地之时采取干预性行动。当预算案公布之后，总统的政治处境就进入了一个充满风险的阶段。媒体们会将这份预算称为布什预算或者克林顿预算。总统推动预算获得国会立法通过的能力取决于他采取怎样的一些方法，这些方法将决定民众对这份预算的接纳程度。所谓的“到达即死去”正是预算专家们的判断：总统预算缺乏分量，很有可能在国会作出预算决策的时候被国会忽视。通过预算，总统承担起了对经济表现的责任，对会影响可支配收入、物价、发展和其他关键指标的政策的责任。总统不能无视预算责任，即使问题不是因总统而产生，或者手中没有现成可行的解决方案。

尽管所有的总统都要参与到预算中来，经过了一代人的时间之后，预算的政治地位已经发生了根本性变化。与这种变化同时发生的还有其他一些方面的发展，这些发展削弱了总统这位首席行政官从国会那里获得他所希望的东西的能力。这种削弱来源于水门事件与越战——因总统对权力的不当使用而出现的两次失败。在总统强势参与预算的鼎盛时期（即二战之后的数十年里），年度预算是总统立法项目的平台，是国家政策的权威性发布。在国会进行拨款、考虑税收立法的整个过程中，每推进一步，国会都要考虑总统的要求。尽管国会会对总统提交的预算案作出很多修改，但这些修改都显得很微小，以至于国会通过的预算与被提交给国会的预算极为相似。相反，近年来总统的预算建议只不过比那些讨价还价过程中的公开叫价多了一点分量。总统非但不能在一开始就显露他的真实预算偏好，反而还要经常提出一些不现实的建议，这些建议不可能被采纳，其主要作用在于帮助总统在这一艰难协商过程的最后环节占据有利位置。

这种转变源于联邦预算的变化，如权利性支出在预算中所占份额的上升限制了总统的主动性，因政府长期分裂而引起的国会独立性的增强，众多利益集团活动积极性的增加，他们监视着预算中的每个阶段并提供详细的可选择方案，以及国会预算局、媒体和其他主体对总统预算进行的重要评估。

说明总统预算发生变化最有效的指标之一就是国会预算行动中对基数的广泛应用。在使用基数之前，国会一般通过比较国会活动与总统建议作出预算决策。拨款委员会一直沿用了这种运作模式，但其他所有的国会决策现在都已参照国会预算局的各种基线预测作出。基线完全不受总统预算影响。作为对收入与支出的预测，基线假设政策不变。不管总统要求的是多是少，基线都不会增加或减少一美元。在预算委员会增加预算决议时，在拨款委员会推动立法、回应和解指令时，在国会计算者计算某个尚未决定或已通过的立法的预算影响时，在执行预算规则时，基线都会被用到。利益集团利用基线来计算他们的项目是否被保护以免受通货膨胀的影响，并计算出可以增加资金的方案。毫不夸张地说，基线窃取了许多原本应给予总统预算的关注。

总统可以利用制度上的弱点，投入政治资源，获得补偿，以捍卫自己的预算案。随着民主党同时控制了立法机构与行政机构，克林顿总统 1993 年预算的命运也就掌握在了民主党人自己的手中。不过，克林顿总统仍然要与本党的议员讨价还价，以确保得到足够的赞成票使预算通过。在那一年，克林顿总统的预算斗争打得非常艰苦。尽管出现了一系列扣人心弦的投票与妥协过程，最终通过的预算版本的主线与总统最初的提议非常接近。在 1995 年共和党人控制了国会之后，克林顿总统就不得不与他的政治对手们进行协商，而这些政治对手心目中的预算优先项与克林顿有着巨大的差别。通过挫败共和党人削减主要社会项目预算（例如医疗保险与医疗补助）的努力，以及增加教育和其他总统预算优先项的支出，克林顿赢得了 1995—1996 年度预算战役的胜利。此外，他还在新的税法制定过程中占据了强势的地位，他成功地使共和党因部分联邦机构的临时性关闭而受到指责。在这场预算战役开始的时候，民意调查显示克林顿的民众支持率处于一个较低的水平。但在战役临近尾声之时，大部分美国人都表示欣赏克林顿在预算过程中的表现。不过，共和党人在这场战役中并非空手而归，因为他们让克林顿接受了共和党预算议程中的关键部分：平衡预算、福利制度改革以及减税。由于预算战役中的双方都保护了自身重要的预算目标，都可以宣称自己取得了预算胜利，因此，双方都有强烈的动机去达成和解，尽管在预算政策上他们有很大的不同。

权力的预算平衡会受到外部事件的影响，如美国的国家安全状况，也会受到总统与国会在公众中声望相对大小的影响。乔治·W. 布什总统充分利用“9.11”恐怖袭击事件的灾难性后果带给他的上述两方面优势，让国会应允了他提出的扩大联邦政府在教育与国土安全方面作用的绝大多数要求。布什总统最大的预算胜利出现在2003年。他对足够数量心存质疑的共和党人施压，从而获得了足够多的赞成票，通过了将医保范围扩大到处方药的法案。总的来说，布什的总统风格是避免大部分冲突，并只在他认为总统享有的特权被威胁到的时候才发起与国会的对抗性活动。布什赢得了国防支出方面的大幅增长，其中包括大量资金用于资助在伊拉克与阿富汗进行的军事行动。但当民意转向反对伊拉克战争与阿富汗战争，且共和党在参众两院都失去了多数党地位时，小布什就没有办法再采用温和施压的方法，或者让共和党领袖来鞭策党内普通议员与总统站在统一战线上来进行劝说活动。随着布什总统在任时间越来越少，他在预算建议与其他优先项上指挥国会行动的能力也会越来越小。

预算中的双方谁能赢得这些跨部门争论的胜利，取决于相对的政治实力与谈判技巧。根据里根、克林顿、布什几位总统在预算冲突中的胜利来看，事实似乎表明：当一位总统提出数量较少的可实现的要求，且不让相互让步的妥协使自己远离关键性的预算目标，敏锐地体察民意，并威胁使用否决权来阻止国会那些会削弱自身声望的行动时，他能取得预算胜利。总统并不需要熟悉协商过程的细节（里根总统通常不去熟悉细节，而克林顿通常会去熟悉细节），但重要的是总统既不能试图实现过多的预算目标，也不能让对手重新定义自己的预算目标。

总统预算制定

表 5－1 列出了行政预算编制所涉及的三组参与者最主要的责任：各联邦机构提出资金申请并执行授权项目；管理与预算局（OMB）审查联邦机构的预算申请，汇编预算并监督国会行动和联邦机构预算执行；总统对提交国会的预算中所叙述的政策有着最终的决定权。

表 5－1　　预算过程中各行政机构的功能

总　统	管理与预算局	联邦机构
· 制定行政预算政策并向国会提交年度预算 · 向国会提交补充预算申请、预算修正案与补充材料 · 签署或者否决国会通过的收入、拨款或其他有关预算的法案 · 告知国会其提议的撤销与延期案 · 任命管理与预算局局长和其他行政工作人员	· 负责行政预算系统的运行，向总统提交财政或其他有关问题的建议 · 向行政机构发布程序与政策方面的预算指导规则 · 将反馈意见公布给行政机构，并向总统提出预算数额建议 · 汇总将提交给国会的年度预算 · 审查提案与相关证据，监督国会在拨款以及其他法案上的行动 · 分配资金并监督预算执行 · 计算有关收入与支出的立法 · 监督管理活动以评估行政机构的绩效与行政项目的结果	· 向管理与预算局提交预算申请，向总统申诉更多资金 · 向国会委员会证明总统预算建议的合理性 · 将资金分配给本部门的下级单位 · 维持会计系统与内部控制系统的正常运行 · 为资金作出担保，并对资金进行预审计 · 执行已获得资金的项目 · 根据会计标准编制年度财务结算报表 · 评价绩效，建立基于绩效的预算

预算编制通常在每年的春季（或者更早）开始——至少比总统向国会提交预算提前 9 个月，大约比该预算涉及的财

政年度开始提前 18 个月，比该财年结束提前 30 个月（见表 5－2）。当联邦机构开始准备未来预算时，它们也同时在执行当前财年的预算，等待下一财年的拨款与立法决策。例如，在 2007 年春季，大部分的联邦机构在编制它们 2009 财年的预算申请，这是在它们拿到 2007 财年最终结果或 2008 年财政拨款的数月前。

表 5－2　　　　预算编制的主要步骤

时　　间	主要内容
春季	管理与预算局向行政机构发布春季预算规划指南，以迎接即将到来的预算工作。管理与预算局局长会向每个行政机构的负责人发送一封信函，为机构提供预算申请方面的政策指导。由于缺少更多明细性的指导，上一年度预算中的未来年度预测被用作下一年度预算编制的出发点。这就启动了总统将于下一年二月提交的预算的编制工作。
春季与夏季	管理与预算局（OMB）会和行政机构就预算问题与可选方案进行讨论。管理与预算局会和各行政机构协同工作：（1）为即将到来的预算确定主要议题；（2）为接下来的秋季评估提出方案并对方案进行分析；（3）为那些需要在未来决策的议题的分析作出规划。
7 月	管理与预算局向所有的联邦机构发布 A－11 号公告。这份公告为机构提交预算数据与材料提供了详尽的指导。
9 月	行政机构（除了那些不需要经过行政审查的部门）向管理与预算局提交预算建议。
10 月到 11 月	管理与预算局组织进行秋季审查工作。管理与预算局的工作人员会根据总统政策优先项、项目绩效以及预算限制来分析各部门的预算申请。他们会提出议题，并为管理与预算局局长和管理与预算局政策官员的决策提供可选择方案。

续表

时　　间	主要内容
11月下旬	管理与预算局就拟议中的预算政策向总统及高级顾问做简要汇报。在管理与预算局完成对所有机构预算申请的审查工作并对预算政策作出全面考虑之后，管理与预算局局长会向总统提出一套完整的预算建议。同时，管理与预算局通常会将预算申请方面的有关决议反馈给所有的行政部门。
11月下旬到次年1月上旬	所有的政府机构，包括立法分支机构与司法分支机构，都会进行录入电子数据、提交纸质材料与补充性数据的工作。这个过程在预算申请反馈之后便立即开始，并将一直持续到管理与预算局为了遵循打印期限而不得不终止行政机构访问数据库为止。
12月	行政部门可能会向总统和管理与预算局提出一些申诉[a]。部门负责人可能会要求管理与预算局取消或修正某些决议。在大多数情况下，管理与预算局和部门负责人会共同解决这些问题。如果无法解决，则会相互配合，将议题呈递给总统来做出相应的决定。
次年1月	管理与预算局会审查针对国会的预算申辩材料。行政机构会准备其预算辩护材料，他们将利用这些材料向相关的国会小组委员会做出解释性说明。

资料来源：Adapted from Office of Management and Budget, *Circular A－11*, section 10, p. 4.

a. 管理与预算局会为这一行动确定截止日期。

漫长的编制时间以及拨款尚未被制定出来的事实意味着联邦机构的预算是在经济状况、总统政策以及国会行动充满不确定性的情况下被编制出来的。联邦机构处理这种不确定性的方法如下：在预算过程进入最终阶段之前保持可选择方案的开放性，基于过去的预算编制未来的预算，提出比他们希望得到的份额更多的预算。尽管会有准备时间，但几乎没有联邦机构会进行系统、长期的预算规划。因为编制下一个预算的工作人员也正在为现行预算忙碌。预算编制是一项繁忙的、被截止日期督促着的活动，同时伴随着多个层次的审查，海量的数据需求，以及解决部门内部、部门之间冲突的强制要求。

预算编制周期的长度以及利用预算设定目标与政策优先项的难易程度，在很大程度上取决于预算自下而上的结构。部门预算通常会以分权的方式进行汇编，从组织中能够完成自身预算申请的最底层开始，并按照层级顺序逐渐向更高层次推进，直到最终所有的预算申请被统一成部门预算。不过，有些部门会在涉及明细问题之前向各个工作单位提供政策指导；而大部分其他的部门则会一直等到所有的预算申请都汇编后再进行处理。在大部分联邦机构中，各部门、各分支机构、各办公室及其他管理单位会在预算过程的每一阶段，为人事、公差、办公用品、设备以及其他项目的开支准备一份详细的预估报告。在预算被提交给上级后，上述明细会受到审查，通常还会得到修订。这一过程导致的结果就是预算编制变得耗时且繁重。此外，预算编制还把管理上的注意力从其他部门关切的事务转移到预算上来。

有人认为，自下而上的过程削弱了预算作为构建政府政策与优先项工具的作用。不过，从 20 世纪 60 年代开始，已经采取了一系列的新措施，赋予预算更多战略导向以及较少的渐进主义导向。1961 年，由罗伯特·麦克纳马拉首先引入国防部，并在 1965 年由林登·约翰逊总统向所有联邦机构推广使用的计划项目预算系统（Planning - Programming - Budgeting System，PPBS）是上述一类措施中卓有成效的突出代表之一。最近的这类措施有两个：一个是 1993 年政府绩效与结果法案（GPRA）。这项法案指导行政机构编制战略规划与绩效规划，并利用这两种规划作为预算编制的指导规则。另一个例子是2002年由管理与预算局引入的项目评级工具（Program Assessment Rating Tool，PART）。尽管计划项目预算系统、政府绩效与结果法案以及项目评级工具之间存在着大量的不同之处，但三者都旨在寻求一个更加自上而下、结果导向的过程。政府绩效与结果法案（GPRA）与项目评级工具（PART）会在第十章进行更加充分的讨论。

渐进预算

政府绩效与结果法案未能实现，计划项目预算系统与零基预算在一代人之前没有做到的是如何阻止联邦预算的渐进决策倾向。多年来，绝大多数的政府部门都基于这样一种期望来编制部门预算：当前预算中已经获得资金的所有活动都能在下一年预算中得到延续，项目提议从增量资源而非现行项目的削减中获得资金。因此，行政机构会集中关注的是，为了新建或扩张项目，如何再获得更多资源，以及如何回应政策优先项的变化。行政机构经常会对运作中的项目提出一些适度的资金节省建议，以表现出这些部门运作的精干与高效。但是这种策略通常用来帮助行政机构在未来获得比当前财年更多的资金。

预算渐进有许多规模。适合于一个野心勃勃、寻求增长的行政机构的规模，可能并不适合于一个预算目标谨慎的机构。当某个项目在公众心目中优先级高或增量资金宽裕时，合理的增长可能不适用于那些优先权低或资源紧张时的项目。行政机构与项目的发展不一致，发展的过程也会有中断。很多机构与项目在度过了一段资金相对稳定的时期后，会迎来发展的井喷期，并在这之后再度进入稳定期。这种井喷式发展可能是源于政府工作人员的创业热情，新法案对新机遇的开启，公众意见的变化，或者一次危机。在预算编制过程中顺应时势，识别并利用上述这些机遇，是预算工作中一个非常重要的技巧。

一个行政机构（或者它的一个下属单位）所追求的目标会影响到它实际获得的资源。一个只要求资金方面少量增加的行政机构不会得到资金的大量增长，但它的要求可能不需要管理与预算局或国会做出重大修改就能通过预算流程。一个寻求资金大幅增加的申请或许能得到更多资金，但却要冒着被严格审查与被修改的风险。

渐进预算所需资源或者像 20 世纪五六十年代那样由经济增长来提供，或者像 20 世纪 80 年代以及最近十年那样由政府赤字来提供。只要经济正在增长，或者政府愿意借贷，就有可能聚焦在增量上（下一年度资金分配要与本年度不同），并且很少花时间去复查过去的承诺与正在运作的项目。当上述两种状况都不够支付当前项目的未来成本时，渐进行为可能就无法持续下去了。例如，在 20 世纪 90 年代，因为在军事力量上的实际支出急剧减少，渐进主义在国防预算上变得难以立足。由于冷战的结束以及为削减联邦赤字所作的努力，实际国防支出在 1989 到 1998 年之间减少了三分之一。这迫使五角大楼进行裁军，并关闭了很多基地。一些批评家认为：即使是规模缩减，五角大楼依然坚持它渐进主义的思维定式，因为军队没有有效地再造预算以回应后冷战时代美国所面临的国际形势变化。

总统的职责

在一个以部门为中心的预算过程中总统发挥什么作用?

在各部门编制部门估测的预算早期，他是否有任何重要投入？或总统的影响力只集中在需要做出最终决策的预算末期？从形式上看，上述问题的答案是：总统在整个预算过程中可以随时介入，就其优先项与各方沟通，同时，对各个行政机构所提交的预算做出指示，并为各机构申请的金额与事务设定限制。事实上，在年度预算向国会提交后不久，管理与预算局就会给每个行政部门发放一份预算限额说明信，详述下一个预算周期的编制基础。不过，总统对预算的主要影响仍然不可避免地集中在预算过程的末期，也就是行政机构提交预算申请之后。

总统介入预算初期的程度随着年份的变化而不同。在那些经济繁荣、项目扩张的景气时期，特别是在 20 世纪 60 年代和 70 年代伊始，管理与预算局有一个被称为“春季审查”的正式程序，在这个程序中，管理与预算局会制定下一财年的总统指导方针并向各联邦部门传达。管理与预算局会为每一个行政机构设定一个资金目标（有的年份是相对固定的；其他年份则具有灵活性）并就那些将要在下一个预算周期中考量的议题提供指导。在 20 世纪 80 年代，这个过程逐渐消失了。这可能是因为管理与预算局和白宫全神贯注于国会在预算方面的举动，也因为他们不想过早地泄露总统的预算决策。没有了春季审查之后，联邦机构往往会在总统的预算政策传达给他们之前就开始工作。有些总统，如克林顿，会在预算过程的早期就向各个行政机构发布正式指令，指导各机构编制预算；其他的总统，如小布什，会等到各机构完成对自身预算申请的汇总之后才介入预算过程。

倘若财政资源没有显著增加，且总统在预算编制早期参与有限，那么总统影响力就存在被削弱的可能。如果资金增量充足，总统可以在预算过程的较晚阶段进行干预，将增加的财政资源部分或全部划拨给他的政策优先项。如果总统的主要目标是削减开支，那么总统就可以较晚介入并力推他的削减措施。这两种模式中，前一种模式通常被视为肯尼迪—约翰逊时代的特征；后一种模式则在里根执政时居主导地位。在总统缺少资金增量但仍然寻求启动一些重大项目时，他会发现如果一直等到最后一分钟才对预算过程施加影响，政策选择将非常有限。

无论总统早期介入预算有多少优势，那些认为在预算初期利用总统指令已得到解决的所有事项能够在充满了妥协与让步的预算协商中一直保持“已解决”状态的观点，无疑是太过天真了。在预算过程结束的时候，总是需要对预算进行一些修修补补。这是因为总会有一些总统的想法需要增加到预算中来。大量的决策会在预算编制的冲刺阶段制定，而这个时候所有的数字都已经记录完毕，将预算转化为正式文本的时间节点也已迫近。国防支出通常是最后的决定之一，在最终阶段之前始终保持开放，这是因为金额如此巨大，价格高昂的军事采购与军队规模上的决策可以让预算迅速增加或减少数十亿美元。

预算细节

编制预算就是对成千上万的细节信息进行收集、审查并做出决定。这些细节包含了联邦机构的运行、项目水平以及联邦资金提供给项目受益人的支付。即使是一位积极的总统，如比尔·克林顿，都无法掌控所有的细节。每一位总统都必须将精力集中到一小部分对他最为重要的议题上。其他议题留给相关机构或管理与预算局的工作人员处理。实际上，行政预算过程有两条路径：一条以部门为中心；另一条则处理总统关心的事务。以部门为中心的预算编制过程集中关注运作方面的细节：活动与项目；薪酬、设备、办公用品及其他物品；项目成本，如补助金与转移支付。总统利益导向的预算编制过程集中关注对项目水平的修改建议，即将增添到预算中的立法措施以及其他一些政策决定。以部门为中心的路径比总统利益导向的路径更细致。后者可能会涉及数百个决策，而前者则需要作出数千个决策。这两条路径是有重叠的——因为有些部门所关注的问题同样也是总统关心的。无论如何，将这两种过程区分开来是有意义的，因为这意味着行政预算编制中的一项重要演变。最近这些年来，白宫已经从很多细节问题上抽身，把它们交给行政机构处理，或者只在它认为值得介入的时候进行干涉。这为总统节省了时间与政治资源，使他可以把对机构预算申请的严格审查推迟到预算周期的末段。通常，总统会把审查推迟到 11 月或者 12 月（如表 5－2 所示）。较晚介入减少了过早泄露总统决策的可能，也使白宫能控制有关预算舆论的转变。

很多对行政机构意义重大的预算议题对白宫来说几乎没有考虑的价值。但有一些行政机构的事务关系到总统当前的利益，例如机构运行总开支，再如政府雇员总数。当选择性支出上限很紧时，总统会压缩机构运作经费来为项目开支挤出资金空间。人员规模也会吸引总统的兴趣，因为雇员数量是一个被广泛认可的判断政府规模膨胀或收缩的指标。

以部门为中心的预算过程相当耗时，因为有数目极为庞大的明细问题需要在这个过程中的每一步得到处理。1993 年，国家绩效审查委员会（NPR）（由副总统艾尔·戈尔领导的“政府再造”运动）提出缩短预算编制周期的建议，以使它更加契合总统的关注点。国家绩效审查委员会建议，为了制定能够引导行政机构编制预算申请的政策及政策优先项，总统要在预算过程初期发挥重要作用。但在预算过程较晚阶段对机构预算申请进行审查时，总统的作用应有所限制。国家绩效审查委员会假设，如果行政机构能够在与总统指令协调一致的情况下起草预算，那么在最后对预算进行审查的必要性就会降低。此外，国家绩效审查委员会还建议行政机构在政策决定做出之后，而不是之前，撰写详细的项目评估报告。这样机构就可以集中关注总统目标与项目绩效，而不是支出细节。

然而细节问题依然存在于行政机构的预算过程之中。原因之一在于细节问题对行政机构非常重要。管理者想要知道他们在机构运行上需要多少开支，人力资源需要的资金以及预算能否满足开支的增加。在国会委员会的要求下，特别是在拨款委员会要求行政机构为其预算申请提交大量申辩材料的情况下，预算的细节实际上被加强了。提交给国会委员会的申辩材料（这将会在第九章进行讨论）通常包含了薪酬、办公用品以及其他条目申请资金的逐项解释。对细节问题置之不理会削弱拨款委员或与国会对联邦支出的控制。这是一个古老的议题——国会对钱包的控制权。这并不只是在预算编制上花费多少时间的问题，也不单单是指国会与总统以及行政机构之间的关系问题。行政机构关注细节问题，因为他们希望国会委员会也能对这些问题予以关注。

管理与预算局

绝大多数的总统预算工作会委托给管理与预算局的政务官和事务官。这是一个隶属于总统行政办公室、拥有五百人的行政机构。管理与预算局负责几乎全部的文书工作，制定绝大部分的总统预算决策，并整合将要提交给国会的预算。此外，管理与预算局还会利用它们在预算方面的权威敦促联邦机构改善他们的管理实践。

管理与预算局的前身——预算局是在1921年预算法案颁布时成立的，这一法案开创了行政预算过程。在过去的八十年里，管理与预算局的演化是与总统职位的组织性质与角色变化相一致的。最初，预算局被放在财政部内。当时，一个现代化的、人员配备完善的总统办公室还没有出现，而预算局的主要任务是要限制联邦支出。预算局的人员规模很小，但它一心一意地致力于把联邦支出维持在一个较低的水平上，并获得了成功。之后是大萧条与罗斯福新政，以及重新定位和扩张总统雇员。1939年，预算局转移到新成立的总统行政办公室之中。在那里，预算局的职责被定为全权负责联邦管理事务。在牵头建立总统的立法计划、审查法案以判断拟议的或已被国会通过的法案是否与总统政策优先项一致等方面发挥了领导作用。二战后，总统紧接着预算之后编制一个立法计划成为惯例。20世纪60年代，预算局扩大了其承担的总统职责的内容，根据预期对社会发展、物价与就业方面的影响，将预算作为一项制定经济政策与税收、支出决策的工具。

1970年，理查德·尼克松总统把预算局改组为管理与预算局。表面上看是为了加强管理与预算局在协调政府工作方面的作用，实际上其主要影响是使管理与预算局能更好地回应总统的政治利益。改组前，预算局（拥有六百名工作人员）只有不到六个政治任命官员。改组后，政治任命的官员数增加到二十四个。事务官与白宫之间的直接互动减少了。现在，这些随着总统就职而上任，因总统卸任而离职的政务官负责处理主要的政策常规工作。

这种制度安排从20世纪70年代开始一直持续至今，不过每一任总统都会对这一制度做出调整以适应总统自身的风格。此外，一直以来，管理与预算局也会在总统执行其政策议程时努力为总统提供更专业的建议。平衡这两者并不是一件容易的事情，特别是现在管理与预算局的判断会受到国会预算局的质疑。国会预算局在华盛顿赢得的名声是党派偏见更少，更可靠。当管理与预算局和国会预算局意见不一致时，大众媒体与经验丰富的政治观察家们往往会更加信任国会预算局的数字。这并不是因为国会预算局的数字总是被证明为更加准确，而是因为他们没有受到总统偏见的影响（见专栏5－3）。

在预算与立法方面不断增强的国会独立性也对管理与预算局有影响。就在最近的20世纪70年代，管理与预算局的事务官还无需严密地监控国会对总统预算采取的行动。在预算提交后，管理与预算局的审查官员通常把大量时间花在他们所要监督的行政机构上，审查项目并评估项目管理方面的优缺点。如果他们的工作日程允许，管理与预算局的工作人员还会参与到上述这些活动之中。但是现在，他们会在国会会期投入大量时间关注拨款法案以及其他政策措施通过各个委员会、众议院和参议院的过程。即使管理与预算局服务于总统，它也必须适应国会中发生的变化。这种再定位把很多深层次的政策分析与管理方面的审查排除到预算过程之外，并加深了人们对于管理与预算局党派性的认知。

专栏5－3　管理与预算局的矛盾角色：中立职能与政治建议

现代的管理与预算局承担着两重相互矛盾的责任——一方面，要为总统编制预算提供专业辅助，并监督预算执行；

另一方面，要在与国会的协商过程中准确地表达并宣传总统的观点。以上第一重角色从1921年成立管理与预算局的前身预算局开始，就一直是预算局职责的一部分。第二重角色则在更近的一个时期出现，是分权体系、预算事务方面流传甚广的纷争以及为解决白宫与国会山之间僵局而进行的高层会谈的副产品。第一重角色需要中立的工作能力——独立于政治考量，基于业绩为总统提供建议的能力。第二重角色则令管理与预算局陷入党派政治的巨大漩涡之中。第一重角色使管理与预算局指向联邦机构的财务与活动；第二重角色则迫使管理与预算局关注国会的行动与偏好。

中立的工作能力所涉及的职责需要职业的工作人员，他们要在总统不断轮替的过程中拥有对制度的长期记忆。这些工作人员会深入、客观地提供对联邦项目的评估，可供总统考虑的议题，以及联邦机构组织架构与运行方面的详细描述。管理与预算局的每一任局长都必须拥有政治智慧，但他们不会仅仅为了满足政治利益而提出有倾向性的建议。专业的管理与预算局工作人员在绝大多数情况下都会只在幕后工作，把为总统项目寻求支持的工作留给支出部门。

管理与预算局的政治角色需要一大群政治任命官员，他们会随着一位新总统的就任而离开（这种角色在传统的角色中甚至根本就不存在）。在这个角色中，管理与预算局局长必须积极并开放地建立公众与国会对总统政策的支持。政治现实侵入到了预算编制过程之中。这种新的职责导向使管理与预算局的工作中心脱离了行政机构，更多地转为增加对国会的实质性与程序性了解。现在，管理与预算局（特别是局长与其他局里的政务官）必须与国会领袖以及基层议员保持持续的联系。这种政治化会比想象中更加复杂。因为管理与预算局的领导们必须公开拥护总统所代表的立场，但可能他们在政府内部明确表示过对这些立场的反对。管理与预算局局长现在有一副政治面容，不断在电视上抛头露面，并利用媒体与国会进行预算方面的斗争。在某些情况下，管理与预算局局长几乎成为独立于他们所服务的总统的公共人物。罗纳德·里根总统的第一任管理与预算局局长大卫·斯托克曼几乎成为这类管理与预算局局长的化身，尽管他不是最后一位建立起自身权力基础的局长。

资料来源：Portions adapted from Shelley Lynne Tomkin, *Inside OMB*：*Politics and Process in the President's Budget Office*（Armonk，N. Y.：M. E. Sharpe，1998），pp. 27－29.

管理与预算局对机构预算申请的审查

无论它多么关注国会行动，管理与预算局都必须把绝大多数的人力资源投入总统预算的编制。这就牵涉到当前管理与预算局和行政机构以及总统助手之间的关系。

当行政机构编制预算时，他们必须和负责该机构的管理与预算局审查官员保持联系。这些联系为机构编制预算申请提供了程序与政策上的指导，并使审查官发现什么是该机构的政策优先项与关注事务。从人际关系的层面来讲，行政机构和管理与预算局之间的关系通常很和谐。但双方都知道他们在预算上互为对手。行政机构想要的资金总是比管理与预算局所给的多，而且他们对政策优先事项和项目的评估总是与管理与预算局的看法有偏差。但是双方也互相依赖——行政机构有管理与预算局想要的信息，而管理与预算局控制着行政机构需要的资金。

预算编制的正式过程是基于管理与预算局 A－11 号公告进行的。这份公告包含了为行政机构提供的详细指导与安排表，指导他们制作评估报告，准备其他需要提交的材料。这些技术性的数据太过详尽而无法用来作为总统决策的基础，但它们可以用来制作预算的许多明细表。

行政机构会在每年秋季一开始就向管理与预算局提交预算申请。然后，管理与预算局工作人员（在有重要议题的情况下）和总统助手审查这些预算申请。审查通常会有几个界限分明的阶段：工作人员审查，在这一阶段管理与预算局的审查官们会审查预算申请，与行政机构的官员进行磋商，并准备建议；局长审查，这一阶段会对主要的议题进行讨论，审查官们会为他们的建议进行辩护，管理与预算局局长做出最终决定。反馈，这一阶段行政机构会被告知管理与预算局作出的决定，并有一次机会申诉，要求预算局重新审查。申诉通常首先会提交给管理与预算局，但如果协议无法达成，则也会由总统或特定的总统助手来进行衡量。最终决策通常会出现在预算最终文本里。在获知最终决策之后，行政机构会修订他们的预算以便与总统预算保持一致。

1921 年预算与会计法案禁止行政机构直接把预算提交给国会。这份禁令来自管理与预算局的一项规则（A－11 号公告，第 1 部分，第 22 节），要求所有预算申请和建议都必须在总统向国会提交预算前保密。尽管如此，内部的预算文件与决策还是经常被泄露出去，有时是总统所为，这样他就能控制这些提前泄露的消息。现在想在华盛顿保密很难。实际上，在有些年份，所有重要的预算决策都已经在预算披露之前就被泄露出去。

预算的格式与内容在一定程度上是由法律规定的。但1921年预算与会计法案授权总统按照他决定的形式与明细来阐述预算内容。在过去的三十年里，预算中的政治内容有了显著增加。不久之前，大部分预算以及它的支撑性文件的主要内容还都是财政明细表与描述性信息，总统的政策通过那些介绍技术明细的预算信息得到强调。现在，预算有时读起来就像一份充满了对总统政策赞美的竞选文件。预算的这种政治化反映了党派政治对联邦活动每一个角落的渗透。如果预算属于总统，那么预算展现总统政策最好的一面并提出充分理由来说服国会采纳这份预算便是合理的。但是，预算同时也是面向美国人民的一个关于政府收支的账户。将预算变成一份政治宣言削弱了预算在这方面的本质。这种实践始于20世纪70年代，但是在克林顿总统与乔治·W. 布什总统任职期间被大大强化。这两位总统就像打竞选持久战一样经营着白宫。

预算不是总统对政府财政的最终阐述，因为他还需要在7月15日之前提交一份中期更新文件（用以反映经济情况的变化，国会的行动以及其他方面的发展情况）。此外，总统还可能在一年内的任何一个时间里对他的预算进行修订。在国会对原始预算申请采取行动之前提交的变化申请被作为修正案处理；在拨款法案已经由国会通过并生效后提交的增加资金的申请被视为补充拨款。

总统预算中的信息

作为一份政治宣言，预算要依照每一任总统的风格与政策来打造。在乔治·H. W. 布什的总统任期内，预算被整合成一卷，强调联邦政府在未来将面临的债务和财务风险。克林顿政府则把预算案划分成四卷，这种结构也被乔治·W. 布什沿用下来：（1）美国政府预算，这一卷展示了总统关键性的预算计划与收支估测；（2）附录，这一卷有每一个预算账户的项目信息与财务信息；（3）预算分析书，这一卷中包含了一些特殊的横向表格与每个预算类别的信息，如信托资金、用户收费、税式支出以及给州和地方政府的补贴；（4）历史图表，这一卷展示了关于收入与支出发展趋势的年度数据（有些事例中的数据可以回溯到1940年）。

这些预算文件中包含着很有价值的预算信息，以及大量的"预算偏好"，展示了总统已经完成的计划以及承诺要实现的目标。预算包含着总统的预算信息，这些信息强调了主要的政策建议与变化，并以职能、机构与账户的方式展示支出数据。预算案为每一年度拨款账户提供了现有拨款以及变更建议的全文（见附录5－1）；一份对该账户内项目及绩效的简要描述（见附录5－2）；一份项目与财务明细表将本账户的数额进行分类，划入账户内各种项目之中（见附录5－3），并详细阐述其财务明细（见附录5－4）；各账户支出目标表（见附录5－5）；一份雇员概述（见附录5－6）。预算案包含了一些特别的表格，用以说明直接贷款、担保贷款以及各种由联邦部门与企业开展的商业运作模式。

尽管总统预算是了解联邦财政最为综合的信息来源，它依然无法为那些对某些项目或机构感兴趣的人提供足够的细节。补充性的信息可以从以下一些由联邦部门与机构编制的文件中获得：

——在总统向国会提交预算后不久，各行政机构会向媒体发布简报。很多机构会在预算公布的当日或次日召开媒体情况说明会，提供机构项目与财务的详细信息。

——每一个联邦机构都会为它的拨款听证会准备申辩材料。这份材料（将在第九章进行讨论）通常会在听证会举行几个月之后公布出来，但也有可能在更早的时候从机构那里获得，或者从有关国会活动的网络资源中获得。

——大部分的机构都会编制内部预算（有时会用计算机打印出来）供内部使用。但这些报告通常不会向大众公开。内部预算会在一整年中持续更新，以适应形势的新发展，比如国会的行动及资金约束。

附录5－1　拨款说明

移民与海关执法

薪酬与支出

进行移民与海关执法工作，实施拘禁、转移与调查时的必要开支；购买和租用最多3790辆警用规格的交通工具（其中2350辆只是更换设备）；根据1986年海关执法法案（19 U. S. C. 2081）第3131节，［3887000000美元］4162000000美元的总额之中用于特别行动的资金不超过7500000美元，这笔资金将一直保持有效直到耗尽；其中，招待费与代表费不能超过15000美元；举报线索者的奖励资金不得超过1000000美元，且只有在获得国土安全部部长的批准后方可；向公众宣传推广儿童色情问题举报热线的工作资金不得少于102000美元；用于项目警报的资金不得少于203000美元；用于促进性协议的资金不得少于5400000美元，这些协议需要和移民与国籍法案［8 U. S. C. 1357（g）］

第 287 节 (g) 一致；不超过 11216000 美元的资金可以用来偿付其他部门在护理、维护以及遣返偷渡者方面的开支：规定，该标题下所有用来偿付加班职工的年度资金不得超过 35000 美元，除非国土安全部部长，或者部长特别任命的人员出于国土安全方面的考虑以及在应对移民突发事件的情况下宣布取消这一限制；进一步规定，在总额中[2007 财年] 2008 财年应当有 15770000 美元用来支持针对强迫性童工的执法行动，只要该资金的超额使用额度不多于 6000000 美元，就可以一直使用下去直到用尽为止(2007 年国土安全部拨款法案)。

资料来源：Budget of the United States Government, Appendix, Fiscal Year 2008, p. 458.

(a) 这份以及后面的四份附件都是关于国土安全部移民与海关执法工作中的"薪酬与支出"问题。对于每一个拨款账户来说，这份预算展示了建议性的拨款说明，一份项目与财务明细表，一份物品分类表以及解释性的信息。

(b) 拨款说明包括现行拨款及来年建议拨款的内容。括号中的材料是建议删除的部分，斜体的材料是建议添补的部分。

(c) 整篇说明建议拨款 41.62 亿美元。在上述这一项以及其他大部分的拨款中，资金使用的明细会出现在拨款委员会报告，而非拨款法案的正文之中。不过，要注意对接待费与代表费 15000 美元的限制。

(d) 尽管这份拨款是为 2008 财年准备的，拨款建议内容里仍针对强迫性童工的执法活动提出了多达六百万美元的资金支持，而这笔支出的责任超出了该财政年度，"直到用尽为止”。如果拨款中没有提到任何时间期限，那么资金只会在一个财年内有效。

(e) 该文本的最后一部分说明（括号内部分）该账户会出现在哪一个拨款法案之中。

附录5-2　项目描述

作为国土安全部最为庞大的调查武器，移民与海关执法（Immigration and Customs Enforcement，ICE）引起了对联邦移民与海关法律执法工作一致和共同的关注。ICE 通过阻止、禁示、调查那些出入美国的人员或物品带来的威胁，来保护美国与美国人民，同时还保护整个国家的联邦政府设施。主要由薪酬与支出拨款提供资金的项目包括：

调查——负责监控一定范围内的问题，包括贩卖人口；麻醉毒品，枪支以及其他禁运品的走私；也负责出口方面的执法，例如监视非法武器出口，……以及侵犯人权的行为。ICE 参加所谓毒品犯罪联合执法项目行动来进行多部门的毒品侦查。

情报——负责收集、分析、传播战略、战术情报信息，供 ICE 与 DHS 的行动部门使用。

拘禁与转移——通过国家移民法的公平执法活动，确保所有可迁走的外国人离开合众国，以推动公共安全与国家安全。

2008 年预算支持行政机构的计划通过推行安全国界行动增进边境安全，加强国家移民法执法。预算为增加的国内执法活动提供资金支持，包括6 支全新的国界安全任务执法部队与22支全新的外籍罪犯项目小队。预算支持了移民执法活动的每一个组成部分，包括为新拘留床位提供3100万美元；1080万美元用以促进转移工作；通过对第287（g）项项目扩展来增进与州、地方执法机构合作的2640万美元资金。为了加强ICE联合执法效果的500万美元资金；还有500万美元是用来推进移民法律的遵守情况，并增进工作地的执法工作。

资料来源：Budget of the United States Government, Appendix, Fiscal Year 2008, p. 459.

（a）预算附录阐述了每一账户下拟开展的活动。在有些情况下，它会提供工作量及其他绩效的数据；但是大部分情况下，它的阐述都是概括性的，并且与这里列举的例子不同，不会将活动与所申请的资金联系在一起。对于那些总统政策优先项内的项目，预算卷中（该卷在最近已经被改造成为一份政治文件）会列出总统的愿景与目标，并提供绩效数据。

（b）依据政府绩效与结果法案，管理与预算局发布指令要求各部门与机构编制年度绩效计划以及基于目标结果与实际结果比较分析的年度绩效报告。其中只有很少的一部分信息会在预算中公开。有些绩效材料可以在部门网站上找到。

（c）更多明细性的项目描述与绩效信息包含在联邦机构为拨款委员会准备的申辩材料中。这些材料会作为拨款听证会的一部分对外公开。

（d）管理与预算局已开始采用项目评级工具（PART），依照标准问卷来对五年内所有的联邦项目进行评估。PART得分在一个政府网站（www. whitehouse. gov/omb/expectmore）上向大众公开。

附录5－3　项目与财务表：财务明细

代码 70－0540－0－1－751		2006 实际数字	2007 估计数字	2008 估计数字
按项目活动划分的义务				单位：百万美元
00.01	执法活动	3529	4155	4155
09.01	可回收项目	253	297	297
10.00	新义务资金总额	5655	5655	5711
履行项目义务可用的预算资源				
21.40	结转的未授权余额，年初	251	401	389
22.00	新预算授权（总）	3849	4440	4720
22.10	从前一年义务中回收的可用资源	85	…	…
22.30	转移到未过期账户的已到期未授权余额	15	…	…
23.90	可用于义务的全部预算资源	4200	4841	5109
23.95	新义务资金总额	－3782	－4452	－4452
履行项目义务可用的预算资源				单位：百万美元
23.98	过期或撤销的未授权余额	－17	…	…
24.40	年终结转的未授权余额	401	389	657
新预算授权（总）明细				
选择性支出				
40.00	拨款	3436	3887	4162
40.00	拨款（卡特里娜飓风）	13	…	…
40.35	被永久减少的拨款	－31	…	…
41.00	转移至其他账户的资金	－26	…	…
42.00	转自其他账户的资金	13	…	…
43.00	拨款（选择性拨款总额）	3405	3887	4162

续表

代码 70 - 0540 - 0 - 1 - 751		2006 实际数字	2007 估计数字	2008 估计数字
来自抵消收入的支出授权				
58.90	来自抵消收入的支出授权（选择性总额）	215	297	297
强制性支出				
60.20	拨款（交换学生与访问学者费用）	53	54	56
60.20	拨款（违约）	73	90	92
60.20	拨款（移民费用）	103	108	113
62.00	转自其他账户的资金	…	4	…
62.50	拨款（强制性支出总额）	229	256	261
70.00	新预算授权总额（总）	3849	4440	4720

资料来源：Budget of the United States Government, Appendix, Fiscal Year 2008, p. 459.

（a）每一个预算账户都有一份项目与财务明细表。明细表的前三部分（如上表所示）列出了账户中主要的政府活动与可用的预算资源。最后的四个部分（见下一份附录）提供了财务明细。

（b）每一个账户都有一个 11 位数字的代码。

（c）预算明细表通常有三栏。第一栏报告上一财年情况，第二栏报告当前财年情况，第三栏展示了下一财年所需要的资金数额。

（d）这份账户（像其他账户一样）为各种活动提供资金。拨款账户并不为每项活动分配资金，而是在本账户内为所有活动提供一个总的资金额。不过，申辩材料与拨款委员会的报告将提供政府活动详细的资金分配方案。

（e）在这一账户中，预计 2008 财年绝大部分资金都来自于一项选择性拨款（41.61 亿美元），但预期补充数额会来自回收款项或者从其他账户转移过来的资金、抵消收入（如使用费）以及强制性拨款。这些构成了预算申请的所有资金 47.20 亿美元。

附录 5 -4　项目与财务明细表：财务明细

代码 70 -0540 -0 -1 -751		2006 实际数字	2007 估计数字	2008 估计数字
未支付义务变更				单位：百万美元
72.40	年初授权余额	773	1078	1046
73.10	新义务资金总额	3782	4452	4452
73.20	支出总额（总）	-3411	-4484	-4668
73.40	过期账户调整（净）	-15	…	…
73.45	收回的上年度义务	-85	…	…
74.00	联邦资源未收取的客户付费变更（未过期）	-72	…	…
74.10	联邦资源未收取的客户付费变更（已过期）	106	…	…
74.40	年终授权余额	1078	1046	830
支出（总）明细				
86.90	新的选择性支出授权中的支出	2745	3384	3603
86.93	选择性结余中的支出	424	846	801
86.97	新的强制性授权中的支出	191	306	214
86.98	强制性结余中的支出	51	48	50
87.00	支出总额（总）	3411	4484	4668
抵消收入				
抵消的总的预算授权与支出				
抵消收入（现金）来源				
88.00	联邦资源	-240	-297	-297
88.40	非联邦资源	-12	…	…
88.90	抵消收入（现金），合计：	-252	-297	-297

续表

代码 70－0540－0－1－751		2006 实际数字	2007 估计数字	2008 估计数字
抵消的总的预算授权				
88.95	联邦资源未收取的客户付费变更（未过期）	－72	…	…
88.96	一部分借贷给过期账户的抵消收入（现金）	109	…	…
净预算授权与支出				
89.00	预算授权	3634	4143	4423

资料来源：Budget of the United States Government, Appendix, Fiscal Year 2008, pp. 459.

（a）项目与财务明细表的剩余部分展示了各种会计明细。“授权余额的变更”将义务与支出联系在一起。支出的数额是年初未支付的义务加上本年度产生的新义务与年终实际或估计的未支付义务的差额。

（b）“支出”是指从当前与永久性预算授权和上一财年结转资金中的支出。

（c）“抵消”以及“净预算授权”说明了抵消收入及一些会计上的调整。此处所示的净预算授权、支出与之前显示的总额之间的差额是抵消收入造成的。

（d）左边一栏的四位数字（包含两位小数）对应的是管理与预算局 A－11 号公告中提供的预算处理的界定与信息。

附录 5－5　对象分类

代码 70－0540－0－1－751		2006 实际数字	2007 估计数字	2008 估计数字
直接义务				单位：百万美元
11.1	长期全职	894	1057	1057
11.3	非长期全职	44	73	73

续表

代码 70－0540－0－1－751		2006 实际数字	2007 估计数字	2008 估计数字
11.5	其他人事补偿	215	245	245
11.8	特殊个人服务支付	1	…	…
11.9	人事补偿总额	1154	1375	1375
12.1	平民人事福利	433	473	473
21.0	人员旅行与运输	43	166	166
22.0	物品运输	26	7	7
23.1	支付给总务管理局（GSA）的租金	178	223	223
23.2	支付给其他部门的租金	1	1	1
23.3	通讯，设施与各种费用	45	46	46
25.1	咨询与辅助服务	133	176	176
25.2	其他服务	551	768	768
25.3	利用政府账户购买的其他服务与商品	57	85	85
25.4	设施维护与运行	463	334	334
25.6	医疗保险	74	…	…
25.7	装备维护与运行	33	48	48
25.8	人员给养与支持	120	286	286
26.0	供给与材料	62	67	67
31.0	装备	149	86	86
32.0	土地与建筑	2	10	10
42.0	保险申请与补偿	3	2	2
91.0	没有单据证明的资金	2	2	2
99.0	直接义务	3529	4155	4155
99.0	偿付的义务	250	294	294

续表

代码 70 – 0540 – 0 – 1 – 751		2006 实际数字	2007 估计数字	2008 估计数字
99.5	低于报告界限的资金	3	3	3
99.9	新义务资金总额	3782	4452	4452

资料来源：Budget of the United States Government, Appendix, Fiscal Year 2008, pp. 459 – 460.

(a) 每一个拨款账户都会有这份明细表，该表按照各项支出的主要对象对可用于义务的预算资源进行分类。所有的联邦机构都使用这种对象分类法。对象的代码打印在明细表的左边。

(b) 该表包括了 5 类对象：人事补偿金与救济金（10），合同服务与供给（20），购置资产（30），补助与固定费用（40），及其他（90）。每一分类的对象代码在表格左边，并在管理与预算局 A – 11 号公告中有解释说明。

(c) 因服务与产品退还获得的抵消收入产生的偿付义务与包含了其他所有支出内容的直接义务区分开来。

附录 5 – 6　雇员概述

代码 70 – 0540 – 0 – 1 – 751		2006 实际数字	2007 估计数字	2008 估计数字
直接：				单位：百万美元
1001	全日制文职雇员	12901	15543	16497
可偿付：				
2001	全日制文职雇员	340	340	340

资料来源：Budget of the United States Government, Appendix, Fiscal Year 2008, p. 460.

(a) 预算为每一个有人事补偿的账户提供了全日制雇员（FTE）工作年限的简要数据。

(b) 绝大部分行政机构在不同对象分类间转移资金上具有一定的灵活性，（见附录 5 – 5）。然而，大多数的行政机构在全日制员工数量上都有一个上限。与机构对应的拨款小组委员会希望该机构能够在适当的限度内根据机构人数限额与对象分类表执行部门预算。由于预算编制与执行之间存在较长的间隔时间，偏离这些安排表的行为时有发生。有时偏离行为发生在项目调整过程之中，这一过程会在第十章讨论。但绝大多数的偏离行为一般是支出部门单方面做出的举动。

（c）像对象分类表一样，雇员概述表把直接活动与可偿付活动区分开来。

总统预算在国会

如前文所述，现在的总统面临的是一个在预算与其他政策问题上独立性不断增加的国会。最近的几任总统与他的工作人员们必须把大量的时间投入到对国会立法行动及其支持者的监控上。

管理与预算局会追踪总统预算通过国会的过程。不过，管理与预算局在国会预算过程中所扮演的角色十分有限。预算局的官员与总统的经济顾问们出现在国会各委员会，讨论整体政策与经济议题，但他们通常会把具体项目的讨论留给相关行政机构。在拨款听证会与其他国会讨论中，行政机构官员们承担着为总统建议辩护的主要责任。在听证会上，机构官员们要对总统预算进行申辩，即使总统预算偏离了他们真实的预算偏好。一直到这一过程结束，管理与预算局都会坚持进行一项复杂的立法清理工作，以保证预算解释材料、证据以及立法建议都与总统的政策相一致。不过，整个拨款过程是碎片化的，在一些特定的事务上，行政机构有一些非正式的手段来表现自己的立场。

为了实现目标，总统及其工作人员必须在预算决议、协调法案、授权立法、年度拨款、税收立法以及更多的过程中起到引导作用。总统的工作团队必须精通国会预算规则。他们必须成为精明的预算计算者，充分留意立法计算，并注意能否利用手中的小技巧来改变计算结果。他们还必须成为优秀的国会计票员，愿意张开双臂去拉拢议员，形成一个足以取胜的联盟。有时，总统会与国会议员们进行交流；在另一些时候，他会转向议会领袖以寻求支持。总统必须清楚要在何时与国会预算过程保持一个安全的距离，何时介入这一过程，何时威胁使用否决权（或者真的动用否决权），何时作出让步。他必须清楚在什么时候把达成一致的任务托付给其他人完成，什么时候亲自指挥。艰难的决策与重要的细节都是总统所需要的。

政治与立法资源

白宫就是一个预算讲坛。在椭圆形办公室，总统通常能够定义预算讨论的基调。总统会决定什么样的议题会摆上桌面进行讨论，是否要调整收入与权利性支出，以及是否提出启动新项目的要求。总统的预算会触发国会在以上事项与其他事务方面展开行动。尽管有人说预算进入国会后就已经死去，但总统仍然可以为接下来的谈判与立法活动设置议程。总统预算公开后，媒体会给予预算极大的关注，政策分析家们与利益集团会努力强调与他们有关的内容。预算委员会、拨款委员会与税收委员会也会开始行动。

通常总统不仅拥有倡议权，他还确信国会将对他的一些预算提案采取行动。国会不会选择在拨款上无所作为，它很有可能会针对与收入有关的提案采取行动。不过拥有主动权并不能保证总统实现他的目标。每一份预算都需要总统承担国会可能掌控预算方向的风险。为了推动最终立法结果尽可能接近他的预算，总统必须诱导相当数量的中间议员以夺取胜利，避免失败。总统的首要任务是稳固本党内的支持力量。

就像有时发生的真实情况那样，如果总统在一院或者参众两院中缺少大多数的支持，他必须把争取目标扩展到另一党派摇摆不定的议员当中。如果总统不去拉拢选票，这些支持票是不会自动产生的，因为国会议员都有自己的、偏离总统利益的预算利益。1981 年的里根与 12 年后的克林顿都与很多议员进行了一对一的交谈，其中大部分是走中间路线的、保守的民主党人。他们帮助两位总统以微弱优势赢得了胜利。在这两个案例中，记者们都对购买支持票的交易大肆报道。实际上，总统通常在换取支持票的过程中出价相对较低，特别是在他们的任期末。在大选后的蜜月期以及总统民意支持率高涨的时候，总统最有价值的资源就是中间派议员在总统请求支持时对其投赞成票的倾向。一个会在重要投票之前与总统会面的议员，通常都很容易转向支持总统，放弃之前要依照自身路线投票的誓言。

有些总统很不愿意用与议员一对一的方式去寻求支持票。吉米·卡特就因为总统—国会关系的这一方面遭到挫败。乔治·H. W. 布什（他曾经担任众议员）就与很多国会议员有着不错的关系，但在预算方面，他经常高踞在冲突之上，并且无法在需要支持票的时候有效利用手中的优势。与之相反，他的儿子就很享受这部分工作。乔治·W. 布什非但不会把给议员打电话看作无关紧要的杂务，他还很乐于利用这样的机会去告诉议员他需要他们的支持票，并感谢他们的支持。

传达这种信息的效果会在重复使用中被不断削弱，这也是没有总统会把与国会的每一项预算（或者立法）分歧都变成轰动事件的原因之一。同时它也解释了为何总统倾向于把他们最突出的预算举措放在总统任期的早期，解释了为何总统的要求日益增多，但从国会那里得到的成果却越来越少。

除了游说国会议员外，总统还可以通过巧妙利用大众媒体来汇聚支持。尽管很少有观众或听众会有可能对最新预算斗争的细节感兴趣，媒体仍然给了总统机会，去把国会描绘成一个顽固对抗的形象，并要求采取行动。在罗纳德·里根任总统的早期，他对电视黄金时间的使用取得了很好的效果。他还在周末进行被媒体广泛传播的广播谈话，因为周末时媒体通常缺少重磅新闻。

克林顿的预算策略会根据政治联盟阵容的变化而变化。在1993年民主党还控制着国会的时候，克林顿的任务是说服民主党议员们为一项赤字削减一揽子计划投赞成票，这项计划包括增税与削减支出。为了获得必要的多数票，他不得不为那些受到其提案影响的民主党议员提供政治保证。克林顿在1993年2月连续两次出现在电视上：第一次出镜是一次简短的演说，现场检验并告知观众他将在数天后提出的增税政策。第二次出镜是对他即将提交给国会的预算的有力阐释。这种集中的电视曝光是有风险的，但是克林顿的这场赌博带来了收益——国会通过了总统预算计划中的主要内容。当然，不能每当预算无法在国会通过时，总统就转向大众以推动问题的解决。总统们通常都会把他们的电视出镜留到重要时刻使用。

总统的风格会在其利用预算进行演讲时造成很大的区别。如果总统很自如地扮演着这个角色，同时是一个高效的沟通者，他的个人风格就会起到帮助作用。如果总统有一个积极乐观的性格，能让他跳出负面新闻的影响；如果总统有能力始终聚焦重要的预算目标，那么他的个人风格也会有所帮助。对所有总统而言，预算其实都是一件苦差事。在一份预算还没有完全解决之前，下一份预算又已经排上日程。很少有议题能得到完全或者最终的解决。即使议题看起来容易解决，也时常会有意外强行闯入，打乱预算计划，增加协商的复杂性。因此，在每一年的预算周期中，争取他能够得到的对总统来说非常重要，拿到“半块面包”就已经可以称为彻底的胜利了。在这类政治艺术上，很少有哪一位总统能够超过克林顿。专栏5－4详细说明了他如何把共和党在1998年预算斗争中的微小让步变成政治上的重大胜利。

专栏5－4　比尔·克林顿如何在1998年把小的争论变成重大胜利

当共和党控制下的国会1998年1月召开时，国会领袖期待着一届平静且简短的会议，期待能够在拨款问题上与白宫达成一致，削减一些税收并在权利性项目上做出一些调整。结果九个月之后，双方却仍在预算纷争中胶着。最终他们在长达900页的综合拨款法案中弥补了双方的分歧，各自给予对方他们想要的一部分好处。这也标志着共和党的又一次失败与克林顿在政治上的一次重大胜利。

这一年的开端非常有利于实现预算和谐。就在数月之前，克林顿和共和党人还共同打造出一项“平衡预算”协议，声称要让预算政

2月2日
克林顿的1999财年预算公布
4月2日
参议院通过了预算决议57—41
6月5日
众议院通过了预算决议216—204
10月1日
1998财年结束，预计盈余700亿美元
10月7日
克林顿否决了农业拨款法案
10月21日
克林顿签署了综合拨款法案，使之生效
11月3日
民主党在中期选举中拿到了五个众议院席位

策能一直适用到2002财年。另外，随着会期的推进，预算环境变得比预期更加有利。克林顿的预算预计1998财年会有100亿美元的赤字，但在该财年结束的时候，政府已经实现了700亿美元的盈余。为什么在这样的环境下，白宫和国会仍会意见不合？此外，为什么是克林顿获胜？他是怎样获胜的？答案包括两个部分——共和党人的失算与克林顿的边缘策略。众议院的共和党议员们在拨款法案上的动作非常缓慢，因为他们错误地认为随着众议院中期选举的临近，共和党的力量会增强。他们如此推测的原因是内战以来民主党只有两次在中期选举中拿到席位。共和党人还假设由于盈余的增长，国会对减税的支持也会增长。他们理所当然地认为纳税人都倾向于保住更多的收入。

但是克林顿判断，随着经济繁荣，大多数美国人不会再那么关心税收问题。取而代之的，他们会担心社会保障系统是否有足够的资金来支付他们的退休金，以及学校是否有足够的资金来为他们的子女提供良好的教育。在整个会期中，克林顿利用以下两条主要信息来规避共和党人的预算要求：利用盈余来巩固社会保障体系和大幅增加教育支出。克林顿有其他的政策优先项，但他把华丽的政治辞藻都集中于这两个受欢迎的目标。

随着新财年的开始与中期选举的临近，克林顿否决了农业拨款法案，警告如果国会拒绝他的预算申请，他愿意再关闭一次联邦政府。共和党人愈加担心会再一次因为政府关闭而受到指责。因此，他们愿意协商一个一揽子交易，以解决突出的预算分歧，并让国会顺利休会。

谈判在进入综合拨款法案时达到高潮，该法案充满了双方在预算上的战利品。克林顿在教育上拿到了稍多的资金，但比他之前要求的少得多；共和党人在国防与反毒品方面得到更多。双方都假装认为支出的增加在预算限额之内，因为这些额外的资金都被打上了“紧急支出”的标签。克林顿让共和党人删去了他反对的各种附加条款，包括禁止将联邦资金用于检测或批准堕胎药，一项对穿过阿拉斯加野生保护区的新公路的授权，以及禁止五万名海地难民永久居住在美国的条款。这项法案也充斥着大量指定用途的项目与条款，这些项目与条款都与预算无关，但都与这样的事实一致：综合法案是在国会休会之前通过的最后机会。

克林顿公开宣称该法案的通过是一次胜利，并在电视上表现得像一个胜利者。共和党发言人纽特·金格里奇（R－Ga.）及其他的共和党领袖也都宣称获得了胜利，但他们很难说清他们获得了什么。四年以前，共和党议员们依靠削减预算的承诺控制了国会；在这一年，他们最终为支出增加投了赞成票。克林顿签署了综合拨款法案两周后，选举日的计票显示，民主党获得了五个众议院席位——这在过去的五十多年里还是头一次发生。克林顿在民调中的声望接近了他总统任期的顶峰。他把一次相对谨慎的项目扩张转化成了一次政治大捷。

整体与部分

总统的影响力并不会均匀地分布在预算过程的每一个方面。有时候总统在总额方面的影响力要比在特定项目上大。总统的收入提案与国会是否考虑对税法进行重大调整有很大关系；总统预测的预算盈余或赤字经常成为国会运营中的一个财政参数。在1981年以来的大多数年份里，国会的预算决议都会提供小于或者基本等于总统预算的赤字数额（或者大于或者基本等于总统建议的盈余数额）。总统预算并没有使赤字合法化，但它确实使国会在试图设定一个更高的赤字数额时要付出很大的政治代价。出于这个原因，如果总统提出一份低得不切实际的赤字预测，国会也只能这样。

在里根时期，（与实际相反）总统在预算赤字预测上的影响力令国会很为难。里根经常依据不切实际的经济上升的假设来编制预算，并提出一些“到达即死去”的建议来大幅削减国内项目。里根的预算巧妙地将他置于与国会协商的有利地位，而非证明总统的重要性。在谈判与其他行动中，国会把里根希望终止的大部分项目挽救了下来，但这也是在里根提出的赤字总额之下完成的。在这些总额之下，国会在政策优先项方面做出了重大调整，从里根希望扩张的项目（主要是国防）上挪出资金转移到里根希望紧缩的项目上。

国会还通过增加支出来恢复了一些被提议削减的项目。在 20 世纪 80 年代，国会的预算决议一般都会批准比总统申请高的预算授权与支出总额。在这一时期的大部分年份里，国会会通过更高的预算收入来为额外支出争取空间。

里根把不切实际的预算合法化为总统权力的一项工具。尽管国会对他的预算做出了很多改动，但最终的收支结果依然比提交一份更加实际的预算要更接近他的偏好。不过这位总统的战术成果也付出了高昂的代价：他们使预算越来越像谈判的一个筹码，并削弱了预算作为国家政策权威指导的地位。

乔治·H. W. 布什与克林顿都沿袭了里根的路线。布什年复一年地提交不可能通过的削减提案。实际上，如果一项削减计划在布什的一次预算中被提出，那么它很有可能出现在下一份以及再下一份预算之中。克林顿总统使用了比他的前任们更有利于辩护的经济假设，但是他的预算中仍提出了项目扩张的建议，这些建议只有在迅速、松散地使用规则时才能与支出上限匹配。克林顿在任时期，在形成预算的最后阶段谈判中，总统常常能够获得一些他希望得到的成果。如果他最初的预算就很现实的话，他得到的可能会较少。

否决权

当总统与国会的政策优先项存在分歧时，即使是一个精明而有说服力的总统也很难使他的收支偏好获得国会的通过。当国家控制权被分开，同时两党又各自占据着政治图谱的两极时，上述这种情况极有可能发生。这种情况发生时，国会可能会无视总统的预算，在拨款法案及其他预算相关事务中加入大量与总统表达的政策背道而驰的条款。这些年来，很多总统都抱怨他们处在一个不利的地位，因为他们不得不签署或者否决整个法案，没有办法在法案的条款中进行挑选。如果在财年开始后支出法案才被提交给总统，不签署法案就有关闭政府的危险，此时这种劣势会格外明显。更糟糕的是，当国会将多种拨款法案和一些事实立法一起打包进一项综合法案时，它实际上进一步削弱了总统的否决权。为了纠正这种权力上的不平衡，内战之后的总统们一直要求获得部分否决权，让他们在把法案签署成法律时可以拒绝一些令人不快的条款。1996 年国会给予总统某种形式的部分否决权，但是 1998 年最高法院判定这种否决权形式违反了宪法。

在总统与国会的政治关系中，事情并不总是它们看起来的那样。传统的全同意或者全否决的否决权在本质上并不薄弱。因为克林顿获得的部分否决权并非来自宪法修正案，因而这种否决权在本质上并不是真正意义上的否决权。此外，相对于所谓的国会致力于蒙蔽或智胜总统的说法，综合法案的通过与协商式预算过程的出现关系更大。

总统在否决立法时有一个很大的优势：只要国会中本党议员在否决投票中支持总统，总统就能够取得胜利。尽管乔治·H. W. 布什所在的共和党在国会中不占多数，但他还是有很好的否决记录：在他的总统任期最后时刻遭受到一次失败之前，老布什在否决投票的战争中连续取得了30次胜利。克林顿通过否决一些法案和威胁动用否决权的方式，在1995—1999年的预算战争中把共和党的国会议员们逼到了墙角。那么，为什么近几任的总统还抱怨说宪法规定的全同意或全否定的否决权无力呢？部分是因为国会会为一些资金指定项目，并在法案中插入一些其他条款，这些条款会冒犯总统，但又不足以让总统否决整个法案。不过，另一个重要的原因是很少有总统能够有效运用否决权。20世纪80年代，由于担心拒签会导致政府关闭，里根不得不签署一份充斥着他不喜欢的条款的综合拨款法案。在任何对抗中，发出不愿意对抗信号的一方都会失败。克林顿胜利了，因为他否决了攻击性的法案；里根失败了，因为他没有否决。

在很多预算冲突中，总统实际上并不需要真的去否决一项法案，威胁使用否决权就足够了。与近期其他几位很少暗示说他们考虑对某些法案动用否决权的总统不同，克林顿经常坦率地声称：如果拟议中的法案里某些条款不删除，他将考虑动用否决权。在这种情况下，国会通常都会修改法案以获得克林顿的批准。克林顿常常得到民意支持对这一点有帮助。但重要的是克林顿获胜了。每一次的预算胜利都会让他在下一次预算对抗中显得更为强大，因为他手里掌握着确有可能付诸实施的否决权威胁。

在乔治·W. 布什担任总统的前六年，他采取了与克林顿相反的行动方针。他很少威胁动用否决权，并签署实施了国会通过的每一项支出法案。当然，小布什会利用行政政策声明（Statements of Administration Policy，SAPs）和其他渠道告知国会他反对拨款法案的悬而不决。而且他时常能够成功地劝说国会修订支出数额或其他条款。他不愿意动用否决权，可能是因为共和党人在那段时间里几乎一直控制着参众两院，或者是因为他愿意接受支出水平的提高。不管原因为何，布什获取参众两院多数席位后的2007年突然转变预算道路。不过在那时，这位因为一场不受欢迎的战争而被削弱的即将离任的总统，已经很难抵挡国会在支出方面施加的压力了。

部分否决权可以加强总统对细节的控制，但对主要的预算议题没有多大影响。克林顿1996年签署实施部分否决权时，他宣称这将“阻止国会在一个长达500页或1000页的法案掩护下，通过那些包含特殊利益的条款”。在最高法院宣布部分否决权违宪之前，克林顿数次使用这种否决权。由于国会通过立法而非宪法修正案确立这项否决权，因此这并不是真正的部分否决权。在一定程度上，该否决过程（见专栏5－5）确实使总统能够取消国会通过的法案中的一部分，然后把他签署成法律。这种所谓的部分否决程序被用在三种立法上：拨款草案，新的直接支出，以及为100名或更少的纳税人提供优惠的收入措施。在这段短暂的时期内，克林顿对上述三种法案都使用过部分否决权。他总共取消了82个条款：79个拨款条款，2个定向税收优惠条款，以及1个直接支出条款。白宫估计，部分否决权的应用节约了20亿美元的预算。不过在1998年6月，最高法院认为：通过废除国会通过并由总统签署成为法律中的一部分，“总统已经修改了国会的两项法案……宪法中没有条款授权总统通过、修订或者撤销法规。”

专栏5－5 部分否决权

下列程序由部分否决权法案（P. L. 104—130）设立，在1996年被签署成法律，并在1998年由最高法院宣告作废。

1. 国会通过了一项拨款草案，一项提供新的直接支出的草案，或一项包含“有限税收利益”的草案并将该立法送给总统。

2. 总统以其签署其他国会通过的草案的方式签署该措施。此时，该措施生效成为法律。如果某项草案在没有总统签署或国会推翻其否决的情况下成为法律，则第3步到第6步不适用。

3. 在该措施签署后的5天内，总统将他删去的那些支出项目或有限税收利益告知国会。总统不可删除拨款草案中的立法措辞。

4. 30天内，国会可以通过立法反对总统的取消。如果国会没有采取以上举动，那么被取消的条款便停止发挥其法律效力或作用。对反对法案的审查将通过简易审查程序进行。

5. 总统可以用否决其他国会通过的草案的方式来否决反对草案。

6. 国会可以通过在参众两院获得三分之二支持票来推翻总统的否决，这一方式与国会推翻总统其他否决的方式相同。

资料来源：Line Item Veto Act，P. L. 104－130（April 9，1996），110 Stat. 1200－1212.

在国会给予克林顿部分否决权时，克林顿得到了什么？最高法院把这一权力带走后，克林顿又失去了什么？除了在某些具体条款上获得的好处外，几乎没有什么。如果部分否决权幸存下来，那么国会将会采取对策去消除这种战场上的不均衡。它有可能会制定法律使一些特定条款可以规避总统的部分否决权。或者国会会把总统的一些政策优先项作为“人质”，除非总统同意不撤销某些条款，否则就拒绝通过总统的优先事项。

有人认为失去部分否决权使总统损失很大，因为总统没有办法否决包含了大量国会立法输出与预算决定的综合法案。但是这种观点没有考虑到综合法案的形成经过了政治上讨价还价的过程。这些法案都是在年度预算过程的最后阶段才实现的，而且国会也要在与总统进行大量谈判之后才通过这些法案。这一阶段里存在着大量的妥协与让步，通过把单独的法案打包进一项综合法案，总统也收益颇丰。如果总统没有获得收益，那么他可以在法案中没有什么有利于他的内容时选择动用否决权。总统通常会克制自己仅仅因为不满法案中的条款而动用否决权。

小　结

对每一位总统来说，预算都会在他想要得到的和他能得到的之间做出平衡。公布的文字与数字只会表明什么是总统口中想要的东西，而不会告诉人们总统会做出怎样的努力来实现目标，也不会告诉人们达到怎样的程度总统才满足。预算中包含了总统多大的政治野心，包含了总统多大程度的政治威吓，只有在国会完成了它的工作，各部门开始执行获得通过的支出计划时才能得知。

一份对最近四位总统预算记录的评论显示，每一位总统在处理这一年一度的收支决策周期时都有着与众不同的方式。罗纳德·里根在编制预算时已经料到他的预算从国会出来之后会与他提交上去的那一份有很大的不同。里根提出了大量增加国防预算的请求，从而使自己拿到了更多的国防预算，尽管国会对增量进行了削减。他还年复一年地提出相同的大幅削减国内开支的计划，因而很多项目的发展减缓甚至停滞下来，即使国会已经保留了全部或者大部分的预算金额。他反对赤字，但正是他带来了巨额的财政赤字。这导致了格兰姆—鲁德曼—霍林斯法案（Gramm - Rudman - Hollings laws，GRH）在里根的第二届任期获得通过。

比起里根，乔治·H. W. 布什更少关注意识形态上的东西，但是态度却更加强硬。受制于他所谓“注意看，无新税”的誓言，布什开始了他对抗适度增税的总统历程——结果只能因为高涨的财政赤字与 GRH 法案所设目标的压力而不得不签署一个规模庞大的增税计划。尽管布什也提出了削减国内支出的计划，但他一直与预算过程保持距离。二战后所有的总统均用一个概述其政策和目标的咨文介绍他们的预算，与他们不同，布什仅发出一份简短的、例行公事的传达信。在布什的预算主管理查德·达尔曼任职期间，真正的预算信息才得以面世，不过达尔曼往往有自己的安排。

与国会的预算战争是克林顿任期内反复出现的一个主题。第一轮战争是在克林顿与同是民主党人的部分议员之间展开的，这些议员不满克林顿 1993 年提出的增税计划中的一部分。之后的一系列预算战争在克林顿与国会中的共和党议员之间展开，这些议员反对克林顿的政策优先项并要求减税。

克林顿的每一次预算战争都以谈判的方式结束，每一次克林顿也都获得了很多他想取得的成果。1993 年他胜利地使一揽子赤字削减计划获得通过；在 1995 年与 1996 年他阻止了共和党人削减税收与取消某些国内项目的企图。1997 年克林顿与共和党人达成了一项削减税收、增加部分支出的协议，并宣称要打造平衡预算；在他担任总统的最后一年，克林顿再次挫败了共和党削减税收的努力，并在支出方面有所斩获。在每一次他与共和党人的对抗中，克林顿都获得了政治胜利，并给共和党人钉上了不负责任的标签：共和党人意图关闭政府，削减医保，并拒绝赞同克林顿增加教育支出的建议以及其他政策优先项。尽管他所获得的比他一开始要求的要少很多，克林顿还是完全可以为他的政治胜利感到欢欣鼓舞。

平衡预算过程中的斗争与张力对克林顿来说似乎很容易，尽管他有时会令他的支持者感到尴尬，并让其他人困惑他的立场究竟是什么。对于克林顿来说，平衡并不是单纯地在分歧之间进行折中或者站在中间立场。平衡意味着要接受一些看上去冲突的主张，在推动政府扩张的同时要削减政府规模，要在接受保守主义的同时推进自由主义。这意味着要采取有力措施削减赤字，同时要提议启动新项目；要削减政府运作，同时要获得更多的税收为政府买单。克林顿的预算常常会公开藐视传统的分类方法，适应当时的约束与机遇。克林顿对联邦预算的管理有着典型的机会主义特征，但这种机会主义在极大的失败风险中为克林顿带来了一次次的胜利。这是真实的克林顿还是与政治有关的克林顿，二者没有区别，无论是哪一种，它都是克林顿一次次战胜国会共和党人的公式。

乔治·W. 布什也不得不去平衡完全迥异的两种预算目标，但是他处理的方式与他的前两任都明显不同。与他的父亲不同，小布什没有动摇过他削减税负的决心。与克林顿不同的是，小布什通常避免与国会在支出政策上进行公开对抗。结果，税收减少与支出增加给联邦政府留下高额、长期的赤字，这赤字甚至会在小布什离任之后的十年之内变得更加庞大。不过小布什不会对这样的预算发展趋势视而不见。在他第二个总统任期的中间阶段开始，小布什在支出方面施加了更加严格的数额限制，特别是针对社会项目。

布什对税收政策保持了一致性，并在他任期之初，政府有充足盈余时就开始主张削减支出。但在他任职后期，赤字已经出现。因为国会预算法则的限制与共和党议员内部的分裂（尤其是在参议院），布什不得不满足于比他的期望更少的削减，满足于那些如果不被移除，就会终结减税的日落法案。不过降低税率是他的标志性成就之一，而且他不太可能会在他任期的最后一年颠覆减税进程。有些人认为小布什对减税无条件的支持是为了避免曾经困扰过其父的政治陷阱；不过也有人认为通过减少收入来精简政府是一种“饿死怪兽”的策略。

不过事实上，在小布什手下，政府一点也没有挨饿。在他就任的第一年，因为“9.11”恐怖袭击，他必须在国防与国土安全上增加支出。但在事件发生之后的数月里，小布什同样签署了一项农场法案和一项补充拨款法案。国会对该补充拨款法案的规模进行了扩大，使教育方面的支出增加了数十亿美元之多。在小布什在任的头五年里，他签署了国会通过的每一个支出法案，即使支出数额大大超出了他的预算申请。他还推动了额外支出，并迫使国会通过了一项昂贵的医保扩张项目。在他总统任职的后期，小布什给支出的增加设定了更严格的限制，但这已经是共和党内部分裂与低迷的民意支持率威胁到他的政治影响力之后的事情了。

从他的预算记录上来看，小布什是一位平民主义的总统。

他给予美国人民他们想要的更少的税以及更大的项目。可以证明，这样的立场本来是希望增进共和党巩固其多数党地位的努力。但是遗留下来的过大规模的赤字削弱了这一战略的效果。

第六章
国会预算过程

在总统向国会提交预算后，国会就会开始着手制订一份预算决议以说明其政策与工作重点。这份决议为今后每十年（或少于十年）的预算框定了总额，并且在20个功能分类中分配资金。这份决议也许也包含了协调说明，指导如何改变现有的税收或直接支出法律以及其他与预算相关的条款。在编制预算决议的过程中，国会通常会违背总统的建议，但预算实施法案（BEA）生效时，国会不得不遵守对选择性支出的限制以及量入为出（PAYGO）的规定。预算实施法案（BEA）的限制到期后，预算决议就成为每年对拨款总额设限的手段。

因为预算决议以共同决议的形式呈现，所以它并不是一个法律。尽管众议院和参议院都通过了这份决议，但是在其未呈交给总统，得到总统的签署或否决之前，这份决议是没有法律地位的。除了通过预算决议外，国会还为联邦政府提供法定授权，使其能通过税收法案、拨款法案以及其他支出立法来筹集和使用财政资金。预算决议的目的在于建立一个财政框架，使国会可以在这个框架内采取行动。如果一切顺利，国会的行动以及实际筹集和支出的款项将会与决议中明确规定的数额相一致。有时预算结果能达到目标或者与目标十分接近；有时也会出现与目标相比显著的差异。尽管国会握有执行工具，如议事程序、针对参众两院委员会的第 302 款分配案、计算报告（本章稍后讨论），但它有时也会通过一些不同于决议的政策。此外，实际的税收与支出因为一些处于国会有效控制之外的因素，常常与预算决议中设定的数额不同（如经济表现）。

自从四分之一个世纪之前建立起自己的预算程序以来，国会在 1998 年第一次没有通过预算决议。同时，在 2002 年、2004 年以及 2006 年，它也未能通过预算决议。但是，这些失败并未阻止其他与预算有关的立法行动。国会为联邦项目与联邦机构提供了拨款，并制订了许多授权法案。但它没有考虑到协调法案，也没有设计出一个综合的预算政策。除了国会制订的庞大的综合拨款法案，1998 年、2002 年、2004 年和 2006 年都可以算得上是常规的预算年度。无论是税法、权利性项目，还是联邦预算规则，都没有重大改变。因此，预算决议在这些年度的缺席是很难被注意到的。

不过，在某些年份，国会的预算编制雄心勃勃且有很大的冲突。这些年份就是预算决议和协调法案支配立法议程并驱使国会对收入和支出政策作出重大改变的时候。因此，在对国会预算过程的讨论中，我们有必要对维持现状的年份与变化导向的年份进行区别。对前者来说，决议几乎不会产生作用，但是对于后者，它发挥了重大作用。

为什么国会要制订预算决议

为什么国会要采取行动，在它仍然要通过单独的法案以使政府征税、花钱时，接受一个预算决议？实际上，从1789年第一届国会的召开到1975年，国会已经运行了几乎两个世纪，但它从来没有一份预算决议。在那个时期，它每年都会作出大量的财政决策，并且一次只通过一个收入和支出法案。但是国会从来没有在预算总额上进行过投票表决；那个总额仅仅是国会众多立法行动的总和。

要理解国会为什么要设置自己的预算过程，我们必须考虑下列三个问题：在以前没有预算决议的时候国会是如何运作的？为什么在1974年国会会彻底改变以前的路线，创立一个法定的预算过程？这样一个缺乏法律地位的预算决议到底是为了什么目的而设置的？

要把"国会"和"预算"这两个词语组合在一起不是一件简单的事情。因为基于地域基础的选举制度，国会从本质上来说是一个分权的体制，所以它必须让众多委员会以及它的成员们在预算决策中表达意见。尽管有时会出现一些混乱的过程和无法预期的结果，但是权力的分散并不等于法律体系的混乱。相反，在这样一个由来自50个州的参议员以及来自美国435个选区的众议员组成的机构，权力的分散是其所固有的。国会的政治工作是表达意见，代表人民，同时了解美国人民生活中各种不同的利益。在这个预算的竞技场，国会通过其广泛分布的影响力来支撑这种制度性强制力。大多数国会成员因为在一个或多个负责税收、授权或者拨款委员会中任职而拥有一定的预算权。

国会每次只通过众多预算法案中的一个，这种做法加强了其权力的分散。但如果采用替代措施，就会给予单一的一组众议院与参议院委员会对全部预算立法的控制权。鉴于预算的规模以及重要性，这些委员会可以利用他们的权力来控制几乎全部重要的立法。这些委员会的成员会影响实质性立法，即使这些立法并不属于他们的职责范围，或者仅与预算有微弱的联系。除了他们，其他大多数成员对此并没有重要的作用或者影响力。国会权力的这种集中是不可持续的，最终被预算权排斥在外的大多数一般成员将会把控制权从拥有其的少数人中强行夺回。

在过去，预算碎片化的模式运转良好，国会在与预算有关的事项上跟从总统的领导，而与联邦政府支出有关的权力则集中在拨款委员会的手中。虽然国会的预算决定逐步进行，但每次总统的建议都会产生举足轻重的影响。国会行动的每一步，尤其是在作出拨款决策以及制定税法的时候，都会以总统的预算提案作为基点，并且通常对其作出许多细微的、渐进的改变。成千上万个不同的国会决定的相加和总和并不会使总统的预算方针有较大的方向上的转变。实际上，总统在国会的预算行动中起了协调者的作用，他使得一个分散的国会可以制造出看似协调的预算结果。

但是，正如我们前面讨论过的原因，在 60 年代末 70 年代初，总统对于立法的影响力开始下降。水门事件和越南战争付出了代价，如加剧了国会与白宫之间在增税、赤字开支和扣押没收拨款资金等一系列事件上的冲突。对拨款资金的扣押没收成为破坏两者关系的最后一根稻草，在 1974 年，它刺激了国会预算法案（CBA）的诞生。这个法案构想出预算决议作为国会的一个机会，让国会有了独立的预算立场。出于这个原因，预算决议成为一项专门的立法决策，总统将不再参与其中，而国会也不必在形成决议过程中使用总统的经济预测或政治偏好。相反，它将依靠新设立的国会预算局来收集信息与进行分析。

与总统的关系并不是国会在设立自己的预算过程中唯一关心的事情。在国会预算法案诞生的前十年中，国会对于支出的控制愈发艰难。国会中的拨款委员会曾经有权管理所有联邦开支，但在那个时期也无法阻挡权利性支出的上升趋势以及将权力转移到授权委员会的秘密手段。显然，随着这些权利性项目获得了预算中的重要地位，国会再也不能通过年度拨款决策来控制总的联邦开支。它需要一个能包括所有支出的更广泛的过程，这一过程要把税收和支出联系在一起。预算决议将会成为协调的手段。不管委员会的管辖范围有多广，预算决议的范围覆盖了所有的联邦支出，并且要求国会对收入、支出总额、预算优先项，盈余或赤字作出明确的决策。

但是，在设计这样一个广泛的预算过程的时候，国会必须保证立法权力维持分散的状态。国会预算法案（CBA）通过将预算决议摆在现有的授权、拨款、收入过程之上，在预算的整合和立法的分散中找到平衡。集合的预算过程与分散的收支过程共存使得国会的预算编制更加复杂。所有预算决议中设定的收支同时也存在于其他国会委员会的管辖范围之内。决议是咨询性的，而其他委员会的工作则是立法性的。决议处理的是总额以及小部分主要支出分类；其他委员会则关注细节并且做出具体的项目决策。决议整体的执行依赖于授权、拨款以及赋税委员会的行动。作为一个财政框架，决议在控制其他委员会行动的时候是非常重要的，但当它无法控制这些行动时，它就变得不重要甚至不相关了。在某些年份，决议在制订立法议程以及决定收支金额时起着领导作用。在其他年份，它仅仅是认可了对现状的维持而已。

国会制订预算决议的工作已经持续了30多年，但制订的过程很难连续两年保持一样，不仅是国会行动的时间选择不同，这些决议的内容和范围也有所不同；它们已成为政治变量，并根据民主党或共和党的现行议程扩大或缩小。民主党的1995财年决议覆盖了5年的财政规划并几乎没有对预算政策做出调整。随着共和党40年间首次赢得对国会的控制权，他们随即在1996财年决议中要求了超过1万亿的税收以及支出变化。他们选定了一个7年的时间框架，因为决议中的目标是在2002财年首次实现预算平衡。1997财年决议涉及了6年的范围并且削减了预算结余；1998财年决议重新回到5年期并提出了适度的政策目标。2000财年决议范围延伸至10年，因为共和党多数希望能够显示出影响深远的减税。因为税收减免的计算是考察其对基线的影响，所以决议跨越的时间越长，所报告的削减规模也就越大。在2001财年决议中，共和党将决议的覆盖年份由10年缩短成了5年，因为他们想要显示更小规模的减税（以表明减税不会触动社会保障盈余）。几乎与预算中所有其他的事情一样，因为预算环境和政策环境的改变，以及政党领袖、其他委员会和预算委员会之间关系的改变，每一年都有一个不同的故事。

预算过程的历史告诉我们，国会不会容忍在每一年都进行重大的政策变革——尝试这样做会挑起党派间的斗争，阻碍立法议程，同时会使预算委员会与国会中其他委员会的关系变得紧张。但同时，国会不会年复一年地接受墨守成规的预算政策。选举结果、来自白宫的压力、新的支出需求以及对赤字的担忧推动国会将预算决议作为政府政策重新定位的平台。国会预算“大爆炸”的年代之后，趋向于相对平静的时期。国会在1990年通过了重大的预算改革，但在随后的1991年和1992年维持了现状。并在1993年又开始了新一轮的政策变化，而1994年又几乎没有什么改变。1995年，国会试图制订真正重要的预算法案（但这次尝试激起了许多矛盾，导致一些联邦部门因为资金缺乏而关闭）。在随后的几年中，国会满足于适度的立法。在乔治·W. 布什总统的第一个任期内，预算决议围绕着促使国会进行大规模减税而展开。当减税并没有出现在国会议程上时，国会就不必完成预算决议的工作了。

预算决议寻求改变的范围可以通过它的协调指令所涉及的范围进行衡量。一份没有包含协调方案的决议仅仅满足现状；而包含了协调方案的决议则追求改变现有的法律。调解所包含的范围越广阔（包含了更多的委员会以及涉及更多的钱），决议在设置国会议程以及修正预算政策上就越重要。

矛盾的是，预算决议的本意是要证明国会的独立性，但在一些协调年份里，它却成为总统权力的工具。1981年，罗纳德·里根总统掌握了国会预算过程的控制权，使得他在收入与支出法案中赢得了意义深远的变化。随后，比尔·克林顿总统在1993年与乔治·W. 布什总统在2001年都做了类似的事情。这些总统为非常不同的政治目标而获得的胜利，已成为国会预算中最突出的成就之一。实际上，决议反映了行政、立法两个分支间的相互依存。国会可以通过它想通过的任何决议。但是要使它自己的提案成为法律，国会必须赢得总统的默许。两个分支间的分歧越大，他们越要与对方接触以弥合双方的差别。如果他们之间的调和失败了，不仅仅国会的预算过程会有风险，甚至政府的持续运作也将处于危险之中。

无论是维持现状的年份还是在政策主动的年份，国会都把预算决议作为众参两院各委员会之间预算授权与支出的分配基础。这个302款分配案（将在本章稍后详述）设置了国会委员会运作的预算边界。理想情况下，如果决议要服务于这个目的，它应该在委员会开始拨款工作及展开其他与预算有关的工作前及时获得通过。尽管国会预算过程的官方时间表要求预算决议要在每年的4月15日前通过，但表6－1显示这一期限往往会延误几个星期，有时是几个月，甚至有时决议没有被通过。在一些年份，要等到本财年已经开始，并且一些拨款法案已经被制订出来之后，国会才接受预算决议。决议的延迟是预算冲突的晴雨表。有的年份，因为分歧已经如此深刻和普遍，要取得对决议的多数支持非常困难。尽管如此，在1998年以前，众参两院几乎总是可以勉强维持对决议的多数支持。专栏6－1讲述了预算过程在1998年的断裂，并暗示决议既是不受关注的受害者，又是冲突的受害者。随着联邦预算在一代人之内首次实现平衡，也随着众参两院预算委员会领导在应对新形势的适当战略上的分裂，国会选择不采取行动。然而，在2002年、2004年和2006年，众议院和参议院在处理赤字问题的步骤上产生了分歧，正是赤字阻碍了协议的达成。

专栏6－1　没有决定的预算决议：共和党对共和党

众议院和参议院都通过了1999财年预算决议，但是两院却未能在最后的版本上达成一致。从设立国会预算过程以来，这是历史上第一次国会未能完成预算工作。结果本不应如此，毕竟共和党同时控制了参众两院。而且，就在一年以前，他们和总统达成了一项关于减少税收、增加支出的协议，并承诺在2002财年实现平衡预算。但是，1998年经济的繁荣，牛市的出现带来的收入增长帮助预算赤字得以清算。但是政客们证明，他们不仅能在如何摆脱赤字上争吵不休，还可以在如何使用盈余上进行激烈的争论；而共和党证明了不仅能和民主党针锋相对，其内部争论的激烈程度也绝不亚于与民主党的斗争。

甚至在国会开始讨论预算决议之前，克林顿的两个精明的动作就已经使国会中的共和党处于防守地位。第一个动作是在1998年国情咨文中提出的四字要求——“先救社保”，这个要求让共和党注意到总统将会反对把即将出现的盈余用于减税。克林顿没有给出任何加强社保的具体建议，但是他的四字要求实现了一个效果，它把减税描述成对社会保障体系的破坏。他的第二个举动是将650亿美元的烟草收入（这些收入有的来自香烟税，有的来自烟草诉讼案）用来抵消他之前提出的用在教育和其他社会项目上的额外支出。虽然这样的抵消违反了预算规则（将选择性支出与直接支出和收入分开），但并没有阻止克林顿，因为他能够将此事描述成烟草对孩子的问题。

在参众两院讨论预算决议时，这两个议题——减税和烟草收入成为国会的断层线。参议院预算委员会主席皮特·多米尼奇提出了一份维持现状的决议，其中包括一个象征性的减税措施，他反对克林顿的支出举措，并使选择性支出几乎达到了上限的水平。经过共和党内部的斗争，4月2日，多米尼奇的决议在参议院以57比41的投票比例获得通过。他得到了参议院规则的帮助，即只有赢得60票的支持才能通过一些共和党人希望的减税。

众议院的共和党人推迟了有关预算决议的讨论，希望乐观的收入估算将支持他们的减税意见。国会预算局逐渐增加了其估算的财政盈余值，从三月的80亿美元到三个月后的630亿美元。众议院预算委员会主席约翰·卡西奇（John Kasich）决定起草一份迎合党内保守派的决议以增加他赢得2000年总统大选共和党候选人提名的可能性。卡西奇的决议中包括700亿美元的减税、1500亿美元的支出削减以及多个内阁部门的废除。6月5日，他的决议在众议院以216票比204票的优势获得通过。

一过了预算决议通过的最后期限，拨款委员会就开始准备他们的支出法案。更重要的是，国会通过了一份成本高昂的交通法案，其中增加了数以百亿的联邦支出（见专栏8-2），践踏了众议院预算委员会为削减支出所作的努力。

在协商中，参众两院的预算决议完全不同。参议院的决议中包含了烟草收入但没有协调指令；众议院决议中有协调指令但不包括烟草收入。参议院的决议没有削减支出，也不包括减税方案，众议院决议则包含了二者。比起一份预算决议，卡西奇更期待的是他提出的议题。多米尼奇，国会中双年预算的倡导者之一，倾向于在一个将再次撕开预算伤口的决议上不作为。当会议因为未达成决议而告终时，多米尼奇得到了一个双年预算，卡西奇得到了一个议题，但却并不是他原先所期望的。他提议的支出削减没有实现，反而被大规模的支出增加所取代（如专栏5-4所示）。

表6-1　1976—2008财政年度预算决议通过日期*

财政年度	通过日期	超出截止日期时间
1976	5月14日	1
1977	5月13日	0
1978	5月17日	2

续表

财政年度	通过日期	超出截止日期时间
1979	5 月 17 日	2
1980	5 月 24 日	9
1981	6 月 12 日	28
1982	5 月 21 日	6
1983	6 月 23 日	39
1984	6 月 23 日	39
1985	10 月 1 日	139
1986	8 月 1 日	78
1987	6 月 27 日	73
1988	6 月 24 日	70
1989	6 月 6 日	52
1990	5 月 18 日	33
1991	10 月 9 日	176
1992	5 月 22 日	37
1993	5 月 21 日	36
1994	4 月 1 日	0
1995	5 月 12 日	27
1996	6 月 29 日	75
1997	6 月 13 日	59
1998	6 月 5 日	51
1999	未通过	…
2000	4 月 15 日	0
2001	4 月 13 日	0
2002	5 月 10 日	25
2003	未通过	…
2004	4 月 11 日	0

续表

财政年度	通过日期	超出截止日期时间
2005	未通过	…
2006	4 月 28 日	13
2007	未通过	…
2008	5 月 17 日	32

资料来源：*Congressional Research Service*，< *Congressional Budget Resolutions*: *Selected Statistics and Information Guide* >，*CRS Report RL*30297，table 2，*p*. 14，and *figure* 1，*p*. 15.

*：表中的时间，在 1976—1982 财年间表示首次预算决议通过的时间；在之后的几年是年度决议的通过时间；1987 财年之前国会应在 5 月 15 日前通过预算决议；此后预算决议规定的通过日期为 4 月 15 日。

预算决议的结构和内容

一份预算决议可能包含四类条款：如国会预算法案（CBA）所要求的预算总额以及功能性拨款；在预算委员会决定中插入的可选择的协调指令；众参两院在预算行动规则上的变化；还有包含在大部分决议中的国会意见说明和其他非约束性条款，给了成员们一个继续记录有关联邦预算问题的机会。

预算总额

国会预算法案要求四个主要的总额（附录 6 - 1 和 6 - 2）：

——税收总额以及总额应变动数量

——新预算授权总额及支出；

——赤字或盈余；以及

——公共债务。

这些总额并没有包括法定的预算外社会保障信托基金的收入和支出。因此，在九十年代后期，当统一的联邦预算出现盈余时，预算决议中依然持续显示着赤字。是参议院而非众议院在其决议中分别对社会保障的收入和支出进行了说明（详见附录6-3）。有时，国会已经改变了预算中对社会保障的处理，并且它很可能再次这样做。

附录6-1　预算总额：收入和预算授权

下面的预算水平适用于2005—2010财政年度：

(1) 联邦收入——以执行此次决议为目的——

(a) 联邦收入的建议水平如下：

2005财政年度：$1483658000000

2006财政年度：$1589892000000

2007财政年度：$1693246000000

2008财政年度：$1824274000000

2009财政年度：$1928678000000

2010财政年度：$2043916000000

(b) 联邦收入总水平应减少的数额如下：

2005财政年度：$366000000

2006财政年度：$17758000000

2007财政年度：$26006000000

2008财政年度：$11935000000

2009财政年度：$27553000000

2010财政年度：$22466000000

（2）新预算授权——以执行此次决议为目的，新预算授权总额的适当水平如下：

2005 财政年度：\$2078456000000

2006 财政年度：\$2144384000000

2007 财政年度：\$2211308000000

2008 财政年度：\$2314327000000

2009 财政年度：\$2428613000000

2010 财政年度：\$2524958000000

资料来源：*Concurrent Resolution on the Budget for Fiscal Year* 2006（conference report to accompany H. Con. Res. 95），H. Rept. 109－62，109th Cong，1st sess.，April 28，2005，pp. 2－3. For this and other components of the resolution cited in this chapter，see also www. gpoaccess. gov/serialset/pdf/109－62/109－62 _ conres _ budget _ 06. html.

（a）每份预算决议的第一部分规定了总收入、要变动的收入数量，新预算授权总额、总支出、赤字或盈余，以及公共债务。这些总额中不包括预算外社会保障信托基金的收入、新预算授权、或支出（为了在参议院而非众议院中的执行目的，社会保障收支额的规定在预算决议的另一部分中显示）。

（b）预算决议必须涵盖至少五个财政年度——“预算年度”（即将到来的财年）以及四个随后的“未来年度”——同时也可能包括对“当前年度”（处于进程中的年份）的修订。这份决议是为当时实行的2005财年制订的。最近一些预算决议的覆盖范围已经达到十个财年。未来年度的数额将在其后的预算决议中调整；不过，这些数额十分重要，因为它们可能会影响当前国会行动在未来预算上的效果。

(c) 收入变动可能是增加或减少，但它们只与新立法引起的变动有关，而不是那些由经济环境引起的变化。这里展示的决议为国会在2005年会议期间对减税立法采取行动提供了舞台。

附录6-2 预算总额：支出、赤字和债务限额

(3) 预算支出—以执行此次决议为目的，预算支出总额的适当水平如下：

2005财政年度：$2056006000000

2006财政年度：$2161420000000

2007财政年度：$2215361000000

2008财政年度：$2305908000000

2009财政年度：$2411288000000

2010财政年度：$2514745000000

(4) 赤字（预算内）—以执行此次决议为目的，赤字（预算内）数额如下：

2005财政年度：$572348000000

2006财政年度：$571528000000

2007财政年度：$522115000000

2008财政年度：$481634000000

2009财政年度：$482610000000

2010财政年度：$470829000000

(5) 债务限额—根据1974年国会预算法案的301 (a) (5) 款，公共债务的适当水平如下：

2005 财政年度：$796200000000

2006 财政年度：$864500000000

2007 财政年度：$928400000000

2008 财政年度：$989000000000

2009 财政年度：$1050000000000

2010 财政年度：$1110500000000

资料来源：Concurrent Resolution on the Budget for Fiscal Year 2006（conference report to accompany H. Con. Res. 95），H. Rept. 109 – 62，109th Cong.，1st sess.，April 28. 2005，p. 3.

（a）预算决议中的支出数量是估计出来的。实际赤字由国会的收入与支出决策以及征收和支出的额度决定，而非由预算决议中的条目决定。预算执行法案对选择性支出进行了限制，如第四章中介绍的那样。

（b）这些总额中不包括社会保障（这一问题将在下一份附录中展示）。如果包括了社会保障，此处列出的每年的赤字额会显著下降。举个例子，2006 年的预算赤字将是 3830 亿美元，而不是这里显示的 5720 亿美元。

（c）在决议（2007—2010）所涉及的未来年度，国会会通过的新的预算决议无疑会对这里的总额进行调整。2010 财年的数额将至少被调整四次（假设国会每年通过一份预算决议）。

（d）公共债务每年的增长都会超过当年的赤字，因为从社会保障以及其他信托基金中借来的款项会减少赤字，但还是增加了公共债务。预算决议的另一部分（这里没有显示）提供了“公众持有债务”的数量，这里排除了从信托基金中所借来的款项。2006 财年的预算决议为公共债务设置了8.6万亿美元的限额，其中5万亿包括公众持有的债务，剩余的3.6万亿则是联邦政府对其信托基金的欠款。

专栏6-3　预算总额：社会保障

(a) 社会保障收入——以参议院实施1974年国会预算法案的302款和311款为目的，联邦老年、遗属保险信托基金和联邦伤残保险信托基金的收入数额如下：

2005财政年度：$573475000000

2006财政年度：$604777000000

2007财政年度：$637792000000

2008财政年度：$671688000000

2009财政年度：$705849000000

2010财政年度：$740343000000

(b) 社会保障支出——以参议院实施1974年国会预算法案的302款和311款为基准，联邦老年、遗属保险信托基金和联邦伤残保险信托基金的支出数额如下：

2005财政年度：$398088000000

2006财政年度：$415993000000

2007财政年度：$429254000000

2008财政年度：$443235000000

2009财政年度：$460443000000

2010财政年度：$479412000000

资料来源：Concurrent Resolution on the Budget for Fiscal Year 2006 (conference report to accompany H. Con. Res. 95), H. Rept. 109-62, 109th Cong., 1st sess., April 28. 2005, pp. 3-4.

(a) 几乎所有的社会保障收入和支出是预算外支出，并不包含在预算总数（之前的两份附录的计算）以内。但是一小部分的管理费和一小部分用于支付社会保障收益税的从一般基金转移到信托基金的转移支付包括在预算总额之内。

(b) 该附录的内容只适用于参议院，众议院并没有类似的规定。参议院选择通过立法来保护社会保障收支的平衡，他们通过将收入和支出水平控制在1974年国会预算法案第302款和第311款以内来阻止国会中的一些破坏预算决议的行动。众议院为了达到同样的目的，通过一项法律条款（1990年预算执行法案中第13302款）规定的议事程序来反对那些会在一个75年的周期内损害社会保障收支平衡的立法行动。

(c) 众议院和参议院也会在处理社会保障管理费时产生分歧。这些支出在2006财年预算决议的新预算授权中高达46亿美元，属于年度拨款。为了参议院中的执行目的（众议院并非如此），管理费的新预算授权和支出会在预算决议的一个独立的子条款中进行说明（不在此处显示），资金拨付是按照预算决议覆盖期中的每一年进行的。

(d) 1974年国会预算法案阻止了社会保障在协调法案中的变化。这一禁止行为可能会被众议院的简单多数票和参议院的五分之三票所搁置。

国会预算法案要求国会成员对其预算总额进行投票表决，并因此对其承担责任。如果没有决议，总额将仅仅是过去的决定、新立法、现有拨款以及经济环境对收支的影响等在算术上的总量。就总支出和赤字进行投票让许多国会成员要支持自己不喜欢的预算结果，这对他们来说是艰巨的任务。对公共债务限额的投票是非常艰难的。限额很大程度上是象征性的，因为它不能有效控制政府借钱或者欠钱的数量。不过，由于法律中设置了对于债务总额的限制，所以国会必须周期性地通过立法以提高限额。甚至在出现盈余的时候，它也必须这样做，因为在关于公共债务的法定上限中包含了从社会保障以及其他信托基金中所借的资金。为了减轻政治负担，众议院有一个特别程序，通过这个程序，预算决议的通过也可以被认为是关于债务限额的法律的通过（尽管如此，在许多事例中，众议院用另一种程序来通过关于债务限额的法律）。参议院并没有一个类似的程序，因此，参议院必须投票表决两次：一次是关于预算决议，还有一次是关于提高法定债务限额。

功能性拨款

预算决议在表 6－2 列出的 20 个功能间分配新预算授权总额、支出、直接贷款和贷款担保。每项功能被划分成若干个子功能，并且每个预算账户都被分配到一个子功能。每个账户代码的最后三位数字就代表它分到的子功能。尽管这些功能表明了国会预算的优先项，但它们对联邦项目及机构资金的建议对拨款委员会不具有约束力。随着 302 款分配案作为国会内部预算控制基础变得日益重要，功能性拨款的重要性在下降。

表 6－2　　预算决议中的职能领域[a]

编　码	功　能
050	国防
150	国际事务
250	普通科学、太空和科技

续表

编　　码	功　　能
270	能源
300	自然资源和环境
350	农业
370	商业和住房贷款
400	交通运输
450	社区和地区发展
500	教育、培训、就业和社会服务
550	健康
570	医疗
600	收入保障
650	社会保障[b]
700	退伍军人福利与服务
750	司法管理
800	一般行政
900	净利息
920	补贴
950	未分配的补偿收入

资料来源：<*concurrent resolution on the budget for fiscal year* 2006>（*conference report to accompany H. Con. Res.* 95），*H. Rept.* 109－62，109th *Cong.*，1st *sess.*，*April* 28，2005，*pp.* 4－11.

a. 预算决议覆盖下的每一年，新的预算授权和支出会被分配到各项功能之中。

b. 社会保障只有预算内部分才包括在支出的功能性分配中。

功能性拨款必须添加到相应的预算总额中去。这种一致性规则必须严格执行；国会成员不调整预算总额就可以提出增加或减少功能性拨款的行为被这条规则所禁止。计算的一致性要求是预算编制的根本，但是政治上的一致性并不总是容易达成的。民意调查一般都显示，美国人希望有更大的项目和更少的预算投入。他们主张削减联邦总支出，但反对具体项目的削减。他们倾向于给不同的预算功能分配更多的资金，但又鼓励减少政府支出。计算的一致性意味着当选的政客可能不会按照选民的希望做事。一些国会成员解决民意矛盾的方法是对增加功能性拨款投赞成票，同时以总支出太高为由反对预算决议。

预算决议不会在具体的项目和账户间分配资金，因为这样会侵犯支出委员会的管辖权。预算决议中细节的缺乏使它的通过更加复杂，因为议员们不能轻易地因为为具体项目争取到资金而获得好评。国会规则要求其成员在对预算决议进行投票表决时不能从受欢迎项目的支出中获得好处，不能了解具体项目能得到多少资金的信息。尽管决议很少提及项目，但是其附录中的委员会报告往往详细说明了与功能性拨款相关的项目假设（附录 6 – 4）。在一些年份，预算委员会的报告会对一些具体项目所需要的具体数额提出建议。但是，这些数额是没有约束性的，而且很可能会被拨款委员忽视。但是，在某种程度上，功能性拨款反映的是国会中的共识或大多数人的意见，它们可能会影响拨款委员会的行为。由于拨款委员会的成员非常重视他们的独立性，所以他们很少履行预算决议中的所有期望。

附录 6 – 4　功能性拨款潜在的项目假设

教育、培训、就业与社会服务：功能 500

预算年度及未来年度选择性支出的水平共同反映了国会预算局（CBO）重估后总统建议的水平，包含以下调整：2006 财年教育部项目的预算授权中选择性支出水平提高了 10.4 亿美元。这一增加使社区发展基金的金额较总统所建议的维持 2005 年水平增加了 6 亿美元，其余 4 亿美元则被用于2006年Pell基金每项100美元的增幅。强制支出水平反映了国会预算局的基线，这一基线进行了调整，以支持以州为单位的禁欲补助。会议协议中还包含一项后备基金以应对会造成Pell基金中预算授权不足的潜在立法，以及修改对Pell基金预算处理的程序……

尽管国会强力支持联邦的学生贷款计划，但它越来越关注福特直接贷款项目预计费用与实际费用的差异。比如说，总统2006年的预算显示，尽管该项目预期能从起始之日到2004财年带来20亿美元的净收入，事实上该项目却造成了纳税人30亿美元的损失。这说明该计划在这近10年中给纳税人带来的成本被低估了50亿美元。

资料来源：*Concurrent Resolution on the Budget for Fiscal Year* 2006 (conference report to accompany H. Con. Res. 95), Rept. 109 - 62, 109th Cong., 1st sess., April 28, 2005, pp. 41 - 42.

(a) 本条有关第500号功能（教育，培训，就业，与社会服务）的节选说明了国会通过的2006财政年度预算决议中的项目假设。有关该决议的会议报告还讨论了其他预算功能下的项目假设。除了少数例外情况，近年来对假设的讨论变得越来越详细，且其用语也越来越接近拨款委员会的报告。

(b) 有时，项目假设直接出现在预算决议的正文中；但大多数假设则见于附带的委员会报告。尽管这些假设并不能约束针对收入和支出法案的国会行动，而仅能体现委员会以及议员间的共识，但它们有可能影响拨款金额或其他立法决定。拨款委员会通常不会忠于项目假设，因为这样做会让它们成为预算委员会的附庸。

(c) 本假设中有关选择性支出的额度要么参照总统在其预算中所提出的要求，要么参照上一年度所拨的款项，因此将它们导向拨款过程中使用的基准。对强制性支出的假设则参照预算委员会用于起草预算决议的国会预算局基线。

约束性规则和非约束性意见

最近的预算决议都倾向于采取比过去更长的篇幅。因为这些新的决议中包含了国会处理预算相关事项的行动的新(通常是临时的）规则以及对于目前预算问题的非约束性意见。与预算总额和功能性拨款相比，这些条款通常仅涉及到两院中的一个。众议院或者参议院在处理这些预算事项上可能有不同的规则，同时他们对于当前的议题也可能持有不同意见。

预算决议对于参众两院来说是一个处理预算问题的便捷工具，因为它也包括了执行预算决定的关键规则，并且允许根据需要每年对这些规则作出修改。即使一条规则已经通过成为法律，它也只能行使作为参众两院规则的职能，同时，这条规则也可以通过预算决议被修改。通过预算决议，众议院或参议院都可以为收入或支出立法设立新的议事程序，同时也可以修改现有的议事程序。因为参众两院分开执行自己的规则，所以他们不需要就预算决议中的规则更改达成一致。

实际上，参众两院对于预算实施法案（BEA）规则的过期反应不同。2004 财年的预算决议包含了选择性支出上限以及供参议院考虑收支立法的量入为出规则；众议院则没有类似的规定。但两院在同一份决议中都采用了新的规则以限制提前拨款的使用（这意味着资金要在未来财政年度才可以使用），同时也对紧急支出进行了定义。即使两院采用了相同的规则，就像他们在 2007 年对量入为出规则所做的那样，规则的执行方式也可能有所不同。众议院通过其规则委员会可以（也经常）搁置预算立法中的议事程序问题；而参议院则需要有 3/5 的投票通过率才可以搁置重要的预算规则。

最后，预算决议中常常包含这样的条文，它们要么明确表示了非约束性意见，要么就是试图影响预算政策。例说，1998 财年的决议明确了未来六年中每年选择性支出的限额，对出售政府资产所得收入应如何计入预算进行了规定，并设立储备资金以应付可能的立法行为。决议同时也包含了 20 多份“国会意见”（或者众议院或参议院意见）声明，表达国会对预算问题的看法。其中一份声明呼吁对基线计算法进行调整，另一份要求立法授权批准对联邦政府所掌握的贷款资产的出售，还有一份要求减税以使工薪家庭受益。这些类型的声明通常作为立法行动的替代；它们使得成员们即使是在没有立法行动时，也可以继续表明自已对于某些事务的支持或反对。一些声明还年复一年地出现在预算决议之中。

预算委员会

参议院和众议院的预算委员会负责编制预算决议并引导它通过各自的议院。与只能在众议院产生的税收法案，以及直到 20 世纪 90 年代末还只能由众议院产生的拨款法案不同，众议院或参议院都可以生成预算决议。在大多数年份，两院的委员会在决定决议之前都会进行广泛的协商。

从表面上看，预算委员会就像国会中的其他委员会一样，拥有自己的管辖权、议员以及工作人员。但是，它们与其他委员会是不同的，不同之处就在于预算委员会的管辖权既十分有限，又非常广泛。预算决议和协调法案是它们仅有的立法成果：前者不能成为一条法律，后者的形成不得改变其他委员嵌入的实质性条款。预算委员会全年都保持着忙碌的状态，监控预算的动态及其他委员会的工作。它们偶尔会发布关于热门预算问题的报告，但他们不会立法来解决这些问题。

预算委员会既强大又弱小——说其强大是因为它们可以对联邦税收和支出政策发起全面的改革，说其弱小则是因为他们必须依靠其他委员会才能带着这些改革走出立法的迷宫。当预算决议推动了政策的变化时，它们是强大的；当决议仅仅与现状适应时，它们是弱小的。当预算委员会于 1974 年成立时，有人担心它们会成为国会中的恶霸，强迫其他委员会制订违背自身意愿的法案。30 多年后，我们应该很明显地发现，这些预算委员会的强大是在众议院和参议院允许的范围之内。随着国会预算氛围的逐年变化，预算委员会的法律地位也随之改变。

对预算委员会可能变得过于强大的担心在众议院特别明显，因为众议院里的自由派担心，新的国会预算程序中规定的财政纪律会被用作反对社会项目的工具。为了缓解这些不安，国会预算法案（CBA）将众议院预算委员会的服务期限限制为连续两届国会（这在后来增加到了三次）并且分配半数以上的席位给众议院赋税委员会的成员以及多数派和少数派的领导。设计这些条款的目的在于防止一些成员将预算委员会当成自己的权力基础；他们只能在预算委员会引起一时的轰动，但不会在那里成就他们的事业。参议院的预算委员会并没有类似的限制，其中的一些领导利用委员会提升他们自己的立法事业。

多年来，预算委员会已经演变成为参议院和众议院政党领导人的工具。预算委员会制订的决议主要反映国会中多数党领导人的偏好，而非如众多委员会那样独立运作。预算委员会在起草决议之前会咨询民主党或共和党领导人的意见，并且依靠领导人的帮助来赢得决议的通过。有几项因素能够说明政党领导人在决定决议的政策导向中发挥了强有力的作用。

第一，预算决议涉及广泛的立法事务：国防、农业、交通运输以及其他几乎所有领域的立法行动。国会的预算政策影响了大部分的主要立法，并且预算委员会和其他委员会之间不可避免地在优先权和特殊领域的资金分配上出现争执。政党领导人通常会消除委员会之间的分歧并解决预算总额与功能性拨款上的争端。

第二，预算决议是每年国会处理的最具党派性的议题之一。关键的不仅仅是这个或那个委员会的立法偏好，还包括究竟是选择共和党的预算提案还是民主党的预算提案的问题。就像在国会预算过程设立以来超过三分之二的年份中一样，如果总统来自非议会多数的那个政党，决议会被视作国会的预算政策选择。只有政党领袖才能代表形成和保卫预算中政党地位所需的一系列观点。

最后，因为政党内部按派系投票的现象以及民主党和共和党各层级之间的分歧，在许多年中，都很难集合成一个多数群体来对预算决议表示支持。政党领导人通过交易和施加压力的手段来使决议在参众两院中得到通过。通过集合选票，他们拥有了强有力的声音来决定决议的方向与内容。

国会预算局

国会预算局（CBO）同国会预算过程一样，是根据 1974 年的同一个法案建立的。二者的设立都是为了使国会能在税收和支出事务上拥有独立于总统的能力。然而，尽管二者有共同的根源和目标，国会预算局却在国会预算过程衰微的同时蓬勃发展。经历了三个十年的经济和政治循环，国会预算局已经找到了一个适当的定位，即成为一个公正、熟练、中肯的预算信息与政策分析制作者。它进行的估测已成为政策辩论中有影响力、有时是决定性的因素，定期任命一个新局长已成为国会领导采取的重要举措之一。

国会预算局崛起的主要原因是在计算上享有的声誉——评估新立法和其他政策改变带来的预算影响。就如在第四章中所谈论的那样，国会预算局的预算评估既可以终结立法，也可以为它在国会中的通过铺平道路；即使在政治交易已经完成谈判后，它仍可以迫使委员会和议员们对未决定的立法进行修改；它还可以阻挠或挫败总统的立法野心。

随着计算变得日益重要，国会预算局工作人员对于项目和问题的深度分析似乎已经失去了领地。国会预算局（CBO）每年都会出版一系列的分析报告，但它并没有在这个领域形成垄断，它的发现并不总是能动摇立法决定。在许多政策分析中，国会预算局只是许多声音之一，而且它很少是主音。不过，在计算中，国会预算局唯一权威的竞争对手是管理与预算局（OMB），在许多媒体和政策精英看来，管理与预算局具有更强的党派性也更不可靠。

为了在国会的环境中获得成功，国会预算局必须既独立于国会又服从于它。如果国会预算局不服从于国会，它将不会有益于立法者，立法者可能会削弱它的执行能力；如果不独立，它将会缺少合法性和地位来赋予自己的声明权威性。

平衡这些冲突的命令有时在国会与它的专家之间制造了紧张的关系，特别是在每四年（或每八年）一个新的国会预算局局长被任命的时候。但国会预算局的有效运行证明其在服务国会的同时仍能维持自身独立的灵活性。然而，不仅国会预算局要平衡这些错综复杂的压力，国会自身也必须从两种不同的角度来看待国会预算局。当代国会对于国会预算局的需要差不多就如国会预算局对国会的需要一样多。显然，国会预算局依赖于国会提供的资源、权威和途径；如果它缺乏资源，或者法定权威被减少甚至撤销，又或者它的员工与立法行动保持一定距离，它将无法良好运作。但同样，国会也需要国会预算局的帮助，不仅因为它生成的数据，还因为国会预算局的声望以及它偶尔在预算冲突问题上给予立法部门政治优势。当国会在预算问题上与总统发生分歧时，媒体和其他精英一般认为国会占领着制高点，这主要是因为国会预算局受到的尊重以及它计算的可靠性。

1974 年国会预算法案精心设计了国会预算局来为多种立法需求服务——但要按照优先权进行，优先权的安排使其对预算委员会比对其他委员会负有更多责任。根据预算法案，国会预算局的“主要职责和功能”就是为预算委员会“管辖权内所有事项”提供信息。法案同样授权国会预算局协助其他委员会，并且按照最低优先权来帮助单个议员。通过指导国会预算局生成不同的报告，法案进一步加强了它与预算委员会之间的关系，这些报告包括年度的基准预测以及一份关于预算状况和处理中或已通过的法律的影响的定期评估报告。

这些年来，国会预算的变革加强了国会预算局的评估角色。包括将决议的时间跨度由 1 年延长至 10 年，协调的应用以及预算执行规则。尽管预算执行法案已经到期，但它留下了一份遗产，就是对于评估的高度兴趣，特别是在参议院，量入为出规则自 1993 年开始执行。（众议院采取量入为出规则是在 2007 年，第 110 届国会开始时。）协调也提升了评估的重要性，因为只有限制在协调指令规定数额中的立法才可以免受参议院阻挠议事的威胁。

参议院和众议院在主要议题上的巨大分歧使国会预算局的使命复杂化。它的设立是为了让其能够作为一个无党派主体运作，应该不关心政治上的考虑。预算法案中提出了局长与员工的任命“不需要考虑政治上的联系，只需要考虑他们是否能够履行自己的职责”。维持政治中立很困难，因为国会预算局的预测和分析往往会支持一个政党的立场而反对另一个政党的立场。国会预算局常常处在火线上，即受到那些喜欢它的结论的人的赞扬，又受到那些不喜欢的人的诋毁。一直困扰着国会的极端的党派偏见在最近使得国会预算局的独立变得愈发紧迫和困难。国会预算局的存在是为了给那些对当时的议题不中立的政治家们中立的建议。国会预算局在国会中没有投票权，但是它可能会影响国会成员在关键问题上的投票意愿。尽管国会预算局享有它拥有的影响力，但它必须像被剥夺了影响力一般行动。

国会预算局的核心活动被预算周期或者立法议程所驱动。它要在总统向国会提交总统预算之前，即 1 月份制订出一份对于10年内预算和经济状况的预测，同时要在国会夏季休会期结束之前更新这份评估。其他与预算有关的工作包括对总统预算的年度分析、对长期预算前景的评定，还有向国会报告当前预算的状况。

预算计算是国会预算局最重要的责任——也是最具争议性的。从90年代早期开始，国会预算局对于国会考虑的两个最突出的立法倡议有显著影响：克林顿总统在美国医保系统改革上的失败，还有乔治·布什总统成功将医疗保险的覆盖范围扩大到处方药。克林顿在他的新政府里给予全民医保一个主导性的优先地位。他在1995财年预算中估计医保改革将会在未来6年内节省超过500亿美元的开支。但是国会预算局局长罗伯特·赖肖尔却在评估中指出这个计划将会使得联邦支出在同一时期内的增长超过700亿美元。虽然直接得出结论说国会预算局的评估扼杀了这个计划会造成误解，但这个预示着庞大赤字的预算会造成不利影响的预测使总统的任务变得更困难。

2003年，国会预算局再一次在决定待定立法的命运时扮演了一个关键角色。经过多年失败的尝试，国会终于通过了一个法案，将处方药纳入医疗保险的覆盖范围之内。对于2007年而言，大部分参与者需支付年度药品支出中的第一个265美元，而医疗保险则支付处于265美元到2400美元范围中75%的费用，个人将自己承2400美元到5451美元这个范围内的所有支出，最后医疗保险将支付所有超过5451美元的名义支出，但只是象征性地收费。这种不寻常的配置因为其在中间层次（$2400—$5451）的空洞被贴上了“空心面包圈”的标签。这个洞的大小（每年都会改变）受制于一条预算约束，即10年内预计的额外支出将被限制在3950亿美元之内。因为国会预算局对法案的计算以及在其审议过程中作出的大量调整，洞的规模被扩大或缩小到3950亿美元的限额以内。

国会预算局在法案待表决通过或者刚刚被制定的时候对其进行计算。所有计算均以对未来状况的假设为基础，包括那些受到政策改变影响的行为。由于计算设定了一个10年的范围，所以很容易出现重大的偏差。但是国会预算局不会为了纠正预测结果与实际结果的差异而对先前制定的法律重新进行计算。唯一重要的计算是在法案被审议或者被制订时所做的那一个。由于随后的发展不影响计算，因而预算局总是正确的，即使当它的数字被证明是错误的时候。

计算中最困难的任务之一是估计政策改变会在何种程度上带来美国人行为的变化。举个例子，在对医保法案的计算中，国会预算局必须估计如果全部或部分成本转移给联邦政府，符合条件的人们增加的药物购买量。在衡量税收法案的收入影响时，预算局会计算税率的降低会在何种程度上使投资者兑付资本收益。直到最近，国会预算局拒绝采取动态评估方法（多数是来自国会中的共和党人）。尽管“动态计算”[1]这个术语很模糊，但是它通常涉及到可能随着政策改变而改变的宏观经济。举个例子，一些国会预算局的批评者认为它应该将商业、投资者及劳动者的税负减轻所引起的GDP、盈利及个人工资的增长作为考虑因素。国会预算局（和其他人）担心这种类型的动态计算会使立法者声称几乎所有的减税政策都能产生更多的收入。

2003年，国会预算局局长道格拉斯·赫尔兹用不同的宏观经济学假设建立基线并通过说明派生于这些基线的计算结果来评估动态计算。国会预算局预测不管使用何种假说，未来的赤字都差不多。虽然它的估计没有终结有关动态计算的争论，但国会预算局再一次证明了它在服务于国会的同时保持独立性的能力。

形成预算决议

预算委员会不能用一般的立法方式来审议预算决议。尽管决议是一份简短的文件，但它实际上触及众议院和参议院中所有委员会的利益。尽管决议是预算委员会的工作，但它有时也会碰巧成为收入、拨款以及大多数授权委员会的事情。预算委员会仅仅理解预算及其政策含义是不够的，他们必须同样了解对于其他委员会来说什么是重要的。他们会举行听证会，并且依靠国会预算局的数据和报告，还有其他委员会提交的关于“意见和评估”的报告。但他们最重要的信息资源来自与政党领导人、委员会主席以及普通议员的非正式、幕后谈话。这些谈话涉及到重大议题（例如税收水平的改变或立法倡议），但它们同时也加入了一些国会议员感兴趣但在决议中遗漏的项目细节。

国会预算局的基线为决议的准备提供了一个有益的出发点。它使得预算委员会能够将注意力放在政策变化而非构成预算的无数科目上。委员会也依赖于国会预算局的年度《预算和经济展望》报告，该报告在经济假设的基础上预测了下一个 10 年的预算状况。

在每年三月中旬，各委员会都会就自己管辖权内的预算事务向预算委员会提交他们的观点和评估。附录 6－5 就是对其中一份报告的摘录。这些文件应该使预算委员会关注其他委员会的计划和表现；但多年来他们已经越来越不能发挥作用了。尽管一些委员会将这份报告视作展示他们立法议程或评论总统预算的机会，但大部分委员会还是仅把它看作年度预算周期中必须经历的一道手续而已。因为这些观点和评估是在会议早期准备的，因此大部分委员会都尽量避免将自己锁定在一个特定的预算或者立法定位上。相反，他们实行防御性预算——在试图破坏他们所反对的总统建议的同时，保证其选择在会议后期有机会实现。大多数委员会都更喜欢通过非正式的沟通渠道来告知预算委员会自己的偏好并获得自身利益能够在决议中得到维护的保证。

附录6－5　观点和评估报告

2002年农业安全和农村投资法中的重要条款将在2007年9月30日到期。农业法案给农业建设提供了经济基础，促进了生产者对自然资源的保护，同时给这个国家最穷苦的人提供了营养必需品。本委员会的主要关注点在于对2007年农业法案及时更新。而该委员会对共同决议所做的努力对于我们的工作而言极为重要，我们非常感激你们能考虑我们提出的意见。

在2002年农业法案编制时，农业安全项目在10年内的基线和预期成本为1400亿美元。国会预算局最新出炉的未来十年预算基线与前十年相差800亿（假设这个项目得以继续实行）。一些农业法案的项目预算基线被提高（尤其是占总经费67%的食品券项目），这些项目要继续下去，不能为了为其他项目提供资金而被削减。在财政允许的情况下，我们的底线是，我们需要额外的资源来制定有助于加强农业部门建设的政策，同时帮助国家走向能源独立。

资料来源：House Agriculture Committee, "Budget Views and Estimates Letter," from Chair Collin C. Peterson and Ranking

Minority Member Bob Goodlatte to the chair of the House Budget Committee, Representative John Spratt, March 1, 2007; available on the House Agriculture Committee website (agriculture. house. gov/inside/pubs/FinalBudgetViewLetter 2008. pdf).

(a) 1974 年国会预算法案第 301 款 (b) 规定，每个参议院和众议院的委员会都要向自己所在议院的预算委员会报告其对管辖权内预算相关事务的看法与评估。有时，这些看法和评估会和众议院或参议院预算委员会决议中的报告一起发布，或者会发布在一份委员会材料中。此处展示的这份文件摘自 2008 财年预算中众议院农业委员会的观点。

(b) 对于观点和评估报告没有标准的做法。举个例子，在 2008 财年中，众议院的农业委员会回复了一封由主席和少数党领袖联合署名的信件，但众议院能源和商业委员会的两位领导是分别提交信件的。虽然来自那两个委员会的信件都十分简短（少于四页），但能源和商业委员会民主党的回应却包含了一份 40 页的附件，这份附件深入审查了总统关于不同项目的提案。

(c) 这份摘录，就像其他观点与评估报告一样，将注意力集中在即将到来的会期中安排的关于重新授权的重大立法上。这类报告还讨论了总统预算中的提案，指出了同意与不同意的范围。很少有委员会会对他们管辖权内的所有项目发表评论。

预算委员会主席利用听证会与审议决议之间的这段时间来提升多数党在预算问题上的地位并且征询其他人的偏好。主席经常在多数党内部达成谅解之后召集自己的委员会来形成决议。不过，在 1998 年，众议院预算委员会主席约翰·卡西奇

（俄亥俄州的共和党议员）在没有首先取得共和党共识的情况下起草了一份决议，要求进行新一轮的开支削减。接踵而来的摩擦与混乱耽误了决议的通过并导致国会未能完成其预算工作。在众议院，预算委员会的决议前协商通常是党派性的。在参议院，在预算过程的早期，主席会与少数党接触以努力扩大对决议的支持。尽管如此，从九十年代初期开始，党派性已经楔入参议院预算委员会的民主党和共和党之间。

决议的审议围绕“主席的标准”组织，“主席的标准”是一份提出总量、功能性分配以及其他应被包括在决议中的条款的文件。如果多数党成员之间的一致事先已经达成，并且一切均按计划而行，委员会将在几乎所有民主党人投票赞成一边，而共和党人赞成另一边的情况下批准主席的建议。委员会可能会改变主席的标准，但这么做可能会很难，因为该标准通常是在“预算中立”的规则下进行的，这就要求建议的支出增加要被建议的削减或者增加的总额所抵消。

尽管决议自身不提项目，审议中的许多讨论均涉及特定项目。在委员会里，成员们常常试图得到保证，以确保那些分配给具体功能的数额可以与其感兴趣的项目相适应。这些讨论创造了一个立法的历史，可能会在该年晚些时候拨款被决定时带来不同。

议会行动

众议院和参议院的规则与实践指导着关于预算决议的辩论。在众议院，规则委员会经常设计出一条“特殊规则”（以简单的众议院决议的形式），这条规则一旦被批准，就将设计出一系列条款，预算决议将在这些条款下被考虑。通常，这条规则允许少数党提交一份替代决议，同时也允许一些关于特殊条款的修正案。少数党从来没有得到过自己想要的，因为众议院内的党派界线分明（见表6－3），民主党和共和党几乎总是在决议的通过上采取相反立场。在大多数年份，多数党提供了决议通过所需的几乎所有赞成票；它不可能指望来自少数党很少或者几乎为零的帮助。这种现象在20世纪70年代和80年代普遍存在，那时候民主党还是众议院的多数党，同时自90年代中期开始，共和党一直保持着多数席位。不管哪个党派是多数党，它通常会在内部对预算政策产生深刻的分歧。多年来民主党一直艰难地在其党内自由和保守的两翼间搭建沟通的桥梁。最近，共和党在平衡希望缩减政府规模和希望维持现存项目的党员偏好中遇到了困难。

表6－3　1976—2008财政年度众议院表决预算决议票数统计（根据党派分类）[a]

财政年度	总选票		民主党		共和党	
	赞成	反对	赞成	反对	赞成	反对
1976	200	196	197	68	3	128
1977	221	155	208	44	13	111
1978	213	179	206	58	7	121
1979	201	197	198	61	3	136
1980	220	184	211	50	9	134
1981	225	193	203	62	22	131
1982	270	154	84	153	186	1
1983	219	206	63	174	156	32
1984	229	196	225	36	4	160
1985	250	168	229	29	21	139
1986	258	170	234	15	24	155
1987	245	179	228	19	17	160

续表

财政年度	总选票		民主党		共和党	
	赞成	反对	赞成	反对	赞成	反对
1988	230	192	230	19	0	173
1989	319	102	227	24	92	78
1990	263	157	157	96	106	61
1991	218	208	218	34	0	174
1992	261	163	243	17	18	145
1993	215	201	214	44	0	157
1994	243	183	242	11	0	172
1995	223	175	222	11	0	164
1996	238	193	8	191	230	1
1997	226	195	5	190	221	4
1998	333	99	132	72	201	26
1999	216	204	3	194	213	9
2000	221	208	4	205	217	2
2001	211	207	2	201	208	5
2002	222	205	3	202	218	2
2003	221	209	1	206	219	2
2004	215	202	1	199	214	12
2005	215	212	0	201	215	10
2006	218	214	0	201	218	12
2007	218	210	0	197	218	12
2008	214	209	214	13	0	196

资料来源：< *Congressional Quarterly Almanac*, 1975 – 2000 >；*Clerk of House of Representatives*, "*Roll Call Votes Only*"（*clerk. house. gov/art _ history/house _ history/index/html*）.

a. 投票表决的是众议院预算决议，而不是会议报告。在国会通过两份预算决议的年份里，这里进行投票的是第一份决议。根据党派分类进行的票数统计将无党派人士排除在外。

b. 当年的第二份预算决议在10月9日通过；这里是对第一次决议的投票数据。

c. 众议院通过了两份预算决议，决议 *A* 和决议 *B*；这里是对决议 *A* 的投票数据。

在国会预算过程早期两党合作促进决议的通过时，参议院的情况有所不同（见表6－4）。当共和党在1981年控制参议院时，党派偏见开始浮现并且从此持续了很多年。在最近的一些年中，由于少数党的每位参议员都投票反对决议的通过，迫使多数党要在其自身成员中讨价还价以获得通过所需票数。参议院的规则将决议辩论限制在50小时以内，因此排除了阻挠议事和其他拖延战术。

表6－4　1976—2008财政年度参议院表决预算决议票数统计（根据党派分类）[a]

财政年度	总选票		民主党		共和党	
	赞成	反对	赞成	反对	赞成	反对
1976	69	22	50	4	19	18
1977	62	22	45	6	17	16
1978	56	31	41	14	15	17
1979	64	27	48	8	16	19
1980	64	20	44	5	20	15
1981	68	28	49	6	19	22
1982	78	20	28	18	50	2
1983	49	43	3	41	46	2
1984	50	49	29	17	21	32
1985	41	34	1	31	40	3
1986	50	49	1	45	48	4
1987	70	25	38	6	32	19
1988	56	42	53	0	3	42
1989	69	26	44	6	25	20
1990	68	31	38	17	30	14
1991	口头表决					
1992	口头表决					

续表

财政年度	总选票		民主党		共和党	
	赞成	反对	赞成	反对	赞成	反对
1993	54	35	36	15	18	20
1994	54	45	54	2	0	43
1995	57	40	55	0	2	40
1996	57	42	3	42	54	0
1997	53	46	0	46	53	0
1998	78	22	37	8	41	14
1999	57	41	3	41	54	0
2000	55	44	1	44	54	0
2001	51	45	0	43	51	2
2002	63	35	15	35	50	0
2003	未考虑					
2004	56	44	6	42	50	1
2005	51	45	1	43	50	1
2006	51	49	0	44	51	4
2007	51	49	1	43	50	5
2008	52	40	48	0	2	40

资料来源：< *Congressional Quarterly Almanac*，1775 – 2006 >；*Congressional Quarterly Weekly Report*，*March* 20，2006，*p*. 790.

a. 投票表决的是参议院预算决议，而不是会议报告。在国会通过两份预算决议的年份里，这里进行投票是第一份决议。

b. 副总统乔治·布什为了打破平局，投了赞成票。

c. 参议员杰弗德和参议员利伯曼分别从共和党和民主党转向无党派，改变了政党间的关系。在2004—2008年杰弗德、2008年利伯曼的情况下，他们的投票被计入总票数，但没有被计入党派的分类统计数据之中。

在参众两院，修正案必须保证决议计算的一致性。一份改变了任一功能性拨款的修正案必须在决议的其他部分作出相应调整。这条规则使增加支出或者削减收入的修正案要获得通过变得十分困难。

为什么决议很少如期通过

在预算决议过程的最后步骤中，有一个协商委员会来解决参众两院决议之间的分歧。如表6－1所示，协商报告的通过通常在国会预算法案规定的最后期限后很久才完成。原定的目标期限是5月15日；在20世纪80年代中期，国会将其提前了一个月，但按期通过预算决议仍有困难。

最后期限的错过是因为相对于支持决议，议员们常常有更多的理由来反对它。比起支持大规模的赤字，反对它显得更加容易；比起支持支出总额，支持单个支出项目显得更加容易；不投票支持公共债务限额比支持8万亿美金的债务更加容易。截止日期的错过是因为即使预算决议超过期限或根本没有被通过，也没有事情会停下来。国会依然会拨款，联邦机构依然持续运作。

获得预算决议的通过是一个政治考验。对于如何安排盈余或处理赤字，共和党人有一种方案，民主党人有另一种方案。总统和国会各自都有其政策优先项。关于预算的辩论使每个政党中的一派对抗另一派，众议院对抗参议院，部分对抗全体，偏好小政府的反对大项目的推行，希望减少税收的人对抗希望削减赤字的人。预算决议不是一个法律，如果是的话，它可能会产生更多的冲突。它是一个象征，象征着那些使党派分裂的因素，象征着美国人想要，政府却没有做到的事情，象征了意愿和领导力的失败。假如它是一条法律，并决定联邦的税收与支出，那么这份决议的制订就是必须的。错过了法定的最后期限将产生很多连锁反应，而错过象征性的最后期限则不会。

直到 1998 年，预算仍是一个能达成决议的冲突。无论如何，国会都能形成一份预算决议——在一个会期，几乎是在官方公布的最后期限之后的半年。实际的通过日期暗示着一个无固定模式的过程，没有稳定的、可以预见的预算编制程序。有的年份，决议得到通过仅仅是因为有足够的成员认为拥有国会预算比没有好。有的年份，多数党通过说服顽固的党员"为过程而不是数字投票"（通过投票支持决议来维持预算过程，即使他们不同意决议中的政策）来积累足够的票数。

显然，这种诉求不再充分，因为在 1998 年到 2006 年的 9 年中国会有 4 次没有通过预算决议。在这几年里，大多数人不够重视以至于缺少足够的赞成票通过预算决议。这几年很可能不会成为国会未能通过预算决议的最后几年。这样的事情一直都会发生。每一次不通过的背后都有一定的原因，有时是因为盈余，有时是因为赤字，有时是国会议员之间的斗争，有时是因为民主党和共和党的分歧。但是这些失败也有更深层次的原因，即国会预算法案在一代人以前将预算程序转变成一种与预想情况存在极大不同的活动。在 21 世纪之初，该程序的目的不同于国会预算启动之初。国会预算已经经历了四个阶段的发展，每个阶段都有着各自程序和政治上的特征。

第一阶段（1975—1980 年）建立了新的预算机构（参众两院预算委员会和国会预算局），采用了预算决议，并且把预算决议作为国会独立于行政机构的一种表现。大部分议员认为预算决议是一个不错的方法，但是，由于预算决议不能规定现行法律下的收入和支出，因而程序本身便比较薄弱，立法委员会成员能够轻易阻止预算程序。

第二阶段（1980—1990 年）通过建立协调程序弥补了上

述缺陷，协调程序允许国会强行改变现有收支法律。预算程序最终被视作那10年里对抗高额赤字的关键工具。随着总统有了影响立法的新手段，国会独立的重要性减弱。

第三阶段（1990—2001年）被第四章中讨论的预算执行规定支配。这些规定取代了对国会自由裁量的限制。与最初的国会预算法案设计，即允许国会接受任何由参众两院多数支持的预算政策不同，预算执行规则限制了收入和支出决定。在这一时期，预算决议仅被当做有利于协调法案通过的一种手段。如果没有协调法案，就没有接受预算决议的充分理由。

第四阶段（2001—2006年）的特征在于预算决议的使用以及对减税立法的协调。不仅决议在用途上被缩小，协调的范围也变窄。在那些国会不考虑减税的年份，可以通过不采纳预算决议来避免决议中的难题。

随着民主党在参议院和众议院选举中获得多数席位，国会预算很可能在2007年及以后进入一个新阶段。

协调过程

协调是国会用来使现行法律下的收入和直接支出符合预算决议中规定水平的程序。这个协调的过程有两个阶段：在预算决议中发布协调指令，通过改变收入和支出法律的（一个或多个）协调法案。因为预算决议不能改变法律，所以这两个阶段的划分是必要的。

协调是一个可选择的过程。尽管自1980年以来协调就经常被使用，但使用范围却各不相同。如前所述，它被用于预算政策有重大改变的那些年份，但当预算维持现状时，它就不会被用到。

表6－5中列出了所有最后成为法律的协调法案，说明现在的过程与最初阶段相比已有了少许不同。一方面，协调法案的出现不再那么频繁。在20世纪80年代，国会通过了九个协调法案，但是在下一个十年中仅有七个协调法案被通过。在80年代通过的协调法案中没有一个被总统否决，但是在90年代有两个法案被否决，而且都是被比尔·克林顿所否决。从2000年迄今，国会一共通过了五个协调法案，其中有一个被否决（作出否决的是克林顿）。协调最初的目在于通过增加收入或者减少支出来削减赤字；在90年代后期，调解主要关注的是减税，这一直持续到了新世纪。而这一转变是由盈余的出现以及共和党在华盛顿的优势所致。支持减税的人将协调法案看作他们主要的立法工具，因为协调法案的通过不能被阻碍，因此可以在参议院中以多数票通过。在两党势均力敌的参议院，多数党通常很难得到60票来挫败阻挠议案通过的行动，这时，协调的出现使税收立法获得国会通过成为可能。协调法案中税收政策的冲突加剧了参议院中的党际冲突（稍后讨论）。这个非同寻常的举措表明，在像协调这样的复杂立法过程中，对规则的解释有多么重要。

表6－5　　协调法案（1980—2006年）

年份	覆盖的财政年度	协调法案	通过（或否决）日期
1980	1980—1981	1980年综合协调法案（P. L. 96—499）	80－12－05
1981	1981—1984	1981年综合预算协调法案（P. L. 97—35）	81－08－13
1982	1983—1985	1982年课税公平与财政责任法案（P. L. 97—248）	82－09－03

续表

年份	覆盖的财政年度	协调法案	通过（或否决）日期
		1982 年综合预算协调法案（P. L. 97—253）	82-09-08
1983	1984—1986	1983 年综合预算协调法案（P. L. 98—270）	84-04-18
1985	1986—1988	1985 年统一综合预算协调法案（P. L. 99—272）	86-04-07
1986	1987—1989	1986 年综合预算协调法案（P. L. 99—509）	86-10-21
1987	1988—1990	1987 年综合预算协调法案（P. L. 100—203）	87-12-22
1989	1990—1991	1989 年综合预算协调法案（P. L. 101—239）	89-12-19
1990	1991—1995	1990 年综合预算协调法案（P. L. 101—508）	90-11-05
1993	1994—1998	1993 年综合预算协调法案（P. L. 103—66）	93-08-10
1995	1996—2002	1995 年平衡预算法案	95-12-06（被否决）
1996	1997—2002	1996 年个人责任与工作机会协调法案（P. L. 104—193）	96-08-22
1997	1998—2002	1997 年平衡预算法案（P. L. 105—33）	97-08-05
		1997 年纳税人减免法案（P. L. 105—34）	97-08-05
1999	2000—2009	1999 年退税与减免法案（H. R. 2488）	99-09-23（被否决）
2000	2001—2005	2000 年婚姻减税协调法案（H. R. 4810）	00-08-05（被否决）

续表

年份	覆盖的财政年度	协调法案	通过（或否决）日期
	2002—2007		
2001		2001 年经济增长与税收减免协调法案（P. L. 107—16）	01 - 06 - 07
2003	2004—2008	2003 年职业与经济增长税收减免协调法案（P. L. 108—27）	03 - 05 - 28
2005	2006—2010	2005 年赤字削减法案（P. L. 109—171）	06 - 02 - 08
		2005 年增税保护与协调法案（P. L. 109—222）	06 - 05 - 17

协调法案以预算决议中的一份指南开始，指导被指定的委员会报告改变现行法律的立法。附录 6 - 6 摘自 2006 财年决议，显示了一个或多个委员受指示提交改动现行法律的议案时的指南。这些指南由三部分构成：它们直接以提议的立法对委员会命名，它们规定了现行收入或直接支出法律调整的额度，并且它们常常设定一个委员会建议立法实施调整的期限。参议院和众议院分别对他们各自的委员会发出指示，允许每个部门根据实际情况对文本进行微调。这些指示通常涵盖了预算决议中提到的相同的财政年份，但是没有详细指导这些改变如何做出或者将会影响什么项目——这些细节将留给收到这些指令的委员会考虑。

附录 6 - 6 协调指令

第 201 条：众议院调解

单个委员会

(b) 针对税收变化的提议——众议院赋税委员会应于

2005年9月23日前向众议院提交一份协调法案，该法案包括其管辖范围内的法律调整，这些调整能够使2006财年减少不超过11000000000美元的税收，并使2006到2010五个财年内减少不超过70000000000美元的税收。

多委员会

(a) 旨在减缓强制性支出增长的提议——(1) 第(2)段中所提到的众议院委员会应于2005年9月16日前向众议院预算委员会提交其建议。众议院预算委员会在收到这些建议后应向众议院提交一份包含所有建议且不对其做任何实质修改的协调法案。

(2) 指南——

(A) 农业委员会——众议院农业委员会应向众议院汇报其管辖权内足以使2006财年直接支出减少173000000美元，并在2006到2010财年内减少3000000000美元的立法调整。

(B) 教育与劳工委员会——众议院教育与劳工委员会应向众议院汇报在其管辖权内足以使2006财年直接支出减少992000000美元，并在2005到2010财年内减少12651000000美元的立法调整……

资料来源：*Concurrent Resolution on the Budget for Fiscal Year* 2006 (conference report to accompany H. Con. Res. 95), Rept. 109 - 62, 109th Cong., 1st sess., April 28, 2005, pp. 11 - 14.

(a) 不同的指南通常在措词上有所不同，它们会被发放给众议院以及参议院各委员会。具体措词在不同议院间也时有区别，不同年份颁发的协调指导方针在措词上存在极大差异也很常见。

（b）当指南仅被传达给一个众议院和一个参议院委员会时，这些委员会应直接向其所属议院汇报协调法案。当指南被传达给两个或以上委员会时，每个委员会应向其所属议院的预算委员会提交建议，再由预算委员会将所有建议（不做任何原则上的修改）合并为一个议案。

（c）参众两院都将2005年9月23日设定为赋税委员会提交有关税法修改建议的最后期限。当指南在一个议院内要求两份或更多协调法案时，每个法案提交的截止日期可能会有所不同。这种情况下，支出协调法案的截止日期为9月16日，而债务约束协调法案（此处未显示）的截止日期为9月30日。

（d）指南中的数字被计作对国会预算局基线的调整。

受委任的委员会的数量预示着本年度协调过程的范围，同时也可能影响在国会内推动法案的程序。由于它们拥有对税收以及主要权利性项目的管辖权，众议院赋税委员会以及参议院财政委员会始终处在受委任的委员会之列。在少数年份（1981年和1995年就是典型的例子），几乎所有对直接开支拥有管辖权的委员会都被卷入协调过程。协调指令不发布给拨款委员会或管辖范围限制在选择性项目上的授权委员会。此外，根据法律，协调不得用于针对社会保障的立法改变。

决议中资金数量的计算参考了国会预算局的基线。指南中明确的变化额是收入或者支出将要在基线水平上改变的数额。这些计算是以下述三种假设为基础的：未来的收入水平、现行法律下的支出、以及随新立法而来的变化的影响。因此，由协调产生的结余是假定结余；实际结余通常不同，有时很大。

这些指南不会规定资金变化将如何实现，或者项目如何被调整。在指南中提及项目将违反预算委员会和其他国会委员会之间的分工。这样的关系将资金的控制权授予预算委员会，并将项目的控制权授予授权委员会。如果预算委员会变得过于强大以至于他们能够决定哪个项目或法律应该调整，协调将会失败。不过，这些协调的基础是假设项目协调能够产生效果。对这些预算决议中的指南进行投票表决并不是盲目的行动——国会议员盲目赞成支出变动而没有意识到这些改变将会变成怎样。如前所述，项目假设往往见于预算委员会决议的报告之中。如同其他与决议有关的假设一样，那些涉及协调的假设通常建立在预算委员会与有管辖权的委员会之间事先达成的谅解基础之上。

即使被提到，这些项目假设也不具有约束力。每个委员会都可以在遵从指南的前提下自行决定立法变化。委员会有时会距目标有少许差距，无法百分之百地完成收入或支出变动目标，但是，委员会很少会忽视或者明显故意改变指南。预算委员会监视着其他委员会对于指南的遵守情况，但即使他们发现一个委员会没有遵守指南，他们也不能单方面改变该委员会的建议。

当众议院或参议院中多个委员会接受协调时，立法调整将被送到预算委员会，在那里，提案将被整合成一个综合法案。国会预算法案禁止预算委员会对那些来自其他有管辖权的委员会的法案进行实质性修改。即使当提交的立法与协调指南中规定的资金目标不相符时，这条限制依然有效。作为最后的手段，预算委员会可以在议会中进行斗争。在众议院，它需要一个合作的规则委员会以提交立法修正案。

将多个委员会的立法工作整合到一份综合的协调法案中

有多个作用。首先，它简化了协调立法的各个部门以及监督指令遵从情况的任务。众议院和参议院将所有立法提案纳入一项综合性措施之中，而不是用大量的法案来填充立法日程。第二，所有遵从协调的委员会都会被一视同仁；没有委员会会认为，国会可能会将自己提交的结余提案定为法律，同时却忽视其他委员会提交的削减提案。最后，将立法整合成综合法案的行为将针对具体项目削减的投票转变为对保留盈余或减少赤字的投票。不过这并不适用于对项目组成部分分开投票的情况。

尽管如此，有时国会认为将协调分成两个或更多法案会更具优势。在 1982 年、1996 年以及 2005 年（这些年份里民主党和共和党在预算政策上存在激烈的冲突），它的确这样做了。通过将不同的组成部分分至不同议案，参议院和众议院对那些受到广泛支持的条款投票，而将其他不受欢迎的条款搁置一边。1995 年，共和党控制的国会制订了一个综合性的协调法案，这个法案将老年医疗保险的削减、减税与许多其他条款打包在一个单独的议案之中。克林顿总统否决了这个草案，并且指责共和党人，认为他们利用老年医疗保险削减的数额来弥补减税的做法会使高收入阶层受益。为了避免被再次攻击，共和党在下一年设计了三个分开的协调法案；国会通过了其中改革联邦福利项目的法案，但没有对其他两个关于医保和税收的法案采取行动。

多年来，协调被认为是一个一揽子计划，在对修正措施可用的辩论时间和机会进行限制的规则与程序下运作。预算规则要求这些修改措施必须是“收入中立”的——这意味着这些修改措施不能增加赤字或减少盈余。为了满足这种限制，减少收入或增加开支的修改措施必须包含后续的补偿行为。众议院按照一条由规则委员会起草的特殊规则（列明何种修订可以被考虑）来讨论协调法案。即使一些协调法案篇幅庞大（1995 年的版本超过 1500 页），规则委员会通常只允许审议不到六项修正案。这些被审议的修正案通常包括一份由少数党提交的替代法案。在大多数年份里，预算委员会编写的协调法案在众议院被通过时很少或几乎没有改动。

参议院只允许针对协调法案进行 20 小时的辩论，结果每个成员只有 12 分钟的发言时间。在有的年份，这意味着每页不到一分钟。在 20 小时用尽后，参议院不会再进行辩论，而是直接对此法案（包括一些待表决的修正案）进行投票。在这一过程中，很多待定的修正案被撤回，而法案则被通过。

参众两院特别条例的净影响是：只要这个过程由决议指令发起，实施立法就会通过。只有在 1995 年、1999 年和 2000 年（克林顿总统否决了国会共和党人提出的法案）指令才未能带来协调法案。

协调法案一旦启动，它就有极大的可能获得通过。因此协调法案成为对那些无关预算条款很有吸引力的工具。针对这一问题，参议院通过了“伯德规则”，这条规则限制了协调法案中包含的无关事务。根据这一规则，某条款是无关的，如果不改变收入或支出；增加某个不与其协调指令保持一致的委员会的支出，或减少其收入；超出引入该条款的委员会的管辖权；仅有非预算条款附带的收支条款；或者会增加未来的赤字。伯德规则可以由五分之三的参议员投票表决而被搁置。因为该规则的复杂性，它的应用与否取决于议会的解释。该规则阻碍了一些被认为与赤字削减有关的条款，同时允许其他对赤字几乎没有影响的条款通过。1993 年众议院通过的设立权利性支出审查程序的条款在参议院受到打击，理由是它们与赤字削减没有密切联系。不过，在 1996 年，参议院议会规则裁定，会导致赤字上升的减税并没有违反伯德规则。这一议题是那些曾导致会务法规专家被免职的党派分歧问题之一（见专栏6－2）。

专栏6－2　参议院会务法规专家沦为协调战争的牺牲品

2001年，由美国总统乔治·W. 布什提出的10年万亿美元减税计划的命运很大程度上依靠一个非选举官员的裁决——参议院会务法规专家罗伯特·德夫。共和党和民主党在减税上的党派争议被针对协调程序的争论所掩盖，这也迫使德夫作出了影响预算结果的裁决，并因此丢了工作。尽管德夫是无党派人士，但他还是未能因此受到保护，免受当时控制预算的政治力量的影响。

早在上任之初，乔治·W. 布什就把税收政策大幅改革作为他的立法优先项。国会中的共和党人认为把减税方案变成一个或多个协调法案，通过会更容易，因为这种方法不会受到参议院的阻挠。当时，参议院平均分配，50位民主党人和50位共和党人。如果没有协调，减税在参议院几乎肯定无法通过。在选择程序时，众议院共和党人决定提出多个协调法案，每一项法案都包括减税提议的一部分。共和党偏好多个法案，他们希望这一策略能赢得大众对减税的支持（比如对婚姻惩罚税的削减），同时导致比单独协调法案更多的减税。但是，国会民主党人不赞同这种做法。他们指出，国会预算法案中规定每年只能通过一项协调法案，而且这个程序应该为用于减少赤字的立法保留。

在裁决这个争议时，德夫受到国会预算法案的条款和参议院先例的指导。尽管他的裁决可能被上诉，但它们却被期望是决定性的。两党中的重要参议员纷纷游说德夫，推销他们对国会预算法案的解释。在2002财年预算决议的议会辩论中，参议院预算委员会主席皮特·多米尼奇认为国会预算法案中没有明确禁止运用协调来减税。“我们决定，我们投票，如果我们有选票，我们当然使用协调的方式，因为这是法律所允许的。”多米尼奇说。参议院预算委员会的少数派议员肯特·克拉德坚决反对这个论断。

“运用协调来削减支出或税收将是对它的曲解。协调程序不是赤字削减……那才是协调程序该做的。其他的任何事情都应该在参议院的常规程序下操作，允许参议员继续辩论，允许参议员提出修正案，因为这是这个机构的宪法角色。”

在解决这两个国会议题时，德夫把共和党人和民主党人都得罪了。他裁决协调程序只能保护一项法案不受阻挠，这样就得罪了共和党人。他又允许协调法案中的税收削减，这样他也得罪了民主党人。第一项裁决迫使共和党人放弃多项法案的方法，导致他们要接受比原先设想的数量更少的减税。德夫并没有很正式地规定协调程序在减税上的应用，因为民主党人通过提出议事程序问题进行了阻挠，他们担心这可能会成为未来协调法案参照的先例。

尽管德夫在这次针锋相对中幸免于难，他很快又成为了另一项预算程序争议的焦点。这一次，争论的议题是一项附加在预算决议协商报告中的条款，即建立一项紧急基金，必要时其可以超过选择性支出上限进行支出。这项提案使反对紧急基金的参议院拨款委员会主席特德·斯蒂文森反对支持它的参议院多数党领袖特伦特·洛特（Trent Lott）。德夫暗示国会预算法案可能不会允许紧急基金的出现，因此可能会出现议事程序问题。这是让洛特做出决定的最后一根稻草。他立即解雇了德夫，这一举动表明政党内的冲突可能会像政党间的冲突一样造成分裂。

离职后，德夫似乎依旧对这一问题产生了最后的影响，国会接受了一项而不是两项协调法案，并且在预算决议的限制下缩小了减税的幅度。德夫的解决方案将会影响以后的预算争论和协调法案，因为未来的参议院立法程序会回顾 2001 年采取的行动来指导他们的裁决。

规则和程序对国会所做的任何事都很重要，但没有哪一处比它对预算的影响更重要。对规则的玩弄通常是在台后，协调程序和解雇罗伯特·德夫这两件事把它推到了台前。

调解程序十分繁琐，因为它们必须平衡不同的视角和利益。国会的立法冲动驱使它去扩大项目；而它对削减预算的需要却驱使它缩小项目规模。预算委员会从财政前景出发，授权委员会则以项目为视角。预算委员会控制预算决议，目标直指结余。授权委员会控制协调法案，他们对项目进行选择。如果由预算委员会完成全部工作，协调会简单得多，但其他委员会不会接受这样一种不平衡。

平衡是有代价的。协调是一个有漏洞的过程，不是所有最初承诺的结余都会在最后实现。它紧凑的时间表妨碍了委员会对受影响的项目作出真正的实质性调整。相反，协调看重的是短期的财政调整，这可以使国会在不重构受影响项目的同时接近资金目标。自 1980 年实施以来，协调就已经要求削减 2 万亿美元的赤字，仅在 1990 年和 1993 年就各自接近 1 万亿美元（10 年期）。但是很少有项目经由这个过程被终止或做出重大调整。多年以来，医疗保险一直是最“顺从”的联邦项目，然而，1980 年就存在的每一个主要受益项目 20 年后也都存在。

过去，协调几乎都应用在赤字削减上，但是，随着 20 世纪 90 年代后期预算平衡的出现，协调有了新的用途。它的程序被应用于减税。在乔治・W. 布什总统的任期内，协调过程通过减少流向联邦政府的收入增加了赤字。

执行国会预算决定

预算决议中设置的结果的实现取决于国会、总统、经济的表现、以及该决议所立足的预测和假设的准确性。一些关键变量超出了国会的直接控制范围。当经济状况（增长、就业、通货膨胀及利率）与预测不同时，实际的联邦收入与支出也会与预测不同。当项目假设（如福利项目的参与人数）错误时，预算结果也会偏离目标。

当国会审议新的税收或支出立法时，预算决议就由国会执行。但是，因经济状况中不可预期的变化，或者因现行法律下对未来收支所作的错误预测，导致实际预算结果背离决议中设定的目标时，国会并不一定要采取行动。自 1980 年以来，预算结果与实际结果之间的差异在表 6－6 中列示出来。在这张表格所涉及的年份中，大约五分之三的年份，或者是实际赤字额高于国会预算额，或者是实际盈余低于国会预算额。差异并非随机出现，而是受经济表现以及总收入变动的影响。在 1980 年到 1992 年这十二年间，每一年的实际赤字都超出预算决议规定的标准；而在 1993 年到 2000 年间，每一年不是赤字低于预算总额就是盈余高于预算总额。对这种现象的一个合理解释是，当预算陷入赤字泥潭时，国会（及国会预算局）会倾向于过度乐观，因而低估短缺的数额。然而，当财政状况正在得到改善时，他们却又错误地选择了小心谨慎。

在整个表 6－6 所述期间，未列入预算的政策变化增加了赤字或减少了盈余，但是，与经济状况变化或者估算误差带来的影响相比，它们的预算影响更小。政策变化平均每年可达 210 亿美元，这占到预算和结果间差额的三分之一。不过，需要指出的是，在几乎所有这些年当中，政策改变均增加了支出或减少了税收。值得注意的是，在预算执行规则生效的这几年间，政策追加是适度的。

不同形式的执行机制促进了对法律规定的服从，这些机制包括收入底线和支出上限，对委员会的支出拨款（以及对他们制订的法案的控制），成本估计和预算评估报告，以及利用各种议事程序阻止违反预算规则的法案。

表 6－6　1982—2006 财政年度国会预算局关于预算赤字和实际赤字之间差额的估算（按原因分类）[a]

单位：十亿美元

财政年份	政策变动	经济环境	估算失误[b]	总差额
1982	－12	76	9	73
1983	22	59	11	92
1984	15	3	－14	4
1985	23	15	－16	22
1986	16	11	22	49
1987	－15	15	6	6
1988	9	8	29	46
1989	17	－20	20	17
1990	20	49	50	119

续表

财政年份	政策变动	经济环境	估算失误[b]	总差额
1991	-19	32	2	15
1992	12	25	-26	11
1993	12	9	-93	-72
1994	11	-21	-40	-50
1995	2	2	-15	-11
1996	25	-48	-40	-63
1997	-5	-37	-89	-131
1998	7	-71	-96	-160
1999	…	…	…	…
2000	61	-79	-77	-95
2001	95	-26	-26	43
2002	56	119	202	376
2003	…	…	…	…
2004	44	-27	10	27
2005	…	…	…	…
2006	69	-82	-122	-135
平均值	21	1	-13	-8
绝对平均值[c]	26	38	46	74

资料来源：Congressinal Budget Office, *The Budget and Economic Outlook: Fiscal Years 2008—2012*, January 2007, table C-3, pp. 130-131.

a. 差异的计算根据财年中通过的第一份（或是唯一的一份）预算决议中的赤字或盈余进行。正差额表示赤字的增加（或是盈余的减少）；负差额表示赤字的减少（或是盈余的增加）。1999 年、2003 年和 2005 年没有预算决议获得通过。

b. 国会预算局指出估算失误属技术因素。

c. 绝对平均值将差额的正负属性忽略。

收入底线与支出上限

在三十多年的国会预算过程中，预算执行方面的规则日趋收紧，并且不断加入新的议事程序。最初的预算决议过程在预算授权与支出总额上设定了上限，并为收入总额设定了底线。国会预算法案禁止有关方面考虑任何破坏收入或支出总额的措施。这项禁令仅适用于收支总额；对可能导致功能性拨款超额的措施则没有限制。

这一安排出现之后不久，其缺陷便明显地暴露出来。当只有总额被限制时，只要预算中还有空间，立法就会继续进行，即使会不可避免地带来一些不良影响，对该财年造成损害。然而，一旦预算总额达到限定额度，任何支出法案都没有办法继续——即使这些法案已经置于预算决议之中。当然，国会不会听任期望中的立法仅仅因为支出总额将被超过而受阻。国会偶尔也会使用限定总额的规则阻止一些小额项目，但它从来不会在诸如常规拨款或者补充拨款这样重要的法案上应用这一规则。

在预算过程中，总额限定并不是有效的限制工具。这样的教训国会在 20 世纪 70 年代国会预算过程开始时就领教过一次，并在 20 世纪 80 年代试图控制赤字的格莱姆—鲁德曼—霍林斯法案中又学习了一遍。总额限定无法为国会控制提供可依靠的基础，因为在各项总额限定之间、预算不同的组成部分之间存在着内在的张力。就像之前提到的那样，绝大多数的美国人都希望收支总额能更小一些，但希望组成预算的各部分数额会更大一些；希望能有更多的公共项目，却同时希望有一个更小的政府。除非要求更多项目的压力能被限制，否则国会很难限定总额（即使在国会通过了类似格莱姆

—鲁德曼—霍林斯法案这样的法律，宣称要限制赤字之后）。项目的支持者要比预算的保护者强大得多，因而没办法坚守总额的限定。对于那些想要更多资金的人来说，想办法巧妙地战胜总额方面的控制或者使这样的控制失效，并不需要多大的胆量。他们可以无视或搁置规则，可以反复无常地玩弄数字，使支出数额看上去比实际支出少，可以前置支出削减而后置支出增加，还可以利用其他一些账务上的伎俩来获得他们想要的东西，即使他们曾信誓旦旦地说要忠实于预算纪律。

第 302 款委员会和小组委员会分配

虽然收入和支出总额仍然在控制之下，现在国会主要依靠向立法委员会和拨款小组委员会分配来强制执行它的预算决策。这些根据国会预算法案第 302 款要求进行的拨款，明确国会通过它的委员会系统运作。为了有效限制支出，有必要给每个委员会一个在其管辖权内立法的预算。基本规则是委员会不能产生超过预算中分配给他们额度的支出。

第 302 款规定了一个两步骤的程序。首先，每个预算决议的支出总额在参众两院各委员会间进行分配；然后经拨款委员会再次细分，分配给他们的小组委员会。这个做法形成了控制链，连接着单项拨款与预算总额。被分配到委员会的数额不能超出预算决议中的预算授权总额和支出总额；被分配到拨款小组委员会的数额不能超出上级委员会分配到的额度；由拨款法案提供或产生的预算授权与支出不能超过相关拨款小组委员会的可用数额。

参众两院预算委员会采取第一步措施，一个第 302 款（a）的分配案通常合并在管理者的报告中，伴随着有关预算决议的会议报告。虽然预算委员会进行这些分配，但他们根据的是决议形成时达成的共识与假设。当预算委员形成决议时，其他委员会已经大致清楚将分配给他们的数额。拨款将会分配给拨款委员会和有直接支出管辖权的授权委员会；第302款分配不适用于选择性授权，选择性授权的资金由拨款法案提供。新预算授权和被分配给委员会的支出不能超过预算决议中相应的总额。

参众两院预算委员会有不同的分配方法。国会预算委员会（见附录6－7）对“当前水平”（在现行法律下的支出）和“选择性立法”（因新立法形成的支出，包括年度拨款）进行了区分，将资金分配到每个委员会。除了根据第302款对下一财政年度进行分配，国会预算委员还会发布未来五年的拨款总额。

附录6－7　众议院委员会第302款分配案

	2005年总额	2005—2009年	2006年总额	2006—2010年
				（单位：百万美元）
军事委员会				
现行法律				
预算授权	85355	473465	91209	494600
支出	85245	473045	91129	494215
能源与商业委员会				
选择性立法				
预算授权	161936	1155178	207337	1293242
支出	161946	1157483	207955	1295935

续表

	2005 年总额	2005—2009 年	2006 年总额	2006—2010 年
选择性立法				
预算授权	……	1525	100	2000
支出	……	1525	100	2000
协调				
预算授权	……	……	-2	-14844
支出	……	……	-2	-14734
再授权				
预算授权	……	10080	……	15120
支出	……	5985	……	10845

资料来源：*Concurrent Resolution on the Budget for Fiscal Year* 2006（conference report to accompany H. Con. Res. 95），H. Rept. 109 - 62，109th Cong.，1st sess.，April 28，2005，p. 86.

（a）参议院与众议院的预算委员会分别在其所辖委员会间进行分配。这两个委员会进行分配时会使用不同的格式和措词。根据 1974 年国会预算法案第 302 款（a）要求，分配额将会被包含在预算决议会议报告的联合解释说明之中。

（b）众议院预算委员会把拨款分配至少分为三大类：（1）“现行法”（current law）指源于现有法律的新预算授权与支出；（2）“选择性立法”（discretionary action）指国会会期中预期立法行为的支出；以及（3）“再授权”（reauthorizations）指即将过期授权中强制性支出的延长。（“选择性”一词在此处用法与预算执行规则中的用法不同。见第四章。）当预算中包含协调指令时，还会有专门为此准备的被列入“协调”一项的分配。负数反映的是委员会将向立法部门报告以减少支出的假设。

（c）拨款分配时间范围与预算决议一致，分一年期（2006 财年）和五年期（2006—2010 财年）。一年期和五年期的分配中还会包括 2005 财年，因为预算决议修改了该年的额度。执行支出分配的议事程序是这些时限的关键。

（d）对众议院立法委员会的款项分配（此处显示了两项）包括强制性支出；给拨款委员会的选择性支出分配在另外的表格中。

（e）在此情况下，对军事委员会的拨款分配并不假定该委员会将向立法部门报告基线以外受影响的支出。相反，对能源与商业委员会的分配则反映该委员会将向立法部门报告（作为协调程序的一部分）将在 2006—2010 财年中减少支出 147 亿美元，并且作为选择性支出立法，将在同期增加支出 20 亿美元的假设。

参议院预算委员会避免进行具体的分配。它不区分当前水平和选择性支出立法。相反，它给出每个委员会的预算授权、支出，年度拨款中用于权利性项目的资金总额（见附录6－8）。

附录6－8　参议院委员会第302款的分配

（单位：十亿美元）	管辖权内的直接支出		年度拨款资助的权利性项目	
委员会	预算授权	支出	预算授权	支出
农业、营养及森林	111.747	111.108	341.876	260.136
军事	494.585	494.199	0.200	0.270
银行、住宅及都市	74.285	9.668	0	－0.028
商业、科学及交通	68.875	40.886	5.076	5.054
能源及自然资源	19.461	18.898	0.268	0.277
环境及公共建设	180.812	0.994	0	0
财政	5505.551	5517.365	2424.576	2423.728
外交关系	63.726	60.966	0.794	0.794
政府事务	402.936	387.261	99.879	99.879
司法	32.071	31.766	2.941	2.979
卫生、教育、劳动及退休金	68.205	62.245	21.289	20.734
程序及行政	0.366	0.323	0.640	0.639
情报	0	0	1.314	1.314
退伍军人事务	6.327	6.498	185.841	185.182
印第安人事务	2.555	2.682	0	0
小企业	0	0	0	0

资料来源：*Concurrent Resolution on the Budget for Fiscal Year* 2006（conference report to accompany H. Con. Res. 95），H. Rept. 109－62，109th Cong.，1st sess.，April 28，2005，p. 89.

（a）参议院预算委员会在各委员会间按当前财政年度（如适用）、下一个财政年度、以及共计五年期分配新预算授权、支出及权利性支出。这里只显示五年期的总额，而非具体每年的额度，这样可以为委员会起草法案提供更多的灵活性。

（b）“直接支出”在这里的含义与在量入为出规则中的含义不同。在这里，它包括了每个委员会管辖范围内的所有开支；而在量入为出中，它包含的是拨款委员会以外的委员会的支出。

（c）“年度拨款资助的权利性项目”包括医疗补助或食品券这些接受了年度拨款的项目。这些项目会被同时包括在分配给拨款委员会的数额以及分配给相关授权委员会的数额之中。

（d）在参议院，立法如果超过分配给有管辖权的委员会的预算授权或支出额度，将面临议事程序，只有得到成员中五分之三的票数才能获免。

在拨款委员会获得配额后，他们在一个第302款（b）的报告（见第九章）中在其下属各小组委员会之间进一步分配他们的数额。当某项拨款在参议院和众议院中被考虑时，源于该草案的预算授权和支出将与相关小组委员会的配额进行比较。可以对超出其第302款（b）配额的分配提出议事程序问题。专栏6-3讨论了国会未能完成预算决议的那几年的执行情况。

专栏6-3　没有决议的预算

当国会未能通过预算决议时，它就会受到此前通过的预算决议中规定的收支政策的约束，受到相关委员会拨款的约束。这样做的原因在于，每次预算决议都会为未来10年而非仅仅是即将到来的下一年设置收支水平。这些预设水平在被新的预算决议取代之前一直有效。旧的决定可能都会比较严格，因为它们并没有考虑到预算决议通过后的发展情况，例如修正过的收支估测、总统支出提案的通过、以及新的立法授权。尽管预算决议可能无法通过，国会可能还是会在旧决议的限制下遇到困难。

这个问题在国会2004年会期格外紧迫。当时众参两院通过了不同的预算决议，协商委员会随后报告了众议院而不是参议院通过的妥协意见。与众议院仅对拨款委员会设置下一年度的支出限额不同，参议院为各委员会分配接下来两个年度的拨款。第二年选择性支出的上限是8140亿美元，比协商报告中设置的金额低了约70亿美元。如果没有新的预算决议，参议院拨款委员会将受到比旧的预算决议规定更低的限额的限制。

近年来，众参两院会通过一个特殊手段，即所谓的"名义决议"来补偿新预算决议的缺失。该"名义决议"被认为在预算执行这一目的上有着与常规决议相同的效力。名义决议并没有标准的程序或格式；它们可以是由众参两院任一院通过的简单决议，也可以是塞入立法中的条款。它们的共同目的在于为年度拨款设置支出限额。

2004年由众议院通过的名义决议规定："为了实现国会预算法案第III款，协商报告应被认为已由国会通过，"即使参议院不批准协商报告。（第III款是国会预算法案中规定执行规则的那部分。）参议院在当年的国防拨款法案中插入了名义决议。该条款把选择性预算授权设定为8210亿美元，而不是将要生效的8140亿美元。

在有的年份，名义决议是所有决议中最好的，因为它使国会能够设定预算额度，而不需经历协调众参两院不同观点时的种种麻烦。

预算的计算与记录

执行国会预算规则需要待定的或通过的立法的预算影响和预算形势方面的信息。第一类信息被认为是计算，第二类被认为是记录（更充分的讨论见第四章）。计算属于一种具体的方法，而记录则是过去和现在的立法对预算影响的累积。计算由国会预算局完成，该部门负责准备参众两院委员会报告的立法的成本估测（附录6－9）。这些估测的结果在评估不受限制的权利性立法的预算影响时特别重要。记录报告不定期发布，比国会预算早期时的频率要低得多。附录6－10展示了这样一份报告的样本——当前水平报告。它比较了影响预算的国会立法与预算决议中设定的数额。

附录6－9　国会预算局的成本评估

H. R. 720

2007年水质量融资法案

在估测必要的拨款时，国会预算局预计实施这项立法在接下来的五年将花费约92亿美元。联合赋税委员会估计颁布H. R. 720将会在2008—2012年期间减少5000万美元的税收，并在未来的10年中减少54100万美元。国会预算局估计第六款的颁布将增加舰船吨位收费，这些费用将会在2008—2017年增加61500万美元的抵消收入，这些抵消收入将被用来抵消直接支出。

	财政年度（单位：百万美元）					
	1998	1999	2000	2001	2002	2003
收入变化						
免税融资变化						
估计收入	0	*	-1	-4	-13	-31
直接支出变化						
舰船吨位收费						
预计预算授权	0	-40	-41	-41	-67	-68
估计支出	0	-40	-41	-41	-67	-68
来自拨款的支出						
现行法律下的支出						
预算授权	1300	0	0	0	0	0
支出	1412	1211	781	562	430	409
计划变动						
清洁水 SRF 补贴						
授权水平	0	2000	3000	4000	5000	0
估计支出	0	100	450	1250	2350	3150
技术支持与研究补助						
授权水平	0	75	75	75	75	75
估计支出	0	38	60	71	75	75

* 少于 50 万美元的收入损失。

资料来源：Congressional Budget Office, "Cost Estimate, H. R. 720, Water Quality Financing Act of 2007" (as ordered reported by the House Committee on Transportation and Infrastructure on March 1, 2007), March 5, 2007 (www. cbo. gov/ftpdocs/78xx/doc7838/hr720. pdf).

(a) 1974 年国会预算法案要求国会预算局准备一份针对众议院或参议院委员会报告的所有公共草案（而非拨款草案）五年的成本评估。国会预算局有时会在草案呈报前提供对草案及处理中修正案的成本评估，因而在其成为法案之前将成本告知国会。对所呈报法案的成本评估通常在每份草案所附的报告中公布。某些成本评估仅不公开地提供给议员或委员会。

(b) 这里显示的成本评估包括了收入（如联合赋税委员会的评估）、直接支出（以抵消收入的形式）、以及来自拨款的支出（假定核定数额将被全部拨付）。

(c) 成本评估的计算与国会预算局的基线预测有关。因此，这里所显示的评估是根据在立法中的政策变化导致的基线水平的变化作出的。

附录 6-10 评估记录报告

预算委员会向众议院议长提交的报告——众议院共同决议第 376 条中通过的 2007 财政年度国会预算的状况反映截至 2007 年 1 月 1 日已完成的立法——

	2007 财政年度	2007—2011 财政年度
拨款水平	（预算内数额，单位：百万美元）	
预算授权	2283029	1
支出	2325998	1
收入	1780666	1
当前水平		
预算授权	2266002	1
支出	2273560	1
收入	1771853	10146069
当前水平高出（+）/低于（-）拨款水平的数额		
预算授权	-17027	1
支出	-52438	1
收入	-8813	106160

1. 不适用，因为 2008 到 2011 财年的年度拨款法案在国会未来会议召开之前将不考虑。

资料来源：Remarks of Representative John Spratt，Congressional Record，Januanry 5，2007，p. H92.

（a）1974 年国会预算法案要求众议院和参议院预算委员会发布关于国会预算状况的记录报告。预算委员会要根据国会预算局的数据不定期地将这些报告插入国会记录之中；没有固定的时间表。

（b）“拨款水平”是指最近的预算决议中规定的水平：“当前水平”是指基于所有国会已完成立法的水平。当前水平包括会期内通过的新立法及现有法律产生的收入或开支。

(c) 这些报告用来决定某个待表决的方案是否会导致总预算授权或支出超过，或总收入低于预算决议规定的水平而违反 1974 年国会预算法案第 311 条。

(d) 这些报告的格式会不时改动，而且众议院和参议院的做法也有所不同。众议院报告（此处为摘录）比较了本财政年度（2007 年）和 5 年期（2007—2011 年）的预算与当前水平。在这份报告中，2007 财年的收入低于收入底线 88 亿美元，预算授权和支出分别低于支出上限 170 亿美元和 524 亿美元。因此，任何减少收入的立法都将违反第 311 条，但使支出增加到上限的立法将不会违反这一条款。

(e) 因为未来年度的拨款尚未通过，所以没有显示五年期预算授权或支出的数额。

记录不仅是一份信息处理工作；它最重要的一个用途就是裁决针对待定立法的议事程序问题。1975 年以来，国会开始高度依靠程序性和实质性的议事程序来执行预算相关规定。最初的过程通常是许可性的：它建立在一个概念之上，即在被告知其行为的财政影响的前提下，国会应被允许采取任何它希望采取的预算行动。议事程序设计的要点是确保国会遵从预算规则。例如，在预算决议通过之前就考虑收入或支出立法便是违反议事规则的。

随着 20 世纪 80 年代赤字的飙升，国会规定了更为严格的预算执行机制。协调的应用使现有的收支法律与决议保持一致，这是在前述方向上的重要一步。国会同时也通过规定选择性支出上限，在选择性支出与收入上应用量入为出规则来加强预算执行。通过这些及其他变化，国会从程序性执行转移到实质性规则，其背后的理念从认为国会可以自由地通过多数派偏好的预算结果转变为预算行动必须与预设的政策指导方针保持一致。程序性要求仍在延续，但是当前的重点是确保国会能够与预算决定和第 302 款分配保持一致。作为这种转变的一部分，预算信息现在也被用来规范国会行为，而非仅仅告知国会预算形势。

第302款禁止参议院和众议院考虑任何会导致拨款小组委员会超额拨款的措施。在众议院，议事程序问题可以通过一个特殊规则搁置，即在讨论它所涉及的措施之前进行投票表决；这样的规则仅需要多数同意就可以通过。然而，参议院许多预算议事程序问题只有在获得五分之三票数（60票）时才能够搁置（关于这个问题的一些内容见专栏6－4）。鉴于参议院中政党的分布状况，不管是民主党还是共和党都不可能在没有获得另一方部分支持的情况下搁置影响预算的规则。

参议院在执行预算规则时更加严格的原因之一是由于其永久性的委员任命，参议院预算委员会比众议院预算委员会（其成员在几个任期后必须离职）更强势。参议院预算委员会更有可能争取体制中的权力；而众议院预算委员会则倾向于迁就其他委员会。不同的议事程序问题以及绝对多数的规则使参议院预算委员会在决定拟议立法是否可在预算规则下被采纳时，有很大的发言权。众议院预算规则的相对宽松，以及它们可以被轻易地置之不顾，反映出多数党领袖的强势以及众议院预算委员会的弱势。

专栏6－4　选定的参议院预算规则中需60票取消的禁令

· 在拨款委员会形成关于支出次级分配的302款（b）报告前，审议拨款法案。

· 审议会造成支出超过委员会302条款（a）支出配额（或针对拨款委员会302款（b）中支出的次级分配）的提案。

· 在通过财政年度预算决议前，审议新的支出、收入、或限制债务立法。

· 审议下述支出立法：会违背预算年度支出上限的立法，会违背预算年度和未来年度收入底线或总额规定的立法。

· 审议会增加赤字的协调法案修正案。

· 在协调法案中加入无关内容（伯德法则）。

· 在协调法案中加入社会保障立法。

· 审议会增加当前财政年度与未来5年，当前财政年度与未来10年内赤字的收入或直接支出立法（量入为出规则）。

资料来源：参议院预算委员会，“Points of Order Applicable to All Legislation”，2005年6月（www. senate. gov/ -budget/republican/analysis/2005/PointsOfOrder. pdf）。一些需要60票来搁置的议事程序问题源于1974年国会预算法案中的条款，其他一些则源于年度预算决议的条款。在此引用的参议院预算委员会文件提供了一份综合清单。审议会造成支出超过委员会302条款（a）支出配额［或针对拨款委员会302款（b）中支出次级分配］的提案。

参众两院在预算事务上的差异也植根于组织文化的不同。众议院规则的设计是为了加速众议院多数党偏好的法案及委员会制订的法案的通过；参议院的规则要适用于更多的议会修正案，并且要产生更少的党派性结果。如果能够联合起来，众议院的多数党可以删除任何一条对他们行动造成阻碍的规则，同时挫败少数党的立法野心。众议院的多数党常常搁置预算规则，尤其是在违规行为是程序性的时候。当违规行为被认为不重要或是技术性时，或违规行为是由领导决定时，众议院多数党也会搁置实质性的议事程序问题。因为参议院不限制议会修正案，同时比起众议院，在应对那些会违反预算规则的提案时更脆弱，所以参议院必须更加慎重地考虑预算立法。议员能够轻易地阻挠议案或者阻碍行动使参议院行事时表现出更少的党派性。近来出现的极端党派偏见使参议院的工作变得复杂化，也使完成所有要求的预算行动变得比过去更加困难。

总统角色是否会加强国会预算

正如本章之前讨论的，1974 年建立的预算决议过程被认为是国会在预算中占据自己的位置，同时避免依赖总统建议的一种方式。出于这个原因，预算决议被设计为一个内在的国会程序，没有总统的任何参与。然而，许多年后，决议过程以及国会与总统的预算关系都发生了改变。在 20 世纪 90 年代，总统和国会之间会进行频繁的预算高层协商。这些通常发生在国会会期的末端，在国会单方面通过预算决议之后，但在它完成拨款工作之前。

总统和国会在预算事务上是相互依存的。总统无法使他的预算在没有立法行动的情况下得到通过，国会无法使他的预算决议在没有总统的同意下得到执行。如果他们相互依存，那么对于总统和国会来说在过程早期追求一致有意义吗？为什么要等到立场更坚定，关门迫近的最后一分钟呢？为什么国会要在无法单方面制定执行决议所需的立法时，还要单方面地制定预算决议呢？

要考虑这些问题，有必要考虑由一致同意向联合决议的转变（那会要求总统的签名成为法律）将如何影响敌对的政客实现预算和平的意愿和能力。冲突在预算中是无处不在的，因为它是一个有人付钱有人得益的过程。但是恰恰因为冲突不可避免，过程就要被设计出来以鼓励对立的双方寻求妥协。

现有国会预算过程的优点之一就是它是根据每年的实际情况制定的。国会会在某些特定的年份采用协调法案。在某些年份，它维持现有预算；在其他年份，它会做出重大的政策调整。在某些年份，总统和国会会就预算上的争议召开首脑会议；在其他时候，他们在立法和拨款的日常工作中解决分歧。预算过程的弹性使得立法和行政两个分支在有利于达成共识时进行正式谈判成为可能，也使得双方在分歧太深，无法达成共识时可以分道扬镳。

诚然，在过程接近终点，展开对最后的拨款法案的协商时，需要开会讨论一些观点。但是，相对于解决预算差异，解决拨款争议是一件更加平和的事情。解决拨款争议通常处理的是互不关联的活动与支出项目，而解决预算差异通常与预算总额和项目优先权联系在一起。拨款将预算的冲突分解成一个个容易被解决的问题，使得它们可以一个个地被解决。预算决议将它们聚集在国家政策的综合声明之中。国会通常以两党合作的方式制订拨款决定，尽管比起过去合作程度有所减弱，预算决议会导致党派纷争和派别选票的出现。鉴于这种投票模式，给予总统一个正式的角色可能会使得弥合双方的分歧更加困难。每一方都会更加大胆地通过强调其与其他政治部门的不同来巩固自身的地位。

有人建议将总统纳入预算决议过程会刺激两个部门在国会会期之初达成协议，而不必等到最后一刻联邦部门即将用完资金之时。不过，在预算编制中，真正的最后期限鼓励妥协的产生，而人为的最后期限仅仅是将计算的日子推迟而已。国会和总统都知道，如果他们不能在决议上达成协议，他们仍然必须在国会会期的最后解决他们的分歧。此外，即使他们在春季就一个预算框架达成一致，他们仍然可以在春季之后，当拨款和其他执行措施被审议的时候展开斗争。

预算决议必须作为所有政治季度的过程——当重大政策转变悬而未决的时候，以及仅仅作出渐进式调整的时候；当立法与行政两个分支关于预算问题进行交锋的时候，以及当他们在问题上观点一致的时候。确保预算决议能在各种环境下运行的最好方法是保持决议的灵活性。用一支笔来武装总统可能会导致没有结果可以供他签名或否决。

小　　结

在其 30 多年的历史中，国会预算过程被频繁再造——通过规则中正式的改变或者非正式的调整。起初，每年会产生两个预算决议，对于国会中那些不想在赤字和其他困难事情上重复投票的人来说，至少有一个是多余的。到 20 世纪 80 年代早期之前，第二份决议不再使用，留存下来的决议由目标向限制转变。与这种新安排相一致的是，国会将调解从年度预算周期的末尾转移到了开始。它延长了决议覆盖的时间，从一年到三年，再到五年，最后是十年。它通过加速预算决议上的行动以及允许众议院在 5 月 15 日之后，甚至决议未通过时审议拨款法案，修改了立法议程。

预算决议扮演着很多角色。有时，它只需同意以前的决定；有时，它在重塑预算政策方面占据领导地位。通常决议会适应收入与支出委员的要求；有时它会挑战他们。预算委员会曾经在很大程度上控制了决议；现在，随着许多预算政策被政党领导支配或者在与总统的谈判中发展，这些委员会有着名义上的管辖权。多年来，总统从一个局外人变为一个国会预算政策改变的重要参与者。他没有对决议的正式否决权，但他可以阻碍立法的执行。

预算决议的多变性显示了该过程的脆弱和不稳定。即使在 30 多年以后，决议也没有在国会中取得牢固的位置。每年，它仅仅像国会希望的那样重要，仅仅像预算委员会那样相关。决议是一个奇特的类别，它不止是象征性的陈述，但又比不上法律。如果国会没能采纳它，没有事情会停止，如果数字被证明是错误的，或者被经济状况超越，也没有什么需要改变。预算决议无法被忽视，但它也不能总是被遵守。

在这个权宜的环境中，国会预算过程引起了一些反对的改革提议。有的提议削弱决议或者废除它；有的则提议加强决议。废除预算决议，以及预算委员会和多年来形成的预算规则，将把国会带回到 1974 年前的情景，那时的总额只需进行汇总而不需要任何人对它们进行投票。终结国会预算过程的情况源于它已经导致了困惑和冲突，复杂化了国会的预算工作，以及没有有效控制联邦支出的观点。有的意见认为该过程已经弱化了总统的职责并刺激了支出的增长。

与废除该预算程序有关的问题不会将国会带回原有状态。拨款委员会现在控制着联邦支出中一个很小的份额，而权利性支出则占据了一个更大的份额。如果没有一个预算过程，就不会有协调机制，就会剥夺国会可以得到的限制权利性支出及推动收入改变的最有效的手段。也许预算委员会在失去了制定立法政策上的角色后可以担任其他国会委员会财政行为的监督者。然而，他们能否成为有效的顾问值得怀疑。也许政党领袖能制定预算政策，因为这是他们多年来渴望的角色。但他们不可能有与预算委员会同样的决心来执行预算规则。

国会预算过程是一个有延展性的工具。它在十年的高额赤字中为国会服务，帮助国会在20世纪90年代后期平衡了政府账目。如果它存活下来，那是因为该过程使国会设置了它想要的政策和优先权，而不是因为它阻碍了立法多数推行其意愿。

注释

[1] 此模式认为减税10%可减轻税收对工人和企业的压力（译者）。

第七章 收入立法

政府每年征收的几乎所有收入都来自永久性的法律，而非当下的立法决定。国会有权什么也不做，也可以允许现有法律继续或是调整税法，从而改变收入的范围或税负的发生。在有的年份，总统与国会的预算决议都不会在税收政策上做出明显的变动；这些文件仅会评估一下现行税法产生的收入。在其他年份，立法及行政部门中的一个或两个会寻求改变税负总额及分配，而收入政策是预算中最富争议的活动之一。

在定义收入立法的过程与政治时，有两个变量非常重要。其中一个是它的目标是提高还是降低税率，另一个是究竟是总统还是国会首先提出这样的建议。当降低赤字被优先考虑时，就像从 1982 年到 1993 年那样，旨在提高收入的立法就会成为协调一揽子计划的突出部分。但当 20 世纪 90 年代末预算转为盈余时，公开辩论的焦点就集中在是否应该降低税收负担上，协议也就被用来加快减税立法的通过。即使税收议题被暂时搁置，国会还是会审议一些税收措施——修改某些较小的税收条款，或是延长即将到期的条款。

国会通常会审议与总统建议有关的主要税收立法，改变具体的税收条款。然而，国会通常会偏离总统提案。偶尔，国会也会按照自己的意愿行事。这发生在1982年（里根总统任期的第二年），当时因共和党参议员对持续增长的预算赤字感到恐慌，通过增税以弥补部分因上年立法造成的收入损失。在1995年与1999年，国会提案也曾遭遇失败，因为共和党领袖不顾总统克林顿的强烈反对，建议削减税收，而克林顿最终也否决了这项立法提议。不过，最常见的模式是国会只在总统提议对收入立法提议作出重大改变时采取行动。例如，在1993年，作为赤字削减一揽子计划的一部分，克林顿敦促国会立法增税。一旦国会卷入某项事件，它通常会表现出相当的独立性，通过改变征税的范围或结构来使其符合自身的偏好。即使在与总统的收入目标一致时，国会也总是按自己的方式行事。

税收政策的两个内在特征推动了国会的独立发展：财政政策直接影响着大多数美国人，而且它总是富有争议。收入立法也是利益集团集中游说与密切监视的目标，这样他们才能积极地运用政治手段影响政治结果。税法制定委员会（众议院赋税委员会和参议院财政委员会）的成员相对于国会内部其他委员会成员而言会收到更多的政治酬金。但随之而来的是修改税法使某些特定纳税人受益的压力。

在赤字居高不下的年代里，国会总是致力于增加联邦收入。当总统主动提议增加收入时，他就赋予了国会筹集税款的政治掩护。但是，20世纪90年代末期持续增长的预算盈余使国会领导人采取措施寻求减税。两种类型的行动——增税和减税都会导致总统与国会、民主党与共和党、乃至参议院与众议院的斗争。让国会批准税收立法曾经是一项困难的工作，但这种情况在过去的二十年里已得到有效改善（见表7－1）。因为税收立法已被看作是一个使某些利益群体及纳税人获益的机会，所以它的通过难度被降低了。几乎每一份经过国会审查的税收法案都包含税收减免，即使其表面目的在于增加联邦收入。因为同一项措施中会包含着税收增长和下降，这就使税收立法几乎总是成为让一部分人获利而让另一部分人受损的再分配活动。获利者与受损者都是经过复杂的立法程序与政治策略产生的，这些程序与策略通常会产生庞大的法案，修改数以百计的税收条款，并使纳税变得更复杂。

表 7－1　主要税收立法（1980—2006 年）　单位：十亿美元

年份	立　法	预计收入影响[a]
1980	综合预算协调法案 首次运用协调过程	+4（1 年）
1981	经济恢复税法案 在里根上台半年后实施，标志着个人所得税的主要特征	－749（1 年）
1982	税收平衡和财政责任法案 参议院提出，废除了前一年通过的一些减税条款	+98（3 年）
1983	社会保障修正案 增加了社会保障系统的税收收入，当时社会保障正处于破产的边缘	+165（7 年）
1984	降低赤字法案 税收增长与削减支出在协调法案中同时打包出台	+51（4 年）
1986	税收改革法案 为收入中立而设计；将个人所得税的最高等级税率从 50% 降低到 28%；通过废除某些税式支出来抵消税收损失	+11（1 年）
1987	赤字协调法案 取消了格拉姆—拉曼德—霍林斯法案对 230 亿美元的扣押	+23（2 年）
1989	综合预算协调法案 包括大约 100 亿美元的支出削减	+6（1 年）

续表

年份	立　法	预计收入影响[a]
1990	综合预算协调法案 包括预算执行法案，该法案引入了对收支立法的新控制	+137（5年）
1993	综合预算协调法案 将个人所得税最高税率提高到39.6%	+240（5年）
1997	纳税人减负法案 国会与总统达成的平衡预算协议的一部分；扩大了几种主要的税式支出；预计五年后的税收损失将会大幅度提高	-95（5年）
2001	经济增长和税负削减协调法案 小布什上任后不久降低了所得税税率，增加了重要的税收减免	-1349（11年）
2003	就业与增长税负削减协调法案 提前两年进一步降低税率，减少资本收益和股息税率	-350（11年）
2005—2006	防止税负增长和税收协调法案 进一步减少资本收益和股息税率，将商业支出条款延至两年；最终行动被延期至2006年	-69（5年）

资料来源：Congressional Quarterly Almanac, 1980 - 97; Joint Committee on Taxation: (1) Estimated Budget Effects of the Conference Agreement for H. R. 1836, JCX - 51 - 01, May 26, 2011; (2) Estimated Budget Effects of the Conference Agreement for H. R. 2, The "Jobs and Growth Tax Reliet Reconciliation Act of 2003," JCX - 55 - 03, May 22, 2003; and (3) Estimated Revenue Effects of the Conference Agreement for the "Tax Increase Prevention and Reconciliation Act of 2005," JCX - 18 - 06, May 9, 2006, available at the committee's Website (www. house. gov/jct/)。

a. 收入的影响估计按通过时间进行；实际收入影响通常会偏离这些估计。括号内的年份为估计覆盖的年份。

两百多年前，美国人民在“无权利，不纳税”精神的指引下进行了革命，但现在仍然有很多人甚至不喜欢包含着权利的税负。但是，为了给美国人想要的众多项目提供资金，联邦政府有庞大的收入需求。鉴于这个任务的困难性，国会与总统已为此设计了一个每年可筹集超过 25000 亿美元的税收系统。两百多年前，税收上的争端要用战争来解决；而当今的争端则用政治手段与立法程序来缓解。

国会内的税收立法

宪法赋予国会征税的权力，但却很少提及如何运用这种权力。其为数不多要求中的一点就是收入立法必须在众议院产生。这个顺序（先形成于众议院，后交参议院审核），会导致两院在处理收入措施时的分歧。不过，国会预算过程以及量入为出原则缩小了这一差距，现在两院通常会有相似的表现。

众议院

几乎所有的税收措施都是从众议院赋税委员会开始其立法旅程的，这个委员会广泛的管辖权包括了社会保障、贸易立法、失业救济和某些医疗项目。众议院 20 世纪 70 年代进行的广泛改革极大地影响了该委员会；相对于改革前，它的独立程度与权力大小都大打折扣。其中的一些变化列在表 7－2 之中，这个表格将改革前与改革后的赋税委员会进行了比较。

表 7-2 改革前与改革后的赋税委员会

改革前（1975 年前）	改革后（1975 年后）
赋税委员会的民主党人任命民主党人进入其他委员会	委员的任命由民主党调控与政策委员会决定，赋税委员会不再参与此项事务
赋税委员会对医疗保险和医疗补助有完全管辖权	对医疗保险 B 部分的管辖权要与能源与商业委员会共享，同时该委员会还享有医疗补助的全部管辖权
不设小组委员会，所有立法都是经过全体委员讨论并通过，因而将存在争议的事务避开国会日程	虽然主要的税收立法还是经由全体委员讨论，但赋税委员会被要求设置至少六个小组委员会
委员会规模很小，只有 25 个委员，并被共和党人与保守的南方民主党人联盟控制	委员会扩大到 37 个委员，民主党人和共和党人的比率从 15：10 上升到 25：12。在第 110 届国会中，比率又变为 24：17
几乎所有审议工作均封闭进行，工作人员数量较少，并由主席控制	大多数审议工作均公开进行（虽然之前的党内决策会议仍旧封闭进行），工作人员数量增加，但基本上仍由主席控制
大多数委员会的提案都会在禁止议会修正案的情况下经由众议院讨论	大多数委员会的提案都会在考虑国会修正案的情况下经由众议院讨论

全体委员会通常致力于形成主要的税收立法，其下属的小组委员会负责处理其他的琐碎事务。赋税委员会曾经通过关门立法的方式来防止其他利益团体的游说。现在众议院的规定则要求它（以及其他委员会）公开处理事务，除非它明确投票要求进行秘密会议。过程公开使赋税委员会遭遇更大的政治压力，但是，主席会先在私下进行交易，然后再召集委员会通过那些已经达成的交易。该委员会曾经盛行两党合

作；而两党也曾经联手形成压倒性优势，从而在参议院通过立法。但两党合作受到了改革者的攻击，他们认为这样的两党合作成为共和党与南部民主党人联手控制税收立法以及打压自由派民主党人偏好政策的手段。最终，改革者们通过扩大赋税委员会的规模以及改变两党在委员会中所占比例的方式拆散了这一联盟。从 20 世纪 70 年代起，赋税委员会的两极分化就日益明显（虽然在众议院内部还是一个整体），其投票也因为政党立场的不同而出现分歧。

党派性的强化伴随着税收立法频率的增加和规模的增大。某一年决定的议题会在一年或两年后被重新审议，这种现象已经很普遍。而国会也经常会被要求在一份法案中修改税法中数以百计的条款。党派性也降低了委员会的狭隘性与独立性，使它更容易受到外部的影响。赋税委员会也无法完全控制税收立法上的提议与起草；它必须关注政党领袖的偏好，关注预算决议中设置的收入水平，关注协调指令。委员会在税收立法上出台的诸多政策均受到国会议员的影响，而众议院议长和众议院预算委员会的影响尤甚。委员会在税收立法的细节上享有很大程度的自由，但外部压力却会对其整体政策造成影响。作为对这些压力的回应，赋税委员会的多数党委员经常会在委员会正式会议前举行秘密会议，明确那些符合其政党利益的法案。

在赋税委员会的一份法案出台后，它会收到一份规则（以众议院决议的形式），其中规定了该法案被议会审议所要遵循的条款与条件。被议长控制的规则委员会有三个基本的选择。其一是封闭性规则，这样可以限制议会修正案出台并敦促议员们赞成或是拒绝整个法案。其二是开放性规则，允许议员提出任何修正案。其三是限制性规则，只允许审议指定修正案。赋税委员会在 20 世纪 50 年代到 70 年代初期一直在封闭性规则下运行，而这十八年正是威尔伯·米尔斯主席当政的时期。这项程序给予赋税委员会非常多的手段，它几乎总是可以令众议院通过其提交的立法申请。而现在，众议院常常只会改变报告法案的某些部分，而且极少会同意税收立法上的封闭性规则。

但对税收法案执行开放性规则并不切合实际。若在开放性规则下运行，众议院可以完全不顾委员会内形成的妥协，重新制定税收法案。这会形成不错的政治舞台，而不是可靠的立法。开放性规则会鼓励某些距下次选举不到两年的议员把一项增加收入的法案转为减税提案。因此，大多数的税收立法都会在限制性规则下生成，这使多数党可以决定众议院应该审议哪些修正案。通常，多数党会精心制定有限的规则，提升草案通过的机会，它也会阻止审议那些会分裂党派、或是使党派蒙羞的修正案。众议院在采取行动前，必须通过一份适用于草案的规则。那些反对立法的人会试图破坏这些规则。如果他们成功了，那么直到新规则被起草、通过之后，草案才能被审议。规则通过后，众议院才会对法案和其他被允许的修正案采取行动。一旦规则获得通过，那么在绝大多数情况下，与之相关的法案也会获得通过。

参议院

参议院的税收立法工作始于财政委员会，它的立法范围甚至比众议院赋税委员会还要大。虽然参议院理应等到众议院完成行动之后，但它有时也会废止某项众议院通过的较小的草案（如更新一类即将到期的关税）除说明制定经过的条款以外的全文，然后代之以自己的条款，以此绕过上述规定。

专栏 7－1 描述了参议院主动采取的最突出的措施之一：在总统尚未提案、众议院没有立法批准的情况下，增加了 1982 年的税收。虽然这项行动并不符合宪法设定程序的精神，但它确实在名义上严格遵循了要求。联邦法院一直拒绝通过对国会程序合法性的判决，因此，参议院提出的税收立法也就变成了有效的法律。

专栏 7－1　参议院发起的税收立法：1982 年增税

就在立法通过大规模的税收削减仅仅一年后，里根总统又签署了税收公正与财政责任法案（TEFRA，下文简称税收公正与财政责任法案），据估计，此法案将令联邦收入在三年内增加 980 亿美元。税收公正与财政责任法案是一次不同寻常的政策逆转，它绕过了正常的立法程序，在协商报告前其内容没有经过任何众议院审议。税收公正与财政责任法案在参议院被临时拼凑，然后就进入协商，在众议院几乎没有对最后条款产生影响的情况下被通过。

1981 年 8 月 13 日

里根签署减税法案（五年减税 7490 亿美元）。

1982 年 6 月 23 日

参议院以 50 票赞成，47 票反对的结果通过了增税法案。

1982 年 8 月 19 日

协商报告以 226 票赞成，207 票反对的结果得到众议院通过；以 52 票赞成，47 票反对的结果得到参议院通过。

1982 年 9 月 3 日

里根签署税收公正与财政责任法案，使其在法律上生效。

通过税收公正与财政责任法案的国会也分裂出不同的政党阵营。民主党在众议院中占据大多数议席，而共和党则控制了参议院和白宫。在1981年，这种政治局面促生了众议院的民主党人与总统之间就大规模税收削减提案展开竞争。当竞争结束时，里根获胜。但他的凯旋却很快使自己陷入政治上的左右为难：怎样处理远远高于他前一年预期的日益增长的财政赤字。在1981年9月24日，里根提出了解决方案，在电视演讲中他建议通过废除“税法中滥用或是过时的措施”来筹集220亿美元的资金。

由于这个提议在立法季中出台得太晚，国会并没有通过。在下一个会期中，里根又早早地继续提出增加税收的口号，但时任赋税委员会主席的丹·罗斯滕科斯基拒绝通过。他担心众议院的民主党人会对增税有意见，而且他也不想与白宫再次展开一场竞争。

如果不是参议院财政委员会主席罗伯特·道尔处理赤字的决心，这一问题本应就此打住。道尔在委员会共和党人与白宫之间进行了磋商、达成了妥协，而后白宫授权他起草一份会以一边倒态势获得通过的法案。

但这份法案该怎样提交呢？众议院还没有通过，而宪法要求收入立法必须在那里产生。道尔的解决办法是把财政委员会的增税法案附加在众议院上次会期期末通过的一个小型收入法案中。在没有民主党支持的情况下，这项扩大后的法案获得了参议院的通过。

紧接着，行动转到了众议院，众议院本希望生成自己的法案，这样就可以为自己在接下来与参议院进行协商时争取立场。但赋税委员会中的民主党人担心自己会被称作增税支持者，所以他们选择直接召开会议。基本上完全按照参议院提交的版本，与会者很快制定出了最终的法案。

截至此时，在共和党的各阶层中已经出现了深深的裂痕（尤其是在众议院中），那里的换届选举数月后即将举行。因为共和党人的分裂，法案若想在众议院内获得通过，就需要民主党人足够的支持。众议院中的民主党人不能再袖手旁观，但在他们得到三项政治保护之前，他们也不会提供足够的票数。第一，众议院要在封闭性规则下完成协商报告，这一规则排除了对争议条款的分散投票；第二，里根承诺向支持这项法案的民主党人发出感谢信；最后，每个党派都要在其众议院成员中达成对协商报告的多数支持。

作为一项增税政策，1982 年法案对于赤字基本没有造成影响，而赤字随后就达到了 2000 亿美元。不过该法案却对此后的立法工作和政治机遇产生了滞后的影响。这项法案为此后充斥着整个 20 世纪 80 年代的政治手段的运用开创了先例，收入的提高也不再简单地被视作税收的上涨，税收公正与财政责任法案也为参议员道尔赢得了“福利国家征税员”的称号。但在他于 1996 年竞选总统之际，这项称号反倒成了他在共和党选民心目中洗刷不去的污点。至于罗纳德·里根，他在没有发表任何意见的情况下签署了 1982 年的增税法案，又在卸任之前签署了七八份类似的增税法案。但他今天仍然被视作一位削减税收的总统。

大多数情况下，只有众议院行动后，参议院才可以对税收法案采取行动。数十年来这个先后次序区分了两院的行动。众议院要先对法案进行审议，因此需要严格限制其议员投票支持减税或为迎合某方面利益而支持减税。众议院通过的税收立法也很少有修正案，并且基本不包含与之无关的条款。在参议院财政委员会及其院内，参议员们增加了许多鼓励减税与其他利益的修正案。有时，会添加数以百计的修正案——即所谓的对法案进行“圣诞树装饰”的过程。参议院把增加收入的众议院法案转为减少收入的法案，这种现象并不常见。

在接下来协商解决两份法案中的不同时，这些修正案给予参议院较之众议院更大的优势。在国会山，大家都知道税收法案比其他类型的立法活动更会在协商中改写。两院通过法案中的大部分会被与会人员弃置一旁，他们有时还会插入两院法案未包含的措施。当协商形成最终法案时，参与协商的参议员们还会用他们的许多修正案作为谈判筹码，逼迫众议院做出让步。因此，协商报告通常会更倾向于参议院的立场。

量入为出规则

就像在下一节将详细讨论的那样，1990 年预算执行法案中规定的量入为出规则改变了参议院在收入法案和税收立法的其他方面增加条款的动机。它的基本规则（在第四章中已全面论述）就是国会对收入和直接支出的立法不应当增加赤字或减少盈余。会减少联邦收入的立法必须要用增加税收或是减少支出的方法来弥补。如果国会无法完全抵消收入方面的净损失，那么一些直接支出项目中的资金将会被扣押。参众两院也各有其内部的量入为出规则。

在执行法定量入为出规则时，国会议员会将现行法律与税收变动所派生出来的基线收入与新立法产生的收入区别开来。如果是因为经济环境变化引起的收入减少，国会并不会被要求抵消这部分差额，但它也不可以用经济环境改善引起的收入增加来抵消因立法而造成的收入减少。不过，国会还是会被要求抵消新立法导致的预期收入减少。

国会在1993年通过的北美自由贸易协定（NAFTA）说明了量入为出规则是如何运行的。当北美自由贸易协定还处在审议阶段时，据估计它可以在成立的最初五年令关减税少、直接支出增加总额达27亿美元。有些贸易协定的支持者辩称它会通过刺激贸易和促进经济活动，从而在实质上提高税收，但官方的估计却不包括对总体宏观经济影响的假设。因此，它便与国会要找到用于抵消的27亿美元的要求无关。虽然量入为出规则并不要求贸易协定立法本身来补偿这27亿美元（抵消可以包含在国会通过的其他收入或直接支出法案中），除非该法案包括抵消措施，否则它不可能得到公众的支持。政府首先提议加倍征收海关规费、调整其他费用以增加收入。众议院中共和党人的票数对贸易协定的通过而言是必须的，但他们给这项提议贴上了增税的标签，并威胁说要投票否决它。政府后来与之磋商，达成妥协，使这笔额外收入更多地出自对一些税种的账目变更，而只增加了一小部分海关规费。

当国会采取某种措施时，它缺乏立法未来预算影响的确切知识。有见识的人利用略有不同的假设，能得出结果迥异的预测。1990年预算执行法案判定，在为法定的量入为出目的评估立法时，管理与预算局的估测是决定性的。但是，为了将预算决议落实为政策，国会在审议收入立法时，会依靠国会预算局的评估（即使国会预算局的数据和管理与预算局的数据相差甚远），这份评估应用的是税收联合委员会的数据。

管理与预算局和国会预算局经常意见相左是因为这两个部门对纳税人应对税法改变将要采取的行为所采用的是不同的假设。评估常常是例行公事，其中会有因采用的假设以及得出的评估不同而引发的争论。有时，国会或是民主共和两党之间的争论也会使税收政策的分歧复杂化。这种情况发生时，分歧就变成了双方用来推动或是阻碍立法的武器。例如，在老布什当政期间，他就曾经辩称降低资本所得税率会鼓励企业主们出售长期资产。但是，运用不同的假设，国会预算局对国会建议，降低税率可能会在五年内减少联邦收入。在某种程度上，这是一个技术性的问题，对过去纳税人行为比较了解的专业人士不会觉得他们会根据未来税率的变动而改变自己的行为。在另一层次上，这又是一场持不同政见者在税收政策上进行的政治辩论，每一方都会采用支持其立场的假设。因为国会依靠的是国会预算局，它做出的税率降低会减少收入预测，使立法无法通过。但这并不是事情的结束；这种争论会在随后的每一个国会的会期中上演，直到国会最终降低资本所得税率为止。

量入为出规则对国会行为的影响

在该规则生效期间，法定的量入为出规则既影响着国会的行动，也影响着国会所制定的收入立法。有些效果是程序上的，有的效果是实质性的。

量入为出原则缩小了参议院在税收立法中后期参与的优势。对参议院来说，通过加入减收条款作为协商中的筹码，以此对税收法案进行“圣诞树装饰”的可行性被降低。在这条道路上的每一步，参议员们都要时刻注意是否有提案会减少收入。所有的收入损失都要被抵消，即使这种减少是法案主要目标所附带的。例如，在1998年，参议院财政委员会出台了一份法案，限制国家税务总局用于执行税法的若干实践。虽然这项立法活动的目的本不在于改变联邦收入，但根据评估，它还是在其后的五年导致了60亿美元的收入损失。在出台这项法案之前，财政委员会不得不找到抵消收入，既能满足量入为出规则，又不会被认为是在增税。最终大约有一半的抵消收入来自雇员部分养老金支付的减少。

量入为出规则使参众两院开始了一场抵消博弈——即加入增收条款，其唯一目的就是为削减税收创造空间。因为内阁与政党都不愿投票支持增税，博弈也就产生了。相应地，每方都在寻求增加收入，同时避免担上增税的责任。在这场博弈中，掌握时机是非常重要的。何时进行税收调整以及何时中止政策都会影响最终的评估结果。另一种策略就是利用评估覆盖时期有限（通常为5到10年）的事实。此前与此后无论发生什么事情，都不会对评估产生影响。

一项经常被采用的关于时机的策略就是延长即将到期的税种。例如，联邦机票税于1996年到期，在当年被短暂地恢复（以一个在一定程度上有所不同的形式），接下来在下一年又再次更新。在评估永久税时，收入的增加仅计算一次，与之相反，临时税的每一次更新都会被计作收入的增加。对博弈的逆向运用就是安排税收削减的时机，使它们只能在评估期的一段时期内生效，从而减少需要抵消的额度。

国会已经学会怎样将长期收入的损失者转变为短期（5到10年）收入的获利者。这个把戏的实质就是在税法上做出调整，从而使更多的钱在评估期的第一阶段就流入财政部，然后把主要的收入损失安排到后期或更晚。这种手段的一个最佳例证就是1996年包含了许多针对小企业减税的立法，据估计，它大约会在五年内减少100亿美元的收入，而在接下来的五年更会引起200亿美元的收入损失。需抵消部分来自暂停某养老金分配额外费用的15%。这项减税被视为收入增加，因为它会刺激纳税人从他们的养老金中撤出资金。这样一来，就不必支付15%的额外费用，但他们仍将缴纳一般所得税，结果是政策期内的一个收入增加。尽管这一时期过后收入会下降，但这却不会影响评估结果。国会运用了相似的策略，在1998年用于国内税收系统改革的立法，在2005年用于把个人退休账户延伸到高收入纳税人。

1993年，参议院采用了一项要求所有收入及直接支出立法都要保持赤字中性的量入为出规则。在这一规则下，任何关于减税或支出增加的立法都必须包括抵消手段。多年来，参议院对该规则作出了重大调整，首先是允许不超过预算内盈余的税收削减（或直接支出增加），随后是豁免预算决议中假设的税收削减或直接支出增加。2007年众议院采用了一项要求直接支出在6年、收入立法在11年（包括当年）内保持赤字中性的量入为出规则，而且不提供任何豁免。参议院也运用类似的方法调整了量入为出规则。

税式支出

对税收法案进行圣诞树装饰的旧做法，以及调整收入立法结构以获得有利评估结果的新做法，都说明了国会不仅仅将这种立法作为筹集收入的手段；这也是一个机会，通过调整税法可以为特定的企业及家庭提供好处。这些好处在预算中体现为税式支出，该术语在法律中被定义为因扣除、豁免、抵免及其他一般税收结构中的例外导致的收入损失。税式支出是减少某些纳税人税责和政府所征税收的中断和漏洞。

税式支出也是联邦政府实现某些公共目标的方式。它们会被视为（如定义所示）替代直接支出或其他政策工具的另一种选择。对资本所得的优惠税率旨在刺激投资，从应税收入中减去抵押的利息支付会促进住房拥有率，育儿费用的抵付可以使家长离家工作。当然，政府也可以用补助（在预算中被作为支出）而非减税的方式推动这些目标的达成。它可以为购房者（或拥有者）、双亲或其中之一在外工作的家庭以及对物质或人力资本投资的公司提供现金补贴。通过把直接支出与税式支出都划入功能性分类，预算使这二者之间的比较变得便利，但在这两种支出之间，只有相对很少的交易。

预算会公布两种税式支出的手段——一种是基于所有收入税收的主要手段，另一种是基于现有税收结构的参考手段。这两种手段对于特定收入类型的处理方法存在差异。例如，主要手段包括政府对于家庭的转移支付，而参考手段则不包括。

预算会列出超过 150 种税式支出，在 2007 财年，预计其中 50 种最大的支出每笔都会造成超过 10 亿美元的收入损失。表 7－3 列出了最大的几类税式支出，并将它们被评估出的税收损失按五年的间隔做了比较。主要税式支出中的绝大部分自联邦所得税实行早期就已生效，但有些（如劳务所得收入抵免，个人退休账户支出以及儿童抵免）是在 20 世纪 70 年代或其后才获得通过的。

表 7-3　　主要税式支出：预计引起的收入损失　单位：十亿美元

税式支出	收入损失		
	1996 财年	2001 财年	2006 财年
雇员养老金计划中负担与所得的排除	59	92	48
雇员分担的医疗保险和医疗补助	61	81	126
自有房屋的抵押利息	54	61	76
特定州与地方税的扣除	29	42	35
优惠的资本所得税率	6	42	28
死亡时重新确定资本所得	30	28	29
慈善捐赠	24	27	40
公益债券的利息	13	23	27
州与地方财产税	16	23	15
儿童税收抵免[a]	无	20	33
不包括房屋出售的资本所得	18	19	36
退休工人的社会保险金	17	19	20
人寿保险储蓄利息	11	16	24
个人退休账户中的负担与所得	6	16	7

资料来源：*Budget of the United States Government*, *Analytical Perspectives*, *Fiscal Year* 1996, table 5-6, p. 64; *Analytical Perspectives*, *Fiscal Year* 2001, table 5-3, p. 117; *Analytical Perspectives*, *Fiscal Year* 2006, table 19-3, P. 324.

a. 儿童抵免在 1997 年通过。

即使能够获得税式支出的预算信息，国会仍然没有一个正式的机制在税式支出和直接支出间进行替换。这两种支出分属于不同委员会管辖，并且通常被视为不同类型的立法。

税式支出也是权利性支出的一种形式。就像出现在预算直接支出那部分的权利性支出一样，税式支出通常受到永久性立法而不是拨款程序的控制，并且会随着外部因素而增长，无需任何国会立法。如果排除医疗保险与医疗补助中雇员支付的部分，预计每年的税收损失会自动从 1996 年的 670 亿美元上涨到 10 年后的 1260 亿美元。在同一时期内，自有房屋抵押利息的损失也会从 540 亿美元上涨到 760 亿美元（见

表7－3）。作为权利性支出的一种形式，税式支出可由国会通过协调立法或常规收入立法进行改变。但如果国会不作为，税式支出的数量，就像其他权利性支出的成本一样，取决于法律中的强制性要求。

虽然税式支出在法律中有明确定义，在总统的预算中也会被提及，但它还是具有很大的争议性。保守派们并不喜欢这个概念，因为他们觉得，税式支出就意味着除去承诺预留给纳税人的那一部分，所有的收入都属于政府。自由派也不喜欢它，相对于低收入者，税式支出对高收入者更有价值。例如，住宅抵押利息中扣除的1000美元对于纳税等级处在35%的人来说就意味着350美元，而对于那些交15%税的人，他们只需要缴纳150美元。因为税式支出是应纳税金的函数，所以其价值会随着税率的增加而增大。这就导致了一种反常的情况：纳税人交的税越多，他们获得的减税也就越多。

即使自由派与保守派都对税式支出保持着清醒的认识，这项政策还是幸存了下来，因为它是测量因税法相关条款而被放弃的税收的有效手段。当政策制定者重写税法时，这些信息就会发挥作用。税式支出使得他们可以评估名义税率与实际税率的差别，也就是官方文件公布的税率与实际用于缴税的收入比率间的差别。而且，税式支出也使他们能够检测减税与税率之间的相互作用。

税率对减免：80年代对90年代

实际上，20世纪80至90年代通过的每一份赤字削减方案都会削减一些税式支出（主要的例外出现在1981年）。在这些法案里，主要的交易就在于减税和税率：为了完成收入目标，税法里规定的减税越多，税率也就越高。在21世纪的头十年里，国会和总统降低了税率，增加了减税措施，从而引发了收入的减少，推动了预算赤字的出现。

与20世纪80年代相比，在20世纪最后十年进行的税率与减税之间的竞争有很大不同。80年代的累进制个人所得税有十多级，最高的一级要占到个人收入的70%。在里根刚刚入主白宫的1981年，国会通过了一个（三年期）25%的所得税减免，指数化税率（自1985年后，每年都会根据物价进行调整）、将最高等级的非劳务收入（比如作为投资收入的股息）所得税从70%调低到50%、并且引入或扩大税收减免的范围。减免的税收包括资产的加速折旧、为科研项目经费提供的税收抵免、个人退休账户最大负担额度的提高、房地产税的降低、某些利息收入的减免以及育儿税收抵免的增加。1981年的经济复苏税收法案通过降低税率以及增加税收减免的方式减少了收入。在它获得通过时，据估计未来五年联邦收入将减少7490亿美元。虽然在第二年部分减税措施被废止，但截止到1990年，联邦财政仍然损失了3230亿美元。

这就是80年代减税事件的高潮。在这十年其余的时间里，国会通过、共和党总统们签署了十余份增税文件，但这在声势浩大的减税政策面前却显得杯水车薪。增税方面迈出的第一步就是在1982年通过的，据估计在三年内将增加980亿美元联邦收入的法律（见专栏7－1）。这项法律减少了多种对公司税的优惠，如让公司出卖未使用的税收减免的条款。它还强制要求撤回一部分的利息与股息收入。国会还通过协调立法在1984、1986、1987、1989年四次修改税收减免政策。但是，从税收减免到降低税率的最大一次转变是1986年税收改革法案——它的目的在于简化税法，同时不改变联邦税收总额。国会决定这项立法应该是税收中性的，这也就迫使它在降低税率与税收减免之间做出权衡。能降低税率的唯一办法只能是废除一些减免措施。这次税改将原先 14 级的个人所得税率简化为两级，并将最高税率从 50% 降低到 28%。它还通过提高个人豁免额和（未详细列举扣除额的）纳税人的标准扣除额，降低实际税率。税率降低的代价是废除了州与地方销售税减免、提高资本所得税税率、逐渐减少对消费者利息支付的扣除、对失业保障金征税、以及在税式支出上进行的其他无数调整措施。

税率与减免之间的平衡在 90 年代变得非常不一样。最高个人所得税税率从 28% 提高到 39.6%，公司所得税税率（虽然已于 1986 年降低）也被提高。在共和党人老布什和民主党人克林顿分别于 1990 年和 1993 年入主白宫时，国会都通过了增税的法律。这些法律在税式支出中做出了许多相对较小的调整，但 1997 年的平衡预算协议（已经在第二章讨论过）加入了少数主要的税收减免：新的个人退休金账户（罗斯个人退休金账户）允许养老金的免税分配、教育税收减免以及教育储蓄账户、针对儿童的新的税收减免、学生贷款利息支付的减免、资本所得税税率的降低、房地产税豁免额度的增加、全额减免自谋职业纳税人的医疗保险费用（将在几年内逐步实行），以及许多其他减少收入的条款。据估计，这些条款引起的收入减少将会在五年内达到 950 亿美元，在十年内达到 2750 亿美元，其后将达到更为庞大的数额。

为什么税率与税收减免之间的平衡发生了倒退？答案至少来自三个方面，而政治环境与预算行为的更新换代也多少给出了提示：公众对于税收减免观念的改变，赤字在政治议程中重要性的变化、以及量入为出预算规则的引入。

首先，大众对于征税的观点发生了转变。20 世纪 80 年代，供给学派的观点占据优势，他们认为，较高的边际税率会减少储蓄、投资和产出。即使是自由派的民主党人也加入了呼吁政府降低税率的活动，虽然他们中间有些人的动机与其说是对新经济原则的接受，还不如说是对税收减免的厌恶。在 90 年代，反过来，供给学派的立场失去了支持，而公众对于高收入者经常不足额缴税的关心也与日俱增。更宽的收入鸿沟（低收入家庭举步维艰、而高收入者则享受着经济扩张的成果）导致了人们政治观点的转变。实际上，几乎所有在这十年间出台的增税措施都指向高收入纳税人，他们承担的收入税负与日俱增。

其次，较之于前十年，政府在 20 世纪 90 年代里持续努力地降低赤字。在 80 年代，较之于减轻税收负担，入主白宫的总统们大多不太关心降低赤字。虽然里根确实签署了很多增加收入的法律，但其中大部分都是小规模的，而且增加的部分也通常来自于被填补的漏洞，并非全盘增税。他在增税上唯一的大手笔就是 1982 年的立法，在这部立法中他被说服接受了下述预期：收入中增加一美元相当于减少三美元的支出。但是，当预期中的支出削减没有实现时（因为如此大规模的削减缺少国会多数派的支持），里根感到自己被愚弄并决定拒绝签署任何其他的增税法案。他有时会勉强松口，只同意那些尽量少的收入。

里根离任后的十年里，总统的行为发生了变化。老布什承诺过“无新税”，但他身后的利益集团逼迫他接受了一项大规模的增税措施，显然，格拉姆—拉曼德—霍林斯法案中设置的赤字目标无从达到。如果真的发生，它所要求的扣押会给很多联邦项目带来悲惨的后果，包括国防。更严重的是，国会在不包括大规模增税措施的情况下是不会同意新预算案的。就像在第五章中提到的一样，老布什通常使自己与预算事务保持距离，这就给了他的助手们谈判一揽子计划的广阔空间，即使这些一揽子计划与他一贯“无新税”的立场相矛盾，进而毁了他的政治生涯。克林顿的增税则是由他自己主动提出的，他也不得不与不愿合作的国会进行斗争，直至提案获得通过。老布什的增税在经济衰退期发挥了作用，克林顿的措施则开始于经济繁荣的初期。老布什在赤字开始降低以前离开白宫——克林顿则因赤字的消失而继续其白宫生涯。

最后，量入为出规则缩减了国会在处理收入问题时的选择范围。税收损失必须被抵消的要求使国会倾向于有目的的税收减免，而不是泛泛地降低税率。降低税率会因为使大部分纳税人受益而损失大量收入，与之相反，通过指向特定纳税人或把收入损失递延到政策覆盖期之后，税收减免造成的损失可以被限制。国会 1997 年在量入为出规则的约束下通过成本高昂的税收减免时，就是这样做的。

降低税率与增加减免：新千年的税收政策

税率与税收减免之间的平衡随着小布什在 2001 年的就职宣告结束。因为小布什将税收削减作为他国内日程的中心任务，他成功地促使国会通过了降低所得税税率的法案，而且显著地增加了某些税式支出。实际上，除了 2005 年两院因无法在法律版本上达成一致而未使减税形成法律外，从 2001 年到 2006 年，参众两院每年都会通过减税法案。采用标准的十年期，国会预算局预计通过的税收削减大约会减少 1000 亿美元的联邦收入。考虑到最大规模的削减中有的部分含有日落条款，若这些法案被永久化，整个十年中的收入损失还将显著增加。显然，小布什的税收安排与20世纪八九十年代盛行的那套做法不同。与里根相比，小布什并未在其对减税的偏好上退却；与他的父亲和克林顿不同，小布什减轻税收负担而不是增加它们。

2001年小布什上任后不久，就通过了第一项税收削减法案。据估计，该项措施会在十年内给联邦收入带来1350亿美元的损失。它将最低税率降至10%，最高税率降至35%，儿童税收减免加倍到1000美元，逐步停止征收房地产税，增加可受退休基金保护的数额，为已婚的纳税人提供税务减免。但是，为了将总的收入损失控制在当年预算决议限额之内（并且遵从参议院规则），这项法律要求所有的措施都在2010年底之前终止（参见专栏7-2）。国会也于2002年通过了一项针对企业的小规模税收削减，并于2003年通过了一项包括削减股息税与资本所得税在内的大规模减税措施。除此之外，国会还在2004年与2006年通过了两次小规模的税收削减。

专栏7-2　日落税收立法——政治现实与预算手段

大多数在小布什总统任期内获得通过的税收削减都有日落条款。如果国会没有延长的话，它们将会在2010年自动到期（有的可能会再早一些）。如果国会不作为，个人所得税税率将倒退到小布什上台前的水平。将在2010年消失的房地产税会在2011年以55%的高税率再度出现，对于股息收入和资本所得的15%优待税率也将不复存在。

税收削减已经变成小布什和国会内共和党人共同发起的标志性国内政策。但为什么这些立法成果是暂时的、而不是永久的？答案与限制立法可能造成的收入损失的预算原则有关。日落立法是一种既可以削减税收，又能保持在预算规则内的手段。因为这些规则只在参议院内有效，日落立法也就变成了一种解决参众两院收入立法冲突的方案。较之于永久性的收入损失，它们使国会可以在法律中加入更多的减税措施。

对于永久性税收削减政策来说，最主要的阻碍就是伯德规则，而这一规则只适用于调节法案。这一复杂规则的条款之一就是禁止参议院审议预计会在国会预算决议覆盖期（通常为5到10个财政年度）外造成收入损失的税收立法。要搁置这一限制必须获得60票多数，但在2001年税收削减被审议时，参议院被民主党和共和党一分为二，各占50个席位，这就使60票的多数票无法达到。参议院要遵守伯德条款的最简单的做法就是让所有税收削减在第10年（当年预算决议中使用的预算窗口）到期。实际上，参议院也有另外的选择——将税收削减放在普通法案而不是协调法案中提出，但这会导致税收削减遭到议事阻挠。协调法案可以避免议事阻挠，但却限制了可被通过的税收削减。

众议院并没相应的限制措施，也并不需要60票来放弃预算规则。众议院中的规则委员会经常设计出特殊规则以搁置反对待表决法案的议事程序问题。通过该委员会的操作，众议院凭借多数票搁置了预算限制。然而，鉴于参议院要受到自身规则的限制，在其与众议院进行协商时，谈判立场会更加强硬。就像在其他事务中一样，在税收立法上，参议院会坚持自己的立场，对税收立法能否获得收益提出质疑，因为伯德规则禁止它支持众议院所赞成的立场。

这种情况在2003年发生，当时国会再一次削减联邦税收。参众两院无法就预算决议中规定的收入损失额度达成一致，所以两院都发出了各自的协调指令：众议院规定将额度控制在5500亿美元之内，而参议院的上限则是3500亿美元。两院随后又分别出台了和预算决议中规定的税收损失相挂钩的协调法案。在协商会议上，参议院坚持不审议超过3500亿美元的收入损失，众议院则被迫作出让步。这一次，较之于永久性立法，日落立法倒是可以通过更多的税收削减。有些条款会在几年后就到期，这样也就降低了预期的税收损失。

日落立法会导致更多还是更少的税收削减？答案取决于临时条款是否能在到期前被延长。如果获得延期，那么日落立法就出现低估全部收入损失的结果；若未获得延期，长期的收入损失就会被降低。当2001年和2003年的税收法案获得通过时，人们普遍预期它在不久之后就会成为永久性法案。但在本书付梓之际（2007年），这一点还没有发生。永久化较低的税率和其他会造成收入损失的条款的成本是一大阻碍，民主党人的反对以及共和党内部各层级的分裂是另一个障碍。国会预算局曾经预测到如果2001年和2003年的减税被延期，在2007年到2016财政年度中，联邦政府总共会额外损失15000亿美元的收入；如果其他条款获得延期，那么还将损失3500亿美元。这些额外的收入损失发生时，恰好是婴儿潮一代进入退休潮，并开始申领承诺给他们的退休金与医疗保金之时。预测未来的税收立法是一件困难的事情，但不可能所有的日落条款都会被延期。

那些反对将税收削减永久化的人占有一项优势：如果国会不作为，日落立法就会到期，2001（或2003）年之前的条款就会回复。最后，日落立法可能会真的变成落日，而不仅仅是一种逃避预算控制的立法手腕。布什减税的设计者们可能打错了算盘，如果他们在最初就调整自己的野心，避开日落条款，也许最终可以得到更多。

新千年里税收态度的巨大转变要归因于某些环境的变化。首先是预算盈余的到来与小布什的上台。前者驱使着现任总统与国会议员们减少联邦收入；后者使一个即使在盈余消失时也会固执减税的人获得了权力。盈余使量入为出规则失效，虽然它还可以在文件中找到，但已不能阻止国会增加支出或是减少收入。可以说，如果量入为出规则仍然有效，税收减免就会显著减少，国会也就会被迫在税收减免与降低税率之间做出选择。在预算盈余消失前，量入为出规则都将是一纸空文。小布什确实提议重新推行量入为出规则，但是他更加偏好那种只包括增加支出，而不包括收入减少的版本。

即使“9.11”事件造成国防与国土安全方面支出的不断升高，小布什仍然在继续他的减税行动。与他通过了增税措施的父亲不同，小布什在减税这件事上立场坚定，即使政府财政状况已经恶化。布什也许是受到了“饿死怪兽”策略的影响，也就是说减少联邦支出的唯一方法就是减少它能获得的税收。

在小布什上台前的 2000 年，联邦收入占 GDP 总额的 20.9%，与 1944 年达到的顶点相当，而那时美国还在供养一场世界大战。收入水平的提高鼓励总统与国会减税，但当收入跌至 GDP 的 16.3%（2004 年）时，减税的冲动仍在继续，因为许多共和党领袖认为，降低税收负担可以刺激经济增长。税收削减是收入显著降低的主要原因，不过经济疲软也要承担一定的责任。在总量为 120000 亿美元的经济体中，每 1% 的下降都意味着 1200 亿美元的收入损失。如果政府还是保持与四年前一样的收入份额，联邦收入在2004年将会总共减少5000亿美元。

小布什的主要目标一直是降低税率，因为他相信高税率会阻碍储蓄、投资、企业发展以及其他可以促进经济发展的活动。但他也签署了为家庭与企业提高税收减免的法案。这种“税率与减免”的结果，部分原因在于国会要对特定选民负责，另一部分原因是降低税率对于处在低税率等级的纳税人而言几乎没有好处。针对低收入者的税收减免才能使他们获得更多的利益。换句话说，降低边际税率主要使一部分纳税人受益，而新增或扩大的税收减免政策则会使另一部分人受益。正是这种政治上的迫切性引起了新千年的大规模减税。

动态收入评估

2006年，布什总统请求国会拨款，在财政部建立动态分析机构评估税法变动对经济的影响。虽然这项提议涉及的是经济分析中的技术问题，但它还是引起了大规模的争论，因为它有可能改变国会处理税收立法的方法。运用动态分析，那些通常被认为会降低未来联邦收入的减税措施可能会被预计成能够增加收入。反过来，提高税率的立法也有可能被计算成减少联邦收入。既然立法的命运经常会被评估影响，转向动态评估很可能会影响国会通过的税收政策。

就像第四章所讨论的那样，所有向委员会报告或是经过参众两院批准的税收措施都要经过国会预算局的评估，这一评估的基础是税收联合委员会所提交的估测。评估结果会决定立法是否符合已被通过的预算决议及国会规则，而这两样通常都会限制国会能够通过的收入损失总量。因此，在某种程度上，动态分析降低了预期的收入损失，它能使国会通过更大程度的税率削减。

在传统的（或者静止的）评估中，国会预算局总是将税法变动导致的可能行为转变纳入考虑范围。例如，当国会降低资本所得税税率时，国会预算局会因为纳税人存在交易增值资产的动机来评估增长的附加收入。虽然这些微观经济现象会被包含在评估之中，但在总的经济活动中可能发生的变化却并不会在评估中反映出来。动态评估会评价即将生效或是已生效的立法来预测它对总体经济的影响。如果假设因为对商业投资和雇员就业的新刺激会增加国家产出，动态评估就会显示降低税率能增加收入。

这也就是动态评估会引起争议的原因，因为即使当预算陷入赤字泥潭时，它也会刺激国会降低税率。2003 年众议院曾经针对赋税委员会所提出的税收措施采取了一项要求进行“宏观经济影响分析”的规定。该规定并未指定宏观经济分析的类型，因此经济与税收政策互相影响的模型也就有了选择的余地。在对 2003 年赋税委员报告的减税法案应用了不同模型后，税收联合委员会预计由于经济活动增加所引起的收入反馈在五年内会在 6% 到 28% 的范围内变动，而十年的变动范围则是 3% 到 23%。这些额外的收入会补偿全部，或至少一部分的收入损失。

如果税率降低可对经济产生有益的影响，为什么它们没有被包括在收入立法的评估之中？答案的一部分就在于动态评估的基础是对税收政策变动的经济反应所作的假设与主观判断。假设中的微小变动都可能会引起评估结果的巨大震荡。另一部分原因是动态评估会刺激国会降低税率，并在政府需要额外收入时，加大增税难度。也许最重要的因素在于，针对动态评估的斗争反映了民主、共和两党在税收政策上的重大分歧。只要两党在税收上持有根本不同的观点，动态评估就会随着两党在税收问题上的斗争进行，动态评估就更像是战斗口号，而不是评定立法对收入影响的手段。

联邦收入趋势

1963 年，联邦年度收入为 1000 亿美元，而不到三十年（1990 年）后，这个数目就突破了一万亿美元。整整十年之后（2000 年），联邦收入已达两万亿美元。国会预算局预计财政收入在 2016 年将会翻一番，达到四万亿美元。税收的提高是由于通货膨胀和经济增长——而不是税收立法。联邦的税收富有弹性，它会随着经济发展、个人与公司收入的增加而增长。

抛开增长不谈，直至最近，联邦收入一直只占国内生产总值（GDP）的一小部分。1960 年联邦收入占国内生产总值的 17.8%，而在 1996 年，这一比例也不过是 18.9%。在这三十年里，较之于支出，收入的变动更小。收入占国内生产总值比例的最高点与最低点只相差 2.7%。而支出所占比例的差别则达到 6.6%，是前者的两倍多。但在过去的十年里，收入在国内生产总值中所占的份额变化明显，从 2000 年的最高值 20.9% 降到了 2004 年的 16.3%。在这四年里的这段差距几乎达到了过去 25 年的两倍。过去的稳定性与现今的不稳定性都植根于税收政策。

收入的稳定性与立法行动有关，而非突发事件。如果国会不采取行动，收入就会被膨胀推高，从而增加名义收入；

或是被经济发展推高，从而增加实际收入。在个人所得税税率根据通货膨胀指数化（自动根据消费价格的变化而调整）之前，国会会定期通过降低税率和提高税收减免额度的方法对收入的增长趋势作出回应。当预算收入从1976年占国内生产总值的17.2%攀升到1981年的19.6%后，国会降低了税率，并根据通货膨胀率指数化个人所得税税率。随后，收入占国内生产总值的比例在1986年下降到了17.5%，仅比十年前略高0.3%。

指数化限制了国会的立法选择。在指数化之前，国会在补偿增加的税收时，通常会对税收负担进行再分配，给予某些纳税人更多的税收减免。这种安排促使立法与行政部门都将减税的功劳归功于自己，即使有些纳税人可能没有得到足够的通货膨胀补偿。但由于立法行动落后于通货膨胀，经常会出现一个税负高于收入趋势的时期。

指数化（1985年生效）使得总统与国会可以免于对通货膨胀引起的税收增长负责。调整措施是自动且迅速的，但因为并不是税收系统的所有相关特征都被指数化过，故而这些措施并不全面。指数化也意味着政客们失去了一个有用的选择：降低名义税率以弥补通货膨胀。他们的角色只能是增加税收以减少预算赤字，或是在盈余出现时降低税收，或是刺激经济发展。实际上，自从指数化的法案通过后，国会已经通过了十余项收入变动措施。1997年通过的定向税收削减明显降低了特定纳税人支付的税款，但它对联邦收入的总体影响（至少前五年）比它的支持者与反对者们所声称的要温和得多。根据官方估测，预计1997年立法在其实施的最初五年仅会使联邦总收入减少大约1%。与此前的税收削减会降低收入在国内生产总值中的比重不同，1997年立法实施后，收入在国内生产总值中的比重继续上升。

可以说，指数化会将税收立法从稳定与再分配税收负担转向产生更多的税收。部分出于指数化的原因，在 20 世纪 90 年代，官员们致力于减税，而政客们则一直在提高它。这次角色的转换导致税收超出了应有的水平，也为小布什削减联邦税收的竞选创造了机会。它同时也导致收入政策的极度不稳定，因为政府从克林顿对大规模减税的强烈反对突然转到小布什将收入削减到 1950—2000 年趋势线以下的策略。

克林顿与布什之间的对比揭示了两党在税收政策上的不同。他们在盈余出现的那几年争论如何处理盈余，又更频繁地争吵如何减少赤字。在他的总统任期即将届满之时，克林顿坚持拯救社会保障应是财政盈余的第一要务，并借此阻止了共和党人要求减税的议案。小布什上任后，即使盈余已不复存在，他仍然把大规模减税推给国会。

总统选举会影响税收政策。克林顿 1993 年能够增税是因为他在国会两院里都取得了民主党多数；小布什 2001 年成功地削减税收是因为他在两院中都拥有共和党多数（在参议员杰弗德改变立场之前）。如果说过去是对未来的指引，2008 年的总统选举会为税收立法明确方向，特别是在一党同时控制白宫与议会的情况下。不过，即便不考虑 2008 年的选举结果，创造额外收入的压力也会影响税收政策。国会与总统也许会被迫改写税法以处理最低收入税收抵免（AMT）引起的问题，这一点将在本章后面讨论。

政治阵营及预算环境的变化会引发税收政策的不稳定。税率与税收减免都不会在长时间内保持不变。税率的每一次提升都会加强降低税率的压力，就像每一次减税都会加强增税的压力一样。在税收政策中唯一不变的就是政府需要大量资金来支持其项目，而这些修改收入法律的提案通常在立法日程中排位靠前。

联邦收入的来源

多年来，在联邦收入的构成中同时存在着稳定与变化。个人所得税是长期以来最大的收入来源，自1960年以来几乎占据了总收入的47%（见表7-4）。但是企业所得税所占的比例只相当于二战前水平的一半（虽然20世纪90年代以来略有回升）。社会保险税（用于社会保障与医疗保险）所占的份额已经不止翻了一番，而消费税则降到只占总收入的4%。

表7-4　　按来源分类的联邦收入占总收入和国内生产总值的份额

单位：%

收入来源	1960年	1970年	1980年	1990年	2000年	2005年
占总收入百分比						
个人所得税	44.0	46.9	47.2	45.2	49.6	43.0
企业所得税	23.2	17.0	12.5	9.1	10.2	12.9
社会保险税	15.9	23.0	30.5	36.8	32.2	36.9
消费税	12.6	8.1	4.7	3.4	3.4	3.4
所有其他收入	4.2	4.9	5.1	5.4	4.5	3.8
占国内生产总值百分比						
个人所得税	7.8	8.9	9.0	8.1	10.3	7.6
企业所得税	4.1	3.2	2.4	1.6	2.1	2.3
社会保险税	2.8	4.4	5.8	6.6	6.7	6.5
消费税	2.3	1.6	0.9	0.6	0.7	0.6
所有其他收入	0.8	0.9	1.0	1.0	0.9	0.7
总收入	17.8	19.0	19.0	18.0	20.9	17.6

资料来源：*Budget of the United States Government*, *Historical Table*, *Fiscal Year* 2008, table 2.2, pp. 31-32, and table 2.3, pp. 33-34.

企业所得税下降的原因之一是企业利润的边际税率降低；另一个原因是相对较低的利润。企业利润在1960年大约占国内生产总值的10%，但在1990年这个比例降到了7%。对债券融资的更大依赖，大量的税收减免，更具侵略性的避税手段，都可能对企业所得税的减少产生影响。无论原因是什么，企业在1960年要上缴超过40%的利税，而在2004年，则不到25%。

社会保险税的增长伴随着社会保障与医疗保险的更高支出。但必须注意的是，自20世纪90年代以来，其占收入比例的增长幅度几乎可以忽略不计。这种与长期趋势相悖的现象确实很令人惊讶，因为老龄化的人口将需要政府在养老金以及医疗保险方面更多地投入。虽然来自社会保险的收入总额在持续增长，但当婴儿潮的一代退休时，社会保障和医疗保险信托基金将要面对严重的财务不平衡。为什么政府不提高社会保险税以支持这些基金的财务状况呢？

一条有力的线索来自表7-5中提供的数据。该表摘自国会预算局的计算。这份表格显示在1995年，38%的纳税人所缴纳的社保税超过个人所得税。如果再把社会保险税中雇员承担的部分考虑进来，这个比例几乎会倍增到73%。社会保险税的相对负担对那些最低收入的纳税人而言是最高的。对那些年收入不足10000美元的个人和家庭来说，工资税超过个人所得税的99%，而对于收入在最低的五分之一的个人和家庭而言，这个数字是92%。

表 7－5　1995 年工资税超过所得税的纳税人比例
（按现金收入及收入分布比例分类）　　单位：%

	雇员承担比例	雇员与雇主联合承担比例
现金收入（美元）		
0—10000	99	99
10000—20000	69	91
20000—30000	46	81
30000—40000	34	78
40000—50000	25	74
50000—75000	14	71
75000—100000	6	52
100000—200000	3	20
200000 以上	3	4
所有收入	38	73
按五分之一统计		
最低的五分之一	92	97
次低的五分之一	48	82
中间的五分之一	31	77
次高的五分之一	16	72
最高的五分之一	5	37
所有比例	38	73

资料来源：Congressional Budget Office, "Estimates of Federal Tax Liabilities for Individuals and Families, by Income Category and Family Type," memoranbum, May 1998, table 8 and 13.

毫不意外的是，由于这些税款占薪水的比例不断提高，纳税人对更高的社会保险税的抵制也在增长。从 1950 年到 1990 年，国会频繁地提高社会保险税税率，最初每个雇员及雇主只要交纳 1.5% 的社会保险税，而到了最后，这个比例已被提升到 7.65%。总体来说，这四十年间有十九种税的税率被提升，平均下来几乎每两年一种（参见表 7－6）。从

1990 年起税率就没有变动过，即便征税的最高额度已经从 51300 美元提高到了 2005 年的 90000 美元。提高最高可课税收入基线并不要求国会采取新的行动，而且只会影响那些收入超过此前基线的劳动者。由于大多数雇员的收入还达不到最高可课税收入基线，这一变动不会影响他们。

表 7－6　1937—2005 年[a] 雇员与自由职业者社会保险税率与最高可课税收入

年份	雇员税率[b]（百分数）	自由职业者税率（百分数）	最高可课税收入[c]（美元）
1937—1949	1. 0	…	3000
1950	1. 5	…	3000
1951	1. 5	2. 25	3600
1954	2. 0	3. 0	3600
1957	2. 25	3. 375	4200
1960	3. 0	4. 5	4800
1962	3. 125	4. 7	4800
1963	3. 625	5. 4	4800
1966	4. 2	6. 15	6600
1967	4. 4	6. 4	6600
1969	4. 8	6. 9	7800
1971	5. 2	7. 5	7800
1973	5. 85	8. 0	10800
1978	6. 05	8. 1	17700
1979	6. 13	8. 1	22900
1981	6. 65	9. 3	29700
1982	6. 7	9. 35	32400
1984	7. 0	14. 0	37800
1985	7. 05	14. 1	39600
1986	7. 15	14. 3	42000

续表

年份	雇员税率[b]（百分数）	自由职业者税率（百分数）	最高可课税收入[c]（美元）
1988	7.51	15.02	45000
1990	7.65	15.3	51300
2005	7.65	15.3	90000

资料来源：Social Security Administration, *Social Security Bulletin*: *Annual Statistical Supplement*: 2005, table 2. A3, p. 99.

a. 本表仅包括税率发生变动的年份（不包括2005年）。

b. 与雇主支付比例相同。

c. 自1966年医疗保险首次实行起到1990年，医院保险部分的可课税收入与社会保险有相同的收入基线。在1991—1993年，医院保险部分的最高可课税收入高于社会保障。自1994年起，医疗保险税开始对所有收入征收，而社会保障被限制在此栏所列的数字之中。

提高社会保险税税率受到的抵制会促使政客们依靠其他手段来维持社会保障与医疗保险信托基金。如果这种抵制持续下去，社会保险税在未来联邦收入中所占比例就会下降，与1990年前的时期形成对比，当时这一比例在不断上升。

社会保险税是被指定作为特殊用途的；它们并不为政府的一般性支出提供资金。但是，有时候政府会向社会保障信托基金（或是其他信托基金）借款，按现行利率支付利息，然后用这些钱为其他支出提供资金。指定用途的资金减少了政府一般性支出可用的收入。这些联邦基金包括一小部分特定用途的收入，这部分收入会被存入特殊基金。联邦基金收入从1960年占国内生产总值的15%大幅下降到1990年的11%（参见表7-7）。20世纪90年代税收的增长使这个比例又在2000年回升到了14%，但随后的税收削减又使它在2006年跌到不足12%。在新世纪伊始，联邦基金只占到总收入的66%，而四十年前，这个比例是82%。联邦基金在1960年可以为所有的一般性支出提供资金，但在2006年它只能为不到四分之三的一般性支出融资，其余的部分则要靠借款解决。在同一时期，净利息支付从原来占一般性收入的不到9%上涨到了15%。若以总利息计算，这一份额所占比重会更大，而几乎所有的总利息都要由一般性基金支付。

表7－7　　　　联邦基金收入

衡　量	1960年	1970年	1980年	1990年	2000年	2006年
联邦基金收入占国内生产总值的百分比	14.6	14.1	12.9	11.1	13.7	11.6
总收入	81.8	74.2	67.8	61.6	65.5	64.4
联邦基金支出	101.1	91.6	80.9	65.1	100.1	73.9
净利息占联邦基金收入百分比[a]	8.6	10.0	15.0	29.0	16.8	14.9
公共债务总利息占联邦基金收入的百分比	11.4[b]	13.5	21.3	41.6	27.3	26.7

资料来源：*Budget of the United States Government*, *Historical Table*, *Fiscal Year* 2008, table 1.2, pp. 23－24, table 1.4, pp. 27－28, and table 3.2, pp. 53－70.

a. 净利息是联邦政府支付的总利息减去信托基金和其他联邦机构获得的利息。

b. 1962年数据。

当财政赤字在2004年达到4000亿美元的顶峰时，一般性支出达到了17000亿美元，但一般性收入却比它少了6000亿美元。这6000亿美元的差额比统一后的预算赤字还大，因为预算赤字的一部分会被信托基金的盈余抵消，而这笔金额几乎为2000亿美元。事实上，如果一般性收入2004年占国内生产总值的比例能够达到四十年前的水平（在医疗补助、食品券、早教计划，以及其他由一般性基金融资的数十亿美元的项目建立之前），联邦预算早就实现平衡了。

一般性基金与信托基金相比截然不同的财务状况植根于美国人对通过纳税来为政府买单的反感。从历史上来看，如果税收是被用作特定用途的，例如修建高速公路、社会保障、医疗保险，那么它会更容易被人们接受。虽然对于普通税的抵制已不再新鲜（纵观美国历史，这些税收的大幅增长只在战时发生），但一般性基金在七八十年代的衰落预示着在这段时期，为满足政府开销而增税已变得愈发困难。那些会侵蚀普通税收入的因素包括政府公信力下降、总统与国会在税收政策上旷日持久的斗争、利益集团参与税收立法的热情日益高涨、以及个人所得税的指数化。

从历史上看，1990 年与 1993 年所得税的增长是件反常的事情。在这两次提税中美国既未处于战争状态，公众对于政府表现的支持也没有明显的提高。即使这样，国会和总统还是因为对赤字规模的警惕而提高了普通税。在这两个年头里，增税并不是在独立立法中形成的，而是被作为总统与国会领袖协商后的赤字削减一揽子协议的一部分。而且，增加收入中的大部分都来自于高收入纳税人。绝大多数纳税人都没有被边际税率提高、医疗保险税基封顶的取消、特定税收豁免和减免的逐步淘汰所影响，实际上，到 20 世纪 90 年代末，数以百万计的中低收入家庭承担的实际所得税税率较之于十年前更低。通过将增税集中在一小部分高收入纳税者的身上，国会与总统缓和了政治上的反对。

1990 年与 1993 年的措施改善了一般性基金的处境，它们接收了产生的新收入中的大部分。在短暂的预算逆流而动时期，一般性收入在 90 年代增长得要比一般性支出快得多。收入在 90 年代末较十年前增长了约 5000 亿美元，而支出只增长了不到 3000 亿美元。正如一般性基金收入的衰退引发了高赤字时代的到来一样，这些收入的增加也使预算盈余的出现成为可能。但新世纪的减税再度削弱了一般性基金，使其回复到原来的趋势，占总收入的份额也有所下降。随着一般性收入远远低于一般性支出，高额赤字卷土重来。

谁在向联邦交税

在审议税收立法时，国会不仅关心税收总额，也关心税收负担如何在不同收入阶层的人群之间分配。计算联邦税收的发生是一项复杂而又富有争议的任务——它需要假设别人支付的税款（如社会保险税和企业所得税中由雇主承担的部分）如何影响特定的收入所得者，如劳动者和股东。它刺激了关于收入定义的争论，也要求衡量税法中许多优惠和特殊条款的影响。

美国的纳税人用来准备纳税申报单的名义所得税税率并不是衡量实际税负的精确手段。这些税率无法指出税收优惠和税收减免如何减少可课税收入和实际支付的税款。用于计算实际税负的两种原则性指标就是税款占调整后总收入的百分比和实际税率。前者只包括应纳税的收入，后者是一个更宽泛的指标，覆盖所有现金收入，但排除非现金收入，如联邦政府支付的实物和雇主支付的医疗保险费。实际税率的计算是用所有的纳税总额除以现金收入总额。例如，一个年薪10万美元的人每年缴纳1万美元的税收，他的实际税率就是10%。当纳税人从政府得到的退款超过其缴纳的税款时，实际税率可能为负。

表7-8显示了个人所得税的高度累进性。在所有的收入等级中，收入高的人在纳税时比收入低的人支付了其收入中更高的百分比。而且，个人所得税在20世纪90年代变得更

具累进性，这一趋势一直延续到布什在 2001 年和 2003 年进行大规模减税之后。在最低的收入等级中，纳税人在 1980 年不必缴税，但在 2004 年反而会得到 3% 的补贴。在收入等级的另一端，排在前 5% 的高收入者们在 1980 年要交 38% 的税，而在 2004 年，这一比例提高到了 58%。

个人所得税的高度累进性与 20 世纪 90 年代政府经历的收入上涨有关。如本章前文所述，最高边际税率在这十年间从 28% 上涨到了 39.6%。同样，高收入者的队伍在发展壮大，其收入占国家总收入的比例上升，而低收入者则在减少。实际上，政府想建立这样一个政策，对胜利者的收益征收更高的税，而对失败者的征税则少得多。可以说，这是良好经济表现与社会政策的偶然结合，因为它允许市场有效运作，又允许进行一些收入再分配。不过，这也意味着联邦收入的繁荣取决于高收入纳税人的可持续的财务收益。

表 7－8 所依据的收入数据是相对税收负担的一个综合性指标，因为它包括（如表格注释所指出的）没有被课税的收入类型。说明实际税率的表 7－9 也是基于收入的综合指标。社会保险税本身并不具有累进性，因为它们按照比例税率征收，而且社会保障部分只能征收到表 7－6 中列出的最高收入。中产阶级的纳税人较之于收入最高的五分之一的家庭与个人，其实际社会保险税率更高。但考虑到社会保障系统的整体累进性，将政府支付的保金一并计入还是比较合理的。社会保障在低收入劳动者终生收入中所占份额更高。一个人挣得越多，他从社会保障中获得收益的比例就越低。而且，在 20 世纪 90 年代显著扩张的劳务所得税抵免也补偿了低收入者全部或部分社会保险税。

表 7-8 **收入和纳税义务的份额及五级收入的有效税率**

收入群体	纳税额占税前收入百分比				纳税额占个人所得税义务百分比				纳税额占社会保险税百分比			
	1980 年	1990 年	2000 年	2004 年	1980 年	1990 年	2000 年	2004 年	1980 年	1990 年	2000 年	2004 年
最低五分之一	3	3	3	3	0	0	-2	-3	4	4	4	4
次低五分之一	7	7	7	7	4	3	1	-1	12	11	10	10
中间五分之一	11	11	11	12	11	9	6	5	20	18	16	16
次高五分之一	21	20	20	20	20	18	14	14	27	27	26	25
最高五分之一	57	61	61	60	65	70	81	85	37	41	43	44
最高百分之十	39	42	45	42	48	54	68	71	19	22	26	26
最高百分之五	25	29	33	30	35	42	56	58	9	12	15	15
最高百分之一	10	14	20	15	17	24	37	37	1	2	4	4

资料来源：Congressional Budget Office，*Historical Effective Federal Tax Rates*：1979 *to* 2004，December 2006，table 1A and 1B in accompanying supplemental spreadsheet file.

注：本表的基础是综合性收入指标，包括所有的现金收入，即可课税的与被减免的，也包括企业缴税的推算收入，来自政府和非政府资源的实物收入，如医疗保险、医疗补助，雇主支付的健康保险金等的推算收入。五等分加总后可能略高或略低于 100% 是因为四舍五入。

表 7－9　**实际税率按不同收入阶层分布百分比率**

收入群体	有效个人所得税税率				有效社会保险税税率				汇总的有效联邦税税率			
	1980 年	1990 年	2000 年	2004 年	1980 年	1990 年	2000 年	2004 年	1980 年	1990 年	2000 年	2004 年
最低五分之一	0	－2	－8	－10	7	9	11	10	9	9	5	5
次低五分之一	5	4	1	－2	9	11	11	11	16	17	14	10
中间五分之一	9	7	5	3	10	12	12	11	20	20	18	15
次高五分之一	11	9	8	5	9	12	12	11	22	22	21	18
最高五分之一	17	15	19	15	6	7	7	7	26	25	29	26
最高百分之十	18	14	22	18	4	6	5	5	28	26	31	28
最高百分之五	20	18	24	20	3	4	4	4	29	26	32	29
最高百分之一	21	21	26	21	1	2	2	2	32	28	34	32

资料来源：Congressional Budget Office，*Historical Effective Federal Tax Rates*：1979 *to* 2004，December 2006，table 2A in accompanying supplemental spreadsheet file.

注：本表的基础是综合性收入指标，包括所有的现金收入，即可课税的与被减免的，也包括企业缴税的推算收入，来自政府和非政府资源的实物收入（如医疗保险、医疗补助），雇主支付的健康保险金等的推算收入。总体实际税率包括对企业所得税和消费税的推算，以及雇主支付的社会保险税的份额。

即使考虑到社会保险税和其他税种，总的实际税率（包括消费税的影响以及企业所得税平摊到每个纳税人头上的税额）对于每一个较高收入阶层而言，总是要比较低收入阶层高。低收入者要承担更重的消费税，但在个人所得税上负担较轻。现金收入最高的五分之一的个人与家庭的总体实际税率几乎是收入排在中间那五分之一的个人与家庭的两倍。

税收系统的累进性也与纵向公平（即不同收入者缴纳的税款）有关，经济学家们也很关心横向公平——即相同收入者纳税的多少。税法中大量的税收优惠和减免破坏了横向公平，因为它们并未在收入相似的纳税人中公平分配。想想这样两个家庭，每户的年收入都是十万美元，一户拥有房屋，另一户租房；一户有资本收入，另一户没有；一户有养老金，另一户没有。在这种条件或是其他种种条件下，两个家庭支付的所得税就有了区别：一个家庭可能要交 15000 美元的税，而另一家可能只要缴纳 5000 美元。税式支出是联邦税收系统中极大的不平衡因素，因为它们并不是按照收入等级平均分配的。为了改良这种不公平，国会出台了替代最低收入税收抵免（AMT），它要求从特定税收优惠中获益的纳税人缴纳比正常税收系统下更多的税款。但是，AMT 也成为政客与纳税人的大难题，而且就在本书即将付梓之时，它可能会进行重大修正。

AMT 于 1969 年付诸实施，其目的在于防止有钱人把收入隐藏起来避税。它要求特定的纳税人（尤其是那些列出减免的纳税人）两次计算纳税义务，第一次和几百万美国人每年遵循的常规的所得税流程一样，然后根据一张包括各种减免与扣除的清单进行计算，应缴的税款取两者中的较高值。AMT 只有两个税率，26% 与 28%，但与常规系统相比，它会使很多纳税人承担更高的税金。出现这种情况的原因是减免的数额取决于特定的一般税收减免，例如对于受赡养者以及州和地方税的减免，在计算 AMT 时还要重新考虑进去。

数十年间，AMT 基本没有引起大众的注意。很少有美国人适用这项政策，而大多数人甚至都不会费心计算他们的 AMT 义务。但近年来，AMT 影响的纳税人的数量正在与日俱增。根据一些估测，截至 2010 年，大约有 2000 万户家庭会适用 AMT。这一预期增长的主要原因是 AMT 并没有根据通货膨胀进行指数化。更糟的是，那些新近被 AMT 影响的纳税人大多都是中产阶级。那些极为富裕的美国人一般不会被影响，因为他们缴纳的税款已经超出了 AMT 要求的额度。

为什么国会不直接废除 AMT？最直接的回答是，既然越来越多的美国人开始适用这项政策，AMT 将为政府筹集更多收入。按照某些计算，如果现有法律继续实行，不久 AMT 产生的收入将超过普通所得税。取代废除 AMT 的是，国会每年都会调整 AMT 的某些特征从而减少受影响的纳税人数量。长期的解决方案将需要简化税法，废除现行税法不包括，但却包括在 AMT 中的税收减免。

使用费

联邦政府每年会收缴 2400 多亿美元的使用费。这些费用区别于那些向特定补助或服务受益人所征集的税收，区别于那些向政府管制的活动所征集的税收。政府在行使其政权时征集税收；政府在进行商业性活动时，收取使用费。与被计作预算收入的税收不同，使用费在预算中被计作抵消收入。

国会预算局确定了四种使用费。最大的一种由个人或企业因享受政府提供的商品和服务而支付的费用组成。这些费用比较类似于付费者自愿通过贸易得到商品和服务的商业交易。这些费用包括参加医疗保险 B 部分项目需支付的保金、邮购服务购买以及使用联邦停车场的付费。

第二种使用费包括政府管制活动的收费。这些交易是部分自愿的——因为若不参与这些政府活动，便可规避费用。这些费用包括版权与专利费，以及作为参加某种活动条件所必需的执照费用。

第三种特定的费用会因为受益者获得联邦提供的商品与服务而征收。但与大部分的使用费不同，这些费用大多是作为税收收入计入预算，而非抵消收入。收益费用包括机票税与汽油税。

最后一种，基于责任的费用会因为补偿对环境的损害以及补偿该类活动引起的伤害而征收。这些费用基本都是特定用途的信托基金，用于治疗或是补偿受害者。煤矿税是用于补偿被黑肺病折磨的矿工（或遗属）的；疫苗税是用于补偿那些遭受到囊虫疫苗或是其他疫苗伤害的人；原油税是用来补偿对原油泄漏的清理以及由此引发的损失。

从 20 世纪 80 年代中期开始，国会与总统就将使用费视作一种筹集额外收入的手段。在那之前，流行的政策是按照提供的产品或服务的成本收费。一份 1952 年的法规中表达了国会的意见，规定联邦机构“应该最大限度地保持自给自足”。但这项法律也规定费用收取应当公平合理，而且应该考虑公众利益。由管理与预算局发布的执行规则规定使用费只能在可确定的接收者获得特别收益时才能收取。

1985 年综合预算协调法案扩大了使用费的覆盖范围，不仅包括提供服务的成本，也包括联邦机构的部分或全部运行费用。例如，法律规定原子能监管委员会每年要收回其运营成本的三分之一；1990 年调节法案将这一目标提高到了 100%。其他的机构也被规定收回部分或是全部的运行成本，比如海关、专利与注册商标办公室以及食品与药品管理局。

通过预算执行规则抑制预算赤字的努力刺激了使用费的增长。这些规则将可选择性使用费和强制性使用费区别开来。前者会在拨款法案中被授权、生效，并被计作抵消收入。它们使国会可以进行数额相当的额外拨款。而强制性使用费则要经过事实性立法的授权，但这并不会影响拨款的数额。这种区别给予总统和国会调整使用费结构的强烈动机，这样他们就可以被归为可选择性的类别。有些团体也抱怨多种多样的使用费已经超过了要求抵消成本的额度，而多出的收入被花在其他联邦项目上。

抵消收入

抵消收入通过提供等量的补偿减少了预算授权和支出。例如，5000 万美元的抵消收入就会使预算支出减少 5000 万美元。大部分使用费会被计入抵消收入，同样被计入抵消收入的还有资产出售的收入、联邦实体所赚利息以及联邦账户或基金内特定的资金流动。

一笔收入何时会被预算计作收入，何时会被计作抵消收入？根据 1967 年总统预算概念委员会确立的基本原则，那些“本质上讲基本属于政府行为，包括管制及强迫”的活动，应该被上报为收入，但那些商业性以及市场导向的活动应该被用来抵消支出。这并不是一个非常明确的界定，如医疗保险保金的计算。直到 1983 年，这些保费一直被计作收入，但自那以后，保费就被计作抵消收入。然而，这些每年总额达到550亿美元的保费在国民收入和生产账户中还是被算作收入。

无论是把收入划入抵消收入还是收入，都不会影响赤字或盈余的规模，因为它会减少等量的收入与支出总额。但在预算执行规则下，它会影响立法审议工作。

小　　结

国会处理税收立法的过程与200年前并没有太大的区别。这些法案还是在众议院形成，而赋税委员会和参议院财政委员会还是享有事实上独立的立法权。但是，也有一些重大的变化发生——有些是因预算规则的扩展被强迫生成的，有些是被特定用途资金以及信托基金收入的增长催生的。现在，税收立法形成于预算决议之中，而且通常在协商法案中被通过。税收立法一定要遵守限制着被通过立法造成的收入损失的预算规则。参众两院的行为差异已经被缩小，今天，参议院在审议税收立法时通常会受到更多限制。

收入过程在未来可能会发生更多的变化，尤其是国会将面临人口老龄化的预算影响。虽然有一些经济学家和其他人士认为稳定和可预测的税收政策有利于国家效率的提高，税收立法还是会在国会日程表上继续保持活跃。未来的立法将会改变政府筹集的资金以及对税收负担的分配。无论预算的结果是盈余还是赤字，国会都会采取相应措施减税和增税。无论民主党还是共和党控制国会，国会都会为某些团体通过减税的立法。税率与减免的竞争还会继续，国会在此主题上立法越多，税法就会变得越复杂。其他程序上的变化，如法定量入为出规则的衰落以及动态收入评估的应用，也会被考虑进去。

如果过去可以提供一些参考，税收立法将是周期性的：税率会被提高，然后被降低，然后再提高。在税收里没有平衡，只有调整税法的立法冲动。

第八章
授权立法

国会有两种不同的流程用于筹资设立联邦项目和联邦机构。一个流程的结果是颁布授权法案，为联邦项目和机构的建立提供法律基础。另一个的结果是拨款，使机构承担责任和支出。通常，这些步骤是独立的，但有时在直接支出法案中它们也会被结合在一起。这些行为由参众两院的规则所规范，它禁止考虑未经授权的拨款，或对拨款法案添加立法。虽然有时候这些法规会被放弃或无视，并且允许某些例外，但它们界定了授权法案和拨款的界限。

这两种法案的差别在 19 世纪 30 年代已被纳入众议院法规，并于二十年后写入参议院规则；现在被编纂在众议院第二十一条规则和参议院第十六条规则之中。然而，这项实践先于国会存在，并且可能是从英国议会那里改编而来。1789 年的第一届国会认为实质性法案理所应当与拨款法案区分开来。于是，通过了一条法律，建立了战争部，并通过另一条法律对这个部门和其他新设立的机构进行拨款。这种授权和拨款之间的区别在几十年后被置于规则之中，以回应拨款法案中频繁出现的附加条款和其他立法性条款。

众议院第二十一条规则规定，“由于一项支出无法事先通过法律授权……因而拨款无需写入普通拨款法案。”它同时指出，“普通拨款法案中不得包含改变现行法律的条款……”值得注意的是，这些限制只应用于普通拨款法案。从国会先例来看，持续决议（为尚未取得常规拨款的机构提供替代性资金）不属于普通拨款法案。因此它可以包括未授权的拨款以及实质性法案。

参议院第十六条规则规定，“拨款委员会不得报告含有新立法或一般立法提案的拨款法案……”它也禁止了那些“不执行现有法律条款……”的拨款。但是，参议院规则并不像众议院的规则那样被严格执行。参议院允许更多的例外，且有程序以保证在拨款法案中嵌入立法。专栏 8－1 特别强调了 20 世纪 90 年代参议院关于在拨款法案中立法的争议。参众两院 19 世纪的争论暗示了将拨款和授权分开的两个原因。其一是担心在立法上的冲突会阻碍流向联邦机构的资金流。另一个是为不断发展的机构提供资金的紧迫性可能会促使国会制定出欠考虑的拨款法案。这两个担忧对国会仍有现实意义。在立法上的冲突，而非在可得资金上的争论，才是持久延误通过拨款的主要原因。此外，许多本身可能无法通过的法律条文在拨款法案中被颁布。

专栏 8－1　民主党人对共和党人：为拨款法案的立法而战

国会并没有严格禁止有关拨款立法，它实际上经常在拨款法案中插入一些相对较小的立法条款。然而，在 20 世纪 90 年代，针对拨款的立法在数量及意义上都上升到了一个新的高度，有时甚至在拨款法案中通过整部法律。

通过推翻议会第十四号规则，共和党的参议员们于 1995 年撤销了对于拨款法案的立法限制。四年后，共和党议员的角色发生了彻底转变，他们投票赞成恢复对拨款法案立法行为的限制，而民主党却投了反对票。这两个党派都受到短期利益的驱使，但他们的这些举动却会给国会带来长期的影响。

第一回合：共和党人废止第十六号规则

1995年3月16日，当参议院正在审议一份补充拨款法案时，参议员凯·贝利·哈奇森提出一项修正案。该修正案旨在废除与濒危物种法案相关的一些法庭判令，并禁止美国鱼类及野生动物保护局挪用拨款来进行濒临灭绝物种的判定。参议员哈利·瑞德就此提出了议事程序问题，认为此修正案是在拨款法案中进行的立法，而参议院主席通过了这一议事程序问题。参议员哈奇森提出上诉，上诉被42票对57票的结果驳回。根据这一结果，参议院立法程序官使人们认识到，他将不再建议参议院执行第十六号规则。

第二回合：民主党使用拨款法案强制立法

随着第十六号规则的废除，参议院可以自由地在拨款法案中插入立法。少数派领袖汤姆·达施勒领导下的参议院民主党人意识到他们现在有一个明确的手段来从共和党手中夺取对立法日程的控制。根据长期传统，由多数党领袖决定哪个参议院要审议哪些法案。这个规定使得多数党能够阻碍少数党想要的立法。1996年，共和党参议员特伦特·洛特成为多数党领袖时，积极部署了这项权力。作为回应，民主党领袖参议员达施勒大胆地在待审议的拨款法案中附加了备受争议的立法，这些立法受到民主党的支持和共和党的反对。一方面，他增加了最低工资立法；另一方面，他还加入了一份规制医疗保险组织的法案。参议员洛特没有对民主党的提议采取这样和那样的措施，而是把各种拨款法案从参议院中拖出来，推迟其通过并冒着关闭政府的风险。不出意外地，僵局结束了，共和党同意审议民主党支持的法案，而民主党则撤回他们原先附加在拨款法案中的立法条款。

第三回合：共和党人恢复第十六号规则

随着民主党占据优势（尽管仍处于少数地位），参议员洛特在1999年7月转变方向，提出恢复第十六号规则的动议。在这场论战中，他表达了因拨款行动受阻而产生的挫败感：

“每个参议员都把他们梦想的每一份修正案扔进参议院……（并且）整个草案或主要修正案被提交给负责拨款草案的委员会……而这些委员会却并未被授权立法，委员会主席也没有任何投入。是对这个过程实施控制的时候了。”

为参议院进行了24年卓越服务的参议员丹尼尔·莫依尼汉在其职业生涯末期悲叹，当第十六号规则遭到破坏时，一个世纪或者更久以来的一项确定的参议院实践被冲击，被毁坏，这种破坏从此会一直在我们周围继续。我们的政府变得不可理喻……授权委员会正在不断被边缘化，并失去重要性。”在这场争论结束的时候，参议院以53票对45票的政党路线投票恢复了第十六号规则。不过，对于要完全恢复旧规则的参议院来说，自1995年以来的改变实在太多了。

第十六号规则只禁止了以拨款法案修正案形式出现的立法。从一个多世纪前该规则被设计出来，直到20世纪90年代末，这些“修正案”包括参议院拨款委员会对众议院通过的支出法案的修改与议会修正案。这样做的原因在于，众议院通常会先审议拨款法案，而参议院不会生成自己的法案，而只是对众议院通过的版本进行修改。下一章会对此做出解释。如果在众议院完成立法行动之前参议院拨款委员会提出一项法案，就像20世纪90年代末曾经发生的那样，则该法案的形式就是原始的法案，而不是修正案。这样做纯粹是因为第十六号规则不适用于那些由参议院拨款委员会附加在任何由该委员会提出的支出法案中的立法条款。不过，第十六号规则仍然适用于议会修正案。

授权立法的种类

授权代表的是宪法赋予国会的立法权的行使（现在的授权立法曾一度被简单等同于即时立法）。立法时，国会可以在授权中加入任何类型的条款。它有权规定一个机构在行使其职责时必须做什么或不可以做什么，有权解释一个机构的组织结构及其运作程序，有权通过非常具体的立法来赋予机构广泛的权力或限制它的运作自由。授权方式并没有统一结构——有些仅一两页纸，有些则长达几百页。有些分成几个标题，有些则分成篇章，最常见的是分成条款。有些使机构对资金承担义务，大部分则并非如此。

授权手段的范围之广、种类之多引发人们对它的困惑。授权这一术语本身也是问题所在，因为它在联邦预算中有多种含义。一个授权法律可以从两个角度考察：对国会内部而言，作为一个许可，它使参众两院有权考虑拨款；对外就联邦机构而言，许可它们运作。要对不同的授权种类及其功能进行划分，就必须区分选择性授权和直接支出，区分实质性立法和拨款授权。这些区别不仅影响授权立法的合法地位，同时也影响国会对它们的处理方式。

选择性授权立法与直接支出立法

预算规则区分了选择性授权立法和直接支出立法。选择性授权不提供预算资金，直接支出立法则提供预算资源或使相关机构能够预留资金。图 8－1 说明了两种类型立法的内容，包含规定诸如机构中的组织及其职责等内容的实质性条款。然而，它们在与拨款的关系上有区别。选择性授权立法提供拨款授权，直接支出立法则使相关机构对拨款承担责任。选择性授权的使用仅限于拨款法案中规定的范围；直接支出则可以按照授权立法中的规定开支。

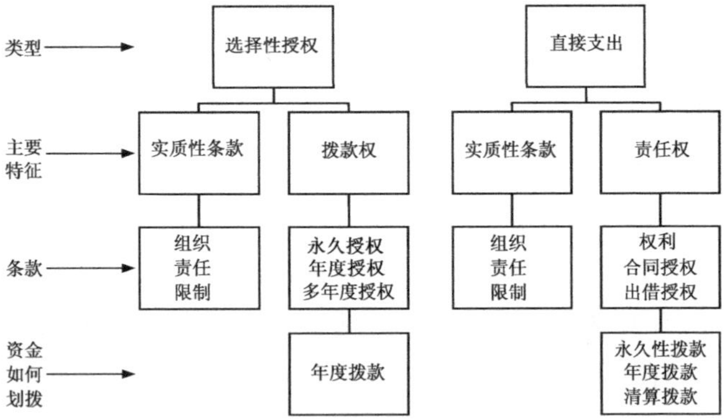

图 8－1　授权立法

两者的不同之处可以进一步用表 8－1 来阐明，它展示了联邦预算中四个关键步骤的顺序：授权、拨款、承担责任、支出。第二步与第三步在以下两种类型的立法中顺序是颠倒的：在选择性支出中，拨款先于责任的承担发生；而在直接支出中，两者顺序相反。因此，在承担责任之前的行动决定了立法的类型。尽管这种差别看似不过是技术问题，但它却会产生重大的政治和法律后果。使联邦机构有权在获得拨款前承担责任，是立法权从拨款委员会向授权委员会的转移。拨款委员会在控制选择性授权上占据上风；而拨款委员会则决定着直接支出的多少。在本书中，授权立法一般指的是选择性项目，虽然直接支出也由授权立法提供，但两者在预算规则以及立法程序上的不同要求将它们区分开来。

表 8－1　　选择性支出与直接支出的顺序对比

自由裁量支出	直接支出
1. 授权	1. 授权
2. 拨款	2. 承担责任
3. 承担责任	3. 拨款
4. 支出	4. 支出

实质性立法与拨款授权

根据上文提到的特性，授权立法一般有两个主要组成部分。对外，从联邦机构的角度，它包括了实质性条款，规定了机构运作的条件与状况。对内，从国会看，它负责对拨款进行授权。这两个组成部分通常被合并在同一个法案之中，如附录8－1所示的授权立法，它建立了国家综合旱灾信息系统，并为其拨款授权。“拨款授权”这一术语是一种固定用法，用来说明在获得拨款之前必须获得授权的规则。虽然国会有时也向“拨款授权”已过期的机构提供拨款，但因为下述理由，国会不会拨款给没有实质性条款的项目。

临时性授权和永久性授权

除非法律规定了授权法案（包括实质性条款和“拨款授权”）的时效，否则这种法案都是永久性的。在永久性条款被废除或修改之前，它都是有效的。（不过，拨款法案和其中实质性立法的有效期仅为一个财政年度，除非法案明确规定了更长的有效期。）在联邦活动的许多领域，授权法律的永久性使得我们不再需要新的立法。当然，即使授权是永久性的，国会也有权对该项目颁布新的法律。

尽管实质性条款一般都是永久性的，但拨款授权经常是有时效性的。这些拨款的授权可能是永久性的、单年度的或多年度的（这三种类型的例子见附录 8－2）。永久性授权不会提到具体年份，直至国会对其进行修改前都会一直有效。这些授权一般用于“必需的金额”，它们通常不会提及金额的多少。拥有永久性授权的机构只需获得年度拨款即可继续运作。年度授权只在某个财年中有效并且通常规定有具体金额。根据众议院和参议院的规定，这些授权必须每年更新以完成拨款。而国会要做的，就是把拨款授权条款再延长一个财政年度。不过，在实际操作中，国会经常利用这个再授权的机会对实质性法律做出修改。多年度授权的有效期一般是二到五年，到期必须更新。这些条款对每一财年的授权额度通常都在逐步增长。

直到 20 世纪 60 年代，几乎所有的拨款授权都是永久性的。但大多数在过去四十年间建立的项目拥有的都是年度或多年度授权。而且许多之前的项目也从永久性授权转为临时性授权。重要的是要牢记：即使一个项目或一个机构获得的是临时性授权，管理其运作的实质性法律仍是永久性的。

附录8-1　授权法案的基本特征

机构或项目的设立

第3节，国家综合旱灾信息系统项目

(a) 一般而言。——副局长应当根据国家气象局和国家海洋与大气管理局中其他合适的气候项目建立一个国家综合旱灾信息系统。

责任与功能

(b) 系统功能——国家综合旱灾信息系统应当

(1) 提供有效的旱情早期预警系统

(2) 协调并在可行情况下整合全国关于旱情早期预警系统的研究

(3) 以现有的预测、评估项目及合作关系为基础

拨款授权

第4节，拨款授权

执行该法案的拨款授权——

(1) 2007财年11000000美元

(2) 2008财年12000000美元

(3) 2009财年13000000美元

(4) 2010财年14000000美元

(5) 2011财年15000000美元

(6) 2012财年16000000美元

资料来源：*National Integrated Drought Information System Act of 2006*, P. L. 109-430, December 20, 2006.

(a) 这些摘录说明了授权的基本要素：设立联邦机构

或项目，明确机构的职责和功能（包括任何限制），以及拨款授权。前两方面在实质性立法文本中提到。

(b) 授权立法并不事先规定某个机构的组织架构，但一般的趋势是在法律中规定主要的组织单位。

(c) 另一个趋势是详细说明机构职能。在这个例子中，与其他很多授权相比，对“系统功能”的描述要相对简略。

(d) 该办公室被授予固定拨款金额的临时性（六年期）授权。授权通常在多年期里提供固定金额，这一金额经常在授权时限内有所增加。在某些情况下，要对“必要的资金”进行授权。

附录 8-2 拨款授权期限举例

永久性

第 4 节．拨款授权——执行该法案必需资金的拨款授权

单年度

第 101 节．军队——2007 财政年度，军队采购所需资金的拨款授权如下：

(1) 飞机，3451429000 美元

(2) 导弹，1328859000 美元

(3) 武器及履带式战车，2278604000 美元

(4) 弹药，1984325000 美元

(5) 其他，7687502000 美元

(6) 国民警卫队装备，318000000 美元

多年度

（d）拨款授权——对《公共健康服务法》（42 U. S. C 274m）第 379 节 B 部分修正如下：

"第 379 节 B 部分．拨款授权。

为落实该部分条款，2006 财年拨款授权为 34000000 美元，从 2007 年到 2010 财年，每年拨款授权为 38000000 美元。"

资料来源：Buffalo Soldiers Commemoration Art of 2005，P. L. 109 – 152，December 30，2005（permanent authorization）；John Warner National Defense Authorization Act for Fiscal Year 2007，P. L. 109 – 364，October 17，2006（annual authorization）；Stem Cell Therapeutic and Research Act of 2005，P. L. 109 – 129，December 20，2005（multiyear authorization）.

（a）这里列举的三个例子体现了拨款授权期限的区别。第一个例子是永久性授权。它没有时间限制，根据法律规定，国会无须通过新的授权法案就可进行年度拨款。永久性授权通常不受限制（没有金额限制），授权"必要的资金"。

（b）年度授权必须每年更新，除非国会终止该项目或实施未授权拨款。年度授权通常为一个财政年度授权明确的额度。可能授权单笔拨款，或者就像这个例子中那样，按项目的构成逐一授权。在年度再授权项目中，拨款金额和授权金额基本一致。

（c）多年度授权，包括两年或者更久的授权期限，经常明确每年相对于上一年授权额度的逐渐增加。就这点而言，后几年的拨款金额通常小于授权额度。拨款授权经常采取对现行法律提出修正案的形式出现，如此处所示。

与授权立法的两个功能相对应，临时性授权增多的主要原因有两个。其一，临时性授权给予国会及其授权委员会多次机会去审查机构活动，并做出他们认为适当的变动。当国会对联邦机构失去信心时，就会加强自己的监管权和控制权。例如，水门事件发生后，国会将其对司法部和中央情报局的授权改为临时性授权。其二，国会的各个委员会试图通过临时性授权来加强其对立法的影响，尤其是关于拨给联邦机构的资金。一些临时授权会分条列述拨款的具体项目和行动。例如，国防部“合作降低威胁”项目授权的细分（见附录8－4）。尽管授权的数量不能决定拨款的数量，但是按照规定，拨款额不能超过授权额，因此两者之间存在着很紧密的对应关系。特别是对于年度授权项目，其拨款额一般会超过授权水平的90%。由于每年的授权和拨款在同一时期并在相同的政策和预算条件下实施，授权极大地影响了随后的拨款。每年的国防授权和拨款就是很好的例子。

在多年度的授权中，这种对应关系往往相当脆弱，因为它通常只说明了每个财政年度逐渐增加的数目。由于拨款一年一次，因此授权和拨款的资金差距不断扩大。而且，专门从事多年度授权的委员会，如众议院交通和基础设施委员会，往往强烈支持自己的项目，以至于他们会更多地关注项目本身的需要，而非预算状况。授权水平与拨款水平之间的差额会刺激利益集团要求自己的项目能获得全额资金，即国会授权他们的数额。

国会常常搁置（或忽视）自己的规则，对那些“拨款授权”已过期的项目进行未授权拨款。正如先前提到的，一笔超过授权数额的拨款也应被视作未授权。但实际上，未授权拨款已经非常普遍。在2005财年，有160多个授权到期的项目仍然获得了拨款，其中有些项目的授权在十年前就已经过期（表 8－2 中列举了其中数额最大的几个项目）。当年，国会在非国防的可选择性项目上进行了 1700 亿美元的未授权拨款，占所有非国防选择性支出的 40%。从 20 世纪 90 年代早期开始，国防就成为唯一一个授权到期后仍每年不断更新的主要领域。在其他很多领域，国会跳过授权环节，通过每年向联邦项目提供资金使其继续。正如表 8－2 所示，一些重要项目尽管未获得当前授权，却仍在继续，包括退伍军人医疗保险、美国国家航空航天局的航天行动、司法部和海关总署。

表 8－2　　2005 财年[a] 拨款授权已到期的主要联邦项目

单位：十亿美元

项　　目	2005 财年拨款
退休军人医疗保险	27.9
美国国家航空航天局	16.2
住房补助（第八条）	14.9
早教项目	6.9
外交和领事服务	5.9
联邦调查局	5.2
移民归化局	5.1
社区发展专项补助	4.7
海关总署	4.7
联邦监狱系统	4.6
疾病控制中心	4.5
药物滥用与精神卫生局	3.3
印第安人保健服务所	3.0
低收入家庭能源补贴	2.2
国际组织	1.7
超级基金	1.3

资料来源：Congressional Budget Office, *Unauthorized Appropriations and Expiring Authorization*, January14, 2005.

a. 根据法律规定，该年度报告列举了所有获得当前财政年度拨款的项目，即使他们的授权已经到期。

大部分情况下，未授权拨款完全可用于义务和支出，除非有法定限制条件反对该义务或使用未授权资金，如附录8－3所示。当国会拨款给那些“拨款授权”已到期的项目时，资金的使用要遵守生效的永久性实质法律。不过，国会很少拨款给那些没有实质性立法的项目。因为这样做会侵害授权过程，并使受到影响的机构在资金使用上失去法定指导。

附录8－3　法律中对重新授权的要求举例

拨款限制

(b) 1960年12月31日后，不对任何用于增强美国军事力量的飞机、导弹、海军舰艇采购进行拨款，除非在此日期后，通过立法授权这些拨款。

义务限制

(a) (1) 尽管在1975财政年度美国国务院/美国新闻署授权法案颁布之前，一些法律条款已经颁布，但自1972年7月1日及以后的任何财政年度，任何法律对国务院进行的拨款都不得用于义务或支出——

(A) 除非拨款经1972年2月7日（或之后）颁布的法律授权；或

(B) 超出该日期（或之后）颁布的法律所规定的数量

对未授权项目拨款的限制

尽管本法案中有一些其他条款——

(1) 与本法案有关的拨款不得用于那些由参议院商业、科技与交通委员会、或众议院科学、空间与技术委员会提议的、被国会撤销的项目；

(2) 与本法案有关的拨款不能被用于超出项目实际授权数量的部分，第4节 (1)，(2)，(4) ……对这些项目授权作出了规定。

资料来源：*Military Construction Authorization Act of 1959*, P. L. 86 - 149; *Department of State/USIA Authorization Act, Fiscal Year 1975*, P. L. 93 - 475; *NASA Authorization Act, Fiscal Year 1992*, P. L. 102 - 195.

（a）这三段摘要中的第一段显示了国防部年度授权的来源。国防部在建立时获得了一个永久性授权。最初，年度授权只用于某笔特定的采购支出；从那时起，它被扩展到整个国防部。因为禁令只是针对拨款，所以，如果款项是被用作非授权项目，这笔资金就可以用作支出。

（b）第二个例子是法律中的一个条款，把国务院的授权从永久性转为临时性。在这种情况下，除非拨款法案明确放弃禁令，否则未授权的拨款不能使用，因为禁令是针对义务的。

（c）最后的一个例子来自国家航空航天局的年度授权法案。同样，它禁止使用未授权的拨款，但在此例中（与前例不同），它只适用于当年拨款。

国会授权立法

授权没有规定的立法路径。一些出自众议院，一些出自参议院。很多立法仅需参众两院中的一个委员会审议；有的立法则被同时或先后提交给两个或更多的委员会。

授权立法界定了参众两院大部分委员会的权限。国会委员会的大部分工作涉及到他们的授权义务；大部分国会议员对立法的影响源自他们对这些委员会的服务。表 8 - 3 列出了国会授权委员会在那些选定项目上的权限，从中可以看出，参众两院的授权委员会不是平行结构。此外，授权委员会在立法活动和立法输出上也有很大不同。一些有健全的议程，并在每次会期内制定出重要的法规；另一些则并不活跃，很长时期内都没有立法活动。那些积极的委员会往往管辖着那些有临时性授权的项目或有当前利益的事务。委员会领导力的强弱也会造成差异，正如预算政策协调过程中产生的政策变化的程度会影响委员会的权限一样。

表 8-3　　众议院和参议院授权委员会对选定项目的权限[a]

项　　目	众议院委员会	参议院委员会
行政事务	监督和政府改革	国土安全和政府事务
海岸警卫队	交通和基础设施	商业、科学和交通
高速公路	交通和基础设施	商业、科学和交通
医疗补助	能源和商业	财政
医疗保险——A 部分	赋税	财政
医疗保险——B 部分	能源和商业	财政
国家航空航天局	科学	商业、科学和交通
国立卫生研究院	能源和商业	卫生、教育、劳动和退休金
国家公园	自然资源	能源和自然资源
私人养老金	教育和就业	卫生、教育、劳动和退休金
乡村发展	农业	农业、营养和森林
学校午餐	教育和就业	农业，营养和森林
社会保障	赋税	财政
退伍军人抚恤金	退伍军人	退伍军人

资料来源：House Rule X and Senate Rule XXV.

a 参众两院的委员会在授权权限上不是平行的。因此，众议院的委员会可能会在一些事项上与参议院的委员会相匹配，但不是全部。在一些重大立法上，两个或更多的众议院或参议院委员会可能共同拥有权限。由于众议院委员会数量比参议院多，因此，众议院有更多重叠的权限。当两个或更多的委员会对同一个法案拥有权限时，该法案可以同时（多重推荐）或依次提交给相关委员会。若依次提交，在第一个委员会完成其工作后，通常会规定剩下的委员会提交法案的最后期限。

还有三个因素也会对国会的授权活动产生影响。第一个是白宫在推动新立法时的领导力。第二个是新的或者扩张项目的可用资金；第三个是参众两院表决通过其委员会制定立法的能力。20 世纪 80 年代，里根总统试图缩减许多国内项目，长期赤字又排除了重要立法，此后，授权活动相对减少。但仍有一些委员会在继续制定大量法案。众议院和参议院的军事委员会制定包括国防部在内的机构的年度授权立法；众议院赋税委员会、参议院财政委员会（除了税收政策，它还有其他广泛的授权范围）制定关于医疗保险、其他卫生项目及贸易的立法。

不过，在总体上，国会颁布的法律（大多数是授权）大大减少。当艾森豪威尔在 20 世纪 50 年代就任总统时，国会每两年就会制定将近 1000 条公法。自 20 世纪 90 年代起，每两年平均不到 500 条。出现这一现象的主要原因有：国会内部的斗争，国会山和白宫在意见上的分歧，各利益集团对国会行动的更密切监控（以确保不出现对自己不利的法案），从预算影响的角度来审议立法，以及国会将立法打造成涵盖面更广，以项目为中心的法案的倾向。

这种趋势影响了大多数委员会的工作方式。在有些时期，该年度立法中的大部分会被放入综合协调法案或拨款法案之中。整个过程是自给自足的——一个常规立法越难通过，就会有越多的委员会主席及其他议员为其寻找其他立法工具，如综合法案，以使他们推销的提案能被通过。于是出现了一个令人惊讶的授权过程，在这个过程里，有的法案获得授权独立颁布，有的作为其他法令的一部分而被颁布，还有的没有被颁布。

授权和拨款的关系

联邦法律有条基本规则，那就是，下拨款项将根据授权法案中设定的条款来使用。拨款决定可支出的数目，授权法案决定钱如何花出去。然而，在实际操作中，两者的关系并不总是那么明确，可能在这两种国会行为中会存在极大的摩擦。一些授权提供预算授权，大多数拨款法案包含实质性法律。相关授权和拨款委员会形成的报告中会存在差异，而这种差异有时会使二者的关系变得更加复杂。

自拨款委员会在内战时期建立以来，在授权和拨款委员会之间就一直存在着间歇性的冲突。有时，拨款者通过控制“钱包”来对立法过程施加影响，占据主导地位；有时，当两个委员会的权限和利益发生冲突时，授权委员也可以以人数优势掌握主动，在表决时获得更多的票数，击败拨款委员会。虽然参众两院制定了很多规则，目的之一就是通过将拨款和授权过程分开，从而减少冲突，但实际上，这两类委员会还是经常给对方制造不便——拨款委员会会在支出法案中嵌入一些立法条款，而授权委员会则在法案中提供预算资源。其他因素也会改变立法工作的分工，如：资金用途的宽泛性，直接支出的增加，在授权法案中加入强制拨款的语言等等。关于拨款法案的立法我们将在下一章讨论。下面，我们将讨论其他几种导致授权和拨款委员会之间冲突的情况。

立法和报告的特征

授权立法是概括的还是具体的由国会来定。如果它是概括的，正如以往的惯例，联邦机构在支出拨款资金时有很大的自由裁量权。如果授权法案具体规定了机构如何运作，资金如何使用，那么，授权委员会和拨款委员会之间发生冲突的可能性就会降低。自 20 世纪 70 年代开始，授权法案经历了一次深刻的变革，变得更加具体明确，如附录 8－4 所示，明确了特定项目或活动的拨款数额。授权委员会不是指定资金用途的唯一主体；拨款委员会也具体规定了资金的用途。正如第九章所示，拨款委员会大量地指定资金用途，并在伴随法案同时发出的报告中规定了其他条件。

附录 8－4　按项目授权

(a) 专款。——在 2007 财年，根据第 301 节（19）规定，国防部合作降低威胁项目获得 372128000 美元拨款授权。以下数额可能被责成用于特定目的：

(1) 在俄罗斯的战略性进攻武器清除，76985000 美元。

(2) 在俄罗斯的核武器储备安全，87100000 美元。

(3) 在俄罗斯的核武器运输安全，33000000 美元。

(4) 防止在前苏联国家的大规模生化武器扩散，37486000 美元。

(5) 防止在前苏联国家的生物武器扩散，37486000 美元。

(6) 防止在前苏联国家的化学武器扩散，42700000 美元。

（7）防御和军事合同，8000000 美元。

（8）其他评价/管理支持活动，18500000 美元。

（b）用于其他目的的义务或支出的资金报告。——自国防部长向国会提交关于将用于履行义务或支出的资金使用目的及数量的报告之日起 30 天内，任何 2007 财年的合作降低威胁项目专项资金不得被用于履行第 1 节中第 1 到第 8 段中提到的目的以外的义务或支出。

（c）不同账户的有限授权

（1）一般而言。——根据第 2 节和第 3 节的规定，在任何情况下，只要国防部长认为从国家利益出发有必要，国防部长就可以将 2007 财年的拨款预留给上述第 1 节所列的某个目的，超过对该目的特定金额的授权……

资料来源：*John Warner National Defense Authorization Act for Fiscal Year 2007*，P. L. 109 - 364，October 17，2006，section 1302（"Funding Allocations"），120 Stat，2431.

（a）一些授权措施，如这里列举的，明确了在特定项目和活动上的拨款数额。按计划或活动来明确授权可能会增加授权和拨款委员会之间的冲突。

（b）联邦机构经常认为，在一个账户内将资金从一个项目转向另一个项目是十分必要的；这种行为被认为是再规划。限制在拨款法案中出现再规划是拨款委员会的常规工作，授权委员会有时也会限制授权数额的再规划。再规划将会在第十章进行充分讨论。

（c）在这个例子中，通过限制拨款资金的支出或义务超过授权明确规定的额度（除非遵循事前告知程序），授权委员会试图控制机构行为。

授权立法中的细节常常会与拨款法案或报告中的细节有出入。在对未授权的项目或活动拨款的问题上，两个委员会经常产生摩擦。例如，在1993年，双方公开发生冲突。众议院交通拨款小组委员会将超过3亿美元的专款拨给58个高速公路计划，但在国会两年前通过的授权法案中并没有包含这些拨款。这一行为立即导致拨款小组委员会和公共建设与交通委员会之间的激烈冲突，并使交通拨款法案被推迟几个月后才颁布。关于这场授权者与拨款者之间战争的记载详见专栏8－2。这场战争并未结束。这个例子仅是战争的一个回合，焦点集中在谁应该控制数以亿计的交通运输拨款。紧接着的一个回合是1997—1998年，当时国会重新授权高速公路计划，详见专栏8－3。随着另一个重要的高速公路法案，即《关于交通运输安全性、责任性、灵活性和有效性的平等法案》在2005年的颁布，这场交通运输领域的冲突又开始了。

专栏8－2　授权对拨款：谁控制交通运输金?

1991年，国会以合同授权的形式（期限为六年）下拨了62亿美元的专款，用于600多个高速公路和公共交通项目。两年后，众议院的交通拨款小组委员会试图再向其他58个项目直拨3亿美元——其中许多项目恰好在该小组委员会新任主席众议员鲍勃·卡尔所在的州。他辩称这种再分配建立在经济和环境标准之上，而结果是，超过半数的专款将流向这个小组委员会新主席所在的州。

1993年6月24日，卡尔领导的这个小组委员会要求规则委员会保证撤销众议院第二十一号规则，该规则禁止未授权拨款。这项要求遭到了众议员诺曼·梅内塔的反对，这位公共建设和交通委员会的新任主席抱怨说，拨款侵犯了他们委员会的管辖权。四天之后，规则委员会站在了梅内塔一边，使争议项目可能因议事程序问题的提出而受到攻击。

6月29日，议长汤姆·弗雷试图牵线搭桥以促成一个协议，即公共建设和交通委员会报告一个新的法案，对这些争议项目进行授权，在此之后，众议院再审议这个拨款法案。但梅内塔拒绝了这一提议，他说："我不是一个橡皮图章！公共建设委员会也不是！"下一步双方妥协的努力发生在7月份，这两位主席为解决两个委员会之间的争端提出了一份新程序。然而，梅内塔坚持认为他的委员会必须拥有这件事的最终决定权。卡尔拒绝将否决权拱手让给公共建设委员会，并且坚持说："任何对于资金有影响的政策都是关乎我们利益的，并且也在我们的权限范围之内。"

这次纷争导致众议院的交通运输拨款法案搁置数月之久。为打破僵局，卡尔领导的小组委员会设计了一个新的法案，对这些有争议的项目进行了重新划分。9月23日，众议院最终决定投票支持该法案，几乎所有存在争议的项目都被删除了。这项法案以312票赞成，89票反对而顺利通过，显然，梅内塔获得了胜利，也阻碍了拨款者对于授权权限的突击清查。

但这场战争是如何发生的？为什么公共建设委员会胜出？两位主人公均新上任不久，他们对于非正式和解的方式不熟悉，并且两人都想证明自己的能力。此外，这些拨款小组委员会增加的项目资金都将通过从原先的授权项目中挪出一部分来筹集，而不是通过增加交通运输拨款。这导致了两个委员会之间的零和冲突。

授权者获胜主要有两个原因。首先，公共建设委员会有63位委员，它是众议院中规模最大的委员会。此外，授权者获得了众议院其他委员会的支持，这些委员会认为拨款小组委员会越权了，并且过于强大。但这不是这场战争的最终回合，如附录8－3所示，拨款委员会还有其他武器。紧接着的一轮对抗发生在四年之后，在多年期的交通运输计划重获授权之时。这次涉及的利益更大，对抗双方的当事人也有所改变，但不变的是，这次战争还是发生在授权和拨款委员会之间。

强制拨款语言

选择性授权没有使联邦机构产生义务或支出：他们只能得到拨款法案中规定额度的授权资金。但授权委员会有时会通过在授权立法中加入强制拨款语言来扩大其对预算的影响力。在某些情况下，授权立法规定用于特定目的的拨款资金不应少于某个特定数额。在其他情况下，除非授权委员会支持的活动也能获得所需的最低数量的拨款，法案禁止对拨款委员会支持活动所获拨款的支出。拨款委员会在法律上虽然无须提供初始金额，但若非如此，他们偏好的活动便可能得不到拨款。

冲突的处理

虽然在处理授权和拨款的冲突上有几条指导原则，但其运用的好坏取决于被审议法令措辞的准确性。

第一条原则是，拨款法案是有法律效力的，即使它的通过忽视了参议院或众议院规则。通常，拨款法案中的实质性条款和授权立法中通过的条款具有同等的法律地位。但它和授权法律的主要区别在于，授权法律是永久性授权，除非法律明文规定了它的有效期限；而拨款法案有效期仅为一个财年，除非法律文本规定了更长的有效年限。事实上，许多拨款法案虽然仅在一个财年内有效，但每年都会被重新批准。

第二条原则是，拨款可以废除或修订授权法律，但条件是这个行为被明确清楚地执行或以能够表明国会修改或终止之前法律意图的方式进行。只要有可能，那些可能发生冲突的法律将会被以一种能够协调各方意图或结果的方式解读。假设国会通过了一个法案，禁止某机构对未授权的资金履行支付责任，但之后又对这个机构提供未授权的拨款。从表面上看，它似乎会造成两种法律之间的冲突——一个提供资金，另一个禁止其使用。但换一种方式解释就可以解决冲突：通过拨款，国会限制了授权立法通过的可能性。因为废除一项法令必须是详细或明了的，所以在授权法案中写入“尽管还有任何其他的法律规定”变得很常见。这句话确保了新法律的优势地位，而不顾任何与之矛盾的先前的法律。

即使法案中没有这种语言，当两条法规相冲突时，新颁布的法令也拥有更高的法律地位。因为正常的顺序是，先授权后拨款，因此，授权和拨款之间的直接冲突通常在拨款法案的运用上发生。如果国会先通过了拨款或授权法案中的一项，而总统先签署的是另一项，那么情况可能就变得复杂了。1992 年就发生过这种情况，当时国会在国防授权和拨款法案中插入了不同的条款。虽然，国会先通过了授权法案，但拨款法案却先被总统签署。代表国会的法律顾问辩称说“后法高于先法”是法律决定的。但白宫不这么看，他们认为哪个法案先获得签署变成法律，哪个就应该先付诸实施。

当那些伴随法案同时发布的报告之间产生分歧时，也会造成授权和拨款之间的冲突。下一章我们会讨论，拨款委员会通常在其报告中而不是在法案中表述其立法意图。当一条授权法规和一份拨款报告出现抵触，很可能造成法律规则与政治利益之间的冲突。如果严格从法律角度来看这个问题，授权法案高于拨款报告，然而，受到影响的机构可能会被迫遵守拨款报告的规定，因为谁都不想冒在下一轮拨款决定中处于不利地位的风险。

专栏8－3　1998年《21世纪交通运输平等法案》：交通委员会的复仇

这份长达500页的《21世纪交通运输平等法案》（TEA－21）不是一部普通的法律。它是众议院交通委员及拨款委员会之间旷日持久的预算冲突的产物。其中一次交锋（在专栏8－2中有详细叙述）集中在高速公路项目上，一次更大的冲突发生在高速公路信托基金的控制权上——每年，信托基金可以从燃料和其他产品的税收中征到超过200亿美元的收入。双方都有权力基础（交通运输委员会有自己的

1997年

5月21日

舒斯特提出的1998财年预算决议修正案遭众议院否决，214票赞成，216票反对。

9月30日

应被终止的ISTEA延长了6个月。

1998年

3月27日

舒斯特的新法案提交众议院审议。4月1日

TEA－21在众议院通过，337票赞成，80票反对。

信托基金，拨款委员会有年度支出法案。双方都有同盟），交通委员会能获得国会中很多人的支持，因为他们都希望高速公路或公共交通资金能拨到自己所在的州或选区；同样的道理，拨款委员会也能够获得预算委员会和白宫的支持，因为他们都希望限制这个领域的支出。

4月2日

TEA－21在参议院通过修正案，获得一致通过。

5月22日

TEA－21会议报告通过，参议院88票赞成，5票反对，众议院297票赞成，86票反对。

6月9日

克林顿总统将TEA－21法案签署成为法律。

交通运输委员会周期性地制定法律，如1991年的《综合运输能力法案》（ISTEA），该法案根据优先权分配信托基金经费。拨款委员会随后限制了其每年可用于义务的基金数额。交通运输委员会主席，强悍的众议员布德·舒斯特发誓说，这一次情况会不同。他希望借一项法案来完成复仇：让他的委员会全权控制信托基金，并彻底清除拨款委员会在交通运输筹资上的话语权。

当《综合运输能力法案》的六年授权期限即将到期时，他的机会终于来了。因为如果没有新的授权，这笔从华盛顿拨给各州，用于高速公路项目的专款将会终止。那时，国会中的所有人都认为1997年出现一部新的交通法案理所当然，但他们不知道的是，拨款者和授权者，谁将赢得主导地位。当克林顿总统在1998年签署《21世纪交通运输平等法案》时，哪一方是胜者已经毫无疑问。这部法律对交通委员会来说是一次十足的胜利，通过舒斯特巧妙的立法策略，委员会赢得了更多的经费和更大的控制权。

舒斯特的第一步行动是将其委员会成员增加到73名——这使得他的委员会成为整个国会中规模最大的委员会。委员们都渴望为委员会出力，并充满信心地认为他们的忠诚将会为他们所代表的选区换来大量经费。他的第二步动作是，要求对1998财年的预算决议进行修正，为交通运输增加120亿美元的拨款。这个要求将众议院的共和党领袖置于一个十分尴尬的境地，因为他们刚刚和总统达成一项协议，预期能在未来几年中暂时搁置预算议题。虽然如此，舒斯特还是提出了他的修正案，但共和党领袖全力以赴的努力奏效了，他们以微弱优势击败了舒斯特。然而，交通委员会不会因为一次表决失败而屈服。“我们会再回来的”，舒斯特警告说。

这次票数接近的表决使得共和党领袖确信：舒斯特的要求将不得不被满足。他们协商将ISTEA的有效期适当延长，承诺舒斯特，他将在下一年中得到优待。这个延期被舒斯特掌握了，因为1998年是选举年，议员们指望着为当地的项目投上一票。此外，到了1998年，前一年的平衡预算协议已不再是新闻，并且开始出现的盈余使得支出能够更加灵活而不用再担心看上去摇摇欲坠的预算。随着1999财年预算决议的延期（在专栏6－1中已经讨论过），主张在交通运输上增加投入的人可以更直接地要求更多的资金而不用担心受到预算决议的限制。

舒斯特正是利用了这些机会来制造他梦寐以求的法案，他提出6年内对高速公路和公共运输计划（包括用在1467个专门项目上的90亿资金）拨款2170亿美金。舒斯特没有采用较为普遍的隐蔽方式为议员们的项目筹资，相反，他在法案中明确列出了所有这些需要得到拨款的项目——

表现出一种钱权的轻率结合。这些项目的总数是1987年里根总统高速公路法案中项目数的十倍，近乎于民主党控制的国会在1991年《综合运输能力法案》中分配的项目数量的三倍多。在舒斯特的这个法案中，高速公路信托基金被列为预算外资源，使其脱离了拨款委员会的控制。为了获得立法支持，该法案包括了诸如向酒精生产商提供补贴等条款，使其赢得了谷类生产大州的支持。

当这个报告提交众议院时，舒斯特用朴素的措辞解释了他的预算哲学："花未来的钱（来自高速公路信托基金)。这是预算中的诚实。如果不准备花未来的钱，那么我们就要减（高速公路）税。"这项法案在众议院顺利通过。

但在舒斯特面前仍然有三个障碍：获得参议院的通过，总统的签署，以及对额外支出的抵消。在参议院的版本中，减少了支出，减少了专款，但没有打破现行的预算规则和关系。在两院会议上，双方达成了足够的妥协，使得这个法案最终在两院分别通过。其中一项妥协是，把高速公路信托基金保持在预算以内，但在这笔资金周围建一个"防火墙"，确保高速公路或公共运输项目上减少的支出不会被用于其他项目上增加的支出。克林顿总统指责了这项法案，但尚未达到明确威胁使用否决权的地步。没过多久，白宫就为它的支持获得了补偿——一个更为严格的酒后驾驶标准。克林顿总统接受了这个让步，因为他所拥有的讨价还价的权力很有限，同时他也很清楚，国会是不会接受他的否决的。在处理预算规则规定的抵消上稍有一点复杂；预计需要的资金为180亿美元，其中大部分通过削减针对吸烟引起的慢性疾病的退伍军人残疾支出来实现。

于是，授权委员会胜利了，《21 世纪交通运输平等法案》带来了之后几年交通领域预算上的和平。但 2005 年，国会在另一项高速公路法案上的行为表明，授权与预算委员会之间的冲突还远未到头。

直接支出立法

授权法规规定了或有效控制着联邦机构使用的预算资源中的一大半。这种类型的授权在《国会预算法案》中被称为“支出授权”，在《预算实施法案》中被称为“直接支出”。这些术语并不是完全同义的，但它们足够相似以致于常常被替换使用，除非讨论的是与它们相关的具体的法律条款。在这里使用直接支出更合适，因为它能与选择性授权相区别。

支出是直接的还是可选择性的，取决于它由哪个委员会控制。选择性支出由各个拨款委员会控制，其余的都被称为“直接的”，因为它们由各个授权委员会直接控制。这一指纹规则只考虑了各个委员会的权限，却忽视了支出的实际种类。由年度拨款法案提供资金的权利性支出也属于直接支出，因为授权法律中规定的受益人资格标准以及支付细则决定了支出的数量。比如，虽然由年度拨款为医疗补助项目提供资金，但这些支出仍然被归为直接支出，因为授权法案规定了支出的数额。

直接支出中最主要的是权利性支出，此外还有借款授权（授权机构使用外借资金的条款）、合同授权（授权机构在获得拨款前先发生义务的条款），以及授权放弃征收使用费或某些其他收费。《国会预算法案》禁止国会考虑新的合同授权或借款授权立法，除非这种授权只能在拨款法案规定的额度内使用。但信托资金（比如高速公路信托资金）不受这一规定限制。附录8－5、8－6提供了几个权利性支出和合同授权的例子。

附录8－5　权利性项目

权利性项目立法

针对住院保障保险金的权利性支出

第266节（1）每一位：

（1）年龄达到65岁，并且

（2）符合第202节中规定的每月保险金领取资格的受益人，或符合铁路系统退休资格的受益者，将依照第十八款A部分规定，在满足第2节中描述的资格条件的情况下，可获得住院保险金，起始日期为1966年6月之后同时满足第（1）段与第（2）段中描述的资格条件的第一个月。

永久性拨款

第1817节.（a）美国财政部账户下创制的一个信托基金，称作“联邦住院保险信托基金”（下文将简称为信托基金）。该信托基金应当包括存入或下拨至该部分的资金，以及提供给该部分的资金。1966年6月30日结束的财年及之后的每一个财年，该信托基金中不是来自财政部的资金都不得进行拨付……

年度拨款

根据《社会保障法案》第1844节，1860D－16，以及1860D－31规定，以及1965年《社会保障修正案》第103

节（c），第111节（d），《公法》第278节（d）97－248的规定，用于联邦住院保险和联邦补充医疗保险信托基金的支付款，以及根据《社会保障法案》第201节（g）规定产生的行政支出，总计177742200000美元。

资料来源：*Social Security Amendments of 1963*，*P. L.* 89－97；and *Labor*，*Health and HumanServices*，*Education Appropriation Act for Fiscal Year 2006*，P. L. 109－149，December 30，2005（119 Stat. 2851）.

（a）以上这些条款是关于医疗保险项目的：附件中的第一项条款为联邦医疗保险设立了权利性支出。第二项条款为医疗保险信托基金提供了永久性拨款。第三项条款为其补充医疗保险信托基金提供了年度拨款。

（b）《国会预算法案》将权利性支出定义为一项授权，该授权"为任何人或政府提供支付款（包括借款与补贴）和不是由拨款法案提前提供的预算授权"的权力，根据包含这类授权有关的法律规定，合众国有义务向满足这些法律要求和条件的个人或政府提供上述支付。"

（c）和健康保险信托基金的例子一样，当一项权利性项目拥有永久性拨款并以信托基金的方式筹集资金时，信托基金的所有收入无需国会的进一步行动就可以用于履行义务。因此，这些信托基金的收入被算作预算授权。

附录8－6 合同授权

授权立法

（1）来自高速公路信托基金——下列款项将能够从高

速公路信托基金（而不是公共交通账户）中获得：

（A）国家磁悬浮虚拟机发展项目——为这一节中的国家磁悬浮虚拟机发展项目在1992财年提供5000000美元，1993财年45000000美元，1994财年100000000美元，1995财年100000000美元，1996财年125000000美元，1997财年125000000美元。

限制性拨款

根据1991年《综合运输能力法案》第1036节（b）、第1036节（d）（1）（A）的规定，该法案中的资金不得用于国家磁悬浮虚拟机发展项目的规划或者执行。

清算拨款

根据1991年《综合运输能力法案》第1036节（c）、第1036节（d）（1）（B）规定，对于为执行高速地面交通项目中的条款而产生的义务，应实施补贴和支付，这笔拨款包括规划与环境分析方面的补贴与支付，从高速公路信托基金中支出，并且在耗尽之前始终有效：假设该法案中的所有资金都不得用于实施或执行超过5000000美元的项目。

资料来源：*Intermodal Surface Transportation Efficiency Act of 1991*, P. L. 102 – 240; and *Department of Transportation and Related Agencies Appropriations Act for Fiscal Year 1996*, P. L. 104 – 50.

（a）该附录说明授权与拨款之间的关系常常难以控制。附录中的第一项条款出自1991年交通授权法案，为国家磁悬浮虚拟机发展项目提供了之后六年内每年的合约权。“将能够获得”这一说法将使机构能够在获得拨款之前履行义务。因为这项法案而生效的资金数额从 1992 年的 500 万美元上升到了 1996 年与 1997 年的 1.25 亿美元。

(b) 第二项条款出自 1996 财年交通拨款法案，为磁悬浮项目的预留资金设定了限制。事实上，它限制了用于该项目的任何资金。如果没有对预留资金的限制，1.25 亿美元可能会通过授权用于该计划，而这项限制将可以有效使用的金额变为零。

(c) 最后一项条款称为清算拨款，目的是偿付同授权法案中规定的合同授权相关的义务。清算拨款并不提供额外资源，也不改变法律规定所要承担的预留资金数额。

(d) 清算拨款对磁悬浮计划是多余的，因为附件的第二项条款实际上已经禁止了磁悬浮计划对于这笔资金的使用。

权利性支出是直接支出的一种形式，它为合格的受益人提供了从政府那里获得支付的法定权利。即使预算和拨款法案没有提供足够的资金，政府也有义务支付这笔款项。绝大多数权利性支出都是开口的——它们没有明确规定或限制支出的数量。相反，它们却详细阐明了享受该权利的资格标准，并确定了支付方案。而支付的总额取决于获得资格的人数以及每人获得的权利性支出的数额。

一些权利性支出（如社会保障）拥有永久性拨款——即不需要国会每年采取行动的强制性支出。但大部分权利性支出都要经历年度拨款过程，虽然国会也不是真的想在这个环节上控制它们。如果拨款数额不足以支付权利性支出，那么，国会将不得不为差额部分提供补充资金。虽然一些权利性项目的支出在形式上视拨款数额而定，但在实际上这部分支出无法得到有效控制。食品券项目的授权法曾明确规定这个项目的支出应该被限制在年度拨款额度以内，但其实际支出从未受到拨款决定的限制，因此，国会将这个项目归为直接支出。

直接支出的增加

第二章中，我们已经讨论了联邦预算的转变——从一种为政府机构和项目提供资金的手段，转变成为美国家庭提供援助的一种方式。无论基于何种原因，这一改革导致了直接支出占预算份额的持续扩大。

虽然直接支出显著增长，但其增长主要集中于以下三方面：社会保障、医疗保险和医疗补助。而这些增长几乎都是由 20 世纪 80 年代以前的法案，而非新的国会立法。事实上，从 1980 年起，国会已经再三采取措施来削减这些方面的支出，虽然这些动作相对温和。绝大多数的削减通过协调法案而非量入为出规则来实现。在量入为出生效时，它只能阻止新立法带来的支出增加，并不能有效解决现行法律带来的支出增长。

直接支出的增加对联邦支出和国会运作产生了巨大影响。与预算主要取决于选择性授权和年度拨款时相比，直接支出的增加使控制联邦开支变得更加困难。它将国会置于一个政治上不太自在的位置，使国会不得不投票削减开支而非增加开支。此外，它使得预算对经济状况的变化更敏感。

理论上说，直接支出的急剧上升已经使国会中的预算权力从拨款委员会转移到了某些授权委员会。虽然拨款者仍掌握着很大的预算权（每年控制着将近 1 万亿的支出，这个数字在任何人看来都是一笔大数目），但其授权份额占总支出的比重正在缩小。直接支出增加的部分原因在于，各类授权委员会试图通过使其权限范围内的项目摆脱拨款者的限制来扩大自己的权限。但这并不是说所有的直接支出项目都可以免于国会的反复审议。有些可以，有些则不行——例如，社会保障很少受到新立法的调整，而医疗保险却被国会频繁调整。

小　　结

在美国现行的预算机制中，授权者和拨款者从项目本身和财政的角度出发考虑同样的议题，并且授权和拨款委员会是两套班子。在这样的机制中，授权者和拨款者的冲突是内生的。有时，冲突会公开爆发，就像1993年和1997—1998年在交通运输项目上发生的一样。然而，最常见的冲突发生在幕后，并且为了相对较少的一部分钱而发生冲突——专款、未授权的项目，诸如此类。有些改革者曾提出，把授权和拨款的功能合并到一个委员会之中，从而简化国会程序。虽然国会对于按照这些方式改组其委员会体系兴趣不大，但它还是将直接支出的授权和拨款过程合并起来。基于现实考量，直接支出由授权委员会控制。但随着直接支出的增加，拨款委员会的相对权限将相应缩小。因为授权委员会没有对拨款委员会实施新的攻击，从而维护了拨款委员会的权限，作为部分交换条件，拨款委员会在20世纪90年代接受了选择性支出的上限。虽然二者之间的小冲突不断，但在持续了10年的讨价还价中，拨款委员继续控制着三分之一的联邦支出。

《1990年预算执行法案》将预算中的选择性支出从直接

支出中划分出来，并放松了对拨款委员会控制权的攻击。现行国会预算过程的规则和惯例，包括内部量入为出和其他程序，加剧了选择性支出和直接支出之间的区别，限制了将选择性项目转为权利性项目的企图。虽然量入为出规则使得新的或扩展的权利性项目的立法难度增大，但在未来的几年中，直接支出也不太可能大幅度减少，变成联邦预算的一小部分。即使不增加新的直接支出项目，美国人口的老龄化也将导致政府在养老金和医疗保险这两个最大的直接支出项目上的支出增加。

《预算执行法案》对授权过程产生了复杂的影响。虽然它没有直接影响到选择性支出的授权，国会立法不受拨款数额的限制，但由于选择性支出的上限已被设定，国会又不得不减少对那些大大超出拨款水平的项目的授权。《预算执行法案》为设立新的权利性项目设置了极大的立法障碍，但它并不控制现行法律下的支出。新的直接支出立法必须遵循量入为出规则，但过去立法导致的支出增加并不受限制，即使它们超过了预算的水平。

《预算执行法案》使拨款和授权委员会之间的预算冲突得到缓和，并使两者能按照各自的规则在自己的轨道上运作。如果直接支出超过了预算水平，国会仍可以在选择性支出的上限内进行拨款。此外，它使选择性支出很难转化为直接支出，在资金用途上，也很难将其从一个类别挪到另一个类别。但这些法规并非无懈可击，更不能自己独立执行——它并没有消除授权者和拨款者的冲突。在很多情况下，国会会通过攻击量入为出账户，超过选择性支出上限进行开支。又比如，在有些情况下，国会只需操纵这些法规就能获得超过规定数额的经费。

第九章
拨款过程

拨款法案是一部由国会通过，使政府机构可以承担责任，财政部可以针对特定目的进行支付的法律。国会的拨款权源于宪法，宪法中写到“除法律授权拨款外，不得从国库提取任何资金”。一个机构不能花费超过其所获拨款的数额，而且所得资金只能用于国会规定的项目。随着时间的推移，拨款也被认为是一种命令，要求机构支出所有拨付给他们的经费来行使规定的活动。限制总统推迟或扣留资金支出权力的扣押规则（下一章中将会讨论）反映了拨款的新理念。行政自由裁量权在两方面受到拨款的限制：设定支出上限和底线。

尽管拨款为支出提供了合法授权，但拨款法案中确定的数额通常与预算授权相关，几乎没有例外。拨款使义务的履行可以获得资金；他们不会详细描述财政年度中的支出数额。与大多数州和地方立法机关对现金支付进行拨款不同，国会通常不要求拨款在被制定的财政年度内用完。在许多情况下，支出发生在拨款制定后的年份里。这个条款为各机构持续多年的活动（例如采购和建设）提供了资金，但削弱了国会控制年度支出的能力。

宪法并没有要求年度拨款，但自从 1789 年第一届国会以来，每年进行拨款就成了惯例。国会会不时受到怂恿，要求像许多州立法机关那样采取双年度预算（或隔年进行拨款）。但拨款委员会拒绝了这样的提议，他们更喜欢每年的行动带来的短期控制，而不是每两年一次的决定可能收到的长期影响。改变在拨款委员会并不容易发生；即使有时外部条件改变了，拨款者还是忠于传统。尽管近年来强大的压力要求国会从年度拨款转向两年一度的拨款，但到本书写作之际，国会仍然不太可能接受这种改变。

拨款的进行必须是在其被提供的财政年度之中，除非（就像经常发生的）国会明确设定了更长的期限。与授权立法相比（它被认为是永久性的），拨款法案和其中任何实质性的条款都会在财政年度结束时失效，除非法律文本使它们永久化或使其在财政年度以外生效。拨款每年一次的性质解释了为什么国会经常年复一年地重新通过相同或相似的条款（比如限制使用联邦资金用于支付人工流产）。

拨款法案的类型

宪法并没有规定拨款方式的类型。拨款可以被放入任何法律，但先于宪法的实践是通过区别于其他立法的法案进行拨款。这种区别被放入众议院和参议院的规则中，用来区分立法和拨款的不同。

国会会生成四种类型的拨款。常规拨款为即将开始的财政年度提供预算授权，如果财年已经开始，就是针对进行中的年度。补充拨款指在常规拨款不充分时，或者针对常规拨款没有提供资金的活动提供额外的预算资金。持续性拨款

（即通常提到的持续决议，因为它们是作为联合决议而不是法案制定的）为在新的财政年度开始之时没有得到常规拨款的机构提供资金。永久性拨款（通常在实质性立法中制定）不需要国会的当前行动就可以获得。因为利息、社会保障和其他支出都由永久性拨款提供资金，所以联邦支出中只有不到一半的部分需要新的年度拨款。

补充拨款和持续决议（CRs）的数量每年都不一样。比如2002财年，有两个补充拨款和八个持续决议，而2005财年有五个补充拨款和三个持续决议。对这些措施的管辖权属于众议院和参议院拨款委员会，每个委员会都划分为小组委员会，由小组委员会从事各种支出法案制定中的大部分工作。每一个众议院和参议院小组委员会会处理一个常规拨款法案，以及补充拨款和持续决议中与其管辖权相关的部分。

在有的年份，常规拨款法案中的几个或全部都会被放入一个综合性方案之中，该方案经常伴随着大量的立法。综合法案意味着与每个拨款法案均被单独制定的传统的极大决裂。其他重要的差别将在下面讨论。

传统与变革

在描述拨款过程时，有必要区别长期以来事情被处理的方式和近来出现的对长期以来建立的惯例的变革或挑战。

从远处看，拨款过程与以往并没有太多不同。拨款委员会对总统预算作出回应，开始着手他们的工作。每个拨款法案都在单个（独立于其他小组委员会和全体委员会工作的）小组委员会的管辖范围之内。每个法案的构成都以账户为基础，各机构长官都会在小组委员会的听证会上为他们的预算申请辩护。

但最近的观察显示，拨款世界发生了巨大的变化。拨款委员会曾经在事实上控制了所有的联邦支出；现在他们仅对其中的三分之一拥有实际的权限。他们曾经在决定其管辖项目的支出数量上在国会内没有竞争者；现在他们必须应付预算决议和预设的支出上限（在有的年份）。他们曾经几乎完全闭门进行立法；现在他们公开制定几乎所有的法案。每一个拨款法案几乎都曾在财政年度之初制定；现在许多（在一些年中是大部分）并非如此。与传统的这些和其他差别在表 9－1 中进行了说明。

表 9－1　　拨款过程中的传统与变革

传统实践	当前实践
委员会	
对联邦的所有实际开支有权限	只对联邦的 1/3 开支有权限
相对稳定选区的有经验议员通过任命进入委员会[a]	许多来自不确定选区的年轻议员经选举进入委员会
专门委员会；委员不在其他主要的委员会任职[a]	许多拨款委员会委员同时服务于其他众议院委员会
高度的两党合作；许多法案以压倒性多数通过[a]	党派冲突；许多法案在政党路线投票下通过
政党领袖在委员会决定中不起作用	政党领袖在制定拨款决定时起领导作用
平行的众议院和参议院小组委员会	
程序	
每个常规拨款法案均单独通过	常规法案通常在综合拨款中通过
众议院产生所有拨款法案	某些法案某年在参议院产生
拨款法案中加入少量立法	拨款中经常包含大量立法

续表

传统实践	当前实践
决策在秘密会议中制定	法案在公开会议中修正
(几乎)所有拨款均在财政年度开始时制定	许多(在一些年是大多数)拨款法案在财政年度开始后才制定
支出和控制	
授权立法几乎没有明确授权拨款的数额	授权立法通常明确授权拨款的数额
拨款委员会在拨款总额上不受限制	拨款总额受第302条(a)分配案以及(有些年份)选择性支出上限的限制
小组委员会独立决定拨款数额	小组委员会的决定要与第302条(b)分配案协调
管理与预算局对拨款过程关注很少	管理与预算局监督拨款法案,准备每个法案的行政政策报告书
无论拨款法案是否在预算内,都没有评估程序	管理与预算局和国会预算局对每个通过成为法律的拨款法案进行评估
拨款仅仅限制开支,不会强制资金的使用	扣押规则限制了总统扣押拨款资金的自由裁量权

a. 仅仅或主要适用于众议院拨款委员会。

几个世纪以来,拨款的传统都是以众议院拨款委员会为中心。相较于参议院拨款委员会,众议院拨款委员会受到更多规范和条例的束缚,这些规范和条例使其免于国会内部的压力和政府角色与职能范围改变带来的压力。众议院拨款委员会曾经是支出过程的监护人:它发起所有的支出法案,其成员花费很长时间审查支出计划,它以两党的方式运作,帮助财政部抵抗联邦机构要求更多资金的需求,并以此为傲。众议院拨款委员会的成员几乎不在其他任何委员会服务;拨款是他们唯一的委员使命。他们不制定法律,不支持或评估项目，他们也不编制预算；他们仅仅拨款。

几十年来，传统是变革的缓冲器。然而，随着时间的推移，通过减少拨款委员会的延展性及其对国会支出需求的回应性，传统却削弱了拨款委员会的实力。为了理解传统实践如何庇护拨款过程并逐渐降低其效率，必须先回顾国会中拨款的演变。

在拥有拨款委员会之前，国会的拨款过程已经进行了四分之三个世纪。但是，即使在国会分割出独立的拨款委员会之前，拨款者的政治理念中已经烙下了这样的概念，即他们的工作是限制行政机构的支出野心，而不是立法。拨款者要做的是确定此前国会决策建立的各个机构应该支出多少。

在拨款过程的早期历史中，逐渐变得明显的事实是，支出压力不仅仅来源于行政机构，也来源于那些喜欢特定支出的国会议员。拨款者也迫于压力在他们的法案中增加立法条款。为了抵挡这些内部压力，众议院（在 19 世纪 30 年代）和参议院（在 19 世纪 50 年代）采用了一些规则来反对拨款法案中未经授权的拨款和立法。尽管多年来一直在修订这些规则，但他们仍然定义着拨款和其他国会活动的基本关系。更重要的是，他们将拨款同每件其他国会做的事区分开来。即使有了这些规则，国会仍经常按其自己的意愿决定拨款过程，他也经常重新定义拨款和立法之间的关系。

在 19 世纪 60 年代之前，收入和支出法案的管辖权被委托给众议院赋税委员会和参议院财政委员会，但内战的需求和政府的扩张推动众议院在 1865 年建立了一个独立的拨款委员会；参议院三年后做了同样的事。新委员会的应尽职责是抵制那些国会内外人士对更多支出的恳求，控制联邦支出。随后发生的是拨款和立法委员会之间一场历时 50 年的战争。前者赢得了第一回合，在那时，众议院采纳了霍尔曼规则，授权拨款委员会在其法案中加入立法紧缩开支。后者通过攫取对各种支出法案的管辖权进行报复，从河流和港口法案开始，直到控制了一半的拨款法案。因此，在20世纪初，支出者在国会中占据了优势地位。

支出者和保卫者之间的竞争永无止境；经济状况、国家环境以及国会的内在规则决定着两者之间的权力平衡。到第一次世界大战结束时，拨款者得到了更多的赞同。联邦支出在战争年代膨胀了25倍；巨大的财政赤字的形成，使国会接受了对财经纪律的需要。国会通过了1921年《预算与会计法案》，该法案赋予总统控制支出的权力。总统成为拨款委员会的一个同盟；他们一起限制联邦和国会委员会的支出需求。

众议院拨款委员会里的传统就是在这样的环境中被加强。拨款的世界是隐蔽的。拨款委员会一直到总统提交预算后才会审议支出需求。小组委员会会举办听证会，但只邀请机构长官来作证。各机构会准备申辩书，集中关注与上一年度拨款数额不同的资金。委员会不会把拨款与授权数量进行比较。在很多情况下，他甚至不知道授权了多少。

作为财政部的监护人，众议院拨款委员会使自己避免了冲击着国会的支出压力。他从稳定的选区吸收委员，使他们经历漫长的学徒期，让他们长时间关注机构的申请，在机构的见证下检查支出细节，并教他们如何在满足机构需要的同时削减他们的申请。长时间封闭的过程将这些委员塑造成一个紧密的、无党派的团体，他们很少向局外人透露其分歧。拨款委员会工作人员是这个小团体的一部分。他们通常从联邦机构中招募，而不是从其他国会委员会或政治活动家或法学院毕业生中招募。拨款人员关注政府的行为，与政府机构的预算人员保持亲密关系。每隔一段时间，众议院拨款委员会的工作人员都会和行政机构的工作人员一起吃喝打牌，交换战争故事。

拨款法案的建构是特殊的，即通过账户而不是条款进行组织，而委员会的大部分意图会以报告语言而不是立法表达。参议院修正案里的措辞与数字使局外人很难依其行事。当与会者想要解决众议院和参议院的分歧时，他们就会在一个很小的房间召开会议，小到只能容下他们所有的人外加一或两个负责记录的工作人员。这是一个政府自说自话的世界——其他任何人都是局外人。

罗斯福新政和第二次世界大战带来了政府的扩张，20 世纪 60 年代的伟大社会计划又使扩张加剧，而拨款的封闭世界未能在这种扩张中生存下来。授权立法呈现出新面貌；它变得更广泛，更程序化，并经常试图影响拨款的数量或避开拨款过程。而因为坚持传统，拨款委员会变得愈加功能失调。账户结构同联邦项目和活动蹩脚地结合。它有着年度视角，但国会却决定通过收入支持例如社会保障和医疗保险等项目，建立长期义务。拨款者抗议对他们权限的剥夺，但他们无力抵抗权利性项目的扩张。他们责备“后门支出”（秘密支出），这是由拨款者发明的术语，以传达一个观点，即通过授权立法来开支违法。他们依旧忠于传统，即使传统缩小了他们的权限。

在后越南战争和水门事件的时代，改革者寻求一个更开放、更易控制的机构来对抗国会传统。规则的改变迫使所有的委员会打开了它们的大门。在众议院中，民主党人（当时为多数党）与共和党人在拨款委员会中的比率增加了，这使委员会有了更强的政党导向。在选举众议院拨款小组委员会主席时，民主党高层有了发言权。此外，众议院中的投票过程被改变，允许在负责审议拨款法案和许多其他立法的全体委员会中公开投票。

拨款过程的封闭性被1974年《国会预算法案》进一步削弱，该法案建立了众议院和参议院预算委员会，用来监督国会在收入和支出立法上的行动。当时一个明确的信息是：拨款委员会无法有效控制联邦支出，因为许多支出在他们的权限之外，众多拨款法案内部没有紧密联系，也没有充分地与总支出、总收入和赤字相关联。

拨款委员会现在不得不在由别人设定的预算限制下运作。随着时间的推移，这些限制被编入预算规则与程序（将在下一章讨论），由这些规则与程序在拨款小组委员会间分配选择性资金。同样，在1974年通过的扣押程序是对传统的另一个冲击，因为它们在制度上确认了这样一个现实：与国会限制机构支出类似，它还希望它们根据其拨款支出。

传统的削弱使拨款过程在一定程度上与其他国会活动更为相似，更少独立于影响国会的政治潮流。拨款过程比以往更具渗透性，尽管它与其他立法活动仍旧存在区别。传统的遗失反映在下述几种状况中，如政党冲突，拨款法案制定缓慢，对综合法案的求助，参议院首先提出拨款法案，小组委员会独立性的削弱，支出法案中立法的增加，政党领袖角色的扩大。

国会因制定拨款的需求和拨款的困难而冲突。完成国会行动的需要将拨款过程置于中心，但国会中政治的两极分化又将它逼到极端。这个问题在众议院中更加明显，在那里党派纠纷更尖锐，而多数党可以忽视少数派的利益。

在两院的传统关系中，由众议院拨款委员会启动拨款过程。如果政党冲突阻碍众议院准时完成工作，参议院也不能及时完成工作。众议院拨款委员会过去是国会中的一个促成一致的机构，现在却常常是分化的力量。在没有其他解决途径时，许多政党性的立法纠纷会被带入众议院这个论坛。拨款过程不仅没有减少冲突，反而成为扩大和扩散冲突，在其他议题上强制行动的渠道，有时以拨款法案上的僵持为代价。

这种趋势从民主党人长时间控制众议院开始，但在共和党1995年接管众议院时得到推动。甚至在宣誓成为众议院议长之前，纽特·金里奇（R－Ga.）就已经要求每个拨款小组委员会主席保证忠于共和党的立法议程。共和党领袖占据了许多传统上由拨款委员会行使的决定权，比如争议性条款的加入，各种行动的时间安排，这就使拨款进一步陷入政党冲突之中。在大部分年份，关键的拨款决定在政党领袖与总统或总统助手间的谈判峰会上制定。有时会向拨款委员会的领导咨询意见，但通常不会。

众议院拨款委员会被压抑的，由于独立性丧失而引起的愤怒，最后在一封由主席罗伯特·利文斯顿写给议长金里奇的特殊的信中公开爆发出来，这封信写于1998年11月6日——那年中期选举三天之后，金里奇宣布从国会辞职的一天之前（附录9－1）。利文斯顿要求获得管理拨款委员会的授权，而"无需接受其他国会议员的支配"，他"是在不受干扰的情况下，决定拨款委员会内立法内容、立法日程的最后权威。"利文斯顿的请求是向过去的立法时代的倒退，那时拨款委员会可以按照他们自己的节奏进行立法，无视国会和国家的变革潮流。那样的世界只有使拨款工作远离预算制定的政治环境才能重建。

附录9－1　拨款对政党领袖

下文摘自众议院拨款委员会主席罗伯特·利文斯顿（R－La.）1998年11月6日写给众议长纽特·金里奇（R－Ga.）的一封信：

考虑到对您深厚的敬意和友谊，我在这里展示一些我认为对第106届国会的成功至关重要的要求。为了让大多数人能够完成工作，同时说明我们可以正确执政，我认为您能认识到并同意下面建议的所有这些对众议院程序的变动是很有必要的：

1. 我作为拨款委员会主席，应该按照我认为适当的，并且符合共和党多数最大利益的方式管理这个委员会，同时充分与领导商讨，不受其他任何国会议员的支配。

2. 我应该成为决定拨款委员会内立法内容、立法日程的最后权威，并且是在不受干扰的情况下。

3. 将来所有的预算决议都要在4月15日到4月30日之间交众议院批准，在那之后所有的拨款法案无论是否有预算决议，都可继续推行，以便在每个日历年度的六月结束前完成其在众议院的过程。参议院应该采取相同措施，以便所有的协商会议能在每年八月休会之前结束。

4. 我作为拨款委员会的主席，将出席所有关于预算影响拨款事务的高层讨论。在预算协商中所有关于拨款议题的决定都要在咨询过我（不一定是批准）后作出。

5. 没有我的批准，不得通过影响拨款权限的规则或法律方面的修正案。

6. 没有我的批准，不得使我的委员或小组委员会主席离职……

9. 委员不应该“根据他们的选区”来任命。弱势的委员会害怕强势的投票表决，这会阻止可信的立法的通过。

10. 没有我的批准，不得安排共和党人进入拨款委员会任职。

11. 没有成员可以在没有弃权的情况下在5个以上的

小组委员会任职，除非是在严格条件或危急情况或重要情况下，不得宣布弃权。任何拨款委员会委员都不得在除了预算委员会的委员会或小组委员会任职……

13. 我作为拨款委员会的主席，在与民主党或白宫代表进行的关于所有拨款法案的最后协商中，将做出所有最终决定，但会充分咨询领导。

14. 每周与民主党进行一次不超过一小时的会议，而我作为拨款委员会主席也应参与其中……

16. 众议长应该坚持要求参议院赞同并遵守我们在拨款和预算上的加快的日程，要让他们清楚，无论哪一院未能在 7 月 30 日通过拨款法案，由国会另一院通过的各个法案都会成为会议可起诉的手段。

然而，近来的发展显示，拨款过程越来越陷入政党政治。在利文斯顿主张独立的六年后，众议院共和党人选出了一个新的拨款委员会主席。空位的产生是因为众议院共和党规定将在任主席的任期限制在三届（6 年）之内。这个规定应用于所有的众议院委员会和小组委员会，意图逐渐削弱年资规则，年资规则使长期服务的委员可以保住主席的身份，即使他们的观点同政党的原则步调不一致。

在 2004 年新的众议院拨款委员会主席的竞争中，三个候选人之一的众议员哈罗德·罗杰吹嘘他在为共和党候选人筹集竞选资金上的非凡才能（参见附录 9－2）。为了得到众议长丹尼斯·哈斯特的支持，罗杰声称他会帮助共和党人保住在众议院的多数地位。与要保住拨款委员会特殊地位和权力的利文斯顿相反，罗杰和其他候选人宣称要与政党领袖合作。

附录 9-2　拨款已经开始屈从于政党领袖

下文摘自众议员哈罗德·罗杰写给众议长丹尼斯·哈斯特的一封信，该信写于2004年10月10日，众议院共和党人选举新的拨款委员会主席前不久。罗杰是为了得到共和党成员支持而展开竞争的三个候选人之一。他没有得到众议长的支持，也没有获胜。众议员杰瑞·刘易斯当选。

我写这封信是希望能得到你们对我成为下一届众议院拨款委员会主席的支持。

我们的共和党多数在2006年选举中处于战备状态，所以你们选举出来领导拨款委员会的人对于弥补我们最大的弱点（不断上升的历史性的高赤字）至关重要。

我的提议是对整个委员会的一个全面的态度上的改变……我们需要的是一个可以与预算委员会、领袖和我们的工作人员一起工作的人（而不是反对他们的人）……正如今年的综合法案明确显示的，拨款过程支离破碎，急需修复……

最后，我相信拨款者必须通过积极筹款来维持我们的共和党多数。在我看来，委员会的委员应在每个会期募集最少1500万美元来实现那个目标。就像我已经证明的（为我们的候选人募集超过500万美元），我已经准备好以身作则。

资料来源：Harold Rogers, "Dear Colleague Letter," December 20, 2004.

拨款委员会并不是唯一受党派偏见影响的委员会，但代表代表两党的传统，其所受影响要比其他委员会更大。过去，拨款的及时制定由民主党与共和党的合作促成。现在，多数党有引领支出法案通过众议院的任务，但有时它完成这些并没有得到少数派的同意。然而，共和党人和民主党人均为其区域和项目安排资金的事实表明：两党确实在合作促进在位者的选举利益。

拨款委员会及其小组委员会

尽管在权限和独立性上有所减弱，拨款委员会委员仍是国会中最令人垂涎的职位之一。众议院和参议院的议员们都通过拜访政党领袖，争取资深议员的支持，以及指出他们将带给委员会的政治和地理上的优势来积极竞争这一职位。

这些拨款委员会是强大的，因为他们控制了受制于国会年度行动的那部分联邦支出。很大程度上，他们控制的超过9000亿美元的选择性资金很大程度上是国会重拾影响力的最大资金储备。预算中的这部分支出是由现在而不是过去的决策产生的。几乎所有剩下的支出都由继续生效的法定规则管辖，除非国会对其进行改变。拨款9000亿美元的选择性资金需要立法行动；花费2万亿美元的强制性资金则不需要。拨款委员会的立法声望不仅来自他们控制的大量资金，也来自他们对数以千计的项目的少量资助。

在很多方面，拨款委员会和其他的国会委员会相似。小组委员会举行听证会，工作人员起草议案和报告。全体委员会在相关小组委员会完成工作后接手每个议案。议案从委员会进入议会，众议院和参议院的分歧通过协商会议解决。但是，区别则更具启发性。

三个关键的区别特征在于：拨款委员会的有限权限，国会行动的近乎确定性和小组委员会的突出地位。几乎在每个众议院和参议院委员会，每年最重要的决定都是围绕设置立法议程和决定采纳哪个议题和议案展开的。在拨款的情况下，这些决定都由管辖权限预设。这些委员会必须审议常规拨款法案以及因未能及时完成常规法案而成为必要的持续决议。委员会在决定是否发布补充支出法案时有自由裁量权，但几乎所有的议程都是事先为它们设置好的。几乎所有其他的国会委员会都必须关心其报告的法案能否得到众议院和参议院的审议，这两院间的分歧能否通过协商解决。拨款委员则会没有这样的担心；他们可以绝对确定，支出法案会通过。他们可能不知道每个法案被审议的时间或者是否所有的常规拨款都能在财政年度开始前得到通过。他们也不知道法案会以正常方式通过（一次一个），还是会被放进一个综合法案。但他们确实知道，他们的法案是“必须通过”的立法——以这种或那种方式，所有的工作都会被完成。

年度支出法案的特殊地位决定了拨款委员会的行为和运作。正如之前所述，传统上，这些委员会是国会中最没有党派性的委员会，明显地比预算委员会更少被政党路线划分。多年来，即使有时民主党和共和党在预算政策和支出优先权上存在分歧，但他们经常联合通过拨款法案。这些委员会分配的资金减弱了他们之间的党派冲突——民主党和共产党各自得到他们的项目和选区的资金，强烈刺激了每个党派的成员为拨款投票。

1996 和 1999 财年是两党冲突上升的年份。然而，对于 2002 和 2005 财年而言，表 9－2 和表 9－3 显示所有拨款法案均由压倒性的多数或口头投票在众议院通过，与对预算决议的投票形成强烈对比。压倒一切地赞同拨款法案的投票结果

表 9-2　众议院投票通过拨款法案（1996—2005 财年[a]，间隔为三年）

法　案	1996			1999			2002			2005		
	总数	民主党人	共和党人	总数	民主党人	共和党人	总数	民主党人	共和党人	总数	民主党人	共和党人
农业	313 - 78	120 - 63	193 - 14	373 - 48	173 - 25	199 - 23	414 - 16	207 - 2	205 - 14	389 - 31	184 - 15	204 - 16
商务—司法—国务	272 - 151	66 - 129	206 - 21	225 - 203	28 - 175	197 - 27	408 - 19	203 - 3	203 - 16	397 - 18	192 - 2	204 - 16
国防	294 - 125	85 - 105	209 - 19	358 - 61	149 - 47	209 - 13	406 - 20	187 - 19	217 - 1	403 - 17	181 - 16	221 - 1
哥伦比亚特区	224 - 191	31 - 155	193 - 35	214 - 206	3 - 194	211 - 11	327 - 88	188 - 11	138 - 76	371 - 54	188 - 14	182 - 40
能源与水	400 - 27	175 - 23	225 - 3	405 - 4	187 - 0	217 - 4	405 - 15	204 - 2	199 - 13	370 - 16	180 - 3	189 - 13
国外业务	333 - 89	133 - 57	200 - 31	255 - 161	69 - 126	186 - 34	381 - 46	199 - 10	181 - 35	365 - 41	187 - 7	177 - 34
国土安全[b]	…	…	…	…	…	…	…	…	…	…	…	…
内务	244 - 181	31 - 166	213 - 14	245 - 181	38 - 162	207 - 18	376 - 32	198 - 1	177 - 30	334 - 86	129 - 69	205 - 16
劳工—公共卫生和公共事业—教育	219 - 208	6 - 189		213 - 18	[c]	[c]	[c]373 - 43	201 - 2	170 - 41	388 - 13	192 - 0	195 - 13
立法	337 - 87	110 - 85	227 - 1	235 - 179	36 - 158	199 - 20	380 - 38	184 - 16	195 - 21	327 - 43	154 - 16	173 - 27

续表

法　案	1996			1999			2002			2005		
	总数	民主党人	共和党人	总数	民主党人	共和党人	总数	民主党人	共和党人	总数	民主党人	共和党人
军事设施	319 – 105	125 – 74	194 – 30	396 – 10	179 – 7	216 – 3	401 – 0	192 – 0	207 – 0	420 – 1	198 – 1	221 – 0
交通[c]	361 – 61	144 – 50	217 – 10	391 – 25	193 – 2	197 – 23	426 – 1	209 – 0	215 – 1	397 – 12	197 – 2	199 – 10
财政—邮政服务[d]	216 – 211	15 – 181	200 – 30	218 – 203	26 – 169	192 – 33	334 – 94	161 – 46	172 – 47	…	…	…
退伍军人事务—房屋与城市发展	228 – 193	27 – 165	201 – 27	259 – 164	54 – 145	205 – 18	336 – 89	132 – 73	203 – 15	未审议	…	…

资源来源：Congressional Quarterly Almanac，1995，1998，2001，and 2004.

a. 这里列举的投票针对众议院对法案的通过，不是针对协商报告。众议员伯纳德·桑德斯的投票包括在总数中而不在按政党进行的统计分析中。

b. 国土安全局的拨款法案在2004财年被第一次通过。

c. 这个法案并非单独投票，它包括在一个综合拨款法案之中。

d. 财政—邮政服务拨款法案从2004财年开始包含在新的交通—财政拨款法案中；参见2005财年的“交通”法案。

表 9－3　参议院投票通过拨款法案（1996—2005 财年[a]，间隔为三年）

法案	1996			1999			2002			2005		
	总数	民主党人	共和党人	总数	民主党人	共和党人	总数	民主党人	共和党人	总数	民主党人	共和党人
农业	95－3	45－0	50－3	97－2	44－0	53－2	91－5	49－0	41－5	未审议	…	…
商务—司法—国务	口头表决	…	…	99－0	45－0	54－0	97－0	47－0	49－0	未审议	…	…
国防	口头表决	…	…	97－2	43－2	54－0	口头表决	…	…	98－0	47－0	50－0
哥伦比亚特区	口头表决	…	…	未审议	c	c	75－24	49－0	25－24	一致通过	…	…
能源与水	口头表决	…	…	98－1	44－1	54－0	97－2	50－0	46－2	未审议	…	…
国外业务	91－9	42－4	49－5	90－3	41－1	49－2	96－2	47－2	48－0	口头表决	…	…
国土安全[b]	…	…	…	…	…	…	…	…	…	93－0	45－0	47－0
内务	92－6	41－4	51－2	未审议	…	…	口头表决	…	…	未审议	…	…
劳工—公共卫生和公共事业—教育	c	c	c	未审议	…	…	89－10	48－1	40－9	未审议	…	…
立法	口头表决	…	…	90－9	43－2	47－7	88－9	47－2	40－7	94－2	44－1	49－1
军事设施	84－10	35－8	49－2	口头表决	…	…	97－0	47－0	49－0	91－0	43－0	47－0

续表

法案	1996			1999			2002			2005		
	总数	民主党人	共和党人	总数	民主党人	共和党人	总数	民主党人	共和党人	总数	民主党人	共和党人
交通[c]	98 - 1	44 - 1	54 - 0	90 - 1	43 - 0	47 - 1	口头表决	…	…	未审议	…	…
财政—邮政服务[d]	口头表决	…	…	91 - 5	42 - 1	49 - 4	口头表决	…	…	…	…	…
退伍军人事务—房屋与城市发展	55 - 45	1 - 45	54 - 0	口头表决	…	…	94 - 5	49 - 1	44 - 4	不考虑	…	…

资料来源：Congressional Quarterly Almanac，1995，1998，2001，and 2004.

a. 这里列举的投票针对参议院对法案的通过，不是针对协商报告。众议员伯纳德·桑德斯的投票包括在总数中而不在按政党进行的统计分析中。

b. 国土安全局的拨款法案在 2004 财年被第一次通过。

c. 这个法案并非单独投票，它包括在一个综合拨款法案之中。

d. 财政—邮政服务拨款法案从 2004 财年开始包含在新的交通—财政拨款法案中；参见 2005 财年的“交通”法案。

出现在国会中党派冲突白热化时期。近几次，政党路线投票（大多数共和党人支持一边，大多数民主党人支持另一边）次数很多。不过，共和党和民主党经常联合制定获得两院相当高支持的支出法案。

两党合作植根于拨款过程的文化，而这些法案将联邦资金分配到州和地方的事实又加强了两党合作。在乔治·W.布什的第一个总统任期，因为总统愿意接受大规模支出增加，两党合作被加强。民主党人为支出法案投票是因为这些法案包含更多的资金；共和党人为法案投票是因为这些法案有更多的资金支持他们的优先权以及总统对支出法案的支持。但两党合作又有另一方面：随着两党支出的增加，很难运用拨款过程削减联邦支出。拨款者自认是财政部的保卫者；将他们标记为自身支出利益的保卫者应该更接近事实。

当一个政党想要利用过程来调整拨款时，民主党人和共和党人会采取不同的方式。这发生在政党冲突很激烈的1995年，这些冲突流传甚广，以致于针对1996财年的所有常规拨款法案都没有及时获得通过。此外，国会和总统还针对持续决议进行了斗争。总统否决了第二次持续决议，主要的联邦机构关门几周，这些都是证明。1996财年的拨款冲突是在我们时代发生的不同寻常的政治事件之一；它的起因和影响将在专栏9-1中讨论。当时，难以置信的事情发生了：国会未能完成必须通过的拨款，许多政府运作被中止了。拖延的僵局和联邦机构被迫关闭是拨款旧秩序被打破的又一明证。

在正常的年代，拨款委员会擅长将大的政策纠纷转变为多一点钱或少一点钱的常规事项。从历史角度看，拨款意味着在已经实施的项目和机构的边缘做决定，而不是质疑该项目和机构是否应该继续或政府是否应该对政策做出重大改变。如果国会议员想要检查政府在减少全球营养不良中扮演的角色，合适的场所可能是农业或国际关系委员会。这些委员会几乎没有“必须通过”的立法；他们有足够的时间去调查一个议题，即使那意味着行动将被推迟到明年或更后面。但拨款委员会必须行动。多年以来，他们将争议性议题转为边际支出问题：为了对抗饥饿，拨款应该比以往的水平高多少或低多少？数量应该比总统要求的多还是少？哪个国家应该得到更多或更少？

专栏9－1　从改革到关闭：1995—1996年的预算战争

当共和党在1994年的中期选举中获得国会控制权时，他们理所当然地认为他们是被选来改变华盛顿的处事方式的，他们理所当然地认为克林顿总统无法阻止他们的革命。比起渐进改变而言，共和党领袖更喜欢大的变革，他们寻求运用拨款法案作为制定议程的工具，即在实质性立法中加入大的改变。然而，他们低估了克林顿运用其否决权的意愿。

1995年

6月29日

众议院（239比194）、参议院（54比46）通过有关预算决议的协商报告。

10月1日

1996财年开始；第一个持续性决议在前一天通过。

11月14日

伴随着第二个持续性决议被否决，部分政府机构第一次关闭。

11月17日

众议院（237比189）、参议院（52比47）通过有关协调法案的协商报告。

11月20日

政府重新开启。

结果是拨款过程受到重大打击；许多支出法案被延迟半年多，部分政府机构被关闭两次。为了尝试保持政府运作，制定了14个持续决议，创造了当时的一个记录。

斗争以降低支出水平的努力拉开序幕；以支出没有太大改变而告终。早期的回合是国会取消先前拨款的努力；最后回合是国会努力制定新的拨款的努力。这是克林顿与国会共和党之间的第一次预算冲突，但不是克林顿胜利的最后一次。

12月6日

克林顿否决协调法案；至此只有7个拨款法案通过。

12月16日

第二次部分政府机构关闭接踵而来。

12月18日

两个拨款法案被否决；另一个在第二天被否决。

1996年

1月6日

政府重开。

4月25日

众议院（399比25）、参议院（88比11）通过了有关1996财年综合拨款法案的协商报告；克林顿在4月26日签署法案。

共和党在1995年通过了预算决议，该决议提议大大缩小联邦政府的规模。除了在选择性项目上的大幅削减外，通过限制医疗保险、医疗补助以及其他社会项目，他们的计划为税收削减中的几千亿美元（7年内）提供了空间。因为总统在预算决议中没有正式角色，克林顿不能阻止共和党的观点被采纳。然而，差不多半年之后的1995年12月，克林顿通过否决协调法案，阻挠国会的预算决议，该协调法案本可以批准许多提议的税收和权利性项目变动。

通过预算决议后，共和党人开始进行1996财年拨款，制定了比最初预算决议设想的更大幅度削减的支出法案。民主党长期的政策优先权以及克林顿钟爱的新方案都成为该法案的目标。但是拨款过程却被这些缩小政府的努力延迟，在新的财政年度开始时，只有两个常规支出法案被送交总统。国会共和党人被迫打破他们"无持续决议"的誓言，通过了一个持续决议来防止政府关闭。

在这一点上，共和党人相信他们占有优势，克林顿会对他们的要求屈服。他们没有预料到他会冒着关闭政府的风险去否决一个持续决议。众议院拨款委员会主席罗伯特·利文斯顿主席信心十足地宣传总统必须"承诺采取行动完成美国人民在去年11月份表达的意愿"。当然他们会取胜，共和党人向克林顿呈递了一份满载搭车项目的持续决议。总统否决了该提案，迫

持续性决议，1995—1996年

次数	总统		过期
	签署	否决	
第一次	9/30/95		11/13/95
第二次		11/14/95	(12/1/95)
第三次	11/19/95		11/20/95
第四次	11/20/95		12/15/95
第五次	12/22/95		1/3/96
第六次	1/4/96		1/25/96
第七次	1/6/96		9/30/96[a]
第八次	1/6/96		1/26/96[a]
第九次	1/6/96		1/26/96
第十次	1/26/96		3/15/96
第十一次	3/15/96		3/22/96[a]
第十二次	3/22/96		4/3/96
第十三次	3/29/96		4/24/96
第十四次	4/24/96		4/25/96

a. 这些截止期适用于大多数项目；额外的持续决议对其他项目是必要的。

使缺乏拨款的联邦机构关闭。尽管联邦政府在之前被关闭了 9 次，但每次关闭都不超过 3 天。当克林顿行使否决权迫使他们关闭时，他并没有因为这种僵局受到责备，共和党人也没有。最后双方协商产生一个新的暂时性的持续决议，重新开放政府，满足双方最重要的一些要求。克林顿同意削减税收，以及在 7 年之内平衡预算的目标。作为交换，共和党人同意保护民主党人重要的优先权。

但是，这些预算战争中的暂时缓和并没有带来长期的和平。众议院共和党领袖将拨款行动同那些他们在被否决的协调法案中寻找的税收和支出削减联系起来。克林顿坚持立场并宣布道："我不会向这些威胁屈服……我不会被迫签署违背我们价值观的预算。"克林顿促成了与众议长纽特·金里奇以及参议院多数党领袖罗伯特·多尔在新持续决议上的交易，这一决议将避免另一次关闭。然而，共和党在众议院的新成员拒绝接受该协议，因此部分政府机构关闭了三个星期。多尔声称"克林顿的指纹""在关闭问题上到处都是，"但是公众再一次责备了共和党人。

随着数周的预算僵局延长到数月，双方态度都更加强硬。众议院预算委员会主席约翰·卡西奇为了坚持到底，如此陈述共和党人的情况："如果不担心被打败，你就可以成就伟业。"但是，当国会在 1996 年重新开会时，共和党人得知他们的对抗策略失败了；是重新开启政府并通过剩下的拨款法案保持其开放的时候了。在更进一步的延期以及另外几个持续决议后，五个剩下的拨款被并入一个综合法案，最后在 4 月完成国会程序，并很快被签署成为法律。

众议院共和党人曲解了 1996 年的选举结果及大多数美

国人的态度。他们低估了克林顿运用否决权的强硬态度以及坚持己见的决心。意识到预算边缘战术会使他们的政党陷入泥潭，参议院共和党领袖不愿意卷入斗争。另一方面，克林顿和国会民主党在保护他们的优先权上从未动摇；他们挽救被内定去除的项目，迫使共和党人取消了大部分有争议的附加条款。自始至终，克林顿成功地避开责备，将自己装扮成对平衡预算及保持政府开放尽心尽力的角色。1996 年的选举结果巩固了克林顿的胜利——他在总统竞选中击败多尔，而共和党却失去了众议院中的席位。

拨款小组委员会的传统与变革

拨款过程中的工作和权力集中于小组委员会。除了一个简要的总结会议（在有的年份会被跳过），小组委员会主持所有的拨款听证会。每个小组委员会都有自己的委员，制定自己的法案，在权限范围内与政府机构保持全年的关系，在其他小组委员会之外独立运作。鉴于每个小组委员会主席在他或她的领域内行使的权威，他（她）通常被称为红衣主教。他们的权力来自于传统，控制钱袋子，将资金引入受欢迎的活动和区域的能力，以及行政官员和国会议员对他们的顺从。传统上来看，每个红衣主教在小组委员会运作上有很大的自治权，不会受到全体委员会和政党领袖的干涉。

传统拨款过程与众不同的特点之一是众议院和参议院小组委员会管辖权的完美结盟。每个联邦机构都被分配到平行的众议院和参议院小组委员会；每一对小组委员会都有相同的权限。事实上，所有众议院和参议院小组委员会的活动均围绕着某个拨款法案，以及与该法案相关的补充拨款和持续决议。小组委员会不进行任何立法，他们也不会发起那种困扰着其他国会委员会的权限战争。当他们开会解决拨款法案的分歧时，他们确定的权限减轻了众议院和参议院与会者的任务。

拨款小组委员会的边界除了要适应新的项目和机构以外，几乎没有改变过。从 1971 年到 2005 年，众议院和参议院有 13 个平行的拨款小组委员会。在这期间，最大的调整发生在 2003 年，众议院创立了国土安全小组委员会来处理新近创立的国土安全部的预算。为了保持 13 个小组委员会，交通和财政委员会被合并。一些参议员对众议院擅自行动很恼火，但在短暂的延迟后，参议院采取了相同的改变。

长期存在的平行状态在 2005 年，第 109 届国会中暂时结束。当时众议院领袖单方面取消了三个小组委员会，并重新安排了其他几个小组委员会的权限（见表9－4）。官方申辩的原因是每年要审议 13 个独立的法案堵塞了国会的立法日程，妨碍了支出法案的及时通过。最大的受害者是退伍军人事务——住房与城市发展小组委员会，其权限包括环境和科学项目、空间探索、住房、社区发展和退伍军人项目。政治在改组中毫无疑问发挥作用，因为众议院共和党领袖通过改组小组委员会的权限和主席的任期加强了在拨款过程中的控制。过去，每个小组委员会对单个法案都有权限，但随着与传统的分裂，众议院拨款全委会保留了对立法机构拨款法案的权限。

表 9-4　2005—2006 年（第 109 届国会）众议院与参议院拨款小组委员会

众议院	参议院
农业—农村发展	农业—农村发展
科学—州—司法—商业[a]	商业—司法—科学[a]
国防[a]	国防[a]
…	哥伦比亚特区[a]
能源与水	能源与水
国外业务[a]	州—国外业务[a]
国土安全	国土安全
内务与环境	内务
劳工—公共卫生和公共事业—教育	劳工—公共卫生和公共事业—教育
…	立法机构
军队生活质量和退伍军人事务[a]	军事设施和退伍军人事务[a]
交通—财政—住房和城市发展—司法—哥伦比亚特区[a]	交通—财政—司法—住房和城市发展[a]

a. 显示了众议院和参议院小组委员会主要的权限差异。相对较小的差异存在于其他小组拨款委员会之间。

然而，这次参议院没有照做。它重组了 12 个小组委员会，保留了在众议院中被取消的立法机构和哥伦比亚特区小组委员会。新的安排使众议院和参议院十年来第一次在小组委员会结构上有了不同。2007 年，第 110 届国会开始之初，新的民主党多数又一次重新安排了拨款小组委员会，建立了 12 个平行的众议院和参议院拨款小组委员会。

尽管小组委员会结构平行，但众议院和参议院拨款委员会是不同的机构。众议院拨款委员会委员数是参议院的两倍，他们中的许多人都不再为其他主要委员会服务。拨款委员会的众议员被期望集中精力在委员会工作上，掌握项目的细节、在小组委员会权限内的支出以及从拨款角度看待立法问题。

然而，每个参议院拨款委员会的委员都同时为一个或多个主要的授权委员会服务。他们的其他职责限制了参议员贡献给拨款工作的时间。更重要的是，许多参议员扮演着两种冲突的角色——他们同时是项目的支持者和支出的控制者。有时，这些冲突发生在同一个项目区域里，如一个同时在授权委员会和拨款小组委员会工作的参议员处理同一个项目。参议员理查德·拉塞尔同时担任军事委员会和国防拨款小组委员会的主席；参议员约翰·斯滕尼斯也同时担任这两个职务。最近参议员 J. 贝内特·约翰斯顿担任了能源和自然资源委员会及能源和水利拨款小组委员会的主席。

多重的委员职务分裂了那些为参议院拨款委员会服务的人的忠诚，减少了他们贡献给拨款工作的时间。那些同时为几个委员会工作的参议员不可避免地将他们的授权利益和观点带入拨款过程。一些议员利用其同时在授权委员会和拨款委员会供职的权威优势，在参议院中（有时是国会）主导议题。这一主导地位已经因禁止议员同时在授权委员会和拨款小组委员会担任主席或作为少数党成员服务的参议院规则而削弱。

直到 20 世纪 90 年代中期，国会行动的顺序在众议院和参议院拨款委员会中仍然有差别。尽管宪法对此没有规定，但追溯到第一届国会的先例，拨款法案通常在众议院产生。在众议院之后采取行动的参议院就不生成自己的法案了，取而代之的是通过嵌入自己作出的修改来修正众议院通过的拨款。然后由协商委员会来解决两院通过的法案之间的分歧。这种顺序以及委员多重任命的时间问题，刺激参议院将注意力集中在众议院完成工作后仍有争议的问题上。政府机构可以“申请复议”——即请求参议院拨款委员会拨付超出众议院投票通过数额的资金，或者对众议院通过的法案进行其他变动。参议院的角色是一个上诉法庭，这通常导致拨款委员会拨付的资金超出众议院提供的数量。

在20世纪90年代生效的选择性支出上限缩小了众议院和参议院委员会之间的行为差异。支出上限限制了参议院可以在众议院完成工作后提供的额外资金。众议院通常拨出允许范围内的最高限额，这将参议院置于一个政治上的尴尬位置，因为参议院不得不为了给某些项目提供资金而削减另外一些项目。参议院拨款委员会通过在众议院行动之前报告他的一些法案来适应这种情况。当这种情况发生时，国会保持了这样一个观念，即众议院的法案首先加入参议院的意见，随后再在众议院中通过。表9－5列出了在选举年众议院和参议院拨款行动的顺序，表现出众议院重申由他发起支出法案的特权。不过，在一个重要的方面，这种旧顺序没有被恢复。几个世纪以来，众议院拨款委员会将自己视为财政部的保卫者，自夸他减少总统预算的数量和限制一些参议员对更多支出的要求。始于20世纪90年代末的无节制的支出对这种自我形象的吹嘘提出了质疑。在专款（本章稍后将进行讨论）数量和总拨款上，众议院拨款委员会把自己的命运和那些想要支出更多的人连在一起。这种行为的改变有多重原因：政党领袖角色的扩大，他们看重的是调整支出需求的短期利益；为额外资金游说的利益集团（包括州和地方政府）的激增和活跃；选举活动成本的上升（指向特定地区的拨款有助于竞选资金的筹集）；外部压力带来拨款过程的公开。乔治·W. 布什总统任期的第一年不愿意运用否决权和使用基线评价国会预算立法也减少了削减联邦开支的热情。

表 9－5　在选定财政年度中哪一院在拨款法案上率先行动

法　案	1994		1998		2005	
	报告	通过	报告	通过	报告	通过
农业	众议院	众议院	众议院	同一天	众议院	众议院
商业—司法—州	众议院	众议院	参议院	参议院	众议院	众议院
国防	众议院	众议院	参议院	参议院	众议院	众议院
哥伦比亚特区	众议院	众议院	参议院	众议院	众议院	众议院
能源与水	众议院	众议院	参议院	参议院	众议院	众议院
国外业务	众议院	众议院	参议院	参议院	众议院	众议院
国土安全	…	…	…	…	众议院	众议院
内务	众议院	众议院	众议院	众议院	众议院	众议院
劳工—公共卫生和公共事业—教育	众议院	众议院	众议院	参议院	众议院	众议院
立法机构	众议院	众议院	参议院	参议院	众议院	众议院
军事设施	众议院	众议院	众议院	众议院	众议院	众议院
交通	众议院	众议院	众议院	众议院	众议院	众议院
财政—邮政服务	众议院	众议院	参议院	参议院	c	c
退伍军人事务—独立机构	众议院	众议院	众议院	众议院	众议院	d

资料来源：Congressional Quarterly Almanac，1993，1997，and 2004.

a. 指先通过每个议案的议院，而非先通过协商报告的议院。

b. 国土安全拨款法案在 2004 财年第一次实施。

c. 财政—邮政服务拨款法案从 2004 财年开始包含在新的交通—财政拨款法案之中；参见 2005 财年的“交通”法案。

d. 2005 财年退伍军人事务—独立机构拨款法案由众议院和参议院拨款委员会报告，但并不由任一议院独立审议；它被并入一个综合性拨款法案之中。

最后一个因素可能比其他因素更为重要。几乎没有国会议员为了削减联邦开支而谋求拨款委员会的职位；相反，这个方面的吸引力是因为他们想要为他们的选区或他们偏好的项目做点好事。即使在进入国会时不是大规模支出者，当议员们成为拨款委员会委员时，他们也倾向于加入支出的行列。他们从选区、项目申请者、说客和地方官员那里听到的大多数内容都加强了增加支出的事实。不亚于能够抵抗增加支出持续动力的国民情绪的变化。

委员会行动的程序和政治

拨款委员会每年执行的任务有着结构性的顺序。虽然具体时间安排可能与表9－6中设置的不同，但每一步基本上都按照表中列出的顺序完成。

表 9－6　　拨款行动时间表[a]

2 月	总统向国会提交预算 由此启动拨款程序，拨款委员会很少在没有总统申请时行动。
2 月	全体拨款委员会有时举行简短的审查听证会 这些听证会是唯一的全委会听证会。近几年来，拨款委员已经放弃了这些听证会。
2 月/3 月	各机构提交申辩材料 这些文件在机构的听证会上提供；他们提供了机构预算申请的详细解释。
2 月/4 月	举行小组委员会听证会 众议院拨款小组委员会听证会通常先举行，然后紧接着是参议院小组委员会听证会。
5 月/7 月	拨款小组委员会制定第 302 条（b）分配案 这些对小组委员会的分配必须先于拨款法案的议会审议程序。
5 月/7 月	主席修订（选择性） 每个小组委员会主席公布“修订方案”，为小组委员会权限范围内的账户推荐拨款金额。

续表

5 月/7 月	小组委员会形成法案 每个小组委员会形成其法案，起草一份报告，对做出的决定进行解释，为受影响的机构提供指南。
5 月/7 月	全委会公布法案 全委会通常只对小组委员会准备的法案做出小的修改（如果有的话）。
5 月/7 月	众议院采取行动 每个法案都被单独审议。
7 月/8 月	参议院采取行动 参议院通常在众议院之后行动，审议众议院通过的法案；如果他首先对自己的法案采取行动，就要在最后的文件中将修订的参议院法案并入议院法案。
9 月/10 月	协商会议与最终通过 若有任何一个常规拨款法案在 10 月 1 日之前没有被制定成法律的话，国会会通过一个或多个持续决议。

a. 虽然时刻表里的步骤每年都发生，但行动的时间可能与这里显示的时间表不同。

年度拨款过程以总统向国会提交预算开始。授权委员会审议立法通常是针对某个被提出的法案作出的反应，与它们不同的是，拨款委员会启动立法工作是对总统资金申请作出的反应。这些委员会很少主动行动，或依照国会议员的提议采取立法行动。事实上，在拨款过程的早期阶段甚至不存在法案；通常，当委员会要公布方案时才会引入拨款法案。通常法案的引入、提交委员会以及公布在同一天进行。尽管没有一个法案，但围绕听证会、在小组委员会之间进行的选择性预算资源分配、（议案）审定、起草报告存在大量活动。

听证会

在有的年度，总统向国会提交预算后不久，每个拨款委员会举办审查听证会，管理与预算局局长和其他官员会在听证会上对总体的预算政策和优先项进行申辩。这是管理与预算局正式参与的唯一一次会议（除了关于它自身拨款的听证会）以及全体委员会举办的唯一一次听证会。在有的年份，拨款委员会会跳过审查听证会这一步。

每个机构在拨款小组委员会面前为他们的预算作出申辩。在听证会之前，政府机构会把总统的预算申请和之前的拨款进行比较，并对两者间的差异做出解释来准备申辩材料。每个小组委员会会规定申辩材料的格式和内容；一些小组委员会按照1993年《政府绩效与成果法案》要求的战略性计划中定义的目标来组织申辩材料。支出机构将他们的预算分解成分散的科目和活动并根据之前的预算进行申辩是很正常的。附录9－3显示了许多机构申辩书中包含的信息类型。

附录9－3　机构拨款申请申辩

史密森学会

2008财年薪水与开支变动摘要

	全职员工[a]	金额
2007财年申请	4251	$ 537394000
2008财年变动		
强制性增加		
立法加薪及工伤赔偿		11406000
设施、通讯及租金		10373000

续表

	全职员工[a]	金额
强制性增加总额		21779000
项目增加		
设备运作、安全、安全检查及认证系统改善支持	2	1381000
非洲裔美国人历史文化国家博物馆	28	9893000
国家动物园—动物福利	3	600000
督察审计长	1	100000
人力资源劳动力重组		200000
项目增加总额		12174000
2008 财年申请	4285	$ 571347000

a. （全职员工）

资料来源：Smithsonian Institution，"Summary of FY 2008 Change"，February 2007，available at，www. si. edu/about/budget/2008/04% 20 – % 20Summary % 20of% 20 Change_R. pdf.

（a）每个要求拨款的机构向预算权限范围内的拨款小组委员会提交详细的理由。这些理由作为小组委员会听证会的一部分公布。

（b）每个小组委员会规定向其提交的材料的形式；这个附件展示了传统格式，这种格式集中于近年来拨款的建议增加额或减少额。正如这里的例子，申请（2008 财年）通常比当前（2007 财年）拨款高。申辩强调增加或减少的金额是因为这些因素在传统上是拨款委员会在审查支出申请时所关注的。

（c）自 20 世纪 90 年代中期开始，一些小组委员会改革了预算申辩，他们关注总的支出而不是增量改变，关注于产出和目标而非投入与项目支出。

在听证会和随后的谈判中，管理与预算局要求机构官员支持总统预算，即使有时这与他们的偏好有所不同。官员公开偏离总统预算的情况是很少的。当他们这样做时，他们的职业生涯可能会早早结束。这种情况发生在 2002 年，当时迈克·帕克，陆军工程兵部队首长作证时声称布什总统的预算将会给军队带来"负面影响"。白宫随后立刻给了帕克 30 分钟来决定是辞职还是被解雇。当然，要从机构处打听他们到底想要什么的信息，存在着政治上可接受的方式。尽管不被允许主动提供这样的信息，机构也可能会这样做以回应小组委员会成员的质疑，（质疑中有些可能是事先安排的）。管理与预算局在幕后通过检查机构的申辩（事先提交的）及监督听证会和拨款法案的其他行动来确保其对总统预算的忠诚。管理与预算局还会在不同阶段介入，就总统对待定措施的任何反对意见提醒拨款委员会。

大部分（在有些情况下是全部）作证由机构官员进行，他们中的许多人仔细审查详细的情况介绍书、上年度的拨款以及报告来为听证会做准备。有些机构首脑会举行模拟听证会，由工作人员提出那些小组委员会可能会问的问题。在大的机构中，最高长官会带一名助手作为随从人员出席听证会，该助手要准备当场提供信息以回应委员的提问。在大多数听证会上，作证机构都会被质询（对记录提出的问题），它必须在几天内做出回应。这些问题的回答由高级官员仔细检查，以确保它们不会损害机构的预算申请。

听证会会给拨款的结果带来不同吗？可能有一些会，但不是全部。同正式听证会相比，在形成国会决定方面，与拨款委员会委员和工作人员的非正式接触重要得多。那么为什么机构还要投入这么多的精力在听证会上？原因之一在于一个糟糕的表现会破坏机构的申请。各机构的证人被训练得在听证会上举措得当。他们必须对国会议员顺从，不能质疑他们，即使他们感到被不正当对待。他们必须回应所有质询，必须根据要求提供额外的信息。但是，在听证会上不仅仅是机构的预算在接受审查；它的官员也在接受检验。他们如何经受磨砺对于拨款者在多大程度上对于它们的绩效有信心并相信他们的数据有影响。听证会之所以重要在于它们是检验机构勇气的程序。也因为它们将拨款委员会委员的关注点和利益传送给机构。此外，它们使机构注意到：即使他们可以得到所有要求的一切，国会仍控制着钱包。

第302条（b）分配案

尽管听证过程是分散的，每个小组委员会自行安排时间并审查听证会的证人，但小组委员会只有从全体委员会处得到第302条（b）分配才能形成其自己的法案。这个分配限制了每个小组委员会在其权限范围内的所有账户可得到的总预算授权和支出。当国会采纳了年度预算决议，预算委员会（依照预算法案中的第302条（a））将预算资源分配给每个有选择性支出权限和直接支出权限的众议院和参议院委员会。所有选择性支出被分配到拨款委员会，拨款委员会同样会被分配到由拨款法案提供资金的权利性支出。接着，每个拨款委员会公布第302条（b）报告来细分小组委员会中的预算资源。分配给所有小组委员会的总数不能超过全体委员会得到的数量。众议院和参议院的规则禁止在拨款委员会提交要求的第302条（b）报告前对支出方案采取议会行动。附录9－4节录自这样一份报告。

附录9－4　第302条（b）对拨款小组委员会的再分配

修订后对小组委员会的再分配

2007财年预算授权和支出

（单位：百万美金）

小组委员会	选择性	强制性	总额
农业、乡村发展、食品与药品管理局			
预算授权	17812	70945	88757

续表

小组委员会	选择性	强制性	总额
支出	19497	52946	72443
国防			
预算授权	377357	251	377608
支出	393165	251	393416
能源与水资源发展			
预算授权	30017	…	30017
支出	31411	5	31416
国外业务			
预算授权	21300	39	21339
支出	23441	39	23480
国土安全			
预算授权	32080	1017	33097
支出	38711	1014	39725

资料来源：House Appropriations Committee，“FY2007 Subcommittee Allocations—302（b）s,” available on the House Appropriations Committer website（appropriations. house. gov/pdf/FY07 302b. pdf）.

（a）在众议院或参议院拨款委员会形成在小组委员会之间分配数量的第302条（b）报告之前，对任何拨款法案的审议都是不合程序的。（第302条（b）是对这些报告作出要求的1974年国会预算法案中的条款）。每个拨款委员会可以通过新的报告来修订这些分配。

（b）分配给小组委员会的总量不能超过伴随预算决议生成的联合解释报告中分配给拨款委员会的数额。

（c）预算授权和支出是独立分配的，选择性支出以及法定支出也是。这里展示的几乎所有法定支出都是用于由年度拨款法案提供资金的权利性项目。这些权利性项目由不同的授权委员会控制。

这份报告不是简单的例行公事。该报告的准备涉及到由小组委员会权限代表的联邦项目相对优先权的决定。这个过程触发了两轮零和竞争——首先是小组委员会之间，然后是每个委员会权限下的账户之间。给一个小组委员会更多意味着给另一个更少；一个账户更多意味着另一个账户更少。第302条（b）分配促使拨款委员会同它们的支出计划保持一致。小组委员会的运作不再完全独立于另一个——它们不能对支出或其他小组委员会可能得到的数量保持中立。在每个小组委员会修订他们的法案之前，所有的小组委员会都由第302条（b）程序通知他们可以支出的数额。

在竞争性的小组委员会之间划分选择性支出的馅饼要结合政治判断和人际谈判。拨款委员会主席在每个议院中指挥这个过程。主席通常咨询小组委员会主席，调查他们想要或可能被满足的数量，向小组委员会提供分配和评估反馈，只是在非正式协议达成时才召集全委会一起通过第302条（b）。在开发分配数据库以及为了得到委员会委员赞同进行协商方面，拨款委员会工作人员是很重要的幕后角色。

众议院拨款委员会通常在五月份公布其302（b）报告，参议院委员会则在六月，但是，小组委员会不能等待这么久再开始准备他们的支出法案。尽管他们可能没有精确的数据，但小组委员会在正式分配公布之前会有大致正确的数据。第302条（b）程序的效果是将关键的拨款决定上移到更早的阶段，许多项目的预算命运在正式拨款决定公布的数月之前就被决定了。

然而，有两种方式可以使项目在过程的后期得到更多的钱。一种是通过第302条（b）报告的修订；另一种是通过总统和国会的预算谈判。拨款委员会可以在一年中的任何时间修订302（b）报告，只要分配给所有小组委员会的总额仍旧在预算限制以内。通常，报告会定期更新以考虑协商委员会的决定和其他影响支出水平的发展。第302条（b）报告也会被修订以反映白宫和国会之间达成的一致（两者产生了比最初第302条（b）分配案下进行的深思熟虑的结果更多的拨款）。在一些情况下，这些协议为一些紧急项目造成的额外支出提供了空间；在其他情况下，各种资源被用于抵消额外支出或被延至下一财年的支出。对第 302 条（b）分配的一个较公平的评价是，虽然它们并非无懈可击，但它们对总的选择性支出起到了约束作用。

小组委员会审定议案

审定议案是小组委员会（或委员会）审查或公布立法的会议。在拨款过程中，由于全体委员会很少对提交给它的法案做出大的修订，所以小组委员会审定议案特别重要。（技术上讲，只有委员会公布立法；小组委员会将立法提交给全体委员会。）此外，小组委员会起草与拨款法案一起生成的报告。这也由全体委员会公布，通常很少或根本没有变动。

由于第 302 条（b）的分配，几乎所有拨款决定均由小组委员会在审定议案开始时制定。这些决定通常在“主席决定”（一份由主席在审定议案或在审定议案之前分发的文件，为法案中的每个账户提供推荐的数额）中得到提炼。主席决定建议了在第 302 条（b）下可以得到的几乎所有资金，很少留给普通成员机会来增加资金或增加他们偏爱的项目。由于审定议案通常太晚以致于不能影响小组委员会的决定，所以委员们有动机事先告知主席他们的偏好。

大多数小组委员会审定议案在要求预算中立的规则下进行，即一个增加账户支出的修正案必须提出对其他账户的削减。这个规则增加了各项目争夺有限拨款的显性竞争，在审定议案期间有时要做出权衡。这最可能发生在有些小组委员会中，这些小组委员会的管辖范围比较分散，其辖下项目之间唯一的联系就是它们由同一个拨款法案提供资金。为资金展开的竞争在最近拆分的众议院退伍军人事务—住房和城市发展小组委员会中尤为激烈，在那里空间项目与退伍军人项目相互竞争；这样的竞争是这种小组委员会被取消的原因之一。

除了制定拨款标准以外，审定议案也批准拨款法案中的条款和所附报告的内容。正如本章稍后将讨论的，这些条款经常是拨款法案最有争议的特征。一些条款为特殊目的拨付专款，其他一些则限制拨款资金的使用，还有一些包含着对现有法律作出变动的立法。这种限制和立法条款往往会加剧小组委员会中的政党冲突。在 20 世纪 90 年代后期，共和党限制各种环境法实施的努力分裂了众议院退伍军人事务—住房和城市发展小组委员会拨款小组委员会。尽管这些条款没有在立法保护下保留下来，它们却破坏了小组委员会的凝聚力，推迟了拨款的通过。

小组委员会在审定议案期间不会仔细审查报告的用语，但是他们会注意那些有争议的内容。有时会通过将这些条款从拨款法案转移到委员会报告，或者在法案条款中加入为条款提供指导的报告性语言来解决争议。

全体委员会审定议案

拨款委员会可以修订小组委员会准备的法案和报告，但它们很少做出较大的改变。它们审定议案通常发生在众议院和参议院审议支出法案的前几天——多数情况下，委员会在一次会议中完成不止一个法案的审定工作。通常，拨款委员会要审查每个法案以确定其是否在第 302 条（b）的分配范围之内，在数量和报告语言上做出一些调整来反映它们的偏好。然而，总体来说，非正式的互惠规则弥漫在全体拨款委员会审定议案的过程中。委员们对小组委员会权限范围内的决定表示尊重，期望当他们自己小组委员会的法案被审议时也会得到其他人的尊重。

渐进主义

尽管经常错过截止期限，拨款委员会仍将及时完成工作视为有效性的衡量标准之一。为了达到这个目标，传统上他们会限制在竞争性申请间分配资金的内在冲突。在大多数拨款周期中，主要的行为准则是拨款应该在上年度基础上渐进调整。进行中的项目应该继续，对现存项目的削减应该被避免或最小化，增量应该适度并且广泛分布给一批项目。

做出渐进决定要求拨款委员会在审查每个申请时要考虑其上年度获得的资金。在主要的国会预算制定者中，这些委员会是唯一不明确使用基线来衡量其行动财政影响力的主体。基线建立在对未来状况的假设基础之上；相反，拨款者依赖于实际的数额：当前年度的拨款和总统对下一年的申请。通过避开基线预测，委员会加强了他们对增加的资源的控制。例如，可以假设下一年通货膨胀预期为3%，但拨款委员会建议的特殊项目和账户的增长为名义2%。如果使用基线，这个决定会被计作削减；在拨款中它则被算作增加，虽然没有完全补偿预期中的通货膨胀。

由于拨款委员会的工作是渐进的，他们专注于拨款过程中所有阶段里年复一年支出的名义变动——从申辩材料的准备，到听证会，再到审定议案和委员会报告。对于大多数小组委员会来说，机构的申辩材料突出了之前的拨款与预算要求间在计算上的差异。很少有机构会为所有申请辩护。通常，当总统申请了比当前年度更多的拨款时，他的申请和之前拨款就构成了大多数拨款决定的边界。那就是，大多数拨款要高于上年度的水平，但低于总统预算。

增量结果并非偶然事件。这条道路上的每一步，拨款委员会都会计算他们正在建议的数额中有多少高于或低于之前的拨款和总统申请。事实上，如附录9-5所示，他们经常公布他们的行动和这两个相关点在委员会报告中的计算差异。他们运用这些计算来完成自己的工作。

附件9-5　拨款过程中的渐进主义

众议院报告

美国海岸警卫队

运作费用

拨款，2006财年	$ 5293771000
预算估测，2007财年	5518843000
法案推荐数	5481643000
法案与下述比较：	
拨款，2006财年	+187872000
预算估测，2007财年	-37200000

参议院报告

运作费用

拨款，2006财年	$ 5161771000
预算估测，2007财年	5518843000
众议院通过资金	5481643000
委员会推荐	5534349000

众议院的比较声明

账户	2006 财年通过	2007 财年申请	法案	法案对通过	法案对申请
军队薪金及津贴	2974770	2788276	2788276	－186494	…
文职人员薪酬及福利	526182	569434	569434	+43252	…
培训与招募	175359	180876	180876	+5517	…
运营资金及单位维修	947400	1061574	1009374	+61974	－52200
中央管理账户	183150	207954	207954	+24804	…
港口安全	…	…	15000	+15000	+15000

资料来源：Department of Homeland Security Appropriations Bill，2007，H. Rept. 109 － 476，pp. 58，156，and 157，and S. Rept. 109 －273，p. 50，109th Cong.，2d sess.，2006.

（a）在他们的报告中，拨款委员会经常将法案中推荐的数额与近年的拨款以及总统的预算申请相比较，详述他们推荐的数额，或高或低，或者与这些基准相同。

（b）每个拨款委员会报告有一个比较表格，上面列举了法案中的每个账户。众议院报告（例如这里的附录）有5栏；参议院报表通常有7栏：5个包含在众议院报告中，另外两栏显示众议院的建议以及众参两院之间的区别。

（c）拨款委员会不使用基线预测来计算他们行动的预算影响。他们习惯性地避开基线，基线依赖于对未来状况的假设，而不是依赖于前一年的实际拨款和下一年的拨款申请。

从拨款委员会的制高点来看，渐进决策有几个引人注目的优点。他们减少了关于支出的冲突，有利于拨款的及时通过。他们通过使委员会集中于边际变化而不是总的申请，减少了立法的工作量。他们经常使委员会因为减少预算（低于总统申请）和增加支出（超过之前水平）而得到好评。考虑到美国人对小政府和大项目的偏好，拨款者满足上述两种情绪的能力绝不是微不足道的政治技巧。

渐进主义是对分散的拨款过程进行协调的看不见的手。当大多数拨款落在当前支出与总统预算之间时，拨款委员会自信他们所有决策的总和也会落在这些相关点之间。多年以来，渐进主义使拨款委员会在不干涉小组委员会自治权的情况下形成了表面一致的结果。

渐进主义依赖于一个合作的总统，这个总统通过申请更多的资金使拨款委员会可以拨付更多，同时又使他们获得削减预算的好评。这种状况在 20 世纪 80 年代并不盛行，当时里根要求对许多已经建立的项目进行大幅度削减。尽管他起初获得成功，但拨款委员会迅速重组，成功地在国内项目上支出更多，同时通过削减里根为国防寻求的一些额外资源，将支出控制在总统预算以内。里根并不愿意按照渐进原则行动，这便产生了激烈的斗争，延迟了拨款法案的通过。老布什也因为建议削减国内支出而与国会在预算上发生冲突，但是他没有取得里根早期的成果。在老布什的任期内，他在预算增加上有更通融的态度，在抨击国会过度支出的同时接受支出的增加。

在克林顿担任总统期间，国会共和党削减联邦支出和选择性支出上限的努力逐渐削弱了渐进主义。表 9 -7 比较了众议院拨款委员会在共和党控制国会的 1995 年公布的拨款和上年度的拨款数额。成百个项目和账户被削减到之前的水平以

表 9-7　1996 财年和 1997 财年[a] 众议院拨款委员会建议增加或减少的账户　单位：%

法案	1996 财年的建议						1997 财年的建议					
	相对于 1995 财年的拨款			相对于总统申请			相对于 1996 财年的拨款			相对于总统申请		
	增加	减少	没有变化	增加	减少	没有变化	增加	减少	没有变化	增加	减少	减少
农业	33	38	29	11	66	23	33	37	30	2	58	40
商业	36	47	17	6	83	11	47	42	11	5	80	15
能源和水利	25	73	2	12	69	19	32	58	10	16	62	22
国外业务	25	59	16	8	77	14	17	49	34	10	51	39
内务	16	71	12	4	80	16	36	36	28	11	53	36
劳工—公共卫生和公共事业	24	73	3	6	74	20	53	44	3	7	75	18
交通	25	57	18	7	57	36	34	35	31	10	52	38
财政	19	66	15	7	68	25	47	30	23	18	39	43
退伍军人事务—住房和城市发展	15	56	29	8	64	28	45	26	29	14	53	33
平均百分比	24	60	16	8	71	21	38	40	22	10	58	32

资料来源：House Appropriations Committee，Comparative Statement of New Budget（Obligational）Authority for 1995 and Budget Estimates and Amounts Recommended in the Bill for 1996，104th Cong.，1st sess.，selected reports，and House Appropriations Committee，Comparative Statement of New Budget（Obligational）Authority for 1996 and Budget Estimates and Amounts Recommended in the Bill for 1997，104th Cong.，2d sess.，selected reports.

a. 表格中并未包括国防、哥伦比亚特区、立法机构、或军事设施拨款法案。这些数字包括各种特殊类型的账户，如营运资本基金、信托基金、估算贷款水平、清算以及废除合同授权、直接贷款限制、债务、借款授权以及行政开支。

下，导致的预算僵局只有在政府部分关闭以及许多削减重新恢复之后才被打破。表格同样显示在下一年度，众议院共和党接受了一个更为渐进的方式。在克林顿总统任期余下的年份里，他们在削减一些国内项目方面做了微弱的努力，但在解决参议院和众议院的分歧之后，拨款通常高于或等于前一年的水平。

选择性支出上限对增量行为有不同影响。每当新的上限被制定（1990，1993，1997 年）时，它们为即将到来的几年的额外支出提供了空间，但是收紧了上限适用期内后几年的支出总量。如果这些限制被严格执行，在有的年份会有稳固的增长，其他年份则有稳固的削减。但是，国会由于与总统的合作或来自总统的压力，设法逃避上限带来的严格限制。有时，它重置上限以允许额外支出；有时，他利用记账的手段和紧急支出的渠道来实施超出上限的拨款。

国会和总统在预算盈余的四年（1998—2001 财年）内恢复了渐进拨款。这段时间是克林顿总统任期的最后几年，也是乔治·W. 布什总统任期的第一年。此外，渐进主义即使在财政赤字突破 4000 亿美元时仍旧持续存在，比如，布什总统要求为国防和国土安全提供更多的拨款，国会也通过为国内项目额外支出投票作为回应。拨款冲突的消失很大程度是由于双方都为各自偏好的项目得到了更多。然而在他的第二轮任期，乔治·W. 布什转变了道路，要求国会在非国防拨款上持平，并向许多联邦机构提供比上一年度更少的资金（按实值计算）。尽管他态度强硬，但实际选择性支出在他八年任期内几乎可以确定会表现出比克林顿任期内更大的增加。

项目与分肥

在进行拨款时，小组委员会所做的不仅是审查过去的预算、总统提出的数字和机构的陈述理由。他们同样也会听取国会那些想为自己所在选区或州争取专项拨款的其他国会议员（尤其是拨款委员会里的同事）的意见。通常，小组委员会收到的申请比他们所能提供的多得多，但是，他们还是会满足其中足够的要求，以此为拨款法案在全会和议会行动中争取一个坚实的支持。

通常的实践是在委员会报告中实施专项拨款，而不是在拨款法案中指定拨款的特殊用途。附录9-6表明了在这样一个报告中的专项拨款情况。小组委员会主席在咨询少数派领袖意见的基础上，通常拥有对项目的最终发言权。但是广泛分配的准则指导着这些过程。第一，小组委员会委员得到最多资源，其次是全委会委员。第二，这个过程经常是两党合作的，共和党和民主党都能获得一些利益。第三，提出请求和接受专项拨款的委员预期应对拨款法案投赞成票。最重要的规则是“如果不赞成法案，你就别要钱”。

附录9-6　拨款委员会报告中的专项拨款

协商决议包括用于经济发展计划的310000000美元资金，并对这些资金的使用提出了详细的要求。协商决议要求住房与城市发展部执行以下经济发展项目：

1. 100000美元给阿拉斯加州的安克雷奇市，用于切斯特·克里克公司安全中心的设施建设；

2. 400000美元给阿拉斯加州安克雷奇市的豆子餐厅，用于厨房扩建；

3. 150000美元给座落于安克雷奇的阿拉斯加植物园，用于扩张和更新基础设施；

4. 750000 美元给座落于阿拉斯加州诺姆的白令海峡原住民公司，用于诺姆角采石场的升级；

5. 950000 美元给西阿拉斯加委员会、安克雷奇的美国童子军，用于建造阿拉斯加州塔基那附近的童子军冒险营；

6. 750000 美元用于通加斯岸水族馆的建设；

7. 750000 美元给阿拉斯加太平洋大学，用于一幢楼的建设；

8. 250000 美元用于阿拉斯加格德伍德的阿莱斯加甲板室的建设；

9. 500000 美元给贝瑟尔的地区人民学习中心，用于建设一个职业学校和宿舍；

10. 500000 美元给迪灵汗市学区，用于维修迪灵汗中学体育馆；

11. 250000 美元给阿拉巴马州亨茨维尔的国家儿童保护中心，用于保护中心的设施规划及更新。

12. 200000 美元给阿拉巴马州钱伯斯县，用于钱伯斯县工业园的发展；……

资料来源：Departments of Transportation, Treasury, and Housing and Urban Developrment, the Judiciary, District of Columbia, and Independent Agencies Appropriations Act for Fiscal Year 2006 (conference report to accompany H. R. 3058), H. Rept, 109 - 307, 109th Cong., 1st sess., November 18, 2005, pp. 218 - 19.

（a）拨款委员会经常针对指定的项目和活动实施专项拨款。虽然有些专项拨款通常包含在立法条文中，但大部分会放在伴随法案生成的协商报告中。各机构应预计会执行这些专项拨款和拨款委员会规定的其他要求。

(b) 这里列举的是 2006 财年交通——财政拨款法案几百条专项拨款中的一部分。在这个案例中，这些专项拨款以州的首字母排序，前 10 项涉及阿拉斯加州。条款中的这 1125 项专项拨款占了协商报告的 49 页。

(c) 专项拨款可以拨给相对较小的账户，如上表中第三项中为阿拉斯加植物园提供的 150000 美元，也可能是涉及几十亿美元或几亿美元的更大账户。

每个小组委员会对于多少专项拨款是适当的都有一个自己的观念。多年来，两个最大的拨款法案在这个问题上向相反的方向发展。相对而言，劳工 – 公共卫生和公共事业—教育法案分肥较少，而国防法案则塞满了专项拨款。众议员威廉·奈彻长期在劳工—公共卫生和公共事业—教育小组委员担任主席。在 1994 年去世之前，他不喜欢并且很少允许在其法案中进行专项拨款。相反，由于需要为数以千计的军事设施和项目注资，国防长期以来一直存在政治分肥现象。正如一些专家俏皮地说，如果要给分肥附上邮政编码，那么国防拨款中的邮政编码肯定比其他法案中多得多。

国会对这种分肥现象的态度是有周期的。在 1995 年共和党执掌国会时，许多议员发誓说他们将阻止专项拨款，因为他们相信专项拨款会形成偏好更多拨款的国会联盟。保守派进行的研究表明，一个议员在国会服务的时间越长，就越有可能为拨款法案投赞成票。他们对此的解释是，许多在进入国会时决心削减联邦支出的议员们，随着时间的流逝，资历的增加，会产生更多的选区利益，正是这些利益把他们增选出来以支持更高的支出。共和党代表曾自夸自己的支出法案中专项拨款较少，但几年后，他们就屈从于运用立法权来获取政治好处的诱惑。当涉及到为某代表所在的州或选区谋福利时，民主党和共和党的区别就完全消失了。

表 9 - 8 证明了这种立法政治的观点。根据国会研究处提供的数据，该表显示，1994 年到 2004 年的十年间，专项拨款金额大幅提升。这段时间内上升趋势中唯一的例外发生在 1996 年，这一年国会中的共和党人正在履行其削减专项拨款的竞选承诺。不过这一承诺在国会山的现实政治面前退缩了。而且，一旦共和党人适应了这种权力的应用，他们为所在州和选区吸取联邦资金时比民主党有过之而无不及。

表 9 - 8　拨款法案中的专项拨款：1994—2004 财年

（偶数年份[a]）

拨款法案	1994	1996	1998	2000	2002	2004
农业	313	211	284	359	629	660
商业—司法—国家	253	171	275	361	1111	1454
国防	587	270	644	997	1409	2208
哥伦比亚特区	0	0	3	16	41	78
能源与水	1574	1421	1877	1707	1437	2222
外交事务	38	53	81	69	119	245
内务	314	137	320	479	636	648
劳工—公共卫生和公共事业—教育	5	7	25	491	1606	2036
立法机构	1	0	1	0	4	3
军事设施	895	556	461	518	634	580
交通	140	167	147	641	1473	2282
财政	53	33	11	19	73	61
退伍军人 - 住房与城市发展	30	48	140	469	1500	1776
总计	4202	3084	4269	6126	10692	14253

资料来源：Congressional Research Service, "Earmarks in Appropriations Acts," memorandum, March 17, 2004.

a. 国会研究处提醒，由于定义不同，所有财年的所有拨款法案数据并非完全一致。另外，它也反对将每个小组委员会的账户相加来确定一个财年总额的做法。

专项拨款的趋势确实相当惊人，这也向我们很好地展现了当代美国政治的现状。2004 年的 14000 个专项拨款是十年前的三倍多。实际上，专项拨款的喷涌推动了一些拨款小组委员会开始规范国会议员请求支援的过程。附录 9 - 7 是 2006 财年劳工—公共卫生和公共事业—教育款小组委员会发布的指南的引文。其要求的信息与补助申请中的相似。主要的区别在于只有国会议员才有资格申请。在专项拨款的过程中存在着一个政治上的区别。共和党人将他们的申请递交给小组委员会主席，民主党人则将申请递交给少数派领袖。但值得注意的是，指南由共和党的主席和民主党的领袖联合发布。两党在社会项目上会展开斗争，但在这个问题上却会通过分赃团结起来。

附录 9 - 7　申请专项拨款的正式流程

劳工—公共卫生和公共事业—教育小组委员会来信

作为拨款委员会劳工—卫生—教育和相关机构小组委员会主席和少数党领袖，我们很乐意提供以下关于议员 2006 财年拨款申请流程的信息……

我们希望审议的是来自国会议员的项目资金建议和项目申请。议员们应提供一封信函，概述其 2006 财年的项目申请，以及另一封为个别项目申请资金的信函。但是，不管是项目建议信还是项目申请信，都应该在 2005 年 4 月 8 日，周五下午 5 时之前提交给小组委员会。

申请所需信息说明：

由于小组委员会将收到大量申请，请将您的申请按以下条目归类：

1. 议员姓名

2. 国会工作人员联系方式、电话号码及电子邮箱

3. 优先权排列：由于资金约束，请为您申请拨款的每个项目指定一个优先权编号

4. 受助人的姓名和地址，或是资金接受单位联系人的姓名和电话号码（如果有电子邮箱，也请填写）……

5. 请对申请资金的活动和项目进行简要描述

6. 资金细节：(a) 项目总费用（即包括所有资金及所有年份）；(b) 2006 财年为该项目申请的金额…… (d) 这个项目的其他资金来源有哪些？每个来源提供多少资金？(e) 这个潜在的接受者目前或五年内是否接受过来自任何联邦机构针对该项目的资助？

资料来源：House Appropriations Subcommittee on Labor, Health and Human Services, and Education, March 2005.

(a) 每个小组委员会有各自的议员申请流程。有些没有本附录中小组委员会使用的流程那样正规。

(b) 较早的截止日期（4 月 8 日）表明，许多，可能大部分拨款决定都是在参众两院考虑拨款法案的几个月前作出的。

(c) 劳工—公共卫生和公共事业—教育小组委员会有着两党合作的历史。这里展示的信是由小组委员会主席和少数党领袖共同签署的。不过，它要求共和党委员将申请提交给主席，民主党委员将申请提交给少数党领袖。它也总结道，“当然，欢迎所有的委员把信件提交给我们任何一方”。

(d) 这份说明只涉及国会议员的申请。对于公民和组织的申请则没有正式的流程。一般对游说者来说，做议员的工作几乎总是比直接提交申请更有效。

因为专项拨款没有标准定义，所以对表9-8中的数据应该小心解读。一些观察者将拨款法案中或委员会报告中提到的任何项目都称为专项拨款，另一些人则将这个术语用于指定给特定州或地方的项目。不过，虽然对于这个术语存在争议，但毫无疑问的是，这种行为近年来逐步升级。为什么现在有比5年或10年前多那么多的专项拨款呢？为什么拨款委员会平均为每个国会议员提供25笔专项拨款呢？

大量的专项拨款显示，诱导议员为国会拨款法案（和其他立法）投赞成票的成本增加了。议员们比起以前来变得更加个人主义。而且，对家乡选区有利的专项拨款可能有助于他们在连任战役中大幅提高支持率。但这不是全部的解释。专项拨款的大幅增加也是因为说客和其他申请者在对国会提出申请时比以前做得更好。一些最成功的游说公司在代表客户把项目嵌入拨款法案或报告方面十分专业。市长和州长在要求利益时不像以往那么害羞了，实际上，人们预料到他们会带着每年的购物单来到华盛顿。国会议员在选区利益分配和其他问题上也不像以往那样害羞了。许多议员更多地将自己定位于州或选区利益的代表者而不是国家的立法者。

专项拨款同样也是立法-行政关系的晴雨表。它们代表了国会显示其能力以及对联邦机构如何运作，如何支出拨款资金进行详细指示的意愿。专项拨款的增加伴随着拨款委员会报告中详细的指导数量的增加。这个趋势将会在本章稍后探讨，它表明总统和各机构失去了与国会在政治上讨价还价的能力。除了少量例外，他们已经不能阻止国会告诉他们该做什么和不该做什么了。

几乎没有人会说专项拨款的好话。总统和行政机构不喜欢国会专项拨款，因为它削弱了机构使用资金的自主性。授权委员会表示不喜欢它是因为他们更希望专项拨款在自己的法案之中。自认为没有获得合理资金分配的国会议员抱怨这种做法是浪费和腐败的。许多胜利者声称憎恨拨款法案的资金分配数额，但是，他们说其他每个人也都获得了专项拨款，以此来证明自己的行为是正当的，并且，他们还必须照顾他们所在州和选区的利益。新闻媒体和国会评论家则看到了专项拨款项目背后的腐败和拉票。

在第109届国会的后半期，一些与专项拨款相关的腐败案件达到了最高点，这使得国会重新检查这一领域内的规则。在2007年第110届国会召开之时，众议院通过了一项规定，该规定要求鉴定专项拨款及其保护人，并在相关立法工作开展之前将信息公之于众。同时，众议院还通过另一项规定，禁止众议员申请或推动与其（或其家人）有利益关系的专项拨款。众议院的这项规定不仅应用在拨款法案的专项拨款上，而且也应用于直接支出法案和税收法案中税收限制或关税条款里的专项拨款。参议院在2007年初通过并提交众议院的综合性道德立法中也包括了相似的专项拨款规定，但截至本书写作时该立法行动尚未完成。不过，参议院拨款委员会主席罗伯特·C.伯德参议员实施了一项与立法期间专项拨款规则一致的政策。众议院随后也在2007年采取了旨在防止最初并未被参众两院考虑的专项拨款在全会中被添加（或“空投”）的规定。

专项拨款的大幅增加是因为国会议员们更愿意让他们自己，而不是行政官员们来决定财政拨款的用途。他们之所以能在周期性的换届选举中胜出，是因为担任拨款委员会一员的主要政治价值是为选区带回利益，而不是保卫国库。拨款委员会进行专项拨款是因为一份项目遍布全国的预算法案会比没有这种项目的法案更容易通过。专项拨款在增量资源充裕时自会如雨后春笋般发展，但在预算吃紧时恐怕日子也不太好过。

虽然这些数额对于普通公民来说就像天文数字，但从预算意义上讲，专项拨款金额相对而言并不高——它们中有很多都可以被塞进紧缩的拨款法案。8000 个均值为 100 万美元的项目只占选择性支出不到百分之一和全部联邦支出不到三分之一个百分点。

当资金吃紧时，分肥就十分珍贵，因为这可能是议员唯一可以带回选区的利益。相反，各类项目所需资金量比较大，因为它们通常提供的是全国性的（而非地方性的）利益。试想一下，例如一项提案旨在通过补贴学校的互联网连接来改善公共教育，那么即使这个项目开展得比较节省适度——分配给每个学生仅 100 美元的额度，其总支出也会超过 50 亿美元。但假设这不是全国性的项目，某一议员可将 100 万美元的专项拨款带到他所在的选区的一所学校中，用于互联网的示范计划。在预算的政治权衡中，每个学生 100 美元实在过于昂贵，而为一所学校投资 100 万美元还是可行的。

说明专项拨款相对金额较少并不是要证明这种行为的正当性，也不是声称这些资金都用对了地方。但我们也不应该将联邦的巨额预算归咎于政治分肥，巨额预算是由于政府昂贵的项目承诺造成的。

如果历史是一个向导，当今立法统治的周期将会继续，行政和立法两个分支之间更为平衡的关系会得到恢复。可能只有公众的公开反对或一场全国性的危机才能改变这一局面，因为国会在没有外部压力的情况下，不太可能制止专项拨款。

众参两院行动的程序与政治

众议院一般在每一项拨款法案报告几天之内就会对其采取行动。专栏 9－2 给出了众议院拨款行动的主要步骤。这个顺序是所有常规拨款法案必须遵守的，但在某些特征上与其他一些类型的立法活动有所不同。

专栏9－2　众议院拨款行为的操作步骤

特殊规则

虽然拨款法案拥有特权，众议院也可以随时制定它们，但众议院的制定过程通常在一些特殊规则（以简单的参议院决议形式）下进行，且放弃某些正常议事程序问题，例如那些限制未授权拨款的规定。

全体委员会

在众议院采纳这项规则后，它会以全体委员会而非众议院本身的形式审议该法案。全体委员会的法定人数要比众议院少得多。

一般辩论

议会的管理者们（相关拨款小组委员会主席以及少数党领袖）会对法案展开公开辩论。拨款委员会的主席也会做出公开声明，他会对拨款法案的全面情况向众议院提出建议。而预算委员会的主席会评价法案是否符合小组委员会的302（b）条款分配。

修正

常规拨款法案一般在不排斥议会中任何修正的公开原则下被讨论。当与其相关的部分法案还在审议之中时，修正必须被及时提交。（此项要求的一个例外是，若修正涉及拨款法案的两处或两处以上，金额完全抵消。）

议事程序问题

议事程序问题（也应及时）可以提出反对拨款委员会的报告或全会修正案。在众议院中，主席在议事程序问题上的权威很少受到挑战。

限制

议会修正案会在拨款法案中添加特定的限制，但这只能在考虑完资金水平之后进行。在这一点上，它是为了改变全体委员会“先提高，再报告”的现状。如果动议被采纳，以后可能就不会有机会出现限制性的修正案了。

最终通过

在全体委员会报告法案之后，众议院要进行最后审议。在某些特定的情况下，众议院也许会重新考虑全体委员会通过的修正案，但它通常与先前的投票同时进行。

因为拨款法案对于议会审议而言具有优先权，众议院可以在未通过规则委员会获得一条特别规则的情况下审议它们。但是，大多数进入议会审议的拨款都要遵守一条特别规则，搁置一条或以上的持续性规则，如反对未授权拨款的规则。众议院先接受特别规则（见附录9－8），然后审议拨款法案。

附录9－8　拨款法案的众议院特别规则

众议院决议，第865号

美国，众议院

2006年6月13日

已得到解决，此项决议被采纳后的任何时间，议长可以依据第18条规则第2（b）款，宣布众议院成为联邦的众议院全体委员会，审议为交通部、财政部、城乡发展部、司法部、哥伦比亚特区以及2007年9月30日结束的财政年度中其他独立机构提供拨款或是用于其他目的的拨款法案（众议院5576号文件）。法案的第一次阅读应当被省去。

所有与法案讨论冲突的议事程序问题都将被取消。一般辩论应被限制于法案以内，平均不超过一小时，并要在拨款委员会主席和少数党领袖的控制下进行。一般辩论后，法案应在五分钟原则下进行讨论修正。除以下情况外，由于不符合第21条第2款对法案条款提出的议事程序问题皆予搁置：第5页、第23行，以“to”开始，到第24行的逗号；从第6页第22行中的冒号开始，到第26行的“year”；从第13页第1行的“for”开始，到第6行的“code”；从第13页第17行的冒号开始，到第25行的“expended”；以及第120、127、129、206、530、707和931章节。当反对某个段落一部分的议事程序问题被搁置时，反对同一段落其他部分的议事程序问题将仅仅被看作对其他部分的反对，而非与整个段落的冲突。在法案修正案的审议期间，全体委员会主席应优先判别议员提出的修正案是否因为符合第18条第8款的指定目的而被打印在国会记录中。这样被打印的修正案应被视作已读。当委员会提出和公布的法案回到众议院，并且已被推荐通过时，前面的问题应被视作仅仅针对法案。此外，除去重新提出的单项提议（无论有无说明），修正案都应在没有干涉提议的情况下送交最后阶段审议。

资料来源：H. Res. 865 (providing for consideration of the bill H. R. 5576 – Departments of Transportation, Treasury, and Housing and Urban Development, the Judiciary, District of Columbia, and Independent Agencies Appropriations Act for Fiscal Year 2007), 109th Cong., 2d sess., June 13, 2006.

(a) 尽管拨款法案拥有优先权并且可以在任何时间被

众议院审议，实践通常是审议搁置了议事程序问题，适用特殊规则（以简单的众议院决议的形式）的每一项法案。众议院首先对此规则投票；如果它被采纳了，众议院再审议拨款法案。

(b) 这里列出的规则弃用了第二十一条第二款规则，禁止未通过的拨款以及在拨款法案中进行立法。注意这条规则搁置了与法案审议相悖的所有议事程序问题；除此之外，它也搁置了与法案中条款相悖的任何议事程序问题，除了一些由行和页码或节码标明的例外。不仅如此，它没有搁置与修正案不符的议事程序。

(c) 这是一个公开规则，它不限制全会修正案，但它允许委员会主席将优先权给予那些已将修正意见事先放入国会记录的议员们。

拨款法案中的特殊规则通常都是开放性的，它们并不约束议会修正案。但是，在 90 年代的某些年份中，立法分支的拨款法案有时会在严格排除修正案的规则下进行。多数党凭借此策略阻止少数党提出会令他们感到难堪的修正案。

在众议院的审议过程中，小组委员会主席（在议会中管理该法案的人）或预算委员会会建议立法机关审查法案中的预算授权及支出是否限制在 302（b）条款中分配给小组委员会的数量以内。附录 9 -9 显示了一份这样的说明。拨款法案很少会超出 302（b）条款的分配范围——这样做就预示着拨款委员会违反了国会的预算政策。在有些情况下，法案因技术而非实质性原因超出范围。当这种情况发生时，众议院一般会搁置议事程序问题。

附录9－9　第302（b）条款　评估声明

今天，我们面对的是为交通、财政、住房和联邦司法以及哥伦比亚特区提供资金的拨款。在已重新组织的小组委员会结构下，此拨款法案第一次将住房与交通、财政结合在一个拨款法案之中。我高兴地向大家报告：这份法案与 H. Con. Res. 95 中设立的2006财年预算共同决议水平一致，该决议作为国会的财政蓝图于4月28日通过。

预算决议

众议院3058号文件为选择性预算资源提供了1152万美元。这比2005财年提高了7%。尽管如此，这项法案与对小组委员会的分配一致，并与预算法案第302（f）条款一致，它阻止了对超出小组委员会第302（b）条款分配的预算授权及支出法案的审议。该法案不含任何紧急支出。

为了维持在302（b）条款的限制范围内，该法案废除了之前提供给联邦航空局的5.49亿美元的强制性合同授权。法案也废除了先前通过的24.97亿美元的选择性预算授权。除400万美元外，废除款项中选择性预算授权几乎全部来自公共和印第安房屋认证基金。

这项法案也遵从了预算决议中关于提前拨款的条款。该法案中有此类拨款42.37亿美元，全部资金均位于预算决议中列为有资格提前拨款的账户中。但是，众议院应该注意到，这些条款与已经获得通过的劳工—公共卫生和公共事业—教育拨款法案中188.85亿美元的提前拨款一起，达到了在预算决议中提供的提前拨款的231.58亿美元的总额。在此基础上，再增加提前拨款会突破上限并且使立法受制于议事程序问题。

资料来源：Remarks of Representative Jim Nussle（House Budget Committee chair），*Congressional Record*（daily ed.），June 29，2005，p. H5384.

（a）在拨款法案的辩论过程中，参众两院预算委员会主席可能会提供一份关于法案的金额是否在相关小组委员会第 302（b）条款次拨款金额内的声明。这种声明没有标准形式。

（b）预算委员会是国会拨款行为的政府评估者。他们的分析在裁决与 302（b）条款限制相关的规程上具有权威性。

（c）如上述案例，预算委员会声明经常报告拨款法案在小组委员会次分配额度以内。但是，注意，小组委员会通过废除之前拨款的预算授权来满足这些限制。由于这些废除的资金可能根本未用，而新拨款却可能要使用，因此，有人质疑这项策略是否符合第 302（b）条款的意图。

（d）除了 302（b）条款的限制以外，预算决议限制了提前拨款的金额——未来一个财年可得资金的数量。尼塞尔主席在他的声明中报告，任何额外的提前拨款，只要超过了法案提供的额度，都要服从议事程序。

302 条款禁止通过会改变众议院拨款委员会建议拨款总额的议会修正案。根据委员会公布的材料，支出法案通常都被限制在 302 条款的分配范围以内，或是较其数额再少一些。超出 302 条款分配范围的拨款修正案会被议事程序阻止，那些减少预算授权或支出的修正案会因为报告的水平在 302 条款的分配范围内而受到质疑。这种情况下唯一的其他选择就是在 302 条款的限制范围内将资金从一个账户转移到另一个账户。这类修正案很少获得通过，因为那些因此丧失资源的项目会强烈地反对它。

尽管存在以上这些障碍，但当经济形势制约国会山时，通过削减拨款使其维持在302条款分配范围内的修正案依然会产生。然而，由于预算规则中的一个异常现象，这些修正案并不能像它们声称的那样发挥全部效力。原因就在于302条款的程序拥有两种彼此联系，而又互相独立的限制：一种限制选择性支出总额，另一种限制产生于每个小组委员会拨款的支出。一项可以将拨款规模削减到小组委员会限制条件内的成功的议会修正案并不会改变选择性支出总额。因此，议会修正案节省的资源会根据302条款的程序被回收利用到其他拨款之中。当共和党人1995年控制众议院时，试图通过提出“保险箱”规则来应对这种情况，它会按照与节约资金量相等的水平降低选择性支出上限。例如，一项削减拨款法案1亿美元的修正案会自动把当年选择性支出上限降低1亿美元。参议院并未通过这一规定，而“保险箱”条款也很少被应用。

在为拨款方案投票前，众议院可能会被建议考虑白宫或是管理与预算局提出的关注焦点。这类建议会采取行政政策声明的方式（附录9-10），每项声明在拨款法案通过参众两院时都详细说明了行政部门关注的问题。行政政策声明会在国会行动的全部七个阶段发布：众议院拨款小组委员会的修正，众议院拨款委员会的修正，众议院审议，参议院小组委员会的行动，全体委员修正，参议院审议及协商委员会会议决议。行政政策声明会对最新版本拨款方案中那些行政机构反对的条款逐一作出评论。它在措辞和结构上都十分小心，以表明行政机构反对的强度，以及法案可能引起总统否决的程度。在克林顿任期之前，行政政策声明很少直接表明总统会因为其反对的条款而否决拨款法案，而只是声称总统的顾问会建议总统否决该法案。由于没有公开宣称总统会否决法案，行政政策声明为协商和妥协打开了一扇大门。然而，在遭遇共和党缩减国内支出并对拨款法案附上限制性条款的企图时，克林顿改变了这种惯常模式。与暗示否决不同，克林顿的行政政策声明宣布如果不恢复拨款或废除搭车项目，他将否决拨款法案。乔治·W. 布什则相反，他在其行政政策声明中很少威胁使用否决权。他的语气总是调和的，希望和国会在拨款法案上合作。但是，当他在任期的最后几年内采取强硬措施时，人们也不应该感到奇怪，因为他面临参众两院同时出现的新的民主党多数。

附录 9－10　行政政策声明

比尔·克林顿

行政部门对委员会所做的、在 302（b）条款范围内尊重总统优先权的努力十分感谢。然而，仅靠此分配不足以在该法案提供资金的项目上安排必要投入。结果是，一些重要项目没有获得资金或资金不足，特别是一些关键的总统政策优先项目，如国民服务、有毒废物堆场污染清除基金、气候变化等。另外，行政部门对委员会就京都议定书和其他问题采取的有争议性的语言十分关注。最后，行政部门理解可能会提出一份修正案，包含一些 H. R. 2 无法接受的条款（如收入目标等）。如果该法案没有回应这些关注的问题便被提交给总统，总统的高级顾问会建议他否决该法案。

乔治·W. 布什

行政机构支持众议院通过（众议院委员会报告的）2007 财年科学、州、司法、商业和相关机构的拨款法案，并对委员会及时报告这一法案表示赞赏。

2007 财年总统预算中选择性支出总额达 8728 亿美元，并将非安全类选择性支出削减到上一年的水平之下……行政机构寻求与国会合作，采纳总统削减浪费性支出的建议，以便维护财政纪律，保护美国纳税人的利益，并维持一个繁荣的经济。

……委员会法案对于教育和文化交流项目以及国家民主资助计划（NED）提供的资金不足，而这些对于建立和支持全世界的民主事业十分重要。……行政机关寻求与国会合作来保证这些项目得到必要的资金水平。

法案中声称指导或引导国际关系、外交协商或国际组织以及总统关于使用武力的决定的条款应被修正，从而使得条款和总统关于军事力量使用的决策一致，以便指导全国外交事务并维持其作为总司令的宪法权威。这些条款包括第 405 条、406 条、624 条、625 条、626 条和 628 条以及在标题下方的“用于国际维和活动捐款。”

资料来源：Office of Management and Budget, Statement of Administration Policy on H. R. 4194—the Departments of Veterans Affairs and Housing and Urban Development, and Independent Agencies Appropriations Bill for Fiscal Year 1999, June 15, 1998, P. 1; and Statement of Administrative Policy on H. R. 5672—the Science, State, Justice, Commerce, and Related Agencies Appropriations Bill, FY2007, June 28, 2006.

(a) 行政政策声明（SAP）针对每个年度拨款法案和其他主要立法发布。它经常通过内部审查程序，通常由管理与预算局或白宫职员领导。最终版本在管理与预算局网站上公布。有时行政政策声明会被移入国会记录，并在拨款辩论中被引用。

(b) 每位总统都有自己处理与国会分歧的方式。就像这里所说的，如果引起分歧的条款没有被废除，克林顿总统经常威胁否决拨款。而乔治·W. 布什在其任期的前六年总是不愿意行使他的否决权，他总是保证和国会合作来达成一致。这种保证在引文里出现过两次。

(c) 总统有时利用行政政策声明来表明他们对于条款的反对，他们认为这些条款影响了他们的宪法权威。这个做法在布什总统的任期内得到加强。

(d) 不管是否明确预示了一个否决，当白宫和国会发生争议时，行政政策声明为两者的协商奠定了基础。

为了应对总统和国会在预算问题上持续不断的冲突，行政政策声明在20世纪80年代被引入。管理与预算局被敦促要加强对国会在总统预算方面作为的关注，因此引入了行政政策声明作为监控国会行为和交流行政关注的一种方法。行政政策声明不是取代了总统和国会之间互让妥协的关系，而是象征了一个总统与国会之间更为正式、疏远的关系。这种关系表明白宫会把争议写在纸上并威胁使用否决权。实际上，行政政策声明经常为协商提供契机，而协商会带来分歧的解决和拨款的通过。但是，有时候这个过程中止，否决权的使用从威胁变成现实。

参议院行为

在讨论参议院拨款行为时，我们必须对下述两种情况进行区分，即传统次序中众议院先行动的做法及最近出现的有时参议院采取主动并在众议院之前制定拨款法案的情况。在两种情况下，参议院拨款小组委员都会组织听证会、建议拨款、起草报告、为议会审议准备法案。主要区别是，当参议院先行动时，它准备的是一个全新的法案，而当它尾随众议院之后行动时，参议院只是修正众议院通过的法案。过去，许多参议院做出的修正被有序地编号并在改动处加入。在对参议院修正进行编号时，参议院拨款委员会制定的修改与议会通过的修改没什么区别，它们都被嵌入众议院通过法案的相关处。紧随每条被编号的修正案，参议院法案会划出其在众议院法案中删除的语句，并在参议院所用的语言（非众议院法案）下使用斜体或加下划线。但是，最近几年的做法是将参议院对众议院通过法案的所有改动汇编到一个单独的修正案中。

当参议院率先行动时，它制定自己的拨款法案，但直到众议院完成其版本时才公开。当众议院完成自己的法案，参议院通过的整个法案被作为一个修正案嵌入众议院的法案之中。通过这种方式，即使参议院先行动，众议院的拨款特权仍然得以保留。在参议院拨款委员会制定参议院拨款法案时，一项重要的程序性优势产生：尽管参议院第 16 条规则（在第八章中曾经讨论过）禁止委员会修正案中含有对众议院通过法案的立法性条款，但这种禁令在委员会报告自身法案时并不适用。

参议院拨款听证会不如众议院召开的听证会范围那样大。

但是，参议院并非例行公事地顺从众议院的行动。不管它是先行动还是后行动，参议院拨款与众议院拨款总是在数量和其他规则上有显著不同。当拨款法案进入协商会议时，这两个版本经常有100多处差异。有些差异是双方用于强化各自协商立场的交易筹码，有的则是真实存在的分歧。

在拨款法案的审议中，参议院对其议员提出议会修正案的做法几乎不作限制。但它会对违反302条限制的条款施以强大的阻力，不管这些条款出现在报告法案中还是在议会提案中。参议院限制比众议院限制更为严厉，因为它必须由五分之三投票通过才能被搁置，而与之相反，众议院只需半数以上便可通过。但是，总体来看，相对于参议院对拨款法案的辩论，众议院的辩论不那么结构化；参议院过程中的主要步骤列于专栏9－3之中。

专栏9－3　参议院拨款行为程序

搁置动议（选择性）

国会预算法案禁止审议那些违反事实性或程序性预算规则的税收或支出法案——比如，在预算决议通过前禁止考虑拨款方案。参议院可以通过一致同意或接受搁置动议来废止这些规则。

时间限制协定

拨款法案和其他主要立法经常在时间限制协定的前提下接受参议院审议（也被称为一致同意协定），它规定了辩论和修正案被审议的时间，有时还规定法案最后投票的时间。多数党领袖经常在征求少数党领袖和其他感兴趣的参议员意见的基础上，提出时间限制协定。在一些情况下，当一个时间限制协定无法达成时，领导层会结束对法案和修正案的辩论。

管理者声明

相关拨款小组委员会主席和少数党领袖提供法案概述，包括和先前法案以及总统申请的比较。

委员会修正案

参议院拨款委员会建议对众议院通过法案进行的修改通常要进行全体表决，并以口头投票的方式通过。这个程序只用于参议院继续审议众议院已经通过的法案的情况。

议会修正案

整个拨款法案在任何时间都对议会修正案开放。但是，时间限制协定通常详细规定了分配给每项修正案的辩论时间。

议事程序问题

议事程序问题可能在法案审议过程中的任何时候被提出。当议事程序问题的提出是因为某条款是在拨款法案中进行的立法，另一个议员可能就其关联性提出反对。如果参议院认定这个条款与法案密切相关，原来的议事程序问题便作废。一些违反国会 1974 年预算法案规定的议事程序问题只需五分之三的票数就可被搁置。

最终通过

在所有的修正案被审议之后（或者时间到达时间限制协定中规定的最后通过投票点），参议院对这项法案进行投票，一些拨款法案是以口头投票而非记录投票通过的。

在参众两院都通过拨款法案之后，一个协商委员会会被召集起来以解决两个版本的差异。与会者逐一对账户进行审查来解决分歧。拨款法案在参众两院以统一形式通过后才能成为法律。虽然分歧通常在协商报告附带的联合解释声明中解决，但是参众两院并不一定要就报告条文达成一致。

与其他立法相同，拨款法案在完成国会审议后会被提交给总统，总统有权选择签署或否决整个法案，他不能否决拨款法案的一部分（部分否决权在第五章中已经讨论过）。在国会最终确定拨款法案之前，它通常分解了与总统之间的许多分歧。结果就是，当国会完成拨款法案时，它会产生强烈的期望，即使总统可能并不同意法案中的每一项，他仍会签署法案。但是，近期的一些总统有力地运用否决权来阻止与其优先项不符的拨款法案。比尔·克林顿在运用否决权来加强自己与国会的讨价实力上尤其成功。乔治·W. 布什则相反，在他任期的前五年中，没有对任何一项拨款法案提出过否决。因此在他的任期内，年度预算增幅远高于克林顿时期也就不足为奇了。

补充拨款

补充拨款和持续决议的过程都与常规拨款法案相似。它没有固定的数量，不过，有些法案在每届国会都被通过。

补充拨款法案由对项目具有管辖权的小组委员会负责准备。但并不是只建立在他们的提议之上，它的准备过程通常比常规拨款带有更多协调。如前所述，第 302 条款分配禁止小组委员会不顾额外拨款是否符合预算限制而独立采取行动。形成补充拨款法案需要对法案的范围、应提供的额外资源的数量做出决定，不管额外拨款的全部或一部分是否被设计用于紧急情况，也不管紧急支出是否应该被其他领域的削减抵消。要解决这些问题可能需要国会内部以及国会与白宫之间的协商，协商范围要包括那些辖下项目属于补充拨款目标的小组委员会。

尽管补充拨款是拨款过程的经常性特征，它们已经不再和过去一样常规和可预见，而且，它们与先前通过的补充拨款在范围和目的上均有所不同。补充的资源取决于国会的预算基调以及一些自然灾害或美国军事行动之类的外部事件。一项关于过去三年补充拨款的简单调查将这些措施的变化视为重点。

国会在 20 世纪 70 年代平均每年通过超过 6 个补充拨款法案。在这期间的大部分年份里，补充拨款占到年度拨款的 4% 到 7%，而在一些年份，这个比例超过 10%。在 1974 年国会预算法案通过后不久，补充拨款达到顶点。显然，新预算过程未能有效限制国会增加常规法案里提供资源的倾向。国会没有发生变化的一个原因在于，补充拨款被用于为联邦雇员的年度工资增长提供资金。另一个原因是补充拨款被用于刺激经济，第三个原因是补充拨款为那些常规拨款审议时没有获得再授权的项目提供资金。

而这三个原因如今都不复存在。在补充拨款中为联邦雇员工资增长提供资金的做法由于预算执行法案在选择性支出总额上的限制而在 20 世纪 90 年代停止。如今，联邦机构必须通过当前运营中的结余来消化工资增长的成本。此外，不管经济衰退是否变得比过去更快或更浅，或者是因为对于刺激消费的有效性丧失信心，国会已经很少制定这种作为经济刺激的特殊拨款。实际上，比尔·克林顿的第一个立法失败发生在他刚当选后不久，当时国会没有通过他提议的用于刺激经济的 160 亿美元的补充拨款。对于被延迟的授权，国会通常以搁置或无视规则的方式进行拨款。

由于这些调整，补充拨款在 20 世纪 80 年代占总预算授权的比例减少到只有1%左右。补充资源的一半被用于拨款委员会很难控制或没法控制的强制性项目。这种减退受到人们对这十年出现的高额预算赤字关注的刺激。国会制定了影响补充拨款的两项政策变动。一项是运用这些手段来撤销先前通过的拨款，从而抵消一部分额外支出。虽然有议员认为所有的补充拨款都应被抵消，国会却很少这样做，尤其是在额外拨款被用于灾难救援和国防时。另一项变动是由民主党和共和党领袖在1987年首先发布的一份宣言，要求补充拨款从此只能被用于“十分危险的紧急情况”。这份在清算赤字的格拉姆—拉德曼—霍林斯战役高潮时作出的宣言，取得了短期的作用。但是像“十分危险的紧急情况”这样的标准缺乏客观尺度和执行机制。它不能在国会想要通过补充拨款法案时阻止投票。

在20世纪90年代，补充拨款受到预算执行法案的约束，该法案对选择性支出进行了限制。但是，紧急拨款被排除在选择性支出上限之外，而国会利用这样的豁免来为海湾战争、其他军事活动及灾难救援提供补充拨款资源。在这里，紧急赦免权非常有弹性，因为国会将其运用到日常支出中。比如，国会指定拨付给2000年人口普查的一部分资金为紧急支出资金，这样就可以将选择性支出上限内的等量资金激活以作他用。但是，尽管有这些偶然的逃避，这个十年中补充拨款的规模已经相对合理。从2001年9月恐怖袭击起，事情发生了很大的变化。表9-9反映了（净撤销）2002年到2005年期间每年的补充拨款都比上年多。这种趋势的一个主要原因就是布什总统决定将伊拉克和阿富汗的军事行动成本排除在预算之外。这种战术可以使预算中表现出的赤字更小，但这诱导国会以补充拨款而不是常规拨款的形式为这些成本提供资金。2005财年的补充拨款因为摧毁了新奥尔良和邻近地区的卡特里娜飓风而增加。像此前战争灾难的后果一样，国会使用补充拨款为无关卡特里娜飓风的目的提供资金。2005 财年结束时，补充拨款占选择性预算授权的比例超过 15%，远高于这个调查中统计的其他任何年份的水平。

表 9－9　　2000—2006 财年补充拨款　　单位：百万美元

	2000	2001	2002	2003	2004	2005	2006
国　防	8.8	19.6	17.1	62.8	92.0	79.2	68.2
非国防	8.1	7.9	28.2	18.3	25.7	81.2	26.2
总　计	16.9	27.5	45.3	81.1	117.7	160.4	94.4

资料来源：Congressional Budget Office, Supplemental Appropriations from 2000 to 2006, August 2006, unnumbered table, "CBO Data on Supplemental Budget Authority for the 2000's," Available on the CBO website at www.cbo.gov/ftpdocs/66xx/doc6630/3－16－SuppApprop.pdf.

就像常规拨款一样，补充拨款也包括专项拨款。如果某法案被普遍认为是解决紧急情况资金需求的手段，那么其中的专项拨款可能尤其会引起争议。2007 年初，众参两院通过了一项由总统申请的用于伊拉克和阿富汗战争退伍军人项目和其他紧急需求的 1000 万美元的补充拨款。然而，由于该法案中包含一个从伊拉克撤军的时间表，所以备受争议，而乔治·W. 布什总统在这个议题上发出否决威胁。另外，当一笔大约 200 亿美元的未被申请的资金出现在参众两院的拨款版本中时，又引起了更多争议。根据一些观察家的说法，额外支出中的大部分涉及未被证明正当性的专项拨款，它们被放入的目的只是为这一具有高度争议性方案的通过争取政治支持。（见专栏 9－4）

专栏9-4　补充拨款法案中的专项拨款

2007年初，参众两院通过一项补充拨款法案，这项法案为伊拉克和阿富汗战争、退伍军人项目和其他紧急资金需要提供1000亿美元。其中也包括200亿美元用于额外支出的资金。有些观察家批评这两个版本的拨款法案包含了他们认为过多的专项资金。这个例子从组织的角度列出了众参两院法案中的一些专项拨款（最终立法截至此时尚未完成），有些情况下，其中一些条目被定为专项拨款是否合适可能会引起争议。

专项拨款计划	金额（百万美元）
参议院	
土地征用	1.98
乌干达和平进程	2
沟渠灌溉系统修复	2
甘蔗合作社（夏威夷）	3
越南二恶英贮藏场所环境治理	3.2
国会大厦导游服务	3.5
水淹作物和草场	6
尼泊尔选举资助、前作战人员重返社会以及和平进程中的其他帮助	6
菲律宾台风救援	6
小母羊的替代和保留	13
保护美国宝藏	13
摩门蟋蟀根除（内华达州）	20
甜菜生产（明尼苏达州）	24
国会电厂的石棉消减	25
众议院	
食品与药品管理局妇女健康办公室	4

续表

专项拨款计划	金额（百万美元）
活鱼繁殖、饲养和运输	5
野生鸟类禽流感检测	5.27
白宫办公大楼的安全升级	16
教育和文化交流项目	20
严寒气温损害农田的紧急保护项目	20
菠菜种植者（加利福尼亚州）	25
飓风牲畜赔偿计划	25
美国宇航局海湾威胁缓解计划	35
农业服务机构工资和开支	48
国会电厂的石棉消减	50
鲑鱼渔业灾难援助	60.4
花生储藏（乔治亚州）	74
柑橘援助（加利福尼亚州）	100

资料来源：Thomas Schatz, “Pork Goes to War,” New York Times, March 30, 2007.

持续决议与综合拨款

从20世纪70年代后期开始至今的时期，是拨款手段应用有重大创新的时代。这包括持续决议的改革和综合拨款法案的发展。国会1950年开始进行综合拨款试验，为所有的常规拨款法案提供资金，但是在次年就放弃了这种做法，并在之后的几十年都未再使用。

传统的持续决议在许多年里均被例行公事地通过，它们是一种简单、临时的手段，列出那些尚未获得常规拨款的项目或机构，提供具有持续比率的资金，并预定在几天或几周内过期，而鉴于其临时性的状态，还会有一些必要的技术性条款（见附录9－11）。相反，当代的一些持续决议已经变成为常规拨款法案提供全部或大部分资金的综合手段。有时它会在财年剩余的时间内一直生效，像常规拨款法案一样规定着每个账户的金额。它可能包括大量的事实性立法和其他通常能在常规拨款法案中发现的条款。传统的持续决议只有几页纸长，而综合决议可能有几百页。在一些年份里，国会通过一系列简单、传统的持续决议，其中每个只提供临时性的资金，以及一个贯穿财年剩余时间的最终综合持续决议。综合拨款实际上是使常规拨款通过的手段。

附录9－11　持续决议

联合决议

针对2006财年持续拨款及其他目的

第101（a）条款：例如为了延续2005财年制定的这个联合决议之外未特别提供的项目或活动（包括直接贷款和贷款担保成本），2006财年适用的拨款法案提供的授权和条件下所需金额，以及在下列拨款法案将提供的拨款、资金或其他授权：

（1）2006年农业、农村发展，食品与药品管理局和相关机构拨款法案。

（2）2006年国防部拨款法案……

第103条款：101条形成的拨款应当可用于相关拨款法案规定的范围和方式。

第104条款：101条中可用的拨款、资金或授权不得用于启动或恢复2005财年不提供拨款、资金和其他授权的项目或活动。

第106条款：除非本联合决议或其他适用的拨款法案规定，本联合决议中授予的资金和授权只有在下列情况发生后才能使用：（a）本联合决议中的任何项目或活动的拨款法案获得通过，成为法律；（b）适用的拨款法案获得国会两院通过成为法律，其中均未提及上述项目或活动；因为这个项目或活动，参众两院以没有规定的形式通过适用的拨款法案成为法律；（c）2005年11月18日。

资料来源：Continuing Appropriations Act for Fiscal Year 2006，P. L. 109 –77，September 30，2005.

（a）一项持续拨款法案以联合决议的形式通过，因为机构没有获得该财年的常规拨款。尽管它一直被认作是一项持续性决议，但它和法案具有相同的法律地位。它可能只在财年的一部分时间生效，也可能在该年的其余时间生效。

（b）持续决议列出了它覆盖的常规拨款。这个2006财年的持续决议覆盖了11个常规拨款法案中的9个。

（c）大部分持续决议是暂时性的，它们在其规定的时间过期，或者由常规法案通过取代。本决议生效49天，从财年的开始到2005年11月18日。在它过期时，另外两项持续决议被通过，提供资金到12月31日。

（d）作为一个典型的持续决议，这项决议禁止先前财年不提供资金的任何项目和活动使用持续决议中的资金。

持续决议的一些特征使他们适合转为综合政策。第一，从国会的先例看，它们不会被视为一般的拨款法案。这样，拨款法案中反对未授权拨款和立法的规则就不适用。几乎任何事情都可以放入持续决议而无需提出议事程序问题。第二，这些方案被审议的方式（处于迫在眉睫的政府关闭威胁下），为那些在其他情况下不会成为法律的立法提供了一个理想的工具。第三，综合持续决议经常在参众两院首脑会议谈判时被敲定。其中存在着大量的混乱与妥协，如果一方的偏好包含在决议中，就要接受另一方想要的条款。结果便出现一个臃肿的持续决议，国会中没有人会声称喜欢它，但也没有人会反对。

在 20 年代 90 年代后期到 21 世纪初，国会对综合拨款法案的依赖程度加深，但并不总是以持续决议的形式发布。这些举措需要一个“统一”拨款法案的标签。持续决议仍被经常使用，但通常不再是完成本届国会活动的工具。在 1998 到 2007 财年里，国会通过了 70 多个持续决议，平均而言，差不多为财政年度的前四个月提供了临时资金。

许多观察者把规模较大，有时甚至是繁复的拨款法案视为常规拨款过程出现问题的证据。但是，这个问题不在于拨款的程序，而在于预算政策上持续和紧张的冲突。综合或统一拨款法案使总统和国会在传统手段不足时通过不同的程序在拨款问题上达成协议。而在预算和平时期，持续决议和综合法案就变得不那么常见，并且规模也变得较小。

拨款法案的结构和内容

所有的常规拨款法案都包括三大标准特征：一个指定拨

款财政年度的说明制定经过的条款；按账户进行的拨款；以及一般性条款（见附录9－12）。

附录9－12 常规拨款法案的结构

说明制定经过的条款

为内务部、环境部和相关机构

在2006年9月30日结束的财年进行的拨款，

以及为其他目的进行的拨款

如果本拨款法案被美利坚合众国国会参众两院通过，以下的数目将在2006年9月30日结束的财年内被拨给内务部、环境部和相关机构及其他目的，国库中的其他资金则不会被拨出。即……

拨款

约翰·F. 肯尼迪演艺中心

运行与维护

用于约翰·F. 肯尼迪表演艺术中心运行、维护、安全的必要开支；17800000美元。

一般性条款

第414条，除了紧急情况，本法案中的资金不能被用于业务繁忙时间电话答录机的运行，除非所接的电话有可能让打电话者及时联系到相关部门的在岗人员。

资料来源：Department of Interior, Environment, and Related Agencies Appropriations Act for Fiscal Year 2006, P. L. 109－54, August 2, 2005.

（a）一项拨款法案包括三项主要内容：说明制定经过的条款，特定账户的拨款和一般性条款。

（b）说明制定经过的条款指定了拨款的财政年度。除非另有规定，法案提供的所有资金只能在法案规定的财年中用于履行义务。除非条款中给定了更长的有效期，否则拨款法案中所有实质性条款均在此财年结束时过期。

（c）每一个未编码的段落组成一个拨款账户。大部分机构有提供薪水与开支的独立账户，一些则有采购或其他活动的额外账户。体现拨款目的的声明经常参考被授权的法律和美利坚法典的规定。

（d）除非条文说明，未编码段落中的规定只涉及相关的那个账户。只有当法律授权时，资金才能在账户间转移。

一般性条款（可能限制资金的使用或含有新的立法）的部分会进行编号。这些条款通常适用于法案中的所有账户。涉及多个部门的拨款被分为多个单独的法案，每个都有各自的一般性条款。

拨款的基本单位是账户。拨款内每一个未编码的段落都是一个单独的账户。除非文本中给出更宽泛的范围，否则该段落内通过的所有条款都只涉及这一账户。未编码的账户是财政部负责维持的政府会计制度的来源。法律控制着与每个账户有关的资金的使用（如规定支出不得超过拨款，或拨款只能被用于某目的）。因此，一个账户对支出的数量和目的都作了限制。

多年来，拨款一直被统一到相对少量的账户中。如今，预算包括了1000多个账户，但是其中200个最大的账户覆盖了联邦支出总额的90%以上。许多联邦机构都有一个“薪水与开支”的单独账户，用于运营支出；有些机构有用于特殊目的的账户，如采购、建设等。当国会建立一个新项目，对其进行的拨款通常放在现有账户中。尽管拨款委员会在他们的报告中规定了资金在各个项目和活动间的分配，但大部分拨款为那些由一个账户提供资金的所有项目与活动提供一笔总资金。有时，拨款法案本身会指定把账户中的一部分资金用作特定目的。拨款可能指定“不少于”一定数量的资金应该被用于某特定项目。当这种或类似的语言出现在拨款法案中时，支出机构经常将其按“分账户”处理，以便将资金分隔开。

除了加在特定账户上的条款外，每个拨款法案基本上都包括一般性条款，应用于所有账户。（一项涉及两个或两个以上部门的拨款法案可能被分为几章，每章有各自的一般性条款。）一般性条款通常以编号段落的形式出现在每章或法案末尾。（见附录9-13）。大部分一般性条款都包含限制（对拨款使用的限制）或立法（法律中的变动）；有些因为特定用途而实施专项拨款。大部分条款在很少或根本没有变化的情况下被一年又一年地通过。随着每年加入一些新的条款，一般性条款的数量稳步提高。表9-10展示了从1964财年之后以10年为一个区间的这种增长趋势。总之，在每一个这样的阶段，其一般性条款总是多于前一阶段。2004财年拨款法案中一般性条款的数量超出1964财年7倍多。这种显著的增加体现了国会与行政机构之间的紧张关系，体现了拨款委员会专项拨款和限制拨款用途的不断增强的趋势，体现了拨款委员会在保持旧条款的基础上增加新条款的渐进行为，以及拨款法案中更多立法的加入。

附录 9-13 一般性条款的种类

限制

第 715 条：本法案拨付的资金不得用于支付流产费用，或用于支付与联邦雇员健康福利项目中任何为流产提供保险和保金的健康计划相关的管理费。

第 716 条：715 条的规定不能适用于胎儿满月会危及母亲生命的情况，或由于强奸或乱伦导致的怀孕。

立法

第 828 条：尽管有其他法律条款的规定，若妇女和儿童被允许出现在联邦大厦或联邦产业的某个位置，那么该妇女就可以在这些位置进行母乳喂养。

第 840 条：在 1998 年联邦活动清单改革法案 4（b）条款（公法 105-270）结尾添加以下新段落以作出修订。

“（5）在财政年度第一天全职员工少于 100 人的行政机构。然而，这样的一个机构应该遵守第 2 条规定到这样的程度：为一项非政府固有活动的绩效计划开展公—私竞争。”

政府范围

第 809 条：本法案或其他法案规定的当前财政年度拨款不得用于支付给已获提名，但参议院投票决定不批准的候选人。

资料来源：Transportation, Treasury, Housing and Urban Development, the Judiciary, the District of Columbia, and Independent Agencies Appropriations Act for Fiscal Year 2006, P. L. 109-115, November 30, 2005.

(a) 一般性条款(通常是编号的条目)涉及拨款法案的所有账户。有些拨款法案被分为几章,指向不同的拨款法案。在这些例子中,一般性条款只涉及可见的特定章节。

(b) 一般性条款的数目在过去的20年中增加迅速。大部分是限制或立法。其中很多年复一年地被再制定。

(c) 限制基本上以这样或类似的语言开头:"拨款不能用于……"。有些限制涉到广泛的政策问题,比如用拨款资金来支付流产,有些涉及具体的问题。

(d) 立法通常以这样的词句开头:"尽管有其他法律条款的规定……"。这种词汇的目的是明确忽略与本条法案相左的任何已有的法律条款。在另外一些例子中,立法直接修改在条文中引用的条款。

年度财政拨款法案(在第11届国会中被更名为财政服务与一般政府拨款法案)包括与所有拨款和联邦机构有关的政府范围内的条款。注意这个词汇:"在本法案或其他法案中"。

表 9-10　1964—2004 财年[a]以10年为区间的常规拨款法案一般性条款

法案	1964	1974	1984	1994	2004
农业	7	8	4	28	89
商业—司法—州	15	19	22	31	72
国防	41	46	111	175	146
哥伦比亚特区	14	18	31	42	36
能源与水	13	7	20	9	101
外交事务	20	17	1	75	101
国土安全[b]	…	…	…	…	21

续表

法案	1964	1974	1984	1994	2004
内务	5	10	33	25	158
劳工—卫生—教育	10	20	31	24	53
立法	3	3	21	29	41
军事设施	12	10	22	24	28
交通[c]	[d]	15	22	41	176
财政—邮政服务[c]	0	22	25	92	…
退伍军人事务—住房与城市发展	7	6	15	18	84
总计	147	201	371	613	1106

资料来源：United States Statutes at Large，for years specitied in the table.

a. 每个编号的部分，除了具备国会（参议院或众议院）条款意义的，都算作一般性条款；行政条款也包含在其中。标注之后以大写字母开头的部分算作独立条款。

b. 国土安全拨款在 2004 财年首次设立。

c. 自 2004 财年起，财政—邮政服务拨款被纳入新的交通—财政拨款法案。

d. 1964 年，交通没有独立的拨款法案。

一般性条款已经成为某些拨款法案最突出和最具争议的特征。许多条款被嵌入以限制联邦资金用于资助人工流产，控制环境保护法的执行，阻止一些作战行动，以及引导联邦资助的高速公路的限速的变动。2004 财年国防拨款法案中的 146 项一般性条款在法案中占了 40 多页，而实际拨款只占了比这个少的页数。

拨款账户

每一个拨款账户都详述了拨款的目的和适当数量（附录 9－14）。它可能同时包含一个或多个条款，限制或制定资金用途，或改变现有法律。与一般性条款相反，除非法案文本中给出更广的应用，一个账户中嵌入的限制和立法只涉及要从该账户中支出的金额。

附录 9－14　拨款账户结构

食品与药品管理局

薪水与开支

食品与药品管理局的必要开支包括租赁和购买载客汽车，支付本法案中包括的与公法 92—313 相关的食品与药品管理局的项目与活动成本及场地租赁费用，在哥伦比亚特区或其他地方为特殊目的租用场地的租金，通过局长授权和支持、获得局长证明并且不超过 25000 美元的执法过程中杂项和紧急开支；尽管有公法第 521 章（107—108）的规定，为食品与药品管理局必要开支拨款 1838567000 美元：假如可以获得本标题下提供的资金，其中 305332000 美元应来自 21 U. S. C. 379h 授权的处方药使用费；应记入此账户，并保持有效性直到账户资金耗尽，并且根据 21 U. S. C. 378h（a）（2）和（a）（3），不应包括任何 2007 财年使用而在 2006 财年征收的收费。……又假如，在拨款总额中（1）443153000 美元应该用于食品安全和应用营养中心以及管制事务办公室的其他相关活动；（2）520564000 美元应该用于药品评估和研究中心以及管制事务办公室的其他相关活动；（3）178714000 美元应该用于生物制剂评估和研究中心以及管制事务办公室的其他相关活动；……又假如，在获得参众两院拨款委员会事先批准的情况下，资金可以从一个特定活动转移到另一个活动……

资料来源：Agriculture，Rural Development，Food and Drug Administration，and Related Agencies Appropriations for Fiscal Year 2006，P. L. 109－97，November 10，2005.

(a) 以上未编码的段落组成了一个拨款账户，除非文本指出，否则其中的所有条款只涉及这个账户。拨款账户基本上根据标题而来——在这个案例中，即食品与药品管理局，工资与支出。

(b) 食品与药品管理局的全部运营费用一共获得拨款18.39亿美元。但是，注意，这笔钱的一部分是为某些特定用途保留的，另外，有一些资金可能通过别的途径转入这个账户。

(c) 尽管拨款条文仅就资金应如何使用作了粗略的说明，但拨款委员会报告和其他文件会对这笔资金如何花费到一些具体的项目和活动中做出具体说明。

(d) 就像拨款法案中常见的一样，这个账户的许多拨款条文也是由一系列限制或指定资金使用的条款（“附带条款”）组成的。这个账户中的一些条款涉及使用费，但此处引用部分中只有一项（关于处方药）涉及使用费。

没有具体规定资金可用年限的拨款是一年期拨款。这笔资金只能预留给说明制定经过的条款中提到的财政年度。如果没有在规定财年的年底用完，它们将会失效。国会有时也会制定一些多年度拨款，将资金可用期延长至两年或以上。例如，在目前国防拨款的实践中，用于研究和发展的资金的可用年限是两年，采购资金年限三年，造船资金年限5年。国会也会制定一些无年度限制的拨款，规定这些拨款可以无限期使用直到用完为止。无年度限制拨款可以被无限结转至未来的任何年度，即使这些拨款还未生效。附录 9-15 展示了具有不同使用年限的拨款。

拨款法案包含了许多为不同目的服务的账户。这些不同的目的包括清算合同授权，限制某些信托基金支出的管理费，将资金从一个账户转向另一个账户，或为直接、担保贷款的补贴成本提供资金。

附录 9-15　资金可用期限

一年

军队家庭住房运行和维护

用于军队家庭住房运行和维护的开支，包括债务支付、租金、小型建设、本金和利息以及保险金 803993000 美元。

多年

军事建设，军队储备

根据美国法典 1803 章第 10 条及军事建筑授权法案的授权，152569000 美元用于陆军后备部队的训练与管理的建设、获得、扩张、复原和设施的转换。这笔资金在 2010 年 9 月 30 日之前有效。

无年度限制（无限）

各州延伸护理设施建设补助

对于帮助各州获得建设州疗养院和住宅式机构以及用于重新塑造、修改和调整医院、疗养院和住宅式机构补助资金，根据美国法典第 38 条第 8131—8137 章的规定，用于为退伍军人提供护理的经费 85000000 美元，这笔资金始终保持有效直到耗尽。

资料来源：Military Quality of life and Veterans Affairs Appropriations Act for Fiscal Year 2006，P. L. 109 - 114，November 30，2005.

（a）拨款在预算授权可用期限上是不同的。这里引用的三种情况是一年期、多年期和无年度限制拨款。其他不同情况是拨款仅在某一财年的一部分时间中可用，或者在财年开始前就可用。

（b）当拨款账户没有具体说明可用期时（就像这里的第一个例子），资金只在法案条文规定的财年中可用。除非另外注明，拨款的一年期限由该法案其他部分里的一般性条款规定。

（c）这里显示的多年期资金在制定法案的财年（2006年）外的4个财年中可用（2007—2010）。尽管这些资金可用四年，但资金的总额被计作拨款法案覆盖当年的预算授权。

（d）词组“始终保持有效直到耗尽”提供的是一个无年度限制的拨款，它无需在特定的财年中被使用，这些资金的有效性可延续到以后的财政年度，即使它们没有生效。

拨款法案中的立法和限制

拨款法案中包括的立法条款和限制（见表9 - 11）在本章中多次被提及。尽管有规则禁止在拨款法案上立法，但当多数如此期望时，参众两院仍可加入立法。在某些情况下，整部法律包含的都是拨款法案，但是更多的操作是嵌入特殊条款。国会通过忽略或搁置规则，在持续决议中嵌入实质性立法，并以限制为幌子制定政策。尽管拨款委员会经常被认为是无视管辖权边界和国会规则的闯入者，但他们也常常被迫制定那些其他人寻求的法律。他们介入立法过程有时是因为授权委员会的意愿，有时则是因为国会领袖认为拨款法案是他们改变陷入困境的立法的唯一和最好的机会。

表 9－11　　拨款法案中的立法与限制

特　征	限　制	立　法
目的	防止拨款被用于某些特定活动	改变现有法律的应用，修补现有法律或制定新法
常用措辞	“本法案中资金不得用于……”	“尽管有这部或其他法案……”或“尽管有其他法律条款……”
典型的运用	在会计语言、一般或行政条款中	在一般或行政条款中；在综合拨款法案中，重要的立法可能被包括在一个单独的章节中
在众议院第二十条规则和参议院第十六条规则中的一般状态	允许	禁止

限制是另一类问题。这些条款通常以“本法案中资金不得用于”这样的或是类似的词组开头。这些条款成为那些希望通过拨款法案改变政策的委员们的惯用手段。每年，数以百计的限制在拨款法案中被通过，其中有些在单个账户中，更多的则是一般性条款。许多限制针对的是机构操作中相对次要的方面，如外地办公室的搬迁。但也有一些针对的是重要的和有争议的问题，例如，武器部署及流产资助等。有些直接对拨款用途施加限制，其他的一些则仅用来掩盖修改或

组织联邦法律执行的意图。

限制和立法间的细微差别由议会先例和解释决定。如果条款为拨款的使用设置了条件或要求联邦机构或官员做出决定或采取行动，那么这有可能被裁定为立法。如果相反，没有条件或者不需要行动，便可能被裁定为限制。拨款委员会委员（或其他人）是条款措辞方面的内行，所以，即使其明显目的在于改变现有政策，他们还是会被判为施加了限制。

解释拨款办法

在履行责任的过程中，机构需要知道自己必须支出的数量以及国会对资金使用施加的条件。拨款法案中经常会提供一些指导，但若要涵盖所有拨款委员会的利益问题，这些指导便不够详细了。在资金支出过程中，机构往往跳出相关的拨款文本，同时也考虑其他的立法、预算解释和拨款法案报告。

实体法律

上一章中说明的基本原理——拨款必须根据授权立法中的要求和限制来支出，使咨询实体法对于支出者而言十分重要。这些法律可能规定或禁止了某些活动，而且它们经常规定报告中的支出机构为项目和活动建立、确定优先权和资助水平。实体法通常包含许多在拨款法案中没有涉及的问题：如机构如何被组织和运作、官员的职责以及财政管理方式等。

在某些情况下，实体法和年度拨款法案涉及同样的问题，但在规定的程序和政策上却不同。实体法可能把专项拨款给予某些项目，而拨款法案却给予某些其他的项目。一些法律可能需要资金用于一些特定的活动，而另一些法律则阻止资金用到这些活动上。在应付不同法律间出现的冲突时，措辞上的细微不同可能会导致法律解释上的巨大差异。要机构同时满足拨款法案和法律可能会引致法律间的碰撞。当冲突不可避免时，基本法则是最近通过的法律占上风。但是机构明白，授权法案和拨款法案之间的冲突不仅仅是法律建构的问题，它经常反映了不同委员会和委员之间的冲突。仅仅遵循新制定的法律不能确保机构同时受到授权者和拨款者的偏好。

预算申辩

机构预算申辩（见附录9－3）通常根据活动和支出条款的需要划分数额。拨款小组委员会总是期望机构把预算申辩理由保持在可操作的范围内。当然，如果拨款委员会指导机构以不同方式支出，机构必须放弃这些理由。另外，机构有时通过再规划程序（将在下一章中讨论）或单方面制定小的、不需要告知国会的调整方式来偏离这些申辩的理由。

拨款委员会报告

根据长期的实践，对于资金使用的具体指导会出现在拨款委员会的报告中，而不是在拨款法案的主体部分。相比于将细节安排到法律中，这种安排给了拨款委员会和执行机构更多灵活性（附录9－16）。但这个报告并不会对每个部门的申请或支出中的每个条目作出评论。当委员会意见与总统申请不一致，或与部门在申辩书中对活动资金的分配不一致时，或者是委员会试图进行专项拨款、限制资金使用或指挥机构的政策和操作时，指导意见最有可能产生。自 20 世纪 70 年代以来，指导意见和专项拨款越来越具体和繁杂，导致有些人抱怨国会成了微观管理机构，并且拒绝给予机构有效运作的自由。不管这种管理是否值得，有充足的证据表明立法和行政之间的冲突蔓延到了预算政策，并且，优先权的存在损害着拨款委员会和机构之间的关系。

机构往往被要求遵守所有报告的指导（包括众议院拨款、参议院拨款和协商报告的管理层联合声明），除非这些指导相互矛盾。例如，若众议院报告要将某账户中的一部分专项资金拨付给项目 A，参议院报告指定拨款给项目 B，协商报告给项目 C，那么，机构就被要求将指定的资金同时分拨给这些项目。同样的规则也被应用于拨款报告其他类型的指导之中。

在这些报告中，措辞十分重要，因为它传递着委员会要求执行这些指导的程度。所以，报告语言被仔细修饰，有时也与相关机构进行协商。报告经常使用的词有：假设、注意、申请、期待、指导、要求等。这些词语并不是同义的，它们每个都有各自的细微差别和程度。但是，即使是最宽容的词所表达的指导意见也是机构不敢轻易忽视的。

赋予拨款报告力量的不是其法定的地位，而是离下个拨款周期不到一年的事实。蓄意违反报告意见的机构冒着在下次申请拨款时受到惩罚的危险。它可能发现今年的报告意见在下一年的拨款报告中重现，甚至比之前的报告给予的回旋余地更小。或者它会发现第二年拨款委员会给出的指导更加详细和繁重，抑或是拨款被削减。拨款委员会也会通过将严苛的限制写入拨款法案、取消机构的优先项目、缩减得罪自己的官员的人事编制、发布更多的专项拨款法案或是降低机构运作的灵活性来处罚那些不合作的机构。大多数情况下，委员会并不会运用这些手段，因为机构会遵守报告意见。如果机构发现要实行这些意见有困难，那么他们最好的办法可能是向小组委员会（或偶尔向委员）解释自己的困境，并找出一个既让委员会利益得到满足，又保证自己运作的法案。一个机构若与小组委员会委员及工作人员保持不断的联系，并就执行报告意见中的问题向他们咨询，那么它就会得到比单方面行动机构更多的灵活性。

附录 9 -16　拨款委员会报告：给机构的指南

检查技术的标准

与会者建议交通安全局（TSA）与国家标注技术研究所（NIST）像参议院报告中讨论的那样，合作发展检查技术的标准。

远程行李检查

与会者注意到交通安全局与机场和航班飞行员一起参与评估全国机场的场外行李进入模型。与会者鼓励交通安全局广泛测试使用远程行李检查技术，包括在行李被输送到航空终点站或其他重要的机场基础设施之前，在机场地面的安全设施中完成场外检查和扫描连接。

铁路安全检查员和检查犬

与会者对于交通安全局不愿在全国交通系统中迅速雇佣铁路安全检查员和配置警犬的做法十分失望。尽管这些活动已在 2005 财年获得资金，交通安全局仍未拥有一支完整的铁路安全检查员队伍，也只在 2005 年 9 月 27 日宣布了警犬队伍的部署。这是完全不可接受的。与会者要求交通安全局在2006年2月10日之前向拨款委员会报告2005财年提供资金的100名铁路检查员与警犬队伍的部署情况，以及2006财年计划增加铁路检查员和警犬的情况。

资料来源：Department of Homeland Security Appropriations Act for Fiscal Year 2006 (conference report to accompany H. R. 2360), 109th Cong., 1st sess., September 2005, pp. 51 – 53.

(a) 由小组委员会起草的众议院、参议院报告为各个机构的支出获得拨款和开展行动提供了详细的指导。尽管大会报告没有法定效力，但机构大多会听从这些指令。这些指令可能是积极的——规定机构如何支出拨款资金，也可能是消极的——命令机构不得进行某项活动或支出。

(b) 报告总是对拨款法案的大部分条文进行评论，但是报告不关注上一年的资金使用水平、专项拨款和限制情况，以及与机构和总统预算之间的分歧。

(c) 用于表达大会委员会意见的语言是不同的。像"与会者建议"、"与会者鼓励"（在前文案例中出现过）之类的词，可能会软化指导性。而在铁路安全和检查犬的案例中，委员会发出了更强硬的信息，认为交通安全部的行为"不可接受"。在这样的例子中，委员会可能指示机构在财年规定的日期内对报告进行修改来说明问题。尽管措辞不同，拨款委员会总是希望机构遵循他们的意见。

(d) 这个案例来源于2006财年拨款法案协商报告的联合解释声明。其他的指导出现在参众两院拨款委员会报告之中。像一般性条款一样，所有的指导都应该被遵守，除非存在争议，否则协商报告都是决定性的。

小　结

两个多世纪以来，拨款一直是国会权力的来源和组织立法日程的一个重要因素。这个过程总是围绕着每年对支出申请的审议和国会对可用资金数量的决定进行。在决定过程中，拨款委员会总是根据往年的拨款情况来考虑下一年的拨款。

这种受传统束缚的过程总是渐进地演变，这就兼顾了过程的连续性和项目的稳定性。尽管拨款委员会身处的政治预算世界发生了变革，他们仍然坚持了传统——在政府急剧扩张的情况下，保留小组委员会的结构和边界，给予每个小组委员会足够的运作自主权并维持原有的做法。这种反应的缺失导致他们的有效管辖权被权利性支出超过而收缩，导致他们在国会预算过程的创建中优先权的下降。由于在这个问题上几乎没有选择，委员会对下述变革做出了适度的让步：政府的扩张（以统一账户的形式）、新的国会预算规则（使他们的支出决定和预先制定的总额相适应）、支出限制（更关注支出），以及与总统的冲突（以制定综合支出法案的形式）。

但是，即使他们制定了综合拨款，拨款委员会仍保持了一种传统，即以处理单独立法的形式对待综合法案中的每一份常规拨款法案。1999 财年的 950 页综合拨款法案包括 8 个常规拨款法案，几十个“紧急补充”拨款，以及大量与其不相关的立法。综合拨款法案的内容实际上很难被大多数美国人理解。它没有目录表，没有信息表明一个拨款法案或实体法律何时结束，下一个何时开始。而且，每个拨款法案和实体法律都有自己的编号安排，以至于同样的编号在综合法案中出现多次。但是，这个封闭的世界已经被一些对拨款委员会行为感兴趣的局外人打破。通过因特网和其他现代信息科技，在一份拨款法案或报告中迅速定位条款成为可能。

传统让拨款委员会负责，但仅限于选择性支出账户。相较于他们仍然有效控制着大规模资金的情况，拨款委员会掌管的支出比例在缩小这一事实就不那么重要了。

在与现实发生分歧时，传统会被侵蚀。在拨款过程中，对于预算规则的苦心经营和预算冲突的增加破坏了原有的方式。前者对年度拨款的逻辑提出质疑，而后者弱化了特殊的冲突缓和机制以及拨款委员会的规范。20 世纪 90 年代，国会通过了对后五年选择性支出的上限。可以说，这种多年度上限弱化了年度拨款的作用。既然拨款的限制已经提前设定，为什么还要为每年的金额而努力呢？拨款的年度性对于规范行为的作用和对立法日程与财政年度的作用一样大。经过两个世纪，拨款委员会已经适应了国会运作的文化，一年一次地控制支出。制定年度拨款是这些委员会做的唯一一件事——他们也只有这一件事情要做。如果国会要转为制定双年度拨款（在第十一章中讨论），相对于支出机构和国会其他参与者，这些委员会的杠杆作用就会被弱化。另外很有可能出现的情况是，这种两年的周期会崩溃，从而为补充拨款敞开大门。

每个选择性项目都可能重复国会的努力和两组委员会之间的摩擦。对于永久性授权项目而言，重复和冲突倾向于降低，而对于每年重新授权的项目，则可能性会较高。临时授权的增加提高了授权者和拨款者互相阻碍的可能，即使是在他们处理各自业务的时候。但是在两种委员会的关系上还是有很多差异。这种差异的范围从国防项目（武装服务委员会和国防拨款小组委员会每年审议同一份预算并对许多相同的支出议题作出决策）到各种各样的自然资源项目（已在没有明显授权立法的情况下持续多年）。

由于这些差异，将授权和拨款过程融合会对一些项目产生较小影响，而对另一些则具有深远影响。有人声称，合并两组委员会会弱化国会对支出的控制，同时产生更多关于拨款的冲突。如果国会的拨款功能被转到授权委员会，国会在联邦预算方面的职责将会比现在更加分裂。另外一些人反驳说，由于 302 条款，即使许多委员会共享管辖权，有效的控制也将得以维持。

将这两种过程结合可能会使国会更加有效，但是它对不同意见可能会变得更不开放。国会从强调项目需求与目标的授权委员会，以及强调成本和财政约束的拨款委员会中得益。而这两种观点在制定公共政策的过程中都应被考虑。拥有两个独立的委员会会给各自表达观点提供了一个平台。如果这两种过程被合并，拨款行为会成为实质立法冲突的人质，而国会在拨款中附带不相关附件的可能性也会更大。

尽管拨款过程的变化进行得很慢，但它确实在发生。通过渐进的变化，这一过程已经变得更加公开和透明，更具党派性和程序化，另外，它也将与财政总体政策更加紧密联系。本章中讨论的创新——行政政策声明、302 条第（b）款分配、参议院发起的拨款法案、综合拨款决议、各党派领袖的作用、在支出问题上总统助手和国会领袖之间的高层协商等在三十年前都还不为人知。即使拨款委员会赞成延续传统，他们还是被国内政治和国会机构中的改变而改变，并得到重新塑造。今后三十年，会引入更多改革以现代化拨款过程，并使之适应变化着的外部条件。

第十章
联邦支出管理

在财政年度开始时，拨款就应被确定下来。但即使这些拨款被延滞，财政年度的开始也会迫使各个机构将工作转移到预算的下一个阶段，其中包括联邦支出的管理，其管理途径有两种：用可用资金来实现被授权的活动；对机构行动记账。

一个财政年度开始于 10 月 1 日，是绝大多数联邦机构开始编制它们预算的 18 个月后，总统向国会呈递总统预算的 8 个月之后。在这个漫长的时间间隔中，影响预算的关键条件很可能会改变。商品和服务的成本可能同预估水平有出入，政府机构的雇员流动可能或高或低地与期望产生偏差，而新的问题和优先要解决的问题也会浮现出来。在使用下拨资金时，各机构必须遵循国会的意图，同时也要适应变化的条件和紧急的需求。他们必须是顺从且灵活的——以便对国会的意愿作出反应，并对任务的完成负责。

执行预算是一项平衡的活动，在财政年度开始前开始，并在财政年度结束后结束。由始至终，政府机构会做出上千个影响到支出的运营决定。很多决定是常规的，并与原始计划相一致，但有些政府机构会因为新情况的出现调整支出计划。执行预算不会受到如总统或国会行动那样多的关注，但一个机构用下拨资金做了什么对其绩效的影响很大。因此，相对于整个预算过程中的其他阶段，政府机构中的预算人员通常会在执行预算阶段投入更多的时间和精力。

在执行一年预算的过程中所做出的决定和遇到的问题会强烈地影响到未来的预算。政府机构经常会从当前预算中解放出一部分资源作为启动基金以对下个预算周期可能需要优先解决的问题做出反应。他们可能会将职员从旧的任务转移到新任务中去，或者将运营资源（比如用于合同和顾问的资金）转移到新的活动上去。有时候他们会在内部进行调整，不通知国会委员会或管理与预算局。有时候，他们会正式转移或重新规划资金，调整他们的账户以反映改变后的分配额。

支出的管理是分散的；在宽泛的规则和指导路线之内，每个支出机构都掌握着自己的财政。联邦政府太过庞大，其活动十分多变，以至于不能将所有的财政运作集中在一个指挥所内进行指挥。每个从国会得到拨款或其他预算资源的政府机构负有的一个主要责任是：保证其支出的合法性、适当性和效率。政府机构通常在这些事件上自主决定；但他们有时候会咨询政府责任办公室（GAO），政府中主要负责审计和评价的机构；或者咨询管理与预算局（OMB），在财政管理方面与财政部共同分担责任的机构。管理与预算局在预算执行中的角色必然是有选择且有限的。在一些特别的事务上它可能会介入其中以影响联邦资金的用途，但它的力量太小，以至于不能监督所有预算的执行情况。每个部门都有其预算和会计人员；其主要的子单位也会配备预算和财政方面的专家。

本章下一节将描述资金按照拨款计划的常规顺序以及其因再规划、扣押或其他活动而导致的与常规形式不同的情况。

接下来的一节将考察联邦机构的财政管理活动，包括会计与预算的关系，内部控制以及由 1990 年首席财务官法案、1993 年政府绩效与成果法案和管理与预算局的项目评级工具所推动的改变。

预算资源支出

下拨给各机构的资金不是立即就能使用的。只有经过管理与预算局的分配，资金才可使用。反预算赤字法要求拨款要在财政年度内按时段分配（通常是分季度），或在具体的项目间分配。这种分配方法的目的是为了防止政府机构支出太快，以至于在财政年度结束前就耗尽预算资源。所以，在通常情况下这种分配会在一整年内安排可用的预算资源。然而，在某些情况下，资金分配的速率使补充拨款成为必要，如国防、国民健康与安全遭到威胁时。

分配给各机构的金额不能超过其履行义务所需的额度。只有未承付的资源才可用于分配。管理与预算局对各机构经由附录 10 – 1 所示表格提交的申请进行审查。这种表格有一个完整的列表，列出了每笔资金、每个账户中未承付的预算资源的种类。这些资源可能来源于当前或永久性拨款，转移自其他账户，直接开支，来自前一年的不结转的预算结余，或者从使用费中取得的收入及其他资源。管理与预算局可以扣押来自拨款的资源，但必须向国会报告这种活动，本章稍后会介绍这一扣押活动的过程。

尽管分配主要是一个技术过程，但它是管理与预算局正式控制机构支出的最终点。管理与预算局有时候会利用分配对机构支出设置条件，或者要求机构改变活动。

配给

管理与预算局为每个拨款账户或基金进行一次分配；它不会在各种项目或组织单位之间进行正式的再分配，尽管它可以建议将特殊的资金用于特殊的目的。不过机构需要通知项目经理他们在一年内可用的资源。这一信息是通过配给来提供的，这种配给向各办事处、各部门、各驻外办事处和其他组织单位分配资金。配给的程序在各机构之间是不同的。一种普遍的倾向就是大的机构比较正式，较小的不正式，而配给的总额不能超过管理与预算局分配的数量。

配给使每个业务单位有了自己的财年预算。每个单位在它的分配额之内雇佣和支付职工，购买补给、设备并记录其义务。在大多数机构中，各单位无须在进行这些活动之前得到总部的许可，尽管在特殊情况下总部有权介入阻止支出。例如，当某个机构认为可用资源不足以满足整个财政年度的需要时，它可能会强制冻结招聘或者收回年初分配给子单位的一部分资金。不过，通常情况下项目经理是以分配资金为基础来计划整年的活动和支出的。

配给像大部分的机构在执行他们的预算时产生的信息一样，不是机密，但也不公开。如今，配给通常被储存在计算机数据库中，并在内部以打印输出的方式分配，这种打印输出在一整年中不断更新以显示义务和其他支出活动情况。相对于公开的预算文件，这些内部的预算能反映更多的项目和财政细节。它们显示出资金在各部门内流动的情况，资金如何在项目和活动中进行分配，还能使人们了解部门如何组织和运作。

义务

一旦资金被分配下来，管理人员应当对资金负责。一项义务是一个政府机构向另一方作出的有约束力的承诺，涉及商品或服务的提供，金额的支付和交易中的其他物质因素。内部活动，例如为特殊目的留出资金，不是真正的义务。每项义务必须得到文件的支持（例如购买定单、已签署的合同、信用证或者人事记录），以证明交易的有效性。

资金只有在有效期内才可用于被履行义务。超出这段时期，资金就将失效，对义务的授权也会过期。另外，附录 10－2 显示义务必须用于公共目的，而不是私人利益。并且，义务必须和拨款的目的有关。在最近一段时间，拨款小组委员会坚持机构要在他们的管辖权内，根据为拨款听证会准备的详细的申辩书中的安排表支出资金。

机构通常能准确而及时地得到关于义务状态的信息。他们知道超出义务会违反反预算赤字法，而不履行义务则会导致他们丧失资源。随着财政年度慢慢结束，机构会紧密监控其义务以确保所有的剩余资金都在事实上被使用。

防止义务超额不仅要基于及时的信息，而且需要精明的财政管理。在财政年度之始，机构职员需要比较手头上的资源和预计的工资、补给和其他运营费用，确定他们应当如何进行财务管理以便资源能足够一整年使用。许多预防超支的做法是做出保守的假设，比如较少的人员调整，为预算外的偶然事故留出资金。他们经常放慢合同、设备和其他选择性项目上资金使用的速度以保证机构不会在这一年结束前缺钱。随着财政年度的结束慢慢到来，很多机构发现他们过于谨慎并可能有失去未使用资金的风险。在这个时候，他们通常会增加此前保守处理的事务方面的支出，使他们在财政年度最后一个月中用于合同和采购的资金比例大大提高。尽管这种导致年终支出膨胀方式看上去比较浪费，但它经常是谨慎的财政管理方式的结果。

附录 10 - 1　预算资源分配

描　述	最新数量 (S. F. 132)	机构申请	管理与预算局行动
1 不结转的年终预算结余：			
1A 承上年账户余额，10 月 1 日（+或-）			
2 前一年未支付义务追回款：			
2A 实际			
2B 预期			
3 预算授权：			
3A 分配：			
3A1 实际			
3A2 预期			
3B 借款授权			
3C 合同授权			
来自抵消收入（总）的支出授权：			
获利：			
* * *			
4 非支出性转移，净额：			
4A 实际转移，预算授权（+或-）			
* * *			
6 不可用的永久性资源：			
6A 过期账户或无年度限制账户的取消（-）			
* * *			
7 预算资源总额			
预算资源应用			

续表

描　　述	最新数量(S. F. 132)	机构申请	管理与预算局行动
8 分配：			
分类 A：			
8A1 第一季度			
8A2 第二季度			
8A3 第三季度			
8A4 第四季度			
* * *			
9 扣留未决撤销			
10 延期			
11 循环基金未分配余额			
12 预算资源总额			

资料来源：Office of Management and Budget，Circular A - 11，June 2006，Standard From 132.

(a) 标准表 132 显示了各机构申请的分配额，以及管理与预算局决定的金额。每项拨款或资金账户将会对应一个分配。

(b) 本表的顶部（1—7 行）分列了所有可供分配的资源；本表的底部（8—12 行）表示的是按季度或项目进行的分配和被限制分配的数额。第 12 行的总量必须和第 7 行的总量相等。

支出

一旦资金对应的商品或服务被提供，义务就被付清，而这笔资金就被作为支出记录在机构的账目上。支出通常通过支出办公室而非项目管理者控制的管理程序处理。支付要与符合下列条件的单据或发票相符，这些单据或发票要能显示资金来源账户、收款人、应付金额和其他相关信息。在支付前，支出机构会对单据进行事前审计，确保金额正确，确定商品和服务根据规则提供，以及账户或基金支出合情合理。

如今，大部分支付通过财政部运作的支出办公室以电子形式完成。

机构会编制每月的预算执行报告，详细记录最近一个月和本财年累计的各种义务和支出情况。除了这些报告，每个机构都维护着他们自己的账户，这种账户比整个政府范围基础上的记录更为详细。

尽管支出在整个支出过程的后期出现，以至于它不能成为一个有效的财务控制工具，但它也不能在管理联邦支出时被忽视。支出的时间和速度对于财政部管理政府的现金和债务至关重要。并且，支出和收入的不同决定了预算赤字和盈余的规模。只要联邦预算以现金制为基础记账，支出就会对预算活动产生强烈的影响。

结清账户

支出过程的最后一步是结清拨款账户。当一个账户被结算，所有剩下的结余都会被取消，并且不能再用于支出。定期账户（其预算资源在一个有限的时间段内可用于履行义务）会根据预设的时间表进行结算。无年限资金的使用没有时间限制，它会一直保持开放的状态，直到所有的预算资源都耗尽或者被取消。

结算定期账户的程序会延伸六个或更多财政年度。在资金可用于履行义务的时期，账户是开放的——大多数拨款的情况是一年。在这段时间结束时，这个账户会在 5 年内处于“过期”状态，在这段时间内没有新的义务会产生，但旧的义务会因为到期而付清。在这 5 年结束时，这个账户会被结清，并且其剩下的所有结余都会被取消。

偏离支出计划

从分配到账户结算的各个步骤的顺序有时在年度拨款中规定。不过，这些计划通常会在预算执行中调整，资源扩大或缩减，或者从一个用途转移到另一个用途。这些行为有的是由国会做出的，其他则由支出机构做出。有些变化意在改变政策；而大多数的变动则是应付年度中出现的需求与机会的手段。

转移与再规划

今天的行政机构经常通过将资金从一个用途转移到另一个用途为预算外的需求提供资金。当预算资源从一个账户转移到另一个账户时，发生的是“转移”，当资源从同一个账户中的一项活动转移到另一项活动时，发生的是“再规划”。

因为拨款是对支出的法定限制，资金应当根据法定授权进行转移。国会有时授予指定的实体如国防部在他们的账户内转移一定数额或者比例拨款的权利。被允许进行一般性授权转移的实体通常会被要求在将资金从一个账户向另一个账户转移时向有关国会委员会报告。另外一种情况是，国会命令某些机构转移一部分拨款到另外一些机构。资金被转移后，接收的账户（那些资源增加的账户）必须遵守与原始拨款有关的所有限制或条件。例如，当一年期的资金转移到一个有无年度限制资金的账户时，一年期的资金仍然保持原来的一年期状态。

转移易于被监控，因为一些账户损失了资源，那么必然有其他的账户得到资源。转移资金的流入和流出都会被记录在总统预算的项目融资一览表（参见附录 5 –4）和附录 10 –1 所示的拨款一览表中。但是，再规划可能难以鉴定，因为再规划的过程不会改变相关账户中资源的数量。再规划的实行基于项目的定义和拨款法案或委员会关于这些法案的报告中提供的指导。对于再规划，没有整个政府范围内的规则（在不同的拨款小组委员会中规则会有很大变动），也没有对这些活动的综合性记录。一些规则只要求相关的小组委员会要得到再规划的预先通知；其他的规则要求得到小组委员会的预先批准（有些情况由联合的授权委员会批准）。甚至在另外一些情况下，再规划会一直生效，直至等候期内相关委员会或小组委员会对其进行否决。附录 10 –3 提供了一些拨款小组委员会的再规划规则与实践。

附录 10 –2　审计总长关于支出正当性的意见

美国中央情报局的副总顾问需要我们有关使用拨款购买安置在工作场所的冰箱的正当性的意见。如以下所述原因，如果中央情报局通过行政决定认为在工作场所添置冰箱同该机构活动的效率表现有合理的联系，我们不会反对中情局使用拨款资金支付冰箱安置费……

这里的问题是，为冰箱支付的费用是否可作为设备操作的“必要开支”。一般的规则是，在拨款没有详细说明用于某具体项目时，如果支出对象和拨款的一般目的之间存在合理关系，而支出在其他方面未被禁止，那么这项支付可被授权为“必要开支”。B210433，1983 年 4 月 15 日。这一关于合理性的规则承认部门在利用拨款履行目的方面的判断力。

我们已经处理过和本例类似的情况。在 47 Comp. Gen. 657（1968）中，我们反对咖啡机购买和相关项目，因为这项购买的目的是为了让部门能在会议时向雇员和其他人提供咖啡。我们得到的是不同的结果，因为该部门认为这一购买行为在弥补饮食设施的不足上很有必要……

因此，如果中情局为总部设备添加冰箱的行政决定同该机构活动的绩效表现有合理联系，并且不仅是为了雇员的个人方便，那么我们不会反对购买冰箱。

资料来源：Government Accountability Office，Central Intelligence Agency—Availability of Appropriations to Purchase Refrigerators for Placement in the Workplace，B－276601，158619，June 26，1997，available on the GAO website under “Comptroller General Decisions and Opinions” at www.gao.gov/legal.htm.

（a）大多数情况下，支出部门根据先例自主决定支出合法性和正当性。

（b）本文引用的观点中，问题是涉及中情局和审计总长的。审计总长将会做出权威决定，这个决定之后将会作为一个先例为未来支出提供参考。

（c）本文和其他一些裁定的一个关键问题是该项支出使政府受益，还是仅使雇员受益。如果仅雇员受益，这项支出将可能作为非“必要开支”而被拒绝，而一项“必要开支”要同部门绩效有合理联系。在本案中，审计总长认为购买冰箱是一项可允许的公共开支，因为这项开支能改善雇员的表现。

在近二十年内，再规划规则明显变紧。以前可以非正式操作的事情现在需要遵守规定的流程和上报要求；以前只需告知的事情现在需要得到事先的批准。对于某些机构，再规划门槛，换言之就是触发再规划规则的资金数量，被设置得很低。附录 10 - 1 展示了一个退伍军人事务部和参议院退伍军人事务——住房与城市发展小组委员会之间的再规划矛盾。这个小组委员会制定了一个很低的门槛（250000 美元）。退伍军人事务部坚持他们在没有告知国会的前提下转移资金并没有违背再规划规则。但是政府责任办公室的调查却得出相反的结论，那就是该部门转移资金必须告知小组委员会。

在具有代表性的年度中，联邦机构会报告不到 1000 个再规划项目。大部分再规划项目集中在少数几个领域，如国防和国际援助。有些机构甚至不对再规划项目作任何记录，即使他们在持续地转移资金和动用资源去应对一年内出现的各种压力或机遇。如果所有诸如此类的再规划项目都被记录在案，那么再规划项目的数量将会数以千计。

为什么正式的再规划会如此之少？其中一部分原因在于拨款领域的广泛性。拨款曾经非常具体。从授权情况到供给与差旅的每一件事都被详细列举。按科目详细列举的分配缩减了机构的决定权，并限制了机构转移资金的自由。但是，随着政府的规模和范围的扩大，拨款渐渐被合并成一个大范围的账户，这样很多机构现在收到的是一个用于所有薪水与开支的总额。尽管拨款委员会进行专项拨款或指定资金用途，但各机构在使用拨款时仍有很大的灵活性。而且他们经常使用这种决定权却不使用正式的再规划程序。不过，当拨款委员会要求将某种特定的资金转移归类为再规划时，各机构就必须遵循这些要求。通常来说，再规划就是从“项目、工程或者活动”（这些常常出现在拨款委员会的年度报告中），或者从“国会利益项目”（在拨款法案或拨款委员会报告中提到的支出）中提取资金。

再规划一般在行政—立法关系的模糊地带运作。许多再规划行动的运作安排允许拨款委员会审查并阻止拟议的资金转移。尽管 1983 年最高法院在移民局诉查德一案中裁定所有立法否决权均违宪，上述“委员会否决权”仍在使用。立法否决权给了参议院和众议院否决一个待执行活动的权力。可以说，如果参议院和众议院的否决违宪，那么国会委员会的否决也该如此。然而，自从查德案裁决后的多年来，委员会对再规划项目和其他执行活动的审查仍然很常见。

委员会否决的盛行是因为它是国会给予执行机构自主权后的交换条件，即保留权力以审查和否决拟议行动（如再规划）。如果不准国会行使否决权，它很有可能撤回部门的自主权，使机构在管理预算时只有更少的灵活性。

附录 10－3　再规划规则与实践

规则：国防拨款法案

本法案中的任何资金不得用于准备或向拨款委员会提交资金再规划申请，除非基于意外的军事要求，用于比拨款最初用途具有更高优先权的条目，绝不可用于国会已经拒绝的再规划申请中的条目。

实践：众议院拨款委员会报告

本委员会的观点是，拨款法案中的可用资金确实被用于实现国会当选议员的意图，确实按照国会和众参两院拨款委员会对讨论中的资金施加的条款与条件执行……遗憾的是，近年来委员会已经注意到［国防部］对这些标准的遵守持续下滑……

在2000财年预算中，空军采购方继续毫无顾虑地忽视相关委员会的指令与法律，而这些指令与法律旨在确保为某一目的进行的拨款（如武器采购）确实被用于该目的而不是其他目的，如研究与发展。军方的不当行为有：

1）申请数百万美元的资金用于不同的采购项目，而实际的意图在于支持（违反国防部政策的）运行、维护方面的资金需求……

资料来源：Department of Defense Appropriations Act for Fiscal Year 2000, P. L. 106 – 79, 106th Cong., Ist sess., October 25, 1999; and House Appropriations Committee, Department of Defense Appropriations Bill, 2000, H. Rept. 244, 106th Cong., 1st sess., July 20, 1999, pp. 8 – 9.

（a）没有整个政府范围的再规划规则；每个拨款小组委员会为其辖下各部门提供指导。有时（如上述第一项）这些规则出现在拨款法案中；在其他时候，它们出现在拨款委员会的报告中。根据这些指示，各机构有了启动再规划行动的程序，并（在被要求时）提交国会审议。

（b）这里列出的规则反映了一种趋势，即再规划程序变得更具限制性。典型的限制涉及用一个项目去启动或取消其他项目，或为国会已经拒绝的拨款申请提供资金。

（c）本表摘录的报告尖锐地批评了国防部违反再规划规则的行为：启动新活动，将资金用于延续已被国会终止的项目，为某一目的申请超过需求的资金，以便将资金转移到其他用途。

（d）根据这些发现，拨款委员会收紧了国防部的再规划规则。

专栏 10-1　再规划的战争：谁来控制联邦支出细节？

两个世纪以来，国会和联邦各部门一直在争夺对于支出细节的控制权。国会总是坚持各部门应按照拨款法案细则和委员会报告使用资金，并声称拥有宪法规定的对国库的权力。各部门经常偏离已被国会批准的支出计划，却声称需要执行授权活动的弹性。谁赢得这场战争将告诉我们许多不同历史时期立法—行政关系的故事。

由退伍军人事务——住房与城市发展拨款小组委员会规定的再规划规则反映了国会对控制支出细节的坚持。以下是写入 20 世纪 90 年代参议院拨款报告的文字：

“委员会一直对再规划信息有特殊的兴趣。尽管再规划可能既没有改变账户中的可用总额，也没有改变拨款的法定目的，但是它意味着对呈送委员会的部门预算申辩书中的预算计划的重大偏离。因此，委员会要求退伍军人事务——住房与城市发展部及其他由本法案提供资金的部门，在项目、活动、要素间进行的超过 250000 美元的资金再规划要提前告知委员会主席，除非本报告的其他部分为该部门或机构指定了一笔替代资金。委员会要求上报再规划的行为。对于未达到上述金额，但会改变该部门未来几年的资金需求，或影响委员会报告中引用的项目或工程的再规划活动，委员会要求被提前告知该行为。”

上述报告语言在很多方面非常有限制性。首先，再规划上报拨款委员会的门槛（250000 美元）非常低。第二，它定义的再规划包含了不改变拨款目的的行为。第三，这份报告要求委员会被告知在资金门槛之下但会改变未来资金需求的再规划。

尽管有这些规则，退伍军人事务部还是将资金在各个科目间进行转移而没有通过再规划程序。审计总署 1999 年的一项调查发现，在 1993 至 1998 财年间，退伍军人事务部从差旅费中挪用了 61000000 美元，并将其用于其他的运营开支，如薪资和设备。根据审计总署的这项报告，退伍军人事务部在准备其年度预算时，系统地高估了其差旅开支，然后将超额资金转用于其他科目（见附录 5－5 中按对象分类表）。审计总署认为这些再规划应该报告给拨款委员会；退伍军人事务部却认为，再规划规则涉及在“项目、活动和要素”间的转移而非在科目间的转移。在一封写给审计总署的信中，退伍军人事务部反对他们的结论，并写道：

“同拨款委员会的工作人员保持公开的对话。多年以来，我们赞同再规划的要求可以应用于总统预算附录中包括的项目和融资一览表上列示的主要项目活动内容……退伍军人事务部从未挑战过国会关于再规划预期的解释……重新定义再规划要求应用一个对象分类标准类型水平，与鼓励关注绩效而不是支出分类的政府绩效与成果法案和再造的努力不一致。”

尽管认为退伍军人事务部的行为构成再规划，但审计总署注意到，报告语言“没有法律效力，且对部门不具有法律约束力”。如果同样的文字出现在拨款法案（如附录 10－3）的文本中，它将会有更强的合法性基础。那为什么拨款委员会使用报告文字而不是法律？可能是因为委员会想给相关部门更多的弹性空间，如退伍军人事务部。那为什么委员会又要批评一些部门运用它们的弹性呢？可能是因为委员会仍然想要各部门知道是国会在控制国库。这两种情况使得支出部门和委员会之间产生了摩擦，但是这也建立了他们共存的环境，并不总是和平，但却有充足的共存空间使双方在下一次战争爆发前能继续干好他们的工作。

扣押

除了限制可支出的资金，拨款建立在一个强烈的预期之上，即国会提供的拨款应被用于计划中的活动。当机构实施扣押（拒绝支出全部或部分拨款）时，它便违背了国会意愿。比如说，国会决定拨款50亿美元用于各州教育补助，但政府只支出了40亿美元，那么教育项目得到的资金就会比国会提供的少。

扣押并不是一项新举措。多年来，大部分总统都曾扣押一些拨款，但他们的行动仅限于特定的项目。在20世纪70年代早期，尼克松拒绝支出国会在其预算中添加的几百万美元，扣押演变成全面的政治战场。尼克松主张其进行扣押的固有权力，但国会中的许多人坚持认为总统必须按所获拨款支出，即使这样做意味着比他想要的更高的支出总额（或更高的赤字）。为了解决类似冲突，1974年扣押控制法案（和国会预算法案同时通过）针对总统或行政长官扣留预算资源的行为制定了规则与程序。

基于与尼克松之间的摩擦，国会非常广义地将扣押定义为延迟或扣留资金的“行动或不行动”。这种定义可以被理解为包括常规的财务操作，如为了确保卖方的可信度而延迟授予合同的行为。但在实践中，扣押被有限地应用于那些以削减支出为目的的行为。那些只是偶然影响支出数量的行为不是扣押行为。常规的财政管理和扣押之间的界限往往不太明确，并且对于一个具体行为如何处理往往会存在争议。争议的一个领域叫做“事实扣押”——联邦机构不直接减缓支出速率，而是用间接的行为以达到同样效果。如一个机构拖延雇佣审查员来处理残疾申请。这样的效果是减少花在这类申请上的金额。这种策略是否应按扣押处理？项目支持者通常认为这种行为应该按扣押处理，但管理与预算局很少将其报告为扣押行为。

1974 年法案将扣押分为两种类别，并为每种类别制定了不同的程序。“延期”表示推迟资金的使用，“撤销”则是取消预算授权。每一次扣押行为都必须是“延期”或“撤销”中的一种，不可能两者都是或属于其他情况。

当总统决定将资金延期时，他需向国会提交一份说明，列出数额、受影响的项目与账户、预期的财政和项目影响以及资金延期的时间长度。总统通常不会在财年结束后进行延期，或使延期过长导致预算授权失效或使机构无法慎重支出资金。最初的扣押控制法案允许总统因政治原因执行延期——例如，因为他反对一个特殊的项目，或因为他希望支出比国会拨款少的金额。在为总统提供了这一广泛的授权后，作为交换，国会为自己保留了通过参众两院投票否决延期的权力。根据现有规则，总统只能因为“反赤字法案”允许的原因而延迟支出：为偶然事故作准备，实现因运作效率或要求变更而成为可能的结余。总统不能利用延迟权改变预算或项目政策。审计总长会审查每项延期信息，并告知国会这些信息的准确性，扣押的法律状态和可能的影响。

延期规则表明了行政—立法关系的互惠性。国会在保证总统行使延迟权的同时，也通过审查行政政策使其自身有能力保持现有地位。但是，当国会的权力不能得到保证时，总统权力也会缩小。两个分支其实都会遭到削弱：总统对联邦财政的控制会更少；国会影响行政行为的能力将减弱。

撤销

总统与国会的关系在撤销中有所不同，规则也是这样。总统可向国会提交信息，指明撤销的数量、理由、相关账户及项目、预期的预算与项目影响（见附录 10－4），以此提出撤销案。接到信息后，国会可在 45 天连续的时期（通常比日历时间长）内审议一份撤销全部、部分抑或不撤销资金的法案。

若国会在 45 天到期时仍未撤销预算资源，总统必须拨付这些资金，使它们可以用于履行义务。审计总长负责审查所有提议的撤销和延期，他可以提起诉讼，强迫发放被扣押资金，但这种情况比较罕见。

总统的撤销记录是衡量其预算影响和在国会地位的一个手段。总统发起撤销的高潮在 1981 和 1982 财年，当时罗纳德·里根总统在上任后不久就提议取消 230 多亿美元的预算资源，而国会撤销了其申请中超过 65% 的部分。表 10－1 显示，里根的撤销几乎达到 1974 年扣押程序启动以来应总统要求所作出撤销总量的三分之二。这些年来，国会只通过了总统提议撤销的三分之一。若将 1981 和 1982 财年排除在外，提议撤销的通过率降至 20% 以下。

附录 10－4　总统撤销信息

撤销提案 NO. R98－10

提议撤销的预算授权

根据 P. L. 93－344 第 1012 节报告

部门： 农业部	新预算授权　$ 1348377000 （P. L. 105－83） 其他预算资源　$ 27000000 预算资源总量　$ 1618377000
局： 林业服务局	
拨款标题和号码： 国家森林系统 12X1106	提议撤销金额　$ 1094000
管理与预算局编号： 12－1106－1－302	法定授权（除第 1012 节）： __×__反赤字法案 _____其他
补助项目： _____是　__×__否	预算授权类型： __×__拨款 _____合同授权 _____其他_____
账户或资金类型： _____年度 _____多年　________（过期时间） __×__无年限	

理由：国家森林系统（NFS）提供与 NFS 主要项目（土地管理规划，目录编制，检测；娱乐；野生动物及鱼类栖息地管理；牧场管理；林地管理；土壤、水资源及空气管理；矿产与地质；土地所有权；基础设施）相关的物品与服务的传递。提议的撤销以受影响项目的 FTE 级别与其对该部的公民权利资源的预期影响为依据，旨在抵消为该部公民权利措施提供的补充拨款。本行动根据反赤字法案（31 U. S. C 1512）执行。

支出影响（万美元）：

1998 年支出估测		支出变化						
撤销前	撤销后	财年	1998	1999	2000	2001	2002	2003
1400000	1399070		－930	－164	…	…	…	…

资料来源：Proposed Rescission of Budgetary Resources，H. Doc. 215，105th Cong.，2d sess.，February 24，1998.

（a）总统告知国会提议的每项撤销或延期，在一条信息内说明行动原因即预期的项目和财政影响。展示在此的信息是针对撤销的，用于延期的信息与此相似。若总统没有报告扣押，审计总长可通告国会。此通告与总统信息具有同等的法律效力。

（b）每项被提议的撤销和延期被分配以一个字母来标识。撤销以字母“R”开始，延期则是“D”。此处所提议的这项撤销（R98－10）是1998财年报告的第十项。

表10－1　1974—2005年总统和国会发起的撤销

（如非注明，均以百万美元计）

总统	财政年度	总统发起			国会发起	
		提议撤销金额	实际撤销金额	撤销比例	实际撤销金额	撤销比例
福特	1974—1977	7935	1252	16	1405	53
卡特	1977—1981	5751	2116	46	3526	62
里根	1981—1989	43437	15657	36	33400	68
布什	1989—1993	13293	2354	18	26821	92
克林顿	1993—2001	6749	3628	54	53730	94
乔治·W. 布什	2002—2005	0[a]	0	0	24611	100
总计	1974—2005	76022	25007	331	143493	85

资料来源：Government Accountability Office，*Updated Rescission Statistics，Fiscal Year* 1974－2005，B－306473，November 4，2005

a. 总统乔治·W. 布什提议取消十几亿美元。通过取消来代替撤销，布什总统不必遵守国会预算和扣押控制法案的要求。但是根据该法案规定的义务，布什总统不得扣留这些资金超过45天连续的时期。国会通过了布什总统作为撤销提出的许多取消案。

撤销会引起总统与国会之间的冲突。白宫所要求的每一项撤销都是让国会取消它之前所拨出的资源。通过暗示，有时也通过新闻稿，提议的撤销表达出国会拨款不当的观点。这并不是一条吸引立法者的信息，尤其是当这条信息来自于一位有不同预算优先权的总统时。在这方面的较量中，国会具有优势，因为如果它拒绝通过撤销法案，总统就必须发放资金。在过去的30年中，总统们被迫在他们想撤销的760亿美元中支出了超过500亿美元。

表10－1也显示国会在这场预算战争中占据了另一个优势。它只要通过一份法案取消先前的拨款，就可以撤销资金，而无需等待总统申请。事实上，国会每根据总统扣押申请撤销1美元，它就会主动通过立法撤销超过5美元。这种行为乍看上去令人困惑。为何国会要在撤销其拨款方面把握主动？如果它不喜欢总统提议的撤销，为什么它自己如此活跃？当人们认识到国会是为了阻挠总统或为其他支出在预算中留出空间而主动撤销时困惑就会消失。当国会拒绝总统的撤销提议时，总统可以把国会描绘成一群挥金如土的政治家，只想着浪费纳税人的钱。为了缓和这类指控，国会有时会撤销一些非总统提议的条目。例如，乔治·布什在1992年提议撤销近80亿美元，这暗示着他会随着时间推进以及大选的临近要求额外的撤销。国会撤销了申请金额中的约20亿美元，但随即又撤销了220亿美元，从总统的优先项，而不是他希望的领域里抽出资金。布什理解了这样的信息，没有再提议额外的撤销。

当预算吃紧，而国会想为额外支出腾出空间时，它也会实施撤销。有时，国会会撤销资金，在不超出可选择性支出上限的情况下补偿补充支出。有时，国会将撤销用作“定金”，以表示虽然其支出超出总统意愿，但超出部分都被旧拨款的取消而抵消了。许多国会主动进行的撤销取自休眠资金或不活跃资金，如因技术问题而搁置的武器系统资金或为将来的储备住房基金。

因为现行撤销制度制订于国会决心控制总统权力的越战/水门事件时期，它们受到国会的偏爱。有人建议，通过迫使国会就每一项撤销申请投票来加强总统权限。这样的“加速撤销授权”仍把最终决定权赋予国会，但国会再也不能通过按兵不动来获胜。但是，正是因为现行的安排使国会可以什么也不做就获胜，它自然不愿意修改撤销规则。

机构财务管理

执行预算不仅需要把钱花出去，同时也意味着高效地利用资源和及时、准确地掌握财务状况、项目绩效与账户情况。执行预算能够发挥财务会计与报告、管理与内部控制系统、绩效衡量、审计与评价的作用。管理与预算局已经明确定义了财务管理要包括为财务决策收集、分析和报告数据的系统，包括控制、记录财务交易的系统，生成支持部门使命的财务信息的系统。财务管理并不只是预算的制定与执行，还包括财产与库存控制、补助与合同管理、债务与现金管理、人事和工资系统以及采购实践。在这里只讨论与预算编制紧密相关的财务管理要素。

财务管理的碎片化

仅仅讨论联邦政府中一个单一的财政管理系统是容易误导人的。相反，在这之中有许多的系统以及更多的子系统——有些在独立运作，有些则结合在一起。在 20 世纪 90 年代，人们关注的重点是整合财务管理系统，并在大部分联邦部门中取得了显著的成效。表 10 - 2 详细地说明了主要联邦主体在财务管理中的职责。表中显示了众多的参与者，不论是在中央政府还是在联邦部门，都各有其定位及工作方式。与许多国家将范围广泛的财务责任委托给财政部不同，美国把关键的职能分解到几个主体之中。管理与预算局在编制预算与监督联邦支出中担当主角，财政部报告政府的财务操作状况，政府责任办公室审查部门会计系统与财务报表。长期以来，这些机构通过一个传递财务管理发展信息的小型单位——联合财务管理改进项目（JFMIP）协同合作。

碎片化的产生源于联邦政府的结构。政府责任办公室主要为国会工作，尽管它也有一些准司法性和行政责任。管理与预算局为总统服务，并利用部门的预算权力推动总统的政策与目标。财政部负责征税，管理政府庞大的债务，并准备年度财务报告。上述每个部门针对财务管理的关键特征，均有一个独特的视角。预算是管理与预算局关注的中心，管理是为核心活动提供辅助。政府责任办公室聚焦联邦项目的审查与评价，它把管理看作保证公共资金使用合法性、有效性的工具。财政部控制现金流，并负责维护政府范围内的会计系统，因此，它需要一贯、可靠的数据。

会计与预算

数十年来管理的碎片化导致了预算与会计的不协调——各自在自己的范围内运作，各自拥有其统计资金的方式。事情本不该如此，1921 年预算和会计法案设想的预算与会计应当是一对相互依赖的过程。预算为会计框架提供基础，而会计系统为预算决策提供数据。然而，长期以来预算与会计慢慢疏远：前者以义务为导向，后者则以消费的现金与资源为导向。预算是向前看的，是一种规划项目与政府目标的手段。而会计则是向后看的，是一种记录已发生交易的方法。它们经常被安置在不同的组织单位中，而且它们产生的数据通常互不兼容。

此外，会计本身就分散为无数的专门系统。从1950年与1956年通过预算与会计立法开始，直到20世纪80年代，各机构都被鼓励设计自己的会计系统以满足自己的特殊需要。在一些大的部门内部，各个局与运作单位都被允许定制自己的会计系统。这种分散的框架导致联邦政府中形成了上百个无法相互交流的独立系统。在各式各样的系统中，交易记录的不一致以及各分局维护的账户与上级部门账户无法兼容的情况时有发生。

自20世纪90年代以来，许多努力已经被投入到会计与预算的整合之中，并作为改善联邦政府财务管理的重要一步。其中一项关键的改进即是在所有联邦部门与主要机构中任命首席财务官（CFO）。如1990年首席财务官法案规定，首席财务官负责完善、维持一个综合的会计与财务管理系统，审查所有与机构项目、活动相关的财务工作，并且监察预算的财务执行情况（见专栏10－2）。这项法案并没有明确给出首席财务官在机构预算制定中扮演的角色，但在多方面已有所涉及。这项法律同时还在管理与预算局中设置了一个管理方面的副局长职位，作为联邦政府的首席财务官。

表10－2　按主体划分的主要财务管理角色与职责

主　体	预算执行	审计与评价	财务管理系统
国会	对补充拨款、扣押和再规划采取行动；有时监督活动或支出。	设置报告要求；执行监督；要求来自政府责任办公室或其他部门的审计与评价。	建立会计框架；对财务管理系统的政策与实践立法。

续表

主　　体	预算执行	审计与评价	财务管理系统
管理与预算局	分配预算资源；控制全职员工；监督部门绩效。	审查部门支出和项目；聚焦高危领域；推动绩效测量。	发布针对管理控制、财务管理系统和其他管理实践的官方指令；监督首席财务官和政府绩效与成果法案的执行。
财政部	管理现金和债务；使支出同资源匹配。	无	维护政府范围的会计系统。
各部门	支出资源，执行活动；向国会、管理与预算局和其他相关部门报告。	执行内部审计和评价；对国会和行政要求做出反应；比较计划绩效和实际绩效。	设计并使用财务管理系统；维持管理控制；报告重大缺陷。
部门首席财务官	监督预算的财务执行情况。	编制财务报表，包括绩效数据。	促进会计和预算系统的整合。
政府责任办公室	审查、报告扣押活动；监督违反反赤字法案的行为；解决特定冲突。	审查项目和运作；审计政府公司的财务决算表。	鉴定部门会计系统；向政府提供关于内部控制系统重大缺陷的建议。
监察长	无	审计财务报表；调查支出和其他行为；评价项目。	提出改善系统和绩效的建议。
联邦会计准则咨询委员会	无	无	制定会计标准和原则。

专栏 10－2　首席财务官的职责

首席财务官的职责

- 监督所有与部门项目和运作相关的财务管理活动。

- 完善并维持一个综合的会计与财务管理系统，使该系统服从会计和内部控制的原则、标准和要求。
- 保证部门系统提供完整、可靠、一致和及时的信息，包括成本信息和能够加速绩效系统衡量的信息。
- 监察预算的财务执行情况。

报告要点

- 部门五年规划，其中要阐明部门财务管理战略，包括计划成果与目标日期。
- 由管理与预算局提交的政府范围的五年规划，描述改善联邦财务管理的步骤。
- 各部门年度报告，分析财务管理的现状，包括要求的财务报表和关于内部会计和行政控制系统的总结报告。
- 年度财务报表，由相关财务和项目绩效数据支撑，需经过部门监察长（或外部审计者）的审议。

资料来源：*Chief Financial Officers Act of* 1990，P. L. 101 - 576，November 15，1990.

1990 年的另一项重要改进是政府责任办公室，管理与预算局和财政部共同建立的联邦会计准则咨询委员会（FAS-AB），上述三个部门声称对会计准则具有领导权威。当联邦会计准则咨询委员会推荐一项会计标准时，这三个部门中的每一方都要颁布该标准，在维持三方各自角色的同时确保对标准的遵守。多年来，联邦会计准则咨询委员会发布了一系列报告，涉及与资产负债处理相关的财务会计标准；成本会计概念；库存、资产和设备；以及其他事务。1996 年，联邦会计准则咨询委员会发布了明确联邦财务报告四项主要目标的报告（见专栏 10－3）。

标准化使联邦机构能够编制可供审计的财务报表，并使财政部能够制定一份联邦政府的统一决算报表。受各种立法推动，如 1994 年政府管理和改革法案（要求审计各机构的财务报表，并提供一份联邦政府的统一财务报表）和 1996 年联邦财务管理和改善法案（要求审计员报告机构的财务报表是否符合联邦标准），各机构都改善了财务报告，许多机构现在已获得了无保留的审计意见。

随着预算和会计的联系变得愈加密切，联邦当局面临的问题在于是否应该将用于财务报表的会计标准也应用到预算和相关文件之中。传统的规则是，供外界（如债券持有人或股东）使用的预算及相关文件应按照标准编写，而一个主体可以使用它偏好的任何形式来编写其内部纪录。在商业企业，预算是一个内部文件，不受会计规则约束。但对于政府来说，它是与公民沟通的主要手段。当前，联邦预算并不符合会计准则，但将来很可能会逐渐与之相符。越来越多的国家、州和地方政府按照一个基本符合会计准则的方式来提交它们的预算。美国政府还未向这方面发展，但在近来财务管理改革的推动下，或将有此趋势。

传统上，财务报告用于满足如确保支出合法性一类的外部要求。鉴于这种有限的目的，只需记录有关授权或发生的义务、现金的收支交易就已足够。为了保证资金支出遵从适用的法律，确保部门遵循国会的拨款意图，记录义务是必需的。而现金会计对财政部管理政府债务也不可或缺。

除了这些外部要求外，各机构还需要及时和准确的财务数据来管理自己的业务。在实际情况下，他们需要其提供的商品和服务成本信息。在成本（或权责发生制）会计中，收入在获得时记录，而不是当商品或服务被消费时或资金支付时记录。基于成本的预算适用于衡量开展活动使用的资源，控制开支和提高运作效率。他们还可为以绩效为基础的预算提供有用的数据，并显示政府支出活动的产出。

专栏 10－3　联邦财务报告的目标

预算完整性

联邦财务报告应协助实现政府责任：对于通过征税或其他手段筹措资金，使它们的支出与建立政府某个财政年度预算的拨款法律和相关法律与规则保持一致。联邦财务报告应当提供信息帮助读者确定：

- 预算资源如何被获取并使用，以及它们的获取和使用是否有合法授权。
- 预算资源的现状如何，以及
- 预算资源的使用信息如何同项目运作的支出信息相联系，预算资源现状的信息是否和其他资产和债务的会计信息一致。

运作绩效

联邦财务报告应该用来帮助报告使用者评价报告主体的服务努力、成本和完成情况，这些努力和成果获得资金的方式，以及主体的资产和债务管理。联邦财务报告提供的信息应该能够帮助读者确定：

- 具体活动和项目的成本以及这些成本的组成和变化。
- 与联邦项目有关的努力和成果，以及随着时间产生的成本变化。
- 政府管理其资产和债务的效率和效果。

管理工作

联邦财务报告应该有助于报告使用者评估政府运行和投资对国家的影响，以及政府和国家财政条件由此已经、或将要发生的任何改变。

系统和控制

联邦财务报告应当有助于使用者理解财务管理系统、内部会计和行政控制是否足以保证：

- 交易执行遵守了预算和财政法律及其他要求，与授权目标一致并根据联邦会计准则进行记录。
- 资产得到正当保护以防止欺诈、浪费和滥用，以及
- 绩效评估信息有充足的支持。

资料来源：Federal Accounting Standards Advisory Board, Overview of Federal *Accounting Concepts and Standards*, Report 1, December 31, 1996, pp. 8 – 9.

联邦资产负债表

用资产负债表来报告财务状况是一种很常见的商业行为，资产负债表上将列出资产、负债以及净值。资产负债表建立在公允会计准则之上，这些准则为估算资产和负债，设立金融风险如坏账储备基金，识别收入和支出提供了规则。由于会计实务的不足以及与企业的重大区别，直到20世纪90年代，联邦政府都没有编制联邦资产负债表。然而，会计的发展以及要求政府提供财务情况真实数据的压力驱使管理与预算局、政府责任办公室和财政部开始起草

政府资产负债表。

管理与预算局的计算表明：在2005财年结束时，政府负债超过资产约6兆美元。财政部报出的当年负债净额为8.5兆美元。某部门资产负债表上的各种项目在其他部门的资产负债表中并没有对应的项目。因此，当两个部门同时为联邦政府制作资产负债表时，它们对各项的处理并不一致。

在说明联邦资产负债表中的条目时必须非常小心。如果一个商业实体的负债达到几兆美元，它将破产。但是联邦政府的主权资产并未出现在资产负债表上；最重要的是征税的权力。如果未来收益的现值按现在的税法算出，并作为一种资产在账面上出现，政府将表现出一个更有利的财政状况。换言之，相对于政府最庞大的财务资产的未来价值而言，资产负债表使人们能更好地识别已发生的负债。

内部控制

联邦财政管理遵循内部控制（有时被称为管理控制）的原则。在此原则下，项目管理者在确保资源被正当、高效地使用，并且能如实报告财务及其他问题方面负有主要责任。

以往（主要是20世纪50年代之前），联邦机构在支出资金前必须取得外部批准。如今，各机构通常自行对交易授权，决定某一目的可用的资金数额，以及管理规则（涉及人事、差旅、采购及其他行政行为）是否落实。每个机构均保留自己的账册，对机构运作实施预审计，报告其财务绩效与状况。1982年颁布的联邦财务诚信法案要求每个机构都建立内部控制制度，且该内部控制制度要与审计总长要求的标准保持一致。这些制度必须提供一种合理保证，保证义务和支出都遵守了适用的法律；保证资金、财产和其他资产都受到保护，免于浪费、损失或滥用，并保证收入和支出都被真实记录。

管理与预算局和政府责任办公室共同担负对内部控制的监督职责。管理与预算局 A－123 号公告在 2005 年做出重大修订，强调高层管理人员对于内部控制的责任。该公告要求机构和管理者："1. 为结果为导向的管理建立并实现适当的、具有成本效益的内部控制。2. 评估联邦项目和运作中的内部控制是否充足。3. 分别进行财务报告内部控制的评估和记录。4. 明确需要实施的改进。5. 采取相应的矫正行动。6. 通过管理保证书，对内部控制进行年度报告。"与最后一项要求平行的是一个要求机构管理者签署与财务报告内部控制相关的年度保证书的程序。这一保证书代表的应是该机构首脑对机构内部控制整体充分性和效率的有力判断。这类保证书包括无保留保证（无重大缺陷）、有保留保证（存在一些重大缺陷）、无保证（该机构没有足够的程序，或者普遍存在重大缺陷）。在证明财政报告的可靠性时，管理必须能够做出以下八方面判断：

1. 发生与存在。所有报告的交易都必须在报告期内发生，并且所有的资产和负债均在报告期内发生。

2. 完整性。要包括所有的资产、负债以及交易，未经授权的交易或者结余也要包括进来。

3. 权利和责任。所有的资产都是合法拥有的，所有的负债也都是法定的义务。

4. 估价。所有的资产和负债都需被正确评估，成本需被合理分配。

5. 报告和披露。财务报告要采取适当的形式，并包含要求的信息。

6. 服从。交易必须服从于适用的法律法规。

7. 保护。所有资产都应得到保护，避免欺诈和滥用。

8. 记录。所有交易和其他重大事件的记录都要便于检查。

这些新要求的效果在于极大地提高了管理者对内部控制的关注。高层管理者再也不能将内部控制当作一个技术问题委托给下属了。他们要对保证书和重大问题负责。

按照法律要求，政府责任办公室会审查内部控制系统并报告重大缺陷。在评估一个缺陷是否会成为一个重大缺陷时，政府责任办公室建议这些机构考虑相关资源的重要性和敏感性，是否会有利益冲突，是否会违反法律法规，以及是否会有不利的宣传损害该机构的可信度。政府责任办公室对于管理控制的报告通常能发现联邦机构的大量浪费和不当管理。

专栏 10－4　影响财务管理的法律

1978 年监察长法案（P. L. 95－452）

- 在联邦各部门和主要机构建立独立的监察长办公室。
- 实施审计和调查。
- 提出政策建议促进经济、效率和效果。
- 发现并阻止欺诈和滥用。
- 将问题和缺陷告知机构长官和国会。

1982 年联邦管理人员财务操守法案（P. L. 97－255）

- 要求各机构按照审计总长制定的标准维持内部会计和行政控制，并要求各机构评估其管理责任和控制系统，还要求各机构每年向国会和总统汇报改正重大缺陷的方案。

1990 年首席财务官法案（P. L. 101－576）

- 要求 24 个联邦机构设立首席财务官（CFO），负责监督该机构相关项目和运行的财务管理活动，并编制包括重要时间节点的五年规划，以改进财务管理。

- 由管理与预算局副局长领导的首席财务官委员会评审并提出改进财务管理的建议。

1993 年政府绩效与成果法案（P. L. 103 – 62）

- 命令各机构提交最初的战略计划，每三年更新一次，且绩效计划要覆盖每个项目活动。
- 在这些计划的基础上，管理与预算局在总统预算中加入联邦政府绩效计划。
- 从 2000 年开始，各机构每年报告上年绩效。

1994 年政府管理改革法案（P. L. 103 – 356）

- 要求对机构财务报表进行审计，要求编制并审计联邦政府的统一财务报表。

1996 年联邦财务管理改进法案（P. L. 104 – 208）

- 命令审计人员报告机构财务报表是否遵守了联邦财务管理系统的要求，遵守了联邦会计准则，并与美国政府标准总账一致。

2002 年税收责任法案（P. L. 107 – 289）

- 将编制年度待审财务报表的要求扩大到几乎所有的行政机构。

2002 年不当支出信息法案（P. L. 107 – 300）

- 要求机构监督易受不当支出影响的项目，报告国会减少此类支出的行动。

2006 年联邦资金问责与透明法案（P. L. 109 – 282）

- 要求管理与预算局建立（在 2008 年 1 月 1 日前）关于联邦补助、贷款和合同接收对象的数据库，并在网络上公开（见 www. federalspending. gov）。

专栏 10－5　1993 年政府绩效与成果法案的主要特征

目的

通过关注结果、服务质量和客户满意度来提高项目效率和公共责任；通过规划项目目标，为管理者提供项目结果和服务质量的信息，帮助管理者改进服务供给；通过提供客观的，关于联邦项目和支出相对效率和效果的信息来改进国会的决策能力。

试点工程

三项试点：绩效衡量和报告（1994—1996 年）、管理的责任和弹性（1995—1996 年）以及基于绩效的预算（1998—1999 年）。（一些试点并没有进行，部门直接进入执行阶段。）

战略计划

各机构提交五年战略计划，至少三年更新一次。战略计划的编制需与国会磋商并包括一个明确的任务陈述，目标和目的，以及如何实现目标、目的，年度绩效目标同战略目标的关系，实现目标的外部影响因素和项目评价。

绩效计划

年度绩效计划与战略计划一致，需明确说明每个项目活动达到的效果，用可量化的形式表述目标，描述绩效目标实现的过程和所需资源，详细说明绩效指标并提供一个实际绩效和计划绩效的比较基础。

绩效报告

年度项目绩效报告要审查前一年的目标是否实现；如果没有，需解释为什么未能达成目标。

绩效预算

在基于绩效的预算的试点之后，管理与预算局局长发布一份报告（2001 年 3 月 31 日前），评估在总统预算中加入基于绩效的预算（展示不同预算金额的不同绩效水平）的可行性与适当性。

资料来源：Government Performance Results Act of 1993, P. L. 103 –162.

基于绩效的管理

自 20 世纪 70 年代后期以来，国会颁布了 9 项影响财务管理的法律（见专栏 10 –4）。在这些法律中最早产生的《监察长法案》和《联邦管理者财务操守法案》都聚焦于联邦官员的不道德行为和管理不善之上。第二批相关法律的产生始于致力于建立强健的管理系统的《首席财务官法案》。最后一系列法律集中于激励政府机构以提升它们的绩效和效率。

在利用预算与相关管理过程以改善绩效的道路上，1993 年的《政府绩效与成果法案》（GPRA）走出了重要的一步。《政府绩效与成果法案》（有时被称为结果法案）规定了活动的顺序，从进行绩效测量开始，进展到多年度战略计划，并以与预算决定相联系的机构计划和整个政府范围的计划结束（见专栏 10 –5）。一旦这些工具到位，政府机构将要每年报告它们的绩效，并且周期性地修订他们的战略计划以反映目标和优先权的改变。《政府绩效与成果法案》同时也要求进行基于绩效的预算的初步试验——将资金的拨付或支出直接与部门的产出或结果相联系。

《政府绩效与成果法案》详细说明了战略计划的6个重要组成部分（见专栏10－5）。《政府绩效与成果法案》规定机构在编制战略计划及随后的更新或修订工作中要咨询国会。根据不同国会委员会的命令，政府责任办公室评估了最初一轮的战略计划，发现其中许多计划缺陷以详细说明政府机构制定目标和衡量绩效的战略路径。在政府责任办公室看来，战略计划只能作为执行基于绩效的管理所必需的大范围改革的起点。

《政府绩效与成果法案》程序的下一步是提交年度绩效计划（与每个机构的战略目标一致），并同管理与预算局的年度预算申请相协调。管理与预算局的指南规定每个政府机构都要以总统预算中的财政和项目决策为基础，修订其绩效计划。机构计划必须详细说明每个财政年度的绩效目标与指标，描述实现绩效目标所需的运作过程和资源，并描绘出将用于验证测量结果的方法。管理与预算局同时也要求机构项目与财务明细表中的每个项目活动（见附录5－4）都要被至少一个绩效目标或指标所覆盖。它同时表达了一种期望，即年度绩效计划会及时成为机构预算申请和提交给国会的预算申辩书的一个必要组成部分，而且机构会重构它们的拨款账户以表达更系统化、功能化的预算和绩效信息。政府绩效与成果法案规定，在机构计划的基础上，管理与预算局要在总统预算中加入整个政府范围的绩效计划。

政府绩效与成果法案程序的最高点是基于绩效的预算的执行。在这种预算下，资源水平明确与产出水平相联系。这种形式的预算在20世纪五六十年代曾有过尝试，但没有成功。不过考虑到财政管理改革的总体加强，基于绩效的预算的前景在今天会更加明朗。这在很大程度上要依靠政府绩效与成果法案在联邦机构中植入绩效文化，使国会委员会以产出和结果为导向。有人相信政府绩效与成果法案沿袭了以往的改革路径——在一开始政府机构的大量投入导致庞大的文书工作的产生，这种文书工作满足了形式上的需要，但却很少能提供改革在行为和决策上取得进展的证据。这次的改革有一个重大的不同之处在于国会也被牵扯在内，而且政府绩效与成果法案属于法律，而不仅仅是管理上的实践。一些拨款小组委员会已经敦促各个机构在预算申辩中强调目标和绩效信息。但国会要求获得绩效和结果的信息是一回事，以此为基础进行拨款并给予联邦管理者足够的自由与激励去改进机构运作却是另一回事。当国会为项目或活动进行专项拨款并在法律和委员会报告中写下详细的运作规则时，它会破坏政府绩效与成果法案所提倡的绩效准则。

项目评级工具（PART）

在乔治·W. 布什总统任职的早期，管理与预算局推出了总统管理议程，从五个维度来评估联邦各部门和机构，其中之一是预算与绩效的整合。达到所有标准的机构会被评级为“绿色”，那些表现较成功的将会被评级为“黄色”，而那些被判断为绩效表现令人不满意的机构的等级会被评为“红色”。后来，管理与预算局对“红绿灯”记分卡进行了调整，改为分别评估各机构满足管理与预算局预算与绩效整合标准的进程。起初，大部分机构的评级都是红色。事实上，进行评级的管理与预算局对自身所有管理维度的评级也是红色。然而到了2006年，根据预算和绩效整合记分卡的测量，管理与预算局报告了联邦管理的显著改善。

因为关注焦点在管理过程，所以“红绿灯”强调的是对管理与预算局规定程序的遵守，而不是事实的结果。例如，一个成功的指标是机构是否开发了包括结果导向目标的战略计划；另一个是高级管理者是否定期举行会议审查绩效信息。在2003年，管理与预算局转向建立一个平行的过程［项目评级工具（PART）］来评估所有超过五年的联邦项目。PART是一个菜单驱动的问卷，由四大类25个问题组成，如专栏10－6所示。附加的问题是针对七个联邦项目类型的其中之一（直接联邦支出、竞争性补助、分类/公式补助、研究和发展、固定资产、信贷项目和管制类项目）。问题的答案设计为“是”或“否”。每一个“是”的回答必须用管理与预算局指南中所要求的证据来支持。对于缺少可接受的绩效指标的项目，管理与预算局允许一个“结果无法显示”的回答。管理与预算局将在总统预算及其网站上公布PART的总分，但不会给出每个问题或类别的得分。

尽管管理与预算局对评分有决定权，但各机构积极参与到评分过程中，提供他们希望为其赢得一个“是”的文件和其他证据。管理与预算局和机构工作人员间有很多的协商，并且他们之间的总体关系可能会影响评分。对得分不满意的机构可请求管理与预算局重新评分。通常这意味着提供额外的证据，并常常导致更高的得分。有时每个项目产生的文件数量十分庞大，这使得一些人认为PART已经变成另一种纸上谈兵。一个更平衡的评价是，PART能在管理与预算局审查预算申请时引起对项目结果的更多关注。PART中提出的问题是同机构和项目绩效相关的。同时，管理与预算局要求的提供证据确实提供了洞察项目管理及结果的视角。

管理与预算局坚持PART得分与预算决策之间没有自动的联系。然而，管理与预算局同样认为联邦资金应用于那些能证明自身已实现可量化结果的项目。事实上，独立研究者发现PART得分和总统预算决定有关联。评级为有效的项目在预算中比那些被评为无效的项目更有可能获得资源的增加。但是，PART得分对于国会决定的影响很小，特别是在管理与预算局试图取消那些被评为无效的项目时。迄今为止，PART还没有根除拨款委员会的渐进趋势。

专栏10-6　项目评级工具（PART）

项目如何评级

项目目标和设计（20%）

检验项目目标的清晰性和项目设计的合理性。相关资源文件和证据应包含授权立法、机构的战略计划、年度绩效计划和其他的机构报告。

战略计划（10%）

关注项目计划、优先项设置和资源分配。包括评估项目是否通过有挑战性但可实现的目标来衡量其绩效。相关证据需包括绩效计划和报告、评价计划、预算提案和其他项目文件。

项目管理（20%）

考虑该项目是否被有效管理以实现绩效目标。相关证据需包括财务报表、政府责任办公室和监察长报告、预算执行数据和独立的项目评估。

项目结果（50%）

考虑该项目是否达到了长期和年度绩效目标。还要评估该项目同类似项目相比有何优势。相关文件和证据需要包括年度绩效报告，管理与预算局和监察长报告和评价。对其他部分问题的回答分为“是”、“否”或“不适用”。

项目结果部分与之不同，其等级可能被分为“是”、“很大程度上”、“较小程度上”及“否”。

总评级

分数	等级
85—100	有效
70—84	适度有效
50—69	一般
0—49	无效

资料来源：管理与预算局网站提供的各种文件：www.whitehouse.gov/omb/part 和 www.expectmore.gov。

小　　结

支出管理涉及行政部门与国会之间的激烈斗争。支出者想要得到更大的灵活性，而国会则希望掌握控制权。在19世纪和20世纪前期，国会通常支配着这一关系，因为它利用其控制钱包的权力，通过详细的拨款限制行政决策权。该平衡变得有利于行政部门始于新政，贯穿伟大社会计划——这一时期的法律给予联邦机构广泛的运作自由，拨款账户也得到了扩大。但是，在越南战争/水门事件时期，由于国会对行政行为施加了大量限制，通过了首个关于总统扣押的正式限制，并在法律和委员会报告中发布了大量指令，潮流又出现了逆转。国会受到那些真实的或是被察觉到的行政权力滥用及其与总统之间旷日持久的斗争的刺激。随着立法控制和限制的增强，国会被指责为微观管理行政部门并干涉行政管理细节。

20世纪90年代突然出现了大量关于改善联邦管理的方案。尽管这些方案确实出于善意，它们并未专注于联邦管理者与国会资金控制人之间的基本关系。国会希望通过绩效得到更多，但是并不情愿放弃那些阻碍绩效改善的控制和习惯。国会束缚住管理者，并以不作为来打击他们。这种安排使国会在两个方面都获得最佳效果：它既掌握了控制权，又把责任推给了官僚。国会通过了如《政府绩效与成果法案》一类的法律，要求机构提交大量的报告，但随后又继续按照过去的方式分配资金，并进行立法限制。有时候这一方法是有效的，尽管管理者们的运作自主权受到限制，但他们依然履行责任。然而，当他们达不到标准时，需要更多限制的立法信条便会加强。

副总统阿尔·戈尔“政府再造”计划中的核心——国家绩效评论，提供了趣闻逸事般的证据，即联邦管理者们忠实地遵守了规则并几乎花光了提供给他们的每一美元。他们没有灵活性，并且几乎从不冒险。即使他们看到了更明智的支出机会，他们也无权这样做。这样一个对联邦管理的描述或许有些言过其实，但它确实道出了一个事实的核心：管理者们通常更重视服从规则，而非绩效。讽刺的是，《政府绩效与成果法案》本身成为一个巨大的服从机器。机构生成战略计划，不是因为他们寻求自我改变，而是因为《政府绩效和结果法案》的日程表要求他们这么做。他们进行绩效测量是因为法律要求他们这样做；至于这一测量能否对其绩效产生实质影响则另当别论。

《政府绩效和结果法案》中最自负的一点是，掌握更多的或是不同的信息可以改变行为。但是，回顾过去的改革，不管是20世纪50年代的绩效预算，或者60年代的项目预算和计划项目预算系统，还是70年代的零基预算，我们会发现，信息本身并不能改变什么。就核心来讲，变化要基于意愿和激励——变革组织的动力和诱因。而《政府绩效和结果法案》却不能充分提供二者，因此，它可能最终只能沦为一个变革的立法替代品。

管理与预算局现在已完成一个完整的项目评级工具周期，期间几乎所有联邦项目都已根据项目评级工具中规定的办法进行了评级。与以往的方案相比，管理与预算局成功地将对绩效的考虑整合进了它的内部预算过程之中。管理与预算局的审查员很重视项目评级工具，并将其运用在建议支出等级上；机构官员投入资源以提高他们的项目评级分数，因为他们明白一个较低的分数可能会导致总统预算中的削减建议。在较短的时间内，项目评级工具已经成为联邦预算一个不可或缺的特征，但它的未来仍然不确定。其中一个问题是，国会在拨款方面基本上并未被项目评级工具说服；另一个问题是，除非有新的理念和兴趣使之振作，否则项目评级工具会有沦为纸上谈兵的危险。最终，项目评级工具的命运依赖于乔治·布什总统的继任者所采取的路径。如果下一任总统发布他自己的新方案，项目评级工具将会像那些曾经一度被视为前途无量的改革一样，逐渐淡出人们的视线。但是，如果新一任的总统和管理与预算局的领导者接受项目评级工具，那么它可能就会拥有对政府绩效和预算决策产生长远影响的持续力量。

第十一章
长期预算

本书表明，联邦预算依靠大量规则、程序和约束条件来运作。当然，这不是说任何事都在预算之中，不是说无论是挥金如土的人还是减税高手，都能够将预算置诸脑后，想要什么就得到什么，也不是说争取选票的政治家们无法拒绝强大的需求。预算是一个受到控制的过程，在总统和国会行为的不同阶段有很多关卡、控制点。但预算也是一个政治过程，它对于投票人、利益集团的偏好很敏感，并且选举产生的领导人有很强烈的倾向去满足选民。于是预算就成了一场阻隔需求的法规和开启需求的政治倾向之间的较量。在较量的过程中，有时预算会出现严重赤字。当出现这种情形时，议案就会被提出，或作为宪法修正案或其他立法行为，试图扭亏为盈。纵观预算的历史，这种调整不仅取决于政治立场或观点的转变，而且取决于新法规的出台。然而，在应对预算的长期前景时，这种调整就变得更困难了。因为今天的政治家和投票者们没有太多的动力去应对明天的问题。

由于缺少强大的宪法约束，预算机制能够用来加速预算调整，使其更迅速、更好地体现美国人的长期利益，减少对总统和国会关系、立法秩序、预算规则的损害吗？本章从迫在眉睫的人口压力对预算及其长期前景影响的角度评估现有预算制度，试图寻找这些问题的答案。

预算控制的充分性

编制预算，其核心是一个决定需要筹资多少、支出多少的过程。在为财政收入编制预算的过程中，有一个广泛的共识，那就是每年复议税率是不明智的。因为企业和家庭是根据其纳税情况作出决定的，因此，他们不会屈服于收入立法的异动。正是从支出方面考虑，预算控制的充分性经常受到质疑。

表 11－1 表明，预算能够通过一系列和个人交易总量有关的行为来有效控制选择性支出。这个控制链的目的是为了确保每年数以百万美元计的义务、支出的总量不超过批准的选择性支出总量。虽然有例外或违反规定的情况，但规则规定，这个表格中的每一步都不能超过前一步规定的总量。比如，对一个账户分摊的总量不能够超过从拨款和其他预算资源那里得到的义务的总量。当然，正如在这个例子中可以看到的，这些控制并非密不透风，但这个顺序将选择性支出限制在（或接近于）预先设置的总量之中。由于这些决策每年制定一次，所以选择性支出对预算状况高度敏感。在出现财政盈余时，国会和总统将把更多的款项拨给选择性项目，在赤字重现时，拨款增加的规模会小得多。

表 11－1　选择性支出控制流程

限制或行动	控　制
对选择性支出的限制	在法令中（2002 年底到期，但总统和一些国会议员建议将其保留）对选择性支出设定了可调整的上限。
预算决议总额	对预算授权和支出总量设置上限（包括选择性支出和直接支出）。对选择性预算授权和支出有不同的限制（仅在参议院中执行）。
第 302 条（a）分配	预算决议中的总预算授权和总支出被分配到有支出权限的各委员会。所有的选择性支出都分配给拨款委员会。
第 302 条（b）分配	每个拨款委员会在其 13 个小组委员会间就预算授权和支出进行细分。但每个小组委员会分配到的总额不得超过整个拨款委员会获得的总额。
拨款	每个拨款法案中，提供的预算授权和支出都要与第 302 条（b）中各小组委员会间的分配相匹配。针对可能超出第 302 条（b）相关配置的拨款法案，可在众议院或参议院提出议事程序问题。
分配	拨款和其他预算资源由国会预算局按项目或按季度分配到每个账户中。
配给	每个部门或机构将分配到的资源配给到下级单位。配给总量不得超过分配总量。
义务	各机构的义务是政府对未来支付的承诺。机构义务的履行不可（很少有例外）超出所获预算资源。
支出	由财政部支付，用以清算机构产生的义务。

强制性项目则不同。过去的立法行为（而非现在的预算决策）几乎完全确定了每年在权利性项目上的支出数额。在强制性项目中，控制链的方向是颠倒的——不是用总额来限制单个项目，而是由项目的花费来确定总额。这就阻碍了（但并未阻止）预算编制过程中的自我修正。正如下文将会讨论的，未来预算中权利性项目的巨大偿付额引发了人们对

美国长期财政状况的担忧。

仅仅因为预算中对权利性项目的限制没有像选择性拨款那样严格，并不能说明其支出不可控。在设立权利性项目时，政府优先考虑的是价值而非预算控制。控制支出并不是预算决策的唯一目标；国会和总统还有其他的政治考虑，而这些政治考虑有时会使其不顾财政状况。社会保障确保工人在退休后将被一张财政安全网托住，医疗保险和医疗补助项目使年迈的低收入美国人能享有医疗保健，失业保险使失业者能拿回部分失去的收入。政府为食品券和其他援助项目提供资金，使低收入家庭能维持基本生活。通过调节法定的生活费，政府保护了那些权利性项目的目标人群，使其不受通货膨胀的侵害。这些项目有一个共同点，即都是通过使联邦支出的受益人获得福利来达成目标。把这些支出定为选择性的，短期而言将有利于控制预算，但会减少提供给美国人的财政保护。

美国人普遍认同那些在主要权利性项目中体现的价值。民意投票显示社会保障、医疗保险和其他主要的权利性项目获得了人们压倒性的支持。虽然美国人并不喜欢“福利”项目，但他们赞成一种观点，那就是政府应该帮助低收入者满足其基本生活需要。美国人可能不会赞成每个权利性项目，但一个项目受益人越多，项目支出越大，获得的支持就可能越大。虽然美国人担心政府的成本，但很少有人愿意为此牺牲收入的稳定性、医疗保健和其他预算控制之内的目标。

如果政府想要完美地控制财政，那么预算就要每年重新制定一次，并且不受过去承担义务的限制。国会需要每年都重新决定对于养老金、医疗救济、食品券、残疾人补助、失业保险等项目的支出。如果真是这样，那么我们可能就要回到过去那种制定预算的方式；几乎所有的支出都是选择性的。

然而，一个拥有完美的预算控制的世界可能并不是一个完美的世界。在一个社会中，当雇员、雇主、老年人和其他人都面临着充满不确定性的未来，很多时候甚至是暗淡的未来时，社会不安定就会蔓延。退休者可能要在每年的预算循环中艰难度日，而不知道下一年的社会保障或健康服务是什么。

一个很有说服力的案例是，美国因为有一个由权利性项目织成的大网而变成一个富裕的国家。当然，并不是所有这些项目都具有同等价值，但它们结合在一起，就能使家庭在周期性经济衰退和暂时的窘迫中得到缓冲，并在应对逐渐临近的年老体迈时得到缓冲。

理论上讲，提供权利性项目与控制预算是不相容的；但实际上，这两者必须得以调和。总统和国会必须处理包含了权利性项目的年度预算，他们主要通过协调来处理两者的关系，这种协调使得他们能够在保留某些项目提供的核心福利的同时，对其做出边际调整。国会偶尔也会通过协调在权利性项目上做出重大调整，如1996年对福利项目的彻检，但其协调的主要目的是通过各种少量的削减来实现在协调指令中设定的结余目标。根据这种方式，经过30多年对医疗保险项目上万亿美元的削减，医疗保险中提供的医院和医疗福利仍然与几十年前的水平极其相似。可以说，协调之所以一直存在，是因为它没有废除受欢迎的权利性项目。通过削减边际经费，并将部分成本转嫁给受益人和服务提供者，既节省了成本，又保留了权利性项目。

国会可以继续通过协调来削减项目，但长期预测中收支的不平衡表明，当医疗保险和社会保障支出在未来高涨时，这种手段将不再充分。国会更不可能将权利性项目的数量压缩到这样的水平——在40年后声称这些项目占预算的份额将不会超过21世纪的头二十年。这样一个权利性国家业已存在，但预算行为中生动的辩论，以及针对政府在向美国家庭提供转移支付时扮演角色和承担责任的频繁的预算行为仍将继续。

为未来预算

联邦政府面临着两个不同的预算未来——一个是之后10年可应付的赤字，另一个是之后20—40年的时期，那时社会保障账户上的余额将消耗殆尽，医疗保险项目将重现财政危机，华盛顿将不得不对老年人的支出做长远变革，或向纳税人征更多的税。这两种未来以几种方式结合在一起。首先，在不远的将来，美国的财政绩效将直接影响到国家是否能顺利过渡到向“婴儿潮”时期出生的老龄化人口倾斜的预算。在退休潮来临前，财政上的决定是慎重的还是挥霍的，将有很大的区别。前者将减少预算在未来会受到的不可避免的冲击；后者则会增加冲击。其次，在未来十年婴儿潮一代尚未完全影响预算底线之前，支持社会保障、医疗保险长期稳健的政策很有可能被制定出来。如果政治领导人认为预算形势良好而延迟行动，那么当预算形势恶化时，他们再要作出必要的调整就会更加艰难。

财政盈余期（1998—2001年）为处理人口增长这枚“定时炸弹”提供了最好的机会，但由于政策上的失误和扩大国防开支的压倒性力量，这个机会被浪费了。进入21世纪，管理与预算局和国会预算局发布了对未来十年充满乐观的预算方案。国会预算局保证，预算盈余将累计增加到5.6兆美元，远远超过偿清所有公债所需的数目，其中还包括用于支撑社会保障和医疗保险信托基金的财政状况的资金。然而，预算的历史警告我们，所有这些预测都可能是错的，在对盈余的预期和实际获得的收入之间存在着巨大区别。

虽然国会预算局的预测是在谨慎的假设基础上做出（适度的增长率和一个比之前20年慢的税收增长），但不可抗力（通常因为战争或经济疲软）或仅仅是增加支出减少税收的政治冲动，也会使其出轨，即使有合理的预测。正如第二章详细说明的，这正是在21世纪头十年发生的情况。自我修正的假说预言：预算行为的改变将在预期盈余完全出现前就把它吸收。在预算的收入和支出这两方面，机会主义的政治家使得预期的盈余大大减少。

鉴于长期预算的暗淡前景，盈余的快速变现是一条错误的政策路径，它使得整个国家对于新世纪第二个十年不可避免的支出增加没有准备，并使政府失去了为建立新的社保系统或完善现有系统提供资金的能力。数据显示，当出现财政盈余时，预算纪律就消失了。在2000年，联邦债务（包括社会保险和其他信托基金的欠债）总计5.6兆美元；到2012年，仅12年后，预计将超过上述数字的2倍，达到11.5兆美元。在同样的12年中，公众持有债务预计将从3.4兆美元上升到5.7兆美元。2012财年将成为联邦预算的重要一年，因为从这一年开始，将有大批公民达到65岁，领取退休金、医疗保险金。

总之，中期预算政策使联邦政府没有准备好处理长期财政问题。然而，政府却不得不应对它。拖欠退休金和医保责任不是一个可行的选择，通过限制选择性拨款或调整权利性项目福利也不太可能产生足够的结余。即使政府这样做，它也不得不借更多的钱或者征更多的税。在本书写作之际（2007 年），一个比较现实的预测是，政府将两者皆为。

社会保障和医疗保险

即使乔治·W. 布什总统任期内出现的财政失衡得到了纠正，如果现在的社会保障和医疗保险政策继续执行而不做出改变，那么可以确定的是，在 21 世纪的第二个十年中将会出现大规模赤字，并且在之后的几十年会越来越大。预算困境归纳起来有以下几种趋势（见表 11 –2 和图 11 –1、图 11 –2）：

表 11 –2　社会保障和医保住院保险信托基金的预期清偿能力

方　案	年　度	
	社会保障	医保住院保险
支出超过收入的第一年（不包括利息）	2017	2006
支出超过收入的第一年（包括利息）	2027	2010
信托基金资产耗尽的年份	2040	2018

资料来源：2006 Annual Report of the Board of Trustees of the Federal Old – age and Survivors Insurance and Disability Insurance Trust Funds, May 1, 2006, P. 9, availiable on the Social Security Administration's website at www. socialsecurity. gov/OCAT/TRSUM/tr06summary. pdf.

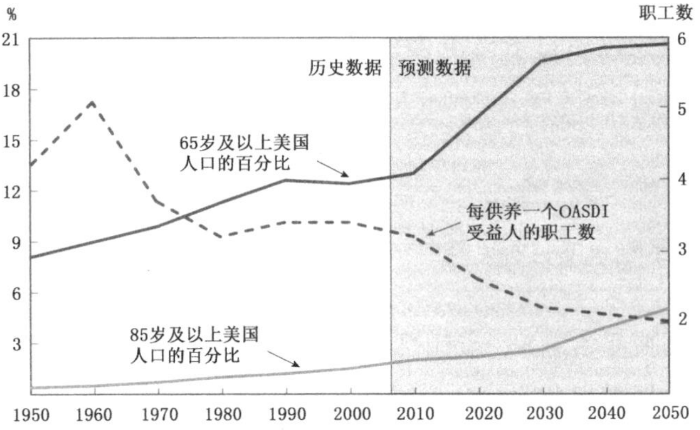

图 11-1　1960—2050 年 65 岁、85 岁及以上美国人口与每供养一个 OASDI[a] 受益人的职工数（以五年为间隔）

资料来源：（1）2006 *Annual Report of the Board of Trustees of the Old-Age and Survivors Insurance and Disability Trust Funds*, May 1, 2006, table IV-B2, available on the Social Security Administration's website at www.socialsecurity.gov/OACT/TR/TR06/trLOT.html; and（2）U.S. Census Bureau.

a. OASDI，老年人，遗属及残疾人保险，社会保障的官方名称。

第一，年龄在 65 岁及以上的美国人口预计会增加一倍，从 2000 年的 3500 万（总人口的 12.4%）到 2030 年的 7000 万（总人口的 19.6%）。根据统计局的估算，到 2050 年，将有超过 8500 万的美国人达到 65 岁（或以上）。更重要的是，高龄老人（85 岁及以上）预计将不断增加，从 2000 年的仅有 400 万，到 2030 年的 1000 万，2080 年的 2100 万。这个趋势将对医疗保险项目造成不利影响，因为老年人随着年龄的增长，会消费更多的医疗服务。

第二，每供养一个社会保障受益人的职工数（支付社保税的人）将从 2000 年的 3.4 人降到 2050 年的 2.0 人。结果，更多的钱将流向社会保障和医疗保险信托基金，而流入的资金则相对较少。

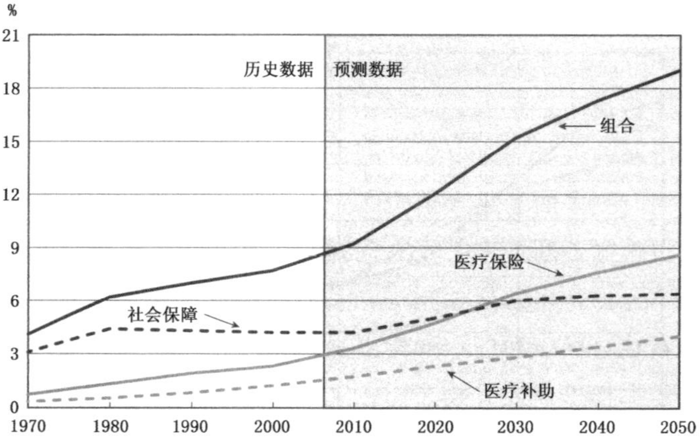

图 11－2　1970—2050 年社会保障，医疗保险与医疗补助支出占 GDP 百分比

资料来源：Congressional Budget Office, "Intermediate Long－Term Spending Projections," spreadsheet, December 2006; and *Budget of the United States, Historical Tables, Fiscal Year* 2001, table 1.2, table 13.1, and 2000 *Annual Report of the Trustees of OASDI*, table III. C1, p. 189.

第三，根据国会预算局的估计，社会保障项目的支出将增加，从 2005 年占 GDP 的 4.2% 到 2030 年超过 6%，并且至少维持在这个水平直到下一代。医疗保险和医疗补助加在一起，2005 年占到 GDP 的 4.2%，但（对未来支出趋势运用中间假设）这一比例将在 2030 年上升到超过 9%，2050 年将近 13%。

显然，这些趋势不是可持续的，一般的自我修正将不足以处理未来社会保障和医疗保险的预算要求。但在声称出现"危机"之前，对问题进行透视是适当的。首先，斯坦法则（经济学家赫伯特·斯坦提出）预言，那些无法持续的趋势不会持续。也就是说，糟糕的方案，或近乎于糟糕的方案不可能成为现实。联邦预算将不会被社会保障和医疗保险耗尽。

在形势变得很严峻之前，对这些项目将会做出重大调整。其次，随着人口老龄化，支出结构也将变化，更多的公共和私人资金将投向老年人。同样，个人的消费方式也会随着他们生活阶段的改变而改变，政府也同样需要面对年龄结构的变化。当有更多的老年人消费时，对老年人的支出在国民收入中所占份额不断上升是没有问题的。最后，因为对老年人的支出不允许挤出其他预算（和私人）需求，所以，重大改变将会在社会保障和医疗保险上做出，尽管可能并不像有些人期望的那样迅速或有效。社会保障和医疗保险将会幸存下来；在它们使国库破产前，二者都会被改组。

虽然社会保障和医疗保险经常被放在一起考虑，但他们各自面临的财政状态是不同的，并且在预算中也被区别对待。社会保障是预算外的，医疗保险是预算内的。社会保障不会经常性变动，并且从不在协调法案中出现；医疗保险经常在协调过程中被频繁调整。对社会保障的调整只是为了改善其财务状况，而医保调整则通常是要改进总体预算情况。

医疗保险将比社会保障先遇到财政危机。医保住院保险信托基金预计将在2018年耗尽，而社会保障的清偿能力预计将能维持到2040年（图11－3）。未来社会保障方面支出的增加几乎完全是因为工资和价格的改变以及受益人数的增加，除了受到这些因素的影响，医疗保险支出对于医疗技术的传播、医疗服务的利用率以及卫生保健部门的通货膨胀都很敏感。而这些变量都比那些导致社会保障支出增加的变量更难预测。

目前已经有大量试图解决社会保障和医疗保险财政困难的建议。对这两个项目而言，一些人主张征更高的税；另一些支则持削减福利。一些人主张将这些项目或其中的一部分私有化，作为一种卸下财政包袱的手段；另一些人则强烈要

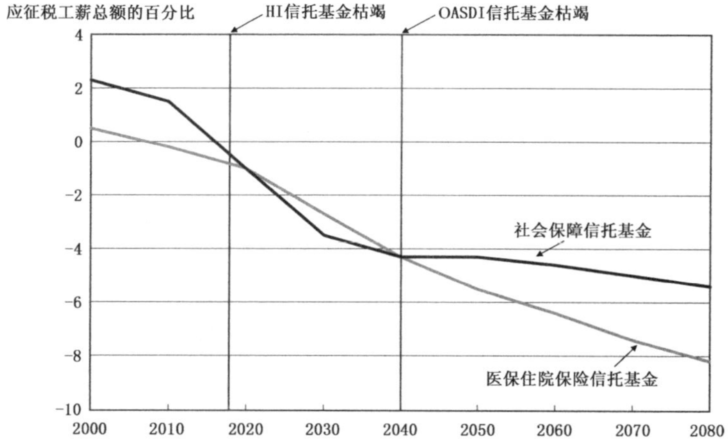

图 11－3　社会保障（OASDI）与医保住院保险（HI）信托基金精算结余

资料来源：2006 *Annual Report of the Board of Trustees of the Old – Age and Survivors Insurance and Disability Trust Funds*, May 1, 2006, table IV – BI, available on the Social Security Administration's website at www. socialsecurity. gov/OACT/TR/TR06/trLOT. html; and 2006 *Annual Report of the Boards of Trustees of the Federal Hospital Insurance and Federal Supplementary Medical Insurance Trust Funds*, May 1, 2006, table III. B7, available on the Centers for Medicate and Medicaid Services website at www. cms. hhs. gov/ReportsTrustFunds/downloads/tr2006. pdf.

求公共资助和公共运营。一些人赞同对其注入一般收入，另一些人害怕这种补救办法将会使负担转移到纳税人身上。关键的问题是：谁应该为维持这些项目的清偿能力买单：是在职劳动者还是受益人，是青年人还是老年人？

华盛顿的政治阵容要影响这些问题的答案尚需走一段很长的路。如果共和党人能够控制白宫和国会，那么就可以促进完全或部分私有化；如果由民主党人控制，则私有化将会受阻。分裂的政府可能导致两党拟定改革的一揽子方案，保留基本的社会保障和医疗保险福利，削减未来成本，增加一层私有化的养老金或医疗保险。另一方面，持续的经济增长可能使行动进一步推迟，因为额外的财政收入会增强这些项目的偿付能力。

社会保障

社会保障在将来支付其所承诺福利的能力将更多地取决于联邦政府的财政状况，而不是信托基金的结余。虽然，预计到 2050 年，这些结余将达到 6 兆美元，但社会保障系统将不会把这笔现金掌握在手中。如果按现行做法，它将从政府那里拿到证明政府欠款数额的票据。据推测，到 2040 年，政府将不得不偿还这笔债务，之后政府将对社会保障的福利负责，即使它不再对信托基金欠债。如果政府无法为这些支付提供资金，社会保障将无法履行其义务和责任。这个例子有力地表明，巩固政府的财政状况至少和使社会保障信托基金形成结余一样重要。一个财政强大的联邦政府将有能力支付保金，即使社会保障信托基金耗尽；如果联邦政府财政疲软，一个拥有大量结余的社会保障系统也不得不放弃它的承诺。

为社会保障提供资金肯定比确保医疗保险未来的财政稳定性容易。据估计，2005 年到 2080 年，社会保障收入的保险精算差额将不到投保工资总额（符合社会保障税的那部分工资收入）的 2%，这个缺口在 75 年的时间中，早期较小，后期较大。这意味着，任何减少 2% 的社会保障支出或增加 2% 财政收入的政策变动都可以填补未来约 30 年的整个缺口（虽然没有预测覆盖的整个时期）。任何变动总量为 2% 的政策组合（如提高退休者获得全额保金的年龄，对雇主和雇员支付的工资税各增加一个百分点，或减少每年社会保障支出对通货膨胀所作的调整）都将使社会保障在未来处于良好的财政基础之上。

如果社会保障问题的解决方案能够如此轻而易举地得到，那为什么它还没有被采纳？主要的原因在于，虽然对于如何解决社会保障问题有众多建议，但没有哪一个能够得到足够的支持。虽然有一边倒的政治支持，但社会保障将遵循政党路线的政治家和遵循代际路线的美国公众分裂开来。许多共和党人，在乔治·W. 布什总统的领导下，支持用私人退休账户替代部分社会保障。这种转换会明显降低政府未来的财政风险，因为它将不再为私人账户担保一个固定的保金（根据每年的价格指数调整）。在推进的过程中，布什总统声称，通过投资他们自己的储蓄，美国人将获得比传统的社会保障支出更高的保金。然而，大部分民主党人坚持认为，社会保障应该是一个强制的、联邦提供资金的项目，而且信托基金中的资金短缺将通过削减部分受益人的福利或增加政府的支持来解决。

除非两党就分歧达成妥协，否则在社会保障上的一致就不可能实现。因为几乎所有的美国人都与此有利害关系，所以在社会保障税收或福利上的重要改变需要两党合作。即使一个政党能够在国会众参两院获得多数并控制白宫，靠一个政党单独实施也是不可能成功的。

任何解决社会保障问题的企图还将不得不面临青年人和老年人意见与利益的不同。退休者和那些将要退休的人认为社会保障理所当然，并且依靠每月的社会保障金生活。许多年轻人则对于当他们在 30 年后退休时是否能获得社会保障缺乏信心——他们听到了世界末日的鼓点：社会保障的破产不可避免，虽然他们可能不想削减现在受益人的福利，但很多人并不愿意缴纳更多的社保税。

虽然很难准确预测政治上以及两代人之间的分裂如何解

决，但有一点是很明确的，那就是在信托基金大大减少之前，将会采取措施来解决社会保障问题。并且，很可能传统的社会保障制度将对那些已退休的和即将退休的工人保留。我们也可以期望，社会保障制度的改革可能既使税收增加，又使福利减少，同时出现一些伴随着强制性账户的新的义务账户，而这些强制性账户自引入以来，就一直定义着社会保障。综合这些范围广阔的变量，政治家们最终将拼凑成一个能获得广泛支持的一揽子方案。

医疗保险

解决医疗保险问题将会更加困难，一方面是因为财政赤字将大大增加并比预期提前到来，同时还因为美国人喜欢扩大而非缩减从政府那里获得的医疗保险福利。2003 年处方药保险的加入说明政府正在不断增加对医疗保险的支持。但同时，国会和总统已多次努力，力求缩减医疗保险的支出，这通常是通过削减每年给供应商的支付实现的。几乎没有例外，这些削减对医疗保险中长期不平衡的改变无足轻重。未来运用类似的策略根本无法确保医疗保险的偿付能力。虽然，在庞大的医疗保险项目中，所有组成部分都处于财政险境中，但最大的问题出在住院保险信托基金，它支付住院医疗费用，并由工资税提供资金。根据目前的法律，仅该基金的不平衡到 2080 年就将超过 20 兆美元。住院保险信托基金的托管人估计要使该基金实现精算平衡需要增加 120% 的收入，减少 50% 的支出。这些调整拖的时间越长，调整的幅度就将越大。

针对社会保障问题提出的一些建议方案并不一定适用于医疗保险项目。提高享受医疗保险的法定年龄（现在是 65 岁）将使没有医疗保险的美国老年人数量增加几百万。另一个建议方案是授权美国人建立一个他们自己的医疗储蓄账户（MSAs），这一方案已经被乔治·W. 布什总统积极推行，并且正在有限的范围内使用。在医疗储蓄账户问题上的冲突与在社会保障问题上的分歧很类似，共和党人认为这个账户将激励公民成为保健服务的有效率的消费者，而民主党人则认为那些更有钱更健康的人将选择医疗储蓄账户，而医疗保险项目将背负着照顾病人和穷人的重担。

医院和其他供应商提供服务，而医疗保险为这些服务提供资金。正因为如此，医疗保险所经历的趋势和压力与困扰着美国医疗保健总成本的趋势和压力一样。在一个更长的时期内，这些服务成本的增长速度将超过其价格。现在，美国的医疗保健支出约占国内生产总值的16%，这个比例远远高于其他国家。如果不在供给和私人医疗卫生服务价格上做出根本性变革，医疗保险就不能被重构。最后，医疗保险的命运就会因此和医疗卫生服务的结构与提供缠结在一起。

与社会保障一样，在医疗保险上的根本变化不得不有待于两党合作。在那之前，政治领导人都将试图用边际调整胡乱应付过去，推迟清算的日子，使医疗保险能维持得更久些。一些调整将缩减对供应商的支付，而另一些则将增加投保人的保费和其他费用，对高收入的投保人尤是如此。

若以史为鉴，那么医疗保险将仍是一项繁重的立法项目，每隔几年（或更短）就要做出大量调整。政治家们将力求避免医疗卫生服务的明确配给，设计出能够抑制许多服务使用的隐含的配给形式，并向一些医疗保险的受益者征收更高的费用。然而，这些调整将不能避免更多的在医疗卫生服务的供给和融资上的根本变化。

社会保障和医疗保险的长期生存能力不仅依赖于政策调整，也取决于未来至少三十年的经济形势。一个强劲的经济可能使得这些项目在更长的时期内是可持续的，而一个疲软的经济则使政府对这些需求的满足变得更加困难，即使政府削减了社会保障和医疗保险福利。经济的作用可以说是相当显著的，正如有预测显示社会保障信托基金将被耗尽（见图 11 – 3）。在 1999 年，社会保障托管者预测，社会保障将有能力支付到 2034 年，而医疗保险将到 2015 年用完。2006 年预测的社会保障的生存能力延长了 6 年，医疗保险延长了 3 年。社会保障的预测更改是因为经济的强劲表现，而医疗保险则是因为总体经济状况和医疗卫生部门通货膨胀将减速的预期。

即使一个看似很小的经济状况的改变也可能导致未来社会保障和医疗保险支付能力的实质性差别。例如，如果从 2006 年到 2036 年经济保持每年 2.7% 的增长，那么国内生产总值（以 2006 年为标准）将从 14 兆美元增长到将近 31 兆美元。这部分增加的资金将极大地减轻社会保障和医疗保险的财务负担。

虽然经济表现由许多因素共同决定，但如果联邦政府节省社会保障信托基金中积累的资金，便很可能保持预算盈余，那么到 2035 年经济规模将显著扩大。这些盈余将为投资提供一个资金池，并且会随着时间推移提高生产力，并进一步扩大经济规模。

展望未来 30 到 50 年，我们可以想象社会保障和医疗保险成功进行了自我修正。在这些项目上，政府投入的资金比现行法律规定的还要少，但占国内生产总值和财政支出的比例将更大。重复之前所言：当老年人占总人口的比例更大时，政府将相应地在他们身上支出更多，这是不可避免的。任何其他结果从政治上讲都是站不住脚的。

延长预算的时间跨度

因为预算过程一年一次，所以它不可避免地缩小了决策者的时间视角。于是政治家们着眼于短期的困境，以期先把一年应付过去，却忽视了长期的政府责任和公民期望。在一年期的框架内，最重要的是做出决定，即使这意味着把难题拖延到以后。当然，存在着一些能够看得长远的方法，但一般都是在预算的时间框架以外。事实上，这正是社会保障和医疗保险信托基金托管者所发布的年度报告的逻辑：在不同的经济和人口假设下，预测 75 年后这些基金的精算赤字。

虽然总统和国会每年都要处理预算，但双方都在每年财政收入和支出政策的辩论中加入长期观点。国会预算局基线预测的跨度为 10 年，而国会的预算决议必须涵盖至少 5 个财年，有时和国会预算局一样覆盖 10 年。而且，参议院亦有法规，要求在采取立法行动时进行长远考虑，具体如下：（1）量入为出规则规定，在为期十年的三个不同的时间框架内，收入和直接支出立法应当保持赤字中性；（2）伯德规则禁止了那些在超越协调指令时间框架以外导致或增加赤字的协调立法；（3）对长期支出提案的限制：对于四个连续十年期内（直至 2055 财年）将增加直接支出超过 50 亿美元的法案不予考虑。此外，为执行预算规则，正在处理的和已通过的法案要由国会预算局与税收联合委员会依据十年期预算基线或其他时间段共同确定拨款额。

在克林顿总统的任期内，管理与预算局将预算预测的时间跨度延长至 10 年，但小布什总统又将其缩短到 5 年。他声称未来太不确定，以致不能做出可靠的估计。也有人认为，这样做的真正动机在于，掩盖其欲减免税收和增加开支的长期意图。不管如何，管理与预算局确实发布了一份关于联邦资产和负债的资产负债表以及一份长期的前景展望，刊登在总统预算的“预算分析书”中的“工作职责”一章。这些报告详细分析了政府的财政状况和责任；它们并不是从赞赏的角度去看行政机构的预算政策。资产负债表估计，联邦政府的净负债将从 2001 年乔治 · W. 布什总统任期伊始的 16. 6 兆美金增加到 2006 年的 20. 6 兆美金。由于会计规则，这些估计不包括未来社会保障和医疗保险负债的现值。对于政府暗淡的未来财政状况，管理与预算局提供了一个更加全面的图景，它估计公众持有的债务将从 2000 年占 GDP 的 35% 增加到 2080 年的 260% 。虽然报告中警告说长期预算前景非常不确定，但管理与预算局仍然明确断言，“目前的预算走的是一条不可持续的道路”。管理与预算局认为，如果国会采纳总统关于支出削减的提议，那么未来的负债将会减少。然而，总的说来，即使在医疗保险和其他一些权利性项目上做出调整，财政前景仍不容乐观。

国会预算局有时也会发布到 2050 财年的长期预算推测。这些预测提供了六种可能出现的不同情况，从收入低增长和支出高增长，到收入高增长和支出低增长。国会预算局发布这些报告的主要目的是为了表明，政府未来的财政状况高度依赖于政策选择。在所有这些情况下，政府都面临着增长的赤字，但在最乐观和最不乐观的情况间，赤字规模存在巨大差异。

在预算中建立可持续性分析

在将长期分析引入预算工作方面，美国落后于许多发达国家。澳大利亚每5年制定一份代际报告，英国每年制定一份长期预测。欧盟委员会对其成员国预算政策的长期财政影响进行评估，强调同比改善或衰退。这些研究采用的方法各不相同。有的估算未来支出义务的现值和现有税收系统下收入之间的缺口，或估计填补缺口所需增加的税收总量；还有一些通过制定各种方案来显示未来的预算状况对于各种变化的敏感度。

可持续性分析就政府未来的财政状况提出了三个相关问题：

——偿付能力。如果不改变其现行的预算道路，政府是否有能力支付未来的责任？美国是少数几个在未来的偿付能力上存在问题的发达国家之一。破产的威胁可能会驱使联邦政府在拖欠责任之前早早就对财政收入和支出政策做出重大变革。

——稳定性。政府是否能够一直维持其现行的预算道路不变？特别是政府是否会为了给其义务提供资金而增加税负？一些国家政府已采取了重大措施来稳定财政政策，当养老金出现负债时就为其注资而不是等它们已经花完后才开始投钱。这将使整个或部分社会保障项目从一个福利计划（即保证未来的支付）转变为一个捐助系统，即只保证注入资金的数额，而不保证获得的福利水平。之前提出的公共社会保障账户向私人账户的转变将有类似效果。稳定医疗保险支出有赖于将医疗保健费用的增长限制在与国内生产总值相适应的水平。正如之前提到的，只有实现了医疗卫生服务提供和融资的深远变革，才能实现控制医疗保险支出这一目标。

——公平。未来的公民是否将不得不忍受一个比今天更高的税收负担，或者享受比今天更少的福利？政府是否已将今天受益人的福利成本转嫁给了未来的纳税人？经济学家运用一种被称为“代际核算”的方法得出了如下结论：超过70岁的美国人面临的税率非常低，甚至是负税率，而青年和少年人则面临着高于70%的税率。在一些国家，确保代际公平是政府预算政策的一个显在因素，但在美国，情况并非如此。

限制未来负债

可持续性分析为更长时间跨度的预算展望提供了信息。然而，这并不能强迫政治领导人去改变他们的预算道路，也不能强迫他们去考虑其行动对财政的长期影响。在年度预算的有限时间内，通常情况下，对政治家而言，将成本或问题转嫁给未来比通过自我约束来达成一致更为有利。

适度考虑未来会得到现有规则的支持，这些规则能够限制政治家采纳会对长期财政状况产生不利影响的政策变动的能力。这种规则可以禁止国会通过会导致未来赤字净现值增加的法案。这类规则可以被强制执行——通过构建一条类似于国会预算局每年做的十年期预测的长期基线，并以此为标准，评估拟议或通过的法案，并将政策变动贴现。这种方法的应用需要解决一些技术难题，包括运用的假设，对不确定性的处理，以及选择贴现率等。

这类规则将限制那些会影响未来预算，但不会减少现有权利性项目长期负担的政策提案。有些人要求政府对所有的权利性项目进行强制性审查，比如以日落法则的形式，即每到一个固定期限（比如每五年或十年）就终止这些项目，除非在国会获得更新。我们没有理由去期望这些日落法则能削减普遍性福利，比如社会保障和医疗保险。从以往采用日落法则的政府经验来看，它们可能加速了一些小项目的取消，但不会对造福大多数美国人的那些昂贵的权利性项目产生影响。

双年度预算和拨款

虽然长期预算目前不可能实现，但将预算过程延长到双年度周期是改革者们不断追求的一个目标。这个预算周期将设立一个最短为期两年的授权法案，并且规定总统每隔一年提交一份完整的预算。国会将其转换为两年期的预算决议和常规预算拨款法案时间表。但总统和国会也可以在预算到期那一年做出补充性的预算决定。由于在双年度提案中，拨款程序是主要症结所在，因此我们现在的讨论焦点就是拨款程序。

来自行政和立法机构的支持者提出了许多赞成双年度程序的观点。大多数有关国会或者联邦机构的内部运作试图疏通在立法日程和机构预算日程表中的堵塞。有些人认为，双年度预算不失为一种好方法，能够使预算程序摆脱在支出细节上的纠缠，而将注意力集中到更大的政策议题上去。还有人认为，联邦机构可以就此从单年度预算周期绷紧的时间期限中解脱出来，有更多的时间用于进行战略规划和项目审查。

支持双年度预算的立法者抱怨说，每年对拨款法案的立法需要耗费大量时间，这可能会挤占处理其他立法任务的时间，并且每年都会在“是否需要解决同样事情”这一问题上产生很多冲突。他们将授权活动的减少归咎于拨款程序，并认为拨款是一个折磨人的过程，其最终完成的日期经常远远滞后于日程表。他们指责说，拨款委员会之所以坚持单年度预算框架，是因为这个框架能使他们自己支持的项目获得专项拨款。

国会的改革者们展望一个为期两年的时间表，在这个表中，第一年考虑实质性法案，第二年考虑支出法案。他们相信，这个安排将使得国会更加积极主动地监督政府机构及其绩效，同时也更加重视那些长期议题。

就预算控制而言，双年度预算的争论落在拨款焦点可预见的变化上。一个单年度拨款程序不可避免地将注意力集中于联邦政府支出项目的逐年变化，而忽略了在联邦项目长期发展方向上的考虑。一个更长的周期可能会减少渐进的成分，更加以变革为导向；减少在投入和细节方面的纠缠，而将注意力更多地集中于产出和结果；对微观管理机构的兴趣会减少，更加关注战略和优先权；减少对即将到来年度的关注，而更关注长期的财政状况。

这些预期现实吗？如果以过去的改革（如 20 世纪 60 年代引入的计划项目预算系统、70 年代试行的零基预算）为指导，上述问题的答案就是否定的。上述两次改革都试图中断预算的渐进路线，转而构建更加有战略意义的财政决策。但均未成功，问题主要是出在拨款方面。今天的改革者驳回了上述观点，认为过去的预算创新保留了年度拨款；现在的预算创新将变革年度拨款。而且，他们认为，这次的结果将会更加乐观，因为他们要变革国会运作，而不仅仅是在行政部门的预算制定上做些改动。

如果联邦政府真的将单年度拨款转换为双年度拨款，那么，即使美国不是第一个建立多年预算周期的国家，也会是最先实行双年度预算的国家之一。许多国家运用的是一个中期支出框架，这个框架使他们能够在多年期的背景下制定年度预算政策。在有些国家，政府机构已经享有了自由权，可以将这一年没用完的运作费用转移到下一年，还有些国家甚至允许机构提前支出一小部分下一年的拨款经费。有些国家采用多年期预算，详细阐明其后每一年机构分别获得的运作资源以及在时间周期内运作的项目。然而更重要的是，年际的灵活性以及多年期预算安排并没有减少每年的拨款。借鉴其他国家的经验，我们可以得出这样的结论，在延长政策周期的同时每年继续拨款是可行的。

事实上，美国国会已经开始慢慢放开年度支出控制。一方面，选择性拨款只占了联邦支出的三分之一。另一方面，这些拨款中很大一部分是无年度期限的，资金可无限期地用于履行义务。此外，当选择性支出上限设定时，国会就可作出多年支出决定。

看上去奇怪的是，对于预算的大部分内容，选择似乎只有一个，要么选择对年度拨款的短期控制，要么选择对于永久性权利性项目的自由。双年度拨款则将提供一个额外的选择，这个选择有助于许多规划周期较长的项目，比如资本支出、军事采购等。

尽管对于延长预算周期的呼声很高，但是自美国民主制度产生以来，在预算这一关键过程中，在年度拨款的基础上做出的任何变化，都必须考虑其对政治体制可能产生的更广泛的影响。将周期从一年改为两年，将不仅仅关系到拨款程序，而且会对国会的运行以及国会和行政部门的关系产生影响。改革后，国会仍将掌握财政大权，但会相对放松对于财政的控制。至于放松到何种程度，将取决于改革支持者期望双年度拨款所带来的行为变化的程度。行为变化将能回答许多问题。当政治条件或者经济条件的变化使得预算政策的调整合法化，周期改为两年究竟会增加还是会削弱政府自我修正的能力？联邦机构会把双年度拨款的第二年当作是通往争取补充资金之路的铺垫吗？总统和国会是否会在实质上利用第一年的补充拨款，以至于这个拨款过程仅是名义上的两年而已？在国会的运作与委员会的工作中，还需要做哪些必要的改变以保证其对联邦项目和机构的有效监督？在理想状态下，双年度预算可以被看作是迈向一个更广阔的时间视野的一步。

小　　结

除非改变预算轨道，否则联邦政府将为忽视预算政策的长期后果而付出惨重代价。我们不需要预设世界末日的剧情就能预感到，将来，纳税人的税负将会增加，而享受到的福利水平却不及现在。这个糟糕的变化将不仅仅是由于美国人年龄结构的改变，更重要的是由于忽视长期预算的议题所导致的。这不是由于信息缺乏造成的（这个国家充满了对未来预算及财政赤字的悲观预期），而是由于缺少政治意愿。

所有的民主政府都有政治动机将今天投票人的成本转嫁到明天的纳税人头上。一些政府会受到会计规则的限制，这些规则要求它们将一部分未来的负债计作当前的费用；还有一些政府采用了一些政策来保护它们未来的财政免遭不可避免的、因老年人口增加而导致的公共福利需求增加的影响，而我们的联邦政府在这方面所做的努力则相对较少。它也将被人口变化的压力迫使去面对等待着这个国家的巨大的财政赤字。

因为政府当初没能直面这个问题，所以滞后的行动将使政府面临一个更加艰难的任务。虽然我们无法精确预知，但有一点是可以肯定的，要增加长期预算的稳定性，就必须将政治性、政策性、程序性因素结合起来。而最重要的政治因素将是民主党与共和党之间的合作（至少是磋商）。任何一个政党都不可能或不应该试图独立地重构社会保障和医疗保险项目。政府政策的改变将对几乎每个美国人都产生巨大影响，因此，任何党派都不应该承担如此大的政治风险。设计专门的政治安排来解决这一问题可能更为适当，如建立党派中立的委员会来向国会推荐政策变动。1983 年，这一策略被成功应用，当时国会在社会保障项目上进行了重大变革。但当比尔·克林顿总统提议重构医疗保险时，没有遵循这条路径，乔治·W. 布什总统试图对社会保障项目做出重大变革时也没有采用这个方法。在上述两个事例中，单边行动都失败了。

大部分的政策变革都在增加税收的同时减少支出，但纳税人和受益人的具体分担方式是不确定的。未来的总统选举和国会选举都可能会对今后政策变革的程度和分布产生重大影响。但无论选举的结果如何，高收入者都将面临更高昂的税负和更少的福利。对于相对富裕的阶层，福利将会屈指可数，而税率却将飙升。但究竟如何变化，还要看主要权利性项目上的政治支持是否会被削弱。

最后，联邦政府将逐渐转变其预算程序，促使预算制定者对长期财政结果给予应有的重视。关于未来影响的相关信息将会更加充分地被整合到预算实践之中；不利于美国财政长期健康发展的行为将会受到限制。但即使有严格的预算规则也不能完全消除预算上的机会主义，因为政治家们会运用策略来增加福利，掩盖成本。对于那些在过去便从事预算的人而言，未来的预算将并不陌生。

联邦预算相关网站

管理与预算局

网址：*www. whitehouse. gov/OMB*

职能部门与国会的联络通讯

法律通过后七天内的拨款报告

公告、报告、新闻简报及听证会证词

行政预算及支持性文件

财务管理政策

《中期评估》

PAYGO（量入为出）报告，及对量入为出余额的估测

政府范围的绩效计划

管理改革/GPRA（政府绩效与结果法案）

《支出扣减更新报告》

行政政策声明（SAPs）

国会预算局

网址：*www. cbo. gov*

预算主题及总统预算分析

成本估算、研究与报告以及听证会证词

《经济与预算展望》

经济与预算预测

选择性拨款现状

预算执行法案中的紧急支出

每月预算审查

收入变动及支出选择

预期联邦税收及税法变动的影响

未授权拨款及过期授权

国会图书馆

网址：*thomas. loc. gov*

自 1973 年以后的国会法案摘要

自 1989 年以后的国会法案原文

国会指南及委员会组成

自 1989 年以后的《国会记录》

自 1995 年以后的委员会报告

众议院委员会听证会记录

自 1990 年以后的唱名表决记录

自 1973 年以后的公法

审计总署

网址：*www. gao. gov*

总审计长决议及意见

绩效及问责

政策与指导材料

联邦部门章程报告

听证会证词

众议院拨款委员会

网址：*www. house. gov/appropriations*

302（b）分配案

委员会和小组委员会组成

委员会致行政部门信函

新闻通稿

自 1996 财年以后的项目终止情况

预算修正与听证会日程安排

当前拨款法案状况及摘要

众议院预算委员会

网址：*www. house. gov/budget*

预算决议

委员会组成

听证会记录

议题报告

新闻简报

日程安排

政府印刷局

网址：*www. access. gpo. gov*

自 1997 年以后的委员会出版物

自 1997 年以后的委员会听证会

自 1993 年以后的国会法案

自 1994 年以后的《国会记录》

自 1995 年以后的国会报告

自 1995 年以后的《总统经济报告》

自 1995 年以后的行政预算

自 1995 年以后的公法

美国法典

财政部

网址：*www. treas. gov*

年度报告

国库现金日流量及月流量报表

新闻简报及演讲

《财政部公报》

参议院拨款委员会

网址：*www. senate. gov/ ~ appropriations*

302（b）分配案

委员会和小组委员会组成

听证会、预算修正及协商会议日程安排

新闻简报

当前拨款法案状况及摘要

参议院预算委员会

网址：*www. senate. gov/ ~ budget*

总统预算分析

《预算公报》

主席建议

《经济公报》

听证会记录

新闻简报

日程安排

术 语 表

权责发生制（Accrual Basis）——在收入实现时记录收入，在费用发生时记录支出的会计基础，不考虑资金收到或支出发生的时期。

应付支出（Accrued Expenditures）——反映由于接受服务、收到商品或者其他财产引起的债务的费用，或归属于不需要当前服务或业绩的项目的数额。不管现金支付何时发生，支出都会增加。

提前拨款（Advance Appropriations）——某项拨款法案提供的预算授权，将在法案实施年度的下一财年生效。拨款数额包含在财年的预算总额之中，将用于兑现义务。参见远期资金（forward funding）。

预拨资金（Advance funding）——当前财年要承担义务或支出，但却在下一财年拨款的预算授权。当提前承担义务时，当前财年的预算授权增加，下一财年的预算授权减少。

分配（Allocation）——在执行预算时，分配是指预算授权或者其他资源被转移到另一账户来完成原先账户的目的。在国会预算中的使用参见委员会分配（Committee Allocation）。

配给（Allotment）——一个部门进行的分配行为，授权政府官员或行政单位在特定的金额和时间内承担义务。一个部门分配的总金额不能超过管理与预算局分配的数额。

预算函（Allowance Letter）——在总统预算递交给国会后，管理与预算局发给各部门的一封信函。这封信向各部门建议了预算决议和多年计划估计、就业上限以及其他重要政策和行政事务。

补贴（Allowance）——包含在预算中的一部分资金，用来弥补由于法定支付增加、意外事件以及其他需求而可能产生的额外支出。

年度授权（Annual Authorization）——针对一个财政年度的拨款授权，通常是一个明确的资金数额。年度授权下正在进行的项目每年需要重新授权。如果它们没有被再授权，国会通常会拨款给它们使其继续进行。

分配（Apportionment）——管理与预算局分配给不同义务的可用资金额。分配按照时间（通常是季度）和项目划分这些额度。分配限制了所需承担的责任。根据《反赤字法案》，当某账户被分配后，要保留其中一些资源，或根据《滞留控制法案》建议撤销。

权利性项目拨款（Appropriated Entitlement）——一种权利性项目，其预算授权在年度拨款法案而非实体法律中提供。《预算执行法案》将这些权利性项目归类为直接支出。

拨款（Appropriation）——提供预算授权的法律条款，授予部门为了特定目的在财政部之外承担义务和进行支出的权力。拨款是提供预算授权最常用的手段。年度拨款由拨款法案提供；大部分永久性拨款由实体法律提供。

拨款限制（Appropriation Limitation）——拨款法案里的一项条款，限制了针对特定目的的借款或支出数额。这个限制可能用于直接贷款义务，担保贷款承诺，信用基金提供的行政开支，或其他目的。

拨款法案（Appropriations Act）——一项做出年度拨款的法案。这项法案可能是定期、追加或连续拨款。

授权法案（Authorization Act）——一项法律，它建立或延续一个或多个联邦项目或部门，设立其运行的期间和条件，设置其他政策要求或限制，授权拨款实施，以及规定拨款资金如何使用。

后门支出（Backdoor Spending）——见直接支出（Direct Spending）与支出授权（Spending Authority）。

平衡预算（Balanced Budget）——收入等于或大于支出的预算。

预算授权余额（Balances of Budget Authority）——之前提出但尚未支出的预算授权。债务余额是指没有被清偿的数额；不结转的年终预算结余是指还能用于承担义务的额度。

基线（Baseline）——在假设的经济条件和就业率下，假定现行政策不发生变化，对收入、支出以及其他预算金额的预测。基线通常每年由国会预算局拟定，针对接下来的十年（或较短）。它被用于编制国会预算决议，说明在量入为出规则下立法的预算影响，估计协调议案中条款的预算影响。

两年期预算（Biennial Budget）——一个针对两年时间的预算。联邦政府目前使用的是年度预算，但是已经有提议采用两年期预算。

借款授权（Borrowing Authority）——支出授权的一种形式，允许联邦部门为特定目的向财政部或公共机构借款形成基金来承担义务和支出。除了信托基金和特定的其他实体，借款授权只在拨款法案提供的范畴内有效。

预算修正（Budget Amendment）——在国会完成对最初要求的行动之前，总统递交的针对处理中的预算申请的修订。

预算资源（Budget Resources）——一个基金或账户中可用于承担义务的数额（不论其来源）。这些资源包括新的预算授权，之前提供的预算授权的恢复或重新采用，来自其他账户的转移，存入账户的收费和其他集资，以及不结转的年终预算结余。

预算授权（Budget Authority）——由法律提供的授权，承担通常会导致支出的义务。预算授权的主要形式是拨款、借款授权以及合同授权。预算授权也包括直接贷款和担保贷款的补贴，但不包括无补助的部分。预算授权可以按照有效时间划分（一年、多年、或无期限），按照国会立法的时间划分

(当年的，或永久的)，或者按照可用数额的明确性划分（明确规定，或无明确规定)。

1990年预算执行法案（Budget Enforcement Act of 1990）——国会颁布的一项法律，为选择性支出设置上限，为收入与直接支出设置量入为出规则。

预算决议（Budget Resolution）——国会两院通过的一致决议，展现了接下来十个（或更少）财年的国会预算。预算决议说明了预算总额和功能性分配，并且可能包括参议院或众议院委员会的协调指令。参见协调指令（reconciliation instruction)。

预算盈余或赤字（Budget Surplus or Deficit）——预算收入和支出之间的差额。赤字是支出超过收入；盈余是收入超过支出。

预算储备（Budgetary Reserves）——管理与预算局从分配资金中预留的基金，由《反赤字法案》授权。除非由其他法律明确授权，留出这些储备金可能仅仅是由于需求和运作效率的变化。根据《扣留控制法案》的要求，储备金需向国会报告。

企业类报表（Business - Type Statements）——政府公司、特定的周转金以及政府主办企业的财务报表（在预算中发布)。这些报表不同于预算计划之处在于：它们首要关注的是资产和债务，而非预算资源。

资本预算（Capital Budget）——将资本投资从经常性支出中分离出来的预算。资本资产的投资不包括在盈余或赤字的计算中，但是，经常性预算被用于支付折旧和/或债务利息。联邦政府没有资本预算，但是投资支出在补充预算计划中体现。

现收现付制（Cash Basis）——一种会计方法，收入在获得时记录，支出在支付时记录，不考虑收入和支出实现时的会计时期。

首席财务官（Chief Financial Officer）——根据1990年《首席财务官法案》任命的官员，负责监督与部门项目和运作有关的财务管理活动，发展和维持一个完整的会计和财务管理系统，并且监督部门预算的财务执行。

已结清账户（Closed Account）——一个余额被取消并且不能再承担义务或进行支出的账户。只能在有限时间内承担义务的账户（例如年度拨款），不再从其中支取的五年后将会关闭。参见过期账户（expired account）。

委员会分配（Committee Allocation）——根据《国会预算法案》第302款的规定，分配新的预算授权、权利性项目授权以及支出给众议院和参议院委员会。这一分配不能超出预算决议中的相关数额，通常在伴随预算决议协商报告的联合解释说明中做出分配。

新预算授权比较表（Comparative Statement of New Budget Authority）——在众议院和参议院拨款委员会关于某项拨款法案的报告中的一个表格，将每个账户的建议金额与上一财年的拨款额和总统申请额进行对比。

预算一致决议（Concurrent Resolution on the Budget）——参见预算决议（Budget Resolution）。

定值美元（Constant Dollars）——商品和服务的美元价值，根据价格变化调整。定值美元系列用于计算根据通货膨胀调整的预算收入和支出。

或有债务（Contingent Liability）——一项有条件的债务，会因某特定事件发生或没有发生而变成实际债务。或有债务包括贷款担保、银行储蓄保险以及价格保险。

持续决议（持续拨款）［Continuing Resolution（Continuing appropriation）］——对常规拨款没有在财年开始前通过的项目或部门的预算授权提供的联合决议。一项持续决议通常是一种暂时的手段，会在一个特定的日期过期，或者是被常规拨款法案取代。然而，作为实施常规拨款的手段，一些持续决议在整个财年内有效。

合同授权（Contract Authority）——允许在拨款之前承担义务的立法。虽然有特殊情况，但合同授权一般只在拨款法案规定的范围内有效。当合同授权被提供时，它所引起的债务由国会拨款基金支付。

成本预算（Cost - Based Budget）——支出根据消费的商品和服务而不是义务和支出额确定的预算。

成本估计（Cost Estimate）——国会预算局准备的有关报告的立法五年支出的估计。《国会预算法案》规定，成本估计通常在伴随立法的报告中公布。

信用项目账户（Credit Program Account）——一个预算账户，拨款给它用于弥补补贴费用以及/或者直接或担保贷款的行政费用。拨款基金随后被支付给一个财务账户。

信用补贴成本（Credit Subsidy Cost）——直接或担保贷款期间的估计成本，在净现值和计划贷款或担保的现金流的基础上计算，不包括行政成本。对于直接贷款，补贴成本是下列现金流的净现值——支出款、支付利息和本金、追回款、费用、以及其他支付款。对于贷款担保，补贴成本是政府为违约、利息补贴、以及其他支出支付的净现值，以及扣除预计支付给政府的收费、罚款和追回款后的净现值。

现值美元（Current Dollars）——以某项商品支付时的价格或服务售出时的价格换算的商品或服务的美元价值。参见定值美元（Constant Dollars）。

当前水平（Current Level）——众议院预算委员会进行302款分配案决策时使用的分类。它涉及源于现有法律的新预算授权与支出，与选择性立法（新预算授权和支出源于新立法）恰成对照。

当前服务评估（Current Service Estimate）——在总统预算中，对下一个及之后财政年度延续现有服务所需的预算授权与支出水平的评估。这种评估反映的是，如果没有政策变化，延续联邦项目的预期成本。

延期（Deferral）——导致预算授权的暂时扣留、推迟或妨碍其义务或支出的作为或不作为。延期可能仅仅是因为反赤字法案（或其他法律）的授权，而不是出于政策原因。

赤字分配（Deficiency Apportionment）——（由管理与预算局）对可用预算资源进行的分配，分配的预算资源数量可能会导致补充预算授权被迫通过。这种分配只能在反赤字法案允许的情况下进行。

直接贷款（Direct Loan）——一项根据合同规定要归还的资金支付（不是以商品或服务交换的形式）。一项拨款被用于弥补每项直接贷款项目的补贴成本和管理费用。

直接支出（Direct Spending）——依照法律而不是拨款法案提供的预算授权与相应支出，包括每年获得拨款的权利性项目。在预算执行法案中，直接支出与选择性支出区分开来，并适用 PAYGO 规则。

选择性支出（Discretionary Spending）——年度拨款法案中提供的预算授权与相应支出，而非获得拨款的权利性项目。预算执行法案对选择性预算授权与支出进行了限制。

选择性支出上限（Discretionary Spending Limits）——预算执行法案针对选择性项目的预算授权与支出设置了上限，导致预算授权或支出超出此上限的拨款可能会促成一项扣押。

专项（Earmarking）——专项收入由法律规定用于特定目的或项目。这类收入包括信托基金、特殊基金、来自拨款账户的抵销收入。专项支出由拨款法案或相应的委员会报告规定用于特定项目或活动。

紧急支出（Emergency Spending）——总统和国会指定对紧急事件的拨款。在预算执行法案下，紧急拨款会导致相关选择性支出上限的增加，以适应额外的支出。

权利性授权（Entitlement Authority）——授权联邦政府向符合条件的受益人进行支付的法律条款。权利性授权可由年度或永久性拨款提供资金。

过期账户（Expired Account）——结余不能再用于担负新义务的拨款或基金账户，因为可以担负新义务的时间已经期满。可以从过期账户中支出以清算之前发生的义务。参见已结清账户（Closed Account）。

联邦债务（Federal Debt）——国债、部门债务的总额，包括公众持有的债务与信托或特殊基金持有的债务。

联邦基金（Federal Funds）——由联邦政府征收及支出的所有资金，不包括指定为信托基金的部分。联邦基金包括一般基金、特别基金、公营事业基金与政府间基金。

财务报表（Financial Statements）——报告各部门或其他联邦主体财务状况的报表，包括财务状况报表、现金流报表以及预算协调报表。

财务账户（Financing Account）——根据《1990 年联邦信贷改革法案》设立的账户，接受来自信贷项目账户的支付，管理其他所有因直接或担保贷款而流向或来自政府的现金流。财务账户不包含在预算总额之中。

财政政策（Fiscal Policy）——有关收入、支出以及赤字的联邦政策，涉及就业、产出、价格、支付结余，旨在促进国家宏观经济目标的实现。

财政年度（Fiscal Year）——预算的会计周期。联邦政府的预算年度从 10 月 1 日开始，次年 9 月 30 日结束。财政年度根据其结束时的日历年命名，例如，2000 财年从 1999 年 10 月 1 日开始，2000 年 9 月 30 日结束。

固定账户（Fixed Account）——资金只在明确的期限内可用的账户，与那些无限期账户相反。固定账户内未用于履行义务的结余会在资金可用期结束时过期（不可再用于履行义务）。

远期资金（Forward Funding）——在某个财政年度可用于履行义务，且在下一财年仍可继续履行义务的预算授权。预算授权计入拨款产生的财政年度。

完全融资（Full Funding）——针对某一项目或活动提供预算授权（如会在之后年份完成的造船项目），为其全部预期成本提供资金。完全融资也可指针对授权立法中全部授权的拨款。

功能或功能性分类（Function or Functional Classification）——

对预算资源按其主要功能进行分类的一种体系。每项功能可以分解为两个或多个子功能。每个账户标识码的最后三位代表它归属的子功能。

政府资助企业（Government - Sponsored Enterprise）——由联邦政府建立，但由私人所有或经营的企业。这些企业被排除在预算总额之外，因为他们属于私人企业。但是，关于这些企业的财务信息包含在预算之内。

格拉姆—拉德曼—霍林斯程序（Gramm - Rudman - Hollings Process）——由1985年平衡预算与紧急赤字控制法案（一般被称为格拉姆—拉德曼—霍林斯法案）建立的一套程序，包括固定的赤字目标，以及预期赤字超过此目标时对预算资源的扣押。1990年预算执行法案取代了这些程序。

国内生产总值（GDP）[Gross Domestic Product（GDP）]——某一年度在一个国家领土范围内所有最终产品和服务的总市值。国内生产总值可用现值美元或定值美元来表示。

标识码（Identification Code）——为每项拨款或基金账户设定的11位数字编码，用来识别机构、账户、被传送到国会的时间、基金类型以及账户功能分类。

扣押（Impoundment）——政府官员或雇员为阻止或延迟预算授权义务或支出的作为或不作为。参见延期（Deferral）和废除（Rescission）。

内部控制（Internal Control）——机构为了保护资产，确保账户的准确性和可靠性，加强对规定的财政管理政策的服从性所建立的系统和采取的行动。

正当性文件材料（Justification Material）——各部门向拨款委员会提交的用来支持其预算申请的文件和计划。材料主要解释当年拨款和下一财年机构要求拨款数额之间变化的正当性。

分项否决（Line - item Veto）——总统对国会通过的法案有分项否决的权力。1996 年通过的《分项否决法案》允许总统可以对立法中有关选择性预算授权、新增直接支出，或有限税收收益的部分进行部分否决。这个法案在 1998 年被最高法院判为“违宪”。因此，现在总统必须否决或签署整个预算法案。

清算账户（Liquidating Account）——根据《联邦信贷改革法案》设立的账户，用来处理所有 1992 年之前产生的直接贷款或担保贷款的现金流。

清算拨款（Liquidating Appropriation）——对实质性立法（通常是合同授权）中产生的义务进行拨款。清算拨款不属于预算授权。

贷款担保（Loan Guarantee）——联邦政府承诺在贷方拖欠还款时，联邦政府会向借方支付部分或全额贷款本金或利息。新贷款担保的补助成本被计算在预算授权和预算支出以内。

管理基金（Management Fund）——接受来自两项或两项以上拨款的预算资源的法定授权账户，账户中所有拨款要实现的是非周期性的同一目标或同一活动。

融资手段（Means of Financing）——不计入预算收入或支出的联邦政府固定资金流量。这些融资手段包括向公众举债、征收货币铸造税以及设立信用融资账户。

预算中期评论（Midsession Review of the Budget）——对总统预算更新情况的概述，包括修正了的收入预测、预算授权、支出以及其他信息。预算中期评论应在 7 月 15 日之前发布。

财政部每月声明（Monthly Treasury Statement）——财政部每月发布的预算声明总结，包括收入数据、支出数据、月盈余/赤字以及至某一节点的财年盈余/赤字，并将这些数据与往年同期进行比较。

多年拨款（Multiyear Appropriation）——为超过一个财年的项目签署的拨款法案中提供的预算授权。项目的始末结点可能与某一财年的始末时间不一致。

多年授权（Multiyear Authorization）——对超过一个财年的时间段进行的拨款授权。多年授权项目必须接受阶段性重新授权。

国民收入和产品账户（National Income and Product Account）——提供总经济活动数据的季度和年度账户。这些账户中的联邦收入和支出数据与预算中报告的数据在某些细节上有所不同。

非年度拨款（No - Year Appropriation）——对履行义务始终

有效的拨款法案提供的预算授权。若债务在财年末仍未还清，这些基金不会失效。

支出用途分类（Object Classification）——根据所买商品或服务的性质进行支出分类（比如人员、日用品和设备）。每个拨款账户的预算中都包括一份物品分类计划。

保留余额（Obligated Balance）——尚未完成支付的义务的数量。这份结余通常在债务付清后结转。

义务（Obligation）——需要支付的应遵守的协定（如签订的合同，接受的服务，以及类似交易）。

预算外（Off - Budget）——在法律上属于预算之外的联邦部门的预算授权、支出或收入，通常包括社会保障信托基金和邮政服务。

抵消收入（Offsetting Collections）——来自商业类活动以及其他政府账户的收入。这些收入不被算作实际收入，但可抵消预算授权和支出。

年度拨款（One - Year Appropriation）——针对单一财年的义务所制定的拨款法案中的预算授权。通常这些财年在授权法案的实施条款中有专门说明。

支出（Outlays）——偿付义务的支出（通常通过支票、支付现金或电子转账等形式）。

量入为出（PAYGO，pay - as - you - go）—— 在《预算执行法案》中确立的预算程序，旨在确认直接支出和收入立法没有增加赤字或减少盈余。PAYGO 要求新立法中赤字的增加或盈余的减少必须与其他立法或扣押相抵消。

绩效预算（Performance Budgeting）——将预算资源与可量化结果相关联的一种预算形式。

绩效计划（Performance Plans）——1993 年《政府绩效和结果法案》所规定的年度计划，用来告知国会和公众每个机构的主要项目和活动，衡量绩效的方法，实现目标所需要的战略和资源，以及确认绩效信息的程序。

永久性拨款（Permanent Appropriation）——无需国会每年通过的预算授权。预算授权若来自于国会先前已经通过的立法，它便是永久性的。

项目账户（Program Account）——见信用项目账户（Credit Program Account）。

项目和融资计划（Program and Financing Schedule）——在总统预算中发布的计划，每个账户都有相应的数据。这个计划包括项目义务、总预算资源、新预算授权、支出和补偿。

项目、计划或活动（Program，Project or Activity，PPA）——一个预算账户中的某一要素。对于年度拨款账户而言，PPAs 由拨款法案或相关报告来界定。对于非年度拨款账户而言，PPAs 由在项目和融资计划中所列的项目来界定。

公债（Public Debt）——由财政部向公众或向某一基金或账户所借资金。对于公债的额度有一法定限额，不包括机构债务（其他联邦部门所借资金）。

公共企业基金（Public Enterprise Fund）——为商业活动设立的可循环账户，通过将抵消收入计入账户来融资。

再拨款（Reappropriation）——使全部或部分已经过期或即将过期的未履行预算授权得以继续有效的国会立法。再拨款在财年中被算作新的预算授权，这将使授权的有效性得以延续。

收入（预算收入）（Receipts or Budget Receipts）——来自公众的收入，包括税收收入和社会保险费。预算收入不包括各种抵消收入，抵消收入被算作负支出。

协调法案（Reconciliation Bill）——参议院委员会或众议院委员会依照预算决议中的协调指令对法律进行调整的法案。

协调指令（Reconciliation Instruction）——预算决议中的一项条款。这项条款要求一个或多个参议院委员会或众议院委员会对现行法律进行修改，以使收入、支出或债务上限符合预算决议。协调指令指定了需参与的委员会、所需实现的资金数额变化以及公布立法的最后期限。

协调过程（Reconciliation Process）——在《国会预算法案》中建立的程序。通过实行这个程序，国会可改变现有法律去适应预算决议中设定的收入和支出水平。

再规划（Reprogramming）——在同一拨款账户内将资金从实现一个目标转向另一个目标。再规划通常需要正式通知，同时也存在国会委员会不批准资金转移的可能。

废除（Rescission）——取消国会先前批准的预算授权。《扣押控制法案》规定了废除过程中总统通告和国会行动的程序。

废除法案（Rescission Bill）——依照总统取消国会先前批准的预算授权的废除意愿所发布的法案。

储备（Reserves）——见预算储备（Budgetary Reserves）。

循环基金（Revolving Fund）——账户或基金来自于项目运行中得到的收入，这些基金可以继续支持项目运行而不受财年资金上限的限制。

记录保管（Scorekeeping）——为了跟踪和报告国会影响预算授权、支出、盈余/赤字和公债的预算行为状况所建立的程序。

打分（Scoring）——为实现《预算执行法案》中的法律意图而设立的衡量立法的预算影响力的程序和规则。管理与预算局负责评价已经通过的立法，决定是否需要实施扣押。

302 款（Section 302）——见委员会分配（Committee Allocation）。

扣押（Sequester）——若出现违反选择性支出上限或量入为出原则的情况，将依据《预算执行法案》取消预算资源的拨付。

特殊基金（Special Fund）——法律上为特殊目的专设的基金。特殊基金和信托基金有时几乎没有实质差别，但特殊基金被归类为联邦基金。

支出授权（Spending Authority）——《国会预算法案》中界定的术语。它包括借款授权、合同授权、资格授权以及放弃抵消收入授权（授权法案未提前提供的借款授权）。参见直接支出（Direct Spending）。

耗资率（Spendout Rate）——联邦机构对国会新批准的预算授权的使用比率，因此，耗资率在支出发生时产生。有时又指支出率。

法定债务上限（Statutory Debt Limit）——法律规定的公共债务的最大额度（公共债务可能非常庞大）。上限包括联邦政府的所有举债，包括向信托基金的借债，但不包括一些机构举债。

战略计划（Strategic Plans）——《政府绩效和结果法案》要求制定多年计划，包括使命陈述、总目标、实现目标的战略、战略目标和年度绩效目标的关系、主要外部因素以及项目评估。

补贴成本（Subsidy Cost）——见信用补贴成本（Credit Subsidy Cost）。

补充拨款（Supplemental Appropriation）——对年度拨款或持续性拨款法案进行补充的拨款基金法案。

税式支出（Tax Expenditure）——联邦法律允许收入中的特殊部分可以免税或减税，并规定了特殊的抵免，优惠税率或税收责任延期。这些法律规定所造成的收入损失称之为“税式支出”。税式支出不是政府进行实际支出，而是财政部放弃了本应获得的收入，并使纳税人能享受到更低的税率。

转移（Transfer）——预算资源从一个拨款账户或基金向另一个拨款账户或基金转移。它与“再规划”不同，“再规划”是在同一个拨款账户或基金中转移资源。基金转移只能在法律授权的情况下实行。

转移支付（Transfer Payments）——政府对社会个人的支出，这种支出没有现有或未来产品及服务的回报。转移支出包括社会保障、失业保险、退休老兵福利以及其他福利支出。

信托基金（Trust Funds）——为特定目的指定的收入和支出所设立的法定账户。

非分配性抵消收入（Undistributed Offsetting Receipts）——被记作抵消总支出而不是抵消特殊账户或功能的收入。这些收入包括出售主要资产的收入和近海石油开采权租赁的收入。

统一预算（Unified Budget）——包括所有联邦基金和信托基金收入及支出的全面预算。预算外实体（邮政服务和社会保障）不包括在统一预算内，但相关数据会列在预算之中。

未偿还结余（Unobligated Balance）——未偿还的预算授权部分。未偿还结余在它们不可用时结转。

使用费（User Fees）——因使用政府提供的商品或服务而向使用者收取的费用。在征收或授权这些费用时，国会决定这些收入是回到财政部还是用于提供商品或服务的机构。

审查和估测（Views and Estimates）——每个参议院委员会或众议院委员每年需在总统提交预算的6个星期内撰写一份所辖联邦项目的年度报告。每份审查和估测报告需包含委员会对它们所辖范围内预算事务的评价或建议。

营运基金账户（Working Fund Accounts）——接受来自其他机构或账户提前支付资金的基金账户。合并的营运基金并非直接支持项目运行，它们通过偿还拨款或基金账户来支持项目营运。

译　后　记

十年磨一剑

十年磨一剑，霜刃未曾试。《希克公共预算著作集》的引进、翻译出版用了二十年，《政府预算》《国会和钱》《预算能力》涉及美国预算的过程和变迁，《当代预算理论》《预算变革》是 OECD 各国经验的总结、提炼和反思。五本书是个整体，血脉贯通，和而不同。感谢希克先生，耄耋之年依旧精进不已，提携后进。60 年探索，深入浅出，可为知者言，也可为外人道，我深以为然。不有同好，云胡以亲？《希克公共预算著作集》的翻译出版是我预算修行的重要历程，也将成为我国读者理解现代预算的方便法门。感谢中国财政经济出版社张晓彪先生，二十年切磋琢磨，我们早已心有灵犀，结集出版的建议他欣然允命。二十年前陈立齐教授在中山大学向我推荐了《预算能力》，侯一麟教授也提及这本书，但版权联系道阻且长，十几年持之以恒才告成功。《预算变革》的版权联系也一样，十年中几度反复，在朱积慧同学锲而不舍的努力下最终落到实处。念念不忘，必有回响，二十年努力的结果是《希克公共预算著作集》，意料之外，情理之中。感谢我的翻译团队，尽心尽力，勤勤恳恳，有好基础，才可能有好成果。预算广大精微，多少次中宵不寐，搜肠刮肚，逐句订正，反复修改，正所谓："奇幻难形笔楮，焕然竟成文章。”还要感谢汪超先生的奇思妙想，精心设计的封面极简地表达了著作的精髓，精心选择的版式则提供了美好的阅读体验。

行到水穷处，坐看云起时。我和预算不离不弃，在预算部门工作6年，管理大学预算超过10年。预算早已经深入骨髓，成为一种自觉。至于翻译预算著作，从2000年《美国公共预算》开始，一本接一本没停过。是因为受益匪浅、乐在其中吗？好像也不是。50岁以后，越来越觉得这可能是命运的一部分。在预算中辗转反侧、浸润日深，就有了一点体会，学着分辨什么是好的，什么是不好的，思考和表达预算的玄机。愁因薄暮起，心随雁飞灭。身处变革时代，预算波谲云诡，激荡人心，我将一如既往欣欣然走在预算之道上，苟日新，日日新，又日新。

苟燕楠

2024年12月23日

The Federal Budget: Politics, Policy, Progress, Third Edition
ORIGINAL ENGLISH LANGUAGE EDITION PUBLISHED BY
The Brookings Institution, Washington, DC, U. S. A.

图书在版编目（CIP）数据

政府预算／（美）艾伦·希克著；苟燕楠译．北京：中国财政经济出版社，2025.4.--（希克公共预算著作集）.--ISBN 978-7-5223-3584-1

Ⅰ．F817.122

中国国家版本馆 CIP 数据核字第 20253GA263 号

责任编辑：张晓彪　　责任校对：胡永立

封面设计：汪　超　　责任印制：史大鹏

政府预算

ZHENGFU YUSUAN

中国财政经济出版社 出版

URL：http：//www.cfeph.cn

E-mail：cfeph@cfeph.cn

社址：北京市海淀区阜成路甲 28 号　邮政编码：100142

营销中心电话：010-88191522

天猫网店：中国财政经济出版社旗舰店

网址：https：//zgczjjcbs.tmall.com

中煤（北京）印务有限公司印刷　各地新华书店经销

成品尺寸：150mm×230mm　16 开　148.25 印张　1 686 000 字

2025 年 4 月第 1 版　2025 年 4 月北京第 1 次印刷

定价：500.00 元（全五册）

ISBN 978-7-5223-3584-1

（图书出现印装问题，本社负责调换，电话：010-88190548）

本社图书质量投诉电话：010-88190744

打击盗版举报热线：010-88191661　QQ：2242791300

COLLECTED WORKS ON PUBLIC BUDGETING

希克公共预算著作集

CONGRESS AND MONEY

国会和钱

ALLEN SCHICK 艾伦・希克 著

荀燕楠 译

中国财经出版传媒集团

中国财政经济出版社

・北京・

总　序

这篇总序给了我一个机会，让我反思预算改革发展的历程，这与反思我自己的职业发展并不相同。两者有重叠之处，因为预算改革不断寻求能够更好地分配公共资金的方法，这让我走访了60多个国家，其中包括六次以上的中国之行，并使我能够将大学教学、写作、讲座和政府咨询结合在一起。我一直致力于找到预算改革和其他政府行政程序失败的根本原因。正如我稍后将要讨论的，改革的失败并不意味着没有发生变化。然而，预算改革更多的是通过适应而非刻意改革而发展起来的。

令人失望的预算改革历程

在2002年一篇名为《预算有未来吗?》的文章开头，我写道："预算是一个一直正在进行的工作。这个过程从未完全确定，因为管理它的人从未完全满意。"我论证了预算是一个由截止日期驱动的过程，其中选择次优选项往往是常态，旧的优先事项常常在预算中得到保护，而新的优先事项常常被排挤出去。决策者拥有大量的信息，却没有足够的数据来理性评估以往支出的有效性或未来支出可能产生的结果。

这些和其他的挫折使得预算实践成为改革的沃土。自从

将近两个世纪前在欧洲出现以来，预算一直在改革的驱动下寻求能够更好地分配和管理公共资金的方式。早期的改革关注于改变会计标准、优化申报和审查预算支出请求的程序，以及控制支出项目，这种改革方式在20世纪中叶之前在大多数发达国家成功实施。然而，从那时起，预算改革就一直以追求以结果为导向的预算为主，这种预算鼓励实施国家的优先事项，并使政府能够评估中期或更长时期内项目的成本效益。绩效预算、项目预算和中期支出框架是将预算重塑为规划、融资和监测政府目标为一体的战略过程的改革运动的领先范例。

这套改革的一个显著特点是，它们既没有成功也没有消失。它们仍然是改革的标准做法，因为它们是将预算从财务过程转变为定义和实现政府目的的战略工具的最合理方式。显然，如果政府明确将支出的金额与中期或更长时期内的产出和结果的数量和质量联系起来，而不仅仅是为下一财年的投入成本分配资金，那么政府就有可能做出更明智的预算决策。然而，在实践中，当代改革并没有达到预期效果。在大多数国家，绩效基础预算已经降级为绩效知情预算。尽管预算包含了大量关于结果的信息，但在低收入国家，这些数据通常只是用来打动国际组织的装饰，并不能实际决定资源配置。在实践中，项目预算通常不过是分类支出的手段，而不是建立政府目标的系统，中期框架已经成为预测未来年份支出，而不是限制未来支出的机制。

对于这些和其他形式的改革，失望或失败并没有足够的理由来说服大家放弃理性主义技术来编制和实施预算。失败激发了改革者再次尝试的欲望，通常他们会为他们渴望的创新贴上新的标签，并对过程进行一些调整。失败并没有鼓励改革者去质疑他们的第一原则或去寻求新的方法。改革者不

应该只关注预算的程序，更应该以国家的战略目标和绩效目标为基础去制定更大的政策机制。

事实上，推动寻求更好方法的这一条件也破坏了自20世纪中叶以来出现在预算领域的主要改革。将信息打包到目标、结果和未来支出，然后放入预算中，并没有给忙碌的政策制定者更多的时间来审查支出选项。但它却又常常产生冲突，使完成预算的基本任务复杂化。重要的是，改革并没有根除预算官员通过回顾上一年支出来确定下一年应支出什么的偏见。

适应性变革与程序正当性变革

预算是一个适应性过程，它随着经济、金融、政治和其他环境的变化而演变。在西方国家，最突出的适应性变化包括：(1) 将预算从资助政府活动的手段转变为主要帮助家庭的手段；(2) 使用基线作为准备预算的起点；(3) 根据国家或国际规范和政策来分配资金；(4) 将基于类别的预算分配给特定的社会经济群体。这些适应性变化是相互联系的；它们共同解释了为什么许多西方国家深切关注其财政状况的长期可持续性。

这些适应性变化的一个显著特点是，它们与国家政府的支出金额有关，与专注于预算编制和执行程序的正式改革形成鲜明对比。在世界银行1998年出版的专著《公共支出管理的当代方法》中，我将程序改革标记为预算中的正当程序。正当程序意味着如果程序健全，从该过程中产生的结果将是最优的。换句话说，结果是根据生成它们的程序来评估的，而不是根据实质性的标准。正当程序规范对结果持中立态度。这些规范可能产生平衡预算或赤字，为社会转移支付、国家安全、基础设施或其他政府项目分配更多或更少的资金。预算中的正当程序类似于司法程序中的正当程序。如果司法程

序适当，从该过程中产生的判决必须被接受为合法的。预算改革几乎有两个世纪都是这样的思维方式。

预算中的正当程序方法具有重要的优势。特别是，它为财务控制建立了基础，并确保财务信息是及时的、准确的，并且是符合会计标准的。然而，正当程序是管理公共支出的不充分基础，因为它常常产生政府不希望或次优的结果。大多数发达国家的预算都很僵化，政府几乎没有机会将公共资金从较低优先级的项目转移到较高优先级的项目。他们有健全的程序，但他们却要在他们不想要的事情上花钱，而在他们真正想要做的事情上，预算支出往往是不够的。

然而，从支出结果而不是程序的角度来看，21 世纪的预算与 20 世纪的预算不同。以下五个适应性变化关注了特定项目的支出金额或通过借入资金来为支出融资。我将从美国的视角讨论这些变化，但它们几乎影响了所有发达国家。

（1）法定社会转移支付。在西方国家，社会转移支付现在占国家支出的比重比 75 年前显著增加。这些支付通常是基于法定公式和规则的权利，这些公式和规则根据价格变化或接受者数量的增加会自动增加政府的成本。在发达国家中，每年度基于法定公式和规则自动增加的权利通常占国家总支出年度增加的大部分。

美国在这场预算的根本性转变中落后于其他发达国家，尽管美国作为一个低税收/低公共支出的资本主义堡垒而闻名，但它现在资助了一个庞大的社会福利网络。根据最近一个财政年度的可获得官方数据，这些支出从 1940 年的 20 亿美元飙升至 2000 年的 10670 亿美元，以及 2023 年的 43400 亿美元。这些支出在 1940 年占总支出的 20%，占 GDP 的 2%，但在 2000 年这一比例增加到总支出的 57% 和 GDP 的 10%，在 2023 年增加到总支出的 70% 和 GDP 的 16%。这些惊人的趋

势对美国资助其国际和国内目标的能力有深远的影响，这些目标超出了本序言的范围，但美国政府和预算官员却不能忽视它。

然而，这些趋势的一个重要含义触及了我提出的正当程序与适应性主题。当权利只是国家预算的一小部分时，正当程序意味着所有行政机构都根据中央预算办公室制定的标准表格、说明和时间表提交他们的预算申请。这种预算程序在估计依赖政府外行动的权利成本方面是无用的。当代政府依赖复杂的微模拟模型来预测未来的养老金、医疗保健、家庭援助和其他权利支出。这些模型的效用取决于内置的变量，而不是行政信息的质量。

（2）基线。虽然每个国家都有其独特的预算准备程序，但通常的做法是从计算支出基数——当前财年授权的金额开始。然后，每个支出单位确定其在下一个财年想要申请的高出基数的金额，并详细列出新增金额是由于价格变化、新的活动、工作量变化还是其他因素造成的。政府机构与预算控制者之间的预算谈判通常集中在这些增量上，最终预算通常授权高于基数但低于政府机构原始请求的支出。

将预算工作集中在增量而不是总支出上，显著减少了机构必须产生的信息量、预算审查员必须做出的决定数量以及必须解决的冲突数量。

这些特征对于一个每年都需要及时完成的流程来说是必不可少的。在预算中，与其他几乎所有政策领域不同，无论选择多么困难或信息多么不足，都必须做出决定。

尽管预算本质上是增量的，但通过回顾上一年支出的方式来准备预算是没有意义的，因为它没有解决下一年必须在哪些项目上支出这一关键问题。如果一个国家上一年有1000万养老金领取者，但下一年将有1100万，那么从“由于领取

者数量增加所以成本即将增加”这一假设开始构建预算是合理的。这就是从基数（起点是上一年实际支出的金额）转向基线（起点是估计下一年必须支出的金额）的合理性。这种关注点的转变产生了基数和基线之间的根本差异，这就打破了正当程序的预算。基数是一个实际金额，而基线是一个预估的金额。当基线成为预算的起点，支出的变化是通过对假设的未来支出来计算的，而不是根据上一年实际支出的情况。

在美国，国会预算办公室（CBO）是联邦预算决策的权威记分员。如果CBO报告说立法将增加1亿美元支出，这意味着增加的金额将超过基线中假定的金额。实际上，CBO从不以上一年支出为基础来计算支出变化。我认为基线预算编制是一项深远的改革，尚未得到充分研究，并且极大地复杂化了预算制定过程。

（3）基于国家或国际规范和政策的分配。在正当程序规则下，所有对公共资源的索求都要竞争预算份额，每个诉求收到的金额都被认为是最优的。我已经指出，这种竞争被对增量的偏见扭曲了，它更有利于现有的预算需求而不是新的。

许多国家为特定目的预留资金或设立特别基金，这些基金在常规预算过程之外运作。世界银行和国际货币基金组织经常批评采取这些做法的国家，但要求接受援助的国家单独核算他们提供的财政援助。

由于全球性缓解气候变化影响的努力，并帮助沿海地区和可能遭受极端气象模式破坏性影响的低收入国家，预留资金已成为一个紧迫的问题。国际社会在主要会议上努力从发达国家提取对受影响国家的财政承诺。这些会议通常在最后一分钟完成交易，而这些交易在受影响国家努力满足国内需求时被稀释或忽视。

绿色预算编制是一场全球运动，它促使政府评估其项目

和支出的环境影响，并旨在使国家预算与环保目标保持一致。它的意图是向政府施压，改变他们决定预算的方式以及支出。实际上，对公共资金的竞标既在项目本身条件下进行筛选，也根据气候影响进行筛选。例如，道路建设项目将根据每公里的成本、道路的安全特性以及对经济活动的影响进行审查。绿色预算可能会根据汽车的污染排放量、是否激励人们从城市集群迁移到远离工作场所的地区，以及国家消费的碳基产品数量来评估道路。

绿色预算编制已得到欧盟、经合组织、世界银行和其他国际组织的积极推广。这一运动仍处于初期阶段，未来可能会影响更多国家的国家预算政策。

（4）基于类别的预算编制。预算编制正当程序声称根据对国家有利的原则分配资金。当然，政治家和管理者在定义其预算请求和政策目的是促进国家利益时很少遇到困难，这是一个可以塑造成为服务于某团体、机构或地区狭隘利益的模糊概念。通过给予相对较小的金额来收买利益几乎是一种普遍的做法，可以促进国家凝聚力并促进预算的采纳。

比起解决预算的给予和索取，基于类别的预算编制将国家利益的分裂推向了更远的地方。这里的类别不是指地方利益，而是跨越全国的分裂。其引发的预算运动极大影响了基于类别的预算分配。它呼吁政府预估男性和女性的支出金额，可能还包括在西方国家获得合法性的其他新性别类别。由于除了少数例外情况外，预算没有为惠及男性和女性的项目预留资金，因此对支出中性别分布的预估仅依赖于假设，而不是实际数据。关于谁从政府项目中受益的一些假设可能非常值得怀疑。

基于类别的预算编制正在扩展到其他社会经济类别。2024 年 5 月，美国国会办公室报告称国会议员要求其“提供

有关政策效果如何因种族和族裔而异的信息”，并且“它一直在增加其分析能力以判断预算和经济发展如何差异性影响不同的人口群体”。现代经济学家经常依赖不稳定的假设来得出关于社会状况和政府政策的坚定结论，因此他们可能会在应用经济学方法按人口和其他类别分配预算时感到舒适。然而他们不知道或不关心的是，最初作为分析练习的东西，最终可能会成为某些主张者的倡导工具，这些主张者要么不关心国家利益，要么只是根据他们的群体利益来定义它。

(5) 改革不足。我所讨论的适应性变化并没有补偿正当程序那令人失望的改革结果。政府可以在没有正式的中期框架或绩效预算的情况下进行发展，但他们确实需要战略能力以超越下一个财政年度，建立国家目标和优先事项，并评估预算政策对实施其战略目标的贡献。人们通常认为，低收入和新兴国家需要这种能力，而发达国家则不需要。此外，大多数发达国家对任何形式的国家规划都有一种厌恶感，可能是因为他们将其与苏联式的中央计划联系起来。在我看来，这是一种错误的态度：高度发达的国家如果只是从一年混到下一年，只是基于过去的支出来确定未来分配，那他们将不会永远是最发达的。每个国家都需要战略能力，包括我的国家。反思我对中国的访问可以提供一些成功改革的线索。

具有中国特色的预算编制

预算编制正当程序的要素在中国以及所有拥有健全财务管理系统的国家都是有效的。其关键特征包括会计框架、申请和支出公共资金的程序、报告国家财务状况的规则、审计标准和要求，以及在大多数国家中，对政府计划和支出的一些评估。

虽然我从对中国的访问中受益，但我不是绩效预算编制

和中期框架等高级技术的专家。然而，我观察到使中国的预算改革与大多数其他国家不同的两个特点。

第一个特点是，中国邀请海外专家访问本国，但很少依赖外部顾问告诉它该怎么做；其次，在中国，改革机制主要在预算编制范围之外运作，然而改革的效果可能会影响预算程序和结果。

我第一次访问中国是在1988年，随后的几次访问是由世界银行组织的，与其他国家的访问没有什么不同。然而，有一些访问是邀请我和其他专家在几天的会议中重点讨论特定问题。每位专家都是作为个人来的，而不是作为团队成员，我们每个人都向东道主做了正式的演讲，他们听了，记录了很多笔记，咨询问题，感谢我们，并祝愿我们回程愉快。在任何时候，我们的东道主都没有说过："告诉我们应该做什么。"我们离开后，政府官员会决定什么对中国有意义，他们给改革赋予了中国特色。

我在中国的经历与我为国际组织的工作形成了鲜明对比。他们积极推广其改革议程，并使用贷款和其他财政援助作为诱因，让新兴和低收入国家采纳最新的时尚和潮流。在我多年来参加的数百次任务中，几乎没有考虑过改革是否适合这个国家的需要。这种模式促使我于1998年在世界银行发表了题为"飞跃之前先观察"的演讲，敦促国家在采纳流行的改革之前先要建立基本能力。

第二个特点是，中国将预算视为其战略雄心的财务实现手段，而不是国家政策的主要来源。预算过程本质上太短视，太专注于即时需求，无法充分考虑国家的长期战略发展。努力将国家战略塞进预算编制那时间紧迫的框架中是注定要失败的，似乎当下对稀缺公共资金的需求挤出了长期目标一样。中国和其他一些国家想出的解决方案是拥有一个强大的国家

决策机制和公共领导，以确保长期优先事项融入预算决策。

我是在由中国国家发展和改革委员会主办的访问期间观察到这种中国特色。在会议休息期间，我和其他被邀请的专家被护送到南京孙中山纪念馆。我对于攀登纪念馆前 392 级台阶的高度感到惊讶，但决定加入我的同事参与这次千载难逢的经历。然而我们的东道主，一位高级 NRDC 官员，劝告我年岁已高不能攀登纪念馆。我感到失望，但很快了解到这位非常有才华的女士想要与我进行私人对话，探讨如何将中国的长期发展与年度预算联系起来。她不负责财政事务，但她不想将预算变成一个战略性博弈流程。她负责国家发展，并知道如果所需的财政资源不可使用，再好的战略和计划都是没有用的。

其他国家可以学到的教训是，如果你想让预算更具战略性，就要通过其他流程建立国家计划和目标。这种方法之所以在中国有效是因为党的组织机构整合了规划和预算编制。而对于规划和预算编制在不同轨道上运行的国家而言将不会有效。

中文版前言

本书的主题（当代美国国会在联邦政府收入与支出政策制定中的角色）提出了一个令人困惑的问题：为什么美国（大概是世界上最强大的政府）会拥有世界上最分散的立法机构之一？这是个古老的问题，但却具有全新的紧迫性，因为美国正在与可能危及其财经领导地位的超大规模预算不平衡斗争。要回答这个问题，需要对美国国会的独特地位进行考量，不仅把它作为一个立法机关，更是对总统和行政机关权力的制衡。

国会的独立与立法的分散并非历史的偶然；两百多年前，在美国宪法形成时，它们就已经被嵌入宪法体系。为了避免权力集中，美国国家体系的设计师在总统与国会的关系中设计了复杂的制约与平衡。他们为这种新体系贴上了“分权”的标签，但没有人意识到（或担心）这样做的最终结果有时会演变成政府行事的不及时与无效。

两个主要政党在立法机关内的碎片化，包括在众议院、参议院以及其间数十个委员会和小组委员会之间的分散是对国会独立性的真实写照。这种分裂不过是下述基本事实的副产品：众议院的435位众议员代表着美国435个不同地区，而100位参议员则来自50个不同的州。国会的政治角色在于发出声音，了解并代表不同地区，不同经济社会背景的美国人。如果某个众议院或参议院委员会拥有数兆美元联邦收入与支出的管辖权，它将会控制所有的立法政策。为这个委员会服务的数量相对较少的几位委员将拥有很大的权力；其他所有国会成员的立法影响都将非常有限。

立法的碎片化与政府预算必须遵守严格纪律的强制要求未能和平共处。符合要求的预算应反映出国家的优先级，并在收入与支出之间实现可持续的平衡。一个可靠的预算要求同时实现数字与政治上的一致性，包括政府根据资源实际拒绝某些诉求以确保适当财政结果的能力。压倒性的证据已经表明，美国政府并不总能实现这一基本目标。

多年来，国会已经尝试了两种不同的路径以加强预算纪律并实现适当的财政结果。一种是授权总统制定并执行预算政策；一种是在立法机关内建立协调机制。在总统强势（从20世纪30年代大萧条开始，持续到第二次世界大战及战后）的很长一段时期内，国会依靠总统，在决定预算总额与主要政策时，总统占据首要地位。然而，随着美国越南政策的失败与水门事件的发生，这一时期走到终点。

受总统权力衰退的鼓舞，国会在1974年建立了自己的立法预算程序，同时产生的还有众议院预算委员会、参议院预算委员会和国会预算局。然而，国会并没有废除其他多个在预算政策中扮演角色的委员会；国会众参两院仍然设有拨款委员会及小组委员会，数目众多的授权委员会和收入委员会。

本书讲述的是国会努力弥合立法碎片化，进行预算协调的故事。国会预算程序错综复杂，容易引起争论，还经常不够有效。预算议题在共和党人与民主党人之间，白宫与国会之间都已经引起了许多至今仍在进行的冲突。有时会出现一些引人注目的成功，通常是在一个强势总统任期的开始——

1981 年罗纳德·里根总统就职与 1993 年比尔·克林顿总统任期的开始。大约 12 年前，当克林顿总统去职时，联邦预算实现了平衡。从那以后，赤字不断增加，冲突更加激烈，在迎接国家财政挑战时能力似乎也更差。

也许，从国会制定预算政策的努力中可以学到的最重要的一课在于：即使在国会努力实现独立时，它还是会依靠总统的领导权；即使国会设有协调程序，它固有的分散性仍然常常会阻碍具有连贯性的预算结果的实现。

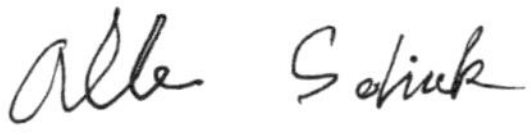

2011 年 10 月

序　言

本书是在城市研究所（The Urban Institute）帮助下出版的第一本有关立法行为的研究著作。不过，这项研究恰好也属于该研究所建立十二年以来一直感兴趣的学术范畴。国会和美国政府的各级立法部门都在政策制定中发挥着至关重要的作用。我们在努力提高公共服务项目质量的同时，也不能忽视那些制定公共政策、分配公共资金的立法机构的能力和技能。住房供给、医疗保障、城市财政（实际上是城市研究所关注的所有焦点），它们的设计和绩效在很大程度上取决于国会的法律和拨款。政策分析如果仅局限在行政框架内，不能深入到立法议程之中，它将无法对公共政策产生实质性的影响。

1974年《预算法案》的实施被视为美国政府在预算实践和责任方面的重大进步。1974年法案建立的预算程序作为一个整合分离的税收、拨款和授权过程的机制，在国会山持续发挥作用。该过程旨在赋予国会一个做出财政选择和设定国家优先级的综合和一致的方法。

在新的预算程序付诸实施几年后，城市研究所委托艾伦·希克开始研究它对国会行为产生的影响。作为一名国会研究事务处的高级专家，希克是1974年《预算法案》的起草者之一，并且参与了它的早期实施。在本研究所担任访问学者的两年时间里，希克把他的研究视野拓宽到了税收、拨款和授权的立法过程。他的著作《国会和钱》对于国会的预算过程以及该过程对相关立法活动的影响做了全面描述。

城市研究所主任　威廉·戈勒姆

致　谢

在研究国会预算的过程中，我积累了大量研究资料，同时也欠下很多人情。自始至终，我的研究和写作都受到了威廉·戈勒姆（William Gorham）和罗伯特·哈里斯（Robert Harris）的大力支持。他们鼓励我承担研究项目，在研究所里给我提供了富有启发性的环境和资金支持，并且使我热情不减，笔耕不辍。在这个研究所里，海伦·伯内特（Helen Burnett）和詹姆斯·艾布拉姆斯（James Abrams）有效地协助我进行资料收集和研究。将近 100 名国会议员和工作人员在采访中分享了他们所了解的情况，这大大加深了我对国会预算的理解。我承诺对这些人的姓名加以保密，所以在此向他们集体表示感谢。

本书的初稿受到了以下经验丰富的国会官员的审阅：参议院预算委员会的约翰·麦克沃伊（John McEvoy）、西德尼·布朗（Sidney Brown）和伊拉·泰尼鲍姆（Ira Tannenbaum），众议院预算委员会的布鲁斯·梅雷迪斯（Bruce Meredith）和温德尔·贝鲁（Wendell Belew），国会预算局的罗伯特·赖肖尔（Robert Reischauer）、约翰·埃尔伍德（John Ellwood）和杰姆·维迪尔（Jim Verdier）。城市研究所的詹姆斯·斯托利（James Storey）曾经是参议院预算委员会的一名职员，他也对本书初稿做了全面的审核。

本书最终得以付梓还得益于编辑普里西拉·泰勒（Priscilla Taylor）在编辑方面的关心和指导。

艾伦·希克

1980 年 6 月

目　录

第一章
导　　言

自从1975年起，国会就开始在1974年确立的预算流程内开展预算活动。1974年出台的《国会预算法案》改变了国会内部预算工作的角色和关系，在预算工作中引入了新的参与者，并且迫使原有的参与者按照新的程序性和实质性规范行动。本书对国会预算过程的研究将聚焦于它的政治中心——美国国会。尽管本书对国会与行政部门的关系也给予了一些关注，但主要的焦点仍在于立法机构内的参与者，研究它们的行为与1974年法案通过前有何不同，并探究在新预算法案通过后的几年里，国会内部形成了怎样的冲突和对抗模式。鉴于国会的税收、拨款和授权工作与构成预算过程的国会各类活动均密切相关，本书的研究也拓展到了这些领域。

国会预算过程概况

国会预算过程围绕着关于预算的两个共同决议展开，这两个共同决议都要经过参众两院的一致批准。第一个共同决议必须在每年的5月15日之前通过，先于参众两院对预算相关法案的审议。第二个共同决议需要在9月15日前通过，刚好在下一个财政年度开始前不久（参见表1－1）。每一个共同决议都详细描述了政府财政收入的总额、新预算授权、财政支出、财政盈余或赤字、以及联邦政府的国债规模。每个决议都把总支出分成19个“功能项”——即用预算术语描述的支出的用途，如卫生或国防。在审议第一个共同决议之前，参众两院每个负责支出授权、资金拨款或收入筹措的委员会都会对所负责的领域拟定一份参考意见。第一份预算共同决议旨在确立目标，引导国会及其委员会随后对于资金项目的立法。在参众两院各自做出收入、支出和债务方面的决策时，国会议员随时会被告知（通过记录程序）预算的最新状态，以及待决法案对预算产生的影响。对特定拨款议案和其他支出议案的审议都已经完成之后，国会就会通过第二个共同决议，它反映了国会对于预算议案采取的所有行动。如果需要，国会还会通过一个“协调议案”（reconciliation bill），以确保所有通过的税收、支出和债务法案都能满足国会总预算的要求。在随后的立法活动中，第二个共同决议确定的收入和支出总额都必须得到遵守，不过国会在财政年度中还有修改预算共同决议的自由。表1－1归纳了法律规定的各项预算活动的步骤和日期。

表1－1　　　　国会预算时间表

截止日期	步　　骤
国会会期开始15天后	总统递交预算草案和“经常性服务评估”[1]
3月15日	委员会向国会预算委员会提交参考意见
4月1日	国会预算局向预算委员会提交报告[2]
4月15日	国会预算委员会把第一个预算共同决议送交议会

续表

截止日期	步　骤
5月15日	委员会报告新预算的授权议案
5月15日	国会批准第一个预算共同决议
劳动节后第7天	国会完成对于预算授权和支出授权的审议
9月15日	国会通过第二个预算共同决议
9月25日	国会完成在履行第二个共同决议的协调过程上的立法
10月1日	财政年度开始

执行新预算过程的首要责任被赋予参众两院的预算委员会，这两个委员会都拥有大量的专业人员。国会预算局（CBO）也被组建起来，用来提供专业的信息和分析。作为国会预算程序的一个组成部分，完整的时间表协调了各个立法部门的行动（尤其是预算委员会、拨款委员会和授权委员会），并且确定了各项立法行动的完成时间。1974年法案还做出了很多规定，用来提高预算信息的质量和降低信息获得的难度，鼓励国会委员会对公共项目做出评估，并且限制“后门支出”（即正常预算拨款程序之外的支出议案）的产生。

该法案中有一个独立的章节对行政部门扣押支出资金的行为实施立法控制。法案定义了两种形式的支出扣押，并为两者分别制定了控制程序。延迟（deferrals）是指行政部门推迟支出国会拨款或履行相关义务的行为；废止（rescissions）是指提议取消国会拨款或其他支出法案。除非延迟被参众两院中的任何一方否决，否则它直至财政年度结束时均有效力。不过，若在提出申请后45天内未得到国会参众两院批准，撤销提议将被自动中止，扣押资金也必须被解冻。

如果新预算程序得以延续，那么1974年会因国会在这一年创造了一项预算程序而永载史册。但是，《国会预算法案》

仍然缺乏很多预算程序必备的关键要素。它订立了编制预算决议的规则，但按照这些预算决议，联邦机构一分钱也花不了，一个子儿也收不进。就其自身而言，1974 年确定的预算程序是不完整的，缺乏对于联邦财政收入和支出进行授权的法律基础和立法程序。

1974 年的《预算法案》之所以构成了一个完整的程序，仅仅因为它延续并融合了此前业已存在的各类预算过程。国会的预算决策并非始于 1974 年。国会有三种类似的过程：宪法赋予的拨款权力、征税的权力、各种法规和参众两院规章中对于授权的规定。这些过程仍然存在，负责它们运行的委员会依然享有和《预算法案》颁布前相同的权力。表 1－2 详细列出了在完整的国会预算过程中各预算参与者的主要职责。

国会和预算

当国会介入时，预算过程会受到怎样的影响？当必须履行新的预算职能时，国会将发生怎样的转变？这两个问题是本研究关注的焦点。在构建一个预算程序时，国会一方面试图创制一套整合过程，使它对美国预算政策负责，另一方面试图保持自身作为立法机构的本质特征。

国会的结构和预算的实践无法轻易地相互契合。国会是一个权力广泛分享的机构。国会内部的各种关系和影响盘根错节，重要决策的制定过程通常是碎片化和非连续性的。这些特点对于一个以权力分散为特质的立法机构而言，在政治上非常必要。在它传统的预算编制过程中，国会为了追求权力的分散，把征税从支出决策中分离出来，设立了彼此并行的授权和拨款过程，并且把财政支出的决议分成十多个拨款

表 1－2　　特定年度联邦支出、收入和赤字

总统	授权委员会	拨款委员会	收入委员会	预算委员会	国会预算局
·递交行政预算草案和经常性服务评估 ·在 4 月份和 7 月份更新预算评估 ·签署或否决收入、拨款和其他预算相关法案 ·可以提请延迟和废止已拨款项	·报告下一财政年度的授权法案 ·在它们自己提交的法案中附上国会预算局的成本估测 限制： 1. 法案中的合同和借款授权只有在拨款法案中提出才有效 2. 权利性项目（Entitlements）只有在下一个财政年度开始后才能生效。	·报告常规和补充的拨款法案 ·在一项预算决议通过之后，将预算授权和支出在自己的小组委员会中分配 ·提供五年期的支出预测报告和拨款议案，并将预算授权与最近的预算共同决议中的数额作比较 ·能够根据第二份预算共同决议提交协调法案，取消新的或已经存在的预算授权 ·审核总统提出的延迟和废止动议 限制： 在第二份共同决议通过后，支出不能超过国会确定的数额	·就所负责的预算议题提出建议和估测 ·能够按照第二个共同决议提交税收修改法案 限制： 制定的法案不能使收入低于第二个共同决议中确定的水平	·每年提交至少两份预算共同决议 ·在参众两院各委员会之间分配新预算授权和支出 ·监控影响预算的国会动议 ·为国会提供有关预算形势的建议	·发布年度预算报告 ·估测参众两院所提交法案的成本 ·定期发布记录国会预算形势的程序文件 ·协助预算委员会、收入委员会、拨款委员会和其他委员会的工作 ·发布五年期的预算预测报告

法案（对应于相关的小组委员会）和其他法案。

在立法规则促使国会分散权力的同时，预算制定过程却要求权力集中。预算必然涉及在一个相对全面和一致的决策过程中将分散的利益和观点统合起来。制定预算也需要关注部分和整体的关系、税收政策和支出政策的联系，以及在公共资源被竞相争夺的情况下处理好轻重缓急。因此，预算一般被视为是行政部门、而非立法机构的职责；不仅仅是在国家层面，即使是在大部分美国城市和州层面也是如此。“要想制定预算，必须先由行政部门编制好草案”是预算专家们半个多世纪前就提出的具有说服力的建议。他们当时领导了一项预算改革运动，该运动以 1921 年《预算和会计法案》(the 1921 Budget and Accounting Act）和总统对联邦财政预算职责的集中控制为高潮而告终。

对于国会预算过程可行性最重要的考验在于它能够在多大程度上协调立法机构对于权力分散的要求和对于整合一致的预算结果的追求。如果立法权对于财政的控制集中在几个人身上，预算程序便不成功。尽管它赋予国会山新的预算功能，实际上国会预算过程还是必须使预算工作在所有委员会之间维持一个广泛的划分。事实上，《国会预算法案》已经强化了税收、拨款和授权委员会在预算工作中的角色，但同时也迫使它们在新程序的规则内运作。通过这种方式，1974 年的法案试图协调预算制定对财政整合的需要和国会对于立法机构权力分享和分散的需要。但是，这幅预算改革的蓝图受到一些国会内部利益冲突（发生在保护国库的力量和为受到偏爱的利益团体打开保险箱的力量之间）的羁绊。

如前所述，预算委员会必须不断与三种委员会保持互动——税收委员会（众议院的筹款委员会和参议院的财政委员会)、参议院和众议院的拨款委员会以及两院的各类授权委员会。预算程序涉及的领域是如此广泛，以至于参众两院领导人也须为此进行互动。每一种关系均为对抗和结盟提供了可能性。冲突无法避免，因为预算制定过程不可避免地会重新分配立法权力，并可能导致预算结果的改变。结盟行为也是必要的，因为预算委员会不能同时挑战所有其他的权力行使者。可以想见，在那些竭力消除其威胁的既得权力者和想要提高自己在预算制定中低微地位的新来者之间会形成一些同盟，这些同盟多为临时性的，并专注于特定议题和机遇。

它行得通吗？（Is It Working?）

或许对于新预算过程问得最多的问题就是："它行得通吗?" 这是对 1974 年国会预算实践变革进行反思和探究的很自然的起点。这个问题包含两个截然不同的维度：程序上的和实质上的。首先，预算工作是否按照《预算法案》规定的常规路径和要求进行？国会预算的参与者是否严格按照《预算法案》设定的时间表处理预算决议、税收法案、授权法案和拨款？国会议员和委员会是否被充分告知了他们的决策对预算结果产生的影响？国会预算局是不是提供了及时有效的成本预测、程序记录报告和预算分析？程序是预算工作的基石，一个新预算程序的成功执行必然是每次预算改革首要关注的事。

"它行得通吗"也指向新预算程序对于国会预算决策的实质性影响。预算程序是否会根据政府收入和支出水平的不同而有所调整？预算委员会在处理预算决议的时候是否也关注到国会行为对财政的影响？国会票决的财政政策和支出优先权与总统提交的预算草案相比，在数量和种类上差别大吗？在预算委员会准备预算决议时，他们是力图做出独立判断，还是仅仅在迎合其他人的偏好?

相对于实质性问题，得到程序性问题的回答要容易得多。人们可以跟踪国会遵循和违反预算时间表的次数。国会预算局提供的预算数据和报告的及时程度都可以估算出来。然而，在论及实质性结果时，人们就无法如此肯定了。新预算程序可能产生和以前一样的预算结果。或者即使结果看起来有所不同，人们也无法确定这个变化是否是由于预算程序的改变所致。举个例子，如果国会相对于以往削减了国防预算，对这个行为的原因该如何分析呢?是由于预算委员会的积极活动、美国公众意见的变化、媒体的广泛关注，还是重要的国际事件?国会确实在1976财政年度大幅削减了国防支出，很多人都把它归功于新预算程序的伟大胜利。而在随后的几年里，国防支出一点都没有削减，这使预算程序再一次因预算结果而受到赞扬（或责备)。

在对预算过程的研究中，首要关注的是国会如何做出资金分配决策。由于预算权力在国会内部被广泛分散，这项研究必须考虑到各个部分，包括国会的税收、拨款和授权工作。如果仅仅考察国会预算委员会的工作、各项预算决议、国会预算委员会的报告和组成正式预算程序的其他活动的话，研究是不完整的。只有对资金分配决策的过程做全方位的细致探究，人们才能真正解答前文所提到的关于预算程序作用的问题。这些问题将在最后一章讨论。

全书的纲要

本项研究覆盖了国会新预算过程付诸实践的最初五年，

即 1975 年到 1979 年。在这段时间内，国会的新预算程序完成了一次“试运行”，三次完整的运行，再加上第五次运行的大部分过程。国会采取了数百次与预算有关的行动，通过了十二个预算决议、八个主要的税收法案、差不多一百份拨款法案和更多的授权法案。每次立法活动都有翔实的资料记录。在这五年中，国会委员会发布了数以百计的预算相关报告，而国会预算局也开展了数百次成本预测和分析研究。由于预算活动涉及国会工作的方方面面，因此很难在国会内找到一条可追踪预算工作进程的清晰路径。参众两院的预算委员会之所以要建立一个庞大的工作团队（除国会预算局外，每个委员会都超过 70 人），主要原因之一就是为了把预算工作的所有进程都置于国会的视线之内。本项研究尽可能多地追寻预算工作的进程，详细分析海量的国会委员会报告、议会辩论稿和文字抄本。不过一些重要的预算进程无疑还是被遗漏或者忽视了。

除了公开出版的记录文件之外，参议院预算委员会还提供了记录会议讨论和议案审定的文字抄本，总计有数万页。众议院预算委员会并没有会议记录的文字稿，但它的一些重要讨论能通过相关期刊（它记录了审定议案期间的讨论内容）和委员会会议的记录抄本获得。最后，30 名国会议员和超过 60 名工作人员（包括大部分在财政决策过程中发挥积极作用的人员）都为这次研究接受了采访[3]。

本项研究的成果被分为三个部分，每个部分都包含若干章节。三个部分分别关注国会在处理财政工作时的某个特定的、重要的方面。

第一部分回顾了 20 世纪 60 年代围绕预算产生的冲突，以及 70 年代早期人们决定重构国会预算过程的历史，并介绍了那些为满足重构需要而设立的新机构。预算和分配资金的决策天生就无法摆脱矛盾和冲突。在预算制定过程中，参与的每一方，包括选民团体在内，都想保护或拓展自己在其中的利益。因此，在联邦预算编制和辩论的过程中，因预算资金而产生的矛盾和竞争存在于各行政机构内部和彼此之间、国会内部、国会和总统之间，以及预算资金的接受者（各州、各县、各城市和特定项目的利益集团）之间。

从 1921 年到 1974 年，总统担负着启动年度预算编制程序以解决这些矛盾的职责。尽管国会负责拨款，但总统在整个过程中扮演着决定性的作用。总统通过向国会递交预算草案来启动每年的预算工作。然后，国会各委员会围绕预算草案的不同部分展开工作——制定不同的法案向行政部门授权、给特定的项目拨款或给各种团体减免税赋。到国会会期结束之前，很多法案已经在委员会和两院大厅里被一件件地制定出来。随后，联邦机构开始新年度的税收和支出。收支的数目常常和总统原先提出的并不一致，但在整个过程中，总统扮演着主要角色，控制着大部分国会制定预算法案所需的必要信息。

这个预算编制体系凌乱、复杂、低效，而且有时显然不尽合理。但它还是行得通的，主要是因为各方可接受的、必要的、处理争端的程序已经通过条例、传统和参与各方的共识被纳入到预算制定过程之中。

在 1966 年和 1973 年之间，关于预算问题的矛盾愈演愈烈，原本处理矛盾的机制已被证明越来越无效了。一个突出的症状就是联邦预算赤字不断攀升，这一点受到几乎是众口一词的抨击，但国会看起来越来越难以驾驭这个问题。导致问题急剧恶化的因素包括国会各委员会之间、新老国会议员之间，最终是总统和国会之间的权力斗争。另一个重要的因素就是外界利益集团对于政治过程日益增加的参与。

这些矛盾斗争如此持久和剧烈，以至于这段时期可以用“七年预算战争”来描述，这也正是第二章的标题。这场战争的结果就是1974年的《国会预算和扣押控制法案》。这个法案被视为一部条约，它重新定义了原有各预算参与方的权力关系，并引入新的参与者，以提供更好的信息，控制和疏导预算中不可避免的冲突，从而最终实现年度预算过程的均衡。第三章分析了协商产生这样一个条约的过程，介绍了它的主要条款和新设立的预算参与机构：参议院和众议院的预算委员会、国会预算局。第四章分析了预算委员会的角色和特点，既有设立时最初所设想的，也有在条约付诸实施的最初五年里逐渐演化出来的。而第五章则对国会预算局做了相同的分析。

第二部分详细描述了新机构制定国会预算决议的方式，以及它们与那些在税收和支出政策上占有强势地位的原有机构之间的互动。第二部分还考察了新预算过程中为执行预算纪律所做的努力。

所有预算过程的起点都源于对有限资源的需要。在国会环境中，主要的需要者就是各委员会自身，主要是对于公共项目和联邦政府机构进行授权管理的授权委员会。第六章研究了预算过程中的需要者和他们的诉求。在《预算法案》出台之前，国会的授权程序有所不同，一般先由委员会推荐公共项目，然后国会对特定公共项目给予实质立法授权。这一章研究了授权委员会审议和产生法案的过程、它们在预算过程中的作用，以及它们在合法化自身主张的过程中与预算委员会的互动。

预算决议文件常常简单到让人疑惑——它只包含几页表格和少量文字描述。然而，它却囊括了这个国家诸多的政治冲突。制定出一份能在国会两院都能获得通过的预算决议，更多的是一种政治上的操作，而非纯技术程序。第七章概述了每个预算委员会制定预算决议的历程，以及在参众两院对决议形成有重要影响的政治力量。第八章大致描述了预算委员会为了使预算决议得以通过，对其他国会议员和委员会做出利益妥协的过程。

预算被设计成一种约束过程。为了能够实现约束的效果，就需要保障执行的机制和规则。第九章对决策的实施做了探讨。

第三部分关注的是预算过程和委员会之间的关系，以及原先存在的主要预算权力中心——参众两院拨款委员会、众议院筹款委员会和参议院财政委员会。预算委员会制定出两院都能接受的、其他立法委员会也能勉强在总体上遵守的预算决议。但预算决议并不直接决定收入和支出。在 1974 年《预算决议》通过之前，具体资金法案的决策仍然由国会两院的拨款委员会、参议院财政委员会和众议院筹款委员会做出。那些委员会各司其职审议特定预算法案时的行为决定了预算过程被遵循的程度，以及预算委员会能否确立其在政策制定（确定预算优先级和分配税负）中的重要地位。

第三部分用一些细节回顾了预算委员会和其他四个涉及资金管理的委员会之间关系的发展脉络。第十章和第十一章研究了 1974 年《预算法案》出台之前和之后拨款委员会的表现和行为。第十二章和第十三章考察了税收编制委员会的行为和工作情况。

最后一章总结了研究中的发现，并回到一个基本的问题："它真的行得通吗？"

注释

[1] 经常性服务评估（Current services estimates）即对下一年度维

持公共服务项目当前服务水平所需花费资金的估计。1974 年的预算法案原本要求当前服务评估须在前一年的 10 月 10 日之前提交国会，但由于当时总统正在忙于编制下一年度的财政预算草案，国会随后同意总统在次年 1 月把经常性服务评估和行政预算草案同时提交国会。

[2] 国会预算委员会和国会预算局都发现 4 月 1 日在整个预算过程中显得太晚，不符合实际情况。因此，尽管 4 月 1 日是法律规定的期限，国会预算局会在 2 月份就递交报告。

[3] 大部分的采访都有录音，并且谈话记录将会被匿名处理。当采访中获得的材料出现在本书文本中的时候，文字会使用引号，但不会添加脚注。

第一部分

预算冲突和国会预算程序的演进

第二章
七年预算战争：1966—1973年

1972年10月18日，第九十二届国会的最后一天，参众两院批准了一项提高美国国债规模法定上限的议案。议案的201（a）条款对1973财政年度（也就是即将到来的财政年度）规定了2500亿美元的联邦支出上限。然而，议案的201（b）部分却写道，从议案变成法律的第二天起，关于支出上限的规定将废止，所有根据这一规定采取的行动将自动失效。这些彼此抵触的条款是大选年度激烈斗争的产物，这些关于预算政策和两院权力的斗争发生在总统与国会之间和立法机构内部。

尽管有关支出上限的矛盾以陷入僵局收场，但它的确刺激了对新预算控制方法的研究。作为那份包含自毁限制（self - destructing limitation）议案的一部分，国会成立了由32名成员组成的预算控制联合研究委员会（Joint Study Committee on Budget Control），旨在设计“提高国会对预算收入和支出控制”的程序。在随后的二十个月里，联合委员会、两个参议院委员会、一个众议院委员会、一个专门的立法机构工作人员小组和一个会议委员会都对国会预算程序进行了仔细检查。1974年7月12日，尼克松总统在他辞职前不到一个月签署了《国会预算和扣留控制法案》，结束了国会内部关于预算控制方式和范围问题长达两年的论战。

国会预算法案就这样在矛盾冲突中诞生。尼克松要求国会通过1973财政年度2500亿美元的支出上限和他对已拨付社会项目资金的巨额扣留，这引发了剧烈的冲突；但实际上总统和国会之间、国会内部激烈的预算斗争已经持续了许多年。尽管很多国会议员对预算的很多方面已经怀有疑虑，例如赤字的规模和持续性、不可控支出的增长、在新财政年度开始时拨款法案仍未通过等，如果国会能在1974年法案之前风平浪静地制定预算，它可能也不会修改它的预算过程。

本章的目的是介绍国会预算改革的参与者和它们之间的利益纷争，以及激化预算冲突的财政条件。拨款、税收、授权委员会之间以及国会与总统之间的关系都可以通过他们参与的预算斗争和他们想要促进和保护的利益去描述。本章集中讲述了发生在1966年至1973年之间的故事，也就是介于越战升级至水门混乱的这段时间。在这段时间初期，联邦政府开始经历财政困难，而不久之前，它还使自己为经济的持续增长做好规划。在这段时间的末期，国会正热切地寻找一种新预算过程来阻止自己预算权力的丧失，并且给自己的立法制度带来一定程度的平静。而在这两个时间点之间，是长达数年、比一般预算斗争更为激烈和分化的预算战争。为了对这段七年的预算战争做一个全景透视，本章一开始就大致探讨了预算参与各方为何会在预算问题上争执不休，以及为何彼此的冲突会在《预算法案》诞生前那些年里步步升级。然后，本章较为仔细地研究了国会内部和国会与总统之间为预算权力所做的斗争。这些事件共同为国会发展新的预算程序奠定了基础。

围绕预算的斗争

预算是美国政治斗争永远的战场。每个人都被卷入其中。行政当局为更多的预算资金而奋斗，预算局则为对支出的更多控制而拼搏。总统自己宣布了一套预算优先权，而国会却定出了另一套。在国会内部，众议院对抗参议院、授权委员会对抗拨款委员会、花钱者对抗节约者。这种对抗延伸到了美国政治的各个层面。各州和各市为了让联邦政府提供更多援助而携手游说，而彼此又为联邦赠予资源的分配而反目成仇。利益集团为了自己选民的利益争夺公共项目；纳税人希望更低的税收提案，尽管与他们有关的利益大声要求更多的公共补贴。

这种情况几乎永远不会改变。每年的预算法案中包含了数千亿美元资金，而重要利益和政策又与预算结果息息相关，这实际上为冲突的爆发提供了无穷的空间。除非弱势群体的利益受到压制，或者美国拥有足够的资源满足所有具有政治吸引力的诉求，否则预算过程将无法按照既定程序按部就班地运行。由于上述两种情况都不可能出现，所以冲突是预算过程永恒的特征。

然而，在美国的预算过程中，差不多每件事都能得到最终解决。尽管存在发生公开和持久冲突的可能性，但联邦预算每年都会最后敲定下来，有时是在一些例行公事的讨论之后，有时则是在剧烈的对抗之后。能够限制冲突产生的因素包括预算每年一度的法定程序、对于预算增量而不是总量的关注、对于预算偏好的含蓄表达，以及对于次优（或更糟）

结果的容忍。[1]预算通常需要平静的协商，因为持续分歧对于各主要参与者而言代价高昂得无法接受。预算如果陷入僵局，将会威胁到公共雇员微薄的收入，使政府活动趋于停顿，接受政府赞助的项目被迫中止，新项目则停止上马。几乎每个预算过程的参与者都迫切想要达成共识，谨慎地提出和处理争议。预算制定者都知道妥协的必要性。他们之所以达成协议是因为他们相信持久的争端不明智。搁置拨款项目而受到指责的风险显而易见，再加上来自利益相关方和主流政治力量的压力，更加强了这种趋于妥协的态度。

预算实践自身就在竭力包容和化解冲突。预算程序是将选择常规化的过程；它使出浑身解数努力使预算的各个参与方达成共识。预算的参与方都有固定的角色和关系，以促使预算问题沿着既定的道路得以解决。总统知道国会将削减他提出的部分预算，不过他也知道国会将在它自身偏好的项目上增加预算支出。国会议员也清楚，为了在更重要的事项上达成一致意见，必须暂时放下在某些争议性议题上的对抗。大部分预算参与方都明白，为了使预算确定下来，必须限制争议议题的数目，旧的伤疤也不能揭开。他们必须对预算的渐进式改变感到满意，并且愿意忽视关于国家预算优先权的重大问题。

预算的战争状态在《国会预算法案》诞生的前一年骤然升级。关于这一点有一些标志性事件，比如白宫与国会之间的扣留争端、参议院提出对管理与预算局（OMB）领导的任命拥有批准权的要求[2]、国会的预算授权额与拨款额之间的巨大差异、来自利益集团和研究组织的压力的增大，以及给联邦机构和项目提供临时资金的“延续性决议”使用次数的不断增加。

预算冲突的问题不能脱离预算决策制定的总体政治环境。

一个国家如果一直被政治纷争所困扰，它在编制预算时也没法太平。瓦茨（Watts）骚乱、越南战争和水门事件造成的政治隔阂也不可避免地蔓延到预算领域。对于总统在立法上的不信任增加了国会挑战行政预算的信心。同时，各方对于国家目标的广泛关注引起了在预算优先权上的冲突。20 世纪 60 年代后期和 70 年代早期预算参与者的数量和类型急剧增加，其结果是预算需要满足的利益的多样性也在增加，与此同时，更多引发预算冲突的直接诱因也纷纷涌现。在这段时期，美国从强势的经济增长退回到“滞涨”状态——一种高失业率和高通货膨胀并存的状态。预算过程更多的开放和出乎意料的财政压力限制了现行预算体制解决冲突的能力。

预算政策中增加的参与

在 20 世纪 70 年代之前，预算的制定过程因其固有的复杂性、预算文件的“愚民主义”（obscurantism）、税法的晦涩难懂以及利益相关方在预算研究和数据上投入的失败而一直对外界封闭。更真实的情况是众议院小组拨款委员会通过长时间艰苦的工作获得了预算权力，掌握了各项支出以及审议后门支出的细节[3]。在税收方面，筹款委员会很多年以来的特权地位一直受到整体式的委员会结构（没有小组委员会）、议会审议税收方案的定案规则（closed rules）（阻止修正案）和专家团队封闭性的保护。对于大多数的预算外部人士来说，预算方案是一份让人望而生畏的文件，数字组成的帷幕让他们茫然失措。而享有特权的内部人士不会做任何事情来让预算基本文件变得明白易读，或者给外人提供预算信息。总之，他人对于预算的无知增强了他们对于预算权力的掌握。

与预算冲突关联性最强的大概就是那些能增加或者限制

对预算备选项考量的信息。常规的预算工作排除或者隐藏了有关备选项的资料，这种情况其实是意料之中的。一个政府部门通常只递交一套预算评估，而不去理会在编制预算过程中发现的替代选项。总统也只会向国会提交他自己的预算建议；各部发言人在拨款听证会上会为这些建议辩护，而且各部最初的预算申请和总统预算草案之间的差额也会被作为机密加以保护。以国会对《1921 年预算与会计法案》的司法解释为依据，管理与预算局（就像它的前身预算局一样）拒绝了国会关于出版政府部门预算申请的要求。[4] 众议院拨款委员会全力阻止了用替代方案改善其拨款建议的立法审议。按照传统，委员会成员不会发布表示异议的报告，委员会一般也会联合起来抗衡议会修正案。[5]

然而，在 20 世纪 70 年代，预算备选项受到广泛而公开的关注。国会开始要求特定的政府机构向管理与预算局递交原始预算时也向国会提交一份，借此打破行政机构在这方面的保密性。[6] 立法机构的委员会在向那些顽固的政府官员（有时，也并不是那么顽固）探听这些信息时，变得更加执着也更为成功。国会和利益团体得到总统预算的部门替代项目也不再困难。

更为重要的是，人们可以获得对联邦预算独立并且易懂的分析报告。里程碑之一就是 1970 年开始，由布鲁金斯研究所发布的系列年度报告《设定国家优先权》。大量利益集团现在每年会发布他们自己的预算研究报告。在总统的预算草案提交国会后不久，市长、州长、县的政府官员和很多利益群体均发布报告，分析预算草案对于他们的政府和他们的客户的影响。另外，现在有无数群体对预算活动进行全年不间断的监控，其中许多群体能在预算的行政和立法审议过程中有效介入，从而很好地保护自身利益。

恰恰因为税收政策曾经是预算中最为隐秘的部分，税收方面的变化更为显著。界定并公布“税式支出”（通过税收系统发放的补贴）的政治突破已经使立法机构和公众的关注点聚焦于惠及各种利益群体的“国内税收代码”条款。[7]随着众议院筹款委员会编制的增加和小组委员会的成立，以及定案规则的逐渐解禁，国会成员在税收政策上的参与已经显著增加。

预算参与的范围也随着预算授权从永久型向有限期（一年或者多年）转变的趋势而大大拓展。[8]这种趋势的原因和影响将在第六章讨论。在这一点上，不难发现授权委员会中的大部分人都已经成为了国会预算过程的积极参与者。

更多样的参与、预算信息获取渠道的拓展和限制性程序的解禁都扩大了国会预算参与者的群体。预算冲突的“社会化”（这个术语来自 E. E. 沙特施奈德）具有传染性，并且很难被逆转。[9]

参与者在数量和多样性上的增加一般也就意味着预算诉求的增长。先前被排除在外的利益群体现在拥有了渠道和信息，能够用更加有力和及时的方式来提出自己的诉求。无论这些诉求的压力是为了减税、现金补贴还是优惠贷款，它们都只有以其他利益诉求为代价才能得以满足（如果总额固定），或者从未被占用的资源中提取，例如来自经济增长的资源。如果利益的满足以其他人利益的受损为代价，预算的矛盾便会产生，除非弱势者因过于弱小而无法抗议，或对所发生的事一无所知，或被哄骗得相信自己能从现有结果中获益。但随着预算参与度的增加，不通过一场斗争便剥夺利益相关者将变得越来越困难。

失去的增量

第二个预算争端升级的原因是无法轻易获得用以满足新

预算需求的预算增量，因为很多增量已经被过去的承诺占用。

缓解预算冲突的标准办法，就是现在大家所熟悉并受到艾伦·威尔达夫斯基（Aaron Wildavsky）在《预算过程的政治》（the Politics of the Budgetary Process）中赞赏的“增量战略”。[10]威尔达夫斯基区分了“基数”和“增量”，它们适用于不同的决策方式。基数包含当前项目的延续成本，而增量则是为新的或扩展的项目准备的。基数部分一般没有冲突。尽管有明显的例外，如经济机会署（the Office of Economic Opportunity），但通常某个预算项目一旦建立起来，它便会在将来的预算中延续下去。由于大部分过去的决定不会每年都重审，所以把预算冲突限制在对增量的分配上是可能的。预算是决定“谁的牛去增肥”的过程，相对于决定“谁的牛去挨宰”，前者更容易为大众所接受。但实行“增量战略”一个明显的必要条件就是预算增量要能够用于分配。否则，新需求就只能去侵占基数来获得满足，即从以前预算支持的项目和机构中提取。[11]在联邦预算中，增量来源于三个方面：经济增长、新税收和赤字融资。只有第一种来源能保证每年的预算争端得到比较平静的解决。

自从威尔达夫斯基颇有影响力的著作诞生以来，经济经历了一个曲折的发展过程。在20世纪60年代中期，很多经济学家预测经济会有一个乐观的前景，联邦政府将会有足够的“财政红利”来支持“伟大社会”（Great Society）的倡议和减税方案。受“新经济（new economics）”迅速成功的激励（特别是1964年的减税计划），这些经济学家预计未来联邦收入的常规增幅将会超过项目支出的增量增幅。经济正趋于充分就业，通货膨胀也变得温和，经济学家十分自信他们已经拥有了维持高增长率的“调谐”技巧。[12]

这种红利随着越南战争而消失。随之而来的是美国受到失业和通胀的双重折磨。由于预算增量不再能满足预算支出的常规增长，而且也无法缓解新项目上马带来的资金压力，[13]大量预算斗争围绕着未来的增量展开。由于对当前资源的分配在新的一年到来之前已经决定，正常的增量资源被以前的决策所占用，所以通过侵蚀另一年的份额来获得预算过程的平静是必要的。由于没有强劲的经济增长和新税种带来的额外收入，这个困境将永远存在。

在 20 世纪 60 年代后期的几年里，约翰逊政府对容忍高军费支出和高国内支出的“枪炮和黄油”政策采取了观望态度。这个政策以两个假定为基础，一个是经济的，另一个是政治的。该政策预期在越南战争之后，“和平红利”将确保能提供足够的资金来满足各方对政府的大量诉求。此外，人们认为这项政策巧妙地规避了对越南战争和国内需求两者做优先权选择之后可能引发的政治冲突。“枪炮和黄油”政策的目的在于赢得时间和预算和平，但它却建立在不现实的财政状况之上——因为滞涨已经为它敲响了丧钟。

在越南战争的升级开始影响到预算之后不久，约翰逊总统自信地声称美国有能力同时满足军事行动和国内支出的需求，而无需以其中一个为代价去满足另一个。因此，在他 1967 年的预算咨文中这样说：“两者的投入都需要花费巨额资金。但我们能够也会去满足这些支出……在越南的斗争必须得到支持。而国内向伟大社会前进的脚步也不能放慢。”[14]

仅仅一年之后，在 1968 年的预算咨文中，约翰逊总统在提出赤字支出和附加税收时，承认国家面临着预算紧张：“这个项目需要某种程度的牺牲，还有持续的辛劳和智慧……这个预算在我们丰富的资源和令人敬畏的责任之间仔细地做了平衡。”[15]

再下一年，总统试图推动一项更大的赤字和增税计划，并为这种艰难的选择辩护："……面对支出巨大的国外战争和国内急迫的需求，我们必须确定优先权。'优先权'是'选择'的另一种表达，意味着我们不能想做什么就做什么。所以我们必须在竞相争夺我们资源的要求中做出仔细的选择。"[16]

预算的压力并没有在越战之后减轻。"和平红利"没有出现在很大程度上是因为越战的预算模式不同于以往美国所经历的战争。毫无疑问，以前的战争都造成联邦预算支出的陡然上升，战后又会经历一个急剧的滑坡，相较于战前形成一个低谷。然而，越战之后任何年份的支出都不低于战争的巅峰时期。如表 2－1 所示，越南战争的偃旗息鼓未能降低随后任何年份的支出。

表 2－1　1965—1974 年的预算支出、赤字支出、联邦负债和不可控支出　单位：十亿美元

年份	总收入	总支出	预算赤字	联邦负债	不可控支出	不可控支出的比例（%）
1965	116.8	118.4	1.6	323.2	NA	NA
1966	130.9	134.7	3.8	329.5	NA	NA
1967	149.6	158.3	8.7	341.3	93.5	59.1
1968	153.7	178.8	25.2	269.8	107.3	60.0
1969	187.8	184.5	+3.2	367.1	116.4	63.1
1970	193.7	196.6	2.8	382.6	125.7	64.0
1971	188.4	211.4	23.0	409.5	140.4	66.4
1972	208.6	232.0	23.4	437.3	153.5	66.2
1973	232.2	247.1	14.9	468.4	173.1	70.0
1974	264.9	271.1	6.1	486.2	194.5	72.2

注：1973 年、1974 年的支出和赤字数据包括了预算外机构（off－budget agencies）。

来源：美国政府 1976 财政年度预算。

与以往模式产生偏离的部分原因在于联邦预算构成的根本性变化。如表 2－2 所示，在越战之前，大部分预算支出花费在政府部门的运营上。用国民收入账户衡量，1964 财政年度 55% 的支出（在越南局势显著恶化的前一年）用于购买商品和服务，25% 用于转移支付，不到 10% 用于州政府和地方政府的补助。这种预算分配和 1975 财政年度（即新的国会预算过程付诸实施的前一年）有着明显的不同。1975 年预算的 40% 花在对个体的转移支付上，另外的 15% 用于州政府和地方政府的补助。

表 2－2　　转移支付和补助：联邦预算中不断增长的部分

单位：十亿美元

财政年度	商品和服务的购买	转移支付	给州和地方政府的补助	净利率	总预算
1964	65.9 (56.2%)	29.6 (25.3%)	9.8 (8.4%)	7.7 (6.6%)	117.2
1965	64.6 (54.5%)	30.6 (25.8%)	10.9 (9.2%)	8.2 (6.9%)	118.5
1966	72.4 (54.6%)	34.1 (25.7%)	12.7 (9.6%)	8.7 (6.6%)	132.7
1967	86.0 (55.5%)	39.4 (25.4%)	14.8 (9.6%)	9.6 (6.2%)	154.9
1968	95.0 (55.2%)	44.8 (26.0%)	17.8 (10.3%)	10.5 (6.1%)	172.2
1969	98.0 (53.1%)	50.9 (27.6%)	19.2 (10.4%)	12.1 (6.6%)	184.7
1970	97.0 (49.6%)	57.0 (29.1%)	22.6 (11.6%)	13.6 (6.7%)	195.6
1971	94.8 (44.6%)	70.0 (32.9%)	26.8 (12.6%)	14.2 (6.3%)	212.7

续表

财政年度	商品和服务的购买	转移支付	给州和地方政府的补助	净利率	总预算
1972	100.9 (43.3%)	78.9 (33.9%)	32.6 (14.0%)	14.1 (6.1%)	232.9
1973	101.7 (39.7%)	89.8 (35.1%)	40.4 (15.8%)	15.9 (6.2%)	256.2
1974	104.8 (37.6%)	104.7 (37.5%)	41.6 (14.9%)	19.8 (7.1%)	278.9
1975	119.0 (36.1%)	134.1 (40.7%)	48.3 (14.7%)	21.9 (6.6%)	329.5

注：表格中的数额反映了国民收入账户中的联邦政府事务。括号中的数字是占总额的比例，总计不到100%是因为某些特定事项没有显示出来。

来源：美国政府1977财政年度预算的特别分析。

大部分转移支付是强制的权利性支出，国会非常不愿对其施加控制。花在特定补助项目上的资金额度通常由外部因素决定，比如领取社会保险金、公共扶助金或是失业救济金的人数。受益人群数量的增加会自动增加相应的联邦支出。此外，大部分转移支付项目都是指数化的，因此，补助水平会自动根据生活成本或是其他指数做相应调整。文职人员和军人的退休金与消费物价指数挂钩，社会保险费也是如此。铁路职工退休金、残疾煤矿工人救济、对老人、残疾人和盲人的额外补助、食品优惠券、儿童营养项目的支出同样也是按照指数计算出来的。

由于权利性支出和转移支付数额增加，预算中“不可控部分”的比例由1968年财政年度的60%上升到1974财政年度的72%。[17]在这段时间里，支出增量中超过90%的部分都可以被划入“不可控的支出”。

这些数字表明，大部分增量资源在国会制定当前预算决策前就已经被指定了用途。因此，预算冲突仅仅靠开发联邦政府的增量资源无法得到控制。这个问题又因疲软的经济表现和所得税税率的周期性下降而变得更加复杂。逐渐上升的支出、税率降低和收入不足等因素掺杂在一起，导致长期的巨额预算赤字。整个 20 世纪 60 年代，赤字支出达到了年均 55 亿美元，在 70 年代的前半段，年均为 140 亿美元。赤字支出是一个政治“安全阀”，它使得原本困难的项目削减和增税决策变得容易。如果预算制定者愿意忍受巨额赤字造成的政治重负，这不失为一个方便易行的缓和冲突的策略。[18]

然而，尽管（也许是由于）存在赤字支出，预算冲突在《预算法案》出台前的几年里一直很激烈。有人不断试图终止或者限制一些原有项目，毫不理会通过延续以往项目来确保预算和平的“增量战略”。大部分想要削减的项目集中在四个国内领域：农业、卫生、教育和住宅及社区发展。尼克松总统不断地通过发起“战役”来清除他不喜欢的预算项目。尽管他的很多目标都受到国会阻挠，但他削减项目的行动还是引发了突如其来的、激烈的预算斗争。[19]

——在 1971 年的预算中，尼克松总统提出终止、削减和重构 57 个项目。第一年节省的支出估计在 21 亿美元左右。

——1972 年的预算中列出了 36 项不用经过立法过程就可执行的削减计划，另外还有 15 项需要经过实质性的立法批准。该财政年度支出削减的目标总额接近 30 亿美元。

——1974 年的预算提出了超过一百项动议，它们差不多均由总统提出，并且可以不经立法批准即可执行。预算案的目标是在第一年削减 170 亿美元支出。[20]

受到支出削减的影响，人们对预算基数的争夺反而超过了增量部分。预算焦点的转移来自于这样一个基本事实：因为很多预算增量不可控，相对于基数中可以控制的部分，它反而更不易获得。其结果是可以控制的项目（即使是那些在以往预算中得到资金的项目）比一些增量项目受到了更多关注。但是，当预算过程更多涉及的是预算基数而不是增量时，冲突不可避免地增加了。

在同一时间，白宫正为预算削减而积极行动，联邦预算过程（如前所述）对外界的影响越来越开放和包容。组织团体能知道预算对他们利益产生的影响，并更加警惕地反击负面政策。这使得削减预算变得步履维艰。

前文总结的预算对抗对预算改革的进程产生了直接影响。但这些并不只是在 20 世纪 60 年代晚期和 70 年代早期仅有的和预算相关的冲突。在《预算法案》通过之前便广泛存在的预算阵营之间的分歧中，有两种关系会导致冲突：（1）在收入委员会（众议院筹款委员会和参议院财政委员会）和拨款委员会之间；（2）在国会和总统之间。每对冲突都有自己特定的议题：收入委员会和拨款委员会的冲突发生在支出上限上，而总统则通过拒绝支出已拨款项公然向国会挑战。每对冲突都会刺激国会在预算改革中的利益。

拨款委员会与税收委员会：关于支出上限的对抗

在过去，国会中预算的收入和支出工作基本上互不相干。每一边都有自己的委员会，众议院筹款委员会和参议院财政委员会均对税收法案负责，而两个拨款委员会则对支出享有管辖权。1974 年之前，国会一直缺乏正式的程序来评估税收和支出立法对于预算盈余或赤字的综合影响。每年预算的盈余或者（更可能发生的）赤字都是几十个独立的收入和支出决策的结果。没有一个国会机构对预算的“底线”负责。税收可以削减，支出可以增加，而每一边都例行公事地抱怨赤字的结果。这种“无过错方”的情形被巨额的联邦财政赤字打破了——1968 财政年度的赤字额高达 250 亿美元。另外，在 20 世纪 60 年代早期，在总统的提议下，国会通过了一项数额可观的减税计划；而在 60 年代的最后一年，总统又要求国会开征附加税（surtax）。

随着财政状况的起起落落，谁对预算整体负责的问题再也无法回避。由于国会对预算赤字越来越敏感，拨款委员会发现他们正因为预算糟糕的状况而备受指责。但因为对负债法案拥有管辖权，税收委员会在这个问题上也难辞其咎。一再出现的预算赤字使得为公共债务规定上限显得愈益必要。[21]为预算情况所迫，众议院筹款委员会和参议院财政委员会别无选择，只得公布这些不受欢迎的法案。税收委员会开始意识到联邦政府没有能力控制支出——在任何年份，联邦政府都能花完它所获得的资金，甚至更多。于是，在他们的眼中，控制支出最好的途径就是限制收入。即使这意味着长期的赤字，至少支出能比高收入时低。

对预算赤字的担忧给拨款委员会带来了相当大的困难。他们已经习惯于以半自治的小组委员会形式开展行动，而每一个小组委员会都有它自己的拨款法案。全体委员会审议单个拨款法案，而不是整体支出。此外，面对其他委员会推动的一系列“后门”方案在联邦支出中所占份额巨大且不断增长的局面，拨款委员会也无能为力。显而易见，筹款委员会和财政委员会都在它们处理税收和债务的角色之外，拓宽了它们对于支出的管辖权。大部分权利性项目（如社会保险、公共扶助、医疗保险和医疗救助、补充保障收入）都在筹款委员会和财政委员会的管辖之下。例如，1972 年的收入分享法案（the revenue - sharing legislation）就是由这些委员会制定的。[22]在回应自己应该对巨额赤字负责的指责时，拨款委员会辩称，尽管他们一般会把拨款削减到总统要求的水平之下，但国会通常会在他们的控制范围之外增加后门支出。很多增加的支出都来自两个税收委员会主导的权利性项目。

拨款委员会面临的另一个问题是，虽然预算的监控者最关注的是联邦支出，但拨款过程的运作与预算授权几乎毫不相关，预算授权负责向特定的支出义务批准一定量的资金。拨款委员会并非根据一个财政年度的总支出额度来开展拨款工作。它们只为使用资金提供授权，而很大一部分支出要在今后几年中发生。[23]结果，对拨款的削减很少能带来支出等量下降。按照一个项目的支出比率，在预算授权上要削减 50 亿美元才能降低预算年度中 10 亿美元的支出。另外，不能通过在预算授权上的削减立刻减少一些长期项目的支出（例如大型建设项目）。

1967 年《支出限制法案》

在 1967 年到 1973 年的五年间，国会一直致力于限制联邦总支出。第一个这类议案出现在 1967 年，当时新财政年度开始不久。在 1967 年 4 月 3 日，约翰逊总统要求增税 10%（他此前要求征收 6% 的附加税）。他警告说如果国会不予批准，赤字额将可能达到 290 亿美元。总统预测联邦支出将高达 1435 亿美元，比一月份递交的预算草案高出 85 亿美元。[24]尼克松总统的提议导致共和党人试图将一个支出上限与连续决议（continuing resolution）挂钩，而连续决议旨在为尚未得到本财政年度常规拨款的联邦机构提供过渡性拨款。共和党人弗兰克·鲍（Frank Bow）提出了一项修正案，旨在把行政预算支出限制在 1315 亿美元之内，它要比最初以及之后对本财政年度的预算估计低几十亿美元。然而，鲍的修正案未能审议通过，因为国会认为它与连续决议没有密切联系。[25] 在国会辩论中，乔治·H. 马恩主席发布了一个声明，为拨款委员会的表现辩护（他声称有 40 亿美元已经从预算申请中砍掉，另外有 10 亿美元很可能在余下的拨款法案中削减掉），并做出如下承诺："委员会将仔细审查会期内的拨款法案，并决定是否在休会之前建议废止先前制定的拨款法案……"[26]

马恩还警告说，如果通过所提出的支出上限，就会拓展总统的扣留权限，并意味着议会对预算责任的放弃。然而，在一项投票中，众议院以 202 票对 182 票决定重新审议延续决议；[27] 该结果体现了两党在这个问题上立场鲜明的对峙，这种情况在通常没有党派倾向的拨款委员会中并不常见。

这个议题在一周后（1967 年 10 月 3 日）又出现了新变数。众议院推翻了它先前的决定，并通过了给联邦机构注资到 10 月 10 日的延续决议，该决议并未附加鲍的修正案。[28]

很快，众议院筹款委员会的共和党要员约翰·伯恩斯（John Byrnes）宣布："委员会已经召开过秘密会议，并且采纳了一项提议，决定委员会暂时搁置关于税收的问题，不再对增税进行进一步审议，除非总统和国会意识到执行有效的支出削减和控制是讨论增税计划的必然要求……"[29]

众议院的两个委员会在这里发生了直接的冲突。筹款委员会要求拨款委员会把定出支出上限作为增税计划的回报。这个冲突随着参议院批准了一项提供过渡资金的延续决议[30] 而暂告一段落，而该方案已经两度延长。1967 年 10 月 18 日，众议院拨款委员会报告了一项新决议，它把联邦支出削减了 15 亿美元。但这个"妥协"被众议院大会否决，取而代之的决议把1968年的财政支出压回到1967年的水平，并且根据此前鲍的提议确定了1315亿美元的支出上限。[31]

然而，由于参议院拒绝了任何关于支出上限的决议，冲突并没有结束。参议院拨款委员会坚持削减支出“应当在拨款法案中完成，不应该在延续决议中进行整体性削减”。[32]直到10月25日，参议院一直坚持该立场。[33]这个僵局最后随着行政机构提出削减2%的人事支出和10%的其他义务授权（Obligational authority，这个术语当时被用于指代预算授权）而被打破。值得关注的是，行政部门并未使自身卷入国会的战争，直至长达几个月的僵局显示参众两院自己无法解决这个争端时才介入。同样值得注意的是，行政部门的建议是在一次筹款委员会的听证会上提出，而非向任何一个拨款委员会。

在P. L. 90 – 218中确立的支出上限并没有限制1968财政年度的总支出，而是要求采取特定行动（2%和10%的削减）将义务和支出降至总统预算草案申请的数额之下，其下降额度分别为90亿美元和40亿美元。这也就是说，这些削减只是估计，而不是法定的确定数额。另外，不可控项目、托管基金和永久性拨款都被排除在“2% +10%”的公式之外。事实上，该限制只适用于拨款过程之内的可控项目。随后国会确定了一套双重标准，使得那些受制于拨款控制的项目相对于其他支出项目而言受到冷落。

尽管总支出确实比没有法定削减时低，但还是很难评估这个限制的有效性。然而，由于不可控制项目占据了预算相当大的份额，支出削减是否达到了预期水平仍有待商榷。

1968年《收入和支出控制法案》

制定出延续决议只是暂时缓解了预算削减上的冲突，因为国会仍然需要处理总统关于附加税的请求。1967 年支出削减仍然没有满足筹款委员会的要求，该委员会原本希望在总统提出支出控制提议后再审议其税收法案。在 1968 年 2 月对一部消费税法案进行辩论的过程中，威尔伯·米尔斯（Wilbur Mills）主席重申了他所坚持的观点，即预算的两个方面必须联系在一起："现在或许……是重申我对于附加税问题立场的一个机会，尽管我相信我的立场已经很清晰。我相信任何所得税的增长都要和对预算支出在形式上和实质上的严格监管联系在一起。虽然在这一点上已经做过很多改进，但据我判断，它仍然不足以确保增税的合理性。"[34]

基于该声明的立场，筹款委员会拒绝审议税收法案。然而，要想把附加税和支出上限结合起来，还面临一个难以逾越的障碍：附加税属于一个委员会管辖，而支出上限则属于另一个。筹款委员会担心，如果他们提交了有关附加税的法案，它可能在支出未受到任何削减的情况下便被批准通过。而众议院拨款委员会认为，当多种拨款法案被遵照执行时，应当将支出控制和税收事项分开审议，而不是采取一刀切的方式大幅度削减支出。

这个难题最后在参议院审议消费税法案时被一个不同寻常的策略解决了。参议员哈里森·A. 小威廉姆斯（Harrison A. Williams，Jr）和乔治·斯玛特（George Smathers）针对该法案提出了一项修正案，建议同时实施附加税和设立支出上限。而财政委员会主席、参议员罗素尔·隆（Russell Long）则转而反对设置支出上限，认为该议题应在拨款程序中审议："拨款委员会还没有审议 1969 财政年度的第一个拨款法案，但是这个修正案却把可以拨款的数额和用途强加给了拨款委员会。"[35]

参议员沃伦·N. 麦格诺森（Warren N. Magnuson）则代

表拨款委员会阐明了立场，他警告道："那个决议的作用就是对拨款委员会说，'让我们忘掉你们委员开会逐项审议拨款法案的过程吧，至少要在全国财政状况的框架内审视并塑造它们'，然后他们的工作就可有可无了。"[36]

然而，参议院以33票对56票的票决结果拒绝了参议员罗素尔·隆的动议，其中大部分拨款委员会中的民主党人投票支持，而所有的共和党人则投了反对票。参议院随后通过了消费税法案，而附加税和支出上限的规定也一并通过。

在会议中，行政机构和国会领导人展开了广泛协商，达成的一揽子协议既能满足众议院拨款委员会和筹款委员会的要求，又能得到大多数议员的支持。作为策略的一部分，众议院拨款委员会用一项"委员会风格"（sense of Committee）的决议来承诺对大幅削减预算的支持。[37]这为1968年6月持久冲突的解决铺平了道路，但它仍不能否认这样一个事实，即削减支出的立法完全绕开了常规的拨款程序。[38]

1968年的《收入和支出控制法案》（P. L. 90 - 364）给1969年的支出和新的责任授权定出了上限。尽管此前行政机构的参与会商讨出一个削减数额，但削减的最终数额还是由参加税务协商会议的代表决定。有四类支出不受这些限制的约束：越战支出、利息支出、退伍军人福利和社会保险支出。在随后的立法中，又有两类支出被纳入不受约束的范畴：9亿美元的农产品价格补贴和超出预计的5.6亿美元公共补助金。为了把支出限制在法定上限以内，总统被授权可从支出责任中扣缴"满足预算上限必要数额的"资金。

1969财政年度的实际支出比P. L. 90 - 364中定下的预算上限高45亿美元。没能达到事先要求的原因在于豁免项目中不可控支出的增长；尽管受上限约束的项目的总支出削减了84亿美元，但总支出削减60亿美元的目标仍未实现。[39]这种支出模式在随后的几年中变得更加常见；不可控支出数额大大超过了预算水平，而预算的受控支出部分则被压缩在预算预测金额以内。另外，国会的决议而不是支出限制导致了事实上所有预算授权的减少和几乎一半的预算支出削减。[40]

1969 年和 1970 年的支出限制

一旦一个全面的支出上限被确定下来，拨款委员会便决定接受这种预算控制方法。1969 年的《第二次补充拨款法案》（P. L. 91 －47）中规定了支出限制，但并没有像前些年那样导致争端。在会议辩论时，马恩主席解释了这种新立场："很长时间以来，我一直在和要求设定支出上限的所谓鲍修正案展开斗争，我并不想为此道歉。但是，我现在已经得出结论，设立支出上限是有意义的，它会鼓励国会、民众和新闻界对财政支出给予更多关注。然而，虽然在这里支持关于支出上限的想法，但我不希望我们以任何方式逃避责任。最好、最合适和最有效的降低政府支出的方法，就是牢牢守住授权和拨款的关口。"[41]

P. L. 91 －47 给 1970 财政年度定出了 1919 亿美元的支出上限，但并没有确定义务上限。再一次，如果某项不可控支出超出预算预计，上限就需要加以调整，但调整幅度被限制在 20 亿美元以内。另外，上限还会根据国会决议的预算数额偏离经修改的预算估计的程度进行调整。[42]

把支出限制在预算上限以内是不太可能的。两个问题尤其棘手：第一，不可控支出的增长是法律规定的 20 亿美元调整幅度的两倍多；第二，由于预算上限会根据国会对拨款的削减而自动下调，所以行政机构很难确保可控项目出现充足的结余。[43]面临不可控项目的超支，国会被迫把 1970 年预算上限提高到几乎和行政机构估算的申请额相等的水平。[44]

虽然如此，国会还是为下一个财政年度确定了支出上限，把1971年的支出确定为2008亿美元，和当年总统预算申请额相同。预算上限再一次受到国会决议的直接影响；总统获得授权，可以追加45亿美元用于社会保险、国债利息、农产品价格补贴和其他不可控项目的支出。1971财政年度的实际支出比预算上限高出100亿美元，超额部分来自不可控项目支出和国会决议。[45]支出上限的规定并没有对财政年度的最终支出上限产生显著影响。

当1967年支出上限第一次被提出时，马恩主席警告说，支出上限可能会被总统拿来作为扣押已拨付资金的借口。这种担忧在尼克松政府时期成为现实。[46]为了避开围绕支出上限进一步的扣押行为，国会没有为1972财政年度定下任何上限。[47]

1972年的支出争端

1972年，尼克松总统要求国会为1973财政年度设立2500亿美元的支出上限，并威胁说如果国会不表决就采取单边行动，国会被迫重新审议了支出上限。这场斗争始于1972年7月26日，当时总统严厉抨击了"陈腐而传统的国会程序放任各类支出项目出现，就好像它们彼此独立、毫无关联一样"[48]。他要求为刚开始的财政年度设立2500亿美元的支出上限，这比最初预算草案的总额高37亿美元；同时他又警告说，如果没有上限约束，支出会比上限高出几十亿美元。

在1972年9月，关于支出上限的申请被附加在一项旨在提高国债法定限额的法案上。拨款程序再一次被绕开，国会委员会之间又一次围绕这种做法展开了公开论战。尽管2500

亿美元的支出上限并没有引发任何公共争议（1972 年是总统大选年），但国会议员们还是无法在上限如何执行上达成共识。总统想拥有不受限制的自由裁量权来削减支出，行政部门的发言人拒绝由国会事先决定需要削减的项目。[49] 众议院筹款委员会在 1972 年 9 月 27 日发布的债务上限法案中支持了这种意见。[50] 法案中还授权总统为了守住 2500 亿美元的上限“可不顾及其他法律条款”而扣押必要数额的资金。

在这项法案提交众议院审议时，众议员马恩提出了一项替代法案，拒绝授予总统自由裁量权。马恩认为，筹款委员会批准的举措会把立法权危险地转移到行政部门手中。根据马恩替代法案的要求，总统提出的特定削减项目必须经过国会批准才能生效。在议会辩论中，因积累已久的挫折感难以抑制，马恩主席抛弃了惯常的客套，为了捍卫自己的委员会，他把预算赤字的责任归咎于筹款委员会：“筹款委员会主席说马恩的替代方案华而不实……我那来自阿肯色州的好朋友能对经济和平衡预算发表如此热烈的看法真让我吃惊，要知道是他挑起了战争，导致我们陷入今天的局面。这个人谈起了经济，而且把手指戳到拨款委员会的脸上。这位来自阿肯色州的先生领导了一场为期十年的战斗，结果让政府下一财政年度的收入减少了 50 亿美元。要不是这些收入的减少，按照经济现有的运行状况，我们就能够实现财政盈余。但是这位先生现在却开始指责拨款委员会，这并不是问题所在。由于筹款委员会和这位来自阿肯色州的先生的领导而造成的收入减少和支出增加，使我们面临今天的危机。那位先生曾为 300 亿美元的收入分享（revenue sharing）而战，这在很大程度上导致我们陷入今天的危机，如今却为何又把支出问题归咎于拨款委员会呢？总统曾尽力阻止国会增长 20% 的社会保险支出。但在这位关心经济的筹款委员会主席的帮助下，总统的否决被推翻了，这 20% 的增长最终成为现实。”[51]

尽管马恩做了慷慨激昂的辩护，但他的替代方案还是以 167 票对 216 票的票决结果被否决。众议院随后以 221 票对 163 票通过了附加支出上限的 H. R. 16810 法案。[52] 债务上限的法案随后移交到参议院；参议院财政委员会再次授权总统可以根据自己的偏好削减支出项目。[53] 然而，参议院以 46 票对 28 票的结果批准了一项议会修正案，要求总统按比例削减各项目支出，并且对某一个行动或项目的支出削减不能超过 10%。这个修正案还列举了 9 个可以免受总统削减的支出类别。附有这项条款的法案以 61 票对 11 票的结果获得通过。

在随后的会议中，参议院按比例削减项目支出的要求并没有得到满足，而总统得到授权可以对单个项目削减多达 20% 的支出。[54] 众议院在 1972 年 10 月 17 日通过了会议报告，但在同一天，参议院却以 39 票比 27 票的票决结果否决了这项报告。参议院随后通过了一项能够取消支出上限的修正案。[55] 在 10 月 18 日（第 92 届国会的最后一天）联席会议接受了参议院的修正案，并且两院都批准了这个法案。[56] 就是这个法案同时有制定和废除支出上限的相互抵触的条款，并且为了预算控制设立了联合研究委员会（Joint Study Committee）。

国会在控制支出方面的无效

定期出现的要求设立预算上限的努力对国会控制联邦支出的能力产生了一系列负面影响。首先，对不可控项目支出的优惠待遇更加刺激国会把自己偏好的项目变成“不可控的”。国会还通过把特定项目放在“预算外”（off - budget）而使其免受支出上限的约束——“预算外”项目支出不计入预算总额，当然也不受任何预算支出上限的限制。[57]

1967 至 1972 年之间五次试图给支出设置上限的尝试表明国会缺乏考量支出上限的程序。在这些年里，国会使用了四种不同的立法工具：

——1967 年，支出削减附加在连续决议之中；

——1968 年，支出上限和税收法案捆绑在一起；

——1969 年和 1970 年，预算限额被写入补充拨款决议之中；

——1972 年支出限额被加入债务上限法案之中。

这些特别措施并不能有效限制联邦支出。尽管无法确定这些年预算限制的具体效果，但每年一度的总结还是能让我们略窥一二：

——1967 年法案并没有确定支出上限，但是豁免了不可控支出的削减，同时决定按照一定比例对可控项目支出进行总体削减。有些削减虽然完成，但却没有达到法律规定的数量。

——1968 年法案豁免了 6 类项目的支出，支出削减更多通过国会对单个支出议案的决议来完成，而非对整体设置上限。

——1969 年法案对不可控支出和国会决议采取了预算上限豁免，随后通过的预算上限也根据这些豁免条款做了相应调整。

——1970 年法案也给予不可控支出和国会决议享有豁免的地位，这两类支出实际上构成了支出中所有的非预算增长。

——1972 年法案否定了其自身对支出上限的规定。

立法冲突（legislative conflict）和预算无能（budgetary impotence）（国会试图控制支出而导致的孪生后果）是对寻求新预算程序强有力的刺激。当国会主要议员在选择何种类型的制度上产生分歧时，他们下定决心要共同摆脱他们在预算过程中的不利境地。

总统与国会：关于预算优先权的对抗

如果仅仅是对自己的预算过程不太满意，国会还没有足够大的动力去修改预算程序。国会需要一个明确的征兆，表明立法机构如果没有自己的预算程序，就会面临失去权力和威信的境地。这个来自白宫的必要挑衅在尼克松接任总统后出现。部分由于共和党控制的行政部门和民主党控制的国会之间的政治分歧，部分由于尼克松总统想要通过废除一些他前任刚启动的新项目来重新安排国家的优先权，于是行政部门和立法机构之间的冲突步步升级。但尼克松和国会之间的早期对抗还是温和的，至少与他在 1972 年和 1973 年挑起的斗争相比是这样。总统提出要削减一些项目（正如他在 1971 年和 1972 年所提出的那样），但其中大部分未获得国会的通过。而尼克松只是否决少数几项拨款法案，随后他通常会和国会达成妥协意见。例如，在否决了劳动、卫生、教育和福利部门 1970 财政年度的拨款议案之后，国会通过了一项决议，要求把支出义务压缩至拨款数额的 98%。凭借当时还有效的预算上限和对总统权力的主张，尼克松扣押了数额可观的资金，但他并未将扣押资金作为全面对抗国会的武器。

然而，随着总统把预算变成 1972 年大选运动的主要议题，斗争形势迅速恶化。首战是尼克松要求设立 2500 亿美元的支出上限，同时抨击了国会的财政程序和优先权。总统警告道，对于国会把支出提高到他所想要的水平之上的情况，他不会袖手旁观。他“不论国会配合与否”都要采取行动，并且威胁否决“过度支出的要求”。[58]但是正如先前所分析的那样，国会拒绝设立支出上限，它还通过了各种超过行政部门申请的资金水平的拨款和授权法案。

在总统竞选中，尼克松公开抨击了国会“破坏预算”的行动。在当选后不到一个月的一次全国广播讲话中，他指责国会缺乏正规的预算程序：

“在审议联邦支出的过程中，国会深受制度缺陷之苦……国会在表决特定的一项支出法案时毫不顾及总的财政状况，甚至即使它想要这么做，也不存在一个这样的机制……因此，国会无从知晓自己大量彼此独立的决议是否以及在何时导致了高昂的价格或沉重的税负”[59]

当国会未能赞同他的要求时，尼克松就着手构筑“第二道防线”，即广泛使用他的否决权。

尼克松的否决

总统们一般都不愿意去否决拨款议案，更愿意鱼目混珠而非锱铢必较。但在 1972 年的一些议案中，尼克松和国会之间的分歧是如此之大，以至于通常情况下的预算妥协无法达成。尼克松否决了 1973 年对劳动、卫生、教育和福利部的拨款议案，并指责国会追加的 18 亿美元是“不增加税收或通货膨胀便无法完成的鲁莽支出的完美代表”。[60]当国会无法强行通过此议案时，就修改了该法案，提出维持最初提出的支出水平，但授权总统可以扣押高达 12 亿美元的资金数额，这大约占争议数额的 2/3。尼克松在 1972 年 10 月 27 日，即大选前仅仅一周国会刚开始休会时，用搁置不予签署的办法否决了第二个议案。国会于是放弃了对劳动、卫生、教育和福利部进行常规拨款的行动，而决定通过连续决议为这两个机构提供整个1973财政年度的资金。然而，和惯常做法截然不同的是，国会给这些机构提供的延续资金大大超过了上一年度和总统预算草案中的水平。[61]

尼克松对第二个劳动、卫生、教育和福利部拨款议案的否决只是九项否决案中的一项。它们都表达了总统的意见，尼克松总统希望通过这些否决案强调他和国会在预算上的不同立场。正如刚才所说的，尼克松在1972年否决了16项议案，其中的12项是在国会休会后进行的，这使国会已经来不及寻找强行通过的机会。大部分议案都是常规的授权议案，只有得到后来的拨款才能生效。在竞选运动的压力下，尼克松不愿意妥协去接受资金水平很高的授权议案，寄希望于这些资金能够在拨款中被削减。

然而预算战争并不仅仅是总统的一项竞选策略。事实证明，由于尼克松在10月17日对《联邦水污染控制法案修正案》的否决表明其立场有所改变，预算冲突在大选后愈演愈烈。尼克松预计国会将强行通过这个议案，尽管如此，他表示会拒绝使用所有这些资金："即使这项法案会不顾行政部门的明智阻止而强行成为法律（即使国会不顾对纳税人应尽的义务），我依然会恪尽职守。S. 2770（被否决的法案）中的特定条款授予总统对支出享有自行判断、灵活掌握的权力。如果这个法案生效的话，我就要用这些条款尽可能阻止这些破坏预算的支出发生。"[62]

在国会推翻总统的否决之后，尼克松扣押了60亿美元的水污染控制资金，这个数目随后增长到90亿美元。他还扣押了拨付给其他国内项目的超过100亿美元的资金，并且采取其他单边措施去阻止拨款的使用。与1967年至1973年间发生的其他任何将国会折磨得精疲力竭的预算争端不同，此次扣押引发的争端成为促使国会修改自己预算程序的导火索。

尼克松总统的拨款扣押

在当政的最初几年里，尼克松政府一般都把扣押拨款作为延迟支出的一种手段，而不是为了自己的政策倾向重新安排国家优先权。1971 年 5 月 17 日，管理与预算局的报告中罗列了在扣押中的 122 亿美元资金，其中的大部分都被安排在未来解冻。管理与预算局的估计如下：

——13.6 亿美元将被预留供紧急情况下使用；

——71.4 亿美元将在 1972 年 6 月 30 日前解冻；

——11.3 亿美元将在 1972 年 6 月 30 日之后解冻；

——13.8 亿美元根据国会的要求扣押；

——有 12 亿美元被扣押，但没有明确解冻时间。

一些拨款资金被行政部门以遵守国会设立的预算上限为由扣押。正如前文所述，为防止未来的资金再遭扣押，国会拒绝继续为下一财年设立支出上限。以限制支出为借口，尼克松政府无疑力图削减一些不符合自己政策优先方向的项目支出。然而，管理与预算局的观点是，大部分资金扣押都是因为财政或管理原因（而非政策原因）。对于被扣押的 123 亿美元，1971 年 5 月 17 日的报告中坚称：“这绝对不是资金的冻结，我们所拥有的是资金流和对资金流的调控，这是对国会拨付的资金的审慎管理……这是资金流入又流出的连续过程。”[63]

在输掉了 1972 年支出上限战争却赢得大选之后，尼克松总统开始花费很大的力气去推翻由国会设立的优先权。一反执政常规的是，尼克松在 1972 年后期和 1973 年的扣押意在以国会权力和意旨为代价去重塑国家政策。尼克松的目的在于取消不想要的项目而不是延迟支出。农业是总统的首要目标，5个农村发展计划被终止。尼克松从农村环境扶助项目中扣押了2.25亿美元，从水银行项目中扣押了1000万美元，从农村用水和污水管补助金中扣押了1200万美元，而从紧急贷款和农村电气化项目中扣押的资金则数额不明；对于后两个项目，行政部门命令暂停处理新的贷款申请，因此切断了行政渠道对资金的供给。行政部门在1973年1月5日采用了相同的策略，停止了所有住房项目补助，也不再向家庭住房援助、租赁住房援助、租金补贴和其他扶助项目提供新的行政预约（给住房补贴提供资金的程序）。联邦人力训练项目的人员招募也暂时中止。

1973年2月5日，管理与预算局报告说87亿美元仍在扣押之中，这个数额大大低于1971年5月报告的数据。然而遗憾的是，管理与预算局的清单并不完整而且有误导性。它没有包括根据总统命令而被扣押的60亿美元水污染控制资金。管理与预算局承认，这笔资金的确被扣押了，但它根据一个牵强的技术原因把这些资金排除在扣押清单之外。[64]管理与预算局也没有把连续决议划拨到劳动、卫生、教育和福利部门的19亿美元资金统计在内，其理由也是某种牵强的技术性原因。[65]根据行政部门的报告，这些以及其他未被列入的项目支出总计达87亿美元，所以扣押资金的真实水平达到180亿美元，远远超过以往任何总统扣押的数额。

扣押资金的数量仅反映了尼克松总统扣押拨款的一个方面；其他方面涉及扣押拨款的目的、持续时间和扣押资金的分布，以及它们对联邦政策和优先权产生的影响。评估扣押资金时，最关键的问题就确认这些资金在解冻之前是否出现流失。管理与预算局避开了这个问题，只是声称“资金受到扣押的持续时间完全取决于对资金流失情况进行评估的结果”。然而，尼克松的意图在他 1974 年的预算中显露无疑，这份预算报告发布在扣押报告公布前不久。预算中包含了一长串资金节余的清单，这些节省的资金来自预计的项目削减和废止，也包括当时所处的 1973 财政年度预期的节余。这些资金节余中的很大一部分只能通过总统的拨款扣押来实现。在 1973 年预计要削减和中止的项目包括污水管道补贴、农村环境补助和农村电气化直接贷款，以及其他也被直接列在扣押资金名单中的项目。引人注目的是，用于国防支出的所有扣押款项都是临时性的——把建设和采购经费推迟到使用时才拨付的常规延迟。国内项目是总统扣押政策针对的重点。扣押资金的目的是要改变预算支出的结构，而不仅仅是支出的水平。

当一位总统在预算优先权上与国会产生意见分歧时，他会把一份反映他偏好的预算草案推荐给国会，并且努力抵制国会对这些偏好的背离。他可以否决不符合他预算优先权的支出法案，把他和国会的争端告知公众。尼克松做了所有这些事情，他还扣押了拨付的资金。扣押拨款和其他策略的不同主要体现在两个方面，而这两者都会恶化总统和国会的关系。第一，扣押拨款是一个单边行动，可以在国会完全没有参与的情况下执行。[66]当尼克松因为政策原因扣押拨款时，他实际上就是在告诉国会，“我并不在乎你给哪个项目拨款。我来决定那些钱该怎么花。”第二，扣押拨款没有提供明确的、可以解决行政和立法机构之间预算冲突的程序。如果国会强行推翻总统的否决，那国会的预算优先权就将获胜；而如果国会未能获得三分之二议员的赞成票，那么总统的优先权就会赢得胜利。相比之下，扣押拨款就会导致僵局和持久的冲突。[67]

结　论

在关于扣押拨款的冲突中，总统相对于国会占据上风。尽管因政策原因扣押拨款没有得到法律认可，但只要政策未付诸实施，就意味着总统的预算优先选项赢得了胜利。这场争端持续的时间越长，国会对预算的控制就越弱。国会无法允许这种僵局继续以这种不利的方式持续下去。因此，在1973年早期，就在国会开始制定预算决策程序时，国会还着手设立了旨在管理自己与行政部门关系的拨款扣押控制程序。然而，扣押拨款问题仅仅是国会在制定新预算程序时不得不应对的问题之一。本章中分析的预算冲突表明，国会内部的冲突也如国会和行政部门之间的冲突一样激烈而持久。在构建预算改革的立法上，相对于和行政部门的关系，国会更关注自己内部的税收、拨款和授权委员会之间的权力再分配。关于这些权力再分配的描述会在下一章中讲到，读者也将会看到国会预算程序的“庐山真面目”。

注释

[1] 一些预算改革会激化预算冲突。在20世纪60年代采用的计划项目预算系统（PPB）更关注项目目标、项目对未来年度的影响以及成本效用，也因此激化了预算冲突。

[2] 自从1921年设立这一职位开始后的50年来，OMB的局长均由总统任命，不用经过参议院批准。1973年，国会通过了一项法案，要求参议院对于管理与预算局（OMB）的正副局长行使批准权，并对两个职位的现任者行使该权力。尼克松总统否决了这个提案，而当时

国会试图强行通过，但未能实现。1974 年，国会通过了一项新法案，推迟了行使审批权的要求，决定从下一届管理与预算局的领导开始审批。

[3] “艰苦的工作”是众议院拨款委员会传统的准则之一，理查德·C. 费诺（Richard C. Fenno）在《控制钱袋的权力：国会的拨款政治》（boston，Mass.：Little，Brown and Co.，1966）一书第十章对拨款委员会的角色和行为有详细介绍。

[4] 管理与预算局的政策依据是《1921 年预算与会计法案》的第 206 章，它禁止政府部门直接把它们的预算申请递交国会，除非根据参议院或者众议院的要求。此项政策的应用可以参见管理与预算局的A－10 号公告。

[5] 这些传统并没有牢固地根植在参议院拨款委员会之中。由于参议员比众议员要在更多的委员会中工作，所以参议员要矛盾地忠于不同的委员会，并且因此常常受到来自各方面的压力。

[6] 举个例子，1972 年的《消费者产品安全法案》就要求消费产品安全委员会同时向管理与预算局及国会递交预算预测。

[7] “税收支出”在国会预算法案的第三部分（a）中被定义为“由于联邦税法的规定而导致的收入损失”，如税法中提供了特别的抵扣、排除、豁免或者优惠税率。要想仔细考察筹款委员会和财政委员会的行为变化，请见第十二章。

[8] 超过一半的预算，主要是老牌机构和强制性支出，仍然是永久授权。大部分自从二战起设立的项目都是有限期的授权。

[9] E. E. 沙特施奈德在《半主权的人民》（New York：Holt，Rinehart，and Winston，1960）一书中谈及了政治，在书的第 2 页他写道，“每一次争端的结果都被观众介入其中的程度所决定……卷入争端的人数决定了将会发生什么。”

[10] 该书在 1964 年第一次出版（Boston，Mass.：Little，Brown and Co.），十年以后做了进一步充实并再版，这大概是二战后预算领域最有影响力的著作。

[11] 有关为什么这些年冲突会不断升级的解释，参见哈维·曼斯菲尔德编辑的《国会与总统的对抗》（New York：Academy of Political

Science, 1975）一书第 51—70 页所收录的艾伦·希克的文章《预算战争》。

[12] 若要了解“新经济”最重要的推行者之一对于“新经济”的乐观论述，可参见沃尔特·W. 海勒的著作《政治经济的新维度》（New York：W. W. Norton & Co.，1967）。

[13] 在布鲁克林研究所对 1973 年的研究中，花了一个章节来探讨“财政红利怎么了？”：“总之，问题的答案显而易见。第一，在短短的十年间，联邦的民用支出占 GNP 的百分比几乎翻番；即使没有加进新的项目，相较于十年前，现有支出项目的年度增长也已经消耗了更大比例的财政收入增长。第二，美国人民和他们的政治代表已经接受了联邦政府在处理全国的社会问题时所扮演的更为广泛的角色。第三，矛盾的是，在同一时期，国家采取一系列步骤大大削减了税收，降低了联邦收入。”查尔斯·L. 舒尔茨等编著，《国家优先权的确定：1973 年的预算》（Washington，D. C.：The Brookings Institution，1972），pp. 397－98。

[14] 参见美国政府 1967 财政年度预算第 53 页。

[15] 参见美国政府 1968 财政年度预算第 8 页和第 38 页。

[16] 参见美国政府 1969 财政年度预算第 7 页。

[17] 管理与预算局区分了“在现行法律下相对难以控制的”和“相对难以控制的”支出。大部分“难以控制的”支出都能通过修改法律来纳入预算控制之中。如果想更多了解“控制”概念，可参阅众议院预算委员会 1977 年 1 月出版的《国会对支出的控制》一书，特别是该书的第一章。

[18] 1972 年尼克松总统对“充分就业预算”概念的支持就是赤字政治的一个例子。这个概念使总统得以声称实现了“假定的平衡”，尽管预算已经有一个现金赤字。

[19] 对每个财政年度节省的资金的估算来自于行政机构公布的数据，并不一定是在其他假设的基础上计算出来的。

[20] 在福特总统继任之后，他继续了他的前任削减支出的努力，提出在 1975 到 1978 财政年度中大幅减少支出。

[21] 对公共债务的法定限制包括比美国真实负债额低得多的永久

性限额和在现行债务水平上确定的临时性限额。这些安排都迫使政府对债务限额进行频繁调整。

[22] 在 1974 年，众议院把对收入分享的管辖权从筹款委员会转移到了政府运行委员会（Government Operations Committee）。在参议院，管辖权仍由财政委员会掌握。

[23] 一项拨款是一种预算授权形式，在《国会预算法案》中被定义为："法律提供的授权，承担导致现在或将来政府资金支出的义务。"有时拨款会为"清偿"某项义务提供资金。在这种情形下，该拨款不能算作预算授权。

[24] 要想获知 1967 和 1968 年间发生的税收和支出冲突的详情，请见劳伦斯·C. 皮尔斯（Lawrence C. Pierce）的《制定财政政策的政治》（Pacific Palisades，Calif.：Goodyear Publishing Company，1971）一书的 72 至 148 页。

[25] 113 国会记录 26960（1967 年 9 月 27 日）。

[26] 113 国会记录 26963（1967 年 9 月 27 日）。

[27] 这项发回重审的决议得到了所有投票的共和党人和其他 34 位民主党人的支持，包括众议院筹款委员会主席。

[28] 关键的投票在于是否采纳考虑延续解决方案的规则。众议院以 213 票对 205 票通过了放弃了对鲍修正案的审议。

[29] 113 国会记录 27659（1967 年 10 月 3 日）。

[30] P. L. 90－102。

[31] 压缩支出的提议由共和党人杰美·维顿（Jamie Whitten）提出，他是拨款委员会的领导人之一。鲍的修正案以 192 票对 131 票的结果得以附加。

[32] S. Rept. No 90－672。

[33] 113 国会记录 30109（1967 年 10 月 25 日）。

[34] 114 国会记录 4704（1968 年 2 月 29 日）。

[35] 114 国会记录 7712（1968 年 3 月 26 日）。

[36] 114 国会记录 7719（1968 年 3 月 26 日）。

[37] 这份决议的文本载于 114 国会记录 18059（1968 年 6 月 20 日）。

[38] 要想确认在这个案例中使用程序的正当性，请看共和党人乔

治·梅恩（George Mahon）在114国会记录18058中的论述。如果想看另一位拨款委员会领导人与之相反的观点，请见114国会记录17975中杰米·维顿（Jamie Whitten）的论述。

[39] 正如在1971财政年度预算中解释的那样："不受上限约束的财政支出比最初的估计高出69亿美元，其中越南战争和国债利息的支出占超支额的五分之三。受到上限约束的项目支出比起最初的预算估计要低84亿美元，相当于削减了9%。然而，由于不受上限约束的支出大大上升，总财政支出只下降了15亿美元。"《1971年度美国政府预算》，第46页。

[40] 请见联合研究委员会（Joint Study Committee）发布的《中期报告》中总结的1969—1973财政年度的记录报告（scorekeeping report）。

[41] 115国会记录13125（1969年5月20日）。

[42] 经过修改的预算估计载于115国会记录9351－56（1969年4月16日）。当预算第一次递交国会时，预算上限比估计额度低34亿美元，但又只比1969年4月由尼克松总统递交的修改后的估计额低10亿美元。

[43] 这些问题在1971年预算中作了解释。"当前对1970财政年度的预测表明，实际支出将比预算上限超出22亿美元。所有的超额都源于指定的不受上限限制的项目支出的增长。因此，给指定的不受限项目增长准备的20亿美元被证明是远远不够的。"《1971财政年度美国政府预算》，第47页。

[44] Title IV，P. L. 91－305。

[45] 1972年的预算估计，100亿美元超额支出的40%是由于不可控项目支出的增长，剩下的60%则是国会对支出法案的相关决议造成的。《1972财政年度美国政府预算》，第56页。

[46] 第九十二届国会第一会期（1971年）众议院拨款委员会关于水电发展及原子能公共建设工程拨款的听证会，卡斯帕·魏因贝格尔的论述。

[47] 正如这一章的下一节所展示的那样，国会未能阻止总统的扣押行为。行政机构用各种办法为它的行为提供合理性证明，所以即使没有支出上限，它仍能继续扣押行为。

［48］《总统文件第八周周报（1972）》，1176 页。

［49］众议院筹款委员会，《关于行政机构要求提高债务水平上限的听证会》，第 92 届国会第二会期（1972 年）。

［50］H. Rept. No. 92 – 1456。

［51］118 国会记录 34599（1972 年 10 月 10 日）。

［52］118 国会记录 34636（1972 年 10 月 10 日）。

［53］S. Rept. No. 99 – 1292（1972）。

［54］S. Rept. No. 92 – 1606（1972）。

［55］请参见 118 国会记录 36854（1972 年 10 月 17 日）中参议院隆（Long）对制定这项修正案原因的解释。

［56］这就是在本章开头提到的法案。详见 Title II，P. L. 92 – 599。

［57］在 1971 年到 1974 年之间，预算外支出的待遇被授予环境融资局（Environmental Financing Authority）、进出口银行（Export – Import Bank）、联邦融资银行（Federal Financing Bank）、农村电气化和电话循环基金（Rural Electrification and Telephone Revolving Fund）、农村电话银行（Rural Telephone Bank）和美国铁路协会（United States Railway Association）。

［58］《每周总统文件汇编》（1972 年）第八期，第 1177 页。

［59］《每周总统文件汇编》（1972 年）第八期，第 1498 页。

［60］《每周总统文件汇编》（1972 年）第八期，第 1240 页。

［61］连续决议规定向劳动、卫生、教育和福利部每个项目提供的资金都低于参众两院通过的 1973 财年最初拨款法案中的数额。然而，这些较低金额的加总却比总统申请的资金水平多出 19 亿美元。

［62］《每周总统文件汇编》（1972 年）第八期，第 1532 页。

［63］美国管理与预算局 1971 年 5 月 17 日“关于扣押资金的声明”。

［64］这些资金根据一个很牵强的技术性原因而被排除在外。水污染控制项目的合同授权（contract authority）涉及到两个行政程序：第一，资金根据一个法定公式分配到每一个州；第二，各州依据它们分配到的资金数额开始履行义务。由于总统命令不拨付这些资金，各州也就无法开始履行义务。因此，管理与预算局辩解认为预算授权并未被扣押下来。

[65] 连续决议中拨付的资金通常都不受《反赤字法案》(the Anti-deficiency Act) 中条款的约束，这项法案规定资金的拨付需在整个财政年度中进行，以防在年度的后半部分出现资金短缺。但是连续决议一般仅提供在常规拨款确定前的过渡性资金。出于这个原因，资金分配过程 (apportionment process) 并不适用于此类决议。

[66] 扣押拨款还具有单项否决的特点。它对付的目标是特定的项目而不是整个法案。

[67] 对于扣押拨款事件，就像其他冲突一样，一般最终交由法院裁决。在尼克松的扣押行动之后，法院做出了大量法庭仲裁，而大部分的判决结果都对总统不利。1975 年 2 月，最高法院一致判决尼克松扣押 90 亿美元水污染控制资金的行动无效。最高法院对第一起扣押拨款案的裁决是以法定解释 (statutory interpretation) 为依据，而不是宪法原则 (constitutional principles)。

第三章
1974 年的国会预算协定

一直到 1973 年，令人厌倦的预算冲突和长期的预算赤字（之前 32 年里有 25 年存在财政赤字）终于使国会意识到，如果没有自身的预算程序，它将无法继续做出财政决策。[1] 在 1973 年的最初几个月里，国会收到几十份与建立国会预算程序和控制总统扣押行为有关的议案。可是，尽管国会已经决定就该问题采取措施，它也不可能匆匆行动、一蹴而就。预算改革的核心理念和具体过程经过了 5 个立法部门的审核才确定最终版本。然而，鉴于其对国会工作流程以及委员会权力的潜在影响，改革推进的势头虽然迅猛，但也历尽坎坷。最终，《预算法案》在 1974 年 7 月 12 日正式被签署为一部法律；这距离人们最初开始预算改革的激辩不到两年时间。

在探索如何建立预算程序的过程中，国会受到以往的失败和当时立法现实的双重限制。自 1921 年《预算和会计法案》构建了总统预算程序之后，大部分完善预算机制的努力都集中在行政部门，大多数情况下国会都未能参与其中。[2] 或许国会为改进其自身预算工作所做的最雄心勃勃的尝试就是 1946 年《立法重组法案》（the Legislative Reorganization Act of 1946）中的条款，规定由国会决定每年拨款的最高金额

(the maximum amount)。[3]在1947年到1948年间，国会曾试图构建立法机构的预算，但相继以失败告终。[4]国会在1950年又仓促推出了一个更加适中的解决方法，希望将所有的拨款整合到一个法案中。然而，这个方案被否决了，因为拨款小组委员会（the Appropriations subcommittees）担心它会使全体委员会（the full committee）的权力过度集中。[5]

国会意识到，任何有关预算方法的重大改变都会不可避免地在立法机构内部引起权力和地位的再分配。一个新的预算程序可能会加强立法机构对于行政机构的权力，而与此同时，这也会对一些委员会和利益团体产生负面影响。在国会加强预算控制的立法进程中，扩张国会权力的目标和国会内部不可避免的权力再分配之间的紧张无所不在。新的预算过程会在很大程度上改进国会对预算的审议，并且也不会公开剥夺当前权力所有者从现有机制中获得的既得利益。国会必须协调各方意见，并且避免权力集中化；它不得不持续赋予许多利益群体部分预算权，同时还必须将这些群体的利益纳入到一个合理而持续的预算政策之中。这是一项复杂的任务，因为大家都知道，任何改革对于未来预算结果的影响都不会是中性的。各方将围绕改革的规则和程序展开激辩，但处于风口浪尖的将是那些会在预算程序中获得资金的项目和利益团体。

委员会通常是立法的关键环节；它们对预算改革的态度尤其坚决。国会议员们都必须对预算感兴趣，即使他们被技术或者会计上的细节弄得茫然无措。他们选区的选民、项目利益以及委员会任命都与预算决策息息相关。在1973年到1974年间，反对预算改革并没有政治吸引力；而且有关新预算过程的重要决策都不会由参众两院大会制定。那些想保护自身利益或是想影响政策制定的人，不得不通过编制法案的委员会去想办法。各委员会积极地致力于国会预算过程的重构，而委员会的多样性也为各类利益集团提供了充分的机会去参与制定最后的决策。在每个阶段，负责起草法案的委员会的背景都深刻地影响着预算立法。

本章将根据五个国会委员会在预算改革全过程中的主要行为去追寻预算改革的路径，总结那些委员会在推进改革时所采用的不成文的原则，并将大致阐述在这次改革过程中新出现的化解预算冲突的方法。表 3－1 罗列了《国会预算和扣押控制法案》的立法历史。

表 3－1　《国会预算和扣押控制法案》的立法历史

日　期	行　动	引　用
1972 年 10 月 27 日	联合研究委员会成立	第四章第 92—599 页
1973 年 4 月 11 日	引入 S. 1541	
1973 年 4 月 17 日	参议院政府运行委员会报告 S. 373（扣押控制）	S. Rept. No. 93 － 121（参议院 93－121 号报告）
1973 年 4 月 18 日	发布联合研究委员会的报告	关于改进国会对预算支出和收入总额控制的建议（H. R. 7130 和 S. 1641）
1973 年 5 月 10 日	参议院通过 S. 373	
1973 年 6 月 27 日	众议院规则委员会（House Rules Committee）报告 H. R. 8480（扣押控制）	H. Rept. No. 93 － 336（众议院 93－336 号报告）
1973 年 7 月 25 日	众议院通过 H. R. 8480	
1973 年 11 月 20 日	众议院规则委员会报告 H. R. 7130	H. Rept. No. 93－658

续表

日　期	行　动	引　用
1973 年 11 月 28 日	参议院政府运行委员会报告 S. 1541	S. Rept. No. 93 – 579
1973 年 11 月 4—5 日	众议院辩论并通过 H. R. 7130	
1974 年 2 月 21 日	参议院管理与规则委员会报告 S. 1541	S. Rept. No. 93 – 688
1974 年 3 月 19—22 日	参议院辩论并通过 S. 1541	
1974 年 6 月 11—12 日	会议委员会（Conference Committee）发布报告	S. Rept. No. 93 – 1101；S. Rept. No. 93 – 924
1974 年 6 月 18 日	众议院通过会议委员会的报告	
1974 年 6 月 21 日	参议院通过会议委员会的报告	
1974 年 7 月 12 日	总统签署《国会预算和扣押控制法案》	第 93—344 页

预算改革的发展

首先提出要进行预算改革的是预算控制联合研究委员会，这是一个专门研究对预算进行立法控制的小组，其任务在于就立法控制的方式提出建议。在众议院，预算改革法案被提交到了规则委员会；这一举动得到了 H. R. 7130 的支持。[6] 参议院对预算改革的考量始于政府执行委员会，该委员会的主席是山姆·厄尔文（Sam Ervin）议员，他提出了自己的预算改革方案（S. 1541）。该法案随后也被提交给规则与管理委员会，[7]表面上是要评估预算改革对国会运作的影响，尽管后来委员会将审查延伸到了所有的立法层面。在会议委员会协调了众议院和参议院两个不同的版本之后，《预算法案》最终得以通过。

预算控制联合研究委员会：协调税收和拨款委员会的利益

由于联合研究委员会的产生源于国会内部拨款和税收两方面委员会在支出限制问题上的对抗，因而它也为这两个利益相关方所掌控。联合研究委员会三十二名议员中有二十八人来自参众两院的拨款委员会、众议院筹款委员会以及参议院财政委员会。只有四名议员来自参众两院的其他部门，并且没有人来自党派的领导层。还需注意的是，联合研究委员会的联合主席和所有的行政职员都来自支出和收入方面的委员会。[8]

这样的成员组成意味着联合研究委员会不需要考虑预算改革对国会内相关利益团体造成的潜在影响。相反，联合研究委员会的主要任务就是设计出一个能让支出和收入双方委员都能够接受的预算协调机制。于是，联合研究委员会尝试通过在二者之间分配预算权力来结束双方的预算之争。显而易见，平息预算争端最简单的方法就是捍卫甚至增加拨款委员会和税收委员会的权力，而牺牲那些在联合研究委员会中未被充分代表的国会团体的利益。

联合研究委员会首先要做的是为这次改革造势，以说服国会接受它的建议。在提交给国会的两份报告中，联合研究委员会都罗列了反映当前国会预算方式缺陷的清单：没有将预算作为一个整体考虑，拨款项目之间缺乏关联性，不可控支出增多，在税收政策和支出政策之间缺乏协调，以及国会对拨款项目过于迟缓的授权所造成的延迟影响（delaying effects）。委员会还在报告后面附加了一个统计表以佐证这些观点，统计表显示了巨额的预算赤字和结转平衡、拨款削减和国会后门支出的增加、不可控支出的连年上涨、授权额和拨款额的差异以及其他一些预算相关数据。

拨款和税收委员会都想确保这个新的国会预算过程不会削弱它们现有的权力。然而，预算改革的推进对它们形成了直接而明显的威胁。新预算委员会毫无疑问将负责处理各类支出、债务和税收问题，而这些都是拨款、筹款和财政委员会的核心利益所在。解决这个问题最可靠的办法就是不成立预算委员会，或者在国会审议预算期间成立临时委员会。但任何替代方案都不会受到欢迎。近期的预算斗争让联合研究委员会意识到，国会需要一个制度化的机制去协调预算中收入和支出两方面的利益。没有预算委员会，税收和支出委员会在未来将会继续为保护自己的势力范围明争暗斗。并且，未组建常设的预算委员会也被视为 1946 年立法机构预算方案的一个主要缺陷。[9]

所以，退而求其次的选择是确保每个新预算委员会都受到拨款和税收两方面委员会的掌控。在这项工作的起始阶段，联合研究委员会考虑按照其自身模式成立新的参众两院预算委员会的可能性；这样两院的预算委员会都将有十六名议员，而其中只有两名议员从参众两院海选。但联合研究委员会后来决定预算委员会中三分之一的成员从外部挑选，保留三分之二的席位给拨款和税收两方面的委员会。[10]

由联合研究委员会制定的法律反映了拨款和税收委员会对预算改革的掌控。联合研究委员会最基本的建议就是在现有的国会收入和拨款程序上再设置一个新的预算程序。一份预算共同决议将对新的预算授权和支出设置总额上限，并将在国会各委员会和拨款小组委员会之间分配这些支出额度。预算决议也将确定收入、债务、预算盈余或赤字的总水平。关于预算决议的大会辩论将遵循“一致性规则”，该规则要求所有即席修正案（floor amendments）在审议的每个阶段都和决议保持数学上的一致性（the mathematical consistency）。所以，如果修正案建议增加某个类别的预算支出，那么它所建议的预算总额也必须相应提高，或者等量削减其他类别支出。采用该规则后，预算决议将能够限制那些各自为政的支出方案。

联合研究委员会提出的预算程序可能有助于强化拨款委员会对议会行动（floor action）的控制。众议院拨款委员会希望能够减少诸如修正案之类的独立的议会活动；联合研究委员会则以一系列的条款回应它的利益诉求，这些条款可能会对拨款的审议产生影响。例如，联合研究委员会建议，关于减少拨款的修正案将优先考虑，只有审议完这些修正案之后，才能考虑那些要求增加拨款的修正案。此外，委员会还建议那些所申请的拨款超过预算共同决议分配金额的修正案将会受到质询。这两个条款都未能在后来的预算改革立法中保留下来。

尽管它们是国会预算中最具影响力的利益相关者，两类委员会均有理由对国会内的财政趋势不满。拨款委员会在支出方面的管辖权已经受到侵蚀，因此它们在联合研究委员会中的主要目标之一就是结束“后门支出”。但是，这个目标和筹款委员会以及财政委员会的利益诉求背道而驰，这两个委员会负责所有的社会保障立法和其他“后门支出”项目。拨款委员会因而无法随心所欲地从联合研究委员会那里得到它所期望的利益；授权委员会推出的后门支出项目会受到一些限制，但税收委员会对于“后门支出”的管辖权依然受到保护。另一个拨款委员会关注的重点是授权法案的延后颁布，这会导致国会延迟对拨款法案的审议。对这个问题，拨款委员会的议员们可以将他们的工作提前，而不必公然对抗授权委员会。联合研究委员会则建议国会在这些授权生效的前一个财政年度颁布实施授权法案。

当拨款委员会的预算权力在近几十年有所削弱时，筹款委员会和参议院财政委员会正着手巩固它们的地位，特别是对“后门支出”项目和支出上限的控制。这些委员会的领导人很关注近来严重困扰预算的赤字问题。收入委员会倾向于对支出进行严格控制——这个立场它们在之前关于支出上限的斗争中就曾提出过。两类委员会的观点再次相左，而收入委员会的意见也再次占据上风。联合研究委员会制定的协定表达了它们对于严格控制支出的偏好。一致性规则以及在预算决议中事先设定的预算上限均显示了联合研究委员会将强有力的控制纳入新预算过程的决心。

但最直接体现联合研究委员会立场倾向的是它关于控制预算分项的建议。尽管成立的目的是构建控制预算总额的程序，但联合研究委员会早已决定将新控制延伸到预算的各类支出分项之中。在很多国会议员看来，1947 年到 1948 年以失败告终的立法机构预算就已表明，除非国会对预算中每个支出分项分别设定上限，否则这些限制将形同虚设。然而，问题在于对于预算分项总额的控制会侵害到拨款委员会及其小组委员会的管辖权。尽管如此，联合研究委员会还是一致建议国会应该在每年 5 月 1 日之前为每一个预算分项都设置上限。

正如联合研究委员会所设想的，预算决议将在项目或小组委员会之间分配支出和预算授权。为了缓和支出上限对拨款委员会的限制，联合研究委员会提出将一些资金作为意外事件的应急准备金而预留，也可作为新项目的应急储备金；这些资金的分配权仍然属于拨款委员会。联合研究委员会还提出了另一个改变拨款方式的建议，即建立一套新的拨款程序，在该程序下每个拨款法案将能够限制当前财政年度内根据它产生的支出。这个程序将使拨款委员会对实际支出而非仅仅对每个法案上新的预算授权负责。

为什么拨款委员会同意在它传统的运作模式上附加这些限制呢？如前所述，联合研究委员会的建议被一致通过，而且在预算立法改革层面各方未出现任何公开的异议。另一种并不全面的解释是，众议院拨款委员会（相对于参议院拨款委员会，它在联合研究委员会里的表现更为活跃）因做出的妥协得到了一定的回报。授权有了截止期限，而新的“后门支出”和长期拨款也受到了上限限制。在联合研究委员会内部各种得失的权衡交易中，所有的资金委员会（money committees）都必须牺牲一些既有特权。而由于联合研究委员会提出了一套可能会迫使国会对增税进行表决的程序，[11]因而收入委员会也必须放弃一些权力，虽然没有拨款委员会那么多。

尽管拨款委员会拥有联合研究委员会近半数的席位，但随着预算立法的参与度逐步增强，更多的利益群体被纳入预算立法的考量，这使得拨款委员会在这个领域中的影响力一点点地衰弱。在联合研究委员会中，主要是负责支出一方和负责税收一方的较量，这两个竞争的权力中心在过去几十年里纠葛不断。在最近的几次对抗中，税收委员会再次占据上风。这其中至少有两个因素：首先，人们更倾向于将预算赤字归咎于支出过度而非税收不足；对很多立法议员来说，预算控制意味着对支出的控制，而这样的观点在联合研究委员会的改革方案中也有所体现。其次，在联合研究委员会拟定改革方案时，筹款委员会正处于它立法权力的巅峰时期，而与此同时，拨款委员会却正在遭受着严重的权力侵蚀。[12]

联合研究委员会两个基础性的决定塑造了预算改革的未来。一个是在现有收入和拨款流程上设置新国会预算过程的决定。联合研究委员会甚至没有考虑过融合授权和拨款机制的可能性。[13]不论新增的机制会引发怎样的问题，联合研究委员会的方案具有一个无与伦比的优势：没有一个国会委员会在基础的管辖权上遭受损失。[14]要实现国会预算改革就必须创建新的预算过程，而不是对旧的流程进行统合。这一点在之后的所有提案中都有所体现，并且最终被《预算法案》采用。

联合研究委员会的第二个决定是创造一个独立于总统而仅依靠议会行动的机制。新机制的关键在于共同决议，这是一份不需要提交总统审核的法案。经过与总统在预算优先权和经济政策上长达数年的斗争后，国会已经形成不以总统偏好为转移的自身运作机制。这个特征在之后的预算改革立法中也被保留下来。

联合研究委员会宪章并未授权它报告立法（report legislation）。因此，只有根据其报告拟定的法案（H. R. 7130 和 S. 1641）被提交参众两院常务委员会（standing committees）。[15]

众议院规则委员会：来自领导层的观点

H. R. 7130 通过规则委员会掌控在众议院手中，它对该预算草案的态度在数个方面与大多数国会委员会不同。规则委员会对立法没有初审管辖权；它通常就像众议院的“交通”协管员，决定议会中审议法案的特定环境。[16]尽管规则委员会在 1973 年初编制并报告了一份扣押控制法案，但当需要它在该年晚些时候审议预算控制法案时，它在法案细节的制定上却几乎毫无经验。

在先前的几十年里，规则委员会成为众议院民主党领导层的一个分支，放弃了它作为一个独立立法审核机构的地位。作为多数党代理人，规则委员会要编制出能够代表多个委员会利益的预算法案，该法案应能够得到民主党内多数派的支持，并且不会在大会上激起强烈反对。因此，除了众议院拨款委员会和筹款委员会外，规则委员会制定的法案还必须符合其他委员会的利益，而同时也不至于招致这两个权力中心的不满。

作为一个委员会，规则委员会的职责不是进行政治游说，也不是平衡众议院各方的不同利益。规则委员会是一个排他性的委员会；其中的大多数议员也没有在其他委员会任职。其他委员会在预算改革中的任何利益都无法通过委员重复任职的途径传递到规则委员会中。除此之外，规则委员会没有小组委员会，也几乎没有自己的行政职员。该委员会习惯于对法案进行“整体性”考虑，而不是逐款审议。

在对 H. R. 7130 的修订中，规则委员会与外界沟通的渠道是理查德·波尔林（Richard Bolling）议员，他是民主党内第三号人物，也是众议院议员中机构改革的主要倡导者。在波尔林议员从事预算立法方面工作的这段时间里，他同时还领导了一个为改革众议院管辖权和运作而成立的特别委员会（select committee）。

波尔林使预算改革法案更有利于拨款委员会，与筹款委员会的利益则略有不同。联合研究委员会倾向的逆转有多方面驱动因素：（1）波尔林本人的职位（它的特别委员会希望剥夺筹款委员会的部分管辖权)；[17] (2) 他对筹款委员会领导人可能存在的不满；(3) 自由民主党人 (liberal Democrats) 与拨款委员会之间利益上的关联。甚至在规则委员会审核 H. R. 7130 之前，它就得知众议院的自由民主党人将拒绝联合研究委员会的法案版本。在一份更加详细而言辞苛刻的对联合研究委员会的攻击报告中，由众议院自由民主党人组成的民主党研究小组 (Democratic Study Group) 指出，这样安排预算会"使得国会预算机制在相当长的时间里一成不变、成为一种保守的模式，并且中止近年来参众两院预算机制民主化和集中化改革的进程"[18]。这个小组严厉地批评了联合研究委员会计划中的很多观点，就新的预算委员会提出了很多相反的意见："联合研究委员会提议建立的参众两院预算委员会将成为国会中最有权的委员会——精英中的精英 (super elite) ……这个委员会的人员构成将不会广泛代表整个众议院……这个委员会将被保守派所统治。"[19]

规则委员会在波尔林议员的领导下逐渐能够将自由派的反对和拨款委员会的疑虑转化为对替代方案的广泛支持。尽管一直以来认为拨款委员会是财政保守主义的堡垒，那些倾向于最低限度支出控制的自由民主党人也还是能够和拨款委员会展开合作。在自由民主党人看来，通过较弱的拨款机制向项目提供资金比从拨款和预算两个层面同时实施控制更好。

众议院拨款委员会在联合研究委员会中任职的议员们基本认可了 H. R. 7130 的初稿，但他们的利益关切集中在某些特定条文而非整个法案之上。在出席六月份的众议院专门委员会和八月份的规则委员会会议时，马洪主席就曾赞赏过联合研究委员会的出色工作，同时也提出了几点期望。主要的期望就是终结"后门支出"，并为授权立法设定有效期。[20] 马洪主席的支持对于预算立法来说非常关键。如果他站出来公开反对新委员会或独立的预算流程，那么整个计划就可能在联合研究委员会或规则委员会流产。但这不是马洪的风格。马洪他不仅回避了一些冲突性的问题（正如他担任拨款委员会主席时所做的），而且他的确想在联邦政府的支出和预算赤字方面有所作为。作为一个在财政方面比较保守的人，马洪认为，建立一个预算机制对国会来说理所应当；而且对他来说，为维护管辖权而阻碍改革的努力是不可想象的。

但马洪的一些同僚们觉得改革给他们带来了很多困扰。自由派议员戴维·欧泊（David Obey）认为新预算委员会可能会被保守派控制。[21]他认为，一个重构的预算机制应该以现有拨款委员会为中心，而非新预算委员会。他倡议在拨款委员会内部建立一个更为整合的机制，包括概况听证（overview hearings）、更多来自授权委员会的信息、议会针对单个拨款法案的统一决议，以及委员会在众议院通过法案后对各类法案的重新审议。而这样做的实际结果将会是拨款小组委员会的部分权力转移至全体委员会。

在欧泊的立场可能成为部分众议院拨款委员会议员和自由派民主党人首选的同时，同意成立新预算委员会的呼声也非常强烈。拨款委员会本身无法提供对宏观经济的指导，无法整合支出和税收政策，也无权审议那些寻求建立新预算程序的群体所关注的国家优先项目。所以拨款委员会不得不接受成立新预算委员会，即使最初的 H. R. 7130 无此内容。

拨款委员会一些议员的意见体现在杰米·怀顿（Jamie Whitten）议员 1973 年 10 月 16 日提交的法案之中；怀顿议员是众议院拨款委员会的重要成员，也是联合研究委员会的联合主席。怀顿的法案（H. R. 10961）将预算委员会的职能限制在提供宏观经济咨询的层面，而这正是拨款委员会欠缺的技能。预算委员会将拟定一份仅针对各项支出总额的决议；

这些支出总额将会指导但不会限制接下去针对单个拨款法案的决议。规则委员会将怀顿的法案变成它预算立法的一部分。该委员会已经拟定了一份它自己预算草案的草稿，与怀顿法案的思路基本一致，只是后者没有次分配。[22]但规则委员会若要颁布一个能获得广泛支持和认可的法案，就必须整合三个版本的改革意见：它自己的草案、H. R. 10961 以及联合研究委员会版本的修改版。[23]

由于差异主要体现在怀顿的版本和联合研究委员会的版本之间，因此，二者之间达成的且不违背向自由派做出妥协（比如改变预算委员会的构成）的任何共识都可能被规则委员会采纳。在这个层面的协商中，筹款委员会维护联合研究委员会的立场，因为拨款委员会已经申明了它的既定立场。双方做出的妥协更倾向于怀顿的立场。在这种权衡和交易中，很有必要照顾到拨款委员会的核心利益，即保留它对支出事务的管辖权；其结果是受影响较小的各方也认同了拨款委员会的权利要求。而且，由于规则委员会中有一个稳定多数的议员支持拨款委员会的立场，因而筹款委员会无法决定这些立法条款。

虽然规则委员会保留了联合研究委员会版本的基本框架，但它也对具体条款做了很多修改。它提出将拨款委员会和筹款委员会在众议院预算委员会中成员的占比从三分之二下调到不超过 45%；另外，预算委员会成员应该实行轮换制，即 10 年内任何人的任期都不能超过 4 年。第一个预算决议将成为一个目标而非上限，它对即席修正案没有“一致性”限制。预算决议的资金按照预算功能（budget function）而非拨款类别分配。支出立法和国会预算会在秋季进行协调整合，而第二个预算决议也会在同一时间通过审议。在波尔林议员的坚持下，先前通过的扣押控制法案（H. R. 8480）被附加在了预算立法之中。

经过修改后，H. R. 7130 由规则委员会一致通过，但一些议员保留了提出即席修正案的权力。然而，在两天的大会辩论中，一些议员又屡次提出要修改法案，只有两个比较小的修正案（关注的是委员会报告预算决议和大会审议预算决议的间隔期）被采纳了。为了防止整个方案分崩离析，达成妥协的三个主要方面（尤其是波尔林、厄尔曼和怀顿）都没有接受任何修正案，即使是那些他们赞成的意见。在最后的投票中，很多对某些条款有疑虑的议员都投票支持 H. R. 7130。只有 23 张反对票，预算控制法案跨过了付诸实施前最大的一道障碍。

参议院政府运行委员会：整合自由派和保守派的观点

在参议院中，预算改革的方式不太一样，因为政府运行委员会对立法本身有初审管辖权。尽管政府运行委员会在参议院里并不是主要的委员会之一[24]，但它的很多成员在参议院里都是领导级的人物。在过去二十年里，政府运行委员会的主席是约翰·迈克莱伦（John McClellan），他在 1972 年放弃了政府运行委员会主席一职，转而担任参议院拨款委员会主席。尽管迈克莱伦参议员在 1950 年到 1960 年间对预算改革一直抱有高度关注，但他并没有积极参与新立法工作。1973 年之后政府运行委员会的主席是山姆·厄尔文（Sam Ervin）参议员，是他提交了政府运行委员会拟定的 S. 1541。[25]尽管他当时很积极地参与了水门事件的调查工作，但他始终希望在退休之前能通过立法的方式让国会重新掌握对钱袋的控制权。对 S. 1541 的第一次审议在由李·梅特卡尔夫（Lee Metcalf）参议员领导的预算、管理和支出小组委员会（the

Subcommittee on Budgeting, Management, and Expenditures）中进行。

所有政府运行委员会中的参议员都至少在参议院的另一个其他委员会中兼职，所以他们对预算改革对参议院其他利益群体有什么样的潜在影响很敏感。这个更宽泛的视角部分解释了梅特卡尔夫的小组委员会为什么不愿接受联合研究委员会的建议。比如，梅特卡尔夫的团队通过投票方式解除了对新参议院预算委员会人员构成上的配额限定，这能增加非财政和拨款委员会参议员进入预算委员会的机会。

尽管梅特卡尔夫小组委员会已经就新预算权在国会内部分配方式的问题达成共识，但他们却因权力实质的问题而四分五裂。保守派人士将新预算程序视为强力控制支出和抑制联邦赤字的机会。然而，自由派则倾向于构建一个不会干涉国会对政府项目拨款的机制。小组委员会分裂成两派，分别有五个人和四个人，一方希望能向先前所决定的那样对支出及其分项均设置上限（与联合研究委员会的建议相同），而另一方则坚持认为最初的预算决定应是目标性的，不能限制其后的国会行动。多数派寻求的是通过预算程序限制国会支出项目对第一个预算决议决定的背离。少数派则担心这个限制性机制会行不通，并且不会为国会所接受。

尽管双方的立场分歧很大，但是他们有理由寻求妥协。小组委员会中 5 对 4 的分裂对于它在全体委员会或大会中的立法工作来说不是好兆头。而且，在国会推进预算改革的整个过程中，它也在努力寻求更广泛的立法支持。议员们不希望在这个法案上被标上党派标签，也不希望其措施互相矛盾。因此，当全体委员会在 1973 年 9 月审议 S. 1541 时，它同时也收到了参议员马斯基（Muskie）和珀西（Percy）提交的协调方案；他们分别是自由派和保守派观点的主要代表。政府运行委员会最终完成的法案提供了一个复杂的流程，包含了上限和目标。国会将可以接受超过其预算决议规定的资金水平的拨款，但在国会颁布实施特别“启动”法案之前，任何支出法案都无法生效。然而，只有在支出法案的金额不超过预算决议金额限制的前提下，国会才能审议“启动”法案。

政府运行委员会的法案也规定了处理“后门支出”项目立法以及对授权设置有效期限的流程。法案中增加了一些处理预算信息、项目授权以及对新项目进行引导测试（pilot testing）的条款。很多此类条款都是“个人”修正案，即只有一个参议员关注。而类似的修改在参议院中出现的次数比众议院多得多，这在很大程度上扩大了预算改革立法的范围，且超过了联合研究委员会和众议院规则委员会的设想。

参议院规则和管理委员会：来自参议院的意见

在政府运行委员会颁布了 S. 1541 后，多数党领袖罗伯特·伯德（Robert G. Byrd）提出，法案应提交规则和管理委员会（这是他任职的委员会，而且他是该委员会的小组规则委员会主席），以评估其对参议院一些规则和运行的影响。[26] 但是，规则和管理委员会在收到法案后，立即修改了整个法案，并且拟定了一个新的版本，该版本更近似于众议院通过（而非政府运行委员会起草）的法案。

伯德参议员意识到，尽管预算改革影响到每个委员会及其成员的利益，除了在政府运行委员会任职的参议员外，很少有参议员真正了解这个悬而未决的预算法案。很多参议员都只在法案限制他们参与为数不多的大会议题讨论时才关注 S. 1541 法案。但因为预算改革广受支持，伯德倾向于在大会审议之前就对法案做重大修改。伯德还有另一个工作重心。

他在几年间一直努力推动参议院中的议会行动，直到最近才成功地推动各方一致同意建立一个有效机制，使参议院的立法事务能在有序的安排下进行。[27]但这个由政府运行委员会起草的法案还有很多潜在缺陷，比如参议院对某些法令的审议可能会因为新的预算规则而被迫终止。[28]所以伯德必须做两件事以获取各方对规则和管理委员会针对法案所做的重大修改的支持，首先是引起主要参议员对 S. 1541 的关注，其次是表明规则和管理委员会收到的法案还没有付诸实施。这两个目标都通过一种双管齐下的方式实现了。

第一，他们写了一封信（由规则和管理委员会主席霍华德·卡农签署的）给参议院所有委员会的主席。在阐述了 S. 1541 的一些要点后，信中提到："似乎法案的起草者未就这些要点专门征求过任何一位委员会主席的意见，而且委员会主席们都是在法案递交到梅特卡尔夫小组委员会之后才接触到法案"。信的最后警告说："由于该法案直接影响到参议院及其诸多委员会的工作，因而每个委员会就法案所有条款对其自身运作的影响进行仔细评估很重要"。作为回应，这五位参议院委员会的主席联合回了一封信，对 S. 1541 提了很多问题，还建议说这个法案需要"非常细致的研究和立法上的精炼"。[29]

第二个策略就是举行一个为期一天的听证会，听证会虽然简短，但却在很大程度上对政府运行委员会的工作提出了挑战。伯德参议员仔细研究了参议院金融及拨款委员会的成员名单，其中只有不到十分之一的人在政府运行委员会中兼职，然后他费尽全力地阐释自己的观点，让大家意识到政府运行委员会未能充分与参议院的其他人进行协商。经过那封信对充满疑虑的委员会主席们的游说，以及公开听证会上对政府运行委员会工作的抨击，规则和管理委员会成功地建立了其对 S. 1541 的全部管辖权。[30]

当规则和管理委员会变成参议院利益的维护者之后，它必须构建一个整合所有利益的平台。于是，正如它在关于 S. 1541 的报告中所描述的那样，该委员会成立了一个工作小组："所有的常设委员会都受邀指派工作小组的代表。最终确定下来的小组成员正努力起草一份在参议院历史上几乎是史无前例的"一致通过（consensus）"法案。总共有 45 名工作人员参与其中……他们来自参议院的十个常设委员会、两院的四个联合委员会、众议院的拨款委员会、国会研究服务部（Congressional Research Service）以及国会立法咨询办公室……在 16 天时间里，这个工作小组开了 25 次会议，总共长达 90 个小时。"[31]

这个小组的运作方式并不是很正式，会议讨论的话题可以随意转换。小组内部并未就任何问题投票表决，但在工作结束时，它起草了一部肯定能在参议院通过的法案。有些委员会从头至尾都参与了这个过程，而有些却几乎没有参与过。委员会的参与程度一般取决于每个委员会自身的利益与 S. 1541 的关联程度。在授权委员会中，那些有"后门支出"立法的委员会的参与最为积极。财政委员会在税收和权利立法中警惕地维护着自身的利益，其对于法案详细条款的关注对最终的结果影响很大。参议院拨款委员会选择了旁观者的角色，只是偶尔地表达自身的观点与偏好。然而，在这部由两院协商制定、非同寻常的法案中，众议院拨款委员会的众议员们积极有效地参与了工作小组的工作，保护了参议院拨款委员会的利益，并且确保 S. 1541 的修改更贴近众议院的版本。

规则和管理委员会将第一个预算决议转变为一个目标，并为第二个决议添加了一个可以选择的协商程序。在处理

“后门支出”项目时出现了一些变化，合同和借款授权与资格授权之间有所差异。对新项目进行引导测试和对授权设定有效期的条款被删除，取而代之的是加强国会在项目评估中地位的条款。

规则和管理委员会在1974年2月21号公布了它取得“一致通过”的法案，而参议院也在一个月后通过了该法案。工作小组并没有强制要求参议员参加协商，在协商中大概有20个即席修正案被采纳。这些修改的幅度均比较小，也不会打破委员会中达成的平衡。然而，几个实质性的修改导致对于拨款和资格授权控制的加强，以确保那些偏向于放松控制的议员只能在委员会而非大会上表达他们的意愿。经过四天辩论，参议院以80票对0票的投票结果一致通过了S.1541。[32]

会议委员会：协调扣押控制和预算改革

在参众两院的协调下，各方对于预算改革的观点分歧已经大大减少，大家都以为联席会议的氛围将比较轻松。但是，事实并非如此。在第一次会议上，与会人员就因扣押控制问题相持不下，这导致预算改革可能因这个延续长达一年的争论而止步不前。1973年5月，参议院通过了S.373，这是一份由厄尔文参议员提出的扣押法案。两个月之后，众议院又通过了H.R.8480，这是它们自己扣押控制法案的版本，这个法案的主旨随后也被预算改革立法H.R.7130所吸收。这两个法案在国会扣押控制问题上的立场差异很大。S.373要求，除非能够在60天内获得国会同意，否则扣押行为应当终止。而H.R.8480提出，在60天的期限内，只要未能通过参众两院任何一方的审议，扣押行为就必须终止。如果国会无法对行政部门的扣押行为采取措施，参议院的法案将会强制解冻资金，而众议院的法案则会承认扣押行为继续有效。

于是，与会者决定分开处理扣押控制和预算改革这两个问题，尽管他们也意识到如果扣押控制问题无法解决，那么在预算改革问题上也不可能最终达成一致。后来，扣押被划分为废止（rescissions）和延迟（deferrals）两类，并且S. 373和H. R. 8480中的一些要素被融合到《国会预算和扣押控制法案》中，僵局随之被打破。废止的程序按照S. 373的要求设定，需要国会两院的批准。除非国会在得到总统通知后的45天内通过废止法案，否则总统必须解冻扣押的资金。而延迟的程序则遵循了H. R. 8480的规定，在参众两院的任何一方否决议案的情况下延迟才会终止。与会者同时也通过了一项《反赤字法案》的修正案，旨在限制建立预算准备金。

在国会预算程序中，会议委员会会在春季提交一份目标性决议，并在秋季提供协商程序。相对于实施授权立法，它更乐于为报告设置截止日期。它规定1976年可以选择性地实施新的预算过程，1977年则全面推行。

众议院在1974年6月18日以401票对6票通过了最后的法案，而参议院也在6月21日以75票对0票通过，在这些法案于1974年7月12日被签署为法律时，一些条款（比如扣押控制）也马上生效，但大部分条款在1975年初及之后才开始生效。

预算改革的原则

没有一个立法机构的利益群体能够从国会预算法案中获得其全部利益，当然也不会有什么利益是完全不能满足的。

在立法过程中，野心制衡着野心，而最终的结果则由各个受到影响的主要利益群体通过协商达成。保守派中那些希望建立强势的预算委员会和实施严格的预算机制的议员们必须接受一个能够让国会在支出方面不受过多限制的机制。那些担心预算机制可能对国内项目造成影响的自由派则不得不接受新的预算控制。授权委员会能够庇护现有的“后门支出”项目，但对于大多数新产生的“后门支出”项目则无能为力。它们成功地抵制了对授权法案实施设置截止日期的努力，但却无法回避对此类法案的报告所设置的最后期限。拨款委员会避免了预算金额依据拨款类别分配，但必须接受以广泛的预算功能为依据的分配。税收委员会一直阻挠将税式支出在国会预算中单独列出的提议，但他们也必须接受对于联邦政府预算在税式支出上关注度的提升。

尽管各委员会努力维护自身的大部分关键利益，但这并不意味着《预算法案》会向现状妥协。国会内部的斗争中从来就有赢家和失败者，但没有任何一方会赢得所有它想要的，也不会失去一切它拥有的。法案没有明确地标示出权力的转移；而努力在新预算委员会中谋求席位以参与国会政策制定则是各个委员会的天性。仅通过《预算法案》无法确定各委员会在立法地位上的得失；但法案还是明确地传递出了一个信息，即改变不可避免。

回顾往事，不难发现预算法案受强势一方的影响要大于弱势一方，也就是说，它更多地受到税收委员会而不是拨款委员会的影响。这一点不仅仅体现在法案条款上，在现实中也能体会到拨款委员会的地位已经受到很大削弱，不可能对新预算程序构成威胁；然而，对于筹款委员会和财政委员会而言，虽然它们正处于权力巅峰，但也不可避免地将在税收政策制定过程中面对新的对手。但是税收委员会也必须接受预算法案带来的改变，因为对他们管辖权的威胁是潜在的而非公开的。

《预算法案》的每个条款都受到议员们的关注。虽然国会已经接受了联合研究委员会设计的总体框架，但它对细节的设计已经明显偏离了初衷。尽管达成妥协的动力来自于各利益相关方以及国会内部讨价还价所形成的压力，但要找到影响国会制定《预算法案》的原则还是有可能的。

机制的中立性

那些希望减少联邦支出和预算赤字的人都对联合研究委员会的版本赞赏有加。从预算改革的背景和联合研究委员会的人员构成来看，出现这种倾向是意料之中的。但国会无法赞同这种带有倾向性的、明确支持支出削减的机制。如果国会接受了这个机制，那么它的立法权力将受到制约，因为预算程序对立法结果的影响将凌驾于多数派意愿之上。因此，最终出现的预算机制在表面上看起来比较中立。它可用于增加支出和赤字，也可用于减少支出和赤字。它对于预算结果的影响取决于国会的偏好，而非程序性限制。

预算机制的中立性主要是指把第一个预算决议中的限制转变为目标。如果第一个决议作为一种限制措施（禁止国会审议超过资金上限的法案）来运作的话，它无可避免地将倾向于限制支出的增加。这种倾向很可能对未被之前预算接纳的新项目非常不利。而现有项目在争取立法支持上将获得显而易见的优势，实际上在任何预算机制下都是这种状况。将限制转变为目标并不是由其本身消除预算不支持新项目的倾向，而是至少消除一些立法方面的程序阻碍。

在从限制向目标转变的过程中，国会避免明确支持预算委员会的决议，压制拨款委员会的意见，以此来保持预算中立。如果预先设置上限，拨款委员会的权力将不可避免地受到损害。预算委员会的支出偏好总是凌驾于拨款委员会之上，《预算法案》本身也将着手解决这个问题。如前所述，《预算法案》没有明确地标示出权力的转移；这样做体现了中立性原则。通过将第一个决议中的限制转变为目标，《预算法案》淡化了它对预算结果以及未来国会委员会之间行为和关系的影响。

对于平衡的承诺同样也体现在第二个预算决议的编制过程中。在最初构想第二个预算决议时，它的内容被限制在预算支出方面。但颁布的版本同样也涉及收入。在国会通过财政年度的第二个预算决议之后，它所通过的法案的支出不能高于决议所确定的资金额度，同时收入也不能低于决议的规定。通过一视同仁地对待税收和支出立法，国会表达了它想建立一个不会预设结果的预算机制的意愿。

在评估《预算法案》中立性时，两个重要的事件值得关注。

首先，《预算法案》的中立是从立法过程中审议议题和替代项的角度来说的。鉴于美国政治系统根本性的偏见，《预算法案》几乎无法保持中立。国会致力于针对支出和赤字采取措施，因为它也受到当前盛行的政治偏见的影响，即联邦支出太高且人们不希望看到赤字。国会也只是在立法过程中保持中立，而不是在根本的政治价值上。如果不为“主流”政治所限，国会也许会实行一种不同的机制，例如一种支持高额支出的机制。所谓《预算法案》的中立性，是指国会没有很明显地倾向于支持它收到所有方案中的某一个。

其次，预算过程的任何重大改变都可能影响预算结果。国会提出《预算法案》是因为它希望有一些东西在将来能有所改变。但在改变方向的问题上，国会则选择通过其内部各利益集团之间的博弈来解决，并以此保持它自身的中立性。

国会根据其预算偏好对法案的决定权

伴随着一个“限制性”决议，联合研究委员会提出很多规则来限制国会在预算相关立法上的决定权。某些规定与预算过程的时间安排有关；其他则涉及立法决议的内容。国会不能在某个特定日期之前考虑拨款，也不能在超过某个日期之后再考虑下一财年的授权。在审议拨款法案时，国会被迫首先考虑支出削减，并且不能考虑超出国会预算限额的支出。联合研究委员会在预算立法过程中共提出了十几个“暂停点”，即在特定情况下国会必须暂停其行动。并且，为了防止这些特定规则被立法中的权宜之计蒙蔽，联合研究委员会建议任何一条新国会预算规则的废弃必须得到三分之二以上议员的同意。

许多严格的程序在众议院规则委员会版的 H. R. 7130 中被废弃；其他则被参议院删除或修改。规则委员会相信国会马上会打破它现有的预算机制，而不是遵守那些对于其立法权力而言无法容忍的限制：“并不是每件贴有‘立法机构预算’标签的事情都行得通……新的预算程序必须遵循国会预算的现实……预算改革不能沦为限制国会表达其对于支出政策意见的工具……预算改革的目标永远是让国会知晓其预算决议并对之承担责任，并不是剥夺国会行动的权力。”[33]

这个观点在《预算法案》中居于主导地位。要求三分之二以上赞成才能废除规则的规定被废止，而那个教条的“一致性规则”（禁止一切针对预算决议的、无法保证所有总额与分项总额一致性的即席修正案）也不复存在。但很多特别的规则也被保留下来，主要是为了推动而非阻止立法进程。

信息对控制的替代

《预算法案》保留了很多对预算过程运作至关重要的控制措施。比如说，除非特殊情况，否则在通过第一个预算决议之前，国会不能审议财政年度的支出、税收或负债法案。同时，他们降低税收或提高支出的幅度也必须遵循第二个预算决议的规定。没有这些控制措施，预算机制就无法有效发挥作用。国会可能在第一个决议完成之前通过法案，也可能使税收和支出的数额偏离第二个决议的规定，这些做法都将妨碍预算机制的运行。

尽管如此，相对于联合研究委员会的建议，这个机制施加的控制强度还是要弱得多。但是，对于在控制中失去的东西，国会则试图通过全面而及时的预算信息来得到部分补偿。国会对支出限制的处置就是佐证之一。联合研究委员会提出，在特定情况下，应该通过拨款法案限制新的预算授权引发的支出。这样做的前提是第一个预算决议规定支出法案可以包含支出限制。国会还被要求对长期拨款支出施加限制，这些资金可以在没有国会当前决议的情况下生效。

在预算改革的立法过程中，国会选择用委员会报告中的支出信息来代替法定限制。于是，《预算法案》第 308 款要求委员会估算未来五年由新预算授权引发的支出。第 308 款同样还要求国会预算局就国会预算状况发布周期性报告。《预算法案》的其他条款则要求发布关于预算决议中各个功能分类的资金如何在国会委员会和小组委员会之间分配的报告（第 302 款）、众议院拨款委员会关于所有常规性拨款法案的总结报告（第 307 款）、关于税式支出立法的报告（第

308 款)，以及国会预算局关于授权立法的报告（第 403 款)。

大量披露预算信息的目的在于确保国会每次要做出对预算有影响的行为时能够清醒地意识到它在做什么。基于“阻止国会采取其希望做出的行动是徒劳的”这个设想，《预算法案》努力让国会对其行为负责。

预算过程中广泛的代表性和参与度

正如之前所提到的，联合研究委员会最初提出给予众议院和参议院预算委员会相同的席位分配比例。按照最初的分配方案，两个预算委员会中三分之一的席位分配给拨款委员会，三分之一分配给筹款委员会和财政委员会，剩下三分之一分配给两院的其他议员。此外，两个预算委员会的主席一职将由支出和收入委员会的议员轮流担任。然而，委员会的组成从一开始就是预算立法中最具争议的问题。主要的不满在于众议院和参议院的利益群体（特别是自由派）无法有效参与和影响新预算过程。联合委员会主席厄尔曼众议员为“协同的”预算委员会架构申辩：“预算委员会承担了那些原来由众议院和参议院所有委员会掌控的预算工作，现在将由拨款委员会和税收委员会行使全部职能”[34]。

这两个预算委员会成员的代表性比联合研究委员会设想得更为广泛。众议院预算委员会的席位按照公式在主要的预算利益群体间分配（拨款委员会、筹款委员会、不分区代表和政党领导层)；而参议院预算委员会则按照通常的委员会任命方式来遴选代表。

预算法案的其他方面也体现了对广泛参与度的强调。在编制第一份预算决议时，预算委员会必须清楚国会内其他利益群体的观点和偏好。要让某个委员会了解与每年预算流程相关的所有项目和议题是不可能的。即便两个预算委员会在编制第一个预算决议之前召开听证会，在有限的时间内它们也只能涉及很小的一部分问题。而联合研究委员会的法案则希望通过让拨款委员会和税收委员会在一年里的早些时候提交各自的预算观点来补救这个问题。众议院的法案增加了一个条款，允许（而非要求）其他任何国会委员会向同级预算委员会报告其观点和评估。参议院的规则和管理委员会则在这方面向前迈了一大步，它要求每个国会委员会每年都要向预算委员会通报在它们管辖范围内所有与预算有关的问题。此后，预算委员会在做出第一个决议之前就能够获得广泛且多样化的观点。

广泛参与本身并不是一种终结，而是一个有效运行的机制的必要前提。在国会无法获得对其决议的广泛支持时，预算机制是无法运行的。通过给予所有利益群体表达意见的渠道，国会有效地获得了各方对其预算相关决定的支持。

国会对于预算决策的责任

从一开始，预算改革的主要目的就是要落实国会对财政的责任。但是，在《预算法案》发展的过程中，国会将责任的概念从一个实质性的标准转化为一个程序性的标准。

财政责任最初与更小的预算赤字和更少的政府支出相联系。联合研究委员会报告的第一个执行部分正好是以对一再出现并持续增长的预算赤字的指控开篇。正如先前所提到的，联合研究委员会的法案希望能对立法支出施加严格控制，但这些控制都因允许国会根据它的偏好行事的机制而放松了。国会对财政责任的概念进行了重新定义，但并未丢弃这个概念。也正如实际执行的那样，预算责任意味着国会将在预算机制的框架内（而非框架外）做出财政决议。如果国会根据《预算法案》规定的程序行事，它就可以对任何税收和支出项目采取它认为适当的行动。

程序规则中的最重要的一条是要求国会通过第一个预算决议之前不要审议税收和支出法案。《预算法案》将这种限制延伸到了权利性立法之中，这是法案最终版本中为数不多的比联合研究委员会的建议还要严格的限制。在下一财政年度开始之前，国会也被禁止实施新的权利性法案。这些限制措施的目的在于确保权利性立法也和其他财政行为一样受到预算机制的制约。

然而，预算责任仅仅针对周期为一年的国会预算。虽然了解它的行为在未来五年可能导致的成本，但在那些会影响到未来预算的行为上，国会依然没有受到限制。这种“一年一次”的机制符合联邦预算的惯例，但却使得长期预算责任的落实更加复杂。

保护既有利益

国会和其他机构一样，要从掌权者手里收回权力并实现改革的目的非常困难。如果因过度改变而激怒了它们，这些有权势的利益集团不仅会反击对其地位的威胁，甚至还会阻挠整个改革。所以，实施变革更可行的办法是接受现有的安排，不要尝试去剥夺权力拥有者的特权。新规则将适用于利益分配尚未成型的新事务。

《预算法案》在实际运行中阐释了这一原则。预算的权力并非通过直接削弱授权、拨款和税收委员会的权力获得。这些委员会的管辖权没有受到直接影响，每个委员就像以前一样行使权力。但是，改变主要集中在新的预算机制上，在这个领域内现有的委员会都尚未形成既得利益。当然，预算机制有可能会干涉其他委员会的工作，但是这将由之后的实践去决定，而非法案简单的条款。

事实上，每一次想要收回既有特权的努力都会在预算立法的过程中被迫放弃。联合研究委员会提出在预算程序中引入担保贷款，但是此类贷款在后来被否决了，因为它们是美国的或有债务。众议院规则委员会的法案也提出对既有的“后门支出”项目进行控制，但是《预算法案》只对新的“后门支出”项目使用此类程序。政府运行委员会增加了新的条款，将所有授权（包括现有授权）的有效期限定为三年，但是这一规定在随后的立法行动中被删除。参议院的规则和管理委员会尝试取消六个机构的预算外地位，但是《预算法案》未采纳这一提议。既有的特权是“祖父级别的”，国会使用这个术语以使过去的实践不受规则改变的影响。

使国会预算所有主要的参与者受益

如果说改革之路建立在保护既得利益的基础之上，那么向这些利益群体输送特定的好处也推动了改革的进程。为了能让既有的委员会接受新规则，它们还必须得到一些实在的好处以补偿未来出现损失的风险。

拨款委员会一半的要求得到了满足。新的合同授权和借款授权属于它们管辖，在权利性项目上面它们也分了一杯羹。这些委员会未能成功地对授权法案的实施设置时间限制，但是成功设立了授权报告的截止日期。税收委员会实现了它们的主要目标，即建立立法程序限制联邦支出。它们还保留了另一项特权，即可以通过周期性的立法提高公债的法定上限，这样做可以缓解政治责任。授权委员会有机会在拨款委员会有所行动之前影响预算结果。

这些收益不是在各类参与者之间平均分配的。承担风险最少的授权委员会获得的也最少。但是，拨款委员会已经放弃了部分对于联邦支出的管辖权，作为补偿，它们管辖权的范围也得到了扩张。

不确定的和平

《预算法案》未能终结预算上的斗争，它所带来的和平并不比半个世纪前总统预算机制的引入更多。《预算法案》是一个暂时的缓解，也是一个方向性的转变。尽管它不能保证预算的稳定，但是它至少能为未来的预算斗争提供一个新环境。

国会能够在《预算法案》中调和各方利益最主要的原因在于法案建立的机制是模糊而宽松的。尽管有些事务（比如日程安排）已经制定得很详细，但还有一些其他的事情需留待日后决定。比如说预算委员会可能会对国会委员会产生很大的影响，它会对所有要用钱的项目和政策的决定进行审核修改。但也许它只会作为一个很无力的参与者，没有实际的立法权力，要依靠其他预算部门的支持才能维持下去。预算法案没有明示什么才是最终结果，也没有阐明新的预算机制对拨款、授权和税收委员会的影响。没有人能仅仅凭借仔细检验《预算法案》去预测将来。它完全取决于各方在国会中如何相互影响。

单从这一点来看，《预算法案》激化了预算冲突。法案提供了许可和机会、威胁以及各种可能性。对于 1974 年的条款，各方均被迫用不光彩的手段牟取先机、申明特权以及规避他人的侵犯。事实上，新机制扩大了国会内部的冲突，因为它扩大了参与的范围，并且强迫国会做出更多明确的预算抉择。优先项目必须得到明确；部分必须与总体保持一致；国会必须对预算和赤字的规模公开表明立场；税式支出必须公开，并接受质疑；立法成本及其对国会预算的影响必须明确。

不仅如此，《预算法案》还在其他方面让冲突更加激烈。《预算法案》颁布之前，预算各个部分都是相互分离的。税收政策由税收类委员会制定；拨款有自己的运行机制；授权委员会也按照既定的方式运作。《预算法案》则意味着没有任何一类委员会能够单独制定某个财政决策。收入的决定涉及税收委员会和预算委员会。预算委员会与拨款委员会共同分享决定支出的权力。这些委员会的意愿都必须在国会预算的编制过程中予以调和。

在这个新环境里，预算委员会只能拥有它已经攫取的权力。它们必须抢占先机，并申明立场；其立场通常与原有的委员会相冲突。如果原有委员会的特权和工作方式不能有所改变，预算委员会和预算机制便都不能有效运作。新的预算机制标志着国会内预算冲突的制度化。

正如行政部门的预算，国会预算每年都得进行一次。《预算法案》指导国会用新的预算机制提供的程序和渠道去达成和平的局面。通过允许国会多数派实现他们的利益，《预算法案》增加了实现和平的可能性。多数派可以根据自己的意愿设定和修改预算数字。每当国会能够获得多数人对其任何预算立场的支持时，它也就向预算和平的目标迈进了一步。但是，当国会如此分裂、议员们相互倾轧，以至于无法就任何问题获得大多数的支持时，将会发生什么事情呢？

我们现在提出这个问题，暗示着国会内部的政治斗争，而非 1974 年《预算法案》小题大做的制度设计，才是国会预算改革最大的威胁。国会在 1974 年里除了协商出了这个法案外，在其他方面则一事无成。

接下去两章描述了依据法案加入预算过程中的新参与者（预算委员会和国会预算局）的职能和结构，之后将转而探讨各方在这个法案下如何运作。

注释

[1] “联合研究委员会认为，各方未能在国会预算决议中就预算总额达成一致的现实在一定程度上促成了当前的巨额赤字……而对于总支出是否与实际需要相符的问题，国会中没有任何一个委员会能够承担责任，这一情况是导致赤字问题的主要原因。”参见预算控制联合研究委员会的报告，1973 年 4 月 18 日，第 8 页。

[2] 这些年来，行政机构通过行政命令（特别是 8248 号行政命令，它阐释了预算局升格为总统行政办公室后的职能）、重组（例如 1970 年的第二号重组计划，这个计划建立了管理与预算局，其前身即预算局）以及行政行为［例如预算局 66 - 3 公告在联邦机构中颁布实施了计划项目预算（PPB）系统］来改进行政机构的预算过程。

[3] 第 138 款允许参众两院拨款委员会和税收委员会的议员每年成立一个联合委员会，并提出立法机关的预算。第 138 款并没有要求成立一个长期性的预算委员会，也没有提供实施立法机关预算的手段。

[4] 参见艾利·雷瑟森（Avery Leiserson）的《在 1946 年〈立法重组法案〉下的联邦政府预算和拨款程序的协调》，刊载于国家税收期刊 1948 年 6 月第一期，第 118 页。

[5] 参见达尔马斯·H. 尼尔森（Dalmas H. Nelson）的《1946 年综合拨款法案》，刊载于政治期刊 1953 年第十五期，第 88—274 页。

[6] 该标题是对实施条款之前安排的草案的简要描述。它通常指导国会议员在委员会之间分配对某个法案的管辖权。H. R. 7130 最初的

版本有如下表述“为了改善参众两院的规则”。在众议院通过 H. R. 7130 后不久，这段表述被删除了。

[7] “后续程序”的意思是，在第一个委员会报告了某个法案后，法案将被提交给另一个委员会，后者将提出它的法案版本。在第二个委员会报告其法案后，才会对最终版本进行大会审议。

[8] 联合主席分别是众议员杰米·维特（Jamie Whitten）和众议员艾尔·厄尔曼（Al Ullman），他们都是众议院拨款委员会和筹款委员会的民主党领袖。四个工作人员中有三个来自税收委员会，剩下的一个则来自支出委员会。

[9] 在 20 世纪 60 年代，国会不断收到要求建立两院联合预算委员会的法案。参议院批准了其中的一些法案，但众议院却始终不愿意接受联合委员会这个概念。

[10] 按照这个提议，两院的预算委员会主席由税收和拨款委员会的成员轮流担任。当拨款委员会的议员担任众议院预算委员会主席时，参议院预算委员会将由来自参议院财政委员会的议员来领导，反之亦然。

[11] 联合研究委员会的法案要求税收委员会在预计的赤字（或盈余）高于（或低于）第二个预算决议所设定的水平时提交附加税法案。这一要求并未出现在之后的预算立法之中。

[12] 对于拨款委员会的衰落问题，艾伦·希克在其发表在 1975 年美国政治科学协会年会的报告“拨款委员会和国会的对抗”一文中做过探讨。拨款委员会地位的下降反映在“后门支出”、长期性拨款和不可控支出的增长之中。

[13] 查尔斯·L. 舒尔茨（Charles L. Schultze）是一名经济学家，他在约翰逊政府时期曾任预算局局长，也是公认的联邦预算专家。他在众议院规则委员会中提出了这个融合方案。详情参见关于 1973 年预算控制法案的听证会，第 93 届国会，第一会期，第 319 页。

[14] 当然，由于预算立法具有诸如限制“后门支出”项目等特征，一些委员会将不可避免地丧失其部分管辖权。

[15] 约翰·安德森（John B. Anderson）议员提出了一个使联合研究委员会能够报告立法的决议，但就该决议未采取任何行动。然而，

联合研究委员会的建议还是被写入法案（H. R. 7130 和 S. 1641）后提交给参众两院。

［16］一些类型的法律是“有特权的”；它们可以直接由众议院审议而不通过规则委员会审核。然而，大部分立法在众议院受理之前需要制定一个“规则”。规则通常在众议院审议法律实质性条款之前确定，它一般会规定提交修正案的期限（如果有修正案的话），以及对法案进行议会辩论的有效时间。如果待定立法与众议院规则冲突，它通常会提供规则豁免。

［17］波尔林的特别委员会建议剥夺筹款委员会在收入分享、公债、母幼保健以及工作激励项目等方面的管辖权。根据这项计划，筹款委员会将负责管辖食品券发放，但总体来说它非常得不偿失。众议院所通过的 988 号报告剥夺了筹款委员会对收入分享的管辖权，但未采纳波尔林团队提出的其他建议。

［18］民主党研究小组，《联合研究委员会关于预算控制的建议》，1973 年 5 月 10 日，第 17 页。

［19］民主党研究小组，《联合研究委员会关于预算控制的建议》，1973 年 5 月 10 日，第 18 页。

［20］马洪在规则委员会上证实了这一点，参见关于《1973 年预算控制法案》的听证会，第 93 届国会，第一会期，第 46—125 页。

［21］欧泊议员也是 DSG 特别工作组的领导人，该工作组曾发布报告批评联合研究委员会。在一份与威斯康辛州威廉姆·斯坦格（William A. Steiger）议员的联合声明中，他讽刺地说：“这个预算改革初衷在于减少分裂，但却以建立另一个委员会告终”。

［22］规则委员会和其他委员会一样，也通过一系列委员会记录（committee prints）提炼其立法草案，这些记录是对议题感兴趣的议员和行政职员讨论的文字版，这样委员会便能够在这些经过深入探讨的信息基础上编制法案。

［23］因为怀顿议员有自己的一份法案，所以联合研究委员会的版本指的是另一位联合主席乌尔曼（Ullman）议员的版本。

［24］1970 年的《立法机关重组法案》将政府运行委员会分在参议院主要委员会之列，因此，其成员最多只能在另一个主要委员会中

任职（但那些已经在政府运行委员会任职的成员则不受“两委员会”任职的限制）。但事实上，政府运行委员会并不具备其他主要参议院委员会的地位。

[25] S. 1541在联合研究委员会报告其法案前一周被提交，但它在框架结构上吸收了联合研究委员会法案的一些特点。通过抢先提交法案，厄尔文参议员成功地向外界传达了政府运行委员会的决议。

[26] 参议院的运作比众议院更具连续性，部分是由于它在一致同意协议下审议大多数法案。如果某个参议员提交到他所属委员会的申请被否决，他可以延迟该法案并影响其议会审议的前景。

[27] 每个一致同意决议的产生通常也意味着参议院某一条或多条规则的作废。虽然一致同意规则几乎从参议院成立时就存在，但在19世纪70年代，伯德参议员还是大大扩展了它的使用范围。现在，几乎所有的立法提交大会辩论之前都需要就期限协议（time - limit agreement）进行协商。

[28] 预算控制机制越严格，就越有可能对财政支出立法形成阻碍。所以说，由于政府运行委员会的法案设置了比较严紧的预算控制，它同时也不得不制定很多规章以推动控制机制的运作。

[29] 这封信写于1973年12月19日，并没有被任何一个《国会预算法案》相关的文件所记载。但是这些委员会主席的意见都附加在规则和管理委员会就国会控制联邦预算所进行的听证会的记录中。参见关于国会控制联邦预算的听证会，第九十三届国会，第二会期，1974年，第56—149页。

[30] 事实上，规则和管理委员会给了政府运行委员会对其法案进行修改的机会，但后者表示反对，很可能是因为修改后的版本也必须交由规则和管理委员会审核。

[31] S. Rept. No. 93 –688。

[32] 参议院花了四天时间审议S. 1541——1974年3月19日到3月22日。

[33] H. Rept. No. 93 –685，第29页。

[34] 众议员规则委员会，1973年关于《预算控制法案》的听证会，第57页。

第四章
预算委员会

国会在 1974 年决定它必须拥有自己的专门机构，即致力于推动预算机制顺利运行的委员会，以及一批拥有做出合理财政决策所必需的专业素质和资料的行政人员。随后，国会将新的众议院和参议院预算委员会的预算权力制度化，并且建立了国会预算局。这一章将着重探讨预算委员会的构架和人员组成，它的成员和主席的活动与角色，以及两院预算委员会在运作上的一些区别。

强大，但不能称霸

国会有充足的理由去建立自己的预算委员会。它知道预算不能自行实施，所以，为了让新机制能够管理并规范国会行为，单单将机制变成法案是不够的。国会必须在其内部设置预算监护人，即确保预算要求得以贯彻的委员会。预算委员会将警惕地维护新预算机制，否则其自身利益亦将岌岌可危。

最初对于预算委员会的大多数争议都含有担忧的色彩，觉得它们会变成精英集团或超级委员会，会控制立法过程并凌驾于其他委员会的利益之上。这种担忧部分来自于预算机制的集中化趋势。因为预算机制将涉及国会活动的方方面面，所以，这个机制有可能会给新委员会过度的权力去影响其他立法参与者。

预算改革法案中的各类条款都会强化这种天然的优势。联合研究委员会的提议可能会使得在大会上对预算决议提出修正案变得非常困难，也将迫使所有委员会遵循第一个预算决议所设定的上限。然而，事实上预算委员会拥有的权力比起初预想的要少。由联合研究委员会提出的严格的大会规则要么被废弃，要么标准被大大放宽；最终的《预算法案》对于修正案的提出没有施加任何限制。随着第一个决议从限制转变为目标，人们将更多的关注放在第二个决议上，拨款和收入委员会的行为在很大程度上体现了这种转变。

对预算委员会权力最严重的削弱是委员会地位转变的副产品，这种转变使得预算委员会从一个与其他委员会具有同等地位的委员会变成一个代表委员会。如果联合研究委员会的版本为大家所接受，那么预算委员会就会作为收入和拨款委员会的代理人而运作，而不是一个独立的权力中心。预算委员会的地位会因为这些有权势的委员会而被夸大。但是，在赋予预算委员会一定独立性的同时，《预算法案》也确保委员会在预算权力方面会遇到竞争对手。《预算法案》没有再成立一些弱势委员会，但是它也没有赋予预算委员会确定的权力。预算委员会也许会通过战胜税收和拨款委员会这些竞争对手而成为超级委员会，但更有可能发生的是与其他委员会结成暂时性的同盟，在同盟里预算委员会将因为想要和潜在的对手保持良好关系而受到限制。

预算委员会在第 93 届国会的最后几个月里，也就是《预算法案》被签署为法律之后不久，开始正式运作。1974 年夏天，9 个民主党党员和 6 个共和党党员被任命为参议院预算委员会委员；在第 95 届国会开始时，又增加了第 10 个民主党党员；在第 96 届国会时，委员会扩大到了 12 个民主党党员和 8 个共和党党员。其中只有 5 个民主党党员和 2 个共和党党员从第 94 届国会至今一直在参议院预算委员会里任职。大多数民主党党员由于不再担任参议院议员而离职，而大多数共和党党员则因为党内关于委员会任命的规定而被替换。参议员埃德蒙·马斯基（Edmund Muskie）是在这个研究进行的 5 年里委员会唯一的主席。参议员亨利·贝尔蒙（Henry Bellmon）被共和党任命为少数党副主席。

众议院预算委员会在 1974 年 8 月成立，厄尔曼众议员被选举为第一任主席。但是，厄尔曼在几个月之后就放弃了这个职位，因为他希望担任众议院筹款委员会主席。厄尔曼在众议院预算委员会主席一职的继任者是布洛克·亚当斯（Brock Adams）众议员，后者在该职位上服务了两年。罗伯特·吉阿莫（Robert Giaimo）众议员在第 95 届国会开始时被选为主席，并在第 96 届国会期间一直担任该职务。德尔波特·拉塔（Delbert Latta）参议员是第 95 届、96 届和 97 届国会的委员会共和党副主席。众议院预算委员会在 1975 年从 23 个委员扩大到 25 个委员，给了民主党党员 17—18 个名额。在这项研究所涵盖的三届国会的时间内，只有 5 个民主党党员一直在委员会中任职，而这期间共和党方面则有一半人留任。众议院预算委员会的人员调整一方面是由于国会议员的离职，另一方面则是由于《预算法案》在众议院预算委员会成员任期上的限制。

预算委员会的政治人口统计学

1974年，国会废除了税收和拨款委员会对预算的主导权，转而选择囊括了两院所有政治利益的预算委员会。这种维护平衡的努力也体现在众议院预算委员会的人员构成上：筹款委员会和众议院拨款委员会各5名成员；13名成员来自其他的众议院委员会；还有2名成员来自民主党和共和党的领导层。[1]《预算法案》中的条款也体现了这种达成平衡的意愿，法案规定众议院预算委员会成员的任命“应不考虑资历”。参议院预算委员会的成员由正式的党派过程选举产生，没有任何强制性规定。在《预算法案》成为法律后不到一周的时间里，多数党领袖麦克·曼斯菲尔德（Mike Mansfield）就敦促参议院民主党大会不要“像对待一个日常委员会任命一样处理当前的任命问题”：“……当前亟需平衡地域和意识形态的差异……在预算委员会中任职的民主党人应该……能够精确地反映出参议院中民主党议员的基本构成。”[2]

在立法机构这个大背景里，地域、资历、政治意识形态和其他委员会的委任是在不同利益群体的议员中进行遴选的最重要的标准。我们将对每个标准依次进行讨论，并重点关注各个要素在预算委员会构成中的变迁，研究的时间段是存在预算委员会的三届国会（第94届、95届、96届）。[3]

地域

两个预算委员会都在南方民主党人占比的问题上做了很

多平衡。在第 94 届国会中，这些委员会的南北分裂（the North - South split）实际上和参众两院内部的分化是一样的。众议员预算委员会中 17 名民主党党员中的 5 人（29%）和参议院预算委员会中 10 名民主党党员中的 3 人（30%）来自南方各州，与之相比较，参众两院南方民主党党员的比例分别是 31% 和 29%。这种数字上的接近是因为民主党努力在两个预算委员会内部建立地域上的平衡。当两个南方民主党人在第 95 届国会之初离开众议院预算委员会时，另外两个来自南方的民主党人顶替了他们。由于在 1977 年要吸引民主党人在参议院预算委员会中任职是比较困难的事情，因此新的成员都是那些被说服接受这个职位的议员。在第 95 届国会时，有 1 个南方的民主党人退出了参议院预算委员会，之后又加了 2 个进来。在 1979 年委员会扩大时，这 4 个南方民主党人占了参议院预算委员会民主党人的三分之一。

资历

在一开始，预算委员会是“自由”的委员会——参议员和众议员不需要放弃任何其他立法机构的职位就可以加入进来[4]——并且在预算机制运行期间加入预算委员会被视为一种奖励性的任命。所以，预算委员会很快便成为国会资历较深的议员的势力范围。

但这种情况并没有发生。国会要人和当权者并没有控制任何一个预算委员会。两个党派的领导人根据《预算法案》的规定在众议院预算委员会任职，但是几乎没有其他资历较深的议员。没有任何众议院委员会的主席或者拨款和筹款小组委员会主席就职于众议院预算委员会。尽管规定说“不考虑资历”，但是两党都倾向于任命相对而言资历较深的议员。

最初的民主党人中有 5 人在众议院里做了三任或少于三任，但是有 10 人在众议院里工作超过六任。共和党方面在资历较浅和较深的议员分配上比较不均衡；除了 2 名成员，其他议员在众议院里的任期都超过七任。

民主党希望在对参议院预算委员会最初的任命里保持成员资历的平衡。虽然两个预算委员会的主席职务都分配给了它，但是 10 名民主党人里有 4 人在参议院属于第一任期，另有 5 个是在做第二或第三任期。在第 94 届国会期间，共和党方面的组成则是 4 个人属于第一任议员，2 个是第二任议员。总的来说，参议院预算委员会的议员在国会中的平均任职年限要远小于众议院预算委员会（参议院预算委员是 8 年，而众议院预算委员是 13 年），这意味着参议院在将资历较浅的议员委任到预算委员会方面获得了更大的成功，或者说资历较深的参议员们在回避参议院预算委员会方面取得了成功。

几个制度性的因素可以解释这两个预算委员会之间的区别。第一，尽管参议员只能在两个“主要”委员会中任职（这是在参议院的规定里写明的），《预算法案》（就像最初被批准通过时的那样）允许参议院预算委员会的议员在第 94 届国会期间担任三个委员会的职务。按照这个规定，参议员在加入参议院预算委员会后，要在两年之内放弃预算委员会或者其他的某一个委员会的职务。相对于尚未在参议院中获得实权职位的参议员来说，那些在其他委员会中已经积累了较多资历的参议员更不愿意让自己陷入这样的窘境。第二，资历较深的参议员一般都有很多委员会和小组委员会的任职；所以，很多人不愿意再承担额外的工作职责。第三个理由则适用于参议院预算委员会里的共和党员。参议院共和党大会将预算委员会和四个其他的参议院委员会归为一类，共和党人最多只能在这些委员会中的一个任职。其他四个委员会是拨款、海陆空三军（Armed Services）、财政和对外关系委员会，这些委员会对资历较深的议员很有吸引力。这个规定里有一个例外，就是在拨款委员会和财政委员会里的共和党党员可以在每个委员会里指派一个人成为预算委员会的成员。但这个规定的总体效应是使得参议院预算委员会向资历较浅的共和党人倾斜。

资历较浅与较深的国会议员之间职务分配的变化为探寻议员们对委员会吸引力的态度提供了线索。表4－1比较了预算委员会成员从第94届国会到第96届国会期间的任职记录。在第94届的国会里，预算委员会是新成立的，缺乏一些可以体现它们的表现或潜力的记录。在之后一届的国会里，预算委员会就表现出了它们的能力和不足。如果议员们认为委员会的工作卓有成效并且富有回报，那很可能会使得预算委员会里资历较深的议员数有所上升。第95届国会期间的情况则恰恰相反。两个委员会长期任职的国会议员数量都出现了明显的下降。众议院预算委员会成员在众议院的平均任职时间从13年下降至10年；参议院预算委员会的情况则是从7.6年下降到7年。而在第96届国会里，两个委员会都再次经历了这样的下降，下降主要集中在预算委员会的民主党之中。

表4－1　　预算委员会议员的任职情况

众议院预算委员会	国会 （在众议院的平均任职年限）		
	第94届	第95届	第96届
所有众议员	13.0	10.0	8.2
民主党	12.9	10.2	7.4

续表

众议院预算委员会	国会（在众议院的平均任职年限）		
	第 94 届	第 95 届	第 96 届
离开委员会	—	14.0	11.0
加入委员会	—	6.0	2.8
共和党[a]	13.3	9.3	9.8
离开委员会[b]	—	13.7	9.7
加入委员会[c]	—	6.5	5.3
参议院预算委员会	国会（在参议院的平均任职年限）		
	第 94 届	第 95 届	第 96 届
所有参议员	7.6	7.0	6.6
民主党	9.6	8.6	8.2
离开委员会	—	9.3	6.0
加入委员会	—	1.3	2.0
共和党	4.3	4.3	4.3
离开委员会	—	4.0	5.0
加入委员会	—	0	3.0

a. 根据第 94 届国会之初最初的成员身份确定。

b. 包括黑斯廷斯（Hastings）和克劳森（Clawson），他们在第 94 届国会第二会期之初离职。

c. 包括霍尔特（Holt）和罗塞洛特（Rousselot），他们在第 94 届国会第二会期之初加入委员会。

来源：依据委员会名册编制而成。

从这些统计数据中并不能完全看出委员会对于资历较浅的议员日益增长的依赖。在 1977 年加入众议院预算委员会的 8 个民主党党员中，有三个是第二任任期，一个是第一任；

1979 年，新加入的民主党党员中有两个是第一任任期，两个是第二任任期，三个是第三任任期，但没有人在众议院里任职超过 6 年。1977 年，新加入委员会的民主党人在众议院平均任职年限是 6 年，相比较而言，他们所替代的民主党人平均国会服务年限为 14 年。1979 年，离任的民主党众议员平均任职年限是 11 年，而新上任众议员的平均值仅为 3 年。众议院委员会的共和党人中也发生了类似转变，第 95 届和第 96 届国会新任命的议员平均国会服务年限仅为离职者的一半。

第 95 届国会期间，参议院预算委员会里有 5 个职位发生了变化。四个新成员刚刚开始他们的参议员生涯，而另一个也只是在他的第一个任期内。因此，没有一个“再次当选”的参议员在参议院预算委员会任职。1979 年，有 11 个参议员加入了参议院预算委员会，只有一个人是在他的第一个任期，五个只是刚刚担任参议员一职。

这些数据显著地反映了在这两个预算委员会成立后的两年内，它们在很大程度上失去了对资历较深的议员的吸引力。如果对于“当红委员会（a popular committee）”的操作性定义是一个众议员或者参议员愿意放弃在其他委员会的职务而去任职的委员会，那么预算委员会显然不符合标准。没有人选择离开其他委员会而去预算委员会任职。资历较深的国会议员也不愿意用他们的国会地位去换取预算委员会里的职务。从 1975 年开始，两个预算委员会有将近 40 个席位的变化和增补；其中只有 4 个任命的对象是政党内资历较深的议员。

参众两院的党派领导人认为将老议员安排进这些委员会并不重要。的确，参议院共和党大会的限制性规定确保了参议院预算委员会里的大多数来自少数党的成员都在第一任期内。预算委员会成立的时候，民主党在国会内的领导者不能确定它们有多大的权力和影响力。为了消除这种不确定感，他们在预算委员会里安排了资历较深的议员，这些人都是他们比较信任的，也能够制约和引导新的委员会。因此，会出现民主党施加大量的压力以帮助马格鲁森（Magnuson）参议员获得参议院预算委员会职位的情况。在众议院，民主党领导人也在寻觅那些不担任委员会和小组委员会主席且较为成熟的议员。但是，一旦新预算机制运行了一到两个周期之后，党派领导人知道可以从这个机制里获得些什么，于是他们就不再依靠资历较深的议员了。而且，众议院的民主党领导人也越来越依靠年轻的议员支持新机制。由于1974年到1976年间国会选举导致频繁的人员更替，到1977年有超过一百名众议院民主党党人仅在国会任职一届或两届。民主党内新的权力中心是那些只有一年到两年任期的阶层。没有他们的支持，领导人们便不可能通过预算决议。作为一个“代表性的”委员会，众议院预算委员会变得越来越年轻，这反映了众议院年龄构成的变化。

政治意识形态

为了平衡，预算委员会将涵纳国会内所有的意识形态观点。委员会中保守派和自由派议员的比例和参众两院以及每个政党的政治趋势基本一致。表4－2和表4－3结合了两个关于意识形态投票的标准方法（由自由美国人争取民主行动组织和保守美国人维护宪法行动组织发布的评级），表现了众议院和参议院预算委员会成员相对于两院全体议员的意识形态倾向。[5]这个组合的评级中，数值越高，代表自由派的倾向越大。

表 4－2　　第 94 届和第 95 届国会全体参议员和参议院预算委员会成员政治意识形态的比较

类　别	第 94 届国会		第 95 届国会	
	参议院	预算委员会	参议院	预算委员会
政治意识形态平均得分				
所有议员	55. 4	53. 3	54. 4	55. 3
民主党人	68. 8	72. 8	68. 8	69. 6
共和党人	33. 6	20. 8	33. 6	26. 1
政治意识形态得分的分布（%）				
所有议员				
0—40	36. 0	43. 8	34. 0	38. 0
40—60	10. 0	12. 5	12. 0	12. 0
60—75	12. 0	0. 0	17. 0	12. 0
75—100	42. 0	43. 8	37. 0	38. 0
	100. 0	100. 0	100. 0	100. 0
民主党人				
0—40	17. 7	10. 0	16. 0	10. 0
40—60	9. 7	20. 0	16. 0	20. 0
60—75	14. 5	0. 0	14. 0	10. 0
75—100	58. 1	70. 0	53. 0	60. 0
	100. 0	100. 0	100. 0	100. 0
共和党人				
0—40	65. 8	100. 0	63. 0	83. 0
40—60	10. 5	0. 0	5. 0	0. 0
60—75	7. 9	0. 0	21. 0	17. 0
75—100	15. 8	0. 0	10. 0	0. 0
	100. 0	100. 0	100. 0	100. 0

来源：戈登·威尔（Gordon L. Weil），政治情报时事通讯（*Political Intelligence Newsletter*）。威尔的评价体系将 ADA 和 ACA 的评级整合为一个评分。评分也参考了议员六年的投票记录（除去那些在国会的任职时间未到六年的议员）。

表 4－3　第 94 届和第 95 届国会全体众议员和众议院预算委员会成员政治意识形态的比较

类　别	第 94 届国会		第 95 届国会	
	众议院	预算委员会	众议院	预算委员会
政治意识形态平均得分				
所有议员	52.3	49.9	49.6	55.0
民主党人	66.2	66.5	62.9	73.8
共和党人	22.3	14.5	23.6	15.0
政治意识形态得分的分布（%）				
所有议员				
0—40	40.3	44.0	41.3	36.0
40—60	10.7	12.0	15.2	12.0
60—75	13.3	4.0	16.2	8.0
75—100	35.7	40.0	27.7	44.0
	100.0	100.0	100.0	100.0
民主党人				
0—40	20.8	17.6	21.4	5.9
40—60	9.5	17.6	16.1	17.6
60—75	16.9	5.9	21.8	11.6
75—100	52.8	58.8	40.7	64.7
	100.0	100.0	100.0	100.0
共和党人				
0—40	78.6	100.0	79.7	100.0
40—60	13.1	0.0	13.5	0.0
60—75	6.2	0.0	5.4	0.0
75—100	2.1	0.0	1.4	0.0
	100.0	100.0	100.0	100.0

来源：参见表 4－2。

民主党和共和党在决定组成预算委员会的意识形态结构时，追求的目标各不相同。曼斯菲尔德对参议院预算委员会中民主党人的政治色彩提出了温和的批评，参议院民主党也注意到了这一点。参议院预算委员会的民主党包括一大批自由派，也有一部分温和派和保守派。民主党在参议院预算委员会的人员构成基本反映了参议院内各种观点的分布。在第94届国会期间，依据ADA/ACA评价计算出参议院预算委员会民主党人平均得分仅比参议院民主党人的平均得分高4分；而在第95届国会期间，这一差距已不足1分。而且，参议院预算委员会中民主党人政治意识形态的分布和参议院民主党人政治意识形态的分布很相似。在第94届国会期间，有27%的民主党人和30%在参议院预算委员会任职的民主党人的政治意识形态得分低于60分。在第95届国会期间，同一数据则分别为32%和30%。

在众议院，民主党人起初寻求的是意识形态上的平衡，但随后他们就被迫使民主派占据数量上的优势。第94届国会期间大约三分之二的众议院预算委员会民主党人是自由派或者温和派，和众议院的比例相当。总体来说，民主党人在众议院预算委员会和众议院中的政治意识形态得分相同，仅有0.3分的差异。

但两个委员会中共和党的情况则显著不同。第94届和95届国会期间所有在众议院预算委员会的共和党人都持最保守的政治意识形态；这期间众议院预算委员会的共和党人中只有一人的ADA/ACA得分高于60分。预算委员会中民主、共和两党的这种区别不能只用党派的意识形态构成来解释。预算委员会里的共和党人并不是众议院或参议院里共和党人的代表。根据ADA/ACA评级，众议院预算委员会和参议院预算委员会里的共和党人比其同级的共和党党员要保守得多。

在第94届国会期间，参议院预算委员会共和党人的得分比参议院共和党人得分低13分；在第95届国会里，这个数值要低7分。相同的情况也出现在众议院，第94届和95届国会期间众议院预算委员会的共和党人比众议院共和党人的平均得分低8分。

在预算委员会里呈现出这样的保守意识形态倾向并非偶然，而是共和党故意为之，因为他们担心自由派会在两个委员会里占据主导。共和党领导人关切的是：如果两党根据意识形态平衡的原则分配席位，那么预算委员会将趋向于高额支出和巨额赤字。为了杜绝这种可能性，他们尽量将保守派党员安排到两个委员会之中。正如一个共和党领袖在众议院所言："预算委员会已经偏向民主党一方，所以我们也必须从相反的方向采取措施来保持平衡……所以，你会看到我们共和党在预算委员会里的成员几乎都是财政保守派。"

民主党的平衡和共和党的不平衡使委员会无法代表参众两院的意识形态分布。在第94届国会期间，两个委员会都表现得比其上级机构保守。在两个委员会中，共和党和保守派联盟几乎都占大多数。参议院预算委员会的6个共和党人和3个南方民主党人经常以多数票击败自由派集团。众议院预算委员会中民主党人17—18个席位分配确保了民主派和温和派在多数议题上能够占据多数，但也有很多次是侥幸过关，并且预算决议在开支政策方面也没有表现出一些民主党人所期望的自由主义倾向。

在第95届国会期间，众议院民主党党员用自由派替换掉中立派和保守派来应对共和党的策略。由于众议院预算委员会的任期限制确保了人员的快速更替，所以要替换17个民主党员中的8个也是可能的。众议院预算委员会中被替换的成员的政治意识形态平均得分是63分；而新增的民主党人的平均得分是 83 分。这样的替换揭示了众议院预算委员会的自由派倾向。拨款委员会中的一个席位也从温和派换成了自由派的成员；筹款委员会里有两个成员也做出了类似的调整。在竞争众议院预算委员会席位的 11 个民主党人中，唯一被党团核心会议拒绝的是最保守的朗内尔斯。

这些调整使预算委员会不再具有众议院民主党的代表性。众议院预算委员会的民主党人政治意识形态得分比众议院的民主党人高 12 分，这种偏差在最为自由化的群体中体现得尤为明显（政治意识形态得分在 75 分以上）。三分之二的众议院预算委员会民主党人属于最自由化的一类，而众议院中这一比例为 40%。民主党的这一策略对两党在预算委员会中的极度两极化有深远的影响。第 95 届国会期间，众议院预算委员会中的民主党和共和党党员的得分相差 60 分，而众议院中的两党得分相差 40 分。

保守派力量给参议院预算委员会的民主党人造成了更多潜在的麻烦，因为民主党在这个委员会里只有 4 个席位的优势。尽管如此，民主党还是坚持意识形态上的平衡，避免在众议院出现困扰预算机制的两极分化。其结果是，一个几乎融合最自由的民主党和最保守的共和党的两党工作关系成功地掩盖了意识形态上的差异。委员会绝大多数人已经习惯于将预算问题看做是关于“多少”的争论，而不是将其视为意识形态的象征。随着参议院预算委员会有能力取得对其预算决议压倒性的支持，参议院民主党领导人也不倾向于改变它的人员结构。第 95 届国会期间，马斯基参议员试图补充一些自由派议员，但那时参议院预算委员会已经很难再吸引参议员加入，而要吸收资历较深的自由派议员则更是天方夜谭。在第 96 届国会期间，预算委员会变得更具吸引力，部分原因在于之后将探讨的规则的改变。因为成员名额的竞争，委员会由 16 人扩张到 20 人，新加入的民主党中有 4 人是温和派或自由派。

委员会代表

预算委员会对大部分其他国会委员会的立法权力形成了干扰。它直接影响了税收委员会和拨款委员会，还影响了授权委员会的工作。国会预算机制的这种交错也预示着平衡的最终态势，即让预算委员会广泛吸纳两院各委员会的成员，使其人员组成呈现多样性。表 4－4 是预算委员会的成员在众议院和参议院其他常设委员会中任职人数的情况。

表 4－4　第 95 届和 96 届国会预算委员会的成员在参众两院其他常设委员会中任职人数

委员会	第 95 届国会	第 96 届国会
众议院：		
农业	0	1
拨款	5	5
海陆空三军	2	1
银行、金融和城市事务	5	2
哥伦比亚特区	0	1
教育和劳工	1	1
政府运行	0	0
住房管理	0	1
内务和岛屿事务	0	0
国际关系[a]	1	2
州际和国外贸易	1	2
司法	1	1
商船和渔业	2	1

续表

委员会	第 95 届国会	第 96 届国会
邮政和公共服务	2	0
公共工程和交通	1	2
规则	1	1
科学和技术	0	1
小企业	0	0
公务行为准则	0	0
退伍军人事务	0	0
筹款	5	5
参议院：		
农业、营养和林业	3	1
拨款	6	6
海陆空三军	1	2
银行、住房和城市事务	2	3
商业、科学和交通	2	7
能源和自然资源	4	4
环境和公共工程	4	5
财政	1	2
对外关系	1	2
政府事务	4	2
人力资源[b]	2	4
司法	2	3
规则和管理	0	0
退伍军人事务	1	0

a. 在第 96 届国会更名为对外事务。

b. 在第 96 届国会更名为劳工和人力资源。

来源：依据委员会名册编制而成。

尽管众议院预算委员会比参议院预算委员会的人数多，

但它与其他委员会的人员重叠较少。在第95届国会期间，只有一个参议院委员会（规则与管理委员会）在参议院预算委员会中没有代表。相反，众议院中则有9个委员会没有成员在预算委员会任职。这个差距在第96届国会期间变小了，6个众议院委员会和2个参议院委员会在预算委员会中没有代表。两院之间出现这种差异的主要原因是众议院预算委员会有10个成员仅从两个委员会中挑选出来，而参议院预算委员会的所有成员则从整个参议院中遴选。而另一个原因是，所有的参议员都在至少两个常设委员会（预算委员会之外）任职，而众议员只能在另一个委员会兼职。所以在第95届国会期间，16个参议院预算委员会的参议员有33个其他委员会的职务，而众议院预算委员会的25个成员却只有27个其他职务。由于众议院预算委员会中有10个成员席位要为拨款委员会和筹款委员会保留，因而没有足够的席位覆盖所有其他众议院委员会。由于很多委员会根本没有代表，且大多数其他委员会由一名多数党或者少数党的议员代表，所以众议院预算委员会无法按照通常的做法将其成员作为和众议院其他委员会联系的渠道。在众议院预算委员会内部，这种联系可能变强，也可能变弱，取决于某个委员会是否有成员在众议院预算委员会中任职，也取决于成员愿意在多大程度上代表他们的委员会。

因为拨款和筹款小组委员会的主席都没有入选众议院预算委员会，所以大部分重叠的成员都未能成为与预算委员会进行沟通的主要渠道。众议院预算委员会主席吉尔莫（Giaimo）是拨款委员会里的一名民主党党员，但是他不能代表自主运行的小组委员会。巴伯尔·科耐伯（Barber Conable）利用他在筹款委员会的共和党副主席身份就筹款委员会的一些利益与众议院预算委员会进行沟通，但他少数党的地位限制了他作为与税收委员会联系渠道的作用的发挥。而大部分其他的在预算委员会和拨款或筹款委员会里同时任职的人要么太过保守，要么资历太浅以至于不足以作为他们委员会的非正式发言人，即便他们已经对与他们所关切的利益相关的问题有一定的影响。

尽管参议院预算委员会的成员来自大多数的参议院委员会，但他们并没有平均覆盖所有委员会。一些委员会只有一个人在参议院预算委员会里任职，而有的有 7 个之多，并且在第 95 届和第 96 届国会期间，拨款委员会都有六个参议员拥有参议院预算委员会的职务。财政委员会和海陆空三军委员会是两个在参议院预算委员会中代表最少的委员会。尽管广泛地牵扯到预算事务之中，但在第 95 届国会期间财政委员会中没有一个在参议院预算委员会中任职的民主党人，而在第 96 届国会期间也只有一个。海陆空三军委员会只向预算委员会派出了一个资历较浅的共和党党员。当山姆·努恩（Sam Nunn）在 1974 年被选入预算委员会时，他是在海陆空三军委员会中排名最后的民主党党员，而当他在 1977 年离开参议院预算委员会时，顶替他位子的温德尔·安德森（Wendell Anderson）则是第 95 届国会期间海陆空三军委员会中最新入职的民主党党员。海陆空三军委员会在第 96 届国会期间的代表数量有所上升，但是那两个新的赴任者也都在其参议院任职的第一个任期之内。

加入和离开预算委员会

每一个国会议员都有可能成为预算委员会成员，但是选任的方法和标准却在很大程度上限制了被选中的可能性。民主党在第94届国会期间提出的“平衡性”提名、它们在第95届国会期间对于自由派的倾斜以及共和党对于保守派的偏好都展示了进入预算委员会的遴选机制，在这个机制中议员们无法仅仅根据其自身的希望加入预算委员会。共和党里的自由派被拒之门外；而在参议院中，民主党中的保守派也面临同样的窘境。当参议院预算委员会在1974年临时成立时，查尔斯·佩西（Charles H. Percy）参议员在预算委员会席位上落选，尽管他曾是共和党中《国会预算法案》最积极的起草者，并且对预算委员会的工作表示了极大的兴趣。1977年，哈罗德·兰纳尔（Harold Runnels）众议员在第一次申请连任（两年一届）众议院预算委员会委员时被拒绝，虽然最初确定的任期是四年。

领导人的角色

从上文的描述可以看到，民主党和共和党的领导人在遴选过程中扮演着积极的角色。在众议院，民主党候选人由党派的督导和政策委员会（Steering and Policy Committee，领导层的左膀右臂）提名，并需经政党核心会议批准。这与民主党任命众议院其他委员会委员的程序非常相似，但它又在一定程度上背离了1974和1975年众议院预算委员会第一次选举时所采用的方法。起初，筹款委员会和拨款委员会的主席分别从他们的委员会里提名3名民主党党员，但1977年是由督导和政策委员会来负责所有提名。这种权力转移强化了领导人在任命时的作用，而且增加了自由派进入众议院预算委员会的机会。核心会议分别对拨款委员会、筹款委员会以及代表所有议员投票，这样每个委员会中的候选人就必须为赢得众议院预算委员会的职位而彼此竞争。在参议院里，民主党的提名由督导委员会决定，也必须获得民主党大会的认可。

共和党在众议院和参议院里的遴选由党派领导人决定，他们通过委员会发挥作用。尽管这样的安排给予他们主导性话语权，但国会领导人并不总能为所欲为。在1974年，6个被提名的共和党参议员都来自拨款委员会和财政委员会，但普通的共和党党员通过大会投票将其中两人换成了其他委员会的成员。

在确定人选时，政党领导人通常会做两方面考量：一方面是符合需要的预算委员会人员构成，另一方面是议员们所表达的意愿。在不打破委员会平衡或者背离他们政治意识形态的情况下，领导人通常会挑选国会议员中对预算有兴趣的成员。在那些对委员会席位竞争很小或者根本不存在竞争的年份里，意愿的表达就显得至关重要。1974年，众议院预算委员会的3个民主党竞争者被核心会议否决；1975和1977年，又分别有2名议员竞选失败。但在1979年，对于预算委员会的关注度大幅增加。在众议院，有超过20个民主党员申请了委员一职，这是空缺席位数的三倍；而在参议院，参议院预算委员会增加了4个席位以满足参议员想要加入预算委员会的愿望。预算委员会和其他委员会一样，在不同的立法时期受到的关注度不尽相同。

对于意愿的表达解释了预算委员会名额在国会各个委员会之间分配的不均衡。特别是在参议院，有更多成员关注新机制的委员会通常比那些抵触或不关心预算机制的委员会在预算委员会里拥有更多职位。参议院政府事务委员会（the Senate Governmental Affairs Committee）的一些议员表达了他们对于预算机制的意愿，而这种意愿也被转化为该委员会在第95届国会期间在参议院预算委员会中的4个席位。同样，参议院拨款委员会也和预算委员会建立了工作关系，这种关系的渠道就是预算委员会中的 6 个席位。但大多数海陆空三军委员会和财政委员会的参议员都谨慎地和预算机制保持距离，并不希望为预算委员会服务。这也是这些委员会在参议院预算委员会中只有 1 个席位的主要原因。

国会领导人偶尔会尝试用不给某个国会议员预算委员会资格的方法来挫败他的野心。在第 95 届国会开始之前，福特尼·斯塔克（Fortney H. Stark）议员宣布他想竞选众议院预算委员会主席一职，尽管当时他还不是委员会的成员。要获得参选主席的资格，斯塔克必须赢得筹款委员会民主党人在众议院预算委员会中三个席位中的一席。但因为在四个候选人里的得票数最低，斯塔克被踢出局。两年之后，众议院领导人想阻挠另一个民主党筹款委员会委员的相同诉求，但最终没有阻止成功。吉米·琼斯（Jim Jones）众议员是筹款委员会民主党提名的众议院预算委员会候选人，但通过了更加倾向于挑选自由派议员的督导和政策委员会的审批。琼斯挫败了阻挠，并成为民主党的核心成员。

也许最引人注目的拒绝事件发生在 1977 年。根据受访者的描述，当时参议员隆（Long）私下里表达了希望在参议院预算委员会中谋取席位的意愿，但是并未成功。但是据说在他的要求下，他的一个路易斯安那的同事本内特·约翰斯顿（Bennett Johnston）进入了预算委员会。

成员的任期

议员们参加各种委员会，因为他们希望能在那里度过他们的立法生涯。资历体系促使议员们将他们在委员会的任职看作一项长期工作。立法机构人员的流动通常集中在议员们国会生涯的最初几年，大家会离开不受欢迎的岗位而调往较好的职位。

从这个角度来看，众议院预算委员会在国会中算是异类了：这是一个有长期使命的常设委员会，但其成员却不停地轮换。《预算法案》限制了任期，规定每个成员在任何一个10年期间内任期不得超过4年，但在民主党核心成员的煽动下，这个限期在1979年被延长到6年。延长期限的理由包括：成员如果能在接受预算事务和技能的教育之后继续留在预算委员会，他们将得以更加有效地发挥作用。但是，支持延长众议院预算委员会任期的议员很少。结果，加入众议院预算委员会的众议员们知道他们与预算委员会的关系将最多持续6年，所以，无论他们怎样努力工作也无法在委员会中建立资历。虽然在众议院预算委员会中任职，他们仍旧继续履行在那些任期不限的委员会中的职责；在这些可长期任职的委员会中，他们可以发挥从过去的工作中积累的立法影响力，也可以做那些能够在将来增加认可度的工作。在长期性的职务中，国会议员们能够获得立法专家的身份；而在众议院预算委员会中，他们无法在工作中看到未来的回报。

众议院预算委员会独特的限制意味着国会成员不需要考虑在预算委员会的任职对他们国会生涯的长远影响。他们轮流加入委员会，在任期到了之后就离开。大多数众议院预算委员会的成员将这种轮换视为理所当然，甚至把这种安排看做是必须的。在调查过程中，有很多议员计划着在第95届国会结束时离开众议院预算委员会，这说明轮换规则在让更多议员接触预算机制以及帮助他们以更广泛的视角理解联邦政府运作方面是一种非常好的途径，而在常规委员会工作则很难有这种好处。由于议员们不会长期在众议院预算委员会任职，因而大多数议员将他们的离职视为一种稀松平常的事情，并不把它看成预算利益的丧失。

在这次研究的各类访谈中，只有一个众议院预算委员会的成员背离了这种模式；他是一个年轻的民主党员，他声称："我不允许我自己去想有关离开委员会的事情；我真的会非常想念这里。有一次我想起这件事情时心里感到非常难过。预算委员会是一个真正能让我有机会成为预算机制一部分并且做一些贡献的地方。"这个议员与其他众议院预算委员会成员有一种根本的不同：预算机制已经成为他主要的立法兴趣所在，成为他衡量自己立法委员价值的标准。他不再仅仅是一个暂时的预算委员会成员。他是极少数立法行为受到预算机制深刻影响的议员中的一位。尽管如此，当另一个他同样拥有职业兴趣的委员会的大门向他敞开时，这位议员还是为了新的任职离开了预算委员会。由于前文所述的规则上的改变，他可以在预算委员会多工作两年，但这种诱惑并不足以让他继续留在预算委员会。

众议院预算委员会议员的轮换特征与它的行政职员的长期任职形成对比。行政职员确保了委员会工作的连续性，能够摆脱国会对于资历的依赖，并向新成员传承组织的作用和期望。尽管预算委员会的议员们通常都很尊重行政职员，但在工作上对他们的依赖还是让议员们感到不舒服。国会的一名议员为这种常任的行政职员和轮转的议员结合的模式辩解称："这种结合使决策过程从遴选产生的议员中分离，并在一定程度上给予影子内阁的工作人员决策权。"

参议院在让参议员接受参议院预算委员会职务的事情上遇到了困难，这迫使参议院改变了原有的"两委员会任职"限制。《预算法案》允许参议院预算委员会的成员在第 94 届国会期间同时在三个委员会中任职。然而，在 1977 年第 95 届国会组建完成时，参议员们被要求放弃参议院预算委员会或其他委员会中的任何一个任职。1976 年夏天，据马斯基参议员的预算行政人员估计，如果“两委员会任职”的限制被重新启用，参议院预算委员会可能会失去所有其他的民主党人。尽管如此，他还是建议马斯基参议员不要试图去推迟“两委员会任职”的限制，而是将精力集中于劝说一些议员留任，而将空出的席位给予一些资历较浅的议员。[6]这个建议是基于很多假设和预期提出的，比如新加入的议员会更专注于预算工作，以及他们会比有经验的、已经在其他委员会积累了一定资历和专业素质的议员更积极地响应马斯基的领导，马斯基意识到对于是否实施“两委员会任职”限制的不确定性阻碍了议员们完全接纳参议院预算委员会。不难理解，只要参议院预算委员会在能否成为议员们第三个长期同时任职的委员会的问题上悬而不决，议员们将避讳他们预算委员会委员的身份。如果限制付诸实施，那么他们将不会留在预算委员会；但如果存在预算委员会成为第三个可同时任职的委员会的可能性，议员们还是会有兴趣去强化预算委员会的作用。尽管参议院预算委员会的团队联系比众议院委员会要强，但参议员们还是很谨慎地限制着自己在这个可能几年后不得不离开的委员会上的投入。

引诱资历较浅的议员投身参议院预算委员会的工作，并把委员会作为他们任职的两个主要委员会之一；这一点被证明是不可能的。这个尴尬的情境导致参议院在第 95 届国会开始之初通过了一系列针对参议院预算委员会的规则，但是，在一周之后决定委员会任命时不得不违反这些规则。作为委员会架构重组的一部分，参议院在 1977 年 2 月投票决定给予之前在预算委员会任职的参议员增加两年任期的特权，但是将参议院预算委员会算做新加入委员会的参议员的主要委员会之一。几天后，作为向多数党领袖伯德所形容的“应对临时情况的情有可原的安排”的妥协，参议院向预算委员会任命了五名议员，并准许他们在另外两个主要委员会任职。[7]

但是这种“情有可原的安排”并不会消失。1979年，参议院再次面对这个议题，此时对于预算工作的关注度正在上升。参议院预算委员会里的参议员希望将其作为可同时任职的第三个委员会；而其他人希望能在不放弃其他职务的情况下加入进来。于是，参议院预算委员会不可避免地成为可以长期任职的第三个委员会；对于一些参议员来说，这是他们的第四个主要职务了。在确定了可长期任职的规则后，参议院预算委员会便成为其成员立法生涯的重要组成部分。

当议员们感受到了一种与他们工作的委员会休戚相关的共同命运时，他们就会努力巩固委员会在国会中的地位。在决定如何对影响到委员会利益的问题进行投票时，他们更乐意接受来自委员会的暗示。当委员会受到其他国会权力拥有者的威胁时，他们能与委员会站在一起。委员会作为一个整体有效地运作符合他们的利益，即使有时需要议员们为整体的利益放弃个人偏好。然而，如果成员不想长久地待在委员会里，他们就会按照个人利益行动，并接受来自委员会之外的暗示。他们将使整体利益从属于个人利益，并且不会为委员会成为国会的一个权力中心而努力。

议员们在这方面的考量也在一定程度上解释了两个预算委员会之间的行为差异。众议院预算委员会任期的暂时性并没有让它的成员对预算结果漠不关心，或使他们对立法工作的责任感降低。然而，它影响了国会议员们对于预算委员会命运与自身立法地位关系的判断。众议院预算委员会是一个有限的投资，因为它只能带给它的成员有限回报。而随着自身境遇的改善，参议院预算委员会则能够提供可观的前景。如果成员提升了委员会在国会中的地位，参议院预算委员会也可以回报他们。（引人注目的是，即便在参议院预算委员会的地位未确定的时期，其大多数成员依然希望保留委员会的席位，即便只是因为参议员不愿意撤销委员会任命。因此，他们有理由像长期任职的委员一样工作。）

本研究将详细分析两个委员会之间的各类差异。而源自这些差异的关键的运作上的区别可以总结为以下几点：众议院预算委员会被分裂成为不同的党派阵营；参议院预算委员会通常会在统一的职务下掩盖党派性。众议院预算委员会的成员会按照自己的方式辩论预算决议；参议院预算委员会的成员则在大会上压倒性地支持他们的决议。众议院预算委员会在公开和其他委员会对抗时比较犹豫；参议院预算委员会针对各类参议院委员会开展了许多公开斗争。众议院预算委员会越来越依靠党派领导人；参议院预算委员会完全独立于党派领导人。以上提到的每一点都使参议院预算委员会获得其成员更多的效忠，但也使众议院预算委员会愈益丧失对其成员的控制。

但是，这两个委员会之间的差异只是一个程度问题。参议院预算委员会从来就没有很好地整合成一个完整的整体，众议院预算委员会也没有分裂成 25 个各行其是的个体。而且，成员的任期只不过是影响预算委员会及其成员行为的因素之一。预算工作的特征（即将探讨）也降低了成员和委员会之间的关联度。

离开委员会

预算委员会的成员轮换非常频繁。1975 年参议院预算委员会的 16 个参议员和众议院预算委员会里的 25 个众议员在四年后分别只有 5 人和 8 人仍然留在委员会中。其中有半数是因为离开国会的原因离开委员会；而其他人要么是被对手击败，要么是用委员会的位子换到了更好的职务。由于对民主党人而言保留参议院预算委员会的委员资格不需要付出什么代价，因此，即使对委员会的地位和表现不满，他们仍然会留在委员会中。一个值得一提的例外是山姆·努恩（Sam Nunn）参议员，他在 1977 年主动放弃了参议院预算委员会的职务。努恩的离开之所以会引起关注，是因为他是参议员资历较浅的议员中最有前途的新星之一，他聪明、勤奋，且有可能年纪轻轻就当选海陆空三军委员会主席。[8]“他一定是觉得无聊”，一位参议院预算委员会的行政职员如是猜测，而另一个人则认为努恩是因为反感庞大的预算赤字而决定离开预算机制的。其他的参议员则通过缺席参议院预算委员会的会议（下一节将讨论的实践活动）来表达自己对委员会工作兴趣的缺乏。

参议院预算委员会的共和党人所面对的激励机制则完全不同，因为他们的党派规定不允许他们同时在一些享有声望的参议院委员会就职。很少有参议员会通过放弃财政委员会、拨款委员会、海陆空三军委员会或对外关系委员会的职务来保留预算委员会中的职务。1979 年，三个共和党党员放弃了他们在参议院预算委员会中的位子，换得了在其他委员会里地位较高的职务。一些没有资历去争取更好职位的新人顶替了他们。对于地位不断上升的共和党党员来说，参议院预算委员会也许只是一个起步，而不是一个实现立法志向的永久性舞台。

在众议院，议员有限的任期使得国会里的成员大量轮换。但即使是这样，很多国会议员在他们任期结束之前就离开了委员会。理查德·波尔林（Richard Bolling）众议员曾经是众议院《预算法案》的监察人（floor manager），他在众议院预算委员会里任职了没多久之后就离开了，转到了联合经济委员会（the Joint Economic Committee），成为那里的联合主席。在第 95 届国会期间，约翰·罗德（John Rhodes）众议员离开了众议院预算委员会，因为他想花更多的精力在他的少数党领袖一职上。其他一些共和党副主席（例如艾尔弗德·赛德伯格和戴尔·克罗森）也离开了委员会，他们声称其他的立法工作需要很多时间。

当成员的任期在 1979 年从 4 年延长到 6 年后，很多原来打算要离开的成员又改变了主意，决定继续留任。增加的两年对于这些成员来说是“天上掉下来的馅饼”，因而他们欣然接受。但是也有少数例外。巴特勒·德里克（Butler Derrick）为在规则委员会任职而离开了众议院预算委员会，派伦·米特希尔（Parren Mitchell）选择留在小型企业委员会（the Small Business Committee）和联合经济委员会。这两个人都是在众议院预算委员会里非常重要而活跃的民主党员：德里克曾带领了一支由众议院议长组织的特别工作组在众议院为预算决议辩护；米特希尔是委员会里关于社会项目最重要的发言人。这两人都没有发现增加的两年任期对实现自己的长期国会目标有任何助益。

成为预算委员会的成员

当国会议员加入了一个委员会，他们就成为这个不断发展的社会系统的一部分。他们学习委员会处理事务的方式、传统和团体规范，以及将成员纳入社会功能单元的不成文规则。这个社会化的过程没有任何危险；基本上都是成员融入这些他们将在其中度过立法生涯的委员会的习惯之中。社会化的影响对所有的委员会不尽相同，也不是对所有的国会议员都有同等效果。一些委员会对传统有一个很强的认同；其他的却倾向于与过去决裂。一些成员是“为了搞好关系而选择合作”；其他的却喜欢通过挑战既有的规则留下自己的印记。但是大多数成员都根据他们委员会的身份认同来定义他们的职业生涯、塑造他们的立法兴趣。对大多数人来说，地位和权力只是他们委员会工作的副产品。这种认同让他们成为源自他们所任职的委员会的特定立法领域的专家。

预算委员会在成立之初，没有过去，没有传统，也没有在其中新成员能够实现社会化的预期和行为清单。委员会必须同它的成员一起学习；它们需要在发展过程中临时制订成文和不成文的行为规则。例如，成员们必须设法应对预算委员会的党派问题，委员会可能因党派而分裂，也可能作为一个统合的整体而运作；这两种模式共存于国会中，且为国会所接受，但是每个委员会必须探索其自身的路径。

这种不带有历史负担的特性并没有阻止成员的社会化。相反，这意味着每一个预算委员会必须在一个新的基础上融合它的成员，而非囿于既有的传统和规范。激动的心情、远大的目标以及对于预算机制很高的预期可能会将两院预算委员会的成员结合成立法兴趣受到团队认同强烈影响的政治单元。

但这种情况并没有出现。对于大多数成员而言，与预算委员会的关联是有限且脆弱的。极少有成员显著地改变他们的立法兴趣或行为。也极少有成员认为他们是一个有着共同目标和精神的委员会的一部分。到 1977 年，新奇感和兴奋感都已经消逝，推动委员会运作的是大量的常规事务、对预算决议的周期性处理以及实施预算过程的忙碌工作。当留在预算委员会里需要付出成本时，大部分人会很轻易地选择离开委员会，这意味着委员会对于委员们的立法职业生涯并没有非常重要的影响。但已经在预算工作方面崭露头角、广受赞誉的委员会主席以及参议院预算委员会共和党副主席则是例外，也许还有一些其他人。对于大多数成员来说，在委员会任职已经成为一种折磨，最多不过是为他们提供了保护其他立法利益的机会。

委员们了解到，即便在预算委员会中共事，他们要各行其是也没有关系。这种分裂的现象在众议院预算委员会中尤为明显，鉴于其成员资格的临时性，出现这种情况不难理解。委员会允许委员们利用预算机制保护或推动自己偏好的项目。除了一些程序性问题，委员会中很少有团队忠诚和目标共享。参议院预算委员会一位重要的行政职员这样评价众议院预算委员会的行为："当你有来自主要权力中心的法定代表资格，并且每个人都有一个将在几年内回归的母委员会（a parent committee）时，预算委员会不太可能在没有母委员会主导的情况下积极主动地工作"。一位众议院预算委员会的高级行政职员也做出了类似的评论："我认为众议院议员们将预算委员会看作整个众议院而不是某个单独且明确的利益的代表"。众议院预算委员会的报告总是体现大量分歧和不同的观点，而不像众议院拨款委员会，这个委员会有传统（尽管在某些时候这个传统并不有效），不允许在委员会中出现公开的异议。

参议院预算委员会里的组织忠诚度毫无疑问要高得多。成员们总是联合起来支持他们的决议，并且防止预算委员会在大会辩论中受到攻击。但是，由于委员们和其他委员会存在隶属关系，这使得共同的目标会在面对由这种隶属关系所产生的竞争性目标时不得不有所退让。参议院预算委员会成员对1980财政年度的第一个决议提出的几个即席修正案就体现了参议院预算委员会力量的相对性和相互竞争的忠诚。霍华德·梅岑鲍姆（Howard N. Metzenbaum）参议员成功地为惠及美国老年人的营养项目争取到更多资金。两个在参议院预算委员会的同事非常支持他，这两个人同时还在对于营养项目有管辖权的劳工和人力资源委员会任职。罗顿·奇里斯（Lawton Chiles）参议员寻求对社会保障金的偿付，这个项目在他作为参议院老龄化特别委员会（Special Committee on Aging）主席时就非常关注。马格鲁森参议员为食品救济券项目争取到了额外资金，这正是他任主席的拨款委员会准备解决的议题。议员们对其他方面的立法关注通常会凌驾于对参议院预算委员会的忠诚之上。

预算委员会在对其成员进行财政政策和预算知识教育方面取得了显著成效。在委员会成立之初，只有极少的议员熟悉预算方面的技能、术语和分析方法。议员们受到行政职员“填鸭式的教育”（小组讨论和简报在第一年里是很常见的），而更重要的是，他们在处理预算数据和编制预算决议的工作过程中学到了很多。慢慢地，人们能感觉到议员们在谈论这些数字时的信心逐渐增强。活跃的预算委员会成员都已经掌握了预算的程序和语言。联邦政府的预算是一个非常复杂的过程，而且在一开始，预算委员会的成员被这个过程弄得如坠五里雾中。在编制预算过程中，对于该怎么说或怎么做的问题，他们必须不断地征求行政职员的意见。成员们通常会混淆预算授权（国会授权的开支责任）和开支（政府花出去的资金）。他们经常会陷入本意要处理拨款（为项目提供资金的立法）而讨论的却是授权（批准建立项目的立法）的窘况。不到一年时间，大部分成员都有能力谈论预算问题而不至于将它们互相混淆。皮特·多米尼西（Pete V. Domenici）谈到参议院预算委员会第二次审议预算决议时说：“我开始在脑子里有了授权和预算授权两者的区别。我不肯定六个月之前我是否能做到，但是现在我肯定可以。我认为我在讨论的是授权而非预算授权。”[9]

预算机制同样教会委员会成员去关注他们特定立法兴趣之外的一系列联邦项目。其结果是，他们对于项目之间如何联系以及项目如何进入联邦预算之中有了更加宽泛的理解。他们得到的是通识教育——不能够使他们成为所有联邦项目的专家，但足以对项目的资金问题做出合理判断。当谈到成员轮换的优势时，众议院预算委员会的议员们都会涉及预算机制的这个效果。他们相信国会将从更加广泛的层面受益。

预算委员会的成员对于预算政策的经济内涵有了更透彻的了解。大部分成员在进入预算委员会之时，对于预算赤字、通货膨胀、失业问题就有先入为主的观念。极少有人知道预算中的这些数据对经济究竟有什么影响。在经历了国会预算过程后，很多人对这些经济工具和概念有了较正确的理解；一些人还能够熟练地解读这些经济数据并将它们与预算问题相关联。参议院预算委员会在经济方面的培训似乎比众议院更有效，也许是因为众议院预算委员会里的议员更倾向于固守特定的意识形态而缺乏理解预算问题的大局观念。

经济知识教育是从两个层面上进行的：一个是深化对于预算“算术”方面的理解，另一个就是改变一些人对于财政政策的观念。在预算机制被引入之前，议员们通常认为减少联邦政府的开支将同等程度地降低预算赤字。而现在很多预算委员会成员认识到在高失业率时期削减开支会导致税收下降，所以不会导致预算赤字同等程度减少。对一些成员而言，新的理解会带给他们对于财政政策思考方式的转变。下面这段对话发生在财政保守派参议员亨利·贝尔蒙提出支持提高公共服务开支以降低失业补偿和食品救济项目的成本之后：

奇里斯："你真的这么认为么?"

霍尔林斯："你真的这么认为吗?"

贝尔蒙："对，我真的这么觉得。"

奇里斯："你现在就像个经济学家。"

贝尔蒙："此时此刻，我的确是。"[10]

然而，教育并不是社会化的替代物。社会化一方面与委员会成员实质的技能有关，另一方面则关乎组织行为。当他们在预算方面更加娴熟时，他们并没有表现出与预算机制更多的关联性，也没有表现出对于委员会的向心力。预算委员会的成员们不断地受到各种因素的阻碍而无法与预算机制建立深入的联系。其中的一个原因已经探讨过，即预算委员会任期的暂时性和不稳定性。另一个原因源自预算工作在国会里的特殊性。预算委员会并没有正式的立法议程；它们制定法案的方式与其他国会委员会不同。要理解预算委员会，就必须了解它们工作的性质。

在预算委员会里工作

委员会体系是国会用来在议员间分配立法工作和立法权力的方式。这个体系给了每个人一部分权力，但也确保了没有人能掌控立法的所有领域。这个体系还将成员与委员会捆绑在一起，因为对于大多数国会成员来说，权力和身份是以他们服务的委员会为基础的。在接受一个委员会的任命之后，一名议员就变成这个拥有特定立法领域监管权的组织的一部分。成员对于委员会管辖范围内的事务都非常关注，通过在国会行使权力的方式获得技能、职务以及对行政职员的控制。

专门化是通向立法成功最可靠的保障，这一点对于委员会和议员而言都一样。

专门化

预算委员会遇到的一个问题是，它们几乎没有排他性的专门化领域。它们所要做的每一件事几乎都会涉及其他委员会的管辖权。由于它们没有不受干扰的势力范围，也没有独立于其他委员会的公共政策领域，所以它们不能给予其成员发展个人专业性的机会，而这恰恰又是国会中事业的根基。更确切地说，预算委员会和它们的委员们总是被其他委员会的人视为游手好闲的半吊子或爱管闲事的干涉者，而不是有名望的立法专家。更糟糕的是，与其他委员会人员和利益的重叠使预算委员会的议员们无法区分他们的忠诚对象，更不用说在处理预算议题时明确他们的立法关切。他们没有忘记也没有忽略这样一个事实，那就是他们的一个同事来自于海陆空三军委员会，另一个人来自教育和劳工委员会，第三个人来自司法委员会，这个名单可以一直列下去。预算委员会的成员们被聚集到一起，在日常的立法工作中处理那些使他们陷入分裂的问题。每个人都带着各自的专业性知识走进会议室，而且在整个预算的讨论过程中，大多数人不断地展示他们对于其所任职的委员会的身份认同。只要看看预算决议的审议过程，一个旁观者就能判断出很多预算委员会成员的立法兴趣到底在哪里。

预算程序是预算委员会的管辖范围，是它们获得作为国会专家的身份认同的主要机会。预算委员会是预算机制的监护人，它们是汇总各类数据和监控预算相关进展的专家。预算委员会的兴趣在于齐心协力地支持用于规范国会内预算事务的机制。如果它们不能维护好业已建立的制订预算决策的机制，委员会就会失去在国会中的意义和地位。在处理关于程序方面的问题时，预算委员会的议员们能够放下那些导致他们分裂的在实质性问题上的分歧，并且为了共同的立场而团结起来。但是，程序无法完全脱离实质。比如，即便一个委员会非常希望对某个其管辖权范围内的法案采取行动，但《预算法案》规定的截止日期却能够冻结它的所有行为。这些同时在预算委员会和其他立法委员会任职的国会议员们究竟按什么原则来处理事务：是推动预算委员会所辖预算机制的执行，还是促进其他立法委员会关注的项目？

由于预算机制在程序上的统一和实质上的分裂，对于预算委员会而言，从过程角度去处理这些事务更为可行。程序性问题不仅能够更好地将预算委员会团结在一起，而且也更容易获得参众两院的支持。预算委员会在作为程序方面的专家工作时，行为方式与其平时有所不同。众议院预算委员会很审慎地强调了遵守《预算法案》关于截止日期和技术方面要求的必要性，只在极少数情况下会涉及实质性的议题。然而，参议院预算委员会则试图将各类实质性议题视为影响预算过程可持续性的问题。有时候，参议院预算委员会会强烈地质疑税收和开支立法对于预算决议所规定数额的偏离，认为这违背了预算机制的要求。后面的章节将探讨国会预算决策的制定和实施，而这两个委员会在程序性和实质性方面的差异也将是研究的主题之一。

在预算委员会之中，最“社会化”的是那些将主要精力聚焦于程序性问题的议员。他们认为预算过程是一种将预算纪律引入国会的机制，而非促进他们所关注的项目利益的手段。巴特勒·德里克（Butler Derrick）参议员的例子就能很好地诠释众议院中的这种行为。德里克被任命到众议院预算委员会时还是个新人，那时他尚未在其他委员会中建立其立法兴趣。尽管缺乏资历，但他是众议院预算委员会中最活跃的成员之一，担任预算过程中一个特别工作组的主席，支持发表了一系列关于预算控制问题的出版物，并且推动了预算决议在大会上的通过。德里克是一个来自保守的州（南卡罗莱纳）的新人，他在 1975 年投票反对第一个预算决议。但对预算机制相关工作的热情投入促使他的投票出现重大逆转，在那之后他转而支持预算决议。

但是，德里克是预算委员会中极少数把对于程序性的关切置于实质性结果之上的议员。其他大多数人都会衡量预算机制达成的结果对他们各自委员会的影响。

财政政策

预算委员会还有一个专门化的领域，就是国家经济政策。尽管联合经济委员会（JEC）在二战后专门为此成立，但它缺乏立法管辖权，也不能发挥提建议和调研的作用。国会不需要按照 JEC 的报告或建议去采取任何行动。但它必须对预算委员会提交的“宏观”数据有所反应，这样做的话，国会就能够根据经济增长、就业和通货膨胀的情况参与国家政策制定。从管辖权的角度来说，预算委员会似乎可以很容易地宣称它们在财政政策方面是国会中的专家。

预算委员会发现，财政政策通常会涉及一些这个时代极具争议性的政治议题：适当的联邦政府规模，在增加就业和通胀之间的平衡，赤字规模等等。一个强调这些议题的预算机制激化了预算委员会和国会内部的分歧。并且，如果将预算争议聚焦于财政领域，预算委员会可能将为经济运行状况承担更多超过其承受能力的责任。它们可能会因为经济下滑或因为容忍高失业率和通胀率的预算目标而受到谴责。

尽管预算委员会非常直率地表明了它们的建议所基于的经济假设，但它们并不鼓励就国家性的经济目标进行广泛而公开的辩论。财政政策只是一个附带的关注点，讨论通常会集中于预算数字而不是就业、经济增长和物价。预算委员会的成员从来不直接对经济政策投票，也从来不在众议院和参议院对预算进行辩论时就经济问题投票。JEC 的经济假设和目标并未受到干扰，预算委员会会断然拒绝那些强调经济事务的建议。因此，众议院预算委员会的民主党人阻止了共和党人想要将大会辩论划分为不同阶段的企图。后者希望大会辩论能够经历两个阶段，一个是决定预算总量的宏观经济阶段，另一个是在预算类别之间分配支出的功能阶段。

当国会在 1978 年实施《汉弗莱—霍金斯（Humphrey - Hawkins）法案》，将充分就业设定为美国的经济目标，预算委员会的财政角色也随之逐渐减弱。法案在 1978 年 3 月提交众议院审议时，包含了有关明确国会对国家经济目标的决定的条款。JEC 将编制“经济目标”决议，该决议将在第一个预算决议出台之前两周被审议通过。JEC 将在财政政策的制定上发挥非常重要的作用，预算委员会则会因此失去这方面的话语权，而 JEC 的工作也将使年度预算过程黯然失色。

众议院预算委员会那些一直致力于推动两阶段预算过程并希望首先对总额进行投票的共和党人不愿意支持关于明确财政目标的要求，而委员会中反对“宏观”程序的自由派则对这种经济目标路径（the economic objectives approach）表示拥护。巴伯尔·科耐伯是反对派领袖，他认为新计划会使“预算委员会在很大程度上沦为算术工具”。众议院预算委员会共和党副主席德尔波特·拉塔反对这种“对于预算程序和预算委员会管辖权的攻击”，而资历较浅的共和党员拉尔夫·

雷古拉（Ralph Regula）则敦促众议院“避免破坏这种处理预算问题的有效方式”。[11]

众议院预算委员会共和党人坚定的反对立场与预算委员会的管辖权没有一点关系，而是出于对《汉弗莱—霍金斯法案》中体现的社会政策的不满。如果说共和党人是为了他们的政治利益而不是为了预算委员会投票，那么众议院预算委员会的自由派也采用了同样的方式，为了促进那些相互抵触的目标而背弃了他们的委员会。戴维·欧泊支持JEC倡导的新程序，因为它将“对诸如失业率、就业率提高之类的问题进行直接投票……我不希望众议院失去对这些特定目标进行直接投票的能力。”众议院预算委员会的同事派伦·米特希尔指出，如果没有新的对于财政政策的强调，关于就业的信息“将最多成为预算决议的一个附件”。众议院预算委员会的第三号民主党人唐纳德·弗雷泽（Donald Fraser）解释了财政政策议题在预算过程中被掩盖的原因：“我们在预算委员会中处理各种各样的问题：国防开支、福利支出，有的涉及卫生问题，还有的涉及教育方面的支出问题。所以，除非我们首先确定目标，然后围绕目标进行讨论研究，做出决定，之后尝试用预算机制去解释这些目标，不然的话，《汉弗莱—霍金斯法案》相关的目标肯定会被埋没在预算委员会审议的这堆乱糟糟的议题之中。”[12]

由于众议院预算委员会的议员不愿意将这个问题视为对他们委员会管辖权的挑战，因此针对科耐伯关于废除JEC程序的动议的投票按政治立场分为两派。所有的共和党人以及大多数温和派和保守派民主党人支持科耐伯的修正案；包括主席吉阿莫在内的七个众议院预算委员会民主党人则投了反对票。[13]

在参议院，《汉弗莱—霍金斯法案》以不同的方式挑战了参议院预算委员会在财政政策方面的角色。一个建议是将联邦政府的预算限制在GNP的20%以内。另一个要求是如果总统认定截至法案设定的最后期限（1983年）失业率降至4%的目标无法实现，预算委员会便需要设定一个新的日期。马斯基参议员成功地推动参议院通过修正案，删除了法案第一款中精确的定量目标；贝尔蒙参议员也随即提出修正案，提出给予预算委员会对失业率目标的决定权。两位参议院预算委员会的领导人为确保预算委员会的灵活性调整了议题，以应对不同的财政需要和境况。[14]但大多数参议院预算委员会的普通成员都是根据他们的政治倾向投票的。实际上，12位参与两个修正案投票的参议院预算委员会成员中有8人突然改变了对预算委员会管辖权问题的立场。参议院预算委员会的自由派支持马斯基关于废除联邦预算上限的动议，但是反对贝尔蒙关于使预算委员会摆脱就业率目标束缚的建议。保守派则投票支持贝尔蒙，但反对马斯基，以表达他们希望限制联邦预算但反对僵化的充分就业目标的立场。只有马斯基、贝尔蒙和少数几个温和派成员站在预算委员会的立场上投票。

工作量

国会成员通常要面对许多会导致他们时间安排上出现冲突的要求。委员会的事务只是他们要参与的事务之一。一个议程安排得很满的委员会通常不能引起其成员对它的关注，但如果一个委员会的工作量很少，它也无法在成员的立法生涯中占据很重要的位置。

预算委员会的工作具有季节性，即编制春秋两季的预算决议。委员会其他的工作，比如全年的立法跟踪和预算数据的更新，可以由行政职员来完成，不需要普通成员的参与。由于它们有来自外部的强制性议程，因此预算委员会成员不需要聚到一起决定委员会的工作内容。来自外部的法定要求使团队目标的确定不再困难，同时也使得委员会不需要再为获取成员的团队支持耗费太多精力。

由于成员只是按照规定的议程行事，而不是真正投入到预算工作之中，所以两个预算委员会总是在编制两份预算决议之间的那段时间里设法吸引成员的关注。众议院预算委员会为其成员举办“早期预警”情况介绍会，这样工作人员便可以复查一些与预算有关的还未解决的立法问题。通常这些会议的出席率很低，主要是因为它们通常不在议员们的议程安排之内。成员们会谈论一些预算议题，但是很少对此采取行动。参议院预算委员会则更加积极地发展“无决议”行动。在这个行动成立之后，参议院预算委员会声称拥有对扣押建议的联合管辖权（与拨款委员会一起）。在 1974 年和 1975 年，它举办了一系列关于扣押措施的会议，但这项事务随着扣押的常规化和政策性扣押的减少而渐渐消失。参议院预算委员会还尝试利用《预算法案》插手弃权（waivers）问题（与报告授权立法的法定截止日期以及预算相关立法的审议期有关），但是，尽管被弃权的数量大幅上升，这个行动同样也被禁止。在一开始，参议院预算委员会召集其成员讨论弃权请求，但是到了 1977 年，很多弃权问题通常都通过电话投票的方式处理，不需要经过委员会会议。

参与度

工作量是委员会吸引其成员关注的一个必要但非充分条件。为了真正引起重视，委员会的工作必须有一个立法目标，使其能够在议员们拥挤的日程表中占据优先地位。国会成员就算对某个委员会失去兴趣，一般也不从委员会中辞职退出，他们只是不再参加相关活动。一些委员会的会议几乎能汇集所有议员；而另一些委员会却难以达到开会所要求的法定人数。在一些委员会中，议员们在投票时几乎每场必到；而另一些委员会中，议员们则在投票中广泛地使用代理权。

表 4 -5 总结了预算委员会的成员在 1976—1979 年间对预算决议投票的参与比例。[15] 没有可比较的数据，就没有判断这些比例是否与参众两院其他委员会相一致的基础。然而，也可以在预算委员会的成员之间以及两院的预算委员会之间进行比较。就像预料的那样，预算委员会的成员在投票中的表现大相径庭。有三分之一的成员投票参与度非常高；90% 的投票签到册上都有他们的名字，他们几乎不使用投票代理权。两院预算委员会的主席就属于这一类，他们的投票参与度是最高的。而另一个极端是，有不到三分之一的成员经常缺席投票，并且广泛地使用代理权。参议院预算委员会有一名叫詹姆斯·阿布雷兹克的参议员，在他的四年任期内超过 100 次的投票中，他只参加过几次。

表 4 -5　1976—1979 年间两院预算委员会的投票参与比例

预算委员会		出现并投票（%）	未投票（%）
众议院			
1976 年			
	所有议员	75.4	6.5
	民主党	73.3	8.6
	共和党	79.8	1.9
1977 年			
	所有议员	77.8	4.3
	民主党	79.5	4.9
	共和党	73.9	3.1

续表

预算委员会		出现并投票（%）	未投票（%）
1978 年			
	所有议员	65.0	4.4
	民主党	61.1	5.0
	共和党	73.5	3.3
1979 年[a]			
	所有议员	79.7	0.8
	民主党	78.9	0.6
	共和党	81.4	1.4
参议院			
1976 年			
	所有议员	77.2	14.5
	民主党	68.5	20.3
	共和党	91.7	20.3
1977 年			
	所有议员	58.2	19.8
	民主党	55.0	23.8
	共和党	63.5	13.1
1978 年			
	所有议员	50.5	19.0
	民主党	43.6	20.4
	共和党	63.5	16.7
1979 年[a]			
	所有议员	80.1	19.9
	民主党	77.9	22.1
	共和党	83.3	16.7

a 只统计了对 1980 财政年度第一个预算决议的投票。

来源：根据众议院预算委员会期刊和参议院预算委员会关于预算决议的报告汇编而成。

由于参议员所拥有的委员会（和小组委员会）职务比众议员要多，因此可以预计参议院预算委员会的投票参与度比众议院预算委员会低。但 1976 年却并非如此。参议院预算委员会比众议院预算委员会成员的投票比例还要略高一点(77% 比 75%)。尽管所有的参议员都至少拥有两份其他委员会的任职，但他们中的大多数人还是在安排工作日程时将预算工作放在优先地位。这种积极的参与反映出他们对于刚投入运作的预算机制的重视和期望。但是，1977 年参议院预算委员会的参与度下降了 20 个百分点，而 1978 年则进一步下跌。这导致参议院预算委员会的投票参与度大大低于众议院预算委员会。这种参与度的下降出现在参议院预算委员会的所有团体之中：民主党和共和党，自由派和保守派。新上任的成员对工作没有激情；他们的投票参与度和老成员基本相当。只过了两年，预算机制就失去了立法上的关注度和重要性。对于一些成员而言，它成了一件苦差事；对于另一些人而言，它毫无意义。许多在预算委员会的参议员不再把预算工作放在优先考虑的位置；“有其他安排”成了缺席参议院预算委员会审议的充分理由。

但是，1979 年情况发生了大逆转，参议院预算委员会成员的投票参与率飙升到第一年的最高点之上。平均有超过 80% 的成员参与投票，并且共和党的参与度高于民主党，每个留任参议员的参与度都比前一年高。但这个乐观的比较结果因 1979 年出台的不能代理投票的规定打了折扣。在之前几年里，缺席成员可以委托代理投票。而推出这个规定之后，参议院预算委员会的成员如果不参加会议，就会丧失投票权。当奇里斯参议员提出废止代理投票的建议时，马斯基主席表示反对，他担心一些成员会因此选择退出委员会的活动，而非参加冗长的审议。但是他的担忧并没有成为现实，至少在废除代理投票的第一年是如此。

值得注意的是，未投票的比例从 1977 年到 1979 年一直保持不变。这意味着废除代理投票并未导致该比例上升。其结果是参议院预算委员会的成员们对于委员会工作的投入在 1979 年急剧增加。当然，仅废除代理投票不会导致这么明显的改变，1979 年还出现了其他影响预算机制的变化，比如前文讨论过的议员们在预算委员会任职意愿的增强。

众议院预算委员会的参与度随着委员会的人员构成与国会对预算关注的改变而变化。参与比例在 1977 年有所上升，主要是因为新加入的委员们投票积极，特别是自由派民主党人。这些新加入者把他们的任职视为将国会预算向自由派方向引导的机会。但是，在他们任职的第二年（1978 年），国会对预算的关注度就下降了，委员会内其他成员的热情也随之减弱。1979 年参与度的上升与国会对预算机制关注度的上升一致。

预算工作的回报

国会成员有各种各样的理由加入立法事务办公室，但不管他们的目的是什么，大部分回报还是来自于委员会的工作。在一些委员会中，对于成员的奖励权集中在少数几个人手里，通常是委员会主席或者极少数安排立法议程和控制行政职员的权力拥有者。在其他委员会之中，权力和机会较为分散，而且行政职员只在小组委员会里工作。基于这两方考虑，预算委员会给它的普通成员带来的利益非常有限。

不设立小组委员会

两个预算委员会很早就反对设立小组委员会。它们分别有一个立法成果——一份全面而连续的预算决议。所以很容易理解，两个委员会都不希望预算决议的成果被诸多相互竞争的小组委员会瓜分，通常会有各类议员希望通过其所在的小组委员会推进其所偏好的项目。每一个预算决议都是关于国家优先项的财政决定；预算委员会不希望出现一些下属单位以成员互投赞成票的方式通过那些被硬塞进来的“愿望清单”。设立需通过预算实现的财政目标的责任体现了对于整合的视野的需要，而不是依据单个项目逐个做出决定。

每个预算委员会建立了专门的特别小组来替代小组委员会，赋予其“研究”而不是“立法”功能。在第 94 届国会期间，参议院预算委员会设立了 4 个这样的小组：其中 3 个小组（能源、税收政策和税收开支、资本需求）的职能涉及预算功能的所有领域，还有 1 个小组（国防）覆盖了一个单独的开支类别。众议院预算委员会成立了 7 个特别小组，其中 4 个（国家安全、人力资源、物质资源、社会资源）覆盖了预算的所有功能项，另外 2 个（税式支出和经济规划）涉及收入和财政政策，还有 1 个（预算机制）关乎国会预算控制的有效性。

众议院预算委员会的特别小组还是比较活跃的，尽管它们的活跃程度尚不及其他可以报告立法的小组委员会。参议院预算委员会的特别小组在第 94 届国会期间的表现普遍不活跃，而且在第 95 届国会期间几乎全部消失。由于众议院预算委员会的特别小组参与到国会预算决议的制定之中，因此它们和委员会的工作有关，这也使得它们在吸引成员兴趣方面较为成功。通过特别小组的参与，众议院预算委员会的成员得以尝试扩大他们对预算特定领域的影响，而且可以将众议院预算委员会的工作与他们的其他立法活动联系起来。比如，众议员吉阿莫是国家安全特别小组的领导，而他同时在国防拨款小组委员会中非常活跃。米切尔参议员人力资源小组主席的身份与他的国会黑人同盟（the Black Caucus）领导人的职务也相得益彰。而参议院预算委员会特别小组的工作和预算决议没有直接联系，而且参议员在加入参议院预算委员会的这些小组之后并未在立法事业上有更好的发展前景。

但是，对于参议院预算委员会特别小组的失败有一个更有说服力的解释。在第 94 届国会期间，参议院预算委员会里的每个民主党员都是一个或者多个参议院委员会或小组委员会主席。大多数共和党党员都在各自的委员会或小组委员会里有少数党副主席的地位。参议院预算委员会的成员已经能够发出自己的声音并推动自己的立法兴趣。在缺乏立法目标且没有行政职员的特别小组里，他们能得到的回馈非常少。但是，众议院预算委员会民主党人的情况却不一样，他们当中很少有人参加小组委员会。他们能够通过参加特别小组的活动提升其吸引媒体关注和影响立法过程的能力。

在参议院预算委员会特别小组成立之后的几个月里，成员们才意识到特别小组远非小组委员会的替代物。在 1975 年 2 月 21 日，约翰·麦克沃伊（John McEvoy）（当时的委员会主要顾问，后来成为行政职员主管）在行政职员备忘录中写道，“鉴于委员会的声望、它的公众形象以及它所覆盖的工作范围，不设立权限明确的小组委员会是一个重大失误。”[16] 麦克沃伊提到了“部分成员所感受到的巨大的挫折”，也提及了参议院预算委员会民主党人在委员会中发挥更大作用的要求。然而，由于参议院预算委员会的领导们仍然认为特别小组能够恰当地替代永久性的小组委员会，所以这方面工作没有任何改观。而这个议题在1976年的夏天又重新被提及，马斯基主席考虑到如果“两委员会任职”的限制被重新启用，那么可能会失去大部分民主党党员。在这时，特别小组已经难以为继，参议院预算委员会需要用一些筹码来留住成员或者招收新人。有一些高级行政职员向他建议：“特别小组的领导权不明确，其章程也比较模糊。其设计的初衷就是要规避小组委员会的长期性和授权，而不是作为它们的替代……小组委员会可以开展研究、辩论、发布报告以及召开听证会……它们可以在不占用委员会全部人力和时间（包括您的）的情况下为所有重要议题的公开辩论提供平台。”[17]

马斯基主席在第95届国会的一次参议院预算委员会会议上表达了他对于小组委员会计划的支持：“……我更倾向于接受建立小组委员会的主要理由是，我感到很多成员在预算委员会工作的这一年里，没有感受到足够的挑战……我不希望这个委员会变成一个人或者两个人的个人秀；我希望它成为十三个人或者十六个人展现自己的平台。所以如果我们能够通过设立小组委员会解决这个问题，如果这是委员会成员的强烈意愿，如果这样做可以让他们更加投入到委员会的工作中去，那么，我希望能够试一试。”[18]

但是，小组委员会的成立已经太晚了；大部分参议院预算委员会的成员已经对预算工作失去兴趣。并且小组委员会的地位也不会很高，因为马斯基已经明确表示不会为新增的行政职员提供资金。1977年，设立小组委员会的提议既没有被接受，也没有人反对；没人对这个已经过时的话题表示出关切的态度，这个提议便在无人问津的状态下被人们淡忘了。

行政职员

当马斯基主席扼杀了增加行政职员的可能性时，他同时也破坏了成立小组委员会的一个有利动因。尽管参议院的一些委员会有集中管理的行政职员，它们一般都是拥有实权的委员会（比如海陆空三军委员会和财政委员会），而且拥有对重要立法项目的发言权，这种权力带来的好处足以吸引议员加入委员会。正如之前所说的，如果一个委员会缺乏立法上的重要地位，而且其小组委员会没有自己的行政职员，那么它对于成员的回报就会非常贫乏。

每一个预算委员会在 1979 年都有超过 75 个行政职员（包括配备给单个议员的行政职员）。其行政职员的规模比大多数国会委员会都要大。每个委员会近四分之三的行政职员被组成为一个核心小组，包括项目专家、经济学家、预算专家以及辅助人员。参议院预算委员会的核心行政职员由多数党、少数党以及无党派人士组成。多数党的行政职员由主席来领导，而少数党的行政职员则对参议院预算委员会里的共和党副主席负责。所有的众议院预算委员会核心行政职员对主席负责；一个较小的少数党小组为共和党成员服务。参议院预算委员会给每一个参议员都配了一名专业助理和一个文书助理；众议院预算委员会直到 1977 年才开始为每个众议员配备专业助理。

在两个委员会中，那些“核心”和“助理”行政职员是彼此独立的。参议院预算委员会多数党和少数党的“核心”行政职员在相邻的办公室工作，而且彼此之间有很频繁的联系；而助理行政职员一度参与到其他办公室的工作中，尽管他们统一管理，但他们只能偶尔处理核心小组的事务。大部分参议院预算委员会的助理行政职员在其服务对象的办公室而非参议院预算委员会总部工作。两个委员会中这两类行政职员的联系很少，而且受到限制。核心职员抱怨那些助理没有受过良好的训练，或对预算细节不感兴趣。“他们只想博取自己领导的欢心”是对助理行政职员最常见的抱怨。而那些助理对这个问题却有不同的看法。他们抱怨自己总是只能在幕后处理委员会事务，从未受邀参加核心小组能够做出行政职员这个层次上重要决定的会议，并且总是在委员会会议快开始的时候才拿到文件。民主党在参议院预算委员会里的行政职员特别厌恶马斯基的核心小组总是咨询贝尔蒙的少数党行政职员，而经常忽略他们的意见。

不像核心的行政职员总是忙于预算机制的决策事宜，那些为议员工作的行政职员很少参与预算方面的工作。在参议院预算委员会里，这种现象更加严重，因为他们没有特别小组可以让这些行政职员参与其中。为了让所服务的议员能够专注于专业工作，这些助理人员花费了相当多的时间去处理非预算工作。

宣传和影响力

小组委员会和行政职员并不是做好自己的事就行了，他们还要吸引别人的注意，影响立法结果。尽管媒体在一开始便把对预算机制的部分兴趣放在委员会成员的身上（当时有很多成员都希望通过新闻和时事通讯向选民宣传自己的预算角色），但时间一长，媒体关注的焦点就集中到预算委员会主席身上了。毕竟新鲜感一过，一般成员就很难凭预算工作吸引注意力了。

除此之外，他们也没有发现在预算委员会的任职能增加自身对于项目的影响力。有些人也许会期望联邦预算能为委员会成员提供足够的机会以自己所希望的方式影响预算结果。关于预算的讨价还价将最终形成偏向于委员会利益的决议。当能够为项目扩张提供的资金非常有限时，委员会成员就需要占据优势地位为其所关注的项目筹集资金。此外，预算对于所有联邦项目广泛的管理应当能够主导成员之间相互妥协的讨价还价的过程。简言之，预算委员会至少应该能够带给其成员在联邦资金的开支上更大的发言权。

这些猜测似乎也被委员会成员在审议预算决议期间的行为所证实。尽管两个预算委员会的决策风格不尽相同，它们的成员都经常会为特定的项目干预决策。由于众议院预算委员会采取的是“逐项”决策的方式，因而其成员会努力确保资金已经包括在特定项目的功能目标之中。参议院预算委员会成员通常会满足于“立法历史”，这意味着拨付给某项功能的资金对特定项目而言已经足够了。

尽管能够干预决策，预算委员会的成员还是认为自己对于项目的影响有限。在访谈中，他们提到了预算委员会面临的艰难选择，也提到为了就可行的预算达成一致，不得不放弃自己的项目利益。一位同时在预算委员会和授权委员会任职的议员将其自己在两个委员会的行为做了比较：“在授权委员会，我们能够决定哪些是好的且有价值的，并拨付资金；在这里，我们不得不对很多不错的项目说‘不’。”一个参议院预算委员会的领导人指出，“委员会不能给我们带来什么好处”是议员们不愿意在委员会里任职的主要原因：“我们没有什么能够拿得出手的东西；我们所拥有的只是纪律。你无法通过预算委员会为你的选民办太多的事情，因此，参议员们不愿意放弃他们在其他委员会的职务，他们认为那些职务能够为他们的选民带来一定的利益。”

如何才能化解预算委员会成员的这些已有的干涉行为与他们自身的无力感之间的矛盾呢？使委员会成员相信他们的行为符合国会的期望可以部分解决这个问题。大多数国会议员认为，预算程序的建立是为了控制联邦开支。预算委员会被授权约束国会内部增加开支的压力；它们并没有被认为是新开支项目的促进者。而人们期望其他委员会能够继续扮演项目倡导者的角色，所以就需要对国会内的人员进行划分，其结果是预算委员会发挥控制和制衡的作用。对于那些将他们所支持的项目的启动视为预算成功的成员来说，他们的行为也必将和预算过程的主要目标背道而驰。

除去一些例外情况，成员一般都践行“防卫性”的预算策略，它源于这样一个观点，即预算过程对于他们所支持的项目弊大于利。当成员们努力维护项目免遭预算削减，或者当他们试图阻止国会将目标设定在可能切断对已有项目的资金供应水平时，防卫性预算就出现了。当需要为启动或者扩张项目而增加资金时，防御性预算的践行者通常不会采取行动。一些预算委员会成员在努力确保预算委员会不会妨碍他们实现其通过其他委员会追求的项目目标，他们的行为方式也最为咄咄逼人。比如，当马格努森参议员推动参议院预算委员会增加对于健康功能项目的拨款，并且导致总额大大超过总统申请额时，他的理由仅仅是他所服务的拨款小组委员会希望如此。

听到预算委员会成员对于他们所支持的项目的结果不满，让人想起了一个众所周知的对预算的定义：“对不满的统一分配”。[19]事实上，所有的人在参加完年度预算之后都会发现得到的比预期的少。甚至在开始预算审议之前，预算委员会的成员们就会面对一张张显示出巨额赤字的工作表。他们得到的信息是，这一年增加的预算已被耗尽，赤字将比他们期望的高得多，对新项目注资只会增加预算赤字，并且为了达成预算协议，他们必须限制自己的项目目标。

预算委员会教会其成员如何面对预算挫折。他们了解到每一个预算都是过去决定的产物，以至于一年的预算工作很少能达成新的目标。两院预算委员会的成员都无法按照他们偏好的项目优先性和经济政策重塑预算。他们都发现，预算是一个非常好的延续机制，可以按照或者几乎按照当前的运作水平维持政府的机构和项目。预算挫折对于那些最为意识形态化的成员影响最大，他们寻求强行使预算脱离渐进式的轨道。我们可以看到，自由派和保守派都反对预算决议中的项目优先安排；中间派更倾向于遵从现状，不做改变。

有两个因素抑制了成员的预算成就感。首先，预算决策是由更高层集体做出的（而不是通过国会对拨款或者授权的投票）。其次，预算决策并不足以达成项目目标，它必须通过其他的立法手段付诸实施。所以，当成员们在拨款法案中增加一个条款或提高某个项目的授权水平时，他们并不确定这些行为所能够产生的影响。

担任委员会主席的回报

马斯基参议员在第94届国会开始时召开了参议院预算委员会的第一次组织会议，他说："我不希望看到这个委员会变成只是主席和副主席承担参议院大会所布置的工作任务的地方，也不希望只有他们在参议院大会上为我们的政策决议获得通过而努力。"[20]

但是，情况没有往那个方向发展。在每个委员会，委员会主席承担了大部分工作，并且也获得了大部分好处。主席控制了核心行政职员，并且在两个预算决议之间的间隔期内依然保持着对预算事务的积极参与。他掌控着能够产生委员会唯一立法成果的程序。预算委员会的预算决议是在主席的领导下编制和通过审议的，这不同于拨款法案，后者被分裂成十余个单独的法案，每个法案都有自己的小组委员会和监察人。

尽管如此，在评价主席的作用和权威时，我们必须将主席在委员会内部的表现和他们与国会其他部门和媒体的外部关系做出明确的区分。在委员会里，持反对意见的成员并没有因为主席行使其权力而被强制接受预算决议。两个委员会的主席都试图将预算决议导向他们所希望的结果。在任何特定的问题上，主席也许会屈从于某个拥有投票权或者与议题的利害关系更为紧密的同事；但是，就总体的预算而言，主席一般还是比其他成员有更多的话语权。

在预算委员会之外，主席的作用和重要性被夸大了。布洛克·亚当斯和埃德蒙·马斯基在刚上任做主席的时候被媒体大量报道。在关于新预算程序的各类新闻报道中他们也被大书特书。他们站在个人的立场上解释了国会需要重新获得对联邦预算控制权的原因。如果预算机制有效，那就是因为亚当斯的审慎、马斯基的坚持以及两个人的技能和努力工作。媒体对预算机制的关注度逐渐减弱，但两个主席的光辉形象却没有消退，他们依然被视为凭一己之力维系各自委员会内预算机制运作的英雄。

委员会主席也掌控着与其他国会参与者相关的事务，尽管掌控的方式不尽相同。他们监控其他委员会的预算活动，并且倾向于干涉预算过程的细枝末节。其他成员也愿意让主席主持工作，将荣誉和责任一并交给他：“处理海量的工作细节非常耗费时间，而且有时还会出现管理上的混乱。很多参议员都不屑将时间花在预算委员会。委员之间没有合作，他们只想将工作交给马斯基。他也非常愿意承担这些工作，而且也做得非常好。”

与两院联席会议中通常出现的情况一样，不论是在公开会议时还是在解决两院大部分分歧的秘密磋商中，主席都主导着协商过程。尽管马斯基有时会因为生病缺席会议，但用一位众议院与会者的话来讲，他就是“参议院里的预算委员会，联席会议中参议院的大部分演说都是他来做的……”

马斯基的工作包括大量关于评价未决立法和国会预算之间关系的大会陈述。在实施预算程序的最初四年里，他就150多份法案做了大会报告，以此向参议院汇报拨款、权利和授权立法中涉及的资金是否和最新的预算决议相一致。马斯基以违反预算程序为由一次又一次对其他委员会报告的法案提出异议。这些公开场合的露面和对峙使马斯基作为预算委员会主席的身份更加突出。

众议院预算委员会更倾向于用私下沟通的方式解决问题，当其他委员会的法案与预算的要求不符时，它的主席会向这些委员会提出忠告。主席通常会就如何解决问题向受影响的委员会提出建议，而这些问题一般会在未引起公众注意且未卷入其他预算委员会成员的情况下被解决。

主席在获得回报的同时也付出了成本。主席需要承受国会对预算限制的不满和愤懑带来的冲击。恰恰由于他们是最显眼的委员会成员，同时也是“对外关系”的运作者，主席们成为针对预算程序发动的攻击的目标。“马斯基已是遍体鳞伤”，一位核心顾问在解释马斯基在第95届国会期间较为低调的原因时透露说。众议院预算委员会的一位主席承认，“一个好的预算委员会主席会在若干年的服务后心力交瘁。

我不确定两年是否足够，也许是四年”。随着时间的流逝，一个主席的作用可能会因他树立的敌对力量的增强而被削弱。

主席是国会预算“孤独的守护者”，他们不是从个人偏好出发独自对预算程序的成果和不足负责，而是在履行他们作为预算委员会代表者和战斗者的机构角色。这个角色比其他国会成员的控制力更强。吉阿莫接替了亚当斯担任众议院预算委员会主席，他并未对众议院的国会预算行为做出重大调整。有一次，马斯基在参议院预算委员会与参议院财政委员会就能源立法问题相峙不下时生病了，霍尔林斯参议员在履行代理主席职责时表现得非常活跃。只要一个全面的预算决议是他们唯一的工作成果，那么预算委员会就可以通过它们的主席为他人所感知。主席这个角色所面临的压力可能可以通过建立由委员会自己的行政职员组成的小组委员会而有所缓解，但主席仍然是关键人物。

很少有迹象表明预算委员会的其他成员想要分担主席的重担。在一次与参议员隆就财政委员会的税收法案进行的漫长的大会辩论中，马斯基在其间的一次参议院预算委员会特别会议上恳请他的同事：“我非常希望你们能在这项工作上和我一起努力。它是如此重要，因此，我们要确定我们能够理解它。大家必须明白的是，这不再是马斯基和隆之间的对抗，而是所有人都能够深切感知的事情。如果你们能够那样做，对工作的帮助将会很大。我想我只是点燃了星星之火……”[21]

但是没有一个成员对他的建议直接做出回应，谈话在不知不觉中转向了其他话题，而主席仍旧是预算机制的主要负责人。

预算委员会的地位

国会成员遵守团队规则是因为他们看到了与团队保持一致所能带来的好处。如果一个委员会在国会里有立法权和地位，它的成员便会因此受益。弱势委员会几乎不能要求其成员做什么，因为它能给予成员的回报也极其有限。而且它们也不能对那些违反组织规定的成员施加有效制裁。

在参议院对社会保障立法进行紧张辩论时，参议员摩根（他不是参议院预算委员会的成员）对于参议员不想加入预算委员会的问题提出了自己的看法："昨天在吃午饭的时候，我听到有人说：'我们不能让任何人加入预算委员会，某某人已经想要退出该委员会了，因此，我们不能让任何人再进入了。'为什么？因为在短短的两年里，预算委员会已经没什么用处了，因为我们通常绕过它继续我们的工作。主席先生，我不想加入这个在立法上没有一点实际用处的委员会。"[22]

摩根也许因为他的社会保障法案没有得到通过产生不满而言过其实了一点，但他的话并不能简单地被视为在立法项目上受挫后的负气之辞而不予理睬。

在摩根发表这番激烈的言辞后不到一年时间，预算委员会呈现出了不同的面貌，主要体现为议员加入预算委员会的兴趣和委员会审议时参与率的提高。如果说 1977 年预算委员会的境况似乎已经每况愈下，那么 1979 年它们则已经成为议员们的不二选择。令人费解的是，在预算工作愈益艰难时，成员们对它的关注度反而更高。在预算机制付诸实施的最初几年，每天的工作日程都相当紧凑，预算委员会的成员对于开支增量的分配都有发言权。但是近些年，对于委员会工作的参与度有所下降，对于预算委员会职务的竞争也不像以往那么激烈。但是，随着 20 世纪 70 年代末紧缩开支的呼声日益高涨，议员们开始竞相角逐两院预算委员会为数不多的几个公开职位。人们也许会猜测，在预算短缺时，国会议员会更有动力去实施防卫性预算，这种方式比较适合预算委员会成员。利用他们在预算委员会的优势地位，成员可以确保他们的项目免遭预算削减。

但这个解释并不全面。并没有迹象表明在两院预算委员会中出现了更多的防卫性行为。事实上，新来的成员在推动预算节余和效能上更加积极。另一个解释则与预算在美国政治体系中的地位有关。预算在每一年的重要性和关注度都不相同。虽然从一个周期到另一个周期预算程序很少发生变化，但预算的重要性每年都在改变。在 70 年代末，对于平衡预算和财政节俭的呼声高涨，这也提高了预算工作在国会里的重要性。正如一个在 1979 年成功得到预算委员会职务的新成员所说，“预算委员会是一个能有所作为的地方。它对于新立法项目或那些规模庞大且昂贵的项目没有什么兴趣，但大家的关注都集中在预算上。只要是需要通过国会审议的事务都必须接受预算委员会仔细的价格审查。”

在预算委员会工作并不仅仅意味着预算只是国会的决策机制之一。成员们将立法上的成功视为工作的中心；随着对于预算议题的全国性关注的上升，预算委员会成员的热情也随之上升。

因此，预算委员会应该能够预见到他们未来立法工作的起伏。它们会碰到情况不错的年份，也会有情况并不乐观的时候；它们的建议不会每年都被采纳。有时候，委员会会议室在审议预算决议时挤满了人；有时候，成员们会经常缺席会议。在一些年份里，吸引一些不愿意加入的成员的参与是必要的；在其他年份，领导人会面对诸多候选人而难以抉择。总的来说，对于预算的各种回报，人们的重视程度并不相同。或许最有价值的回报就是成为这个重要机制的一部分。这就是在预算机制实施之初以及1979年，当华盛顿被平衡预算的浪潮淹没时，预算委员会成员得到的报偿。

注释

[1] 1974年法案付诸实施的时候，众议院预算委员会有23名成员，包括11名来自众议院其他委员会的委员。在第94届国会开始时(1975年)，众议院预算委员会的成员增加到25个，其中是13个来自众议院除筹款和拨款委员会外的其他委员会。

[2] 曼斯菲尔德的这个陈述载于《120号国会记录》(1974年7月22日)。

[3] 如前所述，预算委员会成立于1974年夏天，也就是将近第93届国会的末尾。在第94届国会之前，它们履行的立法职能非常少；因此本章不会去讨论它们在1975年之前的表现，除非所讨论的问题直接涉及到它们。

[4] 然而，如果一名众议员被委任到众议院预算委员会的同时还是其他两个众议员委员会的委员，那么在预算委员会任职期间，另外两个职务中的一个就要被暂时搁置，但是资历仍将保留。马斯基参议员为其参议院预算委员会主席一职付出了代价。根据一项“不受新规定约束（grandfather)”的安排，他是仍然保留主要委员会职务的参议员之一。因此，参议院预算委员会将是他任职的第四个主要委员会。然而，迫于曼斯菲尔德参议员的压力，马斯基离开了对外关系委员会(Foreign Relations Committee)。后来，他从政府事务委员会（Government Affairs Committee）辞职并重返对外关系委员会。

[5] 自由美国人争取民主行动组织（the liberal Americans for Dem-

ocratic Actions，ADA）和保守美国人维护宪法行动组织（the conservative Americans for Constitutional Action，ACA）的评级是基于参众两院小众群体的关键性投票。保守派联盟的评分包括了所有的投票，在投票中共和党人和大多数南方民主党人在一方，而多数北方民主党人在另一方。

［6］《委员会成员资格和重组》，马斯基参议员的备忘录，1976年8月23日。这份备忘录是四个参议院预算委员会里的高级民主党行政人员整理的。

［7］《123号国会记录》（1977年2月11日）S2648。

［8］多恩·温特尔，《勤奋刻苦让佐治亚的山姆·努恩得益》，《国家新闻期刊》（1977年11月26日），pp. 1850—1852。

［9］参议院预算委员会对1976财政年度第二个预算决议的审议，副本，p. 205。

［10］参议院预算委员会对1976财政年度第一个预算决议的审议，副本，p. 635。

［11］《124号国会记录》（1978年3月16日），H2137、H2138。

［12］《124号国会记录》（1978年3月16日），H2139。

［13］据称，吉阿莫用这样的投票给予JEC在财政政策上的控制权，以换取支持他再担任两年众议院预算委员会主席的承诺。

［14］参见《124号国会记录》（1978年10月13日），S18898中马斯基参议员的论述，以及S18914中贝尔蒙参议员的论述。

［15］这里的日期是日历年度。所以，委员会在1976年投票的对象是1977财政年度的预算决议。1979年的投票对象则是1980财政年度的第一个预算决议。

［16］参议院预算委员会文件。

［17］《给马斯基参议员的行政职员备忘录》，1976年8月23日，p. 4。

［18］参议院预算委员会对1977财政年度第三个预算决议的审议，副本，p. 7。

［19］这个说法源自莫里斯·斯坦（Maurice Stans），1959—1960年的预算局局长。

[20] 参议院预算委员会组织大会，1975 年 1 月 28 日，副本，p. 8。

[21] 参议院预算委员会关于 H. R. 14114《临时性债务上限法案》修正案的会议，1976 年 6 月 29 日，副本，p. 20。

[22]《123 号国会记录》，1977 年 11 月 2 日，S18608。

第五章
新的预算分析者

当国会预算局在1975年开始运作时，美国国会终于有了自己的预算机构。[1]虽然《预算法案》中明确规定了这一新智囊机构的职能，但国会并不确定它想得到什么或它将获得什么。就如《预算法案》中的其他条款一样，国会预算局的创建源自于各方的妥协，而法案在关键问题上留下了足够的模糊空间使各方能够达成一致。

所有人都希望国会能够有自己的预算智囊机构。在为预算而斗争的年代里，国会发现自己在挑战行政部门时总是处于很大的劣势之中。总统有自己的管理与预算局（Office of Management and Budget，OMB），并在各个行政机构中拥有大批预算专家和政策分析师。因此，所有版本的国会预算改革方案都呼吁建立一个新智囊机构，但在应当建立何种形式的机构、该机构应当为谁工作、应当具备何种职能等方面各方案又有所不同。虽然成立预算机构最正当的理由是立法机构与行政机构之间信息和资源的分配不当，但除了行政和立法的关系外，国会成员们同样也关注国会内部的权力分配。他们承认，在预算方面，权力来源于信息。如果多数人对于预算项目的取舍和结果一无所知，那么掌握信息的少数人将获得巨大的优势。相对而言，如果预算信息能够被广泛分享，那么财政权力也将被分散。

作为它向预算委员会集中权力的计划的一部分，联合研究委员会希望设立一个能够独立行使职能的立法机构预算单位，作为参众两院预算委员会的联合智囊机构，而不是两个委员会各自拥有自己的工作部门。预算智囊机构在国会中扮演的角色将会同为众议院筹款委员会和参议院财政委员会服务的联合税务委员会相似。这一新智囊机构的首要任务将是操作“数字”，即为预算程序处理所需的数据和报告。这一限制性概念被众议院规则委员会纳入 H. R. 7130 之中。然而，参议院预算改革方案中提出的计划更为雄心勃勃。除了两个预算工作委员会分别设立智囊机构外，这一方案还设定了一个相对独立的预算局。这个预算局将会协助国会中的其他机构，并为国会编制关于预算优先项和替代项的年度报告。

希望由预算委员会掌控预算智囊机构的国会成员们力图使这两个委员会凭借信息优势占据先机；而那些希望这一智囊机构为整个国会服务的成员们则更乐意看到预算权力被广泛分配。最终诞生的国会预算局是一种艺术性的妥协，它在组织结构和潜能方面向参议院的立场倾斜，同时也被附加了足够的限制以满足众议院的要求。国会预算委员会有使用国会预算局资源的优先权，而其他委员会和它们的成员也有权根据明确的优先顺序要求该局协助：（1）国会预算局有责任协助预算委员会处理所有在后者管辖范围内的事务；（2）拨款委员会、众议院筹款委员会和参议院财政委员会也可以就它们管辖范围内的事务获得国会预算局的协助；（3）其他委员会仅有权在一定的适用范围内（即在满足了以上首要客户的需求之后）要求国会预算局协助；（4）即使某些研究并非是受其委托而进行，国会成员也有权利得到所有信息。

参众两院关于国会预算局的分歧还在于这一新智囊机构的法定功能。这些功能可以分成三类：预算协助、经济分析和政策分析。在《预算法案》中规定的严格意义上的预算活动包括对未决立法的成本估计、数据记录报告以及五年预算预测。国会预算局同时负责编制关于“考虑到预期经济因素的财政政策”[2]的年度报告。

总而言之，《预算法案》给予国会预算局四类上级机构，三项截然不同的任务，并遗留下参众两院关于其建立目的和职能范围的分歧，以及成长为一个小小的预算单位或是国会主要分析机构的双重许可。

参众两院关于国会预算局的斗争延伸到了对于其第一任负责人的任命上。这一任命是启动这一新机构的先决条件。众议院预算委员会偏好具有大量预算方面经验、能够为预算过程提供技术支持的业内人士。其推出的主要候选人是联邦审计总署的菲利普·休斯（Philip S. Hughes），他是预算局前任官员，并从一个普通职员一直做到该局的副局长。参议院预算委员会的马斯基同意休斯“能够完全胜任管理工作”，但他需要的是“能够从全局视角去把握这个委员会将要面对的问题的人”。[3]参议院预算委员会的选择是布鲁金斯学会的经济学家爱丽丝·芮芙林（Alice Rivlin），她曾是美国卫生、教育和福利部的首席分析师，并撰写过关于联邦政府运用分析方法的著名论著。[4]最终，参议院成功地在“预算”与“分析”的争斗中获胜，随后爱丽丝·芮芙林也在《预算法案》通过的7个月后，即1975年的2月24日，被任命为国会预算局的首位负责人。

为预算程序雇佣职员

在选择负责人上的耽搁对于早期国会预算局的作用及其与预算委员会之间的关系产生了显著的影响。在国会预算局成立之前，国会已经拥有了两套颇具规模的从事预算工作的人马。为了在国会预算局开始提供实质协助之前能够制定出国会预算，两个预算委员会都征募了一批财政和项目专家。众议院预算委员会倾向于雇佣具有预算及技术技能的人；其最高级别的行政职员包括一位众议院拨款委员会主席的重要助理和一位曾为政府预算局工作并有丰富的预算数据处理经验的经济学家。参议院预算委员会选择的是具有政治背景的人以及财政和预算专家。不过这样说有点夸大两套人马之间的差别。每个委员会都拥有具有国会政治经验以及具有预算技术的人。进而言之，使政治导向的人掌握预算实践或使预算专家们熟悉国会的政治环境并不需要太长时间。

在被组织起来之后不久，这些委员会的行政职员们就不得不开始首次使用部分（而非全部）的新预算程序来编制 1976 年国会财政预算。他们依靠管理与预算局的数据、其他国会智囊机构的协助以及自身在预算方面的能力。虽然国会预算局在第一个预算决议完成之前已经开始运作，但它却非常谨慎地避免介入这项工作，而是集中力量开始建立自己的人员班子和信息资源。

国会在起草《预算法案》时并未特别去考虑新的国会预算局的规模。众议院大体上认为国会预算局应该保持在 50 到 100 人左右的较小规模。参议院对于国会预算局的期望更大，因而期待成立一个更为庞大的组织。在芮芙林被任命之前，一份参议院预算委员会的备忘录上计划的职员规模是 118 人；马斯基在 1975 年 1 月的会议上估计国会预算局将会有 100 到 200 名专家和办事人员。[5]

然而，芮芙林并未被这些预测限制住。《预算法案》授权国会预算局的负责人任命“国会预算局实现其职能和履行其职责所必需的人员”。[6]同时，法律也允许国会预算局在得到国会常规拨款之前就立刻开始雇佣人员。[7]结果是，尽管国会预算局在正式的监督听证会上以及同委员会领袖进行磋商时和国会预算委员会一起审查了它自己的雇员计划，但它仍然在拨款委员会尚未给出指导标准的情况下招募了规模庞大的行政职员。[8]在 1975 年 10 月国会预算局面临第一次拨款听证会时，它已经雇佣或承诺雇佣了 193 人；并且，它要求国会为 259 个职位提供经费，并认为这一规模是提供《预算法案》规定的所有服务所应有的适当的人员规模。

国会预算局的雇员计划被卷入众议院拨款委员会的一片反对声中，其中共和党人的反对最为强烈，他们希望这一组织远小于现在的规模。在两天的听证会中，芮芙林一遍又一遍地被迫为国会预算局的目的和工作辩护。在好不容易挫败了将国会预算局的人员规模削减为所要求人数一半以内的努力后，众议院拨款委员会最终同意为已经雇佣或承若雇佣的 193 个职位支付经费。众议院同意了这一数字，但也接受了共和党人提出的修正案，在拨款法案中将 193 个职位设置为雇员规模的上限，由此阻碍了国会预算局用可获得的经费去设立临时职位。[9]国会预算局以这一职员规模与其法定责任不相称并会影响这些义务的履行为理由，向参议院拨款委员会请求再设 35 个职位，后来委员会（包括参议院）同意了这个要求。然而，众议院拒绝让步，国会最终只为 193 个职位提供了经费，并将这一上限写入当年的拨款法案。国会预算局在 1977 财政年度申请并获得了另外的 15 个职位，但它同时也保证，除非国会明显增加其工作量，否则它将不再继续申请更多的雇员职位。[10]（1979 年，国会成员为了让国会预算局分析通货膨胀对联邦政府行为的影响而主动增加了它的职员数量。）

对于职员规模热火朝天的争论远非一场数字游戏。它并不是国会预算局预计拨款委员会会削减申请额而故意增加申请数字。在拨款听证会上，国会成员关注的是成员和职能的重叠、拥有自己工作重点及标准的立法官僚机构的创立、国会预算局所承担研究的范围和资金来源，以及国会预算局同预算委员会和其他国会机构的关系。而媒体的报道显示国会预算局（在其负责人的报告和声明中）似乎在政策性问题上持有自己的观点，这更增加了各方对于它的关注。

国会预算局的麻烦因为预算委员会和拨款委员会中的保守派议员对芮芙林的不信任而变得更为复杂。芮芙林自由主义和政策优先主义的背景引发了他们对芮芙林可能把国会预算局变成大政府主义者"智囊团"的恐惧。国会预算局雄心勃勃的工作计划和第一份工作报告似乎印证了这些忧虑。那些对《预算法案》中规定的国会预算局角色和芮芙林的任命不满意的保守主义者们拼命利用国会预算局请求 259 个职位的机会来攻击这一新诞生的组织。一位保守主义的领导人警告众议院，"在芮芙林博士的领导下，国会预算局将会介入各个领域的政治和政策问题"。他同时控诉芮芙林将国会预算局建成了"一个政策研究（这一名称正好同一个左翼研究机构相同）和政策建议机构"[11]。

这些指责远比伤害国会预算局负责人的自尊更为严重。国会预算局是立法机关对新预算程序的担忧的避雷针。在启用新预算程序后，国会拨款委员会直接面临着失去立法管辖权的潜在威胁。通过挫伤国会预算局的雄心壮志，这些委员会也达到对预算程序上的野心发出警告的目的。它们以这种方式告知国会预算局和预算委员会预算在国会中的范围和界限。

不过，这场战斗的核心还是在争夺对国会预算局的控制权上。国会预算局的早期行为为它贴上了“致力于成为实际上独立于国会和预算委员会的组织”的标签。以拨款委员会为主发起的攻击是为了使国会预算局对国会的关切做出反应。

为预算委员会工作

虽然诞生于争议之中，但如果允许自己作为预算委员会的左膀右臂，国会预算局也可以安安静静地成为国会中普通的一分子。它也可以通过这种方式获得一个类似于联合税务委员会那样的角色，成为安静的、幕后的、默默无闻但受人尊敬的预算专家团队。即使是参议院预算委员会（或至少是其行政职员）也会对一个对其指派的工作和研究随叫随到的预算机构表示赞许。但在芮芙林得到任命后，这一有限的角色便不再是一个可能的选项；这位新的负责人对于她的组织有更为远大而独立的目标。

虽然承认国会预算局同预算委员会的关系要比同国会其他机构的关系更为重要和更具有持续性，但芮芙林仍然有足够的理由避免她的国会预算局同预算委员会靠得太过紧密。如果国会预算局对预算委员会负责，那么它就仅仅是委员会的智囊机构，或者更为糟糕的是，它有可能发展成为委员会智囊机构的智囊机构。鉴于预算委员会的智囊机构建立于国会预算局之前的事实，国会预算局很有可能被当做按委员会智囊机构吩咐办事的辅助机构。预算委员会的智囊机构将会维护他们同委员会成员的关系，并试图将国会预算局排除在外。“委员会的许多智囊机构行政职员相信”，1975 年 7 月的一份参议院预算委员会议记录上记载，“国会预算局对于预算委员会来说应当更类似于‘雇员’的角色。”[12]作为雇员，国会预算局（和芮芙林）只能同国会成员有非常有限的接触，并且将会被用来处理委员会智囊机构没有时间或没有兴趣处理的工作。国会预算局将几乎没有什么机会来决定自己想要从事的研究。众议员吉阿莫（Giaimo）在回答他将会向谁获取预算信息这一问题时描述了这样一种关系：“我首要并几乎完全依赖于我所在的众议院预算委员会的智囊机构，不过这些智囊机构每时每刻都在和国会预算局打交道。”[13]

如何满足两个预算委员会的要求让国会预算局伤透了脑筋，因为两者对国会预算局是什么和应该做什么的看法并不一致。众议院预算委员会的智囊机构认为自己可以胜任所有工作，无需国会预算局在分析方面进行协助。它希望国会预算局能够为预算程序、信息系统、数据记录、成本预测等提供专门性的辅助。由于本身已经精通了这些领域，众议院预算委员会的智囊机构对国会预算局的工作并不满意。他们不停地抱怨国会预算局老是去做无关紧要的分析性工作，而技术性工作却做得远远不够。

参议院预算委员会的智囊机构更容易被满足，因为它需要分析研究，并将把这些研究视为直接关注国会面临的财政和项目选择的手段。但参议院预算委员会智囊机构的人对芮芙林直接同其他委员会主席和成员接触的行为大为恼怒。他们希望通过控制国会预算局同国会成员接触的方式来控制国会预算局本身。如果国会预算局能够同国会成员直接打交道，参议院预算委员会智囊机构的特殊地位将会受到威胁。

因此，鉴于两种不同的理由，两个委员会的智囊机构都不仅仅把国会预算局作为委员会的附属物，它们将其看做“竞争对手而非合作伙伴”[14]，以及一个为了自己的目的奋斗的组织。这两个智囊机构对国会预算局的独立性感到不安，同时也无法把握它们自己与国会预算局之间的确切关系。它们无法把国会预算局视为它们自身成功和发挥效能的关键因素，但却仍然不得不在公开场合对国会预算局表示支持。结果就是，它们在私下里挤兑国会预算局，但当国会预算局遇到其他委员会的攻击时又支持它。在这样紧张的环境下，国会预算局尽力在独立于预算委员会和预算程序的道路上缓慢前进。

分析的独立性

在获得任命后不久，芮芙林对采访者说：“国会预算局是一个独立的组织，它对整个国会负责。”[15]等式的两边是相互关联的：独立于预算委员会是在国会内保持独立的前提。在宣告对整个国会负责后，国会预算局将会成功地保持自身的自由而不受这些委员会的影响。

芮芙林在其国会工作的早期就提出了这个关于独立性的公式。在 1975 年 10 月的听证会上她勇敢地告诉参议院预算委员会：“这个新设立的组织并不是只为预算委员会服务。我为整个国会工作，并对所有委员会和所有国会成员负责。”[16]在随后的一个月芮芙林对众议院拨款委员会重复了这一声明："我们为整个国会工作。我强调这一点是因为我认为你们中存在一种认为我们只为预算委员会工作的印象。"[17]

独立性被视为用全面而合格的分析能力为国会服务的前提。尽管国会预算局并未明确表示希望通过独立性来做什么，其早期的行动却很清楚地显示了这一点。国会预算局希望有决定自身研究对象的实质性自由（除了那些由法律规定的活动外），也希望能够自由挑选其研究中使用的假设和可供考虑的替代项。它不愿意自己的分析工作因为听命于那些会掌控调研工作的国会掌权者而变质。独立的方式包括用国会预算局自己的名义发表报告（而不是以委员会的名义出版）和局长的公开声明。在芮芙林看来，思想独立（分析工作的要件）只有在国会预算局拥有独立于预算委员会身份的前提下才有机会实现。

芮芙林拒绝采纳国会中已有的所有组织形式："国会预算局这个小家伙在国会里是独一无二的。事实上它的建立同国会曾经做过的所有事情都不同……它不像委员会的智囊机构，它不像任何东西。它是国会山上的全新事物。"[18]

站在分析的角度，委员会智囊机构的问题在于其过于接近立法程序及其"雇主"。这些智囊机构往往成了立法活动持续进行的关键点；对它们来说，关联度和忠诚比审慎和客观更为重要。国会预算局能够为自己的独立性而奋斗是因为参众两院的预算委员会之前已经建立了它们自己的智囊机构。如果被要求完成预算委员会每天的日常工作，国会预算局可能就无法成功地同委员会保持从事分析工作所必需的距离。它可能就不得不成为智囊机构而为它们提供协助，并对它们每时每刻的需要和兴趣做出回应。

国会预算局不想成为委员会的智囊机构，也不想成为其他任何被国家审计总署和国会研究部的传统服务角色所定型的国会辅助性机构。国会预算局想要成为自己的主人，自己决定什么该做、什么不该做。它把老旧的支持性机构看做回应特定问题却缺乏长远目光的国会常规协助的来源。通过申明独立性，国会预算局告诉国会它希望得到和其他机构不同的对待。

芮芙林对国会预算局的定位是强大的分析组织（就像她在卫生、教育和福利部所领导的组织）和智库（就像她度过了大半职业生涯的布鲁金斯学会）的结合。换句话说，国会预算局是芮芙林成功的政策分析师职业生涯的混合物。它将会被“射入系统之中”，却能够保有足够的分析的活力和客观性来控制所看到的“射击”行为。芮芙林挑选拥有分析技能的人（主要是经济学家）来担任大多数国会预算局的高级职务。在24位担任最高管理职务的人中，有四分之三拥有在行政部门工作的经历，9位曾经为智囊机构工作过，在两种类型的组织中都工作过的人有6位，而只有1人之前有过国会工作经历。一位观察家写道：“按照某些人的说法，国会预算局的工作班子完全是按照芮芙林自己的喜好搭建的。”[19]

缺少具有国会经验的人才暗示了国会中存在将国会预算局推向独立的观念。在分析师们的眼中，国会是一个不重视分析工作、在政策制定中充满了党派利益，并且拼命地使用数据为既定结果服务的机构。分析工作在国会中所处的位置将会在本章的稍后部分讨论。而现在，必须说明的是很多国会预算局的分析师们是带着对国会的怀疑和天真的想法来到工作岗位上的。他们把国会视为一个习惯为了想当然的理由而争吵，而不是系统地去考虑证据的无序混乱的机构。这些偏见再次加强了国会预算局独立的渴望。分析师中的一些人带着偏见来工作，随后带着“国会不可能是他们分析产品的忠实客户”这一极其坚定的信念很快离开。但也有一些人留了下来，并逐渐意识到，在国会中分析工作虽然重要，但它仅仅是国会制定立法决策所考量的诸多因素之一。

如果国会预算局不得不根据立法日程的变动或对国会成员关切的回应来安排工作，它就将失去设定自己研究日程的自由。国会预算局也将面对一个行政机构的分析师们已经相当熟悉的问题——如何在满足日常工作需求的前提下进行长远思考。只是这一次，需求来自于国会各个独立委员会和议员，而非仅仅是一小部分“客户”。对于那些国会不想触碰的问题，国会预算局也无法自由地开展研究。除非甘愿冒挑战现状的风险，否则它的研究就会被限制在安全而狭窄的立法政治系统内。国会预算局想避免由国会来划定自己分析的边界。当参议员罗伯特·道尔（Robert Dole）询问参议院预算委员会成员是否有机会说某些特定的问题不适宜国会预算局研究时，芮芙林坚定地回答道：“如果您想阻止我们去研究某样东西，我会予以抵制。报告是我们的报告……”[20]

独立性对于国会预算局来说还有另一层含义：使其远离预算的常规程序和限制。芮芙林相信只有独立于国会的预算程序才能为这一程序服务。她不想让国会预算局的工作和观点被制定预算的压力所束缚。被预算的例行事务束缚的国会预算局将能够恰当地去完成其法定的琐碎工作——估计委员会所报告的法案的成本，记录国会的活动，以及预测未来的预算数额。但这样的国会预算局却无法参与创造性的政策分析，而这才是芮芙林认为国会预算局最为本质的工作。通过独立，芮芙林想要确保国会预算局远远不只是国会的书记员，仅仅记录过去决策的成本，而非探索它们未来的可能性。

芮芙林认为年度预算程序是违反分析原则的，这一程序被不断增长的日常工作所驱使，习惯性地避开对重要问题的评估，并会缩小决策者选择的范围。对于预算，她有着与这一递增模式不同的看法，并希望通过国会预算局的工作来使国会的预算程序朝她希望的方向改变。在国会预算局建立的数年之前，芮芙林就支持国会舍弃年度预算，转而使用多年预算计划的观点。她认为一年一次的方式只不过是在实行表面上的控制，而实质上却阻碍了国会（或总统）对每年预算行使自由处置权。[21]在被任命为国会预算局负责人的仅仅几天之前，她向参议院预算委员会（在一次赢得委员会对其支持的闭门会谈之中）提出了她的分析性预算程序的主张。在这一程序中，财政决策能够用分析的方法做出："我大胆预计假如这一程序取得成功，你们最后将越来越多地进行提前思考，并通过两年或三年的预算计划来做出决策。我认为这是你们真正掌控联邦政府开支的唯一方法。"[22]

只要国会预算是在一年期的框架内做出的，国会预算局就需要通过同预算程序保持距离来开展自己的分析工作。即使预算委员会要保持自己渐进的方式，国会预算局也会搁置当前的问题，并寻找机会改变联邦项目和预算优先项。独立因此就来源于这样的信念：为了帮助国会，国会预算局必须将自己置身于如永不停息的流水般的预算工作之外。

芮芙林把国会预算局视为国会变革的推动者——这并非针对任何特定的改变（她令人敬佩地在面对一些国会议员的不信任时仍然支持国会预算局的中立主张），而是主张国会应该为现行项目寻找更多兼具效率和效用的替代方案。政策分析天生倾向于"改变"，但这一点却与预算对"持续"的偏好对立。分析师的干预是为了改变政策的结果，而预算制定者将稳定和秩序置于很高的位置。国会预算局通过数据记录和其他"数字"活动来服务于预算维持现状的功能，但在分析方面的独立性同样也使得这个组织参与到推动变革的进程之中。

国会预算局独立的主张意味着国会成员们无法参照其余他们熟悉的组织来形成对它的期待。如果国会预算局没有固定的角色模式，同样，即使国会成员们对其早期的表现感到不安，他们也无法找出任何可供比较的角色。在第一年的国会预算局监督听证会和拨款听证会上，芮芙林被一遍遍地质问她的职员们是否在重复其他组织的工作。一个又一个的国会成员试图尽力将国会预算局同诸如预算委员会、联合经济委员、审计总署、国会研究部门等其他的立法职能机构相比较，比较同时也囊括了立法机构外的组织，比如总统管理与预算局以及布鲁金斯学会。听证会上的一些问题很明显是为了表明国会预算局并不需要这么多的工作人员；然而，更多的问题却源于对于国会预算局所扮演角色的困惑。众议员吉阿莫在一次监督会议上评论道："国会成员问的是国会预算局将会成为何种角色。"[23]虽然芮芙林的回答坚定而清晰，但仍然只是增加了这一困惑。在每一回合的问答中，她都非常耐心地坚称国会预算局是不同的，它不会去做他人已经在做的工作。

对国会预算局角色的不确定也为其独立性敲响了警钟。拨款委员会成员同时也是众议院民主党督导的众议员约翰·麦克弗（John J. McFall）婉转地评论道："我们正试图用我们的方式来理解你所领导的究竟是什么样的组织……如果它没用的话你可以把它称作怪物，如果它有用的话你可以称它为美人。现在发生的事情是我们已经创造了这样一个机构：它自己产生自己的目的，不受众议院和参议院任何一方控制；它不但接过了拨款委员会的部分功能，同时也兼具了一些立法委员会决定政策的职能。这就是在所有问你的那些问题背后我们所担心的事情之一。我们现在仍然无法确定我们是否已经得到了答案。也许我说得不是很明白，不过这是因为我自己无法确定我们之中是否有人清晰地理解了你们究竟要做什么。鉴于这个委员会是少数关注你们运作的单位之一，我们觉得我们应该要得到一些答案。这也是我们的问题看上去有一些重复和给人感觉没有完全理解这一程序到底是什么的原因之一……我想要确定参众两院是否确实能够掌握你的组织内所进行的事情。”[24]

芮芙林很有新意地回应说国会“正在创造同你们以前拥有的完全不同的新事物”。她同时保证预算委员会的监督将会“确保国会预算局不会失控。同时监督也会使我们不只对预算委员会，也对其他的国会成员做出回应”。预算委员会和拨款委员会成员、众议员吉阿莫提供了国会成员们想要的答案：一个国会预算局不会脱离国会控制的保证。这场关于国会预算局角色的讨论在芮芙林保证了这一点和满足了麦克弗对这一控制将会由国会实行的要求后终于告一段落。

吉阿莫：“众议院各委员会的成员们意识到了这一问题。他们非常关注这一问题。事实是，你要建立的国会预算局这个独一无二的实体同以往我们拥有的任何一种智囊机构都不同。它可能脱离我们的掌握，它会开始宣布自己的政策主张和声明。这很危险。我可以很确定地告诉你众议院委员会及其智囊机构的人员都非常关注国会预算局在做什么。他们在看着你们。事实上，主席已经成立了一个特别工作小组，该小组有权监督和观察国会预算局在进行什么工作，并确保它还在众议院各委员会的掌控之内。我猜想参议院那边也在做相同的事情。你明白了吗？”

芮芙林博士：“是的。”

吉阿莫：“所以这一担心是有可能发生的，同时委员会也在确保它不会发生。”

麦克弗：“如果先生们认同这一回复，我将非常高兴，因为只要一部分国会成员能够掌控国会预算局，那么其他国会成员就能得到他们想得到的所有结果。并且他们能够从众议院得到某种确信，即便这支持了或者有悖于他们的信念。”[25]

参议院预算委员会的成员们并不像他们众议院的同事们那么担心。“我们希望你们独立但不要放弃合作。”马斯基在一次对监督听证会做总结时对芮芙林建议道。这一声明同时也暗示了国会预算局在保持独立和服务于国会这两项活动之间将持续存在紧张状态[26]。

独立战略

独立远不仅仅是芮芙林和她的国会预算局花言巧语的说辞。它是做出关于组织结构和日常工作重大决策的指导方针；而其中一些决策成了国会预算局与预算委员会及拨款委员会之间斗争的新焦点。

将预算与政策分析分离

芮芙林对分析工作需要机构独立的坚定信仰反映在国会预算局的组织架构中。国会预算局的组织方案在预算方面分了几个部门，分别进行数据记录、法案成本估计以及五年期预测等工作；同时，在政策分析研究方面它也按照项目进行了划分。在这一安排下，估测一项农业法案的工作将由负责预算工作的职员进行，而对于农业政策更为深入的研究将由该项目的分析师来完成。

预算和分析工作的分离使国会预算局需要大量的职员。

由于第一次关于人力资源的申请是针对预算工作的，因而芮芙林认识到组织越小，可以用于政策分析的人手就越少。259个职位的方案中分配了50个职位给预算部门，不到一半数量的职位则留给分析部门，税务与财政政策部分的职位数量之和大致与分析部门相同。

两大功能的分离使负责预算工作的职员成为国会预算局内的“二等公民”。他们是掌握预算细节却缺少分析技能来处理那些“有趣”问题的“嚼数字者”。在监督听证会上芮芙林如此描述预算部门：“这个部门最忙。它的职员将精于处理预算数字，并熟悉成本核算、项目规划的技术细节以及政府项目的运作方式……从某种程度上说，我们将其视为入门工作，用来训练刚从诸如公共管理硕士项目中走出来的那些人。”[27]

相比之下，分析师们将会主要从经济学家中招募。这些人必须接受过优质训练，并拥有在行政机构工作的经历，同时，他们也将占据国会预算局中大部分高报酬的职位。然而，马斯基对这一逐渐明朗的结构感到不适，他更倾向于让所有职员都从事分析工作。“预算部门，”他在回应芮芙林的描述时暗示，“也许形容的是进行短期分析的人。这些人关注的是年度预算，而不是5年预算。而其他6个部门更关注长期分析。这个表述还不错吧?”[28]

芮芙林完全不认为预算部分的员工可以进行分析工作：“我不认为短期/长期是对于这两者区别的准确表述。其中真正的区别是成本核算和项目运作这些技术性、数字化的操作与对于替代项和可选项的分析之间的区别。”[29]

然而，两个预算委员会的成员和行政职员普遍认为预算职员和分析职员的划分是一个“无知的错误”，是“对资源的不当分配”。两个委员会进一步认为这样事实上把国会预算局分成了两个机构，一个同国会的预算程序相关并回应了它们的要求，一个则是在“做自己的事情”，对于国会预算的制定者来说没有半点用处。

不过，预算/分析的区分令两个委员会不悦却并非出于同一理由。众议院委员会成员和其行政职员认为国会预算局应该成为一个专职的（或者主要的——根据某些人的说法）预算办公机构。让一个大型组织拥有自己的分析工作安排是一个“立法上的错误……他们为我们做的事情我们最多只要五个人就能完成”。一位委员会内的民主党议员在一次访谈中回答有关国会预算局分析工作的问题时说道：“我不知道他们是做什么的。你来告诉我吧。”国会成员们不但贬低国会预算局的分析工作，也用同样的办法来抬高它的“数字”服务。“我认为国会预算局正在从事了不起的工作。”一位众议院拨款委员会的重要工作人员说完这句话后立刻补充道，“我指的是它的预算工作。”尽管如此，芮芙林拒绝承认进行预算工作是国会预算局的主要功能。以下这段在1975年拨款听证会上的对话就说明了这一点：

考夫林先生：“这是你运作的核心，是吗?”

芮芙林博士：“我认为这是其中非常重要的部分。”

考夫林先生：“预算分析就是国会预算局工作的全部。”

芮芙林博士：“这只是其中的一部分。”

考夫林先生：“它的工作就应该是这些。”

芮芙林博士：“这些不过是根据法律招募的从事技术性工作的人，他们主要进行成本核算和项目规划。他们是成本分析师、统计员，以及预测政府项目成本的专家。”[30]

参议院预算委员会的人同样也被预算/分析的区分所困扰。他们认为预算工作和分析工作不是需要不同技能的相互独立的两项操作，而是通过互动能够相互获益的互补性活动。

有实际项目规划知识的人的参与会使法案成本核算工作的质量得到显著提高；而预算工作者的加入则会使项目分析更为合理。

尽管如此，在国会预算局内部，两个部门的划分仍然持续下去；这在很大程度上是由于芮芙林坚信如果政策分析师被纳入预算工作，国会预算局就会失去其在分析上的动力和关键职员。不过，国会预算局也被迫为预算部分分配了比原来多得多的职位。通过将国会预算局的职位从 259 个减少到 193 个，众议院拨款委员会坚持国会预算局："必须仔细地履行国会《预算法案》中所规定的优先事务；尤其是优先处理数据记录、成本分析以及其他报告，从而在编制及修订预算共同决议案方面支持预算委员会的工作。"[31]

参议院拨款委员会传达了类似的告诫，[32]并在一年后的一份关于国会预算局 1977 财年预算申请的报告中用强硬的语气再次强调了这一点。在列举了数据记录报告、成本估计、对国会财政方面的委员会提供所需支持等等对国会预算局而言最重要的任务后，参议院拨款委员会指示国会预算局"采取足够的手段（包括在必要时重新分配和组织资源）"[33]来确保这些预算功能上的表现令人满意。

尽管原先计划的组织规模被大幅度削减，但国会预算局得到消息后依旧扩大了预算部门的规模。在 208 个永久性职位中，国会预算局给了预算部门 68 席。再分配的许多职位原先属于分析部门，而分析部门在国会预算局内所占的职员比例从 45% 下降到了 35%。

另一项同样重要的进展是预算和分析之间差别的模糊化。尽管使用的方法相对于预算人员所惯常使用的方法而言更具分析性，但政策分析部门已经在很大程度上介入到预算工作之中。得到赞赏和关切的渴望激发了分析师们对预算数据的兴趣。虽然分析师们仍然更热衷于政策分析，但（主要是预算委员会）对分析部门有意且私下的苛刻批评也发挥了一定的效果。分析师们并不喜欢被告知他们的研究对于国会的预算决策毫无价值，因而他们中的很多人开始乐于顺应时下国会的兴趣。

项目分析部门成功地提供了远比其他预算机构基础的数据记录能力更为老到的数据分析。比如说，国会预算局成功地用一个贫困人口模型来预测对食品券计划的不同更改方案各阶段的成效。这一预测被广泛运用于农业委员会对食品券立法的审查中。当国会预算局在吹嘘自己的成就时，比起其他被广泛采用的分析报告，它更愿意提及与预算有关的工作。一位国会预算局某项目分析部门的相关领导承认：“如果要我指出我们部门的显著成就，我会指出那些‘数字型’的事情。我们部门做过的事情中最有用的那些都以预算数字为核心。预算问题成了我们的主要研究兴趣。”

与芮芙林的设想相比，国会预算局中预算机构的成分多了一些，而分析机构的成分少了一些。这一结果减少了对国会预算局角色和表现的忧虑，并使这一组织成为国会预算常规流程的一部分。不过，这并不意味着国会预算局完全遗弃了对分析工作的追求。国会预算局最终的成功来自预算与分析的结合，而不是分离。

设置日程

对于国会预算局来说，独立性意味着能够自行确定分析兴趣点和优先分析事项。当然，芮芙林承认国会预算局也必须根据国会的要求而承担许许多多的研究任务，但她也希望国会预算局能够开展自己的研究活动。当 1975 年在预算委员会和拨款委员会前首次亮相时，她提交了一份列有约36份研究计划的清单，其中已经开始的研究中超过一半都不是出自国会委员会或议员的委托。但是这种主动性并没有为她赢来掌声，而是让她因没有得到国会指示便自作主张而受到严厉指责。“根据我的理解，”参议员道尔抗议道，“国会预算局的首要作用是对国会的指示和需要负责。但现在看来，它有超过一半的研究是自主进行的。”他怀疑“现在国会预算局的研究也许已经无法向参众两院的委员会提供有用的资源。你让国会预算局完全埋头于你自己的研究中。你实际上根本没有回应国会和预算委员会的要求”。芮芙林反驳说，虽然“国会预算局正试图尽其所能地回应所有委员会的要求，但我并不认为做到这一点的方法是让一个智囊机构只有在别人问到它时才能派上用场”。[34]

更强烈的反对声音来自众议院的议员们。众议院拨款委员会一位温和派民主党议员埃文斯（Evans）要求芮芙林提供《预算法案》中授权进行专门的交通情况研究的条款。芮芙林回答说“法律并没有特别规定过研究对象”，并同时提及国会预算局编制关于预算优先项和替代项的年度报告的职责。这一回答暗示所有的分析工作都可以说成是编制年度报告的需要，并以此得到正当性。这一辩护令立法机构拨款小组委员会主席、众议员罗伯特·凯西（Robert R. Casey）非常担忧：“鉴于这个国家内发生的所有事情都可以以某种方式在某种程度上影响国家经济，这就意味着你们可以去研究任何东西。”芮芙林对这一点有不同看法，她辩称“我们并不想研究这个国家内发生的所有事情，而是想帮助国会和委员会研究由政府的主要功能决定的主要议题”。[35]不过，她也承认他们在没有得到任何委员会委托及授权的情况下进行了特定的研究。这一供认使众议员富兰克林·埃文斯重新加入了这场争辩之中："你会同样自发去研究其他可能性是否得到了授权委员会的认真考虑？……你是否想去研究立法或拨款委员会根本不会去认真考虑的事情？"

芮芙林站在她的立场上，向国会成员保证国会预算局不会去研究没人感兴趣的问题，但有具有考量项目议题的权利："法律说得很清楚：这是一个由我们自己来判断的问题。我们通过与国会的互动来选择一些研究议题并获得一些支持。这些议题都是国会感兴趣的。"[36]

但拨款委员会并不愿意把研究议题的选择权留给国会预算局。他们担心这些自发性研究会给各立法委员会造成尴尬。不过，他们并不希望简单地剥夺所有的主动性，因为这种行为会使这个新组织受到致命打击。作为替代，他们重新抬出了《预算法案》中决定国会预算局工作优先顺序的公式。众议院拨款委员会警告说，"对国会成员个人的协助必须和《预算法案》中所列举的委员会汇编的信息相关。"[37]同样的话也记录在了参议院拨款委员会的报告中。

这些严厉的指责迫使国会预算局不再坚持宣称其自主选择研究对象的独立性。国会预算局开始同预算委员会进行协商，确定了一系列决定该研究什么的指导方针。芮芙林在证实这一政策变化时说："我认为我们已经从过去的几个月中学到了一些东西……关于我们职责的性质：这就是，法律在被创造出来时就已经很仔细地写明了国会预算局'顾客'的等级结构。"[38]

表 5－1 的数据反映了国会预算局从自发研究到为预算委员会和其他国会"顾客"工作的转变。事实上，国会预算局现在正在避免其任何一项研究被贴上"自发性"的标签，并小心翼翼地把这些工作归类于《预算法案》的法定要求或年度报告的一个组成部分。从国会预算局建立到 1979 年 3 月，

这两类研究占了国会预算局所有完成的研究计划的四分之一，但 1979 年这些计划中还在进行的只有 2%。国会预算局为参议院预算委员会进行的研究从占总数（指已完成的研究）的 20% 上升到了占正在进行的研究总数的 40%。众议院预算委员会对国会预算局的研究没那么感兴趣，其资助的研究不到参议院预算委员会的一半。尽管如此，这些数据实际上描述了国会预算局在满足预算委员会和其他委员会（尽管远少于前者）需要上做出的努力。这正好就是国会预算局希望塑造的形象。

表 5-1　1975 年 2 月至 1979 年 3 月国会预算局所有已完成和正在进行的研究项目的资助关系

发起人	完成的研究		进行中的研究	
	数量	百分比	数量	百分比
参议院预算委员会	90	29	21	41
众议院预算委员会	64	20	7	14
拨款与税收委员会				
众议院	14	4	1	2
参议院	11	3	1	2
授权委员会				
众议院	30	10	9	18
参议院	23	7	10	20
国会联合委员会	3	1	1	2
法定需求	29	9	1	2
年度报告	49	16	0	0
总数	313[a]	100	51[b]	100

注：由于四舍五入，百分比相加之和不一定是 100。

a. 由于一些国会预算局报告是应多个委员会请求编制的，所以这里 313 个请求代表了 279 份报告。

b. 这里 51 个请求代表了 45 份报告。

数据来源：国会预算局。

不过这一形象并非完全准确。国会预算局学会了如何从委员会得到其想进行的研究的资助。在国会复杂的环境中，国会预算局要通过让委员会对其拟进行的研究进行委托的方式来为其自主性罩上一层面纱并非难事。国会预算局也学会了如何（单独或同其“顾客”进行商议）重新定义国会委员会们请求的协助。国会预算局对预算委员会的请求几乎从不说“不”，但经常通过重塑这些工作来适应自己的研究对象。委员会通常给予的是范围狭窄、逐项列出的协助请求，而扩充它们以适合自己的研究日程对于国会预算局来说并非难事。一些请求本身就是宽泛和模糊的；国会预算局能够通过提炼和再诠释来确保自己的独立性。最终产品有时候和最初的请求基本没什么关联，但各方至少不能用对国会的需求不积极这个“臭名远扬”的罪名来对国会预算局进行指责。

国会预算局为谁工作已不再是问题。国会预算局优先履行其预算和成本估计的职责，不以官方名义接受国会成员个人的研究请求，几乎不进行自发性的研究，也有数据表明其大多数工作都是为预算委员会所做。就像其他的国会智囊机构一样，国会预算局学会了如何在看上去不太独立的同时保持自己的独立。预算委员会和其智囊机构关注着正在发生的事情，但只要国会预算局自己不惹麻烦，那么它们也就没有充分的理由去干涉预算局的工作安排。

宣传国会预算局

国会预算局维护自身独立性的第三根支柱是对其研究和领导权的积极宣传。国会预算局成功地为自己塑造了一个独立于预算委员会的身份。在很短的时间内，国会预算局不断地制造新闻并获得了公众的认可。根据同时代的政治标准，国会预算局所做的用来吸引注意力的事情并不特别。它发布研究成果和新闻稿，召开新闻发布会来公布一些有新闻价值的报告，还建立了一个信息中心来处理公众对文件和其他材料的问询。芮芙林会接受采访，偶尔举办讲座，并且发布公开声明。国会预算局并不需要花费太大的力气来自我宣传。新兴媒体对国会预算局和它能说会道的负责人异常感兴趣。国会预算局是一个很好的报道题材，对于它的大多数报道都广受欢迎。人们也许认为国会将欢迎这些对国会预算局的关注，因为这显示了这一新预算程序在政治上的成功。

但是让国会预算局声名鹊起并且帮助它招募到资深分析人员的宣传浪潮也使得其与预算委员会的关系陷入麻烦。其中的一个问题（该问题将会在下一节中讨论）是国会预算局的公开表现让它成为某些特定观点的倡导者，而不是中立的预算机构。更为严重的是，国会预算局的公共活动与对国会智囊机构的正常管理不符。国会智囊机构通常向委托研究的国会成员和委员会提交研究报告，而是否公开这些报告则由委托方决定。智囊机构在正常情况下不会举行新闻发布会或积极公开其工作。它们在幕后默默地发挥作用，并不试图用自己的活动来吸引公众的注意力。国会预算局违反了这些国会标准，成功地声明自己不仅仅是一个智囊机构，同时也有属于自己的身份和认同。它同时得到了可观的政治信任度和媒体关注度，而这些也增加了委员会和国会成员的研究委托。

主要来自于众议院的抗议声也接踵而至。同异常愤怒的众议院预算委员会的重要成员们相比，参议院预算委员会的成员们要少一些不安。“这可能是因为参议员们能比众议员们更受公众关注。”一位预算助理暗示道，“大概参议员们更习惯于给自己的工作人员一些自由。”较早的一次打击出现在1975年12月的一次众议院预算委员会的监督听证会上。

国会预算局关于石油政策的报告的部分内容在报告被正式公布之前就出现在媒体上。另一份关于失业的报告也被媒体广泛转载，这触怒了一些保守派议员。亚当斯主席敦促芮芙林在传播国会预算局的报告和工作文件时应更加小心："……上个月这方面的问题让我头痛无比。我个人并不想指责你或国会预算局的任何成员，但……还没有发布的那份报告的部分内容已经被这里某些立场的持有者用来支持或反对某一边的观点了。"[39]

众议院拨款委员会警告国会预算局"在立法机构中，有关公共政策的争论必须由被选举出来的官员来引导。"同时委员会还设置了这样一条与公众联系的指导方针："当国会预算局必须回答对其运行状况和个别报告的问询时，其公布信息的功能必须具有严格的中立性，不能用来提升国会预算局本身的形象，也不能支持任何特定政策。"[40]

对于国会预算局公共活动最强烈的攻击来自众议院信息与设备委员会对国会预算局组织有效性的评价。虽然对国会预算局的迅速发展和分析能力颇为赞许，但这一委员会对其公布和推广研究成果的行为极为不满。委员会的报告一开头便抱怨国会预算局"把自己的姿态弄得太高"。接下来是对这一"中心结论"的详细说明："它要成为国会辅助机构中独一无二之存在的昭然之心会严重削弱其作为一个前途远大、成果丰硕的政策研究机构的有效性和忠诚性……（国会预算局）不是一个独立机构，也不具有任何制定政策的权力。它为参众两院的委员会及成员们提供信息和分析，只有这些人才被宪法赋予了做出决策的权力。然而，国会预算局过于频繁地忘记或者说无视它与国会之间的恰当关系。国会成员们常常在国会预算局对国家经济的看法通过官方渠道散播之前就在日报上读到了对国会预算局观点的报道。这一现象也许反映了媒体对一个新的专业舆论主体的痴迷，但这同时也是国会预算局‘全身心’地投入公众联系工作的结果。这可不是和国会的‘顾客’们交流的正常方式。”[41]

除了这些警告外，对国会预算局公共声明的争论一直会时不时地迸出点火花来。其中的一件事情发生在1977年，当时芮芙林正在就国会预算局对卡特总统能源项目评价报告的公布召开基本情况介绍会。而这一行为正好发生在委托研究的委员会预计召开关于报告的听证会的前一天。芮芙林在介绍会上直言不讳地声称这一项目将无法实现政府能源目标，她的评论被新闻媒体广泛报道。在几天后的众议院特别工作小组会议上，芮芙林受到了主席吉阿莫的尖锐质问：“作为国会预算局的负责人，你难道认为召开报告的新闻发布会和公布结论是你的任务吗？”芮芙林部分回答了这一问题：“我没有公布任何结论。”吉阿莫并不想放过这一问题，他援引了关于芮芙林评论的报道，然后说：“现在，在这件事里你是在代表国会说话吗？”[42]芮芙林解释说她只不过是在讨论报告的结论而已。这一质询持续了下去，然后吉阿莫开始要求为国会预算局报告的公开设置基本规则。这时两位众议院预算委员会的成员（一位是自由派的民主党人，一位是保守派共和党人）为芮芙林做了一些辩护。这一会议最后以芮芙林表达了希望得到国会指导的愿望而告终，不过她同时也坚持“最大限度地公布报告中有用的部分，以及让人们知道结果和结果如何产生非常重要”。[43]

国会预算局随后在处理公共关系方面变得谨慎起来。它经常在决定如何公布报告之前征询提出该研究申请要求的委员会的意见。国会预算局不再召开那么多新闻发布会，不过这一减少部分是因为它要避免与媒体接触，部分则是因为它失去了新奇感。不过，国会预算局仍然把公众的认可当做鼓舞其员工士气和确保组织地位的重要保证。如果想避免成为另一个幕后的、对国会毕恭毕敬的智囊机构，它就必须具有公众知名度。因此国会预算局欣然把在公共活动方面的偶尔争吵看成是其不屈从命运的标志。

事实上，国会预算局认为公众的注意对其分析任务来说是必不可少的。对于其报告的新闻报道通常是让国会成员和主要智囊机构关注其工作的唯一途径。正如国会预算局的领导们辩解的那样，寻求媒体协助不仅仅是建立机构自尊的一种方式，他们采用这一手段同时也是因为他们认识到国会的成员们有可能从报纸或电视报道中得到他们的大部分信息。

成为分析机构引发的问题

“如果分析师们说一些有用和有意义的东西”，爱丽丝·芮芙林在得到国会预算局职位的数年之前曾写道，“就会有人听他们的。”[44]但是谁会听他们的呢？是其他的分析师还是政策制定者？分析师群体对国会预算局的分析产品一开始就很关注。同行分析师们非常认可国会预算局的成就和分析产品的质量。他们看上去经常把国会预算局，而不是预算程序当作真正重要的谈资。因此，用一位分析界重要的观察家的话说，“国会预算局是关键……如果《预算法案》有效的话，国会预算局肯定不仅有高明的技术，同时也会有权力、影响力和庞大的组织规模。”[45]这段写于《预算法案》通过数周之前的话成为组织新的国会预算局的蓝图。

芮芙林的自信和把国会预算局视为预算程序核心的观念反映了一种“分析中心”的偏好，[46]即坚信提高公共决策质量最有把握的做法是让更多分析师进行更多分析。仔细想来，国会预算局“成长的烦恼”就来自这种对于公共政策的“分析中心”论。这种偏好事实上被国会预算的现实所抑制。

政策分析师们对于国会的感觉是很复杂的。他们正确地感知到国会不是分析师的主要“客户”，至少和行政机构的“生意”比起来要少得多。一些分析师把国会写得毫无希望；一些人却将其看成是一个所有运作都能够被分析师和他们的分析彻底改变的机构。前一观点假设认为，由于分析不可能成为国会的主要考虑因素，因此它就不可能在立法过程中扮演重要角色。后者则假设分析将远远不只是向国会输入数字。然而，没有一个观点站得住脚。20 世纪 70 年代国会对分析的利用已经显著增加，但一个分析机构（无论其是专门用于预算程序还是更广泛地参与立法程序）的作用也仅限于在国会山上增加一点分析活动。那些期待国会预算局大幅提升国会对分析的利用程度的人很不幸地遭遇挫折。这种挫折感很大程度上是由于误解了分析在立法程序中的地位造成的。

立法活动中有分析的市场，而这一市场的状况在不同时期和不同政策领域中都不相同。[47]对国会来说，政策分析最多是一种偶尔有选择性地、时断时续地使用的工具，不会大规模地用于辅助政策制定。国会就像一个巨大的扫描仪，从一堆杂乱无章的资源中吸收数据，然后精炼成立法素材。在这一过程中，国会对待分析就像对待新闻、选民邮件、利益集团传单、地方报纸等等材料一样。所有东西都是送给国会这个大磨房的谷物，在知识分子的圈子里受到尊重并没有让分析获得任何优先地位。由于这个原因，立法产品就是分析（通常是经过“转译”或失真的版本）和一堆其他输入数据的组合。一些数据会以分析的口径输入，很多却不是。然而，所有的分析都有可能对立法进程产生作用。分析工作局限性的深层原因是国会在代议民主中所扮演的代表角色。当有同外界接触的窗口时，国会就能最好地履行自己的职责，因为它不会被各种分析的结论所约束。如果国会被赋予充足的分析资源，那么它就有可能仅仅依赖自己的才智和数据。而这对代议制民主来说是一个巨大的损失。

和那些希望国会预算局能够把国会转变为分析研究的忠实客户的人的期望相反，国会预算局第一年的记录很让人失望。国会预算局在其所擅长领域（比如说福利政策）的分析工作的质量非常高。不过，虽然这些“数字”工作在预算中发挥了一些作用，但这些可靠的分析产品自身并没有对很多立法结果产生影响或引起国会更多的兴趣。国会预算局的主要问题是“知识产业”的老毛病：做出的分析与被使用的分析之间并不平衡。在美国政策分析研究的产出远大于需求。芮芙林在国会预算局开始分析进程时对这种不平衡非常敏感。在第一次参加众议院预算委员会听证会时，她坦言“对于国会预算局来说最糟糕的事情是被忽视或不被利用。”[48]这一“最糟糕事件”的情节正好可以描述国会预算局早期的窘境。在对国会预算局分析质量进行高度评价后，一位表示同情的观察家总结道：“我发现没有清晰的证据显示国会预算局的正式产品已经能够直接、明确地影响结果。”[49]在各类访谈中，国会预算局的领导们并没有质疑这一说法，虽然他们中的一些认为随着情况的转好和国会预算局对政策研究变得更为熟悉和适应，国会会更愿意使用他们的研究。一位德高望重并曾在分析事务第一线工作过的国会预算局官员表达了一个不那么乐观的观点：“除了技术性支持以及税务和财政分析外，我们仍然处于预算程序的外围。非常不幸，国会预算局同政策与项目评估相关的研究中的50%到60%与预算程序的关联度都非常有限。我无法确定国会是否对这类东西感兴趣。我到这里来并不是因为抱有‘国会会对这类研究有非常浓厚的兴趣’这样的幻想。我从不认为国会预算局在这些领域的作品的市场在国会山上。真正的问题是，如果没有兴趣让国会预算局作为国会具有创造性的左膀右臂来开展这项工作，政策分析（以及其得出的众多选项）是否仍然是我们可以继续做下去的事情。”

国会预算局在分析方面的问题反映在编制一份有用的年度报告的困难上。其第一次努力，即400页的《1977财政年度预算事项选择》报告，同时被两个预算委员会的智囊机构批评。抱怨的理由各有不同：这份报告只是把选择不同项目时的成本估算了一下，没有考虑到政策问题和优先顺序；报告所处理的那些项目问题与年度预算事项的关联度不高；这份报告试图把握预算的整体而没有集中关注一小部分关键问题。

在第二次报告中，国会预算局尝试了不同的方式：一系列关于预算事项的研究文件（总共大概有20份）外加一份更简短、更早出台（2月份）的年度报告。它的想法是用单独的文件讨论特定的议题，而在报告中涉及对整体预算的见解。这些特定议题的文件在分析圈子里大受欢迎，但预算委员会对它的使用很有限。对报告的负面评价减少了，但那时委员会对国会预算局年度文件有效性的期待也已经降低。国会预算局在1979财政年度和1980财政年度进一步改进了报告程序，保留了针对特定问题的一系列研究文件，并用两份较为简短的报告（每份大概有40页）替代了年度报告。这两份报告涉及长期的预算前景和近期的财政政策。国会预算局放弃了编制主要预算项目领域分析报告的努力。

国会预算局尽最大的努力要让自己对预算问题的研究文件被纳入国会的考虑范围，但它同时也对预算委员会不事先协商和交流就对它发号施令的单方面要求感到不快。参议院预算委员会的工作人员认为如果他们能规定国会预算局的研究日程，对分析产品的利用便能够提高。“我们无法找到一种方式能够结合我们在分析方面的需求和国会预算局的期望，”一位参议院预算委员会的高级官员抱怨道，“国会预算局没有把它们的分析工作和国会所面临的实际选择融合在一起。”不过，参议院预算委员会对国会预算局的评价总体来说还是积极乐观的：国会预算局正在变得更好和更具有回应性。

当参议院那边的情况逐渐好转时，众议院预算委员会对预算程序和国会预算局角色的看法直接否定了芮芙林想要用分析的视角来考虑联邦项目预算的雄心勃勃的想法。在不断提出意见然后被置若罔闻两年后，芮芙林公开请求众议院预算委员会指导和介入分析程序。“我是这么看待我们和这个委员会及其智囊机构的关系的”，1977 年 6 月她在众议院预算委员会的监督听证会上公开声明道：“编制预算问题研究文件和研究报告时我们最需要得到帮助。如果我们能够了解什么对委员会来说有用，什么问题你们感兴趣，什么模式有用的话，我们会异常感激。在数字工作、预算估测和成本估计的范围内，我们方向明确，一点问题也没有。但是，我们希望能在报告撰写问题上同委员会成员和智囊机构有更多交流。”[50]

这一请求同样如石沉大海。众议院预算委员会知道自己想从国会预算局那里得到什么，也知道自己想要使用的预算控制形式。它所感兴趣的是：（1）追踪拨款；（2）防止出现“后门支出”；（3）执行《预算法案》规定的程序；（4）防止财政活动出现异常和中止。它对用研究项目选项和优先事项的方法来预测未来的政策结果不感兴趣。众议院预算委员会作为国会预算局研究的发起者的次数大幅度减少。1979年3月，当国会预算局正在为新一年的预算周期积极准备研究文件时，众议院预算委员会只要求了7项研究计划，与之相比的是参议院预算委员会要求了21项。众议院预算委员会在国会预算局的工作负荷中所占的比例从已完成项目中的20%下降到进行中项目的14%。

1977年国会预算局决定引起授权委员会对分析服务的兴趣。利用通过立法案成本预测工作所打开的与这些委员会的交流途径，国会预算局提高了针对这些授权客户的工作的比重。统计数字（已经在表5－1中列出）无法很好地显示这一趋势，因为国会预算局熟练于从预算委员会那里（通常是参议院预算委员会）获得对这些实际上是为授权委员会进行的研究的资助。这一“倾斜”（预算委员会和国会预算局的成员们也使用同样的措词）不仅提高了国会预算局的独立性，同时也使其能够开展那些与预算程序的即时困扰没有紧密关联的工作。与芮芙林的“年度预算程序不是考虑预算优先事项的有效方法”这一强硬观点相一致的是，国会预算局大胆地假设，为授权委员会进行的分析研究与专门针对现行预算问题的研究相比，能够对预算结果产生更大的长期影响。一位国会预算局的高级官员很有说服力地解释了这一战略：“如果我们要试图影响结果，并在当国会进行事关未来数年的预算优先事项决策时对决策程序有任何形式的影响，我们就必须为授权委员会服务。你能为参议院预算委员会写一份漂亮的分析报告，但这并不意味着会发生任何事情。它甚至可能影响到预算决议，但如果无法影响参议院做出主要决策的授权程序，我们就无法产生任何影响。”

这一“倾斜”使众议院预算委员会智囊机构对国会预算局同年度预算程序不太相关活动的用处产生了怀疑，并担心为授权委员会服务可能会对国会预算局的预算工作不利。参议院预算委员会的智囊机构则大体上欢迎这一发展，并把它视为国会预算局立法工作能力成熟及其分析师对国会需求和兴趣反应灵敏的表现。

向授权委员会开放也许使国会预算局能够追求一条更具分析性的路径，但这些委员会不能替代预算委员会成为国会预算局的主要监督者和掌控者，或者说这些分析也不能代替预算成为国会预算局为国会提供的主要服务。

国会预算局的遭遇不只是分析的成果没有派上用场，还包括分析的成果被误用。主要通过新闻媒体来了解国会预算局的国会成员们会对其产生一种印象，即这是一个涉及面太广、党派性强、在有争议的问题上推出和提倡自己偏好的组织。这一认知部分是国会预算局对其工作进行宣传的自然结果，但也部分来源于对其分析和主张的长期且也许是无法改变的困惑。芮芙林努力地试图将列出选项和表明立场区分开来，但未能成功。“让我坚定地响亮地说，”她在 1975 年向参议院预算委员会正式宣布，“国会预算局希望变得公正而没有党派性。它想要成为并被理解为一个专业的、坦率的分析机构。我们看到什么就会说什么，不会带有任何政治偏见。”[51]

虽然国会预算局希望成为不受党派影响的机构，但其同时也想得到不受限制地发表意见的自由。然而这两者无法兼得，国会预算局不能在声明中立的同时又说一个选项比另一个选项耗费成本更高或效率更低。当国会预算局预测如果预算赤字下降失业率就会上升时，它就被某些国会议员视为某一特定政府经济学理论的拥护者。当它的报告说联邦预算中防务支出出现了实际增长（而不只是因为通胀而增长）时，它就会被视为倾向于减少在国家安全问题上的支出。但是，当国会预算局建议应投入更多资金同苏联的国防建设速度相匹配时，它看上去就是要争取在有争议的领域加大投入。国会预算局回避政策建议的声明并不能掩盖这样一个清晰明了的事实：政策分析无法在国会中保持中立。

国会中对政策分析最强烈的需求来自某项政策的拥护者，而不是仍未决定、等待证据到来的中立者。无论分析是来自国会预算局还是其他同立法机构无关的分析提供者，国会都擅长于将客观结果用于党派目的。国会预算局因此要面对一个非常凄凉的前景——它被使用得越多，它的中立性所受的损害就越大。为了避免受到偏袒某一方的指责，国会预算局唯一的办法只有“后退”，并发表些不痛不痒的声明，或干些预算的技术性工作。如果国会预算局想发表一些大胆的分析成果，那么它就必须得到可能滥用或误用其成果的立法机构的客户们的支持，或得到预算委员会的庇护。后一个选项在众议院这边已经不可行了；前一个选项则是国会预算局为授权委员会提供的服务的副产品。

当研究数据支持某个项目主张时，保持中立立场自然很困难，但这种天然的困难却被国会预算局的公众地位弄得更为复杂。即便芮芙林拒绝承认国会预算局是在推荐政策，媒体还是经常把国会预算局的成果报道成对某项政策的推介。此外，国会预算局报告中字斟句酌的措辞有时会在新闻发布会和访谈的交流中被转换成无法严谨地持守中立立场的词汇。有时候，关于负责人评论的转述只是盗取了报告中的文本标题。并且尽管芮芙林为国会预算局的中立性作担保，但她同时也认为国会预算局有责任引起公众和国会对所面临的困难的财政选择的注意。在很多场合中，芮芙林公开表明他们会考虑在一系列相互竞争的优先事项、狭小的项目自主性空间、有价值的互不兼容的对象中（比如收支平衡的预算和低失业率）做出选择的需要。她督促国会面对现在所做的决策在未来的结果，并用比一年一次的预算制度所能提供的更长远的目光来看待问题。这类发言让芮芙林即便没有赞同任何结果，也似乎已经站在了某个立场之上。

国会预算局的成熟

“你的陈述和辩护很不错，让人感觉所有的问题都已经不成问题了。”[52]众议院立法机构拨款小组委员会主席乔治·希普利（George E. Shipley）在1978财政年度国会预算局拨款申请听证会上进行总结时对芮芙林赞赏道。在听证会上，众议员R. 劳伦斯·考夫林（R. Lawrence Coughlin）（近几年国会预算局最严厉的批评者之一）称赞芮芙林发展出了“高度专业化的运作能力和坚韧精简的组织机构”。[53]在同年的参议院拨款听证会上，50分钟的会议里只有主席发言。这两个听证会同国会预算局1976财政年度第一次为争取经费而参加拨款听证会时的混乱嘈杂和剑拔弩张形成了鲜明对比。1976财政年度国会预算局申请的拨款被削减了超过400万美元，[54]而第二年的拨款申请则分文未减，随后历年中也是如此。

当国会预算局与拨款委员会的关系逐渐稳定时，它也同预算委员会发展了更为亲密的关系。一位从国会预算局建立之始就在其中拥有高级职位的重要官员解释了原因：

“国会预算局的角色变得更为确定，减少了委员会们的忧虑。我们现在为他们提供的服务变得相对常规化。对于界限在哪里以及我们下一个奋斗目标是什么的紧张已经消除了。”

相互平衡的是，国会预算局不再是芮芙林心目中的分析机构，也没有按照众议院预算委员会的期望被限制在数字运作的范畴之内。没有人能够完全按照自己的想法塑造国会预算局，但也没有人完全失去了自己想要之物。“站在众议院预算委员会的立场上，”一位观察者评论道，“‘咀嚼数字的工作’被证明是非常有用的，其他的功能则是为了得到技术支持而可以容忍的。”芮芙林还是将分析作为国会预算局的核心，尽管她没有成功地把分析作为组织仅有的活动。参议院预算委员会并没有对塑造国会预算局达成统一的意向，它看上去更希望国会预算局什么都是：一个独立的分析团体，一个反应灵敏的服务机构，一个处理当年预算的技术性细节的国会预算局，一个透过现在的忧虑看到未来问题和机遇的智囊机构。国会预算局也许最接近参议院的版本，它是一个不得不一直满足各类不同客户的组织。

在“数字工作”方面，国会预算局的能力和自信在不断增长。它包揽了几乎所有支出性立法的成本估测，具有相应管辖权的委员会对国会预算局所扮演的角色和它所提供的数字均表示认可。国会预算局的预测成为立法过程中的常规项目，国会成员们在为委员会准备修正案和考虑发言时经常需要这些数字。国会预算局精通于用防护性假设来保护这些数字，有时它会向那些吵闹的议员提供几组不同的估计数字以阻止他们将自己的假设硬塞进分析过程。

国会预算局的数据记录工作也在技术上日臻成熟并被广为接受。数据记录报告的最初成果中出现的小差错已经被完全根除，国会预算局利用自己的数据库搭建了一座与拨款委员会连接的有效桥梁，而在这之前，两个机构都无法自己追踪预算数字。国会预算局的总体费用估测被证明比任何行政机构做出来的都要精准（这部分是因为这些估测公布的时间更晚），其经济预测也正努力接近其他机构的水准。

因此，在这些年中，国会预算局从一张蓝图成为一个不断发展的有效的预算机构。在一份众议院的报告中用官方语言记录着这样一段话："它把自己建成了一个羽翼丰满、能力强大、受人尊敬的国会辅助性机构大家庭中的一员。"[55]

在得到承认后，国会预算局失去了激情、新鲜感和上进心。它不再生活于可能毁灭的威胁之下，但也不再是富有冒险精神、全力以赴的智囊机构。一位国会预算局的"老手"总结了这一变化："现在环境变得常规化和官僚化。我认为这是随着机构成长而逐渐在机构中扩散出来的一种特质。国会预算局的官僚化有 90% 源于内部，而非对外部因素的反应。这是机构的老化，而令我们惊讶的是这一切发生得如此迅速。"

国会预算局就这么存在了。虽然其角色没有完全确定下来，但它最初几年的经历提供了线索，让人们知道它肯定会成为和肯定不会成为的组织类型。

注释

［1］《预算法案》第 905 款 b 项规定国会预算局在其第一任负责人得到任命的那一天成立。这一天是 1975 年的 2 月 24 日。

［2］第 202 款 f 项。参议院版本的预算法案规定国会预算局应当向国会提交报告；作为妥协的一部分，预算法最终规定年度报告的提交对象是参众两院的预算委员会。

［3］参议院预算委员会会议记录，1974 年 12 月 19 日，第 2 页。

［4］芮芙林博士在卫生、教育和福利部任职之前以及卸任之后都在担任布鲁金斯学会的高级职员。在布鲁金斯任职期间，她同他人合著了数本年度《确立国家优先项》（Setting National priorities）书刊。关

于她对政策分析的看法，详见《对社会行动的系统思考》（Systematic Thinking for Social Action），华盛顿特区：布鲁金斯学会，1971年版。

［5］参议院预算委员会会议记录，1975年1月28日，第25页。

［6］第201款b项。立法者在这一款的规定中留下了适当的模糊空间："立法者希望预算局的成长和发展要与国会预算程序的需要，以及各委员会及其成员对预算局协助的需求相一致。"

［7］国会预算局被允许在不超过一年的时间内使用参议院应急专款来支付其费用。因为在国会预算局能够获得其第一笔常规拨款之前这一财政年度就已期满，所以它必须申请1976财年的追加拨款。

［8］在第一次国会预算局拨款听证会上，芮芙林向拨款委员会保证她会同预算委员会商讨雇员计划。然而，众议员考夫林引用了众议员拉塔（众议员预算委员会的少数党副主席）的一份声明，即国会预算局"至少在雇佣职员方面从未请求过这位成员的准许"。芮芙林用少见的直言不讳的评论来回应这份声明："恕我直言，拉塔先生在这方面有误解。我与拉塔先生讨论过我们的计划，也知道他不同意这份计划。这种事情不需要遮遮掩掩。"这一交锋暗示芮芙林同保守的共和党党员之间的紧张关系。参见众议院拨款委员会，1976财政年度追加拨款听证会，第一部分，第109页，第94届国会，第一会期（1975年）。此后将会记录为众议院追加拨款案。

［9］正常情况下，拨款委员会会在委员会的报告中明确对于职员的限制（如果有限制的话）。将对国会预算局职员规模的限制包含在拨款法案中的做法背离了常规。写入1976年拨款法案的限制在后来的拨款法案中被修正。

［10］众议院拨款委员会采取了很不寻常的做法，将芮芙林的保证写入1977年立法机构拨款清单的报告之中。H. Rept. No. 94 – 1225, p. 18。

［11］第121号国会记录（每日版，1975年11月13日），H11095号文件，众议员鲍曼的评论。

［12］马克·拉克瑞茨（Mark Lackritz）写给约翰·麦克沃伊的备忘录，1975年7月8日，参议院预算委员会文件。

［13］众议院追加拨款案，第78页。

[14] 这一说法和结论来自众议院信息与设备委员会的《国会预算局：关于组织效能的研究》报告，众议院文献第 95 – 20 （1977）号，第 10 页。这一委员会暗示这只不过是三方之间的“最初”关系，这一问题在随后会有所缓解。

[15]《挑战》（Challenge），1975 年 7 月/8 月刊，第 28 页。

[16] 美国国会，参议院预算委员会，《国会预算局监察》（Congressional Budget Office Oversight），1975 年 10 月 6 日，第 4 页。

[17] 众议院追加拨款案，第 45 页。

[18] 美国国会，参议院预算委员会，《国会预算局监察》，1975 年 10 月 6 日，第 4 页。

[19] 威廉姆·卡普伦（William M. Capron），《国会预算局》，载《国会辅助机构》，美国国会参议院执行委员会，第 94 届国会，第 2 会期（1976），第 80 页。

[20] 美国国会，参议院预算委员会，《国会预算局监察》，1975 年 10 月 6 日，第 35 页。

[21] 这些观点中的一部分见于国会预算局，《提高预算制定能力：一份给国会的报告》，1977 年 2 月 24 日。

[22] 参议院预算委员会秘密行政会议，与爱丽丝·芮芙林博士的会谈，1975 年 2 月 20 日，第 23 页。

[23] 美国国会，众议院预算委员会，《国会预算局监察》，第 94 届国会，第一会期，1975 年 12 月 17 日，第 10 页。

[24] 众议院追加拨款法案，第 91—92 页。

[25] 众议院追加拨款法案，第 93 页。

[26] 美国国会，参议院预算委员会，《国会预算局监察》，1975 年 10 月 6 日，第 43 页。

[27] 美国国会，参议院预算委员会，《国会预算局监察》，1975 年 10 月 6 日，第 11 页。

[28] 美国国会，参议院预算委员会，《国会预算局监察》，1975 年 10 月 6 日，第 13 页。

[29] 美国国会，参议院预算委员会，《国会预算局监察》，1975 年 10 月 6 日，第 14 页。

［30］众议院追加拨款法案，第131页。

［31］众议院第94－645号文件（1975年11月7日），第32页。

［32］参议院拨款委员会“完全同意众议院拨款委员关于国会预算局优先工作的报告……预算局必须要仔细地履行国会预算法中规定的优先事务”。参议院第94－511号文件（1975年12月5日）。

［33］参议院第94－1201号文件，第28页。

［34］美国国会，参议院预算委员会，《国会预算局监察》，1975年10月6日，第35页。

［35］众议院追加拨款案，第41页。

［36］众议院追加拨款案，第74页。

［37］众议院第94－645号文件（1975），第32页。

［38］美国国会，参议院拨款委员会，1976财政年度追加拨款案，1975年11月，第641页。

［39］美国国会，参议院预算委员会，《国会预算局监察》，1975年12月17日，第17页。

［40］众议院第94－645号文件（1975），第32页。

［41］美国国会，国会信息与设备委员会，《国会预算局：一份关于其组织有效性的报告》，众议院文献95－20号，1977年1月4日，第1—2页。

［42］美国国会，众议院预算委员会，预算程序特别工作小组，《国会预算局监察》，1977年6月2日，第19页。

［43］同上，第42页。

［44］爱丽丝·芮芙林：《对社会行动的系统思考》（Systematic Thinking for Social Action），华盛顿特区：布鲁金斯学会，1971年版，第6页。

［45］沃尔特·威廉姆（Walter Williams）：《国会预算局：预算改革的关键一环》，西雅图：华盛顿大学政府研究院，1974年7月版，第4页。

［46］参见艾伦·希克（Allen Schick）：《超越分析》，载《公共管理评论》，第37期（1977年5/6月刊），第258—263页。

［47］对于这一观点的详细说明，参见艾伦·希克：《国会山政策

分析的供与需》，载《政策分析》，1976年春季第二期，第215—234页。

[48] 美国国会，众议员预算委员会，关于国会预算局组织与活动的听证会，第94届国会，第一会期，1975年7月23日，第5页。

[49] 卡普伦（Capron），见前述文件，第81页。

[50] 美国国会，众议院预算委员会，预算程序特别工作小组，对国会预算局的监督性听证会，第95届国会，第一会期，1977年6月2日，第17页。

[51] 美国国会，参议院预算委员会，国会预算局监察听证会，第94届国会，第一会期，1975年10月6日，第25页。

[52] 美国国会，众议院拨款委员会，1978年财政年度立法机构拨款听证会，第95届国会，第一会期，1977年2月，第422页。

[53] 同上，第418页。

[54] 国会预算局为12个月申请了1020万美元（包括1976财政年度的9个月和3个月的过渡季）；国会为其中的9个月拨款了590万美元（1976财政年度的6个月加上过渡季）。

[55] 美国国会，众议院信息与设备委员会，前引书，第5页。

第二部分

运作中的新规则：制定和实施预算决议

第六章
申请和申请者

政府中存在预算是因为他们没有足够的资金来满足所有在其资源上的利益相关者的需求。从这方面说，立法和行政预算没有区别：它们都是为了应付对公共资金的过量需求。因为国会是一个广泛分享权力的政治机构，它需要提供各种各样的机会让利益集团、政府机构、国会议员和委员会表达自己对预算的需求。

如果国会只有一条简单的途径来传递所有的预算申请，那么一些重要的利益集团肯定会无法表达他们的需求。预算的“看门人”就有机会压制特定的利益群体对于自身偏好的表达。通过建立自己的预算程序，国会就能既不关闭已经存在的议员和委员会的这一联结点，也不增加对总统预算建议的依赖。相应地，它在不减少旧的沟通渠道的同时为预算意愿的表达增加了新的途径。

结果是，对预算的申请从各种各样的来源汇聚到国会。一些来自行政机构（或者说经过其过滤而来的）。[1]总统预算仍然对国会预算有较强的（也许是主导性的）影响力。[2]但鉴于本研究聚焦于国会的实践，这一章所探讨的申请和申请者都来自国会内部。

国会有两个主要的产生预算申请的途径：（1）由国会委员会所推动的授权立法；（2）有关预算的观点和预测的年度报告。第一条途径是一个长期构建的过程，尽管近30年来它已经经历了重大变化。第二条则是1974年《预算法案》的要求，它使国会的委员会不得不成为联邦经费的申请者。

授权程序

根据国会的规则，项目和机构在能够得到拨款资金之前都必须经过授权。众议院21号规则的第二条规定，“支出中没有被法律授权的任何拨款项目都不得纳入拨款法案及其修正案。”参议院16号规则的第二节禁止“附有修正案的拨款法案提出新的立法或常规立法”。这种授权/拨款“两步走”的程序的主要目的在于把国会内部的项目决策和财政决策分离。这些规则规定了一种必要的分工，它可以防止拨款委员会干涉其他委员会的立法事务，并且可以防止立法委员会做出拨款决策。因此，为了避免立法力量的过度集中，这些规则的要旨在于通过阻止拨款委员会接触实质性的政策来限制其对财政事务的干预。

但是，这些规则并不像看上去那么清晰明了。在决定拨款法案的立法内容方面，两院都有各自复杂的传统。[3]再者，只有当一位国会成员（以规定的形式）提出异议之后，规则才能生效。事实上，实质性的立法经常由于大会审议过程中无人反对而被纳入拨款法案之中。另外，两院都有放弃或绕开不能在拨款法案中包含实质性立法的限制的正式程序。如果国会向一项“未经授权”的项目拨款，那么这项开支就可以得到经费，即使按照法律（而不仅仅是参众两院的规则）的要求必须得到授权。不过，大多数拨款都依照授权来进行。

授权立法和拨款压力

在过去的30年里，授权程序已经成为国会和立法委员会定期表达他们针对特定项目或者机构预算目标的一种方式，它们通过在授权立法中阐明期望的资助水平来达到这一目的。然而，事实并非总是如此。直到第二次世界大战结束之前，实际上所有的联邦预算项目（除了临时的建设计划外）都属于永久性授权的范围。国会建立了一个机构之后，它经常授权这一新的组织无限期地持续运作。这一通常的模式（即授权“可能需要的金额”）意味着授权委员会不必介入每年的预算程序，除非它们提出新的项目或修改已有的项目。缺少来自国会的专门财政指导的拨款委员会通常将总统预算作为它们的基准。

永久性授权仍然适用于超过半数的联邦政府预算项目，但这些项目集中于三类：公共债务利息、强制的权利性项目（比如社会保障、退伍军人福利和公共援助）以及大多数内阁部门的基本运行。然而，许多建立于20世纪50年代的重要项目和机构都是临时性（一年或多年一次）授权。国会也将一些最老的联邦机构的授权从永久性的转为有限期的形式。这样做的结果是，越来越多的机构现在为了确保从国会获得资金，必须定期参加它们的授权委员会召开的会议。通过限制授权的期限，实际上参众两院的每个委员会都得以在预算政策中发挥一定的作用。

年度授权的项目加起来总共占联邦开支的10%到15%。从钱的角度来看，最大的年度授权一般是针对国防部的某个计划。通向这一点的最关键一步是1959年国会颁布了对飞行器、导弹和军舰采购项目进行年度授权的法律。现在，军事采购、建设、研究、开发、测试评估以及民防系统的项目都必须每年进行重新授权。在1977年的军事拨款法案中，众议院提议整个国防部的预算都必须进行年度授权，但这一提议在两院联席会议上被否决了。

国务院、司法部以及情报活动现在也需要年度授权。1971年《对外援助法》（The Foreign Assistance Act）规定“除非过去的立法授权在此后被国会通过”，否则国务院或美国信息局（现在称为美国国际交流局）的拨款法案不能生效。虽然这一表述没有强制要求进行年度授权，但它暗含了每年一次立法授权的意思。国务院因此就成为所有拨款都要接受年度授权的第一个内阁部门。1976年关于法律援助管理机构（Law Enforcement Assistance Administration）立法的附加条款使司法部加入年度授权行列，从而终止了其自1870年以来的永久性授权。情报项目的永久性授权也在1976年被终止。当时参议院通过决议，禁止为中央情报局、国家安全局、国防情报局以及国务院、国防部和联邦调查局的各类情报活动提供经费，“除非这些以前被法案或联合决议授权的项目在当年或今后的财政年度内被参议院再次通过”。这一“简单”决议只适用于参议院，但在1977年众议院也提出了类似的要求。众议院决议规定，除了由连续决议拨付的暂时性资金外，禁止为尚未得到国会授权的情报活动拨款。

国会有时在建立新项目或终止已有项目的永久性授权上会选择二到五年的授权有效期。在任何单一年份里，需要更新授权的多年期授权项目资金总额不超过预算的10%，但是所有多年期授权新项目的年度支出总额超过了1000亿美元。多年期授权项目包括收入再分配、经济发展、高速公路建设、水污染控制、大多数教育项目以及各种各样的卫生项目。这种时间框架在补助款（grant - in - aid）项目（尤其是1960年后设置的项目）中也运用较多。通过设置二到五年的授权期限，国会既表明了不愿意给予新的或未尝试过的援助项目永久性地位的立场，又证明了它能够理解州及地方政府对于提前了解它们可能获得的联邦补助金额的需要。

立法委员会有两个截然不同的追求有限期授权的动机。其一是提高国会监督和控制行政机构的能力；其二是使委员会能够成为其所欣赏的项目的拥护者。在探讨将国务院、司法部和情报领域纳入有限期授权行列时最重要的考虑因素是监督作用。因此，1976年众议院司法委员会主席彼得·罗迪诺（Peter W. Rodino）敦促终止司法部的永久性授权，因为："我们的公民需要国会负责而警觉的监督。……（司法）委员会相信对司法部职责和活动周详而有序的授权更符合国会的利益……"[4]

国会也能够利用其授权权力来控制行政机构的活动，其方式往往是通过在授权性立法中加入条件和限制。这种情况在用立法来指导外交政策时非常常见。[5]

当国会认为不必再详审一个项目时，它很少会考虑重新恢复永久性授权。而作为替代，周期性的授权变成走过场，即无需辩论和争议就能在国会通过。一个很好的例子是对高达数十亿美元与国防相关的原子能项目的授权。作为一个曾经颇具争议的项目，在1977年参议院进行审议时，没有出现一个针对该法案的即席修正案。授权委员会主席是唯一就这一法案发表意见的参议员。他简短的评论表明参议院对这一法案缺乏兴趣："我想因为这个法案比较重要，所以必须对它说点什么。不过，除了它已通过审议并被全体一致地推荐写入拨款法案之外，也没有其他能说的东西了。"[6]

有限期授权的第二个目的是给立法委员会影响预算结果的机会。永久性立法通常不能详细规定拨款数额。因此，拨款委员会不用受来自授权委员会压力的影响而自行决定永久性项目的开支。但是，如果授权委员会希望为其项目拨付更多钱，它就可以通过年度拨款或多年期拨款立法来调整这一年（或这些年）拨款的最大数额。这就是 20 年前将军事采购从永久性立法改为年度立法的主要动机。更近的一个例子是众议院邮政和公共服务委员会努力把政府间人事项目从“可能需要的数额”转变为精确的授权。这一项目的拨款大概是每年 1500 万美元，但委员会希望得到更大的拨款额度。因此提议在 1976 财政年度拨款 4000 万美元和在 1977 财政年度拨款 5000 万美元来替代“此类数额”的法律条款。邮政和公共服务委员会承认这一改变是“为了显示其为这一项目争取更多资金的想法”，但其目的却受到一些希望拨款委员会抵御更高开支压力的国会议员的反对。[7]

不管有限期授权的动机是什么，这些立法行动都变成了对联邦资金的要求。在《国会预算法案》出台之前，这些要求主要提请拨款委员会审议；而在新程序里，这些要求同样也提交给预算委员会。

授权与拨款之间的差距

在评估授权作为预算主张的效力时，必须先对年度立法和多年期立法作一定的区分。在以一年为周期的情况下，国会经常在同年决定授权和拨款的数额。通常情况下，国会会在相应的授权法案通过后仅仅几周内就开始讨论拨款法案。结果是，授权非常可能对随后的拨款产生直接影响。对大多数年度授权而言，实际拨款金额都会达到授权数额的 90% 以上。这一模式在授权委员会与拨款委员会的项目目标一致时尤其稳定。在国防项目上，授权与拨款之间的关联被参议院陆海空三军委员会同拨款委员会人员的重叠以及众议院拨款委员会对国防项目的大力支持所强化。[8]但是当两个委员会对某个项目持不同观点时，授权和拨款就会趋于分离。这在一定程度上解释了为什么对外援助的授权数额有时会高于实际拨款数额。

虽然授权是由国会做出的决策，但它能够传递到拨款委员会的信号可能比总统预算所传递的更微弱。这些委员会一丝不苟地将它们的每一个行动与总统的申请相比较。只要授权数额没有大幅度超过预算，拨款就可能与之接近。但如果授权大大超过预算申请，那么拨款委员会就会适当地用总统的数字作为基准，进而导致授权数额与拨款数额之间的不一致。这两类国会行为之间差距的出现有时是因为年度授权被授权委员会当做促进其项目利益的手段。然而，一旦授权委员会的角色常规化之后，预算申请、授权和拨款就会趋同。

在多年期授权的情况下，授权与拨款程序之间的联系通常要松散得多。正如前文所述，多年期授权集中在一些大型项目上，州和地方政府以及利益集团通常会针对项目施加巨大的压力以获得更多的联邦资助。为了回应这些压力，授权委员会经常会在授权立法的年限内逐年增加授权数额。这一战略对于授权委员会来说有两大好处：（1）它向利益集团表明委员会支持他们的目的，然而是以一种将大部分资金的增长推迟到未来预算中的方式；（2）它会向拨款委员会施加压力，促使其为这些项目提供更多资金。

但是，拨款委员会并不需要遵从这些主张。一个标准的授权没有法律效力（资金不能依照它来使用），除非其因拨款而“生效”。拨款委员会能继续将拨款额度维持在更接近总统预算而非授权立法的水平。

在过去的十年里，许多大型项目的“授权与拨款”之间由于授权数额的急剧增长未得到拨款增长的回应而存在巨大差距。这个差距从20世纪60年代中期开始出现，当时国会（为了应对越南战争的支出压力）在“伟大社会计划”（Great Society Program）上的实际拨款小于授权数额。在1970年的一份报告中，政府间关系咨询委员会（the Advisory Commission on Intergovernmental Relations）计算出169个大型项目授权数额与拨款数额之间的差额已经从1966年的27亿美元上升到1970年的85亿美元。“用百分比来表示，联邦援助拨款1966年约为授权数额的80%，而1970年则下降到授权数额的65%（预计）。”[9]由于在70年代的前半段授权委员会尽全力鼓动支持更高的拨款，两者之间的差距进一步扩大。他们认为授权应该反映项目的财政需求，而不是政府的预算条件。因此，国会在1975财政年度为卫生、教育和福利部的教育项目批准了148亿美元，但实际只拨款了62亿美元，只达到授权额度的42%。[10]

地区医疗项目可以显示这个差距是如何发展出来的。每年的增长使这一项目的授权数额从1969财政年度的6500万美元上升到1973财政年度的2.5亿美元。在第一年拨款数额是5620万美元，达到授权数额的90%。在1973年，拨款数额翻了三倍，达到1.59亿美元，但其占授权数额的比例却下降到了64%。[11]

进入预算程序

授权事务在制定《预算法案》的磋商议程中排在前列。

拨款委员会想要重新获得它们因有限期授权和“后门支出”而失去的权力。最后，它们勉强接受了对“后门支出”的立法限制、报告授权法案的截止日期以及一些把授权委员会与新预算程序联系起来的条款。授权程序的基本框架没有被触及；作为替代，授权必须在新的预算常规程序范畴内进行操作。

作为预算程序的结果，授权委员会对其项目的财政地位颇为敏感。在《预算法案》出台之前，许多委员会无法确定它们的项目已经申请或拨付多少资金；一些委员会也无法确定哪些项目事实上属于它们的管辖范围。这一问题部分是由于一些委员会（比如说那些拥有永久授权的委员会）没有知道的必要。一个复杂的因素是授权与拨款之间的结构性差异。联邦政府项目的数目比拨款账目的数目大得多；大多数拨款都在单一的账户内附带了许多独立的授权。在通常情况下，新项目会被纳入已经存在的拨款案中；这使得授权委员会很难持续跟踪财政资金的动态。

当总统每年向国会递交他的预算时，很少有授权委员会能够确切了解有多少开支将会用在它们管辖范围内的项目上。许多委员会甚至没有试图去找出答案。只有那些需要每年进行授权的委员会才会有持续的动机来监视其所负责的项目的预算。由于《预算法案》要求所有的委员会都必须报告对自身管辖范围内所有预算问题的观点和预测，这种情况也随之被完全改变了。在实践中，委员会不得不对以前已经批准授权的项目和预期新立法的开支水平发表意见。但为了满足这些年度要求，委员会必须比以往更了解自己的项目在预算中的地位。它们必须能够就它们所有的项目应得的预算资金和拨款金额向国会提出建议。它们不能在这项责任上打马虎眼，因为如果没有有效提出资金要求，它们的项目就可能受到损害。

大多数授权委员会在其行政职员中增加了预算专家以监督国会预算程序的所有阶段，并在全年维持同预算委员会和国会预算局的联系。伴随委员会授权立法报告出现的国会预算局的成本预测加强了委员会对授权的预算含义的认识。虽然这一步骤开始时推行很慢，但国会预算局的成本预测已成为国会接受的固定程序。国会预算局和审计总署都开发了一套把授权和拨款联系起来的信息系统。现在很多授权委员会都使用两者列出的信息来准备他们每年 3 月 15 日的报告。

没有人能确定预算意识的增长是否有效地影响了授权委员会的行为。毕竟看上去没什么理由来改变处理永久性授权和年度授权的方式。委员会没有必要对它们在预算和拨款程序中的永久性授权采取任何立法行动。它们要做的只是预测基于已经生效的法律的支出所能获得（或需要）的资金额度。对于年度授权来说，总统预算一直以来都是委员会行动的基准，并且它也会继续在国会预算程序中享有这样的地位。在采访中，一些授权委员会的议员和行政职员认为预算程序已经为授权水平的决定带来了现实感。一些人暗示那些不切实际、好似空中楼阁的授权已经因为意识到此种行为可能无效并且可能招致预算失责的指控而得到抑制。然而，另一些人坚持认为委员会应该继续根据自己对项目需求的认识来进行授权，即使这一操作可能意味着授权数额将远远超出预算和拨款的额度。

虽然两者的差距在一定程度上已经有所减小，但并未消除。例如在 1978 财政年度，教育局的项目资助额度仅略高于授权额度的 50%。[12] 这一记录比《预算法案》颁布前要好，但可能是预算程序之外的因素在起作用。针对政府开支更保守的观点以及迫使国会接受预算控制的相同条件抑制了对费用高昂的项目的需求。再者，一些项目的授权数额受到总统行为的影响。从 1972 年到 1976 年，总统尼克松和福特否决了一大批授权法案；他们拒绝接受预期拨款额度很低的高额授权。作为回应，国会随之降低了某些被否决授权法案的授权数额。例如，在福特 1974 年成功地否决了两个卫生类的授权法案后，国会在 1975 年通过了一个新的授权法案。这一授权法案比先前授权法案的数额降低了 30%，仅在 1976 财政年度就从 12 亿美元降低至 8 亿美元。[13]当福特再次对授权法案使用他的否决权时，国会用绝对多数的优势推翻了总统的决议。即使是共和党人也抛弃了他们的政党领袖，把保卫新授权法案作为他们在财政方面的立场。共和党议员詹姆斯·布罗伊修（James T. Broyhill）在为支持相对温和的授权法案作辩护时说，如果我们“将这些授权额度与去年的授权法案相比较，会发现它们更为适度，并且事实上比前些年的授权数额更低。”[14]

国会成员在进行授权和拨款时必须应对两种压力。通过授权程序，国会证明了它对于特定利益的反应性；通过拨款决策，国会应对着联邦政府的财政限制。在过去导致授权和拨款出现差异的基本政治条件并没有在预算程序中被根本性地改变。授权与拨款之间的持续性差异反映了国会在开支政策上的矛盾心理和委员会之间的紧张关系。由于国会自身在预算中同时担任申请者和预算申请裁决者的双重角色，冲突因此更为激烈。国会通过授权公开表明对特定项目的支持；通过拨款，它决定了要在何种程度上满足这些申请。

委员会通过暗示改善未来的财政环境来争取提升其多年期授权的额度，这也可能会促使国会从现在的水平上大幅提升拨款数额。委员会向国会保证真正的开支决策会在拨款阶段做出，以此赢得了高额授权。例如在 1975 年，国会通过了一份会议报告将残疾人教育项目的 7 年期授权经费从 1 亿美元调高至3.2亿美元。在众议院的辩论中，委员会成员们保证实际的资助额度将会每年由拨款程序决定。授权法案的一位负责人告诉众议院，“我不知道我们是否会得到那么多拨款。”他又补充道：“我认为我们现在在这里做的事情表明了我们的目的。如果无视其他的联邦优先项目，我们认为这种程度的资助可以接受。不过到了拨款的时候就是另一届国会了，许多拨款程序都是这样。在晚些时候，如果国会觉得过去设定的额度过高，感到它做出了错误的承诺，我们可以在那时做出改变。”[15]

因此，预算程序的引入为通过推动更高授权额度来支持项目提供了新动机。为了使国会预算限制取得预期效果，授权委员会可能希望在未来预算中申明自己的权利。他们可以将授权不会约束对未来拨款的承诺和对于预算水平的相应表态结合起来。

有关这种行为的一个案例出现在1975年。当时参议院内政委员会提交了一份授权法案（S. 327），旨在将水陆保护基金授权额度从每年的3亿美元提高到10亿美元。授权法案的监察人向参议院保证不会将提议的授权数额视为对未来拨款数额的坚定承诺：“……我们意识到这一拨款案要求的10亿美元今年不可能得到全额拨款。我们理解这一点，我们认识到这一点，我们把法案中的措辞仅仅当作授权，而不会自动转译成拨款。”[16]

参议员马斯基对这一声明并不满意。他预见到那些坚持认为国会已经投票同意增加项目开支的人会对预算委员会施加压力。他希望得到明确的保证，即“S. 327的规定并不意味着一种预先判断，认为资助将由预算程序和拨款程序决定”。[17]这一问题最终通过预算委员会和内政委员会主席之间交换信件、一次大会讨论以及一份声明得以解决，声明承认

“对于这一立法项目的实际资助水平将取决于预算委员会评估经济和财政政策及审议联邦开支申请的程序。”[18]

虽然马斯基在针对水陆保护基金的辩论中积极地斡旋，但《预算法案》并没有为预算委员会在授权程序中的角色提供清晰的指导原则。两个预算委员会可以进行的活动包括“研究相关事务或建议的立法对预算开支的影响”。但是，由于预算决议处理的是预算授权而非授权问题，所以预算委员会没有介入授权程序的必要。

就像在许多其他预算议题上一样，两院的预算委员会依然持有不同的立场。众议院预算委员会一般不对授权法案发表意见，虽然在对开支法案的“早期预警”检测（先于大会辩论）中它将在审议拨款和权利性法案的同时一并审议授权。众议院预算委员会只有在当一个授权法案错过了5月15日的报告截止时间，或其包含“后门支出”或者权利性支出条款，或出现其他有问题的财政安排时，才会对法案进行公开审议。委员会对自己的战略定位是预算程序的幕后守护者，只在需要维护《预算法案》的规定时才出面干涉。众议院通过表明真正的开支决议由拨款程序做出来证实自己在授权方面的有限角色。即使国会通过了不现实的授权，在委员会看来只要拨款程序符合国会预算决议，国会就不会失去对预算的控制。

众议院预算委员会主席偶尔也会打破其在授权法案上的沉默来支持国会的预算程序，比如当预算程序受到总统否决权的威胁时。众议院预算委员会主席亚当斯呼吁对遭福特总统否决的1975年卫生类授权法案进行复议。他向众议院建议说“这一授权案不会‘胀破’预算”。亚当斯预测，如果众议院通过了这一预算案，并且国会仍然继续当前的进程，那么预算数字将会比预算决议中低30多亿美元。[19]

然而，为支持授权委员而进行的干涉（就像亚当斯在卫生立法上做的那样）和为反对委员会行动而进行的干涉之间还是有很大差别。从一开始，参议院预算委员会就积极地反对那些会导致拨款数额超过预算指标的授权。参议院预算委员会的行政职员准备了一份等候参议院审议的重要授权法案的详细备忘录，其中的很多内容都被委员会的领导者们引用作为会议发言。在运行预算程序的第一年，参议院预算委员会的领导者们对几十份授权法案进行了评论。参议院预算委员会也会利用数据记录程序对参议院的授权事务进行小心翼翼的监视。对选定的那些可能导致拨款超预算（或预期）的授权项目的估计报告也被纳入提交给参议院委员会及其议员的数据记录材料之中。[20]

参议院预算委员会认为如果退出授权程序，就等于默许超出国会预算额度或者会剥夺未来预算选择权的立法。因此，它不仅仅将授权视为对立法意向充满希望的表达，同时也当作对拨款决策所施加的实质性影响。在这一观点看来，如果授权控制失效，那么委员会影响拨款程序的能力将会被削弱。

参议院预算委员会在其成立第一年通过对一份两院联席会议就年度军事采购授权法案发布的报告提出异议而获得巨大成功。虽然这一授权事项在预算决议分配给国防职责的数额中只占不到三分之一，但马斯基（委员会内大多数民主党员和共和党员同时支持他）质疑这一授权会导致整体国防支出超出预算决议设置的指标额度。他们基于对国会处理这类不需经过授权程序的国防开支的方式的假设做出这个估算。拨款委员会主席、参议员约翰·麦克莱伦要求委员会通过这份联席会议报告，因为“法案中的任何项目超过预算额度都将被审议。”他表示：“它仍然需要拨付，而在拨款案中任何超出预算委员会认为合适数额的内容都必须进行修正、更改和讨论，然后问题才能解决。”[21]

在马斯基方面，他承认说“我们正在审议这份无法直接提供预算授权的授权法案。”但是，他警告参议院“这份议案为接下去的支出议案开了先例……根据我的判断，如果我们接受这些数字，那么我们就不得不接受并忍受其结果。”[22]马斯基的观点占了上风，参议院以42对48票驳回了联席会议的报告，这是对参议院最有权力的委员会的一次不同寻常的断然回绝。一个月后，委员会会议重新提交了开支更低的军事授权议案。

这一胜利最重大的意义在于将参议院预算委员会塑造成为一个警惕的新预算程序的守护者。不过它同时也把委员会带入一个困境之中。它无法攻击每一个违反国会预算指标的授权法案，因为这么做实际上会使委员会走向一条与参议院所有委员会对抗的道路。但是它也不能厚此薄彼，即反对它不喜欢而且超过预算指标的授权项目，并忽略那些受到其成员支持的项目。这一问题没有立刻浮出水面，因为人们将参议院预算委员会对国防授权法案的反对同它对一份关于“学校午餐”项目的未决联席会议报告的反对联系在一起。[23]这一串联战略不仅仅使参议院预算委员会获得了其成员跨党派的近乎全体一致的支持，同时也使委员会展现出不受自由或保守色彩影响，公平地审议开支议案的形象。

然而，参议院预算委员会不能长期忽视授权之间的差别。第一，常规授权与权利性项目之间必须做出明确区分。第二，一些授权法案强烈影响到国会的拨款数额，而另一些却几乎没什么影响。再者，同现行（或第二年）预算程序密切相关的年度授权和主要影响未来预算的多年期授权之间必须有所区别。参议院预算委员会在干涉年度法案时比多年期法案有更坚实的预算基础。这些方面的考量使国防授权项目从大多数国会的立法授权项目中被分离出来。军事采购和建设必须每年进行授权，而拨款数额和授权数额的偏差一般不会超过几个百分点。正是基于这一事实，参议院预算委员会才在1975年对国防授权法案提出异议。然而，这一问题在卫生和教育项目上截然不同。这些项目的授权通常会延伸到未来数年，而拨款数额通常远低于授权水平。

参议院预算委员会也不得不考虑到授权和拨款之间的差异。委员会不能把每个授权法案都当作好像为开支提供了实际资金一样，因为这么做会抹杀国会内两组不同委员会之间的区别。在1976财政年度的第二个预算决议的审议中，参议院预算委员会就遭遇了这些问题。这次审议发生于委员会在国防授权法案和学校午餐授权法案上获得双重成功之后不久。尽管有了这些成功，参议院预算委员会仍然面临着提高一些预算功能项目的资金分配以使其高于该财政年度第一个预算决议设定金额的需要。参议员山姆·努恩不能“理解我们在没有遇到实质性挑战的情况下如何会远远超出一个预算类别指标”。[24]作为回应，参议员马斯基解释了授权、权利性项目和拨款之间的区别，并承认“坦白地说，在6月（在国防和学校午餐授权法案之前）我们对自己拥有何种影响力、拥有什么样的信誉、可以处理什么问题的了解远比现在少。现在我们更为确信自己的能力，也要面对更艰巨的现实。”[25]

参议员努恩提出了另一个问题。通过质疑“现实主义的”授权法案，预算委员会也许会刺激授权委员会提出代价更为高昂的法案：“如果制定同国防类似的授权法案和拨款法案的酬劳是让它们每年被预算委员会质问，那么我就得说，该授权委员会还是会走其他授权委员会的老路，我们应展现的图景是目标应该是什么，而不是全力以赴地去削减资金。”[26]

尽管马斯基声明授权和拨款必须区别对待，但他早期的一些言论却不总是表明他认可两套程序间的差别。在参议院对 1977 财政年度的第一个预算决议进行审议的辩论发言中，马斯基承诺对授权和拨款同时保持警惕：“超出预算指标的开支议案将会增加赤字。向拨款委员会施压以突破预算指标的授权同样也会危及我们在预算上的成功。预算委员会及其主席将会根据预算决议中的指标在整个程序执行期间仔细检查开支和授权议案。当那些指标受到开支或授权议案的威胁时，我们会毫不犹豫地向参议院揭露出来。我们会毫不犹豫地反对那些对这些指标造成威胁的议案、修正案、甚至联席会议报告。”[27]

这一强硬的声明将马斯基置于站不住脚的立场之上。他不能发动一场运动来反对超出预算的每一项立法；他也不能使用预算程序来反对委员会根据对项目需求的评价来确定授权额度的倾向。在一封写给马斯基的处理卫生类授权议案的信件中，参议员爱德华·肯尼迪（Edward M. Kennedy）呼吁要限制对授权议案的预算控制：“我们（劳动与公众福利）委员会制定的授权额度历史性地反映了特定领域的需求，以及相关的行政部门和机构推进项目的能力。这些未必反映在为预算和拨款程序必要的权衡和限制而设定的拨款数额上。至少，授权必须体现出足够的灵活性，这样我们可以根据特殊的需要或机遇做出削减某个卫生项目资金或将另一个项目扩大到其预算指标以上的决定。如果授权数额与预算数字一样的话，这种形式的互动将不可能，因为拨款的任何增加都会超出授权数额。事实上，如果授权数额仅代表了预算中设定的数量，那么我们就使拨款程序沦为仅仅是一次对于预算委员会及授权委员会所做决策的回顾。”[28]

除了与肯尼迪的观点有共鸣之处外，马斯基和参议院预算委员会都有自己不反对所有超过预算水平的授权项目的理由。考虑到国会为许多社会项目“过度授权”的趋势，“无例外”规则将迫使参议院预算委员会持续与那些广受欢迎的立法展开斗争。作为一个惯常的“说不者”，参议院预算委员会将会冒触怒几乎所有参议院成员的风险，它自身的信誉也将受到损害。参议院预算委员会将会很快被视为偏颇、执拗的财政保守主义的前哨，而不是公正、平衡的委员会。它的建议将会受到置疑，即使是在确实破坏了预算纪律的事例中也是如此。再者，参议院预算委员会成员也参加其他委员会，并支持自己喜欢的项目获得更高的开支。因而它们自身的立法效能会因对预算控制的顽固忠诚而受到损害。

在实践中，马斯基和他的参议院预算委员会会小心选择他们的战斗，他们所挑战的超出预算的授权项目非常少。马斯基的工作人员建议他采取“一种对授权项目高度选择性的方式”，并建议通过三条标准来决定参议院预算委员会的态度。最基本的一条是，在拨款额度可以被合理预期的前提下，坚决反对那些必然与功能目标以及会期内需要的其他立法相冲突的授权。[29]这条规则说起来容易做起来难，参议院预算委员会的行政职员制作了一连串的备忘录，试图澄清委员会的立场，并在实践中保持立场的一贯性。[30]当某个预算类别中只包括少量授权法案，并且所有的开支项目实际上均包含在单一的拨款法案中时，参议院预算委员会要选择一个立场就相对容易一些。国防就具备这些特征，但预算中的其他大多数功能则在复杂多样的授权法案和拨款法案之间展开。在这种情况下，参议院预算委员会必须对国会将采取何种措施做出一系列的主观判断。

举例来说，该问题在 1976 年 6 月就出现了，仅仅在马斯基宣布参议院预算委员会将干涉过度授权的 1 个月之后。当时参议院正在审议对联邦能源局的授权法案，该项目是这一会期中可能会有的九个（或者更多）能源类项目的授权法案之一。仅仅是联邦能源局的这个法案并不会超过预算指标，但如果加上其他预期进行立法的法案，授权的总额就将是10亿美元，超过预算中为能源活动所分配的额度。

马斯基无法成功地反对这一法案，甚至不能使别人相信这一议案会对预算产生威胁。作为替代，他决定仅仅将事实陈列在参议院面前，并用数据来反驳意图在委员会报告的数额之上再增加能源授权数额的修正案。他放弃了授权和拨款应遵循相同预算标准的立场，并表明“这是一份授权法案，而不是拨款法案，我们并不想竭力给授权法案强加上同拨款法案一样的预算纪律。”[31]

他随后提醒参议院，预算中并没有空间留给不同委员会递交的所有能源计划：“我意识到今天我们面前的联邦能源局法案……只是整个能源项目的一小部分。我也意识到许多授权案可能无法得到全额资助。但是我们都知道，高数额的授权会给拨款委员会带来压力，从而提高资助额度。因此我必须建议参议院，如果我们需要将授权数额保留在预算决议的指标之内，那么在一些情况下拨款委员会将不得不以低于授权数额的标准来资助能源项目。”[32]

这类声明成为马斯基（和他的参议院预算委员会）对会在未来威胁预算指标或者申请的开支额度极不合理的授权立法的具有特色的回应。马斯基通常用警告其对预算的压力或者表达对是否能全额资助授权项目的疑虑来批注立法项目，而不是在辩论中直接对授权法案提出反对意见。这一战略使参议院预算委员会既扮演了预算守护者的角色，又不至于触怒那些授权委员会。[33]

1975年，当参议院审议残疾人教育的授权法案时，马斯基就采用了这一“支持，但带有警告”的战术。虽然这一项目不太可能会得到全额资助，但马斯基意识到这一法案会为未来开支的激增铺路。马斯基选择了针对议案对未来预算的影响进行警告，而不是正面攻击这一广受好评的立法。“……这一立法引起了预算上称为‘楔子’的东西。那就是，我们似乎正在建立一个可能现在看上去像一个伟大的承诺，但不久之后就可能会需要大量物质支持的项目。……授权委员会的职责是确认这方面的项目需求。我非常欣赏劳动与公共福利委员会为将这一需求转述成法案中清晰的表达的努力。……然而，我们满足这一需求的可能性似乎很小。我突然想到，除非我们违反对联邦预算中其他重要优先事项的承诺，否则我们就不可能在未来成功地按照授权水平来资助这一项目。……主席先生，这一法案使我陷入矛盾。我对这一法案中跨年度授权的安排表示赞成；但是，我对于这个会在未来导致巨额支出的授权持保留意见。”[34]

马斯基采取警示性声明而不是直接反对的方式是因为标准的授权项目只能按照拨款的数额来支出。他因此采纳了同样的观点，即授权委员会习惯于推动在成本支出上不现实的项目。当参议院在1977年通过了对价值56亿美元的大众运输项目的多年期授权且授权数额的大部分在未来支出时，马斯基采用了同样的办法。他宣称他会投票支持这一议案，因为“参议院不会失去这次通过未来预算决议和拨款法案控制对资本补助项目资助水平的机会”。并且，法案“给予拨款委员会足够的灵活性，使其有权选择向最终被证明最为合适的资本补助项目注资，而不论项目的类型和组成”。[35]

马斯基关于授权立法的一系列发言声明加起来构成了一幅清晰的画面：一位主席意图回避与授权委员会的公开冲突，但始终坚定地一遍又一遍提醒参议院服从预算纪律的必要性。

虽然授权委员会会很高兴预算委员会没有对他们的立法

评头论足，但它们也并非不愿意利用预算程序来达成自己的目的。比如说，这种情况就发生在1977年的参议院辩论上，当时一份25亿美元的能源项目的授权法案引发了大量的即席修正案。参议员弗兰克·丘奇（Frank Church，该法案的监察人）举起了预算控制的大旗，而不是直接就发言的内容进行反驳。“如果我们在面对每一份主要法案时都无视预算决议，我不知道为什么要通过预算决议。”[36]参议院虽然拒绝了成本最高的计划，但还是通过了提高指定能源项目授权数额的7个即席修正案。

预算委员会和授权委员会之间充其量不过是一晃而逝的同盟，它们有共同利益的时候就会联合起来，但他们在大多数问题上都分道扬镳。作为预算程序中的“申请者”，授权委员会通常与那些必须应付过度需求的委员会的观点和利益不相同。在国会这个特殊的世界中，授权委员会和预算委员会在分开的领域中活动，只有在预算程序的范围内两者才不得不进行频繁的接触。授权委员会希望同新的预算制定者和平共处，不只是因为这是国会的一贯做法，还因为它们不想被视为对预算事务不负责任。迄今为止，授权委员会一直成功地在不会实质性影响其行为方式的预算的统治下生存着。事实上，预算程序的主要影响在于它们立法运作的时间安排，这一问题一直深深地困扰着很多授权委员会。

加速授权程序

“《预算法案》几乎让授权程序成为马后炮，”最有权力的授权委员会之一的一位行政职员负责人抱怨道。他的愤怒直指《法案》关于所有委员会在5月15日报告下一财政年度授权立法的要求，而这一日期也是针对第一个预算决议的所有国会行动的截止时间。因为授权程序的延误会妨碍国会在下一财政年度之初完成拨款操作，所以拨款委员会一直在争取一个截止时间。拨款委员会希望为授权的生效设置截止时间，但国会不可能接受一个会干扰其在一年的大多数时间内的基本立法的截止时间。

虽然5月15日这一截止时间是为适应拨款程序而设定的，但这一日期也与国会的预算制定有着同样的关联。预算程序必须要按照一张时间表来进行操作，这张时间表未必要非常正式或者适用于所有事项，但必须涵盖所有的重大事件。不按照预算的惯常程序也可以进行财政决策（国会已经成功地按照这种方法运作了近200年），但如果“申请者”可以自由地在任何想要的时间内提出要求，或决策者可以在任何自己觉得合适的时间里进行决策，那么预算程序可能就会失去效力。截止日期非常重要，因为它告知参与者在一个周期的某一阶段内必须完成哪些事情。

根据预算的要求，通常情况下授权应在预算被决定之前提交。如果授权可以在一年的任何时间内进行，预算委员会就会很难在准备完第一个预算决议之前弄清授权委员会的立法意图。然而，预算和授权过程的完美同步需要比5月15日更早报告截止日期。5月15日的截止日期是拨款委员会要求更早的截止时间和授权委员会反对时间限制这两种要求之间妥协的结果。不难理解，授权委员会把自己的许多要求都积压到截止日期附近来提出，结果就是大多数第一个预算决议的决定都与授权项目的报告诞生于同一时间。举例来说，众议院预算委员会报告了超过40项的公共议案，其中的大多数授权项目都提出于1976年的5月14至15日。同一年，参议院的委员会在截止日期前的最后几天报告了超过了75项议案，而在5月17日多数党领袖麦克·曼斯菲尔德宣称在参议院的议事日程上还有94件立法事项没有解决。从那时起，5月15日报告日附近的这种“大阻塞”每年都会发生。

预算委员会与授权委员会之间的连续接触使前者不会被意料之外的立法案所震惊。在第一个预算决议的准备工作进入冲刺阶段时，预算委员会对即将到来的授权法案也有了较好的心理准备。然而，有时飞速变化的环境会迫使授权委员会突然偏离预先设想的路线。这种情况出现在1977年，当时参议院农业委员会报告的立法案实际上超过了最近采用的预算决议中农业项目的指标额度。如果可以让农业委员会在预算决议的额度确定下来之前就明确农业立法内容，那么预算委员会和农业委员会（将会在之后的一章中讨论）之间由这件事而导致的冲突就会缓和不少。

国会中常规程序的形成并不容易；国会是一个臭名昭著的“痉挛性”组织，它所依循的日程安排几乎没有固定的间隔期。经常是过了数月而某项立法仍旧毫无进展，突然紧跟着一个冲刺就把某项议案彻底完成。然而，《预算法案》中规定的截止日期给国会作为一个整体带来了一些秩序。工作期和休息期根据心中的预算程序排定了下来。国会领导人欢迎5月15日截止日期所提供的日程安排纪律，并鼓励授权委员会制订工作计划以使他们能够在这个日子到来之前明确立法事项。在《预算法案》生效后，卡尔·阿尔伯特（Carl Albert）议长召集了数次众议院委员会主席会议来解释预算程序，并要求这些委员会在新的时间框架内工作。在参议院，罗伯特·伯德（Robert Byrd）支持时间表并敦促委员会们在5月15日之前报告他们的立法事项。

委员会已经适应了5月15日这个截止日期，它们在会期的最初几个月解决大部分立法事务，而不是把这些事都推到年末完成。按照惯例，财政年度开始后国防授权法案依然会在国会中滞留很久，而现在在财政年度开始之前就会进入国会的审批流程；军事建设法案以前曾被视为“人质”立法（也就是说它会被拖到会期末尾以诱使国会成员们在其他立法案上进行合作），现在它被处理的时间则要早很多。授权委员会的行政职员证实了截止日期的力量：“如果你没有截止日期，”其中的一个说，“那么所有的组织，尤其是委员会就会有一种慢慢散步然后越走越偏的倾向。它们会把时间、精力和资源花在无关紧要的事情上，而在真正重要的事情上却不花什么时间。截止日期迫使委员会设定并专注于自己的优先事务。”处理着一大堆年度授权项目的众议院委员会智囊机构负责人非常高兴，因为“现在（1977 年夏初）我们所有的授权立法项目都已经下放到白宫，而这在以前从未有过。它建立的纪律真是太好了”。

不过，不是所有方面都得到了改善。授权程序和拨款程序之间的关系肯定受到了影响，而根据很多经验丰富的国会助理的说法，立法的质量被降低了。因为《预算法案》要求在夏天结束之前完成常规拨款法案的所有手续，国会就无法在授权案转变成立法案之前处理所有积压的授权法案。众议院大约在 6 月份开始审议拨款法案，而此时很多作为先决条件的授权法案还未得到通过。比如说在 1976 年，尽管预期的拨款中有将近 400 亿美元缺乏授权，众议院还是开始了它的拨款阶段。但是拨款委员会没有等待所有项目授权完毕，而是把尚未得到授权的项目放在一边，开始着手处理其余项目。其中涉及一个在众议院中获得通过，但在国会的法定手续还没有全部完成的项目，随即委员会就依据规则取消了对未获得授权的拨款的禁令。在 1977—1979 财政年度间，超过一半的众议院审议的常规拨款项目得到了第二十一号规则第2款的豁免。在一个例子中（即1979年对国务院、司法部和商务部的拨款），拨款小组委员会主席拒绝请求豁免，因此他的法案就因议事程序问题而被删除了大部分条款。

众议院拨款委员会一直有这些选择的自由，但《预算法案》把这个委员会放在了相对于授权委员会而言更占优势的位置之上。没有经过授权的拨款是对授权委员会意图和权力的侵犯。它违背了两类委员会之间规定的工作分工，使拨款者得以在国会决定实质性事务之前就确定开支水平。拨款委员会如果试图在授权委员会的工作完成之前推进拨款程序，它将面临受到威胁的授权委员会的严重挑战。因此，在过去众议院拨款委员会常常推迟自身的工作，直到授权委员会项目的授权生效，或至少被众议院通过。如果必要的话，委员会会在报告常规拨款法案之前等待好几个月；即使财政年度已经开始了，委员会还是会根据授权立法的优先性进行拨款。

《预算法案》鼓励拨款委员会无需等待授权而自己行动。这些委员会可以声称除非能够推进拨款，否则它们不会遵守《预算法案》中设计的紧凑的时间表。比如说，1977年司法部拨款法案即在当年司法援助管理局（Law enforcement Assistance Administration）授权法案没有通过的情况下为它提供了资金。在司法援助管理局的拨款法案被通过后，国会被迫面对一个反常的局面，即被要求为1977财政年度提供比已经拨付的资金更高的授权金额。[37]

当委员会为了赶上截止日期而忽视那些只要有足够时间就可能完成的事务时，加速了的日程表就会影响立法的质量和实质内容。这一问题对于授权工作量大的委员会来说最为严重，而（因为委员会工作的多样性）它在参议院引起的麻烦也比在众议院引起的麻烦大。参议院的某个重要委员会的一位智囊机构负责人生动地描述了这一问题："5 月 15 日这个截止日期使工作强度大大增加。它给时间安排带来问题，使参议院要在同一时间处理两到三个授权法案。5 月 15 日之前的一个月是地狱之月，预算决议在那时进入辩论程序，授权委员会那时正在审议法案，拨款委员会也在审议法案。要了解所有发生的事情是很困难的。"

来自各种各样的委员会的行政职员抱怨截止日期对他们工作的影响。"为了赶上 5 月 15 日，我们在两天内审议了九个法案。我们中的很多人对我们所做之事的了解比记忆中的任何时候都少。"一个工作量更大的委员会的一位行政职员评论道："这个委员会在三次秘密会议中汇报了 36 项法案。实际上，分配给每个法案的时间都不超过两分钟。在前些年，我们可以在 6 到 8 个月的时间内汇报相同数量的法案，每项法案的时间是半个小时。截止日期导致对法案的仔细审查减少，举行听证会和整合观点的时间也减少了，而委员会审查议案的机会自然也大幅减少。"

一些委员会通过在 5 月 15 日之前报告法案概要，再在之后丰富法案内容的方式来规避这一问题。它们有时会在大会辩论上对截止日期之前没有考虑到的东西用修正案的形式加以补充。在一些情况下，委员会制定了一份替代法案来取代原来的版本。授权委员会也可以选择在众议院通过规则委员会以及在参议院通过预算委员会来获得对截止日期的豁免权。[38]虽然《预算法案》没有规定众议院预算委员会在这方面的正式角色，众议院预算委员会仍然坚持在给予豁免之前应该先征询它的意见，[39]而在一般情况下规则委员会只有在众议院预算委员会首肯的前提下才会同意豁免。为了严格地与《预算法案》上对程序的表述保持一致，众议院预算委员会对 5 月 15 日截止日期的豁免审核总体上采取严格的态度，虽然鉴于预算程序已经成熟地融入国会日常工作，其态度相对而言已经变得逐渐宽松起来。根据委员会的记录，1977 年有 19 项议案得到截止日期的豁免。其中的 7 项是由于“技术原因”，5 项是因为“紧急”目的，另外的 7 项则是因为国会采纳的 1977 财政年度第三个预算决议使新的立法事项成为可能。[40]在对于决议的报告中，众议院预算委员会宣布它将支持因预算增长导致的立法豁免。[41]

参议院的程序比众议院更为开放，因为《预算法案》规定的 5 月 15 日截止日期的豁免由具有法案最初管辖权的委员会提出，同时在进入审议程序之前必须经过预算委员会的复核。这一程序看上去给了预算委员会极大的权力，但其缺点也同样明显。每一次豁免都代表着来自另一个委员会的正式请求，即要求获得一次机会将它们的法案提交大会审议。豁免请求大多数在大会审议即将开始时提出。在这种情况下，参议院预算委员会事实上不得不附和每一份豁免申请。在 1976 年，它同意了其他委员会递交的 22 份豁免申请中的 21 份；在随后的时间里，它同意通过申请的数目大概是 1976 年的两倍。按照参议院预算委员会的惯例，只有在受影响的立法案存在实质性问题时才反对豁免。

许多豁免权被授予并不意味着 5 月 15 日截止日期无效；大多数委员会都通过切实的努力在这个日子之前提交它们所有的立法案。然而，国会并不会让自己因为预算引出的截止日期而停止运转。国会似乎既加速了对授权法案的处理，又为无法（或者不愿意）在 5 月 15 日之前完成工作的委员会敞开了大门。

这些长期性问题困扰着国会。国会有年度的拨款程序，也一直在朝年度授权程序迈进，现在起它也有了年度的预算程序。但这些活动之间的联系却没有被精确地界定；因此冲突就出现在三组委员会各自所扮演的角色之间，而国会成员和委员会身上的时间压力则加剧了这种冲突。

3月的申请

授权是立法利益的官方表达。即使这些表达充满了对未来开支充满希望的期待，这些通过的授权仍然比每年数以千计的议案和国会成员的声明更强烈地代表着对联邦资源的要求。如果没有时间上的问题，国会就能够在处理完财政年度的所有授权后来再来考虑预算水平和资金分配。因为这种理想状态是可望而不可即的，所以国会必须带着对立法委员会所准备的许多授权法案的前景的不确定来处理年度预算的常规工作。

预算委员会能够填补固定的职员工作和关于预算特定方面的听证会之间的部分差距。但他们无法在每年的听证会上涉及所有的预算议题；也没有自信说他们自己的行政职员对于预算中与他们相关的利益都有足够的了解。《预算法案》部分弥补了这一问题，它要求所有国会委员会在3月15日之前向预算委员会报告它对自己管辖范围内所有预算事务的"观点和预测"。这个日期远在国会或相关委员会开始进行下一财政年度的许多重要授权之前。

3月15日程序

《预算法案》没有对如何准备报告进行指导。然而，两个预算委员会都发布了文件，指明了报告应该包含哪些信息。

参议院和众议院的常务委员会都各显神通地来完成他们繁琐的 3 月 15 日工作，这一点并不难理解。这些报告最主要的共同点是都满足了《预算法案》中的正式要求。一些报告就是该委员会主席写的一封简短的信件，没有正式征询过任何委员会其他成员的意见；其他的报告则以委员会的智囊机构或小组委员会准备的草稿为基础，再装点上有委员会全体成员名字的精美文件。大体上来说，委员会在预算中占的份额越小，其 3 月 15 日的手续就办得越随便。负责一堆小项目的众议院管理委员会将 3 月 15 日的程序委托给他们的主席去完成。参议院政府事务委员会的报告是其主席和少数党副主席共同完成的，没有任何委员会普通成员的参与。相对而言，众议院筹款委员会和参议院财政委员会则向每一个成员发放了简报文件供委员会集体审议。

由于来自普通成员的压力以及其他一些原因，委员会报告正在朝着越来越正式、越来越周详的趋势发展。1976 年，众议院司法委员会主席罗迪诺（Rodino）发布了一封长达三页的信来回应各方的要求。这一单边行为招致委员会中 10 位共和党人的强烈抗议，他们抱怨《预算法案》要求考虑的是来自委员会的观点和预测，而不是来自主席的声明。[42] 众议员罗伯特·艾德戈尔（Robert W. Edgar）向众议院预算委员会诉说了他对 3 月 15 日报告的不满："在我工作过的两个委员会（公共工程委员会和退伍军人事务委员会）里，操作流程都一样。智囊机构准备一份文件，然后需要主席批准以及多数党和少数党副主席点头。但是在递交给预算委员会之前，全体委员会成员甚至都无法看到文件。"[43]

到了 1979 年，大多数委员会至少举行一次委员会全体会议来审议报告。退伍军人事务委员会（众议员艾德戈尔抗议的目标之一）1977 年修改了自己的程序。一位智囊机构的官员描述了那时候采用的程序："我们要做的就是与主席及小组委员会主席会面，然后同他们整理探讨他们想要进行的立法事项和下一年度委员会的监督职能。接下来我们会把这些写成草案的形式，完成后立刻由他们签署。随后我们安排一次委员会全体会议，主席及少数党副主席会将一份建议项目交由全体委员会成员审议。在草案按照委员会全体成员的要求修改之后，我们会在3月15日截止日期之前将其提交。换句话说，这份由委员会提交的报告是真正的委员会报告，因为我们的确对其进行过表决。"

众议院委员会倾向于发布比参议院委员会更详细的报告，尽管也存在一些例外。在一个极端的例子里，众议院陆海空三军委员会在1977和1978财政年度的报告中详细列出了数十个国防议题和项目；而相较之下，其参议院的同行只发布了一份含有国防开支总数的长度为两页的文件。造成两大立法委员会不同的原因有两个：众议院委员会更早地开始处理3月15日的授权立法，而众议院议员服务的委员会较少，因此能有更多时间用来准备预算观点和预测。

各个国会委员会内部的党派关系差别很大，而这些关系不可避免地影响到了3月15日的程序。即使在处理很有争议的问题时，参议院劳动与人力资源委员会依旧有两党合作的传统。多数党成员、少数党成员和智囊机构一起准备委员会对预算的观点和预测，并在消除意见分歧后予以公布。然而，众议院教育与劳工委员会成员被党派划分为两部分，这一划分在制订3月15日报告的工作中也得以体现："每个小组委员会多数党的行政职员与小组委员会主席开会并审议总统的申请。他们为每个项目敲定他们觉得不错的数字。其结果将被汇编成册，随后全体委员会的主席和小组委员会的主席将召开会议。这仍然只是多数党的事情，至今少数党仍未介入。

在会议中，他们审查数字，做一些修改，然后形成委员会文件。这也烙上了主席的印记。这又都是多数党决定的事情。”

虽然全体委员会随后开始审议3月15日报告，但鉴于大多数委员会的共和党议员持不同意见或其他观点，这一进程从未摆脱其党派性。

小组委员会在报告过程中的角色往往取决于小组委员会的整体地位。在众议院拨款委员会中，小组委员会的自治权已被奉若神明数十年：“小组委员会提供观点和预测，而这些在全体委员会层面得到认可。报告本身随之被全体委员会批准，然后我们将其送到预算委员会。从理论上讲，我们在全体委员会的层面对其进行审议，但在那一层面已经没有太多可做的事，因为小组委员会有机会审议各自负责的部分。在全体委员会层面，没有什么实质性的东西可以增加。”

众议员罗伯特·艾德戈尔建议要求委员会在递交报告前召开公开听证会，但几乎没有什么委员会采纳这种传统的国会方式来收集信息和考察立法建议中的利益。然而，由于预算程序的建立，联邦机构和利益团体越来越认识到让拨款委员会知道它们的预算偏好的好处。国防部追踪陆海空三军委员会3月15日的工作，并对预算及项目事项提出意见。退伍军人团体游说退伍军人事务委员会成员和工作人员。劳工与人力资源委员会与其“客户”之间的传统亲密关系也延伸至3月15日的程序之内：“利益团体们意识到这是他们针对预算的‘第一枪’，所以我认为比起让他们最感兴趣的法案每每在两年、三年或四年的等待时间内化为泡影，这一程序大大加速来了他们与我们在常规制度上的接触。这给了他们更为紧张的感觉：‘我们已经在一月或二月与授权委员会沟通，以使3月15日报告以恰当的方式考虑我们的建议。’”

因为很少有听证会且审议（如果有的话）往往被压缩，

所以委员会需要在极大程度上仰仗自己的智囊机构来起草报告和决定报告包含的内容。虽然每个委员会都有自身特定的“成员——智囊机构”关系，但众议院农业委员会的经验通常是：“很多工作都是由智囊机构来完成的。我们为委员会举办必要的会议来通过我们自己的预算建议，但这一工作进行得非常匆忙，因为委员会成员们往往不愿意花费那么多时间来倾听各种机构的预算申请。报告制定得也很匆忙，智囊机构不得不像疯了一样地找出一些东西呈现给成员们，但实际上很少有委员会成员参与进来。”

在国会山智囊机构蓬勃发展的年代里，没有什么不受智囊机构的影响。颇为不同寻常的是，许多委员会智囊机构似乎在决定将什么放入 3 月 15 日报告时有很广泛的选择范围。无论是因为时间压力、对预算常规程序的蔑视、3 月 15 日报告自身的不成熟或是其他什么原因，国会成员们（除了一些有名的例外）并没有像委员会审查法案那样仔细小心地审查智囊机构准备的预测。

政策和内容

委员会能够自由地决定 3 月 15 日报告中需要提出什么请求。两个预算委员会为报告设计了标准模板，但都不希望对委员会的观点和预测强加实质性的限制。

根据参议员马斯基和贝尔蒙在一封写给参议院各委员会主席的信中的说 3 月 15 日报告是“委员会通知预算委员会其可能影响预算预期行动的首要方法”。[44]然而，只有当委员会递交了真实的预测，能够使那些关注待议计划立法前景的预算委员会了解相关情况时，这些报告才能满足这一目的。如果委员会习惯性地夸大预测，那么报告就无法表达对预算的真实请求，也无法为预期的行动提供可信赖的指示。如果预算委员会试图把他们的决策建立在国会委员会的虚假请求之上，那么他们将会误入歧途。

就如结果所显示出来的那样，这些报告既不是对预期立法成本的明确预测，也不是不现实的“希望列表”。预算程序不是相关利益团体请求的被动接受者。预算的常规程序促使申请者寻找施加于政府的新需求。如果没有国会预算程序，那些想要更多钱的人就只能走制度外通道，并为自己谋求特殊利益。3 月 15 日程序的实用性在于其为新利益的增加提供了一条授权渠道。预算程序因此邀请申请者们申请更多资金并使新的需求合法化，即便大体而言它未必给予这些新需求同旧需求一样的保护。在例行预算程序已经完备的情况下，如果政府缺少处理申请的常规程序，那就不太合理了。为了回应（或者说是“预期”）“对预测的要求”，申请者们会讨论他们的操作方式，并征询相关利益方的意见，以决定提出哪些需求。

在国会预算中，3 月 15 日程序是立法委员会刺激申请的强力兴奋剂。在这一程序中，委员会不只是被要求预测近期立法在下一年的成本或维持各项目目前支出水平所必需的预算额度。他们被要求确认和推动他们在当年可能发起的立法动议。同行政机构的行为模式颇为相似的是，国会委员会们回应这一“要求”的方式是自己着手追求更大的预算。

3 月 15 日报告迫使委员会扮演项目拥护者的角色。它们不仅要展示它们的预测，还要为它们所赞同的立法寻求各种辩护和支持。一些策略通常与已经被纳入立法进程的机构预算联系起来。因此，委员会要利用表明它们的项目在联邦预算中实际份额下降的统计数据来为它们增加开支的申请辩护。参议院退伍军人事务委员会 1977 财政年度报告的开场白就是尽管退伍军人的人数增加了，但退伍军人项目的开支却在过去的20年内从占联邦预算的7%下降到5%。参议院农业委员会指出，分配给农业项目的资金在1968年占联邦预算的3.7%，而12年后却滑落至1.2%。“委员会感到很挫败，虽然国会赋予农业部新责任，国家和世界也面临越来越严重的农业问题，但国会对农业部门的支持却减少了。”参议院劳工与人力资源委员会采用了相同的办法，指出即使所有的预算建议被国会通过，这些项目的支出占联邦支出的百分比还是会下降。“委员会……强调对我们管辖范围内人力资源项目的投资物超所值。用如此适度比例的联邦资源获得巨大的经济和社会回报被委员会视作极端重要的政策。”

有人也许会希望相对于授权立法的过程，委员会们在3月15日的申请能够获得较少的压制。毕竟，在常规的立法过程中，委员会为了获得国会对它们项目的批准必须限制它们的目标。一个留意众议院或参议院整体利益的委员会不仅仅要报告所提出项目中每一个精彩或吸引人的想法。如果要使项目具有审议的高通过率，它就必须在一系列的可能性中进行选择。而委员会在决定它们的3月15日数字时则不会受到这样的限制。委员会的单方面行动不必得到众议院或参议院整体的赞同，因而它们也许会认为提高申请额以形成更高开支的先例是有利的。

再者，报告的时间安排也使大多数委员会提交的申请无法严格按照预期的预算分配额度来限制他们提交的申请。几乎没有授权委员会能在3月15日之前做出最终决定。大多数委员会仅仅开始着手于当年的立法活动，而（特别是每届国会的第一年）最重要的立法仍然在起步阶段。3月15日的要求连同5月15日的截止日期一起鼓励一些委员会更快地筹备起来，并加速它们的立法进程。例如在1976年，众议院海陆空三军委员会提前了对于军事采购授权法案的听证和审议，以使该工作能在3月15日之前完成。结果就是，委员会成功地在3月15日的报告中包含了大部分最终决策结果。不过，在1977年这一程序被打破了，因为新一届的国会被组建起来，而政府方针也出现了变化。卡特总统在掌权的一个月后提交了一份新的预算，距离必须提交“观点和预测”的日子只剩一个月。于是，当海陆空三军委员会提交3月15日的报告时，它仍旧处于年度授权程序的初始阶段。

委员会通过提出“观点和预测”还需要修正的警告以及拒绝对未决法案做出固定决策的方式来应对它们报告的不得已的早熟。很多委员会呼吁关注它们的建议。参议院商业委员会在报告的开始评论道，预测“必须要进行进一步的审核并且不应该……被认为代表任何成员个人的观点”。众议院农业委员会建议它对预算中许多项目的沉默“不应该以任何方式被解释为是反映了对总统的预算权威和提出的开支数字的赞同”。参议院海陆空三军委员会将其推荐表述为“由于总统的审查和补充申请而造成的可能需要进一步调节的目标”。众议院拨款委员会强调“这份报告明确了预算中的一些主要的需要进一步检查的意外开支和领域，而报告也不能被看做是来自委员会的推荐。”

为了防止观点与预测被修改，一些委员会选择提交有关总体开支水平的声明，而不会涉及项目细节。这一方法深受参议院海陆空三军委员会和财政委员会的喜爱，两者都避免了将自己限制在预期立法的立场上。海陆空三军委员会主席约翰·斯坦尼斯在一封关于委员会第一份3月15日报告的介绍信中，直截了当地否定了预算时间表对项目决策的影响：“……《国会预算法案》的时间安排可能会迫使国会在确定关于整体联邦预算的数字与决定哪些包含在整体数字之内的特定项目最有利于国家之间做出选择。我们不应该必须做这样的选择。”

委员会也用截然相反的方法来保护自己的“观点和预测”。它们提交支出计划的“购物清单”，并将预测设置在足够高的水平以包含比可能在国会获得通过的数量更多的立法动议，以此来避免过早做出承诺。众议院海陆空三军委员会在对 1978 年预算的评论中承认了这一做法：“委员会们仍然在对总统申请的所有预算修订的合理性进行详细检查。因此委员会建议在进行进一步的听证和研究之前，对某些账户的预算授权应高于总统申请额。”在对支出立法做出决策之前，委员会特别不愿意同意总统提议的项目削减。获得对项目削减的立法支持几乎一直都是一件很困难的事。在委员会匆忙地进行判断时，它还没有能力仔细研究问题或获得对行动的支持，在这种情况下，削减实际上是不可能的。

保护自己建议的需要使委员会对 3 月 15 日程序的价值产生怀疑。提及自己作为参议院银行、住房与城市事务委员会主席的经历时，参议员威廉·波克斯迈尔（William Proxmire）承认他的委员会：“……从来没有成功地在 3 月 15 日之前提供过一份有关其预期授权法案的明确、现实的报告。在许多情况下，听证会并未完成。在大多数情况下，委员会没有在此之前召开审议会议来讨论授权法案。委员会的一些特定成员对特定的授权立法尤其感兴趣，他们试图在 3 月 15 日的报告中给予这些立法全额资助。即使稍后委员会全体会议可能在授权法案中对其进行削减，但在委员会正式投票表决法案之前很难否决成员个人的‘申诉（day in court）’。再者，事关资助的决策在很大程度上取决于委员会已经同意的项目细节。由于这些原因，我们 3 月 15 日的报告倾向于几乎不带有任何象征意义地囊括所有待议计划，以此表示任何个人项目都有可能得到通过。这意味着我们的预测会不同寻常地高。它们能包含任何东西，包括厨房里的洗涤盆。”[45]

波克斯迈尔的观点在国会中与授权程序密切相关的人群里得到广泛认同。一些其他委员会成员的访谈节选可以证明这一点。

参议院能源与自然资源委员会：“当我们在国会提出要求的三周后开始这项工作时，我们拿到了提交给这个委员会的一千多份法案，并在之后的一个月里还将收到一千多份。我无法告诉你这些议案中哪些会成为3月15日报告重点关注的法案。即使我有五份法案并知道其中三份会被通过，我也无法在一开始就知道是哪三份。我不知道将会存在哪些争议，也不知道支持者们的支持力度有多大。我只能把它们都放进去。我别无选择。如果我猜错了，那么我就会陷入麻烦。”

众议院邮政和公共服务委员会：“委员会不会反对任何事。所有人都是政治博弈者。你不会试图在3月15日的报告中进行任何挑选。为什么说你不会试图通过一项对寡妇有好处的议案呢？我们可以把这项责任转移给众议院预算委员会，为什么不呢？他们会把法案否决掉。你完全可以找到一些人来做些要负责任的事。”

一项对参众两院委员会提交的100份3月15日报告的测试显示，除了仅有的一些例外之外（其中没有特别有意义的），委员会为它们的项目所提出的要求多于总统的建议。再者，每年的预测加起来比国会打算拨付的预算多数百亿美元。委员会在通常情况下要求的数额比它们期待得到的要多得多，并且它们避免在早期就做出最终决策。但是，认为报告对预算委员会来说缺少实质性价值是不对的。记录显示，委员会并未以毫无节制的方式来制订报告。历年所有委员会3月15日申请的总额比当年预算决议中的数额指标高大约

10%，并没有异常地大幅高估。一些在授权活动中表现得最具扩张性的委员会3月15日的目标相对而言较为节制。众议院教育和劳工委员会和参议院劳工与人力资源委员会并没有为它们所有的授权项目寻求全额资助；它们通常能够接受比法定授权额度低很多的资助额。

为什么一个已经在国会中赢得了更多资金的授权委员会仍在3月15日的“观点与预测”中自我约束呢？解释之一在于预算对于委员会行为的影响。如前文所述，预算程序邀请申请者要求更多的东西，但它同时也节制它们的需求。预算的递增速度、它与现在及过去行动密切的联系、它对政府政策的稳定性和持续性的强调都限制着申请者的抱负。委员会作为渐进主义者，在创制3月15日的预测时会细心关注近期预算水平、总统请求和申请者需求的可信度。委员会一般会要求比当年它得到的数额或总统为明年推荐的数额高一定幅度的资金，但不能高到对它的利益产生不利影响。当委员会的需求不仅仅在于项目的资金递增时，它们通常会转而寻求那些独立于预算程序的政策。比如说，它们可以开发新的授权立法，这些立法的开支额度远高于预期的预算或拨款额度。

委员会们在3月15日的陈述中自我约束还有另一个理由。它们并不想通过将其预测挂在达不到的高度上的方式来提高利益集团的立法预期。如果委员会要把每一项立法计划都塞入它们的“观点和预测”之中，它们将会直面对立法失去控制的风险，或因为没有履行先前的约定而被认为是失败者。

授权委员会的自我节制还有另一个推动力。不加节制地提出要求并且无法传达授权委员会真实意图的3月15日报告可能会增强预算委员会的权力。在报告中放入不现实的要求的授权委员会是在邀请预算委员会来决定哪些项目应该而哪些项目不应该被资助。相反，如果“观点和预测”代表了合理、恰当而现实的意图，那么预算委员会对目标开支水平下项目组合的选择就将大大减少。

因此，预算委员会欢迎3月15日的申请超过现实预算水平就一点也不令人惊讶了。这样的申请不仅使预算委员会担任了预算掌控者的角色，还在决定哪些项目实际上可以获得资助时拥有更大的发言权。无论如何，委员会在它们的“观点和预测”中不能太过随意。申请的可信度影响预算的结果。但即使它实现了更高的资助水平，某个授权委员会也承受不起一个预算抱负不切实际的名声。

在将3月15日报告的数字显得比实际更大时，授权委员会的参与者看上去一直对过程而不是对报告做出的评价感到不安。它们不想早做决定，但不得不那么做。它们不喜欢让预算日程表来安排委员会的工作进度。它们不想让实际的立法代替“观点与预测”来表达它们的项目利益。最重要的是，它们不想让自己的工作被其他国会委员会审核。

在评估3月15日报告的作用时，人们必须谨记预算委员会有其他的信息来源和决策基础。如果它们拥有的只是一堆3月15日文件，那么预算委员会就会发现预测国会可能接受的预期开支行为是一件很困难的事。不过，预算委员会成功地使它们的决议得以通过，虽然在某些情况下必须经过审议和修正。

通过在过去的开支决策、总统预算和近期政策预测的背景下检验3月15日的报告，预算委员会能够获得下一财政年度支出的可能结果。再者，通过与授权委员会的非正式接触，它们监督着整个立法进程，弄清楚3月15日报告中所包含的内容哪些最可能获得国会认可、哪些只是装点门面、哪些非常重要。这些接触是制定一份国会预算的必要过程之一，它们是对受影响的委员会的利益的回应。

除了表达对预期预算的期待外，3 月 15 日程序还有许多其他好处。其中最重要的一点是为国会提供进行预算决策的基础。要是没有 3 月 15 日报告（或预算程序中的一些补偿性变化），国会就缺少覆盖整个预算的申请来源。预算委员会建议的正统性和认可度很大程度上取决于别人是否相信它反映了国会利益的全貌，而不仅仅是行政机构的请求。其次，3 月 15 日程序刺激委员会加速组织它们的立法工作。现在委员会的工作开始得很早，并且对在会期中将面对什么有清晰的概念。对一些委员会来说，“观点和预测”是非正式日程，虽然报告并没有事先托付委员会做任何事情。

最后，委员会更好地了解了它管辖范围内的项目。正如本章先前所讨论的，处理永久性授权的委员会受益最大，而那些已经定期审核授权项目的委员得到的好处则要少一些。

预算程序中的申请者

每一份预算申请都代表了一位申请者，它们是受益于特定预算结果的个人或团体。预算要求不仅仅是在一张纸上写几个数字，它是从事政治性活动的国会议员和委员会的期望和需求。因此，授权法案不仅是对联邦资源的主张，更表达了立法委员会认为对一项它所期待的项目而言必需或适当的资金数额。从中受益的利益团体的地位和活动对预算申请的安排有很大影响。因此，向国会递交的预算申请必须同样被置于申请者行为和利益的背景下加以考量。在国会背景下，委员会是首要的申请者。它们的行为可以从它们应对3月15日实践的方法谈起。

至少有三大因素影响着国会委员会3月15日的行为。

其一，它们所负责的立法的种类。可以想见，专门进行年度授权的委员会与进行多年期授权的委员会的运作方式不同。一个主要兴趣在于制定新权利性项目的委员会处理3月15日程序的方法也与一个主要关注在于确保法律已规定的利益能够实现的委员会有所不同。

其二，对成为项目的拥护者还是改革者的不同偏好也会造成委员会的差异。一些委员会习惯于把自己视为那些如果在国会中没有强大的代表就会在对公共资金的竞争中居于不利地位的利益的拥护者。它们会倾向于成为授权数额与拨款数额差额最大的那类委员会。它们的申请已经通过授权程序得到扩大，因而几乎没什么动力在3月15日的“观点和预测”中索取更多。然而，其他委员会的做法是“不挂断电话”，它们不习惯于为每年的开支增长奋斗。从长远来看，这些委员会可能会受到3月15日压力的巨大影响。

其三，编制3月15日报告使用的程序影响了预算程序中的申请。一个在封闭的程序中（即由主席做出决策而无需委员会全体成员参与）构建出“观点与预测”的委员会也许能够拦截掉那些在公开投票中很难反对的需求。对3月15日程序进行民主化的压力主要在于给予委员会的普通成员一个机会来使委员会考虑他们那些过去被截留的想法。对3月15日报告进行公开审议的趋势似乎会引发更多雄心勃勃的申请，因为许多委员会成员会发现很难公开投票反对那些对它们“客户”有益的计划。

这一节中将讨论四种立法申请者（每一种都代表了一种不同类型的委员会）：（1）处理年度授权的委员会；（2）主

要处理多年期授权的委员会；（3）对权利性项目有管辖权的委员会；（4）对永久性项目负责的委员会。这份清单并不包括对持续且大体上没有什么争议的政府运行进行“家计性管理”的委员会，也不包括将会在随后的章节中讨论的拨款委员会。

“只是再多一点点”：年度授权

虽然年度授权每年都必须被重新审议，但该行为并非不可预测。虽然起伏涨落的政治情绪和状态偶尔会使国会行为大幅摆动，但这些重复发生的事件还是有迹可寻的。“正常”的递增形式是指总统申请比当年提供的数额多一点的数额，授权委员会在总统的请求上再增加一点，国会拨款在一定程度上比授权数额略减以掩盖变化的强度，以及在一些主要的年度授权项目（主要是国防项目和国际项目）上重复的争吵。近几年来的冲突通常与增长的额度有关，特别是是否应该允许某些项目开支上有实质性的增长，或者是否应该要求某些项目承担一些因通货膨胀而增加的成本。

这一形式在国会预算的编制过程中一直持续。大多数年度授权项目的 3 月 15 日声明提出的数字与总统数字没有太大的差别。编制“观点与预测”的委员会也在同一时期进行授权立法工作，这两类行为必须相辅相成地进行。再者，正如这章开始所讨论的，一般情况下授权和拨款数额相差不会超过几个百分点，除非前者与总统建议的数额相差巨大。

年度授权方式占主导地位的预算总共有三类。普通科学、太空和技术类预算近期没有什么争议；在它们 3 月 15 日的声明中，授权委员会要求的数额比总统的预算申请大约高出 1%。这一方式和国防类预算颇为相似。当总统希望实际年度开支大幅增长时，海陆空三军委员会预测的国防需求比他的数额高1%。只有众议院国际关系委员会和参议院对外关系委员会的“观点和预测”中才会出现违背预期模式的情况。越南战争的后果让这些委员会不支持某些军事援助项目，因此，在那些年里它们的3月15日预测比总统的数字低。但是现在战争对预算的影响已经消失，这些授权委员会似乎已经开始回归主流。

“彩虹之上的地方”：多年期授权

有人也许认为几年授权一次的项目在获得资助方面比每年要回到国会得到新授权的项目更有保障。然而，事实并非如此。因其当年开支水平相差巨大且不被递增模式所限，多年期授权项目为开支形式的剧烈变化提供了足够的机会。

计划大幅提高未来授权额度的委员会公开扮演着它们所偏好的项目的拥护者角色。这一角色并未因为国会预算的出现而受到打扰。正如一位这类委员会智囊机构的领导人的解释，这些委员会“对它们管辖范围内的项目感觉十分强烈；3月15日报告给了它们另一个机会来成为一个拥护者”。众议院教育和劳工委员会及参议院劳工和人力资源委员会的“观点和预测”就显示它们对“巅峰状态”的拥护。这些委员会一般将它们的预测固定为超过总统预算的50%，远高于它们预期的拨款数额。众议院委员会辩称它们的建议是“根据弱势群体、残障人士和失业者们的需要而设置的合理开支目标”。参议院委员会的主张更为明确。它在1977年宣称，“我们把这份报告当作国会用来敦促为我们管辖范围内的国家优先事项和目标留出空间的文件。”它形容报告的目的是“预测而不是立法。结果是，我们的建议在为立法行动预留预算空间……而不需要预先决定资源和确切的立法内容”。

即使以拥护项目为己任的委员会也渴望维持自己的预算声望，但鉴于它们过头的“观点和预测”，完成这项任务并不容易。1978财政年度，教育和劳工委员会在新的预算授权中为教育、培训、就业和社会服务项目申请的资金比卡特总统建议的数额大约多90亿美元。众议院预算委员会在它第一个预算决议中削减了大多数计划的增长。它只为这些项目提供了申请数额的75%，这一比例远低于其他项目。众议院预算委员解释了它对社会项目的大幅削减，它指出教育与劳工委员会已经支持“按照全额的授权数额来资助大多数教育项目”。[46]这一声明激起了教育与劳工委员会主席众议员卡尔·伯金斯（Carl Perkins）愤怒的回应。他列出了一些3月15日报告的建议额度中远低于授权额度的各类项目。“鉴于设置的目标远低于授权委员会建议的数额，”伯金斯抱怨道，“预算委员会关于希望对大多数教育项目进行全额资助的声明值得怀疑。”[47]教育和劳工委员会不仅想要澄清是非，它还想避免被贴上习惯于做出不现实的预算预测的高支出委员会的标签。

“走在钢丝绳上”：权利性项目

就像处理多年期授权的委员会一样，权利性委员会（如众议院与参议院退伍军人事务委员会）以受益者为中心。但这些委员会的立法行动却与年度授权有些相似，它通过的数额强烈影响着实际的拨款额度。事实上，国会必须按照授权数额对权利性项目进行全额拨款。

这两个特性造成了大量的预算紧张情况。权利性委员会是“顾客导向”的，因而它们不得不为额外利益立法。退伍军人事务委员会除了为受益者们提供额外的权利外，不需要做什么重大的立法工作。它们定期处理新的、扩大了的权利需求。但这些委员会不能屈服于它们面对的所有压力，因为这么做将意味着使开支大大超过可以接受的程度。在过去，应对这些压力的通常做法是在委员会中抑制那些吸引人却代价高昂的计划。在权利性委员会中兴奋过头的计划必须停止，因为一旦立法项目被公之于众，在审议中就很难被阻拦下来。

3 月 15 日程序对于权利性委员会来说是一个非常复杂的问题。曾经的“希望列表”通过 3 月 15 日程序就可以进入操作阶段。在众议院退伍军人事务委员会中推动该程序民主化的领导人坦言他的目的是迫使委员会将过去曾被埋没的计划付诸实施。[48]在预算程序运行的最初几年，退伍军人事务委员会不是不经审查就同意每个需要表决的想法。比如说，在 1977 年参议院委员会拒绝了一项颇为吸引人的减免军事人员义务的法案，理由是为该项目拨付的额外资金会增加退伍军人事务的预算，或分散其他项目的资金。

从 1976 到 1979 的四个财政年度里，退伍军人事务委员会的 3 月 15 日预测平均比总统的申请高 10%。这一增长比例远高于进行年度授权的委员会，但也大大低于进行多年期授权的委员会的目标。这些增加中的一大部分是因生活成本调整所致，而不是因为增加了新的项目。然而，权利性委员会是否一直能够成功地抵抗住来自受益者的压力是值得怀疑的。一个遵从预算限制的权利性委员会会遇到它本已归档的计划在大会中被添加到预算决议中的风险。这种情况已经在众议院发生了；作为回应，退伍军人事务委员会的 3 月 15 日报告一般仍以它们的“客户”为中心。

保护基础：成为永久性项目的权力

在先前段落中提到的委员会在联邦预算的权利性项目中只占很小一部分。大多数权利性项目由众议院筹款委员会和参议院财政委员会来监督管理。然而，这些委员会的预算行为同两个退伍军人事务委员会不太一样。不同于退伍军人事务委员会，筹款委员会和财政委员会的管辖范围分别覆盖了预算中几乎所有的税务部分、全部的社会保障项目、主要的卫生与福利立法以及国际贸易。它们的立法目的不仅限于推出新的权利性项目。虽然它们在每年的 3 月 15 日申请中都会提请增加拨款，但财政委员会和筹款委员会主要关心的是保护现行项目免遭由总统倡议的削减。在每年的国会预算程序中，总统总是建议大幅削减各类福利和卫生救济，而每年这两个委员会也总是粗暴地拒绝总统的大多数提议。

由于这些权利性项目是作为永久性项目设立的，所以这两个委员会可以不做什么事就履行它们的职责。事实上，什么也不做已经成为它们最喜欢的 3 月 15 日策略，当然也有少数例外情况。参议院财政委员会拥有国会中最详尽的程序来汇总它们的“观点与预测”，但这一程序几乎没怎么体现在它的官方报告之中。智囊机构为两到三天的审议准备了简要的介绍文件，委员会将在这些审议会议中对各种各样的项目进行彻底审核。所有这些活动最后产生了一份文件（这份文件中谈及开支问题的没有几页），以概述委员会关于整体预算的决定。“这些议员”，一位智囊机构的官员解释道，“精心打造出它们并没做出什么立法决议的事实。它们做出的决议是关于预算额度的。这些预算额度的决议是为了适应立法。”财政委员会同样也坚定地拒绝总统提出的大多数项目削减建议。它 1976 年的报告“反映了委员会的观点，即大部分总统预算中涉及的立法不会被通过，或者说即便被通过，也来不及产生预算中显示的财政影响。”相似的意思也出现在之后的 3 月 15 日文件中。

筹款委员会的声明更为明确，其中罗列了它拒绝批准的项目削减提议。然而在 1978 财政年度的报告中，委员会完全拒绝所有总统建议的立场有所松动。管辖社会安全的小组委员会建议总统预算中预期的 8 亿美元的削减是“不现实和根本做不到的”。然而，全体委员会认可了总统的举动（主席厄尔曼据报告说是想要向新一届政府展现出合作的诚意），但它“同意让预算委员会注意到它和小组委员会一样对这些计划是否能够得到国会认可表示担忧……”。这样众议院筹款委员会就成功地在两边都捞到了好处——顺从了总统的愿望，但并不承诺自己会采取立法行动。

一些申请比另一些更合乎要求

在非政治化的预算程序中，所有的申请者只是简单地要求它们想要的，递交申请的形式不会使结果倾向一边或另一边。然而这种情况不会出现在现实的预算世界之中。对申请者来说，向国会要钱太重要了，它们不会允许这一程序按照完全中立的形式运行。想要在预算中得到满足的申请者们不仅仅把它们的申请放在国会前的台阶上，它们也会尽力博得决策者的好感。它们试图用各种办法来影响结果，其中的一种就是将它们的请求以比较占优势的形式提交。就像一些申请者比另一些处于更有利的位置一样，一些申请的形态更受青睐，而另一些则因为它递交的形式而受到歧视。

预算申请不同类别的完整目录可以长达好几页纸。力争上游的申请者都会去寻求特殊的方式以使它们的项目能够在预算竞争中占据一席之地。给予项目特殊待遇的标准方式包括通过信托基金资助、给予“后门支出”的地位，或建立对国库的强制申请。虽然一些申请因为得到特殊待遇而不需要通过国会预算程序，但它们仍然要受到其他形式的立法审核。拥有这一特殊地位的组织包括一些预算外机构（这些机构的运行被法律排除在预算之外）、担保借款（只有在借款人违约的情况下政府才会承担成本的一种有条件的政府债务）以及特定的由政府资助的公司（这种公司被视为因预算目的而成立的私人组织）。[49]

某些形式的预算申请能够减少或消除可选择行为。信托基金能减少自主选择权，而强制性权利则可以完全剥夺这种权利。《预算法案》朝着扩大国会选择面的方向前进，它禁止“优先强制性”申请（在第一个预算决议被通过前作出的开支决策），并限制“后门支出”项目。《预算法案》同时也试图通过给予某些事务新的定义来改变预算制定者先入为主的观念。以下我们讨论的各种形式的特别申请的效力和地位都受到了《预算法案》的影响。它们只是从各种预算申请中抽取的样本（而不是代表），但是足以说明预算申请所使用的形式能够影响相关决策。

“后门支出”

为了使自己的申请获得优先地位，多年以来，各类授权委员会都已经改进了规避拨款程序的方法。《国会预算法案》极大地压缩了“后门支出”的使用。“后门支出”主要有三种形式：

1. 授权向国库或公众借款，即借款授权。当机构获得这项授权，它就能使用借来的资金而无需通过拨款程序。在《预算法案》获得通过时，联邦机构的借款授权总额有大约2000亿美元。

2. 授权在拨款之前签订合同或承诺义务，即合同授权。虽然宪法要求拨款程序必须在国库拨付资金之前进行（即“除依据法律规定拨款外不得从国库付款”），但它并未阻止机构在拨款程序之前承担义务。在一个“后门支出”合同授权的例子中，事件的发生顺序通常是颠倒的：先是产生义务，然后再拨款来“清偿”（或者说支付）义务。[50] 在此类案例中，拨款委员会无法有效控制它们的行为。委员会必须为这些对联邦政府的申请付款。然而，虽然有的时候它必须面对拨款委员会的强烈反对，但在《预算法案》诞生之前，合同授权在国会拥有广泛的支持。因此，尽管受到众议院拨款委员会主席马洪的强烈反对，国会还是在1972年通过合同授权的方式为控制水污染的项目提供了180亿美元的资金。[51]

3. 第三种“后门支出”的形式会在国会给予有资格的个人或政府获得联邦政府支付的权利时出现。在《预算法案》诞生之前的十年中，权利性项目是联邦预算中增长最快的部分，也是导致联邦开支年复一年增长的最重要的因素。强制性权利性项目一般没有限制，实际的开支水平由国会无法直接控制的一些因素决定。国会在某些权利性项目中（如社会保障项目）设立了永久性拨款，此后便无需立法行为来维持项目的运转。在其他例子里（比如说退伍军人福利和公共援助），年度拨款对于权利性项目来说则是必须的，但国会在为拨款进行投票时几乎（或根本）没有自由决定权。有效的国会决策出现在对权利性项目进行授权之时。因此，权利性项目一直成功地将有效权力从拨款委员会转移到授权委员会，即使每年都必须有正式的拨款程序。

现在就很容易理解为什么“后门支出”如此受欢迎。不只是因为它有助于增加授权委员会（大多数国会成员都在授权委员会任职）的财权，还因为它通过给予“后门支出”地位的方式来使项目得到更好的立法保证。根据预算控制联合研究委员会的研究，从1969年到1973年，国会的拨款数额比总统申请的少300亿美元。但在这些年里，国会在预算数额之上批准了300亿美元的“后门支出”。如果常规拨款减少但“后门支出”增加，那么授权委员会就会想要通过把它们的申请转化为“后门支出”来获得优先地位。这正是《预算法案》诞生之前的斗争年代里所发生的事情。

然而，《预算法案》限制了“后门支出”带来的好处。尽管现有的立法没有受到影响，但新的合同授权或借款授权只有在作为常规授权时才能生效，而常规授权的资金使用则受到拨款法案的制约。[52]新的权利性项目只有在被第一个预算决议采纳后才能进入国会审议，并且（在大多数情况下）在下一个财政年度之初才能生效。再者，当新的权利性项目会超出最新的预算决议规定的金额限度时，这项立法将会交给拨款委员会审议，委员会可以提出削减权利性项目开支的修正案。总之，合同和借款授权不再具有优先地位，权利性项目仍然拥有特殊待遇，但必须在国会预算决议文本的范围内对它进行审议。至少在理论上，新的权利性项目必须同预算中的其他申请一起竞争有限的国会预算分配。

“经常性服务”基准

《预算法案》引进了一套新的总统预算提交程序，即

“在下一财政年度所有的项目和活动与正在进行的财政年度的开支水平相同，并且关于这些项目与活动的政策没有改变的情况下”对开支进行预测。[53]“经常性服务”预算被设想为中立申请，它对行政机构的项目偏好没有偏见，并允许所有的机构平等地竞争拨款。然而，在使用“经常性服务”的环境中不存在中立的基准线。它可以用来自白宫的预算削减压力或通货膨胀的破坏因素为项目作掩护以影响预算的结果。

回顾《预算法案》诞生前那些为预算斗争的日子，尼克松总统一次次地试图削减国内项目，有时候通过扣押的方式，有时则将计划的开支增长压制在通货膨胀率以下。国会对这种针对预算程序稳定增长的威胁的反应是将预算渐进主义以“经常性服务”预算的形式制度化。这一新的提交程序的潜在含义是项目和机构应该避免受到通货膨胀的损害。“经常性服务”预算因而使得那些即使在最有利的情况下也很难做的事情变得更为复杂——即降低基准。这是重大的偏差，因为“经常性支出”和“经常性服务”之间的差别常常会为国会决策者的选择留下余地。也就是说，当它们要削减某些项目时，它们通常将金额的增长率控制在通货膨胀率以下。

对那些雄心勃勃的申请者来说，“经常性服务”的数额成为它们申请更高未来支出的基准。众议院教育和劳工委员会和参议院劳工与人力资源委员会试图根据经常性服务而非总统预算来撰写它们的 3 月 15 日报告，从而缓解它们巨额增长的资金申请所造成的强烈反应。事实上，劳工与人力资源委员会从 1978 财政年度的报告开始就取消了与总统预算的表格式比较。委员会用“附加经常性服务”的概念来描述它的行为，它的“观点与预测”集中于那些从现行项目中挑选出的附加项目。

即使各方参与者都在追求中立，完美的中立还是很难做到。根据通货膨胀来调整项目绝不是一件简单的事。一些项目（如社会保障项目）有同通货膨胀率或其他指标挂钩的法定指数，一些（如收入分享项目）在数年内有固定的拨款总额，另一些（如国防和很多大型联邦项目）则每年都进行拨款。从国会有预算程序开始，管理与预算局及国会预算局就对如何恰当地处理经常性服务预测中的通货膨胀问题争论不休。管理与预算局用不同的方法处理不同类型的项目，但国会预算局则试图为所有的项目设立统一的规则。国会预算局通常允许的某些国内项目的通货膨胀修正值高于管理与预算局。但这不仅仅是技术问题。正如我们在下一章节中将会探讨的，参议院预算委员会在准备预算决议时会参考经常性服务基准线，因此通货膨胀修正值之间的差异会影响预算决策。

经常性服务数据能够降低总统的申请在国会预算申请中的地位。虽然国会一直对它要付出多大代价来继续维持现存项目这件事保持警觉，但这些数据的使用不只使国会独立于总统对削减项目的爱好，还使它更多地暴露在利益团体要求保护项目免受通货膨胀影响的压力之下。

国会委员会的要求永远超过国会能够使用的资源。由于不能答应每一个请求，国会需要一种程序来在呈递给它的各种各样的申请中做出选择。这一程序的核心是预算决议，它的作用是设置收入和开支水平，以及在为数不多的预算功能之间分配新的预算授权和支出。国会编制预算决议的方式是我们下一章的主题。

注释

[1] 1921 年的《预算与会计法》第 206 节禁止行政机构直接向国会提出预算申请；作为替代，它们必须首先经过行政预算程序的审查。

然而在20世纪70年代，国会拆除了这面保密墙。举例来说，根据1972年的相关立法规定，消费产品安全委员会会同时向总统和国会递交预算申请。

［2］尤其是众议院拨款委员会对总统预算建议高度敏感，它（和参议院拨款委员会）把自己的每一步行动都与总统的数字相比较。

［3］德斯基勒程序（Deschler's Procedure，由众议院一位熟知议事法规的众议员汇编的最新的议事规则）在拨款法案中留下了比其他任何事务都要多的立法和限制的空间。虽然用简洁的语句来概括所有的情况非常困难，但作为普遍适用的规则，如果用约束性语言来强加新的责任或要求，就很有可能会因触犯其他规章而被判定无效；如果仅仅是对拨款法案的使用进行限制，那么这类条款就可能获得支持。

［4］122号国会记录（编辑日期1976年8月31日）H9277。

［5］例如，在1976财政年度《对外关系授权法案》禁止国务院开发机器可读的护照系统；宣布政治捐款不能成为奖励大使职位的标准；敦促重开瑞典哥特堡的领事馆；指示军备控制和裁军局研究武器限制对军事开支的影响；修改了对于承包商进行安全调查的法定要求；限制美国对某些国际组织和活动的分担额；要求外事官员为国会、州、地方和公共组织提供临时援助；建立外事工作人员的申诉程序；授权一些雇员携带枪械。这只是附加在年度授权程序之上的国会所关切事务的清单之一。

［6］123号国会记录（编辑日期1977年5月23日）S8372，斯坦尼斯（Stennis）参议员的评论。

［7］明确授权的支持者不得不声辩这一委员会建议对拨款加以限制，而不是期待未来更高的支出。参见121号国会记录，1975年9月3日，众议员福特和鲁斯洛特的评论，H8255。

［8］参议院陆海空三军委员会主席参议员斯特尼斯多年来都担任国防拨款小组委员会的领导。1978年他成为这一小组委员会的主席，因而同时领导了国防项目的拨款单位和授权单位。

［9］美国政府间关系咨询委员会，联邦援助资金授权和拨款之间的差距，1970年7月。

［10］121号国会记录（编辑日期1975年6月3日）S9456。

[11] 众议院州际和国外贸易委员会，1973年到期的卫生授权的财政数据，委员会资料 No.1，1973年3月，第13页。

[12] 这一百分比包括固定（确定）授权项目，而不是不确定授权项目。参见美国教育局，对提交给拨款委员会的拨款估计的解释，1979财政年度。

[13] 福特在1974年否决了两个卫生类的授权法案，H.R.14214和H.R.17085。这两个授权法案被合并成了授权法案S.66，并在1975年被国会不顾福特的否决而通过，但是其授权额度远远低于之前的授权法案。

[14] 121号国会记录（编辑日期1975年7月29日）H7729。

[15] 121号国会记录（编辑日期1975年11月18日）H11349，众议员奎益（Quie）的论述。

[16] 121号国会记录（编辑日期1975年10月29日）S18901，参议员约翰斯顿（Johnston）的论述。

[17] 同上，S18904。

[18] 同上，S18905，参议员杰克逊的声明。

[19] 121号国会记录（编辑日期1975年7月29日）H7728。

[20] 国会预算局不只是为国会准备定期的数据记录报告；它还为众议院和参议院预算委员会分别提供记录的数据分析。众议院预算委员会的数据记录报告不包含授权项目。

[21] 121号国会记录（编辑日期1975年8月29日）S14723。

[22] 同上，S14722。

[23] 当时学校午餐项目的授权法案正在1975年9月进入参议院的辩论程序，这一时间正好是参议院拒绝批准军事授权法案的一个月后。马斯基敦促重新考虑这一项目："今天我们有机会显示我们对财政纪律承诺的范围。在8月1日我们投票使军事开支接近于国会预算中的数额。今天我们能通过投票重新考虑提交给联席会议的儿童营养法案来为国内项目的开支添加相同的限制。"121号国会记录（编辑日期1975年11月5日）S15396。这一"重新考虑"得到了76对0票的一致通过。

[24] 参议院预算委员会，对1976财政年度第二个共同决议的审

议，副本，第 316 页。

[25] 同上，第 322 页。

[26] 同上，第 325 页。

[27] 122 号国会记录（编辑日期 1976 年 5 月 12 日）S7070。

[28] 引自约翰·麦克沃伊致马斯基参议员的备忘录，1976 年 5 月 25 日。参议院预算委员会文件。

[29] 同上。

[30] 除了在 1976 年 5 月 25 日的备忘录中，这一事项还在 1975 年 10 月 1 日和 1976 年 5 月 17 日的备忘录中有所涉及。

[31] 122 号国会记录（编辑日期 1976 年 6 月 15 日）S9411。

[32] 同上。

[33] 这是马斯基在参议院预算委员会内部辩论中对委员会在授权法案问题上所扮演的角色的解释："我们试图（特别是在过去的两到三个月中）在我们写入记录的声明中为我们在职责之中所看到的相继出现的危险升起警示旗和红旗，即使我们不能在那时证明目标已经被违背。我们还是试着发出警告……" 参见对 1976 财政年度第二个共同决议的审议，副本，第 323 页。

[34] 121 号国会记录（编辑日期 1975 年 11 月 19 日）S20456。

[35] 123 号国会记录（编辑日期 1977 年 6 月 23 日）S10578。

[36] 123 号国会记录（编辑日期 1977 年 6 月 13 日）S9593。

[37] 1976 年 7 月 26 日（司法援助管理局 1977 财政年度拨款法案通过的两周后）参议院通过了司法援助管理局的授权法案。授权法案为管理局 1977 财政年度授权了 10 亿美元的额度，而拨款数额比授权数额低了 2.47 亿美元。

[38] 国会预算法第 402 节 b 款规定了众议院的豁免权，第 402 节 c 款明确规定了参议院内的豁免程序。

[39] 在一些案例中，众议院预算委员会主席（或代表）在规则委员会之前出场来详述委员会对于该豁免的看法。在大多数情况下，众议院预算委员会主席会写信给规则委员会来说明委员会的立场。

[40] 参见众议院预算委员会，就预算程序问题接受特别工作组的听证，国会对预算程序的监督，第 95 届国会，第一会期。

［41］H. Rept. No. 95－12（1977），p. 9。

［42］众议院预算委员会，关于1977财政年度国会预算的观点和预测，第94届国会，第二会期，1976年3月22日，第407—409页。

［43］众议院预算委员会，关于预算程序的特别小组，《国会预算程序的监察》，第95届国会，第一会期，第19页。

［44］1978年2月3日函件，参议院预算委员会文件。

［45］参议院预算委员会，关于国会是否有权控制财源的听证会，第95届国会，第二会期，1978年3月6日，第22页。

［46］H. Rept. No. 95－189，p. 51。

［47］众议员伯金斯在1977年4月29日写信给众议员格雷默，格雷默在1977年7月12日予以回复，但没有解决全额授权的问题。

［48］参见众议员预算委员会，预算程序特别小组，《国会预算程序的监察》，第95届国会，第一会期，埃德加众议员的证词，第18—27页。

［49］关于对有条件的政府债务以及相关的预算问题的讨论，参见众议院预算委员会，国会对开支的控制，委员会副本，1977年1月，第87—96页。

［50］在合同授权通过这种“后门支出”的方式建立之后，清偿拨款就不会被计算在预算授权以内。而预算授权则被视为出自于对项目进行授权的立法之中。

［51］马洪写给众议员们旨在劝说他们投票反对合同授权的信件收录在118号国会记录10775（1927年3月29日）中。

［52］预算法第401节规定了自我资助的信托基金和一些其他类别的项目可以获得对这些针对借款授权、合同授权和权利项目控制的豁免。

［53］《预算法案》第605款。

第七章
制定预算决议

根据预算年表的规定，在申请提交之后，预算资源将被分配给各类申请者。这个步骤是国会预算过程的核心，即每年两个（或更多的）预算共同决议的编制。

预算决议看上去相当简单。在印刷文本中，它常常只有两页纸的长度。每个决议都会按照要求被划分到由《预算法案》规定的五个财政总量（总收入、总的新预算授权、总开支、预算盈余或赤字、公债）、预算授权，以及十九个功能类别的开支项。[1]然而，起草一个预算决议也是一项复杂而艰巨的任务。每个决议都包含四十多个独立的、但在算术上连续的决定。这些功能类别的支出必须加到一起变成总额支出；分配给各个功能的预算授权必须和预估的支出相协调；总收入和支出的差额必须和预计的赤字相同。

正如本章所述，这些纷繁复杂的事务在政治上是必要的。国会的行动需经过两院预算委员会、众议院、参议院和联席会议五个阶段，每个阶段都区分着各类政治利益、涵盖了政府关注的所有层面，而这些阶段都必须被和谐地纳入一个预算决议之中。或许正如预期的那样，众议院、参议院以及与它们相关的委员会都以不同的方式制定它们的预算。参众两院有不同的政治环境、传统和规章。本章对预算决议路径的追踪囊括了审议的各个阶段，特别关注每个阶段的决策方法和投票模式。本章的焦点是“第一个”决议（即每年春季通过的决议），因为它们比“第二个”决议（即每年秋季通过的决议）对国会政策有更大的影响力。

众议院预算委员会的预算：民主党的规则与共和党的反对

民主党在众议院以及众议院预算委员会都是多数党，有着 17—18 个席位的优势，因此，众议院预算委员会的民主党通常会努力制定一个偏向多数党利益的决议。他们很少在制定预算决议的过程中寻求各方支持，或者为缓和共和党的反对而做出妥协。由于自由派和保守派之间的分裂日趋深化，两个党派之间的差异已经变得很大，以至于无法运用边际调整来消除双方的隔阂与分歧。

标准：编制民主党的预期

在一个典型的立法情况下，一次审议往往始于一个具体的提议或一个法律草案。因为国会议员们将新的预算过程视为脱离行政部门控制的独立宣言，预算委员会不想把总统预算作为它们的基准。不仅如此，当审议开始时，共和党的总统就会近乎苛刻地要求在社会项目上进行削减，但委员会中的民主党人希望以他们的数字作为起始数据。在 1977 年民主党总统成功入主白宫后，这种程序上的独立也得以延续。

众议院预算委员会审议预算决议的起点是“民主党的基准”，即针对每个合计额度和功能类别提出的一系列具体建议。在最初几年的预算程序中，建议由主席提出，但从1979年开始，由民主党党员准备。1980财政年度决议的基准是由委员会中的民主党核心会议起草的，并且委员会主席并不赞同其中的一些关键提议。在大多数情况下，核心会议的基准和主席的基准按同样的方式准备，并且其结构框架也一样。一开始先对经济环境进行总结，之后对预算总体情况做出分析，接着是对各个预算功能进行分析。对于每个建议，都有文件解释这些数字的来源，并且把它们与总统申请的数字进行比较。在每个功能中，选定的议题会受到审查，同时还要对主要的建议进行说明。

尽管报告建议了每个功能的预算授权和支出总额，但它也为预算中的每个账目假定了一个特定的支出水平。众议院预算委员会的行政职员通过增加或者减少总统对每个功能的申请额来构建民主党的基准。这些行政职员同时也负责对项目变化和立法事务提出假设。因此实际上，这个基准等同于一个分项预算（line - item budget），尽管在报告中只有总额和一小部分议题会被讨论。对于项目细节的关注贯穿在众议院预算委员会审议每个预算决议的过程之中。如果委员会改变一个功能的分配额，其他多个项目也将会有相应的调整，这样才能确保项目方案中的预设值与总额保持算术上的一致。因此，即使委员会在形式上将他们的决策限定在总额范围内，但它在这样做的同时还是要考虑项目细节。

根据账目清单，众议院预算委员会的智囊机构完成了大部分制定基准的基础工作。当智囊机构开始着手这项任务时，主席几乎不会给予任何引导，最多只是给一些象征性的指示，例如他对赤字的想法，又例如在为数不多的他非常关心的问题上的立场。因此，众议院预算委员会的行政职员们在没有接到明确通知的情况下就能敏感地意识到罗伯特·吉阿莫主席倾向于比总统提议更少的国防开支。每个分析师会在为期若干天的密集的评审会上为他所负责的项目的基准进行辩护。众议院预算委员会的分析师所面临的挑战包括要解释他们的建议与总统预算的偏差，要说明为何他们希望通过或者不通过某项法律，并且要解释为什么要对他们挑出的特定议题予以特别关注。这些“对抗式议程”（多方参与者都会牵涉其中）关注的是“对国会的期望是什么”，而不是立法实质性的价值。举办这些费时费力的评审会的目的在于消除分析师的偏差，使基准的确定如实地反映国会的预期。

随着审议的临近，主席和委员会中的其他民主党人会越来越多地参与到这个过程中。主席会向其他委员会中的重要人物以及众议院的民主党领袖征求意见。他也会和众议院预算委员会特别小组的负责人以及委员会中的其他民主党人进行协商。主席和众议院预算委员会的同事利用在一起的机会（例如在众议院大会上和其他成员的相遇）讨论预算的前景和问题。尽管任何一个民主党人都能够通过表达对特定问题的兴趣影响预算数字，但众议院的共和党人对这个过程几乎没有任何参与。

在使用主席所制定的基准的那些年里，主席的目标是希望制定的预算不仅能获得委员会中民主党人的充分支持，还能在大会上战胜预期中共和党人的反对。因此，尽管提议需要他的认可，并且这也是主席的职责所在，但主席无法完全依照自己的偏好确定预算数字。主席的提议都在预料之中，某些情况下则根据他个人的偏好和一些策略上的考量而有所调整。亚当斯和吉阿莫都意识到到无论主席将开支水平定得多高，众议院预算委员会中的自由派民主党人都会试图增加在某些社会项目上的花费。因此这两个领导人都倾向于相对压低这些项目的金额。

大部分众议院预算委员会成员不会反对主席的动议，因为他们觉得主席的提议和那些作为常规审议基础的法律草案之间没有区别。只要保留他们建议修改的自由，大多数众议院预算委员会的普通成员还是非常乐于接受主席对他们的领导。“那没有什么神圣的”，一个民主党委员如此写道，“你要寻找一个起点，因为一个没有基准的审议是极为糟糕的。这将让我们花上数天甚至数周的时间才能找到那个起始点”。

不仅如此，大多数成员知道，除了主席表达个人关切的几个问题外，文件更多地反映的是众议院（几乎只是民主党的）的期望而不是主席个人的观点。以基准为起点，众议院预算委员会成员可以有机会添加自己的想法和偏好。他们也同样意识到他们需要得到众议院对预算决议的支持。

委员会的一些自由派的人士认为，通过迫使他们公开提议增加开支，基准就成了那些主张提高项目支出水平的委员会成员们的负担。这个问题的严重程度取决于主席是否在听取委员会中民主党党员建议时也顾及了自己的利益或决议在大会上的前景。从某种程度上来说，由于委员会与众议院民主党之间的分歧越来越大，致使1980财政年度出现了从主席的基准向党团基准的转变。众议院预算委员会的民主党成员比众议院的民主党人更加具有自由化的倾向，于是制定一个让双方满意的基准对主席而言就变得愈发困难了。

在写这本书的时候，要确定众议院预算委员会的民主党人是会继续保留党团基准还是恢复到主席制定基准，尚且言之过早。但只要委员会的民主党及共和党在关键的预算问题上存在严重分歧，这个基准也许会继续反映多数党的观点。

民主党的审议

民主党的基准是众议院预算委员会审议的基本框架，同时它也常常是委员会成员提出修正案的出发点。但是，委员会很少会顺从地接受基准或项目方案中的建议。在审议1977财政年度的第一个决议时，众议院预算委员会的成员提出了40多个修正案，1978和1979财政年度的决议数保持在这个水平。1980财政年度的决议中提出的修正案超过60个，这些都表明众议院预算委员会在预算方面争执不断。

在预算过程付诸实施的最初几年，提高支出目标的建议要比降低支出目标的建议多得多，但1980财政年度的62个提议中有37个主张在基准的基础上减少支出目标。寻求削减预算只是1978年6月第13号提案（该提案降低了加利福尼亚州的财产税）通过后，众多表明预算政治变化的迹象之一。众议院预算委员会成员敏锐地嗅出了政治环境的变化，并且被迫采纳了那些将增加支出和赤字总额的提议。

不仅如此，比起提议削减金额，提议增加金额更能在委员会中赢得赞同。在1977财政年度，21个建议增加支出的提议中有10个被采纳；相比而言，19个建议减少支出的提议中只有5个被采纳。事实上，二者之间的差异远远不止于这些数字所显示的差别，这是因为有3个赞同增加支出的建议是在后来委员会对决议进行第二轮投票时被“逆转”通过的。这一现象在1978和1979财政年度更为突出。在这两年中，众议院预算委员会通过了27个增加支出的修正案，然而却仅仅通过了5个减少支出的修正案。在1980财政年度，由于实施了限制预算，增加支出的方案在票数上领先的幅度大幅缩小。更多削减支出的修正案（12个）获得通过，这比前三年通过的削减支出方案之和还多，并且这个数字几乎和获得通过的增加支出的修正案数量（13 个）持平。

支持增加支出反映了众议院预算委员会审议中民主党占多数优势地位。1977 年和 1980 年之间，民主党在审议第一个决议时提交了超过 130 个修正案，相比较而言，共和党才提出了 60 个。不仅如此，民主党的修正案通过率更高，一般高于 50%，而共和党修正案的通过率则低于 25%。即使在委员会中共和党党员比民主党党员更团结，他们还是会输。在 1977 财政年度第一个决议的审议过程中，所有共和党人在 12 轮投票中都完全一致，然而委员会的民主党人仅有一次保持一致，是为了阻止共和党人通过福特总统的支出基准。除了一轮投票，共和党和民主党在所有的投票中都持反对态度。不仅如此，由于一些保守的民主党人的背叛，共和党在 1977 年的审议中赢得了一些票数很接近的投票。

民主党成员在第 95 届国会期间的自由化（在第四章提到过）加深了两党的分歧，强化了民主党的多数党地位。共和党在对 1978 年第一个决议的 25 轮投票中有 16 轮保持一致，而在 1979 年则是 25 轮中 18 轮保持一致，但是却屡次失败。在 1978 财政年度中，民主党在 22 轮投票经历了 20 轮“政党路线”投票（“party line” votes，即两党中有一半或者超过一半的成员站在不同的立场上）；在接下去的一年中，则是 22 轮投票有 16 轮出现这种状况。然而共和党在 1980 财政年度审议中更加成功，赢得了 36 场激烈投票中的 14 场。总而言之，民主党在 1978 年和 1979 年间 80% 以上的政党路线投票中占据优势，但是在 1980 财政年度仅有 60%。

相比较前几年的投票模式，1980 财政年度的这个转变非常明显。表 7－1 展示了 1977 年至 1979 年之间两个政党的凝聚力和每个众议院预算委员会成员的获胜记录。在这个表格中我们可以发现，少数派有着惊人的团结，有12个共和党人在众议院预算委员会中任职，其中就有4个完全支持本党，同时其他人支持本党的比例也保持在90%以上。然而在25名民主党人中只有4人一直和他们政党多数派的意见保持一致，很多人在超过一半的投票中反对本党的立场。相对那些年在众议院预算委员会中任职的民主党人，共和党人显示出更高的政党忠诚度。尽管如此，哪怕是最特立独行的民主党人，比起共和党人，也都会有更高的成功概率。作为一个团队，民主党人在75%的投票中都能够与多数派保持一致，而共和党人的这一比例仅为33%。

表7-1　1977—1979财政年度第一个决议审议中的政党凝聚力和众议院预算委员会成员的获胜记录

成　员	投票支持或反对多数党			投票支持或反对委员会中大多数成员的意见		
	支持	反对	支持百分比（%）	支持	反对	支持百分比（%）
民主党						
亚当斯	13	0	100.0	9	4	69.2
奥尼尔	13	0	100.0	9	4	69.2
史密斯	10	0	100.0	7	3	70.0
奥哈拉	12	0	100.0	9	3	75.0
阿什利	63	5	92.6	54	6	90.0
米克	12	1	92.3	10	3	76.0
吉阿莫	64	6	91.4	63	9	87.5
欧贝	51	5	91.1	50	8	86.2
斯多克斯	59	7	89.4	53	15	77.9
西蒙	51	7	87.9	47	13	78.3
雷曼	49	7	87.5	49	9	84.5

续表

成　员	投票支持或反对多数党			投票支持或反对委员会中大多数成员的意见		
	支持	反对	支持百分比（%）	支持	反对	支持百分比（%）
米歇尔	61	10	85.9	55	18	75.3
米内塔	47	8	85.5	48	12	80.0
弗雷泽	47	8	85.5	39	18	68.4
莱格特	57	10	85.1	53	16	76.8
霍兹曼	58	11	84.1	51	20	71.8
费希尔	44	9	83.0	43	12	78.2
莱特	56	12	82.4	56	14	80.0
马托克斯	40	17	70.2	39	20	66.1
德雷克	38	24	61.3	41	23	64.1
派克	31	23	51.4	32	24	57.1
伯雷森	15	28	34.9	21	24	46.7
吉本斯	4	9	30.8	8	5	61.5
兰德拉姆	2	8	20.0	4	6	40.0
鲁内斯	1	7	12.5	4	4	50.0
合　计	898	22	82.2	854	293	74.5
共和党						
西德伯格	13	0	100.0	5	8	38.5
施内贝利	13	0	100.0	5	8	38.5
克劳森	13	0	100.0	5	8	38.5
施瑞弗	12	0	100.0	4	8	33.3
拉塔	72	1	98.6	23	50	31.5
布罗希尔	69	1	98.6	23	47	32.9
邓肯	54	2	96.4	17	39	30.4
罗塞洛特	51	2	96.2	15	38	28.3

续表

成　员	投票支持或反对多数党			投票支持或反对委员会中大多数成员的意见		
	支持	反对	支持百分比（%）	支持	反对	支持百分比（%）
伯吉纳	55	4	93.2	20	39	33.9
雷古拉	53	4	93.0	21	36	36.8
霍尔特	67	5	93.0	24	48	33.3
科耐伯	67	6	91.8	24	49	32.9
合　计	539	25	95.6	186	378	33.0

来源：1977 财年第一、第二和第三个决议的众议院预算委员会记名投票的表格。1978 财年第一、第二次决议的众议院预算委员会决议记名投票的表格。1979 财年第一个决议众议院预算委员会记名投票的表格。

此外，民主党人的忠诚度越高，他们所持有的立场越有可能胜出。在众议院预算委员会被自由化以及民主党的优势扩大到 17—18 席的情况下，不忠诚的民主党人在委员会内的投票已经无法影响大局。因此在委员会中，自由派民主党人能够根据自己的期望和喜好来制订预算决议，而不是根据全体成员的意志。

然而，在 1980 财政年度的审议中，民主党的凝聚力和力量出现了明显的削弱。从表 7-2 中可以看出，当时民主党内一致的投票少于 75%，相比较而言，从 1977 年到 1979 年间的这一比率为 80%。结果是民主党人的平均成功记录从 75% 下降到 65%。众议院预算委员会中新的民主党成员通常是最不和自己党派保持一致的。在对政党忠诚度的评分中，最低的六个分数中有五个是委员会中民主党人的。和以往不同，民主党人过去在国会中根据自己的方式主导委员会，但在 1980 财政年度审议中，由于民主党人中的温和派和保守派不再与自己的政党站在一边，使得有时候共和党人会赢。

表 7-2　　1980 财政年度第一个决议审议中众议院预算委员会成员的政党凝聚力和获胜情况

成员	投票支持或反对多数党			投票支持或反对委员会中大多数成员的意见		
	支持	反对	支持百分比（%）	支持	反对	支持百分比（%）
民主党						
吉阿莫	32	5	86.5	27	10	73.0
莱特	31	4	88.6	27	8	77.1
阿什利	30	4	88.2	26	8	76.5
斯多克斯	34	2	94.4	24	12	66.7
霍兹曼	31	6	83.8	22	15	59.5
欧贝	29	8	78.4	23	14	62.2
西蒙	30	7	81.1	21	16	56.8
米内塔	32	4	88.9	23	13	63.9
马托克斯	9	28	24.3	18	19	48.6
琼斯	14	22	38.9	24	12	66.7
索拉兹	35	2	94.6	24	13	64.9
布洛赫德	34	3	92.0	25	12	66.6
沃斯	24	12	66.7	28	8	77.8
帕内塔	23	13	63.9	24	12	66.7
格普哈特	18	19	48.6	23	14	62.2
内尔逊	14	23	37.8	23	14	62.2
格雷	34	3	91.9	25	12	67.6
合计	454	165	73.3	407	212	65.8
共和党						
拉塔	34	1	97.1	16	21	43.2
布罗西尔	34	0	100.0	15	20	42.9
科耐伯	34	1	97.1	16	21	43.2

续表

成　员	投票支持或反对多数党			投票支持或反对委员会中大多数成员的意见		
	支持	反对	支持百分比（%）	支持	反对	支持百分比（%）
霍尔特	34	1	97.1	15	21	41.1
雷古拉	33	1	97.0	13	23	36.1
舒斯特	32	3	91.1	17	20	45.9
弗伦泽尔	35	0	100.0	14	23	37.8
鲁特	34	1	97.1	16	21	43.2
合计	270	8	97.0	122	170	41.8

来源：众议院预算委员会针对 1980 财政年度第一决议进行记名投票的表格。

因为投票模式的改变，争取民主党中自由派支持的策略也在不断变化，即增加对于这些委员会成员所偏好的项目的注资。从 1977 年到 1979 年，自由派的民主党人通过审议程序增强决议对多数党的吸引力，通常是在总统或众议院预算委员会主席提议的基础上向某些国内项目提供更多资金。事实上，委员会常规的分项审查也鼓励着委员们（几乎总是民主党人）去尝试为特定的项目增加资金。委员们很少提交修正案要求转移各功能中的资金；这么做很可能会激起委员会其他同事的反对，因为这些同事也有自己的项目偏好。更保险的处理方式是提高功能资金的总额，并标出那些要增加资金的项目。

尽管众议院预算委员会的成员知道众议院不会受到他们项目预设的约束，但是他们会坚决捍卫委员会的分项审查。一位民主党人坚信：“如果你不描述细节，你就只是在随意地列举一些数字而已。”“为了确定教育事业的优先项目，我们几乎一直在谈论资助问题；我们将要商谈关于对智障者的资助，正如在谈论国防预算时你一定会提及 B－1 轰炸机。”

委员会成员同时也坚信他们的项目设想应该被众议院所了解，这样众议院就可以意识到它的决定所带来的影响。一个委员表示：“我们应尽可能详细准确地告知众议院，当达到那些金额时，我们的设想是什么。这是我们的责任。”

然而，使用分项机制还有另一个原因。分项增加（Line－item additions）似乎已经成为获得足够自由派民主党人支持以对抗共和党和保守派民主党反对的必要代价。尽管已经是委员会中的绝对多数，民主党人依然面临着决议受挫的风险，因为为高额赤字而苦恼的保守派和不支持项目优先性的自由派都可能背叛本党。这种情况在 1975 年春天就发生过，当时众议院预算委员会第一次制订预算决议。由共和党、保守派民主党和自由派民主党所组成的联盟最后否决了决议。不过，两名共和党人投票立场的转变挽回了决议失败的命运，并且将新的预算程序从严重的尴尬中解脱出来。

有时候民主党领袖们希望通过制定一个有足够吸引力的决议来赢得委员会和众议院多数的支持，因此他们会推动分项的资金增长。一个这类例子发生在众议院预算委员会就 1977 年第一个决议召开扩大审议会议的最后一天。那个时候多数党领袖托马斯·P. 奥尼尔（Thomas P. O'Neill），成功地为刺激就业的项目增加了 42 亿美元的资金，并且追回了委员会事先从国民健康保险提案和《汉弗莱·霍金斯（Humphrey－Hawkins）充分就业法案》中削减的一亿美元启动资金，而这两个事件对于自由派民主党来说都具有伟大的象征意义。

有时候分项审议的好处来自委员会成员个人，他们会将一些经由最初委员会附件演化而来的项目附件提交审核。众议员詹姆斯·G. 奥哈拉（James G. O'Hara）是一名在教育与劳工委员会任职的高级民主党员，他为三个教育项目争取到了3.58亿美元的资金；而众议员帕特西·米克（Patsy Mink）在五个她感兴趣的区域性项目中获利3700万美元。在最极端的例子中，一个项目在一次分项审查中就获得了100万美元的增加资金。事实上，大多数众议院预算委员会中的民主党人都会参与到提高支出水平的过程之中。在对1978财政年度第一个决议的审议过程中，超过一半的民主党委员的修正案获得采纳，而这些修正案都在为特定项目争取更多资金。

众议院预算委员会成员明白分项化会使委员会更偏向于支持增加支出。一位民主党人评论说："我们很难为削减支出投赞成票，这是因为我们知道哪些项目会受到损害。我们也很难为增加开支投反对票，因为我们知道哪些方案将受益。"委员会成员们也会利用预算决议地位的模糊性来为增加开支、抵制削减辩护。提出增加开支的人会说，批准增加开支的议案不过是使国会在随后审议拨款法案时有机会考虑这个议题。相反，反对削减方案的委员们会说，议案的通过会在国会审议开支法案时阻碍国会表达其自身的意见。

尽管众议院预算委员会在1980财政年度继续对第一个决议进行分项审议，但是在增加预算时他们也注意了节制。临近审议结束时通过一系列修正案增加了对于地方经济发展、残疾人救助、农村援助、区域发展委员会、相机抉择的健康计划、巴拿马运河雇员的退休福利和航空航天的研究与发展这些项目的拨款。如果除去这些在最后时刻增加的拨款，委员会的预算会比众议院预算委员会民主党提出的标准低。

尽管如此，削减预算的气氛会影响国会，这是委员会无法避免的；同时，在很多情况下，委员会成员只能勉强接受对于他们所中意项目的文字性承诺而非实质性拨款。有人向众议员保罗·西蒙（Paul Simon）承诺：他如果按照这种思路提交法案，那么国际小麦储备项目的资金拨款计划将在对第二个决议的审议中被纳入考虑范围；众议员刘易斯·斯多克斯（Louis Stokes）获得的承诺是在经济不景气的时候会对各州和市的财政需求进行审查；众议员詹姆士·马托克斯（James Mattox）增加了相关条款以提高应对结构性失业的就业项目的优先性；还有众议员威廉·布罗德黑德（William Brodhead）也再次获得了委员会关注越战老兵问题的保证。在财政紧缩的时期，这些承诺能够转化为资金，而在背后则是以支持预算决议为前提所做的交换。

决议：不同意见的妥协

众议院预算委员会成为民主党的橡皮图章，它通过的预算决议都带有浓厚的民主党色彩。只有一次例外，在 1975 年的一次投票中，投票结果因两位共和党人的立场转变而逆转。民主党人已经拥有了足够的票数来通过决议，但共和党人还是会坚定地团结在一起反对决议。想用分项妥协来换取共和党人的支持是不可能的。众议院预算委员会的共和党人不仅认为总开支和财政赤字高于他们能够承受的范围，而且他们还反对委员会通过的很多分项增资方案。这种改变使决议更符合自由派民主党人的要求，但却加重了共和党人的不满。然而，与国会中所有议员一样，众议院预算委员会中的共和党人也有自己偏好的项目，并且他们也不反对通过审议来增加此类项目的预算。但是尽管他们有时支持增加分项的资金，他们通常的角色却是被多数票击败的反对派。

尽管众议院预算委员会在审议过程中会对很多的分项加以修改，但它会施加一定的限制，不会向委员会成员所有关于增加资金的要求妥协。如果向功能增拨过多的资金，那么支出总额或许会高得使一些委员无法接受，而且决议也会被置于危险的境地。在审议过程中，委员会房间的大黑板上赫然写着预算总额。当对某个功能的资金额做出调整时，预算总额也会在众目睽睽之下被修改。因此，委员会常常会有一个实时的记录，写明每个项目的调整以及它们对总支出和总赤字的影响。主席或者是民主党领袖的标准会成为委员会制定决议的指导，同时最终总额只能轻微地偏离这个标准。表7－3将主席（或民主党）的提议和1976到1980财政年度委员会的第一个决议做了比较。因为国会在1977财政年度的第三个决议中做出了新的项目决策，所以该决议也包括在这个和随后的两个表格之中（第二个决议通常只是确认上次的决定）。

表7－3　1976—1980财政年度期间基准和众议院预算委员会报告中第一个预算决议总额的比对

单位：百万美元

预算类别	建议的基准	委员会报告	差异	相对差异百分比（%）
1976财政年度				
财政收入	290264	295000	4376	1.6
预算授权	388991	386493	－2498	－0.6
支出	366783	368236	825	0.2
赤字	76519	73236	3283	－4.2
1977财政年度				
财政收入	363000	363000	0	0.0
预算授权	445700	452261	6561	1.5
支出	412800	413625	825	0.2
赤字	49800	50625	825	1.6

续表

预算类别	建议的基准	委员会报告	差异	相对差异百分比（%）
1977 财政年度[a]				
财政收入	348500	348500	0	0.0
预算授权	481986	482306	320	0.1
支出	418755	418815	60	—[b]
赤字	70255	50625	60	0.1
1978 财政年度				
财政收入	398159	398094	-65	—[b]
预算授权	498473	500764	2291	0.5
支出	460553	462349	1796	0.4
赤字	62394	64255	1861	2.9
1979 财政年度				
财政收入	443279	443279	0	0.0
预算授权	561134	569125	7018	1.2
支出	500849	501358	509	0.1
赤字	57570	59079	509	0.8
1980 财政年度				
财政收入	505600	507800	2200	0.4
预算授权	607680	608418	718	0.1
支出	532617	532730	113	—[b]
赤字	27017	24930	-2087	-7.7

a. 根据制表的要求，1977 财政年度的第三个预算决议被假设为第一个决议。

b. 少于 0.05%。

来源：根据众议院预算委员会的文件编制。

尽管众议院预算委员常常会提高支出水平，但是增长幅度不会超过总额的 0.4%。预算授权的增加幅度稍微高一些，但在研究所覆盖的这段时期内，它们增幅的均值也低于 1%。

这些边际调整为决议中各功能相对较小的资金增幅提供了空间。1976年到1980年间，众议院预算委员会在编制第一个预算决议（包括1977财政年度的第三个决议）时提出了88个新预算授权的功能拨款（不包括利息、津贴和补偿性收入）以及等量的支出决议。正如表7－4所示，一半的功能支出和主席的标准完全相同。尽管30%的预算授权和支出决定高于主席的提议，但通常情况下这些增长都微不足道。只有在9%的功能决策中众议院预算委员会的拨款超过主席标准的2%或者更多。

表7－4　1976—1980财政年度第一个决议中众议院预算委员会标准和委员会报告之间变化（功能、规模和变化方向）的数量

职　能		下降	没改变	增加		
				少于2%	2%—4.9%	5%及以上
国防	BA[a]	2	2	1	1	0
	O[b]	1	3	2	0	0
国际事务	BA	2	2	0	1	1
	O	2	3	1	0	0
基础科学，太空和科技	BA	0	4	2	0	0
	O	0	4	1	1	0
能源	BA	0	2	0	0	0
	O	0	2	0	0	0
自然资源和环境	BA	0	3	2	1	0
	O	0	4	2	0	0
农业	BA	1	5	0	0	0
	O	0	5	1	0	1
商业和住房	BA	2	2	1	0	0
	O	2	3	1	0	0

续表

职　　能		下降	没改变	增　　加		
				少于2%	2%—4.9%	5%及以上
交通运输	BA	0	2	0	0	0
	O	0	1	1	0	0
社区和地域的发展	BA	2	1	1	1	2
	O	2	1	1	1	1
教育、培训、就业和社会服务	BA	0	1	3	2	0
	O	0	1	3	2	0
卫生	BA	1	3	2	0	0
	O	0	5	1	0	0
收入保障	BA	1	1	4	0	0
	O	3	1	2	0	0
退伍军人福利	BA	1	4	1	0	0
	O	1	4	1	0	0
司法行政	BA	1	3	1	1	1
	O	1	3	1	0	0
各级政府	BA	3	3	0	0	0
	O	2	3	1	0	0
各级用途的财政补助	BA	0	5	1	0	0
	O	0	6	0	0	0
总计		30（17%）	92（52%）	38（22%）	10（6%）	6（3%）

注：表格包括1977年第三个决议。

a. BA = 预算授权。

b. O = 支出。

总计不包括利息、津贴和补偿性收入。

来源：以1976—1979年第一个决议、1977年第三个决议中主席提议，以及1980年民主党对第一个决议的提议为基础制表。

支出总额和功能的调整虽然可以换来多数派的支持，但它们实际上无法为委员会带来预算和平。如果能够客观地评判附加在众议院预算委员会报告中大量的不同意见，那么很少会有人会真心地对这些支出金额表示满意。从表 7－5 中可以看出，平均每个报告有 10 个这样的声明，同时 60% 的成员会支持一个或一个以上的声明。不仅众议院预算委员会的共和党少数派会提出反对意见，而且几乎一半的民主党人也会提出额外的反对观点。

表 7－5　1967—1980 财政年度众议院预算委员多数派和少数派在报告中增加的额外和反对意见的数量

决　议	补充和额外的意见（多数派）		反对意见		少数派意见		补充和额外的意见（少数派）		总的声明数量	总的签名人数量[a]
	声明数量	签名人数量	声明数量	签名人数量	声明数量	签名人数量	声明数量	签名人数量		
1976 财年										
第一个	6	7	2	2	1	8	1	1	10	17
第二个	4	5	1	1	1	8	1	1	7	14
1977 财年										
第一个	5	7	1	1	1	8	3	3	10	16
第二个	3	4	0	0	1	8	1	1	5	12
第三个	7	8	0	0	1	8	1	2	9	16
1978 财年										
第一个	9	10	0	0	1	8	4	6	14	18
第二个	6	7	0	0	1	8	2	2	9	15
1979 财年										
第一个	7	10	1	1	1	8	4	4	13	18
第二个	5	5	2	2	1	8	4	1	9	15

续表

决　议	补充和额外的意见（多数派）		反对意见		少数派意见		补充和额外的意见（少数派）		总的声明数量	总的签名人数量[a]
	声明数量	签名人数量	声明数量	签名人数量	声明数量	签名人数量	声明数量	签名人数量		
1980 财年										
第一个	5	6	0	0	1	8	3	3	9	14
平均									9.5	15.5[b]

a. 那些提出数个方案的委员在这列中只作一次计算。

b. 这个代表了委员会中大约60%的委员。

来源：作者的制表。

尽管缺乏与其他委员会之间的对比数据，但异议以及持异议者的数量似乎还是超乎寻常地高。众议院预算委员会成员认为，如果他们无法达成一致意见，那么他们在面对各个决议时就难以做出决定。一位同时在众议院预算委员会和众议院拨款委员会任职的资深共和党人就经常在预算委员会中提出异议，但却在拨款委员会中站在多数派一边：“这两个委员会有很大的不同。从预算方面来看，我们不得不面对总额，并且我们不能仅仅为分项投票。预算委员会不得不先做出决定，但拨款委员会可以通过在内部小组委员会处理议案来避免这个问题。”

这个解释说到了在众议院预算委员会中预算冲突的核心。委员会必须对各部分和整体做出决策——预算总额和它各功能的配额。委员们必须同时认可总额和各组成部分，从而对整个预算表示认可。这对于众议院预算委员会来说不是一个简单的任务，因为各部分和整体之间会产生相互矛盾的压力。大约一半的众议院预算委员会成员对预算感到不满，因为他们感到赤字已经高得无法接受，而一些民主党人却为向社会项目投入的资金不足而哀叹。然而，给这些项目更多的支出会使总支出和总赤字增加，这是共和党人和保守的民主党人无法容忍的。更低的开支总额会限制提供给自由派所偏好的项目的资金。一般来说众议院预算委员会没有办法协调这些差异。

众议院的分裂：议会争斗和党派分歧

因为众议院预算委员会的决议包含许多相悖的观点，所以要在大会上获得认可并不容易。众议院预算委员会无法向众议院保证它对自己的成果感到满意，也不能保证争端可以在委员会内部妥善解决，并且不需要在全体议员面前重新提起。可以想象，由于两个敌对政党将委员们分裂，双方会为了委员会的很多决定进行一次又一次的唇枪舌战。因此，在审议众议院预算委员会的每个报告时，两党成员都会提交很多即席修正案。

经过五年的预算制定，众议院的投票结果所显示出的派系情况已经和委员会的情况很相似了：共和党人坚定的反对派立场和共和党内纷乱的派系争斗。尽管所有必要的决议都获得了通过，但其中有几个仅仅只有几票的微弱优势（表 7－6 列出了详细的名录）。在一个案例中（1978 财政年度的第一个决议），众议院起初否决了决议，但是一周后却通过了修改版的决议。在另一个案例中（1980 财政年度的第一个决议），联席会议报告被否决了，但在第二天，一个略加修改的决议就被通过了。

表 7-6　众议院共和党和民主党对是否采纳预算决议的投票

决　议	投票[a]		民主党		共和党	
	赞成	反对	赞成	反对	赞成	反对
1976 财政年度						
第一次	230	193	225	55	5	138
第二次	225	191	214	67	11	124
1977 财政年度						
第一次	221	155	208	44	13	111
第二次	227	151	215	38	12	113
第三次	239	169	225	50	14	119
1978 财政年度						
第一次（第一轮）	84	320	185	185	2	135
第一次（第二轮）	213	179	58	58	7	121
第二次	199	188	59	59	4	129
1979 财政年度						
第一次	201	197	61	61	3	136
第二次	217	178	42	42	2	136
1980 财政年度						
第一次	220	184	50	50	9	134

a. 这些票数记录在众议院决议中，而不是记录在两会联席会议的报告中。

来源：各期的国会记录。

共和党人说“不”

共和党起初有很强烈的动机支持新的预算程序，因为他们最初认为可以利用这个机会控制预算赤字，减缓联邦政府支出的增长速度。当众议院在 1975 年春天开始审议第一个决议时，众议院预算委员会中的共和党人副主席德尔伯特·拉塔（Delbert Latta）告诫说："阻挠决议对我们来说是灾难……我们必须制定一个预算决议。"[2]但就在第二天，拉塔和137个共和党同僚们共同投票反对这项决议；只有5个众议院共和党人投票赞成这项决议。面对在他们的财政思想和预算过程之间选择的压力，大多数共和党人不可能同意委员会7000亿美元赤字预算的提议。在对决议进行投票之前，113位共和党人支持的是拉塔的替代方案，在这个方案中赤字被削减到5400亿美元，但当这个方案被否决后，他们就一直反对现在的这个决议。

给众议院预算委员会的决议投反对票已经不仅是个别共和党党员的习惯，而且成为所有共和党人共同的习惯。自从1977年民主党人入主白宫后，众议院的共和党人为了反对多数党制定的预算决议，变得更加团结。到1979年，平均20个共和党人的投票中只有1票支持预算决议。

很明显，对于大多数共和党人来说，庞大的预算赤字是最大的分歧点。尽管赤字规模已经缩小，但共和党人并没有放弃他们消极的态度。只有两个众议院的共和党委员支持1979财政年度的第二个决议，即使这个决议拟定的赤字金额几乎是1976财政年度最初设定的一半。不仅如此，当赤字规模不断减小时，共和党人对于约翰·罗斯洛特（John Rousselot）提出的长期"平衡预算"建议的支持却在不断增加。罗斯洛特第一次对平衡预算的尝试（在1976财政年度）获得了75位共和党人的支持，但是在1980财政年度有128名共和党人支持他的平衡预算提议。[3]

众议院共和党人都把预算决议视为两党之间重大的分歧，这也成为为数不多的当代议题之一，而两党针对这个问题的立场应有明确的划分。他们把预算看做是一个政治声明，关乎联邦政府的职能和目标，它在经济上的角色以及国家的优先事项。对于众议院的共和党人来说，预算决议囊括了两党之间根本的差异；因此，美元上的争端不仅仅反映了在资金上的冲突，更反映了美国政治过程中的核心。

共和党人对于预算决议的观点得到了巴伯尔·科耐伯的清晰阐释。科耐伯是筹款委员会和预算委员会的领导成员。在众议院否决了1978财政年度的第一个决议之后，共和党人迫于压力不得不投出一些赞成票，以便新版决议获得通过。当大多数共和党人坚持其反对立场时，科耐伯走上了演讲席为他的政党辩护，此时共和党正受到要为预算过程失败负责的指责。在提醒民主党它在众议院有着二比一的领导优势之后，科耐伯告诫道："你们是未来两年立法程序的掌控者，你们也应该为国会的总体表现对民众担负一定的责任。"[4]他认为，预算对于共和党来说是最根本的议题，不能仅仅为了达成立法协议而放弃表达他们的不同立场。"在很多议题上，共和党人和民主党人都达成了共识：我们都理解，在美国温和的政治气候下，在很多领域采取一致意见是可能而且恰当的。但越是基础性的议题（有什么议题会比制定一年的资源配置优先权更加重要?），决策的责任就越大——比起尽可能取得一致意见[5]，他们必须思考政府在一系列选择中应该如何取舍和决定。"

他们坚信两党在预算政策上应该有分歧，与此相同，共和党定期提交一个全面的削减方案（有时候一些特定的功能不包括在内），并把它作为众议院预算委员会决议的备选方案。但是，他们却从没有战胜过民主党多数派（详见表7－7）。第一次尝试（拉塔对于1976财政年度决议的替代方案）就以近90票（159对248）落败，票数上的差距和审议1978财政年度第一个决议时的投票结果差不多。共和党在1979年的预算中调整了他们的策略，在单独的修正案中将税收和支出削减联系在一起。这次尝试共和党人差点获得成功。几乎所有投票的共和党人，以及60个民主党人都支持了1979年第一个决议的替代方案。在15分钟的投票时间结束后，众议院的电子记分牌显示替代方案票数领先。但是，议长延长了点名时间，使政党在这短暂的延长时间内迅速地说服了那些不服从指挥的民主党人，令他们改变自己的选票决定。最后票数是197对203，这个替代方案遭到否决，在这之后，仅有3名共和党人投票支持决议。共和党人在1980财政年度的替代方案中集中精力削减赤字规模，但却再一次失败，最后的票数为191票对228票。

表7-7　共和党对众议院预算委员会决议替代方案的政党投票模式

决　议[a]	投票		共和党		民主党	
	赞成	反对	赞成	反对	赞成	反对
1976财政年度						
第一个	159	248	113	22	46	226
第二个	159	257	113	23	46	234
1977财政年度						
第一个	145	230	110	17	35	213
第二个	口头表决时被否决					
1978财政年度						
第一个（第一轮）	150	250	126	9	24	241
第二个（第二轮）	150	240	122	7	28	233
1979财政年度						
第一个	197	203	139	1	58	202
第二个	201	206	140	1	61	205

续表

决　议[a]	投票		共和党		民主党	
	赞成	反对	赞成	反对	赞成	反对
1980 财政年度						
第一个	191	228	148	6	43	222

a. 共和党人在 1977 财政年度没有为第三个决议提供替代方案，也没有在 1978 年为第二个决议提供替代方案。

来源：国会季刊。

由于共和党作为一个整体并不寻求对决议中的内容进行部分修订（尽管个别共和党人提议要对几个特定的功能进行修改），他们孤注一掷（all - or - nothing）的替代方案的挫败严重削弱了他们对于国会预算政策的影响。从众议院预算委员会开始审议到众议院大会审议结束，众议院的共和党人一直都是局外人，极少受到民主党多数派的关注和咨询。无论是自愿的还是迫于多数派的压力，众议院共和党人这种对预算过程的疏远已经与横亘在两党之间的意识形态差异一样，严重阻碍了预算决议的达成。因为共和党人无法指出决议中什么是真正属于他们的，所以他们不会投票赞成决议。

如果这个解释是正确的，那么就根本不需要以彻底的让步（如制定平衡预算或者是按照替代决议的要求削减预算）作为代价来争取共和党人的支持。虽然大多数共和党人会坚持反对，但适当的让步（例如在国防上稍微多用些钱，在社会事务项目上稍微少用些钱）可以确保获得足够的额外选票，从而保证决议在众议院的通过。在制定 1978 财政年度预算时，就发生了这样的事情。当时 29 个共和党人投票支持第一个决议的联席会议报告。在联席会议上，共和党人玛乔丽·霍尔特（Marjorie Holt）多次建议：如果国防支出的金额（参众两院发生争执的主要议题）高于众议院民主党人的预期，共和党就会提供必要的赞成票。民主党在自身无法达成一致的情况下极不情愿地接受了玛乔丽的建议。玛乔丽·霍尔特之后呼吁共和党同僚抓住机会商讨条件，即使“许多众议院的少数派委员为投票支持这个赤字金额高达650亿美元的预算感到十分震惊”。“我认为如果我们想拥有权力，并主导这个国家的优先事务，那么就必须从这里获得主动权并积极投入。我们不能袖手旁观，然后投反对票；这的确很简单、很美妙，但如果我们真的要在这里发挥作用，就不得不真正参与进来。”[6]

1978年的预算变成了一个特别的案例。民主党人为了获得共和党人的支持而让步，因为他们别无选择。在之前和之后的决议中，民主党人依旧以自己的党派为中心，独来独往，而大多数共和党人也依旧投反对票。

需要注意的是，一些共和党人支持1978年决议不仅仅是因为多数党的让步，更是因为他们不希望由于必要的决议没有通过而破坏预算过程。尽管他们抱怨这个过程没有限制住政府的扩张，也没有终止赤字支出，但许多共和党人相信如果没有预算控制，问题会变得更加严重。正如我们所见，当决议面临可能被否决的危机时，一些共和党人会投上“雪中送炭”的一票，例如在1976年最初的决议被众议院预算委员会搁置时，1978年也出现了相同的情况，而1980年这种情况再次出现，当时自由派以教育项目经费不足为由抨击联席会议报告。在最后一个案例中，有36个共和党人投票赞成联席会议报告，尽管他们的支持不足以改变决议被否决的结果。毫无疑问，促使联席会议报告通过是共和党人最划算的交易，否则只会导致更高的国内支出。而很肯定的是，那些共和党人正是在这一观点的驱使下投的赞成票。在重新对报告投票时，报告中教育经费增加了，而共和党主张减少教育经费。

民主党人的困境

由于共和党人团结起来反对，选票之间的差额越来越小，在任何预算中，票数的接近程度取决于民主党内“叛变者”的数量。由于68位民主党人加入了反对决议的队伍，因此导致1976年第一个决议仅以4票的微弱优势通过；然而，由于只有38位民主党人投了反对票，因此1978年第二个决议以78票的优势获得通过。因为这种投票模式，民主党领袖被迫积极活动以促使决议通过众议院的审议。他们不能袖手旁观，也不能依赖预算委员会，因为决议不能通过就意味着民主党的预算政策被驳回。领导层的介入延伸到了其通常的职能之外，以确定普通民主党员的投票意愿。民主党领袖有效地代替了众议院预算委员会主席承担决议监察人的角色。

民主党的抵制者既来自于该党保守派，也来自自由派。一个众议院民主党议员的保守派或自由派倾向越明显，他或她对结果表示不满的可能性就越大。表格7－8根据“保守联盟（conservative coalition）”在1977年的数据记录，将1976年至1979年中的“背叛者”（那些反对超过一半的决议的人）进行归类。表格说明孤立的保守派的人数大约是自由派的两倍。这个比例说明民主党领袖更倾向于自由派。由于众议院民主党的分化，政党领袖承认他们不可能同时迎合两派的要求，也不可能对一方的倾向过于明显，这样会有失去另一方支持的风险。尽管倾向右翼会赢得一些保守派的支持，并且还会获得一些共和党人的认同，但民主党的领导层还是慎重地避免走上这条路。他们不愿意依靠共和党的选票来通过决议，也不愿意激化自由派对预算过程的不满。民主党的策略是防止自由派的“叛变”，同时拉拢一大批摇摆不定的众议院民主党人。摇摆不定的民主党人包括对四个决议投了反对票的12名议员，数量略多一点的对三个决议投了反对票的议员，以及根据记录大约30个反对了两个决议的民主党人。

表7－8　保守派联盟提供的1976到1978财年对超过一半的决议投反对票的民主党人的记录

自由派	次数	温和派	次数	保守派	次数
奥汀格	4	雅各布斯	40	麦克唐纳德	97
戴勒姆斯	5	休斯	42	福莱恩特	96
科尼尔斯	6	费西恩	44	斯塔菲尔德	95
J. 伯顿	7	桑蒂尼	51	瓦格纳	90
卡尔	13	莫特	53	霍尔	89
兰迪恩	14	伊万斯	60	蒙哥马利	89
斯考特	19	戴维斯	64	罗伊德	88
凯斯	28			鲁内斯	88
				法恩坦	88
				艾克的	86
				布林克利	84
				查佩尔	83
				马西斯	79
				拜伦	78
				安德鲁斯	73
				班纳德	71
				利维塔斯	71
				曼恩	69
				赫弗纳	68

来源：选举记录的制表；保守派联盟的记录是来自1977年国会季刊年历。

民主党无法满足党内各个派别的要求，这种困境在1980

年第一个决议的投票中显示出来。尽管他们并不需要寻求共和党的支持，但民主党领袖们受到平衡预算和开支限制要求的影响，被迫采取了一个更具约束性的预算立场。众议院预算委员会决议使很多民主党自由派感到不满，但是大会却否决了他们在国内项目中增加资金的强烈要求。更糟糕的是，众议院实行了全面削减，大大削减了民主党自由派感兴趣的那些项目的资金。结果，30 个北方的民主党人抛弃了他们的政党，对这个决议投了反对票。在先前几年中，往往是民主党保守派带头让民主党投反对票，但这次大部分反对票来自自由派。尽管这个决议以 36 票的优势获得通过，但当联席会议决定削减额外的项目经费时，自由派的挫败感达到极点，因此，决议不得不在教育项目中增加了一点资金。

民主党已经和共和党一样，把预算视为两党之间的竞赛。在众议院否决了 1978 年最初的预算决议后，多数党领袖吉姆·赖特（Jim Wright）在“致亲爱的民主党同僚”这封信中明确地阐明了这种态度：“多数党有责任去执行、批准这份文件，并继续处理国会的重要事务。我们可以预见共和党不会给予任何帮助。他们只会在那里不断地批评，却从来不会承担责任。所以，这一切的关键都在于我们。我们必须拥有更多民主党人的赞成票来通过这个决议——正如我们近两年的做法那样。这是国会履行宪法职责、控制和管理支出的唯一途径。同时这也是多数党的意义所在。”[7]

民主党领袖们试图使决议能够更加迎合党内自由派的要求，因此不可能赢得共和党和民主党保守派的好感。一开始，领导层依靠即席修正案来赢得自由派的选票。在 1976 年第一个和第二个决议中，多数党领袖奥尼尔成功地扩大了预算支出。但这种策略有个很明显的缺陷：它使众议院民主党人不得不公开赞成高额支出和高额赤字。（值得注意的是，奥尼尔的两个修正案都是在没有提高总体支出水平和赤字规模的前提下，利用重新评估项目资金的机会对那些额外的偏好项目增加资金)[8]。相应地，在随后几年中，民主党的领袖们一心推动众议院预算委员会达成他们的意愿。正如上文所述，在1977年第一个决议审议期间，奥尼尔带头提出动议，要求为就业项目、国民健康保险项目和《汉弗莱·霍金斯法案》中的全面就业方案增加资金。相类似地，在1979年第一个决议审议即将结束时，按照多数党领袖赖特的意思，众议院预算委员会为加快公共工程建设项目增加了20亿美元的资金，而这是自由派偏好的项目。但民主党领袖喜欢通过私下和众议院预算委员会主席以及委员会的民主党委员商讨来影响预算结果。即使在预算委员还不是由民主党说了算的时候（之前还是由主席主导），民主党领导层就已经成为整合决议的主导力量，这样可以获得足够多的民主党人支持，使众议院通过决议。

由于政党内部的分裂以及民主党领袖们不愿意去争取共和党人的支持，因此，经由委员会或即席修正案促使预算决议获得通过的前景就比较暗淡。尽管领袖们有了少许让步，但一些自由派却逐步开始反对决议。如果他们对从国防支出到国内支出的重大转变投赞成票，其后果很可能是失去的票数比获得的票数更多。大约20个保守派民主党人坚决反对决议，然而，他们为自己的决定付出了代价——联邦政府支出和赤字规模被削减，而这也浪费了民主党的选票。领袖的任务是争取足够的“摇摆不定”的选票（即有时候会投反对票的民主党人），以此确保决议被通过。因为领导层极不情愿提出增加开支的建议，所以他们更多地依靠规劝而不是预算利益上的引诱。“为预算程序投票，而不是为数字投票”一次又一次地成为论据，说服了漠不关心的民主党人与政党保持一致。对于民主党人来说，他们不得不对预算改革的失败负责，因此，无论他们是否对预算的优先事项感到满意，他们必须投票赞成决议。领导层会采取许多老套的施压方法（通过直接施压法来试探那些有经验的众议院民主党人），同时，他们在议会采取行动之前数周通过党鞭和众议院预算委员会成员进行密集的游说。1978 年，议长建立了一个由 25 名成员组成的特别工作组（该小组由巴特勒·德里克领导，当时是他在预算委员会中的第二个任期）来汇集民主党的选票。

在针对预算决议进行大会辩论时，“为预算过程投票”这个中心思想已经变得非常明确了。1979 年，在众议院即将对第一个决议进行最后投票时，多数党领袖赖特告诉众议院：“今天，我再一次请求在座各位委员，请大家先把个人喜好和偏爱搁置在一边，一起为这个决议投赞成票。”[9]其结果是民主党没有丢失多数派的支持，它获得了前所未有的高票。正如赖特在 1978 年辩论时所说：“我恳求我的同僚从总体上来看待这份预算，然后仔细考虑一下就会发现，它是我们共同努力下所能制定出的最好的预算。”[10]投票支持预算过程也意味着投票反对即席修正案，即使修正案有吸引力，也可能导致最后决议被否决。“委员会成员不应互相争斗，他们都想按照自己的意愿来制定整个预算。我们必须意识到什么是预算委员会和国会的职责，它不是在决议上尽可能地为个人喜好盖上印章。”[11]

大多数众议院民主党人为预算过程投了赞成票。拨款委员会主席乔治·H. 马洪在 1978 年说：“我准备对预算决议投赞成票。对于我们而言，支持预算过程是非常重要的。”[12]为什么即使国会成员不太满意预算决议的内容，也会投票赞成？马洪的话值得我们参考：“幸运的是，这个决议只是设定了一个目标，并没有确定地提出支出金额。这项工作会通过之后的一系列拨款和其他支出法案完成。”[13]

许多民主党人（包括那些支持所有决议的人，以及那些会因为所受的压力而摇摆不定的人）之所以会投票支持预算过程，是因为他们相信决议中不是所有的数字都很重要。忠实的民主党支持者杰克·布鲁克斯（Jack Brooks）在谈论1976年的第一个决议时说：“这个建议不是约束性的。立法委员会和拨款委员会将决定未来该做什么，并需要在国会里获得通过。”[14]众议员克利福德·艾伦（Clifford Allen）对前一年的两个决议都投了反对票，但是在1978年第一个决议中投了赞成票：“要记住第一个决议中的数字仅仅是暂定的目标数字……在接下去的四个月中，我们将回过头来设定最终的数字。我们要进一步听取总统的意见，进一步听取政府各部门的意见，进一步听取各委员会的意见。那时候我们就可以按照当时我们获得的信息和指示，灵活地改变预算文件，将这些信息反映到决议里的众多项目中去。”[15]

显然，不是每个民主党人都被“为预算过程投赞成票”的论据说服。一些党员拒绝投赞成票是因为决议中的数字和他们自己的预算偏好不相符。自由派议员约翰·科尼尔斯一直反对大部分预算决议，他清楚地陈述了他的立场：“我想说的是，所有议员都认为倘若我们对预算决议投了反对票，就无法支持预算过程……对于预算决议我们只有两件事可以做。我们可以投票赞成，也可以投票反对。如果我们投反对票，并不意味着我们反对国会的预算过程。这只是意味着我们对写进预算的内容不满意。”[16]

因为大多数民主党人（包括大多数自由派）即便并不是对预算中所有的内容感到满意，但还是愿意为预算过程投赞成票，所以众议院还是能够通过预算决议的。但是，“为预算过程投票”的呼吁却因为不断地重复而失去了原先的影响力。不可能期望成员们仅仅为了确保预算过程的实施无止境地放弃他们实质的利益。当在美国国会中制定预算不再变得新奇，成员或许也就不再那么愿意为决议投赞成票，因为这些决议不能反映他们在预算上的优先权。国会预算过程的长期有效运作不可能靠最后时刻声嘶力竭的呼吁，让那些持不同政治利益或观点的人改变立场来实现。

众议院的困境：部分与整体的对抗

为什么众议院在制定一份能使其由衷地感到满意的预算时会有那么多困难？为什么只有“是或否”两种极端的选择——在预算决议中可以做的只有议员科尼尔斯提出的“仅有的两件事”？为什么不能修正决议来迎合众议院多数派的喜好？事实上，众议院在处理预算决议时通常比较随意，允许在审议的任何阶段提出即席修正案。[17]然而，众议院几乎不会做出重大决定；通过的决议和预算委员会提交给它的决议十分相似。众议院对大多数功能性分配都不会修改，并且预算总额几乎不会改变。

在五年的国会预算中，众议院通过了30个修正案——还不到被提交数量的四分之一（见表7－9）。但是大多数通过的修正案都有很独到的特点，因此它们会成功。

表7－9　众议院针对预算决议的修正案的分布

决　议	修正案的数量		对通过的修正案的解释
	通过	否决	
1976财政年度			
第一个	3	3	税收改革和取消对联邦公务员工资和退休金的限制

续表

决　议	修正案的数量		对通过的修正案的解释
	通过	否决	
第二个	2	2	对一些社会项目的重新评估以及其领导层的增加
1977 财政年度			
第一个	2	12	增加退伍军人项目资金
第二个	0	3	增加反周期项目资金
第三个	1	1	
1978 财政年度			
第一个（第一轮）	6	9	两个委员会修正案增加了国防、执法和退伍军人的项目开支。为了不超出法律规定的增长金额，削减了700 万美元。
第一个（第二轮）	1	5	增加退伍军人项目资金
第二个	4	3	委员会修正案，学费退税以及在农业和退伍军人项目上增加资金
1979 财政年度			
第一个	4	22	对退伍军人项目资金的增加，学费退税和限制巴拿马运河的开支
第二个	1	4	削减《综合就业培训法案》中人力资源规划的开支
1980 财政年度[a]			
第一个	6	35	1979 年“第三个”决议增加了支出以提供追加拨款；对退伍军人项目增加资金；通过限制国外税收减免来增加税收收入；对拨款条例草案中的项目做适当的删除；减少津贴，从而减少政府资金的浪费；实行 0.5% 的全面削减
总共	30	100	

a. 包括那些附加在 1980 财年第一个决议中与 1979 财年有关的修正案。

来源：刊印在数期国会记录中的对修正案的分析。

——众议院预算委员会主席提交了三个修正案，反映了委员会完成工作后所出现的变化（例如立法行为和行政行为）。众议院预算委员会在大会中完成了它通常需要在审议期间完成的任务。

——民主党领导层提出了两个修正案。正如先前讨论过的，这些奥尼尔修正案希望在不增加总支出的前提下为某些项目增加资金。

——有七个修正案要求给退伍军人更多拨款。一般而言，众议院都会赞成给退伍军人更多钱，即使众议院退伍军人事务委员会的主席公开反对这样做。[18]

——有五个修正案是“象征性”的，它们对预算账目没有很重要的影响。其中有一个修正案反对众议院出钱执行巴拿马运河条约中的部分项目；另一个要求将预算中700万美元分拨给国会增加支出；有三个修正案要求众议院采纳学费退税的提议。这些案例所涉及项目的实际立法决策都不是通过国会预算过程制定的。[19]

——有一个修正案是关于重新评估的（不涉及政策变化），而另一个修正案在之后的投票中被否决了。

——一个修正案涉及处理拨款法案的程序；第二个修正案涉及已经开始的财政年度的资金问题；第三个修正案从津贴类别中削减了10亿美元以减少政府的资金浪费。

平均而言，众议院会为每个预算决议附加一个既不是由众议院预算委员会或众议院领导提出、又不涉及退伍军人项目的修正案。

预算的各个组成部分和总额必须保持算术上的一致性这一简单的要求限制了众议院满足其成员不同利益诉求的能力。这样导致的后果是：如果众议院修正决议，为一些特定的项目增加资金，那么它所面临的风险就是有更多的成员会对最终决议感到不满。1978 年第一个决议的惨败就是一次很深刻的教训。众议院采纳了 4 个增加开支的修正案，其中一个是众议院预算委员会支持的，另一个是各方争论相当激烈的给国防项目的拨款。由于决议存在明显的特定偏向，因此，众议院以 84 票对 320 票的票数否决了这个决议。这迫使预算委员会只能制定出一个折中的版本。自由派之所以会否决这个决议，其原因在于国防开支较高；保守派（和许多持中立态度的人）之所以会否决它，其原因在于决议中预计的赤字金额增长了 45 亿美元。当众议院修改了决议，并开始第二轮投票时，除了同意为退伍军人项目增加资金外，所有的修正案都被否决了。预算系统濒临崩溃，这使众议院意识到“为过程投票”的重要性。最后众议院以 213 票对 179 票通过了这个第二版的决议。

1978 年所发生的事情揭示了一个事实：如果众议院要求多数派支持它的预算决定，它就会面临另一大风险。他们可以为增加支出投赞成票，接着也可以因为支出水平太高而反对预算的总金额。因此，众议院这样的做法实际上给了议会成员双重的政治优势：他们可以既积极争取对自身而言重要的利益，又考虑到政府开支的增长。众议员爱德华·帕蒂森（Edward Pattison）对于预算过程的展开做过这样一番解释：“整个博弈过程是这样的：我的很多同僚们会投票支持各种具体的预算增资方案，同时也会为削减整体预算金额投赞成票，因此，现在他们会投反对票否决整个预算。每个独立的利益团体都会写一封信，解释议会成员为了推动他们的具体利益是如何投票的。通常，议员们否决臃肿的预算的消息会公布于众——他们努力限制不断扩张的大政府。而公众对大政府一直都持藐视的态度。这样皆大欢喜的结果可真是政客们的万幸了。很遗憾，这场博弈在势均力敌的民主党和共和党、“自由派”和“保守派”之间展开。同时，几乎所有人都可以在这场博弈中幸免于难。或许只有预算过程成为唯一的牺牲品。”[20]

议员戴维·欧泊用以下方式描述了这个过程：“在我工作的最后两年中，让我最目瞪口呆的事情莫过于昨晚在议会会议上居然有那么多议员退席。他们坐着电梯下去并朝雷伯恩大楼走去，边走边说：‘天啊，预算过程不再起作用了。’我很惊讶地听到议会成员们说：‘天哪，在预算过程中，我们只是有机会去中伤它、批评它，而这一切是不负责任的。在一次又一次提交修正案之后，预算委员会的主席要求大家对修正案负责，然而，这时你却发现政治回报倾向的是另外一边。那么我们为什么还要支持这个预算过程？’”[21]

考虑到参与其中会很容易对预算过程进行恶意“中伤”，很多议员都极少参与到过程之中。几乎所有增加预算的修正案（不包括退伍老兵的项目）都不会被通过，同时众议院每次都设法让多数派支持预算总额。议会成员们不想被别人视为应当对庞大的赤字负责的大手大脚花钱的人。

如果增加开支的方案很难通过，那么提出的削减计划就更难被通过了。目前只有一个实质性的削减计划获得通过，而在这之前众议院已经事先将该项目的授权级别调至众议院预算委员会在决议中所预期的水平以下。提出的削减计划往往遭到强大联盟的反对：预算委员会的成员只捍卫自己的提议；授权委员会的成员只对他们自己提出的项目感兴趣；拨款委员会的成员只希望为未来的需求尽可能地留出足够余地。提议的削减计划也触及一个已经提及的观点，即众议院应该将选择权交给立法过程，使它体现立法过程的意愿。如果现在不需要钱，那么这个观点就行得通，授权委员会和拨款委员会可以在稍后削减资金。

因此，对于主张削减预算的人来说，最好的办法就是提交全面的削减计划，这样既不需要单独挑出几个项目进行资金削减，也能够吸引那些觉得预算数字太过庞大的议员们。参议员约瑟夫·L. 费希尔（Joseph L. Fisher）在发起1979财政年度的全面削减计划时，运用了这个观点："我们每个人在预算中都有一个我们所偏好的项目或功能，这是不言而喻的。在这个博弈的舞台上，我们花了三天的时间对这些预算中不同的项目进行商讨、辩论和争吵。但接下来，我认为是关注总体的时候了。"[22]

在第96届国会开始之初，众议院在民主党骨干的鼓动下宣布除非修正案在各个预算功能中分配削减额，否则提请全面削减预算的修正案将被禁止。[23]他们的预测是，一旦削减造成的影响被明确说明，全面削减的建议就会受到众多议员的反对，并遭到否决。尽管如此，众议院在1980财政年度的第一个决议还是采纳了一个这样的修正案。投票结果是255票对144票——众议院对每个功能的资金都调低了0.5%，因此总的削减金额约为25亿美元。[24]

和许多其他被通过的修正案一样，这个修正案在本质上是象征性的。这使得议员们有机会在不引起某一预算类别金额大幅度变动的前提下调整预算和赤字规模。大多数国会议员都会投赞成票，他们相信0.5%的削减幅度很容易被消化，而且完全不会损害到他们的利益。在同一个预算周期中，众议院做出了另一个象征性的举动，它削减了10亿美元的津贴费用，但是，并未明确受到影响的项目。修正案获得了压倒性的胜利（402票对3票），这是因为它使国会议员可以着手解决政府中的浪费现象，同时又不会直接损害任何项目。

众议院里大多数争论都围绕着具有象征意义的行为，只是把预算决议当作一种“手段”来表达一些本质上与预算无关的观点。在制定预算决策的过程中，众议院会公开地对立法支付的增加、巴拿马运河条约、学费退税这些问题表达观点。一个议员想缩减对韩国的援助资金，他的理由是政府未就国会开展的贪腐调查活动与国会进行合作，这个议员自问自答说：“为什么要制定《预算法案》?”“因为我们只能利用《预算法案》来表达我们反对的观点，而不是直接去干涉外交、拨款或者项目本身。”[25]

众议院成员认为他们不仅在一些无关紧要问题的投票上，而且还在最终预算的制定中，都在致力于具有象征意义的行动。他们认为自己在就根本的政治议题投票，而不是为具体的项目或法律投票。而且比起在讨价还价的基础上产生的现实的预算数字，这些政治象征性的事务更容易导致纷争。

参议院预算委员会的预算决议：投票支持预算数字

参议院编制预算决议的进程与众议院有极大的不同。作为众议院标志性现象的针对预算决策的尖锐的党派之争和激烈的反对极少出现在参议院。许多问题会在委员会、议会引起公开争论，但参议院的决议从来没有面临被否决的危险。参议院通过的决议大多都超过二比一的票数差额，也就是说，很多共和党人都投了赞成票。表 7 – 10 展现了参议院的投票模式。

表 7－10　参议院中共和党和民主党针对预算决议的投票情况

决　议[a]	参议院		民主党		共和党	
	赞成	反对	赞成	反对	赞成	反对
1976 财政年度						
第一次	69	22	50	4	19	18
第二次	69	23	50	8	19	15
1977 财政年度						
第一次	62	22	45	6	17	16
第二次	55	23	41	5	14	18
第三次	72	20	55	3	17	17
1978 财政年度						
第一次	56	31	41	14	15	17
第二次	63	21	46	8	17	13
1979 财政年度						
第一次	64	27	48	8	16	19
第二次	56	18	42	6	14	12
1980 财政年度						
第一次	64	20	44	5	20	15
第二次	62	36	45	14	17	22

a. 这些数字记录的是参议院通过预算决议的表决结果，并不是针对联席会议报告的投票。

来源：数期国会纪录。

没有痕迹的审议

在审议之前，参议院预算委员会成员会收到大量简报材料。这些材料是多数党的核心行政职员和共和党的行政职员代表协商之后汇编的。就像为众议院预算委员会成员准备的材料有着很明显的民主党特点一样，参议院审议的材料一开始会对经济情况和财政收入的备选案做一个总结，紧接着会对各个预算功能进行核查。然而，为参议院预算委员会准备的文件会有更多分析性的内容和与项目相关的信息。在很多问题上，参议院预算委员会的行政职员会为项目的选择和绩效提供深度的建议。

参议院预算委员会的审议没有主席所设定的标杆。文件不会反映马斯基参议员的预算偏好。在参议院预算委员会，主席是“一把手”，他比其他人有发表观点的优先权，有优先接触行政职员和数据的权力，以及可以对预算情况进行比别人更全面的掌控，但他不能在审议之前向委员会提交他自己的提议。在参议员欧内斯特·F. 霍林斯（Ernest F. Hollings）鼓动马斯基主导委员会审议时，马斯基就有意回避在参议院预算委员会最初审议中扮演这样的角色。“如果主席说我们已经到这里了，而且不需要再往前走了，我会觉得很高兴。”[26]这种令人费解的言论来自一位常常对预算政策以及其他的立法议题持独立立场的参议员，而马斯基当即拒绝了这样的请求：“我知道对我来说最糟糕的事情是预先设立目标，然后尽可能地让你们所有人一起为这些目标努力。我认为在这个时候这样做会事与愿违。你或许应该说服我，我个人的假设性判断是错误的。”[27]

为了理解霍林斯的建议和马斯基的否决，我们有必要知道这种主席的标准在众议院预算委员会工作中是发挥约束作用的。众议院预算委员会最终的审议结果可以超过主席设定的预算总额，但通常不会超过太多。对于主席或民主党核心会议制定的功能标准，他们通常也不会过分偏离。霍林斯害怕预算委员会如果无人引导，有可能就会制定出一个开支过大的提议，导致决议中的支出负荷过大，因此，他试图通过类似的预先审定来约束参议院预算委员会。他告诫说：“我们需要一些准则和规范。通常情况下，如果我们对待预算的态度比参议院更保守就好了。否则我们注定失败。所以我们不得不削减预算。”[28]马斯基却得出完全相反的结论，他认为主席制定的标准会成为参议员的众矢之的，而参议员会倾向于坚持他们自己的预算目标。“我们所有人的心目中都有自己的目标，我也有我的目标……我能否实现我的目标，只能靠游说，使大家和我保持一致。”[29]

马斯基并不是对主席的权力有所保留；在这个他拒绝透露自己偏好的会议上，马斯基试图让参议院预算委员会首先审议他的新的反周期建议，而不是从单个的预算功能开始审议。但他相信只要他的同僚们拥有足够的自由去追求自己的利益，而不受主席喜恶的限制，参议院预算委员会一定可以制定出一份能够在参议院获得广泛支持的预算决议。

马斯基之所以避免主席制定标准，还有一个政治原因。在那个时候，预算过程已经开始了，他正在准备竞选，所以他不愿意为参议院预算委员会的巨额赤字负责，也不想让别人以为自己是罪魁祸首。他更希望参议院预算委员会所有成员在经过考察和选择之后，通过高额赤字。

由于马斯基没有自己制定标准，因此他也有了额外的收获。一个交往甚密的议员助理记录了以下实情：“因为很多个人原因，马斯基和委员会大多数成员预期的预算数额差不多。这也成为他不愿意制定主席标准的一个很好的理由。这让他可以为自己偏好的数额投自己一票，也不需要行使主席的否决权。我不知道我们是不是预设了这一方式，但这种方式的确解决了问题。严格来说，马斯基是一个很务实的主席，因为他可以用这种方式促成协商的一致。即使他失败了，他获得了他想获得的东西，并让投票以他所希望的方式开展。在这样的情况下，他可以承受失败的后果。但如果他制定了强硬的标准，他就无法承担这些后果。”

马斯基诉诸另一个程序来代替“制定主席标准”的方式。依据该程序，当委员会制定出一个模棱两可的预算决定时，他就可以以更积极的方式出面干预。他设置了两轮投票，让委员会就预算功能做出决策，这个程序和众议院预算委员会很类似，但却目的不同。[30]“在第一轮中，我们开诚布公地表达我们的观点，在第二轮中，我们试图确定这些观点。”[31]马斯基希望参议院预算委员会成员可以在第一轮的时候提出他们具体的目标，而且费用总额会比多数派预期的高。之后，议员们会更容易接受他的领导。

马斯基喜欢就没有争议的问题表达自己的偏好，这些问题通常都能很快得到处理，一般都是在预算中占份额相对较小的稳定的功能。例如，在 1978 财政年度审议刚开始的时候，马斯基提交了四个动议，贝尔蒙提交了三个，这七个动议都在口头表决时被通过。[32]与之相类似，在 1979 财政年度的第一个决议中，贝尔蒙提交了六个动议，而马斯基提交了四个，也毫无异议地被通过了。马斯基有时候会通过他的那些与委员会成员打交道的行政助理表达他对于预算水平的期望，而又不至于将其自身置于某个固定的立场。在 1979 财政年度第二个决议的审议中，这一方式在参议院预算委员会的审议中被正式固定下来。简报上的每个预算功能都有一个“建议上限”，“参议院预算委员会的行政职员建议将这个数额作为委员会讨论的起点……”[33]尽管一些高级行政职员认为这是在逐步走向主席的标准，但如果这样做不利于委员会中的两党合作，他们也不希望马斯基沿着这个方向继续往前走。[34]

尽管参议院预算委员会没有一个起始的基准，但他们不愿意把总统的申请作为基准与委员会决定的标准抗衡。一开始，马斯基认为审议是对现行政策的一种估计，因为通货膨胀的缘故，它可以调节所有项目。在委员会刚开始商讨 1977 财政年度预算时，马斯基就宣称："这意味着我们可以更加客观地看待行政部门的政策假设"。[35]这种方式对于马斯基和许多参议院预算委员会支持他的人来说是有利的。第一，不论法律是否规定了通货膨胀调整，它可以对所有项目一视同仁。从现行政策中的数字来看，对于一个依据生活成本进行指数化调整的项目而言，其调整的基础不可能比国会所审定的通货膨胀指数高。也正因为如此，马斯基认为，相对于总统预算以及根据法律授权所作的通货膨胀调整估测，现行政策是一个更为中立的基准线。[36]

第二，在 1976 年和 1977 财政年度中，当福特总统支持对现有项目进行大规模削减时，现行政策给出的基准线比总统预算高得多。如果参议院预算委员会按照总统的估算审议决议，委员会的立场似乎会倾向于增加支出，扩大赤字。但如果他们以现行政策作为基础，参议院预算委员会宣称他们将限制而非增加联邦政府的支出。因此，当白宫指责国会的支出倾向时，参议院预算委员会就会夸耀说他们给联邦政府的支出资金比现行政策水平低 90 亿美元。[37]

第三，现行政策的基准线使参议院预算委员会可以无需研究项目细节就可以制定出令人满意的预算决议。委员会相信，如果他们按照或者接近现行政策的情况限定某些预算功能的支出，那么一些国会感兴趣的项目就会有足够的资金。因此，无需与受影响的国会委员会就项目进行细致的协商，审议很容易便能达成一致。当参议院预算委员会在 1978 财政年度决定向自然资源功能划拨资金时，它就以这种方式运用现行政策；而这个功能的诸多项目中包含水利工程项目，国会和总统之间针对此类项目存在分歧。在委员会通过了对自然资源的拨款决议后，参议员约翰逊就受争议的水利工程项目资金是否包括在这些数额之内的问题提出质询。

马斯基：我们还没有明确地讨论过，所以我们心中还没有一个确切的数字。

约翰逊：是不是在我们没有提及的地方包含了现行政策？

马斯基说：我想是这样的。[38]

但是几年之后，很多参议院预算委员会成员对这种方式感到不安。保守派共和党人认为这种方式会诱发支出的大规模增加，以及赤字的大规模扩张，因此他们首先提出了不满。麦克卢尔批评现行政策，认为这是一个“普遍免责的立场（a universal hold - harmless position）”[39]，这个立场“假设除了保障社会大众免受经济衰退影响的情况外，国会无法做出任何决策，而我们应对经济衰退的方式则是通过更多的法律和拨付更多的资金”。[40]

到 1978 财政年度审议时，基于当前政策的预期显示下一年度的支出必须远高于本年度，并给出了原因，这使得中立派感到无助，因而他们也加入了反对的行列。现行政策中所传递的信息是：削减项目是削减开支的唯一方法。贝尔蒙认为“通货膨胀不断加剧，而我们却无能为力”[41]，他对此深感不满。由于现行政策，无法“向项目施压……我们本可以对他们进行一点压缩。”[42]正如上文所述，国会控制支出的一个便捷的方法就是设定一个低于通货膨胀率的增长率，从而无需为削减项目负政治责任就可以限制支出的增加。但是将增长低于现行政策的情况视为项目削减使国会更难诉诸此类选择。

参议院预算委员会成员不确定现行政策究竟是什么意思，也不确定这些数字究竟是怎么得来的。在他们看来，它是以复杂的模型和假设为基础，将所有的设想都汇总在一起，和过去的实际开支以及总统的权威评估形成对比。无论马斯基和他的助手如何耐心地解释评估现行政策的方法，都无法使生性多疑的参议院预算委员会成员相信这些数字是客观的、可信的。由于在新的预算过程付诸实施的最初几年频繁出现经费不足问题，因而议员们对现行政策的不满愈发强烈。当参议院预算委员会成员在审议决议时，他们不得不对大幅度增加资金表示支持，只有这样才能使项目不被削减。几个月后，他们才获悉归根结底有十亿美元是不需要的。尽管他们不能完全明白资金短缺的原因，但参议院预算委员会成员不可避免地怀疑这些原始数据是不是太高了。参议员霍林斯坚持道："通常预算一开始的数据就虚高。这让我很困惑。"[43] 面对参议院预算委员会同僚的质询，马斯基不得不有所退让："很明显，在座各位愈发觉得现行政策中的数字虚高……含有水分。"[44]

对 1979 财政年度的审议资料和之后预算周期的审议材料进行了重新设计，区分了法律授权的调整（现行法律的评估）和其他因通货膨胀而对所有项目进行的支出调整（现行政策）。不仅如此，现行的文件还会记录那些由于工作量的变化导致的支出调整。经过这些改进，参议院预算委员会在审议决议时拥有了可供替代的基准线，既可以运用较高的现行政策中的数字，也可以运用较低的现行法律中的基准；既可以只考虑工作量的增加，也可以为了应对通货膨胀或改善项目而增加资金。

参议院预算委员会内部的紧张感和挫败感也体现在对现行政策的争论中。尽管两党多数派拥有绝对的优势并且支持预算决议，但是委员会在实质性的预算政策上却没有达成一致。成员们关注现行政策的原因在于他们意识到这将影响预算的结果。由于人们因意识到委员会无法有效掌控预算而感到挫败，现行政策也成为一些人攻击的对象。对于大多数参议院预算委员会的参议员来说，每年大量增加的支出和庞大的（尽管是在下降的）赤字规模已经不是一件值得自豪的事情了。尤其是共和党人，他们越来越看不惯持续增长的联邦预算。一些支持决议的人也不得不为那些赤字做辩解，尽管这些赤字并不是他们自己制订的。现行政策意味着他们的失败，尽管各种紧张的关系被多元化的基准线所掩盖，但是它们可以再次打破这种假象并分裂委员会。

一个委员一票

参议院预算委员会的投票模式与众议院预算委员会相比越来越多样化和复杂化。政党的认同似乎很重要，但在参议院预算委员会中，集团投票和按照党的路线投票却越来越少。在表 7－11 中可以看到，花名册中超过一半的投票都是党派性，即共和党的多数派反对民主党的多数派。只有 42% 的投票是非党派性的，这一事实与参议院预算委员会声称的协商一致、轻松随意的运作方式相悖。[45]

表 7－11　　参议院预算委员会的政党投票结果

（1977—1980 财政年度）

决议[a]	民主党多数派获胜		共和党多数派获胜		无党派的多数派获胜	
	得票数	百分比（%）	得票数	百分比（%）	得票数	百分比（%）
1977 财政年度[b]						
第一个	8	20.0	15	37.5	17	42.5
第三个	3	75.0	0	0.0	1	25.0
1978 财政年度						
第一个	16	47.0	7	21.5	11	32.4
第二个	1	25.0	3	75.0	0	0.0

续表

决议[a]	民主党多数派获胜		共和党多数派获胜		无党派的多数派获胜	
	得票数	百分比（%）	得票数	百分比（%）	得票数	百分比（%）
1979 财政年度						
第一个	20	42.6	8	17.0	19	40.4
第二个	0	0.0	3	50.0	3	50.0
1980 财政年度						
第一个	19	24.0	21	26.6	39	49.4
总计	57	31.3	57	26.6	90	42.1

a. 制表的目的在于说明，如果“民主党多数派”中不少于半数的投票所支持的立场战胜了共和党多数派的立场，“民主党多数派”便获胜。反之，则是“共和党多数派”获胜。当民主党多数派和共和党多数派所持的立场相同，那么“无党派的多数派”获胜。这里需要注明的是，这些类别是互相排斥的。从该表的目的出发，票数均等意味着在一次投票中投反对票的人占多数。

b. 在 1977 财年第二个决议中没有记名投票。

来源：作者根据委员会报告进行制表。

然而，相对于众议院委员会，政党认同对于参议院预算委员会成员的投票行为以及投票结果的解释力比较弱。表 7 - 12 就记录了一组有关票数的百分比，旨在说明参议院预算委员会成员和他的政党保持一致与他们成为获胜联盟一员之间的联系。表格显示，尽管委员会中没有“百分之百”拥护民主党或者共和党的成员，但两党内部也没有出现尖锐的裂痕。每个政党中都只有一个参议院预算委员会成员在超过一半的记名投票中没有和政党保持一致。当时，大多数民主党人和共和党人在 75% 至 90% 的投票中都会赞成其所在政党的决定。如果记录属实，那么两党几乎有着相同的凝聚力记录，80% 的共和党人和 77% 的民主党人支持他们自己的政党。

表 7－12　参议院预算委员会成员在审议决议时的投票记录
（1977—1980 财政年度）

成员	投票赞成或者反对政党的多数派			投票赞成或者反对委员会的多数派		
	赞成票数	反对票数	支持率（%）	赞成票数	反对票数	支持率（%）
民主党						
马斯基	170	36	82.5	134	74	64.4
奇利斯	109	89	55.1	139	52	72.8
霍林斯	81	52	68.5	115	54	68.0
约翰逊	111	60	57.4	94	49	65.7
克兰斯顿	103	14	88.8	84	41	68.3
麦格诺森	73	12	89.6	74	43	63.2
萨瑟	85	15	82.9	78	23	77.2
阿布雷克斯	75	12	87.6	63	34	64.9
拜登	75	20	78.9	72	24	75.0
安德森	75	7	91.5	62	20	75.6
哈特	51	19	72.9	54	21	72.0
莫尼翰	59	4	93.7	53	17	75.7
里格尔	53	8	86.9	40	27	59.7
埃克森	41	18	69.5	38	24	61.3
梅岑鲍姆	42	7	85.7	29	23	55.8
蒙代尔	32	6	84.2	20	18	52.6
努恩	15	20	42.9	26	9	74.3
摩斯	22	3	88.0	12	13	48.0
总计	1310	403	76.6	1187	566	67.7
共和党						
贝尔蒙	169	34	83.3	148	58	71.8
多米尼克	179	28	86.5	129	72	64.2

续表

成员	投票赞成或者反对政党的多数派			投票赞成或者反对委员会的多数派		
	赞成票数	反对票数	支持率（%）	赞成票数	反对票数	支持率（%）
麦克卢尔	103	17	85.8	58	62	48.3
多尔	77	16	82.8	54	39	58.1
早川	72	8	90.0	37	43	46.3
海恩斯	36	42	46.2	48	30	61.5
波西威茨	54	15	78.3	55	16	77.4
帕克伍德	52	14	78.8	49	21	70.0
卡瑟鲍姆	57	7	89.1	49	18	73.1
阿姆斯特朗	42	18	70.0	36	27	57.1
哈奇	35	15	70.0	26	27	50.0
普利斯尔	34	10	77.3	35	12	74.5
比尔	10	6	83.8	30	7	81.1
巴克利	30	6	83.3	25	11	69.4
卢加	3	1	75.0	2	2	50.0
查菲	3	1	75.0	0	4	0.0
总计	957	238	80.0	781	449	63.5

来源：作者根据参议院预算委员会1977财政年度第一个和第三个决议（第二个决议中没有记名投票），1978和1979财政年度的第一个、第二个和第三个决议，以及1980财政年度第一个决议的记名投票记录制表。

由于参议院预算委员会民主党人在委员会中有四票的优势，同时两个政党的凝聚力不相上下，所以大家都希望民主党多数派能争取到大多数党员的选票。就像在1979年，参议院预算委员会中的民主党人按照政党所制定的路线，最终以67票对57票的结果获得了胜利。但是比起众议院预算委员会中民主党多数派所获得的优势，这个票数的差额实在是微不足道。尽管在参议院委员会中，民主党人取得的胜利比共和党人多，但共和党人的获胜记录也不容忽视。只要有一些民主党人弃权或者不和民主党保持一致，而同时共和党人团结起来，那么最终获胜的就是共和党。

尽管民主党人都可能是潜在的“叛党者”，同时共和党人也并不是一直都保持一致，但是，参议院预算委员会的投票行为有着一个很明确的模式。当共和党人团结一致时，背叛民主党的往往是来自南部的民主党人。在对 1976 财政年度第一个决议的投票中，委员会以 10 票对 4 票的表决结果否决了瓦特·蒙代尔（Walter Mondale）提出的“增加联邦政府对临时经济项目支出”的提案。在这个例子中，三个来自南部的民主党人（罗登·奇利斯、欧内斯特·霍林斯和山姆·努恩）以及另一名来自多数派的“叛党者”加入了六名共和党人的行列。在另一次针对 1976 财政年度决议的斗争激烈的投票中，六名共和党人和三名南方的民主党人一起以 9 比 6 的表决结果否决了其他民主党人支持的关于国防支出的提案。[46]

这种投票模式也解释了为什么在一般情况下，参议院预算委员会制定的预算决议比众议院委员会提出的决议少了很多民主党的色彩。根据两院在支出问题上传统的差异以及委员会审议流程的差别，人们也许会希望参议院预算委员会所制定的预算会一直比众议院预算委员会的金额更高且更有自由化的倾向。从以往来看，参议院比众议院倾向于更高的拨款。不仅如此，众议院预算委员会更加关注总统的要求，而参议院预算委员会却要审议金额更高的现行政策（或现行法律）中的数字。尽管如此，参议院预算委员会常常提供的第一个决议都会更为保守。直到 1980 年，委员会在每年的第一个决议中提出的支出总额和赤字目标都比较低。有趣的是，这种模式并不会延续到第二个决议中去。在第二个决议中，参议院预算委员会通常会将支出金额和赤字上限提高。参议院预算委员会在制订第二个决议时很可能还必须参考参议院之后通过的那些支出提案（通常金额也比较高）。

参议院预算委员会成员相对而言的保守性在他们对功能的拨款中体现出来。相对于众议院预算委员会，参议院预算委员会通常会在第一个决议中向国防领域提供更多的拨款；众议院预算委员会通常会将更多的经费拨给社会项目，这些项目一般包含在社区发展、收入保障、教育、培训、就业和社会服务功能之中。

这种模式有可能会让参议院预算委员会承担风险，即保守派和自由派都有可能疏远参议院预算委员会。前者的理由是支出水平和赤字水平依旧过高；而后者的理由是相对于那些社会项目的支出，国防支出过高。众议院预算委员会已经被这种摇摆不定的尴尬局面困扰了许久，或许参议院预算委员会也要同样面对这种窘境。一个分裂的参议院预算委员会提交的决议是无法取悦任何人的，而在议会中这份决议也将前途未卜。

在 1976 财政年度参议院预算委员会第一次审议即将结束时，马斯基就尽力避免这种事情的发生。马斯基所支持的一方在记名投票进行到一半时就已经失败了，其中包括那些对他而言很重要的事项，例如国防支出和他新提出的反周期支出上限。尽管如此，他敦促他的同僚们要支持这个决议，哪怕这个决议中的内容并不都是他们所期望的。“向议会提交一些没有成效的东西是没有意义的。如果我们把这些东西提交给议会，然后 15 位委员会成员因为各种各样的理由最后否决了它，那我们就真的进退维谷了。”[47]

参议员贝尔蒙也向共和党人提出了相同的建议。他告诫说："在议会商议讨论时，委员会却出现了 15 个不同的声音。我认为人们在这里都没有获得他们真正想要的东西。"[48] 大多数参议院预算委员会成员都达成一致，以预算过程的需求为重，将自己实质性的利益放在次要位置。因此，参议院预算委员会组成了一个很大的联盟来支持它的预算决议；在先前的案例中，所有的民主党人和三名共和党人一起以压倒性的优势（13 票对 2 票）通过了报告决议的决定。之后委员会中所有的决议都以类似的票数差额获得通过。不仅如此，比起众议院预算委员会成员，参议院预算委员会成员很少会提出反对意见或独立声明。平均来说，三分之一的参议院预算委员会成员会对委员会制定的成果表示不满，与之相比，众议院预算委员会的这一比例几乎达到三分之二。

在最后投票的时候，如何在火药味十足的审议中达成共识？大多数参议院预算委员会成员会为决议中的数字争吵不休，但是在完成决议之后他们就会放下成见和差异。在下文中我们会提到，形成这种局面可能的原因之一就是参议院预算委员会成员们可以在金额上取得共识而无需就各个分项达成一致。当然其他因素也要考虑。

首先，在参议院预算委员会中没有人一无所获；每个人在结束这场角逐后都会获得有重要意义的胜利。参考一下表 7－12 中个人成功的统计数字，不难看到，参议院预算委员会中大量民主党人和共和党人的"成功率"在 60% 至 80% 之间。如果除去参议院预算委员会的临时成员（理查德·G. 卢加和约翰·H. 查菲），几乎三分之二的参议院预算委员会成员的成功率都在这个区间内。由于参议院预算委员会成员都显然将他们的决议视为一个大杂烩，能在一些重要的问题上给予成员想要的东西，同时在其他方面否决他们的要求，因而很少有人会感到自己在重要的利益上一无所得，因而提出反对意见。因此，参议院预算委员会制订出的预算和参议院的法案非常相似，这些最终成果都是经过相关各方平等协商达成的，而不是让一方挫败，另一方获得全面胜利。

其结果是，参议院预算委员会的预算决议并没有陷入美国政治中常见的分裂境地。尽管民主党占多数，但他们的获胜比例（67%）只比共和党高出 4 个百分点，因此，也不存在民主党的预算或共和党的预算这种说法。参议院预算委员会的决议也不存在自由派预算或保守派预算的说法；事实上，双方的意识形态主义者往往是委员会中最失败的投票者。因为决议并没有被贴上令人无法接受的标签，大多数参议院预算委员会成员总是很欣然地支持决议。

第二，参议院预算委员会中的争议并不是狂热的，而是有节制的。不同于众议院预算委员会中民主党和共和党紧张压抑的审议气氛，参议院预算委员会中的气氛在绝大多数情况下都比较轻松。在参议院预算委员会中很少会听到有人慷慨激昂地要求委员会帮助城市居民、穷人或者是失业的年轻人；同时在大多数情况下，参议员中的保守派对于赤字支出的问题也不会危言耸听，仿佛世界末日即将来临。对于大多数民主党人和共和党人而言，各位成员可以通过投票来表达自己对某个项目的喜好，而不是让大家通过投票来统一思想立场和政党路线。因为同一党派的成员通常有相似的政治观点，所以共和党和民主党大多数情况下都会和自己的党派保持一致。但是，即便一个成员没有和他的政党保持一致，也不会被视为不忠于政党，或者放弃了原先信奉的意识形态。

第三，审议的方法对成员有着安抚作用。在以现行政策（或者现行法律）为基础开始审议时，委员会让共和党意识到预算不可能平衡，并且大规模削减一定会严重影响到政府项目。然而，由于总支出低于现行政策，所以共和党人也可从中得到一些满足。同样地，民主党人对于这一方式也会十分满意，因为他们的项目没有受到严重干扰，并可以继续运作。

第四，参议院预算委员会的成员资格是永久保留的，这使得成员能够更积极地支持委员会和它的工作。这个问题已经在第四章中充分论述过。需要提及的是，当成员们在参议院预算委员会中的任期尚未确定时，他们出现过抱团的现象。有时候成员们要想在其他岗位继续任职的话，就必须放弃委员会的工作，在这种情况下，大多数成员会选择离开委员会，尽管如此，他们仍旧愿意为委员会提出的预算决议投赞成票。总的来说，参议院预算委员会成员构成的稳定性只能被视为一个促进因素，如果委员会因为意识形态或者政治立场而陷入纷争，它将无法使委员会团结在一起。

第五，参议院预算委员会中两党的合作（特别是主席马斯基和共和党人副主席贝尔蒙之间非同寻常的关系）促使双方通力协作、达成共识。共和党的行政助理不仅参与准备审议的材料，同时在这一年中他们也参与到源源不断地提交给委员会成员的备忘录的拟定之中。参议院预算委员会的行政主管约翰·麦克沃伊认为马斯基和贝尔蒙的早年从政经历可以解释他们之间不寻常的合作关系："实际上，参议员贝尔蒙是俄克拉荷马州历史上第一个担任州长的共和党人，而马斯基则是缅因州历史上第一个担任州长的民主党人。两个参议员有着类似的经历……马斯基在任时，州立法机关由共和党主导（八个共和党对一个民主党）；而贝尔蒙在任时大体上也遇到相同的问题，即由民主党主导州立法机关。所以，这两个人在进入参议院预算委员会之前就学会了如何与反对派和平相处，从而尽可能减少摩擦，同时尽可能达成共识。"[49]

在参议院预算委员会中，两党合作不仅缓和了两党之间的冲突，还在其他方面作出了贡献。它增强了委员会成员之间的信任感，鼓励他们努力达成共识。

最后，众议院和参议院在机构设置上有诸多不同，而这种差异对于参议院预算委员会在审议的最后阶段保持和睦也有帮助。参议员们都有更广泛的选举基础，因此他们也比众议员们拥有更为多样化的选民支持。另外，由于任期较长，参议员也不会因为持有诸如容忍高额赤字之类不受欢迎的立场而受到快速投票者的报复。不仅如此，参议员习惯于在取得一致意见的前提下开展工作，这取决于两党之间大量的协商与合作。参议院预算委员会成员结束审议的时候依旧一团和气，这是因为他们一直积极地试图达成一致。他们为了自己能够获得最大利益而争斗，但同时大部分人坚决地赞成委员会决议，不会在记名投票时投反对票。

分项和数字

参议院预算委员会正式决定不开展分项审议，他们坚持认为，只有预算总额和各功能的分配额才具有法律效力。可以想象，避免分项审议的做法可以使参议院预算委员会中关于预算的争论不那么激烈，大家都会集中精力商议那些可以协商的数额。在那些大数额上做小小的变动很难刺激大家的神经。参议院预算委员会要求成员们只需对决议中的数额表示支持即可，不需要深究数字背后的项目或政策。

参议员马斯基坚决回避分项；他经常会打断委员会的会议进程，以阻止那些试图讨论具体项目的成员：“我强烈地抵制分项。如果我们真的要这么做，那么我们之后就会希望到各处去说明这个分项……之后我们委员会的职能就会变成不断地制定分项。这本不关我们的事。这是包括拨款委员会在内的那些授权委员会的职责，他们应该处理这些具体的议题。”[50]

回避分项可以降低参议院预算委员会达成一致的门槛。成员们可以不同意相关细节，但依旧会投票支持总额。有两位国会预算界消息灵通的观察家认为参议院预算委员会制定的决议能够得到广泛支持的主要原因在于这种决策模式：“……参议院预算委员会的审议很粗略。他们不会明确规定每个账目的支出标准，也不会在拟定的功能总额中具体说明每一个账目。通常会有很多项目一起承担资金短缺的压力……参议院预算委员会将一切模糊化，使两党之间的差异最小化，这样一来，双方都认为他们的项目会在支出总额中得到资金支持。”[51]

有时候，成员会为他们的投票赋予不同的意义，或者寻求保持决策的模糊性。在参议院预算委员会一轮的记名投票结束后，詹姆斯·A. 麦克卢尔故意对这次投票进行了模糊的解释：“我认为对于各类划分账目的不同方式，在座各位都可以独立地表达我们的看法……我认为我们没有必要在这里解释，但也不排除以后会表达这些观点。”[52]

马斯基在这个问题上原本投票反对麦克卢尔，但他补充道：“我完全同意这个观点。”在另一轮投票后，参议员罗伯特·道尔试图得到保证，使得“我们不会受到任何分项审议方式的约束”，以下是双方简短的交流：

奇利斯：“不，这里没有分项。”

马斯基：“每个成员会有自己的观点。”

奇利斯：“我下周会告诉你它的含义。”[53]

由于委员会无法“分项”审核，因此看上去就好像它是在没有项目内容的基础上决定预算数额。一位观察家表示：

“事实上，在国防金额方面，只有在获得广泛支持的情况下，参议院预算委员会才会最后拍板。”[54]委员会成员任意摆弄数十亿美元的资金，他们的这种方式让新来的参议员 S.I. 早川十分困惑：“我发现预算委员会的成员们并没有像他们看上去的那样辛苦。因为你不需要涉及具体的拨款问题，所以做决定并不是件很复杂的事情……你需要解决的仅仅是预算总额的问题。在这个委员会中，和你打交道的数字都很简单。你总是要和数亿乃至数十亿的资金打交道，因此，当我们说‘1’的时候，那意味着 10 亿美金，‘0.1’代表的就是 1 亿美金——这是我们在预算委员会处理的最小数额了。例如，一个委员会成员说：‘有一个什么项目的拨款，1977 年时给它的拨款是 1.7，因此在 1978 年的预算中，我们应该给它拨款 2.9。’所以我们做的只是增加 1.2，这并不困难。”[55]

然而，如果参议院预算委员会成员真的只对总额感兴趣，而完全忽略各个组成部分，那么这个事实也太令人震惊了。这样的行为和那些做分配决策的立法委员会的行为是相悖的。在分配数十亿美元的资金时，他们不会在意哪个项目获得了多少资金，他们也不会尽力为他们所信任的项目或他们所就职的选区提供帮助。如果相对于切分预算，只把握总数额就能真的让制定预算的过程变得更加和睦，那也太神奇了。互投赞成票的机会是有限的，正如用分项的刺激让并不情愿投赞成票的委员会成员认同预算的机会也是有限的。我们要记住的是，众议院预算委员会利用分项来换取自由派对决议的支持，因为那些自由派对一些预算功能的总额并不满意。自由派之所以和多数派合作，是因为他们所在乎的一些项目获得了专项拨款。

这里需要解释一下参议院预算委员会对分项审议相对而言的沉默态度。并不能就此认为参议院预算委员会成员一无所知或毫不关心他们的决定对项目的影响。尽管参议院预算委员会在审议中并没有像众议院委员会那样细致地聚焦，但参议院预算委员会成员对项目同样有着浓厚的兴趣，他们也想知道自己关于功能的决策会排除哪些项目，或者对哪些项目有利。由于意识到他们的行为会决定项目的命运，因而他们会花上几个小时激烈地争论资金金额。他们会怀着对项目的期待就金额数字进行投票。但他们通常不需要为了保护自己的项目目标去探讨分项问题。

为什么那些对项目有很大兴趣的参议员不会明确地表达自己的喜好？因为大家有共同的期望。当他们就一个功能进行投票时，成员们会很强烈地意识到这个账目意味着什么。一个参议员解释道："如果它延续了现行政策，那么这意味着这个项目会继续下去，不会有太大的改进，也不可能出现很大的削减压力。"有人问道"如果决策背离了现行政策，那么会出现什么情况？"他指着审议材料说："我们了解这些议题。""那么，如果成员们不同意这些议题呢？"他回答说："那么我们讨论分项。"换言之，成员们只有在确保他们的项目利益不会受到损害时，才能够避免对分项进行争论。如果分项审议的缺乏导致项目受到损害，那么制定决策就会演变成一场关于分项的激烈争论。在典型的案例中，如果一个成员认为委员会认同的功能资金标准太低，并主张提高标准，那么就很有可能发生上述的情况。在这样的情形下，罗列出在预算不足的情况下所有可能超支的项目不失为一个有效的策略。当参议员蒙代尔于 1976 年希望在教育上投入更多资金时，他罗列出了所有在总金额不增加的情况下可能被叫停的未决法案。[56]类似地，在 1978 年，当参议员霍林斯为国防预算寻求额外资金时，他把一张冗长的"购物单"交给了他的同僚，上面写的是一系列他梦寐以求的武器装备。

当成员们想通过追溯立法历史来支持他们的项目时，他们也会深入分项之中。在参议院预算委员会成员被告诫“不允许在这里认可任何分项或者项目”[57]后不久，参议员阿兰·克兰斯顿（Alan Cranston）就大力敦促委员会给他所在州的实验室拨款数百万美元：“我的全部要求就是要在一个适当的地方出现一段报告性的文字。”[58]在先前提到的一个案例中，参议员约翰逊向委员会施压，要求他们宣布给自然资源功能的拨款包括水利工程的资金，而该工程是总统卡特想要废除的。

参议院预算委员会成员喜欢通过这两种方式来达到他们的目的。如果讨论项目细节对他们的提案没有任何帮助，那么他们就不会进行分项审查。在审议1976财政年度第一个决议时，有人赞成启动数十亿美元的反经济衰退政策，但反对者们提出无法具体指明哪些项目是他们打算增加资金的。然而，这些项目的开支超过了委员会可能批准的总额；这样的困境促使蒙代尔提出设定总额上限的呼吁：“公共事业管理委员会、拨款小组委员会的成员以及和行政职员已经和这些问题打了数年交道，他们对此很熟悉。他们花费整年的时间对公共事业工程进行听证……还有其他的一些小组委员会，有的是处理公共就业服务问题的，有的是处理公路问题的，如此等等。他们有良好的能力、竞争力和组织体系，因此，他们会关注这些提案的细节。而在运作中，这是我们无法在有限的时间内拥有、也不可能拥有的。我的计划是……借助拨款委员会的专业知识，让他们在内部做出决定……制定一个他们可以接受的反周期总支出上限。”[59]

只有当成员们有竞争性的项目偏好，并且受到一个固定总额的限制，无法使双方偏好均得到满足时，“支出池”的假设才能解释对冲突的避免。如果某组偏好得到大家普遍认同，那么另一组偏好就一定会从预算中被删除。在这种情况下，沉默可以带来和谐，其方式就是允许所有的成员不考虑关于功能的决策，而去追求他们的立法利益。但参议院预算委员会的八个正式审议文本没有说明，当参议员赞成的是预算功能的总额，而不是它内部的资金分配时，他们是如何通过对细节保持沉默来解决这些差异的。对两院的预算委员会而言，大多数冲突都是来自于成员之间对筹资水平的异议，而非对项目的异议。[60]再多的沉默也不能说服众议院预算委员会的共和党人投票支持他们委员会制定的决议。同时沉默也不能收买参议院预算委员会那些既坚决反对总额，又坚决反对各个项目的成员。尽管有意回避关于项目的决策，但是为了终结有关反衰退支出的争论，参议院预算委员会需要三轮的记名投票。在最后一轮对于一份有关进一步削减总额的动议的投票中，成员们以 7 票对 7 票的结果被分成了两派。

很明显，事实证明回避分项讨论本身并不能确保参议院预算委员会在预算中保持和睦。每次第一个决议都需要经历很多轮记名投票，其中很多次往往都是一两票起了决定性的作用。从 1977 财政年度到 1979 财政年度，在所有第一个决议的审议中，有超过二十次激烈的投票，这个数字比众议院预算委员会要多得多。很明显，由于没有人强迫委员会成员一定要赞同决议细节，因此他们也不会随随便便就支持总额。参议院预算委员会成员在预算政策方面有着严重的分歧，但是大多数成员还是愿意抛开成见支持委员会的决定。

回避分项未能缓和委员会内部的争斗，但它有助于缓和预算委员会和其他委员会之间的关系。当参议院预算委员会根据《预算法案》的规定将新的预算授权和支出分配给各个参议院委员会时，委员会必须得到它希望资助的项目的翔实信息。特别是当一个预算功能受到几个委员会的管辖时，参议院预算委员会就必须清楚地了解这个功能下面的项目。尽管行政职员会为各个委员会架起了解功能的“桥梁”，但是参议院预算委员会成员们对款项的分配更感兴趣。那些作为接收方的委员会也在努力将它们在预算中的份额和立法裁量权最大化。委员会都不想受限于参议院预算委员会对分项的预期。在1978财政年度审议时，参议员麦克卢尔一度很想弄清楚参议院预算委员会项目假设的法律地位。“我不相信我们的假设会束缚授权委员会和拨款委员会。他们可能自己都还没意识到这一点。”参议院预算委员会办公室主任麦克沃伊巧妙而隐晦地回应道：“参议员先生，这只是许多连续不断的神秘事件中的一件，这些事情如果完全揭示出来会破坏整个进程。委员会的这种方法具有一定的灵活性，这对委员会有利。”[61]

参议院预算委员会在对待分项问题上的态度前后并不一致，非常策略。它会制定具体的项目假设，有时候它也会在预算决议的报告中详细说明这些方案，但其他委员会并不一定要接受这些项目假设。一个主要授权委员会的办公室主任对参议院预算委员会所遭遇的问题表示同情，并做出了评价：“为了在一个合理的基础上测算资金总额，他们希望分项审议；但另一方面，他们不想因为分项审议而和拨款委员会或授权委员会发生很大的冲突，他们为此都快要精神分裂了。”

对分项有选择地关注比较符合委员会的决策风格。由于参议院预算委员会以现行政策为基础（包括现行法律评估）来审议预算决议，因此，如果委员会采取分项审议的形式，它就必须对许多项目的削减情况进行具体说明。与之相反，众议院预算委员会的基础是总统预算，同时它可以很方便地增加分项。而参议院预算委员会如果一如既往地公开自己的项目决策，它就不得不削减项目。例如，当参议院预算委员会设定的1977财政年度支出目标比现行政策标准低90亿美元时，它就不得不透露出它打算削减哪些项目的资金。削减项目势必会损害一部分人的利益，这部分人会向委员会提出抗议，然而，对分项保持沉默可以让委员会在宣布大规模削减支出时避免这种事情的发生。

参议员和他们的数字

参议院预算委员会成员也有一些不会在审议中明确声明的项目利益。据观察，如果他们的同僚也有类似期望，或者在决议中这些项目的金额得以确认，他们就能够保持沉默。当被成员们视为专家的一些人，尤其是当立法领域的专家对成员们选择的数额表示满意时，成员们就会很自信，因为他们相信他们选择了正确的数额。预算委员会成员习惯主导那些与他们的立法偏好相关的问题。莫斯在早些时候的参议院预算委员会审议过程中说："现在我自愿做一些事情，这是因为我在邮政委员会工作；而他之所以这么做是因为他服务于财政委员会，我们就这样一点点地拼凑这些东西。我们并未对此有真正的研究，我们仅仅了解一些皮毛。"[62]成员们经常在一起交流的主题不是和项目相关的信息，而是国会的偏好，尤其是那些对他们所关心的项目有管辖权的委员会的偏好。

这样的行为在两院的预算委员会中都发生过。通常，在审议过程中人们可以通过观察众议院预算委员会和参议院预算委员会各个委员来准确地推断出他们与其他委员会的关联。当讨论他们在其他委员会经手的事务时，成员们会变得非常活跃；当"他们的"项目正在接受审议时，他们会谈论更多的项目细节，并且更倾向于提出修正案。当项目专家主导审议时，委员会的同僚们看上去会更专注，尽管他们不会总是表示支持。“我们知道他们来自哪里，这些人做的不仅仅是喋喋不休地陈述自己的偏见。”一位参议院预算委员会这样解读他所得到的暗示。

但是“舆论领袖”在两个委员会中扮演的角色不同。众议院预算委员会的民主党人往往通过说服主席在其审议标准中加入他们所偏好的项目，并以此对支出施加影响。决议中的数额是否足以确保自己偏好的项目得以运行？如果要弄清楚这一状况，私下了解要比公开争论来得更有效。但是，参议院预算委员会成员没有选择，他们必须公开自己的理由和论据，这样领袖们似乎就能更积极主动地进行调停。

不仅如此，参议院预算委员会中有很多“重量级”参议员，例如委员会和小组委员会的主席和少数党副主席，他们对其他委员会的期望有着权威的发言权。[63]众议院预算委员会中很少有成员在其他委员会中担任领导职务。因此，众议院预算委员会中的成员似乎仅仅代表他们个人的观点，而不是其他委员会的观点。但也有一些例外，例如詹姆斯·C. 赖特（James C. Wright）“代表了”公共工程；帕伦·J. 米歇尔（Parren J. Mithcell）为国会黑人同盟说话；还有巴伯·卡纳布（Barber Conable）有时候会替筹款委员会传达出它们的期望（尽管他是共和党人）。尽管如此，参议院预算委员会对其领导成员更加恭敬。直到参议员克兰斯顿出席，参议院预算委员会才开始审议退伍军人功能；并且参议院预算委员会允许成员们暂时“延迟”审议一个问题，直到相关的领导成员能参加会议。[64]

沃伦·麦格诺森就是一个最明显的例子，人们可以经由他看到一个参议员如何凭借他在其他委员会中的地位来支配政策领域。作为拨款委员会中的民主党副主席（直到1978年他担任主席）以及劳工卫生教育福利小组委员会主席，麦格诺森被认为是参议院中医疗保健支出方面的专家。在审议之前，他会给马斯基写一封信，具体说明他想为医疗卫生功能争取多少资金。他往往最终能够如愿以偿，即使他并没有参加审议。以下是 1976 财政年度参议院预算委员会设定医疗卫生支出的过程：

马斯基："现在，参议员麦格诺森写了一封信，在这个预算功能中他建议给医疗卫生的开支为 310 亿美元。"

比尔："310 亿美元？"

马斯基："对，310 万美元。比我的多出 10 亿美元。"

蒙代尔："我认为需要调整一下麦格诺森提交的数额……"

比尔："有什么建议吗？"

马斯基之后朗读了信中的一段文字，这段文字表达了麦格诺森的关切，即"国会赋予公民医疗卫生需求高度的优先性，但总统预算并没有给予相应的重视。"[65]在否决了奇利斯降低目标的提议之后，委员会以 11 票对 2 票通过了麦格诺森提出的数额。这种模式在之后的两年中反复出现，而这次麦格诺森也亲临现场；他告诉委员会，他希望获得 482 亿美元的预算授权，并获得 448 亿美元的支出：

马斯基："这是你提出的吗？"

麦格诺森："是的，这是我提出的。这比拨款委员会提出的数字少。"

霍林斯："真是个古怪的人。"

奇利斯："你是在这自言自语吧。"

马斯基："这是我那么长时间以来遇到的最有效的由一个人操控的谈判。"[66]

后来奇利斯又提出降低数额的要求，再次遭到委员会否决。之后，麦格诺森的建议又被采纳了。

麦格诺森急切地推荐自己偏好的项目，但委员会有时也必须鼓励那些不愿意担任领导工作的成员担当重任。例如，在参议院预算委员会为1977年国防支出目标进行争论时，几个成员要求山姆·努恩担任领袖职务。山姆·努恩只是海陆空三军委员会中一位职位较低的民主党党员，也是该委员会中唯一的参议院预算委员会成员。但是，作为一名参议员，他已经在参议院中获得了国防人力资源专家的声望。

麦克卢尔："山姆，你能对削减国民警卫队储备金一事做出回应了吗？"

努恩："我们小组委员会还没碰面，因此我所说的都只是我个人的观点……"

比尔："根据你以往的经验，你是否愿意推测一下小组委员会之后会有什么行动呢？"

努恩："格伦，我不大愿意去猜测他们会有怎样的行动。鉴于我现在的身份，我必须为小组委员会说话。但我们现在还没碰过面，也还没有对这些事情做出决定。如果我预先告诉你们我的小组委员会做什么，那么我自身也将陷入不利的境地……"

奇利斯："他其实是知道的，只是他不肯告诉你。"

努恩："我不想像其他参议员那样，在小组委员会中实行专制独裁。"

比尔："如果我们在这里制定削减计划，不知道小组委员会会采取什么行动，我觉得这挺有趣……如果我们知道那些专家们怎么想，我们就能更好地处理这些数额。"[67]

在这个例子中，努恩受到来自海陆空三军小组委员会和预算委员会的双重压力。努恩是海陆空三军小组委员会主席，但同时他在整个委员会中级别并不高，因此，他显然不愿意告诉委员会他们应该做什么，但同时他也意识到如果他保持沉默，有可能会导致国防的预算目标低于他的预期。为了避免这样的窘境，努恩最后说出了军备小组委员会下一步的打算，但他并没提出具体的预算目标。

麦格诺森和努恩的这段小故事并不能用来说明参议院预算委员会在盲目地听从那些领袖的领导。如果真是如此，并且所有其他委员会的代表都为所欲为，那么预算决议中的资金数额可能会不断增加，并超过参议院预算委员会能够承受的范围。预算委员会成员常常会根据自己所掌握的其他数据（特别是现行政策的基准线）来验证推荐的数额。有时候某个项目的数额与现行政策标准并不相符，会出现项目支持者不断施压、过度要求增加数额的情况，参议院预算委员会在这种情况下会团结起来一致反对。参议员克兰斯顿就曾试图让参议院预算委员会批准退伍军人事务委员会（1977 年他是该委员会的主席）申请的一些拨款，但是因参议院预算委员会的一致反对而受挫。克兰斯顿声称他提出的标准是“合理并且负责任的”，他列出了项目所带来的收益，但前提是要在现行政策的基础上再多投入 10 亿美元。然而，参议员奇利斯并未被他说服。奇利斯说道：“看起来你所提出的一切要求都好像是授权委员会所要求的，而我们所得到的只是你口头的简单陈述。”[68]在克兰斯顿的反对下，参议院预算委员会以 11 比 3 的表决结果决定将退伍军人功能的资金额维持在现行政策水平。

克兰斯顿在第二年又试了一次，但是也没有成功。之后他再一次尽力让这些数额超过现行政策标准，并在 3 月 15 日的报告中要求参议院预算委员会批准退伍军人事务委员会所要求的全额资金：“我希望强调的是，你们应正确地看待委员会提案，请不要认为它只会夸大可有可无的项目的重要性。如果你认真了解过退伍军人事务委员会中的成员，你就会发现他们代表了参议院中的各个层次，包括两党中一些相当保守的参议员。而且我们是一致通过的。”[69]

迫于克兰斯顿的施压，参议院预算委员会当时很难决定究竟授予退伍军人预算项多少资金。参议院预算委员会进行了7轮记名投票，最后达成妥协：在现行政策规定的数额和克兰斯顿期望的数额之间取了一个适当的中间值。

如果参议院预算委员会成员真的自愿地听从“担任领袖”的同僚，或者一致同意最后的预算标准要达到或超出现行政策的标准，那么他们或许无需争论就可以达成共识。但是，事实并非如此。这些数字会导致很多冲突和争论，每年记名投票的次数就是一个证明。一些预算功能（诸如基础科学、法律执行和基础政府管理这些金额较小且比较稳定的功能）通常可以迅速做出决定，有时甚至仅通过口头表决。但对于一些有争议的功能，由于对于多少金额才是适当的支出标准既没有意见领袖，也没有一般性的协定，因此，需要通过一个投票过程才能最终决定支出的金额。这个过程要一直持续到针对某个具体的标准形成一个多数派。

向前迈进：参议院中的预算

正如众议院预算委员会内部的分歧反映了众议院中预算制定的局势，参议院也将相对和睦的气氛传递给了参议院预算委员会。马斯基和贝尔蒙意识到如果想说服议会，就一定要形成统一战线。他们希望委员会成员们坚定地支持委员会的提案，这样参议院才会认为这份决议中的预算政策是合理的、公平的，而不是一份妥协的大杂烩，或者只是表达委员会成员个人喜好的产物。没有一份预算可以迎合参议院所有的政治观点，而参议院预算委员会的两位领导人不会担心少数几个“叛变”的成员，并且在1976财政年度只有两名委员会成员对第一份正式决议投了反对票，这让两位领导人很欣慰。他们希望参议院预算委员会的成员都能被视为预算专家，并不是说这些成员了解所有的政府项目，而是为了表明委员会有能力把握参议院的偏好。因此马斯基和贝尔蒙决定在全体议员大会上支持所有的委员会决定，包括那些与自己的偏好以及在审议期间所持的立场相悖的决定。如果一个问题在委员会内部已经解决，但一个参议院预算委员会成员企图重提这个问题，那么马斯基和贝尔蒙是不会支持他的。总而言之，他们会尽力让决议在不附加任何修正案的状态下获得通过。

第一次挑战来自于参议院预算委员会的自由派瓦尔特·蒙代尔，他提出动议希望为1976财政年度临时反经济衰退项目增加90亿美元资金。马斯基在委员会中非常支持这个方案，但之后他致力于支持委员会的决定：“参议员蒙代尔提到了一些事，是关于我在委员会的投票和我所持的立场。他敦促我在此为他的修正案投票时应保持与先前一贯的立场。我觉得我不得不澄清我的态度。我对预算过程有这样的看法：委员会有16个委员；我们用了数月数周的时间，尽力让委员会在拨款金额和赤字规模上达成一致并制定一个委员会的共同目标，哪怕仅仅只是初步决定预算中的优先事项。在投票表决结束之后，委员会决定将决议呈送给全体议员大会审议。每个预算委员会的成员在这个时候会遇到这个问题：‘我是要在议员大会上支持新的预算过程和准则，还是要为自己的方案争取优先权？’我相当肯定无论我的行为如何，成员们都会效仿：如果我在全体议员大会上为我的方案争取优先权，那么每个预算委员会的成员也会在大会上为他们的方案争取优先权。如果这样的话，我们委员会就无法联合起来达成一致了。我们所拥有的仅仅是16个参议员汇总到一起的一些数字，之后他们又回归到这个议院的100个参议员当中，所有在委员会中出现的争斗会再次上演，就好像预算过程对最后的结果没有任何影响一样。”[70]

如果马斯基在议员大会上的任务是防止有人提议增加参议院预算委员会决议中的金额，那么贝尔蒙的目标往往是防止有人提议削减参议院预算委员会决议中的金额。贝尔蒙的第一次反击也是在1976财政年度。那时候参议院预算委员会的成员罗伯特·道尔主张对预算开支进行小幅度的削减，贝尔蒙当时就处在反对的最前沿：“……我已经把预算委员会每个月的审议报告逐字阅读完毕了。我想了解我们的政府在这艰难的时期应承担怎样的责任，并对我们所建议的预算数字进行功能细分。我认为进行额外的整体削减是不明智的。”[71]

即使支出标准和赤字标准让贝尔蒙也很困惑，他还是一直坚决投票支持决议。一方面关注过度的支出，另一方面又希望支持预算过程，他对决议的认可基于这两者的平衡。“作为一名委员会成员，我认为我需要继续支持委员会的最终成果。但如果我有权做决定，我个人是不会制定这样的决议的。”[72]

马斯基和贝尔蒙之所以那么积极，不仅仅是想要让参议院通过他们的预算决议。他们相信，尽管国会制定了一套新的预算过程，但是国会还没有完全认可新过程的规则和限制。因此，他们对很多参议员想在决议中加入很多巨额修正案的现象予以谴责，而同时他们一边宣扬控制预算的必要性，一边继续像以往一样为自己喜好的项目争取资金。马斯基和贝尔蒙担心参议院会例行公事地通过决议，而并不真正地寻求预算控制；在他们看来，如果决议中充斥着即席修正案，那么即便是通过了决议，也只是空欢喜一场。由于他们相信预算过程无法在混乱的议会审议中得到保全，因此，他们积极地反对几乎所有没有争议的即席修正案。一开始，他们认为任何实质性的即席修改都会威胁预算过程。马斯基以“我们必须为保全预算过程而支持参议院预算委员会”为理由阻止了爱德华·布鲁克的计划——恢复住房和社区开发项目被参议院预算委员会削减的资金，但这一次马斯基也失败了：“由于他（布鲁克）现在质疑我在委员会中的投票，我必须阐释一下我支持预算委员会决议的理由……我非常相信这两个项目，但是如果预算过程要顺利运作，预算委员会的主席就不得不一次又一次对一些重要的事情进行让步，以防止别人指责他对预算过程带有偏见。”[73]

有时候成员们投票支持增加支出，但是却由于赤字太高而反对最后制定出来的成果；这种冲突的压力在众议院困扰着预算决议，马斯基最担心的是预算决议在参议院遭受同样的挫折。马斯基认为要避免这个长期存在的威胁，参议院预算委员会的成员们必须率先对预算进行限制。参议院预算委员会成员艾伦·克兰斯顿曾经试图在委员会拨款的基础上再为退伍老兵争取更多资金，这时马斯基告诫说：“如果我们正准备限制预算，如果我们将控制支出，那么我们每一个人都必须心甘情愿地抑制我们对方案的要求，哪怕我们对这个方案有着很深的感情，因为同时有其他偏好的参议员也会对其他方案有很深的感情……如果参议院被你这样的提议所打动，那么就无法限制预算，我们只会让赤字数额越来越高。”[74]

参议院其他领袖和马斯基看法一致，他们认为新出炉的预算过程必须受到保护，不能让成员个人的喜好破坏它，也尽量防止它受到参议院意志的干涉。当参议院就1977年第一个决议进行公开辩论时，它面对着很多修正案，包括克兰斯顿通常会提出的增加退伍老兵项目拨款的要求。然而，多数派领袖麦克·曼斯菲尔德表达了出乎意料的观点，为这些修正案“泼了盆凉水”：“我并不打算支持任何一个修正案，无论这个修正案有多好，多有意义，也不论它有多么迎合当下的政治导向……我完全支持预算委员会的提议，因为如果我们不这么做，那么倒不如废除这个新的预算过程，然后还是用我们的老办法。”[75]

曼森菲尔德加入了民主党的政党纪律委员会，同时又在参议院中担任共和党领袖，而这两个组织都反对修正预算决议。克兰斯顿并不畏惧外界对于他在破坏新的预算过程的指责，继续捍卫自己的修正案。他说：“我们在一年中已经积累了成功经验。”[76]他暗示根本不需要像马斯基和参议院领袖们要求的那样小心谨慎地对待预算过程。其他修正案的发起人在表达他们对预算过程支持时格外小心谨慎。布里奇·贝伊（Birch Bayh）提醒参议院注意，它所采纳的是“一份国会预算……不仅仅是一份由委员会编制的预算。”[77]

由于参议院坚决支持“整个”预算决议，参议院预算委员会在最初两年中获得了意想不到的胜利（参见表7－13）。在1976和1977财政年度间通过的五个预算决议中，除了两个修正案外，参议院否决了所有其他的修正案。这仅有的两个获得成功的修正案都是马斯基认可的：取消1976财年岁入中的应急条款和将两亿美元资金从一个功能向另一个功能毫无争议地转移。参议院所通过的预算总额完全都是由其预算委员会建议的。

表 7－13　　参议院针对预算决议的修正案的分布

决　议	采纳的数量	否决的数量	对被采纳的修正案的解释
1976 财政年度			
第一个	1	4	取消了财政收益的应急拨款
第二个	0	1	
1977 财政年度			
第一个	1	1	两亿美元的转移；得到马斯基的认可
第二个	0	0	
第三个	0	0	
1978 财政年度			
第一个	3	3	为退伍老兵、住房和社区发展的项目增加资金
第二个	3	3	学费退税；取消对农业的扶持条款；赈灾救援
1979 财政年度			
第一个	0	13	
第二个	0	3	
1980 财政年度[a]			
第一个	5	12	对社会保障、食物券、营养救助以及赈灾救援项目增加资金；对旅游和电影制作的费用进行全面削减

a. 包括附加在 1980 财年第一个决议中对 1979 财年第二个决议的修改。
来源：作者对多期国会记录中修正案的分析。

在参议院预算委员会最初的和谐期过后，这种不正常的情况也就消失了。参议院不可能一直赋予某个委员会完全的自由裁量权，当然也包括立法范围涉及政府所有项目的委员会。无论参议院预算委员会能多么准确地预测参议院的喜好，委员会和整个议会之间一定会出现政策上的差异。尽管参议院预算委员会和预算过程在短期内都会因非正式的定案规则（closed rules）获益，但这种做法会带来长期的风险：参议院会认为这份预算决定不是自己制定的。马斯基意识到接受议员大会对预算决议进行修正的可能性："只要有一个地方必须改动，参议院就会毫不犹豫地进行修改，而它只是为了表明这个决议是它自己制定的——这是我很希望看到的，因为我也希望参议院能够接受最后决定中的准则。让我们现在就开始自觉地、有序地改变吧。如此一来，在余下的会期中我们就可以投票通过我们单独的支出决定和税务法案，并以此强制执行决议。"[78]

随着 1978 财政年度的第一个决议编制完成，这样的情况也有所改变。参议院通过了三个要求增加支出的修正案，其中包括克兰斯顿提出的退伍老兵的项目，以及爱德华·W.布鲁克（Edward W. Brooke）和威廉·波克斯迈尔提出的住房和社区发展的项目。在 1978 财政年度第二个决议中，又增加了三个修正案。其中两个增加了未列入预算的支出，另外一个将学费退税纳入总的财政收入之中。尽管在 1979 财政年度中参议院仍旧准备修改参议院预算委员会的决议，但由于预算额度无法满足一些重要的项目，参议院仅对决议做了一些完善。参议院最终在未附加任何修正案的情况下通过了 1979 财政年度的第一个和第二个决议，并否决了很多即席提出的建议，例如全面而有针对性的削减方案、平衡预算修正案、增加国防支出的提议、建议将部分国防经费转移到国内项目的修正案，以及进一步削减税收的提议。但是，在 1980 年第一个决议中有五个修正案被采纳了，其中四个恢复了被参议院预算委员会从现有项目中削减的资金。

马斯基继续坚决反对几乎所有对他的委员会所设定的预算数字的修改，但他也意识到参议院预算委员会有时会偏离参议院的偏好。如果真的出现这种情况，那么这个“母体”就会改变委员会的决定。马斯基主要的兴趣不是阻止所有的修正案，而是维护两党联盟，并且不损害主流的预算政策。

参议院预算委员会在议会上的胜利不能仅仅归因于新颖的预算过程。最初两年或许还能用这个理由解释，但过了五年时间，其他因素的作用渐渐凸显出来。或许参议院预算委员会最大的财富就是自信，它相信不管怎么处理即席修正案，预算决议都会在参议院获得压倒性的胜利。参议院预算委员会没有必要为了获得赞成票进行某种交易；对于这份以议院大会讨论结果为基础的决议，大多数参议员也会毫不犹豫地支持。

每个预算决议至少要获得 25 张赞成票才能被送往参议院；从 1976 财政年度到 1980 财政年度一共有十个决议，只有一个决议没有以超过二比一的票数比例获胜。（这是 1978 财政年度的第一个决议，有 31 张反对票。）参议院和众议院投票模式最大的差别在于：参议院有一个相对稳定的多数派支持预算决议，同时参议院的共和党人不会固执地投反对票。参议院的共和党党员中，支持预算决议的人数和反对预算决议的人数差不多。事实上共和党的多数派投票支持了十个决议中的六个。

参议员的投票行为可以分为以下四种类型：

1. 忠实的支持者。参议院有一半的成员一直投票赞成决议，他们可能在某个修正案上反对参议院预算委员会的决策，但无论结果如何，他们都会投票支持最后的决议。这个集团囊括了三分之一的共和党人，三分之二的参议院各委员会主席，还有三分之二的参议院拨款委员会成员。有了这些确定的支持，参议院预算委员会不用担心会在议会上失败。无法确定的仅仅在于是否会有修正案被通过，以及能够以多少票的优势获胜。

2. 多数情况下会投赞成票的人。这是参议院中第二种类型的支持者。但是比起第一种，他们就没有那么可靠了。他们会有一两次投反对票，但大多数情况下还是会投票支持预算决议。这些人中包括少数参议院预算委员会的民主党人，或许还有十一二个自由派民主党人。这些人不会持有关键选票，也不会联合起来投票。当一位原先一直支持决议的同僚第一次脱离一贯立场时，另一位参议员可能仅仅因为跟风而变节。只有在需要确定获胜方领先了多少票时，“变节者”的人数才会变得重要。

3. 多数情况下投反对票的人。一些温和的保守派参议员在赞成和反对之间摇摆不定。其中包括一些参议院预算委员会的共和党人和南方的民主党人。这些“摇摆者”就是反对票的数量上下浮动的原因——1978 年第一个决议有 31 票反对，而 1978 年第二个决议只有 18 票。

4. 坚定的反对者。大约有 18 名参议员坚定地反对所有的预算决议。其中大多数是来自中西部和远西区的保守派共和党人，但是也包括一些民主党人（迪克西尼、普洛克斯迈尔和爱德华·佐林斯基）。这些反对者最有可能投票支持那些呼吁平衡预算或大幅削减联邦支出的即席修正案。

这种投票者的构成使决议能够在参议院顺利通过。忠实支持者的人数大大超过坚决反对者的人数，比例大约为 3 比 1；同时大多数情况下支持决议的人也大大超过了多数情况下反对决议的人。不仅如此，大多数委员会主席都支持预算决议，包括拨款委员会和财政委员会。最后，大多数参议院预算委员会成员在议员大会上会与他们委员会的意见保持一致，这样就有四分之三的忠实拥护者或者是经常支持决议的人赞成最后的决议，因此，最后一定会通过决议。

尽管过去的投票模式为参议院的预算过程预示了一个平坦的未来，但还是有一些因素会导致在最后的投票中票数接近，同时使否决即席修正案变得更加困难。这在很大程度上取决于共和党人会在多大程度上、多么坚定地提供支持。两党的参与者都怀疑马斯基和贝尔蒙建立的两党联盟是否能够在共和党向右倾的时候继续存在，也不相信超过一半的参议院共和党人会长期支持决议。如果温和派的共和党人感到无法再认可如此庞大的预算赤字，预算决议依旧能够在参议院获得通过，只不过票数上的优势将会缩小。这种情况下大概会出现 40 张反对票，如果一些南部的民主党人也转而投票反对，那么反对票的数量可能还会增加。另外，有一些参议员虽然投票支持预算决议，但同时他们也主张降低联邦政府支出、缩小赤字规模，而这些人也是潜在的反对者。在 1979 年第二个决议中，有 12 个参议员为决议投了赞成票，但他们之前主张对那一财政年度的总支出进行全面削减，削减金额高达一百亿美元。这个一百亿美元的削减计划被否决之后（35 票对 38 票），这些参议员转而支持支出总额更高的决议。或许这种投票模式仅仅表明部分参议员想既赞同削减支出，又支持预算过程，而且只要他们能够两面兼顾，预算决议就可以在参议院中继续获得大部分人的支持。

联席会议中的预算

尽管众议院和参议院的委员会以及议员大会的程序和政治环境有很大不同，但当两个预算委员会参加联席会议时，他们各自提出的预算数字不会相差很多。在总收入和总支出金额这两组数据上，双方的差距通常不会超过总额的 1%，只有一次双方的差异达到总额的 1.1%。众议院和参议院之间最大的差异在于预算赤字，在表中所列示的十个决议中，差异的平均值达 7%（详见表 7－14）。1980 年第一个财政决议中令人意想不到的 39% 的差距源于双方经济假设的差异，而非主要政策上的分歧。

表 7－14　众议院和参议院在预算总额上的差异

单位：十万美元，%

决　议	众议院	参议院	差　异	
1976 财政年度				
第一个				
财政收入	298181	297800	381	0.1
预算授权	368831	379537	7294	1.9
支出	369249	365000	3249	0.9
赤字	70068	67200	2868	0.5
第二个				
财政收入	301800	300800	1000	0.3
预算授权	408004	406200	1804	0.4
支出	373891	375600	1709	0.5
赤字	72091	74800	1709	3.8
1977 财政年度				
第一个				
财政收入	363000	362400	600	0.2
预算授权	454071	454900	829	0.2
支出	415435	412600	2835	0.7
赤字	52435	50200	2235	4.5

续表

决　　议	众议院	参议院	差　　异	
第二个				
财政收入	362500	362000	500	0. 1
预算授权	452583	447500	5083	1. 1
支出	413240	412800	440	0. 1
赤字	50740	50800	60	0. 1
第三个				
财政收入	34800	346800	2000	0. 6
预算授权	477921	467000	10921	2. 3
支出	419130	415000	4130	1. 0
赤字	70330	68200	2130	3. 1
1978 财政年度				
第一个				
财政收入	398094	385600	2494	0. 6
预算授权	502267	504600	2333	0. 5
支出	464477	459200	5277	1. 1
赤字	66383	63500	2883	4. 5
第二个				
财政收入	397930	394800	3130	0. 8
预算授权	508000	501400	6600	1. 3
支出	459570	459900	330	0. 1
赤字	61640	65100	3460	5. 6
1979 财政年度				
第一个				
财政收入	443000	443300	300	0. 1
预算授权	569500	566100	3400	0. 6
支出	500900	498900	2000	0. 4
赤字	57900	55600	2300	4. 1

续表

决　议	众议院	参议院	差　异	
第二个				
财政收入	450000	447200	2800	0.6
预算授权	561000	557700	3300	0.6
支出	489800	489500	300	0.1
赤字	39800	42300	2500	6.3
1980 财政年度				
第一个				
财政收入	509000	503600	5400	1.1
预算授权	605	600300	4781	0.8
支出	529863	532600	2737	0.5
赤字	20863	29000	8137	39.0

来源：联席会议委员会报告。

两个机构对功能拨款进行了审核，发现他们在数额上并没有很大的差异。从 1976 到 1980 财政年度，两院做出了 300 个功能决策（不包括利息和未分配的抵偿性收入）[79]。尽管完全相同的拨款还不到三分之一，但是正如表 7 – 15 所示，差异很小。三分之二的差异小于 5%。总的来说，几乎有 80% 的决策相同，或者差异在 5% 以内。有时两院之间的差幅超过 10%，这往往是因为双方的估算程序有所不同，而不是因为政策上的分歧。由于国会和国会预算局的能力在不断提高，所以预算评估技术变得更加可靠，因而很少会出现双方差异很大的情况。在 1976 和 1977 财年的决议中，几乎四分之一的两院功能拨款的差幅在 10% 以上，但是在 1978 和 1979 财年的决议中，只有七分之一的差幅在 10% 以上。然而，双方的差额幅度在 1980 财政年度增大了，这说明在预算政策和预算优先事项的问题上双方的关系日趋紧张。

表 7－15 参议院和众议院在功能类别上的差异

（1976—1980 财政年度）

决 议	总数	无差异	差异小于 5%	差异在 5%—10%之间	差异超过 10%
1976 财政年度					
第一个	30	9	13	2	6
第二个	30	14	12	0	4
1977 财政年度					
第一个	30	5	14	5	6
第二个	30	12	13	0	5
第三个	30	16	10	3	1
1978 财政年度					
第一个	30	5	18	3	4
第二个	30	14	10	3	3
1979 财政年度					
第一个	34	6	17	6	5
第二个	34	8	21	2	3
1980 财政年度					
第一个	34	2	20	5	7
总数	312	91	148	29	44
总百分比（%）	100.0	29.2	47.4	9.3	14.1

注：支出功能不包括利息和未分配的补偿性收入，但包括各个决议中预算授权和支出的差异。

来源：作者制表。

鉴于参众两院对于大多数预算项目的立场分歧较小，人们自然会期待联席会议能够在轻松的气氛下很快结束，双方可以很容易掩饰项目和政策上的分歧，并在数额上达成一致。不仅如此，预算过程的两个特征也使联席会议上达成一致更为容易。第一，预算委员会在联席会议中扮演的角色相同，它们不需要决定要使用哪些分类，只需要决定拨款多少即可。第二，两个委员会都把决议视为“必要”的法律，《预算法案》的最后期限形成的强大压力促使双方达成一致。

尽管如此，有时候与会者会下定决心维护他们各自议院的决定，哪怕是一个看似很小的差异也会引起他们激烈的争辩。与会者很少通过数值计算来界定差异，相反，他们常常为政策和程序上的分歧斗争，因为这直接影响到他们的预算配额。每年联席会议在审议预算决议的时候至少都会因为一个议题陷入僵局，并威胁到最终协议的达成。1975 年，双方在国会是否应该采纳衔接期预算决议的问题上争论不休；这场争论一直持续了三个月，致使财政年度的起始日从原本的 7 月 1 日延后至 10 月 1 日。第二年他们受到所得税抵免的困扰，因为给低收入人群的补助要超过他们缴纳的税金。委员会并没有对这个项目的价值提出质疑，这在国会早已达成共识，他们争论的是这笔抵免资金列入预算的方式。众议院预算委员会希望把这笔款项当作直接支出，但是参议院预算委员会认为这笔款项应该被当作收入损失。[80] 1977 年，预算委员会又为了国防开支而争吵。1978 年，问题又变成了“软性”公共工程，即联邦政府拨付补助款给地方政府，让它们雇佣低收入人群从事劳动密集型的产业。在这个例子中，马斯基没有按照常理出牌，而是预先推动参议院通过决议，在联席会议中支持他的委员会的立场。1979 年，与会者在教育支出上又产生了严重的分歧。

尽管有时与会者声称他们宁可放弃预算过程也不愿意赞成这些令人无法接受的决议，但最终这些争论都被解决了。正如所预期的那样，每次妥协都可以让双方获益，或淡化双方的矛盾、缩小双方的差异。衔接期问题也得到解决，其中的数额变成了 1976 财政年度第二个决议（“最高上限”）的指标，同时第一个决议（“指标”）中的衔接期数额成为1977财政年度的支出上限。另外，由于各种各样税收抵免的建议让参议院预算委员会倍感压力，因此它最终采纳了众议院的意见，将所有此类抵免都作为直接支出，所得税抵免问题也迎刃而解。在国防支出问题上的争论也非常激烈，由于参议院意识到确保符合他们立场的预算决议在众议院通过非常困难，因此他们摒弃了分歧，并选择了略微偏向众议院立场的方案，最终该问题也得以解决。有关“软性”公共工程的争斗则以接受参议院设定的数据告终，但是，参议院也在报告中有所妥协，认可了通过一些基金向该项目继续拨款的可能性。教育经费问题上的争论在众议院否决了联席会议的报告后才得以平息，之后参议院因为这个原因同意增加教育经费。

预算委员会的几个成员参加了关于拨款法案的联席会议，他们认为比起这些拨款事宜，对于预算决议的争论更加紧张和冗长。一个成员如此描述自己的经历：“在处理拨款事宜时我们列出一张分歧表，我们通常会找到一个平衡点让双方都满意。虽然有时候有一两个项目会困扰我们，但除非我们给这些项目增加很多附加条款，一般来说都会在短时间内解决这些问题。”相比之下，预算会议会有很多分歧和争论：“一开始气氛总是很好，我们能很顺利地就一些数额达成一致，但之后阻碍就会越来越多，我们会为了一个项目、一个观点争论不休。”

联席会议一些最初的争论源自起始阶段的焦虑，双方都试图保留自己独特的行事方式。起初，两个委员会都担心任何的妥协和让步会形成惯例，并导致自身在联席会议中地位的削弱。最初的争论之一围绕未分配的抵消收入这一预算类别展开，该类别包括近海石油租赁的收入。争论的焦点不是预算决定，而是评估假设；但是双方争论得如此激烈，就好像其结果可以决定沿海油田开采石油的数量。尽管预算委员会有其他理由可以解释为何他们如此据理力争（因为不同的评估方法会影响预算赤字的指标），但它争论的重点还是在于究竟谁提出的数额更好。在对衔接期的争吵中可以看出两个委员会都下决心要在国会预算中运用自己特殊的方法。作为一个愿意挑战议会立法的委员会，参议院预算委员会希望运用衔接期的上限金额施压，推动实质性预算决定的达成。众议院预算委员会的路径更具调和性，它关注的是众议院未按衔接期数额行事的情况。它不愿意为了一个无关紧要的事和其他委员会发生冲突。

分项和数字

由于参众两院都坚持通过自己的审议程序解决关于金额分配的争论，因此联席会议中经常会就众议院的分项和参议院的数字展开激辩。与在审议时回避分项一样，在联席会议上参议院预算委员会也尽量不去涉及具体的项目。委员会成立几个月后制定的一份内部文件中写明了这个政策：“共同决议必须和众议院的版本相调和，成员们应该把更多的精力放在那些有回旋余地的数字上，而不是纠缠于那些无法协商的原则。”[81]在联席会议上，众议院预算委员会倾向于保留它分项的习惯。对众议院预算委员会中的民主党人来说，如果联席会议协议中的数字未定，那么为赢得自由派对决议的支持而做出的项目妥协就丧失了部分价值。众议院预算委员会希望联席会议至少能够对主要争论的议题下个定论。

众议院提出的都是精确的数字，而参议院在他们的决议中提出的数字只是一个概数（只精确到 1 亿美元），因此，与会人员第一次聚在一起时就要决定如何协调双方的数额。尽管双方提出的数额之差很小（从来没有超过 5 千万美元），但双方争吵得很激烈，似乎这是个重大的原则性问题，并将影响到预算决定。众议院预算委员会担心如果联席会议最终只是粗略地确定各功能的资金分配额，那么这一行为会被解读为反对分项。参议院预算委员会关注的是如果联席会议协议精确地规定了资金分配额，外界会认为它赞同项目中所设定的数字。最终参议院预算委员会在这个问题上似乎略胜一筹，因为与会者都希望通过更模糊而非精确的数字来掩盖分歧。

回避分项往往成为最终达成共识的先决条件，是联席会议自己造成了这种境况。在预算委员会的审议中，归根结底大家的分歧不是具体的项目，而是预算和功能的支出总额；与此不同的是，联席会议的与会人员即使不同意方案内容，也会力求让双方金额更加接近。在很多例子中，众议院和参议院提出的项目方案不同，但加总后的功能金额类似。比方说，有一年两院提交给联席会议的针对退伍军人功能的目标实际上一样。双方都给新的方案提供了拨款，但众议院认为新的拨款应该用于向一战老兵及幸存者提供养老金，但参议院认为这些拨款应该用于养老金制度改革。如果双方想通过互投赞成票的途径来解决问题（也就是双方相互赞同对方所有的方案），那么最终通过的金额会高得离谱，以至于双方都无法接受，同时支出和赤字的增幅会使联席会议报告无法顺利通过。

如果他们在项目方案上争论不休，那么与会者就会采取以下两种方法让他们达成一致：（1）沉默——让双方对自己提出的数额进行解释；（2）协商性模糊——谨慎地选择报告措辞，为两院的方案都留下余地。只要会议不进行特别修改，每个委员会都会维护其自身在参加会议之前的预设和解释。众议院原本打算提出一个5000万美元的医疗保险计划，但却被参议院的成员否决了，众议院并没有做出任何反应。罗伯特·L. 莱格特（Robert L. Leggett）众议员后来解读了众议院的沉默："只要让大家明白，因两院立场差异产生的妥协数字中没有任何实质内容，那么我们就会得到完整的授权，之后我们就可以着手制定一个授权法案来筹措启动资金，到那时没有人会说预算里没有这个项目。"[82]

在另一个案例中，有一个水污染防治方案需要一笔建设补助金，众议院和参议院分别提出了它们认为合适的数额，二者相差35亿美元。参议员贝尔蒙非常想知道双方将如何针对这个功能的支出标准达成一致。沉默再一次提供了答案："第300号功能也和其他功能一样，是两个预算委员会之间一种策略上的认同，它们对于组成数字的项目方案的意见不一致……因为按照规定，两院必须在数字上达成共识，我们可以不再强调方案的不同而就数字取得统一意见。"[83]

但是有时候与会者对沉默并不满意。在审议1978财政年度第一个决议的联席会议刚开始时，众议院代表马托克斯众议员就要求："我们达成的每个协定都应明确地反映在联席会议监察人的报告中。"[84]他受到了民主党同僚们的支持，这些民主党人认为预算决议在众议院的地位很不稳固。吉阿莫直言不讳地表示他希望能恢复分项协商："在联席会议中众议院会面临很多困难，同时有些人还希望能确保自己的方案被通过。"[85]作为参议院一方的回应，马斯基认为过去的一些争论之所以能够被解决是因为"我们同意搁置分歧，将冲突的地方留在模糊的空间，而这也有助于我们达成目标。"[86]这种方式被用于商务和运输功能。当吉阿莫想要了解小型企业管理局贷款项目会获得多少拨款时，贝尔蒙认为沉默是最好的处理方式："正如我所了解的，众议员们会在自己的议院大会上随心所欲地发表意见，不过在参议院也是如此。这点双方很相似。"[87]但是吉阿莫需要更多的保证："……我不想为了几亿美元纠缠不清，但我正在犹豫是不是要在这个功能中进行削减，因为众议院的自由派指责我们的理由之一就是我们在死守底线，并且削减那些会影响到人们的生活项目。"[88]

之后与会者进行协商，最终声明对于功能的拨款将确保SBA贷款额度高于现行政策水平。[89]然而，报告仍旧没有具体说明拨款的金额。

因为沉默和含糊其辞是消除分歧最常用的方法，因此，在会议结束时，大家不会再为具体的项目方案争论不休。尽管如此，当1977财年双方无法就第二个决议中向"软"公共事业注资的额度达成一致时，和平的局面几乎被打破。与会者们再一次同意双方都遵循各自的方式。附在联席会议报告后面的成员声明这样写道："众议院的与会者认为预算授权应把7亿美元拨给公共工程。但参议院的与会者认为这些资金应该用于现行法律。"[90]

然而在软公共工程中，制度问题妨碍了相互之间的妥协，也可能是影响联席会议达成共识的最大威胁：与会者并不是一直都和各自议院的利益保持一致，因此，他们只是被他们的妥协和让步所束缚。让我们来想一想为什么审议预算决议的联席会议需要面临如此不寻常的困境。

被束缚的与会者们

只有在预算联席会议上，众议院和参议院的代表才能弥合双方在联邦政府财政收入和支出上的分歧。每年的这个时候，联席会议会审议由参众两院三十个委员会提出的议题。

这种整体方法削弱了与会者们的共同利益，加强了他们对各自议院的依赖。

与传统联席会议的比较可能更有助于说明这一点。参众两院有些平行委员会，它们对自己所涉及的政策领域的观点可能会比较类似。例如，参众两院的海陆空三军委员会在特定军事装备的价值认定上可能有不同看法，但双方都认同需要制定一个强有力的国防政策。即使参众两院的农业委员会在农产品补助价格上发生分歧，它们都还会致力于推动农业发展。尽管众议院的教育和劳工委员会和参议院的劳工和人力资源委员会有时候在方案的优先事项上看法不一致，但它们都认为联邦政府应该在教育上发挥更大的作用。在联席会议上，国会的委员会常常会由于它们共同的观点而非分歧走到一起。为了建设国防项目、补助农产品价格以及资助教育计划，它们相聚于联席会议中。为了实现这些共同的目标，它们必须先消除众议院和参议院在立法上的分歧。为了共同的项目利益，在存在分歧的问题上它们会尽力协调。

然而，在预算会议的与会者们一起开会时，他们会放下实质性利益，为推动预算过程的期望联合起来。他们在 1978 财政年度为国防支出争论不休，论战双方的成员有着截然不同的立法背景。众议院的代表包括：来自海陆空三军委员会的一名温和派民主党人和一名保守派共和党人、一名国防拨款小组委员会的民主党人，以及各种“国内”委员会的自由派和保守派人员。参议院的代表包括：两名来自南部的国防拨款小组委员会的民主党人、九名常务委员会的成员，但是其中并没有参议院海陆空三军委员会的成员。因此，非专业人士制定了预算决议，从司法层面上影响着委员会。

在审议中，两院的预算委员会也面临着相似的境况。但会议有着根本性的不同。在审议中，每个委员会为了迎合它所在议院其他委员会的利益和喜好，都会提出一份决议。按照这种方式，预算委员会就可以对这些它们并不精通的立法领域的问题做出裁定，同时不用担心那些受到影响的委员会会在议会上提出反对。但是，被带上联席会议的争论经常会涉及其他相关的两院委员会不赞成的事务。预算委员会不能仅仅只在它们内部达成妥协，它们还必须顾及到其他委员会的想法和需求。有时候它们必须咨询其他委员会，有时候两个预算委员会之间会产生很大的分歧。

有一种方法可以避免这样的纷争，那就是忽略实质上的差异，一切服从预算过程，这样就可以让所有成员团结起来。1978 财政年度，会议因为国防支出而陷入僵局。在这个时候，马斯基提出了如下建议："我知道要在国防金额上达成一致是很困难的。我首先想要告诉你们：无论这个数额是多少，即使它不是我理想中的数额，我也会支持国防支出的金额。我之所以会这么做，是因为从长远来看，只要我们以预算过程为框架驾驭和控制我们的优先项目，那么无论这些优先项目的内容是什么，它们都会受益。"[91]

但马斯基不会为了维护预算过程而支持每一个数额。他希望数字可以让所有相关的参议院委员会满意："有些参议员认为我们非常需要这样的国防数字，而我并不想回到参议院去逼迫他们妥协。我希望我能够找到一个数额，让我和约翰·斯坦尼斯以及约翰·麦克莱伦达成共识。（前者是军事委员会的主席，后者是拨款委员会的主席）。"[92]

比起参议院预算委员会，众议院预算委员会更加需要满足众多议会委员会的利益。因为如果有些委员会投了反对票，那么联席会议报告就无法在众议院通过。然而有悖常理的是，尽管众议院预算委员会在众议院中处于弱势地位，它在联席会议上却表现得很强势。众议院预算委员会必须忠于众议院的委员会，在联席会议对衔接期的辩论中，莱特众议员这样评论道："我坚定地认为我们预算委员会必须和我们常规的授权委员会保持联系。在我们的工作中，如果我们强制要求众议院公共工程委员会放弃他们的观点，并且采纳参议院委员会的观点，那么我们就僭越了法律赋予我们的职权范围了。当然，我们也会和我们的委员会合作，包括公共工程委员会等等……我只是不想剥夺众议院委员会的权利。我不想失信于它们，然后再回去和它们说：'预算委员会已经决定采纳参议院的意见了，而你们的意见被否决了。我认为这不是一个预算委员会应该做的事。'"[93]

吉阿莫表达了同样的观点，他担心预算委员会会成为众议院其他委员会地位的挑战者："在保证我们会捍卫众议院各个制定法律的委员会的特权之后，作为这个委员会的一员，我依然感到非常紧张和担忧。现在我又不得不回去告诉他们，我们和参议院在道路运输方面进行了妥协，而在这个功能上我真的了解不多……（我们）之后让众议院所有制定法律的委员会对预算委员会的行为保持冷静，我们还希望与它们继续合作。"[94]

会议中最棘手的问题是与会者们受到对其他委员会忠诚的束缚而无法施展手脚。例如在双方对所得税抵免争论不休时，马斯基一开始便认为他应该支持参议院财政委员会的偏好，因为该委员会与这一议题有着最为密切的利益关联。[95]在另外一个例子中，双方又为了"软"公共工程进行争论，众议院和参议院的授权委员会在这个问题上意见相左，而联席会议被夹在中间。

然而，与会者还是能够消除他们之间所有的差异，因为他们不愿意在未达成任何预算决议的情况下回到自己的议院。为了避免在联席会议中的失败，他们同时在联席会议内部、在各个预算委员会之间以及与两院其他的利益集团进行协商。“除非吉阿莫接到电话，否则他什么都不会同意。”一个参议员助手如此抱怨。但如果这是唯一能够达成协议的途径，那么这也是与会者反复使用的方法。预算委员会可以做的就是为了其他委员会的利益牺牲预算过程。

尽管两个委员会都希望在联席会议上达成一致，但它们无法通过弥合分歧来消除纷争。如表 7－16 所示，如果一项功能性拨款存在争议，那么最终它会由于倾向于某一方的偏好而被通过。（在一些案例中，联席会议制定的拨款计划会和两院制定的金额有差异，有时候比它高，有时候比它低。）在整整五年时间里，参议院在超过一半的争议中“胜出”，而众议院获胜的概率却不到四成。但是，总体的记录几乎和最初的模式完全相反。在预算过程付诸实施的最初两年，大约 55% 的解决方案偏向众议院的立场，而偏向参议院的方案只占 38%。然而，在 1978 到 1980 财政年度中，倾向于参议院观点的联席会议决定占到了总体的 65%，而倾向于众议院的决定所占比例还不到 25%。

表 7－16　冲突的解决：1976—1980 财年联席会议委员会决策的倾向

决　议	非重大的冲突[a]	倾向于众议院的数量	倾向于参议院的数量	折中的数量	高于两院数额的数量	低于两院数额的数量
1976 财政年度						
第一个	9	12	4	3	2	0
第二个	14	6	9	0	0	1
1977 财政年度						
第一个	5	15	8	0	0	0
第二个	12	11	7	0	0	0

续表

决　　议	非重大的冲突[a]	倾向于众议院的数量	倾向于参议院的数量	折中的数量	高于两院数额的数量	低于两院数额的数量
第三个	16	7	7	0	0	0
1976—1977 的总数	56 (37.3%)	51 (34.0%)	35 (23.3%)	5 (3.3%)	2 (1.3%)	1 (0.7%)
1978 财政年度						
第一个	5	8	17	0	0	0
第二个	14	3	10	0	0	3
1979 财政年度						
第一个	6	6	17	2	3	0
第二个	8	6	15	0	2	3
1980 财政年度[b]						
第一个	2	6	23	1	0	0
1978—1980 的总数	35 (21.9%)	29 (18.1%)	82 (51.3%)	3 (1.9%)	5 (3.2%)	6 (3.8%)
1976—1980 的总数	91 (29.4%)	80 (25.8%)	117 (37.7%)	8 (2.6%)	7 (2.3%)	7 (2.3%)

a. 没有重大差异是指参众两院在分配金额上的差异不超过 5000 万美元。

b. 1980 财政年度第一个决议的数据来自于最初的联席会议协定，并包括之后在众议院否决联席会议报告后增加的拨款。

来源：作者通过联席会议委员会的文本进行制表。

众议院和参议院的预算委员会成员对于这种转变有着不同的解释。众议院预算委员会成员认为参议员太过霸道，因为他们利用长期在参议院预算委员会中任职的优势为所欲为。因此莱格特众议员以此为依据呼吁延长众议院预算委员会成员的任期："事实上，参议院委员会成员的声望在不断增长，他们的观点也受到了更多重视，同时他们的野心也在不断膨胀。因此，我们很难和他们进行协商。因为我们处于弱势，同时他们的地位在不断提高。”[96]

参议院预算委员会成员认为众议院预算委员会是失衡的，因为众议院预算委员会中存在严重的党派分歧，并且自由派民主党人占据主导。有一位参加过大多数预算联席会议的参议员给出了这样的说法：“众议院委员会中的共和党人从来不会投票赞成这个决议。这迫使委员会为了获得多数支持不得不左倾。这就导致他们在联席会议上路线的失衡。而我们的委员会代表整个参议院，所以我们不会大幅度修改我们的路线。”

这两种解释都符合事实。从1977年开始，众议院预算委员会的地位就逐渐衰弱，当时大约一半的民主党人被替换。自由派民主党人接替了所有这些职务，因此，众议院预算委员会中的成员比起从前更加缺乏代表性。第三种解释就是：通常众议院预算委员会会先审议他们的决议；而参议院预算委员会之所以在联席会议中有较高的成功率，是因为他们的立场更为适应时局，政治敏感度更高。

但参议院预算委员会不能因为自己在联席会议中占有优势就无视众议院的利益。如果众议院预算委员会做出让步，那么这说明众议院也做出了让步。因此，只有让众议院觉得它的重要利益受到保护，它最后才会认可这份联席会议报告。只要粗略看一下表7－16，你就会知道为什么众议院会否决1980财政年度的联席会议报告。在联席会议达成的五个妥协方案中，有四个倾向于参议院，许多众议院的民主党人认为联席会议在一些重大的问题上欺骗了他们。尽管要挽回所有的损失已经不太可能，但他们还是得到了参议院象征性的让步，即小幅增加了一点教育经费。

是预算过程还是预算常规?

经过五轮预算制定后，国会的预算实践形成了一套既定的程序。两院的议员和预算委员会现在都明白应该期待什么了。不会再有新的程序，不可能每年都会临时举行特别的联席会议。成员们希望能够适应预算制定的特征，例如主席所扮演的角色、审议的方法以及大会辩论。尽管多年度预算的具体形式还未决定，但预算委员会可能会倾向于它。参议院预算委员会已经正式提出了多年度预算的蓝图，但众议院预算委员会却显得有些担忧。

就目前而言，两院的政治环境尚不稳定。很明显，以众议院为例：党派对峙以及自由、保守两派之间的分歧导致决议无法顺利通过。尽管在美国政治中两党的极端分化已经成为一种趋势，但在这里出现仍旧是不寻常的。在参议院，马斯基和贝尔蒙组成的联盟也不寻常，并且可能随着参议院预算委员会领导地位的改变而不复存在。

随着时间的推移，国会预算制定过程中出现了一种惯例，那就是预算委员会为了能使决议通过，会努力寻求众议院和参议院多数派的支持。为了达到这个目的，这些委员会会尽量协调与各自议院占主导地位的政治利益群体的关系。随着这些利益群体发生变化，预算委员会的目标和产出也会改变。预算委员会为什么要进行协调，以及它们如何进行协调，这是研究国会预算制定的关键点。这个问题会在下一章中进行阐述。

注释

[1] 功能分类可以在管理与预算局与两院的拨款和预算委员会协商后改变。管理与预算局在1979年预算中扩大了功能的数量，建立了独立的能源类别和运输项目类别。这项措施将原有的17个分类增加到19个。

[2] 121号国会记录（编辑日期1975年4月30日），H3463。

[3] 罗斯洛特也成功地让民主党人支持他的提案。1976年只有15位民主党人支持他的平衡预算；在1980年有58人支持他的平衡预算修正案。但是，尽管在民主党人和共和党人中都获得了额外的支持，这个平衡预算修正案至今仍未被通过。

[4] 123号国会记录（编辑日期1977年5月5日），H4066。

[5] 同上。

[6] 123号国会记录（编辑日期1977年5月5日），H4560。

[7] 摘自1977年5月4日，吉姆·赖特议员的信。

[8] 奥尼尔针对1976年第一个决议的修正案以20亿美元的支出削减抵消了27亿美元的支出增加，其原因就在于重新评估，以及某项目5亿美元资金不会被相关众议院委员会报告的预期。奥尼尔在1976年第二个决议的修正案促成了其民主党同僚的一份重估修正案，该修正案抵消了绝大部分增加的支出。

[9] 124号国会记录（编辑日期1978年5月2日）H3439。在众议院就决议展开辩论时，赖特曾做过6次类似的即席发言。

[10] 同上（1978年5月10日）H3735。

[11] 同上（1978年5月3日）H3486。

[12] 同上（1978年5月10日）H3721。马洪在先前几年的预算辩论中也表达过类似的观点：例如1976年预算，参见121号国会记录（1978年4月29日）H3653。

[13] 122号国会记录（1976年4月29日）H3652。

[14] 121号国会记录（1975年5月1日）H3563。

［15］123号国会记录（1977年5月5日）H4090。

［16］122号国会记录（1976年4月28日）H3521。

［17］通常众议院仅在审议议案的某个部分（通常是一个段落或者一个章节）时允许提出修正案。

［18］参照122号国会记录（1976年4月28日）H3521。众议院退伍军人事务委员会主席——众议员瑞伊·罗伯茨（Ray Roberts）的言论。

［19］众议院在1978年通过了学费退税的提议，但众议院和参议院无法在联席会议上达成一致，因此最后这个提议未能成为法律。

［20］124号国会记录（1978年5月10日）H3736－7。

［21］124号国会记录（1978年5月10日）H3717－8。

［22］同上（1978年5月9日）H3684。

［23］一些共和党人提出了一个“两步走”的预算来试图回避这个问题。首先，众议院会保证预算的总额，之后它会将总资金分拨给各个功能。毫无疑问，这种方法会在众议院制造更多紧张的预算氛围(各个功能之间不得不相互竞争)，同时，人们也不能确定最初的总额是否能经受住之后来自众议院的挑战，因为众议院总是致力于向各个功能提供恰当的资金额度。

［24］在反对全面削减的声明中，有一个是马斯基参议员提出的，这被认为是最有力的声明之一。这个声明反对的是1978年第一个决议中全面削减的企图。“它揭示了国会预算过程的本质……这是一种削减预算的方法。在国会预算过程形成以前，这种方法就已经尝试过很多次了，但却从来没有什么效果。它之所以没有成功，是因为从来没有清楚地指明哪些可以削减，以及在不损害必要和重要的政府行为的前提下，哪些削减可以实现。”124号国会纪录（1978年4月5日）S6271。

［25］124号国会纪录（1978年5月10日）H3724，众议员布鲁斯·卡普托的言论。

［26］参议院预算委员会对1976财政年度第一次共同决议的审定，文本部分，第11页。

［27］参议院预算委员会对1976财政年度第一次共同决议的审定，文本部分，第11页。马斯基之后进一步解释了他对由主席制定的标准

的反感："如果我是这个委员会中唯一的成员，我现在就可以凭借我的权力制定数字。但我不是委员会中唯一的成员。这个委员会代表的是整个参议院。"

[28] 同上，第 12 页。

[29] 同上，第 463 页。参议员约瑟夫·拜登（Joseph Biden）是参议院预算委员会的成员，他建议道："我和我的行政职员已经做的事情，在座的各位应该也都做过。我把我自己的预算带来了。而在座的每一个人对每一个项目也都有自己的预算。"同上，第 122 页。

[30] 在众议院预算委员会中，第二轮中往往会增加很多第一轮没有增加的项目，因此，他们制定的决议更能迎合民主党自由派的口味。参议院预算委员会利用它削减预算总额以赢得委员会多数派的好感。

[31] 参议院预算委员会对 1979 财年第一个共同决议的审议，文本第 12 页。

[32] 参见参议院 1978 财年审议文件 No. 95 - 90，第 106—108 页，以及参议院 1979 财年决策文件 No. 95 - 739，第 170—172 页。

[33] 参议院预算委员会针对 1979 财年第二个共同决议的审议资料，1978 年 8 月 7 日，第三册第 1 页。

[34] 这些人指出：(1) 建议的上限是用于第二个共同决议的，而在第二个共同决议中参议院预算委员会的工作就是批准国会的其他提案。(2) 这些建议的上限很有用，这是因为在审议之前，很多拨款法案都没有通过参议院的审核。因此，委员会需要一些来自行政职员的指导以了解国会的大致动向。

[35] 参议院预算委员会审议 1977 年第一个共同决议的文本，第 3 页。

[36] 同上，参见马斯基和西德尼·布朗的声明，第 67—68 页。参议院预算委员会的行政助理对文件中的审议材料负责。

[37] 这些声明不仅仅是一种处理公共关系的手段。当贝尔蒙抱怨说："如果每个人都说需要资金，而我们都满足他们，那么预算过程就没有起到它应有的作用。而我们一直在这样做。"马斯基反驳道："我们还没完全沦落到那种地步。我们在现行政策中削减了 80 亿美元。"参议院预算委员会对 1978 年第一个共同决议的审议，第 175 页。

[38] 参议院预算委员会审议1978财年第一个共同决议的文本，第588页。马斯基之后指示行政职员告诉其他人现行政策包含在与决议同时拟订的委员会报告中。

[39] 对1977财年第一个共同决议的审议，第69页。

[40] 同上，第67页。

[41] 参议院预算委员会审议1978财年第一个共同决议的文本，第185页。

[42] 同上，第174页。

[43] 参议院预算委员会审议1978财年第一个共同决议的文本，第174页。

[44] 同上，第170页。

[45]“尽管众议院预算委员会制定决议的过程是正式的、有条不紊的，但参议院预算委员会的氛围仍旧是非正式的、协商一致的，就和贵格会教派的宗教会议一样。”科特勒，见所引文献的第18页。

[46] S. Rept. No. 94 - 77（1975），第107、109页。

[47] 参议院预算委员会审议1976财年第一个预算决议的文本，第743页。

[48] 同上，第745页。

[49] 1978年11月5日的参议院预算委员会行政职员会议文本，第69页。

[50] 参议院预算委员会审议1978财年第一个预算决议的文本，第589页。

[51] 约翰·W. 埃尔伍德和詹姆斯·A. 瑟伯，“新国会预算程序在众议院中：几个假说”，发表于西南政治科学协会1976年的年度会议，1976年4月7—10日，第36—37页。

[52] 参议院预算委员会审议1976财年第一个预算决议的文本，第298页。马斯基注明道：“毫无疑问，我们每天都在合理化我们的数字。”

[53] 参议院预算委员会审议1977财年第一个预算共同决议的文本，第880页。

[54] 尼尔·G. 科特勒，“新国会预算过程中的政治：改革者是否

能用它打破特权体系?”，刊载于1978年的《联邦预算和社会重建》，第18页。

［55］S. I. Hayakawa，“Mr. Hayakawa Goes to Washington，” in Harper's，January 1978，p. 39.

［56］参议院预算委员会审议1976财年第二个预算决议的文本，第323—333页。

［57］参议院预算委员会审议1976财年第一个预算决议的文本，第111页。

［58］同上，第287页。

［59］参议院预算委员会审议1976财年第一个预算决议的文本，第107—108页。

［60］然而，在制定国会预算政策的两个公开会议上，如果回避分项，就可以减少争论：在全体议员大会上，成员们受到限制，他们无法确保自己的项目进入预算，但还必须支持预算委员会制定的资金数额；在两院联席会议上，两院必须协调存在分歧的数字和相异的项目设想。这两种情况会在本章的后续部分继续探讨。

［61］参议院预算委员会审议1978财年第一个预算决议的文本，第265页。

［62］参议院预算委员会审议1976财年第一个预算决议的文本，第694页。

［63］参照第四章关于两个预算委员会成员构成的讨论。

［64］相反，众议院预算委员会根据预先决定的顺序进行功能审议。

［65］参议院预算委员会审议1976财年第一个预算决议的文本，第342页。

［66］参议院预算委员会审议1978财年第一个预算决议的文本，第472页。

［67］参议院预算委员会审议1977财年第一个预算决议的文本，第122—126页。

［68］参议院预算委员会审议1977财年第一个预算决议的文本，第666页。

［69］参议院预算委员会审议1978财年第一个预算决议的文本，第719页。

［70］121号国会记录（编辑日期1975年4月30日），S7200。

［71］同上，S7177。

［72］124号国会记录（编辑日期1978年4月24日），S6133。

［73］123号国会记录（编辑日期1977年5月4日），S7048。

［74］同上，S7060。

［75］122号国会记录（编辑日期1976年4月9日），S5538－9。

［76］122号国会记录（编辑日期1976年4月8日），S5311。

［77］122号国会记录（编辑日期1976年4月12日），S5477。

［78］122号国会记录（编辑日期1976年4月8日），S5292。

［79］这些类别之所以没有纳入其中，是因为它们是重点评估对象而非政策决策，当然，有时评估会受到政策的影响。

［80］抵消纳税义务的所得抵免不在讨论之列；双方都把它当作收入损失来计算。

［81］参议院预算委员会，《国会预算过程》，1974年11月18日。

［82］联席会议审议1977财年第一个预算决议的文本，第105页。

［83］联席会议审议1977财年第一个预算决议的文本，第81页。

［84］联席会议审议1978财年第一个预算决议的文本，第5页。

［85］同上，第6页。

［86］同上，第7页。

［87］同上，第26页。

［88］同上，第26页。

［89］联席会议报告中的监察者声明规定这些拨付给商业和运输功能的资金“可以向小型企业管理局的信贷援助项目注资，以使其高于现行政策水平。”S. Rept. No. 95－134（1977），第7页。

［90］H. Rept. No. 95－1594（1978），第7页。

［91］联席会议审议1978财年第一个预算决议的文本，第151页。

［92］联席会议审议1978财年第一个预算决议的文本，第153页。

［93］联席会议审议1976财年第二个预算决议的文本，第256—257页。

[94] 联席会议审议 1976 财年第二个预算决议的文本，第 258—259 页。

[95] 针对预算问题，尽管马斯基反复和参议院财政委员会主席罗素尔·隆进行争辩，但他还是以一封隆写给他的信为论据支持参议院在抵免问题上的立场。参见联席会议审议 1978 财年第一个预算决议的文本，第 221—222 页。

[96] 123 号国会记录（1977 年 9 月 7 日），H8957。

第八章
“协调”预算

在形成决议时，预算委员会不可能单方面工作，就好像它们在国会决策中是唯一有立法利益者。在国会预算的所有阶段，众议院和参议院预算委员会必须对其他委员会的需求和期望很敏感。这一章分析了在预算过程中对国会期望的协调，以及这一行为对预算委员会影响美国预算优先权和财政政策根本性变化能力的有限作用。

一个国会预算的制定包括的不止是审定过程、委员会和全体会议的投票模式、修正案的成功率、以及政党政治。每个决议中的成员都影响委员会的立法计划和联邦项目的未来过程，因此，每个决议必须关注它的立法和项目含义。简单来说，预算必须协调国会的立法利益和政治利益。

以如下问题开始可能很有用：在预算委员会形成一个预算决议时，它必须知道什么？明显的答案是它们应该了解“项目”知识，也就是说，了解联邦部门的支出和活动。委员会成员应该了解项目的管理、服务群体以及支出和工作量的趋势。它们应该能够估计联邦项目和支出的有效性。

不管这项事业的重要性如何，预算委员会看上去很成功。委员中的分析家很了解联邦项目和预算实践。他们源源不断地提供内部备忘录和问题分析，涵盖了在审定和全体会议考虑决议时可能会涉及的问题。虽然他们不会熟悉每一个项目的每一个细节，但它们通常能够在与拨款委员会和授权委员会同事的讨论中坚持自己的看法。他们也接受来自第五章讨论的国会预算局成员的帮助。

但是，项目知识对于预算委员会而言还远远不够。为了形成有说服力的决议，预算委员会成员和雇员必须了解国会及其委员会的意图和期望。在制定决议之前的忙碌期，预算委员会成员和雇员必须集中精力了解国会的利益和关注点、立法立场和前景，以及在关键问题上的立法形势。

了解国会绝非仅仅是因为国会在预算决议上有最终决定权这一明显事实。预算委员会决议涉及立法委员会的每一项利益及管辖范围。因此，预算委员会不能在不知道其他委员会想什么需要什么的情况下做出关于项目的实质性判断。

迫切需要了解有关国会的知识还有另一个原因：第一次预算决议必须预计之后有关收入和支出法案的立法行动；第二次预算决议必须与国会已经采取的行动一致。这些决议不是国会作出的唯一的预算决定；它们也没有占据更多的决策制定过程。在国会做出拨款、分配税收负担和受益以及制定权利性项目法律时，也明确了要求。此外，因为预算决议没有法律效力，它不能用于征税或拨款。它们有限的地位使决议不如成熟的预算，但强于意图说明。国会在做出预算决议时不能确定决定了什么；也不能完全独立于其他分配联邦资源的过程做出这些决定。

不管预算委员会成员多么了解联邦项目，它们都不能在国会山上自称项目专家。他们可以在虑及财政政策和预算总额时争取特定的立场，但他们无法作为某部分预算的专家在国会山上得到认可。出于这个原因，预算委员会的建议和能力总是易于被有管辖权的委员会挑战。制定“真正”决策的委员会在该过程中也是倡导者，预算委员会如果无视这些委员会，就会担负决议被拒绝或无视的风险。

第一次决议：预期、协商、指示

预算委员会在议案审定前大多数活动的目的都在于提高对国会意图的理解。每个委员会都从对总统预算的一个标杆分析入手。这一举措将委员会导向预期的预算议题、区分被削减或增加的项目、以及审查项目资金的调整在多大程度上是因为通货膨胀或可以接受的增长。这一举措的目的不是为了获取项目知识，对这一目的而言它过于表面化。确切地说，预算委员会只是在寻找其他委员会可能的关注和反应的线索。预算委员会议员与其他委员会问同样的问题：总统提议的削减站得住脚吗？使某个特定项目通过国会的机会是什么？面对国防支出和其他有争议的问题，国会会采取什么态度？

收到总统预算后不久，预算委员会便会召开经济和预算政策听证会。[1]在众议院，只有问题涉及在专门小组中分配的各种预算功能时，整个预算委员会才会关注财政问题。由于参议院预算委员会工作小组已经被解散，所以由整个预算委员会来负责所有参议院听证会。没有一个委员会试图插手所有的预算，仅关注它认为最有价值的问题。除了能向预算委员会提供一些有关经济议题的建议外，会议多数不过是例行公事，很少提供有用信息。详细深入地说，这些听证会与拨款委员会和授权委员会的听证会不相称，也无法为预算委员会提供足够的决定项目的信息基础。不过听证会有两个重要目的：其一，使预算委员会意识到当年的关键问题。其二，向国会表明委员会在形成决议之前做过“功课”。“听证会是一个必经的过程。”众议院预算委员会助理解释道，“它占用了许多也许可以被员工更好地运用的时间，但我们仍然不敢在没有听证会庇护的情况下就形成决议。”

国会投入

听证会之后，来自其他各委员会的3月15日报告会让预算委员会全方面地了解国会的利益诉求。然而，就像先前指出的那样，在多数情况下这些提交的报告会因为不切实际的期望以及委员会不愿意在形成确切的立法计划之前就对一些立法问题作出承诺而失去价值。尽管如此，预算职员在其他委员会相关人员的帮助下已经适应了“阅读”这些报告来区分愿望和真实数字。预算职员会请教其他委员会的相关人员哪些项目真正需要。这种关系更像是协商而非教授。一个参与者表明：“没有人想被开始就可以预见的事态发展搞得措手不及。预算委员会不想犯诸如疏忽对方关注之事的错误，授权委员会也不希望自己的意图被误解。在议案审定前紧凑的几星期内，预算委员会和其他委员会的代表们会进行非正式磋商以达成一定的共识（受访者称之为“大致估计”），确保决议基本准确地表达国会的预期。

每个预算委员会都趋向于关注所属议院而非整个国会的利益。从议案的审定工作开始，预算委员会就十分清楚本院的期望是什么。正如某个参议院预算委员会职员对议案审定的说明：“我十分清楚哪些部分会发生变动，哪些不会。当然，事态不会总是按照预期发展，不过问题往往来自我们没有控制的事件。”

审议中的讨论均围绕相关委员会需要什么展开。预算委员会的大多数成员都不希望引发争端，他们更愿意编制一个相关委员会都能接受的预算。对于其他委员会过分要求的强硬言论通常会通过协商化解。因此，在议员马斯基竭力主张削减 1976 财年国防支出，要“给拨款委员会一个信息”时，霍林斯议员给予了反击：“为什么我们不传递一种信息，让他们觉得我们站在和他们相同的立场上。这该死的预算委员会就像鱼刺，你必须让参议院和国会先拔。现在要做的是设立、获得支持和持续下去。”[2]

正如我们所见，两个预算委员会有各自不同的协调方式。众议院预算委员会的分项审查保证了给每项功能分配的资金足以提供其所有需要的项目。他们清楚地知道决议中有些什么项目、什么项目提案是它期望的、计划削减哪些项目。预期在同相关委员会以及民主党领导人磋商时得到验证，它建立在众议院预算委员会主席或民主党多数对预算委员会的建议之上。然而，民主党的目标很少顾及共和党的期望，因为它们对于众议院中决议的命运而言并非至关重要。1980 年第一个决议转向民主党的（与主席相对的）目标是一个主要党派的分化引发的调整。随着民主党分裂成两派，一派希望减少联邦财政支出，另一派主张提高社会福利，民主党人最终决定将众议院预算委员会的所有民主党人都纳入提案的准备工作中，以此尽可能使提案表达党内的一致意见。

该目标作为一项适当声明的成功反映在议案审定中相对较少的变化。尽管众议院预算委员会一般仅略作修改以反映委员会内民主党人的预算偏好，但几乎不会削减已经列入预算的项目。

由于参议院预算委员会的协商建立在现有政策（法律）基础上，所以委员会不用逐条审核预算也知道资金水平。如果偏离了现有政策（法律），参议院预算委员会也清楚这一偏离对于参议院委员会和联邦项目的潜在影响。

预算委员会成员根据国会的预期来定义他们的职能。马斯基曾忠告参议院：“我们的任务就是试图反映参议院在议题上的共识，至少证明我们有共识。”[3]参议员道尔也发表过相同的观点：“预算委员会不应通过导致接受尚未仔细考虑的项目变化的支出目标。预算委员会的工作是而且继续是在其支出目标和业务记录中反映似乎有可能实施的待定法案的预算影响。”[4]

即使事先做了充分准备，预算数据还是会随时变更。白宫的新要求、消费率的重新估测、经济状况的变化或委员会观念的转变，这些都会造成临时调整。预算委员会在全体会议结束前都乐意作这些调整，例如有几年众议院预算委员会主席曾提出修正案来解释决议出台时尚未明了的项目。当最新消息动摇了原本有利于某个预算委员会的协定时，在会议阶段仍会达成妥协。贾伊莫在 1977 财年曾打断有关第三次决议的会议，宣称：“我被告知拨款委员会刚刚提高了这里可能会感兴趣的某些数字。”[5]随后他提出了与拨款委员会的行动保持一致的水平。其中一个参议员彼得·多梅尼西并没有被说服，“如果只是等拨款委员给我们数字，还要我们在这里讨论做什么。”[6]然而，在所有的对话结束之后，议会仍然接受了拨款委员会决定的数字。

在灵活变通的环境下，一个严格控制的预算决议仅为国会提供合理地期望得到的数额。尽管预算委员会想在第一次决议中压低预算，但由于考虑到如果真的不需要，可以在第二次决议中去掉，所以斟酌权在一定程度上发挥了抵消作用。当参议院预算委员会就 1978 财年国际事务功能展开辩论时，参议员 J. 贝内特·约翰逊（想减少那一功能拨款）要求延迟，原因是授权委员会没有完成相关的立法听证会。作为回应，马斯基承认："要求所有授权委员会在3月15日之前完成深入详尽的听证会是不可能的。"他补充说："我们要做的就是设定目标，在5月15日到9月15日期间他们都是可以调整的。听证会有希望利用这段时间举行……与此同时，我们必须设定让国会委员会和行政部门有运作空间的目标。"[7]

"留出空间"是在预算委员会中灵活变通的基本特征，意思是不要削减到最低值或低于国会预期的支出。参议员奥林·哈奇在试图通过预算程序向国会施压以减少食品券支出时说："我不认为预算委员会只是一个添加机器。它有能力对这些委员会施压……我认为它是强有力的，只要它运用权力施压，就能达到很多目的……"然而，参议院预算委员会的贝尔蒙却不愿意接受挑战："……目前，国会并不想削减食品券的预算，但预算委员会仍然需要考虑这个因素。我们不能忍受预算无视参议院的投票和明文规定的法律而无限制地增加……预算委员会和预算程序可以做的就是为名为规定的权利性项目留有余地。"[8]

在对国会成员和工作人员的近百次访谈中，没有人认为预算决议中的分配曾低于立法预期。一名委员会办公室主任喜形于色："我们得到了我们需要的一切。"然而某位拨款小组委员会主席却抱怨决议中的目标额度太高："我们面临用光所有预算分配的压力。就好像预算委员会委曲求全地提供给拨款委员会所有它想要的，甚至更多。"

对于预算委员会而言，一个有约束性的预算不会超越国会的需要。谈到参议院预算委员会的职责，马斯基说："作为委员会，对支出的扩张趋势施压的方法之一就是将总额限制在我们认为合理的范围之内。"[9]

虽然预算委员会成员理解灵活变通的必要性，他们偶尔还是会渴望拥有更多独立性。1978 年参议院预算委员会审议第一次决议时，为回应增加邮政服务资金的建议，马斯基承认：“太多挫折使得所有这些项目和机构想尽办法将可能的和不可能的都纳入随后一年的预算之中，在该年晚些时候要求他们证实他们的情况有什么错？……我们为什么要允许每个人都留有余地并一声不吭地吞下这个赤字。”[10]

预算委员会通常会选择灵活变通，因为他们不能选地方让不满的申请者找理由。如果需求没有得到满足的委员会愿意在第二次决议时再次向预算委员会提出增加拨款，那么前期的灵活变通就不会有什么压力。不过那种委员会更可能在第一次决议辩论中就直接向参众两院提出他们的问题。一旦他们这么做了，问题就从预算分配转为对预算委员会能力的挑战。众议院预算委员会成员奥玛·伯莱森，一个曾劝说众议院在 1978 年预算中为国防项目增加数十亿美元的人，曾发表过这样的质疑：“我所在预算委员会的国防特别小组只召开了总计约 6 小时的 3 场正式听证会。它没有向主席或委员会提供任何有关预算的建议。听证会毫无收获，关于这件事情也没有任何讨论。有且只有在主席建议的基础上，高达 1160 亿美元的国防预算真的被纳入决议。你根本找不到这一做法的理由，因为根本没有。预算委员会的建议与对国防负有主要责任的国会委员会的建议完全不符。无一例外，参众两院拨款委员会和两院的军事委员会在大量听证会之后都建议增加而不是削减国防预算。这些结论是长期逐项研究的结果。预算委员会没有采取过这样的行动。如果我们被迫完全忽视国会中负责任的委员会的建议，武断地编制国防预算，我将对这个委员会的一致性表示怀疑。”[11]

委员会主席们是预算决议最坚定支持者的事实证明了预算委员会的协调职能。在大多数决议都会遭到强烈反对的众议院，22个常设委员会中的19位主席从来不对决议投反对票。[12]而且，主席几乎不会抱怨自己委员会的配额不足，也不会因希望增加他们关注的项目的预算额度而提出修正案。

仅满足其他委员会的利益诉求无法实现预算协商的效果，因为满足他们的利益会导致预算总额超出国会偏好。预算委员会必须预期国会的行为——包括深入解读国会心态以及估计某些立法提案出现的可能性。对预算委员会而言，在财年第一次决议的形成阶段就预测立法阶段或本财年进程中的发展状况还为时过早。尽管不能确定委员会偏好的法案能否被参众两院通过，预算委员会还是必须采取行动，就好像他们已经知道国会将如何行事。不过，这些委员会还是能感受到国会的态度究竟是慷慨还是吝啬，热衷于扩张还是不愿意支持任何增加赤字的提议。

国会的态度会扩大或缩小预算委员会裁量协商的范围。如果国会态度慷慨，预算委员会在和其他委员会协商的过程中就很难坚持底线或节省开支。委员会在立项索取更多资金时就会占据上风。在这种情况下，资金分配会显得比较宽松。

国会在预算编制的前四年均抱着可以增加的态度，愿意授权一些新提案且很少限制现行项目。然而，完全不同的国会预期塑造了第五年的国会预算（1980财年）。那年加州通过了旨在降低税收的第13号提案，超过25个州呈请国会将平衡预算列入宪法。这些都促使国会采取节俭的态度。在立法会议开始之初到1980财年第一次决议通过之间的四个月内，参众两院引入了上百个限制赤字和联邦支出的措施。态度的转变也影响了协商的方式，加强了预算委员会在面对其他有需求的委员会时的地位。

成本意识尤其强化了众议院预算委员会的地位，此前它的建议经常被议员大会质疑。1980财年众议院预算委员会编制了紧缩的预算，其立法储金创历史新高（60 亿）、国内项目的增长都控制在通货膨胀率之下。尽管如此，其余委员会对议会修正案的反对比起从前众议院委员会能顺利处理其他委员会支出计划的时候更加激烈。事实上，议会最大的变化就是全面削减了 25 亿美元的预算。

储蓄以及倡议

尽管第一次决议是一种预期的预算，但它不仅仅只是对未来的预测。预算委员会有时会督促立法委员会提出新方案，削减现有项目。在第一次决议所附的报告中，通过说明项目被认为在某个功能分配内或在预算中有它的空间，参众两院预算委员会赞同各种立法倡议（其中很多已由总统或相关立法委员会提出）。预算委员会不会承诺为所有国会委员会提出的新项目提供资金。通过暗示（或者明示），预算委员会支持某些项目就意味着驳回另一些项目。通过在饱满的议事日程中挑选潜在法案，预算委员会可以同时影响立法进程和预算趋势。他们也可以迫使立法委员会自己做出抉择，延迟或削减一些他们想要的项目，从而符合预算决议。

预算委员会可以从各种可能性中选择出那些要编入第一次预算决议的。除了总统的要求，这些委员会还会收到国会预算局的政策估计、重新估计和成本分析。每一批 3 月 15 日的报告都传达了拨款委员会和授权委员会的相关建议，反映其对于项目资金的不同预期。尽管评估和建议一般只相差几个百分点，但预算委员会的倾向可以为项目争取足够的空间，亦可以将其挤出。

如果早期预算决定就对某项提案持反对态度，那么提案在获得立法支持前就会被封杀。更值得注意的是，国会并不认为第一次决议只是立法过程的第一轮，而真正的决定可以以后再做。受影响的委员会会密切关注第一次决议的审议和议员全体会议，以确保他们的立法日程不会因不利的预算投票被缩减。美国国防部在第一年因为无视预算过程付出了代价，之后就再也未犯过这种错误。委员会必须特别注意保护它们的提案，因为相对于连续项目来说，预算委员会对于新项目更具影响力。

不过，预算委员会在处理提案时仍然会努力解读立法意图。彻底否决一项提案反映的是国会的冷漠和反对，而不仅仅是预算委员会成员的意见。举例来说，总统卡特在 1980 年预算中提出了旨在补偿通货膨胀对工薪族影响的工资保险项目，预算委员会驳回了这一拨款要求，普遍认为这不过是封杀了一个在国会中注定会失败的项目。

每个决议都设想从项目削减和效率提高中获得储金。众议院预算委员会设想在 1978 财年第一次决议中有 20 亿美元的支出储金、1979 财年决议中有 23 亿美元、1980 财年决议中有 60 亿美元。[13]参议院预算委员会并不详细列出它预期的储金，但会在讨论它们适用的功能时提及。因此，1979 财年的医疗功能分配设想“下降建立在医疗成本控制提案颁布的基础上……想获得更多储金，就需要改善医疗补助计划的管理。”[14]

为了防止项目议题导致冲突，预算委员会一般称储金是从效率提高和项目改善中获得，而非项目削减。众议院预算委员会 1979 财年预算的储金清单包括医疗成本控制、改变蓝领工人薪金设置、改善医疗补助计划资格筛选程序。在参议院预算委员会设想 1977 财年收入保障功能的储金为 11 亿美元时，马斯基小心翼翼地向参议院保证“预算削减的目的不在于损害福利项目的受益者，只是提醒大家关注项目的效率罢了。”[15]

不同于项目提案能让预算委员会站在立法支持者的立场上，设定储金总是意味着否决委员会的建议，并提议削减项目。不过，储金可以迫使立法委员会做出它们本不愿做出的选择：产生预期的储金还是放弃施行立法提案的机会。面对这种两难处境，主席拉塞尔·朗强烈要求删减财政委员会1977财年预算的储金：“……提出这个修正案是为了让大家意识到一个非常简单的道理。我们财政委员会要让预算委员会知道……他们不应该期望得到净储金，因为当我们在影响那些帮助老弱病残的项目的领域缩减开支时，参议院就会提出在其他方面花更多钱的修正案……我们应该做的是在预算决议中认真评估那些我们力所能及的项目，而不是为我们根本做不到的事情投票。”[16]

令人匪夷所思的是，尽管预算委员会提议的储金能够在第一次决议的议员大会中幸存，但之后却很少能通过。立法委员会不在第一次决议时就挑战预算委员会，因为他们知道在宣布实施立法之前预算储金无效。因此，这些委员会在预算决议辩论时选择沉默，希望以不作为逼迫预算委员会在之后恢复资金。

尽管储金只占预算的一小部分，但预算委员会仍然认为它值得争取，因为他们可以借此向国会表明他们的确对不可控支出采取了措施，而非仅仅列表显示以往决策的成本。此外，第一年生效的储金对将来的预算有很大影响。众议院预算委员会估计，1980财年的60亿储金就相当于5年后的550亿。因此，储金是预算委员会加强对未来预算控制的尝试。参议院预算委员会的管理层高官解释了这看起来小的一部分对委员会的重要性：“我们的投入的确只相当于整体的百分之几，但这并不意味着对结果没有影响。百分之二对整个预算来说是冰山一角，可以作为新项目的资金，也可以作为储金回流用于将来的预算。就对将来的影响而论，这百分之二可能比其余的百分之九十八更加重要。”

每一份第一次预算决议都包含委员会间的利益协调、对未来一年情况的预期以及对预算委员会认为重要的事的指示。在任何情况下，协商和预期都仅占总体的一小部分，这说明真正的预算选择总是在边界上。但这一边界的大小对预算委员会的地位和权力来说十分重要。对他们来说，百分之一与百分之二的差别可能代表了塑造预算进程与随波逐流之间的差别。

第二次决议：正式批准

如果说第一次决议是预测国会行为，那么第二次决议就是确认它。预算委员会在决定最高决议时不会重新审视预算，也不会再处理已经解决的问题。即使随后的项目支出不得不超过预算目标，委员会一般也会严格限制在第二次决议过程中重新估计永久性拨款（不必通过国会就可以获得的支出）、计算国会行动结果、推断悬而未决的法案的发展趋势。

第二次决议在启用国会预算的第一年就被赋予了这一有限的角色。在重新估计和完成立法行动的基础上，预算委员会面临的支出上限超过早期设定的预算目标约60亿元。委员会当时有两个选择：其一，顺应现实在支出总额上增加60亿元；其二，坚持原数额，给国会施压，要求降低预期支出。预算委员会的财政保守主义倾向于后者；温和派和自由派则希望协商。以下两位南方民主党人和马斯基的对话说明了参议院预算委员会内是如何分界的：

奇利斯：“……我关心的是，即使我们在使用这60亿元时没有犯错，特别在国会内的支出项目上没有任何错误……我们的赤字还是增加了……”

纳恩：“我们在改变计划。”

奇利斯：“即使要改变计划也应该慎重，而不是随随便便。尽管我们已经有了第二次共同决议，但我们仍在改变计划……”

马斯基：“好吧，提到我们的计划，我要提醒委员会的各位：很多人和机构都全身心投入这个计划，包括我们无法控制的人和机构，还包括很多不认同这个计划的人和政策制定者，以及许多仍然反对这个计划的重要政策制定者。坐在这里假装我们可以用某种方法决定计划的每个方面来满足大多数委员会成员的要求，并且保持计划不变，这是极不现实的。”[17]

对于称额外支出为“残留问题”[18]的说法，马斯基认为如果参议院预算委员会非要坚持支出底线，那么就必须在不知道“可以纳入哪些项目、削减哪些项目、项目削减是否正确”的情况下削减预算。[19]考虑到明年需要更稳固的预算控制，参议院预算委员会增加了60亿元。众议院预算委员会根据其令人苦恼的评估在1976财年第二次决议中采取了相同的立场。[20]

委员会真的没有任何选择。一旦违反了第一目标（无论是由于国会控制之外的因素还是国会行动），在上限被采纳时坚持最初的数额就太迟了。国会不会仅仅为了符合原始预算目标就驳回拨款或者其他法案。在已经做出预算决定之后，这么做会同时引起发其余所有国会委员会的冲突。

根据《预算法案》310款规定的协调程序，第二次决议的上限不会被轻易突破。在这一程序下，国会委员会可以直接宣布立法，对导致收支违背第二次决议的现行法律进行修改。

除非两次决议产生的时间间隔内政治或经济环境急剧变化，协商程序一般不会为复议提供机会。这个程序模仿了行政部门的预算，行政部门的预算目标在总统预算公布之前经常修改。但是行政决定被认为是不确定的（私下制定也不牵涉他人），而立法决定则有决定性的特点。它们代表公开承诺，特别当它们将利益授予可辨识的利益集团时，便更难退回重来了。

如果第二次决议没有重新审视过去，那么它也无法为国会指出新的方向。虽然预算委员会愿意在第二次决议中容纳一些新的提案，但他们不支持成批的新项目。“我们不想一年之内为预算奋战两次。”一名参议院预算委员会助理这样形容委员会不愿在第二次决议中考虑新提议的心情。一名众议院预算委员会的工作人员提出了另一个限制秋季决议范围的理由：“将第一次决议视为目标还是最低限额有很大差别。目标会随着环境变化而变化，这种变化有时会导致更低的预算，有时意味着更高的支出。而最低限额意味着无论经济环境是否许可，第二次决议总会高于第一次。”

由于第二次决议批准过去决议的作用，因而花费在委员会和议员席上的时间少于第一次决议，同时也没那么多争执和修正。在第一次决议中有争议的问题之后仍然会出现，但国会似乎只会改一改数字，而不是重新考虑整个预算。

第三次决议：亦旧亦新

《预算法案》允许国会在本财年的任何时候通过第三次

决议来修改预算决定。国会可以以任何理由采纳额外的决议，不过一般只有在需要改变早期决议制定的政策或者适应今后发展时才会这么做。在1977财年吉米·卡特上任后不久，国会便行使过这一权力。在这里考虑第三次决议究竟是为了回应政治事件还是经济变化是毫无意义的——两者都可以促使国会提高在第二次决议中定下的支出总额。显然，额外决议远不止是确认以往的决定。国会想要刺激联邦支出（同时更改税法），但不想在已经开始的财年中再产生一个全新的第一次决议。第三次决议是一种混合物，其作用和内容介于第一次决议和第二次决议之间。

“我们聚集在这里，并不是为了重写一遍第二次共同决议。”[21]马斯基在委员会聚集起草第三次决议时说。国会的民主党领导人（包括预算委员会主席）制定了一揽子新方案和扩充方案，但马斯基不希望第三次决议做的比这更多。然而一旦大门向新项目敞开，预算委员会就无法阻止额外要求。“在某种程度上，”马斯基承认，“会迫使我们考虑一些在不进行第三次决议的情况下不会考虑的项目……条件不能放得太宽，我也没有能力预测到要考虑的第八或第九个项目（无关紧要的项目），但这会影响我们的判断。”[22]

事实证明，众议院预算委员会比参议院预算委员会更能接受追加提案。它通过了超过12个这样的项目，在白宫原先的支出水平上追加了50亿美元。[23]不过即使是对众议院预算委员会来说，第三次决议作为增加支出的机会也是一个很有限的选择。尽管很多功能都有变动，但大多数是重新估计，而且政策变化只集中在某些领域。

第三次决议在1979财年再次被启动，不过这次只是为了几个目的。[24]在财年第二次决议通过之后，某些不可控的成本（主要是公债利息）升至预算之上，从而消耗了原本用于补充拨款的资金。预算委员会迫于无奈修改预算授权、支出上限以迁就补充拨款，但他们忍着痛苦坚持自己不应为超支负责。参议院预算委员会断言："国会一直沿用去年秋天通过的 1979 财年第二次共同决议。此后发生了超出国会控制的事件，要求调整预算，而不是因为通过了新的支出立法……如果不是因为情况有变，第二次预算决议就无需更改，因为国会决定的 1979 财年预算总体上低于第二次决议估测的水平。"[25]

修改决议的过程中，预算委员会根本没想过要削减其他项目来补偿强制性支出的增长。虽然额外资金被用于预期的补充拨款，但预算委员会还是必须像在第一次决议中适应常规拨款草案那样，为国会预期留出空间。

修订决议

预算委员会不会一直迁就各自议院的期望。有时它们不确定需求到底是什么，或者偏好以自己的方式行事。有时委员会的决定会因为意想不到的状况而作废。万一预算不令人满意，参众两院可以修订决议来满足他们的偏好。

如果议员大会对预算的修订意味着协商失败，那么参众两院只进行了少量修改表明预算委员会在根据议院期望编制预算和抵制议员大会非难、坚持自己主张这两方面做得非常成功。参议院预算委员会超过 95% 的功能分配未被参议院更改，尽管众议院预算委员会达不到这个记录，但其超过 70% 的建议都被众议院接纳。据众议院预算委员会的职员说，作为一种促使倡议人支持决议的方法，委员会领导人有时也会欢迎议员大会的修订。

参议院和众议院修订决议不只是为了改善它们在谈判中的地位。如表 8 - 1 所示，超过一半的议员大会调整都缩小了两院之间的分歧。当某个议院修改某项功能分配时，似乎要适应国会总的情绪，因而会朝向而非远离另一议院采取的立场。

适应参议院

表 8 - 1 中的数据表明参议院预算委员会在协商方面比众议院预算委员会更加成功。参议院预算委员会的代表候选人名单以及两党投票方式让委员会能准确估计参议院的需求。在对参议院对预算决议所做的修改开展辩论时，可以看出参议院预算委员会的协商本能。在审议 1978 财年第二次决议时，参议院预算委员会不慎没有为救灾提供足够的资金。参议员纳恩要求参议院为此增加超过 10 亿美元的资金。马斯基对于他的委员会的预算决定出人意料地均建立在管理与预算局的估计基础之上感到沮丧。他解释说，如果能早一点告知委员会这一情况，它就能提出符合需求的预算决议。[26]

表 8 - 1　1976—1980 财年各议院通过的功能层面的变化

变化方向	众议院		参议院	
	数字	百分比	数字	百分比
没有变化	214	73.3	279	95.5
朝其他主体的变化	52	17.8	5	1.7
远离其他主体的变化	23	7.9	5	1.7
和其他主体同向变化	3	1.0	3	1.0
总数	292	100.0	292	100.0

注：表格包括 1980 财年第一次决议针对所有预算决议的所有功能层面（不包括利息、津贴和未分配补偿收入），但不包括附加在 1980 年第一次决议之后的 1979 年分配变化。因此百分比之和不是 100%。

来源：作者制表。

有时参议院预算委员会选择不调解。一个这类实例先前曾讨论过——参议院预算委员会想节省医疗和福利开支款，但遭到参议院财政委员会的反对，他们认为不可能形成必要的立法。在那种情况下，由于参议院领导人的立场是反对所有议员大会的变化，所以参议员朗修订预算决议的尝试被挫败。然而，零修订的惯例在下一年未能成功，参议院通过了两项支出上的增加，很显然是为了回应参议院预算委员会有意的协商失败。其中一个修正案恢复了5亿美元用于社区发展的资金（在先前已经分配了总统所需总额后，财政委员会在第二轮投票中削减了它）。第二个修正案是在参议院预算委员会就项目上的某个削减投票后，以现行政策标准（也是总统要求的水平）为受资助的住宅计划提供资金。

参议院预算委员会明目张胆地忽视参议院的期望也导致了它最惨痛的失败。1977年5月，参议院不顾马斯基的反对，通过了一个昂贵的农作物补助项目，该立法将违背几星期前刚确立的预算目标。参议院预算委员会在几个月后制定第二次决议时附加了和解条款，迫使参议院农业委员会宣布立法，将农作物补助金削减至比农业法设定的水平低大约7亿美元（虽然参众两院会议已经达成最后共识，但尚未在国会明确）。作为对协商失败的回应，参议院删除了和解条款并增加了农业的预算分配。截至1979年参议院通过的13个修正案中超过半数是因有意忽视参议院的意愿引起的（见表7－16）。其他修正案源于参议院预算委员会未能顺应参议员在议员大会中表达的无法阻挡的政治压力。在一个个案中，参议院预算委员会拒绝向退伍军人事务委员会分配它申请的全部资金，尽管它给该委员会的已多于总统和拨款委员的要求，并且高于现行政策水平。在另一个个案中，参议院预算委员会拒绝支持学费税收信贷，其立法虽然在参议院通过，但却没有制定成为法律。

立法的历史记录

在国会议员制定预算决策时，他们考虑的是特定项目的资金，而非仅仅是对功能类别的分配。除了在议员大会上修订预算这一微小的可能性，参议员还想出了其他使预算决议满足项目利益的办法：他们寻求官方保证，确保项目可以在相关的功能分配中得到资金。马斯基一贯的回应是：如果参议院想要这个项目，那么在预算中就会为它留有空间，尽管其他竞争相同配额的项目可能会被挤出。以下马斯基与里比科夫的对话说明了双方如何扮演各自预期的角色：

里比科夫：“决议中的现行医疗总额可以容纳这一儿童健康提案是预算委员会主席的观点吗？……”

马斯基：“我们建议的医疗功能预算总额可以容纳这一立法……现在财政委员会和拨款委员会的优先项目决定着资金的分配……”

里比科夫：“那么，换句话说，委员会的第一次决议在总额内进行评估，并未排除任何参议院委员会方面的立法行动。”[27]

参议员们利用马斯基的回应来形成对他们项目的立法支持。当参议员格雷·哈特询问“我们今天考虑的预算决议是否能够容纳”一个他感兴趣的能源项目时，马斯基不置可否：“我们不排除这一项目或其他项目。”但哈特设法将这一答复曲解成赞同，辩称马斯基的回应“表明对我的问题的回答是肯定的，实际上，如果授权委员会如此建议，就可以提议这个项目。”[28]

随着参议员将模棱两可的答复联想成确定的立法承诺，

马斯基参与这些对话时开始变得小心翼翼。他动员参议院对1980年的预算展开辩论，但要求“避免讨论资金究竟支持这个项目还是那个项目……这场辩论理应关注总数和任何贯彻国会国内优先事项所必需的变更。”[29]但马斯基不可能在感兴趣的同事询问他时保持沉默；他也不能否认可以在预算中为需要的项目找到空间。此外，通过隐晦地向相关参议员保证，马斯基可以获得他们对参议院预算委员会预算决议的支持，从而免受议员大会对加剧财政赤字的质疑。因此，制定立法的历史记录是针对其期望的参议院建议的重要组成部分。

适应众议院

如果以众议院改变预算的次数为标准，众议院预算委员会在迎合议员利益诉求方面没有参议院预算委员会那么成功。众议院不仅通过了相当于预算决议三倍的修正案，还大量增加了退伍军人项目支出，同时在其他功能方面也有少量增加。

这一模式需要解释。有人估计众议院预算委员会非常关注其母体的偏好。毕竟预算决议在众议院会遇到困难，并且委员会根据大多数人的请求起草预算也合乎逻辑。然而，前文建立起来的模式有三方面解释：一是委员会审议，二是众议院的预算偏好，三是通过的修正案的类型。

委员会审议。除了保守的民主党人，众议院预算委员会的投票总是由党派认同主导的。在预算过程的前两年，多数党在委员会中并非总能满意，因为叛徒会为对方投票。如果不是因为有叛徒，1976年预算的奥尼尔修正案本可以在委员会内协调。第二年，奥尼尔修正案仅仅以一票的优势在委员会中通过。众议院预算委员会无法代表第95届国会（1977—1978年），因为委员会的民主党成员比众议院的其他民主党

人更偏向自由派。即使与众议院观点不同，自由派的大多数人也能将自己的偏好写进预算决议。举例来说，众议院预算委员会制定的国防资金目标比民主党总统的建议少 40 亿美元。

只有无需通过立法或者愿意在议员大会上输一票来推进其他项目的委员会才敢偏离议院的步伐。众议院预算委员会输不起；一年中至少两次它必须让它的立法项目通过。因此，在第 95 届国会出现问题后，众议院预算委员会在第 96 届国会时变得更加迁就他人也就不足为奇了。

1980 财年，众议院预算委员会成功抵挡住了议员大会的攻击，捍卫第一次决议就体现了这一变化。尽管每个功能性分配都被全面削减了 5%，但众议院预算委员会的基本立场还是完整地保存下来。最令人印象深刻的壮举就是大量的修正案从四面八方轰炸决议。第 96 届国会的选举替换了委员会中将近一半的民主党人，并且大多数新人都来自党派核心，因而改善了委员会的平衡，这个团体也更能代表众议院。此外，众议院中日常的预算保守主义思想也影响了众议院预算委员会本身。如此一来，一些预算委员会成员，如主席贾伊莫，在审议时会采取更为温和的态度。总而言之，1980 财年预算委员会没有如一些成员期望的那样更自由地制定预算，而是迁就了众议院多数。

众议院的预算偏好。立法委员会（即使是不典型的）通常会试图猜测众议院的反应。因此，贾伊莫提出了关于 1978 年第二次决议的修正案，要求为国防追加 5 亿美元，使之符合国防拨款法案。同年，众议院农业委员会主席提出修正案，要求增加预算支出来容纳有争议的农业草案，但是这一修正案被众议院预算委员会避开了。当贾伊莫曾经坚决否定的教育税收信贷被众议院筹款委员会又一次提出时，他建议众议

院："预算委员会的立场不再有效，在我看来……既然我们已经在预算委员会形成了这一重要结论（反对教育税收信贷），如我所述，项目已经取代了我们，我们可以迁就……我心目中众议院和筹款委员会的意愿。"[30]

众议院预算委员会的问题在于它不是每次都能觉察得出众议院的意愿。在预算决议的投票中，众议院总是分裂成四个部分重叠的阵营：少数自由派想要更多的国内支出，少数保守派向往平衡预算，接近多数的人寻求削减支出，微弱多数的人支持众议院预算委员会努力迎合众议院的项目利益。众议院修正案相对较多的其中一个原因就是最后一群人没有足够能力避开令人心动的议员大会调整。

已通过的修正案类型。有些修正案并非为了应对"不和谐"的预算，而是为了其他目的。成功的修正案中大概三分之一都是这一类型，包括委员会的修正案，象征性的修正案，重新评估。至于其余的三分之二，众议院预算委员会与司法委员会的预期十分接近，但众议院预算委员会仍然失去了议席的选票，因为预算过程给了议员一个将选票集中在被委员会压抑的议题上的机会。1978 财年第二次决议的议员大会修正案是众议院第一次就教育税收信贷投票，因为有禁止对某一议案再提修正意见的规定，所以这一做法之前被议会禁止了。在过去的一年，在退伍军人事务委员会 28 名成员中的 13 名，包括主席和少数高级成员都反对的情况下，众议院还是扩大了退伍军人方面的支出。

众议院（在参议院也一样）对教育税收信贷和退伍军人项目的投票表明，就国会期望而言，预算过程并非中立。通过赋予申诉者绕过封闭的立法渠道的能力，以及迫使记录表决集中在受欢迎的议题上，预算过程可以释放先前被压抑的渴望。

驳回决议

参议院或者众议院拒绝批准决议就正式确认了协商失败。即使有机会在议员大会上修正决议，议院可能也不会满意最终的结果。因为议员们必须对互不相干甚至是相互矛盾的双方都满意：预算总额，包括预期赤字，以及各种预算功能间支出的混合。众议员也许会同时因其项目包括在预算内而高兴，但又为赤字规模而烦恼；或者认为支出总额可以接受，但却无法接受特定项目的分配数额。任何一种情况下，他们都有可能通过投反对票来表达不满。

虽然参议院没有面临这样的窘境，但众议院已经两次驳回决议，在调小对特定功能的变动后，决议随后得以通过。两次驳回的原因都是协商失败，但情况却各不相同。1978 财年第一次决议没有通过是因为众议院投票支持大量增加许多类别中的项目，但是增加使得赤字超过某些议员的承受范围，并且很多项目的支出对其他项目而言都太高了。1978 财年的经历表明，最好的协调方法并不是对每个项目或利益让步。

另一个实例发生在 1980 年第一次决议的最后阶段。两院在决议的讨论会上达成协议，在其中一个主要分歧（教育分配）上更偏向参议院。经过自由派的极力游说，众议院以有偏向为由驳回了会议报告。使众议院恼怒的不仅是其谈判者的胆怯，还在于教育分配可能会比众议院拨款委员会报告的教育拨款少很多。没有将拨款委员会的需求考虑在内的过失最终通过增加一小笔数额（预算授权 3.5 亿美元）来弥补，在这之后众议院通过了决议。

虽然众议院彻底驳回预算决议只有两次，但那么多千钧一发的时刻证明：要迁就在预算政策上分歧严重的议院是多么困难。如果预算程序想要生存，要么众议院成员在预算政策问题上变得更加一致，要么众议院就得降低关于预算程序的期望。内部一致或降低期望都能使预算委员会制定协调预算的任务变得简单一些。

协商的方式

制定协调预算有独特的方法，也有独特的效果。它分项处理预算决定（特定项目和功能应分配多少），以此来防止再分配问题在每一个预算过程中出现。比起在稀缺资金的公开竞争中明确地让项目互相较量，他们情愿将预算分隔成互不相干的部分，然后像单独的政策议题那样来处理每一部分。协调预算依靠扩张型经济的“增长红利”来改变国内优先项目，也不会太过偏离先前的支出模式。其结果是预算更多地参照过去的决定而不是未来的机遇，但也是一个能缓和国会内部以及立法与行政之间冲突的预算。

避免公开国会优先项目

在编写预算法案时，很多改革者都希望新的程序可以在国会内引发年度“优先项辩论”。各种预算功能竞争有限资源，一个类别多就意味着另一个类别少。众议院规则委员会在其预算改革立法版本中认可这一概念。它指出，国会“应该有机会在合理的预算程序下比较每个方案的相对价值，以此来决定支出的优先项目。因为现行系统缺乏条理并且决定过程长达数月，国会没有真正的机会决定支出优先项。

如果最初决议阐明了每个类别的适当目标，国会就有机会做出决定”。[31]

除了这些期望，预算程序并未导致对国内优先项目的新审查。事实上，国会在预算程序出台之前对预算优先项目的重新安排较多。表 8 - 2 揭示了 1969 年至 1975 年间国防和收入保障这两大预算类别的相对份额有很大的变化。国防从几乎占总支出的二分之一下降到了四分之一。收入保障接替首位，从预算的五分之一上升至三分之一，从 1969 年到 1975 年均占支出总增长的一半。

1975 年后期增长规模较小。能源预算份额翻了一番，但仍是各个类别中较小的。农业份额也有所增长，不过仍未恢复其 1972 年的水平。尽管每个类别的绝对支出水平相对稳定，财政援助（收入分担）和国际事务的份额却下降了。商业和住房份额的下降更多是因为会计惯例而不是立法政策。[32]

期望国会预算成为一场有关国家优先项目的竞争以及一种改变现行优先项目方式的人会大失所望。预算制定者为了避免明显地权衡各项功能，宁愿把它看做互不相干的政策选择。预算委员会在完成功能列表的同时划分支出决策，直到他们完成明细表。虽然一揽子交易在私下完成并考虑了功能间的相对分配，在预算的前五年，任何一个委员会在任何情况下都不会明确投票支持将钱从一个项目转到另一个项目。尽管预算委员会会首先纵览经济情况并了解他们期望的总额，但这两者在功能分配前都决定不了总额。参议员马斯基解释了旨在阻止议员大会采取行动将资金从国防项目移到国内项目的参议院预算委员会审议程序。他宣称委员会在处理 19 项预算功能中的任何一项时都十分小心，没有任何支出总目标……每个功能的总额和其中的使命均以那种方式处理。国内支出没有强制性上限。我们总是抱着诚挚的愿望满足每个功能中

表 8－2　选定财年按功能分配联邦预算支出

单位：百万美元、%

功能	实际预算支出						第二次预算决议	
	1969	百分比	1972	百分比	1975	百分比	1980	百分比
国防	79418	43.0	76550	33.0	85550	26.2	129900	23.7
国际事务	4573	2.5	4674	2.0	6861	2.1	8400	1.5
自然科学	5061	2.7	4174	1.8	3989	1.2	5700	1.0
能源	1001	0.5	1270	0.5	2179	0.7	7250	1.3
自然资源	2848	1.5	4195	1.8	7329	2.2	11900	2.2
农业	5779	3.1	5279	2.3	1660	0.5	2550	0.5
商业和住房贷款	553	0.3	2206	0.9	5604	1.7	2850	0.5
交通	6531	3.5	8395	3.6	10392	3.2	18600	3.4
社区发展	1545	0.8	3413	1.5	3692	1.1	8350	1.5
教育、培训、就业和社会科学医疗	7538	4.1	12519	5.4	15870	4.9	31000	5.7
医疗	11758	6.4	17471	7.5	27647	8.5	54450	9.9

续表

功能	实际预算支出						第二次预算决议	
	1969	百分比	1972	百分比	1975	百分比	1980	百分比
收入保障	37281	20.2	63911	27.5	108605	33.3	190000	34.7
退伍军人福利	7640	4.1	10730	4.6	16597	5.1	20800	3.8
执法和司法	761	0.4	1650	0.7	2942	0.9	4400	0.8
各级政府	1649	0.9	2466	1	3089	0.9	4200	0.8
财政援助	430	0.2	673	0.3	7187	2.2	9050	1.7
利息	15793	8.6	20582	8.9	30974	9.5	58100	10.6
津贴	—	—	—	—	—	—	6200	0.1
抵偿性收款	-5545	-3.0	-8137	-3.5	-14075	-4.3	-19700	-3.6
总数	184548	100	232021	100	326092	100	554000	100

备注：百分比之和不一定为100%。

来源：1977 财年美国政府预算，No. 96 - 399 参议院报告。

的正当需求。[33]

众议院预算委员会的罗伯特·贾伊莫为回应共和党提议（在预算总额决定之后，再决定功能）勾勒了一个类似的程序。他解释说，“如果我们试图不进入特定功能分类，也不考虑拨款的项目和活动就设定总预算限额，我们将会在一个事实真空的环境下行进……我们无从得知这样的程序对各种各样的项目来说意味着什么。”[34]预算委员会的成员们小心翼翼地构建他们的决定，防止被理解为在项目之间调动资金。因此，当参议员 J. 格伦·比尔在参议院预算委员会削减国防资金后要求增加社会项目资金时，他努力将其提议与先前的行为区分开来：“我这么做的原意并非想在国防和其他项目之间权衡。我认为那是十分危险的……我不想把这次增长同国防预算的任何削减联系起来。”[35]

协调预算的制定逐个进行，因为在预算过程中国会没有单一或共同的利益要最大化。国会自己是不同利益的集合；预算委员会通过满足特定的利益诉求来满足国会。他们通过将预算分成几部分并决定向每一部分分配多少来实施协调。即使当逐个进行的方法发展为关注总量和部分决策如何加总成预算时，要求之间也不会公开彼此对抗。竞争无处不在，不过通常在暗处。

预算程序结构必须清晰以便协调每一部分。每个功能都覆盖一部分国会利益。其中一些功能（例如国防、农业、退伍军人）与国会中的特定利益集团对应；一些（例如收入保障和教育、培训、就业、社会服务）是大量利益集团的集合，它们关注涉及其利益的拨款。一些重要的国家利益（首先是住房）埋没在众多类别之中，相关党派必须在预算的各个部分中仔细挑选斟酌他们的偏好。

当国会议员提出“某项功能该有多高优先权?”的问题

时，它们不是指功能的相对价值，而是其特定需求，即其中编入预算的项目。它们想知道分配会涵盖现存项目还是着力于削减；它将允许真实的增长，还是根据通货膨胀率调整。他们通过比较同一功能现在和以前的分配来决定优先项。最重要的估计是在功能内而不是功能之间。

不过，就预算优先项而言，国会并不认为自己无所作为。它通过分配每项功能所应得的资金来定义优先项目，与去年所得、总统期望、现行政策相比，多一点或少一点。优先项目的设定一般在边界上进行，每项功能增加一点或减少一点。寻求重新安排预算优先项目的成员往往难以接受边际变化。但是边际变化是通过顾及旧决定、回应新要求来遏制冲突的一种方法。

参众两院生硬地拒绝了所有通过在项目间转移资金来重新安排优先顺序的提议。第一个这样的“转移”修正案由众议院预算委员会的自由派议员伊丽莎白·霍兹曼于 1977 年的预算中提出。“我深感不安”，她向众议院抗议，“我们这次拿到的预算未能履行预算法案的基本承诺——设定国会优先项目，以及应对国家面临的严重问题。”[36]另一个众议院自由派理查德·奥廷格对此非常高兴：“我有史以来第一次相信，在我们面前有了一个在议案中真正选择优先项目的机会。我们有机会在修正案中权衡削减国防部的铺张浪费以及急需的国内社会项目……我们之中的许多人已经谈论重新安排优先项目多年，如今正是放手去做的时候。”[37]

众议院并没有陷入圈套。它给予转移修正案比任何其他有关该年预算的议员大会修正案更少的投票。投票结果以 85 票赞成，317 反对驳回了修正案，其中反对阵营包括除了一个共和党人以外的所有共和党人和大部分民主党人。这样的结果在随后的几年不断重复。1978 年，众议院预算委员会的帕伦·米切尔接手转移修正案："我十分渴望为预算委员会工作……（但）预算委员会制定的第一次决议并未设立优先顺序。"[38]这次的转移计划以102票对306票被驳回，投票方式也与往年相似。众议院在1979年预算中有了一次额外的机会，但是又一次（98票对313票）驳回了从国防到国内项目的资金转移。

在1980财年，米切尔放弃了转移资金这个途径，转而从增长的收入中寻求更多的国内项目资金，但结果还是一样；众议院以130票对277票的投票驳回了他的提案。

转移资金在参议院也没有好结果。乔治·麦戈文在1979财年预算时试图重新将46亿美元的国防资金分配给数个国内功能：20亿美元用于教育、就业和社会服务；19亿用于能源；较少的数额用于交通和社区发展。麦戈文的手法十分明显：通过向转移资金投票，参议院就能在不增加赤字的情况下为自己喜欢的方案增加资金。但这个计划没有成功；麦戈文的修正案还是以14票对27票被压下来，得到的投票少于1979年预算的其他任何参议院修正案。

在1980财年，麦戈文试图将从国防项目中削减下来的资金的一半转移给各类国内项目（能源、交通和教育），另一半用于降低预算赤字。但这一举措仍然以24票对69票的巨大差距失败。

国会对功能之间公开竞争引起的冲突没什么耐心。确切地说，由于预算程序提醒国会这样一个事实：某个功能得到的多就意味着另一个得到的少。因此，它宁愿按次序考虑每项功能，这样一来可以减轻预算不可避免的紧张感。程序中产生的预算不代表任何人的偏好；并非所有细节都与众议员的相对偏好一致，更不用说国会中的大多数人；它不必成为任何人的预算，因为议员只对其中的几项特别在意。如果他们满意这些并且总支出和赤字水平也不会让他们深感不安，那么就可以说服他们投票赞成预算决议。

对于那些偏好预算的一部分而漠视另一部分的议员来说，一致同意的优先顺序是可以接受的。接受预算的代价就是满足他们的优先项目，其余他们不关心的事情就让别人去关注吧。在此基础上，马斯基打破了参众两院解决1978年预算分歧的会议困境，认为：“在主持参议院预算委员会这个关键的位置上，我学会了一点：如果想推进我感兴趣的预算目标，就必须意识到其他人认定的优先项目，并且我必须乐于支持最终的结果。”[39]在委员会最终就1978年预算达成一致时，马斯基为其寻求支持，“在优先项目间审慎而微妙地平衡……预算程序建立在平衡需求、弹性和妥协之上。”[40]这是一份各方同意的预算，在其中没有哪一方得到所有想要的，也不会宣称要重新安排国家目标。

不过一致通过的预算不会吸引坚决反对某一项目的国会议员。那些想削减国防资金的人不仅想要更多资金满足国内需求；他们同时也希望减少军费。这类人很难协商，因为他们想削减的项目恰恰受到国会强烈支持。

通过预算增长来协调

协调预算通过减少资金竞争来缓和冲突。国会针对预算的各个部分设定了不同的增长率，而不是通过削减预算来重组优先项目。因此，一个功能中的优先项目取决于其增长占预算总增长的百分之几。久而久之，不同功能的相对价值就会发生变化，因为他们以不同的比率增长。1972年至1975年间，国防支出增加了100亿美元，但因为预算的其他部分增长率更高，这一类别的份额下降了。同年收入保障的支出增长了70%。相对于收入保障占联邦支出增长的一半而言，国防仅占10%。

表8-3　1977—1980财年第一次预算决议功能分配偏离现行政策（法律）预测的幅度　　单位：%

功能		1977年	1978年	1979年	1980年
国防	BA[a]	2.80	0.10	1.70	3.80
	O[b]	-1.3	-0.1	0.7	0.4
国际事务	BA	-2.1	24.3	26.7	9.5
	O	-5.7	4.7	-2.8	8.2
自然科学	BA	-6.1	3.0	NC[b]	7.6
	O	-4.2	1.4	NC	5.7
能源	BA	—	—	23.8	334.8
	O	—	—	6.5	-11.7
自然资源	BA	58.9	3.3	-0.7	-3.1
	O	3.3	3.7	-0.8	-0.8
农业	BA	-4.2	-20.4	66.2	2.0
	O	NC	41.1	25.8	3.8
商业和住房	BA	20.5	4.7	3.5	-2.2
	O	-4.8	-0.5	2.9	NC
交通	BA	—	—	27.7	3.5
	O	—	—	0.4	-2.7
社区和地域发展	BA	-9.8	11.1	27.5	4.7
	O	-9.3	0.8	1.1	1.3
教育、培训、社会服务	BA	14.4	-1.8	7.8	-0.1
	O	8.5	-0.3	4.0	-3.2
医疗	BA	-2.2	0.8	-0.3	0.3
	O	-2.3	-1.2	-1.2	-3.1

续表

功能		1977 年	1978 年	1979 年	1980 年
收入保障	BA	-13.4	2.8	-0.8	-2.8
	O	-3.9	-0.8	0.9	-0.4
退伍军人福利	BA	0.5	4.9	3.9	1.9
	O	-1.0	4.4	4.0	1.5
司法行政	BA	-5.5	NC	4.9	2.3
	O	-5.4	2.2	2.4	NC
各级政府	BA	-7.8	4.1	-2.1	2.3
	O	-10.3	4.0	-2.4	2.4
财政援助	BA	0.7	0.2	6.6	-4.7
	O	-6.8	-0.4	5.5	-4.7

[a]，BA = 预算授权。

[b]，O = 支出。

来源：参议院和众议院关于各种预算决议的预算报告。1977—1979 年的百分比来自现行政策。无论是否有法律依据或项目预定终止，现行政策都会根据通货膨胀率调整每个类别。现行法律只有在有法律依据的情况下才允许根据通货膨胀率进行调整。

表 8 -3 描述了从 1977 年至 1980 年第一次预算决议设定的增长率。比率是以现行政策为基准计算出来的百分比偏差，因而揭示了国会在哪些方面做了大于或小于通货膨胀率的调整。零增长率通常意味着在不改变政策的情况下，国会提供维持项目所必需的数额；负增长率通常发生在国会的支出调整在项目预期成本增长以下的情况；正增长率通常允许在该功能上的实际增长。（不过，有时在没有公开决定的情况下增长率也会变化。例如，经济萧条自然会使与失业率有关的项目支出增长，例如失业保障。）自然资源和能源项目上的高增长反映了 20 世纪 70 年代后半期能源项目的重要性；从 1977 年至 1978 年的主要农产品立法通过后，农业的增长便被遏制住了。尽管有很多类别的净增长率都为负数，但在多

数情况下，各预算类别的拨款都会上升，只不过不能与预期通货膨胀率同步罢了。

增长率的变化反映了公共选择的变化。国防就是个典型的例子。在实行预算程序的第一年，国会继续使用自美国脱离越战后便采用的模式，大量削减总统的国防要求。但第二年国会同意了国防支出的净增长，扭转了国防预算购买力持续八年的下降。国会在示意其预算优先项目的一百八十度大转弯，即使是最审慎的净增长也无法阻止国防对预算份额的侵蚀。国会的这一转变与公众对国防态度的转变一致。波托马克联合公司（Potomac Associates）1976 年的民意调查报告称“全国都赞成增加军事和国防支出（相对于两年前的调查）……没什么可惊讶的。”[41]调查还发现，与能源项目所反映的高增长一致，对发展能源自给自足支出的民意支持高于预算的其他领域。

由于国会一直以来均通过控制增长率而非进行正面资金竞争的方式来确定国内优先项目，所以即使是在合理的预算程序出现前也可以重新分配预算份额。1972 年至 1975 年的转变并非偶然，反映了国会想要降低国防净增长和扩大收入转移的愿望。反过来说，某个预算程序的启动并不一定会使支出模式发生剧烈变化。实际上，说预算程序稳定了预算份额的分配是值得怀疑的，并且通过将注意力集中在预算优先项目上，它使重新分配它们的工作复杂化。过去，国会通过将预算决定碎片化来重新安排优先项目。它从不就重新分配投票，在做出决定之前也无从得知对预算份额采取措施的全部后果。在旧系统下，忽视失败者使重新分配变得容易。通常他们不会知道自己项目上的增长率与预算中其他部分相比如何，也不清楚个别项目的增长能否维持现有的政策水平。国会能投票支持增加某项目的预算，但同时削减其预算份额。

通过要求同时决定预算的所有部分，新程序使每个参与者都意识到分配的后果。在表决预算决议之前，就已经有关于当前功能分配和与现行政策偏差的信息了。不难找出谁是赢家，谁是输家。3 月 15 日的意见和评估为项目支持者提供了一个方便的程序来为他们的利益寻求支持。由于预算优先项目通过合理的预算程序投票产生，所以变化在更大程度上是边际性的，而非根本性的。

通过把所有与预算有关的决定都纳入此轨道，预算程序通过非预算行为例如权利性项目以及其他方式的后门立法来阻止优先项目的重新安排。收入保障从 20 世纪 70 年代初期占预算的五分之一陡然上升至中期的三分之一，很大程度上是因为除了酌情扩大类似于社会保险这样的现存项目，立法行动还建立了许多新的权利性项目，例如补充安全收入项目、食品券、黑肺病患者补助。国会在没有判断收入保障相对于其他项目的价值，也没有考虑这些项目对未来预算有哪些影响的情况下，采取了这些措施。收入保障激增是因为没有受到预算信息或预算控制的限制。但如今成绩记录报告和成本预测使所有影响收支的立法行为都与预算有关。这一努力就是为了杜绝高增长率授权项目的立法风险。

适应经济状况

为了使协调预算在不减少功能分配的情况下改变预算的相对重心，国会必须有可以“花”在偏好的功能和项目上的增长红利。如果没有红利，国会重新分配的唯一选择就是在预算类别间转移资金（将引发预算制定者希望避免的立法冲突），或通过赤字支出为增长提供资金（预算法案允许，但国会需担负明确的责任）。经济增长是和平分配预算份额的必要条件。

自1975年起，国会就表现得好像它缺少选择增长的权力。它被稀缺感所折磨，急需削减政府成本或至少减缓政府成本的增长。这些低增长的期望先于预算法案的出台。回顾第二章，谈到20世纪60年代联邦政府在面临激增的越战成本和为伟大社会计划提供资金的压力下设立预算优先权的必要性。鉴于不断上升的支出、长期的赤字和不可控项目的增长，国会采用了能使其行为更负责的预算程序。1974年法案在预算增长上的效果更多的是靠其运作的环境，而非写入其中的程序。

国会并没有回归高增长的预期，因为经济没有产生“财政红利”，政策压力也限制了它的支出欲。这一部分审视了国会预算实践的经济条件；目的在于评估经济对国会的影响，而非国会对财政政策的影响。接下来的部分关注预算增长的政治约束之一：总统福特和卡特的预算政策。

预算程序是在经济困难时期生效的。预算委员会在1975年早期设定预算目标时，有八百万名美国人没有工作，超过大萧条之后的任何时期。失业率持续飙升；1975年2月已经达到8%，三个月之后预计将达到峰值8.9%。经济产出在1974年最后一个季度遭遇下降（-7.5%），1975年第一季度降幅更大（-9.6%）。大多数经济活动都表现得很不乐观：失业持续时间增加而净工资下降；三分之一的生产力闲置；新屋动工仅仅是两年前的一半。无论用什么方法，国家还是处在最糟糕的战后萧条之中。

经济失控伴随着毁灭性的冲击。整个1974年，多数经济学家都在关注由严重的食物和燃料短缺造成的两位数通货膨胀率（每年12%）。1974年9月，福特总统宣布了一个反通胀的倡议，建议向个人与公司收入征收5%的附加税，以及将联邦支出上限设置为3000亿美元。在11月，他递交了一份列有提议减少支出46亿美元的清单给国会，并重申了财政限制的请求。然而，随着经济的恶化，福特被迫转而采取刺激政策。在其1976财年的预算中（1975年2月公布），福特承认"经济正处在萧条之中，"要求减免160亿美元的税收。不过，他也提及"使预算远离持续通货膨胀"的必要性，因此建议预算支出降低170亿美元。预算预计赤字519亿美元；这一数额在几个月后上升至597亿美元，因为国会通过了超出预期的税收减免，并且重新预测，将某些项目的支出提升到了预算水平之上。

两个预算委员会都想提出比总统更具激励性的预算。参议院预算委员会称萧条"是20世纪30年代以来最严重的，并且趋势并不向好。失业率……在未来几个月有可能会更加严重"。[42]参议院的预算制定者们预测总统的提案会在1976年末产生8.5%的失业率。众议院预算委员会警告说，"除非国会果断行动，否则经济绝不可能在不损害民生的情况下纠正自己。"[43]然而，国会的预算反应被限制；国会没有对努力使百万美国人重新走上就业岗位的潮流提出财政警告。1975年5月通过的决议设定了688亿美元的赤字目标，支出超过最新的总统预期近120亿美元。大部分增长均源于国会驳回了福特总统的预算削减，但大约有70亿美元聚焦在公共工程和公共就业服务上。国会外的预算专家估计这一刺激法案可以减少0.5%的失业率："因此，国会预算引发的经济的预期恢复也可能是适中的。"[44]

预算委员会通过迁就国会的项目期望来应对财政危机。他们驳回了国会不希望通过的项目削减并推进了国会准备接受的项目。众议院预算委员会自称"试图通过为几乎每个众议院委员会通过的、众议院通过的或众议院领导人建议的项目提供支出授权来制定反衰退计划。”[45]在大多数情况下，众议院预算委员会通过的项目已经被众议院采纳（例如众议院通过的紧急就业拨款法案），或正准备采纳。众议院预算委员会加大了对民主党公共服务就业项目的支持，但并未毫无保留地投入以促进经济复苏。委员会想要比总统更多的刺激方案，但也没有多很多。

参议院预算委员会的预算更缺乏刺激性。它以 7 票对 7 票的投票驳回了蒙代尔 120 亿美元的反衰退项目，保留了预留 45 亿美元用于经济复苏的申请。参议院委员会敦促国会“慢慢来”，表示“怀疑临时设计的项目是否事实上也将被证明是临时性的”。[46]参议院预算委员会坚持“扩张永久性政府项目水平的空间很小……这一财政规则对于达到充分就业率时保证适当的财政政策十分重要。”[47]为了在支持经济复苏的外表下遏制项目扩张，参议院预算委员会采用了双预算的方法，将临时的经济复苏项目与财政基数分开。参议院预算委员会提醒参议院反周期预算政策的价值，尽管为此目的设定的数额十分有限。

预算委员会在应对预期的经济危机时受到限制，因为他们并不只关心失业；还要同通胀和赤字斗争。虽然通货膨胀率已经从峰值 12% 降了下来，但它仍然让许多议员担心。参议院预算委员会坚持“1976 年的财政预算应将经济衰退和通胀都考虑在计划之内……在抵御某个问题的过程中，国会必须避免会导致未来一年严重通胀的行为。”[48]因此，它敦促在那些将导致国家新支出项目的领域内实施政策限制。[49]众议院预算委员会有信心放松的经济可以在不引发更严重通胀的情况下刺激经济，但它仍然不愿支持会扩大赤字的额外支出。

赤字规模是提供更多经济刺激的最大障碍。虽然低于某些非官方经济学家赞成的水平并令很多财政保守主义者担心，但700亿美元的赤字仍然是和平年代的最高纪录。[50]两个预算委员会花费了大量精力向国会保证赤字是经济萧条而非立法行为的结果。众议院预算委员会大肆宣传其预测：失业率上涨1%就会增加160亿美元赤字。在此基础上，委员会宣称，赤字不是“挥霍的联邦支出，而是恶化的经济环境”的产物。[51]根据众议院预算委员会的计算，如果经济繁荣，预算赤字的规模会非常小。参议院预算委员会特意将其预算建立在这样的原则之上：如果就业率为4%，那么财政基数（永久性项目）就不应超过现行税法产生的收入。[52]在这一原则下，预算委员会必须依据预算中的“自动调节量”（下降的税收收入，上升的失业补偿金和福利支出）加上先前通过的税收减免来提供大量经济刺激。

赤字不仅使反对第一次决议的保守者担心，中立的民主党人也很担心，而他们的投票对预算目标的通过十分重要。参议院预算委员会的乔·拜登承认了“现行经济状况下赤字的必然性甚至是必要性”，但补充说，“我不认为我们可以通过大量的‘临时’支出项目真正做到摆脱经济衰退而不承担严重副作用的风险。”[53]众议院预算委员会的吉姆·莱特向预算决议投了赞成票，但他辩称赤字“可以并且应该通过审慎的经济制度来降低。”[54]他的同事托马斯·阿什利也支持委员会的工作，但表示“严重关切……预期赤字的规模和构成。”[55]罗伯特·贾伊莫用了严厉的说法，提出“严重关切不合理的乐观，建议赤字的后果已经显现。”[56]所有这些民主党都投了预算决议赞成票，但他们对赤字的关切抑制了国会对经济危机的应对。

预算委员会中想让更多钱用于经济复苏的自由主义者也被赤字所限制。他们想重新安排优先项目以求在不扩大赤字的情况下将资金转移到国内需求。众议院预算委员会的伊丽涉白·霍兹曼投票反对报告第一次决议："我不同意我们需要732亿美元的赤字来应对经济萧条，也不同意国家可以轻易负担这笔庞大的赤字支出……应该在不削减人们所需支出和不影响我们应对经济衰退能力的前提下降低赤字规模。"[57]

参议院预算委员会的克兰斯顿尽管担心"委员会预算中的临时项目不足以促使失业率快速下降，也不足以使经济从大萧条中尽快复苏"[58]，但他还是对决议投了赞成票。他并不敦促参议院要守住赤字底线，但要求削减国防预算40亿美元。不过国会中的大多数人并不打算使国防预算的削减超过预算委员会的建议很多。由于极不愿意增加赤字，国会只局限于小规模的反经济衰退预算。

1976年国会预算的投票处于经济活动的低谷。随着经济状况的改善，赤字规模减小了，但立法者的担忧仍然存在。面对维持在高水平的失业率（仍然高于7.5%），国会通过的1977年预算总支出在当前财年的政策水平之下。虽然预期的500亿美元赤字低于前一年，仍有很多议员为之苦恼。保守主义者又一次指责国会浪费，并且提醒国会注意通胀压力；自由主义者重提他们的请求，要求将国防资金转移到国内需求，这样可以在不增加赤字的情况下帮助经济复苏。温和派在承认国会别无选择（只能接受经济现实）的同时表达了对赤字的担忧。

因此，赤字界定了国会辩论的范围。除了少数例外，不会设立永久性项目。因为它们要么会提高赤字，要么会迫使国会通过削减现存项目来重新安排优先项目。预算委员会成了未来预算的监护人，规划几年后如果经济完全恢复健康时的预算平衡。不过他们只有通过限制项目提案以及将预算扩张限制在随着经济好转逐步减少的临时支出增加以内，才能承诺未来的平衡预算。

在这些情况下，一些自由主义者将预算程序本身视为国会应对经济困境受限的原因。美国劳工联合会和产业工会联合会推断，新程序将国会的辩论集中在赤字规模而非国家的经济需求上：“国会采纳的新预算程序威胁要削弱国会带领国家走出萧条以及满足美国人民需求的能力……在最终分析中，如果国会预算程序对国家真的有意义，它必须将人的需求置于赤字之上。”[59]

可以肯定地猜测，如果没有预算程序，国会可能会趋向于更大胆的经济决定。它不会在有关赤字的问题上直接被挑战，并且会乐意采取增量行动而不用担心总成本。在此基础上，也许有人会说，因为关注赤字，所以预算程序在经济需要扩张时是最紧缩的，在需要限制时是最宽松的。当经济强势时，国会也许会被期望将财政红利投入项目增长。然而当经济萧条时，低增长的预期会导致国会冻结预算优先项目并避免项目提案。

迁就总统

在接受这个令人沮丧的结论之前，必须考虑另一个提高国会对赤字的敏感度并且树立了低增长观的限制因素。在经济最低迷的时期以及总统选举活动的初期，福特总统一直在宣传紧缩开支，并且指责国会对预算不负责任。其 1976 年的预算基于 170 亿美元的项目削减，还在提案后附上了对国会预算政策的严正反对。在 1975 年 3 月 29 日的全国电视演讲中，福特签署了一项减税立法，他指责国会正走向 1000 亿美元赤字。“我在这里定下界限”，福特挑战国会，表明 600 亿美元是“我们敢承受的最大赤字规模”。他随后补充说，“我会阻止国会的所有努力，不让它通过新支出项目再增加一美元赤字。”[60]在预算委员会报告他们的1976财年第一次决议之前不久，国会就被贴上了1000亿美元赤字的标签。不出所料，“预算委员会与国会不敌政府言论，允许这一由经济衰退引起的赤字的规模成为辩论的主要议题。”[61]在1977年预算工作期间，福特总统继续采取攻势，要求保持支出水平低于现行政策水平280亿美元。

福特在位期间，民主党议员频繁援引预算法案，宣称独立于总统影响。参议员莫斯称1977年第一次预算决议为“联邦预算”：“这不只是一份国会预算……这是国会在行使其对于资金的排他性权力……（总统提案）在1977财年预算的持续演进中代表了一个重要但非决定性的投入。”[62]

国会运用预算程序来保护他自己的优先项目，反对总统的优先项目。在敦促众议院推翻福特对教育拨款草案的否决时，亚当斯称：“必须对联邦支出和设定联邦项目优先顺序负责的是国会，而不是行政机构。”[63]马斯基在支持推翻福特对于劳工部拨款草案的否决时用了类似的论据：“当国民被总统告知这样的草案超出预算时，国会和民众应该记住，总统提到的是他的预算。国会预算代表着一套完全不同的优先项目……这一草案是国会优先项目的反应，与总统的大不相同。”[64]

福特在位的那几年，对于优先项目的争论是有用的，可以用来回应白宫指责国会通过向社会项目拨付超过总统建议的拨款来“破坏”预算的指责。民主党控制的国会想自己处理有争议的预算议题，对他们而言，优先项目的争论等同于独立宣言。

在卡特成为总统时，国会中的共和党人设想了一个独立的角色。参议员亨利·贝蒙告诫国会不要将国会程序变为“行政部门的橡皮图章”。“如今的挑战……是保证国会程序真正运作，并且作为一个分离的、独立的程序运作，有自己的完整性，有自己制定政策的潜力，有自己的数据累积基础……只有那样，我们才能为创造国会预算程序的目标服务。”[65]

贝尔蒙的呼吁是由1977年第三次决议引起的，该决议在大多数方面符合国会中民主党领袖与收入部门之间在就职典礼之前的一致意见。国会之所以能够将1977财年赤字从第二次决议中设定的506亿美元提高到697亿美元，是因为总统愿意接受更高的水平。经济环境恶化的事实（GDP增速相对于该年早些时候的8.8%放缓到了1.2个百分点）并不是提高赤字的充分理由。政治环境的变化也是必要的。政治形势在几个月后又发生了变化（1977年4月），总统不再支持退税，国会也将赤字恢复到了500亿美元的水平。国会温顺的反应激起了众议院预算委员会民主党人罗伯特·莱格特对于放弃预算独立的抗议：“……我们的预算程序必须能够激发言论，对于国会应该拥护的适当行为有独立的判断，不论哪个政治党派执政或者就此而言哪个党派控制国会。”[66]

然而，预算法案没有将国会从总统的影响中隔离开来。当一位总统宣布赤字或者攻击国会的赤字支出时，他在塑造关于赤字规模的政治预期。国会必须迁就总统，因为如何理解赤字在政治上取决于总统如何定义它。国会之所以能够在1976财年安全地制定600亿赤字，是因为福特已经批准。虽然国会打算反对此数额，因为所需项目削减将超出承受范围，并且阻止选择性支出刺激衰退的经济。但国会可以在多大程度上偏离总统立场是受限的。国会增加了一些经济刺激政策（比预期的赤字多了几十亿美元），但总统缩小了它选择的范围。

即使国会在预算中挤进再多的赤字，国会都会试图证明这其实并不像它看起来那样与总统提出的数字相差得很多。

它以这样的方式适应总统与国会双方的要求。参议院预算委员会1977年的赤字高于福特的赤字60亿美元，但马斯基声明："不论对对立面有何言辞，我们委员会报告陈述的赤字与福特政府提出的赤字没有明显差别。建立在同一基础上的（即会计与规划方面的非政策差别因素被剔除后）差异……小于10亿美元。"[67]

贾伊莫在淡化其委员会提出的1978财年65亿美元赤字增长时采用了相同的思路："委员会的建议……实质上仅与总统提出的那些建议差别很小。"[68]

也许有人会设想一个民主党主导的国会将更关注民主党总统，而非共和党总统。表8-4似乎证明了这个猜想。就可对比的14项功能中的11项而言[69]，国会对卡特预算的调整小于福特预算。三分之二的国会分配不超过卡特申请的5%，只有七分之一对其预算的偏离超过10%。然而福特在位时，三分之一的功能分配偏离其预期的10%或更多。分配的二分之一不超过预算的5%，但大多集中在稳定的功能上（各级政府、自然科学、执法与司法等等），不存在很大的预算争议。然而国会在福特想要削减的社会功能方面（社区与地区发展、教育、培训、就业以及社会服务）增加了大量分配。

然而这些数据还不能代表全局。事实上，福特对国会的预算分配有限制性的影响，也许比他的民主党继任者还要大。如前面表8-2所示，1977财年功能分配中超过三分之二在现行政策水平以下，大约相同的比例在福特预算以上。国会通过将支出保持在现行政策水平以下来适应福特的预算削减活动。而卡特一放松总统限制，国会就将三分之二的分配定在现行政策水平以上。

表 8－4　1976—1980 财年通过的第一次决议与总统预算申请的差别

单位：%

功能		福特预算		卡特预算		
		1976	1977	1978	1979	1980
国防	BA[a]	－6.5	－0.7	－1.3	0.20	－1.2
	O[b]	－3.5	－1.0	－0.8	－1.8	－1.4
国际事务	BA	－61.2	－6.2	－9.7	－2.3	－7.4
	O	－23.5	－4.3	－6.4	－4.2	－3.7
自然科学	BA	0.3	－6.1	NC[a]	NC	NC
	O	0.4	NC	NC	－2.0	NC
能源	BA	—	—	—	9.5	－3.6
	O	—	—	—	－0.1	－13.9
自然资源	BA	12.9	75.3	1.0	8.7	－2.3
	O	9.7	13.8	－2.4	－0.8	1.7
农业	BA	0.6	NC	－18.5	70.8	2.0
	O	－0.9	5.3	89.1	53.7	25.6
商业	BA	54.2	1.6	3.6	－10.6	－16.9
	O	13.3	7.9	－2.5	20.0	－5.9
交通	BA	—	—	—	9.1	－5.6
	O	—	—	—	0.1	3.4
社区和地域发展	BA	113.0	25.4	－12.8	－2.6	－21.2
	O	46.1	36.8	6.9	NC	9.5
教育、培训、就业和社会服务	BA[a]	38.8	53.7	0.4	－7.0	0.2
	O	20.6	30.7	2.6	3.2	1.0
医疗	BA	6.7	3.4	0.2	－0.3	0.8
	O	9.3	6.8	－0.4	－0.4	0.4
收入保障	BA	4.4	1.0	0.6	0.9	0.3
	O	5.5	2.0	0.7	0.2	2.2

续表

功能		福特预算		卡特预算		
		1976	1977	1978	1979	1980
退伍军人福利	BA	11.4	13.6	6.0	11.5	0.9
	O	8.0	13.4	5.8	8.8	0.9
司法与执法	BA	4.1	0.9	-2.6	2.4	-2.3
	O	3.4	0.9	-1.3	NC	NC
各级政府	BA	-0.1	2.9	NC	2.5	-2.2
	O	3.8	2.9	-1.3	2.5	-2.3
财政援助	BA	NC	0.8	-8.4	-35.8	-8.0
	O	-0.1	-0.8	NC	-2.0	-8.0

[a]，BA = 预算授权。

[b]，O = 支出。

来源：委员会的预算报告，美国参议院和众议院的代表，以及相关预算决议的会议报告。

边际上的调试

由于协调预算必须回应总统和国会的预期，它会使一些期待国会预算从头开始的人失望；他们可能期待会有新的优先项目候选名单，并且没有负担地适应财政状况。但这样的预算立法部门不可能通过。

预算委员会成功的开端就是意识到他们不是国会中唯一对预算结果感兴趣的人。每个委员会都有其利害关系，当所有的利益无法同时被满足时，预算委员会必须协调大量的利益来凝聚大多数人。就像讨论过的那样，委员会还必须将总统的预算考虑在内，他与国会行为也有利害关系，并且积极地在预算总额及其分配方面影响国会预期。“整个预算程序”，马斯基说，“就是一个回应。”“国会”，他解释说，“根据国家对总统的反应做出反应。”[70]结果就是国会的预算与总统的预算相差无几。“事实是”，共和党人亨利·冈萨雷斯在愉快的第一轮预算周期时说，“总统的预算有其自身的生存方式……结果是，我们的预算估计与总统的一样，并且与我们并不科学的拨款系统所预测的几乎一模一样……事情演变的过程似乎没有很大区别。”[71]

很容易得出结论：如果没有预算程序，国会只会对即将发生的进行适应。但如果这是事实，国会内部就会很少甚至不会产生预算冲突。然而如我们所见，在预算决议的内容以及其他委员会提出的其他与预算有关的立法等方面，预算委员会内部以及议员大会都会产生很大争端。争议集中在预算委员会寻求的储蓄以及预算决议驳回的立法提案上。虽然讨论中的议题多得数不清，但他们肯定仅相当于总数的几个百分点。预算委员会在边际上有选择：偏离总统的数字，挤压委员会的项目储蓄或鼓励他们启动项目，将预算的组成向另一结构倾斜，分配多于或少于现行政策。其中一位众议院自由主义者很疑惑为什么要关注反对预算程序这一保守偏见的边际：“最终，我们毫无疑问要决定一个接近委员会建议的最终预算，其本身接近总统的建议和预算……我们有一个昂贵的系统来保证……不会采取激烈措施改善或者重新定位公共政策。没什么增加，也没什么减少。”[72]

协调预算是通行无阻的，基于这个原因，国会预算的制定者必须勉强接受对于预算结果微弱的影响力（尽管潜力无限）。

注释

[1]《国会预算法案》（第 301 款［d］）要求预算委员会在公布第一次预算决议之前要举行听证会。

［2］参议院预算委员会，1976 年财年第二个预算决议的审定，文字记录，P628。

［3］国会档案 122（1976 年 9 月 9 日）S15490。

［4］国会档案 121（1975 年 11 月 19 日）S20494。

［5］1978 年财年委员会第三次共同决议，文字记录，P78。

［6］同上，P79。

［7］参议院预算委员会，1978 财年第一次共同决议审议，文字记录，P525 – 526。

［8］国会档案 123（1977 年 9 月 9 日）S14509。

［9］国会档案 122（1976 年 9 月 9 日）S15489。

［10］1978 财年第一次共同决议审议，文字记录，P347 – 348。

［11］国会档案 123（1977 年 4 月 27 日）H3627。

［12］只有约翰·弗林特（一位众议院主席）一直反对预算决议，他所属的委员会——官方行为标准委员会——没有任何与预算有关的管辖权。

［13］节余列表，见 No. 95 – 189 众议院报告（1978 财年第一次共同决议）P121 – 125 和 No. 95 – 1055 众议院报告（1979 财年第一次决议）P164 – 171。

［14］No. 95 – 739 参议院报告 P125。

［15］国会档案 122（1976 年 4 月 9 日）S5324。

［16］国会档案 122（1976 年 4 月 9 日）S5323 – 4。

［17］参议院预算委员会，1976 财年第二次决议审议，抄本，P266 – 267。

［18］同上，P269。

［19］同上，P688。

［20］见 No. 94 – 608 众议院报告（1975），P12 及 P57 – 58。

［21］参议院预算委员会，1977 财年第三次决议审议，抄本，P182。

［22］参议院预算委员会，1977 财年第三次决议审议，抄本，P132。

［23］No. 95 – 12 众议院报告（1977）P6。

［24］1979 财年第三次决议被附在了 1980 财年第一次决议之后，这样一来它就不会像提前作为一个单独的措施那么引人注意。

［25］No. 96 –68 参议院报告（1979）P265。

［26］国会档案 123（1977 年 9 月 9 日）S14519。

［27］国会档案 123（1977 年 5 月 4 日）S7037。

［28］国会档案 124（1978 年 4 月 25 日）S6285。

［29］国会档案 123（1977 年 5 月 3 日）S6916。

［30］国会档案 124（1978 年 5 月 4 日）H3599。

［31］No. 93 –658 众议院报告（1973 年 11 月 20 日）P33。

［32］举例来说，政府国民抵押贷款协会的参与证销售收入和按揭贷款每年变动都非常大。因为这些收入被当做负开支来处理，即使项目水平稳定，也会造成预算支出大范围的变动。

［33］国会档案 124（1978 年 4 月 25 日）S6243。

［34］同上，(1978 年 5 月 2 日）H3418。

［35］参议院预算委员会，1976 财年第一次共同决议审议，抄本，P538。

［36］国会档案 122（1976 年 4 月 27 日）H3455。

［37］同上，(1976 年 4 月 29）H3558。

［38］国会档案 123（1977 年 4 月 26 日）H3558。

［39］1978 财年第一次共同决议的两院协商委员会，抄本，P151。

［40］国会档案 123（1977 年 5 月 13 日）S7537。

［41］埃德温·L. 戴尔等人，未知经济环境下的重点：通货膨胀、萧条和政府支出（华盛顿特区：波托马克伙伴）。

［42］No. 94 –77 参议院报告（1975 年 4 月 15 日）P7。

［43］No. 94 –145 众议院报告（1975 年 4 月 14 日）P5。

［44］巴里·M. 拜曼等人，确立国家优先项：1976 年预算（华盛顿特区：布鲁克研究所，1975），P236。

［45］国会档案 121（1975 年 4 月 30 日）H3456，共和党人亚当代表的评论。

［46］No. 94 –77 参议院报告（1975 年 4 月 15 日）P19。

［47］同上，P17。

［48］同上，P26。

［49］马斯基和参议院预算委员会的经济学家试图传授委员会成员

反周期财政策略，包括不断变化的经济环境会引发或者结束临时项目，而不是像永久性项目那样在经济复苏后仍会持续。

[50] 据非预算机构补充，赤字为800亿美元，接近许多经济学家在预算委员会前宣称的上限。

[51] No. 94 – 145 众议院报告（1975年4月14日）P6。

[52] No. 94 – 77 参议院报告（1975年4月15日）P17。

[53] 同上，P124。

[54] No. 94 – 145 众议院报告（1975年4月14日）P70。

[55] 同上，P71。

[56] 同上，P75。

[57] 同上，P114。

[58] No. 94 – 77 参议院报告（1975年4月15日）P132。

[59] 美国劳工联合会和产业工会联合会提交给民主党和共和党全国代表大会的提案，1976，P55。

[60] 每周总统文件汇编，1975年4月7日，P321。

[61] 美国劳工联合会和产业工会联合会，同上。

[62] 国会档案122（1976年5月12日）S7060。

[63] 国会档案121（1975年9月9日）H8484。

[64] 国会档案122（1976年1月28日）S725。

[65] 国会档案123（1977年2月21日）S2804。

[66] 同上，（1977年4月26日）S5293。

[67] 国会档案122（1976年4月8日）S5293。

[68] 国会档案123（1977年4月26日）H3553。

[69] 五项功能之间的对比不适当：能源和交通是因为它们在1979年预算之前尚未被用到；利息、津贴和未分配抵消收益是因为其间的差别并不直接代表国会与总统之间的政策分歧。

[70] 杰克·W. 杰蒙德，"国会与卡特：谁在负责？"，纽约时代杂志。

[71] 国会档案121（1975年11月11日）H10957 – 8。

[72] 国会档案123（1977年4月27日）E2524 – 5，众议院议员哈林顿的评论。

第九章
预算执行：程序和政策

预算会限制受其支配的人们在缺乏预算的情况下能做的事情。在重大利益攸关时，受影响的政党会如人们所料，试图规避预算带来的限制，或者去打破其程序规则。正因如此，每个预算程序（不管是立法的还是执行的）都需要管理者监管，以防违法行为。在行政部门，管理与预算局每年都要检阅成千上万的机构行动与通讯记录，以保证与总统政策保持一致。在国会，预算委员会是预算程序的主要保护者。委员会成员们监视着委员会里和议员大会上的立法活动，记录下影响预算的议案。这些国会的监控人员兼顾程序和实质；他们捍卫为立法预算设定的规则，以及阶段性预算决议中制定的财政决策。

本章对于预算委员会和国会如何执行预算程序进行了详细研究。虽然这里首要关注的是国会内部的工作方式，本章同样研究由 1974 年预算法案规定的扣押控制。扣押程序是为了在行政撤销和延期的情况下保证国会预算的优先权；此后它们也成为国会确保其预算决策被遵守的重要过程。

支出结果：预算控制的错误检验标准

在转向具体的国会执法活动之前，人们必须理解预算程序的所谓“底线”标准——使国家收入和支出与最终财政年度的国会决议相适应的程度。如果开销超出预算上限，说明国会未能成功地执行其预算决策，预算委员会也未能在国会的支出倾向中保障预算执行。相反，如果支出保持在预算内，一种情况是预算程序发挥了作用，不论是依靠自律还是依靠执法，国会遵守了它自己做出的支出决策。

后一个主张被两位预算委员会主席在1976年7月1日大肆鼓吹，而之前一天恰好是第一年国会预算程序完成之时。在一个联合新闻发布会上，众议员亚当斯和参议员马斯基大肆鼓吹在刚刚过去的那个财政年度中实际支出比预算决议中许可的少几十亿美元。一条众议院预算委员会的新闻稿欣喜地发布了这一预算程序中的非凡成就：“1976财政年度结束于昨日午夜12点，在这一年中，国会的支出保持在规定的上限以内，赤字水平也在规定的目标水平以下……这次新预算程序的成功运行具有历史意义……它表明国会从行政部门夺回了它控制钱袋权力的宪政角色。”[1]

几个月之后，在1976财政年度的账簿关闭时，数据显示实际支出比预算少了84亿美元。在分析师们试图解释为什么支出比之前估计的少那么多时，财政亏空的忧虑开始出现在有关预算的争论之中。而在接下来的几个财政年度中发生了同样的事。1977财政年度实际支出比最终国会预算低了73亿美元，1978财政年度支出则比国会预算决议低了60多亿美元。

在这些数字被证实为国会预算成功的确凿证据之前，其他预算数据也必须被考虑进来。虽然总支出总是受到最多的公众注意，预算授权却是一种用来衡量国会影响的更有效的方式。总支出主要取决于之前的和新的联邦授权资金的支出比率。这样一来，国会在（比如说）实际支出上进行了限制，尽管它在制定预算授权决策时影响它们。[2]

1976 财政年度的实际预算授权最终比国会第二次预算决议超出 73 亿美元。这样算来，国会未能将支出控制在预算之内，也未能推行它的财政决定。实际数据看上去更像是指出了预算程序的失败，并不像亚当斯和马斯基说得那么成功。不仅总的预算授权超过上限，而且一半以上功能的预算授权水平都超过了上限。在给它的预算决议投赞成票之后，国会按决议进行支出，完全没有考虑到这违背了他们自己的决定。

然而，这个结论与第一个结论同样站不住脚。事实是当国会在做预算决议时，它并不能处理或控制某个财政年度的实际结果。国会做出的决定指导它自身的行为，而非那些行政部门的行为或经济的表现。1976 财政年度计划与实际预算授权之间的出入、出乎意料的支出不足，都是国会几乎无法控制的外因所致。比如，执行活动的时间选择会引起几十亿美元的变化，而国会对此却没有发言权。不需要国会介入，经济上的波动就会自动提高或降低联邦支出。会计规范上的变化会在预算总额上增加或减少数十亿美元。1976 财政年度国防项目上的实际支出比国会预算少 19 亿美元；而新的国防预算授权比预算超出 28 亿美元。这之间的差异部分源于采购和获得主要武器系统之间较长的时间差，部分源于用来估算军用交易的方法。把这些原因放在一边，应该说明的是，无论是超额预算授权，还是短缺的支出，都无法就国会预算控制的有效性得出定论。

在国会做出预算决定时，行政部门和经济会有何种表现完全靠估计。如果国会决定与正常情况差别很大，那么问题在于容易产生错误的期望，而不是国会预算的违规行为。当马斯基和亚当斯在 1976 年 7 月 1 日举行他们欢乐的新闻发布会时，他们估计在刚结束的一年中预算授权总额为 4067 亿美元。但实际的预算授权高出了 86 亿美元。没有理由相信预算委员会故意低估预算授权，他们只是使用了最新的国会预算局的数据而已。假如国会在 1976 年 6 月 30 日前额外拨款 10 亿美元，便不会违反其预算规则，因为它由当前的估算指导，而非几个月后才知道的最终数据。

总之，实际的预算授权和支出实质上取决于国会很少能直接控制的因素。支出和预算授权结果都不足以作为国会预算行为的检验方法。一个适当的检验方法必须基于国会自身一年中采取的影响预算的无数措施。与其说推行国会预算是一个保护“底线”的行为，不如说是连续监控收入和支出，以及委员会生成授权立法并在议员大会上进行讨论。这些单独的行为是本章和接下来几章关注的重点。本章主要讨论的是整体的执行程序，而第三部分的一些章节则会详细探讨在拨款和税收立法的条件下收入与支出决定的执行。

执行的常规

有时，预算执行问题会成为预算委员会与其他国会部门之间的竞赛。在本书研究涉及的时间范围内，有许多重大的冲突。其中一些在本章作为探讨国会如何执行其预算规则和决定的个案研究出现。

把这些公共冲突作为评价国会预算过程发展情况的工具很有吸引力，但这些公共冲突也会提供某种扭曲的视角。一份预算要取得最大成功，不是通过公开赢得战争，而是通过对其命令的一贯遵从。要想预算程序有成效，受限的各方必须更多地认同而非挑战它。如果国会预算委员会经常打破预算规则和限制，不论预算委员会如何警觉地保护预算程序不受侵害，它都无法成功。一个决心规避其自身预算控制的国会不太可能被维护这一程序的呼吁或植入预算法的各种命令所阻止。自愿服从必须是国会预算常规的基础。

大规模冲突很少见，偏离了一般情况下国会内常见的服从模式。这一点很重要，因为它提供了在控制不起作用时国会该如何应对预算冲突的见解。但事实是大多数委员都会试着去遵守预算规则。每次冲突都会有几十个根据预算程序例行制定的立法决定。每次事件上升为公开竞争之后，其中很多将被受影响的各方自行解决。国会预算程序的运作将在那些平淡无奇的预算常规之中，当然同样也存在于那些被公众关注的少数冲突之中。

大部分国会委员会都能接受国会预算的要求。在程序问题上，他们大多都会做出真诚的努力，以便在 5 月 15 日之前明确他们的账单，并会等到第一次预算决议被采用后再开始推行他们的支出项目。他们也不会故意在决议中留有“后门”的余地，会尽量在预算决议的资金限制内行动。大部分委员会都进行预算程序的培训，而且在员工中增加了预算专家。他们一般都与预算委员会保持经常联系，以确保立法符合预算法的规定，并且在违法时能征求到意见。

“大部分委员会”这个说法很含糊，因为不是所有的委员会都已经内化了预算规范。对其中有些委员会来说，这个任务相当简单，因为它们的立法不会经常与预算法发生冲突。但对其他委员会来说，保持一致要更困难一些，因为它们处理的事情（例如权利性项目）更容易出现与预算有关的问题。有些委员会与程序合作，另一些则试着找出能中和但不过于违反预算控制的方法。明显地，收入委员会一直都比拨款委员会麻烦多，参议院财政委员会也比众议院筹款委员会更固执一些。

人们很容易将委员会的行为差异归因于他们领导人不同的风格和特点。这样，我们可以说，众议院筹款委员会合作的原因是阿尔·厄尔曼致力于使预算程序发挥作用；而参议院财政委员会的固执则是因为罗素尔·隆破坏预算程序的决心。这种轻率的解释忽略了主要原因：委员会与预算程序的合作取决于其中的立法利益。鉴于参议院在收入损失上加载税收措施的癖好，不论领导人是谁，财政委员会不可能与预算委员会融洽相处。两个农业委员会是最初与预算委员会合作最为融洽的国会委员会，它们与各自的预算委员会密切合作。但当利益发生变化时，它们被迫放弃开始时保持的良好合作，转而成为预算委员会的对立方。

利己主义驱使委员会与预算法保持一致。没有任何一个委员会愿意冒着使立法计划“出轨”的风险去故意违反预算法规。在议员大会上，程序问题成为对手手中一个有力的武器；它可以阻碍立法，或迫使汇报的委员会接受不想要的变化。在预算程序刚刚推出时，各委员会通过无视它而频繁违反其条款（并不是因为它们偏好行动迅速而无意中忽视了规则）。既然各委员会现在都已熟悉这些要求，那么就应当保护它们免受侵害。“这是必要的代价”，众议院授权委员会的一位主管解释道，“当然，这可能是一种累赘，而我有时也希望摆脱它，但确保每件事都井然有序比之后在无意间被抓住要好得多”。在众议院预算委员会阻止了一些关键的、在1976年由其筹款小组委员会支持的立法后，众议员詹姆斯·科尔曼指示他的员工在其被报告前与众议院预算委员会一同澄清每一件事。“与预算委员会一起处理”成了很多委员会的标准程序。

但即便是有了委员会及其成员们的合作，国会也不能期望它们对预算规则和决定的完全忠诚。一些违规情况发生的原因是委员会对预算过程的要求一无所知。还有一些是由于不断变化的情况造成财政或计划上的压力不同于做出预算初步决定时就普遍存在的压力。有时委员会企图不顾国会的预算决定而绕开这些压力。预算委员会则试着用与其他委员会保持密切接触的方式来阻止违规行为。它们协助其他委员会迎合预算法的要求，并在各小组委员会和计划中分配预算决议的份额。[3]当违规事件发生或即将出现时，预算委员会经常会提出克服这些问题的建议。

在一年当中，预算委员会委员花在执行预算法案要求上的时间要比花在别的委员会活动上的时间多。“从来没有淡季这个东西”，一位众议院预算委员会领导人抗议道，这也是对有人质疑委员会在预算决议案之间的长间隔内做了些什么的回应。同时他指出，众议院预算委员会审查每一个众议院委员会的报告，或为议员大会安排活动，从而确保遵守预算程序。众议院预算委员会的执行战略是在尽可能早的阶段介入。首先，众议院预算委员会为每个众议院委员会指定一名预算法问题的工作人员。通过这些联系人，众议院预算委员会能掌握每个委员会的动态，并就它关心的问题进行沟通。一旦发现有关预算法的问题，他们就会在立法报告之前试着制定一个解决方法。通常会向众议院议员提出问题，并使用非正式规则强化其不公开的谈判立场。据众议院预算委员会工作人员所言，一旦委员会被告知某个问题，通常会导致其立法上的必要调整。但不可避免的是，有些违反预算法的行为直到那个委员会已经完成工作且报告了法案之后才发现。大部分这类问题通过谈判解决，即违规的委员会同意提供一个议员大会修正案来删除违规行为。而且，如后面将会讨论的一样，众议院预算委员会使用来自领导层和众议院规则委员会的支持说服固执的委员会修改其立法。通过这种方法，众议院预算委员会才可以非正式地完成它的大部分执法目标，而不引起公众的关注或冲突。它可以保持沉默或者迁就议员大会，因为它已经通过私下协议得到了它想要的东西，或者将要得到。

众议院预算委员会举行每周“预警”会议，在会议上审查计划提交议员大会审议的法案。一份工作人员的报告比较了收入和支出草案中的数量与最新预算决议中的假设数量。该报告还处理了不寻常的财务安排和违反预算法案程序的行为。预警会议有时被用来制定议员大会策略，但由于大多数违规行为已得到解决，众议院预算委员会很少需要为议员大会冲突做出准备。的确，众议院预算委员会的执行政策一直都基于对“火并即效率低下”的信仰。“议员大会会议，”一位预算委员会成员暗示道，“是进行对抗并期待结果的最后舞台。”

尽管参议院预算委员会更愿意面对议员大会层面的违规，他们也有详尽复杂的常规，以便在预算法问题放大为公共问题之前解决它们。实际上，参议院预算委员会的执行活动要比众议院委员会的更广泛也更正式。每周一次的立法活动报告涵盖了在日程上所有与预算有关的立法措施，包括授权立法。它们也追踪仍在委员会中修订的草案，工作人员为主席准备有关重要立法或可能成为议员大会讨论问题的事情的详细资料。立法活动报告涵盖了预期的问题（即那些可能会发生的），不仅仅是委员会已经采取的行动。

作为预算过程的执行者，预算委员会不能完全按照他们的意志行事。大多数违规行为都是其他委员会立法工作的副产品。在一个共同掌权的背景下，预算委员会不能忽视其他成员的利益。他它们也不能一味坚持程序性问题，置实质性影响于不顾。它们必须在预算控制中它们的利益与国会的其他立法利益之间进行权衡。由于预算委员会成员或多或少有些自身的实质利益，这些利益将可能会影响到预算的执行过程。一旦预算问题成为一个公共问题，执行的担子作为在整体上转移到众议院或参议院，预算委员会要想占优势，只有说服一个国会多数支持它的立场。预算委员会可以把预算法作为一个讨论点，但如果大多数成员持不同看法，预算委员会就将面临失败。因此，预算过程的最终仲裁者是众议院和参议院，他们必须在相互竞争的利益之间取得预算控制的平衡。

程序与政策

只要预算规则或限制的执行在众议院或参议院预算委员会监管范围之内，众议院预算委员会或参议院预算委员会就可以选择将其作为一个程序性问题来对待。然而，一旦问题蔓延到众议院或参议院，结果便往往取决于此事被理解为一个政策还是一个程序。国会可以不顾预算法的阻碍追求其政策目标，甚至以牺牲实质性利益为代价坚持其预算要求。看待这个问题的不同方式会导致结果的不同。如果是程序方面的问题，则在很大程度上会按照预算委员会的方式进行；如果这个问题被认为是实质性的，则预算委员会有可能会被国会大多数抛弃。

1977 年发生的两件参议院议员大会上的争执说明了政策和程序之间的对比。两件争执的主角是同样两个人——作为预算程序代言人的参议员埃德蒙·马斯基，以及更倾向于住房建设项目的参议员威廉·波克斯迈尔，但两件争执的结果却截然不同。

1977 年 6 月，参议院银行委员会、住房委员会以及城市事务委员会联合立法，这一立法（在其他事项中）将改变新预算授权被计算为联邦资助住房计划的方式。虽然不会直接影响计划运作的水平，但该委员会的建议每年会降低数十亿美元的新住房预算授权，因为它要求重新确定预算授权以排除目前住房项目产生的未来成本。[4]参议员波克斯迈尔作为银行委员会主席在政策上反对这项措施；他认为住房项目会因计算未来成本的方式而受损，因为其他项目仅计算一年的成本。“这意味着住房项目会是第一个被砍掉的项目，也是最后一个有可能被恢复或拨款的项目。”[5]

而一个月之前，参议院预算委员会还在波克斯迈尔手中遭受了众所周知的失败——参议院恢复了之前被预算委员会在 1978 财政年度第一次一致决议中削减的 62 亿新预算授权。这些资金本来用于同样应资助的住房项目，而现在波克斯迈尔则试图重新定义住房成本。同样强大的利益集团联盟（工会、银行家、房屋建筑商和政府机构[6]）已在第一次预算决议中成功地争取到更多住房资金，现在又怂恿参议员们重新支持波克斯迈尔。这个问题给参议员们提供了一个简便的方法：在不增加开支和赤字的前提下表达他们对于住房项目的支持。但却忽视了参议院预算委员会在之前的损失，马斯基将这一争执提交到了议员大会上，将波克斯迈尔的行动视为一个“危险的先例，有可能会引导其他特殊利益集团发展出新方法来掩饰在他们管辖下的项目对预算的影响。”[7]贝尔蒙站在他的一边，他坚持这个问题是一个“意义重大的有关预算真相的问题，它的影响力远远不止在技术方面。”[8]同样也是参议院预算委员会成员之一的参议员约瑟夫·拜登强调了程序和政策之间的区别：“我们今天要面对的是另外一种程序问题。这个问题不是我们喜不喜欢住房项目……这个问题是我们怎样能在预算中最好地说明住房项目的预算授权，以便每个人都能知道我们打算花多少钱。”[9]

在计算投票时，很明显，参议院将重新定义支出视为与增加 62 亿美元住房补贴完全不同的问题。在与马斯基的第一次对抗中波克斯迈尔以 57 票对 39 票领先，但在预算定义问题上他以 18 票对 70 票完败。在后一个表决中，只有不到一半的银行委员会成员支持他们的主席。背叛者包括两个同时在预算委员会和银行委员会的委员（艾伦·克兰斯顿和约翰·海因茨）。相反，马斯基则得到了几乎所有（除了一个）他的委员会同事的支持，[10]也得到了三十多位之前支持波克斯迈尔的参议员的支持。

参议院将第一次表决（补贴住房应该花多少钱）视为一个政策问题，在这一问题上预算委员会没有特殊的专业知识和地位。议员们遵从的政策专家是在这个计划上有实质性司法管辖权的委员会成员。然而，它将第二次表决视为一个程序问题：预算法要求的是什么？当涉及程序问题时，预算委员会则被视为专家，他们的看法会比那些实质性委员会更受重视。

在波克斯迈尔和马斯基之间的两次争端中，参议院在什么是预算授权（程序问题）和应该花多少钱在住房项目上（政策问题）这两个问题之间划出了明显的界限。但任何一个问题都可以有不同的定义；没有任何固有的东西迫使委员会成员们只用一种定义去解释它。甚至“该花多少钱”的问题都可以不顾实质性影响被视为预先设定好的程序性问题。

这就是1975年7月发生的事件——参议院预算委员会第一次在议员大会上取得了关于执行国会制定的预算目标的重大胜利。参议员乔治·S. 麦戈文提出修正案，意在扩大有利于全国各个州和地区的普通学校午餐项目。这个修正案一直没有被认为是有争议的，直到马斯基在最后时刻对它提出挑战。没有以“亲爱的同事”开头的信件被寄到其他议员手中，邀请他们一起反对这个修正案；马斯基只有一张备忘录解释麦戈文的提案和他的政治诉求对预算的影响。马斯基在读过备忘录、决定了他的行动方针后，曾想过，“我是不是唯一一个要投反对票的？”[11]而不到两个小时之后，参议院以29票赞成61票反对驳回了麦戈文的修正案。马斯基胜利的原因在于他说服了参议院忽视其中的感情因素——为贫穷的青少年提供午餐，取而代之，将这件事视为对新预算程序的维护：“如果我们为此违反预算，则会打开今后其他项目违反预算的大门……如果预算改革立法一定要意味着什么的话，它的意义就在于我们愿意接受其纪律，不仅针对那些我们可能不太热衷的项目，还包括这些有着真实的、扣人心弦的含义的项目，就像这个项目。纪律就是纪律。它不能只指向国防预算或者航天预算，或者那些与我们自己的国家和自身需求无关的项目。”[12]

一个自由民主党人在与马斯基谈话之后对修正案投了反对票。“我只是告诉他这是一个预算克星，”马斯基后来向观察员解释。[13]马斯基不需要谈起项目的详细内容来说服参议院大多数。

马斯基在学校午餐辩论中拥有一个明显的优势。因为他一直都是自由项目的支持者，他对于麦戈文修正案的反对绝不会被理解为是利用预算程序获得实质性利益的努力。马斯基为了预算程序牺牲了他自己的政策利益，他也能影响许多同事像他那样做。几星期后的情况则大为不同，他在国防授权法案的大会报告上选择了反对一方。尽管马斯基不被认为是一个国防项目的热心拥护者，他还是可以通过与学校午餐计划联系起来的方式再次在程序层面上提起这个问题。[14]他认为两个法案对于新的国会预算都有重大意义："作为参议院的议员、参议院预算委员会的主席，我是被迫投反对票的。我投反对票给军购会议报告是因为它授权的军事支出会转换为超出国会预算目标的拨款。我会投反对票给学校午餐会议报告，因为它是自动的支出立法，结果很可能在1976年超出预算目标支出四亿三千万美元。我希望其他议员也像我一样投票……这些法案考验我们是否严肃对待预算改革程序……它们考验我们能否公正地维持现状，不管是国防支出还是国内支出。"[15]

马斯基要求的只不过是服从预算过程要求的政策目标。他只想使预算过程在国会中拥有一个优先地位，而非一个在政策问题上对于程序的权衡，结果取决于竞争的利益集团的力量。但即使国防和学校午餐的投票代表程序战胜了政策（两个会议报告都被返回到委员会[16]），预算程序的优势也不可能一直持续。预算控制不是国会唯一的目标，预算程序也不可能（除了特殊情况）成为衡量立法的唯一标准。当程序还是新的、议员们还很自豪并且保护他们自己的"作品"时，他们总是推迟预算的特殊要求。而一旦新鲜劲儿过去，预算程序就不再拥有国会忠诚度的特殊偏好或对于项目目标的否决权了。预算程序仅仅成为国会利益平衡中的另一个考虑因素。

执行模式：众议院预算委员会与参议院预算委员会

国会利益的平衡开始于预算委员会。虽然它们可以采取强硬态度并试图阻止与预算规则发生冲突的立法，但预算委员会有理由使预算过程适应其他委员会的立法利益。当国会本身倾向于平衡时，如果预算委员会一直坚持其特权，那它便会冒着屡次失败的危险——而且还可能会失去它们所珍视的程序。学校午餐和国防法案再议之后，马斯基决定接受规模降低但仍在预算决议水平之上的措施。即使他鼓吹预算的神圣性，马斯基也情愿在他的委员会的程序与其他委员会的项目关注之间求得平衡。

预算委员会的把戏是在不放弃一切有意义的执法前提下去适应。如果他们一直容忍并允许立法委员会按照自己的方式办事，预算委员会能换来和平，但会失去影响立法结果的机会。两个预算委员会以截然不同的方式实现了平衡。每一个都是预算过程中不同环节的专门执行者。众议院委员会强调预算的程序规则；参议院委员会则注重预算决议的资金限制。它们都不会完全忽视对方的考虑（参议院预算委员会保护特定的预算程序，众议院预算委员会也对某些实质性问题感兴趣），但它们分别给予预算的不同方面以优先权。但是，随着预算程序越来越成熟，执行风格的明显不同也变得模糊，到最后两个委员会在对待预算法的态度上变得越来越相似。

预算执行实质性的一面突出反映在国防和学校午餐的争端之中。在这两个案例中，立法因支出有可能超过预算决议中的目标水平而被挑战。立法在没有遭遇预算委员会有力的挑战，贴着高价标签在众议院通过后，两场斗争在参议院启动。众议院预算委员会不会去干涉常规授权（例如引起马斯基愤怒的国防法案）。他们也很少在拨款法案中发现严重过失，虽然有时会在权利性项目法案的支出问题上激烈争论。众议院预算委员会一直集中于预算法的技术要求。1976 年 3 月提交议员大会的为了补偿黑肺病受害者的立法是体现上述说法的案例。作为一个权利性项目，这项措施符合预算法的特别规定。众议院预算委员会主席亚当斯不喜欢这个法案，因为虽然第一年的支出很少，但之后会大幅度增长。而且，这个法案马上就会生效，正在考虑在下一财年的第一次预算决议中优先采纳这一法案。亚当斯对规定考虑黑肺病项目的规则投了反对票，但他没有就此进行争论，因为这个法案不能算作是对预算法在技术上的违背："我引发了对未定规则的讨论……从预算法的角度而不是这个法案本身的优点。这份报告于 1975 年归档，应该在 1976 财政年度生效。这样的话，根据预算法 401 款，在这个时候应该没有法定障碍阻止众议院考虑这项措施。从国会预算程序的角度来看，国会在春季第一次预算决议中定好 1977 财政年度的预算目标之后再来考虑这个法案更为适当，但并没有任何法律障碍阻拦。"[17]

实际上，众议院预算委员会也在立法阻碍预算法程序问题上采取了积极态度。作为这一程序的保护者，众议院预算委员会积极地执行了以下四项预算法规定：

——第 303 款，禁止在该年第一个预算决议通过之前考虑下一财政年度的收入、支出或权利性项目的立法。[18] 这一规定的目的是为了确保财政决策通过预算程序制定，下一年的预算选择不会被之前的国会决定阻止。

——第 401 款（a），规定新的合同或借款授权必须包括限制性条款，规定只有在的拨款法案规定的范围内资金才有效。这一规定阻断了合同或借款授权走后门的渠道，除非是几类特定的项目。[19]

——第 401 款（b），规定新的权利性项目在下一财政年度之前不可以生效。这一规定的目的是为了给国会在财政年度第二次预算决议中审查这些权利性项目提供机会。[20]

——第 402 款，要求授权立法在 5 月 15 日之前上报。

上述每一条规定都要求对“细则”进行仔细审查，以确定具体措施是否符合要求。这些规定在委员会产生后，只有经过严密的审查立法以保证其与规定的预算程序一致后才会生效。众议院预算委员会密切监控所有上报众议院的法案，并坚持不能随意违反预算法的规则。尽管他们被迫放弃了之前采取的“没有例外”原则，众议院预算委员会也只在少数情况下才会通过违背预算法规则的方案。但他们经常支持“技术性”违规，也就是通过议员大会修正案废除违规的事先协议。

众议院预算委员会强调程序以获取对国会预算政策的坚持。一个职员谈到面临预算法挑战和为了避免众议院预算委员会反对而做出实质性让步给委员会带来的烦恼。例如，在 1976 年黑肺病法案中，最终呈现给全体议员的版本要比原来众议院教育与劳工委员会提倡的花费少得多。众议院预算委员会坚信从长远来看，预算法的成功取决于不偏不倚地执行这些规定。据一位职员所说，“我们没有偏好，通过公平地对待每个人，我们可以与预算程序保持紧密的一致。”这暗示了众议院预算委员会的一个实质性适应方法是选择性执行，也就是说，寻找其他路径以推进某个项目，或避免与强大的国会利益发生冲突。而且，实质性问题比程序性问题更容易上升为激烈的冲突。因此，众议院预算委员会的执行风格与他对于平心静气的外交的偏好一致。

对于程序规则的关注要求预算数额不被重复质疑。如果别的委员会经常违背预算分配，众议院预算委员会将被迫干涉实质性问题。保持被动会承担整个预算程序被怀疑的风险。但在三种实质性立法中，众议院预算委员会仅被权利性项目所困扰。他们认为需要拨款的授权不重要，而且他们一直享有众议院拨款委员会对预算的忠诚。正如我们将会看到的，众议院预算委员会在尊重权利性项目的同时变得更积极，但仍然比参议院预算委员会更小心地对待权利性项目。

参议院预算委员会对待预算法程序的态度要轻松得多。除了少数几个例外，参议院预算委员会没有设定 5 月 15 日作为报告授权法案的最后期限，也没有高度重视防止合同与借款授权中的后门现象。然而，他们在权利性项目问题上采取了强硬态度，原因在于它们对未来预算的影响。

参议院预算委员会将出于自身目的的程序与影响政策的程序分得很清楚。例如，在决定是否要推行免除预算法最后期限的问题上，参议院预算委员会会检查立法中授权的支出是否已经存在于预算决议之中。如果通过这一措施不会引发什么困难，他们将支持这一决定。但如果立法存在问题，参议院预算委员会则会拦截这项法案，或执行更有利的条款。

日托：一个预算对比的研究

两个预算委员会不同的执行风格导致 1976 年预算法刚刚全面启动后尖锐的冲突。导火索是一条针对联邦监管和支持日托中心的法案。众议院本来通过的法案对预算没有影响；这条法案只是延迟了这些中心的联邦标准的执行。而参议院的版本则增加了两亿五千万美元的权利性项目来帮助各个州升级日托设施。这个加上去的规定明显违反了预算法第401(b)款，因为这个权利性项目会在下一财政年度开始前生效。

马斯基在他的同事们的提醒下注意到了这个问题，他们建议他既不要忽视对程序的违反（“如果由其他人来提出这个问题的话，会变得很‘尴尬’”[21]），也不要阻碍这个法案被通过。一份员工备忘录指出：（1）日托资金是在最近一次预算决议中被考虑的，因此不会有实质性的违反；（2）马斯基之前就有过声称这个法案与国会预算相符的记录。照此来看，如果他提出程序问题，马斯基则“有可能因前后矛盾及在执行预算法程序中可能的背信弃义而被指责”。

马斯基选择了他的同事们建议的第三条路。他就这个预算法问题通知了参议院，但又将其作为“技术性问题”驳回，因为“在这个时间段它不应该被提升到参议院的高度”。[22]但同时马斯基也警告参议院，众议院预算委员会“有一个与这个立法不同的但有关联的问题”，并塞了一张众议院预算委员会的员工备忘录给布洛克·亚当斯作为记录。这个众议院预算委员会的文件认为参议院预算委员会的解读存在很大争议，并认为“遵守法律，不论是逐字逐句地解读还是注重法律的精神，都有重大的政策原因”。[23]在参议院的记录中放置一个与其相反的众议院解读并不能避免托儿所问题的僵局，或者缓解两个预算委员会在这一问题上的紧张关系。

当日托法案呈送大会，国会是在巨大的压力下迅速做出赞成决定的，因为即将生效的严格的联邦标准会将使全国无数日托设施面临关闭的威胁。不管怎么说，这次大会陷入了超过五周的僵局，因为众议院预算委员会拒绝通过违反预算法程序的法案。众议院预算委员会认为一点点的侵害都可能成为未来违反预算程序的先例，他们也担心如果委员会在没有任何挑战的情况下我行我素，预算法将成为没用的废纸一张。不久前众议院预算委员会刚阻止了一次由筹款委员会（同样分管日托法案）上报的有关失业补偿金法案的议员大会审议，同时它们仍坚持“不背弃”原则。

众议院预算委员会认为参议院预算委员会在执行预算过程的规则方面很散漫，因此感到不安。他们也觉得他们一直要在参议院的违反行为下保护国会，一般是在立法最容易受到压力伤害的大会阶段。众议院预算委员会成员开始监视参议院的立法活动，以发现违反预算法的问题，有时候他们也会发现参议院没有剔除明显违反预算法的行为就批准了法案。[24]有时众议院预算委员会成员会在法案提交给参议院之前争取用程序问题来阻止立法。[25]

参议院预算委员会委员则有不同的观点。他们坚持实质性结果比预算技术更重要，仅仅只是坚持技术性问题没有任何好处。而且，他们还认为日托法案中的分配符合最新预算上限。他们并不感激众议院预算委员会对他们行动的监督，并认为到了程序的最后阶段再试图去阻止立法是不明智的。参议院预算委员会将他们与众议院预算委员会的不同在一份给马斯基的员工备忘录中总结道：“参议院委员会着眼于一致决议中的优先决定以及一旦在成功的议员大会斗争中被采纳、强调后，如何使他们坚持这个决定，以及其他委员会为了执行该决议越来越多的活动。众议院委员会则走不同的路。他们认为自己一定是预算法所有规定的主要的执行者，不管结果如何，包括立法中为了迁就拨款委员会的第 401 款——关闭后门条款。”[26]

另一份员工备忘录则要求马斯基维持参议院的主张，因为“我们相信，仅仅改善阻碍这一立法程序（在此程序中法案与程序和预算决议相一致）的技术细节无法很好地服务于预算法”。[27]

马斯基和亚当斯在一次会议上试图消除这些差异，他们承诺委员们会合作建立执行预算法的共识。但他们之间已经很紧张的关系又被另一个正在立法程序中的法案的介入带到崩溃的边缘。为新的联合铁路公司系统提供补充拨款的措施是一个紧急法案，但问题是为下一财政年度提供的资金要在第一次预算决议通过之前提供。众议院预算委员会感到困惑：他们不赞成背弃预算法，但也不想阻碍这项立法。众议院拨款委员会通过在1976财政年度和过渡季度（都被已有的预算决议包括）拨款，而不是在1977财政年度（会与预算法产生冲突的地方）拨款，并提前1978年和1979年的拨款来规避这个问题。但亚当斯（一个轨道交通的坚定支持者）没有把这个技术视为削弱预算控制的手段，而是认为这个解决办法十分精彩：“拨款委员会……表明国会预算和拨款进程可以很灵活，可以满足特殊需要。”[28]

参议院预算委员会的观点不同，他们选择在资金未失效的情况下放弃预算法案。在一份委员会官方报告中，参议院预算委员会认为“众议院通过的这个方法与预算法不一致。”他们抗议说如果众议院的先例成为屡见不鲜的事情，那么国会预算程序的原则将被侵蚀。国会会面临众多为未来财政年度提供预算授权的议案的挑战，而这些议案一般不会考虑那些年份的国会预算，也不会考虑这些议案与其他议案或国家优先利益和财政政策相比如何，而根据预算法的要求，国会应该通过预算程序控制国家优先利益和财政政策。[29]

参议院预算委员会对众议院的攻击激怒了亚当斯，他安排了一位关键委员来辅助他通知参议院“他对于参议院在执行预算法上的失败非常不满”。但不管怎么说，亚当斯不会坚持他对日托资金的绝对反对。他的委员们也接到选举者的来信，抗议众议院预算委员会对于这一关键立法的阻挡。议长要求参与者想出一个解决方案，这一次有四个众议院委员会（拨款、预算、规则以及筹款）参与谈判。其中的一个解决方案是把日托法案由权利性项目转为授权，但这个提议被筹款委员会否决了，因为它们的有效管辖权可能会转移给拨款委员会。谈判者们被一系列预算法问题所包围；例如延迟资金到下一财政年度可以解决第 401 款的问题，但会导致第 303 款的问题。众议院预算委员会被迫撤销他们的“不放弃”原则，因为没有任何方式能避免预算违反预算法。折中的解决方法是将资金限制在当前财政年度和过渡季度之中。而众议院预算委员会也以 15 票对 10 票的表决通过了此方法，并认为这个暂时的安排保留了“在 1977 财政年度以及在下一年的第一次预算决议中考虑为这一项目拨款的机会”。[30] 谈判各方都认为这些增加的资金会在下一个财政年度继续，但只要预算控制的表象还存在，众议院预算委员会就愿意接受这一挽回面子的折中办法。

日托和铁路两个案例说明两个预算委员会不止在问题的原因上有分歧，对于问题也有不同的解决方案。在两个案例中，参议院预算委员会均对解决方案做了实质性的检验；他们接受了修订过的国防和学校午餐法案，因为在第二次会议中支出被压缩了。众议院预算委员会则做出程序性的检验；他们通过了日托和铁路法案，因为以特定方法决定的拨款时间恰好克服了技术性问题。

为什么参众两院预算委员会不同

在执行预算程序的过程中，预算法似乎给了参议院预算委员会一个相对于众议院预算委员会而言更为直接的角色。预算法第303款（c）授予参议院委员会管辖权，负责管理第一次预算决议被采纳前违反收入或支出立法规则的行为。第402款（c）也在5月15日最后期限问题上给予他们相似的权力。众议院预算委员会则在执行这些规则或批准放弃规则上都没有法定职责。这些责任被安排在众议院规则委员会中，而他们本来就对大多数议员大会还在考虑的法案的条款和条件有广泛的管辖权。但就在预算法生效后不久，众议院预算委员会以要求规则委员会将所有放弃规定的要求都通知给它的方式正式加入到过程之中。“在这种情况下，预算委员会将以最快的速度对你公布他们对于放弃规则的见解。”[31]众议院预算委员会也写信给每一个委员会，要求他们“将任何有关放弃规则的打算都让预算委员会注意到”。规则委员会非但没有将众议院预算委员会的参与视为入侵，还十分欢迎它们的加入。通过依赖众议院预算委员会的专业知识和判断，规则委员会并没有迷失在预算法的纷繁复杂之中。每次有法案要求放弃预算法条款时，规则委员会都会得到众议院预算委员会的建议，不论是以众议院预算委员会主席信件的方式，还是私人联系的方式。除了少数几个特例，规则委员会一般都采纳了这些建议。

众议院预算委员会在敦促众议院牵头防止后门立法中有同等活力。“后门”中包含了拨款委员会的立法利益，参议院预算委员会认为这些委员会应该负起防止合同与借款授权被滥用的责任。众议院预算委员会则认为“后门”事件关乎预算法问题，从而也是他们必须扮演积极角色的事。

众议院和参议院预算委员会的角色不同，执行的策略不同，解决方案也不同。两个委员会都不是完全一成不变的；来自国会的压力使权宜和例外成为必须。这些不同根植于

（1）两个委员会的组成和（2）参众两院对于立法规则的不同态度。

委员会的组成。由于众议院预算委员会成员有限制条件，他们一般都不会与委员会发展出强烈的连带关系。他们更愿意试着利用他们的预算委员会关系去追求他们更长久和实质性的利益。所有委员都把他们自己对于政策的见解带到委员会之中，试着将这些看法塞入预算决议。这种行为的结果就是前几章我们讨论过的内部党派之争和分裂现象。因为众议院预算委员会成员在实质上如此分化，他们不可能团结一心执行预算程序的实质性结果。而党派人士大多都对推动某些特定的项目更感兴趣，而非保证与预算决议中的资金水平相符。程序是能让众议院预算委员会成员团结起来的预算问题之一，虽然它并不是让他们团结起来的必要条件。众议院预算委员会的共和党人倾向于支持预算程序成为对开支的控制；而民主党人则认为它应作为保护预算程序的手段。

程序使共和党与民主党、保守派与自由派、一代委员与另一代委员联合起来。预算程序的仪式使委员会有了延续性和根。其每次的人员变动并非都是一次新生，众议院预算委员会发展出了自己的一套与国会换届相联系的传统。

相反，由于有永久性的连带关系，参议院预算委员会成员给予预算程序实质性的支持。他们在保证预算决议被遵守中有明显的集体利益。两党在马斯基和贝尔蒙之间的联系建立在他们自愿将项目的利益置于国会预算决定之下的基础上。当然，所有参议院预算委员会成员都有其他委员会的任务和忠诚度，有时这些会优先于预算事务，普通成员也从未被指望能有和领导一样的利害关系和忠诚度。但委员会的内聚力已经通过对过程实施实质性要求的努力得到加强。

参众两院对程序的态度。参众两院对于立法程序有着不

同的态度。众议院更倾向于遵守规则，而且它们还有针对违反永久性规则的特殊程序——为考虑特定措施和“中断”召开议员大会会议设立的“规则”。[32]当众议院为“规则”争辩时，他们通常都已经了解了那些暂时被搁置一边的永久规则，而且他们通常以唱票表决的方式决定。“规则”之间的争议有时会超出立法上的争论。好几件早期预算法规则放弃事件都说明众议院关心它们是否与新的预算程序保持一致。1975年3月20日，众议院提出一个“规则”，放弃法案中的第401款，该条款禁止已有借款授权的住房法案的后门开支。这里对于预算法的违反纯粹是技术上的，因为对此法案负责的众议院委员会批准了剔除后门条款的修正案。但由于众议院国会议员的裁决，[33]在众议院开始考虑住房方案之前放弃第401款是必要的。众议员约翰·安德森马上提出一个议程问题：预算法不允许众议院放弃。在他被驳回之后，众议院共和党人对这条“规则”发起猛烈攻击。少数党领袖罗兹称这个问题“可能是对预算法的第一个测试，而且一个直接放弃议程规定的法案的问世对我而言就意味着对预算法的违反”。[34]虽然对住房法案的反对和坚持预算程序的利益毫无疑问会激怒众议院共和党人，但他们还是将这件事置于尊重其规则的基础之上。

在众议院开始考虑学校午餐法案后不到一个星期，这件事就有了新的进展。众议院又一次被要求采纳这项“规则”，放弃禁止后门支出的第401款。但这一次的违反不只是在技术层面。众议员理查德·波尔林宣布，“委员会主席和大部分委员都没有明显想要治愈……这个预算法执行过程中的伤口”。[35]但众议院也不会让预算程序阻碍一个受欢迎的项目，它批准在考虑学校午餐法案时使用这个“规则”。不管怎么说，议员大会的争论显示了普遍的对于违反预算规则的不安，而结果就是这个法案的负责人提供了一个消除后门财政的替代法案："……长时间的讨论……使许多成员都不同意这个法案的事实变得很明显……众议院预算委员会成员们表达了更长远的考虑，例如，这个法案中有的条款可以被视为是绕开了拨款程序。从这个角度看，替代修正案则是专为迎合这些来自预算委员会的反对意见设计的。"[36]

参议院对这些规则的态度则要放松得多。由于绝对服从这些规则可能会阻止参议院通过很多法案，大多数的参议院事务都是在"一致同意"的协定下进行的，这一协定取代了永久性规则、为考虑特定措施设定了时间限制和其他条件。[37]参议院领袖与直接包括在法案中的议员在私下协商大多数一致同意协议，并且这类措施通常在没有议员大会讨论的情况下通过。

预算法为参议院放弃预算规则提供了特殊的程序。有了对受影响的法案有管辖权的委员会的建议，第 303 款或第 402 款都可以被放弃。放弃建议适用于参议院预算委员会，它在参议院决定是否批准放弃后十天内要提出自己的建议。此外，预算法第 904 款允许在大多数人投票同意或参议院一致同意的情况下搁置或放弃任何预算程序。众议院里则没有关于预算法规则放弃的特殊规定，虽然前面讨论的"规则"可以用于这一目的。

参众两院面临不同的执行问题。支出法案一般在参议院中会被贴上比众议院更高的价格标签，一项超出参议院预算目标的拨款为众议院提供了备用空间。在参议院，收入措施常常是"圣诞树"；即使它们在刚通过众议院时与预算决议的收入底线相符，也很可能被参议院加上许多"亏损"条款。有些众议院通过的、不影响预算的法案被参议院变成昂贵项目的载体。例如，众议院版本的日托法案与预算无关；

但参议院却为一个扩大的项目增加了几亿美元。

因此，参议员预算委员会必须更关注对预算程序的实质性违反。当对预算水平的严重违背发生在众议院时，众议院预算委员会会很活跃，但大多数众议院批准的立法没有出现实质性问题。

作为谈判筹码的预算法

不管它们的利益是实质性的还是程序性的，参众两院预算委员会都为执行预算程序的要求采取强硬态度。预算法允许提出议程问题来反对与第二次预算决议条款矛盾或不符合程序规则的法案。但预算委员会不能一直阻碍其他委员会提出的法案。参议院或众议院允许它的某个委员会否决一个需要的法案，或者对立法决定应用一个单一的、不可改变的标准（完全忠实于预算）是不可想象的。作为一个实际问题，预算委员会不能阻止国会做它想做的，也不能单方面重新立法来迎合他们自己的条件。预算法赋予他们谈判的权力，而不是立法的权力。通过以议程问题或者挑战议员大会会议为威胁，它们试图让其他委员会剔除或修改令人不快的规定。预算委员会谈判的能力并不仅仅取决于他们手中的筹码。谈判的另外几方也有它们自己的操纵杆，至少也有拉选票支持立法的能力。谈判结果往往开启了竞争各方在吸引盟友或在认识该问题重要性上的成功。预算委员会如果孤军作战或认为这个问题不值得一战，则不可能占上风。

盟友

不管他们努力维护的是预算程序还是政策，两个预算委员会只有吸引到其他委员会作为盟友才能成功。他们发现得到程序上的支持比得到实质性的盟友容易得多。在大多数情况下，众议院规则委员会都会拒绝批准缺少众议院预算委员会认可的规则放弃。只有当这个事件更多地被认为是实质性而非程序性时，才会发生例外。其中一个例子是为 B－1 轰炸机提供专款引发的争议。总统卡特的决定是要取消轰炸机项目，他要求国会撤销之前拨给 B－1 轰炸机的款项，并提供新的款项给替代的武器系统。新款项包括在一个补充授权法案中，而这一法案需要放弃第 402 款规定，因为它由武装服务委员会报告时已经远远超过了最后期限 5 月 15 日。众议院预算委员会拒绝支持这一放弃，其主席建议规则委员会在众议院对总统的要求（撤销之前拨给 B－1 轰炸机的款项）实施之前暂时等待。[38] 作为武装服务委员会主席的众议员梅尔文·普瑞斯抗议道："我不敢相信预算法或扣押控制法中有任何条款能使一个为了另一财政年度另一委员会的另一项目生效而将某个法案（补充授权）作为抵押的建议合法化。"[39] 一旦规则放弃与实质性的原因挂钩，众议院预算委员会就不得不放弃其首选立场。规则委员会将这个法案作为一个实质性争执处理，在其中预算委员会没有投票赞成放弃。

尽管规则委员会在决定议员大会程序上有主导作用，他们同样被国会议员和议长的态度所影响。如果国会议员觉得没问题，则法案可以没有任何阻挠便送到议员大会。在预算过程设定惯例的早期，国会议员与众议院预算委员会成员紧密合作，并且友善地对待他们对预算法的严谨解读。而从众议院几乎从不推翻主席裁决的角度来说，国会议员的支持为众议院预算委员会执行预算程序提供了支持。对于议员大会行动来说，一直就很重要的议长角色近几年则由于规则委员会有效转变为领导的臂膀而被放大。现在规则委员会时常根据议长的偏好撰写“规则”，同时也不太可能阻碍议长想要递交到议员大会法案中的规则放弃。众议院预算委员会不可能指望规则委员会在被领导层敦促将法案提交议员大会时还坚持众议院预算委员会的立场。在日托案例中，议长卡尔·阿尔伯特要求众议院预算委员会和规则委员会找到一个能接受的解决方案。即使阿尔伯特将预算法视为他自己的主要成就，而且他也踊跃支持众议院预算委员会，但他也不允许预算程序阻碍众议院的立法利益。但阿尔伯特没有将自己的日托方案强加上去，他只是命令众议院预算委员会与其他谈判方协商达成协议。

当众议员奥尼尔在1977年成为议长时，他已经是预算委员会的领导代表了。奥尼尔并不是一个拘泥于规则的人，他感兴趣的也不只是实质性的结果。他作为议长的主要成就之一是规则暂停期间所考虑的措施数量的实质性增长。[40]这一促进程序会削弱众议院预算委员会执行预算规则的能力，不仅是因为时间的压力（暂停一般都是在上报后经过短暂考虑就快速通过了众议院），还因为赞成或否决的投票没有给众议院预算委员会机会，谈判形成有可能产生更令人满意的法案的议员大会修正案。

在参议院，多数党领袖与参议院预算委员会通过“持有”法案直到被其接受的方式进行合作。[41]作为交换条件，参议院预算委员会要对规则放弃的要求做出迅速反应。“持有”发生在该法案已存在于日程表中的情况下，通常不会超过多数党领袖打算采取这项措施的前一天。这样，马斯基在第一次遇到这种情况时就督促他的委员们：“公路法已经在日程上了。领导层希望在今天剔除它，越早越好。”[42]尽管他们仍存在关于规则放弃和由此解除议员大会行动法案的疑虑，但参议院预算委员会成员想当然地认为他们应该没有任何拖延地批准放弃。这匆匆的步伐没有鼓励参议院预算委员会的独立，为了通过法案，它常常将委员会扫到一边。

有众议院拨款委员会的支持，众议院预算委员会在防止合同与借款授权的后门现象中十分成功。在众议院里，预算委员会经常能使授权委员会修正这些违规现象，所以问题都能在引起公众争议之前解决。参议院预算委员会与参议院拨款委员会合作（它们之间有许多成员重叠），阻止对拨款委员会决定的控制，并抵制扩大可退回税收抵免的尝试。[43]这两个委员会有共同的实质性利益，因为增强拨款委员会控制联邦项目的立法行为也同样很有可能提高预算委员会控制开支的能力。

虽然预算委员会在程序问题上有长期盟友，他们一般都必须在实质性问题上勉强认可暂时的支持。每个问题都带着它特定的盟友与对手，这取决于预算原则影响到的利益。例如，在 1977 年国会会议期间，参议院预算委员会领导人承担 9 项“明显有关重大预算问题的”草案和议员大会修正案。[44]只有十四位参议员在超过一半的唱票中与参议院预算委员会站在一边，虽然绝大多数人都在一个或几个投票中支持他的立场。三分之二的参议员在至少两次唱票中支持参议院预算委员会的立场。这些都表明每个人投票支持或反对参议院预算委员会并不仅仅是因为这个事件与预算有关。实际上，每个参议院预算委员会以外的参议员都是根据他自己在实质性问题上的立场来投票的。那些一直站在预算委员会一边、反对可退回税收抵免的议员更容易为特定项目增加支出。

有些支持参议院预算委员会反对过高支出的财政保守派在收入问题上会转变立场。那些在大多数投票中都支持参议院预算委员会的议员们在共和党人和民主党人之间被平均分开，虽然名单趋向财政保守派。这些支持者没有把他们的投票视为支持国会预算决定的表达，而是在某些特定问题上表明立场的机会。值得注意的是，在大部分投票中都赞成参议院预算委员会的十四位议员中的六位对财政年度第一次预算决议投了反对票，还有两位反对参议院递交给大会的决议。这样来看，某些国会预算最热心的执行者反对它被采纳，这一异常只能解释为他们把投票视为实质性问题上的立场表达，而非对预算决议的支持。

由于每个预算委员会在每一次与实质性违规抗衡时都要组建新同盟，自然会对它选择的对抗持谨慎态度。但就算小心谨慎，二者估计也会在大部分议员大会的冲突中失利。1977 年参议院预算委员会失去了三分之二明确立场的执行选票。当预算委员会能保证其成员的支持时，取胜的希望大大增强。这个支持不仅是预算委员会得到多数党支持的良好开端，也预示着委员会的立场得到了来自议院的实质性支持（因为正如已经强调过的，大部分预算委员会成员把这个问题更看做是实质性问题而非预算程序）。只有三个参议院预算委员会成员在大部分投票中站在委员会一边。贝尔蒙一个人就有完美的亲委员会记录，他也将一些个人利益置于委员会利益之下（马斯基则因为生病错过了很多投票）。

预算委员会召集国会盟友的能力不光取决于预算法的规定，还要靠当时占上风的政治条件。随着这些条件的变化，预算进程的执行力也会跟着变化。在 1977 年失败之后，参议院预算委员会在 1978 年的十七项执行问题上取得了十四次胜利（以他自己的算法）。他们在这一年的表现更为突出，因为他们选择了一些国会倾向于投赞成票的较低拨款的授权案。通过这种方式，参议院预算委员会赢得了一个从住房授权法案中削减大约 50 亿美元的议员大会修正案，一个删除了新的 10 亿美元大众运输补贴的修正案，一个收紧公共服务就业项目合格标准的修正案。一系列的修正案降低了支出规模，包括对学校系统的“影响”援助和对残疾儿童或天才儿童的教育。参议院预算委员会在程序方面也十分活跃，赢得了税收立法、后门支出和学费税收减免几个“议员大会大战”。

为什么令人失望的记录在一年之后转变成为成功的记录？我们已经得到解释。1978 年 6 月，加州投票通过了对该州税收设限的第十三条法律修正案。意识到这一消息后，一种经济情绪蔓延了整个华盛顿，而全国性的对平衡联邦预算的宪法修正案的强烈要求强化了这一情绪。在这样的大环境下，很多参议员与预算委员会联合起来支持限制支出和财政原则。四分之三的参议员在超过半数的执行投票中站到了参议院预算委员会一边。这样，参议院预算委员会在许多不需要唱票的情况下占了上风，而他们的偏好也由口头表决融入法案。

这种情绪鼓动了众议院预算委员会在实质性问题上更加坚持；他们也在拉拢关键盟友上变得更为成功。1979 年的两个立法事件很好地解释了众议院预算委员会如何一边继续其低调作风，一边又挑战实质性立法问题。众议院小企业委员会合在一起报告了一个由小企业管理局管理的灾害贷款项目的法案（H. R. 90）。1978 年，一个类似法案暂时顺利通过了众议院，但之后被总统否决了。新措施被送到规则委员会，要求根据议员大会的考虑进行澄清。但当众议院预算委员会表达对该法案的强烈反对时，规则委员会主席理查德·波尔林决定不将 H. R. 90 法案给他的成员们看。小企业委员会能获得立法的唯一道路是与众议院预算委员会交涉。在私下交涉后，委员会提出了一个新法案（H. R. 4011），为众议院预算委员会做出了让步。

在第二个案例中，众议院预算委员会能成功是因为议长的及时支持。由众议院教育与劳工委员会报告的儿童营养法案被放在暂停的日程上。唯一的预算问题是该法案无补于落实第一次预算决议中预计的任何支出的减少。虽然他们过去在预算决议中立法性开支节省上的记录惨不忍睹，众议院预算委员会却认为这或许是在1979年度中把这个问题摆到众议院面前的唯一机会。于是他们说服议长奥尼尔撤销儿童营养法案，并将它返还给教育与劳工委员会做实质性改善。奥尼尔声明：他“不会承认那些为了在暂停中、没有预算委员会同意的情况下违反预算法的法案而努力的成员”。这一声明巩固了众议院预算委员会的胜利。[45]

虽然他们寻求国会的支持，预算委员会仍有与白宫一起加强对预算控制的可能性。但在福特政府期间这不能由它们自由选择。被民主党控制的预算委员会与执意紧缩联邦政府在社会政策中的作用的共和党总统无法达成协议。这些委员会不会认可他们自己被视为接受高水平失业率、从国内计划中重新分配拨款给国防预算的政策的执行者。卡特政府的到来带来了合作的机会，但预算委员会发现白宫是个无法信赖的盟友。1977年初，卡特总统提议了一个预算委员会支持的50亿美元的退税计划。但他后来在没有通知委员会的情况下突然收回了自己对这个计划的支持。同一年，卡特也同样突然改变了对农业立法的态度，放弃了他对一项委员会反对的扩大措施的反对。后来预算委员会则在参众两院均遭遇失败。

白宫只能作为一个临时盟友，因为他必须要与其他利益集团和国会委员会一起合作。他不可能为了预算控制而比众议院或参议院牺牲更多的立法和政治利益。预算委员会可以在他们的立场已经受到国会实质性支持的情况下保留总统的支持。但他们没法期望总统英勇地与他们一起战斗。

总之，预算委员会的执行力因此直接与他们能够从众议院和参议院得到的支持相关。预算法仅仅给了它们一些优势；拥有盟友，他们才有机会获胜。

谈判筹码

预算法给了预算委员会在执行实质性决定并迎合程序要求时的谈判筹码。实质性的执行依法集中在国会每年采纳的第二次预算决议上。预算法第 310 款建立了一个可选的、指导立法委员会上报与第二次预算决议一致的法案的和解过程。在这个程序下，预算委员会可以要求国会改变有可能导致收入或支出违反第二次预算决议的现存法律。第 311 款排除了国会审议有可能引起收入低于或开支超过第二次预算决议设定水平的新法案。

这些规定表明，预算法将执行与第二次预算决议联系起来。与收入下限和开支上限相比，第一次预算决议的数据都仅仅只是目标。没有议程问题会被提出来反对一条违反第一次预算决议设定水平的法案；决议只是为国会做出自己的决定提供了一个预算背景。当预算法第一次被提出时，第一次预算决议被视为一个上限；很多人把随后上限转变成目标视为国会预算控制的弱化。

一旦国会采纳了一个目标，他必须承受总成本增加带来的政治成本；同时也没有任何上限能承受环境或国会态度变化带来的压力。马斯基通过提高政治目标而不是法律目标在国防授权法案的压力下执行第一次预算决议："国会可以在预算目标被采纳后改变主意，但……如果国会决定不遵守支出目标，实际上他是做出了关于增加赤字的判断。”[46]

马斯基的话暗示了第二次预算决议（与和解程序一起）是预算原则的低效执行者。他害怕在违反了第一个目标之后，想要再保持既定上限就太晚了。如果国会在夏季不顾预算目标，他们也不会在九月份第二次预算决议被采纳时收回他们之前的决定。这种期望与第7章中提到的第二项决议往往批准国会在这一年中做出的决定一致。如果条件有变，国会将进行第三次预算决议，正如1977年卡特赢得大选之后的那次。

预算法还提供给预算委员会一种谈判筹码，用在反对违反程序规则的法案的议程问题上。然而，预算委员会中的任何一个（还是国会的任何成员）都可以提出议程问题，参议院预算委员会因其对规则放弃的管辖权充当了更直接的执行角色。然而自相矛盾的是，众议院预算委员会可能比参议院预算委员会的谈判地位更有利一些。因为它们在预算程序执行中没有一个正式角色，众议院预算委员会便可以躲在规则委员会之后。只要规则委员会愿意采纳它们的建议，众议院预算委员会就可以一直保持在背景中，免受攻击地保护预算程序。当众议院预算委员会拒绝支持日托法案中的规则放弃时，他们接到了来自草根利益集团的来信和电报，敦促他们不要阻止这项急需的立法。而他们对此的回应则是：“这项法案由另一个委员会处理，我们对此没有管辖权。”

参议院预算委员会与预算法规则放弃有直接关系，他们审查所有由其他委员会建议的放弃。但他们不能控制这些放弃的结果。如果他们否决了，参议院还是拥有最后决定权。如果他试着将问题归类，参议院预算委员会会在十天之后自动放弃，最终由参议院决定结果。参议院预算委员会也认识到他们薄弱的立场：“我们不能阻碍参议院考虑法案……仅仅靠拒绝批准规则放弃。没有议程问题反对这样的法案，除非参议院拒绝采用规则放弃决议……预算委员会的意见仅仅简单地堆积在任何反对授权委员会的意见上，最终在决议中还是由参议院投票决定。如果参议院投反对票给预算委员会而支持授权委员会，就没有任何议程问题来反对这项法案了。”[47]

社会保障的案例：作为一种责任的筹码

参议院预算委员会的软弱体现在1977年11月参议院通过了提高社会保障税法案以及其他此项目中的改变。这个法案存在与第303款有关的问题，因为它在1979财政年度第一次预算决议被采纳前改变了当年的收入计划。在众议院中，第303款被众议院预算委员会以13票对9票投票通过的“规则”予以放弃。在参议院中，财政委员会在11月1日报告了这一法案，仅仅在预定休会期的三天之前。他们还报告了一个预算委员会认为与预算法相一致、对第303款的违背。参议院财政主席隆在议员大会上发言说，因为社会保障法案会产生额外收入，参议院预算委员会没有理由反对，“我不认为那些有预算意识的预算委员会成员或其他任何委员会成员想在财政委员会帮助平衡预算上持反对意见。”[48]

社会保障法案已经作为参议院的待审业务，多数党领袖罗伯特·C. 伯德仍在寻找快速行动，并取得了一致同意，在参议院预算委员会上报之后马上处理放弃问题。预算委员会在必须马上行动的压力下在11月1日下午召开会议，但成员们本能地反抗强加在他们身上的慌张步伐。参议员厄内斯特·F. 霍林斯作为替代广受欢迎的马斯基的主席，领导了抗议游行：“作为预算委员会我们没有机会负太多责任、有太多深思熟虑来评判参议院。”[49]两天后参议院在社会保障放弃问题上施加压力，霍林斯直接告诉参议院：“这是一个烂透了的进行方式。”[50]

麦克卢尔则看到了对预算进程的严重威胁：“……预算决议、预算法程序自身，两者都处于被毁灭的危险之中，而财政委员会在衰退进程中放任措施自生自灭的倾向变得越来越明显，他们甚至已不需要悄悄谈论……如果这个程序被允许，预算决议便变得毫无意义了。”[51]

贝尔蒙有“七个不允许放弃的好理由”，[52]他敦促推迟社会保障立法直到国会的下一会期。参议员劳顿·奇利想要参议院预算委员会利用分配给它用于做放弃决议的10天，但他也意识到委员会在没有领导层的支持的情况下无法获胜。“如果领导层在议程问题上不支持你，预算法连写它的纸都不值。”[53]领导层由多数党领导人维普·克兰斯顿代表，他同时也是预算委员会的成员之一：“我快被两个方向撕裂开了。我对维护预算过程十分感兴趣……我也关心其中被忽略的。”[54]

参议院预算委员会只有听任不满发泄，因为他们除了允许放弃之外别无选择。领导层要求在这一阶段的最后几天社会保障法案“必须”立法，他们也没有耐心等待程序上的延误。有了来自领导层行动的压力，参议院预算委员会不会因延误税收措施而受到指责。而且，财政委员会通过把增税措施推迟到1979年之后，将他的法案调整到与第二次预算决议一致。财政委员会做出的另一个让步是在参议院预算委员会反对后修改了可返还的税收抵免。

如果参议院预算委员会基本上同意了财政委员会的法案，那些伺机而动的议员大会修正案便会令人非常担心。有些修正案会提供崭新的税收抵免，另一些则会释放社会保障福利；

作为一个整体，这些修正案都可能对未来预算有几十亿美元的影响。财政委员会要求的一个放弃（这一要求不可被修改，只可以作为一个整体被参议院预算委员会通过或驳回）包括五个预期修正案的放弃。如果财政委员会的放弃被通过，也将会对这些考虑开绿灯。[55]

霍林斯在11月1日晚与隆会面，后者在第二天早晨参加了参议院预算委员会会议。11月2日，多数党领袖伯德两次使参议院休会，等候交涉结果。交涉方最后终于达成协议修改规则放弃，包括财政委员会的法案和一个共和党的替代法案，但不包括其他修正案。参议院预算委员会的问题还远远没有结束，因为在接下来的两天，这个放弃问题在预算委员会和议员大会会议之间来回多次。有四个参议员的修正案在参议院预算委员会的同意下被排除在外，因此他们自己在会上介绍自己的放弃决议。参议院预算委员会在与议会禁止对某一议案再提修正意见的规定抗争时召开了第三次会议，这个规定的影响是允许财政委员会放弃但又不准单个参议员放弃。参议员多梅尼克明确了参议院预算委员会的困境："我不认为实质性委员会，尤其是财政委员会需要额外的杠杆作用在参议院中争夺它们的地位，而我也相信这是我们在这个进程中需要做的……这给了它们（财政委员会）很大的力量去争夺它们的地位，而不是别人的。把参议院扯进来对预算委员会非常不利。"[56]

在议员大会上，参议院预算委员会受到参议员们的责备，参议员们威胁如果他们的修正案中不包括放弃，他们就会阻挠社会保障法案。作为预算委员会成员之一，参议员多尔的修正案也被阻止了，他鼓动他的同事投票是"为了影响法案的结果……而不幸的是他们并不关心预算法，他们只是反对修正案。"[57]当他因为这个僵局批评参议院预算委员会时，参议员隆承认“我有点喜欢预算委员会有时能够保护财政委员会，并帮助我们抵御会支出很多的修正案。”但他又总结道，最好“能看到每个参议员都有机会递交他们自己的修正案。”[58]参议院预算委员会最终从失败中抽身，在放弃问题上分为7对7，而参议院则马上通过了四个放弃。就在最后期限之前，以及通过几个挑战性的修正案之后，参议院于11月4日通过了社会保障法案。

在一份对其委员会角色（为他自己在国会记录中插入的角色）的正式辩护中，参议员马斯基指出了参议院预算委员会在不可能的时间限制下工作的意愿。马斯基将“有关重大预算和经济影响的健全有序的讨论”归功于参议院预算委员会，虽然他表达了“当这样等级的法案送抵参议院时……预算委员会被允许以更细致的方式审查”的希望。但他也警告如果参议院预算委员会“不能在自由、没有来自其他成员压力的情况下”工作，委员会的角色会被“置于重大问题之下”。[59]

身为预算执行者，没有压力的环境恰恰是参议院预算委员会无法奢望的。他们不仅要忍受来自放弃的压力，因为他们为这些豁免提供了实质性测试，而且他们在干涉其他委员会的事务并且试图将其观点强加于参议院的指责面前也容易受到攻击。这样的攻击在社会保障案例中就出现了，而当参议院预算委员会坚持反对那些有需求的立法时，我们也可以预见它的再次出现。

讨价还价的结果

讨价还价很少会得出某一边得偿所愿，而另一边一无所有的结果。单边谈判通常预示着参与者地位或政治力量极大的不平等。众议院预算委员会在几乎所有对第402款的放弃中都达到了目的；而参议院预算委员会则通常在没有任何反抗的情况下让步。一个关注程序问题，另一个则不然。然而，参议院预算委员会关注第 303 款（这会阻碍有关收入和支出法案的议员大会行动，直到通过第一次预算决议），而且它们通常都握有与规则放弃交换的东西。

至此，结果受预算委员会在其所属议院中拥有的（或期望的）支持影响的事实已经很清楚了。例如，在 1976 年 2 月，众议院预算委员会阻止了一个筹款委员会试图在第一次预算决议之前考虑的失业补偿法案；这类考虑有可能违反预算法第 303 款。在众议院预算委员会拒绝批准规则放弃时，这个法案被搁置了几个月。就在这个月，众议院预算委员会还拒绝了一个已经讨论过的日托法案的放弃。这个问题和参与者与在失业补贴立法中遇到的一样，但在后一个例子中，预算委员会退出，规则放弃被通过。在失业补偿法案的例子中，众议院预算委员会感到这个草案（要求增税）不那么受欢迎，而且它觉得来自众议院要求在该法案上加速立法的压力也很小。事实上，当几个月后失业补贴被审议时，众议院拒绝了这个“规则”。这类拒绝对于来自筹款委员会的法案并不常见。然而，日托案显示了另外一种处境。在没有就该问题进行投票的情况下，众议院预算委员会知道它不可能一连几个月都支持日托法案，直到第一次预算决议被明确。

当预算委员会必须在他们认为重要的事情上让步时，他们试图得到好处作为回报。在日托案中，众议院预算委员会迫使这个法案的支持者接受临时资金，即使所有谈判方都明白永久性资金将在预算法问题通过后在下一个财政年度提供。在社会保障案中，参议院预算委员会赢得了对某些特定的可返还税收抵免的取消，此前参议院预算委员就反对这项条款。当另一方屈服于预算的程序性束缚时，它也能期望找到某些东西作为回报。这样，补偿便成为一个国会预算进程中反复出现的特征。

一个委员会得到什么和放弃什么取决于他们认为最重要的是什么。当众议院预算委员会对程序执行感兴趣，而它们的对手却想要实质性的结果时，典型的交换是坚持预算规则，但同时给予对方大部分（或全部）它的实质性目的。这一定理的第一个应用是在 1975 年 4 月，众议院匆匆通过了已经被参议院通过、提供资金给暑期学校食物项目的法案。参议院的版本中有一个“后门”条款，这激起了众议院一般性的反对。但随着夏季的临近，后门条款的支持者担心要求通过拨款进程提供资金会置该项目于死地。相应地，双方达成一项交易，作为对于明确承诺通过拨款过程加速拨付资金的交换，取消后门支出条款。议员大会委员伯金斯则详细说明了合约的款项：“为了保证资金（与第 32 款中参议院规定要求的 52700000 美元相一致）通过拨款过程提供，我们同意将取消后门支出包含在修正案中。更具体地说，我们讨论了增加这类大额资金给推迟的补充拨款法案的可能性，或者如果这不可能，就在特别决议中提供资金。议长先生，我们针对众议院对‘后门支出’的敏感度所制定的协议，代表了参议院为这个计划做适时适量融资的坚定承诺。”[60]

互谅互让还统治着为公共广播公司权利性项目立法的结果。为了与私人为教育广播电视所作的贡献相匹配，众议院商业委员会制定出授权且拨付联邦资金的法案。这个法案涵盖了一段五年的时期，旨在回应为公共广播长期提供资金的压力。[61]该法案被提交到反对这一权利性项目以及预先承诺提供资金的众议院拨款委员会。拨款委员会由众议院预算委员会支持，后者提出预算法的反对来阻碍这一措施。但来自广播业为了政治自由拨款的压力促使众议院预算委员会做出妥协。谈判达成了一个令人满意的安排，将这一权利性项目转为授权，并且拨款委员会明确承诺一次性提供三年的预拨资金。[62]

时间的压力和选民的影响汇集在1976年收入分享项目的扩大之中，众议院预算委员会再次对实质性利益让步。众议院预算和拨款委员会试图将收入分享项目由权利性项目转为通过拨款程序获得资金的常规授权。然而，众议院投票继续这一权利性项目，显示出对这一计划的广泛支持。[63]但当该法案从大会回来时，它为法案涵盖的每一年都提供了适度的支出增长。众议院预算委员会主席亚当斯反对这些增加，认为它违反了第303款，并且议长支持他的议程问题。[64]因为没有别的解决方案，众议院预算委员会似乎在推行条件苛刻的协议上占据优势，但这并未发生。在短短一天内国会就计划休会，直到现行的收入分享到期为止。因此，众议院预算委员会的压力在于能否找到其预算法问题的解决办法。众议院预算委员会必须吞下被认为在维护预算法程序性内容的同时提供参议院寻求的额外资金的配方。但收入分享被“表述”为联邦所得税收入，而非特制法案中的额外资金。当联邦所得税收入上升时，收入分享的支出也会上升，但这个解决方案被“扣上帽子”是为了将每年的增长限制在两亿美元以内，恰好是会议报告提供的数字。众议院预算委员会获得了程序上的胜利，但在对支出的实质性控制上，他们做出了比他们曾反对的版本更大的让步。既然收入分享与联邦所得税收入挂钩，那么仅仅甩掉“帽子”会削弱国会在未来支出上的控制。[65]众议院预算委员会用某些实质性价值来换取对预算程序的控制。

由于参议院预算委员会对预算实质比对程序更感兴趣，因此，在谈判中它们提出与众议院预算委员会不同的交换条件。如果这个问题是实质性的，例如支出的数额，参议院预算委员会将设法协调一个支出削减，使其更接近国会预算中预计的水平。当权利性项目法案被提出时，参议院预算委员会会异常活跃，如下一节我们将讨论的。

权利性项目问题

尽管在预算执行上有所不同，但两个预算委员会都有理由在权利性项目问题上采取强硬路线，权利性项目是一种立法，责成联邦政府向个人或其他政府付款。权利性项目不仅是联邦预算中增长最快的部分，它也占了超过三分之二的不可控支出。当国会设立一项新的权利性项目时，预算委员会就成了大输家。他们对未来预算的斟酌能力减弱了，因为一旦写入法律，权利性项目就不那么容易被撤掉。权利性项目偶尔被撤回的事实（如 1976 年预算委员会成功地发起运动，取消了退休联邦雇员养老金中百分之一的生活成本调整）并不能削弱联邦预算中大部分法定权益根深蒂固的地位。

预算委员会试图阻碍权利性项目散布到新的项目领域。为了达到这个目的，他们用了两种武器，预算法的程序规定和宣传有关权利性项目的成本。预算法里有针对权利性项目的特别规定，但这些规定不如那些对后门合同与借款授权的规定严格。这样的话，新合同与借款授权只在拨款法案规定的范围内有效，新的权利性项目可以通过授权法案提供。但权利性项目必须等到第一次预算决议被采纳之后，并且不能在下一个财政年度开始前生效。而且，如果一个权利性项目会引起一个被授权的委员会超过分配给它的预算授权，这个法案将被提交到拨款委员会，它可以选择提供一个减少权利性项目数量的修正案。

实际上，预算法使拨款委员会和预算委员会成为控制权利性项目的合作伙伴。这些委员会有一个共同利益；在权利性项目被设立或扩大时，他们都要承受失去预算控制的损失。但在预算进程的其他方面，这些委员会只有权去讨价还价，无权阻碍立法。

当1977年参议院将一个小型（2800万美元）的营养教育计划由授权转为权利性项目时，这些委员会措手不及，还被禁止使用他们的谈判权。这个由农业委员会上报的法案是一个直接授权，参议院预算委员会给了它一个常规的第402款放弃。这个权利性项目法案又增加了一个议员大会修正案，并由口头表决通过。在这个法案被采纳后，身为预算和拨款两个委员会成员的议员奇利准备申请复议，抗议称“我们将第一次拥有一个变成权利性项目的教育计划”。[66]参议员马斯基则冲到议员大会训斥农业委员会在请求放弃前没有将未来发展告知参议院预算委员会。“我相信预算委员会如果知道这个新项目可能在两天后转化为一个权利性项目，也许会（对放弃）做出不利的回答。”[67]

但参议院预算委员会再想拿出筹码已经太晚了，这个法案被参议院一致通过。一年之后，参议院又着手另一个有权利性项目特征的营养法案。这一次赌注更高，立法的四年累计支出达32亿美元。在议员大会行动之前，这个法案被送到参议院拨款委员会，它可以选择提议一个缩小规模版本的项目。但拨款委员会想比只是调整法案的支出水平做得更多；他们还想通过取消权利性项目的规定将立法改造为常规性的授权。参议院预算委员会关心法案的成本和权利性项目的特征，因而参与到谈判之中。受影响的各方各自做出牺牲以达成妥协，如表 9 - 1 所示。

表 9 - 1

财年	农业委员会法案		协调法案	
	数额（百万美元）	性质	数额（百万美元）	性质
1979	600	权利性项目	550	权利性项目
1980	800	权利性项目	800	权利性项目
1981	900	权利性项目	900	授权
1982	950	权利性项目	950	授权

预算和拨款委员会赢得了第一年支出中的一点点减少和在这个计划的最后两年恢复成为授权。[68] 然而，农业委员会看上去似乎得到了交易中较好的部分。这个计划仍是一个权利性项目，他们在第二年的资金中得到了一个显著的增加。这样他们就有了未来几年高支出水平的坚实基础，即使这个项目会被改变为一个授权。虽然他的谈判筹码带来了一些收获，但预算委员会还是无法阻止国会为强大的利益集团提供有保障的资金的倾向。

预算委员会则有一个适用于所有预算问题的额外杠杆，并且对权利性项目问题尤为有利。许多权利性项目都是开放式的，它们不设限制，甚至也不明确支出的数量。在这样的情况下，实际支出被不可准确预见的因素决定，主要是受益人的数量和它们有权享有的支付金额。在预算法之前，国会可以方便地不顾或低估这类法案的预期成本，但对制定法律而言却不再那么容易被忽视了。

根据预算法的要求，国会预算局估算所有参众两院委员会上报的权利性项目法案的预期成本。这些估算成为预算控制的强大武器。在 1977 年间，国会关于食品券立法的争论主要围绕相互竞争的改革建议的估计成本展开。所有谈判方看起来都忠于不会超过预算水平的项目。预算委员会可以使国会注意到那些看起来一点儿也不贵的法案的成本。在一次最令人满意的成功中，众议院预算委员会阻止了一个可能使联邦雇员在服务 30 年后不论其实际年龄如何都能得到退休金的法案。虽然这个法案没有贴任何价格标签，众议院预算委员会估计这个法案在现有联邦雇员的生命周期中会花掉 30 亿美元。当提案委员会主席被告知这个没有事先料到的支出估计时，他静悄悄地将这一措施从日程上撤去。

新权利性项目出现的速度在预算法制定后肯定减缓了。一个有力的数据是不可控制的“开放式项目和固定开支”（管理与预算局采用的术语）占联邦预算的百分比。撇开不直接由预算决定的利息成本，这些开支在 1977 年至 1979 财政年度间平均每年增长 9%，相比之下，第一个五年中每年的增长率是 18%。实际上 1977 年至 1979 年所有的增长都是由于现行权利性项目的强制性增长（而非国会的行动）引起的。我们很难确定所谓的新权利性项目的减速主要是因为预算法，还是因为国会的财政“情绪”，但我们可以明智地得出两个因素都有关系的结论。

扣押控制：立法统治与行政裁量

预算法集中在国会内部运作，但将扣押控制与预算进程结合在一起时，国会认识到必须在反对支出偏好的行政偏差中执行预算决定。[69]

预算法的“第 10 号”是众所周知的扣押控制法。它为国会审查和控制那些阻止或推迟由国会拨款的资金支出的行政活动设立了程序。扣押控制是以废除和延期之间的区别为依据的，不同的程序应用于不同的类型。当总统没有预料到任何当下或未来的资金需求，或当被扣压的资金在被释放前就失效时，他必须要求国会撤销拨款。当总统预料到是未来而非当前需要资金时，他会提议延期。总统必须将所有提出的废除或延期都通知国会，他还必须提供有关每个行动的必要信息。

在废除的案例中，除非国会在总统通知后 45 天连续议程（在扣押控制法中有定义）内通过废除，否则资金必须被释放。而延期的案例则可能一直有效，除非参议院或众议院以扣押决议否认它们。国会对延期的否决没有时间限制，但延期不能延长超过财政年度结束。总审计长负责监督行政部门遵守扣押控制。他必须在总统未能报告扣押或某次行动被不恰当地分类时通知国会。总审计长也有能力为执行扣押控制提起诉讼。

扣押控制法并没有使扣押结束；在扣押控制法实施的第一个五年中有超过 600 亿美元的废除和延期被提交给国会。预算法也未能结束所有关于扣押的争议，虽然压力减轻了。除了间或性的问题之外，扣押控制分为三阶段进程，涉及总统建议和报告、总审计长审查、国会行动或在大多数情况下的不行动。在每个阶段，国会都会被文件和文书工作轰炸，大多数是法律本身要求的，有些是法律被执行的方式要求的。1974 年国会选择了一个扣押的广义定义，理由是过多的文书工作比更多的纷争好。扣押控制法第 1011 款定义延期为：“（A）扣压或推迟预算授权为项目或活动承担的义务或花费；（B）任何其他类型的有效取消预算授权支出的行政行动或不行动。”

这个规定可以被解读为涵盖成千上万影响支出速度和水

平的日常行政行为。但总审计长明智地规定了扣押控制法“并非旨在废除合理的项目规则规定采纳前的行政斟酌行为。”[70]他还认为不花掉全额拨款本身并不构成扣押：“必须有负责的行政部门官员行为的足够证据来证明有避免承担现行预算授权的意图。”[71]

即使是狭义地解读扣押，也有六百多个废除或延期被提出，并被打包成无数的总统咨文送到国会，伴随着无数补充性意见书。自1974年总审计署已经送上超过一百个通讯给国会，许多是作为对行政活动立法抱怨的回应。国会考虑了十几个废除法案，一百多个扣押决议被提议，而五十个被通过。

扣押控制的规定

表9－2对近五年的扣押作了报告。[72]在这段时间内，延期的总数接近500亿美元，而废除的则有103亿美元；每年延期的价值比废除的多三倍。可以预期行政机关更青睐延期，因为如果国会没能有所作为的话，它可以持续发挥作用。但如果国会在45天的周期内没能完成行动，废除必须停止。虽说如此，延期的优势在于扣押的目的，而非总统对扣押法的使用。一个常规扣押发生在一个计划或项目不需要全部可用资金，或资金在稍后才可用的情况之下。而一个政策扣押则发生在当总统决定他不需要这个计划或项目，或只想要一个比国会授权的更小规模的情况下。多数延期都是常规行政行为，伴随着几十亿美元的长期建设和采购活动拨款，行政机构常规性地延迟大额资金的使用也不是什么奇怪的事。然而，废除更有可能伴随着政策目的。福特总统试图取消国会为社会项目增加的几十亿美元；卡特总统则说服国会撤销拨给军用武器的资金。

表 9－2　1975—1979 财政年度废除及延期的预算提案

废除

年度	数量[a]	提案总金额	废除金额	废除占比（%）	提案占总预算比（%）
1975	91（4）	3328500	391295	12	43
1976[b]	50（1）	3608363	138331	4	14
1977	21（1）	1835602	1271040	70	48
1978	8（0）	644055	55255	9	38
1979[c]	10（0）	908692	723609	80	80

延期

年度	数量[a]	延期金额	未通过金额	延期未通过提案数量	未通过金额占比（%）	未通过数量占比（%）
1975	159	24574236	9318217	16	38	10
1976[b]	119（2）	9209780	393081	24[d]	4	20
1977	68（4）	6831194	25600	3	0.4	5
1978	66（0）	4910114	69531	6	1.4	9
1979[c]	58（1）	4393328	13852	2	0.3	3

[a]括号中显示的是审计总署公布的未上报的扣押提案数，总数中已包含这些部分。即 1975 财政年度中 91 起废除中包括管理与预算局公布的 87 起和审计总署公布的 4 起。

[b] 1976 财政年度的数据包含了预算年度变更产生的衔接期。一个跨衔接期（即 1975 年 7 月至 9 月）和 1976 财政年度的废除提案仅被视为一个提案。

[c] 1979 年的数据截止到 6 月份。

[d] 1976 年有两起延期提案同时被众议院和参议院否决，在这里它们各自只被算了一次。

来源：表格数据来源于众议院拨款委员会。

总的来说，扣押行为在减少，卡特总统任期内废除和延期的总量大大低于他的前任。大多数下降是政策性扣押，毕竟我们没有理由期望常规性延期和废除会持续减少。政策性扣押（大多数为废除）的减少有两个原因。第一，当福特总统寻求撤销超过预算要求的拨款时，国会一般都会拒绝，因为这相当于给总统第二次机会通过新扣押程序去完成在之前的拨款进程中就已否决的要求。而对福特总统的废除高于90%的拒绝率则说明他利用扣押控制颠覆国会投票选出的预算优先项目的努力被再三回绝。当得知国会不会接受成批的政策扣押时，行政机构减少了对这种做法的应用。第二，白宫执掌人由共和党向民主党的转换造成了政策性扣押的减少。与国会主席来自同样政党的总统不可能就支出目的或水平进行旷日持久的争论，或在扣押阶段发生冲突。而且卡特上台之后，他承诺国会领导人不会将扣押行为用于政策性目的。

政党之间的关系也解释了国会的回应。卡特在废除和延期上都比他的前任拥有高得多的成功率。以美元计算，福特总统只有少于10%的废除被国会批准，而卡特有接近三分之二的废除被执行。因为有共同党员身份的认同，卡特一直都不愿意提出废除，国会也不愿意拒绝那些请求。卡特在维护他的延期、防止国会否决中也更成功一些。只有大约5%的延期被推翻，而福特是15%。如果将延期的资金以美元来计算，福特被国会强迫释放了20%的延期资金，而卡特则仅有不到1%。

但不管是谁在白宫里，国会更倾向于延期而非废除。大多数的延期有国会不作为的支持，而大多数由总统提议的废除则被国会的不作为所否决。在五年期内，只有10%的延期被国会否决，而65%的废除则被国会不愿通过必要立法而驳回。以美元计算，延期被否决的水平是因为一个行动才膨胀起来的，这个行动迫使累积多年的90亿美元的公路储备被释放。而除开这个延期，国会只否决了少于2%的总统延期；国会否决了75%的资金废除。

正如他们调整自身适应政治环境的变化，扣押管理也经历了用途方面的变化。超过90%的福特总统的废除是国内计划，只有5%与国防相关。这个比例在卡特在任的时候彻底颠倒了，几乎90%的废除都是国防计划，而几乎没有资金从国内计划中扣除。在两个总统在任年间，国会愿意附和对国防计划的政策性废除。国会通过了福特裁减F-111飞机制造和卡特取消B-1轰炸机的拨款。总而言之，以美元计算，国会通过了三分之二的国防拨款废除，而只通过了8%的非国防废除。以提案计算，国会通过了（整体或部分）88%与国防有关的废除提议，而通过了26%的非国防提议。

为什么国防利益不能坚持它们刚刚一个月之前得到的拨款呢？为什么它们比国内利益在抵挡总统扣押中更不成功呢？扣押控制看上去对国防开支并没有任何偏见。有可能是因为国会的自由派成员推动扣押控制法，为了防止总统削减他们的项目，他们特别警惕地保证扣押控制法不会反对他们的项目。那些倾向于国防计划的国会保守党成员或许会接受经济上的削减。

遏制预算冲突的扣押控制法

扣押控制法为审查行政扣押设立了可行的（也许是艰难的）程序。它不是用来解决立法行政关系这一基本的宪法问题——以及总统权力的范围问题，但是它提供了一种不引起更多争议的情况下解决这些争端的做法。国会能够防止总统单方面扣押资金，行政机构也能够不过分僵化地管理其财政事务。扣押战尚未结束，但现在一般通过一致同意的方式解决。与尼克松时期的竞赛相反，扣押控制意味着有限的战争和在大多数情况下，在有限时间内对争端的决议。1974年以来很少有扣押冲突会波及法院。

行政机构一般都符合1974年扣押控制法。总审计署使国会的注意力放在几个未报的扣押和几个严重误判的废除和延期上。福特和卡特都尽快释放法律要求的资金。但一个倾向于反对国会政策的总统也许一样会漠视扣押控制法。人们只可能猜测，如果扣押法在总统可以随意单边削减国会偏爱项目的资金的20世纪70年代早期就实施的话，会发生什么。但我们也必须注意到尼克松总统充分利用了法律的空缺——两个机构间权力的模糊划分——将权力掌控在自己手中。未来的扣押者则不得不估算法定限制和涉及国会、审计总署和法院的执行程序。

虽然国会占上风，它们对扣押控制也并不完全满意。文书工作量困扰了一些国会成员，也有一些消除或简化常规扣押控制的建议。[73]一个更扰人的问题是扣押报告的推迟。一般一个机构的扣押资金要花上几个星期才能到达官僚机构、管理与预算局和白宫。而且管理与预算局比较喜欢将许多扣押编成一份总统咨文，因而有时会拖延递交给国会的时间。虽然审计总署应该监控行政遵守情况，但它们不可能检查每一个影响资金可用性的行政行为。审计总署不能总是区分拖延是由审慎管理引起的还是由政策动机引起的。即使很警惕，审计总署一般也只会在行政行为生效后才注意到。

不仅如此，审计总署对行政机构的扣押采取了被动的姿态。他们不是主动展开调查，而只是在总统提出扣押报告或第三方对行政行为进行抱怨时才参与进来。这个程序并不总是保护国会利益。这样，当卡特总统决定终结B－1轰炸机时，他在通知国会的三个星期前就取消了制造合同。虽然国会可以否决这个废除提议，并强迫国防部重新开始制造，但重新开始这个项目却会带来不少费用。

延迟问题因实施废除的45天的计算方法而更为严重。因为国会休会期间不计算，而且因为在国会无限期休会后重新计算，这个45天期限可以延伸成为一个更长的期限。在1975和1976财政年度中，在废除提议提交和45天期限结束之间的间隔平均有80个日历日。因为扣押在法律允许拨款后的30天之内不用上报，因而拨款与废除终止之间的平均实际时间都超过了100天。这些延迟的结果就是福特总统在财政年度的大部分时间里利用扣押进程将不需要的计划打入冷宫，进而使得国会意图落空、损及项目的有效性。延迟有时是为了它自身的原因，但可能也是为了政治利益。

行政的缓慢由于国会一直要等到最后一刻才对废除法案采取行动的倾向而加剧。当国会未能就其意图给行政机构一个提前指示时，在废除法案悬而未决期间资金被留滞。国会的拖延则引起扣押控制中的异常：有的废除在45天期限到期后被通过。B－1轰炸机的案例就是这样。在总统提议废除之后，45天期限开始倒计时，但在国会完成废除法案行动前这个期限就已经到期了。几个月后（国会被通知的148天后），B－1轰炸机资金的废除被附在一份补充拨款法案上。在严格实施扣押控制的情况下，总统应当要求立即拨付扣押资金，并且重新开启被取消合同所涉及的工作。相反，国防部在没有实质性留滞资金的情况下就释放了它们。这些钱未被扣押，但也未被用掉。

在一个例子中，在某个废除尚在审议中时，国会便形成了自己的补救措施。在卡特总统声明自己对某水利工程项目的反对立场后，国会为1977年的公共工程就业法添加了一个附件：

第201款　国会在这里发现并宣布……这类工程不应被终止，除非1974年国会预算和扣押控制法的立法程序允许。

第202款　尽管公共工程就业法93—344款有延期和废除规则，所有由公法94—355款和94—351款（1977财政年度为公共工程和农业拨款）规定、为工程项目或与工程项目相关的调查、规划或设计提供的拨款都应因总统的约束而备用，并因拨款的目的被支出。

虽然两款在字面意义上有矛盾（第 201 款似乎坚持扣押控制程序，而第 202 款似乎要绕开），目的是提前宣布国会不会通过任何类似行动来避免可能的废除或延期。如果这个措施被所有拨款采用，它将会有效地否定扣押控制法案。

立法管制与行政裁量权

国会试图将扣押控制法用于在拨款中限制行政裁量权。行政机构（通常受到总审计长的同情性规定帮助）则试图限制扣押控制并公开扣缴资金。争议有几种形态，其中的两种激起国会明确反应的是重新计划资金和设定行政人员最高限额。重新计划发生在同一拨款账户的资金从一个目的转换为另一个目的时。审计总署规定这样的转换并不违反扣押控制法（也就是说，某项活动上的资金未用完不构成扣押），只要没有净保留资金。当卡特总统试图在科林奇河增殖反应堆项目终止时为其申请资金时，这个问题出现了。1977 年 6 月 23 日，在一封给参议员亨利·M. 杰克逊的信中，总审计长坚持认为这一资金转移不违反扣押控制："该法案关心的是废除或延期或预算授权问题，并不是项目的废除或延期。这样的话，对项目 A、B 和 C 的一次性拨款只是用来实行项目 C，并不能说明对项目 A 和 B 的扣押存在。只要所有的预算资源被用于项目 C，即使项目 A 和 B 都没有资金，扣押也不会出现。"[74]

国会对重新计划的回应是将扣押控制扩大到特定的计划和项目。这样，1977 财政年度的第二个补充拨款的第 304 款有如下禁令："在本法中没有任何拨款或以其他形式可用的资金应负担或被用于任何国会批准的计划、行动或武器系统的终结或延迟，除了一些特定的预算授权被法律撤销或推迟的计划、行动或武器系统。"

虽然它的发起人坚持认为这个规定不会阻碍重新计划，但结果却似乎是另一番光景。如果一个相似的规定被扩展到所有项目，事实上拨款会被转换成以分项为基础，而且大部分（如果不是全部）重新计划会被禁止。

作为对机构人数上限的反应，国会也向分项控制靠拢。这些上限（由管理与预算局或这些机构本身设立的）会以两种方式影响开支水平：第一，花在工资上的资金可能会比国会规定的数量少；第二，人手不足会减缓行政运作，并将支出水平降低到项目拨款数量以下。例如，一个机构可能没有能力处理所有满足条件的贷款申请，因为管理与预算局的上限阻碍了他们雇佣需要的人员。

国会对通过人员限制的方式进行扣押的考虑反映在 1979 财政年度的农业拨款法案中。众议院拨款委员会抗议："行政机构为了减缓或停止各种项目而设立任意人员限制的倾向……即使没有违反扣押控制法的条款，也违反了扣押控制法的精神。在很多情况下，为增加的员工拨款被国会认为是必须的，但这些钱后来却被用于旅游或设备和补给。"[75]

为了防止这些情况的发生，拨款委员会重组了 1979 年的农业项目预算账户："……为了在未来避免这种实际上的扣押，委员会在很多情况下都建议给'人员报酬和福利'与'其他开支'分别拨款。这一法案的结果是任何扣留工资拨款的企图必须上报给国会进行法律考虑。"[76]

事实上，委员会有效地"分项化"了一些拨款，因此将它们带入扣押控制法的范围之内。

扣押控制是自美国建国以来立法与行政机构之间斗争的现代版本：国会的分项控制对抗行政的裁量权。而它与以前的对峙主要的不同在于国会之前是为了防止行政机构花掉资金而确定分项控制，而现在国会则利用控制来压制行政机构不按自己的意愿花钱。两百年来，分项上的权力在两个机构间上上下下。19 世纪的大多数时期国会占优势，而 20 世纪由于转变为一次性拨款，行政机构获得霸权。扣押控制法代表立法机构努力使天平倾向于对其有利的一方，但该法也不太可能最终解决问题。在支出权的问题上，灰色地带会一直存在于两个机构的关系之中，它们也会成为未来争端和对峙的温床。

执行的局限性

国会在保护其预算决定不受总统扣押方面十分成功。利用扣押控制，国会已经迫使连续几任总统都不能按照自己的意愿花钱。这些控制并非完全没有问题，但结果显示单边扣押被有效减少。

虑及国会预算过程，无法得出同样的发现。预算委员会在对抗国会、保护自身方面只有有限的几次成功。事实上，国会通过了几乎所有它们想要的法案，虽然不一定都是以它们偏好的形式。在程序问题上，国会通常延迟预算法的要求，但他们也不愿让程序干涉他们的实质性目标。国会愿意与预算委员会进行交涉，但它不愿听任它们不受限制地审查立法。在有争议的问题上，几方通常会妥协，预算委员会保留他们认为是他们过程中的要件，而国会则得到其立法的要件。

注释

［1］众议院预算委员会新闻稿，1976年7月2日。

［2］虽然马斯基理所当然地相信预算程序能够将支出控制在预算上限以内，但他有时也承认，国会并没有对支出实施有效的控制。在1979财政年度第一次预算决议的参议院辩论中就出现了一次这样的事例："我们通过控制预算授权来控制预算……但却没有办法通过简单的控制支出来控制赤字。没法通过控制费用来控制支出。我们通过控制预算授权来控制支出。"国会记录124（每日版，1978年4月25日）S6282。

［3］预算法第302款（b）规定每一个众议院和参议院委员会必须报告它们对新预算授权和支出在项目和小组委员会中的分配情况。

［4］预算法定义预算授权为授权"以承担责任，马上或将会形成政府资金的支出"。根据这一定义，住房补贴项目的新预算授权应该在全额到期成本的基础上计算。

［5］国会记录123（每日版，1977年6月7日）S9086。

［6］同上，S9085。

［7］同上，S9081。

［8］同上，S9082。

［9］同上，S9092。

［10］一位委员会成员（阿布雷兹克）投了马斯基赞同票，但是后来又与一位本应投反对票的参议员结对了。

［11］引自伯纳德·阿斯贝尔的《无人知晓的参议院》（New York，N. Y.：Doubleday & Company，1978）159页。阿斯贝尔跟随马斯基在参议院和缅因州一年多。他的书生动地描述了学校午餐冲突和马斯基对它的反应。见146—163页。

［12］国会记录121（每日版，1975年7月10日）S12359。

［13］阿斯贝尔，在前面所引的书中，163页。

［14］参议院拒绝了麦戈文的修正案后，通过了学校午餐议案，并

把它递交到与众议院召开的会议。麦戈文的提案在会议上被恢复，结果是这个议案的总成本恰好高于预算决议打算确定的数额。尽管马斯基将国防与学校午餐项目的会议报告联系在一起，但参议院还是在9月份考虑了后者，在参议院拒绝了国防授权议案一个多月之后。

[15] 国会记录121（每日版，1979年8月1日）S14719。

[16] 关于国防授权议案的会议报告被48票对42票的投票否决了。国会接着通过了一份二次会议报告，降低了支出水平。学校午餐立法由全体一致通过（76比0）的投票推荐到议员大会会议，之后议案在规模略微降低后被通过了。

[17] 国会记录122（每日版，1976年3月2日）H1425－1426。

[18] 第303款（b）从这一禁令中免除了进一步的收入立法和拨款法案，也就是说，下一财政年度议案自动生效。值得注意的是，没有免除进一步的权利性项目立法。

[19] 然而，通过信托基金或给政府公司合同和借款授权的后门情况可能还会继续存在。

[20] 另外，第401款（b）为拨款委员会提供了权利性项目的立法建议，如果它将导致新预算授权的数量超过第302款的分配。

[21] 马克·拉克里兹给马斯基的备忘录，"Senate Consideration of H. R. 9803, a Bill to Provide Additional Federal Funds for Child Care Centers," 1976年1月27日。

[22] 国会记录122（每日版，1976年1月29日）S873。

[23] 同上，S872。

[24] 被众议院预算委员会委员在内部备忘录中引用的一个这样的事例是S. 521，1975年外部大陆架管理法案。参议院通过后，这个法案规定了后门借款授权，但是在议员大会会议上没有人反对这一规定。

[25] 一个重要例子是食品券立法，它会改变合格标准，因此会产生新的权利性项目。众议院预算委员会委员们强烈要求执行预算法的规则，但是参议院预算委员会委员认为食品券立法已经在财政年度的第二次预算决议中详细讨论过了。

[26] 约翰·麦克沃伊给参议员马斯基的备忘录，"Budget Resolution Enforcement by the Two Houses," 1976年3月5日。

［27］约翰·麦克沃伊给参议员马斯基的备忘录，与众议院预算委员会法律顾问琳达·卡姆的对话，1976年3月2日。

［28］国会记录（每日版，1976年2月18日）H1180。

［29］参议院报告No. 94 - 650（1976年2月25日）。

［30］布洛克·亚当斯写给规则委员会主席、代表雷·J. 麦登的信，1976年3月11日。

［31］布洛克·亚当斯写给代表麦登的信，1975年3月21日，记录在国会记录121（每日版，1975年3月24日）H2231。

［32］在大多数立法被众议院考虑之前，简单决议的形式的“规则”是必须的。例如，一项规则可以明确说明议员大会修正案不会被考虑（“关闭规则”），或者只有特定的修正案可能被考虑（“有限规则”）。同样，它也可能明确说明辩论的时间，以及其他议员大会考虑的条件。众议院必须在开始处理议案之前通过“规则”。“暂停”是一项程序，在此期间议案在没有“规则”的前提下被提出。为了得到通过，一项在暂停中考虑的议案必须得到三分之二的赞成票。

［33］作为一个技术问题，当一项委员会报告附有一个修正案来“治疗”违反预算法的行为的议案时，它首先处理议案，然后再处理委员会修正案。熟悉议事规程的议员规定，由于议案自身违反了规定，它不能在没有弃权的情况下被考虑。

［34］国会记录121（每日版，1975年3月20日）H2078。

［35］国会记录121（每日版，1975年3月24日）H2231。

［36］国会记录121（每日版，1975年3月25日）H2279，代表伯金斯的评论。

［37］每一份一致同意协议都放弃了一项或更多参议院规则，尽管被放弃的规则，或者说事实上是要被放弃的规则，很少被提到。近些年来，这类协议的使用发生了本质上的变化。在20世纪70年代，它们还用于日常目标（例如放弃阅读期刊杂志，或者允许配备参议院议员大会的人员），或者结束正在进行的辩论，那时提出一致同意协议是为了在议员大会考虑之前为法案设置时间限制。

［38］主席吉阿莫写给众议院规则委员会主席詹姆斯·J. 德莱尼代表的信，1977年9月29日。

［39］1977年9月30日代表普瑞斯写给吉阿莫的信。吉阿莫当天回复，赞同普瑞斯认为“预算委员会不应该介入‘分项’项目决定”，但是他坚持既然授权法案中的一些条款“已经作为B－1轰炸机的替代方案被列出来，那么在B－1问题解决之前便不可能确定这些条款的紧急事件属性”。

［40］第95届国会期间，在众议院中突然开始大量使用暂停日程。这一现象严重威胁到众议院预算委员会对预算程序的控制，因为一个在暂停期间提出的条款不能被议员大会修正，而且对其只有简短的考虑。这样一来，众议院可以通过一项违反预算法程序的议案，议员没有机会提出程序性问题或者纠正问题。

［41］这一程序的一个例子出现在1977年5月13日。参议院正要考虑一个较小的议案，这时多数党领导伯德宣称，“我要等待并确认预算委员会批准了这项议案。我认为这会在短时间内解决。”问题很快得到解决，之后参议院通过了这项议案。参见国会记录123（每日版，1977年5月13日）S7550。

［42］1975年12月11日，参议院预算委员会执行会议记录抄本第5页。在通过要求的放弃后，参议院的确在同一天即着手该草案的工作。

［43］返还抵税额是退还向政府缴纳的过量税金。应该将这些费用看做联邦收入的减少还是预算支出，在国会中有争议。在返还抵税额应在多大程度上适应拨款程序上也存在冲突。

［44］见参议员预算委员会，关于“国会能否控制钱袋的权利?”的听证会，1978年1月17—19日，92届国会，第二次会议，7—10页。参议员预算委员会列出13项唱票投票，但是4项属于预算决议而不是预算执行，而且忽视了这次讨论的目的。

［45］国会记录125（每日版，1979年6月5日）H4038。

［46］国会记录121（每日版，1975年8月1日）S14719。

［47］约翰·麦克沃伊给参议员马斯基的备忘录，1976年3月5日。

［48］国会记录123（每日版，1977年11月1日）S18321。

［49］参议员预算委员会会议记录抄本，1977年11月1日，14页。

［50］国会记录123（每日版，1977年11月3日）S18631。

[51] 参议员预算委员会会议记录抄本，1977年11月1日，19页。

[52] 同上，20页。

[53] 同上，24页。

[54] 同上，26页。

[55] 参议员预算委员会在第一次放弃第303款时解释了它自己的反修正案立场："禁止附带已通过的放弃的立法修正案的目的是确保在采纳这样的放弃时，参议院没有为修正案打开大门，这种修正案可能会提高预算授权水平，或者新的支出授权会超过附带已通过的放弃法案中已设定的限制。

[56] 参议员预算委员会会议记录抄本，1977年11月2日，68—69页。

[57] 国会记录123（每日版，1977年11月3日）S18613。

[58] 同上，S18618。

[59] 国会记录123（每日版，1977年11月4日）S18843。

[60] 国会记录121（每日版，1975年4月9日）H2609。

[61] 见众议院报告，No. 94－245，Pt. 1（1975年5月22日）。

[62] 众议院拨款小组委员会主席丹尼尔·J. 弗拉德（对此项目有管辖权）向众议院承诺："……授权法案生效后，（拨款）委员会将建议1976财政年度的拨款，提出1977和1987财政年度的拨款，并会期望国会考虑在每年的年度拨款过程中增加拨款。"国会记录121（每日版，1975年11月10日）H10872。拨款委员会遵守了他们的承诺，公共广播公司是唯一一个得到三年预先拨款的实体。

[63] 亚当斯的行动会将收入分享项目作为权利项目的期限延长21个月，但是之后将把它归入年度拨款程序。这一修正案因150票对244票的投票失败了。

[64] 国会记录122（每日版，1976年9月30日）H11860。

[65] 收入分享的反对者代表杰克·布鲁克斯反对这一解决方案："……即使这一条款能在技术上符合预算法的规定，这一努力的效果与会议报告中的条款还是没有区别……它没有任何价值，仅仅是作为一个增加权利性项目的工具，因此，它会有效地破坏和阻止预算法的目的。"同上，H11877。

［66］国会记录 123（每日版，1977 年 6 月 30 日）S11202。

［67］同上，S11219。

［68］虽然他同意妥协，但法案的管理者参议员麦戈文坚持称拨款委员会超越了预算法中对它的授权。就是说，它不仅仅建议了支出水平上的变化。拨款委员会对项目做出了实质性的改变。见国会记录 124（每日版，1978 年 7 月 21 日）S11472。

［69］预算改革法案的议员大会干事代表波尔林认为，“预算改革和扣押控制有一个共同目标：恢复美国支出政策对立法破坏的责任。只有一个而没有另一个会置国会于无效且不利的地位。无论国会多么谨慎地排除它的拨款责任，如果立法决定能被行政扣押单方面的废除，那么立法决定将没有任何意义。”国会记录 119（每日版，1973 年 12 月 4 日）H10577。

［70］《美国总审计长的决定》，1975 年 6 月 11 日，总审计局再版，《两年后审查 1974 年扣押控制法案》，1977 年 6 月 3 日，173 页。

［71］总审计长给代表詹姆斯·J. 弗洛里奥的信，1976 年 9 月 28 日，收录在上书中，217 页。

［72］数据来自众议院拨款委员会的文件，与审计总署的统计数据有所不同。大多数的差别不重要，但有几个可能影响文中推出的结论。

［73］总审计长提议对扣押控制法进行大量修改。见总审计局，《两年后审查 1974 年扣押控制法案》，第 10—18 页。

［74］在这一意见的其他部分，总审计长认为使用资金来终止科林奇河项目违反了联邦法律，法律规定禁止因未授权的目的支出资金。在得出这一结论后，总审计长可能会推理出，既然资金不能被用于终止项目，那么未能成功为指定目的支出资金便违反了扣押控制法。

［75］众议院报告，No. 95 – 1290（1978 年 6 月 13 日），第 30 页。

［76］同上。

第三部分

支出和税收委员会的影响

第十章
被制服的守卫者：拨款委员会及其进程

资金拨款是国会行使的最古老的支出权，也是唯一特别写入宪法的权力："除非是法律规定的拨款，否则不得从国库取钱。"拨款委员会一直都被认为是国会中最有权力的单位之一，而众议院拨款委员会由于在资金法案中的主动性，一般比参议院更受尊敬。[1]议员们垂涎拨款委员会的席位，为了得到这个珍贵的职务，很多人放弃了他们在其他委员会中的位子。[2]

但在20世纪60年代晚期到70年代早期，拨款委员会的结构和内部运作上的一系列变化削弱了他们的地位，减弱了他们作为国库守卫者的力量。正如在第二章中所指出的，这些变化是引起设定一个作为控制支出新形式的国会预算进程的主要原因。而这些变化的累积效应则是拨款过程作为审查政府支出角色的弱化。

国会预算是对拨款过程弱化（而非强化）的一个回应。国会感到需要一个支出控制，而拨款委员会越来越无法很好地满足这个需要。自相矛盾的是，这些委员会弱化的原因是国会希望它们如此，而非拨款委员会不负责任。为了理解为什么国会寻找支出控制的新来源，必须首先理解在预算法案之前拨款委员会发生的变化。

拨款委员会与国会

拨款过程的传统目的是为了对付来自国会和行政机构的支出压力。授权委员会通常是计划的推进者或资源的要求者，而拨款委员会则是国会国库的守卫者。长期以来，削减预算成为拨款委员会衡量新成员能力的标志和尺度。年复一年，拨款委员会提供数据表明他们削减了预算。这些数字上的例行公事为委员会在预算申请面前保持守卫者的形象提供了有力证据。

在理查德·芬诺（Richard Fenno）一个有关拨款过程的权威性研究中，削减预算被定义为众议院拨款委员会的首要工作目标。[3]在这个过程中，参议院拨款委员会起着调节作用；他们听取行政机构的申诉并恢复部分众议院削减的款项。(因为众议院拨款委员会一直都对保护预算负有主要责任，他们比参议院拨款委员会更易受到变化的影响，所以我们在本章中也会更多地讨论到众议院拨款委员会。)

通过拨款过程削减预算是为了两个基本的立法预期：国会应该防止浪费和挥霍，并且应该控制行政行为与开支。但拨款委员会还有另一个立法目的，一个直指国会而非行政机构的目的：作为保护者抵御国会中的支出利益集团。他们阻止国会在他们偏好的计划上肆无忌惮地开支。在过去的一个世纪，当国会希望遵从拨款委员会的原则时，它支持它们；当它倾向于根据其偏好自行其是时，它削弱了它们。

拨款委员会和其余国会成员之间的冲突自委员会1860年成立时便成为国会中的固有问题。拨款委员会的运气随着国会里开支控制的“天气”而变。但即使当国会需要一个有效的保护者时，它也没有发动拨款委员会大幅度削减联邦预算。保护国库只是国会追求的众多目标之一。国会也希望在他的首选计划上花钱，即使这样做必须削弱拨款过程。在资金上不受限制的权力将赋予拨款委员会控制其代表的议院并凌驾于国会项目利益之上的可能。如果拨款委员会不被限制，他们可能会干涉每个人的事务，因为几乎每一件由政府完成的事都要使用资金。拨款委员会将通过拒绝给他们不喜欢的计划拨款来废止授权立法。

对拨款委员会的主要限制在于它们意识到必须满足它们上级机构的期望。没有任何立法委员会可以忽视它们所属议院的需要。这不仅仅是一个在议会上受到置疑或权力受限的问题，尽管这些可怕的制裁在过去被用来对付顽抗的拨款委员会。相反，一个委员会（甚至如拨款委员会一样强大）都只是立法系统的一个部分，都要分担这个系统的主要目标。众议院拨款委员会一直都是财政保守主义的堡垒，经历了同样困扰国会的紧张气氛。如芬诺所言，“委员会从属于两个预期——一个认为委员会应该为国会授权的计划提供资金，一个认为委员会应该尽可能节约地提供资金。”[4]

困在它们保护者的角色和国会广泛的项目利益之间，拨款委员会通过将它们的预算削减集中于一个狭窄的“安全”地带来适应这个问题。它们削减预算，但在大部分情况下仍旧允许在以前年度的拨款上有所增长。芬诺调查过的575个众议院拨款委员会决定中的四分之三都在预算估计以下，而大致相同比例的拨款比上一年水平高。“总的来说，”芬诺总结道，“在同一时刻，委员会支持计划并影响经济。”[5]拨款委员会酌情决定的范围一般由当年拨款和下一年预算申请限定。在这个范围内，拨款委员会主导了国会山的开支进程。多年来，他们的影响都是边际上的，从总量上略微削掉一些，减缓增长率，从预算里加上或减掉一些。

芬诺的研究在1966年发表（虽然大部分研究在此之前早已完成），正是在众议院拨款委员会的领导从克劳伦斯·坎农（Clarence Cannon）变为乔治·马洪（George Mahon）之时。坎农一直是个盛气凌人的主席，他试图将他的保守意见强加于委员会，并保护拨款委员会免遭有关其管辖权的攻击；相反，马洪则在他作为主席（结束于1978年他退休）的15年任期内更温和更通融一些。芬诺认为马洪“在气质上对冲突的厌恶”[6]倾向于阻止马洪积极反对对拨款过程的干扰，也使他在其他众议院领袖被免职时幸存下来。

当马洪在1965财政年度成为主席时，联邦支出是1180亿美元，而当他在1979财政年度退休时，开支则接近5000亿美元。对一个历史上将保卫国库作为目的的委员会来说，这个预算的盘旋上升是一个艰难的经历。当然，有些拨款委员会成员欢迎开支增加，尤其是在他们偏好的计划方面。对于其他人而言，明确的迹象是控制已经被放弃，拨款委员会不再有意愿或权力对抗压力。这种感受的表现之一出现在与参议院拨款小组委员会一位资深职员的访谈总结中。他把他写给委员会主席的一封信塞到采访者手中，信中他比较了他刚进入委员会时的国债规模和不到十年后两倍的数量。这封信认为赤字开支是“一条狭窄的死胡同”，并呼吁“坚决投票支持那些将控制支出的人”。

然而支持性投票并未进行，因为在预算法生效的十年前，国会中对预算削减的决心已经开始变得淡化。国会在这种情况下不可能再坚持这个把开支控制作为头等任务的进程。因此国会策划了一场有关支出过程的改革，削弱了拨款委员会对预算的控制。

在20世纪70年代前半段，拨款委员会设法每年都进行预算削减。从1970财政年度到1975财政年度（预算法生效前的最后一年）之间，据说有接近300亿美元通过拨款决定从预算中被削减掉。这些官方数据看起来为守卫者警觉地保护联邦预算不受大笔支出侵害提供了证据。但如果没有区分各种类型的拨款，这些数据将无法准确解读。很多预算削减通过财政策略实现——历史悠久的会计实务通常隐瞒了国会行动的真实影响。拨款委员会有时做出预算“削减”，将资金退回上一个财政年度或推到下一个财政年度，在强制性开支上变把戏，或者推迟项目作为之后的补充条款，但实际上并没有削减任何东西。只有通过痛苦的、逐个账户的检查，我们才可能在真实的和表面的预算削减之间做出区分。

拨款的独创性在国会不顾总统偏好提高开支时达到极致。例如1975财政年度，国会“减少”劳动部和卫生教育与福利部的拨款，措施是将强制性公共救助计划预算减少12亿美元。一方面这是国会的合法行为（国会的预算一般都比行政机构的更准确），另一方面影响则是提供了一张立法影响预算的扭曲画面。不管这12亿美元是否会因外部原因被用掉，反正不是拨款委员会的行动。

虽然拨款委员会仍在公众面前吹嘘他们的成就，圈内人私下却承认缺少真实的预算削减。一个经验丰富的委员会成员这样总结预算控制的摩擦：“克劳伦斯·坎农曾说过拨款过程是冷却立法之酒的茶托。但拨款委员会却是在吃老本。他们可能在过去真的削减了总统的申请，但近几年却绝对没有。绝大多数的削减在补充性拨款或下一个预算中又被重新捡起来。在今天，真正的削减太少，以至于一个大的削减就能上新闻。”

为了评价拨款过程对联邦开支的影响，将拨款分为三种类型、每种都有一个独特的模式是很有用的：内务法案、国防和国际事务法案以及顾客导向法案。虽然大多数拨款法案并不能明确归于这三类中的某一类，但即使是在这一高层级集合，分清这三类草案也是可能的，如表 10－1 所示。在这三类法案中，被削减或增加的百分比完全不同。

表 10－1　　1970—1975 财政年度国会对总统预算及常规预算案的调整

预　算　案	减额数量	增额数量	平均变化率	变化幅度
国内支出				
交通部	4	2	－2.14	－6.88/＋2.55
内务部	2	4	＋0.96	－0.75/＋3.07
国务院、司法部、商务部	6	0	－3.05	－4.09/－0.50
财政部	6	0	－2.11	－5.83/－0.17
住房和城市发展（退伍军人管理局及住房和城市发展部之外的部分）				
独立机构[1]	6	0	－1.67	－3.88/－0.63
国防/国际支出				
国防部	6	0	－5.26	－7.49/－3.13
军队建设	6	0	－10.03	－18.61/－4.35
原子能	5	1	－3.05	－6.01/＋0.24
外国援助	6	0	－24.26	－31.94/－11.90
客户导向支出				
农业部	1	5	＋419	－0.44/＋9.68

续表

预　算　案	减额数量	增额数量	平均变化率	变化幅度
卫生、教育及福利部	2	4	+1.40	-1.45/ +3.59
公共建设工程	0	6	+8.42	+1.40/ +37.62
退伍军人管理局	1	5	+0.74	-0.07/ +1.78
住房和城市发展部	3	3	+4.76	-13.39/ +28.06
教育	0	2	+5.78	0.13/ +11.43
公共就业服务机构				
能源及研究	0	1	+1.47	1.47

[1] 这三项在常规预算案中显示为一个提案，即“住房和城市发展部及独立机构”。在这里它们被拆分开来。

来源：美国国会、众参议员拨款委员会及各自年度的拨款和预算记录。

为了联邦机构持续运作的内务拨款倾向于吸引分项审查，拨款委员会集中提议增加新职员、旅行以及其他开支项目。内务申请一般会被削减，但很少会被削减超过几个百分点。对于这类项目，拨款委员会一般都会提供“半个面包”，同意某些而非全部增长建议。但内务拨款作为联邦预算的一部分比例正在下降，因而这类削减也不多。在1970财政年度至1975财政年度，30个内务拨款中只有5个少于预算，但削减从未超过7%。在平均水平的草案中，减少的资金额仅占行政机构申请的1.5%。

国防和国际事务项目在20世纪70年代前半期经历了更深的削减。国会每年的拨款比国防、援助外国和原子能方面的申请少得多。实际上，在1970年到1975年之间，这个类型的18个法案中只有1个没有被削减。平均来看，每个法案的削减均超过10%，比内务拨款高得多。而从这些法案中削减的超过300亿美元则解释了这些年来被审查的所有拨款的削减净额。换句话说，虽然国会利用拨款过程增加了“国内”开支总额，但他们又因在国防和国际事务上的大幅削减有能力声称减少了开支。一个分析员有条有理地审查了1971年至1976年间的每一项国防拨款，这些计划中超过一半的“节约”都是财政调整或采购和建设的延迟，而非真正的削减。[7]

顾客导向的计划一般会从国会得到比行政机构要求更多的资金。这些计划包括给劳工、卫生教育及福利部、住房与城市发展部以及农业部的拨款；给退伍军人管理局和给河流及港口的拨款。在被调查的这些年里，国会给这些项目的增加受限于总统否决。在很多情况下（例如1971财政年度给住房与城市发展部和劳工、卫生教育及福利部的拨款和1975财政年度给农业部的拨款），国会对否决的反应是通过一个规模降低的拨款，资金量比之前有少量增加。不管怎样，超过四分之三的顾客导向拨款都比总统申请的资金多。

至少在预算法颁布前的几年之中，拨款委员会更多起到的是一个国家优先权的重新安排者，而非国库的保护者。他们的有效性必然挑战了那个被再三重复的断言：国会在新预算过程迫使它之前无法做出有关优先权的决策。虽说是这样，拨款委员会作为一个可观的并在增长中的联邦预算倡导者和推进者的角色，标志着他们脱离了他们传统的作为国库保护人的角色。

可以这样说，在被审查的年度，拨款委员会因为总统对顾客导向开支的攻击而被迫表现得像申请者。一个很好的例子是尼克松总统提交了一份低得不现实的预算给劳工和卫生、教育与福利部，因为他预期国会会提高这一预算。但即使在这个例子中，拨款委员会从保卫者和预算削减者转变为申请者和支出者也只是增加了争论。而且，拨款委员会的行为不能仅仅解释为是对行政裁员的反应。国会行动的变化也侵蚀了委员会保护预算的意志和能力。

保护者成为申请者

表面上，拨款过程多年来都没有什么变化。每个机构在拨款小组委员会面前都会呈上一本厚厚的“辩护书”，里面详细记录了他们的活动、过去与当前的开支以及对下一年的预算申请。这些文件已经比以往简洁得多了，而且现在许多（取决于小组委员会）包括了更少的分项细节和更多的项目信息。但大量注意力还是被放在分项之间实际与建议开支的比较和申请在当前水平上增加的因素上。小组委员会可以就任何它们管辖范围内或与它们有关的利益提问，从员工旅行的细节到机构的基本正常和长期规划。每个小组委员会均独立标记他们的法案（一个小组一个常规法案），并将很少或完全没有变化的法案呈送委员会。对于每一个账户，委员会报告均给出了一个与当前开支、总统申请以及委员会行动的统计比较。接下来是委员会对变化的解释以及（在很多情况下）表达对特定问题的关注，加上对于资金应如何（或如何不）支出的指导。

虽然拨款过程保持了它传统的外表，其他的发展已经引发了拨款委员会角色与运作上的巨大变化。在预算法生效前的几年时间里，主要的变化有：（1）这些委员会的影响范围与管辖权的萎缩；（2）使拨款委员会对开支压力开放；（3）使参众两院委员会的成员关系自由化。

限制拨款过程的范围

由永久性授权向有限期授权的转换已经在第六章里从授

权委员会的角度考虑过。年度和多年度授权的趋势也对拨款委员会形成了强大制约（非正式但强有力）。在正常情况下，国会在理清授权法案后才做出拨款决定。作为结果，正如芬诺所言，“每个授权法案都表达了它们的期望……拨款委员会应该为其中具体的活动提供支持。”因为大部分固定期的授权（不像永久性的）均指定了一个开支水平，国会的期望在考虑拨款前就被清晰地划定了。芬诺如此解释加在拨款委员会上的限制：“（拨款）委员会的资金决定被认为应与授权法规设立的支出模式大致保持一致。并且任何具体授权均被认为会限制委员会的决策自由……委员会并不被认为会满足所有要求。但他们也不被认为仅批准很少的资金，以至于国会提出的项目无法落实。人们可以推断当多数（议员）已经宣布支持某个项目时，拨款委员会将拨足大部分授权或申请的资金。某项需求的大部分被认为超出拨款委员会的范畴，而非在其选择范围之内。委员会独立的影响被认为是边际的或渐进的。这就是每个授权法规的主要要求。”[8]

授权是对联邦资金强有力的要求。其影响范围是由众议院拨款委员会在它们勉强通过的 1977 财政年度的某个特殊公共工程就业拨款法案中被批准的。在报告这个草案时，委员会成员感到不得不为某个国会早已授权的项目提供资金：“附随的草案被建议用于回应 1976 年 7 月 22 日众议院的指令［这一天众议院以 310 票对 96 票的表决废除了总统对 1976 年公共工程就业法（授权法案）的否决］。[9]委员会的行动尊重众议院压倒性多数的明确意愿，及时考虑为实施法案条款提供拨款。”

即使之前投票赞成保留授权草案否决权，支持拨款的拨款委员会主席乔治·马洪采取了一个类似的立场：“作为拨款委员会的主席和成员，我们认为众议院的投票是一项授权……为了实施越过总统否决的授权草案。因此，今天我们充满信心地将这份提供就业资金的拨款草草提交给议员们……我个人高度关注这个反衰退的收入分享条款和这个法案中的一些其他条款，但从议会授权和大多数人的压倒性意见出发，我们已将这份草案提交到议员面前……"[10]

比起将其期望告知拨款委员会，国会有时做得更多；它通过从后门提供资金的方式完全避开它们。正如我们在第六章和第九章中讨论过的，后门支出有多种形式，共同之处在于有效决策在拨款过程之外做出。在许多"后门支出"上，拨款委员会根本不提出抗议，而是屈从于国会和事态的发展。后门支出远远不止是一个偏离标准立法程序的技术性误差。正如前文所示，它代表了国会保护某些计划不受拨款审查和控制的决心，赋予这类项目在争取联邦资金时一个优势地位。[11]

许多"后门支出"都是永久性拨款，每年在没有当前国会的任何行动时便可使用。永久性拨款的主要理由是为了保证国家法定义务（例如债务和社会保障上的利益）的资金，它存在的价值尤其在于它们保护优先项目不受拨款过程中不利决定的影响。而后门支出与永久性拨款结合的后果是超过一半的联邦预算从拨款委员会的控制中移出。合作研究委员会估计 1974 财政年度预算中只有 44% "与拨款法案中考虑的项目有关。甚至这些资金中的一部分被通过的现实目的只是形式上的基础，因为授权立法生效需要拨款。"[12] 换句话说，拨款委员会处理的某些开支是强制性的，在这种情况下，委员会没有其他选择，只能提供法定资金。

总的来说，在 20 世纪 70 年代早期，拨款委员会还无法阻止支出趋势，因为它们在预算快速增长的部分缺乏有效的管辖权。拨款委员会控制力的萎缩并非偶然，而是国会将自身从财政保护者的束缚中解放出来的刻意努力的结果。如果拨款委员会在某些开支问题上采取强硬态度，国会则愿意通过后门支出的方式规避。如果这些委员会在某些计划有永久的、不确定的授权时最大化它们的自由裁量权，国会则会寻求有限期的立法作为回应。如果说当开支可控时拨款委员会有自由选择权，国会的回应是使预算中的“不可控制”部分增加。

使拨款委员会面对支出压力

为了使拨款委员会防止国会的支出倾向，它们必须保护自身不受来自国会压力的困扰。不然的话，委员会与国会的预算偏好便没有什么区别了。几年以来，拨款委员会限制国会的能力受到各种提升其能力和拒绝开支压力的安排保护。这些保护措施集中于主要担负保护国库重任的众议院拨款委员会（正如前文所述）。

众议院拨款委员会的成员均从相对“安全”的选区仔细挑选出来。因为他们连任的可能性很大，这些成员能够承受拒绝利益集团压力的代价。该委员会的失误率很低，新成员在得到授权职位之前要经过长时间的学习。当他们成为小组委员会主席或少数党成员时，大多数拨款委员会成员都已经学会如何符合集体规范，包括齐心协力抵挡外界压力。委员会偶尔会制裁对其小组委员会管辖项目表现出过分支持的员工。这些制裁包括取消小组委员会，变更其管辖权或调整其会籍。委员会和小组委员会会议一般都是闭门会议，利益集团无法轻易接触。委员会成员很少将不同意见归档，虽然他们有时也会保留在全体议员大会上重开议题的选择。众议院中的议员审议在全体委员会中进行，每个成员的投票不会被记录。结果是国会成员可以在不记名唱票或其他不记名投票中反对支出计划而不为人知。正如芬诺在他对拨款决定的回顾中所发现的，众议院拨款委员会建议很少被议员大会颠覆。[13]

但许多这类保护措施被20世纪70年代早期横扫众议院的改革运动所削弱，于是拨款委员会抵抗国会支出压力的能力也被弱化。

公开会议。传统上，拨款委员会与其小组委员会在行政会议上完成公务。[14]第91届国会（1969年至1970年）有超过700次的众议院拨款委员会会议是闭门会议；参议院委员会四分之三的会议也都是闭门会议。但在之后的一系列快速行动中，参众两院逐步弱化了允许或要求闭门会议的规定。在20世纪70年代中期，两院严格规定委员会会议必须开放，除非委员会正式投票在行政会议期间开会。这样在几年内，众议院拨款委员会由与世隔绝变为一个公共组织。91届国会100%闭门会议在下一届国会降至92%，而到了第93届国会则只有11%。1975年（《国会季刊》发表这一数据的最后一年）闭门会议的比率下降到了6%。多数闭门会议与国家安全问题有关，实际上所有讨论国内问题的会议都向公众开放。1975年众议院拨款委员会的所有会议都开放了，许多小组委员会会议也一样。一个类似的模式在参议院拨款委员会中也盛行起来，它们在几年内由闭门会议为主转为公开会议主导。

拨款委员会会议中首次有了听众——一群了解情况、警觉的听众，对拨款过程有着浓厚兴趣并时刻准备行动起来推动其事业。拨款委员会成员们知道这些听众，他们现在必须谨慎地反对公开会议中提出的有政治吸引力的意见。一个明显对结果不满意的小组委员会成员这样描述反对开支计划的激冷效应："众议院拨款委员会现在很弱。在听众看起来成员们都在演戏。他们在公开的议案审定或会议中并未畅所欲言。今年我们有五六个议员参加我们的会议，他们需要的某些项目毫无用处。但我们的议员一般不会去伤害别的议员的感情，所以在议案审定或会议结束时我们未得到闭门会议时有的那些交换。”

有些小组委员会转入“地下”，他们的主要决定都在私下讨论而非正式会议中做出。之后这些决定在敷衍性的、只有很少或没有成员讨论的会议中被正规化。

委员会与小组委员会主席的选拔。很多年来，众议院拨款委员会有强势、谙熟削减预算规则并强加其观点于其他成员的主席的传统。与其他众议院委员会一样，拨款委员会主席由资历决定。除了几个特例之外，小组委员会主席的选拔也是一样。但在1971年，民主党政党高层会议通过建立一个程序破坏了资历规则，在该程序下，它可以根据立场而非资历选择主席。而在第94届国会开幕时，在民主党指导与政策委员会被授予推荐委员会主席和任命委员的权力时，资历规则被进一步侵蚀。1975年，三个长时间在任的民主党主席[15]被免职标志着政党高层会议希望利用其新力量反对脱离普通民主党党员或政党政策的资深议员。主席马洪被政党高层会议再度选中可能是因为他在拨款上的放任领导，议员们尊重他。作为主席，马洪很少试图将他自己的观点强加于其他成员，而且就像一个好的团队队员，当他得票少于其他人时，他总是与大多数人保持一致。马洪留下来是因为他从不对拨款委员会传播开明预算的观点设置障碍。

1975年，民主党政党高层会议通过扩展其众议院拨款小组委员会主席的选拔过程开拓了新天地。政党高层会议为这一对委员会内部事务非同寻常的干涉辩解，说拨款小组委员会实际上已经自治并且与一个委员会的功能别无二致。但这背后还有另一个没有说出来的动机，小组委员会主席是众议院拨款委员会保守派的成员之一。在第 93 届国会中，13 个小组委员会主席中只有一个在美国人争取民主行动组织（ADA）的评分中超过委员会所有民主党的平均分。而保留解雇主席权力则使政党高层会议提醒保守派：他们的小组委员会如果阻碍开明支出提议，他们就有可能会丢掉他们的职位。这也弱化了拨款委员会的控制，正如那名老职员所言："突然，小组委员会主席是为某位观众表演，而那位观众每两年还要对他投票，以便让他安守本分。而这与委员会对财政状况如何反应也有很大关系。委员会似乎没有大幅削减的倾向，因为他们按照民主党政党高层会议的要求行事。"

在队伍中的独立。虽然通过党派高层会议选拔无疑是某些拨款委员会主席的一个约束性影响，但主席职责的减少则在更大程度上来自委员会内部而非外部压力。在马洪时代，拨款委员会主席比普通成员强不了多少，比相关小组委员会主席在某些开支领域内的影响力肯定要小得多。作为小组委员会主席的马洪在国防小组委员会的拨款决定上或许比他身为拨款委员会主席有更大的发言权。在马洪成为拨款委员会主席之前，主席的权力之一是定期重组小组委员会，这样也给主席奖励合作（即那些削减预算）的同事和惩罚那些不听话的同事机会。然而，在马洪时代，小组委员会的数量保持在 13 个，而且管辖权的变动也很少。其中一个变动是将环境项目由保守党杰米・怀顿（Jamie Whitten）的农业小组委员会转移到爱德华・博兰（Edward Boland）的住房和城市发展小组委员会，后者有着最开明的投票记录。这样，与其说是利用内部制裁来抑制支出压力，不如说拨款委员会利用这些制裁来确保开明的项目不会受阻于财政保卫者。

对委员会领导权的进一步削弱来自在拨款委员会成员之

间分配小组委员会坐席的程序变化。多年来，主席和少数成员有决定谁去哪个小组委员会的权力。有时成员们被故意安排到他们很少有政治利益的小组委员会之中。[16]但自20世纪70年代早期以来，成员们被允许根据一个以资历为根据的程序自己挑选小组。不出意料，这个自选系统导致小组委员会提倡的计划一开始就有了优势。马洪主席的一个助理如此解释这个结果："我们在这里发现的是市区的人都在劳工、健康教育与福利小组，而鹰派的则都去了国防小组，委员会主席不再有权对在国防上有利可图的人说：'你去农业小组为社会做点贡献吧。'"

即使在财政控制的全盛期，拨款小组委员会也容易被项目支持者支配，小组委员会中强制安排的"中立"是一个用于使议员（或小组委员会）与总委员会的期望保持一致的特殊做法。而"自选"的做法则造成小组身份认同的降低和个人主义的上升，加速了众议院拨款委员会的瓦解。委员会成员一直利用他们在拨款委员会中的职位提升个人利益，而他们的个人主义则因国库保护者的委员会职责认同而得到调和。没有了在削减预算需要上共享的价值，拨款委员会当然会成为互投赞成票的委员会，屈服于每个委员会的开支愿望。如果众议院拨款委员会成功地削减了预算，是因为议员们偶尔抑制了他们的需求以实现集体目标。

个人主义的胜利反映在委员会报告中摒弃公开拒绝的传统。在1947年到1962年之间的16年中，只有12份少数派报告被众议院拨款委员会成员发布。根据芬诺的计算，委员会上报拨款草案中的94%得到一致赞同。[17]这个传统不再盛行。1975财政年度和1976财政年度中四分之三的众议院拨款委员会报告的常规拨款草案包含了一个或多个独立的委员会成员的意见表达。在这两年比芬诺研究的所有年份提出了更多附加和不同的观点。

主席权力下降与成员独立性增强、拨款委员会对国库控制力受侵蚀同时发生。马洪和其他财政保守派常常能在委员会内票决胜出，但在拨款草案到达议会时又与多数保持一致。马洪拥护一份关于劳工、健康教育及福利法案的大会报告，即使他对高支出水平不满意：它“困扰了我很久，因为它高于总统预算很多，在我的评判中也太高了”。[18]鲍勃·米歇尔（Bob Michel）作为这个小组委员会的少数派成员，用对支出控制在拨款委员会中减少的解释作为回应：“……在旧规则下运行让我觉得更自信，当我们面对核心问题时，委员会主席会与我们中的某些人站起来，真正将这些数字控制在他和我都会（作为一个个人面对这些问题）偏好的水平。然而，事实是在走廊那边有一个从所有成员中选拔主席和小组委员会主席的过程，并且与我这儿谈论的效果很相似。这个效果就是我们不再有“红衣主教团”，所处的形势不再允许主席在联邦政府支出方面坚持传统的强硬立场。”

马洪以他一贯的谦逊作风用他自己的解释回应了失控：“议长先生，委员会主席从来就没有能力主宰委员会的政策……当然，委员会主席比非主席成员有着更多的影响力，但在特定的环境下，一个人只能做他力所能及的。几年来我与这些问题一直在斗争，就像伊利诺伊州的先生们一样。伊利诺伊州的先生们看到了新成员的加入，一般而言，新成员要比被他们替代的人更加自由。”[19]

众议院拨款委员会的会籍

单凭结构上的变化不可能解释作为众议院拨款委员会指导目标的预算削减的弱化。如果财政保守主义者（坚信他们的做法正确并且决心继续反对支出大户）继续主导委员会，拨款委员会将会很难转变到新的预算态度。会籍自由化促进了委员会的调整。

在 1967 年至 1977 年间，众议院拨款委员会在共和党内经历了一个比在民主党内更大的转变。1967 年委员会中的共和党人 10 年之后只有不到 25% 还在。委员会中民主党的保留率则超过 50% 。尽管民主党的队伍比共和党要稳定两倍，重大的思想变化却集中在民主党内。大多数情况下保守派共和党人因为保守而胜出；两个共和党人（Silvio O. Conte 和 Joseph M. McDade）在 1967 年得到的最高 ADA/ACA（美国人争取民主/立宪行动组织）分数在该党 1977 年的排名中仍旧最高。在这期间，众议院拨款委员会中几乎所有的共和党人都被认为是他们党派中的保守力量。

而在民主党这边，关键性的变化通过自由派的增加（而非老议员的替换）发生。1977 年拨款委员会中的老民主党人被推上众议院高寿名单的顶部。为众议院服务时间最长的 23 个民主党中的 8 个都是拨款委员会成员。超过一半的 1967 年小组委员会主席在十年后仍旧在位。老民主党人也是拨款委员会中最保守的成员。作为一个整体，众议院拨款委员会成员中的民主党人在 1977 年并不比 1967 年更开放（见表 10 -2）。1977 年 10 位最“老”的民主党人的平均 ADA 分数比当年所有委员会共和党人的平均分还要低。

表 10 -2　众议院拨款委员会民主党成员的 ADA/ACA 评分

成员[1]	1967 年		成员[1]	1977 年	
	ADA[2]	ACA[3]		ADA[2]	ACA[3]
Mahon	27	24	Mahon	5	70
Kirwan	67	5	Whitten	10	56

续表

成员[1]	1967 年		成员[1]	1977 年	
	ADA[2]	ACA[3]		ADA[2]	ACA[3]
Whitten	7	67	Sikes	10	60
Andrews	0	96	Boland	65	11
Rooney	80	5	Natcher	30	52
Sikes	0	63	Flood	40	16
Passman	0	68	Steed	20	28
Evins	47	20	Shipley	30	19
Boland	87	4	Slack	30	40
Natcher	40	28	Flynt	5	78
Flood	73	7	Smith	55	8
Steed	33	25	Giaimo	60	24
Shipley	53	19	Addabbo	80	4
Slack	73	11	McFall	65	8
Flynt	7	70	Patten	55	11
Smith	53	4	Long	55	30
Giaimo	73	11	Yates	95	11
Hansen	73	4	Evans	70	25
Joelson	87	7	Obey	85	0
Addabbo	80	4	Robal	85	0
McFall	73	4	Stokes	90	0
Hull	27	64	McKay	25	41
Cohelan	87	4	Bevill	15	56
Morris	33	25	Chappell	5	75
Patten	80	7	Burlison	45	11
Long	60	7	Alexander	25	24
Marsh	0	69	Koch	35	7

续表

成员[1]	1967 年		成员[1]	1977 年	
	ADA[2]	ACA[3]		ADA[2]	ACA[3]
Yates	100	0	Burke	85	4
Casey	20	44	Murtha	20	27
Pryor	27	30	Traxler	60	22
			Duncan	50	25
			Early	80	20
			Baucus	65	23
			Wilson	25	26
			Boggs	30	15
			Benjamin	50	26
			Dicks	50	9
平均	48.2	26.5	平均	46.1	39.1

[1] 成员由年纪大小排列。

[2] Americans for Democratic Action。

[3] Americans for Constitutional Action。

来源：Americans for Democratic Action 和 Americans for Constitutional Action。

不管怎么说，1967 至 1977 年之间党员比例的变化弱化了保守派民主党人在拨款上的影响。在 1967 年，委员会的构成是 30 比 21，民主党只多出 9 人，但保守派民主党人与共和党人联合起来主导了委员会。而到了 1977 年，多数派的优势扩大到 37 比 18，是之前 9 人的两倍多。这一转变主要是由于一个民主党政党高层会议的决策：拨款委员会和其他关键的众议院委员会中的党派比率应为 2 比 1。这个变化使保守民主党—共和党的联盟失效。即使当保守派民主党人与委员会中的共和党人站在一边，他们的得票也被自由派超过。同样重要的是，民主党将他们 2 比 1 的优势延伸到小组委员会，而那里才是做出大部分拨款决定的地方。例如在 1967

年，民主党在劳工、健康教育与福利小组委员会中的优势只有5比3，而到了1977年，他们享有8比3的优势。

自由派民主党人的增加不仅改变了委员会的政治结构，它还削弱了新议员的社会化和选举。由于每届国会中都有很多新成员加入委员会，缓慢的“学习”过程不可能以传统的委员会模式成功地教育这些新成员。不仅如此，大量新民主党人加入委员会颠覆了它传统的保守方式。

虽然参议院拨款委员会没有众议院拨款委员会削减预算的角色，他们在1967年至1977年间也经历了一个会籍的转换，产生了预算态度自由化的效果。虽然三分之二的民主党人在这段时期被替换，民主党仍然代表了这个委员会，只是在1977年时比10年前向自由派倾斜了一点。但这10年中共和党的构成则经历了重大改变。1967年委员会中的9个共和党人中只有两个有自由派投票的记录；而在1977年超过一半的共和党人可以被划到自由派。作为一个整体，参议院拨款委员会中的共和党人不能代表参议院中的共和党人；以ADA分数来衡量，7个最自由的共和党议员中有5个在拨款委员会（见表10－3）。

表10－3　参议院拨款委员会共和党成员ADA/ACA评分及与共和党平均分的比较

成员[1]	1967年		成员[1]	1977年	
	ADA[2]	ACA[3]		ADA[2]	ACA[3]
Young	0	81	Young	5	79
Mundt	15	85	Case	90	12
Smith	23	39	Brooke	80	4
Kuchel	38	45	Hatfield	60	36
Hruska	0	100	Stevens	20	50

续表

成员[1]	1967 年		成员[1]	1977 年	
	ADA[2]	ACA[3]		ADA[2]	ACA[3]
Allott	8	90	Mathias	75	14
Cotton	23	81	Schweiker	15	56
Case	100	11	Bellmon	20	64
Javits	77	17	Weicker	60	39
共和党平均分	31.6	61		47.2	39.3
民主党平均分	36.2	32.7		48.1	31.9
两者之差	-4.6	28.3		-0.9	7.4

来源：Americans for Democratic Action 和 Americans for Constitutional Action。

议员大会中的拨款决定

为了让众议院拨款委员会成功担当国会财政保护者一职，他们的建议被议院整体接受的比率必须很高。然而，这个结果是很难保证的，因为考虑到国会的支出利益，委员会的角色可能将其置于其上级机构的对立面。即使他们的成员团结在一起，委员会也可能在一场有关严格的预算水平和受欢迎项目之间的国会冲突中得出次优结果。在议员大会上禁止“写”法律的立法禁令不大可能阻止某个国会不顾众议院拨款委员会的反对，决定为其偏好的项目提供慷慨的资助。

拨款过程的长期参与者都会指出议院修正案数量有大幅度增加。其中有些增加是由于拨款草案的附件（例如 20 世纪 70 年代早期与越战有关的草案和 10 年之后的堕胎政策）而非改变拨款水平的修正案。

拨款草案的议会记录不可能与其他类型的草案分开。在1966年至1976年间，众议院里的点名次数翻了三倍（从193次到661次），参议院中的增长率也差不多（从235次到688次）。众议院中的部分增长毫无疑问要归功于首先审查拨款草案的全体委员会投票程序的变化。直到70年代，个人投票在全体委员会中都不被记录，但1970年的立法重组法要求在20人或以上的议员行动中记录投票。

可能比这个程序上的变化更重要的是对议员挑战委员会的非正式抑制的放松。参众两院点名次数陡增体现了委员会对习惯的尊重，不再限制成员们在议院中按自己的方式行事。确保议员在审查中的独立性并使委员会在没有太多议会反对的情况下能够通过国会开展工作的立法规则（见习期、互惠互利、专业化）已经被参议院和众议院的“民主党化”和年轻议员争取更大立法权力的决心所侵蚀。

在缺少限制议员行动的严格规则的情况下，某个委员会决定避免严重挑战的最好政策是提出满足上级机构期望的草案。没有委员会想在一场公开投票中失利或对其行为进行重大调整。因此，当国会对待支出申请更慷慨时，拨款委员会也向同一方向倾斜。对第91届和92届国会（1969—1972年）拨款法案即席修正案的研究表明，众议院拨款委员会在预测“全员大会”时很成功。委员会一共面对200个财政修正案（不算与立法问题相关的），平均下来每年50个，每个拨款法案3到4个。正如可能被预料到的，提议增加的修正案比提议减少的要多很多。同样也在预料之中的是，对更高开支的需求比要求降低的更成功一些。不到10%的要求降低的修正案被通过，但要求增加的40%都获得了多数人的支持。总的来看，众议院委员会的成功率接近75%，比芬诺计算的1947年到1972年的长期平均数据稍微好一些。尽管接近一半提议增加的修正案都被采纳，出现的画面并非一个偏远的拨款委员会通过掠夺性的国会议员埋伏在议员大会。委员会的大多数建议都在不需要任何修正的情况下被通过。据粗略估计，修正案只提供给了少于10%的拨款账户，其余的都在没有任何异议的情况下被接受。

委员会“成功”的原因在于他们并不是一个严格的保卫者，冒着失败的危险勇敢地拒绝对更多资金的要求。它预期国会的需求，然后据此形成数字。它预期国会偏好的能力通过使委员会更好地代表上级机构和对外部影响更加开放的变革得以改进。之前与米歇尔在全员大会上就劳工、健康教育福利拨款的交换中，马洪主席提及他的委员会对国会利益团体的奉承：“我们的确需要遵守更严格的纪律……但当我们对付所有435位这个和那个团体的议员时，我们必须在这种情况下做到最好。国会和国家必须支持比我们现在更严格的限制。”[20]

这个声明的明确含义是，不管其在权力上的声誉如何，拨款委员会要视国会而定。委员会不可能成为一个比国会要求的更严格的保护者。随着国会变得更倾向于支出，同样的变化也发生在拨款委员会。即使他们用统计数据显示从预算中削减了多少来保护拨款过程，拨款委员会中的保守派知道他们的委员会已经失去了有效控制。1973年合作研究委员会要求新预算控制的报告就是对拨款过程一个掩饰的控诉。在他们一致同意的报告中，合作研究委员会（几乎一半的成员是参众两院拨款委员会最保守和年长的成员）[21]以对赤字开支的攻击开始：“一直持续的赤字加上它不断扩大的规模说明国会需要更好地对预算实施控制……当前许多情况下的制度安排似乎均无法在竞争的优先权之间实施决策，结果是支出提供给许多项目，而在项目之间进行选择而非在所有情况下都提供资金是更好的选择。”[22]

虽然拨款过程并未在这个声明中提及（但它的确在报告的其他部分重点估计了拨款），毫无疑问，合作研究委员会确信拨款控制不足以承受国会内部的支出压力。保守的利益团体通过要求预算赤字也要支持这一拨款过程的评价扰乱了平静。“这个国家的财政周期需要预算法案”的原因之一，一位参议院拨款委员会成员认为，“是因为拨款过程被自由派渗透到了可以为他们的许多计划得到资金的地步。”这个解读夸大了外界利益在预算法发展过程中发挥的作用，但它准确地抓住了拨款控制在国会内已经弱化的普遍看法。

1974 年预算法力求通过集中国会预算过程中的新控制来寻求弥补拨款委员会弱化了的财政保护者角色。而这一进程对拨款委员会的影响则是下一章我们将讨论的主题。

注释

[1] 宪法要求预算法案由众议院产生。按照传统，众议院也为拨款措施采取行动。

[2] 在第 89 届国会所在的 20 世纪 80 年代，只有 1 个国会议员从众议院拨款委员会离开，有 27 个人转入众议院拨款委员会。参见 Richard F – Fenno Congress in Committees（Boston：Little，Brown and Company），P. 17。

[3] Richard F. Fenno，The Power of the Purse：Appropriations Politics in Congress，（Boston：Little，Brown and Company，1996）。

[4] Ibid，P. 410。

[5] Ibid，P. 355。

[6] Ibid，P. 261。

[7] 参见 Richard P. Cronin，Analysis of Congressional Reductions in the Defense Budget；1971—1976 年财政年度（Multilith，Congressional

Research Service, September 16, 1976)。

[8] Fenno, The Power of the Purse, PP. 7 – 8。

[9] H. Rept. NO. 94 – 1475 (1976)。

[10] 122 Congressional Record (daily ed., August 25, 1976) H9031。

[11] 举例来讲，很显然，1972 年 180 亿美元通过后门支出程序通过的水污染控制项目拨款会被阻止，如果它经历过拨款委员会的程序。

[12] Joint Study Committee on Budget Control, Recommendations for Improving Congressional Control Over Budgetary Outlay and Receipt Totals, April 18, 1973, P. 10。这些数据都来自作为拨款委员会重要部门的前削减联邦支出联合委员会。

[13] Fenno, Power of the Purse, P. 448ff。

[14] Fenno 认为，众议院拨款委员会的成员相信“……那些关闭的执行部门对于保护委员会的资金分配免受来自增加拨款的公开压力和阻止他们庇护国会都很有必要”。Ibid., P. 113。

[15] 被民主党免职的主席是武装部的赫伯特（Herbert）、农业部的佩吉（Poage）以及银行货币与住房委员会的帕特曼（Patman）。

[16] 为了追求委员会削减预算的目标，主席和高级少数派议员使用了一个……小组委员会选择的补偿模式。也就是说他们有意委派没有顾客利益存在的个人担当小组委员会成员。Fenno, The Power of the Purse, p. 141。

[17] Fenno, The Power of the Purse, p. 203。

[18] 122 Congressional Record (daily ed., August 10, 1976) H8624。

[19] Ibid。

[20] Ibid., H8625。

[21] 1973 年联合学习委员会众议院拨款成员与全部委员会成员的 ADA 平均得分分别为 6 和 36，而参议院的两种得分分别为 33 和 50。

[22] Joint Study Committee, op. cit., P. 1。

第十一章
矛盾的申请人：预算过程中的拨款委员会

预算法案明显地将预算与拨款过程区分开来。预算根据职责功能来分配，所有的联邦项目分为 19 个大类。预算拨款被分为 1000 多个账目，这些账目（在通常情况下）会与联邦组织单位相一致。假定每个过程都在自己的职能范围内运行，并通过一条信息通道使它们联系在一起。如果所有的事都按计划进行，那么预算决议将会体现国家的优先项目，而拨款委员会将会决定特殊的支出问题。

预算法案对拨款委员会的角色也有了重新定义。委员会不再被视为是唯一的钱袋保护者，他们现在被看做是申请人，他们的支出倾向一定要受到预算程序的监督。这样，预算法案就能够防止拨款委员会在第一次预算决议案被采纳之前就作出拨款决定。在他们报告任何草案之前，拨款委员会必须在其小组委员会之间分配它的份额。在其将某个草案提交议员大会之前，众议院拨款委员必须标明它所有的常规草案，并向国会报告所有这些活动如何与国会预算中的分配进行比较。每一项提交给议员大会的拨款措施都有一张记分表，显示其与国会预算中数字的关系。拨款委员会的行为受到来自预算委员会的控制者监督，确保预算目标和上限受到保护。当一项拨款草案在众议院或参议院讨论时，预算委员会主席通常利用议员大会宣布拨款委员会是将遵守还是违反了预算控制。

这些程序建立在这样一种期望之上，即除非拨款委员会的行为受到监督和控制，否则无法相信它们会遵守国会预算。把这个事情说得坦率一点，就是预算程序的存在就是为了防止拨款委员会（以及其他国会支出者）的“预算破产”。将过去的监护人作为申请人的角色转换是预算法案出台前十年里拨款委员会转型的必然结果。

不情愿的申请人：“3·15”的问题

在准备其3月15日的观点和估计时，拨款委员会被迫在预算过程的早期扮演申请者。它们必须在完成作为它们法案基础的立法工作之前提交这份年度报告。虽然这个问题使很多委员会感到苦恼，但它对于以大量听证会和对预算申请的细致审查闻名的众议院拨款委员会而言特别麻烦。对于3月15日不精确和不成熟的评估扰乱了委员会的委员们，他们习惯于通过系统审查部门支出计划来得出精确的结论。下面是一个来自小组委员会助手的典型抱怨：“我们真的没准备好在3月15日提交报告。如果我们能够在2月1日开始听证，那已经是非常幸运了。听证会往往会持续到4月中旬。然后我们在5月初可以进行审定，所以3月15日的报告不论质量还是实用性，都不会很好。”

正如我们在第六章中讨论的那样，“3·15”程序导致委员会将它们的需求确定在它们本年度后期预期推荐的数额之上，并且也可能在总统的估算之上。拨款委员会的要求不可能少于随后在拨款提案里它们需要的数额，他们也不可能把需要的数目计算得太接近，以至于可能在这一年后面的时间里冒着突破预算目标的风险。为了安全起见，它们宁可把目标定得高一些，即使这意味着它们对联邦支出的控制进一步被削弱。以下是从一个参议院参与者的有利地位出发的该程序的运行方式："总统的预算案在一月份提交，你几乎没有机会去审查所有的细节。所以你能够做的就是尽可能审阅这份预算申请，并且你做出某些假设：在那个申请中无疑会有某些削减，以及某些反映国会优先项目的增长。然后你就像在棒球场投掷一样，要提前估算一下即将到来的补充拨款在下次的会议上会怎样。可能会有一些原因让总统先确定预算修正案。所以它又快又不透明，其中还有很多猜测。虽然通常你可以预估一个特定类型的增长，你在这一点上得出的数据通常会大一点。你不想要把自己限制在一个太紧的范围内，因为有一件事你是确切知道的，那就是总会有一些人们预料不到的事情会发生，像是灾难或其他什么事。每个人的上限总会比自己真正需要的高出一些，这可能就是预算过程不好的特征之一。实际上，委员会得到了一个夸大的估计。"

3 月 15 日这个过早的截止日期会强化小组拨款委员会的自治权，而且会推动那些持财政保守看法的人作为下年预算某个份额的申请者来行动。每个小组委员会都有很强大的动力去申请全部拨款的公平分配；在拨款委员会分配所有款项时，必须保证每个小组委员会的需求均被全面充分地覆盖到。比起关注总委员会，每个小组委员会宁愿选择有局限性的视角来看待他们的兴趣。另外，总委员会不可能那么早就对下面的小组委员会施加有效影响。到了 3 月 15 日，总委员会没有任何权力可以挑战独立的小组委员会的需求。众议院和参议院的议员们都认为，需要总委员会做的事只不过是在小组委员会的推荐信上盖一个同意的印章而已。正如一位观察员所发现的那样，参议院的拨款行为就像是一个装订操作，如果你要质疑小组委员会的判断，你必须在总委员会的层面上有更多的分析报告。一位众议院拨款委员会的观察员评论道："从理论上讲，我们需要在总委员会记账，但在那里并没有许多事需要我们做，因为小组委员会已经把自己独立的那部分账目整理好了，所以在总委员会里便没有需要增加的账目了。"

正如我们所预料的那样，作为申请人，众议院拨款委员会比参议院的委员会遇到的麻烦多，因为许多老一辈议员都把他们的委员会视为财富的守卫者，并且渴望那个角色的回归。众议院已经养成了在预算和拨款过程中用一般评论来介绍他们 3 月 15 日报告的习惯。1977 财政年度预算报告的前言这样写道："……许多年来，拨款委员会拨出的数量一直少于总统的申请，也远远少于许多国会成员和大量社会团体的主张。这不是一个简单的任务，而且每年似乎都在向更艰难的方向发展。"[1]

1977 财年遇到的困难尤为显著，正如我们先前讨论到的，福特总统的预算呼吁大量削减国内支出。委员会不可能削减得比总统建议的更少，事实上，它不得不需要额外的几十亿美元。众议院拨款委员会尽力想缓解这种困境，他们希望把与总统预算的偏差标定为一种偶然性，而不是命令或推荐。对于每个职能部门而言，委员会要列出总统寻求的预算授权和支出，并指出哪些偶然的因素会导致更高的支出（少数情况下导致更少的支出）。后来在"3 · 15"报告中引用的警示事项指出："…这些意外不应被解释为拨款委员会的建议。还应指出，委员会只是启动了1977财年的预算程序。在听证会期间，有来自行政部门的上百份证词，国会和公众在提出任何建议之前将会听到一些不完整以及有待完善的信息。这样，就不可能在这一时间在这份报告中提出建议。然而，委员会已经明确了可能导致预算变化的领域和意外，它们需要进一步的考虑……委员会强调在这里明确的意外在规模或优先性方面不能被视为体现了一个有关联邦预算的总体建议。”[2]

随着意外被包括进来，众议院拨款委员会预计1977财政年度的支出将超过总统预算200亿美元。这个巨大的“超额”被方便地展现在一张总计表上，传递了一个清晰的形象：曾经以削减预算而自豪的委员会现在却大力主张增加支出。关于意外与建议之间区别的免责声明未能制止其他人将图表视为众议院拨款委员会的权威性建议（事实上，由众议院预算委员会提出的总支出与在财政年度第一次预算决议会议上通过的几乎完全一样，其中包括拨款部门预计的意外）。为了避免这种“误会”的重复，在随后众议院拨款部门发布的“3·15”报告取消了对意外的计算，尽管这些项目出现在与各种功能有关的讨论中。

参议院拨款委员会越来越少关心那些显示他们希望超过总统申请拨款的统计资料。由于对项目支持已经公开取代预算削减成为其某些小组委员会的指导原则，“3·15”程序成为一个受到申请者欢迎的机会，他们可以无需在某些特定项目上摊牌便可以宣布他们的偏好。参议院委员会的报告没有众议员拨款部门的详细，而且根据小组委员会而非功能分类来组织。“3·15”文件说明每个小组委员会都避免正面回答它们预计如何处理其拨款草案。

强制的申请者：众议院拨款部门与预算程序

在没有其他有立法权的参与者公开施加压力的情况下，拨款委员会一般通过选择来充当申请者。因为众议院委员会对它的支出态度仍吃不准，它有时会依附于某种守护者的道德，但预算程序不会经常让它在决定支出政策时有自由选择的余地。早在1977年，拨款委员会和预算委员会就已经有直接的冲突，众议院拨款部门被迫放弃削减预算的立场，扮演支持支出的角色。虽然这件事发生在幕后，并且通过为拨款委员会保全面子的方式解决，但它证明了委员会因为预算程序被迫担当申请者角色的程度。

1977年1月，在卡特总统就职后不久，他提出的很多关于财政年度预算增加的措施都已经在进行之中。大多数建议均在与国会内民主党领袖协商后确定。为了适应这个经济刺激项目，国会为该财年通过了一个“第三个”预算决议，但它却伴随着比总统申请的更多的工作和公共工程资金。在采用第三个预算决议后，众议院拨款部门报告了一个补充账目，它比决议中许诺的金额少了几百万美元。实际上，众议院委员会只不过通过削减预算来履行其资金守护者的旧角色。当众议院预算委员会主席吉阿莫注意到这件事时，他对发言人奥尼尔表示抗议，并说拨款委员会在破坏工程项目。议长召集代表乔治·马洪和一些其他来自众议院拨款部门的人到他办公室，在那里，议长告知他们要归还在刺激计划中被削减的资金。拨款委员会给出它们两个选择：落实提出的资金归还措施（在委员会中采取这种手段有点滞后），或为了达到这个目的，代表民主党领袖和预算委员会提出修正案。在草案于1977年3月15日送抵议员大会时，拨款委员会领袖们采取了第一套行动。鉴于有人倾向于进行激烈的对抗，马洪主席说："就在今天下午，我们即将要面临一个非常棘手的工作。"[3]相关拨款小组委员会的主席们（一个接着一个）忠实地支持修正案，为补充草案增加了约7亿美元支出。在议长的办公室里，所有的一切均按计划安排进行着，并且无人对关键性问题的摊牌发表意见。代表罗伯特对此表示赞赏："许多小组委员会主席心甘情愿地提供这些修正案是为了我们已经通过的经济刺激计划能够立即实行…我迫切要求它们能够通过，并且再一次对拨款委员会如我们预期的那样能感受到经济需求表示赞赏。"[4]

这些结束后，来自预算和拨款委员会的参与者们坚持认为经济刺激计划是一个特殊的案例。他们解释说这是很独特的，因为拨款草案是为了回应刚刚被采纳的第三个预算决议，在该决议中，国会明确规定了将被用于经济领域开发的刺激金额的数目。不仅如此，设立预算程序的目的就在于使政府能够制定总的财政决策。他们建议拨款委员会在制定"微观"决策时要比设定支出水平有更大的余地。但即使作为一个特殊案例，此事也向我们展示了新预算规则如何改变人们对拨款程序的期望。

调节预算与拨款程序

在预算程序实行的前五年中，国会通过了超过75个常规性及补充性的拨款草案。它们当中只有一个（一揽子刺激计划）在预算和拨款委员会之间引起了一场“走向极端”的对抗。在某些事情上，分歧在激增为大规模之前被成功协调；对于另外的事情，有人则会选择尝试其他方法，而不是引起争端。当预算程序开始实行时，拨款委员会也理所当然地开始关注预算制定者。毕竟，这是他们正在接受挑战的领域，他们的行为每时每刻都被监督着。即使是在缺少特殊刺激的情况下，两年中，各个部门之间还是会有一种紧张感。“这可能更多是出于一种对全局的考虑，而不是针对一个简单的具体事例，”一个参议院成员解释道。这种关系通常是正常的，但却很少让人感到舒心。两边可能都无法放松，因为他们在不断试探着另一方的决心和行为。

预算程序的负担惹恼了拨款委员会，他们痛恨被要求从忙碌的听证会议程中抽出时间去准备“3 · 15”报告。他们认为很多预算程序是为制造工作任务而设定的，各种拨款活动缺少目的性和精确性。他们同样不喜欢预算委员会在拨款草案上浪费太多精力，视之为对新预算控制的误用。他们更希望相同的注意力能够被用到预算收入方面，拨款委员会的很多委员认为，委员会才是真正应该对高预算赤字负责的部门。然而，经过几年共同工作之后，预算和拨款委员会之间建立了稳固的合作关系。由于冲突总是有可能发生，所以两个部门都尽力避免。一个曾经从拨款一边参与的人认为，预算过程“展示了议员们掩盖冲突和避免彼此对抗的强大能力。一个政治家必须学会如何达成和解，这就是这儿发生的事之一”。

和平共处的因素包括参与者避免冲突的决心，以及预算委员会和拨款委员会偶尔相同的拨款和预算利益。不管他们在和平上如何承诺，一旦利益将他们拖向相反方向，委员会们就会开战。

调停人

通往和平的道路在众议院似乎要比参议院畅通得多。从一开始，众议院拨款部门与预算委员会主席们之间就在工作上建立了一种稳定的关系。作为众议院拨款委员会一位预算控制的早期倡导者和重要的财政保守主义者，马洪欢迎预算程序的规则。在很多场合下，他公开表示希望预算程序能够引导国会在支出方面更加节制。对于内部的争斗，马洪表示十分厌恶，他优雅的风度与众议院预算委员会首位主席布鲁克·亚当斯安静、平和的作风相当匹配。一位同时工作于拨款委员会和预算委员会的成员相信亚当斯是协调两个部门的重要角色："一开始，拨款委员会的成员们可能有些担忧。这可能是基于担心预算委员会会侵占他们的管辖范围，并且限制拨款程序的功能。在很大程度上，亚当斯开始维系他与所有委员会主席特别是拨款委员会和小组委员会主席们之间的关系，以此来减轻拨款委员会的恐惧感。他做得相当出色，甚至到了拨款委员会主席们开始依赖布鲁克来到议员大会并协助它们提交草案的地步。"

成员关系的重叠对于众议院预算和拨款委员会的合作关系而言并非最重要的因素。因为众议院拨款小组委员会的组织构架是分散的，任何人都很难作为整个委员会的代言人，或者作为它与其他委员会之间的桥梁。如果一个人在两个委员会中都担任职务，并尝试去做中间人，就可能会被当做是间谍而不是一个诚实的中间人。如果一个人既是拨款委员会的成员，同时又属于预算委员会，那么他或她可以将个人兴趣或专业知识注入预算程序中去，但这样的成员并不比那些允许其他立法利益集团影响其预算工作的同事们有更大的优势。

直到1977年一位拨款委员会成员成为预算委员会领导，众议院两个委员会之间的关系才得以改善。虽然合作关系在罗伯特·吉阿莫成为主席时就已建立，但紧张感有所增长。不管在拨款部门供职时间有多长（他于1963年加入），吉阿莫始终没有担任小组委员会主席。他被认为是一个局外人，与在国防小组委员会（他原则上的专业部门）的大多数同事们相比，他更加自由。吉阿莫因许多拨款委员会（和小组委员会）成员的努力而不快，他们的活动就好像预算程序尚未建立。尽管如此，除了偶尔有些紧张，他们之间还是保持着友好与合作的关系。

委员会内部的融洽已经通过在行政人员层面拉近彼此之间的关系得以加强。一位预算部门的高级行政长官以前曾在拨款部门担任马洪的重要助手。两个委员会的行政人员经常交换信息，并且保持对于对方活动的了解。这两个委员会享有共同的数据库，并依靠相同的信息处理系统。一位拨款委员会工作人员清楚地总结了二者的关系："他们告诉我们预算决议，我们告诉他们正在酝酿过程中的拨款草案。"这中间不需要担心任何一方的突然袭击，双方都可以避开可能发生的麻烦。

在参议院中，预算与拨款委员会的关系从一个有争议的起点出发。早在预算法案通过之前，拨款委员会主席约翰·L. 麦克莱伦就对改革的方向表示不满。在参议院政府行动计划委员会（在他担任委员会主席之前已经主持了20年）考虑立法机构的审议事项时，麦克莱伦正在推进关于联合预算委员会的特殊计划。[5]当这个计划被否决时，他失去了对于立法的兴趣，并且从该进程中退出。尽管拨款委员会在结果上投入了巨额赌注，但委员会在预算案的发展过程仍将自己限制在一个“观察员”的立场。当这个议案来到参议院面时，麦克莱伦一直等到四天讨论的最后一刻（发布了一个令人怀疑的预测）：“我确信这个草案以其现有形式将无法实现其声称要取得的目标……该议案将这样一个重担置于立法与拨款程序上的想法不切实际，国会不可能遵守它的条款，服从它的指挥。”[6]

一旦预算案成为法律，麦克莱伦便决定完全与新委员会合作。“他是这样说的”，一位助理叙述道，“不管它包括什么，我们都要遵照预算法案来做。不管我们能在拨款委员会中做出什么样的改变，我们都要做。我不会去反抗它，因为它是法律。”这种不满的姿态很符合麦克莱伦严厉、守法的个性，并且在新程序中提升了他的委员会的影响力。另外，它的一位助手解释该策略：“参议院中的权力关系处于变化之中。我们都能看到这一点，并且我们感到如果不成为它的一部分，它无论如何都会发生。如果我们不合作，净结果是：与我们参与预算改变并尝试合作相比，我们的作用将被进一步削弱。”

尽管麦克莱伦决心与预算程序和平共处，斗争还是在议案生效后的几个月里爆发了。原因是参议院预算委员会坚持认为他们对预算法案中建立的新扣押控制有管辖权。参议院拨款委员会也同样坚持在这些规则下，扣押事件完全在其职能范围之内。（众议院预算委员会未表现出对任何领域的兴趣，所以众议院拨款委员会将该领域留给自己。）在几个月的激烈争论后（参议院在此期间在一些待定扣押措施的活动上有所延误），这个僵局被一份一致同意的协定打破，将扣押权同时赋予预算与拨款委员会，以及任何在受影响的领域有管辖权的授权委员会。[7]

埃德蒙·马斯基确信他的预算委员会不会在预算中发挥

很大作用，除非它能够对抗那些更老且更有传统的委员会，有力地保护它的利益。因为扣押权是要实施的预算法案的第一个实质性特征，它成为对参议院预算委员会意向和影响力的一个测试。正如某位参议院预算委员会员工解释的那样，“马斯基不确定预算委员会将要做什么，是否会有大的成效。所以他只是在尝试得到任何他有可能得到的东西。”

在那时，扣押权的重要性通过大规模取消和延期福特总统的计划而得以扩展。事后看来，所有参与争斗的人都认为它只是个小打小闹，未留下持久的痕迹。然而，对抗提醒两个委员会成员建立沟通渠道以及在常规基础上交换意见的必要性。在扣押权斗争的结果中，两边都建立了融洽的工作关系，而且信息的分享与交流也有了常规标准。

同盟

预算委员会与拨款委员会领导之间的协调工作已经通过在共同工作中获得的实际利益得到加强。由于在反对后门支出中的坚定立场，众议院预算委员会与拨款委员会已经赢得了相当大的声誉。

后门支出对参议员拨款委员会而言是一个较少受到关注的问题，因为其成员们会因他们在授权委员会的工作受到一些相反的压力。参议院预算委员会和拨款委员偶尔会在某个问题上站在同一边，结成同盟，就像参议院金融委员会将“退税”写入 1977 年能源草案之时。尽管要从国库支付现金（接受者有资格对超出他们税收义务的部分进行退款），这项支出将不通过拨款程序。马斯基在一次议员大会中加入参议院拨款委员会领导之列，试图为退税申请年度拨款，但他与他的同盟者被参议院金融委员会的大量支持者们投票击败。[8]然而，第二年，森·劳顿智利，一个既是拨款委员会又是预算委员会的成员，领导了一个平静而又成功的运动，要求所有未来的可偿退税都要通过拨款程序。

预算与拨款委员会在能源退税方面的结盟是暂时性的。它通过双方解读各自利益结合在一起，而非在某个事业上合作的长久承诺。仅仅几个月前，参议院预算委员会在一个相似的问题上采取了完全不同的立场。它坚持针对低收入人群的劳动收入税收减免应计为收入损失而非支出。在那种情况下，参议员预算委员会发现金融委员会是一个合适的同盟者。然而，众议院预算委员会站在拨款委员会这边，坚持认为劳动收入税收减免是一项直接支出。[9]

重大的机遇影响着预算委员会和拨款委会的关系。在一个值得关注的预算胜利中，参议院和众议院的拨款委员会有相似的立场，但它们与各自拨款委员会的关系却差别很大。这个例子包括一个参议院预算委员会和公共事务委员会领导的共同努力，旨在在一个交通拨款草案中包括一个对高速公路信托基金义务的限额。这个行为让圣·伯齐贝依（交通拨款小组委员会主席）感到震惊，并且他起初将它作为一个“法律上的扣押”进行抵制。但是参议员马斯基已经计划好，贝依承认他的理由无效（“我对增加程序有很好的把握”），接受了这一限额。[10]在众议院，与法律上扣押类似的反对被提出来，但这次预算和拨款委员会民主党人的联合在面对来自授权委员会强烈反对的情况下，赢得了高速公路支出限额的提案。[11]

联盟的持续变化说明预算和拨款委员会的结盟少于需要结盟的委员会。一位拨款委员会的助理总结道：“议员们看到两个委员会在不同的领域运作，它们通过做它们必须得做的事来维持和平。”

预算部门的职能和分项：信息联系与冲突

预算和拨款程序能够保持自治是因为它们在独立的信息框架下合作。以前稳定在一个小范围的预算职能之中，现在则建立在大量的拨款账户之上。信息分化的先决条件是国会预算的和平共处。没有这个，两类委员会将不可避免地侵入各自的管辖范围。然而这种二分法也会产生预算上的混乱和冲突。问题的根本在于功能与拨款类别的交叉。

一些预算功能和与它们相联系的拨款类别很匹配。几乎所有国家防御功能的基金均由军事防御构造拨款法案提供。在这些例子中，从一个信息范围到另一个不会造成任何困难。然而，某些功能被划分到大量拨款草案中去，而某些拨款草案则来自大量功能。对某个单一草案有贡献的功能越多，将其与功能分配相协调的难度也越大。有时，这个问题导致委员会之间的争吵。在一个这样的例子中，当参议员马斯基为劳动—健康教育福利草案在1976财年越过了半打预算功能道歉时，参议员麦克莱伦大声疾呼："为什么预算委员会认为有必要将程序弄得如此复杂？我不理解它如何运作。为什么委员会不能遵循拨款法案，这样其分析可以是简单、可理解的，而且我们都可以知道我们正在干什么，以及我们被期望做哪些事？"[12]

这个困惑在国会记录中占据了六页纸，伴随着马斯基耐心却不怎么成功的关于预算程序运作的解释，麦克莱伦需要的是一个直接的回答，是不是每项拨款都与预算目标一致。

将功能转换为拨款的问题被证明在预算程序上没有持久影响。一旦安装了电脑化的业务记录程序，转化便变得常规化。另外，根据经验，拨款委员会了解到将功能与拨款分开可以确保比完全同步的信息系统更具灵活性与选择性。因为这两类信息并不经常匹配，拨款委员会可以在功能间转移资金而不违反预算配置。一旦参议院拨款委员会意识到这一优势，其成员坚称他们未被正式告知功能分配如何与拨款草案相关，虽然其职员的确从参议院预算委员会的对应方了解到细节。参议院拨款委员会不希望其预算决议部分按功能分配。“我们在这个位子上。”一位拨款委员会的专家吐露道，“这么做会使分配工作变得太细致。如果要通过功能和小组委员会实现一个完美的分配，你真的需要具体到账目层面。所以在参议院我们不会根据功能分配。我们仅通过小组委员会分配，我们不会拿着预算委员会的报告并审查每一个细目（他们承担了什么?）并予以确认。我们确保不突破总额，这就足够了。”

众议院拨款委员会衡量其利益的方式不同并倾向于按功能分配。它的一位信息专家解释了委员会的理由：“事实上，预算委员会给我们的功能指标与我们自己的想法一致。我们充分意识到与参议院希望处理它的方式之间的不同。我们只是觉得只要预算程序把注意力集中在功能目标上，根据功能方式设定目标便是有意义的。实际上，我们建立了一个完整的电脑系统只是为了能够做到这件事。我们是唯一真正建立那件事的人，我们做的原因就在于我们希望有助于按这些功能分配。”

很明显，两个拨款委员会在看待自己的利益问题上截然不同。一个更能够容易地理解参议院委员会与精确的预算分配相联系的目标。众议院拨款委员会有完全不同的偏好，因为这两个委员会在利益上有分歧。在为其拨款草案定价时，众议院委员会习惯于精确地与基线数据作比较（去年的支出、总统的需求，等等）。不仅如此，功能目标对众议院委员会造成的威胁比参议院委员会小得多。大多数由众议院通过的拨款草案在数额上大大低于由参议院通过的草案；结果是，众议院的草案不太可能超过功能目标。

众议院拨款委员会接受功能分配还有另外一个原因：它想在其自身的支出管辖权与预算委员会的管辖权之间保持清晰的界限。从国会预算开始，众议院拨款委员会就已经在担心“分项”，即通过在预算中估算每一条目的成本来确定功能目标。[13]它对拨款委员会在其3月15日有关1978财政年度的报告中矫正其同类委员会的关注也很好：“考虑到预算方面一致决议报告的内容，委员会的关注涉及确认的趋势和对特定拨款分项提出建议。然而这些分项建议没有实际的效果，他们试图掩饰预算委员会对整体宏观经济的责任，并且没有必要地复制听证和审议，这些原本是授权和拨款委员会的责任。有些证据显示，将功能分解到更为详细的联邦活动集合中去的压力在增加。这类分解应当避免，因为它只会导致整个讨论聚焦在“方法”和联邦项目的技术部分，而非更广泛基础上联邦预算的宏观经济目标。”[14]

对预算委员会关注分项的抱怨还没有达到破坏两个委员会关系的程度。众议院预算委员会对拨款委员会的担忧更敏感，在避免侵入更资深的委员会的领域更谨慎。通过允许预算委员会给予它功能分配，拨款委员会描述了两个委员会各自的界限。与功能相比，分项是拨款委员会的领地，（在它看来）功能是预算委员会唯一应当关注的事。

加速拨款程序

也许，预算委员会和拨款委员会能够和谐共处的首要原因就是拨款程序日常运作的变化出乎意料地小。虽然拨款委员会在整个国会日程中的位置已经改变，委员会内部的程序仍旧像以往那样继续。比起改进它们自身的运作程序来迎合当代国会的期望，这些传统意义上的委员会更愿意承受立法重要性的下降。

预算法案带来了一个显著的改变，加速了拨款草案在国会的运转。在 1976 年之前，常规拨款草案上的行动常常要分散到一整年。在相关的小组委员会完成它们的工作后，拨款委员会将每一个草案分开来考虑。在众议院拨款委员会为某个草案定价后，它将方案提交议员大会，不考虑其他拨款的状态。在这一安排下，在议员大会考虑第一个拨款草案与最后一个拨款草案之间通常要过很多个月。一些拨款延迟，因为它们必须等待国会授权立法的活动；另一些是由于存在争议且一致很难实现；还有一些掌握着其他立法利益的“人质”。[15]净结果是大多数拨款在它们适用的财政年度开始后才实施。在一些极端的例子中，国会没有实施常规拨款，并且整个财政年度的资金由持续决议提供。

预算法案要求国会在九月初完成所有常规拨款活动，在财政年度开始之前。法案进一步要求众议院拨款委员会同步上报它所有的常规草案，并说明这些活动如何符合第一个预算决议。为了满足这个时间表，拨款委员会被迫加快它们的工作。众议院拨款小组委员会在总统预算被提交后的几星期内就进入听证会阶段。参议院小组委员会遵循它们的轨迹，并且在听证议程上有大量重复。因为众议院拨款委员会必须同步报告所有草案，一些草案被延迟，直到落后者得到批准。众议院随后在六月留出一段时间给拨款草案，这段时间它们力求以一天一件的进度来处理这些事。比起等待众议院完成它们的工作，参议院拨款委员会在众议院最终结果确定之前为其草案中的一些标价。参议院议员大会的审查通常在众议院采取行动后的几个星期，草案以极快的速度处理。在 1976 年的一个星期六，参议院接受并通过了三项拨款草案。

这种不寻常速度的证据就包含在表 11－1 中，显示了 1978 财政年度的时间表。所有 1977 年常规拨款都在财政年度第一天之前被执行，这是三十年来第一次完成的伟业。这个结果在接下来的几年稍有逊色，之后有很多常规草案不得不通过持续决议来拯救。即使是对预算程序在时间上的压力也无法克服在大量问题上争议时间的延长（例如堕胎政策），这就侵占了拨款程序的时间。然而，总的执行与以往的习惯相比都在持续加快。

表 11－1　国会在 1978 财政年度拨款草案上的变化

草案	众议院通过	报告参议院	参议院通过	改进后的会议报告	
				众议院	参议院
财政部、邮政服务	6月8日	6月14日	6月20日	7月14日	7月14日
交通	6月8日	6月15日	6月23日	7月18日	7月20日
内务	6月9日	6月16日	6月17日	7月12日	7月13日
州、司法部、商业	6月13日	6月21日	6月24日	7月19日	7月19日
住房与城市发展、航空航天、退伍军人的管理	6月15日	6月21日	6月24日	7月19日 9月23日	9月23日
劳动—卫生、教育和福利	6月17日	6月21日	6月29日	8月2日 10月12日	8月4日 10月12日
市政工程	6月14日	6月25日	6月13日	7月25日	7月25日
农业	6月21日	6月23日	6月29日	7月27日	7月29日
军事建设	6月21日	6月23日	6月29日	8月5日	8月5日
外国援助	6月23日	7月18日	8月5日	10月18日	10月19日

续表

草案	众议院通过	报告参议院	参议院通过	改进后的会议报告	
				众议院	参议院
立法机构分支	6月29日	7月13日	7月18日	7月26日	7月26日
国防	6月30日	7月1日	7月19日	9月8日	9月9日
哥伦比亚特区	9月16日	9月19日	10月4日	5月16日	

注：由于参议院和众议院不同意它的附加条款，所以住房与城市发展部的草案被退回会议。外国援助草案在10月12日由众议院再次提交。劳动—卫生、教育和福利部与哥伦比亚特区由持续决议提供资金。

拨款委员会成员对这次取得的成绩感到很骄傲。他们不仅将其视为对预算法案承诺的实现，也是拨款程序活力与适应性的象征。当程序第一次加速时，主席马洪吹嘘他的委员会在逻辑上的壮举：“在接下来的两周里，拨款委员会将会提出13个主要常规拨款草案中的12个。这12个草案将会包含所有联邦政府的机构和部门。……数以百计的听证会，4276证人，75个卷册中64762页听证会上打印的纸，一些委员会成员及工作人员付出数不清的时间在工作上，就是为了达到这一点。”[16]

马洪的统计概况是他告诉众议院由于加速拨款审查没有延迟的方式。他的委员会一如既往地周到和警惕，它的努力工作和奉献已经弥补了失去的时间。然而，其他人并不这么确定。在第一次加速到来之前，拨款委员会的民主党领袖警告众议院：“我在这个世界上看不到任何一条路可以让我们在如此短的时间内过活。……我看不到我们的委员会如何能够在被允许的短时期内在预算上做一项出色的工作……因为要做好这些常规工作，我们必须花时间去研究这些草案。”[17]

众议院拨款委员会遇到被缩减的时间表，因为它在审查它的立法上更有效，并且它在审查部门提案时抄了近路。整个委员会建立了一个小组委员会听证的主要作业表，并大量减少延误。但是，人们在浏览了数千页打印证词后不可能不得出结论：由于时间压力，听证会已经变得更肤浅和更匆忙了。每个机构都会派遣它提供证词的随员（加起来要上千，正如马洪报告的那样），但大部分公开听证都接受机构辩解和附加文件的影印版本。偶尔，一些成员承认拨款检查的质量由于草案要符合时间表的压力而有所下降。相对于那些处理常规内部事务议案的人而言，这个问题对于那些要处理重大的、有争议的草案的小组委员会更为严峻。当 1977 年庞大的防御拨款草案提交给议员大会时，代表丹尼尔谈到了迎合时间表所必需的妥协："小组委员会没有时间去举行过去已经习惯了的详细的听证会。我们涉及整个预算需求。我们的很多考虑要比近几年笼统得多，更少注意细节……打印出的证词没有以前那么多，而且你会注意到报告的长度也减少了。为了迎合预算控制法案的需要，小组委员会精简了它程序。"[18]

第二年，国防小组委员会的共和党领袖提出了一个类似的抱怨："由于预算控制法案强加的时间限制，我们不能像以往那样对每一笔账目举行详细的听证会。取而代之的是，我们重点关注主要问题，诸如坦克、造船以及战略项目等问题。虽然我觉得我们在这种环境下已经竭尽全力，但我宁愿在一些复杂的问题上多花一些时间。"[19]

时间的压力对参议院拨款委员会也造成了一定影响，不过是以不一样的方式。他的听证会一般来说不像众议院委员会召开的那么细致和集中。作为一个上诉主体，参议院委员会重视那些可以得到联邦机构关注的项目。但参议院的委员会也经历了一段困难时期，那就是让它的成员们在忙碌的时间表中找出时间参加拨款听证会（它的成员均服务于其他委员会以及大量的小组委员会）。一个小组委员会的解决办法是出版大量从未发生过的听证会的会议记录。对话被记录下来代替真实的辩论，卷宗由行政机构提供的支持资料填满。这个实践在新闻中被报道，也导致小组委员会首席书记员哈里·德克斯离职。

大多数参议院参与者声明上诉程序尚未通过缩短众议院通过与参议院委员会的报告之间的间隔而被明显缩短。参议院关于1978年国防拨款的报告在众议院行动一天后便归档了。一些实例证明，众议院的行动与参议院的报告在同一天发生。对于一般的草案而言，众议院与参议院的行动之间只有一周的时间差。不管怎么说，机构已经能够通过在拨款委员会的工作中保持较短的间隔来部分抵消这一压缩。他们经常会在报告存档之前很久就被告知众议院委员会要做什么，这样便可以使他们在众议院完成他们的工作之前就向参议院拨款委员会提出他们的申诉。

拨款委员会很愿意把它们的工作压缩在很窄的时间范围内，因为它们可以从避免持续决议中获益。一旦持续决议再次成为常态，拨款委员会可能会失去其提高程序速度的最大动力，而预算法案的时间表可能也不足以限制其返回一个更松散的日程表。

即使想加快进程，但如果失去了"无持续决议"的手段，拨款委员会可能也没法这么做。由于加速的时间表，大多数提交众议院的拨款草案都会缺少一些个别项目授权，但却有一个特殊规则搁置议事程序问题。授权委员会对这种侵占他们职能的行为有抱怨，但到目前为止没有成功。当代表理查德·波林提及按常规搁置某个拨款草案的议事程序问题时，一位不满的议员抗议道："预算体系的破产……这个问题的事实是我们一整年都在通过规定搁置反对没有授权草案便得到拨款的规定。"[20]更有趣的是，在众议院同意了一个对1978年内部支出的搁置时，承诺放弃1978年拨款草案时，代表沃尔特·弗洛尔的爆发："整理好你的行李并且戴上你的帽子，因为你正准备踏上拨款旅程。它很快就会通过这里。不论你的授权草案是否准备好，都没有关系。拨款委员会已经准备好了，并且他们会全速向你冲来。"[21]

弗洛尔继续反对通过预算和拨款程序"挤死"授权程序。随着搁置成为标准程序，来自授权委员会的抱怨明显增加。放松预算时间表的要求已经提出[22]；一旦持续决议再次成为一年一次的常规模式，这类要求可能会被证明是不可抵抗的。

在委员会内：为总统的额度拨款

拨款委员会现在会更早地作出决定，但是这些决定没有很大区别。最重要的"未改变"是他们继续依靠总统的预算估计，而非国会的预算分配。这些委员会的内部决议程序尚未因新预算程序做出重大调整。行政预算将继续作为拨款委员会的出发点和评价标准。

拨款委员会在国会中是最具行政导向的委员会之一。他们很少参与立法事务，取而代之的是仅对总统的预算需求做出回应。他们常常是休眠的，除非被总统的要求唤醒。每个拨款草案都是根据某个总统行为的规划。从总统视角向国会视角的转变比其他可能的改变远为重大，将使拨款委员会偏离其传统并使其感到困惑。

这类转变从未发生过。从行政预算在拨款程序的终点被解放的那一刻起，这些委员会便将他们的注意力指向总统的数额。当他们拿到行政预算时，拨款委员会的议员和成员们全面梳理文件，旨在找出总统增加和削减了什么。对总统预算的这一定位在听证过程中继续。“我们仍然应对总统的预算”，一位拨款委员会成员承认。“我们在听总统的预算，而那正是我们要胜过的。”在每一轮中，问题与预算包括了什么或没包括什么有关。一个人可以阅读数千页只字未提国会预算程序或预算决议中数额分配的拨款听证会记录。

总统预算数额的重要性在拨款草案的过程中表现最为突出。“我出席了各类小组委员会的审定过程，”一位资深成员夸耀道，“我们甚至很少提及存在预算委员会这一事实。”这种“委婉的忽略”得到一位委员会成员同事的确认，他曾经也在预算程序中发挥领导作用。“他们（拨款额委员会）经常谈论总统预算。他们不愿承认国会预算的存在。”一位曾参与过上百次审定的重要的职员助理回忆道，“预算决议的数额最多在审定过程中被提及一、两次，而这也是由行政人员翻出来的。随后便是沉寂，接着他们去找其他材料。”

随着拨款水平达到国会预算目标，对国会数额的关注增加。但这些数额被有选择地使用，而非作为一个反对可能会破坏目标的提案的绝对否定。一位行政助理解释道，“小组委员会职员和成员将预算法案加入原因的武器库，旨在冷落一个它们不想提供资金的请求。”一位职员描述了程序如何运作：“预算决议给了小组委员会以及整体委员会一个工具去抵制委员会过多或超额的建议。我们今年使用了它，说“哇，我们很想把它加进来，但我们有预算上限，它可能会使我们超额。”这给了委员会抵制那些他们无论如何都想抵制的事情一个很好的借口。”

然而，当拨款委员会的成员们想要点什么时，他们也可以换种方式看，不顾预算限制。这是华伦·马格努森运用程序的方式，他是卫生教育福利与劳动力拨款小组委员会大权在握的主席（也是在麦克莱伦 1977 年死后，全参议院拨款委员会的主席）："如果想在众议院的总额之上为癌症预算另外增加 9000 万美元，马吉并不会烦恼。他会那么做，然后会在大炮上减少两三百万做做样子。马吉随后会审阅草案，为他需要的事增加资金，根本不考虑对预算决议的影响。"

拨款委员会在它们的报告中回归到以行政为重点，即使他们在审定时考虑国会的数额。对于每一个拨款账目，报告对比了委员会的建议与总统申请的数额（也与前一年的拨款数额作对比）。委员会随后讨论预算估计与他们的建议书之间的主要区别，通常关注被它驳回的提议的增加、新增的项目，以及在使用资金时它设置的限制。每个拨款部门的报告都会包括"预算授权的比较说明"，即一个预算估计与委员会建议比较的表格。预算法案唯一的妥协是一个简短的表格，比较草案中的总额与最近的预算决议提供的资金，以及每个草案预计的支出。

一直以来总统数额的统治地位主要源于习惯。拨款委员会如果失去了他们以前用得很好的决策方法，他们将无法应对庞大的联邦预算。他们常用的逐项审查很适合分项预算和行政部门提交的理由。他们当然也可以设计一个新方法，但预算程序没有提供给他们足够的动机去这么做。他们可以在保持自己传统的同时遵循国会预算的要求。另外，新预算程序鼓励拨款委员会继续主要使用总统的数额，因为高度概括的拨款决议与那些直面拨款委员会面对的分散选择不直接联系。这些委员会逐项审定他们的草案，钻研那些组成拨款账目的分项。"预算委员会，"一位拨款部门的行政人员解释道，"处理的是数十亿美元的宏观经济政策，我们经常处理的是五百万到五千万的问题。"另一位行政人员把问题说的更简洁："预算数额只是一长串巨大的数字。"对于委员会而言，他们每年不得不做几千个小决定，预算决议中的功能分配并非有用的指南。

预算功能和拨款账目之间的不一致给了拨款委员会忽视预算数额的许可。某位从对拨款委员会有利的角度观察程序的人评论道："关于拨款草案和预算之间关系的问题在审定时被提出。但困难在于：如果真实回答这个问题，预算委员会在决议中所拥有的不会造成任何区别，因为我们可以以任何我们想要的方式重新分配。"

因此，预算功能与拨款方式之间的区别在结果上就不仅仅是一个数据分类上的技术问题。随着国会预算决议考虑功能分类，拨款委员会可以继续依赖总统的数额并忽视预算分配，除了他们选择使用它们的时候。拨款委员会可以寻求澄清每一功能的假设，但这个行为可以被解释为公开邀请预算委员会介入拨款过程。在众议院中风险更大，在那里，预算委员会通过预测每一笔账目的数额形成支出目标。一位来自众议院拨款委员会的信息专家坚持认为："我们没有，也不需要预算委员会对每笔账目假定的数字。他们有一个将每笔账目的数额记录下来并输入电脑的系统。我们不鼓励他们这么做，我们不想知道预算委员会在做什么，除非这是一个几十亿的大项目。"

这个最后的评论说明拨款委员会不能完全不顾预算指示。高价项目不可能被忽视；国会表现出特别兴趣的小项目也不能忽视。不仅如此，拨款委员会准备 3 月 15 日的审查和预期，并且他们不可能对它们的支出偏好在预算过程中的遭遇漠不关心。他们还必须在其小组委员会之间分配每个预算决议的拨款额度，这种强制措施向拨款委员会提醒了预算的期望和约束。

在议员大会：选择性关注的优势

某个拨款草案在议员大会中会有比在委员会中更多的人讨论国会预算。议员大会管理者（即小组委员会主席）经常通过与总统预算作比较来介绍草案，显示它超出或低于需求多少。很多管理者也讨论拨款部门和国会预算分配的关系，尽管这类讨论不是规范程序。

议员大会的政治形势与委员会中有所不同。因为拨款委员会已经决定了它们想支出多少，所以它们必须回应对其建议的挑战。他们必须同时避免削减和增加，后者对议员大会而言威胁更大。增支的修正案多于减支的建议，并且成功率更高。在集合对其偏好的支持时，拨款委员会愿意将预算程序用作对它们的有利因素。

对国会预算保持沉默常常不是一种可行的选择，因为拨款委员会知道预算数额会通过预算委员会的发言人介绍给讨论。拨款委员会的管理者希望运用预算数据显示他的委员会在行为上负责，与国会预算决议保持一致，而非给预算委员会一个明确的领域，以它们的方式解释这些数据。总之，拨款委员会在将国会预算引入有关它们的草案的议员大会讨论中有三个理由：审定它们的行动；保护国会免受对它们支出决议的批评；抵制议员大会修正案。

当它们的草案之一在（为了与预算决议保持一致）被驳回的数额以内时，委员会希望国会了解它，特别是在支出水平存在争议时。

证明拨款行为的正当性

拨款委员会想要证明他们遵守了国会的预算决议。当它们的草案之一在（为了与预算决议保持一致）被驳回的数额以内时，委员会希望国会了解它，特别是在支出水平存在争议时。近几年，两个最具争议的拨款草案（从支出上来说）是国防部和卫生教育福利与劳动力部的草案，在将这些草案带入议员大会的过程中，他们的管理者已经声明他们会服从国会预算。参议员麦克莱伦表达了他的喜悦之情："参议院预算委员会的报告低于预算授权最高限额四亿五百万美元，低于支出限额四千四百万美元。我很高兴参加会议者能够将这个草案引入从我们国防力量需要的立场和从我们自己国会制定的预算上限看均合理的数额。"[23]

关注国会数额在拨款草案超出总统预算申请时特别有用。雷普·丹尼尔通过诉诸预算决议保护了 1978 财政年度的卫生教育福利与劳动力草案："虽然草案比总统的预算需求高，但它却控制在了国会预算决议的目标以内，不要忘记这一点。这正你的预算决议。"[24]

但当它们超过国会数额时，拨款委员会有时仍发现提及预算决议案很有用。他们知道预算委员会会有它们自己的议员大会声明，所以他们宁愿用最有利的观点描述超支，而非让议员们从预算警察那里得到消息。在超出额方面"博弈"有几种方式，主要看拨款委员会代表对该问题感觉如何。森·盖尔·W. 麦格为清白辩护，解释说他的农业小组委员会已经遵循了预算目标——"我们履行了我们的责任"，但是正式委员会会议增加了一亿美元给"一个非常有价值的项目，好、需要、绝对需要。但我们尽力实现我们的责任承诺，我们超过它是由于整个委员会的活动”。[25]当麦格暗示接受额外的一亿美元是个好主意时，他也表现出了对预算程序的忠诚。

拨款委员会可以通过谈论国会业务记录程序的缺陷来为其超支辩护。当1977年的国防草案未能根据预算决议的设想产生支出削减时，一位拨款委员会成员要求众议院不要争论这件事，因为“很明显，第一次预算决议在各种拨款草案上的应用绝不是一项精确的科学”。他把国防法案与预算期望之间的不一致称为“仅是一个粗略的估算”，[26]众议院不必为之担心。

另一个辩护是承认过量支出，但要向议员们保证整个拨款将控制在预算限额以内。森·罗伯特·C.伯德将一份1978年内务草案“严重超预算”的声明与一个“代表拨款委员会主席……委员会希望保持在1978财年第一次预算决议的总分配额以内”[27]结合在一起，这是一个在不为其他对国会预算的偏离开启大门的同时缓解超支压力的有效途径。

保护国会的优先权

当他们想证明超出总统需求的支出的合理性时，拨款委员会对国会预算的数字最有热情。比起以违背总统行政预算的愧疚感为借口，他们更可以声称额外支出事实上支持了国会预算的优先权。伯德将内务预算的增加辩解为“一种有意识地努力对国会优先权以及总统设立的优先权的回应”。[28]卫生教育福利与劳动力拨款草案的议员大会管理者、代表弗勒德宣称总统预算仅“代表了一个与其他建议和指导一起考虑的参照点”。[29]既是拨款委员会也是预算委员会成员的参议员奇力斯认为，1978年对卫生教育福利与劳动力的支出太高，但他坚持国会对支出水平的检测："……我们使用国会目标是很有必要的，这比总统预算更好，它就像我们的指导方针，告诉我们任何支出草案是否在预算中某一类中投入过多。1974 年预算法案既再次强调了国会在支出决议上的宪法责任，也是对发展新的财政规范的挑战……为了保持程序的可信度，我们必须保持它的完整，不能因为超出总统预算提案而剔除任何草案。"[30]

预算委员会的主席们支持作为保障国会预算优先权的新程序的运行。对布洛克·亚当斯而言，"总统预算需求不再是决定性的问题。决定性的问题是拨款草案与预算决议中提供数额之间的关系。"[31]对马斯基而言，"国会表达了其自身对于政府职能部门如何分配联邦支出问题的偏好。这个程序独立于总统在其年度预算咨文和拨款申请中提交给国会的内容。"[32]

这些对国会优先权强有力的主张不应该作为预算目标取代总统数额作为拨款委员会关键参照点的证据。但是，当国会想要支付超过总统申请的支出时，拨款委员会仍然被行政预算所支配。预算委员会的数字为此提供了一个便捷和令人满意的理由。

避开议员大会修正案

国会预算为反对不受欢迎的议员大会修正案提供了新观点，这将造成支出超过预算目标。这样，甚至当他为超过国会目标的内部部门拨款辩护时，参议员伯德仍力劝"那些对某个领域或另一个领域的额外资金感兴趣的人要多加约束。"[33]这种请求有时会产生立竿见影的效果；例如，休伯特·汉弗莱在被告知修正案可能会违反支出分配后，立刻收回了修正案。“我服从预算约束……来自缅因州著名的参议员……已经在这件事上训导过我了。”[34]在与新预算控制斗争几年的基础上，一个来自众议院教育和劳工委员会的支出支持者争论道：“预算程序使你不大可能去议员大会，围着拨款委员会争取更多资金。”

然而，记录并没有很清楚地支持这个陈述。在国会预算的前两个周期内，众议院拨款草案中68份寻求增加拨款的修正案中的40份都得到了通过，而在参议院中，89份寻求增加的提案中的80份被批准。尽管我们不知道在预算限制缺失的情况下有多少额外增加量可能会被提出或通过，但一个合理的结论是国会目标对于受欢迎的修正案而言并非是一个不可逾越的障碍物。一位拨款委员会的职员为其委员会在修正案上缺乏成果提供了一条线索。“我们去议员大会，通常会留下很多疏漏，这样就很难提出充分的理由来反对修正案。”单独一个修正案很少能使总支出超过最高限度；如果某个修正案推动支出超过功能目标，它的支持者会争辩说资金可以从对拨款委员会的总体分配中提取出来。当某个草案超过预算时，拨款委员会通常会这样声明；一个类似的论据也可以被那些支持议员大会修正案的人用来反驳拨款委员会，发挥同样的作用。

预算委员会的代表经常对推迟修正案有意见，但是想避免分项审查的愿望经常会引导他们勉强接受一个常规的建议，即采纳提议可能会挤出以后的支出提议，而非直接反对修正案。当议员大会修正案被否决时，它更像是内行的议员大会管理者和某个统一的拨款委员会的作品，而非某个有说服力的预算委员会主席。

在拨款过程中的预算委员会

预算委员会避免强有力地对抗议员大会修正案还有另一个理由。许多修正案的通过明显有国会内部的大量支持。如果预算委员会经常反对议员大会在拨款草案上的增长，它就等于是在试图拒绝国会对其拨款委员会施加压力的机会。在这种环境下，预算委员会可能会发现他们位于输掉很多议员大会投票的边缘。

预算委员会不得不挑选一下他们关注的问题和反对的议案。他们不可能抱怨每一个他们不喜欢的支出措施。不仅在于议员大会修正案，还在于它们对拨款草案的立场，预算委员会在它们使用“预算破产”的观点时必须有所保留。他们必须支持拨款委员会，这限制了它对公然滥用预算程序的反对。随着15个或更多拨款草案送抵每届议员大会，国会的共同领导将会由于参众两院两套委员会之间的不断冲突而再次受到挑战。

几乎每次要对某个拨款草案进行议员大会讨论时，众议院或参议院预算委员会主席就会代表他的委员会发布一个正式声明，评估这个草案的预算效果，以及它对国会预算决议的服从程度。众议院预算委员会的主席有一个比其参议院的对应方简单得多的工作。几乎每一个众议院提出的拨款草案都比参议院考虑的草案提供的资金少。众议院拨款草案很少会与预算目标发生冲突；这种麻烦更容易在参议院内发生，在那里预算委员会面临更高的数额，要在避免挑战草案的同时不冒失去信誉风险的问题。在众议院中，预算委员会主席一贯都支持拨款委员会。当福特总统否决了 1977 年健康、教育、福利与劳工拨款草案时，主席亚当斯站在为推翻总统否决而战的最前线："我可以忠告各位议员，健康、教育、福利与劳工的拨款草案与我们所通过的国会目标和分配完全相一致。"[35]当众议院共和党发动一场议员大会运动削减第二年的健康、教育、福利与劳工草案支出时，鲍勃·吉爱默有力地捍卫了拨款委员会："当委员会带着超出目标的金额进来时，我会走进这这片令人满意的叫喊声中，并指出他们超过了预算目标。但是，拨款委员会在每个草案上都参与，当然在这个草案中，金额很好地控制在我们的预算目标以下。"[36]

尽管参议院的许多拨款草案都加入了支出增长，马斯基能够支持大多数草案，并阻止反对除少数之外所有超预算目标的草案的缺陷。一个特别受欢迎的策略就是（每年重复许多次）限制他对拨款总额的评论，回避对特定拨款问题的评论。"预算委员会不是一个分项委员会。它为拨款委员会设立那些单项。"[37]还有另一种解决之道就是"让我们把它带给会议"的方法，运用这种方法是期望众议院较低的数额能占优势。马斯基巧妙地把这个方法运用于 1978 年健康、教育、福利与劳工草案的健康部分，该部分大大超出了预算目标；他认识到"众议院的水平低于目标，所以我认为我们必须在关于健康支出的最终审定出台之前，看到各种拨款部门协商的结果。"[38]马斯基忽略了少数违背预算目标的情况，运用主席特权决定某项超额的后果是否足以引起他的反对："我不想成为参议院议事厅中的麻烦。作为预算委员会主席，我的工作是为了强调我认为重要的问题，以便将我们保持在功能目标以内。我不会试着去捡起每一个我不同意的五分或一角硬币。我认为这对整个程序而言将是破坏性的。"[39]

正如这个第一年的声明所示，马斯基最初的意图是确保拨款委员会的数额在功能目标以内。但严格坚守他的职责将迫使马斯基站到拨款委员会的对立面，只要它超过它的小组委员会或功能分配。因此，马斯基采取了一种规则，允许参议院拨款委员会在职能部门中转移资金，只要它遵守对委员会的总体分配："在预算决议下根据它认为适当的方式在它的小组委员会之间划分已经分配给它的资金当然是拨款委员会的一项特权。这是事实，即使在小组委员会之间的那个划分与预算决议中的目标有所不同。"[40]

马斯基也承认了拨款委员会的自由裁量权，可以在小组委员会之间转移资金："超越小组委员会的分配是所有拨款委员会的特权……只要委员会能保持在总分配额以内。"[41]这种宽容的态度避免了拨款委员会与预算委员会之间的争斗，但这也允许有过度预算授权的早期草案顺利通过国会，这些授权要么必须从后来的拨款中转出，要么通过第二次决议中更高的限额来适应。马斯基第一个解决问题的办法是劝告参议院"如果我们在今天之前投票给偏好的草案，其他一些高优先权的项目可能在之后会被挤出。"[42]麦克莱伦回应道，"全体拨款委员会希望能够保留第一次预算决议给予这个委员会的所有分配，包括此时知道的所有可能的后续需求。"[43]

预算委员会的主席们小心地将他们的角色分为预算委员会的发言人，以及国会的独立成员。如果他们的每一个拨款草案声明均被作为预算委员会的官方立场，主席们在非预算领域就无法自由地决定反对或支持支出措施。他们每次在议员大会上攻击某个项目时，问题就会被认为是两个委员会之间的争论；每次当他们支持支出增长时，他们便容易受到关于使用他们的预算地位促进优先项目的指责。随着事情得到解决，主席们不需要宣布他们是代表预算委员会还是以个体议员的身份。声明的类型常常标志着其充分扮演的角色。作为预算委员会的发言人，主席经常会提供直接的关于拨款财务影响的明确解释；作为一个有特殊利益的议员，主席经常会提出立法内容。

有时，主席模糊了两个角色。结果，他能够运用预算委员会的立场，而不造成预算和拨款委员会之间的问题。在一个这类例子中，吉爱默被灾难贷款项目的补充拨款激怒，作为众议院预算委员会主席转而反对拨款草案。这个项目的支出考虑之前的一个补充拨款后，已经从最初预算的 2 亿美元飙升到 23 亿美元——在财政年度结束之前可能还会增加资金。吉爱默探究了这个项目的财务细节，传递的印象是他在作为众议院预算委员会主席讲话，但他在讨论中没有提出通常在业务记录方面的考虑（预算决议中保留的余地有多少），这说明他并未要求众议院因预算程序违规而拒绝这个草案。[44]当吉爱默以 23 票对 346 票输掉投票时，他的失败没有被认为是为了预算委员会的一次失败。

下限与上限：预算对拨款的影响

国会预算程序是否已经改变了拨款委员会的支出？观察者们在解释明显的改变时有所不同。对 1976 财政年度而言，国会对国防（59 亿美元）的削减比过去十年中的任何一年都多，虽然削减比例与越南战争结束后的拨款模式一致。仅看那一年，人们能够得出的结论是：新预算程序已经迫使拨款委员会削减了比在没有预算决议压力下更多的国防支出。这种解释在那时的媒体、美国国会山、以及五角大楼中广泛流传。然而，在接下来的三年里，国会从国防中削减的支出比越南战争以来的其他年份要少得多。完全不同的结论（预算程序推动国防支出比它在其他情况下可能有的要高）现在就合情合理了。

国防曲折的命运体现在对预算委员会和拨款委员会议员和雇员冲突的解释和看法。“下限”、“上限”这两个词经常在采访中被重复使用；它们出色地总结了在预算程序看法上的不同。一些议员认为预算决议就是对拨款部门施加向下的压力。有人将它们描述为“心理上的限制”；有人争论道，预算目标是“强迫拨款部门先看总额，这必然会对他们在不同圣诞树项目上的增加有一个限制效果。”第三种观点认为，由于预算限制，拨款审定的“痛苦水平”提高。一些人强调预算程序导致更低拨款的特定例子：“第二次共同决议中我们在健康、教育、福利与劳工议案上有一个现实问题。他们需要增加大约30亿美元支出，但我们恰好没有，我们告诉他们我们没有这么多钱。”一位委员会的职员推断，在整个委员会中，一些因一票或两票被驳回的修正案“可能不会在预算法案出台之前被否决。”

相反地，相当一部分议员认为，预算决议已经充当了拨款部门的底线——决议刺激了额外支出而非限制拨款委员会。这类想法在采访某个拨款委员会的职员时很普遍：“我们有议员不理解为什么我们不拨款到预算决议允许的水平。”另一些人试着解释为什么“所谓的上限变成了底线。你在预算中还有两千万美元，而某位议员正在努力推进某些特殊的事——特别当他正打算重选并且在这里需要一点帮助。你在国会预算下已经得到了足够的空间，所以你不必担心。预算有点使这些你一般不会提供资金的事情合法化。”

某个顾客导向的小组委员会（一直宣布高于总统数额的拨款草案）的职员强力主张预算程序已经引起更高支出的观

点："我认为你可以主张我们正在支出更多而非更少。如果你看看今年拨款委员会将会做什么，与他们通常所做的相比，你可能会发现预算控制法案正在以与其设立时相反的方向在运行。它能运行得如此之好的重要原因是预算委员会和国会同意花费比总统申请的更多的钱。事实上，我们已经说过为什么我们不比总统预算多支出170亿美元。……你知道，在这个新的体系下，哪里有上限，上限就会变成下限。换句话说，联邦资金的接受者在教育或健康项目，或其他任何项目中，都会期待得到全额上限。同时，会形成反对拨款委员会和拨款程序提供得比上限少的压力。我的观点是游说团体、组织、联盟，代表其他有人类需要的人，将会发现新程序如何运作。首先，他们将会发现如何达到上限，然后，他们会弄明白如何突破上限。"

拨款委员会的成员们也把高额支出归咎于预算程序。来自众议院委员会保守党派的下述情况反映了这种观点："我们现在使用新国会预算程序来证明支出持续增长的正当性——之前在用我们的拨款程序审查中被控制得很好的支出（至少是"非后门"项目）。"[45]

在参议院—众议院有关1978财政年度第一次预算决议的会议中，一位国会拨款委员会的自由派领袖（同时也是预算委员会的一员）表达了大致相同的观点。代表大卫·R. 欧贝试着减少对健康项目的分配，遭到参议员马斯基的反对。马斯基："如果我们视预算决议为支出授权，那么这会改变整个程序的性质。我当然不会这么看。如果我们能使支出低于上限，那对我而言很好。但我们要给授权委员会空间，让他们能做出优先决定……"欧贝："我说的很实际，并且我知道因为我在小组委员会处理它，我们将以这个拨款草案恰好位于上限而结束。"[46]

那些认为预算上限刺激了更高拨款的人指出，1977 和 1978 财政年度通过的花费极高的补充拨款草案就是很好的例子。新预算授权向补充草案提供了超过 600 亿美元额度。国会的观点是鼓励补充它的常规拨款草案，因为在预算决议中有额外拨款草案的空间。

第一年预算程序的拨款结果包含在上限对下限的问题之中。由于预算法案第 302 号的需要，在采纳每一个预算决议后，拨款委员会都要划分他们关于预算授权和支出的权力。表 11－2 显示，1977 和 1978 财政年度实际拨款数额大大低于给拨款委员会的分配额。在这些结果的基础上，拨款委员会在支出联邦资金方面看来似乎已经保持在预算以内。此外，它们设法避免支出提供给它们的所有金额，并且在 1978 财年着手一项策略，控制通过补充拨款提供的资金额。为 1978 财政年度制定了九项补充草案，超过过去二十年中的任何一年。但是，这些草案中总的拨款金额比 1974 财政年度以来的任何一年都少，而且在总预算中的比例小于 1970 年以来的任何一年。通过为各种紧急的需求设计独立的草案（例如，铁路 1300 万美元，农业部门 5700 万美元，以及黑肺病项目 2 亿 5400 万美元，每项都在自己的草案之中），拨款委员会保证这些草案在议员大会上不会因为对其他项目增加资金而变成“圣诞树”。以这种方式，他们成功地阻止了国会用光最近决议中分配的资金。

表 11－2　1977 和 1978 财政年度拨款委员会的预算分配和实际拨款　　单位：百万美元

分配和拨款	1977 财年	1978 财年
第一次分配决议	299278	328889
第二次分配决议	291388	327950

续表

分配和拨款	1977 财年	1978 财年
第三次分配决议	323897	—
第四次分配决议	320697	—
总拨款	314548	322791
低于最后决议数额	6149	5159

资料来源：众议院拨款委员会 302 部分的报告，以及 CBO（国会预算局）的业务记录报告。

表 11 -3 中的数据也显示了第二次决议的分配低于那些根据第一次决议进行的分配。这些削减很重要，因为第一次分配在制定每一财政年度常规拨款草案之前做出，而第二次分配在国会在这些草案上的工作接近尾声时产生。虽然在为 1977 财政年度使用第三次决议后拨款分配提高，但这种增加是刺激经济政策的后果，而非拨款委员会无法忍受对它们的限制的结果。

我们还可以从另一个角度看待拨款委员会的表现。国会作出的大约四分之一的年度拨款由现行法律授权；在特殊年份里的支出数额取决于拨款委员会无法直接控制的因素。事实上，所有拨款草案中的差额均在强制性项目之中，而非在拨款委员会（和国会）有自由裁量权的支出之中。在 1977 和 1978 财政年度，对于选择性预算授权的第二次决议分配比可比的第一次预算决议高。对于 1977 财年而言，第二次分配在强制性项目中几乎减少了 100 亿美元，在选择性支出中则提高了 12 亿美元。对于 1978 财年而言，强制性账目减少了 20 亿美元，而选择性账目增加了 10 亿美元（见表 11 -3）。

表 11－3　　1977 和 1978 财年拨款委员会的预算分配、强制和其他项目　　单位：百万美元

分配和拨款	1977 财年	1978 财年
强制性拨款		
第一次决议	87032	73546
第二次决议	77654	71711
第二次分配中的削减	－9378	－1835
非强制性拨款		
第一次决议	212495	255343
第二次决议	213734	256239
第二次分配中的增长	+1239	+896

注：表中数据基于对众议院拨款委员会的分配；对参议院拨款委员会的分配有差别，但并不大。

资料来源：众议院拨款委员会 302 部分的报告以及国会预算局的业务记录报告。

这一模式说明通过做出与强制性拨款有关的宽松假设，预算委员会决议在不违背预算限制的情况下为拨款委员会增加选择性支出提供了机会。通过这样的安排，两边都有收获。预算委员会可以声明他们的决定是被强制执行的，并且拨款委员会可以在不与预算程序发生冲突的情况下提高支出水平。

关于预算目标和上限究竟是抑制还是刺激了拨款数额这个问题，可以从两方面讨论，因为任何预算程序都会同时做这两件事。尽管某些拥有长期记忆的拨款委员会职员“由于预算程序无法回忆起任何区别，”无疑存在由于来自预算决议数额的压力，某项拨款未获通过（或提供的额度被削减）的例子。当某项修正案未提出，或某个主意在提交委员会或议员大会投票前便被撤销时，国会预算程序的影响最大。

但是，每个预算程序还有另一面。与其合法化有关政府的声明一样（在第六章讨论的一个结论），预算为支出提供

许可。当钱就在那儿时，项目支持者不依靠预算讨论便决定额外支出显得很愚蠢。国会在其新预算规则下制定的几个补充拨款已经承载了成本高昂的项目，如果不是因为预算中某个可用的余地，这些项目可能已经被拒绝。特别是在高失业率期间，议员们能够熟练地利用预算程序为其项目获取额外资金。

1977 年，国会有史以来第一次为一个财政年度提供的资金超过总统申请。毫无疑问，福特总统不现实的预算（对现存社会项目削减超过 200 亿美元）使国会只能恢复白宫削减的大部分资金。但国会在 1977 年明确运用预算程序使得对总统预算的异常偏差合法化。

在某些例子中，资金已经被“假定”用于某个预算决议中的特定项目，而且接下来该假设被用于在拨款程序中争取资金。一个帮助低收入家庭对付其高温费的执行修正案被增加到 1977 财年的一项补充拨款之中，旨在声明资金已经被包括在近期采纳的第三次决议之中。[47]

每个预算都是一次有关期望与适应的练习，一个预算委员会和其他委员会均服从于对未来期望的预算控制。在国会预算程序中，拨款委员会必须预期预算，而预算制定者则必须预期拨款者。

正如我们提到过的，事实上，国会预算程序在拨款听证会和最后审定议案的国会委员会或委员会报告中很少提及，但这并不意味着拨款委员会不注意或不关心预算程序得出的支出决议。国会的预算是一个与拨款程序无关的事实。拨款委员会的工作是暗中帮助预算数额与他们的偏好以及在未来几个月他们希望报告的拨款草案一致。沉默是拨款委员会成员用来对付这种新程序的创伤的方法，同时也是一次保护其委员会最大自治权的努力。

无言的协调有效是因为拨款委员会通常接受它们的预算分配，不仅是针对支出总额的草案，特定草案也一样。虽然拨款委员会成员很少引用预算数额作为他们所作所为的依据，但他们总是诚实地努力遵守国会预算。尽管拨款小组委员会的工作大幅度提前到第一次预算决议通过国会之时，但决议的基本情况在最终国会活动之前很长时间便已得知。拨款委员会的议员们知道（或者可以毫不费力地推断出）哪些将包括在（或排除出）预算决议。他们知道拨款草案何时会接近预算目标，而且他们也知道正在讨论的项目是否适合包括在预算以内。

无言的协调通过联邦预算拨款部分的稳定性和预见性得到促进。除了那些在预算提交时无法预见的项目外，经验丰富的参与者能够预计下一财年的常规拨款总额，误差通常只有几十亿美元。在对总统预算的一个快速审查后，拨款委员会中的老手便能够预计哪些削减可能被恢复，哪些增长将被驳回或削减。这些预期被传递给预算委员会，它们会做出自己的预期，两个委员会的职员们会合作形成一个对拨款委员会而言没有多少意外的预算决议。因为它们知道国会预算为它们预备了什么，拨款委员会没必要对这件事谈论过多。

在为一个不确定的未来预算时，预算委员会通过建立或松或紧的目标来影响国会的支出行为。国会山压倒性的一致是因为预算委员会已经竭尽全力去协调它们期望拨款委员会做的事。参议员马斯基的表述“我们不得不提供空间”表达了预算委员会的一个核心、不成文的决策规则。“预算上限很慷慨，”一位拨款委员会的职员断言，继而解释道，“这是预算控制法案运作的重要原因。”在被问及时，没有一个经常与拨款程序有关的人认为它真的受制于预算上限。他们的观点可能因调查在 1977 年进行而受到影响。那年的支出远高于总统申请，很难使拨款委员会的老前辈们相信预算法案带来了很大的支出控制。

拨款委员会选择性地关注预算程序，预算委员会也选择性地回应拨款委员会的活动。两党均试图容纳另一方的利益，并且经常发现它们处于同一战线。它们能够以这种方式运作是因为它们的本质利益（如反对控制）没有很大分歧。如果预算委员会的决议被拨款委员会破坏，它在议员大会上不可能被安抚；如果拨款委员会的偏好被它们认为不合理的预算目标排挤，它们也不可能墨守预算程序。调和的政治不需要任何一方屈从太多。

注释

[1] House Committee on the Budget, Views and Estimates… on the Congressional Budget for Fiscal Year 1977, Committee Print, March 22, 1976, P. 64。

[2] 同上，P. 58。

[3] 123 Congressional Record (daily ed., March 15, 1977) H2079。

[4] 同上，H2085。

[5] 在1950年到1960年期间，参议员麦克莱伦不断提倡立法机构建立一个关于预算的联合委员会。这个议案已经被参议院通过很多次（最早在1952年通过），但它一直没有被众议院通过，因为他们担心拨款账目主动权的潜在损失。

[6] 120 Congressional Record (daily ed., March 22, 1974) S4314。

[7] S Res, 45, 94th Congress. See 121 Congressional Record (daily ed., January 30, 1975) S1280 and S1302。

[8] 参议员马格纳森提交了一个修正案，要求为可偿还退税提供一项拨款。参议员隆列入议程的提案失败（38－41），而修正案随后也被挫败（20－47）。参见123 Congressional Record (daily ed., October

28，1977）S18037－52。

［9］SBC 最终同意将这些税收减免视为支出。

［10］121 国会记录（1975 年 7 月 25 日）S13774。

［11］121 国会记录（1975 年 11 月 11 日）H10924－29。

［12］121 国会记录（1975 年 9 月 17 日）S16123。

［13］这个问题没有在参议院中出现是因为参议院预算委员会在为其预算决议标价中通常会避免分项细节。

［14］House Committee in the Budget，Views and Estimates on the Congressional Budget for Fiscal Year 1978，March 15，1977，P41。

［15］例如，为美国及海外军事基地拨款的军事设施拨款草案通常是最后通过国会的常规拨款之一，尽管是最小的之一。依其所述，该草案已被用于使议员协调或提出合理的项目处理方式。

［16］122 国会记录（1976 年 7 月 14 日）H5768。

［17］121 国会记录（1975 年 12 月 15 日）H12537，代表惠顿写的附注。

［18］122 国会记录（1976 年 7 月 17 日）H6068。

［19］123 国会记录（1977 年 7 月 24 日）H6484，代表爱德华写的附注。

［20］123 国会记录，1977 年 7 月 22 日，H6297，代表员鲍曼评论。

［21］同上，1977 年 7 月 9 日，H7636。

［22］详情参见 House Committee on the Budget，Hearings on Oversight of the congressional Budget Process，95th Cong，1st Sess，October 5 and 6，statement of Rep. Jack Brooks，p. 43。

［23］122 国会记录，1976 年 9 月 13 日，S15684。

［24］123 国会记录，1977 年 6 月 16 日，H6033。

［25］122 国会记录，1976 年 6 月 23 日，S10222。

［26］同上，1976 年 6 月 17 日，H6065，代表员爱德华的批注。

［27］123 国会记录，1977 年 6 月 17 日，S10131。

［28］同上，S10125。

［29］122 国会记录，1976 年 9 月 30 日，H11847。

［30］123 国会记录，1977 年 6 月 29 日，S11077。

［31］122 国会记录，1976 年 9 月 30 日，H11850。

［32］123 国会记录，1977 年 6 月 28 日，S10860。

［33］123 国会记录，1977 年 6 月 17 日，S10125。

［34］121 国会记录，1975 年 11 月 20 日，S20714。

［35］122 国会记录，1976 年 9 月 30 日，H11850。

［36］123 国会记录，1977 年 6 月 16 日，H6041。

［37］122 国会记录，1976 年 6 月 23 日，H10233。

［38］123 国会记录，1977 年 6 月 28 日，S10860。

［39］121 国会记录，1975 年 9 月 17 日，S16136。

［40］123 国会记录，1977 年 6 月 17 日，S10131。

［41］122 国会记录，1976 年 6 月 24 日，S10705。

［42］122 国会记录，1976 年 3 月 23 日，S4084。

［43］123 国会记录，1977 年 6 月 30 日，S11277。

［44］124 国会记录，1978 年 5 月 8 日，H3648 – 50。

［45］122 国会记录，1976 年 8 月 10 日，H8625。

［46］1978 财政年预算的第一次共同决议会议，会议记录，P209 – 210。

［47］123 国会记录，1977 年 3 月 16 日，H2165，代表员布雷玛斯和吉爱默附注。

第十二章
税收政策：从“无决策”到有收益

在通过预算法案之前，国会已经对税收政策的立法建立了一套完整的体系，该体系掌握在两个最有权力的委员会手中——众议院筹款委员会和参议院财政委员会。这个体系事实上是立法程序中的独立组成部分。这个体系在很大程度上将税收政策视为“无决策”而非再一次立法选择。术语“无决策”指的是非正式规则及行为模式，旨在保证已经实施的政策在新的明确决策未制定之前可以继续有效。无决策不仅是立法惰性，也是对特定问题积极考虑的系统偏见（虽然常常是含蓄的和非正式的）。“一些问题”，施奈德在《半自由人》中写道，“被写进政策之中，而另一些则被剔除。”[1]国会不可能每年都重新讨论每一个问题，或是立刻讨论所有问题。这么做会导致立法进程的组织能力以及制定协议的政治能力超负荷。“无决策制定”将立法机构的议程减少到一个“‘可接受’问题的有限范畴和政治需要”。[2]对税收体系的总体考虑是一个顺应国会这类讨论的问题。

在 1948 年到 1974 年之间，国会通过了 14 个主要的税收草案，不包括社会保障税收措施（见表 12 - 1）[3]这一立法产出（平均每两年一个税收草案）似乎说明自第二次世界大战以来国会已成为一个积极的税收政策制定者，而且它不允许税制在一个“无决策制定”的基础上运行。然而，对活动的这一记录并不意味着国会已经经常承担对税法的全面审查。四条法令是在战时增加税收（三条在朝鲜战争时期，一条在越南战争时期），两条法令是减少消费税（一条是增加汽油税为州际公路系统提供经费，一条是在不改变税率的情况下调节扣缴税款系统）。国会在1954年重新编撰国内税收法规；在1962年通过了一些小的减税政策，并且在1964年通过了很重要的法令。在1969年还产生了税收改革立法，1971年在其他项目上有所减少。除了战时、特殊、有限的决定，国会在这26年里只通过了5个重要的税收草案。

表12－1　1948—1974年重要的税收立法

决议的类型和名称	发起人	第一个完整年度的收入效果（十亿美元）
战时增税		
1950年收入法案	总统	+4.6
1950年超额利润税收法案	国会	+3.3
1951年收入法案	总统	+5.7
1968年收入与支出控制法案	总统	+10.2
有限的税收改革		
1954年超额税收减少法案	国会	-1.0
1956年联邦援助公路法案	总统	+2.5
1962年收入法案	总统	-0.2
1965年特许权税减少法案	总统	-4.7
1966年税收调节法案	总统	无改变
重编税法		
1954年国内税收法规	总统	-1.4

续表

决议的类型和名称	发起人	第一个完整年度的收入效果（十亿美元）
纳税义务的大量减少		
1948 年收入法案	国会	-0.5
1964 年收入法案	总统	-11.4
1969 年税收改革法案	国会	-2.5
1971 年收入法案	总统	-8.0

注：尼克松总统在 1969 年 4 月建议税收改革，在国会启动立法工作两个月之后。

资料来源：改编自约瑟夫·A. 派克曼（Joseph A. Pechman）的《联邦税收政策》，第三版，（Washington D. C.：The Bookings Institution，1977），第 34 页表格 3-1。

然而，在制定 1974 年预算法案之前的年度，处理税收立法的系统中深远的改变需要国会从那以后在制定税收政策时扮演一个更加积极的角色。此外，经济条件的重大变化已经促使国会更多地思考税收政策。要评估预算法案对国会的影响，就必须理解制定税收决策的立法程序以及这类决策制定的所有政治、经济背景。因此，本章从对 1974 年之前税收决策制定的思考开始。然后全面审视导致国会在该过程中承担一个更为积极的角色的原因。最后，考查一下预算法案中与税收有关的规定。

税收政策的终结

在预算法案颁布之前，国会并未每年都制定税收政策。大多数情况下，收入就是联邦预算“不争的事实”，预算活动聚焦在分类账的支出一边。总统预算根据现有资源预期来估计收入；国会不需要对自己进行评估，虽然作为每年调整国债限额的一部分，它经常这么做。[4]在“无政策”的年度，国会经常对税收规定做一些小的改变，这只影响一小部分的纳税人和少量的资金。然而，国会偶尔也会将税收政策置于其立法议程的首位，并产生一个实际上会影响每个纳税人的几十亿美元的一揽子计划。就像1964年的情况，当时国会降低了个人和企业所得税，以及在1968年，又对这些税收征收附加。

“无决策制定”提供了一个相对稳定的税收结构，它被广泛地认为对商业投资和资本形成有利。一个曲折的税收政策将无法为投资者提供有关其行为预期收益和风险的明确信号。通过接受这样的税收结构，国会就不用每年或每两年承担对国内税收法规艰难的反思。

由于联邦收入的弹性，国会能够承担以这种方式精简其立法工作量。由于收入已经比国内生产总值增长得更快，国会能够从来自现行资源的收入增加中为预算扩张提供资金，这样就可以不必在纳税人之间明确分配成本的情况下满足它的项目利益团体。还有，联邦政府没有平衡预算的压力；它可以在不篡改税法的条件下减少赤字。

“无决策制定”是一个很受欢迎的策略，因为它避免了政治、经济责任与积极的税收政策挂钩。当面临广泛的税收问题时，国会有三种选择：（1）提高税收；（2）降低税收；（3）重新分配税收负担。除了在一些特殊环境下，可以理解的对更高税收的政治厌恶会导致对第一类做法的反对，除非是在一些特殊的环境下。第二次世界大战以来，国会仅在战时或为社会保障扩张提供资金时广泛提高税收。第二种选择（降低税收）在政治上似乎总有吸引力，但议员回应纳税人的压力却开启了“洗劫”国库的可能性。联邦政府显然无法承受在税收负担规模上每年争斗一次；结果经常是联邦预算的某个减少。政府对某个赤字的忍耐能力事实上刺激了税收削减的立法倾向。通过阻止几年来对税收的大规模变动，总统和国会保护了国库，防止了潜在的损失。国会利用无决策政策制定可以回避削减税收的持续压力。

第三种形式的税收行为是重新分配，将税收责任从一群人转移到另一群人，不显著改变国库的总体收入。但是，重新分配是国会作为公共利益分配者面临的最具争议性的问题之一。事实上，国会不时地重新分配税收负担，但通常是作为整体税收负担下降的一部分。每个人都有收获，但不平等。虽然结果可能是某些纳税人的境况变坏，但它缓解了潜在的冲突。“美国的税收体系”，佩奇蒙和欧凯在《谁来承受税收负担》中写道，“基本上按比例分配给绝大多数家庭，因而对收入分配影响很小。”[5]尽管没有人热衷于支付联邦政府税款，但按比例分配使国会更容易实践它的“无决策”。

国会可以通过同意各种“议员议案”有选择性地回应在税收结构上的压力，这些议案仅代表国会中少数议员的利益。这些法案不会威胁到国库，产生重大的利益损失，而且它们通常匆忙地通过国会，没有任何委员会内的听证会，或在议员大会充分讨论。他们没有违背国会中“无决策制定”的模式。

“无决策制定”在美国政治中普遍传播。有大量只有少部分人关心或抱怨的潜在公共问题需要被关注；相关的利益得到满足，并且已经建立的不用重新检查的政策也会持续运作。然而，这似乎不能被视为国会在税收政策领域不积极的合理解释。关系太大了。美国人经常表现出对他们税法的不满，并且积极开展反对州政府或地方政府税收的活动。为什么相对于那些作为地方政府主要收入来源的财产税和营业税，纳税人对他们最繁重的税收（联邦税收）没有那么焦虑？[6]

一部分原因在于联邦政府距离比较远，代扣所得税体系的便利，以及政府注意到通过不变或更低的税率来提高收入的能力。还有一部分原因在于对联邦政府税收根深蒂固的意识形态。通过将社会保障体系作为一种保险计划，将工资税作为贡献，联邦政府能够征收高额的社会保障税收，而不会招致纳税人的愤怒。[7]在战争时期，政府能够以国防的名义筹措大量税收。（因为越南战争是一个不受欢迎的战争，在越南战争期间颁布为国防提高税收的政策比在其他战争中要困难得多。）

就这项研究而言，对于国会在税收政策中不作为的最好解释在于国会立法机构的制度架构。在其基本形式中，国会是一个高度可渗透的组织。每个成员都可以介绍议案、支持修正案；很多委员会都准备对基层行动进行立法。当然，只有一小部分提案可以通过立法程序，[8]这个事实告诉我们国会有它自己的“无决策”惯例。对于大多数立法机构而言，主要瓶颈在于委员会，在所有提交给委员会的议案中，大部分被存档并被遗忘。但对于税收问题，国会有其他办法封锁立法程序，确保一个“无决策”的结果。

当重大的税收改革导致分歧时，国会很少会掌握主动权。它通常都是在总统提出对税法进行重大改革后才会采取行动。1964 年和 1968 年税法都是在立法通过之前一年多由总统开始积极推进的。如果总统不推动任何税收提案，国会也不可能考虑主要的税收立法。唯一的例外就是 1969 年的税收改革。

有趣的是，即使国会正式承认总统在税收政策上的主动权，一旦国会牵涉其中，它就会变得很独立，并且规划一个完全不同于行政议案的立法方案。一旦“无决策”的限制被移开，国会便被暴露在许多大声疾呼要求改变税法的利益集团面前。

在国会里，税收立法过程被定义在集中方式内，以此限制行动的机会。虽然宪法要求众议院提议的收入措施（第一款，第七部分）不排除参议院的提议，但它还是明确限制了税收立法在国会中的流动。参议院惯于将无关的税收修正案附加在次要的草案上。[9]但1968年的附加税是近几年来唯一一个由参议院而非众议院首先提出的全面的税收法令。在那种情况下，政治僵局（而非参议院的篡夺）规定了事件不寻常的结果。[10]如果没有宪法上的限制，参议院和作为一个整体的国会可能会有更多的税收活动。参议院经常把“特殊利益”的条款附加在那些众议院通过的议案之上，但它很少考虑全面重新立法。

作为国会重大税收立法的起始点，众议院筹款委员会在决定税收政策在某个特定年份内能否有效实施的问题上居于主导地位。在威尔伯·密尔担任主席的任期内（1958—1974年），筹款委员会在没有任何下属委员会的情况下开展工作；税收事宜以及与它有关的立法工作全由委员会操作。筹款委员会在那几年的管辖权非同寻常地宽泛。除了收入措施，筹款委员会还负责联邦政府超过三分之一的直接支出，人们开始大量关注立法机构本身的权力，这些权力本应被广泛分散。

缺少下属委员会将迫使筹款委员会职能在“一次一个”的基础上处理重要的立法事项。通过在下属委员会中放弃传统的劳动力立法分支，筹款委员会可以限制其产出。如果密尔主席确定明年的主要工作项目是社会保障制度，他便可以排除对所得税立法的考虑。没有任何附属委员会敢挑战他的安排，或者自己主动采取行动。当然，密尔也不是对那些来自其他委员会成员或众议院的压力无动于衷，他有时也会调节议程以适应国会资深议员或总统。不管怎么说，总的影响就是在大多数年份内隔绝重大的税收活动。

当筹款委员会决定采取行动时，通过坚持税收草案要在“定案规则”（议会禁止对某一议案提修正案的规定）下进行考虑，它依然保留着对议员大会活动的有效控制。众议院的规则与税收措施的特许地位相一致；它们可以为议员大会活动召集，不需要规则委员会首先澄清。但这样一个程序将使税收草案对不限制数量的议员大会修正案开放，并且会威胁筹款委员会控制最终产出的能力。通过得到定案规则，筹款委员会将众议院限制在两种选择之中：根据委员会的报告同意该草案或否决它。[11]例外很少，众议院完全依照筹款委员会的推荐同意税收立法。[少数关税和税收草案通常在暂停该规则（另一个阻碍议员大会修正的程序）的情况下考虑。]为了评估定案规则的有限影响，一个人只需要比较众议院税收议案上的控制活动和参议院内的自由竞争，重大税收草案有时会引发议员大会修正案的崩溃。

税收信息的集中化和国会内部的专业化促进了“无决策制定”。筹款委员会和财政委员会都没有自己的智囊机构；缺少小组委员会，它们也缺乏通常与这些单位相伴的专业化员工。自1926年起，两个委员会就共用一个税收智囊机构——税收联合委员会，[12]这个组织以无党派和专业的竞争力而闻名。1973年，众议院有一半的委员会比筹款委员会的规模大，在参议院内，17个常任委员会中有13个比财政委员会的规模大。虽然这些数据未将税收联合委员会考虑在内，但它还是显示了筹款委员会和财政委员会与国会委员会相比规模较为适度，权限范围也比其他委员会小。虽然税收联合委员会服务于筹款委员会和财政委员会的所有成员，但它们还是对自己的上级委员会主席最负责。密尔和拉塞尔·隆因在税法上拥有公认的控制权在很大程度上是因为他们可以优先接触到税收联合委员会的专家。税收是个难以避免的复杂主题，但内部收入法规人为的蒙昧主义却在于为少数控制信息流动的议员的利益服务。

如果税收信息由国会控制，外部便会大量缺失。因为筹款和财政委员会在行政会议中评估税收立法，只有那些有特权的、可以进入国会部门的特殊利益集团才可以影响该进程。虽然财政部的税收专家和来自联合委员会的专家们一起坐在职员桌旁，并积极参与审定过程，但一般不会允许委员会成员的立法助理进入会议室。局外人一般不可能及时得到委员会的审定意见报告；他们也不可能依靠税收团体（类似于大量在州和地方层面活跃的组织）代表他们的利益。当然，许多利益团体会监控国会的税收活动，还会为了立法需要游说选民，但事实上，所有人都将他们的利益限定在一些他们专门从事的特殊事情上，比如农业、商业、劳动力等。通过选择性地回应这些特殊利益，国会可以减小对税法总体审查的压力。

作为一个活跃的立法问题的税收

国会在新预算程序实施后的前四年中的每一年都会通过重大的税收立法。这种持续的活动清晰地表明国会对税收政策不再采取“无决策制定”。两个因素推动国会朝向一个更加积极的角色：（1）税收政策的经济和政治目的；（2）国会中税收制定结构的改变。

税收政策目标

税收不仅产生政府运作所需资金。税收的目的和影响会扩大到公共政策的各个领域。例如，在19世纪，关税不仅是联邦收入的重要来源，也能阻碍外国商品的进口。近几年，税收系统成为美国经济政策的重要工具。当税收为必须决策的经济或政治目标服务时，国会的行为不会不考虑税收政策。

联邦政府作为经济管理者的角色在这几十年中有所发展，不过直到20世纪60年代“新经济”的出现以及联邦政府尝试“微调”经济，预算的经济潜力才被正式承认。[13] 1964年成功的税收削减和1968年太少、太晚的附加税都是实现经济增长和稳定的措施。联邦政府可以通过调节支出和收入水平来微调经济表现的观点已经不像十年前那样可以自信地提出了。但当经济停滞时，政府依然会利用税收政策来促进经济发展。国会和总统都无法确定何者将会有用，只能在面对高失业率时一致支持一系列的税收削减。

预算中大量的财政刺激或控制追求必须通过税收而非支出政策来实现。通过操纵税率来制定短期财政计划比扩大或缩小联邦支出更精确和迅速。支出政策的实施与其经济效应的体现之间有一段不确定的滞后期。[14] 为财政目的实施的税收调整往往是暂时性的；因此，为了使经济保持在一个理想的进程，对税收措施的需要可能会反复出现。1975年颁布的临时税收补助为1976年和1977年的补充法案拉开了序幕。临时法案的优点在于它保留了政府将来的预算选择。不论动机如何，短期财政调整需要积极的而不是“无决策的”税收政策。

联邦政府作为收入的再分配者变得更主动。虽然政府通过将现金补助给穷人的方式实行再分配，但也有强制性的经济原因需要依赖税收政策。当援助完全基于直接补助时，受益人如果考虑以福利换工作，他很可能面临难以接受的高收益降低率（超过 50%）。这些收益降低率从总收入因福利收益损失而减少的接受者的观点来看是隐性税率。[15]负所得税计划的核心是每一种累进补助模式（一个人赚得越多，他从政府中获得的收入就越少）都有一个隐含税率的认识。通过将再分配捆绑进税收结构，政府能够在其福利政策中考虑税收影响。

税款也隐含在再分配之中，因为旨在财政刺激的税收削减会导致无意识的、退步的结果。仅与纳税人有关的税收减免不会直接使那些根本就不纳税的贫困人口受益。1964 年的税收削减基于人口中最穷的那部分人能够从整体经济发展中获益的期望。然而现在，人们普遍接受这样一种观点，一般的税收削减不一定能够渗透到那些与经济增长收益脱离的人。通过为那些不交税的人提供现金支付，1975 年引入的勤劳所得的税收优惠政策部分补偿了税收系统中的缺陷。因此，与税收系统未被有意用于这一目的可能产生的结果相比，它采用了一个积极的税收政策以获得更加令人满意的收入分配。

第三个税收系统的经济目的是鼓励赚钱的人（企业和个人）将他们赚的一部分钱用于投资。税收的形式和税率影响着企业和个人消费和存款的习惯。联邦税收结构是一个大量鼓励和阻碍资本形成的混合体；你无法确定税收结构对储蓄的净影响。但在 20 世纪 70 年代，很多公务人员和经济学家都警告人们将来可能发生的资本短缺。[16]这一关注已经重启了有关联邦税收系统的基本问题，例如企业与个人所得税之间的关系。

对美国未来能源供给的忧虑也激发了人们对税收政策的

兴趣。税收激励已经被提出（有些已经通过）用于促进新能源资源的保护和发展，与此同时，税收惩罚已经被提倡用于与浪费作斗争。虽然在运用税法影响经济的某个特定部门方面没有什么新方法（内部收入法案充斥着对众多企业的优惠条款），但能源政策却需要广泛的税收措施，因为它实际上影响着经济生活的方方面面。

如果税收负担能保持相对平稳，即如果纳税人没有因为政府的不行动而受到重大损害，“无决策制定”将倾向于成为人们可接受的政策。但税收负担并未保持稳定，因为一个累进的税收结构需要纳税人随着他们实际收入的增长和通货膨胀迫使他们进入更高的边际所得税档次，按比例缴纳更多的钱。通货膨胀是更严重的问题，因为当税率比收入升得更快时，纳税人扣除税款后余下的实际收入将会减少。

然而多年以来，在美国个人所得税一直占个人总收入一个基本恒定的百分比。从 1951 年到 1974 年，这些税率的范围基本上在个人收入的 9.2%—11.6% 之间。[17]这中间除了有五年例外，其他的比例都在 9.5%—10.5% 之间。这种稳定得益于国会定期调整税收法案以应对通货膨胀和经济发展的影响。

国会可以引用税率在价格水平上的改变来回应通货膨胀导致税收增加的问题，这是一个“无决策的”方法。指数的使用已经被很多国家采纳，但是，迄今为止，国会更倾向于选择性活动而非“无决策的”程序来应对通货膨胀。这种调整会有一些优势。国会可以因降低联邦税收而得到肯定，但如果税收自动削减，那么国会将会失去这个优势。除此之外，选择性调整能够使国会将所得税保持在个人收入相对稳定的比例的同时，重新分配税收责任。低收入纳税人从立法活动中的获益比他们从指数使用中获得的更多。实际上，国会利用通货膨胀中的“收入红利”将税收负担转移到更高收入的纳税人。最后，指数会拒绝国会选择使用这些收入增长为期望的项目提供资助。通过决定何时以及如何制定税收调整，国会保留了规划未来联邦政府预算优先级的权力。

20世纪70年代的高速通货膨胀导致频繁的立法调整，旨在防止税收负担增长过快，以至于超过通常和平时期的水平。这样，通货膨胀以及联邦政府同时期的经济宗旨就排除了“无决策制定”作为可接受的税收政策。

“无决策制定”经常源于一个对现状“满意”（这个术语是赫伯特·西蒙对满意与足够两个词的整合）的接受。大多数纳税人可能从未觉得他们仅付出了应付出的部分而非更多；但是，在20世纪70年代，长期的抱怨被一个有组织的旨在税收改革的声音所补充。有一种模糊的被欺骗的感觉是一件事，而能够有条理地进行努力则完全是另一件事，可以通过轰动的新闻故事来补充，如一位百万富翁没有缴纳联邦税收，也可以通过对税法中许多优先权以及特殊条款的分析探索来论证。那个十年的末期比初期更重视税款的影响范围和影响程度。

税制改革运动第一个成果是在1969年，那时国会通过了一个税制改革法案，在常规所得税之外对特定来源收入课征一个最低10%的税。但是最小化税收没有原来预期的那么有效，[18]并且国会随后制定了新的税收优先权以保护收入。结果，改革者们加强了对税法不公平及并发症的抗议运动。他们的坚持反映在公共利益集团对联邦税收政策进行的游说和诉讼上。20世纪70年代建立了三个重要的团体；它们的活动包括出版及时的税收政策资料，终结对筹款委员会和财政委员会工作和合法活动的控制。[19]也许，他们迄今为止最出名的成就是改变了国会的架构，使其发展成现在的样子。

国会改革的影响

作为税收制定组织戏剧性改变的结果，国会放弃了“无决策制定”。短短几年里，筹款委员会控制众议院税收立法的能力被大大削弱。一些影响筹款委员会的改变特别针对这一强有力的委员会，而其他改变则源于众议院一个更为广泛的改革行动。[20]

1974 年 12 月，民主党高层会议将筹款委员会从 25 个席位扩展到 37 个席位，并改变了委员会的政党比例，从 15 位民主党人和 10 位共和党人改为 25 位民主党人和 12 位共和党人（民主党得到了 12 个新席位中的 10 个）。当筹款委员会在第 94 届国会会议之初（1975 年 1 月）组建时，几乎 60% 的成员都是被新指派到委员会的人。这种剧变非常引人注目，因为在之前十二年里，每年国会会议中筹款委员会的人员流动量平均为 20% 。委员会的扩张迫使筹款委员会不再那么偏爱拥有长期国会工作经验的人员。在之前的三十年里，成员们在被任命到筹款委员会之前，平均会在众议院工作超过三个季度；但那些 1975 年被任命到筹款委员会的成员在众议院工作不超过两个季度。新成员中有一些新鲜的面孔（事实上这在筹款委员会是前所未有的），一位黑人和一位女士。过去，筹款委员会都是从“安全”区域中招募新人，而 1975 年，一半任命的人员在最近的一次选举中只赢得 55% 的支持率甚至更低。筹款委员会的新民主党人与过去委员会中对应位置的人相比似乎更自由，并且投票与其党内多数也更加一致。[21]

国会改革的另一方面影响了筹款委员会的构成。追溯到 1974 年，筹款委员会的民主党议员作为民主党“各委员会之上的委员会”，负责向所有众议院委员会分派名额。1974年，民主党核心会议决定将选择权转移给党的政策指导委员会。一旦筹款委员会不再有委派权，它的民主党派成员是否资深、基础扎实、在地理上更具代表性，就显得没有那么重要了。因此，他们在任命年轻成员去筹款委员会的问题上限制更少。筹款委员会现在很吸引那些对税制和立法有兴趣的积极分子。新成员希望在立法过程中扮演一个重要的角色，并且他们给主席很大的压力，以确保他们能有机会扮演那个角色。

筹款委员会的扩张以及它多变的成员关系打破了在威尔伯·米尔斯任主席期间长期采用的一致的决策制定模式。当委员会在一个很重要的问题上出现分歧时，米尔斯通常会试着发展出一个中间领域，既适合民主党，又适合共和党，以此吸引压倒性的支持。他偏好在委员会内避免势均力敌的投票，害怕它们会给筹款委员会在议员大会上的立法制造麻烦。但是在37人的委员会上确保一致已经更加困难，不仅因为规模大，还因为一些新成员不愿听从领导的指挥。一些新进成员已经成为委员会最活跃的成员中的一部分了，特别是遇到有关税收改革的问题。1975年，唱票模式代替一致同意模式成为委员会最有影响力的决策制定模式。

1974年，在一个明显指向筹款委员会的行动中，民主党核心小组会议命令所有众议院委员会都要建立至少四个与立法机构有关的小组委员会。筹款委员会以建立六个小组委员会作为回应，但它继续在所有委员会中掌握着主要的税收立法权。（参议院财政委员会也建立了大规模的非立法机构小组委员会，但它同样也保留了全体委员会对税收事务的决定权。）随着创立小组委员会，筹款委员会的职员规模翻了一倍多。委员会不再会被一次只能处理一件大的预算案所限制，它们在处理税收立法的同时，小组委员会可以处理其他事务。

1973 年，民主党核心小组会议建立了一个程序来打破定案规则。根据 50 份请愿书或更多民主党成员的请求，民主党核心小组的大多数可以指示规则委员会制定一项规则，允许就某一特定修正案进行议员大会投票。这个“请求”程序已经使筹款委员会民主党人在某些在委员会内被拒绝的修正案上得到议员大会投票。

比起在核心会议中面对失败，筹款委员已经采取寻求“修改”规则的实践，允许议员大会考虑数量有限的激烈争论的修正案。这个程序为筹款委员会保留了对税收立法的少量控制权，同时也避免了对其意见的直接挑战。然而，有时委员会会支持一种开放性的规则。1975 年能源税草案（H. R. 6860）在一条规则下被提交议员大会，这条规则允许考虑超过 200 个修正案。这些修正案中大多数实际上都没有进行过投票，而最终通过众议院的立法只不过是筹款委员会报告的草案的一个影子。事实上，其所有主要的税收条款均在议员大会上被摧毁或排除。

筹款委员会草案向议员大会修正案的公开使众议院在根本上能够修改大量出自委员会的立法。但众议院不可能愿意参议院重大收入立法活动向所有人开放。1975 年能源预案的经历使众议院领导（以及许多普通议员）确信，必须对有争议的收入草案在议员大会上的考虑进行约束。当众议院在 1977 年再次对能源立法投票时，是在一条被修改过的规则下进行，仅向特定修正案公开该草案。

众议院和参议院都向公众开放了绝大多数委员会会议。在 1973 年 3 月，众议院规定要公开审定会议，除非在公开会议中大多数人投票关闭会议。同一个月，参议院授权其委员会对审定决议制定其自身的规则，因此，为撤销旧规则，大多数会议要被关闭。1975 年，参议院通过了一项要求公开会议的决议，除非因多数投票反对而关闭；并且提供公开讨论，除非众议院或参议院与会者投票要求关闭。

这些新的规则很明显对那些以前只知道闭门造车的委员会起了很大的作用。筹款委员会和财政委员会都从实质上的封闭走向几乎完全的开放，但还是有许多重要决策仍在私下、非正式会议中决定。两个委员会中仅有少数部门完全封闭。开放性会议可以使职员辅助参与委员会的审定工作，而且这个行为也会鼓励议员们更积极、更独立地参与到各项事务中去。

几项活动有助于削弱筹款委员会的地位。威尔伯·米尔斯在意识到个人主义的悲剧后，于 1974 年辞去了主席职务，这样也就结束了他在众议院对委员会及税收政策的传奇统治。艾尔·厄尔曼（暂时担任过众议院预算委员会的第一任主席）尚未掌控委员会的审议，而且未来的主席也不太可能以米尔斯那样的权威来领导筹款委员会。单个立法者要控制委员会成员及其产出，权力势必过度分散。1974 年，众议院通过将利益分配、再协商、医疗补助计划以及工作激励项目上的立法权转移到其他委员会来部分剥夺筹款委员会的大量管辖权。虽然这些管辖权的流失并没有“在委员会中选择委员会”最初建议的那么严重，[22]但改变证明该委员会不再掌控众议院政治。1973 年到 1976 年之间，众议院否决了三个筹款委员会提出的债务上限草案，相当于米尔斯作为主席的 18 年里被否决的数量。

记述在这个部门里的各种发展削弱了筹款委员会将税收政策作为“无决策”的能力。就像一位学者评论的那样，“……更多的人和组织有更多的机会书面提交自己对筹款委员会考虑的问题的立场……委员会对不同的影响更具渗透力，也更开放”[23]因此，也不会对“无决策的”惯例那么有责任。筹款委员会的新成员证明他们比委员会的老前辈们更具改革精神。在第 94 届国会大会中加入委员会的民主党人在筹款委员会的记名投票中，平均有 68% 的人“支持改革”，而过去这一比率只有 49%。[24]与此同时，委员会的成员们几乎要在税收改革提案上完全分裂。筹款委员会不再能停止由保守的民主党人与共和党人联合起来的税收改革问题，支持税收改革的自由主义者也不可能一直在幕后领导一个委员会。赞成改革的人占大多数，正好是记名的半数，一项统计反映了筹款委员会在当前税收问题上的分裂。

筹款委员会依然是国会中最有权力的委员会之一，哪怕只是其仍然庞大的管辖权事实上仍包括所有联邦收入、大部分社会保障体系，以及许多对外经济政策。人们不能贸然断定（在 1974 年的高层活动后在《国家杂志》上发表）这个委员会“现在不过是委员会中的一个”。[25]筹款委员会及其参议院的对应方依然是其税收管辖权的积极守卫者。

预算法案中的收入条款

在国会修订其控制税收立法的程序的同时，国会预算法案正分别迈向通过。这两个行为相互独立，尽管有些改革者对两方面都很积极。[26]一开始，人们认为税收控制是作为控制支出和赤字的一种手段；所以，相比之下，他们较少关注预算的收入方面。联合研究委员会对临时报告中关于原则的论述很少提及收入。八个原则是单独关于支出的，两个原则作为过程的一部分提及收入，还有一个处理程序问题。但是，随着预算法案适用于更广泛的国会利益，它给予税收政策一个更充分、平衡的对待。正如所实施的那样，它包括很多有关收入的预算地位的条款。

核心条款在301部分，要求每个预算的一致决议阐明“联邦收入及其数额的建议水平，如果有，由谁通过草案和有适当委员会报告的决议增加或减少联邦收入总水平。”就像很多预算法案的其他条款一样，这一条款是立法机构妥协的产物。JSC草案中没有一条有关联邦收入数额的改变。[27]众议院规则委员会的版本区别于第一次和第二次预算决议。只有总收入将包括在第一次决议中，但是第二决议案可以通过筹款委员会和财政委员会“呼吁调整税率……并且指导立法机构实施这种调整”。参议院的政府运作委员会更进一步，向预算决议提供逐条列示的收入“主要来源”以及在总收入上建议的变化。规则和管理委员会引入了一个和解过程，与第二次预算决议相关，国会借此可以指导其税收制定委员会报道立法改变联邦收入总额。在其报告中，委员会强烈要求在作出预算决定之前要考虑收入：“也许草案中涉及委员会的最大的缺点就是未能对国会预算的收入方面给予足够的重视……国会预算政策不能以假设为基础，假设控制支出水平就足以得到期望的经济结果。”[28]

随着制定颁布，预算法案在需求更多与收入上更少的预算控制之间达成平衡。第一次决议关注总收入以及建议上的变化，并通过预算委员会报告得以补充，将总的建议收入分配到“这类收入的主要来源”。第二个共同决议能够“明确收益将要改变的总额，并且指导有管辖权的委员会决定和建议收入法上的改变”。国会预算程序操作中两个模糊不清的地方即源于这一妥协：一个关注预算和税收委员会各自的管辖权；另一个关注预算决议中的总收入和预算委员会报告中收入细节之间的关系。通过将自己展示在有争议的解释面前，预算法案为之后在国会内关于税收和预算程序边界的争议搭建了舞台。

法案在它对税收支出首创性的定义上也做了类似的让步——各种各样的排斥、削减以及税法中的税收偏好。[29]通过定义税收支出，预算法案将这些“偏好”转化为立法程序中可行的特征，而不仅仅是有关税收体系的批评会指责的漏洞。这条条款本身告诉我们一条信息，那就是税收偏好应该得到与联邦政府直接支出同等的待遇。在条款的分类上，预算法案将税收支出从隐性收入转化为联邦预算公开的细节。

预算法案只需要公布税收支出的信息，但这件事在立法过程中仍存在争议。参议院政府运行委员会建立的草案需要在每一个共同决议中包括一个“税收支出预算”（列举主要类别的税收支出）。然而，规则和管理委员会提出，税收支出的信息应该从预算决议转移到预算委员会的报告之中，立法机构采纳了这一提议。

这个需求是法案在处理税收支出中仅有的个别问题中的一个。总统的预算一定要列举现存的以及提议的税收支出（601 部分）；国会预算局不得不在它每年的预算报告中考虑税收支出（202 部分）；预算委员会直接学习并想方设法协调直接支出与税收支出（101 部分和 102 部分）；立法机构提供的新的税收支出一定要有五年期的规划并且要与最近预算决议中的数额进行比较（308a 部分）；国会预算局必须要制定税收支出的五年计划（308c 部分）。这些条款的累积影响就形成了税收支出数据的流出。但是在这里，预算和税收委员会的权力分割也还是不确定的，并且该法案增加了国会内部冲突的前景。

不管预算法案对收入决策的压力，国会预算部门的职员中很少有税收方面的专家。当它被组建起来时，国会预算局就开始注意这个 18 人的税收分析团队；它的实际规模大约是 12 名专业的办事人员，与超过 50 人的税收联合委员会形成鲜明对比。在预算法案实行的第一年里，新委员会和国会预算局不愿复制税收联合委员会建立的受尊敬的工作。然而，那个委员会没有很积极地考虑指令与税收支出的关系，所以这个主题可以成为国会预算局和各个国会委员会分析验证的沃土。[30]

预算法案的条款允许但不强制国会与税收立法有关的活动。不论何时它形成了一个预算决议，国会都可以评估或立法：它可以以现行法律所希望的数额来确定决议中的收入，或者它可以决定重写税法来改变联邦收入，或重新分配税收边界。换言之，它可以通过“无决策”或积极制定政策来制定预算。然而，预算法案期望国会仅在其预算过程的背景下（而非作为一个独立的政策决定）在税收上采取行动。这就是 303 部分在第一次预算决议案被采纳之前禁止考虑税收立法，以及 311 章禁止税收立法不遵循第二决议案的明确目的。[31]

这样，通过两种主要的方式（即呼吁公众对税收支出的关注以及通过制定与税收体系相符的国会收入目标），国会预算程序侵犯了税收制定委员会和它们的自由。

通过税收立法给予利益

税收立法给国会一个为政治利益集团提供优惠的机会。在国会考虑这些立法问题时，通常都会这么做以便减少税收负担。这种对待税收的态度与州立法机关和经常通过税收权力来增加政府收益的城市议会有很大不同。

多年以来，“无决策制定”限制了国会通过税收立法给予利益的机会。小组委员会的缺失、有限且安全的成员关系、相似的规则以及它对税收信息的特权式所有都强化了筹款委员会作为控制委员会的角色，一个通过由国会建立旨在限制其自身立法自由的委员会。这个委员会非凡的影响力不仅是自我强化的结果，也是众议院愿意接受对其自身立法权力进行限制的结果。与众议院拨款委员会作为守卫者反对上级机构的支出倾向一样，筹款委员会作为一个栅栏阻碍通过税收立法来分配利益。

舍弃“无决策制定”的意义远远超过立法程序或是国会委员会命运的改变。政策转移使国会面对先前封闭起来的压力：即为各个强烈要求通过税收立法使其获益的利益集团提供利益。

对“无决策制定”的舍弃将国会暴露在各种减税压力之下。国会需要一个新的控制机制来调节通过税收立法提供的利益的数量。国会预算法案的收入条款就服务于这个目标；在一个税收政策激进的时代，预算法案试图规范国会的利益授予偏好。

下一章主要论述预算程序对税收立法的影响。

注释

［1］ E. E. Schattschneider. The Semisovereign People（New York，N. K,; Holt，Rinehart，and Winston，1960），P. 71。

［2］ Matthew A. Crenson，The Un – Politics of Air Pollution（Baltimore，Md.：The Johns Hopkins Press，1971）P. 23，科里森的引言中对无决策决定以及它与政治学的关系做出了清晰的论述。

［3］ Joseph A. Pechman，Federal Tax Policy，3 rd ed.（Washington，

D. C. : The Brooking Institution, 1977), P. 34，这些法令的汇编。

[4] 永久国债限制比美国实际债务要低几千亿美元。所以，为了适应联邦政府的借款需要，国会一定要制定临时的更高限制，经常持续6—12个月。

[5] 应当指出的是，这个发现覆盖整个美国税收体系——所有联邦、州以及地方税收。参见 Joseph A. Pechman and Benjamin A. Okner, Who Bears the Tax Burden?（Washington D. C. : The Brookings Institution, 1974), P10。

[6] 联邦政府的所得税对高收入纳税人而言是最繁重的；财产税、营业税和工资税对低收入人群而言压力更大。

[7] 自1935年通过社会保障法案以来，这便是真的，但在公众消极地接受这种不断增长的税收负担中也有改变的迹象。参见 Martha Berthick, Policy Making for Social Security（Washington D. C. : The Brookings Institution, 1979)。

[8] 国会一个两年的国会中，大约只有600个议案被制定成为法律。

[9] 然而，这不意味着“作为对参议院行为的一个约束，在面对参议院多数时，第一款第七部分就好像从来没有被写过一样”，就像 John F. Manley 在《财政中的政治》一书中声明的那样（Boston, Mass,: Little Brown, and Co. , 1970), P253。

[10] 就像在第二章中叙述的那样，总统的附加税提案被众议院筹款委员会拖延了，他们强调议案要与支出上限相联系。这个僵局在参议院议员大会上被一个增加对税收议案限制的修正案打破。

[11] 理查德·芬诺和约翰·曼雷主张，众议院筹款委员会关于定案规则的成功证明了该委员会及其主席的信念。他们认为，如果筹款委员会要制定不被众议院大多数人所接受的法律，定案规则将不会阻碍议员大会的驳回，在密尔担任主席期间这类事很少发生。Manley, op. cit. , and Richard C. Fenno, Congressmen in committees（Boston, Mass,: Little, Brown and Company, 1973)。我们不可避免地得出这样的结论，筹款委员会和众议院之间调节的条件在定案规则下和在议院有不受限制的选择时完全不同。

［12］直到 1977 年，这个组织被作为内部收入税收的联合委员会。这个委员会没有自己的立法权限，只是作为筹款委员会和财政委员会的税收职员发挥作用。

［13］为了区别于前两任经济顾问委员会主席关于“新经济”的起源和实施的观点，可以参见 Walter W. Heller，New dimensions of Political Economy（New York，N. Y.；W. W. Norton Co.，1967），以及 Herbert Stein，The Fiscal Revolution in America（Chicago，The University of Chicago Press，1969）。

［14］解释为什么短期财政调整更适合通过税收政策，参见 Barry M. Blechman 和其他人，Setting National Priorities：The 1976 Budget（Washington D. C.：The Brookings Institution 1975），P197－210。

［15］美国国会，财政政策附属委员会，联合经济委员会，“收入转让项目：他们如何向穷人收税”，公共福利研究，P4，1972 年 12 月 24 日。

［16］参见 Barry Bosworth，James Deusenberry and Andrew S. Carron，Capital Needs in the Seventies（Washington D. C.：The Brookings Institution 1975）。

［17］参见 Pechman，op. cit.，table B－5，P. 326。

［18］参见 George F. Break 和 Joseph A. Pechman，Federal Tax Reform（Washington D. C.：The Brookings Institution 1975），P78ff。

［19］团体及其建立的时间是：税收分析者及促进者（1970 年），出版《税收笔记》，每周报告联邦税收政策；有代表权的税收（1970 年），据称是有数千名成员的拥护组织；以及公民税收改革研究会（1971 年），与拉尔夫·内德合作，并且在国会中非常活跃。

［20］对这些发展更具洞察力的分析来自凯瑟琳·E. 鲁德的“筹款委员会改革：程序和实质性影响，1975”，由西南政治科学联合报出版，1976 年 4 月；以及 M. 肯尼斯·鲍勒的“新筹款委员会：国会委员会近期改革的政治内涵”，发表在 1976 年美国政治科学协会年会上。

［21］在第 93 届国会大会中，中立党“保守派联合在野党的票数”，筹款委员会的民主人士对保守派联合问题的反对投票率是 51（从国会季度报表中计算得出）；在第 94 届国会大会中，中立党的反对

率和保守党的支持率是70。根据筹款委员会民主党人统计的中值“党派反对得分”，反对民主党多数比例从93届国会大会的14%下降到94届的9%。这些数据的引用参见每年的国会季度历书。

［22］参见 Roger H. Davidson and Walter Oleszek，Congress Against Itself（Bloomington：Indiana University Press，1977）。

［23］Rudder，op. cit.，pp. 30－31。

［24］支持改革的得票数由有代表权的税收计算，有代表权的税收是一个私人组织，一直保持着对国会税收立法的密切关注。

［25］Michael J. Malbin，“New Democratic Procedures Affect Distribution of Power，” National Journal 6（December 14，1974）；1881。

［26］例如代表波林，他是众议院选举委员会的主席，他们希望减少筹款委员会管辖权的比重。斯坦利·苏瑞教授是一位税收改革的领导者，他在处理税收支出时也会受到预算法案的影响。

［27］JSC 提出，如果在预算决议中特别提出的盈余和赤字的数额不能达到现行法律体制下的收入判断，国会就需要采用额外费用（或找到一个与收入增长等价的替代方案）。这种强制性的附加税收受到后来立法版本的攻击。

［28］S. Rept. No. 93－688（1974）pp. 18－19。

［29］预算法案第三部分的（a）（3）将税收支出定义为“收入损失可归于联邦税法的条款，它允许特别的扣除、免税，或从总收入中减少，或提供某个特定的信用，一个优惠的税率，或是纳税义务延期。”

［30］例如，国会预算局在1977年5月发布了一份有关《不动产税收保护补贴和直接补贴选择》的报告。众议院预算委员会主席和众议院与参议院有房屋项目管辖权的委员会对该报告均有需要。

［31］303部分有一个例外条款：在采纳第一次决议之前，国会可以着手下一财年之后生效的收入措施。311部分排除了只有收入立法会将联邦收入降低到第二次决议的数额以下；它不会阻止收入增长到与第二次决议不同。

第十三章 国会中的税收动荡：预算法案下的税收收入立法

预算法案于1974年签署，在其签署后的四年中，国会通过了7个重要的税收法案；而第8个法案在众议院获得通过，却在参议院被否决。这非凡的法案签署率标志着不只一代人在最具深远意义的税收系统重建方面所做的努力。这些以喷发式速度进行的立法活动大大改变了大多数美国人的纳税负担。由于这些法案的通过，亿万美元被重新分配，许多税收支出被削减，而同时也有一些新支出被开启。如果说能够有机会使国会预算程序影响税收政策，那么这个机会就是制定一个新程序。

本章根据这些税收法案与预算程序的关系来回顾这些法案的立法历史。其中的一个法案——1976年的税收改革法案将在一些细节上受到审查，因为参议院预算委员会花费很大力气试图影响它。这八次立法行动虽然次数不多，以至于可以对每段历程分别进行阐述，但它们在整体上却意味着在国会中关于税收和预算政策之间关系的明确模式的确立。在展示这些立法案例之后，明确预算程序在影响税收立法过程中受到的限制和表现出的潜力便成为可能了。

预算决策对税收结果的影响显然取决于国会采取了何种税收收入方式。这八个法案可以分为三类：特别税收立法，即运用税法来制定有实质意义的政策；对联邦总收入的改变；对税收负担分配的改变。[1]每一种类别都与预算程序有着不同的联系。特别税收措施和国会预算的关系最弱；影响总收入的措施与国会预算的关系最强。

特别税收立法

特别税收立法类别包括 1975 年和 1977 年的能源税法案以及 1977 年以增加社会安全方面财政收入为目的的立法。尽管这些法案对财政收入有巨大的潜在影响力，但国会在决定这些法案的实质与倾向时却表现得好像它们实际上与预算决议毫不相关。

1975 年能源税法案（H. R. 6860）

当众议院筹款委员会提出预算法下的首次“3 · 15”报告时，能源法案仍然是暂时的。该委员会很明确地回避了这个待定法案与税收收入的种种牵连。在它的报告中，委员会认为这个法案将“不会产生财政净收入的增加”，因为增加的那部分汽油税会被其他联邦税收的减少抵消，但同时它也承认“相对于汽油税没有被税收抵免抵消的那部分”而言，这一法案将会带来 15 亿美元财政收入的增加。[2]筹款委员会尽力想要保护它的选择权，并且与预算程序保持安全的距离。

相对于众议院筹款委员会，参议院财政委员会的态度甚至更加不明确，对于“3·15”的报告也更加谨慎。它评论道，“委员会并不认为……可能有任何的合理预估。在这种情况下，进一步财政收入立法可能产生的影响将于今年晚些时候予以考虑。因此，委员会的估计也不能反映在接下来财政收入立法影响下收入的增加或减少上。”[3]

在1976财政年度第一个预算决议的行动中，在能源立法的问题上，众议院预算委员会始终只是站在一边冷眼旁观。它拒绝了总统300亿美元的税收一揽子计划——一个已经在国会山宣告失败以及几乎被政府抛弃的计划。不过，它并没有提到这个法案是由筹款委员会提出的。[4]参议院预算委员会不愿保持沉默，但也并不果断：“在这种时候，委员会并没有对能源税提出建议……”然而，为了应对所有的可能性，参议院预算委员会在决议中给出了两个财政收入数字，一个在已有的税收法律基础之上，另一个取决于能源税收立法（也是对暂行税收削减的延长）。[5]

尽管这两组数据保护了财政委员会的选择权，隆参议员并不想拐弯抹角，不断地提议删除这些数据。隆认为该能源立法将对财政收入产生影响的假设还不成熟：“在秋季我们还会有第二个预算决议，届时我们将有机会来考察在那时的经济情况下，进一步的税收立法将会产生的影响。”[6]参议员马斯基无争议地接受了隆参议员的修正案，并解释说参议院预算委员会提出这两个财政收入的数据是为了报告的目的：“我认为我们应该指出一些能源税收入在这个财政年度晚些时候累计增加带给财政部好处的可能性。……但是，我们的观点已经提出，相关的信息也已经提供给参议院，所有的参议员也都理解了其中的可能性，我认为没有理由再坚持将这段话列入决议。”[7]

隆参议员采取的策略有两个目标，两个都想限制预算程序的范围。第一，他要求预算委员会的决议应该只处理财政收入总额问题。这一立场也许在能源税和其他税收立法方面都做出了让步。第二，隆参议员希望威慑预算委员会，使之不再发表任何有关未来他的委员会在财政收入方面举措的假设。即使预算决议允许两种不同的财政收入结果，隆还是认为这侵犯了财政委员会的利益范围。第一次采取措施呈报了一份预算决议后，隆声称他将不会再被动接受对其委员会范围内事务的干涉。

由于没有预算纲领，众议院在能源草案于 1975 年 6 月呈报议员大会时废除了它。在未提及最近采纳的预算决议的情况下，众议院表决同意删除每加仑 3 分的基本税和 20 分的备用税。它接着通过了能源税法案的剩余部分，仅仅是为了让该措施由于参议院财政委员会的不作为而流产。

1977 年能源税立法

国会开始考虑 1977 能源税提案时，它的预算程序已经完全到位，但税收决策再一次独立于预算决策。卡特总统于 4 月 20 日公布他的国家能源计划时，1978 财政年度的预算编制程序已经在进行之中。国会各委员会提交了它们 3 月 15 日的报告，预算委员会已经拟定好了这一财政年度的第一批决议，并且议会很快将采取行动。筹款委员会特别指出，尽管我们期待一个能源税提案，但“因为目前没有得到关于税收组成部分和财政收入效果的信息”，在这个问题上我们无法表态。参议院财政委员会对未来的能源立法采取完全沉默的态度，尽管它坚持要求预算委员会在其决议中为各种各样的税收法案提供 1 亿美元的保证金。预算委员会将对能源税采取的行动一直推迟到 1978 财政年度的第二次决议，希望到那个时候立法前景会更加明确。

在发言人奥尼尔的安排下，卡特总统综合国家能源立法的各个部分第一次在众议院各个拥有管辖权的委员会之间分配，在那之后，它们又被交由一个能源方面的专门委员会审查。筹款委员会负责税收部分，并报告了一个将导致1978财政年度损失10亿美元的措施，尽管这一措施在未来几年会产生大量的额外收入。但专门委员会还是提出了一项新的汽油税，它将为1978财政年度增加约8亿美元的净收入。为了调整预算以适应众议院民主党领导人的主张，众议院预算委员会把这一增加的财政收入并入第二个决议。然而，在众议院预算委员会公布第二次决议的那天（8月5日），它删除了能源法案中的汽油税，使财政收入的变化由预想的增加变为亏损。因此，当众议院在一个月后按照预算决议行动时，众议院预算委员会别无选择，只能提出一个委员会修正案，要求降低收入水平以使最后的决议能符合先前众议院的能源立法决定。[8]

在参议院预算委员会筹划1978财政年度的第二次决议时，财政委员会还没有开始考虑能源税问题。由于财政委员会更倾向于新的税款抵免而不是额外征税，参议院预算委员会的决议认为1978财政年度将会有9亿美元的财政亏空。第二个决议通过后，财政委员会阻拦能源法案，实质上拒绝了所有众议院法案中包括的营利性法规，并在这一措施中加入了许多会使收入蒙受损失的法规。财政委员会的能源法案到1985年可能会造成财政损失累计达400亿美元，而相比之下，众议院通过的法案预计能使财政收入增加300亿美元。预算程序可以有很多种方式造成700亿美元的财政收入悬殊，或者说财政收入与此有很大的关系。在更多有关预算程序的当务之急中，首当其冲的是第一年财政收入可能遭受的19亿美元损失，这比一个月前通过的第二次决议所允许的数额还多出约 8 亿美元。为了避免为反对能源税法案提出的议事程序问题，财政委员会对财政部长增加了一个指令，要求推迟任何税款抵免的有效日期，直到这个时间段足以保证 1978 年的财政在第二个预算决议中不赢不亏。[9]

这次特殊的立法权力向行政分支的投降并不是对预算程序一次不理智的规避。财政委员会只是努力确保在它与众议院的会议中有一个优势地位。众议院通过的这个法案在支持税务处罚以鼓励能源保护方面举足轻重。隆参议员和其他财政委员会委员支持税款抵免以刺激能源生产。财政委员会愿意接受的是那些将从众议院法案中获得的财政收入再投资到能源生产中的立法，但为了加强它在会议中的谈判地位，财政委员会在其法案中设置了各种税款抵免。在会议中，财政委员会已经准备好用许多抵免来交换对生产者的税收优惠。这个财政委员会的草案用一种“参议院意识”的条款公开标识这一期望的结果，表达将 1978 财政年度的收入损失控制在第二次决议数额以内的意向。[10]

财政委员会“等待会议解决”的策略让参议院预算委员会处于极其困难的境地。这个能源法案是卡特总统今年主要的立法重点，并且它位于国会领导人休会前“必做之事”列表之首。“我不认为我们能够在整个参议院等着将这个法案带到会议上去的潮流下逆流而上，”[11]霍林斯参议员在参议院的紧急会议上向他的同事们建议。几个小时后，参议院便计划采纳这个能源法案。一个来自参议院预算委员会的挑战不仅会减缓这个立法过程，而且可能会让其他参议员认为这是对有名无实的威胁的一个不必要的回应。“我们的问题之一，”奇利斯在会议上指出，“就在于我们处理这个条款（被赋予财政部部长的选择权）就好像它是一个有根有据的合法条款，我不认为你能够在那个基础上来讨论它。”[12]

然而，参议院预算委员会害怕如果它（什么都不做）只是等着这次会议，可能会开个先例，而这会严重损害预算程序。马斯基担心如果参议院预算委员会同意将立法权授予行政部门，“那么从现在起，我们可以想见，类似的财政法提案将会让他们完全处于预算程序之外……如果这类策略被用于避免这个财政年度的条款，那么，实际上，预算程序对未来的财政立法将无法施加任何影响。”[13]

尽管有这个所谓的威胁，参议院预算委员会有理由保持谨慎。它不是第一次与财政委员会就某个与预算决议规定的财政收入水平相一致的税收法案争执不休。早些时候的争执（在本章后面详述）已经造成双方的关系受损，并且许多预算委员也不想再挑起争端。因此，参议院预算委员会起初选择不反对这个法案；但它也不提供修改意见以使其符合预算决议。相反，预算委员会通知参议院说财政委员会的能源税法案违反了国会预算。它监督参议院的行动，而且只在议会作出最后决定时才考虑是否提供修改意见。

霍林斯代表参议院预算委员会出席答辩，马斯基因为生病未能参加答辩。霍林斯发表了马斯基准备好的演讲稿，对于“财政委员会在提出这个议案时面临的各种问题”表示同情，但也督促参议院不要“为了一个委员会的利益而牺牲预算程序，即使有最高尚的动机”。他警告说，如果财政委员会的“诡计”得到赞同，那么其他委员会也会照做，而预算程序则会变成“形同虚设的规定”。[14]隆参议员为财政委员会的规避辩护，声称：“我们已经遵守了预算决议……并且我们打算将继续维持在预算决议以内……我们已经把我们自己托付给它，并且打算这么做。”[15]隆参议员回顾了他的委员会在制定这项法案和为它在会议上的讨论做准备时所面临的问题，总结道：“从最后的分析来看，这项法案或者通过，或者不通过，因为参议院要么喜欢这项法案而支持它，要么对总统催促我们做的事不想有任何作为。”[16]换句话说，这项立法的命运取决于参议院对能源政策的偏好，而不是预算程序的约束作用。

这就是事实上所发生的一切。参议院预算委员会从争辩中退出，参议院开始采纳了各种修改提案，有些是增加税款抵免，有些是削减扣除额。当立法工作完成后，参议院通过了一个法案，这个法案有一点违反立法程序（是3亿美元而不是8亿美元），但它已在能源而非预算的基础上做出了这个决定。它并未用到预算程序中“议事程序问题”这个武器。

在参议院同意这项能源税措施后，国会几乎用了一整年的时间来完成这项立法任务。在此期间，国会通过了1979财政年度的第一个和第二个决议，二者都必须考虑到能源立法对财政收入可能造成的增加或损失。由于众议院和参议院对于这个问题的态度十分不一致，再加上会议总是被关于能源计划其他部分的冲突和争执所阻碍，预算委员会很难决定该怎么办。此外，在他们考虑1979年决议时，预算委员会更为担心的是税收削减的总体规模，而非具体的能源税问题。众议院预算委员会的议案支持由众议院通过的这项法案，认为这个法案第一年的一点点财政损失可以很容易地被1979年的财政总目标所抵消。[17]由于参议院通过的草案中的收入损失规模，参议院预算委员会遇到的问题比众议院还要大。参议院预算委员会搪塞道，“关于能源税立法的效果在第一个决议中不做任何假设……”然而，又指出，“如果在九月之前对财政现状的整顿能取得成效，那么在第二个决议中便可以对财政收入最低额做出合理的调整。”[18]

在第二个决议即将制定完成时，主要的财政条款均被从能源措施中删去。很明显，这样一来，如果在会议上再出现任何提议，都只会是一种相对小额的税款抵免。对于能源税的问题，参众两院的预算委员会均未给予很多关注；它们主要关注的是国会中悬而未决的税收削减法案。在第95次国会会议即将结束的几天，会议终于报告了一项能源税法案。但在这个措施中，不仅一年多以前那些妨碍了众议院和参议院的条款被废除，那些曾使它与预算程序有关的特点也消失得无影无踪。[19]

社会保障资金

在几十年的累积盈余后，20世纪70年代中期，社会保障体系开始担负起相当大的赤字。从1975财政年度最高结余达480亿美元开始，这个主要的信托基金就被预计将在1978财政年度末跌至370亿美元，并可能在20世纪80年代初耗尽准备金。在制定1977年预算时，福特总统提议在该财政年度增加社会保障税收以获得35亿美元的额外资金。税收委员会和预算委员会均拒绝了这项要求，而国会也未采取行动。参议院财政委员会以其方式宣告了它的反对（在其3月15日的报告之中），即通过再一次建议参议院预算委员会限制其与财政总额的关联：“……如果财政委员会接下来决定通过部分或所有的提案，那么所得税的削减额度就可以提高一个与总体财政目标相适应的数额。”[20]换句话说，财政委员会建议预算委员会不要卷入社会保障资金问题，因为即使预算授权的数额需要修改，财政总额可能也不会受到影响。

福特总统在1978财政年度预算中再度提出增加社会保障税收的要求，但这在卡特总统修改了的该年预算中被撤除。新政府在5月9日宣布其社会保障计划，但此时该计划已来不及对同时存在的1978财政年度第一个决议施加影响，因而该决议在几天后得以通过。卡特总统的提案包括从总财政收入中对社会保障基金拨款，以及对雇主的征税高于雇员。上述两项内容在国会山均遭遇强烈反对，而且在国会签署该财政年度的第二个决议时，该项立法的前景仍未明朗。九月，在国会即将完成决议时，筹款委员会和财政委员会开始起草社会保障立法。

这两个预算委员会在社会保障问题上采取了不同的方式。参议院预算委员会起草的第二个决议建立在这样的基础之上，即他们认为1978财政年度的社会保障财政收入不会增加。他们主张的这一立场建立在准备金短期内充足，并且新税收对经济有负面影响的基础之上。[21]然而，众议院预算委员会为社会保障提供了64亿美元的预算授权，而它并未调整决议中的收入数据。[22]这种表面上不一致的行为可以在国会不插手的情况下增加税收。[23]众议院预算委员会在报告中指出，“这并不表示签署了政府资金方案；相反，它仅仅为众议院保留了同意在预算授权最高限额内增加资金的选择权，而这个最高限额由第二次预算决议规定。”[24]

这项防护措施在会议中未能得到保留。参议院预算委员会坚持认为决议不该为增加税收敞开大门，并且众议院与会者勉强认可了一个声明，这项声明催促“负责的委员会报告这项无论是短期还是长期都能将社会保障置于稳固经济基础之上的立法”，但它强调决议“并不认为在1978财政年度应该增加社会保障税收。”[25]但这并不是这个问题的最后结果。为了回应对社会保障系统偿付能力的各种担忧，筹款委员会没有理会第二个预算决议，而是采取了一项社会保障措施，该措施将额外增加1978财政年度的财政收入，放宽一些福利，同时对另一些加以限制。在被告知这些措施可能会破坏预算决议时，据说附属于筹款委员会的社会保障委员会主席坚称这些措施一定会实施，“不管预算委员会喜欢不喜欢”。[26]

筹款委员会提议的这一大笔资金注入可以使财政收入从第一年的13亿美元增加到第五年的149亿美元，单单这几年就可以累计增加400亿美元。因为在第二个决议中关于财政收入水平设立的是下限而非上限，因此，第一年增加的额度并没有遭受议事程序方面的指责，及时它与决议不一致。至于“财政年度之后的年度”，预算程序无法对它们施加影响，一直到太晚以至于没法影响。

社会保障草案赶在休会之前送到众议院。众议院撤回了它的要求，1979财政年度的财政立法必须等到该年的第一个决议签署之后。并且，它在丝毫未提及预算程序和没有众议院预算委员会参与讨论的情况下通过了社会保障草案。

尽管立法路径令人尴尬地有所不同，参议院中的结果也一样。财政委员会在11月1日报告了该草案，就在参议院刚刚完成能源立法活动，并且规定休会前三天。该草案在同一天被召集，就在一个书面报告完成之前。但在议员大会活动开始之前，该法案需要放弃预算法案，因为它为下一财年1979年提供了一个税收增长。参议院预算委员会被完全推入争论，因为它有权放弃303款，在第一个决议被采纳前拒绝考虑有关资金的立法。这场放弃战在第九章中已有记述；这里只需要指出，在参议院预算委员会被迫在放弃战问题上退让后，参议院同意了社会保障草案，而这也是参议院预算委员会唯一能够影响这一立法的方式了。[27]

概要

在两个能源法案和社会保障立法中，预算委员会（和它们的决议）或采取回避的态度，或保持沉默，而在最后结果中它们也大都被忽视了。预算委员会的无能由于时机问题而显得更加严重。卡特总统的能源和社会保障提案在第一个预算决议拟定之后被提交给国会；在第二个决议形成之后，国会在这些问题上采取了某些出乎预料的措施。然而，国会的预算程序可能天生就不适用于制定特别税收决议。特别立法中最重要的是实质性的政策问题，而非税收水平问题。能源税的目的表面上是不增加（或减少）联邦财政收入，而实际上是要影响能源资源的使用和发展。当实质性的考虑占据主导地位时，预算程序对国会就没有什么特别的影响了；相反，与每个议题相关的特殊利益群体决定了最后的结果。

使用财政术语来解释实质性问题对预算委员会有利。在社会保障的案例中，他们就试图这样做，即不断强调增加税收对经济的负面影响。然而，国会更偏好用规划性的条款来处理问题（补充信托基金），由此在制定其社会保障决策时绕开预算程序。尽管303款弃权可能仅仅被认为是技术问题，但是它更多地代表了在国会预算框架之外做出的重要财政决定。参议院预算委员会通过承认社会保障法案中的弃权问题来让自己被排除在该法案的立法过程之外。至于参议院预算委员会对最后结果产生的一定的影响，据参议员马斯基所言，是因为放弃权力得到的影响力，而不是因为它在税收政策中的作用。

即使当一个问题表面上看上去是财政问题，但由于财政收入的影响在第一年（即预算决定作出的那一年）是微小的，而大多数的财政收入变化都发生在以后几年，因此，众议院 1977 年通过的能源草案在第一个财政年度造成了略少于 10 亿美元的净损失，尽管它在接下来的十年中会带来数十亿美元的损失。类似的，在社会保障方面，逐渐增加的税收是为了让它在“本财政年度以后的几年”比在当前预算年度带来更多的新收入。[28]

改变收入总数

当一项税收措施主要关注财政而非实质性问题，并且在短期内产生了显著的财政影响时，预算程序和税收立法的相关性就会提高。这两个条件均适用于国会在 1975 年到 1978 年间签署的四个税收削减法案。国会在 1975 年初通过了第一个税收削减法案，第二个是在那一年年底，第三个是在 1977 年卡特总统当政后不久，第四个是在 1978 年。前三个我们将在本章详述；而 1978 年的立法会在后面的章节详述。

1975 年税收削减法案

1974 年 10 月 8 日，福特总统提议将大多数个人和企业所得税的税率上调 5%。三个月之后，福特总统转变了立场并呼吁削减 160 亿美元的税收，其中包括对前几年税收的部分返还和对商业投资的暂时性贷款。1975 年 3 月 29 日，福特总统签署了一个 228 亿美元的税收削减法案，使之具有法律效力。一旦总统出面支持大规模的税收削减，国会无疑会紧随其后。总统提出要求与正式签署法案之间的间隔时间之短，使其成为近代历史上税收立法活动中最快的一次。1971 年税收削减法案从发起到通过历时 4 个月，1969 年的税收改革用了 8 个月，1968 年附加税问题用了 11 个月，而 1964 年税收削减用了 13 个月。

尽管行动迅速，但 1975 年的税收削减法案引发了一系列的争议——一个跟削减的规模有关的，另一个与它们的分配有关，而第三个则与某些税收支出有关。[29]这些问题在税收立法中将会长期存在并反复出现；除非预算委员会插手它们的决议，否则它们在税收政策中不可能具有影响力。但 1975 年在预算法案规定下是“可选择”年（“Optional” year），即在下一年之前不要求完全实施。法案第 906 款授权预算委员会可以选择以他们认为正确的“程度和方式”来执行新程序的内容。尽管他们决定激活这项程序的主要组成部分，但委员会在准备好制定第一个预算决议之前不能耽误税收立法。在它们的实施计划中，在国会刚着手制定税收削减法案时于三月初提交，预算委员会谨慎地选择在第一个决议签署之前不使用 303 款为财政收入行动设置障碍，“因为眼下正是为国家正在恶化的经济形势采取快速行动的关键时刻，预算委员会认为执行这项提案可能会过度推迟经济上的必要行动”。[30]

如果预算程序在 1975 年税收削减法案起草之前就执行，那我们也只能猜测接下来会发生什么。预算委员会可能在最后的决定中有一定影响力，但它们似乎不大可能在第一个决议通过之前试图阻挡议会的行动。

1975 年减税扩展

税收削减法案是一个只对 1975 年有效的暂时性措施。如果这些税收削减不能扩展的话，那么大多数纳税人将会在下一年年初面对一个从他们的收入中扣除的自动增加的纳税额。众议院预算委员会将其 1976 财年第一个决议的财政收入目标建立在对国会的期望之上，它希望国会能在原计划的截止日期之后继续削减税收。参议院预算委员会采取了静观其变的态度，声称决定可以“晚至9月份再做，那时可以在对最新经济指标仔细研究之后再做决定”。[31]然而，正如之前所指出的，它明确说明了决议中可选择的收入水平，旨在解释在能源税和税收削减扩展上可能采取的措施。这种对“可能情况”的估计在参议员隆的坚持下被取消，他更喜欢不正式记录任何有关他的委员会未来起诉原由的暗示。在会议中，参议员马斯基重申财政委员会的观点，认为这次扩展“不是先前的结论”；然而，当他被告知代扣税款的税率实际上会提高时，他承认“这是不大可能被允许发生的”[32]，并接受了众议院的立场。

1976财政年度的第二个预算决议要求筹款委员会和财政委员会报告有关税收削减扩展的立法。[33]这些委员会很乐意地答应了这个要求：筹款委员会本来将扩展问题合并到一项税收改革法案之中，但紧接着又放弃了这个想法，转而支持由财政委员会报告的为期六个月的扩展。马斯基解释道，这次税收削减扩展“是两院的财政委员会、筹款委员会和预算委员会经过精心、理性讨论的结果”[34]。这似乎是对一个已经生效的法律简单、无争议的延续。

然而，情况并非如此。在国会完成暂时性立法之前，福特总统向新的预算程序扔了一颗政治炸弹。1975年10月6日，福特总统要求国会签署一个280亿美元的税收削减法案和一个将3950亿美元作为1976财政年度财政支出上限的规定。从由管理与预算局对现行公共服务的估算来看，这一限制将要求联邦支出减少280亿美元。福特总统威胁将会否决任何不能与削减支出同等匹配的税收削减法案。[35]他希望国会能完全绕开新的预算程序，恢复1967年到1972年间使用的临时程序，并在不优先考虑其财政或项目影响的情况下强行设置任意的上限。限制支出的要求在该财政年度开始近一年之前就已提出，那也是第一个预算决议签署截止日期的七个多月之前。

福特总统的介入使扩展问题从一个税收问题转变为一场关于预算程序的争论，并将预算委员会从立法事宜的边缘拉到争论的中心。这些委员会作为新程序的保卫者，迅速获得了国会的认可，可以理解，它们把总统的行为视为对它们的地位的直接挑战。这场冲突由所提议的税收和支出之间的关系向外扩展，但实际上所有的关注都集中在支出问题这边。大多数国会民主党人都认为总统这次的行为是为了让他自己在即将到来的总统竞选中赢得政治优势，他们轻而易举地用预算程序驳回了他的要求。共和党人想支持总统在政治和经济上的目标，但前提是不破坏新程序。

争议一直持续了几个月，直到立法会议的最后一天。众议院共和党人试图对债务限额法案和税收改革立法同时附设支出上限，但两次都被挫败。[36]筹款委员会和预算委员会的一个领导人，共和党人巴伯尔·科耐伯以这种方式维护他的政党的措施："绝不能小看预算改革措施……如果我们想要预算委员会恰当地发挥作用，那么我们就必须知道众议院希望我们为 1977 财政年度设置怎样的支出水平。"[37]这番推理遭到共和党人布洛克·亚当斯的反对："我们不要再用（3950 亿美元的）数字与预算法案玩游戏了，现在谁也不会支持它。"[38]

参议院拒绝将减少支出和削减税收相联系是较少党派性的，因为参议员贝尔蒙这一预算委员会中的领导人物虽然是共和党人，但也加入到他的民主党同事中以维护预算程序："我们请求福特总统接受这样一个事实，即我们现在拥有的系统比他让我们接受的任意设置的上限要好。我以个人的名义郑重地质疑福特总统是否理解这个自他担任国会议员以来就已经发生的改变……我认为，如果我们在它初始阶段的第一年就放弃预算程序，并在未优先判断其实施效果和方法的情况下同意任意支出限制，那将是错误的。”[39]

国会在这场与行政当局的冲突中最终还是占据优势——然而，不是因为预算程序，而是因为总统在政治上处于劣势。当国会拒绝将税收与支出削减联系在一起，而是通过了一个将税收削减延期六个月的提案时，总统否决了这个草案。否决接近立法会期的结束，并且仅仅是在代扣所得税率按计划将上涨的两个星期之前。由于推动增税而被置于不利境地，白宫（在众议院支持否决一事之后）接受了一个保住面子的妥协。在共和党同意的情况下，参议院通过了一项新的六个月延期法案和一个“国会式”的、符合税收和支出削减相匹配原则的决议，但它同时主张根据经济条件和其他情况决定支出水平是国会的权利。[40]众议院（预算委员会在其中发挥一定作用）修改了决议，强调今后有关支出水平的决定要通过国会预算程序来制定。[41]几个月后，在这个议题不再受到关注时，国会忽略了税收和支出削减之间的关联，并通过了一个 1977 财政年度的预算决议，将支出设置得高于总统预算 150 亿美元，并要求削减税收 170 亿美元。[42]

1977 年税收刺激

国会在 1976 年使某些税收削减长期化，正如下一节要讨论的部分税收改革立法。但这并未结束一系列的削减，因为在 1977 年 1 月，新上任的卡特政府在就职前与国会领导人的会议上提议将减轻税收作为实施经济刺激计划的一部分。国会聚焦在支出方面，签署了比行政部门最初提议更多的高成本工作和公共工程项目。

一揽子刺激计划使 1977 财政年度第三个决议成为必需；

它的收入和支出组成部分均与总统选举前签署的第二个决议不符。计划书于1977年1月27日递交给众议院预算委员会，它呼吁在该财政年度削减税收138亿美元，削减部分包括114亿美元的一次性减税退款和付款及24亿美元的其他削减。众议院预算委员会主席吉阿莫对这项计划的“适当性和充足性”表示担心；[43]委员会自己也承认“有很多人质疑退税和削减是否能刺激足够的经济活动”以改善失业状况。它们对总统计划的不公正性和扩大使用税收抵免也持保留意见。[44]不过，众议院预算委员会仍然与政府的税收一揽子计划保持一致，即使有一些项目交由筹款委员会来决定。[45]筹款委员会（在第三决议签署之前提出）建议的税收削减和政府的提议在某种程度上有所不同，因此，众议院预算委员会提供了一个议会修正案以使其规定的财政收入数字与税收委员会报告的数额一致。[46]

参议院预算委员会同样质疑政府的措施，但它也做到了保持一致。在制定第三个决议期间，委员会中的共和党人强烈攻击暂时性税后退款，并呼吁用长期减税取而代之。然而，马斯基参议员表明了他的立场，认为参议院预算委员会只应具体弄清财政收入总额，而不是决定减税应该是暂时的还是长期的。马斯基想避免冒犯政府（政府主张的是暂时性削减）、财政委员会（它希望参议院预算委员会只处理财政收入总额问题）或委员会中的共和党人。因此，参议院预算委员会在第三个决议的报告中跨过这个问题建议了一个数字，这个数字允许“要么是卡特政府提议的税收削减，要么是永久性的税率削减规定，或相应数额的其他形式的暂时税收解除”。[47]

在顺从地与政府税收偏好保持一致后，1977年4月当卡特总统撤销部分退款提案时，预算委员会理所当然地感到不安。这一举措对预算委员会而言来得最不是时候。国会已经通过了1977财政年度的第三决议（它的制定主要是为了调整税后退款问题）然而，两个预算委员会都已经报告了1978财政年度的第一个决议（包括对税收刺激计划预期的经济假设）并计划在近期付诸实施。政府在将这一决定公之于众之前，并未与吉阿莫和马斯基协商或是提前通知他们；然而，他们两个都不得不召集其委员会并决定对于这样的逆转如何应对。预算委员会可以选择什么都不做，但不做为将使1977财政年度收入下限比预计收入低数十亿美元。这一过程不仅会使公众注意到预算决议对于税收政策的不相关性，也可能导致税收委员会自行制定他们自己版本的税收削减法案。

众议院预算委员会被迫同意了一个有追溯力的对1977财政年度财政收入水平的修正案（附加在1978财政年度第一个决议之中）。[48]吉阿莫承认“取消50美元支付不是委员会的意愿……但现在我们面临着生活的现实，由于总统说过他将不会继续推动退还款。另一方（参议院）显然不会执行它”。[49]

参议院预算委员会决定坚持部分退款，重申“它对于1977年采取某种形式的税收刺激明智与否的判断……委员会认为由于采纳了1977财年的第三次预算决议，1977年和1978年的经济前景发生了重大变化”。[50]马斯基在几周前还是每次部分退款最有力的拥护者，但当国会山对该主题失去兴趣时，便转而指责政府破坏预算程序的信誉。[51]然而，在会议上，他意识到了为这个已经被放弃的部分退款斗争毫无意义，并且为了删除它们，第三决议已经做了修改。

概要

比起特别收入立法，预算程序在某种程度上与税收削减关系更为密切。关于这些削减规模的决定很明显是预算委员会的职权范围。它可以在预算决议中要求削减，并为收入委员会的快速行动提供刺激和支持。

预算法案（通过311款针对减税而非增税的不对称的禁令）已经将预算委员会作为抵制非预算减税的堡垒。限制国会的诱惑（将收入立法作为一个通过减税提供利益的机会）在国会山上未被证明是一个容易或受欢迎的任务，但预算委员会仍旧坚持这么做。

在扮演这个角色时，预算委员会通常会反对别人的减税建议；它们并未力求主动。因此，在1977年底讨论是否有必要为了刺激衰退中的经济且抵消社会保障税收增加额而制定新的减税计划时，他们冷眼旁观。1979年，当一些经济指标再一次指向衰退时，预算委员会不愿在总统提议之前要求一个减税计划；这样，他们就可以在应付国会减税压力的同时，避免因财政赤字增长受到责难。

分配税收收益和负担

当国会削减税收时，它们更倾向于关心谁得益而不是实际削减了多少。预算委员会在关于税收分配问题上的发言权比在联邦支出分配的问题上还小。在预算决议中，预算委员会实施功能分配并将支出份额分配给不同的国会委员会，但它们在税收决策上却没有同样的作用。

重新分配税收负担的努力通常伴随着对主要税收法案的立法考虑。重新分配可能是通过对不同收入阶层给予不等的税收削减（或者改变公司和个人在所得税中的相对负担）或对特定群体给予税收优惠（税式支出）的方式来实现。有趣的是，预算委员会在争取重新分配总税收负担问题上并未发挥什么作用，但好几次它都努力减少或者限制税收支出的签署颁布。

税收改革，也就是减少或消除税收优惠，是一个早期的预算问题。[52] 1975 年，筹款委员会提出了一个法案（H. R. 10612），这个法案最后成为 1976 年税收改革法案。这项举措刺激预算委员会更多地参与到之前描述的关于特别税收收入和税收削减的立法之中；它也引起了参议院预算和财政委员会主席之间公开而持久的冲突。

参议院预算委员会作为最新的参议院委员会并不想让自己与资格最老和最强的委员会之一有冲突。在参议院预算委员会起草 1976 财政年度第一个决议时，马斯基主席避开了对税收改革提议的考虑，指出“过多额外的税收改革并不能为 1976 财政年度增加额外收入”[53]。他知道消除税收补贴的立法要在国会通过通常需要数月甚至数年的时间。并且，因为税收和财政的年度不吻合（大多数税收按照日历年份征收），即使国会及时采取行动，额外的收入也要到财政年度的下半年才能流入国库。[54] 马斯基在议员大会上发表了他反对森·瓦尔特·蒙代尔提出的通过税收改革筹措 25 亿美元新收入的修正案。马斯基赞同国会“迟早要进行税收改革”的论调，但提醒“将 1976 财政年度的收入假设建立在一些尚未在国会中获得多数支持的税收改革提案的签署上极其不现实”。[55] 蒙代尔的修正案（也打算因为经济刺激计划在支出上增加 90 亿美元）以 20 票对 64 票未获通过。[56]

众议院的结果不同。筹款委员会在其 3 月 15 日的报告中预计第一年因改革收入增加 5 亿美元。然而该委员会提醒道，“对一个税收改革法案在税收收入上的作用进行的估计只能是高度猜测”[57]。在 1976 财政年度的第一个决议中，众议院预算委员会并未描述通过税收改革增加的收入。布洛克·亚当斯承认“更多的注意力被投入预算支出方面，而涉及和阐述收入方面却可能没有期望的多”[58]。亚当斯把票投给了由共和党人亨利·S. 罗伊斯代表提出的修正案，他打算通过取消税收优惠来为财政增加 30 亿美元的额外收入。一个提倡改革的人表示希望预算能变成“一个我们能用来吸引人们对税收支出关注的工具”[59]。由于有来自预算委员会中民主党成员的极大支持，罗伊斯的提案以 277 票对 128 票的悬殊差距获得通过。

在会议上，马斯基宣读了一封来自隆参议员的长信。信中他坚持认为“将这样一笔可观的收入增长包括到共同决议中极不现实”并可能会破坏刺激经济的努力。在几次争吵之后，马斯基声称 10 亿美元的目标“合情合理，所以值得一试”。参议员蒙代尔支持他，声称“与原则有关的事可能是我们做的最重要的事，因为它使筹款委员会和财政委员会备受关注”。[60]

预算委员会开始审议 1976 财政年度的第二个决议时，财政改革上只有很有限的进展。众议院预算委员会仍然坚持 10 亿美元财政收入增长的目标，但参议院预算委员会放弃了这个提议，因为它觉得这时要想在 1976 财政年度的税收改革中获得那么大一笔新的财政收入已经太晚。[61]这一立场在会议中普遍存在，并且预算程序的第一年以税收委员会可以在不受预算决议指导或阻碍的情况下继续其改革收尾。

筹款委员会于 1975 年 11 月形成了它的税收改革法案（众议院记录 10612），把它和那一年早些时候投票决定的一个暂时性税收削减延期连接在一起。报告称第一年预估财政收入将增加 7 亿 5200 万美元，远远低于最初委员会起草的草案中设定的 26 亿美元的目标。但是筹款委员会要求修改规定以便让那些改革者对一系列的修正案有基本的决定权。三个能使财政收入增加的修正案被采纳，而另外两个以微小的差额未获通过。由于由众议院通过，众议院记录10612将产生15亿美元左右新收入。

参议院财政委员会将税收削减和草案的改革部分分开，它通过了一个将税收削减延期六个月的决定，但却将改革推迟到国会的下一个会期。筹款委员会的厄尔曼主席之前就反对将这两个问题分开（“如果我们不共同掌握这项措施，我们可能就没法得到一个改革草案”[62]），但他被迫接受了财政委员会的调控，因为不采取措施将会带来税收的自动增加。

随着众议院在税收改革方面行动的结束，关键的下一步就在于参议院财政委员会，它近年来在进行税收改革上远没有筹款委员会顺利。比如在第94次国会会议上，支持改革的委员占财政委员会投票总人数不到30%，而在筹款委员会中有一半左右。[63]财政委员会在其3月15日针对1977年预算的报告中甚至没有提及税收改革，尽管事实上那时它已在积极地起草税收立法。

参议院预算委员会在1976年无法再像前一年那样轻易便置身事外。一则它无法再那么有说服力地声称税收改革不会在第一年增加大量收入。毕竟众议院已经执行，而且因为财政年度之初预定的变化，相对于老的财政日程表下的6个月，9个月中增加的财政收入将计入该财政年度。由于参议院预算委员会声称大量第一年收入不会马上出现，这实际上排除了它在国会税收改革决策中重要参与者的地位。如果在一个议院通过该立法时能够使用这个借口，那么该借口便可以在整个预算程序中被一次又一次地用于阻挠税收改革。参议院预算委员会在参议员霍林斯（他有力地挑战了隆有关额外的第一年收入无法通过税收改革获得的观点）的鼓励下倾向于改革的立场。据某位参与者称，参议院预算委员会也受到它自己成员的影响，其成员“急于强制推行那些我们在其他支出上应用的税收支出条例……对预算程序的一个考验就是看我们能否挤出一点缝隙来实施一些税收改革。我认为我们已经习惯于成员层面的观点，认为这是一件可以做的好事”。作为一个严重依赖其成员来决定方向的委员会，在这种情况下，参议院预算委员会的行为要遵从成员们“要做的好事”。

但是，还有一个不可抗拒的因素使参议院预算委员不得不加入这场争斗。主张税收改革的人决心用预算程序把改革强加给可以想见不会屈服的财政委员会。这些年来它们在参议院中鼓励倾向于改革观点的努力一直受挫。在这个地方它们没有成功的前景，因为这里公开的规定和“圣诞树”行为使阻碍那些能扩大某些利益的税收优惠变得很困难。它们也别指望从财政委员会那里得到足够的支持，它在提供税收补贴方面一向比筹款委员会更慷慨。因此，主张税收改革的一伙人把目光投向预算程序，以此作为他们在参议院劣势的一个弥补。

完成预算程序承诺了一个比使用国会中标准的路径更好的结果。在国会制定税收政策时，它分别处理各个问题，逐个部分，逐项税收支出。对于每一个植入税法的优惠而言，取消它就会损及某项利益。那些受益于被威胁条款的纳税人就是基于这背后的原因才集会并向国会施压要求它保证他们的利益。单单因为这个原因，便很难取消某项税收支出，也许这和从预算中消除某项直接支出一样难。

然而，在国会通过预算程序对付税收改革时，利益的平衡通常很困难。问题是在国会预算中总的改革目标应该确定在多少，而非逐项考虑。国会可以投票决定 10 亿美元的税收改革，而不用管哪一部分的优惠将被停止，也不用知道哪部分利益群体要遭受损失。潜在的损失者不会直接受到威胁，因为改革可能会以牺牲其他当时未知（或仍然未知）的纳税人的利益为代价。处于这样一个公开受到外界压力要求保持原有税收优势而且还要增加新优势的环境中，相对于改变税法，国会议员们可以更自由地为税收改革投票。改革者希望一旦参议院已经在预算决议中就税收改革对自身承诺了一个美元目标，那么让议员们在个别项目上做出艰难决策便会更加容易。

参议员爱德华·肯尼迪在出现在财政委员会和预算委员会面前之前就公布了这一战略。虽然肯尼迪不是任何一个委员会的成员，但他已经使税收改革成为这个重大的立法利益之一，并且他成为中坚改革者在参议院的非官方发言人。1976年3月16日，肯尼迪把预算法案描述为“一个在处理税法在整个预算程序上的影响方面有创造力和有效的方式”。肯尼迪告诉参议院预算委员会“我在这里的目的并不是为了提出一个具体的税收改革”，但他敦促委员会在1977年的第一个决议中加入20亿美元的税收支出削减。[64]两天后，肯尼迪向财政委员会提供了一个税收改革的购物清单，声称“预算改革法案在税收支出上有一条早该完成的条例，就和已经给直接支出实施的那条一样。参议院指望这个委员会和预算委员会都能在控制税收支出方面负责财政领导工作……”[65]

隆参议员以在参议员预算委员会形成其预算决议时的优异表现来回应在税收改革上想要胜过其委员会的企图。“按照他的立场”，马斯基告诉预算委员会，“我们欠他一句客气话和一次机会”。隆的第一句话定下了两个委员会间冲突的基调：“我只在这里督促预算委员会停留在自己的管辖范围内……同时我们也会呆在我们的管辖范围内。”[66]

隆已经做好准备为这一对他来说很重要的事作斗争：不

是税收法案某项条例的问题（有很多方法可以解决这样的争论），而是他的委员会的立场和一种在他看来想要削减其权力的努力。一个观察员说，“财政委员会有一个羡慕特权的主席；他是参议院中最强调管辖范围的人”。隆经常自吹自擂说没有几条税收条款他觉得有价值。除了一些他很感兴趣的问题以外，隆愿意接受几乎任何一个由他的委员会或参议院提议的税收项目。正如一位观察员所说，“确切地说，因为他不为任何数字所困，隆可以不受限制地决定其可以决定的政策，并能够掌控整个过程。”但隆并未将此视为一个可以那么容易就达成一致的税收问题。通过把这个问题定义为一个有关权限范围的争论，隆将有关这次争论的措辞从对新预算过程的忠诚转变为对他的委员会在参议院中地位的侵犯。

隆所做的不仅仅是举起了警告的大旗。他详细说明为了避免一场冲突，为什么必须在预算和财政委员会之间划定界限。

“现在，我们充分期待的是使即将被报告的税收草案适用于这个预算委员会得到的任何数据。你告诉我们你期望多少财政收入以及多少财政支出，而我们将调整我们的活动来适应……我们税收委员会可以与你提出的任何数字保持一致，只要你提出一个数字。”[67]

通过宣称参议院预算委员会除了国会已经接受的预算支出方面适当的职责外并未做什么，马斯基试图缓和该冲突：

“我同意我们不是制定税收的委员会。我们不是拨款委员会，我们也不是授权委员会。我们的管辖范围是总体性的……（但是）我们的责任不仅仅是把现有法律中规定的几个数字相加。”[68]

“不仅仅是加总数据”，在马斯基的观点中，这意味着预算委员会应该表明它如何得到收入总额和应当实现的税收支出削减：

“如果你真的想在税收支出问题上影响财政委员会和国会……我们有义务……提示税法中规定的通过改革希望达到的财政收入比例，不管它希望（预算）委员会考虑怎样的细节。”[69]

因此，战线在隆和马斯基之间展开，前者希望将预算决议限制在一个给定的财政收入数额，后者希望预算委员会也给出财政政策的一些具体细节。隆意识到预算决议中计划的财政收入增幅越高，他的委员会需要完成的任务就越艰难。他认为，能使财政收入增加的款项往往在下一个日历年年初生效，而那些使财政收入减少的款项通常具有追溯效力。因此，他警告说，即使税收支出上的变动能带来财政收入的长期增长，在第一年它还可能会呈现出亏损。

参议院预算委员会无视隆的观点，并且投票通过了20亿美元的税收支出削减，这一数额由众议院委员会在其决议中固定下来。“这一举措”，强烈支持20亿美元的参议员霍林斯坚持认为，“是一个真正意义上的限制”。在他看来，这是“现实的并且很容易做到”。[70]马斯基认为是否能通过“要求财政委员会视20亿美元来自税收支出的产出为目标”来实现这个数额并不重要。“在任何情况下我们都不能强制执行。我认为如果我们设定了一个目标数额，它就会产生压力推动我们尽可能去完成这个目标。”[71]

随着隆许诺在预算决议中让预算法案和收入水平保持一致，以及马斯基承认决议中的财政收入目标并非是强制性的，人们也许可以期望财政委员会和预算委员会之间的分歧能够平静地结束。实际上，当预算决议在议员大会上辩论时隆并没有反对削减20亿美元税收补贴，虽然他强烈质疑一些其他目标影响到了他的委员会的利益。不过，当财政委员会于

1976年6月公布税收改革法案时（决议最后通过后不到一个月），在财政委员会是否尊重预算程序以及预算委员会在税收政策上的管辖范围问题上，马斯基和隆之间爆发了激烈的斗争。

也许连参议院预算委员会自己都没有意识到，它们正在试图强制突然改变财政委员会的地位以及众议院和参议院税收委员会之间的关系。在过去20年的每一个重要税收法案中，财政委员会公布的立法通过改革所产生的第一年财政收入（或者会因为新的税收补贴损失更多财政收入）总是小于众议院通过的法案。参议院财政委员会（诸如参议院拨款委员会）充当了“上诉法院”的作用，削减某些众议院投票决定的改革导致的税收增加。举例来说，1969年，财政委员会的税收改革法案预计将产生的税收比众议院通过的政策少3亿美元。但1976年众议院通过的税收改革法案本身至少比在第一个预算决议中设定的20亿美元改革目标低4亿美元。为了让财政委员会遵守预算目标，它不得不在税收补贴问题上采取比众议院更为强硬的立场，财政委员会很多年都未曾如此做过。

与会成员和观察员都证实隆以这样的方式指导财政委员会起草税收法案是为了尽量缩小它偏离预算目标的程度。尽管他以支持同事建议的任何想法而闻名，但他还是反对了由一些委员会议员提出的税收补贴，并且促进比某些人期望的更强烈的改革条款。隆用20亿美元的目标作令箭；他对那些试图寻找新税款扣除额的人表示同情，但他也提醒他们注意预算决议中的限制。不仅如此，财政委员会作为税收减除提供者的传统职责，结合税法结构，使财政委员会很难实现收入目标。

因此，隆被夹在两个任务之间，一个要坚守预算决议中的底线，另一个要保证财政委员会的法案尽可能低于那个目标。他意识到完全拒绝预算决议将会给他的委员会的管辖范围造成很大威胁。他认识到保护财政委员会利益最好的方法就是名义上遵守预算决议的要求。

所以，财政委员会设法在算术上实现收入目标，通过仅在该财政年度的九个月中扩展暂时性的税收削减以及对收入获得者“前紧后松”，并且推迟财政失败者的有效日期。换句话说，它所做的恰恰与隆就税收立法对参议院预算委员说的相反。推迟有效日期的结果是，财政委员会公布的草案与预算决议中的总财政收入水平一致，即使从税收支出削减中得到的第一年增加的财政收入还不到20亿美元目标的一半。

财政委员会的这种做法使马斯基和参议院预算委员会陷入左右为难的境地。参议院预算委员会仅仅同意财政委员会至少实现了预算决议的字面意义，同时表达了一个更好的协议会从会议中出现的期望。如果参议院预算委员已经走上了这条路，委员会可能已经能够使自己与隆保持一致，反对议员大会提供额外税收补贴的修正案。但这个选择本身就很困难。一则参议院税收改革者的一个小核心（总共不超过15到20个人，但包括参议员蒙代尔和霍林斯，是参议院预算委员会的活跃人士）已经准备好了一揽子的弥补漏洞修正案，并且他们正试图利用这次预算争论说服其他人加入他们那边。马斯基自己首先应该联合改革倡导者，等他们被打败之后，他可以加入到隆这边以避开对联邦收入的进一步削弱。一个能让马斯基充分发挥好两个角色的安排（他并未参与其中）已经做出来，[72]但如果参议院预算委员会向财政委员会的法案发起正面攻击，这个安排就行不通了。

在一个税收法案即将安排议员大会讨论前不久终止的参议院预算委员会会议上，马斯基极力反对财政委员会的诡计，并且认为它破坏了预算程序的精神。“我们作为一个委员会有义务弄清楚……财政委员会的草案不符合要求，至少不符合第一个共同决议中明确陈述的政策方向。”[73]人们只能猜想是什么推动马斯基与参议院预算委员会正面交锋。有的人说，这个委员会的成员在寻找新方法成功陈述预算程序的有效性方面发挥了关键作用，一个观察员推测：“预算委员会被一年前与斯滕尼斯在国防草案上的成功所欺骗。参谋机构指出，如果他们可以接受斯滕尼斯，他们就可以接受拉塞尔·隆。他们想让财政委员会看到预算程序并非没有规矩，并且这儿有一个好机会显示他们能够接受拉塞尔·隆。他们的确这么看他。”

但这只是个部分解释。参议院预算委员会的好斗源于一个真诚的信念：财政委员会的确正在做伤害预算程序的事。参议院预算委员会知道财政委员会的草案是一个收入的失败者，而非它声称的收入获得者。通过在减少税收支出上倒填日期和为了某些新贷款交叉捆绑下一财政年度，财政委员会隐瞒了该法案在“本财政年之后的年度”实际上会使收入受损的事实，这些超过了预算决议的范畴。如果财政委员会可以仅仅通过操纵有效期就满足一个预算决议的规定，它也可以废除预算程序。

因此，马斯基和贝尔蒙给所有的参议院传阅了一封名为“亲爱的同事”的信，宣称税收法案通过时他们会提出异议。“这不是预算委员会和财政委员会之间的斗争……摆在参议院面前的问题是是否坚守国会的预算。”[74]然而，一旦参议院预算委员会攻击财政委员会的决议，争论将不可避免地演变成两个委员会之间的斗争。隆在他对“亲爱的同事”的回应中通过将管辖范围问题拓宽到所有国会委员会利用了这一不可避免性：“参议院将不得不决定预算委员会的职能是否是提议每个委员会将生存于其中的目标数字，此外，预算委员会是否在其他委员会的管辖范围内为它们撰写草案说明。这不是一个有关国会预算程序完整性的问题。这个程序很安全并且我们坚定地支持它。相反，这是一个有关参议院委员会适当权限职能的问题……参议院尊重每个提出其建议的委员会的权利吗？或者参议院是否打算让单独一个委员会提前告诉其他所有委员会它们具体将做什么，并监督它们以确保它们如此去做吗？”[75]

这场斗争一开始，就演变成了两个固执的主席之间的争夺。为了显示财政委员会的草案在联邦收入上可能的影响，马斯基试图在整个一年的减税上着力推行一个提早的投票；隆做出回应，指责马斯基是一个“预算破坏者”。经过四天的激烈交锋，由于程序操作而被推迟了，隆坚持认为预算程序已经被遵从，而马斯基则主张它已经被破坏。在隆的立场得到议员大会投票支持后，马斯基撤回了他的修正案，指出，“我对要点很清楚。我在最后45分钟明白了两点。”

然而，这样的领悟可以有多种解释，至少知道了参议员对预算程序的态度。这次投票并不意味着对预算程序直截了当的拒绝。如果隆赢得了最后的斗争，那多半是因为他使参议员们拥有了他们的预算程序和税收优惠。大多数参议员知道马斯基的计算正确，但他们还是投了另一边。许多人无疑是把预算委员会视为他们自己管辖范围的一个威胁。一个观察员评论道，“拉塞尔·隆有效地利用了动人的言论，‘如果这会发生在我的委员会，它也可以发生在你们那里。’”在一场关键的投票上，马斯基以42票对49票落败，委员会主席以2比1的比率支持财政委员会。成员们可能都知道如果参议院预算委员会赢得这场争斗，他们为自己提供的税收优惠将会被叫停，而且不仅在这一政策上，其他的立法也是如此。

一旦严格执行，一个收入目标可以在实质上成为税收草案的定案规则。

随着管辖范围问题得到解决，参议院在税收法案上投入了7个星期（混合了其他事情）。在129轮唱名表决之后，许多人支持额外的税收支出。无论预算程序中可能会有怎样的规定，都会因为削弱管辖权而被忽视。隆有选择性地反对一些修正案，理由是它们的收入损失会破坏预算，但他却支持其他一些相对而言也会造成财政收入损失影响的修正案。马斯基一次又一次站起来反对增加税款减除额，但通常不成功。在一个特别受欢迎且花费很大的税收补贴上（高校学费的税款扣除额），马斯基担负在议员大会上反对的全副担子："我作为预算委员会主席，绝不能就这样坐视预算程序如此继续下去……"[76]学费扣除额随后以压倒性多数通过。

就在税收法案即将最后通过之前，隆提出一项修正案来表达"参议院的意见"，即它的与会者们应制定立法将1977财政年度的收入损失控制在153亿美元以内，也就是第一个决议明确规定的数额。这是提醒参议院财政委员会将遵守国会预算中规定（参议院预算委员会无意规定细节）的财政收入水平的另一种方式。他再次告诫同事们，在参议院有约束力的数额是"预算决议所言，而非预算委员会报告中的附属细则所言"。[77]隆在他的"参议院的意见"的修正案中可能还有另一个目的，即向参议院显示真正的税收法案将是会议上产生的那个，而不是由财政委员会起草并添加了各种修正案的那个。由于他在能源税法案之后还要做一年，隆很想在税收改革立法中加入成本高昂并可能在会议上被否决的条款。这些讨价还价的筹码将有助于产生更加符合他自己利益的结果，而非在参议院内能够得到的那一个。

从数据统计的角度来看，参议院使得达成一个会议协议复杂化。它把该法案从5年内增收3亿5千万美元变成同期内损失收入35亿美元。此外，它把参议院和众议院法案5年之间的悬殊拉到了130亿美元。但是，这个会议成功地连接了这些差异，并提出了一个很符合预算决议要求的措施。新草案在第一年收入将增加16亿美元，这个数字包括在1977财政年度的第二个决议之中。[78]这个增长中相当大的一部分源于某些改革的追溯效力（比如削减病假工资例外），并且国会稍后通过延迟某些有效期被迫放弃了约一半的增收额。不仅如此，立法不仅仅是一个数字游戏，它会带来真正的税收改革。事先警告是它对未来收入的影响：该草案计划在五年期间增收100亿美元，其中大多是较高的最低纳税水平和削减减免所得税合法手段的结果，而这是改革者的两个基本目标。

这个会议的结果激发了预算委员会又一轮的欢呼。和平常一样，布洛克·亚当斯总是很积极，把最后法案称为“国会预算程序的巨大胜利”，并声称“国会愿意遵守它的预算并开始执行这个漫长而艰巨的任务，即负责在某些敏感领域如税收支出上实施改革”。[79]也和平常一样，马斯基在鼓掌中混杂着批评，他称赞隆的“会议报告充分展示了参议院通过的那个税收改革法案”，但严厉批评了“在参议院中盛行的对税收立法的态度”。他补充道，“改变这种态度将需要参议院自己来实行一条严厉的规则。参议院不能放弃它的财政职责并依赖它指定的与会者来修改税收立法并提供正确的税收政策”。[80]

1976年的结果并不符合以往众议院—参议院的会议模式。虽然会议经常放弃或缩减参议院增加的条款，但约翰·曼丽关于1947到1966年20年间税收法案的研究发现：最后的水平通常更靠近参议院的版本。他把参议院的成功归因于两个主要因素：它在众议院之后对财政收入法案采取措施，因此它可以把后续的发展考虑进去；它对被税收立法影响到的利益更加开放且反应更积极。[81]这两个因素都被预算程序削弱了，至少关于改革的问题是如此。一个早期的预算标准会比一个后来的参议院行动对结果的影响更大；并且当与会者被收入目标武装时，他们更希望避开强大的利益集团。

与会者 1976 年开会时拿到了一个对 250 个争议项目逐个进行的收入评估。这是参评者第一次在开会商讨之前就拿到如此详细的预算信息。另外，这个会议是公开的，虽然所有重要的交易都在私下里协商达成。与会者，特别是税收委员会的主席，知道他们的表现将会根据最后法案与预算决议规定的收入水平的接近程度来评判。根据这个标准，预算程序成功地影响了 1976 年的税收改革。

财政委员会的一个领导成员解释了为什么预算程序在会议中比在议员大会上更有效。“在议员大会上是逐个问题投票，虽然与会者不得不塑造某些在总体上与预算一致的东西。”这样的模式让参议院预算委员会左右为难：如果忽视那些不顺从，期望问题在会议上得到补救，那就等于容忍对预算程序的破坏；如果要反对这类破坏，则可能被“等待会议”的理由生硬地回绝，财政委员会在 1977 年的能源法案上熟练地运用了这个理由。但是，会议结束后，仍旧在与预算决议不一致的预算决议上投入大量工作可能已经太迟。

1978 年税收法案：顺应税收和预算政策

1976 年的冲突结束之后，一位参议院预算委员会的领导成员说，“我们输掉了每一场战役，但却赢得了战争”。但这最多只能算是有限的、付出了很大代价的胜利，甚至可能是得不偿失的。预算委员会已经在税收领域建立了一个管辖范围内的立足点，但它们仍然是一个局外人，迫切需要得到高高在上的筹款和财政委员会的认可。这些委员会已经阻止了国会削减比预算决议提供的更多的税收，并且他们已经赢得了某个税收改革；但他们在改革的数额能否在预算程序中规定的原则问题上迷失了。很清楚，1976 年的模式不可能重复用于每一个重要的税收法案。不管是预算委员会还是财政委员会，都不欢迎又一轮随之而来的冒险和紧张。从参议院的角度看，斗争发生得最多的地方是避免公开对抗对双方都有利的地方，虽然没有哪一方愿意在权限范围内的声明中让步。由于掌控了税收程序中主要的权力，财政委员会有更多的资本去冒险；而作为税收立法中的新进参与者，预算委员会不想被视为一个干涉其他委员会事务的闯入者。财政委员会并不喜欢被看成一个不太合作并暗中破坏预算程序的委员会；预算委员会不想被当成是干涉其他委员会事务的干涉者。虽然他们之间不同的利益和观点可能会引起冲突，但双方都决定寻求和解。

随着 1978 年 1 月卡特总统递交给国会税收削减和改革一揽子计划，冲突的新机会随之而来。为了实行他在竞选中的一个主要承诺，卡特呼吁一项超过 50 亿美元的税收改革，包括废除或削减许多税收优惠。如果这次预算委员会选择斗争，他们在白宫将会有一个同盟。

然而，税收改革从一开始就注定是个败局。国会的态度是支持税收削减，而不是立法增加某些人的税收。不管是众议院筹款委员会还是参议院财政委员会在 3 月 15 日的报告中都没有讨论总统的改革提议；相反，他们都强调了他们对财政收入总额的“底线”。预算委员会在 1979 财政年度第一个决议的报告中暗示对税收改革在总体上表示支持，但也没有为此给它设定一个具体的数额。众议院预算委员会表示“对于总统具体的税收改革提议不作评论”，虽然它表示“继续强烈支持这一改革作为预算政策中不可或缺的一部分”。[82]参议院预算委员会也“不针对消除或削减现有税收支出做具体评论。然而，该委员会认为控制税收支出的增长和控制直接支出计划的增长同样重要。”[83]对税收改革缺少兴趣在议员大会上一如既往；参议院或众议院中都没有针对这一提议的修正案。

尽管他们对税收改革都表现得漠不关心，预算委员会运用税收削减的规模作为筹码来限制签署新的税收支出以及向废除旧的税收支出施压，并借此来影响国会在税收支出问题上的行动。预算委员会把税收削减数额从总统卡特最初要求的 250 亿美元缩减到了 150 亿美元。[84]这样的缩减也只能够抵消由通货膨胀和将在 1979 年生效的社会保障税收增长计划带来的税收增加部分。通过不为额外的税收削减留有余地，预算委员会能够挤出大多数税收支出，而且他们提醒国会注意平衡税收支出和税收削减。预算委员会在第一个决议的报告会议上指出，“更大的税收削减总额可以在 1979 财政年度签署，因为考虑到额外的削减可以用适当的税收增加来抵消”。[85]

为了通过限制税收削减总额来影响税收政策细节，预算委员会不得不避免授权更大的削减。众议院预算委员会拒绝了共和党提议的一项提供额外 103 亿美元税收削减的动议；参议院预算委员会成功地维护了自己的想法，并反驳了想要通过让它更早生效来扩大税收削减的提议。[86]事实上，在第一个决议会议上达成的税收削减目标比众议院或参议院之前同意的削减都要低。

但是，为了使这个策略成功，它不得不与筹款委员会和财政委员会起草的税收立法保持一致。这在众议院没有问题，因为众议院同意的税收削减法案比该数额低几十亿美元。众议院的这一行动意味着财政委员会可以不违背预算决议中设定的财政收入水平而增加自己的削减项。但它也导致预算委员会通过进一步按比例缩小众议院通过的削减数额，在第二个决议中进一步加大它们的压力。为了保护他的委员会的利益，同时避免一场关于收入削减的斗争，隆参议员和参议院预算委员会达成了一个非正式协议：如果预算委员会给财政委员会一个合理的削减数额（与第一个决议中限定的那个数额相等），隆将会带进一份与收入水平相当的草案。

这个交易在参议院预算委员会审定第二个决议时受到攻击，是隆在委员会面前又一次精彩的表现。隆指出，众议院并没有“充分利用第一个决议中关于税款扣除的授权”。他说，但这并不意味着削减也应该更少。“我记得从众议院筹款委员会的人那里听到的情况是：他们非常期望在参议院这边的我们在我们递给他们的草案中会利用提供给我们的减税授权全额。”[87]隆无疑会让他的委员会“在预算授权提议的范围内尽可能提出一项税收削减”。[88]当财政委员会需要的数据上出现疑问时，马斯基认为“我们的人员能算出这些数字”，同时贝尔蒙补充了几句他和解的话，“我们应该试着尽可能面对面地了解”。[89]

参议院预算委员会履行了它在交易中的义务，在第二个决议的起草中保持了这一年早些时候定下的整个削减目标。隆把财政委员会对税收草案的审定推迟到参众两院有关第二个决议的会议批准削减数额之后。然后他利用预算限制驳回了很多他的同事提出的计划。财政委员会议员屡次在“预算缩减”上被提醒[90]，尽管他们公布了一个超过预算削减数额的草案，但他们知道最后的数字还是不得不与第二个决议中的财政收入底线保持一致。

参议院用它惯常的方式来处理税收草案，即在税收削减中增加许多修正案和数十亿美元。马斯基不断发言公开谴责这是对国会预算的破坏，有时候隆也会加入他，他投票反对各种扩大扣除的提议。有了隆的支持，参议院坚持取消了最受欢迎的税收支出计划之一，即在联邦税收中允许扣除国家和地方的汽油税。[91]但在一场激烈的议员大会斗争中，参议院明确拒绝了马斯基阻止会减少未来年度税收的修正案的尝试，参议院批准的税收法案包括了价值数十亿美元这类扣除额。然而，这些修正案中的大多数在接下来的会议中都被废除了，并且国会（在会议期的最后一天）最后同意了与预算决议一致的税收立法。

1978 年的这些事件表明税收和预算委员会之间管辖范围的界限，后者集中于财政收入的总数，而前者主要关心税法的细节。角色上的差异使得预算委员会对税收改革间接施压，而不是像两年前那样试图直接施压。预算委员会可能对这样的角色不满，因为因果之间的关联通常没有明显到可以让他们从某些具体的结果中得到好评。不过，如果预算委员会偏向细节，他们将冒着与税收委员会发生冲突的风险，而且不能确保在影响最后的结果上一定会更成功。

预算程序的限制

为什么预算委员会不得不尽如此大的努力才能在税收政策中发挥一定的作用？在国会面前，这些委员会在税收问题上似乎比在支出议案上地位低。部分答案与预算法案有关，因为法案对于财政收入决定方面做的调整比支出方面少。与他们发挥作用的支出项目的设置相比，预算决议只处理财政收入总额；他们既不管具体某一财政收入的来源，也不管采取什么方式把税收负担分配到各经济阶层。虽然预算法案要求众议院筹款委员会和参议院财政委员会提交一份3月15日报告，并给出财政措施的各种时间要求，但除了估算当前法律下可能获得的财政收入外，它并没有强制预算委员会做其他更多的事。但预算法案不是仅有的限制因素。还有许多有关收入立法的因素使通过预算程序制定税收决策的任务复杂化。

国会中税收活动的时机

税收活动的时机严重影响着国会预算和财政收入立法。当政府有一个预算程序时，它的决定应该与一个固定的时间表保持一致；如果没有预算程序，财政措施就可以在一年中的任何时候实施。给决策定时间表不仅是一个管理便利的问题，也是一个财政控制的前提。对于周期之外的决策，预算程序便没用了。

如果总统的提案在考虑第一个预算决议之前被提交，并且在第一和第二个决议间隔期完成了立法活动，国会预算程序将得到促进。这是在预算法案中为拨款法案考虑的安排。但是，不像拨款那样总是有很多规定（国会希望每年有13个常规拨款法案，加上至少一个早期的和一个晚期的补充法案），税收活动是不确定的。预算法案不会预先规定某一时期国会应该采取的财政措施或税收行动的频率。

总统通常将主要的税收提案和他的年度预算一并递交，

但源于 1977 年的关于能源和社会保障的活动并非如此。筹款委员会在第一个决议通过之前提交了一些税收法案，在决议之间提交了两个，还有另外两个税收措施是在国会完成第二个决议之后提交的。时间范围在参议院财政委员会内也差不多，它搁置了一个草案，在第一个决议之前报告了两个，另一个是在 5 月至 9 月的间隔期，还有四个在第二个决议通过之后提交。国会的行动最不可能发生在两个决议之间。从筹款委员会报告到国会最后行动之间的间隔期从 1977 年减税法案的 35 天到 1976 年税收改革法案的 300 多天不等。

因为这个程序如此不规律且难以预测，预算委员会很难在他们的预算决议中针对国会行动拟定有效的计划。他们也发现自己要么成为已经制定的决策的橡皮图章，要么被立法行动撇在一边。

表 13－1 为预算程序的局限性提供了另一条线索。其中 5 个法规在休会前的一小段时间内得到国会批准；4 个在会议期的最后几天在参议院通过。后来的考虑加强了税收委员会在它们的立法上控制议员大会活动的能力。隆参议员常常努力使“最后一列火车驶离车站”，这一实践显示了他对立法程序中时机重要性的准确理解。在会议后期，国会不想受制于机构内部关于预算数字的争吵；为了完成它的工作，它想适当放松一点它的规则。它认为税收扣除是“必要的”立法，而且它不想受制于议事程序的问题或有关预算法案的要求在技术上的讨论。

具体细则对总数

正如前面所述，预算委员会的收入角色比它的支出角色有限。收入在总量上计算，具体细节（税收来源和税收支

表 13－1 1975—1978 财政年度主要税收法案的立法历史

立法委员会报告	总统启动和通过	众议院筹款委员会报告	众议院考虑	参议院财政委员会报告	参议院考虑和通过	国会完成活动	第一次报告至国会活动完成的天数
1975 年税收削减法案（P. L. 94－12）	1975. 1. 15	1975. 2. 19	1975. 2. 27	1975. 3. 27	1975. 3. 18—22	1975. 3. 26	37 天
税收削减延期法案（P. L. 94－168）	1975. 10. 6	1975. 11. 12	1975. 12. 19	1975. 12. 12	1975. 12. 19	1975. 12. 19	38 天
1976 年税收改革法案（P. L. 94－455）		1975. 11. 12	1975. 12. 3—4	1976. 5. 27	1976. 6. 16—8. 6	1976. 9. 16	310 天
1977 年税收修改法案（P. L. 95－30）	1977. 1. 27	1977. 2. 17	1977. 3. 8	1977. 3. 28	1977. 4. 18—29	1977. 5. 16	89 天
1975 年能源税收法案（H. R. 6860）	1975. 1. 15	1975. 5. 15	1975. 6. 9—19	—	—	—	—
1978 年能源税收法案（P. L. 95－617）	1977. 4. 20	1977. 7. 13	1977. 8. 3—5	1977. 10. 21	1977. 10. 25—31	1978. 10. 15	459 天
1977 年社会保障财政修正案（P. L. 95－216）	1977. 5. 9	1977. 10. 6	1977. 10. 26—27	1977. 10. 31	1977. 11. 2—4	1977. 12. 15	69 天
1978 年收入法案（P. L. 95－600）	1978. 1. 21	1978. 7. 27	1978. 8. 10	1978. 9. 27	1978. 10. 10	1978. 10. 15	80 天

来源：标示日期的国会记录。

出）被托付给备用报告。如果参议院预算委员会满足于处理财政收入总数，那么 1976 年的税收改革之争便不会发生了。当参议院预算委员会试图控制税收政策的一些具体细节时，它是在挑战税收委员会的权限范围。

预算委员会限制在收入总量决策，不可能直接处理分配性的税收政策问题：多少从各阶层纳税人筹措，以及多少通过税收补贴由各阶层保留。这些是更容易引起争议的政治问题，而不仅仅是某年的税收削减应该是 180 亿美元还是 200 亿美元这样的边际决策。预算委员会也发现，一个仅限于给出总体收入水平的决议给了税收委员会足够的选择权来改变税法而不破坏国会预算。财政委员会操纵有效日期的技巧表明，预算程序自身无法阻碍它的优先项目的颁布实施。几乎任何一个税收政策都可以制定得适应一年预算决议中规定的收入水平。同样的收入总数能够适应税收支出的某个增长或某个扣减，视特定条款生效的时间安排而定。

把预算委员会限制在收入总额上似乎是在用这种方式鼓励它们关注税收政策在财政上可能产生的影响。干涉内部财政法的细节只会使这些委员会偏离税收的宏观经济学。然而，财政政策不仅仅取决于一个单一的、独立于其组成的收入数字。相同的“底线”也会以各种方式影响经济，这取决于它源于何处。当卡特总统在 1977 年最初提议退税问题时，共和党员们表示反对并提出了一个永久性削减议案。他们在应该从预算中削减多少收入的问题上没有什么争议；争议的问题是永久性削减是否会比一次性削减更能刺激经济。下面的交锋显示了参议院预算委员会试图在不触犯财政委员会的情况下制定税收政策的尴尬处境：

参议员马克鲁尔：……当我们在预算委员会中唯一的选择是给一个收入数额投票时，预算委员会在试图制定经济政策上的真正职能被掩盖了……

参议员马斯基：你想把这个财政委员会也弄成这样？

参议员马克鲁尔：……我当然不是想说我们要做的事会妨碍到财政委员会，但我认为我们至少应该试图向国会表示一下……当我们通过一项决议时，不管它在这些数字背景下是暂时性的税收削减还是永久性的税收削减。

……

参议员马斯基：……如果我们有时间而且想要参与其中，并且实际上给我们的偏好投票不会妨碍到任何人包括我们自己的话，如果能在暂时性税收削减和永久性税收削减上达成一致，我愿意那样做。

通过报告一项为无论是“暂时性退税还是永久性的税率相对削减”留有余地的决议，参议院预算委员会最终走出了它的困境。该委员会没有迷失在总额和具体细节的分界线上；它通过放弃影响财政政策的机会保住了预算和平。

预算委员会设计了两个策略来弥补它们在具体税收问题上的弱势地位。第一，通过控制财政收入削减总额，他们试图把新的税收支出“排挤在外”，并督促税收委员会在已有的支出上采取措施。增长的就业率和对通货膨胀的高度关注（要求较少减税的经济条件）帮助了这一策略。当经济需要刺激时，预算委员会在其收入目标上可能不得不同意更松的要求。此外，1978 年的财政收入总额被筹款委员会和财政委员会接受。有人怀疑如果这些委员会都坚持更大规模的削减，结果会不会还是一样。预算委员会利用税收削减作为一个分配政策杠杆的能力取决于税收委员会的意愿以及预算委员会的财政收入总额。

预算委员会第二个策略的引入也是在 1978 年，当时国会强烈要求学费税收扣除，总统大力支持扩大对大学生的贷款和拨款。预算委员会利用这一形势鼓励在通过税收扣除帮助学生和通过直接支出计划帮助他们之间进行选择。委员会清楚地表明可以用来帮助学生的资金有限，并且那些用在税款扣除上的钱将使用于贷款和拨款上的资金减少。这一方法还扩大了预算委员会和税收委员会在教育项目立法权上的斗争。在这个更大的组织中，预算委员会有同盟帮助它使最后的结果有利于贷款和拨款而非税款扣除。

直接支出对税收支出

1978 年使用的策略似乎对所有的税收支出问题都适用。预算委员会试图让税收和直接支出在某种程度上一致，以便国会选择任意一种政府扶助形式。但需要指出的是，税收改革者更善于把税收支出包括到预算法案之中，而不是说服国会把这些补贴视为和预算等价的直接支出。这种预算程序所能涵盖的范围与国会议员的想法之间的不一致通常是预算争论的一个来源。很多议员要么无法理解税收支出的想法，要么不相信那些补贴应该被视为来自财政部的现金。从税收系统拨款在国会中无法被广泛地理解为对公共资金的支出。

问题从税收支出延伸到了整个预算的收入方面。在大多数议员眼中，控制预算就等于控制支出。他们希望预算程序更多关注支出政策，而非改变税收系统。当参议院预算委员会不愿意放弃考虑社会保障立法时，参议员查理斯·克提斯抱怨道，“我总是认为预算委员会的主要职责是掌控支出以平衡预算。”然而，尽管这个来自财政委员会的高级共和党委员带有党派偏见的观点过分表达了立法情绪，但它确实反映了国会对待收入和支出的不平等。国会中没有人主张预算程序的“主要职责”是改变税收系统。

影响力比他们期望的小，但并不微弱。在未来年度的问题上回绝了马斯基后，参议院在税收法案中增加了许多修正案，将其未来（第五年）支出从众议院通过的320亿美元提高到560亿美元。但隆之后又协商出一个会议协议，这个协议不仅使第一年支出保持在预算决议的收入规定以内，还将第五年支出减少到340亿美元。隆不想让国会提前对未来减税做出承诺有他自己的理由。“想想所有你将失去的快乐，”据引述，他说，“如果未来不能为减税投票，也就没留下什么可以削减了。”迟早，永久性减税将会对财政产生限制性影响，迫使其放弃额外削减，甚至更糟，强迫其投票给可以避免的增税。

隆为参议院在处理未来年份的减税计划时找了一个安全门，而非一个逃生门。一边被来自国会更多减税的压力包围，另一边又有来自预算程序的限制，隆需要一些使用策略的空间，在不违反程序或“放弃储备”的情况下应对这些压力。有关未来收入的有限让步使他能够组建一个有力的联盟来支持他的税收法案，并在参议院赢得和平的立法。以这种方式处理事务使隆控制了参议院中的税收程序。

隆的策略在哪里离弃了参议院预算委员会？隆在1978年参议院颠覆了马斯基的议程问题后不久便给出了部分答案。他极力主张马斯基应当继续做他以前所做的：“……当我带来一个在未来年度减税的修正案时，即使它与预算决议并不冲突，我仍希望他会强硬地说，‘预算委员会已经考虑了这个问题，我们觉得我们无法承受财政收入的损失……’”

隆希望参议院预算委员会仅仅作为一个税收政策信息的独立来源，而将决策权留给财政委员会。而马斯基尽管不想这样界定他的委员会的职责，但仍然十分认可参议院预算委员会在为参议院提供对税收决定有短期和长期影响的时效性信息时的作用。在他与隆关于税收政策的一次纠纷中，马斯基在辩论中捍卫他的干预："在预算委员会中我们只有一条纪律……信息纪律。如果我没有这个职责，我便什么职责也没有。"但参议院预算委员会倾向于将信息与对抗混淆，或许是害怕事实本身无法阻止参议院做它们注定要做的事。但记录显示预算控制支持的事实也不总是能阻止参议院。

税收与预算：不平等的关系

预算委员会的工作干涉了其他每一个国会委员会的利益。预算委员会在国会山上拥有一个安全角色的程度在很大程度上取决于有主要管辖权的委员会（授权、拨款和税收）接受新委员会作为立法程序合法参与者的程度。因为国会委员会是他们立法管辖范围的保护者，让筹款委员会和财政委员会毫无保留地欢迎新预算实体并给予它们大部分的税收权力是无法想象的。但在预算委员会和拨款委员会之间发展起来的做法可能也会出现在税收领域。但这并不是实际情况。即使是保持谨慎和恭敬态度的众议院预算委员会，在其高级职员的看法中，"与筹款委员会发生的冲突要比与拨款委员将会发生的冲突多。每次我们回顾时，与筹款委员会都会有某个问题。"

在国会的每一个税收问题上，预算委员会和税收委员会都要在对抗或迁就中进行选择。如果预算委员会在1976年的结果中有发言权，那也是对抗的结果。他们必须努力争取才能得到，众议院预算委员会通过平静的压力，参议院预算委员会通过大声呐喊。但没有任何一个成功的立法委员会可以在这种条件下坚持很久。在国会山里，成功并非来自对抗，而是来自对委员会（及其成员）作为特定立法领域专家身份的尊重。一个靠记录来了解自己是否做了有意义的事情的委员会是一个不确定自身在国会中地位的委员会。至少在税收领域，预算委员会不能仅靠在没有预算程序的情况下与其他人保持一致而生存下去。一个需要一再与其对手竞争的委员会是一个对自身管辖权没有明确要求权的委员会，是立法程序中无足轻重的部分。

胜利由那些没有光环效应的委员会取得。预算委员会通过它们1976年的成就并未富于意志和资源。也许部分是由于马斯基因病缺席，当能源和社保法案在1977财政年度会期的最后几天紧急送到参议院时，参议院预算委员会仅发起了一场毫无生气的战斗。在1977年能源税法案中，当参议员隆发起对预算程序的进攻时，许多参议员对再一次听到更多有关预算程序的问题和条件仅仅表示不感兴趣。参议院预算委员会为其1976年的胜利付出了代价：他们赢得了一个做事过头和好斗的名声，而不仅仅是国会预算的保卫者。

大多数情况下，预算委员会选择迁就而不是对抗。在那场重要的税制改革之战后的一年产生的所有三个税收法案中，委员会仅对立法潮给予了象征性的抵制。而在退税问题上，他们在行政部门撤销其认可后原路返回。在能源法案上，他们受挫于众议院投票支持的300亿美元增税和参议院通过的400亿美元减税。在社保法案上，他们反对增加税收的议案由于国会渴望恢复这个巨大系统的财务健康而受到冷遇。在1978年，参议院预算委员会与财政委员会在减税规模上进行合作，参议院预算委员会为了换得对预算数的拥护而迁就了税收委员会的利益。但即使这个和解性的安排也未能避免议员大会上激烈对抗的爆发。

正如预算程序的其他方面，在税收方面，众议院预算委员会也倾向于迁就，而参议院委员会则更愿意进行对抗。税收程序核心参与者的言论体现出众议院预算委员会有限的作用。一位众议院预算委员会税收支出任务组的成员说：“有些微妙是因为很明显我们不想进入他人的领土……我们可以假设筹款委员会要筹集几十亿美元，但我们不需要告诉他们如何去做。我们会把它留给厄尔曼。”

一位既是筹款委员会又是众议院预算委员会的成员评论道：“预算委员会的角色一直以来主要是对经济变动将带来的影响进行预测。他们的角色一直非常适度。比如，一种会出现的情况是筹款委员会为税收支出要求 1 亿美元的缓冲资金，制定小规模税收调整的权力可能会在收入损失上增加 1 亿美元。这就是现在我们的对抗等级，并非预算委员会对筹款委员会说的‘我们要你们改变对信贷的个人免税额’，或诸如此类的话。”

一位众议院预算委员会成员领袖说：“我们在税收方面有不足。但我不能给你一个很好的解释。在成立的第一年，也就是 1975 年，我们的确在税收支出方面几乎无所作为……而第二年我们本来有很好的影响力，但那也不是我们一开始想要的那种影响。我们通过与筹款委员会成员的大量沟通确定了 20 亿美元这样一个数额——似乎那个数额就是他们要得到的。”

当预算程序开始时，众议院预算委员会和筹款委员会在税制改革上都产生了严重的分化。25 个众议院预算委员会成员中的 13 个在第 94 届国会中至少一半的税制改革投票中投了赞成票，而 37 个筹款委员会成员中的 18 个则在超过一半的情况下支持改革（见表 13－2）。这两个委员会不单在税制改革上产生了类似的分化，他们的中位数和投票平均分值也几乎相同。每个委员会中的分歧阻碍了改革者将众议院预算委员会作为实现其立法目标的跳板，并且阻碍众议院预算委员会向筹款委员会施压以获得一个更有力的赞成改革的位置。结果是一个相当和谐的关系，众议院预算委员会批准了筹款委员会领袖认为适当的改革数额。

表 13－2　第 94 届国会预算委员会及税收委员会成员对税收改革的打分情况

	众议院预算委员会	筹款委员会	参议院预算委员会	财政委员会
平均值	54.4	53	41.1	34.5
中位数	53	47	40—46	22
打 100 分的成员比例	4	8.1	0	0
打 75 分及以上的成员比例	44	43.2	6.3	11.1
打 50 分及以上的成员比例	52	48.6	31.3	22.2
主席的打分	94	76	77	22

来源：税收与代表。

筹款委员会的税制改革者并没有寻求众议院预算委员会的支持，而在两个委员会都有席位的成员也没有鼓励预算委员会在税收政策上发挥积极作用。一个原因是税制改革对每个委员会意义不同。在预算的语境中，改革意味着削减联邦政府提供的超过 1000 亿美元的税收补贴。而对筹款委员会来说，改革并不是一个单独的问题，而是大量的内部收入条款，每一条都根据其政治上和经济上能带来的好处单独决定。筹款委员会（和财政委员会）成员对预算委员会在没有对特定问题采取强硬立场的情况下就能够支持税制改革的事实深恶痛绝。一个参与者这样描述这个问题：“对于预算委员会来说，只是说说‘我们不得不完成 20 亿美元的预算改革’是很容易的，但他们并不需要仔细审查并逐项了解改革对公众的意义。以这种方式做决定太容易了。这不应该成为一个合法的决定。合法的决定不仅要符合预算程序，更要符合相关的立法程序。”

筹款委员会和财政委员会的税制改革者们并没有寻求预算程序方面的支持和引导。一位有着亲改革派记录的筹款委员会成员驳斥了在两个委员会的改革者之间结成联盟的想法：“预算决议不会影响任何筹款委员会成员的投票。难道有成员会说‘噢，好吧，我会投票赞成紧缩房地产税收上的漏洞，因为预算委员会要求我们必须找到20亿美元’？我从未听说过任何一个成员像那样推理，而这才是实际情况。”

筹款委员会至多只是预算委员会偶尔的盟友，利用预算程序获得特定议题的利益，但当政治情况发生改变，需要采取不同的战略时便会抛弃它。在1976年税制改革法案大会上，一位成员极力帮助厄尔曼肯定这种机会主义：“筹款委员会与其他很多委员会都以同样的方式利用预算程序，即把它作为不去做或去做那些对它们来说非常困难的事情的理由。换句话说，是你想做但找不到一条使之在政治上合理化的途径的事。”

即使是公认致力于预算程序的厄尔曼，有时也会为了政治原因而放弃预算程序。1975年有关福特总统在税收和支出削减上的争端迫使厄尔曼反对预算程序。人们将会记得的是共和党想要在债务上限法案中增加支出限制。这类法案一般在内部规则下都会被提交到议员大会，但厄尔曼想上报一份能得到一些共和党人支持的法案。结果是他同意不反对允许在支出上限问题上采取议员大会投票的规则——不顾布洛克·亚当斯慷慨激昂的呼吁：“我请求你不要毁灭这个我们正在试图使之进入正轨的程序。”厄尔曼并不想破坏预算程序，但他必须将自己委员会的利益置于预算委员会的利益之上。

在参议院中，预算委员会和税收委员会之间的关系比在众议院中要紧张得多。参议院财政委员会对其3月15日报告的审定比大部分参议院委员会要更正式、更广泛，但财政委员会在其提交给参议院预算委员会的年度“信件”（他们用作报告的模式）中仅仅提供了总体性信息。例如，财政委员会的成员为1978财政年度的预算审议准备了一份80页的打印文件，而它提交给参议院预算委员会的信件一共只有12页，其中只有两页是关于收入的。通过最低限度地遵守预算法，财政委员会示意参议院预算委员会不应该纠缠于收入的细节或者其他财政委员会管辖范围内的事务。

改革的情绪并没有在财政委员会或参议院预算委员会中成为主流情绪，但它在后者中要稍强一些。在超过一半的投票中倾向改革的议员们在参议院预算委员会中只占不到三分之一的席位，而在财政委员会中这一数字更是少于五分之一。在参议院预算委员会明显缺少税制改革热情的情况下，其在1976年税收冲突中的积极作用又该如何解释呢？答案至少应该包括这三个因素：(1) 虽然缺少绝对忠诚的改革者，参议预算委员会改革分值的中位数和中数都要比财政委员会高得多。(2) 主席马斯基在参议院预算委员会中拥有最高的改革分值，他也对委员会在1977财政年度第一个预算决议上支持改革的决定产生了有效的影响。（对比之下，主席隆的改革分值低很多，事实上他在这个问题上的立场在他的委员会中处于中间位置。）(3) 当隆在参议院预算委员会露面表示反对20亿美元的改革目标时，有些委员会成员把这看做是对他们预算角色的挑战，所以在改革问题上团结一致。因此，这个问题就被界定为关乎预算委员会的角色而非税法改革了。收入目标毫无异义地一致通过，事实上所有的讨论都是围绕参议院预算委员会在税收立法中的角色和这一目标的可达成性展开的。几乎没有一句话是有关税收政策的实质或某一特定税制的改革。

1976 年税制改革冲突终结了参议院预算委员会对其在国会山中有所成就的幻想，但这起冲突也证明了单单一次失败不仅不会摧毁预算程序，也不会阻止参议院预算委员会与其他参议院委员会建立正常联系。隆的态度和表现可以用一句对他的评论来总结：“告诉我规则，我将奉陪到底。”按规则行事意味着不公开推翻预算程序，也无需不必要地服从其指挥。但隆有时也会改变态度，友好地对待预算程序，利用预算决议中的收入水平来反对高代价的税收抵免。一个见识过隆对于立法技巧的纯熟应用的人解释道：“隆对于不采用那么多修正案会感到很高兴，他想避免在大会中失败。很明显隆倾向于在可能的情况下规避那个程序，他宁愿在议员大会上阻止它。他对于有这个预算程序很满意，因此他就可以说‘大家看呐，这都是那些预算委员会的家伙们干的，不是我’。”

1977 年马斯基和隆试图避免再一次的税制改革争端。参议院预算委员会试着猜测财政委员会准备第三个预算决议时的意图，而财政委员会则想要安排与预算决议中收入水平相当的社会保障税增加。马斯基忠实地主张财政委员会应当将劳务所得税（对个人的支付超过其税收责任）作为一项收入减少，而非一项直接支出，因为这是一个隆有极强兴趣的问题。对他的职责而言，隆同意在 1977 年减税法案上增加一个非周期性收入分享的延期（马斯基的第一立法要务），即使财政委员会还未就这一立法召开任何听证会。尽管为互相迁做出了共同努力，参议院预算委员会和财政委员会还是在 1977 年对抗了三次——在退税、能源税和社保问题上。调解上的互惠也不能避免 1978 年讨论税收法案时新一轮的冲突。马斯基想增强参议院预算委员会对未来税收决定的影响，而财政委员会则想在未来年份摆脱预算的控制。在对自身利益的各自追求上，两个委员会都被迫采取了侵犯另一方运作领域的行为。

我们很容易将参议院预算委员会描绘成一个在追求其税收角色方面的过度好战分子。一位参议院预算委员会的高层成员这样为其委员会的姿态辩护："我们必须为每一点管辖权而战，而不是报告预算决议。预算法里就是这样写的；它将我们置于与财政委员会对立的位置。"

参议院预算委员会在税收领域比在没有冲突的情况下更强硬一些。财政委员会在总的税收政策中承认了参议院预算委员会的合法作用，并承诺自己在预算决议设定的收入限额以内工作。也许有人会认为众议院预算委员会在没有与其他委员会对抗的情况下就取得了相当的成就。但事实是筹款委员会经常提供低减税数据（正如他们 1978 年做的那样），而众议院（由于封闭或修正的规定）没有机会进行对抗。财政委员会扮演的角色是提供更多利益，并在公开评论期在议员大会上争取更多减少收入的修正案。众议院预算委员会能够通过平静的谈判控制预算，而参议院预算委员会却不得不攻破各个堡垒。

通过同样的标志，财政委员会正在担负它的历史性职责，而非仅仅试图削弱预算程序。参议员马斯基以一个对漠视预算程序的委员会和同事们不寻常的攻击作为参议院围绕 1978 年第一个决议的争端的起点。财政委员会是他攻击的主要目标之一，而它们对 1977 年能源法案有效期的操纵则成为他的谈资："在去年有关能源税法案的辩论中，我们又一次目睹了牺牲预算改革的渴望……在政治机会暂时变得更有吸引力时……财政委员会在其法案中暗藏玄机，以求在预算程序的规则中创造出一个新的漏洞。"

这种对财政委员会或其主席动机的解读是不完整的。虽然财政委员会被认为是国会中权力最大的委员会，但它在预算程序中的角色是最模棱两可的。它的国会职责会因阻止它增加国会规定的税收削减的控制而受到威胁。而它在大会中反对筹款委员会的地位也会被大大削弱。如果众议院要同意一个会消耗预算决议中所有可用余额的税收法案，财政委员会只有两个不得已的选项：要么在没有实质性改变的情况下接受众议院的法案，要么在不违反预算数额的情况下重新安排税收利益。第一个选项会使财政委员会沦为一个橡皮图章，而第二个则要求它们将一部分纳税人的利益转移到其他纳税人身上。人们并不惊讶财政委员会选择安排能增加利益而又不超过预算水平的减税。显然，财政委员会在 1978 年可以合作，因为众议院没有“花光”预算决议中规定的所有可用的减税额度。

财政委员会也选择了不受约束的议员大会行动。隆将这一过程视为对他的委员会以及参议院在大会中讨价还价能力的增强，而非对预算规定的违反。隆可以通过允许议员增加修正案来获得他们对他的税收法案的支持，同时他也完成了遵守预算限制的承诺。如果这需要对生效日期进行操纵，其目的也是为了参议院的利益。有证据显示马斯基理解财政委员会的窘境。在参议院处理了 1978 年的减税，并且在未来年份的减税中增加了数百亿美元额度之后，马斯基决定投票通过这项立法：“如果我认为这个法案将以其当前的形式签署成为法律的话，我会非常关心这个法案对 1980 年预算的影响。然而，幸运的是，我非常怀疑情况会如此。财政委员会主席……对我们承诺……他开会回来时，会带着一个与 1979 财政年度预算一致的税收法案，以及在以后年度中大大降低的减税额。”

马斯基的态度将参议院预算委员会置于一个很艰难的位置，因为如果扩展到未来立法，意味着接受了1977年能源法案中被参议院预算委员会否决的“等到大会时再解决”的论断。参议院预算委员会将不得不勉强接受非正式的谅解以及对预算程序的正式逃避，但或许这是参议院预算委员会与财政委员会能够达成的最好的一致了。

结　论

我们不能指望预算委员会与税收委员会之间建立的关系比得上它和拨款委员会之间宽松的关系。拨款委员会需要盟友，拨款委员会在议员大会上捍卫它们的建议和防范后门支出劫掠它们的管辖领域方面需要盟友。他们与预算委员会之间的关系源于共同的需要和共享的利益。没有预算委员会的支持，拨款委员会也许无法维持它们草案中设定的支出水平；而没有拨款委员会的支持，预算委员会恐怕也无法增加他们决议中的支出额度。

税收委员会（不论是根据管辖范围，还是根据在议员大会上推动它们法案的能力）在有实权的国会委员会中的地位通常不需要预算盟友。在巩固筹款委员会和财政委员会之间的关系以及培养一种相互依赖的意识方面，预算委员会能做的很少。

注释

[1] 这种分类并非只有理论上的作用，它们反映的是本章所关注

的立法的主要目的。举例来说，1976 年的税收改革法案中同时包括了改革和税收削减，与 1975 年税收削减法案中的有些改革条款一样。不过，这些分类有用主要还是因为国会在处理每个类别时采取的措施在某种程度上显然不同。

[2] 众议院筹款委员会报告，3 月 13 日，1975 年，无页码。四天之后，厄尔曼（Ullman）主席介绍该法案的草案（H. R. 5005），它后来被 H. R. 6860 所替代。H. R. 6860 于 5 月 12 日公布，6 月 19 日在众议院获得通过。

[3] 参议院财政委员会报告，3 月 15 日，1975 年，第 5 页。

[4] 众议院报告，94－145 号（4 月 14 日，1975 年），第 12—13 页。

[5] 参议院报告，94－77 号（4 月 15 日，1975 年），第 22 页。

[6] 121 国会记录（每日记录，4 月 29 日，1975 年）S7108。

[7] 同上。

[8] 123 国会记录（每日记录，1977 年 9 月 8 日）H9019。

[9] 众议院记录 5263，1056（b）节，指令财政部长“推迟（但不能晚于 1978 年 10 月 1 日）任何有效日期……以保证 1978 财政年度的财政收入不少于 3970 亿美元。”

[10] 能源法案第 1057 款，“参议院的意思是参议院在这个法案的会议中应该从实际出发，将这个法案中 1978 财政年度的财政损失减少到 9.72 亿美元。”

[11] 参议院预算委员会关于能源生产和保护税收激励法案的会议，1977 年 10 月 25 日，第 33 页。

[12] 同上，第 26 页。

[13] 同上，第 2 页。

[14] 123 国会记录（每日记录，1977 年 10 月 25 日）参议院 17679。

[15] 同上，参议院 17681。

[16] 同上，参议院 17683。

[17] 众议院报告 95－1055 号（1978）第 25 页。

[18] 参议院报告 95－739 号（1978）第 36—37 页。

［19］正如最终国会同意的，这项能源税措施提供的税款抵免在第一年导致10亿美元的财政损失。在投票决定这项会议报告时，马斯基参议员仅仅指出这样会让总的税收削减空间减小。见124国会记录（每日记录，1978年10月14日）参议院18834。

［20］参议院财政委员会向参议院预算委员会汇报的报告，1976年3月4日，第8页。

［21］参议院报告95－399号（1977年8月4日）第35页。“委员会认为在经济复苏时期大量增加税收会对经济带来负面影响。”

［22］社会保障收入的信托基金是自动拨款的。当国会改变社会保障税收时，它也是在对预算授权进行等额修改。所以，社会保障税收的增加在预算中将会体现为财政总额和预算授权的同时增加。

［23］这一双边方法是必要的，因为社会保障系统的收入在联邦预算中同时作为财政收入和新预算授权计算。即使财政收入的增加不会违反311款，但在第二个预算决议规定数额之上预算授权总额的增加却会违反它。

［24］众议院报告94－582（1977年8月5日）第64页。

［25］众议院报告95－601；参议院报告95－428（1977年9月13日）第9页。

［26］华盛顿邮报，1977年9月15日，第A－1页。作者：斯宾塞·里奇（Spencer Rich）。

［27］在社会保障税收法案签署后，这两个预算委员会转变了它们的立场。在下一财政年度第一个决议的报告中，众议院预算委员会呼吁社会保障税收削减75亿美元，而参议院预算委员会强烈要求国会不要减少这些税收。这个决议的会议报告未提及社会保障税收，而国会也未采取后续行动。

［28］社会保障立法对联邦收入第一年的影响通过筹措新收入的方式从根本上被减弱：通过工资基数的增加而非提高税率本身（社会保障税每年征收，从1月开始，对全额工资征收；在该年当某个工作者的总收入超过可征税工资基数时便不再征税）。这样一来，当可纳税工资额超过先前的工资基数时，在日历年末便会有少量额外收入。

［29］这个已签署的税收削减法案比总统的申请多60亿美元，但

比参议院法案要求的少80亿美元。福特总统提议的是一个全面的税收返还，而国会着眼于低收入纳税人的税收问题。

［30］参议院报告94－27号（1975年3月5日）第7页。

［31］参议院报告94－77号（1975年4月15日）第21页。

［32］关于1976财政年度共同决议的会议记录，第23页。

［33］这是第一次正式运用预算法案310款提供的“对账”程序。然而，这不是一次真正意义上的对账，因为即使没有官方的预算指令，受影响的委员会也会报告该立法。

［34］参议员马斯基在参议院民主党会议上的讲话，121国会记录（每日记录，1975年12月15日）参议院22099。

［35］总统在他的讲话中指出“完全同意削减税收并在削减支出方面无所作为很吸引人”，但他表示会毫不犹豫的否决任何一个不能将税收和支出削减相匹配的立法。11每周总统文件汇编（1975），第1128页。

［36］债务上限法案（众议院记录10585）是在一条严格的规定下提出的，该规定阻止了共和党对1977财政年度设置3950亿美元支出上限的修正案。这条规定以221票对185票获得通过，其中只有一位共和党人跳出党界为其投票。这个票数与税收改革草案的投票很接近。（众议院记录10612），以219票对197票支持修改规定。

［37］121国会记录（每日记录，1975年11月12日）众议院11026。

［38］121国会记录（每日记录，1975年11月12日）众议院11060。

［39］121国会记录（每日记录，1975年12月15日）参议院22183。

［40］这项决议是由财政委员会中民主党和共和党委员制定的，预算委员会几乎没有参与。关于语言形成方式的讨论，见121国会记录（每日记录，1975年12月19日）参议院22998，参议员马斯基和隆的讲话。

［41］通过的决议强调了税收和支出之间的关联，但并未要求国会逐项削减。

[42] 170亿美元的税收削减建立在1977财政年度一整年暂时性税收削减延期的基础之上。在第一个决议中4130亿美元的支出比总统预算高出190亿美元，但其中的一些差异源于重新估算和修改过的预算申请。

[43] 众议院预算委员会，关于经济和经济刺激计划的听证会，95th Cong.，1st sess.（1977），第223页。

[44] 众议院报告95－12号（1977），第16、18页。

[45] 据报告，第三决议“并没有采取总统税收建议的具体项目；那些项目将由筹款委员会和国会在后面几个星期决定”。同上，第18页。

[46] 123国会记录（每日记录，1977年2月23日）众议院1328，吉阿莫代表的讲话。

[47] 参议院报告95－9号（1977）第5页。

[48] 众议院开始起草1978财政年度第一个决议时，吉阿莫提供了一个委员会的修正案，它增加了一个新的部分以修改在1977财政年度第三决议中设置的收入水平。123国会记录（每日记录，1977年4月26日）众议院3569。

[49] 同上，众议院3571。

[50] 123国会记录（每日记录，1977年5月3日）参议院6916。参议员马斯基的讲话。

[51] 参议院预算委员会，关于税后退款问题的会议记录（1977年4月），第13—14页。

[52] 一些税收改革措施在1975年的税收削减法案中就已实现，比如废除石油消耗补贴。

[53] 参议院预算委员会，1976年第一共同决议草案，记录，第8页。

[54] 1976财政年度，税收年度比财政年度晚开始6个月；从1977财政年度开始，税收年度比财政年度晚开始3个月。

[55] 121国会记录（每日记录，1975年4月30日）参议院7207。

[56] 有意思的是，隆参议员虽然没有参与到辩论之中，但却将票投给了蒙代尔的提案。

[57] 筹款委员会，向众议院预算委员会的报告，1975年3月

13 日。

[58] 121 国会记录（每日记录，1975 年 5 月 1 日）众议院 3358。

[59] 同上。众议院 3563。奥汀格代表的发言。

[60] 关于 1976 财政年度第一个共同决议的会议，1975 年 5 月 7 日，副本，第 16 和 19 页。

[61] 该委员会的推理思路和隆参议员在接下来几年中用来反驳它的相似。见参议院报告，第 94 - 453 号，第 18 页。

[62] 引自国会季度年鉴，第 151 页。

[63] 众议院和参议院的得分与不同的投票机制有关，因此，无法进行严格的比较。就参议院的公开规则而言，人们会预期参议员比在一套不同的激励机制下运作的代表在税收改革上得分低。

[64] 参议院预算委员会，关于预算的第一个共同决议听证会——1977 财政年度，第 10 页。

[65] 参议员肯尼迪的讲话，122 国会记录（每日记录，1976 年 3 月 18 日）参议院 3755。

[66] 参议院预算委员会，1977 财政年度第一个共同决议的起草，副本，第 551—552 页。

[67] 参议院预算委员会，1977 财政年度第一个共同决议的起草，副本，第 553—554 页。

[68] 同上，第 555 页。

[69] 同上，第 901 页。

[70] 参议院预算委员会，1977 财政年度第一个共同决议的起草，副本，第 891 页。

[71] 同上，第 903 页。

[72] 税收法案有 1000 多页，隆和税收改革倡导者不会按顺序逐条考虑，因此他们会先同意采取一些税收修正案措施。但是如果参议院预算委员会要求立刻考虑对税收法案在预算上的影响，这个方法就不可行了。

[73] 参议院预算委员会，1976 年 6 月 15 日会议副本，第 11 页。

[74] 影印版 122 国会记录（每日记录，1976 年 6 月 16 日）。

[75] 影印版 122 国会记录（每日记录，1976 年 6 月 16 日）参议

院 9570。

[76] 122 国会记录（每日记录，1976 年 8 月 5 日）参议院 15366。马斯基“无限期推迟”考虑学费税款扣除额的动议以 20 票对 68 票失利。

[77] 122 国会记录（每日记录，1976 年 8 月 6 日）参议院 13785。隆提到了一个类似于前一章讨论过的 1977 年能源税收法案的决议。

[78] 参议院版本的第二个决议期望从税收改革中获得 11 亿美元，和众议院计划的 16 亿美元形成对比。在接受众议院这个数字之后，与会者对税收法案可能产生的结果有了较为清楚的认识。

[79] 122 国会记录（每日记录，1976 年 9 月 10 日）众议院 9718。

[80] 122 国会记录（每日记录，1976 年 9 月 16 日）参议院 16018。

[81] 约翰·F. 曼丽，《金融政治》（波士顿：Little，Brown and Company，1970），第 269—294 页。

[82] 众议院报告。第 95－1055 号（1978 年）第 26 页。

[83] 参议院报告。第 95－739 号（1978 年）第 36 页。

[84] 这项削减是吉阿莫、马斯基和总统开会协商的结果，并且与筹款委员会和财政委员会的主席进行了磋商。

[85] 参议院报告。第 95－866 号（1978 年）第 4 页。

[86] 众议院以 163 票对 239 票拒绝了共和党的提议。124 国会记录（1978 年 5 月 3 日）众议院 3516。参议院以 22 票对 65 票的微小差异否决了扩大税收削减的提议。124 国会记录（1978 年 4 月 25 日）参议院 6294。

[87] 参议院预算委员会，1979 财政年度第二个预算决议的审定，副本，1978 年 8 月 9 日，第 306 页。

[88] 参议院预算委员会，1979 财政年度第二个预算决议的审定，副本，1978 年 8 月 9 日，第 323 页。

[89] 同上，第 315、319 页。

[90] 见国会季度性每周报告，（1978 年 9 月 30 日）第 2608—2609 页。

[91] 这一票始于一个反对汽油税扣除修正案的议事程序问题。49 票对 42 票的票数裁决这一修正案破坏了预算法案，隆参议员的票投给了多数。124 国会记录（1978 年 10 月 10 日）参议院 17993。

第十四章
一份对国会预算过程的评估

自 1974 年预算法生效开始，国会议员、预算观察者和记者们都在持续的基础上为国会预算行动“计分”。他们将这些行动几乎均解读为新程序生存下来的结果。成功和失败被屡次调整，观察者们根据最新结果调整心情。

参议院预算委员会在其 1975 年通往成功的路上被评判，当时参议院将军事采购和学校午餐法案送回大会，宣布他们与已通过的预算决议不符。而委员会在第二年似乎处于低谷，因为参议院通过了一个与参议院预算委员会规则不符的税收措施。这一程序在 1977 年春天众议院否决预算委员会的第一次预算决议时宣告失败，但当同一机构数天后通过了一个仅有少数几处调整的决议时，观察者们宣告恢复。当 1977 年农业立法在他们的反对下被通过时，两个预算委员会都被认为是失败者，但当 1978 年国会通过了一个他们更为偏好的农业法案时，又被认为是胜利者。预算委员会取得了几次胜利后，《国家杂志》1978 年 9 月的标题是，“这是国会预算过程的一个好年头”。但几星期之后却变成了“坏时机”，因为众议院通过了一个被众议院预算委员会主席会强烈反对的高速公路法案，参议院还推翻了一个与关键预算控制有关的议事程序。

议员们自己也无法幸免于这“过山车式”的反应。在被击败的痛楚和失望情绪中他们常常会诋毁预算程序，认为它只是一个记账练习，只是一个不能实际改变政策的“加法器”。而当他们取得胜利时，议员们则会为预算程序欢呼，认为它是国会重新获得管理国库权力并建立美国公众优先权的途径。一旦国会处理预算决议、授权法案、拨款法案和税收措施时，评价也会相应变化。

期望和实际

这些对预算程序不断变化的观点源于与其目的、影响和耐久性有关的不确定性。国会吃不准他们在 1974 年锻造了什么，或在多大程度上遵守他们的新准则。过去立法预算的失败经历深深蚀刻进了机构的记忆，因此，每次的胜利或失败都显得尤为重要。行政机构与国会在有关资金的紧张僵局中发展出来的预算程序在一个金鱼缸里实施。每次主要的对峙均被视为一次对保持预算改革权力和效力的测试，由于这些冲突一般都是在公开场合进行，那些戏剧性的结果往往呈现出比其实际目的更为重大的意义。

有关国会预算效果的争议也来自根据 1974 年预算法中未包括的期望测试该过程的倾向。那些寻求严格的预算规则和支出削减的人因为持续的赤字和螺旋式上升的支出而泄气；他们没有顾及预算法允许国会采用任何他们认为合适的预算政策这一事实。而那些寻求广泛修补国家优先权以符合他们自身偏好的人，则因为变化的缓慢脚步而失望，似乎仅凭预算程序就能对美国政治中的利益集团斩草除根，或者改变国会在消除有关国库的争议上的基本政治功能。

一些评论家将预算视为一个复杂但容易理解的技术活儿，他们声称自己对国会为了采用某项决议并根据它立法的艰难吓了一跳。他们诋毁国会的努力，与之相较的是赞扬行政预算程序，并将其视为理性预算的典型。

半个世纪的行政预算实践所形成的膨胀的期望折磨着国会预算。随着联邦预算的发展，为它所做的准备也被视为决定美国项目和政策的主要工具。大获成功的布鲁金斯《确定国家优先事项》系列第一卷则将总统预算视为“我们的社会在一年中做出最重要也最复杂的优先权决策集的工具”。这个主张由于其表面价值被广泛接受，虽然它提供了一个对联邦预算程序误导性的观点。

总统预算记录了那些在行政机构和白宫内通过的优先项目的决定，这些决定的通过就像国会需要公开经历的政治程序一样困难。而形成这份文件，正如国会预算的形成一样，过去的决定是最终结果的主要决定因素。申请者在预算公布之前在边际量上斗争。

许多国会议员和其他人期望国会预算能为国会带来行政预算程序可能为总统争取到的东西——对联邦计划和优先项目的控制。此外，许多人也希望这个程序能将国会从对总统预算的依赖中解放出来，仿佛一个机构上的变化就能替代几十年的预算习惯。

然而，一份对国会预算严肃认真的评价必须建立在切实的期望而非不切实际的心愿基础之上。国会并没有一个万能的预算程序，能对付那些鼓吹相互冲突且过分夸大的期望的人。预算程序仅有一个，并且在国会制定财政和计划决定的工具中不总是最强大的一个。

这个总结性的章节评价了国会预算过程的成就和局限性。

二者均很可观。任何预算程序所能实现的都很有限，并且国会预算程序要受制于那些适用于行政机构的因素，以及某些特殊的适用于共管机构的因素。与符合实际的期望相比，预算程序得到了很好的执行。然而，对报告而言仍然有明确的成果。在用实际可行的期望衡量时，该程序得到了成功的实施。许多关于其实施的描述和讨论来自参与者和观察者，然而，使用的却是含糊的有关成功的标准，现实世界中的预算程序不可能也不应被期望达到。

预算程序不能（也不打算）做的

在评价预算程序的成就之前，很有必要认真考虑一下一些声称这个程序是失败的评论家们所用的标准。特定的几个反对预算程序的议案可以总结如下：这个程序之所以失败是因为它未能制止联邦支出的增长，或提供一个平衡的预算。1976 到 1980 财政年度之间所有被批准的预算决议都授权了赤字支出，而在这几年中赤字总共累计到了 2400 亿美元。联邦支出则由 1975 财政年度（预算程序被采用的前一年）的 3260 亿美元在仅仅五年之后就猛增到了 1980 年的超过 5600 亿美元。此外，无法控制的支出继续主导着联邦预算。这些支出占了 1975 财政年度总支出的 72. 8%，而在 1980 年则占 76. 1%。对预算程序的另外一个批评认为它未能促使联邦优先权的重大调整。评论家们认为，眼下的支出与没有国会预算控制下的支出相比并没有显著的不同。

这些批评反映了有关预算程序应该做什么的假设，但不清楚预算法是否是为了满足这些假设而设立的。别忘了预算法在参众两院中是以绝对优势通过的。这一广泛的支持反映了国会中“立法机构需要他们自己的预算程序”的共识。这个支持也能反映预算法的起草者成功地调解了关于要建立的程序种类上的不同意见。保守派希望在国会自由裁量权上能有严格的限制，而自由派则偏向于一个更为宽容的、允许国会按其意愿制定预算的程序。但自由派和保守派却都为了他们自己的原因拥护预算程序，并对预算程序所能实现的有自己的期望。在导向预算法的谈判中，希望放任预算程序的人们在第一次预算决议中找到了攻击目标，而强硬派则在第二次预算决议中遇到阻碍。所有让步方都认识到预算程序的实际意义和效果其实取决于执行的方式。然而，为了在预算改革上达成共识所做的让步则造成了对新程序目的的误解。即使他们接受妥协的字眼出现在预算法之中，许多国会议员仍然保持了他们对一个有效的预算程序的最初期望。当这些目标未能实现时，失望的观察者和参与者便认为这个程序失败了。

对于预算程序的主要误解，是认为它可以阻止联邦支出的增长，终结无法控制的支出，改变联邦预算优先项目。

预算程序应该限制联邦支出

或许有关预算程序最持久的抱怨就是它未能限制政府支出的上升，也未能提供一个平衡预算。这些观点在国会中极为盛行。在第 96 届国会（1979—1980 年）期间，超过三分之二的国会议员引入或支持在国会预算权力上的限制。超过 70 个宪法修正案要求一个平衡预算或限制联邦总支出，而超过 100 个法定限制被引入。身为参议院预算委员会前任成员并强烈支持限制国会在国库上权力的议员麦克卢尔（McClure）在 1980 年那次关于建议支出限制的辩论中指控“预算法未能像我想的那样发挥作用……而等我们提交第一次国会决议时，便会很清楚地看到，即使我们创造了一个新的预算程序，我们仍然不愿控制支出。”

然而事实上，预算法案既不能保证一个平衡预算，也无法给联邦支出强加一个固定限制。正如在第三章所述，对国会自由裁量权的限制（例如一致原则和早期上限）大多都在预算法的最终章节前被删除。确实如此，预算法明确地在预算决议中授权赤字。那些认为预算程序未能控制支出和赤字的评论家其实是在声称国会在 1974 年通过了一个错误的法案。他们的抱怨应该指向 1975 年之前而非之后发生的事情。

这个问题不仅仅关乎预算法立法者的意图；这个问题的中心在于国会的预算作用。国会是应该自由地采取他们认为适当的预算行动，还是为了保障更多的预定结果而限制其预算权力？国会在 1974 年选择了对国库的全面权力。由于预算法是由白宫对国会权力的侵犯引起的，对于国会来说，为了拒绝总统的侵犯，不应仅仅在其自身角色上施加新限制。

为宪法或法定支出限制提出的建议都将目标设定在限制国会行使其预算权力之上。这些不同的提议将会禁止某些预算结果，例如赤字或超出固定限制的支出。然而预算法源于这么一种信念，即国会行使其合法权力是不应被限制的。倾向于限制的人们会更为安全，如果他们将自己的主张建立于一个特定的思想意识或一个经济学原理之上，而不是声称预算法是一个失败。

将预算程序认为是一种限制政府规模或支出的方式是错误的。60 年的总统预算没有产生的结果，同样也不太可能从国会预算中得到。一个预算程序可以对更高的支出产生压力，或提供一个机制以限制政府扩张。这些冲突的可能性源于预算程序两个密切相关的功能，一个是作为申请资源的机会，另一个是作为在申请者之间分配有限资源的程序。国会预算程序既邀请了立法委员会（以及他们代表的利益团体）以要求更多资金，又提供了对这些申请者说“不”的机会。这两个功能谁哪一个占上风得看预算程序执行时的政治环境。一个倾向于计划扩张的政治环境不太可能与限制性的预算政策共存。而随着政治条件的变化，预算程序的结果也会随之变化。这两个功能之间的平衡也会因此每年变化。同样一个国会预算会在 1975 年间提供刺激支出的机会，并在卡特总统当选后批准平衡预算，而在 1981 年时则提供与结余一致的收支政策。预算程序是中立的，得到最多投票的一方决定将什么写进预算。

国会应该控制所有联邦支出

有关预算程序的第二个抱怨是它未能消除不可控支出。正如前面所述，预算中被证实归属于“现存法律下相对不可控支出”所占的比例在 1980 年高于预算程序创立之前。

然而，作为一个对可能导致人们相信的难以控制的统计数字的浏览，该记录便不那么令人失望了。在国会预算的第一个五年里，权利性项目的实际或任意增长很少，而这可是预算程序执行之前的五年内增长得最多最快的一类不可控支出。不可控支出的不断增长大部分是由于人口的增长而增加的补贴项目和主要生活成本的增长。

此外，不可控支出并不是一个立法程序的意外或疏忽，而是国会偏好非预算价值超过预算控制的一个有意决定。在本章后面部分会谈到，预算和竞争中的价值之间的平衡是国会预算程序的主要成果之一。而为了理解国会为了某些支出自愿放弃其控制权的原因，我们应考虑一个国会保持完全、年度控制的“完美的”预算系统将如何运作。每年的预算决定都会受到以往活动的影响；没有什么承诺能从一年延续到下一年。每年国会都要决定在养老金、利息支付和其他权利性项目中的开销是多少。合同义务只会延伸到这一财政年度的结束，所以，在做出下一年决定时，国会有自由选择的权力。这样的系统在给予国会对预算完整的控制方面是完美的。所有的支出提议都在同等的条件下完成，并经过了同样的授权—拨款—预算程序。不存在有的权利性项目会在支出上受到偏爱，所有支出都会在每一年中得到控制。

但这个“完美”的预算系统却是一个立法的噩梦。每年的预算都将是件不确定的、喧闹的事情，并且有大量的业务阻塞在通往一致的道路上。所有的事都会被提出来争夺，冲突的范围大大扩展。国会中的紧张水平会因计划受益人的不确定性相应升级。由于每件事每年都要重新启动，仅仅是为了确保他们利益的延续，退休人员、债券持有人和其他申请者便会围攻国会。

国会通过限制其预算权力的运用来解决预算问题。为了得到决定其他部分的机会，它放弃了对预算主体部分的控制。“不可控”是预算的边界，是一种通过限制其范围来制定预算的方式。

这并不是说每个不可控项目都应得到其特殊地位，或者预算委员会应该像预算不言自明的一部分那样接受所有不可控支出。预算委员会的关键责任之一就是为预算控制辩护，每年挑战部分而非全部不可控支出。他们必须对新提出的不可控支出异常谨慎，但国会对这些是否能进入可控制支出部分有最终决定权。

预算法应该改变联邦支出方式

对预算结果感到失望的人们通常会抱怨这个程序未能重

新排列国家的优先项目。近几年来，自由派批评这个程序未能将国防资金转移到人力资源计划上。不管这是不是对预算结果的准确预期，我们应该明白这个程序不能强制推行特定的一套优先顺序，也不能要求那些功能（或计划）在争取资金的竞争中明确地彼此权衡。正如第十三章所述，国会更青睐通过对各项功能分配预算授权和支出设立优先权，而非各项功能间公开竞争。通过为各项功能提供各种增量或（有时候）减量，预算程序给优先权带来了边际变化，即使是在没有正式资金转移的情况之下。

从国会预算程序中出现的支出方式也许不会与之前在预算程序中盛行的逐项安排的结果有太大不同。不管是通过一个复杂的预算方案还是支离破碎的选择，国会决定都是对大多数人偏好的反应。预算程序可能加速了国会对有关联邦计划变化的公众情感的反应。通过提供辩论的焦点，预算程序使计划的支持者可以为更高的资金分配而努力。预算程序也督促国会采取不那么受欢迎的行动（例如削减计划、减少收益或者延缓某次减税），这些行动在别的情况下会被避免。在边际上，预算结果可以被程序改变，但也不能指望一个为保护利益相关者而提供多重机会的预算程序会有戏剧性的调整。

国会预算的成就

一个真正中立的预算程序无法很好地被一个独立标准评估。相关测试在本质上都是程序性的：国会有没有达到预算法的要求？国会有没有通过规定的预算决议并按相关条款立法？本章和这整本书以对评估预算程序的三个标准的检验作为总结：

1. 预算决议的采用。
2. 预算和其他利益的平衡。
3. 国会中预算冲突的管理。

国会预算的制度化

第一种衡量预算成功的方法一定是程序性的：国会采用春季和秋季预算决议的能力。如果国会未能采用这些方法，预算法很快就会变为一纸空文。

迄今为止，国会一直都成功地采用了所有要求的决议。立法者也愿意将政策目标置于预算和平之下。好几次的“千钧一发”证明国会议员可能愿意将预算冲突带到边缘地带，但他们也不愿意冒毁灭程序的风险。我们还能回想起两个共和党人提供了将1976年第一次预算决议送到众议院预算委员会之外的那关键的、必须的两票。两年后，许多代表在第一个决议在众议院中遭否决后，转为支持修订版本的决议。众议院预算委员会的马乔·霍尔特（Marjorie Holt）解释说“当决议失败时，众议院里每个希望程序能成功的人都开始重新评价我们正在做的。”当然，议员们有时也想威胁预算程序，将它视为争取更多有利条件的方法。这种做法在1978年第一次预算决议大会时被采用，因为参议院预算委员会的彼得·多梅尼西（Peter Domenici）坚持认为他宁愿没有预算也不要一个失败的未能提供他想要为国防争取的配额的预算：“如果这就是击败预算程序的时机，那么再没有比这更好的时机了。如果我们需要时间来说‘这个不起作用’，那么我认为现在就是最好时机……如果果真有参议员希望退出预算程序的情况，这种情况就是。作为我努力保护预算程序的一个措施，我不会投票赞成众议院为了军事准备和使用提交给我们的数字。”

在僵局被打破之后，多梅尼西转变了他的口气并投票给了决议。现在他坚持：“没有任何程序比预算程序对制度、参众两院、美国的繁荣更重要……正因如此，我觉得大会中的僵局应该会因为没有预算法真正存在的可能性而结束。如果我们未能解决这个问题，我认为预算改革法及其极为重要的这一民主程序的可靠质量也一定会离开委员会。”

但我们不能确定议员们是否会一直愿意为了预算程序妥协。这一论点早晚会失去力量，届时只有当预算程序能满足国会大多数人的期望时，它才有可能生存下去。但在国会中有这么一个信念，那就是国会预算程序是进行财政决策的正确并负责任的途径。大多数的议员喜欢程序给立法工作带来的条理感，并将程序视为立法责任的主要支撑。不管是预算制定前就在国会中服务的成员，还是在 1975 年之后才来，并不知道任何其他程序的成员，都有这么一种态度。“我觉得好像我们一直都有预算程序，”一位老手这样说，“我甚至不能想象过去没有这么个预算程序时会怎样。”类似的感觉也存在于新来者之中：“当联邦政府规模很小时也许国会有能力不需要预算程序，但现在没有其他理性的运作方式。”

这些感受有时被解读为一种对预算程序想当然的态度。当众议院否决了 1980 财政年度第一次决议上的会议一致意见时，每个人都知道另一个版本会被立即提出。5 月 15 日决议的最后期限已经过了的事实，只会刺激国会领导为了不拖延其他立法事务而采取更快的行动。他们并没有考虑在第一次决议尚未通过的情况下就开始其他项目（例如拨款）。

预算程序变成了国会风景中一个常规的、被接受的特征。其例行程序已经固定在参众两院的日程表及其议员们的脑海之中。委员会和议员大会每年周期性的工作都指向预算行程。预算事务不再是一个意外或不曾预料到的介入。议员们知道参议院预算委员会发言人会允许大会对推迟立法带来的预算影响作出评价。他们知道那些法案和修正案会根据最新预算决议中的假设评分，并且一旦预算被采纳，未考虑进来的提议将比那些被考虑的提案更难在国会通过。

立法利益之间平衡

预算只是国会要考虑的众多利益之一。一系列项目利益与预算争夺国会的关注。预算程序所基于的对等控制无法容忍将预算作为评估所有其他立法的标准——衡量立法委员会提出的法案是否有价值的唯一标准。

如果预算程序想要生存，它就必须与其他立法利益和活动共存。这意味着一个成功的预算程序需要预算和其他价值之间的平衡。如果预算程序是一个覆盖全面、一致、关键的决定程序，正如它一直被认为的那样，对预算的控制也会带来对政治系统的控制。但是，预算只是一个（并且不总是最重要或最具决定性的）公共选择的场所。国会委员会在他们形成立法时做出预算决定，行政者们在公布规则时做出预算决定，而总统在进行竞选活动时影响预算。

我们可以说预算程序为两个完全不同的功能服务：它是当前做决定的程序，并且是在财务上记录某些决定的程序。有些项目决定在预算中进行；另一些则仅在预算整合时转化为以美元表达的措辞。例如，强制为黑肺病买单的立法在每年的预算中都占有一定分量，但这个决定是在授予补贴的立法意义上做出的。国会被再三督促使用其预算来制定政策，否则，据说该程序将仅仅成为一项记录工具。事实上，两种预算类型都共存在同一个程序之中。或许对这个双重程序的最好解读是预算声明，即大多数支出“在现行法律下不可控”。然而，这并不意味着四分之三的预算都完全不可控，因为在大部分情况下，国会可以废除或调整限制支出的法规。国会可以废除黑肺病计划或将其降到最低标准，如果它们真想这么做。但国会不能仅通过预算行动改变黑肺病的支出水平；不管其预算决议（或拨款）中考虑了多少金额，支出都将由已存在的法律或已做出的承诺决定。为了大量减少预算的不可控部分，国会必须将其预算的有效范围延伸到对立法委员会的管辖范围。不论在这样一个覆盖广泛的预算程序有怎样的优点，它必定会导致预算冲突的升级，并削弱国会平衡各方利益的能力。

预算程序的制度化为国会在重要项目上的讨论焦点从实质性问题转向财政考虑的可感知的变化作出了贡献。议员们经常就某个武器系统的支出或食品券资格的变化问题而争吵，仿佛财政是唯一相关的考虑因素。当总统揭下一个福利改革提案或一个国民健康保险计划的面纱时，讨论立即缩小到预算考虑上。在 20 世纪 70 年代早期，每年的国防授权法案时常引起参议院中有关国家政策的激烈辩论。在那个十年结束时，讨论都是围绕财政方面的——国防支出增长率、国防和民用计划的相对预算份额以及最新国防决议中设定的数额。当某个措施与预算相符合时，它通过参众两院的速度会大大增加，好像最关键的测试已经满足了，并且最基本的决定也已经做出了。一个有关预算问题的措施常常被拖延，因为考查财政账户的讨论已经开启。

预算冲突的管理

在预算程序中冲突是固有的，因为竞争者对他们的立法责任都持有单方面的观点。预算委员会的作用是为预算程序辩护，而非许多其他强加给国会的利益。程序委员会的利益由管辖分配定义；这些委员会不可能将预算程序作为他们的主要考虑。由于预算委员会倾向于预算而其他委员会照料它们自己的特殊利益，预算冲突有时无法避免。

预算冲突的根源先于预算法存在。我们可以回顾第二章，在1974年以前，国会经历了有关支出上限和委员会管辖权的旷日持久的纷争。这些争辩是被要求更多支出和对美国财政状况的担心之间的冲突挑起的。就在国会变得更加开放并且更易受到各方预算压力的冲击时，它也变得对预算短缺更为敏感。在预算法被通过之前，众议院拨款委员会的监护规范及其对联邦支出的控制被其组成和结构的变化削弱。越来越多的支出要求通过有限期的授权提交并通过随后的方案被满足。这些国会的变化伴随着不断增长的利益集团对预算事务的专注。联邦预算变成了一本公开的书，它的秘密和潜力被无数驻扎在华盛顿的利益集团测量。

国会可能也试图通过对预算要求的传达或满足来设立制度上的障碍，从而将自身从这些交错的压力中解脱出来。例如它可以要求平衡预算，或者使议员们赞同为拨款法案增加预算的修正案变得困难。但在预算法中国会拒绝了这类和其他对其自由裁量权的限制。作为替代，国会选择了一个公开程序；鼓励立法委员会表达他们的意见和评估，并且使参众两院可以通过其多数满意的任何预算。预算法不是在预算冲突的根源处消除它们，而是保证冲突会公开进行。在决定不阻碍预算压力、允许在支出、税收和赤字方面的公开竞争时，国会将其自身在预算政策上的矛盾制度化。因为它不能取消任何1974年的实质性结果，国会给每年的预算周期留下了一场决定应当是什么的斗争。

因此，在国会中存在着许多预算冲突，或者预算程序经历了许多严重的失败或令人瞩目的成功也不足为奇。国会在1974年的这类决定将在一个多数人控制的程序中得到解决。预算委员会在得到投票时会赢，而当国会为了推进某些其他利益不顾预算声明时会输。

在一方总是赢或总是输的情况下，没有一个建立于合作基础上的系统能够长久地存在下去。在国会里也是一样，预算委员会有时赢有时输。总统的管理与预算局每年也会输掉一些大大小小的争端，但大多数的失败都不会让公众知晓。管理与预算局被总统庇护，因为培养出一个总统拥有强有力的预算局的信仰对其十分有利。由于大多数的国会冲突在公开的情况下进行，它们的重要性也被放大了。如果众议院中的预算程序看上去比参议院更具争议，一个原因就是众议院预算委员会的幕后操作将结果掩饰起来不受公众的监督。相较之下，参议员预算委员会却大起大落，因为其行动的大部分都对公众开放。

预算和其他价值之间的竞争被当时的情绪所影响。有时国会急于推行一个支出计划，扩张的热情就会淹没预算控制；而当国会更关心盘点及裁员时，它也许会更偏好在竞争性利益上的严格预算控制。国会预算制定者不能指望每年都同样强大。对他们的观点而言，有时会出现一个强大的国会市场，而在其他时候却很弱。拨款委员会已经在这种变动的国会情绪中生存了120年，预算委员会同样要经得起在其立法尊重上的起起落落。

为了生存，预算委员会需要国会盟友，但由这份研究发现的一种模式是委员会们只会为那些为特定问题努力并能为自己带来好处的委员会提供暂时盟友。

虽然冲突无法完全消除，但如果预算程序要存在下去，冲突就必须得到限制。如果每个立法行动都会引发一场重大的冲突，国会将四分五裂。人们应该庆幸冲突如此之少，而不是考虑它们为什么会发生。从根本上讲，预算和程序委员会都理解只有限制其冲突的倾向，一个团体才能团结在一起。因此，大多数国会委员会都试着遵守预算法案中大量的、程序性的条款。

但对于控制预算冲突而言，仅有良好的意图是不够的。必须调整预算程序以保证大多数情况下能有一个和平的结果。然而，预算法将预算委员会置于其他立法委员会对立面的做法却似乎是在加深国会中的冲突。如果它们发挥设立时的功能，预算委员会便无法避免与立法委员会发生冲突。在预算委员会审查 3 月 15 日的申请时，当它们在要求其他委员会节约或抵制它们的提议上施压时，或者当它们监督其他委员会与预算相关的活动时，内部纷争很容易出现。当国会不得不形成有关美国优先权和财政政策的决议时，预算冲突也会发生。这些压力点是预算程序的关键特征，而非边缘的或意外发生的情况。预算法预期冲突并组织国会处理它。

总的来说，当国会围绕预算争斗时，它是在每年的边际上争斗：预算的主体（伴随着总的协定）取决于以前年度的立法决策。在一个联邦政府级规模的预算中，边际上的争论可能要涵盖数百万美元。这是个大到足以令参战者战斗的赌注，但也是一个在他们达到预算一致时能够充分控制的数额。预算程序为他们开展这项必要的业务提供了一个有用的立法工具。

附录
预算术语定义

拨款 Appropriation

国会法案规定的授权过程，允许联邦机构履行义务并通过财政部拨款的方式为特定目的支付相关费用。拨款通常在授权立法通过后进行。拨款是提供预算授权的最常见方式（见“预算授权”），但在某些情况下，授权法案直接提供预算授权（见“后门授权”）。

拨款法案 Appropriation Act

允许拨款委员会在权限范围内拨款的法案，旨在为联邦项目提供资金。目前共有 13 个常规拨款法案。另外，补充拨款法案也会时常被通过。

授权（授权立法） Authorization（Authorizing Legislation）

国会颁布的基本的实质性立法，设定新的或继续支持原有的联邦项目或机构进行合法运行（在时间上可能是无限期的，或者有确切的时间期限），或限制某个项目中特殊类别的义务或支出。这些立法通常是随后拨款法案中进行拨款或其他预算授权的基础和前提。它也许会限制随后预算授权的数量，或授权拨款“必要的资金额”。在有些情况下，预算授权也会在授权法案中提供（见“后门授权”），这样就回避了后续拨款的需要，或只需进行清算合同授权或减少未偿债务。

授权委员会　Authorizing Committee

众议院或参议院的常设委员会，有权管理有关授权法律事务，设立新的或继续支持原有联邦项目、机构或项目中的特定义务。在基本的实质性立法中已规定预算授权（“后门授权”）的情况下，授权委员会也需承担其支出责任。

后门授权　Backdoor Authority

在正常（拨款委员会）预算拨款过程之外的预算授权。最常见的后门授权是贷款授权、合同授权和权利性授权。在某些情况下（如公债利息），即使没有国会行动，一项持续性拨款也将产生。1974 年通过的国会预算法案第 401 款对后门授权进行了具体限制。

借款授权　Borrowing Authority

允许联邦机构承担义务并通过借款方式为特定目的进行支付的合法授权。1974 年国会预算法案第 401 款重新限制了预算法案中借款授权的范围和数量（除了某些特殊情况）。

预算修正　Budget Amendment

正式预算提交后，在国会采取拨款行动之前，总统提交给国会的正式要求，提出修正先前的某些申请，如预算授权数额。

预算授权 Budget Authority

由法律提供的用于承担义务的授权，它将导致相关政府基金的即刻或未来支出。这些授权不包括为归还那些由其他个人或政府形成的债务提供保险或担保。基本的预算授权形式包括授权、合同授权和借款授权，预算授权可以按以下标准进行分类：（a）有效期（一年、多年、无期限），（b）国会行动时间（当年的或永久的），或（c）决定可用资金数额的方式（明确规定或无明确规定）。

预算更新 Budget Update

一份概述对尚未结束的财年中预算授权、预测支出、预测收入等进行修订的声明。总统可以在任何时候提交更新，但根据 1974 年国会预算法案的要求，总统必须在每年 4 月 10 日和 7 月 15 日之前将这类声明呈送至国会。

预算储备 Budget Reserves

根据反赤字法案（31 U.S.C. 665）授权及 1974 年扣押控制法案的修正而预留的预算授权部分，当因要求变更或运行效率提高而产生结余时，将其作为存款或作为预算储备来应对突发事件。1974 年扣押控制法案第 1002 条限制了预算储备的建立，并要求机构必须向国会报告预算储备（见“预算授权的延迟”）。

预算一致决议 Concurrent Resolution on the Budget

国会参众两院一致通过的决议，无需总统签署，用以阐明、重申或修正美国政府新一财年的国会预算。在每一财年开始前需有两份预算一致决议。第一份决议一般在 5 月 15 日之前完成，形成国会预算。第二份决议一般在 9 月 15 日之前完成，主要是重申或修改前一份决议。该财年的其他预算一致决议可在本财年第一份预算一致决议发布之后的任何时间发布。

国会预算　Congressional Budget

国会预算是国会在预算一致决议中阐明的预算。这些决议包括：（1）预算总支出和新预算授权总额的适当水平；（2）根据对适当水平的总预算支出和新预算授权总额的分配，估测各主要功能分类、突发事件的预算支出和新预算授权；（3）预算中赤字或盈余的数额（如果有的话）；（4）建议的联邦收入水平；（5）适当的公债水平。

持续决议　Continuing Resolution

在财政年度开始之前，某些特殊的持续性项目还未通过正常的预算财年拨款时，国会为其提供预算授权的立法过程。持续性决议通常根据前些年的支出水平、总统的预算申请和参众两院同时或各自通过的拨款法案为机构可能承担的义务确定一个最高额度。

合同授权　Contract Authority

预算授权的一种形式，在合同授权下，合同或其他义务可能在拨款之前，或在超出循环基金可用资源数量时发生。合同授权必须由之后的拨款或使用循环基金来清偿债务。用来清偿合同授权的拨款并不算作预算授权，因为他们不能用来支付义务。除了少数例外，1974 年国会预算法案第 401 条将新合同授权限制在与拨款法案相一致的水平。

可控性　Controllability

在财政年度内，根据现有法律对预算授权或支出进行控制的能力。“相对不可控”一般指的是不修改现有实体法就无法增加或减少的支出。这类支出中最主要的部分来自开放式项目和固定成本项目，如社会保障和退伍老兵福利，同时也包括因之前财政年度承担义务而产生的支付。

斑马线　Crosswalk

不同系列分类之间的关系，如拨款账户和授权立法之间的关系，或预算功能结构和国会委员会支出权限之间的关系。

当前政策预算　Current Policy Budget

根据当前财年通过的拨款和授权水平，在没有政策变化的情况下，根据通货膨胀、社会保障项目受益人的自然增长进行调整后，对下一财年中联邦项目运行所需预算授权和支出进行的预测。有时，这种预测需对原本计划终止的项目继续运行的情况进行反映。

当前服务评估　Current Services Estimates

根据现有服务水平，预测下一财年的预算授权和支出，即假设所有项目和活动会在当前财年的基础上运行，相关政策不会改变。这些对预算授权和支出的估测伴随着对基本经济状况和项目的假设（如通货膨胀率，经济增长率，失业率，项目数和工资增长），并会在预算提交时由总统传达给国会。

预算授权延期　Deferral of Budget Authority

任何美国官员或雇员采取的扣押、延迟或有效阻止义务发生或预算授权支出的任何作为或不作为，包括根据由扣押控制法案修正案修订的反赤字法案中建立的储备金。1974 年扣押控制法案第1013条要求总统需向国会进行特殊说明，报告所提议的预算授权延期。预算授权一般不会延迟至递交延期报告的那个财年末，国会参议院或众议院可能会通过扣押决议来推翻总统的预算延期提议（见“扣押决议”）。

权利性授权 Entitlement Authority

根据相关法律规定，向任何符合要求的个人或政府支付津贴的立法，如社会保障金和退伍老兵养老金。1974年国会预算法案第401条对新权利性授权的实施进行了限制。

财政政策 Fiscal Policy

联邦政府关于税收、支出和债务管理的政策，旨在促进国家经济目标特别是关于就业、国民生产总值、价格水平稳定和国际收支平衡的目标。预算过程是确定与执行联邦财政政策的主要工具。联邦经济政策的另一个主要部分是货币政策。

财政年度 Fiscal Year

任何年度会计期，与日历年度无关。联邦政府的财政年度从10月1日开始，至次年9月30日结束。财年年度按其结束时的日历年命名，如1981财年是在1981年9月30日结束的那个财政年度。

充分就业预算 Full Employment Budget

假设经济在可能性边界下（通常用一定的国内劳动力失业率来定义）运行，预计的收入、支出、盈余或赤字水平。

功能（功能性分类） Function（Functional Classification）

1974年国会预算法案要求国会预测每一功能的支出、预算授权和税式支出。功能分类是展示联邦项目旨在服务的主要目标的预算授权、支出和税式支出数据的一种方式。每一个账户都对应一个能体现其主要目标的功能（如国防、健康），与执行这个项目的机构无关。功能通常被划分为范围更窄的类别，即子功能。

政府资助企业　Government – Sponsored Enterprises

联邦政府建立和特许的完全由私人所有、执行特殊功能的企业，如联邦土地银行和联邦住房贷款银行。这些企业不包括在预算总额之中，但其运营的财务信息将作为总统预算附录中单独的一部分公开。

担保贷款　Guaranteed Loans

联邦政府全额或部分担保偿还本金和/或利息的一种贷款。

扣押　Impoundment

任何美国官员或雇员采取的阻止义务发生或阻止国会提供的预算授权支出的作为或不作为。（见“预算授权延期”和“废除”）

扣押决议　Impoundment Resolution

扣押决议是众议院或参议院在总统依据1974年扣押控制法案第1013条向国会递交特殊说明后，提出的不同意预算授权延期的决议。参议院或众议院通过的扣押决议有权推翻延期提议，并要求将这些预算授权用于承担义务。

义务　Obligation

联邦机构在一定时期内下发的订单、支付的合同、提供的服务，以及做出的其他承诺的数量，需要在同一时期或未来某个时期支付。

预算外 Off – Budget

根据现行法律条款，被排除在预算总额之外的交易，如联邦融资银行。预算外交易不包含在预算授权或支出总额之中，但会在预算附录中一个单独的部分内发布，同时也会作为预算中各种表格的备忘项目。

抵消收入 Offsetting Collection

政府以商业运作模式与公众进行交易（出售商品和服务）取得的收入，或由一个政府账户向另一个政府账户进行支付取得的收入。这类抵消收入在计算预算支出时会被扣除。

补偿收入 Offsetting Receipts

收入账户中存入用于抵消预算授权和支出，而非在计算预算总额时作为预算收入的所有收入。根据当前预算用途，现金收入不存入收入账户（如循环基金收入和偿还金额），而是在会计层面上从支出中直接扣除。这些交易抵消收入，不计入补偿收入。

补偿收入通常在预算功能或子功能层面从部门预算授权和支出中扣除。在三种情况下（雇员退休金的雇主份额、信托基金收取的政府间利息、外大陆架以外土地的租金和特许权使用费），其减免部分将作为未分配的补偿收入计入预算总额，而不是根据功能、子功能或部门进行抵消。

敞口项目 Open – Ended Programs

实际拨款和结果支出仅受限于符合法定要求和资格的申

请人数及实际接受金额的权力性项目，如医疗补助计划。

支出 Outlays

发行的支票，多数公债产生的利息或其他支付的数量；退还或偿还的净额。预算支出总额包括统一预算中扣除补偿收入后拨款和基金的支出总数。依据法律规定，预算外联邦机构的支出被排除在统一预算之外，即使这些支出是政府总支出的一部分。联邦支出以现收现付制为会计基础进行记录，除了多数公债利息，它们使用的会计基础是权责发生制。

总统预算 President's Budget

总统根据修正后的1921年预算和会计法案向国会提交的某一财政年度的预算。根据要求，预算的某些部分（如对立法和司法机构的估测）需包含在总统预算之中，无需经过管理与预算局的审查或总统的同意。

项目 Program

通常定义为一系列有组织的活动，这些活动旨在实现一个共同目的或目标，由一个机构提出或执行，以完成它被赋予的责任。但在实践中，“项目”因有许多用途而在立法过程中没有比较好的标准定义。“项目”通常被用来描述机构使命、活动、服务、计划和过程。

再拨款 Reappropriation

出于相同或不同的目的，恢复已过期账户中所有或部分未承担义务预算授权，使其可继续用于支付义务的国会行动，现有账户中义务的可支付性也可以通过之后的拨款法案延期。

协调过程　Reconciliation Process

国会用来调和某一财年由税收、支出和债务立法决定的资金数量的过程，以将其控制在第二份预算一致决议所设立的债务上限以内。1974 年国会预算法案第 310 条要求设立预算上限的第二份预算一致决议可以指导委员会确定或提议针对法律、法案和决议的调整，与预算授权、收入和公债应遵守的总额相适应。这些调整都包含在协调决议或协调法案之中。

再规划　Reprogrammming

在一个拨款账户中，为了实现那些并非拨款时预期的目标而对资金进行的利用。再规划通常要根据联邦机构和国会拨款委员的协商完成。

废除　Rescission

在授权失效前（即不能用于支付义务），取消国会先前通过的预算授权的立法结果。1974 年扣押控制法案第 1012 条要求总统向国会提交特殊说明，报告所有废除预算授权的提议。这些提案可能在国会两院共同通过的废除法案中被国会全部或部分接受。

废除草案　Rescission Bill

部分或全部取消国会先前通过的预算授权的草案或联合决议。1974 年扣押控制法案规定，除非国会在收到总统提案的 45 天内通过某项废除草案，该预算授权必须用于支付义务。

记录保管　Scorekeeping

国会预算局对预算表格和国会预算行动报告进行更新的

过程。国会的预算行动包括制定法案和决议（提供新的预算授权和支出，调整财年的收入和公债上限等）。这些报告包括但不限于：目前国会行动的影响报告、潜在国会行动的影响报告以及将这些活动与国会在预算决议中设定的目标和上限进行的比较。1974 年国会预算法案第 308（b）条要求定期进行记录保管报告。

支出授权 Spending Authority

根据 1974 年国会预算法案的界定，支出授权是指贷款授权、合同授权和资格授权的总称，它们的预算授权并不由拨款法案预先规定。这些就是通常提到的后门授权。

补充拨款 Supplemental Appropriation

在年度拨款法案外进行拨款的法案。补充拨款会提供超出原本项目和活动资金预测（包括在原拨款法案之后授权的新项目）的额外预算授权。进行补充拨款是由于对资金的需求非常紧迫，以至于等不到下一常规拨款法案的通过。

税式支出 Tax Expenditures

由于联邦税法条款规定而损失的税收收入，这些条款允许从总收入中排除、免除或扣除特殊项目，或者提供特殊的退税、优惠税率或对纳税义务进行延期。

信托基金 Trust Funds

联邦政府为实现某些特殊目的（或根据信托条款或法规执行某些项目）收集和使用的资金，如社会保障和失业信托基金。信托基金由政府作为被委托人进行管理，且不能用于一般性的政府目的。信托基金收入账户根据信托条款或法规产生的收入进行记录。

统一预算 Unified Budget

联邦政府预算的现有形式，其中来自联邦基金和信托基金的收入和支出是统一的。当这些基金以统一方式计入预算总额时，由于一个基金向另一个基金进行支付而产生支出的交易会被扣除，以避免重复计算。预算外联邦机构的交易也不纳入统一预算。

译　后　记

本书是一部经典之作，建立在大量深度访谈和资料梳理的基础之上，没有过多的理论建构，直截了当地从基本事实出发，深入细节，扎扎实实地描述立法部门的预算过程，分析决策参与者之间的关系。

“立法部门在预算决策中的作用是什么?”或“立法部门如何管钱?”是个实证问题，更是个规范问题，是个技术问题，更是个政治问题，没有固定的模式，在反复的形成、巩固、再造中不断演进。经济形势的变化、社会发展的取向、政治力量的调整等均会对其产生深远的影响。

本书是我国第一部有关发达国家预算立法决策的译著，对我国政府的预算决策和监督改革具有一定的借鉴意义。但“非常之观常在于险远”，希克教授曾体谅地问我：“这本书很厚，你真的决定要翻译吗?”

本书的翻译历时两年。

本书的翻译也是与黑龙江省人大常委会预算工作委员会合作的成果，他们致力于推动我国地方预算审查监督改革与创新，给予本书的翻译出版以支持。

本书的翻译较为顺利。希克教授专门撰写了中文版前言，王诸愉、金海颖、王磊娅、徐益琦、俞靓、张旻、朱建敏、祝佩莉等同学翻译了部分初稿。张晓彪编辑在翻译过程中提出了许多宝贵的意见，在此一并表示感谢。

苟燕楠

2012 年 5 月

译 后 记

十年磨一剑

十年磨一剑，霜刃未曾试。《希克公共预算著作集》的引进、翻译出版用了二十年，《政府预算》《国会和钱》《预算能力》涉及美国预算的过程和变迁，《当代预算理论》《预算变革》是OECD各国经验的总结、提炼和反思。五本书是个整体，血脉贯通，和而不同。感谢希克先生，耄耋之年依旧精进不已，提携后进。60年探索，深入浅出，可为知者言，也可为外人道，我深以为然。不有同好，云胡以亲？《希克公共预算著作集》的翻译出版是我预算修行的重要历程，也将成为我国读者理解现代预算的方便法门。感谢中国财政经济出版社张晓彪先生，二十年切磋琢磨，我们早已心有灵犀，结集出版的建议他欣然允命。二十年前陈立齐教授在中山大学向我推荐了《预算能力》，侯一麟教授也提及这本书，但版权联系道阻且长，十几年持之以恒才告成功。《预算变革》的版权联系也一样，十年中几度反复，在朱积慧同学锲而不舍的努力下最终落到实处。念念不忘，必有回响，二十年努力的结果是《希克公共预算著作集》，意料之外，情理之中。感谢我的翻译团队，尽心尽力，勤勤恳恳，有好基础，才可能有好成果。预算广大精微，多少次中宵不寐，搜肠刮肚，逐句订正，反复修改，正所谓：“奇幻难形笔楮，焕然竟成文章。”还要感谢汪超先生的奇思妙想，精心设计的封面极简地表达了著作的精髓，精心选择的版式则提供了美好的阅读体验。

行到水穷处，坐看云起时。我和预算不离不弃，在预算部门工作6年，管理大学预算超过10年。预算早已经深入骨髓，成为一种自觉。至于翻译预算著作，从2000年《美国公共预算》开始，一本接一本没停过。是因为受益匪浅、乐在其中吗？好像也不是。50岁以后，越来越觉得这可能是命运的一部分。在预算中辗转反侧、浸润日深，就有了一点体会，学着分辨什么是好的，什么是不好的，思考和表达预算的玄机。愁因薄暮起，心随雁飞灭。身处变革时代，预算波谲云诡，激荡人心，我将一如既往欣欣然走在预算之道上，苟日新，日日新，又日新。

苟燕楠

2024年12月23日

Congress and Money: Budgeting, spending and taxing
ORIGINAL ENGLISH LANGUAGE EDITION PUBLISHED BY
The Urban Institute, Washington, DC, U. S. A.

图书在版编目（CIP）数据

国会和钱／（美）艾伦·希克著；荀燕楠译.
北京：中国财政经济出版社，2025.4. --（希克公共预算著作集）. -- ISBN 978－7－5223－3584－1

Ⅰ. F817.122

中国国家版本馆 CIP 数据核字第 2025AV5874 号

责任编辑：张晓彪　　　　责任校对：董亚青
封面设计：汪　超　　　　责任印制：史大鹏

国会和钱
GUOHUI HEQIAN

中国财政经济出版社 出版
URL：http：//www. cfeph. cn
E－mail：cfeph@ cfeph. cn

社址：北京市海淀区阜成路甲 28 号　邮政编码：100142
营销中心电话：010－88191522
天猫网店：中国财政经济出版社旗舰店
网址：https：//zgczjjcbs. tmall. com
中煤（北京）印务有限公司印刷　各地新华书店经销
成品尺寸：150mm×230mm　16 开　148.25 印张　1 686 000 字
2025 年 4 月第 1 版　2025 年 4 月北京第 1 次印刷
定价：500.00 元（全五册）
ISBN 978－7－5223－3584－1
（图书出现印装问题，本社负责调换，电话：010－88190548）
本社图书质量投诉电话：010－88190744
打击盗版举报热线：010－88191661　QQ：2242791300

总　序

这篇总序给了我一个机会，让我反思预算改革发展的历程，这与反思我自己的职业发展并不相同。两者有重叠之处，因为预算改革不断寻求能够更好地分配公共资金的方法，这让我走访了60多个国家，其中包括六次以上的中国之行，并使我能够将大学教学、写作、讲座和政府咨询结合在一起。我一直致力于找到预算改革和其他政府行政程序失败的根本原因。正如我稍后将要讨论的，改革的失败并不意味着没有发生变化。然而，预算改革更多的是通过适应而非刻意改革而发展起来的。

令人失望的预算改革历程

在2002年一篇名为《预算有未来吗?》的文章开头，我写道："预算是一个一直正在进行的工作。这个过程从未完全确定，因为管理它的人从未完全满意。"我论证了预算是一个由截止日期驱动的过程，其中选择次优选项往往是常态，旧的优先事项常常在预算中得到保护，而新的优先事项常常被排挤出去。决策者拥有大量的信息，却没有足够的数据来理性评估以往支出的有效性或未来支出可能产生的结果。

这些和其他的挫折使得预算实践成为改革的沃土。自从

将近两个世纪前在欧洲出现以来，预算一直在改革的驱动下寻求能够更好地分配和管理公共资金的方式。早期的改革关注于改变会计标准、优化申报和审查预算支出请求的程序，以及控制支出项目，这种改革方式在20世纪中叶之前在大多数发达国家成功实施。然而，从那时起，预算改革就一直以追求以结果为导向的预算为主，这种预算鼓励实施国家的优先事项，并使政府能够评估中期或更长时期内项目的成本效益。绩效预算、项目预算和中期支出框架是将预算重塑为规划、融资和监测政府目标为一体的战略过程的改革运动的领先范例。

这套改革的一个显著特点是，它们既没有成功也没有消失。它们仍然是改革的标准做法，因为它们是将预算从财务过程转变为定义和实现政府目的的战略工具的最合理方式。显然，如果政府明确将支出的金额与中期或更长时期内的产出和结果的数量和质量联系起来，而不仅仅是为下一财年的投入成本分配资金，那么政府就有可能做出更明智的预算决策。然而，在实践中，当代改革并没有达到预期效果。在大多数国家，绩效基础预算已经降级为绩效知情预算。尽管预算包含了大量关于结果的信息，但在低收入国家，这些数据通常只是用来打动国际组织的装饰，并不能实际决定资源配置。在实践中，项目预算通常不过是分类支出的手段，而不是建立政府目标的系统，中期框架已经成为预测未来年份支出，而不是限制未来支出的机制。

对于这些和其他形式的改革，失望或失败并没有足够的理由来说服大家放弃理性主义技术来编制和实施预算。失败激发了改革者再次尝试的欲望，通常他们会为他们渴望的创新贴上新的标签，并对过程进行一些调整。失败并没有鼓励改革者去质疑他们的第一原则或去寻求新的方法。改革者不

应该只关注预算的程序，更应该以国家的战略目标和绩效目标为基础去制定更大的政策机制。

事实上，推动寻求更好方法的这一条件也破坏了自20世纪中叶以来出现在预算领域的主要改革。将信息打包到目标、结果和未来支出，然后放入预算中，并没有给忙碌的政策制定者更多的时间来审查支出选项。但它却又常常产生冲突，使完成预算的基本任务复杂化。重要的是，改革并没有根除预算官员通过回顾上一年支出来确定下一年应支出什么的偏见。

适应性变革与程序正当性变革

预算是一个适应性过程，它随着经济、金融、政治和其他环境的变化而演变。在西方国家，最突出的适应性变化包括：(1) 将预算从资助政府活动的手段转变为主要帮助家庭的手段；(2) 使用基线作为准备预算的起点；(3) 根据国家或国际规范和政策来分配资金；(4) 将基于类别的预算分配给特定的社会经济群体。这些适应性变化是相互联系的；它们共同解释了为什么许多西方国家深切关注其财政状况的长期可持续性。

这些适应性变化的一个显著特点是，它们与国家政府的支出金额有关，与专注于预算编制和执行程序的正式改革形成鲜明对比。在世界银行1998年出版的专著《公共支出管理的当代方法》中，我将程序改革标记为预算中的正当程序。正当程序意味着如果程序健全，从该过程中产生的结果将是最优的。换句话说，结果是根据生成它们的程序来评估的，而不是根据实质性的标准。正当程序规范对结果持中立态度。这些规范可能产生平衡预算或赤字，为社会转移支付、国家安全、基础设施或其他政府项目分配更多或更少的资金。预算中的正当程序类似于司法程序中的正当程序。如果司法程

序适当，从该过程中产生的判决必须被接受为合法的。预算改革几乎有两个世纪都是这样的思维方式。

预算中的正当程序方法具有重要的优势。特别是，它为财务控制建立了基础，并确保财务信息是及时的、准确的，并且是符合会计标准的。然而，正当程序是管理公共支出的不充分基础，因为它常常产生政府不希望或次优的结果。大多数发达国家的预算都很僵化，政府几乎没有机会将公共资金从较低优先级的项目转移到较高优先级的项目。他们有健全的程序，但他们却要在他们不想要的事情上花钱，而在他们真正想要做的事情上，预算支出往往是不够的。

然而，从支出结果而不是程序的角度来看，21 世纪的预算与 20 世纪的预算不同。以下五个适应性变化关注了特定项目的支出金额或通过借入资金来为支出融资。我将从美国的视角讨论这些变化，但它们几乎影响了所有发达国家。

（1）法定社会转移支付。在西方国家，社会转移支付现在占国家支出的比重比 75 年前显著增加。这些支付通常是基于法定公式和规则的权利，这些公式和规则根据价格变化或接受者数量的增加会自动增加政府的成本。在发达国家中，每年度基于法定公式和规则自动增加的权利通常占国家总支出年度增加的大部分。

美国在这场预算的根本性转变中落后于其他发达国家，尽管美国作为一个低税收/低公共支出的资本主义堡垒而闻名，但它现在资助了一个庞大的社会福利网络。根据最近一个财政年度的可获得官方数据，这些支出从 1940 年的 20 亿美元飙升至 2000 年的 10670 亿美元，以及 2023 年的 43400 亿美元。这些支出在 1940 年占总支出的 20%，占 GDP 的 2%，但在 2000 年这一比例增加到总支出的 57% 和 GDP 的 10%，在 2023 年增加到总支出的 70% 和 GDP 的 16%。这些惊人的趋

势对美国资助其国际和国内目标的能力有深远的影响，这些目标超出了本序言的范围，但美国政府和预算官员却不能忽视它。

然而，这些趋势的一个重要含义触及了我提出的正当程序与适应性主题。当权利只是国家预算的一小部分时，正当程序意味着所有行政机构都根据中央预算办公室制定的标准表格、说明和时间表提交他们的预算申请。这种预算程序在估计依赖政府外行动的权利成本方面是无用的。当代政府依赖复杂的微模拟模型来预测未来的养老金、医疗保健、家庭援助和其他权利支出。这些模型的效用取决于内置的变量，而不是行政信息的质量。

（2）基线。虽然每个国家都有其独特的预算准备程序，但通常的做法是从计算支出基数——当前财年授权的金额开始。然后，每个支出单位确定其在下一个财年想要申请的高出基数的金额，并详细列出新增金额是由于价格变化、新的活动、工作量变化还是其他因素造成的。政府机构与预算控制者之间的预算谈判通常集中在这些增量上，最终预算通常授权高于基数但低于政府机构原始请求的支出。

将预算工作集中在增量而不是总支出上，显著减少了机构必须产生的信息量、预算审查员必须做出的决定数量以及必须解决的冲突数量。

这些特征对于一个每年都需要及时完成的流程来说是必不可少的。在预算中，与其他几乎所有政策领域不同，无论选择多么困难或信息多么不足，都必须做出决定。

尽管预算本质上是增量的，但通过回顾上一年支出的方式来准备预算是没有意义的，因为它没有解决下一年必须在哪些项目上支出这一关键问题。如果一个国家上一年有1000万养老金领取者，但下一年将有1100万，那么从“由于领取

者数量增加所以成本即将增加”这一假设开始构建预算是合理的。这就是从基数（起点是上一年实际支出的金额）转向基线（起点是估计下一年必须支出的金额）的合理性。这种关注点的转变产生了基数和基线之间的根本差异，这就打破了正当程序的预算。基数是一个实际金额，而基线是一个预估的金额。当基线成为预算的起点，支出的变化是通过对假设的未来支出来计算的，而不是根据上一年实际支出的情况。

在美国，国会预算办公室（CBO）是联邦预算决策的权威记分员。如果 CBO 报告说立法将增加 1 亿美元支出，这意味着增加的金额将超过基线中假定的金额。实际上，CBO 从不以上一年支出为基础来计算支出变化。我认为基线预算编制是一项深远的改革，尚未得到充分研究，并且极大地复杂化了预算制定过程。

（3）基于国家或国际规范和政策的分配。在正当程序规则下，所有对公共资源的索求都要竞争预算份额，每个诉求收到的金额都被认为是最优的。我已经指出，这种竞争被对增量的偏见扭曲了，它更有利于现有的预算需求而不是新的。

许多国家为特定目的预留资金或设立特别基金，这些基金在常规预算过程之外运作。世界银行和国际货币基金组织经常批评采取这些做法的国家，但要求接受援助的国家单独核算他们提供的财政援助。

由于全球性缓解气候变化影响的努力，并帮助沿海地区和可能遭受极端气象模式破坏性影响的低收入国家，预留资金已成为一个紧迫的问题。国际社会在主要会议上努力从发达国家提取对受影响国家的财政承诺。这些会议通常在最后一分钟完成交易，而这些交易在受影响国家努力满足国内需求时被稀释或忽视。

绿色预算编制是一场全球运动，它促使政府评估其项目

和支出的环境影响，并旨在使国家预算与环保目标保持一致。它的意图是向政府施压，改变他们决定预算的方式以及支出。实际上，对公共资金的竞标既在项目本身条件下进行筛选，也根据气候影响进行筛选。例如，道路建设项目将根据每公里的成本、道路的安全特性以及对经济活动的影响进行审查。绿色预算可能会根据汽车的污染排放量、是否激励人们从城市集群迁移到远离工作场所的地区，以及国家消费的碳基产品数量来评估道路。

绿色预算编制已得到欧盟、经合组织、世界银行和其他国际组织的积极推广。这一运动仍处于初期阶段，未来可能会影响更多国家的国家预算政策。

（4）基于类别的预算编制。预算编制正当程序声称根据对国家有利的原则分配资金。当然，政治家和管理者在定义其预算请求和政策目的是促进国家利益时很少遇到困难，这是一个可以塑造成为服务于某团体、机构或地区狭隘利益的模糊概念。通过给予相对较小的金额来收买利益几乎是一种普遍的做法，可以促进国家凝聚力并促进预算的采纳。

比起解决预算的给予和索取，基于类别的预算编制将国家利益的分裂推向了更远的地方。这里的类别不是指地方利益，而是跨越全国的分裂。其引发的预算运动极大影响了基于类别的预算分配。它呼吁政府预估男性和女性的支出金额，可能还包括在西方国家获得合法性的其他新性别类别。由于除了少数例外情况外，预算没有为惠及男性和女性的项目预留资金，因此对支出中性别分布的预估仅依赖于假设，而不是实际数据。关于谁从政府项目中受益的一些假设可能非常值得怀疑。

基于类别的预算编制正在扩展到其他社会经济类别。2024 年 5 月，美国国会办公室报告称国会议员要求其“提供

有关政策效果如何因种族和族裔而异的信息”，并且“它一直在增加其分析能力以判断预算和经济发展如何差异性影响不同的人口群体”。现代经济学家经常依赖不稳定的假设来得出关于社会状况和政府政策的坚定结论，因此他们可能会在应用经济学方法按人口和其他类别分配预算时感到舒适。然而他们不知道或不关心的是，最初作为分析练习的东西，最终可能会成为某些主张者的倡导工具，这些主张者要么不关心国家利益，要么只是根据他们的群体利益来定义它。

（5）改革不足。我所讨论的适应性变化并没有补偿正当程序那令人失望的改革结果。政府可以在没有正式的中期框架或绩效预算的情况下进行发展，但他们确实需要战略能力以超越下一个财政年度，建立国家目标和优先事项，并评估预算政策对实施其战略目标的贡献。人们通常认为，低收入和新兴国家需要这种能力，而发达国家则不需要。此外，大多数发达国家对任何形式的国家规划都有一种厌恶感，可能是因为他们将其与苏联式的中央计划联系起来。在我看来，这是一种错误的态度：高度发达的国家如果只是从一年混到下一年，只是基于过去的支出来确定未来分配，那他们将不会永远是最发达的。每个国家都需要战略能力，包括我的国家。反思我对中国的访问可以提供一些成功改革的线索。

具有中国特色的预算编制

预算编制正当程序的要素在中国以及所有拥有健全财务管理系统的国家都是有效的。其关键特征包括会计框架、申请和支出公共资金的程序、报告国家财务状况的规则、审计标准和要求，以及在大多数国家中，对政府计划和支出的一些评估。

虽然我从对中国的访问中受益，但我不是绩效预算编制

和中期框架等高级技术的专家。然而，我观察到使中国的预算改革与大多数其他国家不同的两个特点。

第一个特点是，中国邀请海外专家访问本国，但很少依赖外部顾问告诉它该怎么做；其次，在中国，改革机制主要在预算编制范围之外运作，然而改革的效果可能会影响预算程序和结果。

我第一次访问中国是在1988年，随后的几次访问是由世界银行组织的，与其他国家的访问没有什么不同。然而，有一些访问是邀请我和其他专家在几天的会议中重点讨论特定问题。每位专家都是作为个人来的，而不是作为团队成员，我们每个人都向东道主做了正式的演讲，他们听了，记录了很多笔记，咨询问题，感谢我们，并祝愿我们回程愉快。在任何时候，我们的东道主都没有说过："告诉我们应该做什么。"我们离开后，政府官员会决定什么对中国有意义，他们给改革赋予了中国特色。

我在中国的经历与我为国际组织的工作形成了鲜明对比。他们积极推广其改革议程，并使用贷款和其他财政援助作为诱因，让新兴和低收入国家采纳最新的时尚和潮流。在我多年来参加的数百次任务中，几乎没有考虑过改革是否适合这个国家的需要。这种模式促使我于1998年在世界银行发表了题为"飞跃之前先观察"的演讲，敦促国家在采纳流行的改革之前先要建立基本能力。

第二个特点是，中国将预算视为其战略雄心的财务实现手段，而不是国家政策的主要来源。预算过程本质上太短视，太专注于即时需求，无法充分考虑国家的长期战略发展。努力将国家战略塞进预算编制那时间紧迫的框架中是注定要失败的，似乎当下对稀缺公共资金的需求挤出了长期目标一样。中国和其他一些国家想出的解决方案是拥有一个强大的国家

决策机制和公共领导，以确保长期优先事项融入预算决策。

我是在由中国国家发展和改革委员会主办的访问期间观察到这种中国特色。在会议休息期间，我和其他被邀请的专家被护送到南京孙中山纪念馆。我对于攀登纪念馆前392级台阶的高度感到惊讶，但决定加入我的同事参与这次千载难逢的经历。然而我们的东道主，一位高级NRDC官员，劝告我年岁已高不能攀登纪念馆。我感到失望，但很快了解到这位非常有才华的女士想要与我进行私人对话，探讨如何将中国的长期发展与年度预算联系起来。她不负责财政事务，但她不想将预算变成一个战略性博弈流程。她负责国家发展，并知道如果所需的财政资源不可使用，再好的战略和计划都是没有用的。

其他国家可以学到的教训是，如果你想让预算更具战略性，就要通过其他流程建立国家计划和目标。这种方法之所以在中国有效是因为党的组织机构整合了规划和预算编制。而对于规划和预算编制在不同轨道上运行的国家而言将不会有效。

译者序

难道说，羊皮古书
是喝了一口便永远止渴的圣泉？
醍醐若不从你自己的心中涌现，
你便不会自得悠然。

这是一本关于变化的书，涉及预算潮流、原则和方法。十六个章节全景展示了现代预算不同时期的实践探索。希克著作最大的特点就是扎根现实、深入浅出，研究者看得明白，实践者觉得管用。预算是渐进主义的大本营，也是理想主义的试金石，数十年演进检验了不同理念和方法，也形成了内涵丰富的预算控制、计划、管理。

本书从权利性项目预算开始别有深意。变化越快，不确定性越大，预算就越成为对抗变化和不确定性的重要手段。完美控制预算的世界不是完美世界，社会不安全感将广泛存在。权利性项目的兴起是当代预算最重要的特征之一，预算越来越无法决定自身，人民的需要决定预算。问题是，丰年的承诺在灾年仍需兑现，收支失衡愈演愈烈，冲突加剧，预算失能。“开始是规模宏伟而气魄磅礴，可是如今则行动明智而谨慎思索。”保卫预算就是保卫社会，必须遏制权利性项目的增长，重新评估冲动的承诺。

第二章是政府支出的控制与管理。本部分介绍了19个经合组织成员国中央预算办公室高级公务员眼中的预算。从失衡的预算开始，探讨各国争取预算平衡的战略和实践。在把全口径预算收支纳入视野，深入分析政府层级、社会保障、公共企业、金融工具等影响预算平衡的因素后，自上而下规划预算规模、结构、项目，核心问题是调和理性主义的变革和渐进主义的现实，关键问题是筑牢向宏观平衡转型的微观基础。从实践来看，要制定高层预算目标，聚焦目标配置预算，加强支出监管，实施绩效审查，改进财务管理，并且在年度预算和中长期管理之间建立有机联系。

第三章是结果导向预算。结果凝练为目标，具体化为指标，衡量结果须用标准。仅仅明确目标就能澄清许多，改变许多。那些能清晰界定目标的领域怎么办？剪不断、理还乱的地带又怎么办？结果导向的预算指向三个方面：绩效评估、释放管理自主权和主动性，以及将预算作为改善结果的手段。对结果导向预算而言，绩效信息必不可少，但也要清醒地意识到，绩效信息仅仅是影响预算的诸多因素之一。绩效结果的好坏受多种因素影响，改进体制机制、在各管理层落实管理责任并实施结果问责是深层逻辑。实施结果导向的预算，意味着完善绩效报告，选择绩效目标，深化绩效审计，实施绩效合同。澳大利亚的财政管理改进计划、英国的财政管理法案、美国的政府绩效和结果法案均是相关改革的助推器。

第四章是现代预算。预算现代化是国家现代化的一部分，在令人瞩目的理念和形式背后，传统不时露出神秘的微笑。威斯敏斯特制度、法国行政传统和斯堪的纳维亚模式下的预算现代转型尚未结束，旨在宏观上确保政府对总支出和项目优先事项的控制，微观上提升公共管理的效率和服务交付的质量。每个政府都从本国实际出发设计了改革工具，澳大利亚政府大量采用项目评估，既在项目实施前，也在项目结束后。法国政府强调责任中心，目的是使公务员意识到他们的行动将影响服务质量。瑞典政府加大了对年度报告的审计力度，确保财务和绩效报告的可靠性。英国通过框架性文件和绩效目标集中管理注意力于关键结果。在预算现代化的路上，有的国家取得进展，有的国家遭遇挫折，由于改革初期壮志凌云，往往会在某些方面难以尽如人意。

第五章是中央预算局不断变化的作用。中央预算局的传统作用是指挥和控制，规范支出项目，监督条例遵守情况，确保预算规范执行，并适当进行干预。这种作用与改革赋予管理者的自由决定权存在冲突。为中央预算局定义一个符合当代管理理念的新角色是一项艰巨的任务，因为它需要在政府的财政纪律和管理者的行动自由之间取得平衡。简单地剥离控制权不可行，因为会破坏预算应遵循的纪律。更为稳妥的方法可能是强调总体财政纪律，同时稳步推进分配改革、建立项目问责和改进机制，这需要重新定位中央预算局的作用。中央预算办公室的新角色以维护政府的问责制度为中心。这就需要改进信息和报告系统，提高支出部门衡量生产力和产出的能力，将结果与预期以及管理变化的过程进行比较。这与预算办公室在长达一个世纪的政府预算演变过程中习惯扮演的角色不同，但这是一个重要的角色，这使他们更加忙碌，并且要进行大量的资源分配。今天的改革将成为明天的规则，从长远来看，改革最大的回报可能是资源分配的改善。

第六章是国家立法机构能否在预算政策中重获声誉。立法部门影响财政规模和收支政策的趋势有三：立法预算人员数量增长；立法机构对财政政策的参与；对审计结果高度关注。预算人员的增加反映了立法机构更大的独立性，提高了经济和收入预测能力，并有可能对预算提案作出更大改变。

与过去相比，立法机构更关注财政问题，然而，经济危机时期政府往往重获领导权，立法机构的作用会下降。审计后的财务报表质量提高，使一些立法机构敢于将负责这项任务的办公室从政府划转过来，并加强绩效监测和项目评估。新形势下，立法机构要在预算政策中重获声誉，必须加强处理预算问题的立法能力和资源；改革行政和立法预算编制，促进财政纪律、分配效率和运行效率；在短期和中期预算目标中协调长期承诺；并重新定义与政府的关系。

第七章是寻找原则的机构。组织方式会影响绩效。等级森严、集中控制的组织缺乏主动性，对不断变化的条件适应缓慢，对服务对象的利益反应不充分；给予机构经营自主权，可以激发创新和提高绩效，由于摆脱了部门束缚，各机构将更具适应性和反应能力。新公共管理运动的上述理念在各国孕育了一系列改革，英国的“下一步”计划、瑞典的多年期政策和业绩指标、新西兰的首席执行官机制等，目的在于从“管理”转向“治理”，使机构肩负责任、充满活力。实践是检验真理的唯一标准，在现实中效果没那么好，问题比预料的多。机构激增损害了政府处理跨组织问题的能力，导致政策一致性降低，公共服务质量不高。机构因服务而生，服务不周必然陷入困境。“下一步”计划的下一步该怎么走？服务提供没有完美或永久的解决方案。布莱尔政府的《接线》是新尝试之一，也可能是新瓶装老酒游戏的再次上演。

第八章是预算是否有未来。在充满不确定性的时代，预算改革风起云涌。宏观层面从刺激到约束，改革举措有中期支出框架、财政目标的国际化、权责发生制会计和预算、基线预测、两阶段预算流程。未来的趋势是消除支出的政治压力，拓展预算的时间框架、关注财政可持续性和脆弱性、使用资产负债表来衡量财政状况、管理或有负债预算、整合财政政策和经济管理、维护跨国界的财经纪律。中观层面从分配到再分配，改革举措有评估、结果测量、战略性规划、再分配预算、利用中期支出框架促进再分配。未来的趋势是改变再分配方式，电子预算、全民投票预算、正式团体参与、基于阶层的预算、分配国民收入、国际规范、没有分配的预算。微观层面从控制到绩效，改革举措有管理自由裁量权、绩效目标及报告、绩效合同、自治机构、市场模式安排。未来的趋势是生产者政府，绩效预算、基于价格的预算、可变预算、公民权利预算、破产管理。预算的未来与政府的未来相互交织，除非政府强大且有能力，否则就没有健全的预算，而如果预算缺乏监管公共财政的能力，也不可能有强大的政府。

第九章是公共管理改革中的机会、战略和策略。成功的公共管理改革融合机会、战略和策略。机会是指在特定国家环境下促进或推迟一些改革的条件；战略是指政府为实现希望的设定目标而采取的政策和行动；策略是指用于动员支持改革和克服改革障碍的方法。当代改革更加全面，而不是零敲碎打；不局限于特定的行政管理流程；下放权力，而不是集中管理权；依靠激励机制改变行为，而不仅仅是正式规则；集中在业务和服务的提供上。改善政府服务的理念和做法有：告知管理者对他们的期望是什么，并根据这些期望来衡量结果；使管理者能够灵活使用资源履行指定职责；业务权力从中央机构和部门总部下放到业务单位；政府的决策和控制侧重于产出和结果，而非投入和流程；管理人员对使用资源和结果负责。从中长期来看，政府采取的方向将与商业组织采取的方向密切相关，如果一个人能够预见市场部门将如何演变，他就能够预测公共部门将如何变化。

第十章是绩效国家。绩效国家本质上是一个转型期国家，它需要适应不断变化的状况和机遇。绩效不是一个静态的衡量标准，而是需要不断地根据情况和结果的反馈来调整政策和行动。绩效国家必须为人民服务，一些民族国家的现代化倡导者设计出更灵活的公共行政形式，旨在通过在运行项目和使用公共资源方面赋予政府官员广泛的自由裁量权来提高绩效。统一的规则和程序会阻碍管理者尽最大努力去实现计划目标，从而影响绩效，这个观念促使一些国家政府解除了对公共行政的管制，但许多其他国家则试图在既定的行政管理框架内提升绩效。虽然绩效是民族国家的共同目标，但各国政府却选择了不同的道路。绩效预算在绩效国家中有着突出地位，绩效预算只有纳入到以结果为目标的管理安排中才能蓬勃发展，这种联系使绩效预算改革既难又易，难是因为改革范围必须扩大到包括公共管理，易是因为当管理部门推动结果时，绩效预算可以成功实施。绩效预算在绩效国家中有着突出地位，更多地是作为与绩效相协调的最终结果，而非绩效的推动者。为了实现真正的改革，跟随可能比领引领更好。

第十一章是财政规则在预算中的角色。预算是一个由规则驱动的过程，四方面原因推动了财政规则的应用：健全的预算程序往往产生不健全的预算结果；民主国家的预算倾向于产生扩张性结果；放弃严格的平衡预算规则往往造成预算制定者在财政总量上软约束；国家间预算结果的差异源于政府间收支规则的差异。这些因素融合在一起，为使用财政限制来抵消传统预算的明显缺陷提供了理由。本部分对财政规则进行了初步评估：为什么财政规则会作为一种有吸引力的预算创新出现？当代公共财政为这场改革奠定了什么基础？约束的类型是否会影响预算结果，或者说它的应用方式是否最为重要？预算安排如何促进或阻碍财政规则？以及财政规则运行的经济和政治条件如何？财政规则是硬约束还是软约束？谁制定和执行它们？它们调节的是哪些财政总量？他们制定和执行规则的会计依据是什么？财政规则为调节关键的财政总量提供了基础，对赤字或债务建立严格的约束确实会带来更谨慎的财政结果，但实践证明，只有拥有足够的政治支持，执行机制能阻止违规行为时，财政规则才能有效发挥作用。

第十二章是预算改革25年。高级预算官员网络（SBO）于1980年启动，以应对在油价冲击、高通胀和经济停滞后困扰大多数发达国家的预算压力。SBO的大多数议题都是预算官员年复一年在处理的问题，为什么项目评估在某些时候和某些地方有用，但在另一些时候和地方却没用？财政规则（如欧洲《稳定与增长公约》和财政责任法）在什么条件下规范了赤字规模，这些规则可以在不利的经济条件下运作吗？在预算中引入权责发生制的国家有哪些经验，它如何影响资源的分配和使用方式？各国如何调和多年框架与年度预算程序，他们是遵守多年计划还是每年重新制定预算？健全的预算制度可以为多种并存的目的服务，预算应当为中期及更长期限建立一个稳定的、可持续发展的财政职责；预算应当便于资源向更有效、更高优先级的用途转变；预算应当鼓励支出单位高效运行；预算应当是人民可理解的并对他们的利益作出回应；预算与其他财务管理实践相结合，应当保证公共资金支出的问责制。

第十三章是财政可持续政策。财政可持续性可以从四个维度理解，偿债能力，政府偿还其财政债务的能力；增长性，维持经济增长的财政政策；稳定性，政府以现有税收负担偿还未来到期债务的能力；公平性，政府在不将成本转嫁给后代的情况下偿还当前债务的能力。可持续性分析会用到基线预测、资产负债表分析、财政缺口分析、代际核算等方法。政府应考虑四种互补的方法来加强可持续性：利用最先进的社会/计量经济学技术，如代际核算和现值核算，构建长期财政方案；使用中期框架中所使用的方法将基线预测扩展到中期以后；估计当前政策变化对长期财政前景的影响；重新配置财政风险，使更大的部分由家庭和当前一代人共同承担。对可持续性的关注已经从欠发达国家转移到了发达国家，并从中期关注转移到了长期关注。长期可能看起来很遥远，但在重新设计财政政策时，它已经到来。从现在起的40或50年后的那些将获得公共养老金和健康福利的大多数人已经加入了国家的劳动力队伍，纳税并对他们未来将从政府获得的福利抱有期望，所有政府迟早都将面对期望超过收入的现实。

第十四章是绩效预算和权责发生制预算。绩效预算和权责发生制预算是分析工具，能够提供传统方法所不能提供的信息和见解。两者都有尚未解决的问题，而且实施起来成本很高。在绩效预算中，关键问题是资源应在多大程度上与结果挂钩；在权责发生制预算中，问题涉及资产估值、收入确认、折旧和资本费用的处理以及其他未解决的问题。虽然绩效预算和权责发生制预算是截然不同的创新，但它们都依赖于强有力的、以结果为导向的管理和科学合理的有效的全成本核算。无论是绩效预算还是权责发生制预算，都没有准备好作为一项决策规则而被广泛应用。

第十五章是预算外支出。预算的主要职能是确保公共资金仅用于已经授权许可的用途，如果没有可靠的财政控制，预算就无法用于其他重要的政府职能，如管理经济、提高行政效率以及制定公共目标和优先事项。预算外支出主要有四种类型：通过对纳税人的优惠放弃的收入（税式支出）；向私人借款者提供信贷（直接贷款和担保贷款）；使私人主体承担私人成本（管制）；被排除在预算之外的实体（公共企业）的直接支出。从财政控制的角度来看，关键问题不在于一个项目是否被列入预算，而在于它的支出能否通过预算得到有效控制。许多预算外支出虽然名义上纳入预算范围，但仍具有逃避可控性的特征。在解决预算外支出问题时，应关注促进或阻碍预算控制的因素，而不仅仅是会计问题。政府需要多种途径来控制，预算仅仅是其中一条道路，这些不同的途径可以通过一个总括的（而不是综合的）资源分配过程或公共部门规划过程联系起来。这样，预算将只是一个更大程序的组成部分，它将继续作为管理控制的工具发挥作用，而更广泛的控制将诉诸其他手段。

第十六章是为财政空间预算。财政空间是政府通过预算和相关决定为政策举措提供的财政资源。对发展中国家来说，财政空间意味着用借来的钱为生产性投资融资的能力；对富裕国家来说，财政空间是可用于扩大项目的增量。当有足够的资源为持续存在的问题以及重大的政策举措提供资金时，政府不关心财政空间。当预算紧张，支出的优先事项被不足的资源挤掉时，政府就会关注财政空间。财政空间的大小取决于四个变量：现有计划要求增量资源的程度、政府的征税倾向、借款倾向，以及经济表现。财政空间是政府行为扩大或缩小的一个变量，过去的支出决定大大缩小了未来预算分配者的选择余地，当代预算官员面临的任务是扩大财政空间，使支出反映政府的政策和偏好。如果目标是增加预算分配，政府可以进行一系列边际调整，从而获得更大的财政空间。如果目标是改变预算选择，那么很少有经合组织国家有政治资源来通过根本性改变收入或支出政策来大幅扩大财政空间。随着人口压力的加剧，越来越多的政府可能会被迫质疑现有的收入和支出政策。仅仅在一个财政年度内分配财政空间没有意义，会导致相关主体通过操纵政策变化的时间来掩盖收支决策的真实影响。在中期支出框架中，中央预算办公室成为国家财政空间的守护者和政策变化过程的管理者，这是一个比审查预算申请的常规职能更具政治性的职能，它有时会导致预算办公室与政治领导人和其他核心角色产生冲突。如果它不能有效履行这个职能，政府最终可能会为其并不拥有的财政空间预算。

本书的翻译由我总负责，初译分工如下：第一、二章，尹应凯；第三、四章，刘康兵；第五、六章，刘亚洲；第七、八章，曹晖；第九、十章，蔡宇欣；第十一、十二章，贾琬娇；第十三、十四章，马嘉萌；第十五、十六章，吕怀立。文章千古事，得失寸心知。翻译更是如此，不足之处难免，请读者批评指正。

十五年前我就知道这本书，在马骏老师的研究室见过这本书，在复旦大学和师生们研读过这本书。十余年来，想翻译这本书，但好事多磨，多次联系版权未果。2023 年，在朱积慧同学锲而不舍的沟通和希克先生的鼎力支持下取得版权。这是《预算变革》中国缘的曲折历程，也是我预算缘的精彩章节，念兹在兹，终有回响。中国预算正在经历重大变革，深化零基预算需要重估价值，健全现代预算制度需要海纳百川。它山之石，可以攻玉，《预算变革》反映现代预算的探索和困境，是经验之书，更是问题之书。正所谓：

昨夜西风凋碧树，
独上高楼，
望尽天涯路。
欲寄彩笺兼尺素，
山长水阔知何处。

苟燕楠

2024 年 12 月 9 日

目　录

第一章
权利性项目预算*

在过去30年中，大多数经合组织国家公共部门的相对规模逐步扩大，公共支出的构成也发生了重大变化。在1955—1957年，公共支出平均占GDP的28.5%，1967—1969年为34.5%，1974—1976年为41.4%（OECD，1978，表2；以上为未加权的平均数）。这种公共部门规模的扩大在最近几年一直持续，尽管增长速度较慢且不稳定（OECD，1982，表4－A－C）。经合组织1982年为经济政策委员会第一工作组所做的研究表明："除了澳大利亚、奥地利、卢森堡和冰岛，在整个报告期（1960—1980年），公共部门增长最有力的来源是转移支付的增加……。在越来越多的经合组织国家中，转移支付现在基本上与公共消费支出相当"（OECD，1982：6）。这些国家的数据说明了这些公共支出的重要性。在丹麦，收入维持支出从1954年占GDP的7.5%上升到1978年的19.7%；法国从11.2%上升到17.9%；德国从11.5%上升到18.2%；日本从2.9%上升到7.3%；荷兰从6.4%上升到19.4%；英

* 本章原作为SBO项目的一部分载于1984年，题为"资源分配与控制"（Resource Allocation and control）。在撰写本文时，艾伦·希克是美国马里兰大学公共事务教授。后记写于2009年。

国从 6.4% 上升到 11.7%；美国从 4.1% 上升到 9.8%（OECD，1982，表 4A－C）。

产生这一趋势的原因引发了许多争论，与此同时，公共支出中权利性计划所占份额也大幅增加。转移和收入维持支出的大部分用于养老金、失业、残疾补偿及其他权利性计划。在大多数经合组织国家中，权利性项目是近年来公共支出的主要增长领域。

本文讨论了在两种不同条件下的权利性预算：二战后二十五年期间这类支出的扩张，以及自第一次石油冲击以来十年间的预算削减和预算现状。在讨论这些条件和造成这些条件的因素之前，本文提供了一个关于权利问题的概述和定义。

权利性项目的定义和预算状况

虽然权利性项目很重要，但没有标准定义，因此也没有可靠的手段来衡量它们在预算中所占的比例。然而，权利性项目的预算特点与其他形式的公共支出区别较大，值得单独分析。权利性项目的预算与购买商品和服务或其他可自由支配支出的预算不一样。权利性项目和更传统的支出之间的差异，说明了困扰大多数经合组织国家支出管理的基本问题，以及传统支出制定的预算决策和管理方法在适用于权利性项目时可能需要调整。

权利性项目是法律规定的，它确立了获得公共资金的合法权利。这种权利可以赋予个人、家庭或任何其他指定受益人。法律通常规定了资格要求和付款时间表或计算付款的公式。法律通常不规定（或限制）权利性项目的总支出；总支出是对个人付款的总和。

社会保障、失业补偿、家庭津贴和残疾津贴都是权利性项目，因为它们赋予特定人群从国库中获得资金的权利。例如，获得社会保障的权利是基于年龄和（在许多国家）以前的收入，并且该权利的货币价值依法确定。政府（或社会保障基金）有义务支付领取者应得的金额，无论预算中是否为此预留了足够的资金。在许多国家，长期拨款为社会保障和其他各种权利性项目提供资金。但是，即使是由年度拨款资助的权利性项目，政府也必须提供法律规定的福利。

权利性项目的概念可以通过与其他类型支出进行对比来加以说明。未授权的项目涉及选择性支出或强制性支出。前者很容易与权利性项目区分开来，因为只有在得到拨款授权的情况下才会产生支出。没有任何实体法要求政府支出这些资金，受援者也没有从国库中获得付款的权利。如果没有拨款，就不会有支出。选择性支出在购买商品和服务方面很常见。然而，如果供应商有合法权利向政府出售他们的货物，而政府有义务以依法确定的价格购买这些货物，那么就会存在权利。因此，要求政府以法律规定的价格收购剩余农作物的农业项目就是应得权利。但是，当政府花费拨款购买农产品来支持受其照顾的人时，这笔支出可能就不是权利性项目了。

第二类包括不属于权利性项目的强制性支出。在这些情况下，支出来自政府订立的合同义务。因此，支付债务利息的义务源于政府与债券持有人之间的合同；政府支付商品和服务的义务源于对供应商的合同。没有这些合同，就不会有任何支付。但是，为权益支付的义务来自法律，而不是来自合同。事实上，许多权利性项目是政府的单方面承诺，不需要受益人的任何对等承诺。

权利性项目和其他支出之间的区别并不明确，无法排除所有歧义。一些计划可能具有类似于权利性项目的特征，但在确定支出时仍允许一定程度的自由裁量权。例如，在美国，食品券计划使低收入者有权获得购买食品的现金援助。由于建立该计划的法律限制了总成本，并使支出以年度拨款为条件，一些预算专家不认为食品券是权利性项目。然而，国会总是拨出足够的资金来支付所有需要的福利，并在必要时提高对总费用的限制，以确保所有福利得到充分支付。由于这个原因，一些专家将食品券归类为权利性项目。

虽然对权利性项目的定义仍模糊不清，但并不影响权利性项目概念的分析作用。大多数支出可以被明确地归类为权利性项目或非权利性项目，但有些案例使得统计权利性项目的全部费用或其在国家预算中的份额变得困难。不过，要研究预算如何受到权利性项目增长的影响，我们并不需要拥有这些支出的权威性清单。

权利性项目和非权利性项目之间的关键区别是，前者的支出由法律决定，后者的支出由预算和拨款决定。在制定权利性项目立法时，只能估计其未来成本；一旦立法成为法律，政府必须（除非修改法律）承担权利性项目所要求的任何成本。在这种情况下，预算过程更多地是对过去的决策进行核算，而不是做出新决定的手段。此外，预算可能不是确定权利性支出逐年变化的过程。这些变化更可能来自合格受益人数量的变化和通货膨胀，而不是来自自由裁量的预算行为。因此，对“增量”的预算控制即预算组织历来对其影响最大的那部分支出已经被削弱了。在极端情况下，指数化普遍存在，权利性项目对经济表现高度敏感，支出增长就处于“自动驾驶”状态，预算程序对支出趋势几乎没有影响。

在一些国家，权利性项目支出被归类为“不可控”。这个标签应该被解释为：支出水平不单单由预算决定。也就是说，如果预算和拨款没有提供足够资金，政府仍然有义务支付法律规定的款项。但是，权利性项目可以通过法律的变化来控制；在这个意义上，“不可控”的标签可能会产生误导。

与10—30年前相比，现在权利性项目在公共支出中的份额大得多，这一事实对预算有重要影响。首先，除非政府修改法律，否则政府必须承担支出，无论经济状况或对预算的其他要求如何。此外，如上所述，支出的逐年增加很可能独立于预算过程决定。事实上，与其他项目相比，预算支出和实际支出之间的差异可能更大、更难预测。

相对于与消费支出有关的传统预算，权利性项目问题往往在政府内外引起更广泛的参与。传统预算被描述为“政府自说自话”，因为各部委向预算组织提交他们的支出需求。对权利性项目的决策可能是一个更加开放的过程，因为受影响的受益人在结果中具有直接利益，并有强烈动机向政府官员表明他们的利益。此外，权利性项目的分配效果比消费支出的效果更明显。

当经济增长，有资源为增加的权利性项目提供资金时，预算编制的这种“政治化”并非难事。但是，当经济疲软并寻求削减开支时，预算过程可能难以应对关于权利性项目的政治冲突。

权利性项目的设立和发展

没有任何一个因素可以解释现在公共支出中权利性项目的突出地位。预算官员将权利性项目的增长归因于经济条件、政治压力、人口变化和其他因素。在梳理这些因素时，区分权利性项目的设立（包括扩大资格或福利的法律变化）和权利性项目被颁布为法律后发生的增长是有益的。

设立阶段

在大多数经合组织国家，权利性项目立法的快速增加发生在二战后几十年的经济持续增长期。人们普遍认为这两个条件密切相关：经济好转为权利性项目计划提供资金，以及对国家保护其公民免受商业周期波动影响的期望提高。长期的增长使民主政权在经济稳定和管理方面的作用合法化，而权利性项目则为应对周期性衰退提供了内在稳定器。由于战后的增长是在对大萧条及其恶劣影响的记忆还很强烈的情况下发生的，因此它刺激了对“安全网”的需要，以帮助不幸的公民。广泛的富裕（以及对生活水平持续提高的期望）使人们在政治上接受了收入再分配计划，因为现在有可能在不降低社会中较幸运阶层生活质量的情况下提高低收入者的福利。政府与其说是在重新分配收入，不如说是在分配经济增长带来的回报。他们把经济增长的一些好处给了老人、失业者、残疾人和其他与经济增长隔绝的人，同时工人和商人的生活水平也在继续提高。

经济增长放松了对计划扩展的预算限制，使政府对其新义务的成本不再敏感。通常情况下，在启动或扩大权利性项目时，几乎没有关于其未来成本可靠数据也没有对其进行严格的预算审查。对新权利性项目的成本不敏感，部分原因是这些计划的制定方式。权利性项目计划往往由特别工作组或委员会制订，这些工作组或委员会在常规预算程序之外运作，在财政部被要求审查之前获得了大量关注和支持。为回应这些政治期望而制定的立法涉及到将获得这些权利性项目的人的需求和权利。与拨款不同，资金通常不被提及。因此，人们的注意力从成本转移到需求，有效的决策中心也从预算组织转移到了其他政治权力中心。在这种情况下，预算官员很难从成本角度来考虑问题。因此，预算权利倾向于那些能够指出通过援助老年人、穷人和失业者而实现的公共利益的人，而不是那些担心政府能否承担它自愿承担的义务的人。

然而，对未来成本的漠视受到一些因素的影响。第一，对持续增长的预期使人们相信，不断增长的经济将能够支付不断扩大的福利。第二，一些主要的权利性项目，特别是社会保障，由自筹资金的基金积累盈余来支付未来福利。这些盈余鼓励了这样一种观念，即尽管有人口趋势，这些基金将能够支付它们正在积累的债务。第三，在经济疲软时期，普遍的看法是，对福利的支出将刺激经济复苏，并导致生活水平的进一步提高。

工业化民主国家之间的同行压力推动了权利性项目的传播。虽然各国的福利模式和水平各不相同，但大多数福利都受到人们对其在供养老人、帮助穷人和保护工人免受经济衰退影响方面的作用不断提高的期望的影响。一个经济不太发达的欧洲国家的高级预算官员表示，其欧共体的成员资格促使其提高了公民的权利性项目。

如果经济增长是权利性项目国家的源泉，那么我们应该发现，在战后增长率较低的经合组织国家，权利性项目的范围较小。我们有理由相信，在一些南欧国家，情况就是如此。但其中一些国家近年来经历了快速的民主化，使它们面临提高生活水平的巨大压力。其中之一便是让公民享有各种福利。例如，西班牙政府最近颁布了立法，让内战老兵（以及他们的某些亲属）有权获得养老金，这一计划的成本比预期的要高。这是由于许多这类福利计划普遍存在困难，即难以对将申请和有资格获得福利的人数做出可靠的估计。

一旦开始，权利性项目往往被扩大。针对特定受益人的项目被扩大，以涵盖更多群体。例如，在美国，一项旨在帮助因黑肺病致残的煤矿工人的计划，通过立法扩大到几乎涵盖所有矿工。在瑞典和其他国家，针对贫困地区的计划被扩大到不符合最初资格要求的其他地区。这些例子表明，即使资格被严格界定，政治力量也可能将权利扩大到其预期范围之外。这样一来，有针对性的计划就会逐步转变为普遍性的计划，而一开始成本不高的权利性项目也会发展成为昂贵的事业。

由于扩大的过程是渐进的，因此很容易忽视权利性项目的最初目的和未来成本。每一个拟议的扩大都被孤立地考虑，而不去研究为什么该计划会被设定为一个权利性项目。在扩大时，问题往往以公平视角阐释：为什么一个群体应该被剥夺已提供给另一个类似群体的福利？被接受和被拒绝的人之间的关系被强调，而差异被淡化。

经合组织的研究表明，权利性项目的扩大意味着覆盖面的扩大和实际福利的改善（OECD，1983a）。在 1960—1980 年，在五个主要的经合组织国家中，失业保险方案所覆盖的平民劳动力的百分比都有所提高，只有一个国家有所下降。加拿大的覆盖率从 63.6% 扩大到 89.6%；法国从 38.2% 扩大到 58.8%；意大利从 38.2% 扩大到 47.7%；日本从 33.5% 扩大到 50.4%；美国从 66.5% 扩大到 89.5%。英国则出现了下降。在同一时期，所有这些国家支付给失业工人的实际福利都有所增加（OECD，1983b，表 16 和 17）。

在经济增长期，政府经常调整名义支付以保护受益人免受通货膨胀对其福利的侵蚀。由于经济增长强劲，这些调整往往得到广泛支持，但政府官员也受到要求增加实际福利的压力。因此，通常情况下，通货膨胀的调整为其他福利的改善打开了大门，因此，许多 OECD 国家经历了“福利蔓延”，福利在国家预算和国民收入中的份额逐渐增大。作为回应，一些国家将指数化作为一种手段来抑制改善福利的压力。由于支付与通货膨胀率自动挂钩，就不再需要定期酌情立法。受益人不能再利用通货膨胀调整的机会来获得真正的改善。指数化保护了政治家们免受他们可能无法抵御的计划压力的影响。

除了作为一种控制机制外，指数化还因为它是确保权利性项目的再分配特征得以维持的一种手段而受到欢迎。在一些国家，福利与工资挂钩，从而确保领取者能够参与预期的经济增长。

没有立法的增长

在第一次石油冲击之后，由于大多数经合组织国家试图适应不利的经济条件，通过新立法启动和扩大权利性项目计划的工作有所松懈。但是，由于政府几乎无法对其控制，现有待遇的成本继续上升。老龄人口，特别是有资格领取养老金的人口比例上升，极大地促进了支出的增加。人口年龄构成的变化意味着，即使实际福利和资格标准被冻结，权利性项目也将消耗越来越多的公共预算份额。

指数化（如上所述）是为了加强预算控制而引入的，但在 20 世纪 70 年代中期至 80 年代初持续滞胀期间，产生了相反的效果。高通货膨胀和高失业率的交织，对普遍实行指数化待遇的国家的预算平衡产生了破坏性影响。高通货膨胀率自动提高了这些项目的公共开支；高失业率减少了可用于支付这些项目的资源。由于价格水平是最常用的指数，在工人实际收入下降时，权利性项目受益人往往能够维持他们的生活水平。

低经济增长和高失业率不仅侵蚀了经合组织国家的收入基础，还增加了福利支出。政府有义务在经济增长时期提供失业福利。但现在经济停滞不前，他们发现自己的支出比预期高得多。其中一个原因是，失业率比以前的战后经济衰退期要高得多，迫使工业化国家比过去花费更多的钱来为其买单。此外，在复苏期间，失业率并没有回落到衰退前的水平。大部分失业是结构性的（由于衰落的行业失去了工作，经济没有能力吸收大量新加入的劳动力），而不是周期性的。结构性失业给当代政府带来了高额开支，而经济好转的前景却不乐观。

如果这三个因素（人口趋势、指数化或失业）中的任何一个单独发生，对政府预算的影响都可能是温和的。但是，在过去十年，这三个因素同时发生，极大地加重了经合组织国家的预算负担，迫使它们寻求缓和权利性项目支出增长的方法。然而，权利性项目的法定基础意味着政府不能仅仅通过预算和为其申请较低的金额来限制支出。为了削减权利性项目，他们必须对法律进行实质性修改。

遏制权利性项目的增长

经济萎靡不振和对长期预算危机的可怕预测实际上已经暂时中止了权利性项目的设立。经合组织国家没有减少实际支出，却试图遏制权利性项目的增长。在过去的许多年里，权利性项目可能仍然是政府预算的重要组成部分，主要的收入支持计划可能会保留其基本特征。福利可能不会像没有削减时那样高，覆盖面可能会更窄，但担心政府会放弃其稳定收入的功能是没有事实根据的。然而，对放弃的担心非常现实，它已经阻止了一些政府着手认真对付福利问题。当对现有项目的小幅削减引起抗议，公众认为政府正在从长期以来的承诺中退缩时，政治上的谨慎可能是什么都不做。

权利性项目将继续存在（尽管不一定像增长年代那样突出），这一结论不仅仅基于政治考虑。多年来，对收入支持的依赖已经扩散到大多数部门。权利性项目的成本很高，因为它们广泛存在。事实上，在大多数工业化民主国家，正是中产阶级获得了绝大部分的福利。让那些已经依赖政府定期支付支票的人完全依靠他们自己是不可想象的。这将造成巨大的经济混乱，而且不排除有崩溃的可能性。

到目前为止，经合组织国家的政府已经寻求对待遇增长率进行边际削减。虽然未来可能会尝试更强烈的削减（特别是如果经济危机持续存在），但边际调整可能是大多数预算和财政组织的近期目标。原因是，这些组织的动机不是重新定义政府范围的长期努力，而是迫切需要纠正资源和支出之间不平衡。小规模的削减可以在当前和即将到来的预算中产生可见的重大节约，并可以缩小收入和支出之间的差距。这些小的调整可能不会出现在政府政策的重大调整上。转移支付可能仍然是公共支出的最大（和增长最快）部分。但从预算官员的角度来看，边际节余将足够大。

这些削减的边际特征产生了大量的政治混乱和预算机会。在许多情况下，在减少权利性项目的同时，该项目的支出却在增加。这种反常现象是由于削减往往不是以过去支出计算（在消费支出预算中通常按减少额计算），而是以没有削减时的支出水平计算。因此，如果一项权利性项目的支出高于前一年的水平，项目的改变仍然可以被视为削减。这种情况可能会造成混乱，并在削减的规模上产生争议，但它也使政治家们能够因项目的削减和增加而获得荣誉。因此，他们可以更容易地应对政府面临的矛盾压力：削减开支并使项目增长。

削减的策略

动员反对削减开支比较容易。由于权利性项目提供的是现金（或等价物），与削减服务相比，人们对前者的感受更直接。转移支付的减少对受益人的财务影响与减薪对工人的影响相同。在这两种情况下，可支配收入都会有明显损失。因此，政府发现有必要非常谨慎地实施削减，并对受益人的潜在反应非常敏感。在这种环境下，预算的策略方面——比如如何向公众展示削减，以及预算组织对支出部门的立场——已经变得相当重要。这些策略在不同的预算季节或政治形势下有所不同，其主要因素是对什么更适合当时目标进行机会主义评估。在某一年，政府可能会在没有预先警告的情况下采取行动，希望在反对派能够有效组织起来之前就将其震慑住。在另一年，政府可能试图通过与受影响的群体协商或公开讨论迫使其进行削减的问题，来为其行动建立政治支持。

这些策略可能反映了每个国家的政治文化。在日本，协商一致的预算是常态，通过在受影响的阶层中分摊削减的负担来努力获得支持。在丹麦，联合政府在议会中拥有脆弱的多数席位，政府内部有广泛的党内谈判，但一旦决定，削减就会迅速实施。在美国，国会有非常大的独立性，总统认为有必要通过大众媒体呼吁公众支持。

由于这些策略的变化和机会主义的特点，政府在预算中很少进行结构性创新来处理权利性项目问题。加拿大影响深远的政策和支出管理系统（PEMS）主要是为了处理不确定的资源分配，而不是处理由“法定权力”（主要由权利性项目构成的类别）授权的支出，尽管新系统可以影响后者。然而，在预算实践中出现了两个重要的格局，可能预示着未来的结构性变化。一个是丹尼尔·塔施斯（Daniel Tarschys）指出的趋势，即依靠“一揽子”而不是标准预算报告来提出和实施支出政策的重要变化，另一个是恢复预算组织和财政部在增长时期让渡给项目创新者的一些权力。

对于那些寻求削减权利性项目的人来说，一揽子方案有很多好处。其一是，它使政府能够将一些削减措施组合在一起，从而证明限制的责任广泛（且公平）分配。另一个好处是，一揽子方案使政府能够坚持把所有的削减作为一个整体来行动，从而削弱了对个别削减的反对，使政治家更容易支持整个方案。在联合政府中，一揽子方案的制定已成为各政党之间谈判的焦点，也是对政府实力和持久性的考验。在美国，一种被称为“和解”的一揽子技术已被有效地用于颁布对福利和其他项目的大幅削减。

在荷兰和美国，一揽子方案被用来对福利项目进行多年的削减。与针对年度决定的常规预算程序不同，一揽子方案可以将削减安排在若干年内进行。分阶段削减的能力可以使受影响的各方更容易接受，同时缓解如果一次性全部实施可能出现的混乱。然而，随着政府继续执政，反对派有时间发起有效的运动，多年期的一揽子方案可能会改变，或被证明是不正确的，因此有必要修改一揽子方案。因此，通过闪电战实施的一年期削减可能比分几年实施的多年期削减成功率高。丹麦政府实施了它提出的90%的削减措施；荷兰和美国的执行率则较低。

无论其优势如何，一揽子方案可能会扰乱预算常规。当大的、有争议的一揽子方案必须进行谈判、调整和实施时，预算周期可能变得不规则。要维持一年中要采取的各种行动的时间表可能变得很困难。但这个已经困扰了许多国家的问题，可能更多地是由于政治不稳定、财政压力和战术考虑，而不是一揽子技术本身。

政府遏制开支增长的决心导致部长权力平衡的潜在重要变化。正如扩大计划的冲动曾经以牺牲预算组织为代价增强了开支部门的影响力一样，缩减开支最近促使政府更加依赖财政官员的建议。增长时代有利于支出的转变和最近的缩减都主要通过预算实践中的非正式变化完成，例如部长们与政府首脑的接触或内阁中各部长的影响力。但也有一些正式变化，如立法要求所有部长的支出提案在提交前必须经过财政部审查。事实上，让政府官员、政治家和其他有关方面了解权利性项目的预期成本一直是预算组织用来支持自己立场和限制支出申请的策略之一。

对未来支出方向的预期是预算部门和支出部门之间竞争的一个重要因素。如果人们想当然地认为支出会继续增加，或者认为更高的支出是合法和可持续的，那么预算官员就会处于弱势地位，无法抵制来自支出部门和利益集团的要求。预算组织的一个关键任务是致力于遏制开支增长。改变对未来的预期，就是改变对支出增长的预期。这样做的一个手段是传播政府将面临预算失衡的“坏情况”，除非它削减待遇的自动增长。在一些国家，多年的预测导致了多年的缩减，而在另一些国家则成为扩张的巨大障碍。在几乎所有的经合组织国家中，对未来增长的预期明显不如十年前那么乐观，也不那么合理。

如果财政压力和对未来萎缩的预期变得根深蒂固，预算实践的修改可能会变得比迄今为止的情况更加结构化和系统化。与其依靠预算战术和行为特征来限制支出，政府可能会寻求更广泛的调整。迄今为止，这种情况尚未发生，可能是由于：

Ⅰ）对预算未来方向的不确定性；

Ⅱ）尽管最近有削减，但增长预期仍然存在；

Ⅲ）对短期战术问题的关注。

在任何情况下，对于可能适合的结构改革类型，似乎没有形成共识。

削减的类型

有人提到，迄今为止实施的削减往往微不足道，其目的是抑制增长速度，而不是降低实际支出水平。尽管相对于支出总额来说，这些削减可能微不足道，但这些削减会引发大量的政治纷争。因此，预算官员一直在寻求既省钱又不会引起激烈冲突的削减措施。他们经常以不直接削减计划的方式削减开支。这就是说，尽管财政削减对项目有影响，但它们可以掩盖这份影响。

这类削减的例子可以从不同的国家得出。丹麦将福利水平冻结了两年，没有根据通货膨胀进行调整。芬兰设计了一些延迟，以推迟支出；美国也是这样做的，将通货膨胀调整推迟三到六个月。美国还通过将福利金四舍五入到下一个美元较低的时期，在五年内节省了大约 30 亿美元。爱尔兰建立了一个资格等待期，并将一些待遇中的实际福利从就业工资的 45% 减少到 25% 。这些财务调整节省了资金，而没有对受影响的项目进行结构性改变。

财务调整可以采取一揽子方式，所有受益人均承担一些损失，无论他们的具体情况如何。与一揽子削减一样，它们掩盖了对项目水平的影响，并给人一种负担由所有受影响方公平承担的感觉。但与全面削减一样，它们的影响实际上可能非常不平等。

在资格要求方面做了一些改变，以遏制支出增长。资格期限可以缩短（或限制），确定资格的标准可以缩小，一些群体可以被完全排除在外，或者在领取者有资格领取福利之前规定一个等待期。荷兰将一些年轻人排除在失业福利之外；美国将被判定有工作能力的人从残疾人名单中清除出去。从政府的角度来看，这些边际变化是有吸引力的，因为它们在不损害大多数受益人资格的情况下节省了资金。如同上述财务方面的变化一样，节约了资金，但项目的基本结构保持不变。

各国政府试图通过边际调整权利性项目的公式来遏制支出增长。其中一种调整是改变指数，例如，从工资到价格，或到两者中较低的一个。另一种是对通货膨胀从完全调整转向部分调整。还有一种是将调整滞后于通货膨胀的增长。然而，在实现完全去指数化方面进展甚微，也许是因为现在已经广泛接受了对受益群体进行通货膨胀补偿的适当性。

边际削减产生边际节约。我们已经注意到，这可能足以将收入—支出差距缩小到政治上可以接受的范围。一些观察家认为，未来可能需要采取更激烈的措施改变基本的合同和法定承诺。这种预期与人口趋势（尤其是人口老龄化）而非经济状况有很大关系。其理由是，尽管目前有经济复苏的趋势，但受扶养人口与生产性人口的比例将增加到一定程度，从而使目前规模的福利状态无法继续维持下去。如果这一前景被证明是准确的，经合组织国家将面临比以往更困难的政治和预算挑战。

后　记

在评估权利性项目的巨大成本时，应该从预算过程的细节中退后一步，转而关注这些支出所服务的社会目的。毕竟，预算控制不是政府在设计公共政策时必须考虑的唯一价值，也不总是最重要的。政府故意削弱预算决定支出的能力，因为严格控制与其他重要的目标冲突。大多数经合组织国家的政府通过向工人保证他们退休后的财务状况，削弱了年度预算控制。政府设立支付项目帮助失去工作的工人，设立医疗保健项目为患病的人提供医疗服务或财务支持，设立为受扶养人提供收入支持的项目，以及众多其他转移支付项目。

所有经合组织国家的公民都广泛认同作为公共权益基础的价值观。当然，在支付水平和资格要求方面存在政治争议，但这些都是影响支出金额的边缘问题，而不是永久立法中规定的权利性项目的合法性。公民可能并不赞成每一项福利项目，但项目越大，它们在民意调查中获得的支持就越多。

如果政府有完美的预算控制，每年的预算将不受过去权利性项目决定的约束；没有法律承诺会从一年延续到下一年。政府将每年决定在养老金、低收入支持、医疗保健、失业补偿和其他形式的援助上花多少钱。预算将被恢复为分配公共资金的手段。

然而，完美控制预算的世界不是完美世界。社会不安全感将广泛存在。工人和家庭将面临不确定的财务未来。为了解他们的可支配收入是多少，养老金领取者将不得不等待每年的预算决策周期。有一个强有力的理由可以证明，由于现有的权利性项目制度，社会变得更好了。这些预先决定的付款使家庭免受经济衰退的周期性冲击以及老年和残疾的长期冲击的影响。它们缓解了对通货膨胀、失业、疾病和医疗保健负担能力的焦虑。权利性项目应被视为将金融风险置于一个国家可以自行构建的最大的池子内——整个社会。

然而，权利性项目使社会多方受益并不意味着所有这些支出同样值得，也不意味着这些支出项目的所有特征都值得付出代价。政府可以通过定期对权利性项目进行审查和调整福利来恢复一些预算控制。事实上，为减少长期风险，一些财政状况最可持续的国家政府已经对福利计划进行了重大调整。

原则上，权利性项目与预算控制不相容；但在实践中，这两者必须调和。协调预算纪律的需要和财务安全的社会需要的第一步是：政府在承诺新权利性项目时要谨慎。这点对于尚未拥有完整的西方式权利性项目制度的新兴经济体而言尤为关键。第二步是进行边际调整，扩大可通过年度预算决定分配的增量。然而，必须认识到，即使是微小的变化也会激起政治反对。第三步是政府要评估哪些风险可以通过各种风险分担机制转移给私人。如果政府不采取这些措施，他们可能迫于人口压力在未来更大胆地削减权利性项目。

参考文献

OECD (1978), Public Expenditure - Trends, OECD Studies in Resource Allocation No. 5, Economic Policy Committee, OECD, Paris, ISBN 92 - 64 - 11796 - 2.

OECD (1982), "The Role of the Public Sector", CPE/WPA (82) 4, Working Party No. 1 of the Economic Policy Committee, OECD, Paris.

OECD (1983a), "The Growth of Social Expenditure: Overview and Main

Issues", SME/SAIR/SE/83.09, Directorate for Social Affairs, Manpower and Education, OECD, Paris.

OECD (1983b), "Consequences of Public Sector Size and Growth", CPE/WPA (83) 8, Working Party No. 1 of the Economic Policy Committee, OECD, Paris.

第二章
政府支出的控制与管理：各国经验比较*

概　　述

在许多人眼中，“预算”一词会让人联想到充斥着晦涩难懂的专业术语和成千上万的数字的厚厚的文件，以及围绕着会计规则和绩效指标的无休止的争论。当然，这些元素确实构成了预算的外在表现形式。但预算远不止此；它关乎人与人之间的互动、想法和目标。

预算是对财政资源限制和分配的明确阐述，通过这一过程，政府利用这些资源来提供补助和服务，旨在改善社会和经济福利。预算是关于政府活动理想规模和构成的各种观点折中的结果。预算是一个和解过程，在这一过程中，部长、立法机构成员、公务员等各方就不同观点进行辩论，权衡优劣，以实现资源的合理分配。同时，预算也是一个规范过程，

---

* 本文原载于1987年OECD出版的《政府预算控制与管理》（*The Coutrol and Management of Government Expenditure*）一书的第一到七章（ISBN92－64－12995－2）。在撰写本文时，艾伦·希克是美国马里兰大学公共事务学院教授。

它指导公务员在实际管理和提供公共服务时的行为，并对使用的公共资金及其成效进行后续的核算和评价。

本报告通过 19 个经合组织成员国①中央预算办公室高级公务员②的视角，提供了对全球预算过程的初步了解。本报告并不是要严格评估或规定所谓的“最佳”实践。关注点在于描述和比较一些预算实践，它们是这些官员的部分工具。在进行国际间绩效比较时，通常会遇到很多挑战，尤其在比较不同国家的“游戏规则”时，这些挑战尤为明显，这些“规则”的设置旨在影响个体行为，以及它们在各自不同的社会、经济、政治和行政背景下的互动结果。

预算环境

预算不仅是经济和社会政策的重要工具，同时受到经济条件的影响，并对经济条件产生反作用。同样地，预算实践受决策环境影响，也被设计用于塑造决策环境。

在 20 世纪 50 年代和 60 年代，乃至 70 年代中后期，公共部门的规模和作用显著增强；经合组织成员国中，政府总支出占国内生产总值（GDP）的比重几乎翻倍。这一时期的经济展现出强劲的势头，政府的财政政策通常被视为积极主动、介入性强和扩张明显。预算安排主要集中于引入新项目支出与加强现有服务二者间的选择。同时，政府在直接收入

---

① 参与研究的 19 个国家是：澳大利亚、比利时、加拿大、丹麦、芬兰、法国、德国、希腊、爱尔兰、意大利、日本、荷兰、挪威、葡萄牙、西班牙、瑞典、土耳其、英国和美国。

② 各国对负责全面控制和管理公共支出的政府中心组织使用不同的名称。通常使用财政部（或司）、国库和预算部。在本报告中，“预算办公室”这一通用术语经常与“预算部长”（主要负责公共支出的部长）和“预算官员”（在预算办公室工作的人）等术语一起使用。

再分配方面发挥了越来越大的作用，福利国家制度逐步发展，以集体的方式承担经济波动、养老金和健康保险等个人财务风险。

20 世纪 70 年代中期起，政府越来越多地成为净借款者。到 1982 年，参与本研究的几乎所有国家的政府部门都面临财政赤字。人们开始担忧日益增长的债务压力；债务利息成本在政府总支出中占据巨大比例，并持续上升，这不仅挤压了其他支出的空间，也限制了政府的灵活性。因此，经济政策的重点开始转向限制或减少赤字，并强调需要一个稳定的财政环境来鼓励私营部门的发展。部分政府开始质疑庞大的公共部门的优点，更不用说其运营成本了。

正如 1986 年 4 月经合组织理事会部长级会议结论中的以下摘录所示，限制支出仍然是经济政策中的一个核心要素：

> 控制公共支出和预算赤字对于建立一个稳定的国内金融环境和促进实际利率的持久降低至关重要，这将有助于私人投资的扩大，从而促进全世界的持续增长。对赤字巨大、公共债务强劲增长的大多数经合组织国家来说，进一步削减赤字迫在眉睫。削减赤字的措施应与改善增长的目标相一致。最理想的赤字削减策略是加强对公共支出的管理与控制，而非提高税收，因为提高税收将削弱激励效应。如果公共债务相对于国民生产总值的上升趋势正在被扭转，而且预算赤字已经充分减少并恢复了财政的灵活性，进一步削减赤字可能就不那么迫切了。在这种情况下，控制公共支出方面的持续进展为减税创造了空间。在合理控制预算赤字和政府总支出规模的同时，预算政策还需致力于提升政府项目的有效性和效率。这要求灵活地重新分配资源，确保它们流向最优先的需求。

预算战略

政府，特别是预算部长和其官员们，一直关注（在某种程度上）稀缺资源的分配，促进经济和效率，以及消除公共资金管理中的浪费和欺诈。然而，自 20 世纪 70 年代中期以来，人们越来越广泛地接受了尽管并不普遍需要明确认识和控制所有公共部门活动的财政影响。这种态度的变化导致了对预算过程的重新评估和改革，以及税收与支出政策制定更紧密的结合。

本报告中描述的由此产生的预算实践旨在应对这种预算环境，并影响预算的制定和实施。这些做法可以归纳为三个主要战略：

- 在预算编制的早期阶段，实行“自上而下”的限制，即政府为总支出设定一个目标，在这个目标范围内，应允许对计划变化、费用增加等实施次一级的重新分配和具体决策；
- 确保支出结果符合计划，并确保未预料到的事态发展不会迫使支出限额出现不希望的超支；
- 尤其在资源总额受限或缩减时，提高资金使用的价值。

“自上而下”的预算

集中审查和评估各部委和部门提出的资金要求仍然是预算办公室向预算部长和内阁提供建议的主要年度任务。然而，在过去十年，“自上而下”的财政限制已经逐渐被强加到各个部长的这些“自下而上”的要求之上。

几乎所有参加本研究的国家现在都制定并公开强调某种形式的高层次目标，对总支出进行限制。在几乎所有国家，这些目标都是具体的量化目标，通常涵盖一个特定的时间段。

这些措施旨在约束行为，降低对更多资源的需求。通过这种方式，人们可能更愿意接受对支出的限制，并有助于减少预算谈判过程中的紧张氛围。

政府在备选目标和公共资金需求之间进行选择时需要时间。有鉴于此，加之确定个别支出需求的必要限额的需要，部门预算编制周期通常会在财政年度开始前一年或更早启动。这一漫长的编制时间可能会增加成本估算的不确定性。但这是必要的，尤其当政府试图将所有涉及财政问题的新政策决定纳入年度预算程序之时。

考虑到某些预算要素的刚性，以及实现变革时有时需要很长的准备期，大多数国家会对部分（或全部）支出财务计划或投资财务计划进行跨年度预测。少数国家制定了详细的、每年更新的多年支出和财务计划，为编制未来一年的部门或项目预算提供目标。现在，各国政府清楚地认识到，某种形式的多年期展望是预算编制和有效控制支出的重要因素。

一些国家现在在预算周期的早期就制定了一个总体限额或整体预算。不仅针对总支出，而且针对个别部门或支出群体。正如下面要强调的，通过对财政限额更严格的共识、分散责任，以及扩大个别单位或管理人员灵活性，能拓展目标并促进自上而下的实践。这些整体预算在一些国家集中于行政或运行经费，往往反映了为提高产出设计的自上而下的目标。

遵循预算限额的规定

预算并非僵化的支出方案，从制定预算到有关财年结束的整个期间，不能无视经济环境或其他情况的变化而盲目实施。所有国家都有向其立法机构申请额外预算的权限。在特定场合下，一些国家允许政府在不预先通知立法机构的情况下调整支出。如果政府认为这种调整合理，它们通常都有权修改整体预算方案和“自上而下”的支出上限。然而，随着时间的推移，多数国家的预算实践越发强调在已批准的支出范围内尽可能地发挥作用。

在支付资金和提供服务时，各国采取了一系列做法确保政府总支出目标在预算执行阶段得到尊重。一些国家把总支出限额内的未分配储备金作为应急措施，以应对意外的支出需求。大多数国家没有这样的总储备金，部分原因是担心它们的存在会鼓励支出部门将其融资问题转移到预算办公室，而不是自己寻找解决方案。

如果要对总应急储备的作用有信心，它就必须保持一个可信的规模。即使拥有这种储备的国家也倾向于减少所提供的应急资金规模，并更严格地限制其使用。越来越多的国家在制定下一财政年度的预算时采取了严格的限制措施。这些措施一经确定，便假定无需因突发需求而做出调整。一些国家规定了现金限额，这意味着个别部门还必须应对工资率和通货膨胀的变化；然而，其他国家对这种调整维持集中供给。在这两种情况下，重点是使个别支出单位或部委在需要时找到抵消办法，在必要时调整政策和优先事项。

大多数国家都拥有信息系统，使得预算办公室（通常是立法机构）能够监测全年支出的实际流动或预算权力的使用情况。在许多国家中，预算办公室实际上控制着一年中释放权力或资金的速度。这种控制旨在为政府中心提供最大的短期支出灵活性，并实现非常严格的承诺、现金和债务管理。

然而，这种详细的控制确实强化了一种态度，即预算办公室，而不是支出部门，对确保预算得到遵守以及在必要时确定和实施抵消负有主要责任。在某些国家，中央集权对预算的控制在进一步加强。在支出的承诺阶段，这些国家实施了额外的限制或提出预先授权的要求。同样，这种限制是为了控制政府在未来几年中对现金支出的承诺。

这些集中控制的支出管理理念与最近一些国家采取的走向整体预算的做法形成鲜明对比。中央控制的程度和性质，以及预算办公室的信息和监测需求，也正在被一些国家的举措改变，这些举措旨在增加部长和个别项目管理人员的责任和权力，以实现持续的支出限制并提升资金价值。

资金价值

所有国家都试图在其计划中促进经济、效率和效益。如前所述，一些国家常见的策略是每年简单地减少预算以反映预期的改进。一些国家依靠各种审查机制——外部专家组、由私营部门直接参与的审查、政府外部审计师的性价比评估等——确保进行评估，并确定提高效率或取消、重新调整无效或低优先级项目的方案。

这些审查程序很少与预算编制周期中的时间表和决策点紧密结合。然而，预算办公室确实努力了解这些研究，并在预算谈判过程中酌情使用这些结果。同时，审查往往针对潜在的问题领域。

在一些国家，中央集权控制预算的趋势正在进一步扩大，特别是在支出承诺的阶段，引入了更为严格的限制或预先授权的要求。这些措施旨在通过持续的支出限制，减轻决策者的部分压力，将焦点更多地集中在产出或成果上，并通过增加对项目管理者和部长的激励，促使他们在不断增加的预算限制内实现节约和平衡支出。例如，一些国家正将更多的权力下放给各部门，允许他们在项目的各种投入（如工资、资本、差旅、顾问等）之间自由调整资源。此外，一些国家已经通过打破预算年度性传统安排促进公共资金的有效使用并鼓励创新。在某些条件下，允许各部门将未使用的资金转入未来几年。在其他情况下，则采用长期资源水平协议，代替传统的每年审查和确定所有单独预算的做法。还有些做法允许部长拥有更大的自主权，以调整优先事项和重新安排正在执行的政策和项目组合。

一些国家正在通过提高管理技能和设定更明确的个体管理者目标，实现更分散的支出管理。制定适当的监测支出和结果的绩效措施，以及有效的会计和报告制度，成为许多国家的关键问题之一。在政府共同优先事项的框架内，预算官员赋予各个部门和管理者更大的灵活性和选择自由，同时确保维持理想的总支出控制水平，并保证中央政府能向部长和内阁提供充分的信息和有效的预算建议。

总结

预算编制远非单纯的理性、冷静、逻辑和分析活动，它实质上涉及对思想和人的深入管理。政府预算的制定和执行往往发生在一个压力重重、目标相互冲突、资源稀缺且需进行紧张谈判的复杂环境之中。最近一些国家在预算实践中实施了一些创新，试图在缓和或重新引导压力的同时保持或加强有约束力的目标，在相互竞争的需求中进行最佳分配，并实现资金效益。

显然，在所调查的国家中，影响预算政策考虑的环境和问题有很大的区别。同样，也有各种各样的预算编制方法，反映并试图影响不同的公共管理环境。在许多国家，虽然预算编制实践在不断发展，但它们继续强调传统的要求：全面性、年度性、集中控制和集体责任。

预算编制不是一种静态艺术。预算官员关心的是如何确保各种做法能够有效地帮助政府实现其公共政策和支出目标。预算官员必须持续对程序和“游戏规则”进行评估与调整，以更好地适应不断变化的需求和决策环境。虽然某些选择的变动可能极为激烈，但预算系统的调整和改革往往是局部、渐进的。预算官员之间信息和经验的国际交流可以帮助了解和改进各个国家正在进行的这一进程。本报告中的信息旨在说明当前预算编制做法的丰富性，以及各国共同的主题，并强调在未来值得进一步关注的新问题。

中央政府预算的范围

引言

本报告从中央政府负责全面控制支出的办公室或部委从业人员的角度，论述了预算的做法、问题和可能的解决办法。中央政府的支出内容在一定程度上因国家而异，但控制和管理支出的主要问题基本相同。

在所有国家，由中央政府直接提供的服务包括国防、对外关系、大部分税收征管和规划以及行政支持服务。然而，中央政府参与直接提供其他服务的程度——如卫生、教育、社会保障、法律和秩序、运输或对工业和农业的支持——在各国差异很大。因此，所有中央政府的预算都包括给州或地方政府的大量资金，许多还包括给单独的社会保障基金和公共企业的资金。

本报告没有研究中央政府试图控制或影响地方政府或公共企业或社会保障机构的具体方式，也没有研究这些机构本身的预算做法。这种被排除在本特别报告之外的情况，不应被视为对此类问题重要性的衡量。社会保障基金、公共企业和地方当局在公共部门活动中占很大比例，并提出了一些非常重要的有关支出控制做法的问题，值得进一步关注。

“政府层级”小节讨论了与国家和地方当局的关系，“社会保障”小节指出各国在社会保障支付的融资和管理方面的差异，“公共企业”小节涉及与公共企业的关系。“其他金融工具”涉及三种金融工具——贷款、贷款担保和税式支出。后两者往往只是部分地（如果有的话）与控制支出的过程结合。

政府层级

研究中的四个国家（澳大利亚、加拿大、德国和美国）是联邦制结构。在这些情况下，本报告的重点是联邦政府。其他参与国是单一制国家。地区政府的重要性各不相同，而且正在发生变化。在某些国家——特别是法国、意大利和西班牙——出现了一些迄今为止中央政府职能的“区域化”或“分权化”。

在一些国家，各级政府之间的职能和责任没有统一或简单的划分，这就产生了各种与中央政府之间的财政关系。在某些情况下，地方政府可能仅充当中央或联邦当局的执行者角色，不仅资金受到严格控制，其提供的活动也受到紧密的指导或监管。在某些情况下，中央政府可能会提供仅限于特定目的的赠款，以支付某项服务的部分或全部费用，影响地方层级的工作，同时允许地方有一些自由裁量权。有时，可能会提供一般（整笔）拨款，可能包含中央政府希望如何使用这些拨款的说明，或按预先确定的比例分享一些中央征收的税收收入，或对区域或地方当局使用这些收入进行指导。

其他各级政府的自治程度也有很大不同。一般赠款的比例是一项指标而不是专项活动的赠款。其他的指标有下级政府在多大程度上可以征收自己的税款、收取服务费、并确定自己的借款要求。对住宅（和其他一些房地产）、销售或收入征收的地方税是本研究中各国地方收入的重要来源。

社会保障

社会保障通常被定义为包括国家养老金计划、失业补偿和其他收入维持计划以及社会援助津贴。它在公共支出中的突出地位将在“支出的增长和构成”节中描述。社会保障计划通常以福利的形式存在，可以说是以需求为导向的。例如，失业者、病人和养老金领取者有权获得某些福利或补助金，这些福利或补助金在每种情况下都是由相关立法或条例中的具体规则决定的，与“预算状况”无关。尽管计划的各项参数可变，但一旦它们被设定，整个社会保障支出水平就由需求决定了。通常情况下，要对这些领域的总支出进行控制，唯一的方法是通过修改基本的法规或进行立法改革。

各国的制度安排有明显的不同。在一些国家（如澳大利亚和丹麦），所有或大部分的支付都来自综合收入，并向议会申请拨款。在其他国家，一些福利由一个单独的公共基金支付，该基金全部或主要由特定的专用捐款资助。这种基金也可能从中央政府获得赠款，并从累积盈余中获取收入。政府对此类基金的参与程度各不相同。德国的社会保险养老基金主要依靠强制保险费用来提供资金，并从联邦预算中获得按照指数化调整的年度拨款。而在英国，国家保险基金负责主要的国家养老金计划和短期失业福利，这一基金由中央政府管理，其资金往来总额包括在中央政府预算之中。在一些国家，福利可能由特别基金支付，但如果基金陷入困境（例如，如果失业率突然上升），中央政府可能不得不进行干预，或可能为基金的某些部分提供费用，如德国的失业保险就是如此。

在一些国家，较低层级的政府代表中央政府管理社会援助赠款。在荷兰，每个当局通常在其适用的资格和补助率的详细规则方面有一定的自由裁量权，因此预计会提供一些所需资金，而余额则来自中央政府。

无论体制安排如何，中央政府通常参与确定福利和缴费率以及社会保障基金的资格条件，并且也可能提供其他直接的社会援助付款。

即使在这些缴款被视为与税收有显著不同的国家中，社会保险基金的缴款通常也会被纳入应税能力和税收负担的评估之中。在荷兰，社会保险基金缴款的主要概念是“社会保险基金”。表达财政目标之一的“集体负担”这一关键概念包括税收总和和社会保险金支付（以及其他一些非税收收入）。在德国，一个战略性的预算目标是减少税收占 GDP 的比例（Abgabenquote），这是税收以及养老金缴款和雇主和雇员支付的健康及失业保险金的综合影响。

公共企业

将公共企业与私营企业分开的界线并不直观且不容易制定。对活动的直接公共控制程度和企业对公共融资的依赖程度都是制定界线的重要因素。在国际议定的标准国民账户框架内，每个国家都制定了自己的属性。

在澳大利亚、德国和美国，中央政府倾向于参与相对较少的公共企业，一般局限于通信和邮政服务以及运输等公共基础设施活动。在单一制国家，中央政府和公共企业之间的联系更为普遍，政府可能以各种方式行使其影响力。在预算方面，政府支出包括支付给这些企业的所有赠款或补贴。通常还包括所有贷款（扣除偿还部分），尽管这种贷款有时由不同于政府一般预算的投资基金提供。

在英国，公共部门支出的操作定义包括国有化工业和大多数其他公共企业的所有外部净融资。大部分此类融资来自政府，然而，一部分资金也可能直接通过银行或海外筹措。在这种情况下，只有政府提供的赠款和贷款被列入中央政府预算。在爱尔兰，公共资本支出的操作定义包括由国家赞助的机构从财政、公司的内部资源和非财政的外部来源（如从资本市场借款）筹措的资本支出。

其他金融工具

贷款

中央政府为执行其政策而向其他国家提供的贷款，通常在预算中加以说明，并纳入所有总体支出目标。在一些国家，各级政府对此类贷款有额外的具体目标和控制。一般来说，在决策过程中，贷款必须与其他非偿还的支出竞争。

在某种程度上，是否发放贷款可以在一个单独的平台上处理，或者单独提交给立法机构。例如，日本在“财政投资和贷款计划”中为贷款做预算，将贷款预算纳入财政投资和贷款计划，该计划与总预算同时编制和审查。美国的信贷预算包括联邦直接贷款和贷款担保，但它不包括政府赞助的私有信贷机构的交易。这个信贷预算与常规预算平行制定，常规预算也包括直接贷款。在英国，国家贷款基金的贷款纳入中央政府预算。

贷款担保

通常情况下，由于政府只有在借款人违约时才需要支付现金，因此贷款担保并不被计入支出计划或预算申请中。然而，根据研究，许多政府已经开始扩大向议会和公众提供的有关此类担保的信息。美国在上述信贷预算中包括担保。在荷兰，预算赤字的目标中包括了对贷款担保预期违约的一些规定，政府的目标是终止那些明显替代政府直接行动的担保，特别是住房部门。在加拿大，为了获得议会对担保的授权，必须在预算支出概算中明确提及贷款担保人；然而，支出水平将只包括违约导致的现金支付。在德国，立法机构批准的财政计划和预算包括因担保违约而产生的预期现金需求的规定。在瑞典，政府对每个贷款担保计划的使用提出限制，这些限制由议会决定。在预算的一个特别部分，贷款担保限额和现金支付的所有变化每年都会向议会报告。在预算中包括对财政年度内预期现金支付的现实评估。

税式支出

税式支出被定义为偏离税收结构的一些普遍接受的基准（OECD，1984）。它们可以被认为是通过税收制度给予的援助或补贴。尽管预算财务报表（即收入）清晰地反映了补贴的影响，但在常规的支出决策过程中一般不包括税式支出决定。税收和直接支出被相对分开处理。不过，各国已做出一些努力，将税式支出分析与预算编制周期更充分地结合起来，或至少改进提交给立法机构和公众的相关信息。

在法国、西班牙和美国，现行法律要求提供综合税式支出报表，并提交给立法机构，尽管这些报表没有经过投票，也没有明确批准。在加拿大，政府已开始定期报告税式支出的估计价值。有关调整税式支出的决定可以与新的支出举措进行权衡——也就是说，它们与直接支出竞争，由财政部长决定。澳大利亚、德国和英国也定期提供税式支出的估计供立法机构参考。税式支出报表的一些例子可参见经合组织的相关出版物（OECD，1984）。

支出的增长和构成

引言

在过去 20 年中，一般政府支出（即中央、地区和地方政府以及社会保险基金的支出总和）以国内生产总值（GDP）的百分比表示，平均增加了 21 个百分点，达到 50%，同时支出的增长速度平均每年约为 2.9%，高于经济产出价值的增长。在这一时期，公共支出的构成发生了明显变化，不断增加的公共债务的利息支付和对家庭和商业部门的转移支付所占份额越来越大。

这些变化彰显了公共部门作用的显著增强，特别是在收入再分配方面，政府扮演了更为重要的角色。此外，福利国家对于经济波动、老龄化和疾病有关的金融风险承担了更大的集体责任。

以下各小节非常简要地概述了不断变化的经济和财政环

境，以及各国之间和一段时间内公共支出性质的变化。[①] 如前所述，本报告的目的是审查预算的做法和过程，而不是关注或评估支出或财政政策。因此，本部分的目的仅仅是对确保有效控制政府预算的实践关注度提升的环境提供一个简要描述。

经济背景

作为一般的背景，表 2.1 提供了三个经济表现指标的概要：实际产出增长率、消费价格通货膨胀率和就业增长率。这些数据区分了 1973 年第一次石油危机之前和之后的时期。

在后期，这些关键的绩效指标急剧下降：经济增速减半，通货膨胀率增加了一倍以上，而在大多数国家，就业增长速度也有所放缓。

表 2.1　　经济指标：年均增长率注　　单位：%

	实际产出增长率		消费价格通货膨胀率		就业增长率	
	1960—1973 年	1975—1982 年	1960—1973 年	1975—1982 年	1961—1973 年	1974—1982 年
澳大利亚	5.3	2.2	4.2	10.1	2.8	1.2
比利时	5.0	2.1	3.7	6.5	0.8	-0.4
加拿大	5.6	2.3	2.9	9.5	2.9	2.2
丹麦	4.4	2.4	6.5	10.2	1.3	-0.2
芬兰	4.9	2.9	5.9	10.2	0.2	1.0
法国	5.6	2.6	4.7	10.7	0.7	0.2
德国	4.4	2.3	3.5	4.5	0.1	-0.5
希腊 1963—1982 年	6.8	2.6	4.2	18.5	-0.6	1.0

① 本节广泛借鉴了 OECD，1985a.

续表

	实际产出增长率		消费价格通货膨胀率		就业增长率	
	1960—1973 年	1975—1982 年	1960—1973 年	1975—1982 年	1961—1973 年	1974—1982 年
爱尔兰	4.4	3.5	6.0	15.3	0.1	0.8
意大利	5.3	2.7	4.8	17.2	-0.6	0.7
日本	9.9	4.7	6.1	5.5	1.3	0.8
荷兰	5.0	1.5	5.2	6.1	0.8	0.7
挪威	4.3	3.4	4.9	9.3	1.1	1.8
葡萄牙	6.9	4.4	3.4	21.7	0.2	1.6
西班牙	7.2	1.6	6.7	17.3	0.9	-1.5
瑞典	4.2	0.9	4.6	10.8	0.5	0.9
土耳其	5.7	3.8	8.8	46.9	0.9	1.1
英国	3.1	1.2	4.8	12.6	0.2	-0.5
美国	4.1	2.5	3.1	7.5	2.1	1.7
均值（未加权）	5.4	2.7	4.9	13.2	0.8	0.7

注：年平均数按平均复合增长率计算。

资料来源：经合组织（1985），公共部门的作用：政府增长的原因和结果（表 39）；经合组织就业统计。

总收入和总支出的趋势

表 2.2 说明了过去 20 年中一般政府收入、支出和净贷款的演变情况，以国内生产总值的百分比表示。1965 年，各国非加权平均支出百分比为 29%，到 1984 年已达到 50%，增加了 21 个百分点。当然，在 1973—1975 年，支出相对于 GDP 的大幅跃升说明了经济表现的急剧恶化和随之而来的第一次石油冲击对政府支出向上推动的综合影响。在过去 20 年里，收入份额也在增加，但没有像支出那样急剧增加：平均收入份额从 1965 年的 29% 上升到 1984 年的 45%，增加了 16

个百分点。

如表 2.3 所示，各国的一般政府支出相对于 GDP 的规模有很大差异，从 1984 年日本的约 33% 到瑞典的约 64%。然而，在过去 20 年里，所有国家都经历了这些比例的显著增长，在某些情况下，增长幅度尤为惊人，特别是 1975 年的激增。自 1975 年以来，各国在这些比率的演变方面存在明显差异，反映了更多不同的经济表现和政府的财政和支出政策反应。

表 2.4 显示了一般政府财政平衡的趋势。这是 20 世纪 70 年代中期以后，政府越来越多地成为净借款人。在 1960 年，只有加拿大、爱尔兰、意大利和英国处于赤字状态。到 1982 年，有 14 个国家处于赤字状态，从芬兰占 GDP 的 0.4% 到爱尔兰的 13.2% 不等。

表 2.2　　总的预算趋势（占 GDP 比重）　　单位：%

	总收入	总支出	净贷款
1965 年	28.8	29.1	0.2
1966 年	29.6	29.6	0.4
1967 年	30.7	30.9	0.4
1968 年	32.1	31.9	0.5
1969 年	32.9	32.1	1.1
1970 年	33.5	33.0	1.0
1971 年	34.4	34.1	0.9
1972 年	34.3	34.3	0.6
1973 年	35.0	34.7	1.0
1974 年	36.0	36.9	-0.3
1975 年	36.6	40.2	-3.0
1976 年	37.9	40.7	-2.1
1977 年	38.6	41.4	-2.1

续表

	总收入	总支出	净贷款
1978 年	38.5	42.3	-3.2
1979 年	38.9	42.6	-3.0
1980 年	40.0	43.2	-2.3
1981 年	40.9	46.3	-4.1
1982 年	42.1	48.2	-4.9
1983 年	43.3	49.4	-4.8
1984 年	44.8	49.5	-4.3

资料来源：经合组织，国民账户（当数据可得时，本研究中所有国家的数据采用的是未加权平均值）。

表 2.3　政府一般性总支出（占 GDP 比重）　单位：%

	1965 年	1970 年	1975 年	1980 年	1984 年
澳大利亚	25.2	25.5	32.2	32.8	37.4
比利时	32.3	36.5	44.5	51.0	55.4
加拿大	29.1	34.9	40.0	40.4	46.8
丹麦	29.9	40.2	48.2	56.2	60.9
芬兰	30.8	30.5	36.1	36.5	39.9
法国	38.4	38.9	43.5	46.4	52.7
德国	36.6	38.6	48.9	48.3	48.0
希腊	20.6	22.4	26.7	30.5	40.2
爱尔兰	33.1	38.6	46.5	50.9	56.3注
意大利	34.3	34.2	43.2	46.1	57.4
日本	18.8	19.4	27.3	32.1	33.1
荷兰	/	46.0	52.8	57.5	61.2
挪威	34.2	41.0	48.4	50.7	48.8
葡萄牙	20.1	21.6	30.3	25.9	/
西班牙	19.6	22.2	24.7	32.3	/

续表

	1965 年	1970 年	1975 年	1980 年	1984 年
瑞典	36.1	43.7	48.9	61.6	63.5
土耳其	20.6	21.9	/	/	/
英国	36.1	39.8	46.3	45.1	47.8
美国	27.4	31.7	34.6	33.9	37.2注
均值（未加权）	29.1	33.0	40.2	43.2	49.5

注：1983 年。

资料来源：经合组织，国民账户。

表 2.4 政府一般性财政收支趋势（占 GDP 比重） 单位：%

	1965—1969 年均值	1965—1969 年均值	1975—1979 年均值	1980—1984 年均值
澳大利亚	1.4	0.7	-2.3	-2.2
比利时	/	/	/	/
加拿大	0.9	0.8	-2.2	-4.2
丹麦	1.4	3.6	-0.9	-6.1
芬兰	2.3	4.6	2.5	0.0
法国	-0.4	0.8	-1.2	-2.1
德国	-3.6	-0.1	-3.3	-2.9
希腊	-3.1	/	/	/
爱尔兰	1.4	-4.4	-8.7	-12.0
意大利	/	-6.0	-9.6	-11.4
日本	4.0	0.9	-4.1	-3.5
荷兰	0.6	-0.2	-2.8	-5.9
挪威	4.0	4.5	1.0	4.5
葡萄牙（1965—1981）	0.6	1.1	-6.1	-2.0
西班牙（1965—1982）	0.4	0.3	-0.9	-3.5

续表

	1965—1969 年均值	1965—1969 年均值	1975—1979 年均值	1980—1984 年均值
瑞典	4.0	4.0	1.1	-4.4
土耳其（1965—1972）	0.3	3.0	/	/
英国	-0.8	-1.0	-4.1	-3.6
美国（1965—1983）	-0.5	-0.8	-1.5	-2.8
均值（未加权）	0.5	0.6	-2.7	-3.9

注：净贷方负号表示净借款或财政赤字。

资料来源：经合组织，国民账户。

总支出构成的变化

1960 年，消费支出（衡量政府直接提供的商品和服务）平均约占政府总支出的 45%，而转移支付和投资分别占 40% 和 15%。到 1982 年，转移支付占政府总支出的一半以上（52%），而消费和投资的份额分别下降到 40% 和 8%。

基于一项经合组织国家研究建立的数据（经合组织，1985a，表 8 和表 9），表 2.5 总结了 20 世纪 70 年代参与本报告的 8 个国家的各类一般政府支出占 GDP 的百分比变化。五个主要类别的支出被区分开来：

- 公共产品（国防和政府的一般行政服务）；
- 特殊商品（教育、卫生、住房和社区服务）；
- 收入维持（如养老金、家庭津贴、失业补偿）；
- 经济服务（如资本交易和补贴）；
- 公共债务的利息。

表 2.5　政府一般支出结构的变化（1970—1981 年）　　单位：%

	公共品	有益品	维持性收入	经济服务	公债利息	平衡项目	总支出
澳大利亚	0.2	3.4	3.6	-0.7	0.9	1.0	8.4
丹麦	1.1	1.7	5.6	-0.7	3.9	4.9	16.5
法国	0.3	0.6	4.3	0.0	0.9	-0.4	5.7
德国	-0.4	4.3	4.1	-0.3	1.2	1.7	10.6
意大利	1.2	3.6	5.2	1.7	5.4	-0.1	17.0
日本	0.9	4.5	4.5	1.1	3.0	1.1	15.1
英国	-1.2	0.8	1.8	-1.6	0.6	3.5	4.1
美国	-2.7	1.5	1.5	-0.7	0.4	0.5	0.5
均值（未加权）	-0.1	2.6	3.8	-0.2	2.0	1.5	9.7

资料来源：经合组织（1985），公共部门的作用：政府增长的原因和结果。

国防和行政服务支出在澳大利亚、法国和德国相对稳定，在丹麦、意大利和日本有所增加，但在英国和美国有所下降。所有的国家都经历了相对于 GDP 而言有益品支出的增长，最大的增长来自日本、德国、意大利和澳大利亚，在 1970 年这一支出类别的份额相对最低。几乎在每个国家，收入维持支出的增长都超过了任何其他因素，其中大部分由养老金支出的增长构成。在澳大利亚、丹麦和德国，失业补偿的份额也迅速增加，在日本和英国则少得多，而在美国则保持不变。

在政府支出份额上升的同时，转移支付在家庭收入中的重要性也大大增加，从 1960 年平均占家庭总收入的 9.8% 上升到 1980 年的 15.3%（OECD，1985a，表 15）。

转移支付或社会福利的增长不仅仅是由于这一时期的经济和人口趋势。受益者的福利得到了真正的改善。经合组织的一份报告估计，在 1960—1975 年，每个计划所涵盖的每个人的平均实际福利比实际 GDP 的增长快了大约一个百分点（OECD，1985b）。即使在 1975—1981 年，平均实际福利的增长率也与实际人均 GDP 的增长率保持同步。即使在更加慷慨的规定被废除时，个人福利的增长也很少低于通货膨胀率。

许多收入维持或社会支持项目的一个特点是，它们提供的是无限制的权利，至少在短期内如此。正如“中央政府预算的范围”节关于养老金福利所讨论的那样，一旦确定了资格条件和支付标准，整个预算成本就取决于符合条件的申请人数量。即使是短期内，其数量也并非总能轻易预测。此外，随着经济和人口的变化，这种福利也为支出水平的变动提供了动力。

对于接受者来说，这种现金支付方式通常比他们接受的实物服务或集体受益而非个人受益的公共产品更为直接和明确。例如，为抵消物价上涨而对现金福利进行的正式或非正式规则的调整，可能会被接受者（同时也是选民）更敏锐地感知到，这种感知可能比对医疗服务资源的相应挤压更为明显。

就这一点而言，它增加了改变至少占政府支出三分之一的社会保障福利的难度。然而，这个观点可能并不强烈，因为每个支出项目都有其客户和倡导者。在上述例子中，医疗保健界的专业人员很可能对任何这种挤压都非常了解，并强烈抗议。

政府支出总额的增加被累积的公共债务的利息成本抵消，这也是对支出缺乏灵活性的潜在担忧的来源。更一般地说，政府支出中越来越多的份额在某种意义上是由现有的合同义务——如公共债务利息或基于单独立法权的权利——的权重预先确定的，这给支出预算带来了某种程度的结构僵化。这种僵化，或者说缺乏灵活性，在某种程度上削弱了政府调整支出分配以适应不断变化的环境或满足新的优先事项的能力。

在丹麦，据估计，由现行法律或权利计划、合同等产生的支出从1970年略高于总支出的一半增加到1983年的大约四分之三；这种支出包括国家养老金、失业保险、对地方政府的一般补助、儿童津贴、残疾援助和住房补贴。美国在1983年将联邦总支出约四分之三描述为在现行法律下相对不可控的支出，而大约20年前，这一比例约为60%。在美国，相对不可控的支出包括过去不可撤销的合同的付款和公共债务的利息。在本报告提到的其他国家也出现了类似的格局。

部分原因是因为结构的僵化以及自动支出动力的显著影响，这凸显出政府需要采取长远视角。因此，各国都制定了中期预算目标和战略来应对这一挑战。“高层预算目标”节论述了为一个国家的财政政策指明方向的目标和限额的制定。“从高层目标列预算”节讨论了这些目标、中期支出计划和年度预算制定之间的关系。

高层预算目标

引言

公共部门的增长、支出构成的变化、一些国家对政府在经济中作用看法的改变，以及对赤字融资成本持续增加后果的担忧，促使政府和公众对政府支出的态度发生了变化。在20世纪70年代末到80年代初，人们开始意识到了解政府活动和公共政策目标的财政后果的重要性。这种认识的转变，反过来又促成了新的支出政策和管理手段的发展既为政府的目标实现发声，也为实现这些目标做出了贡献。

决心遏制赤字以及不愿显著增加税收负担的态度，促使政府建立了高层次预算目标，通常向前跨度数年，支出计划与之相匹配。这些目标，不管它们与立法机构的预算是否有直接联系，都有助于在年度预算编制过程开始时对需求进行限制。本节讨论的是高层目标的发展及其当前的应用情况。

本节研究的所有国家都以某种形式公布了财政政策的简要目标，这些目标通常包括支出目标。许多政府公布预算目标的目的在于激发公众讨论。通常被视为实现财政目标共识的一种方式。

“设立预算目标”小节简要讨论了预算目标制定或表达的各种定义，并比较了目前各国的做法。“国家实践”小节回顾了这些目标在各国的演变情况，并介绍了1986年实施的特定目标。

设立预算目标

政府的高层目标反映了它对公共部门如何影响经济的看法，以及它对税收、借款和支出水平的优先考虑。

尽管高层目标可能涉及对财政和货币政策的选择、政府的规模与角色、税收政策以及潜在的未来部门政策等一系列复杂因素的考虑，但表达这些目标的方式必须言简意赅。在这一过程中，政治家无法轻易操控目标，公务员以及大多数普通公众几乎没有机会影响决策。

几乎所有国家（日本和挪威除外）当前的预算目标都被表述为具体的量化指标，而非简单的定性陈述。这种精确性确实为预算过程中的参与者和公众提供了一个关于政府财政目标的强有力的明确信息，但同时也更严格地限制了政府随后调整其总收入和支出水平的能力。如果目标为未来几年的每一年作出规定，而不是一个未来时期结束时要达到的水平，这种限制就会增加。后者的表述允许一些灵活性和“过程调整”，而政府不必因其公开宣布的目标受到质疑。

一个政府避免预算和预算过程中出现意外短期干扰的同时实现高层次目标的能力，部分取决于政府在目标变量组成部分上实施直接短期控制的数量。例如，一个包括公共债务利息支付的支出目标，使政府可能不得不进行干预并做出决定（可能是削减支出）以应对财政年度内无法预期的利率上升。被调查的国家所使用的高层目标的表述可以分为三类：

- 比率：通常表示为与国内生产总值或一些类似的总体经济活动指标有关的百分比。该比率可能涉及累积的公共债务水平、预算平衡或政府借款、收入或支出，或这些的组合。

- 支出的变化率：一个准则可以是在所述期间的实际零增长，某种增长率或实际下降。或者，目标增长可以用名义术语表示，即考虑价格上涨。这种增长率可以与预算平衡或收入负担的目标比率一起公布。

- 目标变量在“名义”上的绝对值：以货币计算的目标可以表示为未来的支出水平或赤字，也可以表示为与某个基线水平相比的预期变化量。

表 2.6 提供了各国当前目标表达形式的概要。下一节将提供更详细的描述。需要注意的是，在表 2.6 中的比较中隐含着简化。该表并没有总结政府在预算过程中包含或使用的所有目标，在某种意义上，对许多国家来说，可以在表 2.6 的所有栏目中打上“×”。而该表仅综合了政府普遍强调的公开明确的目标。

鉴于上述关于选择目标变量可能产生预算和支出波动的观点，其中包括超出政府短期直接控制的因素，几乎所有国家都有一个明确的赤字占GDP比例的数字目标。这就产生了两个问题：在制定具体的部门预算时，与这些高层次目标的联系的性质和程度；以及在执行预算期间的支出监测和控制做法（如使用应急储备）。这些问题将分别在“从高层目标列实践”节和“支出控制实践”节讨论。

以下各段简要介绍了每个国家预算目标的近期历史，包括执行的具体目标和1985—1986年实施的特定目标。

表2.6　　目前公布的预算目标概要

	与GDP比值			支出增长率		支出的名义金额	
	赤字	支出	收入	实际值	名义值	支出	赤字注1
澳大利亚	×	×	×				
比利时	×		×				
加拿大	×				×		×
丹麦	×			×			
芬兰	×			×			
法国	×						
德国					×		×
希腊	×						
爱尔兰	×	×	×			×	
意大利	×		×			×	×
日本							×注2
荷兰	×		×				
挪威注3							
葡萄牙	×	×				×	
西班牙	×	×	×			×	×
瑞典	×		×				

续表

	与 GDP 比值			支出增长率		支出的名义金额	
	赤字	支出	收入	实际值	名义值	支出	赤字注1
土耳其					×		×
英国	×	×				×	
美国							×

注 1：赤字或借款要求或累计公共债务。

注 2：如上所述，日本的目标不是作为一个具体的数字目标制定的。

注 3：挪威没有制定中期目标。

国家实践

澳大利亚。从 20 世纪 70 年代中期开始，财政政策一直致力于通过限制支出的实际增长来减少联邦预算赤字。在 80 年代初，为了促进经济复苏和履行社会福利承诺，在一定程度上减少了对支出和财政政策的限制。1985 年，联邦政府通过了一项中期战略，目标是在 1985—1986 年和本届议会任期内，支出、税收和赤字与国内生产总值的比率不应超过 1984—1985 年的水平。这个所谓的“三部曲”通过承诺在 1985—1986 年减少名义上的赤字规模得到了加强。

比利时。几年来，公共部门的赤字一直是政府当局的一个主要关注点。尽管采取了多项金融结构调整措施，但公共债务的高水平及其持续增长导致了利息成本的提高，这一现象自石油危机以来尤为明显。1986 年 5 月，制定了一个新的财政限制计划，旨在 1987 年将净借款需求减少到国民生产总值的 8%，1989 年到国民生产总值的 7%，而 1985 年的水平是 12%。在减少公共部门的财政需求方面，这一计划将导致利率降低，有利于经济活动。

加拿大。1975 年的白皮书“攻击通货膨胀”宣布联邦政府赞同所有政府的总支出趋势不应该比国民生产总值的趋势上升得更快的观点。政府通过在财政年度之前宣布支出的目标上限，对这项新政策负责。虽然该政策的明确目标是保持联邦支出与国民生产总值（GDP）的增长趋势一致，但实际上，这一目标是通过每年对比政府支出和国民生产总值的增长率来实施的。自从1979年加拿大的“政策和支出管理系统”（PEMS）启用以来，财政部长在提交给议会的预算中阐明了一个多年期的财政计划，在这个计划中确定了支出的优先次序，这一直是预算过程的一个关键因素。本届政府已从总支出目标转向预算支出目标（即不包括贷款和预付款），主要关注预算赤字这一重要财政指标，中期战略是减少赤字。

丹麦。1980年，采取了逐步消除公共支出实际增长的中期战略。当本届政府于1982年底成立时，试图在1983年实施最大限度的支出削减。在1983年通过的主要财政目标是在1990年之前消除中央政府的赤字，以及在1983年之后实现公共支出的实际零增长，其中不包括失业福利支出的周期性变化。由于经济的迅速恢复，中央政府预计将在1986年实现财政平衡，整个公共部门将获得大量盈余。

芬兰。自1977年以来，作为中期经济政策的一部分，政府制定了总税率目标和国家借款的限制。在1985年5月的经济政策声明中，政府指出，到1989年，税收负担不应超过1985年的水平，国家债务与GDP的比率不应增加。此外，在1990年之前，公共支出仅被允许以略高于2%的年均速度增长；而中央政府支出的实际增长率则必须明显低于2%。

法国。在20世纪80年代初短暂的扩张之后，政府转而采取更为严格的姿态。最近的预算受到两个财政限制的指导，这两个限制逐年滚动：中央政府赤字不超过国内生产总值的3%；到1985年，税收和社会保障缴款的负担将降低1%。

自 1946 年以来，国家经济计划为财政政策提供了一个中期设定。第九个经济计划（1984—1988 年）与国家预算的联系比以往任何时候都更加紧密。这个计划设定了经济总量目标，并明确提出公共支出优先领域。

德国。最近预算的制定受到了以下努力的影响：减少联邦赤字，将联邦支出的增长保持在国民生产总值名义增长率的一半左右，以及在限制公共消费的同时增加与投资有关的支出。同时，正如上文“中央政府预算的范围”节所述，政府正试图通过降低税收来减少税收占 GDP 的比例（Abgabenquote）。目前涵盖 1984—1988 年的联邦财政计划以 1982 年以来实施的“巩固战略”为基础，其目的是将联邦赤字减少到 20 世纪 80 年代初水平的一半左右。这将通过把联邦政府支出的名义增长控制在每年不超过 3% 的水平来实现。

希腊。自 1985 年 10 月以来，一个为期两年的稳定方案已经开始实施，其目标是将公共部门借款需求占国内生产总值的百分比降低 8 个百分点（每年 4 个百分点）。为了实现这一目标，公共支出的增长率必须保持在预期的通货膨胀率以下，而且为打击逃税和增加税收，税收制度必须变得更加有效。

爱尔兰。在 1973—1980 年，为减轻两次经济衰退的后果，政府接受了大额赤字。自 1980 年以来，人们达成了广泛的政治共识，即恢复财政平衡对促进经济的长期增长至关重要。为此，政府政策的目标是减少赤字在国民生产总值中的比例，并通过削减支出来实现预算平衡。在 1981—1984 年，政府致力于在四年内消除经常账户赤字。事实证明，这很难实现，1984 年，这一目标被放弃，理由是快速消除赤字会产生太大的通货紧缩效应。1985 年 10 月公布的 1985—1987 年规划文件“以现实为基础”包含了 1987 年的目标：减少或至少稳定外债和外债偿付在国民生产总值中的比例；停止整个国家债务/国民生产总值比率的增长；减少财政（即中央政府）的借款需求；将国库（即中央政府）的借款要求降低到国民生产总值的10%以下（1985年为2.9%）；将公共部门的总借款要求从国民生产总值的17%降低到略高于11%；将经常项目的预算赤字降低到国民生产总值的5%（1985年为8.2%）。

意大利。目前的政策旨在到1990年将国家的总借贷需求减少到国内生产总值的7%—8%。这大约是目前比率的二分之一，相当于1973年以前的水平。该目标旨在将借贷需求降至最低，几乎为零，不过这并不涵盖积累的债务利息。此政策还计划在不增加总税负和捐款负担的前提下（新服务资金需求除外），在直接税和间接税之间重新调整财政负担。这些目标考虑到了实现约3%的实际国民生产总值增长，将通货膨胀率降低到约4%，并在中期内实现可行的国际收支。在这些条件下，借款目标意味着经常性支出没有实际增长，实际资本支出增长略低于GDP增长。

日本。政府一直试图减缓公共部门的增长，但没有采取具体的支出目标。行政改革临时委员会1982年的报告敦促，一般账户预算支出的增长率应保持在低于经济的名义增长率，广义政府总支出与名义国民生产总值的比率应保持在与目前相当的水平。委员会指出，虽然税收负担必须增加，但应保持在比欧洲国家低得多的水平。

政府在1983年夏天提出“20世纪80年代经济和社会的展望和指导方针”，赞同税收负担和社会福利负担应保持比欧洲国家低很多的目标。它还呼吁在这十年中逐步取消赤字融资债券。最近的预算试图通过限制支出增长来减少中央政府的赤字。准则要求将政府从依赖赤字融资债券的特征中解放出来，并在1990年之前降低对政府债券的总体依赖程度。

荷兰。从20世纪60年代初开始，荷兰政府致力于通过参考对经济生产潜力增长的评估来计算年度预算赤字标准。1976 年，实际赤字预计将是其趋势率的近两倍。财政政策当时的重点是限制实际预算赤字，至少限制在当时公认的国民净收入（NNI）4% 的趋势值。此外，还就“集体负担”的适当增长达成协议，即允许税收和社会保险支付与国民收入净额的比率每年只增加 1%。人们认为，这些比率对经济发展更有意义，而不是简单的政府支出目标。1979 年，一个更具限制性的集体负担目标被引入：它将保持不变。

本届政府所依据的联合协议包括减少或至少稳定集体负担的目标，以及到 1986 年将政府部门的赤字减少到国民收入的 7.4%（作为实现长期目标的一个步骤）。这些目标意味着公共支出与国内生产总值的比率逐步下降（特别是在集体负担也大幅下降的情况下）。对预算前景的中期预测被用来帮助决定在每个年度预算中应该做哪些改变。

挪威。对于财政指标是否适用于中期财政政策，目前尚未达成一致意见。这些指标只被认为对短期预算有用。在预算文件中提出的一般指标包括中央政府预算平衡（在考虑贷款交易之前），不包括石油部门直接影响的平衡，以及中央政府的总支出。

葡萄牙。自 1981 年以来，总目标是稳定或减少中央政府的预算赤字。这已经通过削减支出和征收特殊的直接税和间接税来实现。

西班牙。自 1983 年以来，中期目标一直是控制公共部门的赤字和削减经常性支出。赤字将在 1988 年减少到国内生产总值的 3.5%。1984 年 10 月，政府、西班牙企业家组织联合会和总工会之间达成了一项三方协议。这个社会经济公约包含了财政目标，即把赤字从 1985 年占国内生产总值的 5% 减少到 1986 年的 4.5%，并增加国家财政压力。政府经常性支出增长将通过减缓公共部门工资增长和经常性转移支付增长而减缓。

瑞典。在20世纪70年代末，政府制定了一个目标，即在中期预算所涵盖的五年期间，将预算赤字占国民生产总值的比例平均每年减少至少一个百分点。还提出了具体的削减支出的数量目标。1984年，政府通过了一项中期政策，将中央预算赤字占GDP的比例从1982年的13%减少到1990年的4%—5%，这将导致公共部门没有净借款。同时，税收占GDP比率应保持大致不变。这意味着支出占GDP比率的降低。

土耳其。预算在五年发展计划的框架内编制。该计划规定了经济表现的目标和公共财政的总目标，如公共部门的经常性和资本支出总额、向其他部门的转移、收入和财政平衡。该计划还规定了公共支出总额与国民生产总值的年度目标比率以及相应的实际增长百分比。

英国。自20世纪60年代末以来，政府每年都公布中期公共支出计划。自1980年以来，它还与年度预算一起公布了一个中期财政战略（MTFS）。该计划展示了对货币国民收入增长的预期，与持续降低的通货膨胀保持一致，同时支持经济的持续发展。为货币总量的增长及公共部门借款需求设置了目标。同时，政府也努力降低税收负担。借贷和税收目标共同制约了支出增长。单纯的支出目标以货币（即现金）形式表示，设定的水平意在确保1988—1989年支出在实际价值上大体保持不变。公共支出占国内生产总值的比例呈下降趋势。

美国。最近几届政府都强调他们决心降低未来税收、赤字和支出与国民生产总值的比率，这些财政政策反映在总统提交给国会的年度预算之中。例如，在1980年的竞选中，当时的候选人里根宣布了一个降低税收和相对于国民生产总值更低支出的目标，最终在 1984 年实现预算平衡。事实证明，减少税收比减少支出和赤字要容易得多。1986 年的预算设定了到 1988 年联邦赤字占国民生产总值比率为 2% 的目标。作为与国会就总统的预算建议进行谈判的一部分，这些目标会被调整。在 1985 年底，国会通过了《平衡预算和削减赤字法》（即所谓的《格拉姆 – 鲁德曼 – 霍林斯法》），为 1987 年至 1991 年每年的赤字水平设定了具体目标，要求在 1991 年之前消除赤字。如果总统和国会未能在任何一年制定出符合目标的预算，就会通过《格拉姆 – 鲁德曼 – 霍林斯法》自动实施预先规定的支出削减程序，以确保赤字目标的实现。总统于 1986 年 2 月向国会提交的 1987 年预算提出了一个符合赤字目标的一揽子计划。

从高层目标到预算

引言

某一财政年度的支出预算是政府高层预算目标与为满足现行项目需求及各领域进一步政策发展而提出的竞争性资源要求之间协调过程的结果。本节简要探讨了预算这一阶段的几个方面，并回顾了各国的做法。

“关于制定预算的一些看法”节提供了一些观点：导致具体建议被提交给立法机构的年度预算周期、公开决策的时间和性质、部门或部门预算与高层目标的直接联系程度、多年预测或计划的作用（如果有的话）、协商支出变化的起点或基线、以及谈判中使用的支出细节水平。“国家实践”小节描述了参与研究的每个国家的预算制定过程。

关于制定预算的一些看法

当代预算的一个共同特点是，为某一财政年度制定部门预算的过程在这些预算提交给立法机构之前一年或更长时间已经开始。这种漫长的准备时间部分反映了公共部门活动的规模和复杂性。但同时更重要的是，需要足够的时间在政府高层预算目标的限制下协调相互竞争的计划需求和优先事项。预算办公室、支出部门和部长们需要足够的时间来确定优先事项，并在需要时确定和通过削减方案，以便将总支出控制在议定的总目标之内。

在大多数国家，预算办公室试图将所有关于具有财务影响的新政策的决定纳入制定预算的年度周期。这是因为有必要在所有相互竞争的需求中确定优先事项，也是因为担心在预算决定的时间之外考虑和实施新政策将不可避免地削弱整体支出目标。加拿大是一个很好的例子，在提交给立法机构的预算之中，为满足尚未议定或实施的具体政策倡议特别提供了预备金。

当前，对年度预算编制周期的强调作为整合规划与政策选择的途径正在逐渐发生变化。一些国家正开始重视为各个部门或支出领域制定一个总的财务框架或预算大纲，这样各部门领导和官员就拥有更多自主权来调配资金和调整项目优先级。这种向下授权和减少管控的方式将在接下来的部分简要讨论，可以被视为对“自上而下”预算制定方法的扩展和加强。这样的管理灵活性为各部门在已批准的预算限额内灵活操作提供了便利。

丹麦是越来越重视部级整体预算的一个例子，其总体支出目标几乎在财政年度开始前一年就被分解为每个部的具体支出目标。另一个例子是法国，在财政年度开始前大约六个月，总理会向每位部长发出上限函（Lettre de plafond），列出大类别的支出目标。在加拿大、德国和英国这三个每年审查和批准综合多年期支出计划的国家，审议下一个财政年度计划支出水平的起点，原则上是多年期计划中最近批准的年度水平。所有的变化都被预算办公室视为新申请（或节约）。那些变化引起了相关问题：是通过从任何可用的预备金中提供资金来提高总支出，还是通过在相同或其他项目中进行抵消性的节约。

各国在使用多年支出预测或计划方面的做法不同。如前所述，在加拿大、德国和英国，它们是详细的、每年更新的、明确表达的计划，为指导未来年度部门或项目预算的编制提供分类目标。然而，大多数国家都对当前支出项目或投资计划的某些要素（如果不是全部）在未来几年的财务后果进行预测。这些预测有时每年或更频繁地更新，并影响政府对即将纳入预算的支出水平和分配的决定。覆盖范围、时间框架、详细程度、更新频率、公布等，在各国都有所不同。更多细节见“国家实践”小节。

正如各部分的相对规模（预算决策的焦点）可能显示的，各国在预算办公室与支出部门之间协商的详细程度上存在差异。以丹麦为例，尽管不可避免地会就某些具体细节交换意见，但主要关注点在于探讨如何确保部门支出保持在特定限额之内的各种选项。而在一些国家，讨论更多聚焦于传统的细节问题：例如，在德国，预算办公室的工作是对预算法案中大约7000个项目进行修改，未来几年的财政计划也遵循同样的详细程度，但在公布和提交给立法机构之前，它被汇总为大约40个大的项目。

一些国家的做法正在发生变化，特别是在部门行政或运营费用方面。在一些情况下，这些费用越来越多地由自上而下的目标决定，这些目标降低了实际预算水平，以此来反映并推动生产力的提高。“为改进生产力和效益”节讨论了一些国家预算编制做法的相关内容。

表2.7试图总结年度预算周期中关键公开决策的时间和性质，并指出该周期的下一阶段。

表2.7　　　　年度预算周期的初期阶段

	决策机构	决策性质	预算提交国会前的月份数	下一步计划
澳大利亚	内阁	总的支出和职责目标	6	部长们编制预算强调目标，以便与预算办公室和财政部长谈判
比利时	预算部长和财政部长	预算规范和指南	6	部长编制供预算部门审核的预算提案
加拿大	内阁优先事项和规划委员会	总支出和各大部分目标（上限）	6	部长们为通过的项目提交详细的部门申请，用于与财政委员会协商
丹麦	内阁	总支出与每个部门的限额	6—8	部长们向财政部长提交预算草案
芬兰	内阁	支出总额和面上指南	6	部长们向财政部长提交预算建议
法国	总理	指导函（Lettre de cadrage）中的面上指南	9	部长们编制和协商需求，三个月后在上限函（lettre de platond）中制定出具体的部门目标
德国	财政部长	总支出和面上指南	9	部长们提交详细的部门申请，用于与财政部协商
希腊	财政部长	针对支出的广义指南	6	部长们向财政部提交预算建议

续表

	决策机构	决策性质	预算提交国会前的月份数	下一步计划
爱尔兰	内阁	当前的赤字与净借款目标	6	部长们提交竞标方案，以便与预算办公室和财政部长谈判
意大利	财政部长	总额与部门需求的变化	6	部长们向财政部长提交预算建议
日本	内阁	预算上的政策指南	6	部长们向财政部长提交建议
荷兰	内阁	总额和部门需求的变化（通常是削减）	6—7	部长们编制实现目标的方案
挪威	内阁	针对每个部门的初步支出限额	9	部长们提交预算草案给预算部门
葡萄牙	内阁	财政部长发布整体的和特定的部门目标	9	部长们编制方案，并在3个月内提交财政部
西班牙	内阁	整体的预算指南	6	部长们编制预算，与中央预算办公室协商
瑞典	内阁	面上指南和所需变化（即削减）	9	部长们编制实现目标的建议
土耳其	总理	预算目标的面上声明	4—5	部长们编制详细的预算建议，用于与财政部和国家规划机构（资本支出）谈判
英国	内阁	为未来三年设定的计划总额	9	如有必要，支出部长为超出以前同意的基线的额度提出申请
美国	总统	面上的财政和预算指南，有时也针对具体部门	15	支出机构向管理与预算办公室提出申请

国家实践

澳大利亚。为了启动预算工作，财政部在10月或11月要求支出部门对从第二年7月1日开始的三年中的每一年（即预算年度加两个之后的年度）支出进行最低限度的估计。这些预测通常以不变价格计算，只包括在没有政策变化的情况下已批准的持续支出计划的可能费用。即将到期的项目费用有可能被延续，因此若不将这些费用考虑在内，会导致预估数偏低。这些即将到期的费用需要单独核算。对于新提出的项目，其申请将基于预期可能获得的资源水平分别进行。在财政部汇总概况时，会将所有预测都调整至一致的（预算预测）价格基础。这些预测涵盖了所有预算支出的估计，包括贷款和债务利息支付。

然后，内阁指出预算年度的面上总目标。每个项目都有单独的支出目标，与面上的支出准则相一致。设定目标的方法仍在不断发展，以更好地反映整个政府的优先事项。每个组合的目标都提供了一个基准，各个部长可以根据这个基准来评估反映目标的各种项目。随后，部长们集体进行详细审议，得出预算年度的支出数字，这些数字构成了8月份预算支出的基础。预算年度和两个之后年度的数字摘要在该预算后不久公布，同时还有一些分析，例如，它们对关键经济变量替代假设的敏感性。

比利时。年度预算从2月或3月起草，起始于内阁评议预算与财政部提出的技术建议。之后达成一致的指南提供给支出部门，它们依据不变政策在5月前完成预算案。6月和7月，这些估计在与预算部门的双边会议上审查。内阁在总支出水平和任何变化或削减上的决策基于预算部门在双边审查后编制的评估报告。资本计划包括相关的三年成本估计由定向与公共市场协调委员会审查，它草拟一个报告供内阁决策。

加拿大。一个自上而下的财政规划系统用于建立以现金表示的总体和部门财政目标，与一个详细的自下而上的多年业务规划系统相互作用，该系统最初以不变美元表示，处理每个支出要素。财政委员会秘书处负责管理这些自下而上的业务，与支持部长委员会和内阁的枢密院办公室以及负责处理自上而下财政规划系统的财政部共同管理。

每年，联邦政府都会审视并推进其财政计划，这个计划涵盖了当前财政年度、下一财政年度以及之后的两个规划年度。通过政策和支出管理系统（PEMS），根据政府设定的优先级，对联邦的支出、收入和经济状况进行初步预测和评估。其结果便是制定出每年联邦总支出的计划路径，并在各政策领域内进行“封套”划分，这其中也可能包括为新计划提供资金的政策预备金。对公共债务成本和中央持有预备金的规定分别制定。这些数据将作为财政计划的一部分在预算文件中公布。

每个支出部门每年都会制定其多年期业务计划（MYOP），这些计划是财政委员会秘书处和支出部门之间谈判的主题，导致财政委员会的部长们决定在三年期间——即下一年（将向联邦议会申请拨款）和随后两年——继续执行现行项目所需资源。

在财政年度开始前约一个月，向联邦议会提交的寻求拨款的估计数反映了经批准的多年期项目第一年的财政和政府需求，是基于对所涉及的多年期成本的了解 。

丹麦。不同于澳大利亚和加拿大，丹麦的财政策略专注于整个公共部门的联邦预算高层支出目标。这一策略以持续性目标为核心，旨在实现公共支出总额的零实际增长，同时排除债务利息和失业福利的周期性变动，不局限于任何特定年份。在中央政府的预算安排中，这一全局性目标需细化为包括对地方政府拨款和趋势性失业支出在内的中央政府所有支出的具体上限。

自 1965 年以来，多年的支出预测已经成为中央政府年度预算的一个组成部分。年度拨款法案的附录显示了预算年度之后三年中每一年支出项目的数字，其详细程度与投票的薪酬和价格水平相同。所有数字背后的假设都在另一附录中公布。

当议会在 12 月通过预算时，所做的预测通常会反映目前为止所作出的决策。下一年度预算的编制工作随即展开。首先，会公布下一年的支出目标。接下来，财政部的预算部门会根据下一个预算周期所采用的假设性工资和价格水平，对已经发布的预测数字进行调整。对新支出项目的可能申请，以及对已公布方案的必要和可能的削减形成观点。在 2 月，各部长和财政部长向内阁提交一系列符合新总目标的净支出限额或“框架”。内阁确定这些限额及任何批准的面上措施，为各部委编制预算提案提供基准。事实上，这些支出限额为各部门设定了预算范围，赋予他们在预算安排上较大的自由。这意味着，未来几个月内，行政部门和政治层面的进一步协商将主要围绕制定削减计划，尤其是对于那些难以在规定限额内调整预算的部门。

芬兰。自 20 世纪 60 年代末以来，各部委被要求在每年秋季编制多年期计划和支出及非税收收入估算，并提交给财政部。这些计划通常以各部委从执行机构获得的计划为基础。每隔一年，以前的计划只通过同样的程序进行更新，不增加新的最后一年。在这些间隔的年份中，所涵盖的远期时间为四年。这些计划由两组数据组成：第一组是对现有承诺的基本估计，第二组是发展计划，包括新投资、发展项目和新立法草案的建议。这些计划在下一年预算提案中使用的价格水平上制定。

当这些多年期支出计划在 12 月到达财政部时，财政部按照与年度预算工作相当类似的内部程序对其进行组织、总结和审查。财政部为未来几年的财政政策指导方针准备了宏观经济评估，并针对每个部门准备了关于中期支出的详细建议。这些财政政策目标在初春由政府批准，并通常以经济政策声明的形式提交给议会。然后，财政部向各部委发出信函，对其支出计划进行评论。这些详尽的评价体现了财政部对于下一财年预算提案中每个主要项目类别支出水平和发展趋势的看法，尤其是针对中期预测期的分析。这一过程在 3 月结束，旨在影响各部门在 5 月初提交给财政部的下一财年预算提案。

法国。澄清五年经济计划和年度财政法案之间联系的工作正在进行中。这是根据 1982 年的法案条款进行的，目的在于改革规划过程。在其他变化中，政府承诺公布涵盖三年的中央政府财政的指示性审查，以帮助澄清这种联系并作为其他关于支出的新建议的背景。经济和财政部负责整合各部委准备的预算预测，以 1984 年的预算为基准，制定并在 1984 年春季发布一个涵盖 1984—1986 年的三年政府支出预测。这个三年期的预测以总体宏观经济框架为基础提出，而各种收入则简化为单一条目处理。

德国。自 20 世纪 60 年代末的预算法改革以来，预算计划被纳入中期财政计划，每年由联邦政府连同其年度预算草案一起提交给议会。该计划和年度预算是根据财政规划委员会的建议制定的，该委员会包括来自各级政府的代表，反映了国家和地方政府的财政意向。委员会提出的量化建议主要涉及总支出的年度名义增长和净借款额。这些建议构成了年度预算和计划自上而下规划体系的基础。

该计划对未来联邦收入的预估建立在宏观经济的预测与假设之上。计划明确了政府维持联邦预算平衡的政策方向。此外，该计划详细列出了未来每年的支出，这些支出被划分为大约四十个较大的类别。这些区块是以自下而上的方式编制的数字，由支出部门和财政部商定（并由内阁批准），其细节与为预算年度编制的数字完全相同（这些数字在议会批准预算时被详细列出）。在预算草案的估计基础上，通过制定规划期最后三年的个别未来现金需求，包括影响特定现有项目价格上涨的津贴（例如指数化社会支出、利息支付）。这三年中的每一年都有未分配的规划储备，用于进一步的价格上涨和新计划。此外，还有一笔用于增加工资和薪金的总准备金。

中期财政计划的主要目的是依据政府政策设定优先级，并防止对联邦预算的过度索求。在每个年度周期内，前一版本的计划会作为一个整体进行更新，并额外增加一个新的财政年度。在春季（预算年度开始前 10 个月），会对前景和目标进行一次总体审查。财政部在 12 月发布详细指南，要求进行支出申请，一般要求各部门将其保持在当前财政计划规定的上限内。

财政部发布的各部门申请通知强调了包括任何现有或预计行政费用增加的特别条款。多年来，一般规定，各部门的年均增长率不得超过 2%。此外，还特别指出，代表和公共关系方面的支出不得增加。

希腊。希腊没有多年期预算。然而，每个年度预算必须符合五年发展计划中的中期定性财政政策准则。如前所述，作为两年稳定计划的一部分，已经为 1986 年和 1987 年设定了总借款的数量目标。

爱尔兰。虽然中期经济计划没有定期公布，但有一个定期的中期支出规划周期。现在每年都要求支出部门提供按现行价格计算的多年期支出预测。这些预测对于全面审查预算总额的发展至关重要。内阁将根据中期趋势决定下一个预算年度的适当目标。最近的经济计划以现实为基础，包含了1985—1987年。如上文“高层预算目标”节所述，该计划规定了广泛的中期目标，以国民生产总值的百分比表示，包括经常性预算赤字、国库借款要求、公共部门借款要求、非资本性支出总额和公共资本支出总额。它还规定了1985—1987年各部门的现金分配（资本和非资本）。

意大利。1976年就减少公共部门赤字的预算政策达成的政治共识，导致了对预算程序的重大改革，最终在1978年形成了第468号法律。这项法律授权政府将年度预算转变为一种政策工具，以支持经济和财政/货币目标以及其他政策目标的政策工具。该法律强调预算在整个经济框架中作为一个预测和决策工具的重要性，确保了公共部门内部的一致性。此外，该法律促使议会提供更深入的政策指导并行使更大的监督权。同时，它还强调了公共部门机构直接参与各自预算恢复平衡的任务。

每年都会制定并公布两种版本的多年期预算预测。第一版称为“趋势”版本，基于现行法律，展示在现有财政法规下支出和收入的预期发展趋势。第二版为“计划”版本，它考虑了潜在政策变动的影响。通过对比这两个版本，并审视它们各自对宏观经济的预期影响，议会能够更全面地考虑和评估政府提出的立法行动及其对整体经济的潜在影响。

日本。中期支出规划没有定期的年度周期。而是依靠统筹规划的关于社会和经济目标和问题的共识来协助编制年度预算。1983 年 8 月公布的第十个中期社会和经济计划“20 世纪 80 年代经济和社会的展望和指导方针”，包括一个关于财政改革和金融政策的章节，其中概述了一般目标。与第九个计划不同的是，没有包括支出预测。

在该计划的背景下，财政部于 1984 年 2 月向国会两院的预算委员会提交了三份报告。这些报告更详细地阐述了公共财政的中期和长期管理策略，并明确了财政部期望支出部门在每年 8 月提交计划准则。它们实际上是财政部意图的声明。第一份文件“关于未来财政改革的基本理念”，包括将一般支出的年度增长控制在名义国民生产总值以内的目标：

- 彻底审查各种支出方案；
- 严格限制人员支出的增长；
- 增加各种公共服务项目的用户收费；
- 继续对政府部门的年度预算申请实行严格的指导。

其他报告包含了对其他假设的设想和预测，以帮助激发人们对这些问题的广泛认识。尽管缺少一个全面的多年期支出计划框架，但目前正在制定中期的公共投资计划。这些投资计划大多为期五年或六年，其中有一个计划长达 10 年。并非所有的计划都涵盖同一时期。例如，第九个道路发展计划涵盖 1983—1987 财政年度，而第三个土地改良计划涵盖 1983—1992 财政年度。这些计划的灵活实施考虑到社会经济变化和财政状况。

荷兰。政府维持一套多年的支出预测以及非税收收入预测。在年度预算周期开始时，它们以不变价格表示上一个预算周期的结果，并根据随后的政策变化和重新计算现有政策或新的经济假设所带来的变化进行调整。

财政部长在考虑到符合联合协议的赤字目标、收入前景和不可抗拒的新支出压力的可能规模的情况下，对这些预测在新预算中需要如何改变做出判断。

预算过程中，由于预测的变化通常导致支出增加，且总有新的或更多的支出政策建议，因此财政部长几乎总在寻求削减措施。此外，一年中实现的节省通常不会自动延续到未来几年，即便从长期财政健康的角度看是必要的。在初期阶段，部长寻求内阁批准总变更和提议的各部门变更。关于可能的削减措施，可以在后续审查程序报告中找到候选方案，如下文“为改进生产力和效益”节所述。

挪威。29 类项目支出的多年期预测涵盖下一财政年度之后的三年，在年度预算提案中提交给议会参考。然而，这些并不是支出计划，而仅仅是预算部门对现有项目未来可能发生的费用进行的预测。议会并不批准这些预测，它们也不是对制定下一个年度预算的正式投入。

年度预算编制开始于 1 月，这时内阁基于财政部长的建议，批准一套总指导方针和各部门的初步支出限额。到了 5 月，内阁依据各部门在 4 月前提交给财政部的详细预算估算再次审议预算准则。从 6 月至 8 月，财政部将与各支出部门举行双边会议，目的是在预算方案上达成共识。如有未决问题，内阁将在 8 月或 9 月的会议中加以解决，同时确定政府的税收和经济政策最终建议。然后，政府会在 10 月，也就是财政年度开始前 3 个月，将预算建议提交给议会。

葡萄牙。没有全面的中期支出预测系统。预算法规定了一项义务，即在年度预算中明确标明在中央政府投资和发展支出计划（Progrmmas de Investimentos e Despesas de Dessnvolvimento de Administrçño Central）下投资的项目和工程的多年成果。每年必须提交一份最新的工程计划，以便根据进展情况对年度预算和可能的计划进行调整。

西班牙。到目前为止，西班牙还没有全面的公共支出多年预测或计划。政府的四年滚动式中期经济计划为每年度预算所体现的广泛经济和部门政策设定了框架。此外，自 1980 年成立的公共投资委员会归属于国家经济和计划秘书处，为各部门制定长达四年的投资计划。自 1983 年起，将年度预算与这一多年经济计划相结合，成为预算程序重大改革的一部分。

瑞典。在政府内部开始编制年度预算的 6 个月前，政府向议会提供多年度的支出和收入预测以及预算政策，反映政府的财政目标。议会只对这个“多年预算”（Langtibudget）发表意见，从而影响财政部向各部委发出的通知，启动年度预算相关工作。

多年预算涵盖本年度、预算年度和三个未来年度。它最初是对现有决定和承诺财务后果的机械预测。现在，它包含了更先进的模拟和对预算发展背后因素的更深入分析，并借鉴了政策审查和其他研究成果。研究的范围已经扩大，现在包括地方政府部门、社会保障部门，并在一定程度上考虑了对私营部门的财政影响。通过这些发展，多年预算现在作为短期和长期预算政策指导方针的基础，作用大大增强。

土耳其。土耳其没有正式的多年期预算系统。如上文“高层预算目标”节所述，在每个五年发展计划中都为公共部门设定了多年的财政和支出目标，并通过年度计划提供年度目标。

多年期投资方案由各机构与国家规划组织协商，在自下而上的项目基础上制定年度预算的周期始于 6 月，即财政年度开始前 6 个月由总理发布预算信息。这一信息为即将到来的预算提供了一个广泛的原则声明。根据财政和海关在 6 月发布的技术指示，各支出部门会编制当前支出的详细预算提案。接下来的两到三个月中，这些提案将成为与财政和海关讨论和谈判的核心内容。最终决策由高级计划委员会和总理共同做出。与此同时，部委编制并提交投资项目预算，与国家计划机构进行谈判，并根据需要再次在高级计划委员会和总理层面做出决定。预算草案在 10 月，即财政年度开始前至少 75 天提交给立法机构。

英国。多年期公共支出调查（PES），最早在 20 世纪 60 年代初开发，继续覆盖整个公共部门。这与上文“高层预算目标”节所述的政府中期财政战略（MTFS）中对整个公共部门借款需求的关注是一致的。

由于支出数字实际上是在公共支出调查中决定，预算周期的开始可以合理地描述为下一个 PES 的开始。在最近公布的 MTFS 设定的框架内，这一过程大约在预算年开始前一年进行，实际上接近于结束前一个周期的预算日。

新的 PES 涉及刚刚开始的财政年度之后的两年和新的第三年。前两年的基线来自最近的公共支出白皮书，其中记录了上一个周期的结果（根据公共支出分类的任何变化进行调整），而新财政年度的基线是由财政部根据税收、支出和借贷前景制定的，这些前景在前一年的 3 月或 4 月的 MTFS 中作为预算的一部分提出。支出部门的部长们被要求在既定的基线内进行预算管理，这些基线在几个月前确定。但是，如果他们认为遵守这些预算不可能，他们必须向财政部提交新的计划或请求更改现有计划，并需要在现有计划中找到相应的削减措施，以此来为新支出需求“腾出空间”。在夏季，内阁决定新 PES 每年的“计划总额”，然后财政部负责支出的部长与每个支出部长进行双边谈判，目的是制定一套适合现有总额的计划，并在每年留下足够大的未分配储备，财政部将能够应对不可预见的发展。近年来，有必要由一小批资深部长召开会议，审议在双边讨论中出现的未决问题，并就如何解决这些问题向内阁提出建议。各个部门的总拨款将在秋季确定，并且在财政年度（从每年的4月开始）之前，即次年1月，通过公共支出白皮书详细公布这些决定的结果。

美国。某一财政年度预算的制定通常在春季开始，在提交给国会的8个月前和该财政年度开始的18个月之前。然而，由于最近预算上密集的全年活动和对三年预算计划的日益重视，在过去的两到三年中，春季审查已经不太活跃。分析的起点和机构预算的最初目标通常是当时提交给国会的三年期预算计划的第二年。当管理与预算办公室（OMB）对面上的机构项目进行评估并确定政策问题时，这一过程就开始了。利用各机构提供的项目信息和财政部编制的收入预测，管理与预算办公室编制了五年的预算预测。这些文件与经济顾问委员会、监察部和财政部联合编制的经济前景预测一起提交给总统审议，而预算预测正是基于这些预测。

在夏季，总统制定一般的预算和财政准则，这主要是为15个月后开始的财政年度和以后四年设定政策方向和计划上限。这些准则公布给各支出机构，指导他们编制预算申请。

新年伊始，即财政年度开始前9个月，总统会将预算案提交给国会。这份预算案既包括基于现行政策的预算预测，也反映了总统的建议和预期。国会预算办公室（CBO）也在总统的预算发布后不久，公布多年的支出、收入和赤字预测，以及作为预测基础的大量经济假设的细节。这些基线预测类似于行政部门的“当前服务”估计，但所依据的经济假设可能与总统的不同。预算委员会和整个国会可以使用总统预算中的假设、预算估计和远期预测，或采纳来自国会预算办公室或一些折中数字。

支出控制实践

引言

本节回顾了政府为使其支出控制制度健全灵活，应对当前事件的动荡和未来的不确定性而采取的一些方法。任何政府都希望配备一套工具，为其提供一定的灵活性来决定如何以及在多大程度上应对出现的新问题和机遇。概括地说，政府希望有这样的制度和程序：无论总支出政策是严格限制支出增长还是比较宽松，都能继续发挥作用；使政府能够实现其总支出目标。这可能需要采取突然行动来保护一个已宣布的目标，支出部门主要关注的是所提供服务的水平和质量，他们认为这些目标是合理的，或在当时情况允许下是合理的。这些部门主要关注的是直接或最终向公众提供的服务的水平和质量。

目前，正在或已经采取了一些措施来调整和发展各种系统和程序。因此，本节在选择审查的主题和引用的例子方面，保持了一定的选择性。这样做的目的是聚焦于那些可能会引起广泛关注的问题。

所讨论的三个主题都涉及相同的基本问题：如何在对支出部门工作任意和破坏性干预最少的情况下坚持选择的道路。这些议题是：

- 在计划和执行中使用未分配的预备金；
- 年内监测和控制现金流的安排；
- 监测和控制承诺。

未分配的预备金

为了处理意外的支出需求，一些国家在其总的支出目标中专门设立了待分配的预备金或应急基金，以留出处理意外支出需求的回旋余地。本节将介绍部分国家的相关做法，旨在阐释这一做法所涉及的主要普遍问题。

在一些国家，例如澳大利亚、加拿大、意大利和瑞典，应急资金实际上是在财政年度伊始就直接分配给预算办公室。在澳大利亚，一个特定数额的拨款（被称为“给财政部长的预付款”）由财政部长酌情分配。在特殊情况下，支出机构可以申请从该拨款中支出资金。在加拿大，这种应急投票实际上只用于调整部门工资预算，以应对原先没有规定的工资率增长，而在瑞典，对“预备金拨款”原则上没有这种限制。在意大利，总额约为总支出 8%—10% 的预备金由立法机构批准，用于支付尚未宣布或批准的新法律或项目的费用，以及支付一些项目的意外超支。在土耳其，有一个小规模的应急预备金（预备基金和投资加速基金），金额约为综合预算总额的 3%，拨给财政和海关部用于紧急情况。

在过去，直到 1982 财年之前，美国预算中都包含应急准备金。根据 1974 年的《国会预算法》，要求设立两笔明确的应急款项：一笔用于不可预见的支出（例如社会保险支出），另一笔用于项目支出的增加。尽管如此，行政部门对于那些相对不可控制的项目，常常将应急准备金设定为零，而且近期对于另一笔应急准备金也采取了相同的处理方式。

除了正式的预备金，还有其他选择。例如，在编制 1980 年预算时，日本采用了“废止和建立”的原则。只有当一个已经不符合当时需要的现有组织或项目在经过适当审查后被

“废止”时，才会“建立”一个新的组织或项目。在荷兰，没有正式储备。政府已经制定了一套详细的“严格预算政策规则”，专门用于年度内的财政控制。这些规则明确了如何在一个财政年度内应对不利和有利的经济发展情况。

经验表明，具体的多年期预测和计划往往低估未来支出，这种现象可能源于两个原因：一方面是对持续项目的持续费用天生乐观态度；另一方面，是由于在制定计划时，政府不愿在各部门的计划中包含过多具体的新措施。在爱尔兰，公布的1985—1987年资本支出的中期概况包含了未分配的应急准备金，相当于1987年计划总额的2.75%，将根据经济和生产性基础设施投资的预算前景来分配。

加拿大和英国在财政计划或战略的范围内使用综合多年期支出计划，在每一个未来年度的支出总额中包括未分配的准备金。德国也制定了一个综合的多年计划，但该计划仅包含计划期限内最后三年的储备——也就是说，这些储备仅覆盖了即将到来的年度预算之后的年份。

在这三个国家中，应急保证金或预备金被认为是一种缓冲或减震器，在连续的规划周期中，当某一特定计划不得不扩大或增加新的计划以应对一些新需求时，它可以保护计划总额不受影响。如果计划总额不得不削减，它还可以提供一种可能方式，在一定程度上保护了个别计划；但如果要对预备金的作用有信心，它必须保持在一个可信的规模。

加拿大和英国使用即将到来的预算年度计划的预备金作为该年度的业务控制。最重要的实际问题是：首先，在预算部门和每个支出部门之间的谈判过程中，一个关键议题是如何配置预备金，以商定各部门的项目预算应如何严格制定：一个支出部门的计划应该在多大程度上包含隐性或显性的地方预备金；其次，如何最好地管理预备金，以阻止个别部长及其部门将其作为摆脱新困难的一个简单方法。以下关于加拿大、德国和英国使用预备金的段落说明了它们各自的做法。

加拿大。1979年首次开发多年期政策和支出管理系统（PEMS）时，有一套详尽的未分配预备金。每个政策部门的“信封”（每个政策部门包含几个在面上目标上密切相关的计划）包含一个业务储备和一个政策储备。前者旨在作为应急措施，以应对基于现行政策的业务规划预测中不可预见的费用增长。后者旨在为内阁部长决定的新的或扩大的项目提供资金，这些项目与分配给信封的资金有关。政策储备的数额可以是零，甚至是负数，后者意味着需要信封管理人员在现有政策框架内寻找可节约的资金。这种政策储备可以通过现有计划中的实际节余来补充，而不仅仅依赖于预估的节余。因此，其目的在于激励相关管理者审视和重新评估优先事项，以及各个计划中分配的资金的价值。这种做法鼓励对资源分配的深思熟虑和优化。此外，还有一个由财政部长控制的中央预备金，在增支并非来自政策决定的地方，用于支付公共债务费用或失业金等主要福利项目超支。

预备金最初的总额约为计划总支出的6%，但近年来已大幅减少到总支出的3%—5%。财政委员会秘书处负责每周制作一份所有这些预备金在当前和未来三年中的状况摘要，显示已经承诺的金额和余额。

1984年，以前各部门独立的业务准备金被集中到一个由财政委员会控制的单一业务准备金之中，它继续决定哪些超额部分可以取自这个准备金，哪些必须由支出部门在其现有分配的某个部分消化。专项政策预备金（由内阁的部门政策委员会分配的预备金）的规模被缩小，导致对可用资金的竞争更加激烈。然而，财政部长现在开始提供专门用于应急的特殊资金，这反映出对中央管理预备金重视程度的提升。财政部长仍保留对中央预备金的控制，并将其更名为“法定超支预备金”，以突出其特定的使用目的。

1986/87财政年度提供的预备金总额占预算总支出的2.6%（1985/86年度为4.4%），其中1.6%没有分配给各部门，而是进行集中管理。只有1%按部门分配，用于新的政策举措。这种集中管理预备金的方向与内阁委员会作用的变化和强调对支出部门和机构实行更严格的现金限制是一致的。

这些变化的总体效果是增加财政委员会对业务预备金使用的影响，并鼓励个别部门重新配置自己的拨款，以满足不断变化的优先事项，从而保护计划的支出总额。信封政策预备金继续由内阁的部门政策委员会管理，尽管这些预备金规模的大幅减少迫使人们更加关注现有资源的重新分配。

德国。每年与预算一起公布的多年期财务计划隐含着未来几年的总体规划预备金，旨在满足突发事件和扩展或新计划，以及一些价格上涨的需要。任何未来年份包括的总体规划预备金规模不是基于任何简单的公式，而是反映了对每一年计划中固有的支出风险的判断。还设有一项专门的工资和薪金预备金，用于应对未来联邦公务员工资的调整。这笔预备金的规模根据对职工平均工资年增长率的预估设定。这些未来年度预备金的规模则没有向大众公布。如前所述，除了专用的工资和薪金准备金外，与加拿大和英国不同的是，在特定预算年度的执行过程中，没有可用于调整的准备金。

英国。年度公共支出白皮书显示，在三个未来年份中的每一年的规划总额中都有一个预备金。最近，预备金占未来第一年规划总额的3%—4%，最后一年上升到5%—6%。

在第一年内，预备金由财政部管理，作为一种业务控制手段，以确保当年的总预算不超支。所有无法由相应支出部门消化的预期超支都将计入预备金之中；同样，任何净节余也会记入预备金。这意味着，例如，地方政府支出超出政府计划的部分被视为预备金支出，而社会保障等以需求为导向的项目超额部分也被视为预备金支出。选择性支出的增加如果被财政部接受，也会记在账上。因此，财政部在接受对预备金的选择性支出要求时非常谨慎，并且还在可能的情况下寻求抵消非选择性支出增长对节余的影响。当一个支出部门遇到意外情况时，其首要做法应是在自己的其他项目中寻找可能的节余来调整。仅在实在没有其他办法时，才应考虑动用预备金。在向财政部部长提交迫切要求方面有一些常设程序。财政部全年都会对照计划密切监控支出。

如果一项要求被接受，并且是一项由议会表决的项目资助，那么就必须寻求适当的补充拨款，如果表决受制于现金限额，还必须同意并宣布对限额的适当调整。

未来年度预备金不具有与本年度预备金相同的控制功能。未来年度的功能是在规划过程中作为一个缓冲区。典型的情况是，未来年份的预备金是楔形的，即适用年份越远，预备金越大。这是为了考虑到这样一个事实，即随着部门计划的确定，不太需要考虑如此大的不确定性，因此，在较近的年份，预备金可以适当减少。

年内监测和控制现金流

在研究的所有国家中，政府都有能力通过补充预算来在财年已开始后对预算进行增加或减少的调整。在某些国家中，政府有权在未获得议会批准的情况下阻止或延迟使用之前已经批准的一部分资金，而不是需要支出部门寻求进一步批准的常规安排以将这些拨款用于特定项目，例如超出委派权限限额的资本项目。

20 世纪 70 年代中期，决心对支出进行更多控制的一个早期信号是更加关注年度预算的实际执行情况，并更加愿意在一年中削减一些支出。所做的一些事情在其发生率或效果上相对粗略和随意。除了需要控制不断增加的赤字外，人们还希望迅速使所有相关人员相信他们的情况已经改变，从而加快改变他们的态度和行为。各国现在正在调整和加强最初的紧急行动：监测与预算相比实际支出如何并解释差异所需信息为更好地管理财务提供了部分信息。

设计和运行年内控制与监测系统必须对支出部门和预算办公室之间的关系和责任平衡敏感。自 20 世纪 70 年代中期以来实施的一些程序可能会导致预算办公室和支出部门之间在执行政府支出计划中反映的政策方面出现紧张关系。区分年内控制和监督的两个主要目的是有帮助的。它们之间的平衡可能会影响一个国家安排的方式选择。

第一，中央机构负责安排政府借款的要求至关重要。在预算赤字对一个国家的经济和货币状况影响重大的情况下，财政部可能需要迅速且频繁地获取关于实际支出及未来几个月可能的支出信息。这样的信息对于预测政府的现金流非常关键，有助于管理借款活动。此外，可能还需要一些中央能力来控制，而不仅仅是监测非常短期的支出流。

第二，与这种总体现金管理要求完全不同的是，所有与单个计划管理有关的人都需要监测与预算相比的支出，以便不超出现有预算并获得最佳的资金效益。各国在立法机构颁布年度拨款后，预算办公室在多大程度上授权支出部门自行决定，以及在多大程度上积极监督部门管理方面存在差异。在一些国家，随着新财务管理制度的发展，这些做法（如下所述）正在发生变化。

芬兰。自20世纪60年代初以来，一个正式的短期现金管理制度一直在使用。它既用于规划现金管理业务，也用于确定何时何地需要通过政策措施纠正或抵消偏差。在财政年度开始之前，每个部委都会提供预期的每月支付模式的概况。中央会计系统每月提供关于实际支出的报告，财政部将其与这些概况进行比较。还有一个日常现金管理系统，必要时可以对短期现金流进行非常严格的管理。

法国。财政部对支出进行详细控制。在编制预算时，每个部都要就分配给它的新业务和经常性业务的“上限”进行详细的谈判。在每个支出部门，都配备了一名相对资深的财政部成员。尽管这些支出部门在会计上对其支出的合理性负责，但在支付任何款项之前，都必须经过该财务主管的审批。因此，财政部保持着一个运行控制，与外部审计机构——审计院的后续审查分开。

支出的融资问题受到了高度重视。财政部有权在财政年度的任何时间点介入，取消信贷或调整信贷的使用速度。这种干预是在行政程序框架下进行的，并不需要获得议会的具体授权。此外，通过补充财政法案，财政部还可以拒绝拨款（同时创造新的收入来源）。

德国。一个部门的拨款在预算法中有非常详细的规定，除了特别标明的支出外，没有任何部门有权将支出从一个拨款项目转移到另一个拨款项目。所有与联邦预算有关的支付都是通过财政部管理的16个地区财政办公室进行的，因此，财政部只负责保存记录和编制每个支出部门的年度账户。这些办事处的业务高度计算机化，每月向财政部提供实际支出分析，财政部也从支出部门获得未来三个月可能的财政需求报告。因此，预算的执行受到持续的监督和控制，前瞻性预测是对现金流预测的一个重要输入。

当支出可能超过授权总额时，联邦财政部长在征求主管联邦部长们的意见后，可以在其已批准的支出总额内承诺或支出（上次是作为1980年补充预算计划的预防措施）。在特定条件下，如果额外支出需求不可预见且不可避免，财政部长可以批准超出预算的支出或预算外支出。这一授权仅限于紧急情况，即当补充预算无法及时制定或议会已经放弃了预算法中对补充预算的要求时。具体而言，这适用于额外支出不超过1000万德国马克的情况，或者这笔支出源于一个具有法律约束力的承诺。在支出上限相对较低的缩减政策时期，这种情况经常发生。每年有10—50个超过1000万德国马克的案例很正常。

不是出于预算控制的原因，而是出于对整体经济发展的考虑，政府可以适用《促进经济稳定和增长法》（1967）的规定。在一般经济活动大幅下降的情况下，政府可以决定批准额外的支出。应对经济衰退的额外支出（Konjunkturprogramme）可以通过一个简化的程序授权，而不需要旷日持久的补充预算。法律授权财政部长在预算规定之外筹集最多50亿德国马克的额外信贷，并允许降低通过的税率。这一经济措施由政府制定，需要得到联邦议会的批准。该方案在1975年得到迅速应用，尽管其有效性遭到质疑。为了防止经济过热，财政部长有权制止支出和签署影响未来几年财政的承诺（Konjunktursperre），以及提高个人和企业所得税率或减少折旧津贴。除此之外，政府可以在征得联邦内阁的同意后，限制联邦、国家（Länder）和地方当局的借款。它最后一次被使用是在1971年。

希腊。财政部长有权通过禁止各部委每月支出超过年度拨款总额的一定比例来监管现金流出。未使用的余额在年底失效，不转入下一年的预算。

爱尔兰。只有在年度拨款法或具体的授权立法中得到议会授权，才能进行公共支出。此外，它们需要财政部长的批准，这种批准可以是具体的（针对一次性支出），也可以是委托的。

在实践中，构成绝大部分支出的持续的经常性支出计划的支出权被授予支出部委，但必须符合经批准的具体条件和管理其运作的条例。然而，根据授权的支出不得超过年度供给估算中为各部委规定的总现金限额。同样，在资本支出方面，公共住房、医院、道路和学校等既定项目的支出权已被授权给各部门，但必须符合先前与财政部商定的项目的总体参数和目标。然而，对于这些计划中的某些重大项目，以及所有重大的一次性公共部门资本项目，必须获得财政部对该支出的具体授权。未经财政部长批准的支出不能从议会表决的资金中支出。如果支出部门在没有这种授权的情况下做出承诺，并且如果财政部确定不应做出这些承诺，则可以拒绝批准。

根据之前的说明，现在每个部门初始的现金拨款被当作是现金上限。虽然在特殊情况下（例如失业救济金），财政部会向国会提交额外的预算。每个部门在每个财年伊始都会提交一个包含资本和经常性开销的月度支出概览。一旦这个概览获得同意，它就实际上成为每个月的现金支出上限。只有在获得财政部长明确同意后，部门才能在该月增加支出。一个月的节余通常不能结转，一个部门被要求用一年中其余月份的节余来抵消某个月的核定超额部分。

每个部门都任命了一名支出控制联络官来监督该系统，并作为与财政部联系的联络人。在这一年中，每个部门每月报告其实际和预期支出，并解释与概览的差异。从财政年度的第四个月开始，每月向政府提交一份预算趋势报告（支出和收入）；到年中，政府通常能够评估是否应采取任何补救措施。

意大利。议会每年对每个支出项目批准两个限额：一个是承诺的限额，另一个是现金支付的限额。预算办公室和政府都没有任何权力扣留或拦截议会之前批准的资金，除非事先获得议会的明确授权。财政部长每三个月向议会提交一份关于实际支出的声明。目前正在着手开发监测和预警系统，以便在全年收集关于管理、现金流估算、中期结果等方面的信息。1985 年，意大利实施了一个“独特的财务制度”，要求扩大的公共部门所有资金，而不仅仅是国家资金，都要集中持有和管理。实行这一制度的原因包括：允许国家用公共机构的流动资金为其部分需求提供资金；避免对金融市场提出不合时宜的要求，以保护生产部门的需求；避免国家预算支付注定将由公共部门其他成员存入银行账户的款项。这个系统的管理是为了确保这些其他公共机构在需要时能够充分并立即获得资源。

日本。为了控制支出流向，每个部门都必须获得财政部长对其承担债务（合同等）计划的批准。此外，在每个季度开始前，部门每个支付人员在每个财政季度预期支付的详细内容必须得到财政部长的批准。然后可以根据这些计划进行支付。支出部门在年内将资金从其详细预算的一个项目转移到另一个项目之前，需要得到财政部长的批准。财政部长还可以在一年中要求提交关于实际事件和前景的临时报告，以便在认为必要时提供任何指导或推荐正确的行动。

荷兰。财政部将大量权力下放给各支出部门，但保留了指定预算项目的权力，在财政部预算办公室批准之前，各部门不得在这些项目上负债。在这一年里，各部门根据 1979 年和 1986 年修订的“严格的预算政策规则”运作。他们的主要目的是将支出控制在预定的总额以内，同时也保护未来几年的多年估算。这些规则规定了如何通过节约弥补超支，以及如何使用或不使用意外节约。

在这一年中，财政部和各支出部门每月都会就可能出现的超支和不足进行讨论。在许多情况下，问题在没有议会参与的情况下解决，方法是在分项之间转移余额。这意味着不影响票决结果；或者，在非常严格的条件下，可能会在有限的范围内，将资金从一个项目转移到另一个项目。政府会在年中向议会提交一份“春季备忘录”，回顾事态的发展，并提出任何必要的调整措施。

挪威。议会授权财政部长在财政年度内批准对预算的修改，无论是新项目还是对现有计划的成本调整。任何一项变更的价值不能超过 100 万挪威克朗，但对所有变更的总价值没有限制。同样，每项价值超过 100 万挪威克朗，最多 300 万—400 万挪威克朗的变化，可由政府（即内阁）批准，而无需事先提交给议会。议会在年底会收到一份技术报告，总结此类变化的价值。

预算部门在预算执行阶段参与度不高。每个部委决定在多大程度上使其下属机构接受一些分摊或一揽子拨款。通常情况下，各部门要求旗下机构定期更新对当年总支出的预测。财政部则每两个月从这些机构收集有关实际支出的报告。

葡萄牙。财政和计划部管理总公共账户的职员在每个部都有。他们为预算编制提供建议，并在确保实际支出完全符合公共会计规则方面发挥着关键作用。政府在检查年内计划支出方面有一些权力。根据法令，政府可以禁止将议会之前批准拨款的 1/12 或更多用于某些目的。目前正在努力制定现代成本会计和监督程序。

在实践中，实际支出往往会超过最初预算，例如，要为加薪或高于预期的利息费用提供资金。

西班牙。拨款表决通过后，支出部门必须每月提交关于经常性支出和资本支出以及预计支出的信息。财政部可以通过干预控制支出水平，以保持财政平衡或经济政策的目的。

瑞典。负责执行各部委制定的政策的机构几乎对所有政府支出负责，除了向其他各级政府转移资金。在过去，一个机构的资金使用受到财政部预算办公室和相关部委联合编制的年度授权书的严格监管，并由后者发布。近年来的总目标是降低这种控制的详细程度，并仅以分期付款方式向各组织支付拨款。现在，拨款是按季度提前支付或更频繁地支付：以前，整个拨款往往在年初支付。各机构控制的详细程度可能不同，但一般来说，一个机构有很大的空间来做出自己的管理决定。

各机构的资金使用情况由外部审计机构持续监测，其中央机构——国家审计局向政府提供定期评估，说明预算如何按计划发展。这些信息被用来评估政府每月的借贷需求，并根据拨款情况检查预测的预算结果。这种现金流监测与国家审计局和其他机构开展的大量评估工作之间存在联系。

土耳其。财政部长可以在整个财政年度内调节支出。在议会批准预算后不久，财政部就会向所有机构发出通知，说明管理资金承诺的主要原则以及在财政年度前6个月内发放拨款的最大比例。第二份通知通常在6月下旬发布。这种资金分配的原则和百分比取决于：总体经济状况、最近的支出和收入趋势、将经常性支出分摊到全年的必要性、以及有关活动的性质。此外，对现金支出的比例也实行单独控制。财政部还管理着当前及未来几年的财政承诺（如合同签订）。预算法中明确规定了哪些类型的支出和承诺受到这种控制，以及相关的限制条件。

如果需要实现节约，总理或财政部长可以发布有关特定对象支出的一般准则。年度“关于年度计划的实施、协调和监督”的法令，包括必要时可对投资计划进行修订，并相应地重新设置拨款程序。

英国。当议会对一项拨款表决时，它授权财政部批准有关表决的付款。财政部反过来将大多数常规支出的权力下放给各支出部门。

对于重大的新提案和超过商定财务限额的个别项目，需要财政部的特别批准。在财政年度开始时，每个部门都会提供其预期支出的详细情况。他们通过财政部长办公室报告实际支出。该办公室每月向财政部提供报告，并抄送支出部门。财政部对这些监测信息的主要用途是管理资金，并作为其对公共支出总额趋势定期评估的投入。应当确保不削弱各个支出部门的责任心，让它们的支出不超过大部分年度拨款的现金上限。同时，对于那些需求驱动的支出，如果与事先商定的支出概览存在差异，需要发出预警。社会保障支出，由于其规模和即使在短期内也很难预测，因此要受到特别监督。无论这种支出是由国家保险基金还是由年度拨款提供资金，都要接受特别的监督安排。如果可能的话，应避免对已批准的计划进行年中削减，但各部门可能要吸收预算中某些部分的费用超支，从而可能需要削减其他部分的费用。

美国。与其他国家不同，美国预算中提供的授权并不直接涉及支出或现金支出。相反，预算提供了承担将导致近期或未来年度支出义务的授权，义务包括：工资、薪金和利息的流动负债；提供贷款的协议；购买办公场所、建筑和土地的合同；以及其他需要最终支付资金的安排。一个财政年度的支出可能是用于支付前几年或同一年发生的义务。因此，支出部分来自前一年预算授权的未用余额，部分来自为实际支出的年份提供的预算授权。

当预算被国会批准后，管理与预算办公室（OMB）主任按时期或活动向每个机构分配由拨款产生的承付权和其他预算资源，以确保其有效使用并尽量减少对额外拨款的需求。这种分配被称为分摊。

控制的基本单位是大约1100个预算账户。国会会在某些领域特别详细地限制行政裁量权，或者希望在某个机构要改变向国会各委员会提出的建议中引证的特定资金分配时被告知。相反，国会可能允许预算账户之间的一般或明确的转账，从而增加部门的自由裁量权。

一旦分配了责任授权，进一步控制的责任就在于支出机构，任何联邦官员如果过度承付账户中的资金或分配，都会受到严厉的法律制裁。因此，核心的控制措施集中在对应付款的管理上：除了常规的审计控制外，对现金支出并没有直接的控制。

支出机构每季度向管理与预算办公室提交关于分配责任和支付的报告。此外，各部门每月都要为财政部和管理与预算局准备关于资金使用的详细报告。财政部发布月度和年度报告，显示每月和年度累计的收入、支出、盈余或赤字、债务和影响联邦政府财务状况的其他因素的信息。管理与预算局利用支出机构的月度报告跟踪相对于计划使用的责任授权使用情况；它每年还一次或多次更新公布总收支预测。

监督和控制承诺

这一小节简要探讨了现金预算背后对承诺监督和控制的本质与程度。通过利用有关财务承诺的信息或对这些承诺进行控制，旨在两方面支持现金支出管理：确保支出保持在财政年度（或更短的会计期间）的现金限额内，这要求对该期间可能到期的承诺施加限制。要做到这个程度，预算办公室将不得不要求削减某些领域来抵消——或有助于抵消——其他领域难以避免的超支。它要求支出机构尽可能少地承诺，保持尽可能大的短期现金灵活性。同时，认识到支出管理者可以依靠在以后年度有一个最低支出水平，将多年承诺或合同控制在这一限额以内，可能在实际上有助于更有效地使用资源。

“支出的增长和构成”节描述了政府支出的很大一部分基于主要立法或其他承诺，可能难以改变。其他一些支出在原则上可能比较灵活，但实际上只能在任何短时期内进行边际改变。例如，在有可能减少或取消某项职能的情况下，解雇受影响的公务员或让他们提前退休的代价可能很大。招聘禁令从长远来看可能会给人事管理带来问题，但在禁令期间，可能只影响到薪酬支出的一小部分。

即使没有外部控制或报告要求，一个将很大一部分预算花在采购上的部门也可能为了自己的管理目的而保留有关其未兑现承诺的信息。一般来说，每个支出管理者都希望在他认为对他的计划最有利的范围内自主地做出预先承诺。在一个部门内，高层管理人员可能需要在某个领域实行节约，以补偿另一领域的超支。因此，他们会倾向于限制这种灵活性。更重要的是，中央现金管理人和预算官员可能不愿意看到有限的剩余的短期支出灵活性被进一步削弱。

限制远期承诺并因此保留一些灵活性的安排可能是非正式的或正式的。上面“年内监测和控制现金流”小节指出了美国和意大利的特殊做法。在**美国**，国会根据对承诺或责任的授权批准联邦预算，而不进行现金拨款。在特定情况下，尤其是对于跨期多年的国防项目，国会往往会对整个项目进行一次性授权，而不是每年分别授权。这种做法意味着，任何一年预算授权的变动都可能对未来两年甚至更长时间的财政负担产生影响，进而可能影响到更长期的支出安排。每月的现金支出受到监控并公布数据，但没有对现金流进行直接控制。在**意大利**，预算曾经是基于承诺的授权。形成了大量的未偿债务。因此，现在对新承诺和预算涉及年度的现金支出有立法限制。

1976 年，**澳大利亚**政府决定扩大正式的承诺程序，主要是为了改善预算管理。在提交预算申请时，各部门需提出其长期负债的预估。内阁在审议下一财年预算方案的同时，也会设定各部门在财政年度结束时可能出现的未清偿债务的上限。各部门须严格遵循这些设定的债务上限；然而，财政部长或其授权的代表有权批准对这些限额的变动。这种限制债务的制度并不是要计划所有的未来支出，而是要限制未来支出的预设程度。然而，责任体系的范围相对较广，包括：立法承诺；签署建筑物、供应品等合同；以及其他协议或承诺，虽然它们在法律上可能无法强制执行，但会使政府有义务支付款项。某些类别的支出，如工资，一般不在该体系范围之内。

其他一些国家控制或监测新承诺的做出速度，如新合同的签订。在**荷兰**，自 1976 年《政府账户法》以来，收入和支出都以现金为基础进行预算和核算。因此，提交给议会的预算法案详细列出了每个项目计划的现金支出。然而，对某些具体项目而言，还设有一个独立栏目，标明了可能承担的任何新义务的最高限额，这些新义务将在未来几年内引发相关支出。未经议会批准，不能超过所标示的最高额度。此外，预算部长可以决定一些分项，任何新承诺均需要事先批准。在以后几年产生支出的承诺被纳入多年期支出规划。

在**芬兰**，传统上对承诺的事先财务控制已逐渐放宽，转向日常和财务上的注意事项。目前，它只包括重大的支出承诺，即使必要的资金已经由议会拨款，也必须由内阁的财务委员会批准（或由财政部长批准中等规模的承诺）。同样的程序也用于讨论政治或行政上的重要事项，即使可能由于财务原因没有达到筛选水平。此外，已经采取措施逐步减少“保留拨款”的广泛使用，在这种情况下，资金可在提供拨款的预算年度之后的三年内转移。这种做法正在被一种制度取代，即某一年的承付授权必须由当前和未来几年的现金支出计划提供资金，该计划必须与承付授权请求一起提交。

在**德国**，与澳大利亚的情况类似，要求各部门在提交预算申请的同时提交其远期债务估算。导致未来年度支出的行动通常只有在预算中有特别授权的情况下才能采取，在这种情况下，未来年度的现金承诺可以达到预算计划中先前显示的水平。相应的未来现金支出包括在中期财务计划之中。目前正在开发一个监测已授权未来承诺实际使用情况的系统。未来承诺可以具体到适用的未来年份，也可以在“未来年份”一栏中列出，在这种情况下，只有在得到财政部长同意后才能使用。权利性项目的未来承付款或当前付款（即工资、薪金和其他人事费用以及货物和服务的当前支出，包括某些租金、租赁权和租赁合同）都不需要具体授权。在财政部长的同意下，可以偏离已授权的未来承诺。此外，财政部长也有权采取措施阻止执行先前批准的承诺，以此来控制或限制未来支出。

在**爱尔兰**，后续年份的资本支出承诺被限制在预算年度拨款的65%。然而，这个数字在财政部长的特别批准下可以改变。未来承诺可接受水平的确定是为了给计划管理人员在签订多年期合同时提供合理的自由度，同时为控制目的留下足够的灵活性。所有部门及其下属的国家机构每月都要报告下一年度签订的合同承诺和其他准合同承诺的水平。

在**日本**，如上所述，对于那些涉及公共工程支出和财政部长指定的其他支出，各部门和机构的负责人为执行“支出预算、持续支出和合同授权”的义务（指合同和其他行为，它们是付款的原因）制定计划，并在财政年度开始时将其提交给财政部长以获得批准。

对已经或即将做出的承诺有更深入的理解，可以显著改善对多年计划和预测中未来现金支出的预测能力。更加雄心勃勃的做法是，通过调节承诺进度，控制未来现金流，正如之前提到的澳大利亚和德国案例所示。承诺管理还可以用于设计项目的最佳组合与顺序，例如，在道路建设项目中，以最有效的方式利用未来几年的总现金流。

一些项目的支出过程包括四个主要阶段：

- 私营部门的申请（如某些赠款或贷款计划）或初步设计（如建筑项目）；
- 行政或部门批准；
- 签订承诺（如建筑合同）；
- 一次性或分期付款的实际支付。

对实际案例的分析可以得出各阶段之间的典型区间，以及个别案例与平均值的差异。这些关系可能有足够的稳定性，值得开发正式的数学模型来协助管理者理解和在必要时控制现金需求。

英国就是一个鼓励此类研究的国家。改善部门管理的努力，如“为改进生产力和效益”节提到的倡议，强调让个别管理人员对项目的良好运作承担更多责任，似乎必然会促进这类调查。

为改进生产力和效益

引言

本研究中涉及的所有国家都在探索如何在其支出计划中最有效地促进经济性、效率性和效益性。尽管这些目标并不新颖，但在持续限制支出的背景下，它们变得更加重要。在一些国家中，通过对公共部门职能的重新评估和调整，以及持续审查计划在变化环境中的相关性或优先级，这些目标得到强化。本节初步且有选择地概述了调研国家和相关措施，介绍了一些为确保政府计划的作用、相关性、限制和响应能力而采取的方法。同时，本节还概述了一些国家为改善部门和机构的财务管理，以及为提高计划管理的灵活性，通过减少年度预算固有限制而采取的措施。

效率和效益审查

效率和效益审查的核心目的在于促进持续追求更高的资金使用价值，以此来减轻限制总支出造成的痛苦。审查过程的任务包括开发实用信息，分析资源在特定项目中的使用情况，更为关键的是，评估这些资源的使用成果。这样做的目的是提出建议，可能还有其他选择使部长们能够更好地厘清和排列他们的优先事项，并且激励公务员们在对节约或削减的要求做出反应时更具创造性和建设性。审查程序的使用与“改善财务管理的活动”节所回顾的对部门和项目层面财务管理的重新关注有关。这两方面发展都是为了寻找更可行、更可管理和业务上有用的合理和复杂的控制和管理系统的形式，这些系统是在 20 世纪 60 年代“计划项目预算 ”和“零基预算”的名义下制定的。

审查工作的焦点可能指向从政策的根本目的，到政府直接介入是否恰当，乃至公共部门计划的具体管理方法的任何问题。这种审视不仅关注政策设计的初衷和政府参与的合理性，也细致考量如何有效管理公共项目。审查的本质和目标将指导选取何种方法进行评估。

在一些国家中，私营部门的直接参与正在被用于加强审查过程，这涉及让商人、管理顾问或其他来自政府领域之外的人士参与其中。此外，还有些国家正在推动公共服务部门与工业、商业和金融公司之间更频繁的人员交流，以此扩展双方的经验和理解。通过这种方式探索私营部门的典型管理方法和绩效评估技巧在多大程度上能够被采纳和应用在公共服务之中。

效率审查

对行政或业务效率的审查通常由负责该领域的支出部门负责，虽然这种审查的必要性往往由与该部门相关的预算办公室人员提出。预算办公室可能对需要优化的方面提出明确建议，或者通过削减分配给该业务的预算，激励支出部门创新改进。

例如，在**瑞典**，几年来财政部在制定执行机构的预算时，假定生产力每年增长 2%：他们的拨款在根据价格和工资率的增长进行调整后，每年削减 2%。这已被修改为一个多年期目标，即在第三年之前必须通过该机构自己提出的方式节省 5% 的费用。这些削减目标仅适用于行政费用，而行政费用约占总支出的 10%—15%。

在**加拿大**，自 1984 年起，尽管大多数部门的运营预算因工资水平的变动有所增加，但对其他价格上涨未做相应调整。在物价年均上涨约 4% 至 5% 的背景下，这种不考虑通货膨胀的调整策略，迫使各部门为了维持原有的业务和服务水平，必须寻求提高生产效率或实施成本节省的措施。

大多数政府现在把提高行政效率作为一项政策。在**日本**，第二个行政改革临时委员会在 1981—1983 年运作，并提出如下建议："特别有必要大幅简化政府的行政管理，因为自经济快速增长的时代以来，政府的行政管理已经扩大到一个巨大的规模。审查和简化行政责任领域将为行政部门提供机会，以更低的成本响应新需求，同时增强私营部门活力。同时，也有必要对那些本质上属于公共行政领域的范围进行审查，确保其全面、高效和有效地运作，以最低的成本满足时代变化的需求。

在**澳大利亚**，最近决定在未来两到三年内在所有联邦部门和依赖预算的机构中实施某种形式的项目预算。其主要目的是使议会、中央机构和支出机构能够更加关注政府支出的效率和效果。这一发展由澳大利亚政府的财政管理改进计划支持，该计划将在本节进行讨论。

1982 年，**美国**总统成立了一个私人委员会，称为"总统私人部门成本控制调查"，由一家大型私人公司的负责人领导。该委员会的使命是提出减少政府支出和提升效率的建议。1986 年，总统发起了一项至 1992 年的计划，旨在选定关键职能领域提升 20% 生产力。各个部门和机构需设定符合这一总目标的自身生产力提升目标。它们会对现有职能进行审查，挑选出那些适合于衡量和可能带来显著改进机会的活动。这些机构将确定什么改变最有利于提高效率。他们将建立一个基于1985年数据的绩效基准，并评估每年的生产力变化。作为其整体管理改进计划的一部分，每年，各机构都需要向管理和预算办公室（OMB）提交生产力计划。这些计划将涵盖改进目标和策略、具体目标、采用的措施，以及激励员工参与的方法。管理与预算局将负责每年向总统和国会报告政府整体生产力提升情况，包括已实施的和计划中的提升措施。

在**英国**，新任首相在1979年任命了一位著名的商人作为其效率顾问，并在首相办公室设立了一个小型的效率部门，以促进各个部门对选定领域的审查。

为了确保共识建议得到落实并实现成本节约，世界各国认识到有必要密切关注研究成果。即便预算办公室的工作人员未直接参与决定研究领域的选择，他们也应当充分了解相关研究及其成果。这样，在与各部门进行年度预算谈判时，他们便能有效跟进这些研究成果，确保研究推荐得到实际应用。

效益审查

政策审查，无论是对政策本身的目的还是对其形式和效果的审查，都可能涉及预算办公室的工作人员以及负责部门的工作人员，也许还有其他感兴趣的部门。

进行一次有效审查所需的时间和努力程度各不相同，这主要取决于计划领域和提出问题的性质。然而，关键在于确保审查过程的时长不会超出实际所需，以保证效率。由于这种多样性，通常情况下，审查程序并不与多年期规划或年度预算编制程序和时间表紧密联系在一起，尽管在这些工作中经常发现审查的必要性。审查结果也可能需要在制定预算时加以考虑，以便评估相对的政策和支出优先次序。

在许多国家中，积极参与效率和效益审查的是政府的外部审计机构。在本研究覆盖的一些国家中，除了进行传统的认证或合规性审计外，现在还特别重视进行性价比或“全面”审计。这种审计不仅评估项目或政策是否遵循了既定规则和标准，还评估其成本效益，即在使用资源方面的效率和效果。1983 年，**澳大利亚**国家审计署正式采用了“全面审计”方法。这是审计系统发展的另一个阶段，更加强调经济和效率。全面审计方法包括计划、规划和实施一个审计周期，检查和评估被审计单位的法律合规性、行政合规性、财务规范性、经济和效率。在这个周期内，在几年的时间里，全面审计中的效率审计内容包括评价管理层在政府提供的政策指导和立法框架内为实现计划目标所采取的行政行动和决定的有效性。其中重点是对程序和方法的审计，以及评估决策的做出或撤销是否经过充分考虑和适当记录。涵盖效率问题的审计范围扩展到审查和报告被审单位是否有行政机制，使其能够向政府提出建议。

在**加拿大**，审计长（联邦议会的审计员）负责进行合规性审计，并有权判断各部门是否建立了进行性价比评估所需的系统。在**荷兰**，外部审计师最近对性价比审计表现出极大的兴趣，并且私人顾问也推动了相关政策建议的落实。**英国**国家审计署表示，现在一半的工作聚焦于性价比审计。**美国**和**德国**的情况也相似，总审计机构对联邦部门和机构以及它们的承包商执行的计划、活动和财务操作进行审计和评估。这些审查主要探讨如何管理和控制资源，如何经济高效地执行项目，以及这些项目是否达成了既定目标。

接下来，本书将简要描述加拿大、爱尔兰、荷兰、瑞典和英国在政策或效益审查方面的一些情况。

加拿大。1984 年 9 月，由副总理领导的项目审查部级工作组成立，对政府项目进行逐项审查。它没有进行政策审查，但负责对每个部门和整个政府的项目进行概述，这可能导致更简单、更易理解的项目和更容易为客户所接受的项目交付，并尽可能将决策权下放给与客户群体直接接触的人。项目审查还试图全面实施，涵盖法定和非法定项目。

共有 19 个研究小组参与了对联邦政府近 1000 个项目和服务的分析。这些研究小组汇集了来自联邦和省级政府以及私营部门的专家。此外，在审查阶段，独立于部级专门工作组的私营部门咨询委员会与每个研究小组的成员讨论了研究结果。

研究小组的分析和建议提交给专门工作组的部长们，当部长的建议受到认可后，相关建议被提交给由总理主持的内阁规划和优先事项委员会以决定所需的进一步行动或项目变化。

政府没有打算创建另一个集中的官僚机构，因此在提交报告之后，所有的研究小组都被解散了。然而，为了跟踪建议在决策过程中的进展，并确保支出部门理解执行的要求，一个小型的核心小组仍然保留下来。

爱尔兰。1985 年 3 月，政府任命了一个内阁部长委员会，对现有的支出项目进行审查，以确定：

- 从服务最初的目标而言，哪些项目仍然有用；
- 就国家的成本而言，这些计划的实施是否可以更加有效；
- 现有结构是否对现有资源进行了最佳利用，或者是否可以建立一个更有效的结构。

审查举措的主要目的是提出建议，通过取消过时的项目或提供更有效的项目来节省支出。这些审查是全面的，由来自财政部和公共服务部以及该项目所属部门的审查小组进行。每个项目都将从目标、优先级、实施手段、效益、财务影响等多个方面进行综合审查。审查小组会根据所研究项目的具体性质，在规定的时间框架内提交其报告。

荷兰。荷兰重新审议程序的演变说明了实现有效审查程序的一些实际问题。1980 年提交给议会的预算备忘录指出，需要一个“独立于预算编制的第二回路”来重新评估政府责任。

因此，在 1981 年 1 月，为改善信息基础，一个新的和广泛的政策审查计划被采纳，以便在整体层面上确定优先事项，并就个别政策领域做出决定。它被称为“重新审议程序”。这种方法吸收了以往项目预算的经验，被描述为有选择性地应用的零基预算方法。选择进行审查的主题领域需要向议会报告（议会也可以提出其他建议）。每次审查的最终报告都要提交给议会，随后政府将决定如何对这些建议做出回应。

该程序由一个部长级委员会指导，该委员会包括总理、副总理（代表组成联合政府的政党）和财政部长。在官方层面上，该委员会由财政部预算司司长担任主席。

每个项目的审查都由一个专门设立的团队负责，该团队由主管该议题的部门领导。无论是工作小组还是委员会，总理办公室和预算局均有代表参与。预算局下设的一个特别单位负责提供所有工作组和委员会的秘书支持，这样做旨在确保各组工作遵循统一的标准和严格性。1983 年 4 月重新制定的选择审查领域的主要标准为：

• 是否有机会对公共服务进行有效分配——通过私有化、权力下放、减少管制、实施（更高的）定价等方式；

• 从一个与“重新审议程序”相当的角度来看，自上次在公共机构的环境下进行总体效率审查以来，已经过去了一段时间；

• 鉴于环境的变化或现任内阁的总体政策目标，某项公共服务的优先级或其提供的水平下降；

- 在政府各部门之间的平衡分配；
- 支出的规模和增长。

审查的准则包括一系列需要解决的问题，这已成为该程序的核心部分，确保对事实的适当调查、对政策的深入反思以及对变革性选择的勇敢探索。每个工作组都必须提出三到四个成本更低的政策选项，包括至少一个能在四年后使预计支出水平节省至少 20% 的方案。

起初，审查的时间是临时性的。1983 年 4 月，做出了以下安排：加强审查的地位，部分是通过一个明确的分阶段时间表将其与预算过程联系起来。新的安排得到了内阁的批准。关于下一轮审查领域的建议将在 8 月 1 日之前提出，商定的清单将在 9 月送交议会的预算备忘录中列出。工作小组将于 1 月成立并开始工作。每个工作组必须在 11 月 1 日之前提交最后报告（有报告期中发现的规定）。1 月份，内阁将对整个回合的结果进行审查，并做出关于超出预算框架的最佳判断性建议的决定。其结论将告知议会。所有其他建议都将提交给预算周期内的决策过程，而预算周期内的政策工作则将从 2 月份开始，即财政部长向部长会议（也就是内阁）提出预算目标之时。

这个时间表过于僵化，因有些审查可以更迅速地完成，有些则需要更多时间。1985 年 7 月，内阁批准了一些额外的程序性修改。从现在开始，可以在一年中的任何时候开始重新审议审查。这种做法提升了程序的灵活性，同时并未削弱其有效性：所有部门必须遵守的参与规则以及每年检查审查数量是否充足的规则仍然保留。另一个变化是，已完成研究的政策决策变得更为灵活：只要不触及一般内阁政策，相关部门的部长和财政部长可以采取主动行动，一旦相关部长之间达成一致，就无需将决策提交给全体内阁审议。

重新审议程序的主要目的是提供现实的节支建议，在引入后的头几年里，功效相当令人满意。在头两年中，制定的节支建议总额约为165亿荷兰盾（约为国民收入的5%）。在这些建议中，约有60亿荷兰盾（约占国民收入的2%）已得到落实。

有一种观点是，从1983年起，在特定审查项目上更难获得各部门的合作，特别是制定现实的节支建议的建设性努力变得越来越少。含有矛盾观点的研究报告的数量正在增加。1985年7月的修改部分是为了选择政治上更相关的领域进行审查。希望通过这种方式，可以更充分地利用政治压力刺激政府机构内外的合作态度。

在**瑞典**，利用议会或专家调查委员会进行政策审查的做法由来已久。在过去，这种调查的职权范围有时过于笼统，导致提出的改革建议代价高昂。当前，审查过程受到更加严格的限制：所有报告都必须包含一份全面说明，阐述对中央政府、地方当局以及商业部门的建议可能带来的经济后果。最近的一些委员会，尤其是那些负责审查政府机构工作的委员会，被指示在他们的报告中必须包括一个“严格的选择”，即提出一种方案，使某项活动的规模收缩15%—30%。

为了补充这种审查，政府在1981年成立了一个公共财政研究专家组。财政部的预算主任是其中一名成员。该小组的大多数成员都与财政部有关，或曾经与之有关。该小组还包括一名学术经济学家以及地区和地方政府的代表。该小组正式向财政部长汇报，但其报告被广泛分发，并在许多方面得到使用。该小组每年大约召开六次会议，负责委托研究任务并监督进展。研究和审查的主题可以是特定政策或其管理方式；项目的最后期限通常设定得相对紧迫，可能只有三到四个月时间；如果提出新倡议，则必须通过同一部门领域内的支出削减来提出“资金对冲”方案。

根据瑞典的经验，重要的是要创造一种氛围，鼓励各部委和机构参与审查，以及确保与预算工作有效联系的常规。像荷兰一样，其目的是在审查实践和预算周期之间进行有效互动，而不是在一个单一的过程中进行整合。

英国。政策审查在英国是一种成熟的做法。进行审查没有固定程序；每项审查都需要对其组织、目标、资源和实施做出单独决定。政策审查的范围很广，从一个小型的审查小组，到财政部或支出部门的联合努力，再到正式的部门间委员会。在某些情况下，审查小组可能由一位部长领导，如1984/85财年对社会保障体系的要素进行的全面审查。在大多数情况下，财政部通常会有某种形式的参与，尽管有些审查没有财政部的参与仍然成功。不过，在所有情况下，财政部至少会寻求影响审查的职权范围。

政策审查的核心目标在于确保对所有支出领域进行定期评估，以明确其目标并制定评价指标。这一过程在识别节约成本的机会和允许对支出计划进行重新评估的同时，对于确定支出内外部的优先顺序起到关键作用。

改善财务管理的活动

研究涵盖的一些国家已经启动了特定的活动或倡议，旨在促进各部委和执行机构实施更优的财务管理。这些活动的目标是引发深刻的变革。随着更商业化的管理方法逐渐成为常态，这样的活动通常会被整合进一个部门的日常工作之中。

这些活动的主要特点是适应和使用相当于企业规划的程序以及与之相匹配的管理形式。在所有情况下，这都是采取更分散的行政决策程序和更多的决策授权形式。为了使其有效运作，个别管理人员需要有明确的目标（在较低的层次上，需要有明确的任务），并负责妥善使用授权预算中提供给他们的资源。需要有良好的信息、适当的技能和专家支持。整体控制取决于组织内部对绩效的明确责任。

每个级别的预算负责人都期望能对其负责的年度或长期金额的确定性有所把握，并且希望在如何在下级之间分配这些金额上拥有灵活性。这一事实影响了政府在多大程度上为每个主要部门或主要职能领域提供详细的预算或整体预算，而这可能被认为是预算办公室总计划支出的整体预算。一个部门或部级委员会在对其计划详细分配方面享有的自主权越大，预算部长及其工作人员对如何细分某块的参与就越少。由于参与较少，他们的了解也可能较少，因此，他们在所有部门中采取平衡观点的能力可能会被削弱。另一方面，如果预算办公室不那么专注于耗费时间和精力的详细预算编制，它将有更多的时间来关注关键问题。

以下段落总结了澳大利亚、加拿大、丹麦、爱尔兰和英国的举措。

澳大利亚。本届政府根据“联邦行政审查”的建议，于1983年6月启动了财务管理改进计划（FMIP）。该计划为一系列的预算和行政改革提供了一个重点，其目的是：

- 开发更好的方法来确定和制定预算优先事项；
- 将注意力更明确地集中于特定项目的目标和目的，以及它们所使用的资源；
- 开发和应用项目管理技术，以提高资源使用的效率和效益；
- 建立定期审查项目效率和效果的机制。

FMIP采取了一种双轨战略。其第一领域的改革目标，与英国的倡议相似，旨在鼓励部门和法定机构更加专注于项目管理和目标的实现，而非仅仅遵循规章制度和对资源的控制。因此，它补充了本节前文提及的执行计划预算的措施。FMIP的实施方式如下：

• 鼓励发展企业管理模式，机构负责人和高级行政人员与部长协商，确定机构目标和实现目标的战略，并确定资源分配的优先次序。

• 根据机构目标和机构所有活动形成的项目结构，制定一个项目管理方法。应明确确定项目结构各要素（如计划、次级计划、组成部分、次级组成部分）的目标和预期产出及结果，以及分配给它们的资源水平和类型。

• 在所有的项目组合中建立一个系统的方法来评估项目的效率和效果。

• 建立一个组织结构，促进以项目为基础的管理，并尽可能地将在分配的资源范围内实现议定目标的责任下放给部门管理者。

• 实施管理信息系统，为各级管理人员提供相关和及时的信息，使他们能够监测目标的实现，控制资源的使用，并确定优先事项。

• 为高级行政人员和工作人员提供有针对性的员工发展和培训，以提高他们的资源管理和一般管理技能。

FMIP 战略的第二部分，也被认为是上述“自愿”措施成功的关键，是发展一个公共机构和预算决策环境，鼓励所有参与公共行政的人更加重视绩效。采取的步骤包括：

• 引入组合项目预算；

• 将部门行政拨款合并为一个单独的整笔拨款。此前，各部门有多达 20 个单独项目来确定行政支出的数额。

• 通过将中央机构的权力下放到各机构负责人，赋予他们在行政预算内部转移资金的灵活性，并在三个广泛的职员年限内建立控制（高级管理职位除外）。

• 要求所有新的支出建议包括目标说明和绩效指标说明，以及拟议的审查说明机制和时间表。

• 与议会委员会联系，鼓励他们围绕目标而非项目投入关注部门项目绩效。

• 要求更新提供给中央机构和议会委员会的信息。

• 更新中央机构的财务分类账系统和工作人员监测系统，包括在这些系统和机构管理信息系统之间实现直接在线访问。

FMIP 由一个指导委员会控制，该委员会由财政部、运输部、国防部和公共服务委员会的高级官员组成。它由财政部和公共服务委员会的两个小型支持单位提供服务，每个单位大约有 10 名官员，并有一个由大约 12 个部门组成的部门间咨询委员会。

加拿大。政策和支出管理系统（PEMS）的许多基本特征都源于 20 世纪 60 年代末实施的“计划项目预算系统”(PPBS)。引入 PPBS 系统旨在解决两大关注点：一是影响政府控制其支出能力的各种因素；二是评估这些支出在实现预期政策目标方面效果的相关因素。虽然 PPBS 作为一种控制工具和评估机制的缺点很快显现出来。个别增量决策的考量常常在缺乏整体支出框架的情况下进行。同时，目标被证实并不适用于评估，部分原因在于它们描述了项目的广泛影响，部分原因是许多项目具有多重目标。

20 世纪 70 年代中期通过的支出增长规则对总体支出的增长设定了一个上限。然而，相对于这个上限而言，正在进行的计划的支出基础不断扩大，侵蚀了新的优先事项所需的储备。尽管按照计划项目预算系统（PPBS）的标准，支出模式看似合理，人们仍担心这种模式无法与政府不断变化的优先事项保持一致。作为一种改进，PEMS 融合了 PPBS 的许多基本原则，提供了一个系统化的政策和支出管理框架。PEMS 结合了自下而上的增量式业务规划和自上而下的预算总量宏观控制。在这一体系下，预算和年度估算成为财政与业务规划过程中的循环成果。更重要的是，PEMS 注重结果而非单纯的目标，这有助于克服 PPBS 面临的主要挑战之一。它允许系统性地分析资源分配与绩效评估之间的联系，即项目输入与输出之间的关系，从而更有效地管理和评估政府项目和政策。

在 PEMS 系统中，每个部门和机构的运作计划框架以“规划要素”为基础，这些要素是项目的独立细分。规划要素为各部门的资源规划和财政委员会的资源分配决定提供了基础。由于它们符合每个部门的管理和控制制度，规划要素也确定了责任中心，以便对有效利用核准资源进行问责。

运作计划框架已经成为回应议会长期以来关于提供更多关于政府支出和成果信息的要求的基础，以此改善议会对于公共支出“物有所值”的问责机制。现行的预算估算文件分为三个部分。第一部分是政府支出计划，建立了政府对议会责任的基础，明确了政府的支出水平及其在不同政策部门或预算封套中的分配。详细的预算估算（第二部分）旨在支持年度拨款法案的制定。此外，一系列的“第三部分”文件（部门支出计划）则从目标、各项活动对目标的贡献方式，以及预期成果等方面，对一个部门的每个项目进行详细描述。

自 1984 年以来，对 PEMS 的修改（见上文“未分配的预备金”小节）旨在对总支出进行更有效的控制，并使各部门在使用核准资源时具有更大的灵活性和责任。政策性预备金已经减少，中央对剩余预备金的控制得到加强。此外，为了帮助实现对各部门在预算范围内工作的更大期望，主管部长和部门管理者将获得更多的自由裁量权以做出选择，通过重新分配核定资源来提高项目的有效性和效率。现行的运作计划框架，加上改进的内部审计和项目评估系统，预计将为更严格的核定资源使用问责提供基础。

丹麦。1983 年秋，丹麦政府制定了一个现代化方案来改革公共部门。它的主要组成部分是预算改革，更多地依靠市场机制或准市场力量，在部门和机构中采用更好的管理方法，以及使用新的信息技术。其目的是在零增长的框架内确保服务活力和更高的质量，并打算通过给予各部门和低级管理人员更多自由裁量权和激励来实现这一目标。

主要进展在预算改革领域，这主要得益于进一步的权力下放、净支出控制，以及在某些情况下，对净拨款的依赖。

对邮局、铁路和其他一些公共企业的控制（这些企业的交易在预算中以总额处理）已经放宽。现在，重点放在了预先确定的净财务结果上。允许从事商业化补充活动的部门和机构根据简单的规则扩展这些活动，避免竞争扭曲。允许所有机构在没有正式拨款的情况下使用杂费收入。

每个部门在其票决项目之间调动资金有更大的空间，各机构可以自由地将支出从一个项目转移到另一个项目，但薪酬支出不能增加。以前在投资项目上结转未使用资金的便利，现在也扩大到包括经常性支出。在用途明确规定的前提下，未分配余额可结转四年。最后，大部分关于小型投资项目、建筑物出售等需经议会单独批准的规定已被废除。

在 1986 年，原先非常详细的员工控制被替换为每个机构一个单一的人/年限制。尽管如此，对于高级职位的数量还是保持了更为精细的控制，这被视作控制组织结构的一种策略。

在 1987 年，一个从数量到现金预算的改革将实施。与此同时，一套新的、赋予更多自主权的财务管理系统开始落地实施。

作为预算改革的结果以及对减少预算赤字的高度重视，总体支出控制已从总支出转为净支出。虽然目标仍然是限制总支出，但每个部长的运行支出目标或“框架”被固定为一个净数字，这意味着增加的收入（税收除外）被算作储备。

爱尔兰。为在中央政府层面和一般公共部门层面大幅改善财务体系，已经采取了一些措施。过去三年的主要财务举措包括：

- 公布“公共支出综合方案”；
- 规定了评估资本项目的系统程序；
- 各部门的支出现在根据每个财政年度开始时批准的概况逐月控制；
- 引入一个正式系统，根据公司计划向政府报告商业性国家机构的财务绩效；
- 向部门发布“财务管理指南”；
- 1985 年 9 月出版公共服务改革白皮书。

1984 年发布的《财务管理准则》要求部门参照“公共支出综合项目”执行，或将主要支出项目适当分解为活动或服务，以便于在持续的基础上预算和核算。这有利于在活动基础上进一步授权，从而使成本最大限度地受到授权管理的影响。

准则覆盖的领域包括：基于支出项目和活动的规划；确定负责各个项目和活动的具体管理人员；根据政府的决策来编制预算；建立适当的财务报告机制；采纳对项目有效性进行滚动审查的程序；以及采纳一个内部审计项目。

这一进程随着政府发布关于公共服务的白皮书而获得显著推进，该白皮书提出了一系列关于结构和管理系统的改革计划。这些准则为发展部门管理体系中的财务要素提供了一个框架，成为白皮书设想的新管理系统的一部分。

英国。政府于1982年5月发起了“财务管理倡议”（FMI）。该倡议要求每个参与的部门制定管理制度和做法，为各级管理人员提供：明确目标；评估实现这些目标进展的手段；明确责任，以最佳方式利用他们负责的资源；以及他们履行这些职责所需要的信息和专家意见。

每个部门都在制定适合其自身职能的安排，因此，在基本相同的主题上存在大量的地方差异。这些发展对政府中央预算编制过程、年度公共支出调查（PES）或年度供应估算产生重大影响还为时尚早。对于明确目的和目标的强调，以及制定和使用产出指标和绩效指标来展示各支出项目的收获，已经导致记录每个年度公共支出调查结果的公共支出白皮书对成就的描述（以及在某些情况下，这类项目上的目标）。

各部门发展安排的共同特征是：

这个年度过程涉及每个重要组织单位的管理者向部门的最高管理层报告其单位的当前活动、未来一段时间的目标、指标和任务，以及所需资源（包括员工人数和费用、其他行政费用以及任何归属于该单位的“项目”支出）。这些结构化的报告随后由部门的最高管理层进行审查，目的是确定优先事项并在必要时对资源分配进行调整。

在每个部门内部建立更加分散的安排，对行政支出进行预算控制。因此，各个职能部门的负责人将比以往发挥更多的管理作用，在每个预算周期结束时，对分配给他们的资源（在工作人员和其他行政资源方面）的高效和有效使用承担更大责任。每位高级管理人员都被鼓励在其指挥范围内进一步放权，只要这样做有管理意义。

随着对提高功能项目支出管理效率的需求日益增长，越来越多的人正致力于解决这一领域固有的难题。这些挑战包括确保管理人员对他们负责的项目计划和控制承担明确责任，以及对政策建议进行更深入的评估，测试其可能产生的效果；以及对运行项目更多的监管和评价，改变或清理那些被证明为价值低的项目。

部门首要财务官员职责的重心发生了变化，转向更多地服务于高层管理和预算系统，协助条线管理者建立对各自负责的支出项目的评估，而非直接管理整个部门的资源。

将运行经费预算、项目计划和评估、绩效评价从条线管理者到高级管理层，再到 PES 和供应估计联系起来。这个问题是目前由财政部会计顾问主导的预算审查中出现的关键点之一。

缓和年度影响的长期保证

年度原则是传统预算过程的核心特征之一。根据这一原则，立法机构每年批准一次拨款，而在财政年度结束时未使用的资金将失效。然而，政府的许多工作是连续性的，并且很多项目，比如修建一条道路或培训一名医生，需要跨越多年才能完成。此外，有一种广泛的观点认为，在某种程度上，年底的贷款失效会导致财政年度最后阶段的功能失调和低效的“消费狂欢”。这导致了一个论点，即减少年度性的限制将提高预算的成本效益。因此，预算部门总是面临着对长期资金保证的要求，必须在短期灵活性和长期确定性之间找到正确的权衡。

向支出管理者提供多年保证的一个例子是**英国**对个别国有产业投资计划的批准安排。每年，政府都会与每个行业一起审查它们在年度公共支出调查所涵盖年份的投资和融资计划。然后，每个行业都有权对投资项目做出确定的计划和承诺，其金额在第一年为其商定投资计划的 100%，第二年为

85%，第三年为70%。这些协议通常在秋季给出。对于特别大型的项目，需要得到负责的支出部门的具体认可。

目前，**澳大利亚**的援助计划受制于大量的多年期承诺。该计划的一个主要领域是澳大利亚对巴布亚新几内亚的援助，受制于一项为期五年的援助协议，其中规定了每年分配给巴布亚新几内亚的援助金额和支付方法。此外，澳大利亚根据《粮食援助公约》承诺每两年提供一次粮食援助，包括为双边项目做出具体的多年承诺，并可以会同世界银行等国际金融机构授予本票，这些本票可在几年内提取。

在**加拿大**，财政委员会和个别支出部门之间可以就多年期预算达成协议，但仍需由议会每年拨款。这种安排的一般内容包括：支出部门承诺在协议涵盖的年份内不寻求任何额外支出，财政委员会承诺免除该计划的进一步削减（除非在最极端的情况下）。当为一个小型机构的需求提供资源时，多年期协议作为预算工具似乎更加有用，该机构有明确的任务规定，并受到工作量压力的影响，不会发生重大变化。这些特征有助于创造一个相当稳定的环境，在这种环境中，长期的资源配置协议可以促进管理的改善。

“年终灵活性”计划旨在帮助应对支出时间的不确定性。例如，在**英国**，有一项安排涵盖了大多数部门的资本支出（也受到年度现金限额的限制），根据这项安排，一个部门可以将其计划资本支出的5%结转到下一个财政年度。从技术上讲，这些资金由议会再次表决，现金限额在下一年度增加。

如上文“支出控制实践”节所述，美国有一个基于债务的预算，根据该预算，某一年的支出很可能来自前几年的债务。在某些情况下，比如主要的国防项目，承付权可能包括了预期发生的全部费用，并且可能是多年或无年限的授权形式。另外，在1987年的预算中，总统宣布他打算考虑加强多年期预算过程。国会还通过立法，要求从 1988 财年开始，国防预算应以两年为基础编制并提交给国会。

在**意大利**，预算文件规定了以前批准的承诺水平所产生的现金支出水平。然而，这些现金支出必须与特定年份的总体现金限额相适应，如前所述，这些限额也在意大利预算的双重控制体系中得到批准。

德国的预算法允许投资支出和来自专项收入的支出结转到随后的财政年度。如果其他支出被指定用于涵盖几年的目的，并且有利于效率和经济，则可以宣布在年度预算计划中有资格结转。为了结转支出（未用余额），必要的资金将被编入预算。这些资金的计算方式是足以支付必须在下一个财政年度支出的未用余额，除非可以从下一个财政年度的现金节省中提供未用余额的资金。

在**丹麦**，适用于各部门和机构资本支出的既定计划已被扩大到也包括经常性支出。只要在财政法案的最后“补充条款”中明确规定其用途，未分配余额可结转四年之久。如果一个部门的具体资金用途没有在补充文件中详细说明，那么这些资金就会在该年年底失效。

在**荷兰**，在某些条件下，允许不经议会批准将拨款转入下一财政年度。第一个条件是，符合结转条件的分项在预算文件中被注明。其次，预算文件注明可转移资金的最大数额。最后，资金必须在下一个预算年度使用，支出部门有义务表明在起始财政年度做了相应承诺。然而，荷兰内阁最近决定废除这种结转手段。今后，未使用的余额将通过需要议会批准的补充法案转入下一个预算年度。

为了克服严格的年度现金管理带来的不利影响，未来可能会看到某些项目或机构获得正式的多年拨款，同时仍保持短期内对总预算的充分控制。以**瑞典**为例，目前正在探讨的一个想法是将执行政府多项民事计划的机构的行政预算设置在多年期基础上。这一做法的目的是使预算办公室能够集中资源，例如每年对三分之一的机构进行深入审查。每个如此审查的机构都会有一个约定在三年内通过变化改进绩效的方案，并在整个期间确保资金，以便其能策划如何最好地履行职责。

参考文献

OECD（1984），Tax Expenditures：A Review of the Issues and Country Practices，OECD，Paris，ISBN 92 – 64 – 12589 – 2.

OECD（1985a），The Role of the Public Sector：Causes and Consequences of the Growth of Government，OECD.

Economic Studies No. 4，Spring，OECD，Paris，ISSN 02s5 – 0822.

OECD（1985b），Social expenditure 1960 to 1990：Problems of Growth and Control，OECD，Paris，ISBN 92 – 64 – 12656 – 2.

OECD（1985c），OECD Economic Outlook No. 38，December，OECD，Paris，ISBN 92 – 64 – 12777 – 1.

第三章
结果导向预算：各国经验比较*

中央政府预算的范围

本报告从负责预算总量控制和支出管理的中央政府办公室的角度讨论预算实践。各国中央政府的支出内容有所不同，但预算范围所涉及的主要问题大致相同。这些问题涉及介于国有和私人部门之间归属较模糊的机构，诸如贷款和担保之类的非传统交易，以及不涉及资金的强制性支出但具有类似一般支出财务和其他影响的激励措施。

这些“范围”问题需要考虑到一个确立已久但却经常被违背的原则，即预算应该是全面的。也就是说，不论资金的来源或最终用途如何，它应该涵盖政府所有财政收入和支出。例如，对于中央政府来说，这一原则要求预算应该包括向地方政府提供的拨款，但不包括这些地方政府使用自筹资金的支出。它还要求包括社会保障，即使它是由专项资金或信托

---

* 本文最初于1995年作为经合组织出版的《成果预算编制：公共支出管理展望》（*Budgeting for Results*：*Perspectives on Public Expenditure Management*，ISBN 92－64－14476－7）的第2－10章出版。在撰写本文时，艾伦·希克是华盛顿特区乔治梅森大学的公共政策教授。

基金资助的，以及国有企业，即使它们可以进入资本市场。

全面性原则并非目的本身，而是实现预算重要功能的手段。全面预算有助于：（1）衡量政府行动的经济后果；（2）控制政府的财政资源；（3）对公共部门的决策者和管理者进行问责；（4）有效利用公共资源。尽管完整的财务信息对于预算非常重要，但几乎没有任何 OECD 成员国拥有完美的全面预算，涵盖政府的所有财政资金流量。政府机构和项目运营的常规支出几乎均包括在国家预算之中。只有在法律或实践将某个特定机构或项目视为预算外时才会出现例外。当支出是非常规的时候，问题就变得更加复杂，比如当政府提供或担保贷款，或者通过税制提供激励或优惠时。本节不涉及社会保障问题，而在 OECD 地区，社会保障支出占据了总公共支出日益增长的份额。

国有企业

国有企业和私营企业之间的界限并不总是明确或清晰的。国家控制的程度、企业的所有权以及其对公共财政的依赖程度是定义界限的重要标准。但当政府拥有企业但几乎不行使控制权时，或者反过来，虽然政府在技术上不拥有国有企业，但仍然行使重要的管理控制权时，界线就变得模糊了。关于就业、定价和采购政策以及国有企业对资本市场的准入等问题会进一步增加复杂性。

当国有企业纳入预算时，最常见的做法是仅考虑它们与政府之间的资金净流量，即以净额（收入减去支出）而非总额进行核算。一方面，采用总额核算将加强政府对企业的控制，但可能扭曲预算并导致不必要的干预和僵化的管理。另一方面，净收入和支出可以展示国有企业对政府财务状况的贡献，并有助于控制国有企业的借款需求。例如，在英国，为了控制目的，公共支出的运营定义包括国有行业和大多数其他公共公司的净外部融资。然而，在奥地利，一些企业（主要是传统公共服务垄断企业）以总额形式呈现，而在法国，预算操作仍由各部门而非国有企业执行，这是净额预算的一种例外。

一些国家区分政府强制性拥有的企业和由政府设立但被视为私营公司运营的企业。在美国，联邦政府全资或部分拥有的公司被纳入预算，与由政府资助（但并非所有）的公司形成对比。关于后者的财务信息，即政府资助企业（GSE），被附加在预算中，但不包括在收入和支出总额之中。

各 OECD 成员国的私有化倡议已经减少了国有企业数量并降低了其在财政上的重要性。当企业被私有化时，政府获得的资金通常被编入预算的收入或作为支出的减项。无论哪种方式，政府的短期预算状况都会得到改善。尽管强调私有化，但一些政府仍然拥有某些关键领域的核心企业，尤其是在交通和通信等公共垄断行业。

除了私有化，一些政府已经从详细的事前预算（和其他管理）控制转向管理者自主裁量和绩效责任。对于在竞争市场中运营的国有企业，常见的做法是在标准管理决策（如定价和中间投入品选择）方面给予它们相当大的自由。在这些国有企业中，预算讨论通常集中在国家对企业的支持方面，无论是用于经营补助还是资本融资。

预算办公室在监督 OECD 成员国国有企业方面的角色各不相同。在奥地利，从事制造业的国有企业通过一个总机构与预算办公室打交道，该机构提交开支和融资请求。在加拿大和法国，与预算办公室的讨论在主管部长的主导下进行。在美国，管理与预算办公室对国有企业的运营几乎没有参与。

事实上，预算办公室很少持续控制国有企业。一个例外是法国，一些老国有企业有一位常驻的审计员，该审计员是财政部雇员，可以查阅所有文件。然而，多年来，这个角色似乎已经从监控演变为在财政部和国有企业之间维持沟通。

国有企业的事后控制主要在预算过程之外进行，通常通过定期审计来实施。近年来，扩大这些审查的趋势是涵盖绩效问题，而不仅仅是合规性。

奥地利。国有企业在联邦预算中占 15%—20%，这还不包括在竞争性行业运营的国有企业。出于预算目的，国有企业被分为两组：完全由国家拥有并通常受到严格预算和非预算控制的公共服务型垄断企业，如铁路、邮政、电信和林业；以及国家在竞争性行业中至少持有 51% 股权的国有企业，通常具有自治权，尽管政府可能通过任命董事会成员来发挥一定影响力。第一类企业的预算按总额计算；第二类企业的预算按净额计算。

公共服务垄断企业的预算方式类似于常规部门。议会批准它们的预算，并对工资、雇员数量、投资和运营支出进行单独限制。工资水平也由议会确定，尽管并非通过预算程序确定。这些国有企业不能自行借款，投资以现金基础作为当前支出进行预算。第二类国有企业——国有化工业——不受这些详细的事前控制约束。政府控制的关键渠道是公共官员在这些公司董事会的成员资格。贷款、拨款或资本注入通过常规预算程序进行处理。审计局每年撰写公共服务垄断企业的报告，并在四到五年的周期内撰写其他国有企业的报告。

加拿大。截至 1993 年，联邦政府持有 47 家、资产达 540 亿加元、雇员超过 11.7 万人的公司 100% 的股权。1984 年的《财政管理法》调整了政府与国有企业之间的关系，改变了中央控制和管理自主权之间的平衡。根据目前仍具效力的相关规定，每个国有企业母公司（即完全由政府所有）必须每年提交一个未来五年的发展规划，说明其投资和借款情况，以及实现其规划的目标和策略、以往年度的业绩（与目标相比）和未来一年的预期业绩。这些计划要提交给国会，并成为年度拨款申请的依据。即使国有企业的授权法允许其借款，也必须通过公司年度规划获得批准。

政府向国有企业提供的资金包括预算资金和非预算资金。预算资金不需要偿还，因此记录为支出（与国有企业的收入进行抵消），非预算资金预计会偿还，并在财务报表中记录为资产。预算资金通常用于提供现金补贴或弥补运营亏损；非预算资金通常用于资本投资、营运资金和类似目的。

芬兰已将中央政府预算相关企业改组为预算外企业。这一改革过程始于 1989 年，已逐步覆盖了大多数企业。新的组织形式允许企业拥有广泛的经营灵活性，同时在议会控制中保留了投资规模、融资以及主要功能的选择权。新的操作自由度包括经营管理的自治、定价决策和获得资本市场的机会。面临竞争的企业可以转型为有限公司并出售给私人投资者。到目前为止，已有三家企业转型为公司，其中一家已经被出售。更多的企业将会紧随其后：已经向议会提交了关于将邮政和电信公司改组为有限公司的法案。预算外企业可能会成为将来生产强制性政府服务的一种组织形式。

法国。国有企业在法国经济和公共部门中扮演着重要角色。两次国有化浪潮使法国的国有企业达到了当前的规模和多样性，第一次是在二战后，第二次是在 1981 年。此后，公共部门的范围经历了两个私有化计划的大幅缩减，一个计划在 1986 年至 1988 年进行，另一个正在进行中。除了国家拥有 50% 以上股本和表决权的“国家企业”外，还有各种“混合经济公司”，部分属于公有，部分属于私有。这里只讨论前者。企业与财政部长之间的关系取决于它们的国有化日期以及它们是作为公共服务垄断企业还是在竞争市场中运营。公共部门的规模在 1986 年至 1988 年期间进行的私有化和当前进行的私有化中有了明显缩减。

法国有五个主要规定来管理国家向国有企业的财政资金流动：Ⅰ）资本拨款被视为一般支出；Ⅱ）贷款被记录为通过特殊财政账户进行的临时操作；Ⅲ）国有企业的股息出现在总预算中的收入之中，而贷款偿还则作为相应特殊财政账户的收入录入；Ⅳ）担保只在导致支出时列入预算；Ⅴ）向国有企业提供社会福利的补贴在支付给国有企业时作为相关部门的支出计入预算。

预算控制对国有企业的支付进行管理，包括支付金额和条件，以及某些国有企业向私营部门借款和工资、价格等。国有企业与预算办公室的关系通过负责该国有企业的部门进行沟通。国家对公共服务垄断企业和其他各种国有企业的现行运营提供的资金是通过年度预算过程决定的。这些国有企业的投资政策由一个特别的跨部门委员会进行审查，以确保其财务计划与宏观经济政策一致。对于在竞争市场中运营的国有企业，与财政部的讨论涉及整体借款或具体增加国家提供资本的请求。但其他事项则由这些公司的经理或董事会上的政府代表负责。

20 世纪 40 年代或更早国有化的国有企业有一名财政部的驻地官员，负责监督其运营，可以查阅文件，传达财政部的政策和偏好，并向财政部报告发展情况。

美国。尽管美国的国有企业部门相对较小，但具有多样的机构，遵循不同的规则和财务安排。可以分为四类：

1. 被联邦政府全资或部分拥有的公司通常以净额计入预算。其中大多数公司从联邦政府获取资本，由政府承担财务风险并控制其预算和其他运营。其中一些公司在财政部享有信贷额度，并且大多数公司的资金分配由管理与预算办公室进行。所有公司都要接受审计局的审计。

2. 少数国有企业归政府所有，但不计入预算。其中最大的是邮政服务公司，于1981年从预算中剥离出来。在一些重要方面，这些企业与第一类相似，只是其预算状态不同。

3. 政府资助企业（GSE）是在联邦资助下创建的，但由私人拥有和管理，并且通常意味着自负盈亏。大多数GSE在住房和农业等依赖信贷的领域充当金融中介。其中一些GSE从政府获得部分资本，政府在财务风险方面承担明确担保或“道义义务”——即这些企业在遭遇困境时政府将提供援助的预期。GSE不包括在政府预算范围内，但有关它们的财务信息会附在预算之中。

4. 一些私营公司以资本、运营补贴或担保形式获得联邦政府的补贴。政府通常对这些实体的控制较少，但从财政部流向这些实体的资金作为支出计入预算。

贷款和贷款担保

向各类政府机构（包括国有企业）发放的贷款通常要计入预算，并包括在所有整体支出目标中。这种现金基础的做法源于贷款与传统支出相同，对政府的赤字或借款需求产生影响。此外，缺乏资产负债表和其他财务报表使政府无法将贷款记录为资产，就像在企业报表上那样。

将贷款视为现金支出存在一些严重的缺点。第一，贷款与无需偿还的支出（如拨款）在决策过程中进行竞争。这种处理方式使得看起来等值的贷款和拨款对政府的成本相同，但实际上，真正的成本是不相等的。第二，如果一笔贷款在开始时被列为支出，如果随后被冲销、违约、转为拨款或被遗忘，则预算无法记录任何成本。第三，现金基础无法认识到贷款的条件（包括利率和偿还计划）以及借款人的信用状况不同，且对政府的真实成本产生很大影响。

贷款担保引发了一些特别棘手的预算问题。由于只有在借款人违约时政府才会进行现金支付，一般做法是不将贷款担保列入支出计划或预算总额之中。然而，在提供担保时，政府确实承担了一项潜在责任，即如果借款人违约（通常会发生），政府将在未来进行支付。在发生违约时，政府已无法控制成本，尽管必须在预算中记录任何现金支付。

低估贷款担保的成本使其难以与其他财政工具（如拨款和强制性贷款）进行比较，也难以评估其对政府风险的成本。许多政府试图通过在预算和其他政府公文中扩展有关担保的信息来弥补其不足的处理。在许多国家，无论是预算还是现行立法，都限制了可能在一年内未偿还或发行的担保总额。

近年来，贷款和贷款担保的预算地位发生了相当大的变化。美国推行的最深远的改革旨在根据对政府估计的成本来预算贷款和担保。其他国家试图通过在预算中提供对预期现金支付的实际评估来加强财务控制。其他改革还包括向借款人收取费用，以弥补或覆盖政府贷款或承担成本的一部分。

澳大利亚。自 20 世纪 80 年代末以来，强制性贷款的规模已经下降，这是由于政策终止了联邦对各州的借款，并要求国营企业（GBE）实现自给自足。大多数担保提供给 GBE，以降低借款成本并改善资本市场的机会。1988 年采取的 GBE 改革取消了对新借款的明确担保，但这些企业仍然有来自政府会救助它们摆脱财务困难的隐含担保。

奥地利。不对拨款、贷款和担保的成本进行预算比较。财政部对贷款价值应用 7% 的贴现率进行衡量。由此得出的估计值不列入预算。事前评估借款人的财务健康程度可以将信贷风险降至最低。国有企业不通过强制性贷款获得资金，贷款转为拨款的情况很少发生。为了使风险降至最低，只有在法律对担保的发行施加条件的情况下，才会提供担保。除出口信用保险外，担保支付非常有限。已向国有企业发放了贷款担保，但在 1986 年的改革中，取消了对政府控股公司 OIAG 的合作企业的非正式的国家担保，1991 年的一项法律终止了对这些企业的新担保，因此担保的数量有所减少。

加拿大。强制性贷款是公共政策的重要特征。这些可以是优惠贷款，被视为拨款并计入预算，或者是市场利率的非优惠贷款，不涉及补贴。每年重新评估贷款，如果发现信用风险或利息补贴显著，则进行减值。自 20 世纪 80 年代末以来，贷款担保的规模有所增加，只有在获得立法授权并经财政部长批准的条件下才能发放贷款担保。为了获得议会授权进行担保，预算估计中必须明确涉及贷款担保；然而，支出水平仅涵盖由违约导致的现金支付。当贷款有可能无法偿还时，会设立储备金（通常等于贷款金额的 25%），并将其作为标准支出项目记录在预算之中。当预计私人资本市场对国有企业或私营部门的贷款将被全额偿还时，它们将被列在预算之外。为制定反映贷款担保在政府汇总财务报表中成本的新政策，政府正在审查现有的政策和做法。

丹麦。强制性贷款不是政府政策的重要工具，1991 年仅占支出的 2% 。创造金融资产（应收账款）的贷款交易计入总预算赤字；偿还款项在财务交易账户中视为收入。贷款的补贴成本在预算中没有被明确标识。没有对担保与其他形式支出进行系统比较，但人们普遍认为担保的补贴低于强制性贷款。最近几年，一些担保类型的损失得到了较高保费的缓解。

芬兰。强制性贷款在预算工具中起到次要作用，占总支出不到1%。它们被列为支出预算，而偿还款项则被列为收入预算。贷款违约、重组和其他不规则情况不会出现在预算中。除少数例外，国家担保需要获得议会正式批准。关于这些交易的详细报告见于年终结账和政府国家财政管理报告。

德国。1992年，强制性贷款占联邦支出略高于1%。只有在还款可能性较大时才提供贷款。财务交易没有单独的预算。贷款发放被视为支出，偿付被视为收入。经议会批准的预算包括因担保违约产生的现金需求的预留。担保在许多领域发放，并由财政部进行监控。

新西兰。随着政府通过放松管制、公司化、增加竞争和其他创新措施，引入了公共部门的市场原则，强制性贷款和担保的重要性已经减弱。预算区分了创建资产的交易和不创建资产的交易。根据新的应计制会计制度，贷款的注销在财务报表中得到确认。担保在政府的财务报表中完整报告。

瑞典。政府提出了每个贷款担保计划的使用限制，并由议会决定。预算的一个特殊部分列出了贷款担保限额和现金支付的变化。预算还提供了担保在当年预期支付的估计。

瑞士。1991年，强制性贷款占政府支出不到2%。在发放贷款时，使用信用评分系统对风险进行评级。资产负债表区分了带有正常收益率的贷款（使其账面价值与实际价值相对应）和收益率较低的贷款。后者每年重新评估价值。担保的使用越来越广泛，可能是因为它们对赤字没有即时影响，并且更适用于多种情况。贷款担保的实际补贴接近零，因为它们只有在借款人的财务状况良好且有支付可能时才发放。

美国。1990年的信贷改革法案（于1992财年生效）对强制性贷款和担保贷款的预算处理进行了根本性改变。改革之前，预算以现金基础记录贷款和担保。强制性贷款在资金支付时被列为支出，并在预算中净额抵销旧贷款的本金和利息偿还。只有在违约情况下支付时，贷款担保才列入预算作为支出。除了这种基于现金的系统之外，还在 20 世纪 80 年代引入了一个独立的信贷预算，与常规支出预算平行。这个独立的过程规定了国会预算决议中每个财政年度的总强制性贷款义务和总担保贷款承诺。它还规定每年贷款活动的限额应在年度拨款法案中设定。1990 年的改革延续了这个平行预算过程的一些要素。

这项改革将联邦提供或担保的贷款的会计基础转向这些交易的估计补贴成本。该改革旨在将强制性贷款和担保贷款放在可比较的基础上（即基于它们各自的补贴成本），并便于将这些交易与拨款进行比较。该改革涉及对每个贷款计划的补贴成本实施复杂的估计程序，并处理贷款的非补贴部分。新系统要求对预算授权和支出进行预算，并为补贴成本拨款。这些成本根据净现值基础使用折现率计算，折现率等于政府在承诺或担保贷款时支付的利率。在进行这项计算时，估计所有未来的现金流出和流入，但排除了处理贷款或担保的行政成本。对于强制性贷款，流出将是贷款金额，流入将是本金和利息的偿还以及违约时资产的收回。对于贷款担保，流出是政府在借款人违约时将进行的支付，而流入将是任何收回款项。通过对这些流量折现，该程序使政府能够将这些交易的补贴部分与非补贴部分分开。

预算总目标

公共部门的增长、公共支出构成的变化、一些国家对政府在经济中的角色持更为悲观的看法，以及对不断增加的债务负担的担忧，促使政府在公共支出方面采取重大转变的姿态。在20世纪70年代末和80年代初，人们开始认识到需要在政府的财政能力与政策目标之间取得平衡，并更加意识到长期财政失衡对整体经济和政府未来行动自由的潜在不利影响。

这些担忧促使政府将预算计划建立在总目标基础之上，通常提前几年制定，而年度支出决策将与之相适应。尽管这些目标与实际预算决策或结果的确切联系（如果有的话）取决于政治领导人和政府是否愿意受到预先设定的规范的约束，但这些目标有助于在年度预算过程开始时限制需求。目标使政治家、利益集团、官僚和其他争取公共资金的人士明确政府对他们要求的响应有限。这些目标是一种教育过程的重要组成部分，通过这个过程，期望从扩张转变为削减或稳定。因此，这些目标是对开支者、他们的客户和支持者提出的“自下而上”需求施加的“自上而下”限制。

政府的全局预算准则必须用简单明了的术语表达，尽管它们可能源于关于财政和货币选择、政府的规模和角色、收入和支出的内在动力以及部门政策和压力等复杂考虑。无法轻易理解的目标很少有机会影响决策，它们必须简单到足以满足预期目的，并且可以用几个数字总结，代表着未来的趋势或政府希望的方向。《政府支出控制与管理》（OECD，1987）的研究发现，在几乎所有成员国中，预算目标都以具体的定量目标来表达，而不是以一般的定性意图陈述。这种精确性传递了政府的财政目标，限制了政府允许权宜之计决定总收入和支出水平的能力。

成员国使用的预算目标可以分为以下三类。一些国家依靠两种或更多的做法来影响预算发展。

1. 一个比率，通常以与国内生产总值（GDP）或其他总体经济活动指标相关的百分比表示。这个比率可能与公共债务水平、预算平衡或政府借款、收入或支出水平，或这些因素的组合有关。

2. 支出的变化率。一个常见的准则是在规定的时期内实际增长为零，尽管目标也可以允许一定的增长率，或要求减少实际支出。或者，目标可以用名义值表达，并且可以与预算平衡或收入负担的目标比率一起发布。

3. 目标变量的名义绝对值。以现金值表达的目标可以是未来的支出或赤字水平，或者是相对于某个基准水平的变化量。

预算目标并非自动执行，政府也并非总能够实现这些目标，无论其决心多么坚定。在追求规定的财政规则时，政府必须对经济的短期表现敏感。当经济发生衰退时，财政目标很可能会让位于经济状况的现实情况。其他冲击事件，比如德国统一和重建与整合东部地区的巨大成本，是近年来最突出的案例之一，可能迫使政府放弃精心制定的财政目标。很大程度上，这还取决于政府对利率等关键变量以及需求驱动计划成本的短期控制能力。

OECD 成员国在实现自己设定的目标方面在财政表现上存在相当大的差异。撇开 20 世纪 90 年代初的衰退不谈，一些国家超额完成了目标，而一些国家则表现得比较糟。在这两种情况下，困难时期和紧缩措施的呼声在反复中失去了效果。到了 20 世纪 90 年代初，全球目标在许多 OECD 成员国的预算实践中得到了制度化，但与 20 世纪 80 年代中期相比，它们对预算政策和行动的指导作用稍显不足。然而，可以预期，鉴于最近的经济衰退对民主政权财政平衡产生的影响，复苏的迹象将再次强调严格的目标作为巩固财政的手段。

在欧盟成员国中，总目标可能会得到一些推动力，因为

《马斯特里赫特条约》规定，将于20世纪90年代末引入欧洲经济和货币联盟的条件之一是将预算赤字控制在国内生产总值（GDP）的3%以下。那些超过马斯特里赫特目标的欧盟国家可能会采取总目标的方式来使其预算符合要求。

澳大利亚。从1985年开始，联邦政府采取了一个中期的“三部曲”策略，即不增加支出或收入占GDP的比例，减少赤字/GDP比率。为应对出现的国际收支困难，这些目标被进一步收紧，政府承诺在1988/89财年和1989/90财年预算中实际减少支出，并实现公共部门净借款需求为零。在1987/88财年至1990/91财年期间实现盈余后，随着20世纪90年代初的衰退，联邦预算再次出现了赤字。1992年，政府宣布了一揽子措施，以提振经济的短期增长，并承诺在1995/96财年实现预算盈余。该目标随后推迟到1996/97财年，并在1993/94财年预算中修订为到1996/97财年GDP约1%的赤字。

奥地利。1987年，联合政府采取了一项中期计划，旨在将赤字从GDP的5.5%降至1992年的2.5%。在经济衰退之前，这一财政巩固进展速度比计划中的要快得多。但最近经济的恶化迫使放松财政目标，当前的目标是在1994年实现2.5%的GDP比率。除了减少赤字外，财政政策还旨在减轻税收负担，使公共支出的增长低于GDP的增长，并稳定债务与GDP的比率。

加拿大。在20世纪70年代和80年代初期，政府试图将支出增长控制在名义GDP的趋势增长水平以下。随后，重点转向赤字和债务控制的策略。自1984年以来，政府一直努力通过使计划支出（不包括债务服务）的名义增长率远远低于名义GDP的增长来降低支出与GDP的比率。在大多数年份，支出目标明显低于通货膨胀，意味着计划支出实际下降。

1991 年的预算引入了支出控制法案，该法案规定了对计划支出增长（不包括自筹资金的失业保险和农业保险基金）的法律约束，从 1991/92 财年开始的五年平均每年不超过 3%。1994 年的预算表明，该法案将在 1995/96 财年到期后不予延长。与降低支出与 GDP 比率的措施相结合，税收改革增加了税收与 GDP 的比率。减少赤字和债务与 GDP 比率的中期战略是基于税收与 GDP 同步增长，而支出增长明显较低。

丹麦。支出目标通常以公共支出的实际增长为表达。1983 年采取的主要财政目标，并在整个十年期间得以实施的是消除中央政府赤字和公共支出实现零实际增长（不包括失业救济支出的周期性变化）。到 20 世纪 80 年代末，迅速的经济复苏导致中央政府财政平衡，并在整体公共部门产生了大量盈余。然而，随后失业支出的增加和税收收入增长缓慢导致赤字不断上升。在 1993 年上任的政府将减少这一赤字作为明确的目标。支出目标的增长率远低于 GDP 长期增长率。

芬兰。自 1977 年开始，政府作为中期经济政策的一部分，设定了总税率目标和国家借贷限额。1985 年宣布的政策要求通过整个十年期间稳定税收负担和债务与 GDP 的比率。随着苏联解体和东欧的发展，芬兰经济受到冲击，先前的财政目标被证明是不够的。1990 年，政府采用了一种新的预算上限方案，内阁决定为每个部门设定支出上限，作为预算编制的正式指导。因此，目标已从总中央政府支出转移到各个组成部分。

法国。在 20 世纪 80 年代初期的一段短暂扩张期后，政府采取了更为限制性的立场，遵循两个财政限制：不断降低中央政府赤字和减少税收负担。在 1986 年至 1989 年，实际赤字始终低于预算；在 1990 年至 1993 年，情况相反，尽管努力进行支出约束，政府仍面临着大幅增加的赤字与 GDP 比率。

德国。为了推动新联邦州的经济重建并为统一提供社会政策措施的资金，联邦预算发生了高额额外支出。1993 年预算中四分之一与统一相关，联邦政府已指明了所要采取的措施：在中期内将支出增长限制在 3% 以内，严格控制公共支出，并减少年度净借款。这种巩固措施也适用于地区和地方政府，目标是将总体公共预算赤字从 1991 年的 5.5% 降低到 1995 年的 3% 。

希腊。预算的运营目标是净公共部门借贷需求与 GDP 的比率。1991 年的稳定计划旨在将中央政府的借贷需求从 GDP 的 13% 降至 1994 年的 4% 。尽管年度预算应符合稳定计划设定的目标，但该计划并没有约束力，预算经常偏离财政策略。

意大利。20 世纪 80 年代中期采取的政策旨在到 1990 年将广义公共部门的总借款需求降至 GDP 的约 7%—8% 。这些目标意味着在当前支出方面没有实际增长，并将实际资本支出控制在 GDP 增长以下。这些目标没有实现，政府在 20 世纪 80 年代末和 90 年代初提出了一系列的削减方案。然而，自 20 世纪 80 年代以来，财政赤字的持续下降一直是预算的一个显著特征。

日本。自 20 世纪 80 年代初以来，政府并未在公共部门（或中央政府）采纳总支出目标，而是致力于通过逐步淘汰债务融资债券和减少公共债务与国民生产总值之比的财政改革。财政约束的主要工具是每个部门在编制预算申请时必须遵循的严格指导方针。尽管这些指导方针主要适用于运营成本——强制性支出、国防和某些其他重要项目被排除在外 ——但它们扭转了债务融资的趋势。

荷兰。预算规则通常在政府上台时的联合协议中宣布，覆盖了其预计任期的四年时间。预算目标以净国民收入（NNI）的百分比来表示，与预算赤字和综合预算（包括税收和社会保险缴款以及某些其他收入）有关。1991—1994 年的联合协议将预算赤字目标设定为净国民收入的 4.75%，并在 1994 年下降到 3.25%。这是一系列联合协议的第三个，第一个覆盖 1983—1986 年，第二个覆盖 1987—1990 年，都大幅减少了预算赤字。1991—1994 年的综合负担目标是将其稳定在 1990 年水平。

西班牙。自 1983 年以来，中期目标一直是控制公共部门赤字和削减公共支出。随着转向单一欧洲市场，20 世纪 90 年代初的预算强调持续的财政巩固和从消费转向投资支出。

土耳其。五年发展计划规定了经济绩效和公共财政的目标，如总体公共部门的流动和资本支出、对其他部门的转移支付、收入和财政平衡。该计划还针对总体公共支出与国民生产总值之比进行了目标设定。预算在这个计划框架内编制，但赤字的实际结果往往超过计划水平。

英国。自 1980 年以来，中期财政战略（MTFS）为货币和财政政策提供了框架。MTFS 与年度预算一起发布，并每年更新。每个 MTFS 提出了财政预测，通常是向前四年，涵盖以货币（现金）和 GDP 百分比表示的公共部门借款需求。根据 1992 年引入的安排，“新控制总额”的增长将受到限制，以确保随着时间的推移，除去私有化收益的政府总支出增长速度低于整个经济。根据目前的假设，这意味着随着时间的推移，除去私有化收益的政府总支出的实际增长不应超过每年 2%。

美国。在 20 世纪 80 年代初，联邦预算赤字在绝对金额和 GDP 比率上飙升，而公债/GDP 比率也不断上升。为了扭转这些趋势，1985 年《平衡预算和赤字削减法案》（格拉姆 - 鲁德曼 - 霍林斯法案）为 1986 年至 1991 年的每个财年设定了特定的赤字目标。该法案设想在这些年份中逐步降低赤字，并在 1991 年消除赤字。如果财政年度初估计的赤字超过目标，该法案还制定了半自动程序（称为财政减少）以降低支出。国会于 1987 年修订了该法案，调整了目标，并将预计平衡预算的年份延长到 1993 年。尽管有一些相对较小的财政削减措施，但从 1986 年到 1990 年的每一年，实际预算赤字都高于格拉姆－鲁德曼－霍林斯的目标。国会在 1990 年对这一困境做出回应，从赤字目标转向控制影响收入和支出的立法。这些控制措施最初适用于 1991—1995 财政年度，将支出分为“选择性”和“强制性”两类。选择性支出由年度拨款控制，而 1990 年的改革将其限制在预设水平。强制性支出主要用于强制性的权益，金额不受限制，但需要按量入为出（PAYGO）规则进行，要求通过其他项目的支出削减或收入增加来抵消立法增加的支出。新控制措施的初步经验表明，它们在一定程度上限制了额外支出，但并未减少过去立法决定产生的赤字部分。国会现在已将选择性上限和 PAYGO 限制延长至 1998 财政年度。根据现行法律，未采取立法行动限制强制性支出。然而，在协议的一部分，总统发布了一项行政命令，限制了强制性支出。如果超过了这些上限，总统将提出法案来抵消增加。

支出计划：年度预算和跨年度预算

总预算规则和目标通常为数年而非仅限于即将到来的一年。这种跨年度维度至关重要，因为使预算符合可接受的财政目标通常必须分阶段进行，每年的预算都朝着规定的目标发展。如果年度预算不遵循全局规范，这些目标将无法实现，政府将面临失去对财政状况的控制的风险。然而，多年度预算承诺与年度预算压力之间常常存在紧张关系，因此预算反映了当下的现实政治而非向承诺的方向发展。

跨年度预算（MYB）是整体中期目标和年度预算之间的桥梁。在寻求改革预算实践以提高公共部门效率和效能的许多 OECD 成员国中，MYB 也成为财务管理改革的一种工具。本报告的后续部分将探讨 MYB 的这一特点。

MYB 的起源在于政府认识到需要应对不断增长的公共部门规模及其对经济的影响，以及当前决策的长期影响，如国防和投资支出，这些支出往往发生在预算为它们提供资金的几年之后。早期的 MYB 系统是在 20 世纪 60 年代和 70 年代引入的，那个时期公共部门迅速扩张，人们普遍相信政府有能力引导经济稳定增长。在那些年份，MYB 是一种规划工具，是识别项目倡议并在未来预算中为其留出资金的一种手段。MYB 本身是扩张的推动因素，因为部门和其他人将这些计划视为未来预算资源增加的权利。但随着公共部门扩大的速度变得难以持续，人们认为 MYB 不再适用。规划无法获得资金的扩张或者引发无法满足的期望都没有多大意义。人们还担心，经济的动荡和不可预测性使 MYB 成为对未来财政和项目政策的不可靠指南。

针对这些问题，一些 OECD 国家的政府将 MYB 从规划转变为预测，从项目扩张的工具转变为对未来支出的限制。在一些国家（如英国），这种重新定位的标志是从数量规划切换到金额规划。在其他国家，这一重新定位体现在规定预测必须基于不变的政策——即仅估算现有项目的未来成本，而不为任何新倡议留出空间。在一些国家（如荷兰、瑞典和美国），这个基准成为预算工作的起点。在大多数情况下，这个基准传达了一个强有力的信息：现有项目的内在势能已经占用了所有未来资源，没有余地用于新的支出计划。

将多年度预算作为基准规划，它充当了年度预算必须遵守的财政限制。这种限制通常以政府所接受的总目标来表述。因此，它体现了保持在实现既定目标进程上的预算内涵，例如增加收入或削减项目。为了成为当前预算政策的限制条件，预算必须与年度支出计划周期相结合。当多年度预算是庞大的规划机构的一部分时，该过程通常委托给一个与编制年度预算没有强制性关联的独立机构。因此，常见做法是由负责编制预算的机构制定多年度预测。将预测与预算相互关联的方式还通过将多年度预算的时间范围缩短到更贴近总预算目标设定期间的框架来促进。

澳大利亚。在开始编制预算时，财政部编制了未来三年支出的前瞻性估计。这些基准估算只包括在没有政策变化情况下所批准项目的预估成本。可能延续的项目的成本单独进行标识。然后，财政部将各种估算汇总成一个概览，并根据一个一致的（预算估测）价格基础进行调整。利用这些预测，内阁确定了预算和未来几年的总目标。预算过程中的政府决策在不包括任何政策变化补助的基线前瞻性预计之外。因此，预算决策的重心在于对这个基线或高或低的渐进调整。尽管内阁制定了广泛的政策目标，但详细工作留给了支出评估委员会（ERC），这是一个由高级部长组成的小组委员会。在 1993/94 财年，内阁决定大多数政策倡议需要完全通过节省措施来抵消。然而，某些高优先级的提案或成本过高而无法完全抵消的提案被视为超出该限制之外。内阁还支持一个两阶段的过程，其中各个部门负责提出新的政策和节省措施。第一轮要求部长们在 1993 年 5 月前提交他们提案的摘要。然后由部长们筛选出需要在第二轮中进一步发展的项目。从这一点开始，详细的 ERC 审议开始，为 8 月份的预算提供支出数据。然而，从 1994/95 财年起，这个时间表将发生变化，因为从这个日期起，预算将于每年 5 月份在两院议会提交，以便在 7 月财政年度开始之前通过。

奥地利。政府每年制定一份涵盖当前预算年度之后三年的中期预算估计。这份估计显示了已经决定的措施的财政影响，但不反映其他计划中的倡议。在支出方面，多年度预算显示出满足批准的目标和承诺所需的资金；在收入方面，它预测在政策不变的情况下的未来收入。多年度预算为政府的预算编制提供服务，但不受议会影响。

早在 20 世纪 90 年代初，预算改革就提出了多年度财政计划，旨在整合优先事项确定、政策制定和支出管理的过程。根据这一新安排，为每个政策部门和部长制定支出计划。

预算工作基于财政部发布的指令开始，通常在前一年的五月份。最近，这些指令对限制提出了严格要求，包括选择性支出和强制性支出在内的综合限制。各机构提交预算申请后，与支出部门进行三个逐步提升层次的谈判：在预算部门、由财政部长、如有必要，在总理主持的内阁协调委员会。这个过程的结果是在 10 月份提交给议会的预算。

比利时。通过财政部预先获内阁批准的通知函，预算编制在 2 月或 3 月启动。该通知函规定了在 5 月份提交的预算申请所应遵循的指导方针、规范和假设。这些申请包括对当前政策的估计，以及针对新措施的单独文件化提案。针对持续活动的申请基于当前政策，即特定日期的现行法律和法规。增加支出的提案应包括节省措施。这些申请中特别关注大约 100 个项目，这些项目的支出占总支出的 80% 以上。各部门被要求对这些项目提供额外信息。在 6 月和 7 月期间，这些申请在与预算部门的双边会议中进行审查，之后内阁决定对每个大项目分配预算并授权支出计划或削减计划。资本项目包括三年的估计，并由一个部长委员会进行审查，该委员会向内阁推荐一个投资计划。

加拿大。用于制定财政目标的自上而下的财政计划系统是以总预算支出和净财政需求的形式表达的。这个自上而下的系统与详细的自下而上的多年度运营计划系统（MYOP）相互作用。自下而上的系统最初以不变货币表达，涉及支出的每个要素。财政委员会管理自下而上的运营，而财政部则与枢密院办公室协商处理财政计划系统。

每年政府都会审查和继续执行其涵盖当前年度、即将到来的预算年度和随后两个规划年度的财政计划。在政府的优先事项（特别是降低支出与国内生产总值之比的中期战略）的指导下，对收入、经济状况和当前支出的预测进行评估。其结果是为每一年规划的多年度支出路径，其中包括政府持续运营的资源；用于资助政府优先事项、公共债务费用和法定计划预测差异的中央保留金；以及实现赤字目标所需的支出控制措施。这些目标会以全局的方式在预算年度的财政计划文件中进行规定。

每个支出部门制定一个跨年度运营计划，该计划经过财政委员会审查，决定了在未来三年内继续实施现有计划所需资源。与此同时，财政部根据修订后的经济展望更新主要法定支付和公共债务费用的预测。这些预测与多年度运营计划审查结果结合起来，构成了支出计划的编制基础，其中第一年作为主要估计的基础。

在下一财政年度开始前大约 1 个月，这些估计提交给联邦议会。政府在这些估计之中寻求拨款，并反映已批准的多年度运营计划第一年所需的财政和授权需求。还有认可所包括的多年度成本。估计总额中，大约 70% 已经获得现有法定授权，供参考。其余的金额需要议会拨款。

丹麦。预算在12月由议会通过后，拨款法案的附录会对未来三年支出进行规划，按照相同的价格和支付基础进行。之后不久，下一个预算的工作就开始了。财政部的预算部门会将多年度预测调整为用于编制下一个预算的支付和价格假设。在2月，财政部长向内阁提议一套净支出上限，每个部长都有一个，以及新的总目标。这些上限为各部门预算提案的起草设定了框架。实际上，这些上限为每个部门划定了一个支出区间，使其在安排预算提案时具有相当大的灵活性。在此之后，预算的谈判重点是为那些难以控制在约定限额内的部门提供新支出和削减选项。

芬兰。20世纪60年代采用的中期行动和财政计划体系在1990年之前保持相对不变，那时引入了一套新的上限体系，中期计划的时间表与预算编制的时间表保持一致，而时间跨度缩短为1—3年。现在，由内阁发布的上限（而不是部门的支出需求）主导预算过程。预算提案强调要实现的结果，而不是过去的支出项目。中期规划的角色已经转向，为部长和内阁的决策提供连续性和背景。现在，联合的中期和预算时间表有三个重要的里程碑：2月确定上限；5月向财政部提交预算提案；8月的内阁预算会议。

支出上限的新体系以及与此同时采用的以结果为导向的预算方法，意味着将详细的支出决策广泛委托给各部门和机构自行解决。

法国。直到最近，法国才有了多年期预算编制过程，但某些支出（例如国防和海外省份）受到多年立法的约束，该立法主要确定了年度预算中应包含的金额。法国首次实施了一项为期五年的定向法，明确规定了国家预算的目标。这是通过制定中期财政赤字削减路径来控制公共财政的一项重要创新。预算的制定可以分为四个阶段：

1. 每年年初，预算部编制下一年的初步支出预算，包括当前年度的预测和可能的新支出估算。在此预算估测的基础上，总理与财政部长和预算部长一起，决定即将到来年度的预算政策。

2. 然后，总理在春季向各个部门发布“预算更新”来解释预算编制的一般政策框架。在这个“更新阶段”，主要活动是通过更新已核准的财政举措（“获批措施”）和“必然要推行的新政策”（如新经济条件下的财政状况）将当前年度的预算继续下去。各部门向财政部提交他们的“更新预算”，并提出新政策建议，从而启动技术性谈判。

3. 6月，总理向每个部门发布“上限函”，确定经常性和资本性支出总额的上限。这些文书对下一期预算中已接受或要求的政策措施进行了相当详细的说明。各部门随后提交预算案，进行第二轮谈判，通常重点关注拟议的新计划和必要的削减。通常情况下，部长们有相当大的自由度通过在其他地方削减开支来资助新支出。

4. 最后一个阶段是要提交给议会的预算的技术准备工作。

德国。年度预算的编制以每年向议会提交的中期财政计划为指导。无论是计划还是预算，都是根据各地区和地方政府在财政计划委员会中表达的财政意向进行制定的，该委员会代表了各个政府层级。委员会提出的关于总支出和净借款年度名义增长的建议是预算和财政计划自上而下规划的基础。中期计划中对未来联邦收入的估计基于宏观经济预测和假设。计划还指示了政府关于联邦预算平衡以及未来40个大项支出的政策。这些大项由从底层逐级统计的数字汇总而成，并由各部门与财政部（并经内阁批准）达成了与预算编制相同细节的协议。在规划期最后三年的现金需求预测中，某些大项包括价格增长的预留（例如指数化的社会支出和利息支付）。在这三个规划年份中，还设置了一个未分配的规划储备，用于进一步的价格增长和新项目，以及为工资增加提供的全面预留。中期财政计划的最重要目的是根据政府的政策设定优先事项，并遏制对预算的过度需求。财政部每年发布的详细预算说明通常要求各部门将支出申请保持在当前财政计划规定的上限范围内。财政部还制定了有关部门当前或行政成本增加的特殊规定。

希腊。虽然没有多年度预算，但每个年度预算必须符合纳入《经济一体化计划》的财政政策指导方针，该计划旨在实现《马斯特里赫特协议》的目标。在此框架下，中央政府预算的编制分为几个阶段。每年夏初，财政部向所有部门和州发出下一年度支出计划的指南。在相关部长批准和部门指定费用办公室审核后，提案被提交给总审计署，总审计署与财政部各司局共同制定和监督预算。总审计署在 8 月至 9 月期间审查提案，财政部长（在与总理的磋商中）可以进行调整，以使支出增长保持在财政政策目标范围之内。在编制收入预测之后，财政部向政府介绍预算前景，并对财政政策的变化做出决策。公共投资预算的制定也有类似程序，但存在两个重要区别。一个是投资预算由国家经济部主导制定；另一个是财政部必须在中央政府预算中无变动地纳入建议的投资预算。

爱尔兰。虽然没有正式的中期支出分配制度，但各部门必须提前三到四年预测资源需求。这些预测每年都会更新，并为中期经济和预算管理提供参考。

由财政部长提出并由内阁接受的宏观预算目标为财政部和各部门之间以及随后的内阁部长之间的谈判提供了框架。在确定目标后，财政部发布指导方针，规定了下一年度支出预算编制的参数。财政部长向政府作报告，并与同事们进行谈判，根据下一年度的估算进行讨论。一旦政府同意，详细的估算结果将在预算之前公布，尽管一些最终决策通常是在预算日当天做出的。

日本。没有定期的中期支出计划周期，尽管有时会利用预测数据协助编制年度预算。预算的指导方针由内阁在每个周期的6月至7月期间决定。各部根据这些指导方针在8月底前向大藏省提交预算申请，之后大藏省与各部门按照层级顺序进行听证和谈判，从低级官员开始，如有必要则提升至部长级别。在预算提交之前不久的12月末，通常进行密集的“复苏谈判”，同时将预算与财政投融资计划一起提交国会。这些谈判不会改变预算草案中设定的支出总额。如果在此阶段通过额外资金，则取自未分配的财政资源。

荷兰。政府持续更新其跨年度（支出）预测（MYP），作为财政部财政控制的依据。MYP反映了基于内阁核准政策对当前预算年度和未来四年的支出预测，并包括对一些敏感宏观经济数据的估算，如利息支付和失业救济。在预算周期开始时，它们代表了上一期预算的结果，根据随后的政策变化以及现有政策的重新估算和新经济假设的变化进行了调整。MYP在持续过程中不断更新；预算发展的每一次变化都会对多年估算进行相应调整。

有了跨年度预算计划作为背景，财政部长在3月向内阁提交一份“框架文书”，从而启动正式的预算编制工作。该信函阐明了对各个部门的拨款建议，包括支出削减。该信函还可能详细说明实现预期削减的具体措施。内阁将讨论信函框架，并在3月至4月期间做出决策。然后，根据规定，详细的预算将制定出来，通常允许各部门替换财政部长提出的提案，前提是不影响预算目标。在5月至6月期间，预算署长与各部门的高级官员之间就预算草案进行密集谈判，如果问题仍未解决，则会进行部长级的双边会谈。支出决策将在7月由内阁正式确定，但直到9月提交议会之前，还可以作出进一步的决策。

新西兰。根据1989年《公共财政法》实施的财务管理改革极大地改变了政府预算的各个方面。预算决策围绕一个“基线”流程展开，期间部门应邀在两个时期提交预算草案：通常是10月至11月和2月至3月。这些基线由部长进行审查，他们以应计基础而不是现金基础作为产出的购买者做出决策。政府认为，产出预算能更好地向部长们提供正在实现的成果，并使他们能够判断这些成果是否符合优先事项。近年来，基线受到规定限制，禁止部门因增加的投入成本而获得补偿，要求它们在现有预算中进行政策倡议的资金再分配，并且只有在需求确定时才允许额外资金的投入。

挪威。年度预算的编制工作于2月/3月开始，届时内阁将批准每个部委的初步支出上限以及单独的政策举措框架。各部委有机会提出调整建议。最终限额由内阁在5月/6月决定。然后，各部委在8月初在商定的范围内制定提案。内阁于9月解决悬而未决的问题，届时将决定有关税收和经济问题的最终政策。

葡萄牙。尽管国家预算是年度性的，但可能包括涉及跨年度支出的项目或计划。预算呈现了一个在四年期的投资和支出计划（PIDDAC）中包含的计划和项目的指导性时间表。国家预算还考虑了政府为中期制定的参考框架。这个框架由财政部编制，被称为QUANTUM（“为过渡到经济和货币联盟的国家调整框架”），为1991—1995年制定了无变动和调整情景。调整情景旨在通过财政整顿在这五年期内使葡萄牙经济名义收敛到欧洲共同体平均水平，并实现公共部门赤字的急剧和迅速减少以及公共债务的持续减少。QUANTUM 所规定的政策变量的时间路径构成了起草年度预算的政治指导方针和参考框架。

西班牙。多年计划最初旨在将投资计划延伸至预算年之后，而现在已演变为包括宏观经济和预算情景的多年预算工具。这些情景将年度预算视为四年过程的第一步，并为分析公共部门行动目标及其可能对经济的影响提供了框架。在此框架内，经济事务和财政部制定了预算编制的指导方针。预算总局随后制定相应的指令，涉及流程的时间表和要求。三个部长委员会在预算政策中发挥重要作用。预算功能委员会提出关于收入和支出的功能分配建议。项目分析委员会确定支出计划的财政需求，并根据功能委员会确定的优先事项对目标进行排序。公共投资委员会将投资计划与多年期经济框架进行协调。提交预算提案后，内阁可能参与解决经济事务和财政部与其他部门之间的争议，并批准提交议会的预算草案。

瑞典。每年春天，政府在长期预算（Langtidsbudgeten）中提出中期收入、支出和预算平衡的预测。这个中期预算的目标是展示现有决策和承诺在未来四年期间的财务影响。其范围已扩展到包括其他政府层级和社会保障，并显示公共部门对私营部门的财务影响。这个文件既不是一个方案，也不是一个预测，而是作为议会的讨论文件，其评论会影响财政部在年度预算周期开始时的指南。

这些指南在 2 月以一份总的通知发给各机构，距离财政年度开始约 17 个月。此外，还向采用三年期预算框架的机构发出个性化的通知，其中涉及与有关机构特别相关的问题。政府在 20 世纪 80 年代中期尝试了三年期预算制度，并经过多年的试点测试后，决定在所有机构中实施这一新制度。每个机构在其三年周期开始时必须对其活动和绩效进行深入评估，回顾前一期间的成果，并规划未来三年的目标。这种深入分析受到一份特殊通知的指导，其中提出问题并要求提供有关机构工作和绩效的具体信息。在三年周期的中间年份，机构可以提交较不详细的预算申请，只要它们遵守为其规定的支出和绩效路径。

土耳其。预算编制在政府向议会提交的五年发展计划框架内进行。经批准的计划和年度方案对公共部门具有约束力，对私营部门具有指示性。第六个计划（1990—1994 年）确定了经济、社会和文化发展的目标。该计划还规定了总体公共支出与国内生产总值之比。年度预算周期始于 6 月，即财政年度开始前 6 个月，由总理发布预算报告，概述即将到来的预算的基本原则。根据财政和海关在 6 月的技术指示，各部门制定详细的流动支出提案。在接下来的 2—3 个月里，这些提案与财政和海关进行讨论，并最终由高级规划委员会和总理做出决策。与国家规划组织进行的谈判过程并行，以编制投资预算。

英国。20 世纪 60 年代引入的年度公共支出调查确定了未来三年的公共支出计划。政府对公共支出的总体目标是逐步减少其占国内生产总值的比例，并以政府总支出的形式设定。然而，为了使公共支出计划过程不受经济周期波动的影响，政府还确定了一个“新控制总额”。这个总额包括大约 85% 的政府总支出，但不包括与经济周期相关的社会保障福利和债务利息。在每次调查开始时，政府为新控制总额设定确定的上限，旨在确保政府的公共支出目标得以实现。调查的目的是在这些上限内将支出分配给各个项目。

调查首先确定了上次调查中达成的基线，必要时合并分类变更或在部门间转移职能。然后，负责支出部门的部长向财政部秘书长提交对基线压力和节约空间的评估。在根据这些提交的情况下，财政大臣和财政部秘书长在6月向内阁报告，并且内阁通过新控制总额上限。

内阁的一个名为EDX的部长小组随后负责在新控制总额上限内将支出分配给各个部门。EDX由财政大臣担任主席。其决策是基于财政部秘书长与支出部门的一系列双边会议，并且部长们也可能被邀请向EDX提交他们的意见。当这些讨论完成后，EDX向全体内阁提出建议。在全体内阁达成一致后，新计划在11月的预算中予以呈现。1993年11月30日的预算首次将新支出计划与税收变更建议结合在一起呈现。预算之后，新支出计划的详细信息将以一系列部门报告和预算统计补充的形式发布。为明年设定的计划被用作即将到来的财政年度的确定性控制总额。

美国。每年初，总统向国会提交预算，其中包括“基准”收入、支出和赤字的预测，以及反映总统提案的预测。国会预算办公室（CBO）发布自己的基准预测，可能与行政部门的预测不同，并被国会用于制定“框架”预算决议。直到1990年，该决议涵盖了未来3年；但自那时起，它已扩展到5年。由于多年的基准在计算立法的预算影响方面至关重要，总统和国会都努力依靠共同假设。对于克林顿政府上任后的第一份预算，即1994财年预算，总统宣布他的预算将以CBO的宏观经济假设为基础。

联邦部门在财政年度开始前18个月或更长时间开始制定年度预算。每个部门都有内部程序来汇编申请，但这些申请必须按照标准格式提交给总统的管理与预算办公室（OMB）。夏季期间，总统发布一般预算准则和计划上限，以指导机构编制预算。机构在秋季提交他们的申请，之后OMB准备“反馈”通知机构在总统预算中的建议金额。机构有一段时间可以对这些“反馈”向 OMB 或其他总统官员提出申诉。有时，申诉会提交给总统，总统对提交给国会的预算有最终决定权。

议会/国会控制

议会对公共支出的立法控制是民主政府的一个基本原则。在 OECD 国家中，政府只有在立法授权的情况下才能支出公共资金，没有例外。然而，授权支出和议会在决定或影响预算政策方面的实际作用在经合组织成员国之间存在差异。

年度拨款是授权公共支出的传统方式。然而，议会越来越多地通过永久或常设立法来授权支出。公共支出构成的变化——更多的转移计划，更少的运营费用——已经降低了年度拨款的重要性（作为总支出的比例），并使立法授权的支出更加突出。尽管年度拨款基金作为总支出的比例有所下降，但政府整体规模的大幅扩张意味着拨款资金的总量稳步增长。

政府的增长和相关发展使议会实践发生了其他变化。民主立法机构在预算事务上通常比过去更加独立，尽管它们实际上偏离政府的估计程度取决于法律惯例和行政与立法机构之间的整体关系。如今，议会是否行使一些独立判断并拨款多或少于政府要求的金额很少涉及信任问题。在拨款投票的议会独立问题上，实践范围从美国国会对总统提出的预算进行许多重大改变，到英国议会以政府要求的金额投票通过拨款。议会独立通常体现在设立（或扩大）立法预算工作人员和加强立法审计职能方面。

与此同时，随着政府规模的增长，一些传统的支出控制措施逐渐减弱。曾经普遍的做法是政府以“项目明细”的形式提交估算——列出使用公共资金购买的资源投入，如人员、办公用品、公共事业等等。拨款往往也以相同的细节进行投票，使得支出机构在使用提供给它们的资源时几乎没有灵活性。某些国家（例如德国）仍然采用这种详细预算的形式，但总体趋势是减少立法控制支出的项目数量，并以宽泛的框架、批次或组合进行拨款。近年来，澳大利亚和芬兰是加入这一趋势的 OECD 成员国之一。许多国家还放宽了对“转移资金”即在不同支出项目之间转移资金的控制。总体而言，议会的控制权正在从议会转移到官僚机构。

政府的增长也削弱了议会控制的年度性。曾经，议会通过年度拨款决定每年的支出金额。但年度拨款并不是调控需求决定性支出的有效手段，也不能有效控制长期承诺（如投资项目）的支出。许多经合组织成员国允许支出机构将全部或部分拨款延至下一年或更长时间。但尽管在特定年度，年度拨款可能仅决定不到一半的政府支出，议会仍将年度控制作为其问责的主要手段之一。但一些采用结果预算的国家试图设法将年度拨款与多年控制机制相结合。

比利时。政府预算非常详细，总计约 4000 页，分为四个部分：Ⅰ）拨款法规定了总额和在预算中某些项目之间转移资金的授权；Ⅱ）拨款表由议会投票通过，并指明议会通过的拨款；Ⅲ）分摊表将拨款分配给负责其管理的组织；Ⅳ）支持说明详细解释了每个拨款对项目的贡献，有时说明相当详细。

所有支出每年按照总额进行拨款，要么是“分拨款”，即为承诺和支付分别指定不同金额，要么是“非分拨款”，即仅指定一个金额。分拨款用于多年期建设项目和一些国防采购，其中承诺在项目开始时获得授权，随着承诺到期，支出获得投票批准。当拨款以非分拨方式表决时，未支付的承诺可能在下一年继续进行，无需进一步的议会授权来支付未结清的债务。

加拿大。政府的财政预算计划以预算报告和总概算两种形式提交给议会。预算报告中明确了财政收入、拟议的税收变化和总支出情况，而总概算详细说明了拟议的支出。总概算由三部分组成：按政策部门、经济类别和部门划分的支出计划概述；为每个部委、职能部门和机构制定的拨款法案和预算；以及以标准化格式呈现的详细部门支出计划，描述了项目及其产出，并提供资源信息，其中“第三部分”的支出计划所占篇幅超过5000页。

拨款以两种形式进行：年度拨款，基于在议会提出的预算，并覆盖大约35%的总支出，主要用于运行成本和资本投资；以及用于不消减义务的法定拨款，如债务利息、转移支付和某些其他特殊项目。后者由议会的单独法案提供，无需每年更新。年度拨款的预算必须用于需要在当年支付的服务。只有法定拨款授权未来年度的支出。然而，机构可以签订涉及未来支付的合同，如果这些在提供未来拨款上有规定。

芬兰。所有支出，包括权益，都在每年的拨款法案中进行投票，按照部长职责划分，再按机构或职能进一步细分，然后按经济类别进行拨款。支出以总额进行拨款，商业企业除外，它们获得的是净拨款。议会进行三种类型的拨款：固定的年度金额；授权，如投资项目，可以延期使用长达3年；以及经内阁财政委员会同意后可超支的拨款估算。最后一种类型用于工资和大部分转移支付，约占总支出的四分之三。在进行拨款时，议会可以增加支出，前提是通过削减支出、增加税收或借款来抵消金额，以保持预算平衡。

拨款结构已经因引入以结果为导向的预算而发生了变化。以前分别用于工资、其他消费和设备的项目已合并为一个单独的项目。因此，议会投票的支出项目数量急剧下降。1994年预算提案中的支出项目数量不到600个，而1989年超过1200个。

法国。提交给议会的拨款法案附带有大量的附件（总计约1万页），详细说明了有关措施的具体细节。蓝色附件按照标题、章节和条款对支出进行分类，并提供适用于每个类别的信息。标题是所有部门都使用的标准分类，区分运行支出、公共干预、投资和投资补贴。章节对每个部门是独特的，最近一年大约有1400个章节，是议会约束支出的层次。政府在法律上有义务根据附加章节的分配来分拨拨款，但议会可以对其进行修改。支出进一步划分为条款，主要是组织单位或活动，这是财政部约束支出的层次。支出也可以按段落和行进行细分，即支出的详细项目，但这仅用于信息目的。

所有支出每年以总额进行票决，并且除非明确标识为估计或临时，否则是固定金额，原则上不能超过，需要事先获得议会的授权。估计的拨款，如债务服务和社会保障，占总支出的四分之一以上，并且可以根据需要超支，而无需进一步的议会授权来解决法定义务。暂定拨款用于难以估计的少量支出。这些可能会通过动用财政部维护的应急储备来补充。拨款分别投票给“已批准服务”和“新措施”；前者以总额投票，后者分为部门和标题。在为资本支出拨款时，议会同时授权“承诺”，该承诺可无限期使用，以及“支出”，原则上仅适用于预算，但实际上几乎可以自动延期。

瑞典。提交给议会的预算提案包括拨款法案草案和每个部长职责的支持材料。每个职责被划分为包含一个机构或一个独立的投资或转移项目的“预估”（中央政府约有800个）。每个估算的说明概述了每个机构的要求和部长的回应。支出每年票决一次，大部分非税收收入与支出进行抵消。拨款可以为单一年度固定，授权可以延续2—3年（或对于建设项目可以无限期延续），或者拨款估计可以通过内阁的决定超支。最后一种类型的拨款占总支出的85%左右，用于运行成本和大多数转移支付。

英国。各部门支出计划的详细信息在18份部门报告和一个统计补充中在初春时期公布。各部门在开发有用的绩效信息方面付出了很多努力，这反映在报告中包含的众多指标和目标中。在财政年度开始前不久，会提交“供给预估”以用于票决支出和非公开转移支付。对于每个部门职责，供给预估指示票决是否是一个现金限额，并定义投票的“范围”——即支出将用于何种目的、净金额和负责部门。这些信息在拨款法中有所体现。财政部（在1993年）向议会提出了旨在提高供给预估连贯性以及它们与部门报告中信息整合的建议。

票决支出约占总支出的一半，并每年获得授权。议会还为“常设服务”、债务服务的不失效授权和某些其他支付授权支出。议会每年还制定两个或更多的补充拨款法案，任何额外支出都从未分配的储备中提取或通过削减其他项目来抵销。

支出监管和控制

作为未来一段时间的支出计划，预算很少能完全以其编制或被立法部门通过时的形式实施。无论是因为经济或政治状况的变动，还是因为对支出细节的众多小调整，都会发生变化。然而，作为授权的支出计划，预算必须考虑到其建立的承诺或期望以及议会制定的规则和限制来实施。因此，实施预算需要在适应变化环境的同时，在遵守法定和其他限制之间取得平衡。如何平衡这一点在 OECD 成员国之间存在很大差异。

在所有国家中，都有补充支出的规定，无论是通过额外拨款还是将票决资金从一项用途转移到另一项用途。在所有国家中，资金只能按法律授权支出，并且（有些例外除外）只能按授权金额支出。在大多数情况下，对预算赤字的关注和财政约束感强化了对未预期需求的调整，动用预备金或重新分配资源，而不是要求议会追加拨款。英国和一些其他英联邦国家依赖现金限额作为迫使支出机构仅使用计划资源的手段。荷兰强调严格的预算纪律规定，详细说明如何补偿超支。美国已制定了财政削减程序，用于在违反特定预算目标时自动取消资源。

在许多国家中，监管程序也变得越来越重要，推动力来自计算机化和信息处理能力的进步。现在许多国家定期将实际支出与计划进行对比，以便在出现差异时及时进行适当修正。在一些国家（例如新西兰和美国），预算和会计系统之间存在更紧密的联系，不仅是为了确保两者在一致和统一的基础上，还为了使管理者对其行为的财务影响保持敏感。

运行支出和转移支付的监控安排有所不同。前者很可能受到现金限额的限制，或要求节省以抵销超支。在这些情况下，监控是支出控制的手段，它为支出机构和中央机构提供了早期预警，以便采取必要措施防止或弥补超支。然而，后者往往是不限额的，监控的主要目的是信息，旨在早期了解支出计划是否正常进行。如果不是这样，补充通常是自动的（无需议会行动）或常规的（议会授权将按时进行）。

在一些国家，最近对运行支出（也称为行政支出或运行成本）和转移支付（也称为权益、强制性支出或需求驱动支出）的区分比以往更加明显。丹麦是这一趋势的显著例外，因为现在它在用于控制部门支出的“一揽子”中结合了这两种类型支出。相比之下，在美国，1990 年的预算执行法案为控制选择性支出和其他支出建立了非常不同的规则。

在 OECD 成员国中，管理成本的控制在那些进行集中、前置控制的政府和将控制权委托给支出部门的政府之间存在明显差异。第一个阵营由法国和德国领导，其他国家（比利时、希腊、土耳其）要求支出部门的审查员对行政支出（如人员和采购）进行事先授权，并对财政部负责。这种控制方式曾经是民主制度中普遍采用的做法，它在各个国家继续用于确保支出合法和审慎。这种控制方式与细化预算和拨款以及相对较大的财政部门有关。

第二组由英国和其他英联邦国家以及几个北欧国家（丹麦、芬兰和瑞典）领导。在过去，这些国家的政府对支出行为进行了集中控制。控制权的下放发生在两个阶段：第一个是在 20 世纪 60 年代，政府的增长促使一些财政部门将部分权力移交给支出部门；第二个是在 20 世纪 80 年代（并持续到 20 世纪 90 年代），在追求效率和公共支出问责的推动下，各国将支出责任委托给部门管理者，让他们在约定的预算范围内自行支配。有关这些下放的逻辑在“管理问责和项目有效性”节之中有更详细的讨论，该节涉及提高管理问责和项目效果。

澳大利亚。根据中期规划战略，为了使项目负责人对资源拥有更大的灵活性和控制权，行政成本已大幅下放给支出机构。运行成本的安排使机构有权将行政资金从一项活动转移到另一项活动，并将其使用推迟到下一个财年或提前使用未来拨款。提高灵活性的交换条件是：金额受到现金限制，提供给政府一个有效的回报，以及部门在交付项目成果上直接对议会负责。

这些安排得到了有关实际支出可靠、及时的信息支持。财政部为所有部门提供了计算机化的会计服务。财政部官员可以访问到一定程度的详细信息，而每个部门则为自己的监控和管理目的指定系统要求。财政部将实际支出与预算估计进行对比，并向财政部长报告重大差异。

对于意外支出的补充拨款可以通过专项基金拨款给财政部长（如果满足某些条件），或在下半年进行额外拨款来提供。通常，寻求追加拨款的部门需要最大限度地在其他领域提供节省。

奥地利。财政部完全控制拨款资金的使用。对于重大选择性支出、补贴和资本支出，需要财政部的事先授权。财政部还控制承诺和人事成本。通过月度拨款和报告来维持这些控制。各个支出部门在每月初向财政部提交其资金需求以获得批准，并每月向财政部报告之前已经支出的资金。支出的增加或转移需要议会批准，但财政部有权增加或转移已经获得授权的支出，前提是有额外的收入可用。

比利时。支出部门在使用拨款资金方面通常具有有限的自主权。拨款分为约3000个拨款项，这是财政部控制支出的层次。在拨款项之间进行资金转移需要财政部的批准，但即使是在同一个项目中，也不允许在不同对象的拨款之间进行转移（如工资和其他支出对象）。

为了执行事前控制，财政部在每个支出部门都设有财务督察员。这些督察员密切监控部门的运作，并且可以访问所有文件和数据。尽管他们只是对支出部门提供建议，但督察员在预算执行中发挥重要作用。所有超过一定门槛金额的采购和补贴都必须提交给督察员进行审查。针对督察员的建议可以向财政部提出申诉。除了这些控制之外，所有承诺必须由承诺控制员（在各个部门工作，但向财政部负责）发放“签证”，证明有足够的资金可用。

政府通常在重新分配资金方面空间有限。除了拨款和拨款结构的限制外，部门还受到集中人事和采购程序的限制。

加拿大。支出部门在未经议会批准的情况下不能在议会票决之间切换资源，但可以在一个票决中的不同活动之间重新分配资源。这些授权权力受到某些限制，例如不能通过部门的自由裁量权减少用于基本资本的资金。从 1993/94 财年开始，联邦政府引入了一个管理项目支付所需资源的运行预算（运行成本）管理制度。随着这一制度的引入，中央控制和监督将大幅减少。例如，正在取消关于劳动力消耗（人员年限控制）的独立控制和报告，以及财政委员会对用于薪酬支付专款的控制。

预算制度规定每年对部门的多年运营计划进行审查，这些计划对投入和活动水平进行审查。除非部门提交追加资金申请，否则支出部门没有义务向预算办公室报告实际支出情况，在这种情况下，将分析资源限制和资源使用情况，以确定是否建议提供额外资金。在某些情况下，财政委员会设立了冻结拨款（拨款的一部分），即使资金已经通过票决。只有在满足财政委员会设定的条件后，这些拨款才会释放。

丹麦。当议会投票通过拨款时，它将支出的授权委托给相关部长。20 世纪 80 年代的改革增加了支出部门的管理责任，并减少了需要财政部门和议会批准的特定项目数量。财政部运营着一个计算机化的支付和会计服务系统，每月提取支付数据。然而，在一年的过程中，没有对支付配置进行事前中央控制。自 1984 年以来，正式的监控安排是每个部门在一年内向财政部报告三次，报告实际支出与约定支出“框架”相符或偏离的情况。如果预计会超支，责任部长需要提出补偿超支的方法，包括可能的立法变更。在实践中，财政部与支出部门之间的联系是持续的，双方会在必要时讨论补救措施的范围。

芬兰。自20世纪60年代末以来使用的现金管理系统在1991年升级为在线计算机系统。新系统为机构、国库和财政部提供了比以往更便捷、准确的现金交易规划工具。

传统的事前财务控制已经进行了改革，不再那么详细和以投入为导向，而是涵盖影响未来几年支出的重要法规、法令和决定，以及预计拨款的透支。可转让“预留拨款”的时间跨度缩短为一加两年，自从引入新授权系统，允许机构进行承诺，其支出根据现金支出计划支付。

法国。预算部门保持着对支出的详细控制。每个部门都任命了财务控制员。所有拟议的承诺都需要提交给相关的控制员进行审核，以核实是否符合法规（授权承诺的权限、计算准确性、账户正确性、与财务管理规定的一致性）和可用的未承诺余额。在支付之前，每个支出部门在会计意义上负责其财务交易的适当性，但必须经过控制员的批准。控制员只能出于合法性原因拒绝批准承诺，但如果发现承诺不可取，可以推迟其的决定，从而迫使其与相关部长沟通。对于控制员的决定没有正式的上诉制度。

通过两种途径，政府在部门拨款的不同部分之间调动资金具有相当大的自由度，可以通过两种程序进行转移和转换。只要支出性质不改变，财政部就可以在各个部分之间调动资金。然而，不能在流动支出和资本支出之间、在人员和其他运行支出之间以及在各类人员支出之间转移。如果支出性质没有改变，还可以在部门之间进行转移。此外，首相可以通过法令授权在同一部门的不同部分之间转移拨款，即使支出性质发生改变。转移金额不能超过原拨款的10%。这些转移和转换权限由中央行使。支出部门在没有财务控制员批准的情况下，可以有限度地进行重新分配。

德国。部门拨款在预算法中被详细规定，除特别指定的支出外，部门没有权力将资金从一项转移至另一项。与联邦预算相关的支付通过由财政部运营的地区财政办事处进行处理，财政部独自负责维护记录并编制每个机构的年度账目。这些办事处向财政部提供实际支出的月度分析，财政部还从各部门获得未来3个月的预计需求报告。因此，预算的执行持续受到监控和控制。

当支出可能超过授权总额时，在咨询过主管部长后，财政部长可以在其同意的支出总额内承诺或支出。如果认为需要额外支出是不可预见且不可避免的，并且补充拨款无法及时通过或议会已放宽对补充拨款的要求，财政部可以授权超额支出和/或预算外支出。此外，政府在不经过补充预算程序的情况下，有法律授权为应对经济衰退批准额外支出。相反，财政部可以阻止支出或承诺，以避免经济过热。必须告知议会预算计划的重要偏离情况，包括超额支出和预算外支出。

希腊。财政部有季度和月度的支出调控手段。它决定在一年的每个季度中花费一定百分比的某些年度拨款，并确定每月可以用于某些类别支出的金额。未使用的余额在年底失效，不会结转到下一年的预算之中。然而，在特定情况下，它们可以用于弥补超支。

爱尔兰。公共支出只能在议会的授权下进行，授权可以是年度拨款法案或特定的授权立法。此外，它需要财政部长的批准，该批准可以是具体的（用于一次性支出）或授权的。实际上，对于构成绝大部分支出的持续性现行计划的支出权限已被授予支出部门，但需要遵守规定和管理操作的条件。在授权的范围内进行支出不得超过年度拨款估计中指定的总现金限额。财政部长尚未批准的支出应从议会票决的金额中扣除。如果承诺缺乏这种授权，财政部可以在确定不应该发生承诺的情况下扣留批准。

每个部门在年初制定了每月支出（资本支出和经常性支出）的概况。一旦达成协议，该概况将作为每月现金限额的依据，因此在一个月中未使用的资金不能自动转移到后续月份。部门只有在财政部长明确批准的情况下，才能在一个月中超支计划金额。一个月的批准超支必须在当年后期通过节约措施进行抵消。未使用的资金不能结转到下一年度，但在1991年启动的“行政预算计划”下运作的部门可将一年中的一些节余重新分配到下一年度。

日本。每个部门都需要获得大藏省对其负债计划（合同和导致政府支出的其他行动）的批准。此外，每个部门支付官员预期支出的详细概况必须在每个季度开始前得到大藏省的批准。部门将资金从预算的一个项目转移至另一个项目需获得财务大臣的批准。财务大臣还可以要求提供关于实际和预期支出的特别报告，并可以推荐必要的改正措施。

荷兰。财政部授权给支出部门相当大的权限，但保留了明确规定未经其事先许可不得负债的条目的权利。在整个年度，部门按照严格的预算政策规则运作，以确保支出控制在既定总额之内。这些规则规定了如何通过节约措施来弥补超支。在整个年度，财政部与每个支出部门之间定期举行会议，讨论可能偏离预算支出的情况。通常情况下，子项目之间平衡调整或在严格条件下（并且幅度有限）在某个预算项目内调整资金的问题可以在不涉及议会的情况下得到解决。

挪威。从 1986 年开始，拨款和预算制度进行了改革，支出机构在使用拨款资金方面具有更多自主权和灵活性。这些改革取代了详细的控制系统，引入基于绩效的激励措施以提高成本效益。

在开年之前，每个部门向其下属机构发出拨款通知，告知它们可支配的资源。机构被授权在其拨款范围内进行支出，但必须定期向各自的部门报告支出情况。政府（对于较小金额，是财政部）已获议会授权，可将支出增加至预先设定的金额。

葡萄牙。公共账务总局负责监督预算执行，并为此编制每月支出信息。总局计算各类支出的安全限额。如果超过了这些限额，它会通知预算国务秘书采取适当措施。

某些对预算的改变，例如在组织分类或功能类别之间的转移，属于议会的权限。但预算法允许财政部从预备费中拨款用于编制预算时未预见到的基本支出。如果预算法有规定，可以在财政年度之间实施投资支出、自主基金和部门之间的转移。这些基金和部门可以实施不涉及增加债务融资或增加来自行政部门转移的预算变更。

瑞典。几乎所有行政活动都委托给独立机构，它们执行由各部门制定的政策。预算获得议会批准后，政府向机构发出拨款通知，明确规定拨款资金的使用条件。每个机构的通知明确规定了拨款金额和类型、可以使用资金的目的或活动、将相关拨款分配为配额（anslagsposter）的预算说明、特定限制或条件（例如与薪资有关的条件）以及关于财务管理和会计的指示。拨款通知可能保留一部分拨款用于内阁的进一步决策。机构在支出拨款方面有相当大的自由。不存在需财政部或内阁预先批准的一般需求，但机构必须遵守有关采购、人事和其他行政事务的通用指导方针。

由于每个机构通常只从一项拨款中获得资金，所以在机构之间进行重新分配的空间有限。然而，在每个机构内部，在活动之间进行调整的空间相当大，尽管在项目和行政支出之间转移受到限制。允许在三年预算框架下运作的机构将未使用资金结转到下一年度，或提前使用下一年度拨款的有限部分。

机构的资金使用受到外部审计机构的监督。国家审计局定期向政府提供预算计划执行情况评估。这些信息用于管理政府的现金流，并检查预算产出与拨款资金的一致性。

土耳其。财政部有权在财政年度内监管支出。在预算获得议会批准后不久，财政部向所有机构发布一份通知，规定资金承诺的主要原则以及年度前6个月内可支出的拨款最大百分比。另一份涵盖下半年的通知将在6月份发布。拨款分配的原则和百分比取决于总体经济状况、收支最新的趋势、将当前支出分布到整个年度的需要，以及相关活动的类型。此外，还对支出进度进行单独控制。财政部还对当前和未来几年的资金承诺进行控制。

鉴于议会对项目级别的资金拨款，要转移项目之间的资金，需得到议会批准。然而，同一项目内的项目之间的转移可以由财政部授权。在同一项目内投资支出的转移需经国家计划部门和财政部的同意。未使用的资金在财政年度结束时终止。

英国。当议会对拨款进行投票时，授权财政部批准从相关拨款中支付款项。财政部则在大多数例行支出上将权力授权给各支出部门。这种授权伴随着有关部门提供支出信息的安排。

在财政年度开始时，每个部门提供预期支出概况；随着年度的推进，他们通过总出纳办公室报告实际支出，该办公室再向财政部提供月度报告。这些报告有助于财政部管理资金和评估总体公共支出的趋势。要确保不削弱支出部门遵守现金限额的责任，并提前预警需求导致的支出对约定框架可能的偏离。

在每个部门内，首席财务官（由常务次官经财政部批准任命）负责监督支出管理。“财政管理倡议”赋予部门在管理运营成本方面更大的自主权，并对其产出和结果负责。基于这一倡议，1988 年启动了“下一步”，将权力下放给各个机构。每一个“下一步”机构都有一位首席执行官，同时也担任会计主管，对机构的绩效向有关部长负责。

美国。国会通过的拨款不直接涉及支出或现金支出。相反，它们提供了承诺在当前或将来财政年度支出的授权。因此，某年的支出可能是对先前年度或同一年度发生的义务的支付。预算中包含了预计在其适用的财政年度内将发生的支出的估计，但这些估计没有现金限制，实际支付金额可能超过这些估计。

拨款通过后，管理与预算办公室（OMB）将预算授权——承担义务的授权——分配给各机构，通常按照年度的各季度进行，但有时也按照整个年度或活动进行，以最大限度减少追加拨款的需求。约 1100 个预算账户和预算中的各个基金均单独进行分配。一旦分配了预算授权，支出机构就有责任在预算内按照授权目的进行支出。1990 年的首席财务官法案在 23 个最大的联邦部门和机构设立了首席财务官，并赋予这个官员广泛的责任，将预算编制与其他会计和财务管理责任整合起来。

国会制定了关于扣押的程序，用于限制拨款资金的承诺或支出。这些程序区分了延期（推迟使用资金，且仅允许用于日常管理目的）和撤销（取消之前拨款）。无论是撤销还是延期，总统必须向国会通报其行动。撤销只有在国会通过立法后才生效。

资金在拨款账户之间转移需经国会批准。在同一账户内进行的调整（称为重编）可以根据相关国会委员会规定的程序进行。一旦资金被承诺，它们就可以留到未来年度使用。只有拨款“无年度限制”或期限超过财政年度的未使用资金可以继续使用。

预算储备

所有国家均在整体支出目标内为一年中的意外需求提供了相应的预留。有些国家要求支出部门返回议会或财政部获取额外资金或重新规划之前提供的资源。其他国家则给予支出部门在应对意外需求方面相当大的自由度。其中一种广泛使用的方法是设立一个未分配的储备金，根据需要提取。政府在不同的程度上接受这样一种观点：支出部门有责任在其分配的预算范围内运作，而中央储备金应作为最后的手段。

不同国家的做法表明，与部门储备相比，中央储备更为普遍，即使只是因为前者使预算办公室能够推动更加艰难的谈判。英国和加拿大已经从部门储备转向中央未分配资源的集中池。英国财政部得出结论，部门储备削弱了政府评估项目各种竞争性要求的能力。而加拿大则通过从特定信封（envelope - specific）到全政府范围储备的转变，简化和集中了政策和支出管理系统。中央储备的一个明显缺点是，它们可能诱使部门在使用资金时不够谨慎，如果没有这些储备，他们可能会更加慎重。政府已努力通过财务管理改革来减轻这种危险，以便使管理者对其行动和结果负责。这些改革给予部门在使用资金方面更大的灵活性，前提是他们在约定的限制范围内行事。

当保留资金集中管理时，预算办公室（或财政部）很可能在它们的分配中扮演一定角色。在澳大利亚，设立了一个“供财政部长使用的预付款”，在部长认为支出部门申请符合“紧急且不可预见”或“紧急且错误”的标准时可以使用。此外，还提供了用于运营成本借款的条款，只要相关机构随后将资金偿还给预算。在加拿大，应急拨款用于调整未列入预算的工资增加开支。在意大利，立法机构投票决定储备金，总额占总支出的8%—10%，用于支付新项目的成本和/或现有项目的超支。在土耳其，财政和海关负责保管紧急情况下使用的资金。

也有一些替代形式的正式储备金。自1980年以来，日本一直按照“取消和设立”的原则运作，要求新项目的资金来自旧项目的节省。在美国，总统可以提出额外拨款，用于常规拨款未覆盖的需求。但目前的做法是要求机构消化未来预算增支的成本，而非通过额外资金支持。

奥地利。年度预算没有提供一般的应急储备金，但可以留出少量资金用于未来工资增加的一部分费用。预算还规定可以结转未使用余额的情况，通常适用于资本项目。此外，预算法规定政府在超支方面有一定灵活性，并允许财政部长在出现特定经济问题情况下启动应急预算。在预算执行过程中，财政部密切监控支出进度，并冻结部分拨款作为防止超支的储备金。这种储备金为财政部提供了应对意外或未预算费用（如工资增加）的灵活空间。财政部控制着跨年度的储备金，其中最常见的是用于资本项目的储备金，以及由专款收入资助的支出的“指定用途”储备金。

加拿大。1979年建立的政策和支出管理系统（PEMS）涉及制定一个多年度财政计划，为政府各政策部门规定了每年的支出限额或“信封”。每个部门包含一些在政策目标方面相关联的项目。每个信封内设有政策储备金，用于资助新的或增加的项目，以及一个由中央管理的运营储备金，用于应对现有政策框架中的突发情况。这些储备金总额最初约占计划支出的 6%，但到 1986/87 财年已减少到不到 3%。到了 20 世纪 80 年代中期，PEMS 变得繁琐和官僚化。这在很大程度上是因为 PEMS 及其最初的政策信封鼓励了渐进主义，而人们对债务和赤字的担忧与日俱增。1984 年，政府通过废除国家部委——各部门政策委员会的秘书处，从而加强了枢密院办公厅和财政部的影响力，从根本上改变了 PEMS 系统。

到了 20 世纪 80 年代末，用于新政策倡议的信封分配金额约占计划支出的 1%。随着部长们竞争越发有限的资源，减少储备金的压力越来越大，以及各种支出削减措施，导致了人们的不满。与此同时，由财政部长提供的特殊目的的应急储备在政府将注意力集中于少数关键政府优先领域时变得更为常见。经过优先事项和规划内阁委员会的批准，资源将在关键政策倡议框架中指定用途。决策变得更加集中。

1989 年，政府放弃了政策信封并重组了内阁结构。这种重组增加了内阁委员会的数量，取消了“政策封套”，并要求政策委员会“专注于政策”，而不是纠缠于交易问题。在新的政策倡议方面，批准新支出的权限被限制在优先事项和规划委员会（P&P）一侧。在运营储备的情况下，财政委员会将拥有权限。保留下来的储备包括由 P&P 管理的中央政策储备、运营储备和法定超支储备。后者作为应急储备，用于应对法定支付预测所依据的基础人口或经济假设变化所导致的递增需求。

支出管理决策过程的集中化与更为关注支出作为解决赤字问题的机制是一致的，特别是减少支出占 GDP 比例的中期战略。

荷兰。提交给议会的年度预算包括基于中央规划局发布的通货膨胀预测的工资和价格增长的中央拨款。财政部在新财年初编制“春季备忘录”时向各部门分配资金。这些分配部分是自动的，部分是选择性的，而支出部门可能需要在其现金限额内承担一些成本增加。这些现金限额受到“严格预算政策规则”的限制，这些规则规定了产生补偿性削减或节省的方式，以避免或最小化净额外支出。基本规则是在负责超支的部门寻求补偿性削减。为确保这一点可行，一些部门在将资金下拨给下属组织单位时会保留一部分资金。当找不到补偿性削减时，就可能需要（基于特定决策或公式）进行普遍削减。尽管严格预算政策规则并没有阻止支出超出预算，但它们符合强调集中决策的荷兰式联合政府。

英国。年度公共支出计划中包括为未来三年规划总额设立的未分配储备。储备的目的是确保超过部门计划的支出（无论是用于项目倡议、政策变化、意外事件还是修正估算）控制在规划总额之内。规划周期后期的储备水平通常比即将到来的一年高。在 1989/90 财年至 1991/92 财年的周期中，第一年的储备为 2%，最后一年为 5%—6%。

对于第一年，规划总额成为现金限额，而储备是防止超支的最后防线。所有额外支出都从储备中支付，而净结余则计入储备。储备用于部门超支、需求驱动型项目（如社会保障）的超支以及财政部允许的自主增加。对于储备的申请存在常设程序，只有在考虑到超支是否可以通过其他领域的削减或（如果适用）额外收入来抵销后，各部门才能申请。在财政部内部，储备的申请通常由部长级别决定。财政部在整个年度中监控储备的情况以及公共支出的预计结余。如果议会投票通过了某项由储备支付的支出，财政部将提交一份补充估算，并可能需要寻求现金限额的调整。未来年度储备在规划过程中充当缓冲，而非操作性控制。通常，这些储备的一部分将在逐渐接近的年度中分配。

人员预算

公共部门就业具有广泛的经济和预算影响。在 1960—1982 年，经合组织成员国的政府就业增长超过了私营部门的就业增长。到了 20 世纪 80 年代初，大多数经合组织成员国的政府雇佣了全部工人的 15% 至 22%，其工资支出占国内生产总值（GDP）的 10% 至 14%。公共就业的规模和成本必然引起了预算机构对人事政策和人事支出的关注，特别是在 20 世纪 80 年代普遍存在财政限制的情况下。控制人员被视为改善预算平衡、实现公共部门效率提升的机会。

控制人员的大多数工具（分类、招聘等）不在预算办公室的控制范围之内。在预算官员可能发表意见的控制工具中，工资率和人员水平是最重要的。许多政府已采取了关于总体人员水平的具体目标，这些目标既是减少公务员人数或限制其进一步增长的手段，也是促使效率提升的间接手段。这些全局限制最有可能适用于中央政府部门，国有企业除外，其他特定类别（如国防部队）受到单独的控制。在某些国家（丹麦和冰岛），从事商业活动的机构以净支出为基础编制预算，不需要控制人员。

尽管各国人事控制方式不同，但出现了几种模式。有些国家仅限制职位总数，而其他国家还根据薪资水平或职级进行控制。人员目标通常以全职当量或人/年为单位表达。总体上，人事控制是在年度预算进程中或与之平行进行的。一些国家设定了多年目标，旨在在几年时间内逐步减少员工人数。过去十年里，德国、日本、英国和美国等国家的中央政府就业人数出现了下降的趋势。

人事支出通常在与其他支出相同的基础上进行监测和控制，如果超出拨款，就需要获得议会批准。一些国家设立了特殊的人事监测和控制系统，定期报告人员配备、人事支出和相关事项。许多国家普遍允许在人力资源的使用中具有一定灵活性，可以在年度内在职位之间进行调整，或将未使用的人员支出转移到货物和服务购买上。然而，从运营支出转移到人员方面的调整往往受到限制，尽管进行了雄心勃勃的财务管理倡议的国家（例如新西兰和英国）可能会在核准的预算限制范围内以管理人员认为适当的方式为重新配置资源提供更多空间。通过利用人员储备和留出待分配职位，还可以获得额外的灵活性。

澳大利亚。部门和机构不再受到一般的人事控制。取而代之的是提供了一种现金限额制度：运营成本安排，机构管理者在服务范围的分类标准下确定员工的人数和层次。议会批准运营成本预算的变动，但不干预具体的人员配备水平。政府对高级行政人员的人数和级别保留了一些具体的控制权。

加拿大。在 1993/94 财年之前，人/年控制适用于全职和兼职就业，几乎所有部门都受到限制，但军事人员和国有企业不在其范围之内。人/年水平针对每个“项目”进行设定，通常在小型部门中对应整个机构，在大型部门中对应一个主要组织单位。从 1993/94 财年开始，在政府范围内引入运营预算，人/年控制被取消。采用了全面实施的运营预算。财政委员会通过“目标管理人员数”控制系统来控制职位的设立和人员配备。该系统为每个部门提供了在高级管理和执行层面批准的基准职位数。各部门在此基础上被允许拥有 1% 的

“灵活因素”以适应特殊情况。

丹麦。人员编制通过对总工资（包括养老金成本）的多年限额进行控制。根据净支出基础从事辅助业务活动的商业企业和机构不受这些控制。预算部门对政府人员总额和部门人员层次负责。

在预算部门内，同一批人员负责对各个部委的人事控制和支出预算。在预算制定过程中，预算部门通过对总工资的多年限额进行控制。这些限额在内阁确定部长支出限额时得到确认。在限额范围内，部长可以自由地确定各个机构和机构的人员配备水平。但是，预算部门对管理职位的变动进行更详细的中央控制。财政法案的附件规定了每个机构和机构在预算年度和接下来的三年中在每个管理层级上的总人/年数。

芬兰。根据 1992 年实施的法律改革，实施结果预算的机构获得了设立、变更和废止其人员职位的权力。这些机构的人员薪酬在其运营费用拨款下进行预算。职位和必要的资金可以在获得相关部门批准的情况下从一个机构转移到另一个机构，也可以通过内阁决定在部委的行政部门之间进行转移。最高级别职位（其中包括 1000 名法官）的细节需要在预算中列出。

人员数量由年度预算程序中发布的上限进行调控。在这些上限的基础上，各部委的行政部门在年度预算中确定人员总数。这些上限也被用作减少人员数量的工具。内阁于 1991 年 4 月 30 日决定，在 1996 年将从预算中减少 5%（6700 个职位）获得薪酬的人员数量。

德国。一个人员结构覆盖了联邦共和国的整个公共服务部门，包括中央、地方和地方行政管理机构。它还涵盖了研究和教育机构、医院和各种国有企业。军队也有一个平行的系统。由议会批准的联邦预算列出了授权职位。它还规定了行政单位的人员分配，但没有为特定的项目分配人员。人员数量和等级的变动需要联邦政府和议会的批准。除非授权职位空缺，否则不能新增人员，即使有资金可用。相反，财政部可以从特殊储备金中提供资金，使机构能够填补授权职位。这些规定通常适用于永久性员工，而不适用于临时雇员。

人事和支出预算密切协调。相同的行政实体参与其中，应用相同的程序。政府巩固政策的一个重要特点是不允许人员水平增加。当人员配备水平的增加明显必要时，会尝试在其他地方找到抵消的削减。控制人员规模的其他手段包括要求行政实体按比例削减职位数量，或者批准新职位的条件是在指定的年限后失效。部门通常可以自由地管理职位。人事预算与支出预算一样，受联邦审计办公室的核查。

冰岛。人事控制同样是负责各部委支出预算的预算局工作人员的职责。人事委员会（由预算局局长主持，由议会和财政部代表组成）正式批准新职位和在组织之间职位的转移。提交给议会的预算包含有关人员配备的信息，但议会不对人员限制或目标进行投票。在年度内，只要一个组织的净支出在预算设定的限额内，对人员使用几乎没有控制。因此，除了最高政策和管理层级的职位外，组织可以在年度内进行调整而无需咨询预算局。但是，在填补永久职位时，负责部门必须证明有足够的资金可用。

日本。全员数法获得议会批准，规定了全职员工的最大数量。该法不适用于国防军、政府企业、国会或法院，它们受其他法规控制。每个部和机构的人员规模由内阁令和预算在规定的限制范围内确定。人员控制主要由与预算机构独立的管理协调机构负责。然而，大藏省通过编制薪酬预算参与人员控制。

鉴于人员上限由法律规定，任何变更只有通过立法才能进行。自 1968 年以来，政府采取了一系列人员削减计划。第七个计划涵盖了 1987 年至 1991 年期间，规定减少 5% 的人员。在采纳这一计划时，政府还决定寻求国有企业中相应的减少。人员规模的监测通过各机构的季度报告以及与支出审计相对应的人事审计进行。

荷兰。总的公务员人数受到各部委的人员数量（或全职当量）和人员支出上限控制。这些上限由内阁强制执行，并写入年度预算和多年计划之中。限制仅适用于中央公务员；“集体部门”的其他部分通过支出预算间接控制。对人员限制的执行已委托给内政部管理与人事政策总局（DGMP）。关于一个部委人员财务资源的决定通过财政部、DGMP 和相关部委之间的三方讨论进行。如果在这个层面上无法解决问题，可以由部长委员会作出决定。作为年度预算的一部分，人员限制得到议会正式批准。

在战后时期，公共就业增加，而私营就业下降。为了扭转这一趋势，1983 年和 1987 年卢伯斯政府制定了明确的目标，计划在四年内减少公务员规模。1983 年的政策豁免了某些部门，并未达到目标，但 1987 年的计划涵盖了整个公务员机构（虽然并未包括其他集体部门）。

在财政年度开始后，不会为调整人员水平设置储备金。财政部每月监控约定的支出预算使用情况，包括人员开支，而内政部每 3 个月监控人员使用情况。如果怀疑存在人员过度使用或其他不当使用，这些中央机构可能会进行干预。

挪威。中央政府对人员使用进行控制，通过限制净新增职位和总人员支出。预算规定了每个组织单位的净新增职位。

有关净新增职位的决定与预算制定整合。人员上限由预算部门颁发给各个部委，然后部委计划将人力资源分配给机构。在预算通过后，重大的人员变动必须经过议会正式批准，与支出变动的方式相同。次要变动由财政部负责。

土耳其。职位控制适用于公务员、合同人员和固定工人，但不适用于临时雇员。受控制的职位由立法机关设立，并经过预算和财务控制总局的批准才能填补。国有企业内的某些职位不受控制。人员支出按照项目在编制年度预算期间机构与总局之间的谈判确定。议会的计划预算委员会把考虑人员经费作为预算草案相关工作的一部分。在财年期间，财务检查员和预算控制员监控人员支出和职位使用情况；在年度结束后，由审计院（对议会负责）对支出和非保留职位的使用情况进行审计。

英国。雇佣公务员的成本由运营成本限额控制，其中包括薪酬和其他行政经常性费用。如果薪酬谈判被委托给特定部门或机构，还将就公务员薪酬组成部分的运营成本进行控制；从 1994 年 4 月开始，大约一半的公务员将以这种方式管理。公共支出调查讨论公务员薪酬和其他运营成本的问题，其中的假设是薪酬和价格增长将完全或在很大程度上通过提高效率予以抵消，总支付额的同比变化要反映工作量的显著变化。其他公共部门的薪酬安排基于相同的原则进行规划，尽管采用了不同的控制安排。

美国。行政部门的职位控制以全时等效（full - time equivalent，FTE）为基础。某些机构或项目受到旨在确立最低就业水平的法律约束。永久性法律限制了高级行政服务的职位数量。人事管理局控制这些高级职位的分配。

FTE 申请将与机构支出估计一起由总统的管理与预算办公室进行审核。总统提交给国会的预算包括他对就业水平的建议，国会通常在各项拨款法案的委员会报告中指定 FTE 水平。由于大多数 FTE 上限是行政性而非法定性的，行政部门在人力资源的调整方面具有灵活性。在机构内部，FTE 可以在部门或项目之间进行调整，前提是不超过机构的总 FTE 限额。总统有时会宣布对职位的全面限制，但这些目标并未成为法律。最近的一个例子是克林顿总统在 1993 年 9 月颁布的，计划在四年内减少联邦就业人数 25.2 万人。这一减员计划是基于副总统领导的为期 6 个月的全国绩效审查所提出的政府改革建议。

管理问责和项目有效性

在许多经合组织成员国，预算实践正从确保公共支出合法性和适当性的手段，逐渐发展成为促进公共部门管理改进和项目效果的工具。正如前面对支出监控和控制的讨论所示，这一演变在成员国中的速度有所不同。在强调产出或以结果为导向的预算和将支出管理的重要责任委托给项目经理的国家中，这一进展最为迅速。但是，在所有成员国中，一定程度上都存在如下情况：将支出项目整合为更宽泛的类别、放松中央控制以及对产出和绩效的兴趣增加。在经合组织的任何一个国家，中央控制的程度都不如 30 年前那样紧密和普遍。

这一发展的几个特点值得先进行评论。第一，公共支出的合法性仍然是公共财政的基本要求。这是民主政府的普遍规则，资金只能按照议会提供或授权的方式使用，以及只能用于允许的目的。如何满足这一民主统治的必要条件在各国间存在差异，但其实施已通过向预算中添加管理职能而进行了转变（而非颠覆）。通常情况下，这伴随着从事前控制到内部控制、从预审到事后审计、从审计个别交易到审计系统、从高度细化的拨款到一揽子拨款的转变。在上述关于议会控制和支出管理的部分，可以看到其中几项的发展。

第二，这一演变并非持续不断地进行，而是出现了间歇性的发展。其中最显著的一次是在 20 世纪 60 年代和 70 年代引入了计划项目预算（PPBS）和类似系统。最近的发展是由于在 1980 年代启动的财务管理改革和其他改革，并在接下来的几年持续进行。这一发展尚未完全完成，因此对其应用或成就的全面评估还为时过早。

第三，将重要的预算责任下放给项目经理不可避免地改变了中央预算机构的角色及其与支出机构的关系。在发展的这个阶段，很容易确定预算办公室放弃了什么，但要弄清它如何适应新秩序则更为困难。脱离例行控制后，预算办公室将被重新塑造为管理改进的主导机构。它的新定位是推动和激励，但它可能没有适当的能力来胜任这项工作。此外，支出机构应该（在经过协商的预算范围内）负责自身财务行为的观念与同样分配和配给公共资源的预算办公室成为管理和项目改进主要工具的期望之间可能存在根本性矛盾。在对这个问题做出最后评判之前，还需要对责任进行大量的梳理。

第四，这些改革关注的是预算中至关重要但（在大多数国家）相对狭窄的一部分，即用于行政或运行成本的部分。在转移支付方面没有类似的发展，这是政府支出增长最快、控制最少的部分。乍看之下，最受控制的预算部分成为当代管理改革的主要目标可能会令人感到惊讶，但这种强调是有一定逻辑的。一方面，正因为行政支出受到控制，可能可以稍微放松控制，并给予支出机构更大的自由度来使用这些资金。另一方面，尽管受到控制，行政支出在多年来普遍上升，有证据表明，经合组织国家政府的生产率增长落后于私营部门的相应趋势。通常情况下，支出控制的下放伴随着对行政成本的严格限制，允许机构的增长率低于通货膨胀率。一个广泛应用的公式是将这些成本的年度增长率保持在通货膨胀率以下 2% 。之所以选择 2% ，是因为这个数值小到可以被接受，也是因为它与商业企业的长期生产力改善相一致。然而，这种多年来的支出挤压可能迫使机构缩减服务或提高绩效。授权预算和相关的管理改革旨在避免第一种结果并实现第二种结果。这些创新通常依赖于暗示性的（但有时是明确的）交换条件：在为机构提供较少实际资源的同时，政府赋予它们对资金更多的自主权。

虽然行政成本可能在中央政府预算中所占比例逐渐下降，但在机构的日常运营中它们占据了相当重要的地位。管理这些支出的规则和程序与管理者的行为和绩效有很大关系。有人认为，如果规则束缚和限制管理者，他们将按照规定行事，将控制的合法性放在首位，对结果并不十分关心。由于他们在资金运用方面缺乏真正的发言权，因此无法对绩效负责，被禁止或阻挠将资源从低效用途转移到高效用途。如果管理者必须在支出拨款之前反复获得他人的批准，或者他们的资源调配请求被外部控制者阻止，那么他们就无法进行有效管理。

当然，也有一些强有力的反对意见，这可以从保持集中控制的政府所表现出的情况看出。其中一些立场根植于特定国家的政治和行政传统，并且可能在不改变政府基本机构的情况下难以改变。尽管存在这些考虑因素，但一些受到集中管理影响的国家可能在未来几年朝着更具管理能力的方向迈进。

将预算转变为管理和项目改进的工具取决于许多行政实践的变革，远远超出了本研究的范围。但是，与预算相关的三项改革至关重要，它们将在下面的章节中进行探讨。当管理者有机会和动力使用授权的支出来实现约定的项目时，他们可以对绩效负责；他们对成本负责，包括按传统会计实践下不计入预算的成本；他们对结果和绩效负责，尤其是对公共支出产生的结果负责。这些条件是相互依存的，尽管更多的关注已经集中在最后一个条件上，而对其他两个条件的关注较少，并且在成本责任方面的进展远远不及管理自由和基于绩效的管理。这三项改革的联系最明显地体现在新西兰公共部门最近的改革中。

管理自主权

一些政府预算体系的最新变化反映出，从详细的规章制度和依法管理转向为管理者提供更多自主权和主动性，以实现支出和绩效目标。提供的制度激励措施包括：允许支出部门保留超过中央确定目标的所有（或一部分）节余资金；在投入（物资、设备等）的组合和支出的时机方面拥有更大的选择权；在不同项目或活动之间重新分配资金的更大自由度；以及更广泛地征收使用费并将收入用于相关活动。远离严格的合规性要求的转变伴随着对绩效指标的重视，严格的支出限制的谈判和执行，以及新的报告和审查要求。

这些管理激励措施既是一种降低开支或限制开支的工具，又是提高生产力的手段。在朝这个方向迈进的国家中，人们普遍认为严格的财政环境有助于推动改革。提高公共部门的生产力是赋予项目经理运营灵活性的主要目标。更低的支出（在中央决定）是迫使或促使提高生产力的主要手段。资源减少推动了效率的提高，而不是相反。

对各个国家的进展评估表明，在不进行重大项目变革的情况下，已经在控制或减少行政支出方面取得了一定的成功。管理者被赋予了在开支上实现计划收缩的责任；具体的削减分配并未从上层强加。预算部门的角色是通过制定新措施和其他改革来促进更加注重绩效的管理氛围。但在一些国家出现了两个障碍。一方面，管理者的操作限制仍然相当大，例如对人员和薪资的分别控制仍然普遍存在，下一年度可以转移的资源上限较低，并存在着资金在经常性开支和资本性开支之间转移的障碍。随着对管理灵活性削弱整体开支控制的担忧减少，这个问题可能会随着时间自然解决。第二个问题可能更为棘手。一些部委的总部人员有重拾已被预算管理部门解除的控制措施的倾向。这种倾向已经得到了足够多经验的证实，并被认为是实现管理改革的主要障碍之一。为了应对这个问题，几个国家已经进入了改革的阶段，明确了部委和其下属机构之间的关系。

澳大利亚。1983 年引入的财政管理改进计划（FMIP）一直是联邦政府现代化支出管理和强调物有所值的主要手段。一个相关但较晚的发展是实施了一个“效率红利”——每年需要通过削减薪资和行政开支来实现效率提高的政府整体要求，比例为每年 1.25%。进一步的改革发生在 1988 年，通过“项目管理和预算”，将预算和拨款重点从资源投入的开支水平重新定位到政府活动目标以及实现所需成果的高效和有效方面。

通过一个新的运作成本系统提供了管理激励措施，该系统设立了涵盖每项拨款中所有行政开支的现金限额，并允许在薪资和其他行政开支之间转移，以及在财政年度之间进行支出的结转和借贷。目前正在对效率红利安排进行审查。该系统取代了一个将人员控制与财务控制分离，并将拨款分为多达 20 个独立项目的安排。因此，它代表了管理自由的大幅扩展。未来可能会进行进一步的改革，特别是在项目评估、绩效测量和权责发生制会计方面。1992 年 11 月，作为政府公共部门改革计划的进一步深化，澳大利亚政府决定各部门应在权责发生制的基础上进行财务报告。有十个部门已在 1992/93 财年使用权责发生制编制财务报表，其余部门将在 1993/94 财年按照这种方式编制。

1992 年，澳大利亚政府的管理咨询委员会启动了一个独立工作组对自 1983 年以来启动的管理改进进行评估。该工作组的报告于 1993 年 7 月发布，题为《澳大利亚公共服务改革：对十年管理改革的评估》。报告中的总体结论是管理改革方向正确，其效益远远超过成本，各机构需要采取更积极的步骤，将改革完全融入公共服务文化，并使其更有效地发挥作用。

加拿大。扩大管理自由的主要手段是“增加部长的权力和责任”（IMAA）和经常性支出预算。这些安排在责任框架内将更大的权力下放给部门管理，以便更加关注结果而不是过程。它们是对多年来积累的详细规定和指导方针的回应，这些规定和方针对政府政策的实施和公共资金的支出进行了调控。IMAA 为部门放松了许多集中规定，协商的合同关注三年内他们的支出和成果。IMAA 让部门从一开始就参与确定他们所需的操作空间，并根据协商达成的结果判断所需的资源。作为与谈判这些绩效合同的交换，部门获得了有限的资本资金结转、通过管理主动性实现的节约以及（在某些情况下）使用费产生的收入的使用权。

在 20 世纪 90 年代，IMAA 计划被政府范围内的放松管制和财政委员会行政和人事管理实践的分权化所取代，并推动了特别经营机构的发展。后者通过确定部门内可能享有额外授权的组织单位来扩展 IMAA 概念，以换取制定业务计划和承诺绩效目标。政府还积极推动在所有项目中发展服务标准和绩效报告。

从 1993/94 财年开始，政府引入了经常性支出制度，用于管理项目交付的运营资源。这涉及一个统一的预算，包括薪资支出、其他运营支出和小额资本资源，允许管理者选择最具成本效益的资源组合来执行项目。在这个计划中，独立的人员年限控制已被取消，财政委员会对用于薪酬的资金控制也已取消。

丹麦。自 20 世纪 80 年代中期以来，部门在选项之间移动资金的空间越来越大，机构在项目之间调整资源的自由也越来越大，但不能增加支付方面的支出。未使用的投资资金的结转权限也扩展到了经常性支出。未分配的结余可以结转长达四年，前提是要指明其未来的使用方式。对于小型投资计划、建筑物出售等独立议会审批的规定大多已废除。以前对人员的详细控制已被总支付额的多年限制所取代，但高级职位的数量仍然受到单独控制。

与预算改革相结合，支出控制从总额基础转变为净额基础。现在，每位部长的运作支出上限被定义为净额，这意味着增加的收入被视为节约。

爱尔兰。最近的发展包括在 1991 年引入了为期三年的行政预算，旨在将更大的权限委托给各部门（以及部门内各条线管理者）处理行政支出和相关事务。每个参与的部门与财政部长协商达成一项为期三年的协议，规定每个三年期间可用的总支出（以不变的金额），具体说明这些金额将在何种情况下变动，允许在内部款项之间进行资源调配（在投票决定的项目内部，而非不同项目之间），允许将某一财政年度的部分资源结转到另一财政年度，以及安排监测协议并解决任何出现的困难。为确保授权扩展到操作层面，每个部门必须准备一个内部授权行政支出的计划。在 1991 年至 1993 年，为期三年的协议涵盖了占公务员总数 80% 的部门。

新西兰。从对资源投入的拨款转变为对产出的拨款使各部门在资源利用上具有相当大的灵活性。负责部门绩效的首席执行官具有协商工资和条件的权力，并可在不同投入类别之间进行资源转移。在管理资源时，首席执行官必须在部长同意的金额内提供指定的产出（以指定的质量、数量和及时性水平）。

瑞典。如前所述，瑞典已为政府机构采用为期三年的预算框架。虽然资金仍然一年一年拨付，但机构可以将一年的节约资金结转到下一年，并在严格的限制下提前动用未来的拨款。为期三年的框架适用于行政支出，这种支出在过去十多年中一直面临持续的下行压力。

英国。一系列的改革从 1981 年的财政管理法案（Financial Management Initiative，FMI）开始，经过 1988 年启动的“下一步”和 1991 年的“公民宪章”，逐步扩大了管理灵活性和问责制范围。FMI 要求每个部门制定管理系统和实践，使管理者具备：明确的目标和评估进展的手段；实现物有所值的明确定义的责任；以及所需的信息和专业知识。每个参与部门均被要求根据自身情况定制 FMI，因此，在方法和改革速度上存在很大差异。FMI 基于 1986 年进行的跨部门预算审查定位。该审查强调了高级管理层设定优先事项、管理资源和审查绩效的必要性。这一举措伴随着经常性开支上限的引入，该举措于 1986 年实施，使部门对行政支出具有更大的控制权，从而基层在确保高效和有效使用其可用人员和其他行政资源方面承担更具管理性质的角色。鼓励高级管理者在其控制范围内进一步授权，赋权操作层作为预算负责人。

通过进一步扩大在绩效和问责框架内的管理自主权，

“下一步”倡议推进 FMI 和跨部门审查的原则。该倡议尽可能将行政职能由部门下放给其组成机构。由部长任命的每个机构的首席执行官负责资源和成果。1991 年，基于取得的进展，部门及其“下一步”机构有机会在工资谈判和奖励绩效范围上争取更大责任。1991 年的公民宪章直接将管理绩效与提供给公民的服务的质量和成本联系起来。

成本核算

预算制度通常按收付实现制记录支出，即在付款时而非发生成本时进行记录。收付实现制预算有两个重要优点：易于应用和简单易懂。无需特殊的记录或单独的会计系统；所需的支出数据可以从工资记录和其他容易得到的来源中获取。此外，支出代表实际而非假定或虚拟交易，无需依赖假设。但是，收付实现制预算误报了执行政府计划和活动的真实成本。它经常将成本分配给错误的活动或错误的时间段，例如当管理者以不增加预算的方式使用中央提供的维护、印刷或汽车服务时。这些“免费物品”扭曲了公共资源的分配，并削弱了管理者提高效率的动力。

当成本被记录为支付账单而非实际消耗商品和服务时，成本也会误报。这个问题出现在当前预算中不对从库存中提取收费以及资本预算中不计提资产折旧或对使用资本收费。收付实现制预算还会误报政府发放贷款的成本，正如前面“贷款和贷款担保”小节所提到的：当贷款发放时，它会高估贷款成本，而如果贷款违约或免除，则会低估成本。

准确的成本信息在许多方面至关重要：

1. 在促进分权预算环境下的管理行动自由以及让管理者对结果负责方面；

2. 在优化资源分配决策和评估项目的成本效益方面；

3. 在公共和私营部门活动之间进行比较，以评估外包安排、用户收费和其他市场机制；

4. 在评估政府活动对公共部门净资产的影响方面。

现金和成本会计追求完全不同的目标。前者关注将资源分配给组织单位，以确保对支出的合法控制；后者关注在公共资源的分配中提高效率。正确归属成本可以在许多与预算相关的任务中使用：

1. 在项目评估中，评估政府计划和活动的最佳组合；

2. 根据受益者承担所接受服务的全部费用原则，收取使用费；

3. 在预算决策中确定为所需数量的货物和服务投入多少；

4. 在管理改革中鼓励管理者对其行为负责。

其中最后一点对致力于公共部门现代化的政府来说尤为重要。对于生产力、绩效和效果的强调取决于将成本充分准确地分配给特定的项目和活动的手段。在没有将成本分配给特定项目和活动的情况下，绩效几乎没有意义。然而，传统上，以投入为导向的预算并没有过多关注成本分配。政府内部的服务经常由中央提供，且客户无需付费。项目经理可以在不产生费用的情况下使用这些服务；而且他们无法将对这些商品或服务消费的“份额”替换为对其他选择的消费。最近的改革所依赖的问责要求管理者对他们在产出过程中消耗的资源负责。如果管理者没有对成本负有全部责任，广受关注的问责制的加强将失去或削弱。

充分归属成本需要对会计系统进行深入修改，包括将预算细分为成本/责任中心——区分其执行任务和使用资源相关活动，以及区分固定成本和可变成本，并开发其他成本度量方法，以便将投入单位与产出单位直接关联。这还可能需要建立政府内部供应方与其客户之间的新关系，并采用新的资本支出预算方法。

加拿大。政府没有完全的成本分配系统，但是它将三种类型的成本归属给负责的项目或机构：某些与人员有关的费用；租金和住宿费；以及中央提供的财务会计服务。一些人员费用，如政府为其员工提供的补充医疗服务，以一笔总额拨款给整个政府。然后，这笔单一拨款按照各部门和机构在政府部门中所占总人/年比例进行“分配”。这种成本分配在部门预算中以“线下方式”显示，并不包括在他们的拨款之中。此外，每个部门所承担的费用金额是在年初估算的，并不根据补充医疗服务的实际支出进行调整。然而，值得一提的是，某些与人员有关的费用，如政府为其员工支付的养老金和失业救济金，包括在部门预算之中。

租金和住宿费用由主要运营政府办公空间的公共事务部门根据建筑所在地区的等价市场率进行分配。在成本分配中，公共事务部门不区分政府拥有的建筑物还是租赁的建筑物，也不基于其实际成本进行收费。最后，供应与服务部门根据每个部门签发的支票数在用户间分配财务服务成本。

总之，政府根据机械的“经验法则”进行成本分配，这种法则并不反映实际成本，并且不允许支出机构自行决定所分配资源的使用方式。

新西兰。公共部门改革依赖于从收付实现制到权责发生制会计的转变。权责发生制将成本完全归属于产生这些成本的项目或账户，并通过新的会计结构将成本分摊到它们所购买的产出上。新制度规定了四种拨款类型：Ⅰ）用于资本出资，即将公共基金投资于某个部门；Ⅱ）用于支付，例如不购买产出的拨款；Ⅲ）用于购买产出的费用；Ⅳ）用于“代表官方支付”的款项，即转账给其他实体的款项。代表官方支付的拨款必须进一步标明是用于其他组织的资本投资、用于产出的支付或无偿支付。

将成本分配给产出类别的具体方法留给各个部门自行决定。部门必须证明其具备能够按权责发生制及时提供准确财务信息的财务管理系统，并能够确定资源消耗的全部成本，包括必要时的资金成本和间接成本分摊。

在生产产出过程中，管理者在确定投入组合方面有相当大的灵活性，以及通过买进和卖出资产管理资产负债表的自由，前提是不需要未经授权的资本注入。作为购买方，政府有机会评估所生产产出的质量、及时性和完整成本，并与其他供应商提供的产出进行比较。因此，成本分摊对管理者施加压力，要求他们以与其他来源相同的高效率生产产出。

瑞典。为了方便比较政府对建筑物的拥有和租赁情况，瑞典于 1973 年引入了一套成本归属系统。该系统主要关注评估投资决策，而不是控制向机构收取的租金和住宿费。该系统在 20 世纪 70 年代末和 80 年代用于成本控制，作为政府削减 2% 行政成本的一部分。确定和分配租金和其他住宿费是计算每个机构需要实现的生产力提高的重要方面。在 20 世纪 80 年代测试了三年预算框架，并于 20 世纪 90 年代在整个政府范围内实施，进一步扩大了成本分配的范围，使管理者在处理资源时拥有更大的选择权，包括租金成本。

美国。尽管 20 世纪 50 年代颁布的联邦法律规定了基于成本的预算，但现行惯例是以现金和承诺为基础进行预算。然而，有两个发展趋势表明未来对成本将更加重视：一个是信贷改革，要求强制性和担保贷款根据估计的补贴成本进行预算；另一个是成立联邦会计准则咨询委员会，并委托其负责推荐新的会计准则和做法。在贷款的情况下，补贴成本包括所有估计成本，但不包括审核贷款的行政费用。补贴成本的概念可以用作现金基础不能充分衡量政府财务风险的其他交易的模型。

尽管预计现金预算受支出限制的制约将继续成为主要预算框架，但管理和预算办公室将与联邦会计准则咨询委员会合作，制定关于资本预算列报的建议。该列报将被纳入1996财年预算。

结果导向预算

公共部门绩效与经济整体绩效之间的联系已经得到OECD成员国政府的广泛认可。认为经济效率取决于公共计划和政策的效果的观点已经引发了对如何执行公共任务以及如何衡量绩效和结果的重新评估。这种重新评估指向了三个密切相关的方向：绩效测量、释放管理自主权和主动性以及将预算作为改善结果的手段。这些方向中的第二个已经讨论过；因此，本节主要涉及另外两个发展趋势。

公共部门的绩效测量并不是新鲜事物。许多OECD成员国都有使用计划项目预算制（PPBS）或类似系统的经验，试图将预算与绩效相联系。其中一个主要经验教训是，从绩效测量中获得的信息仅仅是政策决策中的众多因素之一。另一个教训是，仅仅专注于政策制定上层是不够的。还必须注意在所有管理层级中灌输管理责任和对结果的关注。在澳大利亚，“计划管理和预算”（PMB）将总体控制框架与各个部门和管理者实现物有所值紧密联系起来。PMB关注规划目标、预算编制、实施策略和评价项目成果。评价是管理循环的关键，为管理者提供了一个工具，不断改进关于实现物有所值的决策质量。

在设计和完善可量化指标方面已经进行了大量工作，主要重点是克服在管理组织和分配资源过程中的障碍。正如前文所提到的，一些国家在财务管理方面已经取得了可观的进展，通过解除预先控制，使预算持有人在实现成果和支出方面更加负责，从而将财务管理的重心从合规性转向绩效。在某些国家，最终目标是将预算打造成为一份“绩效合同”。管理者在获得约定资源的同时，将承诺实现特定的产出（或其他绩效目标），并（在某些情况下）对这些产出所带来的结果或成果负责。然而，在大多数国家，追求绩效并不与预算编制密切相关，而具有更广泛的范围：增强管理者以高效、有效的方式提供公共服务的能力和责任感。

在衡量绩效方面，通常会区分衡量和指标。绩效衡量是与追求目标相关的产出和结果的量化表述。相反，绩效指标是无法测量或难以直接测量的产出和结果的替代。一些国家还在产出和结果之间做出了根本区分，产出是政府行动的强制性结果，而结果是由产出组合所导致的社会状况变化。例如，在教育项目中，产出可以通过考试成绩和达到某种数学熟练水平的学生百分比来衡量。结果可以通过衡量完成学业或进入高等教育的学生百分比来衡量。在进行这种区分时，政府通常将产出的责任分配给项目管理者，将结果的责任分配给高级官员或部长。

OECD 成员国的政府已经确定了绩效指标的核心理想特征。这些指标应该在时间和单位之间保持一致，并且只应与类似的项目进行比较。它们应该简单、明确定义且易于理解，并且应该强调对决策至关重要的方面。理想情况下，应该侧重于一些关键的少数指标或标准，这些指标或标准反映了计划的目的或目标，或者表明该计划是否值得继续进行。对于管理者的绩效评价，仅应针对他们有控制权的领域进行衡量是非常重要的。还应该告知管理者数据的用途，并避免在衡量绩效方面投入大量精力，但收集到的数据却被束之高阁，没有得到实际应用的情况。

目前正在加大努力以衡量服务质量，尤其是从纳税人或消费者的角度来看。这种强调反映了对公共服务质量和成本日益关注的担忧。服务质量有几个可衡量的方面：及时性、对消费者需求的响应、提供方式等等。可以通过消费者（或公民）调查以及更客观的技术手段来衡量质量。例如，在一些美国城市中，垃圾收集的质量是通过一种照片评级系统来衡量的，系统会定期评估随机选定的街道的清洁程度。在英国，社会安全部门已经开发了一个质量评估方案，用于衡量其地方办事处的绩效。该方案的一些关键特点包括对客户态度的邮寄调查以及根据不同类型的接触方式（如办公室、电话、函件和家访）进行的服务评估。

绩效衡量很少止步于自身，从绩效衡量的公布到结果预算，有五个层次的结果管理。

绩效报告是定期向公民或客户发布有关结果数据的系统化过程。系统化意味着事先选择关键指标，并定期发布关于这些指标的报告。绩效报告超越了政府或机构年度报告中常见的描述性信息。它从支付或受公共服务影响的人的角度审视结果，并评估其利益得到满足的程度。绩效报告有时会集中在特定的政策领域，例如以标准化测试成绩衡量的学校绩效，或以调整后的死亡率（即根据患者的年龄、性别、健康状况和其他相关条件进行调整的比率）衡量的医院绩效。当绩效报告集中在单个政策领域时，就有可能进行类似服务机构（如学校或医院）之间的比较。在消费者可以选择提供服务机构的情况下，绩效报告旨在让他们成为知情的“消费者”。绩效报告还用于评价一系列政府服务在某个时间点上的情况。在这些情况下，报告成为评估政府综合绩效质量的手段。

绩效目标通过事先指定预期结果来进一步推进这一过程。目标可以是与当前行动相关的短期目标，也可以是政府或机构应朝着何处发展的长期愿景。绩效目标旨在塑造行为，即调动政府资源和注意力朝着首选方向发展。为了影响行为，必须仔细选择目标，使其与机构或公民高度关注的事项相关，尽可能少地设定目标，并量化目标。发布使目标具有权威性，并传达政府致力于实现这些目标的意愿。

在私营部门企业中，一种用于提高关键目标绩效的方法，即基准比较，正获得越来越多的认可，但在公共部门似乎尚未取得很大进展。基准比较涉及组织绘制其关键运营流程，确定关键流程和关键绩效指标，然后在这些指标方面寻找最佳实践，不论其出现在何处。基准代表在面临类似情况的组织中发现的最佳实践（或结果）的绩效目标。在许多机构提供相同服务的情况下，基准比较可能是有用的，例如，激励表现不佳的落后医院将其实践提升到表现更好的机构水平。然而，组织并不一定局限于与类似组织进行基准比较；例如，医院可以通过将其入院流程与酒店的流程进行基准比较来提高绩效。在公共部门，基准比较可能是促使机构确定“榜样”的一种方式，然后努力达到或超越其绩效水平。

绩效审计使政府或机构关于其绩效的声明接受审计师的审计。这种审计形式仍处于初级阶段，审计师在审查结果方面的确切角色和范围尚未明确定义，但可以预见，绩效审计将采用财务审计的模式。制定绩效目标和报告结果将是管理责任。审计师的任务是审查这些声明以确定其可靠性和准确性。为了让审计师履行这一角色，需要制定与财务管理类似的绩效原则和标准。

绩效合同明确规定了机构或管理者通过协商使用约定资源应产生的产出或结果。签订的合同由支出机构和中央机构（如预算办公室）或机构和其管理者之间的谈判制定。在一些国家，合同明确规定了部门与其下属机构之间的关系。合同通常为期三年或更长时间，在此期间监测绩效以确保履行合同条款。合同期满后进行全面评估，为新一轮谈判奠定基础。

绩效合同可能是放宽对机构前期控制的先决条件，或者可能被用作高级管理人员或执行人员的就业合同。尽管绩效合同是一种相对较新的发展，但在未来几年，随着政府设法将运营条件与结果联系起来，它们的使用可能会扩大。

绩效预算是一种隐含的合同，它将提供的资源与承诺的产出相关联。这种联系的范围可以从“步调一致”的关系，即边际资源单位产生边际产出单位，到仅列出与预算资源量相关的预期结果。

目前，没有任何 OECD 成员国实行一种仅以量化绩效为资源分配基础的预算制度。新西兰的以产出为基础的拨款制度可能最接近这种模式。而澳大利亚、加拿大和美国的经验更具代表性。在这些国家，普遍观点是，绩效测量对于确定如何最有效地利用现有资源比对应如何分配更有用。一些实际考虑因素使政府回避资源和绩效之间的严格联系。其中一个原因是，通常很难确定支出机构是否能够在获得申请的资金后实现承诺的绩效改进。联系越明确，失败就越明显，如果部门未能达到目标，可能导致绩效预算的士气低落或信誉受损。更重要的是，绩效取向旨在改变管理风格和行为，而不仅仅是改善预算流程。

在大多数 OECD 成员国中，项目经理——而不是预算官员——是绩效测量的主要用户。人们担心过度依赖绩效测量来分配资源可能会引发有关数据可靠性的争议，并阻止管理人员的合作。如果发生这种情况，数据的提供可能会减少或质量可能会受损。

预算工作人员在绩效管理中发挥着重要的作用，尽管通常没有将结果与资源之间建立严格的联系。预算办公室通常在设计绩效系统方面发挥重要作用，并督促各部门适应新的管理文化。它还有权利决定哪些指标是适当的，并有机会将绩效数据作为预算分配的因素之一。

澳大利亚。绩效指标的制定是在两项相关改革的指导下进行的：财政管理改进计划（FMIP）和“项目管理和预算”（programme management and budgeting，PMB）。正如已经讨论过的那样，这些改革将政府预算和议会审查的重点放在目标和结果上，并鼓励部门评估和改善绩效。PMB是确定目标的工具，并且将其置于一个可能为所有层级管理者设定目标的达成一致的框架。项目结构（项目、子项目、组成部分和子组成部分）将目标按层次排序，较低层次的目标比较容易量化。

财政部发布了一系列关于绩效指标制定的指南。其中一些涉及概念问题，例如各种类型指标的定义；其他则提供了在预算和其他管理活动中使用指标的指导。在向议会提交部门估算的投资组合文件中，使用绩效指标是强制性的。这些投资组合文件，在1993/94财年被称为“项目绩效报表”，是澳大利亚决定在1994年7月1日财政年度开始之前于1994年5月制定预算的一部分，以取代之前通常在8月份制定预算的做法。政府接受的新政策提案在一份名为“预算指标组合”的新文件中得到强调。在每个财政年度结束后，这些指标对于实现项目目标的贡献也会在机构的年度报告中进行报告。政府要求新政策提案附带目标陈述、绩效指标和未来评估计划。财政部的指南建议，这些指标尽可能具体，以便对项目和优先事项的决策有所贡献。指南还建议，根据制定的计划、目标或倡议评价前一年的绩效情况。这些“项目绩效报表”与“项目管理和预算”密切相关，已成为向议会呈报项目绩效信息的主要途径；因此，它们是部长向议会负责的重要组成部分。提前的预算意味着预算文件将有重大变化，包括项目绩效报表，但在新的文件中，仍将继续强调以成果为重点的绩效报告。

加拿大。自 20 世纪 70 年代初以来，部门一直被要求衡量和报告绩效，但这一要求在前面讨论的“加强部长权力和责任”改革中得到了更大的推动。其他相关发展包括在提交给议会的预算评估中公布绩效信息以及努力改善财政管理。每个参与 IMAA 的部门都要准备一份年度管理报告，触发基于其与国库委员会达成的谅解备忘录中设定的目标的绩效评估。每三年进行一次问责审查，根据审查结果可能会发布具体指令，以推动有效率和效果地使用资源。

自 1982 年以来，预算评估的第三部分详细列出了计划和实际结果以及与资源需求相关的其他绩效数据。国库委员会的指示建议部门提供有助于国会议员了解和评估绩效的信息。审计总长（在国库委员会中）监督“第三部分”的编制，确保显著的评估结果准确报告。“第三部分”包含大量有关工作活动和成本的信息，但在内容和质量上存在很大差异。审计总长（向议会报告）定期评估“第三部分”，并督促各部门改进其绩效指标。1977 年建立该办公室的立法授权审计总长报告经费是否在经济和效率方面得到妥善使用，以及是否有令人满意的程序来监测效果。

丹麦。自 1983 年以来，提高生产率一直是财政约束的关键组成部分。通过调整预算拨款以实现预期的生产率提高，重新组织工作以改善绩效，并为机构提供积极激励以提高生产力，以求达到更大的效率。人员支出的预算拨款参考生产率目标制定。每个机构的目标通过检查其人员组合并计算出每种类型预计可以实现的生产率增益来确定，这是基于私营部门类似工作的趋势。机构可以保留通过把生产力提高到预算目标以上所实现的节省。

自 1987 年以来，财政法案附带的补充材料中包含的趋势数据以标准格式呈现，并针对所有主要账户报告了定量数据，包括：服务、生产和其他活动；资源和产能；生产率。

1994 年预算引入了改进后的格式。它在会计数据和绩效数据之间建立了一致的联系，并分别确认了每个机构的总体管理和辅助职能。然而，绩效指标的覆盖仍远未完成。

芬兰。从 1990 年开始实施的“结果导向预算”方法要求在预算提案中描述所需实现的结果，并包括工作、效率和有效性等措施。部门与机构就详细的结果目标达成一致，并监督其实现。面向结果的预算在 1994 年的预算中覆盖了超过 80% 的机构运行成本，使机构在选择实现目标的手段方面比以前的分项预算拥有更大灵活性。这种灵活性使许多机构能够应用以结果为导向的管理和其他商业管理方法，提高效率和有效性。

从 1993 年开始，宪法和预算法的修正允许在使用费资助的活动上应用净预算。

瑞典。一些衡量绩效的努力直接与预算决策相关，而其他一些则与预算无关，但有可能影响资源分配。主要的正式联系通过前面描述的三年预算框架实现。三年预算制度要求机构提供过去五年的绩效趋势数据，以及未来三年的预测。正如前面所述，进入三年周期的机构在制定预算时经历了一个更为复杂的过程。一开始，除了财政部发布的一般指令之外，每个机构都会收到其所属部门的具体指令。一般指令要求机构报告过去的绩效，评估当前的目标和安排，并制定可衡量的工作目标和未来三年内要实现的结果。特殊指令根据每个机构的情况进行量身定制，涉及要进行的评估、优先事项和替代方案以及政策选择。尽管三年框架只涵盖行政费用，但审查过程还涉及项目目标和支出。要求机构评估其在各个活动范围内的总体绩效。实际上，为了鼓励机构对整体绩效进行广泛而深入的评估，行政发展局（SAFAD）和国家审计局负责制定机构在审查其绩效时应使用的程序。

英国。绩效指标的开发和应用是财政管理法案（FMI）和后续改革的核心特点。这些改革鼓励在可能的情况下进行量化，以便评估各个项目在实现目标和提供物有所值方面的成果。随着改革的推进，支出部门已被赋予在选择适当的指标、收集结果数据并在部门报告中公布这些数据方面的重要责任。由于 FMI 和之前讨论的其他倡议旨在激励管理人员对其行动和绩效负责，因此它们并不为所有部门规定统一的方法。在 FMI 的广泛目标和准则下，每个部门都可以自由发展最适合其情况的管理风格和系统。但是，根据“下一步”倡议，当执行操作“升级”为机构地位时，它们应在规定资源和绩效目标的问责框架内运作。最新的倡议是于 1991 年发布的《公民宪章》。它强调绩效的质量方面和公共服务对用户偏好的响应性。宪章坚持公布服务标准，例如对某些国民保健服务程序的最长等待时间的保证。

FMI 及其后续倡议将预算视为绩效合同，在其中各部门通过承诺具体目标交换约定资源。通过在年度部门报告中突出绩效指标和目标，促进了预算和产出的关联。尽管各部门的进展有所不同，但可以看出三个趋势：一是从简单的工作负荷或产出指标转向更高级的绩效指标；二是强调服务质量的衡量指标；三是更加重视机构层面的运营指标。

美国。绩效测量历史悠久、发展水平很高，但在预算和其他决策过程中的应用却相当有限。然而，最近的一系列发展可能在未来几年中使绩效问题受到极大关注。

美国审计总署于1992年对100多个联邦机构进行的一项调查发现得到广泛应用。所有受调查的机构都声称测量最终产出或产品，93%表示有工作或活动指标，91%声称测量服务的及时性，83%宣称拥有内部的质量指标，71%收集结果数据，63%声称评估客户满意度。其中很少有这些指标进入联邦预算，尽管其中一些可能在影响预算分配方面发挥作用。许多美国城市和州政府也收集绩效指标。现在，市政府公布学校绩效的标准测试成绩很常见。一个新兴的重点是发布有关政府质量的全面报告。例如，1992年，俄勒冈州波特兰市发布了第一份关于六项重要公共服务的年度绩效报告。该报告还呈现了公民调查的结果，并将波特兰的结果与其他城市进行了比较。俄勒冈州成立了一个进展委员会，为该州设定了固定时期的可衡量目标：1990年（基准年）、1995年、2000年和2010年。

对基于绩效的政府的研究兴趣受到一些近期进展的推动，其中包括：

1. 1993年国会通过的《政府绩效和结果法案》（GPRA）要求联邦机构编制年度绩效报告，比较实际与计划结果，解释为何未实现特定目标（如果有），并报告项目评价情况。该法案还提供了绩效预算和新形式的管理灵活性和责任的试点测试。

2. 1990年的首席财务官法案提供了对绩效的系统衡量，并年度报告改善财务管理的进展情况。根据该法案，管理与预算办公室已发布了附加到财务报表中的绩效衡量指标的开发指南。

3. 政府会计准则委员会负责州和地方（但不包括联邦）的会计实践，建议为各种政府职能的“服务努力和成就”指标制定报告和审计程序。

4. 国家财政绩效审查报告强烈支持 GPRA，并有多处建议尽快实施该法案。

这些和其他近期发展支持了一种普遍的观点，即在未来几年中，绩效型预算系统将得到更广泛的应用。

对公共部门资源分配、管理和控制的有效系统是良好治理的基本要素。并置对持续财政约束的需要和对更多和更好公共服务的需要正在改变经合组织成员国的预算实践。除控制和分配功能外，预算越来越多地被用作促进管理改进和项目效益的工具。

第四章
现代预算：概论*

在许多经合组织成员国，正在重组公共部门的管理革命已经进行了十多年，而在其他一些国家才刚刚开始。这场革命的持续时间证明了根除旧规则和习惯的困难，同时也证明了改革者的坚持和决心。在寻求改革公共行政的国家中，没有任何一个国家完成了这项任务，但也没有任何一个国家存在严重的放弃改革、回归传统的政府中央与公共机构、部门中央与运营单位之间命令与控制关系的风险。传统的管理结构将人力和财务资源的控制集中在中央，将提供服务的运营责任置于组织底部。政府的一端是控制者，另一端是被控制者。中央发布规则，监督规则的遵守，并根据自己认为适当的情况进行干预；运营层遵守规则，或者至少假装遵守规则。由于控制权在一个地方，而生产责任在另一个地方，公共部门管理者通常只是名义上的管理者。一些更有冒险精神的人擅长躲避控制者的监管，其他人只是遵守规则。毫无疑问，

---

* 本文最初于 1997 年发表，是经合组织出版物《现代预算》（*Modern Budgeting*，ISBN 92 - 64 - 16216 - 7）的全书概述。本概述由华盛顿特区布鲁金斯学会的艾伦·希克对澳大利亚、法国、新西兰、瑞典和英国五个成员国 1994—1996 年的预算改革进行了解释。

许多人无疑在面对限制的情况下努力尽可能多地为公共利益做贡献。

这种安排不仅统治了支出管理，还统治了其他行政运作，特别是与招聘和薪酬有关的事务。尽管今天对一些人来说，命令与控制的公共行政方式显得过时，但它产生于两个广泛共享的价值观：政府决心限制公共就业和支出增长，以及确保提供公共服务的一致性和稳定性。无论这些优点如何，第一个目标已被政府范围的巨大扩张（特别是转移和拨款）所超越；第二个目标已经基本实现。随着政府的增长，中央因细节而杂乱，分散了政策和管理注意力，使其偏离了更大的计划和财务事项。

在二战后的几十年里，许多国家政府通过将支出项目整合为更广泛的类别，并在资源使用上给予机构更大灵活性，放宽了中央控制。一些国家尝试通过创新，如计划项目预算（PPB），作为政策过程加强预算。但这些自上而下的改革通常不成功，对运营层面的管理能力几乎没有改善。相比之下，当前的一系列改革确实旨在改善公共部门管理。它们以责任框架为核心，政府授予支出机构在使用资源方面的灵活性，作为对结果负责的交换条件。用于强化管理责任的手段包括战略和运营计划、绩效衡量和目标、个人和组织绩效合同、服务交付与决策脱钩、新会计规则和年度报告、更积极地使用评估和审计，以及财务激励和制裁。在涉足这些改革领域的国家中，新工具的组合各不相同，但所有这些国家都明显分散了财务和整体管理控制，并引入新安排，使机构和管理者负责。

在本章讨论的五个国家（澳大利亚、法国、新西兰、瑞典和英国）中，政府内部公开表示，集中化模式不再适应公共管理的需要和条件。需要在提供服务方面减少僵化，更多地响应当地条件和用户偏好。普遍认为，严格的规定阻碍了最佳实践的采纳，并迫使管理者只能满足中等一致性。然而，重要的是要承认，一些重要的经合组织成员国仍然偏爱传统的公共行政模式，其中集中化的财务和人员控制被视为一种优点。德国和日本可能符合这个模式，一些较小的成员国也是如此。

尽管讨论的样本较小，但这五个国家涵盖了经合组织社区中的三种主要政治行政文化：威斯敏斯特制度、法国行政传统和斯堪的纳维亚模式。在 1994 年和 1995 年开展研究时，美国的三权分立型政府没有包括在内，因为它的行政“重建”在早期阶段。德国的官僚模式也被排除在外，因为该国在联邦共和国中分散管理方面的步骤很少，可能是因为对统一这一复杂任务的关注挤占了其他一些政府事务。

这里所述的五个国家不仅具有不同的治理传统，而且在改革开始之前它们的行政安排也不同。法国长期以来一直有详细监督的传统，财务监察员驻扎在财政部，在扩大地方管理者操作自由方面采取了谨慎的态度。由于起步较晚且需要更多努力，法国在这方面落后于其他国家。但随着改革从实验阶段向整个公共部门的实施过渡，有大量证据表明进展显著。瑞典则完全相反，它拥有小型部门和相对自治的机构的悠久历史。瑞典给予管理者的自主权比其他一些国家大，因此，尽管改革的创新不如其他地方那样引人注目，但它们仍然有效。三个英联邦国家在行政实践和改革方面有足够的差异，足以使每个国家都有各自的特点。在十多年前的改革前夕，英国已经放弃了实施一个多世纪的财政部控制学说。1982 年启动的“财政管理法案”，六年后开始的“下一步”倡议以及最近的“基本支出审查”，都受到了政府高层对重塑公共部门支持的推动。澳大利亚进入改革时期时，高度集中的控制已被废弃，过去的十多年里，澳大利亚废除了许多人事和财政限制，并采取各种政治和行政安排来促进管理改进。作为一个拥有开放经济的小国，新西兰感到自己的未来福祉受到强大的国际力量的威胁，并通过将商业实践创造性地应用于公共管理来做出回应。

改革的任务

这五个国家在重组国家行政机构时面临着类似的问题。所有国家都必须重新定义中央与运营单位之间的关系，中央在政治上对政府绩效负责，而运营单位提供服务并花费大部分资源。由于过时的事前控制机制的失败，定义这种新关系非常困难。新控制机制必须确保政府对总支出和项目优先事项的利益，并促进公共管理的效率和服务交付的质量。在访问这五个国家时，笔者有时会遇到这样的观点：一旦中央对行政细节的干预结束，支出机构就应该自由决定自己的方向，而不需要从上级获得大量指导。这是一种天真而错误的观点，如果不加以质疑，可能会破坏或诋毁改革。必须明确指出，改革并不意味着对公共资金采取“任何事情都行”的态度。然而，事实上，在中央机构真正从支出细节中大规模撤出的情况下，关于中央干预的抱怨仍然存在，这凸显了定义新角色和关系的困难。除了具有长期存在且已建立起部门和机构分工的瑞典外，每个国家在中央和运营机构的责任之间划清界限都遇到了困难。

每个国家都面临着对其运营预算的巨大压力。实际上，在过去的十年中，运营成本（根据通货膨胀调整）和人员编制已经减少。这一趋势给支出机构带来了矛盾的信息。一方面，它促使他们积极寻求效率；但另一方面，它也引发了一些担忧，即改革更多地涉及削减资源而不是改善管理。这种担忧在效率红利（澳大利亚）、支出水平的充分性（新西兰）、强制性支出削减（瑞典）和现金限制（英国）方面显露出来。

所有国家都必须激励管理者主动承担责任，关注支出和产出，并接受他们个人绩效对组织绩效的影响。在新西兰和英国，高级和中层管理人员的大量更替表明许多官员对新的管理方式感到不适，他们自愿离职或受到鼓励离开。许多新管理者在私营部门有丰富的工作经验，他们对新管理体制更加熟悉，比起旧行政结构，更容易适应新环境。新西兰和英国引进新管理者似乎对澳大利亚和法国的影响不大。这两个国家以及瑞典似乎对“让管理者管理”的做法有信心；新西兰和英国则以需要“使管理者管理”的前提行动。每个政府都必须确定可接受的风险，因为运营机构被赋予自行决定支出资源和采取可能对政治或财务产生重要影响的其他行动的自由。在瑞典，这个问题最不棘手，因为部门和机构之间的界限已经清晰；在英国，这个问题最紧迫，因为机构的新独立性已经对部长责任制提出了质疑。

在所有国家中，重组被视为一项长期努力，旨在改变管理行为和组织文化。最初的步骤，包括程序上的变化，如削减事前控制，相对容易。除了法国，这个阶段已经基本完成。法国的进展滞后，因为它起步较晚，并且必须克服中央管理的强大传统。协议的第二部分是让公务员为成果而管理，并将国家机构转变为以绩效为驱动的公共服务提供者，这需要更多的时间。人们可能会想，如果没有市场约束，这个目标是否能够完全实现。即便管理伦理在这里审查的一些国家已经确立，我们也不能确定它是否已经制度化。领导层的变动、机构面临的环境变化、预算危机或其他因素可能会迅速抵消多年的进展。也许只有在改革时代结束、创新成为公共管理的常态后，对绩效的承诺才能真正得到考验。

每个政府都设计了一种工具，以确保绩效信息影响组织行为。澳大利亚依靠大量的项目评估，既在政策实施前，也在资金拨款后进行评估。法国正在强调责任中心作为一种使公务员意识到他们的行动可以影响服务质量的方式。瑞典越来越依赖受审计的年度报告，以保证财务和绩效报告的可靠性。英国通过框架文件和绩效目标来集中管理注意力于关键目标和结果。新西兰在为首席执行官协商绩效协议和为机构制定购买协议方面投入了大量资源。在拥有长期经验的四个国家中，今天受青睐的工具并非昨天的选择。有很多试错的证据和愿意尝试新方法的意愿，希望它们能比以前的方法更有效。寻找新方法源于生产绩效信息和基于绩效行动之间的根本差距。每个国家都面临一个问题，即无论它产生多少绩效信息，可能会在忽视目标和结果的情况下做出决策并分配资源。澳大利亚试图通过将项目评估与内阁的政策工作紧密联系起来来缩小这一差距。瑞典加强了审计员（对财政部负责）在审查机构绩效方面的角色。英国越来越重视“下一步”和“公民宪章”目标的选择以及与目标的比较。新西兰根据政府范围的战略性结果领域（SRAs）审查部门的关键结果领域（KRAs）。

引入新方法还旨在振奋改革努力。为了重组管理，政府必须展示其对任务的持续承诺，并保持高级和中层管理人员的兴趣。正因为树立绩效伦理需要超过十年的时间，政府宣布一项举措然后让事情自行发展是不够的。根据迄今为止的经验，需要经常（大约四到五年一次）通过新的步骤来更新最后的步骤。如果以商业管理为指导，绩效驱动的机构将处于持续的变化过程之中，一个改革浪潮与下一个改革浪潮之间的间隔仅仅几年时间。

新西兰也符合这个模式，尽管它在一开始就立法实施了一系列变革。1988 年和 1989 年实施的改革在范围上是全面的，但它们是通过法律确立的，而不仅仅是政府的指导或促进。然而，新西兰根据经验对其改革进行了细化。实际上，新西兰的部门现在使用的大多数程序都是在立法改革实施后启动的。

由于树立绩效文化的困难，每个国家都经历了一系列失望；没有一个国家能够实现其设定的所有目标。英国发现，“财政管理法案”（FMI）提供了更好的信息，但对运营层面的管理者解放作用有限；随后它发现，“下一步”激发了新成立的机构，但尚未改变中央部门。澳大利亚一直困扰于将绩效信息打包成有用格式的问题，并且对项目结构的明显无用感到失望。新西兰在衡量成果方面进展相对较小，购买服务的部长与提供服务的机构之间的关系尚未得到充分澄清。瑞典对多年预算框架未能提升预算工作质量的失败感到失望。法国发现，尽管有政府的指导，一些重要的部门在将责任下放给地方机构方面还是拖延了时间。每个国家都有足够的理由进行抱怨和批评，但这些失望并不能掩盖巨大的进展。由于改革的雄心壮志，它们注定会在某些方面不尽如人意。

对于观察者来说，改革中最令人鼓舞的特点之一是，公共管理者没有将其视为漫长的一系列管理热潮中的最新潮流。管理者们欢迎改革，并将其与工作质量和工作满意度联系起来。对改革的支持在部长级别和高级官员队伍中持续存在。期望部长们将管理创新视为他们政治议程的首要任务是不现实的，但在几个国家，他们在一定程度上给予其较高的优先级，并对所有改革表现出兴趣。

除了主观印象的证据外，有足够的理由相信重组公共管理带来了可观的效率提升，这体现在人员配备水平的降低和实际运营支出的减少。许多机构少花钱多办事。虽然在服务水平或质量方面存在隐性下降，但很少有机构通过减少服务来弥补资源损失。发布绩效目标和结果的日益普及阻止了机构在资源限制下降低服务质量，但更重要的影响是服务机构中管理责任的扩大。很难对管理变革对项目成果产生的影响做出判断。虽然没有理由怀疑改革对成果产生了不利影响，但也没有充分的依据来声称它们已经得到改善。

市场与管理者

这五个国家在改善公共部门绩效方面采取了两种主要方法。一种是在政府机构中应用或刺激市场行为；另一种是赋予和激励管理者改善绩效。市场型机制包括私有化和外包、权责发生制会计和成本回收，以及个人或群体绩效合同。管理工具包括规划和评估、下放权力和灵活运用资源、目标设定和绩效测量，以及企业规划和项目评估。每个国家都同时采用这两种方法，但方法的组合各不相同。新西兰比任何其他国家更严格地采纳了市场原则，并通过区分政府作为所有者和政府作为采购者、对政府的财政投资征收资本费用、与首席执行官签订合同，以及就从机构到部门的“销售”产出进行购买协议的谈判，来激发市场纪律。法国最贴近管理模式，赋予责任中心作为准自治单位运作的权力。英国政府主张市场伦理，但也非常依赖管理者对其工作和绩效负责。澳大利亚和瑞典更倾向于管理端，但两国都为用户收费、商业化和其他市场型机制提供了发展空间。

不应夸大这两种方法之间的差异，因为政府并非在真正的市场中运作。然而，这两种方法朝着不同的方向发展。管理取向对“让管理者自主管理”充满信心；市场方法则坚持“让管理者履行管理职责”。第一种方法依赖于赋予管理者主动权和责任；而第二种方法则依靠价格和合同来促进效率和责任。市场型行为在公共部门中能够被引导到什么程度，这一点正在新西兰的改革中得到测试。模拟市场并非真正的市场，政府实体之间的合同（例如新西兰的购买协议和英国的框架文件）与无关方之间的真正独立协议并不相同。在这些国家进行的内部合同缺乏严格的执行；实际上，一方不履行义务可能会使另一方无法采取任何补救措施而仍需履行合同。

市场伦理和管理伦理之间的区别反映在提高效率所带来的节约资金的处理上。每个国家都必须决定机构是否应该保留部分或全部节约资金，或是通过降低资源基数将它们上缴给政府。从管理的角度来考虑这个问题，可能会得出这样的结论：让机构从节约中受益将带来显著的优势。剥夺分红会惩罚高效率管理者，而允许他们保留节约下来的资金将为他们提供进一步追求效率的动力。受市场取向的启发，新西兰得出了不同的结论。允许机构保留节省下来的资源将使其能够在预算范围之外的服务上支出。这几乎等同于即使价格下降也要支付更多费用。

这个例子揭示了私营市场和模拟市场之间的一个关键区别。私营市场收取价格，供应商有很强的激励来提高效率；而当价格以成本为基础时，激励力度较弱甚至不存在。市场和政府之间的这种内在差异强烈表明，在公共部门中用管理者激励补充市场纪律的可取之处。

市场化公共管理测试了公共部门的界限。如果商业供应商能够公平高效地提供政府服务，那么人们可能会质疑这些服务是否具有如此独特性，以至于它们必须保留在公共部门。其中三个国家（澳大利亚、法国和瑞典）更倾向于由公共部门提供政府服务。除了已经在商业基础上运作的国有企业外，这些国家通常希望公共服务由政府机构中的公务员负责提供。英国政府已经将各种服务私有化或外包，但它没有将这一发展推到像一些人担心的那样远，也没有像其他人认为的那样进一步推进。新西兰是一个特殊的案例，因为它对公共机构非常重视，但在将市场实践应用于公共管理方面比其他任何国家都走得更远。迄今为止，其独特的公共和市场行为融合相当成功，但未来可能出现紧张局势。

市场原则影响了许多国家的管理改革。这种影响体现在将公共服务的接受者视为顾客而不是客户的强调上。顾客拥有权力，而客户则没有；顾客可以选择去其他地方消费，而客户则不能。作为顾客与作为公民是不同的。顾客比公民更有效，尽管后者拥有权利，但他们的利益可能被忽视。通过投票站得到的索取权与市场上的索取权相比微不足道。公民和顾客之间的区别不仅是隐喻性的，而且是传统公共行政追求服务提供的统一性和公正性与新管理主义追求对顾客需求响应之间的区别。这也是将政府视为服务提供者与将其视为良好社会的建筑师或守护者之间的区别。这些差异引发了其他差异，即关注产出（提供商品和服务的数量）与关注结果（政府行动产生的社会状况）之间的差异。有趣的是，尽管英国的《公民宪章》提到了公民，但它所宣扬的原则将他们视为顾客。以顾客为导向的政府是一个服务型国家。它的绩效可以通过它以多高效率生产产出来客观衡量，以及顾客对所接受服务的满意程度主观衡量。这些政府都没有仅仅关注顾客的问题；它们都对公共利益采取了更广泛的视野，这体现在努力衡量结果、改善政策和项目、评估成果以及使预算在财务上更稳固方面。然而，它们都已经了解到，改善对顾客的服务比应对国家在社会中的更大角色要容易得多。

脱钩的与集权的政府

在改革议程的一个重要方面——政府组织的安排上，对于政府角色和绩效的不同观点存在冲突。几代人以来，公共管理的一个确定原则是将相同目标的公共活动（为客户提供服务的活动）集合到一个组织中。部门化被认为有很多好处，其中最重要的是较窄的控制范围和将互补项目组合在一起带来的协同效应。合并部门的建立长期以来一直被视为现代公共管理的一项胜利（瑞典则不同，它偏好多个分离的机构）。部门化与其他行政改革联系在一起，例如建立综合预算程序、国家公务员制度以及在每个领域内设定优先事项的能力。集合的成本包括部门中央的庞大机构以及官僚组织的层层设立，但这被认为是可以接受的，因为它们增强了政府协调和控制公共政策制定和实施的能力。

澳大利亚仍然支持这种行政模式，这体现在其建立超级部门和组合预算上。在澳大利亚的观点中，大型的综合部门有助于在各个部门中建立目标和优先事项。将政策制定和服务提供合并在同一组织中使得一个活动中得出的思想和见解能够丰富另一个活动。例如，提供服务的条线管理者的经验可能使政策制定者更好地了解他们项目的影响。在完成工作的过程中，这些管理者可能会深入了解为什么某些方法能够产生期望的结果，而其他方法则无法产生。在澳大利亚的观点中，将服务提供者隔离到一个独立的组织中，只关注产出而忽视他们可能了解的结果，将会使政府失去关键的绩效信息，这些信息可以反馈到政策评估中。然而，值得注意的是，1996 年全国审计委员会呼吁将服务提供与政策制定分离。

集合模式受到来自经济学分支中被称为委托—代理理论相关概念的挑战。这一当代理论认为，委托方（如中央政府的政策制定者）可能无法有效地控制或监督代理人（如负责在实施单元中执行政策的人员），因为后者有自己的利益，并且确保遵守政策的成本可能非常高。持这一立场的人认为，政府政策可能会被具有信息优势的服务提供者所掌控，因为他们对服务的了解比制定政策者深。根据与这一理论相关的改革者的解决方案，将代理人与委托方分开，并且严格定义服务机构的任务，以便监测提供者被授权执行的政策。这种推理的应用导致了单一目标机构的增加，例如根据英国“下一步”建立的机构。

撇开理论不谈，有充分的依据可以得出结论，将机构从部门中脱钩，增强了服务管理者的意识：他们确实负责管理，不仅仅是指挥链条中的一环；他们有能力和机会塑造自己的机构，使其成为一个高效、以绩效为导向的组织。在对新西兰和英国的脱钩机构进行访问时，笔者感觉到了一种新的兴奋感，而其他管理良好的组织中则没有这种感觉。仿佛这些机构获得了新的生机和权力，能够根据给予他们的资源和政策指令自行发展。

脱钩的机构充满了新的使命感——他们意识到与被分离前不再是完全相同的实体。他们制定自己的业务计划和年度报告，自己记账并公布财务报表，设定绩效目标并确立服务标准。每个机构都有自己的首席执行官和组织身份。有相当多的机构利用他们的新权力重新审视使命和工作方法，有些甚至进行了运营方式的重新设计。这种活力无疑是由于作为一个独立机构的新鲜感和引人注目而产生的。随着时间的推移，新鲜感和兴奋感将逐渐消失，每个机构将仅仅成为庞大国家机构中的一个生产单位。在那个时候，脱钩带来的效率、士气和优势将面临检验。

除了解放和激发机构外，脱钩还旨在振兴部门并简化其运作。有人认为，机构分离出去后，源头部门应该专注于政策指导而不是服务提供。他们的员工应该进行精简和层级调整，运营责任应当下放给机构。或许因为新西兰是一个小国，它在重新聚焦部门方面比英国取得了更大的成功。然而，在两国，对两个实体之间将形成一种独立关系的期望，即部门将努力与机构在更低成本下获得更多产出，事实证明有些不切实际。当一个机构是部门产出的唯一（或主要）供应者时，双方往往会发展出一种顺应而非竞争的关系。所订购的货物或服务的数量和价格将受到机构认为可行以及部门的可用预算的显著影响。通常不会是一方威胁从其他来源购买货物和服务来对另一方发号施令的情况。对于政策建议，这两个实体也很可能相互依存。机构对政策发展方向有兴趣，而部门则需要其机构在提供服务过程中获取的信息和见解。

以下是关于依赖脱钩机构提供服务和资源的几个问题。由于迄今为止的证据和经验无法解决这些问题，因此以问题的形式列示如下：

1. 机构模式是否过分强调效率和产出，而忽视了效果和结果？

2. 机构是否忽视了集体利益，从而对政府构成政治风险？

3. 公共服务是否过度分散在相互独立或竞争的机构中，每个机构都按照自己的方式行事，缺乏来自中央的强有力协调？

4. 部门是否具备足够的能力来制定明智的政策并监测绩效?

5. 独立机构的建立是否削弱了传统公共服务价值观，并阻碍了政府内公务员的流动?

6. 部门的运营独立是否威胁到部长责任制原则?

澳大利亚和法国选择分权作为脱钩的替代方案。在澳大利亚观察到的运营单位似乎享有脱钩机构所具备的很多独立性，并且他们对制定和执行工作计划以及支出和财务资源报告负有主动责任。这些单位负责社会保障和税收，这两个政府职能在执行指定任务时具有成熟的现场办事处、高度重视统一性和执行工作上的一致性。这些特点可能使得分权比那些责任更多元化的组织更加成功。法国的情况在各个部门之间有所不同，某些部门在分权方面取得了重大进展，而其他部门几乎没有任何进展。但随着更多部门朝着这个方向发展，有可能得到机构身份的好处，却不产生某些风险。

灵活性与绩效

无论组织形式如何，关键问题在于运营单位在提高服务的效率和效果方面能否充分运用所赋予的新灵活性。基本的灵活性涉及在支出项目和财政年度之间进行资金调动。除法国外，各个国家几乎完全自由地在运营费用的现金限额内进行支出。主要的限制涉及高级官员的数量和报酬。法国仍然对人员进行单独控制，但随着改革的推进，这些控制可能会放松。笔者没有听说部门或机构滥用支出自由的投诉。一些人担心，如果每个行政单位（例如地方机构的分支或部门）

被授予对自己预算的控制权，资金可能会被浪费。在某些情况下，财政部敦促更充分的分权，而支出部门的总部人员则采取更谨慎的方法，指出各个单位管理技能和经验的缺乏，以及允许每个单位随意支出可能导致的规模效益低下问题。

在财政年度之间转移的灵活性已得到放宽，机构被允许结转未使用的资金并预支下一年度预算的一部分。通常，可结转或预支的金额限制为拨款资金的一定百分比。这些限制防止了以危及中央机构控制未来支出能力的速度囤积资金。新安排将年度拨款控制和预算执行的年度间灵活性结合起来。在几个国家，支出灵活性通过允许机构获得结转资金利息和对预支资金收取利息来进行调控。

把运作资源的责任授予管理者并未影响支出控制。当管理者被给予一个固定预算来操作，而支出细节由外部人员控制时，很容易维持现金限额。管理者已经证明他们能够及时准确地记录财务信息，并编制符合会计准则的财务报表。一些国家（如新西兰和瑞典）相信支出单位能够负责地管理他们的资金，并且正在增加这些单位在发放资金和维护自己银行账户方面的作用。在较低的管理层次遇到了一些问题，因为经验和技术能力较为有限。法国的解决方案是根据责任中央（或其他分权单位）展示出的遵守规则和谨慎使用资源的能力来逐步下放管理责任。预算部门制定了一套正式的评估体系，用于衡量地方单位在承担资源责任上是否准备就绪。

在每个国家，资源使用的灵活性与增加财务和运营结果的问责有关。每个国家都引入了编制绩效信息和报告成果的新工具。新西兰依赖机构和部门之间的合同。法国将绩效指标纳入责任中心和部门间的合同之中。在澳大利亚和瑞典，部门和机构在年度报告中比较计划和实际绩效。英国要求“下一步”机构与其部门协商制定关键绩效目标，并将结果简明扼要地展示在政府的年度“下一步”报告之中。

尽管绩效指标的数量大幅增加，但这些信息对管理行为的影响仍不确定。英国政府取得了重大成功，因为它有意针对少数几个指标，并在重要报告中公开宣传。澳大利亚采取了不同的策略，鼓励部门对与其项目相关的全部产出和结果进行衡量或描述。然而，尽管联邦部门每年都产生和制作大量的绩效信息，但这些材料对项目和管理决策的影响有限。新西兰在采购协议中规定了产出目标，但在衡量和监测结果方面进展较小。

从理论上讲，预算应该是绩效指标影响公共政策的主要手段之一。设计一种基于绩效的预算体系，使每一笔资源增加都直接与计划中的产出增加相联系，理论上并不困难（然而，直接将资源和结果相连是不可行的）。然而，在这里研究的政府并没有将绩效与预算资源紧密联系起来，而是更倾向于一种安排，其中实际或预期结果的数据仅仅是预算的几个影响因素之一。新西兰建立了最紧密的联系：它根据项目类别而不是支出项目编制预算和拨款，并且在机构和部门之间的采购协议中规定了计划产出。然而，每个产出类别通常由多个绩效指标组成，因此很难确定拨款中分配给特定产出的部分。澳大利亚和瑞典将大部分绩效信息从预算文件转移到年度报告之中，从而将注意力集中在实际绩效而非计划绩效上。预期过去的结果将影响未来的预算决策，但是两国政府都没有正式根据绩效分配资源。在英国，每个部门现在都公开发布自己的公共支出报告；这些文件包含大量绩效信息，对预算的直接影响看上去可能比实际影响大。

当前改革浪潮的目的不仅仅是合理化预算选择，而是改变管理行为。绩效信息的主要使用者应该是管理者，而不是预算制定者。有人担心，如果资源根据绩效分配，信息质量可能会下降，因为管理者可能不愿意提供在预算时用来对付他们的数据。预算官员希望在分配资源时，绩效指标和其他信息都能提供。他们还希望在督促部门和机构改善绩效和实施新问责方法方面发挥强有力的作用。但是预算官员们并不认为绩效测量的先进程度已经足够高，可以证明资源和结果之间存在明确的因果关系。

会计与审计

尽管预算与结果的关系相对较松散，但通过改革会计制度和将审计要求扩展到机构财务报表和年度报告，衡量绩效在财务管理中日益突出。这一发展是分阶段进行的。第一阶段是从收付实现制会计向权责发生制会计的转变；第二阶段是要求部门和机构维护自己的财务账户并发布年度财务报表和报告；第三阶段是计划和实际绩效的比较；最后一个阶段是对财务和绩效报表的审计。在一些国家（如新西兰和英国），会计改革已扩展到预算；而在其他国家（如澳大利亚和瑞典），则没有扩展到预算。然而，最近的发展表明，澳大利亚也将会计准则应用于预算之中。

权责发生制会计已在新西兰实施，并正在澳大利亚和英国引入。朝着这个方向发展的政府已经接受了商业准则应用的原则，除非这些准则不适用于公共实体运作。会计改革被视为将支出者转变为管理者过程的重要组成部分。管理公共资金的人必须对成本负责。他们必须知道所支出的全部资源，并对这些成本进行控制。权责发生制会计的逻辑要求对经营单位使用的场所成本、资产成本以及（在某些情况下）经营绩效的陈述方面的作用。

政策和项目

在 OECD 成员国中，运行成本通常只占中央政府支出的不到 20%。预算中更大的份额用于项目支出：向家庭的转移支付、对企业的补贴、向其他政府的拨款以及其他项目支出。与运行成本相比，这些支出增长得更快，并且更加僵化。如果行政运作现代化，但项目选择、实施和完成的方法不变，那将是浪费机会。实际上，大多数在这里被审视的政府都将提高项目效果视为改革的关键目标。然而，迄今讨论的创新对政府项目的组合或效果，以及对其支出的影响很小。重组的逻辑假设良好运营的机构将重新审视项目的成本和绩效，但很少有证据表明这种期望已经实现。

从根本上讲，政府的行为——其目标和政策，以及花钱的优先事项和项目——是政治问题，而不是管理问题。绩效信息和上述其他工具可以影响政策和项目决策，但它们很少是唯一或最重要的影响因素。此外，这些决策无法像行政运作那样例行公事。政治和政策行动往往是机会主义的，根据政治领导人的冲动，在条件被认为合适时采取。因此，瑞典研究委员会的间歇性活动可能对公共政策产生比澳大利亚等国定期评估项目更大的影响。几代人以来，英国政府在白皮书中发布重要的政策声明，只有当政府认为合适时才会公布。这些文件不按照任何固定的时间表发布，但它们通常会影响随后的政策。

几个国家试图通过战略规划、结果衡量和项目评估来使政府项目和政策合理化。战略规划是这些工具中最具雄心的一种。它与传统规划的不同之处在于其目标不仅仅是改变项目，而是改变组织本身。战略评审中提出的关键问题是：组织应该是什么，而不仅仅是应该做什么。当推出新机构时，例如在新西兰和英国，这类问题最有可能引发战略评审。定义新组织应该是什么的过程有助于建立群体认同，并使机构能够将自身展示为一种转型实体。一旦机构持续运营，对管理决策而言，年度业务计划或运营计划可能比长期战略展望更相关。

战略规划在商业领域的应用比在政府中广泛。对于企业而言，最重要的战略决策是是否进入或退出特定市场，例如，是继续作为打字机公司，还是放弃这一业务线，转而成为信息处理公司。在政府中，决定机构是否应该实施特定项目的基本决策是通过政治过程而非公共机构做出的。然而，当条件有利时，战略规划可以促进机构的变革。例如，在新西兰，海关部门在很大程度上从一个拦截非法货物并执行关税的组织转变为一个促进国际贸易的组织。在这种情况下，部门领导者表示，战略规划加快并使变革合法化，但即使没有战略规划，这种变革也将在适当的时机发生。这种转变在其他国家的海关业务中也发生过，这表明战略规划是一种机会主义而非例行公事的活动。

改革议程有两种主要手段来改变项目：反馈到项目决策的结果衡量和定期评估。前者通常每年编制一次，而后者需要更长的时间框架。在每个国家，政府在衡量结果方面遇到的困难远远超过衡量产出方面的困难。衡量结果不是一个暂时性或过渡性问题，它不会通过安装更好的绩效信息系统解决。在新西兰通过让部长对结果负责，或在澳大利亚通过大量投资于项目评估，或在英国通过针对少数关键指标，或在瑞典通过投资于效益审计，都没有解决这个问题。将这些措施纳入年度预算肯定也无法解决问题。由于结果涉及超出负责机构直接控制范围的事项，因此衡量和应用结果很困难。结果衡量社会状况，不仅仅是组织绩效。

尽管政府可能不造成结果，但他们必须意识到这些结果。结果衡量是指导机构了解自己是否接近或远离重要社会目标的方向信号，不是因为机构应该为结果负责或获得荣誉，而是因为机构应该知道其项目是否达到了预期目标。结果是战略衡量指标，激励机构质疑其行为及前进方向。一个机构应该只有几个战略衡量指标，过多的指标会使信号变得模糊，并可能产生瘫痪效应。定义这样的几个指标不应该很困难。它们与机构的本质相关，即机构存在和开展特定项目的原因。在选择这样的指标时，机构最好根据以下问题的答案进行指导：我们为什么存在，我们如何知道我们是否成功？

这些是战略性问题；与战略规划一样，它们关注的是组织本身，而不是它所做的事情。然而，根据为其设定的目标评估项目也有充分的空间。澳大利亚在将评估纳入政策和预算决策中比任何其他国家都更进一步，但它发现进行评估要比在决策中使用它们更容易。增加评估使用的努力面临两个问题。一方面，评估对政府行动的影响在将其整合到决策周期中（如年度预算制定）时会上升，但例行评估往往缺乏深度，因此不太可能影响现行资源和项目的分配。另一方面，评估文化是一种通过发现现有运作中的缺点来改进项目的手段。如果评估经常发现政府的失败，它不太可能长期得到政府的支持。项目评估处于政治和管理的交汇点。它挑战政府目标和项目假设。仅出于这个原因，相对于改革议程上的大多数其他事项，它更难制度化。赌注更高，并且政治风险更大。

改革途径

对于正在重组公共管理的国家来说，改革公共部门有许多途径。当一个国家开始改变管理实践时，它必须选择与其政治和政府条件相适应的道路。在一个国家行之有效或可接受的事情在另一个国家可能无法成功。对于那些没有试图从根本上改变管理实践的许多经合组织成员国来说，最基本的问题是他们是否应该开始这样一条道路。在考虑到这里所研究的国家遇到的问题时，为什么其他国家应该在改革公共管理方面进行巨大的投资？当这个任务将需要十年甚至更长时间才能完成，并且在改善公共服务方面的回报需要一些时间才能显现时，为什么政治领导人应该试图改变政府部门的管理文化？

当代的管理改革受到的驱动力不仅仅是政治逻辑，更多是预算压力和公共机构过时和效率低下的意识。毫无疑问，公共部门的管理改革受到了商业管理方面平行发展的影响，但最大的影响来自对在更少的资源下做更多事情的认识。政治家们通过塑造现代化、改革主义的形象可以获得一些选民的支持。但是追求选票并不是主要的推动力，未来也不太可能成为主要推动力。事实上，如果改革被认为是拆散现代国家或削弱其执行能力，政治家们有可能会在选民中受到惩罚。工党在新西兰进行公共部门大胆改革后，在全国选举中付出了代价。改革政府在法国和瑞典也被取代，尽管这些国家的管理变革可能与选举结果关系不大。

在这里调查的每个国家，公共部门重组在政府更迭后得以延续。在每种情况下，接任的政府都在已经进行的改革基础上做了进一步的发展或扩展。在英国，“财政管理法案”通过“下一步”得到拓展。在法国，罗卡尔德的倡议得到了朱佩总理通告的支持，将责任中心从试点测试转变为国家政策。在瑞典，社会民主党政府引入的三年预算框架由接替其的中右翼联盟政府实施。在新西兰，工党政府颁布了开创性的改革，随后受到国家政府的认可和扩大。而在澳大利亚，1996 年的政府更迭后，国家审计委员会对前期的举措，如前瞻估算、评估战略和运营成本制度表示赞许，并提出了一些额外的创新。在所有研究的国家中，由政府发起的正式评估得出的结论是改革对公共管理产生了积极影响。在这些国家中，没有一项评估呼吁回到旧的方式。

这里提供的分析更多地涉及程序变化，而不是行为变化。然而，公共部门重组的真正回报来自后者。因为分析是在重组进行中进行的（这些国家还没有完成重组），它并没有对改革的可持续性做出最终判断。有理由预期，改革迟早会失去动力，也许是因为政府的兴趣或议程转向其他事务，也许是因为公共管理的核心理念和标准发生变化。改革的某些方面可能会受到政治争议的影响，特别是公务员机构的分散化和核心政府职能的外包。然而，从这五个国家政府致力于现代化公共管理的时间长度来看，我们可以预期重要的变革将持久存在。如果变革确实持续下去，当代政府应该会拥有更高效的公共部门，尽管不一定会有更积极的项目结果。有大量证据表明，通过减少人员编制和强制削减运营开支，实现了效率的提升，但这些国家尚未进行系统的项目结果审查，以确定改革是否以及如何影响了项目。这些国家是新管理实践的实验室。它们为经合组织成员国提供了丰富的应对财政压力、提升公共部门效率、改善服务质量和对客户的响应能力、改变政府部门和机构运作文化的可能性。从它们的经验中可以学到很多东西，也为组织工作和提供服务开辟了许多新的可能性。现在是公共管理演进的真正令人兴奋的时期之一。但也提出了许多问题。致力于改革管理实践的政府必须寻求自己的答案。

改革过程

重组政府的首要选择之一是全面进行改革，还是以更零散和渐进的方式进行改革。应该先进行试点测试新创新，就像瑞典那样，还是先强制实施，就像新西兰那样？试点测试的明显优势在于使政府能够在改革开始全面实施之前建立支持、积累经验并进行调整。但是试点测试也存在一个风险，即在改革被制度化之前，试点测试可能会耗尽兴趣和支持。此外，由于试点测试在实验条件下进行，因此试点测试可能无法真正测试改革在全面实施时的运作情况。一方面，尽管进行了广泛的先期测试，瑞典发现固定的三年周期过于僵化，不适用于所有机构。另一方面，通过政治（或管理）的闪电战来实施改革可能会带来快速结果，但随着经验积累，可能需要重大调整。新西兰就是这种情况，该国被迫增加了许多在启动改革时并未考虑的特征。考虑到改革的广泛性，无论改革以何种方式引入，都很可能需要在过程中进行调整。

在这里考察的五种模式中，政府可能会尝试多种类型的改革。他们可以尝试从不同国家的元素中“混搭”——例如，澳大利亚的评估战略与新西兰的产出衡量和采购协议，或者法国的责任中心与瑞典的多年预算框架。然而，问题在于，管理体系变得越多样化和复杂化，管理成本就越高。新的管理制度对部门提出了相当大的信息需求；为了避免给行政机关增加过重负担，政府必须对于将不同管理体系的要求融为一体保持警惕。

管理改革通常是自上而下的指导和自下而上的实施的融合。如果没有来自上层的推动，改革不太可能起步，即使起步了，实施也会不均衡。法国通过允许各部门自行创新来实现分权改革。一些部门热情拥抱改革，而其他部门只是走形式，没有进行真正的变革。相比之下，新西兰采取了高度集中的方法，为整个国家部门制定了统一的规则和要求。它的方法可能不容易适用于更大、更多元化的政治体系。在某种程度上，必须让管理者参与到改革过程之中；他们必须感到改革是可行的，并且他们的关切得到了解决。如果没有做到这一点，管理者可能会破坏改革，通常不是通过反对改革，而是对改革漠不关心。改变管理文化必须通过改变管理者的行为来实现。

无论采取何种方法，改革都不会快速或轻易实现。考虑对公共管理进行彻底改革的国家将面临十年甚至更长时间的创新和实验，并且很可能朝着改革启动时未曾预料到的方向发展。

政府组织

在每个国家，重组的目标是决策过程、资源管理、信息收集和报告以及部长和官员对他们所做和完成的工作负责。在澳大利亚和瑞典，这些变革发生在现有的组织结构内部；而在其他国家，创建新组织是改革的一个重要“推动因素”。

澳大利亚并没有建立新组织，尽管它的确在广泛的行政组合中对部门进行了重组。正如前面所述，1996 年上台的政府可能会决定将服务交付机构与决策制定部门分开。瑞典并没有发现重新组织的必要，因为其政府结构定义了部门和机构的角色。

在传统或现有组织内部可以进行管理改革吗？答案取决于重组的目标。如果过去经常发生的情况是将组织责任在部门之间转移，以打破现有的安排，那么重组不太可能对绩效产生较大影响。这种重组已经不再流行；普遍认为，其意想不到的影响可能超过了预期的效果。然而，如果重新安排行政责任是为了使代理人（服务提供者）对委托人（部长或高级管理者）负责，那么重组可以从根本上改变组织绩效。

在许多国家，政策和服务之间存在正式的区分。这种区分是否站得住脚？它是否澄清了角色和责任，还是通过忽视政策和行政的相互依存性而混淆了问责？毫无疑问，这些角色可以在形式上加以区分；问题在于这种形式上的区分在实践中是否有效。在一些分离的国家，出现了三个政府层级：政治责任归属的部长级别；代表政府行使管理责任的部门；负责提供服务的交付机构。不可避免地，在这些实体之间出现了一些问题。当服务出现故障或未能履行时，这是政治责任还是管理责任？是政策制定者的过错，还是那些未能如预期那样履行职责的管理者的过错？

当多个实体共同承担责任时，它们之间的关系和问责的执行可能会出现困难。一些事务可能会落入问责体系的漏洞之中。例如，在英国，机构首席执行官和部门常任秘书之间的关系需要澄清。新西兰在区分部长和首席执行官的责任方面遇到了一些困难。在这些国家和其他国家，可能需要一个调整期，在此期间，新角色被完全制度化，权力下放扎根，并形成了一种共识。但是，除了适应以外，可能还需要解决不同观点之间的分歧。这些新关系是否会导致长期的紧张和误解？合同安排，例如框架文件和绩效或采购协议，能否在政策制定者和管理者之间建立信任或弥补信任的缺乏？一方面是权力下放的信条和期望，另一方面是民选政治家和高级管理者的责任之间是否存在固有矛盾？在各个实体和层级之间，风险的适当分配是可行的吗？在民主制度中，将政治风险与管理裁量权隔离开来是否可行？这些问题的紧迫性在很大程度上取决于正在进行的组织变革。在瑞典，这个问题不会引起太多困扰，因为部门和机构的分离已经得到了很好的建立，而在新西兰和英国，长期以来的部长问责原则受到了挑战。

在所有国家中，重组工作对中央机构和各行部门之间的关系造成了紧张。管理者们期望能够自由支配支出，并在没有中央干预的情况下运作他们的机构，但中央机构对公共支出的合法性、效率和效果负有持续的责任。在改革公共管理时，要指定中央机构应该停止做什么比决定它们应该继续（或开始）做什么更容易。在解决各自角色时必须解决的问题包括：财政部（或类似机构）与支出部门之间的责任划分是什么？当支出方认为中央干预侵犯了他们的管理自主权而中央机构认为不干预将削弱财务控制时，如何解决双方之间的争端？中央指导在何时适当甚至必要，而何时是干预？当中央机构发现新独立部门管理自己业务的能力（或意愿）不足时，中央机构应该做什么？在建议和推动之间，以及在鼓励机构处理自己事务和在机构无法胜任任务时进行干预之间应该保持什么平衡？答案会因国家而异，但没有一个改革后的公共管理可以放弃中央的监督和指导。

管理改革将预算从许多细节中解脱出来。人们期望预算办公室可以从事更大范围的战略和政策问题：控制总支出和推动项目创新。在某些模式中，预算应成为政府战略管理的核心工具，促使部门和机构采用改革并改变他们的运作方法。这种模式预示着财政部（或类似机构）从控制组织转变为管理改革领导者的角色的根本转变。这种转变在澳大利亚、新西兰和英国显然已经落地，尽管受影响的机构并不总是承认它们与预算机构的关系已经发生变化。在瑞典，变化较小，但这仅因为财政部始终相对较小。法国预算部门也出现了变化的迹象，但可能还需要几年时间才能完全感受到现代化的全面影响。

一个转型后的预算机构会是什么样子？在“改革”时期，预算官员不需要面对这个问题，因为他们忙于过渡工作，摆脱旧规则并督促机构采用新方法。但是一旦改革得到规范化，预算办公室将不得不思考它如何适应政府的运作，它要维持哪些控制权，以及它必须拥有哪些杠杆来促使不合作的机构产生效果。在一个声称重视权力下放的管理文化中，为中央部门定义一个有用的角色并不容易。英国财政部对这个问题进行了根本性的审查，产生了一个更小、更扁平的组织。可以预计其他政府将在未来几年考虑这个问题。

在很多改革文献中，中央机构（如财政部）与运营部门之间的关系被描绘得令人困惑。据说中央的角色是协助而不是干预，做战略决策而不是日常决策，控制总体支出而不是具体支出，设计新管理方法而不是强制实施，鼓励结果测量而不是基于结果分配资源，推动效率提高而不是捕获（为政府）效率带来的财务利益，代表权力下放，但允许每个部门按照自己的方式进行权力下放。这个列表还可以增加其他混杂的信息，但对于曾经想知道为什么财政部没有因为已经取得的进展而受到称赞的预算官员来说，这一点是显而易见的。

未来的预算将是一个艰难的平衡行为，因为它必须调和预算办公室所承担的冲突角色和责任。

在明确其未来定位时，预算机构将受到两个方向的拉扯。一个方向是通过与会计、审计、成本和产出测量、管理信息系统和其他管理措施更紧密地联系，将预算纳入财务管理之中。另一个方向是成为政府的决策中心，处于项目开发和战略思考的前沿。在理论上，这两个角色可以和谐共存。事实上，澳大利亚已经积极努力整合这两个角色：将预算纳入财务管理的措施之中，同时将其纳入政策创新的机会之中。这种结合的角色是理想的，因为预算的规律性使其成为财务管理的优秀工具，而预算的决策推动特性使其成为战略选择的优秀工具。然而，在同一组织中整合这两个角色并不容易。

问责手段

尽管问责制是所有国家改革的关键要素，但确保问责制的手段各不相同。英国认为真正的问责制在于尽可能将公共部门交由市场，通过私有化或外包来实现。这种将市场边界扩展到公共部门的决心意味着对澳大利亚所寻求的传统手段缺乏信心。新西兰也试图将市场纪律引入公共部门，但通过将预算重构为指定产出的合同来实现。法国采取了不同的方法，依赖于公共管理者的良好表现，而瑞典则通过依赖部门和机构之间的分工来增强问责制。工具的选择取决于政府所追求的目标。如果目标是显著减缓公共支出的增长速度，那么重组很可能依赖于市场型机制。然而，如果主要目标是提高公共支出效率，那么分散管理结合强调绩效可能更可取。

以某种方式，所有国家都在一定程度上对绩效进行了衡量。这样做要么是因为这是问责框架的重要特征，要么是因为这些指标（尽管只是微弱地）代替了市场机制。依赖于绩效衡量打开了实践问题的大门，改革倾向的政府必须面对这些问题。谁应该在选择适当的指标方面有最后决定权？是设计大量涵盖各种活动或产出范围的指标更可取，还是集中关注一些指标，即使这意味着忽视了绩效的某些方面？如何使机构摆脱过程和效率指标，转向关注结果和成果的指标？产出指标和成果指标之间应该有什么样的联系？政府是否应该采取措施防止使用指标作为官方目标时产生的行为扭曲？

上述问题涉及指标的制定。还有关于使用指标的其他问题。仅仅衡量绩效本身不会带来多少变化，重要的是在收集数据后采取的步骤。在多大程度上应该对绩效数据进行审计以确保准确性？如果绩效未达到目标，应该采取哪些干预措施？议会在审查绩效和启动纠正行动方面应该扮演什么角色？通过绩效协议或其他程序如何执行这些指标？

绩效指标与预算拨款的关联

新西兰和法国在将绩效数据和其他管理变革与预算政策联系起来方面可能存在着相反的立场。新西兰明确将预算与绩效相联系，通过产出类别进行拨款。法国似乎对预算政策和绩效挂钩持谨慎态度，更愿意让预算拨款反映政府的政策和优先事项。预算与绩效之间的关系越紧密，就越需要将服务的全部成本分配到产出中的成本会计方法。鉴于许多国家成本会计的原始状态，目前还无法实现全面成本分配。

随着商业会计实践（如权责发生制会计）在公共部门的逐步引入，使得基于绩效信息进行预算决策变得可行。尽管如此，人们可能会对这一趋势的影响提出一些问题。是否应该让管理者为他们无法有效控制的成本负责？例如，如果管理者必须使用分配的办公场所，对他们占用政府拥有的建筑物的空间收费是否有助于管理问责制？对于超出管理者自行决策范围的间接成本或其他成本的分配，是否有任何收益？理想情况下，商业化会计应该与管理自主权的扩大同步进行，但这一理想可能难以转化为具体的实践。

最后，在考虑预算和绩效的关联时，不应忽视一个事实，即重组直接涉及运营成本，而不涉及在政府预算中更突出的项目支出。重组的逻辑假定，良好运营的机构还将审查转移支付、拨款和补贴等支出的成本和绩效。但分析提供的证据很少显示这一期望已经实现。当一切都完成后，如果重组仅仅涉及机构的内部运营，工业化民主国家将以更高效管理的方式迈入下一个世纪，但预算危机可能仍然像过去二十年面临的危机一样严重。

第五章
中央预算局不断变化的作用*

概　　述

中央预算局的传统作用与经合组织各成员国正在进行的管理改革之间存在着不协调的问题。这些改革所依据的原则是，管理人员必须在不受外界不当干预的情况下管理他们的业务。改革的逻辑是，只有当管理者在商定的预算范围内自由使用资金和其他组织资源时，他们才能对组织的成功或失败负责。在那些改革文化已经深入人心的国家，人们一致认为不彻底的措施是不够的，管理人员要么可以自由行动，要么不可以。这不是放宽限制的问题，而是重塑公共机构的运作和公职人员的行为。预算流程是政府机构正在经历根本性转变的主要领域之一。

---

* 本文最初发表于《经合组织预算期刊》（*OECD Journal on Budgeting*），第1卷，第1期，2001年。在撰写本文时，艾伦·希克是华盛顿特区布鲁金斯学会政府研究访问学者，也是美国马里兰大学公共事务学院教授。方框中的评论写于2009年。

> 本文考察了中央预算办公室作为政府的一个机构；它没有考虑预算办公室与国家立法机构的关系。在立法机构在预算事项上变得更加独立并建立了自己的预算工作人员的国家，这种关系发生了重大变化。在过去，国家立法机构通常依赖政府的预算办公室提供建议和信息。政府几乎垄断了预算信息和选择，使立法机构屈从于其意愿。立法机构要求发挥更积极的作用，并配备了自己的经济预测和政策分析人员，从而改变了这种情况。在一些国家，中央预算办公室与立法机构陷入了对抗关系，立法机构在修改政府提交的预算方面变得更加积极。

预算局的传统作用是中央指挥和控制，规定支出项目，监督条例遵守情况，确保投入是预算中商定的，并适当进行干预。这种作用与新的公共行政中赋予管理者的自由裁量权存在冲突。要么由管理者决定支出项目（人事费用、用品、租金等），要么由其他人代劳。如果是后者，管理人员就没有真正的自由，无法根据自己的最佳判断进行操作。

为中央预算局定义一个符合当代管理概念的新角色是一项艰巨的任务，因为它需要在政府对财政纪律的关键需求和管理者对行动自由的需求之间取得平衡。简单地剥离控制权并不是一个可行的选择，因为这样做会破坏所有预算所依赖的纪律。本文探讨了中央预算局在一个权力下放的环境中的作用和行为，在这个环境中，有关公共开支细节的决策权从中央机构转移到职能机构以及从这些机构的总部转移到下属单位和外地办事处。文章讨论了预算局三个基本作用的变化，即控制总量、确定优先事项和寻求效率。这些作用可能会在权力下放的新环境中进行。

并非所有经合组织成员国都接受了改革文化。通过“改革文化”，我们想到的是创新，这些创新根除了公共行政的既定做法，并辐射到公共部门。在这种文化蓬勃发展的地方，改革是全面的而不是零散的，是在政府的核心而不是在边缘，是制度化的而不是试点测试。这种文化不仅与预算有关，也与其他管理行为有关。在被改革文化激活的国家，管理自由裁量权不是公共行政的另一种形式，它是政府运作的方式。在这一改革运动中处于先锋位置的国家包括澳大利亚、新西兰、瑞典和英国。

法国是这个名单上的一个重要和创新的补充。几个世纪以来，法国运作着世界上最集中的财务控制体系之一，由财政部的人决定是否应该使用特定支出。中央控制是为了保证公共服务的统一性，但它也使公共行政部门官僚化。20 世纪初，法国议会设计并颁布了立法，放松了控制，并将中央预算的重点转移到促进绩效。新的预算模式已经推动了法国财政部的文化变革。但是，在改革启动后的半年里，中央预算的作用还没有完全确定。

那些还没有改革公共管理，或者在这个方向上止步不前的经合组织成员国呢？难道管理革命的范围如此有限，以至于只有那些已经引入重大改革或正在考虑这样做的国家才会感兴趣？我认为不是。大多数经合组织成员国都受到了推动公共机构转型的条件的影响。

无论他们对管理改革持何种态度，中央预算办公室都不能忽视使当代政府疲惫不堪的强大张力：削减或消除长期赤字的压力，但不是通过增加税收或剥夺公民所期望的福利；政府扩张时代的结束已成为共识，但人口趋势预示着未来几十年的重大支出增长；对权力下放和分权的要求，加上经济政策国际化的蔓延；对民主政府履职能力失去信心，但又存在要求政府对公共福利承担更多责任的压力；政府努力实现资源分配的更大灵活性，但按法定公式分配的预算份额不断增加。

面对这些紧张局势，政府不可能通过运用曾很好服务他们的详细控制来有效控制预算。试图这样做可能会削弱他们对总额的控制，阻碍重新确定预算优先次序的努力，并降低公共开支的效率。这就是当代预算的矛盾之处：中央对支出项目的控制可能不会使中央有效地控制预算。

当代对公共财政的压力已经削弱了中央预算局控制支出的两个传统工具的效力：事先确定支出项目和分配增量。在过去，分项预算保护了总额，而关于增量的决定则确保了政府的优先事项。由于总支出的增长——特别是权利性项目的增长——以及增量优先权的确定，增量不足以为支出的内在增长提供资金，因此分项控制已经被削弱。对支出项目的控制不再能保证对总额的控制，因为：Ⅰ）总额太大，而单个项目太小；Ⅱ）大多数支出是用于不受项目控制的权利。事前控制所达到的目的是剥夺了管理人员对运行成本的自由裁量权。事实上，多年来，大多数经合组织成员国已经放宽了事前控制，将细目合并为更广泛的框架，提高各机构无需事先批准的支出门槛，并在执行预算时给予管理人员更多的灵活性。

支出增量的不足也削弱了中央预算控制。在战后的大部分时间里，中央预算办公室通过专注于增量——在下一个或以后的预算中要花费的额外金额来影响政府的优先事项。尽管相对于总额而言，增量可能很小，但它是政治家和支出机构最关心的部分。通过分配增量，预算办公室决定了哪些项目会增长，哪些倡议会被采纳。但增量预算编制要求增量用于分配。无论是由于经济增长疲软，权利性项目支出的内在上升，还是政治家不愿意加税，一些国家目前没有支出增量，在其他国家也不像以前那样强劲。

如果预算办公室的传统作用不足以满足现在的需要，则必须重新考虑其工作以及如何融入政府机制。在审查自身的过程中，预算办公室必须评估它所操作的控制的有效性。它运用什么杠杆以确保遵守政府政策？它如何保证公共开支的零碎部分加起来不会超过政府想要的开支？它如何在有限的预算中为新的优先事项留出空间？在政府提出的多种往往相互冲突的需要的喧闹声之上，如何听到它有关财政纪律的呼声？已经接受改革的国家不得不解决这些问题，其余的国家也可能会效仿。

在那些决定改革公共行政的国家，中央控制和管理自由的不相容性迫使预算办公室改革其业务。在典型的情况下，预算办公室已经放弃了对运行成本的大部分（或全部）事先控制，现在正在努力改善管理。它在设计新的体制安排，将预算与其他管理程序相结合，促使各部门和其他公共实体衡量绩效和评估结果，制定新的准则和方法以使管理人员负责，以及安装新的信息和报告系统等方面发挥着重要作用。改革后的预算办公室在退出旧角色的同时，也一直忙于适应新角色。

这种行为革命的全部内容往往没有被新解放的管理人员所认识。尽管有了这种转变，有人仍然会认为控制权与以前一样集中，预算办公室与以前一样干预。支出部门的管理者经常抱怨预算办公室用自己的判断代替他们的判断，不愿意委托他们全权管理自己的业务。支出机构在特定问题上受到预算办公室的限制或否决的情况，使这些看法得到加强。例如，当预算办公室对运行费用进行全面削减时（如在澳大利亚、新西兰和瑞典），管理人员认为这一行动证明什么都没有改变，预算办公室的控制力一如既往地严格。在一些部门管理者中，似乎有一种天真的看法，认为改革意味着可以随心所欲地花钱，仿佛他们不是一个更大政府的一部分。显然，一些管理人员不明白，业务的下放必须伴随着政策制定的集中化。改革不意味着支出机构能不顾其行动带来的预算结果而随心所欲。如果它这样做，预算办公室很快就会重新实施旧的控制。

在退出业务控制并专注于战略政策问题时，一些中央预算办公室经历了机构身份危机。他们知道自己不再做什么，但对自己应该做什么却不太确定。对于嵌入大型、强大的财政部的预算办公室来说，调整尤其困难；在这些情况下，预算职能的重组不能脱离对财政部整体作用的考虑。例如，在英国，财政部的控制一直是政府的保障。一些影响其运作的举措是在财政部之外发起的。一旦改革得以实施，财政部就会对其业务进行根本性的审查，并重新组织其预算（和其他）工作。然而，其他国家已经调整了预算办公室的工作重点，作为赋予管理人员业务自由裁量权的过程的一部分。

上文已经指出，一些改革后的预算办公室已经成为中央和地方政府之间的桥梁、管理创新的前哨，以至于现在这被看作是组织最突出的作用之一。在我看来，这可能是一个过渡性现象。在改革初期，需要中央指导，需要一个关于新想法和做法的交流中心。预算办公室可以通过编制手册和其他材料，解释新程序，并就最佳（或改进）做法向管理人员提供建议，从而推动改革事业。它还可以修订预算表格和程序，并评估改革进展。过渡期可能会相当长，因为每一个做出努力的国家都发现有必要在早期经验的基础上调整改革。澳大利亚、瑞典和英国的改革已经延续了十年之久。

一旦改革进程稳定下来，从中央指导管理改进的努力将与对管理自由裁量权的承诺不一致地并存。预算办公室在敦促各机构改进其业务方面能做的事情是有限的，如果它推动的力度过大，管理上的主动性就会枯竭，遵从的心态又会回来。从长远来看，管理创新必须委托给管理人员，而不是中央决策者。

管理改革不大可能成为一个永久性的小生态还有另一个原因。管理上的领导是预算权力一个不充分的基础。中央预算办公室之所以能成为政府的权力机构，并不是因为它向各机构提供良好做法的建议，而是因为它负责分配资源。

管理建议可以被忽视，而预算决定则不能。预算办公室经常利用其对资源的权力使各机构改变管理做法。如果预算办公室的预算作用被削弱，在其他方面也会很弱。改革后与改革前一样，预算办公室的核心作用必须围绕资源分配以及编制和审查预算的常规工作。

尽管预算必须是预算办公室的核心职责，但这项工作在未来的开展可能与过去不同。申请和拨款的基本程序仍在继续，尽管它们可能需要与预算中曾经常见的技能、技术和信息有些不同。例如，改革后的预算办公室可能会比过去花更少的时间在执行预算上，而花更多的时间监测各机构用现有资金完成的工作。这一变化源于一个原则，即管理人员在使用拨款资金方面应有广泛的自由度，但应严格遵守绩效目标。

改革的和传统的预算系统都有三个基本的预算任务：维持总的财政纪律，根据政府的优先事项分配资源，以及有效提供服务。财政纪律涉及对预算总额的有效控制。一个有效的预算系统有规则性的总额（相对于可调整的总额）。分配效率是指在预算中确定优先事项的能力，包括将资源从旧的优先事项转移到新的优先事项，或从生产力较低的用途转移到生产力较高的用途，以符合政府的目标。运作效率是指逐步降低提供产品和服务所需成本的能力。虽然术语可能不熟悉，但每一个中央预算办公室都参与维持总体财政纪律，努力实现分配效率，并促进运作效率。传统和改革后的预算办公室的不同之处在于他们如何去完成这些任务。

预算能力可以从三个方面的表现来评估。强有力的财政纪律意味着总额不只是为了满足需求而上升。总的财政纪律不仅指在制定预算时作出的决定，还指在预算执行的一年中面对压力作出的决定。分配效率不仅意味着政府将增量资源用于新的优先事项，而且意味着它有意愿和程序将资金从低价值用途转移到高价值用途。运作效率意味着预算促使各机构提高生产力，从而降低政府购买商品和服务的成本。

在接下来的章节中，将从中央预算办公室的作用、惩罚和激励以及信息要求等方面对预算的这些基本功能进行审查。在讨论这些功能的过程中，我将解释改革后的预算系统与传统程序的不同之处。

总的财政纪律

控制总额是每个预算系统的首要目的。如果允许总额向上浮动以满足所有需求，就没有必要编制预算。支出者会在没有中央审查或约束的情况下随心所欲。但是，如果说总量控制是预算的根本，那么多年来它所采取的形式已经发生了变化，预算办公室的作用也随之改变。在大多数 OECD 成员国，预算发展是以平衡预算准则为指导。执行的规则是在任何财政期间，支出不应超过当前的收入。各国对这一规则的应用情况不同；有些国家只适用于经常性支出，有些也适用于资本投资。有些国家在计算当前收入时包括了从以前时期结转的资金；其他国家则没有。由于这是一个政府相对有限的时代，需要靠调整支出来确保收支平衡。平衡通过对支出的严格限制来强制保证；其逻辑是，如果预算的各个部分得到有效控制，总预算也会得到有效控制。

严格的预算平衡在二战后被一个更灵活的规则所取代，该规则允许总量适应经济条件的周期性变化和预算需求的长期变化。新规则对总体财政纪律的影响是显著的。经合组织成员国的政府支出在 1960 年平均占 GDP 的 28%，20 年后约为 40%，每年的增长率超过 0.5%。这些支出趋势表明，财政纪律的松懈是合理的，因为通过增加政府支出可以获得经济和社会收益。财政纪律的弱化也反映在预算赤字的增加上，特别是在 1974 年第一次石油冲击之后。

高额赤字的持续存在和对增税的政治抵制，促使许多经合组织成员国通过稳定公共支出在国内生产总值中的份额来重新确立财政纪律。一些国家在 20 世纪 70 年代末朝着这个方向发展，其他国家在 20 世纪 80 年代；大多数国家引入了全球财政规范，目标是在中期内减少赤字、支出或税收。在大多数情况下，这些规范是与预算关系松散的政治意图声明，缺乏强有力的执行机制。因此，许多规范是无效的。即使是那些在经济强劲时在控制总量方面取得暂时成功的国家，在经济疲软时也不得不放松总体财政纪律。根据美国审计总署的一份报告（1994 年），四个 20 世纪 80 年代在恢复财政平衡方面取得巨大成功的国家（澳大利亚、德国、日本和墨西哥），在90年代初经历了新一轮的赤字激增，表明尽管“在现代民主国家，财政政策的重大结构性改进是可能的，但这种进展难以维持”。

这种困难导致一些国家开始尝试新的财政控制形式，即减少周期性波动，从而在经济复苏时能够更容易恢复财政纪律。这与早期阶段的主要区别在于，各国正在将总量控制与预算过程更紧密地联系起来。然而，这并不能确保它们在避免对预算的周期性冲击方面会比过去更成功。

2008年从美国开始，随后蔓延到其他国家的全球经济衰退有力地证明了财政纪律是如何被经济冲击所破坏的。不仅内在稳定器产生了巨额赤字，而且国家领导人感到必须通过减税和增加支出来进一步刺激经济。短期压力迫使他们忽视对长期财政的影响。

中央预算办公室不能凭空强加或强制执行财政规范；真正制约政府支出或赤字的财政规则必须得到政府的接受，而且必须有强有力的执行机制。但是，预算办公室在维持总体纪律方面确实起着主导作用，而且它必须足够强大，以抵御通过从预算中删除一些交易来逃避规范的压力，并在政治家或部门利益认为规则过于严格时推翻它。一些对民主制度的比较研究发现，维持财政纪律的成功取决于财政部的实力和政府的凝聚力。在大多数OECD成员国中，如果预算办公室设在一个拥有广泛政府权力的大型财政部内，其地位就会得到加强。但即使在这种情况下，经济或政治环境也可能削弱财政部维持财政纪律的决心。例如，德国和日本都有强大的、职能广泛的财政部。德国的财政部长只有在总理反对的情况下才可能被内阁否决；日本的财政部除了在收入和支出政策方面发挥强大作用外，还对银行、证券和其他部门拥有广泛监管权力。但即使在这些国家，财政纪律也被破坏了：在德国，体现在统一后的支出压力；在日本，体现在二战以来最严重的经济衰退。

> 在德国和日本，财政部不再像以前那样占据着重要的地位。在德国，统一促使财政部被削弱；在日本，财政部被削弱的主要因素是长期的经济停滞。统一促使德国的政治家们规避财政控制，以支付将东部地区纳入国家的巨大成本。在日本，经济停滞和其他因素剥夺了财政部的大部分管辖权。这两个国家的教训是政治领导人不希望在政府中心存在过于强势的财政部。

各种研究表明，政府的稳定性和凝聚力与赤字的大小和债务与GDP的比率之间存在强关联。关键的发现是，政府越是分散，就越是无法召集多数人支持维持财政纪律所需的严厉措施。凝聚力最强的政府是多数制，即由一个政党组成政府（在议会制的情况下）或控制行政和立法部门（在总统制的情况下）；最弱的是那些在议会中缺乏多数的执政党或联盟。一般来说，组成联盟的政党越多，政府建立和执行财政规则的能力就越弱。当一个政党控制财政部，另一个政党控制社会福利部门时，财政纪律可能会出现问题（在联合政府中经常发生）。

公共支出的构成发生了变化——用于福利项目的支出大大增加，用于消费和投资的支出相对减少——这影响了预算办公室维持财政纪律的方式。在过去，预算办公室审查支出项目，并建议为每个项目提供的金额。它还监督预算的执行情况，以确保资金只用于被批准的项目，且数额不应超过官方水平。它的立场是，除非个别项目得到控制，否则总支出无法得到控制。然而，当代财政控制正朝着相反的方向发展。在一些国家，预算办公室已经脱离支出项目，并采取了这样的立场，即它只能通过限制子项目来控制总支出，如允许每个部门的总运行成本或分配给每个组合的项目支出资源。预算办公室愿意把对支出项目的自由裁量权让给支出机构，以换取对其将拥有的金额的不可撤销的协议。例如，作为在运行成本方面获得灵活性的交换条件，各机构必须在严格的限额内运作。通常情况下，正如下面关于运作效率的部分所解释的那样，这些限制受到全面削减和其他规则的严格限制，这些规则迫使各机构在支出项目中做出选择。

经合组织成员国已经尝试了这些限额的几个版本。自1991财年以来，美国对可自由支配的拨款总额实行了法定限制，并规定了在预算的各个部分之间分配这一总额的程序。然而，它在剥离对支出项目的事先控制方面并没有取得很大进展。澳大利亚、新西兰和英国对运行成本进行了限制，并给予管理人员在这些限制内运作的相当大的自由裁量权。瑞典减少了对支出项目的中央监控，同时对经营性支出进行了大幅度的全面削减。

在一些国家，在项目支出方面有平行的发展。澳大利亚为部长们提供了在组合内重新分配资源的机会，尽管它也让预算办公室在操作组合预算系统方面发挥了重要作用。但是，将新的预算控制形式——撤回对项目的控制，加强对部分总额的控制——应用到福利项目上要困难得多。福利项目通常没有期限；支出由外部因素驱动，诸如人口结构变化和经济或社会条件的变化等因素，而不是明确的预算。当一项权利性项目建立时或在现有项目中进行边际调整时，预算决策非常重要，但大多数权利性项目支出的逐年变化是自动的。预算记录着支出的数量，但它并不决定数量。福利项目不仅是无限期的，而且在经济疲软时期，其支出可能会偏离预算预测，其他变化（如收入下降）可能也会使预算失去平衡。许多政府普遍认识到的一个问题是当经济复苏时，财政平衡并不容易或迅速恢复。在经济疲软之后，对预算的结构性影响会持续五到十年之久。

在福利预算中建立财政纪律，可能需要通过对所有福利或特定类别的福利进行全面限制，或对一些项目设置上限，来限制或禁用内在稳定器。一些国家在对特定的福利项目（如医疗保健）设置上限方面取得了一些成功，其他国家可能会在未来几年尝试新的控制。这些控制措施是有争议的，只有在得到高度政治支持的情况下才能实行。医疗是做出了最明显努力的部门，因为一直是预算中最不稳定和增长最快的部分。对医疗支出的典型限制约束了对供应商的支付，或提高了对受益人的收费，但它们通常避免削减服务。很有可能的是，在不久的将来，如果这些项目超过了预算的门槛，大量预算办公室将通过触发规则参与到限制转移支付和其他授权支出的增长中去。这些努力将是高度政治性的；它们将需要超越正常预算决策的立法行动。

当支出由权利性项目驱动时。中央预算办公室在维持总的财务纪律方面没有什么持久的成功经验，然而，在不同的国家，已经引入了控制体系的要素。主要内容包括以下几个方面：

● 稳定预算总额的中期框架。中期框架至关重要，因为当预算控制只与当前或下一个财政年度有关时，很容易逃避预算控制。典型的框架包括对未来预算总额的预测，预算规范（见下段）和执行规范的手段。在 21 世纪，制定和运行这个框架可能会取代年度预算工作，成为预算办公室的主要职责。未来的年度预算将更多地被多年限制所驱动，而不是像现在这样。

• 中期规范必须是现实的，也就是说，它们必须可以通过政治上可以接受的行动来实现。然而，它们也必须是限制性的，因为如果它们只是适应未来对预算的要求，就得不到任何好处。制定规范必须有关键的政治行为者参与：内阁、政府首脑，也许还有各政党，在联合政府的情况下，各执政党之间必须达成正式协议。这些规范还必须具有某种内在的执行力——也就是说，如果违反了这些规范，就会实施一些预算举措。

• 总体规范如果只涉及总数，就不可能有效；还必须有控制主要分项的手段。这可能包括对运营成本和其他可支配支出的限制。这些限制约束了预算中最容易被削减的部分；它们表明政府愿意为寻求财政纪律而缩减自己的业务。如果政府不能限制可支配支出的增长，那么它在控制其他更具政治敏感性的支出方面就不可能取得很大成功。

• 如前所述，对强制性支出的限制可能是未来预算办公室工具箱的一部分。民主政府不太可能禁用内置稳定器——这样做会在经济下行时期使依靠者处于不利地位——但他们可能愿意采取措施，减缓这些支出的增长并减少其波动性。

为了执行财政纪律，预算办公室可能需要丰富的信息供给。大多数中央预算办公室在宏观经济分析方面很熟练；大多数还使用将人口趋势和经济变化（如价格和就业率的变化）与预算需求联系起来的模型。许多预算办公室在构建基线和估计政策变化对预计收入和支出的影响方面有经验。一些人已经在中期框架中使用这些数据；今后会有更多的人这样做。

预算办公室正在演变为更多地处理假设而不是“硬数据”的实体。将来，在预算中设定的收入和支出水平的实际情况将取决于基本假设是否实现。因此，预算办公室将更密切地监测经济和社会，以发现可能对预算产生重大影响的变化。换句话说，国家的预算办公室未来将把更多的资源用于研究外部发生的事情，而不是关注内部。在向外看时，一些预算组织可能会研究开发预算变化的主要指标的可行性，以帮助他们早期识别和评估经济和其他影响收入和支出的条件的周期性变化。

财政规范不是自我强制的；政府必须有能力执行财政规范并纠正任何已经发生的违反行为。绝对禁止违反规范的做法可能过于僵硬，无法抵御支出举措或减税的政治压力，也无法抵御经济形势的不可抗力，但政府采用允许在预算约束下进行权衡的灵活规范可能会更成功，例如，规定任何导致赤字增加的额外支出必须通过削减其他支出或增加收入来抵消。自 1991 年以来，美国一直在收入和支出立法中采用这一规则的版本。该规则只包括立法行动导致的赤字增加；它不适用于自动支出或经济条件变化导致的赤字增加。

> 被称为 PAYGO（量入为出）的规则导致了乔治·W. 布什总统和国会领导人之间旷日持久的争议。最初的规则规定，收入的减少和强制性支出的增加都必须被抵消。当该规则于 2002 年到期时，布什总统敦促国会通过一个修订版，只适用于支出的增加。由此造成的僵局导致了中断，在此期间没有任何有效的限制。

灵活的规则有两个主要优点：它们为扩大计划或提供税收减免的政治压力提供了一个安全阀，并使政府能够改变预算优先事项。但是，灵活的规则需要一个警觉和强大的预算办公室，能够估计拟议的政策变化对未来预算的影响，并能在变化违反财政规范时进行干预。无论是刚性的（如《马斯特里赫特条约》）还是柔性的（如目前在美国应用的那些），财政规范都为公共资源索取者和钱包守护者之间的持续斗争创造了条件。中央预算办公室无法在与狡猾的、政治上强大的索取者的斗争中取得胜利，这些索取者的伎俩包括隐瞒政策倡议全部成本的建议，努力将项目从预算中剔除，以及低估预算影响的记账安排。未来与过去一样，预算办公室将参与一场斗争，以保护预算免受这些和其他噱头的影响。具有讽刺意味的是，财政规范越是有效，就会有更多的索取者试图规避它们。从长远来看，我们无法确定中央预算办公室是否能够维护财政纪律，除非他们有坚定的政治支持。

分配效率

总的财政纪律既有好的一面，也有不好的一面。虽然它能稳定总额并使其与政府政策相一致，但将支出限制在本来会发生的总额以下的财政规范，往往会将旧的计划和优先事项冻结在预算中，而将新的计划和优先事项排除在外。准则越紧缩，维持的时间越长，预算优先事项被僵化的风险就越大。

当财政增量不足，而政府满足方案倡议的唯一途径是从目前的预算持有者那里夺取资源时，这种风险是最大的。当缺乏资金来应对新出现的优先事项时，预算如何保持新鲜和灵活？政府如何从战略角度思考并分配资源以实现其目标？

这些问题以及类似的问题都表明了在制定预算时分配效率的重要性。

分配效率是指预算系统根据政府的优先事项和计划的有效性来分配资源的能力。分配资源是中央预算办公室的工作内容；这是该办公室在审查各机构的资源申请并建议每个机构应获得多少资源时的工作。在传统的预算安排中，这个过程没有限制；各机构可以要求得到任何他们希望的数额。要求的总额总是超过可用的资源，从而使中央预算办公室在决定哪里应该分配增量以及是否应该进行任何重新分配方面发挥主导作用。事实上，出价超过资源的部分越多，中央预算办公室在落实政府优先事项方面的作用就越大。

将重新分配的工作集中在预算办公室，有一些强有力的理由：

• 与职能部门或部委相比，预算办公室可以在各部门之间进行更广泛的再分配。

• 与可能受制于部门利益的单一部门相比，预算办公室对政府的战略利益和计划优先事项有一个更全面、可能更客观的看法。

• 预算办公室可以根据项目有效性的证据而不是主观标准来促进重新分配。

• 预算办公室可以制定规则和程序，以防止因低估将被重新分配资源的项目的未来成本而规避财政纪律。

• 如果没有来自中央的强大压力，各部门可能会保护现有项目，而不是将资源重新分配给新项目。

• 各部门有动力以低成本启动计划，同时将支出的增加纳入未来预算。如果允许的话，这种行为会破坏总量控制和政府确定计划优先事项的能力。

尽管有这些集中资源分配的理由，目前预算条件面临财政拮据、增量不足、以及在预算中为新的优先事项腾出空间的压力，可能需要一种新方法，即鼓励开支部门进行政策改革。这要求从根本上改变中央预算局的方向，使其作为再分配系统的裁判，而非部门预算的审查者。重新定位预算办公室作用方向的原因需要仔细考虑。一个有用的出发点是上面提出的意见，即传统的预算围绕增量资源的分配进行。增量预算使政府能够对新的需求作出反应，同时保持相对较低的政府内部冲突水平。冲突之所以低，是因为通常都避免了明确的权衡：赢家通过索取增量资源而获得，而不是从那些已在预算中占有份额的人那里获得。通过对预算各部分设定不同的增长率，重新安排了优先次序。如上所述，预算办公室是这个增量过程的中心；它通过分配增量，影响了预算的未来方向。

尽管政策制定者集中于要分配的额外资源，但预算过程的结构是为了促进对支出的全面审查。支出部门提交所有支出项目的详细理由，而不仅仅是增量的理由。预算办公室有权审查和质疑这些项目，并寻求削减或取消那些它认为没有效益或价值较低的项目。从形式上看，这一过程具有很强的对抗性；但从结果看，这一过程相对平静。由于有增量资源以及继续实施几乎所有正在进行的计划的倾向，冲突得到了缓解。尽管所有的项目都在名义上得到了审查，但几乎所有的项目都没有得到认真审查。除了那些由额外资源资助的项目外，几乎没有做出任何改变。

增量预算适合这个时代，但它是一个有缺陷的分配稀缺公共资源的手段。它允许分配上的低效率，促成公共部门相对规模的逐步扩大。它使总量适应部分，从而削弱了总的财政纪律。总支出是预算中通过需求的总额，并非在这些需求之外单独确立。支出机构提出了许多项目建议，但这些建议通常是为了竞标更多钱，而非固定预算内的权衡方式。

需要财经纪律的意识可能会鼓动中央预算办公室通过强迫从旧项目到新项目的重新分配来加强其控制。这似乎是一个应对当代预算困境的方法，因为如果花钱的人不愿意做出权衡，预算办公室可以为他们做这项工作。然而，最终结果可能是冲突很多，重新分配很少。由于支出部门害怕失去资源和梦寐以求的项目，他们会抵制要求进行的权衡和节约。这些部门有强大的武器可以使用。他们可以隐瞒做出合理权衡所需的信息；可以与其他要求者结成互相吹捧的联盟，以保护他们各自的预算不被削减和重新分配；可以在受影响的利益集团和政府内部动员支持。从过去的情况来看，预算办公室能否在重新分配的战斗中取得胜利并不确定，它可能会以维持现状的预算而告终。

预算办公室在积极寻求重新分配资源时，相对于支出部门处于不利地位。它可能缺乏足够的项目信息和政治支持来完成这项工作。各部门对自己的项目比预算办公室了解得更多，知道什么是有效的，什么是无效的。各部门对改变项目和政策的政治风险也了解得更多。这种不对称性是由于获得项目和政治信息的成本很高，以及各部门不愿意把自己喜欢的项目放在不利位置。换句话说，预算办公室需要的大部分信息是由支出部门提供的，这些信息是关于计划的运作情况。预算办公室可以通过培养自己的评估能力或设置一个绩效测量系统来降低这种依赖性，但如果它希望有可靠的绩效数据为预算选择提供依据，就必须在这个过程中给予各部门重要的发言权。如果它不这样做，预算办公室可能会面临一个常见的困境。虽然完成了许多评估，但在分配资源时用得很少。

预算办公室如何在不危及政府财政和项目优先级的情况下赋予支出部门在重新分配中重要的发言权？澳大利亚在这

方面提供了一个有趣的例子。在澳大利亚，通过将提出政策变化的主动权从政府中心转移到支出部门，并鼓励这些部门在规定的预算限制内权衡各个项目，来促进重新分配。在这种模式下，预算的重点从支出项目转向政策变化，从对整个预算的名义审查转向集中于拟议的增减。权衡成为预算决策中主要的部分。权衡是明确进行的——即由各部门提名要削减或扩大的项目，并由政府决定哪些拟议节约和增加的项目将被纳入预算。各部门可以在自己的职责范围内自由地提出权衡建议；组合越广泛，项目变化余地就越大。允许各部门单方面实施小的变化可能是一个好主意，这样政府就可以集中精力处理那些对计划和财政有重大影响的政策举措。

在澳大利亚，连续 17 年的经济扩张削弱了做出“权衡”的动力。随之而来的收入激增使政府有可能在不削减现有计划的情况下为成本较大的政策举措（包括降低税率）提供资金；在这种情况下，交换的机制仍然存在，但预算制定者的行为发生了变化。

在这样一个重新分配的体系下，中央预算办公室的作用不同，但仍然相当重要。它在操作权衡系统和确保政策变化符合政府的财政规范和计划目标方面起着主导作用。预算办公室为提出和审查政策变化制定指导方针和程序，维护衡量政策变化对预算影响的基准和数据库，就政策建议向部长和内阁提出建议，并操作或促进对计划的持续评估和绩效衡量。在承担这些重要任务的同时，预算办公室减少了对一些传统预算活动的参与（或退出）。它不再审查详细的支出项目；而是由受影响的部门在政府或预算办公室制定的准则内处理这些项目（那些与运行成本有关的项目以及与计划运作有关的项目)。这种传统预算任务的下放促进了管理效率（在下一节中讨论)，在预算过程中腾出时间用于项目决策和政策调整。

一个以重新分配为导向的预算系统可能具有以下大部分要素：

• 政府制定中期财政目标，并在预算办公室的协助下，确定可用于计划项目的差额（如果有的话）或实现其财政目标所需的净节余。差额按净值计算：新支出减去来自项目削减的节余。

• 差额在各部委之间分配，与政府的战略重点保持一致。在其目标范围内，一个部委可以通过提议削减其投资组合的其他部分来增加可用于项目增强的资源。

• 预算办公室保持一个基线，以预测保持现行政策的未来预算状况，并衡量政策变化的预算影响。基线是对做出预算决定的年份之后三年或更长时间的预测，以便评估政策变化的中期影响。

• 预算办公室要求从预期的项目效果角度来决定政策的变化。各部委应根据评估结果提出改革建议，并应事先说明项目倡议如何评价。各部还应系统地将有关项目结果的数据和他们预算建议的有效性联系起来。

• 内阁在预算问题上的行动集中在政策变化上，而不是在开支项目上。政策变化（减法和加法）与基线结合后，向前滚动一年，成为下一个年度预算循环的起点。

自 20 世纪 80 年代中期以来，这些要素一直是澳大利亚预算体系的核心特征。年度预算决定是在参考了预先估计和该预算年度以及随后三年的授权支出基线的基础上做出的。预先估计不只是对未来支出的预测；它们是未来预算中批准的支出水平，除非由于政策变化或基本经济或项目条件的变化（如价格水平或项目参与率的变化）而作出修订。因此，根据定义，政策变化是对预先估算的修订。在澳大利亚，拟议的政策变化是按照规定的顺序来考虑的，包括确定政策选择，在相关部门与财政和行政部之间的讨论中得出的政策变化的成本，司库、财政部长和各部部长之间的三方谈判，由内阁委员会审议政策建议，以及内阁的最终决定。如前所述，这些决定对预算的影响被记入预先估算。

> 在过去的10年中，这里所概述的有序的过程已经被临时的预算决定所破坏，这些决定全年都在结构化的预算过程之外。在澳大利亚，由于收入的持续激增，临时性的决定在预算框架内被采用。然而，财政和行政部门已经被这种趋势大大削弱了，只要在政治上有利可图，就会做出政策改变。事实上，临时决定在许多国家已经很普遍，包括那些缺乏中期财政框架或资源来应对预算中的新要求的国家。目前，临时性政策举措的影响需要得到更多研究。

对澳大利亚改革后的预算制度进行全面描述或评估将超出本文范畴。最近的一项评估认为，改革大大增加了部门采用节约性选项的可能性。此外，当某个特定部委自己为节约项目辩护时（而非中央预算办公室提出），更可能被采纳，项目机构的知识和技能被用于批评和混淆。

运作效率

在为政府项目预算时，经常对项目成本和运作成本进行区分，对每一个支出类别适用不同的决策规则。例如，在预算紧张时期，政府可能会批准项目支出的适度增加，而冻结或全面削减运作支出。这种“双重标准”可能会缓解受到交叉压力的政治家的预算困境，他们经常面临选民要求减少政府开支（或税收）和增加计划福利的要求。但是，对于那些苦恼的政治家来说，有意义的做法可能会使计划管理人员的工作变得复杂，因为他们必须在使用更少资源的情况下保持高水平的项目产出。

紧张的运作预算已经成为经合组织成员国的常态。在预算中缩减这一部分已经非常普遍，因为财政紧张的政府在最容易控制和政治上最不敏感的支出中寻求节约。削减运作开支通常不足以弥补预算缺口，但传递了政府正在为纠正财政不平衡作出努力的信号。在预算中，政府有两种简单的方法来获得这些节约。一种是政府（通过中央预算办公室）严格控制支出项目，并限制各部门在人员、用品和其他运营投入方面的支出权；另一种是政府在固定预算内给予各部门更大的运营自由度。这两种方法的方向相反。第一种方法让预算办公室更多地参与支出细节，强调公共支出的合法性和正当性；第二种方法则要求它退出大部分细节，追求公共资源的使用效率。

多年来，中央预算办公室在干预运营决策的程度上各不相同。一些国家要求运作支出必须事先得到中央控制人员的批准；另一些国家则给予业务管理者很大的自由裁量权。在许多国家，对运作开支的挤压促使预算办公室放松控制，并寻求提高管理效率的方法。在这种情况下，预算办公室被迫重新审视其作用和业务。可以毫不夸张地说，在过去，参与运营细节是预算办公室的主要关注点，特别是在预算执行期间。如今在越来越多的经合组织成员国中，大多数操作事项都在部门管理者的手中。在这种新的环境中，预算办公室的恰当作用是什么？它如何使管理上的自由裁量权转换为管理效率？现在它不再控制支出期限，那它适当的点在哪里？

中央预算办公室的新角色以维护政府的问责制度为中心。这就需要规定信息系统和报告，提高支出部门衡量生产力和产出的能力，将结果与预期以及（如前所述）管理变化的过程进行比较。这与预算办公室在长达一个世纪的政府预算演变过程中所习惯扮演的角色不同，但这是一个重要的角色，这使他们更加忙碌，并且要进行大量的资源分配。

这种作用的问题是，对结果的问责可能很难在公共机构中实施，而且试图这样做可能会促使预算办公室恢复它以管理自由的名义放弃的一些控制。在每一个朝这个方向发展的国家中，管理控制权的下放比接受新问责方法要快得多。给予管理者更多自由以换取他们对结果负责的交换条件是不对称的：前者比后者更容易实现。当结果不达标时，即使在采取新问责措施上取得明显进展的新西兰，预算办公室也在要求改进方面居于相对弱势。

如果管理自由的主要目的是提高提供公共服务的效率，首要的就是衡量而非仅仅假设生产力的提升。政府需要客观、系统和可靠的手段来衡量一系列公共服务的产出数量和成本。仅仅衡量少数几个选定的绩效目标是不够的，需要关于公共部门生产力趋势充足的信息，从而支撑政府报告。

因此，人们可以预期，改革后的预算办公室将在未来几年内投入大量资源加强支出部门的问责制。这可能需要对会计和信息系统进行全面改革，加强对绩效的制裁和激励，更严格地要求管理人员在其组织中充当变革的推动者，以新的合同方式规定和监督产出，更多地使用净拨款和市场类型的机制来推动生产力的提高，在公共部门中更广泛地应用管理和成本核算的逻辑和技术，不断重新设计预算文件和拨款措施等。这是一个完整的议程，超出了许多预算办公室的能力。

尽管一些经过改革的预算局有可能扭转方向，恢复曾经放弃的控制权，但更大的可能性是，更多的预算局将加入改革的行列。除非管理改革受到广泛质疑，否则今天的改革将成为明天的规则。也许有一些国家由于文化或政治原因保留了指挥和控制的管理，但这些国家的数量将低于接受权力下放的国家。一些国家会全心全意地这样做，另一些国家则有一定程度的不情愿；一些国家会尽可能少地下放权力；另一些国家则会尽可能地推动权力下放。

总　结

总的财政纪律、分配效率和运作效率是预算中的互补任务。一个完善的预算过程将服务上述三个目标。此外，完成其中一项任务也会推动其他任务的实现。

然而，在预算实践中，这三个作用之间可能会产生冲突。它们需要不同类型的信息、工作方向和技能。同时发挥这三个作用可能会带来超过政府愿意承担的巨大的交易成本。更为典型的方法可能是强调总体财政纪律，因为它对政府的政治利益、财政稳定和运作效率至关重要，它也符合当代私人和公共管理的价值取向；但在分配制度的改革上要慢一些，因为这需要对中央预算办公室的作用进行根本性的重新考虑。尽管这种方法很吸引人，但应该认识到，从长远来看，改革的最大回报可能是项目分配的改善。

参考文献

United States General Accounting Office (1994), Deficit Reduction: Experience of Other Nations, GAO/AIMD - 95 - 30, General Accounting Office, Washington DC.

第六章
国家立法机构能否在预算政策中重新获得有效的声誉？*

当代有两个发展正在冲击着预算方面的立法工作。一个是通过限制财政总量来约束公共财政；另一个是努力扩大立法机构在收入和支出政策中的作用。这些趋势是互补的还是矛盾的，将决定国家立法机构在未来几年的预算作用。一种情况是，立法机构通过对预算总额负责来加强财政纪律；另一种情况是，立法机构通过用削减收入或增加支出的立法修正案抨击政府提交的预算来破坏纪律。

早期的迹象指向前者，但预算的历史和一些当代的研究假定是后者。在一些国家，除了传统的收入和支出措施的工作外，国家立法机构现在还对预算总额进行票决。尽管这种作用仍然是特殊的，但有充分的理由相信，在未来十年内，它将蔓延到许多国家。马斯特里赫特式的、规则和其他稳定公共财政的努力可能会刺激各国政府及其立法机构在预设的总额内制定预算决策。在这种情况下，关于预算的立法工作

---

* 本文最初发表于《经合组织预算期刊》（*OECD Journal on Budgeting*），第1卷，第3期，2002年。在撰写本文时，艾伦·希克是华盛顿特区布鲁金斯学会政府研究访问学者，也是美国马里兰大学公共事务学院教授。后记写于2009年。

将与政府的工作并行，并可能导致两个部门之间更多的合作或更大的竞争。在一些国家，立法机构对整体预算的新责任将为其在财政政策方面赢得更大的独立性；在其他国家，立法机构将更多地作为合作伙伴而不是对手。可能的情况是，在总统制下，对抗关系将占主导地位，而在议会制下，合作关系将占主导地位。但其他变量，如投票规则或政党制度，可能会在权力通常分裂的政府中引发合作，并在权力正式共享的国家产生摩擦。

然而，立法激进主义可能会导致一个完全不同的方向——不是为了加强财政纪律，而是为了预算，在预算中，增加支出和减少税收的压力会产生长期赤字，并逐渐增加政府在国民收入中的支出份额。尽管这在当代立法行动主义的倡导者看来不太可能，但这是整个 20 世纪立法机构的主流观点。在许多国家，立法机构自愿将预算权交给行政部门，因为它接受了这样一种观点，即议员们无法约束自己的政治倾向，即减少税收和增加支出。立法机构将预算权委托给政府，是因为他们不能相信自己能做出负责任的财政决策。这种态度得到了著名学者的认可，他们把立法机构修改预算的能力与财政结果联系起来。例如，在欧盟委员会发表的一篇有影响力的论文中，约根·冯·哈根（Jörgen von Hagen）发现，对议会修正权的限制和其他规则加强了财政纪律并导致相对较小的赤字和公共债务的假设得到了强有力的经验支持（Hagen，1992）。有充分理由对这一发现提出质疑，但其有效性不如其被广泛接受来得重要。

虽然有一些明显的例外，但国家立法机构现在普遍比二战后的时代更积极地参与预算事务。经合组织的一项研究报告指出，一半以上被调查国家的立法机构在预算方面的作用比十年前要大（OECD，1998）。立法行动主义的证据很多：

新的委员会承担立法或监督职责：增加预算工作人员；从政府到立法者的预算相关信息的流量大大增加；以及独立或立法审计员在审查支出的适当性和效率方面提高了警惕性。但增加机构能力本身并不能确保立法者在预算问题上采取独立立场。要做到这一点，他们还需要有政治能力来拒绝政府预算中的突出内容。

在处理预算和其他事项时，立法机构面临着一种紧张关系，出现在议员们为了促进自己的事业或为选民做好事的自我利益，以及机构为了制定健全、一致的立法的集体利益之间。作为个人，议员们倾向于增加特定项目的支出；作为机构成员，他们有义务采取谨慎的收入和支出总额。众多变量影响着立法者解决这些交叉压力的方式，包括政党纪律、选举制度、预算规则以及政府和立法机构之间的关系。由于这些变量在各国之间存在差异，立法机构对预算的处理也是如此。威斯敏斯特式的立法机构的特点是通过严格限制立法者修改政府预算的权力来解决预算部分和总额之间的紧张关系；国会式的立法机构通常允许议员有广泛的空间来修改预算，并做出他们自己的收入和支出决定。欧洲议会通常介于这两个极端之间；它们允许立法者修改预算，但限制对总额的修改。

尽管立法机构在预算方面的作用各不相同，但在其演变过程中可以看出三个阶段：立法机构征税和支出权力的出现；发展政府制定和执行预算的能力和程序；以及引入立法预算程序。

在最近才接受民主的国家，前两个阶段是重合的；在拥有悠久民主历史的国家，这两个阶段相隔几代或几个世纪。在这些国家，第一阶段是在努力建立独立的国家立法机构的过程中发展起来的；第二阶段是在发展行政机构的过程中出现的；第三阶段在一些国家正在进行，但在许多其他国家还没有开始。在那些让立法机构在预算问题上发挥被动作用的国家，可能永远不会出现了。

每个阶段都会在接下来的章节中描述。我们的目的不是要对预算进行历史考察，而是要阐明民主立法机构的当代财政作用，并解释为什么采取更积极和独立的姿态可能超出了一些人的能力范围。议会是一个传统深厚的机构；让他们改变不是简单地将新的做法嫁接到旧的做法上，而是要重新思考他们的定位。在立法预算方面当然是如此，因为新责任必须适应长期的拨款程序和与政府的政治关系。

立法机构在预算中的新作用不能来自政府的软弱。如果政府没有能力管理国家财政，立法机构也将无法这样做。这种相互依存的关系使当代的改革有别于过去建立立法财政能力的努力。这意味着，立法机构的作用必须更多地体现在政策、问责制和绩效方面，而不是控制和限制方面。当代立法机构及其以选举为导向的成员是否愿意并能够履行这一非常不同的角色，还有待观察。

“立法拨款和行政预算”节对前两个阶段进行了调查，并解释了为什么那些以控制财政为原则而崛起的国家立法机构将预算的主动权交给了政府，从而使部长和官员们拥有了曾经从王室手中夺取的大部分财政特权。“国家立法机构的衰落”节分析了在税收立法和拨款方面削弱许多当代立法机构的因素。“恢复立法部门的预算能力”节讨论了一些国家最近在建立立法预算程序方面的努力。这一发展还没有走到尽头，它在目前限制立法预算倡议的国家中的推广是有问题的。“立法预算的未来：替代性的情景”节提出了关于国家立法机构未来预算作用的其他设想。

立法拨款和行政预算

有些国家的立法机构可以追溯到几百年前，它们在几个世纪前拥有比今天更有效的财政权力。这种反常现象是关于当代立法机构预算作用辩论的核心。区分拨款和预算，有助于解释这一问题。在政府编制预算之前，民主立法机构进行拨款。这一历史顺序很重要，原因有二：第一，它表明立法机构在政府有预算之前就有财政权力；第二，它表明预算做法的出现是因为立法行动被认为是一种不适当的财政控制手段。细节可能因国家而异，但其模式几乎是普遍的：立法机构拨款，政府预算。本节概述了英国和法国拨款和预算的故事，这两个国家是最早对财政实行立法控制的国家。这两个国家在控制皇室征税和支出的欲望方面面临着类似的斗争，但它们解决这个问题的方式不同。英国禁止立法倡议，法国则没有。每个国家都成为许多其他国家的榜样，甚至是那些从未被君主统治过的国家。

英国争取立法优势的斗争可以追溯到1215年的《大宪章》，当时约翰国王与男爵们约定，未经他们同意不得征收任何税收。但这一伟大事件非但没有解决问题，反而为王室与人民代表之间近五个世纪的冲突埋下了伏笔。在这场较量中，国王有几个优势：他自己的收入与税收混合在一起，有权决定议会何时开会，并宣称有权按自己的意愿支出。但是，当他的资源被耗尽或不足时，比如在战争时期，国王不得不要求议会补充他的国库。随着时间推移，议会以提供所需资金为交换条件，获得了一些优惠。其中一项是将王室自己的钱与公众的钱分开；另一项是坚持只将钱用于授权的用途。为了执行其意愿，下议院在国王已经花费了自己的一些资金后，在会议接近尾声时制定了投票拨款的策略。由于他不能确定拨款是否会到位，因此他有动力在管理支出和遵守下议院的指令方面保持谨慎。然而，这种控制公共开支的手段导致立法权衰落。由于拨款是在财政年度开始后进行的，议会只是批准了已经发生的支出。当政府取代王室成为支出者时，事后拨款就成了机械性的工作，而不是财政控制的一种手段。

下议院在1706年通过了一项常设命令，以另一种方式削减其权力，该命令在语言上做了一些改变，一直延续到今天：①

> 本院不得接受与公共服务有关的任何款项的申请，也不得通过会导致对补贴或对公共收入的收费进行表决的动议……除非根据王室的建议（Erskine May，1976，p. 707）。

根据杰出的议会权威厄思肯·梅（Erskine May）的说法，这一规则编纂了“早在该命令通过之前就已经确立的宪法惯例……这是惯例确立时王室和议会之间宪法关系的自然结果”（Erskine May，1976，p. 706）。由于税收立法和拨款的目的是约束王室，下议院对未被要求的资金进行投票没有意义。随着财政权从王室转移到政府，下议院发现自己被长期约定禁止启动支出，并被政治现实主义禁止申请资金。它所吹嘘的财政权沦为空洞的仪式。

在法国，立法机构获得财政权力的途径与英国大致相同，但两国之间存在一些明显差异。法国君主坚持不受限制的税

---

① 这项决议最初于1706年作为一项决议通过，并于1713年成为会议常规。关于该命令的当前文本，请参见 Erskine May（1976），第707页。

收和支出权力，而立法机构，最初由特权阶层组成，但经过几个世纪的扩大，代表了人民，主张控制钱包的权力。在 15 至 18 世纪的很长一段时间里，国王占了上风，因为他很少召集 Etats Généraux，也就是立法会议。事实上，从 1614 年到 1789 年的 175 年间，这个机构根本没有开会。另一个复杂的问题是国王将公共资金与自己的资金混在一起的做法。他觉得这样做没有什么不妥，因为国王声称有绝对的权利按自己的意愿使用所有资金。①

在英国，立法权是以一种渐进的、基本和平的方式出现的，与此相反，对于法国人，需要一场革命才能确立未经国民议会同意不得征税的原则。与限制其财政权力的下议院相比，国民议会并没有限制其发起税收或拨款的权力。此外，它在审查拨款的使用情况方面发挥了更直接的作用。1791 年的一项法令宣称，“议会本身应明确审查和审计国家的账目”。在议会的指导下，一个审计局负责审查支出。

在大革命以来的两个多世纪里，法国经历了多次政治动荡，影响了政府和立法机构之间的财政关系。一个反复出现的问题是国民议会对拨款采取独立立场的权限问题。国家经历了立法机构与政府关系的交替，在立法机构占主导地位的时期，又发生了限制立法独立性的变化。因此，作为对战前第三共和国国民议会独立行使财政权力的回应——有些人会说是不负责任的——第五共和国宪法限制了立法独立。

预算：帮助和制约立法行动

到目前为止，“预算”这个词一直被避免使用，因为在

① Stourm（1917），第 24—29 页记录了立法机构财政权力的历史演变。

立法控制财政的形成时期，官方预算并不存在。人们普遍认为，这个词是在 18 世纪首次用于描述英国的政府财政行为，这是在议会的税收和支出权力最终得到保障的 100 多年后。19 世纪初，预算一词首次出现在法国的官方文件中；随后迅速传播到其他发达国家。最早的正式定义之一出现在 1862 年的法国法律中，该法律将预算描述为“预测和授权国家年度收入和支出的文件……”（Stourm，1917，p. 2）。这个定义包含了预算实践的两个对立概念的萌芽。一种认为预算是未来时期的计划，通常是即将到来的财政年度；另一种认为它是对未来收入和支出的权威性决定。作为一个计划，预算是一套建议，除了政府对立法行动的影响之外，没有任何特别的分量；作为一个权威性的决定，政府可以在例行立法批准的情况下根据预算中规定的收入和支出征税和支出。作为一项提案，预算没有明确侵犯立法机构在财政事务中的首要地位；作为一项权威性决定，它支配或凌驾于立法偏好之上。

在拥有正式的预算系统之前，各国政府都会对其收入和支出进行预算——也就是说，他们将收入和支出汇编在一份文件之中，定期递交给立法机关。但是，随着政府在 19 世纪的扩张，通过编制全面预算来协调对其财政的要求变得越来越可取。预算没有零零星星地提出或决定收入和支出，而是使政府能够向立法机构提供完整的公共财政情况。预算的正式化与公共行政的其他重大改革相吻合，如公务员制度的专业化、账户的标准化和政府运作的官僚化。

预算的正式化不仅使公共行政合理化；它还改变了政府和立法机构之间的财政权力平衡。由于政府对预算的决定先于立法行动，税收立法和拨款要么受到限制，要么受到政府偏好的强烈影响。即使是那些保留了偏离政府预算的法律权力的议会，在政治上也要听从政府的指令。在发达国家，根据行政部门的预算建议来评估立法机构的收入和支出决定是很常见的。预算成为衡量立法行动的权威标准。预算推动了公共财政的哥白尼式革命。在几个世纪的斗争中辛苦赢得的立法权，在行政预算的战场上被拱手相让。

所有国家都认为，预算是一项行政职能，由行政部门而不是立法部门执行。只有行政部门才有组织和能力来协调其各个部门和机构的支出竞标；只有它可以执行这些实体的实际支出。事实上，一些立法机构为提高审查政府支出计划的能力所做的努力在一些国家遭到了强烈反对，理由是它们侵犯了行政责任。斯多姆（Stourm）报告说，法国著名经济学家里昂·萨伊（Leon Say）反对国民议会建立一个常设委员会来审查政府预算的努力：

> 预算委员会想把自己放在行政部门的位置上，自己编制预算，而不是满足于从控制的目的接收预算。预算委员会的主席在某种程度上已经成为第一财政大臣。反对大臣权力的人立刻看到了他们可以从这个新制度中得到的好处（Stourm，1917，p. 289）。

萨伊的观点表达了当时的情绪，即立法机构的工作是控制公共财政——也就是说，对限制支出金额的拨款进行投票。它的工作不是规划和协调公共财政。

在大多数发达国家，立法者欢迎新的预算实践，因为它们给税收立法和拨款带来了秩序和一致性。立法者现在对各部分如何配合以及总收入和支出有了相当全面的看法。此外，良好的预算实践标准被编入一套原则之中，在大多数国家被接受。这些原则包括预算决策的年度性、预算账户的全面性以及支出对象的具体化。只有少数国家的立法机构抵制预算理念的迅速传播。最强烈的反对意见来自美国国会，它认为将预算权委托给行政部门会削弱其在税收和拨款方面的权力。国会在 1921 年批准了行政预算程序，比所有主要欧洲国家都晚，也是在第二次世界大战的代价表明需要约束公共财政之后。当国会采取行动时，一些政治专家预言，总统的新预算权将意味着立法至上的终结。①

为什么被视为加强立法机构财政控制的预算，会变成一种使立法机构服从的手段？答案不在于法律权威领域，而在于政治领域。提交给立法机构的预算是组织、监督和控制公共财政的漫长过程的最终产物。编制预算并监督其执行需要大量的专家参与，这些专家集中在财政部或政府高层类似组织。财政部的职权范围延申到所有政府部门和机构，并需要筛选大量的财务和业务数据。为了做好自己的工作，财政部还必须评估政治需求和利益，以及支出的效率。在提交预算时，财政部对公共财政了解甚多，而立法机构除了知道政府希望它做什么之外，所知甚少。这种信息不对称使立法机构处于极大的劣势。即使有常设委员会和自己的少量人力资源，立法机构也不是政府的对手。虽然他们可以通过筛选预算的艰苦工作得到一些补偿，但立法者很少能够深入了解公共资金是如何使用的，也很少能深刻理解拨款多于或少于政府预算的影响。

从 19 世纪的最后几十年开始，并在 20 世纪的大部分时间内加速发展的政府的增长巨大，进一步削弱了立法机构的影响力。随着预算的增长，预算的明细项目被合并为更广泛的类别。例如，预算没有具体说明公共服务中的每个职位，而是估计了在每个职位分类或一组分类中的支出数额。在一

① 见 Fitzpatrick（1918），他将行政预算概念描述为走向专制的致命一步。

些国家，还进一步进行合并，以便将所有人事开支记入一笔款项。合并使预算不那么笨拙，但也减少了对个别项目的立法控制。政府扩张的另一个副产品是，预算被更多地被视为公共计划和目标的声明，而不是财务控制的工具。预算也逐渐发展为一种指导和稳定经济的手段，其总额超越了单个支出项目的财政重要性。在一些国家，预算还获得了作为政府管理其行政实体和业务并促进其提高效率的手段的地位。尽管这些变革值得称道，但它们使财政控制从属于更大的预算目的。在法律意义上，几乎没有什么变化；在政治上，几乎没有什么是相同的。

国家立法机构的衰落

当代学者经常谈论国家立法机构的衰落，不仅是在预算问题上，而且在全面的立法责任上。他们认为，尽管现代立法机构比以前有更好的组织和资源，但还是出现了衰落。在他们看来，这种衰落与内部立法运作关系不大，而是与剥夺议会独立性和控制权的三种外部发展有关：

- 纪律严明的政党的兴起，它们制定立法议程并迫使立法者投票支持政党路线；
- 公共支出的大幅增加，以及随之而来的从内务和安全职能的开支向福利和收入支持支出的转变；
- 以及利益集团和社团主义政治安排的崛起。

这些趋势结合起来，使许多议会沦为辩论俱乐部，有充分的自由进行审议，但没有决定权。尽管这是一个笼统的概括，忽略了政治文化和结构的重要差异，但“议会的衰落”

的假说似乎适合大多数经合组织成员国。[①]

在过去的100—150年中，许多国家的政党路线已经稳定下来，团结的政党——组织起来执行政治纪律——已经成为常态。在相当多的议会中，议员们表达独立意见的唯一范围是在政府很少关注的私人法案上。预算交易是在议会之外、在政府内部或由党的职能部门进行的，然后在议会内部批准。议会外的预算安排在多数派政权中很普遍，在这种政权中，预算是通过政府的命令强加给议会的，而在联盟制政权中，联盟各方达成协议，规定议会在政府任期内的工作。在一些国家，预算是通过与政府预算程序平行的正式政党渠道谈判的。在日本，占主导地位的自民党设有常设委员会，负责审查财政部的预算，并作出最终决定，然后转交给国会。当政府采取重大政策举措或准备一次性通过预算时，政党的作用尤其突出。一位对北欧议会有深刻见解的观察家总结道：

> ……团结的政党对议会内部机制的渗透大大限制了议会活动的效率。简言之，政党控制往往意味着议会的立法功能（即成功地提出提案）被置于次要地位……（Arter，1984，p. 32）。

议会衰落的第二个驱动力是政府规模的大幅扩张。在经合组织成员国中，1960—1980年，公共开支的增长相对于GDP来说，平均每年超过0.5个百分点。在这一时期开始时，OECD成员国的政府开支占GDP的29%。20年后，它达到了40%（OECD，1985年，表6.5）。大部分的增长是在福利支出，无论政府的财政状况或对预算的其他要求如何，这

① Arter（1984）讨论了议会的衰落，特别是第31至41页。

些都必须支付。1960 年，社会保障转移占 GDP 的 6.8%，1980 年为 16.2%。随着政府从维持国内秩序和保护公民免受外部威胁的看门人职责扩大到以维持人民的经济福祉为主要的财政努力，立法机构在限制权力行使方面的传统角色不再适合。扩张型政府需要的是授权，而不是限制，而授权依赖于政府稳定的资金供应。一个扩张的国家需要安全的资金，而这种资金不会受到立法机构心血来潮或僵局的阻碍。虽然扩大的权利性项目削弱了行政人员，他们也要遵守其前任做出的承诺，但这些权利性项目对立法能力的损害更大，因为议会通常在永久性立法中为收入转移计划提供资金，这与传统的预算支出不同，不需要定期的立法批准。

国家的扩张使立法机构监督行政部门的能力受到限制，这不仅是因为需要审查的东西太多了，而且还因为有效的权力从当选的部长转移到了非当选的官员身上，这些官员在大规模的官僚机构中工作，而这些官僚机构被屏蔽在公众视野之外，很难渗透进去。尽管有诸如监察专员和扩大立法机构工作人员的创新，但立法者要控制一个已经变得如此庞大和活跃的国家并不是一件容易的事。更重要的是，国家的扩大激起了人们对绩效和结果的兴趣，而不是对公共开支合法性和正当性的兴趣。公民希望政府为他们做更多的事情，而不是被吝啬的立法者牵制。

国家的发展以另一种方式影响了立法权。虽然人们习惯性地认为立法者会增加预算，但政府行政人员一直是扩大计划范围的主要推动者。几十年来，政府提交的预算提出的项目倡议和支出增长经常超过价格或经济活动的增长速度。政府还经常提出并由议会通过增税，为不断扩大的计划提供资金。如前所述，立法机构对支出增长的贡献通常是微不足道的。因此，扩张本身意味着议会和政府之间权力平衡的改变。

对立法能力的第三个打击是由利益集团的增加和激进主义带来的。所有民主国家都有比一代人前更多的政治活跃团体，但必须在这些团体和政府之间的关系的多元主义和社团主义版本之间划出至关重要的界限。多元化模式在美国最为明显，它缩小了团体的利益；社团主义模式则扩大了这些利益。在多元化的社会中，群体数量之多促使他们狭隘地看待自己的利益；因此，他们对立法者（和其他政治行为者）提出的要求通常涉及边缘问题，这些问题可以通过或多或少的税收或支出来满足。多元主义对预算影响是不鼓励立法者关注大局。被边缘化的立法机构忙于处理大量的修正案，这些修正案可能会引起很多政治关注，但几乎不会对政府的预算计划产生影响。在社团主义社会中，政府的主要政策是在与代表广泛利益的集团联合体协商后制定的。可能有一个这样的集团代表工业界，另一个代表工人，另一个代表市政当局等等。在某些情况下，政府与这些“社会伙伴”保持着正式的、持续的关系，只有在与他们讨论了政策倡议后才采取行动。但是，一旦政府和社团主义利益达成协议，立法机构要么没有作用，要么必须配合。

立法机关的预算作用下降

以上各段论述了现代立法机构和管理机构的总体地位；它们并没有单独指出它们的预算权力。但如果一个立法机构作为一个政策机构被边缘化，它就不可能在财政政策方面有影响力。1998 年经合组织的调查证实，当代立法机构被认为具有较弱的预算能力。表 6.1 和表 6.2 总结了各国在该调查中对以下一组问题的回答：

● 立法机构通常会按照政府的提议制定预算吗?

● 立法机构修改政府提出的预算的能力是否有任何限制?如果有，这些限制采取什么形式?

● 立法机构中的政府和反对派成员通常会分别提出多少项预算修正案（在数量和金额上）? 其中通常有多少被批准?

大多数国家的回应是，它们对政府提出的预算不做任何改动或只做微小调整。在许多立法修正案的国家中，大多数国家报告说，这些修正案并没有对政府的预算做出重大改变。

在一些国家，大部分被采纳的修正案来自政府本身或隶属于政府的立法者。这种模式表明，与政府合作而不是反对它，可能是影响立法的最有效途径。在提交预算后，政府可能会接受或提出修正案，以挫败反对派或通过接受他们的建议来奖励忠诚的成员。在一些国家，政府和立法机构领导人之间强有力的幕后谈判使议会有机会在边缘地区影响预算。

经合组织的调查表明，对立法影响力的限制更多地是出于政治考虑，而不是对议会修改预算权力的正式限制。从调查中得出的表 6.2 汇编了各国对其立法机构所面临限制的自我评估。在指向政治因素而非法律因素时，数据表明，即使预算规则被改变以适应更广泛的立法角色，潜在的政治条件可能排除了立法行为的重大变化。这一结论的必然结果是，赋予立法机构权力的努力的影响将因国家而异。根据政治变量的不同，在一些国家，促使立法机构在预算中发挥更积极作用的变化可能会在另一些国家导致持续的被动。

表 6.1　　立法机关修改政府预算的权力

澳大利亚	众议院可以修改预算，但它很少这样做，因为政府在众议院中占多数。
	参议院不得提出税收或拨款法案，也不得修改这些措施。但是，它可以拒绝通过税收或拨款法案，直到众议院按照它的意愿对这些法案进行修正。

续表

奥地利	国民议会可以修改政府提交的预算草案，但通常只做轻微修改。
比利时	众议院修改预算的能力不受法律限制，但立法机构在实践中至少面临两个限制。首先，比利时已经承诺了一些不受限制的经常性开支，这些开支不需要进行辩论。其次，众议院对预算提案进行重大修改，相当于要求对政府进行“信任投票”。
巴西	国民议会可以修改预算，但不能增加总支出或修改工资支出、债务偿还或符合宪法的转移支付。修正必须在年度预算指导法和四年期多年计划的范围内进行。
加拿大	虽然没有正式的限制，但一旦预算在议会提出，就很难修改。立法者往往在预算正式提交之前与政府协商。
	预算在下议院的失败意味着政府的失败并导致新的选举。
智利	《宪法》严格限制了国民议会的预算作用；国会讨论预算，但不得修改收入估算或增加支出。它可以削减可变支出。
	已通过的修正案只有很小的影响，通常由政府根据与国会的谈判提出。
捷克	议会可以修改预算，但不得违反限制其修改能力的各种法律。
丹麦	原则上，立法者可以提出预算提案；在实践中，他们缺乏编制此类提案的行政能力。
	议会可以在通过政府预算提案之前对其任何部分进行修改。
芬兰	议会对预算进行修改的权利不受限制，但受到某些程序规则的制约。
法国	现行法律规定，议会不得将开支提高到超过预先设定的上限，或将收入降低到低于预先设定的下限。如果一些立法者希望改变这些数字中的任何一个或两个，议会必须首先投票批准他们的提议。
德国	从理论上讲，各种预算条例是对议会改变预算能力的唯一限制。然而，在实践中，立法者面临更多的限制，因为约80%至85%的预算支出是各种法律和条约所要求的。
匈牙利	《宪法》并没有限制国民议会修改预算的能力。《公共财政法》规定，立法机构必须决定预算赤字的数额，以及每个部分的预算支出和收入。在这些数额被表决后，立法者只能在各部分内重新分配数额。

续表

冰岛	议会改变预算的能力没有受到正式的限制。
	政府几乎总是在立法机构中占多数席位，而多数席位通常在修改预算之前与政府协商。
爱尔兰	国会议员只能对政府要求的拨款进行投票。
	立法机构不得修改支出，但可以并且确实对收入进行了修改。
意大利	议会可以修改预算。它受到财政覆盖原则的限制，该原则适用于拟议的支出增加或支出减少。
日本	行政部门制定和提出预算；国会可以修改预算，只要这些修改符合宪法规定。
韩国	国民议会可以在认为合适的时候削减预算，但政府必须批准拟议的预算增加。
新西兰	众议院的议事规则规定，众议院不会通过一项对政府财政总量有重大影响的措施。
	如果一项支出提案会影响到政府的整体财政状况，政府可以否决它。这种否决权不能被众议院推翻。
	众议院议员可以提出影响投票的修改意见，而政府可以否决这种修改建议。
挪威	议会各党派可以提出他们希望的任何预算措施，但立法机构受到对国家保险计划受益人和国家雇员的财政义务，以及挪威人在医疗保健、教育、法律和秩序方面的法定权利的限制。
葡萄牙	共和国议会对其进行修改的能力没有限制。
西班牙	《宪法》规定，政府必须在议会讨论前批准拟议的支出增加或收入减少。
瑞典	议会对其进行修改的能力没有限制。
瑞士	大约80%的支出不能被削减，因为它们是法律规定或合同承诺的产物。
	《宪法》规定了可征收的最高税率。
土耳其	预算首先由计划和预算委员会审查，然后由议会审查。在第一步中，计划和预算委员会的成员将对预算进行审查。委员会可以提出任何他们希望的改变；在第二步，立法者不得提出增加支出或减少收入的改变。

续表

英国	下议院可以修改税收提案。
	下议院不能提高政府的支出建议，实际上，它除了接受这些建议外，做任何事情的能力都非常有限。
	上议院在预算过程中没有明显的参与。
美国	国会对其改变总统预算的权力没有具体限制。然而，收入和支出立法受到自 1990 年以来生效的预算执行规则的控制。

表 6.2　　政府预算的立法修改

澳大利亚	立法机构通常会制定政府的预算。
	众议院通常不提出修正案，因为政府总是占有多数。大多数修正案是由反对派参议员提出的，而这些修正案大多都以失败告终。
奥地利	尽管国民议会原则上可以在分配给它的时间内修改预算，但它通常只做轻微的修改。
比利时	众议院通常会通过拟议的预算，由多数联盟投票赞成预算，反对派投票反对。
	在预算年度开始前的三个月，各部门有机会提出对预算的修改。一般来说，立法机构很少在年中进行重大调整。
巴西	在最近的三年期间，国民议会对拟议的预算进行了大量的修正。
加拿大	议会通常会颁布政府的预算；近三年立法机构很少提出重大的预算修正案。
	如果政府同意，反对派可以对预算进行小幅修正。
智利	国民议会对预算的大部分内容没有进行重大修改。如果发生变化，通常是立法机构和政府之间谈判的结果。
捷克	议会颁布的政府预算仅有微小改动。
丹麦	议会通常会颁布政府的预算，包括政府提出的许多修正案。
	反对派提出的修正案通常会被否决。
芬兰	议会通常会批准政府的预算法案。
	最重要的批准修正案来自政府。
	由议员提出的修正案很少获得通过。

续表

法国	政府的预算总是由议会通过，但立法机构可能会在批准预算之前做出修改。这些修改不会对预算的平衡产生重大影响，也不会修改预算的大部分收入和支出。
德国	议会在通过预算前会对其进行审查。审查过程包括立法者和各部委官员之间的协商。
匈牙利	国民议会对政府的每项预算提案都进行了大量修正。
	很大一部分拟议修正案的目的是为小型发展项目或其他目的争取资金，这些修正案对财政承诺或预算的内部结构没有重大影响。
冰岛	议会通常会通过政府的预算。
	在最近的两年中，立法机构对预算进行了多次修正。所有的修正案都由政府或其支持者提出。
爱尔兰	通常对预算提出大量的修正案。通常情况下，只有政府的修正案被批准。
	立法者不能对预算的支出方面提出修正。
意大利	每年都会提出许多小的修正案，议会通常会通过其中的一些修正案。
日本	当执政党在立法机构中占多数时（通常是这样），政府的预算提案通常会被批准，不会有任何改动。
韩国	国民议会通常会修改政府的预算。政府和反对党进行会谈，以确定要做的修改。他们通常只做小的修改。
新西兰	众议院通常会颁布政府提出的预算。如果有的话，也很少有人提出修正案，而且通常没有人提出修正案。
挪威	通常情况下，议会在做出一些小的改动后，会颁布政府的预算，但其行为取决于政治形势。在20世纪90年代，少数派政府与反对党进行了谈判。
葡萄牙	共和国议会通常会对政府的预算进行相对较小的修改。
	政府不提出修正案，议会团体提出的修正案数量不一。
西班牙	在议会中有代表的所有政治团体都会对预算提出修正案。
瑞典	议会通常会颁布政府提出的预算。
	反对党可以在两周的时间内对预算提出修改意见。

续表

瑞士	联邦议会在对政府的草案进行修改后通过预算。 执政联盟成员提出的大部分修改意见都得到了批准，而反对派成员提出的大部分修改意见则被拒绝。
土耳其	议会确实对政府的预算提出了修正案。在最近的三年期间，这些修正案对整个预算只产生了很小的影响。
英国	下议院颁布政府的提案。通常会对预算法案进行一些修正，但政府几乎总是这些修改的提议者。
美国	国会不对总统的预算进行投票，但在对收入和支出措施采取行动时，它往往偏离总统的意见。

经合组织的调查邀请每个国家提供一个简短的答复，没有支持性的分析或解释。一些细节可以通过重温25年前发表的一项关于六个欧洲议会的预算作用的有见地的研究来填补。大卫·库博斯（David Coombes）和他的同事普遍认为，议会在预算政策上已经被边缘化（Coombes，1975）。以下段落从这项研究出发，评估了其中四个国家立法机构的预算作用。

K. H. 福奥夫（K. H. Friauf）指出，在德国，政府和议会多数派在政治上并不相同。两者之间有一定的权力分工，允许联邦议院表达自己的意愿。联邦议院可以在不提出信任问题的情况下修改政府预算。但福奥夫的结论是，尽管政府经常接受联邦议院对预算的补充，但“与预算总额相比，由议会投票决定的额外支出总额通常微不足道”（Friauf，1975，p81）。由于福奥夫的结论主要从阿登纳时期得出，因此，根据最近的发展，特别是德国统一以来的发展，重新考虑这些结论可能是合适的，在这一时期，联邦议院被要求投票增加税收和削减一些社会项目。对这些行动的反感和政府执政联盟的削弱可能扩大了立法预算的影响。

阿兰·杜帕斯（Alain Dupas）在他关于法国议会控制预算

的文章开头指出，“法国，就像在许多其他代议制民主国家一样，议会的衰落已经成为政治理论家最喜欢的主题……认为议会对预算的审查现在必须被认为是一种不重要的仪式，这是许多专家和政治家所支持的……今天，所有真正的权力都转给了行政部门；关于预算的辩论只不过是对话式的，议会的作用仅限于记录政府决定”（Dupas，1975，p. 104）。在后来的分析中，杜帕斯认为国民议会可以修改预算，从而缓和了这个严厉的结论。他描述了议会对 crédits votés（当年授权的支出）、service votés（明年开展核定活动的费用）和 mesures nouvelles（明年拟议的举措）的区别。这种安排使一种渐进主义的形式制度化，因为它要求立法机关集中精力在改变授权支出的基础上。渐进主义是预算生活中的一个事实，无论它是否在程序规则中正式化。相关的问题是，议会是“橡皮图章”还是修改预算。法国体制的一个特点表明议会的影响力有限：一般预算中的服务整体批准，而非按个别项目或预算各部分批准。尽管有这种做法，杜帕斯总结说：“如果认为法国议会不过是预算决策的记录处，那就与事实相反了。“不管是建设性的还是非建设性的，对预算的投票给议会提供了一个机会，让它发挥自己的作用”（Dupas，1975，p. 129）。

这一令人惊讶的结论遭到了拉鲁米埃尔（Lalumière）的公开质疑，他指出，1958 年的第五共和国宪法“重申了议会决定预算内事项的权力，同时增加了对行使这一权力的法律限制”。事实上，预算机构的实际工作暴露了议会影响力的重大下降”（Lalumière，1975，p125）。拉鲁米埃说，“预算辩论不再为议会提供机会，不再对提出的选择施加真正的影响，从而不再对政府活动产生真正的影响。”现在，大多数观察员承认，议会机构已经以这种方式被抹去了”（Lalumière，1975，p129）。

英国议会预算影响力的下降是最明显的。J. 莫林聂

（J. Molinier）总结了下议院——预算民主的摇篮——失去对收入和支出所有正式影响的过程：

> 两个庞大、连贯、纪律严明、有国家支持和权力交替的政党的出现，实际上导致了下议院以前行使的财政和其他权力移交给内阁。在剥夺了君主制的财政特权后，议会被内阁剥夺了财政权。今天，下议院几乎无法有效地参与预算的制定（Molinier，1975，p168）。

英国议会与其他国家立法机构的不同之处在于，它在预算方面的成功和衰退都比其他国家早得多，而且它在预算方面的作用损失也更大。作为一个异类，它是一个很少有立法机构效仿、大多数立法机构拒绝接受的模式。然而，由于许多国家都有英国经验，它们试图避免下议院的命运。

在意大利，政府的频繁更替以及联盟伙伴之间不断的讨价还价和争吵为立法机构提供了充足的机会来调整预算结果。但在意大利，问题不在于议会相对于政府软弱，而在于两者都受到政治不稳定和金融僵化的削弱。凡勒瑞·昂尼达（Valerio Onida）这样来描述意大利预算的现实：

> 预算制度由议会严格控制的概念主导。它旨在严格限制政府开支，并确保这些开支得到遵守。然而，实际上，议会的控制并没有任何意义。这种明显矛盾的根源很可能在于事实中设计的议会控制类型……与议会真正想要的控制不同（Onida，1975，p220）。

昂尼达指出，许多经合组织成员国正在对立法实践进行重大变革："关于支出总额和特定用途的决策点越来越倾向于从年度预算中完全转移到通过普通法律的程序之中，这些法律要求并规定特定部门的支出持续固定的年份，通常是多年"

（Onida，1975，p. 228）。这一意见得到了研讨会的其他与会者的赞同，他们发现，很大一部分国家预算以固定支出合并或源自多年前通过的法律，出于实际目的而逃避了所有控制。虽然没有提到，但这些法律大多是权利，它们不仅削弱了对财政的立法控制，而且削弱了政府对短期财政结果的管理能力。可以说，如果预算本身失去了控制，立法机构就无法重新获得财政控制权。

表 6.3　　1988—1998 年立法机构预算作用的变化

澳大利亚	近年来，立法机构的作用没有实质性改变，尽管参议院委员会现在在审议估算时可以获得更多信息。
奥地利	过去十年来，全国委员会的作用没有改变。
巴西	在过去的十年中，国民议会的作用没有实质性变化。
加拿大	议会在预算过程中的作用已经扩大。现在，政府每年秋季都会编制一份经济和财政声明；该声明加强了立法机构的预算前磋商。
	预算已经成为一个重要的政策声明。
智利	近年来，国民议会就预算最高限额和在这些最高限额内对预算灵活性的限制进行了辩论。
捷克	自转型以来，立法机构的作用发生了巨大的变化。
芬兰	议会的作用变小了，因为预算法案的项目变少了，但预算外资金和组织在增加。
德国	在过去十年中，议会的作用没有太大变化，尽管立法者现在必须通过削减预算中其他地方的开支来抵消任何拟议的开支增长
匈牙利	自从从转型以来，立法机构更多地参与了预算法的制定和预算决策的过程。
爱尔兰	近几年来，议会委员会的数量和范围大幅增加。这一发展意味着每年的估算都会受到议会更严格的审查。
意大利	在 1997 年。议会改变了预算程序，使其能够更容易地评估可用资源及其利用情况。
日本	自二战以来，国会作用的体制框架没有改变。但最近，一些人认为，立法机构应更充分地审议预算内容。

续表

韩国	国民议会在预算过程中发挥的作用没有重大变化。
新西兰	1992 年的《财政责任法》增加了预算过程中提交给议会的信息量。现在，政府必须向议会提供一份声明，说明其在即将到来的预算中的广泛战略重点、未来三年的财政意图以及长期财政政策目标。
挪威	议会的作用随着政治形势的变化而变化。政府在立法机构中所占的席位比例也有影响。1998 年，在立法机构的 165 个席位中，政府只占 42 个；这种情况可能增加了立法机构的作用。
葡萄牙	在过去的十年里，共和国议会变得更加活跃。这种变化的可能原因包括最近其预算责任的扩大，以及本届政府在立法机构中没有多数代表的事实。
西班牙	目前，议会在预算过程中具有与十年前相同的突出作用。
瑞典	瑞典最近建立了一个新的预算程序。议会的作用是否因此而改变，还有待确定。
瑞士	为了应对近年来瑞士政府财政状况的急剧恶化，联邦议会在预算讨论中发挥了更积极的作用。
英国	近年来，在公布和国王批准之间，立法者给《财政草案》增加了很多页。这一变化表明，修正案的数量或长度，或两者都有增加。

恢复立法部门的预算能力

在遥远的过去，立法机构利用其财政权力获得了作为治理机构的独立性。立法机构有权决定税收和支出，并对君主和行政人员执行其指令，这为其在设立政府项目和政策方面发挥积极作用打开了大门。预算能否再次成为楔子，使重新崛起的立法机构获得上个世纪所赋予的预算权力？人们期望议会机构能在预算中再次占据中心位置。但是，重新夺回公共财政中的立法霸权，不可能通过恢复过去对立法机构非常有利的控制姿态来实现。虽然公民可能欢迎对政府的更多控制，但他们也希望政府提供更多的项目和福利。他们希望学校能够完善人员配置，以及按时支付社会保障支票和其他付款。如果财政控制妨碍了这些广泛认同的目标，它就会被那些一心想给公民提供他们想要的东西的立法者和行政人员抛在脑后。

当代立法机构的问题是，过去他们代表人民在预算中争取了一个立足点，而今天人民不希望他们成为控制者，因为这样做会限制资金和项目的流动。因此，立法者必须确定一个新角色，即促进财政纪律，改善公共资金分配，并刺激行政实体更有效地管理其业务。履行这些新角色需要：

- 加强处理预算问题的立法能力和资源；
- 改革行政和立法预算，促进财政纪律、分配效率和运作效率；
- 在短期和中期预算目标中协调长期承诺，如福利和其他“粘性 ”支出的新工具；
- 以及重新定义与政府的关系，认识到政党和利益集团对立法行为的强大影响。

为立法机构重新发挥预算作用提供资源是最容易的变革，尽管它可能会引发在议会内部和政府之间的冲突。一个举措是扩大处理预算问题的常设委员会的作用。这些委员会被授权审查预算、获取证据，要求提供关于预算的信息，并建议采取立法行动。在立法机关可以修改预算的国家，其委员会还建议修改政府提交的财政计划。然而，各委员会在处理预算方面的结构方式上存在重大差异。第一种模式简化了协调任务，并促进了立法预算行动的一致性；第二种模式允许部门利益在更大范围内影响预算。前者鼓励从财政角度审视预算；后者则鼓励以计划为导向。集中的模式有利于财政纪律；分散的模式可能使维持纪律的任务复杂化。

一个平衡的立法机构既需要一个计划前景，也需要一个财政前景；这两种考虑必须结合起来，以产生一个关于预算的立法立场。因此，第三个版本在最近几年得到了普及：它授权部门委员会审查预算的相关部分，并在财政委员会维护的总体财政框架内建议立法行动。正如下文将讨论的那样，一些国家已将这种安排正式化为两步程序，即立法机构首先对预算总额进行表决，然后由部门委员会提出与商定总额一致的建议。

对预算采取负责任的和有效的立法行动，取决于有关用公共资金资助的活动和政府项目产生的结果的充分信息。它还需要关于政府提交的预算变化如何影响活动和计划结果的信息。获得这些并不总是那么容易，因为许多国家的预算仍然依赖于投入，需要详细估计分配给人员、设备、补给品、差旅和其他项目的金额。在过去，将预算转向更注重项目的努力并不成功。著名的失败案例包括公共开支管理（加拿大）、预算选择合理化（法国）、项目预算（瑞典）、项目分析和审查（英国）和规划—项目—预算系统（美国）。如果政府不这样做，立法机构不大会采取项目导向。

这些失败的改革都是为了使政府内部的预算做法合理化。立法机构没有受到直接影响，尽管改革的倡导者通常认为，立法机构也将从丰富的预算信息供应中受益。当代的改革明确地集中在提供给立法机构的信息上，甚至更重要的是集中在估算和拨款的形式和内容上。在新西兰的带领下，一些国家已经将预算和拨款从投入转为产出，并得出结论，在政府内部成功实施预算改革取决于改变立法机构的财政决策方式。虽然这个论点看起来很有道理，但它提出了一个关键问题：如果立法机构得到项目和产出信息，以及源源不断的分析和评估报告，它是否能够更好地影响预算并保持对支出和结果的责任？从表面上看，答案似乎是显而易见的：立法机构拥有这类信息总是比拥有分项数据更好。但现在还没有定论，因为立法者在几代人的实践中已经习惯了审查输入的细节，可能会因为以计划为导向的预算的复杂性而处于不利地位，并被提供给他们的信息量所淹没。在这方面，值得一提的是，大多数发达国家还没有加入绩效预算的行列。大多数国家已经解决了在预算中注入更多绩效数据的问题，但没有删除投入数据，也没有从根本上调整估计和拨款的结构。

预算信息和结构变化的前沿之一涉及一个转变——从收付实现制的会计和预算转向权责发生制。超过六个国家是这一运动的先锋，包括澳大利亚、冰岛、荷兰、新西兰、瑞典和英国。马斯特里赫特协定推动了向权责发生制的转变，该协定的实施取决于国际公认会计准则的应用以及国际货币基金组织将其政府财政统计数据转换为权责发生制。就对立法行为的预期影响而言，必须对权责发生制会计和权责发生制预算进行区分。如果只改变会计基础，对立法行动的影响不大。立法机构将有基于成本的信息，以补充基于现金的实际估计数。但是，如果一个政府以权责发生制为基础进行预算，其影响可能是真正重大的，因为估计数和拨款的形式和内容也将发生改变。

一些国家还通过建立适当的审计办公室来协助立法机构，从而丰富了资料的供应。虽然审计署与立法机关的关系因国家而异——在一些国家，审计署直接对立法机构负责，在另一些国家，它是一个完全独立的实体，在少数国家，它对政府负责——这些组织在过去的十年里在审查政府部门和机构的财务和计划绩效方面变得更加积极。要求审计财务报表的国家名单在逐年增加，以及虽然落后，扩大审计功能以涵盖大量结果的国家名单也在增加。

为了有效利用大量的信息，现代立法机构增加了工作人员，投资于信息技术并使其运作专业化。现在有一个明显的趋势，就是扩大常设委员会的工作人员，以便他们能够筛选大量的信息，并协助立法者审查行政建议、设计替代方案和修正案，并审查业绩。立法机构的人员增加并不限于预算工作，但正是在这一领域，一些最引人注目的变化可能会发生。虽然数量仍然很少，但越来越多的立法机构正在逐步认识到，如果没有专业的工作人员帮助他们完成工作，他们就无法真正对预算作出独立判断。这些立法机构的问题不是是否在这里或那里增加一个职位，而是是否建立一个单独的立法预算组织。虽然很少成为其他立法机构的典范，但美国国会可能是这方面的一个好例子。成立于 1974 年的国会预算办公室因其客观的分析和直率的预算预测而获得了相当的赞誉。该办公室由 200 多名在无党派基础上选出的专业人员组成，对美国的预算政策施加了相当大的影响。其他国家的立法机构可能会效仿其做法，但预算组织的规模可能会小一些。

为立法机构提供资源本身并不能确保它将发挥更大或更有效的作用。还必须定义它如何适应整体治理。“立法拨款和行政预算”节中确定的解释立法机构减少的三个趋势将不会逆转。公共支出占 GDP 的比例不太可能下降；分配给福利的预算也不会减少。政党不会消失，尽管他们执行纪律的能力可能会减弱；在未来的几年里，其他组织的数量可能会增加，尽管社团主义的安排可能会转向更多元化的模式。那么，当一个立法机构要享有权利，在政党领导的激励下形成立场，并受到决心保护自己利益的团体的压力时，它如何能确立一个真正独立的立场呢？答案是：不容易。但也许解决这个问题的最好方法是考虑立法机构可能参与的具体预算任务。其中三个任务——财政纪律、分配改进和运作效率——在前面简要提到。依次讨论每一个问题都揭示了当代立法机构可能为自己开创的道路。

在这之前，应该先讨论一下立法机构作为对政府权力行使限制的传统作用。显然，这种作用在大多数国家仍然存在，尽管不像以前那样有力。从法律意义上讲，控制的理论并没有受到损害。从本质上讲，它意味着政府的支出不得超过法律的授权，也不得用于非授权的目的。然而，事实上，今天的控制权并不像以前那样意味着什么。如今，拨款往往是“一次性”的，其目的既是为了授权，也是为了限制支出。此外，权利性项目通常是在永久性立法中确定的，而这些立法并不具体规定或限制要花费的金额。

目前，立法预算工作与制定政策和控制行政行动一样重要。这就要求对预算进行比许多立法机构准备进行的更全面的审查，以及在法律中或通过其他方式明确规定对那些使用公共资金的人的绩效要求。一些立法机构试图坚持控制的方向，从事先控制支出转向事后对支出和结果问责。但是，鉴于以下事实，由于大多数国家对绩效的报告和审计仍不发达，我们不能确定立法机构是否为这项新任务做好了准备。

为了维持财政纪律，一个负责任的立法机构必须在其决定中优先考虑预算总额，然后再处理各部分。捷克、瑞典和其他一些国家已经引入了一个涉及政府和立法决定的两阶段预算程序。在第一阶段，就总量以及分配给主要部门的金额作出决定。这些汇总表由政府编制，并提交给立法机构审查，在一些国家，则由立法机构批准。第一阶段完成后的几个月，政府提出估算，并根据所有投票金额的总和不得超过第一阶段商定的总量的规则进行投票。执行总额取决于有关项目成本和政策变化的预期影响的充分信息。它还需要行政部门和立法部门的控制人员在面对支出压力时坚持纪律。在将预算分配给各部门委员会的立法机构中，这一监督者的角色由预算委员会来承担，它负责监督其他各委员会的工作。在这个问题上执行纪律的代价是在立法委员会之间产生摩擦，因为他们要争夺预算份额。

为改善公共资金的分配，需要立法机构从项目的角度出发，准备将资金从优先级较低、效果较差的活动中转移到优先级较高、效果较好的用途上。然而，从现实角度看，这是一项艰巨的任务，尤其是对于接受过分配政治教育的立法者。如果有的话，重新分配对立法机构来说并不容易。但是，鉴于许多国家决心减少或稳定公共开支，为新的优先事项寻找资源的唯一途径将是从旧的优先事项中抽取。再分配可能在权利性项目方面最困难，因为公民已经被设定为期望从政府那里得到好处，这是一种合法的权利。然而，相当多的经合组织成员国因预算不可抗力而被迫削减这些款项，尽管通常只是在边缘地区。由于人口老龄化增加了预算压力，人们可能会看到在未来有更多的努力来削减福利。

由于另一个原因，减少永久性法律所带来的预算负担的努力可能是困难的。相当多的国家对立法和预算（或拨款）进行了区分。前者确立了法律和政策，后者则提供资金。改变用于权利性项目的金额意味着，除了减少用于这些项目的预算资源外，还必须修改基本法律。有必要将关于预算的立法行动与影响这些法律的行动联系起来。一些政府已经开始编制一揽子预算，将收入、支出和现行法律的变化结合起来。美国自 1980 年以来有一个和解程序，使国会能够利用其预算来启动收入和权利立法的变化。调解不是每年都使用的，只有在预算政策发生重大变化时才使用。

最后，立法机构可以通过根据预期或实际业绩拨款参与当代提高公共服务质量和效率的运动。一个奖励或忽视不良结果的立法机构将得到不良结果。立法机构应该成为要求提供更好的绩效信息的先锋，在拨款时依靠绩效指标，并预先规定政府机构的预期绩效。

立法预算的未来：替代性的情景

未来的立法机构将有更多资源来履行预算责任。他们将有工作人员、委员会和信息。但他们会有效发挥作用吗？答案将在每个为预算工作提供工具的国家中有所不同。但是，为了便于分析，让我们设想四种不同的情景和每种情景的影响。这四种情况从最无效的到最有效的预算作用排列。

第一种情况是，立法机构更了解情况，却没有改变预算的实际权力，要么是因为法律或其自身规则的禁止，要么是因为政治现实阻止了对预算的重大改变。这样的立法机构可能会坚持过去的习惯，对小的调整进行修补，同时为帮助选民和促进他们的政治生涯而得到好评。这种角色与最近许多立法机构扮演的角色相似。也许拥有工作人员和预算责任会扩大立法者的视野和雄心，从而在预算上产生更大的变化。但更有可能的结果是，立法机构将拥有额外的能力，却没有什么机会来塑造预算政策。

第二种情况是，立法机构通过编制全面的预算来挑战政府的政策和优先事项。新授权的立法机构不是在边际上调整收入和支出计划，而是部署额外的资源，独立于政府行事。这种情况留下了几个重要问题：一个独立的立法机构是否有必要的政治支持来维持其雄心？当立法机构在预算问题上制定自己的路线时，政治体系是否能够承受高涨的冲突和紧张局势？党的纪律和立法机构勇往直前的动力，哪个会先让步？

第三种情况具有前两种情况的要素。立法机构拥有更多的资源，也更积极，但它不是利用其资源独立行事，而是要求政府对其财务和实质性结果负责。在发挥这一作用时，立法机构可以事先瞄准绩效，事后审查结果。要成功发挥这一作用，立法机构对绩效的关注不能是零星的：它必须是持续的，必须是知情的。这个角色的最佳模式是英国下议院的公共账户委员会。但有一个重要的区别：现代立法机构不是只关注公共资金的使用情况，而是要将问责范围扩大到用钱完成了什么。

最后一种情况是立法机构与政府一起参与制定预算政策。它仍将对预算进行投票，但其更大的作用是与政府合作，制定中期框架以及部门政策和政策声明。与政府的合作可以通过政党制度，通过联盟协议和其他预算政策工具来进行。很难界定这种新出现的角色，因为没有任何一个当代的立法机构能够做到这一点，尽管有几个国家接近，如瑞典。像其他合作关系一样，预算伙伴关系的任务是每一方都有自己的发言权，但双方都要为解决分歧而共同努力。这可能是一项困难的工作，无论是在权力分立使行政和立法被分开的政府体系中，还是在政党纪律将行政和立法结合在一起的议会体制之中。

在本章中，我们考虑了现代立法机构如何改变预算。最后，我们不妨扭转这个问题，考虑一下现代预算如何改变议会。本章的一个潜台词是，预算将赋予议会权力。但也许恰恰相反：在赋予立法机构权力的借口下，预算责任会削弱立法机构吗？这种可能性源于立法预算的三个特点：

- 预算限制了立法机构可以用公共资金做什么。
- 预算侵入了其他立法职能，如法律制定。
- 预算有可能将立法工作变成一种技术官僚的工作。

这些可能性中的每一种都值得思考。

预算将限制引入立法工作：其中一些可能是外部施加的，另一些是市场驱动的，还有一些是自我施加的。外部限制来自许多方面：融合标准（如通过马斯特里赫特引入的标准）、会计标准和透明度守则。市场也通过对那些不谨慎地管理其财政的国家进行惩罚（如较低的增长或较高的利率）来进行制约。但是，最令人担忧的是，当立法机构从单纯的拨款转为通过预算时，它对自己施加的限制。其中一些限制是程序性的：它们规定了何时以及如何审议或修正预算，如何衡量政策变化的预算影响，是否或如何在未来一年重新考虑当年的多年期决定，等等。还有一些令人生畏的实质性规则，其中最重要的是立法行动必须与预算框架保持一致。

在促进立法机构在预算政策中扩大的作用时，必须认识到，预算本质上是一个限制性的过程。预算是按照一套规则和程序来常规性地安排财务选择，禁止在预算范围之外采取行动，排除某些行动，并统治其他行动。预算给立法机构带来了纪律，就像它们给政府带来了纪律一样。在没有预算规则和程序的情况下，只要有意愿，就可以作出决定；对于预算，决策必须有序和一致，并在预设的范围内制定时间和数额。立法在预算时比不预算时更有纪律。

关于扩大预算范围的第二个担忧是，关于收入和支出的决定也可能蔓延到其他立法工作。立法并非与预算隔绝，而是以预算术语来定义，而实体法的命运往往取决于预算决定。在立法机构在预算方面最为活跃的国家，会议的大部分时间都用于处理财务问题。这种情况在美国国会和意大利众议院都有发生。在一些国会会议上，三分之二或更多的投票记录都与预算有关。在意大利，在根据为预算行动提供的快速规则审议实质性法律的压力下，将预算和立法会议分开的努力已经失败。

对一些议员来说，扩大预算责任的最大风险是，他们的工作将变得更加技术化，因此将更少地基于政治判断，而更多地基于技术专长。在立法预算蓬勃发展的地方，立法预算工作人员也在增加，衡量财政影响的业务也在增加，使用权责发生制而不是收付实现制，以及依赖假设而不是实际数字。在一些国家，可以发现一种模式的出现：当选议员按照长期工作人员的意愿行事。

人们应该如何回应这些合理的关切？不是否认它们，而是暗示预算的影响力会不断扩大，即使立法机构受制于他们的旧方式，对扩大责任没有准备。预算能力并不能将政治家转变为管理者；它使他们能够以一种有纪律的方式行使政治权力。在笔者看来，只有立法机关的勒德分子①才会反对这种新角色。

后　记

在本章发表后的短暂时间内，国家立法机构继续扩大其预算作用。然而，这种概括必须以承认立法机构之间的巨大差异为前提。适合宪法规定的独立的美国国会的作用并不适合威斯

① 译者注：勒德分子（英文名：Luddite），又称卢德分子，是19世纪英国工业革命时期，因为机器代替了人力而失业的技术工人。现在引申为持有反机械化以及反自动化观点的人。

敏斯特制度，该制度将立法机构与政府预算事务联系起来，形成一种依赖关系。然而，在大多数国家立法机构中可以看出几个趋势，一是立法预算工作人员数量增长，二是立法机构参与财政政策问题，三是高度关注审计结果。预算人员的增加既反映了立法机构的更大独立性，也反映了立法机构在税式支出问题上坚持自己的立场的压力。拥有自己的工作人员使议会能够偏离政府的经济和收入预测，并对预算提案作出重大改变。扩大的工作人员在多大程度上改变了行政—立法关系，取决于工作人员是被分配到现有的委员会，还是被安排在一个单独的立法预算办公室。当立法机构拥有自己的预算办公室时，它更有可能创造出一个独立的角色。

与过去相比，国家立法机构普遍更加关注财政问题。这是财政规则的推广和限制预算总额的压力的自然结果。然而，值得注意的是，在经济危机时期，政府重获领导权，而立法机构的作用则减少了。在这种情况下，立法机构会被完全绕过，或者迅速执行政府指令，而不考虑其他选择。

最后，审计后的财务报表越来越好，使一些立法机构敢于将负责这项任务的办公室从政府划转到自己。一旦发生这种转变，立法机构可能会扩大审计职能的范围，将对绩效的监测和对项目的评估包括在内。

参考文献

Arter, David (1984), The Nordic Parliaments: A Comparative Analysis, St. Martin's Press, New York, United States.

Coombes, David (ed.) (1975), The Power of the Purse: A Symposium on the Role of European Parliaments in Budgetary Decisions, Praeger Publishers, New York, United States.

Dupas, Alain (1975), "Parliamentary Control of the Budget in France:

A View from Inside the National Assembly" in David Coombes (ed.) , The Power of the Purse: A Symposium on the Role of European Parliaments in Budgetary Decisions, Praeger Publishers, New York, United States.

Erskine May (1976) , Treatise on the Law, Privileges, Proceedings and Usage of Parliament, 19th edition (Sir David Lidderdale, editor) , Butterworths, London.

Fitzpatrick, Edward (1918) , Budget Making in a Democracy, The Macmillan Company, New York, United States.

Friauf, Karl Heinrich (1975) , "Parliamentary Control of the Budget in the Federal Republic of Germany" in David Coombes (ed.) , The Power of the Purse: A Symposium on the Role of European Parliaments in Budgetary Decisions, Praeger Publishers, New York, United States.

Hagen, Jörgen von (1992) , Budgeting Procedures and Fiscal Performance in the European Communities, Economic Paper No. 96, Directorate - General for Economic and Financial Affairs, Commission of the European Communities, Brussels.

IMF (2001) , Government Finance Statistics Manual 2001, Statistics Department, International Monetary Fund, Washington DC.

Lalumière, Pierre (1975) , "Parliamentary Control of the Budget in France" in David Coombes (ed.) , The Power of the Purse: A Symposium on the Role of European Parliaments in Budgetary Decisions, Praeger Publishers, New York, United States.

Molinier, Joel (1975) , "Parliament's Financial Powers: A Comparison of France and Britain", in David Coombes (ed.) , The Power of the Purse: A Symposium on the Role of European Parliaments in Budgetary Decisions, Praeger Publishers, New York, United States.

OECD (1985) , Historical Statistics 1960 - 1983, OECD Publishing, Paris.

OECD (1998) , "The Role of the Legislature", PUMA/SBO (98) 4, OECD, Paris.

Onida, Valerio (1975) , "The Historical and Constitutional Foundations of the Budgetary Systems in Italy" in David Coombes (ed.), The Power of the Purse: A Symposium on the Role of European Parliaments in Budgetary Decisions, Praeger Publishers, New York, United States.

Stourm, René (1917), The Budget, D. Appleton and Company, New York, United States.

第七章
寻找原则的机构*

为什么是机构，为什么是现在？机构的激增不是偶然的；它需要的不仅仅是重新安排政府的组织地图。这里面有一个机构流行的逻辑，从中可以看出民主治理的现状。每个接受机构的政府都有自己的理由，尽管这些理由看似不同，其实都一样。有些政府设立机构是为了赋予管理者权力，有些则是为了强调服务的提供，还有一些则是为了逃避人事控制或其他行政限制。尽管这些动机各不相同，但都证明了这样一种信念：以部门为中心的固有模式已经不能满足政府的组织需求。

为什么不呢？一系列的解释扎根于管理理论和实践之中。一组文献首先出现在经济学中，然后影响到商业管理，后来又转移到公共管理中，对曾经占主导地位的紧密结合和控制的组织比分散的、自我操作的单位更有效率这一观点提出了挑战。反对一体化组织的论点可以概括为：等级森严、集中控制的组织缺乏主动性，对不断变化的条件适应缓慢，对其服务对象的利益反应不充分。给予机构经营自主权，可以刺

---

* 本文最初发表于《经合组织预算期刊》（*OECD Journal on Budgeting*），第2卷，第1期，2002年。在撰写本文时，艾伦·希克是美国马里兰大学公共事务学院的教授，也是华盛顿布鲁金斯学会的访问学者。后记写于2009年。

激他们进行创新并提高绩效。由于摆脱了部门的束缚，各机构在本质上更具适应性和反应能力。

从这种“新”的管理角度来看，机构的兴起只是组织变革和试验的无休止过程中的最新阶段。每一代人都有自己喜欢的管理风格，而随着良好实践这一概念的发展，政府的组织结构也在不断变化。目前对机构的迷恋将不会是最后的阶段。事实上，如果综合部门在不远的将来重新获得青睐，人们不应该感到惊讶。

然而，管理方面的发展并不是全部的解释。它们告诉我们为什么少数采用“新公共管理”（NPM）信条的国家建立了机构；它们并不能解释为什么其他仍然拥有老式公共行政机构的国家也建立了准自治机构。本文假设，机构运动具有影响国家角色和能力的深远意义。创建机构可能是将国家分解成政治飞地的过程的一部分，每个飞地都有自己的利益、权力基础和财政资源。部门是20世纪国家的组成部分；部门的解散可能是21世纪后现代国家的一个标志。20世纪的国家建立在权力集中基础上；正在出现的21世纪的国家可能建立在邦联的基础上，机构、次国家政府和非政府组织与民族国家争夺合法性、资源和权威。如果这个论点是有效的——它将需要有比成立一些机构更多的东西来证实它——那么，就有比组织单位的配置多得多的东西需要考虑了。

将机构定义为管理的工具，会使讨论偏向于效率问题，比如说：与集中管理的部门相比，在机构模式下，公务员的工作效率是高还是低？与设在各部门的实体相比，机构是否更愿意进行创新？将问题扩大到治理方面，就会产生有关国家角色的变化、国家对权力下放实体的控制以及与公民的关系等问题。在目前的分析阶段，我们只能提出许多可能值得考虑的问题中的几个。这些问题包括：政府是否有能力和意愿来有效地监督其机构（和其他下放的实体）的行动，并在适当的时候进行干预？如何将政策制定与服务提供联系起来，以及当指挥这两套程序的人发生冲突时，应该如何处理？

许多学者都在努力解决给机构贴标签的困难。因为它们的结构和功能各不相同，所以不能用一个单一的标准来衡量。有些机构隶属于各部门，但有运作自由；有些机构是独立的单位，与各部门没有正式的联系。有些是在政府承担新责任时成立的新单位；有些是经过重组的老单位。机构的职能包括监管、政策咨询、服务提供、税收、警察工作、技术援助、研究，以及政府内的几乎所有活动。唯一的共同点是，机构不是部门——也就是说，它们不是多种活动的集合体。典型的机构有一个单一或相对狭窄的目的，而且每个机构都有很大的运作独立性，即使它仍然在一个部门内。

每个机构都有自己的故事，但所有的故事都一样。成为一个机构就是成为组织整合的替代方案。加拿大的机构作为“替代性服务提供”单位的概念体现了机构扩散的这个方面。在这种情况下，如果机构不是服务提供者，那么这个标签就会有不适当的限制性。然而，这个词“另类”传达了一种机构在组织地图上的位置感。它们不只是独立的实体；它们挑战长期接受的做法（“替代”这个词经常被用来暗示反体制的行为。因此，“替代医学”指的是不符合传统做法的治疗，而“替代性争端解决”指的是调解和其他解决法律争端的非对抗性手段）。标签中的“提供服务”部分也很有启示意义，因为它表明这已经成为国家的决定性作用。如果是这样，国家作为服务提供者被赋予了什么特殊的地位（如果有的话）？与其他提供者相比，它在履行这一角色时是否有更高的要求？将服务描述为国家的主要责任，国家的性质是如何转变的？“提供服务”的标签是否意味着关于国家的范围和边界的大问题已经解决了，至少目前是这样，而政治则围绕着如何履行其工作的小问题展开？

在提出机构是中央集权政府的替代方案时，并没有说这种模式的倡导者故意要削弱国家。相反，许多支持者认为，通过释放中央机关，如内阁和财政部，来制定政策和监督绩效，国家将得到加强。决策者不会被服务提供者俘虏，而是与他们保持距离，从而保持他们制定目标、传达期望和确保他们的指示得到执行的能力。将服务的提供划归各机构，将明确政治家和管理者的责任，并为部长们提供激励和工具，使服务提供者承担责任。

在评估代理模式时，人们应该少关注动机，多关注效果。动机很可能是为了加强高层，但实际情况可能会有很大不同。一旦服务提供者获得了业务上的独立性，国家对政府权力权威性行使的垄断就会受到破坏。名义上，机构（正如这个词所表示的[①]）是国家的代理人；但事实上，他们往往为了自己的利益行动，而赋予他们行政独立的权力，则使他们有机会追求自我利益。正是由于这个原因，机构的崛起有可能挑战国家。

根据上述讨论，我们应该考虑机构化的管理和政府的根源和影响。“作为管理手段的机构”节将机构视为管理的工具，以及提高公共管理效率的手段。“作为新公共管理的工具的机构”节回顾了机构化的一些概念性的根源。“作为治理工具的机构”节讨论了对治理的影响，特别是在行使权力的合法性方面。“恢复部门能力”节提出，机构可能会产生一种反作用，以维护国家的凝聚力和特殊地位。这种反作用力已经在一些最完全接受机构模式的国家中展开了。

---

① 译者注：“机构”英文为 agency，“代理人”英文为 agent。

作为管理手段的机构

机构是一个古老的想法，在当代管理改革中被激活。典型的政府在有部门之前就有机构。当政府增加了一项新的活动，而现有的组织又无法容纳时，政府就会建立一个新的机构——不是因为它有一个宏伟的设计，而是因为它需要有一个组织来负责这项工作。政府的扩张不可避免地导致了机构的激增和控制范围的过度扩大、相关活动的协调不力，以及公共行政管理不规范。大多数政府对这一困境的回应是，将独立的机构合并为职能一体化的部门。因此，就像现在一些国家重视机构，将其作为过度封闭的部门的解毒剂一样，部门曾经是解决机构过度分散问题的首选方案。从历史上看，部门和机构是相互对立的组织形式：部门有多个细分部门和职责；机构有单一的职责和简单的组织结构。部门提倡一体化、统一性、规则驱动的行为；机构提倡多样性、适应性和自治。

组织形式是有区别的。如果认识不到部门形式的重要性，就不能说当代人向机构的流动是有意义的。组织结构会产生差异，因为它影响到谁拥有权力以及如何提供服务。我们应该把组织结构看作是影响行为的一个边界，就像国家的地理边界那样。特别是，组织的重要性在于它们决定了相关活动是整合还是分离，以及政策和服务是结合还是脱钩。相关活动的联系以及政策和服务的联系具有管理和政治意义。

每个国家的政府都有一系列的活动，其中有些活动彼此之间没有突出的联系，但有些活动却有联系。国防和初等教育是第一种情况的例子；提供就业培训和失业福利可能是第二种情况。将国防和教育放在同一个组织中是没有依据的；但是，就业培训和失业服务既可以放在不同的机构中，也可以整合到负责其他收入支持计划的部门中。设置独立的机构可以鼓励管理人员单独关注他们所分配的职责；将相关活动整合到一个部门可以鼓励管理人员协调他们的工作。由于对服务和协调的高度重视是可取的，所以对这个组织问题没有永久的解决办法。

一个类似的问题困扰着政策工作和服务提供之间的联系。每个民主政府都必须既将其政治和行政机构联系起来，又将其分开。它必须把它们联系起来，以便管理人员和其他服务提供者遵守政治领导人制定的政策和规则。但是，它也必须将行政事务与直接的政治参与分开，以便管理人员能够自由地以公平和有效的方式行事，而不考虑政治因素。任何民主制度都不能容忍管理者无视正式选定的领导人所制定的政策的管理安排，任何民主制度都不能允许政治家不顾有关各方的权利而介入行政事务。第一个标准证明了将业务单位置于由部长或由部长任命的高级管理人员领导的部门内是合理的；第二个标准决定了行政单位的业务独立性。要在协调和服从与独立和灵活之间取得适当的平衡，需要对政治家和管理人员既授权又约束。每个人都必须有权力和资源来履行基本职责，而且每个人都必须被阻止以侵占对方领域的方式行事。其结果是，通过立法和实践反复调整组织结构图，以促进一个或另一个愿景。

在划定组织边界时，一个关键问题是，应该更关注促进政策的一致性还是保护行政的正当程序。在前者占主导地位的情况下，政府机构可能会被整合成与公共政策的主要部门相对应的职能一体化的部委或部门——交通、教育、卫生等等。但是，当行政独立和响应性服务是最重要的考虑因素时，活动往往分散在独立的机构中，许多机构有自己的董事会。前者的结果是少量的大型组织；后者的结果是大量的小型组织。

在20世纪的大部分时间里，功能一体化的模式在民主国家占主导地位。但在19世纪，这并不是普遍的安排。在行政国家的早期，首选的做法是通过建立独立的实体来处理新的政府职责，将政治和政策与行政分开。当时人们普遍认为，当行政管理与政治影响隔绝时，政府会更有效率。独立机构与其他行政改革有关，如标准化的会计制度和任人唯贤的公务员制度。但是，随着各国政府活动的扩大和独立机构的增加，许多人对过度扩张的控制范围、不充分的协调和行政程序的不统一感到不安。这些问题催生了一场行政反击运动，将以前分离的实体合并为部门。

瑞典是少数几个放弃职能一体化部门的国家之一。它通过禁止部长干预特定的行政案件，将机构提升到宪法地位。这种“部长规则”理论并不妨碍政府向各机构提供政策指导，但它的应用方式给了各机构很大的操作自由。据说，瑞典的模式影响了一些国家建立独立机构。

与瑞典不同的是，在20世纪，大多数国家的公共行政部门都实现了部门化。政府的职能整合与商业组织的垂直整合相类似，并受到其强烈影响。后者将生产和装配最终产品的各种部件内部化；前者则将有助于实现同一目标的各种活动内部化。纵向一体化使企业能够更流畅地协调生产。在全盛时期，垂直的跨国公司（如通用汽车公司）主宰了他们的市场并获得了巨大的利润。有证据表明，这种组织形式比受制于外部供应商的公司更有效率。

政府的职能整合导致部门数量相对较少，通常不超过15个，每个部门都包含相关的活动，这些活动以前可能被分配给不同的机构。一旦职能整合成为常态，政府就会习惯性地将新的活动放在原来存在的部门之中。然而，例外情况很常见，很少有国家政府在其部门结构之外没有任何机构。此外，各部门内的专业局负责执行特定的任务，因此，机构的痕迹并没有因为职能整合而完全消失。但是，这些局是在官僚机构内运作的，也就是说，是在对其组成单位实施统一规则和程序的大型组织内。一些局有事实上的独立性；但大多数局确实从属于其部门。

职能整合将政策制定和服务提供结合在同一个组织中。它假定两者之间的密切联系是有益的，因为业务结果可以反馈给政策。尽管整合会使指挥系统变得冗长、等级森严，但在其全盛时期，人们认为它可以减少行政成本和摩擦，便于总部工作人员的监督，减少向政治领导人报告的官员数量，鼓励协调相关活动，并促进公共服务的统一提供。当然，最近成立独立机构的政府机构拒绝这种经典的观点。他们认为职能整合是低效的，因为它重视服从而不是业绩，重视统一而不是主动。

职能整合本身并没有解决政策咨询和服务提供应如何联系的问题。虽然它们在同一个部门中共存，但仍然需要将两者区分开来。多年来，为了在一个综合框架内保持分离，已经引入了一些手段。其一是为政治任命的官员保留最高职位，但要求将其余职位留给职业公务员。另一个办法是实施程序性规则，确保行政管理的正当程序不受不当的政治影响。这类规则规定了公务员职位的填补和采购方式、账户的形式以及其他行政程序。综合性组织内规则的有效性往往取决于行为规范和法律约束。在一个国家的政治文化中，存在着一些非正式的理解，如界限在哪里划定，如何执行，政治家何时以及如何干预行政事务，如何保持政治和官方层面的联系等等。

为了获得职能整合的好处，仅仅把政策和业务分开是不够的，还必须把它们联系起来。在蓝图中，这种关系应该通过政策指导和程序规则向下流动，而活动和服务信息向上流动实现：政策制定者将告诉行政人员该做什么（和不该做什么），并提供财政和组织资源来执行指定的任务，而管理人员将报告他们的工作和遵守交给他们的政策和规则的情况。审计将验证所报告信息的可靠性，评估将评估政策的有效性。当然，政策制定者和顾问之间的关系很少符合这个蓝图。在实践中，它很可能是更多的相互依存和更少的等级制度。管理人员制定政策，而政策制定者往往规定如何管理活动。

职能整合既产生合作也产生冲突。有时，政策制定者和管理者并肩工作，不考虑地位或正式角色。他们在一些问题上争论不休，而在另一些问题上则意见一致，还有一些漠不关心的区域——一些人对这些问题有强烈的兴趣，而另一些人则没有，这使得他们能够在同一个组织中相对和谐地共存。从形式上看，政策制定者在利益冲突时占了上风；但事实上，下属可能有优势，因为他们可以隐瞒或操纵有关他们正在做的事情的信息，以颠覆他们的部门负责人。代理人可以适时地保护自己的利益，因为他们比委托人更了解自己职责范围内发生的事情。

作为新公共管理的工具的机构

委托代理问题——产生于在等级组织（和其他环境）中工作的人之间的利益分化，以及关于组织活动和绩效的不对称信息（委托人对服务和结果的大部分了解都依赖于下属）——是质疑纵向一体化公司和职能一体化部门的主要概念驱动因素之一。虽然它们曾经被视为主宰市场的商业超级巨头，但许多垂直整合的公司，如通用汽车，现在被认为是组织上的恐龙，效率低下，被内部供应商俘虏，而且变革缓慢。如今，许多成功的公司将生产外包，并依靠外部供应商提供各种行政服务，如工资单、产品设计和营销。剥离了战略核心和合同活动以外的所有职能的“虚拟”公司是罕见的，但完全一体化的公司也是如此。

公共机构的解体并没有取得那么大的进展，因为大多数国家政府仍然将主要的活动放在大的部门中。尽管所有的国家政府都有一些机构，但只有少数政府在此基础上重组了其公共管理部门。零散的机构往往是权宜之计的产物；它们的建立往往在特定情况下似乎是明智之举，而不是为了实现某种宏伟的设计。但是，当一个国家有目的地将机构与“国家”脱钩时，就会出现这样的情况。对于一些政府来说，机构的逻辑植根于新公共管理（NPM）的创新概念和实践。从本质上讲，新公共管理主张，当管理者被赋予操作的自由裁量权，并对其行为和结果负责时，公共组织的绩效会得到提高。机构的运作独立性只是新公共管理的创新之一；其他如绩效目标和合同都可能取决于机构模式。

成功的创新有很多先例，而新公共管理也不例外。它起源于古典的公共行政，长期以来，人们一直认为，如果公务员缺乏管理的自由，就不能对其业绩负责；它也起源于企业管理，在企业管理中，调动组织资源的能力决定了有效的领导。一个主要的概念来源是“新制度经济学”，这个领域注重委托代理关系、交易成本、不完全合同和其他概念，用于解释为什么综合组织的效率可能较低。分析这些和其他概念会使本文走得太远，但值得强调的是，公共组织的形式受到商业组织形式的强烈影响。这种影响可能不是直接的或即时的，但随着时间的推移，它是对公共行政结构变化最有力的解释。

新公共管理有两个核心原则：一个是通过放松对业务资源使用的管制，“让管理人员管理”；另一个是通过明确对他们的期望，并根据这些期望衡量他们的表现，“使管理人员管理”。这种交换条件——给予管理人员自由裁量权以换取严格的问责制——是通过为每个机构划出一个具体的责任区，并授权其管理人员按照他们认为合适的方式进行操作来实现的。但在获得自由裁量权后，管理人员必须公开说明他们所做的事情和取得的成就。谈判双方应相互依存：如果管理人员不能自由地进行管理，那么让他们对业绩负责是不合理的；如果他们的业绩不重要，那么给予他们操作自由也是不谨慎的。在实践中，履行协议的第一部分往往比第二部分容易得多。剥离行政控制比执行强有力的问责制要容易得多。当权宜之计成为机构独立性的理由时，这当然是可能的。在这种情况下，很容易忘记交易中的问责部分。

如果组织得当，各机构有助于提高业务效率和管理责任。尽管每个机构在业务上具有独立性，但应明确对其部长或上级部门负责。从部门中分离出来后，机构仍然与部门保持着联系，其方式包括提前告知预期的绩效目标、阐明其责任的合同或框架文件，以及评估结果的审查和报告。绩效是部门和机构共同关心的问题；它应该促进双方的持续对话。它应该把政策和业务、政治家和管理者、资金和计划、计划和结果联系起来。它取决于关于预期和已完成的工作的稳定数据流，以及对行动和结果保持警惕的关键人物。如果当权者不关注绩效，测量和其他信息就没有什么价值。

英国的“下一步”计划是实施机构模型的新公共管理的最佳典范，该计划于 1988 年启动，被一个议会委员会称为 20 世纪最雄心勃勃的管理改革。“下一步”的核心思想在一份政府报告中得到了总结，该报告建议应该建立机构，在一个部门制定的政策和资源框架内执行政府的行政职能（英国，1988）。虽然这项建议的第一部分受到了那些试图模仿“下一步”的国家的关注，但第二部分提到了上级部门的作用，同样值得重视。“下一步”使各机构在其部门的指导下自由运作。白厅（英国各部门的方阵）并未被拆除；它在机构存在的每个阶段都发挥着关键作用——从最初考虑是否应将某项活动委托给一个机构，到彻底审查候选机构的资源和任务，启动该机构，持续审查绩效，并定期评估是否应继续进行。

尽管很少有政府完全采用英国的模式，但许多政府都受到它的影响。如果“下一步”或类似的创新没有成为国际上的成功案例，机构就不会成为组织变革的先锋。鉴于“下一步”在当代机构运动中的突出地位，理解其基本原理和实施模式很重要。监狱管理局前局长德里克·刘易斯（Derek Lewis）被一位对他的绩效不满意的部长免职，他对“下一步”作了精彩的解释：

> 部长们管理主要的政府服务部门（如福利局或护照局）是一个神话；他们既没有知识，也没有技能来做这件事。但是，只要这个神话继续存在，真正负责日常运作的公务员就没有被赋予继续工作的权力，他们也没有被要求对机构的表现负责。“下一步”计划的目的是更准确地描述部长和公务员各自的工作，并摆脱迄今为止一直存在的混乱局面。部长们将负责制定政策，批准机构的计划，制定目标和监督绩效；负责的公务员将被赋予自主权，以实现这一切。该机构及其首席执行官的表现将受到关键绩效指标的密切监测。机构地位还带来了许多在私营部门很常见的工具，其中最重要的是：角色

的明确性、业务的自主性、决策的授权以及让机构和其首席执行官对结果负责（Lewis，1999）。

以这些愿望来衡量，其他国家的许多当代机构都没有达到标准。政府在授予独立性的同时，既没有明确角色和责任，也没有建立起问责机制。在许多国家，机构在成立之初就被误导了，之后也不大很可能被纠正，因为它们获得了独立，但却没有为之付出绩效的货币。从一开始对它们的要求就很低，以至于以后很难再对它们提出更多的要求。“下一步”中被忽视的一个教训是，机构启动前发生的事情直接影响到它以后的表现。很少有国家能像英国那样小心翼翼，在决定是否和如何继续进行之前，审查了每一个候选者的“下一步”地位。

在“下一步”过程中，各机构经历了一个生命周期，通常包括八个阶段：

①“候选状态”是指一个实体（或活动）被指定为候选机构的阶段。这一阶段持续三至九个月，在此期间，对这种组织形式的适当性进行了评估。

②“事先选择”是一种正式的审查，考虑实体的任务和履行任务的替代方式。

③明确了部委与机构的关系，包括授权机构自行管理的事项。

④一份框架文件正式阐明了机构的目标和运作条件、首席执行官的责任、与上级部门的关系、以及各种财务和人事安排。

⑤首席执行官是通过公开竞争招聘的，并根据规定了工作条件和业绩预期的定期合同聘用。

⑥每年都会公布绩效目标，明确通知机构如何评估其绩效。

⑦年度报告包括比较实际和目标业绩，并包括经审计的财务报表。

⑧定期审查至少每五年进行一次，以评估该机构的表现，并考虑对其运作章程进行修改。

每个设立机构的国家都以自己的方式进行。一些国家，如英国，通过行政程序进行；一些国家通过立法进行；有些国家以零散的方式行事，在它认为时机成熟时设立一个机构；有些国家则采用全面的程序来转换为机构。无论采取何种方式，所有政府都必须努力解决“下一步”进程中考虑的问题。在设立机构之前就这样做，可以提高政府平衡独立性和问责制的能力。

作为治理工具的机构

从各国政府提供的理由来看，机构化是由管理方面的考虑推动的。但机构创建的条件表明，政治因素也在起作用。在大多数情况下，关于机构的决定是由政治领导人做出的，他们从这种形式中看到了对他们有意义的东西。此外，在它被实施的地方，机构模式对部长的角色和权力以及政府制定和执行政策的能力有着重要的、有时是深刻的影响。建立机构的国家不仅仅是引进了一个新的行政结构，他们正在对政府的运作进行大的改变。因此，在设立机构的决定中，政治因素不可避免地占了很大比重。

为了探究机构的政治逻辑，人们可能会询问，政府的角色或行为究竟发生了什么改变，使其愿意接受这种形式的组织？在民主治理的演变过程中，各机构已经到了一个特殊的时期。这个时代的什么特点使得综合部门在政治上不那么有吸引力，而单一重点的机构更有吸引力呢？解决这个问题的一个线索是，不要把注意力放在哪些方面发生了变化，而是放在哪些方面没有发生变化。大约在过去20年里，发达国家的政府规模和范围一直非常稳定。各国政府既没有缩减现代国家的边界，也没有扩大它。很少有国家认真尝试过这两种做法的任何一种。当然，在国家内部，一直在对计划进行调整，并以一些新的活动取代旧的活动。尽管在对处于不同政治或政策发展阶段的国家进行归纳时应该谨慎，但许多重大的治理问题似乎已经解决或被搁置，至少在目前是这样。这是美国总统比尔·克林顿在其第二次（1997年）就职演说中提出的主题：“……我们已经为我们的时代解决了关于政府作用的大辩论。今天，我们可以宣布，政府不是问题，政府也不是解决方案。”美国政治记者乔纳森·劳奇（Jonathan Rauch）在其《政府的终结》一书中也表达了类似的观点：“……政府有可能已经走到了尽头　它的整体范围和形态已经没有商量的余地。它们已经进化到一种状态，如果你愿意的话，它们无法从中解脱出来。”（Rauch，1999，p. 193）如果劳奇打算把这个结论作为关于政府未来不变的声明，他肯定是错的，因为目前的平衡可能只是一个暂停。但作为对我们这个时代民主政治的陈述，他的结论似乎是有效的，不仅对美国如此，对其他许多先进的民主国家也是如此，在这些国家，尽管有政治言论，但中间偏左的政府和中间偏右的政府之间没有什么纲领性的区别。

当代国家的边界在发达国家中被明确划分出来。它们包括传统的看门人职能，如维护法律和秩序，保护人们免受外部威胁，以及基本的健康和安全措施。尽管这些都很重要，但在大多数国家政府中，这些传统的角色在公共就业和支出中的比例却在下降。大部分公共人力和财政资源被分配到直接提供服务或财务支持。我们这个时代，国家的明确角色是服务提供者或金融家。这是机构出现的一个主导因素，在加拿大和其他国家，这些机构主要是提供服务的组织。

提供服务的角色预示着治理者和被治理者之间关系的根本转变。这种关系曾经是以公民的权利和义务来定义的，而现在往往是以客户对公共服务的权利来描述的。这种差异不仅仅是标签，因为它不仅意味着商业语言已经渗透到公共部门，而且政府的表现是通过更适合于商业关系而不是政治关系的术语和概念来定义的。乍一看，人们作为客户对政府的影响力可能比作为公民的影响力更大，这似乎令人震惊。但是，公民身份给人们带来的是有限的话语权和几乎没有的退出权；而顾客身份则给他们带来了话语权和退出权。在今天的世界上，顾客才是主宰，因为当代政府已经被社会化，把服务放在首位；这就是为什么国家已经变得如此庞大，而削减它的努力却如此无力。而这正是对绩效的要求。

随着政府边界的划定和重大问题的解决，至少在目前，政府的政策职能已经变得有些弱化。有谁能说今天的经合组织成员国政府制定的政策可以与一代或更久以前的前辈政府制定的政策相媲美？的确，现在的正式政策分析比以前多得多，但其中很多都是在相对固定的国家边界的边缘地带进行修补。如今，大部分以政策分析为名的东西都是关于服务提供的效率。政策分析家们比较了替代性服务系统的成本和效益，他们在设定边界方面并没有发挥影响作用。

机构模式是一种提供服务的政府形式。与部门结构不同的是，它旨在将政策与业务分开，并给予每个机构一个明确定义的服务焦点，它为此而生。一个部门有一系列的责任；一个机构有专门的责任。值得注意的是，澳大利亚是为数不多的反对机构化趋势的国家之一，它更倾向于将各项计划归入广泛的组合中，而不是将它们分成单独的机构。澳大利亚在另一个方面也是一个异类，它对政策和计划的调整比其他经合组织成员国所做的要大得多。部门对澳大利亚来说是有意义的，而机构则是其他国家的首选方式。

如果不做过多的比喻，我们可以把机构看作是政府的“精品”。就像现代百货公司通常被组织成专门的精品店，每个都有其特定的市场定位一样，现代政府部门也被划分成类似精品店的机构，每个都有其特定的工作领域。正如每家精品店都是百货公司的一个利润中心一样，每个机构都是政府的一个服务中心。

这种观点促使政府拥有更多而不是更少的机构。部门的逻辑是，它们应该在数量上尽可能少，以便同源的活动集中在一起；机构的逻辑是，每项服务都应该有自己的单位，这样就不会忽视任何服务。一个拥有多个任务的机构可能会在其中一个或多个任务中表现不佳。一个承担单一任务的机构有动力好好履行其唯一的责任。

提供服务的状态是一种在当代生活中对其绩效进行衡量、定位、报告、审计、分析、预算等的状态。毕竟，绩效是服务的全部，无论它是根据访问、效率、数量、礼貌还是其他定性或定量维度定义。“绩效”这个词告诉我们，界限已经设定，现在就要“绩效”——也就是说，继续干吧。如果政府不提供服务，就没有什么服务可以衡量。绩效和服务一样，使政府去政治化。这是自由派和保守派以及大多数政治派别的政党的共同利益。在 2000 年的美国总统竞选中，副总统阿尔·戈尔指出，尽管他和他的对手乔治·W. 布什在各种教育问题上存在分歧，但“我们都赞成对学校实行新的问责制，采取新的绩效指标”。对绩效的共识跨越了党派界限，因为所有方面都是由作为消费者的公民根据公共服务的质量进行评估的。

但哪里有服务，哪里就有其他的交付方式。作为政策制定者，政府拥有无可比拟权威的国家权力机关。作为服务提供者，政府只是一种选择，因为它对服务如何提供或由谁提供没有垄断权。例如，联合王国的国家保健服务是为了向所有公民提供普遍、统一的保健服务而建立的。然而，多年来，它面临着来自收费的私人供应商日益激烈的竞争。

作为服务提供者，国家政府至少有三个竞争者：地方政府、非政府组织（NGO）和商业公司。每一种都被认为具有优势，这导致一些国家从国家政府那里承担了一些直接的服务责任，使其发挥融资作用。地方政府更接近客户，可以根据当地的需求和利益调整其服务。财政分权的基本原理与机构分权的基本原理类似：政府应该反应迅速，灵活变通，不应该坚持一刀切的服务。国家政府和大部门与他们服务的对象相距太远，过于拘泥于统一和程序规则，无法给予客户足够的关注。在一些国家，权力下放可能是获得机构利益的先决条件。

同样的逻辑也解释了当代对非政府组织的迷恋。在贫穷国家，非政府组织往往是由国际组织推动或资助的，人们期望它们在为真正有需要的人提供服务时更诚实、更有爱心和更有效；在发达国家，它们可能由政府资助，作为提高公共服务效率的一种手段。在一些发展中国家，非政府组织作为政府的替代品已经获得了非正式的承认。它们被视为具有政府本身所缺乏的合法性。非政府组织这一更广泛的概念引发了有关民主合法性的令人不安的问题，由于更关心消费者的权利而不是公民的权利，这些问题被方便地搁置在一边。如果政府习惯性地不履行职责，为什么不完全绕过它，转而依靠非政府组织呢？

商业组织是第三种替代品。在几乎每一个民主国家，公共服务仍然绝大多数由公共组织提供，但在一些国家，“核心”的定义已经缩小了。一些人认为空中交通管制是私有化的合适人选；一些公司将政策咨询外包出去；许多公司依靠商业公司来审计他们的财务报表。一些人将机构视为私有化的跳板；其他人则将其视为将服务交付保留在公众手中的一种手段。撇开这些区别不谈，越来越多的人接受政府和企业是可选择的服务提供者，而在两者之间进行选择应该取决于谁做得更好。此外，现在人们普遍认为，政府要想成为一个高效的服务提供者，就必须按照业务路线进行组织，并赋予管理人员自由，以他们认为适当的方式使用资源。

机构化的根本挑战就在这里：不是说它把责任分给了准自治的飞地，而是说它是重新思考国家角色的一个关键部分。从历史的角度来看，国家作为公共授权的国家储存库是特殊的。这种特殊性正在被削弱，因为虽然国家可能在行使政府权力方面具有垄断性，但它在提供服务方面并不具有垄断性。服务并不取决于合法性和权威性，而是取决于完成工作、满足客户和有效地提供产出。一旦国家被定位为供应商，谨慎的做法是选择最适合特定任务的组织形式和提供方式，即使其结果是国家被削弱。在以服务为导向的状态下，绩效很重要；在设计组织时，它可能是最重要的东西。

恢复部门能力

是否有可能使一个提供服务的、以机构建构的政府与一个强大的、有效的国家协调一致？答案是肯定的，但这样做需要将关注点从机构转到部门和部委。关键问题不应是各机构是否有有效运作的自由，而应是各部门是否有激励和机会来有效地指导对它们负责的机构并监督它们的表现。

在一些国家，政府的软弱被视为一种美德。这可能是那些过渡国家的情况，这些国家进行了各种改革，废除了以往建立的指挥和控制结构。机构、私有化、财政分权和行政责任下放是制约国家权力的手段。在这些国家，机构的基本原理更多地与政治意识形态有关，而不是与管理绩效有关。这些国家不会采取有力措施重振政府，除非它们不再关注过度集权胜过关注业绩。

与这些国家相反，大多数已经转变为机构结构的国家都受到这样一种观点的影响，即这一举措将通过明确任务和目标，使中央当局能够设定绩效目标和监督结果，并给予代理人（提供服务的人）激励，使他们按照其委托人（上级部门和中央机关的人）的指示行事，从而加强国家的力量。这一主题在流行的管理文献中得到了呼应，这些文献敦促政府掌舵，而不是划船。毕竟，这是成功企业的管理方式；它也应该是有效经营企业的方式。

如果运用不当，掌舵而非划桨的处方可能会导致政府两方面都做得不好。有两个问题在起作用：机构获得运营独立后所利用的自由；以及各部委提供政策指导和监督结果的能力。如果认为那些在形式上受委托人控制时机会主义地追求自身利益的代理人在组织上独立时会更加顺从，那就太天真了。如果认为部门在业务由其自己的行政部门管理时对服务表现关注不足，那么当服务分拆给独立实体时就会更加关注，这可能同样天真。委托代理问题更有可能产生于显著性和注意力的不对称，而不是信息的不对称。也就是说，机构比部门更关心他们的服务和表现。英国政府之所以能够实施“下一步”而没有遇到白厅的反对，是因为大部门不太关心服务，当它们被转移到独立机构时，几乎没有什么损失。既然机构有了运营独立性，他们为什么还要更关心服务呢？

在机构模式中，过于强调服务提供者的业务独立性，而对部门监督者的行为强调不够。为了使这种关系发挥作用——也就是说，使机构遵守它们正式负责的部门制定的政策和目标——管理人员光是自由是不够的；他们的部门必须积极指导和大力监督他们的工作。为了评估机构模式的运作情况，我们必须检查上级部门是否履行其职责。

瑞典是一个研究案例，说明政府部门指导和监督机构是多么困难。300 多个机关雇用了 98% 以上的公务员，12 个部门无法胜任这一任务。政府机构不仅受到《宪法》保护，而且还受到政府保护。根据反对外部干预的部长统治理论，人手稀少的各部将其大部分资源用于内阁和立法工作以及其他政策或政治事务。如果他们指派任何人来监督机构，那很可能是一个资历较浅的人，而不是真正有权力的人。自 20 世纪 80 年代中期以来，瑞典政府采取了一系列行动，以加强其指导各机构和监督其绩效的能力，但没有一项特别成功。这些倡议扩大了各机构的业务自由裁量权，建立了一个多年期的框架来具体规定政策和业绩指标，要求各机构报告结果，并加强了审计过程。政府还对预算程序进行了全面改革，以注重结果，并利用各部委的年度“指导函”通知各机构来年对它们绩效的期望。尽管采取了这些举措，与十多年前改革首次启动时相比，政府在指导机构方面的效率似乎只提高了一点点。机构与部门人员的不匹配严重影响了政府对机构绩效的关注。在瑞典，部委和机构工作人员之间正在进行对话，全年进行正式和非正式讨论，这在一定程度上弥补了关系中的不平衡。然而瑞典政府感到有必要推行一系列改革的这一事实证实了人们认为它缺乏管理众多机构的手段的看法。

新西兰的管理体系以首席执行官为中心，他们对自己的部门负有全部责任。然而，各部门只占国家预算资金的不到一半。大多数资金和许多关键服务，如保健和教育，是由政府实体提供的，这些机构是具有广泛业务自主权的非部门机构。大约有 70 个政府公共机构，加上 2600 个学校董事会。大多数政府公共机构都有一个任命首席执行官的决策委员会。每个政府公共机构都有自己的问责框架，通常包括与负责任的部长谈判达成的意向声明和年度报告。尽管有这些安排，财政部和国家服务委员会的研究发现，政府与其政府公共机构之间的关系存在严重缺陷。这些问题包括：各部门的监测不平衡和不充分、部长们对他们负责的政府公共机构不重视、政府实体对政府政策的不回应或无视、不完整和不一致的问责要求、不充分的治理安排、以及对一些政府公共机构法律地位的困惑。政府已经起草了立法来澄清政府公共机构的地位，但机构的异质性使解决这一问题的任务变得复杂。

英国的经验最有启发意义，不仅因为“下一步”的著名成功刺激了其他国家采用机构模式，还因为 1997 年上台的布莱尔政府已经远离了以机构为中心的公共管理。在不否认“下一步”的情况下，它已将重点从机构转移到部门和政府中心。这一重新定位的线索载于 2000 年的后续步骤审查（更名为执行机构审查）。与以往各版按字母顺序列出各机构不同，2000 年版的目录只列出各部门；它没有任何关于机构的条目。这似乎是一件小事；事实并非如此。把重点放在机构上的理由是，公民应该能够很容易地接触到为他们服务的人。重组报告是布莱尔政府发出的一系列信号之一，即各机构应从属于各部门，各部门是政府制定政策并监督其实施的工具。

尽管布莱尔政府仍对“下一步”持积极态度，但它的现代化议程依赖于政府中央强有力的政策导向。现代化旨在提高服务的响应能力和质量，但与通过分散来实现这一目标的“下一步”不同，现代化是通过政策和组织整合来实现这一目标的。此外，现代化不是将政策与行动分开，而是希望它们结合起来。在布莱尔执政的第一年即将结束时，政府发布了一份名为《政府现代化》的白皮书，其中甚至没有提到“下一步”计划。它没有将服务从部门托管中移除，而是使服务成为部门绩效的核心，也没有依靠机构来提供服务，而是将责任放在部门身上。白皮书与机构的逻辑截然不同，它依靠部门在推动变革方面采取主动。白皮书坚持认为，“在白厅内部，应该有一个新的关注点，即要求每个常任秘书确保他们的部门有能力推动实现政府的关键目标，并为确保这一目标的实现承担个人责任”。

这种以部门为中心的战略使各机构处于何种境地？各机构幸存了下来，但与最初设计承诺的相比，它们的自主权有所减少。按照现代化的逻辑，过度的独立性会阻碍政策的凝聚力和服务的整合。这一主题在内阁2000年发布的综合服务宣言《接线》（Wiring It Up）中得到体现。这份报告的副标题是“白厅对跨部门政策和服务的管理”，它要求部长和高级公务员发挥更强的领导作用，并敦促“在需要的时候，利用中心［10号（首相办公室）、内阁办公室和财政部］带头采取更有效的跨部门方法”。该报告称赞了白厅的垂直管理结构，因为它“在执行政府的许多关键政策方面非常有效”。布莱尔政府青睐的模式是等级制，规则和指导向下流动，信息向上流动。现代化政府对公共管理的看法与“下一步”所依据的观点不同。代理模式促使公务员队伍分裂为行政飞地，每个飞地都有自己的工资和工作安排。正如书名所示，《接线》坚持认为，公务员应该习惯于跨组织工作。该报告设想中央政府努力协调和改善服务的提供。关键的关系在于政府部门和地方当局之间；各机构将作为部门的分支机构参与，而不是作为独立的实体。

布莱尔政府已将年度支出审查程序扩大为各部门谈判正式公共服务协议（PSAS）的一种手段，该协议规定了它们在未来三年内将取得的成果和结果。2001 至 2004 财年的公共服务公告列出了约 160 项“政府可负责的承诺，以及每年在部门报告中报告的部门”。各机构在公共服务协议过程中的职责是为实现部门目标作出贡献。这种方法是自上而下的：“高水平的绩效目标”，1999 年的“下一步”审查指出，“将向下传达到各机构，以协助它们的实现”。

政府要求每个“下一步”机构至少每五年接受一次审查。关于这些审查的最新指示强调，“各机构并非孤立于政府其他部门而存在，因此将更加强调考虑各机构对更广泛的部门和政府目标的贡献”。从严格的法律角度来看，新的重点并没有改变代理—部门关系。各部门一如既往地对政策指导、项目协调和服务结果正式负责；各机构在其各自的业务领域内仍然对费用和产出负责。然而，对部门服务责任的新关注不可避免地侵蚀了机构的自主权。各机构必须按照部门的要求行事，即使这意味着按照部门的方式行事，而不是按照自己的方式行事。

这种调整的利害关系远远超过部门和机构之间的业务关系。布莱尔政府已经掌握了促进其政策目标的管理手段。在重新聚焦的财政部和庞大而活跃的内阁办公室的帮助下，布莱尔从中央开始管理政府，而公共服务协议则是衡量政府本身的承诺。布莱尔的利益在于政策和结果，但他知道服务将这两者联系起来。如果现代国家被认为是一个服务提供者，正如本文前面所论述的那样，那么政府站在一边，允许机构自由地提供服务，这将是不妥当的。在将各机构纳入白厅的范围时，布莱尔政府并不想干预运营细节，除非其战略目标受到威胁。然而，它确实希望确保各机构的运作符合政府的要求，以产生预期结果。

“下一步”是机构运动的预兆；它对那些寻求公共部门现代化的政府产生了强大的吸引力。对部门的新压力是否预示着对代理模式的重新思考？部分答案在于“下一步”的独特特点。它通过行政行为实施，没有改变机构和部门之间的法律关系。部长和常任秘书与以前一样，对“后续步骤”之后的资源使用和服务结果负责。“下一步”引起了一些关于机构首席执行官责任的棘手问题，以及关于谁应该就特定事项向议会负责的偶尔混淆。然而，由于“下一步”的实施方式，恢复部门的领导什么都不需要撤销。布莱尔政府得以在没有正式退出“下一步”的情况下重申部门权威。那些在法律上将机构和部门分开的国家，如果想要将两者重新统一起来，可能会面临更艰巨的任务。

但是，即使是那些赋予机构法定独立性的国家，也可能被迫做出一些让步。就像在英国一样，问题不在于是否要有机构——这种组织形式将在一段时间内蓬勃发展——而是机构是否应该与部门脱钩，或者从属于部门。从某种程度上说，所有政府都需要协调政策和服务，并将它们的许多组织碎片联合起来，英国的经验是有益的。政府将连接各机构和部门；它们两者都有，并且任何一个都不能独立于另一个。

在此基础上，我们可以预见一种不同于以往的政府管理模式。最初是机构，后来被并入部门。最近，各机构获得了实质性的自主权。到目前为止，各机构和部门一直是竞争对手。一方的优势意味着另一方的从属地位。在未来，部门和机构将共存，密切配合，但每个部门都有自己的责任范围。

当事情进展顺利时，两者会互不妨碍。当事情进展不顺利时，双方可能会互相指责，而政府面临的挑战将是确保问责制不会出现瑕疵。

后 记

在这篇文章发表后的半年里，“机构运动”已经大大放缓。如今，各国政府似乎更倾向于建立联合部门能力，而不是投资于具有运营权的脱钩机构。此外，关于以机构为中心政府优势的理论主张，现在已经很少听到。虽然机构仍然在运作，但不再有目的性的努力将提供服务的责任从部门转移到机构。

机构已经衰落，因为它们使政府支离破碎，从而使政策的一致性降低，公共服务的效率降低。机构的激增损害了政府处理跨越组织边界问题的能力。一个拥有一百多个组织飞地的政府比一个只有不到两百个部门的政府面临着更多的困难挑战。国家政府的许多当代任务需要服务提供者的协调努力，以产生承诺给公民的利益。无论目标是帮助单亲父母养育子女，还是帮助老年人应对体弱多病，政府都必须利用多个组织单位的技能和资源才能有效。

因此，自相矛盾的是，机构的衰落是由曾经催生它们的同一服务导向所推动的。在机构运动的全盛时期，一些政府相信，多功能机构更喜欢制定政策而不是提供服务。现在，单一目的的机构不被看好，因为每个机构只能提供受援者所需的部分服务。机构的最初目标和目前情绪之间的鲜明对比表明，服务提供问题没有完美或永久的解决方案。

缺乏理想的组织安排也表明，机构不仅仅是一种时尚。它们解决了政府的一个重要需求，当大型的、笨拙的部门被证明不足以完成分配给它们的任务时，它们很可能被重新激活。

参考文献

Lewis, Derek (1999), Hidden Agendas: Politics, Law and Disorder, Hamish Hamilton, London.

Rauch, Jonathan (1999), Government's End: Why Washington Stopped Working, PublicAffairs Books, New York, United States.

United Kingdom (1988), Improving Management in Government: The Next Steps, Her Majesty's Stationery Office, London.

United Kingdom (1999), Modernising Government, Presented to Parliament by the Prime Minister and the Minister for the Cabinet Office by Command of Her Majesty, March, CM 4310, The Stationery Office, London.

United Kingdom (2000), Wiring It Up: Whitehall's Management of Cross-Cutting Policies and Services, Performance and Innovation Unit, January, The Stationery Office, London.

第八章
预算有未来吗?*

预算是一项正在进行的工作。这个过程永远不会完结，因为管理它的人永远不会完全满意。预算是在信息不充分情况下作出的决定，往往不知道过去的拨款如何使用，完成了什么，或者新拨款可能产生的结果。大多数参与预算的人都经历过这样的挫败感：他们的偏好被过去行动的内在成本所排挤。预算是一个最后期限驱动的过程，在这个过程中，次优决策往往是常态，因为政府没有不做决定的选择。当一个周期结束时，下一个周期就开始了，通常没有什么喘息机会，而且是沿着前一年走过的同样的道路开始。预算惯例枯燥乏味，这也是滋生挫败感的地方。

在这个充满压力的世界里，那些制定预算或受其影响的人渴望一个更理性、更有序的过程。改革是预算参与者的圣杯，他们不断寻求更好的方式来分配资金和规划政府工作。有时他们接受“大爆炸式”的改革，如计划—项目—预算系统（PPBS）和零基预算；然而，通常情况下，他们努力在过

---

* 本文原载于《经合组织预算期刊》（*OECD Journal on Budgeting*）第2卷，第2期，2002年。在撰写本文时，艾伦·希克是华盛顿特区布鲁金斯学会政府研究客座研究员，也是美国马里兰大学公共事务学院教授。方框中的评论写于2009年。

程的一个或另一个元素中进行增量调整。修补工作同步进行，因为被接受的变化很少产生承诺的改进。预算上一项改革的失败会引发另一项改革。

如果预算是一项正在进行的工作，它是否有很多进展可言？程序上的改革是否改变了预算的编制或执行方式？明显的证据是，大多数经合组织成员国的预算实践和他们的预算政策都有重大变化。在大多数国家，支出项目的重要性已经减弱，正在被合并为大的类别。如今，预算有更多关于计划和绩效的信息，其时间范围已从单一财政年度扩展到中期。在过去的二十年里，预算已经与其他财政管理流程，包括会计系统和财务报表，更加紧密地结合起来。在政策方面，支出增长比战后时期缓慢，但福利在中央政府财政资源中占有更大的份额。尽管如此，大多数国家的收入和支出都比较接近平衡，尽管很少有国家能够在整个经济周期内保持预算平衡。改革带来了变化，但不是非常大。

我在这篇文章中的任务是想象预算实践在未来几年将如何发展。作为一个在数据和细节方面受过训练的人，我发现如果不把未来与现在和过去联系起来，就很难设想未来。预算会不可避免地增加，不仅在为特定目的分配的数额方面，而且在对其业务规则和程序所作的不时调整方面也是如此。要了解预算的走向，就必须知道它现在在哪里，以及它是如何到达那里的。为了促进讨论，1980 年成立的经合组织高级预算官员组织（SBO）是预算体系演进的一个突破点。建立 SBO 不仅提供了一个交流思想的论坛，其本身也是重新考虑预算实践的一部分。如果预算发生了变化，这并不是因为 SBO 的存在；相反，SBO 的存在是因为有改变预算的冲动。

在考虑预算的变化时，区分三种类型的创新是有用的：宏观预算、分配和微观预算改革。宏观预算处理预算总量和维持财政纪律；分配问题是指通过预算决策来分配成本和收益；微观预算涉及运转政府项目和机构。这种分类与世界银行设计的三层次预算结构类似，该结构将核心职能确定为总财政纪律、分配效率和运营效率（Campos，Pradhan，1996）。对于这些功能，本文首先描述和评估最近的创新，然后考虑预算在未来几十年将如何发展。

我的感觉是，未来20年可能带来比前20年更为根本性的变化，可能是通过广泛的政治和跨国发展，而不是通过正面努力改变预算过程。有些变化是已经进行的发展的自然演进；其他因素将来自政府间关系的变化。虽然对未来的讨论本质上是推测性的，但这里讨论的大多数可能性的证据都可以在预算学者和实践者富有想象力的头脑中萌发的前卫思想中找到。

结束语部分转向本文标题中的问题：预算有未来吗？这个问题可能显得老生常谈，但答案显而易见，因为除非政府逐渐消失，否则政府预算将继续存在。几乎没有理由相信政府在未来会明显缩小；它更可能在某种程度上变大。这一问题在本文的分析中甚至显得很突出。本文所指出的趋势和可能性表明，未来的预算案可能更大，但预算可能更弱。这个前景应该引起那些对预算过程负责的人的关注。

宏观预算：从刺激到约束

当第一届SBO于1980年召开会议时，人们认为公共财政的一个时代已经结束，另一个时代才刚刚开始，这让它充满活力。在过去的六年里，经合组织成员国经历了石油冲击、滞胀（低增长和高通胀）、失业率上升和财政赤字升级。这些不利条件与战后繁荣时期的繁荣条件截然不同，在那段时期，经济增长推动了政府扩张。

战后的经济扩张可以用几个统计数字来概括。1960 年是 OECD 成立的第一年，OECD 成员国的政府总支出平均占 GDP 的 29%；20 年后，这些支出平均占 GDP 的 40%，每年增长超过 0.5 个百分点。大部分增长来自社会保障转移支付，从占 GDP 的 7% 上升到 14%。政府的巨大扩张并非偶然；它是由政府推动的，这些政府重新设计了他们的预算实践以增加支出。一些国家政府放弃或修改了长期存在的平衡预算规则，许多国家信奉凯恩斯主义，即财政政策应以稳定经济为目标，即使短期效果是破坏预算稳定。许多政府放松了为限制支出而实行的项目控制，允许或鼓励支出部门在年度预算过程中积极争取额外资源。几乎所有发达国家都颁布立法，规定将资金用于各种权利性项目，从而削弱了预算纪律。不仅政府每年都在扩大项目和支出，而且政治领导人也被期望提交庞大的预算。事实上，它们的领导能力往往是根据其预算中所列的新的和扩大的项目来评价的。

经济扩张推动了政府收入的大幅增加，但这些收入往往不足以支付支出。当财政收入不足时，许多政府要么提高税收，要么实行小额赤字。这两项行动都没有带来太多政治风险，也都没有被视为在财政上不负责任。

20 世纪 70 年代经济状况恶化时，公共预算仍处于扩张性阶段。预算势头与政府维持审慎财政方针的能力之间存在不可持续的不平衡。笔者在 1981 年 SBO 会议上发表的一篇论文中评论了这种困境：“不可抗力规则财政”（见第 15 章）。

在早期的 SBO 会议上，预算官员面临的最紧迫任务是遏制失控的支出增长。许多政府试图通过在年度预算编制周期之前设定财政目标来限制公共支出。一些国家以名义术语表示这些目标；其他国家则将其作为 GDP 的一部分。一些设定支出目标；其他则关注总收入或财政赤字。早期目标独立于预算过程设定，没有仔细考虑收入能力或支出压力，也没有考虑实施这些目标所需的步骤。其中很少有执行机制或预算规则的其他变化。这些目标是政治声明，其主要目的是表明无限制增长的时代已经结束。其中一些达到了预期效果，导致赤字减少或支出增长放缓。然而，许多设定在不切实际的水平，不得不在远低于其公布目标的水平上被放弃。在一些国家，由于缺乏有效的执行机制，狡猾的政客往往在预算专家的协助下，设计出创造性的手段，通过隐藏公共支出或赤字的真实规模来破坏目标。

20 世纪 80 年代末 90 年代初出现的第二代目标在某种程度上更为有效，因为它们与预算决策相联系，并通过对政府行动的程序或实质性限制来执行。最近最重要的创新包括中期支出框架内的财政目标、国际条约或组织规定的目标、权责发生制会计和预算、用于估计当前法案预算影响的基线预测、要求政府财政政策和声明透明度的财政责任规则、两阶段预算过程，将总体决策与特定分项或项目的决策分开。在接下来的段落中，我们将简要地描述其中的每一种。

中期支出框架（MTEF）

MTEF 是一种安排，根据今后三至五年每年支出的总额或部门限制做出年度预算决定。澳大利亚在 20 世纪 80 年代领导了 MTEF 运动，将其前瞻性估计扩展为多年目标，迅速成为支出部门竞标资源和编制年度预算的基础。在澳大利亚模式中，MTEF 没有嫁接到现有的预算过程之中；它变成了预算过程——也就是说，政府将资金分配给支出组合的方式。在年度估计中的大部分支出细节都下放给了各部门，从而使内阁能够脱身就总额、主要预算部门拨款和政策变化开展政策性工作。

在澳大利亚，预估（即对制定政策所产生的收入或支出的中期预测）每年滚动进行，并根据价格变化、收入和项目支出的重新估计和政策倡议进行更新。如果没有政治领导人的直接参与，MTEF 将只不过是一项技术练习，更多地是预测而不是决策。此外，如果没有限制未来支出的坚定承诺，这些预估将被政府视为在未来几年获得更多资金的权利，并被视为从预算中争取更多拨款的武器。

众所周知，澳大利亚教育改革取得了成功，这激发了人们对 MTEF 的兴趣。但是，尽管许多国家声称正在采用中期支出框架，但很少有人按照其设计者所希望的方式使用它。在一些国家，这只不过是一个多年预测；在其他国家，这是一种技术官僚的做法，不涉及政治领导人的战略决策。

财政目标的国际化

国际组织在制定和执行财政约束方面日益发挥作用，挑战了“目标只有在政府强加于自身时才有效”的传统观念。最主要的发展是将马斯特里赫特趋同标准应用于欧洲经济与货币联盟的成员国的财政总量。虽然这些指标在 1992 年商定，但直到 90 年代末引入欧元才完全生效。在启动之初，适当的执行机制并未完全到位，投机取巧的政客们巧妙地绕开了新规则，并取得了一些成功。但是，随着标准实施的每一年，欧洲货币联盟都证明了其更强大、更警惕的监测能力。然而，在受影响的国家经历一个完整的财政周期之前，无法衡量外部强加规则的长期有效性。这些规定在欧洲经济形势好转时生效，因此减轻了履行这些规定的政治负担。外部强加目标的真正考验将在经济疲软时期到来。

> 尽管欧共体加强了监督能力，但还是被迫放宽了规定。正如最初编纂的那样，这些规则没有区分周期性失衡和结构性失衡。因此，它们在经济疲软时期比在经济繁荣时期更为严格。修订后的规则允许在经济状况证明合理的情况下，暂时突破财政目标。

一个平行但安排不那么周密的发展是对从国际货币基金组织（IMF）获得援助的财政困难国家实施的财政条件。通常情况下，IMF 坚持受援国必须达到特定的财政目标，只有对受援国的表现感到满意时，IMF 才会发放每一笔贷款，以强制这些国家遵守规定。这些目标通常要求财政紧缩，以预算赤字的规模或公共支出的增长来衡量。IMF 的附加条件受到了一些人的强烈批评，这些人认为，IMF 的财政条件让那些经济已经在收缩的国家雪上加霜。随着批评的声音越来越大，IMF 是否会继续对接受其援助的国家施加财政约束，还有待观察。

> 国际货币基金组织承认，在经济收缩时迫使政府采取紧缩性财政政策可能会在个人收入下降的同时对家庭产生不利影响。国际货币基金组织采取了一种更加灵活的方式区分那些保持审慎财政政策的国家和那些不这么做的国家。前者可以获得短期调整援助，使它们能够在不削减社会计划或增加税收的情况下度过经济困难。

权责发生制会计和预算

有人已经指出，如果财政目标得不到有效执行，它们就毫无意义。执行的一个基本特征是准确记录资金流动和状况。为了满足这一要求，政府必须从收付实现制转为权责发生制。理想情况下，它还应该将其预算置于权责发生制基础之上。

> 在随后发表于 OECD 杂志的一篇关于预算的文章中（“绩效预算和权责发生制预算：决策规则还是分析工具?”）（见本书第 14 章），我重新考虑了应用权责发生制规则的有效性，并得出结论认为，应在经审计的财务报表而非预算中使用这些规则。当政府实行收付实现制预算时，执行财政规则是可行的。此外，通过检查资产负债表上资产负债的年度同比变化来衡量政府对财政约束的遵守情况是可行的。

现金会计和预算为误报政府真实的财政行为提供了大量机会。付款或收款可以提前到前一年或推迟到下一年；未来的成本（如养老金福利）可以从预算中剔除；政府可以出售资产并将收入记为当期收入；它可以将某些费用划入预算外账户；等等。在预算压力下，政客们往往会随心所欲地玩弄预算花招，只要他们能逃脱惩罚就行。他们出具担保并承担其他未出现在常规财务报告或预算中的或有负债；他们将国有企业的闲置资金转入自己的账户；他们将财政年度缩短至 11 个月或延长至 13 个月；他们在拨款或预测未来预算状况时使用不切实际的假设。机会就像预算逃避者的想象力一样无限。

权责发生制要求收入在产生时（而不是收到时）记录，支出在负债时（而不是付款时）记录，从而抑制了这些机会。越来越多的国家在财务报表中采用权责发生制，但只有少数国家在预算中采用这种方法。因此，一些政府现在报告的预算结果与财务报表中报告的结果存在重大差异。

基线预测

MTEF 的目标之一是将预算的范围扩大到单一财政年度之外。这样做取决于对宏观经济状况的可靠预测，如果继续现行政策，未来的收入和支出，以及政策变化对未来预算的影响。进行这些预测的传统方法是建立一个基线预算，并根据基线衡量政策变化。预算组织几十年来一直在做这些估计，现在的不同之处在于这些预测是公开的，并已成为评估拟议或批准的政策变化对未来预算影响的权威指标。

在 MTEF 中，基线既用于建立财政框架，也用于确定支出变化是否与框架一致。由于未来的情况尚不清楚，政策变化的基线和估计是根据有关经济业绩的假设、受政策变化影响的人的行为反应和其他变数。使用基线来建立和执行支出框架的国家必须有关于如何进行预测和如何衡量政策变化的规则，以及处理偏离基线的程序。他们还必须分配维护基线的责任，并确保根据基线准确地衡量政策变化。对一些国家而言，管理基准和相关控制已成为财政部的首要任务。

两阶段预算流程

在传统预算中，财政目标总是面临着被支出压力压倒的风险。在所有的预算系统中，预算的总量和部分之间都存在紧张关系。在扩张期，各部分（项目、部门、账目等）通常胜出，结果是在这一过程结束时，政府同意比开始时花费更多。MTEF 的一个目标是，通过使财政总量免受特定计划带来的支出上升压力，防止财政总量出现违约。但是，如果将预算总额和各部分一起决定，总支出很可能会超出政府最初的预期。

为了扭转这种趋势，瑞典等一些国家的政府将预算编制分为两个不同的阶段，每个阶段相隔几个月。在第一阶段，政府更新基线预测，审查目前的宏观经济预测和预算前景，并制定中期支出框架。这个框架可以只处理总量，也可以处理主要支出部门（如瑞典的情况）。在这一进程的这个节点，不正式审议具体的预算申请。宏观预算提交给立法机关，由立法机关投票决定支出总额。几个月后，政府编制下一财年的预算。这些支出金额必须在政府或立法机关先前设定的总额之内。用于估计特定支出决定与预算总额一致性的规则类似于维持最低值时所使用的规则。

这些目标起到作用了吗?

财政目标和相关创新是否约束了财政，或者它们只是一长串收效甚微的预算改革中的最新一项？经合组织通过比较在第一次 SBO 召开之前该组织成员国支出占 GDP 的比例来解决这个问题。该研究显示，支出增长明显减缓，财政失衡程度较前几个时期有所缓和。但公共支出的增长并未逆转；实际上，每个国家都报告说，现在这类支出占 GDP 的比例比一二十年前高。大幅增加预算的时代已经结束，但政府预算仍然是渐进式的，在上一个预算的基础上制定下一个预算。因此，政府支出占 GDP 的比重比 SBO 成立时更高。为了实现目标，政府削减了一些边缘福利项目，并大幅削减了对企业的补贴。多数公司通过全面削减开支或提高效率来削减运营成本。它们还更多地利用服务费和其他收费来资助特定项目。从讨好选民的政客的角度来看，许多削减都需要做出艰难选择，但本节讨论的新规则和程序可能会在一定程度上缓解他们的苦差事。然而，一项对二十年来预算机制改进的评估显示，这个过程与 SBO 启动之前并没有太大不同，财政的潜在压力和不平衡没有消除。

宏观预算的未来：消除支出的政治压力

随着发达国家人口老龄化，公共支出占 GDP 的比例很有可能继续上升。增加的速度将主要取决于社会保险和有关项目的费用以及总体经济趋势。上升的速度会与 SBO 前的几十年相似吗？还是会类似 1980—2000 年的小幅上升？当然，即使是适度的增长，也将是在许多欧洲国家已经超过 GDP 50% 的支出之上。这意味着，如果经合组织成员国未来 20 年的表现与前 20 年一样好，它们的表现将会更糟。此外，它们做得更差的风险远远大于他们可能做得更好一点的可能性。

经合发组织成员国的脆弱性不仅与总支出有关，而且与它们的财政平衡有关。为了给不断上升的社会计划成本和不断上升的公民期望提供资金，经合组织国家的政府将不得不从企业和家庭中汲取比以往更多的收入。税收负担已经如此之高，在未来的几十年里，它可能还会大大增加。

政府或许可以通过扭转长期存在的社会政策、将社会保险计划私有化或将福利严格地瞄准最贫困的公民，来设法避免财政崩溃。这些举措将使福利国家的边界倒退，其程度远超近代任何民主领导人的尝试。面对不断增加的税收负担或巨额预算赤字的现实或前景，下一代的政治家们可能会把这些严厉的措施作为唯一的手段。

然而，我的感觉是，我们正在经历另一段长期的应付长期财政压力的时期，这种压力就像慢性背痛一样，引起了人们的关注，但不足以迫使人们显著改变生活方式。在蒙混过关的过程中，各国政府将努力将财政总量限制在一些可接受的范围内，尽管这一范围正在扩大。预算信息内容和程序的变化将促进它们的任务，下文各段将叙述其中的一些改变。但是，即使修改了规则，赋予公共资金守护者新的权力，财政纪律仍将是一项政治和经济上的苦差事。政客们将在控制上留下自己的印记，他们将在他们几乎没有真正控制权的事情上接受指责。

预算的时间框架

陷入无休止的财政泥潭的未来预算制定者将认为中期不足以完成他们的工作，就像当代 MTEF 架构师认为单一财政年度不足以完成他们的工作一样。从明天的角度来看，MTEF 在年度预算周期结束前附加的两到三年将被视为一项过于温和的冒险，掩盖了更长期的前景。传统的 MTEF 比标准的五年规划周期短几年。

选择这个时间范围是为了确保中期决定是现实的，并与年度预算行动有关。选择 MTEF 的政府有理由担心，他们的预算预测延长得越久，他们遇到的不确定性就越大。他们还担心，做出的长期决定不切实际，因为随着时间的推移，看似已经解决的问题可能会重新出现。

尽管有这些关于中期前景的合理论据，但我的感觉是，随着政府面临越来越大的监管公共财政的压力，它们将把预算的时间跨度延长至5年或更长时间。美国已经采用十年基准来估计当前政策变化对未来预算的影响。较长的框架使得政客们更难以通过推迟政策变化的生效日期来逃避财政纪律。在大多数发达国家，从更长远的角度来看，随着领取养老金和其他国家资助福利的人口比例上升，财政状况将不断恶化。然而，存在的风险是，更长的视野可能导致预算预测更加不现实。如果发生这种情况，10年或更长的视角将破坏财政纪律。

财政可持续性和脆弱性

时间框架不仅是几年的问题，而且也是一个前景问题。将视角从一年扩展至几年，从几年扩展到十年，将核心财政问题从当前的平衡转变为未来的可持续性，以及预算对意外和冲击的脆弱性。可持续性是指政府根据未来的经济状况和其收入/支出状况继续其目前财政路线的能力。可持续发展总是长远的；人们对此感兴趣是因为认识到，尽管一个国家的财政状况看似良好，但未来的索赔或条件可能对其预算能力产生不利影响。例如，大多数欧洲货币联盟国家在加入欧元之前改善了预算状况，但它们仍然面临这样一个问题：当依赖养老金的人口比例上升时，它们所承担的财政承诺是否可持续？

要认真对待可持续性问题，各国政府就必须制定措施，衡量它们是否有能力继续执行目前的预算路线。这些措施必须衡量固有的支出压力、收入趋势、预算对人口和经济变化的敏感性，以及（如果可行的话）政治条件对预算的影响。

经济学家更擅长分析趋势，而不是预测变化，尤其是那些几乎没有事先通知的变化。然而，回顾 20 世纪 90 年代末的亚洲金融危机，经济学家得出结论，有征兆表明一些国家正陷入困境。他们相信，通过大胆地发掘和衡量风险，将后见之明转化为远见是可能的。

即使早期的措施粗糙且不可靠，它们也可能影响各国政府的财政状况。中期预测也经常偏离目标，但它们仍然构成了预算辩论的框架。在预算中，有问题的数据总比没有数据好，因为政府必须采取行动。在大多数政策领域，政府可能会推迟行动，直到它对手头的信息感到满意；它在预算中没有这个选项。

脆弱性分析和其他类型的风险评估将在预算中发挥越来越突出的作用。可以预见，预算范围超过一个财政年度的政府将最有可能使用这种分析。国际组织也可能参与进来，根据脆弱性标准评估财政表现。例如，欧盟可以根据可持续性或风险因素而不是根据年度或中期前景来评估成员国的预算。我们可以预见，在某些情况下，欧盟会要求某个成员国修改预算，即使该国已经达到了短期标准。

使用资产负债表来衡量财政状况

就在十年前，有人提出了一个牵强附会的想法：衡量一个国家的财政状况应参照其资产负债表，而不是预算。随着各国政府从基于预算的评估转向基于传统财务报表的评估，几年前看似新颖的方法可能在未来变得司空见惯。如果这种情况发生，这将是一场财政管理领域的哥白尼式革命，改变预算与其他财政流程之间的传统关系。

自一个多世纪前出现以来，现代预算基本上是在一个独立的过程中运作的。所作的决定、记录和执行几乎完全参照预算程序所产生的文件。财政状况和业绩根据预算分录来衡量，而不考虑其他财政资料来源。自我控制使预算与资产负债表等财务报表隔绝，预算中显示的结果往往与其他地方报告的结果大相径庭。在许多国家，财务报表是按照现行会计标准编制的，而预算是按照自己的惯例编制的。财务报表接受审计；预算却没有。

有几个因素迫切需要打破预算和财务报表之间的区别。一是新会计准则的应用，包括政府财务的权责发生制；二是先前提到的独立当局评估国家预算政策的努力；三是通过整合预算和会计活动及标准，努力加强政府的财务管理。这些变化的自然演变是依靠财务报表代替预算。

在 1993 年的文章中，布兰杰（Blejer）和切斯提（Cheasty）敦促采用这种方法，他们认为资产负债表是衡量财政盈余或赤字的最佳方法。根据定义，它仅限于预算中包含的那些交易，并且它以预算特有的方式计算这些交易。预算不包括预算外和预算外资金，也不准确评估资产、负债和风险。资产负债表是一个更广泛的报表，包括一个实体的所有交易，无论它们是否包含在预算之中。资产负债表确认折旧、递延成本和违约准备金及其他风险。当政府从出售资产中获得收入时，预算报告收入增加，而资产负债表显示净资产没有变化。

在将资产负债表应用于财政结果时，净值（资产减去负债）的下降将被记录为赤字；增加意味着盈余。但要用资产负债表来衡量财政结果，政府就必须及时发布财务报表。现在很少有政府这样做，但随着各国会计实践的标准化，可以预期会有更多的政府这样做。

财务报表可能取代预算有几个重要影响。第一，它将推动对政府预算实施会计准则的努力。如果这一运动成功了，财政状况和业绩是参照预算还是参照财务报表来衡量都不会有什么不同。第二，它可能会让政府中的其他财务管理专家取代中央预算机构。为了保持权威，预算专家将不得不更加了解会计实务，并将不得不关注资产负债表和其他报表。第三，各种预算决策很可能根据它们对资产负债表的影响作出，而不是根据它们如何记录在预算之中。

> 预算被财务报表取代的可能性似乎已经降低，尽管未来会计和预算标准可能会更加统一。预算作为政府抱负声明的卓越地位，要求它不局限于财务报表的会计约束。

或有负债预算

无论是从预算还是从资产负债表的角度来看，未来的政府都将更直接地处理或有负债，如担保贷款和保险计划。传统的以现金为基础的预算不能适当地记录政府面对各种突发性事件的风险，因为在违约或其他事件发生之前不会付款。预算确实记录了这些付款，但在这一点上，支出超出了有效控制。未能对或有负债进行适当预算，会促使政府以担保替代常规支出，并承担可能导致未来预算失衡的风险。当政府试图通过削减支出或减少报告赤字来实施财政纪律时，这种诱惑尤其强烈。各种研究表明，财政调整会导致逃避，结果是报告的结余往往不实。虽然没有趋势数据，但有理由相信，各国政府通过各种担保和保险计划增加了面对的风险。尽管政府承担风险可能是适当的，但缺乏足够的信息可能导致它们低估或忽视未来的成本。

与财政纪律方面的其他缺陷一样，早期的步骤必须是获得有关问题的信息，然后才能制定适当的控制措施。这不是一项简单的任务，因为风险以多种形式出现，并遍及现代经济。此外，或有负债超出了传统会计的界限。适用于政府财务账户的定义和确认标准适用于直接负债，而不是那些源于贷款违约或银行机构倒闭等不确定事件的负债。在试图监管财政风险的国家之间，没有就适当的方法达成一致，甚至没有就预算是否是实现这一目的的最佳工具达成一致。以下各段描述了新西兰、匈牙利、加拿大和美国采用的方法。

作为公共部门改革的一部分，新西兰要求所有部门编制经审计的财务报表。然后，政府编制合并财务报表，并在其上附加可量化和不可量化的或有负债报表。前者是成本可以估计的或有事件。这些费用不记录在预算或资产负债表上，但这些信息确实提醒政府注意或有负债可能产生的付款。

在匈牙利，《公共财政法》将国家担保限制在预算支出的一定比例内，但大多数担保——包括匈牙利开发银行等国家机构为各种战略目的提供的担保——不受这一限制。年度预算为预期的担保要求拨出一笔款项，它还限制了每个国家机构在一年内可能未偿还的担保数额。政府在提供担保时，公布估计风险、提供担保的理由和其他有关事项。虽然该制度似乎对它所承保的担保有效，但一些重大的或有负债被排除在外，其结果是支付的款项往往超过预算中为担保预留的数额。

加拿大对贷款担保进行预算审查，类似于对直接支出的审查。每个提出担保的部门都必须对预计的收益和风险进行经济分析，包括对现金流和偿债的预测。必须在预算中为可能的损失预留资金；赞助部门从收费收入或年度拨款中为这些储备提供资金。新的贷款担保计划必须得到财政部长的批准，并得到议会的授权。最后，各部门和国有企业必须报告其或有负债，作为政府年度财务报表的附注公布。

自20世纪90年代初以来，美国对贷款和贷款担保实施了特别预算规则。它取代了以前以现金为基础为这些交易编制预算的做法，取而代之的是将贷款和担保的估计补贴成本作为支出编制预算。补贴成本定义为将所有预计现金流入和流出贴现为现值。在贷款担保的情况下，流入资金可能包括发起费用和违约追偿；流出是指政府因违约而支付的款项。因此，担保会产生预算支出，尽管直到以后财政年度才可能实际支付资金。

尽管可能需要一些时间，但对担保和其他或有负债的预算处理可能会变得越来越标准化。一旦审计财务报表变得普遍，它们可能演变成报告或有负债成本的工具。也许最明智的选择是在政府的资产负债表上为估计的担保损失拨备。如果实际损失偏离估计数，拨备的数额将做出调整以反映这种情况。政府的预算将作相应的分录，将估计的或实际的损失列为支出。

财政政策和经济管理

通过预算来引导经济是现代政府的首要职责之一。政治领导人之所以关注财政问题，是因为他们的政绩往往用经济表现来衡量。然而，在未来的政府中，主要的财政责任可能被委托给一个独立的机构，该机构将被授权根据预计的或实际的经济状况变化调整税率和某些支出。尽管这个想法看起来很奇怪，但它是2000年SBO会议上拓展讨论的主题（OECD，2000）。根据澳大利亚商业理事会（Business Council of Australia）的建议，会议上提交的一份文件认为，应授权一个独立的财政机构在没有事先立法批准的情况下对税率进行全面调整。支持财政独立的理由主要基于以下两点：

- 财政政策偏向于扩张——它倾向于增加经常性支出，导致未来税收增加；
- 政府在实施政策变化方面严重滞后，容易出现财政漂移。

财政独立的支持者认为，这两种缺陷都是由于政治对政府行为的影响。拟议中的解决方案将限制财政扩张，并通过将财政控制权从政治家手中移交给独立专家，促进调整。

该提案旨在重建财政政策，使其以类似于货币政策的方式执行。正如后者由一家独立的央行管理一样，前者将由一家不受直接政治影响的独立机构实施。有人可能会辩称，这种类比是不合理的——赋予独立机构调整税率的权力，比赋予它们操纵利率的权力具有更大的政治后果。有人可能还会辩称，税收政策的独立性会剥夺民主政府的一般权力，并会让人质疑政府对选民偏好的反应能力。然而，抛开这些和其他反对意见不谈，在考虑未来财政政策的行为时，显然已经越过了一条界限。几年前很少有人讨论的一个想法，可能预示着未来财政纪律的世界。

> 在考虑独立财政机构的建立时，有必要区分建议和政策。政府在经济状况和财政选择方面寻求独立建议是一回事，但将财政政策的制定委托给一个能够根据自己的观点调整收入或支出的独立机构又是另一回事。在人们的印象中，德国是一个长期依赖独立建议、但把制定政策全权交给民选政治领导人的国家。尽管将货币政策的权力授予一家独立央行是一种近乎普遍的做法，但目前我看不到将这种安排扩展到财政事务的前景。

没有权力的财政纪律

本节首先考虑未来政府如何加强财政纪律；最后提出了一项建议，承认政府缺乏纪律并寻求政治程序之外的帮助。未来各国政府可能会被迫向外部当局负责，以其他国家指示的方式维持其预算，对其预算的内容和程序进行审计，并将预算政策关键领域的权力移交给其他国家。

在全球化的未来，各国政府可能拥有更大的预算，但对预算的有效影响力却会降低。如果他们以一种财政纪律的方式制定预算，那可能是因为他们被削弱了，而不是因为他们被赋予了权力。如果它们的预算给其他国家或国际社会带来外部成本，他们可能会被要求提交他们的政策给外部审查，即使是最大的国家也可能被迫在经济体中制定预算政策。在这种情况下，境外的事件会对其财政能力造成冲击。国家政府将越来越多地被夹在超国家和地方政府之间，财政分权与财政国际主义并存。由于被拉向相反的方向，他们的预算可能会受制于其他人所做的决定。

这一结论是高度推测性的，因为它将标志着从一个法律主权和政治权力集中在民族国家的时代倒退。这种治理形式可能被证明比之前段落所述的坏情况更加持久和适应。维持财政纪律的决心可能将迫使各国重新集中对公共资金的控制，或者国际权威机构将自己的角色限制在制定会计规则和综合政策上，而不在实质性政策上发挥作用。另一种可能性是，在全球化的未来，国家政府在功能上将相当于当代次国家政府，明确地方利益，并且要求国际预算的一部分供他们自己使用。在这么多看似合理的情况下，唯一可以肯定的是，未来的财政安排将不同于今天的财政安排。

分配预算：从分配到再分配

本文开始所指出的第二套预算问题涉及“政府资金向各部门或项目的分配”。这种担忧无处不在，因为预算本身就是一个分配过程。无论是按开支项目、账目、组织、活动还是其他分类来划分，预算的主要问题是每个条目应该得到多少。这个问题有两个维度：公共支出的效率和政府的优先事项。第一项标准规定，资金的分配应使项目和部门之间和内部的效率达到最佳；第二个原则要求政府按照其目标分配资金。在预算中有一种不言而喻的信念，即这两个标准可以而且应该协调一致，即政府应根据对不同项目有效性的分析或证据确定其优先次序。事实上，诸如 PPBS 之类的重大改革都假定，如果预算是在合理的基础上编制的，那么政治优先事项和分配效率将并存。

提高分配效率的主要途径是对项目评价和成果衡量进行投资。近几十年来，发达国家很少根据支出条目重构预算。一些发展中国家和转型期国家仍在尝试这种办法，有时通过将详细的支出项目合并成更宽泛的类别。但最近有一种共识，即改变预算分类本身并不会改变预算分配：区别仅在于支出报告的方式，而非分得支出的项目。此外，人们还普遍认识到，忽视或取代组织界限的纯粹项目分类使要求管理人员对结果负责的任务复杂化。

评估

评估是一种经常尝试的策略，但结果参差不齐。事实证明，进行项目评价比分配资源容易，忽视或解释不利的结果比采取强硬措施改善项目执行情况容易。评价为政府提供信息，但并没有要求政府将这些信息应用到预算之中。许多OECD成员国偶尔成功地进行和应用评估，但是（据笔者所知）只有两个国家有全面的评估战略。20世纪70年代，加拿大围绕总审计长组织了一场声势浩大的努力；澳大利亚在19世纪80年代后期采用了一项雄心勃勃的评估战略。加拿大的努力收效甚微；澳大利亚对预算资源实施了重大的重新分配。加拿大被认为是失败的，因为它集中了评估，抑制了支出部门的合作，而这些合作可能受到了调查结果的不利影响。澳大利亚被认为是成功的，因为它让受影响的部门在设计和使用评估方面有很大的利害关系。

> 大约十年来，澳大利亚一直保持积极的评价战略，从20世纪80年代末一直到下一个十年快结束时，该战略被放弃了。公众很少注意到，这是将预算工作从财政与行政部下放到部门的筹划不当的努力的一部分。可以说，密集评估的有效性会随着时间的推移而减弱，或者仅仅成为每年必须完成的另一个例行公事。

澳大利亚的评价战略要求每个项目组合（由一个或多个部门组成）拟订一份综合计划，安排在今后几年里每一年进行的评价。当部长提出一个新计划时（包括前面提到的预估过程），该计划必须包括一份如何评估这项计划的说明。评价工作由受影响的部门进行，但由财政部监督这一过程，包括评价方法、设计和结果的公布。该部持续努力将评价纳入预算过程，并发布了一份年度报告，估计该年度决定受评价发现影响的百分比。

结果测量

一个相关的发展是对结果的系统定义和测量。这些指标通常衡量政策对社会状况的影响，与本文后面讨论的产出指标有区别。关于衡量结果的文献层出不穷，但将这些结果应用到预算决策中却困难重重。结果通常不受执行项目的政府部门的直接控制，通常是来自多种因素的综合结果，而不仅仅是政府的政策干预。这种因果关系能否归因于政策和社会条件的变化是值得怀疑的。

试图对结果进行测量的政府花费了过多的时间来争论某一特定措施是中间结果还是最终结果、是产出还是结果、影响和结果之间有哪些区别等等。这些毫无结果的争论阻碍了政府采取有效措施。在我看来，思考结果最有效的方式是将其作为方向性信号，而不是因果陈述。它们应促使政府评估社会状况是否正朝着预期的方向发展，以及是否应考虑改变政策。例如，无论政府是否应为这一趋势负责，政府都应了解婴儿死亡率是上升还是下降，并应针对这一数据采取适当行动。即使不是政府的责任，政府也应该认识到这一点。

遗憾的是，自从这篇文章发表以来，关于结果定义的争论一直没有减少。几十年的失望强化了我的观点，即结果应被视为战略测量，而不是预算测量。它们应该提示政府关键的趋势和问题，但不应直接与预算分配挂钩。它们与预算的联系越紧密，将支出的变化与结果的变化联系起来的问题就越大。

鉴于因果关系薄弱，一般来说，把支出额度和支出结果明确联系起来作为绩效预算系统的基础通常用处不大。但公布结果指标作为预算的辅助资料可能是有用的。

战略性规划

改革预算分配的第二条道路是使预算更能反映政府的优先事项。如果一个政府没有优先事项，它就不能根据优先事项来制定预算，这可能是显而易见的。但长期以来，政府在预算方面的倾向是对其优先事项含糊其辞。

优先次序是实际分配出来的（而非事先说明）。根据这一推理，阐明优先次序会产生不适当的冲突，并使编制预算的任务复杂化。因此，政府编制预算时最好不要明确说明目标或优先事项。如果分配给某一特定项目的资金比另一项目多，可以推断该项目被认为具有更高的优先级。

相反的观点是，如果一个政府不知道自己的优先事项，预算就不会反映出来。鉴于过去决策根深蒂固的主张，以及支出部门和利益集团的积极作用，除非政府做出坚定的努力，为新的优先项目拨出资金，否则预算将不会有太多资金用于新的优先事项。

近年来，战略规划已成为使政府能够根据任务和目标来编制预算的一项主要创新。早期改革如项目预算和 PPBS，设法将政策规划纳入预算过程。战略规划与预算编制不同，它不受预算的时间或资金压力的限制，但也不保证直接用于预算决策。此外，与过去的规划工作不同，战略规划侧重于政府机构，而不是项目或活动。关键问题不是政府应该做什么，而是它的部门和机构应该是什么。例如，战略计划可以考虑海关机构的任务是鼓励贸易还是禁止非法进口。根据对任务的战略决定，该机构可以重组业务和重新调整其预算优先事项，尽管预算问题在制定战略计划时不是最重要的。一旦该计划获得批准，机构或政府将被期望按照该计划分配资源。

与预算分离使战略计划能够更深入地了解目的和目标，但它潜在地降低了计划影响预算的可能性。各机构通常喜欢战略规划，因为它能把它们描绘成一个有利的形象，并支持它们争取更多资源。但是，一个战略计划越是试图影响预算，它的战略意义可能越小。

再分配预算

在财政总量上，SBO 标志着预算作为分配过程的一次变化。早期 SBO 会议中有一次认真考虑了一篇视预算为递减过程的论文，其他会议则聚焦削减预算。方向的改变是由于预算方向的变化，从每年向所支持项目分配增量的过程，转向几乎没有（有时甚至没有）为支出倡议留下余地的过程。形势变化是由于固有的权利要求和其他强制性支出、过去 20 年不那么强劲的经济增长，以及加强财政纪律的努力。最后一个因素尤为重要，因为政府在控制总量方面越成功，旧优先事项冻结在预算中、新优先事项被排除在外的风险就越大。

当增量资源可用时，预算是一个分配过程，其中政府通过分配额外的资源来响应新需求。一些观察人士称赞增量预算法，认为它稳定了支出过程，减少了冲突，而另一些人则批评增量预算法会使支出增加，并奖励低效率。撇开这些争论不谈，在前 SBO 时代，渐进主义无疑是一种常态。然而，渐进主义需要增量——可以用于某些目的而不会占用用于其他目的资金的额外资源。自 SBO 启动以来的 20 年里，预算增量常常低于预期的支出增长。更让政府为难的是，它们再也无法通过征税来解决预算问题了。

因此，预算已变成某种程度上的再分配过程，其中资金从旧项目转到新项目。“某种程度上”一词反映了这样一个现实：再分配加剧了冲突，而预算是一个抑制冲突的过程。再分配不是大规模改变，而是到处修修补补，为当前的需要筹集资金。再分配总是困难的，但政府外围利益集团的激进主义加剧了再分配的困难，这些利益集团通过游说来保护自己的预算权益。随着预算的紧缩，团体变得更加自信，许多团体现在在预算中扮演着非正式的角色。

> 尽管偶尔会有削减和重新分配，明确的再分配仍然很少。预算仍然是一个分配过程，其中的关键问题是如何分配额外资源。然而，应当指出的是，由于地方政府的债务融资能力较弱，它们确实会不时削减预算。

再分配并不依赖于把预算变成一个零基过程，无论在哪里尝试，零基预算都是失败的。它失败是因为预算制定者不能忽视过去的决定和承诺，也不能在不考虑对执行项目的政府机构的影响的情况下取消这些计划。不论采用怎样的预算过程，当前支出永远是下一年支出的最佳指标。再分配只能是在边际上，而不是全面终止进行中的项目。

利用中期支出框架促进再分配

除了促进财政纪律外，中期支出框架有助于按照政府的战略优先事项进行重新分配。MTEF 决定可用于支出倡议的（如果有）余额或实现财政目标所需的净结余。建议的再分配根据预先设定的余额或结余来衡量，以确保政策变化与政府的财政目标一致。由于政策变化对未来预算的影响通常要大于对即将到来的预算的影响，因此，重要的是要确保明年预算中声称的节省不会变成未来预算的净增长。

中期支出限制不会自动生效。重新分配资金的努力为支出部门用成本更高的计划替代它们目前正在实施的计划打开了大门。如果没有财政部门的密切监督，支出部门可能会夸大削减项目节省的资金，低估新项目的成本。为挫败这些策略，中期经济展望框架必须包括未来几年每年授权支出的基线预测。根据基线衡量拟议的政策变化已成为应用中期技术框架国家中央预算办公室最重要的任务之一。

政府为每个部门或主要支出部门制定一个资源上限会促进再分配。在设定这些界限的过程中，政府可以跨部门进行重新分配，办法是决定允许某些部门的增长高于基线，而要求其他部门的增长低于基线。这些部门间的重新分配应在政府的最高级别进行。在议会制体制中，他们通常包括首相和内阁。大部分的重新分配可能是在部门内部进行的，这可能会通过将责任下放给各部门的部长而得到鼓励。可以说，如果支出部门领导和管理部门领导在促成政策变化方面发挥作用，将会出现更多的再分配。在政府高层进行中央集权可能会导致很多冲突和很少的重新分配。失去资源和项目的威胁可能会促使各部门阻止对它们的要求。尽管支出部门不是权力的中心，但它们拥有强大的武器。它们可以隐瞒做出成本效益权衡所需的信息；它们可以与其他支出方结成互投赞成票联盟以保护自己的预算；它们可以团结受影响的利益集团，反对重新分配。

为了获得支出部门的合作，明智的做法是让它们在资金再分配问题上拥有重要发言权。权力下放的安排将解放内阁，使其专注于重大政策改革，而不是支出细节。它将使各部门部长在其职责范围内发挥主导作用，制定项目变化，但所提议的变化应在中期经济框架设定的部门资源范围内，并符合政府的总体优先事项。澳大利亚是 MTEF 的诞生地，对未来的预测可能会设定在一个适应支出增加或强制削减的水平。在未来的预测中，部长可以提议一些活动的支出增加由其他活动的节余提供资金。在这个权力下放的安排中，部长们有单方面的权力批准一定数量以下的变更；超过阈值的改变需要内阁批准。这一制度使财政部长发挥了裁判再分配过程、管理交易体系，以及确保项目变更和预算再分配符合政府财政规范和政策目标的作用。

分配性预算的未来：谁将得到什么？

尽管受到关注，再分配只是预算的一个插曲；主要活动通常仍然是以渐进的方式向有权势的申请者分钱。尽管我们看到 21 世纪初预算和人口结构将发生冲突的黯淡前景，但预算仍将继续作为一个将支出增量分配给机构、家庭和因为政府慷慨而产生的其他受益人的过程存在。根据政治趋势，我们可以预期预算将变得更加开放，对被动员起来保护或扩大其份额的申请者的申请更加敏感。选民、利益团体、非政府组织和其他组织将变得更加自信，预算也将变得更加透明，说明对谁从政府的财政决策中受益、谁从中受损。因此，即使预算变得更加技术官僚化，它也将变得更加政治化。结果是预算方面更多的冲突，各利益集团为了利益进行争夺。然而，由于迫切需要解决每年的预算问题，政府将制定新的方法来调节资源分配方面的摩擦。

电子预算

信息技术将使预算面临来自相关利益集团的更大压力。它将给与利益集团——在所有民主国家成倍增加——信息和渠道，更及时地提供关于过去或即将采取的预算行动的数据，并有更大的机会影响结果。

许多政府现在以电子形式编制预算，并通过互联网提供关键文件。这些信息大部分早已公开；新颖之处在于它可以被轻松地访问和操作。通过浏览器和搜索引擎，利益集团将了解预算选择、赞成或反对特定法案的人的名单、负责决策的人员或办公室，以及其他使它们能够更有效地干预预算过程的细节。此外，随着互联网的使用变得越来越普遍，曾经保密的事情将被公布在网上。政府将被迫放松保密，预算也将变得更加透明。

一个关键的问题是，在预算确定之前是否应该公布任何信息。只需敲击几下键盘，就可以在互联网上获得机构申请、基线预测、拟议的政策变化、支出选择、预算假设和其他相关信息，只需再敲击几下键盘，观众就可以在留言板上提交评论。

全民投票预算

一旦预算信息和选择被广泛使用，政府将能够利用新的通信技术，就悬而未决的问题对公民进行民意调查。民意调查的类型和政府做出预算决定的形式多种多样。一种可能是就宽泛的问题进行民意调查，比如政府是否应该通过增税或削减开支来寻求减少赤字；另一种可能是向公民提出具体的问题，比如交通支出应该增加 3% 还是 5% 。其他的办法是请选民按优先次序对各种项目或部门进行排序，或表明每个项目或部门的开支是否应增加、减少或维持在目前的水平。政府可以通过询问选民他们将如何在预算中分配固定数额的资金来试着模拟实际的预算决定。投票可以是互动的，从广泛的问题开始，连续几轮提问，然后缩小到预算制定者面临的具体问题。

公民投票可以是建议性的，也可以是作出预算决定的一种手段，这取决于它如何进行。在前一种情况下，政府将拥有选民偏好的及时数据，但它可以自由地做出任何预算决定；在后一种情况下，政府必须在预算中执行选民的偏好。将预算决定交由全民公决将对民主产生深远影响。选民将有一个直接的渠道来表达他们的偏好，但他们也必须在预算问题上更加一致。如果选票的措辞得当，他们将无法同时投票支持较小的计划和较大的政府。公民投票预算将促使利益集团更加积极，并在预算问题上游说选民支持。政府的活动将变成一种永久性的竞选活动，在选举之间的这段时间充满了政府赞助的民意调查、全年的广告宣传和其他影响选民情绪和预算决定的努力等。在一些国家，政府领导人广泛使用民意调查，已经模糊了竞选和执政之间的区别。全民投票预算可能比我们想象的更近。

正式团体参与

在大多数问题上，选民通过利益集团的调解与政府进行互动。在所有民主国家，现在这样的团体比上一代多得多，而对预算感兴趣的人数也比过去多得多。团体的扩散伴随着社团主义机构的瓦解，在社团主义机构中，政府在采纳重大政策调整之前，会定期与社会伙伴（如工会和企业代表）协商，而不是与少数领导人谈判，政府现在面临的是一群有着相互冲突议程和超出其承受能力的预算要求的团体。

如果政府给太多团体一个席位，预算就会崩溃。然而，我们可以想象，未来政治领导人在行动之前，会与利益集团正式讨论预算问题。虽然这些团体不太可能对政府的行动拥有正式否决权，但非正式的否决权对他们来说可能同样有效。

随着群体数量的增加，他们的兴趣范围会缩小。与对整个部门的兴趣不同，团体关注的是特定的项目或活动。因此，我们可以看到，未来会有更多的团体从预算中得到一些东西。但大多数情况下，份额会相当小。可以通过将资金指定给特定地理区域或项目来细分预算。随着更加细分，更多团体会得到一些东西，但对预算资源的总要求是适度的。

基于类别的预算

通过给利益集团少量钱来收买他们，可能是对当代民主超多元化的一种明智的适应。但是，仍然会有强大的基础广泛的团体对总体分配政策更感兴趣，而不是在几个项目上获得一点额外的资金。过去，这些集团聚焦于分配给特定部门的数额；未来，他们可能会更关心特定社会经济类别是否得到了公平的预算份额。这种兴趣反映在各国非政府组织编制的“妇女预算”或“儿童预算”上。这些类型的预算不是分析性的练习；它们是一种倡导性声明，将预算资源分配的数据汇总起来，以证明社会中的特定类别处于不利地位。

为了弥合社会中的主要分歧，未来将编制以类别为基础的预算：男人与女人、富人与穷人、年轻人与老年人、一个民族或种族群体与其他群体、一个地区与另一个地区，等等。未来它们的新变化在于，它们将在政府的许可下颁布，不再是由外人发布。这些预算将在政府的许可下，首先作为经常预算文件的补充附表，随着时间的推移，将作为权威声明予以公布。一旦出现这种情况，基于类别的预算将成为决策分类；在制定预算的过程中，政府将决定向富人或穷人、男人或女人、年轻人或老年人等提供多少钱。

当这种情况发生时，国家预算将成为社会冲突的导火索，加剧了预算固有的稀缺资源对抗性交易的特征。作为这场战斗的一部分，双方将就开支的分类和分析进行斗争。例如，可以预见谁是政府高等教育支出最终受益者的持久争论，以及这项支出是有利于富人（因为他们上大学的比例更高），还是有利于穷人（因为大学教育给了他们改善经济地位的机会）。如果公共资源是以类别为基础分配的话，那么这些辩论将真正引起分裂。

实施基于类别的预算将需要新的会计规则和程序，可能类似于近年来为代际会计设计的规则和程序。就像按年龄组别计算支出和税收归宿时的情况一样，基于类别的预算将在估计预算分配时使用的假设上引发无休止的冲突。然而，这种形式的预算战争是否会导致更多的再分配或更高的支出，还有待观察。如果不同的类别竞争预算分配，第一种可能性将成为现实；如果各阶层合谋为彼此争取更多，就会发生后者。

分配国民收入

无论是按部门还是按类别划分，未来的预算之争将围绕应向每一组索赔人分配多少资金展开。份额可以表示为总支出的百分比，或表示为分配给每一项支出的增量资源的比例。这种计算方法在预算中很普遍；主要的区别在于，在未来，权衡可能更加明确。

但还有另一种可能，完全不同于传统的可能。预算不是分配预算份额，而是分配国民收入份额。这一新颖的想法源于已故美国经济学家赫伯特·斯坦（Herbert Stein）在1989年提出的一项建议，他主张美国的预算“不应是政府的1万亿美元，而应是近5万亿美元的国民收入。而且必须比较的是国民收入其他用途的价值，而不是预算的价值。这个问题通常在国防开支和其他政府开支之间进行权衡。事实上，相关的和现实的权衡是在国防开支和国家产出的所有其他用途之间”（Stein，1989）。

斯坦的提议表明，经济学家倾向于将分析工具转变为决策规则。分析一下医疗、国防、教育和其他目的的支出在国内生产总值中所占的份额是有益的。但这是否意味着预算要在此基础上决定？将国民收入的公共和私人用途都列入预算的概念付诸实施很可能需要一个中央计划机构，而且需要它不会产生计划经济中普遍存在的僵化和低效。然而，可能的是展望预算资源的政府支出分配，而非根据斯坦建议的路线分配所有国民产出。

支持斯坦模型的一个论点是，它将迫使在国民收入或预算资源的竞争性主张之间进行明确权衡。与预算竞标连续进行、通常彼此独立的传统预算不同，这种方法将迫使政府权衡各种要求的相对价值。因为总花费不能超过100%，（很可能）当预算请求超过这个数额时，将不得不削减某些目标的预算，以保证其他目标的份额。

可以说，使预算权衡更加明确和透明将更有助于预算分配政治化，而不是提高其效率。展望不确定的未来预算，人们可以预见到要求按百分比分配预算的政治压力。例如，议会可以颁布法令，必须将不少于国内生产总值或总支出的特定百分比分配给医疗、教育和一些其他项目。有权获得固定份额的申请很可能将在预算中占据有利地位，而那些没有得到这种分配的申请将不得不争夺任何剩余的资源。显然，这种双重标准将促使强大的集团寻求获得固定预算份额的合法权利。如果他们成功了，预算分配将被政治化和僵化。

国际规范

赋予某些部门在预算或国民收入中份额的权利，将符合以规范性规则而不是政治领导人的自由裁量权为基础进行分配的趋势。目前，大多数规范性拨款集中在强制划拨给家庭和地区或地方政府的拨款上。在工业化民主国家，这两类支出占国家政府支出的 50% 以上。在未来，这一比例会更高。

如今，各国政府运行着两个并行的预算系统。一个是围绕反复出现的（通常是年度的）预算决策组织起来的，另一个是由规范性规则驱动的，这些规则规定了资格标准和支付公式。前者是法律上的自由裁量权；后者是由常设法律规定的。虽然在编制预算的时候，前者很吸引眼球，但它们在总支出中所占的比例却在不断缩小。规则驱动的支出通常由永久性法律规定，除非有新的立法加以修改，否则这些法律将继续有效。这些支出是可以控制的，但大多数都是在没有实质性变化的情况下从一年延续到下一年。人们可以有把握地预测，未来几十年，许多政府将迫于财政和人口压力削减强制性支出。但就算它们成功了，也只会减缓而不是逆转这些支出的增长。

目前大多数规范的分配都是针对国家的；每个政府都采用自己的规则。然而，在未来，许多分配将由跨越国界的规范来决定。国际和区域组织将规定卫生、教育和环境保护等各种社会方案的最低支出标准。这些机构会以金钱或项目的形式来颁布这些统一的准则。例如，他们可能规定学生/教师的比例，或要求分配给公共教育的 GDP 的最低百分比。它们可以制定标准，迫使政府为特定的项目拨出一定的资金。例如。他们可能会颁布法令，要求政府至少要为每 1000 名 1 至 5 岁儿童提供 500 个托儿名额，或所有学校都提供某些课程。各种各样的规范就像受影响群体的利益一样无穷无尽。

一开始，许多标准是咨询或指示性的；随着时间的推移，这些规定将具有约束力，各国政府将被要求以一种能够让国际监督者审计遵守情况的方式来计算支出。

一套特别繁重的准则将涉及中央政府和地方性区域性政府之间的收入共享。前者负责向公民征税；后者才是真正的支出者。在财政去中心化的旗帜下，当事情出错时，各国中央政府会因此受到指责，置身政治困境，却没有足够的权力来纠正错误。

没有分配的预算

从一开始，预算就被描述为在不同用途之间分配资金的过程。许多决定都与增量资源的分配有关，但增量通常具有足够的重要性，使预算具有政治和财政上的重要性。预算决策很重要，因为它们决定了这些资源的使用方式。

然而，随着时间的推移，法律要求、国际条约和义务、中央与地方财政关系的变化、财政风险从企业和家庭向政府的转移、利益集团的需求削弱了预算的决策能力。这些发展的累积效应已经将大部分预算转变为过去决策的会计手段。

本节所描绘的情况表明，今后将有更大比例的支出以这种方式编入预算。尽管这一结论可能令人不安，但对于那些选民既不希望政府大幅扩张，也不希望政府大幅缩减的成熟民主国家来说，这可能是一个合适的条件。在这些国家，最重要的问题已通过数十年的政策调整和项目积累（至少目前如此）得到解决。在这些国家，大多数选民都聚集在中间派附近，各政党为小事而大声争论。民主稳定是一个不小的成就，部分原因是预算停滞使政治冲突减少。

失去预算灵活性是早期 SBO 会议反复关注的问题，在过去 20 年里以各种形式出现在议程上。福利在国家预算中所占比重越来越大，而且还将继续如此。它们给家庭带来的安全保障弥补了它们对预算的损害。任何哀叹福利国家扩张的人，一定会惊叹于它给公民带来的经济福祉。这两种发展是相互联系的，使得预算成为公民与国家政治关系中的一个因变量。但是，如果这里所设想的未来是可信的，那么新的和多少令人担忧的是，以前可自由支配的开支的僵化。各国政府仍面临的重大分配问题——在服务上支出多少——将由未来预算中的准则和公式决定。预算的最后一块领地也受到了同样逻辑的威胁，正是这种逻辑使得权利性项目变得如此流行和普遍。让分配成为法律权利而非自由裁量权，从而确保利益集团在预算中的份额。为城市和社区、老年人和年轻人、学校和诊所提供他们的份额。预算选择可能会被削弱，但这一切都是为了社会的利益。

也许这种情况会成为另一个错误的预警，预算仍旧是一个耐用的分配过程。但如果规范性预算成为现实，就有必要不再视之为分配过程并认识到它已彻底转变为看上去相同的东西，但事实并非如此。

执行预算：从控制到绩效

财政纪律和财政拨款是编制预算时主要考虑的问题。预算编制的第三个目标——促进提供公共服务的效率——主要集中于预算执行。虽然前两个目标在“重大”改革中最受关注，但执行事务消耗了预算人员的大部分工作时间。预算执行期间的沟通流程以及报告和控制行动的绝对数量使预算的其他工作需求相形见绌。

尽管有时不受关注，但执行预算很重要，因为它影响到服务的成本和质量、政府支出的数量、公务员制度的规模以及公民与政府之间的关系。公民通过政府提供的服务了解政府。

在早期的 SBO 会议上，执行问题并不突出，因为议程主要是上面讨论的大问题。但在 20 世纪 80 年代后半期，随着澳大利亚、新西兰、瑞典、英国和其他地方的创新政府寻求改善公共绩效，执行问题得到关注。这些国家都大胆地将预算从合规转向绩效，给予管理者以他们认为适当的方式执行业务的自由。有几股力量刺激了这一转变，包括从商业部门引进新的管理实践、认识到执行成本的持续上升迫使政府支出占国民产出的更高份额、政治家有能力在削减支出的同时不因削减计划而受到指责、以及预算官员意识到他们过度控制了预算中最受控制的部分。

执行预算议程被冠以许多绰号：“新公共管理”、管理主义、基于绩效的预算和市场化。这些名称反映了对同一问题的不同处理方式。一些国家利用市场机制，另一些依靠管理技巧和判断，还有一些依靠强有力的问责制安排。所有人都认识到，转变执行预算需要对嵌入预算的管理系统进行重大变革。过去的改革力求改变预算，而不考虑公共管理，与此相反，最近的创新基于这样一种假设，即预算是管理的一个子集，不能脱离与之相关的其他过程进行改造。

大多数经合组织成员国在取消管理控制机制方面进展甚微，尽管大多数国家似乎有意通过放松预算控制来改善业绩。但没有一种模式可以朝着这个方向前进，也没有一种创新可以完成政府运作中所有的变化。下面讨论的一些创新之所以被选中，是因为它们的广度和广泛的应用。

管理自由裁量权

将执行预算转向绩效的一个重要步骤是取消许多已经经过几代人应用的业务控制。典型的控制关乎投入，详细列出不同目的的支出，如差旅、用品、水电费和人员等。每一种管制都有自己的规则和程序，由政府中央或部门总部的控制人员实施。

为了应对政府的大规模扩张，许多国家将项目合并为宽泛的类别，并给予支出单位一些在项目之间转移资金的自由裁量权，在一定程度上解除了对公共支出的控制。许多国家还更多地依赖内部控制，由支出机构负责确保支出的合法性和适当性，而外部控制则交给中央机构。有几个国家走得更远，取消了几乎所有由中央维持的对业务支出的控制。它们现在不再把执行预算分成许多口袋，而是一次性支付各机构的所有运营成本。在这个执行预算范围内，管理者决定在差旅费、工资和其他项目上花多少钱。执行预算在现金上设限，即使通货膨胀超过预算所依据的估计，也禁止各机构支出或申请超支。此外，一些国家从执行预算中减去“效率红利”，以反映生产率的预期收益。这一红利通常在每年1%—2%的范围内，这迫使代理机构更有效地利用运营资源。

在认真对待减少管制的地方，并不局限于政府中心，而是下放到操作和外勤单位。每个外地单位或当地办事处都有其执行预算，在一定限制下，可以自由使用这些资源。因此，管理灵活性重新定义了中央机构和各部之间以及各部总部和外地单位之间的关系。这种对减少控制的坚定承诺的逻辑是，只有当管理者在运营中自由运用他们的技能和专业判断时，管理才能得到改善。它们要么自主管理，要么不是。如果是这样，服务可能会更有效率，以更灵活、反应更迅速的方式提供；如果他们不自由，管理人员将强调合规，即使一些控制已经放松。

但这一逻辑并非在所有地方都占上风。在一些有影响力的经合组织成员国，服务的统一性仍然受到重视，中央控制仍然占主导地位，尽管没有达到一两代人以前的程度。在一些国家，人们担心管理上的自由裁量权会破坏公务员制度，导致终身官员被短期任命的人取代，正如新西兰和英国所发生的那样。事实上，对公务员制度的态度概括了具有改革思想的国家和维持现状的国家之间的主要差别。后者感觉到公务员道德的丧失；前者看到了传统公共服务的僵化。这是一个没有最终解决办法的问题，也没有单一的最佳办法。

中央机构深受管理主义浪潮的影响。就在一代人以前，它们的主要职能是维持行政控制，特别是人事和财政管理的控制。在一些国家，各种管制机构已被废除——例如，澳大利亚的人事机构和新西兰的住宿委员会。但政府并没有选择取消财政部或预算部门。一些财政部带头推动了管理改革，其他人则不情愿地同意了。所有人都必须经历一段时间的调整，忘记旧的角色和关系，定义新的角色和关系。他们必须决定如何让运营者在管理和通过建议与限制进行干预之间划清界限。他们必须决定应该放弃多少控制权，以及应该保留哪些控制权。他们还必须弄清楚，在他们大部分权力基础已被出让的情况下，如何保持在政府中心的权力。

绩效目标及报告

新管理主义有两个方面。其一可以用“让管理者管理”这句话来概括，并围绕着取消投入控制；其二是“使管理人员管理”一词所暗示的，它与强制实行强有力的问责措施有关，以确保管理人员不滥用其自由裁量权，并产生预期的结果。在每一个改革派国家，第一个议程比第二个议程更容易推进。但是，在解放管理人员方面取得最大进展的国家，在引入新的问责制方面也是最具创造性和要求最高的。

问责制涉及金钱和绩效，并以绩效预算的名义试图将两者结合起来。在支出方面，责任制包括权责发生制，其目的是使管理人员对业务和审计财务报表的全部费用负责。有几个国家在服务成本计算方面开辟了新领域。新西兰是最具冒险精神的，对折旧和资本使用（在实体的资产负债表上以净值计算）都收取执行预算。具有管理意识的国家还要求部门或机构发布年度报告，讨论其运作情况，并比较计划和实际结果。在分类账的绩效方面，管理主义政府通常要求提前制定绩效目标，并根据目标衡量实际结果。这些国家在制定业绩衡量标准和汇编有关数据方面投入了大量资金，尽管其中一些努力被浪费在关于产出与结果之间或中间结果与最终结果之间的差异等毫无结果的辩论上。各国采取的方法似乎有所不同，但都强调比较。

英国赞成每个机构都有少量的指标；这些都汇编成年度报告，该报告对过去一年的目标和结果进行比较，并为未来一年设定新目标。目标的优势在于它们是紧密集中的；缺点是它们可能会排除重要的绩效元素。美国要求各部门和各主要机构制定一份年度绩效计划，讨论其希望在未来一年完成的工作，并提交一份年度绩效报告，讨论根据其计划实际完成的工作。新西兰和瑞典通常依靠年度报告来评估结果。

随着业绩衡量和报告变得越来越普遍，这些可能会受到审计员的审查，审计员会对数据的准确性或从中得出的解释发表评论。在编制和分析业绩信息方面也可能出现一些标准。然而，这些准则不太可能像管理财务结果报告的准则那样具有权威性。绩效衡量标准的未来发展不仅取决于数据的收集和呈现方式，也取决于数据的使用方式。绩效评估基于一个有问题的假设，即衡量和公布结果会对结果产生影响。然而，管理运动基于一个不同的命题：除非管理人员有提高效率和生产力的强烈动机，否则生成数据不会有什么不同。这就是为什么绩效评估被视为管理改革的一个子集，而非主要事件。

绩效合同

增加使用绩效信息的一种方法是将其纳入指定要达到的结果的合同之中。虽然“履约合同”一词有时适用于作为服务购买者的政府与外部供应商之间的关系，但合同的最新发展涉及政府内部的关系。在一些国家，合同已经正式规定了高层和中层管理人员的薪酬和职责。新西兰各部门的首席执使决策者免受服务提供者的不当影响。在英国，中央政府雇用的大约75%的公务员在过去十年中成立的130个“下一步”机构中工作。这些机构是根据一项政府研究设立的，该研究发现，以前的预算和管理改革，如撒切尔政府1982年发起的财政管理倡议，未能改善提供的服务。这份建议服务机构独立的报告题为《下一步》；因此，根据其建议设立的实体通常被称为“下一步机构”。

在设立机构之前，政府要明确其职责，评估其自我管理能力。然后，它聘请一位首席执行官，起草一份框架文件，详细说明该机构的工作、与上级部门的关系以及它将拥有的自由裁量权。政府公布每个机构的年度绩效目标，如前所述，将结果与目标进行比较。大约每五年，政府委托对该机构的运作和表现进行一次独立审查，并决定是否应该继续、终止或重组。人们普遍认为，“下一步”程序大大提高了服务的效率和质量。它既降低了遵守成本，又使各机构在提供服务时更加灵活和反应迅速。尽管“下一步”计划起源于保守党的撒切尔－梅杰政府，但由托尼·布莱尔领导的工党政府继续推行。

英国的动机是将服务提供者从白厅的控制中解放出来，而新西兰则试图将服务提供与政策咨询分开，让部长们在制定政策和购买服务方面拥有自由。在新西兰，拨款是按产出类别划分的，并由部长投票决定，部长可以从自己的部门或其他供应商购买服务。他们之间的这种正式距离使部长和部门首席执行官能够就前面提到的购买协议进行谈判。每个部门的行政长官在雇用员工、使用现有资源、组织工作和提供所需服务方面拥有自由裁量权。通过年度报告和审计、产出措施和对行政负责人表现的评估来维持问责制。

英国和新西兰模式的著名成功促使其他国家建立了独立

的机构。但是，由于机构已经根深蒂固，新西兰和英国都开始担心，这些实体的数量和独立性阻碍了跨组织协调政策和项目的努力。这两个国家都试图发展一种“整体政府”的观点，而这可能会削弱以前授予机构的运作独立性。

市场模式安排

管理主义依靠提供政府服务的人员的技能、判断力和专业精神来改善运作结果。没有这个前提，解除对公共管理的控制，并赋予公务员以他们认为合适的权力，是没有意义的。但并不是所有的改革者都同意将经营自主权交给管理者会改善结果。一些人认为，只有通过竞争和选择实现消费者主权，才能使政府在设计和提供服务时对公民作出反应。与把选择权交给服务提供者的管理主义不同，市场方式通过凭单、价格机制、用户收费和其他手段使接受服务的人有选择权。与在政府内部引入合同的管理主义不同，市场方式利用私有化和外包来促进真正的竞争。

市场方法的核心基于这样一种观点：只要政府在提供服务方面拥有垄断权，它就会浪费资源，并且对其服务对象的利益漠不关心。因此，政府要么将服务私有化，要么开放竞争。

对于那些认为由政府直接提供公共服务具有内在优势的人来说，市场战略没有什么吸引力。那些认为将公共责任（如学校）私有化或将其置于市场竞争之下是错误政策的人，自然不会接受如果公民可以自由购买服务，他们就能得到更好待遇的论点论据。因此，在大多数国家，市场化很可能局限于商业活动，例如电信和其他贸易活动，而不会显著渗透到核心公共服务之中。

操作性未来：政府作为生产者

鉴于公共服务与市场服务之间的矛盾，很难想象未来政府将如何运作。但是，假设私有化或外包基本服务的努力将继续受到抵制，市场渗透将微不足道，本节将考虑一些可能扩大管理主义边界和加强政府内部市场类型安排的创新。换句话说，政府将继续为服务编制预算并提供服务，但将以提高对服务成本和质量敏感性的方式进行。

绩效预算

在提供服务的基础上分配资源是一个古老的、吸引人的、基本的想法，令人惊讶的是，它几乎没有取得进展。许多政府在预算中包括绩效信息，但这样做并不意味着它们在此基础上系统地做出支出决策。这里所指的绩效预算的概念是，支出的每一增加都明确地与产出或绩效的增加联系在一起。实施这一概念要求政府有关于服务单位成本的可靠数据，并要求资源投标的结构有利于成本和产出的边际分析。目前很少有政府有这种能力，尽管许多政府都汇编绩效信息。

在传统预算中，一笔钱是用来交换一个支出单位的总产出或总工作量的；在绩效预算中，产出被分解成单位，每一单位都附有成本因素，交换的总额取决于单位的数量和为它们支付的金额。实施这种严格的绩效预算要求政府拥有成本会计制度，区分政府服务的固定成本和可变成本，并衡量服务数量或质量变化的边际成本。虽然这一技术壮举目前超出了大多数政府的能力，但绩效预算的主要障碍是官僚政治。支出机构不喜欢把自己的工作分解成标准单位，也不喜欢他们得到的数量应该明确取决于他们产出的数量。绩效预算——半个世纪前的一项主要预算改革——取得的进展如此之少，原因就在于此，而非技术问题。

> 实施将资源和成果明确联系起来的真正绩效预算方面进展缓慢。另外，在预算中提供与业绩有关的资料方面的进展相当迅速。在对预算做法的调查中，大多数政府的答复是，它们有绩效预算，这通常意味着决策受绩效数据影响，与过去相比，对支出投入细节的关注下降了。

然而，绩效预算这一想法的时代终将来临。衡量产出和计算成本方面的进展，以及对提供服务的效率和质量的要求，将促使各国政府在此基础上进行分配。当然，一旦预算明确地将资源和服务的增量联系起来，将政府工作外包和通过市场机制在商业基础上交换资源和产出将是一项简单的任务。因此，试图在政府中植入管理主义的绩效预算，反而有根除它的潜力。

基于价格的预算

一旦政府掌握了编制绩效预算所需的成本和产出数据，它就可以采取更大胆的步骤，通过基于价格而不是成本编制预算来改善公共管理。基于价格的预算是政府根据同意支付的金额而不是根据提供服务的成本来批准支出的预算。

几代人以来，政府编制预算的方法都是将各机构购买的投入物的成本加起来。但是，如果政府拨款更多，机构就有更多投入；如果它给他们的少了，他们就必须少花钱。如果公务员赢得加薪，或者如果一个机构的工资单上增加了更多员工，政府就会支出更多钱，而不管产出是多少。这种行为意味着，在预算中，投入成本总是等于产出价格。如果投入成本上升，产出价格也会上升；如果政府降低产出价格，它也因此减少机构在投入上的支出。

尽管这种模式在政府预算中很常见，但在大多数经济交易中却很少有。顾客通常对供应商承担的成本漠不关心。因此，高效的供应商可以通过节约投入获利；一个效率低下的供应商可能会因为投入成本超过产出价格而赔钱。通过切断成本和价格之间的关系，政府可以显著提高运营效率。政府会就价格进行谈判，而不考虑受影响的机构在提供商定服务时所承担的成本。然而，假设服务是由政府机构在内部提供的，而不是外包给商业供应商，那么就必须强有力地保证价格是正确合理的，并且一个有效运行的机构能够以支付的金额提供服务。如果没有这种保证，就会有价格过低的巨大风险，从而导致产量（或质量）的隐性下降或机构无力支付其账单。一家商业供应商因服务收费过低关门与一家政府机构因无法按约定价格运营而资不抵债，是完全不同的事。这是公司破产和学校关闭的区别。一种是常态，另一种是例外。

除了外包生产的领域外，政府目前还不知道如何根据价格进行预算。政府缺乏成本会计制度来衡量特定服务的成本，它们的大多数基本服务也没有竞争性招标。然而，在价格与成本分离方面取得了重大进展。当政府在没有计算投入成本的情况下给一个机构分配运行成本预算时，它便在向价格基础的方向移动。同样，当政府对预算进行现金限制或从提供的金额中减去效率红利时，政府就削弱了价格与成本之间的联系。基于价格的预算将是一项艰巨的壮举，但它是可行的。

可变预算

基于绩效和基于价格的预算与另一项实际创新有关：从总支出不取决于产量的固定预算转向由产出的数量和质量决定政府支付金额的可变预算。尽管可变预算对政府预算人员来说似乎很陌生，但它是标准的商业惯例。虽然企业预算的某些部分可能是固定的，但企业是根据产量来分配生产成本的，许多企业将支出与研发或其他变量联系起来。然而，各国政府不这样做，因为它们认为拨款是对可能支出的数额的固定限制。实际上，政府以固定价格购买其支出机构的所有产出；如果生产的数量偏离预算水平，它不会花费更多或更少。

可以说，支付的金额应该取决于数量；否则，当产出低于预算时，政府将超支；而当产出超出预算时，政府将面临服务领域隐性削减的风险。

固定预算和可变预算之间的关键区别在于，后者本质上是绩效预算，而前者是非绩效预算。毕竟，在可变预算中，支出会随着绩效的变化而变化。但是，如果支出是固定的，即使政府声称有绩效预算，预算也与绩效无关。制定可变绩效预算需要在预算中进行三个调整。第一，支出必须以价格而不是成本为基础。理想情况下，应该为每单位产出设定价格，而不是为总产出设定价格。第二，必须利用成本会计的概念和方法来区分固定成本和可变成本以及边际成本和平均成本。没有充分的成本核算，政府就没有足够的信息来为服务设定公平的价格。第三，有必要区分哪些支出应该随数量而变化，哪些不应该。作为一般规则，可变预算只应适用于对服务的需求是外来的那些服务；它不受提供服务的实体的直接影响。护照代理机构应该有一个可变预算，因为它几乎无法直接控制申请的数量。但是警察机构应该有一个固定预算，因为它决定进行多少次巡逻。如果它的预算随着业务量的变化而变化，它将能够通过提供更多的服务来增加预算。可变预算将需要根据实际情况安排资金。在一个机构内，有些服务可能有固定的拨款，而另一些服务可能需要可变的支出。

公民（客户）权利

未来，政府绩效将成为公民的一项权利。就像公民有权享受医疗保健或收入支持一样，他们也有权享受优质学校、准点交通、彬彬有礼的公务员、迅速处理申请和其他公共服务。当这种情况发生时，执行情况将从衡量和评估服务的手段转变为保证按照预算所规定的方式提供服务。

作为公民权利的服务不会一蹴而就。这些权利将在一些地区试行，然后扩展到其他地区。首先，这些权利可能定义不清，没有充分说明其性质特征；随着时间的推移，这些权利将被详细阐述，就像它们在许多社会行为领域所做的那样。早期权利可以得到微弱的补偿或没有补偿；它们将是不可补救的权利。但补救措施将逐步引入，包括对低于标准的服务进行补偿。一种切实可行的补救办法是，当政府未能达到标准时，授权公民从其他提供者那里获得服务。另一种办法是向公民发放代金券，使他们能够从任何符合条件的供应商那里购买服务。如果这种情况发生，公民将被赋予消费者的权利，当他们不满意时，有权将他们的业务转移到其他地方。

公民权利模式的雏形是在英国首创的公民宪章思想中产生的，并被其他地方模仿。虽然《公民宪章》据称是作为一种政治噱头开始的，但它逐渐发展成为一项促进服务质量改善的努力。对于那些认为公共服务不应私有化或外包的人来说，赋予公民享受某些服务的权利可能是一个有效的、有吸引力的选择。当然，有权利的公民只有在得到承诺的服务时才有效。与其他权利性项目一样，目标不是补偿失败，而是确保执行。如果绩效无法实现，那么将服务定义为权利性项目将是一纸空文。

破产管理

在最好的情况下，并非所有机构都会向公民提供他们有权获得的服务。绩效的不足可能是由于机构财务管理不当，缺乏执行指定职责所需的技能、漠不关心的态度，或公民对服务质量漠不关心或不知道如何获得改进。在这种情况下，最适当的补救办法可能是将业务交给一名授权接管人管理，由他负责更换工作人员、管理预算和采取其他必要行动，将业绩提高到可接受的水平。另一种选择是让公民选择从其他提供者那里获得服务，但这对困在贫困社区的公民来说可能没有什么价值。

破产管理并不是一个新概念，尽管它很少应用于公共项目。它通常指的是企业资不抵债，无力支付费用的情况。但这一概念可以很容易地适用于资金充裕但绩效低于最低水平的政府项目。

政府运作的未来形态高度不确定，比本文讨论的另外两种预算职能更不确定。同样道理，人们可以设想政府向市场屈服，或者政府坚守并保护他们的传统方式。政府很可能会朝着不同的方向前进，一些政府会广泛使用合同，而另一些政府则依赖于规则和控制。几乎所有政府都将追求业绩的提高，但它们将采取不同的途径。

然而，什么都不做将不是一个选择，因为公民的期望将继续上升。政府将面临一个选择：提高绩效，增加运营支出，或降低服务水平。大多数人会选择绩效，但只有当他们愿意取消影响政府结构和提供服务的许多控制和合规系统时，他们才会成功。

预算有未来吗？

当然，如果问题涉及编制和执行预算的程序，答案是肯定的。与现在一样，未来的政府将编制反映收入和支出的预算。国家立法机构将拨出资金，支出机构将提交报告并执行授权的项目，审计员将审查财务报告等等。从程序上讲，预算将处于稳健状态。

然而，如果隐含的意思是预算决定政府财政和方向的能力将减弱，那么答案可能是否定的。许多已经发生的发展以及未来可能发生的发展将使预算重新成为政府财政和政策的因变量。预算将被强大的浪潮席卷，而不是推动有关资金和项目的决策。预算将适当地记录已经发生或其他地方做出的决定，无论是通过公式还是其他方式，但它不会成为做出许多决定的论坛。

以下各段总结了预算在财政、分配和业务方面的主要发展情况。这份清单并不完整，但它仍然是一个强有力的证据，表明预算将从它所青睐的位置上被取代。

• 夹在中间的预算：国家预算将受到国际规则和要求的影响，这些规则和要求规定了它们如何管理自己的财政和把钱花在什么地方，也受到地方或地区政府的影响，地方或地区政府将对国家的大部分税收收入提出要求。

• 规范预算：国家预算中越来越多的部分将按固定规范分配，这些规范将管理向家庭的转移支付、向地方政府的赠款和项目拨款。

• 外生预算：收入和支出将日益取决于外部影响——经济和社会条件、资本流动、汇率、人口的年龄和收入结构、医疗技术、养育子女的做法和服务水平。这些因素的变化将迫使国家预算自动调整。

• 政府作为出资人：国家政府的主要预算责任将是征税，为他人（国际组织、家庭和地方政府）的支出提供资金。它直接提供的服务在预算中所占的份额将不断下降。税权和支出权的分离将产生政治和预算压力。

• 巴尔干化的政府：国家政府将分裂成许多独立的机构，每个机构都有自己的预算，每个机构都有权按照自己认为合适的方式运作和管理自己的资源。各部委仍将负责制定政策和协调项目，但相对于独立机构，它们的影响力较弱。

• 更高的期望，更少的信任：预算将在一个政治环境中制定，在这个环境中，公民对政府的要求更多，但对政府的表现信心不足。过高的期望将迫使政府增加支出并改善服务；低信任度将使政府难以从公民那里榨取更多的收入。

预算是有未来的，但它将由政府变成什么样来决定。预算和政府相互交织；除非政府强大且有能力，否则就不可能设想健全的预算，而如果预算缺乏监管公共财政的能力，就不可能拥有强大的政府。因此，关键问题是政府在未来十年将如何演变。回答了这个问题，本文标题中的问题也将得到回答。

参考文献

Blejer, Mario and Adrienne Cheasty (eds.) (1993), How to Measure the Fiscal Deficit: Analytical and Methodological Issues, International Monetary Fund, Washington DC.

Campos, Ed and Sanjay Pradhan (1996), "Budgetary Institutions and Expenditure Outcomes: Binding Governments to Fiscal Performance", Policy Research Working Paper No. 1646, The World Bank, Washington DC.

OECD (2000), "Greater Independence for Fiscal Institutions", PUMA/SBO (2000) 4, OECD, Paris.

Schick, Allen (2007), "Off – Budget Expenditure: An Economic and Political Framework", OECD Journal on Budgeting 7: 3.

Stein, Herbert (1989), Governing the $5 Trillion Economy, Twentieth Century Fund, New York, United States.

第九章
公共管理改革中的机会、战略和策略 *

每一次成功的公共管理改革都是机会、战略和策略的融合。机会是指在特定国家环境下促进或推迟一些改革的条件；战略是指政府为实现希望的设定目标而采取的政策和行动；策略是指用于动员支持改革和克服改革障碍的方法。

尽管机会依赖于当地条件，但当类似改革在许多国家发生时，促使改革发生的共同条件也很可能跨越国界。由于选举和政府更迭、公众情绪转变、预算危机或项目失败、政治家或管理者成为创新者的动力以及新思想渗透到公共组织应该如何运作的传统观念中，管理改革的时机可能已经成熟。许多国家出现的改革可能源于全球经济增长放缓，也可能源于对于政府的信心减退。机会既对改革有促进作用，但同时

---

* 本文最初发表于《经合组织预算期刊》(*OECD Journal on Budgeting*)，第2卷，第3期，2002年。它借鉴了参与公共管理现代化项目的11个经合组织成员国（澳大利亚、加拿大、芬兰、德国、爱尔兰、荷兰、新西兰、挪威、瑞典、英国、美国）提供的材料。在撰写本文时，艾伦·希克是华盛顿特区布鲁金斯学会政府研究访问学者，也是美国马里兰大学公共事务学院教授。方框中的评论写于2009年。

也能制约改革；它打开了一些可能性，也关闭了另一些可能性。但机会不是随随便便就能抓住的，我们必须发现它并且利用好它。制约因素并不会成为创新的最大阻碍，有能力的政治家和管理者可以克服或回避这些限制。战略是一种深思熟虑的努力，目的是创造一种未来，这种未来与当前条件放任自流的情况下可能出现的未来有本质上的不同。战略需要勇气和远见——愿意启动和推进改革，以确立目标和优先事项，废弃旧制度和做法，为新制度和做法让路，承担伴随变革而来的风险，并对政府应该成为什么样的政府以及为实现这一愿景所需的步骤充满信心。战略并不一定意味着制定庞大的计划，因为它也可能需要在公共机构中嵌入一种持续、渐进的变革文化。事实上，战略往往涉及这两种方法或是在它们的某种变体之间做出选择。战略还需要采取行动，并承诺为改革进程提供必要的支持和资源。机会和战略之间有时会存在矛盾，因为越是看重机会，就越不重视战略。相比之下，机会主义改革者往往倾向于涉入未经尝试和冒险的领域。尽管目前人们把所有的政府计划或改革都贴上了战略的标签，但真正的战略变革很少，因为它很难实现。爱尔兰的情况反映了当代许多管理改革的特征。在提到政府的“战略管理倡议”（SMI）时，爱尔兰认为其重点基本上是管理问题和挑战，而不是政府的作用和职能以及是否应该彻底改变这些问题和职能。因此，主要重点仍然是提供服务和更好地管理行政的各个方面；简而言之，就是塑造更好的政府。但人们也承认，正在进行的如此大规模的改革可能会导致对政府的角色和职能产生质疑。爱尔兰的 SMI 是否达到了真正具有战略意义的水平？它的战略管理举措是彻底改革公共管理，还是只做一些零星的改进？它的动力是否来自一种压倒一切的信念，即必须进行重大变革——即使任务艰巨，必须循序渐进，而不是一蹴而就，但还是应该进行？类似的问题可以参考德国、荷兰和挪威的改革，或许也可以参考其他国家的改革举措。改革是出于战略目的还是仅仅是机会主义，这有关系吗？也许并不重要，因为有些战略失败了，而有些机会孕育出比最初设想的大胆得多的创新。英国的管理改革以效率审查和财务管理倡议开始，但它们逐渐发展成为公共机构的根本性重组，并向市场竞争和更大的公民/客户影响力开放公共服务。

虽然一个完善的战略可能会产生与纯粹从机会主义出发的改革不同的结果，但将战略思维局限在启动阶段可能会导致企业失败。在一开始就确定目标和路径，然后接下来不管发生什么都按照剧本去做，是错误的。根据对许多地方政府改革近四十年的观察，笔者认为，未能系统地评估已取得的成就，是公共管理持久创新的最大威胁之一。多年来，许多国家的管理改革往往未经审查，它们通常在开始时大张旗鼓，但在一段时间后，大多逐渐消失或被下一波改革浪潮所取代。但这一普遍现象也有例外。在那些重建公共管理方面进展最快的国家，早期的创新都进行了严格的评估和重新调整。新西兰就是一个很好的例子，该国的改革由一套连贯的、完整的原则推动。但现在新西兰公共管理中的许多做法并没有出现在国家部门改革的第一批改革之中。采购协议是后来才出现的，战略成果领域、关键成果领域的部门预测报告、战略计划和努力评估政府作为国家实体所有者的利益的做法也是后来才出现的。新西兰改革的不变之处在于变革的目的，而不是管理实践的工具。在新西兰和其他地方，最好的策略可能是在一开始就确定一个方向，直截了当地监督进展情况，诚实地说明哪些工作是有效的，哪些是无效的，并在中途进行多次修正。

这一观点适用于所有的创新国家。目前所有的公共管理实践与20年前第一次改革浪潮中的实践有很大不同。随着政府从过去的成功和失败中吸取教训以及良好管理实践概念的发展，变革是持续的。变革的动力还在于人们认识到，一旦创新实践成为惯例，它们就会变成必须遵守的规则和程序，从而失去提高绩效的能力。

要做到这一切，需要有效的领导。成功的改革并不会自然而然地发生；它取决于领导者能否抓住机会，为变革提供动力和方向。强大的领导者不仅仅“读懂”机会，他们还创造机会——通过塑造公众舆论，为政府注入新鲜血液，带来新的想法和主动性。获取传统选民以外群体的支持，建立支持变革的联盟，并承担扩大变革带来的可能的政治风险和管理风险。战略变革需要的比这些更多：领导者要敢于突破今天的机会和限制，大胆设想一个不同的未来，然后调动政府的政治和制度资源，在公共组织的结构和绩效方面做出变革性的改进，并通过提高公众对政府成果的期望来加强对其战略的支持。

没有机会的战略不可能把改革推进得很远。如果没有有利条件，战略就会变成不切实际的想法。事实上，如果没有适当的机会，战略最终会成为行动的替代品，尽管还没有采取任何实施步骤，但它给人一种正在进行大变革的印象。另外，没有战略的机会很可能在潮流中消失殆尽，从一个新颖的创新转向另一个，但不会留下持久的印记。

策略将机会和战略结合在一起，以提高预期改革成功实施的概率。策略包括以下方面的判断：创新的速度和顺序，需要委托哪些机构来完成任务，改革应集中在哪些部门，改革带来的政治影响，政府参与改革的程度，决定是通过行政命令还是立法授权进行，以及许多其他的实施决策。一个优秀的策略家会考虑如何在现有的机会条件下最好地执行战略。策略能力需要机构记忆、对时机的敏锐性以及对所采取方法的精明决策。

尽管管理改革必须是机会和战略的结合，但二者的比例很重要。在战后时期，管理改革主要是机会主义的；在过去20年里，它变得越来越具有战略性。在当代改革中，有一种在早期创新浪潮中所缺乏的宏大目标。今天的改革更大胆，更彻底，更以目标为导向，更有信念，即为了加强民主治理，必须改革和改进管理。这种方向的转变是由许多因素造成的，最突出的因素包括：对政府信心的下降，管理理论和商业行为的剧变，信息技术革命性的发展，将资源和责任从中央机构下放到地方政府和地方单位的压力，减缓政府扩张的努力，以及最重要的是，在一个公民对政府期望越来越高但越来越不看重政府的时代，意识到“一切照旧”的管理是不够的。

未选择的路

无论是机会主义还是战略性，今天的改革和早期的改革都有很大不同。本节和其他章节中提出的结论并不适用于所有国家。有些国家更具机会主义色彩，有些则更具有战略性。然而，他们所走的道路都与之前的改革所青睐的道路不同。

当代改革是更加全面的，而不是零敲碎打的

当代改革并不局限于少数机构或单一流程，其目的是根

除根深蒂固的管理惯例和行为，而不仅仅是改进优化公务员制度或预算流程。即使像英国的“下一步”倡议那样，在一个较长的时期内分散实施，改革的全面影响也在一开始就体现出来了。

在推进公共管理体制改革的过程中，一些政府决心对主要部门和行政单位进行全面改革。而一些政府选择在决定全面实施改革之前先进行试点测试。例如，德国在颁布立法批准新的做法之前，对灵活的预算管理安排进行了测试；瑞典在启动全面管理改革之前，对预算流程进行了为期三年的密切监测测试。

然而，试点测试往往会阻碍进一步的创新，因为它传达出的信息是，政府并没有真正致力于改革，或者对改革的方向不确定。成功促进创新的试点测试的关键是，政府要事先对改革做出强有力的承诺，并明确在测试完成后将采取哪些措施来改进管理制度和做法。

当代改革并不局限于特定的行政管理流程

几代人以来，管理改革一直按照公共管理的主线进行划分。一套改革旨在使预算决策合理化，另一套改革针对公务员制度，还有一些改革旨在改善公共采购、现金管理、会计制度或政府机构的其他部分。通过这种方式，本应相互关联的活动被划分为不同的专业领域。会计改革在一条轨道上进行，预算创新在第二条轨道上进行，审计进步在第三条轨道上进行。第一组改革的目的是提高生产力，第二组是试验绩效预算，第三组是引入绩效审计。这些孤立的改革之间明显的相互依存的关系被忽视了，因为这些改革的主要目的是改善一个特定的流程，而不是提高管理能力。

毫不奇怪，那些专注于特定流程而不是管理制度和行为的改革很少能取得很大进展。预算改革就是一个很好的例子，因为它的前提是一个错误的观念，即可以在不考虑会计信息、审计师的要求、公务员制度和其他行政程序提供的激励、预算制定者的固有习惯和规范、管理者和政治家直接的关系以及许多其他管理方面的情况下改革资金分配的过程，相比之下，在当代的许多改革中，预算被认为是相互关联的实践和流程的一部分。如果不调整管理框架，预算就不可能被重塑，因为财政资源的使用和活动的开展都在这个框架内。公务员制度和其他基本管理制度的改革也是如此。

当代改革试图下放权力，而不是集中管理权力

公共管理改革意味着政府要评估和调整现有的组织结构。评估可能导致建立新的实体，重新定义组织边界和职责，或取消一些单位。但是，过去人们所青睐的重组和当代的一些重组之间存在着明显的区别。曾经，改革者通过将相关的项目和活动合并到同一个部门来实现职能的整合。所有的教育活动都归入教育部，交通运输服务归入一个部门，医疗服务归入另一个部门等等。这就形成了为数不多的大部门，同时也使管理资源和权力集中在每个部门的中心。由于不存在完美的职能整合，对整合的追求导致了频繁的重组。

这种类型的重组仍在发生，如澳大利亚在 20 世纪 80 年代将其部门合并成一个大部门。但现在的改革正朝着相反的方向在发展——将功能整合的、多用途的部门拆分成多个提供服务的实体，每个实体都有明确的使命、运营独立性和绩效目标。将服务和运营脱钩有两个主要原因。一方面，大型部门往往是头重脚轻、效率低下的实体，其运营成本很高，

阻碍了创新，向管理者传达的关于业绩预期的信息不准确。另一方面，在功能整合的部门中，服务提供者“俘获”了政策制定者，向他们提供的建议阻碍了创新，削弱了问责制。

在脱钩模式中，核心部门在制定政策、提供建议、制定标准和目标以及监督运营机构绩效方面仍有重要作用。这种组织形式仍然很新，还没有足够的经验来验证其长期有效性。但有人担心各部门可能已经被削弱，以至于无法履行基本的协调职能。这可能是因为在致力于解放业务管理人员的同时，没有充分考虑到政府中心和部门总部所需的资源和权力，以合理安排各机构之间的计划和政策，并保持严格的问责制。

> 1997年布莱尔政府上台后不久，英国率先采取了脱钩模式，恢复部门职能。尽管政府保留了一些机构，但停止发布为每个机构设定绩效目标和报告结果的年度“下一步”审查，转而强调公共服务协议，将每个部门的预算分配和战略目标联系起来。可以说布莱尔政府实际上是加强了各部门对各机构所取得成果的问责制。

当代改革依靠激励机制来改变行为，而不仅仅是正式的规则

在传统的行政改革中，人们通常认为改变正式规则就足以改变管理者的行为和绩效。这种假设植根于公共行政的命令和控制模式，在这种模式下，中央当局颁布和执行规则，下级服从。但是，一连串失败的改革，以及企业管理、制度经济学、组织理论和相关领域的新理论和新证据，

使人们认识到要想让高效的管理伦理站稳脚跟，必须改变非正式的规则和管理人员的激励措施。如果管理者的自利行为破坏了组织的目标，那么改变形式上的东西也不会有太大的作用。

许多政府已经得出结论，激励管理者提高绩效的最佳方法是设定明确的且可实现的绩效目标，给予管理者足够的灵活性，以便他们能够改善管理行为，并要求他们对个人和组织负责。这一方向指引着战略改革的议程。

当代改革集中在业务和服务的提供上

由于强调改变激励机制和行为，许多国家的重点已经从加强政策制定转向提升一线的运作、提供服务、公共服务的生产力以及政府对公民/客户利益的反应能力。自上而下的改革不可避免地导致了“一刀切”的规则，它限制了业务的自由裁量权，阻碍了现场管理人员根据当地情况调整他们的服务。在自上而下的改革中，中央和运营单位之间的关系是分层的：前者制定政策，制定规则，发布命令，并要求遵守；后者贯彻执行交给他们的政策，并提供上级要求的信息。

> 但是，正如本文后面所指出的，自上而下的视角对于赋予改革战略方向是至关重要的。即使改革的目的是下放管理责任，中央机构在设计和促进变革方面也发挥关键作用。此外，当主要关注的是政策和目标而不是执行和提供服务时，政治领导人和高级管理人员必须积极参与要求改进管理。

自上而下的行政结构有严重的缺陷：在需要灵活性和多样性时，它们要求遵从和统一；它们强调投入而忽视结果；它们刺激那些有工作要做的管理人员逃避或颠覆规则。在以规则为基础的公共管理的外表下，一种非正式的管理伦理蓬勃发展，放宽了僵化的规定。创业型的管理人员在口头上遵守规则的同时，也想出了规避控制的办法。他们设法在差旅预算耗尽的情况下出差，在招聘冻结的情况下填补职位，在不通过中央采购的情况下采购 IT，等等。这种行为的问题在于，许多管理者花更多的时间来逃避烦琐的控制，而不是想办法推动组织实现更高的绩效。

机　　会

许多国家都有类似的改革目标，这表明机会并不完全取决于当地的情况。有些机会主义的条件是跨越国界的；有些则不是。本节考虑了这两种类型的机会。

时机

机会转瞬即逝。对一些改革来说，正确的时机已经到来；而对另一些改革来说，时机可能已经过去了。在 20 世纪 90 年代，加拿大在严格审查其方案方面似乎取得了重大成功，但在 20 世纪 80 年代通过“政策和支出管理系统”（PEMS）对其方案合理化时却没有取得什么进展。当然，目前的方法和以前的方法有很大的不同，但它们并不能完全解释为什么一项创新促进了政府项目支出的调整，而另一项创新投入了大量的资金却没有什么成果。

创新会产生不同的结果，这取决于尝试的时间。所谓“一个时机已经到来的想法”既适用于政府改革，也适用于其他创新。20 年前，加拿大在总审计长办公室的评价能力建设方面投入了大量资金，人们普遍认为这对项目和预算决策的影响不大。大约 10 年后，澳大利亚开展了一项评估，在资源的重新分配上产生了可衡量的差异。

> 过去十年的经验证明，对重新分配的乐观论调是不合理的。即使政府通过定期支出或者其他方法提供激励，将资金从一个项目转移到另一个项目仍然是困难的。在有证据表明资金可以更有效地用于其他地方的情况下，预算资源的持有者不会轻易让步。最有成效的重新分配的路径可能是新加坡最近采取的方法。它从每个机构的预算中削减了一个固定的百分比，并将节省下来的资金放入资金池中，通过预算程序进行分配。和旨在减少政府开支的全面削减不同，新加坡的做法旨在腾出大量资金用于重新分配。

可以说，加拿大从其早期的 PEMS 经验中吸取了教训，以更有效的方式对项目进行审查，而澳大利亚则从加拿大未能建立评估文化中吸取了教训。但这不能作为早期失败和后来成功的唯一解释。在 1960—1990 年，几乎每一个试图建立正式的项目分析和审查制度的国家都失败了。荷兰在涉及内阁选择重新审查项目的重新审议程序方面进展甚微；瑞典在项目预算上鲜有成果；英国建立了一个项目分析和审查系统，然后放弃了；美国采用了计划—项目—预算系统（PPBS）；其他国家也进行了类似创新。在笔者看来，早期的改革可能为时过早：选民和政治家们对停止政府支出增长和将资源从较低优先级重新分配到较高优先级的需求还不迫切。虽然重新分配的计划仍然很困难，但今天的政治情绪已经比战后经济快速增长时期更有利于重新安排政府计划和支出。

政府

选举和政府换届为管理改革提供了机会。事实上，政府组织或项目的重大变化往往是新政府上任后不久开始的。英国的改革是在1979年玛格丽特·撒切尔成为首相后不久开始的：十年后约翰·梅杰成为首相后不久扩大了改革范围（通过《公民宪章》），1997年托尼·布莱尔当选后，改革被重新调整。澳大利亚、加拿大和新西兰也在新政府成立后不久启动了改革议程。在这个政治周期，推动改革创新的因素有以下几个：

- 新政府比长期执政的政府更倾向于改变方向；它也有精力和新的想法来开辟新天地。
- 当旧政府在投票中被击败时，继任政府可能会将选举视为改革的授权。
- 在联合政府（如荷兰）中，组建政府的过程往往需要和联盟伙伴就将要进行的政策变化和改革进行谈判。目前的趋势是签订更详细的联合协议，明确政府在其任期内要做些什么。
- 新上任的政府可能会面临一场需要立即关注的危机，并在政治上做出令人瞩目的大变革。

一次选举并不能带来持久的改革。根除既定管理的改革必须有超越一次选举、最好是超越一届政府任期的持久力，在公共管理改革方面取得重大进展的国家是那些改革进程被历届政府都推进的国家。此外，当政府从一个政党换到另一个政党时改革依然能够持续，那么这个改革最有可能持续下去。

在许多国家，由一届政府开始的改革由下一届政府继续。政治方向从左到右或相反方向的转变并没有中断改革的进程。也许最有趣的政治变革后的改革案例发生在英国，但同样的模式在其他国家也可以找到。如果不是布莱尔政府继续并扩大了撒切尔政府和梅杰政府的管理改革，那么“撒切尔－梅杰”式的管理改革现在就没有什么意义了。

> 英国的管理创新方法不同于大多数经合组织国家。主要的创新仅仅是通过改变惯例来实现的，不需要新的立法，也不需要宣布终止现有的惯例。政府只是停止做一件事，开始做另一件事。例如，没有正式宣布管理由以机构为中心改为以部门为中心。这种无缝的方法允许实验和调整，并使政府在公共管理方面具有连续性和进步。

政治取向一直不是衡量改革步伐或方向的可靠指标。1984 年，新西兰工党政府在选举中获胜后，推行了市场化改革。在一些国家，中右翼政府推动了管理变革；在其他一些国家，社会民主党政府掌握了主动权。部长和高级公务员不分政治派别，都支持改善管理的举措，他们的领导能力决定改革成败与否。

理念

当领导者进行创新时，他们往往拥有强大的意志和想法，相信自己所做的事情是正确的。然而意识形态在当代改革中并没有发挥作用。今天的政治领导人正在寻找能够改善政府所提供服务的理念和做法，而不是重新定义政府的角色和目的。他们不需要前卫的创新；他们可以从有关公共部门组织和运作的不断发展和公认的理念中汲取经验，包括：

• 当管理者被告知对他们的期望是什么，并根据这些期望来衡量结果时，绩效就会提高。

• 当管理者能够灵活地使用资源来履行指定职责时，绩效就会提高。

• 当业务权力从中央机构和部门总部下放到业务层面的单位时，绩效就会提高。

• 当政府的决策和控制侧重于产出和结果，而不是投入和流程时，绩效就会提高。

• 当管理人员对其资源的使用和所产生的结果负责时，绩效就会提高。

并不是所有的改革理念都像上面列出的那样被广泛接受。有些观点仍然存在争议，包括：（1）公民/客户对于供应商有选择权；（2）政府服务外包；（3）公共组织按照商业模式运行；（4）将服务提供与政策制定分离。尽管并非所有的当代管理理念都得到了广泛应用，但笔者同意 B. 盖伊 · 彼得斯（B. Guy Peters）的观点："当代改革是由理念驱动的……这一特点将当前的改革与行政改革中持续的修修补补区别开来"（Peters，2001，p. x）。正如我们将看到的，流行的观念为工业民主国家公共管理改革提供了战略基础。

创新者

理念很少自我传播；它们需要有足够权威的推动者来说服领导者冒险采用新方法。在过去，许多国家的改革议程是由专门的委员会或工作组制定的，这些委员会或工作组是为了研究特定的问题或难题而设立的。通常情况下，委员会会提出报告，其中包含一些建议，然后将执行工作交给现有的政府机构。一些国家仍然从特设机构获得创新指导，但如今更有可能是来自政府内部。高级公务员制度一直是改革思想的沃土，爱尔兰描述了高级公务员制度在改革过程中的作用。

在每个国家，创新者都来自政治阶层或公共服务的高层，而不是来自基层。战略改革并没有从下面冒出来，也不应指望它会冒出来。改革的范围很广，需要中央机构或部门总部把握观点、掌控权力。然而，如果下级单位认为改革只是行政集权的最新做法，那么自上而下的改革就会遇到问题。

危机

在公共管理领域中，像其他领域一样，危机可以成为改革的动力。当领导人确信国家所走的道路不可持续时，他们可能会采取在正常时期不会尝试的补救措施。至少有两个国家（芬兰和新西兰）经历了严重的经济危机，对既定的政策和做法提出了质疑；至少有一个国家（挪威）没有经历任何重大危机。大多数国家对他们所走道路的信心在逐渐削弱，他们认为政府相对规模的扩大、税收负担的稳步上升、公共机构生产力的下降以及公共服务绩效的明显下降都会持续下去。换句话说，主要的推动因素是经济衰退，而不是危机。

战　　略

管理改革有许多途径，不同的政府以不同的方式追求类似的目标。这并不奇怪，因为管理改革必须符合一个国家的政治、行政价值和传统。事实上，有多少个国家就有多少种战略，因为即使是沿着同一条道路前进的国家也会以不同的方式结合各种战略的要素。虽然不全面，本节讨论了四种战略：依靠竞争、价格和合同的市场驱动型改革；依靠专业、技能和公共服务道德的管理改革；依靠政策分析和评估来重新设计项目的计划审查；依靠不断审查规则和做法，逐步放松管制，提高管理效率并废除不经济的控制。

这四种战略有一些重要的共同点。它们都致力于提高公共服务的效率和响应能力；都试图加强对结果和资源的问责制，并在此基础上提高对公共服务的满意度；都鼓励在提供服务方面增加多样性和灵活性。但即使它们的目标相同，这四种策略的开展也不同。市场战略会导致政府放弃某些任务或活动，它青睐最有效（或最便宜）的供应商，即使其结果是削减了公务员队伍。而管理战略寻求加强公共服务规范，让“基层”公务员在运作方面有更大的发言权，以适应当地情况的变化。计划审查战略旨在通过将资源从较低优先级转移到较高优先级的项目来优化社会成果。渐进式战略则寻找机会放松管制和放宽管理规则。

各种战略的背后是对国家未来角色职能的不同看法。市场战略对作为政策制定者的国家和作为服务提供者的国家进行了明确的区分。它强烈倾向于将提供服务的工作剥离给非政府实体或其他独立运作的机构。管理战略允许政府在提供公共服务方面发挥更广泛的作用，但希望这些活动不受官僚主义的束缚，并对接受服务群体的需求更加敏感。项目战略认为国家的主要责任是在严厉的资源限制下产生预期的社会结果。渐进式战略则按熟悉的模式运作，但减少旧规则和需求的负担。

每个国家都属于上述某一种战略或多种。有些分类很简单。新西兰改革的主旨是在政府内部建立类似市场的安排和激励机制。爱尔兰和其他几个国家则强调管理改革。加拿大奉行以项目为导向的战略，在调整公共支出和项目结果方面取得了相当大的进展。德国保持了一种渐进式的做法，在很长一段时间里不断调整规则，提高管理水平。

这些分类忽略了改革的一个重要特点：大多数国家奉行的战略不止一种。每个国家的战略结合也各有特色。例如，英国既有市场战略，也有管理战略；加拿大既有项目战略，也有管理战略。然而，在每个国家，通常有一种战略最重要。一个试图提高公共绩效的国家可能在某些方面求助于市场，在其他方面依赖于公共管理人员，也可以根据政治要求和资源限制来审查项目承诺。

如果实际应用的战略都是多种战略的结合，为什么要关注战略的定义和分类呢？为什么不考虑每个国家创新的组合，不把它们归入预先设定的类别呢？答案是，每一种战略都提出了要想成功实现改革需要解决的特定问题。在市场战略中，必须确定是否已经建立了真正的竞争条件，仅仅给某种东西贴上市场或合同的标签，或者假设提供服务的手段是可以竞争的，并不意味着达到了该战略的目标。在管理战略中，关键问题是是否建立了适当的问责机制。在项目战略中，关键问题是政府是否有政治意愿和力量在对项目进行审查的基础上分配资源和采取其他行动。最后，在渐进式战略中，最重要的问题是政府能否在较长时期内保持人们对改革的兴趣和支持。如果这些关键问题没有得到解决，那么在启动时表现出良好前景的改革可能会逐渐走下坡路，甚至留不下任何痕迹。这是过去许多改革的命运；从战略角度思考可以帮助当前和未来的改革避免类似的问题出现。

市场战略

彼得斯有些夸张地写道，“如果有一种对传统公共行政模式单一的替代受到当代政治家、学者和公众的青睐，它一定是市场模式”（Peters，2001，p. 23）。市场类型的安排已经渗透到一些经合组织成员国的核心公共服务之中，但不是在大多数国家，也不是所有地方都以同样的方式渗透。政治文化在形成对市场导向解决方案的接受程度和所采用的解决方案的类型方面都有作用。对管理改革的公平评估会得出这样的一个结论，市场化在国有企业和商业类活动中的应用要比在基本公共职能中的应用广泛得多。例如，在几乎所有的国家，教育仍然是由政府资助和提供的，而市场类型的手段，如学券制（教育券制）或可供选择的学校，尽管现在比十年前更广泛，但仍然相当有限。事实证明，在核心公共部门建立真正的市场而不是模拟的市场是非常困难的。

在笔者看来，当代商业实践对政府管理创新的主要影响不在于产生竞争，而是在于改变公共组织的概念。几十年来，公司的垂直整合（部件生产的内部化）和公共部门与部门的职能整合（在同一实体中结合有助于实现同一目标的各种计划）并行。垂直整合的公司和大政府的部门一样，都是分层的、有等级的和官僚化的。在这两者中，指挥和控制体系从上到下，统一性和合规性由中央控制人员来执行，他们制定规则并监督下属的行动。然而，如今垂直整合往往被认为是僵化和低效的，许多大公司已经重组成为半自主的业务单位，将其生产外包。一些政府也纷纷效仿，将综合部门分解为小单位和独立的部门，并将一些职能承包出去。

尽管市场战略影响了政府组织的形式，但其主要目标是在政府内部创造市场。这种模式的前提是，消费者的选择和竞争将促使服务提供者更有效率、反应更灵敏。但是，竞争和选择在两个截然不同的领域中运作：一个是在客户和供应商之间的关系之中，另一个是在政府实体购买和提供服务之间的关系中。这两种类型的市场——一种是外部市场，另一种是内部市场——产生了不同的问题。外部市场——例如当政府业务被私有化或承包出去，或者当公民可以选择他们的"供应商"时，就会产生这样的问题——消费者获得的信息是否充分，选择权对富人和穷人的影响是否不同，以及授权消费者选择"供应商"的交易成本。更深层次的问题是，公共责任的市场化是否会排挤重要的社会价值，如提供服务时的平等和统一、公共服务道德，以及人们通过政府提供的教育和其他基本服务而形成的公民意识。

内部市场引发了更复杂的问题，尽管这些问题不可能得到那么多的关注，因为它们涉及政府内部的交易。这些内部交易可能包括政府或部长从各部门购买服务，各部门从直线或外地单位购买服务，以及各部门从自治机构购买服务。即使披上了市场的外衣，如合同和价格，事实仍然是政府内部的关系，并不是真正的公平。因为它们不是公平交易，所以竞争带来的收益可能是虚幻的，而不是真实的。

新西兰在建立内部市场方面比其他任何国家都做得好，它依靠一个合同网络来正式确定内部购买者和提供者之间的关系。它有部门负责人的绩效协议，高级和中级管理人员的定期合同，部长们以商定的价格从部门购买服务的采购协议，以及部门从其他政府实体购买服务的合同。为了使合同关系制度化，已经进行了一些结构性和操作性的改革，包括：Ⅰ）部长们可以自由选择从部门或其他来源购买服务；Ⅱ）事先规定要产生的产出；Ⅲ）通过报告和审计来监督合同条款的履行情况。

> 与20年前重新设计公共部门时相比，新西兰现在对合同的依赖要少得多。绩效合同仍然规定了高级和中级管理人员的条款和条件，但采购协议和类似的合同安排已经被降级了，这些安排规定了要交付的产出。一个原因是新西兰现在相对于过程更注重结果，另一个原因可能是认识到政府一方和另一方之间的对比缺乏真正的合同属性。它们的作用更多地是鼓励对话而不是强制执行。

毫无疑问，新西兰在将合同引入政府方面具有非凡的创造力。没有其他国家将合同关系扩展到公共管理和项目运作如此多的领域。但是，尽管新西兰的内部市场很有创造性，它们难以替代真正的市场。真正的市场有实际的可竞争性，而不仅仅是潜在的可竞争性；真正的市场规定了产出的单位成本，而不仅仅是总成本；真正的市场允许在合同被违反的情况下进行补救。在评估内部市场的稳健性时，需要考虑几个问题。部长们在多大程度上真正从外部来源而不是从政府实体购买服务？部长们是否因为对内部供应商不满意而取消了合同？如果产出的数量或质量与合同规定的不同，政府支付的金额是否会被调整？如果内部供应商未能履行其协议条款，政府有什么追索权？政府部门是否具备了谈判合同和监督履行情况的必要技能？维持一个广泛的合同网络的交易成本是多少？有什么证据表明组织绩效得到了改善？对这些问题的回答应该有助于了解市场战略在其他国家的适用性。

管理战略

管理战略的前提是“让管理者管理”，把他们从中央控制者对投入和操作程序的事先控制中解放出来（特别是在人力和财政资源方面），从而提高组织绩效。其主要假设是，公共管理人员想要做好工作，要致力于谨慎和有效地使用公共资金，要关心服务的质量和受益者是否受益，以及要有强烈的公共服务道德伦理。但是，这个论点认为，他们被僵化的规则束缚住了手脚，这些规则强制执行统一性，阻碍了管理的主动性。去掉这些假设，“让管理者管理”就会给公共事务的开展注入危险的放任，一种“为所欲为”的心态。更糟的是，它给了机会主义的管理人员以牺牲政府或公民的利益来追求自身利益的许可。

这种管理战略扫除了曾经被认为是基于规则的公共行政的重要标志的做法。曾几何时，规则和程序的标准化被认为是政府的一大进步。所有机构都被要求以同样的方式进行预算；所有机构在雇用和支付公务员薪酬时都必须遵守同样的规则；所有机构在购买商品和服务、安排住宿和旅行等方面都必须遵守同样的程序。庞大的规则条款被认为是健全的行政做法的初步证据；分项预算规定了支出单位购买的无数物品的数量和成本。几乎所有花钱的东西都有自己的规则和执行程序。这些规则限制了行政部门的自由裁量权，这被认为是一种美德，因为不能相信公务员自己会做正确的事情，他们必须受到监督和控制。通过中央控制来维护行政行为的合法性和正当性是公共行政的首要目标。

然而，管理伦理认为，无论控制制度在过去有什么值得称道的目的，它都已经产生了反作用。控制促使管理者更关心投入而不是产出，更关心程序而不是结果，更关心遵守规则而不是提高绩效。一项管理战略将大部分集中执行的控制措施剥离出来。一种方法是有选择地抛弃那些看起来最没用或最烦琐的规则和程序；另一种方法是广泛禁止各种行政规则（例如，减少公务员或预算分类的数量）。管理主义的最充分的表现是给管理人员提供全面的预算，并由他们自行决定如何使用这些资源。在这种安排下，管理人员有一个固定的运营（或运行）成本预算，必须保持在该预算范围内，但他们可以自由决定在工资、旅行和其他费用上花费多少。他们可能仍然被要求遵守一些其他规则，例如，关于公平就业法和合同的竞争性招标。但是，大多数经营决策由管理人员决定。他们不再需要中央控制人员的事先批准。

许多国家在其行政改革中都有管理战略的要素，包括芬兰、德国、爱尔兰、荷兰和英国。其中一些国家采取了大胆的措施，将管理的自由裁量权下放给为公众提供直接服务的运营层面；其他国家则仍然在部门总部保留着重要的管理权力。

在解释管理主义的广泛吸引力时，一个看似反常的现象使人震惊。在当今时代，许多经合组织成员国对政府的信任和信心都处于低水平。然而，管理战略关键在于赋予管理人员更大的自由裁量权，并相信他们在履行职责时是谨慎的、高效的和反应迅速的。在人们似乎对管理人员的行为符合公共利益信心不足时，扩大管理自由的理由是什么？一些政府认为，不断下降（或停滞不前）的运营预算和对旧控制措施不起作用的感觉让他们别无选择，只能放松对管理自由的限制。其他人则认为，绩效的提高将带来管理自由，并将增强人们对政府的信心。无论是出于第一种动机还是第二种动机，今天各国政府采取的立场是在放宽管制的同时，必须加强对管理人员的问责框架。管理战略的重要因素是事先规定绩效目标或期望值，以及事后的绩效评估。“让管理者管理”必须与“使管理者管理”联系起来。

对管理绩效的投资是否会以对政府更高的信任和信心作为回报，目前还没有定论。笔者认为，对政府的低评价与实际绩效关系不大，而是与对政府的要求不断提高有关。可能是当公民希望并从政府那里得到更多的东西时，他们仍然不满意，因为他们没有得到足够的东西。

与本文讨论的其他战略一样，管理战略为改革是否产生或可能产生预期的结果这一难题打开了大门。一个值得关注的领域是“让”管理人员管理和“使”管理人员管理之间的联系。实现交易的第一部分要比第二部分容易得多。取消控制比加强问责要容易得多。事实上，问责制框架——明确目标、报告结果和审计业绩——在一些奉行管理战略的国家仍未得到发展。管理战略依赖于绩效衡量。虽然在定义各种类型的衡量标准方面取得了相当大的进展，但充其量只有粗略的证据表明管理者的行为和绩效受到了新信息的显著影响。衡量绩效是一回事，在此基础上进行管理则是另一回事。此外，大多数依靠管理战略的政府在衡量产出方面比在衡量结果方面取得了更大的成功，而且他们倾向于制定对其绩效有利的措施。他们通常都回避那些彻底改革业务或大幅提高绩效水平的挑战措施。

> 过分强调绩效衡量是实现结果导向的公共管理的一个巨大障碍。在许多国家，特别是那些刚刚加入绩效运动的国家，衡量是管理的替代物。政府把大量的绩效数据放进他们的预算中，但并不在此基础上分配资源。与量化产出相比，在公共管理中植入绩效文化将更有助于改善结果。

管理战略依赖于这样的假设，即公务员致力于公众利益而不是他们自己的利益。但他们总是这样吗？当私利占据上风，或者当政府雇员投机取巧，利用他们的自由裁量权为所欲为时，有什么保障措施？

这些问题并不是对管理战略的质疑。相反，它们表明需要仔细评估在新体制下所取得的成就、管理者的实际行为，以及建立的问责机制的有效性。

项目战略

项目战略建立在这样一个理念之上：改革现代国家最紧迫的任务是确保公共资源得到有效分配，以实现政府的基本目标。从这个角度来看，之前讨论的两种战略——将各种任务和责任移交给市场化机构，以及赋予管理人员经营的自由裁量权并让他们对结果负责——主要适用于政府的业务工作。项目战略敦促确定目标和制定政策应被赋予更高的优先权。

这是一个老问题，在本轮改革中不会得到解决。这个问题在很多方面都存在争议：产出与结果，效率与效果，做正确的事与正确地做事，集权与放权，自上而下与自下而上的改革等等。过去，重点是加强政府中心或总部的政策能力；今天，大多数国家的重点是业务事项。

> 也许更平衡的观点是，创新的政府正从两方面着手，一方面加强核心战略能力，另一方面提高公共服务的质量和效率。如果只采取其中一种方法，管理创新很可能会动摇。强大的政策能力对于确定目标至关重要，如果没有关注服务，新政策最终会成为空洞的承诺。相反，如果政府

不把服务与目标联系起来，旨在改善公共服务的可及性或质量的目标，就不会有什么结果。

这两种方法可以融合在一起吗？是的，但很少能做到。对于大多数政府来说，追求其中一个战略所要求的有限改革已经够难了。然而，加拿大是少数几个采取折中方法的国家之一，它把对项目审查的实质性承诺与影响服务提供、公民参与、放松管制、公务员制度、财务管理和许多其他行政实践的管理举措结合起来。但项目审查一直是加拿大改革的核心。它是在 1994 年启动的，当时加拿大面临严重的财政和预算压力。正如一位加拿大同事所指出的，项目审查不仅涉及项目设计和实施的实际问题，更为根本的是联邦政府的作用的基本问题。联邦政府的作用问题也是随后对项目进行修改的基础。尽管项目审查没有正式涵盖对个人或其他各级政府的转移，但这些都在一个并行的过程中被单独审查。

加拿大的项目审查从六个方面评估每个正在进行的项目：它是否符合公共利益？政府是否有必要和合法的职责？联邦政府目前的作用是否适当？该项目是否应该全部或部分由私人或志愿部门执行？如果继续实施该项目，可以在哪些方面加以改进？在政府的财政支出范围内，该项目是否可以承受？

加拿大官员坚信，这些审查为该国成功的财政整顿做出了重大贡献。在审查开始时，联邦政府似乎无可奈何地陷入了过大的预算赤字中；仅仅四年后，政府报告说它已经实现了预算平衡。虽然大部分审查都集中在最初几年，但政府已经采取了措施，使审查过程制度化，并将其与财政预算挂钩。为此，政府建立了一个支出管理系统，将审查结果纳入预算行动。从十多年前尝试的不成功的政策和支出管理系统中吸取教训，政府在新系统中建立了强有力的再分配要求：除了少数例外，项目倡议必须通过现有项目的节余来资助。

一些有改革意识的国家最初关注的是服务的提供和运作效率，随着时间推移，他们扩大了视野，更多地关注审查项目的有效性和结果。因此，在发起“下一步”倡议十年后，英国进行了一系列的基本审查。然而，加拿大却反其道而行之，在通过项目审查和其他政策变化巩固其财政状况后，它启动了超过 6 项旨在加强管理能力的倡议。

在考虑项目战略时，我们必须注意到过去将战略目标与预算分配挂钩的努力。这些努力包括前面提到的加拿大的 PEMS 系统，美国的 PPBS，以及荷兰的重新审议程序。虽然每一项都对预算程序和决定产生了暂时的影响，但没有一项成功。真正的项目审查需要大量的时间和信息，会有冲突矛盾，而且往往产生相对有限的结果。很难将深入审查与现行预算的程序结合起来。

> 美国在“项目评级工具”（PART）方面取得了相当大的成功，该工具由管理与预算办公室（OMB）内部管理，对部门支出申请进行年度审查。根据 PART，每年约有 20% 的联邦项目根据四项标准进行评估，评估结果被汇编成一个数字分数。虽然 PART 分数和项目分配之间没有直接联系，但 OMB 利用该分数向各部门施压，要求其纠正项目中的缺陷。随着 PART 的发展，其主要目的是促进项目改进，而不是以资源损失来威胁部门。

为什么这次结果会更有利呢？也许是因为各国从过去的失败中吸取了教训，也许是因为现在更加坚定地承诺，要通过淘汰无效和低优先级的项目来控制政府成本。在回顾

PEMS 的失败时，加拿大政府认为，虽然对信封（部门）的分配应该是上限，但它们通常被视为下限，增加了公共支出的压力。因此，这一次的项目审查进展更加明确，要求在固定预算内重新分配资金。此外，当代的项目审查确实在努力解决早期被忽视的基本问题。这些涉及政府的角色和职能、政府与私营部门和志愿部门的关系，以及当公共资源似乎更丰富且对公共机构的信心更高时所做承诺的未来承受能力。对政府目标和项目进行战略调整的时机可能已经成熟。如果时机不成熟，则项目战略不会产生太大影响；如果是，则结果会有所不同。

渐进式战略

实施迄今为止讨论的任何战略都需要政治和组织资源的实质性承诺，以及（在某些情况下）对创新将带来改进的信心。因此，可以理解的是，一些国家采取了谨慎的态度，在机会出现时逐步采取行动、循序渐进。这种方法的明显优势是，当某些改革看起来是正确的事情时，可以采取特定的改革，并且可以根据环境和机会的变化对改革过程进行微调。德国的改革似乎适合这种模式。无论是因为其联邦构成抑制了跨越式创新，还是因为政府一直专注于统一，该国采取了一系列旨在精简政府和降低成本的措施。德国已经出现了一些私有化和放松管制，立法提案显示了预计成本的新要求，减少联邦部委和其他联邦实体的数量，新的管理工具侧重于衡量成本和绩效，以及一些分散资源责任的努力。这些和其他举措已被打包成一个“行动计划”，以提高联邦政府的效率和经济可行性。改革的目的是通过确定可以转移给下属当局或私营部门，或完全废除的任务来缩小国家规模。德国指出，20 世纪 70 年代曾尝试对行政机构进行全面改革，但当时提出的许多建议并未得到实施。相比之下，当前的现代化计划强调不断改进。它是小步推进的（马赛克理论），而不是基于整体的方法。因此，各部对其现代化措施遵循不同的理念。如果试图改革所有需要改变的公共行政部门，那是非常耗时费力的。因此采取循序渐进的方法十分必要。渐进式改革有几个潜在的缺点。一是许多小步骤加起来可能不会产生重大变化；二是由权宜之计而不是战略推动改革将没有方向；三是政府可能对过程的努力失去兴趣。循序渐进的改革者一次迈出一步，让前一步决定下一步的方向，会产生很多意义不大的行动。因此，渐进主义者在一开始就要阐明他们改革的目标是很重要的。同样重要的是，改革应显示出足够的进展以维持政府内部的兴趣，并且它们相互依托。德国长期拥有同一政府这一事实或许可以解释其改革的持久力。在一些国家，当今的政府从一个改革议程转向另一个改革议程，没有将各种举措整合成一个连贯的战略。

策　　略

任何战略都不能自我实现。当政府走上公共管理改革的道路时，它面临着无数关于改革应该如何实施、由谁实施以及何时实施的决定。它还必须采取措施建立公众对改革的支持和兴趣。这些以及相关的策略常常主导着改革议程；在某些情况下，它们体现了强劲和温和进展之间的差异。本节简要地讨论政府在实施改革战略时面临的许多策略问题中的几个问题。

改革的步伐和范围是常见的策略问题。前面提到的一种选择是对所有或部分要素进行试点，并将全面实施的决定推迟到对结果进行评估之后。另一种选择是政府可能要求所有部门和机构全面实施。还有一些选择是根据交错的时间表实施改革（一些机构或部门在第一年，其他机构或部门在第二年，等等）或允许每个部门决定其参与的范围和时间。

与过去的改革浪潮相比，战略改革中的试点似乎更少。然而，一些政府已授权部门酌情调整其管理做法。这种宽容的理由是，除非运营部门支持变革并在如何实施方面拥有发言权，否则管理改革不会成功。强加于部门的改革，或者承诺规定的变革，或者觉得变革不符合自己的需要，那么结果只会有微不足道的进步。

即使各部门在实施建议的改革方面拥有广泛的自由裁量权，政府也可以考虑将监督责任分配给现有的中央机构或为此目的设立的临时实体。财务部门显然是这个角色的最佳人选，但并不总是最合适的人选。它对财力的控制可能会妨碍鼓励管理者提高绩效。但如果这个角色被委托给竞争对手，财务部门可能会试图破坏改革。

在制定改革方案时，政府可以通过行政命令或寻求立法授权来进行。大多数政府采取了第一种做法，即更倾向于行政行为赋予它们的灵活性。一些国家，尤其是新西兰，已将其主要改革纳入法律。但即使采取了第二条路线的国家也发现有必要在立法范围之外进行调整，为了使改革继续下去，他们不得不进行试验和调整。

许多策略是针对特定国家地区的，关于最有效方法的概括值得怀疑。在一个国家行得通的东西在另一个国家未必行得通。也许人们可以提供的最好的策略建议是让政府在改革上投入足够的制度资源和政治支持，对改革的方向有一个坚定的想法，并对如何实现目标保持开放的心态。如果当前的改革浪潮比之前的改革浪潮持续时间长得多，那是因为政府已经适应了，策略也已经根据需要进行调整。

前进的道路

战略改革需要时间。大多数参与该项目的国家已经开展了十年；英国政府即将迎来第二个十年，还有许多额外的工作和创新摆在面前。事实上，改善公共管理的任务没有真正结束。随着新问题的出现和新想法取代旧想法，政府重新定义了他们的期望。成功的改革创造了新机遇；失败的改革促使政府重新开始设计并再次尝试。

不管迄今为止取得的进展如何，所有改革国家都面临着将他们所做的变革制度化并为下一代管理创新做准备的任务。所有的国家都必须防范重蹈覆辙，并培养持续改进的能力。大多数人仍然需要在各种战略之间找到一个可接受的平衡点。他们都必须重新考虑中央机构的作用及其与部门单位的关系，并且都必须加强维护管理问责制的手段。

> 强调一下前面说的，没有活力的改革成了必须遵守的又一惯例。这可能适用于所有管理创新，但尤其适用于那些注重绩效的创新。

除了当前的议程之外，还有一系列与公共管理未来配置相关的问题和可能性。这里的主要问题涉及新兴信息技术对提供公共服务的影响、改变公民与国家之间关系的潜力、公务员的未来构成和作用、市场和公共组织的界限，以及绩效管理的逻辑和工具扩展到政府服务的核心领域。尽管当前问题和未来议程之间的区别有些武断，但分清楚符合国家政府当前利益的改革和可能会在未来出现的改革是有用的。很可能几乎所有改革派政府都会解决当前的问题，但他们处理未来潜在问题的可能性要低得多。

回归控制和合规公共管理

无论政府在废除传统控制机制方面取得了多大进展，都必须警惕倒退的改革恢复旧秩序。主要的风险不是政府会抛弃他们的管理创新并重新采用废弃的做法，而是他们会以零碎的方式强加规则和程序以应对特定问题。恢复到旧秩序可能是由于滥用了管理自由裁量权、议会对信息和控制的要求，或风险规避的公共管理者对基于绩效的系统的不安。每一项重新制定的规则或要求可能有其自身的合理性，但累积影响可能是重新引入以合规为中心的管理。

防止回归老路并不容易。有两种主要方法可以应对这种趋势。一个是承认人们自然倾向于增加控制，并定期审查规则以及清除那些被认为多余或不合适的规则；另一个是将管理自由裁量权和问责制的规则制度化，以阻止入侵。第一条道路屈服于重新集中化的必然性，第二条道路试图阻止它。

持续改进

改进公共管理不应该是一劳永逸的事情。持久和可持续的进步需要每一次改革都建立在上一次改革的基础上，要求政府吸取经验教训并寻找机会提高期望和绩效。但是，在公共机构中建立这种能力并不容易，其中许多机构经历了爆发式的创新和变革，然后停顿和整合。这种周期循环模式使政府能够向下传递新的规则和期望，指导员工进行创新实践，获得所需的信息，并测试新的程序和要求。政府急于从一个部分实施的创新转向下一个创新，就会遭受“改革疲劳”和混乱。在一些这样的国家，笔者曾遇到过高级管理者，他们请求在紧急向他们施加下一次改革之前，让他们有喘息的空间来消化吸收上一次改革。当每一轮改革都承诺做同样的事情但有不同的名称和程序时，情况会变得更糟。

在市场中，竞争迫使变化发生。在政府中，激励因素通常是一种绩效衡量系统，该系统会定期提高目标以促使受监管的组织做得更好。使用绩效指标作为变革的引擎，要求目标：

- 数量不多，因此它们会发出强烈的预期信号并提供评估进展的明确依据；
- 促使机构改变项目或任务，使他们能够实现目标；
- 由每个机构和负责整个政府绩效的中央机构联合选择；
- 受到监控和审计以确定目标是否已实现；
- 是鼓励机构提高绩效的更大管理框架的一部分。

这不是对绩效管理系统特征的完整逐条列举，但上面的每一项都与推动组织持续改进的任务特别相关。

> 很少有政府声称拥有符合这些标准的绩效管理系统。这里列出的特征是希望绩效数据改变其政策或运营的政府的基本条件。

平衡改革战略

本文指出，一些国家侧重于运营管理，而另一些国家则侧重于项目有效性。理想情况下，这两种战略应该齐头并进，因为项目依赖于运作良好的组织来实现其目标，而运营只有在服务于政府目标的范围内才会产生公共利益。一个国家在改革公共机构的任务上停留的时间越长，就越有可能在开始实施其中一种战略后转向另一种战略。将两者结合起来并不简单，因为它们需要不同类型的信息，具有不同的用途和视角，并需要不同部门和级别政府的参与。假设一个政府打算在两条战线上推进，它必须决定是将这两个战略结合在一个统一的改革中，还是将它们分开。据笔者所知，澳大利亚是最纠结于这个问题的国家。从 20 世纪 80 年代开始并持续到 21 世纪的第一个十年，它寻求整合财务管理改进项目与项目预算。FMIP/PB 联合倡议在重新调整项目和改进管理方面取得了重大进展，但处理改革一揽子计划的两个部分之间的关系并不总是那么容易。

中央机构的作用

项目和管理战略之间的紧张关系之一与中央机构角色的变化有关，尤其是处理那些财务和人力资源机构的作用变化。这些机构曾经承担政府的中央指挥和控制职责，但这种角色与新的管理伦理不相容。一些中央机构通过重组推动权力下放和灵活管理。但以权力下放的名义从中央推动改革有时会给接受端的部门传递错误信息。他们担心新绩效制度是一种让他们提供信息给中央控制人员对付他们的策略，而非解放他们运作自己的业务。

中央机构进退两难。如果他们允许每个部门或机构以自己的方式进行改革，他们就有可能得到与他们想要的截然不同的管理安排。如果他们干预决定部门和机构应如何管理他们的事务，他们就有被指控违反管理主义规则的风险。此外，由于被剥夺了许多世代以来对运作部门权力来源的控制权，中央机构可能过于软弱，无法迫使人们遵守他们关于政府应如何管理的观点。

中央机构不断演变的作用因国家而异。在某些国家，财政部（或类似组织）在管理事务上拥有无可匹敌的权力；在另一些情况下，政府设立了一个单独的机构来监督改革进程。在一些国家，财政部对其角色和与运营单位的关系有着坚定的认识；在其他情况下，财政部正在经历一场身份危机，寻求开辟一个适当的环境，使其能够在管理框架内保留相当大的行政权力。总之，财政部（和其他中央机构）面临督促各机构着手进行改革的任务。

加强管理问责制

早些时候有人指出，在下放管理权力方面取得的进展比加强管理问责制取得的进展更大。事实证明，废除旧的控制比建立新的基于绩效的问责制容易。因此，存在很大的风险，即管理灵活性将因行为不端的官员而受到质疑，这些官员将新自由作为破坏公众信任的许可。有些滥用可能是真实存在的，有些只是被感知到的；无论哪种方式，它们都可能通过重新嵌入中央执行的规则和标准，促使政府对公共管理者加以约束。轻率行为不一定是刺激这种逆转的主要因素；即使是轻微的失误也会促使部长和议员要求更多控制权。

应该做什么呢？以下部分或全部，取决于已经建立的问责制度质量：

• 培训管理人员和公务员，让他们了解在新安排下的职责。不要想当然地认为他们知道什么是允许的，什么是不允许的。

• 审查有关雇佣、财务、承包和其他管理行为的规则，以确定是否存在必须弥补的空白。

• 向管理人员灌输这样的原则：他们对组织中的良好行为负有个人和专业责任。

• 评估财务报告系统、财务报表的质量和审计实践，并采取适当措施将标准提升到可接受的水平。

• 在依赖外包的国家，应培养一支公务员队伍，他们是与私营方谈判合同的熟练谈判者和合规监督者。这些技能在商业公司中比在政府部门中得到了更高程度的发展。

• 改进绩效报告系统，包括报告结果的审计。

下一次改革

当前的管理改革浪潮不会是最后一波。目前的发展态势将扩大新的、尚未尝试过的管理安排的范围，包括：传播信息技术促进政府内部以及政府与公民之间的互动交流；对公共服务数量和质量的期望不断提高；公务员规范的削弱和对临时、兼职和非公职人员的依赖增加；市场和竞争进一步侵蚀公共服务的提供；以及采用使绩效衡量成为现实而不是空谈口号的做法。

这些变化既相互独立又相互关联。在政府和公民之间建立涵盖广泛服务和关系的远程互动沟通可能会自行进行，但一旦建立起来，就为重新配置公务员制度、将市场机制纳入核心公共服务和认真对待绩效管理打开了大门。或者，虽然新技术的发展可能会加快沟通速度并使与公民的远程互动成为可能，但它可能无助于改变政府保留以职业为基础的公务员制度或可能依赖整个劳动力市场来获得所需工人的方式。

人们可以预见未来政府的组织方式与现在截然不同。未来的公共服务将在家庭或通信中心之外运作；将由商业公司根据与政府签订的合同雇用的工人组成；公民在购买公共服务时将有广泛的选择；政府部门将缩减为核心政治政策职能；各国政府将采用可变预算，其中资源量与产出量和其他业绩衡量标准挂钩。

从中长期来看，政府采取的方向将与商业组织采取的方向密切相关。如果“虚拟”公司成为商业组织的典范，它也将以某种滞后的方式成为政府组织的模式。

换句话说，如果一个人能够预见市场部门将如何演变，那么他就能够预测公共部门将如何变化。由于缺乏这样的远见，笔者敦促各国政府参与近期议程并推迟预见性的计划，直到未来到来。

参考文献

Peters, B. Guy (2001), The Future of Governing, University Press of Kansas, Lawrence, Kansas, United States.

第十章

绩效国家：对一个时机已到但尚未实施想法的反思 *

当代民族国家的存在是为了向其人民提供财政补助、公共服务和其他利益。政府的表现会影响到国民经济和社会福利、选民在选举时的心态、政治家和官僚的计划和行为，以及政府与公民之间的关系。提供服务和拨款并不是现代国家的唯一职能，它还需要履行传统看门人的职责，比如：保卫国家免受外部威胁，维持国内的卫生、安全和秩序。虽然这些任务至关重要，但从公民情感活动和政府财政账目方面来看，在大多数国家，它们已经被比几代人以前所提供的广泛得多的公共服务所超越。

政府不仅比以前承担了更多职责，执行许多任务的方式也不同了。本文的主题之一是：绩效国家本质上是一个转型期国家，它需要适应不断变化的状况和机遇。绩效不是一个静态的指标，而是需要不断地根据情况和结果的反馈来调整

---

* 本文最初发表于《经合组织预算期刊》（*OECD Journal on Budgeting*），第3卷，第2期，2003年。在撰写本文时，艾伦·希克（Allen Schick）是华盛顿特区布鲁金斯学会政府研究的访问学者，也是美国马里兰大学公共事务学院教授。方框中的评论写于2009年。

政策和行动。在绩效国家所经历的众多转变之中，通过象征和运动担当人民统一者角色塑造了共同的民族认同。随着提供公共服务成为政府越来越重要的职责，而公民对于服务的需求有所不同，绩效国家多样性的特征已经超过了统一性。绩效国家必须为人民服务，即使它需要采取多种不同的方式为人民服务。这种逻辑促使一些民族国家的现代化倡导者设计出更灵活的公共行政形式，旨在通过在运行项目和使用公共资源方面赋予政府官员广泛的自由裁量权来提高绩效。一旦人们接受了“一刀切”的观点，就很容易得出这样的结论；统一的规则和程序会阻碍管理者尽最大努力去实现计划目标，从而影响良好绩效的形成。这一推理促使一些国家政府解除了对公共行政的管制，但许多其他国家则试图在既定的行政管理框架内提升绩效。因此，虽然绩效是民族国家的共同目标，但各国政府却选择了不同的道路。这种区别通常被贴上新旧公共行政的标签，但更关键的区别在于国家本身的地位。在一些国家，绩效导致人们依赖国家以外的其他方式来获取公共服务，而另一些国家仍然垄断着大多数公共服务的供给。最突出的替代方案包括将资源和权力从国家政府下放到地方或区域机构，依赖非政府组织来设计和提供公共服务，利用国际组织来制定和执行公共政策，以及求助于各种市场类型的安排。绩效国家的反常之处在于，起初为加强政府绩效而努力的创新，有时会以绕过或破坏国家的安排而告终。

绩效是一项要求很高的测试。当国家未能满足测试时，其合法性和能力可能会受到质疑，而且政策制定者和利益集团可能会寻找一些替代方案，这些方案承诺可以满足他们想要的结果。说到底就是：在绩效国家中，绩效比国家本身更重要。现代国家只有在其职责范围内才具有优先权。只要国家仍然重视公民忠诚度和税收收入，那么绩效初步改革的重点是赋予国家权力。但当这没有效果时，国家的替代可能会受到青睐。

前段总结了本文的一个关键结论。本文将通过三个阶段来论述得出这一结论的过程。第一阶段，在下一节中，将探讨绩效的概念，它的含义是什么以及它为何应用如此广泛。第二阶段研究了实现绩效的各种途径，并指出即使这一理念被接受，也有多种其他途径来加强公共服务，尽管有时这些途径是相互冲突的。第三阶段将讨论回归到国家本身和近年来颇受欢迎的替代方案。文章最后讨论了绩效国家对国家政府及其预算实践的影响。

绩效的概念

绩效是一个看似简单但又具有欺骗性的概念：简单是因为它很容易表达关键的思想和目的；欺骗性是因为这些概念很难应用到政府工作中。其基本理念是，政府应提供高效的服务和运行高效的项目。在最新的绩效文献中，效率通常与产出（政府提供的商品和服务）有关，而效能与结果（政府项目对社会的影响）有关。效率具有定量和定性的特征，包括服务的数量和成本、响应时间和错误率、服务的可获得性和提供服务的礼貌程度以及公民/客户对服务的满意度。效能是指计划与政府重点和目的的匹配程度，以及产生预期或期望的影响。

人们普遍认为，结果是绩效最重要的维度，但人们也意识到，结果数据往往无法获得或获取成本很高。即使有数据，政府政策与社会条件之间的因果关系也存在问题。在重视绩效的国家里，以改善结果为目的的变革最终往往只注重产出。这种“退而求其次”的情况当然比花几年时间去追求理想的结果衡量指标更有成效。产出是一个有效的绩效指标，因为公民通过观察学校教室的环境和每个班级的学生人数，从家到诊所的距离和到达诊所后的等待时间，警察的服务态度以及普通公民与政府机构和政府官员等无数其他接触来了解政府。产出是政府展现给公民的形象。如果公民认为政府服务不足，那么他们就不会认为政府表现良好。

然而，产出和结果并不能充分评估政府的绩效。它们是政府在某个特定时间点正在做什么或完成什么的简要说明，它们既没有揭示促成或推迟结果的原因，也没有表明政府在未来是否有能力执行。因此想对绩效进行全面评估必须认识到：产出和结果是政府工作的最终成果，其中既包括推动结果的先决因素，也有衡量政府预期绩效的指标。理解过去，继往开来，挖掘表面结果之下的真相，并解释政府为何这么做，这是绩效评估的任务。

绩效不是凭空产生的。政府，包括政治领导人、公共管理者、公务员以及他们控制或工作的机构，必须关注结果，并积极寻找改进的方法。他们必须不断地审视官僚机构高墙之外的世界，以发现正在发生的变化，对旧的政策和方法提出质疑，并提供新的机会来做得更好。对结果的关注必须渗透到各个阶层，并借此来界定政府，塑造政府的职能与运作方式。

绩效并不是一成不变的评估标准。政府要想取得良好的绩效，仅仅对其内部运行进行有效管理远远不够，政府还需要适应不断变化的环境。如果一个社区卫生诊所在其服务的妇女处于育龄期时表现出色，但在居民年老、不再生育时仍继续提供产科服务，那么它将无法发挥作用。真正的绩效需要将重心从政府内部转移到政府外部。这种转变需要重新定义结果评估所发挥的作用。主流观念是，这些措施让政府了解其计划是否取到了预期效果。然而，在绩效国家中，评估结果的效用很大程度上在于告知政府社会条件如何变化，以便政府能够做出相应的调整。问题的关键不在于政府的行为是否导致了特定的结果，而在于特定的结果是否应促使政府审查其项目和政策并采取具体行动。

因此，绩效国家需要不断解读环境信息并根据新信息来调整行为方式和工作内容。当消费者偏好发生变化、技术发展和竞争对手进入（或退出）时，一个成功的企业会通过监测市场发展和改变产品结构、价格及其他政策的方式来加以应对。同样，一个有效的政府也会根据家庭模式、收入分配、技术进步及其他机会的变化来改变自身。当然，由于缺乏市场压力和价格信号，政府在适应过程中会更加困难。然而，即使绩效国家自称会保持不变，但他们确实会改变。

在绩效国家中，每一个绩效指标都是变量。变量可以与其他政府进行比较，与过去进行比较，或与目标或目的进行比较。事实上，正如下一节将简要讨论的，绩效目标已经变得流行，因为它们使政府能够根据预设的标准来评估变化。一个绩效国家并不满足于仅仅通过维持现状而获得的结果，而是积极主动地通过考察周边的世界、改变目的和计划来寻求改进。

按照这个标准，优秀的绩效国家很少，这也是为什么所有类型的国家——发达国家、发展中国家、转型国家和新兴市场国家都在追求良好绩效的原因之一。所有类型的国家都存在这样一种感觉，即实际表现不够好，但通过表现得更好，国家将成为一个更有效的公共服务生产者和更有效的项目运营者。但绩效的概念超越了这些有形效益的范畴，它让人们相信，一个绩效良好的国家拥有更蓬勃的经济前景、更稳固的民主制度、更公正的社会和更稳定的政治。从某种程度上说，如果这些条件都不具备，那是因为民族国家的表现不够好。

对这四类国家进行粗略的调查表明，有些更大的政治利益可能难以发现。发达国家在跨国治理规模和反腐败措施方面通常得分较高。几乎所有国家都提供高质量的公共服务，大多数国家都有完备的信息和评估系统来评价绩效，并在结果低于预期时采取纠正措施。尽管发达国家评级较高，但近几十年来公民对政府和政治领导人信任和信心下降，大多数发达国家为此而困扰着。近期一项研究发现，在接受调查的13个三边国家中，除了两个以外，其他11个国家的公民都失去了对政府的信心（Pharr和Putham，2000）。对这一趋势的一种普遍解释是，公民对政府的看法较低是因为他们认为接受政府的好处是理所当然的。在福利国家扩张边界的时期，公众评价容易下降。发达国家通过社会保障和其他福利的方式转移到家庭的政府支出份额都出现了显著上升。看到信任缺失的情况，人们很容易得出这样的结论：公民正在恩将仇报。鉴于这种模式，强调绩效不太可能换来更积极的反馈。可以说，一个以绩效为导向的政府可能会让选民有更多的不满情绪，因为它揭示了结果的不足和组织的失败。同样的道理，就像没有人是他/她仆人心目中的英雄一样，当一个国家的表现完全展现在民众面前时，也没有一个国家完全成功。

一些英联邦国家和斯堪的纳维亚国家已经率先推动了提高绩效的工作，有人认为这些国家是世界上管理最好的政权之一。但为什么这些国家要比那些缺乏公共服务的国家更关心改善自身呢?[①] 一部分原因可能是，与普遍存在管理缺陷的国家相比，运行良好的政府更有能力认真对待绩效。另一

---

① 澳大利亚、法国、新西兰、瑞典和英国的管理改革在OECD（1997）中有所讨论。

部分原因是，绩效对于政府来说，就像马斯洛需求层次理论中的自我实现一样重要。只有当基本要求得到满足时，国家才能取得成果。

即使是最发达的国家也可以通过注重结果来改善现状。绩效驱动意味着（有时也断言）民族国家有表现不佳的天然倾向。他们受到公共服务提供方面缺乏竞争、官僚规则和程序僵化，以及政治压力和限制的阻碍。此外，因为他们不会适应技术创新、社会经济条件的变化和其他发展所带来的机遇，所以如果他们不努力做得更好，他们肯定会做得更糟。在发达国家，注重结果的目的是缩小实际绩效和潜在绩效之间的差距。

在发展中国家，许多人生活环境恶劣，改革者希望，这可能仅仅是一种希望，使政府更加有效将会刺激发展，并通过为投资和创业创造有利条件来改善公民福利。但是，半个世纪的失败告诉我们，发展之路并不可靠。

绩效可能会被证明是沮丧的改革者为摆脱路径依赖的病态而不顾一切地抓住的最新时尚，这种病态已经使世界上相当一部分人口陷入悲惨的生活状况。一些贫穷的国家由于缺乏资源，无法在绩效方面取得重大进展；一些国家由于过于腐败，无法将捐助者的援助用于生产。一个强有力的例子可以证明，最不发达国家可能更多地受益于旧模式的行政管理，而不是新式的基于绩效的程序（参见 Schick，1998）。对于仍然缺乏基本问责制的国家，从遵守到成果、从投入到产出和结果的转变可能还为时尚早。

随着时间的推移，这一结论更有说服力。发展中国家并没有因为采用先进的做法而蓬勃发展，相反，这些做法会使行政能力吃紧，危及金融体系的健全，并（在某些情况下）为腐败和滥用公共资源敞开大门。政府由于缺乏可靠的投入数据，无法以产出为基础进行管理，因此，国际组织应该更加关注改革的先后顺序，避免过度迷恋推广前卫做法。

贫穷国家必须改善公共绩效，如果不这样做，无论捐助者的援助流入和对千年发展目标的重视程度如何，一代人之后的境况都不会好转。然而矛盾的是，比起对绩效的崇拜，贫穷国家可以通过建立强有力的行政程序取得更大进展。与其引入绩效工资制度，不如择优录用和提拔公务员，给他们支付合理的工资，要求他们按时工作，对公民友好和有礼貌。拥有一个与实际支出相对应的预算，比拥有一个显示用公共资金购买产出或结果的预算更有价值。在整个行政程序中，应强调基本技能和能力，这样即使没有明确关注结果，也会有更好的表现。

对于已经提高了经济能力的新兴市场国家来说，绩效导向可能更有希望。

新兴市场国家一直是公共管理现代化最积极的国家之一。韩国就是一个很好的例子。在东亚金融危机过后，政府认识到了公共绩效落后于经济发展的问题。在危机爆发后的十年里，政府从基于投入的预算体系转变为基于计划的综合预算体系，通过中期框架整合预算和规划过程，并将预算决策重点放在政策变化上。巴西、中国、墨西哥和俄罗斯也已着手来提升其预算和管理能力。

在新兴市场国家，国家现代化有落后于经济发展的趋势。这可能会拖累发展，因为政府很可能存在问责制薄弱、腐败现象普遍、公共服务缺乏专业精神、以及其他不景气时期遗留的问题。此外，随着经济的成熟和个人收入的提高，公民往往会更加关注政府事务，并要求改善公共服务水平。曾经被认为足够好的学校，现在不再是了。在经济飞速发展时期，卫生条件恶劣、忽视环境破坏、医疗服务不足、交通原始落后等缺陷已经不再能令人接受。在新兴市场国家，经济的改善提高了人们对政府能够或应该为其人民做些什么的预期。新兴国家政府以绩效为基础进行管理似乎是提升公共服务的正确方案。

然而，即使在这些国家，如果以绩效为导向需要废除既有的行政管理，也应该谨慎对待。在有效推行绩效观念之前，剥离财务和公务员制度是一种冒险的策略，这样做可能会为更多错误行为敞开大门，而非产生良好结果。在泰国发展起来的一种谨慎的做法也许值得其他国家借鉴。泰国政府明确规定公共机构在必须克服一些难关或标准后，才能获准拥有广泛的自由裁量权。这些难关涵盖了主要的行政程序，包括预算、人力资源、采购和信息系统（世界银行，2002 年）。尽管泰国没有严格执行“难关”方法，但它能够使政府加强问责制，以此作为给予管理人员自由权的先决条件。

> 回过头来看，“难关”方法并不成功，泰国政府在引入几年后就放弃了这项做法。据我所知，目前还没有对这一失败进行系统性的评估。就像多年来许多其他的管理创新措施一样，这些创新措施在到来时充满了希望，但它就这样悄然消失了。在我看来，这种方法之所以会失败，是因为设置的难关门槛太高。他们没有探讨基本能力，而是从七套先进实践的角度来评估政府机构自我管理的准备情况。更现实的难关可能会更有效地促进管理改善。

转型国家，尤其是那些渴望加入欧共体的欧洲国家，或许比其他任何类型的国家都更容易受到绩效的影响。转型国家必须迅速改革经济和治理机构，同时将公共服务提高到国际可接受的水平上。绩效对这些国家极具吸引力，因为它可以替代过去集中式的公共管理。注重绩效使转型政府能够制定合理的且具有挑战性的指标来改善公共服务和运作。然而，相较于公共服务部门促进绩效道德方面，这些国家在摆脱旧的规则和控制方面更成功，但仍存在相当大的风险。

在所有国家，绩效的困难之处在于如何将其应用于政府的日常工作。这个想法本身就很有吸引力，也很有道理，但想要让政府在绩效的基础上运作，就需要在管理文化、政治与行政之间的互动、公务员的预期以及财政资源的分配等方面进行重大变革。绩效国家与20世纪盛行的民族国家是不同的类型。尽管有些国家取得了比其他国家更大的进步，但没有哪一个国家能够全面实施该计划。

实现绩效的途径

实现绩效的路径有很多，但没有一条路能够确保成功。有的依靠行政程序，有的依靠政治或专业承诺。有的以“新公共管理”为基础，有的则适用于传统的公共管理。按顺序实施绩效是很有用的，将各种创新按逻辑顺序排列，以便在其他创新的基础上进行发展。本节所采用的方法强调了能使绩效蓬勃发展的顺序和条件。它从态度开始，发展到管理，然后从管理走向政治。

所有的绩效都有正式和非正式两个维度，但两者之间的平衡因所使用的工具类型而不同。内部规范属于非正式层面，合同和法律权利属于正式层面。在追求绩效的过程中，政府越来越多地寻求正式的补救措施，但除非这些措施得到非正式承诺的支持，否则这些形式可能被证明是毫无意义的。当代绩效运动的缺点之一就是忽视或低估了善治政府的政治和规范基础。

绩效还具有管理和政治两个维度。没有政治上的鼓励，管理者可能很难专注于他们应该完成什么工作；没有忠诚的官员，政治家们也无法在实现他们愿景方面取得进展。因为政治家和管理者经常有不同的话语和不同的利益，因此很难在他们之间建立起适当的联系。当绩效出现问题时，罪魁祸首往往是因为混淆或误解了当选领导人和高级官员各自的角色与责任。因此，处理好两者关系是建立绩效国家的必要条件。

作为道德的绩效

绩效运动是新事物，但通过有效的国家计划建设国家却不新奇。19 世纪和 20 世纪民族国家的兴起很大程度上要归功于政府取得的惊人成就。一系列成功的案例包括普及教育、提供养老金和其他收入支持、改善贫困状况、建设高效交通系统、审慎监管商业活动以及促进科学技术发展等。由于发达国家政府在这些方面表现出色，人们的预期寿命延长了，城市脏乱差现象得到缓解，婴儿死亡率大幅度下降，许多传染性疾病被消灭了。在绩效问题被明确提上议程之前，政府如何取得良好绩效呢？这与政府机制的进步有关，特别是引入的择优公务员制度和现代预算制度。民族国家是随着公共管理的进步而成熟的。但这并不是全部的答案，甚至可能是次要的部分。政府吸引了许多最优秀、最智慧的人投身于公共服务事业，因此它在国家建设方面表现出色。政府工作不仅受到那些因技能不足而没有什么就业机会的人的推崇，精英学校的毕业生也将公共服务视为一种使命。许多公职人员渴望通过政府工作做有益的事，这促使他们更加关心绩效，尽管这个词还不流行，结果也还没有被正式评估。事实上，在许多国家公共服务道德与政府分赃制共存，但在管理阶层，一边为国家服务、一边做有益的事的观念往往占主导地位。

公共服务道德是政府绩效的基石，政府绩效对人的依赖程度不亚于对机器和流程的依赖。这种观点与委托代理模型形成鲜明对比，这个模型是通过“新制度经济学”（NIE）进行推广并且通过“新公共管理”（NPM）引入公共部门。NIE和一些版本的NPM认为，公职人员是自私的、是机会主义的代理人，是以牺牲公共利益为代价为自己谋私利的懒汉。[①]按照这种观点，只有当公职人员受到严格的监督，并给予他们明确指示，让他们知道对他们的预期，并有强烈的激励去做好工作的情况下，才能使他们发挥作用。公职人员可能会因为内化了公共服务价值而做得比正式预期更多，对于NIE/NPM来说，这一观点可能是格格不入的，但对于几代学生来说这是很熟悉的，因为有老师在课后留下来帮助学生克服学习难题，有警察在社区运动队当教练而从不索要报酬，有巡诊护士在日常巡诊结束后停下来看望病人等等。当然，这绝不是公共职业的全部故事，甚至不是绝大部分，但它是政府履行职责、赢得人民信任、建立社区和国家的基础。

在大多数发达国家，公共服务道德仍然存在，但不像过

① 新西兰财政部（1987）表达了对公共服务的这种看法。这份由财政部为新当选政府准备的简报对新西兰公共部门的后续改革产生了很大影响。

去那样牢固。因为它已经被强大的社会经济力量所侵蚀，这些力量包括公共薪酬和私人机会之间的差距扩大，对私人市场和承包商提供公共服务的依赖增加，以及公职人员受到的尊重下降。当公共服务只是一份工作时，政府官员的工作就没有什么特别的价值可言。对于合同中规定的任务是由政府所支付工资的人执行，还是由通过竞标获得合同的公司执行，似乎并没有什么区别。只要详细地说明工作流程或产出，公共服务和私人服务是可以互换的。按照价格或其他变量来衡量，工作将会交给表现更好的人。

可以说，当私人企业被用来提供公共物品时，最需要公共服务道德。在这些情况下，公共价值被公司贬低的风险就更大了，这些公司遵守合同的字面意思，但只做了具体要求的事，可能会偷工减料、走捷径。当代政府面临着这样一个艰难的困境：公共服务道德的流失使得外包和竞争具有吸引力，但如果没有这样的伦理道德，将任务委托给私人可能会剥夺政府为公众服务的剩余价值。一些国家区分了不外包的“核心”公共责任服务和进行商业招标的“标准化”服务。无论他们如何划分，所有政府都面临重建公共服务道德的需要。要做到这一点，需要的远不止是招聘培训合格、敬业的公职人员。除非政府外部重视公共服务，否则不会引起政府内部的重视。

作为焦点的绩效

内化的绩效道德不再能维持公共服务。在大多数情况下，外部的压力和强化可以使公共机构和人员聚焦于工作的目的，而不仅仅是遵循所规划的程序。聚焦是内在行为和外部强制执行之间的桥梁，也是提高绩效正式手段的基础。聚焦意味着关注结果，将其牢记于心，并将绩效作为一个参考点，来思考自己做得怎么样或者该如何着手未来的任务。尽管看起来平淡无奇，但聚焦有可能是一种强有力的工具，因为它能唤起人们对正在进行的工作和组织惯例背后的目的的关注。当政治家和管理者聚焦于结果时，他们的行为与他们的注意力被过程所吸引时是不同的。

真正的聚焦是持续不断的，而不是偶尔反思一下目的或任务。后者经常被尝试，但很少有持久的结果。一个组织想要有所作为，必须聚焦于目的，这样它可以从绩效角度出发来完成关键行动，这些行动包括分配员工和资源、设计和提供服务、评估结果以及将结果反馈给新决策等。拥有明确的目的有助于集中注意力，但这远远不够。组织明确了目标，但在做出关键决定时却忘记了这些目标，这种情况并不少见。加入欧洲共同体是当代一个聚焦于工作的绝佳案例，候选国围绕最终目标采取了许多行动（否则不大可能这么做）。欧洲共同体官员的多次访问加强了聚焦，他们一再警告说，能否加入欧共体将取决于是否满足共同体方面的要求。

任务声明和愿景声明已成为促使组织聚焦于使命和目的的流行手段。通常情况下，声明在参与式过程中起草和完善，一旦定稿，就会在组织的办公室和出版物的显眼位置展示。指望这些声明能对组织产生多大影响是没有意义的，因为一旦它们的新鲜感消失，它们就会成为被员工屏蔽的背景杂物的一部分。他们看到了这些声明，但很少反思它的内在含义或对开展工作的影响。这些声明一开始是为了反映公众关注度，最后演变成了公共关系。这需要有持续聚焦，因此必须不断更新和加强聚焦。否则，日常工作会剔除这一部分。

战略规划是另一个促使组织聚焦于使命和目的的常用工具。战略规划也是通过参与式过程制定的，旨在研究该实体应如何根据不断变化的环境或机遇进行自我转型。然而，政府的规划往往是描述性的，而不是战略性的，并且更多地是证明扩大预算和项目的合理性，而不是重新审查目的和业务。因此，当提到那些作用不大的组织重新定位计划时，管理者往往解释道，制定计划的过程比计划本身更重要。换而言之，在制定战略计划的过程中，一旦机构恢复到正常的工作状态，就会不再聚焦。

愿景声明、战略计划和许多其他旨在刺激组织变革的当代管理创新方法往往会产生短暂的霍桑效应①。在一段时间内，它们激励员工聚焦于正在做的事情和原因，但如果没有强化，这种效果就会消失。在商界和政界中，这是大多数培训项目、务虚会及类似活动的最终命运。当务虚会传达的信息与现实工作发生冲突时，后者就会占上风。保持聚焦与节食减肥有很多共同之处。一个人必须坚持到底。但由于大多数节食者注意力不集中，所以回头客生意使减肥行业蓬勃发展；在追求政府绩效方面也是如此，因为一项改革的失败会引发另一项改革。

作为评估的绩效

政府关注结果的努力催生了一个庞大的绩效评估行业。

---

① 译者注：霍桑效应（Hawthorne effect），又译为霍索恩效应，属于被试效应的一种，是在20世纪二三十年代，由美国哈佛大学心理学家乔治·梅奥等人在西部电力公司霍桑工厂进行的一系列实验中发现的效应。实验发现参加实验的工人在感觉受到关注后，即使在照明条件变差和福利措施取消等情况下，工作效率仍然很高，被关注等社会性需要的满足往往比物质待遇更能激励员工的积极性和创造性。然而，“霍桑效应”这个概念并非由发现该效应的乔治·梅奥提出，而是由亨利·兰斯伯格尔在20世纪50年代正式提出。后续霍桑效应广泛应用于心理学、教育学、管理学、临床医学等领域。

评估标准是引导政府绩效的最显著手段，它往往是第一步，有时也是唯一一步。然而，评估并不是一种新的工具。它是20世纪早期科学管理运动的核心，也是公共管理作为一个独立的研究和实践领域出现的核心。1938年，克拉伦斯·里德利（Clarence Ridley）和赫伯特·西蒙（Herbert Simon）提出了针对教育、交通、图书馆、公共工程、卫生和其他公共责任的具体措施，这是最早的系统处理方法之一。他们的评估方案是基于这样的概念，即“工作或绩效的结果表明了其目的的实现效果”（Ridley和Simon，1938，第2页）。例如，他们提出可以根据学生的逃学率和犯罪率以及社区的文化水平来评估教育绩效。

按照当代的标准来看，早期的测量方法并不成熟。近期大量关于绩效评估的文献无疑增加了方法论的储备，但政府绩效是否因为有了更多或更好的评估标准而有了很大的进步，这是值得怀疑的。这些文献的一个奇怪之处在于，人们对什么是产出、什么是结果，某项措施是最终结果还是中间结果，以及目标、目的和指标是指相同的东西还是不同的东西争论不休。经过几十年的工作，关于这一主题的许多讨论都包含了基本定义，就好像投入和产出这样的词语超出了常人的理解范围。围绕词语无休止的争论让人觉得，评估本身就是一个目的，通过产生定义来实现评估绩效的目的。也许这就是为什么美国著名公共行政专家唐纳德·凯特尔（Donald Kettl）提出“评估政府绩效就像天气一样。每个人都在谈论它……但在如何做到这一点上却没有共识”（Kettl，引用于Osborne和Plasrik，2000年，第249页）。

绩效评估存在一个问题，但不是凯特尔所指出的问题。绩效最大的问题不在于评估，而在于应用。人们对前者的重视程度很高，但对后者的关注不够。除了一些明显的例外，投资于绩效评估的政府很少将其结果应用于项目管理计划。它们不以绩效为基础计算公务员薪酬，也不要求管理人员对绩效负责，甚至也不以此为基础进行资源分配。以绩效为基础编制预算所付出的努力几乎总是白费，将薪酬与绩效挂钩的改革也是如此。如今，政府在预算、年度报告和其他官方文件中提供绩效信息是很常见的。但公布这些信息并不能代替这些结果得以真正的使用。

人们对绩效运动的误解之一是，人们认为组织可以通过掌握自身表现的信息来实现转型。这种乐观的想法并不合理，因为无论是公共组织还是私营组织，都有巨大的能力在不改变其政策或运营的情况下吸收或转移结果数据。重新定位一个组织需要持续的政治和管理意愿来回应关于它正在做什么或希望完成什么的信息。事实上，真正的组织变革可能是有效使用绩效信息的先决条件。并不是信息改变了组织，而是改变后的组织准备将信息应用于他们的绩效。

这一经验来自英国的“下一步”计划，该计划被认为是近几十年来最成功的政府机制改革之一。“下一步”行动将提供服务与各部委的政策职能相分离，从而改变了英国政府。100 多个准自治机构接受服务委托，每个机构都有一个运营章程（称为框架文件），章程详细说明了其职责和问责方式。每个机构都与其上级部门协商年度绩效指标，并根据其指标报告结果。[①]“下一步”行动之所以会成功，是因为新设立的独立机构和获得授权的管理人员能够在设计和提供服务时应用绩效评估标准。如果是没有转型的机构，绩效评估标准几乎不会产生影响。

---

① 奥斯本和普拉斯崔克（Osborne and Plastrik，1997）对“下一步”计划做出了良好的评估。

> 正如第七章（“寻求原则的机构”）所解释的那样，1997年布莱尔政府成立后，它不再强调“下一步”行动，而是优先重建各部委的决策和战略能力。在寻求改善绩效的过程中，布莱尔采用了“整体政府”的视角，根据各机构对众多社会目标的贡献程度进行评估，而不是像“下一步”行动那样专注于每个机构的具体产出。

评估一个组织的能力是极其困难的。不仅有多个变量会影响结果，而且与过去的绩效相比，能力与未来潜力的关联度更高。“平衡计分卡”是当代绩效评估中应用最广泛的创新方法之一，已经应用于企业和政府中评估绩效。它所依据的理念是：良好的绩效取决于强大的组织。平衡计分卡认为产出只是四项基本绩效考评标准之一。其他考评标准涉及内部组织流程，员工士气和质量，以及客户需求和满意度。在这个系统中，“平衡”一词意味着，在评估绩效时，组织和内部流程与产出和结果具有相同的地位。正如该方法的设计者所解释的那样，记分卡平衡了“评估结果——过去努力的成果——和推动未来绩效的考评标准”（Kaplan and Norton，1996，第10页）。

一些绩效评估系统的设计者认为平衡计分卡是对基本的产出——结果导向的回撤。美国著名的绩效评估专家哈里·哈特里（Harry Hatry）担心平衡计分卡“意味着所有领域都有同等的价值。但我们一直在努力让政府官员关注结果……有可能再次过度强调内部流程的危险”（Hatry，引自Walters，2000，第60页）。平衡计分卡可能只是永无止境的管理改革中的另一种时尚。即使平衡计分卡没有产生持久的影响，但也传达出这样一个信息：组织很重要，而且结果不是偶然发生的。绩效不是天上掉馅饼的事情，也不是不经过努力就能获得的。各部门和机构必须履行职责，政府才能发挥作用。必须动员和激励公共组织及其工作人员，为其提供资金和授予权力，使其能够开展活动，产生预期结果。如果组织不能发挥作用，政府也会失败。

作为管理的绩效

绩效运动的核心目标是让政府机构进行结果管理。这是一项艰巨的任务，因为这需要政府改变组织文化和管理方式。为了有效地执行，组织必须质疑固有的目的和目标，重新定义它们的内涵以及运作方式，摒弃根深蒂固的旧习和惯例，并在政府官员之间以及政府官员和政治领导人之间重新分配权力和责任。这些任务比 NPM 的倡导者在《重塑政府》（Osborne and Gaeblev，1992）和《消除官僚主义》（Osborne and Plastrik，1997）等标题振奋人心的畅销书中所承诺的要难得多。尽管 NPM 很有影响力，但它只是绩效运动的一小部分。但如果认为那些受制于传统公共管理模式的国家对结果不感兴趣，也没有采取行动实现公共服务现代化，那就大错特错了。绩效不是某一活动的专有财富或利益，它是当代大多数公共管理创新的圣杯。

无论采取何种方式，绩效组织都需要调整运营文化和管理能力。通过给予管理者适当的自由裁量权，从而实现“让管理者管理”，这是很有必要的。但如果他们领导的组织被思维定式束缚，无法改变运营方式，那么就不能指望他们的行为有多大不同了。

绩效取决于组织，也就是说是人力、财力和其他资源共同产生的结果。然而，如果说组织是绩效的推动者，那么它也是绩效的抑制者。因为它把内部需求和规范看的比外部需求和条件更重要。这种趋势通常发生在企业因为不愿适应市场的变化而被淘汰时，以及即使新任务更加紧迫，公务员仍然固守旧的任务时。组织有一种文化，一种“共同的信仰、习俗、价值观、态度、实践、角色、加工品、符号和语言组成的系统。它代表着一个群体的集体智慧和愿景……并指导团队如何解决问题，如何完成日常任务……文化反映在群体内外的社会关系结构中，并定义了拥有共同身份的群体的义务和权利”（Ewing Marion Kauffman 基金会，2002，第 51 页）。受文化约束的政府机构有独特的个性和特有的运作方式，这些方式会在员工中代代相传。他们有一种自我形象，包括对其基本使命或目的、所做的事情、如何应对外界需求或解决内部冲突的共同意识，这种形象不会轻易随环境的变化而改变。他们可能想表现得更好，但受困于他们的文化扭曲，他们可能不知道如何做，而且改变的代价太高了。许多公司因不愿转型而被市场淘汰，虽然政府机构的消亡率要低得多，但绩效不一定更好。

每年都有数百本出版书籍来指导企业和政府如何领导和改革组织。尽管有大量的建议，但政府在让受文化限制的组织发挥作用方面所拥有的工具却很有限。一种是重组现有实体，另一种是创建新的实体。重组曾经是一种受欢迎的策略，但由于重组组织结构的成本高、收益不确定，因此现在已经不是了。[①] 在政府扩张和增加雇员的时候，创建新机构是权宜之计，在紧缩成为主流的时候就不是这样了。前面提到的一些工具可能会促使组织调整目的或运营，这些工具包括战略规划、绩效衡量和报告。致力于自我转型的组织可能会采

---

① 这个概括有例外。在 20 世纪 80 年代末，澳大利亚将其部门合并成大型的“组合部”，而在 2002 年，美国将以前分属于不同部门的各个单位合并成了一个新的国土安全部。

取更换领导层，重新培训员工，培养利益集团和获取政客的支持等措施来规避或削弱变革的障碍。

NPM 旨在改变政府组织。它基于这样一种论点，即传统组织的再生手段是不够的。它倾向于“休克疗法”，将运营和提供服务从综合部门中剥离，将其委托给拥有运营自由权的独立机构，将政府活动私有化或在政府内部引入市场类型的安排，如竞争、价格和内部合同等。在一些国家，NPM 甚至发展得更远，赋予公共服务的接受者选择其提供者的权利。由于在大多数国家，通过私人市场提供公共物品的情况仍很少见，因此这些举措引发的争议往往大于变革本身。公共服务道德或许已经式微，但公共服务应该由公职人员提供的假设依然存在。

组织绩效的第二条途径是扩大管理能力和自由裁量权。在组织中，合规通常是绩效的敌人。如果管理者按照规定的规则和程序来定义他们的职责和成就，那么对结果的关注度就会降低。或者，如果他们被迫按照产出或结果来执行和定义他们的工作以及他们所在组织的工作，他们可能会试图逃避或越过那些妨碍实现结果的规则。当然，运作良好的组织必须有规则并且应该产生结果。但随着时间的推移，累积的规则和程序会对绩效造成负面影响，而绩效运动所要对抗的，正是过度限制性的规则和程序所产生的合规思维。

因此，提高绩效需要更少的控制并更少地强调合规性。在传统公共行政框架内致力于绩效的政府，一般都是通过取消多余的或过时的规则和程序来降低合规成本。以 NPM 为导向的政府走得更远，因为这类政府几乎取消了对管理自由裁量权的限制，废除了既定的指挥和控制系统以及运行这些系统的机构，并要求管理人员对结果负责。NPM 的倡导者认为，仅仅剔除一些控制措施是不够的，因为新的控制会取而代之。只要管理者仍被程序要求所束缚，他们就不可能真正地与绩效挂钩。

然而，在政府官员的行为方面，NPM 是矛盾的。一方面，它解放了官员，希望他们一旦可以自由地行使自由裁量权时，就会运用他们的经验和知识来提高组织绩效。另一方面，NPM 倾向于将官员视为机会主义者，认为他们会利用固有的信息不对称——他们比上级更了解自己在做什么和完成什么——将自身利益置于公共利益之上。对于 NPM 来说，委托代理问题并不是摆设，相反它构成了 NPM 的基础论点，即试图通过恢复公共服务道德来提高公共绩效是无望的。在处理委托代理问题时，NPM 产生了两个方向。一种是“管理主义”——依靠官员的工作积极性和主动性，再加上大量的问责制，促使他们发挥作用；另一种是“市场化”，即通过私有化、竞争、客户选择、内部市场、定价方案以及其他市场化的行为来实现市场化。[①] 实行 NPM 的国家通常将这两者结合起来，但管理主义仍然是最主要的形式。

即使在 NPM 国家，管理主义也还是一项未完成的改革。在解放政府官员的工作自由方面取得的进展要比在强制实行结果问责制方面取得的进展大得多。政府很少根据绩效考核来制定薪酬，也很少因未实现绩效目标而解雇官员。政府很少采用将拨款与预期或已实现的结果相挂钩的绩效预算，也很少会系统地向政策制定者反馈绩效完成情况。尽管绩效审计已经取得了一些进展，但与传统的财务审计相比，它的发展程度还远远不够。

毋庸置疑，当关注绩效时，组织的表现会更好。有效的领导也可以提高组织绩效，正如对结果进行评估和报告的系

---

① 有关这些和其他治理模式的讨论，请参见 B. 盖伊·彼得斯（B. Guy Peters，2001）。

统一样。成功的组织会学习并根据内部和外部信号改变他们做事和工作的方式。但绩效只是驱动变革的因素之一，不一定是最重要的因素。

作为合同的绩效

政府部门要转向以绩效为工作目标困难重重，故而一些国家制定了更有力的措施来保证绩效目标得以实现。在市场上，合同及其赋予的权力、权利和义务是约束各方对自愿交易绩效负责的基本机制。问责制是通过一系列的行动和关系来实施的，包括：谈判和执行要求各方具体执行的协议；通过监督、报告和审计来监测合规性；以及对不作为问责。正式的合同是不完整的，因为它们不能规定所有相关的条款和条件，也不能预测在执行过程中可能出现的所有情况和问题，但它们是连接预期目标和实现结果的重要手段。如果没有正式的合同，国家的商业规模将大大缩小，经济会更不发达，交易量也会减少。

政府在从外部采购商品和服务时广泛使用合同，但政府内部的绩效合同仍然比较少见，即使一些国家（尤其是新西兰）依赖合同来定义部长和管理人员之间的关系和义务。与外部合同一样，政府内部合同通常也会明确规定要提供的资源和要生产的商品或服务。例如，新西兰使用绩效合同来规定首席执行官应产生的关键结果，以及部长和首席执行官之间的购买协议来规定部门应提供的产出。

与正式绩效合同相比，基于预期和关系而订立的非正式合同非常普遍。当关系的双方知道彼此对对方有什么预期时，即使这些预期并没有被正式规定，各方仍然有义务履行这些隐性合同所传递的预期。政府预算是正式和非正式合同的结合体，因为它们在法律上限制了支出的金额和目的，但都没有说明这些钱的大部分用途。虽然艾伦·威尔达夫斯基（Aaron Wildavsky）认为，预算可以视为一种可以应用的合同，即使只是针对美国的做法，但只要在术语上进行适当的更改，几乎可以用于所有国家政府："国会和总统承诺在特定的条件下提供资金，各机构同意按约定的方式使用资金……（预算）对合约各方都施加了一系列相互约束和控制。需要强调的是"相互"这个词，因为控制很容易被认为是由上级单方面指导执行的……因此，预算成为一个社会关系和法律关系的网络，其中各方都做出了承诺，所有人都可以（但不一定）平等地对对方进行制裁。"（Wildavsky，1964，p. 2）

但是，预算除了履行关于公共资金的协议外，还有其他职能，因此不是正式的合同。它是对选民的政治呼吁，是政府雄心壮志的声明，是经济政策的指南，是组织政府机构工作和活动的基础，是将过去的决策和理解延伸到未来的过程，是为部门和活动提供资金的手段。威尔达夫斯基总结道，"预算的目的就像人的目的一样，是多种多样的……因此，当它可能是所有的或许多其他的东西时，如果坚持它只是其中的一种，将不会有任何收获"（Wildavsky，1964，p. 4）。预算不仅仅是一个合同，它的承诺是很有分量的，但并不总是或在任何地方都有同样的分量。

类似合同的特征也适用于其他政府内部的流程。同预算一样，公务员制度也是正式和非正式要求的结合体。正式要素规定了公务员的招聘、晋升、评估、薪酬等方面的内容；非正式要素则决定了人们如何得到工作以及他们具体从事的工作内容。在推动绩效的过程中，政府必须重新平衡这些过程，以突出正式要素。因此，真正的绩效工资制度应基于事先制定的目标的实现或超额程度，或者比较官员之间的业绩来确定薪酬。一个真正的基于绩效的预算系统应该能明确将资源增量与结果增量联系起来。

像这样的正式合同在技术方面几乎没有什么障碍。但它们很少在政府中应用的事实表明签订绩效合同存在着行为上的障碍。虽然有很多障碍会阻碍合同作为提高绩效的工具的有效性，但应该有可能找出那些最直接影响绩效的障碍。

不同于公众服务的规范性责任感，合同将问责范围限制为明确规定的事项。当合同被用于正式规定责任和关系时，指定的事项往往会成为一份清单，告知合约方必须完成哪些任务来履行其义务。但正如私人协议的一方不必执行协议中未明确规定的任务一样，政府内部合同的一方也不会因没有提供未明确说明的服务而被追究责任。因此，合同要按清单管理，管理人员要确保逐项完成任务。反对政府职责外包的一个论点就是，相较于公务员有很多未明确的责任，私人供应商则只受合同条款的约束。

合同使管理偏向于强调产出而不是结果。产出形式可以在合同中约定，因为它们在管理者的控制范围内；而后者无法明确规定，因为它们常常超出执行者的有效控制范围。新西兰的合同模式明确要求管理者对产出负责，尽管他们口头上说会对产出负责，但在执行过程中常常会忽视其对政策的影响（参见 Schick，1996）。因此，那些以社会结果来定义绩效的政府，往往不会在公共部门使用合同。政治家（如部长）和管理人员之间的合同是为了加强领导，使管理人员按照他们的指令执行。但是政府内部的合同很少能产生像私人合同一样的效果。首先，在政府内部，政治家和管理人员很少能有一个公平的关系；其次，当管理人员未能履行职责时，政治家通常很少或者根本无法追责。新西兰的购买协议规定了部长们从各部门购买的服务，这些协议通常是由首席执行官起草并由部长同意，部长只做一些小的改动。更重要的是，如果管理人员的表现没有达到预期，政治家们常常忍气吞声，因为他们不能关闭教育部门或解雇成千上万的教师。在某些情况下，他们被迫对表现不佳的人提供更多的奖励。

> 在过去的十年中，新西兰一直在努力实现以结果为基础的公共管理。与购买合同不同，各个部门现在准备了“意向书”，列出了未来一年或更长时间的目标，并对如何利用现有资源做好充分的计划。购买合同规定了各个部门需要提供的服务，意向书则明确了预期绩效。

显然，政府内部的协议并不是真正的合同。然而，这些正式的协议可以通过促使合同方专注于结果来提高绩效。实际上，当笔者询问新西兰和其他国家的高级管理人员时，几乎所有人都提到了合同所促进的关系，而不是合同的正式条款。换句话说，尽管形式上说，政府内部的协议实际上是关系契约。与正式合同不同，正式合同是由固定条款约束的离散型的协议，而这些关系契约是持续的；只要关系的双方继续互动，它们就会延续。这些契约的效力来源于双方表现为合作、互信方式的激励方式，并在这种相互依存中获取力量。部长需要管理人员提供公共服务；管理人员需要部长为他们提供资源和政治支持。正式合同会让双方有机会定期讨论进展和问题，因此编制和贯彻正式合同可能会加强这种关系而不是取代这种关系。管理人员获得了与部长接触的机会；部长有机会获得更好的成果信息。当这种关系运作良好时，双方可以根据合同确认进展情况，他们当然也可以讨论影响这种关系的其他事项，并不局限于协议中正式规定的事项。

从关系的角度考虑契约既有优点，也有缺点。优点包括弥补了正式合同的不完整性，明确了合同各方认可但不具有法律效力的权利和义务，在利益相互依存且需要长期合作的人之间建立信任合作关系，以及降低交易成本。但是，过度依赖关系契约而非正式合同存在弊端。在某种程度上，如果契约各方没有保持公平，他们执行契约条款的能力会变弱。如果契约当事人关系密切，他们可能会串通舞弊损害公共利益。此外，由于契约和交易的透明度降低，可能会为腐败打开大门。在低收入国家，非正式的契约难以调动和有效利用资源，从而阻碍了发展。合同正规化无疑是西方国家发展的关键因素之一。不过在这些国家，正式合同的履行情况通常也取决于关系的质量。

作为权利的绩效

如果法律形式不能保证良好的绩效，那么最终的解决方案可能是将公共物品和服务定义为符合条件的受益人所能享有的权利，并且在政府未能履行职责时可以进行行政或司法追索。实际上，作为权利的绩效在发达国家已经相当先进，并且以权利的形式支撑着大部分的福利国家。符合条件的人能从政府获得社会保障、医疗保障、失业津贴等应享受的权利。由于这些被定义为权利，政府很少或者根本没有自由裁量权，即无论其财务状况或预算的其他要求如何，都必须提供这些福利。未来，作为权利的绩效将拓展到服务付费之外。就像公民有权获得养老金和失业援助一样，在公共服务方面，公民有权享受为所有儿童提供教育的学校、安全便捷的交通、及时礼貌地处理业务的公务员以及其他服务。这种权利在最先进的民主国家中正蓬勃发展；它在未来几十年可能会蔓延开来。当获得良好服务的权利得到普及时，绩效国家将成为现实——当然，前提是国家能够成为公共服务的提供者和权利的保障者。

作为权利的服务不是一蹴而就的。它们最初将在教育和医疗等直接与公民相关的部门中确定，并将随着时间的推移而扩展到其他领域。起初，这些权利可能定义不够精确，缺乏对绩效的定量和定性维度的充分说明。但在利益集团、非政府组织、法院和其他方面的压力下，这些权利将被更精确地定义。在大多数情况下，服务权利的细化会扩大服务权利的范围，从而产生扩大政府责任的净效应。早期很多服务权利是象征性的，缺乏有效的补救措施，但这些权利将为可执行的权利奠定基础，包括对次级服务的补偿或从替代供应商那里获得服务的机会。

与“新公共管理”相对应，“绩效即权利”运动也产生了两个方向。一个是将权利定义为公民的权利；另一个方向是将权利授予消费者。前者通过公共组织的工作来实现绩效，而后者则通过市场竞争来实现。这两种模式可以共存，但它们之间的平衡在不同国家之间会有较大的差异。在同一个国家中，某些服务将由公共部门提供，而其他服务将通过市场交易购买。可以毫不夸张地说，民族国家的未来特征很大程度上取决于如何解决这两种服务权利模式之间的冲突。如果人们被视为消费者而不是公民，未来的国家将会呈现出不同的面貌和表现。

一些发达国家已经优先实行公民模式和消费者模式。《公民宪章》明确规定了公民享有获得满意的公共服务的权利，服务外包和代金券则体现了对公共服务市场的依赖。十多年前在英国率先推出《公民宪章》，此后其他国家纷纷效仿。虽然有理由怀疑《公民宪章》是作为政治噱头而推出的，但它很快成为改善公共服务的合法程序。《公民宪章》

有三个基本要素：服务目标，例如公共交通的及时性；通过奖励和其他方式体现对优质服务的认可；以及在服务不达标时进行赔偿。那些希望表现得忠实于绩效的国家明显偏好这一过程，然而，随着时间的推移，《公民宪章》很可能成为对绩效影响不大的程序。

归根结底，赋予公民权利的声明是否有效，取决于法院在其中发挥的作用。将获得服务确认为公民权利很可能会使得司法部门过多地参与制定服务标准、衡量结果以及分配公共资源。所以如果哪天法院规定了最低服务水平、资格条件和纠正措施，人们也无需感到惊讶。在大多数发达国家，由政权实际控制的国家预算部分占比很小，随着绩效被定义为权利时，这一比例将进一步缩小。可以预见的是，在未来应该会有一场预算争夺战，是围绕着是否应该将特定服务指定为权利以及在评估服务时应采取哪些措施而开展的。

另一个方向是授予公民选择他们所接受服务的提供者的权力。一种方法是政府发放代金券，使受助者可以从已经获得政府批准的提供者那里购买服务；另一种是政府允许私人供应商竞争提供公共服务。一旦政府不再是唯一的公共服务提供者，或者公民有权选择他们想要的服务，那么就有了设计和提供服务的巨大可能性。下一节将讨论其中一些可能性，该节认为，强烈追求绩效会削弱政府的特殊作用。

偏向市场而非政府意味着公民在要求良好绩效方面处于比消费者更弱的地位。其中一个原因是政治民主通过投票箱给予公民有限的并且通常是间接的发言权。他们可以对每个候选人或每个问题投“赞成”票或“反对”票，但他们缺乏表达对特定服务的看法或者要求改进的机会。一旦当选，政治领导人就会对公民的意见和要求进行筛选，剔除不和谐的声音，并平衡它们与来自利益集团、公共部门和其他官员的压力。一个政府很少仅仅因为公民投票让它掌权就给公民更好的住房或更好的医疗保健服务，当然也不会因为选举结果而改变提供服务的方式。相比之下，即使服务供应商是政府，消费者与供应商之间的联系也要直接得多。将公民变成消费者使他们拥有选择供应商的权力，而这是以公民身份所不能拥有的。虽然这里不需要考虑将公民变为消费者的全部后果，但应该指出的是，在许多民主国家中，公民从政治活动中脱离，无论是因为从政府中获得的好处被视为理所当然的事情，还是因为这些利益不足或被低估，都助长了这种转变，而国家的衰落将始于此。当然，这一步不是轻而易举的，大多数民主政权尚未在这条道路上取得重大进展。但如果绩效继续成为公共政策的驱动力和公共服务的衡量标准，那么在未来的几十年里，很可能会朝着这个方向采取更多的措施，如果是这样的话，民族国家的基本作用和属性可能会受到质疑。

> 2008 年席卷各大洲的金融危机的一个可能后果是，削弱各国政府对市场化融资和提供公共服务的热情。随着政府在振兴国家经济方面发挥主导作用，将公民转变为消费者的理念将失去吸引力。然而在刺激经济活动和提供金融安全网方面，政府发挥的关键作用能否恢复人们对政治领导人和政治机构的信任和信心，还有待观察。

治理：没有（国家）政府的治理

前一节讨论了追求高绩效会推动政府采取更强有力的手

段来确保良好的服务。在过去，政府认为有强烈的公共服务道德就够了，然后又加强了保持绩效关注的手段，但随着时间的推移，政府需要更有力的手段来保障优质的公共服务，故又实施了一系列评估工具、管理变革、合同义务和法律权利等手段来保障公共服务的质量。然而，这些工具都有一些不足之处，这会影响绩效链条的下一个环节，但最后一种手段可能是个例外，因为它赋予公民法律上可强制执行获得良好服务的权利。而任何阻碍公民行使这些权利的行为都是可疑的，即使是政府本身。实际上，政府赋予公民权利，但如果政府不能履行承诺，其他机构可能会取代它的位置。

民族国家在政治民主和市场崛起中发挥了关键作用。如果在过去的一个世纪中，民族国家没有蓬勃发展，世界将变得更贫穷、更缺乏民主，个人也将拥有更少自由和公共服务。当市场蓬勃发展、个人获得富裕和自由的时候，民族国家的规模和声望也得以增长和提升，这不是偶然事件。但像其他陈旧的机构一样，民族国家正在逐渐走向衰退，人们对良好绩效的需求促使他们去关注公共服务已存在或还未发现的不足。对民族国家作为一个执行者的批评非常严厉：它被指责为与公民距离太远，设计和提供的公共服务被僵化和冷漠的官僚机构以及烦琐的程序所束缚，过于统一的流程化对公民的多样化需求反应不够敏感，更注重对法规的遵从和对公民的控制，而不是绩效和结果。同时，政府更倾向于响应富人和强者的需求，而不是完全满足国家的穷人和弱者的需求。尽管有这些指控，民族国家并没有消亡，而且在未来的几十年里也不会消亡，它仍然是公共服务的主要财政来源和规则制定者。

然而，对绩效越来越高的要求正在蚕食国家的特殊地位。财政的分权和执行权的下放使资源和权力从中央转移到了地方政府；独立机构已经获得了从名义上隶属于国家的业务自主权；全球性机构在一些最重要的国家职能方面取得了进展，包括刑事司法、国防和经济政策；非政府组织已成为公共服务的提供者，并且在国际论坛上常常有准政府地位。最后，正如前文所说的那样，越来越多的公共服务是由市场提供的。

这些替代包含在“治理”一词的使用上，在许多关于政治机构和公共政策的讨论中，已经取代了“政府”。虽然有些人认为治理只是一个更宽泛的术语，但其他人则认为它是国家的替代品。治理意味着通过公务员制度改革、预算实践和行政重组等公共管理的措施来改善政府机构所不能提供的绩效。被治理标签合法化的替代方案意味着，仅有政治民主的外表是不够的，自由竞争的选举并不能保证良好的公共服务，真正需要的是政治权力的重新分配。民族国家的每个替代方案都是从一些人手中夺取了权力，并将其赋予其他人。

反对民族国家作为执行者有两方面理由：一个是管理层面，另一个是政治层面。前者会带来新的服务提供方式，后者则会带来政治权力的重新安排。国家的每种替代方案都存在“民主赤字”，这是新治理形式的支持者掩饰重大政治缺陷的委婉说法。对于新治理派来说，在绩效方面牺牲一些（或许很多）政治民主是获得他们想要的结果的合理代价。

这种态度在推动建立新的全球机构中表现得十分明显。国际组织已经自封为缺乏最基本的政治民主基本元素的新治理形式的合法化者。这些组织存在的理由是，国家因受地理限制而无法充分提供的“国际公共物品”。在环境政策中最好发现这样的公共物品，因为空气质量和其他生态价值不受国家边界限制。环境保护只是被国际化的公共物品之一，在国际上维护国家之间的和平关系和起诉涉嫌危害人类罪也已经逐渐成为国际公共物品。经济稳定和收入再分配仍然是国家的重要责任，但如果经济政策得到协调，国家之间的收入差距减小，那么世界将会变得更美好，这样的观点并不难接受。这些例子表明，公共物品的国际化仍处于初级阶段，21世纪很可能会出现国家职能的深刻变革。

民族国家在被迫将政策责任转交给国际权威机构的同时，还面临着将公共服务本地化的要求，即将控制权交给市政府或地方政府。分权的理由主要是中央政府离民众太远，而且过于依赖“一刀切”的管理，无法适应和满足地方民众的需求和利益。传统的提供公共服务的地方，如片区和办事处，并不能够满足民众的需求，因为这些实体缺乏政治和管理上的独立性。它们是国家政府的附属机构，不受地方当局的约束。分权的观点认为，为了产生真正的影响，有必要将服务，尤其是在关键领域，如医疗和教育的服务转移到地方政府，并将这些服务的资金转移给地方政府。国家仍然可以发挥规定基本或最低要求的作用，但包括服务提供方式在内的操作细节，应该由地方决定。

财政和服务分权通常会加剧民主赤字。在大多数国家，地方选举的投票率低于国家选举，政府活动不够透明，腐败风险也较高。但这些不足往往被“责任地方化后服务会得到改善”的说法所掩盖。分权是将国家政府提供服务的直接责任剥离的更广泛战略的一部分。这一战略的主要根源可以追溯到上一代管理大师彼得·德鲁克（Peter Drucker）的一篇颇具影响力的文章（《政府的弊病》）。德鲁克认为，国家政府本质上是不善于提供服务的，他呼吁国家政府应该专注于制定政策而非服务，即他们应该掌舵，而把划船的工作留给其他人（Drucker，1978，第 233 页）。将掌舵与划船分离的概念不仅促进了分权，还促进了负责提供公共服务的自治机构的创建。尽管自治机构的发展没有分权那么快，但它也会导致国家的空心化。

国家能有效地掌舵，但不划船吗？作为赛艇运动员的地方政府或自治机构想要朝着不同方向前进时，国家还有什么影响力？也许就所剩无几了，一旦地方政府和机构有了行动的独立性和资源，他们就拥有了自己的政治武器来削弱源于国家政府的压力，就不是国家意志被动、顺从的执行者。被剥夺了运营控制权的国家，只能成为征税者，来支付其他人提供的服务，但在执行方面几乎没有发言权。这在政治上并不具有吸引力，但这可能就是未来国家的特征。

分权和机构化能够使公共服务置于政府的管辖范围内，但也有人认为，除非有真正的竞争或者民众有选择权，否则绩效不会提高。这种观点认为，只要政府处于垄断地位，它就没有足够的动力去响应公民的不同需求。认为国家是一个无情的、低效的服务提供者，这种观点在政府经常缺位或者腐败的贫穷国家最为强烈。在一些贫穷国家，国际组织和其他组织通过向非政府组织（NGO）输送资源来减少对民族国家的投资，这些组织自称其合法性并不依赖于是否坚持政治民主原则。非政府组织是一个好坏参半的群体，许多组织没有重要的服务责任。但是，那些有服务的组织往往将服务与游说和各种准政府职责结合起来。NGO 是一个奇怪的称号：它只说明了这些实体不是什么，但没有说它们是什么。它传递了一个强有力的反对国家的信息。虽然 NGO 种类繁多，但它们都有一个共同的也是最重要的特征：它们不是政府，而是国家的替代品，因为在新形式的拥护者眼中，国家已经失败了。

大多数的非政府组织违背了政治民主的基本原则。他们是自我任命的，而不是通过选举产生的，即他们声称代表人民，但人民并没有选择他们。他们通常不对任何人负责，在某些情况下他们的资助者除外。他们与政府领导人一起出席国际论坛，但并不是政府。他们缺乏大多数民主制度所拥有的制衡机制，而通常将游说、政策制定和服务提供的职能结合起来。然而，非政府组织是合理的，因为当选为人民服务的政府却没有很好地为人民服务。政府没有履行其职责。在一个注重绩效的世界里，这已足够成为非政府组织合法化的理由。

虽然 NGO 声称与国家没有关系，但它们对影响社会的公共政策很感兴趣，这使它们不同于国家公共服务的另一个挑战者——市场。作为提供公共物品的私人机制，市场与 NGO 的不同之处在于，选择权是在消费者手中而非领导者手中。因此，市场比非政府组织更能满足民众的要求。但是，市场还有其他可能影响其提供公共服务能力公平性的特点，比如它们不向那些不愿意或无力支付现行价格的人提供服务。为了缓解这个问题，依赖市场的国家通常会向低收入者提供财政援助，如给他们发放代金券，也会要求私人供应商为所有符合条件的客户提供服务。

在某种意义上，市场是国家政府最激进的替代方案，因为它们将公共服务的提供从公众手中夺走了。但在另一种意义上，它们远不如国家那么激进，因为它们长期与政府共同提供社会服务。全球机构和非政府组织这些新的组织已经进入了由政府和市场主导的世界。与政府一样，市场也熟知绩效的指标和评估方法，尽管市场对绩效的定义通常是狭义的。然而，通常因承诺和可能性兴起的全球机构和非政府组织并没有像政府和市场那样经受过严格的绩效检验审查。但随着全球机构和非政府组织地位的不断提高，它们产生的结果也将受到审查和挑战。

绩效国家：从理论到实践

地方政府、自治机构、全球机构、非政府组织和市场的入侵使国家处于何种境地？要强调的是，国家仍然是大多数公共服务和资金最主要的提供者。国家并没有消亡，而在可预见的未来也不太可能消亡。然而，不能忽视从政府撤资，当然也不能忽视公众越来越少的支持和信任。但正如本文开头所述，民族国家可能会发现，更好的表现并不能免除它表现不佳的指责，这要么是因为预期增长的速度比结果快，要么是因为结果很少能达到足够好的水平。国家数百次甚至上千次的成功都抵不过一次失败。当代国家的命运是，即使表现出色，也会失败。

当然，这种概括并不适用于所有国家。管理得好的国家适合这个概括，而贫穷国家几乎完全不适用。介于两者之间有许多国家在为公众服务方面做了合理的工作，但可以或者说也应该做得更好。其中一些国家可以通过前面讨论的提高绩效的工具来辅助，如评估、管理和合同。但是这些工具都有很大的风险，因为它们将作为绩效的替代品，是作为目标本身而不是作为重振或重建公共服务的手段。在许多国家，管理改革取代了管理上真正的改革，尤其是在绩效评估方面。归根结底，提高绩效本质上是让组织和在其中工作的人们表现出不同的行为方式。注重结果作为重视公众的道德准则或被强制性变革的一部分，将促使政治家和管理人员真正努力工作，关注他们正在完成的事情以及他们服务公众的效果。

贫穷国家对绩效的需求是最迫切的，因此他们寻求的政府替代方案是最有说服力的。几十年的改革发展对于深陷腐败和低效率泥潭的国家来说影响甚微。尽管本意是好的，但一波又一波的改革却没有取得很大的成效。这些国家的绩效理念与实践之间差距太大，前途渺茫，因此有必要基于前一节讨论的替代方案来设计和推出新的治理模式。转型期国家面临不同的局面，因为他们的需求是在政治民主和市场的基础上重建国家。大多数国家已经运转良好，尽管还没有达到应有的效果或效率，故他们应该谨慎考虑替代方案。新兴市场国家也是同样的道理，他们有强大的国家，但缺乏有效的问责制。他们也应该重建国家，而不是过度依赖替代方案。

这种改革运动有个特点就是不考虑各国国情的差异。如果少数国家宣称通过机构或分权获得了成功，那么其他国家也会主动或被迫加入到这一行列中来。这种改革狂热会出现大量的模仿和少量的复制，因为一些国家会不假思索地将别的地方成功的方案运用到本国实践当中。在向绩效迈进的道路上，每个国家都必须牢记和考虑自己的现状，否则会难以实现绩效承诺。

让预算发挥作用

政府如果没有预算的支持，就难以运转。如果预算分配时不考虑绩效，那么即使政府很想将管理和服务与绩效挂钩，政治家和官员在执行时也会忽视绩效。但事实证明，要让预算成为绩效的工具是非常困难的，预算改革的历史上有许多失败的例子，只有少数成功的例子。不过，即使政府缺少一个正式的绩效预算，预算仍然可以促进绩效。这个总结部分探讨了为什么绩效预算是一个难以实现的目标，以及在传统预算框架内增强政府对结果的承诺的方法。

预算结合了“实现绩效的途径”节中讨论的几个提高绩效的特点。第一，它使政府关注于调动管理和政治资源来编制年度收支报告。政府很少会如此专注地做一项事情，当然也不会每年都这样。虽然没有证据证明，但预算编制者在商讨支出水平时不可避免地会谈到绩效问题：计划的执行情况如何，可以采取什么措施来改进，政府是否物有所值，等等。

第二，预算是现成的有效评估工具。预算的量化特征使其成为将实际支出金额与产出结果联系起来的理想工具。然而，很少有政府采用这种方式，这就是绩效预算缺少成功案例的原因之一。

第三，预算是公共管理的关键要素。没有资金，任何公共机构都无法运作，因此对资金的掌控似乎是推动机构产生绩效的权宜之计。但是，本节后面会提出一个观点，那就是绩效预算和管理之间的关系可能与改革者所期望的相反。不是预算影响和定义管理，而是管理设定了预算制定和执行的条件。如果指定的条件不利于绩效的实现，那么预算就不会以绩效为导向。这一假设的重要含义是，如果不先改革整体管理框架，那改革预算是徒劳的。

第四，预算可以看作是一份约定，既规定将提供的资源和要执行的活动，又在政治家和管理者之间建立了对组织运作和工作任务的理解。绩效预算是通过明确规定要产生的结果来使这些约定正式化的一种努力。但预算可能是非正式约定优于正式约定的一个例子，至少在后者难以协商和执行的情况下。

第五，实行预算可以使绩效作为一种权利实现，公民有权从政府获得某些款项。绩效预算试图将权利范围扩大到服务领域，也就是赋予公民获得高质量服务的权利。这是绩效预算最大的困难，因为它触及到成为绩效国家的核心。在绩效国家，绩效预算将是有保证且多余的。有保证是因为会推动政府运作，多余是因为政府将运作，即使预算没有为此正式建构。

绩效预算是一个古老的概念，在过去进展不佳，它的未来也充满了不确定性。它在美国的首次亮相发生在 1949 年，当时胡佛政府行政部门组织委员会提出建议，“联邦政府应该基于职能、活动和项目的预算来重新塑造预算概念，我们将其称为‘绩效预算’”（《委员会报告》，第 8 页）。半个世纪后，这个概念再次出现，但被一些人重新命名为基于绩效的预算，这表明在此期间绩效预算并没有取得什么进展。尽管一再努力，大多数国家的预算都集中在投入上，主要用于政府组织的人员、物资、差旅和住宿等项目，而绩效预算很少被使用。当绩效预算在美国推行时，一位著名学者写道，它简言之就是一个错觉。“实际上，实行绩效预算是非常困难的……相比之下，基于组织和目标编制预算和控制资金会更容易。因为绩效预算并不能取代它们，而是对它们的补充。实行绩效预算仍要记账、付款，仍要在组织和目标方面落实问责制”（Mosher，1954 年，第 81 页）。换句话说，当管理者必须在两种预算模式之间选择时，一种提供有关支付员工工资和其他费用所需金额的信息，另一种提供有关生产商品和服务成本的信息时，第一种模式更容易受到青睐。

实行绩效预算的另一个困难点在于它有很多种版本。将工作量、活动或服务等信息纳入预算的政府都声称自己有绩效预算。为了解释清楚绩效预算的含义，有必要区分两种不同的绩效预算，一种是广义上的，适用于任何情景；另一种是狭义上的，仅限于某些符合要求的预算。广义上的绩效预算几乎涵盖了所有的预算信息，能反映各机构拨款使用情况，包括已经完成的工作或将要完成的工作。狭义的绩效预算只是将每笔资源的增量与产出或其他结果的增量明确联系起来。广义的绩效预算是指将政府的财政计划以书面形式呈现出来，而狭义的则是指将政府的财政计划以具体的分配方式呈现出来。许多政府实行的是广义而非狭义的绩效预算。

这两种方法之间的差异涉及绩效国家的核心。与通过活动信息完善常规预算相比，根据提供的货物和服务量来分配资金更易促使政府认真对待绩效。但要使这种绩效预算发挥作用，则需要计量成本，使政府能够将资源增量与结果增量联系起来，但很少有政府具备这种能力。成本会计是实现这种绩效预算的前提条件，但是很少有政府在这方面进行投资，因为他们没有必要去核算成本。与企业不同，政府不需要回收成本，也很少根据提供的数量来收取服务费。此外，政府预算是固定的，拨款的金额不会随数量变化而变化。如果数量超出预算水平，部门并不会在年内获得更多的拨款，如果数量低于预算水平，也不需要返还资金。相比之下，大多数公司的预算是可变的，可以根据产量来调整资源的供应量。

> 也许是因为对结果的执着，绩效预算忽略了分类账成本方面的问题。要建立真正的绩效预算系统，有必要区分固定成本和可变成本，以及平均成本和边际成本。这就需要政府有可靠的成本核算系统，将成本分摊到生产活动中。绩效预算核算成本时不需要严格按照权责发生制来核算，但是分配间接成本和管理费用时需要。

既然绩效预算如此困难，那么绩效国家是否很难实现呢？不一定，因为认为政府采用传统的以投入为基础的预算就会忽视绩效的观点是错误的。有些政府确实关注结果，并努力根据实际或预期绩效分配资源。然而，绩效不是唯一的考虑因素，也不是最具影响力的因素。不管是注重结果的预算还是基于投入的预算，政府在决定如何使用公共资金时，都需要考虑政治压力和过去的承诺。绩效在预算中占有一席之地，但是在制定绩效预算时需要考虑不同利益相关者的诉求。

绩效预算的影响有多大还取决于对预算进行决策的政治家和官员的态度。如前文所述，绩效预算只有纳入到以结果为目标的管理安排中才能蓬勃发展。笔者还未听说过有哪一个一直实施绩效预算的国家的绩效没有随着公共管理转型而增强。即使制定了绩效预算相关制度，不注重结果的政府也不会据此预算。不仅仅是涉及绩效的预算，所有重要的预算创新都存在这种相互依存的关系，预算改革不可能脱离它所处的管理环境而发生重大变化。这种联系使预算改革既困难又容易，困难是因为改革范围必须扩大到包括公共管理，容易是因为当管理部门推动结果时，绩效预算可以成功实施。

绩效预算在绩效国家中占据突出地位，也许更多地是作为与绩效相协调的最终结果，而不是作为绩效的推动者。这需要对预算进行类似于哥白尼式革命的变革。与其说绩效预算是推动政府变革的火车头，不如说它是确认已经发生的变革的车尾。为了实现真正的改革，跟随可能比引领更好。

参考文献

Commission on theOrganisation of the Executive Branch of the Government (1949), Report, Government Printing Office, Washington DC.

Drucker, Peter F. (1978), The Age of Discontinuity, Harper Torchbooks, New York, United States.

Ewing Marion Kauffman Foundation (2002), Set For Success, The Ewing Marion Kauffman Foundation, Kansas City, Missouri, United States.

Kaplan, Robert and David Norton (1996), The Balanced Scorecard:

Translating Strategy Into Action, Harvard Business School Press, Boston, Massachusetts, United States.

Mosher, Frederick C. (1954), Program Budgeting: Theory and Practice, Public Administration Service, Washington DC.

New Zealand Treasury (1987), Government Management, The Treasury, Wellington.

OECD (1997), Modern Budgeting, OECD Publications, Paris.

Osborne, David and TedGaebler (1992), Reinventing Government, Addison – Wesley Publishing Company, New York, United States.

Osborne, David and PeterPlastrik (1997), Banishing Bureaucracy, Addison – Wesley Publishing Company, New York, United States.

Osborne, David and PeterPlastrik (2000), The Reinventor's Fieldbook, Jossey – Bass, San Francisco, California, United States.

Peters, B. Guy (2001), The Future of Governing, University Press of Kansas, Lawrence, Kansas, United States.

Pharr, Susan and Robert D. Putnam (eds.) (2000), Disaffected Democracies: What'sTroubling the Trilateral Countries, Princeton University Press, Princeton, New Jersey, United States.

Ridley, Clarence E. and Herbert A. Simon (1938), Measuring Municipal Activities: A Survey of Suggested Criteria for Appraising Administration, The International City Managers Association, Chicago, Illinois, United States.

Schick, Allen (1996), The Spirit of Reform: Managing the New Zealand State Sector in a Time of Change, State Services Commission, Wellington.

Schick, Allen (1998), "Why Most Developing Countries Should Not Adopt the New Zealand Model", World Bank Research Observer.

Walters, Jonathan (2000), "Buzz over Balances", Governing, May.

Wildavsky, Aaron (1964), The Politics of the Budgetary Process, Little, Brown and Company, New York, United States.

World Bank (2002), "Thailand's hurdle approach to budget reform", PREMnotes No. 73, Poverty Reduction and Economic Management Network, The World Bank, Washington DC.

第十一章

财政规则在预算中的角色*

预算是一个由规则驱动的对筹集和使用公共资金进行管理的过程。详细的规则规范一系列行为，包括支出单位提交资源竞标、财政部或其他中央机构审查这些竞标、编制年度预算、立法行动（包括拨款的表决）、财政年度资金支出，以及对财政存量和流量的报告。为什么许多国家政府在拥有大量旧规则的情况下采用了新预算规则？新规则并未取代现行规则，尽管新规则可能会修改现行规则，从而增加了既定预算流程的复杂性，并且通常也增加了完成年度预算周期主要步骤所需的时间。为什么要增加一个已经很困难的流程的复杂性？如果是因为旧规则不起作用，为什么期望新规则会带来很大的变化？

此外，旧规则通常赋予预算制定者根据政府偏好分配资源的权力，而财政规则则对预算编制者决定总收入和支出政策的大部分权力进行了限制。这些财政规则通常规定了收入

---

* 本文最初发表于《经合组织预算期刊》（*OECD Journal on Budgeting*），第3卷，第3期，2003年。在撰写本文时，艾伦·希克是华盛顿特区布鲁金斯学会政府研究访问学者，也是美国马里兰大学公共事务学院教授。后记写于2009年。

与支出之间的平衡。每一条财政规则都是对政治意愿行使的一种限制。为什么民主国家会主动或者被迫接受这些对他们施加的财政限制？当这些限制与选民和政治家的偏好背道而驰时，我们又为什么要期望这些限制能够有效呢？

有些财政规则是由国家政府主动采用的，有些则是由国际协议强加的，如《欧盟稳定与增长公约》或由国际货币基金组织（IMF）和其他国际金融机构规定的制约条件。有些嵌在财政责任法之中，要求国家政府在年度预算工作之前确定财政目标；有些则是在编制和批准预算的过程中起作用。尽管大多数国家政府仍然在没有预设财政约束的情况下运作，但在未来几年，采用财政约束的国家可能会增加。与过去成功率不高的预算改革相比，财政规则运动已经改变了那些认真对待规则的国家的预算实践。

财政规则只有在得到预算中其他变化的支持时才会有效，包括：

- 将时间框架从一年延长到中期；
- 未来预算条件的基线预测（或前瞻性估计）；
- 对政策变化对未来预算的影响的估计；
- 监测预算结果和必要时采取纠正措施的程序；
- 确保机会主义的政客不违反规则的执行机制。

如果预算范围仅限于一年、监督和执行不力、在做出预算决定时忽略了未来的影响，那么财政规则就不会带来太大的变化。

财政规则还依赖于政治领导人在约束条件下工作的意愿，即使他们因此被迫采取令人不快的行动，如减少服务或增加税收。当缺乏政治意愿时，这也是通常的情况，往往遵守情况会很差。但是，如果政治规则只有在政治家需要它们时才发挥作用，为什么还要有这些规则？如果有政治支持，规则就没有必要；如果没有政治支持，规则就不会发挥作用。我将在后文中讨论问题。然而，就目前而言，我们只需指出规则的作用是加强那些想要做出艰难预算选择的政治家。

本文对财政规则进行了初步评估。“财政规则的时代”节讨论了一个关键问题：为什么财政规则会作为一种有吸引力的预算创新出现？当代公共财政为这场改革奠定了什么基础？“财政规则的差异”节讨论了财政规则是否带来了不同。一些规则是以绝对值来表述的，另一些则与 GDP 或其他指标挂钩。约束的类型是否会影响预算结果，或者说它的应用方式是否最为重要？“调整预算实务的落实财政规则”节考虑了促进或阻碍遵守财政规则的预算安排。“政治和经济对财政规则的影响”节根据财政规则运行的经济和政治条件对其进行评估。

这篇文章没有讨论财政规则的持久力。实施的时间越长，财政规则就越具有合法性和力量，还是随着公共资源使用者学会如何打败这个系统，规则的作用就削弱了？我的感觉是财政规则的有效性有限，必须时不时地重振或替换。然而，由于这些规则才应用了不到十年，还需要更多的经验才能评估其长期效果。

财政规则的时代

财政规则是对预算中所谓缺陷的回应，这些缺陷产生了政治家和选民不想要的结果，如果有一个合理的机会，他们会拒绝这样做。这些缺陷导致了扩张性的政府，消耗越来越多的国家财富，提高税收和债务负担，并产生了大量的、长期的预算赤字。财政规则的支持者认为，根本问题在于传统预算是一个无限制的过程，它允许政府通过超支来满足需求。财政规则旨在通过迫使预算制定者在固定的约束条件下征税和支出来抵制这种倾向，这里固定的约束条件指的是不随政治情绪或经济条件的变化而变动的约束。

四条环环相扣的推理思路导致了财政规则运动。第一条是健全的预算程序往往产生不健全的预算结果。第二条是越来越多的证据表明，民主国家的预算在本质上偏向于产生扩张性的结果。第三条是意识到放弃严格的平衡预算规则会使预算制定者缺乏关于适当的财政总量的可靠指导。最后一条是，一个研究机构认为国家间预算结果的差异源于政府制定税收和支出决策的规则差异。这些因素融合在一起，为使用财政限制来抵消传统预算的明显缺陷提供了依据。

良好的程序并不能确保良好的预算结果

财政规则涉及实质性的预算结果，而程序性规则则涉及如何执行预算任务。每个国家政府都规定了涵盖年度周期许多步骤的预算程序。随着时间的推移，这些程序已经固化为年复一年的例行程序，几乎没有变化。预算程序规定了参与者在这个过程中的角色和关系、如何完成各种任务、所需的信息以及行动的最后期限。预算的例行程序缓解了对稀缺资源的竞争所带来的紧张和冲突。

作为一套例行程序，预算在某些细节上因地而异。每个政府都有独特的术语和规则，但差异往往很小。在预算发展的早期，基本的例行程序被编入原则，并被公认为是良好的实践。最重要的原则有：

- 全面性（预算应包括所有收入和支出）；

- 准确性（预算应准确记录交易）；
- 年度性（每个预算应跨越一个财政年度）；
- 权威性（公共资金应在法律授权范围内使用）；
- 透明度（政府应及时公布收支信息）。

这些程序及其所依据的原则构成预算的正当程序。“正当程序“一词意味着，如果程序是适当的，那么由此产生的结果就是正确的。就像法院的判决受正当程序制约一样，预算决定的合法性和合理性取决于所使用的程序，而非实质性的目标或标准。无论是什么，凡是依据适当程序产生的预算结果都是正确的。例如，如果预算是全面的，所有的资源投标都按适当的顺序提交，并由适当的预算当局审查，那么对支出单位的拨款和预算总额就应被视为是正确的。

正当程序与结果无关。它不倾向于增加或减少支出，平衡或不平衡预算，增加或稳定公共债务负担，增加或降低税收，或其他预算结果。重要的是遵循程序。在这方面，预算中的正当程序类似于诉讼中的正当程序。如果适当的司法程序被遵循，则必须接受随后的判决。预算中的正当程序也是基于同样的前提。

预算过程在政治上是中立的。它既可以迁就左翼或右翼政府，也可以迁就想要收缩或扩大政府规模的政客。相比于政见相同只是换届的新政府，对于一个政见与前政府不同的新政府来说，保留之前的预算程序是很常见的。由于正当程序是中性的，实际预算结果会随着政治或经济状况的变化而变化。由于这些条件因国家或时期而异，支出决策和财政结果也不尽相同。正当程序让政客们可以随心所欲地根据自己的喜好制定预算。只要通过规定的程序来行使，政治意愿便不受约束。

正当程序使预算成为一种自成一体的活动，有其特有的语言、仪式和形式。在大多数国家，预算有其自己对资金的核算方式，不同于财务报表中的记账方式。除非常小的政府外，在所有国家，正当程序都由中央工作人员负责，他们制定程序规则，监督遵守情况，并有足够的制度记忆和行政权力来维持正当程序。随着时间的推移，程序要求不断增加，预算控制者有更多的事情要做，并将过程更多地指向合规性而不是结果。

如果正当程序受到实质性损害，任何政府都无法有效管理其财政。然而，正当程序并不是监管公共财政的充分基础，因为它会产生或允许不想要的不利结果。许多发达国家和发展中国家不尽如人意的财政表现促使人们得出这样的结论：健全的预算程序所产生的结果往往与政府所追求的结果或外部专家认为合适的结果不一致。几十年来，国际组织一直在帮助发展中国家建立健全的预算体系，但在大多数情况下，财政成果一直低于标准。大多数发展中国家现在都有符合基本标准的正式预算制度。它们所缺乏的是纪律严明的预算、有效的项目或有效的运作。改进预算程序不足以缓解这些国家面临的根深蒂固的问题。

一般来说，富裕国家的预算结果似乎更令人满意，但这种差异可能更多地归因于资源丰富，而不是预算实践的质量。对过去半个世纪财政趋势的公正解读支持了这样的结论：发达国家的财政纪律往往是松懈的。在 OECD 成员国中，公共支出相对于 GDP 的比例比 20 世纪 60 年代初平均高出 20 个百分点。在这个漫长的时期，尽管经济增长和税收增加导致收入激增，但是发达国家的赤字远远超过盈余。财政失衡在经济疲软时期更为明显，但在经济扩张时期也经常发生。由于发达国家通常不会面临贫穷国家和新兴市场国家周期性面临的资本外逃和经济不稳定，它们能够毫不费力地为预算失衡融资。富裕国家喜欢把他们的好运气归功于财政纪律，但更准确的解释可能在于经济充裕，而不是预算规则和程序。

预算决策中的偏差和僵化

为什么普遍接受的预算实践不能确保严格的财政结果？部分原因可能在于预算中隐含的偏差，这种偏差刺激了超出可用资源的更高支出。虽然预算是一个分配资源的过程，但它促使支出单位每年要求更多的钱。一些政府有规则限制支出者可以申请的数额，但大多数政府允许他们申请多少就有多少。很少有支出单位申请的金额只与上一年获得的金额相同或更少。常见的模式是支出单位要求增加，财政部（或预算机构）拒绝其中的一部分，但最终支出部门得到比去年更多的钱。这种安排通过让主要参与者得到他们想要的来稳定预算过程。中央预算官员得到权力，而支出者得到金钱。预算官员得到削减预算的功劳，而支出单位得到继续或扩大项目的资金。

不仅是花钱的人想要更多，政府领导人和众多利益集团也想给他们更多。很少有人会因为预算开支的增加而指责一个政府。这是一种正常现象，这种观念深植在公众对预算的预期和参与者的行为之中。政府领导人经常将支出的增加作为他们良好行为的证据。引起政治不安和分析好奇心的是削减开支的预算，而不是在去年和前几年的预算增加基础上继续增加的预算。在这种情况下，预算总额变得很灵活，可以根据需要调整限制，以适应政府面临的支出压力。

这些压力是不平衡的，最终它们使预算不平衡。预算编制的一个众所周知的偏差是支出的好处是集中的，而税收的成本却是分散的。福利越集中，受益人获得的份额就越大，经常对接受援助的国家施加财政条件。政治预期和强加的条件可能会因实质性预算规则而得到加强，这些规则不是政策中性的，而是使预算结果倾向于某些方向。事实上，许多发达国家的财政态势经历了三个不同的阶段：平衡预算规范、动态财政管理和当前的财政目标。这些阶段在接下来的段落中讨论。

在第二次世界大战之前，包括一些经常违反该原则或对不平衡预算没有任何法律约束在内的几乎所有民主国家都遵守平衡预算原则。执行的原则是一个财政年度的支出不应超过当年的收入。各国政府在应用这一规则方面各不相同，有些只适用于当期收入和支出，有些也适用于投资收入和支出。一些国家计算了从以前财政年度结转的资金，另一些国家则将当年收到的现金包含在内。平衡预算原则没有区分经济增长和停滞的时期，其时间范围也没有超过一年，而延伸到一个完整的经济周期。由于它是刚性的，所以平衡预算原则经常被违反。很少有国家政府在战时或衰退期间保持总支出不超过收入，有些国家甚至在繁荣时期也遇到了困难。但是，尽管这一规范在实践中常常被破坏，大多数政府还是把它当作正确的事情来重视。此外，即使在预算不平衡的情况下，政府也会利用这一规则来限制支出需求和赤字规模。

第二次世界大战后，平衡预算原则被一种灵活的原则所取代，这种原则允许预算总额适应经济状况的周期性变化，以及政府政策的长期变化。这个新的原则有多种版本。一个版本是政府应在整个经济周期内而非每年维持平衡；另一个版本是政府支出不应超过在经济处于充分（或高）就业状态时的政府收入。换句话说，存在周期性赤字的政府仍应拥有结构性盈余。各国政府在动态财政应对经济的内在平衡（如经济疲软时收入的自动下降或失业补贴的上升）或自由裁量政策在多大程度上作出响应方面存在分歧。随着时间的推移，各国都采用了动态财政政策，这意味着政府应采取行动缩小实际产出和潜在产值之间的差距。

然而，即使在经济强劲的时候，赤字支出在许多民主国家也很常见，公共支出占 GDP 的比例也在稳步上升。随着总量限制的松动，领取救济金者在要求政府提供援助方面占了上风。人们认为平衡经济比平衡预算更重要，而且不难提出有力的理由来证明增加支出会产生有益的刺激作用。但是，无论其优点是什么，在 20 世纪 70 年代中期和 80 年代初的石油冲击之后，许多工业国家的经济表现恶化，使这种宽松的财政态势受到质疑。高额、持续的赤字被认为是一个不会在经济复苏时消失的结构性问题。但是，高税收负担和较弱的经济增长使政府得出结论，他们不能像他们在战后几年经常做的那样仅仅通过增加税收来恢复财政平衡。相反，他们必须对预算总额，特别是对总支出施加更强的管理。

为了重新确立财政纪律，各国政府需要设计出不同于平衡预算原则和可通融的财政政策的新方法。由于预算对经济波动高度敏感，在产出下降和失业率上升时无法保持平衡，因此严格的、不通融的平衡预算原则无法发挥作用。在经济周期的大多数年份里，零赤字规则都将被违反，不仅是在衰退期间，而且是在衰退之后国家努力恢复经济实力的时候。但如果平衡预算不是一个可行的政策指南，那么可通融的财政立场也是如此。一些政府已经得出结论，积极的需求管理不是一个可行的选择，相反，政策应该关注长期前景。许多人目前认为，长期财政失衡对未来的经济能力是一种负担。几乎所有人都认为，曾经被接受的结构性赤字和周期性赤字之间的区别具有误导性，因为一年的周期性赤字会使未来的结构性失衡恶化。

财政制度对预算结果的影响

面对不实用的严格平衡预算规则和宽松预算的不利结果，一些国家、国际金融机构和欧盟已经倾向于采用财政目标，这些目标允许当局在做出预算决定前就确定好有限制的赤字。与平衡预算原则一样，这些目标是固定的，不是有弹性的，但与其不同的是，它们允许结果偏离严格的平衡。当这些目标按预期发挥作用的时候，预算制定者的财政选择会受到限制。

财政目标一直受到一系列研究的推动，这些研究表明，制度（经济学家指财政规则时使用的术语）会影响预算结果。最具影响力的研究之一是由约根·冯·哈根（Jorgen von Hagen）在20世纪90年代初为欧洲委员会进行的研究，他的发现在其他地区也得到了印证。冯·哈根根据预算三个主要阶段（政府的预算编制、支出立法和预算执行）的机构是集权制度还是分权制度对每个欧盟国家进行了分类。他认为，如果财政部长在制定和执行财政目标以及解决支出冲突方面具有强有力的作用，如果立法机构被禁止修改预算或增加总支出，以及如果财政部长有权阻止支出并确保实际支出不超过授权水平，那么预算制度就是集权的。将这一方案应用于欧盟国家，冯·哈根发现，如果预算安排赋予总理或财政部长高于其他部门部长的战略主导地位，限制议会的修改权力，并且在执行过程中只允许很小的修改机会，将“非常有利于财政纪律，即相对较小的赤字和公共债务“（von Hagen，1992，p. 53）。在随后使用不同变量的研究中也得出了类似的结论。回顾十年来的研究发现，波特巴（Poterba）和冯·哈根认为：

> 通过对预算程序进行战略性设计，即通过权力分配和基于有效结果的促进协议的制度，可以避免巨额赤字。
>
> 为减少支出和政府赤字偏见，针对预算过程实施的有效的制度设计推动了对公共政策成本收益的综合理解。如果预算过程的集权化依赖于将权力下放给某个决策者，那么关键在于，这个决策者应该受特定支出利益的驱动，而不是受支出部长的驱动。如果中央集权依赖于对财政目标的协议，那么关键在于这些目标必须在预算程序前得到一致同意，该协议必须由所有相关各方进行谈判，并且该协议必须得到足够强大的惩罚措施的支持，使其在整个预算过程中具有约束力（Poterba and von Hagen，1999，p. 10）。

这些结论表明，财政规则的类型及其制定和执行的方式决定了其有效性。并非所有的财政规则都是平等制定的，也并非所有的规则都同样有效。确定为什么一些规则有效而另一些规则无效是一项困难但必要的任务。

财政规则的研究对预算实践确有影响。它影响了《马斯特里赫特条约》和《稳定与增长公约》。瑞典在 20 世纪 90 年代中期改革其预算机制时也引用了相关研究。当国家经济与地区和全球力量联系在一起时，当经济增长和预算不如以往强劲时，财政约束的概念显然具有吸引力。不管有没有财政规则，当代政府都在一个比战后繁荣时期更受约束的环境中运作。用规则约束预算可能会使管理公共财政的任务变得容易一些。但有规则并不等同于生活在规则之中。对一切规则的检验，不在于其是否被采纳，而在于他们是否导致了预期的行为。就财政规则而言，制定约束并实施约束涉及不同的行为主体和不同的政治经济考虑。

财政规则的差异

所有的财政规则都有一个关键特征：它们必须在预算决定之前制定。否则，这些规则就无法约束收入和支出行为。除此之外，财政规则有许多不同的分支。本节考虑制定和操作财政规则时的四组问题：

- 它们是硬约束还是软约束？
- 谁制定和执行它们？
- 它们调节的是哪些财政总量？
- 他们制定和执行规则的会计依据是什么？

硬约束与软约束

当政府不能因经济条件或政治偏好的变化而修改约束时，这种约束就是硬约束；当政府在倾向于改变财政方针时可以调整约束时，这种约束就是软约束。硬性或软性的程度各不相同，但这些极端的定义指出了政府在进入财政体制时必须做出的基本选择。另一个类似的问题是，财政规则应该是永久性的，不需要每年都重新制定；还是应该在每年通过预算之前重新制定。硬约束往往是永久性的；软约束通常每年或在政府换届后重新调整。这两种类型的规则都可以由宪法、法规、国际协议或其他具有约束力的决定规定。临时规则可以在联合协议、中期框架、财政责任法或年度预算法中设定。

《马斯特里赫特条约》和《稳定与增长公约》是持续的硬约束的主要例子。尽管它们有免责条款，但这些规则仍持续有效，旨在对受影响政府的预算政策形成严格限制。更灵活的方法是每年（或每隔几年）确定规则，并在新商定的限制范围内进行预算。在中期支出框架（MTEF）下进行预算的国家通常采取较为宽松的方法。在率先采用 MTEF 模式的澳大利亚，多年长期预算是考虑各部门竞标资源的基础。这些竞标必须在政府设置的资源框架内进行。在瑞典改革后的预算程序中，每年在年度预算工作开始之前，由政府和议会决定预算总额。由新西兰提出并被一些发达国家和发展中国家采用的财政责任模式也依赖于一种软约束。政府每年在提出年度预算前几个月就提出一份政策声明，阐述其中期和长期财政目标。财政责任模型没有规定特定的结果，但它确实要求政府对财政方针的变化负责。其核心思想是，政治领导人可以自由地做出财政选择，但他们应该以公开的方式进行。

从这个角度看，关键问题不是约束的硬度，而是财政规则限制政治行动的程度。有一种观点认为，这些规则的目的应该是抵制政客以不守纪律的方式行事的偏差；另一种观点认为，当规则是通过民主的方式来制定和执行时，它们会更加稳固。在实践中，这两种方法之间的差异可能比标签显示的要小。硬约束很少像它们所鼓励的那样严格，就像欧盟官员在监督遵守《马斯特里赫特条约》和《稳定与增长公约》中所学到的一样；政治上设定的目标可能会对政府构成强有力的约束，正如新西兰在 20 世纪末所经历的那样。尽管当时经济疲软，联合政府仍保持了严格的财政政策。也许只有在民主制度健全、政府受到选民问责时，政治上设定的目标才会有效。在问责制薄弱的国家，政府可能会发现，通过财政责任机制放弃既定目标是权宜之计。

从表面上看，不随着政治或经济风向的变化而改变的永久性约束似乎比可能导致迎合现政府偏好的每年设定的约束更有效。然而，在某些情况下，年度设定的限制可能比永久性限制的影响更大，就像在某些情况下，指示性政策比约束性规则的影响更大。这一论点基于两个前提：首先，每年重置的政策往往比永久规则更现实、更可实现；其次，每年（或定期）制定的约束条件可能比尚未得到现任官员认可的永久性规则获得更多的政治支持。如果预算约束从根本上与当前的经济或预算现实不符，或者缺乏政治支持，那么无论约束有多么严格，都无法发挥作用。当约束缺乏政治支撑时，机会主义的政客们可能会通过延迟支付、设计预算外安排、积累或有负债或使用其他簿记等策略来密谋逃避约束。

约束性规则和指示性规则之间的选择取决于制度，而制度在每个国家都不一样。当制度安排促进财政审慎时，指示性限制可能足以控制预算总量。另外，对于那些经历过财政宽松的国家来说，硬性规定可能是合适的。如果这一概括是合理的，财政规则的设计者必须应对一个反常现象：当最需要硬约束时，它们可能是最不可行的；在条件最适宜实施财政约束的地方，可能最不需要财政约束。

如何制定和执行财政规则?

理想情况下，民主政府应该建立并实施自己的财政规则。但至少在两种突出的情况下，财政规则是由外部设置和监控的。一种是在欧盟，那里的财政规则由条约制定，并由委员会的工作人员监督；另一种是在受国际货币基金组织（IMF）或其他国际组织施加条件限制的国家。尽管少数欧洲国家被发现违反了《马斯特里赫特条约》和《稳定与增长公约》，但可以得出这样的结论：大多数欧盟国家的财政状况在欧元推出之前和之后都比在没有外部约束的情况下可能更加有秩序。然而，当成员国在政治或经济条件的牵引下各行其事时，欧盟的执法是否同样有效，是一个悬而未决的问题。就发展中国家和新兴市场国家而言，外部条件的影响可能因其对外部援助的依赖程度或面临资本外流风险的程度而有所不同。

外部强加的规则改变了受影响国家内部的政治力量平衡，使政客能够将采取令人不快的措施的责任转移到外部。然而，外部压力可能是自我约束的弱替代品。受影响的政府必须采取行动维护规则；如果不这样做，外部强制执行者将无法让规则发挥作用。当政客们迫于压力从事违背自身利益的行动时，机会主义和欺骗行为就会泛滥。他们有很多机会隐瞒政府真实的财政状况。随着财政规则的普及和严格，外部执法的力度已经加强。欧盟专家审查成员国提交的预算，以评估其是否符合欧盟的会计规则；国际货币基金组织工作人员密切监督受组织条件约束的国家的财务行为。然而，即使外部监督者发现了预算欺诈行为，他们唯一可行的选择可能是任由受影响的国家违反规则。

自我施加的规则只有在生成这些规则的政治安排允许的情况下才会有效。早期关于财政规则的文献认为，多数主义政权（一个政党控制政府）比联合政府（在两个或多个政党之间分配权力）更有纪律。但与此预期相反的是，联合政府有时比一党执政的政府更有纪律性。例如，在整个民主历史上从未出现过一党政府的荷兰在 20 世纪 90 年代履行自我设定的财政规则方面取得了非凡的成功。为了解释为什么联合政府可能更成功，研究人员区分了通过授权制定的规则和通过政治承诺制定的规则。依靠授权的政府通常授权财政部长制定财政目标，并保证预算估计和支出结果与之一致。这种安排不适合联合政府，因为财政部长可能来自某个政党，而其他部门的部长来自其他政党。当联盟伙伴在政府政策和财政方面的观点可能发生冲突时，他们不会将最终的预算权力委托给财政部长。相反，如果他们决心以自律的方式行事，他们可以通过谈判达成一项联合协议，为政府的生命周期设定预算边界，包括财政总量。正是联盟各方对保持在这一框架内的承诺赋予财政规则以纪律性。在 20 世纪 90 年代，一些国家的联盟协议变得更加详细，并帮助在规范预算方面取得成功。只有当联盟协议是可信的承诺时才会有效，也就是说，协议各方有强烈的动机去遵守条款，因为如果他们不遵守，政府就会崩溃。一些政府已引入新预算程序，确保在制定和执行预算时遵守联盟协议。新西兰作为联合政府的新成员建立了一个“财政条款”系统，计算政策倡议的预算影响，并评估它们是否与协议一致。

一项财政承诺的价值不超过那些做出承诺的人遵守其条款的意愿。尽管协议各方可能会因违反协议而付出政治代价——新的选举和选民的潜在反弹，但政治家们可能会认为打破这些约束比忍受约束更好，即使他们事前倾向于遵守协议。某一年的理解可能会变成未来一年的误解。所有的预算承诺都有可能被不断变化的条件取代，比如经济疲软、公众情绪变化、国际危机等。因此，可以说，与那些跨越较长时间框架的承诺相比，那些仅覆盖政府三到四年任期的承诺（比如联合政府协议）更有可能被尊重并得到兑现。

哪些财政总量受到监管?

在管理公共财政时，政府至少会产生四种财政结果：总收入、总支出、赤字（或借贷需求）和公共债务。按债务编制预算的政府还报告已发行或未偿还的债务总额。其他总额包括计算出的或有负债和总收入或总支出的年度变化。公布合并财务报表的政府还报告总资产、负债和净值。不同的总量可能只涉及中央政府，也可能包括公共部门的其他部分——社会保障、公共企业、地方政府和预算外资金。每个总量都有可能在财政规则中受到限制，但最常见的规则与收入和支出之间的平衡有关。

不同的财政总量可以以不同的方式设定目标：按绝对值计算，占国内生产总值（GDP）或其他指标的百分比；按实际（经通胀调整）计算，与上一财政期间相比的变动率（或金额）。将公共支出或其他总量表示为占国内生产总值的比例有助于趋势分析和各国之间的比较，并表示承认政府财政状况的可持续性取决于国民产出的数量。然而，只关注赤字（或收入或支出）占 GDP 的比例可能会导致财政结果出现偏差。如果一个政府寻求将收入或支出稳定在 GDP 的一定比例，它可能会在经济扩张时接受实际支出的增长，但发现在经济疲软时很难收缩支出。在一个经济周期的过程中，这种模式可能导致财政总量相对于 GDP 的逐步上升。

只限制单一的财政总量可能会扭曲预算行为。如果总量目标是赤字，政府可以通过出售资产、推迟支出或依赖非经常性收入来满足约束。一套广泛的财政规则可能会阻碍这种类型的响应，特别是如果目标包括政府的净值，这一指标不受资产出售或从一个财政期间到另一个财政期间收支转移的影响：然而，现在很少有政府会发布足够及时和可靠的综合财务报表作为财政控制的基础。

在制定财政规则时，关键的考虑因素应该是政府财政的可持续性——也就是说，它的政策是否可以在未来继续下去，特别是在经济状况变得不利的情况下。可持续性导致发达国家专注于债务与 GDP 之比，而发展中国家和新兴市场国家则专注于基本收支平衡。与衡量一年内财政平衡的赤字相比，债务比率显示了一段较长时期内财政实力的变化。这一比率的上升可能表明，这种趋势不可能无限期地持续下去，因为债务负担的增长速度快于国民产出。维持最低基本余额已成为发展中国家和新兴市场国家的一项普遍的财政规则，因为它们需要巨额盈余为外债融资，并阻止资本外逃。

财政规则采取的具体形式可能不如它被采纳和执行的方式以及它所涵盖的年限重要。目前还没有根据得出这样的结论：限制赤字的规则比限制债务或总支出的规则更有效或更无效。如果一项财政规则是现实的、可执行的，而且期限涵盖若干年，那么它就是有效的。缺乏这些特征的规则将是薄弱的，无论它适用于一个或另一个预算总量。

会计依据应该是什么？

虽然形式可能并不重要，但应用规则时使用的会计基础非常重要。如果财政规则没有明确的会计标准作为基础来确定如何计算总量和纳入其中的行动，那么财政规则便没有意义。毫不奇怪，财政规则的运用伴随着预算文件会计标准的细化。虽然收付实现制与权责发生制的问题得到了大部分关注，但在界定和执行财政规则时也出现了其他问题。财政规则的制定者一般倾向于采用权责发生制，因为现金交易可以被操纵。收付实现制和权责发生制之间的关键差异——如交易、资产销售和或有负债的时间——影响预算中报告的总量。收付实现制给政客们提供了广泛的机会来推迟或加速确认收入和支出，出售资产并将收入记为当期，以及从直接负债转为或有负债。为了避免这些诡计，欧盟和国际货币基金组织已经转向修正的权责发生制，据称可以更严格地执行财政规则。然而，应该注意的是，权责发生制并不是一个防止欺骗的安全机制。使用权责发生制的商业部门的会计丑闻告诉我们，所有的会计规则都可能被操纵和逃避。此外，权责发生制可能特别容易被歪曲，因为它依靠复杂的、往往是隐蔽的假设来计算财务存量和流量。制定财政规则和监督遵守情况时，最谨慎的做法可能是同时依赖收付实现制和权责发生制。

收付实现制与权责发生制的关系涉及第二个会计问题：预算总额应按总额还是净额报告？在总额基础上，流入和流出是分开核算的；以净额计算，某些流入可能抵消流出。以债务占 GDP 的比例为基础通常按总额计算；它测量政府所欠的总额。这一比率不因欠政府的金额或政府持有的其他资产而减少。相比之下，资产负债表报告的是净资产（资产减去负债），总债务只衡量负债，而且只衡量那些以债务形式存在的负债。可以说，净值基础更优越，因为总量不会受到出售金融资产的影响。政府可以通过出售资产来降低总债务，尽管它会改变资产和负债的数量，但这笔交易不会改变政府的净值。

总额计算与净额计算也与限制总支出的规则有关。大多数国家政府从居民税收、国有企业和其他商业活动中获得收入。如果按总额进行财务核算，这笔钱将被记为收入。如果使用净额基础，则部分或全部收入可能被编入预算以抵消支出。净额与总额并不影响所报告的赤字规模，但它确实影响总收入和总支出；因此，当财政规则限制这些总量时，这个问题就很重要了。净额基础在一些国家很受欢迎，因为它激励支出单位向用户收取服务费。然而，在 20 世纪 90 年代，当瑞典建立监管总支出和部门支出的制度时，它选择了总额计提制。在瑞典目前的体系中，总支出限额分配到 27 个部门，每个部门都有自己的限额。在这一安排中，瑞典向欧洲联盟支付的款项作为支出列入预算，从欧盟收到的款项作为收入列入预算。这两种收支并没有被抵消。瑞典选择净额基础是因为该国对总支出有更严格的限制。在净额基础上，限额是有弹性的，因为总开支可以通过收入抵消而增加。

调整预算实务以落实财政规则

财政规则只有在执行时才会有效果。由于财政规则本身无法自动执行，一旦有机会，支出者便可能会绕过或者回避这些规则。执行这些规则的一个关键因素是授权独立监督员审查预算行动并指出实际或潜在的违规行为。欧盟和国际货币基金组织以及那些将财政政策和结果置于独立审计之下的政府都在使用这种模式。在违规行为发生后强制执行干预措施，其效果本质上不如在违规行为发生前阻止违规行为的安排。因此，一些认真对待财政纪律的政府已经调整了预算程序，以促进对财政规则的贯彻。

最为突出的调整之一为将预算的时间框架由 1 年延长至 3 至 4 年。单年度预算程序是逃避规则的一项诱因，因为它会鼓励机会主义者将支出推迟至下一年度或者将收入提前至当年。对于老练的预算制定者来说，粉饰一年的账目，使它们在表面上表现得比实际上更出色并不困难。迫于财政紧缩的压力，一些政府将财政年度缩短至 11 个月或延长至 13 个月；为了使当前预算符合约束条件，一些国家临时性地制定了支出或收入条款；一些国家利用一次性的收入增加或支出削减将坏消息推迟到未来。当使用中期而不是单个年度来衡量对规则的遵守情况时，以上这些伎俩就变得更加困难，也没那么有吸引力了。为了确保预算路径与财政规则一致，中期支出框架（MTEF）或一些类似措施已被引入众多国家之中。

在制定中期支出框架的同时，政府也引入了其他一些方法来衡量财政政策变化对预算的影响。这种能力至关重要，因为在采取政策举措时，往往会低估对未来的影响。对影响的衡量分为两步。第一，如果政策继续保持不变，那么需要对未来的预算状况进行评估；这一步需要使用基准估计或前瞻估计预测未来几年现行政策导致的收入或支出。第二，政府必须用相关技术和程序评估政策变化对支出或收入可能的影响。这是一项极其困难的任务，因为除了评估政策转变的直接后果外，还必须考虑响应行为的影响。

如果政府将预算过程分成决定预算总额（可能还有主要部门的分配）的框架以及对详细预算的估算这两个独立阶段，就可以强化对财政规则的遵守。当这两项任务合并在一起时，预算总额可能会受制于它的各个部分，也就是说，满足支出需求的压力会促使政府将总额定得比它所希望的或规则所允许的高。通过分离这两种行动，政府将首先设定总额，而不是把每个账户或支出单位的支出加总。总额在一个注重财政规则和条件状况的框架内决定，而不是依据预算中支持的每项活动所需的资金额。一旦总额确定，详细预算的编制就会被限制在规则规定的数额之内。

财政规则的出台正值各国立法机构在预算问题上日益独立和活跃之际。除了仍在威斯敏斯特框架（Westminster framework）内运作的国家外，立法机构对政府提交的预算进行修正现在比较普遍。随着立法变化得越来越频繁，超出限定总额的风险也在增加。为了应对这种情况，一些国家现在规定立法机构在审议预算的同时或在一个单独的框架阶段对财政总额进行表决。允许修改立法的国家正在采取各种手段向议员及时提供有关这些变化对未来预算影响的资料。随着立法机构不断强化其在预算中所扮演的角色，预算设计者将面临的挑战之一是在追求独立的期望与对财政负责的需要之间取得平衡。在未来，维持这种平衡的方式方法将深刻影响立法机构与政府之间的关系。

过于严苛执行的财政规则可能会限制政府对新需求和优先事项的应对能力，尤其是在经济不景气，且没有充足的经济增量可供分配之时。为了应对这种情况，一些依照财政规则进行运作的政府引入了一系列方法来鼓励支出单位将资源从优先级较低的事项重新分配到优先级较高的事项上。中期支出框架非常适合这一目的，因为该框架为每个部门提供了未来几年的资源上限。在这个范围内，各部门的部长拥有了转移资源的余地，同时其预算被削减的风险也较低。当然，如果拟议的重新分配方案使部长们面临预算削减，那么他们将通过在预算中保持原优先事项来适应这一情况。

当这些规则基于现实并以政治承诺和预算程序为基础时，财政规则就会限制政府对支出需求的反应能力。然而，如今有两种主要类型的支出可能会在一定程度上挣脱这些约束。一种是法律规定的津贴，另一种是或有负债。津贴本质上是一个政治问题，我们将在下一节关于制定和实施财政规则的政治和经济条件中讨论。或有负债问题产生于这样一个事实：常规预算只涵盖直接负债，或有负债在必须要付款时才进入预算账户（如担保条款需要兑现时），此时，预算已来不及对支出金额进行有效控制。在某些情况下，由于先前未确认的或有负债，那些表面上在财政方面谨慎行事的政府，实则面临着巨大的预算压力。显然，最近在阿根廷和其他一些发展中国家和新兴市场国家就出现了这种情况。

或有负债有多种形式，在每个国家的政府中都存在。一些或有负债是明确的（在法律或合同中确定），而其他的一些则是隐性的（基于对政府行为的期望）。显然，政府对这些隐性负债的了解比对显性负债的了解更少，但这些隐性负债对预算的影响可能更大。为了维持财政纪律，政府必须对或有负债进行监管。但这种做法存在困难，因为目前还没有对有关实践进行标准化，而且或有负债通常也产生在预算过程之外。在过去的20年里也出现了几种方法，包括：

- 在预算中为预估的担保要求预留资金；
- 限制年度内未偿还的或发行的担保数量；
- 在预算或财务报表中报告或有负债；
- 通过收取费用或其他款项与受担保方分担风险；
- 在审查直接支出申请的同时审查担保情况；
- 在授权担保时为预估的未来费用编制预算。

随着财政规则得到更广泛的应用，新工具很可能会被设计出来对担保进行规范，并将其纳入预算控制的范围之内。

财政规则不仅仅是在预算程序中增加总额目标的问题。在它们发挥作用的地方，这些规则改变了预算的正式做法和过程中参与者的行为。本节所讨论的变化是在财政规则执行的最初几年引入的，为了使这些规则完全嵌入预算框架之内，未来还将引入更多的变化。虽然目前尚不清楚未来预算创新的细节所在，但其方向是明确的。预算的编制将进行一定调整，以保护预算总额不受支出或借贷压力的影响；确保在编制和执行预算时，政府在预设的约束条件下运作；并要求立法机构在增强其在预算领域作用的同时，更具有纪律性。

政治和经济对财政规则的影响

财政规则在政治和经济的十字路口运作。规则与政治和经济条件之间的关系是双边的。每个规则都有可能重新分配政治权力，改变预算结果和其他政策，并影响经济状况。但反过来也成立：政治和经济条件会影响预算规则的有效性。这个结论部分探讨了财政规则辩论中一个被忽视的问题。当政客不希望有规则的约束或经济条件不利时，规则能产生效果吗？如果这个问题的答案是“不能”，那么为什么还要制定财政规则？简单的回答是，尽管规则无法忽视政治和经济压力，但它们可能会影响预算决策中处理这些压力的方式。财政规则多多少少有一定影响，即使它们并没有那么有效。

预算规则是政治规则；它们由政治领导人制定，并由他们执行或违反。财政约束的效果取决于政治领导人遵守的意愿。当规则发挥作用时，可能是因为选民和政客倾向于遵守财政纪律；当他们不这样做时，可能是因为他们喜欢更多的支出或更低的税收。波特巴和冯·哈根认识到这种模式，指出“预算规则不是随机分配给国家的，而是选民或其代表有意选择的产物。这使我们很难评估观察到的预算规则和预算结果之间的相关性；也许观察到的关系只是因为与第三个因素之间的相关性，如选民的偏好和观察到的选民偏好的表现”（Poterba 和 von Hagen，1999，p. 11）。

冯·哈根等人最近的研究承认了政治承诺在调节预算结果方面的重要性，但他们把承诺定义为财政规则的一个关键因素，而不是使规则生效的一个有利条件。这样一来，他们的推理接近于同义反复：政治承诺是约束支出或赤字的预算规则；当这些规则没有受到约束时，是因为缺乏承诺。这种循环推理导致规则总是有效的结论。一个更折中的观点是，当政客倾向于以财政纪律的方式行事时，规则就是重要的，因为它使他们更容易抵挡支出或借款的压力。规则强化了那些想在财政上谨慎行事的政客，但无法妨碍那些决心在规则允许的范围内增加支出或减少税收的人。

一项财政承诺的价值不超过那些使该承诺与其条款匹配的人的意愿。当承诺发生动摇时，财政纪律就会受到侵蚀。这种承诺随着时间的推移可能会退化是很自然的结果，因为来自金钱的压力压倒了规则。最后，所有的预算规则都可能有其固有缺陷，并被直接或通过会计技巧突破，政府因此很难在一个较长的时期内保持一种有纪律的财政态势。如果是这样的话，每个国家迟早都需要重振财政规则。

对预算结果波动的案例研究表明，财政规则是脆弱的。在 20 世纪 90 年代初，美国审计总署（GAO）研究了五个从大量赤字转向预算平衡的国家的经验。这五个国家（澳大利亚、德国、日本、墨西哥和英国）重振了他们的预算规则，建立了自上而下的、多年度的总支出限制，并削减公共部门的工资支出和一些社会福利。一些国家还减少了对各下级政府的支付或者削减了资本支出。在所有的这些国家中，政治领导人通过定义可接受的财政政策规范以积极促进财政纪律，并说服政客和选民接受预算紧缩政策。美国审计总署的结论是，这些国家的经验“表明消除赤字在现代民主国家是可行的，领导人可以成功地在危机发生前迅速采取行动”（美国审计总署，1994，p. 12）. 但同时也发现，维持一种紧迫感和长期的财政平衡是困难的。事实上，在美国审计总署发表研究报告时，五个国家中的四个又回到了赤字状态。美国近期的经历与其他国家一致。它从20世纪90年代初的巨大预算赤字迅速转变为20世纪末的巨大盈余，并在几年后恢复到更大的赤字。从赤字到盈余的转变得益于限制开支增长和减税的财政规则。然而，一旦有了盈余，政客们就会想方设法在规则允许的范围内增加支出和减少税收。规则没有改变，但政治行为并不是这样。在美国，遵守规则的政治意愿被盈余打破：在其他国家，则被赤字打破。这就是德国在过去十余年的情况。在欧元区成立前，德国坚持贯彻严格的财政规则，但它也是第一个因违反规则而被欧盟委员会指责的国家。统一联盟的财政负担和长期的经济疲软打破了德国对财政纪律的坚持。

有时结果却恰恰相反，一个曾经缺乏政治能力来控制其财政的国家却有了这样做的意愿。荷兰曾经被认为已经无可救药地陷入了赤字当中；它是"荷兰病"的来源，这个词指的是一个国家的生活状况远远超出其经济能力。然而，在过去的十年中，该国却一直保持着欧洲最好的财政状况，并且现在也因"荷兰模式"而受到赞誉。荷兰模式即通过结构性改革，纠正经济中的许多不平衡的状况，并稳定了政府的财政。在大多数情况下，荷兰是自己主动采取行动的，而不是因为受到《马斯特里赫特条约》或《稳定与增长公约》中的规则的压力。如前所述，荷兰完善了联盟协议，将其作为在每个政府的完整任期内坚持贯彻到底的有力手段。重要的不是每个新上任的政府通过谈判达成了联盟协议，而是它确实在认真对待这些条款，并根据商定的财政目标编制年度预算。现任政府在经济状况良好时也没有放松财政纪律。它没有利用激增的税收来扩张那些会给未来预算带来负担的项目。人们可以把荷兰的成功归功于新的财政机构或政治决心。但荷兰的经验清楚地表明，没有连续五届政府在20年的时间里持续的政治承诺，联盟协议将只是一纸空文，严格的预算规则将被违反，而最终的财政结果也将远不如现实情况。

政治承诺在今天的预算环境中尤为重要。如今的预算环境至少在两个关键方面与过去的条件不同。一个区别是强制性账户在国家财政中的突出地位；另一个区别是利益集团的积极性和影响力。这些变化结合起来使得维持财政纪律更加困难，无论执政党的政治取向如何。在过去，政客们在纪律内行事相对容易，因为几乎所有的支出都可自由支配，且预算是一个封闭的过程，利益集团在预算中的影响相对较小。政客们不需要明确的财政规则来约束自己；如今，他们需要规则，但仅仅有规则还不够。

当支出以津贴为主时，支出增长是人口和经济趋势的自然结果；他们不需要一个明确的预算决定。因此，与传统的预算（政客的常规工作是分配增量）相比，津贴预算要求政客通过减少给受益人的法定付款来削减负担。这是一项更为繁重的预算工作，很少有政客适合做这项工作。财政规则也可能无法缓解他们的困境。然而，随着津贴支出的自然增长，政府仅仅抑制对更多资金的需求是不够的，它还必须抑制这些固有支出的增长。

津贴使财政规则成为必要，但它们也可能使规则失去效果。对财政规则的最终检验可能是它们对津贴的影响。如果这些规则是由下定决心削减津贴的政治领导人实施，它们将是有效的。然而，如果政府不能或不愿意对津贴下手，那么财政规则就不会产生什么太大的影响。

由于相关组织团体在保护其利益方面的警觉，将津贴纳入预算控制范围的政治任务变得非常复杂。与前一两代人相比，当代民主国家不仅有许多活跃的组织团体，而且许多团体比以前更容易接触到预算制定者。虽然大多数国家预算还可持续的目标。

这种方法可以抑制财政规则中的顺周期、扩张性倾向，使公共财政走上谨慎的、可持续的道路。财政规则应该在经济势头强劲时发挥最大作用；如果不是这样，在经济疲软时，它们反而可能会造成很大的伤害，并且没有什么积极影响。

后　　记

财政规则将继续存在。在管理良好的国家，财政规则已成为预算的一个永久的固定设置，因为它们为调节关键的财政总量提供了一个基础。对赤字或债务建立严格的约束确实会带来更谨慎的财政结果，但只有当政客们愿意遵守预设的限制，或者当执行机制能够有效地阻止违反或逃避规则的行为时，才会出现这种结果。

在财政规则的设计和运作方面，还有许多未完成的工作。固定的规则（如《稳定与增长公约》制定的规则）是否优于政府每年通过其自身的财政责任程序制定的规则，目前还没有定论。后者可以更容易地根据经济或政治条件的变化进行调整，但它们也更容易被机会主义的政客所扭曲。尽管如此，正如文章所言，所有的财政规则都取决于政治意愿。

财政规则也取决于经济。在经济繁荣时期似乎很有效的财政规则，在经济疲软时往往会被绕过或被废除。当然，这种模式表明，有利的财政结果可能更多是由于经济状况而不是由于预算纪律。另一方面，不利的结果可能更多来自于经济收缩而不是宽松的财政政策。这个结论表明，下一代的财政规则应正式区分结构性结果和周期性结果。当发展中国家或新兴国家由于不利的经济环境而遇到财政压力时，国际金融机构的有关政策也应当进行重大调整。

如果说温和的经济衰退会破坏财政规则，那么经济冲击——比如21世纪第一个十年末所经历的经济冲击——则会将它们完全连根拔起。在任何一个国家，救助金融机构或为陷入困境的家庭或公司提供税收减免的热潮，都没有受到政府债务或赤字总量限制的阻碍。当经济危机消退，财政状况趋于稳定时，各国政府的任务将是通过制定新规则应对高涨的债务负担和对未来失衡的预测，尤其是老龄化的人口结构带来的对更多公共资金的需求。这不是一项简单的任务，但是在政府资金充裕、一切似乎都很顺利时制定规则进行约束非常有必要。只有当政府在预算资源充裕时约束自己，它们才能够在经济陷入困境和资源匮乏时负责任地行事。

参考文献

von Hagen, Jörgen (1992), *Budgeting Procedures and Fiscal Performance in the European Communities*, Economic Paper No. 96, Commission of the European Communities, Brussels.

Hallerberg, M. and J. von Hagen (1999), "Electoral Institutions, Cabinet Negotiations and Budget Deficits in the European Union" in James M. Poterba and Jörgen von Hagen (eds.), *Fiscal Institutions and Fiscal Performance*, The University of Chicago Press, Chicago, Illinois, United States.

Poterba, James M. and Jorgen von Hagen (eds.) (1999), *Fiscal Institutions and Fiscal Performance*, The University of Chicago Press, Chicago, Illinois, United States.

United States General Accounting Office (1994), *Deficit Reduction: Experiences of Other Nations*. GAO/AIMD - 95 - 30, General Accounting Office, Washington DC.

第十二章
预算改革 25 年 *

高级预算官员网络（SBO）于 1980 年启动，以应对在油价冲击、高通胀和经济停滞后困扰大多数发达国家的预算压力。战后的长期扩张已经停止，但支出压力并没有减弱，使各国政府面临巨大的结构性预算赤字。选民情绪和财政现实阻碍了政治领导人通过提高税收来缓解国家的预算困境。他们唯一的办法是采用更严格的支出限制，同时他们需要能帮助他们完成工作的预算工具。在经合组织主持的首次会议中，高级预算官员认为他们面临类似的困境，可以借鉴成员国家的经验。

当他们见面时，预算官员为 SBO 带来了独特的视角，因为他们连接了政府的政治和行政领域。每个预算都是民选领导人的政策声明，也是公共项目和机构持续运作的行政计划。高级预算官员是这些领域之间的经纪人。他们持续与政治家和行政人员打交道，他们必须足够灵活，以满

---

* 本文最初发表于《经合组织预算期刊》（*OECD Journal on Budgeting*），第 4 卷，第 1 期，2004 年。在撰写本文时，艾伦·希克是华盛顿特区布鲁金斯学会政府研究访问学者，也是美国马里兰大学公共事务学院教授。方框中的评论写于 2009 年。

足两个群体的需求。大多数预算主任都来自高级公务员，但要取得成功，他们必须对政治需求和观点保持警惕。这种特质——管理能力和政治敏锐性——是SBO代表团和年度会议讨论的特点。

SBO的神秘之处不是会议成为了常规活动，而是预算官员花了很长时间才召集。在SBO之前，预算官员缺乏一个交换意见和讨论最新事态发展的国际论坛。他们可能只是为数不多的不定期会面的政府专业人士的一份子。我认为，这种缺乏是由于预算的固有特征，该特征对SBO会议的内容和举行产生了影响。预算是一个内向的过程，在此过程中，官员和政治家在政府限制范围内进行沟通。每个政府部门都在谈论其上级和下级的支出问题；部长和部门官员全年与自己的预算工作人员交谈，并在预算季与中央预算办公室交谈；高级预算官员与内阁成员和议员讨论财政和项目问题。在大多数情况下，预算是政府自言自语，外部利益集团偷听并偶尔加入。上一代的黑克罗（Heclo）和威尔达夫斯基（Wildavsky）在1974年对英国预算实践的出色研究中很好地描述了预算具有乡村特色这一特点。每个政府都有这些对话的特殊语言，嵌入在预算程序的形式、分类和规则中，以及制定和实施预算的人的行为、角色和关系中。预算语言中存在普遍性，但每个国家都有其独特的方式和术语，这些都加强了预算的孤岛性。

25年前，预算官员第一次见面，发现他们有着共同的利益和担忧。然而，打破预算的孤岛视角并不容易，在SBO召开后也没有立即改变。在第一个十年里，通常在每次SBO会议开始时都由与会代表描述他们国家的做法和创新。虽然这些演讲很少引起实质性讨论，但它们鼓励预算官员在讨论预算实践时更加开放。一代人之后，一些代表仍然谨慎地分享经验，他们似乎更愿意分享新的改革，而不是解释过去的创新实际上是如何运作的。然而，其他人来到SBO会议，渴望讨论成功和失败，并追踪预算实践从改革的一代到下一代的演变。

随着时间的推移，SBO会议在大多数经合组织成员国的日历上占据了一席之地，并已成为年度例行公事，就像预算一样。作为例行公事，讨论可能会停滞不前，重复过去讨论过的事情。因此，有必要让讨论保持新鲜感，既指出预算官员可能面临的未来问题，或扩大范围，将通常排除在SBO议程之外的事项包含进来。我希望这篇文章有助于振兴未来的SBO会议。

第25次年会是评估预算实践和反思未来几十年可能影响预算的挑战和机遇的适当时机。我很荣幸被邀请对SBO会议进行直截了当的评估，并希望我的批评意见不会影响对预算面临的重要问题的适当考虑。在准备这篇文章时，我受益于曾出席超过一半的SBO会议，审查了几乎所有的议程，并阅读了我多年来积累的许多SBO文件。从SBO框架来看，这篇文章是一个观察家对预算演变的思考。其他观察家无疑会从相同的材料中汲取不同的教训。

在透过SBO看当代预算时，我谨记出现的画面是不完整的。多年来，SBO已经从年度会议演变为预算系统运作的全年活动平台。事实上，SBO已经培育了四个子网络，每个子网络都专注于预算实践的特定方面。第一个网络处理会计问题，并将预算与其他财务管理任务联系起来。第二个解决了将预算（和一般公共管理）导向绩效和结果的挑战。第三个识别国家议会在预算政策中日益增长的作用。第四个将预算置于政府组织结构之中。每个网络不时地融入SBO，但每个网络都有自己的从业者和学者网络。SBO还鼓励并赞助汇编了一个关于预算做法的综合数据库以及对特定国家预算的深入全面回顾。

> 随着 SBO 会议接近第 30 个年头，其活动不断扩展。它赞助了世界所有主要地区的活跃网络，并定期调查预算实践，这些已成为学者和从业者的权威数据库。它深度参与了两个正在改变的问题：将预算作为改善政府绩效的工具；会计规则的演变，特别是与权责发生制有关的规则。

矛盾的是，SBO 的最大成就是启动了这些网络，同时将高级别会议留给自己。他们每年开会一次，但全年都在进行研究和传播。

本文“预算趋势：1960—2000 年”节通过比较经合组织成员国在这些年度会议召开前后的预算执行情况引出了 SBO 的来龙去脉。这两个时期之间的对比令人惊讶，因为预算的方向实现了从扩张到控制的根本性调整。虽然这种转变是由 SBO 推动的，但政治和经济条件的变化是比预算机制更重要的因素。预算一直是因变量；它不时地被改造，以适应不断变化的政治偏好和经济环境。

“SBO 议程”节从 SBO 议程的有利之处考虑预算。它审查了会议上讨论的主要议题，并反思了为什么一些重要问题不在 SBO 的权限范围之内。我的结论并不令人惊讶，当他们开会时，预算官员会讨论他们在工作中关注的事项——预算的技术和流程。这些是他们的日常关注点，是他们想从其他国家的同行那里学到的东西。然而，这种有限的议程是有代价的，因为它使他们远离了影响预算制定者行为和进程结果的政治、经济和社会条件。

SBO 展示了打破这一有限议程的证据，尽管速度比我希望的要慢。全面的国家审查特别值得注意，因为它们提供了一个模板，可以广泛了解影响每个国家预算的力量。

> 最近SBO会议的重点是拓宽其兴趣点的问题到目前预算的常规之外。其中的两个兴趣点是税式支出和公私伙伴关系（PPPs）。在考虑税式支出时，预算官员探讨了全面、公平和高效的税收制度的原则；并且，他们深入研究了公私伙伴关系的经济合理性以及它们在预算中的核算方式。

“预算的未来议程”节转向预算的基本功能，并质疑政府是否适合执行基本任务。这里考虑的关键功能是：

- 建立一个中期及以上的可持续的财政框架；
- 根据政府优先事项和项目有效性为项目分配资源；
- 高效地运营政府和提供公共服务；
- 确保预算反映公民的偏好；
- 确保支出单位对其行为负责。

这里提出的一些结论来自以前的SBO（和其他组织）工作，但重点是总体预算能力，而不是具体的改革。

本文观点的质疑基调受到了从商业部门蔓延到政府的“超预算”运动的影响。这场运动将预算视为制定战略决策的障碍，并认为企业和政府受到预算程序的阻碍，无法有效地管理自己。尽管这场运动没有对预算理论或实践产生重大影响，但它提出了在思考预算的未来时不应被忽视的重要问题。人们对“超预算”概念的兴趣起源于一种感觉，即尽管这一过程经历了多次改革，但基本的局限性仍然存在。尽管一再努力根除渐进主义倾向，但预算更能作为一种将过去延续到未来的手段，而不是塑造政府或社会未来方向的手段。

如果要大幅改变预算程序的使用方式或产生的结果，预算改革的议程可能必须更加大胆和广泛。

> “超预算”的概念似乎没有这篇文章写作时那么有希望。很少有政府认真对待它，也许是因为将支出用于自动试点会破坏民主治理和财政纪律。回想起来，“超预算”更多的是对预算的常规和摩擦的沮丧，而不是管理公共财政的实用方法。

预算趋势：1960—2000 年

1930 年，在大萧条的暗淡岁月里，20 世纪杰出的经济学家约翰·梅纳德·凯恩斯在一本大众发行的杂志上预测，我们的后代将享有远远超过前几代人所经历的经济富裕。凯恩斯的预测完全基于复利计算：如果发达经济体以每年约 2% 的速度增长，产出将每代人翻一番。凯恩斯的先见之明直到战后才实现，但经合组织成员国的实际经济增长比他预期的要高得多。1960—1973 年，实际国内生产总值年均增长率接近 5%，这是经合组织发布此类数据的早期年份。有了这种增长率，1973 年的经济产出是 1960 年的两倍。由于战后不久的增长更加强劲，20 世纪 70 年代中期，经合组织成员国的经济产出可能至少是 25 年前的四倍。

经济繁荣推动并助长了政府的大规模扩张。经合组织成员的政府总支出从 1960 年平均占 GDP 的 28% 上升到 1980 年的近 39%，这是 SBO 的第一年。鉴于战后经济繁荣，每年支出占 GDP 的比例增加半个百分点确实非同寻常。1980 年，经合组织成员国的政府平均支出至少是 30 年前的六倍。虽然支出增长的部分原因是政府生产的商品和服务价格相对于总体价格水平的上涨，但大部分支出增长是由于公共支出的实际增长。战后时代有力地证实了瓦格纳定律——随着它变得更加富裕，一个社会将越来越多的财富用于公共产品和服务。随着富裕，公民要求更好的道路、更多的教师、额外的教育服务、扩大医疗保健、加强环境保护和其他服务。除国防外，几乎所有部门都获得了资源。

在萧条和战争之后，经合组织成员国的公民担心经济安全，各国政府通过建立或扩大各种收入支持计划作为回应。公共支出总增长的一半以上是社会保障转移，社会保障转移从 1969 年占国内生产总值的 7% 飙升至 20 年后的近 13%。由此产生的公共支出构成的变化使管理公共财政的任务变得非常复杂。随着预算中用于津贴的部分增加，经合组织成员国无法轻易地调整支出水平以适应财政状况的变化。

公共支出的增长广泛且不间断；在大多数国家，它几乎每时每刻都在上升。当资源充足时，支出会增加，当经济疲软和预算紧张时，支出往往也会增加。它在顺境中增加，因为政府可以花更多的钱，在不利的情况下增加，因为政府感到有义务弥补经济表现的不足。支出增长是因为政府承担了新的承诺，也因为旧的承诺仍在。

尽管不断扩大的经济规模每年都会向政府国库提供更多资金，但收入增长往往跟不上对公共产品和服务日益增长的需求。政府经常提高税率以覆盖额外支出。只要（税后）可支配收入也在上升，纳税阻力就很低。消费者有更多钱可以花在个人需求上；政府有更多钱可以用于集体需求。

预算程序随新的政治和经济现状的改变而改变。一些变化是正式的，但最重要的变化是行为性的。预算官员放宽了他们几十年来一直坚持的投入控制，并将分项合并为宽泛的类别，并给予支出单位在使用拨款时更大的灵活性。中央预算办公室仍然对支出需求持批评态度，但它也加入了寻求加强公共服务方法的行列。一些国家努力将预算调整为政府的目标和绩效。项目预算、规划—项目—预算系统和其他改革试图使预算适应积极扩大的政府角色。由于各种原因，他们失败了，其中之一是预算办公室没有准备好改变自己的行为。然而，尽管他们没有达到他们的远大报负，但改革鼓励预算办公室摆脱控制角色，并探索运用预算机制来改善政府绩效的方法。

政府的财政态势发生了更成功的转变。在战后繁荣开始时，大多数经合组织国家口头支持平衡预算规则；到最后（20世纪70年代中期）大多数国家都采取了宽松的姿态，允许政府在经济条件允许的情况下支出超过其收入。人们认为，通过促进增长、稳定物价和低失业率的财政政策来平衡经济比平衡预算更为紧迫。预算成为一种灵活的财政政策工具，内置的稳定器以及可自由支配的税收和支出决策决定了每年的结果。起初，当经济疲软时，赤字支出被认为是合理的；随着时间的推移，每当实际或预测产出低于经济潜力时，赤字就被视为是适当的。许多经合组织成员国设计了新的财政工具来确定赤字的适当规模。这些通常区分为结构性赤字和周期性赤字，前者是政府支出超过充分就业经济产生的收入，后者是经济运行低于潜力造成。只要经济继续上升，公共债务在GDP中的份额就会稳定或下降。经济增长持续的事实充分证明，适度的赤字不会损害经济。恰恰相反，超过收入的支出使社会能够更充分地利用经济能力，为政府改善计划提供额外资源，并提高公民福祉。

政府的扩张并没有排挤私营部门。商业与政府一起蓬勃发展，人们认为每一方的成功很大一部分都归功于对方。市场为政府提供资金，政府为企业蓬勃发展创造了有利条件，如受过教育的劳动力和公平的收入分配。1960—1973 年，经合组织成员国的政府就业率每年增长 2.7%，工业就业也有所增加，尽管每年增长率仅为 1.4%。失业率很低，整个期间平均只有 3.2%，生产率提高很高，每个工人的实际 GDP 每年增长 3.8%。消费者价格每年上涨 4%，但实际利率非常低。在有数据的大多数国家，不到 2%。

随着 20 世纪 70 年代的石油冲击，暴利年代戛然而止。经济学家传统上将 1973 年标记为战后繁荣的结束。1973—1979 年，实际 GDP 增长率降至每年 2.8%，其他重要的经济迹象也恶化了。平均每年失业率为 5%，通货膨胀（以消费者价格变化衡量）每年超过 10%。预算赤字攀升至 GDP 的 2.5%，这仍然是一个可控水平，但预示着随后几十年财政结果的恶化。政府可以证明赤字支出的合理性，以刺激低迷的经济，但他们无法筹集足够的财政资源或政治支持来这样做。随着停滞的开始，许多人质疑应对经济疲软的标准处方。战后凯恩斯主义的霸权显示出深刻的裂痕，持不同政见者质疑需求管理的有效性，并认为需要固定而非弹性的财政目标和更小的税收负担来恢复经济活力。然而，改变方向是困难的，因为他们使用的预算模型是不对称的。增加支出比削减支出容易得多，产生赤字比削减赤字容易得多。

这些不利条件是建立 SBO 的背景。与时俱进，早期的 SBO 会议努力管理削减，并将预算从递增路径转向递减路径。代表们分享了经验，例如日本的拆建政策要求支出倡议被削减所抵消，荷兰引入审查现有项目的“重新考虑”程序，瑞典每年从运营预算中减少 2% 的“奶酪切片机”，以及英国在现金限制方面的经验，其对支出设置了严格的限制。加拿大政府的一份报告总结了这种新基调，该报告引入了管理公共支出的“信封”系统，并敦促将预算从运用项目分析使政府扩张合理化转向一个控制政府规模的理性系统。

从最初的重点来看，SBO取得了适度的成功。它并没有削减赤字，20世纪80年代的赤字比前十年高；而且由于欧洲在执行《稳定与增长公约》方面的困难，一些国家的赤字水平有所提高。然而，政府支出已经稳定下来，现在占GDP的比例仅略高于20年前。趋势数据表明，许多国家实行“现状”预算。政府承诺和公众期望让福利国家的边界大幅缩小不可能，尽管持续的赤字和对增税的反对让公共支出的大幅扩张不再可能。在许多经合组织成员国，预算已成为在边际上削减现有项目，为有针对性的改进腾出空间的程序。由于支出占GDP的比例既没有大幅度增加，也没有大幅度减少，预算一直以提高政府机构的效率和绩效为导向。

> 最近的SBO会议审议了财政规则和政府财政立场的可持续性。这些主题是日常预算的一个重要部分。然而，期望SBO打破赤字支出的格局是不合理的。当政治和经济条件促使政府支出超过收入时，一个健全的预算过程将产生赤字。预算的任务是让政客们了解他们所作选择的影响；在民主国家，捆住领导人手脚使他们无法作出现有选择并非预算的工作。

“现状”预算有两个主要例外。一个是政府收入激增，超过预算的正常增量需求，另一个是金融危机导致增量预算政策难以维持。在这种情况下，预算机构的质量尤为重要，当面临这些机会时，预算办公室的有效性可能会受到真正考验。当意外收入打开扩张的大门时，政府需要一个可以筛选选项并选择具有成本效益的政策的预算程序；当危机来临时，政府要有能力作出艰难选择，并以政治上可接受的方式缩减政府承诺。在这两种情况下，领导力都至关重要，预算机制也是。一个稳健的程序使政府能够很好地利用扩张性资金，并将支出削减到可接受的规模。

SBO 议程

SBO 议程上几乎没有什么惊喜；大多数议题都是预算官员年复一年在处理的问题。正如可以预期的那样，他们一再关注现在主导许多国家预算的津贴和转移支付，但他们在建立对这些支出的有效控制方面没有取得多大进展。每隔几年，SBO 就会反思这个过程的时间框架，希望对项目和支出承诺有中长期考虑，但无法放弃推动预算周期的年度框架。通过预算决策，他们不时与预算外账户、国有企业以及其他监管薄弱的实践作斗争。他们有时进行内省，审查中央预算办公室作用和业务的变化及其与其他政府机关的关系。他们定期了解项目评估、绩效衡量和其他创新的最新进展。最近的一项创新引起了广泛兴趣。每年，经合组织都会选择一个成员国的预算系统进行深入、挑剔的审查，并在 SBO 会议上讨论其调查结果，同时发布一份关于该国的报告。这些报告的质量一直很高，涵盖了立法权、财务管理和公共管理在评估国家实践方面的总体表现。对这些评估的兴趣反映在各国现在邀请经合组织秘书处进行批判性评估这一事实上。

近年来，一些话题越来越重要。SBO 现在对国家立法机构的预算作用和资源，以及将预算工作与会计和其他财务管理业务联系起来表现出更大的兴趣。如前所述，SBO 已经在这两个领域和其他两个领域建立了网络。网络不仅反映了宽广的视野，更重要的是，在联系预算与运用于管理公共资金的其他政府活动（如立法工作和会计实践）上的大力推进。在 SBO 启动时，每个国家都有自己的预算惯例和规则；多年来，差异已经缩小，主要是来自会计实践标准化的压力。尽管收付实现制仍然占主导地位，但预算官员研究了权责发生制方法以及预算报表和财务报告之间的关系。近年来，SBO 一再给予绩效管理运动关注，尤其是基于结果来使用预算分配资源。SBO 启动的绩效和成果网络反映了预算界的认识，即公共支出管理是公共管理的一个组成部分。这代表了预算的根本调整。当 SBO 启动时，普遍的观点是，预算系统可以独立于制定和实施预算的管理文化进行现代化。这种观点已被“预算依赖于整体管理能力”的观点所取代。

某些问题的复发支持了预算中没有永久解决方案的概念。只要实行预算，权利就会成为一个问题，支出单位逃避预算控制的努力也是如此。赤字是一个长期存在的问题，预算的时间框架以及资源和结果的联系也是如此。25 年后，这些仍将被列入 SBO 议程，一些目前不涉及预算官员利益的问题也是如此。

SBO 具有改革意识，专注于经合组织成员国最近的创新。预算官员真正感兴趣的是其他国家的同行正在做什么以及为什么做。通常有大量最近的创新储备，改革者渴望为其他人展示他们的新方法。许多预算官员渴望做出大的、变革性的改变，尽管他们通常无奈地接受边际变革。他们的愿望说明了预算的持久特征。那些制定和执行政府预算的人渴望更好的方法来处理这些琐事。预算中的摩擦太多，且没有足够的正确信息。经过一年，预算官员知道明年可能会像刚刚完成的周期一样粗糙和困难。他们知道，做出关于如何花钱或需要多少钱决定的证据不足。他们努力专注于未来，但被迫使用短期权宜之计在最后期限前完成任务，弥合分歧。他们很强大，但他们也意识到政治现实和财政承诺或期望对他们的权利施加的限制。

在预算中，谁没有时不时地想到，“必须有更好的方法”？这种情绪是对创新的无休止、不懈追求的源泉。改革是更好的方法，或者至少有望如此。改革是寻求将预算转变为一个更理性、更少增量的程序。尽管这可能会带来一些新的方法，但大多数改革都远远达不到目标。无休止的改革游行有力地证明，预算仍然与增量常态相结合，短期主义挤出长期主义，按时完成工作比正确完成工作更重要。

预算改革不足的原因有很多，其中最重要的原因可能与按计划完成预算工作的首要需求有关，无论数据多么不足。如果预算不那么重要，如果政治家和官员可以选择收集他们优化公共支出所需的所有信息，那么预算将是一个更合理的过程。如果有足够的时间来衡量结果并将数据反馈到决策中，那么预算将会更关注结果；如果它不受财政年度是 12 个月的约束，那么预算将会有更长远的眼光；如果决定由专家而不是政治家做出，那么增量可能会减少。

预算改革必须在基本上固定的范围内进行。最有限的界限是政治、时间和信息。尽管这些限制令人生畏，但如果系统地审查过去的改革，改革可能会取得更大的进展。预算官员应该努力从过去的许多失败中学到很多东西，就像他们从相对较少的成功中学到一样。SBO 更多地关注新改革的承诺，而不是旧改革的结果。旧改革只是逐渐消失，取而代之的是下一代的创新——在许多情况下，这些创新的目标与前几代人相同。改革来来去去，但使预算成为一个更理性的过程的追求仍在继续。

SBO 为有改革意识的国家提供了一个展示新想法的平台；它还应该鼓励他们解释从过去的失望中学到了什么。SBO 有大量经验可以借鉴。每个改革领域都为批判性分析提供了丰富的机会。以下是预算官员可能感兴趣的许多可能性中的一小部分：

- 为什么项目评估在某些时候和某些地方有用，但在另一些时候和地方却没有？例如，为什么澳大利亚在评估方面的投资比加拿大有更多的表现？
- 财政规则，如欧洲《稳定与增长公约》和财政责任法颁布的财政规则，在什么条件下规范了赤字的规模？这些规则可以在不利的经济条件下运作吗？
- 在预算中引入权责发生制的国家有哪些经验？它如何影响资源的分配和使用方式？
- 各国如何调和多年框架与年度预算程序？他们是遵守多年计划还是每年重新制定预算？

> 中期支出框架（MTEF）迅速扩展到 100 多个国家，这进一步证明了这种手段需要比它已经获得的更仔细的审查。MTEF 政府是否真的将年度预算纳入中期决策？基线（或远期估计）是否影响了预算决策，并使监管未来支出的任务复杂化？中期（3—5 年）是否足够长以至于能改变政治家和官员的行为？这些都是一些值得探索的问题。

解决这类问题将为政府决定是否以及如何重组其预算做法提供更坚实的基础。

非 SBO 议程

预算改革通常是在程序范围内制定的：引入一项或另一项变更将如何更改特定程序或要求？预算改革很少被放在政府经济和社会政策的大背景下考虑。由于这种有限的视角，SBO 时代发生的许多事情都没有出现在其议程之中。结果是将改革视为一种技术治国实践，而不是作为重新定位程序以更好地服务于当代社会政治目的的手段。尽管如此，SBO 议程上的许多改革都是由预算的政治和经济背景推动的。例如，当政府试图实施财政规则时，他们几乎总是受到对经济状况担忧的影响。同样，当政府努力提高绩效时，他们是在回应公民对政府计划的效率和结果的担忧。

> 重读这段话，特别是与改革的技术治国取向有关的内容，我发觉它忽略了关于预算的一个基本要点：预算就是从事一堆例行公事，这些例行公事年复一年地重复，有时经过修改，但往往没有实质性变化。这些例行程序使预算成为一个过程。因此，试图改变程序需要调整预算的相关惯例。然而，仅仅因为预算官员专注于惯例，并不意味着他们对更大的政治和社会经济问题视而不见。

在过去的四分之一个世纪里，商业和文化日益全球化，使各国更加相互依存，更无法控制自己的预算命运。相互依存性尚未完全结束；到那时，现在国内的事情将已经国际化。农业政策和社会支出是两个这样的问题，但肯定不是唯一的问题。新的跨国结构，如欧洲经济和货币联盟，已经建立，未来几十年可能会出现更多。预见收入再分配被定义为区域或全球问题，以及国际法院规定或禁止特定支出并不牵强。冷战已经结束，国防在国家预算中的总体份额下降，但恐怖主义的祸害已经蔓延，使未来的预算和潜在的社会经济状况面临严重风险。信息技术的革命提高了企业和政府的效率，并接手了编制和执行预算的大部分机械性工作。它还为预算更加透明打开了大门，使公民能够访问以前无法获得或不提供的数据。在几乎所有的成员国家，人口都在老龄化，国家预算也在老龄化。用于未来项目倡议的预算资金将减少。预算可能会成为过去决定的核算，而不是做出新决定的手段。

政治行为中不那么戏剧性的但肯定是重要的趋势影响了预算。在大多数经合组织成员国，公民现在对政府及其政治领导人的信任度降低，对政治事务的关注度降低。最优秀和最聪明的人寻求公共服务职业的理想已经褪色，使政府职业对年轻人的吸引力降低。公民脱离的同时，利益集团和非政府组织的数量、激进性和影响力大幅增加，这些利益集团和非政府组织的运作遍及所有部门，并且（在大多数国家）相当关注预算事项。利益集团和非政府组织警惕地保护自己的利益，向政府提出更多要求，并反对削减开支。当代国家政府也受到全球和地方实体的压力，独立行动的空间比以前小。在财政分权的旗帜下，相当多的国家政府将资金和权力转移给区域和地方当局。

在大多数发达国家，国家已成为社会的风险承担者，使公民免受疾病、老年、失业、残疾和其他导致个人收入降低到法律规定水平以下的财务创伤。通过政府汇集风险带来了许多好处，包括更大的经济稳定性和更公平的收入分配，但它已经大幅削弱了预算控制。作为风险承担者，政府的预算受到社会和经济发展的影响，这些发展在很大程度上超出了其控制范围，尤其是在单一财政年度的框架内。风险向政府的转移助长了公民的期望，即公共利益是福利问题。对政府的高期望值和低信任造成了预算压力，政治领导人难以应对。

尽管预算受到过去 25 年所发生的变化的极大影响，但 SBO 没有为这些发展提供窗口。除了少数例外，它倾向于自己的业务，以预算机制为中心。这种有限的视角可能是由于之前讨论的预算的孤立性。然而，预算已经成为各国政府最重要的政策文件。在政府规模扩大的时代，实质性政策决定可以在预算范围之外做出，因为必要的资源随时可用。如今，所有实质性政策决定都必须在预算范围内做出。因此，SBO 现在应该从更广泛的视角来看待预算。

SBO 专注于内部预算流程没有什么问题，但通过将其纳入推动公共支出的更大运动，可以有更多讨论。可以理解的是，预算的收入方面很少受到关注，因为税收政策和行政管理由其他政府单位管辖。讨论收入预测方法、税式支出以及与支出管理有直接影响的其他收入特征将是有益的。同样，更全面地讨论政府间财政关系将是有益的，这些关系同时影响预算的收入和支出方面。

预算的未来议程

未来的 SBO 会议将集中讨论预算官员年复一年处理的事项。但他们也应该从当代预算所追求的最重要的目的来看待问题。虽然实践者和观察者可能对预算的特定结果持不同意见，但大家一致认为，健全的预算制度为多种并存的目的服务。我发现用以下标准定义良好的预算是有用的：

- 预算应当为中期及更长期限建立一个稳定的、可持续发展的财政职责。

- 预算应当便于资源向更有效、更高优先级的用途转变。
- 预算应当鼓励支出单位高效运行。
- 预算应当是市民可理解的并对他们的利益作出回应。
- 预算（与其他财务管理实践相结合）应当保证公共资金支出的问责制。

这是一个无法满足的宏大议程，因为标准一直不断提升。接下来的段落阐述了每个领域的问题，这些问题可能是未来SBO会议的素材。

可持续发展的财政政策

只要实行预算，政府的财政职责就会存在争议。政府的当代作用及其在经济事务中的牵连排除了使用严格的平衡预算准则的可能性。但因为政治家们有动机去减少税收、增加开支，或由于经济状况波动导致的无限制的、无节制的赤字，很可能是不可持续的，而且会损害国家未来的经济前景。人们普遍认为，政治动机使预算偏向于更高的赤字，因为政治家们偏向于现在的选民而不是未来的纳税人。当政治领袖们在欠发达地区如此行事，他们或许会破坏经济稳定、引发资本市场的挤兑。不利影响在富裕国家可能不太明显，可能在一段时间内不会出现。事实上，这种做法在短期也许有好处，因为赤字支出刺激了需求且掩盖了长期成本。短期经济收益可能会加强支出超出当前收入的政治倾向性。

这些情况很大程度上使得经合组织成员国稳定财政政策的任务复杂化。当代最受欢迎的解决方法是制定固定的财政规则，例如《稳定与增长公约》所规定的那些，并委托一个不受国内政治压力影响的外部或独立实体执行。但是最近执行《稳定与增长公约》遇到的困难使人们对固定财政规则的持久力产生了怀疑，即使是那些允许轻微赤字的规则也是如此。这些规则在短期内可能是有效的，因为是在欧洲经济和货币联盟的筹备阶段。但是时间越长，规则就越薄弱，尤其是当经济从增长转变到停滞。允许轻微的赤字固定规则可能像规定平衡预算的固定规则一样不可行。在财政规则的框架内，唯一的选择是灵活的规则，可以根据实际或预测的经济条件的变化进行调整。当然，这将使经合组织成员国回到战后凯恩斯时期的状况，但是有两个很大的区别。一个是大多数经合组织成员国的经济并非飞速发展；另一个是规则的执行可能是在外部人手中。当由地区或国际机构监督和执行合规性时，财政约束是否更严格还有待观察。

建立以及维持一个可行的财政制度是 SBO 在未来几年应当关注的。尽管财政规则已经在最近 SBO 会议上得到了一些关注，但经济学家们已经将这些问题视为自己的问题。过去十年中关于财政制度的大量文献证明，经济学家有信心解释一些国家产生赤字而另一些国家没有产生赤字，并制定约束赤字的规则。我不确定经济学家们在这个问题上是否有比较优势。他们的模型往往过于简单且自我验证，他们比预算官员更不了解推动公共支出的政治和官僚压力。预算官员当然对程序性规则如何影响支出结果有更深理解。他们对设计有效的财政规则可以贡献很多。

有效分配

预算的核心是一个在围绕公共资金的竞争需求之间分配资源的过程。任何从事过预算工作的人都知道，这不是一场公平的竞争，旧的预算主张比新的主张更有优势。无论结构如何，预算决策都以过去为基础，从前一年到后一年通常只有少量的增量不同。是时候去叫停反对渐进主义改革派的战争，并承认这是预算的一个特征，不会（根据一些人的说法）也不应该被放弃。

如果预算本身就是递增的，政府能够保持支出对不断变化的优先事项开放并作出回应吗？这个问题是紧迫的，因为老龄化社会将使得国家预算更加死板，而不断变化的社会要求国家预算更有适应能力。当代的预算发展用非常不同的方式解决了这个问题。一个方法产生于本文之前提到的“超预算”的争论。它认为企业和政府的预算都是僵化和受限的，并敦促战略决策者和项目管理者制定替代程序，例如战略计划和运营目标来指导大型组织。“超预算”的倡导者声称，这些方法已经在一些企业中应用，但是对政府的适用性值得怀疑。相反，预算改革者并没有放弃这一进程，而是一直在寻找方法为资源决策注入变革能力。当代以改变为导向的变革包括一个更长的时间框架，更多的项目评估以及更充分地利用业绩目标和成果衡量标准。第三个方法试图通过将预算与其他变革驱动过程相结合来转变预算，例如战略和项目计划，这便于政策调整。这三个方法在对预算有效分配能力的评估上存在根本差异。第一个方法放弃了预算，第二个相信非核心的改革就够了，第三个让预算依赖于其他程序。我认为，没有一个方法有足够的承诺来实质性地扩大政府的变革范围。

如果经济增长不能提供足够的新资金，为了给新兴的财政需求提供资金，未来政府可能会被迫增加税收。政府只有在有更多支出的情况下，才能在新的优先事项上投入更多资金。或者，政府可能会继续做渐进的政策调整，将资金从较低优先级的项目边际再分配到较高优先级的项目。一个可能的策略是修改福利公式和用户收费，以便在养老金和医疗保健上节约一些钱。尽管这类节约无法使预算摆脱僵化，但却能够使承受压力的政府从一年混到下一年。这是安抚预算的一个普遍方式。每年一次性地应付预算压力，未来的问题未来解决。

有效操作

多年来，SBO 更多地关注政府的运营绩效，而不是预算的其他核心职能。这并不令人惊讶，因为预算官员持续参与政府的运作。虽然转移支付可能会占据预算的最大份额，但运营问题占据了预算官员时间的最大份额。运营和提供服务的支出是预算中每年都要决定的部分，也是预算决定者寻求短期节约以使收支平衡的部分。

长期以来，绩效预算一直是让政府更有效地运营以及提高公共服务的最受欢迎的工具。作为一个四十多年前写有关绩效的博士论文的人，我期望这个主题能吸引政府官员的注意力已经很久了。根据实际或预期结果编制预算是一个简单但却难以实现的目标。简单是因为这个想法具有普遍的吸引力，它符合常识，应该是预算的意义所在。难以实现是因为连接资源和结果是困难的，并且会使产生预算的任务复杂化。

基于成果编制预算的障碍很多，这里简要介绍预算在管理政府项目和机构方面的作用。首先，绩效基础的预算有很多种，以至于这个词对如何构建预算没有提供太多指导。从一个极端讲，这可能只意味着预算包含支出单位的产出和活动的支持信息；从另一个极端讲，这可能意味着资源的增量会带来绩效的增加。前者要求不高，几乎任何有工作量或产出数据的政府都可以声称在绩效基础上开展预算；后者是非常有挑战性的，很少有政府能达到这个标准。对于想要因为将资源和绩效联系在一起而受表扬的政府，满足于最低要求的版本是很有吸引力的。当他们这样做时，唯一改变的是预算的表现形式。资源和绩效依然各行其是。

虽然这已经超过了大多数政府目前的承受范围，要求苛刻的版本提供了关于如何根据绩效进行预算的有用线索。为结果预算，政府也必须为结果管理，也就是说，他们必须组织行政运营以及提供服务以优化机构的产出。政府能够以一个基础管理，并且以一个完全不同的基础预算的想法太天真了。如果管理是非常严格的——行政行动由中央控制并且根据程序规则遵守情况评估管理者——试图为结果预算将是徒劳的。如果管理者在完成日常事务时不关注结果，那么预算也不会关注结果。预算实践包含在公共管理之中，而且只有当支出单位被动员起来良好运作，政府才能为绩效预算。政府对转变管理方式的依赖极大地增加了将预算过程导向结果的难度。

连接资源和结果也是一个技术挑战，因为这需要生产成本的数据，这一数据除了在少数几个国家外，在所有国家都很难获得。获得成本数据需要管理会计系统，将产出分解为标准单位，区分固定成本和可变成本以及平均成本和边际成本，从而使政府能够估计每增加一单位产出的成本。连接资源和结果可能也需要两个基本的转变：从根据运营成本（或费用）预算转变为根据为服务支付的价格预算；从固定运营预算（其中资源的数量不会随着产出的数量而变化）到可变预算的转变。因为这些转变都没有发生，大多数试图将资源和结果连接起来的政府都以类似于传统预算的绩效预算结束。

一个政府可以在没有全面绩效预算的情况下为结果管理，要么是通过引入市场型安排，使得公共服务的接收者能够选择他们的供应方；要么通过使这些服务的提供者能够有效运营。如果绩效通过这两种方式中的一种（更可能是通过两者的结合）提高了，那么政府将会更好地为结果预算做好准备。

预算民主化

预算的历史就是民主机制的历史。从几百年前的英国大宪章开始，经过中世纪立法议会的出现，到现代预算的发展，目标已经成为限制那些被选中或被任命的人花费公共资金的权力。这是长期以来预算一直以控制支出者行为的规则和程序为基础的主要原因。

这种预算民主模式不再足以服务好人民。事实上，预算的关键特征可能会阻碍民主以及阻碍公众去决定公共资金如何花费的能力。在文章开头指出的预算的孤立性让大多数支出讨论远离公众视野。预算充其量是一种事后民主，因为公众只有在预算决策做出后才知道相关信息。一直以来，真正的公众参与由于政府扩张和复杂预算规则的详尽阐述，以及强大政党的出现和国家立法机构对党纪的执行而受到阻碍。在预算的外围，利益集团以及其他集团有时也会加入讨论，尤其是在具有社团主义或多元化倾向的国家，但是他们的影响不均衡，可能以代表性不足方的利益为代价。

比起现在，在未来的几十年使预算重新民主化将会在SBO会议上有较高的排名。很有可能“民主充分性”的标准将会继续提高，更多地打开流程，给更多样化的利益群体提供机会去影响预算决策。讨论的一个渠道可能是立法机关的作用以及修改政府提交的预算方案的能力；另一个渠道可能是信息革命为电子预算和其他形式的传播和决策创造的机会。更多的关注可能会给予：国家预算的分配效应；哪些集体或部门从中获利，哪些不会；以及某些利益相关者可能更积极地参与分配公共资金的方式。人们不应该感到惊讶，如果预算官员争论在编写预算上缺乏透明性以及质疑是否应该在这一过程中解开神秘的面纱。

> 在信息革命之初，有人预测预算将通过互动投票计划向公众开放，使公众能够表达他们对不同预算方案的偏好。在许多国家，互联网被当作是一个被动的工具，来通知公众已经采取的决定，而不是作为一种使选民能够提前表达他们偏好的手段。

在未来的 SBO 会议中，将这一过程开放给外部监督和参与的声音将会使实现最终目标的任务变得非常复杂。在门关起来的情况下拒绝相关要求已经很困难了，在公开场合可能无法做到。未来预算越紧张，受影响的利益集团就越是坚持要在谈判桌上占有一席之地。强烈的预算民主将阻碍将资金从某些用途重新分配给其他用途这一始终困难的任务。唯一使预算民主化谨慎的方式可能是将其与维护财政纪律的指标结合起来。

真正的问责制

经合组织成员国的一个信念和做法是，支出者必须对他们使用的公共资金负责。为此，每个国家均已建立了财务报告和审计系统。这些系统总体上被认为是可靠的而且符合会计和审计团体制定的标准。近年来，SBO 审查了权责发生制标准的扩展情况，并考虑了这些标准是否适合传统上以现金为基础的预算。

相比于收付实现制，权责发生制为一个更大的问题打开了大门：预算程序在政府财务管理框架内的运行。据我所知，SBO 还没有审查过综合财务信息系统，这个系统使用先进的信息技术来连接政府的财政业务。虽然这个综合系统的主要亮点是他们提高了效率并且降低了错误，但是将预算与之连接起来可能会改变预算的内容和编制方式。预算将会受制于会计规则，而不是以它自己的方式计算和汇编数字。

SBO 2029

来自 107 个成员国的代表团聚集在卡塔尔，参加第五十届 SBO 年度会议，气氛十分凝重。只有少数国家缺席，出席会议的国家均有 5—10 名政治领导人和专家组成的代表团。早几年，SBO 被正式解散，由高级预算部长会议取代。但出于习惯或怀旧，该会议仍被普遍称为 SBO 会议。预算主任是国家代表团的成员，但是由于期望值不高，每个国家都派一名部长代表其发言，并对事项进行表决。从行政人员到部长的转换是由于 SBO 转变为经合组织的立法机构，以建立良好的预算实践标准。由于每个国家的财政状况都与这些决定有关，一开始是少数国家，后来随着时间的推移，几乎所有的国家都将工作委托给政治领导人，他们被授权为其政府发言和投票表决。

作为一个制定标准的机构，SBO 有一个完整的议程，不再为学术界的摘要论文提供空间。这个议程排得很满，两天的时间几乎不够来处理必须解决的重要问题。一些国家提议将 SBO 会议延长到一周，但是部长们反对说他们只能抽出两天时间。为了保证这些天的有效组织，SBO 围绕少数几个正式委员会进行了重组，每个委员会都有明确的管辖权，每个委员会都有权向全体会议提出权威性建议。每个国家的行政人员和议员都已听取了关于议程的介绍，并就代表们应如何投票发出了指示。主要委员会处理会计规则、财政一体化、预算程序、社会权利和法律事务。法律委员会是唯一一个不提出正式建议的委员会。相反，它负责就国际社会和经济正义法院最近裁决带来的预算后果为 SBO 提供建议。

会计制度委员会的报告在几个月前披露的一份文件引起了广泛批评。它建议修订适用于国家预算的标准，以涵盖新类型的金融工具和未来负债。这些标准的存在不再有争议（尽管 15 年前有争议），当时预算负责人们为允许每个国家制定自己的预算标准打了一场注定失败的仗。然而，鉴于各国经济如此相互依存，多数票决定制定预算会计规则非常有必要。摆在 SBO2029 面前的问题是，正如大多数之前的会议一样，是否要针对新发明的新融资安排制定额外的标准。以许多国家领导人提出的声明为基础，预计拟议的标准将在 SBO 会议上引起激烈的讨论，但它们将以压倒性的多数获得批准。毕竟，没有政治领导人想要受到指责，说官方预算报告是虚假的或有误导性的。

财政一体化委员会正在作出另一项努力，根据经济条件的周期性变化，对赤字和债务规则进行微调。这是一个长期存在的问题，没有永久性的解决办法。今年的报告处理了一个尤其麻烦的问题：由于冲击和其他重大干扰引起的财政不稳定。曾几何时，人们认为冲击只是欠发达国家的问题，但恐怖主义的全球化和其他因素使这种风险蔓延到一些最发达的国家。最初的草案建议在发生根本性冲击的情况下免除财政规则，但一些国家反对，认为这太宽松了，将为全面逃避责任打开大门。最终达成的妥协方案是，对受影响的国家最长暂停执行财政规则三年；但是这个问题将必然出现在未来的 SBO 会议上。

预算程序委员会正在努力解决一个困扰民主政府十年之久的问题。根据一项国际法院的裁决，SBO 多年前决定，关键群体的代表应有权参加所有预算谈判，包括财政部长和各部门部长之间的双边谈判。SBO 在开放程序方面一直拖拖拉拉，但法院已经给了它一个最后期限，它必须在这个期限内指定合格的团体。如果它不能按时完成，法院将自行决定。预算程序委员会提议每个政府被授权做自己的选择。这种巧妙的妥协可能会赢得时间，但法院可能会重新审视这个问题。

社会权利委员会是唯一一个有来自非经合组织成员国成员的委员会。它的章程是促进发达国家给欠发达国家的公民重新分配资源。第一个这样的重新分配在 2020 年的千年发展目标支持下进行。第二个在过去十年中出现，与第二代目标一致，社会权利委员会已经为最新设定的 2040 年目标设计了一个公式。一个激烈的票决提议将对这个问题的考虑推迟至少一年。

法律委员会编制了一份对政府收入或支出有重大影响的法院裁决的年度汇编。在过去的一年中，成员国的法院颁布了 853 个此类裁决，另有 17 项由国际专家组发布。在经合组织地区，净影响估计会超过国内生产总值的 2%。

在代表团午餐期间，经合组织秘书处安排退休的预算理事对 SBO 的 50 年进行回顾。她回顾了早已被遗忘的关于绩效预算、多年目标等的讨论，令与会代表们感到高兴。她总结到，“我们当时都很认真地对待这一切”。

SBO 的档案中包含一套关于 2029 会议的不同记录。根据这个版本，在 2029 年的会议上 SBO 讨论了结果预算，采用更长远的视角，以及立法机构扩大的职责。未进行票决，也没有得出结论。

参考文献

Heclo, Hugh and Aaron Wildavsk (1974), The Private Government of Public Money, Universiity of California Press, Berkeley and Los Angeles.

第十三章

可持续预算政策：概念和方法*

就在不久前，财政可持续性还只是欠发达和新兴市场经济体面临的问题，这些经济体的资本市场脆弱，债务不断上升，公共部门不断扩大，容易受到周期性干扰或金融传染的影响。然而，最近对财政可持续性的担忧已经蔓延至发达国家，其中一些国家已经建立了持续的程序以评估其在较长时期内保持良好财政状况的能力。澳大利亚、新西兰和英国对财政可持续性进行了审查，这是它们在过去十年中引入的新财政责任制度的一部分。欧洲联盟成员国在其根据《稳定与增长公约》提交欧洲委员会的中期预算框架中评论可持续性问题，欧洲委员会在其财政政策年度报告中审查长期前景。美国每年对社会保障和医疗保险的长期可持续性进行审查，因为这是未来财政预算最大的两项支出。

经合组织国家预计将出现人口老龄化，政府在养老金和医疗保健方面的支出激增，这加剧了人们对财政可持续性的担忧。但在很大程度上，这种关注不是由对各国当前财政状

---

* 本文最初发表在《经合组织预算期刊》（*OECD Journal on Budgeting*），第5卷，第1期，2005年。在撰写本文时，艾伦·希克是华盛顿特区布鲁金斯学会政府研究访问学者，也是美国马里兰大学公共事务学院教授。后记写于2009年。

况的担忧引起的。事实上，一些财政状况良好的国家（如澳大利亚和新西兰）一直走在这一运动的前列。会计和经济分析的技术创新，如权责发生制会计和预算、将现值分析应用于政府预算、代际会计和财政缺口分析，推动了人们对可持续性分析的关注。这些都不是标准的预算实践方式，但有些可能会被纳入未来的预算程序。各国也有可能尝试不同的技术，一些国家将把持续性分析纳入年度预算程序，而另一些国家则将此类研究作为一项独立的工作进行。

在从发展中国家向高度发达国家迁移的过程中，财政可持续性问题的重点已从近期转移到中长期。在发展中国家，眼前的问题是，如果资本外逃、货币贬值、利率飙升，政府是否有能力偿还债务。这是国际货币基金组织开展的可持续性发展工作的主要关注点。包括“评估有两个主要维度：公共债务和赤字指标，以及中期财政预测”（IMF，2002，第12页）。在经合组织国家，关注重点是中长期，通常是未来30—50年。即使是那些持续存在预算赤字和债务负担不断上升的国家，也感觉不到财政危机的迫近：事实上，他们在为当前的预算短缺提供资金方面没有什么困难。但是，许多经合组织成员国担心，尽管他们目前的财政状况是健全的或可控的，但从现在起的一两代人，随着未来的政府被过去的政策和承诺的成本所束缚，他们的财政状况可能就不一样了。从本质上讲，经合组织地区的财政可持续性分析有一个长期的视角，旨在为未来做准备，使政府意识到采取谨慎行动的必要性，为子孙后代维持经济福祉。

财政可持续性不仅仅是对未来的预测，它还与政策变化的紧迫性有关，并且需要新的预算工具来评估政府的财政状况，因为传统的技术工具无法胜任这项任务。中期支出框架和财政规则是当代最突出的两项创新，它们将预算的时间框架延长了 3—5 年，但它们无法应用于长期问题。中期支出框架考虑的不够长远，再加上可能会刺激一些财政压力较重的政府搞预算花招，以牺牲国家长期财政健康为代价来改善中期前景。这并不是单纯的猜测，因为一些欧盟国家已经使用了一次性储蓄来满足《稳定与增长公约》的要求。

虽然它们的时间跨度对财政可持续性发展工作来说太短，但中期经济增长框架和财政规则引入了一些技术。比如基线预测，它可以扩展到分析一个国家未来的财政状况。同样，财政规则可以让政府对预算政策的下游影响更加敏感。事实上，政府和学术界仍在努力设计新的会计和报告工具来衡量可持续性，这表明现有的技术工具是不够的。

本章所基于的假设前提是：可持续性将是未来预算程序的一个基本特征。“可持续性的定义”节从关注者不同视角阐述了可持续性定义的多个维度。“可持续性分析的模式”节介绍了分析可持续性的一些主要方法，讨论了它们在预算过程中的应用。“预算规划可持续公共财政”节侧重于将可持续性结果纳入预算政策制定的方法。

可持续性的定义

由短期向长期视野的转变扩展了政府和国际组织对可持续发展的思考。这一术语保留了其最初作为衡量政府偿债能力的含义，但它增加了几个维度，用于描述那些能充分偿还未来到期债务的政府。当代可持续性分析的重点是可能阻碍经济增长、导致税收负担增加或将重大成本转移给未来纳税人的财政状况。增加的维度反映了对政府积累的长期债务的关注，这些债务没有出现在当前的预算或资产负债表中，但当它们到期时，可能对后代不利。可持续性的概念的扩展基于一个准则，即负责任的政府不应该采纳几十年后会造成严重后果的政策。可持续性定义划分出了四个维度，虽然在本章中将它们分开进行分析，但在实践中，它们往往是同时出现的：

- 偿债能力：政府偿还其财政债务的能力。
- 增长性：维持经济增长的财政政策。
- 稳定性：政府以现有税收负担偿还未来到期债务的能力。
- 公平性：政府在不将成本转嫁给后代的情况下偿还当前债务的能力。

这四个维度是重叠的，但分别研究不同维度来进行分析是有效的。

偿债能力

偿债能力通常被认为是一些发展中国家或新兴市场国家的一个问题，特别是那些增加了公共支出、承担了额外债务、税基不足的国家。当不幸降临时——通常是由周期性衰退或金融传染带来的——资本逃离、货币价值暴跌，政府必须以很高的利率将债务展期，同时借入更多资金以维持运营。国际货币基金组织向这些国家提供紧急援助，作为交换，它要求这些国家纠正不可持续的财政失衡，恢复偿债能力。IMF的一个典型要求是，这些国家的政府要实现基本盈余，以便为偿债进行融资。

在任何一个过度负债的国家，偿付能力都可能成为一个问题。尽管富裕国家在可预见的未来可能不会面临资本外逃，但它们有时还是会受到债务融资的诱惑，无论是为了应对政治压力，还是出于对自己有能力这样做的信心。有观察人士认为，这就是美国目前的财政困境，目前的路线是不可持续的。到2050年的预算预测中，美国国会预算办公室得出的结论是，在某些合理的预算情景下：

> 当政府试图通过发行更多债券来为其利息支付融资时，债务的增长将会加速——这将导致一个恶性循环：发行越来越多的债务以支付越来越高的利息费用。最终，偿还债务的成本将超过政府的支付能力，从而变得不可持续（CBO，2003，p. 14）。

美国国会预算办公室（CBO）的警告与长期前景有关。其预测所涵盖的50年是一个漫长的过程，但国会预算办公室认为，现在就采取行动缓解长期失衡非常合适。它提供了具体的例子，说明及时采取行动可以避免预计的破产。

企业的偿债能力通常参照净资产来衡量。但将这种方法应用于政府很困难，因为很少有政府拥有涵盖所有负债和资产的全面资产负债表。此外，净资产对政府来说是一种误导性指标，因为它不包括通过增加税收来创造额外收入的权力。它也不包括未来养老金负债的价值。目前各国政府编制的资产负债表充其量只能提供一份不完整但仍有用的财务状况说明。

增长性

持续增长是欧盟《稳定与增长公约》的两个目标之一，该公约要求欧元区国家将预算失衡控制在GDP的3%以下，总债务控制在GDP的60%以下。原因是如果预算赤字和债务超过这些标准，经济增长将不可持续。因此，扩大后的财政可持续性概念包含了这样一个概念，即政府应该谨慎管理财政，以确保未来的增长。根据这一概念，英国的长期财政目标是确保“公共财政是可持续的，有助于创造一个促进经济增长的稳定环境”（HM Treasury，2004，p. 4）。从这一角度来看，如果某个财政政策会导致未来某个时期的潜在产出低于应有水平，那么它就将被判定为不可持续。这一论点的逻辑如下：政府承担未来义务（当然比现在更重）的最佳方式，是拥有一个有活力的经济，为政府提供来自经济增长红利的额外收入。然而，如果财政失衡削弱了未来的增长，红利就会减少或完全消失，政府在承担义务方面将压力重重。

基于这一概念，欧盟委员会在2004年对欧洲货币联盟国家的公共财政状况进行审查时辩称，“欧洲货币联盟国家的公共财政状况不稳定。如果成员国不能实现SGP关于预算状况‘接近平衡或盈余’的目标，公共财政不可持续的风险将大大增加。”报告的结论是，这一立场“符合各成员国和欧盟集体的经济利益……它为削减税收或增加投资和研发等项目上促进增长的支出创造了预算操作的空间”（欧洲委员会，2004年，第59页）。

通过平衡预算来维持增长，这与战后的经济理论大相径庭。战后经济理论通常认为，赤字在经济不景气时是适当的，在经济繁荣时是可控的。经济理论的这种逆转是由于几个转变：从将预算视为短期周期性调整的工具，到将其视为在较长时期内巩固稳健财政结构的手段；从将预算视为未来一年（或几年）的政策声明，到将其视为未来政府财政能力的战略计划；从把制定预算作为政府扩张的工具，到把它限定为政府规模的稳定器。这些变化与当代政治情绪的变化相对应。对政府有能力通过增加税收和支出来维持经济增长的信心已经减弱。此外，人们认识到政府支出的激增将以补贴消费的转移支付形式出现，这也削弱了对曾经广受欢迎的扩张性政策的分析性支持。

稳定性（稳定的税收）

将税收负担维持在或接近当前水平已成为许多经合组织国家财政政策的主要目标。这一目标在澳大利亚的《代际报告》中得到了强调，该报告认为“在总体税收负担合理稳定的情况下，中期预算平衡”是“可持续财政安排的关键要求之一”（Commonwealth of Australia，2002，p. 2）。在进行 40 年预测时，该报告假设联邦收入在 GDP 中的比例将保持不变。该报告的一个关键目标是评估未来税负上升的风险，以适应支出压力。报告的结论是，英联邦的财政状况可能是不可持续的，因为预计的支出轨迹将迫使未来税收增加（或债务增加）。

这种可持续性论点的基本前提是，税收负担已经非常高，政府应该采取谨慎的财政立场，以消除未来税收增加的压力。在这一版本中，目标是将税收负担维持在当前水平或更低水平。可持续发展的这一维度与大多数经合组织国家的当前情绪一致，反映了税负在几十年急剧增加后趋于平稳。当然，可持续性分析认识到，如果下游支出需求不受限制，税收就无法受到限制。必须减轻支出压力以降低未来增税的可能性，这一观念在税负相对较低的国家和高税收国家都被普遍接受。甚至那些目前存在预算赤字的国家也加入了减税大军。有时这种行为会被视为有损于可持续性，但如今这种行为却往往被视为降低了未来税收增加的风险。

在 20 世纪的大部分时间里，整个经合组织地区的税收负担和经济产出都有所增长。在许多（当然不是所有）国家，人们逐渐接受这样一种观点：扩张性政府通过产出受过教育的劳动力、高效的交通、收入保障和其他社会产品，为经济增长创造了有利条件。税收是家庭和企业为购买政府供应的提高生活水平的商品而支付的价格。政府（以及大多数选民）并没有因为税收的增加而烦恼，因为可支配收入也在增加，政府也提供了更多的福利。可持续性分析强烈表明时代已经改变，部分原因是某些国家的税收负担徘徊在50%左右，部分原因是对政府绩效的信任和信心下降。政府的形象可能出现了一些负面改变趋势，但这无关紧要，选民指望政府减税才重要。

这就是可持续性发挥作用的地方，因为政府承诺和政治预期中嵌入的支出趋势表明，未来将大幅增税。可以说，在未来几十年保持政府偿债能力的最可靠方法是获得足够的额外税收收入，以覆盖即将到来的公共支出增长。可持续性规范试图通过将税收稳定定义为核心财政目标来阻止这一选择。

公平性

第四个维度认为，当税收负担和支出福利在各代人之间公平时，财政政策才是可持续的。从这个角度来看，依靠从年轻群体征收的税收来对年老群体提供福利是很不公平的。澳大利亚的《代际报告》中包含了可持续性这个维度的概念，该报告声称："财政可持续性……确保未来几代纳税人不会因为向当代人提供的政府服务而面临难以承受的账单。"此外，可持续的财政立场"促进澳大利亚各代人之间资源分配的公平性"（Commonwealth of Australia，2002，p. 2）。英国的《长期公共财政报告》宣布了财政政策的一个主要目标，即确保"支出和税收在几代人之内和几代人之间产生公平的影响"（HIM Treasury，2004，p. 4）。

实施公平可能比衡量预算平衡更为困难，正如彼得·海勒（Peter Heller）所观察到的，“公平没有单一的定义，也没有被普遍接受的衡量标准……未来几代人是否应该因为更富有而承担比现在几代人更大的税收负担？后代应该对现在的工作人员承担什么义务？”（Heller，2003，第130页）。预算制定者很难评估当前受益人和纳税人之间的公平性；从那些刚出生的人到那些即将结束漫长生命的人，跨越几代人来推理公平问题就更加困难了。不仅需要对遥远的税收负担和支出进行层层假设，而且规范性问题也需要关注。公平准则会排除两代人之间的任何差异吗？还是只排除那些（用澳大利亚报告的话说）真正“无法控制”的差异？也许正是代际间的巨大差异引发了人们对公平问题的担忧：今天的公民（以很大的差距）是净收益者；未来的几代人（也有很大的差距）被预测为净输家。然而，还有另一种方式来定义这个问题。政府分配成本和收益的政策可以被视为跨代的社会契约。就像今天的公民比他们的祖先缴纳更高的税，享受更高的物质福利一样，未来的纳税人应该为更富裕的生活付出更大的代价，并享受更丰富和富裕的公共服务。相反的观点是，未来几代人之间成本和收益的巨大转移已经打破了社会契约。如今，老年人的实际税率（税收减去福利）为负，绝对值超过25%，而未来老年人的实际净税率将超过正50%，这已经打破了过去可能被接受的任何社会契约。

这就是可持续性与公平相结合的地方。严重不公平的分配在政治或经济方面都不可持续——在政治上，未来的纳税人可能会反对没收性的税率；在经济上，国家的福利水平会被对税率的压倒性需求影响，高税率同时也会对工作、储蓄和投资带来极大的阻碍。

可持续性的四个定义既关注公共债务，也关注税收负担，尽管债务上升可以预计会带来提高税率的压力。在发展中国家和新兴市场国家，对可持续性的担忧是由于税收动员不足而引起的，与此相反，工业化国家的问题在于税率已经很高。但对于所有类型的国家，可持续性分析预测，税收收入占 GDP 的比例将不得不提高，以便为未来到期的承诺债务提供资金。

可持续性分析的模式

由于可持续性分析是一个新兴研究领域，且可采用多种技术对未来做出假设，因此在未来 30—50 年内对税收和负担的预测并无标准方法。一种方法是从国家整体的角度来考虑未来，另一种是从将要接受政府成本和收益流的纳税人的角度来考虑，还有一种是从处于类似情况的年龄组的角度考虑。一些技术基于标准预算方法进行未来预测，另一些则基于会计规则，并利用资产负债表分析未来。有些技术采用全政府的视角，有些则侧重于具有长期影响的重大项目（如社会保障）。所有这些方法都需要对经济和社会趋势做出大胆假设，例如增长率、价格变化和预期寿命。本节不讨论方法论差异，而是将各种技术与现有的预算实务联系起来。如果可持续性成为一个持续存在的问题，那么预算实务很可能会发展出一个更长期的时间框架来分析财政收支计划。

基线预测

已经转向中期支出框架（或以其他方式延长其时间范围）的政府，通常使用基线预测将当前的预算政策与中期财政结果联系起来。可持续性分析通常采用类似的技术，但将时间框架延长到30年或更长时间。基线预测始于政府目前的预算状况（包括已经获批但在未来某个日期才会生效的政策变化）。在构建基线预测时，主要假设是现有的收入和支出将一直保持不变，延伸至预测时间范围之外的未来，不会有任何实质性变化。当然，这些预测是基于对GDP、工资和生产力趋势、利率等的关键假设。在构建基线预测时，政府必须考虑受时间限制的收入或支出规定——即根据现行法律，它们不会在基线所涵盖的整个时期内保持有效。在许多这种情况下，即将到期的规定很有可能被延长。因此，从基线预测中删除有时间限制的项目可能会对未来的预算状况产生误导。新西兰的做法是系统地报告这些规定，从而使公民和其他人能够判断是否可以合理地假设它们不会继续存在。这提供了一个更全面的财政趋势视图，但这不是其他依赖于基线的国家的做法。

基线预测本质上是不现实的，因为随着公共养老金受益人数量的增加，预算政策不大可能被冻结。此外，（在大多数政府中）基准预测不假设税收和支出政策的实施会导致经济表现出现重大变化，这也是不现实的。[①] 尽管存在这些局限性，基线在预算中有两个有价值的作用可以应用于可持续性预测。首先，如果一个政府坚持其财政路线，基线预测可以提供对未来预算状况的洞察力。这在考虑遥远的未来时特别有用，因为人口和其他条件可能与今天的情况大不相同。其次，基线预测为估计拟议或采用的政策变化对未来预算的影响提供了基础。在这些预测中，基线预测和修订估计之间

---

① 见克瑞朋（Crippen，2003）关于处理长期预算预测固有不确定性的有用建议。

的任何差异都被定义为政策变化的未来预算影响。通过这种方式，基线预测使政策制定者能够评估收入或支出政策的变化对政府财政状况的影响。

虽然基线预测通常提供点估计值，但在预测未来时，最好是提供一个合理财政结果的范围。在这个范围内，估计值将根据它们所依据的假设而有所区别。此外，根据预期寿命、医疗成本、经济增长和利率等关键变量的替代方案来进行预测也是可行的。过多的方案可能会使预测陷入混乱，但构建3—5个方案是明智的。最后，谨慎的做法是对长期基线预测进行“压力测试”，以评估它们可能受到基本假设的重大变化的影响。

总之，虽然长期预测在预算中还不常见，但在未来几年，它势必会成为许多国家的标准做法。由于基线预测可以从中期延长到遥远的未来，它们很可能成为政府评估长期可持续性最常用的技术。然而，预算在探索可持续性方面，将自动拥有与估计年度或中期预算状况一样的主导地位。经济学家和其他政策分析家将争相构建新的手段，将当前的预算态势与长期可持续性联系起来。

资产负债表分析

在过去十年中，一些分析师认为资产负债表是比预算更全面、更可靠的财务状况报表。与仅包含预算范围内资金流动的预算不同，资产负债表包括所有（明确的）资产和负债，无论其预算状况如何。此外，它还包括所有的负债，而不仅仅是那些主权债务。资产负债表的结构和内容由国家或国际会计准则规范，并进行独立审计。虽然国家预算通常以现金为基础，但资产负债表是以收入和支出为基础的，从而使政府能够在某些下游负债到期之前很久就确认它们。如果构建得当，资产负债表将提供一个关于政府净资产和由现有负债引起的未来支付的全面核算。因此，一些学者已敦促，在评估政府财政状况时应参考资产负债表而不是预算（Blejer and Cheasty，1993）。

但是，资产负债表具有其固有的局限性，这些局限性大大降低了其作为长期可持续性衡量标准的效用。其中一个问题是，资产负债表只承认显性负债，但政府的许多义务是蕴含在对其未来行为的预期中的；另一个问题是，资产负债表承认由过去行动产生的负债，而不承认由当前政策产生的未来义务。然而，在评估长期可持续性时，隐含的承诺和未来义务比那些明确的或已经发生的义务更为重要。事实上，没有一个政府在其资产负债表上记录未来的养老金义务，尽管有些政府在附注中讨论了各种不符合确认标准的事项。这是一个会计准则未来可能发展的领域，但在资产负债表上显示隐性负债或尚未发生的债务是不明智的。这样做会使隐性负债显性化，使政府的财务困境恶化，并使其承担未来可能避免的支付。

资产负债表是某一时点的财务状况快照，并不是对未来可能发生的情况的预测。它不包括尚未产生的收入或债务，也不区分在未来一年内到期和在遥远的未来到期的负债。它没有为政府的征税能力或现有税收结构的未来收入流量分配一个现值。事实上，根据既定的会计规则，资产负债表完全忽略了未来收入的产生能力。然而，它确实核算了某些无资金准备的负债，也就是说，核算了未由应计收入筹资的、已发生的负债。一些金融专家认为，资产负债表对未来的财务状况有误导性的描述，净资产不是衡量政府偿付能力的有用指标；其他专家指出，资产负债表对负债和资产采用相同的确认规则，净资产是衡量政府偿还已发生负债的能力的相关指标，而且资产负债表的目的不是对未来财政状况进行预测。资产负债表能做的是为预测未来的可持续性提供一个起点（而不是基线），但这样做需要考虑未在资产负债表上记录的事项。

在评估当前和未来的财政状况时，资产负债表和相关财务报表可能会有更突出的地位。原因之一是核算和报告标准的扩大延伸，涵盖了以前未记录的事项；另一个原因是将财务报表和预算联系（或整合）的前景。目前，很少有国家政府关注他们被要求编制的财务报表；他们将这些报表视作为一个技术性的苦差事，与他们所做出的决策或他们所面临的财务问题关系不大。随着国家和国际组织对会计准则的制定和监督，这种情况可能会改变。英国近期的发展也许预示着这些报表的范围将更加广泛。英国政府已经宣布，从2006/07会计年度开始，将根据公认的会计原则公布全政府账目（包括国家和地方政府以及国有化公司）。除了对已发生的债务进行核算外，这些新的账目将为某些未来的债务作出准备，并将包含对或有负债的附注说明。这种方法将资产负债表扩展到包括或提供有关尚未发生的各种负债的信息。英国的做法不可能是一个孤立的举动，因为国际公共部门会计准则委员会和其他机构正在制定新的规则，将扩展必须报告的信息。随着会计实务的扩大，先进的政府将对预算采用同样的标准，并使其与财务报表相一致或相协调。预算和财务报表的整合将分阶段进行，可能需要较长时间，但它将为评估财政可持续性提供一个更全面的基础。

财政缺口分析

当税收和支出政策不变时，目标债务水平与随之产生的债务之间存在差距，这时财政可持续性就成为一个问题。在衡量这一差距时，政府（或分析师）一般选择一个目标年份以及债务/GDP 比率目标。换句话说，缺口分析关注的是一个固定的时间点，而不是一连串的年份。这种方法使政府能够计算出它必须运营的财政收支，以确保预测的赤字不超过目标水平。如果财政缺口为零，将表明目前的财政政策可持续，也就是说，在不增加税收负担或削减未来支出的情况下，可以实现债务目标。如果财政缺口高于零，则表明预计的债务超过了目标，政府将不得不增加收入或削减支出以维持其财政目标。

财政缺口的衡量标准可以针对多个目标年份（如 2030 年、2040 年和 2050 年）以及一系列的债务负担（如占 GDP 的 40%、50% 或 60%）来制定。通过调整债务目标和年份，政府可以为未来构建不同的备选方案和政策路径。因此，与通常强调财政趋势不可持续的基线预测相比，缺口分析强调了维持（或恢复）可持续性所需的政策反应。预测的重点是未来的财政问题，而财政缺口研究则指出稳定公共财政所需的收入和支出政策的变化规模。当然，缺口分析本身建立在长期预测的基础上，因此对时间框架和基本假设非常敏感。

财政缺口分析的一个变体，通常被称为跨期预算约束（IBC），它计算稳定债务负担（或在某些版本中消除债务负担）所需的财政收支（不包括利息支付的盈余或赤字）。这一计算是通过将所有预测的未来收入和支出流量加上当前的债务负担折算成现值来完成的。当预测的财政收支的现值不能覆盖当前的债务负担时，就会出现跨期预算缺口。这种方法从以下几个方面扩展了缺口分析：它计算的是一个无限期的预期缺口，而不是一个目标年份的预期缺口；它认识到财政缺口的现值取决于未来财政流量的时间；它建立了一个财政约束，即债务负担，来指导政策。但是，像所有的长期预测一样，IBC 对预测的起始年和贴现率是敏感的。

代际核算

迄今为止所讨论的方法是以政府的总体财政状况来定义可持续性，并不关注财政政策在各代之间的公平性，也就是说，不关注每个年龄组将获得的利益（主要是转移支付）和将支付的税收。年龄组可以按出生年份定义，也可以分为更广泛的类别，如按五年或十年的间隔，计算出每个年龄组的净转移（支付的税款减去收到的转移）。当未来几代人拥有与当代人相同的净转移时，就存在代际平衡。国家研究通常表明，虽然当代人的税率是负的（他们从政府得到的比他们支付的更多），但后代人面临着极高的税率（在某些情况下是没收性的）。

代际核算是一个有争议的工具（OECD，1997）。其支持者提议用代际核算取代传统的政府财政收支会计核算，从而将会计基础从目前的资产和负债存量转移到公民的长期流入和流出。代际核算是一种相对较新的技术，目前仍在发展之中。它的主要价值可能在于将有关公共财政未来影响的不同信息汇集成一个公众易于理解的单一数字。它也可作为一种有用的工具，用于评估影响代际成本和收益分配的税收或支出政策的变化。但是，代际核算表面上的简单性掩盖了其背后的许多假设，包括将收入和支出分配给特定代际的假设。可以合理地得出结论，比起取代传统政府财政收支衡量方法，代际核算能够提供有用的补充信息，结合其他多种方法，阐明长期财政趋势。

预算规划可持续公共财政

财政可持续性是（或应该是）OECD 地区所有国家政府的一个重要问题，因为随着人口的老龄化，以及先前对收入转移和健康服务的承诺或期望的到期，将会使得支出压力不断增加。在一些 OECD 国家，对预算的需求在 30—50 年内不会达到顶峰；在其他国家，这一时期将会更早。几乎所有的国家都面临着这样的财政前景，即更多的预算份额将被分配给对年龄敏感的项目。许多国家，可能是大多数国家，将削减承诺或者期望，以避免显著增加的债务或税收负担。将举措推迟到问题迫在眉睫时可能是政治上的权宜之计，但这样做在财政上是不慎重的。

一些国家（如澳大利亚、瑞典和英国）已经采取了果断行动，通过重组养老金制度或为未来支付进行预先筹资来缓解未来的预算压力；而大多数国家没有进行调整，或只做了一些微不足道的调整，这些调整不会显著减轻未来预算的需求。少数国家（如新西兰）已经采取行动，通过减少目前的债务负担来适应未来的财政压力。挪威已将大部分石油和天然气勘探的收入锁定起来，以确保这些资金可供子孙后代使用。然而，对于正在与当前的预算失衡作斗争的国家来说，建立储备并不是一个可行的选择。对于那些有年度预算或中期框架的国家来说，将预算过程的时间界限延长到未来 30—50 年也是不可行的。许多国家仍在开发技术以评估当前收入和支出决定对未来 3—5 年的影响，所以他们还没有能力为更长的时间范围做预算。

但是，遥远的未来也是不容忽视的，因为它将逐年逼近财政压力巨大的政府。尽管它可能很遥远，但未来是可以预见的，尽管不是百分之百的确定，但可以对即将降临到下一代人的趋势有一定的了解。通过模拟未来趋势并计算未来收入流量和支出需求的现值，政府可以使自己和选民对未来的财政道路保持敏感。一些政府可能会根据新信息修改税收或支出政策，而另一些政府可能缺乏足够的政治力量或意愿来改变方向。所有人都将更全面地了解当前预算行动如何影响未来财政前景。而许多人在考虑会恶化未来预算状况的选项时将变得更加警惕。

重要的是，那些已经系统地研究了长期财政前景的国家，往往已经通过重组养老金制度或为未来的需求预留资金，为确保可持续性采取了最有力的措施。事实上，缓解长期预算压力的努力是在发表长期可持续性报告之前进行的。也许那些已经采取行动减轻长期财政压力的政府更倾向于透明化其未来，以避免政治压力逆转其改革。但是，所有国家都可以从大胆地面对未来的预算困境中获益。

将可持续性分析纳入预算过程

将长期预测正式纳入年度预算或中期框架中是面对未来的一种选择。这些预测将每年被更新，就像中期预测一样被向前滚动。这些预测将作为基线；它们将假设当前（或批准的）收入和支出政策将继续下去，并且不会有重大变化。预算将说明长期预测所依据的关键社会和经济假设，包括财政趋势对国家产出、价格和利率的估计影响。

尽管在预算中附加长期基线可能是可行的，但这样做并不谨慎。应该区分预算和预测，前者是对一个或多个财政年度的计划，后者是对未来如何发展的假设。预算提出了政府的收入和支出建议，包括政策变化；基线预测则假设现有政策不会改变。预算对议会投票通过的每项收入或支出项目建议一个具体数额；而预测通常提供一个估计范围或备选方案。在目标年份到来之前，随着政策变化、新方法的使用以及新信息或见解而引发的基本假设的改变，预测将会被频繁修订。有些修订会非常大，当远期前景改善或恶化时，这些预测就可能会被误解。如果可持续性预测在核心预算中公布，它们可能被误认为是政府的建议而不是预测。

虽然这些预测不应该被纳入预算，但也不应该完全与预算分开。长期预测被忽略的风险不比它被误用的风险小。最好的办法是在一个单独的文件中报告长期前景，但在包含在预算中的明细附表中总结关键结果。这是英国采用的策略。澳大利亚每五年发表一次代际报告，作为伴随年度预算的一系列文件之一。还没有一个国家建立了可与现在流行的中期框架相媲美的长期预算框架。虽然中期框架限制了政府根据其对未来3—5年收入和支出水平的影响而采取的预算行动，但长期预测尚未被硬性纳入预算之中。

一些政府极有可能采取行动来规范当前决策对长期预算的影响。美国国会2005年通过的预算决议包含一项新规定(仅在参议院有效)，在2016年至2055年四个十年期间内禁止考虑任何会导致强制性支出增加超过50亿美元的措施。这条规定可以通过绝对多数票豁免，且不涉及众议院。尽管如此，它表明预算规则可能采取的方向，即政府努力限制政治家将成本转嫁给后代。

时间范围的扩大将采取不同的路径，但朝着这个方向发展的政府可能会采取（或考虑）以下步骤：

- 第一，他们将根据现行法律制定未来收入和支出的基线预测。如果没有这些基线，将很难衡量当前决策对未来预算的影响。

• 第二，政府将发展能力以估计未来收入或支出因政策变化而发生的变化。这些估计将在考虑或采纳政策变化时作出。它们往往会有较大的偏差，但它们会使政府意识到今天的行动会改变未来的预算状况这一现实。

• 第三，估算这些影响的方法将因政府而异。一些政府将估算未来收入或支出变化的现值，另一些政府将以当前或恒定的金额来估算这些影响，还有一些政府将这些变化算作GDP的一部分。

• 第四，一些政府会制定规则，限制政府采取会增加未来赤字（或债务）或减少预计盈余的行动的权力。

这里概述的程序将规范那些影响未来预算的政策变化。它们通常与那些拥有中期支出框架的政府所使用的程序相似，但是，它们不是以3—5年的视野来工作，而是以30—50年的视野。中期框架和长期框架在方法上没有明显区别，但必须认识到，对未来看得越远，假设就越不可靠。问题不仅在于长期估计不可靠，而且很可能被证明是错误的，还存在一种风险，即机会主义的政客会以对未来预算条件产生不利影响的方式操纵这一过程。例如，假设一个政府采取“赤字中性”的规则，禁止任何会增加未来赤字的收入或支出变化。政府有可能通过提议其他项目的削减来抵消一个项目的支出增加。然而，如果节约的资金在生效前就被取消（或削减），那么这种交换就不是平等的。

参照基线预测来规范政策变化不会处理已经嵌入预算的失衡问题。这种方法可能会阻止政府使事情变得更糟；然而，在政府正在走向未来要显著增加税收或债务负担的财政路线的国家中，它不会恢复可持续性。因此，对这些政府来说，适当的做法是引入政策变化，以缓解未来的预算压力。在本文的范围内，不建议对税收或支出政策进行实质性的改变，但可以提供一个适用于广泛的国家政策的概括总结。在过去的半个世纪里，工业国家的政府已经成为社会风险的承担者。他们承担了大量的直接和或有债务，这些债务通常在关键的政策决定做出几十年后才到期。这些债务大多与养老金、医疗保健、残疾保险、失业救济和其他转移形式的收入补贴有关。长期前景较好的国家，往往是那些将部分风险转回家庭的国家。当然，这样做非常有争议，可能会产生一些不利的政治或社会副作用。但是，无论他们采用什么手段来衡量可持续性，如果政府继续作为社会主要金融风险的承担者，他们将无法维持他们的财政路线。

各国政府有责任对他们所承担的风险进行盘点，并在年度财务报表的补充附注中报告这些风险。一些直接的、确定的债务应在资产负债表上确认，而那些潜在的、隐含的或远期的债务则不应确认。政府还应探索能减少道德风险和他们面对的未来不利事件的或有负债安排。

管理可持续性过程

本文设想政府应考虑四种互补的方法来加强可持续性：

• 第一，利用最先进的社会/计量经济学技术，如代际核算和现值核算，构建长期财政预测。

• 第二，政府应使用中期框架中所使用的方法将基线预测扩展到中期以后。

• 第三，政府应估计当前政策变化对长期财政前景的影响。

• 第四，政府应重新配置财政风险，使更大的部分由家庭和当代人共同承担。

有人认为，可持续性工作需要比传统的预算任务有更大程度的独立性，因此应该在政府之外进行。虽然政府在评估未来的财政状况方面不应该有独家权利，但它应该有突出的作用。上一段中概述的所有四项职责都应分配给政府。在那些将广泛的财政和经济责任分配给财政部的国家，财政部将是领导可持续性工作的适当机构。在那些有独立的预算和经济管理机构的国家，两者合作承担这些职责是合适的。由于构建基线需要专门的技能和经验，将预算局排除在这项工作之外是不明智的。当政府报告可持续性时，它的结论很可能被认为比外部分析师的结论更具有权威性。可持续性报告在澳大利亚、新西兰、英国和其他一些国家赢得的关注，有力地说明了在政府内部开展这项工作的优势。此外，当政府对结果负责的时候，它采取行动改善下游问题的可能性就会更大。

虽然长期的可持续性通常不会在上一年与下一年之间有很大的变化，但通过每年的报告使这一过程例行化有很大的好处。这些报告的年度性促进了政府认真对待这个问题的期望，以及其结论将被纳入预算和其他决策的期望。《经合组织的预算透明度最佳实践》（OECD，2002）要求每五年，或在收入或支出项目发生重大变化时，发布一份评估当前预算政策长期可持续性的报告。OECD 强调，报告中的预测所依据的所有关键假设都应明确，并提供一系列可信的预测。对于目前没有编制任何长期预测的政府来说，每五年一次的报告将是一个相当大的收获，但是，随着可持续性在预算工作中变得更加深入，最佳做法可能是缩短间隔时间，每年或每隔一年报告一次。

关键结论的呈现方式将极大地影响其得到的关注。可持续性分析是复杂的，可以采用各种方法，并通常会产生一系列估计和一系列预测。为了使结果能够被媒体和公众所了解，以非专业人士能够理解的方式来介绍这些结果非常重要，即使这样做需要简化一些结论。美国社会保障制度受托人的年度报告是一个有效沟通的例子。该报告每年都会刊登于头版并引起关注，因为它指明如果目前的政策继续下去而不改变的话，社会保障基金将在哪一年被耗尽。受托人由政府任命，但在他们的报告中行使独立判断，这被认为是一个客观和权威的预测。2005 年 3 月发布的最新报告预测，主要医疗保险基金将在 2020 年耗尽，社会保障基金将在 2041 年耗尽。该报告还包含 75 年的实际预测，预测显示社会保障支出占 GDP 的比例将从 4% 上升到 6%，医疗保险支出将从 3% 飙升到近 14%。这个单一的统计数字背后有多层次的假设，这些假设在报告的正文中进行了适当的讨论。为各国政府和外部专家用来描绘财政未来的各种类型的可持续性分析设计简单的措施应该是可行的。

本文开篇就指出，对可持续性的关注已经从欠发达国家转移到了发达国家，并从中期关注转移到了长期关注。长期可能看起来很遥远，但在重新设计财政政策时，它已经到来了。从现在起的 40 或 50 年后的那些将获得公共养老金和健康福利的大多数人已经加入了国家的劳动力队伍，缴纳社会保险税，并对他们未来将从政府获得的福利抱有期望。所有国家迟早都将不得不面对期望值超过财富的现实。那些较早承担这一任务的国家将发现它比那些拖延的国家要轻松一些。

后　记

在本文写作时，在许多 OECD 成员国中，2008 年严重的经济收缩和金融部门危机已经挤压了可持续性分析所必需的长期财政预测。几乎所有政府都采取措施来稳定金融机构并刺激对商品和服务的需求。其直接结果是预算失衡，并增加了将由子孙后代承担的债务负担。

尽管已经分配了大量资金用于财务救助，但要评估对长期可持续性的影响还为时过早。一方面，一些政府已经努力采取救济措施，以避免损害他们的长期财政状况；另一方面，如果财政救济（包括政府购买的不良资产）避免了经济衰退的深入或延长，其财政前景将比允许经济事件在没有政府强力干预的情况下顺其自然更为有利。

财务救助的超额成本可能会促使政府采取措施以确保未来的可持续性。一个可能的方法是将可持续性预测纳入国家政府每年发布的审计财务报表之中。2008 年，美国联邦会计准则咨询委员会（FASAB）提议要求每年公布和审计可持续性预测。另一个方法是加强财政规则的执行，特别是在预算平衡或低赤字掩盖了未来麻烦的经济景气时期。第三种方法可能是迫使国家政府增加税收负担或减少未来的转移支付。无论采取何种方法，可持续性预测和分析肯定会成为未来预算工作的突出特点。

参考文献

Bléjer, Mario and Adrienne Cheasty (eds.) (1993), How to Measure the Fiscal Deficit: Analytical and Methodological Issues, International Monetary Fund, Washington DC, www. imf. org.

Commonwealth of Australia (2002), Intergenerational Report 2002 – 03, Budget Paper No. 5, The Treasury, Parkes ACT, www. treasury. gov. au.

CBO (Congressional Budget Office) (2003), The Long – Term Budget Outlook, December, CBO, Washington DC, www. cbo. gov.

Crippen, D. (2003), "Countering Uncertainty in – Budget Forecasts",

OECD Journal on Budgeting, Vol. 3, No. 2, OECD, Paris, pp. 139 – 151.

European Commission (2004), Public Finances in EMU, Office for Official Publications of the European Communities, Luxembourg, http://europa. eu. int…

Heller, P. S. (2003), Who Will Pay? Coping with Aging Societies, Climate Change, and Other Long – Term Fiscal Challenges, International Monetary Fund, Washington DC, www. imf. org.

HM Treasury (2004), Long – Term Public Finance Report: An Analysis of Fiscal Sustainability, HM Treasury, London, December, www. hm – treasury. gov. uk.

IMF (International Monetary Fund) (2002), Assessing Sustainability, IMF, Washington DC, www. imf. org.

OECD (1997), "Budgeting for the Future", OCDE/GD (97) 178, OECD, Paris, www. oecd. org/gov.

OECD (2002), "OECD Best Practices for Budget Transparency", *OECD Journal on Budgeting*, Vol. 1, No. 3, OECD, Paris, pp. 7 – 14.

第十四章
绩效预算和权责发生制预算：决策规则还是分析工具？*

预算是一个将信息转化为决策的过程。支出单位提交的或由中央预算人员产生的申请被输入这一过程，然后输出对实体、项目和其他接受者的拨款。这些决策的质量取决于决策者可获得的数据，以及他们用来处理信息的分析工具。预算创新的一个长期目标是通过修改预算数据的分类或内容以及引入新的分析方法来影响来自这一过程的决策。曾经，大多数国家按组织单位和购买的项目对支出进行分类。现在，大多数国家有经济和功能分类，许多国家还按项目、活动或产出对支出进行分类。随着预算信息储备的增加，分析的手段也成倍增加。创新的国家努力衡量绩效、中期财政影响、或有负债和其他财政风险、生产政府服务的单位成本、提供政府服务的单位成本、政府财政状况的长期可持续性、通过税收优惠放弃的收入、按地区或社会阶层和性别的支出分配，以及预算中的其他当代问题。

---

* 本文最初发表于《经合组织预算期刊》（*OECD Journal on Budgeting*），第 7 卷，第 2 期，2007 年。在撰写本文时，艾伦·希克是华盛顿特区布鲁金斯学会治理研究的访问学者，也是美国马里兰大学公共事务学院的教授。

数据激增刺激预算创新者制定新规则塑造过程中出现的决策。他们希望信息不仅仅可获取，还希望信息能够改变政府预算工作的方式。他们希望不同的信息能产生不同的结果。这篇文章着重介绍两个当代将信息转化为规则的方式。一个是绩效预算，其目的是把支出决策建立在实际或预测的结果之上；另一个是权责发生制预算。它以使用的资源或发生的负债来计算支出。第一种将预算决策从投入转移到产出或结果；第二种则将其从支付转移到成本。绩效预算和权责发生制是预算议题中最突出的改革。两者都不是新事物，也没有取得改革者所希望的那么多进展。但在未来几年，两者都可能在政府内部以及一些国际组织中得到推广。

绩效预算和权责发生制预算是分析工具，可以提供传统方法无法提供的信息和见解。两者也可以构成决定政府分配资源方式的决策规则。一个决策规则可能规定政府应该花钱购买的产出。另一个决策规则可能要求政府拨出资金来支付所消费的商品或所产生的债务的成本。尽管这两种方法似乎都能使预算选择合理化，但本文认为，政府在将绩效预算和权责发生制预算编入决策规则时应谨慎行事。在规定它们成为预算决策的基础之前，必须对这些创新及其影响有一个更充分的了解。然而，这篇文章也敦促政府将绩效和权责发生制信息纳入决策者可用的主流数据。

分析工具和决策规则之间的关键区别在于政治家和官员在分配资源时允许的自由裁量权。当信息只是分析的辅助工具时，政府可以选择应用或忽略所提供的数据，他们可以按照他们认为合适的方式解析数据。例如，如果一个实体的单位成本比另一个实体低，政府可能会给高成本的实体提供更多资金。或者，如果有权责发生制信息，他们可能会拨出资金来支付现金流出，而不是发生的负债。然而，当信息被编入决策规则时，预算制定者就必须以它为基础进行分配。简而言之：分析工具赋予预算制定者权力，而决策规则则限制了他们。前者允许充分的判断和主观性，后者则使预算减少判断，更加客观。

分析工具和决策规则之间的区别可以通过考虑各国政府在将中期预测纳入预算工作时采用的方法来解释。就在20年前，很少有政府正式预测他们做出的决定对未来财政年度的预算影响。然而，现在许多政府构建了前瞻性估计或基准，以预测未来三年或更长时间内支出和其他预算要素。这些预测通常假设当前的政策将继续下去而不改变；因此，它们为政府提供了一个基础，以预测已经实施的预算政策是否得到维持。有了这些信息，政府就可以估计拟议或批准的政策变化对未来预算的影响。以这种方式使用信息给政府提供了一个强大的分析工具，帮助其在采取行动之前考虑到未来的影响。

一些政府更进一步，构建了中期支出框架，限制了未来三个或更多财政年度中每个年度的支出。这种“硬约束”禁止政府采取会导致未来估计支出超过预设限额的行动。当它被有效使用时，中期支出框架将预测从分析工具转化为决策规则。中期支出框架大大增加了使用中期预测的概率，但它也限制了政府的预算选择。

预算预测和中期支出框架的经验表明了将分析性信息转换为预算规则的理由。它也说明了为什么这样做可能不是一个好想法。中期预测往往被政治家们忽视，他们迫于预算压力，只关注未来一年的情况，即使他们的决定会对未来预算产生不利影响。作为回应，改革者（包括国际组织）已经发起运动，要求政府采用中期支出框架类型的安排，迫使他们在决定支出水平之前考虑到未来的影响。因此，中期支出框架成为限制交叉施压政客的自由的决策规则。但是，仅仅施加一个决策规则可能不足以改变预算行为或结果。许多——可能是大多数——拥有正式中期支出框架的国家都把它看作是一种技术性工作，与年度预算过程分开。这条规则存在于纸面上，但在实践中却被违反了。在中期支出框架和其他预算改革方面令人失望的经历使本作者得出结论：改变预算规则可能不足以改变预算行为。

多年来，预算通过引入新的信息类型和/或规定新的规则等方式的创新而不断发展。一个明显的后果是，信息和规则都在不断增加。但这种演变产生了信息过载和决策的复杂性。提供的信息越多，其中一些信息就越有可能妨碍按期完成预算任务；制定的规则越多，其中一些规则就越有可能发生冲突或被视为技术性问题。那些要增加工具和规则的人应该认识到预算的一个基本限制：它是一个时间紧迫、截止期限明确的过程，在这个过程中，按期作出决定往往比作出正确的分析更要紧。

考虑到这一限制，本文“分类是最重要的决策规则”节追溯了预算工具和规则的演变。其中关键的进展是对支出数据分类的修改。这使得预算从一个孤立的、主要任务是为正在进行的业务提供资金的过程，转变为一个扩大的过程，有助于经济稳定、项目规划和有效管理。“建立新预算规则的标准”节设法确定标准，确定新类型的信息何时应成为新决策规则的基础。这是一项艰巨的任务，因为预算缺乏普遍接受的估算和报告公共支出的标准。在过去十年中，在制定良好的预算行为准则方面取得了重大进展，但大多数标准涉及长期以来被认为对良好的预算至关重要的事项。最近的准则，如经合组织和国际货币基金组织制定的准则，在本文讨论的创新行为类型方面，通常是指示性的，而非规定性的。“绩效预算”节讨论了作为预算投入的绩效衡量，并得出结论认为，将绩效衡量作为预算的一项投入为时过早。在将绩效评估转化为资金分配的规则之前，还需要在将资源和结果联系起来方面做更多的工作。“权责发生制预算”节提出结论，目前将预算转移到完全的权责发生制是不合适的，但应该鼓励政府深化在权责发生制方面的经验，特别是在资产负债表和其他财务报告之中。最后一节简要指出了预算中的分析工具和决策规则的未来发展方向。

分类是最重要的决策规则

预算的历史就是改革的历史。这两者不能分开，因为实践者基本上总是在修补预算体系。他们通过修改预算的分类或信息内容来做到这一点——也就是说，他们改变了信息的结构方式，以利于决策，或者改变了决策者可获得的信息。一般来说，仅仅增加数据储备的改革往往比那些旨在建立新决策模式的改革更成功。预算的演变告诉我们，增加信息的流动比改变资源决策的方式要容易得多。

改变分类是一项艰苦的工作，失败率很高。但这是必不可少的工作，因为预算是通过分类来运作的，它既组织信息又形成决策。半个世纪前，杰西·伯克海德指出，“预算数据的分类方式几乎无穷无尽”（Burkhead，1956，p. 112），他认为，寻找理想的分类是错误、没有结果的，因为分类在预算中有多种用途。在笔者看来，伯克海德的观点只有在分类是呈现预算信息的一种手段时才有效；然而，当分类作为预算决策的结构时，它是无效的。有许多方法来陈述预算信息，但只能有一种方法来决定预算。政府不能在某一天以组织单位为基础分配资金，第二天又以项目为基础分配资金，第三天又以地区为基础分配资金等。它不能先根据要采购的项目来确定支出水平，然后再根据需要生产的产出来确定支出水平。这些方法中的每一种都是列示预算的适当手段，但只有一种可以成为决定预算的手段。

在几乎所有国家，组织结构图是决策的框架。支出单位竞标资源，预算局长和官员与那些对支出组织承担政治或管理责任的人进行谈判，资金被拨给组织，这些组织花掉资金，并编制财务报告。在组织单位内部，资金可能被分拨给特定的支出项目，如人事、用品、设备、旅行等。多年来，随着公共开支的增长，大多数政府将这“一系列项目”合并为大的类别。预算中没有对每一种设备进行分类，而是将所有设备归入一个单一类别。然而，支出单位仍然是中央决策结构，他们的预算仍然通过增加人员、用品和其他项目的预估支出来编制。

作为决策的核心单位，组织有两条路可选。一条是为特定类型的决策建立专门分类；另一条是取代组织作为基本结构。前者通常是成功的，后者则很少成功。前者之所以成功，是因为它保留了组织结构；后者之所以失败，是因为它试图将这种结构根除。专业化决策分类最突出的例子是资本或投资预算，它将资源分配给项目而不是组织单位。值得注意的是，资本预算与经常性支出预算并存，后者仍由支出单位决定。另一种普遍的做法是按收入来源（普通基金、信托基金和其他指定用途的收入）来划分预算，每个来源的决策规则略有不同。实际上，一个政府有多个预算，每个预算都有自己的分类和决策规则。

多年来，政府增加了许多分类方法。按经济类别（消费、转移、补贴、投资等）以及功能（农业、健康、教育、交通等）对支出进行分类非常普遍。一些政府按地理单位或社会经济群体对支出进行分类。这些分类的共同特点是，它们提供了补充信息；它们不会取代按支出单位的分类。它们是展示数据的一种方式，而不是做出支出决策的手段。在预算决定之后，政府会按照这些补充表对支出进行分类。美国政府在一份名为“分析观点”[①] 的预算文件中公布了二十几种特殊的分类方法。该文件提供了联邦对各州和各市的拨款、研发支出、税式支出和其他特殊类别的数据。许多国家政府都有类似的介绍，作为主要决策结构的补充。用本文的语言来说，它们是分析工具，而不是决策规则。

与这些专门的分类相比，一些改革采取了第二条道路：他们试图建立一个全新的决策结构，取代以组织为中心的预算。这些举措中最重要的是项目预算，它在 20 世纪 50 年代首次在美国推出，并在许多发达国家和发展中国家被尝试使用。尽管项目预算有许多版本，但其核心思想是，支出应该被分类，并根据政府目标而不是由花费资金的组织来决定。所有有助于实现同一目标的活动都应放在同一项目之中，无论这些活动被分配到哪个组织实体。为了做到这一点，寻求按目标编制预算的政府构建了一个项目结构，该结构应该作为制定预算的基础。例如，为了保护公民不受犯罪侵害，许多政府都设有警察部队、检察官办公室、法院系统、假释或缓刑机构，以及监狱。这些机构中的每一个都由不同的实体管理，但是所有这些都被归入同一项目，因为它们有一个共同的目标。项目结构将使政府能够分析加强执法对法院和监

---

① 2007 财年预算的分析观点是一个 400 页的文件，它由美国政府印刷办公室与主预算文件一起公布。

狱的预算影响。它还将使政府能够在加强执法项目的不同部分之间进行权衡。政府可能会决定，为警察巡逻划拨更多资金将减少犯罪发生率，从而使其能够在监狱方面减少花销。

项目预算似乎是一种明智的决策手段，因为它将类似的活动归为一类，且优于根据组织结构和支出项目分配资源的体系。然而，事实上，政府在植入真正的项目预算方面有很大困难。除了少数例外，声称拥有项目预算的政府，都是用它来显示已经做出的支出决定。在决定了每个支出单位应该分配多少钱之后，他们就按项目重新划分支出类别。很多时候，政府将组织单位标示为项目，并假装拥有项目预算。在这种情况下，唯一具有程序性的是名称。

项目预算令人失望的表现是由许多因素造成的。可以说，最重要的是，它挑起了政府目标的冲突，产生了对计划目标的长期纷争。举个例子：假设学校有护士值班，处理日常医疗问题，并教导学生正确的卫生习惯。这项活动可以被合理地归类为同时为健康和教育目标服务。政府各部委为正确的分类争吵，因为这影响到他们获得的资源和对该活动的控制。为了减少冲突，政府要么放弃项目预算，要么将其变成一个补充性的报告。

与这里提出的论点一致，项目预算也是失败的，因为它不能取代组织作为预算的基本决策单位。组织和项目从根本上说是构建预算分配的对立基础。在前者中，类似的功能被组合在一起，而不考虑它们的目标是什么；在后者中，为同一目标服务的活动被组合在一起，而不考虑其所在的组织。前者是为了有效地提供商品和服务，后者则是为了方便分析政策选择。尽管为目标进行预算是明智的，但政府不能忽视提供公共服务组织的财政需求。

组织有另一个重要的优势：它们是核算公共资金的一种手

段。当政府试图实施项目预算时，他们面临的困难之一是确定谁对公共资金的使用负责。政府通常通过在组织内对项目进行分类来解决这个问题，这使项目预算失去了其基本目的。

当项目仅作为分析工具时，组织和项目是兼容的分类。项目预算和其他创新为许多国家政府提供了比一代人以前更多的关于目标和政策的信息。他们拥有更多关于项目有效性的数据，以及关于这些项目所产生的结果的数据。然而，现有的数据往往没有被用于预算。分析性数据的利用不足，更多地是与预算的时间压缩和僵化有关，而不是与未能实施项目预算有关。当必须在紧迫的期限内做出决策，而且几乎所有的预算资源都被过去的投入和正在进行的活动所占用时，在这个过程中就没有太多的空间来进行分析工作。

组织作为基本决策单位的存在，给绩效预算带来了一个重要的信息。政府中通往更高绩效的道路经过生产公共服务的部门和单位。如果他们被动员起来执行，绩效预算就有了产生更好结果的基础：更多的产出和更好的结果。绩效预算的根本任务不是产生更好的指标，而是产生更好的组织。信息是一种分析工具；组织和在其中工作的人是这些工具的持有者。

建立新预算规则的标准

预算规则决定了我们如何做出并报告支出决策。从现代预算诞生的一个多世纪以来，一些规则一直是公认的准则，例如年度性和完整性。而有些规则是最近才出现的，依靠的是新技术，如中期支出框架。一般来说，规则越老，其应用就越广泛。有些规则本质上是针对国家的，包括支出单位竞标资金的形式和进度计划。在每个国家，都有大量的规则规定了政府对预算的编制和立法机构对预算的审查。许多规则涉及预算的实施，确定了预算调剂的范围，以及变更开支用途和金额的范围。大多数规则是程序性的，但有些规则是实质性的，例如限制财政总量的规则。

尽管规则在不断增加，但稳定性在预算程序中很重要。采用每年几乎没有变化的常规程序，可以稳定预算角色和关系，并消除在争夺有限资源过程中固有的许多冲突。程序的频繁变化会使计算支出和解决冲突的任务变得复杂。然而，在情况不断变化和新技术发展的形势下，政府不时地修改预算方法是合理的。“绩效预算”节和“权责发生制预算”节中讨论的两项创新有可能引入新的预算规则。之所以实施绩效预算和权责发生制预算，一部分原因是新的信息处理形式——绩效评估和权责发生制会计，以及预算制定者面临的新条件，例如不断上升的期望和财政压力。在审查这些改革之前，对拟议中的预算规则是否适当明确一些评估标准将会很有用。

一个看似合乎逻辑的标准必须被舍弃。对一些会使得预算决策产生偏差的拟议规则做出否决，这似乎是明智的，但显然，预算规则的所有重大变化都有可能改变预算结果。规则之所以重要，是因为它们影响到预算中行使权力者的行为。新决策规则的基本目的是产生与其他情况下不同的分配。绩效预算的目的是给那些产生预期结果的活动更多的钱，而给那些没有结果的活动更少的钱。权责发生制预算旨在使政府在承担长期承诺时更加谨慎，这些承诺可能对当前的预算产生微不足道的影响，但会对未来的预算产生负面影响。

有时，新规则是实质性的：它们有意改变过程中出现的决策。欧洲的《稳定与增长公约》就属于这种情况，要求平衡预算或一些预先确定财政结果的规则也是如此。然而，大多数新规则都是程序性的：它们修改了决策的方式，但没有规定任何特定的结果。绩效预算将重点从投入转向产出；权责发生制预算要求在成本而非现金的基础上衡量支出。以下段落详细说明了一些评估这些和其他程序性变化的标准。

政府完成其预算责任的能力

编制预算是每个政府必须完成的少数任务之一，无论选择多么困难，冲突多么严重。通常情况下，新程序是在无视其对预算工作的影响下引入的。它们使程序负担过重，需要在有限的时间内处理更多的信息，并最终因为妨碍预算制定而被废弃。几十年前在美国和其他一些国家流行的零基预算（ZBB）说明了这个问题。它成倍增加了政府决策点的数量，要求为每项决策提供额外的信息和分析。虽然零基预算有值得称赞的地方，但它是不可行的，不得不被那些努力实施它的政府抛弃。

预算的制定也可能被引发预算冲突的改革所阻碍。这似乎是项目预算不可避免的副作用之一，因为它要求政策制定者除了决定要花费的金额外，还要就目标达成一致。这也促使他们在制定预算时考虑更广泛的选择。政治家和管理者在支出目的上的争执往往比在分配金额上的争执更激烈。项目结构上的争执阻碍了在目标基础上预算的努力。一个类似的问题有时也困扰着那些接受绩效预算的政府，它们在产出和结果的定义上陷入长期争论。获得正确的定义变得比让政府执行还重要。

信息的可用性和使用

预算规则的有效实施取决于信息。如果政府被要求对税式支出或或有负债进行预算，它必须拥有关于这些交易的可靠数据。许多政府没有。根据笔者的经验，改革者很少考虑到必要数据的成本、可用性或使用。改革者认为，一旦有了要求，政府就会采取适当措施使自己得到信息。但事情并不总是这样发展的。相当多的政府迫于压力要维持中期预算，但对未来的收入、支出或经济状况缺乏可靠的预测。同样，名义上有绩效预算的政府可能没有足够的数据来说明他们所生产的产出或公共政策所产生的社会成果。指望一个以收付实现制核算公共财政或缺乏及时审计的财务报表的政府编制可靠的权责发生制预算是不合理的。

在建立强大的预算机构时，合乎逻辑的做法是先开发必要的信息资源，然后再制定规则。未来的改革者应该研究澳大利亚将预先估计作为预算政策核心的过程。如约翰·华纳（John Wanna）和他的同事（Wanna et al.，2000，pp. 319 - 322）所叙述，作为一项决策规则，预先估计的发展在几年内经历了一系列步骤。起初，这些估计是财政部门和行政部门在其预算工作中专门使用的内部预测。它们被认为不够可靠，不能公开传播。然而，不久之后，该部门意识到，如果其他人能够获得上述估计，遵守预算纪律的理由就更加充分，并且为公开改进了估计。估计一经公开，政府领导人就决定用它们来制定中期支出决策。

新数据的高成本和有限的可用性是发展中国家预算创新的严重障碍。但这个问题影响到了所有的国家，因为重大改革增加了那些竞标或分配资源的人的信息负担。如果政府清除一些旧的信息要求，为新的信息要求腾出空间，而不是在旧数据上叠加新数据，那么影响深远的改革可能会更成功。当澳大利亚将预先估计作为政策和财政决策的基础时，它取消了许多以前主导预算决策的细目。当新西兰采用基于产出的预算时，它几乎从预算、拨款法案和辅助文件中删除了所有关于投入的内容。相比之下，在许多国家，预算是多个改革浪潮的组合，每个浪潮都有其残留的信息要求。

当政府增加预算规则时，他们轻易地认为新的信息会被使用。这种假设导致了预算数据的过度生产和利用不足。例如，要求政府汇编或有负债数据本身并不能保证他们会监管这些金融风险。即使他们被要求在预算中公布这些数据，政府也可能缺乏有效利用这些数据的动力或机会。

预算规则的实用性

新的预算规则必须对那些应该产生数据或使用它们的人有意义。通常情况下，这些规则没有意义，它们被认为是一项技术性工作——为了完成年度预算周期而必须完成的许多杂事之一。这就是国际金融机构为发展中国家规定的许多改革的命运。如果政府不了解权责发生制预算，也没有计划在管理公共财政中使用这种信息，那么，这种命运很可能降临到权责发生制预算上。

当创新规则被纳入正在进行的预算实践，而不是被剥离到这个过程的边缘时，它们就具有意义。当澳大利亚将预估作为制定预算政策的核心工具时，它们在预估方面取得了成功。然而，在许多国家，中期支出框架无关紧要，因为它独立于年度预算之外。当政府事先决定如何应用新规则和由此产生的信息时，其实用性就会加强。人们通常认为，要求一个特定的做法或报告就足够了。预算实践中的创新如果不被实践者认为是有用的，就无法继续存在。

规则的执行

预算规则并非自动执行。仅仅因为法律或条例中规定了一个程序，并不意味着它将被应用。预算和其他活动一样，有许多方法可以阻止不必要的创新。当预算规则被认为重要时，应该从一开始就建立好执行手段。在一些国家，执行被指定给审计办公室或立法委员会，如英国的公共账户委员会。在其他国家，法院已经开始参与执行预算规则。

“绩效预算”节和“权责发生制”节中讨论的改革在执行方面存在分歧。当权责发生制被纳入会计规则，审计师拥有独立性和资源时，不遵守规则可能会导致财务报表不合格，并影响进入资本市场的机会。除了极少数例外，政府对绩效的声明都没有经过系统的审计。当结果被误报或无视时，公民和利益集团几乎没有追索权。为了让绩效预算和权责发生制预算生根发芽，政府必须有正式的审查报告结果的程序，包括衡量产出和结果以及报告成本和负债的公认标准。

从过去的失败中吸取教训

先锋国家的成功创新故事推动了预算规则的传播。相对来说，很少有人关注改革的实施、必须克服的障碍、使其成功的特殊条件，以及那些没有达到预期效果而被抛弃的特点。说到效仿其他国家，失败通常是比成功更好的老师。但是，谁知道或关心那些大张旗鼓地推出，却几乎没有任何通知就被放弃的改革呢？澳大利亚全面评估所有项目的战略被广泛宣传，但该战略在终止时却没有宣布。英国的“下一步”计划促使100多个具有广泛业务独立性的机构建立，这在全世界广为人知，但在布莱尔政权期间，各部委和中央机构重新获得管理控制权却鲜为人知。瑞典被认为是一个创新的国家，但很难找到有关其20世纪80年代的成果预算倡议为何几乎没有起步的信息。比绝对失败更重要的是，要把一项改革从蓝图变成实践，要让一个有希望的概念在预算的苛刻现实中发挥作用，就必须进行必要的修补。

绩效预算是一个反复失败的案例。第二次世界大战后不久，这个概念在美国被引入，但它几乎消失得无影无踪。今天试图实施绩效预算的政府可以研究美国的这种创新（以及其他许多类似的创新）为何变得默默无闻，从而学到很多东西。为什么一项如此明智的改革只持续了几年，为什么每隔十年左右就会有新的版本问世？绩效预算成功的政治、组织和信息先决条件是什么？解决这类问题将有助于了解基于绩效的创新发挥作用所需的条件。

改革的架构很重要

采用绩效预算或权责发生制预算的政府通常有更广泛的改革议程，其中可能包括延长预算的时间框架、进行项目评估、改变预算格式和其他创新。各种举措往往彼此脱节，导致混乱和改革疲劳。无论创新是为了成为决策规则还是分析工具，重要的是政府要把这些部分联系起来，让那些必须使其发挥作用的人了解它们之间的联系。

“绩效预算”节和“权责发生制预算”节讨论的两项改革说明了这个问题。虽然它们通常被描述为独立的创新，但绩效预算和权责发生制预算都需要将成本可靠地归属于活动，包括直接成本和间接成本的分摊。但是，当每项改革被委托给不同的实体时，每个实体都可能以不同的方式定义和衡量成本，导致规则不一致和普遍的混乱。当创新是一种分析工具时，问题就出现了。但当它被推广为一种新的决策规则时，其破坏性就会大大增加。解决办法是注意改革的整体结构，使绩效预算和权责发生制预算被设计成一套改革，而不是分散的变化，这一点很少有人做到。

预算规则的国际化

不久以前，预算规则是针对每个国家的。尽管它们受到其他国家做法的影响，也有积极的思想交流，但各国政府还是制定了自己的路线。这种情况现在正在发生变化，因为国际组织建议或规定了国家的做法。这些规则在财政结果方面最为有力，但它们也涉及其他预算做法。欧盟委员会有一套详尽的规则，包括详细审查成员国的年度预算和多年支出计划。国际货币基金组织发布了“财政透明度良好做法守则”，并将其政府财政统计数据（GFS）转换为权责发生制。尽管这需要相当长的时间，但如果国际组织制定出衡量和报告项目成果的规则，人们不应感到惊讶。一旦建立了支出核算的规则，它们很快就会转移到支出决策的制定。这正是权责发生制所走的道路，它正从一种适用于财务报告的规则，转变为一种适用于预算决策的规则。

重要的是，国际组织应注意分析工具和决策规则之间的区别，除非有令人信服的理由，否则它们应将规则留给国家政府酌情处理。同样重要的是，国际组织应区分良好和最佳做法，将那些已经在大量国家实施的做法国际化，而不仅仅是将在最先进国家实施的做法国际化。

绩效预算

绩效预算易于解释，但难以实施。其基本思想是，政府应根据实际或预期结果（通常称为产出和成果）预算，而不是根据投入（人员、用品和其他项目）预算。在决定预算时，政府应了解公共机构将提供的服务，以及花费公共资金将带来的预期效益和社会状况。尽管这种想法很有吸引力，也很合理，但将其付诸实践却非常困难。政府在分配资源时考虑的事情很多，绩效只是其中之一，而且通常不是最紧迫的。

虽然绩效预算看似简单，却有许多不同的政府采用。每个政府都有自己的方法，每个政府都有独特的定义和将绩效数据纳入预算工作的方法。从最宽松的概念到最严格的标准，以及两者之间的许多不同之处，可以将众多的方法统一起来。从广义上讲，任何提供产出量、政府机构活动、工作量、公共服务需求指标或支出影响等信息的系统都属于绩效预算。从严格意义上讲，只有将支出的增长与结果的增长正式挂钩的预算系统才符合条件。根据第一种定义，许多政府都可以声称自己拥有绩效预算；而根据第二种定义，则很少有政府可以这样做。由于范围如此之广，人们有理由认为，绩效预算确实是成功的，或者失败了。

这两个定义之间的区别恰好与本文中分析工具和决策规则之间的区别相对应。如果绩效预算的作用只是为决策者提供信息，那么它可以作为分析的辅助工具，尽管像所有的分析工具一样，它也有被废弃的风险。另一方面，如果绩效预算被用来决定预算分配，那么它就发挥了规则的作用，可以用以下形式表述：政府应始终如一地根据证据或对结果的合理预期来分配资源。为此，每一项支出的增加都应带来结果的增加，即产出量的增加或社会条件的改善。

这两种绩效预算都依赖于与公共支出的服务或结果相关的信息。它们对数据的要求有重叠，但并不完全相同：严格版本对数据的要求更高。就大多数分析目的而言，将数据分解到计划或活动层面就足够了；就边际结果的预算决策而言，成本和结果数据必须归属于产出或结果的明确单位。由于缺乏健全的成本核算制度，大多数政府无法分配成本，从而无法将增量资源与成果联系起来。

对于所有版本而言，对信息的依赖解释了为什么政府投资于衡量绩效。不衡量绩效而编制绩效预算是不可行的，但衡量绩效而不编制绩效预算是可行的。在许多国家，定义和编制绩效数据不仅是第一步，也是最后一步。如下文所述，分析人员和管理人员经常就产出和成果的定义进行激烈和旷日持久的争论，导致没有足够的机会在预算实践中应用这些数据。

对增量成果进行衡量并编制预算在技术上是可行的，但很少有政府真正这样做。尽管政府可能希望按绩效编制预算，但在确定支出水平时还必须考虑其他因素。最重要的是必须支付过去的承诺、正在进行的活动以及政府部门和机构的运营成本。在编制预算时，决策者还必须考虑到政治承诺、利益集团的要求，以及通过减少目标和资源冲突来完成预算工作的首要需要。当所有对资源的强烈要求都得到满足后，就没有多少剩余的资源可以根据结果进行分配，绩效就会被完全挤掉或退到预算的边缘。在公共管理中缺乏强有力的绩效道德也阻碍了进展。本节稍后将阐述一个论点，即如果政府的管理不注重绩效，就无法编制绩效预算。

管理人员和普通公务员必须关心提供良好的服务和提高业务效率，他们必须关注政府政策所产生的结果。他们必须愿意认真审视哪些有效，哪些无效，并重新分配资源，从效率较低的活动转向效率较高的活动。如果他们不愿意，那么任何绩效数据都不会对其机构的绩效产生较大影响。这一论点具有深远的影响，因为它预示着预算改革必须是更大范围政府转型的一部分。

分析工具还是决策规则?

本小节的主题是，大多数政府最好将绩效预算作为分析工具来使用，因为很少有政府有能力将其作为预算决策的基础。当政府将绩效预算视为分配资源的关键工具时，它们通常会失败。失败往往使政府无法获得可加强公共政策的相关信息。因此，考虑将绩效信息应用于预算决策的机遇和障碍是非常重要的。

政府应该有目的地花钱购买成果，这一理念具有相当大的吸引力。我们有理由期望政府了解其决策所带来的产出增减或社会状况的变化。对于许多预算问题，按照绩效预算严格定义所要求的方式将增量资源和结果联系起来在技术上是可行的。事实上，有少数政府采用了这种预算方式，但除了最具创新精神的政府外，其他政府都无法采用这种预算方式。很少有政府既有政治意愿又有必要的数据来将资源的增长与结果的增长联系起来。

美国加利福尼亚州的一个小城市桑尼维尔（Sunnyvale）就是一个具备必要条件的政府。桑尼维尔市的做法是世界上最先进的，它在公共活动的每个主要领域都为决策者提供了一系列选择。例如，在编制消防服务预算时，该市分配资金，使从接到紧急电话到消防设备到达现场的响应时间不超过 7 分 20 秒。在做出该决定之前，市政府官员会考虑其他替代方案，通过比预算中商定的金额少花或多花资金来延长或缩短响应时间。在这个例子中，产出具有定性维度，并不完全以数量来定义。

尽管桑尼维尔模式已有二十年历史，但它仍处于绩效预算的前沿。它说明了将这一改革作为推动预算分配的决策规则的潜力。这样做将使预算变成一个在边际分配资源的过程。事实上，这几乎总是预算所面临的问题：政府应该多花一点还是少花一点？但有一个很大的区别：桑尼维尔明确以产出或结果的边际变化来决定多或少。这使得绩效预算成为决定每项政府活动花费多少的关键规则。

将绩效预算转化为决策规则至少需要以下能力：

- 政府需要将活动或产出分解为标准化单位的信息和专业知识。
- 然后将成本分配给这些单位。
- 此外，政府还需要有能力衡量每个单位的成果。

这些都是真正具有挑战性的任务，因为很少有政府拥有健全的成本核算体系，能够通过区分固定成本和可变成本以及边际成本和平均成本来衡量边际成本。此外，在产出单位和其他收益单位之间分配成本也至关重要。如果没有可靠的成本计量和分配，桑尼维尔就没有合法的依据来确定预算金额能够使消防队在 7 分 20 秒内做出反应。如果没有更详细的了解，我们只能想象桑尼维尔的预算决策所依据的大量分析和测量。由于产生下一个增量结果的单位成本通常不同于产生上一个增量结果的单位成本，桑尼维尔有必要开发政府边际分析工具。

将绩效预算作为决策规则的政府面临着另一个障碍。在拨款时，政府通常以固定的金额获得每个支出单位的全部产出。除了由交易收入提供资金的实体外，如果产出减少或增加，政府支出的金额不会发生变化。桑尼维尔消防队无论应对 50 起火灾还是 500 起火灾，都会获得相同的拨款。公共部门预算与商业预算之间的这一关键区别，是通常不宜将绩效预算定义为决策规则的主要原因之一。大多数大型企业的预算都是可变的：经营单位的可用资源会随其生产的产品和服务的数量而自动变化。如果他们生产更多，他们就有更多的支出。对于创新型政府，如桑尼维尔，有必要从固定预算转变为可变预算。这就提出了与拨款有关的难题，因为拨款是对支出的法律限制。

将绩效预算作为预算分配的基础还有其他考虑因素。其一是结果不足以指导支出决策。在某些情况下，糟糕的结果可能迫使政府增加开支，而有利的结果可能使政府减少开支。为了按结果编制预算，政府需要对计划和项目有比产出和结果衡量标准更深入的了解。此外，当政府是某项基本服务的唯一或主要提供者时，即使没有好的结果，政府也可能被迫支出。很少有政府可以选择关闭表现不佳的公立学校。

合理的预算既是政治和管理判断的问题，也是结果衡量的问题。当绩效的概念从产出转向结果时，这些判断尤为重要。花费的金额与随之而来的结果之间很少存在线性关系。因此，严格意义上的绩效预算强调的是产出，而不是结果。这是新西兰在 20 世纪 90 年代初改革公共财政时所采取的道路，也是桑尼维尔等政府所采取的道路。

在评估绩效预算是否适合决策时，必须牢记政府资助的是持续的组织，而不仅仅是计划和结果。这就是为什么组织单位一直作为预算的主要分类方法。如下文所述，组织绩效不仅取决于实质性成果，还取决于其创新能力、对客户的响应能力以及员工的士气和技能。

上述论点得出的结论是，除特殊情况外，绩效预算应被视为对预算过程的分析投入。绩效信息对预算的影响因周期而异，也因周期内不同项目而异。美国管理与预算办公室（OMB）在实施项目评级工具（PART）方面取得了重大进展，该工具每年通过一系列问题对大约五分之一的联邦项目进行评估，这些问题涉及四个方面的绩效：计划目的和设计、战略能力、计划管理和计划结果。每个项目的回答经过加权后得出一个总分，然后与其他信息一起由OMB用于建议预算分配。OMB在其指导方针中告诫说，“项目绩效不是决定项目获得多少资金的唯一因素。然而，国会和总统在掌握了项目绩效信息后，可以在决策时更多地考虑绩效……”。[①] 总之，PART是一种分析工具，而不是决策规则。

衡量绩效

多年来，各国政府在衡量方面投入的精力超过了绩效预算的其他任何方面。如前所述，在许多国家，衡量是唯一的步骤。衡量政府支出活动和结果的努力可以追溯到许多年前。70多年前，赫伯特·西蒙（未来的诺贝尔经济学奖获得者）与国际城市管理者协会的负责人合作，根据“努力或绩效的结果表明该努力或绩效在实现其目标方面的效果”的观念，设计了一套衡量方案（Ridley和Simon，1938，p. 2[②]）。从那时起，数以千计的文章和报告相继发表，每篇文章和报告都有自己的语言和方法。也许正是由于此类研究的数量庞大，

① PART指南和结果在管理与预算局的网站www. omb. gov上公布。

② 这本书来自发表于1937年和1938年的月度文章。

管理大师唐纳德·凯特尔（Donald Kettl）指出："衡量政府绩效就像天气一样。每个人都在谈论它……但对于如何去做却没有共识"（Kettl，引自 Osborne 和 Plastrik，2000 年，第 249 页）。

由于定义和指标尚未标准化，大多数国家的政府都会为自己发明，努力建立一套适当的指标体系。这项任务的新颖性和被夸大的重要性往往会引发无休止的争论，争论的焦点在于特定的指标是产出还是结果，是目标还是指标，是目的还是目标，是最终结果还是中间结果。笔者认为，在经过数十年的研究和经验积累后，各国政府仍在基本概念上纠缠不休，似乎产出和目标等普通词汇是如此晦涩难懂，以至于需要有自己的字典。旷日持久的争论给人的印象是，指标本身就是目的；让政府更好地履行职责是次要的，关键是要有更好的指标。

在评估行业中，对于如何将新数据用于政府管理和资源分配的问题，相对来说考虑较少。人们假定，一旦有了数据，就会加以使用。从过去的经验来看，这种假设是毫无根据的。特别是当我们的目标是影响预算行为时，就更有必要考虑如何使这些措施更有意义。如果预算需要在边际上做出选择，那么明智的做法是根据不同的预算分配所产生的不同结果来衡量绩效。如果这样做，分析工具将与预算决策的结构保持一致。但事实上，大多数绩效指标都是快照：它们只显示一种政策下的产出或结果。尽管它们可能会产生有用的见解，但快照并不能揭示预算制定者需要了解的绩效情况。从政治家和管理者的角度来看，关键的绩效问题是：如果政府采用这一政策选项而不是另一政策选项，会产生什么影响？增加或减少支出会有什么不同？例如，由于预算为热午餐提供补贴，可能会有多少儿童完成学业？如果学校配备了辅导员，又会有多少孩子继续接受中等教育？正如这些问题所表明的，根据改变支出金额所带来的产出或结果的差异来制定绩效指标是可行的。

接下来的几个段落提出了一种将绩效衡量的重点放在预算制定者所面临的问题上的方法。这不是唯一可行的方法，但在此提出是因为它非常符合许多国家的预算实践，尽管该方法本身尚未在任何国家使用。其核心理念是，如果现行政策（包括预算分配）保持不变，政府应构建一个服务基线。该服务基线与广泛用于编制和分析预算的支出基线平行。支出基线是中期支出框架的重要组成部分；它使政府能够根据现行政策预测未来的支出。基线通常每年（或更频繁）根据价格及其他经济和计划变量的变化进行更新。一旦进行了这些调整，支出的任何变化——被定义为与基线的差异——必须是政策变化的结果。类似的基线将预测下一年或中期的服务类型和数量。将这两条基线联系起来将大大提高绩效衡量作为预算分析工具的效用，因为它能显示支出和服务的变化是如何联系在一起的。

在构建服务基线时，必须解决许多技术问题，但这些问题本质上并不比估算基线支出时出现的问题更困难。支出基线和服务基线都依赖于对价格、工作量和其他变量的假设；都需要有估算未来数额的规则；都依赖于调整预测和衡量政策变化的程序。与估算政策变化对支出的影响一样，政府也将估算这些变化对服务的影响。实际上，这就是桑尼维尔在编制年度预算时必须做的事情。否则，政府如何估算支出水平对消防部门响应时间的影响？

提出服务基线的目的并不是为了推荐某种特定的行动方案，而是为了敦促大家在加强绩效衡量这一分析工具方面大有可为。以变革为导向的绩效衡量之所以具有现实意义，是因为它关注的是政府在制定预算时所要处理的问题。有些人可能会反对说，服务基线会使预算工作中的渐进主义——只考虑边际变化的倾向——根深蒂固。这种反对意见是有道理的，但半个世纪以来，预算改革者们一直在与渐进主义作斗争，结果却以失败告终。成功实施绩效衡量的最有效途径是承认并利用渐进主义对预算决策的影响。

绩效管理

无论是作为决策规则还是作为分析工具，绩效预算只有在管理文化支持的情况下才会有效。以前的改革浪潮假定预算推动管理；如果预算以结果为导向，政府实体将为结果而管理。这一前提建立在一个简单化的概念之上：政府实体需要资金来运作。因此，如果它们收到的钱是以绩效为条件的，那么它们就会有动力去做得更好。在笔者看来，这种推理是有缺陷的，它注定了绩效预算的失败，因为它没有认识到预算是由管理环境决定的，而管理环境就是资源的使用和服务的提供。如果管理者不关心结果，或者员工对自己的工作表现漠不关心，那么采用绩效预算或类似技术就很难起到作用。从半个世纪的失望中汲取的最重要的教训之一就是，预算改革不能脱离其所处的管理实践和文化。只有当管理者为结果而管理时，他们才能为结果而预算。

这一主题的一个推论是，有必要衡量或以其他方式衡量公共组织的绩效。良好的绩效并不是天赐的；在任何情况下，它都有那些尽职尽责并取得成果的组织的印记。只关注产出和结果忽视了如何实现成果的根本问题。为什么有的组织业绩好，有的组织业绩差？高绩效组织的特点是什么？组织如何才能改善结果？这些问题以及类似的问题都有一个共同的答案：公共机构必须有组织、有动力、有管理、有资金，才能完成人们期望它们完成的任务。

一些国家的政府已经尝试在绩效衡量中加入组织特征。新西兰拥有一个最有趣的系统，因为它区分了政府作为国家实体产出购买者的角色和作为机构所有者的角色。这两种角色之间存在着矛盾，将政府拉向相反的方向。作为购买者，政府的利益是短期的：政府的目标是以低价购买本年度或下一年度的产出。政府的所有权利益是长期的：政府关注的是公共机构应对未来需求和不断变化的条件的能力，政府被迫以足够高的价格出售产品，以便公共机构能够投资于培训、研究与发展，以及其他提高他们能力的行动。

在新西兰，采购者的角色压倒了所有权，结果导致对组织健康的关注不够。几年前流行的平衡计分卡试图纠正这种不平衡，它仅将产出作为四套相互依存的绩效指标之一。其他三项涉及内部流程和实践、员工素质和士气以及客户需求和满意度。在呼吁关注这种方法的同时，笔者的目的是鼓励政府在投资绩效预算时从组织的角度进行思考。作为一种分析工具，绩效预算只有在机构知道如何使用并有动力执行时才能发挥作用。

权责发生制预算

为了评估权责发生制，我们有必要区分财务结果的事后报告与收入和支出政策的事前规定。虽然在财务报告中规定权责发生制可能很合理，但将这一原则延伸到预算报表中会带来一些必须由每个国家通过其政治行政机制来解决的关键问题。标准化财务报表虽然至关重要，但各国建立自己的预算惯例可能仍然很合适。因此，权责发生制预算的情况必须与支持权责发生制会计的论证相互独立。

公共部门会计准则最近的发展和传播促使许多国家政府在资产负债表上计入资产和负债，并在损益表上计入收入和支出。然而，很少有政府在预算中系统地计入收入和支出。拥有完全权责发生制预算的国家有澳大利亚、新西兰和英国，而包括冰岛、瑞典和美国在内的其他国家则对特定类型的交易采用权责发生制。所有这些国家在权责发生制原则的预算应用方面彼此不同：一些国家为折旧或资本费用预留了资金，其他国家则没有这么干；一些国家将所有应缴税金作为当期收入入账，另一些国家则在收到时才确认收入。各种不同的差异表明，权责发生制预算仍处于测试阶段，除了最前卫的国家外，所有国家将其预算转换为这一制度都为时过早。

所有采用权责发生制预算的国家政府都有两个突出的特点：它们被认为是世界上管理最好的国家之一，而且它们通常给予公共管理人员广泛的运营自由权。这些特点可能是权责发生制预算的必要前提——强有力的管理必不可少，因为权责发生制增加了财务管理的复杂性，要求管理人员在评估资产和负债时德才兼备；业务上的自由裁量权也很重要，它可以使管理者有效地利用现有资源。如果没有适当的自由裁量权，管理者很可能会把权责发生制视为对可支出资源没有影响的技术性入账。

报告和预算

权责发生制会计被广泛应用，但权责发生制预算的实施却很有限，这种差异表明，促使政府以权责发生制为基础提交财务报表的因素并没有强大到可以决定政府如何在预算中估计未来的收支流量。财务报表被审计所约束，而预算则没有这种限制，尽管以后它也有可能被审计。财务报表是向感兴趣的外界人士传达政府状况的一种手段，而预算在传统上则是政府内部的一种沟通手段。尽管一些先进的政府已经接受了权责发生制预算，表明这两类报表之间的传统差异可能正在减小，但这两类报表仍服务于不同的目的，适合一种的方法可能并不适合另一种。

财务报告和预算之间的区别直接关系到本文的核心问题：什么时候应该把一种特定形式的信息看作为分析工具，或者说是决策规则？使用权责发生制的财务报表可以给政府带来有价值的见解，让预算政策设计得更好。了解了资产和负债当前是什么样之后，政府就可以更清楚地知道改变预算政策会给它未来的财务状况带来何种影响。尽管这些见解是财务报告的要求，但只要预算本身不是以权责发生制为基础的，它们就只是分析工具；反之，这项预算就会成为决策规则，估算接下来那个财政周期的预期收支。

许多政府发布报告，却不做权责发生制预算，这说明他们更喜欢将资产和负债信息看作是分析的辅助手段，而非决策的基础，这一点在法国的最新改革中得到了体现。然而，许多关于权责发生制的文献忽视了报告和预算的差异，还假定适合报告的东西也适合预算。例如，亚洲开发银行在2003年发表的一份85页的报告中有四分之三以上的篇幅在写权责发生制会计，但随后又认为如果权责发生制会计只用于财务报告中，权责发生制的信息可能不会受到重视。预算是公共部门的关键管理文件，而问责制的基础是执行立法机构批准的预算。如果预算以收付实现制为基础，它将会成为政治家和高级公务员工作的主要基础。在这种情况下，一个不同基础的财务报告有成为纯粹技术性会计操作的风险（Athukorala 和 Reid，2003，p. 51）。

本文在这里并没有声称权责发生制会增加预算的价值；相反，这个案例的依据是如果预算以收付实现制为基础，财务报告的价值就会减小。

应该注意的是，即使报告和预算都是以权责发生制为基础，它们也可能显示出不同的财务结果，因为它们运用了不同的会计规则，或者对事物的评价不同。2005 年，澳大利亚昆士兰州报告了约 30 亿澳元的预算盈余，但资产负债表却报告了 180 亿澳元的净资产增加。这一增长主要是因为重估了现有资产，并非在财政年度里积累了额外的资产。资产负债表和预算有差异是合情合理的，因为一个衡量了金融存量，而另一个则衡量了金融流量。对存量采用权责发生制的理由要更加充分，因为它们提供了一个实体的资产和负债的全面核算；不像对流量采用权责发生制，衡量的是一个固定时期的财务交易。权责发生制会使预算从流量表转变为财政影响表，其实那些主张权责发生制预算者的目标之一就是将预算转变为财政影响表。

在认可这种转变之前，考虑一下预算的演变和目的，以及权责发生制可能如何影响预算实践会很有用。现代预算是两百多年前在欧洲出现的，它是在一个固定的时期，通常是一个财政年度，规划和调节政府现金流的一种手段。预算补充了已经以收付实现制为基础的拨款，并限制了政府被授权可以支出的金额。由于预算本质上是一种政治声明，它带有国家自己的特有规则和惯例。财政平衡是由财政年度内现金收支的算术差异计算而成，这种计算只包括列入预算的账户和基金，并不包括非预算或预算外的项目。

由于投机取巧的政客们企图预测或产生符合他们利益的

财政结果，预算在自己的规则内会受到操纵。这种操纵在许多国家微不足道，比如出售资产以增加一些收入，或推迟某些付款以减少一点支出。尽管这是不好的做法，这些操纵使压力山大的政客们能够在一个预算年度到下一个预算年度中蒙混过关。然而，操纵行为在一些国家变得过于普遍和严重，以至于它破坏了预算账户的完整性。无论这些做法微不足道还是影响重大，它们都突出了现金流量预算的缺陷。

在过去的20年里，有几个因素共同质疑了现金流量预算。一个是会计规则的国际化和政府财务报告的审计。国际货币基金组织在21世纪初将其政府财政统计（GFS）转变为权责发生制，国际公共部门会计准则委员会（IPSASB）也一直忙着为公共实体颁布权责发生制的规则。其次，各种国际组织合作将国民账户体系（SNA）转变成了一种改良的权责发生制。第二个相关的影响是限制预算的选择和结果的财政规则迅速传播，这些规则的有效执行取决于政府财政业绩的客观信息。另外，如果没有会计准则，为了让政府的财政状况看起来比实际情况更有利，这些规则将为政治家提供新的操纵各种交易时间或确认的动机。最后，新西兰等先驱国家成功转换为权责发生制引得其他国家纷纷效仿。

预算在企业里是一份不受会计规则约束的内部文件，每个公司可以按照符合自己利益的格式和基础来编制预算。然而政府的预算不是内部文件，它们被提交给议会批准，是向公民通报公共政策和优先事项的主要工具之一。可以说，公民应该有透明的、防篡改的政府预算计划报表，这些报表符合公认的会计标准，不会为了获得政治利益而被人操纵。尽管有这些考虑，现金流量预算有几个引人注目的优势：与权责发生制预算相比，它更容易被公民和政府所理解；它可能更不容易被操纵；它可能提供一个关于政府近期财政状况的更为可靠的指标。

转变为权责发生制将预算权力从当选领导人的手中转移到技术专家手中。现金是私人和公共交易的日常货币。政府吸收和花费现金，报告的是实际金额而非假设金额。权责发生制建立在复杂的假设之上，即使有经验的政治家也会感到困惑。如果技术官僚习惯于安抚部长们的担忧，向他们保证“这些只是技术性的分录，并不影响你们真正需要花费的资源”，我们不必感到惊讶。一个账目增加了支付折旧或资本费用的资金；另一个账目则撤回了同等数量的资金。在某些情况下，这种新复式预算可能会改变政治或管理的行为，不过大多数情况下并不会如此。

权责发生制有一个公认的优点，它们比现金制更不容易被操纵。在权责发生制下，政府不会通过出售资产换取现金来增加其净资产，也不会通过加快收税或推迟支付账单来改善其财政状况，但是政府可以通过改变对利率或欠税的假设、调整贴现率、重估资产价值、改变在权责发生制的收支过程中的种种假设来操纵财政估计或结果。埋藏在多层假设下的操纵行为往往比与现金交易有关的操纵行为更难发现。

最后，对于一个实体当前的财务状况，有时现金才是更可靠的指标。随着权责发生制的深入，会计当局制定了更多的规则，这会增大现金流和应计结果之间的差距。近年来，国际公共部门会计准则委员会（IPSASB）为公共部门实体发布了20多条基于权责发生制的规则。随着新金融工具的设计或新条件的出现，可以预计在未来几年会有更多规则产生。在某些情况下，现金可能是一个能更准确衡量财政业绩的指标。众所周知，那些被负的应计项目压低报告收益的公司，其股票表现往往优于那些被应计项目提高收益的公司。这种“应计异常”（金融研究中对这种现象使用的术语）表明，关注现金收益的投资者将比关注报告收益的投资者表现得更好。[①] 尽管我们应该警惕从企业会计到政府财政的推论，但现金是财务业绩的有用衡量标准这一明确含义确实适用于公共实体。

作为一种分析工具的权责发生制

权责发生制在财务报告中占有重要地位，因为它们提供了单靠现金无法产生的对于政府财政的洞察力。权责发生制的三个最突出的主张是：它们能更好地衡量政府当前的财政状况和长期可持续性，并鼓励管理者有效运作。每一种主张都很重要，也都值得仔细研究。

当政府的财政状况以现金来衡量时，它很可能不完整，还会受到操纵。现金账户并不包括资产折旧，可以通过操纵交易的确认来使其看起来更有利。时间框架越短，操纵的范围就越大。在一年的预算周期中，政府只需推迟支出或提前收税几天（或几周）就能产生更有利的结果。在一个中期框架中，从一年到另一年的转变可能没有什么区别。然而，即使在年度基础上，收付实现制和权责发生制会计之间往往没有什么区别。例如，在新西兰 2004 财政年度中，在收付实现制和权责发生制基础上确认的收入之间的差异不到 0.8%。经常性支出的差异也非常小，权责发生制下的折旧支出基本上被资本支出的推迟确认所抵消。事实上，权责发生制在某些情况下产生的赤字比收付实现制会计更少（或盈余更多）。

可以说，新西兰在公共财政方面有很高的诚信度，不会故意操纵交易来改善现金流。缺乏这种道德的国家可能会显

---

① 在这个主题上影响深远的研究是斯隆（1996）。

示出收付实现制和权责发生制之间更大的差异，就像那些不能有效维护公共基础设施或在税收方面有重大漏洞的国家。所有这些可能都有道理，但它使笔者得出了这样的结论：对权责发生制预算准备最充分的国家（如新西兰）从该制度得到的东西相当少；而最需要它的国家，因为它们在收付实现制和权责发生制之间的差异最大（如那些通过资产出售为赤字融资的国家），可能既缺乏技术能力，也缺乏政治意愿来实施权责发生制的预算。

政府可以通过制定有关某些类型交易的规则来防止现金系统中的账户被操纵。一些政府将资产销售的收入视为一种融资手段，而不是现金流入；而另一些政府则将时间调整导致的储蓄排除在基线预测之外。可以说，这些规则在预算中引入了类似权责发生制的规则，但它们是在现金制框架内进行的。换句话说，政府既避免了转向权责发生制预算的成本，又避免了收付实现制预算的主要扭曲。

第二个主张是将重点从短期（或中期）转移到长期的财政可持续性。关键是，以收付实现制为基础进行预算的政府往往忽视了将在遥远未来支付的负债的积累，特别是养老金和医疗保健的积累，但会计规则大大降低了应计项目作为长期财政健全性指标的效用。虽然会计规则规定政府要确认未来对其雇员的支付，但它们排除了对社会保障和其他非雇员福利负债的确认[①]。无论包括一种负债却不包括另一种的理由是什么，结果是基于权责发生制的报表不能给政府未来的财政状况提供足够的洞察力。一些运行良好的国家政府用长期的财政可持续性研究来补充官方财务报表，这些研究确实

---

① 根据广泛接受的会计准则，一项负债在交易时已经发生，可能有未来支付，且金额能够合理预计时确认。

包括了被排除在权责发生制账户之外的社会保障和其他负债。英国财政部每年公布一次长期财政预测，而澳大利亚政府每五年公布一次代际报告。无论预算是基于收付实现制还是权责发生制，都可以进行这些可持续性分析。

第三种说法是，权责发生制预算为管理效率和问责制建立了条件，因为它对与开展特定活动或服务有关的所有费用进行预算。管理人员对所有费用负责，其中包括从其他账户中支付的费用（如雇员养老金和公共建筑中住宿费用的估算）。运营账户由于有形资产折旧和（在一些国家）政府在实体中投资的资本而被收费。管理成本的能力和积极性取决于管理人员是否有广泛的以他们认为适当的方式使用运营资金的自由裁量权，如果管理人员因为他们花费的资金是指定用途的而缺乏运营自由，那么让他们对全部成本负责就会产生反作用，因为他们要为他们无法控制的事项负责。

目前，很少有国家政府给予管理人员足够的操作自由度来有效地利用权责发生制。当管理人员将用于折旧的资金转而用于其他项目时，这些政府就会面临复杂的风险，澳大利亚就曾发生过这种情况。与其他一些采用权责发生制预算的国家不同，澳大利亚对折旧进行现金拨款。在没有实行权责发生制的国家，折旧和其他一些应计费用被认为是技术性问题，对公共资金的管理没有什么影响。

到目前为止，几乎没有证据表明权责发生制预算在管理行为上有什么不同。可以说，权责发生制会计和预算只有在伴随着绩效管理和预算时才会发挥作用。如果没有这些管理能力，谨慎起见，各国应继续提升其现有的收付实现制系统。换句话说，权责发生制预算可能只对一小部分管理最好的政府来说时机成熟。许多国家通过改善成本分配和衡量系统、扩大管理自由裁量权、提高绩效衡量的质量，会比转向权责发生制预算取得更大进步。

与前面的讨论一致，采用权责发生制预算的国家声称该制度加强了短期的财政绩效，但项目管理人员却很少使用权责发生制预算来管理业务。尽管亚洲开发银行强烈认同权责发生制预算，它也得出结论说权责发生制的“信息不一定能改变结果”。借鉴新西兰的经验，亚洲开发银行发现政府取得的改进主要是由于政治意愿。当拥有使用这种系统的政治意愿时，一个不太复杂的系统就可以做到很多事情；反之，一个更复杂的系统也只是无济于事（Athukorala and Reid，2003，第 51 页）。

这一结论对本文的中心问题有深刻的影响。新决策规则的基本目的是推动预算行为发生变化，但如果所寻求的变化取决于那些预算管理者的意愿，那么新技术就只能作为分析工具。

结束语

无论是绩效预算还是权责发生制预算，都没有准备好作为一项决策规则而被广泛应用。两者都有尚未解决的问题，而且实施起来成本很高。在绩效预算中，关键的问题是资源应在多大程度上与结果挂钩；在权责发生制预算中，问题要复杂得多，涉及资产的估值、收入的确认、折旧和资本费用的处理以及其他未解决的问题[①]。少数采用权责发生制预算的国家采取了不同的方法，它们的经验应该会为今后评估权

① 主要问题在布略达（Blöndal，2004）中提出。

责发生制提供更坚实的基础。

虽然绩效预算和权责发生制预算是截然不同的创新，但它们都依赖于稳健、以结果为导向的管理和全部费用的归属。由于大多数国家都不具备这些品质，绩效和权责发生制系统的适用性十分有限。因此，拥有良好绩效管理的国家最有可能采用权责发生制预算，这不足为奇。对绝大多数国家来说，将绩效预算和权责发生制预算用作分析工具就已经足够。这是一个次好的解决方案，它承诺在预算中获得比追求最先进的创新更多的收益。

后　　记

本文所讨论的两种工具并非只能作为分析工具或决策规则，几乎所有预算的重大创新都面临着类似的选择。当代被定义为规则的主要创新是对当前政策未来成本的基线预测、限制授权的未来支出水平的中期框架，以及限制关键预算总量的财政规则。

然而，一些创新并没有被提升为决策规则。正如上文指出，这就是项目预算的命运，即只作为补充信息在一些国家存在。税式支出概念也有类似的命运，它提供了关于政府所放弃的收入的有用信息。按照最初的设想，人们希望政府在税收和直接支出之间进行权衡，或者对总税式支出设定一个限制。在权衡模式中，如果政府在税式支出上花费更多，在直接项目上的支出就会减少；在总体模式中，政府将像限制直接支出总额一样限制每年的税收补贴总额。这两个版本都没有取得进展。

与此类似，一些国家政府已经探索了建立监管预算的可行性，该预算将控制监管对企业和家庭施加的总成本。赫伯特·斯坦（Herbert Stein，1989）提出了一个更激进的想法，要求政府按 GDP 的份额编制资源预算。政府将决定分配给医疗、国家安全和其他各项职能的国民产出的百分比。斯坦认为，这一计划将消除政府将开支从公共实体转移到私人实体的动机。虽然被告知用于每个国家目标的国内生产总值的份额肯定是有用的，但将这一程序确立为决策规则并不切合实际。

随着新预算方法的设计，政府将面临“规则与工具”的问题。我们可以预见，会有一系列工具来处理由政府承诺带来的财政风险，以及衡量长期财政可持续性的新方法。在各式各样的创新中，先进的政府会首先使用工具来丰富信息供给，随后将一些方法纳入规则。

第十五章
预算外支出：经济与政治观点*

政府支出失控的观点渗透在当代预算之中。这种观点不仅限于对扩大公共支出的批评，许多发达国家的政府官员也有同感，预算官员最强烈地坚持这种观点。他们发现他们指挥的过程无法控制政府支出的趋势。他们最大的努力在对抗决定财政结果的力量时收效甚微。

预算控制减弱的证据很多，政府习惯性地宣布决定遏制公共部门赤字，并将支出增长控制在国民生产总值（GNP）的增长水平，但这些目标却因经济和政治的现实因素而夭折。总支出和用于特定项目的金额经常超过预算授权的水平。对于许多项目而言，预算已经从制定政府财政决策的工具变为对以其他方式做出的决定的成本估计。更糟糕的是，重大支出在预算中没有任何确认的情况下承担。预算不再控制：不可抗力支配着公共财政。

---

* 本文最初写于1981年，当时艾伦·希克是美国国会研究服务部的高级专家。本文发表在《经合组织预算期刊》（*OECD Journal on Budgeting*），第7卷，第3期，2007年，当时艾伦·希克是华盛顿特区布鲁金斯学会治理研究访问学者，也是美国马里兰大学公共事务学院教授。方框中的评论写于2009年。

国家政府无法行使有效的财政控制这一观点是导致1980年经合组织主持下召开第一次高级预算官员会议的关键因素之一。在过去20年里，经合组织成员的公共支出相对于国内生产总值平均每年增长超过半个百分点。在随后的30年里，大多数经合组织国家的公共支出稳定下来，仅占国内生产总值增长幅度的一小部分。为了加强财政控制，许多创新措施已经实施。经合组织的大多数国家政府都将预算的时间跨度从一年延长到了中期预算或更长时期的预算，他们大多都根据限制赤字或其他财政总量的规则运作，并将财务报表从收付实现制改为权责发生制，尽管取得了这些成就，但财政控制的充分性仍然是预算官员面临的一个问题。本系列其他部分讨论的一个主要问题涉及公共财政的长期可持续性，另一个问题涉及将资源和产出联系起来这项固有的艰巨任务。

财政控制不足不仅影响支出金额，还影响其规范性。欺诈和滥用已成为许多经合组织国家普遍关注的问题，而曾经防止滥用公共资金的控制措施似乎无法恢复对公共支出的信任。

财政控制的恶化严重削弱了政府预算的有效性。预算的主要职能是确保公共资金仅用于已经授权许可的用途，如果没有可靠的财政控制，预算就无法用于其他重要的政府职能，如管理经济、提高行政效率以及制定公共目标和优先事项。如果实际支出不符合预算中规定的水平，或者真正的支出决定在预算框架之外做出，那么政府通过既定程序决定预算中包含的项目便没有意义。只有控制支出，预算才能有效地被用于更大的政治、经济和管理目标。

当现代预算制度引入时（一些欧洲国家在 19 世纪末引入，美国在 20 世纪初引入），改革者高度重视财政控制。为此他们规范了会计实务，组织并授权预算工作人员审查财政部的活动，制定了公共资金控制规则，并建立了审计程序。到 20 世纪 50 年代，经合组织各个国家的预算已经发展到了被认为已经满足财政控制基本要求的程度。因此，有可能将预算导向更有抱负的目标，如经济稳定和项目计划。计划项目预算（PPB）和其他先进的预算工具反映了关注的重点从财政控制转变到政策制定。

预算制定者不再相信他们所采取的控制措施对于当代政府来说是足够的，每一份预算都会再次证实预算缺乏控制，他们必须不断调整预算，以应对经济条件的变化和其他超出控制范围的因素。支出控制预算，而不是预算控制支出。

没有任何单一因素可以解释预算控制方面的削弱。疲软的经济表现、政府支出的指数化、福利的扩大以及对公共资金的其他法律诉求都造成了预算控制的损失。本文考察了预算失控的一个因素：预算外支出。为了使预算成为控制财政的工具，它必须是做出和执行财政决策的过程。预算外支出违背了这一条件，从而损害了预算控制。

从严格定义来看，预算外支出是指未在预算中规划的经济项目。大多数国家的预算不是公共支出的完整报表，它不包括某些政府活动。预算外支出可用于政府部门的直接支出，但它们更有可能涉及特殊交易，如公共企业的活动、政府提供或担保的信贷或通过税收系统提供的补贴。由于其特殊性，这些类型的活动往往被排除在常规科目之外。

从财政控制的角度来看，对预算外支出进行机械化定义是不够的。关键问题不在于一个项目是否被列入预算，而在于它的支出能否通过预算得到有效控制。许多预算外支出虽然名义上纳入预算范围，但仍具有损害可控性的特征。在解决预算外支出问题时，应关注促进或阻碍预算控制的因素，而不仅仅是会计问题。（如果这些项目被指定为“非常规”支出，这可能是适当的，但这一术语在某些国家适用于不同的目的。）

然而人们也必须警惕预算外这一概念的扩大，使这一概念包括任何在有效预算控制之外的支出。尽管政府通常对政府津贴、指数化项目和公共债务支付控制不力，但这些通常不被归类为预算外支出。也许预算外支出最有效的定义是既考虑了活动在预算中的占比，又考虑了可控性。在本文中，预算外交易是指经常（但并非总是）被排除在预算之外，并且难以通过普通预算流程进行控制的各类项目。

> 尽管不同国家的界定尚未标准化，但区分额外支出和预算外支出可能很有用。额外支出与普通支出类似，但通过法规或实践可以将其排除在预算项目之外：预算外支出具有如本文所述的一些特征，使它们与经常性支出区别开来。

预算外支出遍布在当代政府之中，它们既不是预算过程中的异常行为，也不是既定规范的偶然偏离结果。尽管它们有时被用来逃避预算控制，但非预算行为在现代政府中早已司空见惯。它们常常出现在在政府积极进行经济管理、重新分配资源、促进投资和追求广泛社会目标的领域。预算外支出最有可能发生在混合的干预主义经济体之中，在这种经济体中公共部门和私营部门之间的界限模糊，并且政府试图以激励和处罚影响个体行为。

公共部门的转变

为了理解当代预算外支出问题，有必要考虑到国家政府从公共服务提供者到为他人提供服务的购买者和收入再分配者的转变。这种转变在所有经合组织国家都在进行，但在各区域转变的程度并非相同。虽然还保留着传统的职能项目（例如医疗与安全保障），但它占用的政府预算正在减少，更大的份额被分配给了各种私人或准政府支出项目。

政府曾经在一个简单的两阶段支出过程中运作。首先，国家立法机构对各机构的拨款进行表决，然后这些机构在自身运营中使用这些资金。这种模式几乎适用于所有的公共部门。当然，各机构也将部分资金用于从私人供应商那里购买商品和服务。预算基本上是对政府管理的核算，它几乎涵盖了政府的所有财政活动。在这些情况下，“全面性”是预算的基本原则之一。由于预算用于机构业务，因此不难满足全面性规则。主要的违规行为发生在特殊收入（专项收入、债券收益和发展援助）和特殊支出的处理上（基本建设改善、发展项目和专项资金支出）。在许多国家，预算被分为普通项目和特别项目，通过将特别资金纳入预算可以显示政府的全部财政活动。主要问题不在于预算的不完整，而是在于特殊项目的优惠地位。

这种简单的预算模式已不再适用，现今预算的主要决定者由政府向第三方转移。大部分预算流向了承包商或企业、地方政府和转移支付接收者。这种发生在公共部门的转变在美国发生得比大多数经合组织国家晚得多，然而，即使在美国，超过75%的国家预算分配给了外部使用者，在经合组织的其他国家这一比例肯定更高。

当公共部门的职权超出政府专门机构的边界时，全面性不再为确定预算范围提供有用标准。毕竟，当公共部门的范围不确定时，其预算的构成也就无法精确确定。实际上，当代政府沿袭了为独立的公共部门设计的预算模式，但不适合公共和私营实体之间的常规交互。

现在有了第三阶段以取代两阶段预算过程，即向公共机构提供的拨款以政府的名义支付给政府边缘的群体。然而改变的不仅仅是最终支出的地点，公共部门和私有部门之间的关系也发生了变化。通过提供经济方面的诱因，政府通过私人行动追求公共目标。这样一来，社会支出与政府机构直接支出的资金没有什么不同。因此，仅限于在国家预算中列示的传统经济项目无法全面反映政府强加给社会的成本。

确定预算外支出的准则

只要政府将预算主要用于自身运作，综合预算就提供了一个确定预算适当范围的运作规则。既然政府以多种方式影响私人行为，就需要一项新规则来确定哪些内容应该被纳入预算（或者在一个可能取代财政决策预算的更广泛程序之中）。这里应用的规则在经济分析中经常使用：任何作为直接支出为相同公共目标服务的成本都应计入政府账目。这一“替代”规则将使政府能够考虑社会承担的成本，而不仅仅是向自己的代理机构收取的成本。

以政府缓解特定机场拥堵的目标为例，它可以通过多种方式实现这一目标，其中一些是预算内的，另一些是预算外的：

- 它可以向航空部拨款扩建机场设施。这项直接支出通常包含在公共预算之中。
- 它可以授权公共企业为扩张借款，并通过使用费来支付债务服务。这些交易计入预算的比例将主要取决于企业的状况。
- 或者政府可以提高机场费用来抑制使用，从而在没有新设施的情况下缓解拥堵，这些费用通常会作为收入记录在预算之中。
- 政府可以降低收取的费用以支持机场扩张，而不是增加费用来抑制使用。例如，它可以将税收优惠范围扩大到将投资于新设施的私人机场运营商。在传统预算中，这些优惠减少了收入，但不会记录为支出。
- 政府可以向机场运营商提供贷款（按市场或优惠利率），而不是税收优惠。发达国家对这些贷款的预算处理方式差别很大。在某些情况下，贷款被转换为赠款，或者由于借款人无法（或不愿）偿还而推迟还款。
- 直接贷款的一种变相方式是由政府为私人机构向机场提供的贷款担保。由于这是一项或有负债，尽管违约支出将计入预算，但担保事项可能也是预算外的。
- 政府可以限制机场的使用，从而消除扩张的必要性，而不是提供财政诱因。监管成本不会出现在预算中。

这一实例涉及实物资产的使用，但也可适用于收入转移和许多其他公共目标。只要政府有依赖间接行动的选择（通过“准”公共或私人实体），它就可以从直接支出转向预算外支出。显然，这一选择通常不适用于外交政策实施或军队维持，但它适用于公共活动。

机场的例子表明，预算外支出可以用多种方式来衡量。在狭义上，预算外支出可以局限于“政府成本”，如直接支出或以优惠利率提供的信贷。更广泛的定义将包括政府强加给社会的所有财政成本，无论政府是否承担这些成本。根据这种“社会成本”定义，任何使用资源或强迫他人使用资源的政策或行动都将产生预算外支出，即使政府实际上没有支出任何资金。

更广泛的“社会成本”方法具有几个优点。由于人们担心各部门和政府可能隐瞒其政策的真实成本，忽视政府将成本从自身转移到社会的方式将变得不合适。根据前面讨论的替代原则，社会成本提供了一个可以从政府成本的角度中总结出的，更全面的政府选择衡量标准。如果预算被限定为政府支出，政府官员将有动机将成本从政府转移到社会，但是如果所有直接支出的替代都被定义为成本，基于整体经济的角度，决策者将不再关注成本形式。

然而，人们必须充分意识到，设计一个扩大的资源分配程序以涵盖社会成本真正的难点。传统预算的优点不仅在于易于核算直接支出，而且可以就计划成本达成政治共识。然而，一旦政府在自身项目之外进行投资，它在估计社会成本时就会遇到技术和政治问题。政府需要的不是现金支出，而是政策成本的替代指标，而这些往往需要价值判断。

> 分析工具和决策规则之间的区别（见第 14 章）揭示了社会成本的预算处理。分析工具通过补充预算制定者分配资源时掌握的数据为其提供信息；决策规则决定或限制了预算资源的分配或核算方式。从分析的角度看，估计政府官员强加给家庭和企业的成本非常有用。有关这些社会成本的信息可以促使政府制定更有效的政策，但是将决策

规则应用于社会成本（例如，将其与直接支出一起纳入财政限额或支出目标）将使预算从政府支出报表转变为政府政策对企业或家庭影响的衡量。

实际上，政府不太可能从直接支出预算制转变为综合社会成本核算。他们可能会将预算范围扩展到那些可以达成协议的成本，而将其他成本作为辅助列报，不是在核心预算中列示。

在大多数情况下，本文谈论的是政府成本，但为了对预算外问题提供一个更广泛的处理，该分析在各个方面适用于政府和社会成本。

预算项目间选择

当政府可以通过直接支出或预算外方式运作时，他们通常会选择后者。假设他们选择这种方式是为了逃避预算控制，这既方便又合乎逻辑。从政府官员的角度来看，将实现公共目标的负担转移到社会上而不是在政府账目中显示出来的做法似乎是低成本的。当政府在支出或赤字的政治或法律限制下运作时，这种行为的动机就会自然产生。在这种情况下，政府有可能会遵守限制，同时通过预算外工具增加支出（或借款）。在美国，这种行为的证据来自州政府对上市公司的授权：在其宪法规定的债务限额之外发行收入债券。

然而一些因素表明，比预算本身更重要的力量在发生作用。首先，直到最近大多数经合组织国家的预算控制都还不是很严格。为什么政府要试图逃避不限制其行动自由的控制？此外，预算外支出的增长与直接支出的增长是同步的。可以发现尽管各种形式的支出是可替代的，但它们都受制于扩大公共部门范围和影响的力量。

在寻求预算外支出增长的因果关系时，必须将重点从经济转向政治，从政府政策的综合效应转向分配结果。政府可用的各种支出工具在成本的影响和收益的分配方面各不相同。当政府官员进行各种选择时，他们就决定了如何在社会中分配成本和收益。

相比于直接支出的成本由纳税人整体承担，税收优惠的成本由获得优惠的纳税人之外的所有纳税人分摊。在公共企业将成本内部化的地方，用户支付成本；当企业能够获得“软”贷款时，成本就会转移到纳税人或其他竞争可用资金的借款人身上。在监管下，成本可能会内部化（由直接受监管的人承担）或外部化（转移到第三方）。

正如成本的分配随着选择的不同而变化一样，作为既可看作成本又可看作收益的项目，利益的分配也存在差异。机场扩建的直接支出使航空旅客受益；抑制机场使用率的费用使可以报销旅费的人受益；税收优惠有助于机场运营商获取实物资产；贷款担保帮助了那些可能被市场拒之门外或被迫支付更高利息成本的边缘借款人。

可以得出的结论是，在选择政府政策工具时，首要考虑的是分配政治，而非预算规避。选择过程不仅仅是分析经济后果，潜在受益者和受损者也积极寻求影响决策。公共部门组成的变化不仅意味着政府在外部机构支出更多，而且这些外部机构已成为预算参与主体。

重新思考上文所述的两阶段支出流程，一个寻求拨款的机构直接与中央当局（例如财政部、立法委员会或内阁小组委员会）进行交互。这个过程往往是孤立的，即政府官员与政府官员谈判并就预算达成一致，但当支出过程中增加第三步（例如，将资金从部门转移到外部实体）时，预算制定就受到了外部影响。企业贷款和补贴策略，纳税人要求的各种优惠，贷款人寻求的担保，借款人寻求低于市场的贷款，国家以下各级政府要求提供援助以支付自己的开支，以及利益集团要求制定新的法规。

在决定可用的政策工具时，政府会对外部诉求者做出回应，并经常进行谈判。这些外部诉求者持有的观点之一是，政府通过预算外支出帮助他们没有成本。这些观点对任何担任过中央预算角色的人来说都很熟悉：借款人声称贷款是低成本的，因为政府不必预付自己的任何资金，并且企业承诺只要注入足够的公共资金，它们最终将能够盈利。

预算外支出的规模证实了这些观点的政治效力。然而，当政府在政策选项中做出选择时，它所做的不仅仅是分摊成本和收益；它也在界定其范围和作用，以及公共部门和私营部门之间的关系。这种副作用可以通过比较直接补贴和税式支出来体现。税式支出代表政府放弃的收入。从受益人的角度来看，它与直接补贴具有同等价值。但这两种支出形式在政治上并不相同，税式支出方面的成本减少了公共部门的相对规模，直接支出则扩大了公共部门的相对规模。因此，这两种政策工具之间的每一次权衡都需要基于政府范围和规模的考量做出政治性决定。

因此，在考量各种政策选择时，政府官员除了考虑微观政治问题（谁支出、谁获益）外，还应该考虑宏观政治问题（政府角色）。尽管规划和实施很困难，但预算外支出模式对考虑这些问题至关重要。

预算外支出类型

在评估预算外支出对预算和财政控制的影响之前，有必要确定主要的预算外行为。这不是件容易的事，因为可以设法实现的预算外支出类型没有限制。预算外支出可分为四类，在支出类型上互有区别。

> 最新的主要预算外支出清单将包括依赖私人融资的基础设施投资和其他公共项目的公私合作关系（PPPs）。各国公私合作的程度、融资安排、政府担保和其他或有负债以及这些机制的预算状况方面各不相同。但所有公私合作都具有预算外特征，因为建设费用（以及在许多模式中的运营成本）从预算中移出，通常换取了政府的担保，正如保罗·伯斯纳等人（Paul Posner et al.，2009）所讨论的那样，许多国家政府已经采取措施提供关于其长期建立 PPP 合同的数据。

这四类是：

- 通过对纳税人的优惠放弃的收入（税式支出）；
- 向私人借款者提供信贷（直接贷款和担保贷款）；
- 使私人主体承担私人成本（管制）；
- 被排除在预算之外的实体（公共企业）的直接支出。

税式支出

税式支出是指政府因偏离基本税收结构而放弃的收入。

对政府来说，税式支出是收入的损失；对纳税人来说，这是一种纳税义务的减少。该术语表明，收入损失具有与直接支出类似的支出和补贴效应。该术语于20世纪70年代在美国引入，并在其他经合组织国家流行，但也以税收减免、税收援助和税收补贴等术语的形式进行使用。

税式支出有多种形式，如收入豁免、特殊税率、纳税义务抵免、扣除和延期纳税。这些工具的共同要素在于，它们减少了纳税义务和政府收入。

税式支出的概念引发了激烈的思想观念争论。有些人拒绝接受这个术语，因为（他们认为）它意味着所有收入都属于政府，除非以税式支出的形式返还。然而，其他人坚持认为，这个术语只是表明政府可以通过放弃收入来实现公共目标，因此应该将税式支出视为直接支出的替代方案。

这种思想观念上的争论与税式支出是否涉及社会支出问题有关。根据定义，每一项税式支出都是政府的成本。如果税式支出引发了原本不会产生的私人支出，那么它也会产生社会成本。许多税式支出会改变私人消费或投资；然而，有些国家在不刺激额外支出的情况下减少了税收。例如，如果一家公司已经计划购买设备，投资信贷可能会为其提供更高的税后收入，而不会产生额外投资。那些反对税式支出概念的人不会将任何社会成本归因于投资信贷，因为它使社会处于与没有任何税收时完全相同的地位。那些支持这一概念的人会将投资信贷视为一种社会成本，因为它产生的收入分配与没有信贷时的收入分配不同。

因为税式支出是一种成本，政府可以在不试图解决思想观念问题的情况下面对这个问题。政府面临的基本问题是，是通过税收激励还是通过直接支出来实现某一特定目标。税收和支出方法之间的权衡涉及经济考虑（哪种行为更有效?)、宏观政治问题（行为应该在公共部门还是私人部门进行?）和微观政治问题（谁受益，谁承担成本?)。

税收与直接支出不是纯粹的替代品，它们可能导致社会资源和社会成本相当大的分配差异。这些差异，不仅回避了支出控制，也是税式支出广泛使用的原因。如果税式支出不会让每个人的境况比直接支出好或差，那么纳税人就会对政府的做法漠不关心。纳税人并非漠不关心是因为税式支出承诺了一个比预期的直接支出更好的交易。

税式支出是税收负担的函数。在税率高的地方，税式支出也往往很高。抑制税式支出的最简单方法（除了通过定量优惠）是降低基本税率。相反，当税收负担增加时（无论是由于通货膨胀、经济增长还是自由裁量政策），税式支出也会增加。高税率与税式支出既有政治联系，也有数学联系。在税负高的地方，纳税人更有动机寻求减免。

税式支出预算

为了在预算中使用税式支出，它们必须可计量。但税式支出的计量比直接支出的计量要麻烦。价值判断无法避免，而判断的标准在经合组织国家之间各不相同，在一个国家适用的税式支出分类可能不适合进行国际比较。一般来说，税式支出的概念可以更恰当地用于分析国家内部的税收和支出政策，而不是国家之间的政策。

> 自本文撰写以来的近30年里，经合组织成员国政府在定义、衡量和报告通过税式支出放弃的收入方面取得了巨大进展。30年前，很少有经合组织国家发布全面的税收补贴声明，如今大多数国家都这样做了。一些国家政府

已经制定了审查税式支出的程序，还有一些已经颁布了控制优惠的规则。约瑟夫·米纳瑞克（Joseph Minarik）为2008年高级预算官员年会编写的一篇优秀报告讨论了经合组织内部税式支出的现状（经合组织，2008）。

问题从"基本税收结构"的定义开始，人们普遍认为税收制度"结构的"要素不应被记录为税式支出，而"项目的"特征则应该。大多数税收补贴的分类并不存在难度，它们是为了特定的社会目标，可以归类为偏离正常结构。然而，有些豁免或优惠并不那么明确，美国的做法是将赡养家属的扣除额排除在税式支出清单之外。在此基础上，英国的儿童免税额可能被视为税收结构要素，然而最近使用了儿童福利金代替这些免税额，表明这些免税额应被视为税式支出。另一方面，英国财政部建议将抵押贷款利息减免视为累进税结构的一部分，而不仅仅是住房补贴。由于各国的税收结构不同，经合组织国家的税式支出对比意义不大，除非是在统一的基础之上。

由于税式支出不是实际支出，因此"支出"金额是名义上的；也就是说，它们是基于对纳税人在特定条件下行为的假设和估计。美国的做法是单独估计每一项税式支出的收入损失，忽略各个项目之间的相互依赖性。这种方法的优点是简便，没有必要考虑削减任何特定的税式支出可能会在多大程度上促使纳税人使用其他方案。此外，这种方法假设税式支出的减少不会导致基本税收结构的变化。出于政治和经济两方面原因，这不是一个站得住脚的立场，加总所有单独估计的税式支出不是估算税式支出总额的适当方法。

对特定税式支出的估计也必须用限定条件进行限制。由于任何税式支出的价值取决于纳税人利用税收制度提供优惠的程度，因此，这些估计基于对私人行为的假设，这些假设往往基于过去的行为，不能有把握地考虑通货膨胀、经济增长或其他新情况可能带来的变化。当这些估计被应用于政府税收政策的变化时，尤其值得怀疑——具有矛盾性的是，这正是最需要进行估计的时候。20 世纪 70 年代末，美国官方对资本利得税减少所带来的收入损失的估计被证明有巨大误差。显然，较低的税率促进了资产出售，大大抵消了预期的收入损失。

上述分析得出了一个结论，即应该谨慎构建一个全面而权威的“税式支出预算”。1976 年的调查发现只有两个国家（德国和美国）公布了税式支出预算。从那时起，包括加拿大和法国在内的其他经合组织国家开始制定税式支出预算。这些预算旨在列出所有收入损失，对公共关系的价值比分析价值更大，它们可以鼓励政府官员做出简要决定。例如在 1979 年，美国国会的一位主要议员提交了立法，对直接支出和税式支出的总和设定了一项单独限制（以 GNP 百分比的形式）。

更恰当地使用税式支出数据可以帮助政府官员衡量公共资源对住房或教育等特定活动的总投入，然后他们将能在直接援助和税收援助之间进行协调，或者改变两者的组合。然而，由于不同的官员参与制定直接支出和税收政策，许多国家的协调过程受到阻碍。在通常情况下，财政部在税收问题上占据主导地位，而职能部门在制订直接计划方面发挥着主导作用。因此，以税式支出换取直接支出（反之亦然）也可能重新分配政治权力。

财政专家不同意比较直接支出和税式支出的价值。一些人认为，将这两种支出完全比较是不太可能，而另一些人则坚持认为，税式支出这一概念的主要好处是促进这种比较。

不管争论如何，自20世纪70年代中期以来，这些比较变得更加普遍，但只有少数国家将其纳入基本预算。

即使没有税式支出预算，也可以进行相关协调。英国已经提到了从儿童免税转向直接福利的问题。在类似的举措中，荷兰现在提供家庭津贴来代替儿童税收减免。1972年，新西兰用更高的现金支付取代了有抚养子女的家庭的税收补贴，德国和奥地利分别在1977年和1978年效仿了这一举措。美国的协调行为往往不那么正式，20世纪70年代末，国会面临着向高校学生父母提供援助的诉求，一项建议是提供税收抵免，以帮助抵消学费；另一个则是直接资助低收入学生。预算委员会将这两项提案（分别提出）列在一起，并表明如果税收抵免和直接支付都得到实施，财政部的成本将远远高于任何一项提案支持者的预期，这导致了对税收抵免提案的否决。

在加拿大的协调行为似乎最为正式，一项新的（未经充分测试的）“信封”系统需要部长们建议税式支出，以弥补直接支出减少造成的收入损失。该制度的最大优点是，它使部长们意识到税收减免并非没有成本。然而一一对应的转换带来了两个问题，首先，即使在进行转换年份税式支出和直接支出估计值相等，政府的成本也可能在随后几年偏离这种模式。其次，这一转换制度很可能还允许部长们通过削减其部门的税式支出来增加直接支出，但是如上文所述，这种转换将导致公共部门相对规模的增长。

分配税式支出

税式支出不仅会带来收入损失，还会带来私人利益。税收优惠的分配不太可能与直接支出的分配相同。造成这种差异的原因包括：（ⅰ）那些从税收优惠中受益更多的人有动机追求这种处理方法而不是寻求直接援助；（ⅱ）很可能不同的政府官员（拥有不同观点和选民）负责税收和直接支出的决策。

然而，造成这两种不同资助形式之间存在差异的主要原因是大多数税式支出的价值取决于纳税义务。对于边际税率为60%的纳税人来说，一美元的扣除或排除价值是边际税率为20%的纳税人的三倍。由于高收入纳税人往往处于较高的边际等级，税式支出对他们来说往往比那些低收入者更有价值。此外，支出通常是“开放式的”，限制（在大多数情况下）是全额纳税义务。因此，原本要支付的税收越高，税式支出的潜在价值就越大。

美国的一项研究发现，1977 年和 1978 年，所有纳税人的税式支出占调整后总收入的 8.2%，而收入在 5 万美元以上的纳税人的税式支出占调整后总收入的 22.2%。此外，中等收入纳税人的税式支出占“全额税收”（实际税收和税式支出的总和）的 30.2%，而最高收入阶层的税式支出则占 41.6%。值得注意的是，税式支出为中等收入纳税人提供的税收负担减少的百分比要小于那些最低或最高收入类别的纳税人。

在所有收入阶层中，保持税式支出的价值不变并保持基本税收结构的累进性在技术上是可行的。存在一种可能的方法是从应税收入中扣除税款，用抵免代替实际的纳税义务。另一种方法是允许所有纳税人按固定百分比的税率扣除，而不是按边际税率。

虽然减轻税式支出再分配效应在技术上可行，它们却不怎么被使用。显然，“中性”的税式支出体系（即不损害基本税收结构中负担分配的体系）对寻求税收利益而非直接利益的激励较小。我们有理由相信，税式支出的根本目的之一是对抗累进税制结构国家的高边际税率。出于各种政治原因，政府和选民需要相信他们的国家有一个高度累进的税收结构。然而，高“实际”税率在政治上或经济均难以接受，因此，政府诉诸于税式支出，实际税率往往比名义税率更加比例化。名义税率与实际税率之间的差异代表了社会期望的税制与实际税制之间的差异。这种差异反映了现代民主国家的一个普遍情况：平等主义价值观与经济权力分配不平等之间的冲突。

美国已经通过采取可以使税式支出“可退还”（或“不可浪费”）的举措来提高几项税式支出的累进性。在这些情况下，如果税式支出的价值超过纳税义务，纳税人就会收到财政部对超出部分的直接付款。可退还的税式支出实际上消除了直接支出和税式支出之间的界限，并可能导致新的预算外做法。

控制税式支出

税式支出不像直接支出那样受预算控制。比较这两类支出有助于说明税式支出缺乏控制。

设想一下一个政府决定在特定领域进行投资。一种做法是向预期进行投资的公司发放补助；另一种做法是减少这些公司的纳税义务。当直接拨款时，政府通常会制定详细的规则，规定获得拨款的资格要求、申请程序和其他行政性的先决条件。此外，政府官员审查拨款申请，如果他们不相信资金将用于预定目的，他们可以拒绝申请。他们还可以要求受资助者提供定期报告，并可以对投资进行审计，以确定它们是否正确地进行和记录。另一个控制因素是通过拨款程序，通过政府限制项目的总支出。

相比之下，税收激励可能是开放式的，支出的多少取决于纳税人的行为（和技能）而不是由政府直接决定。企业不需要满足任何申请程序，也不需要政府官员事先审查支出。税收优惠通常单方面实施，纳税人自己决定自己是否有资格获得减免。虽然部分纳税申报单将接受审计，但大多数可能会逃避严格的审查。

这个例子使我们能够找出对税式支出相对缺乏控制的一些原因。与直接支出相比，这些交易往往受到较少的行政规则的制约。政府项目经常因繁文缛节、延误和烦琐的程序而受到批评；税式支出可以避免这些问题，但这只是因为政府控制比较宽松。

税式支出也受到较弱的政治控制。许多税收优惠建立在永久基础上。与常规拨款不同，立法机构并没有规定定期审查。由于税式支出被认为是税收结构的永久性特征，税式支出经常在实践中继续存在而不被审查其有效性。这些支出的“隐蔽性”也削弱了政治控制。尽管它们的成本估计可能会在引入时公布，但在随后年度税式支出被并入总收入预测。

人们普遍认为，税式支出一旦实施就将比直接支出更难终止。这一主张缺乏实证支持，但它反映了一种想法，即税式支出逃避了有效的政府控制。

在评估税式支出对财政控制的影响时，人们必须注意到它们对整个税收体系的影响。税收补贴的泛滥使大多数经合组织国家的税收结构复杂化。对于普通纳税人而言，他们很难确定他们所支付的金额是否比法律要求的多或少，对于税务官员而言，他们很难监督法律的遵守情况。此外，这些激励措施侵蚀了税基，迫使政府征收高边际税率以获得所需收入。如果削减税式支出，大多数国家的边际税率将显著降低。1981 年荷兰“预算备忘录”评论说，纳税人越来越多地“求助于可扣除项目，以应对税级中观察到的不断增加的压力，并减轻对税收负担增加的担忧。”它进一步指出，“欺诈行为规模如此之大的原因之一是……税收水平和多年来税负的增加。”瑞典政府 1980/81 年度的“预算声明”得出了类似的结论，“扣减额被越来越多地滥用，导致累进税制的系统性侵蚀。”

除非公众和政府将税式支出视为直接支出的功能等价物，否则税式支出将无法得到有效控制。显然，目前的情况并非如此。在很大程度上，税式支出被视为纳税人的留存收入，而不是政府的拨款。在这种情况下，完全可以理解的是，它们没有同样面对直接支出通常会有的控制方法。

上述考虑使笔者得出结论，税式支出预算可能对经济分析比对预算实践更有用。人们应该警惕将税式支出概念推到与直接支出相同的程度。名义预算可以提供有用的支持材料，但不能成为控制和管理公共资源的决定性预算。

政府贷款

当政府将公共资金完全（或主要）用于自己的业务时，预算赤字（或盈余）是他们参与信贷市场的准确指标。这种情况不再普遍；除了为自己的业务买单，当代政府还为外部活动提供资金。当他们通过直接赠款这样做时，交易通常被记录为预算支出，但当他们借钱给其他人时，支出往往超出预算。

在 20 世纪 60 年代和 70 年代，政府贷款已成为援助各种群体的主要手段。政府向公共企业、商业公司、房主、地方政府和其他机构发放贷款。他们还为私人贷款提供担保，买卖债务工具（如抵押贷款、债券和本票）。由于这些信贷交易经常被排除在外，预算往往会歪曲政府对经济活动和资源分配的影响。

如果信贷援助被充分计入，那么 20 世纪 70 年代政府的经济政策可能会比预期的更为扩张。许多经合组织国家的信贷活动似乎已将资金从工厂和设备投资转向住房投资。许多观察人士认为，信贷项目的增长导致了近年来的通胀。

政府预算未能全面报告信贷活动，部分原因是预算曾经被视为财务报表，而不是经济政策的表达。会计和经济标准是不同的，特别是当它们涉及政府贷款的处理时。由于预算概念和实践的发展目的不同于现在的要求，必须设计新的预算方法来处理信贷活动。

这个问题可以从美国预算中对待政府贷款的方式得到说明。当政府提供借款时，这笔借款被记录为一项支出，在一个净基差之上——新贷款减去偿还。这种处理方法是会计和经济概念之间的一种妥协。从会计的角度来看，由于政府的财务状况不受影响，因此贷款不应被视为一项支出；政府只是用一种资产（货币）交换另一种资产（未来还款的承诺）。实际上，贷款没有记录在机构的损益表上，而是作为资产出现在资产负债表上。然而，从经济角度来看，这笔贷款应该被记录下来，因为政府将不得不增加自己的借款，或者减少赤字。此外，也有理由以整体为基础（即新贷款的全部金额）报告贷款，因为这代表了政府活动的全部范围，尽管它可能夸大了贷款的经济影响。

经济和会计准则之间的差异为预算外做法打开了大门。在这方面，美国的经验也说明了在预算中处理信贷交易的问题。当政府机构发放贷款时，它从借款人那里收到一份债务（如抵押贷款或票据）。该机构可以将这些“贷款资产”合并为新的债务，并将这些债务出售给联邦融资银行（联邦融资银行是一个政府机构，其交易不包括在预算中）。出售的收入抵消了最初的贷款，从而将预算支出减少到零，即使政府仍然必须借钱（或减少其盈余）来为贷款融资。

计划的价值。

这些贷款的成本受到利率波动的影响。如果一个贷款项目的利率是固定的（这经常发生），那么贷款的价值（以及政府的成本）将随着市场利率和政府自身借款成本的变化而变化。因此，不需要政府采取行动，信贷项目的成本就会自动、不受控制地上升。

有些贷款具有与赠款几乎难以区分的特点。例如，其中一些有免除全部或部分债务的条款。如果借贷者明显无力偿还，其他贷款可转换为赠款。在另外一些情况下，政府向几乎没有还款前景的边际借款人提供信贷。有时，由于政府缺乏将其作为坏账核销的程序，贷款在借款人违约后很长一段时间仍会出现在账簿上。总而言之，政府可能更愿意将援助贴上贷款而不是赠款的标签，以掩盖真实的成本。

担保贷款

与直接贷款不同，担保贷款只有在违约的情况下才需要从国库中支付。如前所述，担保被排除在预算之外，因为它是一项或有负债。但是，因违约而必须支付的任何款项都将列入支出预算。贷款担保并不是或有负债的唯一形式。政府有时会保证企业产出的价格，或承诺支付市场价格与生产成本之间的差额。这些或有负债也被排除在预算之外。

贷款担保将风险从私人贷款人转移到政府。这意味着信贷市场的两大关键功能——评估借款人的信用价值和风险因素——没有得到充分发挥。贷款人主要关心的不是借款人的还款能力，而是担保是否可靠。因此，评估风险和信用价值的任务必须由政府来完成，否则就什么都不用做。然而，政府可能没有准备或不愿意承担这一角色。对边缘借款人的财务状况进行严格检查，可能会阻止他们获得贷款担保旨在为他们提供的援助。

担保贷款可以让边缘借款人获得信贷，从而降低违约或破产的可能性。因此，它可能会使这些借贷者无视市场信号，继续低效的做法。然而，政府可以在采取提高效率的改革的基础上提供贷款担保。因此，在美国，对纽约市和克莱斯勒公司的贷款担保要求这些借款人实施成本节约和其他改革作为援助条件。

担保贷款降低了借款人的信贷成本。有时补贴是明确的，比如政府同意支付市场利率与参与该计划的贷款机构获准收取的利率之间的差额。然而，在大多数情况下，这种补贴是隐性的：借款人能够以低于原本可能的利率获得信贷。

担保的价值取决于贷款的风险。边际买家通常必须支付“风险溢价”（高于市场利率）以获得私人信贷。因此，风险越大，政府担保提供的补贴就越高。在极端风险的情况下，如果没有政府的援助，借款人可能无法获得任何信贷。

贷款担保提高了无援助借款人的信贷成本。但在信贷紧缩时期，主要影响可能是将一些借款人的信贷重新分配给其他借款人。实际上，缺乏担保的借款人会补贴有担保的借款人。

在美国和其他地方，20 世纪 70 年代末提供的担保与以前的贷款项目有所不同。在过去，贷款项目为众多借款人提供小额贷款。例如，1950 年美国政府担保的 97% 的贷款都用于帮助家庭购买住房。在这些类型的贷款中，违约风险由大量借款人共同承担，每个借款人都支付一笔溢价来覆盖可能的违约。相比之下，最近的一些贷款担保（比如能源开发）却只向极少数借款人发放了巨额贷款。风险集中，而非分担，某个主要借款者的违约会迫使政府花费大量资金。此外，担保通常提供给风险企业或陷入财务困境的企业，这些企业的违约风险高于老式贷款项目。

控制贷款计划

直接和担保贷款的问题和费用促使一些国家从公共部门的总体状况而不是从预算的角度来考虑信贷政策。一种方法是限制公共部门的借款。英国采用了这种方法，在制定年度预算的同时制定公共部门借款要求（PSBR）。PSBR 包括国有化行业，并对公共部门借款设定了单一限制。PSBR 概念在澳大利亚也被使用，它包括州和地方政府以及公共企业的净借款。在国际货币基金组织的压力下，意大利采用了“扩大公共部门”的概念，包括各级普通政府和某些公共企业。在美国，公共部门的概念还没有被广泛使用，因此通过实施信贷预算来寻求控制，该预算规定了直接和担保贷款总额的年度限制，以及对个人信贷计划的限制。

> 自 1992 年以来，美国已将直接贷款和担保贷款的“补贴成本”纳入联邦预算。补贴成本是所有直接和担保贷款未来现金流估计的净现值，使用的贴现率等于财政部对可比期限债务支付的利率。估计的补贴成本与其他支出一起作为支出进行预算。

将信贷交易纳入预算过程需要的不仅仅是信息；这还意味着信贷被视为一种政策工具，可以实现与直接支出相同的目标。日本似乎已经成功地实现了这种程度的一体化，该国的财政投资和贷款计划（FILP）几乎涵盖了政府的所有信贷活动。FILP 被指定为“第二预算”，不仅因为它的规模（几乎是一般账户预算的一半），而且因为它被认为与正常预算一样对经济重要。FILP 与预算一起提交给立法机构。它规定了对公共企业、地方政府、政府附属机构和其他各种机构的资金供应。

将公共部门赤字和借款结合起来的好处毋庸置疑，但这种方法可能会带来一些问题。在财政部拥有备用信用的企业可以“挤出”政府机构在公共服务方面的支出。英国在20世纪70年代末曾面临这种困境。或许需要说明的一点是，有关公共部门借款的信息并不能取代金融控制。只有当特定的贷款项目也受到控制时，对信贷的总体控制才能有效。

如果政府要控制其预算和管理经济，就必须能够控制他们向其他方提供的信贷。这通常很难实现，因为贷款额既取决于借款人的行为，也取决于政府当前的政策。在许多情况下，特定项目的授信额度是无限制的，符合条件的借款人不必互相竞争可用资金。在其他情况下，政府别无选择，只能向公共企业或弱势行业提供所需的信贷。

政府管制

管制可以有效地替代直接支出。如果一个政府想要控制河流和小溪的污染，它可以拨出资金建设和运行污水处理设施。或者，它可以向投资于污染控制实践的公司提供贷款或税收优惠。这些类型的支出将被记录在政府账户中，尽管并非所有支出都将出现在预算中。还有一种选择是命令污染者停止向水中排放污水。除政府机构的行政费用外，这些法规和其他法规的费用不会在政府账户中报告。

通过管制，有可能将实现许多公共目标的成本从公共预算转移到私人账本上。如果实施严格的支出或预算限制，政府可能会诉诸管制而不是直接服务。社会付出的代价不会少，甚至可能多得多；它们将体现在生产成本、消费者支付的价格以及对经济的其他不利影响上。

> 经过反思，我认为30年前美国比其他国家更关注管制成本的说法并不成立。它在今天当然是无效的。在世界范围内，社会、环境和经济管制的数量都在增加。经合组织国家根据经合组织管制管理与改革工作组和管制政策小组进行的分析、原则和评估，制定了应对管制成本和收益的政策和工具。

美国对管制成本的担忧似乎比其他经合组织国家要大得多。

这可能是由于美国的管制比其他地方更加普遍。在其他国家，公共企业经营的服务（如铁路、电信和公用事业）是由美国受管制的行业提供的。管制在美国的盛行也可能是由于其法律政治文化以及通过法律和规则来界定权利和义务的倾向。

在20世纪70年代，管制活动显著增加，社会目标被强调（如保护环境、工人的健康和安全以及汽车安全）。事实证明，与处理利率、服务和市场准入的旧经济法规相比，这种新型管制成本更高，影响范围更广。新的“生活质量”规定并不局限于单一行业；在许多情况下，管制机构的管辖权延伸到大多数私营部门。但是，尽管该机构的管辖范围很广，但其管制目标通常很狭隘。它没有被要求权衡其目标与竞争目标之间的价值，也没有考虑其管制对特定公司或行业的影响。

因此，20世纪70年代颁布的一些法规成本极高，也就不足为奇了。据估计，高达国民生产总值的4%已被转移用于满足管制要求。尽管这些估算基于有问题的假设，也受到了批评人士的质疑，但毫无疑问，管制成本非常高。

只有一小部分管制成本被计入预算。管制机构通常很小，在编制或审查预算时，它们的费用通常不是主要考虑因素。管理成千上万条法规的成本加起来还不到美国预算的1%。据估计，美国政府每花费1美元，私营部门就需要花费20美元来遵守法规。

合规的直接成本包括政府管制机构规定的规范。政府机构倾向于规定特定的设计或技术，使受影响的行业几乎没有动力（或自由裁量权）来选择最有效的行动方案。此外，法规一旦确立，往往在达到其最初目的后很长一段时间内仍然有效。

一些批评人士声称，管制的“机会成本”可能比直接可测量的“机会成本”大得多。据称，过度管制会阻碍创新，将资本从生产性投资转向满足政府要求，降低企业家的冒险精神，并抑制竞争。根据这种观点，管制的全部成本包括就业和生产损失、价格上涨以及在世界市场上竞争力的下降。

控制政府管制

随着管制成本的上升，管制机构考虑其行为的成本和收益的要求也在上升。目前的趋势是要求更加广泛：福特总统要求审查管制对通货膨胀的影响；卡特总统下令对经济影响进行分析；里根总统指导对法规进行全面的成本效益分析。

具有讽刺意味的是，美国在将成本效益分析应用于自己的预算方面只取得了有限的成功，却要承担分析管制对私营部门影响的更艰巨的任务。对法规影响的衡量不能避免困难的价值问题，分析越雄心勃勃，结果可能就越有争议和问题。

管制分析的主要目的不是获得成本和收益的精确测量，而是减缓法规的发布。通过要求机构在颁布法规之前准备正式的分析，政府希望让他们认识到法规不是没有成本的事实。

管制分析鼓励机构考虑成本更低的替代方案，并让他们敏感地意识到确保边际效益改善的额外成本。

美国已经在白宫建立了管制审查程序。其目的是确保比发布法规的机构更广泛地考虑成本和替代方案。白宫小组可以终止，或者更有可能寻求修改它认为成本太高的法规。里根政府对管制过程的干预比前几届政府更有力。

一种新颖的成本控制方案以管制预算的方式被提出。管制预算将列出政府的管制成本，就像常规预算中计入直接支出一样。一些人建议，管制预算可以用来限制每个机构通过管制“花费”的成本。然而，管制预算的概念必须得到更广泛的接受，才能以这种方式应用。

> 尽管管制预算的概念进展甚微，许多政府已经对规则进行了全面或零碎的审查。尽管有这些努力，管制的数量和成本继续呈上升趋势。

公共企业

传统预算与政府运作的由各部委负责的组织结构共存。给这些“核心”机构的拨款占了公共支出的大部分，因此该机构使用公共资金并运作公共项目。这些机构被组织成一个内阁结构，在议会制制度下行使集体控制，而在总统制制度下则以更分级的方式运作。关于公共实体的构成，几乎没有什么含糊不清。

混合经济没有整齐的组织结构。政府为了满足特殊的需要和条件，创造了似乎无穷无尽的各种组织形式。政府在内阁结构之外设立自治机构或公私结合的公司。在一些企业中，政府持有部分或全部的股份；在其他国家，所有的股份都是私人所有。在一些公司中，高级职员和董事由政府任命；在另一些公司中，则由公司或其股东任命。在一些国家，雇员受到公务员制度的保护；在其他国家，他们被视为私营工作者。

由于公共企业结合了公共和私营组织的元素，很难将它们简单地分类。有些比其他的更公开；有些只是名义上的公共机构，却拥有私人组织的所有基本属性。即使是在同一个国家，公共企业的类型也是如此之多，以至于很难将它们归为几类。

经合组织的一份工作论文（1981 年 4 月）报告说，“界定公共部门最困难的方面是决定什么使一个企业‘公共’。”该论文指出，虽然一些国家仅从所有权的角度来定义公共企业，但其他国家则附加了其他标准，如政府行使的控制程度或企业上市的环境。定义上的混乱反映在联合国制定的国民核算体系（SNA）上。SNA 区分私有和公有是基于“企业的所有权和/或控制权是属于公共当局还是私人团体”，但它没有指出所有权和控制是共同的还是可替代的标准。经合组织的论文得出结论，各国对公共企业定义的差异阻碍了公共部门的国际比较。

许多国家试图根据政府所行使的控制对其公共企业进行分类。例如，瑞典对公共企业和国有企业进行了区分。国有企业是受政府监管的独立法人。政府主要通过股东的角色来行使控制。公共企业是政府机构，尽管它们在财政和人事方面比普通机构有更多的自由。这些企业没有独立的借款权限，所有的长期资金都由中央政府提供。

日本的分类更为精细，根据融资来源和政府控制程度，将其 100 多家上市公司分为 9 类。一个极端是全部资本来自国家政府的企业，预算由国会批准。另一个极端是接受一些公共融资但享有很大自主权的企业。

尽管形式多样，公共企业很少受到与核心机构同样的财务控制。设立国营企业的主要原因之一是使它们摆脱适用于正规机构的预算管制；因此，它们享有相当大的财务自主权不应令人感到意外。即使是在预算之内，公共企业也往往有很大的自由，哪怕只是因为它们有自己的收入来源。此外，许多企业获准从信贷市场或财政部借款。

矛盾的是，虽然企业处于政府边缘，但它们并不只从事边缘活动。在经合组织国家，公共企业经营重工业、高风险技术、通信和运输、能源的生产和分配。

> 在过去的30年里，许多政府都将国有企业私有化，但很少有国家没有公共企业。尽管现在经合组织成员国普遍认为，通过市场可以更有效地提供商业产品和服务，但政府受到政治力量和经济条件的推动，仍然不得不经营企业，有时还会重新获得对以前私有化了的企业的控制权。

这些业务对现代经济至关重要，如果大型企业遇到财务困难，或者它们的政策或业绩背离国家利益，政府不能袖手旁观。

但政府在决定是否以及如何干预其企业事务方面有很大困难。在同一个组织中，公共特征和私人特征的结合产生了相当多的混乱。

政府经常为其企业制定相互矛盾的规范。他们希望企业有效运作，为重要的社会目标服务。例如，他们希望铁路公司能收回运营成本；但政府也坚持不计成本地为许多社区提供服务。政府希望工厂在没有补贴的情况下运营，但禁止他们解雇员工，并实施高成本的工作规则。

当公共企业成长并开始盈利时，社会目标和经济目标之间的冲突就会被掩盖。但政府经常将失败的行业交给企业，社会价值观和经济价值观之间的冲突导致政策的扭曲。企业或政府无法保持稳定的进程，可能会产生谁都不想要的结果。许多企业既不受市场约束，也不受预算约束；他们生活在永久的危机和动荡之中。然而，政府不能孤立于其企业的问题之外；企业的财务问题成为政府关注的焦点。不管有没有有效的预算控制，政府都必须提供补助和信贷来维持企业的经营。

控制公共企业

国际货币基金组织将政府与企业之间的财务关系分为三个阶段。企业在建立过程中往往与政府保持“距离”，这使得企业具有很大的自由裁量权。企业想要获得自主权来保护它们不受政治压力影响，进一步提升经营效率。但是，企业创办之后，政府却必须采取干预措施，这不外乎是因为政府对于企业的表现不满或者是企业向其提出援助请求。政府干预并不是长久之计，因为这种方式通常进一步损害企业的经营效率。因此，针对这个问题，政府试图通过设定绩效指标来回归正常关系。但是，由于无法控制企业的运作过程，政府可能无法完成其规定的绩效指标。

在正常预算体系之外建立公共企业的原因是，这种企业可以在政府控制下，更加有效率地经营这些企业。因此，关于建立澳大利亚工业发展公司的法律规定，“公司的行为准则应当符合完善的商业原则……并且……不应提供资金……或参与某一特定企业，除非董事会认为该企业……能够在完善的财务原则下以有效方式运行。”法律进一步规定，该公司“不受澳大利亚政府或代表澳大利亚政府的指导”。

一旦公共企业拥有政治自主权，只要不出现财务问题，就能保持其特权地位。的确，那些内部能够自行筹资并能够独立进入资本市场的企业往往能逃脱政府机构的严肃审查。然而，如果一个企业陷入财务困境，不得不依靠政府来支付公司的开支或投资资金，那么政府就可以收回其在建立企业时所获得的部分政治控制权。但目前，政府可能并没有其他可行的选择，只能提供企业所需的资金，即使不能完全控制这些资金的使用方式。

1979 年，加拿大皇家财务管理和问责制委员会发布了一份关于政府控制公共企业所面临问题的分析报告。该委员会指出，“政府必须在过度控制和不控制之间找到微妙的平衡，过度控制会使政府机构的目的落空，而不控制则会否定政府对企业的参与和责任”。

政府在与企业的关系中面临着两难境地，没有一个简单的解决办法。随着公共和私营部门之间的界限逐渐模糊，可以预期企业将更具有普遍性和重要性。政府不能忽视企业对其预算的影响，但也不能对这些企业实行严格的财政控制。目前的趋势似乎是将企业纳入公共部门的预算之中，但不一定是要通过预算手段来控制它们。对于企业而言，与其说预算是制定和执行财务决策的手段，不如说预算是一种信息工具。

控制的问题

非预算支出削弱了预算控制。这句话有两层意思，所以产生了不同的政策性结论。第一，政府对其支出的预算能力已经通过在预算中排除这些项目而削弱。有效的解决措施是让非预算支出项目回归预算，从而恢复预算作为处理政府资金综合手段的地位。

第二，这种说法意味着政府控制预算外支出的能力可能由于其特殊地位而被削弱。这里关注的重点不是恢复预算失去的重要地位，而是政府对其财务控制的全面弱化。从这个角度来看，适当的补救措施可能是通过非预算手段去控制非预算支出。

关于预算控制的许多文献都是从这个问题的第一个概念中产生的。假设政府的目的是建立全面的预算体系，这种预算体系能够保证财务控制。笔者将对这种以预算为中心的前提提出质疑，并认为将非预算项目放在一个综合账户中可能只是一种簿记改进。为了理解为什么会出现这种情况，有必要研究非预算的做法如何影响政府运作。

非预算支出通过三种方式削弱预算控制：它们涉及失去政治控制、财务控制和内部控制。

政治控制是指政府决定支出目标和执行决策的能力。职能部门的政治控制力很强，而当实际支出由外部人员完成时，政治控制力就很弱。在政府内部，指挥控制流程完善，各部门通常将资金用于拨款目的。尽管人们普遍对官僚主义心存疑虑，但政府机构一般都会遵守上级机关的指令。但是，当资金被转移给外部人员时，政治控制就会减弱。部长对一个企业（即使是名义上属于他/她管辖的企业）的影响力与对一个职能机构的影响力不同。对于企业家私人使用税收减免或担保贷款的行为，财政部长可能更没有发言权。

因为与直接支出不同，预算外支出往往没有限制，所以对预算外支出的财务控制通常很弱。政府支出的金额（包括社会成本）通常不是固定的拨款，而是由受益人的行为决定。税收补贴取决于纳税人在多大程度上利用政府提供的机会。企业通常有国家财政的信用额度。监管的成本因监管者的反应而异。补贴贷款的成本取决于利率。

此外，由于政府对预算外支出者的政治控制很弱，即使对这些支出设定了限制，也可能无法执行。英国在国有企业方面的失败经历证明了无效的政治控制会导致财政控制的丧失。

内部控制是指支出者对政府为控制公共资金而制定的规则和程序的忠诚度。19 世纪末 20 世纪初，当欧洲大陆和美国出现正式的预算体系时，对这些规则的遵守是通过外部控制来实现的，即中央预算人员、审计师和其他人员对各机构的财务活动进行监督，并要求在债务发生之前需得到批准。大规模扩张和雄心勃勃的政策目标迫使现代政府不得不依靠内部控制。支出资金的机构需要确保资金支出是合理的、支出必须用于批准的目的，并且要符合政府规定与自身规则。

内部控制取决于基本的行为规范，更多地是态度而不是规则。内部控制在世界各地的许多政府部门都根深蒂固，尽管偶尔发生的丑闻提醒着人们，违规行为仍在发生。但这种规范还没有被外部消费者内部化。他们有自己的价值观和目标，通常与政府的价值观和目标背道而驰。当代公共项目中的许多欺诈和浪费集中在预算外开支上，这不足为奇。

预算外支出的增长可能会产生所谓的“控制悖论”。正如本文所指出的，预算外支出是公共部门从政府内部支出向政府外部支出转变的结果。这种转变的重要原因是政府努力加强对经济、收入分配、投资政策以及商品和服务供应的控制。矛盾的是，在扩大对私营部门控制的努力中，政府放弃了大量对公共部门的控制。

将非预算项目恢复到预算中不会对政治控制、财政控制或内部控制起多大作用。只有在政府与外部支出者之间的关系发生根本性改变的情况下，预算变得更全面才会被认为是有益的。

这种关系通过激励而非命令和控制来运作。政府“希望”通过扩大信贷、改变税收义务、雇用独立企业和其他活动，让受影响的各方能按照其期望行事。然而，激励措施不仅涉及政府的期望，也涉及接受者的期望。但是这些期望可能与政府的期望不一致。

总而言之，一个全面的预算体系可能有助于更好的预算，但不一定有助于更好的控制。如果后者是最重要的目标，政府应该设计新的控制方法，而把这些控制是否应通过预算程序进行的问题放在次要考虑。

规划的问题

控制的问题导致了第二个悖论。随着预算外支出的增加，各国政府感到更有必要对下一财政年度以后的项目和财务进行规划，但随着政府将资金转移到外部支出者，这些计划的效力减弱。

当政府主要把钱投资于自身运作时，他们觉得没有必要提前数年进行规划。他们可以通过政府机构的正常规划活动为未来做准备。但随着公共部门的转型，政府不仅对自己正在做的事情感兴趣，而且对其他人（主要是外部支出者）正在做的事情感兴趣。事实上，国家规划的出现与本文所述的发展是同步的。在大多数经合组织国家，还出现了多年期财政计划，如英国设计的公共支出调查委员会制度。

> 关于规划的这一节内容已经严重过时，因为它没有反映出广泛采用中期支出框架的情况。与30年前相比，现在大多数政府不仅为即将到来的一年制定财政限制，而且也为未来3—5年制定财政限制。这些限制通过常规的预算规则和程序执行。中期支出框架系统在有效性和完全融入常规预算程序的程度上有很大的不同。

这些计划（国家、部门和金融）证明，在政府控制薄弱的情况下，计划是徒劳的。矛盾的是，随着未来的不确定性增加，人们对规划的需求会增加；但随着未来的不确定性增加，计划的可靠性会下降。计划很快就会被意外事件所取代，特别是那些政府控制之外的事件。

强力的规划不能与薄弱的预算控制共存。但是，规划的失败并没有减少人们对更有效计划的渴望。为了应对控制问题，现在的规划采取了两种不同的方式。指示性规划（如在法国开创的）放弃了控制，选择了信息和咨询。它将政府的期望告知各个部门（尤其是非预算部门），之后这些部门会以一种能够实现规划目标的方式行事。

另一种方法是利用计划作为一种控制手段。各国政府认识到它们缺乏短期预算控制，并试图通过建立规划程序——实际上是多年预算程序——来弥补这一缺陷，以加强它们对未来预算的控制。美国正在采取行动，加拿大、斯堪的纳维亚半岛国家和英国也是如此。但是，人们必然会质疑，未来预算只是为了适应缺乏控制的情况，还是用于设计和执行切合实际的计划和目标。

控制的途径

各国政府都在为预算控制的削弱而烦恼。他们认为，预算外开支往往无法得到有效控制，因此，他们认为将这些交易列入预算会恢复控制。

在将预算程序扩展以包含预算外支出之前，各国政府应考虑此举可能会带来的得失。

预算外项目应纳入预算的概念是基于预算是一个资源分配过程的概念。国家预算朝这个方向发展已经有超过一代人的时间了，在大多数经合组织国家，财政部已从支出控制转向经济管理。但这并不是政府预算的唯一目的。

当代预算作为管理控制的工具是出色的。它们确定了各部要执行的项目，并为这些目的分配资源。它们规定了各部的业务目标，并限制了可能用于各种活动的金额。作为管理工具，预算只能在管理者能够控制的地方才能发挥作用。如果政府不规定预算外支出者的项目或政策，将预算扩大到预算外支出将毫无用处。预算并不能满足所有用户的需求。管理控制所需的技能和数据与财政控制所需的技能和数据不一样。因此，各国政府必须决定是将其中央预算程序用于一个目的，还是用于另一个目的。实际上，他们必须在用预算分配政府成本和分配社会成本之间做出选择。

可以理解的是，政府试图避免选择其中一种或另一种道路。他们想要两种类型的控制。此外，他们认为放弃预算的管理职能也会削弱他们的宏观经济能力。如果他们满足于一个“大格局”的预算过程，“部分对整体”的旧预算困境将再次困扰他们。

也许政府将成功地扩大预算的范围，而不会失去对预算本身的控制。笔者的观点是，并非所有在本文中讨论的预算外支出都同样值得列入预算。并不是所有的方法都同样适用于直接支出。政府需要多种途径来控制，而不仅仅是预算决策中的那一条道路。例如，美国正在试验一种信贷预算，这种预算虽然附属于常规预算，但涉及不同的分配决定。同样，管制成本也可以在单独的过程中“编入预算”。公共企业可能有自己的决策和控制程序。这些不同的过程可以通过一个总括的（而不是综合的）资源分配过程或公共部门规划过程联系起来。这样，预算将只是一个更大程序的组成部分。它将继续作为管理控制的工具，而更广泛的控制将诉诸其他手段。

参考文献

OECD (2008), “Tax Expenditures in OECD Countries”, GOV/PGC/SBO (2008) 8, OECD, Paris.

Posner, Paul, Shin KueRyu and Ann Tkachenko (2009), “Public – Private Partnerships: The Relevance ofBudgeting”, OECD Journal on Budgeting, Volume 2009/1.

第十六章
为财政空间预算

财政空间是指政府通过预算和相关决定为政策举措提供的财政资源。这一术语不包括在上一预算中分配并将在下一预算中继续使用的资金，但包括通过重新分配而变得可用的资金、经济增长产生的增量资源、超过当前收入的借入资金以及通过增加税收获得的额外收入。虽然这个术语最初是为低收入国家设计的，但它在发达国家也有实用价值。在发展中国家，财政空间是促进增长的实物和人力资本投资的一种估计，政府可以在不损害其财政状况长期可持续性的情况下，用借来的资金为这种投资提供资金。在这一背景下，财政空间证明了允许现金短缺的政府为生产性支出借款的合理性，这些支出很有可能通过经济扩张产生的额外收入得到偿还。

本文主要研究 OECD 成员国财政空间的概念。在这种情况下，财政空间与政府分配资源的方式有关。作为一个过程，财政空间可以被视为与预算本身一样古老，也可以被视为一种全新的预算决策方式。它可能被认为是一个古老的概念，因为所有国家的预算官员都会例行估计可用于新支出的“空间”或预测收入和支出之间的“差距”。预算官员通常会在每个周期的早期作出这些估计，并在预算时更新这些估计。在大多数国家，这一过程基本上是非正式的；它不受预算规则的约束。然而，这种做法是普遍存在的，因为它使政治领导人和预算官员了解到新的决定可能花费的金额。他们需要这些信息来审查支出招标和政策倡议，并确定预算总额。

然而，从形式上看，财政空间的概念偏离了过去预算改革的目标。它认识到，预算编制本质上是渐进的，大多数决策侧重于项目和支出的边际调整。在编制预算时，各国政府很少以同样的方式对待现有项目和拟议的新项目开支，他们通常也不对开支进行全面审查。渐渐地，政府能够通过减少资源冲突和必要的决策数量，及时完成预算工作。几十年来，一些政府试图通过大胆创新，如项目预算和零基预算，根除预算的增量趋势，但没有成功，如今，一些政府已开始正式将增量规范纳入预算。两个最流行的当代创新——基线预测和中期支出框架——将渐进主义规则正式纳入预算建构。基线预测以目前的开支水平为起点，编制下一份预算；中期支出框架根据基线的变化将资源分配给支出单位。财政空间通过将预算工作重点放在可分配的新资源上，加强了这些渐进式改革。如果预算不可避免地是渐进的，财政空间的争论就会继续下去，那么就有必要正式地构建这个过程，以便它处理将为之做出决策的资源。

未来几十年预算环境更加紧张的前景，也刺激了人们对财政空间的兴趣。当有足够的资源为持续存在的问题以及重大的政策举措提供资金时，政府就不关心财政空间。当预算紧张，支出的优先事项被不足的资源挤掉时，就会关注财政空间。大多数经合组织国家对于人口老龄化和经济增长可能不如过去强劲的担忧表明，未来几年财政空间可能缩小甚至消失。财政空间的丧失，使预算有可能成为一个分配损失而非收益的递减过程。如果这种情况发生，预算将可能成为一个更具争议性的过程，政客们将难以为政策举措提供资金。

从这个角度来看，高收入国家的预算困境与低收入国家的预算困境有一些共同的特点。因为资源是稀缺的，需求是有弹性的，这两类国家都有动机从可分配空间的角度来安排预算决策。但并非所有的稀缺性都一样。有增量资金用于加强项目的政府和缺乏足够资源用于现有项目的政府之间存在明显的差异。对发展中国家来说，财政空间意味着用借来的钱为生产性投资融资的能力；对富裕国家来说，空间是可用于扩大项目的增量。

本文涉及的是发达国家。因此，本文提出的财政空间概念与预算中的渐进主义有着密不可分的联系。“财政空间的缩减”节回顾了导致财政空间萎缩的因素，包括预算收支两方面压力。“保护和扩大财政空间”节考虑了通过调整支出承诺释放增量资源，以及通过改变预算编制和支出管理方式来保护或扩大财政空间的方法。最后一节思考了如何将预算重塑为一个明确分配稀缺财政空间的过程。

财政空间的缩减

在所有高度发达的国家中，国家政府可支配的资金比半个世纪前多得多。然而，在几乎所有的国家中，政府的预算选择比以前更窄。花费的钱更多，但可以花费的钱却更少，这破坏了渐进行为，也是现代对财政空间的研究点所在。财政空间的大小取决于四个变量：现有计划要求增量资源的程度，政府的征税倾向，借款倾向，以及经济绩效。现在这四个因素可能都不如战后政府支出的高峰期时那么有利，这就是预算选择似乎变得更受限制的原因。每一个变量都将在下面段落中讨论。

公共支出

当代政府可用支出减少是因为公共支出具有黏性——也就是说，政府难以对政治条件或国家优先事项的变化作出反应。即使没有法律要求这样做，某一年花钱的决定也通常是在未来几年花钱的决定。当政府启动一项新计划时，往往通过引发政治和官僚压力来要求继续或者扩大该计划。组建团体来维护利益，建立行政实体并配备人员来管理新项目，在估计未来预算中增加支出的空间时，将项目的支出纳入“基数”。通常情况下，新项目能够不受价格上涨影响，从而增加了其对未来资源的要求。

如果支出没有黏性，预算就不是递增的。政府能够一视同仁地对待新申请和旧申请，并将扩大其自由裁量权。黏性有其积极的一面，因为它稳定了政府，使公民对未来可获得的服务有明确的预期，并减少了资源冲突。然而，认为支出完全具有黏性是错误的。许多预算的政治技巧都涉及边际调整。这有时会导致项目终止，但更多是项目内的变动。这些调整往往是在预算的“雷达“之下；它们由支出单位单方面实施，没有引起中央预算制定者的注意。这种策略的优点是可以降低转移可能导致资源损失的风险。

即使是那些表现不佳的项目，支出也往往是黏性的。事实上，当结果达不到预期时，政府可能会认为有必要增加资源。例如，政府经常对问题学校的预算进行补充，要么是为了响应家长的要求，要么是希望追加资金能让这些学校有所改善。当然，成功项目的支出也具有黏性，因为支持者利用这些项目的表现从政府争取更多的钱。

当代政府的问题不仅是支出黏性大，而且在于支出规模太大，在成员国中占 GDP 的比例比近半个世纪前 OECD 成立时大得多。表 16.1 显示，尽管各国在公共部门的相对规模上有很大差异，但所有成员国的政府支出都在逐步增加。几个强有力的趋势占了这种上升的主要部分。一个是风险从家庭转移到政府，与此相关的是福利国家的增长，在大多数经合组织国家，超过一半的国家支出从自由裁量的预算决定转变为由永久法律规定的支出。

在工业化国家，政府已经成为社会风险的承担者。政府为失业的工人、退休的老人、生病的病人和家庭的各种收入损失提供赔偿。在一些国家，公民和企业因遭遇自然或人为灾害造成的损失会得到赔偿，农民能够免受商品市场价格下跌的风险，储户能够免受金融机构违约的风险，出口商能够免受货币价值变化的风险，等等。虽然一些重要的风险仍然由个人承担，但在所有发达国家，公共预算的风险都由政府承担。

通过政府行动来分担风险当然有助于经济和个人福祉，尽管有时可能会带来道德风险。一个更大的问题是政府很少能对自身所承担的风险有一个可靠的估计，也没有在预算中为下游成本做准备。当这些债务到期时，有时只是几年后，政府别无选择，只能履行义务。

表 16.1　　　实际 GDP 的逐年百分比变化

1960—2000 年的年平均数

	1960—1968 年	1968—1973 年	1973—1979 年	1979—1989 年	1990—2000 年
澳大利亚	5.0	5.5	2.6	3.4	3.2
奥地利	4.2	5.9	3.0	2.1	2.5
比利时	4.5	5.6	2.4	2.2	2.2
加拿大	5.6	5.6	3.9	2.9	2.5

续表

	1960—1968 年	1968—1973 年	1973—1979 年	1979—1989 年	1990—2000 年
丹麦	4.6	4.0	1.5	1.4	2.2
芬兰	3.9	6.7	2.4	3.6	2.0
法国	5.4	5.9	2.8	2.4	1.8
德国	4.2	4.9	2.4	2.0	1.8
希腊	7.3	8.2	3.3	0.8	2.1
冰岛	4.1	7.6	5.3	3.2	2.5
爱尔兰	4.2	4.8	4.9	3.1	7.4
意大利	5.7	4.6	3.5	2.4	1.6
日本	10.5	8.8	3.5	3.8	1.8
卢森堡	3.1	6.5	1.3	4.3	5.6
荷兰	4.8	5.3	2.6	2.0	3.0
新西兰	3.1	5.1	0.0	2.0	2.5
挪威	4.4	4.1	4.6	2.7	3.2
葡萄牙	6.6	7.4	2.9	3.3	2.9
西班牙	7.5	6.8	2.3	2.8	2.7
瑞典	4.4	3.7	1.8	2.2	1.7
瑞士	4.4	4.5	-0.4	2.1	1.1
土耳其	5.8	5.5	4.5	4.0	4.1
英国	3.1	3.2	1.5	2.4	2.2
美国	4.5	3.3	3.0	3.0	3.1

1. 本表仅包括在整个期间为OECD成员的国家。由于缺乏数据，新西兰被排除在外。

资料来源：1960—1967 年和 1968—1973 年的数据取自经合组织 1960—1983 年历史统计数据：其后各时期的数据来自 1970—2000 年经合组织历史统计数据。这两个数据集不一致；因此，这里报告的数据并不能严格地在所有时期进行比较。

当代政府面临的许多最大风险均来自权利性项目，给予符合条件者从政府得到支付的合法权利。一般来说，权利性项目是无限期的；它建立了一个支付公式，但没有限制政府的风险敞口。当触发权利性项目的事件或条件发生时，政府必须在预算中为其留出空间。政府可以通过削减福利来扩大优先项目的预算空间，但这样做可能会引发强烈抗议。通常情况下，削减津贴的大胆努力最终会导致边际调整，这对短期预算影响甚微或根本没有影响，但可能会给长期预算留下隐患。

几乎所有发达经济体都预测人口趋势将迫使各国政府将越来越多的预算分配给前几代人建立的福利。这些支出不仅具有黏性，而且可供分配的大部分增量也将具有黏性。未来政府面临的挑战是如何“解除”足够多的支出来维持预算真正的分配过程。

税收倾向

当空间不足以为雄心勃勃的项目和过去的承诺提供资金时，各国政府就会倾向于关注预算的收入方面。显然，如果政府仅仅依靠经济增长带来的增量，支出不可能在过去半个世纪中增长得这么多。

事实上，所有经合组织国家的政府都在这一扩张期提高了税率，扩大了税基。他们在经济景气时提高了税收收入，因为选民希望得到更好的服务，而当财政空间不足时，他们又提高了税收收入，因为支出具有黏性。表 16. 2 比较了过去 40 年不同时期政府收入占国内生产总值的比例。经合组织地区的财政收入占 GDP 的比例从 1960 年的 28% 上升到 1990 年的 37%，数据表明政府有充足的预算空间。

但是，表 16. 2 显示，在许多经合组织国家，通过增加税收规模来扩大预算空间的方式已经结束。有几个国家的财政收入占 GDP 的比例实际上有所下降，因为政府有意减少财政空间，决心缩小公共部门的相对规模。大多数国家的财政收入在很长一段时间内保持稳定，这表明政府面临着增税的政治阻力，以及维持现有计划的压力。尽管由于成员国的税收政策不同，很难在整个经合组织地区一概而论，但可以合理地得出结论，现在大多数国家都在通过经济增长和现行项目削减或效率提升来筹集政策资金。这些行动为即将到来的预算周期赢来了财政空间，但并没有显著改变收支长期失衡的态势。

表 16.2　　政府当前收入占 GDP 的百分比

1960—2000 年的年平均数

	1960—1967 年	1968—1973 年	1974—1979 年	1980—1989 年	1990—2000 年
澳大利亚	25.6	27.7	28.7	31.6	32.2
奥地利	35.8	40.3	43.1	46.4	47.6
比利时	30.1	35.2	43.9	46.6	46.8
加拿大	27.8	34.8	36.8	39.3	-
丹麦	30.1	42.5	45.2	52.0	54.3
芬兰	30.8	35.0	41.7	44.8	50.7
法国	37.2	38.8	40.7	45.5	46.5
德国	36.1	39.5	44.0	45.1	45.3
希腊	23.6	26.7	29.1	32.8	41.8
冰岛	30.3	33.4	35.9	41.4	36.6
爱尔兰	27.2	33.9	35.9	41.4	36.6
意大利	29.7	30.6	33.5	36.8	43.9
日本	20.4	20.9	24.6	30.6	30.5
卢森堡	34.2	36.3	50.1	-	44.9
荷兰	36.4	35.8	51.0	55.2	47.8
挪威	36.2	45.4	48.4	50.3	51.4
葡萄牙	19.5	23.0	27.6	35.0	37.7
西班牙	18.6	22.5	25.7	34.0	38.0

续表

	1960—1967 年	1968—1973 年	1974—1979 年	1980—1989 年	1990—2000 年
瑞典	37.5	47.9	54.4	59.4	57.3
瑞士	23.6	26.6	32.7	34.1	–
英国	32.6	38.1	38.9	40.9	37.8
美国	27.0	29.8	29.7	31.0	–

1. 本表仅包括在本报告所述期间为经合组织成员国的国家。由于缺乏数据，新西兰被排除在外。

资料来源：1960—1967 年和 1968—1973 年的数据取自经合组织 1960—1983 年历史统计数据；其后各时期的数据取自 1970—2000 年经合组织历史统计数据。这两个数据集不一致；因此，这里报告的数据并不能严格地在所有时期进行比较。

税收政策从来都不是一成不变的。政府会不断地修改税率和规则，有时是为了增减收入，但是大部分是为了调整特定部门或活动的负担。未来的调整能够在多大程度上影响财政空间，这取决于公民情绪和政治偏好。在一些国家，选民更想得到的是当初承诺过的福利或政府承担更多责任，即使这样做会导致更高税收。在另一些国家，由于税收负担增加会受到民众强烈抵制，未来的财政空间会受到限制。税收水平相对较高的国家可能面临相互矛盾的压力，高税率可能表明政治上支持政府发挥更大作用；另一方面，高税率可能会对创造额外收入的能力设定一个上限。由于人口老龄化而导致抚养率上升的国家可能会受到增加税收的压力。他们可能会发现，在消费者和收入者之间分摊成本，比削减那些已经从政府获得或计划在未来 10 年左右获得补贴的人的福利更有利。

预算是一个扩大短期空间的边际调整过程。在税收方面，有很多机会，比如提高“罪恶”税，对其他收入来源进行小幅度调整。税式支出水平相对较高的国家可以考虑通过减少这些补贴来扩大预算空间。政府也可以通过比过去更多地依赖非税收收入，如公共服务费来缓解预算压力。然而，从长期来看，收入政策对财政空间的影响将取决于两个关键变量：政府对税收负担进行大规模调整而非小规模调整的倾向，以及经济的表现。对于未来的预算制定者来说，最糟糕的情况是经济停滞不前，政治领导人缺乏创造额外收入的意愿；最有利的情况则相反。尽管不太可能，但这将使经合组织国家的政府能够重现扩张的黄金时代。

预算赤字

财政空间可以通过在当前收入产生的资源上增加借来的资金来扩大。事实上，许多经合组织国家在战后的经济增长热潮中大量借贷，为投资和经常性支出提供资金。显然，收入的激增并不能完全弥补迅速增加的公共支出。由于财政理论从平衡预算规则向积极需求管理的深远转变，各国政府有借款的倾向。正如人们经常注意到的那样，经合组织国家的政府开始认为平衡经济比平衡预算更重要。他们认为公共债务的积累是审慎的，这是因为政府要用经济增长的红利偿还债务。

在那些美好岁月里，尽管政府经常受到急剧增长的需求的压力，但财政空间很少成为问题。当经济繁荣时，政府从激增的收入中获得了充足的空间。当经济疲软时，政府通过证明赤字可以缩小潜在产出和实际产出之间的差距来创造空间。20 世纪后期，有两个因素汇聚在一起，为赤字融资提供了依据，一个是即将到来的人口潮，它将给未来的政府带来巨大的预算成本；另一个是从灵活的财政政策转向限制预算赤字的固定目标。早期的目标大多是政治声明，缺乏执行力，经常被忽视。然而，这些目标是有用的政治信息，它们向消费者发出信号，表明高增长时代即将结束，未来的预算将受到限制。在许多经合组织国家，适应性目标已经被预先设定的规则所取代，比如《稳定与增长公约》（SGP）将欧元区国家的年度预算赤字和公共债务限制在 GDP 的固定百分比，并授权欧盟委员会可以制裁违反限制的国家。最初的 SGP 是严格的：无论经济情况或预算需求如何，它的限制不允许有任何例外。无论它有什么优点，严格的规定削弱了政府在经济周期性疲软时期采取刺激性预算政策的能力。此外，这些规范阻碍了通过预算内在稳定器进行的反周期调整。2005 年，欧盟修订了 SGP，允许在经济条件许可的情况下具有一定的灵活性。可以说，这些变化违背了规则，但在笔者看来，检验其有效性的适当标准是它们是否约束了财政结果，而不是它是否绝对约束了政治家。从某种程度上说，这些规则缩小了预算分配的财政空间，产生了显著的影响。

欧盟以外的国家通常采取更灵活的方式，依靠政治问责，而不是强加限制来加强财政纪律。这种财政责任方法要求政府为选定的总量（如基本余额或公共债务占 GDP 的比例）制定多年目标，定期更新目标并解释其变化，并报告财政结果。这种自我执行的规则旨在让政治领导人对财政结果负责，但并不阻止他们增加赤字。与经济疲软时最具约束性的固定规则相反，财政责任概念限制了经济增长。财政责任监督在经济强劲、赤字消退或消失时对预算进行限制。当经济不景气时，政府可以通过解释为何要放松限制来履行其财政责任。对财政不负责任的惩罚是选民们会把政府赶下台。

微调财政规则以区分不同经济状况极其困难。在经济增长时期很受欢迎但后来被废弃的一种方法是，在要求预算结构平衡的同时，将由于经济疲软而导致的赤字部分分离出来。结构性规则被放弃是因为它们难以执行，而且可能导致了公共支出、税收负担和公共债务的攀升。现在似乎没有执行财政规则的最佳时机。当经济强劲时，政府有大量资金可以通过减税和增加支出去分配；当经济疲软时，政府必须花费更多。

尽管财政规则可能效果有限，但它们的确缩小了预算空间。无论是固定限制还是财政责任程序，这些规则都表明了一个更受约束的预算环境，一种约束意识和政府更谨慎的需要。由于财政规则的效果取决于政治意愿，政府领导人不太愿意花费超过收入的部分这一事实缩小了可供分配的空间。表 16.3 证实了这一结论，因为它显示在过去十年中经合组织国家净借款已经减少。

表 16.3　　政府净贷款占 GDP 的百分比

1960—2000 年的年平均值

	1960—1967 年	1968—1973 年	1974—1979 年	1980—1989 年	1990—2000 年
澳大利亚	1.4	1.9	-3.4	-3.3	-2.2
奥地利	0.6	0.8	-2.0	-3.2	-3.0
比利时	-	-	-5.8	-10.7	-4.2
加拿大	-0.7	0.9	-2.0	-4.8	-
丹麦	1.5	2.9	0.5	-2.1	-0.6
芬兰	2.3	4.1	5.0	3.6	-1.2
法国	0.5	0.6	-0.9	-2.3	-3.5
德国	0.8	0.2	-3.0	-2.1	-2.9
冰岛	2.9	0.9	-8.4	-9.4	-
爱尔兰	-3.4	-3.6	-9.2	-11	-0.5
意大利	-1.8	-4.8	-9.2	-11	-6.9
日本	-	1.0	-3.4	-1.5	-3.5
卢森堡	2.4	1.7	2.9	-	3.0
荷兰	-0.7	-0.3	-2.0	-5.1	-2.6
挪威	4.0	4.3	2.5	5.2	3.8

续表

	1960—1967 年	1968—1973 年	1974—1979 年	1980—1989 年	1990—2000 年
葡萄牙	-0.2	1.5	-5.3	-5.5	-3.9
西班牙	-	0.4	-0.7	-4.4	-4.0
瑞典	3.3	4.4	1.3	-1.6	-2.9
英国	-1.1	-0.4	-3.9	-2.3	-3.1
美国	-0.5	-0.6	-1.5	-3.4	-

1. 本表仅包括在本报告所述期间为经合组织成员国的国家。由于缺乏数据，希腊、新西兰、瑞士和土耳其被排除在外。

资料来源：1960—1967 年和 1968—1973 年的数据取自经合组织 1960—1983 年历史统计数据；其后各时期的数据取自 1970—2000 年经合组织历史统计数据。这两个数据集不一致；因此，这里报告的数据并不能严格地在所有时期进行比较。

经济绩效

评估财政空间的最后一个因素是经济绩效。高增长给政府带来了增加的收入（由于税收弹性），这些收入的增长通常快于 GDP。当然，当经济疲软，政府收入不足时，情况正好相反。支出也随着经济状况的变化而波动，但幅度与收入不同。由于收入和支出方向相反，预算具有自动稳定器的功能，在经济景气时扩大财政空间，在经济不景气时缩小财政空间。

预算是一个反复无常的过程。当经济强劲时，预算制定者倾向于分配资源，期望有利的条件会继续下去。当经济疲软时，相反的趋势就会出现。近几十年来，经济绩效呈下降趋势，这就减少了政府分配的数量空间。表 16.4 显示了经合组织国家的经济增长趋势；它表明虽然所有国家的经济绩效都有周期性变化，但增长的高峰期比过去要弱。

在形成对未来的预期时，潜在绩效比对经济实际绩效的预测更有分量：一个经济体的潜力主要取决于两个变量：劳动力的规模和生产力。在大多数经合组织国家，随着人口老龄化和老年工人的退休，未来几十年的劳动力增长将大大降低。产出的大部分增长将不得不来自生产力的提高，而这很难预测。极有可能的是，在一个较长的时期内，生产力的提高将是不平衡的，国内生产总值的增长也将是不平衡的。财政空间将随着经济发展而扩大和缩小，预算政策将根据业绩的波动进行调整。要准确预测未来的经济绩效是不可能的，但人口趋势将使经合组织国家难以与过去的结果相提并论。

表 16.4　政府当期支付的款项占 GDP 的百分比

1960—2000 年的年平均值

	1960—1967 年	1968—1973 年	1974—1979 年	1980—1989 年	1990—2000 年
澳大利亚	20.4	22.1	30.2	33.8	31.7
奥地利	29.3	33.4	40.0	45.2	48.1
比利时	39.1	33.9	46.6	54.9	50.3
加拿大	25.8	31.6	36.9	42.6	-
丹麦	25.1	35.0	43.2	54.2	55.6
芬兰	24.3	27.5	33.8	39.0	50.9
法国	33.0	34.8	38.9	45.8	48.2
德国	30.2	34.1	42.2	43.8	44.2
希腊	19.7	22.4	28.0	39.2	46.1
冰岛	21.3	24.1	25.6	29.5	-
爱尔兰	26.7	32.8	40.0	47.4	35.6
意大利	11.1	13.0	38.7	44.3	48.7
日本	13.7	14.6	21.7	26.3	28.4
卢森堡	28.7	30.6	41.3	-	38.7
荷兰	32.3	41.1	49.1	56.3	49.0
挪威	29.0	37.2	42.1	42.8	45.5
葡萄牙	17.5	19.1	29.1	36.5	39.1

续表

	1960—1967 年	1968—1973 年	1974—1979 年	1980—1989 年	1990—2000 年
西班牙	14.5	19.0	23.6	34.3	38.8
瑞典	29.6	38.5	49.5	59.2	59.0
瑞士	19.0	22.0	29.2	30.3	–
英国	30.8	33.4	39.8	42.0	39.6
美国	26.3	29.7	30.7	33.9	–

1. 本表仅包括所涉期间内的经合组织成员国。新西兰和土耳其因缺乏数据而被排除在外。

资料来源：1960—1967 年和 1968—1973 年的数据取自经合组织 1960—1983 年的历史统计；其后各时期的数据取自 1970—2000 年经合组织历史统计。这两个数据集不一致；因此，这里报告的数据并不能严格地在所有时期进行比较。

保护和扩大财政空间

财政空间是政府行为扩大或缩小的一个变量。如前一节所述，过去的支出决定大大缩小了未来预算分配者的选择余地。当代预算官员面临的任务是扩大财政空间，使支出反映政府的政策和偏好。

一个重要的步骤是防止收入或支出行动对未来一年的影响不大，但对未来几年的影响很大。当前预算吃紧时，政客们可能会倾向于以在当前预算中占用很少空间的方式构建收入损失和支出增加，在不考虑下游预算需求的情况下提前承诺未来空间。许多丰厚的福利都有这一特点，特别是当支付被推迟到以后时，就像政府资助的退休福利一样。可以设计多种计划将财政影响转移到预算过程的时间范围之外。未来的空间可能会被以下行为所消耗：推迟对政府设施的必要维护；启动大量项目，但将完工时间延长数年；授予公务员当年少量加薪，未来几年每年大幅加薪；将发放政府担保的费用记为当期收入，但忽略违约情况下可能出现的索赔；以及其他簿记技巧。

即使政客们不把成本转移到未来预算之中，他们的行为方式也会减少未来的预算空间。每当一项正在进行的计划被确立，就会减少未来预算的回旋余地：有几种工具可用于保护空间，从向决策者通报下游后果的程序到限制当前行动的程序。对当前政策未来费用的基线预测仅为预算制定者提供信息，但当与中期支出框架联系起来时，它们将支出决定限制在每年框架内可容纳的数额。这种方法的变体是要求新预算决定造成的任何支出增加或收入损失必须通过削减支出或增加收入来抵消。

为了保护未来的预算空间，已经引入或提出了新程序。一种是将权责发生制应用在预算决策年度之后到期的债务；一种方法是将未来收入或支出变化的估计现值作为当前预算的成本计入。应计项目和现值估计可以纳入限制收入和支出之间差距的财政规则。例如，如果一项政策变化估计会使未来支出的现值增加 1 亿美元，那么这笔钱将在预算中支出，并包括在对赤字的执行限制之中。对政府来说，在不将整个预算转变为权责发生制的情况下实施这一程序是可行的。然而，执行这一规则将迫使政府将其财政期限远远超出 3—5 年的中期支出框架。这个问题将在最后一节预算过程的变化中讨论。

扩大财政空间

面临政策举措空间缩小或不足的政府已经推出了许多改革措施，以扩大他们的回旋余地。由于本文前面提到的原因，试图废除渐进规则的改革总是失败的。因此，这里考虑的调整集中于收入和支出政策的边际变化，以扩大可供分配的增量。

假设不考虑提高税率，政府最合适的做法可能是重新审视并削减会减少其收入的税收补贴。对于通过税式支出放弃大量收入的国家来说，这一选择应该是最有吸引力的，但在这些国家，税收补贴的受益者很可能最大限度地去保护自己的利益。尽管如此，这一努力也是值得的，不仅可以产生额外的收入，而且还可以减少因过度提供税式支出而导致的经济活动扭曲。在更多税收减免或更高税收减免之间的权衡中，预算空间不足国家的政府通过限制补贴，而不是提高已经很高的税率，来为迅速增长的支出承诺提供资金。

在支出方面，扩大空间最显著的选择（从效率较低的项目重新分配到效率较高的项目）通常极为困难。每个国家政府都经历过偶然性的重新分配：终止或缩减主要项目，并将资金转移到其他议题上。但这种情况断断续续，由财政危机、政治情绪和领导层的重大变化引发。这些情况并没有正式纳入预算的例行程序，而是由当时的机会驱动。然而，重新分配的建议往往失败，因为它们引起了来自多方面的反对：可能失去服务的项目受益者、不愿放弃令人垂涎的活动的机构、因可能激怒选民而感到不安的政客、决心保护工作的公共雇员工会。明确的重新分配是困难的，即使它是基于评估结果和其他证据。

因为很少有重大的重新分配，所以预算是渐进的。然而，在边缘地带，随着新机会的出现和旧机会的消退，资源经常发生转移。这些转变通常并不明确——它们不会公开让各个项目相互竞争稀缺的资金。这些转变也没有减少支出部门的资金。相反，它们是隐性的，节省的钱由受影响的机构保留。有时这些调整由该机构单方面作出，甚至没有提请中央预算办公室注意；在其他时候，调整在正式的预算谈判中商定。它们可能由支出机构在显著降低资源损失风险的条件下发起。中期支出框架的一个目标是鼓励正在进行的重新分配和扩大其范围。但这一目标往往因中期支出框架的错误实施而受挫。

有四种再分配策略值得简要提及。第一，预算水平的增长低于预期的通货膨胀率。在这种情况下，各项目和机构得到的名义拨款相当于上一年的水平或稍高一些，但不足以补偿价格变动。近几十年来，由于各种项目的指数化和对估计价格变化的基线预测进行调整，诉诸这一策略受阻。这一问题将在下面的最后一节中进一步讨论。

第二，边际重新分配可以通过削减机构业务预算来提供资金，削减的数额相当于预期的或平均的生产力或效率收益。这些调整通常在业务支出的1%—2%之间，从该机构的基础预算或基线预测中扣除。项目支出和转移支付不受这些强制削减的影响。尽管节省的金额很小，而且往往低于实际的效率收益，但它们引起了相当大的不满，而且对于在管理预算方面几乎没有灵活性的小机构而言也很困难。

第三，一些政府尝试了“日落”规则，即自动终止项目或按照固定的时间表（如每五年或十年一次）对其进行审查。这个想法要求政府明确决定是否继续实施每个项目。在实践中，“日落”条款对那些没有什么知名度或政治支持的小项目影响不大，对大项目几乎没有影响。

第四，政府可以通过全面削减预算为新的预算分配腾出空间。新加坡实行5%的削减，将节省下来的资金放在一个共同的资金池中，通过年度预算决定进行分配。这种形式的削减不时被预算官员用来弥补收入和支出之间的预期差距。

采用新举措是为了使资金可用于分配。因此，机构可以通过竞标额外的资源来赢回一些强制节省的资金。

转移风险和成本

这里讨论的各种策略所创造的预算空间加强了渐进趋势。这些策略并没有显著改变政府的财政状况。一些国家正在进行的影响深远的努力，通过将风险或支出从公共财政领域转移到私人手中来创造预算空间。前面已经指出，现代国家已经成为社会重大风险的承担者。最近，有一些努力通过各种减轻风险的方法来扭转这一趋势。最突出的举措是退休福利，它的成本随着退休人数的增加而增加。传统的固定福利计划将全部风险都放在政府身上：政府必须支付承诺的福利，而不管其社会保险基金的财务状况如何，也不管符合条件的受惠者是否长寿。通过将全部或部分付款转换为固定缴款计划，政府将相当大一部分风险转移给了受益人。一些政府走得更远，引入私人退休账户，通常有最低支付保证。少数国家采用了瑞典设计的计划，根据预期寿命的变化调整退休时的支付。未来几十年，随着各国政府承担赡养老龄人口的成本，这类转移风险的举措可能会加速。

避免风险的最好方法是谨慎地承担风险。因为一年承担的风险通常会在未来几年到期，所以它可以被视为无成本。谨慎的做法是，政府在决定是否接受潜在风险敞口评估的风险时，将其隔离开来。理想情况下，评估应由独立机构或中央机构进行，而不是由提供担保或其他风险的实体进行。政府可以通过提前为风险做准备或与其他各方共担风险来形成更谨慎的姿态。一个很少有人尝试的机制是，当政府采取可能使其面临潜在损失的行动时，购买保险。政府也可以为不稳定事件购买保险，例如自然灾害（通过降低GDP和公共收入使国家预算承受负担，并迫使政府支付重建费用，即使它没有法律义务）。但这种保险可能被政客们视为一笔糟糕的交易，因为保费会占用当前的预算空间。

政府可以通过私有化活动或私人融资来转移成本。通常用于大型建设项目的公私伙伴关系（PPPs）已成为将前期建设成本或运营费用转移给私营实体的流行安排。作为分担这些成本的交换，政府可以保证运营业绩。对于道路建设项目，政府可以保证最低的交通量或通行费收入，从而对私人投资者的亏损进行补偿。在这种安排下，政府减少了短期支出，但增加了中长期风险。如果PPPs没有经过审慎的风险评估和认真起草的合同，政府可能会获得预算空间，但会破坏对未来预算的控制。

一些政府已经越过PPPs，去出售现有资产并将收入记为当期收入。这种策略适用于采用收付实现制的政府；他们可以忽略令人不快的事实，即收入是非经常性的，预算空间的增加是短暂的。一个决心通过变现资产来创造空间的政府可以创造出新的融资工具，比如将未来的收入流证券化。这种轻率的策略与预先花费未来预算空间具有相同的效果，即使在政府缺乏收入来维持现有服务的情况下，这种策略也是不合适的。

从前面的讨论可以得出两个不同的结论。如果目标是增加预算分配，政府可以进行一系列边际调整，从而获得更大的财政空间。然而，如果目标是改变预算选择，那么很少有经合组织国家有政治资源来通过根本性改变收入或支出政策来大幅扩大财政空间。随着人口压力的加剧，越来越多的政府可能会被迫质疑现有的收入和支出政策。

调整预算过程

预算行为影响可用于分配的空间。最后一节将讨论如何调整该过程以保护和扩大空间。关键的调整涉及预算办公室的作用、编制预算的时限、编制基线估计数和边际重新分配的奖励办法。

中央预算办公室的主要作用是作为财政空间的守护者和分配者。执行这些任务要求它具备宏观经济和项目分析技能，以估计现有空间和拟议或政策变化的影响。预算办公室将管理基线，激励支出单位提出和实施政策改革，为支出单位提供激励去提出和实施政策变化，为预算工作注入评价和绩效证据，同时寻求机会扩大可用的分配空间。简言之，预算将是确定、决定和资助政策创新的关键过程。为了完成这些任务，中央预算办公室将不得不放弃一些传统职责，特别是对支出的密切监测和控制。如果不卸下控制职能，预算办公室将缺少时间、技能、定位和可信度来管理政策变化。

许多经合组织国家的中央预算办公室已经从控制过渡到成本计算和审查政策举措。对一些人来说，这种转变很困难，因为他们不再确定自己如何融入政府的整体财务管理框架。现代预算办公室意识到，干预支出细节不可行，但不确定他们应该执行哪些任务，哪些任务应该移交给支出机构。例如，他们可能对项目评价和业绩衡量这两项对政策进程有用的投入应该由中央领导还是由职能机构领导持矛盾态度。他们还可能担心，当他们放弃控制工具时，会失去杠杆作用。由于放弃了一些权力，尚未巩固新权力，相对于更易获得信息并且与部门利益联系更紧密的支出部门，预算办公室可能是较弱的一方。

为了促进中央预算办公室从传统职责向新的角色和关系过渡，中央预算办公室视财政空间为自己的空间（即它关注的那部分预算）将是有用的。从这个有利的角度看，预算办公室显然有动机通过鼓励协调、扩大可用增量、在投标基金或其他资金池中留出资金，以及采取前一节讨论的其他步骤来扩大空间。它也有动机通过确保权衡和节省成本来保护未来的空间。这项任务可能是一项具有挑战性的任务，因为当支出方提出重新分配预算空间时，他们有动机夸大支出的减少和低估支出的增加。为了避免这些问题发生，预算办公室必须有相关的数据和分析，使其能够审查和纠正机构的错误估计。更重要的是，它必须得到政府高层的政治支持以对抗机构。当预算协调由内阁集体决定时，预算办公室可能会被那些喋喋不休的部长们淹没，对他们来说，支出计划的优先级高于保护未来的财政空间。

当政府在整个年度内做出临时支出决定时，预算办公室保护财政空间方面的作用也会受到削弱。如今，政客们在国际论坛上开会、与利益集团互动、应对危机或媒体攻击，以及（在一些国家）几乎每次内阁会议时，都会做出实际的预算决定。在笔者的观察中，可能由于政治利益的高度动员、政府应对不断发展的事件有着更大压力、更强大的跨国网络以及预算和其他政府活动更公开更透明，所以临时预算比之前更加普遍。有的国家全年的预算被大量盈余所刺激，而这些盈余因临时支出决定而减少。有的国家在两次预算之间做出的支出决定比在预算季做出的要多。也有国家的部门部长在预定的内阁会议召开之前迅速向总理“推销”昂贵的计划倡议，这些提议未经充分讨论即获批准，也没有经过预算程序的审查。无论理由是什么，这些做法都大大削弱了预算办公室评估未来支出影响的能力，使财政空间面临风险。

基线估计

为了分配财政空间，预算办公室需要两种基本类型的信息：一是下一年或更长时间的可用空间数量；二是收入和支出政策拟议或采取的变化将在多大程度上占用这些空间。对现行政策的中期（或较长期）预测已成为许多国家的标准预算做法，特别是那些已采用中期技术安排的国家。传统的“基数”估计以上一年的支出水平作为预算工作的起点，与之相反，基线预测则根据价格、工作量和其他经济或项目状况调整估计未来变化的基础。

在基线预算中，财政空间是预计收入和支出之间的差额，加上或减去目标盈余或赤字。政策变化是由于政府的收入或支出计划对这些预测的估计变化。例如，假设某国政府估计明年的基本盈余将是 1 亿。然后通过立法改变收入，将预计盈余减少到 8000 万。在本例中，策略更改将占用 2000 万的预算可用空间。由于经济条件的变化或其他技术考虑（如根据现行法律领取付款的人数的最新估计）而作出的重新估计一般不包括在政策变化的计算之内。

值得注意的是，各国政府在如何构建基线预测和估计政策变化方面存在显著差异。一些政府将估计的价格变化纳入基线；另一些政府则不然。在衡量政策变化对财政空间的影响时，有些政府只考虑永久性或结构性变化；另一些政府则考虑了所有调整。如表 16.5 中的假设比较所示，预测基线的规则对空间的大小和政策变化的估计都有重大影响。

表 16.5　　基线预测的比较

	基线收入	当期支出	估计价格变动	预计空间
国家 A	120	100	10	10
国家 B	120	100	无调整	20

在这个例子中，没有将估计的价格变化纳入基线的国家，可分配的财政空间是包括价格变化的国家的两倍。在进行预算分配时，B 国可以选择补偿支出机构预期的价格变化，也可以将这笔钱用于其他目的。假设政府决定支出 105，补偿这个假设例子中机构预计价格增长的一半。A 国的决定将被认为是支出削减；B 国的决定则被认为是支出增加。尽管两国的实际支出一样，但政治上的看法会有很大不同。正因为如此，B 国在保护和分配财政空间方面可能会比 A 国困难得多。

支持者和反对者将估计价格变化纳入基线的论据都很有力，但是，不管人们的观点如何，都应该认识到基线不是中性工具。如何准备基线直接影响到人们对预算空间的看法。

构建基线和衡量政策变化是现代预算办公室的两个关键作用。该办公室为基线制定规则，定期更新预测以纳入新的经济和技术估计，并衡量拟议或批准的收支政策变化的预算影响。估算政策变化对收入立法和强制性权利来说是非常困难的，因为预算专家必须考虑纳税人和计划受益人将如何应对这些变化。更为关键的是，估计的影响而不是在预算决定后才知道的实际影响在预算分配时很重要。在基线预算中，错误的估计在分配空间时比未来实际发生的情况更重要。

正因为如此，预算办公室面临着相互矛盾的压力。从专业角度来看，它必须把预算建立在具体的项目知识、对可能的行为反应的理解、项目之间的相互作用、政策变化和预测的经济条件以及其他变量之间的相互作用上。从政治角度来看，预算办公室可能会感到压力，因为它要提出可调整的估计，使政策倡议能够继续进行。理想情况是，预算办公室通过提出一系列估计来应对这些压力和预测不确定未来的内在困难。然而，在实践中，分配预算空间的过程要求政府就政策变化对收支的影响有一个点上的估计。尽管这些估计常常有误，有时甚至差额较大，但创新型政府就是以此分配预算空间的。

时间框架

仅仅在一个财政年度的背景下分配财政空间没有意义。这样做将使政客和其他索赔人有机会通过操纵政策变化的时间来掩盖收支决策的真实影响。在一年一次的预算中，下一年生效的项目扩展或收入减少对财政空间的影响为零。当一个政府只展望未来一年时，它几乎肯定会采取一些行动去剥夺未来预算的充足空间。

延长时间框架还有另一个原因：财政空间在即将到来的一年往往相对狭窄，而随着经济增长和收入变得更加充足，财政空间在随后几年往往会扩大。因此，政府考虑多年预算比只考虑一年有更大的回旋余地。当未来几年发生相反的情况，空间缩小（或消失）时，政府就发出了一个强有力的信号，表明当前的政策需要重新审视。

如果政府缺乏当代预算工具，如基线预测、社会经济模型、政策分析和趋势数据，就无法扩大其财政范围。中央预算办公室使用这些工具来衡量和分配财政空间，但过程中的其他参与者也会使用这些工具。与预算办公室拥有垄断或比较优势的传统“数字计算”相比，它在政策分析方面没有特殊的专业要求。任何拥有模型或数据的人都可以估计政策变本书最初由经济合作与发展组织以英文出版，标题为：
Evolutions in Budgetary Practice：艾伦·希克和经合组织高级预算官员

https：//www. oecd. org/gov/budgeting/evolutions-budgetary-practice. pdf.

图书在版编目（CIP）数据

预算变革 /（美）艾伦·希克著；苟燕楠译.
北京：中国财政经济出版社，2025.4. --（希克公共预算著作集）. --ISBN 978-7-5223-3584-1

Ⅰ. F810.3

中国国家版本馆 CIP 数据核字第 2025C605C3 号

责任编辑：李肇晗　　　　责任校对：胡永立
封面设计：汪　超　　　　责任印制：史大鹏

预算变革
YUSUAN BIANGE

中国财政经济出版社 出版

URL：http：//www.cfeph.cn
E-mail：cfeph@cfeph.cn

社址：北京市海淀区阜成路甲 28 号　邮政编码：100142
营销中心电话：010-88191522
天猫网店：中国财政经济出版社旗舰店
网址：https：//zgczjjcbs.tmall.com
中煤（北京）印务有限公司印刷　各地新华书店经销
成品尺寸：150mm×230mm　16 开　148.25 印张　1 686 000 字
2025 年 4 月第 1 版　2025 年 4 月北京第 1 次印刷
定价：500.00 元（全五册）
ISBN 978-7-5223-3584-1
（图书出现印装问题，本社负责调换，电话：010-88190548）
本社图书质量投诉电话：010-88190744
打击盗版举报热线：010-88191661　QQ：2242791300

图书在版编目（CIP）数据

预算能力 /（美）艾伦·希克著；苟燕楠译 . 北京：中国财政经济出版社，2025. 4. --（希克公共预算著作集）. -- ISBN 978 - 7 - 5223 - 3584 - 1

Ⅰ. F817. 122

中国国家版本馆 CIP 数据核字第 20254JM433 号

责任编辑：胡　博　张晓丽　　责任校对：徐艳丽
封面设计：汪　超　　责任印制：史大鹏

预算能力
YUSUAN NENGLI

中国财政经济出版社 出版

URL：http：//www. cfeph. cn
E - mail：cfeph@ cfeph. cn

社址：北京市海淀区阜成路甲 28 号　邮政编码：100142
营销中心电话：010 - 88191522
天猫网店：中国财政经济出版社旗舰店
网址：https：//zgczjjcbs. tmall. com
中煤（北京）印务有限公司印刷　各地新华书店经销
成品尺寸：150mm × 230mm　16 开　148. 25 印张　1 686 000 字
2025 年 4 月第 1 版　2025 年 4 月北京第 1 次印刷
定价：500. 00 元（全五册）
ISBN 978 - 7 - 5223 - 3584 - 1
（图书出现印装问题，本社负责调换，电话：010 - 88190548）
本社质量投诉电话：010 - 88190744

COLLECTED WORKS ON PUBLIC BUDGETING

希克公共预算著作集

EVOLUTIONS

IN BUDGETARY PRACTICE

预算变革

ALLEN SCHICK 艾伦·希克 著

荀燕楠 译

中国财经出版传媒集团

中国财政经济出版社

·北京·

总　序

这篇总序给了我一个机会，让我反思预算改革发展的历程，这与反思我自己的职业发展并不相同。两者有重叠之处，因为预算改革不断寻求能够更好地分配公共资金的方法，这让我走访了60多个国家，其中包括六次以上的中国之行，并使我能够将大学教学、写作、讲座和政府咨询结合在一起。我一直致力于找到预算改革和其他政府行政程序失败的根本原因。正如我稍后将要讨论的，改革的失败并不意味着没有发生变化。然而，预算改革更多的是通过适应而非刻意改革而发展起来的。

令人失望的预算改革历程

在2002年一篇名为《预算有未来吗?》的文章开头，我写道："预算是一个一直正在进行的工作。这个过程从未完全确定，因为管理它的人从未完全满意。"我论证了预算是一个由截止日期驱动的过程，其中选择次优选项往往是常态，旧的优先事项常常在预算中得到保护，而新的优先事项常常被排挤出去。决策者拥有大量的信息，却没有足够的数据来理性评估以往支出的有效性或未来支出可能产生的结果。

这些和其他的挫折使得预算实践成为改革的沃土。自从

将近两个世纪前在欧洲出现以来，预算一直在改革的驱动下寻求能够更好地分配和管理公共资金的方式。早期的改革关注于改变会计标准、优化申报和审查预算支出请求的程序，以及控制支出项目，这种改革方式在20世纪中叶之前在大多数发达国家成功实施。然而，从那时起，预算改革就一直以追求以结果为导向的预算为主，这种预算鼓励实施国家的优先事项，并使政府能够评估中期或更长时期内项目的成本效益。绩效预算、项目预算和中期支出框架是将预算重塑为规划、融资和监测政府目标为一体的战略过程的改革运动的领先范例。

这套改革的一个显著特点是，它们既没有成功也没有消失。它们仍然是改革的标准做法，因为它们是将预算从财务过程转变为定义和实现政府目的的战略工具的最合理方式。显然，如果政府明确将支出的金额与中期或更长时期内的产出和结果的数量和质量联系起来，而不仅仅是为下一财年的投入成本分配资金，那么政府就有可能做出更明智的预算决策。然而，在实践中，当代改革并没有达到预期效果。在大多数国家，绩效基础预算已经降级为绩效知情预算。尽管预算包含了大量关于结果的信息，但在低收入国家，这些数据通常只是用来打动国际组织的装饰，并不能实际决定资源配置。在实践中，项目预算通常不过是分类支出的手段，而不是建立政府目标的系统，中期框架已经成为预测未来年份支出，而不是限制未来支出的机制。

对于这些和其他形式的改革，失望或失败并没有足够的理由来说服大家放弃理性主义技术来编制和实施预算。失败激发了改革者再次尝试的欲望，通常他们会为他们渴望的创新贴上新的标签，并对过程进行一些调整。失败并没有鼓励改革者去质疑他们的第一原则或去寻求新的方法。改革者不

应该只关注预算的程序，更应该以国家的战略目标和绩效目标为基础去制定更大的政策机制。

事实上，推动寻求更好方法的这一条件也破坏了自20世纪中叶以来出现在预算领域的主要改革。将信息打包到目标、结果和未来支出，然后放入预算中，并没有给忙碌的政策制定者更多的时间来审查支出选项。但它却又常常产生冲突，使完成预算的基本任务复杂化。重要的是，改革并没有根除预算官员通过回顾上一年支出来确定下一年应支出什么的偏见。

适应性变革与程序正当性变革

预算是一个适应性过程，它随着经济、金融、政治和其他环境的变化而演变。在西方国家，最突出的适应性变化包括：(1) 将预算从资助政府活动的手段转变为主要帮助家庭的手段；(2) 使用基线作为准备预算的起点；(3) 根据国家或国际规范和政策来分配资金；(4) 将基于类别的预算分配给特定的社会经济群体。这些适应性变化是相互联系的；它们共同解释了为什么许多西方国家深切关注其财政状况的长期可持续性。

这些适应性变化的一个显著特点是，它们与国家政府的支出金额有关，与专注于预算编制和执行程序的正式改革形成鲜明对比。在世界银行1998年出版的专著《公共支出管理的当代方法》中，我将程序改革标记为预算中的正当程序。正当程序意味着如果程序健全，从该过程中产生的结果将是最优的。换句话说，结果是根据生成它们的程序来评估的，而不是根据实质性的标准。正当程序规范对结果持中立态度。这些规范可能产生平衡预算或赤字，为社会转移支付、国家安全、基础设施或其他政府项目分配更多或更少的资金。预算中的正当程序类似于司法程序中的正当程序。如果司法程

序适当，从该过程中产生的判决必须被接受为合法的。预算改革几乎有两个世纪都是这样的思维方式。

预算中的正当程序方法具有重要的优势。特别是，它为财务控制建立了基础，并确保财务信息是及时的、准确的，并且是符合会计标准的。然而，正当程序是管理公共支出的不充分基础，因为它常常产生政府不希望或次优的结果。大多数发达国家的预算都很僵化，政府几乎没有机会将公共资金从较低优先级的项目转移到较高优先级的项目。他们有健全的程序，但他们却要在他们不想要的事情上花钱，而在他们真正想要做的事情上，预算支出往往是不够的。

然而，从支出结果而不是程序的角度来看，21 世纪的预算与 20 世纪的预算不同。以下五个适应性变化关注了特定项目的支出金额或通过借入资金来为支出融资。我将从美国的视角讨论这些变化，但它们几乎影响了所有发达国家。

（1）法定社会转移支付。在西方国家，社会转移支付现在占国家支出的比重比 75 年前显著增加。这些支付通常是基于法定公式和规则的权利，这些公式和规则根据价格变化或接受者数量的增加会自动增加政府的成本。在发达国家中，每年度基于法定公式和规则自动增加的权利通常占国家总支出年度增加的大部分。

美国在这场预算的根本性转变中落后于其他发达国家，尽管美国作为一个低税收/低公共支出的资本主义堡垒而闻名，但它现在资助了一个庞大的社会福利网络。根据最近一个财政年度的可获得官方数据，这些支出从 1940 年的 20 亿美元飙升至 2000 年的 10670 亿美元，以及 2023 年的 43400 亿美元。这些支出在 1940 年占总支出的 20%，占 GDP 的 2%，但在 2000 年这一比例增加到总支出的 57% 和 GDP 的 10%，在 2023 年增加到总支出的 70% 和 GDP 的 16%。这些惊人的趋

势对美国资助其国际和国内目标的能力有深远的影响，这些目标超出了本序言的范围，但美国政府和预算官员却不能忽视它。

然而，这些趋势的一个重要含义触及了我提出的正当程序与适应性主题。当权利只是国家预算的一小部分时，正当程序意味着所有行政机构都根据中央预算办公室制定的标准表格、说明和时间表提交他们的预算申请。这种预算程序在估计依赖政府外行动的权利成本方面是无用的。当代政府依赖复杂的微模拟模型来预测未来的养老金、医疗保健、家庭援助和其他权利支出。这些模型的效用取决于内置的变量，而不是行政信息的质量。

（2）基线。虽然每个国家都有其独特的预算准备程序，但通常的做法是从计算支出基数——当前财年授权的金额开始。然后，每个支出单位确定其在下一个财年想要申请的高出基数的金额，并详细列出新增金额是由于价格变化、新的活动、工作量变化还是其他因素造成的。政府机构与预算控制者之间的预算谈判通常集中在这些增量上，最终预算通常授权高于基数但低于政府机构原始请求的支出。

将预算工作集中在增量而不是总支出上，显著减少了机构必须产生的信息量、预算审查员必须做出的决定数量以及必须解决的冲突数量。

这些特征对于一个每年都需要及时完成的流程来说是必不可少的。在预算中，与其他几乎所有政策领域不同，无论选择多么困难或信息多么不足，都必须做出决定。

尽管预算本质上是增量的，但通过回顾上一年支出的方式来准备预算是没有意义的，因为它没有解决下一年必须在哪些项目上支出这一关键问题。如果一个国家上一年有1000万养老金领取者，但下一年将有1100万，那么从“由于领取

者数量增加所以成本即将增加”这一假设开始构建预算是合理的。这就是从基数（起点是上一年实际支出的金额）转向基线（起点是估计下一年必须支出的金额）的合理性。这种关注点的转变产生了基数和基线之间的根本差异，这就打破了正当程序的预算。基数是一个实际金额，而基线是一个预估的金额。当基线成为预算的起点，支出的变化是通过对假设的未来支出来计算的，而不是根据上一年实际支出的情况。

在美国，国会预算办公室（CBO）是联邦预算决策的权威记分员。如果CBO报告说立法将增加1亿美元支出，这意味着增加的金额将超过基线中假定的金额。实际上，CBO从不以上一年支出为基础来计算支出变化。我认为基线预算编制是一项深远的改革，尚未得到充分研究，并且极大地复杂化了预算制定过程。

（3）基于国家或国际规范和政策的分配。在正当程序规则下，所有对公共资源的索求都要竞争预算份额，每个诉求收到的金额都被认为是最优的。我已经指出，这种竞争被对增量的偏见扭曲了，它更有利于现有的预算需求而不是新的。

许多国家为特定目的预留资金或设立特别基金，这些基金在常规预算过程之外运作。世界银行和国际货币基金组织经常批评采取这些做法的国家，但要求接受援助的国家单独核算他们提供的财政援助。

由于全球性缓解气候变化影响的努力，并帮助沿海地区和可能遭受极端气象模式破坏性影响的低收入国家，预留资金已成为一个紧迫的问题。国际社会在主要会议上努力从发达国家提取对受影响国家的财政承诺。这些会议通常在最后一分钟完成交易，而这些交易在受影响国家努力满足国内需求时被稀释或忽视。

绿色预算编制是一场全球运动，它促使政府评估其项目

和支出的环境影响，并旨在使国家预算与环保目标保持一致。它的意图是向政府施压，改变他们决定预算的方式以及支出。实际上，对公共资金的竞标既在项目本身条件下进行筛选，也根据气候影响进行筛选。例如，道路建设项目将根据每公里的成本、道路的安全特性以及对经济活动的影响进行审查。绿色预算可能会根据汽车的污染排放量、是否激励人们从城市集群迁移到远离工作场所的地区，以及国家消费的碳基产品数量来评估道路。

绿色预算编制已得到欧盟、经合组织、世界银行和其他国际组织的积极推广。这一运动仍处于初期阶段，未来可能会影响更多国家的国家预算政策。

（4）基于类别的预算编制。预算编制正当程序声称根据对国家有利的原则分配资金。当然，政治家和管理者在定义其预算请求和政策目的是促进国家利益时很少遇到困难，这是一个可以塑造成为服务于某团体、机构或地区狭隘利益的模糊概念。通过给予相对较小的金额来收买利益几乎是一种普遍的做法，可以促进国家凝聚力并促进预算的采纳。

比起解决预算的给予和索取，基于类别的预算编制将国家利益的分裂推向了更远的地方。这里的类别不是指地方利益，而是跨越全国的分裂。其引发的预算运动极大影响了基于类别的预算分配。它呼吁政府预估男性和女性的支出金额，可能还包括在西方国家获得合法性的其他新性别类别。由于除了少数例外情况外，预算没有为惠及男性和女性的项目预留资金，因此对支出中性别分布的预估仅依赖于假设，而不是实际数据。关于谁从政府项目中受益的一些假设可能非常值得怀疑。

基于类别的预算编制正在扩展到其他社会经济类别。2024 年 5 月，美国国会办公室报告称国会议员要求其“提供

有关政策效果如何因种族和族裔而异的信息”，并且“它一直在增加其分析能力以判断预算和经济发展如何差异性影响不同的人口群体”。现代经济学家经常依赖不稳定的假设来得出关于社会状况和政府政策的坚定结论，因此他们可能会在应用经济学方法按人口和其他类别分配预算时感到舒适。然而他们不知道或不关心的是，最初作为分析练习的东西，最终可能会成为某些主张者的倡导工具，这些主张者要么不关心国家利益，要么只是根据他们的群体利益来定义它。

（5）改革不足。我所讨论的适应性变化并没有补偿正当程序那令人失望的改革结果。政府可以在没有正式的中期框架或绩效预算的情况下进行发展，但他们确实需要战略能力以超越下一个财政年度，建立国家目标和优先事项，并评估预算政策对实施其战略目标的贡献。人们通常认为，低收入和新兴国家需要这种能力，而发达国家则不需要。此外，大多数发达国家对任何形式的国家规划都有一种厌恶感，可能是因为他们将其与苏联式的中央计划联系起来。在我看来，这是一种错误的态度：高度发达的国家如果只是从一年混到下一年，只是基于过去的支出来确定未来分配，那他们将不会永远是最发达的。每个国家都需要战略能力，包括我的国家。反思我对中国的访问可以提供一些成功改革的线索。

具有中国特色的预算编制

预算编制正当程序的要素在中国以及所有拥有健全财务管理系统的国家都是有效的。其关键特征包括会计框架、申请和支出公共资金的程序、报告国家财务状况的规则、审计标准和要求，以及在大多数国家中，对政府计划和支出的一些评估。

虽然我从对中国的访问中受益，但我不是绩效预算编制

和中期框架等高级技术的专家。然而，我观察到使中国的预算改革与大多数其他国家不同的两个特点。

第一个特点是，中国邀请海外专家访问本国，但很少依赖外部顾问告诉它该怎么做；其次，在中国，改革机制主要在预算编制范围之外运作，然而改革的效果可能会影响预算程序和结果。

我第一次访问中国是在1988年，随后的几次访问是由世界银行组织的，与其他国家的访问没有什么不同。然而，有一些访问是邀请我和其他专家在几天的会议中重点讨论特定问题。每位专家都是作为个人来的，而不是作为团队成员，我们每个人都向东道主做了正式的演讲，他们听了，记录了很多笔记，咨询问题，感谢我们，并祝愿我们回程愉快。在任何时候，我们的东道主都没有说过："告诉我们应该做什么。"我们离开后，政府官员会决定什么对中国有意义，他们给改革赋予了中国特色。

我在中国的经历与我为国际组织的工作形成了鲜明对比。他们积极推广其改革议程，并使用贷款和其他财政援助作为诱因，让新兴和低收入国家采纳最新的时尚和潮流。在我多年来参加的数百次任务中，几乎没有考虑过改革是否适合这个国家的需要。这种模式促使我于1998年在世界银行发表了题为"飞跃之前先观察"的演讲，敦促国家在采纳流行的改革之前先要建立基本能力。

第二个特点是，中国将预算视为其战略雄心的财务实现手段，而不是国家政策的主要来源。预算过程本质上太短视，太专注于即时需求，无法充分考虑国家的长期战略发展。努力将国家战略塞进预算编制那时间紧迫的框架中是注定要失败的，似乎当下对稀缺公共资金的需求挤出了长期目标一样。中国和其他一些国家想出的解决方案是拥有一个强大的国家

决策机制和公共领导，以确保长期优先事项融入预算决策。

我是在由中国国家发展和改革委员会主办的访问期间观察到这种中国特色。在会议休息期间，我和其他被邀请的专家被护送到南京孙中山纪念馆。我对于攀登纪念馆前392级台阶的高度感到惊讶，但决定加入我的同事参与这次千载难逢的经历。然而我们的东道主，一位高级NRDC官员，劝告我年岁已高不能攀登纪念馆。我感到失望，但很快了解到这位非常有才华的女士想要与我进行私人对话，探讨如何将中国的长期发展与年度预算联系起来。她不负责财政事务，但她不想将预算变成一个战略性博弈流程。她负责国家发展，并知道如果所需的财政资源不可使用，再好的战略和计划都是没有用的。

其他国家可以学到的教训是，如果你想让预算更具战略性，就要通过其他流程建立国家计划和目标。这种方法之所以在中国有效是因为党的组织机构整合了规划和预算编制。而对于规划和预算编制在不同轨道上运行的国家而言将不会有效。

译者序

难道说，羊皮古书
是喝了一口便永远止渴的圣泉？
醍醐若不从你自己的心中涌现，
你便不会自得悠然。

这是一本关于变化的书，涉及预算潮流、原则和方法。十六个章节全景展示了现代预算不同时期的实践探索。希克著作最大的特点就是扎根现实、深入浅出，研究者看得明白，实践者觉得管用。预算是渐进主义的大本营，也是理想主义的试金石，数十年演进检验了不同理念和方法，也形成了内涵丰富的预算控制、计划、管理。

本书从权利性项目预算开始别有深意。变化越快，不确定性越大，预算就越成为对抗变化和不确定性的重要手段。完美控制预算的世界不是完美世界，社会不安全感将广泛存在。权利性项目的兴起是当代预算最重要的特征之一，预算越来越无法决定自身，人民的需要决定预算。问题是，丰年的承诺在灾年仍需兑现，收支失衡愈演愈烈，冲突加剧，预算失能。“开始是规模宏伟而气魄磅礴，可是如今则行动明智而谨慎思索。”保卫预算就是保卫社会，必须遏制权利性项目的增长，重新评估冲动的承诺。

第二章是政府支出的控制与管理。本部分介绍了19个经合组织成员国中央预算办公室高级公务员眼中的预算。从失衡的预算开始，探讨各国争取预算平衡的战略和实践。在把全口径预算收支纳入视野，深入分析政府层级、社会保障、公共企业、金融工具等影响预算平衡的因素后，自上而下规划预算规模、结构、项目，核心问题是调和理性主义的变革和渐进主义的现实，关键问题是筑牢向宏观平衡转型的微观基础。从实践来看，要制定高层预算目标，聚焦目标配置预算，加强支出监管，实施绩效审查，改进财务管理，并且在年度预算和中长期管理之间建立有机联系。

第三章是结果导向预算。结果凝练为目标，具体化为指标，衡量结果须用标准。仅仅明确目标就能澄清许多，改变许多。那些能清晰界定目标的领域怎么办？剪不断、理还乱的地带又怎么办？结果导向的预算指向三个方面：绩效评估、释放管理自主权和主动性，以及将预算作为改善结果的手段。对结果导向预算而言，绩效信息必不可少，但也要清醒地意识到，绩效信息仅仅是影响预算的诸多因素之一。绩效结果的好坏受多种因素影响，改进体制机制、在各管理层落实管理责任并实施结果问责是深层逻辑。实施结果导向的预算，意味着完善绩效报告，选择绩效目标，深化绩效审计，实施绩效合同。澳大利亚的财政管理改进计划、英国的财政管理法案、美国的政府绩效和结果法案均是相关改革的助推器。

第四章是现代预算。预算现代化是国家现代化的一部分，在令人瞩目的理念和形式背后，传统不时露出神秘的微笑。威斯敏斯特制度、法国行政传统和斯堪的纳维亚模式下的预算现代转型尚未结束，旨在宏观上确保政府对总支出和项目优先事项的控制，微观上提升公共管理的效率和服务交付的质量。每个政府都从本国实际出发设计了改革工具，澳大利亚政府大量采用项目评估，既在项目实施前，也在项目结束后。法国政府强调责任中心，目的是使公务员意识到他们的行动将影响服务质量。瑞典政府加大了对年度报告的审计力度，确保财务和绩效报告的可靠性。英国通过框架性文件和绩效目标集中管理注意力于关键结果。在预算现代化的路上，有的国家取得进展，有的国家遭遇挫折，由于改革初期壮志凌云，往往会在某些方面难以尽如人意。

第五章是中央预算局不断变化的作用。中央预算局的传统作用是指挥和控制，规范支出项目，监督条例遵守情况，确保预算规范执行，并适当进行干预。这种作用与改革赋予管理者的自由决定权存在冲突。为中央预算局定义一个符合当代管理理念的新角色是一项艰巨的任务，因为它需要在政府的财政纪律和管理者的行动自由之间取得平衡。简单地剥离控制权不可行，因为会破坏预算应遵循的纪律。更为稳妥的方法可能是强调总体财政纪律，同时稳步推进分配改革、建立项目问责和改进机制，这需要重新定位中央预算局的作用。中央预算办公室的新角色以维护政府的问责制度为中心。这就需要改进信息和报告系统，提高支出部门衡量生产力和产出的能力，将结果与预期以及管理变化的过程进行比较。这与预算办公室在长达一个世纪的政府预算演变过程中习惯扮演的角色不同，但这是一个重要的角色，这使他们更加忙碌，并且要进行大量的资源分配。今天的改革将成为明天的规则，从长远来看，改革最大的回报可能是资源分配的改善。

第六章是国家立法机构能否在预算政策中重获声誉。立法部门影响财政规模和收支政策的趋势有三：立法预算人员数量增长；立法机构对财政政策的参与；对审计结果高度关注。预算人员的增加反映了立法机构更大的独立性，提高了经济和收入预测能力，并有可能对预算提案作出更大改变。

与过去相比，立法机构更关注财政问题，然而，经济危机时期政府往往重获领导权，立法机构的作用会下降。审计后的财务报表质量提高，使一些立法机构敢于将负责这项任务的办公室从政府划转过来，并加强绩效监测和项目评估。新形势下，立法机构要在预算政策中重获声誉，必须加强处理预算问题的立法能力和资源；改革行政和立法预算编制，促进财政纪律、分配效率和运行效率；在短期和中期预算目标中协调长期承诺；并重新定义与政府的关系。

第七章是寻找原则的机构。组织方式会影响绩效。等级森严、集中控制的组织缺乏主动性，对不断变化的条件适应缓慢，对服务对象的利益反应不充分；给予机构经营自主权，可以激发创新和提高绩效，由于摆脱了部门束缚，各机构将更具适应性和反应能力。新公共管理运动的上述理念在各国孕育了一系列改革，英国的“下一步”计划、瑞典的多年期政策和业绩指标、新西兰的首席执行官机制等，目的在于从“管理”转向“治理”，使机构肩负责任、充满活力。实践是检验真理的唯一标准，在现实中效果没那么好，问题比预料的多。机构激增损害了政府处理跨组织问题的能力，导致政策一致性降低，公共服务质量不高。机构因服务而生，服务不周必然陷入困境。“下一步”计划的下一步该怎么走？服务提供没有完美或永久的解决方案。布莱尔政府的《接线》是新尝试之一，也可能是新瓶装老酒游戏的再次上演。

第八章是预算是否有未来。在充满不确定性的时代，预算改革风起云涌。宏观层面从刺激到约束，改革举措有中期支出框架、财政目标的国际化、权责发生制会计和预算、基线预测、两阶段预算流程。未来的趋势是消除支出的政治压力，拓展预算的时间框架、关注财政可持续性和脆弱性、使用资产负债表来衡量财政状况、管理或有负债预算、整合财政政策和经济管理、维护跨国界的财经纪律。中观层面从分配到再分配，改革举措有评估、结果测量、战略性规划、再分配预算、利用中期支出框架促进再分配。未来的趋势是改变再分配方式，电子预算、全民投票预算、正式团体参与、基于阶层的预算、分配国民收入、国际规范、没有分配的预算。微观层面从控制到绩效，改革举措有管理自由裁量权、绩效目标及报告、绩效合同、自治机构、市场模式安排。未来的趋势是生产者政府，绩效预算、基于价格的预算、可变预算、公民权利预算、破产管理。预算的未来与政府的未来相互交织，除非政府强大且有能力，否则就没有健全的预算，而如果预算缺乏监管公共财政的能力，也不可能有强大的政府。

第九章是公共管理改革中的机会、战略和策略。成功的公共管理改革融合机会、战略和策略。机会是指在特定国家环境下促进或推迟一些改革的条件；战略是指政府为实现希望的设定目标而采取的政策和行动；策略是指用于动员支持改革和克服改革障碍的方法。当代改革更加全面，而不是零敲碎打；不局限于特定的行政管理流程；下放权力，而不是集中管理权；依靠激励机制改变行为，而不仅仅是正式规则；集中在业务和服务的提供上。改善政府服务的理念和做法有：告知管理者对他们的期望是什么，并根据这些期望来衡量结果；使管理者能够灵活使用资源履行指定职责；业务权力从中央机构和部门总部下放到业务单位；政府的决策和控制侧重于产出和结果，而非投入和流程；管理人员对使用资源和结果负责。从中长期来看，政府采取的方向将与商业组织采取的方向密切相关，如果一个人能够预见市场部门将如何演变，他就能够预测公共部门将如何变化。

第十章是绩效国家。绩效国家本质上是一个转型期国家，它需要适应不断变化的状况和机遇。绩效不是一个静态的衡量标准，而是需要不断地根据情况和结果的反馈来调整政策和行动。绩效国家必须为人民服务，一些民族国家的现代化倡导者设计出更灵活的公共行政形式，旨在通过在运行项目和使用公共资源方面赋予政府官员广泛的自由裁量权来提高绩效。统一的规则和程序会阻碍管理者尽最大努力去实现计划目标，从而影响绩效，这个观念促使一些国家政府解除了对公共行政的管制，但许多其他国家则试图在既定的行政管理框架内提升绩效。虽然绩效是民族国家的共同目标，但各国政府却选择了不同的道路。绩效预算在绩效国家中有着突出地位，绩效预算只有纳入到以结果为目标的管理安排中才能蓬勃发展，这种联系使绩效预算改革既难又易，难是因为改革范围必须扩大到包括公共管理，易是因为当管理部门推动结果时，绩效预算可以成功实施。绩效预算在绩效国家中有着突出地位，更多地是作为与绩效相协调的最终结果，而非绩效的推动者。为了实现真正的改革，跟随可能比领引领更好。

第十一章是财政规则在预算中的角色。预算是一个由规则驱动的过程，四方面原因推动了财政规则的应用：健全的预算程序往往产生不健全的预算结果；民主国家的预算倾向于产生扩张性结果；放弃严格的平衡预算规则往往造成预算制定者在财政总量上软约束；国家间预算结果的差异源于政府间收支规则的差异。这些因素融合在一起，为使用财政限制来抵消传统预算的明显缺陷提供了理由。本部分对财政规则进行了初步评估：为什么财政规则会作为一种有吸引力的预算创新出现？当代公共财政为这场改革奠定了什么基础？约束的类型是否会影响预算结果，或者说它的应用方式是否最为重要？预算安排如何促进或阻碍财政规则？以及财政规则运行的经济和政治条件如何？财政规则是硬约束还是软约束？谁制定和执行它们？它们调节的是哪些财政总量？他们制定和执行规则的会计依据是什么？财政规则为调节关键的财政总量提供了基础，对赤字或债务建立严格的约束确实会带来更谨慎的财政结果，但实践证明，只有拥有足够的政治支持，执行机制能阻止违规行为时，财政规则才能有效发挥作用。

第十二章是预算改革25年。高级预算官员网络（SBO）于1980年启动，以应对在油价冲击、高通胀和经济停滞后困扰大多数发达国家的预算压力。SBO的大多数议题都是预算官员年复一年在处理的问题，为什么项目评估在某些时候和某些地方有用，但在另一些时候和地方却没用？财政规则（如欧洲《稳定与增长公约》和财政责任法）在什么条件下规范了赤字规模，这些规则可以在不利的经济条件下运作吗？在预算中引入权责发生制的国家有哪些经验，它如何影响资源的分配和使用方式？各国如何调和多年框架与年度预算程序，他们是遵守多年计划还是每年重新制定预算？健全的预算制度可以为多种并存的目的服务，预算应当为中期及更长期限建立一个稳定的、可持续发展的财政职责；预算应当便于资源向更有效、更高优先级的用途转变；预算应当鼓励支出单位高效运行；预算应当是人民可理解的并对他们的利益作出回应；预算与其他财务管理实践相结合，应当保证公共资金支出的问责制。

第十三章是财政可持续政策。财政可持续性可以从四个维度理解，偿债能力，政府偿还其财政债务的能力；增长性，维持经济增长的财政政策；稳定性，政府以现有税收负担偿还未来到期债务的能力；公平性，政府在不将成本转嫁给后代的情况下偿还当前债务的能力。可持续性分析会用到基线预测、资产负债表分析、财政缺口分析、代际核算等方法。政府应考虑四种互补的方法来加强可持续性：利用最先进的社会/计量经济学技术，如代际核算和现值核算，构建长期财政方案；使用中期框架中所使用的方法将基线预测扩展到中期以后；估计当前政策变化对长期财政前景的影响；重新配置财政风险，使更大的部分由家庭和当前一代人共同承担。对可持续性的关注已经从欠发达国家转移到了发达国家，并从中期关注转移到了长期关注。长期可能看起来很遥远，但在重新设计财政政策时，它已经到来。从现在起的40或50年后的那些将获得公共养老金和健康福利的大多数人已经加入了国家的劳动力队伍，纳税并对他们未来将从政府获得的福利抱有期望，所有政府迟早都将面对期望超过收入的现实。

第十四章是绩效预算和权责发生制预算。绩效预算和权责发生制预算是分析工具，能够提供传统方法所不能提供的信息和见解。两者都有尚未解决的问题，而且实施起来成本很高。在绩效预算中，关键问题是资源应在多大程度上与结果挂钩；在权责发生制预算中，问题涉及资产估值、收入确认、折旧和资本费用的处理以及其他未解决的问题。虽然绩效预算和权责发生制预算是截然不同的创新，但它们都依赖于强有力的、以结果为导向的管理和科学合理的有效的全成本核算。无论是绩效预算还是权责发生制预算，都没有准备好作为一项决策规则而被广泛应用。

第十五章是预算外支出。预算的主要职能是确保公共资金仅用于已经授权许可的用途，如果没有可靠的财政控制，预算就无法用于其他重要的政府职能，如管理经济、提高行政效率以及制定公共目标和优先事项。预算外支出主要有四种类型：通过对纳税人的优惠放弃的收入（税式支出）；向私人借款者提供信贷（直接贷款和担保贷款）；使私人主体承担私人成本（管制）；被排除在预算之外的实体（公共企业）的直接支出。从财政控制的角度来看，关键问题不在于一个项目是否被列入预算，而在于它的支出能否通过预算得到有效控制。许多预算外支出虽然名义上纳入预算范围，但仍具有逃避可控性的特征。在解决预算外支出问题时，应关注促进或阻碍预算控制的因素，而不仅仅是会计问题。政府需要多种途径来控制，预算仅仅是其中一条道路，这些不同的途径可以通过一个总括的（而不是综合的）资源分配过程或公共部门规划过程联系起来。这样，预算将只是一个更大程序的组成部分，它将继续作为管理控制的工具发挥作用，而更广泛的控制将诉诸其他手段。

第十六章是为财政空间预算。财政空间是政府通过预算和相关决定为政策举措提供的财政资源。对发展中国家来说，财政空间意味着用借来的钱为生产性投资融资的能力；对富裕国家来说，财政空间是可用于扩大项目的增量。当有足够的资源为持续存在的问题以及重大的政策举措提供资金时，政府不关心财政空间。当预算紧张，支出的优先事项被不足的资源挤掉时，政府就会关注财政空间。财政空间的大小取决于四个变量：现有计划要求增量资源的程度、政府的征税倾向、借款倾向，以及经济表现。财政空间是政府行为扩大或缩小的一个变量，过去的支出决定大大缩小了未来预算分配者的选择余地，当代预算官员面临的任务是扩大财政空间，使支出反映政府的政策和偏好。如果目标是增加预算分配，政府可以进行一系列边际调整，从而获得更大的财政空间。如果目标是改变预算选择，那么很少有经合组织国家有政治资源来通过根本性改变收入或支出政策来大幅扩大财政空间。随着人口压力的加剧，越来越多的政府可能会被迫质疑现有的收入和支出政策。仅仅在一个财政年度内分配财政空间没有意义，会导致相关主体通过操纵政策变化的时间来掩盖收支决策的真实影响。在中期支出框架中，中央预算办公室成为国家财政空间的守护者和政策变化过程的管理者，这是一个比审查预算申请的常规职能更具政治性的职能，它有时会导致预算办公室与政治领导人和其他核心角色产生冲突。如果它不能有效履行这个职能，政府最终可能会为其并不拥有的财政空间预算。

本书的翻译由我总负责，初译分工如下：第一、二章，尹应凯；第三、四章，刘康兵；第五、六章，刘亚洲；第七、八章，曹晖；第九、十章，蔡宇欣；第十一、十二章，贾琬娇；第十三、十四章，马嘉萌；第十五、十六章，吕怀立。文章千古事，得失寸心知。翻译更是如此，不足之处难免，请读者批评指正。

十五年前我就知道这本书，在马骏老师的研究室见过这本书，在复旦大学和师生们研读过这本书。十余年来，想翻译这本书，但好事多磨，多次联系版权未果。2023 年，在朱积慧同学锲而不舍的沟通和希克先生的鼎力支持下取得版权。这是《预算变革》中国缘的曲折历程，也是我预算缘的精彩章节，念兹在兹，终有回响。中国预算正在经历重大变革，深化零基预算需要重估价值，健全现代预算制度需要海纳百川。它山之石，可以攻玉，《预算变革》反映现代预算的探索和困境，是经验之书，更是问题之书。正所谓：

昨夜西风凋碧树，
独上高楼，
望尽天涯路。
欲寄彩笺兼尺素，
山长水阔知何处。

苟燕楠

2024 年 12 月 9 日

目　录

第一章
权利性项目预算*

在过去30年中，大多数经合组织国家公共部门的相对规模逐步扩大，公共支出的构成也发生了重大变化。在1955—1957年，公共支出平均占GDP的28.5%，1967—1969年为34.5%，1974—1976年为41.4%（OECD，1978，表2；以上为未加权的平均数）。这种公共部门规模的扩大在最近几年一直持续，尽管增长速度较慢且不稳定（OECD，1982，表4-A-C）。经合组织1982年为经济政策委员会第一工作组所做的研究表明："除了澳大利亚、奥地利、卢森堡和冰岛，在整个报告期（1960—1980年），公共部门增长最有力的来源是转移支付的增加……。在越来越多的经合组织国家中，转移支付现在基本上与公共消费支出相当"（OECD，1982：6）。这些国家的数据说明了这些公共支出的重要性。在丹麦，收入维持支出从1954年占GDP的7.5%上升到1978年的19.7%；法国从11.2%上升到17.9%；德国从11.5%上升到18.2%；日本从2.9%上升到7.3%；荷兰从6.4%上升到19.4%；英

---

* 本章原作为SBO项目的一部分载于1984年，题为"资源分配与控制"（Resource Allocation and control）。在撰写本文时，艾伦·希克是美国马里兰大学公共事务教授。后记写于2009年。

国从6.4%上升到11.7%；美国从4.1%上升到9.8%（OECD，1982，表4A－C）。

产生这一趋势的原因引发了许多争论，与此同时，公共支出中权利性计划所占份额也大幅增加。转移和收入维持支出的大部分用于养老金、失业、残疾补偿及其他权利性计划。在大多数经合组织国家中，权利性项目是近年来公共支出的主要增长领域。

本文讨论了在两种不同条件下的权利性预算：二战后二十五年期间这类支出的扩张，以及自第一次石油冲击以来十年间的预算削减和预算现状。在讨论这些条件和造成这些条件的因素之前，本文提供了一个关于权利问题的概述和定义。

权利性项目的定义和预算状况

虽然权利性项目很重要，但没有标准定义，因此也没有可靠的手段来衡量它们在预算中所占的比例。然而，权利性项目的预算特点与其他形式的公共支出区别较大，值得单独分析。权利性项目的预算与购买商品和服务或其他可自由支配支出的预算不一样。权利性项目和更传统的支出之间的差异，说明了困扰大多数经合组织国家支出管理的基本问题，以及传统支出制定的预算决策和管理方法在适用于权利性项目时可能需要调整。

权利性项目是法律规定的，它确立了获得公共资金的合法权利。这种权利可以赋予个人、家庭或任何其他指定受益人。法律通常规定了资格要求和付款时间表或计算付款的公式。法律通常不规定（或限制）权利性项目的总支出；总支出是对个人付款的总和。

社会保障、失业补偿、家庭津贴和残疾津贴都是权利性项目，因为它们赋予特定人群从国库中获得资金的权利。例如，获得社会保障的权利是基于年龄和（在许多国家）以前的收入，并且该权利的货币价值依法确定。政府（或社会保障基金）有义务支付领取者应得的金额，无论预算中是否为此预留了足够的资金。在许多国家，长期拨款为社会保障和其他各种权利性项目提供资金。但是，即使是由年度拨款资助的权利性项目，政府也必须提供法律规定的福利。

权利性项目的概念可以通过与其他类型支出进行对比来加以说明。未授权的项目涉及选择性支出或强制性支出。前者很容易与权利性项目区分开来，因为只有在得到拨款授权的情况下才会产生支出。没有任何实体法要求政府支出这些资金，受援者也没有从国库中获得付款的权利。如果没有拨款，就不会有支出。选择性支出在购买商品和服务方面很常见。然而，如果供应商有合法权利向政府出售他们的货物，而政府有义务以依法确定的价格购买这些货物，那么就会存在权利。因此，要求政府以法律规定的价格收购剩余农作物的农业项目就是应得权利。但是，当政府花费拨款购买农产品来支持受其照顾的人时，这笔支出可能就不是权利性项目了。

第二类包括不属于权利性项目的强制性支出。在这些情况下，支出来自政府订立的合同义务。因此，支付债务利息的义务源于政府与债券持有人之间的合同；政府支付商品和服务的义务源于对供应商的合同。没有这些合同，就不会有任何支付。但是，为权益支付的义务来自法律，而不是来自合同。事实上，许多权利性项目是政府的单方面承诺，不需要受益人的任何对等承诺。

权利性项目和其他支出之间的区别并不明确，无法排除所有歧义。一些计划可能具有类似于权利性项目的特征，但在确定支出时仍允许一定程度的自由裁量权。例如，在美国，食品券计划使低收入者有权获得购买食品的现金援助。由于建立该计划的法律限制了总成本，并使支出以年度拨款为条件，一些预算专家不认为食品券是权利性项目。然而，国会总是拨出足够的资金来支付所有需要的福利，并在必要时提高对总费用的限制，以确保所有福利得到充分支付。由于这个原因，一些专家将食品券归类为权利性项目。

虽然对权利性项目的定义仍模糊不清，但并不影响权利性项目概念的分析作用。大多数支出可以被明确地归类为权利性项目或非权利性项目，但有些案例使得统计权利性项目的全部费用或其在国家预算中的份额变得困难。不过，要研究预算如何受到权利性项目增长的影响，我们并不需要拥有这些支出的权威性清单。

权利性项目和非权利性项目之间的关键区别是，前者的支出由法律决定，后者的支出由预算和拨款决定。在制定权利性项目立法时，只能估计其未来成本；一旦立法成为法律，政府必须（除非修改法律）承担权利性项目所要求的任何成本。在这种情况下，预算过程更多地是对过去的决策进行核算，而不是做出新决定的手段。此外，预算可能不是确定权利性支出逐年变化的过程。这些变化更可能来自合格受益人数量的变化和通货膨胀，而不是来自自由裁量的预算行为。因此，对“增量”的预算控制即预算组织历来对其影响最大的那部分支出已经被削弱了。在极端情况下，指数化普遍存在，权利性项目对经济表现高度敏感，支出增长就处于“自动驾驶”状态，预算程序对支出趋势几乎没有影响。

在一些国家，权利性项目支出被归类为“不可控”。这个标签应该被解释为：支出水平不单单由预算决定。也就是说，如果预算和拨款没有提供足够资金，政府仍然有义务支付法律规定的款项。但是，权利性项目可以通过法律的变化来控制；在这个意义上，“不可控”的标签可能会产生误导。

与10—30年前相比，现在权利性项目在公共支出中的份额大得多，这一事实对预算有重要影响。首先，除非政府修改法律，否则政府必须承担支出，无论经济状况或对预算的其他要求如何。此外，如上所述，支出的逐年增加很可能独立于预算过程决定。事实上，与其他项目相比，预算支出和实际支出之间的差异可能更大、更难预测。

相对于与消费支出有关的传统预算，权利性项目问题往往在政府内外引起更广泛的参与。传统预算被描述为“政府自说自话”，因为各部委向预算组织提交他们的支出需求。对权利性项目的决策可能是一个更加开放的过程，因为受影响的受益人在结果中具有直接利益，并有强烈动机向政府官员表明他们的利益。此外，权利性项目的分配效果比消费支出的效果更明显。

当经济增长，有资源为增加的权利性项目提供资金时，预算编制的这种“政治化”并非难事。但是，当经济疲软并寻求削减开支时，预算过程可能难以应对关于权利性项目的政治冲突。

权利性项目的设立和发展

没有任何一个因素可以解释现在公共支出中权利性项目的突出地位。预算官员将权利性项目的增长归因于经济条件、政治压力、人口变化和其他因素。在梳理这些因素时，区分权利性项目的设立（包括扩大资格或福利的法律变化）和权利性项目被颁布为法律后发生的增长是有益的。

设立阶段

在大多数经合组织国家，权利性项目立法的快速增加发生在二战后几十年的经济持续增长期。人们普遍认为这两个条件密切相关：经济好转为权利性项目计划提供资金，以及对国家保护其公民免受商业周期波动影响的期望提高。长期的增长使民主政权在经济稳定和管理方面的作用合法化，而权利性项目则为应对周期性衰退提供了内在稳定器。由于战后的增长是在对大萧条及其恶劣影响的记忆还很强烈的情况下发生的，因此它刺激了对“安全网”的需要，以帮助不幸的公民。广泛的富裕（以及对生活水平持续提高的期望）使人们在政治上接受了收入再分配计划，因为现在有可能在不降低社会中较幸运阶层生活质量的情况下提高低收入者的福利。政府与其说是在重新分配收入，不如说是在分配经济增长带来的回报。他们把经济增长的一些好处给了老人、失业者、残疾人和其他与经济增长隔绝的人，同时工人和商人的生活水平也在继续提高。

经济增长放松了对计划扩展的预算限制，使政府对其新义务的成本不再敏感。通常情况下，在启动或扩大权利性项目时，几乎没有关于其未来成本可靠数据也没有对其进行严格的预算审查。对新权利性项目的成本不敏感，部分原因是这些计划的制定方式。权利性项目计划往往由特别工作组或委员会制订，这些工作组或委员会在常规预算程序之外运作，在财政部被要求审查之前获得了大量关注和支持。为回应这些政治期望而制定的立法涉及到将获得这些权利性项目的人的需求和权利。与拨款不同，资金通常不被提及。因此，人们的注意力从成本转移到需求，有效的决策中心也从预算组织转移到了其他政治权力中心。在这种情况下，预算官员很难从成本角度来考虑问题。因此，预算权利倾向于那些能够指出通过援助老年人、穷人和失业者而实现的公共利益的人，而不是那些担心政府能否承担它自愿承担的义务的人。

然而，对未来成本的漠视受到一些因素的影响。第一，对持续增长的预期使人们相信，不断增长的经济将能够支付不断扩大的福利。第二，一些主要的权利性项目，特别是社会保障，由自筹资金的基金积累盈余来支付未来福利。这些盈余鼓励了这样一种观念，即尽管有人口趋势，这些基金将能够支付它们正在积累的债务。第三，在经济疲软时期，普遍的看法是，对福利的支出将刺激经济复苏，并导致生活水平的进一步提高。

工业化民主国家之间的同行压力推动了权利性项目的传播。虽然各国的福利模式和水平各不相同，但大多数福利都受到人们对其在供养老人、帮助穷人和保护工人免受经济衰退影响方面的作用不断提高的期望的影响。一个经济不太发达的欧洲国家的高级预算官员表示，其欧共体的成员资格促使其提高了公民的权利性项目。

如果经济增长是权利性项目国家的源泉，那么我们应该发现，在战后增长率较低的经合组织国家，权利性项目的范围较小。我们有理由相信，在一些南欧国家，情况就是如此。但其中一些国家近年来经历了快速的民主化，使它们面临提高生活水平的巨大压力。其中之一便是让公民享有各种福利。例如，西班牙政府最近颁布了立法，让内战老兵（以及他们的某些亲属）有权获得养老金，这一计划的成本比预期的要高。这是由于许多这类福利计划普遍存在困难，即难以对将申请和有资格获得福利的人数做出可靠的估计。

一旦开始，权利性项目往往被扩大。针对特定受益人的项目被扩大，以涵盖更多群体。例如，在美国，一项旨在帮助因黑肺病致残的煤矿工人的计划，通过立法扩大到几乎涵盖所有矿工。在瑞典和其他国家，针对贫困地区的计划被扩大到不符合最初资格要求的其他地区。这些例子表明，即使资格被严格界定，政治力量也可能将权利扩大到其预期范围之外。这样一来，有针对性的计划就会逐步转变为普遍性的计划，而一开始成本不高的权利性项目也会发展成为昂贵的事业。

由于扩大的过程是渐进的，因此很容易忽视权利性项目的最初目的和未来成本。每一个拟议的扩大都被孤立地考虑，而不去研究为什么该计划会被设定为一个权利性项目。在扩大时，问题往往以公平视角阐释：为什么一个群体应该被剥夺已提供给另一个类似群体的福利？被接受和被拒绝的人之间的关系被强调，而差异被淡化。

经合组织的研究表明，权利性项目的扩大意味着覆盖面的扩大和实际福利的改善（OECD，1983a）。在 1960—1980 年，在五个主要的经合组织国家中，失业保险方案所覆盖的平民劳动力的百分比都有所提高，只有一个国家有所下降。加拿大的覆盖率从 63.6% 扩大到 89.6%；法国从 38.2% 扩大到 58.8%；意大利从 38.2% 扩大到 47.7%；日本从 33.5% 扩大到 50.4%；美国从 66.5% 扩大到 89.5%。英国则出现了下降。在同一时期，所有这些国家支付给失业工人的实际福利都有所增加（OECD，1983b，表 16 和 17）。

在经济增长期，政府经常调整名义支付以保护受益人免受通货膨胀对其福利的侵蚀。由于经济增长强劲，这些调整往往得到广泛支持，但政府官员也受到要求增加实际福利的压力。因此，通常情况下，通货膨胀的调整为其他福利的改善打开了大门，因此，许多 OECD 国家经历了“福利蔓延”，福利在国家预算和国民收入中的份额逐渐增大。作为回应，一些国家将指数化作为一种手段来抑制改善福利的压力。由于支付与通货膨胀率自动挂钩，就不再需要定期酌情立法。受益人不能再利用通货膨胀调整的机会来获得真正的改善。指数化保护了政治家们免受他们可能无法抵御的计划压力的影响。

除了作为一种控制机制外，指数化还因为它是确保权利性项目的再分配特征得以维持的一种手段而受到欢迎。在一些国家，福利与工资挂钩，从而确保领取者能够参与预期的经济增长。

没有立法的增长

在第一次石油冲击之后，由于大多数经合组织国家试图适应不利的经济条件，通过新立法启动和扩大权利性项目计划的工作有所松懈。但是，由于政府几乎无法对其控制，现有待遇的成本继续上升。老龄人口，特别是有资格领取养老金的人口比例上升，极大地促进了支出的增加。人口年龄构成的变化意味着，即使实际福利和资格标准被冻结，权利性项目也将消耗越来越多的公共预算份额。

指数化（如上所述）是为了加强预算控制而引入的，但在 20 世纪 70 年代中期至 80 年代初持续滞胀期间，产生了相反的效果。高通货膨胀和高失业率的交织，对普遍实行指数化待遇的国家的预算平衡产生了破坏性影响。高通货膨胀率自动提高了这些项目的公共开支；高失业率减少了可用于支付这些项目的资源。由于价格水平是最常用的指数，在工人实际收入下降时，权利性项目受益人往往能够维持他们的生活水平。

低经济增长和高失业率不仅侵蚀了经合组织国家的收入基础，还增加了福利支出。政府有义务在经济增长时期提供失业福利。但现在经济停滞不前，他们发现自己的支出比预期高得多。其中一个原因是，失业率比以前的战后经济衰退期要高得多，迫使工业化国家比过去花费更多的钱来为其买单。此外，在复苏期间，失业率并没有回落到衰退前的水平。大部分失业是结构性的（由于衰落的行业失去了工作，经济没有能力吸收大量新加入的劳动力），而不是周期性的。结构性失业给当代政府带来了高额开支，而经济好转的前景却不乐观。

如果这三个因素（人口趋势、指数化或失业）中的任何一个单独发生，对政府预算的影响都可能是温和的。但是，在过去十年，这三个因素同时发生，极大地加重了经合组织国家的预算负担，迫使它们寻求缓和权利性项目支出增长的方法。然而，权利性项目的法定基础意味着政府不能仅仅通过预算和为其申请较低的金额来限制支出。为了削减权利性项目，他们必须对法律进行实质性修改。

遏制权利性项目的增长

经济萎靡不振和对长期预算危机的可怕预测实际上已经暂时中止了权利性项目的设立。经合组织国家没有减少实际支出，却试图遏制权利性项目的增长。在过去的许多年里，权利性项目可能仍然是政府预算的重要组成部分，主要的收入支持计划可能会保留其基本特征。福利可能不会像没有削减时那样高，覆盖面可能会更窄，但担心政府会放弃其稳定收入的功能是没有事实根据的。然而，对放弃的担心非常现实，它已经阻止了一些政府着手认真对付福利问题。当对现有项目的小幅削减引起抗议，公众认为政府正在从长期以来的承诺中退缩时，政治上的谨慎可能是什么都不做。

权利性项目将继续存在（尽管不一定像增长年代那样突出），这一结论不仅仅基于政治考虑。多年来，对收入支持的依赖已经扩散到大多数部门。权利性项目的成本很高，因为它们广泛存在。事实上，在大多数工业化民主国家，正是中产阶级获得了绝大部分的福利。让那些已经依赖政府定期支付支票的人完全依靠他们自己是不可想象的。这将造成巨大的经济混乱，而且不排除有崩溃的可能性。

到目前为止，经合组织国家的政府已经寻求对待遇增长率进行边际削减。虽然未来可能会尝试更强烈的削减（特别是如果经济危机持续存在），但边际调整可能是大多数预算和财政组织的近期目标。原因是，这些组织的动机不是重新定义政府范围的长期努力，而是迫切需要纠正资源和支出之间不平衡。小规模的削减可以在当前和即将到来的预算中产生可见的重大节约，并可以缩小收入和支出之间的差距。这些小的调整可能不会出现在政府政策的重大调整上。转移支付可能仍然是公共支出的最大（和增长最快）部分。但从预算官员的角度来看，边际节余将足够大。

这些削减的边际特征产生了大量的政治混乱和预算机会。在许多情况下，在减少权利性项目的同时，该项目的支出却在增加。这种反常现象是由于削减往往不是以过去支出计算（在消费支出预算中通常按减少额计算），而是以没有削减时的支出水平计算。因此，如果一项权利性项目的支出高于前一年的水平，项目的改变仍然可以被视为削减。这种情况可能会造成混乱，并在削减的规模上产生争议，但它也使政治家们能够因项目的削减和增加而获得荣誉。因此，他们可以更容易地应对政府面临的矛盾压力：削减开支并使项目增长。

削减的策略

动员反对削减开支比较容易。由于权利性项目提供的是现金（或等价物），与削减服务相比，人们对前者的感受更直接。转移支付的减少对受益人的财务影响与减薪对工人的影响相同。在这两种情况下，可支配收入都会有明显损失。因此，政府发现有必要非常谨慎地实施削减，并对受益人的潜在反应非常敏感。在这种环境下，预算的策略方面——比如如何向公众展示削减，以及预算组织对支出部门的立场——已经变得相当重要。这些策略在不同的预算季节或政治形势下有所不同，其主要因素是对什么更适合当时目标进行机会主义评估。在某一年，政府可能会在没有预先警告的情况下采取行动，希望在反对派能够有效组织起来之前就将其震慑住。在另一年，政府可能试图通过与受影响的群体协商或公开讨论迫使其进行削减的问题，来为其行动建立政治支持。

这些策略可能反映了每个国家的政治文化。在日本，协商一致的预算是常态，通过在受影响的阶层中分摊削减的负担来努力获得支持。在丹麦，联合政府在议会中拥有脆弱的多数席位，政府内部有广泛的党内谈判，但一旦决定，削减就会迅速实施。在美国，国会有非常大的独立性，总统认为有必要通过大众媒体呼吁公众支持。

由于这些策略的变化和机会主义的特点，政府在预算中很少进行结构性创新来处理权利性项目问题。加拿大影响深远的政策和支出管理系统（PEMS）主要是为了处理不确定的资源分配，而不是处理由“法定权力”（主要由权利性项目构成的类别）授权的支出，尽管新系统可以影响后者。然而，在预算实践中出现了两个重要的格局，可能预示着未来的结构性变化。一个是丹尼尔·塔施斯（Daniel Tarschys）指出的趋势，即依靠“一揽子”而不是标准预算报告来提出和实施支出政策的重要变化，另一个是恢复预算组织和财政部在增长时期让渡给项目创新者的一些权力。

对于那些寻求削减权利性项目的人来说，一揽子方案有很多好处。其一是，它使政府能够将一些削减措施组合在一起，从而证明限制的责任广泛（且公平）分配。另一个好处是，一揽子方案使政府能够坚持把所有的削减作为一个整体来行动，从而削弱了对个别削减的反对，使政治家更容易支持整个方案。在联合政府中，一揽子方案的制定已成为各政党之间谈判的焦点，也是对政府实力和持久性的考验。在美国，一种被称为“和解”的一揽子技术已被有效地用于颁布对福利和其他项目的大幅削减。

在荷兰和美国，一揽子方案被用来对福利项目进行多年的削减。与针对年度决定的常规预算程序不同，一揽子方案可以将削减安排在若干年内进行。分阶段削减的能力可以使受影响的各方更容易接受，同时缓解如果一次性全部实施可能出现的混乱。然而，随着政府继续执政，反对派有时间发起有效的运动，多年期的一揽子方案可能会改变，或被证明是不正确的，因此有必要修改一揽子方案。因此，通过闪电战实施的一年期削减可能比分几年实施的多年期削减成功率高。丹麦政府实施了它提出的90%的削减措施；荷兰和美国的执行率则较低。

无论其优势如何，一揽子方案可能会扰乱预算常规。当大的、有争议的一揽子方案必须进行谈判、调整和实施时，预算周期可能变得不规则。要维持一年中要采取的各种行动的时间表可能变得很困难。但这个已经困扰了许多国家的问题，可能更多地是由于政治不稳定、财政压力和战术考虑，而不是一揽子技术本身。

政府遏制开支增长的决心导致部长权力平衡的潜在重要变化。正如扩大计划的冲动曾经以牺牲预算组织为代价增强了开支部门的影响力一样，缩减开支最近促使政府更加依赖财政官员的建议。增长时代有利于支出的转变和最近的缩减都主要通过预算实践中的非正式变化完成，例如部长们与政府首脑的接触或内阁中各部长的影响力。但也有一些正式变化，如立法要求所有部长的支出提案在提交前必须经过财政部审查。事实上，让政府官员、政治家和其他有关方面了解权利性项目的预期成本一直是预算组织用来支持自己立场和限制支出申请的策略之一。

对未来支出方向的预期是预算部门和支出部门之间竞争的一个重要因素。如果人们想当然地认为支出会继续增加，或者认为更高的支出是合法和可持续的，那么预算官员就会处于弱势地位，无法抵制来自支出部门和利益集团的要求。预算组织的一个关键任务是致力于遏制开支增长。改变对未来的预期，就是改变对支出增长的预期。这样做的一个手段是传播政府将面临预算失衡的“坏情况”，除非它削减待遇的自动增长。在一些国家，多年的预测导致了多年的缩减，而在另一些国家则成为扩张的巨大障碍。在几乎所有的经合组织国家中，对未来增长的预期明显不如十年前那么乐观，也不那么合理。

如果财政压力和对未来萎缩的预期变得根深蒂固，预算实践的修改可能会变得比迄今为止的情况更加结构化和系统化。与其依靠预算战术和行为特征来限制支出，政府可能会寻求更广泛的调整。迄今为止，这种情况尚未发生，可能是由于：

Ⅰ）对预算未来方向的不确定性；

Ⅱ）尽管最近有削减，但增长预期仍然存在；

Ⅲ）对短期战术问题的关注。

在任何情况下，对于可能适合的结构改革类型，似乎没有形成共识。

削减的类型

有人提到，迄今为止实施的削减往往微不足道，其目的是抑制增长速度，而不是降低实际支出水平。尽管相对于支出总额来说，这些削减可能微不足道，但这些削减会引发大量的政治纷争。因此，预算官员一直在寻求既省钱又不会引起激烈冲突的削减措施。他们经常以不直接削减计划的方式削减开支。这就是说，尽管财政削减对项目有影响，但它们可以掩盖这份影响。

这类削减的例子可以从不同的国家得出。丹麦将福利水平冻结了两年，没有根据通货膨胀进行调整。芬兰设计了一些延迟，以推迟支出；美国也是这样做的，将通货膨胀调整推迟三到六个月。美国还通过将福利金四舍五入到下一个美元较低的时期，在五年内节省了大约 30 亿美元。爱尔兰建立了一个资格等待期，并将一些待遇中的实际福利从就业工资的 45% 减少到 25%。这些财务调整节省了资金，而没有对受影响的项目进行结构性改变。

财务调整可以采取一揽子方式，所有受益人均承担一些损失，无论他们的具体情况如何。与一揽子削减一样，它们掩盖了对项目水平的影响，并给人一种负担由所有受影响方公平承担的感觉。但与全面削减一样，它们的影响实际上可能非常不平等。

在资格要求方面做了一些改变，以遏制支出增长。资格期限可以缩短（或限制），确定资格的标准可以缩小，一些群体可以被完全排除在外，或者在领取者有资格领取福利之前规定一个等待期。荷兰将一些年轻人排除在失业福利之外；美国将被判定有工作能力的人从残疾人名单中清除出去。从政府的角度来看，这些边际变化是有吸引力的，因为它们在不损害大多数受益人资格的情况下节省了资金。如同上述财务方面的变化一样，节约了资金，但项目的基本结构保持不变。

各国政府试图通过边际调整权利性项目的公式来遏制支出增长。其中一种调整是改变指数，例如，从工资到价格，或到两者中较低的一个。另一种是对通货膨胀从完全调整转向部分调整。还有一种是将调整滞后于通货膨胀的增长。然而，在实现完全去指数化方面进展甚微，也许是因为现在已经广泛接受了对受益群体进行通货膨胀补偿的适当性。

边际削减产生边际节约。我们已经注意到，这可能足以将收入—支出差距缩小到政治上可以接受的范围。一些观察家认为，未来可能需要采取更激烈的措施改变基本的合同和法定承诺。这种预期与人口趋势（尤其是人口老龄化）而非经济状况有很大关系。其理由是，尽管目前有经济复苏的趋势，但受扶养人口与生产性人口的比例将增加到一定程度，从而使目前规模的福利状态无法继续维持下去。如果这一前景被证明是准确的，经合组织国家将面临比以往更困难的政治和预算挑战。

后　　记

在评估权利性项目的巨大成本时，应该从预算过程的细节中退后一步，转而关注这些支出所服务的社会目的。毕竟，预算控制不是政府在设计公共政策时必须考虑的唯一价值，也不总是最重要的。政府故意削弱预算决定支出的能力，因为严格控制与其他重要的目标冲突。大多数经合组织国家的政府通过向工人保证他们退休后的财务状况，削弱了年度预算控制。政府设立支付项目帮助失去工作的工人，设立医疗保健项目为患病的人提供医疗服务或财务支持，设立为受扶养人提供收入支持的项目，以及众多其他转移支付项目。

所有经合组织国家的公民都广泛认同作为公共权益基础的价值观。当然，在支付水平和资格要求方面存在政治争议，但这些都是影响支出金额的边缘问题，而不是永久立法中规定的权利性项目的合法性。公民可能并不赞成每一项福利项目，但项目越大，它们在民意调查中获得的支持就越多。

如果政府有完美的预算控制，每年的预算将不受过去权利性项目决定的约束；没有法律承诺会从一年延续到下一年。政府将每年决定在养老金、低收入支持、医疗保健、失业补偿和其他形式的援助上花多少钱。预算将被恢复为分配公共资金的手段。

然而，完美控制预算的世界不是完美世界。社会不安全感将广泛存在。工人和家庭将面临不确定的财务未来。为了解他们的可支配收入是多少，养老金领取者将不得不等待每年的预算决策周期。有一个强有力的理由可以证明，由于现有的权利性项目制度，社会变得更好了。这些预先决定的付款使家庭免受经济衰退的周期性冲击以及老年和残疾的长期冲击的影响。它们缓解了对通货膨胀、失业、疾病和医疗保健负担能力的焦虑。权利性项目应被视为将金融风险置于一个国家可以自行构建的最大的池子内——整个社会。

然而，权利性项目使社会多方受益并不意味着所有这些支出同样值得，也不意味着这些支出项目的所有特征都值得付出代价。政府可以通过定期对权利性项目进行审查和调整福利来恢复一些预算控制。事实上，为减少长期风险，一些财政状况最可持续的国家政府已经对福利计划进行了重大调整。

原则上，权利性项目与预算控制不相容；但在实践中，这两者必须调和。协调预算纪律的需要和财务安全的社会需要的第一步是：政府在承诺新权利性项目时要谨慎。这点对于尚未拥有完整的西方式权利性项目制度的新兴经济体而言尤为关键。第二步是进行边际调整，扩大可通过年度预算决定分配的增量。然而，必须认识到，即使是微小的变化也会激起政治反对。第三步是政府要评估哪些风险可以通过各种风险分担机制转移给私人。如果政府不采取这些措施，他们可能迫于人口压力在未来更大胆地削减权利性项目。

参考文献

OECD (1978), Public Expenditure – Trends, OECD Studies in Resource Allocation No. 5, Economic Policy Committee, OECD, Paris, ISBN 92 – 64 – 11796 – 2.

OECD (1982), "The Role of the Public Sector", CPE/WPA (82) 4, Working Party No. 1 of the Economic Policy Committee, OECD, Paris.

OECD (1983a), "The Growth of Social Expenditure: Overview and Main

Issues", SME/SAIR/SE/83.09, Directorate for Social Affairs, Manpower and Education, OECD, Paris.

OECD (1983b), "Consequences of Public Sector Size and Growth", CPE/WPA (83) 8, Working Party No. 1 of the Economic Policy Committee, OECD, Paris.

第二章
政府支出的控制与管理：各国经验比较 *

概　　述

在许多人眼中，“预算”一词会让人联想到充斥着晦涩难懂的专业术语和成千上万的数字的厚厚的文件，以及围绕着会计规则和绩效指标的无休止的争论。当然，这些元素确实构成了预算的外在表现形式。但预算远不止此；它关乎人与人之间的互动、想法和目标。

预算是对财政资源限制和分配的明确阐述，通过这一过程，政府利用这些资源来提供补助和服务，旨在改善社会和经济福利。预算是关于政府活动理想规模和构成的各种观点折中的结果。预算是一个和解过程，在这一过程中，部长、立法机构成员、公务员等各方就不同观点进行辩论，权衡优劣，以实现资源的合理分配。同时，预算也是一个规范过程，

---

* 本文原载于 1987 年 OECD 出版的《政府预算控制与管理》（*The Coutrol and Management of Government Expenditure*）一书的第一到七章（ISBN92 - 64 - 12995 - 2）。在撰写本文时，艾伦·希克是美国马里兰大学公共事务学院教授。

它指导公务员在实际管理和提供公共服务时的行为，并对使用的公共资金及其成效进行后续的核算和评价。

本报告通过19个经合组织成员国①中央预算办公室高级公务员②的视角，提供了对全球预算过程的初步了解。本报告并不是要严格评估或规定所谓的“最佳”实践。关注点在于描述和比较一些预算实践，它们是这些官员的部分工具。在进行国际间绩效比较时，通常会遇到很多挑战，尤其在比较不同国家的“游戏规则”时，这些挑战尤为明显，这些“规则”的设置旨在影响个体行为，以及它们在各自不同的社会、经济、政治和行政背景下的互动结果。

预算环境

预算不仅是经济和社会政策的重要工具，同时受到经济条件的影响，并对经济条件产生反作用。同样地，预算实践受决策环境影响，也被设计用于塑造决策环境。

在20世纪50年代和60年代，乃至70年代中后期，公共部门的规模和作用显著增强；经合组织成员国中，政府总支出占国内生产总值（GDP）的比重几乎翻倍。这一时期的经济展现出强劲的势头，政府的财政政策通常被视为积极主动、介入性强和扩张明显。预算安排主要集中于引入新项目支出与加强现有服务二者间的选择。同时，政府在直接收入

---

① 参与研究的19个国家是：澳大利亚、比利时、加拿大、丹麦、芬兰、法国、德国、希腊、爱尔兰、意大利、日本、荷兰、挪威、葡萄牙、西班牙、瑞典、土耳其、英国和美国。

② 各国对负责全面控制和管理公共支出的政府中心组织使用不同的名称。通常使用财政部（或司）、国库和预算部。在本报告中，“预算办公室”这一通用术语经常与“预算部长”（主要负责公共支出的部长）和“预算官员”（在预算办公室工作的人）等术语一起使用。

再分配方面发挥了越来越大的作用，福利国家制度逐步发展，以集体的方式承担经济波动、养老金和健康保险等个人财务风险。

20世纪70年代中期起，政府越来越多地成为净借款者。到1982年，参与本研究的几乎所有国家的政府部门都面临财政赤字。人们开始担忧日益增长的债务压力；债务利息成本在政府总支出中占据巨大比例，并持续上升，这不仅挤压了其他支出的空间，也限制了政府的灵活性。因此，经济政策的重点开始转向限制或减少赤字，并强调需要一个稳定的财政环境来鼓励私营部门的发展。部分政府开始质疑庞大的公共部门的优点，更不用说其运营成本了。

正如1986年4月经合组织理事会部长级会议结论中的以下摘录所示，限制支出仍然是经济政策中的一个核心要素：

> 控制公共支出和预算赤字对于建立一个稳定的国内金融环境和促进实际利率的持久降低至关重要，这将有助于私人投资的扩大，从而促进全世界的持续增长。对赤字巨大、公共债务强劲增长的大多数经合组织国家来说，进一步削减赤字迫在眉睫。削减赤字的措施应与改善增长的目标相一致。最理想的赤字削减策略是加强对公共支出的管理与控制，而非提高税收，因为提高税收将削弱激励效应。如果公共债务相对于国民生产总值的上升趋势正在被扭转，而且预算赤字已经充分减少并恢复了财政的灵活性，进一步削减赤字可能就不那么迫切了。在这种情况下，控制公共支出方面的持续进展为减税创造了空间。在合理控制预算赤字和政府总支出规模的同时，预算政策还需致力于提升政府项目的有效性和效率。这要求灵活地重新分配资源，确保它们流向最优先的需求。

预算战略

政府，特别是预算部长和其官员们，一直关注（在某种程度上）稀缺资源的分配，促进经济和效率，以及消除公共资金管理中的浪费和欺诈。然而，自 20 世纪 70 年代中期以来，人们越来越广泛地接受了尽管并不普遍需要明确认识和控制所有公共部门活动的财政影响。这种态度的变化导致了对预算过程的重新评估和改革，以及税收与支出政策制定更紧密的结合。

本报告中描述的由此产生的预算实践旨在应对这种预算环境，并影响预算的制定和实施。这些做法可以归纳为三个主要战略：

- 在预算编制的早期阶段，实行“自上而下”的限制，即政府为总支出设定一个目标，在这个目标范围内，应允许对计划变化、费用增加等实施次一级的重新分配和具体决策；
- 确保支出结果符合计划，并确保未预料到的事态发展不会迫使支出限额出现不希望的超支；
- 尤其在资源总额受限或缩减时，提高资金使用的价值。

“自上而下”的预算

集中审查和评估各部委和部门提出的资金要求仍然是预算办公室向预算部长和内阁提供建议的主要年度任务。然而，在过去十年，“自上而下”的财政限制已经逐渐被强加到各个部长的这些“自下而上”的要求之上。

几乎所有参加本研究的国家现在都制定并公开强调某种形式的高层次目标，对总支出进行限制。在几乎所有国家，这些目标都是具体的量化目标，通常涵盖一个特定的时间段。

这些措施旨在约束行为，降低对更多资源的需求。通过这种方式，人们可能更愿意接受对支出的限制，并有助于减少预算谈判过程中的紧张氛围。

政府在备选目标和公共资金需求之间进行选择时需要时间。有鉴于此，加之确定个别支出需求的必要限额的需要，部门预算编制周期通常会在财政年度开始前一年或更早启动。这一漫长的编制时间可能会增加成本估算的不确定性。但这是必要的，尤其当政府试图将所有涉及财政问题的新政策决定纳入年度预算程序之时。

考虑到某些预算要素的刚性，以及实现变革时有时需要很长的准备期，大多数国家会对部分（或全部）支出财务计划或投资财务计划进行跨年度预测。少数国家制定了详细的、每年更新的多年支出和财务计划，为编制未来一年的部门或项目预算提供目标。现在，各国政府清楚地认识到，某种形式的多年期展望是预算编制和有效控制支出的重要因素。

一些国家现在在预算周期的早期就制定了一个总体限额或整体预算。不仅针对总支出，而且针对个别部门或支出群体。正如下面要强调的，通过对财政限额更严格的共识、分散责任，以及扩大个别单位或管理人员灵活性，能拓展目标并促进自上而下的实践。这些整体预算在一些国家集中于行政或运行经费，往往反映了为提高产出设计的自上而下的目标。

遵循预算限额的规定

预算并非僵化的支出方案，从制定预算到有关财年结束的整个期间，不能无视经济环境或其他情况的变化而盲目实施。所有国家都有向其立法机构申请额外预算的权限。在特定场合下，一些国家允许政府在不预先通知立法机构的情况下调整支出。如果政府认为这种调整合理，它们通常都有权修改整体预算方案和“自上而下”的支出上限。然而，随着时间的推移，多数国家的预算实践越发强调在已批准的支出范围内尽可能地发挥作用。

在支付资金和提供服务时，各国采取了一系列做法确保政府总支出目标在预算执行阶段得到尊重。一些国家把总支出限额内的未分配储备金作为应急措施，以应对意外的支出需求。大多数国家没有这样的总储备金，部分原因是担心它们的存在会鼓励支出部门将其融资问题转移到预算办公室，而不是自己寻找解决方案。

如果要对总应急储备的作用有信心，它就必须保持一个可信的规模。即使拥有这种储备的国家也倾向于减少所提供的应急资金规模，并更严格地限制其使用。越来越多的国家在制定下一财政年度的预算时采取了严格的限制措施。这些措施一经确定，便假定无需因突发需求而做出调整。一些国家规定了现金限额，这意味着个别部门还必须应对工资率和通货膨胀的变化；然而，其他国家对这种调整维持集中供给。在这两种情况下，重点是使个别支出单位或部委在需要时找到抵消办法，在必要时调整政策和优先事项。

大多数国家都拥有信息系统，使得预算办公室（通常是立法机构）能够监测全年支出的实际流动或预算权力的使用情况。在许多国家中，预算办公室实际上控制着一年中释放权力或资金的速度。这种控制旨在为政府中心提供最大的短期支出灵活性，并实现非常严格的承诺、现金和债务管理。

然而，这种详细的控制确实强化了一种态度，即预算办公室，而不是支出部门，对确保预算得到遵守以及在必要时确定和实施抵消负有主要责任。在某些国家，中央集权对预算的控制在进一步加强。在支出的承诺阶段，这些国家实施了额外的限制或提出预先授权的要求。同样，这种限制是为了控制政府在未来几年中对现金支出的承诺。

这些集中控制的支出管理理念与最近一些国家采取的走向整体预算的做法形成鲜明对比。中央控制的程度和性质，以及预算办公室的信息和监测需求，也正在被一些国家的举措改变，这些举措旨在增加部长和个别项目管理人员的责任和权力，以实现持续的支出限制并提升资金价值。

资金价值

所有国家都试图在其计划中促进经济、效率和效益。如前所述，一些国家常见的策略是每年简单地减少预算以反映预期的改进。一些国家依靠各种审查机制——外部专家组、由私营部门直接参与的审查、政府外部审计师的性价比评估等——确保进行评估，并确定提高效率或取消、重新调整无效或低优先级项目的方案。

这些审查程序很少与预算编制周期中的时间表和决策点紧密结合。然而，预算办公室确实努力了解这些研究，并在预算谈判过程中酌情使用这些结果。同时，审查往往针对潜在的问题领域。

在一些国家，中央集权控制预算的趋势正在进一步扩大，特别是在支出承诺的阶段，引入了更为严格的限制或预先授权的要求。这些措施旨在通过持续的支出限制，减轻决策者的部分压力，将焦点更多地集中在产出或成果上，并通过增加对项目管理者和部长的激励，促使他们在不断增加的预算限制内实现节约和平衡支出。例如，一些国家正将更多的权力下放给各部门，允许他们在项目的各种投入（如工资、资本、差旅、顾问等）之间自由调整资源。此外，一些国家已经通过打破预算年度性传统安排促进公共资金的有效使用并鼓励创新。在某些条件下，允许各部门将未使用的资金转入未来几年。在其他情况下，则采用长期资源水平协议，代替传统的每年审查和确定所有单独预算的做法。还有些做法允许部长拥有更大的自主权，以调整优先事项和重新安排正在执行的政策和项目组合。

一些国家正在通过提高管理技能和设定更明确的个体管理者目标，实现更分散的支出管理。制定适当的监测支出和结果的绩效措施，以及有效的会计和报告制度，成为许多国家的关键问题之一。在政府共同优先事项的框架内，预算官员赋予各个部门和管理者更大的灵活性和选择自由，同时确保维持理想的总支出控制水平，并保证中央政府能向部长和内阁提供充分的信息和有效的预算建议。

总结

预算编制远非单纯的理性、冷静、逻辑和分析活动，它实质上涉及对思想和人的深入管理。政府预算的制定和执行往往发生在一个压力重重、目标相互冲突、资源稀缺且需进行紧张谈判的复杂环境之中。最近一些国家在预算实践中实施了一些创新，试图在缓和或重新引导压力的同时保持或加强有约束力的目标，在相互竞争的需求中进行最佳分配，并实现资金效益。

显然，在所调查的国家中，影响预算政策考虑的环境和问题有很大的区别。同样，也有各种各样的预算编制方法，反映并试图影响不同的公共管理环境。在许多国家，虽然预算编制实践在不断发展，但它们继续强调传统的要求：全面性、年度性、集中控制和集体责任。

预算编制不是一种静态艺术。预算官员关心的是如何确保各种做法能够有效地帮助政府实现其公共政策和支出目标。预算官员必须持续对程序和“游戏规则”进行评估与调整，以更好地适应不断变化的需求和决策环境。虽然某些选择的变动可能极为激烈，但预算系统的调整和改革往往是局部、渐进的。预算官员之间信息和经验的国际交流可以帮助了解和改进各个国家正在进行的这一进程。本报告中的信息旨在说明当前预算编制做法的丰富性，以及各国共同的主题，并强调在未来值得进一步关注的新问题。

中央政府预算的范围

引言

本报告从中央政府负责全面控制支出的办公室或部委从业人员的角度，论述了预算的做法、问题和可能的解决办法。中央政府的支出内容在一定程度上因国家而异，但控制和管理支出的主要问题基本相同。

在所有国家，由中央政府直接提供的服务包括国防、对外关系、大部分税收征管和规划以及行政支持服务。然而，中央政府参与直接提供其他服务的程度——如卫生、教育、社会保障、法律和秩序、运输或对工业和农业的支持——在各国差异很大。因此，所有中央政府的预算都包括给州或地方政府的大量资金，许多还包括给单独的社会保障基金和公共企业的资金。

本报告没有研究中央政府试图控制或影响地方政府或公共企业或社会保障机构的具体方式，也没有研究这些机构本身的预算做法。这种被排除在本特别报告之外的情况，不应被视为对此类问题重要性的衡量。社会保障基金、公共企业和地方当局在公共部门活动中占很大比例，并提出了一些非常重要的有关支出控制做法的问题，值得进一步关注。

“政府层级”小节讨论了与国家和地方当局的关系，“社会保障”小节指出各国在社会保障支付的融资和管理方面的差异，“公共企业”小节涉及与公共企业的关系。“其他金融工具”涉及三种金融工具——贷款、贷款担保和税式支出。后两者往往只是部分地（如果有的话）与控制支出的过程结合。

政府层级

研究中的四个国家（澳大利亚、加拿大、德国和美国）是联邦制结构。在这些情况下，本报告的重点是联邦政府。其他参与国是单一制国家。地区政府的重要性各不相同，而且正在发生变化。在某些国家——特别是法国、意大利和西班牙——出现了一些迄今为止中央政府职能的“区域化”或“分权化”。

在一些国家，各级政府之间的职能和责任没有统一或简单的划分，这就产生了各种与中央政府之间的财政关系。在某些情况下，地方政府可能仅充当中央或联邦当局的执行者角色，不仅资金受到严格控制，其提供的活动也受到紧密的指导或监管。在某些情况下，中央政府可能会提供仅限于特定目的的赠款，以支付某项服务的部分或全部费用，影响地方层级的工作，同时允许地方有一些自由裁量权。有时，可能会提供一般（整笔）拨款，可能包含中央政府希望如何使用这些拨款的说明，或按预先确定的比例分享一些中央征收的税收收入，或对区域或地方当局使用这些收入进行指导。

其他各级政府的自治程度也有很大不同。一般赠款的比例是一项指标而不是专项活动的赠款。其他的指标有下级政府在多大程度上可以征收自己的税款、收取服务费、并确定自己的借款要求。对住宅（和其他一些房地产）、销售或收入征收的地方税是本研究中各国地方收入的重要来源。

社会保障

社会保障通常被定义为包括国家养老金计划、失业补偿和其他收入维持计划以及社会援助津贴。它在公共支出中的突出地位将在“支出的增长和构成”节中描述。社会保障计划通常以福利的形式存在，可以说是以需求为导向的。例如，失业者、病人和养老金领取者有权获得某些福利或补助金，这些福利或补助金在每种情况下都是由相关立法或条例中的具体规则决定的，与“预算状况”无关。尽管计划的各项参数可变，但一旦它们被设定，整个社会保障支出水平就由需求决定了。通常情况下，要对这些领域的总支出进行控制，唯一的方法是通过修改基本的法规或进行立法改革。

各国的制度安排有明显的不同。在一些国家（如澳大利亚和丹麦），所有或大部分的支付都来自综合收入，并向议会申请拨款。在其他国家，一些福利由一个单独的公共基金支付，该基金全部或主要由特定的专用捐款资助。这种基金也可能从中央政府获得赠款，并从累积盈余中获取收入。政府对此类基金的参与程度各不相同。德国的社会保险养老基金主要依靠强制保险费用来提供资金，并从联邦预算中获得按照指数化调整的年度拨款。而在英国，国家保险基金负责主要的国家养老金计划和短期失业福利，这一基金由中央政府管理，其资金往来总额包括在中央政府预算之中。在一些国家，福利可能由特别基金支付，但如果基金陷入困境（例如，如果失业率突然上升），中央政府可能不得不进行干预，或可能为基金的某些部分提供费用，如德国的失业保险就是如此。

在一些国家，较低层级的政府代表中央政府管理社会援助赠款。在荷兰，每个当局通常在其适用的资格和补助率的详细规则方面有一定的自由裁量权，因此预计会提供一些所需资金，而余额则来自中央政府。

无论体制安排如何，中央政府通常参与确定福利和缴费率以及社会保障基金的资格条件，并且也可能提供其他直接的社会援助付款。

即使在这些缴款被视为与税收有显著不同的国家中，社会保险基金的缴款通常也会被纳入应税能力和税收负担的评估之中。在荷兰，社会保险基金缴款的主要概念是“社会保险基金”。表达财政目标之一的“集体负担”这一关键概念包括税收总和和社会保险金支付（以及其他一些非税收收入）。在德国，一个战略性的预算目标是减少税收占 GDP 的比例（Abgabenquote），这是税收以及养老金缴款和雇主和雇员支付的健康及失业保险金的综合影响。

公共企业

将公共企业与私营企业分开的界线并不直观且不容易制定。对活动的直接公共控制程度和企业对公共融资的依赖程度都是制定界线的重要因素。在国际议定的标准国民账户框架内，每个国家都制定了自己的属性。

在澳大利亚、德国和美国，中央政府倾向于参与相对较少的公共企业，一般局限于通信和邮政服务以及运输等公共基础设施活动。在单一制国家，中央政府和公共企业之间的联系更为普遍，政府可能以各种方式行使其影响力。在预算方面，政府支出包括支付给这些企业的所有赠款或补贴。通常还包括所有贷款（扣除偿还部分），尽管这种贷款有时由不同于政府一般预算的投资基金提供。

在英国，公共部门支出的操作定义包括国有化工业和大多数其他公共企业的所有外部净融资。大部分此类融资来自政府，然而，一部分资金也可能直接通过银行或海外筹措。在这种情况下，只有政府提供的赠款和贷款被列入中央政府预算。在爱尔兰，公共资本支出的操作定义包括由国家赞助的机构从财政、公司的内部资源和非财政的外部来源（如从资本市场借款）筹措的资本支出。

其他金融工具

贷款

中央政府为执行其政策而向其他国家提供的贷款，通常在预算中加以说明，并纳入所有总体支出目标。在一些国家，各级政府对此类贷款有额外的具体目标和控制。一般来说，在决策过程中，贷款必须与其他非偿还的支出竞争。

在某种程度上，是否发放贷款可以在一个单独的平台上处理，或者单独提交给立法机构。例如，日本在“财政投资和贷款计划”中为贷款做预算，将贷款预算纳入财政投资和贷款计划，该计划与总预算同时编制和审查。美国的信贷预算包括联邦直接贷款和贷款担保，但它不包括政府赞助的私有信贷机构的交易。这个信贷预算与常规预算平行制定，常规预算也包括直接贷款。在英国，国家贷款基金的贷款纳入中央政府预算。

贷款担保

通常情况下，由于政府只有在借款人违约时才需要支付现金，因此贷款担保并不被计入支出计划或预算申请中。然而，根据研究，许多政府已经开始扩大向议会和公众提供的有关此类担保的信息。美国在上述信贷预算中包括担保。在荷兰，预算赤字的目标中包括了对贷款担保预期违约的一些规定，政府的目标是终止那些明显替代政府直接行动的担保，特别是住房部门。在加拿大，为了获得议会对担保的授权，必须在预算支出概算中明确提及贷款担保人；然而，支出水平将只包括违约导致的现金支付。在德国，立法机构批准的财政计划和预算包括因担保违约而产生的预期现金需求的规定。在瑞典，政府对每个贷款担保计划的使用提出限制，这些限制由议会决定。在预算的一个特别部分，贷款担保限额和现金支付的所有变化每年都会向议会报告。在预算中包括对财政年度内预期现金支付的现实评估。

税式支出

税式支出被定义为偏离税收结构的一些普遍接受的基准（OECD，1984）。它们可以被认为是通过税收制度给予的援助或补贴。尽管预算财务报表（即收入）清晰地反映了补贴的影响，但在常规的支出决策过程中一般不包括税式支出决定。税收和直接支出被相对分开处理。不过，各国已做出一些努力，将税式支出分析与预算编制周期更充分地结合起来，或至少改进提交给立法机构和公众的相关信息。

在法国、西班牙和美国，现行法律要求提供综合税式支出报表，并提交给立法机构，尽管这些报表没有经过投票，也没有明确批准。在加拿大，政府已开始定期报告税式支出的估计价值。有关调整税式支出的决定可以与新的支出举措进行权衡——也就是说，它们与直接支出竞争，由财政部长决定。澳大利亚、德国和英国也定期提供税式支出的估计供立法机构参考。税式支出报表的一些例子可参见经合组织的相关出版物（OECD，1984）。

支出的增长和构成

引言

在过去20年中，一般政府支出（即中央、地区和地方政府以及社会保险基金的支出总和）以国内生产总值（GDP）的百分比表示，平均增加了21个百分点，达到50%，同时支出的增长速度平均每年约为2.9%，高于经济产出价值的增长。在这一时期，公共支出的构成发生了明显变化，不断增加的公共债务的利息支付和对家庭和商业部门的转移支付所占份额越来越大。

这些变化彰显了公共部门作用的显著增强，特别是在收入再分配方面，政府扮演了更为重要的角色。此外，福利国家对于经济波动、老龄化和疾病有关的金融风险承担了更大的集体责任。

以下各小节非常简要地概述了不断变化的经济和财政环

境，以及各国之间和一段时间内公共支出性质的变化。① 如前所述，本报告的目的是审查预算的做法和过程，而不是关注或评估支出或财政政策。因此，本部分的目的仅仅是对确保有效控制政府预算的实践关注度提升的环境提供一个简要描述。

经济背景

作为一般的背景，表 2.1 提供了三个经济表现指标的概要：实际产出增长率、消费价格通货膨胀率和就业增长率。这些数据区分了 1973 年第一次石油危机之前和之后的时期。

在后期，这些关键的绩效指标急剧下降：经济增速减半，通货膨胀率增加了一倍以上，而在大多数国家，就业增长速度也有所放缓。

表 2.1　　经济指标：年均增长率注　　单位：%

	实际产出增长率		消费价格通货膨胀率		就业增长率	
	1960—1973 年	1975—1982 年	1960—1973 年	1975—1982 年	1961—1973 年	1974—1982 年
澳大利亚	5.3	2.2	4.2	10.1	2.8	1.2
比利时	5.0	2.1	3.7	6.5	0.8	-0.4
加拿大	5.6	2.3	2.9	9.5	2.9	2.2
丹麦	4.4	2.4	6.5	10.2	1.3	-0.2
芬兰	4.9	2.9	5.9	10.2	0.2	1.0
法国	5.6	2.6	4.7	10.7	0.7	0.2
德国	4.4	2.3	3.5	4.5	0.1	-0.5
希腊 1963—1982 年	6.8	2.6	4.2	18.5	-0.6	1.0

① 本节广泛借鉴了 OECD，1985a.

续表

	实际产出增长率		消费价格通货膨胀率		就业增长率	
	1960—1973年	1975—1982年	1960—1973年	1975—1982年	1961—1973年	1974—1982年
爱尔兰	4.4	3.5	6.0	15.3	0.1	0.8
意大利	5.3	2.7	4.8	17.2	-0.6	0.7
日本	9.9	4.7	6.1	5.5	1.3	0.8
荷兰	5.0	1.5	5.2	6.1	0.8	0.7
挪威	4.3	3.4	4.9	9.3	1.1	1.8
葡萄牙	6.9	4.4	3.4	21.7	0.2	1.6
西班牙	7.2	1.6	6.7	17.3	0.9	-1.5
瑞典	4.2	0.9	4.6	10.8	0.5	0.9
土耳其	5.7	3.8	8.8	46.9	0.9	1.1
英国	3.1	1.2	4.8	12.6	0.2	-0.5
美国	4.1	2.5	3.1	7.5	2.1	1.7
均值（未加权）	5.4	2.7	4.9	13.2	0.8	0.7

注：年平均数按平均复合增长率计算。

资料来源：经合组织（1985），公共部门的作用：政府增长的原因和结果（表39）；经合组织就业统计。

总收入和总支出的趋势

表2.2说明了过去20年中一般政府收入、支出和净贷款的演变情况，以国内生产总值的百分比表示。1965年，各国非加权平均支出百分比为29%，到1984年已达到50%，增加了21个百分点。当然，在1973—1975年，支出相对于GDP的大幅跃升说明了经济表现的急剧恶化和随之而来的第一次石油冲击对政府支出向上推动的综合影响。在过去20年里，收入份额也在增加，但没有像支出那样急剧增加：平均收入份额从1965年的29%上升到1984年的45%，增加了16

个百分点。

如表 2.3 所示，各国的一般政府支出相对于 GDP 的规模有很大差异，从 1984 年日本的约 33% 到瑞典的约 64%。然而，在过去 20 年里，所有国家都经历了这些比例的显著增长，在某些情况下，增长幅度尤为惊人，特别是 1975 年的激增。自 1975 年以来，各国在这些比率的演变方面存在明显差异，反映了更多不同的经济表现和政府的财政和支出政策反应。

表 2.4 显示了一般政府财政平衡的趋势。这是 20 世纪 70 年代中期以后，政府越来越多地成为净借款人。在 1960 年，只有加拿大、爱尔兰、意大利和英国处于赤字状态。到 1982 年，有 14 个国家处于赤字状态，从芬兰占 GDP 的 0.4% 到爱尔兰的 13.2% 不等。

表 2.2　　总的预算趋势（占 GDP 比重）　　单位：%

	总收入	总支出	净贷款
1965 年	28.8	29.1	0.2
1966 年	29.6	29.6	0.4
1967 年	30.7	30.9	0.4
1968 年	32.1	31.9	0.5
1969 年	32.9	32.1	1.1
1970 年	33.5	33.0	1.0
1971 年	34.4	34.1	0.9
1972 年	34.3	34.3	0.6
1973 年	35.0	34.7	1.0
1974 年	36.0	36.9	−0.3
1975 年	36.6	40.2	−3.0
1976 年	37.9	40.7	−2.1
1977 年	38.6	41.4	−2.1

续表

	总收入	总支出	净贷款
1978 年	38.5	42.3	-3.2
1979 年	38.9	42.6	-3.0
1980 年	40.0	43.2	-2.3
1981 年	40.9	46.3	-4.1
1982 年	42.1	48.2	-4.9
1983 年	43.3	49.4	-4.8
1984 年	44.8	49.5	-4.3

资料来源：经合组织，国民账户（当数据可得时，本研究中所有国家的数据采用的是未加权平均值）。

表 2.3　　政府一般性总支出（占 GDP 比重）　　单位：%

	1965 年	1970 年	1975 年	1980 年	1984 年
澳大利亚	25.2	25.5	32.2	32.8	37.4
比利时	32.3	36.5	44.5	51.0	55.4
加拿大	29.1	34.9	40.0	40.4	46.8
丹麦	29.9	40.2	48.2	56.2	60.9
芬兰	30.8	30.5	36.1	36.5	39.9
法国	38.4	38.9	43.5	46.4	52.7
德国	36.6	38.6	48.9	48.3	48.0
希腊	20.6	22.4	26.7	30.5	40.2
爱尔兰	33.1	38.6	46.5	50.9	56.3注
意大利	34.3	34.2	43.2	46.1	57.4
日本	18.8	19.4	27.3	32.1	33.1
荷兰	/	46.0	52.8	57.5	61.2
挪威	34.2	41.0	48.4	50.7	48.8
葡萄牙	20.1	21.6	30.3	25.9	/
西班牙	19.6	22.2	24.7	32.3	/

续表

	1965 年	1970 年	1975 年	1980 年	1984 年
瑞典	36. 1	43. 7	48. 9	61. 6	63. 5
土耳其	20. 6	21. 9	/	/	/
英国	36. 1	39. 8	46. 3	45. 1	47. 8
美国	27. 4	31. 7	34. 6	33. 9	37. 2注
均值（未加权）	29. 1	33. 0	40. 2	43. 2	49. 5

注：1983 年。

资料来源：经合组织，国民账户。

表 2. 4　政府一般性财政收支趋势（占 GDP 比重）　单位：%

	1965—1969 年均值	1965—1969 年均值	1975—1979 年均值	1980—1984 年均值
澳大利亚	1. 4	0. 7	-2. 3	-2. 2
比利时	/	/	/	/
加拿大	0. 9	0. 8	-2. 2	-4. 2
丹麦	1. 4	3. 6	-0. 9	-6. 1
芬兰	2. 3	4. 6	2. 5	0. 0
法国	-0. 4	0. 8	-1. 2	-2. 1
德国	-3. 6	-0. 1	-3. 3	-2. 9
希腊	-3. 1	/	/	/
爱尔兰	1. 4	-4. 4	-8. 7	-12. 0
意大利	/	-6. 0	-9. 6	-11. 4
日本	4. 0	0. 9	-4. 1	-3. 5
荷兰	0. 6	-0. 2	-2. 8	-5. 9
挪威	4. 0	4. 5	1. 0	4. 5
葡萄牙（1965—1981）	0. 6	1. 1	-6. 1	-2. 0
西班牙（1965—1982）	0. 4	0. 3	-0. 9	-3. 5

续表

	1965—1969 年均值	1965—1969 年均值	1975—1979 年均值	1980—1984 年均值
瑞典	4.0	4.0	1.1	-4.4
土耳其（1965—1972）	0.3	3.0	/	/
英国	-0.8	-1.0	-4.1	-3.6
美国（1965—1983）	-0.5	-0.8	-1.5	-2.8
均值（未加权）	0.5	0.6	-2.7	-3.9

注：净贷方负号表示净借款或财政赤字。

资料来源：经合组织，国民账户。

总支出构成的变化

1960 年，消费支出（衡量政府直接提供的商品和服务）平均约占政府总支出的 45%，而转移支付和投资分别占 40% 和 15%。到 1982 年，转移支付占政府总支出的一半以上（52%），而消费和投资的份额分别下降到 40% 和 8%。

基于一项经合组织国家研究建立的数据（经合组织，1985a，表 8 和表 9），表 2.5 总结了 20 世纪 70 年代参与本报告的 8 个国家的各类一般政府支出占 GDP 的百分比变化。五个主要类别的支出被区分开来：

- 公共产品（国防和政府的一般行政服务）；
- 特殊商品（教育、卫生、住房和社区服务）；
- 收入维持（如养老金、家庭津贴、失业补偿）；
- 经济服务（如资本交易和补贴）；
- 公共债务的利息。

表 2.5 政府一般支出结构的变化（1970—1981 年） 单位：%

	公共品	有益品	维持性收入	经济服务	公债利息	平衡项目	总支出
澳大利亚	0.2	3.4	3.6	-0.7	0.9	1.0	8.4
丹麦	1.1	1.7	5.6	-0.7	3.9	4.9	16.5
法国	0.3	0.6	4.3	0.0	0.9	-0.4	5.7
德国	-0.4	4.3	4.1	-0.3	1.2	1.7	10.6
意大利	1.2	3.6	5.2	1.7	5.4	-0.1	17.0
日本	0.9	4.5	4.5	1.1	3.0	1.1	15.1
英国	-1.2	0.8	1.8	-1.6	0.6	3.5	4.1
美国	-2.7	1.5	1.5	-0.7	0.4	0.5	0.5
均值（未加权）	-0.1	2.6	3.8	-0.2	2.0	1.5	9.7

资料来源：经合组织（1985），公共部门的作用：政府增长的原因和结果。

国防和行政服务支出在澳大利亚、法国和德国相对稳定，在丹麦、意大利和日本有所增加，但在英国和美国有所下降。所有的国家都经历了相对于 GDP 而言有益品支出的增长，最大的增长来自日本、德国、意大利和澳大利亚，在 1970 年这一支出类别的份额相对最低。几乎在每个国家，收入维持支出的增长都超过了任何其他因素，其中大部分由养老金支出的增长构成。在澳大利亚、丹麦和德国，失业补偿的份额也迅速增加，在日本和英国则少得多，而在美国则保持不变。

在政府支出份额上升的同时，转移支付在家庭收入中的重要性也大大增加，从 1960 年平均占家庭总收入的 9.8% 上升到 1980 年的 15.3%（OECD，1985a，表 15）。

转移支付或社会福利的增长不仅仅是由于这一时期的经济和人口趋势。受益者的福利得到了真正的改善。经合组织的一份报告估计，在 1960—1975 年，每个计划所涵盖的每个人的平均实际福利比实际 GDP 的增长快了大约一个百分点（OECD，1985b）。即使在 1975—1981 年，平均实际福利的增长率也与实际人均 GDP 的增长率保持同步。即使在更加慷慨的规定被废除时，个人福利的增长也很少低于通货膨胀率。

许多收入维持或社会支持项目的一个特点是，它们提供的是无限制的权利，至少在短期内如此。正如“中央政府预算的范围”节关于养老金福利所讨论的那样，一旦确定了资格条件和支付标准，整个预算成本就取决于符合条件的申请人数量。即使是短期内，其数量也并非总能轻易预测。此外，随着经济和人口的变化，这种福利也为支出水平的变动提供了动力。

对于接受者来说，这种现金支付方式通常比他们接受的实物服务或集体受益而非个人受益的公共产品更为直接和明确。例如，为抵消物价上涨而对现金福利进行的正式或非正式规则的调整，可能会被接受者（同时也是选民）更敏锐地感知到，这种感知可能比对医疗服务资源的相应挤压更为明显。

就这一点而言，它增加了改变至少占政府支出三分之一的社会保障福利的难度。然而，这个观点可能并不强烈，因为每个支出项目都有其客户和倡导者。在上述例子中，医疗保健界的专业人员很可能对任何这种挤压都非常了解，并强烈抗议。

政府支出总额的增加被累积的公共债务的利息成本抵消，这也是对支出缺乏灵活性的潜在担忧的来源。更一般地说，政府支出中越来越多的份额在某种意义上是由现有的合同义务——如公共债务利息或基于单独立法权的权利——的权重预先确定的，这给支出预算带来了某种程度的结构僵化。这种僵化，或者说缺乏灵活性，在某种程度上削弱了政府调整支出分配以适应不断变化的环境或满足新的优先事项的能力。

在丹麦，据估计，由现行法律或权利计划、合同等产生的支出从 1970 年略高于总支出的一半增加到 1983 年的大约四分之三；这种支出包括国家养老金、失业保险、对地方政府的一般补助、儿童津贴、残疾援助和住房补贴。美国在 1983 年将联邦总支出约四分之三描述为在现行法律下相对不可控的支出，而大约 20 年前，这一比例约为 60%。在美国，相对不可控的支出包括过去不可撤销的合同的付款和公共债务的利息。在本报告提到的其他国家也出现了类似的格局。

部分原因是因为结构的僵化以及自动支出动力的显著影响，这凸显出政府需要采取长远视角。因此，各国都制定了中期预算目标和战略来应对这一挑战。“高层预算目标”节论述了为一个国家的财政政策指明方向的目标和限额的制定。“从高层目标列预算”节讨论了这些目标、中期支出计划和年度预算制定之间的关系。

高层预算目标

引言

公共部门的增长、支出构成的变化、一些国家对政府在经济中作用看法的改变，以及对赤字融资成本持续增加后果的担忧，促使政府和公众对政府支出的态度发生了变化。在 20 世纪 70 年代末到 80 年代初，人们开始意识到了解政府活动和公共政策目标的财政后果的重要性。这种认识的转变，反过来又促成了新的支出政策和管理手段的发展既为政府的目标实现发声，也为实现这些目标做出了贡献。

决心遏制赤字以及不愿显著增加税收负担的态度，促使政府建立了高层次预算目标，通常向前跨度数年，支出计划与之相匹配。这些目标，不管它们与立法机构的预算是否有直接联系，都有助于在年度预算编制过程开始时对需求进行限制。本节讨论的是高层目标的发展及其当前的应用情况。

本节研究的所有国家都以某种形式公布了财政政策的简要目标，这些目标通常包括支出目标。许多政府公布预算目标的目的在于激发公众讨论。通常被视为实现财政目标共识的一种方式。

“设立预算目标”小节简要讨论了预算目标制定或表达的各种定义，并比较了目前各国的做法。“国家实践”小节回顾了这些目标在各国的演变情况，并介绍了1986年实施的特定目标。

设立预算目标

政府的高层目标反映了它对公共部门如何影响经济的看法，以及它对税收、借款和支出水平的优先考虑。

尽管高层目标可能涉及对财政和货币政策的选择、政府的规模与角色、税收政策以及潜在的未来部门政策等一系列复杂因素的考虑，但表达这些目标的方式必须言简意赅。在这一过程中，政治家无法轻易操控目标，公务员以及大多数普通公众几乎没有机会影响决策。

几乎所有国家（日本和挪威除外）当前的预算目标都被表述为具体的量化指标，而非简单的定性陈述。这种精确性确实为预算过程中的参与者和公众提供了一个关于政府财政目标的强有力的明确信息，但同时也更严格地限制了政府随后调整其总收入和支出水平的能力。如果目标为未来几年的每一年作出规定，而不是一个未来时期结束时要达到的水平，这种限制就会增加。后者的表述允许一些灵活性和“过程调整”，而政府不必因其公开宣布的目标受到质疑。

一个政府避免预算和预算过程中出现意外短期干扰的同时实现高层次目标的能力，部分取决于政府在目标变量组成部分上实施直接短期控制的数量。例如，一个包括公共债务利息支付的支出目标，使政府可能不得不进行干预并做出决定（可能是削减支出）以应对财政年度内无法预期的利率上升。被调查的国家所使用的高层目标的表述可以分为三类：

• 比率：通常表示为与国内生产总值或一些类似的总体经济活动指标有关的百分比。该比率可能涉及累积的公共债务水平、预算平衡或政府借款、收入或支出，或这些的组合。

• 支出的变化率：一个准则可以是在所述期间的实际零增长，某种增长率或实际下降。或者，目标增长可以用名义术语表示，即考虑价格上涨。这种增长率可以与预算平衡或收入负担的目标比率一起公布。

• 目标变量在“名义”上的绝对值：以货币计算的目标可以表示为未来的支出水平或赤字，也可以表示为与某个基线水平相比的预期变化量。

表2.6提供了各国当前目标表达形式的概要。下一节将提供更详细的描述。需要注意的是，在表2.6中的比较中隐含着简化。该表并没有总结政府在预算过程中包含或使用的所有目标，在某种意义上，对许多国家来说，可以在表2.6的所有栏目中打上“×”。而该表仅综合了政府普遍强调的公开明确的目标。

鉴于上述关于选择目标变量可能产生预算和支出波动的观点，其中包括超出政府短期直接控制的因素，几乎所有国家都有一个明确的赤字占 GDP 比例的数字目标。这就产生了两个问题：在制定具体的部门预算时，与这些高层次目标的联系的性质和程度；以及在执行预算期间的支出监测和控制做法（如使用应急储备）。这些问题将分别在“从高层目标列实践”节和“支出控制实践”节讨论。

以下各段简要介绍了每个国家预算目标的近期历史，包括执行的具体目标和 1985—1986 年实施的特定目标。

表 2.6　　目前公布的预算目标概要

	与 GDP 比值			支出增长率		支出的名义金额	
	赤字	支出	收入	实际值	名义值	支出	赤字[注1]
澳大利亚	×	×	×				
比利时	×		×				
加拿大	×				×		×
丹麦	×			×			
芬兰	×			×			
法国	×						
德国					×		×
希腊	×						
爱尔兰	×	×	×			×	
意大利	×		×			×	×
日本							×[注2]
荷兰	×		×				
挪威[注3]							
葡萄牙	×	×				×	
西班牙	×	×	×			×	×
瑞典	×		×				

续表

	与 GDP 比值			支出增长率		支出的名义金额	
	赤字	支出	收入	实际值	名义值	支出	赤字注1
土耳其					×		×
英国	×	×				×	
美国							×

注 1：赤字或借款要求或累计公共债务。

注 2：如上所述，日本的目标不是作为一个具体的数字目标制定的。

注 3：挪威没有制定中期目标。

国家实践

澳大利亚。从 20 世纪 70 年代中期开始，财政政策一直致力于通过限制支出的实际增长来减少联邦预算赤字。在 80 年代初，为了促进经济复苏和履行社会福利承诺，在一定程度上减少了对支出和财政政策的限制。1985 年，联邦政府通过了一项中期战略，目标是在 1985—1986 年和本届议会任期内，支出、税收和赤字与国内生产总值的比率不应超过 1984—1985 年的水平。这个所谓的“三部曲”通过承诺在 1985—1986 年减少名义上的赤字规模得到了加强。

比利时。几年来，公共部门的赤字一直是政府当局的一个主要关注点。尽管采取了多项金融结构调整措施，但公共债务的高水平及其持续增长导致了利息成本的提高，这一现象自石油危机以来尤为明显。1986 年 5 月，制定了一个新的财政限制计划，旨在 1987 年将净借款需求减少到国民生产总值的 8%，1989 年到国民生产总值的 7%，而 1985 年的水平是 12%。在减少公共部门的财政需求方面，这一计划将导致利率降低，有利于经济活动。

加拿大。1975 年的白皮书“攻击通货膨胀”宣布联邦政府赞同所有政府的总支出趋势不应该比国民生产总值的趋势上升得更快的观点。政府通过在财政年度之前宣布支出的目标上限，对这项新政策负责。虽然该政策的明确目标是保持联邦支出与国民生产总值（GDP）的增长趋势一致，但实际上，这一目标是通过每年对比政府支出和国民生产总值的增长率来实施的。自从 1979 年加拿大的“政策和支出管理系统”（PEMS）启用以来，财政部长在提交给议会的预算中阐明了一个多年期的财政计划，在这个计划中确定了支出的优先次序，这一直是预算过程的一个关键因素。本届政府已从总支出目标转向预算支出目标（即不包括贷款和预付款），主要关注预算赤字这一重要财政指标，中期战略是减少赤字。

丹麦。1980 年，采取了逐步消除公共支出实际增长的中期战略。当本届政府于 1982 年底成立时，试图在 1983 年实施最大限度的支出削减。在 1983 年通过的主要财政目标是在 1990 年之前消除中央政府的赤字，以及在 1983 年之后实现公共支出的实际零增长，其中不包括失业福利支出的周期性变化。由于经济的迅速恢复，中央政府预计将在 1986 年实现财政平衡，整个公共部门将获得大量盈余。

芬兰。自 1977 年以来，作为中期经济政策的一部分，政府制定了总税率目标和国家借款的限制。在 1985 年 5 月的经济政策声明中，政府指出，到 1989 年，税收负担不应超过 1985 年的水平，国家债务与 GDP 的比率不应增加。此外，在 1990 年之前，公共支出仅被允许以略高于 2% 的年均速度增长；而中央政府支出的实际增长率则必须明显低于 2%。

法国。在 20 世纪 80 年代初短暂的扩张之后，政府转而采取更为严格的姿态。最近的预算受到两个财政限制的指导，这两个限制逐年滚动：中央政府赤字不超过国内生产总值的 3%；到 1985 年，税收和社会保障缴款的负担将降低 1%。

自 1946 年以来，国家经济计划为财政政策提供了一个中期设定。第九个经济计划（1984—1988 年）与国家预算的联系比以往任何时候都更加紧密。这个计划设定了经济总量目标，并明确提出公共支出优先领域。

德国。最近预算的制定受到了以下努力的影响：减少联邦赤字，将联邦支出的增长保持在国民生产总值名义增长率的一半左右，以及在限制公共消费的同时增加与投资有关的支出。同时，正如上文“中央政府预算的范围”节所述，政府正试图通过降低税收来减少税收占 GDP 的比例（Abgabenquote）。目前涵盖 1984—1988 年的联邦财政计划以 1982 年以来实施的“巩固战略”为基础，其目的是将联邦赤字减少到 20 世纪 80 年代初水平的一半左右。这将通过把联邦政府支出的名义增长控制在每年不超过 3% 的水平来实现。

希腊。自 1985 年 10 月以来，一个为期两年的稳定方案已经开始实施，其目标是将公共部门借款需求占国内生产总值的百分比降低 8 个百分点（每年 4 个百分点）。为了实现这一目标，公共支出的增长率必须保持在预期的通货膨胀率以下，而且为打击逃税和增加税收，税收制度必须变得更加有效。

爱尔兰。在 1973—1980 年，为减轻两次经济衰退的后果，政府接受了大额赤字。自 1980 年以来，人们达成了广泛的政治共识，即恢复财政平衡对促进经济的长期增长至关重要。为此，政府政策的目标是减少赤字在国民生产总值中的比例，并通过削减支出来实现预算平衡。在 1981—1984 年，政府致力于在四年内消除经常账户赤字。事实证明，这很难实现，1984 年，这一目标被放弃，理由是快速消除赤字会产生太大的通货紧缩效应。1985 年 10 月公布的 1985—1987 年规划文件“以现实为基础”包含了 1987 年的目标：减少或至少稳定外债和外债偿付在国民生产总值中的比例；停止整个国家债务/国民生产总值比率的增长；减少财政（即中央政府）的借款需求；将国库（即中央政府）的借款要求降低到国民生产总值的10%以下（1985年为2.9%）；将公共部门的总借款要求从国民生产总值的17%降低到略高于11%；将经常项目的预算赤字降低到国民生产总值的5%（1985年为8.2%）。

意大利。目前的政策旨在到1990年将国家的总借贷需求减少到国内生产总值的7%—8%。这大约是目前比率的二分之一，相当于1973年以前的水平。该目标旨在将借贷需求降至最低，几乎为零，不过这并不涵盖积累的债务利息。此政策还计划在不增加总税负和捐款负担的前提下（新服务资金需求除外），在直接税和间接税之间重新调整财政负担。这些目标考虑到了实现约3%的实际国民生产总值增长，将通货膨胀率降低到约4%，并在中期内实现可行的国际收支。在这些条件下，借款目标意味着经常性支出没有实际增长，实际资本支出增长略低于GDP增长。

日本。政府一直试图减缓公共部门的增长，但没有采取具体的支出目标。行政改革临时委员会1982年的报告敦促，一般账户预算支出的增长率应保持在低于经济的名义增长率，广义政府总支出与名义国民生产总值的比率应保持在与目前相当的水平。委员会指出，虽然税收负担必须增加，但应保持在比欧洲国家低得多的水平。

政府在1983年夏天提出“20世纪80年代经济和社会的展望和指导方针”，赞同税收负担和社会福利负担应保持比欧洲国家低很多的目标。它还呼吁在这十年中逐步取消赤字融资债券。最近的预算试图通过限制支出增长来减少中央政府的赤字。准则要求将政府从依赖赤字融资债券的特征中解放出来，并在1990年之前降低对政府债券的总体依赖程度。

荷兰。从20世纪60年代初开始，荷兰政府致力于通过参考对经济生产潜力增长的评估来计算年度预算赤字标准。1976 年，实际赤字预计将是其趋势率的近两倍。财政政策当时的重点是限制实际预算赤字，至少限制在当时公认的国民净收入（NNI）4% 的趋势值。此外，还就“集体负担”的适当增长达成协议，即允许税收和社会保险支付与国民收入净额的比率每年只增加 1%。人们认为，这些比率对经济发展更有意义，而不是简单的政府支出目标。1979 年，一个更具限制性的集体负担目标被引入：它将保持不变。

本届政府所依据的联合协议包括减少或至少稳定集体负担的目标，以及到 1986 年将政府部门的赤字减少到国民收入的 7.4%（作为实现长期目标的一个步骤）。这些目标意味着公共支出与国内生产总值的比率逐步下降（特别是在集体负担也大幅下降的情况下）。对预算前景的中期预测被用来帮助决定在每个年度预算中应该做哪些改变。

挪威。对于财政指标是否适用于中期财政政策，目前尚未达成一致意见。这些指标只被认为对短期预算有用。在预算文件中提出的一般指标包括中央政府预算平衡（在考虑贷款交易之前），不包括石油部门直接影响的平衡，以及中央政府的总支出。

葡萄牙。自 1981 年以来，总目标是稳定或减少中央政府的预算赤字。这已经通过削减支出和征收特殊的直接税和间接税来实现。

西班牙。自 1983 年以来，中期目标一直是控制公共部门的赤字和削减经常性支出。赤字将在 1988 年减少到国内生产总值的 3.5%。1984 年 10 月，政府、西班牙企业家组织联合会和总工会之间达成了一项三方协议。这个社会经济公约包含了财政目标，即把赤字从 1985 年占国内生产总值的 5% 减少到 1986 年的 4.5%，并增加国家财政压力。政府经常性支出增长将通过减缓公共部门工资增长和经常性转移支付增长而减缓。

瑞典。在20世纪70年代末，政府制定了一个目标，即在中期预算所涵盖的五年期间，将预算赤字占国民生产总值的比例平均每年减少至少一个百分点。还提出了具体的削减支出的数量目标。1984年，政府通过了一项中期政策，将中央预算赤字占GDP的比例从1982年的13%减少到1990年的4%—5%，这将导致公共部门没有净借款。同时，税收占GDP比率应保持大致不变。这意味着支出占GDP比率的降低。

土耳其。预算在五年发展计划的框架内编制。该计划规定了经济表现的目标和公共财政的总目标，如公共部门的经常性和资本支出总额、向其他部门的转移、收入和财政平衡。该计划还规定了公共支出总额与国民生产总值的年度目标比率以及相应的实际增长百分比。

英国。自20世纪60年代末以来，政府每年都公布中期公共支出计划。自1980年以来，它还与年度预算一起公布了一个中期财政战略（MTFS）。该计划展示了对货币国民收入增长的预期，与持续降低的通货膨胀保持一致，同时支持经济的持续发展。为货币总量的增长及公共部门借款需求设置了目标。同时，政府也努力降低税收负担。借贷和税收目标共同制约了支出增长。单纯的支出目标以货币（即现金）形式表示，设定的水平意在确保1988—1989年支出在实际价值上大体保持不变。公共支出占国内生产总值的比例呈下降趋势。

美国。最近几届政府都强调他们决心降低未来税收、赤字和支出与国民生产总值的比率，这些财政政策反映在总统提交给国会的年度预算之中。例如，在1980年的竞选中，当时的候选人里根宣布了一个降低税收和相对于国民生产总值更低支出的目标，最终在1984年实现预算平衡。事实证明，减少税收比减少支出和赤字要容易得多。1986年的预算设定了到1988年联邦赤字占国民生产总值比率为2%的目标。作为与国会就总统的预算建议进行谈判的一部分，这些目标会被调整。在1985年底，国会通过了《平衡预算和削减赤字法》（即所谓的《格拉姆-鲁德曼-霍林斯法》），为1987年至1991年每年的赤字水平设定了具体目标，要求在1991年之前消除赤字。如果总统和国会未能在任何一年制定出符合目标的预算，就会通过《格拉姆-鲁德曼-霍林斯法》自动实施预先规定的支出削减程序，以确保赤字目标的实现。总统于1986年2月向国会提交的1987年预算提出了一个符合赤字目标的一揽子计划。

从高层目标到预算

引言

某一财政年度的支出预算是政府高层预算目标与为满足现行项目需求及各领域进一步政策发展而提出的竞争性资源要求之间协调过程的结果。本节简要探讨了预算这一阶段的几个方面，并回顾了各国的做法。

“关于制定预算的一些看法”节提供了一些观点：导致具体建议被提交给立法机构的年度预算周期、公开决策的时间和性质、部门或部门预算与高层目标的直接联系程度、多年预测或计划的作用（如果有的话）、协商支出变化的起点或基线、以及谈判中使用的支出细节水平。“国家实践”小节描述了参与研究的每个国家的预算制定过程。

关于制定预算的一些看法

当代预算的一个共同特点是，为某一财政年度制定部门预算的过程在这些预算提交给立法机构之前一年或更长时间已经开始。这种漫长的准备时间部分反映了公共部门活动的规模和复杂性。但同时更重要的是，需要足够的时间在政府高层预算目标的限制下协调相互竞争的计划需求和优先事项。预算办公室、支出部门和部长们需要足够的时间来确定优先事项，并在需要时确定和通过削减方案，以便将总支出控制在议定的总目标之内。

在大多数国家，预算办公室试图将所有关于具有财务影响的新政策的决定纳入制定预算的年度周期。这是因为有必要在所有相互竞争的需求中确定优先事项，也是因为担心在预算决定的时间之外考虑和实施新政策将不可避免地削弱整体支出目标。加拿大是一个很好的例子，在提交给立法机构的预算之中，为满足尚未议定或实施的具体政策倡议特别提供了预备金。

当前，对年度预算编制周期的强调作为整合规划与政策选择的途径正在逐渐发生变化。一些国家正开始重视为各个部门或支出领域制定一个总的财务框架或预算大纲，这样各部门领导和官员就拥有更多自主权来调配资金和调整项目优先级。这种向下授权和减少管控的方式将在接下来的部分简要讨论，可以被视为对“自上而下”预算制定方法的扩展和加强。这样的管理灵活性为各部门在已批准的预算限额内灵活操作提供了便利。

丹麦是越来越重视部级整体预算的一个例子，其总体支出目标几乎在财政年度开始前一年就被分解为每个部的具体支出目标。另一个例子是法国，在财政年度开始前大约六个月，总理会向每位部长发出上限函（Lettre de plafond），列出大类别的支出目标。在加拿大、德国和英国这三个每年审查和批准综合多年期支出计划的国家，审议下一个财政年度计划支出水平的起点，原则上是多年期计划中最近批准的年度水平。所有的变化都被预算办公室视为新申请（或节约）。那些变化引起了相关问题：是通过从任何可用的预备金中提供资金来提高总支出，还是通过在相同或其他项目中进行抵消性的节约。

各国在使用多年支出预测或计划方面的做法不同。如前所述，在加拿大、德国和英国，它们是详细的、每年更新的、明确表达的计划，为指导未来年度部门或项目预算的编制提供分类目标。然而，大多数国家都对当前支出项目或投资计划的某些要素（如果不是全部）在未来几年的财务后果进行预测。这些预测有时每年或更频繁地更新，并影响政府对即将纳入预算的支出水平和分配的决定。覆盖范围、时间框架、详细程度、更新频率、公布等，在各国都有所不同。更多细节见“国家实践”小节。

正如各部分的相对规模（预算决策的焦点）可能显示的，各国在预算办公室与支出部门之间协商的详细程度上存在差异。以丹麦为例，尽管不可避免地会就某些具体细节交换意见，但主要关注点在于探讨如何确保部门支出保持在特定限额之内的各种选项。而在一些国家，讨论更多聚焦于传统的细节问题：例如，在德国，预算办公室的工作是对预算法案中大约7000个项目进行修改，未来几年的财政计划也遵循同样的详细程度，但在公布和提交给立法机构之前，它被汇总为大约40个大的项目。

一些国家的做法正在发生变化，特别是在部门行政或运营费用方面。在一些情况下，这些费用越来越多地由自上而下的目标决定，这些目标降低了实际预算水平，以此来反映并推动生产力的提高。“为改进生产力和效益”节讨论了一些国家预算编制做法的相关内容。

表2.7试图总结年度预算周期中关键公开决策的时间和性质，并指出该周期的下一阶段。

表2.7　　年度预算周期的初期阶段

	决策机构	决策性质	预算提交国会前的月份数	下一步计划
澳大利亚	内阁	总的支出和职责目标	6	部长们编制预算强调目标，以便与预算办公室和财政部长谈判
比利时	预算部长和财政部长	预算规范和指南	6	部长编制供预算部门审核的预算提案
加拿大	内阁优先事项和规划委员会	总支出和各大部分目标（上限）	6	部长们为通过的项目提交详细的部门申请，用于与财政委员会协商
丹麦	内阁	总支出与每个部门的限额	6—8	部长们向财政部长提交预算草案
芬兰	内阁	支出总额和面上指南	6	部长们向财政部长提交预算建议
法国	总理	指导函（Lettre de cadrage）中的面上指南	9	部长们编制和协商需求，三个月后在上限函（lettre de platond）中制定出具体的部门目标
德国	财政部长	总支出和面上指南	9	部长们提交详细的部门申请，用于与财政部协商
希腊	财政部长	针对支出的广义指南	6	部长们向财政部提交预算建议

续表

	决策机构	决策性质	预算提交国会前的月份数	下一步计划
爱尔兰	内阁	当前的赤字与净借款目标	6	部长们提交竞标方案，以便与预算办公室和财政部长谈判
意大利	财政部长	总额与部门需求的变化	6	部长们向财政部长提交预算建议
日本	内阁	预算上的政策指南	6	部长们向财政部长提交建议
荷兰	内阁	总额和部门需求的变化（通常是削减）	6—7	部长们编制实现目标的方案
挪威	内阁	针对每个部门的初步支出限额	9	部长们提交预算草案给预算部门
葡萄牙	内阁	财政部长发布整体的和特定的部门目标	9	部长们编制方案，并在3个月内提交财政部
西班牙	内阁	整体的预算指南	6	部长们编制预算，与中央预算办公室协商
瑞典	内阁	面上指南和所需变化（即削减）	9	部长们编制实现目标的建议
土耳其	总理	预算目标的面上声明	4—5	部长们编制详细的预算建议，用于与财政部和国家规划机构（资本支出）谈判
英国	内阁	为未来三年设定的计划总额	9	如有必要，支出部长为超出以前同意的基线的额度提出申请
美国	总统	面上的财政和预算指南，有时也针对具体部门	15	支出机构向管理与预算办公室提出申请

国家实践

澳大利亚。为了启动预算工作，财政部在10月或11月要求支出部门对从第二年7月1日开始的三年中的每一年（即预算年度加两个之后的年度）支出进行最低限度的估计。这些预测通常以不变价格计算，只包括在没有政策变化的情况下已批准的持续支出计划的可能费用。即将到期的项目费用有可能被延续，因此若不将这些费用考虑在内，会导致预估数偏低。这些即将到期的费用需要单独核算。对于新提出的项目，其申请将基于预期可能获得的资源水平分别进行。在财政部汇总概况时，会将所有预测都调整至一致的（预算预测）价格基础。这些预测涵盖了所有预算支出的估计，包括贷款和债务利息支付。

然后，内阁指出预算年度的面上总目标。每个项目都有单独的支出目标，与面上的支出准则相一致。设定目标的方法仍在不断发展，以更好地反映整个政府的优先事项。每个组合的目标都提供了一个基准，各个部长可以根据这个基准来评估反映目标的各种项目。随后，部长们集体进行详细审议，得出预算年度的支出数字，这些数字构成了8月份预算支出的基础。预算年度和两个之后年度的数字摘要在该预算后不久公布，同时还有一些分析，例如，它们对关键经济变量替代假设的敏感性。

比利时。年度预算从2月或3月起草，起始于内阁评议预算与财政部提出的技术建议。之后达成一致的指南提供给支出部门，它们依据不变政策在5月前完成预算案。6月和7月，这些估计在与预算部门的双边会议上审查。内阁在总支出水平和任何变化或削减上的决策基于预算部门在双边审查后编制的评估报告。资本计划包括相关的三年成本估计由定向与公共市场协调委员会审查，它草拟一个报告供内阁决策。

加拿大。一个自上而下的财政规划系统用于建立以现金表示的总体和部门财政目标，与一个详细的自下而上的多年业务规划系统相互作用，该系统最初以不变美元表示，处理每个支出要素。财政委员会秘书处负责管理这些自下而上的业务，与支持部长委员会和内阁的枢密院办公室以及负责处理自上而下财政规划系统的财政部共同管理。

每年，联邦政府都会审视并推进其财政计划，这个计划涵盖了当前财政年度、下一财政年度以及之后的两个规划年度。通过政策和支出管理系统（PEMS），根据政府设定的优先级，对联邦的支出、收入和经济状况进行初步预测和评估。其结果便是制定出每年联邦总支出的计划路径，并在各政策领域内进行“封套”划分，这其中也可能包括为新计划提供资金的政策预备金。对公共债务成本和中央持有预备金的规定分别制定。这些数据将作为财政计划的一部分在预算文件中公布。

每个支出部门每年都会制定其多年期业务计划（MYOP），这些计划是财政委员会秘书处和支出部门之间谈判的主题，导致财政委员会的部长们决定在三年期间——即下一年（将向联邦议会申请拨款）和随后两年——继续执行现行项目所需资源。

在财政年度开始前约一个月，向联邦议会提交的寻求拨款的估计数反映了经批准的多年期项目第一年的财政和政府需求，是基于对所涉及的多年期成本的了解 。

丹麦。不同于澳大利亚和加拿大，丹麦的财政策略专注于整个公共部门的联邦预算高层支出目标。这一策略以持续性目标为核心，旨在实现公共支出总额的零实际增长，同时排除债务利息和失业福利的周期性变动，不局限于任何特定年份。在中央政府的预算安排中，这一全局性目标需细化为包括对地方政府拨款和趋势性失业支出在内的中央政府所有支出的具体上限。

自 1965 年以来，多年的支出预测已经成为中央政府年度预算的一个组成部分。年度拨款法案的附录显示了预算年度之后三年中每一年支出项目的数字，其详细程度与投票的薪酬和价格水平相同。所有数字背后的假设都在另一附录中公布。

当议会在 12 月通过预算时，所做的预测通常会反映目前为止所作出的决策。下一年度预算的编制工作随即展开。首先，会公布下一年的支出目标。接下来，财政部的预算部门会根据下一个预算周期所采用的假设性工资和价格水平，对已经发布的预测数字进行调整。对新支出项目的可能申请，以及对已公布方案的必要和可能的削减形成观点。在 2 月，各部长和财政部长向内阁提交一系列符合新总目标的净支出限额或“框架”。内阁确定这些限额及任何批准的面上措施，为各部委编制预算提案提供基准。事实上，这些支出限额为各部门设定了预算范围，赋予他们在预算安排上较大的自由。这意味着，未来几个月内，行政部门和政治层面的进一步协商将主要围绕制定削减计划，尤其是对于那些难以在规定限额内调整预算的部门。

芬兰。自 20 世纪 60 年代末以来，各部委被要求在每年秋季编制多年期计划和支出及非税收收入估算，并提交给财政部。这些计划通常以各部委从执行机构获得的计划为基础。每隔一年，以前的计划只通过同样的程序进行更新，不增加新的最后一年。在这些间隔的年份中，所涵盖的远期时间为四年。这些计划由两组数据组成：第一组是对现有承诺的基本估计，第二组是发展计划，包括新投资、发展项目和新立法草案的建议。这些计划在下一年预算提案中使用的价格水平上制定。

当这些多年期支出计划在 12 月到达财政部时，财政部按照与年度预算工作相当类似的内部程序对其进行组织、总结和审查。财政部为未来几年的财政政策指导方针准备了宏观经济评估，并针对每个部门准备了关于中期支出的详细建议。这些财政政策目标在初春由政府批准，并通常以经济政策声明的形式提交给议会。然后，财政部向各部委发出信函，对其支出计划进行评论。这些详尽的评价体现了财政部对于下一财年预算提案中每个主要项目类别支出水平和发展趋势的看法，尤其是针对中期预测期的分析。这一过程在 3 月结束，旨在影响各部门在 5 月初提交给财政部的下一财年预算提案。

法国。澄清五年经济计划和年度财政法案之间联系的工作正在进行中。这是根据 1982 年的法案条款进行的，目的在于改革规划过程。在其他变化中，政府承诺公布涵盖三年的中央政府财政的指示性审查，以帮助澄清这种联系并作为其他关于支出的新建议的背景。经济和财政部负责整合各部委准备的预算预测，以 1984 年的预算为基准，制定并在 1984 年春季发布一个涵盖 1984—1986 年的三年政府支出预测。这个三年期的预测以总体宏观经济框架为基础提出，而各种收入则简化为单一条目处理。

德国。自 20 世纪 60 年代末的预算法改革以来，预算计划被纳入中期财政计划，每年由联邦政府连同其年度预算草案一起提交给议会。该计划和年度预算是根据财政规划委员会的建议制定的，该委员会包括来自各级政府的代表，反映了国家和地方政府的财政意向。委员会提出的量化建议主要涉及总支出的年度名义增长和净借款额。这些建议构成了年度预算和计划自上而下规划体系的基础。

该计划对未来联邦收入的预估建立在宏观经济的预测与假设之上。计划明确了政府维持联邦预算平衡的政策方向。此外，该计划详细列出了未来每年的支出，这些支出被划分为大约四十个较大的类别。这些区块是以自下而上的方式编制的数字，由支出部门和财政部商定（并由内阁批准），其细节与为预算年度编制的数字完全相同（这些数字在议会批准预算时被详细列出）。在预算草案的估计基础上，通过制定规划期最后三年的个别未来现金需求，包括影响特定现有项目价格上涨的津贴（例如指数化社会支出、利息支付）。这三年中的每一年都有未分配的规划储备，用于进一步的价格上涨和新计划。此外，还有一笔用于增加工资和薪金的总准备金。

中期财政计划的主要目的是依据政府政策设定优先级，并防止对联邦预算的过度索求。在每个年度周期内，前一版本的计划会作为一个整体进行更新，并额外增加一个新的财政年度。在春季（预算年度开始前 10 个月），会对前景和目标进行一次总体审查。财政部在 12 月发布详细指南，要求进行支出申请，一般要求各部门将其保持在当前财政计划规定的上限内。

财政部发布的各部门申请通知强调了包括任何现有或预计行政费用增加的特别条款。多年来，一般规定，各部门的年均增长率不得超过 2%。此外，还特别指出，代表和公共关系方面的支出不得增加。

希腊。希腊没有多年期预算。然而，每个年度预算必须符合五年发展计划中的中期定性财政政策准则。如前所述，作为两年稳定计划的一部分，已经为 1986 年和 1987 年设定了总借款的数量目标。

爱尔兰。虽然中期经济计划没有定期公布，但有一个定期的中期支出规划周期。现在每年都要求支出部门提供按现行价格计算的多年期支出预测。这些预测对于全面审查预算总额的发展至关重要。内阁将根据中期趋势决定下一个预算年度的适当目标。最近的经济计划以现实为基础，包含了1985—1987年。如上文“高层预算目标”节所述，该计划规定了广泛的中期目标，以国民生产总值的百分比表示，包括经常性预算赤字、国库借款要求、公共部门借款要求、非资本性支出总额和公共资本支出总额。它还规定了1985—1987年各部门的现金分配（资本和非资本）。

意大利。1976年就减少公共部门赤字的预算政策达成的政治共识，导致了对预算程序的重大改革，最终在1978年形成了第468号法律。这项法律授权政府将年度预算转变为一种政策工具，以支持经济和财政/货币目标以及其他政策目标的政策工具。该法律强调预算在整个经济框架中作为一个预测和决策工具的重要性，确保了公共部门内部的一致性。此外，该法律促使议会提供更深入的政策指导并行使更大的监督权。同时，它还强调了公共部门机构直接参与各自预算恢复平衡的任务。

每年都会制定并公布两种版本的多年期预算预测。第一版称为“趋势”版本，基于现行法律，展示在现有财政法规下支出和收入的预期发展趋势。第二版为“计划”版本，它考虑了潜在政策变动的影响。通过对比这两个版本，并审视它们各自对宏观经济的预期影响，议会能够更全面地考虑和评估政府提出的立法行动及其对整体经济的潜在影响。

日本。中期支出规划没有定期的年度周期。而是依靠统筹规划的关于社会和经济目标和问题的共识来协助编制年度预算。1983 年 8 月公布的第十个中期社会和经济计划“20 世纪 80 年代经济和社会的展望和指导方针”，包括一个关于财政改革和金融政策的章节，其中概述了一般目标。与第九个计划不同的是，没有包括支出预测。

在该计划的背景下，财政部于 1984 年 2 月向国会两院的预算委员会提交了三份报告。这些报告更详细地阐述了公共财政的中期和长期管理策略，并明确了财政部期望支出部门在每年 8 月提交计划准则。它们实际上是财政部意图的声明。第一份文件“关于未来财政改革的基本理念”，包括将一般支出的年度增长控制在名义国民生产总值以内的目标：

- 彻底审查各种支出方案；
- 严格限制人员支出的增长；
- 增加各种公共服务项目的用户收费；
- 继续对政府部门的年度预算申请实行严格的指导。

其他报告包含了对其他假设的设想和预测，以帮助激发人们对这些问题的广泛认识。尽管缺少一个全面的多年期支出计划框架，但目前正在制定中期的公共投资计划。这些投资计划大多为期五年或六年，其中有一个计划长达 10 年。并非所有的计划都涵盖同一时期。例如，第九个道路发展计划涵盖 1983—1987 财政年度，而第三个土地改良计划涵盖 1983—1992 财政年度。这些计划的灵活实施考虑到社会经济变化和财政状况。

荷兰。政府维持一套多年的支出预测以及非税收收入预测。在年度预算周期开始时，它们以不变价格表示上一个预算周期的结果，并根据随后的政策变化和重新计算现有政策或新的经济假设所带来的变化进行调整。

财政部长在考虑到符合联合协议的赤字目标、收入前景和不可抗拒的新支出压力的可能规模的情况下，对这些预测在新预算中需要如何改变做出判断。

预算过程中，由于预测的变化通常导致支出增加，且总有新的或更多的支出政策建议，因此财政部长几乎总在寻求削减措施。此外，一年中实现的节省通常不会自动延续到未来几年，即便从长期财政健康的角度看是必要的。在初期阶段，部长寻求内阁批准总变更和提议的各部门变更。关于可能的削减措施，可以在后续审查程序报告中找到候选方案，如下文“为改进生产力和效益”节所述。

挪威。29 类项目支出的多年期预测涵盖下一财政年度之后的三年，在年度预算提案中提交给议会参考。然而，这些并不是支出计划，而仅仅是预算部门对现有项目未来可能发生的费用进行的预测。议会并不批准这些预测，它们也不是对制定下一个年度预算的正式投入。

年度预算编制开始于 1 月，这时内阁基于财政部长的建议，批准一套总指导方针和各部门的初步支出限额。到了 5 月，内阁依据各部门在 4 月前提交给财政部的详细预算估算再次审议预算准则。从 6 月至 8 月，财政部将与各支出部门举行双边会议，目的是在预算方案上达成共识。如有未决问题，内阁将在 8 月或 9 月的会议中加以解决，同时确定政府的税收和经济政策最终建议。然后，政府会在 10 月，也就是财政年度开始前 3 个月，将预算建议提交给议会。

葡萄牙。没有全面的中期支出预测系统。预算法规定了一项义务，即在年度预算中明确标明在中央政府投资和发展支出计划（Progrmmas de Investimentos e Despesas de Dessnvolvimento de Administrçño Central）下投资的项目和工程的多年成果。每年必须提交一份最新的工程计划，以便根据进展情况对年度预算和可能的计划进行调整。

西班牙。到目前为止，西班牙还没有全面的公共支出多年预测或计划。政府的四年滚动式中期经济计划为每年度预算所体现的广泛经济和部门政策设定了框架。此外，自 1980 年成立的公共投资委员会归属于国家经济和计划秘书处，为各部门制定长达四年的投资计划。自 1983 年起，将年度预算与这一多年经济计划相结合，成为预算程序重大改革的一部分。

瑞典。在政府内部开始编制年度预算的 6 个月前，政府向议会提供多年度的支出和收入预测以及预算政策，反映政府的财政目标。议会只对这个“多年预算”（Langtibudget）发表意见，从而影响财政部向各部委发出的通知，启动年度预算相关工作。

多年预算涵盖本年度、预算年度和三个未来年度。它最初是对现有决定和承诺财务后果的机械预测。现在，它包含了更先进的模拟和对预算发展背后因素的更深入分析，并借鉴了政策审查和其他研究成果。研究的范围已经扩大，现在包括地方政府部门、社会保障部门，并在一定程度上考虑了对私营部门的财政影响。通过这些发展，多年预算现在作为短期和长期预算政策指导方针的基础，作用大大增强。

土耳其。土耳其没有正式的多年期预算系统。如上文“高层预算目标”节所述，在每个五年发展计划中都为公共部门设定了多年的财政和支出目标，并通过年度计划提供年度目标。

多年期投资方案由各机构与国家规划组织协商，在自下而上的项目基础上制定年度预算的周期始于 6 月，即财政年度开始前 6 个月由总理发布预算信息。这一信息为即将到来的预算提供了一个广泛的原则声明。根据财政和海关在 6 月发布的技术指示，各支出部门会编制当前支出的详细预算提案。接下来的两到三个月中，这些提案将成为与财政和海关讨论和谈判的核心内容。最终决策由高级计划委员会和总理共同做出。与此同时，部委编制并提交投资项目预算，与国家计划机构进行谈判，并根据需要再次在高级计划委员会和总理层面做出决定。预算草案在 10 月，即财政年度开始前至少 75 天提交给立法机构。

英国。多年期公共支出调查（PES），最早在 20 世纪 60 年代初开发，继续覆盖整个公共部门。这与上文“高层预算目标”节所述的政府中期财政战略（MTFS）中对整个公共部门借款需求的关注是一致的。

由于支出数字实际上是在公共支出调查中决定，预算周期的开始可以合理地描述为下一个 PES 的开始。在最近公布的 MTFS 设定的框架内，这一过程大约在预算年开始前一年进行，实际上接近于结束前一个周期的预算日。

新的 PES 涉及刚刚开始的财政年度之后的两年和新的第三年。前两年的基线来自最近的公共支出白皮书，其中记录了上一个周期的结果（根据公共支出分类的任何变化进行调整），而新财政年度的基线是由财政部根据税收、支出和借贷前景制定的，这些前景在前一年的 3 月或 4 月的 MTFS 中作为预算的一部分提出。支出部门的部长们被要求在既定的基线内进行预算管理，这些基线在几个月前确定。但是，如果他们认为遵守这些预算不可能，他们必须向财政部提交新的计划或请求更改现有计划，并需要在现有计划中找到相应的削减措施，以此来为新支出需求“腾出空间”。在夏季，内阁决定新 PES 每年的“计划总额”，然后财政部负责支出的部长与每个支出部长进行双边谈判，目的是制定一套适合现有总额的计划，并在每年留下足够大的未分配储备，财政部将能够应对不可预见的发展。近年来，有必要由一小批资深部长召开会议，审议在双边讨论中出现的未决问题，并就如何解决这些问题向内阁提出建议。各个部门的总拨款将在秋季确定，并且在财政年度（从每年的4月开始）之前，即次年1月，通过公共支出白皮书详细公布这些决定的结果。

美国。某一财政年度预算的制定通常在春季开始，在提交给国会的8个月前和该财政年度开始的18个月之前。然而，由于最近预算上密集的全年活动和对三年预算计划的日益重视，在过去的两到三年中，春季审查已经不太活跃。分析的起点和机构预算的最初目标通常是当时提交给国会的三年期预算计划的第二年。当管理与预算办公室（OMB）对面上的机构项目进行评估并确定政策问题时，这一过程就开始了。利用各机构提供的项目信息和财政部编制的收入预测，管理与预算办公室编制了五年的预算预测。这些文件与经济顾问委员会、监察部和财政部联合编制的经济前景预测一起提交给总统审议，而预算预测正是基于这些预测。

在夏季，总统制定一般的预算和财政准则，这主要是为15个月后开始的财政年度和以后四年设定政策方向和计划上限。这些准则公布给各支出机构，指导他们编制预算申请。

新年伊始，即财政年度开始前9个月，总统会将预算案提交给国会。这份预算案既包括基于现行政策的预算预测，也反映了总统的建议和预期。国会预算办公室（CBO）也在总统的预算发布后不久，公布多年的支出、收入和赤字预测，以及作为预测基础的大量经济假设的细节。这些基线预测类似于行政部门的“当前服务”估计，但所依据的经济假设可能与总统的不同。预算委员会和整个国会可以使用总统预算中的假设、预算估计和远期预测，或采纳来自国会预算办公室或一些折中数字。

支出控制实践

引言

本节回顾了政府为使其支出控制制度健全灵活，应对当前事件的动荡和未来的不确定性而采取的一些方法。任何政府都希望配备一套工具，为其提供一定的灵活性来决定如何以及在多大程度上应对出现的新问题和机遇。概括地说，政府希望有这样的制度和程序：无论总支出政策是严格限制支出增长还是比较宽松，都能继续发挥作用；使政府能够实现其总支出目标。这可能需要采取突然行动来保护一个已宣布的目标，支出部门主要关注的是所提供服务的水平和质量，他们认为这些目标是合理的，或在当时情况允许下是合理的。这些部门主要关注的是直接或最终向公众提供的服务的水平和质量。

目前，正在或已经采取了一些措施来调整和发展各种系统和程序。因此，本节在选择审查的主题和引用的例子方面，保持了一定的选择性。这样做的目的是聚焦于那些可能会引起广泛关注的问题。

所讨论的三个主题都涉及相同的基本问题：如何在对支出部门工作任意和破坏性干预最少的情况下坚持选择的道路。这些议题是：

- 在计划和执行中使用未分配的预备金；
- 年内监测和控制现金流的安排；
- 监测和控制承诺。

未分配的预备金

为了处理意外的支出需求，一些国家在其总的支出目标中专门设立了待分配的预备金或应急基金，以留出处理意外支出需求的回旋余地。本节将介绍部分国家的相关做法，旨在阐释这一做法所涉及的主要普遍问题。

在一些国家，例如澳大利亚、加拿大、意大利和瑞典，应急资金实际上是在财政年度伊始就直接分配给预算办公室。在澳大利亚，一个特定数额的拨款（被称为“给财政部长的预付款”）由财政部长酌情分配。在特殊情况下，支出机构可以申请从该拨款中支出资金。在加拿大，这种应急投票实际上只用于调整部门工资预算，以应对原先没有规定的工资率增长，而在瑞典，对“预备金拨款”原则上没有这种限制。在意大利，总额约为总支出 8%—10% 的预备金由立法机构批准，用于支付尚未宣布或批准的新法律或项目的费用，以及支付一些项目的意外超支。在土耳其，有一个小规模的应急预备金（预备基金和投资加速基金），金额约为综合预算总额的 3%，拨给财政和海关部用于紧急情况。

在过去，直到 1982 财年之前，美国预算中都包含应急准备金。根据 1974 年的《国会预算法》，要求设立两笔明确的应急款项：一笔用于不可预见的支出（例如社会保险支出），另一笔用于项目支出的增加。尽管如此，行政部门对于那些相对不可控制的项目，常常将应急准备金设定为零，而且近期对于另一笔应急准备金也采取了相同的处理方式。

除了正式的预备金，还有其他选择。例如，在编制 1980 年预算时，日本采用了“废止和建立”的原则。只有当一个已经不符合当时需要的现有组织或项目在经过适当审查后被

“废止”时，才会“建立”一个新的组织或项目。在荷兰，没有正式储备。政府已经制定了一套详细的“严格预算政策规则”，专门用于年度内的财政控制。这些规则明确了如何在一个财政年度内应对不利和有利的经济发展情况。

经验表明，具体的多年期预测和计划往往低估未来支出，这种现象可能源于两个原因：一方面是对持续项目的持续费用天生乐观态度；另一方面，是由于在制定计划时，政府不愿在各部门的计划中包含过多具体的新措施。在爱尔兰，公布的1985—1987年资本支出的中期概况包含了未分配的应急准备金，相当于1987年计划总额的2.75%，将根据经济和生产性基础设施投资的预算前景来分配。

加拿大和英国在财政计划或战略的范围内使用综合多年期支出计划，在每一个未来年度的支出总额中包括未分配的准备金。德国也制定了一个综合的多年计划，但该计划仅包含计划期限内最后三年的储备——也就是说，这些储备仅覆盖了即将到来的年度预算之后的年份。

在这三个国家中，应急保证金或预备金被认为是一种缓冲或减震器，在连续的规划周期中，当某一特定计划不得不扩大或增加新的计划以应对一些新需求时，它可以保护计划总额不受影响。如果计划总额不得不削减，它还可以提供一种可能方式，在一定程度上保护了个别计划；但如果要对预备金的作用有信心，它必须保持在一个可信的规模。

加拿大和英国使用即将到来的预算年度计划的预备金作为该年度的业务控制。最重要的实际问题是：首先，在预算部门和每个支出部门之间的谈判过程中，一个关键议题是如何配置预备金，以商定各部门的项目预算应如何严格制定：一个支出部门的计划应该在多大程度上包含隐性或显性的地方预备金；其次，如何最好地管理预备金，以阻止个别部长及其部门将其作为摆脱新困难的一个简单方法。以下关于加拿大、德国和英国使用预备金的段落说明了它们各自的做法。

加拿大。1979 年首次开发多年期政策和支出管理系统（PEMS）时，有一套详尽的未分配预备金。每个政策部门的“信封”（每个政策部门包含几个在面上目标上密切相关的计划）包含一个业务储备和一个政策储备。前者旨在作为应急措施，以应对基于现行政策的业务规划预测中不可预见的费用增长。后者旨在为内阁部长决定的新的或扩大的项目提供资金，这些项目与分配给信封的资金有关。政策储备的数额可以是零，甚至是负数，后者意味着需要信封管理人员在现有政策框架内寻找可节约的资金。这种政策储备可以通过现有计划中的实际节余来补充，而不仅仅依赖于预估的节余。因此，其目的在于激励相关管理者审视和重新评估优先事项，以及各个计划中分配的资金的价值。这种做法鼓励对资源分配的深思熟虑和优化。此外，还有一个由财政部长控制的中央预备金，在增支并非来自政策决定的地方，用于支付公共债务费用或失业金等主要福利项目超支。

预备金最初的总额约为计划总支出的 6%，但近年来已大幅减少到总支出的 3%—5%。财政委员会秘书处负责每周制作一份所有这些预备金在当前和未来三年中的状况摘要，显示已经承诺的金额和余额。

1984 年，以前各部门独立的业务准备金被集中到一个由财政委员会控制的单一业务准备金之中，它继续决定哪些超额部分可以取自这个准备金，哪些必须由支出部门在其现有分配的某个部分消化。专项政策预备金（由内阁的部门政策委员会分配的预备金）的规模被缩小，导致对可用资金的竞争更加激烈。然而，财政部长现在开始提供专门用于应急的特殊资金，这反映出对中央管理预备金重视程度的提升。财政部长仍保留对中央预备金的控制，并将其更名为“法定超支预备金”，以突出其特定的使用目的。

1986/87 财政年度提供的预备金总额占预算总支出的 2.6%（1985/86 年度为 4.4%），其中 1.6% 没有分配给各部门，而是进行集中管理。只有 1% 按部门分配，用于新的政策举措。这种集中管理预备金的方向与内阁委员会作用的变化和强调对支出部门和机构实行更严格的现金限制是一致的。

这些变化的总体效果是增加财政委员会对业务预备金使用的影响，并鼓励个别部门重新配置自己的拨款，以满足不断变化的优先事项，从而保护计划的支出总额。信封政策预备金继续由内阁的部门政策委员会管理，尽管这些预备金规模的大幅减少迫使人们更加关注现有资源的重新分配。

德国。每年与预算一起公布的多年期财务计划隐含着未来几年的总体规划预备金，旨在满足突发事件和扩展或新计划，以及一些价格上涨的需要。任何未来年份包括的总体规划预备金规模不是基于任何简单的公式，而是反映了对每一年计划中固有的支出风险的判断。还设有一项专门的工资和薪金预备金，用于应对未来联邦公务员工资的调整。这笔预备金的规模根据对职工平均工资年增长率的预估设定。这些未来年度预备金的规模则没有向大众公布。如前所述，除了专用的工资和薪金准备金外，与加拿大和英国不同的是，在特定预算年度的执行过程中，没有可用于调整的准备金。

英国。年度公共支出白皮书显示，在三个未来年份中的每一年的规划总额中都有一个预备金。最近，预备金占未来第一年规划总额的 3%—4%，最后一年上升到 5%—6%。

在第一年内，预备金由财政部管理，作为一种业务控制手段，以确保当年的总预算不超支。所有无法由相应支出部门消化的预期超支都将计入预备金之中；同样，任何净节余也会记入预备金。这意味着，例如，地方政府支出超出政府计划的部分被视为预备金支出，而社会保障等以需求为导向的项目超额部分也被视为预备金支出。选择性支出的增加如果被财政部接受，也会记在账上。因此，财政部在接受对预备金的选择性支出要求时非常谨慎，并且还在可能的情况下寻求抵消非选择性支出增长对节余的影响。当一个支出部门遇到意外情况时，其首要做法应是在自己的其他项目中寻找可能的节余来调整。仅在实在没有其他办法时，才应考虑动用预备金。在向财政部部长提交迫切要求方面有一些常设程序。财政部全年都会对照计划密切监控支出。

如果一项要求被接受，并且是一项由议会表决的项目资助，那么就必须寻求适当的补充拨款，如果表决受制于现金限额，还必须同意并宣布对限额的适当调整。

未来年度预备金不具有与本年度预备金相同的控制功能。未来年度的功能是在规划过程中作为一个缓冲区。典型的情况是，未来年份的预备金是楔形的，即适用年份越远，预备金越大。这是为了考虑到这样一个事实，即随着部门计划的确定，不太需要考虑如此大的不确定性，因此，在较近的年份，预备金可以适当减少。

年内监测和控制现金流

在研究的所有国家中，政府都有能力通过补充预算来在财年已开始后对预算进行增加或减少的调整。在某些国家中，政府有权在未获得议会批准的情况下阻止或延迟使用之前已经批准的一部分资金，而不是需要支出部门寻求进一步批准的常规安排以将这些拨款用于特定项目，例如超出委派权限限额的资本项目。

20 世纪 70 年代中期，决心对支出进行更多控制的一个早期信号是更加关注年度预算的实际执行情况，并更加愿意在一年中削减一些支出。所做的一些事情在其发生率或效果上相对粗略和随意。除了需要控制不断增加的赤字外，人们还希望迅速使所有相关人员相信他们的情况已经改变，从而加快改变他们的态度和行为。各国现在正在调整和加强最初的紧急行动：监测与预算相比实际支出如何并解释差异所需信息为更好地管理财务提供了部分信息。

设计和运行年内控制与监测系统必须对支出部门和预算办公室之间的关系和责任平衡敏感。自 20 世纪 70 年代中期以来实施的一些程序可能会导致预算办公室和支出部门之间在执行政府支出计划中反映的政策方面出现紧张关系。区分年内控制和监督的两个主要目的是有帮助的。它们之间的平衡可能会影响一个国家安排的方式选择。

第一，中央机构负责安排政府借款的要求至关重要。在预算赤字对一个国家的经济和货币状况影响重大的情况下，财政部可能需要迅速且频繁地获取关于实际支出及未来几个月可能的支出信息。这样的信息对于预测政府的现金流非常关键，有助于管理借款活动。此外，可能还需要一些中央能力来控制，而不仅仅是监测非常短期的支出流。

第二，与这种总体现金管理要求完全不同的是，所有与单个计划管理有关的人都需要监测与预算相比的支出，以便不超出现有预算并获得最佳的资金效益。各国在立法机构颁布年度拨款后，预算办公室在多大程度上授权支出部门自行决定，以及在多大程度上积极监督部门管理方面存在差异。在一些国家，随着新财务管理制度的发展，这些做法（如下所述）正在发生变化。

澳大利亚。一旦议会批准了计划支出的水平，支出的权力就会下放给支出机构，而财政部只起会计作用。此外，澳大利亚政府正在将更多的责任从中央下放给支出机构，在向议会申请的拨款中减少单独的项目数量，特别是行政支出的项目。这使得每个支出机构能够向其管理人员下放责任。对行政支出进行综合拨款的交换条件是对这些拨款有严格的现金限制。

这些安排基于可靠、最新的实际支出数据，并得到了支持。财政部为各个部门提供电子化的账单支付和会计服务。财政部官员可以访问该系统以得到一定详细程度的监管信息，每个部门为了自己的监测和管理目的向该系统提出需求。如果有必要，可以每天提取信息。通常的做法是，财政部会将每个月的实际支出与各支出部门编制的预算概况进行对比，并向财政部长报告任何重大差异。此外，每月都会公布一份实际支出和收入与年度预算估计数的对比表。

如果一个部门需要补充任何拨款以支付未预见的支出增长，那么它会被要求在其他领域尽可能地节约。

比利时。在财政部内部，预算部门负责支出控制，并积极参与预算编制。预算部门的一些工作人员（财务审查员）被指派到负责支出的各部委，以便事先评估支出的适当性、规范性和合法性。预算部门还在各个部委中设立了监督人员，目的是确保拨款的可用性及支出的准确性。这些监督人员负责警示任何不规范使用拨款的行为。

每个部委都可以在议会批准的预算范围内承诺资金。政府无权减少拨款，但它可以阻止某部门使用现有拨款。在紧急情况下，如果现有拨款不足或不存在，部长会议可以授权支出。这些决定随后必须获得议会批准。政府有权在预算“条款”内批准进行必要的修改和资金转移。在财政年度的

第一季度，各部委需要更新预算数据，并准备一份关于最重要变化的报告。

加拿大。支出部门不能在议会决议间转移支出，但有权在一个决议内重新分配支出。这些授权受制于某些限制，如在将资金用于工资和基本资本方面。前者不能增加，后者不能通过部门的自由裁量行动减少。

预算系统规定对部门多年业务计划进行年度审查，涉及投入和活动水平的审查。没有支出部门向预算办公室报告实际支出情况的规定，除非部门提交了补充拨款申请，届时会对资源限额和资源使用情况进行分析，以确定是否会批准该申请。

在特定情况下，即便拨款已经通过投票得到批准，财政委员会也有权将部分拨款冻结。通常，这意味着对这些资金的任何后续使用都会附加一定条件。

丹麦。当议会对一项拨款进行表决时，它将支出的权力下放给有关部长。最近的改革增加了每个支出部门的管理责任，减少了需要财政部和议会具体批准的详细项目的数量。财政部管理着一个计算机化的支付和会计服务，从中提取每月的支付数据。然而，在一年的时间里，对支付情况没有进行事前中央控制。大多数个人福利的支付，如社会保险等，都是由地方政府支付的，并按季度报告以获得补偿。自 1984 年起实施的正式监督机制要求各个部委必须每年向财政部提交三份综合报告。这些报告需阐明各部委的实际支出与其预定的总支出目标或“框架”相符合或存在偏差的情况。若预见到可能的超支，负责的部长需在报告中提出措施来抵消这一超支，包括可能提出的立法改革建议。实际上，财政部与支出部门之间保持着持续的沟通，必要时将讨论采取补救措施的必要性及其范围。

芬兰。自20世纪60年代初以来，一个正式的短期现金管理制度一直在使用。它既用于规划现金管理业务，也用于确定何时何地需要通过政策措施纠正或抵消偏差。在财政年度开始之前，每个部委都会提供预期的每月支付模式的概况。中央会计系统每月提供关于实际支出的报告，财政部将其与这些概况进行比较。还有一个日常现金管理系统，必要时可以对短期现金流进行非常严格的管理。

法国。财政部对支出进行详细控制。在编制预算时，每个部都要就分配给它的新业务和经常性业务的“上限”进行详细的谈判。在每个支出部门，都配备了一名相对资深的财政部成员。尽管这些支出部门在会计上对其支出的合理性负责，但在支付任何款项之前，都必须经过该财务主管的审批。因此，财政部保持着一个运行控制，与外部审计机构——审计院的后续审查分开。

支出的融资问题受到了高度重视。财政部有权在财政年度的任何时间点介入，取消信贷或调整信贷的使用速度。这种干预是在行政程序框架下进行的，并不需要获得议会的具体授权。此外，通过补充财政法案，财政部还可以拒绝拨款（同时创造新的收入来源）。

德国。一个部门的拨款在预算法中有非常详细的规定，除了特别标明的支出外，没有任何部门有权将支出从一个拨款项目转移到另一个拨款项目。所有与联邦预算有关的支付都是通过财政部管理的16个地区财政办公室进行的，因此，财政部只负责保存记录和编制每个支出部门的年度账户。这些办事处的业务高度计算机化，每月向财政部提供实际支出分析，财政部也从支出部门获得未来三个月可能的财政需求报告。因此，预算的执行受到持续的监督和控制，前瞻性预测是对现金流预测的一个重要输入。

当支出可能超过授权总额时，联邦财政部长在征求主管联邦部长们的意见后，可以在其已批准的支出总额内承诺或支出（上次是作为1980年补充预算计划的预防措施）。在特定条件下，如果额外支出需求不可预见且不可避免，财政部长可以批准超出预算的支出或预算外支出。这一授权仅限于紧急情况，即当补充预算无法及时制定或议会已经放弃了预算法中对补充预算的要求时。具体而言，这适用于额外支出不超过1000万德国马克的情况，或者这笔支出源于一个具有法律约束力的承诺。在支出上限相对较低的缩减政策时期，这种情况经常发生。每年有10—50个超过1000万德国马克的案例很正常。

不是出于预算控制的原因，而是出于对整体经济发展的考虑，政府可以适用《促进经济稳定和增长法》（1967）的规定。在一般经济活动大幅下降的情况下，政府可以决定批准额外的支出。应对经济衰退的额外支出（Konjunkturprogramme）可以通过一个简化的程序授权，而不需要旷日持久的补充预算。法律授权财政部长在预算规定之外筹集最多50亿德国马克的额外信贷，并允许降低通过的税率。这一经济措施由政府制定，需要得到联邦议会的批准。该方案在1975年得到迅速应用，尽管其有效性遭到质疑。为了防止经济过热，财政部长有权制止支出和签署影响未来几年财政的承诺（Konjunktursperre），以及提高个人和企业所得税率或减少折旧津贴。除此之外，政府可以在征得联邦内阁的同意后，限制联邦、国家（Länder）和地方当局的借款。它最后一次被使用是在1971年。

希腊。财政部长有权通过禁止各部委每月支出超过年度拨款总额的一定比例来监管现金流出。未使用的余额在年底失效，不转入下一年的预算。

爱尔兰。只有在年度拨款法或具体的授权立法中得到议会授权，才能进行公共支出。此外，它们需要财政部长的批准，这种批准可以是具体的（针对一次性支出），也可以是委托的。

在实践中，构成绝大部分支出的持续的经常性支出计划的支出权被授予支出部委，但必须符合经批准的具体条件和管理其运作的条例。然而，根据授权的支出不得超过年度供给估算中为各部委规定的总现金限额。同样，在资本支出方面，公共住房、医院、道路和学校等既定项目的支出权已被授权给各部门，但必须符合先前与财政部商定的项目的总体参数和目标。然而，对于这些计划中的某些重大项目，以及所有重大的一次性公共部门资本项目，必须获得财政部对该支出的具体授权。未经财政部长批准的支出不能从议会表决的资金中支出。如果支出部门在没有这种授权的情况下做出承诺，并且如果财政部确定不应做出这些承诺，则可以拒绝批准。

根据之前的说明，现在每个部门初始的现金拨款被当作是现金上限。虽然在特殊情况下（例如失业救济金），财政部会向国会提交额外的预算。每个部门在每个财年伊始都会提交一个包含资本和经常性开销的月度支出概览。一旦这个概览获得同意，它就实际上成为每个月的现金支出上限。只有在获得财政部长明确同意后，部门才能在该月增加支出。一个月的节余通常不能结转，一个部门被要求用一年中其余月份的节余来抵消某个月的核定超额部分。

每个部门都任命了一名支出控制联络官来监督该系统，并作为与财政部联系的联络人。在这一年中，每个部门每月报告其实际和预期支出，并解释与概览的差异。从财政年度的第四个月开始，每月向政府提交一份预算趋势报告（支出和收入）；到年中，政府通常能够评估是否应采取任何补救措施。

意大利。议会每年对每个支出项目批准两个限额：一个是承诺的限额，另一个是现金支付的限额。预算办公室和政府都没有任何权力扣留或拦截议会之前批准的资金，除非事先获得议会的明确授权。财政部长每三个月向议会提交一份关于实际支出的声明。目前正在着手开发监测和预警系统，以便在全年收集关于管理、现金流估算、中期结果等方面的信息。1985 年，意大利实施了一个“独特的财务制度”，要求扩大的公共部门所有资金，而不仅仅是国家资金，都要集中持有和管理。实行这一制度的原因包括：允许国家用公共机构的流动资金为其部分需求提供资金；避免对金融市场提出不合时宜的要求，以保护生产部门的需求；避免国家预算支付注定将由公共部门其他成员存入银行账户的款项。这个系统的管理是为了确保这些其他公共机构在需要时能够充分并立即获得资源。

日本。为了控制支出流向，每个部门都必须获得财政部长对其承担债务（合同等）计划的批准。此外，在每个季度开始前，部门每个支付人员在每个财政季度预期支付的详细内容必须得到财政部长的批准。然后可以根据这些计划进行支付。支出部门在年内将资金从其详细预算的一个项目转移到另一个项目之前，需要得到财政部长的批准。财政部长还可以在一年中要求提交关于实际事件和前景的临时报告，以便在认为必要时提供任何指导或推荐正确的行动。

荷兰。财政部将大量权力下放给各支出部门，但保留了指定预算项目的权力，在财政部预算办公室批准之前，各部门不得在这些项目上负债。在这一年里，各部门根据 1979 年和 1986 年修订的“严格的预算政策规则”运作。他们的主要目的是将支出控制在预定的总额以内，同时也保护未来几年的多年估算。这些规则规定了如何通过节约弥补超支，以及如何使用或不使用意外节约。

在这一年中，财政部和各支出部门每月都会就可能出现的超支和不足进行讨论。在许多情况下，问题在没有议会参与的情况下解决，方法是在分项之间转移余额。这意味着不影响票决结果；或者，在非常严格的条件下，可能会在有限的范围内，将资金从一个项目转移到另一个项目。政府会在年中向议会提交一份“春季备忘录”，回顾事态的发展，并提出任何必要的调整措施。

挪威。议会授权财政部长在财政年度内批准对预算的修改，无论是新项目还是对现有计划的成本调整。任何一项变更的价值不能超过 100 万挪威克朗，但对所有变更的总价值没有限制。同样，每项价值超过 100 万挪威克朗，最多 300 万—400 万挪威克朗的变化，可由政府（即内阁）批准，而无需事先提交给议会。议会在年底会收到一份技术报告，总结此类变化的价值。

预算部门在预算执行阶段参与度不高。每个部委决定在多大程度上使其下属机构接受一些分摊或一揽子拨款。通常情况下，各部门要求旗下机构定期更新对当年总支出的预测。财政部则每两个月从这些机构收集有关实际支出的报告。

葡萄牙。财政和计划部管理总公共账户的职员在每个部都有。他们为预算编制提供建议，并在确保实际支出完全符合公共会计规则方面发挥着关键作用。政府在检查年内计划支出方面有一些权力。根据法令，政府可以禁止将议会之前批准拨款的 1/12 或更多用于某些目的。目前正在努力制定现代成本会计和监督程序。

在实践中，实际支出往往会超过最初预算，例如，要为加薪或高于预期的利息费用提供资金。

西班牙。拨款表决通过后，支出部门必须每月提交关于经常性支出和资本支出以及预计支出的信息。财政部可以通过干预控制支出水平，以保持财政平衡或经济政策的目的。

瑞典。负责执行各部委制定的政策的机构几乎对所有政府支出负责，除了向其他各级政府转移资金。在过去，一个机构的资金使用受到财政部预算办公室和相关部委联合编制的年度授权书的严格监管，并由后者发布。近年来的总目标是降低这种控制的详细程度，并仅以分期付款方式向各组织支付拨款。现在，拨款是按季度提前支付或更频繁地支付：以前，整个拨款往往在年初支付。各机构控制的详细程度可能不同，但一般来说，一个机构有很大的空间来做出自己的管理决定。

各机构的资金使用情况由外部审计机构持续监测，其中央机构——国家审计局向政府提供定期评估，说明预算如何按计划发展。这些信息被用来评估政府每月的借贷需求，并根据拨款情况检查预测的预算结果。这种现金流监测与国家审计局和其他机构开展的大量评估工作之间存在联系。

土耳其。财政部长可以在整个财政年度内调节支出。在议会批准预算后不久，财政部就会向所有机构发出通知，说明管理资金承诺的主要原则以及在财政年度前 6 个月内发放拨款的最大比例。第二份通知通常在 6 月下旬发布。这种资金分配的原则和百分比取决于：总体经济状况、最近的支出和收入趋势、将经常性支出分摊到全年的必要性、以及有关活动的性质。此外，对现金支出的比例也实行单独控制。财政部还管理着当前及未来几年的财政承诺（如合同签订）。预算法中明确规定了哪些类型的支出和承诺受到这种控制，以及相关的限制条件。

如果需要实现节约，总理或财政部长可以发布有关特定对象支出的一般准则。年度“关于年度计划的实施、协调和监督”的法令，包括必要时可对投资计划进行修订，并相应地重新设置拨款程序。

英国。当议会对一项拨款表决时，它授权财政部批准有关表决的付款。财政部反过来将大多数常规支出的权力下放给各支出部门。

对于重大的新提案和超过商定财务限额的个别项目，需要财政部的特别批准。在财政年度开始时，每个部门都会提供其预期支出的详细情况。他们通过财政部长办公室报告实际支出。该办公室每月向财政部提供报告，并抄送支出部门。财政部对这些监测信息的主要用途是管理资金，并作为其对公共支出总额趋势定期评估的投入。应当确保不削弱各个支出部门的责任心，让它们的支出不超过大部分年度拨款的现金上限。同时，对于那些需求驱动的支出，如果与事先商定的支出概览存在差异，需要发出预警。社会保障支出，由于其规模和即使在短期内也很难预测，因此要受到特别监督。无论这种支出是由国家保险基金还是由年度拨款提供资金，都要接受特别的监督安排。如果可能的话，应避免对已批准的计划进行年中削减，但各部门可能要吸收预算中某些部分的费用超支，从而可能需要削减其他部分的费用。

美国。与其他国家不同，美国预算中提供的授权并不直接涉及支出或现金支出。相反，预算提供了承担将导致近期或未来年度支出义务的授权，义务包括：工资、薪金和利息的流动负债；提供贷款的协议；购买办公场所、建筑和土地的合同；以及其他需要最终支付资金的安排。一个财政年度的支出可能是用于支付前几年或同一年发生的义务。因此，支出部分来自前一年预算授权的未用余额，部分来自为实际支出的年份提供的预算授权。

当预算被国会批准后，管理与预算办公室（OMB）主任按时期或活动向每个机构分配由拨款产生的承付权和其他预算资源，以确保其有效使用并尽量减少对额外拨款的需求。这种分配被称为分摊。

控制的基本单位是大约1100个预算账户。国会会在某些领域特别详细地限制行政裁量权，或者希望在某个机构要改变向国会各委员会提出的建议中引证的特定资金分配时被告知。相反，国会可能允许预算账户之间的一般或明确的转账，从而增加部门的自由裁量权。

一旦分配了责任授权，进一步控制的责任就在于支出机构，任何联邦官员如果过度承付账户中的资金或分配，都会受到严厉的法律制裁。因此，核心的控制措施集中在对应付款的管理上：除了常规的审计控制外，对现金支出并没有直接的控制。

支出机构每季度向管理与预算办公室提交关于分配责任和支付的报告。此外，各部门每月都要为财政部和管理与预算局准备关于资金使用的详细报告。财政部发布月度和年度报告，显示每月和年度累计的收入、支出、盈余或赤字、债务和影响联邦政府财务状况的其他因素的信息。管理与预算局利用支出机构的月度报告跟踪相对于计划使用的责任授权使用情况；它每年还一次或多次更新公布总收支预测。

监督和控制承诺

这一小节简要探讨了现金预算背后对承诺监督和控制的本质与程度。通过利用有关财务承诺的信息或对这些承诺进行控制，旨在两方面支持现金支出管理：确保支出保持在财政年度（或更短的会计期间）的现金限额内，这要求对该期间可能到期的承诺施加限制。要做到这个程度，预算办公室将不得不要求削减某些领域来抵消——或有助于抵消——其他领域难以避免的超支。它要求支出机构尽可能少地承诺，保持尽可能大的短期现金灵活性。同时，认识到支出管理者可以依靠在以后年度有一个最低支出水平，将多年承诺或合同控制在这一限额以内，可能在实际上有助于更有效地使用资源。

“支出的增长和构成”节描述了政府支出的很大一部分基于主要立法或其他承诺，可能难以改变。其他一些支出在原则上可能比较灵活，但实际上只能在任何短时期内进行边际改变。例如，在有可能减少或取消某项职能的情况下，解雇受影响的公务员或让他们提前退休的代价可能很大。招聘禁令从长远来看可能会给人事管理带来问题，但在禁令期间，可能只影响到薪酬支出的一小部分。

即使没有外部控制或报告要求，一个将很大一部分预算花在采购上的部门也可能为了自己的管理目的而保留有关其未兑现承诺的信息。一般来说，每个支出管理者都希望在他认为对他的计划最有利的范围内自主地做出预先承诺。在一个部门内，高层管理人员可能需要在某个领域实行节约，以补偿另一领域的超支。因此，他们会倾向于限制这种灵活性。更重要的是，中央现金管理人和预算官员可能不愿意看到有限的剩余的短期支出灵活性被进一步削弱。

限制远期承诺并因此保留一些灵活性的安排可能是非正式的或正式的。上面“年内监测和控制现金流”小节指出了美国和意大利的特殊做法。在**美国**，国会根据对承诺或责任的授权批准联邦预算，而不进行现金拨款。在特定情况下，尤其是对于跨期多年的国防项目，国会往往会对整个项目进行一次性授权，而不是每年分别授权。这种做法意味着，任何一年预算授权的变动都可能对未来两年甚至更长时间的财政负担产生影响，进而可能影响到更长期的支出安排。每月的现金支出受到监控并公布数据，但没有对现金流进行直接控制。在**意大利**，预算曾经是基于承诺的授权。形成了大量的未偿债务。因此，现在对新承诺和预算涉及年度的现金支出有立法限制。

1976 年，**澳大利亚**政府决定扩大正式的承诺程序，主要是为了改善预算管理。在提交预算申请时，各部门需提出其长期负债的预估。内阁在审议下一财年预算方案的同时，也会设定各部门在财政年度结束时可能出现的未清偿债务的上限。各部门须严格遵循这些设定的债务上限；然而，财政部长或其授权的代表有权批准对这些限额的变动。这种限制债务的制度并不是要计划所有的未来支出，而是要限制未来支出的预设程度。然而，责任体系的范围相对较广，包括：立法承诺；签署建筑物、供应品等合同；以及其他协议或承诺，虽然它们在法律上可能无法强制执行，但会使政府有义务支付款项。某些类别的支出，如工资，一般不在该体系范围之内。

其他一些国家控制或监测新承诺的做出速度，如新合同的签订。在**荷兰**，自 1976 年《政府账户法》以来，收入和支出都以现金为基础进行预算和核算。因此，提交给议会的预算法案详细列出了每个项目计划的现金支出。然而，对某些具体项目而言，还设有一个独立栏目，标明了可能承担的任何新义务的最高限额，这些新义务将在未来几年内引发相关支出。未经议会批准，不能超过所标示的最高额度。此外，预算部长可以决定一些分项，任何新承诺均需要事先批准。在以后几年产生支出的承诺被纳入多年期支出规划。

在**芬兰**，传统上对承诺的事先财务控制已逐渐放宽，转向日常和财务上的注意事项。目前，它只包括重大的支出承诺，即使必要的资金已经由议会拨款，也必须由内阁的财务委员会批准（或由财政部长批准中等规模的承诺）。同样的程序也用于讨论政治或行政上的重要事项，即使可能由于财务原因没有达到筛选水平。此外，已经采取措施逐步减少“保留拨款”的广泛使用，在这种情况下，资金可在提供拨款的预算年度之后的三年内转移。这种做法正在被一种制度取代，即某一年的承付授权必须由当前和未来几年的现金支出计划提供资金，该计划必须与承付授权请求一起提交。

在**德国**，与澳大利亚的情况类似，要求各部门在提交预算申请的同时提交其远期债务估算。导致未来年度支出的行动通常只有在预算中有特别授权的情况下才能采取，在这种情况下，未来年度的现金承诺可以达到预算计划中先前显示的水平。相应的未来现金支出包括在中期财务计划之中。目前正在开发一个监测已授权未来承诺实际使用情况的系统。未来承诺可以具体到适用的未来年份，也可以在“未来年份”一栏中列出，在这种情况下，只有在得到财政部长同意后才能使用。权利性项目的未来承付款或当前付款（即工资、薪金和其他人事费用以及货物和服务的当前支出，包括某些租金、租赁权和租赁合同）都不需要具体授权。在财政部长的同意下，可以偏离已授权的未来承诺。此外，财政部长也有权采取措施阻止执行先前批准的承诺，以此来控制或限制未来支出。

在**爱尔兰**，后续年份的资本支出承诺被限制在预算年度拨款的65%。然而，这个数字在财政部长的特别批准下可以改变。未来承诺可接受水平的确定是为了给计划管理人员在签订多年期合同时提供合理的自由度，同时为控制目的留下足够的灵活性。所有部门及其下属的国家机构每月都要报告下一年度签订的合同承诺和其他准合同承诺的水平。

在**日本**，如上所述，对于那些涉及公共工程支出和财政部长指定的其他支出，各部门和机构的负责人为执行“支出预算、持续支出和合同授权”的义务（指合同和其他行为，它们是付款的原因）制定计划，并在财政年度开始时将其提交给财政部长以获得批准。

对已经或即将做出的承诺有更深入的理解，可以显著改善对多年计划和预测中未来现金支出的预测能力。更加雄心勃勃的做法是，通过调节承诺进度，控制未来现金流，正如之前提到的澳大利亚和德国案例所示。承诺管理还可以用于设计项目的最佳组合与顺序，例如，在道路建设项目中，以最有效的方式利用未来几年的总现金流。

一些项目的支出过程包括四个主要阶段：

- 私营部门的申请（如某些赠款或贷款计划）或初步设计（如建筑项目）；
- 行政或部门批准；
- 签订承诺（如建筑合同）；
- 一次性或分期付款的实际支付。

对实际案例的分析可以得出各阶段之间的典型区间，以及个别案例与平均值的差异。这些关系可能有足够的稳定性，值得开发正式的数学模型来协助管理者理解和在必要时控制现金需求。

英国就是一个鼓励此类研究的国家。改善部门管理的努力，如“为改进生产力和效益”节提到的倡议，强调让个别管理人员对项目的良好运作承担更多责任，似乎必然会促进这类调查。

为改进生产力和效益

引言

本研究中涉及的所有国家都在探索如何在其支出计划中最有效地促进经济性、效率性和效益性。尽管这些目标并不新颖，但在持续限制支出的背景下，它们变得更加重要。在一些国家中，通过对公共部门职能的重新评估和调整，以及持续审查计划在变化环境中的相关性或优先级，这些目标得到强化。本节初步且有选择地概述了调研国家和相关措施，介绍了一些为确保政府计划的作用、相关性、限制和响应能力而采取的方法。同时，本节还概述了一些国家为改善部门和机构的财务管理，以及为提高计划管理的灵活性，通过减少年度预算固有限制而采取的措施。

效率和效益审查

效率和效益审查的核心目的在于促进持续追求更高的资金使用价值，以此来减轻限制总支出造成的痛苦。审查过程的任务包括开发实用信息，分析资源在特定项目中的使用情况，更为关键的是，评估这些资源的使用成果。这样做的目的是提出建议，可能还有其他选择使部长们能够更好地厘清和排列他们的优先事项，并且激励公务员们在对节约或削减的要求做出反应时更具创造性和建设性。审查程序的使用与“改善财务管理的活动”节所回顾的对部门和项目层面财务管理的重新关注有关。这两方面发展都是为了寻找更可行、更可管理和业务上有用的合理和复杂的控制和管理系统的形式，这些系统是在20世纪60年代“计划项目预算”和“零基预算”的名义下制定的。

审查工作的焦点可能指向从政策的根本目的，到政府直接介入是否恰当，乃至公共部门计划的具体管理方法的任何问题。这种审视不仅关注政策设计的初衷和政府参与的合理性，也细致考量如何有效管理公共项目。审查的本质和目标将指导选取何种方法进行评估。

在一些国家中，私营部门的直接参与正在被用于加强审查过程，这涉及让商人、管理顾问或其他来自政府领域之外的人士参与其中。此外，还有些国家正在推动公共服务部门与工业、商业和金融公司之间更频繁的人员交流，以此扩展双方的经验和理解。通过这种方式探索私营部门的典型管理方法和绩效评估技巧在多大程度上能够被采纳和应用在公共服务之中。

效率审查

对行政或业务效率的审查通常由负责该领域的支出部门负责，虽然这种审查的必要性往往由与该部门相关的预算办公室人员提出。预算办公室可能对需要优化的方面提出明确建议，或者通过削减分配给该业务的预算，激励支出部门创新改进。

例如，在**瑞典**，几年来财政部在制定执行机构的预算时，假定生产力每年增长2%：他们的拨款在根据价格和工资率的增长进行调整后，每年削减2%。这已被修改为一个多年期目标，即在第三年之前必须通过该机构自己提出的方式节省5%的费用。这些削减目标仅适用于行政费用，而行政费用约占总支出的 10%—15%。

在**加拿大**，自 1984 年起，尽管大多数部门的运营预算因工资水平的变动有所增加，但对其他价格上涨未做相应调整。在物价年均上涨约 4% 至 5% 的背景下，这种不考虑通货膨胀的调整策略，迫使各部门为了维持原有的业务和服务水平，必须寻求提高生产效率或实施成本节省的措施。

大多数政府现在把提高行政效率作为一项政策。在**日本**，第二个行政改革临时委员会在 1981—1983 年运作，并提出如下建议："特别有必要大幅简化政府的行政管理，因为自经济快速增长的时代以来，政府的行政管理已经扩大到一个巨大的规模。审查和简化行政责任领域将为行政部门提供机会，以更低的成本响应新需求，同时增强私营部门活力。同时，也有必要对那些本质上属于公共行政领域的范围进行审查，确保其全面、高效和有效地运作，以最低的成本满足时代变化的需求。

在**澳大利亚**，最近决定在未来两到三年内在所有联邦部门和依赖预算的机构中实施某种形式的项目预算。其主要目的是使议会、中央机构和支出机构能够更加关注政府支出的效率和效果。这一发展由澳大利亚政府的财政管理改进计划支持，该计划将在本节进行讨论。

1982 年，**美国**总统成立了一个私人委员会，称为"总统私人部门成本控制调查"，由一家大型私人公司的负责人领导。该委员会的使命是提出减少政府支出和提升效率的建议。1986 年，总统发起了一项至 1992 年的计划，旨在选定关键职能领域提升 20% 生产力。各个部门和机构需设定符合这一总目标的自身生产力提升目标。它们会对现有职能进行审查，挑选出那些适合于衡量和可能带来显著改进机会的活动。这些机构将确定什么改变最有利于提高效率。他们将建立一个基于 1985 年数据的绩效基准，并评估每年的生产力变化。作为其整体管理改进计划的一部分，每年，各机构都需要向管理和预算办公室（OMB）提交生产力计划。这些计划将涵盖改进目标和策略、具体目标、采用的措施，以及激励员工参与的方法。管理与预算局将负责每年向总统和国会报告政府整体生产力提升情况，包括已实施的和计划中的提升措施。

在**英国**，新任首相在 1979 年任命了一位著名的商人作为其效率顾问，并在首相办公室设立了一个小型的效率部门，以促进各个部门对选定领域的审查。

为了确保共识建议得到落实并实现成本节约，世界各国认识到有必要密切关注研究成果。即便预算办公室的工作人员未直接参与决定研究领域的选择，他们也应当充分了解相关研究及其成果。这样，在与各部门进行年度预算谈判时，他们便能有效跟进这些研究成果，确保研究推荐得到实际应用。

效益审查

政策审查，无论是对政策本身的目的还是对其形式和效果的审查，都可能涉及预算办公室的工作人员以及负责部门的工作人员，也许还有其他感兴趣的部门。

进行一次有效审查所需的时间和努力程度各不相同，这主要取决于计划领域和提出问题的性质。然而，关键在于确保审查过程的时长不会超出实际所需，以保证效率。由于这种多样性，通常情况下，审查程序并不与多年期规划或年度预算编制程序和时间表紧密联系在一起，尽管在这些工作中经常发现审查的必要性。审查结果也可能需要在制定预算时加以考虑，以便评估相对的政策和支出优先次序。

在许多国家中，积极参与效率和效益审查的是政府的外部审计机构。在本研究覆盖的一些国家中，除了进行传统的认证或合规性审计外，现在还特别重视进行性价比或“全面”审计。这种审计不仅评估项目或政策是否遵循了既定规则和标准，还评估其成本效益，即在使用资源方面的效率和效果。1983 年，**澳大利亚**国家审计署正式采用了“全面审计”方法。这是审计系统发展的另一个阶段，更加强调经济和效率。全面审计方法包括计划、规划和实施一个审计周期，检查和评估被审计单位的法律合规性、行政合规性、财务规范性、经济和效率。在这个周期内，在几年的时间里，全面审计中的效率审计内容包括评价管理层在政府提供的政策指导和立法框架内为实现计划目标所采取的行政行动和决定的有效性。其中重点是对程序和方法的审计，以及评估决策的做出或撤销是否经过充分考虑和适当记录。涵盖效率问题的审计范围扩展到审查和报告被审单位是否有行政机制，使其能够向政府提出建议。

在**加拿大**，审计长（联邦议会的审计员）负责进行合规性审计，并有权判断各部门是否建立了进行性价比评估所需的系统。在**荷兰**，外部审计师最近对性价比审计表现出极大的兴趣，并且私人顾问也推动了相关政策建议的落实。**英国**国家审计署表示，现在一半的工作聚焦于性价比审计。**美国**和**德国**的情况也相似，总审计机构对联邦部门和机构以及它们的承包商执行的计划、活动和财务操作进行审计和评估。这些审查主要探讨如何管理和控制资源，如何经济高效地执行项目，以及这些项目是否达成了既定目标。

接下来，本书将简要描述加拿大、爱尔兰、荷兰、瑞典和英国在政策或效益审查方面的一些情况。

加拿大。1984 年 9 月，由副总理领导的项目审查部级工作组成立，对政府项目进行逐项审查。它没有进行政策审查，但负责对每个部门和整个政府的项目进行概述，这可能导致更简单、更易理解的项目和更容易为客户所接受的项目交付，并尽可能将决策权下放给与客户群体直接接触的人。项目审查还试图全面实施，涵盖法定和非法定项目。

共有 19 个研究小组参与了对联邦政府近 1000 个项目和服务的分析。这些研究小组汇集了来自联邦和省级政府以及私营部门的专家。此外，在审查阶段，独立于部级专门工作组的私营部门咨询委员会与每个研究小组的成员讨论了研究结果。

研究小组的分析和建议提交给专门工作组的部长们，当部长的建议受到认可后，相关建议被提交给由总理主持的内阁规划和优先事项委员会以决定所需的进一步行动或项目变化。

政府没有打算创建另一个集中的官僚机构，因此在提交报告之后，所有的研究小组都被解散了。然而，为了跟踪建议在决策过程中的进展，并确保支出部门理解执行的要求，一个小型的核心小组仍然保留下来。

爱尔兰。1985 年 3 月，政府任命了一个内阁部长委员会，对现有的支出项目进行审查，以确定：

• 从服务最初的目标而言，哪些项目仍然有用；

• 就国家的成本而言，这些计划的实施是否可以更加有效；

• 现有结构是否对现有资源进行了最佳利用，或者是否可以建立一个更有效的结构。

审查举措的主要目的是提出建议，通过取消过时的项目或提供更有效的项目来节省支出。这些审查是全面的，由来自财政部和公共服务部以及该项目所属部门的审查小组进行。每个项目都将从目标、优先级、实施手段、效益、财务影响等多个方面进行综合审查。审查小组会根据所研究项目的具体性质，在规定的时间框架内提交其报告。

荷兰。荷兰重新审议程序的演变说明了实现有效审查程序的一些实际问题。1980 年提交给议会的预算备忘录指出，需要一个“独立于预算编制的第二回路”来重新评估政府责任。

因此，在 1981 年 1 月，为改善信息基础，一个新的和广泛的政策审查计划被采纳，以便在整体层面上确定优先事项，并就个别政策领域做出决定。它被称为“重新审议程序”。这种方法吸收了以往项目预算的经验，被描述为有选择性地应用的零基预算方法。选择进行审查的主题领域需要向议会报告（议会也可以提出其他建议）。每次审查的最终报告都要提交给议会，随后政府将决定如何对这些建议做出回应。

该程序由一个部长级委员会指导，该委员会包括总理、副总理（代表组成联合政府的政党）和财政部长。在官方层面上，该委员会由财政部预算司司长担任主席。

每个项目的审查都由一个专门设立的团队负责，该团队由主管该议题的部门领导。无论是工作小组还是委员会，总理办公室和预算局均有代表参与。预算局下设的一个特别单位负责提供所有工作组和委员会的秘书支持，这样做旨在确保各组工作遵循统一的标准和严格性。1983 年 4 月重新制定的选择审查领域的主要标准为：

- 是否有机会对公共服务进行有效分配——通过私有化、权力下放、减少管制、实施（更高的）定价等方式；
- 从一个与“重新审议程序”相当的角度来看，自上次在公共机构的环境下进行总体效率审查以来，已经过去了一段时间；
- 鉴于环境的变化或现任内阁的总体政策目标，某项公共服务的优先级或其提供的水平下降；

- 在政府各部门之间的平衡分配；
- 支出的规模和增长。

审查的准则包括一系列需要解决的问题，这已成为该程序的核心部分，确保对事实的适当调查、对政策的深入反思以及对变革性选择的勇敢探索。每个工作组都必须提出三到四个成本更低的政策选项，包括至少一个能在四年后使预计支出水平节省至少 20% 的方案。

起初，审查的时间是临时性的。1983 年 4 月，做出了以下安排：加强审查的地位，部分是通过一个明确的分阶段时间表将其与预算过程联系起来。新的安排得到了内阁的批准。关于下一轮审查领域的建议将在 8 月 1 日之前提出，商定的清单将在 9 月送交议会的预算备忘录中列出。工作小组将于 1 月成立并开始工作。每个工作组必须在 11 月 1 日之前提交最后报告（有报告期中发现的规定）。1 月份，内阁将对整个回合的结果进行审查，并做出关于超出预算框架的最佳判断性建议的决定。其结论将告知议会。所有其他建议都将提交给预算周期内的决策过程，而预算周期内的政策工作则将从 2 月份开始，即财政部长向部长会议（也就是内阁）提出预算目标之时。

这个时间表过于僵化，因有些审查可以更迅速地完成，有些则需要更多时间。1985 年 7 月，内阁批准了一些额外的程序性修改。从现在开始，可以在一年中的任何时候开始重新审议审查。这种做法提升了程序的灵活性，同时并未削弱其有效性：所有部门必须遵守的参与规则以及每年检查审查数量是否充足的规则仍然保留。另一个变化是，已完成研究的政策决策变得更为灵活：只要不触及一般内阁政策，相关部门的部长和财政部长可以采取主动行动，一旦相关部长之间达成一致，就无需将决策提交给全体内阁审议。

重新审议程序的主要目的是提供现实的节支建议，在引入后的头几年里，功效相当令人满意。在头两年中，制定的节支建议总额约为165亿荷兰盾（约为国民收入的5%）。在这些建议中，约有60亿荷兰盾（约占国民收入的2%）已得到落实。

有一种观点是，从1983年起，在特定审查项目上更难获得各部门的合作，特别是制定现实的节支建议的建设性努力变得越来越少。含有矛盾观点的研究报告的数量正在增加。1985年7月的修改部分是为了选择政治上更相关的领域进行审查。希望通过这种方式，可以更充分地利用政治压力刺激政府机构内外的合作态度。

在**瑞典**，利用议会或专家调查委员会进行政策审查的做法由来已久。在过去，这种调查的职权范围有时过于笼统，导致提出的改革建议代价高昂。当前，审查过程受到更加严格的限制：所有报告都必须包含一份全面说明，阐述对中央政府、地方当局以及商业部门的建议可能带来的经济后果。最近的一些委员会，尤其是那些负责审查政府机构工作的委员会，被指示在他们的报告中必须包括一个“严格的选择”，即提出一种方案，使某项活动的规模收缩15%—30%。

为了补充这种审查，政府在1981年成立了一个公共财政研究专家组。财政部的预算主任是其中一名成员。该小组的大多数成员都与财政部有关，或曾经与之有关。该小组还包括一名学术经济学家以及地区和地方政府的代表。该小组正式向财政部长汇报，但其报告被广泛分发，并在许多方面得到使用。该小组每年大约召开六次会议，负责委托研究任务并监督进展。研究和审查的主题可以是特定政策或其管理方式；项目的最后期限通常设定得相对紧迫，可能只有三到四个月时间；如果提出新倡议，则必须通过同一部门领域内的支出削减来提出“资金对冲”方案。

根据瑞典的经验，重要的是要创造一种氛围，鼓励各部委和机构参与审查，以及确保与预算工作有效联系的常规。像荷兰一样，其目的是在审查实践和预算周期之间进行有效互动，而不是在一个单一的过程中进行整合。

英国。政策审查在英国是一种成熟的做法。进行审查没有固定程序；每项审查都需要对其组织、目标、资源和实施做出单独决定。政策审查的范围很广，从一个小型的审查小组，到财政部或支出部门的联合努力，再到正式的部门间委员会。在某些情况下，审查小组可能由一位部长领导，如1984/85财年对社会保障体系的要素进行的全面审查。在大多数情况下，财政部通常会有某种形式的参与，尽管有些审查没有财政部的参与仍然成功。不过，在所有情况下，财政部至少会寻求影响审查的职权范围。

政策审查的核心目标在于确保对所有支出领域进行定期评估，以明确其目标并制定评价指标。这一过程在识别节约成本的机会和允许对支出计划进行重新评估的同时，对于确定支出内外部的优先顺序起到关键作用。

改善财务管理的活动

研究涵盖的一些国家已经启动了特定的活动或倡议，旨在促进各部委和执行机构实施更优的财务管理。这些活动的目标是引发深刻的变革。随着更商业化的管理方法逐渐成为常态，这样的活动通常会被整合进一个部门的日常工作之中。

这些活动的主要特点是适应和使用相当于企业规划的程序以及与之相匹配的管理形式。在所有情况下，这都是采取更分散的行政决策程序和更多的决策授权形式。为了使其有效运作，个别管理人员需要有明确的目标（在较低的层次上，需要有明确的任务），并负责妥善使用授权预算中提供给他们的资源。需要有良好的信息、适当的技能和专家支持。整体控制取决于组织内部对绩效的明确责任。

每个级别的预算负责人都期望能对其负责的年度或长期金额的确定性有所把握，并且希望在如何在下级之间分配这些金额上拥有灵活性。这一事实影响了政府在多大程度上为每个主要部门或主要职能领域提供详细的预算或整体预算，而这可能被认为是预算办公室总计划支出的整体预算。一个部门或部级委员会在对其计划详细分配方面享有的自主权越大，预算部长及其工作人员对如何细分某块的参与就越少。由于参与较少，他们的了解也可能较少，因此，他们在所有部门中采取平衡观点的能力可能会被削弱。另一方面，如果预算办公室不那么专注于耗费时间和精力的详细预算编制，它将有更多的时间来关注关键问题。

以下段落总结了澳大利亚、加拿大、丹麦、爱尔兰和英国的举措。

澳大利亚。本届政府根据“联邦行政审查”的建议，于1983年6月启动了财务管理改进计划（FMIP）。该计划为一系列的预算和行政改革提供了一个重点，其目的是：

- 开发更好的方法来确定和制定预算优先事项；
- 将注意力更明确地集中于特定项目的目标和目的，以及它们所使用的资源；
- 开发和应用项目管理技术，以提高资源使用的效率和效益；
- 建立定期审查项目效率和效果的机制。

FMIP采取了一种双轨战略。其第一领域的改革目标，与英国的倡议相似，旨在鼓励部门和法定机构更加专注于项目管理和目标的实现，而非仅仅遵循规章制度和对资源的控制。因此，它补充了本节前文提及的执行计划预算的措施。FMIP 的实施方式如下：

• 鼓励发展企业管理模式，机构负责人和高级行政人员与部长协商，确定机构目标和实现目标的战略，并确定资源分配的优先次序。

• 根据机构目标和机构所有活动形成的项目结构，制定一个项目管理方法。应明确确定项目结构各要素（如计划、次级计划、组成部分、次级组成部分）的目标和预期产出及结果，以及分配给它们的资源水平和类型。

• 在所有的项目组合中建立一个系统的方法来评估项目的效率和效果。

• 建立一个组织结构，促进以项目为基础的管理，并尽可能地将在分配的资源范围内实现议定目标的责任下放给部门管理者。

• 实施管理信息系统，为各级管理人员提供相关和及时的信息，使他们能够监测目标的实现，控制资源的使用，并确定优先事项。

• 为高级行政人员和工作人员提供有针对性的员工发展和培训，以提高他们的资源管理和一般管理技能。

FMIP 战略的第二部分，也被认为是上述“自愿”措施成功的关键，是发展一个公共机构和预算决策环境，鼓励所有参与公共行政的人更加重视绩效。采取的步骤包括：

• 引入组合项目预算；

• 将部门行政拨款合并为一个单独的整笔拨款。此前，各部门有多达 20 个单独项目来确定行政支出的数额。

• 通过将中央机构的权力下放到各机构负责人，赋予他们在行政预算内部转移资金的灵活性，并在三个广泛的职员年限内建立控制（高级管理职位除外）。

- 要求所有新的支出建议包括目标说明和绩效指标说明，以及拟议的审查说明机制和时间表。
- 与议会委员会联系，鼓励他们围绕目标而非项目投入关注部门项目绩效。
- 要求更新提供给中央机构和议会委员会的信息。
- 更新中央机构的财务分类账系统和工作人员监测系统，包括在这些系统和机构管理信息系统之间实现直接在线访问。

FMIP 由一个指导委员会控制，该委员会由财政部、运输部、国防部和公共服务委员会的高级官员组成。它由财政部和公共服务委员会的两个小型支持单位提供服务，每个单位大约有 10 名官员，并有一个由大约 12 个部门组成的部门间咨询委员会。

加拿大。政策和支出管理系统（PEMS）的许多基本特征都源于 20 世纪 60 年代末实施的“计划项目预算系统”（PPBS）。引入 PPBS 系统旨在解决两大关注点：一是影响政府控制其支出能力的各种因素；二是评估这些支出在实现预期政策目标方面效果的相关因素。虽然 PPBS 作为一种控制工具和评估机制的缺点很快显现出来。个别增量决策的考量常常在缺乏整体支出框架的情况下进行。同时，目标被证实并不适用于评估，部分原因在于它们描述了项目的广泛影响，部分原因是许多项目具有多重目标。

20 世纪 70 年代中期通过的支出增长规则对总体支出的增长设定了一个上限。然而，相对于这个上限而言，正在进行的计划的支出基础不断扩大，侵蚀了新的优先事项所需的储备。尽管按照计划项目预算系统（PPBS）的标准，支出模式看似合理，人们仍担心这种模式无法与政府不断变化的优先事项保持一致。作为一种改进，PEMS融合了PPBS的许多基本原则，提供了一个系统化的政策和支出管理框架。PEMS结合了自下而上的增量式业务规划和自上而下的预算总量宏观控制。在这一体系下，预算和年度估算成为财政与业务规划过程中的循环成果。更重要的是，PEMS注重结果而非单纯的目标，这有助于克服PPBS面临的主要挑战之一。它允许系统性地分析资源分配与绩效评估之间的联系，即项目输入与输出之间的关系，从而更有效地管理和评估政府项目和政策。

在PEMS系统中，每个部门和机构的运作计划框架以“规划要素”为基础，这些要素是项目的独立细分。规划要素为各部门的资源规划和财政委员会的资源分配决定提供了基础。由于它们符合每个部门的管理和控制制度，规划要素也确定了责任中心，以便对有效利用核准资源进行问责。

运作计划框架已经成为回应议会长期以来关于提供更多关于政府支出和成果信息的要求的基础，以此改善议会对于公共支出“物有所值”的问责机制。现行的预算估算文件分为三个部分。第一部分是政府支出计划，建立了政府对议会责任的基础，明确了政府的支出水平及其在不同政策部门或预算封套中的分配。详细的预算估算（第二部分）旨在支持年度拨款法案的制定。此外，一系列的“第三部分”文件（部门支出计划）则从目标、各项活动对目标的贡献方式，以及预期成果等方面，对一个部门的每个项目进行详细描述。

自1984年以来，对PEMS的修改（见上文“未分配的预备金”小节）旨在对总支出进行更有效的控制，并使各部门在使用核准资源时具有更大的灵活性和责任。政策性预备金已经减少，中央对剩余预备金的控制得到加强。此外，为了帮助实现对各部门在预算范围内工作的更大期望，主管部长和部门管理者将获得更多的自由裁量权以做出选择，通过重新分配核定资源来提高项目的有效性和效率。现行的运作计划框架，加上改进的内部审计和项目评估系统，预计将为更严格的核定资源使用问责提供基础。

丹麦。1983 年秋，丹麦政府制定了一个现代化方案来改革公共部门。它的主要组成部分是预算改革，更多地依靠市场机制或准市场力量，在部门和机构中采用更好的管理方法，以及使用新的信息技术。其目的是在零增长的框架内确保服务活力和更高的质量，并打算通过给予各部门和低级管理人员更多自由裁量权和激励来实现这一目标。

主要进展在预算改革领域，这主要得益于进一步的权力下放、净支出控制，以及在某些情况下，对净拨款的依赖。

对邮局、铁路和其他一些公共企业的控制（这些企业的交易在预算中以总额处理）已经放宽。现在，重点放在了预先确定的净财务结果上。允许从事商业化补充活动的部门和机构根据简单的规则扩展这些活动，避免竞争扭曲。允许所有机构在没有正式拨款的情况下使用杂费收入。

每个部门在其票决项目之间调动资金有更大的空间，各机构可以自由地将支出从一个项目转移到另一个项目，但薪酬支出不能增加。以前在投资项目上结转未使用资金的便利，现在也扩大到包括经常性支出。在用途明确规定的前提下，未分配余额可结转四年。最后，大部分关于小型投资项目、建筑物出售等需经议会单独批准的规定已被废除。

在 1986 年，原先非常详细的员工控制被替换为每个机构一个单一的人/年限制。尽管如此，对于高级职位的数量还是保持了更为精细的控制，这被视作控制组织结构的一种策略。

在 1987 年，一个从数量到现金预算的改革将实施。与此同时，一套新的、赋予更多自主权的财务管理系统开始落地实施。

作为预算改革的结果以及对减少预算赤字的高度重视，总体支出控制已从总支出转为净支出。虽然目标仍然是限制总支出，但每个部长的运行支出目标或“框架”被固定为一个净数字，这意味着增加的收入（税收除外）被算作储备。

爱尔兰。为在中央政府层面和一般公共部门层面大幅改善财务体系，已经采取了一些措施。过去三年的主要财务举措包括：

- 公布“公共支出综合方案”；
- 规定了评估资本项目的系统程序；
- 各部门的支出现在根据每个财政年度开始时批准的概况逐月控制；
- 引入一个正式系统，根据公司计划向政府报告商业性国家机构的财务绩效；
- 向部门发布“财务管理指南”；
- 1985 年 9 月出版公共服务改革白皮书。

1984 年发布的《财务管理准则》要求部门参照“公共支出综合项目”执行，或将主要支出项目适当分解为活动或服务，以便于在持续的基础上预算和核算。这有利于在活动基础上进一步授权，从而使成本最大限度地受到授权管理的影响。

准则覆盖的领域包括：基于支出项目和活动的规划；确定负责各个项目和活动的具体管理人员；根据政府的决策来编制预算；建立适当的财务报告机制；采纳对项目有效性进行滚动审查的程序；以及采纳一个内部审计项目。

这一进程随着政府发布关于公共服务的白皮书而获得显著推进，该白皮书提出了一系列关于结构和管理系统的改革计划。这些准则为发展部门管理体系中的财务要素提供了一个框架，成为白皮书设想的新管理系统的一部分。

英国。政府于1982年5月发起了“财务管理倡议”（FMI）。该倡议要求每个参与的部门制定管理制度和做法，为各级管理人员提供：明确目标；评估实现这些目标进展的手段；明确责任，以最佳方式利用他们负责的资源；以及他们履行这些职责所需要的信息和专家意见。

每个部门都在制定适合其自身职能的安排，因此，在基本相同的主题上存在大量的地方差异。这些发展对政府中央预算编制过程、年度公共支出调查（PES）或年度供应估算产生重大影响还为时尚早。对于明确目的和目标的强调，以及制定和使用产出指标和绩效指标来展示各支出项目的收获，已经导致记录每个年度公共支出调查结果的公共支出白皮书对成就的描述（以及在某些情况下，这类项目上的目标）。

各部门发展安排的共同特征是：

这个年度过程涉及每个重要组织单位的管理者向部门的最高管理层报告其单位的当前活动、未来一段时间的目标、指标和任务，以及所需资源（包括员工人数和费用、其他行政费用以及任何归属于该单位的“项目”支出）。这些结构化的报告随后由部门的最高管理层进行审查，目的是确定优先事项并在必要时对资源分配进行调整。

在每个部门内部建立更加分散的安排，对行政支出进行预算控制。因此，各个职能部门的负责人将比以往发挥更多的管理作用，在每个预算周期结束时，对分配给他们的资源（在工作人员和其他行政资源方面）的高效和有效使用承担更大责任。每位高级管理人员都被鼓励在其指挥范围内进一步放权，只要这样做有管理意义。

随着对提高功能项目支出管理效率的需求日益增长，越来越多的人正致力于解决这一领域固有的难题。这些挑战包括确保管理人员对他们负责的项目计划和控制承担明确责任，以及对政策建议进行更深入的评估，测试其可能产生的效果；以及对运行项目更多的监管和评价，改变或清理那些被证明为价值低的项目。

部门首要财务官员职责的重心发生了变化，转向更多地服务于高层管理和预算系统，协助条线管理者建立对各自负责的支出项目的评估，而非直接管理整个部门的资源。

将运行经费预算、项目计划和评估、绩效评价从条线管理者到高级管理层，再到 PES 和供应估计联系起来。这个问题是目前由财政部会计顾问主导的预算审查中出现的关键点之一。

缓和年度影响的长期保证

年度原则是传统预算过程的核心特征之一。根据这一原则，立法机构每年批准一次拨款，而在财政年度结束时未使用的资金将失效。然而，政府的许多工作是连续性的，并且很多项目，比如修建一条道路或培训一名医生，需要跨越多年才能完成。此外，有一种广泛的观点认为，在某种程度上，年底的贷款失效会导致财政年度最后阶段的功能失调和低效的“消费狂欢”。这导致了一个论点，即减少年度性的限制将提高预算的成本效益。因此，预算部门总是面临着对长期资金保证的要求，必须在短期灵活性和长期确定性之间找到正确的权衡。

向支出管理者提供多年保证的一个例子是**英国**对个别国有产业投资计划的批准安排。每年，政府都会与每个行业一起审查它们在年度公共支出调查所涵盖年份的投资和融资计划。然后，每个行业都有权对投资项目做出确定的计划和承诺，其金额在第一年为其商定投资计划的 100%，第二年为

85%，第三年为70%。这些协议通常在秋季给出。对于特别大型的项目，需要得到负责的支出部门的具体认可。

目前，**澳大利亚**的援助计划受制于大量的多年期承诺。该计划的一个主要领域是澳大利亚对巴布亚新几内亚的援助，受制于一项为期五年的援助协议，其中规定了每年分配给巴布亚新几内亚的援助金额和支付方法。此外，澳大利亚根据《粮食援助公约》承诺每两年提供一次粮食援助，包括为双边项目做出具体的多年承诺，并可以会同世界银行等国际金融机构授予本票，这些本票可在几年内提取。

在**加拿大**，财政委员会和个别支出部门之间可以就多年期预算达成协议，但仍需由议会每年拨款。这种安排的一般内容包括：支出部门承诺在协议涵盖的年份内不寻求任何额外支出，财政委员会承诺免除该计划的进一步削减（除非在最极端的情况下）。当为一个小型机构的需求提供资源时，多年期协议作为预算工具似乎更加有用，该机构有明确的任务规定，并受到工作量压力的影响，不会发生重大变化。这些特征有助于创造一个相当稳定的环境，在这种环境中，长期的资源配置协议可以促进管理的改善。

"年终灵活性"计划旨在帮助应对支出时间的不确定性。例如，在**英国**，有一项安排涵盖了大多数部门的资本支出（也受到年度现金限额的限制），根据这项安排，一个部门可以将其计划资本支出的5%结转到下一个财政年度。从技术上讲，这些资金由议会再次表决，现金限额在下一年度增加。

如上文"支出控制实践"节所述，美国有一个基于债务的预算，根据该预算，某一年的支出很可能来自前几年的债务。在某些情况下，比如主要的国防项目，承付权可能包括了预期发生的全部费用，并且可能是多年或无年限的授权形式。另外，在1987年的预算中，总统宣布他打算考虑加强多年期预算过程。国会还通过立法，要求从 1988 财年开始，国防预算应以两年为基础编制并提交给国会。

在**意大利**，预算文件规定了以前批准的承诺水平所产生的现金支出水平。然而，这些现金支出必须与特定年份的总体现金限额相适应，如前所述，这些限额也在意大利预算的双重控制体系中得到批准。

德国的预算法允许投资支出和来自专项收入的支出结转到随后的财政年度。如果其他支出被指定用于涵盖几年的目的，并且有利于效率和经济，则可以宣布在年度预算计划中有资格结转。为了结转支出（未用余额），必要的资金将被编入预算。这些资金的计算方式是足以支付必须在下一个财政年度支出的未用余额，除非可以从下一个财政年度的现金节省中提供未用余额的资金。

在**丹麦**，适用于各部门和机构资本支出的既定计划已被扩大到也包括经常性支出。只要在财政法案的最后“补充条款”中明确规定其用途，未分配余额可结转四年之久。如果一个部门的具体资金用途没有在补充文件中详细说明，那么这些资金就会在该年年底失效。

在**荷兰**，在某些条件下，允许不经议会批准将拨款转入下一财政年度。第一个条件是，符合结转条件的分项在预算文件中被注明。其次，预算文件注明可转移资金的最大数额。最后，资金必须在下一个预算年度使用，支出部门有义务表明在起始财政年度做了相应承诺。然而，荷兰内阁最近决定废除这种结转手段。今后，未使用的余额将通过需要议会批准的补充法案转入下一个预算年度。

为了克服严格的年度现金管理带来的不利影响，未来可能会看到某些项目或机构获得正式的多年拨款，同时仍保持短期内对总预算的充分控制。以**瑞典**为例，目前正在探讨的一个想法是将执行政府多项民事计划的机构的行政预算设置在多年期基础上。这一做法的目的是使预算办公室能够集中资源，例如每年对三分之一的机构进行深入审查。每个如此审查的机构都会有一个约定在三年内通过变化改进绩效的方案，并在整个期间确保资金，以便其能策划如何最好地履行职责。

参考文献

OECD (1984), Tax Expenditures: A Review of the Issues and Country Practices, OECD, Paris, ISBN 92 - 64 - 12589 - 2.

OECD (1985a), The Role of the Public Sector: Causes and Consequences of the Growth of Government, OECD.

Economic Studies No. 4, Spring, OECD, Paris, ISSN 02s5 - 0822.

OECD (1985b), Social expenditure 1960 to 1990: Problems of Growth and Control, OECD, Paris, ISBN 92 - 64 - 12656 - 2.

OECD (1985c), OECD Economic Outlook No. 38, December, OECD, Paris, ISBN 92 - 64 - 12777 - 1.

第三章
结果导向预算：各国经验比较*

中央政府预算的范围

本报告从负责预算总量控制和支出管理的中央政府办公室的角度讨论预算实践。各国中央政府的支出内容有所不同，但预算范围所涉及的主要问题大致相同。这些问题涉及介于国有和私人部门之间归属较模糊的机构，诸如贷款和担保之类的非传统交易，以及不涉及资金的强制性支出但具有类似一般支出财务和其他影响的激励措施。

这些“范围”问题需要考虑到一个确立已久但却经常被违背的原则，即预算应该是全面的。也就是说，不论资金的来源或最终用途如何，它应该涵盖政府所有财政收入和支出。例如，对于中央政府来说，这一原则要求预算应该包括向地方政府提供的拨款，但不包括这些地方政府使用自筹资金的支出。它还要求包括社会保障，即使它是由专项资金或信托

* 本文最初于1995年作为经合组织出版的《成果预算编制：公共支出管理展望》（*Budgeting for Results: Perspectives on Public Expenditure Management*，ISBN 92－64－14476－7）的第2－10章出版。在撰写本文时，艾伦·希克是华盛顿特区乔治梅森大学的公共政策教授。

基金资助的，以及国有企业，即使它们可以进入资本市场。

全面性原则并非目的本身，而是实现预算重要功能的手段。全面预算有助于：（1）衡量政府行动的经济后果；（2）控制政府的财政资源；（3）对公共部门的决策者和管理者进行问责；（4）有效利用公共资源。尽管完整的财务信息对于预算非常重要，但几乎没有任何 OECD 成员国拥有完美的全面预算，涵盖政府的所有财政资金流量。政府机构和项目运营的常规支出几乎均包括在国家预算之中。只有在法律或实践将某个特定机构或项目视为预算外时才会出现例外。当支出是非常规的时候，问题就变得更加复杂，比如当政府提供或担保贷款，或者通过税制提供激励或优惠时。本节不涉及社会保障问题，而在 OECD 地区，社会保障支出占据了总公共支出日益增长的份额。

国有企业

国有企业和私营企业之间的界限并不总是明确或清晰的。国家控制的程度、企业的所有权以及其对公共财政的依赖程度是定义界限的重要标准。但当政府拥有企业但几乎不行使控制权时，或者反过来，虽然政府在技术上不拥有国有企业，但仍然行使重要的管理控制权时，界线就变得模糊了。关于就业、定价和采购政策以及国有企业对资本市场的准入等问题会进一步增加复杂性。

当国有企业纳入预算时，最常见的做法是仅考虑它们与政府之间的资金净流量，即以净额（收入减去支出）而非总额进行核算。一方面，采用总额核算将加强政府对企业的控制，但可能扭曲预算并导致不必要的干预和僵化的管理。另一方面，净收入和支出可以展示国有企业对政府财务状况的贡献，并有助于控制国有企业的借款需求。例如，在英国，为了控制目的，公共支出的运营定义包括国有行业和大多数其他公共公司的净外部融资。然而，在奥地利，一些企业（主要是传统公共服务垄断企业）以总额形式呈现，而在法国，预算操作仍由各部门而非国有企业执行，这是净额预算的一种例外。

一些国家区分政府强制性拥有的企业和由政府设立但被视为私营公司运营的企业。在美国，联邦政府全资或部分拥有的公司被纳入预算，与由政府资助（但并非所有）的公司形成对比。关于后者的财务信息，即政府资助企业（GSE），被附加在预算中，但不包括在收入和支出总额之中。

各 OECD 成员国的私有化倡议已经减少了国有企业数量并降低了其在财政上的重要性。当企业被私有化时，政府获得的资金通常被编入预算的收入或作为支出的减项。无论哪种方式，政府的短期预算状况都会得到改善。尽管强调私有化，但一些政府仍然拥有某些关键领域的核心企业，尤其是在交通和通信等公共垄断行业。

除了私有化，一些政府已经从详细的事前预算（和其他管理）控制转向管理者自主裁量和绩效责任。对于在竞争市场中运营的国有企业，常见的做法是在标准管理决策（如定价和中间投入品选择）方面给予它们相当大的自由。在这些国有企业中，预算讨论通常集中在国家对企业的支持方面，无论是用于经营补助还是资本融资。

预算办公室在监督 OECD 成员国国有企业方面的角色各不相同。在奥地利，从事制造业的国有企业通过一个总机构与预算办公室打交道，该机构提交开支和融资请求。在加拿大和法国，与预算办公室的讨论在主管部长的主导下进行。在美国，管理与预算办公室对国有企业的运营几乎没有参与。

事实上，预算办公室很少持续控制国有企业。一个例外是法国，一些老国有企业有一位常驻的审计员，该审计员是财政部雇员，可以查阅所有文件。然而，多年来，这个角色似乎已经从监控演变为在财政部和国有企业之间维持沟通。

国有企业的事后控制主要在预算过程之外进行，通常通过定期审计来实施。近年来，扩大这些审查的趋势是涵盖绩效问题，而不仅仅是合规性。

奥地利。国有企业在联邦预算中占15%—20%，这还不包括在竞争性行业运营的国有企业。出于预算目的，国有企业被分为两组：完全由国家拥有并通常受到严格预算和非预算控制的公共服务型垄断企业，如铁路、邮政、电信和林业；以及国家在竞争性行业中至少持有51%股权的国有企业，通常具有自治权，尽管政府可能通过任命董事会成员来发挥一定影响力。第一类企业的预算按总额计算；第二类企业的预算按净额计算。

公共服务垄断企业的预算方式类似于常规部门。议会批准它们的预算，并对工资、雇员数量、投资和运营支出进行单独限制。工资水平也由议会确定，尽管并非通过预算程序确定。这些国有企业不能自行借款，投资以现金基础作为当前支出进行预算。第二类国有企业——国有化工业——不受这些详细的事前控制约束。政府控制的关键渠道是公共官员在这些公司董事会的成员资格。贷款、拨款或资本注入通过常规预算程序进行处理。审计局每年撰写公共服务垄断企业的报告，并在四到五年的周期内撰写其他国有企业的报告。

加拿大。截至1993年，联邦政府持有47家、资产达540亿加元、雇员超过11.7万人的公司100%的股权。1984年的《财政管理法》调整了政府与国有企业之间的关系，改变了中央控制和管理自主权之间的平衡。根据目前仍具效力的相关规定，每个国有企业母公司（即完全由政府所有）必须每年提交一个未来五年的发展规划，说明其投资和借款情况，以及实现其规划的目标和策略、以往年度的业绩（与目标相比）和未来一年的预期业绩。这些计划要提交给国会，并成为年度拨款申请的依据。即使国有企业的授权法允许其借款，也必须通过公司年度规划获得批准。

政府向国有企业提供的资金包括预算资金和非预算资金。预算资金不需要偿还，因此记录为支出（与国有企业的收入进行抵消），非预算资金预计会偿还，并在财务报表中记录为资产。预算资金通常用于提供现金补贴或弥补运营亏损；非预算资金通常用于资本投资、营运资金和类似目的。

芬兰已将中央政府预算相关企业改组为预算外企业。这一改革过程始于 1989 年，已逐步覆盖了大多数企业。新的组织形式允许企业拥有广泛的经营灵活性，同时在议会控制中保留了投资规模、融资以及主要功能的选择权。新的操作自由度包括经营管理的自治、定价决策和获得资本市场的机会。面临竞争的企业可以转型为有限公司并出售给私人投资者。到目前为止，已有三家企业转型为公司，其中一家已经被出售。更多的企业将会紧随其后：已经向议会提交了关于将邮政和电信公司改组为有限公司的法案。预算外企业可能会成为将来生产强制性政府服务的一种组织形式。

法国。国有企业在法国经济和公共部门中扮演着重要角色。两次国有化浪潮使法国的国有企业达到了当前的规模和多样性，第一次是在二战后，第二次是在 1981 年。此后，公共部门的范围经历了两个私有化计划的大幅缩减，一个计划在 1986 年至 1988 年进行，另一个正在进行中。除了国家拥有 50% 以上股本和表决权的“国家企业”外，还有各种“混合经济公司”，部分属于公有，部分属于私有。这里只讨论前者。企业与财政部长之间的关系取决于它们的国有化日期以及它们是作为公共服务垄断企业还是在竞争市场中运营。公共部门的规模在 1986 年至 1988 年期间进行的私有化和当前进行的私有化中有了明显缩减。

法国有五个主要规定来管理国家向国有企业的财政资金流动：Ⅰ）资本拨款被视为一般支出；Ⅱ）贷款被记录为通过特殊财政账户进行的临时操作；Ⅲ）国有企业的股息出现在总预算中的收入之中，而贷款偿还则作为相应特殊财政账户的收入录入；Ⅳ）担保只在导致支出时列入预算；Ⅴ）向国有企业提供社会福利的补贴在支付给国有企业时作为相关部门的支出计入预算。

预算控制对国有企业的支付进行管理，包括支付金额和条件，以及某些国有企业向私营部门借款和工资、价格等。国有企业与预算办公室的关系通过负责该国有企业的部门进行沟通。国家对公共服务垄断企业和其他各种国有企业的现行运营提供的资金是通过年度预算过程决定的。这些国有企业的投资政策由一个特别的跨部门委员会进行审查，以确保其财务计划与宏观经济政策一致。对于在竞争市场中运营的国有企业，与财政部的讨论涉及整体借款或具体增加国家提供资本的请求。但其他事项则由这些公司的经理或董事会上的政府代表负责。

20 世纪 40 年代或更早国有化的国有企业有一名财政部的驻地官员，负责监督其运营，可以查阅文件，传达财政部的政策和偏好，并向财政部报告发展情况。

美国。尽管美国的国有企业部门相对较小，但具有多样的机构，遵循不同的规则和财务安排。可以分为四类：

1. 被联邦政府全资或部分拥有的公司通常以净额计入预算。其中大多数公司从联邦政府获取资本，由政府承担财务风险并控制其预算和其他运营。其中一些公司在财政部享有信贷额度，并且大多数公司的资金分配由管理与预算办公室进行。所有公司都要接受审计局的审计。

2. 少数国有企业归政府所有，但不计入预算。其中最大的是邮政服务公司，于1981年从预算中剥离出来。在一些重要方面，这些企业与第一类相似，只是其预算状态不同。

3. 政府资助企业（GSE）是在联邦资助下创建的，但由私人拥有和管理，并且通常意味着自负盈亏。大多数GSE在住房和农业等依赖信贷的领域充当金融中介。其中一些GSE从政府获得部分资本，政府在财务风险方面承担明确担保或“道义义务”——即这些企业在遭遇困境时政府将提供援助的预期。GSE不包括在政府预算范围内，但有关它们的财务信息会附在预算之中。

4. 一些私营公司以资本、运营补贴或担保形式获得联邦政府的补贴。政府通常对这些实体的控制较少，但从财政部流向这些实体的资金作为支出计入预算。

贷款和贷款担保

向各类政府机构（包括国有企业）发放的贷款通常要计入预算，并包括在所有整体支出目标中。这种现金基础的做法源于贷款与传统支出相同，对政府的赤字或借款需求产生影响。此外，缺乏资产负债表和其他财务报表使政府无法将贷款记录为资产，就像在企业报表上那样。

将贷款视为现金支出存在一些严重的缺点。第一，贷款与无需偿还的支出（如拨款）在决策过程中进行竞争。这种处理方式使得看起来等值的贷款和拨款对政府的成本相同，但实际上，真正的成本是不相等的。第二，如果一笔贷款在开始时被列为支出，如果随后被冲销、违约、转为拨款或被遗忘，则预算无法记录任何成本。第三，现金基础无法认识到贷款的条件（包括利率和偿还计划）以及借款人的信用状况不同，且对政府的真实成本产生很大影响。

贷款担保引发了一些特别棘手的预算问题。由于只有在借款人违约时政府才会进行现金支付，一般做法是不将贷款担保列入支出计划或预算总额之中。然而，在提供担保时，政府确实承担了一项潜在责任，即如果借款人违约（通常会发生），政府将在未来进行支付。在发生违约时，政府已无法控制成本，尽管必须在预算中记录任何现金支付。

低估贷款担保的成本使其难以与其他财政工具（如拨款和强制性贷款）进行比较，也难以评估其对政府风险的成本。许多政府试图通过在预算和其他政府公文中扩展有关担保的信息来弥补其不足的处理。在许多国家，无论是预算还是现行立法，都限制了可能在一年内未偿还或发行的担保总额。

近年来，贷款和贷款担保的预算地位发生了相当大的变化。美国推行的最深远的改革旨在根据对政府估计的成本来预算贷款和担保。其他国家试图通过在预算中提供对预期现金支付的实际评估来加强财务控制。其他改革还包括向借款人收取费用，以弥补或覆盖政府贷款或承担成本的一部分。

澳大利亚。自 20 世纪 80 年代末以来，强制性贷款的规模已经下降，这是由于政策终止了联邦对各州的借款，并要求国营企业（GBE）实现自给自足。大多数担保提供给 GBE，以降低借款成本并改善资本市场的机会。1988 年采取的 GBE 改革取消了对新借款的明确担保，但这些企业仍然有来自政府会救助它们摆脱财务困难的隐含担保。

奥地利。不对拨款、贷款和担保的成本进行预算比较。财政部对贷款价值应用 7% 的贴现率进行衡量。由此得出的估计值不列入预算。事前评估借款人的财务健康程度可以将信贷风险降至最低。国有企业不通过强制性贷款获得资金，贷款转为拨款的情况很少发生。为了使风险降至最低，只有在法律对担保的发行施加条件的情况下，才会提供担保。除出口信用保险外，担保支付非常有限。已向国有企业发放了贷款担保，但在 1986 年的改革中，取消了对政府控股公司 OIAG 的合作企业的非正式的国家担保，1991 年的一项法律终止了对这些企业的新担保，因此担保的数量有所减少。

加拿大。强制性贷款是公共政策的重要特征。这些可以是优惠贷款，被视为拨款并计入预算，或者是市场利率的非优惠贷款，不涉及补贴。每年重新评估贷款，如果发现信用风险或利息补贴显著，则进行减值。自 20 世纪 80 年代末以来，贷款担保的规模有所增加，只有在获得立法授权并经财政部长批准的条件下才能发放贷款担保。为了获得议会授权进行担保，预算估计中必须明确涉及贷款担保；然而，支出水平仅涵盖由违约导致的现金支付。当贷款有可能无法偿还时，会设立储备金（通常等于贷款金额的 25%），并将其作为标准支出项目记录在预算之中。当预计私人资本市场对国有企业或私营部门的贷款将被全额偿还时，它们将被列在预算之外。为制定反映贷款担保在政府汇总财务报表中成本的新政策，政府正在审查现有的政策和做法。

丹麦。强制性贷款不是政府政策的重要工具，1991 年仅占支出的 2% 。创造金融资产（应收账款）的贷款交易计入总预算赤字；偿还款项在财务交易账户中视为收入。贷款的补贴成本在预算中没有被明确标识。没有对担保与其他形式支出进行系统比较，但人们普遍认为担保的补贴低于强制性贷款。最近几年，一些担保类型的损失得到了较高保费的缓解。

芬兰。强制性贷款在预算工具中起到次要作用，占总支出不到1%。它们被列为支出预算，而偿还款项则被列为收入预算。贷款违约、重组和其他不规则情况不会出现在预算中。除少数例外，国家担保需要获得议会正式批准。关于这些交易的详细报告见于年终结账和政府国家财政管理报告。

德国。1992年，强制性贷款占联邦支出略高于1%。只有在还款可能性较大时才提供贷款。财务交易没有单独的预算。贷款发放被视为支出，偿付被视为收入。经议会批准的预算包括因担保违约产生的现金需求的预留。担保在许多领域发放，并由财政部进行监控。

新西兰。随着政府通过放松管制、公司化、增加竞争和其他创新措施，引入了公共部门的市场原则，强制性贷款和担保的重要性已经减弱。预算区分了创建资产的交易和不创建资产的交易。根据新的应计制会计制度，贷款的注销在财务报表中得到确认。担保在政府的财务报表中完整报告。

瑞典。政府提出了每个贷款担保计划的使用限制，并由议会决定。预算的一个特殊部分列出了贷款担保限额和现金支付的变化。预算还提供了担保在当年预期支付的估计。

瑞士。1991年，强制性贷款占政府支出不到2%。在发放贷款时，使用信用评分系统对风险进行评级。资产负债表区分了带有正常收益率的贷款（使其账面价值与实际价值相对应）和收益率较低的贷款。后者每年重新评估价值。担保的使用越来越广泛，可能是因为它们对赤字没有即时影响，并且更适用于多种情况。贷款担保的实际补贴接近零，因为它们只有在借款人的财务状况良好且有支付可能时才发放。

美国。1990年的信贷改革法案（于1992财年生效）对强制性贷款和担保贷款的预算处理进行了根本性改变。改革之前，预算以现金基础记录贷款和担保。强制性贷款在资金支付时被列为支出，并在预算中净额抵销旧贷款的本金和利息偿还。只有在违约情况下支付时，贷款担保才列入预算作为支出。除了这种基于现金的系统之外，还在 20 世纪 80 年代引入了一个独立的信贷预算，与常规支出预算平行。这个独立的过程规定了国会预算决议中每个财政年度的总强制性贷款义务和总担保贷款承诺。它还规定每年贷款活动的限额应在年度拨款法案中设定。1990 年的改革延续了这个平行预算过程的一些要素。

这项改革将联邦提供或担保的贷款的会计基础转向这些交易的估计补贴成本。该改革旨在将强制性贷款和担保贷款放在可比较的基础上（即基于它们各自的补贴成本），并便于将这些交易与拨款进行比较。该改革涉及对每个贷款计划的补贴成本实施复杂的估计程序，并处理贷款的非补贴部分。新系统要求对预算授权和支出进行预算，并为补贴成本拨款。这些成本根据净现值基础使用折现率计算，折现率等于政府在承诺或担保贷款时支付的利率。在进行这项计算时，估计所有未来的现金流出和流入，但排除了处理贷款或担保的行政成本。对于强制性贷款，流出将是贷款金额，流入将是本金和利息的偿还以及违约时资产的收回。对于贷款担保，流出是政府在借款人违约时将进行的支付，而流入将是任何收回款项。通过对这些流量折现，该程序使政府能够将这些交易的补贴部分与非补贴部分分开。

预算总目标

公共部门的增长、公共支出构成的变化、一些国家对政府在经济中的角色持更为悲观的看法，以及对不断增加的债务负担的担忧，促使政府在公共支出方面采取重大转变的姿态。在20世纪70年代末和80年代初，人们开始认识到需要在政府的财政能力与政策目标之间取得平衡，并更加意识到长期财政失衡对整体经济和政府未来行动自由的潜在不利影响。

这些担忧促使政府将预算计划建立在总目标基础之上，通常提前几年制定，而年度支出决策将与之相适应。尽管这些目标与实际预算决策或结果的确切联系（如果有的话）取决于政治领导人和政府是否愿意受到预先设定的规范的约束，但这些目标有助于在年度预算过程开始时限制需求。目标使政治家、利益集团、官僚和其他争取公共资金的人士明确政府对他们要求的响应有限。这些目标是一种教育过程的重要组成部分，通过这个过程，期望从扩张转变为削减或稳定。因此，这些目标是对开支者、他们的客户和支持者提出的“自下而上”需求施加的“自上而下”限制。

政府的全局预算准则必须用简单明了的术语表达，尽管它们可能源于关于财政和货币选择、政府的规模和角色、收入和支出的内在动力以及部门政策和压力等复杂考虑。无法轻易理解的目标很少有机会影响决策，它们必须简单到足以满足预期目的，并且可以用几个数字总结，代表着未来的趋势或政府希望的方向。《政府支出控制与管理》（OECD，1987）的研究发现，在几乎所有成员国中，预算目标都以具体的定量目标来表达，而不是以一般的定性意图陈述。这种精确性传递了政府的财政目标，限制了政府允许权宜之计决定总收入和支出水平的能力。

成员国使用的预算目标可以分为以下三类。一些国家依靠两种或更多的做法来影响预算发展。

1. 一个比率，通常以与国内生产总值（GDP）或其他总体经济活动指标相关的百分比表示。这个比率可能与公共债务水平、预算平衡或政府借款、收入或支出水平，或这些因素的组合有关。

2. 支出的变化率。一个常见的准则是在规定的时期内实际增长为零，尽管目标也可以允许一定的增长率，或要求减少实际支出。或者，目标可以用名义值表达，并且可以与预算平衡或收入负担的目标比率一起发布。

3. 目标变量的名义绝对值。以现金值表达的目标可以是未来的支出或赤字水平，或者是相对于某个基准水平的变化量。

预算目标并非自动执行，政府也并非总能够实现这些目标，无论其决心多么坚定。在追求规定的财政规则时，政府必须对经济的短期表现敏感。当经济发生衰退时，财政目标很可能会让位于经济状况的现实情况。其他冲击事件，比如德国统一和重建与整合东部地区的巨大成本，是近年来最突出的案例之一，可能迫使政府放弃精心制定的财政目标。很大程度上，这还取决于政府对利率等关键变量以及需求驱动计划成本的短期控制能力。

OECD 成员国在实现自己设定的目标方面在财政表现上存在相当大的差异。撇开 20 世纪 90 年代初的衰退不谈，一些国家超额完成了目标，而一些国家则表现得比较糟。在这两种情况下，困难时期和紧缩措施的呼声在反复中失去了效果。到了 20 世纪 90 年代初，全球目标在许多 OECD 成员国的预算实践中得到了制度化，但与 20 世纪 80 年代中期相比，它们对预算政策和行动的指导作用稍显不足。然而，可以预期，鉴于最近的经济衰退对民主政权财政平衡产生的影响，复苏的迹象将再次强调严格的目标作为巩固财政的手段。

在欧盟成员国中，总目标可能会得到一些推动力，因为

《马斯特里赫特条约》规定，将于20世纪90年代末引入欧洲经济和货币联盟的条件之一是将预算赤字控制在国内生产总值（GDP）的3%以下。那些超过马斯特里赫特目标的欧盟国家可能会采取总目标的方式来使其预算符合要求。

澳大利亚。从1985年开始，联邦政府采取了一个中期的“三部曲”策略，即不增加支出或收入占GDP的比例，减少赤字/GDP比率。为应对出现的国际收支困难，这些目标被进一步收紧，政府承诺在1988/89财年和1989/90财年预算中实际减少支出，并实现公共部门净借款需求为零。在1987/88财年至1990/91财年期间实现盈余后，随着20世纪90年代初的衰退，联邦预算再次出现了赤字。1992年，政府宣布了一揽子措施，以提振经济的短期增长，并承诺在1995/96财年实现预算盈余。该目标随后推迟到1996/97财年，并在1993/94财年预算中修订为到1996/97财年GDP约1%的赤字。

奥地利。1987年，联合政府采取了一项中期计划，旨在将赤字从GDP的5.5%降至1992年的2.5%。在经济衰退之前，这一财政巩固进展速度比计划中的要快得多。但最近经济的恶化迫使放松财政目标，当前的目标是在1994年实现2.5%的GDP比率。除了减少赤字外，财政政策还旨在减轻税收负担，使公共支出的增长低于GDP的增长，并稳定债务与GDP的比率。

加拿大。在20世纪70年代和80年代初期，政府试图将支出增长控制在名义GDP的趋势增长水平以下。随后，重点转向赤字和债务控制的策略。自1984年以来，政府一直努力通过使计划支出（不包括债务服务）的名义增长率远远低于名义GDP的增长来降低支出与GDP的比率。在大多数年份，支出目标明显低于通货膨胀，意味着计划支出实际下降。

1991 年的预算引入了支出控制法案，该法案规定了对计划支出增长（不包括自筹资金的失业保险和农业保险基金）的法律约束，从 1991/92 财年开始的五年平均每年不超过 3%。1994 年的预算表明，该法案将在 1995/96 财年到期后不予延长。与降低支出与 GDP 比率的措施相结合，税收改革增加了税收与 GDP 的比率。减少赤字和债务与 GDP 比率的中期战略是基于税收与 GDP 同步增长，而支出增长明显较低。

丹麦。支出目标通常以公共支出的实际增长为表达。1983 年采取的主要财政目标，并在整个十年期间得以实施的是消除中央政府赤字和公共支出实现零实际增长（不包括失业救济支出的周期性变化）。到 20 世纪 80 年代末，迅速的经济复苏导致中央政府财政平衡，并在整体公共部门产生了大量盈余。然而，随后失业支出的增加和税收收入增长缓慢导致赤字不断上升。在 1993 年上任的政府将减少这一赤字作为明确的目标。支出目标的增长率远低于 GDP 长期增长率。

芬兰。自 1977 年开始，政府作为中期经济政策的一部分，设定了总税率目标和国家借贷限额。1985 年宣布的政策要求通过整个十年期间稳定税收负担和债务与 GDP 的比率。随着苏联解体和东欧的发展，芬兰经济受到冲击，先前的财政目标被证明是不够的。1990 年，政府采用了一种新的预算上限方案，内阁决定为每个部门设定支出上限，作为预算编制的正式指导。因此，目标已从总中央政府支出转移到各个组成部分。

法国。在 20 世纪 80 年代初期的一段短暂扩张期后，政府采取了更为限制性的立场，遵循两个财政限制：不断降低中央政府赤字和减少税收负担。在 1986 年至 1989 年，实际赤字始终低于预算；在 1990 年至 1993 年，情况相反，尽管努力进行支出约束，政府仍面临着大幅增加的赤字与 GDP 比率。

德国。为了推动新联邦州的经济重建并为统一提供社会政策措施的资金，联邦预算发生了高额额外支出。1993 年预算中四分之一与统一相关，联邦政府已指明了所要采取的措施：在中期内将支出增长限制在 3% 以内，严格控制公共支出，并减少年度净借款。这种巩固措施也适用于地区和地方政府，目标是将总体公共预算赤字从 1991 年的 5.5% 降低到 1995 年的 3% 。

希腊。预算的运营目标是净公共部门借贷需求与 GDP 的比率。1991 年的稳定计划旨在将中央政府的借贷需求从 GDP 的 13% 降至 1994 年的 4% 。尽管年度预算应符合稳定计划设定的目标，但该计划并没有约束力，预算经常偏离财政策略。

意大利。20 世纪 80 年代中期采取的政策旨在到 1990 年将广义公共部门的总借款需求降至 GDP 的约 7%—8% 。这些目标意味着在当前支出方面没有实际增长，并将实际资本支出控制在 GDP 增长以下。这些目标没有实现，政府在 20 世纪 80 年代末和 90 年代初提出了一系列的削减方案。然而，自 20 世纪 80 年代以来，财政赤字的持续下降一直是预算的一个显著特征。

日本。自 20 世纪 80 年代初以来，政府并未在公共部门（或中央政府）采纳总支出目标，而是致力于通过逐步淘汰债务融资债券和减少公共债务与国民生产总值之比的财政改革。财政约束的主要工具是每个部门在编制预算申请时必须遵循的严格指导方针。尽管这些指导方针主要适用于运营成本——强制性支出、国防和某些其他重要项目被排除在外 ——但它们扭转了债务融资的趋势。

荷兰。预算规则通常在政府上台时的联合协议中宣布，覆盖了其预计任期的四年时间。预算目标以净国民收入（NNI）的百分比来表示，与预算赤字和综合预算（包括税收和社会保险缴款以及某些其他收入）有关。1991—1994 年的联合协议将预算赤字目标设定为净国民收入的 4.75%，并在 1994 年下降到 3.25%。这是一系列联合协议的第三个，第一个覆盖 1983—1986 年，第二个覆盖 1987—1990 年，都大幅减少了预算赤字。1991—1994 年的综合负担目标是将其稳定在 1990 年水平。

西班牙。自 1983 年以来，中期目标一直是控制公共部门赤字和削减公共支出。随着转向单一欧洲市场，20 世纪 90 年代初的预算强调持续的财政巩固和从消费转向投资支出。

土耳其。五年发展计划规定了经济绩效和公共财政的目标，如总体公共部门的流动和资本支出、对其他部门的转移支付、收入和财政平衡。该计划还针对总体公共支出与国民生产总值之比进行了目标设定。预算在这个计划框架内编制，但赤字的实际结果往往超过计划水平。

英国。自 1980 年以来，中期财政战略（MTFS）为货币和财政政策提供了框架。MTFS 与年度预算一起发布，并每年更新。每个 MTFS 提出了财政预测，通常是向前四年，涵盖以货币（现金）和 GDP 百分比表示的公共部门借款需求。根据 1992 年引入的安排，“新控制总额”的增长将受到限制，以确保随着时间的推移，除去私有化收益的政府总支出增长速度低于整个经济。根据目前的假设，这意味着随着时间的推移，除去私有化收益的政府总支出的实际增长不应超过每年 2%。

美国。在 20 世纪 80 年代初，联邦预算赤字在绝对金额和 GDP 比率上飙升，而公债/GDP 比率也不断上升。为了扭转这些趋势，1985 年《平衡预算和赤字削减法案》（格拉姆 - 鲁德曼 - 霍林斯法案）为 1986 年至 1991 年的每个财年设定了特定的赤字目标。该法案设想在这些年份中逐步降低赤字，并在 1991 年消除赤字。如果财政年度初估计的赤字超过目标，该法案还制定了半自动程序（称为财政减少）以降低支出。国会于 1987 年修订了该法案，调整了目标，并将预计平衡预算的年份延长到 1993 年。尽管有一些相对较小的财政削减措施，但从 1986 年到 1990 年的每一年，实际预算赤字都高于格拉姆 - 鲁德曼 - 霍林斯的目标。国会在 1990 年对这一困境做出回应，从赤字目标转向控制影响收入和支出的立法。这些控制措施最初适用于 1991—1995 财政年度，将支出分为“选择性”和“强制性”两类。选择性支出由年度拨款控制，而 1990 年的改革将其限制在预设水平。强制性支出主要用于强制性的权益，金额不受限制，但需要按量入为出（PAYGO）规则进行，要求通过其他项目的支出削减或收入增加来抵消立法增加的支出。新控制措施的初步经验表明，它们在一定程度上限制了额外支出，但并未减少过去立法决定产生的赤字部分。国会现在已将选择性上限和 PAYGO 限制延长至 1998 财政年度。根据现行法律，未采取立法行动限制强制性支出。然而，在协议的一部分，总统发布了一项行政命令，限制了强制性支出。如果超过了这些上限，总统将提出法案来抵消增加。

支出计划：年度预算和跨年度预算

总预算规则和目标通常为数年而非仅限于即将到来的一年。这种跨年度维度至关重要，因为使预算符合可接受的财政目标通常必须分阶段进行，每年的预算都朝着规定的目标发展。如果年度预算不遵循全局规范，这些目标将无法实现，政府将面临失去对财政状况的控制的风险。然而，多年度预算承诺与年度预算压力之间常常存在紧张关系，因此预算反映了当下的现实政治而非向承诺的方向发展。

跨年度预算（MYB）是整体中期目标和年度预算之间的桥梁。在寻求改革预算实践以提高公共部门效率和效能的许多 OECD 成员国中，MYB 也成为财务管理改革的一种工具。本报告的后续部分将探讨 MYB 的这一特点。

MYB 的起源在于政府认识到需要应对不断增长的公共部门规模及其对经济的影响，以及当前决策的长期影响，如国防和投资支出，这些支出往往发生在预算为它们提供资金的几年之后。早期的 MYB 系统是在 20 世纪 60 年代和 70 年代引入的，那个时期公共部门迅速扩张，人们普遍相信政府有能力引导经济稳定增长。在那些年份，MYB 是一种规划工具，是识别项目倡议并在未来预算中为其留出资金的一种手段。MYB 本身是扩张的推动因素，因为部门和其他人将这些计划视为未来预算资源增加的权利。但随着公共部门扩大的速度变得难以持续，人们认为 MYB 不再适用。规划无法获得资金的扩张或者引发无法满足的期望都没有多大意义。人们还担心，经济的动荡和不可预测性使 MYB 成为对未来财政和项目政策的不可靠指南。

针对这些问题，一些 OECD 国家的政府将 MYB 从规划转变为预测，从项目扩张的工具转变为对未来支出的限制。在一些国家（如英国），这种重新定位的标志是从数量规划切换到金额规划。在其他国家，这一重新定位体现在规定预测必须基于不变的政策——即仅估算现有项目的未来成本，而不为任何新倡议留出空间。在一些国家（如荷兰、瑞典和美国），这个基准成为预算工作的起点。在大多数情况下，这个基准传达了一个强有力的信息：现有项目的内在势能已经占用了所有未来资源，没有余地用于新的支出计划。

将多年度预算作为基准规划，它充当了年度预算必须遵守的财政限制。这种限制通常以政府所接受的总目标来表述。因此，它体现了保持在实现既定目标进程上的预算内涵，例如增加收入或削减项目。为了成为当前预算政策的限制条件，预算必须与年度支出计划周期相结合。当多年度预算是庞大的规划机构的一部分时，该过程通常委托给一个与编制年度预算没有强制性关联的独立机构。因此，常见做法是由负责编制预算的机构制定多年度预测。将预测与预算相互关联的方式还通过将多年度预算的时间范围缩短到更贴近总预算目标设定期间的框架来促进。

澳大利亚。在开始编制预算时，财政部编制了未来三年支出的前瞻性估计。这些基准估算只包括在没有政策变化情况下所批准项目的预估成本。可能延续的项目的成本单独进行标识。然后，财政部将各种估算汇总成一个概览，并根据一个一致的（预算估测）价格基础进行调整。利用这些预测，内阁确定了预算和未来几年的总目标。预算过程中的政府决策在不包括任何政策变化补助的基线前瞻性预计之外。因此，预算决策的重心在于对这个基线或高或低的渐进调整。尽管内阁制定了广泛的政策目标，但详细工作留给了支出评估委员会（ERC），这是一个由高级部长组成的小组委员会。在1993/94财年，内阁决定大多数政策倡议需要完全通过节省措施来抵消。然而，某些高优先级的提案或成本过高而无法完全抵消的提案被视为超出该限制之外。内阁还支持一个两阶段的过程，其中各个部门负责提出新的政策和节省措施。第一轮要求部长们在1993年5月前提交他们提案的摘要。然后由部长们筛选出需要在第二轮中进一步发展的项目。从这一点开始，详细的ERC审议开始，为8月份的预算提供支出数据。然而，从 1994/95 财年起，这个时间表将发生变化，因为从这个日期起，预算将于每年 5 月份在两院议会提交，以便在 7 月财政年度开始之前通过。

奥地利。政府每年制定一份涵盖当前预算年度之后三年的中期预算估计。这份估计显示了已经决定的措施的财政影响，但不反映其他计划中的倡议。在支出方面，多年度预算显示出满足批准的目标和承诺所需的资金；在收入方面，它预测在政策不变的情况下的未来收入。多年度预算为政府的预算编制提供服务，但不受议会影响。

早在 20 世纪 90 年代初，预算改革就提出了多年度财政计划，旨在整合优先事项确定、政策制定和支出管理的过程。根据这一新安排，为每个政策部门和部长制定支出计划。

预算工作基于财政部发布的指令开始，通常在前一年的五月份。最近，这些指令对限制提出了严格要求，包括选择性支出和强制性支出在内的综合限制。各机构提交预算申请后，与支出部门进行三个逐步提升层次的谈判：在预算部门、由财政部长、如有必要，在总理主持的内阁协调委员会。这个过程的结果是在 10 月份提交给议会的预算。

比利时。通过财政部预先获内阁批准的通知函，预算编制在 2 月或 3 月启动。该通知函规定了在 5 月份提交的预算申请所应遵循的指导方针、规范和假设。这些申请包括对当前政策的估计，以及针对新措施的单独文件化提案。针对持续活动的申请基于当前政策，即特定日期的现行法律和法规。增加支出的提案应包括节省措施。这些申请中特别关注大约 100 个项目，这些项目的支出占总支出的 80% 以上。各部门被要求对这些项目提供额外信息。在 6 月和 7 月期间，这些申请在与预算部门的双边会议中进行审查，之后内阁决定对每个大项目分配预算并授权支出计划或削减计划。资本项目包括三年的估计，并由一个部长委员会进行审查，该委员会向内阁推荐一个投资计划。

加拿大。用于制定财政目标的自上而下的财政计划系统是以总预算支出和净财政需求的形式表达的。这个自上而下的系统与详细的自下而上的多年度运营计划系统（MYOP）相互作用。自下而上的系统最初以不变货币表达，涉及支出的每个要素。财政委员会管理自下而上的运营，而财政部则与枢密院办公室协商处理财政计划系统。

每年政府都会审查和继续执行其涵盖当前年度、即将到来的预算年度和随后两个规划年度的财政计划。在政府的优先事项（特别是降低支出与国内生产总值之比的中期战略）的指导下，对收入、经济状况和当前支出的预测进行评估。其结果是为每一年规划的多年度支出路径，其中包括政府持续运营的资源；用于资助政府优先事项、公共债务费用和法定计划预测差异的中央保留金；以及实现赤字目标所需的支出控制措施。这些目标会以全局的方式在预算年度的财政计划文件中进行规定。

每个支出部门制定一个跨年度运营计划，该计划经过财政委员会审查，决定了在未来三年内继续实施现有计划所需资源。与此同时，财政部根据修订后的经济展望更新主要法定支付和公共债务费用的预测。这些预测与多年度运营计划审查结果结合起来，构成了支出计划的编制基础，其中第一年作为主要估计的基础。

在下一财政年度开始前大约 1 个月，这些估计提交给联邦议会。政府在这些估计之中寻求拨款，并反映已批准的多年度运营计划第一年所需的财政和授权需求。还有认可所包括的多年度成本。估计总额中，大约 70% 已经获得现有法定授权，供参考。其余的金额需要议会拨款。

丹麦。预算在 12 月由议会通过后，拨款法案的附录会对未来三年支出进行规划，按照相同的价格和支付基础进行。之后不久，下一个预算的工作就开始了。财政部的预算部门会将多年度预测调整为用于编制下一个预算的支付和价格假设。在 2 月，财政部长向内阁提议一套净支出上限，每个部长都有一个，以及新的总目标。这些上限为各部门预算提案的起草设定了框架。实际上，这些上限为每个部门划定了一个支出区间，使其在安排预算提案时具有相当大的灵活性。在此之后，预算的谈判重点是为那些难以控制在约定限额内的部门提供新支出和削减选项。

芬兰。20 世纪 60 年代采用的中期行动和财政计划体系在 1990 年之前保持相对不变，那时引入了一套新的上限体系，中期计划的时间表与预算编制的时间表保持一致，而时间跨度缩短为 1—3 年。现在，由内阁发布的上限（而不是部门的支出需求）主导预算过程。预算提案强调要实现的结果，而不是过去的支出项目。中期规划的角色已经转向，为部长和内阁的决策提供连续性和背景。现在，联合的中期和预算时间表有三个重要的里程碑：2 月确定上限；5 月向财政部提交预算提案；8 月的内阁预算会议。

支出上限的新体系以及与此同时采用的以结果为导向的预算方法，意味着将详细的支出决策广泛委托给各部门和机构自行解决。

法国。直到最近，法国才有了多年期预算编制过程，但某些支出（例如国防和海外省份）受到多年立法的约束，该立法主要确定了年度预算中应包含的金额。法国首次实施了一项为期五年的定向法，明确规定了国家预算的目标。这是通过制定中期财政赤字削减路径来控制公共财政的一项重要创新。预算的制定可以分为四个阶段：

1. 每年年初，预算部编制下一年的初步支出预算，包括当前年度的预测和可能的新支出估算。在此预算估测的基础上，总理与财政部长和预算部长一起，决定即将到来年度的预算政策。

2. 然后，总理在春季向各个部门发布“预算更新”来解释预算编制的一般政策框架。在这个“更新阶段”，主要活动是通过更新已核准的财政举措（“获批措施”）和“必然要推行的新政策”（如新经济条件下的财政状况）将当前年度的预算继续下去。各部门向财政部提交他们的“更新预算”，并提出新政策建议，从而启动技术性谈判。

3. 6月，总理向每个部门发布“上限函”，确定经常性和资本性支出总额的上限。这些文书对下一期预算中已接受或要求的政策措施进行了相当详细的说明。各部门随后提交预算案，进行第二轮谈判，通常重点关注拟议的新计划和必要的削减。通常情况下，部长们有相当大的自由度通过在其他地方削减开支来资助新支出。

4. 最后一个阶段是要提交给议会的预算的技术准备工作。

德国。年度预算的编制以每年向议会提交的中期财政计划为指导。无论是计划还是预算，都是根据各地区和地方政府在财政计划委员会中表达的财政意向进行制定的，该委员会代表了各个政府层级。委员会提出的关于总支出和净借款年度名义增长的建议是预算和财政计划自上而下规划的基础。中期计划中对未来联邦收入的估计基于宏观经济预测和假设。计划还指示了政府关于联邦预算平衡以及未来40个大项支出的政策。这些大项由从底层逐级统计的数字汇总而成，并由各部门与财政部（并经内阁批准）达成了与预算编制相同细节的协议。在规划期最后三年的现金需求预测中，某些大项包括价格增长的预留（例如指数化的社会支出和利息支付）。在这三个规划年份中，还设置了一个未分配的规划储备，用于进一步的价格增长和新项目，以及为工资增加提供的全面预留。中期财政计划的最重要目的是根据政府的政策设定优先事项，并遏制对预算的过度需求。财政部每年发布的详细预算说明通常要求各部门将支出申请保持在当前财政计划规定的上限范围内。财政部还制定了有关部门当前或行政成本增加的特殊规定。

希腊。虽然没有多年度预算，但每个年度预算必须符合纳入《经济一体化计划》的财政政策指导方针，该计划旨在实现《马斯特里赫特协议》的目标。在此框架下，中央政府预算的编制分为几个阶段。每年夏初，财政部向所有部门和州发出下一年度支出计划的指南。在相关部长批准和部门指定费用办公室审核后，提案被提交给总审计署，总审计署与财政部各司局共同制定和监督预算。总审计署在 8 月至 9 月期间审查提案，财政部长（在与总理的磋商中）可以进行调整，以使支出增长保持在财政政策目标范围之内。在编制收入预测之后，财政部向政府介绍预算前景，并对财政政策的变化做出决策。公共投资预算的制定也有类似程序，但存在两个重要区别。一个是投资预算由国家经济部主导制定；另一个是财政部必须在中央政府预算中无变动地纳入建议的投资预算。

爱尔兰。虽然没有正式的中期支出分配制度，但各部门必须提前三到四年预测资源需求。这些预测每年都会更新，并为中期经济和预算管理提供参考。

由财政部长提出并由内阁接受的宏观预算目标为财政部和各部门之间以及随后的内阁部长之间的谈判提供了框架。在确定目标后，财政部发布指导方针，规定了下一年度支出预算编制的参数。财政部长向政府作报告，并与同事们进行谈判，根据下一年度的估算进行讨论。一旦政府同意，详细的估算结果将在预算之前公布，尽管一些最终决策通常是在预算日当天做出的。

日本。没有定期的中期支出计划周期，尽管有时会利用预测数据协助编制年度预算。预算的指导方针由内阁在每个周期的6月至7月期间决定。各部根据这些指导方针在8月底前向大藏省提交预算申请，之后大藏省与各部门按照层级顺序进行听证和谈判，从低级官员开始，如有必要则提升至部长级别。在预算提交之前不久的12月末，通常进行密集的“复苏谈判”，同时将预算与财政投融资计划一起提交国会。这些谈判不会改变预算草案中设定的支出总额。如果在此阶段通过额外资金，则取自未分配的财政资源。

荷兰。政府持续更新其跨年度（支出）预测（MYP），作为财政部财政控制的依据。MYP反映了基于内阁核准政策对当前预算年度和未来四年的支出预测，并包括对一些敏感宏观经济数据的估算，如利息支付和失业救济。在预算周期开始时，它们代表了上一期预算的结果，根据随后的政策变化以及现有政策的重新估算和新经济假设的变化进行了调整。MYP在持续过程中不断更新；预算发展的每一次变化都会对多年估算进行相应调整。

有了跨年度预算计划作为背景，财政部长在3月向内阁提交一份“框架文书”，从而启动正式的预算编制工作。该信函阐明了对各个部门的拨款建议，包括支出削减。该信函还可能详细说明实现预期削减的具体措施。内阁将讨论信函框架，并在3月至4月期间做出决策。然后，根据规定，详细的预算将制定出来，通常允许各部门替换财政部长提出的提案，前提是不影响预算目标。在5月至6月期间，预算署长与各部门的高级官员之间就预算草案进行密集谈判，如果问题仍未解决，则会进行部长级的双边会谈。支出决策将在7月由内阁正式确定，但直到9月提交议会之前，还可以作出进一步的决策。

新西兰。根据1989年《公共财政法》实施的财务管理改革极大地改变了政府预算的各个方面。预算决策围绕一个"基线"流程展开，期间部门应邀在两个时期提交预算草案：通常是10月至11月和2月至3月。这些基线由部长进行审查，他们以应计基础而不是现金基础作为产出的购买者做出决策。政府认为，产出预算能更好地向部长们提供正在实现的成果，并使他们能够判断这些成果是否符合优先事项。近年来，基线受到规定限制，禁止部门因增加的投入成本而获得补偿，要求它们在现有预算中进行政策倡议的资金再分配，并且只有在需求确定时才允许额外资金的投入。

挪威。年度预算的编制工作于2月/3月开始，届时内阁将批准每个部委的初步支出上限以及单独的政策举措框架。各部委有机会提出调整建议。最终限额由内阁在5月/6月决定。然后，各部委在8月初在商定的范围内制定提案。内阁于9月解决悬而未决的问题，届时将决定有关税收和经济问题的最终政策。

葡萄牙。尽管国家预算是年度性的，但可能包括涉及跨年度支出的项目或计划。预算呈现了一个在四年期的投资和支出计划（PIDDAC）中包含的计划和项目的指导性时间表。国家预算还考虑了政府为中期制定的参考框架。这个框架由财政部编制，被称为QUANTUM（"为过渡到经济和货币联盟的国家调整框架"），为1991—1995年制定了无变动和调整情景。调整情景旨在通过财政整顿在这五年期内使葡萄牙经济名义收敛到欧洲共同体平均水平，并实现公共部门赤字的急剧和迅速减少以及公共债务的持续减少。QUANTUM 所规定的政策变量的时间路径构成了起草年度预算的政治指导方针和参考框架。

西班牙。多年计划最初旨在将投资计划延伸至预算年之后，而现在已演变为包括宏观经济和预算情景的多年预算工具。这些情景将年度预算视为四年过程的第一步，并为分析公共部门行动目标及其可能对经济的影响提供了框架。在此框架内，经济事务和财政部制定了预算编制的指导方针。预算总局随后制定相应的指令，涉及流程的时间表和要求。三个部长委员会在预算政策中发挥重要作用。预算功能委员会提出关于收入和支出的功能分配建议。项目分析委员会确定支出计划的财政需求，并根据功能委员会确定的优先事项对目标进行排序。公共投资委员会将投资计划与多年期经济框架进行协调。提交预算提案后，内阁可能参与解决经济事务和财政部与其他部门之间的争议，并批准提交议会的预算草案。

瑞典。每年春天，政府在长期预算（Langtidsbudgeten）中提出中期收入、支出和预算平衡的预测。这个中期预算的目标是展示现有决策和承诺在未来四年期间的财务影响。其范围已扩展到包括其他政府层级和社会保障，并显示公共部门对私营部门的财务影响。这个文件既不是一个方案，也不是一个预测，而是作为议会的讨论文件，其评论会影响财政部在年度预算周期开始时的指南。

这些指南在 2 月以一份总的通知发给各机构，距离财政年度开始约 17 个月。此外，还向采用三年期预算框架的机构发出个性化的通知，其中涉及与有关机构特别相关的问题。政府在 20 世纪 80 年代中期尝试了三年期预算制度，并经过多年的试点测试后，决定在所有机构中实施这一新制度。每个机构在其三年周期开始时必须对其活动和绩效进行深入评估，回顾前一期间的成果，并规划未来三年的目标。这种深入分析受到一份特殊通知的指导，其中提出问题并要求提供有关机构工作和绩效的具体信息。在三年周期的中间年份，机构可以提交较不详细的预算申请，只要它们遵守为其规定的支出和绩效路径。

土耳其。预算编制在政府向议会提交的五年发展计划框架内进行。经批准的计划和年度方案对公共部门具有约束力，对私营部门具有指示性。第六个计划（1990—1994 年）确定了经济、社会和文化发展的目标。该计划还规定了总体公共支出与国内生产总值之比。年度预算周期始于 6 月，即财政年度开始前 6 个月，由总理发布预算报告，概述即将到来的预算的基本原则。根据财政和海关在 6 月的技术指示，各部门制定详细的流动支出提案。在接下来的 2—3 个月里，这些提案与财政和海关进行讨论，并最终由高级规划委员会和总理做出决策。与国家规划组织进行的谈判过程并行，以编制投资预算。

英国。20 世纪 60 年代引入的年度公共支出调查确定了未来三年的公共支出计划。政府对公共支出的总体目标是逐步减少其占国内生产总值的比例，并以政府总支出的形式设定。然而，为了使公共支出计划过程不受经济周期波动的影响，政府还确定了一个“新控制总额”。这个总额包括大约 85% 的政府总支出，但不包括与经济周期相关的社会保障福利和债务利息。在每次调查开始时，政府为新控制总额设定确定的上限，旨在确保政府的公共支出目标得以实现。调查的目的是在这些上限内将支出分配给各个项目。

调查首先确定了上次调查中达成的基线，必要时合并分类变更或在部门间转移职能。然后，负责支出部门的部长向财政部秘书长提交对基线压力和节约空间的评估。在根据这些提交的情况下，财政大臣和财政部秘书长在 6 月向内阁报告，并且内阁通过新控制总额上限。

内阁的一个名为 EDX 的部长小组随后负责在新控制总额上限内将支出分配给各个部门。EDX 由财政大臣担任主席。其决策是基于财政部秘书长与支出部门的一系列双边会议，并且部长们也可能被邀请向 EDX 提交他们的意见。当这些讨论完成后，EDX 向全体内阁提出建议。在全体内阁达成一致后，新计划在 11 月的预算中予以呈现。1993 年 11 月 30 日的预算首次将新支出计划与税收变更建议结合在一起呈现。预算之后，新支出计划的详细信息将以一系列部门报告和预算统计补充的形式发布。为明年设定的计划被用作即将到来的财政年度的确定性控制总额。

美国。每年初，总统向国会提交预算，其中包括“基准”收入、支出和赤字的预测，以及反映总统提案的预测。国会预算办公室（CBO）发布自己的基准预测，可能与行政部门的预测不同，并被国会用于制定“框架”预算决议。直到 1990 年，该决议涵盖了未来 3 年；但自那时起，它已扩展到 5 年。由于多年的基准在计算立法的预算影响方面至关重要，总统和国会都努力依靠共同假设。对于克林顿政府上任后的第一份预算，即 1994 财年预算，总统宣布他的预算将以 CBO 的宏观经济假设为基础。

联邦部门在财政年度开始前 18 个月或更长时间开始制定年度预算。每个部门都有内部程序来汇编申请，但这些申请必须按照标准格式提交给总统的管理与预算办公室（OMB）。夏季期间，总统发布一般预算准则和计划上限，以指导机构编制预算。机构在秋季提交他们的申请，之后 OMB 准备“反馈”通知机构在总统预算中的建议金额。机构有一段时间可以对这些“反馈”向 OMB 或其他总统官员提出申诉。有时，申诉会提交给总统，总统对提交给国会的预算有最终决定权。

议会/国会控制

议会对公共支出的立法控制是民主政府的一个基本原则。在 OECD 国家中，政府只有在立法授权的情况下才能支出公共资金，没有例外。然而，授权支出和议会在决定或影响预算政策方面的实际作用在经合组织成员国之间存在差异。

年度拨款是授权公共支出的传统方式。然而，议会越来越多地通过永久或常设立法来授权支出。公共支出构成的变化——更多的转移计划，更少的运营费用——已经降低了年度拨款的重要性（作为总支出的比例），并使立法授权的支出更加突出。尽管年度拨款基金作为总支出的比例有所下降，但政府整体规模的大幅扩张意味着拨款资金的总量稳步增长。

政府的增长和相关发展使议会实践发生了其他变化。民主立法机构在预算事务上通常比过去更加独立，尽管它们实际上偏离政府的估计程度取决于法律惯例和行政与立法机构之间的整体关系。如今，议会是否行使一些独立判断并拨款多或少于政府要求的金额很少涉及信任问题。在拨款投票的议会独立问题上，实践范围从美国国会对总统提出的预算进行许多重大改变，到英国议会以政府要求的金额投票通过拨款。议会独立通常体现在设立（或扩大）立法预算工作人员和加强立法审计职能方面。

与此同时，随着政府规模的增长，一些传统的支出控制措施逐渐减弱。曾经普遍的做法是政府以“项目明细”的形式提交估算——列出使用公共资金购买的资源投入，如人员、办公用品、公共事业等等。拨款往往也以相同的细节进行投票，使得支出机构在使用提供给它们的资源时几乎没有灵活性。某些国家（例如德国）仍然采用这种详细预算的形式，但总体趋势是减少立法控制支出的项目数量，并以宽泛的框架、批次或组合进行拨款。近年来，澳大利亚和芬兰是加入这一趋势的 OECD 成员国之一。许多国家还放宽了对“转移资金”即在不同支出项目之间转移资金的控制。总体而言，议会的控制权正在从议会转移到官僚机构。

政府的增长也削弱了议会控制的年度性。曾经，议会通过年度拨款决定每年的支出金额。但年度拨款并不是调控需求决定性支出的有效手段，也不能有效控制长期承诺（如投资项目）的支出。许多经合组织成员国允许支出机构将全部或部分拨款延至下一年或更长时间。但尽管在特定年度，年度拨款可能仅决定不到一半的政府支出，议会仍将年度控制作为其问责的主要手段之一。但一些采用结果预算的国家试图设法将年度拨款与多年控制机制相结合。

比利时。政府预算非常详细，总计约 4000 页，分为四个部分：Ⅰ）拨款法规定了总额和在预算中某些项目之间转移资金的授权；Ⅱ）拨款表由议会投票通过，并指明议会通过的拨款；Ⅲ）分摊表将拨款分配给负责其管理的组织；Ⅳ）支持说明详细解释了每个拨款对项目的贡献，有时说明相当详细。

所有支出每年按照总额进行拨款，要么是“分拨款”，即为承诺和支付分别指定不同金额，要么是“非分拨款”，即仅指定一个金额。分拨款用于多年期建设项目和一些国防采购，其中承诺在项目开始时获得授权，随着承诺到期，支出获得投票批准。当拨款以非分拨方式表决时，未支付的承诺可能在下一年继续进行，无需进一步的议会授权来支付未结清的债务。

加拿大。政府的财政预算计划以预算报告和总概算两种形式提交给议会。预算报告中明确了财政收入、拟议的税收变化和总支出情况，而总概算详细说明了拟议的支出。总概算由三部分组成：按政策部门、经济类别和部门划分的支出计划概述；为每个部委、职能部门和机构制定的拨款法案和预算；以及以标准化格式呈现的详细部门支出计划，描述了项目及其产出，并提供资源信息，其中“第三部分”的支出计划所占篇幅超过 5000 页。

拨款以两种形式进行：年度拨款，基于在议会提出的预算，并覆盖大约 35% 的总支出，主要用于运行成本和资本投资；以及用于不消减义务的法定拨款，如债务利息、转移支付和某些其他特殊项目。后者由议会的单独法案提供，无需每年更新。年度拨款的预算必须用于需要在当年支付的服务。只有法定拨款授权未来年度的支出。然而，机构可以签订涉及未来支付的合同，如果这些在提供未来拨款上有规定。

芬兰。所有支出，包括权益，都在每年的拨款法案中进行投票，按照部长职责划分，再按机构或职能进一步细分，然后按经济类别进行拨款。支出以总额进行拨款，商业企业除外，它们获得的是净拨款。议会进行三种类型的拨款：固定的年度金额；授权，如投资项目，可以延期使用长达 3 年；以及经内阁财政委员会同意后可超支的拨款估算。最后一种类型用于工资和大部分转移支付，约占总支出的四分之三。在进行拨款时，议会可以增加支出，前提是通过削减支出、增加税收或借款来抵消金额，以保持预算平衡。

拨款结构已经因引入以结果为导向的预算而发生了变化。以前分别用于工资、其他消费和设备的项目已合并为一个单独的项目。因此，议会投票的支出项目数量急剧下降。1994年预算提案中的支出项目数量不到600个，而1989年超过1200个。

法国。提交给议会的拨款法案附带有大量的附件（总计约1万页），详细说明了有关措施的具体细节。蓝色附件按照标题、章节和条款对支出进行分类，并提供适用于每个类别的信息。标题是所有部门都使用的标准分类，区分运行支出、公共干预、投资和投资补贴。章节对每个部门是独特的，最近一年大约有1400个章节，是议会约束支出的层次。政府在法律上有义务根据附加章节的分配来分拨拨款，但议会可以对其进行修改。支出进一步划分为条款，主要是组织单位或活动，这是财政部约束支出的层次。支出也可以按段落和行进行细分，即支出的详细项目，但这仅用于信息目的。

所有支出每年以总额进行票决，并且除非明确标识为估计或临时，否则是固定金额，原则上不能超过，需要事先获得议会的授权。估计的拨款，如债务服务和社会保障，占总支出的四分之一以上，并且可以根据需要超支，而无需进一步的议会授权来解决法定义务。暂定拨款用于难以估计的少量支出。这些可能会通过动用财政部维护的应急储备来补充。拨款分别投票给“已批准服务”和“新措施”；前者以总额投票，后者分为部门和标题。在为资本支出拨款时，议会同时授权“承诺”，该承诺可无限期使用，以及“支出”，原则上仅适用于预算，但实际上几乎可以自动延期。

瑞典。提交给议会的预算提案包括拨款法案草案和每个部长职责的支持材料。每个职责被划分为包含一个机构或一个独立的投资或转移项目的“预估”（中央政府约有 800 个）。每个估算的说明概述了每个机构的要求和部长的回应。支出每年票决一次，大部分非税收收入与支出进行抵消。拨款可以为单一年度固定，授权可以延续 2—3 年（或对于建设项目可以无限期延续），或者拨款估计可以通过内阁的决定超支。最后一种类型的拨款占总支出的 85% 左右，用于运行成本和大多数转移支付。

英国。各部门支出计划的详细信息在 18 份部门报告和一个统计补充中在初春时期公布。各部门在开发有用的绩效信息方面付出了很多努力，这反映在报告中包含的众多指标和目标中。在财政年度开始前不久，会提交“供给预估”以用于票决支出和非公开转移支付。对于每个部门职责，供给预估指示票决是否是一个现金限额，并定义投票的“范围”——即支出将用于何种目的、净金额和负责部门。这些信息在拨款法中有所体现。财政部（在 1993 年）向议会提出了旨在提高供给预估连贯性以及它们与部门报告中信息整合的建议。

票决支出约占总支出的一半，并每年获得授权。议会还为“常设服务”、债务服务的不失效授权和某些其他支付授权支出。议会每年还制定两个或更多的补充拨款法案，任何额外支出都从未分配的储备中提取或通过削减其他项目来抵销。

支出监管和控制

作为未来一段时间的支出计划，预算很少能完全以其编制或被立法部门通过时的形式实施。无论是因为经济或政治状况的变动，还是因为对支出细节的众多小调整，都会发生变化。然而，作为授权的支出计划，预算必须考虑到其建立的承诺或期望以及议会制定的规则和限制来实施。因此，实施预算需要在适应变化环境的同时，在遵守法定和其他限制之间取得平衡。如何平衡这一点在 OECD 成员国之间存在很大差异。

在所有国家中，都有补充支出的规定，无论是通过额外拨款还是将票决资金从一项用途转移到另一项用途。在所有国家中，资金只能按法律授权支出，并且（有些例外除外）只能按授权金额支出。在大多数情况下，对预算赤字的关注和财政约束感强化了对未预期需求的调整，动用预备金或重新分配资源，而不是要求议会追加拨款。英国和一些其他英联邦国家依赖现金限额作为迫使支出机构仅使用计划资源的手段。荷兰强调严格的预算纪律规定，详细说明如何补偿超支。美国已制定了财政削减程序，用于在违反特定预算目标时自动取消资源。

在许多国家中，监管程序也变得越来越重要，推动力来自计算机化和信息处理能力的进步。现在许多国家定期将实际支出与计划进行对比，以便在出现差异时及时进行适当修正。在一些国家（例如新西兰和美国），预算和会计系统之间存在更紧密的联系，不仅是为了确保两者在一致和统一的基础上，还为了使管理者对其行为的财务影响保持敏感。

运行支出和转移支付的监控安排有所不同。前者很可能受到现金限额的限制，或要求节省以抵销超支。在这些情况下，监控是支出控制的手段，它为支出机构和中央机构提供了早期预警，以便采取必要措施防止或弥补超支。然而，后者往往是不限额的，监控的主要目的是信息，旨在早期了解支出计划是否正常进行。如果不是这样，补充通常是自动的（无需议会行动）或常规的（议会授权将按时进行）。

在一些国家，最近对运行支出（也称为行政支出或运行成本）和转移支付（也称为权益、强制性支出或需求驱动支出）的区分比以往更加明显。丹麦是这一趋势的显著例外，因为现在它在用于控制部门支出的“一揽子”中结合了这两种类型支出。相比之下，在美国，1990 年的预算执行法案为控制选择性支出和其他支出建立了非常不同的规则。

在 OECD 成员国中，管理成本的控制在那些进行集中、前置控制的政府和将控制权委托给支出部门的政府之间存在明显差异。第一个阵营由法国和德国领导，其他国家（比利时、希腊、土耳其）要求支出部门的审查员对行政支出（如人员和采购）进行事先授权，并对财政部负责。这种控制方式曾经是民主制度中普遍采用的做法，它在各个国家继续用于确保支出合法和审慎。这种控制方式与细化预算和拨款以及相对较大的财政部门有关。

第二组由英国和其他英联邦国家以及几个北欧国家（丹麦、芬兰和瑞典）领导。在过去，这些国家的政府对支出行为进行了集中控制。控制权的下放发生在两个阶段：第一个是在 20 世纪 60 年代，政府的增长促使一些财政部门将部分权力移交给支出部门；第二个是在 20 世纪 80 年代（并持续到 20 世纪 90 年代），在追求效率和公共支出问责的推动下，各国将支出责任委托给部门管理者，让他们在约定的预算范围内自行支配。有关这些下放的逻辑在“管理问责和项目有效性”节之中有更详细的讨论，该节涉及提高管理问责和项目效果。

澳大利亚。根据中期规划战略，为了使项目负责人对资源拥有更大的灵活性和控制权，行政成本已大幅下放给支出机构。运行成本的安排使机构有权将行政资金从一项活动转移到另一项活动，并将其使用推迟到下一个财年或提前使用未来拨款。提高灵活性的交换条件是：金额受到现金限制，提供给政府一个有效的回报，以及部门在交付项目成果上直接对议会负责。

这些安排得到了有关实际支出可靠、及时的信息支持。财政部为所有部门提供了计算机化的会计服务。财政部官员可以访问到一定程度的详细信息，而每个部门则为自己的监控和管理目的指定系统要求。财政部将实际支出与预算估计进行对比，并向财政部长报告重大差异。

对于意外支出的补充拨款可以通过专项基金拨款给财政部长（如果满足某些条件），或在下半年进行额外拨款来提供。通常，寻求追加拨款的部门需要最大限度地在其他领域提供节省。

奥地利。财政部完全控制拨款资金的使用。对于重大选择性支出、补贴和资本支出，需要财政部的事先授权。财政部还控制承诺和人事成本。通过月度拨款和报告来维持这些控制。各个支出部门在每月初向财政部提交其资金需求以获得批准，并每月向财政部报告之前已经支出的资金。支出的增加或转移需要议会批准，但财政部有权增加或转移已经获得授权的支出，前提是有额外的收入可用。

比利时。支出部门在使用拨款资金方面通常具有有限的自主权。拨款分为约 3000 个拨款项，这是财政部控制支出的层次。在拨款项之间进行资金转移需要财政部的批准，但即使是在同一个项目中，也不允许在不同对象的拨款之间进行转移（如工资和其他支出对象）。

为了执行事前控制，财政部在每个支出部门都设有财务督察员。这些督察员密切监控部门的运作，并且可以访问所有文件和数据。尽管他们只是对支出部门提供建议，但督察员在预算执行中发挥重要作用。所有超过一定门槛金额的采购和补贴都必须提交给督察员进行审查。针对督察员的建议可以向财政部提出申诉。除了这些控制之外，所有承诺必须由承诺控制员（在各个部门工作，但向财政部负责）发放“签证”，证明有足够的资金可用。

政府通常在重新分配资金方面空间有限。除了拨款和拨款结构的限制外，部门还受到集中人事和采购程序的限制。

加拿大。支出部门在未经议会批准的情况下不能在议会票决之间切换资源，但可以在一个票决中的不同活动之间重新分配资源。这些授权权力受到某些限制，例如不能通过部门的自由裁量权减少用于基本资本的资金。从 1993/94 财年开始，联邦政府引入了一个管理项目支付所需资源的运行预算（运行成本）管理制度。随着这一制度的引入，中央控制和监督将大幅减少。例如，正在取消关于劳动力消耗（人员年限控制）的独立控制和报告，以及财政委员会对用于薪酬支付专款的控制。

预算制度规定每年对部门的多年运营计划进行审查，这些计划对投入和活动水平进行审查。除非部门提交追加资金申请，否则支出部门没有义务向预算办公室报告实际支出情况，在这种情况下，将分析资源限制和资源使用情况，以确定是否建议提供额外资金。在某些情况下，财政委员会设立了冻结拨款（拨款的一部分），即使资金已经通过票决。只有在满足财政委员会设定的条件后，这些拨款才会释放。

丹麦。当议会投票通过拨款时，它将支出的授权委托给相关部长。20 世纪 80 年代的改革增加了支出部门的管理责任，并减少了需要财政部门和议会批准的特定项目数量。财政部运营着一个计算机化的支付和会计服务系统，每月提取支付数据。然而，在一年的过程中，没有对支付配置进行事前中央控制。自 1984 年以来，正式的监控安排是每个部门在一年内向财政部报告三次，报告实际支出与约定支出“框架”相符或偏离的情况。如果预计会超支，责任部长需要提出补偿超支的方法，包括可能的立法变更。在实践中，财政部与支出部门之间的联系是持续的，双方会在必要时讨论补救措施的范围。

芬兰。自20世纪60年代末以来使用的现金管理系统在1991年升级为在线计算机系统。新系统为机构、国库和财政部提供了比以往更便捷、准确的现金交易规划工具。

传统的事前财务控制已经进行了改革，不再那么详细和以投入为导向，而是涵盖影响未来几年支出的重要法规、法令和决定，以及预计拨款的透支。可转让“预留拨款”的时间跨度缩短为一加两年，自从引入新授权系统，允许机构进行承诺，其支出根据现金支出计划支付。

法国。预算部门保持着对支出的详细控制。每个部门都任命了财务控制员。所有拟议的承诺都需要提交给相关的控制员进行审核，以核实是否符合法规（授权承诺的权限、计算准确性、账户正确性、与财务管理规定的一致性）和可用的未承诺余额。在支付之前，每个支出部门在会计意义上负责其财务交易的适当性，但必须经过控制员的批准。控制员只能出于合法性原因拒绝批准承诺，但如果发现承诺不可取，可以推迟其的决定，从而迫使其与相关部长沟通。对于控制员的决定没有正式的上诉制度。

通过两种途径，政府在部门拨款的不同部分之间调动资金具有相当大的自由度，可以通过两种程序进行转移和转换。只要支出性质不改变，财政部就可以在各个部分之间调动资金。然而，不能在流动支出和资本支出之间、在人员和其他运行支出之间以及在各类人员支出之间转移。如果支出性质没有改变，还可以在部门之间进行转移。此外，首相可以通过法令授权在同一部门的不同部分之间转移拨款，即使支出性质发生改变。转移金额不能超过原拨款的10%。这些转移和转换权限由中央行使。支出部门在没有财务控制员批准的情况下，可以有限度地进行重新分配。

德国。部门拨款在预算法中被详细规定，除特别指定的支出外，部门没有权力将资金从一项转移至另一项。与联邦预算相关的支付通过由财政部运营的地区财政办事处进行处理，财政部独自负责维护记录并编制每个机构的年度账目。这些办事处向财政部提供实际支出的月度分析，财政部还从各部门获得未来3个月的预计需求报告。因此，预算的执行持续受到监控和控制。

当支出可能超过授权总额时，在咨询过主管部长后，财政部长可以在其同意的支出总额内承诺或支出。如果认为需要额外支出是不可预见且不可避免的，并且补充拨款无法及时通过或议会已放宽对补充拨款的要求，财政部可以授权超额支出和/或预算外支出。此外，政府在不经过补充预算程序的情况下，有法律授权为应对经济衰退批准额外支出。相反，财政部可以阻止支出或承诺，以避免经济过热。必须告知议会预算计划的重要偏离情况，包括超额支出和预算外支出。

希腊。财政部有季度和月度的支出调控手段。它决定在一年的每个季度中花费一定百分比的某些年度拨款，并确定每月可以用于某些类别支出的金额。未使用的余额在年底失效，不会结转到下一年的预算之中。然而，在特定情况下，它们可以用于弥补超支。

爱尔兰。公共支出只能在议会的授权下进行，授权可以是年度拨款法案或特定的授权立法。此外，它需要财政部长的批准，该批准可以是具体的（用于一次性支出）或授权的。实际上，对于构成绝大部分支出的持续性现行计划的支出权限已被授予支出部门，但需要遵守规定和管理操作的条件。在授权的范围内进行支出不得超过年度拨款估计中指定的总现金限额。财政部长尚未批准的支出应从议会票决的金额中扣除。如果承诺缺乏这种授权，财政部可以在确定不应该发生承诺的情况下扣留批准。

每个部门在年初制定了每月支出（资本支出和经常性支出）的概况。一旦达成协议，该概况将作为每月现金限额的依据，因此在一个月中未使用的资金不能自动转移到后续月份。部门只有在财政部长明确批准的情况下，才能在一个月中超支计划金额。一个月的批准超支必须在当年后期通过节约措施进行抵消。未使用的资金不能结转到下一年度，但在1991年启动的“行政预算计划”下运作的部门可将一年中的一些节余重新分配到下一年度。

日本。每个部门都需要获得大藏省对其负债计划（合同和导致政府支出的其他行动）的批准。此外，每个部门支付官员预期支出的详细概况必须在每个季度开始前得到大藏省的批准。部门将资金从预算的一个项目转移至另一个项目需获得财务大臣的批准。财务大臣还可以要求提供关于实际和预期支出的特别报告，并可以推荐必要的改正措施。

荷兰。财政部授权给支出部门相当大的权限，但保留了明确规定未经其事先许可不得负债的条目的权利。在整个年度，部门按照严格的预算政策规则运作，以确保支出控制在既定总额之内。这些规则规定了如何通过节约措施来弥补超支。在整个年度，财政部与每个支出部门之间定期举行会议，讨论可能偏离预算支出的情况。通常情况下，子项目之间平衡调整或在严格条件下（并且幅度有限）在某个预算项目内调整资金的问题可以在不涉及议会的情况下得到解决。

挪威。从 1986 年开始，拨款和预算制度进行了改革，支出机构在使用拨款资金方面具有更多自主权和灵活性。这些改革取代了详细的控制系统，引入基于绩效的激励措施以提高成本效益。

在开年之前，每个部门向其下属机构发出拨款通知，告知它们可支配的资源。机构被授权在其拨款范围内进行支出，但必须定期向各自的部门报告支出情况。政府（对于较小金额，是财政部）已获议会授权，可将支出增加至预先设定的金额。

葡萄牙。公共账务总局负责监督预算执行，并为此编制每月支出信息。总局计算各类支出的安全限额。如果超过了这些限额，它会通知预算国务秘书采取适当措施。

某些对预算的改变，例如在组织分类或功能类别之间的转移，属于议会的权限。但预算法允许财政部从预备费中拨款用于编制预算时未预见到的基本支出。如果预算法有规定，可以在财政年度之间实施投资支出、自主基金和部门之间的转移。这些基金和部门可以实施不涉及增加债务融资或增加来自行政部门转移的预算变更。

瑞典。几乎所有行政活动都委托给独立机构，它们执行由各部门制定的政策。预算获得议会批准后，政府向机构发出拨款通知，明确规定拨款资金的使用条件。每个机构的通知明确规定了拨款金额和类型、可以使用资金的目的或活动、将相关拨款分配为配额（anslagsposter）的预算说明、特定限制或条件（例如与薪资有关的条件）以及关于财务管理和会计的指示。拨款通知可能保留一部分拨款用于内阁的进一步决策。机构在支出拨款方面有相当大的自由。不存在需财政部或内阁预先批准的一般需求，但机构必须遵守有关采购、人事和其他行政事务的通用指导方针。

由于每个机构通常只从一项拨款中获得资金，所以在机构之间进行重新分配的空间有限。然而，在每个机构内部，在活动之间进行调整的空间相当大，尽管在项目和行政支出之间转移受到限制。允许在三年预算框架下运作的机构将未使用资金结转到下一年度，或提前使用下一年度拨款的有限部分。

机构的资金使用受到外部审计机构的监督。国家审计局定期向政府提供预算计划执行情况评估。这些信息用于管理政府的现金流，并检查预算产出与拨款资金的一致性。

土耳其。财政部有权在财政年度内监管支出。在预算获得议会批准后不久，财政部向所有机构发布一份通知，规定资金承诺的主要原则以及年度前 6 个月内可支出的拨款最大百分比。另一份涵盖下半年的通知将在 6 月份发布。拨款分配的原则和百分比取决于总体经济状况、收支最新的趋势、将当前支出分布到整个年度的需要，以及相关活动的类型。此外，还对支出进度进行单独控制。财政部还对当前和未来几年的资金承诺进行控制。

鉴于议会对项目级别的资金拨款，要转移项目之间的资金，需得到议会批准。然而，同一项目内的项目之间的转移可以由财政部授权。在同一项目内投资支出的转移需经国家计划部门和财政部的同意。未使用的资金在财政年度结束时终止。

英国。当议会对拨款进行投票时，授权财政部批准从相关拨款中支付款项。财政部则在大多数例行支出上将权力授权给各支出部门。这种授权伴随着有关部门提供支出信息的安排。

在财政年度开始时，每个部门提供预期支出概况；随着年度的推进，他们通过总出纳办公室报告实际支出，该办公室再向财政部提供月度报告。这些报告有助于财政部管理资金和评估总体公共支出的趋势。要确保不削弱支出部门遵守现金限额的责任，并提前预警需求导致的支出对约定框架可能的偏离。

在每个部门内，首席财务官（由常务次官经财政部批准任命）负责监督支出管理。“财政管理倡议”赋予部门在管理运营成本方面更大的自主权，并对其产出和结果负责。基于这一倡议，1988 年启动了“下一步”，将权力下放给各个机构。每一个“下一步”机构都有一位首席执行官，同时也担任会计主管，对机构的绩效向有关部长负责。

美国。国会通过的拨款不直接涉及支出或现金支出。相反，它们提供了承诺在当前或将来财政年度支出的授权。因此，某年的支出可能是对先前年度或同一年度发生的义务的支付。预算中包含了预计在其适用的财政年度内将发生的支出的估计，但这些估计没有现金限制，实际支付金额可能超过这些估计。

拨款通过后，管理与预算办公室（OMB）将预算授权——承担义务的授权——分配给各机构，通常按照年度的各季度进行，但有时也按照整个年度或活动进行，以最大限度减少追加拨款的需求。约 1100 个预算账户和预算中的各个基金均单独进行分配。一旦分配了预算授权，支出机构就有责任在预算内按照授权目的进行支出。1990 年的首席财务官法案在 23 个最大的联邦部门和机构设立了首席财务官，并赋予这个官员广泛的责任，将预算编制与其他会计和财务管理责任整合起来。

国会制定了关于扣押的程序，用于限制拨款资金的承诺或支出。这些程序区分了延期（推迟使用资金，且仅允许用于日常管理目的）和撤销（取消之前拨款）。无论是撤销还是延期，总统必须向国会通报其行动。撤销只有在国会通过立法后才生效。

资金在拨款账户之间转移需经国会批准。在同一账户内进行的调整（称为重编）可以根据相关国会委员会规定的程序进行。一旦资金被承诺，它们就可以留到未来年度使用。只有拨款“无年度限制”或期限超过财政年度的未使用资金可以继续使用。

预算储备

所有国家均在整体支出目标内为一年中的意外需求提供了相应的预留。有些国家要求支出部门返回议会或财政部获取额外资金或重新规划之前提供的资源。其他国家则给予支出部门在应对意外需求方面相当大的自由度。其中一种广泛使用的方法是设立一个未分配的储备金，根据需要提取。政府在不同的程度上接受这样一种观点：支出部门有责任在其分配的预算范围内运作，而中央储备金应作为最后的手段。

不同国家的做法表明，与部门储备相比，中央储备更为普遍，即使只是因为前者使预算办公室能够推动更加艰难的谈判。英国和加拿大已经从部门储备转向中央未分配资源的集中池。英国财政部得出结论，部门储备削弱了政府评估项目各种竞争性要求的能力。而加拿大则通过从特定信封（envelope - specific）到全政府范围储备的转变，简化和集中了政策和支出管理系统。中央储备的一个明显缺点是，它们可能诱使部门在使用资金时不够谨慎，如果没有这些储备，他们可能会更加慎重。政府已努力通过财务管理改革来减轻这种危险，以便使管理者对其行动和结果负责。这些改革给予部门在使用资金方面更大的灵活性，前提是他们在约定的限制范围内行事。

当保留资金集中管理时，预算办公室（或财政部）很可能在它们的分配中扮演一定角色。在澳大利亚，设立了一个“供财政部长使用的预付款”，在部长认为支出部门申请符合“紧急且不可预见”或“紧急且错误”的标准时可以使用。此外，还提供了用于运营成本借款的条款，只要相关机构随后将资金偿还给预算。在加拿大，应急拨款用于调整未列入预算的工资增加开支。在意大利，立法机构投票决定储备金，总额占总支出的8%—10%，用于支付新项目的成本和/或现有项目的超支。在土耳其，财政和海关负责保管紧急情况下使用的资金。

也有一些替代形式的正式储备金。自1980年以来，日本一直按照“取消和设立”的原则运作，要求新项目的资金来自旧项目的节省。在美国，总统可以提出额外拨款，用于常规拨款未覆盖的需求。但目前的做法是要求机构消化未来预算增支的成本，而非通过额外资金支持。

奥地利。年度预算没有提供一般的应急储备金，但可以留出少量资金用于未来工资增加的一部分费用。预算还规定可以结转未使用余额的情况，通常适用于资本项目。此外，预算法规定政府在超支方面有一定灵活性，并允许财政部长在出现特定经济问题情况下启动应急预算。在预算执行过程中，财政部密切监控支出进度，并冻结部分拨款作为防止超支的储备金。这种储备金为财政部提供了应对意外或未预算费用（如工资增加）的灵活空间。财政部控制着跨年度的储备金，其中最常见的是用于资本项目的储备金，以及由专款收入资助的支出的“指定用途”储备金。

加拿大。1979年建立的政策和支出管理系统（PEMS）涉及制定一个多年度财政计划，为政府各政策部门规定了每年的支出限额或“信封”。每个部门包含一些在政策目标方面相关联的项目。每个信封内设有政策储备金，用于资助新的或增加的项目，以及一个由中央管理的运营储备金，用于应对现有政策框架中的突发情况。这些储备金总额最初约占计划支出的 6%，但到 1986/87 财年已减少到不到 3%。到了 20 世纪 80 年代中期，PEMS 变得繁琐和官僚化。这在很大程度上是因为 PEMS 及其最初的政策信封鼓励了渐进主义，而人们对债务和赤字的担忧与日俱增。1984 年，政府通过废除国家部委——各部门政策委员会的秘书处，从而加强了枢密院办公厅和财政部的影响力，从根本上改变了 PEMS 系统。

到了 20 世纪 80 年代末，用于新政策倡议的信封分配金额约占计划支出的 1%。随着部长们竞争越发有限的资源，减少储备金的压力越来越大，以及各种支出削减措施，导致了人们的不满。与此同时，由财政部长提供的特殊目的的应急储备在政府将注意力集中于少数关键政府优先领域时变得更为常见。经过优先事项和规划内阁委员会的批准，资源将在关键政策倡议框架中指定用途。决策变得更加集中。

1989 年，政府放弃了政策信封并重组了内阁结构。这种重组增加了内阁委员会的数量，取消了“政策封套”，并要求政策委员会“专注于政策”，而不是纠缠于交易问题。在新的政策倡议方面，批准新支出的权限被限制在优先事项和规划委员会（P&P）一侧。在运营储备的情况下，财政委员会将拥有权限。保留下来的储备包括由 P&P 管理的中央政策储备、运营储备和法定超支储备。后者作为应急储备，用于应对法定支付预测所依据的基础人口或经济假设变化所导致的递增需求。

支出管理决策过程的集中化与更为关注支出作为解决赤字问题的机制是一致的，特别是减少支出占 GDP 比例的中期战略。

荷兰。提交给议会的年度预算包括基于中央规划局发布的通货膨胀预测的工资和价格增长的中央拨款。财政部在新财年初编制“春季备忘录”时向各部门分配资金。这些分配部分是自动的，部分是选择性的，而支出部门可能需要在其现金限额内承担一些成本增加。这些现金限额受到“严格预算政策规则”的限制，这些规则规定了产生补偿性削减或节省的方式，以避免或最小化净额外支出。基本规则是在负责超支的部门寻求补偿性削减。为确保这一点可行，一些部门在将资金下拨给下属组织单位时会保留一部分资金。当找不到补偿性削减时，就可能需要（基于特定决策或公式）进行普遍削减。尽管严格预算政策规则并没有阻止支出超出预算，但它们符合强调集中决策的荷兰式联合政府。

英国。年度公共支出计划中包括为未来三年规划总额设立的未分配储备。储备的目的是确保超过部门计划的支出（无论是用于项目倡议、政策变化、意外事件还是修正估算）控制在规划总额之内。规划周期后期的储备水平通常比即将到来的一年高。在1989/90财年至1991/92财年的周期中，第一年的储备为2%，最后一年为5%—6%。

对于第一年，规划总额成为现金限额，而储备是防止超支的最后防线。所有额外支出都从储备中支付，而净结余则计入储备。储备用于部门超支、需求驱动型项目（如社会保障）的超支以及财政部允许的自主增加。对于储备的申请存在常设程序，只有在考虑到超支是否可以通过其他领域的削减或（如果适用）额外收入来抵销后，各部门才能申请。在财政部内部，储备的申请通常由部长级别决定。财政部在整个年度中监控储备的情况以及公共支出的预计结余。如果议会投票通过了某项由储备支付的支出，财政部将提交一份补充估算，并可能需要寻求现金限额的调整。未来年度储备在规划过程中充当缓冲，而非操作性控制。通常，这些储备的一部分将在逐渐接近的年度中分配。

人员预算

公共部门就业具有广泛的经济和预算影响。在1960—1982年，经合组织成员国的政府就业增长超过了私营部门的就业增长。到了20世纪80年代初，大多数经合组织成员国的政府雇佣了全部工人的15%至22%，其工资支出占国内生产总值（GDP）的10%至14%。公共就业的规模和成本必然引起了预算机构对人事政策和人事支出的关注，特别是在20世纪80年代普遍存在财政限制的情况下。控制人员被视为改善预算平衡、实现公共部门效率提升的机会。

控制人员的大多数工具（分类、招聘等）不在预算办公室的控制范围之内。在预算官员可能发表意见的控制工具中，工资率和人员水平是最重要的。许多政府已采取了关于总体人员水平的具体目标，这些目标既是减少公务员人数或限制其进一步增长的手段，也是促使效率提升的间接手段。这些全局限制最有可能适用于中央政府部门，国有企业除外，其他特定类别（如国防部队）受到单独的控制。在某些国家（丹麦和冰岛），从事商业活动的机构以净支出为基础编制预算，不需要控制人员。

尽管各国人事控制方式不同，但出现了几种模式。有些国家仅限制职位总数，而其他国家还根据薪资水平或职级进行控制。人员目标通常以全职当量或人/年为单位表达。总体上，人事控制是在年度预算进程中或与之平行进行的。一些国家设定了多年目标，旨在在几年时间内逐步减少员工人数。过去十年里，德国、日本、英国和美国等国家的中央政府就业人数出现了下降的趋势。

人事支出通常在与其他支出相同的基础上进行监测和控制，如果超出拨款，就需要获得议会批准。一些国家设立了特殊的人事监测和控制系统，定期报告人员配备、人事支出和相关事项。许多国家普遍允许在人力资源的使用中具有一定灵活性，可以在年度内在职位之间进行调整，或将未使用的人员支出转移到货物和服务购买上。然而，从运营支出转移到人员方面的调整往往受到限制，尽管进行了雄心勃勃的财务管理倡议的国家（例如新西兰和英国）可能会在核准的预算限制范围内以管理人员认为适当的方式为重新配置资源提供更多空间。通过利用人员储备和留出待分配职位，还可以获得额外的灵活性。

澳大利亚。部门和机构不再受到一般的人事控制。取而代之的是提供了一种现金限额制度：运营成本安排，机构管理者在服务范围的分类标准下确定员工的人数和层次。议会批准运营成本预算的变动，但不干预具体的人员配备水平。政府对高级行政人员的人数和级别保留了一些具体的控制权。

加拿大。在 1993/94 财年之前，人/年控制适用于全职和兼职就业，几乎所有部门都受到限制，但军事人员和国有企业不在其范围之内。人/年水平针对每个“项目”进行设定，通常在小型部门中对应整个机构，在大型部门中对应一个主要组织单位。从 1993/94 财年开始，在政府范围内引入运营预算，人/年控制被取消。采用了全面实施的运营预算。财政委员会通过“目标管理人员数”控制系统来控制职位的设立和人员配备。该系统为每个部门提供了在高级管理和执行层面批准的基准职位数。各部门在此基础上被允许拥有 1% 的

"灵活因素"以适应特殊情况。

丹麦。人员编制通过对总工资（包括养老金成本）的多年限额进行控制。根据净支出基础从事辅助业务活动的商业企业和机构不受这些控制。预算部门对政府人员总额和部门人员层次负责。

在预算部门内，同一批人员负责对各个部委的人事控制和支出预算。在预算制定过程中，预算部门通过对总工资的多年限额进行控制。这些限额在内阁确定部长支出限额时得到确认。在限额范围内，部长可以自由地确定各个机构和机构的人员配备水平。但是，预算部门对管理职位的变动进行更详细的中央控制。财政法案的附件规定了每个机构和机构在预算年度和接下来的三年中在每个管理层级上的总人/年数。

芬兰。根据1992年实施的法律改革，实施结果预算的机构获得了设立、变更和废止其人员职位的权力。这些机构的人员薪酬在其运营费用拨款下进行预算。职位和必要的资金可以在获得相关部门批准的情况下从一个机构转移到另一个机构，也可以通过内阁决定在部委的行政部门之间进行转移。最高级别职位（其中包括1000名法官）的细节需要在预算中列出。

人员数量由年度预算程序中发布的上限进行调控。在这些上限的基础上，各部委的行政部门在年度预算中确定人员总数。这些上限也被用作减少人员数量的工具。内阁于1991年4月30日决定，在1996年将从预算中减少5%（6700个职位）获得薪酬的人员数量。

德国。一个人员结构覆盖了联邦共和国的整个公共服务部门，包括中央、地方和地方行政管理机构。它还涵盖了研究和教育机构、医院和各种国有企业。军队也有一个平行的系统。由议会批准的联邦预算列出了授权职位。它还规定了行政单位的人员分配，但没有为特定的项目分配人员。人员数量和等级的变动需要联邦政府和议会的批准。除非授权职位空缺，否则不能新增人员，即使有资金可用。相反，财政部可以从特殊储备金中提供资金，使机构能够填补授权职位。这些规定通常适用于永久性员工，而不适用于临时雇员。

人事和支出预算密切协调。相同的行政实体参与其中，应用相同的程序。政府巩固政策的一个重要特点是不允许人员水平增加。当人员配备水平的增加明显必要时，会尝试在其他地方找到抵消的削减。控制人员规模的其他手段包括要求行政实体按比例削减职位数量，或者批准新职位的条件是在指定的年限后失效。部门通常可以自由地管理职位。人事预算与支出预算一样，受联邦审计办公室的核查。

冰岛。人事控制同样是负责各部委支出预算的预算局工作人员的职责。人事委员会（由预算局局长主持，由议会和财政部代表组成）正式批准新职位和在组织之间职位的转移。提交给议会的预算包含有关人员配备的信息，但议会不对人员限制或目标进行投票。在年度内，只要一个组织的净支出在预算设定的限额内，对人员使用几乎没有控制。因此，除了最高政策和管理层级的职位外，组织可以在年度内进行调整而无需咨询预算局。但是，在填补永久职位时，负责部门必须证明有足够的资金可用。

日本。全员数法获得议会批准，规定了全职员工的最大数量。该法不适用于国防军、政府企业、国会或法院，它们受其他法规控制。每个部和机构的人员规模由内阁令和预算在规定的限制范围内确定。人员控制主要由与预算机构独立的管理协调机构负责。然而，大藏省通过编制薪酬预算参与人员控制。

鉴于人员上限由法律规定，任何变更只有通过立法才能进行。自1968年以来，政府采取了一系列人员削减计划。第七个计划涵盖了1987年至1991年期间，规定减少5%的人员。在采纳这一计划时，政府还决定寻求国有企业中相应的减少。人员规模的监测通过各机构的季度报告以及与支出审计相对应的人事审计进行。

荷兰。总的公务员人数受到各部委的人员数量（或全职当量）和人员支出上限控制。这些上限由内阁强制执行，并写入年度预算和多年计划之中。限制仅适用于中央公务员；“集体部门”的其他部分通过支出预算间接控制。对人员限制的执行已委托给内政部管理与人事政策总局（DGMP）。关于一个部委人员财务资源的决定通过财政部、DGMP和相关部委之间的三方讨论进行。如果在这个层面上无法解决问题，可以由部长委员会作出决定。作为年度预算的一部分，人员限制得到议会正式批准。

在战后时期，公共就业增加，而私营就业下降。为了扭转这一趋势，1983年和1987年卢伯斯政府制定了明确的目标，计划在四年内减少公务员规模。1983年的政策豁免了某些部门，并未达到目标，但1987年的计划涵盖了整个公务员机构（虽然并未包括其他集体部门）。

在财政年度开始后，不会为调整人员水平设置储备金。财政部每月监控约定的支出预算使用情况，包括人员开支，而内政部每3个月监控人员使用情况。如果怀疑存在人员过度使用或其他不当使用，这些中央机构可能会进行干预。

挪威。中央政府对人员使用进行控制，通过限制净新增职位和总人员支出。预算规定了每个组织单位的净新增职位。

有关净新增职位的决定与预算制定整合。人员上限由预算部门颁发给各个部委，然后部委计划将人力资源分配给机构。在预算通过后，重大的人员变动必须经过议会正式批准，与支出变动的方式相同。次要变动由财政部负责。

土耳其。职位控制适用于公务员、合同人员和固定工人，但不适用于临时雇员。受控制的职位由立法机关设立，并经过预算和财务控制总局的批准才能填补。国有企业内的某些职位不受控制。人员支出按照项目在编制年度预算期间机构与总局之间的谈判确定。议会的计划预算委员会把考虑人员经费作为预算草案相关工作的一部分。在财年期间，财务检查员和预算控制员监控人员支出和职位使用情况；在年度结束后，由审计院（对议会负责）对支出和非保留职位的使用情况进行审计。

英国。雇佣公务员的成本由运营成本限额控制，其中包括薪酬和其他行政经常性费用。如果薪酬谈判被委托给特定部门或机构，还将就公务员薪酬组成部分的运营成本进行控制；从 1994 年 4 月开始，大约一半的公务员将以这种方式管理。公共支出调查讨论公务员薪酬和其他运营成本的问题，其中的假设是薪酬和价格增长将完全或在很大程度上通过提高效率予以抵消，总支付额的同比变化要反映工作量的显著变化。其他公共部门的薪酬安排基于相同的原则进行规划，尽管采用了不同的控制安排。

美国。行政部门的职位控制以全时等效（full - time equivalent，FTE）为基础。某些机构或项目受到旨在确立最低就业水平的法律约束。永久性法律限制了高级行政服务的职位数量。人事管理局控制这些高级职位的分配。

FTE 申请将与机构支出估计一起由总统的管理与预算办公室进行审核。总统提交给国会的预算包括他对就业水平的建议，国会通常在各项拨款法案的委员会报告中指定 FTE 水平。由于大多数 FTE 上限是行政性而非法定性的，行政部门在人力资源的调整方面具有灵活性。在机构内部，FTE 可以在部门或项目之间进行调整，前提是不超过机构的总 FTE 限额。总统有时会宣布对职位的全面限制，但这些目标并未成为法律。最近的一个例子是克林顿总统在 1993 年 9 月颁布的，计划在四年内减少联邦就业人数 25.2 万人。这一减员计划是基于副总统领导的为期 6 个月的全国绩效审查所提出的政府改革建议。

管理问责和项目有效性

在许多经合组织成员国，预算实践正从确保公共支出合法性和适当性的手段，逐渐发展成为促进公共部门管理改进和项目效果的工具。正如前面对支出监控和控制的讨论所示，这一演变在成员国中的速度有所不同。在强调产出或以结果为导向的预算和将支出管理的重要责任委托给项目经理的国家中，这一进展最为迅速。但是，在所有成员国中，一定程度上都存在如下情况：将支出项目整合为更宽泛的类别、放松中央控制以及对产出和绩效的兴趣增加。在经合组织的任何一个国家，中央控制的程度都不如 30 年前那样紧密和普遍。

这一发展的几个特点值得先进行评论。第一，公共支出的合法性仍然是公共财政的基本要求。这是民主政府的普遍规则，资金只能按照议会提供或授权的方式使用，以及只能用于允许的目的。如何满足这一民主统治的必要条件在各国间存在差异，但其实施已通过向预算中添加管理职能而进行了转变（而非颠覆）。通常情况下，这伴随着从事前控制到内部控制、从预审到事后审计、从审计个别交易到审计系统、从高度细化的拨款到一揽子拨款的转变。在上述关于议会控制和支出管理的部分，可以看到其中几项的发展。

第二，这一演变并非持续不断地进行，而是出现了间歇性的发展。其中最显著的一次是在20世纪60年代和70年代引入了计划项目预算（PPBS）和类似系统。最近的发展是由于在1980年代启动的财务管理改革和其他改革，并在接下来的几年持续进行。这一发展尚未完全完成，因此对其应用或成就的全面评估还为时过早。

第三，将重要的预算责任下放给项目经理不可避免地改变了中央预算机构的角色及其与支出机构的关系。在发展的这个阶段，很容易确定预算办公室放弃了什么，但要弄清它如何适应新秩序则更为困难。脱离例行控制后，预算办公室将被重新塑造为管理改进的主导机构。它的新定位是推动和激励，但它可能没有适当的能力来胜任这项工作。此外，支出机构应该（在经过协商的预算范围内）负责自身财务行为的观念与同样分配和配给公共资源的预算办公室成为管理和项目改进主要工具的期望之间可能存在根本性矛盾。在对这个问题做出最后评判之前，还需要对责任进行大量的梳理。

第四，这些改革关注的是预算中至关重要但（在大多数国家）相对狭窄的一部分，即用于行政或运行成本的部分。在转移支付方面没有类似的发展，这是政府支出增长最快、控制最少的部分。乍看之下，最受控制的预算部分成为当代管理改革的主要目标可能会令人感到惊讶，但这种强调是有一定逻辑的。一方面，正因为行政支出受到控制，可能可以稍微放松控制，并给予支出机构更大的自由度来使用这些资金。另一方面，尽管受到控制，行政支出在多年来普遍上升，有证据表明，经合组织国家政府的生产率增长落后于私营部门的相应趋势。通常情况下，支出控制的下放伴随着对行政成本的严格限制，允许机构的增长率低于通货膨胀率。一个广泛应用的公式是将这些成本的年度增长率保持在通货膨胀率以下 2% 。之所以选择 2% ，是因为这个数值小到可以被接受，也是因为它与商业企业的长期生产力改善相一致。然而，这种多年来的支出挤压可能迫使机构缩减服务或提高绩效。授权预算和相关的管理改革旨在避免第一种结果并实现第二种结果。这些创新通常依赖于暗示性的（但有时是明确的）交换条件：在为机构提供较少实际资源的同时，政府赋予它们对资金更多的自主权。

虽然行政成本可能在中央政府预算中所占比例逐渐下降，但在机构的日常运营中它们占据了相当重要的地位。管理这些支出的规则和程序与管理者的行为和绩效有很大关系。有人认为，如果规则束缚和限制管理者，他们将按照规定行事，将控制的合法性放在首位，对结果并不十分关心。由于他们在资金运用方面缺乏真正的发言权，因此无法对绩效负责，被禁止或阻挠将资源从低效用途转移到高效用途。如果管理者必须在支出拨款之前反复获得他人的批准，或者他们的资源调配请求被外部控制者阻止，那么他们就无法进行有效管理。

当然，也有一些强有力的反对意见，这可以从保持集中控制的政府所表现出的情况看出。其中一些立场根植于特定国家的政治和行政传统，并且可能在不改变政府基本机构的情况下难以改变。尽管存在这些考虑因素，但一些受到集中管理影响的国家可能在未来几年朝着更具管理能力的方向迈进。

将预算转变为管理和项目改进的工具取决于许多行政实践的变革，远远超出了本研究的范围。但是，与预算相关的三项改革至关重要，它们将在下面的章节中进行探讨。当管理者有机会和动力使用授权的支出来实现约定的项目时，他们可以对绩效负责；他们对成本负责，包括按传统会计实践下不计入预算的成本；他们对结果和绩效负责，尤其是对公共支出产生的结果负责。这些条件是相互依存的，尽管更多的关注已经集中在最后一个条件上，而对其他两个条件的关注较少，并且在成本责任方面的进展远远不及管理自由和基于绩效的管理。这三项改革的联系最明显地体现在新西兰公共部门最近的改革中。

管理自主权

一些政府预算体系的最新变化反映出，从详细的规章制度和依法管理转向为管理者提供更多自主权和主动性，以实现支出和绩效目标。提供的制度激励措施包括：允许支出部门保留超过中央确定目标的所有（或一部分）节余资金；在投入（物资、设备等）的组合和支出的时机方面拥有更大的选择权；在不同项目或活动之间重新分配资金的更大自由度；以及更广泛地征收使用费并将收入用于相关活动。远离严格的合规性要求的转变伴随着对绩效指标的重视，严格的支出限制的谈判和执行，以及新的报告和审查要求。

这些管理激励措施既是一种降低开支或限制开支的工具，又是提高生产力的手段。在朝这个方向迈进的国家中，人们普遍认为严格的财政环境有助于推动改革。提高公共部门的生产力是赋予项目经理运营灵活性的主要目标。更低的支出（在中央决定）是迫使或促使提高生产力的主要手段。资源减少推动了效率的提高，而不是相反。

对各个国家的进展评估表明，在不进行重大项目变革的情况下，已经在控制或减少行政支出方面取得了一定的成功。管理者被赋予了在开支上实现计划收缩的责任；具体的削减分配并未从上层强加。预算部门的角色是通过制定新措施和其他改革来促进更加注重绩效的管理氛围。但在一些国家出现了两个障碍。一方面，管理者的操作限制仍然相当大，例如对人员和薪资的分别控制仍然普遍存在，下一年度可以转移的资源上限较低，并存在着资金在经常性开支和资本性开支之间转移的障碍。随着对管理灵活性削弱整体开支控制的担忧减少，这个问题可能会随着时间自然解决。第二个问题可能更为棘手。一些部委的总部人员有重拾已被预算管理部门解除的控制措施的倾向。这种倾向已经得到了足够多经验的证实，并被认为是实现管理改革的主要障碍之一。为了应对这个问题，几个国家已经进入了改革的阶段，明确了部委和其下属机构之间的关系。

澳大利亚。1983 年引入的财政管理改进计划（FMIP）一直是联邦政府现代化支出管理和强调物有所值的主要手段。一个相关但较晚的发展是实施了一个“效率红利”——每年需要通过削减薪资和行政开支来实现效率提高的政府整体要求，比例为每年 1.25%。进一步的改革发生在 1988 年，通过“项目管理和预算”，将预算和拨款重点从资源投入的开支水平重新定位到政府活动目标以及实现所需成果的高效和有效方面。

通过一个新的运作成本系统提供了管理激励措施，该系统设立了涵盖每项拨款中所有行政开支的现金限额，并允许在薪资和其他行政开支之间转移，以及在财政年度之间进行支出的结转和借贷。目前正在对效率红利安排进行审查。该系统取代了一个将人员控制与财务控制分离，并将拨款分为多达 20 个独立项目的安排。因此，它代表了管理自由的大幅扩展。未来可能会进行进一步的改革，特别是在项目评估、绩效测量和权责发生制会计方面。1992 年 11 月，作为政府公共部门改革计划的进一步深化，澳大利亚政府决定各部门应在权责发生制的基础上进行财务报告。有十个部门已在 1992/93 财年使用权责发生制编制财务报表，其余部门将在 1993/94 财年按照这种方式编制。

1992 年，澳大利亚政府的管理咨询委员会启动了一个独立工作组对自 1983 年以来启动的管理改进进行评估。该工作组的报告于 1993 年 7 月发布，题为《澳大利亚公共服务改革：对十年管理改革的评估》。报告中的总体结论是管理改革方向正确，其效益远远超过成本，各机构需要采取更积极的步骤，将改革完全融入公共服务文化，并使其更有效地发挥作用。

加拿大。扩大管理自由的主要手段是“增加部长的权力和责任”（IMAA）和经常性支出预算。这些安排在责任框架内将更大的权力下放给部门管理，以便更加关注结果而不是过程。它们是对多年来积累的详细规定和指导方针的回应，这些规定和方针对政府政策的实施和公共资金的支出进行了调控。IMAA 为部门放松了许多集中规定，协商的合同关注三年内他们的支出和成果。IMAA 让部门从一开始就参与确定他们所需的操作空间，并根据协商达成的结果判断所需的资源。作为与谈判这些绩效合同的交换，部门获得了有限的资本资金结转、通过管理主动性实现的节约以及（在某些情况下）使用费产生的收入的使用权。

在 20 世纪 90 年代，IMAA 计划被政府范围内的放松管制和财政委员会行政和人事管理实践的分权化所取代，并推动了特别经营机构的发展。后者通过确定部门内可能享有额外授权的组织单位来扩展 IMAA 概念，以换取制定业务计划和承诺绩效目标。政府还积极推动在所有项目中发展服务标准和绩效报告。

从1993/94财年开始，政府引入了经常性支出制度，用于管理项目交付的运营资源。这涉及一个统一的预算，包括薪资支出、其他运营支出和小额资本资源，允许管理者选择最具成本效益的资源组合来执行项目。在这个计划中，独立的人员年限控制已被取消，财政委员会对用于薪酬的资金控制也已取消。

丹麦。自20世纪80年代中期以来，部门在选项之间移动资金的空间越来越大，机构在项目之间调整资源的自由也越来越大，但不能增加支付方面的支出。未使用的投资资金的结转权限也扩展到了经常性支出。未分配的结余可以结转长达四年，前提是要指明其未来的使用方式。对于小型投资计划、建筑物出售等独立议会审批的规定大多已废除。以前对人员的详细控制已被总支付额的多年限制所取代，但高级职位的数量仍然受到单独控制。

与预算改革相结合，支出控制从总额基础转变为净额基础。现在，每位部长的运作支出上限被定义为净额，这意味着增加的收入被视为节约。

爱尔兰。最近的发展包括在1991年引入了为期三年的行政预算，旨在将更大的权限委托给各部门（以及部门内各条线管理者）处理行政支出和相关事务。每个参与的部门与财政部长协商达成一项为期三年的协议，规定每个三年期间可用的总支出（以不变的金额），具体说明这些金额将在何种情况下变动，允许在内部款项之间进行资源调配（在投票决定的项目内部，而非不同项目之间），允许将某一财政年度的部分资源结转到另一财政年度，以及安排监测协议并解决任何出现的困难。为确保授权扩展到操作层面，每个部门必须准备一个内部授权行政支出的计划。在 1991 年至 1993 年，为期三年的协议涵盖了占公务员总数 80% 的部门。

新西兰。从对资源投入的拨款转变为对产出的拨款使各部门在资源利用上具有相当大的灵活性。负责部门绩效的首席执行官具有协商工资和条件的权力，并可在不同投入类别之间进行资源转移。在管理资源时，首席执行官必须在部长同意的金额内提供指定的产出（以指定的质量、数量和及时性水平）。

瑞典。如前所述，瑞典已为政府机构采用为期三年的预算框架。虽然资金仍然一年一年拨付，但机构可以将一年的节约资金结转到下一年，并在严格的限制下提前动用未来的拨款。为期三年的框架适用于行政支出，这种支出在过去十多年中一直面临持续的下行压力。

英国。一系列的改革从 1981 年的财政管理法案（Financial Management Initiative，FMI）开始，经过 1988 年启动的“下一步”和 1991 年的“公民宪章”，逐步扩大了管理灵活性和问责制范围。FMI 要求每个部门制定管理系统和实践，使管理者具备：明确的目标和评估进展的手段；实现物有所值的明确定义的责任；以及所需的信息和专业知识。每个参与部门均被要求根据自身情况定制 FMI，因此，在方法和改革速度上存在很大差异。FMI 基于 1986 年进行的跨部门预算审查定位。该审查强调了高级管理层设定优先事项、管理资源和审查绩效的必要性。这一举措伴随着经常性开支上限的引入，该举措于 1986 年实施，使部门对行政支出具有更大的控制权，从而基层在确保高效和有效使用其可用人员和其他行政资源方面承担更具管理性质的角色。鼓励高级管理者在其控制范围内进一步授权，赋权操作层作为预算负责人。

通过进一步扩大在绩效和问责框架内的管理自主权，

“下一步”倡议推进 FMI 和跨部门审查的原则。该倡议尽可能将行政职能由部门下放给其组成机构。由部长任命的每个机构的首席执行官负责资源和成果。1991 年，基于取得的进展，部门及其“下一步”机构有机会在工资谈判和奖励绩效范围上争取更大责任。1991 年的公民宪章直接将管理绩效与提供给公民的服务的质量和成本联系起来。

成本核算

预算制度通常按收付实现制记录支出，即在付款时而非发生成本时进行记录。收付实现制预算有两个重要优点：易于应用和简单易懂。无需特殊的记录或单独的会计系统；所需的支出数据可以从工资记录和其他容易得到的来源中获取。此外，支出代表实际而非假定或虚拟交易，无需依赖假设。但是，收付实现制预算误报了执行政府计划和活动的真实成本。它经常将成本分配给错误的活动或错误的时间段，例如当管理者以不增加预算的方式使用中央提供的维护、印刷或汽车服务时。这些“免费物品”扭曲了公共资源的分配，并削弱了管理者提高效率的动力。

当成本被记录为支付账单而非实际消耗商品和服务时，成本也会误报。这个问题出现在当前预算中不对从库存中提取收费以及资本预算中不计提资产折旧或对使用资本收费。收付实现制预算还会误报政府发放贷款的成本，正如前面“贷款和贷款担保”小节所提到的：当贷款发放时，它会高估贷款成本，而如果贷款违约或免除，则会低估成本。

准确的成本信息在许多方面至关重要：

1. 在促进分权预算环境下的管理行动自由以及让管理者对结果负责方面；

2. 在优化资源分配决策和评估项目的成本效益方面；

3. 在公共和私营部门活动之间进行比较，以评估外包安排、用户收费和其他市场机制；

4. 在评估政府活动对公共部门净资产的影响方面。

现金和成本会计追求完全不同的目标。前者关注将资源分配给组织单位，以确保对支出的合法控制；后者关注在公共资源的分配中提高效率。正确归属成本可以在许多与预算相关的任务中使用：

1. 在项目评估中，评估政府计划和活动的最佳组合；

2. 根据受益者承担所接受服务的全部费用原则，收取使用费；

3. 在预算决策中确定为所需数量的货物和服务投入多少；

4. 在管理改革中鼓励管理者对其行为负责。

其中最后一点对致力于公共部门现代化的政府来说尤为重要。对于生产力、绩效和效果的强调取决于将成本充分准确地分配给特定的项目和活动的手段。在没有将成本分配给特定项目和活动的情况下，绩效几乎没有意义。然而，传统上，以投入为导向的预算并没有过多关注成本分配。政府内部的服务经常由中央提供，且客户无需付费。项目经理可以在不产生费用的情况下使用这些服务；而且他们无法将对这些商品或服务消费的“份额”替换为对其他选择的消费。最近的改革所依赖的问责要求管理者对他们在产出过程中消耗的资源负责。如果管理者没有对成本负有全部责任，广受关注的问责制的加强将失去或削弱。

充分归属成本需要对会计系统进行深入修改，包括将预算细分为成本/责任中心——区分其执行任务和使用资源相关活动，以及区分固定成本和可变成本，并开发其他成本度量方法，以便将投入单位与产出单位直接关联。这还可能需要建立政府内部供应方与其客户之间的新关系，并采用新的资本支出预算方法。

加拿大。政府没有完全的成本分配系统，但是它将三种类型的成本归属给负责的项目或机构：某些与人员有关的费用；租金和住宿费；以及中央提供的财务会计服务。一些人员费用，如政府为其员工提供的补充医疗服务，以一笔总额拨款给整个政府。然后，这笔单一拨款按照各部门和机构在政府部门中所占总人/年比例进行“分配”。这种成本分配在部门预算中以“线下方式”显示，并不包括在他们的拨款之中。此外，每个部门所承担的费用金额是在年初估算的，并不根据补充医疗服务的实际支出进行调整。然而，值得一提的是，某些与人员有关的费用，如政府为其员工支付的养老金和失业救济金，包括在部门预算之中。

租金和住宿费用由主要运营政府办公空间的公共事务部门根据建筑所在地区的等价市场率进行分配。在成本分配中，公共事务部门不区分政府拥有的建筑物还是租赁的建筑物，也不基于其实际成本进行收费。最后，供应与服务部门根据每个部门签发的支票数在用户间分配财务服务成本。

总之，政府根据机械的“经验法则”进行成本分配，这种法则并不反映实际成本，并且不允许支出机构自行决定所分配资源的使用方式。

新西兰。公共部门改革依赖于从收付实现制到权责发生制会计的转变。权责发生制将成本完全归属于产生这些成本的项目或账户，并通过新的会计结构将成本分摊到它们所购买的产出上。新制度规定了四种拨款类型：Ⅰ）用于资本出资，即将公共基金投资于某个部门；Ⅱ）用于支付，例如不购买产出的拨款；Ⅲ）用于购买产出的费用；Ⅳ）用于“代表官方支付”的款项，即转账给其他实体的款项。代表官方支付的拨款必须进一步标明是用于其他组织的资本投资、用于产出的支付或无偿支付。

将成本分配给产出类别的具体方法留给各个部门自行决定。部门必须证明其具备能够按权责发生制及时提供准确财务信息的财务管理系统，并能够确定资源消耗的全部成本，包括必要时的资金成本和间接成本分摊。

在生产产出过程中，管理者在确定投入组合方面有相当大的灵活性，以及通过买进和卖出资产管理资产负债表的自由，前提是不需要未经授权的资本注入。作为购买方，政府有机会评估所生产产出的质量、及时性和完整成本，并与其他供应商提供的产出进行比较。因此，成本分摊对管理者施加压力，要求他们以与其他来源相同的高效率生产产出。

瑞典。为了方便比较政府对建筑物的拥有和租赁情况，瑞典于 1973 年引入了一套成本归属系统。该系统主要关注评估投资决策，而不是控制向机构收取的租金和住宿费。该系统在 20 世纪 70 年代末和 80 年代用于成本控制，作为政府削减 2% 行政成本的一部分。确定和分配租金和其他住宿费是计算每个机构需要实现的生产力提高的重要方面。在 20 世纪 80 年代测试了三年预算框架，并于 20 世纪 90 年代在整个政府范围内实施，进一步扩大了成本分配的范围，使管理者在处理资源时拥有更大的选择权，包括租金成本。

美国。尽管 20 世纪 50 年代颁布的联邦法律规定了基于成本的预算，但现行惯例是以现金和承诺为基础进行预算。然而，有两个发展趋势表明未来对成本将更加重视：一个是信贷改革，要求强制性和担保贷款根据估计的补贴成本进行预算；另一个是成立联邦会计准则咨询委员会，并委托其负责推荐新的会计准则和做法。在贷款的情况下，补贴成本包括所有估计成本，但不包括审核贷款的行政费用。补贴成本的概念可以用作现金基础不能充分衡量政府财务风险的其他交易的模型。

尽管预计现金预算受支出限制的制约将继续成为主要预算框架，但管理和预算办公室将与联邦会计准则咨询委员会合作，制定关于资本预算列报的建议。该列报将被纳入1996财年预算。

结果导向预算

公共部门绩效与经济整体绩效之间的联系已经得到OECD成员国政府的广泛认可。认为经济效率取决于公共计划和政策的效果的观点已经引发了对如何执行公共任务以及如何衡量绩效和结果的重新评估。这种重新评估指向了三个密切相关的方向：绩效测量、释放管理自主权和主动性以及将预算作为改善结果的手段。这些方向中的第二个已经讨论过；因此，本节主要涉及另外两个发展趋势。

公共部门的绩效测量并不是新鲜事物。许多OECD成员国都有使用计划项目预算制（PPBS）或类似系统的经验，试图将预算与绩效相联系。其中一个主要经验教训是，从绩效测量中获得的信息仅仅是政策决策中的众多因素之一。另一个教训是，仅仅专注于政策制定上层是不够的。还必须注意在所有管理层级中灌输管理责任和对结果的关注。在澳大利亚，“计划管理和预算”（PMB）将总体控制框架与各个部门和管理者实现物有所值紧密联系起来。PMB关注规划目标、预算编制、实施策略和评价项目成果。评价是管理循环的关键，为管理者提供了一个工具，不断改进关于实现物有所值的决策质量。

在设计和完善可量化指标方面已经进行了大量工作，主要重点是克服在管理组织和分配资源过程中的障碍。正如前文所提到的，一些国家在财务管理方面已经取得了可观的进展，通过解除预先控制，使预算持有人在实现成果和支出方面更加负责，从而将财务管理的重心从合规性转向绩效。在某些国家，最终目标是将预算打造成为一份“绩效合同”。管理者在获得约定资源的同时，将承诺实现特定的产出（或其他绩效目标），并（在某些情况下）对这些产出所带来的结果或成果负责。然而，在大多数国家，追求绩效并不与预算编制密切相关，而具有更广泛的范围：增强管理者以高效、有效的方式提供公共服务的能力和责任感。

在衡量绩效方面，通常会区分衡量和指标。绩效衡量是与追求目标相关的产出和结果的量化表述。相反，绩效指标是无法测量或难以直接测量的产出和结果的替代。一些国家还在产出和结果之间做出了根本区分，产出是政府行动的强制性结果，而结果是由产出组合所导致的社会状况变化。例如，在教育项目中，产出可以通过考试成绩和达到某种数学熟练水平的学生百分比来衡量。结果可以通过衡量完成学业或进入高等教育的学生百分比来衡量。在进行这种区分时，政府通常将产出的责任分配给项目管理者，将结果的责任分配给高级官员或部长。

OECD 成员国的政府已经确定了绩效指标的核心理想特征。这些指标应该在时间和单位之间保持一致，并且只应与类似的项目进行比较。它们应该简单、明确定义且易于理解，并且应该强调对决策至关重要的方面。理想情况下，应该侧重于一些关键的少数指标或标准，这些指标或标准反映了计划的目的或目标，或者表明该计划是否值得继续进行。对于管理者的绩效评价，仅应针对他们有控制权的领域进行衡量是非常重要的。还应该告知管理者数据的用途，并避免在衡量绩效方面投入大量精力，但收集到的数据却被束之高阁，没有得到实际应用的情况。

目前正在加大努力以衡量服务质量，尤其是从纳税人或消费者的角度来看。这种强调反映了对公共服务质量和成本日益关注的担忧。服务质量有几个可衡量的方面：及时性、对消费者需求的响应、提供方式等等。可以通过消费者（或公民）调查以及更客观的技术手段来衡量质量。例如，在一些美国城市中，垃圾收集的质量是通过一种照片评级系统来衡量的，系统会定期评估随机选定的街道的清洁程度。在英国，社会安全部门已经开发了一个质量评估方案，用于衡量其地方办事处的绩效。该方案的一些关键特点包括对客户态度的邮寄调查以及根据不同类型的接触方式（如办公室、电话、函件和家访）进行的服务评估。

绩效衡量很少止步于自身，从绩效衡量的公布到结果预算，有五个层次的结果管理。

绩效报告是定期向公民或客户发布有关结果数据的系统化过程。系统化意味着事先选择关键指标，并定期发布关于这些指标的报告。绩效报告超越了政府或机构年度报告中常见的描述性信息。它从支付或受公共服务影响的人的角度审视结果，并评估其利益得到满足的程度。绩效报告有时会集中在特定的政策领域，例如以标准化测试成绩衡量的学校绩效，或以调整后的死亡率（即根据患者的年龄、性别、健康状况和其他相关条件进行调整的比率）衡量的医院绩效。当绩效报告集中在单个政策领域时，就有可能进行类似服务机构（如学校或医院）之间的比较。在消费者可以选择提供服务机构的情况下，绩效报告旨在让他们成为知情的“消费者”。绩效报告还用于评价一系列政府服务在某个时间点上的情况。在这些情况下，报告成为评估政府综合绩效质量的手段。

绩效目标通过事先指定预期结果来进一步推进这一过程。目标可以是与当前行动相关的短期目标，也可以是政府或机构应朝着何处发展的长期愿景。绩效目标旨在塑造行为，即调动政府资源和注意力朝着首选方向发展。为了影响行为，必须仔细选择目标，使其与机构或公民高度关注的事项相关，尽可能少地设定目标，并量化目标。发布使目标具有权威性，并传达政府致力于实现这些目标的意愿。

在私营部门企业中，一种用于提高关键目标绩效的方法，即基准比较，正获得越来越多的认可，但在公共部门似乎尚未取得很大进展。基准比较涉及组织绘制其关键运营流程，确定关键流程和关键绩效指标，然后在这些指标方面寻找最佳实践，不论其出现在何处。基准代表在面临类似情况的组织中发现的最佳实践（或结果）的绩效目标。在许多机构提供相同服务的情况下，基准比较可能是有用的，例如，激励表现不佳的落后医院将其实践提升到表现更好的机构水平。然而，组织并不一定局限于与类似组织进行基准比较；例如，医院可以通过将其入院流程与酒店的流程进行基准比较来提高绩效。在公共部门，基准比较可能是促使机构确定“榜样”的一种方式，然后努力达到或超越其绩效水平。

绩效审计使政府或机构关于其绩效的声明接受审计师的审计。这种审计形式仍处于初级阶段，审计师在审查结果方面的确切角色和范围尚未明确定义，但可以预见，绩效审计将采用财务审计的模式。制定绩效目标和报告结果将是管理责任。审计师的任务是审查这些声明以确定其可靠性和准确性。为了让审计师履行这一角色，需要制定与财务管理类似的绩效原则和标准。

绩效合同明确规定了机构或管理者通过协商使用约定资源应产生的产出或结果。签订的合同由支出机构和中央机构（如预算办公室）或机构和其管理者之间的谈判制定。在一些国家，合同明确规定了部门与其下属机构之间的关系。合同通常为期三年或更长时间，在此期间监测绩效以确保履行合同条款。合同期满后进行全面评估，为新一轮谈判奠定基础。

绩效合同可能是放宽对机构前期控制的先决条件，或者可能被用作高级管理人员或执行人员的就业合同。尽管绩效合同是一种相对较新的发展，但在未来几年，随着政府设法将运营条件与结果联系起来，它们的使用可能会扩大。

绩效预算是一种隐含的合同，它将提供的资源与承诺的产出相关联。这种联系的范围可以从“步调一致”的关系，即边际资源单位产生边际产出单位，到仅列出与预算资源量相关的预期结果。

目前，没有任何 OECD 成员国实行一种仅以量化绩效为资源分配基础的预算制度。新西兰的以产出为基础的拨款制度可能最接近这种模式。而澳大利亚、加拿大和美国的经验更具代表性。在这些国家，普遍观点是，绩效测量对于确定如何最有效地利用现有资源比对应如何分配更有用。一些实际考虑因素使政府回避资源和绩效之间的严格联系。其中一个原因是，通常很难确定支出机构是否能够在获得申请的资金后实现承诺的绩效改进。联系越明确，失败就越明显，如果部门未能达到目标，可能导致绩效预算的士气低落或信誉受损。更重要的是，绩效取向旨在改变管理风格和行为，而不仅仅是改善预算流程。

在大多数 OECD 成员国中，项目经理——而不是预算官员——是绩效测量的主要用户。人们担心过度依赖绩效测量来分配资源可能会引发有关数据可靠性的争议，并阻止管理人员的合作。如果发生这种情况，数据的提供可能会减少或质量可能会受损。

预算工作人员在绩效管理中发挥着重要的作用，尽管通常没有将结果与资源之间建立严格的联系。预算办公室通常在设计绩效系统方面发挥重要作用，并督促各部门适应新的管理文化。它还有权利决定哪些指标是适当的，并有机会将绩效数据作为预算分配的因素之一。

澳大利亚。绩效指标的制定是在两项相关改革的指导下进行的：财政管理改进计划（FMIP）和“项目管理和预算”（programme management and budgeting，PMB）。正如已经讨论过的那样，这些改革将政府预算和议会审查的重点放在目标和结果上，并鼓励部门评估和改善绩效。PMB 是确定目标的工具，并且将其置于一个可能为所有层级管理者设定目标的达成一致的框架。项目结构（项目、子项目、组成部分和子组成部分）将目标按层次排序，较低层次的目标比较容易量化。

财政部发布了一系列关于绩效指标制定的指南。其中一些涉及概念问题，例如各种类型指标的定义；其他则提供了在预算和其他管理活动中使用指标的指导。在向议会提交部门估算的投资组合文件中，使用绩效指标是强制性的。这些投资组合文件，在 1993/94 财年被称为“项目绩效报表”，是澳大利亚决定在 1994 年 7 月 1 日财政年度开始之前于 1994 年 5 月制定预算的一部分，以取代之前通常在 8 月份制定预算的做法。政府接受的新政策提案在一份名为“预算指标组合”的新文件中得到强调。在每个财政年度结束后，这些指标对于实现项目目标的贡献也会在机构的年度报告中进行报告。政府要求新政策提案附带目标陈述、绩效指标和未来评估计划。财政部的指南建议，这些指标尽可能具体，以便对项目和优先事项的决策有所贡献。指南还建议，根据制定的计划、目标或倡议评价前一年的绩效情况。这些“项目绩效报表”与“项目管理和预算”密切相关，已成为向议会呈报项目绩效信息的主要途径；因此，它们是部长向议会负责的重要组成部分。提前的预算意味着预算文件将有重大变化，包括项目绩效报表，但在新的文件中，仍将继续强调以成果为重点的绩效报告。

加拿大。自20世纪70年代初以来，部门一直被要求衡量和报告绩效，但这一要求在前面讨论的“加强部长权力和责任”改革中得到了更大的推动。其他相关发展包括在提交给议会的预算评估中公布绩效信息以及努力改善财政管理。每个参与IMAA的部门都要准备一份年度管理报告，触发基于其与国库委员会达成的谅解备忘录中设定的目标的绩效评估。每三年进行一次问责审查，根据审查结果可能会发布具体指令，以推动有效率和效果地使用资源。

自1982年以来，预算评估的第三部分详细列出了计划和实际结果以及与资源需求相关的其他绩效数据。国库委员会的指示建议部门提供有助于国会议员了解和评估绩效的信息。审计总长（在国库委员会中）监督“第三部分”的编制，确保显著的评估结果准确报告。“第三部分”包含大量有关工作活动和成本的信息，但在内容和质量上存在很大差异。审计总长（向议会报告）定期评估“第三部分”，并督促各部门改进其绩效指标。1977年建立该办公室的立法授权审计总长报告经费是否在经济和效率方面得到妥善使用，以及是否有令人满意的程序来监测效果。

丹麦。自1983年以来，提高生产率一直是财政约束的关键组成部分。通过调整预算拨款以实现预期的生产率提高，重新组织工作以改善绩效，并为机构提供积极激励以提高生产力，以求达到更大的效率。人员支出的预算拨款参考生产率目标制定。每个机构的目标通过检查其人员组合并计算出每种类型预计可以实现的生产率增益来确定，这是基于私营部门类似工作的趋势。机构可以保留通过把生产力提高到预算目标以上所实现的节省。

自 1987 年以来，财政法案附带的补充材料中包含的趋势数据以标准格式呈现，并针对所有主要账户报告了定量数据，包括：服务、生产和其他活动；资源和产能；生产率。

1994 年预算引入了改进后的格式。它在会计数据和绩效数据之间建立了一致的联系，并分别确认了每个机构的总体管理和辅助职能。然而，绩效指标的覆盖仍远未完成。

芬兰。从 1990 年开始实施的“结果导向预算”方法要求在预算提案中描述所需实现的结果，并包括工作、效率和有效性等措施。部门与机构就详细的结果目标达成一致，并监督其实现。面向结果的预算在 1994 年的预算中覆盖了超过 80% 的机构运行成本，使机构在选择实现目标的手段方面比以前的分项预算拥有更大灵活性。这种灵活性使许多机构能够应用以结果为导向的管理和其他商业管理方法，提高效率和有效性。

从 1993 年开始，宪法和预算法的修正允许在使用费资助的活动上应用净预算。

瑞典。一些衡量绩效的努力直接与预算决策相关，而其他一些则与预算无关，但有可能影响资源分配。主要的正式联系通过前面描述的三年预算框架实现。三年预算制度要求机构提供过去五年的绩效趋势数据，以及未来三年的预测。正如前面所述，进入三年周期的机构在制定预算时经历了一个更为复杂的过程。一开始，除了财政部发布的一般指令之外，每个机构都会收到其所属部门的具体指令。一般指令要求机构报告过去的绩效，评估当前的目标和安排，并制定可衡量的工作目标和未来三年内要实现的结果。特殊指令根据每个机构的情况进行量身定制，涉及要进行的评估、优先事项和替代方案以及政策选择。尽管三年框架只涵盖行政费用，但审查过程还涉及项目目标和支出。要求机构评估其在各个活动范围内的总体绩效。实际上，为了鼓励机构对整体绩效进行广泛而深入的评估，行政发展局（SAFAD）和国家审计局负责制定机构在审查其绩效时应使用的程序。

英国。绩效指标的开发和应用是财政管理法案（FMI）和后续改革的核心特点。这些改革鼓励在可能的情况下进行量化，以便评估各个项目在实现目标和提供物有所值方面的成果。随着改革的推进，支出部门已被赋予在选择适当的指标、收集结果数据并在部门报告中公布这些数据方面的重要责任。由于FMI和之前讨论的其他倡议旨在激励管理人员对其行动和绩效负责，因此它们并不为所有部门规定统一的方法。在FMI的广泛目标和准则下，每个部门都可以自由发展最适合其情况的管理风格和系统。但是，根据“下一步”倡议，当执行操作“升级”为机构地位时，它们应在规定资源和绩效目标的问责框架内运作。最新的倡议是于1991年发布的《公民宪章》。它强调绩效的质量方面和公共服务对用户偏好的响应性。宪章坚持公布服务标准，例如对某些国民保健服务程序的最长等待时间的保证。

FMI及其后续倡议将预算视为绩效合同，在其中各部门通过承诺具体目标交换约定资源。通过在年度部门报告中突出绩效指标和目标，促进了预算和产出的关联。尽管各部门的进展有所不同，但可以看出三个趋势：一是从简单的工作负荷或产出指标转向更高级的绩效指标；二是强调服务质量的衡量指标；三是更加重视机构层面的运营指标。

美国。绩效测量历史悠久、发展水平很高，但在预算和其他决策过程中的应用却相当有限。然而，最近的一系列发展可能在未来几年中使绩效问题受到极大关注。

美国审计总署于1992年对100多个联邦机构进行的一项调查发现得到广泛应用。所有受调查的机构都声称测量最终产出或产品，93%表示有工作或活动指标，91%声称测量服务的及时性，83%宣称拥有内部的质量指标，71%收集结果数据，63%声称评估客户满意度。其中很少有这些指标进入联邦预算，尽管其中一些可能在影响预算分配方面发挥作用。许多美国城市和州政府也收集绩效指标。现在，市政府公布学校绩效的标准测试成绩很常见。一个新兴的重点是发布有关政府质量的全面报告。例如，1992年，俄勒冈州波特兰市发布了第一份关于六项重要公共服务的年度绩效报告。该报告还呈现了公民调查的结果，并将波特兰的结果与其他城市进行了比较。俄勒冈州成立了一个进展委员会，为该州设定了固定时期的可衡量目标：1990年（基准年）、1995年、2000年和2010年。

对基于绩效的政府的研究兴趣受到一些近期进展的推动，其中包括：

1. 1993年国会通过的《政府绩效和结果法案》（GPRA）要求联邦机构编制年度绩效报告，比较实际与计划结果，解释为何未实现特定目标（如果有），并报告项目评价情况。该法案还提供了绩效预算和新形式的管理灵活性和责任的试点测试。

2. 1990年的首席财务官法案提供了对绩效的系统衡量，并年度报告改善财务管理的进展情况。根据该法案，管理与预算办公室已发布了附加到财务报表中的绩效衡量指标的开发指南。

3. 政府会计准则委员会负责州和地方（但不包括联邦）的会计实践，建议为各种政府职能的“服务努力和成就”指标制定报告和审计程序。

4. 国家财政绩效审查报告强烈支持 GPRA，并有多处建议尽快实施该法案。

这些和其他近期发展支持了一种普遍的观点，即在未来几年中，绩效型预算系统将得到更广泛的应用。

对公共部门资源分配、管理和控制的有效系统是良好治理的基本要素。并置对持续财政约束的需要和对更多和更好公共服务的需要正在改变经合组织成员国的预算实践。除控制和分配功能外，预算越来越多地被用作促进管理改进和项目效益的工具。

第四章
现代预算：概论*

在许多经合组织成员国，正在重组公共部门的管理革命已经进行了十多年，而在其他一些国家才刚刚开始。这场革命的持续时间证明了根除旧规则和习惯的困难，同时也证明了改革者的坚持和决心。在寻求改革公共行政的国家中，没有任何一个国家完成了这项任务，但也没有任何一个国家存在严重的放弃改革、回归传统的政府中央与公共机构、部门中央与运营单位之间命令与控制关系的风险。传统的管理结构将人力和财务资源的控制集中在中央，将提供服务的运营责任置于组织底部。政府的一端是控制者，另一端是被控制者。中央发布规则，监督规则的遵守，并根据自己认为适当的情况进行干预；运营层遵守规则，或者至少假装遵守规则。由于控制权在一个地方，而生产责任在另一个地方，公共部门管理者通常只是名义上的管理者。一些更有冒险精神的人擅长躲避控制者的监管，其他人只是遵守规则。毫无疑问，

---

* 本文最初于 1997 年发表，是经合组织出版物《现代预算》（*Modern Budgeting*，ISBN 92 - 64 - 16216 - 7）的全书概述。本概述由华盛顿特区布鲁金斯学会的艾伦·希克对澳大利亚、法国、新西兰、瑞典和英国五个成员国 1994—1996 年的预算改革进行了解释。

许多人无疑在面对限制的情况下努力尽可能多地为公共利益做贡献。

这种安排不仅统治了支出管理，还统治了其他行政运作，特别是与招聘和薪酬有关的事务。尽管今天对一些人来说，命令与控制的公共行政方式显得过时，但它产生于两个广泛共享的价值观：政府决心限制公共就业和支出增长，以及确保提供公共服务的一致性和稳定性。无论这些优点如何，第一个目标已被政府范围的巨大扩张（特别是转移和拨款）所超越；第二个目标已经基本实现。随着政府的增长，中央因细节而杂乱，分散了政策和管理注意力，使其偏离了更大的计划和财务事项。

在二战后的几十年里，许多国家政府通过将支出项目整合为更广泛的类别，并在资源使用上给予机构更大灵活性，放宽了中央控制。一些国家尝试通过创新，如计划项目预算（PPB），作为政策过程加强预算。但这些自上而下的改革通常不成功，对运营层面的管理能力几乎没有改善。相比之下，当前的一系列改革确实旨在改善公共部门管理。它们以责任框架为核心，政府授予支出机构在使用资源方面的灵活性，作为对结果负责的交换条件。用于强化管理责任的手段包括战略和运营计划、绩效衡量和目标、个人和组织绩效合同、服务交付与决策脱钩、新会计规则和年度报告、更积极地使用评估和审计，以及财务激励和制裁。在涉足这些改革领域的国家中，新工具的组合各不相同，但所有这些国家都明显分散了财务和整体管理控制，并引入新安排，使机构和管理者负责。

在本章讨论的五个国家（澳大利亚、法国、新西兰、瑞典和英国）中，政府内部公开表示，集中化模式不再适应公共管理的需要和条件。需要在提供服务方面减少僵化，更多地响应当地条件和用户偏好。普遍认为，严格的规定阻碍了最佳实践的采纳，并迫使管理者只能满足中等一致性。然而，重要的是要承认，一些重要的经合组织成员国仍然偏爱传统的公共行政模式，其中集中化的财务和人员控制被视为一种优点。德国和日本可能符合这个模式，一些较小的成员国也是如此。

尽管讨论的样本较小，但这五个国家涵盖了经合组织社区中的三种主要政治行政文化：威斯敏斯特制度、法国行政传统和斯堪的纳维亚模式。在 1994 年和 1995 年开展研究时，美国的三权分立型政府没有包括在内，因为它的行政“重建”在早期阶段。德国的官僚模式也被排除在外，因为该国在联邦共和国中分散管理方面的步骤很少，可能是因为对统一这一复杂任务的关注挤占了其他一些政府事务。

这里所述的五个国家不仅具有不同的治理传统，而且在改革开始之前它们的行政安排也不同。法国长期以来一直有详细监督的传统，财务监察员驻扎在财政部，在扩大地方管理者操作自由方面采取了谨慎的态度。由于起步较晚且需要更多努力，法国在这方面落后于其他国家。但随着改革从实验阶段向整个公共部门的实施过渡，有大量证据表明进展显著。瑞典则完全相反，它拥有小型部门和相对自治的机构的悠久历史。瑞典给予管理者的自主权比其他一些国家大，因此，尽管改革的创新不如其他地方那样引人注目，但它们仍然有效。三个英联邦国家在行政实践和改革方面有足够的差异，足以使每个国家都有各自的特点。在十多年前的改革前夕，英国已经放弃了实施一个多世纪的财政部控制学说。1982 年启动的“财政管理法案”，六年后开始的“下一步”倡议以及最近的“基本支出审查”，都受到了政府高层对重塑公共部门支持的推动。澳大利亚进入改革时期时，高度集中的控制已被废弃，过去的十多年里，澳大利亚废除了许多人事和财政限制，并采取各种政治和行政安排来促进管理改进。作为一个拥有开放经济的小国，新西兰感到自己的未来福祉受到强大的国际力量的威胁，并通过将商业实践创造性地应用于公共管理来做出回应。

改革的任务

这五个国家在重组国家行政机构时面临着类似的问题。所有国家都必须重新定义中央与运营单位之间的关系，中央在政治上对政府绩效负责，而运营单位提供服务并花费大部分资源。由于过时的事前控制机制的失败，定义这种新关系非常困难。新控制机制必须确保政府对总支出和项目优先事项的利益，并促进公共管理的效率和服务交付的质量。在访问这五个国家时，笔者有时会遇到这样的观点：一旦中央对行政细节的干预结束，支出机构就应该自由决定自己的方向，而不需要从上级获得大量指导。这是一种天真而错误的观点，如果不加以质疑，可能会破坏或诋毁改革。必须明确指出，改革并不意味着对公共资金采取“任何事情都行”的态度。然而，事实上，在中央机构真正从支出细节中大规模撤出的情况下，关于中央干预的抱怨仍然存在，这凸显了定义新角色和关系的困难。除了具有长期存在且已建立起部门和机构分工的瑞典外，每个国家在中央和运营机构的责任之间划清界限都遇到了困难。

每个国家都面临着对其运营预算的巨大压力。实际上，在过去的十年中，运营成本（根据通货膨胀调整）和人员编制已经减少。这一趋势给支出机构带来了矛盾的信息。一方面，它促使他们积极寻求效率；但另一方面，它也引发了一些担忧，即改革更多地涉及削减资源而不是改善管理。这种担忧在效率红利（澳大利亚）、支出水平的充分性（新西兰）、强制性支出削减（瑞典）和现金限制（英国）方面显露出来。

所有国家都必须激励管理者主动承担责任，关注支出和产出，并接受他们个人绩效对组织绩效的影响。在新西兰和英国，高级和中层管理人员的大量更替表明许多官员对新的管理方式感到不适，他们自愿离职或受到鼓励离开。许多新管理者在私营部门有丰富的工作经验，他们对新管理体制更加熟悉，比起旧行政结构，更容易适应新环境。新西兰和英国引进新管理者似乎对澳大利亚和法国的影响不大。这两个国家以及瑞典似乎对“让管理者管理”的做法有信心；新西兰和英国则以需要“使管理者管理”的前提行动。每个政府都必须确定可接受的风险，因为运营机构被赋予自行决定支出资源和采取可能对政治或财务产生重要影响的其他行动的自由。在瑞典，这个问题最不棘手，因为部门和机构之间的界限已经清晰；在英国，这个问题最紧迫，因为机构的新独立性已经对部长责任制提出了质疑。

在所有国家中，重组被视为一项长期努力，旨在改变管理行为和组织文化。最初的步骤，包括程序上的变化，如削减事前控制，相对容易。除了法国，这个阶段已经基本完成。法国的进展滞后，因为它起步较晚，并且必须克服中央管理的强大传统。协议的第二部分是让公务员为成果而管理，并将国家机构转变为以绩效为驱动的公共服务提供者，这需要更多的时间。人们可能会想，如果没有市场约束，这个目标是否能够完全实现。即便管理伦理在这里审查的一些国家已经确立，我们也不能确定它是否已经制度化。领导层的变动、机构面临的环境变化、预算危机或其他因素可能会迅速抵消多年的进展。也许只有在改革时代结束、创新成为公共管理的常态后，对绩效的承诺才能真正得到考验。

每个政府都设计了一种工具，以确保绩效信息影响组织行为。澳大利亚依靠大量的项目评估，既在政策实施前，也在资金拨款后进行评估。法国正在强调责任中心作为一种使公务员意识到他们的行动可以影响服务质量的方式。瑞典越来越依赖受审计的年度报告，以保证财务和绩效报告的可靠性。英国通过框架文件和绩效目标来集中管理注意力于关键目标和结果。新西兰在为首席执行官协商绩效协议和为机构制定购买协议方面投入了大量资源。在拥有长期经验的四个国家中，今天受青睐的工具并非昨天的选择。有很多试错的证据和愿意尝试新方法的意愿，希望它们能比以前的方法更有效。寻找新方法源于生产绩效信息和基于绩效行动之间的根本差距。每个国家都面临一个问题，即无论它产生多少绩效信息，可能会在忽视目标和结果的情况下做出决策并分配资源。澳大利亚试图通过将项目评估与内阁的政策工作紧密联系起来来缩小这一差距。瑞典加强了审计员（对财政部负责）在审查机构绩效方面的角色。英国越来越重视“下一步”和“公民宪章”目标的选择以及与目标的比较。新西兰根据政府范围的战略性结果领域（SRAs）审查部门的关键结果领域（KRAs）。

引入新方法还旨在振奋改革努力。为了重组管理，政府必须展示其对任务的持续承诺，并保持高级和中层管理人员的兴趣。正因为树立绩效伦理需要超过十年的时间，政府宣布一项举措然后让事情自行发展是不够的。根据迄今为止的经验，需要经常（大约四到五年一次）通过新的步骤来更新最后的步骤。如果以商业管理为指导，绩效驱动的机构将处于持续的变化过程之中，一个改革浪潮与下一个改革浪潮之间的间隔仅仅几年时间。

新西兰也符合这个模式，尽管它在一开始就立法实施了一系列变革。1988 年和 1989 年实施的改革在范围上是全面的，但它们是通过法律确立的，而不仅仅是政府的指导或促进。然而，新西兰根据经验对其改革进行了细化。实际上，新西兰的部门现在使用的大多数程序都是在立法改革实施后启动的。

由于树立绩效文化的困难，每个国家都经历了一系列失望；没有一个国家能够实现其设定的所有目标。英国发现，“财政管理法案”（FMI）提供了更好的信息，但对运营层面的管理者解放作用有限；随后它发现，“下一步”激发了新成立的机构，但尚未改变中央部门。澳大利亚一直困扰于将绩效信息打包成有用格式的问题，并且对项目结构的明显无用感到失望。新西兰在衡量成果方面进展相对较小，购买服务的部长与提供服务的机构之间的关系尚未得到充分澄清。瑞典对多年预算框架未能提升预算工作质量的失败感到失望。法国发现，尽管有政府的指导，一些重要的部门在将责任下放给地方机构方面还是拖延了时间。每个国家都有足够的理由进行抱怨和批评，但这些失望并不能掩盖巨大的进展。由于改革的雄心壮志，它们注定会在某些方面不尽如人意。

对于观察者来说，改革中最令人鼓舞的特点之一是，公共管理者没有将其视为漫长的一系列管理热潮中的最新潮流。管理者们欢迎改革，并将其与工作质量和工作满意度联系起来。对改革的支持在部长级别和高级官员队伍中持续存在。期望部长们将管理创新视为他们政治议程的首要任务是不现实的，但在几个国家，他们在一定程度上给予其较高的优先级，并对所有改革表现出兴趣。

除了主观印象的证据外，有足够的理由相信重组公共管理带来了可观的效率提升，这体现在人员配备水平的降低和实际运营支出的减少。许多机构少花钱多办事。虽然在服务水平或质量方面存在隐性下降，但很少有机构通过减少服务来弥补资源损失。发布绩效目标和结果的日益普及阻止了机构在资源限制下降低服务质量，但更重要的影响是服务机构中管理责任的扩大。很难对管理变革对项目成果产生的影响做出判断。虽然没有理由怀疑改革对成果产生了不利影响，但也没有充分的依据来声称它们已经得到改善。

市场与管理者

这五个国家在改善公共部门绩效方面采取了两种主要方法。一种是在政府机构中应用或刺激市场行为；另一种是赋予和激励管理者改善绩效。市场型机制包括私有化和外包、权责发生制会计和成本回收，以及个人或群体绩效合同。管理工具包括规划和评估、下放权力和灵活运用资源、目标设定和绩效测量，以及企业规划和项目评估。每个国家都同时采用这两种方法，但方法的组合各不相同。新西兰比任何其他国家更严格地采纳了市场原则，并通过区分政府作为所有者和政府作为采购者、对政府的财政投资征收资本费用、与首席执行官签订合同，以及就从机构到部门的“销售”产出进行购买协议的谈判，来激发市场纪律。法国最贴近管理模式，赋予责任中心作为准自治单位运作的权力。英国政府主张市场伦理，但也非常依赖管理者对其工作和绩效负责。澳大利亚和瑞典更倾向于管理端，但两国都为用户收费、商业化和其他市场型机制提供了发展空间。

不应夸大这两种方法之间的差异，因为政府并非在真正的市场中运作。然而，这两种方法朝着不同的方向发展。管理取向对“让管理者自主管理”充满信心；市场方法则坚持“让管理者履行管理职责”。第一种方法依赖于赋予管理者主动权和责任；而第二种方法则依靠价格和合同来促进效率和责任。市场型行为在公共部门中能够被引导到什么程度，这一点正在新西兰的改革中得到测试。模拟市场并非真正的市场，政府实体之间的合同（例如新西兰的购买协议和英国的框架文件）与无关方之间的真正独立协议并不相同。在这些国家进行的内部合同缺乏严格的执行；实际上，一方不履行义务可能会使另一方无法采取任何补救措施而仍需履行合同。

市场伦理和管理伦理之间的区别反映在提高效率所带来的节约资金的处理上。每个国家都必须决定机构是否应该保留部分或全部节约资金，或是通过降低资源基数将它们上缴给政府。从管理的角度来考虑这个问题，可能会得出这样的结论：让机构从节约中受益将带来显著的优势。剥夺分红会惩罚高效率管理者，而允许他们保留节约下来的资金将为他们提供进一步追求效率的动力。受市场取向的启发，新西兰得出了不同的结论。允许机构保留节省下来的资源将使其能够在预算范围之外的服务上支出。这几乎等同于即使价格下降也要支付更多费用。

这个例子揭示了私营市场和模拟市场之间的一个关键区别。私营市场收取价格，供应商有很强的激励来提高效率；而当价格以成本为基础时，激励力度较弱甚至不存在。市场和政府之间的这种内在差异强烈表明，在公共部门中用管理者激励补充市场纪律的可取之处。

市场化公共管理测试了公共部门的界限。如果商业供应商能够公平高效地提供政府服务，那么人们可能会质疑这些服务是否具有如此独特性，以至于它们必须保留在公共部门。其中三个国家（澳大利亚、法国和瑞典）更倾向于由公共部门提供政府服务。除了已经在商业基础上运作的国有企业外，这些国家通常希望公共服务由政府机构中的公务员负责提供。英国政府已经将各种服务私有化或外包，但它没有将这一发展推到像一些人担心的那样远，也没有像其他人认为的那样进一步推进。新西兰是一个特殊的案例，因为它对公共机构非常重视，但在将市场实践应用于公共管理方面比其他任何国家都走得更远。迄今为止，其独特的公共和市场行为融合相当成功，但未来可能出现紧张局势。

市场原则影响了许多国家的管理改革。这种影响体现在将公共服务的接受者视为顾客而不是客户的强调上。顾客拥有权力，而客户则没有；顾客可以选择去其他地方消费，而客户则不能。作为顾客与作为公民是不同的。顾客比公民更有效，尽管后者拥有权利，但他们的利益可能被忽视。通过投票站得到的索取权与市场上的索取权相比微不足道。公民和顾客之间的区别不仅是隐喻性的，而且是传统公共行政追求服务提供的统一性和公正性与新管理主义追求对顾客需求响应之间的区别。这也是将政府视为服务提供者与将其视为良好社会的建筑师或守护者之间的区别。这些差异引发了其他差异，即关注产出（提供商品和服务的数量）与关注结果（政府行动产生的社会状况）之间的差异。有趣的是，尽管英国的《公民宪章》提到了公民，但它所宣扬的原则将他们视为顾客。以顾客为导向的政府是一个服务型国家。它的绩效可以通过它以多高效率生产产出来客观衡量，以及顾客对所接受服务的满意程度主观衡量。这些政府都没有仅仅关注顾客的问题；它们都对公共利益采取了更广泛的视野，这体现在努力衡量结果、改善政策和项目、评估成果以及使预算在财务上更稳固方面。然而，它们都已经了解到，改善对顾客的服务比应对国家在社会中的更大角色要容易得多。

脱钩的与集权的政府

在改革议程的一个重要方面——政府组织的安排上，对于政府角色和绩效的不同观点存在冲突。几代人以来，公共管理的一个确定原则是将相同目标的公共活动（为客户提供服务的活动）集合到一个组织中。部门化被认为有很多好处，其中最重要的是较窄的控制范围和将互补项目组合在一起带来的协同效应。合并部门的建立长期以来一直被视为现代公共管理的一项胜利（瑞典则不同，它偏好多个分离的机构）。部门化与其他行政改革联系在一起，例如建立综合预算程序、国家公务员制度以及在每个领域内设定优先事项的能力。集合的成本包括部门中央的庞大机构以及官僚组织的层层设立，但这被认为是可以接受的，因为它们增强了政府协调和控制公共政策制定和实施的能力。

澳大利亚仍然支持这种行政模式，这体现在其建立超级部门和组合预算上。在澳大利亚的观点中，大型的综合部门有助于在各个部门中建立目标和优先事项。将政策制定和服务提供合并在同一组织中使得一个活动中得出的思想和见解能够丰富另一个活动。例如，提供服务的条线管理者的经验可能使政策制定者更好地了解他们项目的影响。在完成工作的过程中，这些管理者可能会深入了解为什么某些方法能够产生期望的结果，而其他方法则无法产生。在澳大利亚的观点中，将服务提供者隔离到一个独立的组织中，只关注产出而忽视他们可能了解的结果，将会使政府失去关键的绩效信息，这些信息可以反馈到政策评估中。然而，值得注意的是，1996 年全国审计委员会呼吁将服务提供与政策制定分离。

集合模式受到来自经济学分支中被称为委托—代理理论相关概念的挑战。这一当代理论认为，委托方（如中央政府的政策制定者）可能无法有效地控制或监督代理人（如负责在实施单元中执行政策的人员），因为后者有自己的利益，并且确保遵守政策的成本可能非常高。持这一立场的人认为，政府政策可能会被具有信息优势的服务提供者所掌控，因为他们对服务的了解比制定政策者深。根据与这一理论相关的改革者的解决方案，将代理人与委托方分开，并且严格定义服务机构的任务，以便监测提供者被授权执行的政策。这种推理的应用导致了单一目标机构的增加，例如根据英国“下一步”建立的机构。

撇开理论不谈，有充分的依据可以得出结论，将机构从部门中脱钩，增强了服务管理者的意识：他们确实负责管理，不仅仅是指挥链条中的一环；他们有能力和机会塑造自己的机构，使其成为一个高效、以绩效为导向的组织。在对新西兰和英国的脱钩机构进行访问时，笔者感觉到了一种新的兴奋感，而其他管理良好的组织中则没有这种感觉。仿佛这些机构获得了新的生机和权力，能够根据给予他们的资源和政策指令自行发展。

脱钩的机构充满了新的使命感——他们意识到与被分离前不再是完全相同的实体。他们制定自己的业务计划和年度报告，自己记账并公布财务报表，设定绩效目标并确立服务标准。每个机构都有自己的首席执行官和组织身份。有相当多的机构利用他们的新权力重新审视使命和工作方法，有些甚至进行了运营方式的重新设计。这种活力无疑是由于作为一个独立机构的新鲜感和引人注目而产生的。随着时间的推移，新鲜感和兴奋感将逐渐消失，每个机构将仅仅成为庞大国家机构中的一个生产单位。在那个时候，脱钩带来的效率、士气和优势将面临检验。

除了解放和激发机构外，脱钩还旨在振兴部门并简化其运作。有人认为，机构分离出去后，源头部门应该专注于政策指导而不是服务提供。他们的员工应该进行精简和层级调整，运营责任应当下放给机构。或许因为新西兰是一个小国，它在重新聚焦部门方面比英国取得了更大的成功。然而，在两国，对两个实体之间将形成一种独立关系的期望，即部门将努力与机构在更低成本下获得更多产出，事实证明有些不切实际。当一个机构是部门产出的唯一（或主要）供应者时，双方往往会发展出一种顺应而非竞争的关系。所订购的货物或服务的数量和价格将受到机构认为可行以及部门的可用预算的显著影响。通常不会是一方威胁从其他来源购买货物和服务来对另一方发号施令的情况。对于政策建议，这两个实体也很可能相互依存。机构对政策发展方向有兴趣，而部门则需要其机构在提供服务过程中获取的信息和见解。

以下是关于依赖脱钩机构提供服务和资源的几个问题。由于迄今为止的证据和经验无法解决这些问题，因此以问题的形式列示如下：

1. 机构模式是否过分强调效率和产出，而忽视了效果和结果？

2. 机构是否忽视了集体利益，从而对政府构成政治风险？

3. 公共服务是否过度分散在相互独立或竞争的机构中，每个机构都按照自己的方式行事，缺乏来自中央的强有力协调？

4. 部门是否具备足够的能力来制定明智的政策并监测绩效?

5. 独立机构的建立是否削弱了传统公共服务价值观，并阻碍了政府内公务员的流动?

6. 部门的运营独立是否威胁到部长责任制原则?

澳大利亚和法国选择分权作为脱钩的替代方案。在澳大利亚观察到的运营单位似乎享有脱钩机构所具备的很多独立性，并且他们对制定和执行工作计划以及支出和财务资源报告负有主动责任。这些单位负责社会保障和税收，这两个政府职能在执行指定任务时具有成熟的现场办事处、高度重视统一性和执行工作上的一致性。这些特点可能使得分权比那些责任更多元化的组织更加成功。法国的情况在各个部门之间有所不同，某些部门在分权方面取得了重大进展，而其他部门几乎没有任何进展。但随着更多部门朝着这个方向发展，有可能得到机构身份的好处，却不产生某些风险。

灵活性与绩效

无论组织形式如何，关键问题在于运营单位在提高服务的效率和效果方面能否充分运用所赋予的新灵活性。基本的灵活性涉及在支出项目和财政年度之间进行资金调动。除法国外，各个国家几乎完全自由地在运营费用的现金限额内进行支出。主要的限制涉及高级官员的数量和报酬。法国仍然对人员进行单独控制，但随着改革的推进，这些控制可能会放松。笔者没有听说部门或机构滥用支出自由的投诉。一些人担心，如果每个行政单位（例如地方机构的分支或部门）

被授予对自己预算的控制权，资金可能会被浪费。在某些情况下，财政部敦促更充分的分权，而支出部门的总部人员则采取更谨慎的方法，指出各个单位管理技能和经验的缺乏，以及允许每个单位随意支出可能导致的规模效益低下问题。

在财政年度之间转移的灵活性已得到放宽，机构被允许结转未使用的资金并预支下一年度预算的一部分。通常，可结转或预支的金额限制为拨款资金的一定百分比。这些限制防止了以危及中央机构控制未来支出能力的速度囤积资金。新安排将年度拨款控制和预算执行的年度间灵活性结合起来。在几个国家，支出灵活性通过允许机构获得结转资金利息和对预支资金收取利息来进行调控。

把运作资源的责任授予管理者并未影响支出控制。当管理者被给予一个固定预算来操作，而支出细节由外部人员控制时，很容易维持现金限额。管理者已经证明他们能够及时准确地记录财务信息，并编制符合会计准则的财务报表。一些国家（如新西兰和瑞典）相信支出单位能够负责地管理他们的资金，并且正在增加这些单位在发放资金和维护自己银行账户方面的作用。在较低的管理层次遇到了一些问题，因为经验和技术能力较为有限。法国的解决方案是根据责任中央（或其他分权单位）展示出的遵守规则和谨慎使用资源的能力来逐步下放管理责任。预算部门制定了一套正式的评估体系，用于衡量地方单位在承担资源责任上是否准备就绪。

在每个国家，资源使用的灵活性与增加财务和运营结果的问责有关。每个国家都引入了编制绩效信息和报告成果的新工具。新西兰依赖机构和部门之间的合同。法国将绩效指标纳入责任中心和部门间的合同之中。在澳大利亚和瑞典，部门和机构在年度报告中比较计划和实际绩效。英国要求“下一步”机构与其部门协商制定关键绩效目标，并将结果简明扼要地展示在政府的年度“下一步”报告之中。

尽管绩效指标的数量大幅增加，但这些信息对管理行为的影响仍不确定。英国政府取得了重大成功，因为它有意针对少数几个指标，并在重要报告中公开宣传。澳大利亚采取了不同的策略，鼓励部门对与其项目相关的全部产出和结果进行衡量或描述。然而，尽管联邦部门每年都产生和制作大量的绩效信息，但这些材料对项目和管理决策的影响有限。新西兰在采购协议中规定了产出目标，但在衡量和监测结果方面进展较小。

从理论上讲，预算应该是绩效指标影响公共政策的主要手段之一。设计一种基于绩效的预算体系，使每一笔资源增加都直接与计划中的产出增加相联系，理论上并不困难（然而，直接将资源和结果相连是不可行的）。然而，在这里研究的政府并没有将绩效与预算资源紧密联系起来，而是更倾向于一种安排，其中实际或预期结果的数据仅仅是预算的几个影响因素之一。新西兰建立了最紧密的联系：它根据项目类别而不是支出项目编制预算和拨款，并且在机构和部门之间的采购协议中规定了计划产出。然而，每个产出类别通常由多个绩效指标组成，因此很难确定拨款中分配给特定产出的部分。澳大利亚和瑞典将大部分绩效信息从预算文件转移到年度报告之中，从而将注意力集中在实际绩效而非计划绩效上。预期过去的结果将影响未来的预算决策，但是两国政府都没有正式根据绩效分配资源。在英国，每个部门现在都公开发布自己的公共支出报告；这些文件包含大量绩效信息，对预算的直接影响看上去可能比实际影响大。

当前改革浪潮的目的不仅仅是合理化预算选择，而是改变管理行为。绩效信息的主要使用者应该是管理者，而不是预算制定者。有人担心，如果资源根据绩效分配，信息质量可能会下降，因为管理者可能不愿意提供在预算时用来对付他们的数据。预算官员希望在分配资源时，绩效指标和其他信息都能提供。他们还希望在督促部门和机构改善绩效和实施新问责方法方面发挥强有力的作用。但是预算官员们并不认为绩效测量的先进程度已经足够高，可以证明资源和结果之间存在明确的因果关系。

会计与审计

尽管预算与结果的关系相对较松散，但通过改革会计制度和将审计要求扩展到机构财务报表和年度报告，衡量绩效在财务管理中日益突出。这一发展是分阶段进行的。第一阶段是从收付实现制会计向权责发生制会计的转变；第二阶段是要求部门和机构维护自己的财务账户并发布年度财务报表和报告；第三阶段是计划和实际绩效的比较；最后一个阶段是对财务和绩效报表的审计。在一些国家（如新西兰和英国），会计改革已扩展到预算；而在其他国家（如澳大利亚和瑞典），则没有扩展到预算。然而，最近的发展表明，澳大利亚也将会计准则应用于预算之中。

权责发生制会计已在新西兰实施，并正在澳大利亚和英国引入。朝着这个方向发展的政府已经接受了商业准则应用的原则，除非这些准则不适用于公共实体运作。会计改革被视为将支出者转变为管理者过程的重要组成部分。管理公共资金的人必须对成本负责。他们必须知道所支出的全部资源，并对这些成本进行控制。权责发生制会计的逻辑要求对经营单位使用的场所成本、资产成本以及（在某些情况下）经营的间接成本进行收费。要使权责发生制会计不仅仅成为一种簿记行为，必须满足两个条件：管理者在决定是否承担成本时必须拥有真正的选择权；而且他们承担的成本必须对其可获得的财务资源产生影响。

1. 例如，如果向管理者收取政府提供场所的成本，他们应该有迁移至其他场所的选择权。如果他们缺乏真正的选择，必须使用指定的空间并支付任何收费，全成本会计将起到反作用。它不会赋予管理者对成本负责的权力，而是告诉他们他们无权管理自己的运营。

2. 第二个条件是成本对机构可用资源产生影响。如果向机构收取折旧费用，这个成本应该减少其他用于运营的可用资源。例如，在新西兰，对部门净资产征收的资本费用是每个机构运营成本的一部分；这个费用越高，可用于其他支出的资金就越少。通过以这种方式控制成本，表明权责发生制应扩展到预算编制，而不仅仅限于财务报告。新西兰已经朝这个方向迈出了步伐，英国也宣布了这样的意图。值得注意的是，当预算基于权责发生制时，支出仍然按照收付实现制进行控制。因此，在引入权责发生制方法后，英国打算继续对经营费用设定现金限额。

尽管会计和预算需要一些培训和信息系统的启动投资，研究机构表明它们在转型过程中并没有遇到太多困难。但在许多情况下，机构仅仅将其视为一项技术要求而非管理工具。一些机构正在使用权责发生制会计推动基于使用费的全成本补偿或通过单位成本的测量实现效率改进。未来，人们可以设想使用新会计系统以边际成本（而非平均成本）来进行预算，通过区分固定成本和变动成本来进行资源配置，比较租赁或购买选择，确定政府发放贷款或担保的实际成本，衡量产出的增量成本，确定基准或标准成本，分析计划成本或实际成本或绩效之间的差异等等。为了实现这些目标，政府必须大大提高在成本分配和分析方面的能力，这是与标准支出计算不同的预算观念。

根据公认的会计原则编制的财务报表正在迅速成为部门和机构年度报告的标准内容。财务报表的种类与商业组织类似。机构表示，他们在编制数据方面并没有遇到太大困难，但他们通常不会在内部管理中广泛使用这些报表。与商业界类似，这些报表满足了外部报告要求。这些财务报告的最大价值可能在于编制过程。为了编制财务报表，机构必须及时准确地记录账目，并了解其资产和负债的状况。在每个国家，部门和机构承担的会计责任都有显著增加。在几个国家，财政部公布一个政府综合报告已经不够；各支出单位必须保留自己的账簿。

年度报告还包含越来越多的绩效信息。这部分报告的标准化程度不如财务报表，而且可能永远也达不到。目前，大部分绩效信息都是描述性的；机构利用年度报告列举了他们在过去一年中所做的许多事情。随着年度报告的重要性不断提高（如在澳大利亚、新西兰和瑞典等国家），机构将被要求更系统地对比实际绩效与计划绩效。这一要求可能通过对财务报表和绩效信息进行审计来强制执行。瑞典已经采取了这一步骤：它授权国家审计署广泛审查所有机构的年度报告，并对那些存在重大缺陷的报告进行限制。这一角色在瑞典体系中很容易实现，因为审计机关受财政部的管辖。然而，在其他国家，审计机关对年度报告或其他文件进行积极审查有时会在议会和财政部之间产生紧张关系。在澳大利亚，财政部官员担心审计机关在审查项目评估和绩效信息方面发挥的积极作用会减弱管理人员对其运营情况进行深入分析的意愿。然而，毋庸置疑的趋势是扩大审计员在审查政府机构关于其绩效的陈述方面的作用。

政策和项目

在 OECD 成员国中，运行成本通常只占中央政府支出的不到 20%。预算中更大的份额用于项目支出：向家庭的转移支付、对企业的补贴、向其他政府的拨款以及其他项目支出。与运行成本相比，这些支出增长得更快，并且更加僵化。如果行政运作现代化，但项目选择、实施和完成的方法不变，那将是浪费机会。实际上，大多数在这里被审视的政府都将提高项目效果视为改革的关键目标。然而，迄今讨论的创新对政府项目的组合或效果，以及对其支出的影响很小。重组的逻辑假设良好运营的机构将重新审视项目的成本和绩效，但很少有证据表明这种期望已经实现。

从根本上讲，政府的行为——其目标和政策，以及花钱的优先事项和项目——是政治问题，而不是管理问题。绩效信息和上述其他工具可以影响政策和项目决策，但它们很少是唯一或最重要的影响因素。此外，这些决策无法像行政运作那样例行公事。政治和政策行动往往是机会主义的，根据政治领导人的冲动，在条件被认为合适时采取。因此，瑞典研究委员会的间歇性活动可能对公共政策产生比澳大利亚等国定期评估项目更大的影响。几代人以来，英国政府在白皮书中发布重要的政策声明，只有当政府认为合适时才会公布。这些文件不按照任何固定的时间表发布，但它们通常会影响随后的政策。

几个国家试图通过战略规划、结果衡量和项目评估来使政府项目和政策合理化。战略规划是这些工具中最具雄心的一种。它与传统规划的不同之处在于其目标不仅仅是改变项目，而是改变组织本身。战略评审中提出的关键问题是：组织应该是什么，而不仅仅是应该做什么。当推出新机构时，例如在新西兰和英国，这类问题最有可能引发战略评审。定义新组织应该是什么的过程有助于建立群体认同，并使机构能够将自身展示为一种转型实体。一旦机构持续运营，对管理决策而言，年度业务计划或运营计划可能比长期战略展望更相关。

战略规划在商业领域的应用比在政府中广泛。对于企业而言，最重要的战略决策是是否进入或退出特定市场，例如，是继续作为打字机公司，还是放弃这一业务线，转而成为信息处理公司。在政府中，决定机构是否应该实施特定项目的基本决策是通过政治过程而非公共机构做出的。然而，当条件有利时，战略规划可以促进机构的变革。例如，在新西兰，海关部门在很大程度上从一个拦截非法货物并执行关税的组织转变为一个促进国际贸易的组织。在这种情况下，部门领导者表示，战略规划加快并使变革合法化，但即使没有战略规划，这种变革也将在适当的时机发生。这种转变在其他国家的海关业务中也发生过，这表明战略规划是一种机会主义而非例行公事的活动。

改革议程有两种主要手段来改变项目：反馈到项目决策的结果衡量和定期评估。前者通常每年编制一次，而后者需要更长的时间框架。在每个国家，政府在衡量结果方面遇到的困难远远超过衡量产出方面的困难。衡量结果不是一个暂时性或过渡性问题，它不会通过安装更好的绩效信息系统解决。在新西兰通过让部长对结果负责，或在澳大利亚通过大量投资于项目评估，或在英国通过针对少数关键指标，或在瑞典通过投资于效益审计，都没有解决这个问题。将这些措施纳入年度预算肯定也无法解决问题。由于结果涉及超出负责机构直接控制范围的事项，因此衡量和应用结果很困难。结果衡量社会状况，不仅仅是组织绩效。

尽管政府可能不造成结果，但他们必须意识到这些结果。结果衡量是指导机构了解自己是否接近或远离重要社会目标的方向信号，不是因为机构应该为结果负责或获得荣誉，而是因为机构应该知道其项目是否达到了预期目标。结果是战略衡量指标，激励机构质疑其行为及前进方向。一个机构应该只有几个战略衡量指标，过多的指标会使信号变得模糊，并可能产生瘫痪效应。定义这样的几个指标不应该很困难。它们与机构的本质相关，即机构存在和开展特定项目的原因。在选择这样的指标时，机构最好根据以下问题的答案进行指导：我们为什么存在，我们如何知道我们是否成功？

这些是战略性问题；与战略规划一样，它们关注的是组织本身，而不是它所做的事情。然而，根据为其设定的目标评估项目也有充分的空间。澳大利亚在将评估纳入政策和预算决策中比任何其他国家都更进一步，但它发现进行评估要比在决策中使用它们更容易。增加评估使用的努力面临两个问题。一方面，评估对政府行动的影响在将其整合到决策周期中（如年度预算制定）时会上升，但例行评估往往缺乏深度，因此不太可能影响现行资源和项目的分配。另一方面，评估文化是一种通过发现现有运作中的缺点来改进项目的手段。如果评估经常发现政府的失败，它不太可能长期得到政府的支持。项目评估处于政治和管理的交汇点。它挑战政府目标和项目假设。仅出于这个原因，相对于改革议程上的大多数其他事项，它更难制度化。赌注更高，并且政治风险更大。

改革途径

对于正在重组公共管理的国家来说，改革公共部门有许多途径。当一个国家开始改变管理实践时，它必须选择与其政治和政府条件相适应的道路。在一个国家行之有效或可接受的事情在另一个国家可能无法成功。对于那些没有试图从根本上改变管理实践的许多经合组织成员国来说，最基本的问题是他们是否应该开始这样一条道路。在考虑到这里所研究的国家遇到的问题时，为什么其他国家应该在改革公共管理方面进行巨大的投资？当这个任务将需要十年甚至更长时间才能完成，并且在改善公共服务方面的回报需要一些时间才能显现时，为什么政治领导人应该试图改变政府部门的管理文化？

当代的管理改革受到的驱动力不仅仅是政治逻辑，更多是预算压力和公共机构过时和效率低下的意识。毫无疑问，公共部门的管理改革受到了商业管理方面平行发展的影响，但最大的影响来自对在更少的资源下做更多事情的认识。政治家们通过塑造现代化、改革主义的形象可以获得一些选民的支持。但是追求选票并不是主要的推动力，未来也不太可能成为主要推动力。事实上，如果改革被认为是拆散现代国家或削弱其执行能力，政治家们有可能会在选民中受到惩罚。工党在新西兰进行公共部门大胆改革后，在全国选举中付出了代价。改革政府在法国和瑞典也被取代，尽管这些国家的管理变革可能与选举结果关系不大。

在这里调查的每个国家，公共部门重组在政府更迭后得以延续。在每种情况下，接任的政府都在已经进行的改革基础上做了进一步的发展或扩展。在英国，“财政管理法案”通过“下一步”得到拓展。在法国，罗卡尔德的倡议得到了朱佩总理通告的支持，将责任中心从试点测试转变为国家政策。在瑞典，社会民主党政府引入的三年预算框架由接替其的中右翼联盟政府实施。在新西兰，工党政府颁布了开创性的改革，随后受到国家政府的认可和扩大。而在澳大利亚，1996 年的政府更迭后，国家审计委员会对前期的举措，如前瞻估算、评估战略和运营成本制度表示赞许，并提出了一些额外的创新。在所有研究的国家中，由政府发起的正式评估得出的结论是改革对公共管理产生了积极影响。在这些国家中，没有一项评估呼吁回到旧的方式。

这里提供的分析更多地涉及程序变化，而不是行为变化。然而，公共部门重组的真正回报来自后者。因为分析是在重组进行中进行的（这些国家还没有完成重组），它并没有对改革的可持续性做出最终判断。有理由预期，改革迟早会失去动力，也许是因为政府的兴趣或议程转向其他事务，也许是因为公共管理的核心理念和标准发生变化。改革的某些方面可能会受到政治争议的影响，特别是公务员机构的分散化和核心政府职能的外包。然而，从这五个国家政府致力于现代化公共管理的时间长度来看，我们可以预期重要的变革将持久存在。如果变革确实持续下去，当代政府应该会拥有更高效的公共部门，尽管不一定会有更积极的项目结果。有大量证据表明，通过减少人员编制和强制削减运营开支，实现了效率的提升，但这些国家尚未进行系统的项目结果审查，以确定改革是否以及如何影响了项目。这些国家是新管理实践的实验室。它们为经合组织成员国提供了丰富的应对财政压力、提升公共部门效率、改善服务质量和对客户的响应能力、改变政府部门和机构运作文化的可能性。从它们的经验中可以学到很多东西，也为组织工作和提供服务开辟了许多新的可能性。现在是公共管理演进的真正令人兴奋的时期之一。但也提出了许多问题。致力于改革管理实践的政府必须寻求自己的答案。

改革过程

重组政府的首要选择之一是全面进行改革，还是以更零散和渐进的方式进行改革。应该先进行试点测试新创新，就像瑞典那样，还是先强制实施，就像新西兰那样？试点测试的明显优势在于使政府能够在改革开始全面实施之前建立支持、积累经验并进行调整。但是试点测试也存在一个风险，即在改革被制度化之前，试点测试可能会耗尽兴趣和支持。此外，由于试点测试在实验条件下进行，因此试点测试可能无法真正测试改革在全面实施时的运作情况。一方面，尽管进行了广泛的先期测试，瑞典发现固定的三年周期过于僵化，不适用于所有机构。另一方面，通过政治（或管理）的闪电战来实施改革可能会带来快速结果，但随着经验积累，可能需要重大调整。新西兰就是这种情况，该国被迫增加了许多在启动改革时并未考虑的特征。考虑到改革的广泛性，无论改革以何种方式引入，都很可能需要在过程中进行调整。

在这里考察的五种模式中，政府可能会尝试多种类型的改革。他们可以尝试从不同国家的元素中“混搭”——例如，澳大利亚的评估战略与新西兰的产出衡量和采购协议，或者法国的责任中心与瑞典的多年预算框架。然而，问题在于，管理体系变得越多样化和复杂化，管理成本就越高。新的管理制度对部门提出了相当大的信息需求；为了避免给行政机关增加过重负担，政府必须对于将不同管理体系的要求融为一体保持警惕。

管理改革通常是自上而下的指导和自下而上的实施的融合。如果没有来自上层的推动，改革不太可能起步，即使起步了，实施也会不均衡。法国通过允许各部门自行创新来实现分权改革。一些部门热情拥抱改革，而其他部门只是走形式，没有进行真正的变革。相比之下，新西兰采取了高度集中的方法，为整个国家部门制定了统一的规则和要求。它的方法可能不容易适用于更大、更多元化的政治体系。在某种程度上，必须让管理者参与到改革过程之中；他们必须感到改革是可行的，并且他们的关切得到了解决。如果没有做到这一点，管理者可能会破坏改革，通常不是通过反对改革，而是对改革漠不关心。改变管理文化必须通过改变管理者的行为来实现。

无论采取何种方法，改革都不会快速或轻易实现。考虑对公共管理进行彻底改革的国家将面临十年甚至更长时间的创新和实验，并且很可能朝着改革启动时未曾预料到的方向发展。

政府组织

在每个国家，重组的目标是决策过程、资源管理、信息收集和报告以及部长和官员对他们所做和完成的工作负责。在澳大利亚和瑞典，这些变革发生在现有的组织结构内部；而在其他国家，创建新组织是改革的一个重要“推动因素”。

澳大利亚并没有建立新组织，尽管它的确在广泛的行政组合中对部门进行了重组。正如前面所述，1996 年上台的政府可能会决定将服务交付机构与决策制定部门分开。瑞典并没有发现重新组织的必要，因为其政府结构定义了部门和机构的角色。

在传统或现有组织内部可以进行管理改革吗？答案取决于重组的目标。如果过去经常发生的情况是将组织责任在部门之间转移，以打破现有的安排，那么重组不太可能对绩效产生较大影响。这种重组已经不再流行；普遍认为，其意想不到的影响可能超过了预期的效果。然而，如果重新安排行政责任是为了使代理人（服务提供者）对委托人（部长或高级管理者）负责，那么重组可以从根本上改变组织绩效。

在许多国家，政策和服务之间存在正式的区分。这种区分是否站得住脚？它是否澄清了角色和责任，还是通过忽视政策和行政的相互依存性而混淆了问责？毫无疑问，这些角色可以在形式上加以区分；问题在于这种形式上的区分在实践中是否有效。在一些分离的国家，出现了三个政府层级：政治责任归属的部长级别；代表政府行使管理责任的部门；负责提供服务的交付机构。不可避免地，在这些实体之间出现了一些问题。当服务出现故障或未能履行时，这是政治责任还是管理责任？是政策制定者的过错，还是那些未能如预期那样履行职责的管理者的过错？

当多个实体共同承担责任时，它们之间的关系和问责的执行可能会出现困难。一些事务可能会落入问责体系的漏洞之中。例如，在英国，机构首席执行官和部门常任秘书之间的关系需要澄清。新西兰在区分部长和首席执行官的责任方面遇到了一些困难。在这些国家和其他国家，可能需要一个调整期，在此期间，新角色被完全制度化，权力下放扎根，并形成了一种共识。但是，除了适应以外，可能还需要解决不同观点之间的分歧。这些新关系是否会导致长期的紧张和误解？合同安排，例如框架文件和绩效或采购协议，能否在政策制定者和管理者之间建立信任或弥补信任的缺乏？一方面是权力下放的信条和期望，另一方面是民选政治家和高级管理者的责任之间是否存在固有矛盾？在各个实体和层级之间，风险的适当分配是可行的吗？在民主制度中，将政治风险与管理裁量权隔离开来是否可行？这些问题的紧迫性在很大程度上取决于正在进行的组织变革。在瑞典，这个问题不会引起太多困扰，因为部门和机构的分离已经得到了很好的建立，而在新西兰和英国，长期以来的部长问责原则受到了挑战。

在所有国家中，重组工作对中央机构和各行部门之间的关系造成了紧张。管理者们期望能够自由支配支出，并在没有中央干预的情况下运作他们的机构，但中央机构对公共支出的合法性、效率和效果负有持续的责任。在改革公共管理时，要指定中央机构应该停止做什么比决定它们应该继续（或开始）做什么更容易。在解决各自角色时必须解决的问题包括：财政部（或类似机构）与支出部门之间的责任划分是什么？当支出方认为中央干预侵犯了他们的管理自主权而中央机构认为不干预将削弱财务控制时，如何解决双方之间的争端？中央指导在何时适当甚至必要，而何时是干预？当中央机构发现新独立部门管理自己业务的能力（或意愿）不足时，中央机构应该做什么？在建议和推动之间，以及在鼓励机构处理自己事务和在机构无法胜任任务时进行干预之间应该保持什么平衡？答案会因国家而异，但没有一个改革后的公共管理可以放弃中央的监督和指导。

管理改革将预算从许多细节中解脱出来。人们期望预算办公室可以从事更大范围的战略和政策问题：控制总支出和推动项目创新。在某些模式中，预算应成为政府战略管理的核心工具，促使部门和机构采用改革并改变他们的运作方法。这种模式预示着财政部（或类似机构）从控制组织转变为管理改革领导者的角色的根本转变。这种转变在澳大利亚、新西兰和英国显然已经落地，尽管受影响的机构并不总是承认它们与预算机构的关系已经发生变化。在瑞典，变化较小，但这仅因为财政部始终相对较小。法国预算部门也出现了变化的迹象，但可能还需要几年时间才能完全感受到现代化的全面影响。

一个转型后的预算机构会是什么样子？在“改革”时期，预算官员不需要面对这个问题，因为他们忙于过渡工作，摆脱旧规则并督促机构采用新方法。但是一旦改革得到规范化，预算办公室将不得不思考它如何适应政府的运作，它要维持哪些控制权，以及它必须拥有哪些杠杆来促使不合作的机构产生效果。在一个声称重视权力下放的管理文化中，为中央部门定义一个有用的角色并不容易。英国财政部对这个问题进行了根本性的审查，产生了一个更小、更扁平的组织。可以预计其他政府将在未来几年考虑这个问题。

在很多改革文献中，中央机构（如财政部）与运营部门之间的关系被描绘得令人困惑。据说中央的角色是协助而不是干预，做战略决策而不是日常决策，控制总体支出而不是具体支出，设计新管理方法而不是强制实施，鼓励结果测量而不是基于结果分配资源，推动效率提高而不是捕获（为政府）效率带来的财务利益，代表权力下放，但允许每个部门按照自己的方式进行权力下放。这个列表还可以增加其他混杂的信息，但对于曾经想知道为什么财政部没有因为已经取得的进展而受到称赞的预算官员来说，这一点是显而易见的。

未来的预算将是一个艰难的平衡行为，因为它必须调和预算办公室所承担的冲突角色和责任。

在明确其未来定位时，预算机构将受到两个方向的拉扯。一个方向是通过与会计、审计、成本和产出测量、管理信息系统和其他管理措施更紧密地联系，将预算纳入财务管理之中。另一个方向是成为政府的决策中心，处于项目开发和战略思考的前沿。在理论上，这两个角色可以和谐共存。事实上，澳大利亚已经积极努力整合这两个角色：将预算纳入财务管理的措施之中，同时将其纳入政策创新的机会之中。这种结合的角色是理想的，因为预算的规律性使其成为财务管理的优秀工具，而预算的决策推动特性使其成为战略选择的优秀工具。然而，在同一组织中整合这两个角色并不容易。

问责手段

尽管问责制是所有国家改革的关键要素，但确保问责制的手段各不相同。英国认为真正的问责制在于尽可能将公共部门交由市场，通过私有化或外包来实现。这种将市场边界扩展到公共部门的决心意味着对澳大利亚所寻求的传统手段缺乏信心。新西兰也试图将市场纪律引入公共部门，但通过将预算重构为指定产出的合同来实现。法国采取了不同的方法，依赖于公共管理者的良好表现，而瑞典则通过依赖部门和机构之间的分工来增强问责制。工具的选择取决于政府所追求的目标。如果目标是显著减缓公共支出的增长速度，那么重组很可能依赖于市场型机制。然而，如果主要目标是提高公共支出效率，那么分散管理结合强调绩效可能更可取。

以某种方式，所有国家都在一定程度上对绩效进行了衡量。这样做要么是因为这是问责框架的重要特征，要么是因为这些指标（尽管只是微弱地）代替了市场机制。依赖于绩效衡量打开了实践问题的大门，改革倾向的政府必须面对这些问题。谁应该在选择适当的指标方面有最后决定权？是设计大量涵盖各种活动或产出范围的指标更可取，还是集中关注一些指标，即使这意味着忽视了绩效的某些方面？如何使机构摆脱过程和效率指标，转向关注结果和成果的指标？产出指标和成果指标之间应该有什么样的联系？政府是否应该采取措施防止使用指标作为官方目标时产生的行为扭曲？

上述问题涉及指标的制定。还有关于使用指标的其他问题。仅仅衡量绩效本身不会带来多少变化，重要的是在收集数据后采取的步骤。在多大程度上应该对绩效数据进行审计以确保准确性？如果绩效未达到目标，应该采取哪些干预措施？议会在审查绩效和启动纠正行动方面应该扮演什么角色？通过绩效协议或其他程序如何执行这些指标？

绩效指标与预算拨款的关联

新西兰和法国在将绩效数据和其他管理变革与预算政策联系起来方面可能存在着相反的立场。新西兰明确将预算与绩效相联系，通过产出类别进行拨款。法国似乎对预算政策和绩效挂钩持谨慎态度，更愿意让预算拨款反映政府的政策和优先事项。预算与绩效之间的关系越紧密，就越需要将服务的全部成本分配到产出中的成本会计方法。鉴于许多国家成本会计的原始状态，目前还无法实现全面成本分配。

随着商业会计实践（如权责发生制会计）在公共部门的逐步引入，使得基于绩效信息进行预算决策变得可行。尽管如此，人们可能会对这一趋势的影响提出一些问题。是否应该让管理者为他们无法有效控制的成本负责？例如，如果管理者必须使用分配的办公场所，对他们占用政府拥有的建筑物的空间收费是否有助于管理问责制？对于超出管理者自行决策范围的间接成本或其他成本的分配，是否有任何收益？理想情况下，商业化会计应该与管理自主权的扩大同步进行，但这一理想可能难以转化为具体的实践。

最后，在考虑预算和绩效的关联时，不应忽视一个事实，即重组直接涉及运营成本，而不涉及在政府预算中更突出的项目支出。重组的逻辑假定，良好运营的机构还将审查转移支付、拨款和补贴等支出的成本和绩效。但分析提供的证据很少显示这一期望已经实现。当一切都完成后，如果重组仅仅涉及机构的内部运营，工业化民主国家将以更高效管理的方式迈入下一个世纪，但预算危机可能仍然像过去二十年面临的危机一样严重。

第五章
中央预算局不断变化的作用*

概　　述

中央预算局的传统作用与经合组织各成员国正在进行的管理改革之间存在着不协调的问题。这些改革所依据的原则是，管理人员必须在不受外界不当干预的情况下管理他们的业务。改革的逻辑是，只有当管理者在商定的预算范围内自由使用资金和其他组织资源时，他们才能对组织的成功或失败负责。在那些改革文化已经深入人心的国家，人们一致认为不彻底的措施是不够的，管理人员要么可以自由行动，要么不可以。这不是放宽限制的问题，而是重塑公共机构的运作和公职人员的行为。预算流程是政府机构正在经历根本性转变的主要领域之一。

---

* 本文最初发表于《经合组织预算期刊》（*OECD Journal on Budgeting*），第1卷，第1期，2001年。在撰写本文时，艾伦·希克是华盛顿特区布鲁金斯学会政府研究访问学者，也是美国马里兰大学公共事务学院教授。方框中的评论写于2009年。

> 本文考察了中央预算办公室作为政府的一个机构；它没有考虑预算办公室与国家立法机构的关系。在立法机构在预算事项上变得更加独立并建立了自己的预算工作人员的国家，这种关系发生了重大变化。在过去，国家立法机构通常依赖政府的预算办公室提供建议和信息。政府几乎垄断了预算信息和选择，使立法机构屈从于其意愿。立法机构要求发挥更积极的作用，并配备了自己的经济预测和政策分析人员，从而改变了这种情况。在一些国家，中央预算办公室与立法机构陷入了对抗关系，立法机构在修改政府提交的预算方面变得更加积极。

预算局的传统作用是中央指挥和控制，规定支出项目，监督条例遵守情况，确保投入是预算中商定的，并适当进行干预。这种作用与新的公共行政中赋予管理者的自由裁量权存在冲突。要么由管理者决定支出项目（人事费用、用品、租金等），要么由其他人代劳。如果是后者，管理人员就没有真正的自由，无法根据自己的最佳判断进行操作。

为中央预算局定义一个符合当代管理概念的新角色是一项艰巨的任务，因为它需要在政府对财政纪律的关键需求和管理者对行动自由的需求之间取得平衡。简单地剥离控制权并不是一个可行的选择，因为这样做会破坏所有预算所依赖的纪律。本文探讨了中央预算局在一个权力下放的环境中的作用和行为，在这个环境中，有关公共开支细节的决策权从中央机构转移到职能机构以及从这些机构的总部转移到下属单位和外地办事处。文章讨论了预算局三个基本作用的变化，即控制总量、确定优先事项和寻求效率。这些作用可能会在权力下放的新环境中进行。

并非所有经合组织成员国都接受了改革文化。通过“改革文化”，我们想到的是创新，这些创新根除了公共行政的既定做法，并辐射到公共部门。在这种文化蓬勃发展的地方，改革是全面的而不是零散的，是在政府的核心而不是在边缘，是制度化的而不是试点测试。这种文化不仅与预算有关，也与其他管理行为有关。在被改革文化激活的国家，管理自由裁量权不是公共行政的另一种形式，它是政府运作的方式。在这一改革运动中处于先锋位置的国家包括澳大利亚、新西兰、瑞典和英国。

> 法国是这个名单上的一个重要和创新的补充。几个世纪以来，法国运作着世界上最集中的财务控制体系之一，由财政部的人决定是否应该使用特定支出。中央控制是为了保证公共服务的统一性，但它也使公共行政部门官僚化。20 世纪初，法国议会设计并颁布了立法，放松了控制，并将中央预算的重点转移到促进绩效。新的预算模式已经推动了法国财政部的文化变革。但是，在改革启动后的半年里，中央预算的作用还没有完全确定。

那些还没有改革公共管理，或者在这个方向上止步不前的经合组织成员国呢？难道管理革命的范围如此有限，以至于只有那些已经引入重大改革或正在考虑这样做的国家才会感兴趣？我认为不是。大多数经合组织成员国都受到了推动公共机构转型的条件的影响。

无论他们对管理改革持何种态度，中央预算办公室都不能忽视使当代政府疲惫不堪的强大张力：削减或消除长期赤字的压力，但不是通过增加税收或剥夺公民所期望的福利；政府扩张时代的结束已成为共识，但人口趋势预示着未来几十年的重大支出增长；对权力下放和分权的要求，加上经济政策国际化的蔓延；对民主政府履职能力失去信心，但又存在要求政府对公共福利承担更多责任的压力；政府努力实现资源分配的更大灵活性，但按法定公式分配的预算份额不断增加。

面对这些紧张局势，政府不可能通过运用曾很好服务他们的详细控制来有效控制预算。试图这样做可能会削弱他们对总额的控制，阻碍重新确定预算优先次序的努力，并降低公共开支的效率。这就是当代预算的矛盾之处：中央对支出项目的控制可能不会使中央有效地控制预算。

当代对公共财政的压力已经削弱了中央预算局控制支出的两个传统工具的效力：事先确定支出项目和分配增量。在过去，分项预算保护了总额，而关于增量的决定则确保了政府的优先事项。由于总支出的增长——特别是权利性项目的增长——以及增量优先权的确定，增量不足以为支出的内在增长提供资金，因此分项控制已经被削弱。对支出项目的控制不再能保证对总额的控制，因为：Ⅰ）总额太大，而单个项目太小；Ⅱ）大多数支出是用于不受项目控制的权利。事前控制所达到的目的是剥夺了管理人员对运行成本的自由裁量权。事实上，多年来，大多数经合组织成员国已经放宽了事前控制，将细目合并为更广泛的框架，提高各机构无需事先批准的支出门槛，并在执行预算时给予管理人员更多的灵活性。

支出增量的不足也削弱了中央预算控制。在战后的大部分时间里，中央预算办公室通过专注于增量——在下一个或以后的预算中要花费的额外金额来影响政府的优先事项。尽管相对于总额而言，增量可能很小，但它是政治家和支出机构最关心的部分。通过分配增量，预算办公室决定了哪些项目会增长，哪些倡议会被采纳。但增量预算编制要求增量用于分配。无论是由于经济增长疲软，权利性项目支出的内在上升，还是政治家不愿意加税，一些国家目前没有支出增量，在其他国家也不像以前那样强劲。

如果预算办公室的传统作用不足以满足现在的需要，则必须重新考虑其工作以及如何融入政府机制。在审查自身的过程中，预算办公室必须评估它所操作的控制的有效性。它运用什么杠杆以确保遵守政府政策？它如何保证公共开支的零碎部分加起来不会超过政府想要的开支？它如何在有限的预算中为新的优先事项留出空间？在政府提出的多种往往相互冲突的需要的喧闹声之上，如何听到它有关财政纪律的呼声？已经接受改革的国家不得不解决这些问题，其余的国家也可能会效仿。

在那些决定改革公共行政的国家，中央控制和管理自由的不相容性迫使预算办公室改革其业务。在典型的情况下，预算办公室已经放弃了对运行成本的大部分（或全部）事先控制，现在正在努力改善管理。它在设计新的体制安排，将预算与其他管理程序相结合，促使各部门和其他公共实体衡量绩效和评估结果，制定新的准则和方法以使管理人员负责，以及安装新的信息和报告系统等方面发挥着重要作用。改革后的预算办公室在退出旧角色的同时，也一直忙于适应新角色。

这种行为革命的全部内容往往没有被新解放的管理人员所认识。尽管有了这种转变，有人仍然会认为控制权与以前一样集中，预算办公室与以前一样干预。支出部门的管理者经常抱怨预算办公室用自己的判断代替他们的判断，不愿意委托他们全权管理自己的业务。支出机构在特定问题上受到预算办公室的限制或否决的情况，使这些看法得到加强。例如，当预算办公室对运行费用进行全面削减时（如在澳大利亚、新西兰和瑞典），管理人员认为这一行动证明什么都没有改变，预算办公室的控制力一如既往地严格。在一些部门管理者中，似乎有一种天真的看法，认为改革意味着可以随心所欲地花钱，仿佛他们不是一个更大政府的一部分。显然，一些管理人员不明白，业务的下放必须伴随着政策制定的集中化。改革不意味着支出机构能不顾其行动带来的预算结果而随心所欲。如果它这样做，预算办公室很快就会重新实施旧的控制。

在退出业务控制并专注于战略政策问题时，一些中央预算办公室经历了机构身份危机。他们知道自己不再做什么，但对自己应该做什么却不太确定。对于嵌入大型、强大的财政部的预算办公室来说，调整尤其困难；在这些情况下，预算职能的重组不能脱离对财政部整体作用的考虑。例如，在英国，财政部的控制一直是政府的保障。一些影响其运作的举措是在财政部之外发起的。一旦改革得以实施，财政部就会对其业务进行根本性的审查，并重新组织其预算（和其他）工作。然而，其他国家已经调整了预算办公室的工作重点，作为赋予管理人员业务自由裁量权的过程的一部分。

上文已经指出，一些改革后的预算办公室已经成为中央和地方政府之间的桥梁、管理创新的前哨，以至于现在这被看作是组织最突出的作用之一。在我看来，这可能是一个过渡性现象。在改革初期，需要中央指导，需要一个关于新想法和做法的交流中心。预算办公室可以通过编制手册和其他材料，解释新程序，并就最佳（或改进）做法向管理人员提供建议，从而推动改革事业。它还可以修订预算表格和程序，并评估改革进展。过渡期可能会相当长，因为每一个做出努力的国家都发现有必要在早期经验的基础上调整改革。澳大利亚、瑞典和英国的改革已经延续了十年之久。

一旦改革进程稳定下来，从中央指导管理改进的努力将与对管理自由裁量权的承诺不一致地并存。预算办公室在敦促各机构改进其业务方面能做的事情是有限的，如果它推动的力度过大，管理上的主动性就会枯竭，遵从的心态又会回来。从长远来看，管理创新必须委托给管理人员，而不是中央决策者。

管理改革不大可能成为一个永久性的小生态还有另一个原因。管理上的领导是预算权力一个不充分的基础。中央预算办公室之所以能成为政府的权力机构，并不是因为它向各机构提供良好做法的建议，而是因为它负责分配资源。

管理建议可以被忽视，而预算决定则不能。预算办公室经常利用其对资源的权力使各机构改变管理做法。如果预算办公室的预算作用被削弱，在其他方面也会很弱。改革后与改革前一样，预算办公室的核心作用必须围绕资源分配以及编制和审查预算的常规工作。

尽管预算必须是预算办公室的核心职责，但这项工作在未来的开展可能与过去不同。申请和拨款的基本程序仍在继续，尽管它们可能需要与预算中曾经常见的技能、技术和信息有些不同。例如，改革后的预算办公室可能会比过去花更少的时间在执行预算上，而花更多的时间监测各机构用现有资金完成的工作。这一变化源于一个原则，即管理人员在使用拨款资金方面应有广泛的自由度，但应严格遵守绩效目标。

改革的和传统的预算系统都有三个基本的预算任务：维持总的财政纪律，根据政府的优先事项分配资源，以及有效提供服务。财政纪律涉及对预算总额的有效控制。一个有效的预算系统有规则性的总额（相对于可调整的总额）。分配效率是指在预算中确定优先事项的能力，包括将资源从旧的优先事项转移到新的优先事项，或从生产力较低的用途转移到生产力较高的用途，以符合政府的目标。运作效率是指逐步降低提供产品和服务所需成本的能力。虽然术语可能不熟悉，但每一个中央预算办公室都参与维持总体财政纪律，努力实现分配效率，并促进运作效率。传统和改革后的预算办公室的不同之处在于他们如何去完成这些任务。

预算能力可以从三个方面的表现来评估。强有力的财政纪律意味着总额不只是为了满足需求而上升。总的财政纪律不仅指在制定预算时作出的决定，还指在预算执行的一年中面对压力作出的决定。分配效率不仅意味着政府将增量资源用于新的优先事项，而且意味着它有意愿和程序将资金从低价值用途转移到高价值用途。运作效率意味着预算促使各机构提高生产力，从而降低政府购买商品和服务的成本。

在接下来的章节中，将从中央预算办公室的作用、惩罚和激励以及信息要求等方面对预算的这些基本功能进行审查。在讨论这些功能的过程中，我将解释改革后的预算系统与传统程序的不同之处。

总的财政纪律

控制总额是每个预算系统的首要目的。如果允许总额向上浮动以满足所有需求，就没有必要编制预算。支出者会在没有中央审查或约束的情况下随心所欲。但是，如果说总量控制是预算的根本，那么多年来它所采取的形式已经发生了变化，预算办公室的作用也随之改变。在大多数 OECD 成员国，预算发展是以平衡预算准则为指导。执行的规则是在任何财政期间，支出不应超过当前的收入。各国对这一规则的应用情况不同；有些国家只适用于经常性支出，有些也适用于资本投资。有些国家在计算当前收入时包括了从以前时期结转的资金；其他国家则没有。由于这是一个政府相对有限的时代，需要靠调整支出来确保收支平衡。平衡通过对支出的严格限制来强制保证；其逻辑是，如果预算的各个部分得到有效控制，总预算也会得到有效控制。

严格的预算平衡在二战后被一个更灵活的规则所取代，该规则允许总量适应经济条件的周期性变化和预算需求的长期变化。新规则对总体财政纪律的影响是显著的。经合组织成员国的政府支出在 1960 年平均占 GDP 的 28%，20 年后约为 40%，每年的增长率超过 0.5%。这些支出趋势表明，财政纪律的松懈是合理的，因为通过增加政府支出可以获得经济和社会收益。财政纪律的弱化也反映在预算赤字的增加上，特别是在 1974 年第一次石油冲击之后。

高额赤字的持续存在和对增税的政治抵制，促使许多经合组织成员国通过稳定公共支出在国内生产总值中的份额来重新确立财政纪律。一些国家在 20 世纪 70 年代末朝着这个方向发展，其他国家在 20 世纪 80 年代；大多数国家引入了全球财政规范，目标是在中期内减少赤字、支出或税收。在大多数情况下，这些规范是与预算关系松散的政治意图声明，缺乏强有力的执行机制。因此，许多规范是无效的。即使是那些在经济强劲时在控制总量方面取得暂时成功的国家，在经济疲软时也不得不放松总体财政纪律。根据美国审计总署的一份报告（1994 年），四个 20 世纪 80 年代在恢复财政平衡方面取得巨大成功的国家（澳大利亚、德国、日本和墨西哥），在90年代初经历了新一轮的赤字激增，表明尽管“在现代民主国家，财政政策的重大结构性改进是可能的，但这种进展难以维持”。

这种困难导致一些国家开始尝试新的财政控制形式，即减少周期性波动，从而在经济复苏时能够更容易恢复财政纪律。这与早期阶段的主要区别在于，各国正在将总量控制与预算过程更紧密地联系起来。然而，这并不能确保它们在避免对预算的周期性冲击方面会比过去更成功。

> 2008年从美国开始，随后蔓延到其他国家的全球经济衰退有力地证明了财政纪律是如何被经济冲击所破坏的。不仅内在稳定器产生了巨额赤字，而且国家领导人感到必须通过减税和增加支出来进一步刺激经济。短期压力迫使他们忽视对长期财政的影响。

中央预算办公室不能凭空强加或强制执行财政规范；真正制约政府支出或赤字的财政规则必须得到政府的接受，而且必须有强有力的执行机制。但是，预算办公室在维持总体纪律方面确实起着主导作用，而且它必须足够强大，以抵御通过从预算中删除一些交易来逃避规范的压力，并在政治家或部门利益认为规则过于严格时推翻它。一些对民主制度的比较研究发现，维持财政纪律的成功取决于财政部的实力和政府的凝聚力。在大多数OECD成员国中，如果预算办公室设在一个拥有广泛政府权力的大型财政部内，其地位就会得到加强。但即使在这种情况下，经济或政治环境也可能削弱财政部维持财政纪律的决心。例如，德国和日本都有强大的、职能广泛的财政部。德国的财政部长只有在总理反对的情况下才可能被内阁否决；日本的财政部除了在收入和支出政策方面发挥强大作用外，还对银行、证券和其他部门拥有广泛监管权力。但即使在这些国家，财政纪律也被破坏了：在德国，体现在统一后的支出压力；在日本，体现在二战以来最严重的经济衰退。

> 在德国和日本，财政部不再像以前那样占据着重要的地位。在德国，统一促使财政部被削弱；在日本，财政部被削弱的主要因素是长期的经济停滞。统一促使德国的政治家们规避财政控制，以支付将东部地区纳入国家的巨大成本。在日本，经济停滞和其他因素剥夺了财政部的大部分管辖权。这两个国家的教训是政治领导人不希望在政府中心存在过于强势的财政部。

各种研究表明，政府的稳定性和凝聚力与赤字的大小和债务与 GDP 的比率之间存在强关联。关键的发现是，政府越是分散，就越是无法召集多数人支持维持财政纪律所需的严厉措施。凝聚力最强的政府是多数制，即由一个政党组成政府（在议会制的情况下）或控制行政和立法部门（在总统制的情况下）；最弱的是那些在议会中缺乏多数的执政党或联盟。一般来说，组成联盟的政党越多，政府建立和执行财政规则的能力就越弱。当一个政党控制财政部，另一个政党控制社会福利部门时，财政纪律可能会出现问题（在联合政府中经常发生）。

公共支出的构成发生了变化——用于福利项目的支出大大增加，用于消费和投资的支出相对减少——这影响了预算办公室维持财政纪律的方式。在过去，预算办公室审查支出项目，并建议为每个项目提供的金额。它还监督预算的执行情况，以确保资金只用于被批准的项目，且数额不应超过官方水平。它的立场是，除非个别项目得到控制，否则总支出无法得到控制。然而，当代财政控制正朝着相反的方向发展。在一些国家，预算办公室已经脱离支出项目，并采取了这样的立场，即它只能通过限制子项目来控制总支出，如允许每个部门的总运行成本或分配给每个组合的项目支出资源。预算办公室愿意把对支出项目的自由裁量权让给支出机构，以换取对其将拥有的金额的不可撤销的协议。例如，作为在运行成本方面获得灵活性的交换条件，各机构必须在严格的限额内运作。通常情况下，正如下面关于运作效率的部分所解释的那样，这些限制受到全面削减和其他规则的严格限制，这些规则迫使各机构在支出项目中做出选择。

经合组织成员国已经尝试了这些限额的几个版本。自1991财年以来，美国对可自由支配的拨款总额实行了法定限制，并规定了在预算的各个部分之间分配这一总额的程序。然而，它在剥离对支出项目的事先控制方面并没有取得很大进展。澳大利亚、新西兰和英国对运行成本进行了限制，并给予管理人员在这些限制内运作的相当大的自由裁量权。瑞典减少了对支出项目的中央监控，同时对经营性支出进行了大幅度的全面削减。

在一些国家，在项目支出方面有平行的发展。澳大利亚为部长们提供了在组合内重新分配资源的机会，尽管它也让预算办公室在操作组合预算系统方面发挥了重要作用。但是，将新的预算控制形式——撤回对项目的控制，加强对部分总额的控制——应用到福利项目上要困难得多。福利项目通常没有期限；支出由外部因素驱动，诸如人口结构变化和经济或社会条件的变化等因素，而不是明确的预算。当一项权利性项目建立时或在现有项目中进行边际调整时，预算决策非常重要，但大多数权利性项目支出的逐年变化是自动的。预算记录着支出的数量，但它并不决定数量。福利项目不仅是无限期的，而且在经济疲软时期，其支出可能会偏离预算预测，其他变化（如收入下降）可能也会使预算失去平衡。许多政府普遍认识到的一个问题是当经济复苏时，财政平衡并不容易或迅速恢复。在经济疲软之后，对预算的结构性影响会持续五到十年之久。

在福利预算中建立财政纪律，可能需要通过对所有福利或特定类别的福利进行全面限制，或对一些项目设置上限，来限制或禁用内在稳定器。一些国家在对特定的福利项目（如医疗保健）设置上限方面取得了一些成功，其他国家可能会在未来几年尝试新的控制。这些控制措施是有争议的，只有在得到高度政治支持的情况下才能实行。医疗是做出了最明显努力的部门，因为一直是预算中最不稳定和增长最快的部分。对医疗支出的典型限制约束了对供应商的支付，或提高了对受益人的收费，但它们通常避免削减服务。很有可能的是，在不久的将来，如果这些项目超过了预算的门槛，大量预算办公室将通过触发规则参与到限制转移支付和其他授权支出的增长中去。这些努力将是高度政治性的；它们将需要超越正常预算决策的立法行动。

当支出由权利性项目驱动时。中央预算办公室在维持总的财务纪律方面没有什么持久的成功经验，然而，在不同的国家，已经引入了控制体系的要素。主要内容包括以下几个方面：

• 稳定预算总额的中期框架。中期框架至关重要，因为当预算控制只与当前或下一个财政年度有关时，很容易逃避预算控制。典型的框架包括对未来预算总额的预测，预算规范（见下段）和执行规范的手段。在 21 世纪，制定和运行这个框架可能会取代年度预算工作，成为预算办公室的主要职责。未来的年度预算将更多地被多年限制所驱动，而不是像现在这样。

- 中期规范必须是现实的，也就是说，它们必须可以通过政治上可以接受的行动来实现。然而，它们也必须是限制性的，因为如果它们只是适应未来对预算的要求，就得不到任何好处。制定规范必须有关键的政治行为者参与：内阁、政府首脑，也许还有各政党，在联合政府的情况下，各执政党之间必须达成正式协议。这些规范还必须具有某种内在的执行力——也就是说，如果违反了这些规范，就会实施一些预算举措。

- 总体规范如果只涉及总数，就不可能有效；还必须有控制主要分项的手段。这可能包括对运营成本和其他可支配支出的限制。这些限制约束了预算中最容易被削减的部分；它们表明政府愿意为寻求财政纪律而缩减自己的业务。如果政府不能限制可支配支出的增长，那么它在控制其他更具政治敏感性的支出方面就不可能取得很大成功。

- 如前所述，对强制性支出的限制可能是未来预算办公室工具箱的一部分。民主政府不太可能禁用内置稳定器——这样做会在经济下行时期使依靠者处于不利地位——但他们可能愿意采取措施，减缓这些支出的增长并减少其波动性。

为了执行财政纪律，预算办公室可能需要丰富的信息供给。大多数中央预算办公室在宏观经济分析方面很熟练；大多数还使用将人口趋势和经济变化（如价格和就业率的变化）与预算需求联系起来的模型。许多预算办公室在构建基线和估计政策变化对预计收入和支出的影响方面有经验。一些人已经在中期框架中使用这些数据；今后会有更多的人这样做。

预算办公室正在演变为更多地处理假设而不是“硬数据”的实体。将来，在预算中设定的收入和支出水平的实际情况将取决于基本假设是否实现。因此，预算办公室将更密切地监测经济和社会，以发现可能对预算产生重大影响的变化。换句话说，国家的预算办公室未来将把更多的资源用于研究外部发生的事情，而不是关注内部。在向外看时，一些预算组织可能会研究开发预算变化的主要指标的可行性，以帮助他们早期识别和评估经济和其他影响收入和支出的条件的周期性变化。

财政规范不是自我强制的；政府必须有能力执行财政规范并纠正任何已经发生的违反行为。绝对禁止违反规范的做法可能过于僵硬，无法抵御支出举措或减税的政治压力，也无法抵御经济形势的不可抗力，但政府采用允许在预算约束下进行权衡的灵活规范可能会更成功，例如，规定任何导致赤字增加的额外支出必须通过削减其他支出或增加收入来抵消。自 1991 年以来，美国一直在收入和支出立法中采用这一规则的版本。该规则只包括立法行动导致的赤字增加；它不适用于自动支出或经济条件变化导致的赤字增加。

> 被称为 PAYGO（量入为出）的规则导致了乔治·W. 布什总统和国会领导人之间旷日持久的争议。最初的规则规定，收入的减少和强制性支出的增加都必须被抵消。当该规则于 2002 年到期时，布什总统敦促国会通过一个修订版，只适用于支出的增加。由此造成的僵局导致了中断，在此期间没有任何有效的限制。

灵活的规则有两个主要优点：它们为扩大计划或提供税收减免的政治压力提供了一个安全阀，并使政府能够改变预算优先事项。但是，灵活的规则需要一个警觉和强大的预算办公室，能够估计拟议的政策变化对未来预算的影响，并能在变化违反财政规范时进行干预。无论是刚性的（如《马斯特里赫特条约》）还是柔性的（如目前在美国应用的那些），财政规范都为公共资源索取者和钱包守护者之间的持续斗争创造了条件。中央预算办公室无法在与狡猾的、政治上强大的索取者的斗争中取得胜利，这些索取者的伎俩包括隐瞒政策倡议全部成本的建议，努力将项目从预算中剔除，以及低估预算影响的记账安排。未来与过去一样，预算办公室将参与一场斗争，以保护预算免受这些和其他噱头的影响。具有讽刺意味的是，财政规范越是有效，就会有更多的索取者试图规避它们。从长远来看，我们无法确定中央预算办公室是否能够维护财政纪律，除非他们有坚定的政治支持。

分配效率

总的财政纪律既有好的一面，也有不好的一面。虽然它能稳定总额并使其与政府政策相一致，但将支出限制在本来会发生的总额以下的财政规范，往往会将旧的计划和优先事项冻结在预算中，而将新的计划和优先事项排除在外。准则越紧缩，维持的时间越长，预算优先事项被僵化的风险就越大。

当财政增量不足，而政府满足方案倡议的唯一途径是从目前的预算持有者那里夺取资源时，这种风险是最大的。当缺乏资金来应对新出现的优先事项时，预算如何保持新鲜和灵活？政府如何从战略角度思考并分配资源以实现其目标？

这些问题以及类似的问题都表明了在制定预算时分配效率的重要性。

分配效率是指预算系统根据政府的优先事项和计划的有效性来分配资源的能力。分配资源是中央预算办公室的工作内容；这是该办公室在审查各机构的资源申请并建议每个机构应获得多少资源时的工作。在传统的预算安排中，这个过程没有限制；各机构可以要求得到任何他们希望的数额。要求的总额总是超过可用的资源，从而使中央预算办公室在决定哪里应该分配增量以及是否应该进行任何重新分配方面发挥主导作用。事实上，出价超过资源的部分越多，中央预算办公室在落实政府优先事项方面的作用就越大。

将重新分配的工作集中在预算办公室，有一些强有力的理由：

- 与职能部门或部委相比，预算办公室可以在各部门之间进行更广泛的再分配。
- 与可能受制于部门利益的单一部门相比，预算办公室对政府的战略利益和计划优先事项有一个更全面、可能更客观的看法。
- 预算办公室可以根据项目有效性的证据而不是主观标准来促进重新分配。
- 预算办公室可以制定规则和程序，以防止因低估将被重新分配资源的项目的未来成本而规避财政纪律。
- 如果没有来自中央的强大压力，各部门可能会保护现有项目，而不是将资源重新分配给新项目。
- 各部门有动力以低成本启动计划，同时将支出的增加纳入未来预算。如果允许的话，这种行为会破坏总量控制和政府确定计划优先事项的能力。

尽管有这些集中资源分配的理由，目前预算条件面临财政拮据、增量不足、以及在预算中为新的优先事项腾出空间的压力，可能需要一种新方法，即鼓励开支部门进行政策改革。这要求从根本上改变中央预算局的方向，使其作为再分配系统的裁判，而非部门预算的审查者。重新定位预算办公室作用方向的原因需要仔细考虑。一个有用的出发点是上面提出的意见，即传统的预算围绕增量资源的分配进行。增量预算使政府能够对新的需求作出反应，同时保持相对较低的政府内部冲突水平。冲突之所以低，是因为通常都避免了明确的权衡：赢家通过索取增量资源而获得，而不是从那些已在预算中占有份额的人那里获得。通过对预算各部分设定不同的增长率，重新安排了优先次序。如上所述，预算办公室是这个增量过程的中心；它通过分配增量，影响了预算的未来方向。

尽管政策制定者集中于要分配的额外资源，但预算过程的结构是为了促进对支出的全面审查。支出部门提交所有支出项目的详细理由，而不仅仅是增量的理由。预算办公室有权审查和质疑这些项目，并寻求削减或取消那些它认为没有效益或价值较低的项目。从形式上看，这一过程具有很强的对抗性；但从结果看，这一过程相对平静。由于有增量资源以及继续实施几乎所有正在进行的计划的倾向，冲突得到了缓解。尽管所有的项目都在名义上得到了审查，但几乎所有的项目都没有得到认真审查。除了那些由额外资源资助的项目外，几乎没有做出任何改变。

增量预算适合这个时代，但它是一个有缺陷的分配稀缺公共资源的手段。它允许分配上的低效率，促成公共部门相对规模的逐步扩大。它使总量适应部分，从而削弱了总的财政纪律。总支出是预算中通过需求的总额，并非在这些需求之外单独确立。支出机构提出了许多项目建议，但这些建议通常是为了竞标更多钱，而非固定预算内的权衡方式。

需要财经纪律的意识可能会鼓动中央预算办公室通过强迫从旧项目到新项目的重新分配来加强其控制。这似乎是一个应对当代预算困境的方法，因为如果花钱的人不愿意做出权衡，预算办公室可以为他们做这项工作。然而，最终结果可能是冲突很多，重新分配很少。由于支出部门害怕失去资源和梦寐以求的项目，他们会抵制要求进行的权衡和节约。这些部门有强大的武器可以使用。他们可以隐瞒做出合理权衡所需的信息；可以与其他要求者结成互相吹捧的联盟，以保护他们各自的预算不被削减和重新分配；可以在受影响的利益集团和政府内部动员支持。从过去的情况来看，预算办公室能否在重新分配的战斗中取得胜利并不确定，它可能会以维持现状的预算而告终。

预算办公室在积极寻求重新分配资源时，相对于支出部门处于不利地位。它可能缺乏足够的项目信息和政治支持来完成这项工作。各部门对自己的项目比预算办公室了解得更多，知道什么是有效的，什么是无效的。各部门对改变项目和政策的政治风险也了解得更多。这种不对称性是由于获得项目和政治信息的成本很高，以及各部门不愿意把自己喜欢的项目放在不利位置。换句话说，预算办公室需要的大部分信息是由支出部门提供的，这些信息是关于计划的运作情况。预算办公室可以通过培养自己的评估能力或设置一个绩效测量系统来降低这种依赖性，但如果它希望有可靠的绩效数据为预算选择提供依据，就必须在这个过程中给予各部门重要的发言权。如果它不这样做，预算办公室可能会面临一个常见的困境。虽然完成了许多评估，但在分配资源时用得很少。

预算办公室如何在不危及政府财政和项目优先级的情况下赋予支出部门在重新分配中重要的发言权？澳大利亚在这

方面提供了一个有趣的例子。在澳大利亚，通过将提出政策变化的主动权从政府中心转移到支出部门，并鼓励这些部门在规定的预算限制内权衡各个项目，来促进重新分配。在这种模式下，预算的重点从支出项目转向政策变化，从对整个预算的名义审查转向集中于拟议的增减。权衡成为预算决策中主要的部分。权衡是明确进行的——即由各部门提名要削减或扩大的项目，并由政府决定哪些拟议节约和增加的项目将被纳入预算。各部门可以在自己的职责范围内自由地提出权衡建议；组合越广泛，项目变化余地就越大。允许各部门单方面实施小的变化可能是一个好主意，这样政府就可以集中精力处理那些对计划和财政有重大影响的政策举措。

> 在澳大利亚，连续17年的经济扩张削弱了做出“权衡”的动力。随之而来的收入激增使政府有可能在不削减现有计划的情况下为成本较大的政策举措（包括降低税率）提供资金；在这种情况下，交换的机制仍然存在，但预算制定者的行为发生了变化。

在这样一个重新分配的体系下，中央预算办公室的作用不同，但仍然相当重要。它在操作权衡系统和确保政策变化符合政府的财政规范和计划目标方面起着主导作用。预算办公室为提出和审查政策变化制定指导方针和程序，维护衡量政策变化对预算影响的基准和数据库，就政策建议向部长和内阁提出建议，并操作或促进对计划的持续评估和绩效衡量。在承担这些重要任务的同时，预算办公室减少了对一些传统预算活动的参与（或退出）。它不再审查详细的支出项目；而是由受影响的部门在政府或预算办公室制定的准则内处理这些项目（那些与运行成本有关的项目以及与计划运作有关的项目）。这种传统预算任务的下放促进了管理效率（在下一节中讨论），在预算过程中腾出时间用于项目决策和政策调整。

一个以重新分配为导向的预算系统可能具有以下大部分要素：

• 政府制定中期财政目标，并在预算办公室的协助下，确定可用于计划项目的差额（如果有的话）或实现其财政目标所需的净节余。差额按净值计算：新支出减去来自项目削减的节余。

• 差额在各部委之间分配，与政府的战略重点保持一致。在其目标范围内，一个部委可以通过提议削减其投资组合的其他部分来增加可用于项目增强的资源。

• 预算办公室保持一个基线，以预测保持现行政策的未来预算状况，并衡量政策变化的预算影响。基线是对做出预算决定的年份之后三年或更长时间的预测，以便评估政策变化的中期影响。

• 预算办公室要求从预期的项目效果角度来决定政策的变化。各部委应根据评估结果提出改革建议，并应事先说明项目倡议如何评价。各部还应系统地将有关项目结果的数据和他们预算建议的有效性联系起来。

• 内阁在预算问题上的行动集中在政策变化上，而不是在开支项目上。政策变化（减法和加法）与基线结合后，向前滚动一年，成为下一个年度预算循环的起点。

自 20 世纪 80 年代中期以来，这些要素一直是澳大利亚预算体系的核心特征。年度预算决定是在参考了预先估计和该预算年度以及随后三年的授权支出基线的基础上做出的。预先估计不只是对未来支出的预测；它们是未来预算中批准的支出水平，除非由于政策变化或基本经济或项目条件的变化（如价格水平或项目参与率的变化）而作出修订。因此，根据定义，政策变化是对预先估算的修订。在澳大利亚，拟议的政策变化是按照规定的顺序来考虑的，包括确定政策选择，在相关部门与财政和行政部之间的讨论中得出的政策变化的成本，司库、财政部长和各部部长之间的三方谈判，由内阁委员会审议政策建议，以及内阁的最终决定。如前所述，这些决定对预算的影响被记入预先估算。

在过去的10年中，这里所概述的有序的过程已经被临时的预算决定所破坏，这些决定全年都在结构化的预算过程之外。在澳大利亚，由于收入的持续激增，临时性的决定在预算框架内被采用。然而，财政和行政部门已经被这种趋势大大削弱了，只要在政治上有利可图，就会做出政策改变。事实上，临时决定在许多国家已经很普遍，包括那些缺乏中期财政框架或资源来应对预算中的新要求的国家。目前，临时性政策举措的影响需要得到更多研究。

对澳大利亚改革后的预算制度进行全面描述或评估将超出本文范畴。最近的一项评估认为，改革大大增加了部门采用节约性选项的可能性。此外，当某个特定部委自己为节约项目辩护时（而非中央预算办公室提出），更可能被采纳，项目机构的知识和技能被用于批评和混淆。

运作效率

在为政府项目预算时，经常对项目成本和运作成本进行区分，对每一个支出类别适用不同的决策规则。例如，在预算紧张时期，政府可能会批准项目支出的适度增加，而冻结或全面削减运作支出。这种“双重标准”可能会缓解受到交叉压力的政治家的预算困境，他们经常面临选民要求减少政府开支（或税收）和增加计划福利的要求。但是，对于那些苦恼的政治家来说，有意义的做法可能会使计划管理人员的工作变得复杂，因为他们必须在使用更少资源的情况下保持高水平的项目产出。

紧张的运作预算已经成为经合组织成员国的常态。在预算中缩减这一部分已经非常普遍，因为财政紧张的政府在最容易控制和政治上最不敏感的支出中寻求节约。削减运作开支通常不足以弥补预算缺口，但传递了政府正在为纠正财政不平衡作出努力的信号。在预算中，政府有两种简单的方法来获得这些节约。一种是政府（通过中央预算办公室）严格控制支出项目，并限制各部门在人员、用品和其他运营投入方面的支出权；另一种是政府在固定预算内给予各部门更大的运营自由度。这两种方法的方向相反。第一种方法让预算办公室更多地参与支出细节，强调公共支出的合法性和正当性；第二种方法则要求它退出大部分细节，追求公共资源的使用效率。

多年来，中央预算办公室在干预运营决策的程度上各不相同。一些国家要求运作支出必须事先得到中央控制人员的批准；另一些国家则给予业务管理者很大的自由裁量权。在许多国家，对运作开支的挤压促使预算办公室放松控制，并寻求提高管理效率的方法。在这种情况下，预算办公室被迫重新审视其作用和业务。可以毫不夸张地说，在过去，参与运营细节是预算办公室的主要关注点，特别是在预算执行期间。如今在越来越多的经合组织成员国中，大多数操作事项都在部门管理者的手中。在这种新的环境中，预算办公室的恰当作用是什么？它如何使管理上的自由裁量权转换为管理效率？现在它不再控制支出期限，那它适当的点在哪里？

中央预算办公室的新角色以维护政府的问责制度为中心。这就需要规定信息系统和报告，提高支出部门衡量生产力和产出的能力，将结果与预期以及（如前所述）管理变化的过程进行比较。这与预算办公室在长达一个世纪的政府预算演变过程中所习惯扮演的角色不同，但这是一个重要的角色，这使他们更加忙碌，并且要进行大量的资源分配。

这种作用的问题是，对结果的问责可能很难在公共机构中实施，而且试图这样做可能会促使预算办公室恢复它以管理自由的名义放弃的一些控制。在每一个朝这个方向发展的国家中，管理控制权的下放比接受新问责方法要快得多。给予管理者更多自由以换取他们对结果负责的交换条件是不对称的：前者比后者更容易实现。当结果不达标时，即使在采取新问责措施上取得明显进展的新西兰，预算办公室也在要求改进方面居于相对弱势。

如果管理自由的主要目的是提高提供公共服务的效率，首要的就是衡量而非仅仅假设生产力的提升。政府需要客观、系统和可靠的手段来衡量一系列公共服务的产出数量和成本。仅仅衡量少数几个选定的绩效目标是不够的，需要关于公共部门生产力趋势充足的信息，从而支撑政府报告。

因此，人们可以预期，改革后的预算办公室将在未来几年内投入大量资源加强支出部门的问责制。这可能需要对会计和信息系统进行全面改革，加强对绩效的制裁和激励，更严格地要求管理人员在其组织中充当变革的推动者，以新的合同方式规定和监督产出，更多地使用净拨款和市场类型的机制来推动生产力的提高，在公共部门中更广泛地应用管理和成本核算的逻辑和技术，不断重新设计预算文件和拨款措施等。这是一个完整的议程，超出了许多预算办公室的能力。

尽管一些经过改革的预算局有可能扭转方向，恢复曾经放弃的控制权，但更大的可能性是，更多的预算局将加入改革的行列。除非管理改革受到广泛质疑，否则今天的改革将成为明天的规则。也许有一些国家由于文化或政治原因保留了指挥和控制的管理，但这些国家的数量将低于接受权力下放的国家。一些国家会全心全意地这样做，另一些国家则有一定程度的不情愿；一些国家会尽可能少地下放权力；另一些国家则会尽可能地推动权力下放。

总　结

总的财政纪律、分配效率和运作效率是预算中的互补任务。一个完善的预算过程将服务上述三个目标。此外，完成其中一项任务也会推动其他任务的实现。

然而，在预算实践中，这三个作用之间可能会产生冲突。它们需要不同类型的信息、工作方向和技能。同时发挥这三个作用可能会带来超过政府愿意承担的巨大的交易成本。更为典型的方法可能是强调总体财政纪律，因为它对政府的政治利益、财政稳定和运作效率至关重要，它也符合当代私人和公共管理的价值取向；但在分配制度的改革上要慢一些，因为这需要对中央预算办公室的作用进行根本性的重新考虑。尽管这种方法很吸引人，但应该认识到，从长远来看，改革的最大回报可能是项目分配的改善。

参考文献

United States General Accounting Office (1994), Deficit Reduction: Experience of Other Nations, GAO/AIMD - 95 - 30, General Accounting Office, Washington DC.

第六章
国家立法机构能否在预算政策中重新获得有效的声誉？*

当代有两个发展正在冲击着预算方面的立法工作。一个是通过限制财政总量来约束公共财政；另一个是努力扩大立法机构在收入和支出政策中的作用。这些趋势是互补的还是矛盾的，将决定国家立法机构在未来几年的预算作用。一种情况是，立法机构通过对预算总额负责来加强财政纪律；另一种情况是，立法机构通过用削减收入或增加支出的立法修正案抨击政府提交的预算来破坏纪律。

早期的迹象指向前者，但预算的历史和一些当代的研究假定是后者。在一些国家，除了传统的收入和支出措施的工作外，国家立法机构现在还对预算总额进行票决。尽管这种作用仍然是特殊的，但有充分的理由相信，在未来十年内，它将蔓延到许多国家。马斯特里赫特式的、规则和其他稳定公共财政的努力可能会刺激各国政府及其立法机构在预设的总额内制定预算决策。在这种情况下，关于预算的立法工作

---

* 本文最初发表于《经合组织预算期刊》（*OECD Journal on Budgeting*），第1卷，第3期，2002年。在撰写本文时，艾伦·希克是华盛顿特区布鲁金斯学会政府研究访问学者，也是美国马里兰大学公共事务学院教授。后记写于2009年。

将与政府的工作并行，并可能导致两个部门之间更多的合作或更大的竞争。在一些国家，立法机构对整体预算的新责任将为其在财政政策方面赢得更大的独立性；在其他国家，立法机构将更多地作为合作伙伴而不是对手。可能的情况是，在总统制下，对抗关系将占主导地位，而在议会制下，合作关系将占主导地位。但其他变量，如投票规则或政党制度，可能会在权力通常分裂的政府中引发合作，并在权力正式共享的国家产生摩擦。

然而，立法激进主义可能会导致一个完全不同的方向——不是为了加强财政纪律，而是为了预算，在预算中，增加支出和减少税收的压力会产生长期赤字，并逐渐增加政府在国民收入中的支出份额。尽管这在当代立法行动主义的倡导者看来不太可能，但这是整个20世纪立法机构的主流观点。在许多国家，立法机构自愿将预算权交给行政部门，因为它接受了这样一种观点，即议员们无法约束自己的政治倾向，即减少税收和增加支出。立法机构将预算权委托给政府，是因为他们不能相信自己能做出负责任的财政决策。这种态度得到了著名学者的认可，他们把立法机构修改预算的能力与财政结果联系起来。例如，在欧盟委员会发表的一篇有影响力的论文中，约根·冯·哈根（Jörgen von Hagen）发现，对议会修正权的限制和其他规则加强了财政纪律并导致相对较小的赤字和公共债务的假设得到了强有力的经验支持（Hagen，1992）。有充分理由对这一发现提出质疑，但其有效性不如其被广泛接受来得重要。

虽然有一些明显的例外，但国家立法机构现在普遍比二战后的时代更积极地参与预算事务。经合组织的一项研究报告指出，一半以上被调查国家的立法机构在预算方面的作用比十年前要大（OECD，1998）。立法行动主义的证据很多：

新的委员会承担立法或监督职责：增加预算工作人员；从政府到立法者的预算相关信息的流量大大增加；以及独立或立法审计员在审查支出的适当性和效率方面提高了警惕性。但增加机构能力本身并不能确保立法者在预算问题上采取独立立场。要做到这一点，他们还需要有政治能力来拒绝政府预算中的突出内容。

在处理预算和其他事项时，立法机构面临着一种紧张关系，出现在议员们为了促进自己的事业或为选民做好事的自我利益，以及机构为了制定健全、一致的立法的集体利益之间。作为个人，议员们倾向于增加特定项目的支出；作为机构成员，他们有义务采取谨慎的收入和支出总额。众多变量影响着立法者解决这些交叉压力的方式，包括政党纪律、选举制度、预算规则以及政府和立法机构之间的关系。由于这些变量在各国之间存在差异，立法机构对预算的处理也是如此。威斯敏斯特式的立法机构的特点是通过严格限制立法者修改政府预算的权力来解决预算部分和总额之间的紧张关系；国会式的立法机构通常允许议员有广泛的空间来修改预算，并做出他们自己的收入和支出决定。欧洲议会通常介于这两个极端之间；它们允许立法者修改预算，但限制对总额的修改。

尽管立法机构在预算方面的作用各不相同，但在其演变过程中可以看出三个阶段：立法机构征税和支出权力的出现；发展政府制定和执行预算的能力和程序；以及引入立法预算程序。

在最近才接受民主的国家，前两个阶段是重合的；在拥有悠久民主历史的国家，这两个阶段相隔几代或几个世纪。在这些国家，第一阶段是在努力建立独立的国家立法机构的过程中发展起来的；第二阶段是在发展行政机构的过程中出现的；第三阶段在一些国家正在进行，但在许多其他国家还没有开始。在那些让立法机构在预算问题上发挥被动作用的国家，可能永远不会出现了。

每个阶段都会在接下来的章节中描述。我们的目的不是要对预算进行历史考察，而是要阐明民主立法机构的当代财政作用，并解释为什么采取更积极和独立的姿态可能超出了一些人的能力范围。议会是一个传统深厚的机构；让他们改变不是简单地将新的做法嫁接到旧的做法上，而是要重新思考他们的定位。在立法预算方面当然是如此，因为新责任必须适应长期的拨款程序和与政府的政治关系。

立法机构在预算中的新作用不能来自政府的软弱。如果政府没有能力管理国家财政，立法机构也将无法这样做。这种相互依存的关系使当代的改革有别于过去建立立法财政能力的努力。这意味着，立法机构的作用必须更多地体现在政策、问责制和绩效方面，而不是控制和限制方面。当代立法机构及其以选举为导向的成员是否愿意并能够履行这一非常不同的角色，还有待观察。

“立法拨款和行政预算”节对前两个阶段进行了调查，并解释了为什么那些以控制财政为原则而崛起的国家立法机构将预算的主动权交给了政府，从而使部长和官员们拥有了曾经从王室手中夺取的大部分财政特权。“国家立法机构的衰落”节分析了在税收立法和拨款方面削弱许多当代立法机构的因素。“恢复立法部门的预算能力”节讨论了一些国家最近在建立立法预算程序方面的努力。这一发展还没有走到尽头，它在目前限制立法预算倡议的国家中的推广是有问题的。“立法预算的未来：替代性的情景”节提出了关于国家立法机构未来预算作用的其他设想。

立法拨款和行政预算

有些国家的立法机构可以追溯到几百年前，它们在几个世纪前拥有比今天更有效的财政权力。这种反常现象是关于当代立法机构预算作用辩论的核心。区分拨款和预算，有助于解释这一问题。在政府编制预算之前，民主立法机构进行拨款。这一历史顺序很重要，原因有二：第一，它表明立法机构在政府有预算之前就有财政权力；第二，它表明预算做法的出现是因为立法行动被认为是一种不适当的财政控制手段。细节可能因国家而异，但其模式几乎是普遍的：立法机构拨款，政府预算。本节概述了英国和法国拨款和预算的故事，这两个国家是最早对财政实行立法控制的国家。这两个国家在控制皇室征税和支出的欲望方面面临着类似的斗争，但它们解决这个问题的方式不同。英国禁止立法倡议，法国则没有。每个国家都成为许多其他国家的榜样，甚至是那些从未被君主统治过的国家。

英国争取立法优势的斗争可以追溯到1215年的《大宪章》，当时约翰国王与男爵们约定，未经他们同意不得征收任何税收。但这一伟大事件非但没有解决问题，反而为王室与人民代表之间近五个世纪的冲突埋下了伏笔。在这场较量中，国王有几个优势：他自己的收入与税收混合在一起，有权决定议会何时开会，并宣称有权按自己的意愿支出。但是，当他的资源被耗尽或不足时，比如在战争时期，国王不得不要求议会补充他的国库。随着时间推移，议会以提供所需资金为交换条件，获得了一些优惠。其中一项是将王室自己的钱与公众的钱分开；另一项是坚持只将钱用于授权的用途。为了执行其意愿，下议院在国王已经花费了自己的一些资金后，在会议接近尾声时制定了投票拨款的策略。由于他不能确定拨款是否会到位，因此他有动力在管理支出和遵守下议院的指令方面保持谨慎。然而，这种控制公共开支的手段导致立法权衰落。由于拨款是在财政年度开始后进行的，议会只是批准了已经发生的支出。当政府取代王室成为支出者时，事后拨款就成了机械性的工作，而不是财政控制的一种手段。

下议院在1706年通过了一项常设命令，以另一种方式削减其权力，该命令在语言上做了一些改变，一直延续到今天：①

> 本院不得接受与公共服务有关的任何款项的申请，也不得通过会导致对补贴或对公共收入的收费进行表决的动议……除非根据王室的建议（Erskine May，1976，p. 707）。

根据杰出的议会权威厄思肯·梅（Erskine May）的说法，这一规则编纂了“早在该命令通过之前就已经确立的宪法惯例……这是惯例确立时王室和议会之间宪法关系的自然结果”（Erskine May，1976，p. 706）。由于税收立法和拨款的目的是约束王室，下议院对未被要求的资金进行投票没有意义。随着财政权从王室转移到政府，下议院发现自己被长期约定禁止启动支出，并被政治现实主义禁止申请资金。它所吹嘘的财政权沦为空洞的仪式。

在法国，立法机构获得财政权力的途径与英国大致相同，但两国之间存在一些明显差异。法国君主坚持不受限制的税

① 这项决议最初于1706年作为一项决议通过，并于1713年成为会议常规。关于该命令的当前文本，请参见Erskine May（1976），第707页。

收和支出权力，而立法机构，最初由特权阶层组成，但经过几个世纪的扩大，代表了人民，主张控制钱包的权力。在15至18世纪的很长一段时间里，国王占了上风，因为他很少召集Etats Généraux，也就是立法会议。事实上，从1614年到1789年的175年间，这个机构根本没有开会。另一个复杂的问题是国王将公共资金与自己的资金混在一起的做法。他觉得这样做没有什么不妥，因为国王声称有绝对的权利按自己的意愿使用所有资金。[①]

在英国，立法权是以一种渐进的、基本和平的方式出现的，与此相反，对于法国人，需要一场革命才能确立未经国民议会同意不得征税的原则。与限制其财政权力的下议院相比，国民议会并没有限制其发起税收或拨款的权力。此外，它在审查拨款的使用情况方面发挥了更直接的作用。1791年的一项法令宣称，“议会本身应明确审查和审计国家的账目”。在议会的指导下，一个审计局负责审查支出。

在大革命以来的两个多世纪里，法国经历了多次政治动荡，影响了政府和立法机构之间的财政关系。一个反复出现的问题是国民议会对拨款采取独立立场的权限问题。国家经历了立法机构与政府关系的交替，在立法机构占主导地位的时期，又发生了限制立法独立性的变化。因此，作为对战前第三共和国国民议会独立行使财政权力的回应——有些人会说是不负责任的——第五共和国宪法限制了立法独立。

预算：帮助和制约立法行动

到目前为止，“预算”这个词一直被避免使用，因为在

---

① Stourm（1917），第24—29页记录了立法机构财政权力的历史演变。

立法控制财政的形成时期，官方预算并不存在。人们普遍认为，这个词是在 18 世纪首次用于描述英国的政府财政行为，这是在议会的税收和支出权力最终得到保障的 100 多年后。19 世纪初，预算一词首次出现在法国的官方文件中；随后迅速传播到其他发达国家。最早的正式定义之一出现在 1862 年的法国法律中，该法律将预算描述为“预测和授权国家年度收入和支出的文件……”（Stourm，1917，p. 2）。这个定义包含了预算实践的两个对立概念的萌芽。一种认为预算是未来时期的计划，通常是即将到来的财政年度；另一种认为它是对未来收入和支出的权威性决定。作为一个计划，预算是一套建议，除了政府对立法行动的影响之外，没有任何特别的分量；作为一个权威性的决定，政府可以在例行立法批准的情况下根据预算中规定的收入和支出征税和支出。作为一项提案，预算没有明确侵犯立法机构在财政事务中的首要地位；作为一项权威性决定，它支配或凌驾于立法偏好之上。

在拥有正式的预算系统之前，各国政府都会对其收入和支出进行预算——也就是说，他们将收入和支出汇编在一份文件之中，定期递交给立法机关。但是，随着政府在 19 世纪的扩张，通过编制全面预算来协调对其财政的要求变得越来越可取。预算没有零零星星地提出或决定收入和支出，而是使政府能够向立法机构提供完整的公共财政情况。预算的正式化与公共行政的其他重大改革相吻合，如公务员制度的专业化、账户的标准化和政府运作的官僚化。

预算的正式化不仅使公共行政合理化；它还改变了政府和立法机构之间的财政权力平衡。由于政府对预算的决定先于立法行动，税收立法和拨款要么受到限制，要么受到政府偏好的强烈影响。即使是那些保留了偏离政府预算的法律权力的议会，在政治上也要听从政府的指令。在发达国家，根据行政部门的预算建议来评估立法机构的收入和支出决定是很常见的。预算成为衡量立法行动的权威标准。预算推动了公共财政的哥白尼式革命。在几个世纪的斗争中辛苦赢得的立法权，在行政预算的战场上被拱手相让。

所有国家都认为，预算是一项行政职能，由行政部门而不是立法部门执行。只有行政部门才有组织和能力来协调其各个部门和机构的支出竞标；只有它可以执行这些实体的实际支出。事实上，一些立法机构为提高审查政府支出计划的能力所做的努力在一些国家遭到了强烈反对，理由是它们侵犯了行政责任。斯多姆（Stourm）报告说，法国著名经济学家里昂·萨伊（Leon Say）反对国民议会建立一个常设委员会来审查政府预算的努力：

> 预算委员会想把自己放在行政部门的位置上，自己编制预算，而不是满足于从控制的目的接收预算。预算委员会的主席在某种程度上已经成为第一财政大臣。反对大臣权力的人立刻看到了他们可以从这个新制度中得到的好处（Stourm，1917，p. 289）。

萨伊的观点表达了当时的情绪，即立法机构的工作是控制公共财政——也就是说，对限制支出金额的拨款进行投票。它的工作不是规划和协调公共财政。

在大多数发达国家，立法者欢迎新的预算实践，因为它们给税收立法和拨款带来了秩序和一致性。立法者现在对各部分如何配合以及总收入和支出有了相当全面的看法。此外，良好的预算实践标准被编入一套原则之中，在大多数国家被接受。这些原则包括预算决策的年度性、预算账户的全面性以及支出对象的具体化。只有少数国家的立法机构抵制预算理念的迅速传播。最强烈的反对意见来自美国国会，它认为将预算权委托给行政部门会削弱其在税收和拨款方面的权力。国会在 1921 年批准了行政预算程序，比所有主要欧洲国家都晚，也是在第二次世界大战的代价表明需要约束公共财政之后。当国会采取行动时，一些政治专家预言，总统的新预算权将意味着立法至上的终结。①

为什么被视为加强立法机构财政控制的预算，会变成一种使立法机构服从的手段？答案不在于法律权威领域，而在于政治领域。提交给立法机构的预算是组织、监督和控制公共财政的漫长过程的最终产物。编制预算并监督其执行需要大量的专家参与，这些专家集中在财政部或政府高层类似组织。财政部的职权范围延申到所有政府部门和机构，并需要筛选大量的财务和业务数据。为了做好自己的工作，财政部还必须评估政治需求和利益，以及支出的效率。在提交预算时，财政部对公共财政了解甚多，而立法机构除了知道政府希望它做什么之外，所知甚少。这种信息不对称使立法机构处于极大的劣势。即使有常设委员会和自己的少量人力资源，立法机构也不是政府的对手。虽然他们可以通过筛选预算的艰苦工作得到一些补偿，但立法者很少能够深入了解公共资金是如何使用的，也很少能深刻理解拨款多于或少于政府预算的影响。

从 19 世纪的最后几十年开始，并在 20 世纪的大部分时间内加速发展的政府的增长巨大，进一步削弱了立法机构的影响力。随着预算的增长，预算的明细项目被合并为更广泛的类别。例如，预算没有具体说明公共服务中的每个职位，而是估计了在每个职位分类或一组分类中的支出数额。在一

① 见 Fitzpatrick（1918），他将行政预算概念描述为走向专制的致命一步。

些国家，还进一步进行合并，以便将所有人事开支记入一笔款项。合并使预算不那么笨拙，但也减少了对个别项目的立法控制。政府扩张的另一个副产品是，预算被更多地被视为公共计划和目标的声明，而不是财务控制的工具。预算也逐渐发展为一种指导和稳定经济的手段，其总额超越了单个支出项目的财政重要性。在一些国家，预算还获得了作为政府管理其行政实体和业务并促进其提高效率的手段的地位。尽管这些变革值得称道，但它们使财政控制从属于更大的预算目的。在法律意义上，几乎没有什么变化；在政治上，几乎没有什么是相同的。

国家立法机构的衰落

当代学者经常谈论国家立法机构的衰落，不仅是在预算问题上，而且在全面的立法责任上。他们认为，尽管现代立法机构比以前有更好的组织和资源，但还是出现了衰落。在他们看来，这种衰落与内部立法运作关系不大，而是与剥夺议会独立性和控制权的三种外部发展有关：

- 纪律严明的政党的兴起，它们制定立法议程并迫使立法者投票支持政党路线；
- 公共支出的大幅增加，以及随之而来的从内务和安全职能的开支向福利和收入支持支出的转变；
- 以及利益集团和社团主义政治安排的崛起。

这些趋势结合起来，使许多议会沦为辩论俱乐部，有充分的自由进行审议，但没有决定权。尽管这是一个笼统的概括，忽略了政治文化和结构的重要差异，但“议会的衰落”

的假说似乎适合大多数经合组织成员国。[1]

在过去的100—150年中，许多国家的政党路线已经稳定下来，团结的政党——组织起来执行政治纪律——已经成为常态。在相当多的议会中，议员们表达独立意见的唯一范围是在政府很少关注的私人法案上。预算交易是在议会之外、在政府内部或由党的职能部门进行的，然后在议会内部批准。议会外的预算安排在多数派政权中很普遍，在这种政权中，预算是通过政府的命令强加给议会的，而在联盟制政权中，联盟各方达成协议，规定议会在政府任期内的工作。在一些国家，预算是通过与政府预算程序平行的正式政党渠道谈判的。在日本，占主导地位的自民党设有常设委员会，负责审查财政部的预算，并作出最终决定，然后转交给国会。当政府采取重大政策举措或准备一次性通过预算时，政党的作用尤其突出。一位对北欧议会有深刻见解的观察家总结道：

> ……团结的政党对议会内部机制的渗透大大限制了议会活动的效率。简言之，政党控制往往意味着议会的立法功能（即成功地提出提案）被置于次要地位……(Arter，1984，p. 32)。

议会衰落的第二个驱动力是政府规模的大幅扩张。在经合组织成员国中，1960—1980年，公共开支的增长相对于GDP来说，平均每年超过0.5个百分点。在这一时期开始时，OECD成员国的政府开支占GDP的29%。20年后，它达到了40%（OECD，1985年，表6.5）。大部分的增长是在福利支出，无论政府的财政状况或对预算的其他要求如何，这

① Arter（1984）讨论了议会的衰落，特别是第31至41页。